Genauigkeit, Sachlichkeit und Aktualität zeichnen den **Fischer Weltalmanach** seit 46 Jahren aus und machen ihn zu einem »Klassiker der enzyklopädischen Kategorie« (F.A.Z.). Alljährlich auf den neuesten Stand gebracht, liefert das Buch zu allen 193 Staaten der Erde die wichtigsten Zahlen, Daten, Fakten und Hintergrundinformationen aus Politik, Wirtschaft, Umwelt, Kultur und Sport. Zahlreiche farbige Karten, Tabellen, Grafiken und Fotos tragen zur Veranschaulichung bei, Stichworte und Hintergrundberichte erleichtern das Verständnis politischer Entwicklungen und befassen sich mit in der Öffentlichkeit viel diskutierten Problemen.

Das in den vergangenen Jahrzehnten immer wieder überarbeitete und um neue Kapitel erweiterte Jahrbuch ist nicht nur eine Ergänzung zu jedem Lexikon, sondern auch als eigenständiges Nachschlagewerk für politisch interessierte Leser unentbehrlich.

Die CD-ROM enthält u. a. Karten zu allen Staaten und Zeitreihen für über 140 Kategorien von Daten und bietet die Möglichkeit, sich eigene Vergleichstabellen zusammenzustellen.

Autorinnen und Autoren

Albrecht, Birgit geb. 1963, Studium der Germanistik, Kunstpädagogik und Theaterwissenschaften; freie Autorin und Lektorin. Verantwortlich für die Chroniken der westafrikanischen Länder im Kapitel Staaten.

Baratta, Dr. Mario von geb. 1936, Studium der Zeitungswissenschaften; freier Journalist und Publizist, langjähriger Herausgeber des Fischer Weltalmanach. Verantwortlich für die Themen der Welt.

Brander, Sibylle geb. 1955, Diplom-Volkswirt; Länderrisikoanalystin bei einer Großbank in Frankfurt am Main. Verantwortlich für das Kapitel Europäische Union.

Eschenhagen, Wieland geb. 1944, Studium der Politologie und Geschichte; freier Lektor und Publizist. Verantwortlich für die Chroniken der Länder Europas (mit Ausnahme baltischer und GUS-Staaten), Nordamerikas und Asiens im Kapitel Staaten.

Hänsel, Heiko geb. 1971, Studium der Osteuropastudien, Ost- und Südosteuropäischen Geschichte und Neueren Deutschen Literatur; Mitarbeiter der Stiftung Aufarbeitung und Redakteur des Jahrbuchs für Historische Kommunismusforschung. Verantwortlich für die Chroniken der GUS-Staaten und des Baltikums im Kapitel Staaten.

Hartmann, Prof. Dr. Christof geb. 1967, Studium der Politikwissenschaft, Neuen Geschichte und des Öffentlichen Rechts; Juniorprofessor für Transformationsforschung Afrika / Asien an der Ruhr-Universität Bochum. Verantwortlich für die Chroniken der arabischen und südasiatischen Länder im Kapitel Staaten.

Jansen, Sabine geb. 1958, Studium der Kulturanthropologie, Kunstgeschichte und Romanistik; freie Lektorin und Publizistin. Verantwortlich für die Jahreschronik und die Kapitel Kultur und Nachrufe.

Jetzlsperger, Christian geb. 1973, Studium der Neuen und Mittelalterlichen Geschichte, der Politikwissenschaft und des Völkerrechts; Erster Sekretär an der Deutschen Botschaft Tirana. Verantwortlich für das Kapitel Internationale Organisationen.

Jung, Wolfgang geb. 1966, Studium der Physik; Prokurist und Projektleiter am Wissenschaftspark Gelsenkirchen. Verantwortlich für das Kapitel Umwelt.

Krämer, Harald geb. 1953, Studium der Politikwissenschaft und Germanistik; Werbetexter und Autor mehrerer Sportbücher. Verantwortlich für das Kapitel Sport.

Motika, Prof. Dr. Raoul geb. 1961, Studium der Geschichte und Kultur des Nahen Ostens, Politik, Historische Hilfswissenschaften und Iranistik. Professor für gegenwartsbezogene Islamwissenschaft an der Universität Bern. Zuständig für die Chroniken einiger Länder im Nahen Osten im Kapitel Staaten.

Paesler, Dr. Reinhard geb. 1942, Studium der Geografie, Geschichte, Anglistik und Amerikanistik; Akademischer Direktor am Institut für Wirtschaftsgeografie im Department Betriebswirtschaft der Universität München. Verantwortlich für das Kapitel Wirtschaft.

Reindel, Tanja geb. 1967, Studium der Anglistik und Germanistik; freie Lektorin. Verantwortlich für die Chroniken der Länder des östlichen und südlichen Afrikas im Kapitel Staaten.

Unger-Kunz, Margit geb. 1961, Studium der Germanistik und Geschichte; freie Lektorin und Publizistin. Verantwortlich für die Chroniken der Länder Lateinamerikas und der Karibik im Kapitel Staaten.

Der Fischer Weltalmanach

2006 Zahlen · Daten · Fakten

Fischer Taschenbuch Verlag

Der Fischer Weltalmanach 2006

Redaktion Eva Berié und Heide Kobert (verantwortlich)
Christin Löchel, Thomas Steinhoff
Mitarbeit: Lea Katharina Ostmann
Redaktionsschluss 15. 7. 2005

Fischer Taschenbuch Verlag
Fischer Weltalmanach
Postfach 70 03 55
60553 Frankfurt am Main
weltalmanach@fischerverlage.de

Täglich aktuell im Internet
www.weltalmanach.de

Originalausgabe
Veröffentlicht im Fischer Taschenbuch Verlag,
ein Unternehmen der S. Fischer Verlag GmbH,
Frankfurt am Main, September 2005

Unsere Adressen im Internet:
www.fischerverlage.de
www.hochschule.fischerverlage.de

Herstellung Frank Geck und Matthias Birkelbach
Umschlag und typografisches Konzept
Farnschläder & Mahlstedt Typografie, Hamburg
Karten BITmap, Mannheim
Grafiken Christiane von Solodkoff, Neckargemünd
Flaggen Archiv für Flaggenkunde, Ralf Stelter, Hattingen
Fotos AFP / Getty Images und dpa / Picture-Alliance
Gesamtherstellung Clausen & Bosse, Leck
Satz Andreas Hauser

Umschlagfotos:
Zerstörungen des Tsunami auf Gemendhoo (Malediven)
Flüchtlingslager in Muhujariya (Darfur)
Papst Benedikt XVI.
Berliner Holocaust-Mahnmal
Viktor Juschtschenko und Julia Timoschenko (Ukraine)

Printed in Germany
ISBN 3-596-72006-0
ISBN 3-596-72906-8 (Ausgabe mit CD-ROM)
ISSN 0430-5973

Vorwort

Die typografische und inhaltliche Neugestaltung des Fischer Weltalmanach im vergangenen Jahr hat zahlreiche Leser veranlasst, uns ihr Lob auszusprechen. Dafür möchten wir uns an dieser Stelle bedanken, ebenso für die Verbesserungsvorschläge, die bereits in dieser Ausgabe weitgehend berücksichtigt worden sind.

Das Kapitel **Jahreschronik** fasst in knapper Form die Ereignisse zusammen, die von Juli 2004 bis Juni 2005 Schlagzeilen gemacht haben.

Das in der letzten Ausgabe neu dazu gekommene Kapitel **Themen der Welt** stellt Hintergrundinformationen und Karten zu den wichtigsten globalen Problemen und Herausforderungen bereit: Tsunami, Bevölkerung, Aids / HIV, Konflikte, Todesstrafe, Korruption, Raumfahrt, Atomwaffensperrvertrag und Bedrohte Kindheit.

Das Kapitel **Staaten** enthält die aktuellen abgesicherten Grunddaten zu den 193 Staaten der Welt und zu den abhängigen Ländern und Gebieten sowie ausführliche Chronikbeiträge über deren Entwicklung im Berichtszeitraum (1. 7. 2004–15. 7. 2005). Am Ende des Staatenkapitels finden sich die um zusätzliche demografische Kennziffern erweiterten Basistabellen sowie Kontinentkarten, eine Weltkarte und die Flaggenübersicht.

Das Kapitel **Europäische Union** befasst sich ausführlich mit dem Aufbau und den Organen der EU und zeichnet in der Chronik die jüngsten Entwicklungen um Erweiterung, Verfassung und Finanzierung der Gemeinschaft nach.

Das Kapitel **Internationale Organisationen** porträtiert die Vereinten Nationen (UN) und ihre vielfältigen Organe und Programme und beschäftigt sich in der Chronik u. a. mit dem Reformprojekt des Sicherheitsrats. Daneben werden eine Auswahl wichtiger internationaler Organisationen und einige weltweit operierende Nichtregierungsorganisationen vorgestellt.

Das Kapitel **Wirtschaft** befasst sich mit der Entwicklung und den Problemen der Weltwirtschaft sowie der Situation in einzelnen Staaten und Regionen. Die Abschnitte Landwirtschaft, Bergbau, Industrie, Energie, Handel, Verkehr und Dienstleistungen informieren über die allgemeine Lage und enthalten zahlreiche Tabellen mit aktuellen Produktionziffern und Branchenübersichten.

Das Kapitel **Umwelt** geht ausführlich auf die durch menschliche Einflüsse verursachten globalen Veränderungen des Ökosystems (Atmosphäre, Böden, Wälder, Wasser und biologische Vielfalt) ein. Mit Hintergrundberichten zum Kyoto-Protokoll, Gletscherschwund, Emissionshandel, Feinstaub und zur Zerstörung des Regenwaldes.

Im Kapitel **Kultur** sind die wichtigen Ereignisse des letzten Jahres in den Bereichen Architektur, Bildung und Forschung, Film, Kulturpolitik, Kunst, Museen und Ausstellungen, Literatur, Medien, Musik, Theater und UNESCO-Weltkulturerbe dokumentiert.

www.weltalmanach.de bietet eine kommentierte Linksammlung zu vielen wichtigen Kulturpreisen.

Im Kapitel **Sport** werden die Ergebnisse der Olympischen Sommerspiele in Athen 2004 nachgetragen und die wichtigsten Ereignisse aus Fußball, Tennis, Formel 1, Radsport und verschiedenen Wintersportarten zusammengefasst.

Im Kapitel **Biografien** sind über 130 Persönlichkeiten porträtiert, die zum Stichtag 15. 7. 2005 hohe Staats- und Regierungsämter bekleideten, im Berichtszeitraum ins Amt gekommen sind oder im Zentrum des öffentlichen Interesses standen. Schwerpunktmäßig sind Politiker der Transformationsländer Ostmittel- und Osteuropas berücksichtigt

An wichtige verstorbene Persönlichkeiten wird im Kapitel **Nachrufe** erinnert.

Hinweisen möchten wir auf die Reihe Fischer Weltalmanach aktuell, ein Gemeinschaftsprojekt mit der ZEIT. 2005 bereits erschienen ist **Russland und der Kaukasus** (FTV 72303), im Dezember erscheint **China** (FTV 72304).

Und zuletzt: Im Internet finden Sie unter www.weltalmanach.de täglich aktuelle Nachrichten, Biografien neu ins Amt gekommener Politiker sowie Hintergrundberichte, die Sie bis zur nächsten Neuausgabe des Fischer Weltalmanach auf dem Laufenden halten.

Die Redaktion
Frankfurt am Main, im Juli 2005

Inhalt

JAHRESCHRONIK

- **Großbritannien** G-8-Gipfel der kleinen Fortschritte
- **Großbritannien** Terror in London
- **EU in der Krise** Nein zur Verfassung
- **Vatikan** Habemus Papam
- **Ukraine** Revolution in Orange
- **Griechenland** Olympischer Sommer

- **Live-8-Konzerte** Rock gegen Armut und Elend (Philadelphia, Barrie, Edinburgh, London, Berlin, Paris, Johannesburg, Rom, Moskau, Tokio)

- **USA** Bush-Country
- **Haiti** Am Rande des Abgrunds
- **Guantánamo** Verstöße gegen Menschenrechte
- **Karibik** Wütende Hurrikans
- **Kolumbien** Endloser Bürgerkrieg
- **Ecuador** Politische Dauerkrise
- **Amazonas** Zerstörung des Regenwalds
- **Bolivien** Aufstand der Armen
- **Uruguay** Neue Gesichter
- **Nordafrika** Heuschreckenplage
- **Elfenbeinküste** Gespaltenes Land
- **Sudan/Darfur** Das Morden geht weiter
- **DR Kongo** Ringen um Frieden

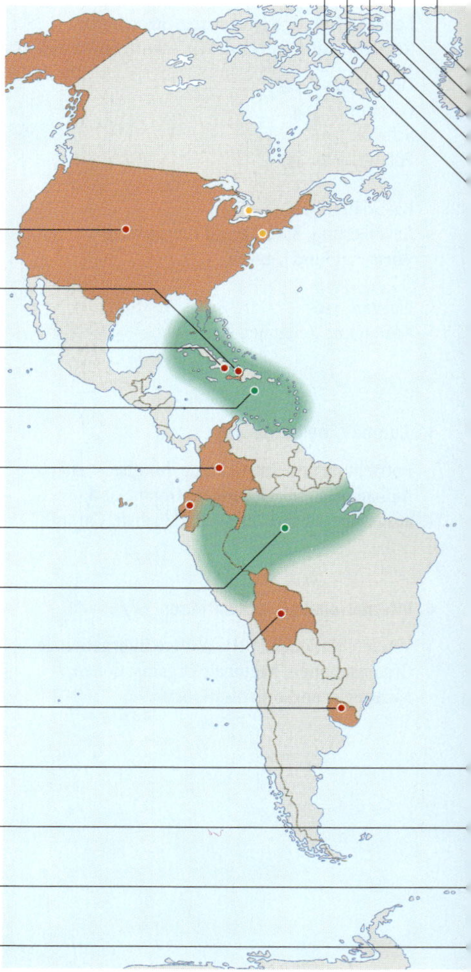

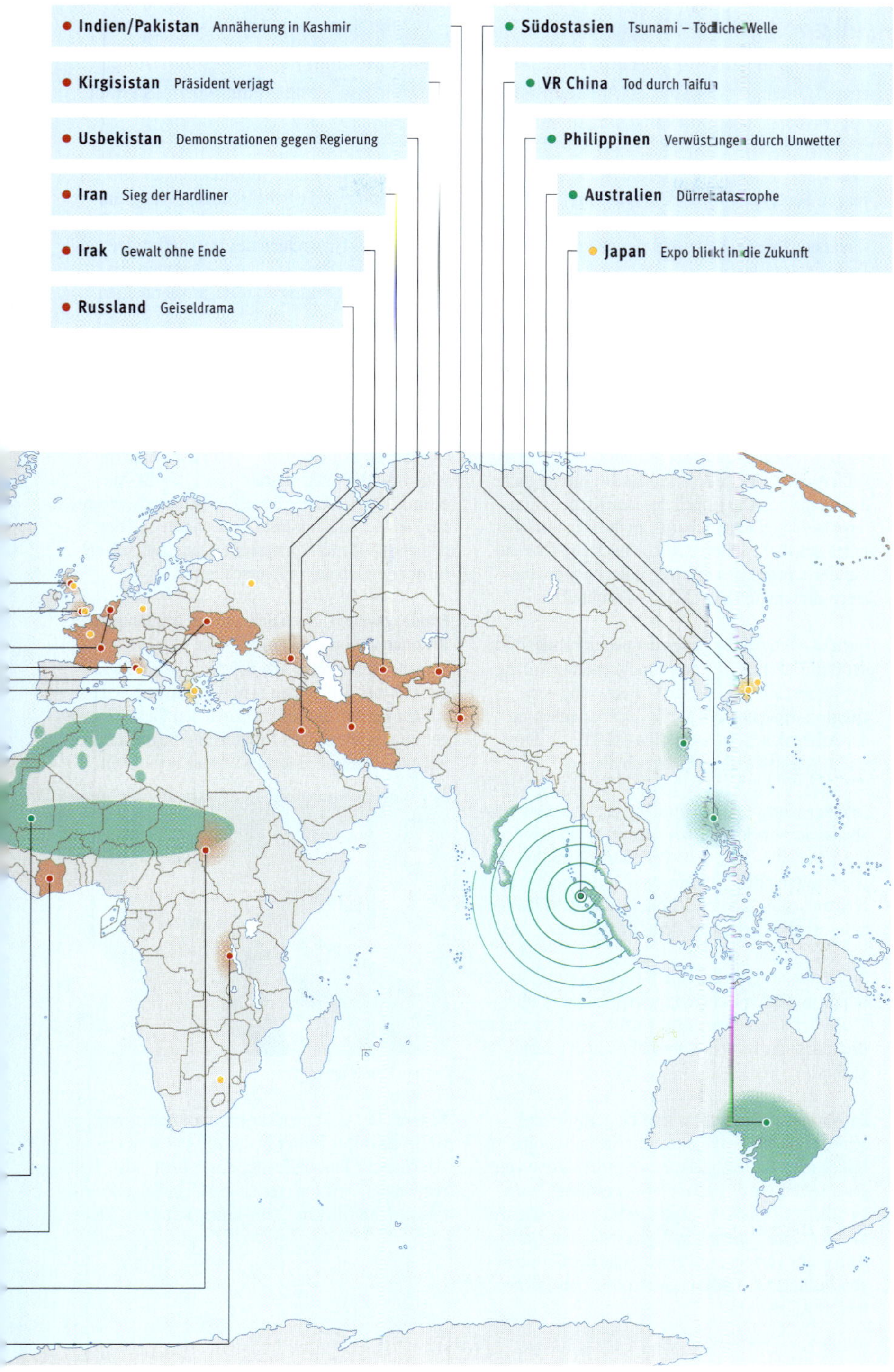
Indien/Pakistan Annäherung in Kashmir
Kirgisistan Präsident verjagt
Usbekistan Demonstrationen gegen Regierung
Iran Sieg der Hardliner
Irak Gewalt ohne Ende
Russland Geiseldrama
Südostasien Tsunami – Tödliche Welle
VR China Tod durch Taifun
Philippinen Verwüstungen durch Unwetter
Australien Dürrekatastrophe
Japan Expo blickt in die Zukunft

Juli 2004

Griechenland wird Fußball-Europameister ▪ Bundesrat bestätigt Hartz IV ▪ Armstrong erneut Gewinner der Tour ▪ Antisemitismus in Frankreich ▪ Mannesmann-Prozess endet mit Freispruch ▪ Brückenschlag in Mostar

Neuanfang Knapp drei Jahre nach den Anschlägen vom 11. September wird am 4. 7. auf Ground Zero in New York der Grundstein für den 541 Meter hohen »Freedom Tower«, Kernstück des neuen World Trade Centers, gelegt.

Überraschung Mit einem 1:0-Sieg über Gastgeber Portugal wird die griechische Nationalmannschaft unter Trainer Otto Rehagel am 4. 7. überraschend Fußball-Europameister.

Antisemitismus Nach Übergriffen auf Juden fordert der französische Präsident Jacques Chirac die Bevölkerung am 8. 7. zum »Aufstand« gegen jegliche Intoleranz auf. Der Appell des israelischen Ministerpräsidenten Ariel Scharon an die französischen Juden am 18. 7., »unverzüglich« nach Israel auszuwandern, provoziert entrüstete Reaktionen und einen diplomatischen Eklat. → Frankreich

Hartz IV Ohne die Stimmen der neuen Länder billigt der Bundesrat am 9. 7. das vom Bundestag Anfang Juli verabschiedete Gesetz zur Betreuung von Langzeitarbeitslosen, das die Zusammenlegung der Arbeitslosen- u. Sozialhilfe (ALG II) ab dem 1. 1. 2005 festschreibt. → Deutschland

Fahndungserfolg Nach fünfjähriger Flucht wird Ex-Staatssekretär Holger Pfahls am 13. 7. in Paris gefasst. Der ehemalige CDU-Politiker soll im Zusammenhang mit der Lieferung von Bundeswehrpanzern an Saudi-Arabien Schmiergelder in Millionenhöhe erhalten haben. → Deutschland

Brandkatastrophe Bei einem Feuer in einer Grundschule im Süden Indiens kommen am 16. 7. über 80 Kinder ums Leben, mehr als 100 werden verletzt; Brandursache war ein Kurzschluss in der Schulküche.

Entwaffnung Die afghanische Regierung verabschiedet am 18. 7. ein Dekret zur Entwaffnung der Milizen; bis Ende August 2004 werden 15 000 von geschätzten 100 000 Kämpfern entwaffnet. Nach 24-jähriger Tätigkeit stellen die Ärzte ohne Grenzen am 28. 7. ihre Tätigkeit in Afghanistan ein, nachdem es im Vormonat zu einer Welle der Gewalt gegen ausländische Hilfsorganisationen gekommen war. → Afghanistan

Appell Die UN-Generalversammlung in New York fordert am 20. 7. die israelische Regierung auf, die Sperranlagen im Westjordanland abzureißen und das Rechtsgutachten des Internationalen Gerichtshofes in Den Haag, das die Anlage am 9. 7. für völkerrechtswidrig erklärte, anzuerkennen. → UN

Gewinner Der Prozess um die Millionen-Prämien bei der Mannesmann-Übernahme durch Vodafone endet am 22. 7. mit einem Freispruch für alle sechs Angeklagten. Das Gericht sah die Vorwürfe gegen die ehemaligen Mitglieder der Konzernführung bzw. des Aufsichtsrates, darunter Ex-Mannesmann-Chef Klaus Esser, der Vorstandssprecher der Deutschen Bank Josef Ackermann und der frühere IG-Metall-Vorsitzende Klaus Zwickel, als nicht erwiesen an. → Deutschland

Friedenssymbol Nach neun Jahren originalgetreuer Rekonstruktion wird am 23. 7. die 1993 im Bosnien-Krieg zerstörte Alte Brücke in Mostar wieder eröffnet. Durch den 15 Mio. € teuren Wiederaufbau werden die beiden durch den Fluss Neretva getrennten jeweils von Kroaten und Bosniaken bewohnten Stadtteile Mostars wieder verbunden.

Die Alte Brücke am 23. 7. 2004

Rekord Der US-Amerikaner Lance Armstrong gewinnt als erster Fahrer in der 101-jährigen Geschichte der Tour de France das bedeutendste Radrennen der Welt zum sechsten Mal in Folge, Zweiter wird Jan Ullrichs Team-Kollege Andreas Klöden.

August 2004

Feuer in Einkaufszentrum ■ Heuschreckenplage in Afrika ■ Olympische Spiele in Athen ■ Demonstrationen gegen Arbeitsmarkt-Reformen ■ Spektakulärer Kunstraub in Oslo ■ Taifun hinterlässt Schneise der Verwüstung

Katastrophe Bei einem Brand in einem Einkaufszentrum in Paraguays Hauptstadt Asuncion sterben am 1. 8. über 400 Menschen; aus Furcht vor Plünderungen hatte man sämtliche Ausgänge des Gebäudes versperren lassen. → Paraguay

Terrorabwehr Den britischen Sicherheitsbehörden gelingt mit der Verhaftung von 13 Terrorismusverdächtigen am 3. 8. ein großer Erfolg im Antiterrorkampf. Acht der Festgenommenen, die meisten Briten pakistanischer Herkunft, werden wegen Beteiligung an einem Mordkomplott bzw. terroristischen Aktivitäten angeklagt; in ihrem Visier soll sich u. a. der Flughafen London-Heathrow befunden haben. → Großbritannien

Rivalitäten Das Aufeinandertreffen der Fußballmannschaften Chinas und Japans im Asia-Cup-Finale am 7. 8. in Beijing löst schwere antijapanische Ausschreitungen aus. Ein chinesisches U-Boot, das im November in japanische Hoheitsgewässer eindringt, belastet das Verhältnis beider Länder weiter. Einige Tage nach dem Vorfall entschuldigt sich Beijing für den Vorfall, der durch ein Versehen ausgelöst worden sei. → VR China

Heuschrecken Mauretanien wird ab August 2004 von der schwersten Heuschreckenplage seit 15 Jahren getroffen. Durch die großteils zerstörte Getreideernte werden 400 000 Menschen von Nahrungsmittelhilfe abhängig. Die Insekten wandern in den folgenden Wochen u. a. nach Algerien, Gambia, Mali und Marokko weiter, in Niger, ohnehin schon in einer kritischen Lage, kommt es nach ihrem Abzug zu einer Hungersnot. → Mauretanien

Vergleich 18 Jahre nach dem Bombenanschlag auf die Berliner Diskothek »La Belle«, einigt sich die libysche Gaddafi-Stiftung am 10. 8. mit den Anwälten der Opfer auf insgesamt 35 Mio. US-$ Entschädigung. Bei dem Anschlag im April 1986 waren drei Menschen getötet und mehr als 200 verletzt worden. → Deutschland

Skandal Die katholische Kirche schließt am 12. 8. das Priesterseminar im österreichischen St. Pölten. Auf den Computern des Seminars waren Tausende von kinderpornographischen Seiten sichergestellt worden. → Österreich

Massaker 160 kongolesische Flüchtlinge, die sich in Burundi vor den Angriffen der Hutu auf Tutsi-Zivilisten in Sicherheit bringen wollten, werden am 13. 8. in einem UN-Flüchtlingslager massakriert. Die burundische Armee droht der DR Kongo daraufhin mit Krieg und nur internationale Diplomatie kann eine akute Krise verhindern. → Burundi

Sturmschäden Der Taifun Rananim erreicht am 13. 8. die Südostküste Chinas und hinterlässt eine Schneise der Verwüstung: der heftigste Wirbelsturm seit sieben Jahren fordert 164 Todesopfer, mehr als 42 000 Häuser werden zerstört. → VR China

Sportereignis In Athen werden am 14. 8. die 28. Olympischen Spiele eröffnet: an über 300 Wettbewerben in 28 Sportarten nehmen bis zum 29. 8. rund 10 500 Sportler aus der ganzen Welt teil. → Sport

Sieger des Marathonlaufs: Baldini, Keflezighi und Lima

Proteste Bei einer der so genannten Montags-Demonstrationen protestieren in mehreren ostdeutschen Städten am 16. 8. über 90 000 Menschen gegen die Arbeitsmarkt-Politik der Bundesregierung. In den beiden darauf folgenden Wochen gehen jeweils noch 70 000 Menschen auf die Straße. → Deutschland

Kunstraub Unter den Augen zahlreicher Besucher stehlen zwei bewaffnete Männer am 22. 8. im Osloer Edvard-Munch-Museum mit »Der Schrei« und »Madonna« zwei weltberühmte Arbeiten des norwegischen Malers. Nach Einbau eines 5 Mio. € teuren Sicherheitssystems öffnet das Museum am 18. 6. 2005 wieder seine Pforten. → Kultur

September 2004

Historische Bibliothek zerstört ▪ Geiselnahme in Beslan beendet ▪ Verheerender Wirbelsturm in der Karibik ▪ Verfahren gegen US-amerikanische Tabakindustrie ▪ Frauenrechte in Algerien ▪ Hohe Geldstrafe für CDU ▪ Machu Picchu gerettet

Brandkatastrophe Bei einem Großbrand in der Weimarer, zum Weltkulturerbe zählenden Anna-Amalia-Bibliothek werden am Abend des 2. 9. rund 30 000 Bücher, zahlreiche Schriften sowie die unersetzliche Musikaliensammlung zerstört. → Kultur

Geiseldrama Spezialeinheiten der russischen Armee stürmen am 3. 9. eine Schule im nordossetischen Beslan, in der zwei Tage zuvor tschetschenische Extremisten knapp 1200 Personen als Geiseln genommen hatten. Bei der gewaltsamen Befreiung sterben 330 Menschen, darunter 176 Kinder. → Russland

Märchenhochzeit Der 30-jährige Kronprinz des Sultanats Brunei, Muttadee Billah, heiratet am 9. 9. die 17-jährige Sarah Selleh, Tochter eines Bruneiers und einer Schweizerin. Rund 5000 geladene Gäste aus aller Welt nehmen an der prunkvollen, vier Mio. € teuren Vermählung teil.

Der Kronprinz von Brunei und seine junge Braut

Feuer frei! Trotz heftiger Proteste hebt der US-Kongress am 14. 9. das zehn Jahre alte Verbot von halbautomatischen Schnellfeuerpistolen und -gewehren auf. Die in den vergangenen Jahren nur bei der Armee und Polizei erlaubten so genannten Angriffswaffen sind damit wieder frei verkäuflich.

Abrechnung In einer Grundsatzentscheidung erklärt das Bundesverfassungsgericht am 16. 9. die wegen verdeckter Parteienfinanzierung verhängte Geldstrafe in Höhe von 21 Mio. € gegen die CDU für rechtmäßig. Ein ins Ausland verbrachtes Vermögen des hessischen Landesverbandes war im Rechenschaftsbericht für das Jahr 1998 nicht aufgetaucht. → Deutschland

Frauenrechte Die im September 2004 in Algerien eingeleitete Reform im bisherigen Familienrecht (Code de la famille, von Frauenorganisationen als »Code de l'infamie« bezeichnet) enttäuscht die Hoffnungen der algerischen Frauen. → Algerien

Naturkatastrophe Der Wirbelsturm Jeanne, der am 18. 9. die Karibik erreicht, fordert auf Haiti mehr als 3000 Todesopfer. Es ist der letzte einer ganzen Reihe von Hurrikans, die seit Mitte August über die Karibik und den Süden der USA hinwegfegen. Schätzungen zufolge beträgt der Gesamtschaden 25 Mrd. US-$. → Haiti

Rauchzeichen In Washington beginnt am 21. 9. das bis dahin größte Gerichtsverfahren gegen die US-amerikanische Tabakindustrie. Die Regierung wirft den Konzernen u. a. vor, den Nikotingehalt und damit die Suchtwirkung von Zigaretten manipuliert zu haben, um die Absätze zu steigern und fordert deshalb die zu Unrecht erhaltenen Gewinne in Höhe von 280 Mrd. US-$ zurück.

Demokratie wagen Der Sultan von Brunei, Haji Hassan al-Bolkiah, der die Einberufung des Gesetzlichen Rats am 25. 9. als »vorsichtige Reform« bezeichnet, warnt die Mitglieder zugleich davor, »keine Fehler« zu machen. Der Rat war vor 20 Jahren aufgelöst worden. → Brunei

Ausverkauf Der neue Chef des angeschlagenen KarstadtQuelle-Konzerns legt einen Sanierungsplan zur Neuausrichtung des Unternehmens vor, der u. a. die Trennung von der Hälfte der über 180 Warenhäuser, drastische Einsparungen beim Personal sowie Veränderungen im Versandhandel vorsieht.

Weltkulturerbe Für die Erhaltung der Inka-Kulturstätten in Peru, zu denen auch die weltbekannte Stadt Machu Picchu zählt, stellt die Weltbank Ende September einen Kredit über 5 Mio. US-$ zur Verfügung. Die historischen Anlagen sind durch den ansteigenden Tourismus großen Gefährdungen ausgesetzt. → Peru

Oktober 2004

Präsidentenwahl in Afghanistan ▪ Proteste peruanischer Kokabauern ▪ Urteil auf Pitcairn ▪ Neuer König in Kambodscha ▪ General Motors streicht Stellen ▪ EU-Verfassung ▪ Ölpreis auf Rekordhöhe ▪ Fernsehen wird teurer

Bücherschau In Frankfurt wird am 5. 10. die 56. Internationale Buchmesse eröffnet, auf der bis zum 10. 10. knapp 6700 Verlage aus mehr als 100 Ländern ihre Titel vorstellen; Ehrengast ist die Arabische Welt. → Kultur

Ehrenmorde Mit der Verabschiedung eines Gesetzes im Oktober 2004 werden in Pakistan »Ehrenmorde« erstmals unter Strafe gestellt, bei denen Frauen aufgrund vermuteter außerehelicher Beziehungen von den eigenen Verwandten getötet werden. Nach Schätzungen werden in den ländlichen Stammesgebieten des Landes jährlich mehrere Hundert Frauen und Mädchen Opfer dieser Ehrenmorde. → Pakistan

Gebührendebatte Die Ministerpräsidenten der Länder beschließen am 8. 10. in Berlin einstimmig die Erhöhung der Rundfunkgebühren ab dem 1. 4. 2005 um 88 Cent auf 17,03 €. Sie bleiben damit erstmals unter der Empfehlung der Kommission zur Ermittlung des Finanzbedarfs der Rundfunkanstalten (KEF), die eine Anhebung um 1,09 € vorgeschlagen hatte. → Kultur

Demokratiestart Bei der ersten freien Präsidentenwahl in der Geschichte Afghanistans erringt Übergangspräsident Hamid Karzai am 9. 10. mit 55,4 % eine deutliche Mehrheit. → Afghanistan

Kahlschlag General Motors gibt am 14. 10. bekannt, bis zum Jahr 2010 in Europa 12 000 Stellen streichen zu wollen, davon rund 10 000 allein in Deutschland, unter anderem in den Opel-Werken Rüsselsheim und Bochum. → Deutschland

Ölkrise Ein Generalstreik am 11. 10., von dem auch die nigerianische Erdölindustrie betroffen ist, lässt die Ölpreise auf dem Weltmarkt über 50 US-$ pro Barrel ansteigen. Anlass für den Generalstreik ist die geplante Abschaffung der staatlichen Benzinsubventionen und die damit verbundene drastische Benzinpreiserhöhung. In Abuja und Lagos ist der Verkehr lahm gelegt; viele Geschäfte, Büros und vor allem Tankstellen sind geschlossen. → Nigeria

Ausnahmezustand Nach tagelangen Protesten der Kokabauern gegen die Vernichtung ihrer Felder verhängt die peruanische Regierung im Oktober 2004 den Ausnahmezustand. Die Kokabauern beklagen sich auch darüber, dass ihnen der Anbau von Koka zum Eigenbedarf untersagt wird. → Peru

Kollektiv-Urteil Im Prozess um Vergewaltigung und sexuelle Nötigung Minderjähriger werden auf der 47-Einwohner-Insel Pitcairn im Pazifik sechs der sieben Angeklagten schuldig gesprochen: Den Nachfahren der Bounty-Meuterer waren mehr als 50 sexuelle Übergriffe vorgeworfen worden. → Großbritannien

Thronfolger In einer prunkvollen Zeremonie wird Prinz Norodom Sihamoni am 29. 10. zum neuen König Kambodschas gekrönt. Der 51-jährige Choreograf und frühere Ballett-Tänzer tritt die Nachfolge seines Vaters Norodom Sihanouk an, der über 60 Jahre lang die Politik seines Landes geprägt und eine Woche zuvor aus gesundheitlichen Gründen abgedankt hatte. → Kambodscha

EU-Verfassung In Rom unterzeichnen die Staats- und Regierungschefs der Europäischen Union (EU) am 29. 10. die erste EU-Verfassung, die 2007 in Kraft treten soll. Zuvor muss das Vertragswerk jedoch noch von allen 25 Mitgliedstaaten unterzeichnet werden. → EU

Uhu Der Naturschutzbund Deutschlands wählt am 1. 10. den Uhu zum Vogel des Jahres 2005. Die größte einheimische Eule war fast ausgestorben, heute leben in Deutschland wieder 850 Brutpaare.

Leere Straßen in Lagos während des Generalstreiks

November 2004

Bush bleibt Präsident ▪ Mord an Theo van Gogh ▪ PLO-Chef Arafat stirbt in Paris ▪ Neue EU-Kommission ▪ Die Queen besucht Deutschland ▪ MoMA wieder eröffnet ▪ Elfenbeinküste in Aufruhr ▪ Skandal bei der Bundeswehr

Four more years Mit 286 der 538 Wahlmänner-Stimmen gewinnt der republikanische Amtsinhaber George W. Bush am 2. 11. die US-amerikanischen Präsidentschaftswahlen gegen seinen demokratischen Herausforderer John Kerry. → USA

George W. Bush bei seiner Siegesrede am 3. 11. 2004 in Washington

Attentat Die politisch motivierte Ermordung des niederländischen Filmemachers Theo van Gogh am 2. 11. in Amsterdam löst in seiner Heimat Entsetzen aus. Der wegen seiner kontroversen Ansichten umstrittene van Gogh stand seit der Ausstrahlung seines islamkritischen Kurzfilms »Submission« im Sommer 2004 unter Polizeischutz. → Niederlande

Queen-Besuch Die britische Königin Elizabeth II. trifft am 2. 11. zu ihrem vierten Staatsbesuch in Deutschland ein. Während ihres dreitägigen Besuchs eröffnet sie u. a. in der britischen Botschaft in Berlin eine Konferenz zum Klimaschutz.

Unfreiwillige Heimkehr Nach dem Bruch des Waffenstillstandes am 4. 11. kommt es an der Elfenbeinküste zu Kämpfen zwischen Rebellen und französischen Truppen, die an der Friedenssicherung beteiligt sind. Die ehemalige Kolonialmacht Frankreich sieht einige Tage später gezwungen, ihre Landsleute aus dem afrikanischen Staat zu evakuieren. → Elfenbeinküste

Crash Beim Zusammenprall eines mit 300 Personen besetzten Hochgeschwindigkeitszugs mit einem Auto auf einem beschrankten Bahnübergang etwa 65 km von London entfernt, kommen am 6. 11. sieben Personen ums Leben, 150 werden verletzt. Der Aufprall war so heftig, dass der gesamte Zug entgleiste und sechs der acht Waggons umkippten.

Unfall Ein 23-jähriger Kernkraftgegner, der sich aus Protest gegen den Castor-Transport aus der Wiederaufbereitungsanlage La Hague ins Zwischenlager Gorleben in der Nähe von Nancy an die Bahngleise gekettet hatte, wird am 7. 11. von dem Transportzug erfasst und getötet.

Abschied Nach mehrtägigem Koma stirbt Palästinenser-Präsident Jassir Arafat am 11. 11. in einem Militärkrankenhaus nahe Paris. Einen Tag später wird er, nach einer Trauerfeier mit Staatsgästen aus aller Welt, auf dem Gelände seines Amtssitzes in Ramallah beigesetzt. Zuvor war es dort zu chaotischen Zuständen gekommen: Zehntausende Palästinenser stürmten das Gelände, um sich von Arafat zu verabschieden. → Palästinensische Gebiete

Bundeswehr-Skandal Wegen des Verdachts auf Misshandlungen von Untergebenen während fingierter Geiselnahmen nimmt die Staatsanwaltschaft Münster am 11. 11. die Ermittlungen gegen 18 Vorgesetzte einer Bundeswehr-Ausbildungskompanie im westfälischen Coesfeld auf.

Neue Führungsriege Mit deutlicher Mehrheit bestätigt das Europäische Parlament die neue EU-Kommission: 449 Abgeordnete (bei 149 Gegenstimmen und 82 Enthaltungen) stimmen am 18. 11. in Straßburg für das zwischenzeitlich veränderte Team von Kommissionspräsident José Manuel Barroso. → EU

MoMA Nach fast dreijährigem Umbau wird das Museum of Modern Art in New York am 20. 11. wieder eröffnet. Mit der 858 Mio. US-$ teuren, zum größten Teil mit privaten Spenden finanzierten Renovierung, wurde die Grundfläche um fast 50 Prozent auf knapp 60 000 m² erweitert. → Kultur

Dezember 2004

Wiedereröffnung der Mailänder Scala ▪ Wangari Maathai erhält Friedensnobelpreis ▪ Mildes Urteil im Frankfurter Folter-Prozess ▪ Juschtschenko gewinnt Präsidentschaftswahl ▪ Seebeben in Südostasien ▪ Protestwelle in Bolivien

Kosovo Das Parlament des Kosovos wählt am 3. 12. den ehemaligen Rebellenführer Ramush Haradinaj, der von den Kosovo-Albanern als Held verehrt wird, zum Ministerpräsidenten. Nach Anklageerhebung vor dem ICTY wegen Kriegsverbrechen und Verbrechen gegen die Menschlichkeit tritt er nach dreimonatiger Amtszeit im März 2005 zurück.
→ Serbien und Montenegro

Sintflut Nach tagelangen schweren Unwettern auf den Philippinen steigt die Zahl der Toten am 3. 12. auf mehr als 780. Schwere Niederschläge und ein nachfolgender Taifun haben Erdrutsche und Springfluten ausgelöst, mehr als 160 000 Einwohner im Osten und Norden des Landes fliehen vor dem Taifun »Nanmadol«, der die Ostküste mit Windgeschwindigkeiten von bis zu 185 Stundenkilometern getroffen hat. → Philippinen

Musentempel Mit Antonio Salieris Oper »L'Europa riconosciuta« wird die Mailänder Scala, eines der berühmtesten Opernhäuser der Welt, nach zweijährigen Umbauarbeiten am 7. 12. glanzvoll wieder eröffnet. Unter der Leitung des Schweizer Architekten Mario Botta war das Gebäude grundlegend renoviert worden; dabei blieb der Stil des 1778 erbauten Theaters bei einer jetzt verbesserten Akustik und einer hochmodernen Bühnentechnik weitgehend erhalten. → Kultur

Auszeichnung Als erste Afrikanerin erhält Wangari Maathai am 10. 12. den Friedensnobelpreis. Das norwegische Nobelpreis-Komitee zeichnet die 64-jährige Kenianerin für ihren Einsatz zur Erhaltung der Umwelt und zur Durchsetzung der Menschenrechte aus. → Umwelt, Kultur

Höhenrekord Nach dreijähriger Bauzeit wird bei Millau (Südfrankreich) am 14. 12. die größte Autobahnbrücke der Welt eingeweiht: der von Star-Architekt Norman Foster entworfene, 394 Mio. € teure Viadukt ist knapp 2,5 km lang und 343 m hoch. Er soll den bisherigen sommerlichen Riesenstaus auf der A75 Richtung Barcelona ein Ende setzen.

Verhörmethoden Im so genannten Folter-Prozess gegen den ehemaligen Frankfurter Polizei-Vizepräsidenten Wolfgang Daschner spricht das Landgericht der Mainmetropole am 20. 12. wegen der »ehrenwerten Motive« lediglich eine Verwarnung aus. Daschner und ein Untergebener waren angeklagt, dem Entführer und Mörder des 11-jährigen Bankierssohnes Jakob von Metzler Schmerzen angedroht zu haben, sollte er das Versteck seines Opfers nicht unverzüglich preisgeben.
→ Deutschland

Revolution in Orange Bei der Wiederholung der Stichwahl am 26. 12. gewinnt der liberale Oppositionsführer Viktor Juschtschenko mit 51,99 % der Stimmen die Präsidentschaftswahl in der Ukraine. Der Wahl sind wochenlange Massendemonstrationen wegen massiver Manipulationen in den ersten beiden Wahlgängen am 31. 10. und am 21. 11. vorausgegangen. → Ukraine

Tsunami Ein extrem starkes Seebeben vor der Küste Sumatras am 26. 12. löst meterhohe Flutwellen aus, die im Umkreis von mehreren tausend Kilometern die Küstengebiete Südostasiens, Indiens und Ostafrikas überschwemmen am stärksten betroffen sind Sri Lanka, Indien und Indonesien. Nach offiziellen Angaben kommen rund 300 000 Menschen, darunter auch Touristen, in den Fluten ums Leben. → Themen der Welt

Moratuwa (Sri Lanka) nach der Flutwelle

Brandgefahr Eine deutliche Erhöhung der Treibstoffpreise in Bolivien am 30. 12 löst heftige Demonstrationen gegen die Regierung von Präsident Carlos Diego Mesa Gisbert aus. Im Januar 2005 kommt es zu einer landesweiten Protestwelle, die sich trotz der Rücknahme der Preiserhöhungen Mitte Januar weiter verschärfen. Hoffnungen des Präsidenten, seine Politik durch die im Juli 2004 durchgeführte Volksabstimmung legitimieren und gegen ihn gerichtete radikale Kräfte schwächen zu können, erfüllen sich damit nicht. → Bolivien

Januar 2005

Abbas gewinnt Präsidentschaftswahl ▪ Italien wird rauchfrei ▪ Huygens landet auf Titan ▪ Moshammer ermordet ▪ Weltweit Gedenken an den Holocaust ▪ Wettskandal erschüttert DFB und Fußballfans ▪ Wahlen im Irak ▪ Frieden im Südsudan

Wahlsieg Der Anführer der Palästinensischen Befreiungsorganisation (PLO) und Kandidat der herrschenden Fatah-Bewegung, Mahmud Abbas, gewinnt am 9. 1. mit 62,3 % der Stimmen die Präsidentschaftswahl. Der als Favorit geltende Abbas hatte sich im Wahlkampf als Befürworter neuer Friedensverhandlungen mit Israel und als Bekämpfer der grassierenden Korruption innerhalb der palästinensischen Verwaltung präsentiert. → Palästinensische Gebiete

Frieden Der 21-jährige Bürgerkrieg zwischen dem nach Unabhängigkeit strebenden Südsudan und der Zentralregierung wird mit einem Friedensvertrag beendet. Die Unterzeichnung durch John Garang, dem Führer der südsudanesischen Befreiungsbewegung SPLM, und dem sudanesischen Vizepräsidenten Ali Osman Muhammad Taha findet am 9. 1. in Rahmen einer feierlichen Zeremonie im kenianischen Nairobi im Beisein von elf afrikanischen Staatschefs statt. → Sudan

Rauchverbot In Italien tritt am 10. 1. eines der strengsten Anti-Raucher-Gesetze Europas in Kraft: Wer in Bars, Restaurants, Diskotheken oder Büros raucht, muss mit Geldstrafen von 27,50 € bis 275 € rechnen. Gastronomen, die gegen das neue Gesetz verstoßen, zahlen zwischen 220 € und 2200 €. Ein Viertel der knapp 58 Mio. Italiener sind Raucher. → Italien

Raumfahrt Knapp drei Wochen nach der Abkoppelung vom Mutterschiff Cassini und einem insgesamt dreieinhalb Mrd. Kilometer langen Flug landet die europäische Raumsonde Huygens am 14. 1. planmäßig auf dem Saturnmond Titan und sendet 350 Bilder; wegen der großen Entfernung brauchen die Signale fast 67 Minuten bis zur Erde. An der Auswertung der Daten sind weltweit rund 250 Wissenschaftler beteiligt. → Themen der Welt

Daisy allein zu Haus Der Münchner Modemacher Rudolph Moshammer wird am 14. 1. in seiner Grünwalder Villa tot aufgefunden; er war in der vorhergehenden Nacht mit einem Kabel erdrosselt worden. → Nachrufe

Sprachkritik Die unabhängige Expertenjury, die seit 1991 jährlich das »Unwort des Jahres« kürt, erklärt am 18. 1. den Begriff »Humankapital« zum Unwort des Jahres 2004: Er degradiere Menschen zu nur noch ökonomisch interessanten Größen.

Erinnerung An den Gedenk-Feierlichkeiten zum 60. Jahrestag der Befreiung des Konzentrationslagers Auschwitz nehmen am 27. 1. auf dem Lagergelände nahe Krakau ehemalige Häftlinge, Staats- und Regierungschefs sowie hochrangige Vertreter aus 44 Staaten teil.

Café King Nach vorhergehenden Dementi gibt der Berliner Fußballschiedsrichter Robert Hoyzer am 27. 1. in einer schriftlichen Erklärung zu, Spiele der Bundesliga manipuliert zu haben, um mit persönlichen Wetteinsätzen hohe Geldbeträge zu kassieren. Drei Monate später reagiert der DFB mit gravierenden Satzungsänderungen auf den Wettskandal, u. a. wird ein generelles Wettverbot für Spieler, Trainer, Funktionäre und Schiedsrichter erlassen. → Sport

Neubeginn Im Irak wird am 30. 1. erstmals seit 1953 eine Nationalversammlung frei gewählt. Trotz zahlreicher Anschläge ist die Wahlbeteiligung überraschend hoch, insgesamt gehen rund 60 % der ca. 8 Millionen Stimmberechtigten an die Urnen. Im Vorfeld der Wahlen kam es zu einer Häufung von Anschlägen, prominentestes Opfer war der Provinzgouverneur und Bürgermeister von Bagdad, Ali al-Haidari. → Irak

Autobombenanschlag in Bagdad

Februar 2005

Nepals König übernimmt die Macht ▪ Abbas und Scharon vereinbaren Waffenruhe ▪ In 71 Tagen um die Welt ▪ Ende einer Tradition ▪ Spanier stimmen über EU-Verfassung ab ▪ Kyoto-Protokoll zum globalen Umweltschutz tritt in Kraft

Machtübernahme Der nepalesische König Gyanendra entlässt am 1. 2. die Regierung; er kündigt die Bildung eines neuen Kabinetts an, das innerhalb der nächsten drei Jahre eine funktionierende Demokratie und Frieden schaffen werde. In dem seit 1996 anhaltenden blutigen Konflikt zwischen der Armee und maoistischen Rebellen, die für eine grundlegende Reform des Staates und eine Beseitigung der Monarchie kämpfen, sollen bisher mehr als 11 000 Menschen getötet worden sein. → Nepal

Friedensbemühungen Bei einem Gipfeltreffen im ägyptischen Scharm el-Scheich einigen sich der israelische Ministerpräsident, Ariel Scharon, und der Präsident der Palästinensischen Autonomiebehörde, Mahmud Abbas, am 8. 2. auf einen sofortigen Waffenstillstand. Israel kündigt an, 500 Gefangene freizulassen und innerhalb der nächsten Wochen der Palästinensischen Autonomiebehörde die Kontrolle über fünf Städte im Westjordanland zu übertragen. → Israel / Palästinensische Gebiete

Abbas und Scharon auf dem Gipfel in Scharm el-Scheich

Segeltörn Die 28-jährige Britin Ellen MacArthur stellt am 8. 2. einen neuen Rekord im Einhand-Weltumsegeln auf: in 71 Tagen und 14 Stunden hatte sie knapp 50 000 Kilometer zurückgelegt. → Sport

Hochhausbrand In der 21. Etage des »Torre Windsor«, einem 106 m hohen Wolkenkratzer im Madrider Geschäftsviertel Azuca, bricht am Abend des 12. 2., vermutlich aufgrund eines Kurzschlusses, ein Feuer aus. 100 Feuerwehrleute sind über 21 Stunden im Einsatz, um den Brand unter Kontrolle zu bringen und einen Einsturz des 32-stöckigen Gebäudes zu verhindern. Zwei Tage nach dem Brand ordnen die Behörden den Abriss an.

Gedenktag Mit Kranzniederlegungen und Gottesdiensten gedenken am 13. 2. 60 000 Menschen in der sächsischen Landeshauptstadt des 60. Jahrestags der Bombardierung Dresdens durch die Alliierten. Bei den Luftangriffen am 13. und 14. 2. 1945 war das historische Stadtzentrum Dresdens fast vollständig zerstört worden, mehr als 25 000 Menschen kamen ums Leben.

Anschlag Der ehemalige libanesische Ministerpräsident, Rafik al-Hariri, der sich in den letzten Monaten gegen die prosyrische Haltung von Staatspräsident Lahoud gestellt hatte, wird am 14. 2. bei einem Bombenanschlag in Beirut getötet. Die libanesische Opposition bezichtigt Syrien des Anschlags und fordert den sofortigen Abzug der syrischen Soldaten aus dem Libanon. → Libanon

Klimaschutz Mehr als sieben Jahre nach seiner Verabschiedung tritt das Kyoto-Protokoll am 16. 2. in Kraft. Mit der völkerrechtlich verbindlichen Vereinbarung verpflichten sich die 141 Unterzeichnerstaaten, ihre Treibhausgas-Emissionen bis 2012 um mindestens 5 % (im Vergleich zu 1990) zu reduzieren. → Umwelt

Schonzeit Das im November 2004 vom britischen Unterhaus beschlossene Verbot der traditionellen Fuchsjagd tritt am 18. 2. in England und Wales in Kraft. Premierminister Tony Blair hatte die umstrittene Jagd nach mehreren gescheiterten Anläufen durch einen so genannten »Parliament Act« verbieten lassen. Frühere Versuche, die Fuchsjagd zu verbieten, waren mehrfach am Widerstand des House of Lords gescheitert. → Großbritannien

Rechenkünstler Nachdem er über 50 Tage lang ein spezielles Rechenprogramm auf seinem Computer laufen ließ, »entdeckt« ein Augenarzt aus Michelfeld bei Schwäbisch Hall am 18. 2. die bislang größte Primzahl: Ausgeschrieben hat die Zahl mehr als 7,8 Mio. Stellen. Eine Primzahl ist nur durch sich selbst und durch eins teilbar.

Si! In einem Referendum stimmt Spanien am 20. 2. als erster Mitgliedstaat der Europäischen Union über die EU-Verfassung ab: rund 77 % stimmen mit Ja; die Wahlbeteiligung liegt bei etwa 41 %. → EU, Spanien

März 2005

Tödlicher Zwischenfall nach Geiselnahme ▪ Urteil im Worldcom-Prozess ▪ Gründer der Colonia Dignidad verhaftet ▪ Neues Museum in Yad Vashem eröffnet ▪ Entführte italienische Journalistin wieder frei ▪ Amoklauf in Minnesota ▪ Koma-Patientin Terri Schiavo stirbt

Solo-Abenteuer Steve Fossett, US-amerikanischer Milliardär und Abenteurer, startet am 1. 3. zu einem Allein-Flug um die Welt: er möchte als erster Mensch nonstop um die Erde fliegen. Ohne zwischendurch aufzutanken, landet er nach 67 Stunden wieder in Salina, Kansas, dem Ausgangspunkt seines Rekordflugs.

Geiseldrama Nach einmonatiger Geiselhaft im Irak wird die italienische Reporterin Giuliana Sgrena am 4. 3. freigelassen. Auf der Fahrt zum Flughafen wird ihr Fahrzeug von US-Militärs unter Beschuss genommen: Sgrena wird verletzt, der italienische Geheimdienstoffizier Nicola Calipari getötet. Die Schüsse auf den Konvoi belasten in der Folge die Beziehungen zwischen Italien und den USA. → Italien

Zukunftsvertrag Auf einer Pressekonferenz am 4. 3. im Stammwerk Rüsselsheim stellt der Mutterkonzern General Motors das Opel-Sanierungskonzept vor. Unternehmensleitung und Betriebsrat hatten sich nach monatelangen Verhandlungen auf Maßnahmen zur Standortsicherung geeinigt. → Deutschland

Gefasst Nach mehrjähriger Flucht wird der deutsche Gründer der berüchtigten Siedlung »Colonia Dignidad«, Paul Schäfer, am 10. 3. in Buenos Aires festgenommen. Dem 83-Jährigen werden Kindesmissbrauch und die Beteiligung an Verbrechen der Militärdiktatur unter Pinochet (1973–90) zur Last gelegt. Auf seinem Anwesen soll er politische Gefangene festgehalten und gefoltert haben. → Chile

Holocaust-Museum In Anwesenheit von mehr als 40 Staats- und Regierungschefs aus aller Welt wird am 15. 3. in Jerusalem das neue Museum der 1957 eröffneten Gedenkstätte Yad Vashem eingeweiht. Der 40 Mio. € teure, zum großen Teil unterirdisch verlaufende Bau des israelisch-amerikanischen Architekten Mosche Safdie erweitert das alte, seit 30 Jahren bestehende Museum. → Kultur

Flüchtlingsdrama Nach Angaben des UN-Hilfskoordinators für Darfur (Sudan) vom 15. 3. starben im Darfur-Konflikt seit Ende 2003 180 000 Menschen an Hunger und Krankheiten; den Kampfhandlungen fielen nach Informationen von amnesty international rund 50 000 Menschen zum Opfer; die Zahl der Binnenflüchtlinge beläuft sich auf mindestens 1,8 Mio., zusammen mit den ca. 200 000 in Tschad befindlichen Flüchtlingen ist damit ein Drittel der Bevölkerung auf der Flucht. → Sudan

Flüchtlingslager in Darfur aufgelöst

Betrug Der ehemalige Chef des Telekommunikationsriesen WorldCom, Bernard Ebbers, wird am 15. 3. im größten Bilanzfälschungsskandal der US-Geschichte schuldig gesprochen und am 13. 7. zu 25 Jahren Gefängnis verurteilt. Im Juli 2002 hatte das innerhalb von 19 Jahren zum zweitgrößten Telekommunikationskonzern der USA aufgestiegene Unternehmen Insolvenz angemeldet. → USA

Amoklauf In einer Schule im Indianerreservat Red Lake im Norden Minnesotas richtet ein 16-jähriger Jugendlicher am 21. 3. ein Blutbad an: er tötet neun Menschen, 13 werden verletzt. Nach einem Feuergefecht mit der Polizei erschießt er sich selbst. Es ist die schwerste Bluttat an einer amerikanischen Schule seit dem Massaker an der Columbine-Highschool 1999 in Littleton, Colorado, als zwei Jugendliche zwölf Schüler und einen Lehrer töteten.

Tod in Florida Die seit 1990 im Koma liegende US-Amerikanerin Terri Schiavo stirbt am 31. 3., nachdem am 18. 3. ihre künstliche Ernährung endgültig eingestellt wurde. 1998 hatte ihr Ehemann unter Berufung auf den Wunsch der Patientin einen Antrag auf Entfernung des Nahrungsschlauchs gestellt. In dem folgenden Rechtsstreit über Einstellung und Wiederaufnahme der künstlichen Ernährung griff zum Schluss auch Präsident George W. Bush ein. → USA

April 2005

Papst Johannes Paul II. beigesetzt ▪ Happy-Beginning für Camilla und Charles ▪ Ratzinger wird Papst ▪ Ex-Minister Kanther verurteilt ▪ Große Koalition in Kiel ▪ Fischer vor dem Visa-Ausschuss ▪ Syriens Armee verlässt Libanon

Abschied Etwa 200 Staats- und Regierungschefs aus aller Welt und rund 300 000 Pilger nehmen am 8. 4. an der Trauerfeier für Papst Johannes Paul II. auf dem Petersplatz teil. Insgesamt waren etwa 4 Mio. Menschen nach Rom gekommen, die den Trauergottesdienst auf Großbildleinwänden verfolgten. Johannes Paul II. war am 2. 4. nach langer Krankheit im Alter von 84 Jahren gestorben → Nachrufe / Vatikan

Irak Zum ersten Mal in seiner Geschichte wählt das irakische Parlament am 6. 4. einen Kurden zum Staatspräsidenten. Stellvertreter des früheren Rebellenführers Dschalal Talabani werden der Schiit Adel Abdul Mahdi und der Sunnit Ghasi al-Jawar. → Irak

Brückenschlag Indien und Pakistan nehmen am 7. 4. erstmals seit fast 60 Jahren in der umkämpften Grenzregion Kashmir wieder eine direkte Busverbindung zwischen dem pakistanischen und indischen Teil Kashmirs auf. Die Verkehrsverbindung gilt als Zeichen der Entspannung zwischen den bislang verfeindeten Atommächten. → Indien

Königliche Hochzeit Im engsten Familien- und Freundeskreis heiratet der britische Thronfolger Prinz Charles am 9. 4. seine langjährige Geliebte Camilla Parker-Bowles, die jetzt den Titel Herzogin von Cornwall führt. → Großbritannien

CDU-Schwarzgeld-Prozess Das Wiesbadener Landgericht verurteilt den früheren Bundesinnenminister Manfred Kanther am 18. 4. wegen Untreue zu Lasten der CDU zu einer Haftstrafe von einem Jahr und sechs Monaten auf Bewährung. Der mitangeklagte langjährige Finanzberater der Hessen-CDU, Horst Weyrauch, wird wegen Beihilfe zu einer Geldstrafe verurteilt. → Deutschland

Mona Lisa Leonardo da Vincis berühmtestes Gemälde ist innerhalb des Pariser Louvre umgezogen und seit dem 6. 4. in der grundlegend renovierten »Salle des Etats« zu bewundern. Das Werk hängt nun in einer panzerglasgesicherten klimatisierten Vitrine, zusätzlich geschützt durch eine Absperrung. Sechs Millionen Besucher lockt die zwischen 1503–05 entstandene Renaissance-Schönheit jährlich an. → Kultur

Habemus papam Die in der Sixtinischen Kapelle im Vatikan zum Konklave versammelten 115 Kardinäle wählen am 19. 4. Josef Kardinal Ratzinger in nur vier Wahlgängen zum Nachfolger von Johannes Paul II. Ratzinger, der jetzt den Namen Benedikt XVI. trägt, ist der erste deutsche Papst seit 1523. → Vatikan

Titelseiten deutscher Tageszeitungen am 20. 4. 2005

Fischer-TV Die Live-Übertragung der zwölfeinhalbstündigen Vernehmung von Bundesaußenminister Joschka Fischer vor dem Visa-Untersuchungsausschuss beschert dem Fernsehsender Phoenix am 25. 4. eine Rekordquote. → Deutschland

Truppenabzug Mit einer Abschiedsfeier auf dem libanesischen Luftwaffenstützpunkt Rajak geht am 26. 4. die Militärpräsenz Syriens im Libanon nach 29 Jahren zu Ende. Nach Ausbruch des Bürgerkriegs war Syrien in den Nachbarstaat einmarschiert und hatte dort zeitweise bis zu 40 000 Soldaten stationiert. → Libanon

Schwarz statt Grün Sechs Wochen nach der gescheiterten Wiederwahl von Heide Simonis bildet CDU-Landeschef Peter Harry Carstensen am 27. 4. eine große Koalition aus CDU und SPD, auf die sich die beiden Parteien nach zweiwöchigen Verhandlungen geeinigt hatten. → Deutschland

Bahnbrechend Gut elf Jahre nach dem ersten Spatenstich erfolgt am 28. 4. der Durchschlag im Lötschbergbasistunnel und damit die Verbindung des nördlichen und südlichen Teils der insgesamt 34,6 km langen Tunnelröhre in den Berner Alpen. → Schweiz

Mai 2005

Merkel als Kanzlerkandidatin nominiert ▪ Wahlen in Großbritannien ▪ Holocaust-Mahnmal in Berlin eröffnet ▪ Unruhen in Usbekistan ▪ CDU gewinnt Wahlen in NRW ▪ Watergate-Informant enttarnt ▪ Jukos-Gründer verurteilt

Papa-Mobil Über eBay verkauft ein 21-jähriger Zivildienstleistender aus Olpe am 5. 5. seinen sechs Jahre alten Golf für knapp 190 000 €. Grund für den Rekord-Preis: das Auto gehörte früher Papst Benedikt XVI.

Wahlsieg Trotz deutlicher Stimmenverluste gewinnt die Labour Party unter Premierminister Tony Blair am 5. 5. die britischen Unterhauswahlen zum dritten Mal in Folge. Als Grund für die Verluste von Labour führen Beobachter vor allem Blairs Unterstützung des Irak-Kriegs an. → Großbritannien

Gedenkstätte 60 Jahre nach dem Ende des Nationalsozialismus wird am 10. 5. in Berlin das von Peter Eisenman entworfene Holocaust-Mahnmal für die ermordeten Juden Europas eröffnet. → Kultur

Operation Restore Order Mitte Mai beginnen simbabwische Sicherheitskräfte mit der Zerstörung von Armensiedlungen am Rande Harares und anderer Städte. Unter dem Vorwand, die Kriminalität zu bekämpfen und den Bau illegaler Siedlungen einzudämmen, werden bis Juni 2005 rund 50 000 Behausungen niedergerissen, 30 000 Personen werden verhaftet und zwischen 200 000 und 1 Million Menschen obdachlos. → Simbabwe

Aufstand In der zentralasiatischen Republik Usbekistan lässt Präsident Karimow am 20. 5. Unruhen im Osten des Landes gewaltsam niederschlagen. Nach Darstellung der Opposition wurden dabei mindestens 745 Menschen getötet, darunter zahlreiche Frauen und Kinder. → Usbekistan

Regierungswechsel Bei der Landtagswahl in Nordrhein-Westfalen am 22. 5. erzielt die CDU ein Rekordergebnis: mit 44,8 % der Stimmen löst sie die SPD nach 39 Jahren als stärkste Partei ab. Noch am Wahlabend kündigt Bundeskanzler Gerhard Schröder an, die für 2006 anstehenden Bundestagswahlen um ein Jahr vorziehen zu wollen, da durch das Wahlergebnis die Grundlage für die Fortsetzung seiner Politik in Frage gestellt sei. → Deutschland

K-Frage Auf einer gemeinsamen Präsidiumssitzung von CDU und CSU am 30. 5. wird die CDU-Vorsitzende Angela Merkel zur Kanzlerkandidatin gekürt. Die erste Frau, die in der Geschichte der Bundesrepublik das Amt der Regierungschefin anstrebt, erklärt nach ihrer Nominierung: »Ich will Deutschland dienen.« → Deutschland

Wahlsieger Jürgen Rüttgers und Kanzlerkandidatin Angela Merkel nach dem NRW-Triumph

Enthüllung Am 31. 5., drei Jahrzehnte nach dem Watergate-Skandal, der den damaligen US-Präsidenten Richard Nixon zum Rücktritt zwang, bekennt der inzwischen 91-jährige Mark Felt, ehemaliger Vize-Chef des FBI, »Deep Throat« gewesen zu sein: der Mann, der den Reportern der »Washington Post« die wichtigsten Informationen zum Einbruch in die Wahlkampfzentrale der oppositionellen Demokraten geliefert hatte.

Schauprozess Ein Moskauer Gericht verurteilt Michail Chodorkowskij, Gründer und früherer Chef des russischen Ölkonzerns Jukos, am 31. 5. wegen Steuerhinterziehung, Betrugs und Bildung einer kriminellen Vereinigung zu neun Jahren Lagerhaft. Beobachter bezeichnen das Verfahren als politischen Schauprozess. → Russland

Dürre In Sydney, der größten Stadt des Landes, werden im Mai 2005 angesichts dramatisch gesunkener Wasservorräte strenge Restriktionen beim Wasserverbrauch verhängt. Die Temperaturen liegen in diesem »Jahrhundertherbst« in einigen Gebieten von New South Wales über Wochen bis zu 5 °C über dem Durchschnitt. → Australien

Juni 2005

Gerangel um Rechtschreibreform ▪ Schweizer sagen ja zu Schengen ▪ Freispruch für Michael Jackson ▪ Zwangspause für Europäische Verfassung ▪ Deutsche Fußball-Frauen Europameister ▪ Argentinien setzt Amnestiegesetze außer Kraft ▪ Bestechungsskandal bei VW

Rechtschreibreform Nach dem einstimmigen Beschluss der Kultusministerkonferenz (KMK) am 3. 6. tritt die neue Rechtschreibung am 1. August für Behörden und Schulen verbindlich in Kraft. Bayern und Nordrhein-Westfalen haben im Juli die Übergangsfrist um ein weiteres Jahr verlängert. → Kultur

Jacko Nach fünfmonatigem Prozess sprechen die Geschworenen des Gerichts in Santa Barbara am 13. 6. US-Pop-Star Michael Jackson in allen zehn Anklagepunkten frei. Unter anderem war er wegen Kindesmissbrauchs, der Verschwörung zur Entführung und der Abgabe von Alkohol an Minderjährige angeklagt. Im Falle einer Verurteilung hätten ihm bis zu 20 Jahre Haft gedroht. → USA

Vergangenheitsbewältigung Das Oberste Gericht im argentinischen Buenos Aires erklärt am 14. 6. die so genannten Amnestiegesetze von 1986 und 1987 für verfassungswidrig. Präsident Kirchner hatte die beiden Gesetze bereits im August 2003 vom Parlament und Senat annullieren lassen. Nun können die Verantwortlichen für Verbrechen unter der Diktatur verfolgt und bestraft werden. → Argentinien

Krise Nach dem Nein der Franzosen und Niederländer zur EU-Verfassung Ende Mai und Anfang Juni verständigen sich die EU-Staats- und Regierungschefs bei ihrem Krisengipfel am 16. 6. darauf, den Ratifizierungsprozess für ein Jahr auszusetzen. Ursprünglich sollte die Ratifizierung des neuen Vertrages im November 2006 abgeschlossen sein. → EU

Fußballfrauen Mit einem 3:1-Sieg über Norwegen am 19. 6. im englischen Blackburn gewinnt die deutsche Frauen-Fußball-Nationalmannschaft zum vierten Mal in Folge die Europameisterschaft. → Sport

Hochverrat Ein Schwurgericht in Istanbul verurteilt den im Oktober 2004 aus Deutschland abgeschobenen Islamistenführer Metin Kaplan am 20. 6. wegen Hochverrats zu lebenslanger Haft. Er soll 1998 einen Terroranschlag auf die türkische Staatsührung geplant haben. → Türkei

Späte Gerechtigkeit Ex-Ku-Klux-Klan-Mitglied Edgar Ray Killen wird am 23. 6. wegen dreifachen Totschlags zu 60 Jahren Gefängnis verurteilt. Er soll den blutigen Überfall auf drei Bürgerrechtler, die im Juni 1964 getötet wurden, geplant haben. Der heute 80-jährige Killen war in einem früheren Verfahren freigesprochen worden, weil sich die aus Weißen bestehende Jury nicht auf einen Schuldspruch einigen konnte.

Hardliner Der bisherige Bürgermeister von Teheran, Mahmud Ahmadi-Nedschad wird am 24. 6. zum neuen Staatspräsidenten des Iran gewählt. In einer Stichwahl siegt er über seinen Kontrahenten Hashemi Rafsandschani, der bereits von 1989 bis 1997 Präsident war. Ahmadi-Nedschad zählt zu den führenden Vertretern einer ultrakonservativen harten Linie. → Iran

Irans neuer Präsident: Mahmud Ahmadi-Nedschad

Zarensturz Bei den Parlamentswahlen am 25. 6. verliert der vor vier Jahren mit großer Mehrheit gewählte Ministerpräsident Simeon Sakskoburggotski und seine Nationale Bewegung Simeon II. mehr als die Hälfte der Stimmen. Die von den Sozialisten unter Sergej Stanischew geführte »Koalition für Bulgarien« wird stärkste Kraft.

Schmiergeldaffäre Der Chef des Betriebsrats des Volkwagen-Konzerns, Klaus Volkert, tritt am 30. 6. überraschend zurück. Medienberichten zufolge soll er in den Skoda-Bestechungsskandal verwickelt sein. Einen Tag später kündigt Konzern-Chef Bernd Pischetsrieder eine lückenlose Aufklärung aller Vorwürfe an. → Deutschland

Tsunami Die durch das Seebeben im Indischen Ozean ausgelöste gewaltige Flutwelle (Tsunami) hat im Dezember 2004 in Küstenregionen Süd- und Südostasiens vermutlich fast 300 000 Menschen in den Tod gerissen. Genaue Opferzahlen wird es nie geben. Ein Frühwarnsystem soll die Anliegerstaaten des Indischen Ozeans künftig vor Naturkatastrophen warnen. Seite 24

Bevölkerung Die Weltbevölkerung wächst weiter stark an. Wo dieses Wachstum hauptsächlich stattfindet und welche Ursachen es hat, zeigt die jüngste UN-Bevölkerungsprognose von 2005. Auf zwei sich abzeichnende Entwicklungen mit schwerwiegenden wirtschaftlichen und sozialen Folgen weist der Bericht der UN außerdem hin: den Trend zur Überalterung in den Industriestaaten und zu einer Verstädterung der Weltbevölkerung insgesamt. Seite 28

Aids / HIV In den vergangenen zwei Jahrzehnten sind weltweit mindestens 20 Mio. Menschen an Aids gestorben. Etwa 40 Mio. Menschen leben derzeit mit dem Auslöser der Krankheit. Während in Westeuropa und Nordamerika die HIV-Übertragung durch wirksame Aufklärungskampagnen eingeschränkt werden konnte, breitet sich das Virus in Asien und Afrika weiter aus. Von der Immunschwächekrankheit sind zunehmend Frauen und Mädchen betroffen. Seite 30

Konflikte Das Heidelberger Institut für Internationale Konfliktforschung zählte 2004 weltweit insgesamt 230 politische Konflikte. Im Gegensatz zum Vorjahr gab es keinen Krieg zwischen zwei Staaten und die Zahl der innerstaatlichen Kriege ist von 13 im Jahr 2003 auf drei im Jahr 2004 gesunken. Dieser positiven Entwicklung steht ein Anstieg der gewaltsamen ernsten Krisen von 23 auf 33 gegenüber. Die meisten von ihnen entstanden aus ideologischen Differenzen und wurden mit dem Ziel geführt, das politische System zu verändern. Seite 32

Todesstrafe Im Jahr 2004 entfielen 97 % aller Hinrichtungen auf nur vier Staaten: China, Iran, Vietnam und USA. 76 Staaten oder Territorien halten noch an der Todesstrafe fest, auch wenn nicht alle von ihnen im vergangenen Jahr Todesurteile verhängt oder vollstreckt haben. 120 Staaten haben die Todesstrafe bisher im Gesetz oder in der Praxis abgeschafft, darunter 2004 die Türkei. Seite 34

Korruption Korruption tritt in unterschiedlichen Formen auf, so u. a. als aktive oder passive Bestechung, als Vorteilsgewährung, Ämterkauf, Richter- und Abgeordnetenbestechung, politischer Betrug, politische Erpressung, Nepotismus (»Vetternwirtschaft«) und Lobbyismus. Die weltweit tätige Nichtregierungsorganisation Transparency International prangerte bei der Vorstellung ihres jährlichen Korruptionsindexes die durch Bestechung angerichteten Schäden vor allem in den ärmsten Ländern der Welt an. Seite 36

Raumfahrt Seit dem Beginn der praktischen Raumfahrt 1957 sind mehr als 5400 Flugkörper ins Weltall gebracht worden, die meisten davon auf Erdumlaufbahnen. Mindestens 13 000 größere Objekte, zumeist verbrauchte Trägerraketenstufen und nicht mehr aktive Raumfahrzeuge und -teile sowie eine vielfach höhere Zahl kleiner Trümmer umkreisen heute mit hoher Geschwindigkeit in verschiedenen Höhen die Erde. Dieser »Weltraummüll« ist inzwischen zu einer ernsten Gefahr für die Raumfahrt geworden, beseitigen lässt er sich auf absehbare Zeit nicht. Seite 38

Atomwaffensperrvertrag Um die Gefahr des Einsatzes von Atomwaffen zu begrenzen, wurde vor 35 Jahren der Vertrag über die Nichtverbreitung von Atomwaffen (NPT) geschlossen. Seine beiden wichtigsten Ziele konnten aber nicht erreicht werden: Weder hat sich die ganze Welt in eine von Atomwaffen freie Zone verwandelt, noch wurde die Verbreitung eingedämmt. Die fünf offiziellen Atommächte – USA, Russland, Frankreich, Großbritannien und China – horten große Mengen atomarer Gefechtsköpfe und verfeinern ständig ihre Arsenale. Von schrittweisem Abbau bis hin zur totalen Abrüstung, wie es der Vertrag vorsieht, also keine Spur. Seite 40

Bedrohte Kindheit Fast einer Milliarde Kindern weltweit fehlt es an grundlegenden Voraussetzungen für ihre Entwicklung und zum Überleben. Rund 90 Millionen Kinder unter fünf Jahren sind unterernährt und über 121 Millionen Kinder können nicht zur Schule gehen. Kinder sind Opfer bewaffneter Konflikte oder des Kinderhandels, werden als Kindersoldaten rekrutiert oder müssen schwere Arbeit verrichten. Ein Zehntel der weltweiten Rüstungsausgaben würde ausreichen, Millionen von Jungen und Mädchen zu einer Kindheit zu verhelfen, die dieses Wort verdient. Seite 42

Tsunami

Ein Seebeben der Stärke 9,0 auf der Richterskala – das erst fünfte jemals in dieser Stärke gemessene Beben – löste im Indischen Ozean eine gewaltige Flutwelle (Tsunami) aus, die am Morgen des 26. 12. 2004 in Küstenregionen Süd- und Südostasiens vermutlich mehr als 300 000 Menschen ohne Vorwarnung in den Tod gerissen hat, fast eine Million Menschen wurde obdachlos. Nach Angaben der Weltgesundheitsorganisation (WHO) waren im Katastrophengebiet bis zu fünf Millionen Menschen von jeglicher Grundversorgung abgeschnitten und hunderttausende von Seuchen bedroht. Die internationale Gemeinschaft begann unverzüglich eine beispiellose humanitäre Hilfsaktion gegen Hunger, Durst und Seuchen.

Genaue Opferzahlen kaum feststellbar

Das Epizentrum des Bebens lag rund 300 km vor der Nordwestküste Sumatras (→ Karte). Die Flutwelle traf 13 Anrainerstaaten des Indischen Ozeans direkt, acht davon schwer. Fast 50 Staaten haben Tote in den betroffenen Gebieten zu beklagen (Ansässige, Touristen). In Süd- und Südostasien verwüstete die Flut ganze Küstenregionen; Dörfer, selbst Inseln gingen in den Fluten unter. Die Gesamtzahl der Toten wird auf über 160 000, die der Vermissten auf über 140 000 geschätzt. Genaue Zahlen wird es wohl nie geben, denn viele Leichen wurden – auch um der Seuchengefahr vorzubeugen – eilig in Massengräbern beigesetzt, ohne registriert zu werden, oder konnten noch nicht geborgen werden. Es wird Jahre dauern, bis Einheimische und internationale Helfer – vereint in der größten Hilfsaktion aller Zeiten – zumindest die materiellen Schäden beseitigt haben.

Die größten Zerstörungen entstanden in der indonesischen Provinz Aceh im Norden Sumatras (→ Indonesien), in → Sri Lanka, → Indien (insbesondere auf den Inseln der Andamanen und Nikobaren) und → Thailand. Tote gab es auch in Myanmar, auf den Malediven, in Malaysia und in Ostafrika.

Die Zahl der betroffenen Deutschen im Katastrophengebiet gab das Auswärtige Amt Anfang Juni 2005 mit 502 bestätigten Toten und 56 offiziell Vermissten an.

Tsunami – »Große Welle im Hafen«

Tsunami ist die Bezeichnung für eine durch plötzliche Hebungen oder Senkungen des Meeresbodens bei Erdbeben, aber auch durch Erdrutsche oder Vulkanausbrüche verursachte Meereswoge. Diese kann sich mit einer Geschwindigkeit von bis zu 800 km/h über Entfernungen bis zu 20 000 km ausbreiten, wobei die Geschwindigkeit einer Tsunami-Welle von der Meerestiefe abhängt, d. h. je tiefer desto schneller ist der Tsunami. Die Wogen, die 150 bis 300 km lang sein können, steigen in der Ufernähe einer Tiefseesteilküste auf 30 bis 50 m an. Auf hoher See sind sie meist nur zwei bis drei Meter hoch, da der Abstand zwischen den Wellenkämmen bis zu 100 km betragen kann. Sie werden deshalb von Schiffen kaum wahrgenommen. Nach dem ersten Auftreffen eines Tsunami auf eine Küste dauert es meist zehn bis 45 Minuten, bis die nächste Welle folgt. Zwischen den Kämmen fließt das Wasser in den immer noch weiten Wellentälern sogartig ab und legt den Meeresboden auf einer größeren Strecke ins Meer hinaus frei. Daher auch der Name Tsunami: Japanische Fischer, die draußen auf dem Meer keine größeren Wellen bemerkt hatten, fanden bei der Rückkehr ihren Heimathafen verwüstet vor und sprachen deshalb von einer »großen Welle im Hafen«.

Das Seebeben vom 26. 12. 2004 entstand, als sich zwei tektonische Platten der Erdkruste aus ihrer Verkantung lösten und sich die westlich gelegene Indisch-Australische Platte unter die der Eurasischen Platte vorgelagerte kleinere Burma-Platte schob. Der Meeresboden vor Sumatra sank dadurch auf einer Länge von rund 1200 km ruckartig um fünf bis sechs Meter ab und federte anschließend wieder hoch. Das drückte den Ozean nach oben und löste die gewaltigen Flutwellen aus.

Die bisher größten Tsunami-Katastrophen

Der höchste bisher gemessene Wert auf der 1935 durch den US-amerikanischen Seismologen Charles Francis Richter (1900–1985) entwickelten und nach ihm benannten Skala beträgt 9,5. Er wurde bei einem Seebeben am 22. 5. 1960 vor der Pazifikküste Chiles festgestellt. Eine elf Meter hohe Welle tötete damals in Chile 5700 Menschen. Auch auf Hawaii kamen 61 Menschen ums Leben; dort konnte jedoch durch ein bereits bestehendes erstes Frühwarnsystem der USA der Ort Hilo größtenteils rechtzeitig evakuiert werden. Infolge eines der heftigsten Erdbeben der Neuzeit vor

Bergung eines Fischkutters in der Nähe von Galle/Sri Lanka.

der Küste Portugals starben am 1. 11. 1755 in Lissabon vermutlich über 60 000 Menschen: Als Überlebende der zu zwei Dritteln zerstörten Stadt an das Ufer des Tejo und in Booten auf das Meer flüchten, wurden sie von mehreren Riesenwellen überrascht und fortgespült. Zu der bis 2004 größten Tsunami-Katastrophe im Indischen Ozean kam es am 27. 8. 1883 nach dem Ausbruch des Vulkans Krakatau in der Sundastraße. Ein dadurch ausgelöster bis zu 40 m hoher Tsunami verwüstete ganze Landstriche an den Küsten von Java und Sumatra, 36 000 Menschen ertranken. Der so genannte Sanriku-Tsunami, eine durch ein Erdbeben ausgelöste 30 m hohe Meereswoge, überraschte am 15. 6. 1896 die Ostküste Japans während religiöser Feierlichkeiten; 26 000 Menschen verloren ihr Leben. Die italienische Hafenstadt Messina auf Sizilien wurde am 28. 12. 1908 fast vollständig durch ein Erdbeben und einen darauf folgenden Tsunami zerstört; mehr als 75 000 Bewohner der Stadt fanden den Tod. Ein Beben der Stärke 7,8 auf der Richterskala im Gebiet der im Süden der Philippinen gelegenen Insel Mindanao löste am 17. 8. 1976 eine Springflut aus, die in Küstenstädten im Morogolf 8000 Menschen getötet haben soll. Am 17. 7. 1998 zerstörte eine zehn Meter hohe Flutwelle nach einem Seebeben der Stärke 7,1 drei Dörfer an der Nordküste von Papua-Neuguinea, mindestens 2000 Bewohner kamen ums Leben.

Internationale Hilfe

Drei Monate nach der Tsunami-Katastrophe vom Dezember 2004 waren die meisten Überlebenden in Südostasien mit Lebensmitteln versorgt und in Notunterkünften untergebracht. Dank der starken Präsenz internationaler Hilfsorganisationen im Katastrophengebiet – ihre Zahl stieg zeitweise auf über 1200 an – konnte der Ausbruch von Seuchen weitgehend vermieden werden. Die Notversorgungsphase wurde am 26. 3. 2005 offiziell beendet und die Phase des Wiederaufbaus eingeleitet.

Das UN-Kinderhilfswerk (UNICEF) zog am 25. 3. 2005 eine Bilanz der bisher geleisteten Hilfe: Die schnelle Reaktion habe »eine Katastrophe nach der Katastrophe verhindert«. Inzwischen besuchten mehr als 80 % der Kinder in den am schlimmsten betroffenen Ländern Indonesien und Sri Lanka wieder die Schule. Unbegleitete Kinder erhielten Schutz und Hilfe bei der Suche nach Angehörigen. In Indonesien seien neben medizinischer Versorgung Schulmaterial für 240 000 Kinder sowie 121 große Schulzelte bereitgestellt worden. Zugleich habe UNICEF ein Ausbildungsprogramm für 2000 neue Lehrer gestartet. In Sri Lanka seien Medikamente für 150 000 Menschen und Trinkwasser für 200 000 Menschen bereitgestellt worden. Weil in den betroffenen Gebieten die lokalen Verwaltungen zum großen Teil zerstört und viele der Mitarbeiter tot seien oder vermisst würden, gingen die Vorbereitungen für den Wiederaufbau nur langsam voran. Vor der Wiedererrichtung von Häusern, Schulen und Gesundheitseinrichtungen müsse entschieden werden, ob dies an den alten Standorten geschehen könne oder ein größerer Abstand zum Wasser eingehalten werden solle. In Indonesien und Sri Lanka erschwerten zudem die langjährigen Bürgerkriegskonflikte die Abstimmung der Hilfe und den Zugang zu einigen Gebieten.

Die Federführung für die Maßnahmen der Vereinten Nationen (UN) hat das von dem Norweger Jan Egeland geleitete UN-Büro zur Koordinierung Humanitärer Hilfe (Office for the Coordination of Humanitari-

Humanitäre Hilfe nach Gebern

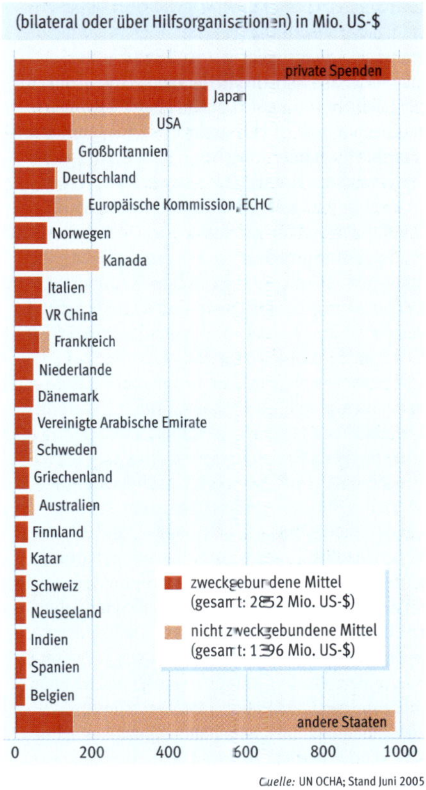

Quelle: UN OCHA; Stand Juni 2005

an Aid – OCHA). Egeland warnte bei der Vorstellung einer **Zwischenbilanz der Tsunami-Hilfe** am 6. 4. 2005 in Genf vor Korruption im milliardenschweren Wiederaufbauprogramm für die Tsunami-Region und versicherte, dass die UN möglichen Betrug und Misswirtschaft ernsthaft bekämpfen würden. Egeland bezifferte die von Regierungen zugesagte langfristige Wiederaufbauhilfe auf 5,8 Mrd. US-$. Darüber hinaus hätten Privatpersonen und Unternehmen 897 Mio. US-$ gespendet oder in Aussicht gestellt. Bisher seien 870 Mio. US-$ auf UN-Konten für Soforthilfe überwiesen oder fest zugesagt worden. Der benötigte Betrag für die humanitäre Soforthilfe war von den UN auf zunächst 977 Mio. US-$ geschätzt und später auf 1,08 Mrd. US-$ erhöht worden.

Sechs Monate nach dem verheerenden Seebeben waren zwar die Aufräumungsarbeiten in den betroffenen Küstengebieten vorangekommen, aber Tausende der obdachlos gewordenen Menschen lebten immer noch in Zelten oder Notunterkünften. In Indonesien behinderten Bürokratie und Korruption den Wiederaufbau, in Sri Lanka hingegen kamen die Hilfsmaßnahmen nur schleppend voran, da sich die Regierung erst Ende Juni 2005 mit den Tamilen-Rebellen auf ein Abkommen einigte, die internationalen Hilfsgelder zu teilen. Nach einer Untersuchung der Hilfsorganisation Oxfam vom Juni 2005 war die Hilfe in allen betroffenen Ländern bisher überwiegend Geschäftsleuten und Landbesitzern zugute gekommen, während die Armen am wenigsten davon profitiert hätten.

Die **deutsche Hilfe** für die Tsunami-Opfer konzentriert sich auf Indonesien und Sri Lanka. Am 18. 3. 2005 beendete die Bundeswehr ihren humanitären Hilfseinsatz im indonesischen Banda Aceh. Das als schwimmendes Krankenhaus ausgerüstete Versorgungsschiff Berlin kehrte an das Horn von Afrika zurück, um dort seinen Einsatz bei der Operation »Enduring Freedom« fortzusetzen. Die Bundeswehr hatte Anfang Januar zunächst ein mobiles Rettungszentrum in der Provinz Aceh aufgebaut und dann die Grundversorgung des General Hospital in der Provinzhauptstadt Banda Aceh sichergestellt.

Die **Bundesregierung** hatte bereits wenige Tage nach der Katastrophe 20 Mio. € Soforthilfe geleistet. Anfang Januar 2005 sicherte das Kabinett weitere 500 Mio. € zu. Von dieser Summe hat sie 50 Mio. € an die UN überwiesen, 15 Mio. € wurden zur Abdeckung der Kosten des Bundeswehreinsatzes in der Provinz Aceh verwendet und 13 Mio. € hat die Bundesregierung der Gesellschaft für Technische Zusammenarbeit (GTZ) zur Verfügung gestellt, die in Indonesien und Sri Lanka in der Wasser- und Stromversorgung arbeitet. Der Großteil der zugesagten Hilfe soll in den nächsten drei bis fünf Jahren vor allem für den Wiederaufbau der Bereiche Gesundheitsversorgung, Bildung, Wohnungsbau, Wasser- und Stromversorgung, Wirtschaftsförderung und Beratung der Verwaltung aufgewendet werden. Bundeskanzler Gerhard Schröder ernannte am 27. 1. 2005 die Frau des früheren Bundespräsidenten Johannes Rau, Christina, zur Beauftragen für die Koordination der **Patenschafts-Initiative** der Bundesregierung im Rahmen der Fluthilfe für Südasien.

Frühwarnsystem für den Indischen Ozean

Viele Menschenleben in Süd- und Südostasien hätten gerettet werden können, wären besonders betroffene Länder an ein Frühwarnsystem angeschlossen gewesen. Ein solches Frühwarnsystem gibt es für 26 Anliegerstaaten des Pazifik. Es besteht aus einem Netz von Sensoren im Meer, die seismische Aktivitäten messen. Sind die Kriterien für das Entstehen gefährlicher Tsunamis erfüllt, werden betroffene Küstenregionen gewarnt. Koordiniert wird das System seit 1965 vom Pacific Tsunami Warning Center (PTWC) in Ewa Beach auf Hawaii.

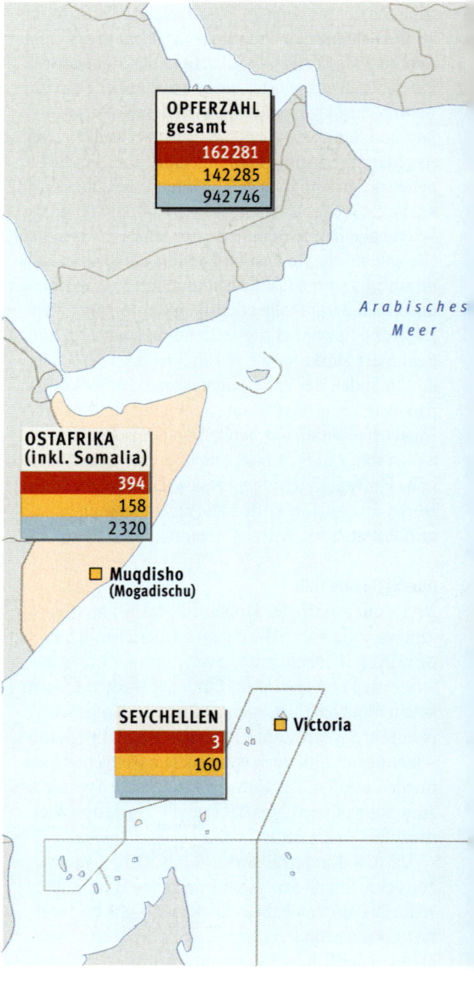

Nachdem bereits am 6. 1. 2005 auf einer ersten internationalen Geberkonferenz in der indonesischen Hauptstadt Jakarta die Einrichtung eines Tsunami-Frühwarnsystems im Indischen Ozean grundsätzlich beschlossen worden war, einigten sich Delegierte aus 168 Staaten auf der **Weltkonferenz zur Katastrophenvorsorge** einen »Aktionsplan 2005–2015« für Maßnahmen zum besseren Schutz bei Naturkatastrophen. Binnen zwölf bis 18 Monaten soll demnach unter Führung der UN ein Tsunami-Frühwarnsystem für den Indischen Ozean installiert werden.

Delegierte aus 44 Staaten und 14 internationalen Organisationen berieten am 28./29. 1. 2005 auf der vom Beben stark betroffenen thailändischen Ferieninsel Phuket über den **Standort des Frühwarnsystems**. Thailand scheiterte mit dem Vorschlag, ein zentrales System für den gesamten Indischen Ozean zu installieren. Stattdessen verständigten sich Indonesien, Thailand und Indien darauf, mehrere dezentrale Warnzentren einzurichten, deren Betrieb von der Internationalen Ozeanographischen Kommission (IOC) überwacht und koordiniert werden soll.

Am Rande der Konferenz auf Phuket erklärte der indonesische Forschungsminister Kusmayanto Kadiman, dass sich sein Land für ein **deutsches Frühwarnsystem** entschieden habe, das vom Potsdamer GeoForschungsZentrum (GFZ) entwickelt worden ist. Eine entsprechende Vereinbarung wurde am 14. 3. 2005 in Jakarta unterzeichnet. Das System, dessen Gesamtkosten von rund 45 Mio. € von Deutschland getragen werden, besteht aus neu entwickelten Bojen und Drucksensoren am Meeresboden, die Wellenbewegungen erfassen und die Daten an Rechenzentren übertragen. Die ersten Bojen sollen Ende Oktober 2005 vor der indonesischen Küste ausgesetzt werden; ab 2008 soll das System komplett einsatzfähig sein.

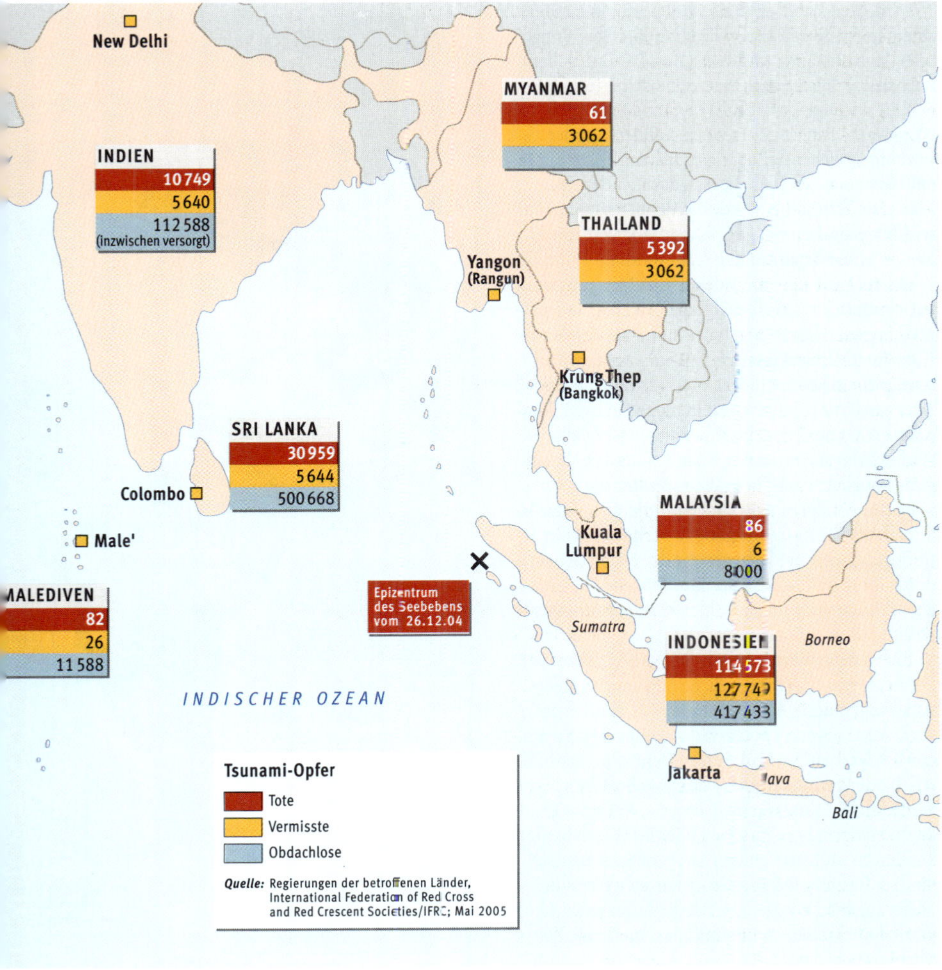

Bevölkerung

Bevölkerungsentwicklung Nach der jüngsten UN-Bevölkerungsprognose (Anfang 2005) wird die Weltbevölkerung in den nächsten 50 Jahren trotz sinkender Kinderzahlen und dem verheerenden Einfluss von HIV / Aids (→ S. 30 f.) von 6,5 Mrd. Mitte 2005 auf über 9 Mrd. Menschen (mittlere Projektion) wachsen. Die letzte Prognose (2002) war von einem Wachstum auf »nur« 8,9 Mrd. ausgegangen. Das **Bevölkerungswachstum** hat sich von 82 Mio. Mitte der 1990er Jahre auf heute 75 Mio. Menschen pro Jahr **abgeschwächt**.

Das Bevölkerungswachstum findet zu 95 % in Entwicklungsländern statt – von heute 5,3 auf 7,8 Mrd. Menschen 2050. In den 50 ärmsten Ländern der Welt wird die Bevölkerung sich bis 2050 von 0,8 auf 1,7 Mrd. Menschen mehr als verdoppeln. In Ländern mit junger Altersstruktur wie Uganda, Niger, Kongo oder Afghanistan wird sich die Bevölkerung in den nächsten 45 Jahren sogar verdreifachen.

Eine wichtige Ursache für das anhaltende Bevölkerungswachstum ist der in vielen Ländern immer noch unzureichende Zugang zu Instrumenten der **Familienplanung**. Stünden diese in ausreichendem Maße zur Verfügung, würde die Geburtenzahl in Entwicklungsländern um ungefähr 20 % sinken. Mehr als 200 Mio. Frauen können nicht verhüten, obwohl sie es wollen. Die Folge sind jedes Jahr 23 Mio. ungewollte Geburten, 22 Mio. Abtreibungen, 142 000 Todesfälle infolge einer Schwangerschaft und 1,4 Mio. Fälle von Kindersterblichkeit. Weitere Gründe sind der Wunsch nach mehr als zwei Kindern pro Paar und die junge Altersstruktur (Mutterschaft in jungen Jahren). Maßnahmen zur Senkung der Kinder- und Säuglingssterblichkeit sowie bessere Bildungs- und Beschäftigungsmöglichkeiten für Frauen könnten die gewünschte Kinderzahl deutlich beeinflussen. Gezielte Sexualaufklärung und Zugang zu Verhütungsmitteln für Jugendliche, die Verzögerung der ersten Geburt durch mehr Bildungschancen für Mädchen sowie eine Erhöhung des Heiratsalters könnten den Altersstruktureffekt abschwächen.

Ein weiterer Trend, der aus den neuen Zahlen der UN hervorgeht, ist die deutliche **Alterung** der Weltbevölkerung innerhalb der nächsten 45 Jahre. Bis 2050 wird sich die Anzahl von Personen über 60 Jahren von 672 Mio. auf 1,9 Mrd. verdreifachen. In den Industrieländern wird der Anteil der über 60-Jährigen von 20 auf 32 % im Jahr 2050 steigen. Auf jedes Kind kommen dann zwei Personen über 60. Schon heute können 28 Industrieländer (darunter auch Deutschland) aufgrund niedriger Geburtenraten einen Bevölkerungsrückgang nur durch die Aufnahme von Migranten verhindern oder zumindest moderate Zuwächse verzeichnen.

In seinen sozialen und wirtschaftlichen Folgen ähnlich bedeutsam wie die Überalterung ist der Trend zur **Urbanisierung** der Weltbevölkerung. Voraussichtlich ab dem Jahr 2007 werden erstmals mehr Menschen in Städten als auf dem Land leben. Ihr Anteil an der Gesamtbevölkerung stieg von 30 % in 1950 auf 47 % in 2000 und wird bis 2030 voraussichtlich mehr als 60 % betragen. Die städtische Bevölkerung wird von heute 3 auf 5,2 Mrd. Menschen in 2030 zunehmen. Dieses Wachstum wird fast ausschließlich in Entwicklungsländern und dort in den kleineren und mittelgroßen Städten mit weniger als 500 000 Einwohnern stattfinden – in den heute 20 Megastädten mit über zehn Millionen Einwohnern leben weniger als vier Prozent der Stadtbevölkerung. Bereits heute leben ca. 1 Mrd. Menschen in städtischen Slums wie den »favelas« in Rio de Janeiro, den »katchi abadis« von Karatschi oder den »bustees« von Bombay. Auf der 20.

Sitzung des Regierungsrats des UN-Programms zur Siedlungsentwicklung (UN-Habitat) vom 4.–8. 4. 2005 in Nairobi wurde davor gewarnt, dass die städtischen Slums in Entwicklungsländern bis 2050 auf 3 Mrd. Menschen anwachsen könnten – mit gravierenden Folgen für die öffentliche Gesundheit, soziale Stabilität und wirtschaftliche Entwicklung. In dem jüngsten UN-Habitat-Bericht zur »Lage der Städte der Welt 2004/05« ist von einem »Wettlauf in den Abgrund« die Rede, in dem »eine wachsende Zahl von urbanen Armen in einer zunehmend unsicheren und informellen Wirtschaftssituation um eine abnehmende Zahl von Jobs kämpfen werden«.

Bevölkerungspolitik Der am 15. 9. 2004 veröffentlichte **UN-Weltbevölkerungsbericht** enthält eine kritische 10-Jahres-Bilanz der Weltbevölkerungskonferenz von 1994 in Kairo, auf der sich 179 Staaten auf einen Aktionsplan mit folgenden Zielen verständigt hatten:

- Zugang zu Familienplanung für alle Paare bis 2015
- Grundschulausbildung für alle und Chancengleichheit in der Bildung für beide Geschlechter
- Reduktion der Müttersterblichkeit um 75 % bis 2015
- Reduktion der Kindersterblichkeit
- Steigerung der allgemeinen Lebenserwartung.

Die 10-Jahres-Bilanz stellt leichte Fortschritte bei staatlichen Angeboten zur Familienplanung und bei der Bekämpfung von HIV/Aids fest. Die Müttersterblichkeit hat sich in den letzten zehn Jahren kaum verringert: Jedes Jahr sterben immer noch mehr als eine halbe Million Frauen an Komplikationen bei Schwangerschaft und Geburt. In Westafrika stirbt jede zwölfte Frau vor oder bei der Geburt ihres Kindes.

Als Hauptgrund für die negative Bilanz wird die nicht eingehaltene Finanzierungszusage der Industrieländer genannt – bis 2003 waren nur die Hälfte der in Aussicht gestellten Mittel gezahlt.

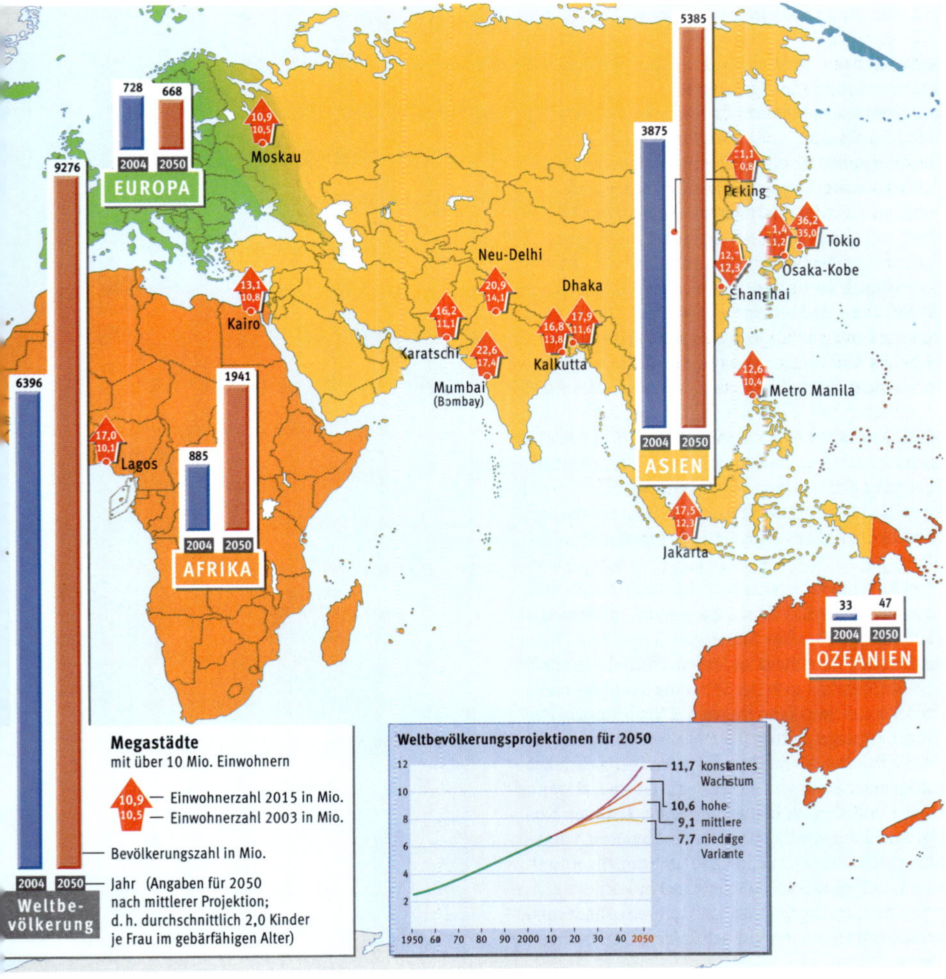

Aids/HIV

Die Zahl der HIV-Infektionen erreichte Ende 2004 (2003 → WA 2005, S. 486 f.) einen neuen Höchststand: Weltweit stieg die geschätzte Anzahl der mit dem HI-Virus lebenden Menschen von 36,6 Mio. im Jahr 2002 auf 39,4 Mio. 2004, davon sind 2,2 Mio. Kinder unter 15 Jahren. 4,9 Mio. Menschen, darunter 640 000 Kinder, infizierten sich 2004 mit dem Virus, 2,6 Mio. Erwachsene und 510 000 Kinder starben an Aids. Dies teilte UNAIDS, das gemeinsame Aids-Bekämpfungsprogramm der Vereinten Nationen (UN), in ihrem am 23. 11. 2004 veröffentlichten Jahresbericht »Aids Epidemic Update: December 2004« mit. Die Dunkelziffer der HIV-Patienten könnte nach Schätzungen der Weltgesundheitsorganisation (WHO) sogar bei mehr als 44 Mio. liegen.

Neuinfektionen Die Neuansteckungen nahmen zwischen 2002 und 2004 auf allen Kontinenten zu, proportional am stärksten in Ostasien sowie in Osteuropa und Zentralasien. In **Ostasien** stieg die Zahl der Infizierten um fast 50 %, vor allem als Folge einer raschen Ausbreitung in China, aber auch in Indien, Indonesien und Vietnam. In **Osteuropa und Zentralasien** gab es Ende 2004 rund 40 % HIV-Positive mehr als 2002.

In **Deutschland** sind nach Schätzungen des Berliner Robert Koch-Instituts derzeit 44 000 Menschen HIV-positiv. Die Zahl der Neuinfektionen erhöhte sich leicht von rund 1950 im Jahr 2003 auf geschätzte 2000 in 2004. An Aids starben 2004 rund 700 Menschen, etwa 100 mehr als 2003.

Frauen und Mädchen zunehmend betroffen Mit der Immunschwächekrankheit infizieren sich zunehmend Frauen und Mädchen. 2004 lebten nach Schätzungen von UNAIDS 17,6 Mio. (2002: 16,4 Mio.) Frauen und Mädchen im Alter von 15 bis 49 Jahren mit dem HI-Virus.

In **Afrika südlich der Sahara** sind mittlerweile 57 % (13,3 Mio.) aller HIV-Positiven weiblich; 60 % aller Halbwaisen haben ihre Mutter durch Aids verloren und sind, da der Vater meist anderswo lebt, auf sich allein gestellt. Mehr als 30 % der Schwangeren in Botsuana, Lesotho und Swasiland tragen das Virus in sich. Für Frauen ist ungeschützter Geschlechtsverkehr mit einem infizierten Mann etwa doppelt so gefährlich wie für Männer, die ungeschützten Sex mit einer HIV-positiven Frau haben. Mädchen und Frauen können häufig, vor allem (aber längst nicht nur) in vielen Ländern außerhalb Europas, nicht selbst bestimmen, ob, wann und wie sie Sex haben. Mangelnde Bildung, Armut, Unterdrückung und auch kulturelle Hindernisse sind Gründe für den anwachsenden Anteil infizierter Frauen.

Aids-Konferenz in Bangkok Unter dem Eindruck der dramatischen Infektionszahlen fand vom 11.–16. 7. 2004 in Bangkok (Thailand) die XV. Internationale Aids-Konferenz statt. Schwerpunktthemen waren der bessere Zugang zu Therapien sowie die Prävention. UN-Generalsekretär Kofi Annan forderte Medikamente für alle Menschen, die diese brauchen: »Aids ist weit mehr als eine Gesundheitskrise – es ist eine Bedrohung für die Entwicklung des Menschen.«

Erstmals sollten in Bangkok auch eine Reihe von Staats- und Regierungschefs teilnehmen; die meisten sagten aber kurzfristig ab. Vertreter von Hilfsorganisationen beklagten dies ebenso, wie die zu geringe Spendenbereitschaft der reichen Länder. Sie kritisierten auch, dass viele Staaten bei der Herausforderung versagten, Präventivmaßnahmen in einem so sensiblen Bereich wie der Sexualität einzuführen und den Gebrauch von Kondomen zu propagieren.

Gegenmaßnahmen Ende Juni 2005 gab die WHO bekannt, dass die Ziele ihres Programms »Drei bis Fünf« – die Versorgung von 3 Mio. Patienten in Entwicklungsländern mit antiretroviralen Medikamenten (ARM) bis 2005 – nicht erreicht würden. Bislang erhielten erst 1 Mio. Menschen ARM, nach Plan hätten dies bis Juni 2005 jedoch 1,6 Mio. sein müssen. Für die Misserfolge machte die WHO vor allem finanzielle und logistische Probleme verantwortlich. Als erstes afrikanisches Land hat **Botsuana** im Mai 2002 damit begonnen, ARM kostenlos abzugeben; seit Anfang 2004 wird jeder, der im öffentlichen Gesundheitswesen untersucht wird, automatisch einem HIV-Test unterzogen. In **Südafrika** werden seit April 2004 kostenlos ARM in zwei der neun südafrikanischen Provinzen an jene Kranken verteilt, die sich keine Krankenversicherung leisten können und deutliche Aids-Symptome zeigen.

Kostengünstigere Medikamente In **Brasilien** gab die staatliche Aids-Behörde am 30. 11. 2004 bekannt, dass sie in den nächsten Jahren die Patentrechte einiger Hersteller von Aids-Medikamenten brechen werde, da man die Kosten für die HIV-Therapie sonst nicht genügend senken könne. Die Medikamente seien Bestandteile eines therapeutischen Cocktails aus 15 Präparaten, der im Land kostenlos gegen die Krankheit verabreicht werde.

In den **USA** genehmigte die Behörde für Lebensmittel und Medikamente (FDA) Ende Januar 2005 erstmals die Zulassung des Aids-Cocktails eines südafrikanischen Generikaherstellers (→ WA 2005, S. 487) auf dem US-Markt. Damit dürfen Hilfsorganisationen, die an dem 15 Mrd. US-$ schweren Programm der USA zur Bekämpfung der Immunschwächekrankheit teilnehmen, auch die preisgünstigen Generika aus Südafrika kaufen.

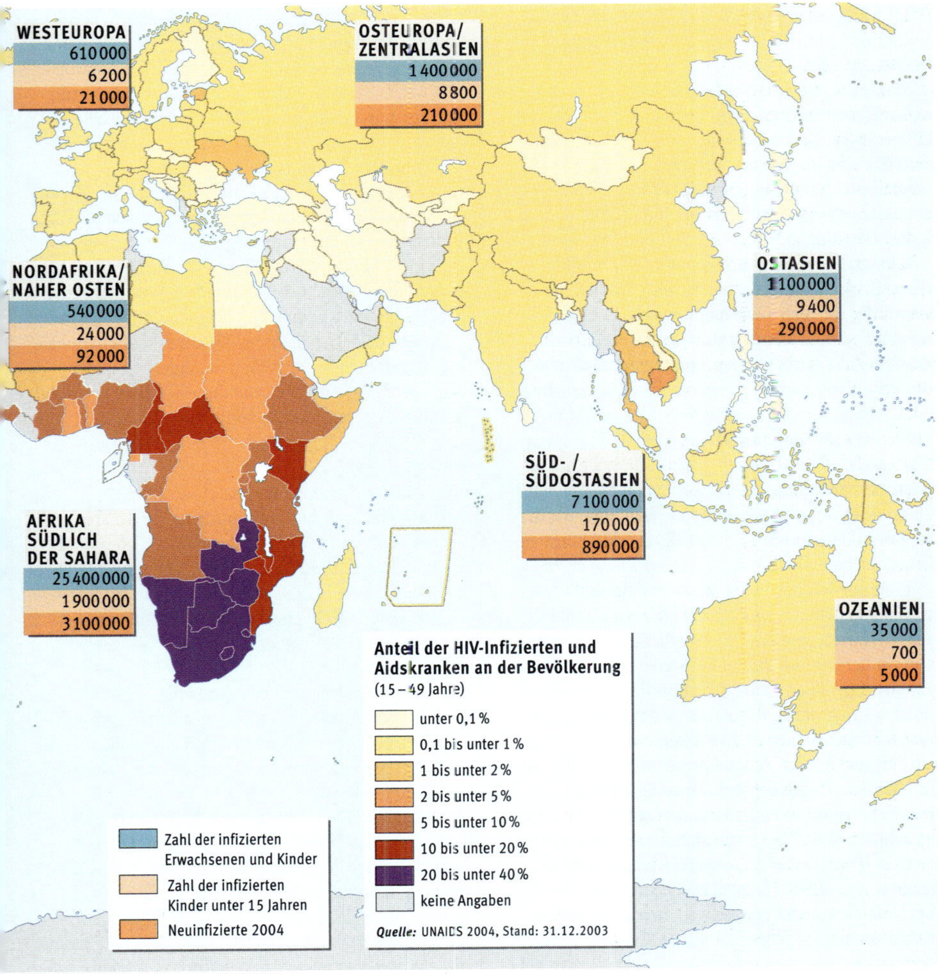

Konflikte

Im Jahr 2004 gab es keinen Krieg zwischen zwei Staaten. Der im Vorjahreszeitraum verzeichnete Krieg der USA und ihrer Verbündeten (»Koalition der Willigen«) gegen den Irak wurde mit dem Fall des irakischen Regimes und der Einrichtung einer US-geführten Zivilverwaltung im April 2003 beendet. Die Zahl der innerstaatlichen Kriege ist von 13 im Jahr 2003 auf drei im Jahr 2004 gesunken. Dieser positiven Entwicklung steht ein Anstieg der gewaltsamen ernsten Krisen von 23 auf 33 gegenüber. Die meisten Konflikte entstanden 2004 aus ideologischen Differenzen und wurden mit dem Ziel geführt, das politische System zu verändern. Diese Angaben sind einer vom Heidelberger Institut für Internationale Konfliktforschung (HIIK) im Dezember 2004 veröffentlichten Analyse (»Konfliktbarometer«) zu entnehmen (Vorjahr → WA 2005, S. 496f.).

Das HIIK definiert Konflikte als »Interessensgegensätze (Positionsdifferenzen) um nationale Werte von einiger Dauer und Reichweite zwischen mindestens zwei Parteien (organisierte Gruppen, Staaten, Staatengruppen, Staatenorganisationen)«. Gewaltlose Auseinandersetzungen stuft das Institut in »latente Konflikte« (Positionsdifferenz um definierbare Werte von nationaler Bedeutung) und »manifeste Konflikte« (Einsatz von Mitteln, die im Vorfeld gewaltsamer Handlungen liegen – wie ökonomische Zwangsmaßnahmen oder Androhung von Gewalt) ein, gewaltsame Konflikte in »Krisen« (Spannungszustand, in dem mindestens eine der Parteien vereinzelt Gewalt anwendet), »ernste Krisen« (wiederholte Einsetzung organisierter Gewalt) und Kriege.

Krisen und Konflikte

2004 gab es weltweit 230 politische Konflikte. 164 dieser Konflikte waren innerstaatlich, 66 zwischenstaatlich; 2003 hatte diese Zahl bei 136 bzw. 82 gelegen. 36 Konflikte wurden mit hohem Gewalteinsatz ausgetragen – neben den drei Kriegen gab es 33 ernste Krisen (→ Karte). Die drei innerstaatlichen Kriege wurden 2004 in der DR →Kongo, im →Sudan und im → Irak geführt. Im Vorjahr hatte das »Konfliktbarometer« noch 13 Kriege ausgewiesen. Trotz der signifikanten Abnahme der Kriege ist die Gesamtzahl der Konflikte auf den beiden höchsten Intensitätsstufen (Krieg und ernste Krise) durch den Anstieg der ernsten Krisen von 23 (2003) auf 33 (2004) konstant bei 36 geblieben. Die Anzahl der Konflikte der mittleren Intensitätsstufe »Krise« (vereinzelter Einsatz von Gewalt) sank 2004 leicht von 54 auf 51. Ihnen standen 2004 insgesamt 143 gewaltlose Auseinandersetzungen gegenüber, die sich in 66 manifeste und 77 latente Konflikte aufgliedern lassen. Die Vergleichszahlen für 2003 liegen bei 145, 71 und 74. Die Gesamtzahl der politischen Konflikte ist 2004 gegenüber dem Vorjahr um fünf auf 230 gesunken, da 2003 insgesamt 13 Dispute beendet werden konnten, 2004 aber acht neue hinzugekommen sind. Fünf dieser acht neuen Konflikte sind auf den beiden höchsten Intensitätsstufen eingestuft: Ernste Krisen entstanden 2004 in Äthiopien (Auseinandersetzungen zwischen den ethnischen Gruppen der Anuak und der Nuer; → WA 2005, S. 61), in der VR → China (Auseinandersetzungen zwischen Han-Chinesen und der ethnischen Hui-Minderheit in den Provinzen Henan und Sichuan), in Sri Lanka (Kämpfe zwischen zwei Fraktionen der Tamilen-Guerillabewegung LTTE; → WA 2005, S. 408) und im → Irak (Aufstand der schiitischen Milizen um den radikalen Prediger Muktada as-Sadr). Als neuer innerstaatlicher Krieg galt die Auseinandersetzung im Irak zwischen der von den Koalitionstruppen des vorangegangenen Krieges unterstützten Übergangsregierung und den Aufständischen um Macht und Ausrichtung des politischen Systems, während der Widerstand verschiedener irakischer Kräfte gegen die US-geführten Koalitionstruppen, der 2003 noch in der Kategorie Krieg eingestuft war, 2004 als ernste Krise verzeichnet wurde. Die meisten ernsten Krisen und Kriege gab es 2004 in Afrika (13) und Asien (11).

In **Europa** wurde 2004 wie im Vorjahr nur der Kampf der Separatisten in der russischen Kaukasusrepublik Tschetschenien um Unabhängigkeit (→ Russische Föderation) als ernste Krise eingestuft. Die Gesamtzahl der Konflikte stieg nach Angaben der Wissenschaftler des Heidelberger Instituts im Jahr 2004 um einen auf 41. Neu hinzugekommen war der Konflikt um nationale Macht zwischen Opposition und Regierung in der Ukraine, der Anfang 2005 mit dem Sieg der Opposition friedlich beigelegt werden konnte (→ Ukraine).

Putsche

2004 gab es zehn angebliche oder tatsächliche Putschversuche, acht davon in Afrika: im April in Guinea, am 6. 4. in Äquatorialguinea, am 29. 3. und am 11. 6. in der DR Kongo, im März und im September im Sudan, am 15. 4. in Nigeria und am 8. 11. in Ghana. Zwei weitere Putschversuche fanden in Mauretanien im August und September 2004 statt.

Konfliktbeilegung und Friedenssicherung

Die Zahl der Friedensmissionen der Vereinten Nationen (→ UN) ist 2004 um drei auf 16 gestiegen, obwohl 2003 drei beendet werden konnten. Neu hinzu kamen Missionen in Burundi (ONUB; → WA 2005, S. 89), Haiti (MINUSTAH; → WA 2005, S. 192) und in der Elfenbeinküste (UNOCI; → WA 2005, S. 156). Die → NATO setzte ihr Engagement in Bosnien und Herzegowina durch die SFOR (bis 2. 12. 2004) und im Kosovo (→ Serbien und Montenegro) durch die KFOR sowie in → Afghanistan im Rahmen der Internationalen Schutztruppe (ISAF) fort.

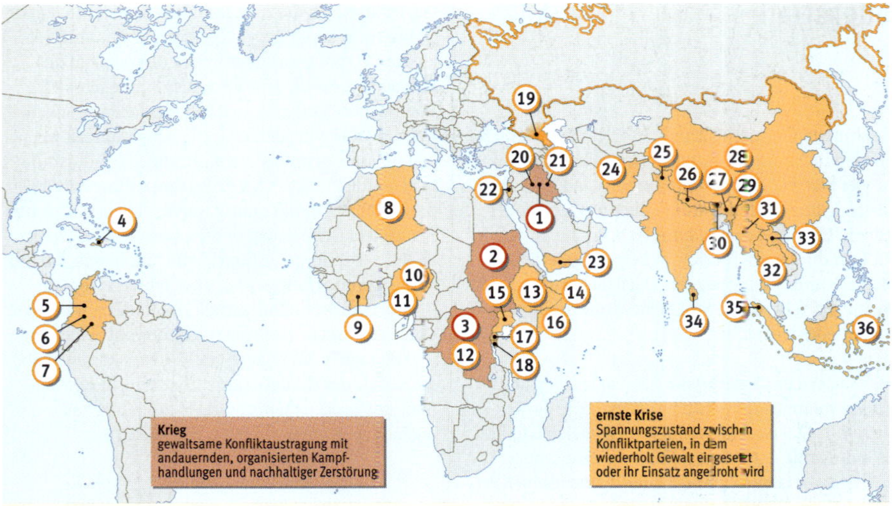

Krieg	Konfliktgegenstand
1 Irak (Aufständische)	nationale Macht, Ideologie/System
2 Sudan (SLM/A vs. JEM)	regionale Vorherrschaft
3 DR Kongo (Rebellen)	nationale Macht, Ressourcen

ernste Krise	Konfliktgegenstand
4 Haiti (Opposition)	nationale Macht
5 Kolumbien (ELN)	nationale Macht, Ideologie/System
6 Kolumbien (FARC)	nationale Macht, Ideologie/System
7 Kolumbien (Paramilitärs)	regionale Vorherrschaft, System
8 Algerien (Islamisten)	nationale Macht, Ideologie/System
9 Elfenbeinküste (Rebellen)	nationale Macht
10 Nigeria (Christen vs. Muslime)	Ideologie/System
11 Nigeria (Nigerdelta/Ijaw)	Ressourcen
12 DR Kongo (Hema vs. Lendu)	regionale Vorherrschaft
13 Äthiopien (Anyuak vs. Nuer)	regionale Vorherrschaft
14 Somalia (Somaliland)	Sezession
15 Uganda (LRA)	nationale Macht
16 Somalia (Verschiedene Gruppierungen)	nationale Macht
17 Ruanda (Hutu)	nationale Macht
18 Burundi (Hutu)	nationale Macht

ernste Krise	Konfliktgegenstand
19 Russische Föderation (Tschetschenien)	Sezession
20 Irak (CPA vs. Widerstandskräfte)	Ideologie/System, Ressourcen
21 Irak (as-Sadr-Gruppierung)	Ideologie/System
22 Israel (Palästinenser)	Autonomie, Ideologie/System, Ressourcen
23 Jemen (Islamisten)	nationale Macht
24 Afghanistan (Taliban)	regionale Vorherrschaft, nationale Macht
25 Indien (Kashmir)	Sezession
26 Nepal (Maoistische Rebellen)	Ideologie/System, nationale Macht
27 Indien (Assam)	Sezession, Ressourcen
28 China (Hui)	andere
29 Indien (Nagaland)	Sezession, regionale Vorherrschaft
30 Bhutan (Indische Separatisten)	Territorium
31 Myanmar (Ethnische Minderheiten)	Sezession
32 Thailand (Südliche Grenzregion)	Sezession
33 Laos (LCMD, CIDL)	Ideologie/System, Autonomie, nationale Macht
34 Sri Lanka (LTTE-Ost vs. LTTE)	regionale Vorherrschaft
35 Indonesien (Aceh)	Sezession, Ressourcen
36 Indonesien (Molukken)	regionale Vorherrschaft

Quelle: Konfliktbarometer 2004, Heidelberger Institut für Internationale Konfliktforschung; Stand: Dezember 2004

Die **Europäische Union** (→ EU) beteiligte sich weiterhin an Maßnahmen zur Friedenssicherung mit Missionen z. B. in → Mazedonien und in der DR → Kongo. Am 2. 12. 2004 übernahm die EUFOR (European Union Force) von der SFOR der NATO das militärische Kommando in → Bosnien und Herzegowina.

Die Organisation für Sicherheit und Zusammenarbeit in Europa (→ **OSZE**) unterhielt 2004 sieben Langzeitmissionen in Gebieten möglicher oder bestehender Konflikte: in Bosnien und Herzegowina, Georgien, Kroatien, Kosovo, Mazedonien, Moldau sowie in Serbien und Montenegro. Feldaktivitäten der OSZE erstreckten sich auf Albanien, Armenien, Aserbaidschan, Kasachstan, Kirgisistan, Tadschikistan, Turkmenistan, Ukraine, Usbekistan und Weißrussland.

Auch andere internationale Organisationen unterhielten Friedensmissionen, so die Afrikanische Union (→ **AU**) in Burundi, die Wirtschaftsgemeinschaft Westafrikanischer Staaten (**ECOWAS**) in Liberia und die Zentralafrikanische Wirtschafts- und Währungsgemeinschaft (**CEMAC**) in der Zentralafrikanischen Republik. Die Gemeinschaft karibischer Staaten (**CARICOM**) beteiligte sich an der Friedenssicherung in Haiti (→ WA 2005, S. 191 f.). Auch die Organisation Amerikanischer Staaten (**OAS**) war dort aktiv.

Der **Internationale Gerichtshof** (**ICJ**) in Den Haag (Niederlande), ein Organ der → UN, das über Streitigkeiten zwischen Staaten auf der Grundlage des Völkerrechts urteilt, traf 2004 verbindliche Entscheidungen im Territorialkonflikt zwischen El Salvador und Nicaragua sowie im Streit zwischen Mexiko und den USA über Todesurteile gegen Mexikaner (→ WA 2005, S. 297). Er erklärte ferner in einem Rechtsgutachten die israelischen Sperranlagen zu den Palästinensergebieten im Westjordanland für völkerrechtswidrig (→ WA 2005, S. 222).

Todesstrafe

Wie amnesty international (ai) am 5. 4. 2005 berichtete, entfielen im Jahr 2004 97 % aller Hinrichtungen auf nur vier Staaten: China, Iran, Vietnam und USA. 120 Staaten haben die Todesstrafe bisher im Gesetz oder in der Praxis abgeschafft, darunter 2004 die Türkei. In den USA dürfen seit März 2005 keine Minderjährigen mehr hingerichtet werden. Doch gibt es auch Rückschritte: Im Irak und in Sri Lanka wurde die Todesstrafe wieder eingeführt.

Hinrichtungen und Todesurteile Laut ai wurden im Berichtszeitraum 2004 weltweit mindestens 3797 Menschen in 25 Staaten hingerichtet. Da in vielen Ländern die Todesstrafe unter Geheimhaltung angewendet wird, liegt die tatsächliche Zahl der Hinrichtungen vermutlich wesentlich höher. An der Spitze stand 2004 **China** mit mindestens 3400 Exekutionen. Als Basis für die angegebene Zahl gab ai Internetberichte über Exekutionen an. Die chinesische Regierung weigerte sich bisher, offizielle Angaben dazu zu machen. Hinter China folgten der **Iran** mit mindestens 159, **Vietnam** mit 64 und die **USA** mit 59 Hinrichtungen, von denen 23 allein in Texas stattfanden. Weitere 7395 Menschen wurden in 64 Ländern zum Tode verurteilt.

Todesstrafe Nach Angaben von amnesty international halten 76 Staaten oder Territorien noch an der Todesstrafe fest, auch wenn nicht alle von ihnen im Jahr 2004 Todesurteile verhängt oder vollstreckt haben. Bis Ende 2004 war die Todesstrafe laut ai in 84 Staaten für alle Verbrechen abgeschafft; in weiteren zwölf gilt sie nur noch für außergewöhnliche Tatbestände wie Kriegsverbrechen oder Vergehen nach Militärrecht, in mindestens 24 weiteren Ländern gibt es die Todesstrafe zwar noch, sie wird aber seit zehn oder mehr Jahren nicht mehr vollstreckt. In der Bundesrepublik Deutschland wurde die Todesstrafe 1949 abgeschafft, in Berlin (West) durch Gesetz vom 8. 1. 1951. In der DDR war sie bis 1987 zulässig. In Österreich wurde sie 1968 abgeschafft. In der Schweiz hat das Strafgesetzbuch von 1937 die bis dahin in einigen Kantonen zulässige Todesstrafe beseitigt, im Schweizer Militärstrafrecht ist sie zum 1. 9. 1992 aufgehoben worden.

Im Berichtszeitraum haben fünf Länder die Todesstrafe für alle Vergehen abgeschafft: Bhutan, Griechenland, Samoa, Senegal und die Türkei. Hingegen haben die Regierungen im Irak und in Sri Lanka beschlossen, die Todesstrafe wieder zu vollstrecken.

Todesstrafe für Minderjährige Der Oberste Gerichtshof der USA beschloss am 1. 3. 2005 mit fünf zu vier Stimmen die Abschaffung der Todesstrafe für minderjährige Straftäter. Die Vollstreckung der Todesstrafe bei Verurteilten, die zum Tatzeitpunkt unter 18 Jahren alt waren, verstoße gegen das in der Verfassung verankerte Verbot grausamer Bestrafung, stellten die Richter fest. Solche Hinrichtungen waren in 19 US-Bundesstaaten erlaubt. In den Todeszellen befinden sich 72 Verurteilte, deren Strafen umgewandelt werden müssen. Seit Wiedereinführung der Todesstrafe 1976 wurden in den USA 22 Personen hingerichtet, die zur Tatzeit minderjährig waren – allein 13 davon in Texas, dem Heimatstaat des US-Präsidenten George W. Bush. Der Supreme Court hatte 1988 bereits die Hinrichtung von Straftätern unter 16 Jahren verboten.

2004 wurde die Todesstrafe an Minderjährigen laut ai in **China** und im **Iran** vollstreckt, obwohl beide Staaten das 1990 in Kraft getretene »Übereinkommen über die Rechte des Kindes« (kurz: Kinderrechtskonvention) ratifiziert haben, das die Hinrichtung von Jugendlichen unter 18 Jahren verbietet.

Übereinkommen zur Abschaffung der Todesstrafe Die erste internationale Vereinbarung, welche die vollständige und vorbehaltlose Abschaffung der Todesstrafe vorsieht, ist das 2003 in Kraft getretene **13. Protokoll zur Europäischen Konvention zum Schutz der Menschenrechte und Grundfreiheiten**. Es wurde bisher von 30 europäischen Staaten ratifiziert und von 13 weiteren gezeichnet. 2004 ratifizierten das Protokoll Deutschland, Estland, Finnland, Island, Litauen, Mazedonien, Österreich, Serbien und Montenegro sowie die Tschechische Republik, Griechenland folgte am 1. 2. 2005. Monaco und die Türkei unterzeichneten es. Das **6. Protokoll** zur Europäischen Menschenrechtskonvention von 1998 (über das Verbot der Todesstrafe in Friedenszeiten) wurde bisher von 44 Staaten ratifiziert und zwei weiteren unterschrieben. Serbien und Montenegro ratifizierte das Protokoll 2004, Monaco unterzeichnete es.

Das **Zweite Fakultativprotokoll** zum Internationalen Pakt über bürgerliche und politische Rechte (International Covenant on Civil and Political Rights – ICCPR) zur Abschaffung der Todesstrafe von 1989 wurde von 54 Staaten ratifiziert – 2004 von Estland, San Marino und der Tschechischen Republik – und von acht weiteren unterzeichnet.

Das Protokoll zur **Amerikanischen Menschenrechtskonvention** über die Abschaffung der Todesstrafe von 1990 wurde bisher nur von acht amerikanischen Staaten ratifiziert und von neun unterschrieben. 2004 gab es keine Unterzeichnung oder Ratifizierung.

Sowohl das Protokoll zur Amerikanischen Menschenrechtskonvention als auch das Zweite Fakulativprotokoll zum Internationalen Pakt lassen als Ausnahme die Todesstrafe in Kriegszeiten zu, wenn Staaten einen entsprechenden Vorbehalt geltend machen.

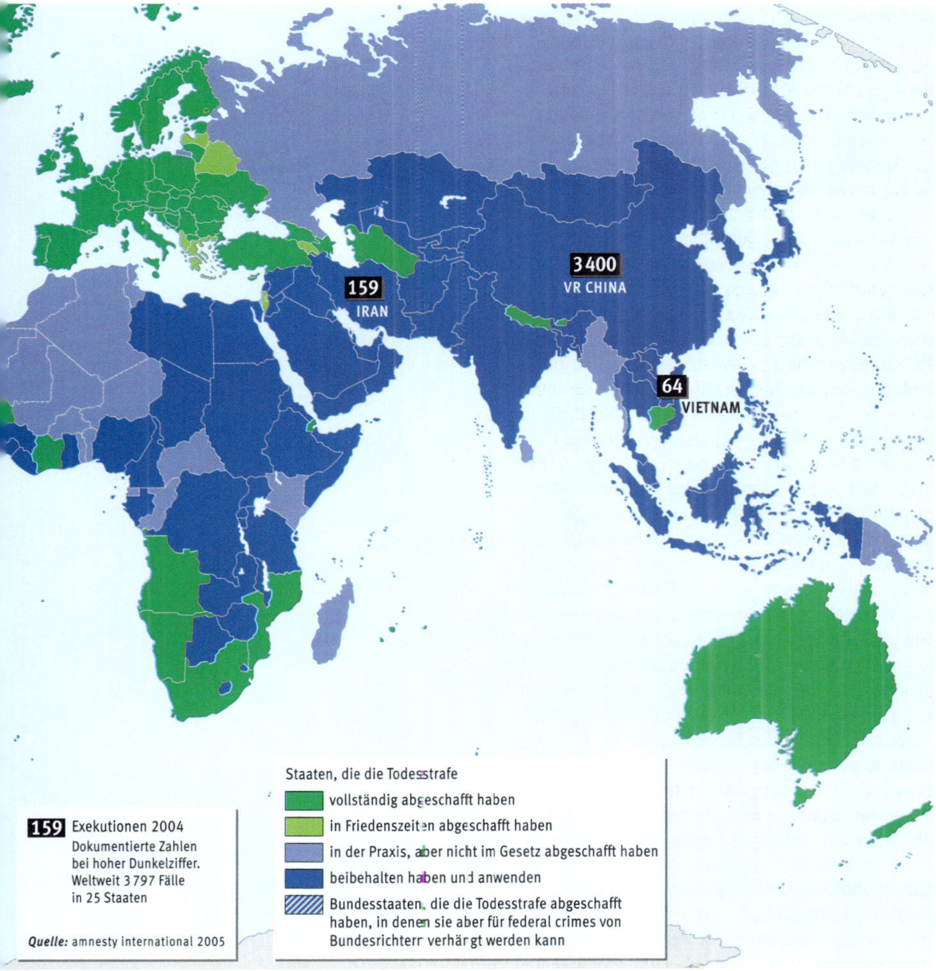

Korruption

Korruption tritt in unterschiedlichen Formen auf, u. a. als aktive oder passive Bestechung, als Vorteilsannahme und -gewährung, Ämterkauf, Richter- und Abgeordnetenbestechung, politischer Betrug, Nepotismus oder Lobbyismus. Die Aufdeckung und Bekämpfung von Korruption hat sich die 1993 gegründete, weltweit tätige Nichtregierungsorganisation Transparency International (TI) zur Aufgabe gemacht. Nach ihrer eng gefassten Definition ist Korruption »der heimliche Missbrauch von öffentlicher oder privatwirtschaftlich eingeräumter Stellung oder Macht zum privaten Nutzen oder Vorteil« unter Missachtung von Gesetzen und auf Kosten der Allgemeinheit.

Korruptionsindex 2004 Der von TI jährlich vorgelegte Korruptionsindex (Corruption Perceptions Index – CPI) fasst eine Reihe von Erhebungen zusammen, die die Wahrnehmung von Geschäftsleuten und Länderanalysten im In- und Ausland widerspiegeln. Auf einer Skala von 1 (höchste Korruption) bis 10 (niedrigste Korruption) ist festgelegt, für wie korruptionsanfällig sie die im Bericht aufgeführten Länder halten.

Der am 20. 10. 2004 veröffentlichte CPI 2004 erfasst 144 Staaten sowie die Palästinensischen Gebiete und Hongkong. Am wenigsten bestochen wurde demnach wie in den Jahren zuvor in Finnland (9,7 Punkte auf der Skala). Auch die dahinter liegenden Staaten Neuseeland (9,6), Dänemark und Island (beide 9,5) erreichten wie im Vorjahr Spitzenplätze auf der Index-Liste. Von den europäischen Staaten finden sich unter den ersten zehn außerdem Schweden auf Platz 6 (9,2), die Schweiz auf Platz 7 (9,1) und Norwegen auf Platz 8 (8,9) sowie die Niederlande auf Platz 10 (8,7). Österreich belegte mit 8,4 Punkten den 13. Rang, zusammen mit Luxemburg, und konnte sich damit gegenüber dem Vorjahr um einen Platz verbessern. Deutschland erreichte 2004 mit 8,2 Punkten den 15. Platz (2003: Rang 17 mit 7,7 Punkten) und befand sich im europäischen Mittelfeld. Als korrupteste Staaten bewertete TI wie schon im Vorjahr Haiti und Bangladesch (jeweils 1,5) sowie Nigeria (1,6). Insgesamt wurden 106 der 146 Staaten und Gebiete mit unter fünf Punkten bewertet; 60 davon erhielten weniger als drei Punkte, was auf »zügellose Korruption« hinweist.

Bedrohung für die ärmsten Länder Der TI-Vorsitzende Peter Eigen verwies bei der Vorstellung des CPI 2004 auf den durch Korruption angerichteten Schaden in den ärmsten Ländern der Welt, von denen die meisten in der unteren Hälfte des Indexes liegen: »Korruption beraubt Länder ihres Potenzials.« In großem Umfang gingen öffentliche Gelder verloren, die dringend für Bildung, Gesundheitswesen und Armutsbekämpfung benötigt würden. Wolle man das UN-Millenniumsziel, die Halbierung der Zahl der in extremer Armut lebenden Menschen bis 2015, erreichen, müssten Regierungen die Korruption bei öffentlichen Aufträgen bekämpfen. Durch Bestechung allein in diesem Bereich würden jährlich rund 400 Mrd. US-$ verloren gehen. Vor allem die erdölreichen Staaten Angola, Aserbaidschan, Ecuador, Indonesien, Irak, Iran, Jemen, Kasachstan, Libyen, Nigeria, Russland, Sudan und Venezuela hätten sehr schlechte Werte. Die Zukunft des Irak hänge von der Transparenz im Ölsektor ab. Ohne strenges Vorgehen gegen Bestechung werde der Wiederaufbau des Irak an der verschwenderischen Umleitung von Ressourcen in die Taschen korrupter Eliten scheitern.

Anti-Korruptions-Konventionen Die Korruptionsbekämpfung ist eine der Schwerpunktaktivitäten der Organisation für wirtschaftliche Zusammenarbeit und Entwicklung (**OECD**). Das von ihr ausgearbeitete

»Übereinkommen über die Bekämpfung der Bestechung ausländischer Amtsträger im internationalen Geschäftsverkehr« trat 1999 in Kraft und wurde bis März 2005 von allen 30 OECD-Mitgliedstaaten und sechs weiteren Staaten ratifiziert. Es stellt die Bestechung ausländischer Amtsträger unter Strafe.

Im **Europarat** trat das »Strafrechtsübereinkommen gegen Korruption« am 1. 7. 2002 in Kraft. Es hat zum Ziel, eine große Anzahl korrupter Praktiken, z. B. die aktive und passive Bestechung von Parlamentsabgeordneten, in- und ausländischen Amtsträgern öffentlicher Behörden und die Geldwäsche als Folge von Bestechungsdelikten, koordiniert unter Strafe zu stellen und sieht ergänzende strafrechtliche Maßnahmen sowie eine bessere internationale Zusammenarbeit bei der Verfolgung von Bestechungsdelikten vor. Am 1. 2. 2005 trat ein Zusatzprotokoll in Kraft, das die Reichweite des Übereinkommens auf Schiedsrichter in handelsrechtlichen, bürgerlich-rechtlichen und sonstigen Angelegenheiten sowie auf Geschworene ausdehnt.

Im Rahmen der **Vereinten Nationen** (UN) unterzeichneten im Dezember 2003 in Mexiko Regierungschefs von mehr als 90 Staaten die UN-Konvention gegen Korruption. Sie kann nach der Ratifizierung durch 30 Staaten in Kraft treten. Das Übereinkommen ist eine wichtige Entwicklung hin zur Stärkung der internationalen Zusammenarbeit bei der Vorbeugung und Kriminalisierung von Korruption, insbesondere im Hinblick auf den Durchbruch zur gegenseitigen Rechtshilfe bei der Rückgabe der von korrupten Machthabern veruntreuten Vermögen. Außerdem einigte sich die UN-Generalversammlung darauf, den 9. Dezember, den Tag, an dem die Konvention unterzeichnet wurde, zum jährlichen **»Antikorruptionstag«** zu erklären.

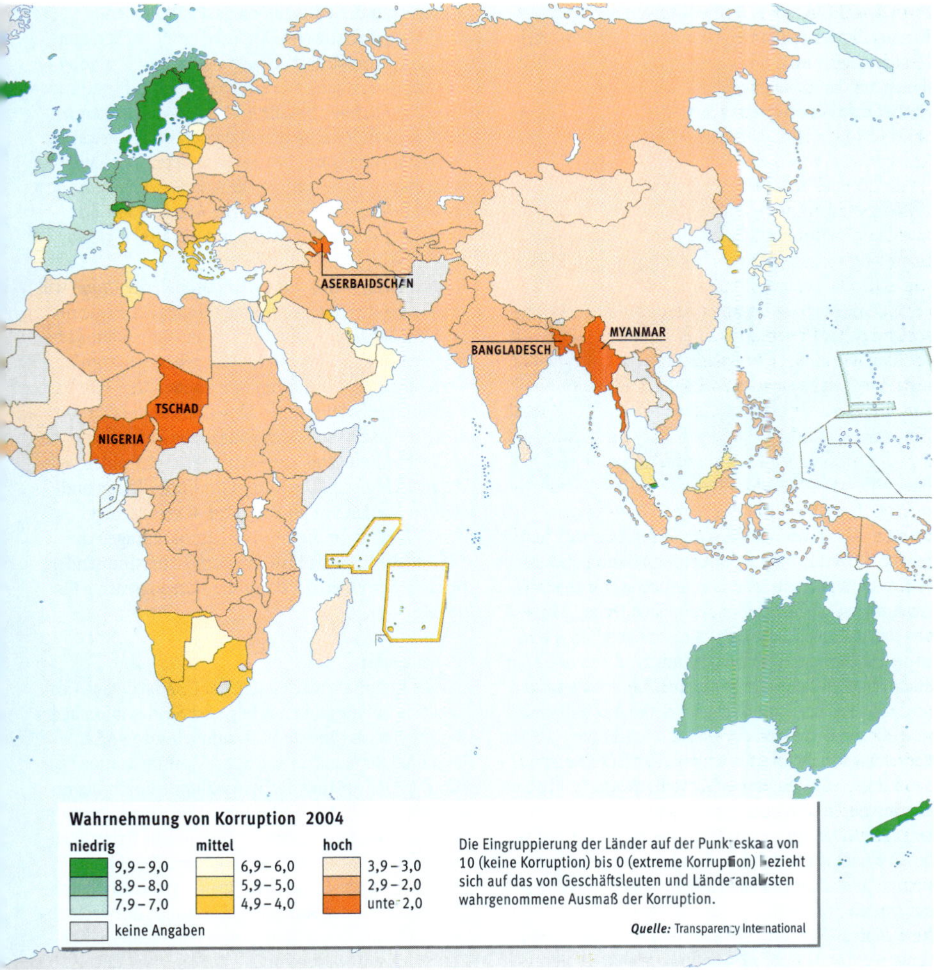

Raumfahrt

Europäische Raumfahrt

Die europäische Weltraumforschung wird von der Europäischen Weltraumorganisation ESA (European Space Agency) konzipiert und umgesetzt. Ihr gehören nach dem Beitritt Griechenlands im März 2005 insgesamt 16 westeuropäische Staaten an, darunter Deutschland, Österreich und die Schweiz.

Huygens Die am 15.10.1997 gemeinsam mit der US-Sonde Cassini (→ US-Raumfahrt) von Cape Canaveral im US-Bundesstaat Florida aus zum Saturn gestartete 343 kg schwere ESA-Sonde Huygens wurde am 25.12.2004 von der Muttersonde abgesprengt und landete am 14.1.2005 an zwei Fallschirmen auf dem Saturn-Mond Titan, der 1,2 Mrd. km von der Erde entfernt ist. Erste Aufnahmen ließen erkennen, dass sich Meteorologie und Geologie auf dem Titan kaum von denen auf der Erde unterscheiden. Die ESA will die Gashülle des Titan untersuchen, die jener der Erde vor rund 3,8 Mrd. Jahren ähneln soll.

Das äußere Sonnensystem

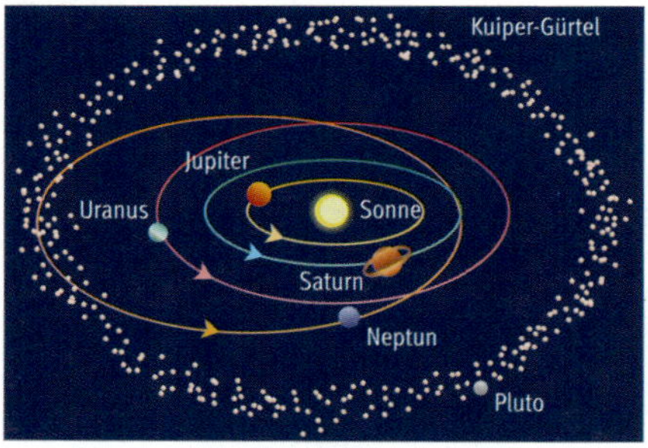

Smart-1 Als erstes europäisches Raumfahrzeug erreichte die am 27.9.2003 mit einer Ariane 5-Rakete vom ESA-Raumfahrtzentrum Kourou (Französisch-Guyana) aus gestartete Sonde Smart-1 (Small Missions for Advanced Research in Technology) am 15.11. 2004 den Mond und schwenkte am 27.2.2005 in ihre endgültige Umlaufbahn in einer Höhe zwischen 300 und 3000 km ein. Eine hochauflösende Spezialkamera wird nun den Mond zur Gänze fotografieren; sieben wissenschaftliche Instrumente an Bord der Raumsonde sollen die Mondoberfläche vermessen und deren chemische Zusammensetzung analysieren. Zudem sollen Einschlüsse von Wassereis aufgespürt werden, die in einzelnen Kratern in der Nähe der Mondpole vermutet werden. Die Kosten der Mission belaufen sich auf 110 Mio. €.

Mars Express Das am 2.6.2003 gestartete Raumfahrzeug (→ WA 2005, S. 498) befindet sich weiter in einer Marsumlaufbahn und hat inzwischen neue Hinweise auf biologische Lebensformen, zugefrorenes Gewässer an der Planetenoberfläche sowie noch tätige Vulkane am Nordpol des Planeten bestätigt. Mars Express soll in den nächsten vier Jahren den Planeten kartographieren.

Rosetta Die von der ESA am 2.3.2004 mit einer Ariane-5-Trägerrakete von Kourou aus gestartete 3 t schwere Sonde Rosetta (→ WA 2005, S. 499) brachte am 5.3. 2005 das erdnächste Vorbeischwungmanöver hinter sich und hat damit für den weiteren Verlauf ihres Fluges über 7,1 Mrd. km zum Kometen Tschurjumow-Gerasimenko, den sie 2014 erreichen soll, erheblich an Fahrt gewonnen. Sie fliegt nun in Richtung Mars, dessen Schwerefeld sie am 26.2.2007 zum nächsten Vorbeischwungmanöver nutzen wird. Insgesamt sind vier dieser Manöver, die der Beschleunigung der Sonde auf die Geschwindigkeit des Zielkometen unter Einsparung von Treibstoff durch Nutzung der Schwerkraft der Planeten dienen, vorgesehen.

Ariane-Schwerlastrakete Mit dem erfolgreichen Start der neuen Großrakete Ariane-5-ECA am 12.2.2005 und der Aussetzung von zwei Satelliten auf stationäre Erdumlaufbahnen hat die ESA gut zwei Jahre nach dem gescheiterten Jungfernflug der Schwerlastrakete ihren Führungsanspruch bei kommerziellen Satellitentransporten bekräftigt. Die Ariane-5-ECA kann 9,7 t ins All befördern, die klassische Ariane-5 nur 6,1 t Nutzlast. Der Start ist jedoch mit 150 Mio. € gleich teuer.

Navigationssystem Galileo Die Europäische Union will mit Galileo (→ WA 2005, S. 498) unter der Regie der ESA ein Satellitennavigationssystem aufbauen, das im Gegensatz zu dem seit 1995 bestehenden, vom US-Verteidigungsministerium betriebenen GPS (Global Positioning System) unter ziviler Kontrolle steht. Der erste Testsatellit soll noch 2005 in die Erdumlaufbahn gebracht werden; bis spätestens 2010 soll Galileo voll einsatzbereit sein. Die Kosten für Entwicklung und Aufbau werden mit über 3,3 Mrd. € veranschlagt; rund 1 Mrd. € für die Erprobungsphase tragen die EU und die ESA, 2,3 Mrd. ein noch zu bestimmender privater Betreiber, der dafür die Nutzungsrechte für 20 Jahre erhält.

US-Raumfahrt

Für die Raumfahrtaktivitäten der USA ist die 1958 als Reaktion auf die frühen Erfolge der Sowjetunion in der Raumfahrt gegründete Weltraumbehörde NASA (National Aeronautics and Space Administration) zuständig. Der Absturz des Space Shuttle Columbia im Februar 2003 mit Tod aller sieben Astronauten stürzte die bemannte Raumfahrt der USA in eine Krise; auch der weitere Ausbau der ISS stagnierte. Der bereits mehrfach verschobene Start der verbesserten Shuttle-Version Discovery wurde am 13.7.2005 gut zwei Stunden vor Countdown-Ende wegen eines fehlerhaften Treibstoffsensors abgebrochen.

Spirit und Opportunity Die im Juni und Juli 2003 zum Mars gestarteten und am 3. 1. bzw. 25. 1. 2004 weich auf entgegengesetzten Seiten des »Roten Planeten« gelandeten baugleichen Roboter (→ WA 2005, S. 499) sind inzwischen mehrere Kilometer über die Planetenoberfläche gerollt und haben Hinweise geliefert, dass es Wasser auf dem Mars gegeben hat. Im April 2005 wurde ihre Mission um weitere 18 Monate verlängert.

Genesis Nach dreijähriger Mission, auf der die Sonde zum Lagrange-Punkt geflogen war (dem Punkt zwischen Erde und Sonne, an dem sich die Anziehungskräfte beider Himmelskörper gegenseitig aufheben) und dort winzige Teilchen des Sonnenwinds eingesammelt hatte, stürzte die Kapsel am 8. 9. 2004 bei der Rückkehr zur Erde ab, da sich ihre Fallschirme nicht geöffnet hatten. Trotz großer Schäden an der Kapsel konnten fast 80 % der Kollektoren mit verwertbaren Proben geborgen werden. Wissenschaftler hoffen nun, aus der Ionenanalyse Informationen über die Entstehung des Sonnensystems zu gewinnen. Die Kosten der Mission beliefen sich auf über 260 Mio. US-$.

Saturnringe (mit freundlicher Genehmigung der NASA)

Cassini Die 1997 gestartete Saturn-Sonde Cassini ist am 1. 7. 2004 in eine Umlaufbahn im Ringsystem des Gasplaneten eingeschwenkt. Der Orbiter soll den Saturn und zahlreiche seiner Monde (Phoebe, Titan, Dione, Japetus, Enceladus, Epimetheus, Mimas, Tethys, Hyperion, Telesto, Rhea, Prometheus und Janus) viereinhalb Jahre lang bei 74 Umkreisungen erforschen. Erste Erfolge konnte die NASA im Mai 2005 mit der Entdeckung eines bisher unbekannten Mondes in den äußeren Saturnringen melden.

Internationale Raumstation (ISS)

An der seit 1998 im Aufbau befindlichen Internationalen Raumstation ISS (International Space Station) sind 16 Staaten beteiligt: USA, Kanada, Japan, Russland und Brasilien sowie elf Mitgliedstaaten der ESA, darunter Deutschland, Österreich und die Schweiz. Seit November 2000 ist die ISS ständig von einer zwei- bis dreiköpfigen Besatzung bewohnt, die nach jeweils fünf bis sieben Monaten abgelöst wird. Seit dem Absturz des Space Shuttle Columbia (2003) stagnierte der Ausbau der ISS. Bis zur Wiederaufnahme der US-Shuttleflüge konnte nur Russland mit Raumschiffen vom Typ Sojus TMA-4, die höchstens drei Personen und nur eine geringe Nutzlast befördern können, Versorgungsflüge zur ISS durchführen.

Die 10. Langzeitbesatzung der ISS, Kommandant Leroy Chiao (USA) und Flugingenieur Salischan Scharipow (Russland), die im Oktober 2004 an Bord gekommen war, absolvierte u. a. zwei Weltraumspaziergänge; zuletzt führten sie am 28. 3. 2005 viereinhalbstündige Außenarbeiten an der ISS aus, um Kommunikationsausrüstungsgegenstände zu installieren und einen russischen Mini-Satelliten auszusetzen. Die 11. Langzeitbesatzung startete am 15. 4. 2005 an Bord der russischen Sojus-Kapsel TMA-6 von Baikonur aus zur ISS und dockte am 17. 4. an. Neben dem russischen Kommandanten Sergej Krikaljow und dem US-Bordingenieur John Phillips flog als dritter Astronaut der Italiener Roberto Vittori von der ESA zu seinem zweiten Kurzaufenthalt auf die ISS. Vittori, der im Rahmen der so genannten »Eneide«-Mission der ESA 22 biologische, medizinische und technologische Experimente durchführte, kehrte am 25. 4. mit den beiden abgelösten ISS-Raumfahrern Scharipow und Chiao zum Weltraumbahnhof Baikonur zurück. Das neue Team wird u. a. den deutschen ESA-Astronauten Thomas Reiter empfangen.

Weltraummüll

Seit dem Start des ersten künstlichen Erdtrabanten 1957 sind mehr als 5400 Flugkörper ins Weltall gebracht worden. Nur noch etwa 600–700 von ihnen sind funktionsfähig, die übrigen sind entweder abgestürzt und in der Atmosphäre verglüht, oder rasen mit hoher Geschwindigkeit als »Weltraummüll« um die Erde. Zusammen mit mehreren hunderttausend weiteren Schrottteilen stellen sie eine Gefahr für die Raumfahrt dar: Shuttle-Missionen müssen häufig Ausweichmanöver fliegen, und mindestens einmal im Jahr muss die Internationale Raumstation (ISS) angehoben werden, um Weltraumtrümmern zu entgehen. Die großen Weltraumnationen sind inzwischen übereingekommen, aus den im Orbit kreisenden Raketenoberstufen den Treibstoff abzulassen, um die Explosionsgefahr zu reduzieren. Satelliten sollen nach 25 Jahren »entsorgt« werden – entweder durch einen kontrollierten Absturz oder ihre Verbringung auf einen »Satellitenfriedhof« in hohen Umlaufbahnen.

Auf der 4. Europäischen Konferenz über Weltraummüll erörterten über 200 Experten vom 18.–20. 4. 2005 im Raumflugkontrollzentrum der ESA in Darmstadt Möglichkeiten eines langfristigen Schutzes erdnaher und geostationärer Umlaufbahnen. Wissenschaftler wiesen darauf hin, dass ohne bindende Gesetze für alle Satellitenbetreiber und Raumfahrgesellschaften das Problem des Weltraumschrotts nicht zu lösen sei.

Atomwaffensperrvertrag

Der Atomwaffensperrvertrag von 1970 ist das wichtigste internationale Übereinkommen zur Kontrolle von Nuklearwaffen. Doch eine Reihe von Staaten strebt nach Atomwaffen, und das internationale Kontrollsystem zeigt deutliche Schwächen. In der Kritik stehen auch die fünf offiziellen Atomwaffenstaaten, weil sie nicht – wie es der Vertrag vorsieht – abgerüstet haben.

Der Vertrag Der 1968 unterzeichnete Atomwaffensperrvertrag, offiziell »Vertrag über die Nichtverbreitung von Kernwaffen« (Non-Proliferation Treaty – NPT), trat 1970 in Kraft und verpflichtet die Beitrittsstaaten, auf die Entwicklung von Atomwaffen und die Weitergabe waffenfähigen Materials (Proliferation) zu verzichten. Gleichzeitig räumt ihnen der Vertrag aber das Recht auf eine zivile Nutzung der Kernenergie ein. Der NPT definiert Proliferation als Herstellung oder Erwerb nuklearer Sprengsätze durch Staaten, die vor dem 1. 1. 1967 keine Atomwaffen erprobt haben, also alle Staaten außer China, Frankreich, Großbritannien, Russland und USA, die als offizielle Atomwaffenstaaten gelten. Diese fünf Staaten verpflichteten sich im Vertrag, kein waffenfähiges Nuklearmaterial und keine zum Bau von Atombomben verwendbaren Technologien an andere Länder weiterzugeben. Alle übrigen 183 Vertragsstaaten dürfen ihren Atom-Status nicht verändern. Die Internationale Atomenergiebehörde (IAEA) soll durch Inspektionen sicherstellen, dass Staaten ohne Kernwaffen weder spaltbares Material zum Bau von Atombomben abzweigen noch aus anderen Ländern beschaffen. Artikel VI des NPT verpflichtet die Vertragsparteien, baldmöglichst Verhandlungen über die Einstellung des atomaren Wettrüstens und die nukleare Abrüstung aufzunehmen sowie einen Vertrag über die allgemeine und vollständige Abrüstung abzuschließen.

Unter den 188 Vertragsstaaten befinden sich auch die ehemaligen Atomwaffenschwellenländer Argentinien und Brasilien, der frühere Atomwaffenstaat Südafrika sowie Kasachstan, die Ukraine und Weißrussland als »nukleare Erben« der Sowjetunion. Von den Staaten mit Atomwaffenkapazitäten sind nur Indien, Pakistan und Israel dem NPT nicht beigetreten. Nordkorea (Beitritt 1985) trat 2003 aus und gibt inzwischen zu, dass es den Besitz von Atomwaffen anstrebe (→ Karte: dort genannte Zahlen zu den Atomwaffenarsenalen weichen je nach Quelle stark voneinander ab).

Die Laufzeit des NPT betrug zunächst 25 Jahre; auf der Überprüfungskonferenz (RevCon) der Vertragsparteien 1995 in Genf wurde er zeitlich unbegrenzt und ohne Bedingungen verlängert. Am Ende der RevCon 2000 in New York sagten die fünf offiziellen Atomwaffenstaaten eine Beseitigung ihrer Arsenale zu – allerdings ohne Terminangabe.

Zusatzprotokoll von 1997 Die Unterzeichnerstaaten des NPT sind zwar verpflichtet, sich in regelmäßigen Abständen den von der IAEA durchgeführten Kontrollen auf Vertragseinhaltung zu unterwerfen. Da diese Kontrollen aber angemeldet werden müssen und sich zudem nur auf solche Anlagen richten, die die Vertragsstaaten freiwillig zur Kontrolle anbieten, ist die Aufdeckung eines Vertragsverstoßes schwierig. Um ein wirksameres Mittel der Überprüfung zu erhalten, wurde der NPT 1997 um ein Zusatzprotokoll ergänzt, das den Inspektoren kurzfristig (zwischen zwei und 24 Stunden) angesetzte Kontrollen in beliebigen Anlagen erlaubt. Das Protokoll erweitert die Informationspflicht der Vertragsstaaten zudem auf Forschung und Industrie, auf die Beseitigung radioaktiver Abfälle, den Handel mit Gütern im Nuklearbereich sowie die Planungen für künftige Atomprogramme. Dadurch soll der Missbrauch ziviler Atomprogramme für militärische Zwecke wirksamer verhindert werden. Das Zusatzprotokoll ist erst für 66 Staaten in Kraft. Weder die USA noch die Mitgliedstaaten der Europäischen Union haben es bisher ratifiziert.

Friedliche Nutzung der Kernenergie Artikel IV des NPT lautet: »(1) Dieser Vertrag ist nicht so auszulegen, als werde dadurch das unveräußerliche Recht aller Vertragsparteien beeinträchtigt, unter Wahrung der Gleichbehandlung und in Übereinstimmung mit den Artikeln I und II die Erforschung, Erzeugung und Verwendung der Kernenergie für friedliche Zwecke zu entwickeln. (2) Alle Vertragsparteien verpflichten sich, den weitestmöglichen Austausch von Ausrüstungen, Material und wissenschaftlichen und technologischen Informationen zur friedlichen Nutzung der Kernenergie zu erleichtern ...« Dieser Artikel ist Gegenstand der Kritik vieler Entwicklungsländer, da die Verpflichtung zur internationalen Zusammenarbeit bei der friedlichen Nutzung der Kernenergie nach ihrer Auffassung von den Industrienationen nur unzureichend erfüllt wird.

Problematik Der NPT war lange Zeit einigermaßen erfolgreich. Zwar existierten mit Indien, Pakistan und Israel drei weitere Atommächte, die dem Vertrag nicht beigetreten sind, aber immerhin hatten die Vertragspartner Argentinien, Brasilien und Südafrika ihre Atomwaffenprogramme offiziell beendet. Die Atomrüstung des Irak konnte 1990 / 1991 durch den Golfkrieg beendet werden, und auch der Anfang 2004 aufgedeckte Schmuggel geheimer Nukleartechnologie nach Nordkorea, Iran und Libyen in den Jahren 1989 bis 2000 durch pakistanische Atomforscher sowie der von Libyen Ende 2003 erklärte Verzicht auf sein Atomwaffenprogramm waren ein Erfolg. Diese Fälle zeigten jedoch auch, dass es über Jahre hinweg möglich gewesen war, unbemerkt solche Programme durchzuführen. Gefahr droht auch durch das globale Terroristennetzwerk, dessen Strategie den Einsatz von Massenvernichtungswaffen zumindest nicht ausschließt. Auch der Generaldirektor der IAEA, Mohamed el-Baradei,

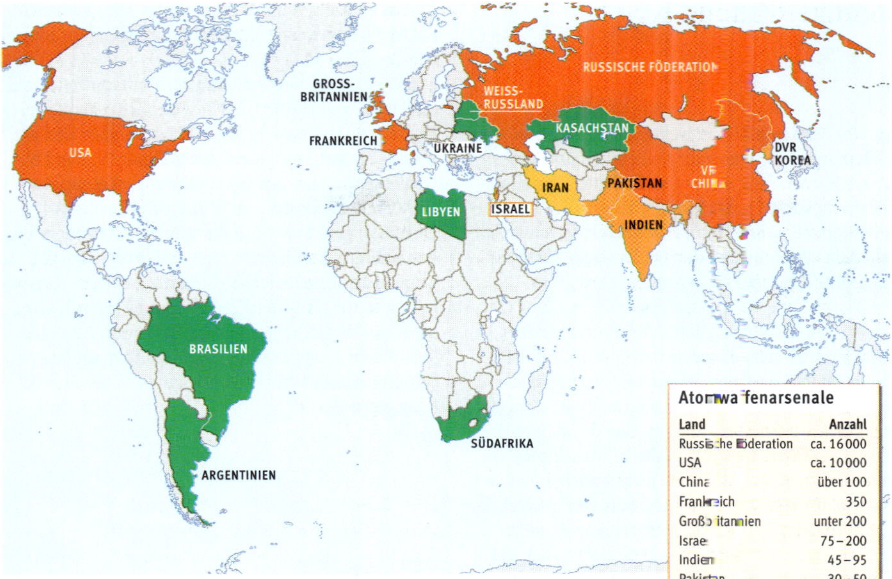

Atomwaffenarsenale

Land	Anzahl
Russische Föderation	ca. 16000
USA	ca. 10000
China	über 100
Frankreich	350
Großbritannien	unter 200
Israel	75–200
Indien	45–95
Pakistan	30–50
DVR Korea	1–2

Quelle: Arms Control Association, April 2005

hat mehrfach vor einem internationalen atomaren Schwarzmarkt gewarnt und die Befürchtung geäußert, Atomwaffen könnten »in die Hände von Diktatoren oder Terroristen« fallen.

Brisanz erhielt der NPT durch den Austritt von **Nordkorea** im Januar 2003. Sechs-Parteien-Gespräche sollten die Lösung bringen. Am 10. 2. 2005 räumte das nordkoreanische Außenministerium erstmals offiziell den Besitz von Atomwaffen ein (→ Korea, DVR).

Auch der **Iran** will trotz internationalen Drucks und Verhandlungen mit der Europäischen Union Teile seines umstrittenen Atomprogramms für zivile Zwecke wieder aufnehmen (→ Iran).

Überprüfungskonferenz gescheitert Auf der Überprüfungskonferenz zum NPT vom 2.–27. 5. 2005 in New York (RevCon 2005) konnten die Delegierten der 188 Vertragsstaaten keinen Konsens in den Fragen atomare Abrüstung, wirksame Kontrollen von Atomprogrammen sowie friedliche Nutzung der Kernenergie erzielen. Allein die Einigung auf eine gemeinsame Tagesordnung und die Besetzung der Arbeitsgremien dauerte fast drei Wochen, sodass für die eigentliche Arbeit zur Stärkung des NPT nur noch wenige Tage Zeit blieben.

Bei den Verhandlungen standen sich verschiedene Interessensgruppen gegenüber: Die USA verlangten, dass sich die Delegierten v. a. auf die Gefahren des Terrorismus mit Atomwaffen sowie auf die von ihnen als »Schurkenstaaten« eingestuften Länder konzentrieren. Eine große Gruppe von Ländern, zu Zeiten des Kalten Kriegs als blockfreie Staaten zusammengefasst, wollte auch über Abrüstungsfragen verhandeln. Sie zeigte sich verärgert darüber, dass die offiziellen Atomwaffenstaaten zwar vertraglich zugesagt haben, ihre Kernwaffenarsenale abzubauen, dies bislang aber nicht in die Tat umgesetzt haben. Zahlreiche Konferenzteilnehmer drängten die USA, ihre bei den Überprüfungskonferenzen 1995 und 2000 abgegebenen Versprechen zur Abrüstung zu erneuern. Die US-Delegation verhinderte aber, dass die früheren Versprechen in der Abschlusserklärung auch nur erwähnt wurden. Durch die eigene Unnachgiebigkeit angreifbar, konnten die USA die Konferenz nicht zu einem härteren Vorgehen gegen mögliche Atommächte wie Nordkorea motivieren. So wurden in der Abschlusserklärung lediglich die Prinzipien des NPT bekräftigt.

Auf der Konferenz bekräftigten die USA zudem ihr Nein zu dem 1996 beschlossenen generellen Atomteststoppvertrag (Comprehensive Test Ban Treaty/CTBT), der sämtliche Kernwaffentests und alle anderen nuklearen Explosionen für militärische und zivile Zwecke umfassend und verifizierbar verbietet. Der CTBT gilt als logische Ergänzung zum NPT; ohne seine Ratifizierung durch die Atommächte USA und China kann er jedoch nicht in Kraft treten.
Der Generaldirektor der IAEA, el-Baradei, kritisierte das Scheitern der Konferenz. Nach vierwöchigen Verhandlungen sei die Konferenz wieder am Ausgangspunkt angelangt; damit bleibe es bei einem maroden Kontrollsystem voller Schlupflöcher.

Bedrohte Kindheit

Fast eine Milliarde Kinder weltweit lebt in Armut; ihnen mangelt es an grundlegenden Voraussetzungen für ihre Entwicklung und zum Überleben. Diese Aussage macht UNICEF, das Kinderhilfswerk der Vereinten Nationen, in seinem am 2. 12. 2004 vorgelegten Jahresbericht »Zur Situation der Kinder in der Welt 2005 – Bedrohte Kindheit«.

Kinderarmut **Definition**: UNICEF definiert Kinderarmut als »massiven Mangel« in zentralen, für das Überleben und die Entwicklung wichtigen Bereichen: »Kinder, die in Armut leben, erfahren einen Mangel an materiellen, geistigen und emotionalen Ressourcen, die sie zum Überleben und zu ihrer Entwicklung benötigen, sodass sie ihre Rechte nicht wahrnehmen, ihr Potenzial nicht entfalten und nicht als gleichberechtigte Mitglieder an der Gesellschaft teilnehmen können.« Diese Definition berücksichtigt, dass materielle, geistige und seelische Armut für Kinder miteinander verbunden sind. Materielle Armut behindere die geistige Entwicklung ebenso wie das körperliche Wachstum. Gleichzeitig könne auch ein Kind, das in relativem Wohlstand aufwächst, im Vergleich zu seinen Altersgenossen »arm« sein – zum Beispiel, wenn es nicht gefördert wird oder keine emotionale Zuwendung erfährt. Mehr als eine Milliarde Kinder, also über die Hälfte aller Kinder in den Entwicklungsländern, leiden gemäß dieser Definition unter mindestens einer Form »massiven Mangels«. Rund 700 Mio. Kinder leiden sogar unter massiven Entbehrungen in gleich zwei oder drei sich gegenseitig verstärkenden Bereichen.

Zahlen und Fakten: Der Jahresbericht von UNICEF enthält folgende Zahlen und Fakten: Rund 90 Mio. Kinder unter fünf Jahren sind stark mangelernährt, fast die Hälfte davon lebt in Südasien; rund 400 Mio. Kindern fehlt der Zugang zu sauberem Trinkwasser, mehr als 500 Mio. verfügen nicht einmal über einfachste sanitäre Einrichtungen und 270 Mio. haben nicht einmal die einfachste Gesundheitsversorgung, 121 Mio. Kinder im Grundschulalter besuchen keine Grundschule, und schätzungsweise 2,2 Mio. sterben jedes Jahr, weil sie nicht die notwendigen Schutzimpfungen erhalten. Seit 1990 wurden laut UNICEF 1,6 Mio. Kinder bei kriegerischen Auseinandersetzungen getötet und mehr als 20 Mio. aus ihrer Heimat vertrieben. 15 Mio. Kinder haben bisher einen oder beide Elternteile durch Aids verloren; acht von zehn dieser Waisen leben in Afrika südlich der Sahara (→ Aids).

Zwischen 40 bis 70 Mrd. US-$ pro Jahr wären nötig, um die Kinder- und Müttersterblichkeit drastisch zu reduzieren, allen Kindern einen Schulbesuch zu ermöglichen, die Wasserversorgung zu verbessern und die Ausbreitung von Aids zu stoppen. Zum Vergleich: Die weltweiten Rüstungsausgaben lagen im Jahr 2003 bei 879 Mrd. US-$.

Der UNICEF-Bericht nennt auch **Fortschritte**: So seien zwischen 1990 und 2000 die Sterblichkeitsrate bei Kindern unter fünf Jahren um 11 % gesunken und der Anteil der stark mangelernährten Kinder in den Entwicklungsländern von 32 auf 28 % zurückgegangen. Die Zahl der Todesfälle aufgrund von Durchfallerkrankungen, 1990 noch die häufigste Todesursache von Kindern, sei bis 2000 um die Hälfte zurückgegangen, und durch die 1988 initiierte weltweite Kampagne zur Ausrottung der Kinderlähmung (Polio) seien die Neuerkrankungen von damals 350 000 auf unter 700 im Jahr 2003 gesunken. Der Zugang zu sauberem Trinkwasser sei weltweit von 77 auf 82 % der Bevölkerung gestiegen.

Kinderhandel Nach Schätzungen der Internationalen Organisation für Migration (IOM) sind weltweit bis zu 2 Mio. Menschen Opfer von Menschenhandel, die meisten davon sind minderjährig. UNICEF geht von jährlich weltweit 1,2 Mio. verkauften Jungen und Mädchen aus, 200 000 davon in Westafrika. Einen der Hauptgründe für das florierende Geschäft mit dem Kinderhandel sehen Experten in der weltweit zunehmenden Armut. Laut terre des hommes zwingt Armut die Eltern, Kinder zu verkaufen. Auch UNICEF sieht in der Armut eine zentrale Ursache. Hunderttausende von Kindern würden allein in Indien jedes Jahr Opfer von Kinderhandel. Sie würden zu Prostitution, Fabrikarbeit und zur Heirat gezwungen oder an Adoptiveltern verkauft.

Laut einem am 31. 3. 2005 von der Organisation für Sicherheit und Zusammenarbeit in Europa (OSZE), dem Hohen Kommissar der UN für Menschenrechte (OHCHR) und UNICEF veröffentlichten Bericht nimmt der Handel mit Menschen auch in Europa zu. Betroffen seien vor allem Erwachsene und Kinder aus Südosteuropa; genannt werden Albanien, Bosnien und Herzegowina, Bulgarien, Kroatien, Mazedonien, Moldau, Rumänien, Serbien und Montenegro sowie der Kosovo. Die Opfer würden vor allem als billige Arbeitskräfte und im Sexgewerbe eingesetzt. Das Problem verschärfe sich zusätzlich dadurch, dass die Regierungen der westeuropäischen Staaten die Betroffenen nicht als Opfer, sondern als Kriminelle behandelten. Um den lukrativen Menschenhandel zu bekämpfen, müssten die westeuropäischen Staaten flexiblere Strategien anwenden. Die meisten Opfer des Menschenhandels würden wegen Armut oder Arbeitslosigkeit aus ihren Heimatländern fliehen. Nach Expertenschätzungen liegt der weltweite Umsatz von Menschenhändlern jährlich zwischen 7 und 12 Mrd. US-$.

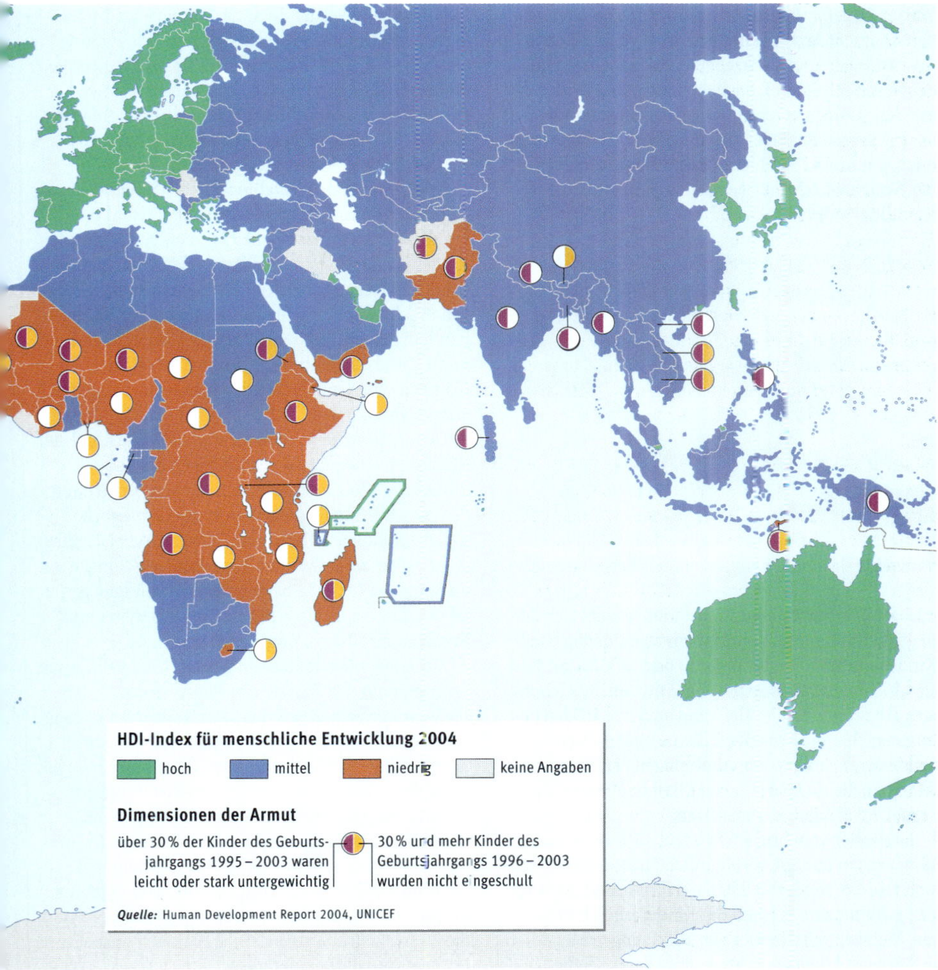

Am 25. 12. 2003 trat das »Protokoll zum UN-Übereinkommen gegen die transnationale organisierte Kriminalität vom 15. 12. 2000 betreffend Prävention, Verhinderung und Bestrafung des Menschenhandels, insbesondere des Frauen- und Kinderhandels« in Kraft. Es fordert erstmals explizit umfassende Maßnahmen zum Schutz der Opfer von Menschenhandel. Bis März 2005 wurde das Übereinkommen von 69 Staaten ratifiziert und von 112 unterzeichnet.

Kinderarbeit Die 1999 auf der jährlichen Internationalen Arbeitskonferenz der Internationalen Arbeitsorganisation (ILO) angenommene »Konvention über die schlimmsten Formen der Kinderarbeit« (auch »ILO-Konvention 182« genannt) trat 2000 in Kraft und wurde bis Juni 2004 von 150 Ländern ratifiziert. Als »schlimmste Formen der Kinderarbeit« werden darin genannt: Körperliche oder seelische Misshandlung oder sexueller Missbrauch; Arbeit unter der Erde, unter Wasser, in gefährlichen Höhen oder in abgeschlossenen Räumen; Arbeiten mit gefährlichen Maschinen, Ausrüstungen und Werkzeugen oder Arbeiten, bei denen mit schweren Ladungen hantiert wird oder die mit dem Transport schwerer Ladungen verbunden sind; Arbeiten in einer gesundheitsschädlichen Umgebung, die Kinder gefährlichen Substanzen, Wirkstoffen, Verfahren oder Temperaturen, Lärmstufen oder Erschütterungen aussetzen.

Mädchen in einer Ziegelfabrik im indischen Bundesstaat Bihar

Seit der Annahme dieser Konvention bezieht sich der Begriff »Kinderarbeit« nicht mehr ausschließlich auf Kinder, die arbeiten, bevor sie 14 oder 15 Jahre alt sind. Er schließt jetzt auch all jene Fälle mit ein, bei denen sich arbeitende Kinder Gefahren aussetzen. Dazu gehören auch solche Arbeiten, die sie anderer Grundrechte berauben, etwa ihrem Recht auf Erziehung, oder Arbeiten, die sie körperlichen Misshandlungen oder sexuellem Missbrauch aussetzen.

Laut einer vom britischen UNICEF-Komitee am 18. 2. 2005 in London veröffentlichten Studie sind weltweit 211 Mio. Kinder im Alter von fünf bis 15 Jahren von den schlimmsten Formen der Kinderarbeit betroffen. Weltweit müsse einer von zwölf jungen Menschen gefährliche Arbeit verrichten; 97 % dieser Kinder lebten in Entwicklungsländern. Die größte Verbreitung habe Kinderarbeit in Afrika. Dort müssten 41 % aller Fünf- bis Vierzehnjährigen arbeiten; in Asien seien es 21 %, in Lateinamerika und in der Karibik 17 %.

Kindersoldaten Trotz internationaler Ächtung werden hunderttausende Kinder in bewaffneten Konflikten als Soldaten eingesetzt. Zu diesem Ergebnis kommt der »Weltreport Kindersoldaten«, der am 17. 11. 2004 von der »Koalition gegen den Einsatz von Kindersoldaten« – einem Zusammenschluss führender Kinder- und Menschenrechtsorganisationen – in London veröffentlicht wurde. Die Studie nennt 20 Staaten, in denen zwischen April 2001 und März 2004 Kinder unter 18 Jahren an bewaffneten Auseinandersetzungen oder Kriegen beteiligt gewesen seien: Afghanistan, Angola, Burundi, DR Kongo, Kolumbien, Elfenbeinküste, Guinea, Indien, Irak, Israel (Palästinensische Autonomiegebiete), Indonesien, Liberia, Myanmar, Philippinen, Russland, Ruanda, Somalia, Sri Lanka, Sudan und Uganda. Weltweit sind laut »Weltreport« rund 300 000 Kindersoldaten im Einsatz, die meist von Milizen und Regierungsarmeen zwangsrekrutiert würden. Mädchen würden zudem sexuell ausgebeutet. Manche Kinder meldeten sich auch freiwillig, weil sie sich Schutz und Nahrung erhofften.

Es gibt mehrere **internationale Vereinbarungen** gegen den Einsatz von Kindern als Soldaten. Das im Februar 2002 in Kraft getretene »Fakultativprotokoll über Kinder in bewaffneten Konflikten« als Ergänzung der UN-Kinderrechtskonvention setzt eine Altersgrenze von 18 Jahren fest, die für die Beteiligung an Kampfhandlungen, für die Wehrpflicht von Regierungsstreitkräften und die Rekrutierung durch bewaffnete Gruppen gelten soll. Freiwillige dürften allerdings auch erst 16 Jahre alt sein.

Der **UN-Sicherheitsrat** forderte am 22. 4. 2004 in einer Resolution ein hartes Vorgehen gegen die Rekrutierung von Kindersoldaten. Die Verabschiedung der Entschließung wurde allerdings erst möglich, weil die Konflikte in Nordirland und in Tschetschenien nicht länger als bewaffnete Auseinandersetzungen im Sinne der Genfer Übereinkommen von 1949 gewertet wurden. Andernfalls hätten Großbritannien und Russland ihre Zustimmung verweigert.

Der **Internationale Strafgerichtshof** (ICC) definiert in seinem Statut den Einsatz von Kindern unter 15 Jahren in kriegerischen Auseinandersetzungen als Kriegsverbrechen. Der ICC hat die Möglichkeit der Ermittlung, Anklage und Bestrafung von Rekruteuren. Im Juli 2004 begann er mit vorbereitenden Ermittlungen von Kriegsverbrechen und Verbrechen gegen die Menschlichkeit in Uganda und der DR Kongo. Die im Jahr 2000 in Kraft getretene ILO-Konvention 182 (→ Kinderarbeit) hat ein Mindestalter von 18 Jahren für die Einberufung zum Kriegsdienst festgesetzt und die Zwangsrekrutierung als eine Form der ausbeuterischen Kinderarbeit definiert.

Erklärungen zu den Karten

- Staatsgrenze
- Staatsgrenze umstritten
- Provinzgrenze
- Küstenlinie
- Fließgewässer | Kanal | Wadi
- Wasserfall | Stausee
- Salzsee | Sumpfgebiet | Korallen
- Wüste
- bedeutende Straße mit Pass
- Straße
- Straße mit Tunnel
- Eisenbahn
- Äquator
- südl. + nördl. Wendekreis/Polarkreis
- Netzlinien
- Datumslinie

- Hauptstadt
- Provinzhauptstadt, >Mio. | <Mio. Einw.
- Millionenstadt | Stadt
- Berg | Oase
- Ruinen, historische Stätten

SCHWEIZ	Staatsname
FRANKREICH	Nachbarland
Burgenland	Bundesland/-staat/Kanton/Provinz
Martinique	Außengebiet
Korsika	Insel
ATLANTIK	Ozean
Mittelmeer	Meere
Aralsee | *Donau*	See | Fluss
Zugspitze	Berg
Berner Alpen	Landschaft

Erläuterungen zu den Daten

Staat

Deutsche Bezeichnung der Staaten: Verzeichnis der Staatennamen für den amtlichen Gebrauch in der Bundesrepublik Deutschland des Auswärtigen Amtes; Staatennamen in der jeweiligen Amtssprache des Staates; Zwei- bzw. Drei-Buchstaben-Code: Norm DIN EN ISO 3166-1

Fläche: Angaben nationaler statistischer Ämter und anderer offizieller Stellen

Einwohnerzahlen: Weltbank als einzige Quelle zur Ermittlung des Weltrangs

Währungskurse: Deutsche Bundesbank, Kurse vom Mai 2005. EU-Staaten, Schweiz und USA: Kurse vom 1. 7. 2005

LANDESSTRUKTUR, BEVÖLKERUNG

Daten: Angaben nationaler statistischer Ämter und anderer offizieller Stellen

Einwohner: Z = letzte Volkszählung, F = Fortschreibung, S = Schätzung

STAATS- UND REGIERUNGSFORM

Kurzinformationen zur Verfassung und zum politischen System

REGIERUNG UND PARTEIEN

Staatsoberhaupt, Regierungschef/in und Außenminister/in: Stand: 15. 7. 2005

Parlament: Sitzverteilung nach den letzten Wahlen (in Klammern vorangegangene Wahl)

WIRTSCHAFT

Daten: Angaben nationaler statistischer Ämter, der Bundesagentur für Außenwirtschaft und anderer offizieller Stellen

Weitere Erklärungen, Quellenangaben und Definitionen im Glossar, S. 779 ff.
Zusätzliche Kennziffern in den Basistabellen, S. 500 ff.

Afghanistan West-Asien

Islamische Republik Afghanistan;
Dı Afğānistān Islāmī Dawlat (paschtu);
Dowlat-e Eslâmî-ye Afqânestân (dari) – AF / AFG

Fläche (Weltrang: 40): 652 225 km²

Einwohner (38): F 2003 28 766 000 = 44 je km²

Hauptstadt: Kābol (Kabul)

Amtssprachen: Paschtu, Dari

Bruttonationaleinkommen 2003 je Einw.: k. A.

Währung: 1 Afghani (Af) = 100 Puls
Kurs: k. A.

Botschaft des Islamischen Staates Afghanistan
Wilhelmstr. 65, 10117 Berlin
T 030 / 2 29 26 12, Fax 2 29 15 10
E-Mail: afghanische-botschaft@t-online.de

LANDESSTRUKTUR **Fläche**: 652 225 km² ▪ **Verwaltung**: 34 Provinzen; → Tabelle ▪ **Städte**: (S 2002) Kābol (Kabul) 2 678 000 Einw., Qandahār (Kandahar) 459 000, Herāt 249 000, Mazār-i Sharīf 183 000, Jalālābād 181 000; (S 1982) Kondūz (Kunduz) 57 100, Baghlān 41 200, Meymaneh 40 200

BEVÖLKERUNG Afghanen – F 2003: 28 766 000 Einw.; Bevölkerungswachstum: 2,7 % – ca. 40 % Paschtunen, 25 % Tadschiken, 15 % mongolstämmige Hesoren (Hazara), 5 % Usbeken; außerdem Aimak, Nuristani, Balutschen, Turkmenen, Kirgisen u. a. ▪ **Sprachen**: 50 % Dari (Persisch der Tadschiken), 40 % Paschtu, 5 % Usbekisch; Sprachen der anderen Ethnien ▪ **Religion**: 99 % Muslime (84 % Sunniten, 15 % Schiiten, Minderheit von Ismailiten)

STAATS- UND REGIERUNGSFORM Neue Verfassung vom 26. 1. 2004 – Präsidialrepublik seit 2004 – Staatsreligion: Islam – Parlament aus 2 Kammern: Wolesi Jirga (Volksversammlung) mit 249 Mitgl. und Meschrano Jirga (Ältestenversammlung; ⅔ von Regionalräten gestellt, ⅓ vom Präsidenten ernannt) – Direktwahl des Präsidenten; 2 Vizepräsidenten – Wahlrecht ab 18 J. ▪ **Unabhängigkeit**: 8. 8. 1919 (Vertrag von Rawalpindi) ▪ **Nationalfeiertag**: 19. 08. (Unabhängigkeitstag)

REGIERUNG UND PARTEIEN **Staats- u. Regierungschef**: Hamid Karzai, seit 22. 12. 2001 – **Äußeres**: Abdullah Abdullah, seit 22. 12. 2001 ▪ **Parlament**: Letzte Wahlen 1988; Parlamentswahlen voraussichtlich im September 2005

WIRTSCHAFT **BIP** 2003: 4,708 Mrd. $ (ohne Opiumproduktion); realer Zuwachs: k. A.; Anteil (2002) Landwirtschaft 52 %, Industrie 24 %, Dienstleistungen 24 % ▪ **Erwerbstätigkeit** 2001: Landwirtsch. 67 % ▪

Afghanistan
Fläche, Bevölkerung und Bevölkerungsdichte

Provinz (Hauptort)	Fläche in km²	Einwohner* insgesamt S 2002	Einwohner* je km²
Badakhshān (Feyzābād)	44 059	715 000	16
Badghīs (Qal' eh-ye Now)	20 591	301 000	15
Baghlān (Baghlān)	21 118	745 000	35
Balkh (Mazār-i Sharīf)	17 249	869 000	50
Bāmiān (Bāmiān)	14 175	356 000	25
Daikoni (Khadir)[1]	8 088	k. A.	k. A.
Farāh (Farāh)	48 471	338 000	7
Fāryāb (Meymaneh)	20 293	782 000	39
Ghazni (Ghazni)	22 915	931 000	41
Ghor (Chaghcharān)	36 479	485 000	13
Helmand (Lashgar Gāh)	58 584	745 000	13
Herāt (Herāt)	54 778	1 182 000	22
Jawzjān (Shiberghān)	11 798	441 000	37
Kābol (Kābol)	4 462	3 314 000	743
Kāpisa (Mahmūd -e Rāqī)	1 842	360 000	195
Khost (Khost)	4 152	300 000	72
Kondūz (Kondūz)	8 040	820 000	102
Kunar (Asadābād)	4 942	321 000	65
Laghman (Mehter Lam)	3 843	373 000	97
Loghar (Pul-i 'Alam)	3 880	292 000	75
Nangarhar (Jalālābād)	7 727	1 089 000	141
Nīmrōz (Zaranj)	41 005	149 000	4
Nūristān (Nūristān)	9 225	112 000	12
Paktiā (Gardez)	6 432	415 000	65
Paktīkā (Sharan)	19 482	352 000	18
Panjshir (Bazarak)[2]	3 610	k. A.	k. A.
Parvan (Chārīkār)	9 584	726 000	76
Qandahār (Qandahār)	54 022	886 000	16
Samangān (Aybak)	11 262	378 000	34
Sar-e Pol (Sar-e Pol)	15 999	468 000	29
Takhār (Tāloqān)	12 333	750 000	61
Uruzgān (Terin Kowt)	22 696	627 000	28
Wardak (Meydān Shāhr)	8 938	413 000	46
Zābul (Qalāt)	17 343	258 000	15
Afghanistan	645 807**	20 293 000	31

* ohne etwa 1,5 Mio. Nomaden ** nach offiziellen Angaben 652 225 km²
1 seit 2004, ehemals Teil von Uruzgān 2 seit 2004, ehemals Teil von Kāpisa und Parvan
Quelle: Transitional Islamic Government of Afghanistan, Central Statistics Office 2003

Arbeitslosigkeit: k. A. ▪ **Inflation**: k. A. ▪ **Außenhandel** 2002 / 03: **Import**: 2323 Mio. $; *Güter*: Nahrungsmittel, Erdölprodukte, Konsumgüter; *Länder*: Singapur, Japan, Westeuropa; **Export**: 100 Mio. $; *Güter*: Nahrungsmittel und Früchte; *Länder*: Pakistan, Westeuropa, USA

CHRONIK

Mit den ersten direkten **Präsidentschaftswahlen** am 9. 10. 2004 erhielt Afghanistan eine demokratisch legitimierte und souveräne Regierung. Nach UN-Angaben hatten sich bis zum Ende der Registrierungsperiode am 19. 8. trotz der Gewaltakte der Taliban rund

10,6 Mio., und damit mehr als 100 % der ursprünglich geschätzten 10,5 Mio. wahlberechtigten Bevölkerung registrieren lassen, darunter auch 42 % Frauen. Auch die 2,6 Mio. afghanischen Flüchtlinge in Iran und Pakistan waren wahlberechtigt.

Aus den Wahlen ging **Interimspräsident Hamid Karzai** als **deutlicher Sieger** hervor. Bei einer hohen Beteiligung von 83,7 % und unbeeinträchtigt von gewalttätigen Störungen erhielt Karzai 55,4 % der gültigen Stimmen und vermied damit einen möglichen zweiten Wahlgang. Rund 120 000 in- und ausländische Wahlhelfer sowie 100 000 in- und ausländische Sicherheitskräfte waren am Wahltag im Einsatz. Die früheren Minister Yunus Qanuni (Tadschike), Haji Mohammad Mohaqiq (Hazara) sowie General Rashid Dostum (Usbeke) landeten mit 16,3, 11,6 und 10 % der Stimmen abgeschlagen auf den weiteren Plätzen. 14 weitere Kandidaten, darunter eine Frau, erhielten weniger als 2 % der Stimmen. Karzai erhielt praktisch alle seine Stimmen in den paschtunischen Provinzen, während er bei den ethnischen Gruppen im Norden und Westen Afghanistans kaum Zustimmung fand.

Direkt nach den Wahlen hatten Qanuni und 13 weitere Kandidaten zunächst eine Annullierung der Wahlen wegen z. T. abwaschbarer Tintenmarkierungen und Bestechung gefordert. Am 3. 11. gab die Wahlkommission nach einer dreiwöchigen Untersuchung aller Betrugsvorwürfe durch eine UN-Kommission den Sieg Karzais offiziell bekannt. Die ursprünglich zeitgleich abzuhaltenden Parlaments- und Kommunalwahlen wurden aus administrativen und Sicherheitsgründen mehrmals verschoben und sollen am 18. 9. 2005 stattfinden. Neben den 249 Parlamentsabgeordneten werden dann auch die 34 Provinzversammlungen gewählt.

■ **Regierungsumbildung:** Karzai wurde am 7. 12. 2004 als erster demokratisch gewählter Präsident des Landes vereidigt. Dabei nannte er die Herstellung von Sicherheit und die Bekämpfung des Drogenhandels als wichtigste Prioritäten seiner fünfjährigen Amtszeit. Am 23. 12. stellte der Präsident sein neues Kabinett vor: Abdullah Abdullah und Ali Ahmad Jalali wurden als Außen- und Innenminister bestätigt; der bisherige Verteidigungsminister Fahim wurde hingegen abgelöst, da der frühere Kriegsherr bisher die Entwaffnung seiner tadschikischen Milizen verweigert hatte. Unter den drei Frauen im 27-köpfigen Kabinett befindet sich auch die Präsidentschaftskandidatin Masood Jalal als neue Frauenministerin. Insgesamt bedeutete die Regierungsumbildung eine Schwächung der Nordallianz, die wesentlich zum Sturz der Taliban 2001 beigetragen hatte. Mit Ausnahme des Außenministeriuns waren nun alle Schlüsselressorts von Paschtunen besetzt.

■ **Taliban-Gewalt:** Die militärischen Auseinandersetzungen zwischen der US-Armee und afghanischen Sicherheitskräften sowie Taliban-Rebellen hielten im Südosten des Landes entlang der Grenze zu Pakistan an. Zwar vermochten die Taliban weder die Wahlen noch die Einsetzung der Regierung zu stören, ihre Rebellion konnte jedoch trotz z. T. bedeutender Erfolge nicht beendet werden. Schwere Kämpfe im Süden des Landes im Rahmen einer Großoffensive zwischen Ende Mai und Anfang August 2004 forderten ca. 80 Taliban-Opfer; dabei wurde am 6. 7. der Taliban-Kommandeur Südwest-Afghanistans, Mullah Sakhi Mujahid, festgenommen. Am 29. 8. kam es zu einem Bombenanschlag auf eine US-Sicherheitsfirma in Kabul, der zehn Tote, darunter drei US-Bürger, forderte. Im Zusammenhang mit den Untersuchungen wurde im Januar 2005 ein Richter des Obersten Gerichts wegen Unterstützung der Attentäter festgenommen. Präsident Karzai überlebte ein von den Taliban verantwortetes Attentat am 16. 9. im südöstlichen Gardez, als eine auf seinen Hubschrauber abgefeuerte Rakete knapp ihr Ziel verfehlte. Seit dem 11. 9. wurden in den Provinzen Sabul und Kandahar bei weiteren Kämpfen mehr als 50 Islamisten und Taliban getötet. Im Februar 2005 starben bei neuen Angriffen der Taliban in der Helmand-Provinz 19 Personen. Zeitgleich gingen US-Soldaten im westafghanischen Khost und südöstlichen Paktika gegen Taliban-Milizen vor, hierbei wurde der Taliban-Führer Raz Mohammed getötet.

Mit Frühlingsbeginn kam es sowohl zu neuen Überfällen der Taliban als auch – ab dem 19. 4. – zu einer neuen **US-afghanischen Offensive gegen Taliban-Kämpfer** in den südlichen Provinzen Sabul und Kandahar, bei der mehr als 64 Rebellen und 10 afghanische Sicherheitskräfte getötet wurden. Bei antiamerikanischen Protesten im Gefolge der umstrittenen Newsweek-Berichterstattung (→ USA) wurden ab dem 11. 5. in mehreren Städten des Landes 16 Personen getötet und mehr als 100 Menschen verletzt. Am 29. 5. wurde der Sprecher des den Taliban kritisch gegenüberstehenden Rats islamischer Gelehrter, Mawlawi Fayaz, in Kandahar getötet. Er hatte eine Woche zuvor bei einem Treffen von 500 Geistlichen die Taliban scharf kritisiert. Ein Selbstmordanschlag auf die Teilnehmer der Trauerveranstaltung am 1. 6. forderte mindestens 20 Todesopfer, darunter auch den Polizeichef Kabuls, Mohammad Akram. Bei den schwersten Kämpfen des Jahres starben in den südlichen Provinzen Zabul, Helmand, Kandahar und Uruzgan ab dem 11. 6. nach Regierungsangaben mehrere hundert Rebellen wie auch zahlreiche Zivilisten sowohl durch Angriffe der Rebellen als auch bei Luftschlägen der US-Truppen. Bei den Kämpfen wurde am 28. 6. auch ein US-Helikopter nahe der pakistanischen Grenze abgeschossen, alle 16 Soldaten an Bord kamen ums Leben. Drei von vier Soldaten eines Erkundungstrupps, nach denen der Hubschrauber gesucht hatte, blieben vermisst. Seit Beginn der Operation Enduring Freedom Ende 2001 hatten damit in Afghanistan insgesamt über 160 amerikanische Soldaten den Tod gefunden.

■ **Amnestieangebot:** Um die Taliban-Rebellion weiter zu schwächen, einigten sich die USA und die afgha-

nische Regierung auf eine Amnestie für aufgabewillige Taliban-Kämpfer. Ausgenommen von der Amnestie blieben ca. 100 hochrangige Anführer. Die militärischen Spitzen der ursprünglichen Nordallianz lehnten eine Amnestie ab, da sie mit der Reintegration der Taliban eine weitere Schwächung der nichtpaschtunischen Gruppen des Landes befürchteten. In einer ersten Etappe wurden am 16. 1. 2005 85 von geschätzten 500 afghanischen Taliban-Kämpfer von der US-Militärverwaltung freigelassen. Im April wurden 17 in Guantánamo Bay inhaftierte, am 1. 5. weitere 80 in Afghanistan festgehaltene Taliban auf freien Fuß gesetzt.

▪ **Gewalt gegen ausländische Hilfsorganisationen:** Nach der Gewaltwelle im Juni 2004 gegen ausländische Organisationen auch im Norden und Nordwesten des Landes gab die Organisation Ärzte ohne Grenzen (MSF) am 28. 7. bekannt, nach 24 Jahren ununterbrochener Tätigkeit sämtliche Aktivitäten in Afghanistan einzustellen. Der tödliche Anschlag auf fünf Mitarbeiter im Juni veranlasste die MSF, sich erstmals aus einem Konfliktgebiet zurückzuziehen. Am 7. 3. 2005 wurde ein britischer Entwicklungshelfer, der im Auftrag der Weltbank Opiumbauern beraten hatte, von Taliban in Kabul erschossen. Daraufhin wurden die Sicherheitsvorschriften für die rund 2000 ausländischen Entwicklungshelfer im Land verschärft. Insgesamt ging die Gewalt gegen Entwicklungshelfer (20 Tote in der ersten Jahreshälfte 2004) stark zurück. Es kam hingegen erstmals zu Entführungen von Ausländern nach irakischem Vorbild: Nach den Wahlen wurden am 28. 10. drei ausländische UN-Mitarbeiter in Kabul von der Taliban-Splittergruppe Jaish-al-Muslimeen entführt. Die Gruppe stellte mehrere Ultimaten zur Freilassung von Taliban aus US-Haft. Die Geiseln wurden nach massiven militärischen Vorgehen gegen die vermuteten Urheber am 23. 11. wieder freigelassen, ohne dass ihre Forderungen erfüllt worden waren. Am 17. 5. 2005 wurde eine italienische Mitarbeiterin der Hilfsorganisation Care in Kabul entführt; sie wurde am 9. 6. wieder freigelassen.

▪ **Ausländische Militärpräsenz** (→ Karte): Im Vorfeld der Wahlen erhöhte die NATO ihre Friedenstruppen von 6500 auf 9000, außerdem waren 18 000 US-Soldaten im Einsatz. Das Oberkommando über die ISAF ging am 9. 8. 2004 zunächst von Kanada an das Eurokorps über, das von den europäischen NATO-Ländern gestellt wird; am 13. 2. übernahm die Türkei das Oberkommando über die ISAF-Truppen.

Der UN-Sicherheitsrat verlängerte am 24. 3. 2005 mit Resolution 1589 das Mandat der Internationalen Sicherheitstruppe um weitere 12 Monate. Der deutsche Bundestag hatte bereits am 30. 9. 2004 mit großer Mehrheit für eine Verlängerung des Bundeswehreinsatzes um ein Jahr gestimmt. Die NATO-Verteidigungsminister erklärten am 10. 2. 2005 bei einem informellen Treffen im französischen Nizza, ISAF prinzipiell auch auf den Westen des Landes auszudehnen und dort auch die beiden bisher von den USA eingerichteten regionalen Wiederaufbauteams (PRT) in Herat und Farah zu übernehmen. Eine einheitliche Kommandostruktur von ISAF und US-Truppen soll mittelfristig aufgebaut werden, frühestens jedoch ab Mitte 2006 einsatzbereit sein.

Die USA und Afghanistan unterzeichneten am 23. 5. eine Erklärung über die strategische Partnerschaft zwischen beiden Ländern. Darin bekennen sich die USA zu fortgesetzter Hilfe bei politischen und wirtschaftlichen Reformen sowie dem Aufbau des Sicherheitssektors. Afghanistan erlaubt den USA im Gegenzug weiterhin die Benutzung der Luftwaffenbasis Bagram und weiterer Stützpunkte.

Bei der Explosion zweier mit Munition beladener Lastwagen in der Nähe von Kunduz starben am 26. 6. zwei Bundeswehrsoldaten und fünf afghanische Helfer. Nach Angaben der Bundeswehr handelte es sich um einen Unfall.

- **Demobilisierung:** Die Entwaffnung der Milizen und Privatarmeen, eine zentrale Aufgabe der Friedenstruppen, ging nur zäh voran. Am 18. 7. 2004 hatte die Regierung ein Dekret verabschiedet, wonach Militärkommandeure, die sich der Entwaffnung entziehen, mit rechtlichen Sanktionen rechnen müssen. Entsprechende Sanktionen hätten jedoch nur die US- oder ISAF-Truppen durchsetzen können. Bis Ende August 2004 waren von geschätzten 100 000 Kämpfern erst 15 000 entwaffnet worden, z. T. waren komplette Milizeneinheiten zur neuen Regierungsarmee übergewechselt. Bis Ende Juni 2005 hatten im Rahmen des von Japan finanzierten Programms 61 500 reguläre, d. h. offiziell registrierte Milizionäre ihre Waffen abgegeben; 9085 schwere Waffen waren eingesammelt worden. Seit April 2005 wurde auch mit der Entwaffnung der illegalen Milizen begonnen, von denen bis zu 120 000 Personen in 1800 Gruppen organisiert sein sollen. Ein Selbstmordattentat auf General Dostum in seiner Hochburg Shebergan scheiterte zwar am 20. 1. 2005. Da seine Milizen kurz zuvor entwaffnet worden waren, verschärfte der Vorfall die Ängste zahlreicher Kriegsherren um ihre Sicherheit nach der Demobilisierung. Dostum wurde am 18. 4. trotz zahlreicher Proteste von Menschenrechtsorganisationen von Präsident Karzai zum Stabschef der Armee ernannt. Auch in Herat, der Hochburg eines anderen Kriegsherren, hielten die Probleme an. Als Karzai am 11. 9. 2004 den Gouverneur der Provinz, Ismail Khan, entließ, kam es in Herat zu gewalttätigen Auseinandersetzungen zwischen Khans Anhängern, afghanischen Regierungskräften und US-Truppen. Khan wies das Angebot Karzais, als Minister ins Kabinett zu wechseln, zunächst zurück, wurde dann aber nach den Präsidentschaftswahlen zum Minister für Wasser und Energie ernannt. Am 1. 5. 2005 kam es erneut zu schweren Unruhen in der Stadt.
- **Opium:** Laut einem am 18. 11. 2004 veröffentlichten Bericht des UN-Büros für Drogen und Kriminalität

Opiumfelder in der Nähe von Kandahar

(UNODC) war das Opiumanbaugebiet um 64 % auf 131 000 ha im Jahr 2003 angestiegen und hatte sich auf alle 34 Provinzen des Landes ausgeweitet. Die Einnahmen aus dem Drogenhandel wurden auf 2,8 Mrd. US-$ und damit 60 % des BSP geschätzt. Zugleich ging der Durchschnittspreis für 1 kg Frischopium innerhalb eines Jahres von 283 auf 92 US-$ zurück. Die US-Regierung kündigte daraufhin an, weitere 780 Mio. US-$ für die Bekämpfung des Drogenanbaus zu verwenden. Im Mai 2005 zerstörte die Regierung nach eigenen Angaben über 100 Heroinlabors und beschlagnahmte 150 t Opium. Den Angaben des Ende Juni 2005 veröffentlichten UNODC-Jahresberichts zufolge lieferte Afghanistan rund 87 % des weltweiten Heroin-Bedarfs. Tatsächlich war die Mohn-Anbaufläche im Vergleich zum Vorjahr erstmals leicht zurückgegangen.
- **Wirtschaft:** Die Regierung stellte am 15. 3. 2005 ihr erstes Budget vor. Die Ausgaben sollen um 17 % gegenüber 2004 steigen. Ca. 50 % der Einnahmen sollen durch Steuern und Abgaben erhoben werden, die andere Hälfte durch internationale Hilfsleistungen. Mehr als ein Drittel des Budgets entfällt auf den Sicherheitssektor. Bei der Tagung des Afghanistan Development Forum im April herrschte vorsichtiger Optimismus: Das Wirtschaftswachstum habe in den letzten drei Jahren 50 % betragen, werde aber im Finanzjahr 2004/05 auf Grund der ersten Dürre nach mehreren Jahren nur noch bei 8 % liegen.
- **Missachtung von Frauenrechten:** Am 20. 4. 2005 wurde eine 29-jährige Frau im äußersten Nordosten wegen des Vorwurfs des Ehebruchs öffentlich zu Tode gesteinigt. An der Tat waren auch Vertreter der lokalen Behörden beteiligt. Ein am 30. 5. veröffentlichter Bericht von Amnesty International beklagte die andauernde Verletzung von Frauenrechten in Afghanistan. Unter Berufung auf Tradition und Religion würden Frauenrechte systematisch mit Füßen getreten.
- **Flüchtlingssituation:** Der Rückstrom der Flüchtlinge aus Pakistan und Iran hielt an. UNHCR erwartet für das Jahr 2005 einen Rückstrom von 400 000 weiteren Flüchtlingen, nachdem in den Jahren 2002–2004 bereits 2,3 Mio. Afghanen aus Pakistan sowie 1 Mio. aus Iran in ihr Heimatland zurückgekehrt waren.

Ägypten Nordost-Afrika

Arabische Republik Ägypten; al-Ǧumhūriyya al-Miṣriyya al-ʿArabiyya – EG / EGY

Fläche (Weltrang: 29): 1 002 000 km²

Einwohner (17): F 2003 67 559 000 = 67 je km²

Hauptstadt: Al-Qāhirah (Kairo)

Amtssprache: Arabisch

Bruttonationaleinkommen 2003 je Einw.: 1390 $

Währung: 1 Ägypt. Pfund (ägypt£) = 100 Piaster
Kurs: 1 US-$ = 5,81 ägypt£; 1 € = 7,26 ägypt£

Botschaft der Arabischen Republik Ägypten
Stauffenbergstr. 6–7, 10785 Berlin
T 030 / 477 54 70, Fax 477 10 49
www.egyptian-embassy.de

LANDESSTRUKTUR **Fläche**: 1 002 000 km² ▪ **Verwaltung**: 27 Provinzen; Tabelle → WA 2005, S. 42 ▪ **Städte**: (S 2001) Al-Qāhirah (Kairo) 9 586 000 Einw.; (Z 1996) Al-Iskandarīyah (Alexandria) 3 339 076, Al-Jīzah (Gise) 2 221 868, Shubrā al-Khaymah 870 716, Būr Saʿīd (Port Said) 472 335, As-Suways (Suez) 417 527, Al-Maḥallah al-Kubrā 395 402, Ṭanṭā 371 010, Al-Manṣūrah 369 621, Asyūṭ 343 498, Al-Uqṣur (Luxor) 360 503

BEVÖLKERUNG Ägypter – F 2003: 67 559 000 Einw.; Bevölkerungswachstum: 1,8 %; letzte Zählung 1996: 61 492 914 Einw. – Minderheiten von Sudanesen, Syrern, Beduinen, Nubiern, Palästinensern, Berbern, Beja ▪ **Sprachen**: Arabisch (Ägyptisch, Sudanesisch u. a.); nubische Sprachen; Berbersprachen; Englisch und Französisch als Handelssprachen ▪ **Religion**: 85 % Muslime (fast nur Sunniten), 12 % Kopten; Minderheiten von Griechisch-Orthodoxen, Katholiken, Protestanten und Juden

STAATS- UND REGIERUNGSFORM Verfassung von 1971, zuletzt geändert 2005; Notstandsgesetze seit 1981 in Kraft – Präsidialrepublik seit 1953 – Staatsreligion: Islam – Parlament: Rat des Volkes mit 454 Mitgl. (davon 444 für 5 J. gewählt und 10 vom Staatsoberhaupt ernannt) und Schura als beratendes Organ mit 210 Mitgl. (davon 57 vom Staatsoberhaupt ernannt) – Direktwahl des vom Parlament designierten Staatsoberhaupts alle 6 J. – Wahlpflicht ab 18 J. ▪ **Unabhängigkeit**: alte staatl. Tradition; 28. 2. 1922 (ehem. britisches Protektorat) ▪ **Nationalfeiertag**: 23. 7. (Tag der Revolution von 1952)

REGIERUNG UND PARTEIEN **Staatsoberhaupt**: Mohamed Hosni Mubarak (NDP-Vorsitzender), seit 1981 – **Regierungschef**: Ahmed Nasif (NDP), seit 10. 7. 2004 – **Äußeres**: Ahmed Abul Ghait (NDP), seit 11. 7. 2004 ▪ **Parlament**: Wahlen zum Rat des Volkes vom 18. 10. / 24. 10. und 14. 11. 2000: Nationaldemokratische Partei / NDP 388 von 444 Sitzen (1995: 416; 100 waren als Unabhängige gewählt worden), Muslim-Bruderschaft 17 (–), Wafd-Partei 7 (6), Progressive National Unionist Party 6 (5), Nasseristische Partei 3 (1), vakant 2 (–), Unabhängige 20 (15), Sonstige 1 (1) – Letzte Teilwahlen zur Schura im Mai / Juni 2004: Mehrheit für die NDP

WIRTSCHAFT **BIP** 2003: 82,427 Mrd. $; realer Zuwachs: 3,2 %; Anteil (2003) Landwirtschaft 16 %, Industrie 34 %, Dienstleistungen 50 % ▪ **Erwerbstätigkeit** 2001: Landwirtsch. 33 % ▪ **Arbeitslosigkeit** ∅ 2004 / 05: 11,5 % (hohe verdeckte Arbeitslosigkeit) ▪ **Inflation** ∅ 2004: 5,2 % ▪ **Außenhandel** 2004: **Import**: 16,0 Mrd. $; *Güter* 2003: 21 % Nahrungsmittel, 19 % Maschinen und Fahrzeuge, 14 % Vorerzeugnisse, 9 % chemische Erzeugnisse, 7 % Rohstoffe, 5 % Brennstoffe; *Länder* 2003: 12 % USA, 7 % Deutschland, 5 % Italien, 5 % VR China, 4 % Frankreich, 3 % Russland, 3 % Brasilien, 3 % Argentinien, 3 % Algerien, 3 % Japan (EU gesamt: 34 %); **Export**: 10,0 Mrd. $; *Güter* 2003: 43 % Brennstoffe, technische Öle, 18 % Vorerzeugnisse, 9 % Rohstoffe, 8 % Nahrungsmittel, 8 % chemische Erzeugnisse, 6 % Eisen und Stahl; *Länder* 2003: 12 % Italien, 9 % USA, 8 % Indien, 5 % Spanien, 4 % Niederlande, 3 % Saudi-Arabien, 3 % Frankreich, 2 % Großbritannien, 2 % Deutschland (EU gesamt: 41 %)

CHRONIK

Die seit Oktober 1999 im Amt befindliche **Regierung** von Premierminister Atef Ebeid reichte am 9. 7. 2004 ihren Rücktritt ein. Noch am gleichen Tag ernannte Präsident Hosni Mubarak den bisherigen Minister für Telekommunikation und Computeringenieur Ahmed Nasif zum neuen Premierminister. Nasif, der nicht in den Spitzengremien der Regierungspartei vertreten ist, stellte am 14. 7. sein verjüngtes Kabinett vor, in dem 21 der 35 Ressorts neu besetzt wurden. Die neu berufenen Minister entstammen zumeist dem Umkreis von Mubaraks Sohn Gamal, mit Ausnahme des neuen Außenministers Ahmed Abul Ghait, dem bisherigen ägyptischen UN-Botschafter. Die drei sicherheitsrelevanten Ministerien blieben unverändert. Der neue Finanzminister Youssef Boutros-Ghali kündigte am 8. 9. ein Paket mit Wirtschaftsreformen an: Dieses sieht u. a. vereinfachte Zollbestimmungen und eine Senkung der Einfuhrzölle für Rohstoffe, dauerhafte Güter und Nahrungsmittel um 8–40 % vor. Damit schien die Regierung mit der seit langem geforderten Liberalisierung des Außenhandels ernst zu machen. Beim Parteitag der regierenden Nationaldemokratischen Partei (NDP) Ende September bekräftigten Regierungsvertreter auch ihren Willen zur Privatisierung und Reform des Finanzsektors sowie zur Senkung der Einkommen- und Körperschaftsteuer um 20 %.

▪ **Terroranschläge:** Am 7. 10. 2004 wurden bei Bombenanschlägen auf drei Touristenzentren der Sinaihalbinsel 34 Personen getötet, darunter 12 Israelis, die wahrscheinlich hauptsächlich anvisierte Zielgruppe. Es handelte sich um den ersten Terroranschlag seit dem Überfall auf die Reisebusse in Luxor 1997. Nach einem Bericht von Human Rights Watch wurden im Gefolge der Anschläge ca. 2400 Personen ohne Anklage inhaftiert und gefoltert. Am 1. 2. 2005 starb bei Gefechten zwischen der Polizei und islamistischen Aktivisten in den Sinai-Bergen einer der zwei noch flüchtigen Täter. Gegen die drei überlebenden Verdächtigten wurde am 30. 3. der Prozess eröffnet. Bei einem Attentat auf eine Touristengruppe am 7. 4. in der Kairoer Altstadt wurden der Attentäter und drei Ausländer getötet. Bei zwei weiteren Anschlägen am 30. 4. in Kairo wurden neun Personen, darunter vier Touristen, verletzt. Für beide Anschläge übernahm eine bisher unbekannte islamistische Splittergruppe die Verantwortung.

▪ **Neue Oppositionskräfte:** Ende Oktober 2004 wurde eine Erklärung von 650 Oppositionellen veröffentlicht, in der sie eine Verfassungsänderung fordern, die Staatschef Mubarak an der für 2005 anstehenden Kandidatur für eine fünfte Amtszeit (von sechs Jahren) hindern sollte. Am 5. 11. 2004 gründeten 2000 Mitglieder der Bürgergesellschaft unter der Führung von Aiman Nour, zuvor Parlamentsabgeordneter der liberalen Wafd-Partei, die Oppositionspartei Al-Ghad (= Morgen). Mit Ghad wurde erstmals seit 1977 wieder eine neue Partei zugelassen. Ghad-Mitglieder, aber auch Nasseristen, Kommunisten und Islamisten organisierten am 12. 12. unter dem Slogan »Kifaya« (Genug) eine erste Demonstration in Kairo vor dem Obersten Gerichtshof, an der 1000 Personen teilnahmen. Demonstrationen sind unter dem 1981 eingeführten Notstandsrecht verboten. Am 29. 1. 2005 wurde Nour seine parlamentarische Immunität entzogen und er selbst sowie am 9. 2. auch der stellvertretende Vorsitzende Mussa Mustafa verhaftet. Auch die Genehmigung zum Druck der wöchentlichen Parteizeitung wurde am Tag vor der Erstveröffentlichung zurückgezogen. Nour und seine Mitstreiter wurden am 12. 3. auf Kaution freigelassen. Ihnen wird zur Last gelegt, einen Großteil der für die Registrierung der Partei notwendigen Unterschriften gefälscht zu haben.

▪ **Politische Reformen:** Nachdem US-Präsident George W. Bush am 21. 2. 2005 bei einem Besuch in Brüssel politische Reformen in Ägypten eingefordert und US-Außenministerin Condoleezza Rice am 25. 2. einen geplanten Besuch wegen der Inhaftierung der Ghad-Parteigründer abgesagt hatte, kündigte Staatschef Mubarak am 27. 2. in einer vom Fernsehen übertragenen Rede in seiner Heimatstadt Munufiya Reformen an. Kernpunkt des Reformprogramms ist die Einführung von Direktwahlen mit Kandidatenkonkurrenz für die Ende 2005 anstehenden Präsidentschaftswahlen. Bislang hatte das Parlament einen Kandidat (zuletzt stets Mubarak) ausgewählt, und das Volk hatte in einem Referendum nur noch zustimmen oder ablehnen können. Ermutigt durch die Aktivitäten von Ghad protestieren am 27. 3. auch mehrere tausend Mitglieder der verbotenen Muslim-Bruderschaft für den Rücktritt des Staatschefs, die Aufhebung des Notstands sowie die Einführung islamischen Rechts. 300 Personen wurden vor, während und nach der Demonstration vorübergehend festgenommen. Bei weiteren friedlichen Demonstrationen der Muslim-Brüder am 4. und 6. 5. wurden mehr als 1000 Anhänger festgenommen, 170 davon wurden zu 15 Tagen Haft verurteilt, darunter auch der Generalsekretär Mahmoud Ezzat.

▪ **Referendum:** Am 10. 5. 2005 beschloss das Parlament mit der Mehrheit der NDP die neuen Versionen der Verfassungsartikel 76 und 192, die ein modifiziertes Regelwerk für die Wahl des Staatspräsidenten vorschreiben. Danach können Führungsmitglieder von zugelassenen Parteien uneingeschränkt kandidieren. Unabhängige Kandidaten brauchen Unterschriften von mindestens 65 Abgeordneten der Nationalversammlung, von 25 Schura-Mitgliedern und 140 Gemeinderäten aus mindestens 14 Regierungsbezirken. Da jeder Abgeordnete nur eine Empfehlung aussprechen darf, war damit eine unabhängige Kandidatur ausgeschlossen, berücksichtigt man die erdrückende Dominanz der NDP in all diesen Gremien. Die legalisierten Oppositionsbewegungen wie auch die Muslim-Bruderschaft riefen daraufhin zum Boykott des Referendums auf, da sich alle Hoffnungen auf eine Liberalisierung des politischen Systems durch die Ausgestaltung der Verfassungsänderung zerschlagen hatten. Die Verfassungsänderung wurde dennoch nach Angaben des Innenministeriums am 25. 5. mit 82,9 % der stimmberechtigten Bevölkerung bei einer Wahlbeteiligung von 53,5 % angenommen. Journalisten und Oppositionskräfte bezweifelten jedoch, dass sich tatsächlich 17 Mio. Ägypter an die Urnen begeben hatten. Im Vorfeld der Abstimmung hatte die Polizei weitere Anführer der Muslim-Bruderschaft festgenommen, und zahlreiche geplante Kifaya-Demonstrationen im Keim erstickt (→ Foto).

Demonstration der Muslim-Bruderschaft am 4. 5. 2005 in Kairo

Bei einem Besuch in Ägypten kritisierte US-Außenministerin Condoleezza Rice am 20. 6. die zögerlichen Reformen des ägyptischen Verbündeten in ungewohnt deutlicher Weise. In einer Rede vor der Amerikanischen Universität in Kairo zeigte sie sich u. a. auch besorgt darüber, dass friedliche Anhänger der Demokratie nicht vor Gewalt sicher seien.

▪ **Nuklearprogramm:** Anfang Januar 2005 wurde bekannt, dass Inspektoren der Internationalen Atomenergiebehörde IAEA in den letzten Monaten bei Inspektionen in Ägypten Beweise für geheime Nuklearaktivitäten in den 80er und 90er Jahren gefunden hatten. Die Lagerung und Bestrahlung von Uranverbindungen, Pläne zur Gewinnung von Natururan sowie die Erstellung einer hydrometallurgischen Pilotanlage stellten zwar einen Verstoß gegen das Safeguard-Abkommen aus dem Sperrvertrag dar, hätten jedoch, so die IAEA-Inspektoren, nicht für einen formalen Bericht an den Gouverneursrat der IAEA ausgereicht. Die ägyptische Regierung wies daraufhin alle Vermutungen über ein Nuklearwaffenprogramm strikt zurück.

▪ **Nilwasser:** Im seit Jahren schwelenden Streit um die Nutzung des Nilwassers (→ WA 2005, S. 44) deutete sich im April 2005 eine Einigung an: Nachdem sich die beteiligten Staaten über Monate hinweg mit Vorwürfen überhäuft hatten, erklärten die Staatschefs von Ägypten, Sudan und → Äthiopien ihren Willen zur Kooperation, um eine effizientere und modernere Nutzung der Wassermengen für alle Nil-Anrainer zu erreichen.

▪ **Wirtschaftliche Entwicklung:** Die schwache Währung und eine 2004 auf 7 % gestiegene Inflation ließen das Wirtschaftswachstum stagnieren (2003/2004: 4,3 %). Die ausländischen Investitionen sanken auf das niedrigste Niveau der vergangenen 25 Jahre. Ende 2004 lebten 48 % der 67,6 Mio. Einwohner unter der Armutsgrenze.

Die Auslandsschulden erreichten einen Wert von 30,5 Mrd. US-$. Positiv schlugen sich demgegenüber der steigende Erdölpreis und wachsende Einnahmen aus dem Tourismus (11 % des BIP) nieder.

Die Umsetzung der Wirtschaftsreformen der neuen Regierung ab September 2004 führten zu einer spürbaren Verbesserung des Wirtschaftsklimas. Im Unterschied zur Senkung der Einfuhrzölle, die per Dekret im September verabschiedet worden war, erwies sich die Einkommensteuersenkung und Privatisierung als weitaus schwieriger in der Umsetzung, zumal im Herbst 2005 Wahlen anstehen und die Kosten für die Wähler gering gehalten werden müssen. Ende 2004 waren noch 174 Unternehmen ganz in staatlicher Hand, an 695 weiteren war der Staat beteiligt.

Albanien Südost-Europa

Republik Albanien; Republika e Shqipërisë, Kurzform: Shqipëria – AL / ALB

Fläche (Weltrang: 139): 28 748 km^2

Einwohner (130): F 2003 3 169 000 = 110 je km^2

Hauptstadt: Tiranë (Tirana)

Amtssprache: Albanisch

Bruttonationaleinkommen 2003 je Einw.: 1740 $

Währung: 1 Lek = 100 Qindarka
Kurs: 1 US-$ = 100,08 Lek; 1 € = 123,90 Lek

Botschaft der Republik Albanien
Friedrichstr. 231, 10969 Berlin
T 030/25 93 04–0, Fax 25 93 18 90
www.botschaft-albanien.de

LANDESSTRUKTUR **Fläche**: 28 748 km^2 ▪ **Verwaltung**: 12 Präfekturen; → Tabelle ▪ **Städte**: (Z 2001) Tiranë (Tirana) 343 078 Einw., Durrës (Durazzo) 99 546, Elbasan 87 797, Shkodër (Skutari) 82 455, Vlorë (Valona) 77 691, Korçë (Koritza) 55 130, Berat 40 112

BEVÖLKERUNG Albaner – F 2003: 3 169 000 Einw.; Bevölkerungswachstum: 0,6 %; letzte Zählung 2001: 3 069 275 Einw. – über 95 % Tosken und Gegen, Minderheiten von Griechen, Mazedonier und Walachen (Aromunen) ▪ **Sprachen**: Albanisch (Toskisch und Gegisch), Griechisch, Mazedonisch u. a. ▪ **Religion**: 70 % Muslime (fast nur Sunniten, auch Anhänger des Bektaschi-Ordens), 20 % Albanisch-Orthodoxe, 10 % Katholiken

STAATS- UND REGIERUNGSFORM Verfassung von 1998 – Republik seit 1991 – Parlament (Volksversammlung / Kuvendi Popullor) mit 140 (vorher 155) Mitgl., Wahl alle 4 J.; wählt das Staatsoberh. – Wahlpflicht ab 18 J. ▪ **Unabhängigkeit**: 28. 11. 1912 ▪ **Nationalfeiertag**: 28. 11. (Unabhängigkeitstag und Tag der Befreiung 1944)

REGIERUNG UND PARTEIEN **Staatsoberhaupt**: Alfred Moisiu, seit 24. 7. 2002 – **Regierungschef**: Fatos Nano (PSS), seit 31. 7. 2002 – **Äußeres**: Kastriot Islami (PSS), seit 30. 12. 2003 ▪ **Parlament**: Wahlen vom 3. 7. 2005: Demokratische Partei / PDS und Verbündete (PDS 55, Republikanische Partei / PRS 11, Neue Demokratische Partei 4, Sonstige 3) insgesamt 73 von 140 Sitzen (2001: 46); Sozialistische Partei / PSS und Verbündete (PSS 40, Sozialdemokratische Partei / PSDS 7, Agrarpartei- und Umweltpartei / PAS 4, Union für Menschenrechte [griechische Minderheit] / PBDN 2, Sonstige 5) insgesamt 58 (83), Bewegung für Sozialistische Integration / LSI 5 (–), Sonstige – (9), Unabhängige 1 (2); 3 Sitze noch offen

Albanien
Fläche, Bevölkerung und Bevölkerungsdichte

Präfektur (Hauptort)	Fläche in km²	Einwohner insgesamt Z 2001	Einwohner je km²
Berat (Berat)	1 798	193 020	107
Dibër (Peshkopi)	2 586	189 854	73
Durrës (Durrës)	766	245 179	320
Elbasan (Elbasan)	3 199	362 736	113
Fier (Fier)	1 890	382 544	202
Gijrokastër (Gijrokastër)	2 884	112 831	39
Korçë (Korçë)	3 712	265 182	71
Kukës (Kukës)	2 374	111 393	47
Lezhë (Lezhë)	1 619	159 182	98
Shkodër (Shkodër)	3 562	256 473	72
Tiranë (Tiranë)	1 652	597 899	362
Vlorë (Vlorë)	2 706	192 982	71
Albanien	28 748	3 069 275	107

Quelle: Instituti i Statistikës 2005

WIRTSCHAFT **BIP** 2003: 6,124 Mrd. $; realer Zuwachs: 6,0 %; Anteil (2003) Landwirtschaft 25 %, Industrie 19 %, Dienstleistungen 56 % ▪ **Erwerbstätigkeit** 2001: Landwirtsch. 72,2 %, Industrie 6,5 %, Dienstl. 21,4 % ▪ **Arbeitslosigkeit** ∅ 2004: 14,7 % (inoffiziell ca. 30 %) ▪ **Inflation** ∅ 2004: 2,9 % ▪ **Außenhandel** 2004: **Import**: 1846 Mio. €; *Güter*: 24 % Maschinen, Ausrüstungen und Ersatzteile, 20 % Nahrungsmittel, Getränke, Tabak, 14 % Textilien und Schuhe, 13 % Baustoffe und Metalle, 11 % Mineralien, Kraftstoffe, Elektrizität, 10 % chemische und Kunststoff-Produkte, 3 % Holz und Holzprodukte, 3 % Leder und Lederprodukte; *Länder*: 33 % Italien, 19 % Griechenland, 7 % Türkei, 6 % Deutschland, 4 % VR China, 3 % Russland, 3 % Schweiz, 3 % Ukraine (EU gesamt: 68 %); **Export**: 485 Mio. €; *Güter*: 61 % Textilien und Schuhe, 15 % Baustoffe und Metalle, 8 % Nahrungsmittel, Getränke, Tabak, 4 % Mineralien, Kraftstoffe, Elektrizität, 4 % Maschinen, Ausrüstungen und Ersatzteile, 3 % Holz und Holzprodukte, 2 % Leder und Lederprodukte, 1 % chemische und Kunststoff-Produkte; *Länder*: 73 % Italien, 12 % Griechenland, 3 % Deutschland, 3 % Serbien u. Montenegro (EU gesamt: 91 %)

CHRONIK

▪ **Parlamentswahlen:** Aus den Wahlen zum neuen Abgeordnetenhaus am 3. 7. 2005 ging die oppositionelle Demokratische Partei (PDS) unter dem ehemaligen Präsidenten Sali Berisha vorläufigen Ergebnissen zufolge als Sieger hervor. Sie gewann 55 der 100 Direktwahlkreise, zusammen mit ihren Verbündeten verfügt sie künftig über 73 der 140 Sitze im Parlament. In mehreren Wahlkreisen, in denen eine relative Stimmenmehrheit für ein Mandat ausreichte, hatte die Spaltung des linken Lagers in Fatos Nanos Sozialistische Partei (PSS) und Ilir Metas Bewegung für Sozialistische Integration (LSI, → WA 2005, S. 45) den Ausschlag zugunsten der PDS gegeben. Die Wahlbeteiligung lag bei 56 %. Der Auszählungsprozess dauerte – offenbar unter dem Druck unterlegener Parteien – in einigen Landesteilen zwei Wochen an. Gegen die Resultate gingen über 100 Anfechtungen ein. Insbesondere Metas LSI beklagte Wahlabsprachen zwischen den beiden großen Parteien und kündigte Beschwerde vor dem Verfassungsgericht an. Endgültige Ergebnisse wurden nicht vor Ende August 2005 erwartet. Überschattet wurde der ansonsten ruhig verlaufende Urnengang durch den gewaltsamen Tod eines Wahlbeobachters der Republikanischen Partei (PRS). OSZE-Beobachter werteten die Abstimmung als »nur teilweise frei und fair«. Sie rügten insbesondere die schlechte Vorbereitung, die ungenügende Identifizierung und Kontrolle der Wähler sowie den mangelnden Willen der Parteien zur Zusammenarbeit.

Algerien Nord-Afrika

Demokratische Volksrepublik Algerien; al-Ǧumhūriyya al-Ǧazā'iriyya ad-Dīmuqrāṭiyya aš-Ša'biyya – DZ / DZA

Fläche (Weltrang: 11): 2 381 741 km²

Einwohner (35): F 2003 31 833 000 = 13,4 je km²

Hauptstadt: El Djazaïr (Algier)

Amtssprache: Arabisch

Bruttonationaleinkommen 2003 je Einw.: 1930 $

Währung: 1 Alger. Dinar (DA) = 100 Centimes
Kurs: 1 US-$ = 74,27 DA; 1 € = 91,48 DA

Botschaft der Demokratischen Volksrepublik Algerien
Görschstr. 45–46, 13187 Berlin
T 030 / 43 73 70, Fax 48 09 87 16
www.algerische-botschaft.de

LANDESSTRUKTUR **Fläche:** 2 381 741 km²; → Karte ▪ **Verwaltung:** 48 Provinzen ▪ **Städte:** (Z 1998) El Djazaïr (Algier) 1 519 570 Einw., Wahrān (Oran) 655 852, Qusanṭīna (Constantine) 462 187, Batna 242 514, 'Annāba (Annaba) 215 083, Stif (Setif) 211 859, Sīdī bal-'abbās (Sidi bel Abbès) 180 260, Biskara (Beskra) 170 956, Djelfa 154 265, Tabassa (Tbessa) 153 246, El Bulayda (Blida) 153 083, Skikda 152 335, Biǧāya (Bejaïa) 147 076, Tihert (Tiaret) 145 332

BEVÖLKERUNG Algerier – F 2003: 31 833 000 Einw.; Bevölkerungswachstum: 1,6 %; letzte Zählung 1998: 29 272 343 Einw. – 70 % Araber, 30 % Berber (Tamazight, Kabylen u. v. a.); französische Minderheit ▪ **Sprachen** 1992: 70 % Arabisch (Algerisch), 30 % Berbersprachen: Tamazight (nationale Sprache), Kabylisch u. a.; Französisch ▪ **Religion:** fast 100 % Muslime (Sunniten); Minderheiten von Katholiken und Protestanten

STAATS- UND REGIERUNGSFORM Verfassung von 1996 – Präsidialrepublik seit 1962 – Staatsreligion: Islam – Parlament: Nationalversammlung mit 389 Mitgl., Wahl alle 5 J.; Rat der Nation mit 144 Mitgl. (96 von Kommunalräten gewählt, 48 vom Staatsoberhaupt ernannt), Wahl alle 6 J., Teilwahlen alle 3 J. – Direktwahl des Staatsoberh. alle 5 J. (einmalige Wiederwahl) – Wahlrecht ab 18 J. ▪ **Unabhängigkeit:** 5. 7. 1962 (ehem. französische Kolonie) ▪ **Nationalfeiertag:** 1. 11. (Tag der Revolution von 1954)

REGIERUNG UND PARTEIEN **Staatsoberhaupt:** Abdelasis Bouteflika (FLN), seit 27. 4. 1999 – **Regierungschef:** Ahmed Ouyahia (RND), seit 5. 5. 2003 – **Äußeres:** Mohammed Bedjaoui (FLN), seit 1. 5. 2005 ▪ **Parlament:** Wahlen zur Nationalversammlung vom 30. 5. 2002: Front de Libération Nationale / FLN (ehem. Einheitspartei) 199 von 389 Sitzen (1997: 64 von 380), Rassemblement National Démocratique / RND 48 (1997: 155), Mouvement de la Réforme Nationale (gemäßigte Islamisten) / MRN 43 (–), Mouvement de la Société de la Paix (gemäßigte Islamisten) / MSP 38 (69), Parti des Travailleurs / PT 21 (4), An-Nahda (Renaissance, gemäßigte Islamisten) – (34), Front des Forces Socialistes (sozialdemokratisch, regimekritisch) / FFS – (19), Rassemblement pour la Culture et la Démocratie (sozialdemokratisch, laizistisch) / RCD – (19), Sonstige 11 (16), Unabhängige 29 (–) – Wahlen zum Rat der Nation am 30. 12. 2003

WIRTSCHAFT **BIP** 2003: 66,530 Mrd. $; realer Zuwachs: 6,8 %; Anteil (2003) Landwirtschaft 10 %, Industrie 55 %, Dienstleistungen 35 % ▪ **Erwerbstätigkeit** 2001: Landwirtsch. 24 % ▪ **Arbeitslosigkeit** ∅ 2003: 26,0 % (hohe Jugendarbeitslosigkeit) ▪ **Inflation** ∅ 2004: 4,5 % ▪ **Außenhandel** 2004: **Import:** 17,7 Mrd. $; *Güter* 2003: 36 % Industrieausrüstungsgüter, 35 Produktionsgüter, 21 % Halbwaren, 20 % Nahrungsmittel, 5 % Rohwaren, 1 % Landmaschinen, 1 % Schmierstoffe; *Länder*: 23 % Frankreich, 9 % Italien, 7 % Deutschland, 5 % Spanien, 6 % USA; **Export:** 32,0 Mrd. $; *Güter* 2003: 97 % Kohlenwasserstoffe, 2 % Halbwaren; *Länder*: 23 % USA, ,17 % Italien, 11 % Spanien, 11 % Frankreich, 7 % Niederlande, 1 % Deutschland

CHRONIK

Mit der Tötung der Führungskader der wichtigsten **islamistischen Rebellengruppe**, Groupe Salafiste pour la Prédication et le Combat (GSPC), am 18. 6. 2004 gelang der algerischen Armee ein weiterer Schlag gegen den Terrorismus (→ WA 2005, S. 48 f.). Zu ihnen gehörte mit Nabil Sahraoui auch der vermutliche Anführer der GSPC. Der im März in Tschad gefangen genommene GPSC-Führer Amari Saifa, verantwortlich für die Entführung der 32 europäischen Touristen 2003, wurde nach Intervention des libyschen Staatschefs Muammar al-Gaddafi am 27. 10. 2004 an Algerien ausgeliefert. Insgesamt starben zwischen Januar und Juni 2004 300 Menschen bei den militärischen Aktionen. Am 4. 1. 2005 erklärte das Innenministerium, auch die Führungsspitze der Groupe Islamique Armé (GIA), der zweitgrößten islamischen Rebellengruppe, militärisch ausgelöscht zu haben. GIA-Anführer Nourredine Boudiafi war Anfang November in Algier verhaftet worden, sein Nachfolger Younes Chaabane kam bei einer Militäroperation am 1. 12. im Westen des Landes ums Leben. Die Regierung nutzte die Ausschaltung der Rebellengruppen zu einem neuen Amnestieangebot an die noch verbliebenen islamistischen Aktivisten. Präsident Abdelasis Bouteflika ernannte den umstrittenen früheren Staatschef Ahmed Ben Bella zum Vorsitzenden der Nationalen Versöhnungskommission. Dennoch kam es auch in der ersten Jahreshälfte zu vereinzelten weiteren Anschlägen, u. a. am 3. 1. 2005 bei Biskra, als die GSPC 18 Sicherheitskräfte

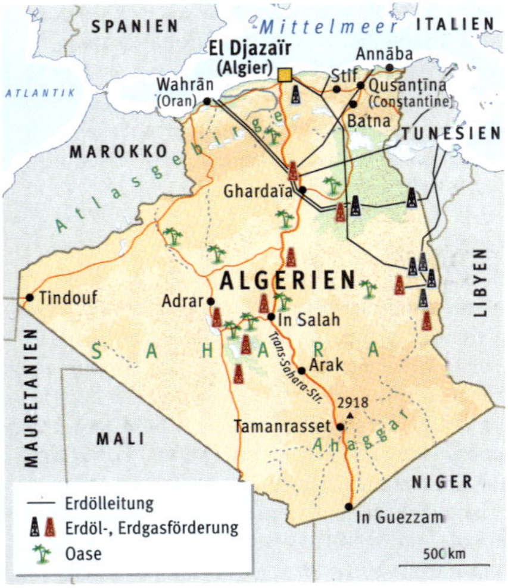

tötete, und am 7. 4. bei Laarba, als die GIA an einer Straßensperre 14 Zivilisten umbrachten. Der Armee gelang daraufhin am 29. 4. die Festnahme des neuen GIA-Führers Boulenouar Oukil.

Einer neuen Gewaltwelle fielen bis Juni 2004 80 Personen, meist Sicherheitskräfte und Regierungsbeamte, zum Opfer. Die GSPC griff dabei auch Ziele in Mauretanien an.

■ **Armeeführung:** Am 5. 8. 2004 trat General Mohammed Lamari als Stabschef der Armee zurück. Der seit 1993 im Amt befindliche Lamari hatte als Hardliner des Regimes und wesentliche Kraft hinter der »Vernichtungsstrategie« gegenüber den Islamisten gegolten, zugleich aber auch im Vorfeld der Präsidentschaftswahlen die Neutralität der Armee betont (→ WA 2005, S. 47). Sein Rücktritt war sowohl Indiz für Bouteflikas wachsenden Einfluss auf die Armeespitze, wie auch für den ausländischen Druck, die Armee stärker zu entpolitisieren. Zu seinem Nachfolger ernannte Präsident Bouteflika General Salah Gaïd.

■ **Innenpolitik:** Am 2. 2. 2005 wurde Staatschef Bouteflika von seiner ursprünglichen Partei, der Nationalen Befreiungsfront (FLN), zu ihrem Ehrenvorsitzenden gewählt. Damit wurden zwei Jahre des Machtkampfs innerhalb der früheren Einheitspartei beendet, die im Vorfeld der Präsidentschaftswahlen im April 2004 (→ WA 2005, S. 47) zur Abspaltung einer Bouteflika-loyalen Gruppe von der FLN geführt hatte, während die FLN den vormaligen Premierminister Ali Benflis zu ihrem Kandidaten erkor. Benflis' Rücktritt als Parteivorsitzender und die Wahl des Bouteflika-getreuen Außenministers Abdelasis Belkhadem zum neuen Generalsekretär brachten die FLN wieder auf die Linie des Präsidenten. Belkhadem trat im Rahmen einer Kabinettsumbildung am 2. 5. von seinem Ministeramt zurück. Zum neuen Außenminister wurde Mohammed Bedjaoui ernannt.

In der seit 2001 schwelenden **Berberfrage** wurde am 15. 1. 2005 eine Übereinstimmung zwischen der Regierung und Stammesführern aus der Kabylei erreicht: Eine gemeinsame Kommission soll die Implementierung der sogenannten El-Kseur-Plattform (hauptsächlich Sprachrechte und wirtschaftliche Förderung, → WA 2003, Sp. 69) überwachen. Die Berber hatten im Februar 2004 die Verhandlungen abgebrochen, nachdem die Berbersprache vom algerischen Parlament lediglich als nationale, nicht aber als offizielle Sprache anerkannt worden war. Im März willigte die Regierung ein, in der Kabylei die von den Berbern boykottierten Kommunalwahlen von 2002 zu wiederholen.

■ **Beziehungen zu Frankreich:** Außenpolitisch wurde das Regime stärker umworben als in der Vergangenheit, u. a. von Frankreich, das am 27. 7. 2004 ein Partnerschaftsabkommen für Wachstum und Entwicklung in Höhe von 2 Mrd. € abschloss. Über ein mögliches Verteidigungsabkommen wurde beim Besuch der französischen Verteidigungsministerin Michèle Alliot-Marie am 17./18. 7. verhandelt.

Die Einführung der französischen Sprache als obligatorischer erster Fremdsprache in den Grundschulen ab dem 11. 9. 2004 war ein Zeichen für die stark verbesserten Beziehungen zu Frankreich. Wie schwer die Vergangenheit dennoch auf den Beziehungen lastet, wurde im Mai 2005 deutlich, als zum 60. Jahrestag der brutalen Unterdrückung antifranzösischer Proteste in Setif Präsident Bouteflika und andere hohe Politiker die Methoden der französischen Kolonialherrschaft mit dem Nazi-Regime verglichen und eine Entschuldigung für die begangenen Untaten einforderten. Das Kolonialregime hatte damals einen großen Teil der 15 000 getöteten Algerier in Kalköfen verbrannt. Anlass für Bouteflikas Polemik war ein im März 2005 von der französischen Nationalversammlung verabschiedetes Gesetz, in dem die französische Kolonialisierung in Afrikas auch als zivilisatorische Leistung gewürdigt wurde.

■ **Frauenrechte / Pressefreiheit:** Die im September 2004 eingeleitete Reform im bisherigen Familienrecht (Code de la famille, von Frauenorganisationen als »Code de l'infamie« bezeichnet) entsprach den Erwartungen der Frauen nur in geringem Maße. Zu den wenigen konkreten Verbesserungen zählt die Abschaffung des Vormunds (meist des Vaters) bei der Heirat einer volljährigen Frau. Ob eine entsprechende Reform im Parlament überhaupt eine Mehrheit finden wird, ist auf Grund des Widerstands der islamisch geprägten Parteien fast aussichtslos, wenn sich Staatschef Bouteflika nicht dafür stark macht.

Die Pressefreiheit wurde seit der erfolgreichen Wiederwahl Bouteflikas im April 2004 nach übereinstimmenden Berichten wieder stärker beschnitten. Mehrere Journalisten wurden wegen Beleidigungsdelikten zu Haftstrafen verurteilt.

Andorra Südwest-Europa

Fürstentum Andorra; Principat d'Andorra – AD / AND

Fläche (Weltrang: 178): 467,76 km²

Einwohner (184): F 2003 66 000 = 141 je km²

Hauptstadt: Andorra la Vella

Amtssprache: Katalanisch

Bruttonationaleinkommen 2003 je Einw.: k. A.

Währung: 1 Euro (€) = 100 Cent
Kurs: 1 US-$ = 0,83 € (1. 7. 2005)

Botschaft des Fürstentums Andorra
Rue de la Montagne 10, BTE 1, B-1000 Brüssel
T 0032 – 2 – 513 28 06, Fax 2 513 07 41
www.andorra.be

LANDESSTRUKTUR **Fläche**: 467,76 km²; Karte → WA 2005, S. 49 ▪ **Verwaltung**: 7 Täler (Parròquies); Tabelle → WA 2005, S. 49 ▪ **Städte**: (F 2002) Andorra la Vella 20 724 Einw., Les Escaldes-Engordany 15 528, Encamp 10 772, St. Julià de Lòria 7785, La Massana 6660

BEVÖLKERUNG Andorraner – F 2003: 66 000 Einw.; letzte Zählung 2003: 72 320 Einw. – 36,0 % ethnische Katalanen, 40,6 % Spanier, 10,2 % Portugiesen, 6,5 % Franzosen, 6,7 % Sonstige ▪ **Sprachen** 1990: 58 % Spanisch, 35 % Katalanisch, 7 % Französisch ▪ **Religion**: überwiegend Katholiken

STAATS- UND REGIERUNGSFORM Verfassung von 1993 – Konstitutionelles Fürstentum seit 1993 – Parlament (Generalrat / Consell General) mit 28 Mitgl. (je 4 pro Tal), Wahl alle 4 J.; wählt den Regierungschef – Wahlrecht ab 18 J. ▪ **Unabhängigkeit**: 8. 9. 1278 (Vertrag der Co-Fürsten); endgültig 3. 6. 1993 ▪ **Nationalfeiertag**: 8. 9.

REGIERUNG UND PARTEIEN **Staatsoberhaupt**: 2 Co-Fürsten (Coprínceps): Präsident Frankreichs und Bischof von Seu d'Urgell (Spanien) – **Regierungschef**: Albert Pintat Santolària (PLA-Vorsitzender), seit 27. 5. 2005 – **Äußeres**: Juli Minoves Triquell, seit 7. 4. 2001 ▪ **Parlament**: Wahlen vom 24. 4. 2005: Partit Liberal d'Andorra / PLA 14 von 28 Sitzen (2001: 15), Partit Socialdemòcrata / PSD 11 (6), Centre Demòcrata Andorrà / CDA (früher Partit Demòcrata) 2 (5), Renovació Democràtica / RD 1 (–), Unió Laurediana / UL – (2)

WIRTSCHAFT **BIP** 2003: S 1,7 Mrd. €; ▪ **Erwerbstätigkeit** 2002: Landwirtsch. 0,4 %, Industrie 19,0 %, Dienstl. 80,6 % ▪ **Arbeitslosigkeit** ∅ 2004: 0 % ▪ **Inflation** ∅ 2004: 3,5 % ▪ **Außenhandel** 2002: **Import**: 1,269 Mrd. €; *Güter* 2002: 19 % Maschinen und elektrische Geräte, 18 % lebende Tiere, Nahrungs- und Genussmittel, 10 % chemische Produkte, 10 % Fahrzeuge und Transportgeräte; *Länder* 2001: 49 % Spanien, 25 % Frankreich, 5 % Deutschland; **Export**: 67 Mio. €; *Güter* 2002: 30 % Transportgeräte, 18 % optische und andere Instrumente, 16 % Maschinen und elektrische Geräte; *Länder* 2001: 52 % Spanien, 27 % Frankreich, 8 % Deutschland

CHRONIK

Bei der **Parlamentswahl** am 24. 4. 2005 verlor die Liberale Partei (PLA) mit 41,2 % der Wählerstimmen die absolute Mehrheit im Generalrat, in den sie nun 14 von 28 Abgeordneten entsendet, einen weniger als nach dem Urnengang 2001. Eigentlicher Wahlsieger wurden die Sozialdemokraten (PSD), die mit 38,1 % der Stimmen die Zahl ihrer Mandate auf 11 nahezu verdoppeln konnten. Auf das konservative Demokratische Zentrum (CDA, früher Partit Demòcrata) entfielen bei 11,0 % nur noch zwei Sitze gegenüber fünf bei der letzten Wahl. Die erstmals angetretene Renovació Demòcratica kam auf 6,2 % und entsendet einen Abgeordneten; die ebenso erstmals zur Wahl stehenden Grünen (Verds) zogen bei einem Stimmenanteil von 3,5 % nicht ins Parlament ein. Das Wahlsystem sieht vor, dass die eine Hälfte der 28 Parlamentarier auf kommunaler Ebene gewählt wird (zwei für jedes Tal), die andere auf nationaler Ebene. Die Wahlbeteiligung betrug 80,1 % der insgesamt 16 022 Stimmberechtigten, 20 % mehr als 2001.

Zum neuen Regierungschef (Cap de Govern) wählte der Generalrat am 27. 5. 2005 Albert Pintat Santolària. Der bisherige Botschafter des Kleinstaats in den Beneluxstaaten und frühere Außenminister war als Spitzenkandidat der PLA in den Wahlkampf gezogen. Er löste seinen Parteifreund Marc Forné Molné ab, der nach zehn Jahren Amtszeit nicht mehr wieder gewählt werden konnte. Pintats Regierung will sich im Parlament auf eine Zusammenarbeit mit der CDA stützen.

Die 2 Co-Fürsten: Jacques Chirac und der Bischof von Seu d'Urgell, Joan Enric Vives (Jean-Loup Gautreau / AFP / Getty Images)

Angola Südwest-Afrika

Republik Angola; República de Angola – AO / AGO

Fläche (Weltrang: 22): 1 246 700 km²

Einwohner (62): F 2003 13 522 000 = 10,8 je km²

Hauptstadt: Luanda

Amtssprache: Portugiesisch

Bruttonationaleinkommen 2003 je Einw.: 740 $

Währung: 1 Kwanza (Kz)
Kurs: 1 US-$ = 89,20 Kz; 1 € = 111,79 Kz

Botschaft der Republik Angola
Wallstr. 58, 10179 Berlin
T 030 / 24 08 97 – 0, Fax 24 08 97 – 12
www.botschaftangola.de

LANDESSTRUKTUR **Fläche:** 1 246 700 km²; → Karte ▪ **Gebiete:** Exklave Cabinda 7200 km² ▪ **Verwaltung:** 18 Provinzen ▪ **Städte:** (S 2001) Luanda 2 819 000 Einw.; (S 1995) Huambo 400 000; (S 1983) Benguela 155 000; Lobito 150 000, Lubango 105 000, Namibe 100 000

BEVÖLKERUNG Angolaner – F 2003: 13 522 000 Einw.; Bevölkerungswachstum: 3,0 %; letzte Zählung 1970: 5 646 166 Einw.; Cabinda F 1995: 185 000 Einw. – rd. 90 Ethnien (überwiegend Bantu): 38 % Ovimbundu, 23 % Kimbundu, 12 % Bakongo, außerdem Luimbe-Nganguela, Humbe, Chokwe, Lunda, Ambo (Ovambo), Naneka, San u. a.; weiße Minderheit (meist Portugiesen) ▪ **Sprachen:** Portugiesisch und Bantu-Sprachen (Umbundu / Ovimbundu, Kimbundu, Kikongo, Chokwe u. a.) ▪ **Religion:** ca. 53 % Christen (v. a. Katholiken); indigene Religionen

STAATS- UND REGIERUNGSFORM Verfassung von 1975, neue Verfassung in Ausarbeitung – Republik seit 1975 – Ein-Kammer-Parlament, Wahl alle 4 J. – Direktwahl des Staatsoberh. alle 5 J. – Wahlrecht ab 18 J. ▪ **Unabhängigkeit:** 11. 11. 1975 (ehem. portugiesische Kolonie) ▪ **Nationalfeiertag:** 11. 11.

REGIERUNG UND PARTEIEN **Staatsoberhaupt:** José Eduardo dos Santos (MPLA-Vorsitzender), seit 1979 – **Regierungschef:** Fernando da Piedade Dias dos Santos, seit 5. 12. 2002 – **Äußeres:** João Bernardo de Miranda, seit 30. 1. 1999 ▪ **Parlament:** Letzte Wahlen vom 29. / 30. 9. 1992: Movimento Popular de Libertação de Angola / MPLA 129 von 220 Sitzen, União Nacional para a Independência Total de Angola / UNITA 70, Partido Renovador Social / PRS 6, Frente Nacional de Libertação / FNLA 5, Sonstige 10

WIRTSCHAFT **BIP** 2003: 13,189 Mrd. $; realer Zuwachs: 4,5 %; Anteil (2003) Landwirtschaft 9 %, Industrie 65 %, Dienstleistungen 27 % ▪ **Erwerbstätigkeit** 2001: Landwirtsch. 72 % ▪ **Arbeitslosigkeit:** k. A. ▪ **Inflation** ∅ 2004: 44 % (S) ▪ **Außenhandel** 2002: **Import:** 3,709 Mrd. $; *Länder* 1999: 19 % Portugal, 15 % USA, 12 % Südafrika, 8 % Frankreich, 6 % Großbritannien, 6 % Spanien, 5 % Brasilien; **Export:** 8,359 Mrd. $; *Güter:* 90 % Rohöl und Erdölerzeugnisse, 8 % Diamanten; *Länder* 1999: 60 % USA, 8 % VR China, 8 % Rep. China

CHRONIK

Drei Jahre nach Beendigung des Bürgerkrieges hat sich an der Lebenssituation der 13 Mio. Angolaner nur wenig verbessert. Zwar bescheinigte der Internationale Währungsfonds (IWF) Angola Fortschritte in Bezug auf die makroökonomische Stabilität. Die Erdölförderung überschritt im September 2004 erstmals wieder die Marke von 1 Mio. Barrel am Tag, und auch die Diamantengewinnung konnte gesteigert werden. Nach wie vor sind rund 1 Mio. Angolaner auf Nahrungsmittelhilfen des Welternährungsprogramms (WFP) angewiesen.

▪ **Innenpolitik:** Die seit Mitte Mai 2004 blockierten Verhandlungen der Verfassunggebenden Kommission (→ WA 2005, S. 50) kamen erst Anfang November 2004 wieder in Gang, als Präsident José Eduardo dos Santos vorschlug, die Parlamentswahlen im September 2006 unter den Bedingungen der alten Verfassung und Präsidentschaftswahlen ein Jahr später nach Verabschiedung einer neuen Verfassung abzuhalten. Damit war eine Kompromissformel gefunden, die es der União Nacional para a Independência Total de Angola (UNITA) am 18. 11. 2004 ermöglichte, von ihrer ursprünglichen Forderung nach Wahlen in 2005 abzurücken, da einer der Hauptstreitpunkte in der Verfassunggebenden Kommission die bislang starke Rolle des Präsidenten gewesen war. Erst am 26. 4. 2005 gelang es, das gesamte Gesetzespaket im Parlament zu verabschieden. Parallel zur Abstimmung im Parlament wurde im März 2005 mit der Wählerregistrierung begonnen.

▪ **Minenräumen für Elefanten:** Auf einem Anti-Landminengipfel in Nairobi (Kenia) wurde im Dezember 2004 eine von der UN mit einer Mio. US-$ unterstützte Initiative zur Minenräumung beschlossen, um 120 000 Elefanten aus Botsuana die Rückkehr nach Angola und Sambia zu ermöglichen. Ohne diese Initiative würde sich Botsuana gezwungen sehen, die Hälfte der Tiere zu töten, erklärte John Hanks von Conservation International, der dieses Projekt entwickelt hatte (→ Foto).

Elefanten in Botsuana

▪ **Marburg-Fieber:** Am 23. 3. 2005 gab die Weltgesundheitsorganisation (WHO) bekannt, dass in der nördlichen Provinz Uige das Marburg-Fieber ausgebrochen ist, zu dessen Opfern vor allem Kinder unter fünf Jahren zählten. Die Epidemie konnte bis Ende Mai 2005 nicht eingedämmt werden. Bis Mitte Mai zählte die WHO 337 Fälle, von denen knapp 300 starben.

Antigua und Barbuda

Mittel-Amerika; Karibik

Antigua and Barbuda – AG / ATG

Fläche (Weltrang: 180): 441,6 km²

Einwohner (182): F 2003 79 000 = 179 je km²

Hauptstadt: St. John's

Amtssprache: Englisch

Bruttonationaleinkommen 2003 je Einw.: 9160 $

Währung: 1 Ostkarib. Dollar (EC$) = 100 Cents
Kurs: 1 US-$ = 2,72 EC$; 1 € = 3,35 EC$

Honorargeneralkonsul von Antigua und Barbuda
Van der Smissen-Str. 2, 22767 Hamburg
T 040 / 38 99 89 11, Fax 38 99 89 90

LANDESSTRUKTUR **Fläche:** 441,6 km²; davon Antigua 280 km², Barbuda 160 km², Redonda 1,6 km²; Karte → WA 2005, S. 51 ▪ **Verwaltung:** 6 Bezirke, 2 Dependencies (Barbuda und Redonda) ▪ **Städte:** (F 2001) St. John's 24 000 Einw.; (F 1995) Codrington 1200; (Z 1991) English Harbour (Antigua) 614

BEVÖLKERUNG Antiguaner – F 2003: 79 000 Einw.; Bevölkerungswachstum: 2,7 %; letzte Zählung 2001: 75 741 Einw. – Z 1991: 94,4 % Schwarze, 3,5 % Mulatten, 1,3 % Weiße ▪ **Sprachen:** Englisch, Kreolisch ▪ **Religion** 1999: 80 % Anglikaner, 20 % Katholiken

STAATS- UND REGIERUNGSFORM Verfassung von 1981 – Parlamentarische Monarchie (im Commonwealth) seit 1981 – Parlament: Repräsentantenhaus mit 17 für 5 J. gewählten Mitgl. und Senat mit 17 ernannten Mitgl. – Wahlrecht ab 18 J. ▪ **Unabhängigkeit:** 1. 11. 1981 (ehem. britische Kolonie) ▪ **Nationalfeiertag:** 1. 11.

REGIERUNG UND PARTEIEN **Staatsoberhaupt:** Königin Elizabeth II., vertreten durch Generalgouverneur Sir James B. Carlisle, seit 10. 6. 1993 – **Regierungschef und Äußeres:** Baldwin Spencer (UPP), seit 24. 3. 2004 ▪ **Parlament:** Wahlen vom 23. 3. 2004: United Progressive Party / UPP 12 von 17 Sitzen (1999: 4), Antigua Labour Party / ALP 4 (12), Barbuda People's Movement 1 (1)

WIRTSCHAFT **BIP** 2003: 757 Mio. $; realer Zuwachs: 3,2 %; Anteil (2002) Landwirtschaft 4 %, Industrie 22 %, Dienstleistungen 75 % ▪ **Erwerbstätigkeit:** k. A. ▪ **Arbeitslosigkeit** ∅ 2001: 11 % (S) ▪ **Inflation** ∅ 2003: 1,4 % ▪ **Außenhandel** 2002: **Import:** 887 Mio. EC$; *Güter:* bearbeitete Waren, Rohstoffe; *Länder* 1999: 49 % USA, 10 % Japan, 6 % Großbritannien, 6 % Trinidad und Tobago; **Export:** 47 Mio. EC$; *Güter:* bearbeitete Waren, Maschinen, Erdöl; *Länder* 1999: 20 % USA, 13 % Montserrat, 13 % St. Kitts und Nevis, 7 % Großbritannien

Äquatorialguinea

Zentral-Afrika

Republik Äquatorialguinea; República de Guinea Ecuatorial – GQ / GNQ

Fläche (Weltrang: 140): 28 051 km²

Einwohner (160): F 2003 494 000 = 17,6 je km²

Hauptstadt: Malabo

Amtssprache: Spanisch

Bruttonationaleinkommen 2002 je Einw.: 700 $

Währung: CFA-Franc
Kurs: 1 US-$ = 526,07 CFA-Francs;
1 € = 655,96 CFA-Francs

Botschaft der Republik Äquatorialguinea
Avenue Jupiter 17, B-1190 Forêts-Brüssel
T 0032 – 2 – 346 25 09, Fax 346 33 09

LANDESSTRUKTUR **Fläche**: 28 051 km²; davon Festlandgebiet Río Muni mit Elobey-Inseln insg. 26 017 km², Bioko 2017 km², Annobón (Pagalu) 17 km² ▪ **Verwaltung**: 7 Provinzen ▪ **Städte**: (Z 1994) Malabo (Bioko) 60 065 Einw., Bata 50 023

BEVÖLKERUNG Äquatorialguineer – F 2003: 494 000 Einw.; Bevölkerungswachstum: 2,5 %; letzte Zählung 2001: 1 014 999 Einw. – ca. 80 % Bantu (u. a. Fang bzw. Pamúes, Benga), 10 % Bubi; 3000 Mischlinge (Fernandinos), 4000 Weiße ▪ **Sprachen**: Fang, Bubi, Ndowe, Spanisch, kreolisches Portugiesisch, Fernando Po (Pidgin-Englisch) ▪ **Religion**: 94 % Katholiken; Protestanten, Anhänger von indigenen Religionen

STAATS- UND REGIERUNGSFORM Verfassung von 1991 – Präsidialrepublik seit 1982 – Nationalversammlung mit 100 (vorher 80) Mitgl., Wahl alle 5 J. – Direktwahl des Staatsoberh. alle 7 J. – Wahlrecht ab 21 J. ▪ **Unabhängigkeit**: 12. 10. 1968 (ehem. spanische Kolonie) ▪ **Nationalfeiertag**: 12. 10.

REGIERUNG UND PARTEIEN **Staatsoberhaupt**: Oberst Teodoro Obiang Nguema Mbasogo (PDGE), seit 1979 – **Regierungschef**: Miguel Abia Biteo Borico (PDGE), seit 15. 6. 2004 – **Äußeres**: Pastor Micha Ondo Bile, seit 11. 2. 2003 ▪ **Parlament**: Wahlen vom 25. 4. 2004: Partido Democrático / PDGE 68 von 100 Sitzen (1999: 75 von 80), Wahlbündnis zwischen PDGE und sog. Demokratischer Opposition 30 (–), Convergencia para la Democracia Social / CPDS 2 (1), Sonstige – (4)

WIRTSCHAFT **BIP** 2003: 2,915 Mrd. $; realer Zuwachs: 14,7 %; Anteil (2003) Landwirtschaft 7 %, Industrie 89 %, Dienstleistungen 4 % ▪ **Erwerbstätigkeit** 2001: Landwirtsch. 70 % ▪ **Arbeitslosigkeit**: k. A. ▪ **Inflation** ∅ 2002: 7,6 % ▪ **Außenhandel** 2002: **Import**: 769 Mrd. CFA-Francs; *Länder*: 29 % Jugoslawien, 16 % Großbritannien, 15 % USA, 10 % Frankreich; **Export**: 1547 Mrd. CFA-Francs; *Güter*: v. a. Erdöl; *Länder*: 28 % USA, 25 % Spanien, 17 % VR China

CHRONIK

Während die **Hintergründe** des im März 2004 bekannt gewordenen **Putschversuchs** gegen Präsident Teodoro Obiang Nguema Mbasogo (→ WA 2005, S. 52) **nach wie vor unklar** blieben, wurden die in Äquatorialguinea und in Simbabwe Festgenommenen vor Gericht gestellt. Der als Anführer verdächtigte südafrikanische Waffenhändler Nick du Toit wurde am 26. 11. 2004 in der äquatorialguineischen Hauptstadt Malabo zu einer Haftstrafe von 34 Jahren verurteilt, obwohl er die Verantwortung für den Putsch bestritten hatte. Der eigentliche Anstifter sei Simon Mann, ein ehemaliger britischer Offizier und Gründer einer südafrikanischen Söldnervermittlung, der im September 2004 in Simbabwe zunächst zu sieben, später zu vier Jahren Haft verurteilt worden war. **Sir Mark Thatcher**, Sohn der früheren Premierministerin Margaret Thatcher, wurde Ende November in Südafrika vorübergehend unter **Hausarrest** gestellt, nach Zahlung einer Kaution aber wieder freigelassen. Im Januar 2005 verurteilte ihn ein Gericht in Kapstadt zu einer **Haftstrafe von vier Jahren auf Bewährung** sowie einer Geldbuße. Sir Mark wurde vorgeworfen, den Putschversuch mitfinanziert und damit gegen ein südafrikanisches Gesetz verstoßen zu haben, das die Unterstützung privater Militäroperationen außerhalb des Landes untersagt.

Im Juli 2004 ließ der **US-Senat** eine **Bank in Washington wegen** ihrer laxen Kontrolle der **Geldwäsche** untersuchen. Dabei wurde bekannt, dass **Präsident Obiang** mindestens 35 Mio. US-$ aus Erdöl-Einnahmen veruntreut hat. Obiang wies die Vorwürfe zurück.

Argentinien Süd-Amerika

Argentinische Republik; República Argentina – AR / ARG

Fläche (Weltrang: 8): 2 780 403 km²

Einwohner (31): F 2003 36 772 000 = 13,2 je km²

Hauptstadt: Buenos Aires

Amtssprache: Spanisch

Bruttonationaleinkommen 2003 je Einw.: 3810 $

Währung: 1 Argentin. Peso (arg$) = 100 Centavos
Kurs: 1 US-$ = 2,88 arg$; 1 € = 3,55 arg$

Botschaft der Republik Argentinien
Dorotheenstr. 89, 10117 Berlin
T 030 / 226 68 90, Fax 229 14 00
www.argentinische-botschaft.de

LANDESSTRUKTUR **Fläche**: 2 780 403 km² ▪ **Verwaltung**: 22 Provinzen, Bundesdistrikt Buenos Aires und Nationalterritorium Tierra del Fuego / Feuerland ▪ **Städte**: (Z 2001) Buenos Aires 2 776 138 Einw., Córdoba 1 267 774, San Justo (La Matanza) 1 253 858, Rosario 906 004, Lomas de Zamora 590 677, La Plata 553 002, Mar del Plata 541 857, San Miguel de Tucumán 525 853, Quilmes 518 723, Almirante Brown 513 777, Merlo 468 724, Salta 462 668, Lanús 452 512, General San Martín 405 122, Moreno 379 801, Santa Fe 368 369, Florencio Varela 343 238, Caseros 335 578, Avellaneda 329 638, Corrientes 314 247, Morón 309 086, Tigre 295 561, San Isidro 293 212

BEVÖLKERUNG Argentinier – F 2003: 36 772 000 Einw.; Bevölkerungswachstum: 0,8 %; letzte Zählung 2001: 36 260 130 Einw. – S 1991: über 90 % Weiße (v. a. europäischer Herkunft, u. a. 36 % italienischer und 29 % spanischer sowie ca. 500 000 deutscher Herkunft), 5 % Mestizen, 35 000 indian. Ureinwohner; außerdem etwa 2,3 Mio. Ausländer (v. a. Italiener und Spanier) ▪ **Sprachen**: Spanisch, indianische Sprachen ▪ **Religion**: über 90 % Katholiken, Minderheiten von Protestanten, Juden und Muslimen

STAATS- UND REGIERUNGSFORM Verfassung von 1994, letzte Änderung 1997 – Präsidiale Bundesrepublik seit 1853 – Parlament (Congreso de la Nación): Abgeordnetenhaus mit 257 Mitgl. (Wahl jeweils der Hälfte der Mitgl. alle 2 J.) und Senat mit 72 Mitgl., Wahl für 9 J. (ab 1996 für 6 J.) durch die Provinzregierungen; Neuwahlen von ⅓ der Sitze alle 3 J.) – Direktwahl des Staatsoberh. alle 4 J. (einmalige Wiederwahl) – Wahlrecht ab 18 J. ▪ **Unabhängigkeit**: 9. 7. 1816 (ehem. spanische Kolonie) ▪ **Nationalfeiertag**: 25. 5. (Tag der Revolution von 1810)

REGIERUNG UND PARTEIEN **Staatsoberhaupt**: Néstor Carlos Kirchner Ostoic (PJ), seit 25. 5. 2003 – **Regierungschef**: Alberto Fernández (PJ), seit 25. 5. 2003 – **Äußeres**: Rafael Antonio Bielsa, seit 25. 5. 2003 ▪ **Parlament**: Teilwahlen zum Abgeordnetenhaus am 14. 10. 2001: Partido Justicialista (Peronisten) / PJ 116 von 257 Sitzen (1999: 101), Alianza para el Trabajo, la Justicia y la Educación: Bündnis aus Unión Cívica Radical / UCR und Frente del País Solidario / Frepaso 71+17 (100+27), Alternativa por una República de Iguales / ARI 17 (–), Acción por la República 9 (12) Sonstige 27 (17) – Verteilung im Senat (Teilwahlen am 14. 10. 2001): PJ 40 von 72 Sitzen (36 von 63), UCR 24 (15), Frepaso 1 (2), ARI 1 (–), Sonstige 6 (10)

WIRTSCHAFT **BIP** 2003: 129,596 Mrd. $; realer Zuwachs: 8,8 %; Anteil (2003) Landwirtschaft 11 %, Industrie 35 %, Dienstleistungen 54 % ▪ **Erwerbstätigkeit** 2001: Landwirtsch. 9,5 % ▪ **Arbeitslosigkeit** ∅ 2004: 13,6 % ▪ **Inflation** ∅ 2004: 4,4 % ▪ **Außenhandel** 2004: **Import**: 22,3 Mrd. $; *Güter* 2003: 24 % Maschinen, Instrumente und Elektronik, 23 % Vorprodukte für die Industrie, 12 % Transportausrüstung, 9 % Kunststoff, Gummi und Produkte daraus, 6 % Metalle und Metallwaren, 5 % Bergbauprodukte und Brennstoffe; *Länder*: 34 % Brasilien, 15 % USA, 6 % VR China, 5 % Deutschland, 3 % Mexiko, 3 % Italien; **Export**: 34,5 Mrd. $; *Güter* 2003: 19 % Bergbauprodukte und Brennstoffe, 18 % pflanzliche Produkte, 16 % Nahrungs- und Genussmittel, 10 % organische Öle und Fette, 8 % Transportausrüstung, 7 % Tiere und tierische Produkte, 4 % Kunststoffe, Gummi und Produkte daraus; *Länder*: 16 % Brasilien, 11 % Chile, 11 % USA, 8 % VR China, 4 % Spanien, 4 % Niederlande, 3 % Italien, 2 % Deutschland

CHRONIK

Mit der Annullierung der Amnestiegesetze für die während der Juntazeit begangenen Verbrechen ist in Argentinien der Weg frei geworden, alle dafür Verantwortlichen vor Gericht zu stellen. Neben der Einlösung dieses Wahlversprechens gelang es Präsident Néstor Kirchner auch, das Land aus der wirtschaftlichen Krise herauszuführen. Dennoch blieb die soziale Lage unverändert angespannt. Die Arbeitslosenquote betrug im Juli 2004 immer noch mehr als 14 %, die Unterbeschäftigten eingerechnet, haben rd. 35 % der Erwerbspersonen keine oder zu wenig Arbeit. Die Kluft zwischen den Reichsten und den Ärmsten im Land ist heute wesentlich tiefer als noch in den 1990er Jahren.

▪ **Umschuldung:** Drängendstes Problem der seit Mai 2003 amtierenden peronistischen Regierung von Staatspräsident Kirchner war nach wie vor die massive Auslandsverschuldung Argentiniens. Zwar setzte sich der positive Trend in der aktuellen wirtschaftlichen Entwicklung weiter fort; das Land verfügte 2004 über eine Wachstumsrate des BIP von 8 %, bei stark steigenden Staatseinnahmen und Devisenreserven, die sich in den letzten zwei Jahren auf 19,5 Mrd. US-$ fast verdoppelt haben. Dem standen jedoch als Hypothek aus der überwundenen Wirtschafts- und Finanzkrise weiterhin massive monetäre Verbindlichkeiten gegenüber. Die Außenstände bei institutionellen Kreditgebern wie dem Internationalen Währungsfonds (IWF) und der Weltbank betrugen 2004 rd. 32 Mrd. US-$; bei privaten Gläubigern stand Argentinien bislang mit rd. 82 Mrd. US-$ Anleiheschulden und mittlerweile 23 Mrd. US-$ Zinsrückständen in der Pflicht.

Nach jahrelangen Verhandlungen gelang es der Administration Kirchner gegenüber den **Privatgläubigern** ihre Vorstellungen über die Modalitäten einer Umschuldung weitgehend durchzusetzen: Bis Februar 2005 nahmen nach Schätzungen zwischen 70 und 80 % der Privatgläubiger das Angebot der Regierung vom 2. 6. 2004 an, mit Stichtag zum 1. 4. 2005 die alten gegen neue Anleihen mit geringerem Nominalbetrag, längeren Laufzeiten und niedrigeren Zinssätzen zu tauschen, womit sie faktisch einen Verzicht auf etwa drei Viertel der aufgelaufenen Schuldenlast leisteten. Um vor Ende der Umtauschfrist noch einmal den Druck auf die Gläubiger zu erhöhen, verabschiedete der Kongress Mitte Februar auf Initiative der Regierung eine Gesetzesvorlage, die eine Nachbesserung des Umschuldungsangebotes an diejenigen Anleihegläubiger untersagt, die das Angebot nicht akzeptieren würden. Der für den 1. 4. angesetzte Anleihetausch musste jedoch nochmals verschoben werden, da mehrere Großinvestoren vor einem US-Gericht eine Blockierung der bei der Bank of New York zum Tausch hinterlegten argentinischen Altanleihen erwirkt hatten. Mitte Mai räumte dann ein US-Berufungsgericht das letzte Hindernis für die Abwicklung der Umschuldung aus dem Weg. Es bestätigte ein Urteil aus erster Instanz, wonach die in New York hinterlegten Altanleihen nicht gepfändet werden dürfen.

Der Erfolg gegenüber den Privatgläubigern ließ Kirchner auch gegenüber **IWF und Weltbank** selbstbewusster auftreten: Im August 2004 wurden die Gespräche mit dem IWF in beiderseitigem Einvernehmen ausgesetzt, weil Argentinien zunächst die Restrukturierung der Schulden gegenüber den Privatgläubigern abwickeln wollte. Bereits zugesagte neue Kredite des IWF und der Weltbank lagen aber nun auf Grund des Verhandlungsstopps seit Herbst 2004 auf Eis. Argentinien hatte nach Ansicht des IWF zwar die verabredeten Konsolidierungsziele im Haushalt mehr als erfüllt, doch wurden weiterhin Rückstände bei der strukturellen Reform der öffentlichen Finanzen und des Bankwesens sowie die Verzögerungen bei der Umschuldung der Privatanleihen bemängelt. Trotzdem genehmigte der IWF dem Land Mitte September 2004 einen einjährigen Zahlungsaufschub in Höhe von 1,1 Mrd. US-$. Am 15. 12. 2004 entschied Buenos Aires aber dann, die Verhandlungen mit dem IWF über weitere Kredithilfen völlig zu beenden, wobei jedoch bis 2009 die rd. 15 Mrd. US-$ alter Kredite weiterhin zurückgezahlt werden sollen. Kirchner will sich mit diesem Schritt dauerhaft dem ungeliebten Einfluss des IWF auf die argentinische Wirtschafts- und Finanzpolitik entziehen. Mitte Mai 2005 gewährte der IWF Argentinien dennoch erneut einen einjährigen Zahlungsaufschub für Verbindlichkeiten in Höhe von 2,5 Mrd. US-$.

Argentinien: Zahlungsverpflichtungen gegenüber dem IWF

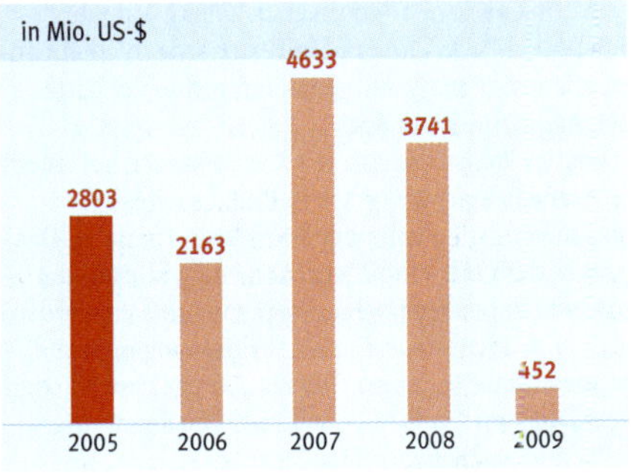

Quelle: Internationaler Währungsfonds, März 2005

Eine weitere Altlast aus der Zeit der Wirtschaftskrise wurde bereinigt, als der Oberste Gerichtshof in Buenos Aires Ende Oktober 2004 entschied, dass es sich bei dem im Dezember 2001 von der Regierung vorgenommenen **Zwangsumtausch der damals auf argentinischen Banken liegenden Dollar-Guthaben in Pesos** (→ WA 2003, Sp. 82f.) nicht um eine Enteignung handelte und die Maßnahme, die zu heftigen Protesten in der Bevölkerung geführt hatte, dementsprechend verfassungsgemäß war.

- **Wirtschaft:** Der konjunkturelle Aufschwung setzte sich im Jahr 2004 weiter fort; das Wirtschaftswachstum lag bei 8 % (Vorjahr 9 %), was vor allem der **Landwirtschaft** zu verdanken ist, deren Anteil am BIP sich in den vergangenen zehn Jahren auf rund 10 % fast verdoppelt hat. Statt der traditionellen Rinderzucht werden vor allem Getreide und Ölsaaten angebaut. Dabei setzen die Agrarproduzenten überwiegend gentechnisch verändertes Saatgut (95 % bei Soja) ein (→ Karte); Hauptabnehmer für Soja ist die VR China.

Auch die Arbeitslosenquote ist von 22 auf 14 % im Juli 2004 gesunken; jeder dritte Arbeitsplatz ist indirekt wiederum von der Landwirtschaft abhängig. Trotz der positiven Anzeichen verweisen Kenner Argentiniens darauf, dass das Land dringend einer politischen Reform bedarf, um nicht erneut in eine Krise zu geraten. Von Präsident Kirchner ist in dieser Hinsicht kaum etwas zu erwarten, wovon auch sein **nationalpopulistischer Konfrontationskurs gegenüber den internationalen Konzernen** zeugte, etwa das Vorgehen im Konflikt mit dem Mineralölunternehmen Shell: Nachdem der Präsident zu einem »nationalen Boykott« der Shell-Tankstellen aufgerufen hatte, musste der Konzern am 7. 4. 2005 die einen Monat zuvor beschlossenen Preiserhöhungen für Benzin um 2,6 bis 4,2 % wieder zu-

rücknehmen. Regierungstreue Streikposten der Arbeitslosenbewegung, der sog. Piqueteros, hatten zuvor, unbehelligt von den Sicherheitskräften, die Zufahrten zu zahlreichen Tankstellen des Konzerns blockiert. Dass Kirchner gewaltsame Einsätze der Polizei bei zunehmend radikaleren Protestaktionen der Piqueteros ablehnte, führte schließlich auch zu Konflikten innerhalb der Regierung: Am 24. 7. 2004 entließ Staatspräsident Kirchner Justizminister Gustavo Beliz und ernannte den bisherigen Obersten Anwalt des Schatzamtes, Horacio Rosatti, zu dessen Nachfolger.

- **Juristische Ahndung der während der Juntazeit begangenen Menschenrechtsverletzungen:** Mitte Juli 2004 verfügte ein Richter die Festnahme von 12 ranghohen früheren Militärs wegen ihrer möglichen Verantwortung für Menschenrechtsverletzungen, die im Rahmen der sog. Operation Cóndor begangen worden waren. Der damalige Innenminister, Albano Harguindeguy, stellte sich freiwillig den Behörden, gegen ihn wurde aber wegen seines hohen Alters nur Hausarrest verhängt. Im Zuge der Operation Cóndor hatten die südamerikanischen Diktaturen in den 1970er und 80er Jahren mit gemeinsamen, länderübergreifenden Operationen politische Gegner verfolgt.

Der Oberste Gerichtshof in Buenos Aires stufte am 24. 8. 2004 die Ermordung des damals im argentinischen Exil befindlichen chilenischen Heereschefs, Carlos Prats, im Jahr 1973 als Verbrechen gegen die Menschlichkeit ein und urteilte damit gegen eine Verjährung des Falls. Prats war nach dem Militärputsch in Chile nach Argentinien geflohen und dort vom chilenischen Geheimdienst ermordet worden.

Mit Adolfo Scilingo wurde nun zum ersten Mal ein ehemaliger Angehöriger der argentinischen Junta im Ausland in Anwesenheit schuldig gesprochen. Das nationale Strafgericht (Audiencia Nacional) in Madrid verurteilte ihn am 19. 4. 2005 wegen seiner Mitverantwortung für den Tod von 30 Menschen, illegaler Festnahmen und Folter zu insg. 640 Jahren Gefängnis. Die Taten geschahen während seines Dienstes an der als Folterzentrum der Militärdiktatur berüchtigt gewordenen Marineingenieursschule Esma in Buenos Aires in den Jahren 1976 und 1977. Nach Angaben der Opferverbände wurden dorthin etwa 5000 Oppositionelle verbracht, von denen die meisten getötet wurden.

Das **Oberste Gericht** in Buenos Aires **erklärte** am 14. 6. 2005 **die so genannten Amnestiegesetze** (Schlusspunktgesetz und Gesetz der Gehorsamspflicht) von 1986 und 1987 **für verfassungswidrig**. Präsident Kirchner, der sich bei seinem Amtsantritt für die Aufklärung der während der Diktatur begangenen Verbrechen ausgesprochen hatte, hatte bereits im August 2003 erreicht, dass die beiden Gesetze vom Parlament und Senat annulliert wurden.

Mehr als zehn Jahre nach dem **Bombenanschlag auf das jüdische Gemeindezentrum Amia in Buenos Aires**, bei dem im Juli 1994 85 Menschen ums Leben kamen, sprach ein argentinisches Bundesgericht am 2. 9. 2004 22 Angeklagte aus Mangel an Beweisen frei. Mehrere tausend Demonstranten protestierten vor dem Gerichtsgebäude gegen das Urteil. Der Freispruch lenkte die Aufmerksamkeit nun erneut auf den früheren argentinischen Innenminister unter Präsident Carlos Menem, Carlos Corach, den damaligen Geheimdienstchef Hugo Anzorreguy, einen Untersuchungsrichter sowie Ex-Präsident Menem selbst. Seit Jahren wird gemutmaßt, dass Menem Gelder in Höhe von bis zu 10 Mio. US-$ von der iranischen Regierung erhalten haben soll, um durch eine Verzögerung der Ermittlungen die vermutete Beteiligung des Iran an dem Anschlag zu verschleiern. Menem selbst kehrte am 23. 12. 2004 aus Chile, wohin er sich neun Monate zuvor angesichts der drohenden Festnahme in einem anderen Untersuchungsfall gegen ihn geflüchtet hatte, nach Argentinien zurück.

- **Sonstige Ereignisse:** Am 31. 12. 2004 kamen bei einem **Großbrand in einer Diskothek** in Buenos Aires 192 Menschen ums Leben, über 700 wurden verletzt. Das Feuer in dem mit 3000 Menschen völlig überfüllten Lokal war durch Feuerwerkskörper verursacht worden, die die nicht feuerfeste Deckenverkleidung in Brand gesetzt hatten. Weil sämtliche Fluchtwege verschlossen waren, entstand eine Massenpanik. Die Regierung verfügte eine dreitägige Staatstrauer.

Armenien Vorder-Asien

Republik Armenien;
Hayastani Hanrapetut'yun,
Kurzform: Hayastan – AM / ARM

Fläche (Weltrang: 138): 29 743 km²

Einwohner (131): F 2003 3 056 000 = 103 je km²

Hauptstadt: Jerevan (Eriwan)

Amtssprache: Armenisch

Bruttonationaleinkommen 2003 je Einw.: 950 $

Währung: 1 Dram (ARD) = 100 Luma
Kurs: 1 US-$ = 449,50 ARD; 1 € = 558,40 ARD

Botschaft der Republik Armenien
Hillmannstr. 5, 13467 Berlin,
T 030 / 40 50 91 – 0, Fax 40 50 91 25
E-Mail: armemb@t-online.de

Armenien
Fläche, Bevölkerung und Bevölkerungsdichte

Region	Fläche in km²	Einwohner insgesamt Z 2001	Einwohner je km²
Aragatsotn	2 753	138 301	50
Ararat	2 096	272 016	130
Armavir	1 242	276 233	222
Gegharkunik	5 348	237 650	44
Jerevan	227	1 103 488	4 861
Kotaik	2 089	272 469	130
Lori	3 789	286 408	76
Shirak	2 681	283 389	106
Sjunik	4 506	152 684	34
Tavush	2 704	134 376	50
Vajots Dzor	2 308	55 997	24
Armenien	29 743	3 213 011	108

Quelle: Armenia National Statistical Service 2005

LANDESSTRUKTUR **Fläche:** 29 743 km²; → Karte ▪ **Verwaltung:** 11 Regionen; → Tabelle ▪ **Städte:** (Z 2001) Jerevan (Eriwan) 1 103 488 Einw., Kumajri (ehem. Leninakan) 150 917, Vanadzor (ehem. Kirovakan) 107 394

BEVÖLKERUNG Armenier – F 2003: 3 056 000 Einw.; Bevölkerungswachstum: –0,4 %; letzte Zählung 2001: 3 213 011 Einw. – 97,9 % Armenier, 1,3 % Jesiden, Minderheiten von Russen, Aserbaidschanern, Kurden u. a. ▪ **Sprachen** 2001: 97,7 % Armenisch, 1,0 % Jesidisch, 0,9 % Russisch, Sprachen der Minderheiten ▪ **Religion:** Armenisch-apostolische Kirche (»Gregorianer«); Minderheiten von Russisch-Orthodoxen, Protestanten u. a.

STAATS- UND REGIERUNGSFORM Verfassung von 1995 – Präsidialrepublik seit 1991 – Parlament mit 131 Mitgl. (bisher 190), Wahl alle 4 J. – Direktwahl des Staatsoberh. alle 5 J. – Wahlrecht ab 18 J. ▪ **Unabhängigkeit:** 1918–1920; erneute Proklamation 21. 9. 1991 ▪ **Nationalfeiertag:** 21. 9.

REGIERUNG UND PARTEIEN **Staatsoberhaupt:** Robert Kotscharjan, seit 1998 – **Regierungschef:** Andranik Markarjan (HHK-Vors.), seit 12. 5. 2000 – **Äußeres:** Wartan Oskanjan, seit 1998 ▪ **Parlament:** Wahlen vom 25. 5. 2003: Republikanische Partei / HHK 40 von 131 Sitzen (1999: zusammen mit HZhK 55), Land des Rechts / OE 19 (6), Gerechtigkeit / A 15 (–), Armenische Revolutionäre Vereinigung / Daschnak 11 (9), Nationale Einheit 9 (–), Vereinigte Arbeitspartei 6 (–), National-Demokratische Union / AZhM – (6), Sonstige 16 (4), Unabhängige 14 (34), Volkspartei / HZhK – (zusammen mit HHK: 55), Kommunistische Partei / HKK – (11), Recht und Einheit / IM – (6)

WIRTSCHAFT **BIP** 2003: 2,805 Mrd. $; realer Zuwachs: 13,9 %; Anteil (2003) Landwirtschaft 24 %, Industrie 39 %, Dienstleistungen 37 % ▪ **Erwerbstätigkeit** 2003: Landwirtsch. 46,0 %, Industrie 15,9 %, Dienstl. 38,1 % ▪ **Arbeitslosigkeit** ∅ 2003: 10,1 % ▪ **Inflation** ∅ 2003: 4,8 % ▪ **Außenhandel** 2003: **Import:** 1279 Mio. $; *Güter:* v. a. mineralische Rohstoffe, Nahrungsmittel; *Länder:* 16 % Russland, 10 % Belgien, 10 % Israel, 9 % USA, 7 % Großbritannien, 6 % Iran, 5 % Vereinigte Arabische Emirate, 4 % Schweiz, 3 % Deutschland; **Export:** 686 Mio. $; *Güter:* v. a. Edelsteine und Halbedelsteine, Ausrüstungsgüter, Metalle; *Länder:* 21 % Israel, 18 % Belgien, 14 % Russland, 8 % USA, 7 % Deutschland, 6 % Großbritannien, 5 % Schweiz, 3 % Niederlande, 3 % Italien

CHRONIK

▪ **Gedenken an Jahrestag:** Landesweit versammelten sich am 24. 4. 2005 zahlreiche Menschen und erinnerten an den 90. Jahrestag des Beginns der **Verfolgung und der Massaker an den Armeniern** unter der osmanischen Herrschaft. Zwischen 1915–23 waren rund 1,5 Mio. Menschen auf grausame Weise ums Leben gekommen. Auf der zentralen Gedenkveranstaltung in der Hauptstadt Jerevan forderte Präsident Robert Kotscharjan, dass die Massaker offiziell als Völkermord anerkannt werden; bislang haben das nur 15 Staaten, darunter Frankreich und Russland, getan. Zugleich sprach sich Kotscharjan für eine Aussöhnung mit der Türkei aus, die als Nachfolgestaat des Osmanischen Reichs bislang lediglich einräumte, dass damals mehrere 100 000 Menschen starben bzw. kriegsbedingt zwangsumgesiedelt wurden. Am 26. 4. 2005 stimmte Kotscharjan dem türkischen Vorschlag zu, eine armenisch-türkische Historikerkommission zur Untersuchung der Massaker und Vertreibungen zu bilden, verlangte aber, dass zuvor beide Länder diplomatische Beziehungen miteinander aufnehmen. Dem steht die Türkei jedoch ablehnend gegenüber.

■ **Strategisches Energiebündnis mit dem Iran:** In Jerevan vereinbarte Kotscharjan am 8. 9. 2004 mit dem iranischen Staatschef Sayed Mohammed Khatami den Bau einer Gaspipeline von Iran nach Armenien. Mit der Pipeline, deren Fertigstellung für 2007 geplant ist, soll Armeniens energiepolitische Abhängigkeit von Russland reduziert werden. Im Mai 2005 vereinbarten beide Staaten weiterhin den Bau zweier Wasserkraftwerke am Grenzfluss Araks.
■ **Irak-Mission:** Das Parlament beschloss am 24. 12. 2004 mit 91 gegen 23 Stimmen, die Vereinigten Staaten im Irak mit einer Militärmission zu unterstützen. Die Opposition lehnte die Entsendung ab, weil sie dadurch negative Auswirkungen auf die im Irak lebende armenische Minderheit (rund 20 000 Menschen) befürchtete. Seit dem 18. 1. 2005 sind 46 Soldaten als Ärzte, Minensucher und Fahrer im Irak im Einsatz.
■ **Beziehungen zur EU:** Die EU verlangte für die Aufnahme privilegierter Beziehungen Armeniens im Rahmen des EU-Konzepts der »Neuen Nachbarschaft« die Abschaltung des Kernkraftwerks Metsamor und bot eine Entschädigung von 100 Mio. € an. EU-Finanzhilfen soll Armenien frühestens ab 2008 erhalten. Einer Annäherung an die EU steht die armenische Besetzung Berg-Karabachs im Wege (→ Aserbaidschan).

Aserbaidschan

Vorder-Asien

Republik Aserbaidschan; Azarbaycan Respublikası – AZ / AZE

Fläche (Weltrang: 111): 86 600 km²

Einwohner (88): F 2003 8 233 000 = 95 je km²

Hauptstadt: Bakı (Baku)

Amtssprache: Aserbaidschanisch (Azeri)

Bruttonationaleinkommen 2003 je Einw.: 820 $

Währung: 1 Aserbaid.-Manat (A. M.) = 100 Gepik
Kurs: 1 US-$ = 4758 A. M.; 1 € = 5901 A. M.

Botschaft der Aserbaidschanischen Republik
Axel-Springer-Str. 54a, 10117 Berlin
T 030 / 219 16 13, Fax 21 91 61 52
E-Mail: azerbembgermany@aol.com

LANDESSTRUKTUR **Fläche**: 86 600 km²; davon Nagorno-Karabakh (Berg-Karabach) 4400 km² → unten; Karte → WA 2004, Sp. 109 f. ■ **Gebiete:** Naxçivan (Nachitschewan) 5500 km² → unten ■ **Verwaltung**: 65 Distrikte und 11 bezirksfreie Städte; Autonomes Gebiet Berg-Karabach und und Autonome Republik Nachitschewan → unten ■ **Städte**: (F 2003) Baki (Baku) 1 839 800 Einw., Gäncä 303 100, Mingäçevir 95 100, Äli Bayramli 72 100, Naxçivan (Nachitschewan) 64 500, Xankändi (ehem. Stepanakert) 54 700

BEVÖLKERUNG Aserbaidschaner – F 2003: 8 233 000 Einw.; Bevölkerungswachstum: 0,7 %; letzte Zählung 1999: 8 016 200 Einw. – 90,6 % Aserbaidschaner, 2,2 % Lesgier, 1,8 % Russen, 1,5 % Armenier u. a. Minderheiten ■ **Sprachen**: Aserbaidschanisch (Azeri); Russisch, Armenisch, Lesgisch u. a. Sprachen der Minderheiten ■ **Religion**: 90 % Muslime: 65 % Schiiten, 35 % Sunniten; christliche Minderheiten

STAATS- UND REGIERUNGSFORM Verfassung von 1995 – Präsidialrepublik seit 1995 – Nationalversammlung (Milli Medschlis) mit 125 Mitgl., Wahl alle 5 J. – Direktwahl des Staatsoberh. alle 5 J. – Wahlrecht ab 18 J. ■ **Unabhängigkeit**: 1918–1920; erneute Proklamation 18. 10. 1991 ■ **Nationalfeiertag**: 28. 5. (Tag der Republik 1918)

REGIERUNG UND PARTEIEN **Staatsoberhaupt**: Ilham Alijew, seit 31. 10. 2003 – **Regierungschef**: Artur Rasisade, seit 4. 11. 2003 – **Äußeres**: Elmar Mamadjarow, seit 2. 4. 2004 ■ **Parlament**: Wahlen vom 5. 11. 2000 und 7. 1. 2001: Partei Neues Aserbaidschan 75 von 125 Sitzen (1995 / 1996: 67), Volksfront 6 (4), Sonstige 17 (8), Unabhängige 27 (46)

WIRTSCHAFT **BIP** 2003: 7,138 Mrd. $; realer Zuwachs: 11,2 %; Anteil (2003) Landwirtschaft 14 %, Industrie 55 %, Dienstleistungen 31 % ▪ **Erwerbstätigkeit** 2002: Landwirtsch. 40,2 %, Industrie 11,5 %, Dienstl. 48,3 % ▪ **Arbeitslosigkeit** ∅ 2004: 1,5 % (inoffiziell: 10,7 %) ▪ **Inflation** ∅ 2004: 6,7 % ▪ **Außenhandel** 2004: **Import**: 3,516 Mrd. $; *Güter*: 31 % Maschinen und Anlagen, 17 % Metalle und Metallwaren, 14 % Primärenergieträger, mineralische Produkte, 12 % Nahrungs- und Genussmittel, lebende Tiere, 7 % Fahrzeuge, 6 % Chemie-, Kunststoff- und Gummierzeugnisse, 2 % Textilien und Bekleidung; *Länder*: 16 % Russland, 12 % Großbritannien, 7 % Kasachstan, 6 % Türkei, 6 % Deutschland, 5 % Ukraine, 4 % Niederlande, 4 % VR China (EU gesamt: 34 %, GUS gesamt 33 %); **Export**: 3,615 Mrd. $; *Güter*: 82 % Primärenergieträger, mineralische Produkte, 4 % Nahrungs- und Genussmittel, lebende Tiere, 4 % Fahrzeuge, 4 % Chemie-, Kunststoff- und Gummierzeugnisse,, 3 % Metalle und Metallwaren; *Länder*: 45 % Italien, 9 % Israel, 6 % Russland, 5 % Georgien, 5 % Türkei, 4 % Iran, 4 % Turkmenistan, 4 % Indonesien, 3 % Kroatien, 1 % Deutschland (EU gesamt: 51 %, GUS gesamt 16 %)

Autonomes Gebiet Berg-Karabach
Nagorno-Karabakh

Fläche: 4400 km² ▪ **Bevölkerung** F 1991: 193 300 Einw. – 145 450 Armenier, 40 688 Aserbaidschaner ▪ **Hauptstadt** (F 2003): Xankändi (ehem. Stepanakert) 54 700 Einw. ▪ **Status:** Unabhängigkeitserklärung am 10. 12. 1991 – Parlament mit 33 Mitgl. ▪ **Regierung:** Präsident: Arkadi Gukasjan, seit 8. 9. 1997 – Ministerpräsident: Anushawan Danielian, seit 30. 6. 1999

Autonome Republik Nachitschewan **Naxçivan**

Fläche: 5500 km² ▪ **Bevölkerung** F 2003: 369 800 Einw. – überwiegend Aserbaidschaner, Minderheiten von Russen, Kurden u. a. ▪ **Religion:** v. a. schiitische Muslime ▪ **Hauptstadt** (F 2003): Naxçivan 64 500 Einw.

CHRONIK

Die Wirtschaft Aserbaidschans wuchs in den vergangenen Jahren durchschnittlich um rund 10 % – gestützt vor allem auf den Erdölsektor, welcher ein Drittel zum BIP des Landes beiträgt und der in den kommenden Jahren weiter ausgebaut werden soll. Der Lebensstandard der Bevölkerung verharrte dagegen auf einem relativ niedrigen Niveau. Proteste und Demonstrationen gegen die Herrschaft von Präsident Ilham Alijew beantwortete die Regierung mit zum Teil brutalen Maßnahmen.

▪ **Neue Erdölpipeline Richtung Westen:** In einer feierlichen Zeremonie weihten die Staats- und Regierungschefs von Aserbaidschan, Kasachstan, Georgien und

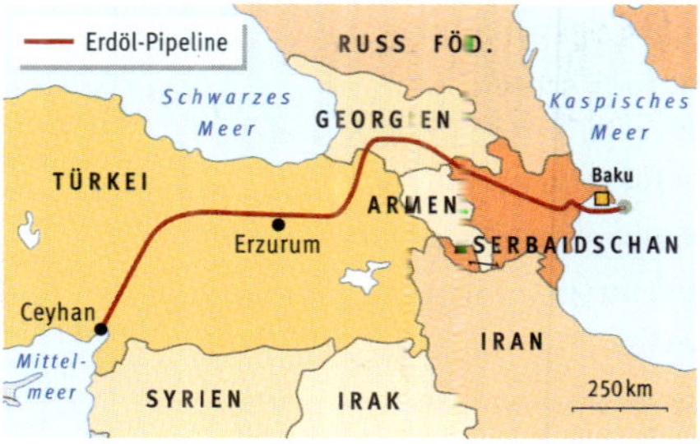

der Türkei am 25. 5. 2005 die 1760 km lange Baku-Tiblisi-Ceyhan-Erdölpipeline ein (→ Karte). Ab Herbst 2005 sollen täglich eine Mio. Barrel aserbaidschanisches Rohöl transportiert werden; weiterhin ist vorgesehen, dass auch Kasachstan zunächst 7,5 Mio., später bis zu 20 Mio. Barrel Erdöl durchleiten wird. Die Pipeline, die russisches Territorium umgeht und zum Schutz vor Anschlägen vollständig unterirdisch verläuft, war in dreijähriger Bauzeit unter Führung des britischen Konzerns BP errichtet worden. Finanziert wurden die Baukosten, die rund 4 Mrd. US-$ betrugen, zu großen Teilen von der Weltbank und der Europäischen Bank für Wiederaufbau und Entwicklung. In Russland und dem Iran hatte das Projekt, das in den 1990er Jahren von Washington und London initiiert worden war, Widerstand provoziert und war als Beweis für das steigende Interesse Amerikas und des Westens insgesamt an der südlichen Kaukasus-Region bis nach Mittelasien interpretiert worden.

▪ **Unterdrückung der Opposition:** Ein Strafgericht verurteilte am 22. 10. 2004 sieben führende Oppositionspolitiker als Anführer der Unruhen nach den umstrittenen Präsidentschaftswahlen vom Oktober 2003 (→ WA 2005, S. 59) zu zweieinhalb bis fünf Jahren Haft. Kurz vor dem Besuch einer Delegation des Europarates amnestierte Präsident Alijew am 20. 3. 2005 die Verurteilten sowie weitere politische Gefangene.

Im Vorfeld der Einweihungsfeierlichkeiten der Erdölpipeline ging die Polizei in Baku am 21. 5. 2005 gewaltsam gegen die erste Demonstration der Opposition seit eineinhalb Jahren vor. An den Protesten Alijew nahmen offiziellen Angaben zufolge rund 500 Personen teil.

▪ **Berg-Karabach:** Im Konflikt um die seit Anfang der 1990er Jahre von Armenien besetzte, völkerrechtlich aber zu Aserbaidschan gehörende Provinz Berg-Karabach zeichnete sich trotz mehrerer Treffen der Außenminister beider Seiten weiter keine Lösung ab. Der aus Karabach stammende armenische Präsident Robert Kotscharjan beharrt auf einem Friedensabkommen, das einen unabhängigen Status Karabachs festschreibt, was Baku strikt ablehnt.

Bei den Parlamentswahlen am 19. 6. 2005 wurde die bisherige Regierung unter Präsident Arkadi Gukasjan bestätigt.

Äthiopien Nordost-Afrika

Demokratische Bundesrepublik Äthiopien; Ityop'ya – ET / ETH

Fläche (Weltrang: 26): 1 133 380 km²

Einwohner (16): F 2003 68 613 000 = 61 je km²

Hauptstadt: Adis Abeba (Addis Abeba)

Amtssprache: Amharisch

Bruttonationaleinkommen 2003 je Einw.: 90 $

Währung: 1 Birr (Br) = 100 Cents
Kurs: 1 US-$ = 8,83 Br; 1 € = 11,45 Br

Botschaft der Demokrat. Bundesrepublik Äthiopien
Boothstr. 20a, 12207 Berlin
T 030 / 77 20 60, Fax 77 20 624
E-Mail: Emb.ethiopia@t-online.de

LANDESSTRUKTUR **Fläche**: 1 133 380 km²; Karte → WA 2005, S. 61 ▪ **Verwaltung**: 9 Regionen, Adis Abeba und Dire Dawa mit Sonderstatus ▪ **Städte**: (S 2001) Adis Abeba (Addis Abeba) 2 753 000 Einw.; (Z 1994) Dire Dawa (Diredaua) 164 851, Harer 131 139, Nazret 127 842, Gonder (mit Azezo) 112 249, Dese 97 314, Mekele 96 938, Bahir Dar 96 140, Jima 88 867

BEVÖLKERUNG Äthiopier – F 2003: 68 613 000 Einw.; Bevölkerungswachstum: 2,1 %; letzte Zählung 1994: 53 477 265 Einw. – insg. etwa 80 Ethnien: ca. 28 % Oromo und Amharer, 7 % Tigrer (Tigriner), außerdem Afar, Somali, Benshangui, Gambella, Harrar, 45 Sudan-Völker (u. a. Niloten); italienische Minderheit ▪ **Sprachen**: Amharisch (Amharigna); weitere 80 Sprachen, davon 28 omotische, 25 kuschitische, 9 semitische Sprachen; Englisch, Italienisch, Französisch und Arabisch ▪ **Religion**: 45 % Muslime (Sunniten), 40 % Äthiopisch-Orthodoxe, 5–15 % Anhänger von indigenen Religionen, 3 % Äthiopisch-Evangelische Kirche, Minderheiten von Katholiken, Hindus und Sikhs

STAATS- UND REGIERUNGSFORM Verfassung von 1995 – Bundesrepublik seit 1994 – Parlament: Rat der Volksabgeordneten mit 547 Mitgl., Wahl alle 5 J.; Regionalrat mit 117 ernannten Mitgl. – Wahl des Staatsoberh. durch das Parlament alle 5 J. – Wahlrecht ab 18 J. ▪ **Unabhängigkeit**: alte staatl. Tradition; Schaffung des neuzeitlichen Staates nach Friedensabkommen von Addis Abeba 1896 ▪ **Nationalfeiertag**: 28. 5. (Niederlage des Mengistu-Regimes 1991)

REGIERUNG UND PARTEIEN **Staatsoberhaupt**: Girma Wolde Giorgis, seit 8. 10. 2001 – **Regierungschef**: Ato Meles Zenawi (EPRDF), seit 1995 – **Äußeres**: Seyoum Mesfin (EPRDF), seit 1991 ▪ **Parlament**: Wahlen vom 15. 5. 2005: Ethiopian People's Revolutionary Democratic Front/EPRDF 303 von 547 Sitzen (2000: 472), Oppositionsparteien: CUD 123, UEDF 56, Sonstige 36, Unabhängige 1, 5 Sitze noch ungeklärt; Wahlen in der Provinz Somali fanden am 21. 8. 2005 statt

WIRTSCHAFT **BIP** 2003: 6,652 Mrd. $; realer Zuwachs: –3,7 %; Anteil (2003) Landwirtschaft 42 %, Industrie 11 %, Dienstleistungen 47 % ▪ **Erwerbstätigkeit** 2001: Landwirtsch. 82 % ▪ **Arbeitslosigkeit**: k. A. (S: 40 % der hauptstädtischen Bevölkerung) ▪ **Inflation** ∅ 2003/04: 9,0 % ▪ **Außenhandel** 2003: **Import**: 2,67 Mrd. $; *Güter*: 35 % Konsumgüter, 30 % Investitionsgüter, 16 % Erdöl und -produkte; *Länder*: 24 % Saudi-Arabien, 17 % USA, 6 % VR China, 5 % Schweiz, 4 % Italien, 4 % Indien, 3 % Deutschland (EU gesamt: 20 %); **Export**: 0,60 Mrd. $; *Güter*: 34 % Kaffee, 12 % Kat, 11 % Häute und Felle, 10 % Ölsaaten, 9 % Gold, 4 % Hülsenfrüchte; *Länder*: 14 % Dschibuti, 10 % Deutschland, 7 % Japan, 7 % Saudi-Arabien, 7 % Italien, 5 % USA, 4 % Großbritannien (EU gesamt: 30 %)

CHRONIK

Im Streit um den Grenzverlauf mit dem Nachbarland Eritrea war immer noch kein Ende abzusehen. Vielmehr gab die Stationierung von Truppen auf beiden Seiten der Grenze erneut Anlass zu ernsthafter Sorge. Nach den Parlamentswahlen im Mai 2005 kam es zu gewaltsamen Zusammenstößen zwischen Regierung und Opposition.

▪ **Grenzstreit mit Eritrea:** Wegen der nach wie vor ungelösten Grenzfrage verlängerte der UN-Sicherheitsrat am 14. 9. 2004 das Mandat der UN-Friedensmission für Äthiopien und Eritrea (UNMEE) bis zum 15. 3. 2005 (erneut am 14. 3. 2005 um ein weiteres halbes Jahr verlängert). Am 25. 11. 2004 erklärte Ministerpräsident Ato Meles Zenawi, seine Regierung habe die Entscheidung der unabhängigen Grenzkommission für Äthiopien und Eritrea (EEBC) »im Prinzip« akzeptiert und forderte einen Dialog zur endgültigen Implementierung des Friedensabkommens aus dem Jahr 2000. Eritrea lehnte neue Gespräche ab und betonte zum wiederholten Mal die Endgültigkeit der Entscheidung der EEBC. Am 2. 1. 2005 protestierten mehr als 50 000 Menschen in der Hauptstadt Adis Abeba gegen die Pläne der Regierung, erneute Verhandlungen mit Eritrea aufzunehmen. Beobachter werteten die Demonstration als von der Opposition organisiert, um zu verhindern, dass Meles im Vorfeld der für Mai 2005 angesetzten Wahlen Unterstützung für seine Initiative gewinnt.

Unterdessen wuchs die Besorgnis der UN über die **wachsende Zahl von Truppen**, die **zu beiden Seiten der Grenze** stationiert worden waren. Westlichen Diplomaten zufolge hielten sich auf äthiopischer Seite rund 60 000 Soldaten, auf eritreischer 300 000 Soldaten auf. Ein Sprecher der im Grenzgebiet stationierten UNMEE-Friedenstruppen bezeichnete die Situation allerdings als stabil.

■ **Parlamentswahlen:** Im Vorfeld der Parlamentswahlen warfen die internationale Menschenrechtsorganisation Human Rights Watch sowie EU-Wahlbeobachter der Regierung **massive Einschüchterung von Oppositionspolitikern** vor allem in der Region Oromia vor. Ministerpräsident Meles hatte in einem Fernsehauftritt die Opposition beschuldigt, ethnischen Hass zu schüren und sie mit den Verantwortlichen für den Genozid in Ruanda verglichen. Eine Sprecherin der EU-Wahlbeobachterdelegation äußerte sich besorgt darüber, dass es vereinzelt auch zu Gewalt gegen Oppositionelle gekommen sei. Aufgrund des internationalen Drucks unterzeichneten die regierende Ethiopian People's Revolutionary Democratic Front (EPRDF) und das Oppositionsbündnis Coalition for Unity and Democracy (CUD) am 12. 5. 2005 eine **Gewaltverzichtserklärung**, um einen friedlichen Urnengang zu ermöglichen.

Bereits einen Tag nach der Wahl vom 15. 5. 2005, an der sich nach offiziellen Angaben rund 90 % der Wahlberechtigten beteiligten, hatten sich sowohl die Regierungspartei EPRDF als auch die Oppositionsgruppie-rungen CUD und UEDF zum Sieger erklärt. Nachdem die Wahlkommission Anfang Juni 2005 wegen zahlreicher Einsprüche die Bekanntgabe des endgültigen Wahlergebnisses auf Anfang Juli verschoben hatte, kam es am 8.–9. 6. zu heftigen Protesten der Opposition in Adis Abeba. Mindestens 29 Personen kamen ums Leben, zahlreiche wurden verletzt. Nach den am 1. 7. veröffentlichten offiziellen Ergebnis kam die EPRDF auf 303 (–169) Sitze, das Oppositionsbündnis CUD erhielt 123, die oppositionelle UEDF 56 Mandate. Bis 30. 6. waren allerdings erst Einsprüche in 26 von 166 Wahlbezirken geprüft.

■ **Zusammenstöße mit Rebellen:** Einem Militärbericht vom 21. 4. 2005 zufolge tötete die Armee in der östlichen, an der Grenze zu Somalia gelegenen Region Somali während mehrtägiger Gefechte 30 Rebellen. Die ursprünglich aus Somalia stammenden Rebellen kämpfen seit den frühen 1990er Jahren für die Unabhängigkeit der Region. Zuvor war dort wegen der unsicheren Lage der Urnengang für die Parlamentswahlen im Mai auf Ende August verschoben worden.

■ **Schuldenerlass:** Im Rahmen der Armutsreduzierungs- und Wachstumsfazilität (Poverty Reduction and Growth Facility) des Internationalen Währungsfonds (IWF) gewährte der Pariser Club am 20. 10. 2004 Äthiopien einen Schuldenerlass in Höhe von 758 Mio. US-$. Der Club begrüßte die Entschlossenheit des Landes, rigorose wirtschaftliche Reformen zu implementieren, um so eine tragfähige Basis für ein konstantes Wirtschaftswachstum zu schaffen. Gleichzeitig erließ auch die African Development Bank dem Land Schulden in Höhe von 339 Mio. US-$.

■ **Spannungen mit Ägypten:** Eine stetig wachsende Bevölkerung, das immer häufigere **Ausbleiben der dringend benötigten Regenfälle** sowie die fortschreitende Ausbreitung der Sahara stellen Äthiopien vor immer größer werdende Versorgungsprobleme. **Nur rund 1,7 % des anbaufähigen Landes** können derzeit **bewässert** werden, in vielen Regionen kommt es seit Jahren wegen Wassermangels zu Missernten. Der Blaue Nil, der in Äthiopien entspringt, ist zur wichtigsten Wasserressource geworden. Allerdings kann Äthiopien nur über einen geringen Teil des Nilwassers verfügen, denn eine 1929 getroffene Vereinbarung zwischen Ägypten und der damaligen Regionalmacht Großbritannien spricht auch heute noch Ägypten den Großteil der Wassernutzung zu. Dies hat in den vergangenen Jahrzehnten immer wieder den Unmut der Nil-Anrainerstaaten erregt. Anfang Februar 2005 verlangte Regierungschef Meles **mehr Wasser-Nutzungsrechte** für sein Land und drohte, diese **notfalls mit Gewalt** zu erzwingen. Im April 2005 beschlossen die Staatschefs von Ägypten, Sudan und Äthiopien, eine Einigung über eine gerechtere Verteilung des Wassers herbeizuführen.

■ **Rückkehr des Obelisken von Axum:** Knapp 70 Jahre nach der Erbeutung durch italienische Besatzer im Jahre 1937 kehrte im April 2005 der in drei Teile zerlegte Obelisk (→ Foto) an seinen ursprünglichen Standort im Norden des Landes zurück. Die bereits 1947 beschlossene Rückgabe des 24 Meter hohen und 1700 Jahre alten Monuments aus Granit, das als Nationalheiligtum gilt, erfolgte nach langen Kontroversen mit den Verantwortlichen in Rom. Die Kosten für die Rückgabe wurden auf 6 Mio. € geschätzt.

Einer der Obelisken von Axum

■ **Flutkatastrophe:** Am 23. 4. 2005 trat der Fluss Wabe Shabele im Südosten des Landes nach tagelangen schweren Regenfällen über die Ufer und überschwemmte mehr als dreißig Ortschaften. Schätzungen zufolge kamen dabei 134 Menschen ums Leben, Tausende wurden obdachlos.

Australien Ozeanien

Commonwealth of Australia – AU / AUS

Fläche (Weltrang: 6): 7 692 030 km²

Einwohner (51): F 2003 19 880 000 = 2,6 je km²

Hauptstadt: Canberra

Amtssprache: Englisch

Bruttonationaleinkommen 2003 je Einw.: 21 950 $

Währung: 1 Australischer Dollar ($A) = 100 Cents
Kurs: 1 US-$ = 1,32 $A; 1 € = 1,64 $A

Australische Botschaft
Wallstr. 76–79, 10179 Berlin
T 030 / 88 00 88 – 0, Fax 88 00 88 – 210
www.australian-embassy.de

LANDESSTRUKTUR **Fläche:** 7 692 030 km²; davon Tasmania (Tasmanien) 67 800 km²; → Karte ▪ **Gebiete:** Weihnachtsinsel, Kokos- bzw. Keelinginseln, Norfolkinsel → unten; Territory of Ashmore und Cartier Islands, Coral Sea Islands Territory, Territory of Heard Island and the McDonald Islands ▪ **Verwaltung:** 6 Bundesstaaten und 2 Territorien; Tabelle → WA 2005, S. 62 ▪ **Städte:** (F 2001) Sydney (A) 4 154 700 Einw., Melbourne 3 488 800, Brisbane 1 653 400, Perth 1 397 000, Adelaide 1 110 500, Newcastle 494 400, Gold Coast-Tweed 426 400, Canberra-Queanbeyan 364 400, Canberra 321 300, Wollongong 271 100, Hobart 197 800, Sunshine Coast 185 700, Geelong 160 100, Townsville 134 600, Cairns 113 400, Toowoomba 109 300

BEVÖLKERUNG Australier – F 2003: 19 880 000 Einw.; Bevölkerungswachstum: 1,1 %; letzte Zählung 2001: 18 972 350 Einw. – ca. 95 % europäischer (v. a. britischer und irischer) Herkunft, 1,3 % Asiaten (v. a. Chinesen und Vietnamesen), 2,2 % indigene Bevölkerung (Aborigines und Torres Strait Islanders) ▪ **Sprachen** 2001: 84 % Englisch, Sprachen der Einwanderer: 2 % Italienisch, 1,5 % Griechisch, 1,3 % Kantonesisch, 1,2 % Arabisch, 1,0 % Vietnamesisch u. a.; 0,3 % australische Sprachen ▪ **Religion** 2001: 27 % Katholiken, 21 % Anglikaner, 21 % andere christliche Bekenntnisse, 5 % nicht-christliche Religionen; über 25 % religionslos oder ohne Angaben; Minderheit von Hindus und Juden; indigene Religionen

STAATS- UND REGIERUNGSFORM Verfassung von 1901 – Parlamentarische Monarchie (im Commonwealth) seit 1901 – Parlament: Repräsentantenhaus mit 150 auf 3 J. gewählten Mitgl. und Senat mit 76 Mitgl. (je 12 pro Bundesstaat und 2 pro Territorium; Wahl für 6 J., alle 3 J. Neuwahlen für die Hälfte der Mitgl.) – Wahlpflicht ab 18 J. ▪ **Unabhängigkeit:** 1. 1. 1901 de facto, 11. 12. 1931 nominell (Westminster-Statut) ▪ **Nationalfeiertag:** 26. 1. (Eintreffen erster weißer Siedler 1788)

REGIERUNG UND PARTEIEN **Staatsoberhaupt:** Königin Elizabeth II., vertreten durch Generalgouverneur Michael Jeffery, seit 11. 8. 2003 – **Regierungschef:** John Winston Howard (LP-Vors.), seit 11. 3. 1996; Koalition aus LP und NP – **Äußeres:** Alexander Downer (LP), seit 1996 ▪ **Parlament:** Wahlen zum Repräsentantenhaus vom 9. 10. 2004: Liberal Party / LP 74 von 150 Sitzen (2001: 68), Australian Labor Party / ALP 60 (65), National Party / NP 12 (13), Country Liberal Party / CLP 1 (1), Unabhängige 3 (3) – Senat: Sitzverteilung nach Teilwahlen vom 9. 10. 2004: Liberal National Coalition (LP und NP) 39 von 76 Sitzen (2001: 35), ALP 28 (29), Australian Democrats Party / ADP 4 (8), Greens 4 (2), Family First 1 (–)

WIRTSCHAFT **BIP** 2003: 522,378 Mrd. $; realer Zuwachs: 3,8 %; Anteil (2004) Landwirtschaft 3 %, Industrie 28 %, Dienstleistungen 69 % ▪ **Erwerbstätigkeit** 2002: Landwirtsch. 4,3 %, Industrie 21,1 %, Dienstl. 74,4 % ▪ **Arbeitslosigkeit** ∅ 2004: 5,5 % ▪ **Inflation** ∅ 2004: 2,3 % ▪ **Außenhandel** 2004: **Import:** 106 Mrd. $; *Güter:* 13 % Kfz, 13 % Elektronik, 12 % Maschinen, 11 % chemische Erzeugnisse, 9 % mineralische Brennstoffe, 4 % Elektrotechnik, 2 % Mess- und Regeltechnik; *Länder:* 15 % USA, 13 % VR China, 12 % Japan, 6 % Deutschland, 4 % Singapur, 4 % Großbritannien, 4 % Malaysia, 4 % Neuseeland, 3 % Rep. Korea, 3 % Italien, 3 % Frankreich; **Export:** 97 Mrd. $; *Güter:* 12 % Erze, 10 % Kohle, 6 % NE-Metalle, 5 % mineralische Brennstoffe, 5 % Fleisch- und Fleischerzeugnisse, 5 % Getreide, 4 % chemische Erzeugnisse, 3 % Kfz, 3 % Maschinen, 3 % Wolle; *Länder:* 17 % Japan, 8 % VR China, 7 % USA, 7 % Rep. Korea, 7 % Neuseeland, 4 % Indien, 4 % Großbritannien, 3 % Rep. China, 3 % Singapur, 2 % Indonesien, 1 % Deutschland Weitere Informationen → Kap. Wirtschaft

AUSSENGEBIETE

Weihnachtsinsel

Christmas Island

Fläche: 135 km² ▪ **Bevölkerung** F 2002: 1506 Einw. – 60 % Chinesen, 10–15 % Europäer, 25–30 % Malaien ▪ **Religion:** überw. Buddhisten; Muslime und Christen ▪ **Status:** External Territory, seit 1958 bei Australien ▪ **Regierung:** Administrator: Evan Williams, seit 1. 11. 2003

Kokos- bzw. Keelinginseln

Territory of Cocos Islands

Fläche: 14,2 km² ▪ **Bevölkerung** Z 2001: 621 Einw. – v. a. Cocos Malays ▪ **Religion:** Muslime, Christen ▪ **Status:** External Territory, seit 1955 bei Australien ▪ **Regierung:** Administrator: Evan Williams, seit 1. 11. 2003

Norfolkinsel
Norfolk Island

Fläche: 34,6 km²; Karte → WA 2005, S. 63 ▪ **Bevölkerung** Z 2001: 2601 Einw. – v. a. Bounty-Meuterer-Nachkommen (Islanders) u. Zugewanderte (Mainlanders) ▪ **Religion** 2001: 35 % Church of England, 12 % Katholiken, 11 % Uniting Church ▪ **Status:** External Territory, seit 1914 bei Australien – Parlament mit 9 Mitgl., Wahl alle 3 J. ▪ **Regierung:** Administrator: Grant Tambling, seit 1. 11. 2003 – Regierungschef: Geoffrey Robert Gardner, seit 5. 12. 2001

CHRONIK

Vor dem Hintergrund eines seit 14 Jahren stabilen Wirtschaftswachstums, niedriger Inflation und sinkender Arbeitslosigkeit bestätigten die Wähler die liberal-konservative Regierungskoalition zum vierten Mal in Folge. Das weiterhin umstrittene militärische Engagement im Irak hatte der Popularität von Premierminister John Winston Howard, der seit 1996 die Regierungsgeschäfte führt, keinen Abbruch getan. Die zunehmende politische Instabilität der pazifischen Inselstaaten und die Entwicklung des internationalen Terrorismus beantwortete die Regierung mit der Betonung der Rolle Australiens als Ordnungsmacht der Region, der engen Kooperation mit den USA in Sicherheitsfragen und einer forcierten Aufrüstung.

▪ **Parlamentswahlen am 9. 10. 2004:** Erstmals seit drei Jahrzehnten errang ein regierendes Parteienbündnis die **Kontrolle über beide Häuser des Parlaments**. Im Repräsentantenhaus, für das nach einem modifizierten Mehrheitswahlsystem 150 Mandate vergeben werden, erhöhte die von Premier Howard geführte Liberal Party (LP) mit einem Stimmenanteil von 40,5 % die Zahl ihrer Sitze um 6 auf 74; ihr Partner, die National Party (NP), errang bei 5,9 % der Stimmen 12 Mandate. Dagegen fiel die oppositionelle Australian Labor Party (ALP) unter Mark Latham, die auf 37,7 % der Stimmen kam, um 5 auf 60 Mandate zurück (→ Grafik). Vom Unmut vieler Irak-Kriegsgegner profitierten dagegen die Grünen, die sich mit 7,2 % der Stimmen rechnerisch als dritte politische Kraft etablierten, jedoch ohne Vertretung im Repräsentantenhaus blieben. In der zweiten Kammer, für die zugleich 40 der 76 Senatoren neu zu bestellen waren, gewann die regierende konservative Koalition vier Sitze hinzu, so dass sie ab 1. 7. 2005 mit 39 Vertretern auch die absolute Mehrheit im föderativen Legislativorgan stellt. Mit dem Wahlergebnis verstärkte sich die Differenz zwischen den parteipolitischen Konstellationen auf Nationalstaats- und Bundesstaatsebene: Alle sechs Bundesstaaten und zwei Territorien werden von der Labor Party regiert. Nach Ansicht von Beobachtern entschieden sich die meisten Wähler (für die Wahlpflicht besteht) für Howard, weil sich sein Herausforderer, der erst im Dezember 2003 an die Spitze der ALP bestellte 43-jährige Latham, politisch nicht ausreichend profiliert hatte und die erfolgreiche neoliberale Wirtschaftspolitik der Regierung keinen Grund für einen Kurswechsel gegeben hatte. Außerdem hatte Howard dem militärischen Einsatz im Irak (→ unten) die Brisanz nehmen können. Latham hatte angekündigt, im Fall seines Wahlsiegs noch bis Ende 2004 die Truppe aus dem Irak in die Heimat zurückbringen zu wollen.

Australien:
Wahlen zum Repräsentantenhaus am 9.10.2004 (2001)

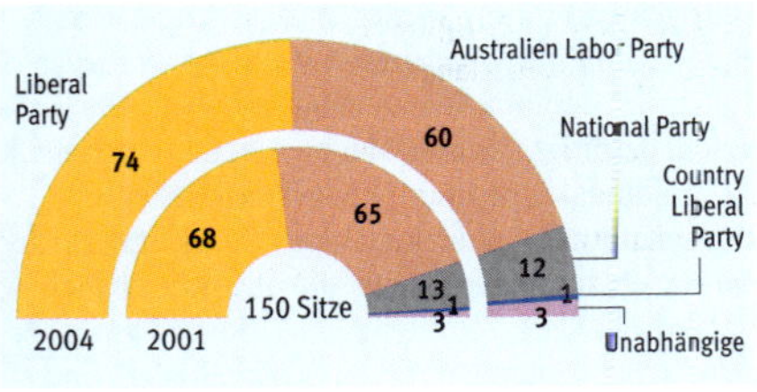

▪ **Neues Kabinett:** Premier Howard beließ im neuen Kabinett, das er am 22. 10. 2004 vorstellte, seine bisher wichtigsten Mitarbeiter im Amt, darunter Außenminister Alexander Downer, Schatzkanzler Peter Costello und Verteidigungsminister Robert Hill. Für den Umbau des Sozialsystems installierte er ein neues »Superministerium« für Soziales, dessen Leitung Joe Hockey übernahm.

In der ersten **Regierungserklärung** seiner neuen Amtszeit kündigte Howard die Wiederaufnahme von Reformprojekten an wie die Privatisierung des Telekommunikationssektors und die Deregulierung der Wirtschaft, insbesondere die Liberalisierung des Arbeitsmarkts. Im Zentrum der Regierungsarbeit soll jedoch die **kompromisslose Verfolgung der Sicherheitsinteressen** des Landes stehen. Für die Ausrüstung der Streitkräfte werden in den nächsten zehn Jahren zusätzlich umgerechnet rund 30 Mrd. € bereitgestellt. Schon am 8. 7. 2004 hatte Verteidigungsminister Hill in Washington einen Vertrag mit den USA über die Beteiligung Australiens an der Entwicklung eines globalen Raketenabwehrsystems und die Koordinierung der Rüstungsplanung beider Staaten unterzeichnet.

▪ **Neue Oppositionsführung:** Mitte Januar 2005 gab **Labor-Parteichef Latham** seinen **Rückzug** aus der Politik bekannt und führte hierfür gesundheitliche Gründe an. Die Parlamentsfraktion berief am 28. 1. 2005 **Kim Beazley wieder an die Parteispitze** zurück; er hatte die Partei schon zwischen 1996 und 2001 geführt.

▪ **Irak-Engagement:** Der frühere Diplomat und Geheimdienstschef Philip Flood veröffentlichte am 22. 7. 2004 den Bericht der von ihm geleiteten Untersuchungskommission über die **Arbeit der Geheimdienste** im Vorfeld der Beteiligung seines Landes an der von den USA angeführten »Koalition der Willigen« gegen den Irak im Frühjahr 2003. Der Report entlastete die Regierung vom Vorwurf, sie habe direkten Druck auf die Geheimdienste ausgeübt, eine von ihr politisch erwünschte Lagebeurteilung abzugeben. Jedoch seien die gelieferten Erkenntnisse über Massenvernichtungswaffen im Irak »dünn, unklar und unvollständig« gewesen.

Ende Juli 2004 kritisierten Außenminister Downer und Premierminister Howard den vorzeitigen Abzug der spanischen und philippinischen Truppen aus dem Irak scharf als Nachgeben gegenüber den Drohungen der Terroristen. Zuvor hatte eine bis dahin unbekannte Terrororganisation, die sich als Islamische Gruppe Tawhid ausgab, im Internet neben Polen und Bulgarien auch Australien mit Blutbädern vom Ausmaß der Anschläge von Bali (Oktober 2002, → WA 2004, Sp. 122 und Sp. 405 f.) und Madrid (März 2004, → WA 2005, S. 404) gedroht.

Am 8. 8. 2004 bezichtigten 43 frühere hochrangige Militärs und Diplomaten in einem offenen Brief Premier Howard der **Täuschung der Öffentlichkeit** über die Motive, die seiner Entscheidung für den Irak-Krieg zugrunde lagen.

Am 22. 2. 2005 gab Ministerpräsident Howard die Verstärkung des australischen Irak-Kontingents um 450 Soldaten bekannt, entgegen seiner Wahlkampfzusage, die Zahl der dortigen australischen Soldaten nicht weiter zu erhöhen. Mitte 2004 hatte die Regierung die militärische Präsenz in und um den Irak von ursprünglich rund 2000 auf etwa 900 Soldaten heruntergefahren. Am 21. 5. 2005 stellte Verteidigungsminister Hill in einem Zeitungsinterview die **Rückkehr der australischen Soldaten innerhalb eines Jahres in Aussicht**. Allerdings müssten die irakischen Streitkräfte bis dahin selbst für Sicherheit im Irak sorgen können.

▪ **Terrorismusbekämpfung:** In seinen Grenzen blieb das Land bisher von größeren Anschlägen aus dem Umfeld des islamistischen Terrorismus verschont. Jedoch riss am 9. 9. 2004 eine Autobombe vor der australischen Botschaft in der indonesischen Hauptstadt Djakarta mindestens acht Menschen in den Tod und verletzte mehr als 160 teilweise schwer (→ Indonesien). Premierminister Howard nahm das Ereignis zum Anlass, am 20. 9. die **Aufstellung von sechs Antiterrorteams** bekanntzugeben, die in der Lage sein sollten, terroristischer Bedrohung auch **vorbeugend außerhalb der Grenzen Australiens** entgegenzuwirken. Zwei der hochmobilen Antiterrorteams sollten in Südostasien stationiert werden. Howard begründete diese Initiative damit, dass seine Regierung nicht zögern werde, den Kampf gegen den Terrorismus auch im Ausland zu führen, wenn die Sicherheit seines Landes dies erfordere. Regierungsvertreter Malaysias, Indonesiens und der Philippinen reagierten negativ, weil sie zuvor nicht konsultiert worden waren und eine Verletzung der Souveränität ihrer Länder befürchteten. Seit dem Terrorangriff in Bali 2002 hatten australische Polizei- und Antiterrorspezialisten eng mit den indonesischen Behörden kooperiert und bei der Festnahme zahlreicher Terrorverdächtigen, insbesondere aus dem Umfeld der Jemaah Islamiyah, mitgewirkt.

Nachdem einer der beiden australischen Staatsbürger aus dem US-amerikanischen Internierungslager **Guantánamo Bay** auf Kuba (→ USA) am 28. 1. 2005 freigelassen worden war, konfrontierten Opposition und Menschenrechtler die Regierung in Canberra mit dem Vorwurf, an der Verletzung von Menschenrechten gegenüber eigenen Bürgern beteiligt gewesen zu sein. Der in Ägypten gebürtige Australier Mamdouh Habib, der 2001 in Pakistan festgenommen worden war, berichtete in einer eidesstattlichen Erklärung von schwerer Folter, die er in Pakistan und Ägypten vor seiner Verlegung nach Kuba erlitten habe. Bei den Verhören in Pakistan sei zeitweise ein australischer Beamter zugegen gewesen. Die Regierung lehnte eine Entschuldigung gegenüber Habib ab, erklärte sich aber bereit, seine Angaben zu überprüfen. Schon Mitte September 2004 hatte ein als unabhängiger Beobachter vom Law Council of Australia nach Guantánamo entsandter Jurist in seinem Bericht zum Fall des anderen festgehaltenen terrorismusverdächtigen Australiers David Hicks scharfe Kritik an dem von den USA praktizierten juristischen Verfahren geübt.

▪ **Flüchtlingspolitik:** Nach weltweiter Kritik von Menschenrechtsorganisationen und des UN-Hochkommissariats für Flüchtlinge an der australischen Asyl- und Migrationspolitik (→ WA 2005, S. 64 f.) räumte die Regierung im Juli 2004 9500 illegalen Einwanderern ein dauerhaftes Aufenthaltsrecht ein. Die Flüchtlinge hatten nach ihrer Internierung 1999 zunächst nur ein Drei-Jahres-Visum erhalten. Einwanderungsministerin Amanda Vanstone erklärte, sie werde grundsätzlich an der harten Asylpraxis festhalten. Wegen unerträglicher Bedingungen war es in den vergangenen Jahren wiederholt zu gewaltsamen Unruhen in den Internierungslagern gekommen.

Erneut Licht auf unwürdige Zustände in den Auffanglagern für illegale Migranten warf im Februar 2005 der **Fall einer** in Australien mit Niederlassungsbewilligung lebenden **deutschen Staatsbürgerin**. Die psychisch kranke Frau war nach ihrer Flucht aus einer geschlossenen Anstalt festgenommen und von den Behörden als illegale Einwanderin verdächtigt worden. Ohne ärztliche Versorgung wurde sie zehn Monate – davon lange Zeit in Isolierhaft – in einem Gefängnis und einem Abschiebelager in Südaustralien festgehalten und galt als verschollen. Ihr Fall führte zur **Einsetzung einer Untersuchungskommission**, die sich zugleich auch mit dem Schicksal einer australischen Staatsbürgerin philippinischer Abstammung zu beschäftigen hatte. Trotz Vorliegen der richtigen Personendaten im Einwanderungsministerium wurde sie als illegale Migrantin wochenlang interniert. Die Regierung bestätigte Anfang Mai 2005, dass es sich bei diesen Skandalen nicht um Einzelfälle handelte.

Um einer innerparteilichen Oppositionsgruppe in der Fraktion entgegenzukommen, die mit ihrer Abspaltung gedroht hatte, räumte Premier Howard am 19. 6. Fehler in der bisherigen rigiden Asylpolitik ein und

kündigte eine Liberalisierung sowie eine durchgreifende Änderung der Internierungspraxis an.

- **Tsunami-Katastrophenhilfe:** Von der Flutwelle des Seebebens im Indischen Ozean am 26. 12. 2004 (→ Themen der Welt, S. 24 ff.) nicht direkt betroffen, sah sich Australien zur **größten internationalen Hilfeleistung seiner Geschichte** veranlasst. Auf der internationalen Konferenz zur Bewältigung der Tsunami-Katastrophe, die am 6. 1. 2005 im indonesischen Djakarta stattfand, sagte es umgerechnet 810 Mio. US-$ zu, von denen allein rund 760 Mio. US-$ Wiederaufbauhilfe – bilateral abzuwickeln – für Indonesien bestimmt sein sollten. Die Summe, von der eine Hälfte nicht rückzahlbar ist und die andere als zinsloses Darlehen gilt, soll über einen Zeitraum von fünf Jahren bereitgestellt werden. Außerdem entsandten die Streitkräfte Rettungsmannschaften und Wiederaufbauhelfer ins Katastrophengebiet. Sowohl in Djakarta als auch in Canberra wurde die großzügige Hilfe für Indonesien als Initiative interpretiert, den seit der Unabhängigkeitskrise um Timor-Leste angespannten Beziehungen eine neue Basis zu geben.
- **Weitere Ereignisse:** Zum 1. 1. 2005 trat das **Freihandelsabkommen mit den USA** in Kraft, das nach langwierigen Verhandlungen im Februar 2004 geschlossen und im Juli und August von den Parlamenten beider Staaten angenommen worden war. Ebenso ist Australien seit Jahresbeginn 2005 mit Thailand in einem Freihandelsabkommen verbunden.

Anfang April 2005 hielten sich der indonesische Präsident Susilo Bambang Yudhoyono und der malaysische Regierungschef Abdullah Ahmad Badawi zu Besuchen in Canberra auf. Als Gegengewicht zu ihren Kontakten nach China und den USA sucht die australische Regierung neuerdings verstärkt den **Dialog mit der asiatisch-pazifischen Region.**

Wegen **anhaltender Dürre** im Südosten des Landes demonstrierten im Mai 2005 rund 2000 Farmer und forderten die Regierung zur Unterstützung des Agrarsektors auf. Verärgert zeigten sie sich darüber, dass die Haushaltsüberschüsse nicht für eine zusätzliche landwirtschaftliche Strukturhilfe eingesetzt werden sollen. Die Agrarproduktion, vor allem Weizen und Rindfleisch, macht zwar lediglich 3 % des BIP aus, trägt aber zu etwa 20 % zu den Exporten bei. In Sydney, der größten Stadt des Landes, wurden zur gleichen Zeit angesichts dramatisch gesunkener Wasservorräte strenge **Restriktionen beim Wasserverbrauch** verhängt.

Bahamas Mittel-Amerika; Karibik

Commonwealth der Bahamas; The Commonwealth of the Bahamas – BS / BHS

Fläche (Weltrang: 155): 13 939 km²

Einwohner (167): F 2003 317 000 = 23 je km²

Hauptstadt: Nassau

Amtssprache: Englisch

Bruttonationaleinkommen 2002 je Einw.: 14 920 $

Währung: 1 Bahama-Dollar (B$) = 100 Cents
Kurs: 1 US-$ = 1,01 B$; 1 € = 1,25 B$

Honorarkonsul des Commonwealth der Bahamas
Flottenstr. 14–20, 13407 Berlin
T 030 / 40 90 04 10, Fax 40 90 04 15

LANDESSTRUKTUR **Fläche**: 13 939 km²; 690 Inseln, davon 29 bewohnt; Hauptinsel: New Providence (mit 69 % der Bevölkerung) → Karte ▪ **Verwaltung**: 19 Distrikte; → Tabelle ▪ **Städte**: (Z 2000) Nassau (New Providence) 210 832 Einw., Freeport 26 910; (S 1990) High Rock 8100, West End 7800, Cooper Town 5500

BEVÖLKERUNG Bahamaer – F 2003: 317 000 Einw.; Bevölkerungswachstum: 1,1 %; letzte Zählung 2000: 303 611 Einw. – 85 % Schwarze, 12 % Weiße ▪ **Sprachen**: Englisch, Kreolisch ▪ **Religion** 1990: 31 % Baptisten, 16 % Anglikaner, 16 % Katholiken, 6 % Pfingstler, 5 % Christ of Church, 5 % Methodisten

Bahamas
Fläche, Bevölkerung und Bevölkerungsdichte

Distrikt	Fläche in km²	Einwohner insgesamt Z 2000	Einwohner je km²
Abaco	1 681	13 170	7,8
Acklins	497	428	0,9
Andros	5 957	7 686	1,3
Berry Islands	31	709	23
Biminis	23	1 717	75
Cat Island	388	1 647	4,2
Crooked Island	241	350	1,5
Eleuthera	484	7 999	16,5
Exuma and Cays	290	3 571	12,3
Grand Bahama	1 373	46 994	34
Harbour Island	8	1 639	205
Inagua	1 551	969	0,6
Long Island	596	2 992	5,0
Mayaguana	285	259	0,9
New Providence	207	210 832	1019
Ragged Island	36	72	2,0
Rum Cay	78	80	1,0
San Salvador	163	970	6,0
Spanish Wells	26	1 527	59
Bahamas	13 939	303 611	22

Quelle: The Government of the Bahamas 2005

STAATS- UND REGIERUNGSFORM Verfassung von 1973 – Parlamentarische Monarchie (im Commonwealth) seit 1973 – Parlament: Abgeordnetenhaus mit 40 gewählten, Senat mit 16 ernannten Mitgl.; Wahl alle 5 J. – Wahlrecht ab 18 J. ▪ **Unabhängigkeit**: 10. 7. 1973 (ehem. britische Kolonie) ▪ **Nationalfeiertag**: 10. 7.

REGIERUNG UND PARTEIEN **Staatsoberhaupt**: Königin Elizabeth II., vertreten durch Generalgouverneurin Dame Ivy Dumont, seit 1. 1. 2002 – **Regierungschef**: Perry Gladstone Christie (PLP-Vors.), seit 3. 5. 2002 – **Äußeres**: Fred Mitchell (PLP), seit 10. 5. 2002 ▪ **Parlament**: Wahlen vom 2. 5. 2002: Progressive Liberal Party / PLP 29 von 40 Sitzen (1997: 6), Free National Movement / FNM 7 (34), Unabhängige 4 (–)

WIRTSCHAFT **BIP** 2003: 5,260 Mrd. $; realer Zuwachs 1999 / 2000: 5,0 %; Anteil (2001) Landwirtschaft 3 %, Industrie 7 %, Dienstleistungen 90 % ▪ **Erwerbstätigkeit** 1999: Landwirtsch. 4,0 %, Industrie 16,6 %, Dienstl. 78,9 % ▪ **Arbeitslosigkeit** ∅ 2004: 10,2 % (S) ▪ **Inflation** ∅ 2003: 3,0 % ▪ **Außenhandel** 2001: **Import**: 2370 Mio. $; *Güter*: 26 % Chemikalien, 21 % Nahrungsmittel und lebende Tiere, 18 % Mineralöle; *Länder*: 86 % USA; **Export**: 378 Mio. $; *Güter*: 23 % Fertigwaren, 23 % Maschinen und Transportausrüstungen, 13 % Mineralöle; *Länder*: 78 % USA

Bahrain Vorder-Asien

Königreich Bahrain; al-Mamlaka al-Baḥrayn – BH / BHR

Fläche (Weltrang: 173): 715,9 km²

Einwohner (156): F 2003 712 000 = 995 je km²

Hauptstadt: Al-Manāmah (Manama)

Amtssprache: Arabisch

Bruttonationaleinkommen 2002 je Einw.: 10 850 $

Währung: 1 Bahrain-Dinar (BD) = 1000 Fils
Kurs: 1 US-$ = 0,38 BD; 1 € = 0,47 BD

Botschaft des Königreichs Bahrain
Klingelhöfer Str. 7, 10785 Berlin
T 030 / 86 87 77 77, Fax 86 87 77 88

LANDESSTRUKTUR **Fläche**: 715,9 km²; 33 Inseln, davon Bahrain 572 km², Al-Muḥarraq 23,1 km², Sitrah 30,0 km²; → Karte ▪ **Verwaltung**: 12 Regionen ▪ **Städte**: (Z 2001) Al-Manāmah (Manama) 153 395 Einw., Al-Muḥarraq 91 939, Ar-Rifaʿa 79 985, Hammād 52 718, Jidd Ḥafṣ 52 450

BEVÖLKERUNG Bahrainer – F 2003: 712 000 Einw.; Bevölkerungswachstum: 2,0 %; letzte Zählung 2001: 650 604 Einw. – 405 667 Bahrainer, 244 937 Ausländer ▪ **Sprachen**: Arabisch; Englisch ▪ **Religion** 2001: 81,2 % Muslime (65 % Schiiten, 35 % Sunniten), 9,0 % Christen; Minderheiten von Hindus u. a.

STAATS- UND REGIERUNGSFORM Verfassung von 1973, geändert 2001 – Konstitutionelle Monarchie seit 2002 – Staatsreligion: Islam – Islamisches Recht (Scharia) – Nationalversammlung: Abgeordnetenhaus mit 40 für 4 J. gewählten Mitgl. ab 2002, Konsultativrat mit 40 für 4 J. ernannten Mitgl., seit 1996 ▪ **Unabhängigkeit**: Proklamation 14. 8. 1971 (ehem. britisches Protektorat) ▪ **Nationalfeiertag**: 16. 12. (Unabhängigkeitstag)

REGIERUNG UND PARTEIEN **Staatsoberhaupt**: König Hamad Ibn Isa Al-Khalifa, seit 1999, seit 2002 König – **Regierungschef**: Scheich Khalifa Ibn Salman Al-Khalifa, seit 1971 – **Äußeres**: Scheich Muhammad Ibn Mubarak Ibn Hamad Al-Khalifa, seit 1971 ▪ **Parlament**: Wahlen vom 24. / 31. 10. 2002: Liste islamischer Gemeinschaften 19, Unabhängige 18, Liberale 3; keine Parteien zugelassen

WIRTSCHAFT **BIP** 2002: 7,683 Mrd. $; realer Zuwachs: 5,1 %; Anteil (2004) Landwirtschaft 0,7 %, Industrie 41,0 %, Dienstleistungen 58,4 % ▪ **Erwerbstätigkeit** 2001: Landwirtsch. 0,9 %, Industrie 54,5 %, Dienstl. 44,6 % ▪ **Arbeitslosigkeit** ∅ 2003: 15 % ▪ **Inflation** ∅ 2002: 1,2 % ▪ **Außenhandel** 2003 (vorläufig): **Import**: 2127 Mio. BD; *Güter*: Rohöl, Maschinen und Transportausrüstungen; *Länder*: (ohne Erdölimporte) 12 % Japan, 9 % Saudi-Arabien, 8 % Australien, 7 % Deutschland, 6 % Großbritannien; **Export** 2494 Mio. BD; *Güter*: 71 % Erdöl; *Länder*: (ohne Erdölexporte) 24 % Saudi-Arabien, 15 % USA, 10 % Rep. China, 6 % Indien, 6 % Vereinigte Arabische Emirate

CHRONIK

Der am 25. 9. 2004 verhaftete **Menschenrechtsaktivist** und frühere Vizepräsident der bahrainischen Menschenrechtsliga, Abd al-Hadi al-Khawaya, wurde am 21. 11. zu einem Jahr Haft verurteilt, von König Hamad Ibn Isa Al-Khalifa jedoch begnadigt; ihm war Verleumdung und Verbreitung von Falschmeldungen vorgeworfen worden, nachdem er der Regierung öffentlich die Verantwortung für wirtschaftliche Schwierigkeiten und Menschenrechtsverletzungen zur Last gelegt hatte.

Bei einer **Regierungsumbildung** am 13. 1. 2005 behalten weiterhin Mitglieder der königlichen Familie alle wichtigen Ressorts. Scheich Ahmad Ibn Muhammad Al-Khalifa wird zum neuen Minister für Finanzen und Volkswirtschaft ernannt. Mit Fatma Blushi als neuer Ministerin für Soziales wurde eine **zweite Frau ins Kabinett** berufen. Als erste Frau in der arabischen Welt amtierte Alees Samaan am 18. 4. als Präsidentin eines nationalen Parlaments, freilich nur, weil der eigentliche Präsident und seine beiden Stellvertreter abwesend waren und sie die älteste anwesende Parlamentarierin war.

Mit **Saudi-Arabien** kam es im Dezember 2004 zu **Spannungen** wegen des Abschlusses eines Freihandelsabkommens zwischen Bahrain und den USA im September 2004. Der saudische Kronprinz boykottierte daraufhin das Treffen des Golfkooperationsrats am 19. 12. in Bahrain.

Bangladesch Süd-Asien

Volksrepublik Bangladesch; Gaṇ Prajātantrī Bāṃlādeś – BD / BGD

Fläche (Weltrang: 91): 147 570 km²

Einwohner (8): F 2003 138 066 000 = 936 je km²

Hauptstadt: Dakka (Dhaka)

Amtssprache: Bengalisch

Bruttonationaleinkommen 2003 je Einw.: 400 $

Währung: 1 Taka (Tk.) = 100 Poisha
Kurs: 1 US-$ = 64,32 Tk.; 1 € = 80,64 Tk.

Botschaft der Volksrepublik Bangladesch
Dovestr. 1, 10587 Berlin
T 030/39 89 75-0, Fax 39 89 75-10

LANDESSTRUKTUR **Fläche:** 147 570 km²; → Karte ▪ **Verwaltung:** 6 Provinzen mit 64 Bezirken; Tabelle → WA 2005, S. 68 ▪ **Städte:** (Z 2001) Dhaka 9 912 908 Einw., Chittagong 3 202 710, Khulna 1 227 239, Rājshāhi 646 716, Kotwali 285 308, Rangpur 251 699, Mymensingh 225 811, Barisāl 202 242, Jessore 178 273, Comilla 168 378

BEVÖLKERUNG Bangladescher – F 2003: 138 066 000 Einw.; Bevölkerungswachstum: 1,7 %; letzte Zählung 2001: 123 151 246 Einw. – ca. 95 % Bengalen, 1 % Bihári und zahlreiche Minderheiten ▪ **Sprachen:** Bengali, andere indoarische sowie tibetobirmanische Sprachen, Munda- und Mon-Khmer-Sprachen; Englisch ▪ **Religion** 1992: 87 % Muslime (meist Sunniten), 12 % Hindus; buddhistische und christliche Minderheiten

STAATS- UND REGIERUNGSFORM Verfassung von 1972, letzte Änderung 1996 – Republik (im Commonwealth) seit 1991 – Staatsreligion: Islam – Parlament (Jatiya Sangsad) mit 330 Mitgl., davon 300 direkt gewählt, 30 für Frauen reserviert; Wahl alle 5 J. – Wahl des Staatsoberh. durch Parlament alle 5 J. (einmalige Wiederwahl) – Wahlrecht ab 18 J. ▪ **Unabhängigkeit:** Proklamation 26. 3. 1971, endgültig 17. 12. 1971 (ehem. Teil von Britisch-Indien; ab 1947 Teil von Pakistan) ▪ **Nationalfeiertag:** 26. 3.

REGIERUNG UND PARTEIEN **Staatsoberhaupt:** Iajuddin Ahmed (BNP), seit 6. 9. 2002 – **Regierungschefin:** Khaleda Zia (BNP), seit 8. 10. 2001 – **Äußeres:** Morshed Khan, seit 16. 11. 2001 ▪ **Parlament:** Wahlen zum Parlament vom 1. 10. 2001: Bangladesh National Party/BNP 193 von 300 Sitzen (1996: 116), Awami League/AL 62 (146), Jamaat-e-Islami 17 (3), Jatiya Dal/Ershad 14 (32), Jatiya Dal/Naziur 4 (–), Sonstige 4 (2), Unabhängige 6 (1)

WIRTSCHAFT **BIP** 2003: 51,914 Mrd. $; realer Zuwachs: 5,3 %; Anteil (2003) Landwirtschaft 22 %, Industrie 26 %, Dienstleistungen 52 % ▪ **Erwerbstätigkeit** 1999/2000: Landwirtsch. 64,8 %, Industrie 10,7 %, Dienstl. 24,5 % ▪ **Arbeitslosigkeit** ∅ 2004: 40,0 % (inkl. Unterbeschäftigung) ▪ **Inflation** ∅ 2004: 5,8 % ▪ **Außenhandel** 2002/03: **Import:** 9,658 Mrd. $; *Güter*: 28 % Kapitalgüter, 12 % Textilien und -fasern, 9 % Erdöl und -produkte, 7 % Garn und Baumwolle, 5 % Eisen und Stahl; *Länder*: 13 % Indien, 12 % VR China, 11 % Singapur, 7 % Japan, 6 % Hongkong, 4 % Rep. Korea; **Export:** 6,548 Mrd. $; *Güter*: 50 % Kleidung, 25 % Strick- und Strumpfwaren; *Länder*: 28 % USA, 10 % Deutschland, 10 % Großbritannien, 6 % Frankreich, 4 % Italien

CHRONIK

Das **innenpolitische Klima** im Land verschlechterte sich kontinuierlich. Die oppositionelle Awami-Liga (AL) unter Führung der früheren Premierministerin Scheich Hasina Wajed kündigte nach der Welle der Massenverhaftungen im April 2004 (→ WA 2005, S. 69) im Juni ihre Rückkehr ins Parlament an. Damit wurde zugleich das Scheitern der im Juni 2003 begonnenen Boykottstrategie mit Generalstreiks und Demonstrationen deutlich. Der zivilgesellschaftliche Aufstand hatte die Regierung nicht zur Abdankung gezwungen. Die AL gründete am 17. 8. mit zehn anderen linksgerichteten Parteien ein Oppositionsbündnis und forderte den Sturz der national-islamischen Regierung von Premierministerin Khaleda Zia. Wiederholte Massenverhaftungen von Tausenden AL-Anhängern verhinderten jedoch ein entschlossenes Vorgehen der Opposition.

▪ **Politische Gewalt:** Die Oppositionsparteien wurden auch zunehmend Ziel von Anschlägen. So kam am 7. 8. 2004 der AL-Politiker Mohammad Ibrahim bei einem Sprengstoffanschlag in Sylhet ums Leben. Bei einer Kundgebung von Scheich Hasina am 21. 8. in Dhaka explodierten 13 Sprengsätze, die eine Parlamentsabgeordnete sowie 21 Anhänger der AL töteten und mehrere Hundert, darunter Mitglieder des Parteipräsidiums, verletzten. Unbekannte feuerten dabei mehrmals auf das Fahrzeug der flüchtenden Parteivorsitzenden. Premierministerin Khaleda Zia versprach eine entschlossene Untersuchung des Anschlags. Dennoch kam es in den folgenden Tagen zu Ausschreitungen und Plünderungen wütender AL-Anhänger in mehreren Städten des Landes und zu einem Generalstreik am 24. 8.; bis zum Monatsende starben insgesamt 80 Personen.

Bei einem weiteren Anschlag auf eine Kundgebung der AL im Nordosten des Landes starben am 27. 1. 2005 fünf Personen, darunter der frühere Finanzminister Shah Kibria. Erneut kam es in den folgenden Tagen zu Zusammenstößen zwischen AL-Anhängern und den Sicherheitskräften, bei denen 50 Menschen starben. Die regierende Bangladesh National Party (BNP) wies jede Beteiligung an dem Attentat zurück und willigte am 29. 1. ein, amerikanische und britische Sonderermittler zu den polizeilichen Untersuchungen hinzuzuziehen. Sowohl das FBI als auch Scotland Yard waren jedoch dazu nicht bereit, da sie am Willen der Regierung zweifelten, Zugang zu allen Beweisstücken zu gewähren.

Keines der 14 politischen Attentate, die sich seit 1999 in Bangladesch ereignet hatten, war bis dato aufgeklärt worden. Die Botschafter der EU-Mitgliedstaaten wurden im Januar 2005 in einer gemeinsamen Demarche bei der Regierung vorstellig, um ihrer Sorge vor dem **Abrutschen des Landes in die Rechtlosigkeit** Ausdruck zu verleihen. Neben den politisch motivierten Verbrechen war es seit mehreren Jahren auch zu einem rapiden Anwachsen von kriminellen Vergehen wie Mord, Erpressung, Entführung und Vergewaltigung gekommen. Die Premierministerin griff am 16. 3. im Parlament die Geberländer wegen ihrer Einmischung in die inneren Angelegenheiten des Landes scharf an. Am 21. 3. erhob die Staatsanwaltschaft Anklage gegen zehn Personen wegen Beteiligung am Attentat auf Shah Kibria, bis auf zwei Ausnahmen Lokalpolitiker und Mitglieder der regierenden BNP. Acht unter ihnen waren zu diesem Zeitpunkt bereits verhaftet worden. Im Prozess wegen des Mordes an dem Oppositionspolitiker Ahsanullah Master vom 7. 5. 2004 ergingen am 17. 4. 2005 die Urteile: 22 Anhänger der Regierungspartei wurden zum Tode verurteilt, sechs weitere zu lebenslanger Haft.

▪ **Religiöse Gewalt:** Am 12. 7. 2004 wurden Morddrohungen einer fundamentalistischen muslimischen Gruppe gegen zehn prominente linksgerichtete Politiker, Gewerkschafter und Akademiker öffentlich. Auch Journalisten erhielten Morddrohungen wegen ihrer atheistischen, staatsfeindlichen oder pro-indischen Haltung, vier von ihnen wurden umgebracht.

Nach Kämpfen zwischen der Polizei und islamischen Fundamentalisten im nördlichen Rajshahi-Distrikt wurden am 22. 1. 2005 60 Aktivisten der Jagrata Muslim Janata Bangladesh (JMJB) inhaftiert; die JMJB und zwei weitere islamistische Organisationen wurden am 23. 2. verboten. Die Miliz hatte mit geschätzten 5000 Kämpfern den Distrikt von maoistischen Gruppen und anderen Feinden des Islam befreien wollen und war auch in anderen Landesteilen durch Sprengstoffanschläge und Hinrichtungen in Erscheinung getreten. 15 JMJB-Anführer wurden am 28. 2. vor Gericht gestellt. Im Laufe des März wurden in den nördlichen Distrikten weitere 17 Islamisten verhaftet. Offenbar führte das unter dem ausländischen Druck bewirkte schärfere Vorgehen der Polizei zu Konflikten zwischen der BNP und den islamischen Parteien der Regierungskoalition, insbesondere der Islami Jatiya Oikya Jote, die sich gegen die polizeiliche Durchsuchung von Koranschulen verwahrten.

▪ **Korruptionsbekämpfung:** An die Stelle des viel kritisierten Büros für Korruptionsbekämpfung (BAC) trat am 21. 11. 2004 eine unabhängige dreiköpfige Anti-Korruptionskommission (ACC) unter Führung eines früheren BNP-nahen Richters des Obersten Gerichts. Die Kommission übernahm die 350 Angestellten und 17 000 ausstehenden Fälle des BAC. Nach drei Monaten hatte die Kommission ihre Arbeit jedoch noch nicht aufnehmen können, da die Regierung die Verabschiedung notwendiger Statute verzögerte.

▪ **Überschwemmungen:** Die durch den Sommermonsun ausgelösten Überschwemmungen zwischen Juni und August 2004 waren **die schlimmsten seit Jahrzehnten**. Ca. ⅔ des Landes wurden überschwemmt. Bis zum 27. 7. waren bereits knapp 400 Tote zu beklagen, und 30 der 130 Mio. Einwohner waren zur vorübergehenden Flucht aus ihren Häusern gezwungen. Auch 40 % der Hauptstadt Dhaka standen unter Wasser, am 13. 9. mussten auch die Börse und alle Märkte geschlossen werden, nachdem es einen Rekordregenfall von 341 mm am Tag gegeben hatte. Die Regierung bat jedoch erst am 28. 7. die internationale Gemeinschaft um Hilfe, nachdem sie zunächst behauptet hatte, über genug eigene Mittel zur Bekämpfung der Naturkatastrophe zu verfügen. Tatsächlich wurde am 3. 8. bekannt, dass man Nahrungsmittelhilfe für 20 Mio. Menschen für einen Zeitraum von fünf Monaten benötigte. Bis Ende September wurde nach Angaben der Asiatischen Entwicklungsbank der direkte Schaden auf 2,2 Mrd. US-$ Mrd., der volkswirtschaftliche Schaden auf 7 Mrd. US-$ geschätzt (— auch Umwelt).

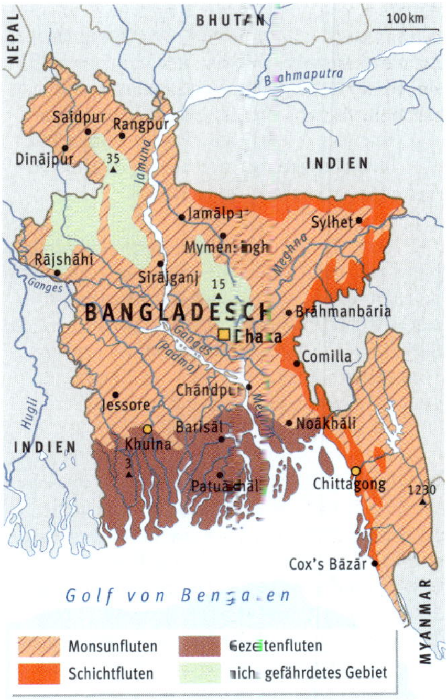

Barbados Mittel-Amerika; Karibik

Barbados – BB / BRB

Fläche (Weltrang: 181): 430 km²

Einwohner (171): F 2003 271 000 = 630 je km²

Hauptstadt: Bridgetown

Amtssprache: Englisch

Bruttonationaleinkommen 2003 je Einw.: 9260 $

Währung: 1 Barbados-Dollar (BDS$) = 100 Cents
Kurs: 1 US-$ = 2,04 BDS$; 1 € = 2,54 BDS$

Botschaft von Barbados
100, Avenue Franklin B. Roosevelt, B-1050 Brüssel
T 0032–2–732 17 37, Fax 732 32 66
E-Mail: brussels@foreign.gov.bb

LANDESSTRUKTUR **Fläche**: 430 km²; Karte → WA 2004, Sp. 134 ▪ **Verwaltung**: 11 Distrikte ▪ **Städte**: (Z 1990) Bridgetown 6720 Einw., Speightstown, Bathsheba

BEVÖLKERUNG Barbadier – F 2003: 271 000 Einw.; Bevölkerungswachstum: 0,4 %; letzte Zählung 2000: 268 792 Einw. – ca. 92 % Schwarze, 3,2 % Weiße, 2,6 % Mulatten ▪ **Sprachen**: Englisch; Bajan als Umgangssprache ▪ **Religion**: 40 % Anglikaner, 8 % Pfingstler, 7 % Methodisten, 5 % Katholiken

STAATS- UND REGIERUNGSFORM Verfassung von 1966 – Parlamentarische Monarchie (im Commonwealth) seit 1966 – Parlament: Repräsentantenhaus (House of Assembly) mit 30 (vorher 28) gewählten und Senat mit 21 ernannten Mitgl.; Wahl alle 5 J. – Wahlrecht ab 18 J. ▪ **Unabhängigkeit**: 30. 11. 1966 (ehem. britische Kolonie) ▪ **Nationalfeiertag**: 30. 11.

REGIERUNG UND PARTEIEN **Staatsoberhaupt**: Königin Elizabeth II., vertreten durch Generalgouverneur Sir Clifford Husbands, seit 1. 6. 1996 – **Regierungschef**: Owen S. Arthur (BLP), seit 7. 9. 1994 – **Außenministerin**: Billie A. Miller, seit 1994 ▪ **Parlament**: Wahlen vom 21. 5. 2003: Barbados Labour Party / BLP 23 von 30 Sitzen (1999: 26 von 28), Democratic Labour Party / DLP 7 (2)

WIRTSCHAFT **BIP** 2003: 2,627 Mrd. $; realer Zuwachs: 1,3 %; Anteil (2002) Landwirtschaft 6 %, Industrie 21 %, Dienstleistungen 73 % ▪ **Erwerbstätigkeit** 2001: Landwirtsch. 4,2 %, Industrie 19,8 %, Dienstl. 76,0 % ▪ **Arbeitslosigkeit** ∅ 2003: 11,0 % ▪ **Inflation** ∅ 2003: 1,6 % ▪ **Außenhandel** 2004: **Import**: 815 Mio. BDS$; *Güter*: Maschinen, Transportausrüstungen, Industriegüter; *Länder*: USA, Großbritannien, Trinidad und Tobago; **Export**: 556 Mio. BDS$; *Güter*: Nahrungsmittel und lebende Tiere, Erdöl, Chemikalien; *Länder*: USA, Großbritannien, Trinidad und Tobago

Belgien West-Europa

Königreich Belgien; Koninkrijk België (niederländisch); Royaume de Belgique – BE / BEL

Fläche (Weltrang: 136): 32 545 km²

Einwohner (75): F 2003 10 376 000 = 319 je km²

Hauptstadt: Brussel / Bruxelles (Brüssel)

Amtssprachen: Niederländisch, Französisch, Deutsch

Bruttonationaleinkommen 2003 je Einw.: 25 760 $

Währung: 1 Euro (€) = 100 Cent
Kurs: 1 US-$ = 0,83 € (1. 7. 2005)

Botschaft des Königreichs Belgien
Jägerstr. 52–53, 10117 Berlin
T 030 / 20 64 20, Fax 20 64 22 00
www.diplomatie.be / berlin

LANDESSTRUKTUR **Fläche**: 32 545 km²; davon Flandern 13 521 km², Wallonien 15 991 km², Deutschsprachige Gemeinschaft 854 km²; Hauptstadtregion Brüssel 162 km²; 2017 km² Territorialgewässer in der Nordsee; → Karte ▪ **Verwaltung**: 3 Regionen mit Parlamenten: Flandern, Wallonien und die Hauptstadtregion Brüssel; 3 Gemeinschaften mit Parlamenten: Flämische Gemeinschaft (Gemeinschaftsparlament mit Flandern), Französische Gemeinschaft, Deutschsprachige Gemeinschaft; 10 Provinzen, Hauptstadtregion Brüssel; Tabelle → WA 2005, S. 71 ▪ **Städte**: (F 2004) Brussel / Bruxelles (Brüssel) 999 899 Einw., Antwerpen 455 148, Gent 229 344, Charleroi 200 608, Liège (Lüttich) 185 488, Brugge (Brügge) 117 025, Namen / Namur 106 213, Eupen 17 788

BEVÖLKERUNG Belgier – F 2003: 10 376 000 Einw.; Bevölkerungswachstum: 0,4 %; letzte Zählung 2001: 10 263 414 Einw. – 5 765 856 Flamen, 3 258 795 Wallonen, 112 458 Deutschsprachige; 904 528 Ausländer, davon 60 % aus EU-Staaten ▪ **Sprachen**: ca. 60 % Niederländisch (Flamen), 40 % Französisch (Wallonen), 1,2 % Deutsch ▪ **Religion** 2002: 76,3 % Katholiken; 350 000 Muslime, 35 000 Juden; Protestanten

STAATS- UND REGIERUNGSFORM Verfassung von 1994 – Föderale parlamentarische Monarchie seit 1831 – Bundesparlament: Abgeordnetenhaus (Chambre des Représentants bzw. Kamer van Volksvertegenwoordigers) mit 150 Mitgl. und Senat (Sénat bzw. Senaat) mit 71 Mitgl. (40 direkt gewählt und 31 durch Regionalparlamente ernannt); Wahl alle 4 J. – Wahlpflicht ab 18 J. ▪ **Unabhängigkeit**: 4. 10. 1830 ▪ **Nationalfeiertag**: 21. 7. (Amtseid König Leopolds I. 1831)

REGIERUNG UND PARTEIEN **Staatsoberhaupt:** König Albert II., seit 1993 – **Regierungschef:** Guy Verhofstadt (VLD-Vorsitzender), seit 12. 7. 1999; Koalition aus VLD, PS, MR und SPA-SPI – **Äußeres:** Karel de Gucht (VLD), seit 20. 7. 2004 ▪ **Parlament:** Wahlen vom 18. 5. 2003: Abgeordnetenhaus: Vlaamse Liberalen en Democraten/VLD 25 von 150 Sitzen (1999: 23), Parti Socialiste/PS 25 (19), Mouvement Réformateur/MR 24 (PRL-FDC-MCC: 18), Socialistische Partij Anders u. Spirit/SPA-SPI 23 (nur SP 14), Christen-Democratisch & Vlaams/CD&V 21 (CVP: 22), Vlaams Blok/VB 18 (15), Centre Démocrate Humaniste/CDH 8 (PSC: 10), Ecolo (wallonische Grüne) 4 (11), Nieuw-Vlaamse Alliantie/N-VA 1 (–), Front National/FN 1 (1), Volksunie-ID 21/VU-ID21 – (8), Groen! (vorher: Agalev) (flämische Grüne) – (9) – Senat: SPA-SPI 7 der 40 Direktmandate (1999: nur SP 4), VLD 7 (6), CD&V 6 (CVP: 6), PS 6 (4), MR 5 (PRL-FDF-MCC 5), VB 5 (4), CDH 2 (PSC 3), Ecolo 1 (3), FN 1 (–), Groen! – (3), VU-ID21 – (2)

WIRTSCHAFT **BIP** 2003: 301,896 Mrd. $; realer Zuwachs: 1,1 %; Anteil (2003) Landwirtschaft 1,3 %, Industrie 26,5 %, Dienstleistungen 72,2 % ▪ **Erwerbstätigkeit** 2003: Landwirtsch. 0,8 %, Industrie 23,1 %, Dienstl. 76,1 % ▪ **Arbeitslosigkeit** ∅ 2004: 7,8 % ▪ **Inflation** ∅ 2004: 1,9 % ▪ **Außenhandel** 2004: **Import:** 229,5 Mrd. €; *Güter:* 19 % chemische Produkte, 15 % Maschinen und elektrische Ausrüstungen, 13 % Transportausrüstungen, 11 % mineralische Stoffe, 8 % Basismetalle, 5 % Kunststoffe und Gummi, 5 % Edelsteine und -metalle, 4 % Textilien; *Länder:* 24 % Niederlande, 20 % Deutschland, 17 % Frankreich, 10 % Großbritannien, 6 % USA, 4 % Italien, 2 % Irland; **Export:** 246,4 Mrd. €; *Güter:* 24 % chemische Produkte, 15 % Transportausrüstungen, 14 % Maschinen und elektrische Ausrüstungen, 9 % Basismetalle, 8 % Kunststoffe und Gummi, 6 % mineralische Stoffe, 5 % Edelsteine und -metalle, 5 % Textilien; *Länder:* 19 % Deutschland, 19 % Frankreich, 14 % Niederlande, 9 % Großbritannien, 5 % Italien, 5 % USA

CHRONIK

▪ **Nachwirkungen der Regionalwahlen:** Die politische Kräfteverschiebung in den drei Teilstaaten Flandern, Wallonien und Hauptstadtregion Brüssel nach den Wahlen am 13. 6. 2004 (→ WA 2005, S. 73) zugunsten der rechtsextremen Parteien und der Christdemokraten führte zu einer **Schwächung der Zentralregierung:** Die neu zusammengesetzten Koalitionsregierungen der Regionen folgten nicht mehr dem Vorbild der nationalen Viererkoalition aus den liberalen und sozialdemokratischen Parteien Flanderns und Walloniens. Darüber hinaus wechselten etwa ein Drittel der Mitglieder des Kabinetts von Ministerpräsident Guy Verhofstadt in die Regierungen der Teilstaaten über, so dass dieser am 20. 7. von König Albert II. **neue Kabinettsmitglieder** vereidigen ließ. Anstelle von Louis Michel, dessen frankophoner Mouvement Réformateur (MR) an den Regierungen in Wallonien und der Hauptstadtregion Brüssel nicht mehr beteiligt worden war und der in die EU-Kommission nach Brüssel wechselte, berief Verhofstadt seinen Parteifreund Karel de Gucht von den flämischen Liberalen (VLD) zum neuen Außenminister. Michels Rolle als Vize-Regierungschef übernahm zusätzlich zu seinem Ressort Finanzminister Didier Reynders (MR). Die personellen Verschiebungen signalisierten nach Ansicht von politischen Beobachtern, dass sich die politische Macht zunehmend von der föderalen auf die regionale Ebene verlagert.

Der 2002 wieder entflammte Streit zwischen Flamen und Wallonen wegen der Aufteilung eines gemeinsamen Wahl- und Gerichtsbezirks im Brüsseler Umland führte zu einer Krise in der Regierungskoalition. Ministerpräsident Verhofstadt plädierte dafür, die Lösung dieses Konflikts bis Juli 2007 zu vertagen, und verband dies mit einer Vertrauensabstimmung im Parlament, bei der sich am 13. 5. 2005 97 von 150 Abgeordneten für eine Fortsetzung der sozialliberalen Koalition aussprachen. Das Verfassungsgericht hatte der Regierung 2003 aufgetragen, den Konflikt bis 2007 zu lösen.

▪ **Von Vlaams Blok zum Vlaams Belang:** Nach einer mehrjährigen juristischen Auseinandersetzung bestätigte das Oberste Gericht am 9. 11. 2004 in Brüssel ein im April ergangenes Urteil gegen drei Unterorganisationen der flämischen rechtsextremen Partei Vlaams Blok wegen **Verstoßes gegen das Antirassismusgesetz**. Die Partei war darin als rassistische Organisation bezeichnet worden, die systematisch Fremdenhass schüre (→ WA 2005, S. 73). Der Kassationshof gab damit letztinstanzlich einer Klage statt, die vom belgischen Zentrum für Chancengleichheit und Rassismusbekämpfung sowie der flämischen Liga für Menschenrechte eingereicht worden war. Um den möglichen Folgen der Entscheidung – Verlust der staatlichen Parteienfinanzierung (rd. 1,6 Mio. €) und Strafbarkeit jeder Mitarbeit für die Partei – zu entgehen, löste sich der Vlaams Blok, der bei den Regionalwahlen im Juni mit 24,2 % der Stimmen zur zweitstärksten politischen Kraft in Flandern aufgestiegen war, am 14. 11. auf und vollzog eine **Neugründung unter dem Namen Vlaams Belang** (Flämisches Interesse). Das im Übrigen nicht veränderte Parteiprogramm wurde in seinen ausländerfeindlichen Passagen entschärft.

Die Kritik des **Kronprinzen Philippe** an Vlaams Belang Ende November, die Partei lege es darauf an, das Land zu zerstören, stieß in der Öffentlichkeit auf ein geteiltes Echo. Während ihm vor allem in Wallonien inhaltlich vielfach beigepflichtet wurde, wiesen die meisten Parteirepräsentanten wie auch der Regierungschef darauf hin, dass politische Äußerungen von Mitgliedern der königlichen Familie den Prinzipien der parlamentarischen Erbmonarchie widersprächen.

▪ **Religiöse Spannungen:** Nach dem Mord an dem Islamkritiker Theo van Gogh am 2. 11. 2004 im niederländischen Amsterdam verschärfte sich auch in Belgien die Situation. Am 19. 11. wurde ein zum Islam konvertierter Belgier als geständiger Urheber von Morddrohungen gegen die Senatorin Mimount Bousakla festgenommen. Die aus einer marokkanischen Familie stammende und in Antwerpen lebende sozialistische Politikerin war mit kritischen Buchveröffentlichungen zur Stellung der Frau im Islam hervorgetreten und hatte die Dachorganisation der Muslime in Belgien kritisiert, weil diese den Mord an van Gogh nicht verurteilt hatte. Morddrohungen von anderer Seite richteten sich gegen weitere sozialistische Politiker, darunter Justizministerin Laurette Onkelinx. In Antwerpen wurde am 18. 11. der **Sekretär eines Rabbiners erschossen**, als er eine Synagoge verließ. Beobachter befürchteten, dass die Spannungen insbesondere in Antwerpen eskalieren könnten. Rund 10 % der Einwohner der Großstadt sind Muslime nordafrikanischer Herkunft.

▪ **Terrorismusbekämpfung:** Im bisher größten **Terroristenprozess** des Landes verurteilte ein Gericht in Brüssel am 29. 10. 2004 vier der zehn Angeklagten zu fünf Jahren Freiheitsstrafe wegen der Vorbereitung von Terroranschlägen und Verbindungen zu terroristischen Organisationen, u. a. Al-Qaida; die anderen erhielten geringere Strafen, einer wurde freigesprochen. Bis auf einen irakischen Asylbewerber waren alle Straftäter belgische Staatsbürger.

Am 1. 2. 2005 verhaftete die Polizei in Brüssel den 28-jährigen Marokkaner Youssef Belhadj. Er soll als Mitglied der marokkanischen Gruppe Islamischer Kämpfer (GICM) zum europäischen Führungskader des Al-Qaida-Terrornetzes gehört und sich an den Terroranschlägen in Madrid am 11. 3. 2004 beteiligt haben.

▪ **Steueramnestie:** Die für 2004 geltende Steueramnestie (→ WA 2005, S. 72) brachte nach Mitteilung von Finanzminister Reynders vom 18. 2. 2005 dem Fiskus 496 Mio. € ein. Steuersünder hatten die Gelegenheit erhalten, gegen ein Strafgeld von 6 % bzw. 9 % ihr im Ausland angelegtes und nicht deklariertes Vermögen legalisieren zu lassen. Die sozialliberale Regierung hatte sich anfänglich Einnahmen von 850 Mio. € erhofft. Insgesamt wurden nach Angaben des Finanzministers etwa 15 Mrd. € repatriiert, von denen knapp 40 % offiziell deklariert wurden. Die Mehreinnahmen wurden dem Fonds zur Abdeckung des demographischen Risikos in den Rentenkassen (Zilver-Fonds) zugeschlagen. Die Auswirkung der Steueramnestie auf das Wirtschaftswachstum wurde auf 0,2 Prozentpunkte des BIP geschätzt. Viele Anleger nutzten ihr zurückgeführtes Geld zum Kauf von Konsumgütern.

▪ **Arbeit und Soziales:** Auf einer der seit Jahren größten **Demonstrationen gegen Sozialabbau** protestierten am 21. 12. 2004 in Brüssel ca. 50 000 Menschen gegen den Vorstoß der Arbeitgeber, die Arbeitszeit zu verlängern und zu flexibilisieren, Einschnitte im Arbeitsrecht durchzusetzen und zur Senkung der Lohnnebenkosten die Leistungen, insbesondere in den Bereichen der Kranken- und Rentenversicherung, zu kürzen. Am 19. 1. 2005 einigten sich Arbeitgeber und Gewerkschaften auf einen Kompromiss. Der Tarifvertrag mit zweijähriger Laufzeit für 2,2 Mio. Beschäftigte in der Privatindustrie sieht eine Lohnerhöhung um 4,5 % vor. Die Zahl der zugelassenen Überstunden wurde auf 130 Stunden pro Jahr verdoppelt. Die Einigung war durch eine Zusage der Regierung möglich geworden, Steuern im Gesamtvolumen von 250 Mio. € zu senken. Im Jahr 2004 lagen die Lohnkosten in Belgien um durchschnittlich 8 % höher als in Frankreich, Deutschland und den Niederlanden.

▪ **Unternehmen:** Am 21. 10. 2004 gab der **Frachtflieger DHL**, ein Tochterunternehmen der Deutschen Post, die Abwanderung seines internationalen Frachtzentrum vom Brüsseler Flughafen Zaventem bekannt. Zuvor waren die Verhandlungen über die von der DHL geforderte Ausweitung der Nachtflugkapazitäten gescheitert, da sich die Zentralregierung und die Regionalregierungen von der Hauptstadtregion Brüssel und Flandern unter dem Druck von Bürgerinitiativen nicht über die Inkaufnahme der zunehmenden Fluglärmbelastung hatten verständigen können. Die Entscheidung bedeutete den Verlust von mehreren tausend Arbeitsplätzen. Die DHL entschied sich für Leipzig als künftigen Standort.

Belize Mittel-Amerika

Belize – BZ / BLZ

Fläche (Weltrang: 147): 22 965 km²

Einwohner (170): F 2003 274 000 = 11,9 je km²

Hauptstadt: Belmopan

Amtssprache: Englisch

Bruttonationaleinkommen 2003 je Einw.: 3370 $

Währung: 1 Belize-Dollar (Bz$) = 100 Cents
Kurs: 1 US-$ = 2,02 Bz$; 1 € = 2,49 Bz$

Honorarkonsul von Belize
Breitscheidstr. 10, 70174 Stuttgart
T 0711 / 90 71 09 20, Fax 0711 / 90 71 09 18

LANDESSTRUKTUR **Fläche**: 22 965 km² einschließlich 820 km² kleiner Inseln (Cays); → Karte ▪ **Verwaltung**: 6 Distrikte ▪ **Städte**: (Z 2000) Belize City 49 050 Einw., Orange Walk Town 13 483, San Ignacio / Santa Elena 13 260, Dangriga 8814, Belmopan 8130, Corozal 7888, Benque Viejo 5088

BEVÖLKERUNG Belizer – F 2003: 274 000 Einw.; Bevölkerungswachstum: 3,2 %; letzte Zählung 2000: 240 204 – Z 1991: 43,6 % Mestizen, 29,8 % Kreolen, 11 % Indianer (überwiegend Maya), 6,6 % Garifuna; Asiaten und Europäer ▪ **Sprachen**: Englisch; Creole; 15 % Spanisch; indianische Sprachen; deutscher Dialekt (Mennoniten) ▪ **Religion** 2002: 53 % Katholiken, ca. 28 % Protestanten (u. a. 12 % Anglikaner, 6 % Methodisten, 4 % Mennoniten); Minderheiten von Muslimen, Hindus, Juden und Bahai

STAATS- UND REGIERUNGSFORM Verfassung von 1981 – Parlamentarische Monarchie (im Commonwealth) seit 1981 – Parlament: Repräsentantenhaus mit 29 alle 5 J. gewählten; Senat mit 8 durch den Generalgouverneur ernannten Mitgl. – Wahlrecht ab 18 J. ▪ **Unabhängigkeit**: 21. 9. 1981 (ehem. britische Kolonie) ▪ **Nationalfeiertag**: 21. 9.

Belize
Bevölkerung

Distrikt (Hauptort)	Einwohner Z 1991	Z 2000	F 2004
Belize (Belize City)	57 130	68 197	84 200
Cayo (San Ignacio/Santa Elena)	37 693	52 564	63 900
Corozal (Corozal)	28 464	32 708	35 000
Orange Walk (Orange Walk)	30 681	38 890	43 800
Stann Creek (Dangriga)	18 085	24 548	28 900
Toledo (Punta Gorda)	17 439	23 297	26 800
Belize	189 492	240 204	282 600

Quelle: Belize Central Statistical Office 2005

REGIERUNG UND PARTEIEN **Staatsoberhaupt**: Königin Elizabeth II., vertreten durch Generalgouverneur Sir Colville Norbert Young, seit 17. 11. 1993 – **Regierungschef**: Said Wilbert Musa (PUP), seit 1. 9. 1998 – **Äußeres**: Godfrey Smith (PUP), seit 7. 3. 2003 ▪ **Parlament**: Wahlen vom 5. 3. 2003: People's United Party / PUP 22 von 29 Sitzen (1998: 17), United Democratic Party / UDP und National Alliance for Belizean Right / NABR 7 (12)

WIRTSCHAFT **BIP** 2003: 988 Mio. $; realer Zuwachs: 9,4 %; Anteil (2002) Landwirtschaft 15 %, Industrie 20 %, Dienstleistungen 65 % ▪ **Erwerbstätigkeit** 1999: Landwirtsch. 27,5 %, Industrie 17,0 %, Dienstl. 55,5 % ▪ **Arbeitslosigkeit** ∅ 2004: 11,6 % ▪ **Inflation** ∅ 2004: 3,1 % ▪ **Außenhandel** 2004: **Import**: 1103 Mio. Bz$; *Güter*: 17 % Maschinen und Transportausrüstungen, 15 % Brennstoffe, 13 % Fertigwaren, 11 % Nahrungsmittel und lebende Tiere; *Länder*: 39 % USA, 10 % Mexiko, 2 % Großbritannien; **Export**: 410 Mio. Bz$; *Güter*: 93 % landwirtschaftliche Produkte (Früchte und Fisch); *Länder*: 55 % USA, 20 % Großbritannien

Benin West-Afrika

Republik Benin; République du Bénin – BJ / BEN

Fläche (Weltrang: 99): 112 622 km²

Einwohner (96): F 2003 6 720 000 = 60 je km²

Hauptstadt: Porto Novo

Regierungssitz: Cotonou

Amtssprache: Französisch

Bruttonationaleinkommen 2003 je Einw.: 440 $

Währung: CFA-Franc
Kurs: 1 US-$ = 526,07 CFA-Francs;
1 € = 655,96 CFA-Francs

Botschaft der Republik Benin
Rüdigerstr. 10, 53179 Bonn
T 0228 / 94 38 70, Fax 85 71 92

LANDESSTRUKTUR **Fläche**: 112 622 km²; → Karte ▪ **Verwaltung**: 12 Regionen → Tabelle ▪ **Städte**: (Z 2002) Cotonou 665 100 Einw., Porto Novo 223 552, Parakou 149 819

BEVÖLKERUNG Beniner – F 2003: 6 720 000 Einw.; Bevölkerungswachstum: 2,5 %; letzte Zählung 2002: 6 769 914 Einw. – rd. 60 Ethnien: 39,2 % Fon, 15,2 % Adja , 12,3 % Yoruba, 9,2 % Bariba, 6,9 % Peul (Fulbe, Fulani), 6,1 % Otamari, 4,5 % Yoa Lokpa, 2,5 % Dendi u. a. ▪ **Sprachen**: Französisch; Sprachen der Ethnien ▪ **Religion** 2002: 27,1 % Katholiken, 24,4 % Muslime, 23,3 % Anhänger von indigenen Religionen, 10,3 % andere christliche Kirchen, 5,4 % Protestanten

STAATS- UND REGIERUNGSFORM Verfassung von 1990 – Präsidialrepublik seit 1991 – Parlament (Assemblée Nationale) mit 83 Mitgl., Wahl alle 4 J. – Direktwahl des Staatsoberhauptes alle 5 J. – Wahlrecht ab 18 J. ▪ **Unabhängigkeit**: 1. 8. 1960 (ehem. französische Kolonie; bis 1975 Dahome) ▪ **Nationalfeiertag**: 1. 8.

Benin
Fläche, Bevölkerung und Bevölkerungsdichte

Département (Hauptort)	Fläche in km²	Einwohner insgesamt Z 2002	Einwohner je km²
Alibori (Kandi)	25 683	521 093	20
Atacora (Natitingou)	20 459	549 417	27
Atlantique (Ouidah)	3 233	801 683	248
Borgou (Parakou)	25 310	724 171	29
Collines (Savalou)	13 561	535 923	40
Couffo (Dogbo-Tota)	2 404	524 586	218
Donga (Djougou)	10 691	350 062	33
Littoral (Cotonou)	79	665 100	8419
Mono (Lokassa)	1 396	360 037	258
Ouémé (Porto Novo)	2 835	730 772	258
Plateau (Sakété)	1 865	407 116	218
Zou (Abomey)	5 106	599 954	117
Benin	112 622	6 769 914	60

Quelle: Institut National de la Statistique et de l' Analyse économique 2004

REGIERUNG UND PARTEIEN **Staats- u. Regierungschef**: Mathieu Kérékou (FARD), seit 1996 – **Äußeres**: Rogatien Biaou, seit 12. 6. 2003 ▪ **Parlament**: Wahlen vom 30. 3. 2003: Mouvance Présidentielle / MP 52 von 83 Sitzen, Opposition 31

WIRTSCHAFT **BIP** 2003: 3,476 Mrd. $; realer Zuwachs: 4,8 %; Anteil (2003) Landwirtschaft 36 %, Industrie 14 %, Dienstleistungen 50 % ▪ **Erwerbstätigkeit** 2001: Landwirtsch. 53 % ▪ **Arbeitslosigkeit** ∅ 2003: 6,8 % (S) ▪ **Inflation** ∅ 2003: 1,5 % ▪ **Außenhandel** 2001: **Import**: 602 Mio. $; *Güter*: 24 % Textilien, 19 % Nahrungsmittel, 17 % Erdöl, 16 % Maschinen; *Länder*: 23 % Frankreich, 8 % VR China; **Export**: 182 Mio. $; *Güter*: 65 % Baumwolle, Nüsse, Gold; *Länder*: 31 % Indien, 6 % Ghana

Bhutan Süd-Asien

Königreich Bhutan; Druk Gyal Khab, Kurzform: Druk-Yul – BT / BTN

Fläche (Weltrang: 128): 46 500 km²

Einwohner (152): F 2003 874 000 = 18,8 je km²

Hauptstadt: Thimphu

Amtssprache: Dzongkha

Bruttonationaleinkommen 2003 je Einw.: 630 $

Währung: 1 Ngultrum (NU) = 100 Chhetrum
Kurs: 1 US-$ = 43,52 NU; 1 € = 54,52 NU

Honorarkonsul des Königreichs Bhutan
Fürstenbergstr. 20, 53 117 Bonn
T und Fax 0228 / 33 47 25
E-Mail: m.kulessa@t-online.de

LANDESSTRUKTUR **Fläche**: 46 500 km²; Karte → WA 2005, S. 75 ▪ **Verwaltung**: 20 Distrikte ▪ **Städte**: (F 1997) Thimphu 45 000 Einw., Phuentsholing 45 000, Gelephu 12 500, Samdrup Jongkhar 12 500

BEVÖLKERUNG Bhutaner – F 2003: 874 000 Einw.; Bevölkerungswachstum: 2,6 % – ca. 60 % Bhutija, Indoarier, v. a. Nepalesen (ca. 20 %) ▪ **Sprachen**: Tibetobirmanische Sprachen (Bumthangkha, Sarchopkha, Dzongkha u. a.); Nepalesisch im S ▪ **Religion**: 72 % Buddhisten, etwa 20 % Hindus, Muslime

STAATS- UND REGIERUNGSFORM Verfassung in Ausarbeitung – Konstitutionelle Monarchie seit 1969 – Souverän seit 1971, wird von Indien außenpolitisch beraten – Staatsreligion: Buddhismus – Parlament (Tshogdu Chenmo) mit 152 Mitgl., davon 99 alle 3 J. direkt gewählt, 10 Vertreter buddhistischer Klöster, 41 reserviert für Mitgl. des Königlichen Rats, Minister und Regierungsbeamte – Königlicher Rat (Lodoi Tsokde) mit 9 Mitgl. ▪ **Unabhängigkeit**: altes Fürstentum; unabhängig 12. 2. 1971 ▪ **Nationalfeiertag**: 17. 12. (Thronbesteigung des Königs Ugyen Wangchuk 1907)

REGIERUNG UND PARTEIEN **Staatsoberhaupt**: König (Druk-Gyalpo = Drachenkönig) Jigme Singye Wangchuk, seit 1972 – **Regierungschef**: Lyonpo Yeshey Zimba, seit 20. 8. 2004 – **Äußeres**: Lyonpo Khandu Wangchuk, seit 10. 7. 2003 ▪ **Parlament**: keine Parteien

WIRTSCHAFT **BIP** 2003: 697 Mio. $; realer Zuwachs: 6,7 %; Anteil (2003) Landwirtschaft 33 %, Industrie 39 %, Dienstleistungen 27 % ▪ **Erwerbstätigkeit** 2000: Landwirtsch. 94 % ▪ **Arbeitslosigkeit**: k. A. ▪ **Inflation** ∅ 2003: 1,6 % (S) ▪ **Außenhandel** 1999/2000: **Import**: 8,075 Mrd. NU; *Güter*: Telekommunikationsausrüstungen, Reis, Maschinen, Dieselöl; *Länder*: v. a. Indien; **Export**: 4,988 Mrd. NU; *Güter*: Strom, Kalziumkarbid, Holz; *Länder*: v. a. Indien

CHRONIK

▪ **Verfassungsentwurf:** Am 26. 3. 2005 veröffentlichte eine von König Jigme Singye Wangchuk eingesetzte Kommission den Entwurf einer ersten schriftlich niedergelegten Verfassung. Sie soll **bisherige königliche Dekrete ersetzen** und dem Volk Ende 2005 zur Abstimmung vorgelegt werden. Als Staatsordnung wird die Sonderform einer »demokratischen konstitutionellen Monarchie« mit einem gewählten Parlament vorgeschlagen. Während derzeit Parteien verboten sind, soll es künftig ein Zweiparteiensystem in Bhutan geben. Der König soll im Alter von 65 Jahren zurücktreten, kann aber mit einer Dreiviertelmehrheit des Parlaments und nachfolgendem Referendum vorzeitig zur Abdankung gezwungen werden.

▪ **Rebellen:** Durch einen **Bombenanschlag** am 5. 9. 2004 in Gelephu, einer Stadt in Grenznähe zum indischen Bundesstaat Assam, wurden zwei Menschen getötet und zahlreiche verletzt. Die Tat wurde als Racheakt der indischen Separatistengruppe National Democratic Front of Bodoland (NDFB) zugeschrieben, die für die Unabhängigkeit Assams kämpft (→ WA 2005, S. 75).

▪ **Anti-Nikotin-Kampagne:** Am 11. 11. 2004 erließ die Regierung mit Wirkung zum 17. 12. ein **Verkaufsverbot für Tabakwaren und ein Rauchverbot** in der Öffentlichkeit. Erlaubt ist Rauchen nur noch in Privaträumen, dies gilt auch für den König, der nach eigenen Aussagen Raucher ist. Tabakwaren können für den Eigenbedarf aus dem Ausland – bei einer Importsteuer von 100 % – weiterhin mitgebracht werden.

König Jigme Singye Wangchuk am 25. 1. 2005 (Raveendran / AFP / Getty Images)

Bolivien Süd-Amerika

Republik Bolivien; República de Bolivia – BO / BOL

Fläche (Weltrang: 27): 1 098 581 km²

Einwohner (83): F 2003 8 814 000 = 8,0 je km²

Hauptstadt: Sucre

Regierungssitz: La Paz

Amtssprachen: Spanisch, Ketschua, Aimará

Bruttonationaleinkommen 2003 je Einw.: 900 $

Währung: 1 Boliviano (Bs) = 100 Centavos
Kurs: 1 US-$ = 8,10 Bs; 1 € = 9,99 Bs

Botschaft der Republik Bolivien
Wichmannstr. 6, 10787 Berlin
T 030 / 26 39 15 – 0, Fax 26 39 15 15
www.bolivia.de

LANDESSTRUKTUR **Fläche**: 1 098 581 km²; → Karte ▪ **Verwaltung**: 9 Departamentos; Tabelle → WA 2004, Sp. 146 ▪ **Städte**: (Z 2001) Santa Cruz de la Sierra 1 135 526 Einw., La Paz 793 293, El Alto 649 958, Cochabamba 517 024, Sucre 215 778, Oruro 215 660, Tarija 153 457, Potosí 145 057

BEVÖLKERUNG Bolivianer – F 2003: 8 814 000 Einw.; Bevölkerungswachstum: 1,9 %; letzte Zählung 2001: 8 274 325 Einw. – ca. 71 % Indios, Mestizen, Weiße und Kreolen ▪ **Sprachen**: Spanisch; Ketschua und Aimará, im Tiefland Guaraní ▪ **Religion** 2001: 81 % Katholiken; 50 000 Protestanten (u. a. 12 000 Mennoniten)

STAATS- UND REGIERUNGSFORM Verfassung von 1947, zuletzt geändert 2004 – Präsidialrepublik seit 1967 – Parlament: Abgeordnetenhaus (Cámara de Diputados) mit 130 und Senat (Senado) mit 27 Mitgl.; Wahl alle 5 J. – Direktwahl des Staatsoberh. alle 5 J. (keine Wiederwahl) – Wahlpflicht ab 21 J. (Verheiratete ab 18 J.) ▪ **Unabhängigkeit**: 6. 8. 1825 (ehem. spanische Kolonie) ▪ **Nationalfeiertag**: 6. 8.

REGIERUNG UND PARTEIEN **Staats- u. Regierungschef**: Eduardo Rodríguez Veltzé, seit 9. 6. 2005 – **Äußeres**: Armando Loaiza Mariaca, seit 14. 6. 2005 ▪ **Parlament**: Wahlen vom 30. 6. 2002: Abgeordnetenhaus: Movimiento Nacionalista Revolucionario / MNR 37 von 130 Sitzen (1997: 26), Movimiento al Socialismo / MAS 27 (–), Movimiento de la Izquierda Revolucionaria / MIR 26 (23), Nueva Fuerza Republicana / NFR 25 (–), Acción Democrática Nacionalista / ADN 6 (32), Unidad Civica Solidaridad / UCS 5 (21), Movimiento Indígena Pachacuti / MIP 3 (–), Partido Socialista 1 (–), Conciencia de Patria / Condepa – (19), Movimiento Libre / MBL – (5), Izquierda Unida / IU – (4) – Senat: MNR 11 von 27 Sitzen (1997: 4), MAS 8 (–), MIR 5 (7), NFR 2 (–), ADN 1 (11), Condepa – (3), UCS – (2)

WIRTSCHAFT **BIP** 2003: 7,867 Mrd. $; realer Zuwachs: 2,5 %; Anteil (2003) Landwirtschaft 15 %, Industrie 30 %, Dienstleistungen 55 % ▪ **Erwerbstätigkeit** 2000: Landwirtsch. 44 % ▪ **Arbeitslosigkeit** ∅ 2003: 11,7 % (hohe Unterbeschäftigung) ▪ **Inflation** ∅ 2004: 4,6 % ▪ **Außenhandel** 2004: **Import**: 1,743 Mrd. $; *Güter*: 51 % Halbfabrikate, 26 % Kapitalgüter, 22 % Konsumgüter; *Länder*: 32 % Brasilien, 18 % Argentinien, 17 % USA, 8 % Peru, 8 % Japan, 7 % Chile, 3 % Kolumbien; **Export**: 2,160 Mrd. $; *Güter*: 38 % Erdgas und sonstige Brennstoffe, 13 % Soja und Sojamehl, 7 % Zink, 6 % Sojaöl, 5 % Zinn, 4 % Silber, 3 % Goldschmuck; *Länder*: 36 % Brasilien, 21 % USA, 14 % Venezuela, 7 % Peru, 7 % Argentinien, 6 % Kolumbien, 3 % Chile

CHRONIK

Bolivien befindet sich seit Jahren in einer politischen, sozialen und wirtschaftlichen Dauerkrise, die das Land nahezu an den Rand der Unregierbarkeit gebracht hat. Der permanente Konflikt der zum Kompromiss unfähigen Parteien und Gesellschaftsorganisationen prägt die politische und gesellschaftliche Kultur im ärmsten Staat Südamerikas. Im Zentrum der Auseinandersetzung stand wie bereits in den Vorjahren die Erdgasfrage.

KONFLIKT UM ERDGAS

▪ **Streiks und Demonstrationen:** Der Streit um die politischen und gesetzlichen Rahmenbedingungen für die Ausbeutung der immensen Erdgasvorkommen des Landes – Bolivien besitzt mit etwa 1,484 Billionen m³ nach Venezuela die zweitgrößten Erdgasreserven Südamerikas – ist zugleich Symptom für die tiefer liegenden sozialpolitischen Spannungen in dem Andenstaat und Vehikel für den Kampf um die Regierungsmacht. Im Oktober 2003 hatte die Absicht der damaligen Regierung von Präsident Gonzalo Sánchez de Lozada (Movimiento Nacionalista Revolucionario / MNR) im Rahmen einer Liberalisierung der bolivianischen Energiewirtschaft Erdgas über Chile nach Mexiko und in die USA zu verkaufen, eine starke nationalistische Gegenreaktion ausgelöst, was schließlich zum Sturz des Präsidenten geführt hatte.

Sein seit 17. 10. 2003 im Amt befindlicher parteiloser Nachfolger, Carlos Diego Mesa Gisbert – unter Sánchez de Lozada Vizepräsident – hatte deshalb gleich nach der Regierungsübernahme die **Abhaltung eines Referendums über die Energiepolitik** angekündigt. Teile der Opposition von links und rechts lehnten die Volksbefragung jedoch ab und riefen zu einem Wahlboykott auf. Die wichtigste Oppositionspartei, der Movimiento al Socialismo (MAS) mit dem Führer der Kokabauern, Evo Morales, an der Spitze, unterstützte jedoch den Wortlaut des Referendums. Dass sich trotz der Boykottaufrufe am 18. 7. 2004 fast 60 % der wahlberechtigten Bolivianer an der Abstimmung beteiligten, die zudem ohne die befürchteten Ausschreitungen verlief, wurde von Beobachtern als großer Erfolg und Vertrauensvotum für den amtierenden Präsidenten gewertet. Rund 87 % der Wähler sprachen sich für eine Rücknahme des von der Regierung Sánchez de Lozada erlassenen Kohlenwasserstoffgesetzes aus, 92 % waren für die Verstaatlichung der Energieressourcen, 87 % für die Neugründung des unter Sánchez aufgelösten staatlichen Energiemonopolisten Yacimientos Petrolíferos Fiscales Bolivianos (YPFB). Knapp 62 % stimmten Erdgasexporten nur dann zu, wenn sie unter Auflagen erfolgen würden, die die Energieversorgung der Bolivianer selbst sicherstelle, und optierten zugleich für die Erhebung einer bis zu 50 %igen Steuer auf den Produktionswert des Erdöl- und Erdgasgeschäfts. Die Vorgaben des Referendums sollten anschließend durch die Verabschiedung eines neuen Energiegesetzes im Parlament umgesetzt werden.

Die Hoffnung Präsident Mesas, durch die Volksabstimmung seine Politik legitimieren und gleichzeitig die gegen ihn gerichteten radikalen Kräfte schwächen zu können, ging nur kurze Zeit auf: Nachdem die Regierung am 30. 12. 2004 eine deutliche Preiserhöhung für Treibstoffe zwischen 10 und 23 % verfügt hatte, kam es, wie bereits im August 2004 aus demselben Grund, im Januar 2005 zu einer erneuten **landesweiten Protestwelle**. Die Mitarbeiter des Transportgewerbes traten in einen mehrtägigen Generalstreik und blockierten in verschiedenen Teilen Boliviens die wichtigsten Verkehrswege. Obwohl Mesa die Preiserhöhungen am 19. 1. 2005 teilweise zurücknahm, verschärften sich die Proteste weiter. Inzwischen hatte auch Morales' MAS dem Präsidenten die politische Unterstützung entzogen. Der MAS hatte im Parlament bislang die wichtigsten Entscheidungen Mesas mitgetragen. Nun jedoch forderte er den Präsidenten auf, Neuwahlen anzuberaumen, da er sich in diesem Fall selbst Chancen auf das höchste Staatsamt ausrechnete. Mesa jedoch kündigte am 7. 3. 2005 überraschend seinen Rücktritt an, falls eine im Parlament anberaumte Vertrauensabstimmung über ihn scheitern sollte. Damit versuchte er, die Pläne seines wichtigsten innenpolitischen Konkurrenten zu durchkreuzen, denn ein Rücktritt hätte der Verfassung zufolge nicht zu den von Morales favorisierten Wahlen geführt, sondern den derzeit amtierenden Senatspräsidenten, Hormando Vaca Díez, bis Ende der regulären Legislaturperiode 2007 ins höchste Staatsamt gebracht. Am 10. 3. 2005 stimmten aber alle 157 Abgeordneten beider Kammern gegen den vom Präsidenten angebotenen Rücktritt, worauf dieser ankündigte, bis August 2007 im Amt zu bleiben. Der Abstimmung vorausgegangen waren weitere Konflikte zwischen Opposition und Regierung um das Energiegesetz. Mesa warf Morales vor, die Verabschiedung des Gesetzes in der von der Opposition gewünschten Form unterbinde eine wirtschaftlich sinnvolle Ausbeutung der Energievorkommen und verhindere geplante neue Investitionen in diesem Sektor. Morales wiederum beschuldigte den Präsidenten, das Erdgas an die Energie-Multis verschenken zu wollen. Die Straßensperren und Blockaden im Land gingen unterdessen unvermindert weiter; nach dem Scheitern von neuerlichen Gesprächen mit dem Präsidenten kündigte Morales in einer Allianz von Gewerkschaftsdachverband (COB) und anderen linksoppositionellen Gruppen sogar die Verschärfung der Proteste an.

Nachdem das Abgeordnetenhaus des Kongresses dann das Energiegesetz in einer Form verabschiedete, die den Vorstellungen der Opposition sehr nahe kam, erreichte die **Staatskrise einen weiteren Höhepunkt**: Mesa erklärte nun, er werde das Gesetz in der jetzt verabschiedeten Form nicht in Kraft setzen, machte aber dann doch nicht von seinem Vetorecht Gebrauch. Daraufhin trat Mitte Mai 2005 das neue Energiegesetz in Kraft. Es legt gemäß der Vorgaben des Referendums fest, dass der Staat die Hälfte des Wertes der Erdgas- und Erdölproduktion in Form von Konzessionsgebühren und Steuern einbehält. Die Erdöl- und Erdgaslager verbleiben in Staatsbesitz, ebenso wird der staatliche Energiekonzern YPFB neu gegründet.

Die politische Krise blieb weiterhin ungelöst. In den folgenden Wochen kam es erneut zu massiven Protesten für die vollständige Verstaatlichung der Erdgas- und Erdölindustrie und zu Straßenblockaden. Morales versuchte, mit einem Marsch der MAS-Anhänger auf La Paz eine Änderung des Gesetzes durch den Kongress zu erreichen. Die kritische Situation brachte schließlich das Militär auf den Plan: So musste der Oberbefehlshaber der Streitkräfte, Luis Aranda Granados, am 26. 5. Putschgerüchte zurückweisen.

Anfang Juni 2005 kam es zu einer **Eskalation der Proteste**: Zehntausende Demonstranten, vor allem Mitglieder der radikalen Gewerkschaften und Indio-Gemeinschaften, errichteten Straßenblockaden und riegelten u. a. die Zufahrten nach La Paz vollständig ab, was zu Versorgungsengpässen führte (→ Foto). Hauptforderung der Demonstranten war nach wie vor die Verstaatlichung der Erdöl- und Erdgasvorkommen. Präsident Mesa kündigte am 8. 6. erneut seinen Rücktritt an und forderte Neuwahlen. Das in der offi-

Demonstration am 6. 6. 2005 in El Alto

ziellen Hauptstadt Sucre, 600 km von La Paz entfernt, am 9. 6. tagende Parlament nahm diesmal den Rücktritt Mesas einstimmig an; als **Übergangspräsident wurde** noch am gleichen Tag **der Vorsitzende des Obersten Gerichtshofs, Eduardo Rodríguez Veltzé**, vereidigt, nachdem zuvor sowohl Senatspräsident Vaca Díez als auch der Präsident des Abgeordnetenhauses, Mario Cossio Cortéz, auf ihr verfassungsmäßiges Anrecht auf die Nachfolge verzichtet hatten. In der Folge beruhigte sich die Lage, nachdem der neue Präsident Rodríguez sich für baldige Neuwahlen ausgesprochen hatte.

Das Parlament stimmte am 6. 7. einer Verfassungsänderung zu, mit der vorgezogene Neuwahlen – der Termin wurde auf den 4. 12. 2005 festgesetzt –, die Einberufung einer Verfassunggebenden Versammlung sowie ein Referendum über mehr Autonomie in den Regionen (→ unten) möglich geworden sind.

■ **Regionale Autonomiebestrebungen:** Unterdessen nahmen im zentralistisch verfassten Bolivien auch Forderungen nach regionaler Autonomie zu, bezeichnenderweise in den Gebieten, die sich auf Grund ihrer relativen Prosperität von der Misere im restlichen Land abkoppeln wollen: Besonders deutlich wurde dies im erdgasreichen Departamento Santa Cruz im Osten des Landes (→ Karte), neben den Departamentos Pando, Beni und Tarija eine der ökonomisch starken Regionen, die ca. 30 % zur Wirtschaftsleistung Boliviens beiträgt. Bereits am 22. 6. 2004 hatte in der gleichnamigen Hauptstadt des Departamentos eine große Demonstration stattgefunden, bei der per Akklamation eine Agenda für den Weg zur Autonomie verabschiedet wurde. Wenige Tage nach einem 48-stündigen Generalstreik in der Provinz kamen die Autonomiebefürworter am 22. und 29. 1. 2005 in Santa Cruz zu Großdemonstrationen zusammen; die letztere Kundgebung, an der nach unterschiedlichen Schätzungen zwischen 100 000 und 400 000 Personen teilnahmen, wurde vom Comité Pro Santa Cruz, einem Zusammenschluss der Unternehmerschaft, der Gewerkschaften und anderer gesellschaftlicher Gruppierungen in der Region, kurzerhand zum Cabildo abierto, zu einer Art republikanischem »offenen Rat«, erklärt. Ende Januar 2005 überreichte das Comité dem Präsidenten der Abgeordnetenkammer in La Paz eine halbe Mio. Unterschriften zugunsten eines Referendums über die Autonomie.

Als Reaktion auf den Druck der Autonomiebewegung verfügte der Präsident am 28. 1. 2005 per Dekret, dass die Gouverneure, die bisher gemäß der bolivianischen Verfassung Stellvertreter des Präsidenten in den Regionen waren und von diesem ernannt wurden, nun direkt von der Bevölkerung gewählt werden dürfen.

■ **Gerichtsverfahren gegen Ex-Präsidenten:** Am 21. 2. 2005 leitete die Generalstaatsanwaltschaft gegen Ex-Präsident Sánchez de Lozada ein Vorverfahren wegen Völkermords ein. Sánchez war nach seinem Sturz im Herbst 2003 (→ WA 2005, S. 76 f.) ins Exil in die Vereinigten Staaten geflüchtet. Bei den gewaltsamen Auseinandersetzungen, die seinem Machtverzicht im Oktober 2003 vorausgegangen waren, waren 91 Personen ums Leben gekommen. Die Justizbehörde, die den Ex-Präsidenten und die 15 Mitglieder seines Kabinetts in diesem Zusammenhang für den Tod von 58 Personen verantwortlich macht, hat nun sechs Monate Zeit, um endgültig Anklage beim Obersten Gerichtshof zu erheben. Der Kongress hatte am 13. 10. 2004 mit der großen Mehrheit von 126 zu 23 Stimmen den Weg zu dem Vorverfahren geebnet.

■ **Außenpolitik:** Bei einem Treffen zwischen Mesa und dem peruanischen Staatspräsidenten Alejandro Toledo Manrique am 4. 8. 2004 in Lima vereinbarten beide Länder neben einer engeren Zusammenarbeit auf den Gebieten Sozialpolitik, Gesundheit, Wissenschaft, Energiewirtschaft, Bekämpfung des Drogenhandels und Umweltschutz auch die **Einrichtung eines gemeinsamen Freihafens in der südperuanischen Stadt Ilo** sowie eines Vorvertrages über eine gemeinsame Sonderwirtschaftszone an der peruanischen Küste, über die auch bolivianisches Gas nach Mexiko exportiert werden soll. Die engere Kooperation zwischen Bolivien und Peru heizte den seit langem schwelenden chilenisch-bolivianischen Territorialkonflikt weiter an, da sie nicht zuletzt eine Reaktion auf die Weigerung Chiles ist, mit La Paz über die Einrichtung eines bolivianischen Territorialkorridors durch chilenisches Gebiet zu verhandeln: die Küstenregion Antofagasta, die Bolivien im Salpeterkrieg 1879–84 an Chile verloren hatte und seither zurückfordert (→ WA 2005, S. 91 f.). Dass der peruanische Präsident Toledo nun seinem bolivianischen Amtskollegen Mesa offen zur Seite trat und die chilenische Regierung aufforderte, in Verhandlungen mit Bolivien einzuwilligen, fasste diese als offenen Affront auf. Am 22. 10. 2004 forderte Mesa Chile erneut auf, Bolivien einen Zugang zum Pazifik zu gewähren.

Bosnien und Herzegowina

Südost-Europa
Bosna i Hercegovina – BA/BIH

Fläche (Weltrang: 124): 51 129 km²

Einwohner (120): F 2003 4 140 000 = 81 je km²

Hauptstadt: Sarajevo (Sarajewo)

Amtssprachen: Bosnisch, Kroatisch, Serbisch

Bruttonationaleinkommen 2003 je Einw.: 1530 $

Währung: 1 Konvertible Mark (KM)
Kurs: 1 US-$ = 1,57 KM; 1 € = 1,95583 KM

Botschaft von Bosnien und Herzegowina
Ibsenstr. 14, 10439 Berlin
T 030/814 71 210, Fax 814 71 211

LANDESSTRUKTUR **Fläche**: 51 129 km²; davon Bosnien 42 010 km² und Herzegowina 9119 km² → Karte ■ **Verwaltung**: 2 Gebietseinheiten, Distrikt Brčko und gemeinsam verwaltete Hauptstadt ■ **Städte**: (S 2003) Sarajevo 380 000 Einw., Banja Luka 170 000, Tuzla 87 000, Zenica 85 000, Mostar 64 000, Bihać 39 000

BEVÖLKERUNG F 2003: 4 140 000 Einw.; Bevölkerungswachstum: 0,7 %; letzte Zählung 2001: 4 377 033 Einw. – S 2000: 48 % Bosniaken, 37 % Serben, 14 % Kroaten ■ **Sprachen**: Bosnisch, Kroatisch, Serbisch ■ **Religion** 2000: 40 % Muslime, 31 % Serbisch-Orthodoxe, 15 % Katholiken

STAATS- UND REGIERUNGSFORM Verfassung von 1995, geändert 2002 – Republik seit 1992 – Parlament: Abgeordnetenhaus mit 42 direkt gewählten Mitgl. (28 aus der Bosniakisch-Kroat. Föderation/BKF und 14 aus der Serb. Republik/RS; Wahl alle 4 J.) und Kammer der Völker mit 15 für 4 J. gewählten Mitgl. (je 5 Bosniaken, Kroaten, Serben) – direkt gewähltes 3-köpfiges Präsidium (je 1 Bosniake, Kroate, Serbe), rotierender Vorsitz alle 8 Monate, Wahl alle 2 J. – Wahlrecht ab 18 J. ■ **Unabhängigkeit**: Souveränitätserklärung 15. 10. 1991; Proklamation 5. 4. 1992 ■ **Nationalfeiertag**: 1. 3. (Unabhängigkeitsreferendum 1992)

REGIERUNG UND PARTEIEN **Staatsoberhaupt**: Borislav Paravać (Serbe, SDS), seit 10. 4. 2003; Sulejman Tihić (Bosniake, SDA), seit 28. 10. 2002; Ivo Miro Jović (Kroate, HDZ), seit 9. 5. 2005 – **Regierungschef**: Adnan Terzić (SDA), seit 23. 12. 2002 – **Äußeres**: Ana Trišić-Babić, seit 9. 6. 2005 ■ **Parlament**: Wahlen zum Abgeordnetenhaus vom 5. 10. 2002: Demokratische Aktionspartei/SDA (Bosniaken) 10 von 42 Sitzen (2000: 8), Partei für Bosnien und Herzegowina/SBiH 6 (5), Serbische Demokratische Partei/SDS 5 (6), Kroatische Demokratische Gemeinschaft/HDZ 5 (5), Sozialdemokratische Partei/SDP 4 (9), Sonstige 12 (9)

WIRTSCHAFT **BIP** 2003: 6,973 Mrd. $; realer Zuwachs: 2,7 %; Anteil (2003) Landwirtschaft 15 %, Industrie 32 %, Dienstleistungen 53 % ■ **Erwerbstätigkeit** 2001: Landwirtsch. 4,8 % ■ **Arbeitslosigkeit** ∅ 2001: 40 % ■ **Inflation** ∅ 2004: 1,1 % (5) ■ **Außenhandel** 2004 (vorläufig): **Import**: 3,959 Mrd. $; *Güter*: 24 % Maschinen, 21 % bearbeitete Waren, 14 % Nahrungsmittel, 11 % chemische Erzeugnisse, 11 % Fertigwaren, 11 % mineralische Brennstoffe; *Länder*: 22 % Kroatien, 14 % Deutschland, 10 % Slowenien, 10 % Italien, 5 % Österreich, 3 % Ungarn; **Export**: 1,241 Mrd. $; *Güter*: 32 % bearbeitete Waren, 21 % Fertigwaren, 18 % Rohstoffe, 11 % Maschinen; *Länder*: 26 % Kroatien, 20 % Italien, 11 % Deutschland, 10 % Slowenien, 10 % Serbien und Montenegro

GEBIETSEINHEITEN

Bosniakisch-kroatische Föderation (BKF)

Fläche: 26 076 km² (nach dem Dayton-Abkommen 51 % des Gesamtstaates) ■ **Bevölkerung** F 2001: 2 312 397 Einw. ■ **Hauptstadt** (S 2003): Sarajevo (Reg.-Sitz) 380 000 Einw. ■ **Status:** Teilstaat mit innerer Autonomie, 10 Kantone – Verfassung von 1994, geändert 2002 – Gründung 1994 – Parlament: Abgeordnetenhaus mit 140 für 4 J. gewählten Mitgl. und Kammer der Völker mit 74 Mitgl. – Wahl von Präs. u. Vizepräs. durch beide Kammern (rotierende Mandate für jeweils 1 J., Min.-Präs. muss jeweils der and. Volksgruppe als der Präs. angehören) ■ **Regierung:** Präsident: Niko Lozancić (HDZ); 1. Vizepräsident: Šahbaz Dzikanović (SBiH); 2. Vizepräsidentin: Desnica Radivojević (SDA), seit 27. 1. 2003 – Regierungschef: Ahmet Hadžipašić (SDA), seit 14. 2. 2003

Serbische Republik
Republika Srpska / RS

Fläche: 25 053 km² (nach dem Dayton-Abkommen 49 % des Gesamtstaates) ▪ **Hauptstadt** (S 2003): Banja Luka (Reg.-Sitz) 170 000 Einw. ▪ **Status:** Teilstaat mit innerer Autonomie – Verfassung von 1992, geändert 2002 – Proklamation am 27. 3. 1992 – Parlament (Nationalversammlung) mit 83 für 4 J. gewählten Mitgl. und Kammer der Völker mit 28 Mitgl. (je 8 für Serben und Bosniaken reserviert) ▪ **Regierung:** Präsident: Dragan Cavić (SDS); 1. Vizepräsident: Adil Osmanović (SDA); 2. Vizepräsident: Ivan Tomljenović (SDP), seit 28. 11. 2002 – Regierungschef: Pero Bukejlović (SDS), seit 17. 2. 2005

CHRONIK

Zehn Jahre nach dem Dayton-Abkommen von 1995 erweist sich die damals dekretierte Konstruktion des Dreivölkerstaates (→ WA 2005, S. 79) trotz befriedeter Lage und Fortschritten im Zusammenleben der drei Volksgruppen (muslimische Bosniaken, katholische Kroaten, orthodoxe Serben) als noch immer kaum funktionsfähig. Der umfassend ermächtigte Hohe Repräsentant der Internationalen Gemeinschaft, seit 2002 der Brite Paddy Ashdown (→ Foto), der zugleich

Paddy Ashdown in Sarajevo am 9. 3. 2005

Sonderbeauftragter des Hohen Vertreters für die Gemeinsame Außen- und Sicherheitspolitik (GASP) der EU ist, übte auch im Berichtszeitraum ein striktes Interventionsregiment aus. Seine autokratische Rolle geriet zunehmend in die Kritik, weil sie die Eigenverantwortung der Institutionen und Politiker Bosnien und Herzegowinas im Zuge der Normalisierung der Lage in dem geteilten Land untergrabe.

▪ **Funktion des Hohen Repräsentanten (HR):** Die Europäische Stabilitäts-Initiative (ESI), die als private Expertengruppe Anfang 2004 einen Vorschlag zur Reform der Staatstruktur vorgelegt hatte (→ WA 2005, S. 79), kritisierte im Oktober 2004 in einer neuen Studie die umfassende Kompetenz des HR im legislativen wie im exekutiven Bereich als kontraproduktiv. **Der HR behindere den demokratischen Prozess** und die eigenständige wirtschaftliche Entwicklung. Die gut dotierte Beschäftigung vieler Bürger des Landes im aufgeblähten internationalen Verwaltungsapparat entziehe die qualifiziertesten Köpfe dem einheimischen Arbeitsmarkt. Die Studie stieß in der internationalen Gemeinschaft Überlegungen zur Reduzierung ihrer Präsenz und zum Abbau der Vollmachten des Hohen Repräsentanten an. Ende Mai 2005 teilte Ashdown in einem Zeitungsinterview mit, sein Amt solle innerhalb der nächsten 18 Monate in das eines **»besonderen Vertreters der EU«** umgewandelt werden, die meisten politischen Befugnisse gingen damit an die heimischen Behörden über. So könnte künftig statt des Hohen Repräsentanten das gesamtstaatliche Parlament die Eignung von Kandidaten für ein Regierungsamt im Sinne des Dayton-Vertrags überprüfen.

▪ **Führungsentscheidungen des HR:** Als Konsequenz aus der Entlassung hochrangiger Beamter durch Ashdown und die Verhängung von Sanktionen durch die USA gegen Politiker und Funktionäre wegen angeblicher Unterstützung von gesuchten mutmaßlichen Kriegsverbrechern (→ unten) legten der **Ministerpräsident der Serbischen Republik (RS), Dragan Mikerević**, und der gesamtstaatliche **Außenminister, Mladen Ivanić**, Mitte Dezember 2004 ihre Ämter nieder. Während Ivanić sein Amt zunächst kommissarisch weiterführte, bis am 9. 6. 2005 Ana Trisić-Babić die Nachfolge antrat, wurde in der RS am 15. 2. 2005 nach allgemeinen Wahlen aus acht Serben, fünf Muslimen und drei Kroaten ein neues Kabinett unter Pero Bukejlović (Serbische Demokratische Partei, SDS) als **neuem Ministerpräsidenten** gebildet. Nach mehrmaligen vergeblichen Aufforderungen an den Vertreter der bosnischen Kroaten im Präsidium des Gesamtstaats, **Dragan Cović**, sein Amt niederzulegen, **verfügte Ashdown am 29. 3. 2005** die Absetzung. Cović und sechs weitere Personen waren am 10. 3. vor dem Obersten Gericht wegen Korruption und Amtsmissbrauchs angeklagt worden. An seine Stelle im Staatspräsidium wählte das gesamtstaatliche Parlament am 9. 5. Ivo Miro Jović (Kroate, HDZ).

▪ **Zentralisierung mit Hindernissen:** Ashdown verfolgte weiter zielstrebig die Stärkung des Gesamtstaates im Verhältnis zu den beiden Gebietseinheiten, stieß hierbei jedoch auf Widerstände aus den Reihen der bosnisch-serbischen Nationalisten der RS. Der Bildung eines gemeinsamen **Oberkommandos der Armee** 2004 (→ WA 2005, S. 79) folgte die Zusammenführung der Verteidigungsministerien der Bosnisch-Kroatischen Föderation (BKF) und der RS, die 2006 abgeschlossen sein soll. Gegen die Integration ihres Militärs in die gesamtstaatliche Struktur demonstrierten am 16. 4. 2005 Hunderte bosnisch-serbische Rekruten, indem sie den Eid auf den Staat Bosnien und Herzegowina verweigerten. Anfang Juni 2005 wurde deswegen auf Anordnung der EU- und NATO-Truppenoberbefehlshaber der Armeechef der bosnischen Serben, General Novak Djukić, entlassen.

Unter dem Druck, kein Sicherheitsvakuum nach **Auslaufen der Europäischen Polizeimission (EUPM)** Ende 2005 entstehen zu lassen, einigten sich Ende April 2005 die Führer der wichtigsten politischen Parteien beider Teilrepubliken und Vertreter des Gesamtstaats auf eine **Polizeireform**, die in wesentlichen Punkten den Vorgaben des HR entsprach. Sie sah vor, eine einheitliche Polizeiorganisation zu schaffen, deren Zuständigkeit und Finanzierung auf den Gesamtstaat übergehen sollte; bei der regionalen Organisation sollten die Kriterien der polizeilichen Effizienz ausschlaggebend sein. In diesem Punkt – dass die Polizeiorganisation die im Krieg geschaffenen Entitätsgrenzen durchbrechen würde – zogen jedoch die Politiker der dominierenden Partei SDS in der letzten Verhandlungsrunde Mitte Mai 2005 ihre Zustimmung zurück. Das Parlament der RS besiegelte am 31. 5. 2005 mit 62 gegen 14 Stimmen das **vorläufige Scheitern des Reformplans**.

▪ **Verfolgung von Kriegsverbrechen:** Massiver Druck des HR, der EU und der USA förderten eine Trendwende in der Haltung der Republiken, insbesondere der RS, zu den Kriegsverbrechen im Bosnien-Krieg von 1992–95. Am 10. 11. 2004 bat die Regierung der RS die Hinterbliebenen des Massakers von Srebrenica im Juli 1995, bei dem mehr als 7800 Muslime ermordet wurden, um Entschuldigung. Die Geste folgte der Veröffentlichung des Abschlussberichts der Untersuchungskommission (→ WA 2005, S. 80), in dem das **Verbrechen von Srebrenica als Völkermord anerkannt** worden war. Die Berufungsinstanz des Internationalen Strafgerichtshofs für das ehemalige Jugoslawien (ICTY) in Den Haag ließ am 30. 7. 2004 zahlreiche Anklagepunkte gegen den ehemaligen bosnisch-kroatischen General **Tihomir Blaškić** fallen und minderte seine Haftstrafe von 45 Jahren auf neun Jahre. Unter Anrechnung seiner Zeit in Untersuchungshaft kam Blaškić Anfang August 2004 frei.

Der ausbleibende Erfolg bei der Fahndung nach den mutmaßlichen Hauptkriegsverbrechern des Bosnien-Krieges veranlasste Ashdown zu härterem Durchgreifen gegen verdächtige Helfer und Sympathisanten. Zugleich wurde die Fahndung intensiviert. Anfang Juli 2004 dekretierte der HR die **Amtsenthebung** von 59 kooperationsunwilligen Politikern und Beamten der RS. Die Entlassung von neun weiteren hohen Funktionären folgte Mitte Dezember 2004. Anlass im zweiten Fall war, dass der nach dem Serbenführer Radovan Karadžić ranghöchste mutmaßliche Kriegsverbrecher, der ehemalige Befehlshaber der bosnischen Serbenarmee Ratko Mladić, Ende Juni 2004 auf dem Stützpunkt Han Pijesak an Festlichkeiten hatte teilnehmen können. Am 11. 10. 2004 wurde der ehemalige Sicherheitschef der Armee der bosnischen Serben, **Ljubisa Beara**, nach Den Haag überstellt. Als direkter Untergebener von Mladić gilt er als einer der Hauptorganisatoren des Völkermords von Srebenica. Am 23. 12. nahm die Polizei der RS in Banja Luka erstmals einen mutmaßlichen Kriegsverbrecher fest, den früheren Vizepräsidenten des Parlaments der RS, Miroslav Vjestica.

Im Frühjahr 2005 **stellten sich** – wie auch in Serbien – mehrere als Kriegsverbrecher gesuchte **ehemalige bosnisch-serbische Generäle**, die bisher in der RS Unterschlupf gefunden hatten, den Behörden und ließen sich an den ICTY ausliefern. Auch der frühere Armeechef der bosnischen Muslime, **Rasim Delić**, stellte sich dem Tribunal. Der zahlreicher Morde sowie Misshandlungen von bosnischen Kroaten (1993) und bosnischen Serben (1995) Beschuldigte wurde am 28. 2. 2005 vom gesamtstaatlichen Ministerpräsidenten Terzić und hunderten Veteranen in Sarajevo feierlich verabschiedet. **Mica Stanisić**, der frühere Innenminister der RS (1992/93), begab sich am 11. 3. nach Den Haag, um sich vor dem ICTY zu verantworten.

Wegen des Verdachts der Teilnahme an dem Massaker von Srebrenica wurden am 24. 6. elf bosnische Serben festgenommen. Bei ihnen soll es sich um aktive und ehemalige Polizisten der serbischen Teilrepublik RS handeln. Insgesamt wird nach 892 mutmaßlichen Tätern gefahndet.

Am 9. 3. 2005 wurde **am Obersten Gericht in Sarajevo eine neue Kammer eröffnet**, die sich ausschließlich mit Kriegsverbrechen in weniger schweren Fällen befasst, um den ICTY in Den Haag zu entlasten. Auf das Gericht warteten bereits rund 1000 Verfahren, die insgesamt etwa 10 000 Verdächtige betreffen.

▪ **EUFOR:** Am 2. 12. 2004 übernahm die EU unter dem Codenamen »Althea« die Führung der bislang unter NATO-Kommando stehenden **Friedenstruppe SFOR**. Zu den Aufgaben der bisher größten eigenständigen Militäraktion der EU mit rund 7000 Soldaten zählt die Festnahme mutmaßlicher Kriegsverbrecher und die Bekämpfung organisierter Kriminalität. Die USA schieden aus der Friedensmission aus, blieben aber im NATO-Quartier in Sarajevo präsent. Ihre Anwesenheit mit einer Militärbasis und 800 Soldaten in Tuzla, die sich der Terrorismusbekämpfung widmen sollen, beruht auf einem bilateralen Abkommen mit der Regierung Bosnien und Herzegowinas.

▪ **Wirtschaftliche und soziale Lage:** Nach wie vor ist das Balkanland **von ausländischer Hilfe** abhängig: Von der Weltbank erhielt Bosnien und Herzegowina seit 1996 rund 1,1 Mrd. US-$, von der EU rund 3 Mrd. US-$. Die Wirtschaft liegt in Folge der Desindustrialisierung weiter Landesteile des Kriegs am Boden, die Arbeitslosenquote beträgt schätzungsweise 40 %. Ein weiteres Problem sind die zahlreichen **Minenfelder**, die das Balkanland zehn Jahre nach Ende des Kriegs noch immer überziehen. Nach Angaben des IKRK in Sarajevo wird es rund 70 Jahre dauern, bis die meisten Landstriche gereinigt sind. Gegenwärtig leben mindestens 1,4 Mio. Personen in Gefahrenzonen.

Ende September 2004 gab das UNHCR bekannt, dass inzwischen mehr **eine Mio. Flüchtlinge** wieder in ihre Heimat **zurückgekehrt** sind.

Botsuana Süd-Afrika

Republik Botsuana; auch: Botswana; Republic of Botswana – BW / BWA

Fläche (Weltrang: 45): 581 730 km^2

Einwohner (143): F 2003 1 722 000 = 3,0 je km^2

Hauptstadt: Gaborone

Amtssprache: Englisch

Bruttonationaleinkommen 2003 je Einw.: 3530 $

Währung: 1 Pula (P) = 100 Thebe
Kurs: 1 US-$ = 5,54 P; 1 € = 6,83 P

Honorarkonsul der Republik Botsuana
Kieselei 42, 40883 Ratingen
T 02102 / 89 64 34

LANDESSTRUKTUR **Fläche**: 581 730 km^2; → Karte ▪ **Verwaltung**: 19 Distrikte und 4 Stadtbezirke; Tabelle → WA 2004, Sp. 160 ▪ **Städte**: (Z 2001) Gaborone 186 007 Einw., Francistown 83 023, Molepolole 54 561, Selebi Phikwe 49 849, Maun 43 776, Serowe 42 444, Kanye 40 628

BEVÖLKERUNG Botsuaner – F 2003: 1 722 000 Einw.; Bevölkerungswachstum: 0,6 %; letzte Zählung 2001: 1 680 863 Einw. – ca. 95 % Bantu, überwiegend Sotho-Tswana (u. a. Bamangwato, Bakwena) und Schona, 2,4 % San (Buschmänner), 1,3 % Sonstige (Weiße, Inder und Mischlinge) ▪ **Sprachen**: Setswana u. a. Bantu-Sprachen; Englisch ▪ **Religion**: v. a. Anhänger von indigenen Religionen, 30 % Christen; Minderheiten von Muslimen und Hindus

STAATS- UND REGIERUNGSFORM Verfassung von 1966, zuletzt geändert 1997 – Präsidialrepublik (im Commonwealth) seit 1966 – Parlament (Nationalversammlung) mit 57 alle 5 J. gewählten Mitgl.; außerdem beratendes House of Chiefs mit 15 Mitgl. – Direktwahl des Staatsoberh. alle 5 J. (einmalige Wiederwahl) – Wahlrecht ab 18 J. ▪ **Unabhängigkeit**: 30. 9. 1966 (ehem. britisches Protektorat) ▪ **Nationalfeiertag**: 30. 9.

REGIERUNG UND PARTEIEN **Staats- u. Regierungschef**: Festus G. Mogae (BDP), seit 1998 – **Äußeres**: Mompati Merafhe, seit 1994 ▪ **Parlament**: Wahlen vom 30. 10. 2004: Botswana Democratic Party/BDP 44 von 57 Sitzen (1999: 33 von 40), Botswana National Front/BNF 12 (6), Botswana Congress Party/BCP 1 (1)

WIRTSCHAFT **BIP** 2003: 7,530 Mrd. $; realer Zuwachs: 5,4 %; Anteil (2003) Landwirtschaft 2 %, Industrie 45 %, Dienstleistungen 52 % ▪ **Erwerbstätigkeit** 1997: Landwirtsch. 44 % ▪ **Arbeitslosigkeit** ⌀ 2005: 24,0 % (S) ▪ **Inflation** ⌀ 2003: 9,2 % ▪ **Außenhandel** 2001:

Import: 10,557 Mrd. P; *Güter*: 20 % Maschinen und elektr. Ausrüstungen, 14 % Nahrungsmittel, Getränke und Tabak, 12 % Fahrzeuge und Transportausrüstungen; *Länder*: 78 % SACU (v. a. Südafrika), 4 % Großbritannien; **Export**: 14,307 Mrd. P; *Güter*: 84 % Diamanten, 4 % Kupfer-Nickel-Konzentrate; *Länder*: 86 % Großbritannien, 6 % SACU

CHRONIK

Bei den **Parlamentswahlen** am 30. 10. 2004 (Wahlbeteiligung 77,1 %) konnte sich einmal mehr die Botswana Democratic Party (BDP), die das Land seit seiner Unabhängigkeit 1966 regiert, durchsetzen. Sie erhielt 51,7 % der Stimmen (44 Sitze). Zweitstärkste Partei wurde die Botswana National Front (BNF) mit 26,1 %, die Botswana Congress Party (BCP) erhielt 16,6 % der Stimmen. Wahlbeobachter waren davon ausgegangen, dass die Erhöhung der Wahlbezirke von 40 auf 57 die Chancen der Opposition verbessern würde; diese hatten sich aber nicht auf eine gemeinsame Wahlplattform verständigen können.

Der amtierende Präsident Festus G. Mogae erklärte bei der Vereidigung für seine zweite Amtszeit, dass er 2008 die Amtsgeschäfte an Vizepräsident Ian Khama, Sohn des Staatsgründers Seretse Khama, übergeben werde. Im neuen Kabinett bleibt Mompati Merafhe Außenminister.

Botsuanas hohes Pro-Kopf-Einkommen von 3530 US-$ und das durchschnittliche Wirtschaftswachstum von 7 % im vergangenen Jahrzehnt beruhen vor allem auf der **Diamantenförderung**, die ca. 70 % der Deviseneinnahmen ausmachen. Der Diamantensektor hat jedoch keine zusätzlichen Arbeitsplätze geschaffen. Rund die Hälfte der Bevölkerung, vor allem auf dem Land, lebt unterhalb der Armutsgrenze.

Brasilien Süd-Amerika

Föderative Republik Brasilien; República Federativa do Brasil – BR/BRA

Fläche (Weltrang: 5): 8 547 404 km^2

Einwohner (5): F 2003 176 596 000 = 21 je km^2

Hauptstadt: Brasília (Brasilia)

Amtssprache: Portugiesisch

Bruttonationaleinkommen 2003 je Einw.: 2720 $

Währung: 1 Real (R$) = 100 Centavos
Kurs: 1 US-$ = 2,40 R$; 1 € = 2,96 R$

Botschaft der Föderativen Republik Brasilien
Wallstr. 57, 10179 Berlin
T 030/72 62 80, Fax 72 62 83 20
www.brasilianische-botschaft.de

LANDESSTRUKTUR **Fläche**: 8 547 404 km²; → Karte ▪ **Verwaltung**: 26 Bundesstaaten und Hauptstadt-Bundesdistrikt; → Tabelle ▪ **Städte**: (F 2004) São Paulo 10 838 581 Einw., Rio de Janeiro 6 051 399, Salvador 2 631 831, Belo Horizonte 2 350 564, Fortaleza 2 332 657, Brasília 2 282 049, Curitiba 1 727 010, Manaus 1 592 555, Recife 1 486 869, Pôrto Alegre 1 416 363, Belém 1 386 482, Goiânia 1 181 438, Guarulhos 1 218 862, Campinas 1 031 887, São Luís 959 124, São Gonçalo 948 216, Maceió 884 320, Duque de Caxias 830 679, Nova Iguaçu 817 117, Teresina 775 477, São Bernardo do Campo 773 099, Natal 766 081, Campo Grande 734 164, Osasco 695 879, Santo André 665 923

BEVÖLKERUNG Brasilianer – F 2003: 176 596 000 Einw.; Bevölkerungswachstum: 1,2 %; letzte Zählung 2000: 169 590 693 Einw. – 53,7 % Weiße, 38,5 % Mulatten und Mestizen, 6,2 % Schwarze, 1,2 % Sonstige, 734 131 Indianer (rd. 200 Ethnien) ▪ **Sprachen**: Portugiesisch; rd. 180 Indianersprachen (Tupi, Guarani, Gê, Arwak, Karib u. a.) ▪ **Religion** 2000: 73,6 % Katholiken, 15,4 % Protestanten; Minderheiten von Buddhisten, Bahai, Muslimen und Juden; indigene Religionen der Indianer und afrobrasilianische Religionen (Candomblé, Umbanda u. a.); 7,4 % religionslos

STAATS- UND REGIERUNGSFORM Verfassung von 1988, zuletzt geändert 2003 – Präsidiale Bundesrepublik seit 1988 – Parlament (Congresso Nacional): Abgeordnetenhaus (Câmara dos Deputados) mit 513 für 4 J. gewählten und Senat (Senado Federal) mit 81 für 8 J. gewählten Mitgl. (Teilwahlen nach 4 J. von ⅓, nach weiteren 4 J. von ⅔ der Senatoren) – Direktwahl des Staatsoberh. alle 4 J. (einmalige Wiederwahl) – Wahlpflicht von 18–69 J. (wahlberechtigt ab 16 J.) ▪ **Unabhängigkeit**: 7. 9. 1822 (ehem. portugiesische Kolonie) ▪ **Nationalfeiertag**: 7. 9.

REGIERUNG UND PARTEIEN **Staats- u. Regierungschef**: Luis Inácio (Lula) da Silva (PT), seit 1. 1. 2003 – **Äußeres**: Celso Amorim, seit 1. 1. 2003 ▪ **Parlament**: Wahlen vom 6. 10. 2002: Abgeordnetenhaus: Partido dos Trabalhadores/PT 91 von 513 Sitzen (1998: 58), Partido da Frente Liberal/PFL 84 (106), Partido do Movimento Democrático Brasileiro/PMDB 74 (82), Partido da Social-Democracia Brasileira/PSDB 71 (99), Partido Progressista Brasileiro/PPB 49 (60), Partido Liberal/PL 26 (12), Partido Trabalhista Brasileiro/PTB 26 (31), Partido Socialista Brasileiro/PSB 22 (19), Partido Democrático Trabalhista/PDT 21 (25), Partido Popular Socialista/PPS 15 (3), Partido Comunista do Brasil/PCdoB 12 (7), Sonstige 22 (11) – Senat (nach letzten Teilwahlen von 54 Mitgl. 2002): PMDB 19 von 81 Sitzen (1998: 27), PFL 19 (20), PT 14 (7), PSDB 11 (16), PDT 5 (2), PSB 4 (3), PTB 3 (–), PL 3 (–), PPB 1 (5), Sonstige 2 (1)

WIRTSCHAFT **BIP** 2003: 492,338 Mrd. $; realer Zuwachs: –0,2 %; Anteil (2003) Landwirtschaft 6 %, Industrie 19 %, Dienstleistungen 75 % ▪ **Erwerbstätigkeit** 2000: Landwirtsch. 18,7 %, Industrie 21,4 %, Dienstl. 59,9 % ▪ **Arbeitslosigkeit** ∅ 2004: 11,5 % ▪ **Inflation** ∅ 2004: 6,6 % ▪ **Außenhandel** 2004: **Import**: 62,779 Mrd. $; *Güter*: 23 % Chemikalien und chemische Produkte, 16 % Erdöl und Produkte daraus, 13 % Elektro- und elektronische Waren, 12 % Maschinen, 10 % Transportausrüstung, 4 % Metalle und Metallwaren; *Länder*: 18 % USA, 9 % Argentinien, 8 % Deutschland, 6 % VR China, 6 % Nigeria, 5 % Japan, 4 % Frankreich, 3 % Italien; **Export**: 96,475 Mrd. $; *Güter*: 16 % Transportausrüstung, 11 % Metalle und Metallwaren, 10 % Soja, 6 % Fleisch, 6 % Chemikalien und chemische Produkte, 6 % Erdöl und Produkte daraus; *Länder*: 21 % USA, 8 % Argentinien, 6 % Niederlande, 6 % VR China, 4 % Deutschland, 4 % Mexiko, 3 % Italien, 3 % Japan, 3 % Chile

Brasilien: Entwicklung des realen BIP

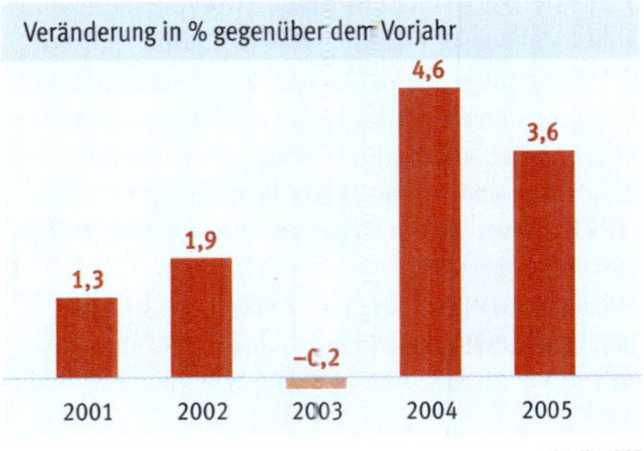

Quelle: IBGE

Brasiliens Wirtschaft erlebte 2004 mit einem Anstieg des Bruttoinlandsprodukts (BIP) um 5,2 % das höchste Wachstum seit zehn Jahren. Export, Konsum und Investitionen zogen deutlich an, mit einer konsequent auf Stabilität ausgerichteten Finanz- und Haushaltspolitik ist es dem seit Januar 2003 regierenden Staatspräsidenten Luis Inácio (Lula) da Silva (Partido dos Trabalhadores/PT) gelungen, die Inflation zu senken und die Auslandschulden zu verringern. Die soziale Situation weiter Bevölkerungskreise hat sich entgegen der wirtschaftlichen Situation auch unter da Silva kaum gebessert. Immer noch lebt mehr als ein Drittel der 177 Mio. Brasilianer unterhalb der Armutsgrenze. Mehr und mehr wird klar, dass die Regierung ihre beim Amtsantritt gemachten Reformversprechen, insbesondere im sozialen Bereich, nicht erfüllen kann. Die Kritik hieran ebenso wie am Führungsstil, der Ineffizienz und Inkompetenz der Ministerien, an Korruption und Verschwendung von Steuergeldern nahm deutlich zu.

▪ **Regierung:** Der politische Rückhalt der Administration da Silva im Parlament in Brasília wurde entscheidend geschwächt, als überraschend zwei Parteien aus dem Regierungsbündnis ausstiegen. Der konservative Partido do Movimento Democrático Brasileiro (PMDB), der die größte Fraktion im Senat und die zweitgrößte in der Abgeordnetenkammer stellt, beschloss am 12. 12. 2004 auf einem außerordentlichen Parteitag den Rückzug aus dem Regierungsbündnis, dem man erst Ende Januar 2004 beigetreten war. Der regierungsfreundliche Flügel der PMDB-Fraktion kündigte allerdings an, im Parlament weiterhin für die Administration da Silva zu stimmen, und auch die PMDB-Minister blieben vorerst in ihren Ämtern. Wenige Tage später zog sich auch der kleinere Koalitionspartner, der Partido Popular Socialista (PPS) aus der Koalition zurück, weil er die liberale, auf Haushaltskonsolidierung bedachte Wirtschaftspolitik des Präsidenten nicht mehr mittragen wollte. Eine schwere Niederlage musste Präsident da Silva Mitte Februar 2005 hinnehmen, als sich bei der Wahl zum Parlamentspräsidenten der Kandidat der PT, Luiz Eduardo Greenhalgh, mit 195 zu 300 Stimmen dem Bewerber des Koalitionspartners Partido Progressista Brasileiro (PPB), Severino Cavalcanti, um dieses Amt geschlagen geben musste.

▪ **Kommunalwahlen:** Bei den im Oktober 2004 abgehaltenen **Kommunalwahlen** konnte da Silvas PT ihre Position sogar ausbauen und erreichte z. B. in der ersten Runde am 3. 10. 2004 in über 370 Städten und Gemeinden die Mehrheit. In der zweiten Runde am 31. 10. konnte sich jedoch der sozialdemokratische Partido da Social-Democracia Brasileira (PSDB) als wichtige Gegenkraft zur PT etablieren. Vor allem der Sieg des PSDB-Kandidaten José Serra in São Paulo, wo er die Amtsinhaberin Marta Suplicy (PT) mit 56 % der Stimmen als Bürgermeister ablöste, galt als wichtiges Signal. In den ländlichen Gebieten behaupteten daneben auch die traditionellen Zentrums- und Rechtsparteien ihre Position. Die Arbeiterpartei PT stellt künftig in 10 der 26 Hauptstädte der Bundesstaaten das Stadtoberhaupt.

▪ **Landreform:** Ein weiterer erklärter Schwerpunkt der Regierungsarbeit da Silvas ist die längst überfällige Landreform, die nur schleppend vorankam. Landbesetzungen waren weiter an der Tagesordnung; die Gewaltbereitschaft im Konflikt zwischen den Anhängern der Landlosenorganisation Movimento dos Trabalhadores Rurais Sem Terra (MST) und den Landbesitzern ist nach wie vor hoch: So wurden z. B. am 20. 11. 2004 fünf MST-Aktivisten von maskierten Schützen auf einer Farm im Bundesstaat Minas Gerais erschos-

Brasilien
Bevölkerungswachstum 1970–2004

Region, Bundesstaat (Hauptstadt) sowie Bundesdistrikt	Einwohner insgesamt in Tsd. Z 1970	F 2004
Norden		
Rondônia (Pôrto Velho)	111	1 491
Acre (Rio Branco)	215	621
Amazonas (Manaus)	955	3 133
Roraima (Boa Vista)	41	373
Pará (Belém)	2 167	6 753
Amapá (Macapá)	114	562
Tocantins (Palmas)	*	1 264
Nordosten		
Maranhão (São Luis)	2 993	5 977
Piauí (Teresina)	1 681	2 961
Ceará (Fortaleza)	4 362	7 911
Rio Grande do Norte (Natal)	1 550	2 940
Paraíba (João Pessoa)	2 383	3 553
Pernambuco (Recife)	5 162	8 275
Alagoas (Maceió)	1 588	2 962
Sergipe (Aracaju)	901	1 916
Bahia (Salvador)	7 493	13 613
Südosten		
Minas Gerais (Belo Horizonte)	11 487	18 860
Espírito Santo (Vitória)	1 599	3 321
Rio de Janeiro (Rio de Janeiro)	8 995	15 106
São Paulo (São Paulo)	17 772	39 487
Süden		
Paraná (Curitiba)	6 930	10 066
Santa Catarina (Florianópolis)	2 902	5 724
Rio Grande do Sul (Porto Alegre)	6 665	10 661
Mittelwesten		
Mato Grosso do Sul (Campo Grande)	1 597	2 212
Mato Grosso (Cuiabá)		2 720
Goiás (Goiânia)	2 939	5 447
Bundesdistrikt Brasília	537	2 254
Brasilien	93 139	180 161

* Bundesstaat seit 1988, vorher Teil von Goiás
Quelle: Fundacão Instituto Brasileiro de Geografia e Estatística, 2005

sen, die sie seit 2002 besetzt gehalten hatten. Am 25. 11. 2004 belagerten etwa 8000 MST-Anhänger die Zentralbank in Brasília, um gegen die gescheiterte Zuteilung öffentlicher Gelder für die Verteilung von Land zu demonstrieren. Am 17. 5. 2005 demonstrierten erneut rund 12 000 Bauern und Landarbeiter in Brasília und forderten von da Silva eine beschleunigte Umsetzung der Landreform. Mitte Februar 2005 erklärte die Regierung im Gliedstaat Pará, im Norden des Landes, 8,2 Mio. ha zum Naturschutzgebiet. Vor allem in diesem Bundesstaat kommt es immer wieder zu gewaltsamen Auseinandersetzungen zwischen Spekulanten, Landlosen und Bauern. Von den rund 1300 Toten, die die Landkonflikte seit Mitte der 1980er Jahre in Brasilien gefordert haben, entfällt fast die Hälfte auf Pará.

- **Indianerschutzgebiet:** Präsident da Silva unterzeichnete am 15. 4. 2005 ein Dekret zur Schaffung des Indianerschutzgebietes Raposa Serra do Sol im Bundesstaat Roraima an der Grenze zu Guyana und Venezuela. Für die rd. 16 000 Mitglieder indigener Stämme in dem 17 000 km² großen Gebiet endete damit ein über 30 Jahre dauernder Kampf um ihren traditionellen Lebensraum; die rd. 600 Siedler in dem Areal müssen das Reservat dem Dekret zufolge räumen. Praktisch das ganze politische Establishment des Gliedstaates Roraima hatte sich jahrelang gegen die Ausweisung des Schutzgebietes gewehrt, da die Region über reiche Vorkommen an Bodenschätzen, insbesondere Gold und Diamanten verfügt, und man dort zudem immense Weidegebiete zu erschließen hoffte. Angesichts zunehmender Proteste gegen die Gründung des Reservats erwogen die Behörden Ende April 2005 die Entsendung von Militär in die Unruheregion.

- **Landwirtschaft vs. Regenwald** Anfang März hob das Parlament in Brasília das Anbauverbot für gentechnisch veränderte Pflanzen auf, nachdem Präsident da Silva bereits am 15. 10. 2004 per Dekret den **Anbau gentechnisch veränderten Sojas** für einen begrenzten Zeitraum erlaubt hatte. Damit darf in Brasilien, dem nach den USA zweitgrößten Sojaproduzenten der Welt, künftig auch offiziell gentechnisch verändertes Saatgut eingesetzt werden. Schätzungen zufolge waren bereits in der Vergangenheit rund 30 % der brasilianischen Sojabohnen gentechnisch verändert, weil viele Bauern heimlich modifiziertes Saatgut aus Nachbarstaaten importierten.

Unter wirtschaftlichen Aspekten gesehen hat sich Brasilien durch den Sojaanbau wie durch die florierende Rinderzucht zu einem der **weltweit größten Agrarexporteure** entwickelt, unter Umweltgesichtspunkten wirft die Ausweitung der beiden Produktionsbereiche jedoch weitreichende Probleme auf: Nach im Mai 2005 veröffentlichten offiziellen Angaben gingen in Brasilien allein zwischen August 2003 und August 2004 über 26 000 km^2 Regenwald an den Sojaanbau verloren, fast die Hälfte davon entfällt auf das bisherige Zentrum des brasilianischen Sojaanbaus, den Bundesstaat Mato Grosso (→ auch Karte). Auch generell hat sich unter da Silva die Entwaldung eher noch weiter beschleunigt. Umweltschutzorganisationen zufolge beläuft sich der jährliche Verlust durch Brandrodung, Holzeinschlag, Sojaanbau, Rinderzucht und Verkehrswege sogar auf fast 30 000 km^2.

▪ **Kriminalität:** Immer dramatischere Auswüchse zeigen die grassierende Gewaltkriminalität und die im Gegenzug immer exzessiver werdenden Übergriffe der Polizeibehörden: Großes Aufsehen erregte hier ein Fall, bei dem am 31. 3. 2005 in den Städten Nova Iguaçu und Queimados im Gliedstaat Rio de Janeiro eine Gruppe von Polizisten aus einem fahrenden Auto heraus wahllos auf unschuldige Passanten schoss und 30 Menschen tötete. Die wenige Tage nach dem Massaker festgenommenen Tatverdächtigen erklärten, sie hätten mit der Aktion die Bevölkerung einschüchtern wollen, nachdem acht Berufskollegen in einem anderen Fall von polizeilichen Übergriffen festgenommen worden waren.

▪ **Auslandschulden / Internationaler Währungsfonds:** Trotz einer Senkung auf 53 % des BIP (2004) liegt die Schuldenquote immer noch wesentlich höher als Mitte der neunziger Jahre; Brasilien muss nach wie vor mehr als ein Fünftel seiner Steuereinnahmen für den Schuldendienst ausgeben. Mit Hinweis auf den Wirtschaftsaufschwung und die makroökonomische Stabilisierung im Land entschied die Regierung Ende März 2005, das im September 2002 vereinbarte laufende Stand-by-Abkommen mit dem IWF nicht mehr zu erneuern. Bereits seit Ende 2003 hatte Brasilien konsequent auf die Abrufung von Mitteln aus dem 42 Mrd. US-$ umfassenden Kreditpaket verzichtet, von dem es bisher 26,5 Mrd. US-$ in Anspruch genommen hatte.

▪ **Außenpolitik:** Deutlich wird, dass Brasilien unter da Silva auch versucht, den Einfluss der USA auf dem südamerikanischen Kontinent zu vermindern; zum einen forciert das Land eine **Stärkung der regionalen südamerikanischen Zusammenschlüsse** wie etwa des Mercosur, zum anderen intensiviert Brasilien aber in diesem Zusammenhang auch die Kontakte zu den besonders USA-kritischen Regierungen auf dem Subkontinent: So schlossen Venezuela und Brasilien bei einem Besuch Lulas in Caracas am 16. 02. 2005 mehr als zwei Dutzend bilaterale Verträge ab, die nach Ansicht der beiden Staatsoberhäupter eine Art strategischer Allianz zwischen beiden Staaten begründen. Die Abkommen betreffen vor allem eine wesentlich intensivere Zusammenarbeit beider Staaten in der Energiepolitik und ergänzen ähnliche Kooperationsvereinbarungen zwischen Venezuela und Argentinien bzw. Brasilien und Argentinien (→ Venezuela). Bei einer Außenministerkonferenz der Rio-Gruppe Mitte August 2004 in Brasília sprach sich Brasilien zudem für die vollständige Wiederaufnahme Kubas in die lateinamerikanische Staatengemeinschaft aus.

Auf dem **5. Weltsozialforum (WSF)**, das zeitgleich zum World Economic Forum (WEF) in Davos ab dem 26. 1. 2005 in Porto Alegre stattfand, forderten Globalisierungskritiker u. a. einen Schuldenerlass für die armen Länder, eine Besteuerung der internationalen Finanztransaktionen, die Abschaffung der Steuerparadiese, die Förderung eines gerechten Handels, eine Garantie für die Ernährungssouveränität aller Länder, den Abzug der US-Truppen aus allen ausländischen Militärstützpunkten und eine Garantie des Rechts auf Arbeit und Trinkwasserversorgung. Trotz der Kritik, die ihm auf dem Sozialforum wegen der bislang dürftigen Erfolge seiner Sozialpolitik und vor allem wegen seiner liberalen Wirtschaftspolitik entgegengebracht wurde, nutzte da Silva auch dieses Treffen, um sich – neben dem ebenfalls anwesenden venezolanischen Staatschef Hugo Chávez Frías – als Speerspitze der Antiglobalisierungsbewegung zu präsentieren (→ Foto).

Präsident da Silva vor dem Weltsozialforum am 27. 1. 2005

▪ **Nuklearpolitik:** Nachdem sich das Land mit Hinweis auf die angeblich notwendige Wahrung von Industriegeheimnissen im Februar und März 2004 mehrfach geweigert hatte, Inspektoren der Internationalen Atomenergiebehörde (IAEA) Zugang zur Urananreicherungsanlage Resende zu gestatten, war der Verdacht entstanden, Brasilien nutze sein Atomprogramm möglicherweise auch für militärische Zwecke. Am 25. 11. 2004 einigte man sich jedoch darauf, der IAEA die Inspektion der Anlagen in Resende zu gestatten.

Brunei Darussalam

Südost-Asien

Negara Brunei Darussalam – BN / BRN

Fläche (Weltrang: 162): 5765 km²

Einwohner (166): F 2003 356 000 = 62 je km²

Hauptstadt: Bandar Seri Begawan

Amtssprache: Malaiisch

Bruttonationaleinkommen 2003 je Einw.: k. A.

Währung: 1 Brunei-Dollar (BR$) = 100 Cents
Kurs: 1 US-$ = 1,67 BR$; 1 € = 2,11 BR$
1 BR$ = 1 Singapur-$

Botschaft von Brunei Darussalam
Kronenstr. 55–58, 10117 Berlin
T 030 / 20 60 76–0, Fax 20 60 76 66
E-Mail: berlin.germany@mfa.gov.bn

LANDESSTRUKTUR **Fläche**: 5765 km²; Karte → WA 2005, S. 85 ▪ **Verwaltung**: 4 Distrikte; → Tabelle ▪ **Städte**: (Z 2001) Bandar Seri Begawan 27 285 Einw.; (Z 1991) Kuala Belait 21 163, Seria 21 082

BEVÖLKERUNG Bruneier – F 2003: 356 000 Einw.; Bevölkerungswachstum: 1,6 %; letzte Zählung 2001: 332 844 Einw. – 66,7 % Malaien, 11,1 % Chinesen, 3,5 % Kedayan, Tutong, Belait, Bisaya, Dusun, Murut, Iban, Dayak, Kelabit, 18,6 % Sonstige (Europäer, Indonesier, Thailänder, Inder u. a.) ▪ **Sprachen**: Malaiisch; Sprachen der Minderheiten; Englisch und Chinesisch ▪ **Religion**: 67 % Muslime (Sunniten; meist Malaien), 15 % Buddhisten, Daoisten und Konfuzianer (meist Chinesen), 10 % Christen (v. a. Katholiken; meist Europäer und Indoeuropäer); indigene Religionen

STAATS- UND REGIERUNGSFORM Verfassung von 1959, zuletzt geändert 2004 – Islamische Monarchie (im Commonwealth) seit 1984 – Staatsreligion: Islam – Religiöser Rat, Staatsrat, Ministerrat und Erbfolgerat mit beratender Funktion – Gesetzgebender Rat mit 15 gewählten und 30 vom Sultan ernannten Mitgl. ▪ **Unabhängigkeit**: 1. 1. 1984 (ehem. britisches Protektorat) ▪ **Nationalfeiertag**: 23. 2.

REGIERUNG UND PARTEIEN **Staats- u. Regierungschef**: Sultan Haji Hassan al-Bolkiah, seit 1967, gekrönt 1968 – **Äußeres**: Prinz Mohamed al-Bolkiah, seit 1984 ▪ **Parlament**: seit 1988 verboten

WIRTSCHAFT **BIP** 2003: 4,800 Mrd. $; realer Zuwachs: k. A.; Anteil (2001) Landwirtschaft 5 %, Industrie 45 %, Dienstleistungen 50 % ▪ **Erwerbstätigkeit** 2001: Landwirtsch. 0,7 % ▪ **Arbeitslosigkeit** ∅ 2002: 3,5 % ▪ **Inflation** ∅ 2004: 0,9 % ▪ **Außenhandel** 2004: **Import**: 1,205 Mrd. $; *Güter* 2003: 35 % Maschinen und Transportausrüstungen, 26 % Fertigwaren, 15 % Nahrungsmittel und lebende Tiere, 3 % Chemikalien, 2 % Tabak und Getränke; *Länder* 2003: 27 % Singapur, 18 % Malaysia, 12 % Großbritannien, 8 % Japan, 7 % Deutschland, 7 % Frankreich; **Export**: 4,560 Mrd. $; *Güter* 2003: 88 % Erdöl, Erdgas und Erzeugnisse daraus, 5 % Fertigwaren, 5 % Maschinen und Transportausrüstung; *Länder* 2003: 43 % Japan, 13 % Rep. Korea, 10 % USA, 9 % Australien, 7 % Thailand, 7 % VR China, 3 % Neuseeland

Brunei Darussalam
Bevölkerung

Distrikt (Hauptort)	Einwohner Z 2001
Brunei / Muara (Bandar Seri Begawan)	230 030
Belait (Kuala Belait)	55 602
Tutong (Tutong)	38 649
Temburong (Bangar)	8 563
Brunei Darussalam	332 844

Quelle: Department of Economic Planning and Development

CHRONIK

Sultan Haji Hassan al-Bolkiah, der am 25. 9. 2004 den seit 1984 suspendierten Gesetzlichen Rat wieder einberief – letzte Wahlen hatte es 1962 gegeben –, bezeichnete dies in einer Ansprache vor den 21 ernannten Mitgliedern als »vorsichtige« Reform und warnte den Rat gleichzeitig, keine »Fehler« zu machen. Vier Tage später unterzeichnete der Sultan eine **Verfassungsänderung**. Danach wird der Gesetzliche Rat in Zukunft aus 45 Mitgliedern bestehen, von denen 15 direkt gewählt und 30 vom Sultan ernannt werden; die Mitglieder des Kabinetts werden weiterhin vom Sultan berufen.

Am 25. 5. 2005 nahm Hassan al-Bolkiah eine Aufsehen erregende **Kabinettsumbildung** vor: Unter den vier entlassenen Kabinettsmitgliedern befand sich auch der erst 20-jährige Erziehungsminister Abdul Aziz, dessen am konservativen Islam ausgerichteter Lehrplan für den Schulunterricht, verbunden mit der Ausweitung der religiösen Erziehung, auf Ablehnung gestoßen war. Erstmals wurde auch ein nichtislamischer Minister ernannt; außerdem berief der Sultan seinen ältesten Sohn zum Senior Minister der Regierung.

Bulgarien Südost-Europa

Republik Bulgarien; Republika Bălgarija – BG / BGR

Fläche (Weltrang: 101): 110 994 km²

Einwohner (92): F 2003 7 823 000 = 71 je km²

Hauptstadt: Sofija (Sofia)

Amtssprache: Bulgarisch

Bruttonationaleinkommen 2003 je Einw.: 2130 $

Währung: 1 Lew (Lw) = 100 Stótinki
Kurs: 1 US-$ = 1,59 Lw; 1 € = 1,95583 Lw

Botschaft der Republik Bulgarien
Mauerstr. 11, 10117 Berlin
T 030 / 201 09 22, Fax 208 68 38
www.botschaft-bulgarien.de

LANDESSTRUKTUR **Fläche**: 110 994 km²; Karte → WA 2005, S. 87 ▪ **Verwaltung**: 8 Regionen und Hauptstadtgebiet; Tabelle → WA 2005, S. 86 ▪ **Städte**: (Z 2001) Sofija (Sofia) 1 096 289 Einw., Plovdiv 340 638, Varna 314 539, Burgas 193 316, Ruse 162 128, Stara Zagora 143 989, Pleven 122 149, Sliven 100 695, Dobrič 100 379

BEVÖLKERUNG Bulgaren – F 2003: 7 823 000 Einw.; Bevölkerungswachstum: –0,6 %; letzte Zählung 2001: 7 973 671 Einw. – 83,5 % Bulgaren, 9,5 % Türken, 4,6 % Roma (S 750 000), 1,5 % Sonstige (Russen, Armenier, Walachen, Griechen) ▪ **Sprachen**: Bulgarisch; Sprachen der Minderheiten, v. a. Türkisch ▪ **Religion**: 85,7 % bulgarisch-orthodoxe Christen, 13,1 % Muslime, Minderheiten von Katholiken, Protestanten und Juden

STAATS- UND REGIERUNGSFORM Verfassung von 1991, zuletzt geändert 2003 – Republik seit 1990 – Parlament (Volksversammlung / Narodno săbranje) mit 240 Mitgl., Wahl alle 4 J. – Direktwahl des Staatsoberh. alle 5 J. – Wahlpflicht ab 18 J. ▪ **Unabhängigkeit**: alte staatliche Tradition, 22. 9. 1908 (ehem. Teil des Osmanischen Reichs) ▪ **Nationalfeiertag**: 3. 3. (Friede von San Stefano 1878)

REGIERUNG UND PARTEIEN **Staatsoberhaupt**: Georgi Parwanow (BSP), seit 22. 1. 2002 – **Regierungschef**: Simeon Sakskoburggotski (NDS-Vors.), seit 24. 7. 2001 – **Äußeres**: Solomon Isaac Passi, seit 24. 7. 2001 ▪ **Parlament**: Wahlen vom 25. 6. 2005: Koalition für Bulgarien (Bulgarische Sozialistische Partei / BSP und weitere Parteien) 82 von 240 Sitzen (2001: 48), Nationale Bewegung Simeon II. / NDS 53 (120), Bewegung für Rechte und Freiheiten / DPS 34 (21), Koalition Ataka 21 (–), Vereinigte Demokratische Kräfte / ODS 20 (51), Demokraten für ein starkes Bulgarien / DSB 17 (–), Bulgarische Volksunion / BNS 13 (–)

WIRTSCHAFT **BIP** 2003: 19,860 Mrd. $; realer Zuwachs: 4,3 %; Anteil (2003) Landwirtschaft 12 %, Industrie 31 %, Dienstleistungen 58 % ▪ **Erwerbstätigkeit** 2002: Landwirtsch. 25,6 %, Industrie 27,9 %, Dienstl. 46,4 % ▪ **Arbeitslosigkeit** ∅ 2004: 13,0 % ▪ **Inflation** ∅ 2004: 6,1 % ▪ **Außenhandel** 2004 (vorläufig): **Import**: 22,7 Mrd. Lw; *Güter*: 30 % Maschinen und Ausrüstungen, 22 % Halbfabrikate, 17 % mineralische Brenn- und Schmierstoffe, 10 % chemische Erzeugnisse, 9 % verschiedene Fertigerzeugnisse, 6 % Rohstoffe, 4 % Nahrungsmittel und lebende Tiere; *Länder*: 15 % Deutschland, 13 % Russland, 10 % Italien, 6 % Türkei, 6 % Griechenland, 5 % Frankreich, 4 % Ukraine, 3 % VR China, 3 % Rumänien, 2 % USA (EU gesamt: 54 %); **Export**: 15,6 Mrd. Lw; *Güter*: 28 % Halbfabrikate, 12 % Maschinen und Transportausrüstungen, 26 % verschiedene Fertigerzeugnisse, 10 % mineralische Brenn– und Schmierstoffe, 8 % chemische Erzeugnisse, 7 % Nahrungsmittel und lebende Tiere, 6 % Rohstoffe, 2 % Getränke und Tabak; *Länder*: 13 % Italien, 10 % Deutschland, 10 % Türkei, 10 % Griechenland, 6 % Belgien, 5 % Frankreich, 5 % USA, 4 % Rumänien, 4 % Serbien und Montenegro, 3 % Spanien (EU gesamt: 58 %)

CHRONIK

▪ **Regierungskrise:** Im Vorfeld der Parlamentswahlen war es Anfang Februar 2005 zur schwersten Regierungskrise seit Amtsantritt von Ministerpräsident Simeon Sakskoburggotski Mitte 2001 gekommen. Die Weigerung der Regierung, sich vor dem Parlament für das Scheitern der Teilprivatisierung des Tabakkonzerns Bulgartabak zu rechtfertigen (→ WA 2004, Sp. 176), provozierte den Wechsel einiger Abgeordneter der Regierungspartei ins Oppositionslager und ermöglichte diesem die **Abwahl des Parlamentspräsidenten**. Dem eigenen Sturz durch ein Misstrauensvotum am 11. 2. entging der Regierungschef nur knapp, indem er eine kleine Oppositionsgruppe, der er dafür die Besetzung des Energieministeriums überließ, auf seine Seite zog.

▪ **Parlamentswahlen:** Die oppositionellen Sozialdemokraten der Bulgarischen Sozialistischen Partei (BSP) gingen mit 31,0 % der Stimmen als **klare Siegerin** aus der Wahl hervor und konnten ihren Stimmenanteil gegenüber der Wahl 2001 (17,1 %) fast verdoppeln. Die regierende Nationale Bewegung Simeon II. (NDS) von Ministerpräsident Simeon Sakskoburggotski verlor dagegen in der Wählergunst mehr als die Hälfte der Stimmen (19,9 %; 2001: 42,7 %). Die von der türkischen Minderheit geprägte Bewegung für Rechte und Freiheiten, Regierungspartner der NDS, steigerte ihren Anteil um 5,4 Prozentpunkte auf 12,7 %. Die erst zwei Monate zuvor gegründete extrem nationalistische Koalition Partei Ataka, die eine aggressiv ausländerfeindliche Wahlkampagne geführt hatte, eroberte auf Anhieb 8,2 % der Stimmen und setzte sich noch vor die Vereinigten Demokratischen Kräfte (ODS). Die Wahlbeteiligung unter den 6,7 Mio. wahlberechtigten Bürgern betrug nur 56 %, 11 Prozentpunkte weniger als 2001.

Angesichts des Erfolges von Ataka, mit der zunächst weder die Sozialisten noch die konservative NDS ein Regierungsbündnis eingehen wollten, zeichnete sich eine schwierige Regierungsbildung ab. Seit dem Ende der politischen Wende 1990 ist keine Regierung bei Parlamentswahlen wieder bestätigt worden. Am 18. 7. 2005 wurde der Vorsitzende der BSP, Sergej Stanischew, mit der Regierungsbildung beauftragt.

- **EU-Beitritt:** Während Ministerpräsident Sakskoburggotski innenpolitisch die Zügel zu entgleiten drohten, feierte er mit der **Unterzeichnung des Beitrittsvertrages** zur EU am 25. 4. 2005 in Luxemburg einen außenpolitischen Triumph. Beitrittsdatum ist der 1. 1 2007 (→ EU). Wie für Rumänien gelten jedoch auch für Bulgarien sog. **Schutzklauseln, die den Beitritt um ein Jahr verzögern** könnten. Dringenden Reformbedarf sah die EU vor allem im Justizwesen und bei der Bekämpfung der organisierten Kriminalität. Unerlässlich seien auch Fortschritte bei der Roma-Integration und der Drogenbekämpfung (→ unten). Das Parlament ratifizierte den EU-Beitrittsvertrag am 11. 5. 2005 mit 240 gegen 2 Stimmen. Laut einer Meinungsumfrage befürworteten rd. 70 % der Bulgaren eine Mitgliedschaft ihres Landes in der EU.
- **Roma-Integration:** Am 2. 2. 2005 eröffnete Ministerpräsident Sakskoburggotski in Sofia das »Jahrzehnt der Roma-Integration«. Die u. a. von der Weltbank geförderte Initiative stellt sich in dem zum Abschluss des Kongresses verabschiedeten und von acht Regierungschefs Ost- und Mitteleuropas unterzeichneten Programm die Aufgabe, die Diskriminierung der Roma zu bekämpfen und sie vor allem durch bessere Ausbildung aktiver zu integrieren. Diese größte und am raschesten wachsende Minderheit in Europa (schätzungsweise 7–9 Mio. Roma) rangiert auch in Bulgarien am untersten Ende der Armutsskala (→ Karte, Rumänien).
- **Drogenhandel:** Der im März 2005 veröffentlichte Jahresbericht des Internationalen Suchtstoffkontrollrates (INCB) bezeichnet Bulgarien als Knotenpunkt und **Haupttransitland des Drogenhandels.** Dem Bericht zufolge werden 80 % des Heroins für den europäischen Markt durch Bulgarien geschleust. Zugleich zieht Bulgarien bei der Herstellung synthetischer Drogen mit der Türkei gleich, die bisher in dieser Sparte die Spitzenposition hielt.
- **Prozess in Libyen:** Ende Mai 2005 reiste Präsident Georgi Parwanow nach Tripolis und bemühte sich persönlich, die Aufhebung der Todesurteile gegen fünf bulgarische Krankenschwestern und einen palästinensischen Arzt zu erwirken (→ Libyen). Das für den 31. 5. erwartete Urteil im Berufungsverfahren wurde kurzfristig ohne Begründung auf den 15. 11. verschoben.
- **Irak-Engagement:** Die Enthauptung zweier von der Zarkawi-Gruppe als Geiseln genommener LKW-Fahrer entfachte im Juli 2004 Abscheu und Entsetzen in der Bevölkerung. Die verstärkten **Forderungen nach Abzug der rd. 480 bulgarischen Soldaten** unter polnischem Kommando wurde von der Regierung zunächst weiterhin kategorisch abgelehnt. Nach dem Tod von zwei weiteren Soldaten im November und Anfang März 2004 sowie drei bulgarischer ziviler Aufbauhelfer am 21. 4. folgte sie schließlich dem Beispiel mehrerer anderer Partner in der »Koalition der Willigen«, zuletzt → Portugal und der → Niederlande. Mit Blick auf die Wahl im Juni beendete das Parlament am 5. 5. das Mandat des bulgarischen Kontingents zum Ende des Jahres 2005. Seit Beginn der Irak-Mission im August 2003 kamen im Irak bis Anfang Mai zehn bulgarische Soldaten ums Leben.
- **Sonstige Ereignisse:** Nach **heftigen Stürmen und Regenfällen** im Norden und Osten Bulgariens sowie in Rumänien traten zahlreiche Flüsse über die Ufer (→ Foto); Städte und Dörfer wurden überflutet, Eisenbahnlinien wurden unterspült und Straßen mussten gesperrt werden. Mindestens fünf Personen wurden getötet, weitere werden noch vermisst.

Überschwemmungen nahe der Stadt Veliko Tarnovo

Burkina Faso West-Afrika

République Démocratique du Burkina Faso – BF / BFA

Fläche (Weltrang: 72): 274 200 km²

Einwohner (67): F 2003 12 109 000 = 44 je km²

Hauptstadt: Ouagadougou

Amtssprache: Französisch

Bruttonationaleinkommen 2003 je Einw.: 300 $

Währung: CFA-Franc
Kurs: 1 US-$ = 526,07 CFA-Francs;
1 € = 655,96 CFA-Francs

Botschaft von Burkina Faso
Karolingerplatz 10–11, 14052 Berlin
T 030 / 30 10 599–0, Fax 30 10 599–20
E-Mail: embassy_burkina_faso@t-online.de

LANDESSTRUKTUR **Fläche**: 274 200 km²; → Karte ▪ **Verwaltung**: 45 Provinzen ▪ **Städte**: (Z 1996) Ouagadougou 709 736 Einw., Bobo-Dioulasso 309 771, Koudougou 72 490, Ouahigouya 52 193, Banfora 49 724, Kaya 33 958

BEVÖLKERUNG Burkiner – F 2003: 12 109 000 Einw.; Bevölkerungswachstum: 2,3 %; letzte Zählung 1996: 10 312 609 Einw. – S 1995: insg. etwa 60 Ethnien: überwiegend Volta-Völker (u. a. 48 % Mossi), Mande-Gruppen (17 % Bobo und Verwandte, Sanike, Diula), außerd. 10 % Fulbe (Fulani), 7 % Dagara und Lobi, 5 % Gourmantché (Gur) ▪ **Sprachen**: Französisch; Moore (Gur-Sprache der Mossi), Mande-Sprachen (Manding, Soninke u. a.) und Ful; Arabisch und teilweise Englisch ▪ **Religion**: über 50 % Anhänger von indigenen Religionen, 30 % Muslime, 12 % Katholiken

STAATS- UND REGIERUNGSFORM Verfassung von 1991, zuletzt geändert 1997 – Präsidialrepublik seit 1960 – Parlament (Assemblée des Députés Populaires) mit 111 Mitgl., Wahl alle 5 J. – Direktwahl des Staatsoberh. alle 7 J. – Wahlrecht ab 18 J. ▪ **Unabhängigkeit**: 5. 8. 1960 (ehem. französische Kolonie; bis 1984 Republik Obervolta bzw. Haute-Volta) ▪ **Nationalfeiertag**: 11. 12. (Ausrufung der Republik)

REGIERUNG UND PARTEIEN **Staatsoberhaupt**: Blaise Compaoré (CDP), seit 1987 – **Regierungschef**: Paramanga Ernest Yonli, seit 7. 11. 2000 – **Äußeres**: Youssouf Ouédraogo, seit 15. 1. 1999 ▪ **Parlament**: Wahlen vom 5. 5. 2002: Congrès pour la Démocratie et le Progrès / CDP 57 von 111 Sitzen (1997: 101), Alliance pour la Démocratie et la Fédération-Rassemblement Démocratique Africain / ADF / RDA 17 (4), Parti pour la Démocratie et le Progrès / Parti Socialiste / PDP / PS 10 (6), Coalition des Forces Démocratiques / CFD 5 (–), Parti Africain de l'Indépendance / PAI 5 (–), Parti de la Renaissance Nationale / PAREN 4 (–), Convention Panafricaine Sankariste / CPS 3 (–), Union pour la Renaissance / Mouvement Sankariste / UNIR / MS 3 (–), Sonstige 7 (–)

WIRTSCHAFT **BIP** 2003: 4,182 Mrd. $; realer Zuwachs: 6,5 %; Anteil (2003) Landwirtschaft 31 %, Industrie 19 %, Dienstleistungen 50 % ▪ **Erwerbstätigkeit** 2001: Landwirtsch. 92 % ▪ **Arbeitslosigkeit**: k. A. ▪ **Inflation** ∅ 2003: 2,0 % ▪ **Außenhandel** 2003: **Import**: 405,2 Mrd. CFA-Francs; *Güter* 2002: 33 % Kapitalgüter, 19 % Erdöl, 13 % Nahrungsmittel; *Länder* 2002: 20 % Frankreich, 19 % Elfenbeinküste, 9 % Japan, 6 % Deutschland; **Export**: 187,7 Mrd. CFA-Francs; *Güter* 2002: 54 % Baumwolle, 21 % Tiere und tier. Nahrungsmittel, 2 % Gold; *Länder* 2002: 45 % Frankreich, 9 % Elfenbeinküste, 5 % Singapur

CHRONIK

Die **Eröffnung des Panafrikanischen Filmfestivals** (FESPACO) in Ouagadougou am 28. 2. 2005 wurde vom Tod zweier Personen überschattet, als die wartende Menge in das Stadion – Aufführungsort des Festivals – stürmte. Im Wettbewerb um den Hauptpreis werden zwanzig afrikanische Filme gezeigt (→ Kultur).

Bei seiner ersten Reise nach Afrika besuchte der neue **Chef der Weltbank, Paul Wolfowitz**, am 15. 6. 2005 auch Burkina Faso. Während der Besichtigung einer Baumwollfirma erklärte er, dass er sich beim kommenden Gipfel der Welthandelsorganisation (WTO) für die Reform der Agrarsubventionen der Industrieländer einsetzen werde. Baumwolle ist das Hauptexportgut von Burkina Faso und trägt 60 % zum Bruttonationaleinkommen bei. Nach Ansicht der heimischen Industrie gehen dem Land durch die hohen Exportsubventionen der Industrieländer jährlich 1 Mrd. US-$ an Einnahmen verloren.

Burma → **Myanmar**

Burundi Ost-Afrika

Republik Burundi; Republika y'Uburundi (kirundi); République du Burundi – BI / BDI

Fläche (Weltrang: 141): 27 834 km²

Einwohner (94): F 2003 7 206 000 = 259 je km²

Hauptstadt: Bujumbura

Amtssprachen: Kirundi, Französisch

Bruttonationaleinkommen 2003 je Einw.: 90 $

Währung: 1 Burundi-Franc (F.Bu.) = 100 Centimes
Kurs: 1 US-$ = 1106 F.Bu.; 1 € = 1370 F.Bu.

Botschaft der Republik Burundi
Berlinerstr. 36, 10715 Berlin
T 030 / 234 56 70, Fax 234 56 720
www.burundi-embassy-berlin.com

LANDESSTRUKTUR **Fläche**: 27 834 km²; → Karte ▪ **Verwaltung**: 15 Provinzen ▪ **Städte**: (F 1999) Bujumbura 319 098 Einw.; (S 1999) Gitega 23 500; (Z 1990) Muyinga 79 335, Ngozi 74 218, Kayanza 62 613, Kirundo 62 546, Bubanza 60 266

BEVÖLKERUNG Burundier – F 2003: 7 206 000 Einw.; Bevölkerungswachstum: 1,9 %; letzte Zählung 1990: 5 139 073 Einw. – ca. 80 % Hutu, 19 % Tutsi, 1 % Twa (Pygmäen) ▪ **Sprachen**: Kirundi (Bantu-Sprache), Swahili, Französisch ▪ **Religion**: über 65 % Christen (v. a. Katholiken); 40 % Anhänger von indigenen Religionen

STAATS- UND REGIERUNGSFORM Neue Verfassung am 28. 2. 2005 per Referendum angenommen – Präsidialrepublik seit 1966 – Parlament: Nationalversammlung mit 100 Mitgl. und Senat mit 53 Mitgl. – künftig 60 % Hutu, 40 % Tutsi in Nationalversammlung, jeweils 50 % im Senat; Twa erhalten je 3 Parlaments- und Senatssitze – Direktwahl des Staatsoberh. alle 7 J. (erster Präsident nach Annahme der neuen Verfassung wird vom Parlament gewählt) – Wahlrecht ab 18 J. ▪ **Unabhängigkeit**: 1. 7. 1962 (ehem. belgisches Treuhandgebiet) ▪ **Nationalfeiertag**: 1. 7.

REGIERUNG UND PARTEIEN **Staats- u. Regierungschef**: Domitien Ndayizeye (FRODEBU / Hutu), seit 30. 4. 2003; Vizepräsident: Frédéric Ngenzebuhoro (UPRONA / Tutsi) – **Äußeres**: Thérence Sinunguruza (UPRONA), seit 1. 11. 2001 ▪ **Parlament**: Wahlen zur Nationalversammlung vom 4. 7. 2005: Forces pour la Défense de la Démocratie / FDD (Hutu) 59 von 100 Sitzen, Front pour la Démocratie au Burundi / FRODEBU (Hutu) 24, Unité pour le Progrès National / UPRONA (Tutsi) 10, Sonstige 7

WIRTSCHAFT **BIP** 2003: 595 Mio $ realer Zuwachs: –1,2 %; Anteil (2003) Landwirtschaft 49 %, Industrie 19 %, Dienstleistungen 32 % ▪ **Erwerbstätigkeit** 2001: Landwirtsch. 90 % ▪ **Arbeitslosigkeit**: k. A. ▪ **Inflation** ∅ 2003: 16,0 % ▪ **Außenhandel** 2001: **Import**: 139 Mio. $; *Güter*: 23 % Maschinen- und Transportausrüstungen, 21 % bearbeitete Waren, 18 % chemische Erzeugnisse, 12 % mineralische Brennstoffe, Schmiermittel, 12 % Nahrungsmittel; *Länder* 2000: 15 % Tansania, 13 % Frankreich, 12 % Belgien, 11 % Saudi-Arabien, 5 % Kenia; **Export**: 42 Mio. $; *Güter*: 50 % Kaffee, 17 % Tee, 17 % Gold; *Länder* 2000: 26 % Schweiz, 13 % Großbritannien, 12 % Belgien

CHRONIK

Die nach dem Friedensvertrag von Arusha, Tansania, vereinbarte Übergangsperiode musste im Berichtszeitraum mehrfach verlängert werden. Verantwortlich hierfür waren anhaltende Differenzen innerhalb der Übergangsregierung, anhaltende Kämpfe zwischen burundischer Armee und Hutu-Rebellen sowie das durch das Massaker von Gatumba wieder aufgeflammte Misstrauen zwischen den Volksgruppen der Hutu und Tutsi. Die Übergangsperiode wird nun voraussichtlich Ende August 2005 enden, wenn bis dahin ein neues Parlament und ein neuer Präsident bestimmt wurden.

▪ **Übergangsprozess:** Am 6. 8. 2004 einigten sich 20 politische Parteien Burundis in Südafrika auf einen Entwurf für die neue Verfassung. Der Entwurf sieht eine Aufteilung von 60 zu 40 % zugunsten der Hutu für die Nationalversammlung und die Regierung vor und legt im Senat und bei den Sicherheitskräften eine Quote von 50 % für jede Ethnie fest. Die größte Tutsi-Partei, die Unité pour le Progrès National (UPRONA), lehnte diesen Entwurf ab und forderte eine Verschiebung der für Juli 2005 geplanten Wahlen.

Sie befürchtet, dass zukünftige Hutu-Regierungen die Belange der Tutsi-Minderheit nicht genügend berücksichtigen würden. Durch das Massaker im Flüchtlingslager von Gatumba, nördlich von Bujumbura an der Grenze zur DR Kongo gelegen, vom 13. 8. (→ unten, → auch DR Kongo) sehen sie ihre Befürchtungen bestätigt. Auf dem Gipfeltreffen regionaler Staatschefs in Tansania, die den Übergangsprozess begleiten, sprachen sich die Teilnehmer am 18. 8. dennoch für die Beschleunigung des Friedensprozesses und für die Einhaltung des Zeitplans für die Wahlen aus. UPRONA stellte in der Folge die Mitarbeit in Regierung und Parlament ein. Präsident Domitien Ndayizeye berief daraufhin eine Sondersitzung des Übergangsparlamentes ein, auf der am 17. 9. der Verfassungsentwurf gebilligt wurde. Am 20. 10. unterzeichnete er die Verfassung, die am 28. 2. 2005 per Referendum mit 92 % der Stimmen angenommen wurde. Die angespannte innenpolitische Lage machte jedoch eine Verlängerung der Übergangsperiode nötig und führte zur wiederholten Verschiebung der Wahlen. Die Wahlen zum Parlament wurden für den 4. 7. 2005 festgesetzt, die Präsidentschaftswahlen für den 19. 8. geplant; die Übergangsperiode soll am 26. 8. mit der Amtseinführung des neu gewählten Präsidenten enden.

Aus der **ersten Parlamentswahl seit zehn Jahren** am 4. 7. 2005, die unter dem Schutz von 5500 UN-Blauhelmsoldaten und tausender burundischer Soldaten stand, ging Partei der ehemaligen Hutu-Rebellen Forces pour la Défense de la Démocratie (FDD) mit 58 % der Stimmen (59 Sitze) als Sieger hervor. Die Hutu-Partei Front pour la Démocratie au Burundi (FRODEBU) von Präsident Domitiien Ndazizeye kam auf 28 % und 24 Mandate, die Tutsi-Partei Unité pour le Progrès National (UPRONA) erhielt 10 Sitze. Präsident Ndazizeye akzeptierte das Wahlergebnis und gratulierte dem Vorsitzenden der FDD, Pierre Nkurunziza, der die besten Aussichten hat, zum neuen Präsidenten gewählt zu werden. Nach Aussagen von Wahlbeobachtern lief die Wahl friedlich ab; die Wahlbeteiligung lag bei 65 %.

Anfang September 2004 beschloss das Parlament die Einrichtung einer Wahrheitskommission nach südafrikanischem Vorbild. Sie soll innerhalb der nächsten zwei, maximal drei Jahre alle Gewaltakte seit der Unabhängigkeit 1962 untersuchen. Die Kommission nahm am 1. 1. 2005 ihre Arbeit auf.

▪ **Verhandlungen mit Hutu-Rebellen:** Am 15. 5. 2005 unterzeichneten die Interimsregierung und der Führer der Forces Nationales de Libération (FNL), Agathon Rwasa, in Tansania eine Vereinbarung, in der sich beide Seiten dazu verpflichteten, konkrete Schritte zu einem dauerhaften Waffenstillstand festzulegen. Trotz dieser Vereinbarung kam es erneut zu Kämpfen, so am 24. 5., als die FNL Granaten auf Bujumbura abfeuerte.

▪ **Massaker in Flüchtlingslager:** Am 13. 8. 2004 wurde ein UN-Flüchtlingslager in Gatumba überfallen. Dabei kamen UN-Angaben zufolge ca. 160 Menschen ums Leben, weitere 100 wurden verletzt. In dem Lager lebten ca. 1700 Banyamulenge, kongolesische Tutsi, die im Juni vor Kämpfen in Bukavu, im Osten der DR Kongo gelegen, nach Burundi geflohen waren. Die FNL übernahm am 15. 8. hierfür zwar die Verantwortung, von seiten Burundis, Ruandas und Teilen der kongolesischen Regierung wurde dies jedoch bezweifelt. Ruanda, das sich als Schutzmacht der Banyamulenge versteht, drohte mit der Entsendung eigener Truppen.

Die diplomatischen Reaktionen auf das Massaker führten in der Region zu einer wachsenden Kriegsangst und machten einmal mehr die internationale Dimension des Konfliktes zwischen Hutu und Tutsi deutlich. In Bujumbura selbst kam es Mitte August 2004 zu gewalttätigen Demonstrationen burundischer und kongolesischer Tutsi, die sich vor allem gegen die Botschaft der DR Kongo richteten. Eine von den UN durchgeführte Untersuchung, deren vorläufige Ergebnisse Anfang September 2004 dem UN-Sicherheitsrat übergeben wurden, bestätigte im Wesentlichen die Aussagen von Überlebenden des Massakers. Demnach waren an dem Massaker ca. 90 Kämpfer der FNL, der ostkongolesischen Maï-Maï-Milizen und der in der DR Kongo operierenden ruandischen Hutu-Rebellen beteiligt.

▪ **Hungersnot:** Am 16. 3. 2005 gaben die Ernährungs- und Landwirtschaftsorganisation (FAO) und das Welternährungsprogramm (WFP) bekannt, dass ca. 2 Mio. Burundier 2005 auf Nahrungsmittelhilfen angewiesen seien. Das sind rund 40 % mehr als noch vor einem Jahr. Bereits am 14. 1. hatte die Regierung als Reaktion auf die ersten Hungertoten die Einführung einer Solidaritätssteuer beschlossen, um die Lebensmittelhilfe für ca. 1 Mio. Menschen finanzieren zu können.

Ceylon → **Sri Lanka**

Chile Süd-Amerika

Republik Chile; República de Chile – CL/CHL

Fläche (Weltrang: 37): 756 096 km^2

Einwohner (60): F 2003 15 774 000 = 21 je km^2

Hauptstadt: Santiago (Santiago de Chile)

Amtssprache: Spanisch

Bruttonationaleinkommen 2003 je Einw.: 4360 $

Währung: 1 Chilenischer Peso (chil$) = 100 Centavos
Kurs: 1 US-$ = 580,20 chil$; 1 € = 723,26 chil$

Botschaft der Republik Chile
Mohrenstr. 42, 10117 Berlin
T 030/726 20 35, Fax 726 20 36 03
www.embajadaconsuladoschile.de

LANDESSTRUKTUR **Fläche**: 756 096 km^2 einschließlich versch. Inseln im Pazifik; Karte → WA 2005, S. 91 ▪ **Gebiete:** Rapa Nui (Osterinsel) 162,5 km^2; Islas Juan Fernández (Más a Tierra, Alejandro Selkirk, Santa Clara) 185 km^2; Islas de los Desventurados (San Félix, San Ambrosio, Gonzales) 3,33 km^2; Isla Sala y Gómez 0,12 km^2 ▪ **Verwaltung**: 12 Regionen und Hauptstadtregion; Tabelle → WA 2005, S. 90 ▪ **Städte**: (F 2004) Santiago 6 444 810 Einw., Puente Alto 494 318, Viña del Mar 331 151, Talcahuano 300 717, Valparaíso 293 013, Antofagasta 270 339, Temuco 264 254

BEVÖLKERUNG Chilenen – F 2003: 15 774 000 Einw.; Bevölkerungswachstum: 1,2 %; letzte Zählung 2002: 15 116 435 Einw.; Osterinsel: 2770 Einw., Islas Juan Fernández: 1000 Einw. – Z 1992: 92,5 % Mestizen und Weiße, 7,5 % Indianer, davon 93 % Mapuche, 5 % Aymara, 2 % Rapanui ▪ **Sprachen**: Spanisch; indianische Sprachen ▪ **Religion** 2001: 72 % Katholiken, ca. 13 % Protestanten; Minderheiten von Bahai, Juden und Anhänger von indigenen Religionen

STAATS- UND REGIERUNGSFORM Verfassung von 1981, letzte Änderung 2004 – Präsidialrepublik seit 1925 – Parlament (Congreso Nacional): Abgeordnetenhaus mit 120 Mitgl., Wahl alle 4 J.; Senat mit 48 gewählten Mitgl. (Wahl alle 8 J., Teilwahlen alle 4 J.) – Direktwahl des Staatsoberh. alle 4 J. (keine unmittelb. Wiederwahl) – Wahlpflicht ab 18 J. ▪ **Unabhängigkeit**: Proklamation 12. 2. 1818 (ehem. spanische Kolonie) ▪ **Nationalfeiertag**: 18. 9. (Unabhängigkeitstag)

REGIERUNG UND PARTEIEN **Staats- u. Regierungschef**: Ricardo Lagos Escobar (PS), seit 11. 3. 2000; Koalition aus PDC, PPD, PS, PRSD und Unabhängigen – **Äußeres**: Ignacio Walker Prieto (PDC), seit 29. 9. 2004 ▪ **Parlament**: Wahlen zum Abgeordnetenhaus vom 16. 12. 2001: Concertación de Partidos por la Democracia/CPPD: Partido Demócrata Cristiano/PDC 24 (39), Partido por la Democracia/PPD 21 (16), Partido Socialista/PS 11 (11), Partido Radical Socialdemócrata/PRSD 6 (4) insg. 62 von 120 Sitzen (1997: 70); Rechtsbündnis Alianza por Chile: Unión Demócrata Independiente/UDI 35 (17), Renovación Nacional/RN 22 (23), Unión de Centro–Centro Progresista/UCCP – (1) insg. 57 Sitze (41); Partido Democracia del Sur/PDS – (1), Unabhängige 1 (3) – Senat (nach Wahl von 20 Senatoren am 16. 12. 2001): CPPD 20 von 38 gewählten Sitzen (1997: 20), Alianza por Chile 18 (18)

WIRTSCHAFT **BIP** 2003: 72,415 Mrd. $; realer Zuwachs: 3,3 %; Anteil (2003) Landwirtschaft 9 %, Industrie 34 %, Dienstleistungen 57 % ▪ **Erwerbstätigkeit** 2002: Landwirtsch. 13,5 %, Industrie 23,9 %, Dienstl. 62,6 % ▪ **Arbeitslosigkeit** ∅ 1. Quartal 2005: 8,2 % ▪ **Inflation** ∅ 2004: 1,1 % ▪ **Außenhandel** 2004: **Import**: 24,491 Mrd. $; *Güter*: 72 % Industriegüter, 16 % Bergbau, Erdgas und -öl, 2 % Forst- und Landwirtschaft, Fischfang; *Länder*: 17 % Argentinien, 14 % USA, 11 % Brasilien, 7 % VR China, 3 % Deutschland, 3 % Japan, 3 % Rep. Korea, 3 % Peru, 3 % Mexiko; **Export**: 31,476 Mrd. $; *Güter*: 52 % Bergbauerzeugnisse, 37 % Industriegüter, 7 % Forst- und Landwirtschaft, Fischfang; *Länder*: 15 % USA, 12 % Japan, 10 % VR China, 6 % Rep. Korea, 5 % Niederlande, 4 % Brasilien, 4 % Italien, 3 % Deutschland

CHRONIK

▪ **Verfassungsänderung:** Am 6. 10. 2004 einigten sich die seit März 2000 in Chile regierende Mitte-links-Koalition Concertación und das rechtsgerichtete Oppositionsbündnis Alianza por Chile auf eine Änderung der Verfassung, die noch aus der Zeit der Militärdiktatur stammte. Mit der Reform wurde vor allem der Einfluss des Militärs in den politischen Institutionen des Landes zurückgedrängt: So können nicht mehr wie bisher 10 der Mitglieder im Senat ernannt werden, wovon 5 für Angehörige der Streitkräfte reserviert waren; zudem wurde eine Bestimmung abgeschafft, die ehemaligen chilenischen Präsidenten einen Senatorenposten auf Lebenszeit zuerkannt hatte. Die Regierung erhielt darüber hinaus wieder das Recht, die Oberbefehlshaber der Streitkräfte und der Polizei zu entlassen. Während das Abgeordnetenhaus der Verfassungsänderung bereits im Jahr 2001 zugestimmt hatte, war sie bisher im Senat von der dortigen Oppositionsmehrheit blockiert worden. Das ebenfalls aus der Diktaturzeit stammende und die Parteien der rechtsgerichteten Allianz bevorzugende Wahlrecht harrt dagegen noch seiner Revision.

▪ **Kabinettsumbildung:** Mit der Entlassung von Außenministerin Michelle Bachelet (Partido Socialista/PS) und Verteidigungsministerin María Soledad Alvear (Partido Demócrata Cristiano/PDC) nahm Präsident Ricardo Lagos Escobar (PS) am 29. 9. 2004 eine größere Kabinettsumbildung vor, die auch dazu diente, den beiden Politikerinnen die Kandidatur bei den Präsidentschaftswahlen Ende 2005 zu ermöglichen. Neuer Verteidigungsminister wurde Jaime Ravinet de la Fuente (PDC), Nachfolger im Außenamt Ignacio Walker Prieto (PDC).

▪ **Wirtschaft und Handelsbeziehungen:** Dass die Concertación aus den am 31. 10. 2004 abgehaltenen **Kommunalwahlen** mit 45 % der Stimmen als stärkste Kraft hervorging – die Alianza erzielte etwa 37 % –, ging nicht zuletzt auf die positive wirtschaftliche Bilanz der Regierung zurück: Chiles BIP wuchs im Jahr 2004 um 5,9 % auf 92,3 Mrd. US-$. Damit gelang es dem Land, die Rezession, in die es 1999 nach dem Wirtschaftsboom seit Mitte der 1980er Jahre geraten war, hinter sich zu lassen. Mit einem BIP von 9900 US-$ je Einw. 2003 gehört Chile zu den wohlhabendsten Ländern der Region, nur noch 6 % der Bevölkerung leben in extremer Armut, jedoch beträgt die Arbeitslosenquote nach wie vor rd. 10 %. Mit einem Anteil von 30 % am BIP und einem Zuwachs von 47 % war der Export wesentlicher Wachstumsfaktor. Zudem erzielten die wichtigsten chilenischen Exportprodukte im Jahresverlauf 2004 deutlich höhere Weltmarktpreise (Kupfer +60 %).

Kupfermine in Chuquicamata (Nordchile). Sie wird von Coldelco, dem größten Kupferproduzenten weltweit, betrieben.

Grundlage für das Exportwachstum war der seit Jahrzehnten konsequente wirtschaftsliberale Kurs Chiles, den auch die Regierung Lagos weitgehend beibehielt. Im Außenwirtschaftsbereich zeigt sich dies auch an dem umfassenden Netz von Freihandelsabkommen, die das exportorientierte Land mittlerweile geschlossen hat, darunter Abkommen mit den USA, Kanada, Mexiko, der EU, Südkorea und den meisten anderen lateinamerikanischen Ländern. Am 1. 1. 2005 trat zudem das bereits im März 2003 paraphierte Freihandelsabkommen zwischen den vier Ländern der Europäischen Freihandelsassoziation EFTA und Chile in Kraft.

▪ **Außenpolitik:** Angespannt blieben weiterhin die Beziehungen Chiles zu den Nachbarländern **Bolivien** und neuerdings auch zu **Peru.** Santiago zeigte sich vor allem verärgert darüber, dass Boliviens Staatspräsident Carlos Mesa und der peruanische Präsident Alejandro Toledo am 4. 8. 2004 ein Abkommen unterzeichneten, wonach im Gebiet der südperuanischen Stadt Ilo eine gemeinsame Freihafenzone eingerichtet werden soll und Bolivien dadurch die Möglichkeit erhält, Erdgas über diesen Freihafen nach Mexiko zu exportieren. Hintergrund des peruanisch-bolivianischen Abkommens ist der nach wie vor **ungelöste Konflikt** zwischen Chile und Bolivien **um die Einrichtung eines bolivianischen Territorialkorridors durch chilenisches Gebiet zum Pazifik.** Santiago weigert sich, in ernsthafte Verhandlungen über entsprechende Forderungen Boliviens einzutreten (→ WA 2005, S. 91 f.). Der peruanische Präsident Alejandro Toledo Manrique unterstützte nun offen die bolivianischen Forderungen und appellierte an die chilenische Regierung, Gespräche mit Bolivien zu beginnen. Die Spannungen zwischen Peru und Chile verschärften sich zudem, weil Toledo auch Gespräche über eine Revision der Hoheitsgewässer zwischen Chile und Peru forderte. Chile reagierte hierauf mit demonstrativem Säbelrasseln und führte Anfang August 2004 im Norden des Landes ein Manöver durch. Obwohl es den Außenministerien in Lima und Santiago de Chile fürs Erste gelang, die Lage auf diplomatischer Ebene etwas zu beruhigen, verschärften sich die Spannungen Ende März 2005 erneut. Peru warf seinem Nachbarn nun vor, im Jahre 1995 unter Umgehung eines Embargos illegal Waffen an Ecuador geliefert zu haben, das sich damals in einem kurzen Grenzkrieg mit Lima befunden hatte. Die chilenische Regierung ihrerseits erklärte, sie habe eine offizielle Untersuchung vorgenommen, die keine Hinweise auf derlei illegale Waffengeschäfte ergeben habe.

▪ **Aufarbeitung der Diktatur:** Wie auch in den Vorjahren konnte die Regierung Lagos weitere Fortschritte bei der juristischen und politischen Aufarbeitung der Pinochet-Diktatur von 1973 bis 1990 verzeichnen. Am 10. 11. 2004 übergab eine vom Präsidenten im August 2003 eingesetzte Kommission unter Leitung des katholischen Bischofs Sergio Valech einen Untersuchungsbericht, der zu dem Ergebnis kam, dass es sich bei den Folterungen politischer Gegner während der Diktaturzeit nicht um Taten Einzelner gehandelt habe, sondern dass die Folter ein damals systematisch von Militär, Geheimdienst und Polizei benutztes Mittel politischer Unterdrückung gewesen sei. In dem Bericht sind Zeugenaussagen von nahezu 36 000 früheren Regimegegnern festgehalten, wovon bis Juni 2005 fast 29 200 von der Kommission als glaubwürdig anerkannt worden waren. Als Reaktion auf den Bericht kündigte Lagos ein Gesetz an, mit dem jedem der durch die Kommission anerkannten Folteropfer als Entschädigung eine staatliche Rente von umgerechnet etwa 200 US-$ monatlich sowie kostenlose medizinische Versorgung und andere Vergünstigungen im Ausbildungs- und Wohnungswesen zuerkannt werden sollen. Die Ankündigung des **Entschädigungsgesetzes** wurde von allen politischen Parteien im Land unterstützt.

Unterschiedlich waren die **Reaktionen von Armee und Veteranenverbänden**: Während sich der Kommandeur des Heeres, Juan Emilio Cheyre, bereits am 5. 11. 2004 bei den Folteropfern entschuldigt hatte und die Verantwortung des Heeres als Institution für die Menschenrechtsverletzungen anerkannte, gestand die Führung der Marine unter Admiral Miguel Angel Vergara zwar Anfang Dezember 2004 mit Bedauern ein, dass zur Zeit der Pinochet-Diktatur politische Gefangene durch Angehörige der Truppe gefoltert worden seien, lehnte jedoch ebenso wie die uniformierte Polizei und die Organisation der Armeeveteranen die Übernahme einer institutionellen Verantwortung nach dem Vorbild des Heeres ab.

Das **juristische Tauziehen um die Strafverfolgung des ehemaligen Juntachefs Augusto Pinochet** ging indessen weiter: Am 26. 8. 2004 entzog der Oberste Gerichtshof dem ehemaligen Diktator erneut die Immunität, die er als ehemaliger Präsident auf Lebenszeit genoss. Die Entscheidung des Obersten Gerichts fiel im Rahmen eines Verfahrens gegen die Verantwortlichen der sog. **Operation Cóndor**, einer grenzüberschreitenden gemeinsamen Aktion der Geheimdienste Chiles, Argentiniens, Paraguays, Boliviens und Brasiliens während der Zeit der dortigen Militärdiktaturen in den 1970er Jahren zur Verfolgung politischer Gegner. Pinochet wird in diesem Zusammenhang beschuldigt, von der Operation volle Kenntnis gehabt zu haben und für das Verschwinden von neun Personen und den Tod einer weiteren direkt verantwortlich zu sein. Bereits im Mai 2004 war die Immunität Pinochets in einem anderen Verfahren um Menschenrechtsverletzungen aufgehoben worden; Pinochet hatte sich der Strafverfolgung aber bisher dadurch entziehen können, dass ihm Verhandlungsunfähigkeit auf Grund von »leichter bis gemäßigter« Altersdemenz attestiert worden war. Am 13. 12. 2004 erhob Untersuchungsrichter Juan Guzmán jedoch Anklage wegen Mord und Entführung im Fall der Operation Cóndor, da nach neuerlichen medizinischen Untersuchungen durchaus von einer Verhandlungsfähigkeit des 89-Jährigen ausgegangen werden könne. Anfang April 2005 wies der Zweite Strafsenat des Obersten Gerichtshofs das von den Verteidigern Pinochets eingereichte Schutzbegehren zurück, mit dem diese unter erneutem Verweis auf seine angebliche Verhandlungsunfähigkeit versucht hatten, das eingeleitete Verfahren aufzuhalten. Das Berufungsgericht in Santiago gab dem Antrag der Verteidiger jedoch Recht und stoppte das Verfahren.

Dasselbe Gericht hob jedoch im Untersuchungsverfahren wegen geheimer US-Konten die Immunität Pinochets auf, was einen Anwalt der Familien der Opfer zu der Bemerkung veranlasste: »Chilenische Richter können nicht akzeptieren, dass Pinochet ein Dieb sein soll, aber es nicht von Bedeutung, dass er ein Mörder sein soll.« Im letzteren Fall konnten dem ehemaligen Juntachef Finanztransaktionen in Millionenhöhe auf ein ganzes System von Auslandskonten nachgewiesen werden. Die chilenischen Behörden kamen diesem Sachverhalt auf Grund eines Mitte Juni 2004 veröffentlichten Untersuchungsberichtes einer Kommission des US-Senats auf die Spur, wonach Pinochet zwischen 1990 und 2002 bei der Riggs-Bank in Washington nicht deklarierte Konten unterhalten habe, über die zwischen 4 und 8 Mio. US-$ bewegt worden seien. Der chilenische Staatsverteidigungsrat hatte auf Grund dieser Erkenntnisse empfohlen, **Anklage wegen Steuerhinterziehung und Veruntreuung öffentlicher Gelder** gegen Pinochet zu erheben. Die Nachforschungen wurden später auf die gesamte Familie Pinochet und weitere 39 Familien ausgedehnt. Nach der Entdeckung weiterer Konten bei der Riggs-Bank, die darauf hindeuten, dass Pinochet dort bereits seit 1985, also schon während seiner Präsidentschaft, insgesamt sogar 12 Mio. US-$ deponiert habe, beschlagnahmte die chilenische Justiz Ende November 4,2 Mio. US-$ aus dem Vermögen Pinochets. Am 20. 1. 2005 dehnte der Strafsenat des Obersten Gerichts die Untersuchungen in dieser Angelegenheit auch auf das weitere Ausland aus. Bisher kam nach Angaben einer Kommission des US-Senats vom März 2005 ein System von insgesamt 125 Konten oder Depots bei sieben ausländischen Geldinstituten zu Tage, über die mind. 18 Mio. US-$ bewegt wurden. Der Finanzskandal hat die Glaubwürdigkeit Pinochets auch in dessen bisheriger Anhängerschaft beeinträchtigt.

Manuel Contreras Sepúlveda, der **frühere Chef der** unter der Diktatur Pinochets aktiven **Geheimpolizei Dina**, wurde am 28. 1. 2005 in seinem Haus in Santiago festgenommen. Er hatte sich geweigert, eine 15-jährige Haftstrafe anzutreten, zu der er neben vier weiteren früheren Dina-Mitarbeitern vor einem Jahr wegen der Entführung eines Regimegegners im Jahr 1975 verurteilt worden war. Mit seiner Aussage über das »Verschwinden« der Regimegegner während der Diktatur hatte er Mitte Mai Pinochet schwer belastet. Dieser sei – entgegen seiner bisherigen Aussage – über alle Vorgänge informiert gewesen. Das gegen Contreras und seine Untergebenen ergangene Urteil wurde am 2. 6. vom Berufungsgericht mit der Begründung aufgehoben, das deren Vergehen noch unter die während der Diktatur erlassene Amnestie falle.

Mitte März 2005 gelang den argentinischen Behörden die **Festnahme des Leiters der** im Süden Chiles gelegenen Deutschen-Siedlung **Colonia Dignidad**. Bereits einen Tag später wurde er an Chile überstellt. Dem seit 1997 flüchtigen 83-jährigen Paul Schäfer wird zur Last gelegt, in der sektenähnlich organisierten Siedlung vor allem während der Pinochet-Diktatur Menschenrechtsverletzungen begangen zu haben. Erst Mitte November 2004 hatte ihn ein chilenisches Gericht in Abwesenheit wegen des sexuellen Missbrauchs von 26 Kindern verurteilt.

China Republik (Taiwan)

Ost-Asien

Republik China (Taiwan); Chung-hua Min-kuo – TW / TWN

Fläche (Weltrang: 134): 36 006 km²

Einwohner (47): F 2003 22 605 000 = 628 je km²

Hauptstadt: T'aipei (Taipeh)

Amtssprache: Chinesisch

Bruttonationaleinkommen 2003 je Einw.: 11 710 $

Währung: 1 Neuer Taiwan-Dollar (NT$) = 100 Cents
Kurs: 1 US-$ = 31,38 NT$; 1 € = 39,33 NT$

Diplomatische Vertretung:
Taipeh Vertretung in der Bundesrepublik Deutschland
Markgrafenstr. 35, 10117 Berlin
T 030 / 20 36 10, Fax 20 36 11 01
www.roc-taiwan.de

LANDESSTRUKTUR **Fläche**: 36 006 km²; → Karte ▪ **Gebiete:** u. a. P'enghu Ch'üntao (Pescadores): 64 Inseln in der Formosastraße mit 127 km²; mehrere Inselgruppen vor dem Festland der VR China, u. a. Chinmen Tao (Quemoy) mit 155 km² und Matsu Tao (Matsu) mit 26 km² ▪ **Verwaltung**: 5 Stadtkreise, 16 Landkreise und 2 Sonderstadtkreise Taipeh und Kaohsiung; Tabelle → WA 2004, Sp. 188 ▪ **Städte**: (F 2002) T'aipei (Taipeh) 2 641 856 Einw., Kaohsiung 1 509 510, T'aichung 996 706, T'ainan 745 081, Panchiao 535 476, Chungho 403 510, Chilung 391 450, Sanchung 384 217, Hsinchuang 380 334, Hsinchu 378 797, Taoyuan 347 160, Chungli 334 683 , Fangshan 323 799

BEVÖLKERUNG Taiwanesen – F 2003: 22 605 000 Einw.; Bevölkerungswachstum: 0,4 %; letzte Zählung 2000: 22 226 879 Einw. – überwiegend Han-Chinesen (70 % Min-Nan oder Süd-Fujianaesen, 15 % Hakka, 13 % nach 1949 eingewanderte sog. Festlandchinesen), 2 % malaio-polynes. Ureinwohner (11 ethn. Gruppen: 38 % Ami, 23 % Atayal, 18 % Paiwan u. a.) ▪ **Sprachen**: Chinesisch (auf der Basis des Dialekts von Beijing), Min (Süd-Fujian-Dialekt), Hakka; Sprachen der Ureinwohner ▪ **Religion** 2002: 43 % Buddhisten, 20 % Daoisten, 3,8 % I-Kuan Tao-Anhänger; Minderheiten von Christen (1,3 % Katholiken) und Muslimen; Konfuzianismus weit verbreitet

STAATS- UND REGIERUNGSFORM Verfassung von 1947, letzte Änderung 2005 – Republik – Parlament: Legislativ-Yüan (Li Fa Yüan) mit 113 Mitgl. ab 2007, Wahl alle 4 J. (bisher 3), 6 Mandate für Übersee-Chinesen reserviert; Nationalversammlung (Guomin Dahui) mit 300 Mitgl. 2005 aufgelöst – Direktwahl des Staatsoberh. alle 4 J. – Wahlrecht ab 20 J. ▪ **Unabhängigkeit**: Fortführung der am 1. 1. 1912 in Peking proklamierten Republik; von der UN zugunsten der VR China 1971 ausgeschlossen; diplomatische Beziehungen mit 25 Staaten (Juni 2005), inoffizielle Beziehungen zu den meisten Staaten ▪ **Nationalfeiertag**: 10. 10. (Tag des Aufstands von Wuchang 1911)

REGIERUNG UND PARTEIEN **Staatsoberhaupt**: Chen Shui-bian (DPP), seit 20. 5. 2000 – **Regierungschef**: Frank Chang-ting Hsieh (DPP), seit 1. 2. 2005; Minderheitsregierung der DPP und TSU – **Äußeres**: Chen Tang-sun, seit 10. 4. 2004 ▪ **Parlament**: Wahlen zum Legislativ-Yüan am 11. 12. 2004: Demokratische Fortschrittspartei / DPP 89 von 225 Sitzen (2001: 87), Nationale Volkspartei Guomindang / GMD 80 (68), Volkspartei / PFP 34 (46), Taiwan-Solidaritätsunion / TSU 12 (13), Sonstige 1 (2), Unabhängige 9 (9)

WIRTSCHAFT **BIP** 2004: 316,700 Mrd. $; realer Zuwachs: 3,7 %; Anteil (2001) Landwirtschaft 2 %, Industrie 31 %, Dienstleistungen 67 % ▪ **Erwerbstätigkeit** 2003: Landwirtsch. 7,3 %, Industrie 34,8 %, Dienstl. 57,9 % ▪ **Arbeitslosigkeit** ∅ 2004: 4,4 % ▪ **Inflation** ∅ 2004: –0,3 % ▪ **Außenhandel** 2004: **Import**: 167,9 Mrd. $; *Güter*: 18 % Elektronik, 14 % mineralische Stoffe, 11 % Metalle und Metallprodukte, 11 % Maschinen, 11 % Chemikalien, 8 % Präzisionsgeräte, Uhren, Musikinstrumente, 4 % elektrische Maschinen, 3 % informations- und kommunikationstechnische Erzeugnisse, 3 % Transportmittel und -ausrüstungen; *Länder*: 26 % Japan, 13 % USA, 10 % VR China, 7 % Rep. Korea, 4 % Deutschland, 3 % Saudi-Arabien, 3 % Malaysia, 3 % Singapur, 2 % Indonesien (ASEAN gesamt: 12 %, EU gesamt: 10 %); **Export**: 174,0 Mrd. $; *Güter*: 23 % Elektronik, 11 % Metalle und Metallprodukte, 7 % informations- und kommunikationstechnische Erzeugnisse, 7 % Textilprodukte, 7 % Kunststoff / Gummi und Erzeugnisse daraus, 7 % Maschinen, 7 % Präzisionsgeräte, Uhren, Musikinstrumente, 5 % elektrische Maschinen, 4 % Chemikalien, 4 % Transportmittel und -ausrüstungen; *Länder*: 20 % VR China, 17 % Hongkong, 16 % USA, 8 % Japan, 4 % Singapur, 3 % Rep. Korea, 3 % Niederlande, 3 % Deutschland, 2 % Malaysia (ASEAN gesamt: 13 %, EU gesamt: 12 %)

CHRONIK

Die so genannte Taiwan-Frage, bei der es um die politische Zugehörigkeit der von der VR China seit 1949 als »abtrünnige Provinz« betrachteten Insel geht, beherrschte weiterhin die nationalpolitische Auseinandersetzung und das politische Klima zwischen der international isolierten Republik China (Taiwan) und der Volksrepublik. Der erneute Sieg der gegenüber der VR eher moderat gesonnenen Opposition bei der Parlamentswahl im Dezember 2005 bremste die Bestrebungen des im März wieder gewählten Präsidenten Chen Shui-bian, die faktische Unabhängigkeit zu formalisieren. Das vom Nationalen Volkskongress der VR China im März 2005 verabschiedete Abspal-

tungsgesetz fachte den Konflikt aufs Neue an. Die erstmaligen Besuche der führenden Oppositionspolitiker in der VR China im Frühjahr 2005 schienen Bewegung in die verhärteten Fronten zu bringen.

■ **Nachspiel zur Präsidentenwahl:** Der Oberste Gerichtshof in Taipeh wies am 4. 11. 2004 die Einsprüche des unterlegenen Präsidentschaftskandidaten Lien Chan gegen die **umstrittene Präsidentenwahl** vom 20. 3. zurück und lehnte am 30. 12. eine Annullierung der Wahl ab; Amtsinhaber Chen Shui-bian hatte die Wahl mit einer sehr knappen Mehrheit – laut Gerichtshof mit 25 528 Stimmen (0,12 %) – vor seinem Herausforderer Lien Chan von der oppositionelle Guomindang (GMD) für sich entschieden (→ WA 2005, S. 94).
Die **Ungereimtheiten des Attentats** am Vorabend der Wahl, bei dem Chen und seine Stellvertreterin Annette Lu leicht verletzt wurden, blieben unaufgeklärt. Anfang März 2005, fast ein Jahr nach der Tat, glaubten die Ermittlungsbehörden, den Attentäter ausfindig gemacht zu haben, einen depressiven Arbeitslosen, dessen Tod zehn Tage nach der Tat zunächst als Unfall, später als Suizid eingestuft worden war. Die GMD zweifelte die Ermittlungsergebnisse an.

■ **Parlamentswahl vom 11. 12. 2004:** Präsident Chen verfehlte das erhoffte Vertrauensvotum für sein Parteienbündnis deutlich und muss **ohne Mehrheit im Parlament weiterregieren**. Auf seine Demokratische Fortschrittspartei (DPP) und ihre Partnerin, die Taiwan-Solidaritätsunion (TSU) des früheren Präsidenten Lee Teng-hui, entfielen zusammen 101 der insgesamt 225 Mandate, eines mehr als bei der Wahl drei Jahre zuvor. Eine knappe Mehrheit (114 Mandate) errangen wieder die GMD und die ehemals von ihr abgespaltene chinafreundliche Volkspartei (PFP, 34 Sitze). Dabei erfreute sich die GMD mit einem Zuwachs von 11 auf 80 Mandate erstmals nach einer Serie von Wahlniederlagen seit dem Machtverlust im Jahr 2000 eines wachsenden Wählerzuspruchs. Die Wahlbeteiligung betrug 59,2 %. Chen hatte im Wahlkampf **erneut auf die »nationale Karte« gesetzt** und für das Jahr 2006 ein Referendum über eine Verfassungsreform angekündigt, die Beantragung der Mitgliedschaft in den UN unter dem Namen Taiwan ins Spiel gebracht und angedeutet, eine Volksabstimmung über eine Unabhängigkeitserklärung abhalten zu wollen, sollte die VR China den Druck auf den Inselstaat weiter erhöhen. Der Ausgang der Wahl spiegelte nach Ansicht von Wahlforschern das pragmatische Interesse der meisten Menschen auf Taiwan wider, den Status quo im Verhältnis zur VR China zu erhalten. Drei Tage nach der Wahl übernahm Chen die politische Verantwortung für die Wahlniederlage und erklärte seinen Rücktritt vom Parteivorsitz.
Zum neuen Ministerpräsidenten der DDP / TSU-Minderheitsregierung berief Chen am 25. 1. 2005 Frank Hsieh, seinen früheren parteiinternen Rivalen und bisherigen Bürgermeister von Kaohsiung, der zweitgrößten Stadt des Landes. Mit Blick auf die bisherige Obstruktionspolitik der Opposition warb Hsieh in seiner Regierungserklärung um eine Zusammenarbeit der politischen Lager bei der Gesetzgebung, um Taiwan aus der politischen Sackgasse herauszuführen. Jedoch beließ er es im Wesentlichen bei der bisherigen Regierungsmannschaft, auch Chen Tang-sun verblieb als Außenminister im Amt.

■ **Statusfrage:** Am Vorabend des 55. Nationalfeiertags (10. 10. 2004) beschloss die Regierung, im Verkehr mit dem Ausland in allen Dokumenten dem offiziellen Staatsnamen »Republik China« in Klammern die **Ergänzung »Taiwan«** hinzuzufügen. Während diese Entscheidung als weiterer Schritt der Abgrenzung von Beijing zu interpretieren war, warb Präsident Chen in seiner Rede am 10. 10. gleichwohl für gemeinsame Anstrengungen Taiwans und der VR China zum Abbau der Spannungen durch vertrauensbildende Maßnahmen. Erforderlich seien Beratungen über Rüstungskontrollen und Verhaltensregelungen für die Meeresstraße zwischen der Inselrepublik und dem Festland. Konkret schlug er vor, **den 1999 abgebrochenen Dialog wieder aufzunehmen**. Dieser beruhte auf dem so genannten »Konsens von 1992«, in dem sich beide Seiten zu »einem China« bekannten, ohne sich in der Interpretation gegenseitig zu binden. Chen, dessen DPP diese Formel nicht akzeptiert, erwähnte den Ein-China-Grundsatz nicht und ließ offen, ob er sich an ihn halten will. Die Führung in Beijing wies am 15. 10.

das Gesprächsangebot Chens als »unaufrichtig« zurück. Proteste in Taipeh löste die überraschend eindeutige Erklärung des US-Außenministers Colin Powell am 25. 10. aus, die USA betrachteten Taiwan nicht als unabhängigen Staat und Washington wünsche nicht, dass eine der beiden Seiten mit unilateralen Maßnahmen die Wiedervereinigung unmöglich mache.

Scharfe Kritik auf der Inselrepublik löste das **Antisezessionsgesetz der VR China** aus, das der Nationale Volkskongress am 14. 3. 2005 verabschiedet hatte (→ VR China). Präsident Chen verurteilte es als »Aggressionsgesetz« mit dem Ziel, Taiwan einzuschüchtern, und forderte die Europäische Union auf, ihr Waffenembargo gegen die VR nicht aufzuheben. Gleichwohl hielt er an seiner Aufforderung fest, eine friedliche Lösung der Differenzen durch Dialog zu suchen. Schon vor Verabschiedung des Gesetzes hatte Ministerpräsident Hsieh vor dem Parlament angekündigt, im Falle einer Annahme des Gesetzes durch den NVK eine Änderung des Staatsnamens in »Taiwan« zu betreiben, was in den Augen der Regierung in Beiijng einer verkappten Unabhängigkeitserklärung gleichkäme.

Auf einer der größten Demonstrationen in der Geschichte des Landes **protestierten in Taipeh am 26. 3. bis zu 1 Mio. Menschen** gegen das in Beijing verabschiedete Gesetz. Entgegen den Gepflogenheiten beteiligte sich auch Präsident Chen an der Kundgebung, zu der er selbst aufgerufen hatte, ergriff jedoch nicht das Wort. Die GMD verurteilte das Antisezessionsgesetz gleichfalls, beteiligte sich jedoch nicht an den Protestaktionen.

▪ **Opposition auf Entspannungsmission in Beijing:** Ende März reiste erstmals seit Ende des Bürgerkriegs 1949 eine offizielle Abordnung der früheren Bürgerkriegspartei auf das Festland und führte Vorgespräche zum **Besuch des GMD-Vorsitzenden Lien Chan in Beijing** (26. 4.–3. 5. 2005). Sein ehrenvoller Empfang durch den Vorsitzenden der KP Chinas und Staatschef Hu Jintao am 29. 4. (→ Foto) wurde trotz seines offenkundigen propagandistischen Charakters als historisches Ereignis und zugleich als Affront gegen Taiwans Präsident Chen gewertet. In einer Rede vor der Beijinger Universität appellierte Lien an beide Regierungen, »den Status quo aufrechtzuerhalten«.

Wenige Tage später bereiste der zweite Oppositionsführer, **James Soong von der Volkspartei** (PFP), für neun Tage die Volksrepublik (6.–14. 5.). Nach seinem Gespräch mit Hu Jintao am 12. 5. in Beijing veröffentlichten beide Seiten eine gemeinsame Erklärung, in der das Verhältnis der VR zu Taiwan mit »zwei Seiten, ein China« gekennzeichnet wird. Kommentatoren interpretierten die Wahl der neuen Formel als Angebot von Beijing an Taipeh, den Dialog wieder aufzunehmen. Für diesen Fall signalisierte Beijing Bereitschaft, über eine Freihandelszone sowie Taiwans Teilnahme in internationalen Gremien wie der Weltgesundheitsorganisation zu sprechen.

Historischer Händedruck zwischen Lien Chan und Hu Jintao am 29. 4. 2005 in Beijing

▪ **Wahl der Nationalversammlung:** Der Opposition gelang es nicht, ihre spektakulären entspannungspolitischen Auftritte auf dem Festland in Wahlerfolge umzumünzen. Bei der Wahl einer Nationalversammlung zur Änderung der Verfassung am 14. 5. 2005 behauptete sich Chens regierende DDP überraschend klar. Sie gewann 42,5 % der Stimmen und 127 der insgesamt 300 Sitze zählenden Kammer; die TSU, die eine formelle Abtrennung von China offensiv vertritt, erhielt 21 Sitze. 117 Mandate entfielen auf die GMD, 18 auf die PFP. Die geringe Wahlbeteiligung von 23 % schmälerte die Aussagekraft der Wahl. Einzige Aufgabe der Nationalversammlung war am 7. 6. die Entscheidung über ein Paket von Verfassungsänderungen, die das Parlament schon passiert hatten und von beiden großen Parteien befürwortet wurden. Nach der neuen Verfassung wird die Zahl der Parlamentsmitglieder von 225 auf 133 reduziert, die statt für 3 jetzt für 4 Jahre gewählt werden. Da über Verfassungsänderungen in Zukunft per Referendum abgestimmt wird, **löste sich die Nationalversammlung** nach der Beschlussfassung **selbst auf.**

▪ **Direktflüge:** Anlässlich des Neujahrsfestes (9. 2. 2005) kam es für drei Wochen (29. 1.–20. 2.) **erstmals seit 1949 zu direkten Flugverbindungen** zwischen Taiwan und dem Festland. Dadurch erübrigte sich der bisher notwendige Zwischenstopp in Hongkong oder Macao, die Flugzeit verkürzte sich um mehrere Stunden. Die zwischen Charter-Fluggesellschaften beider Seiten getroffene Vereinbarung wurde als Durchbruch gewertet und galt als Signal einer beiderseitigen Entspannungsbereitschaft. Taipeh hatte sich bisher aus Sicherheitsgründen gegen Direktflüge gesperrt, während Beijing die Anerkennung des Ein-China-Dogmas zur Bedingung gemacht hatte.

Nach der Verabschiedung des Antisezessionsgesetzes (→ oben) am 14. 3. lehnte die Regierung in Taipeh die Verhandlungen über eine Ausweitung der gegenseitigen Direktflüge ab. Etwa 1 Mio. Taiwan-Chinesen leben auf dem Festland, die Investitionen von Unternehmern aus Taiwan auf dem Festland sollen bei rd. 100 Mrd. US-$ liegen.

China Volksrepublik Ost-Asien

Volksrepublik China; Zhonghuá Rénmín Gònghéguó, Kurzform: Zhongguo – CN / CHN

Fläche (Weltrang: 4): 9 572 419 km²

Einwohner (1): F 2003 1 295 660 000 = 135 je km²

Hauptstadt: Beijing (Peking)

Amtssprache: Chinesisch (Putonghua)

Bruttonationaleinkommen 2003 je Einw.: 1100 $

Währung: 1 Renminbi ¥uan (RMB.¥) = 10 Jiao
Kurs: 1 US-$ = 8,28 RMB.¥; 1 € = 10,34 RMB.¥

Botschaft der Volksrepublik China
Märkisches Ufer 54, 10179 Berlin
T 030 / 27 58 29 22, Fax 27 58 82 21
www.china-botschaft.de

LANDESSTRUKTUR **Fläche**: 9 572 419 km² einschließlich Tibet (1 228 000km²), Sonderverwaltungsregionen Hongkong (1095 km²) und Macau (23,80 km²) (→ unten) und verschiedener Inseln; → Karten ▪ **Verwaltung**: 23 Provinzen (einschließlich Taiwan, von der VR China als 23. Provinz angesehen), 5 autonome Regionen, 4 Stadtbezirke; außerdem 147 territoriale Einheiten mit regionaler Autonomie; → Tabelle ▪ **Städte**: (F 2003; alle A) Shanghai 13 417 700 Einw., Beijing (Peking) 11 488 200, Chengdu 10 443 100, Harbin 9 543 100, Tianjin (Tientsin) 9 260 000, Shijiazhuang 9 105 100, Wuhan 7 811 900, Chongqing 7 479 800, Guangzhou (Kanton) 7 251 900, Qingdao (Tsingtau) 7 206 800, Changchun 7 182 300, Xi'an (Sian) 7 165 800, Shenyang 6 891 000, Zhengzhou 6 610 700, Hangzhou 6 427 800, Nanning 6 146 700, Fuzhou 6 048 600, Changsha 6 017 600

BEVÖLKERUNG Chinesen – F 2003: 1 295 660 000 Einw.; Bevölkerungswachstum: 0,6 %; letzte Zählung 2000: 1 242 612 226 Einw. – 56 nationale Minderheiten (»Nationalitäten«): 91,6 % Han-Chinesen, 1,4 % Zhuang, 0,8 % Mandschu, 0,8 % Hui, 0,7 % Miao, 4,3 % Sonstige: Mongolen, Koreaner, Turkvölker (u. a. 7 000 000 Uiguren, 1 000 000 Kasachen), Tibeter ▪ **Sprachen**: Chinesisch (Putonghua), versch. chines. Dialekte; Sprachen der nationalen Minderheiten (u. a. Tibetisch, Uigurisch, Mongolisch); Englisch ▪ **Religion**: 100 Mio. Buddhisten, 30 Mio. Daoisten, 20 Mio. Muslime, 15 Mio. Protestanten, 4 (nach Schätzungen 13–14) Mio. Katholiken; Konfuzianismus weit verbreitet

STAATS- UND REGIERUNGSFORM Verfassung von 1982, zuletzt geändert 2004 – Volksrepublik – Oberstes Verfassungsorgan ist das jährlich tagende Parlament (Nationaler Volkskongress / NVK) mit 2972 alle 5 J. von den Parlamenten der Provinzen, autonomen Regionen und Stadtbezirken sowie von der Volksbefreiungsarmee (267 Delegierte) gewählten Mitgl. – Ständiger Ausschuss des Nationaler Volkskongresses mit 154 Mitgl. (134 Abgeordnete, der Präsident, 18 Vizepräsidenten und der Generalsekretär) leitet während der Tagungspausen die verschiedenen Ausschüsse, Vors. des Ständigen Ausschusses des NVK: Wu Bangguo, seit 15. 3. 2003 – Oberste Führung: Ständiger Ausschuss des Politbüros der KPCh mit Generalsekretär der Partei an der Spitze (Hu Jintao, seit 15. 11. 2002) und weiteren 8 Mitgl.: Wu Bangguo, Wen Jiabao, Jia Qinglin, Zeng Qinghong, Huang Ju, Wu Guanzheng, Li Changchun, Luo Gan; 24-köpfiges Politbüro (Ständiger Ausschuss + 13 Vollmitgl. und 2 Kandidaten) sowie Sekretariat mit 7 Mitgl.; Zentralkomitee (189 Vollmitgl. und 130 Kandidaten); Zentrale Militärkommission (9 Mitgl., Vors. Hu Jintao, seit 2005); Wahl des Staatsoberh. durch NVK – Wahlrecht ab 18 J. ▪ **Unabhängigkeit**: alte staatliche Tradition; Ausrufung der Volksrepublik durch Mao Zedong 1. 10. 1949 ▪ **Nationalfeiertag**: 1. 10.

REGIERUNG UND PARTEIEN **Staatsoberhaupt**: Hu Jintao, seit 15. 3. 2003; Vizepräsident: Zeng Qinghong – **Regierungschef**: Wen Jiabao, seit 16. 3. 2003 – **Äußeres**: Li Zhaoxing, seit 17. 3. 2003 ▪ **Parlament**: Wahlen von Oktober 2002–März 2003: Kommunistische Partei Chinas / KPCh alle Sitze

WIRTSCHAFT **BIP** 2003: 1417,000 Mrd. $; realer Zuwachs: 9,3 %; Anteil (2003) Landwirtschaft 15 %, Industrie 52 %, Dienstleistungen 33 % ▪ **Erwerbstätigkeit** 2002: Landwirtsch. 44,1 %, Industrie 21,4 %, Dienstl. 28,6 % ▪ **Arbeitslosigkeit** ∅ 2004 4,2 % (in den Städten, ca. 150 Mio. Unterbeschäftigte und Arbeitslose auf dem Land) ▪ **Inflation** ∅ 2004: 3,9 % ▪ **Außenhandel** 2004: **Import**: 561,4 Mrd. $; *Güter*: 20 % Elektrotechnik und Elektronik, 12 % Maschinen, 12 % chemische Erzeugnisse, 10 % Rohstoffe, 9 % Brennstoffe und technische Öle, 6 % Mechatronik, 5 % Büromaschinen, 4 % Nachrichtentechnik, Radio und TV, 4 % Eisen und Stahl; *Länder*: 17 % Japan, 12 % Rep. China, 11 % Rep. Korea, 8 % USA, 5 % Deutschland, 3 % Malaysia, 3 % Singapur, 2 % Russland (EU gesamt: 13 %, ASEAN gesamt: 11 %); **Export**: 593,4 Mrd. $; *Güter*: 16 % Textilien und Bekleidung, 13 % Büromaschinen / EDV, 12 % Nachrichtentechnik, Radio und TV, 10 % Elektrotechnik und Elektronik, 6 % Maschinen, 4 % chemische Erzeugnisse, 4 % Metallerzeugnisse, 3 % Nahrungsmittel und lebende Tiere, 3 % Kfz und -Teile; *Länder*: 21 % USA, 17 % Hongkong, 12 % Japan, 5 % Rep. Korea, 4 % Deutschland, 3 % Niederlande, 3 % Großbritannien (EU gesamt: 18 %, ASEAN gesamt: 7 %) Weitere Informationen → Kap. Wirtschaft

Volksrepublik China[1]
Fläche, Bevölkerung und Bevölkerungsdichte

Verwaltungseinheit (Hauptort)	Fläche in 1000 km²	Einwohner in Tsd. F 2003[2]	je km²
Provinz (sheng)			
Anhui (Hefei)	139	64 100	461
Fujian (Fuzhou)	121	34 880	288
Gansu (Lanzhou)	454	26 030	57
Guangdong / Kanton (Guangzhou)	178	79 540	447
Guizhou (Guiyang)	176	38 700	220
Hainan / Insel (Haikou)	34	8 110	239
Hebei (Shijiazhuang)	188	67 690	360
Heilongjiang (Harbin)	469	38 150	81
Henan (Zhengzhou)	167	96 670	579
Hubei (Wuhan)	186	60 020	323
Hunan (Changsha)	210	66 630	317
Jiangsu (Nanjing)	103	74 060	719
Jiangxi (Nanchang)	169	42 540	252
Jilin (Changchun)	187	27 040	145
Liaoning (Shenyang)	146	42 100	288
Qinghai (Xining)	721	5 340	7
Shaanxi (Xi'an)	206	36 900	179
Shandong (Jinan)	153	91 250	596
Shanxi (Taiyuan)	156	33 140	212
Sichuan (Chengdu)	485	87 000	179
Yunnan (Kunming)	394	43 760	111
Zhejiang (Hangzhou)	102	46 800	459
Regierungsunmittelbare Stadt			
Beijing	17	14 560	856
Shanghai	6	17 110	2852
Tianjin	11	10 110	919
Chongqing	82	31 300	382
Autonome Region			
Guangxi Zhuangzu (Nanning)	236	48 570	206
Nei Monggol / Innere Mongolei (Hohhot)	1 183	23 800	20
Ningxia Huizu (Yinchuan)	66	5 800	88
Xinjiang Uygur (Ürümqi)	1 600	19 340	12
Xizang / Tibet (Lhasa)	1 228	2 700	2
Volksrepublik China	9 571	1 283 820	134

1 ohne Hongkong und Macau
2 ohne Armeeangehörige, insg. 2 500 000
Quelle: National Bureau of Statistics of China

SONDERVERWALTUNGSZONEN

Hongkong
Xianggang; Hong Kong

Fläche: 1095 km²; über 230 Inseln, New Territories 952,3 km²; → Karte ▪ **Bevölkerung** F 2003: 6 816 000 Einw.; Bevölkerungswachstum: 0,4 %; letzte Zählung 2001: 6 708 389 Einw. – 94,9 % Chinesen, 2,1 % Philippiner, 0,8 % Indonesier, 0,3 % Briten, 0,3 % Inder, 1,7 % Sonstige (v. a. Thailänder, Japaner, Nepalesen, Pakistaner) ▪ **Sprachen** 2001: Chinesisch (89,2 % Kantonesisch, 0,9 % Putonghua, 5,5 % andere chinesische Sprachen), 3,2 % Englisch ▪ **Religion**: überwiegend Buddhisten, Konfuzianer, Daoisten, ca. 10 % Christen, Minderheiten von Muslimen, Hindus, Sikhs, Juden ▪ **Status:** Sonderverwaltungsregion seit 1997 (britische Kolonie von 1843 bis 1997) – Parlament: Legislativrat mit 60 Mitgl. (30 direkt, 30 von Berufsverbänden gewählt) – 36 Abgeordnete im Volkskongress der VR China – Wahl alle 4 J. ▪ **Regierung:** Verwaltungschef: Donald Tsang, seit 14. 3. 2005

Macau
Aomen; Santo Nome de Deus de Macau

Fläche: 23,80 km²; mit Inseln Coloane 7,6 km² u. Taipa 6,2 km² ▪ **Bevölkerung** F 2003: 444 000 Einw.; Bevölkerungswachstum: 1,1 %; letzte Zählung 2001: 435 235 Einw. – 68,2 % Chinesen, 27,9 % Portugiesen, 1,8 % Briten, 2,1 % Sonstige ▪ **Sprachen**: Portugiesisch, Chinesisch, Englisch; Macaísta / Patuá (Kreolsprache) ▪ **Religion**: überwiegend Katholiken und Buddhisten ▪ **Status:** Verfassung von 1999 – Sonderverwaltungsregion seit 1999 (portugiesische Kolonie von 1557 bis 1999) – Parlament: Legislativrat mit 27 Mitgl. (10 direkt gewählt, 10 Standesvertreter indirekt gewählt, 7 ernannt), Wahl alle 4 J. ▪ **Regierung:** Verwaltungschef: Edmund H. W. Ho, seit 20. 12. 1999

Vor dem Hintergrund der seit zweieinhalb Jahrzehnten ungebrochenen wirtschaftlichen Dynamik setzte die seit 2003 amtierende neue Führung die **Modernisierung des Wirtschafts- und Gesellschaftssystems** fort. Angesichts zunehmender sozialer Unruhen in mehreren Regionen konzentrierte sie sich jedoch stärker auf eine Konsolidierung der wirtschaftlichen Prozesse und den Abbau der drastischen sozialen Ungleichgewichte. Eine Reform der politischen Strukturen, die immer noch durch die Einparteienherrschaft der Kommunistischen Partei (KPCh) geprägt sind, steht dagegen weiterhin ebenso wenig zur Debatte wie eine Lockerung der Haltung zu neuralgischen Themen von nationaler Bedeutung wie der Selbstbestimmung in der Sonderverwaltungszone Hongkong und dem Verhältnis zur »abtrünnigen Provinz« Taiwan (Republik China).

Der Aufstieg zur drittgrößten Handelsmacht der Welt nach den USA und Deutschland korrespondiert mit einer **aktiveren Rolle auf der weltpolitischen Bühne**. Dabei scheint sich das historisch belastete Verhältnis zu Japan zur offenen Rivalität im ostasiatischen Raum zu entwickeln, es erreichte den seit Jahrzehnten tiefsten Stand. Während sich das Verhältnis zu den USA zwischen Kooperation und Misstrauen bewegt, wertete die VR ihre Beziehungen zur EU, insbesondere Frankreich und Deutschland, deutlich auf.

INNENPOLITIK

- **Machtkonzentration bei Hu Jintao:** Drei Jahre nach seiner Berufung an die Spitze der KPCh und seiner Wahl zum Staatspräsidenten im März 2003 übernahm Hu Jintao am 19. 9. 2004 auch den **Vorsitz der Zentralen Militärkommission**, das letzte der Schlüsselämter in Partei, Staat und Volksbefreiungsarmee. Die Entscheidung fiel auf der Plenartagung des Zentralkomitees der KPCh, während der der langjährige Staats- und Regierungschef Jiang Zemin (78 Jahre) – offenbar nach längeren Machtkampf – vom letzten der ihm verbliebenen Spitzenämter zurückgetreten war. Damit fand der 2002 eingeleitete Generationswechsel in der Führung des Landes seinen Abschluss.
- **Nationaler Volkskongress (NVK):** Besondere Beachtung unter den Beschlüssen der zehntägigen jährlichen Plenartagung des NVK (5.–14. 3. 2005) fand, insbesondere in der internationalen Öffentlichkeit, die Verabschiedung des Antisezessionsgesetzes zur Taiwanfrage, dem die politische Führung durch eine weitere massive Erhöhung der Militärausgaben noch Nachdruck verlieh (→ unten). Zugleich eröffnete das höchste Staatsorgan der VR, faktisch ein Instrument im Machtsystem der KPCh, mit Beschlüssen zur Steuerung der wirtschaftlichen und sozialen Entwicklung das von Ministerpräsident Wen Jiabao ausgerufene **»Jahr der Reformen«**. In ihm sollen die Weichen für eine »harmonische Gesellschaft« gestellt werden, die sich durch »Demokratie und gesetzmäßige Verwaltung, Fairness und Gerechtigkeit, Ehrlichkeit und Freundlichkeit, Stabilität und Ordnung sowie Harmonie zwischen Mensch und Natur« auszeichnen soll. In seiner Regierungserklärung vor dem NVK kündigte Ministerpräsident Wen den Abschied von einer rigorosen Wachstumspolitik zugunsten einer **nachhaltigen Entwicklung** an, die dem Umweltschutz einen gebührenden Stellenwert einräumt, und qualifizierte diesen Paradigmenwechsel als eine »Neuentwicklung der Leitgedanken der KPCh«.

Zur **wirtschaftlichen Entwicklung** berichtete Wen, die VR habe 2004 ein reales Wirtschaftswachstum von 9,5 %, den höchsten Wert seit 1996 erzielt. Bemühungen, die Konjunktur zu dämpfen, um der Gefahr einer »harten Landung« vorzubeugen, waren damit nur begrenzt erfolgreich. Für 2005 steuert die Regierung ein Wirtschaftswachstum von 8 % an und will die Inflationsrate weiter unterhalb der 4 %-Marke halten. Die Staatseinnahmen legten Wen zufolge um 21,4 % zu, der Einzelhandelsumsatz um 13,3 %; das Außenhandelsvolumen stieg um 35,7 % auf 1,25 Bill. US-$, womit China an die dritte Stelle unter den Handelsnationen der Welt rückte.

- **Sozial- und wirtschaftspolitische Akzente:** Anfang Dezember 2004 verabschiedete der Ständige Ausschuss der KPCh »Leitlinien für die Wirtschaftspolitik 2005«, die sich in den Beschlüssen des NVK im März 2005 konkretisierten. Im Vordergrund steht dabei die **Bekämpfung großer sozialer Missstände** wie Massenarbeitslosigkeit, Korruption, sich verschärfender Einkommensdisparitäten und Umweltzerstörung. Speziell gefördert werden soll der traditionell rückständige und vernachlässigte Westen des Landes; Infrastrukturmaßnahmen gelten der Modernisierung des durch veraltete Schwerindustrie geprägten »Rostgürtels« im Nordosten.

Um die trotz des Wirtschaftsbooms in Problemgebieten prekäre **Arbeitsmarktlage** zu entschärfen, werden Beschäftigungsprogramme aufgelegt. Verbessert wird auch der Status der rd. 140 Mio. Wanderarbeiter, die saisonweise vom Land in die Städte ziehen, um dort Beschäftigung zu finden. Zum Teil definitionsbedingt, bleibt die Zahl der Arbeitslosen unklar. Die Quote der registrierten städtischen Arbeitslosen lag Mitte 2004 je nach Quelle zwischen 4,3 und 7 %, für die gesamte arbeitsfähige Bevölkerung wird sie von Experten lt. »China Daily« auf 10 % geschätzt. Bei der Zahl der Arbeitslosen unter der auf 800 Mio. geschätzten Landbevölkerung gehen Beobachter von 100–150 Mio. aus. Nach Ermittlungen des amerikanischen Forschungsinstituts der Rand Corporation wird die Gesamtquote unter Berücksichtigung der »verdeckten« Arbeitslosigkeit auf dem Lande auf 23 % geschätzt. Demnach wären 175 Mio. erwerbsfähige Menschen ohne Arbeit.

Nachdem infolge von Preisliberalisierungen und Steuererleichterungen schon 2004 die **Einkommen der**

Landbewohner mit über 11 % im Vorjahresvergleich erstmals seit 1997 schneller anstiegen als die der Stadtbewohner, soll das Einkommensgefälle durch die Abschaffung der Landwirtschaftssteuer und direkte Subventionierung bedürftiger Familienhaushalte weiter gedämpft werden. Nach Angaben des Nationalen Statistikbüros reduzierte sich die Beschäftigung in der Landwirtschaft zwischen 1990 und 2003 von 60 % der arbeitsfähigen Bevölkerung auf 49,2 % (365,5 Mio. Menschen), während der Anteil der Beschäftigten im Dienstleistungssektor im gleichen Zeitraum von 18,5 auf 29,3 % (218 Mio. Arbeitsplätze) anstieg und in der industriellen Produktion mit 21,5 % (22,2 Mio.) stagnierte. In den ländlichen Regionen leben nach offiziellen Angaben 30 Mio. Menschen unterhalb der von den Behörden definierten Armutsgrenze von 625 Yuan (nach Kriterien der Weltbank liegt diese bei rd. 2920 Yuan und würde danach rd. 100 Mio. Menschen betreffen). Seit Beginn der von Deng Xiaoping eingeleiteten Wirtschaftsreformen Ende der 1970er Jahre hatte die politische Führung einseitig die Entwicklung der Städte und den Ausbau der Sonderwirtschaftszonen (→ Karte) gefördert, was bis zu 80 % der Staatsinvestitionen in Anspruch nahm.

■ **Demografische Probleme:** Anlässlich der offiziellen Überschreitung der Marke von 1,3 Mrd. Einwohnern

am 3. 1. 2005 – womit sich die Einwohnerzahl seit Ausrufung der VR 1949 verdreifacht hat – verkündete die Nationale Kommission für Bevölkerungs- und Familienplanung neue Initiativen zur Bewältigung der demografischen Probleme. Um das **Ungleichgewicht der Geschlechter** bei den Neugeborenen zu korrigieren, von denen bisher auf 100 Mädchen etwa 120 Jungen kommen, erklärte der NVK die Ermittlung des Geschlechts eines ungeborenen Kindes – als Voraussetzung zur Abtreibung eines weiblichen Fötus – zur Straftat. Neben den befürchteten Folgen des Männerüberschusses erwarten Experten insbesondere wachsende Probleme auf Grund der **Überalterung der Gesellschaft**. Die Geburtenrate sank von 1970 von 33 auf 8 Promille der Einwohner. Der Erfolg der Ein-Kind-Politik, dessen Kehrseite sich nun zeigt, galt als eine wesentliche Voraussetzung für die Verbesserung der Lebensverhältnisse und für den wirtschaftlichen Aufschwung der letzten Jahrzehnte. Anfang Oktober 2004 schlug der Chef der Bevölkerungskommission vor, die Geburtenkontrolle zugunsten einer **Zwei-Kind-Politik** aufzulockern. Zunächst soll ab 2010 Frauen über 35 Jahren ein zweites Kind erlaubt und nachfolgend jedes Jahr die Altersgrenze um ein Jahr gesenkt werden.

- **Justizreform:** Parlamentspräsident Wu Bangguo und der Vorsitzende des Obersten Gerichts, Xiao Yang, teilten in ihren Berichten an den NVK die Absicht mit, im Zuge der eingeleiteten Justizreform werde auch die Praxis bei der Verhängung der **Todesstrafe** mit dem Ziel überprüft, die hohe Zahl von Hinrichtungen – nach unbestätigten Angaben eines Delegierten des NVK bis zu 10 000 pro Jahr (3400 laut amnesty international) – zu reduzieren. Sie sollen künftig vom Obersten Gericht überprüft werden können. Auch die Bedingungen für die Verhängung der von vier auf maximal eineinhalb Jahre zu verkürzenden Lagerhaft ohne Gerichtsverfahren sollen verschärft und Berufungsverfahren vor Gericht ermöglicht werden.

■ **Soziale Unruhen:** Im Herbst 2004 eskalierten in mehreren Landesteilen soziale Spannungen zu gewaltsamen Auseinandersetzungen. Mitte Oktober entfachte in der südwestchinesischen Großstadt **Chongqing** ein Marktstreit einen Massenprotest gegen die Korruption lokaler Funktionäre und mehrtägige Straßenschlachten mit der Polizei, an denen sich etwa 10 000 Menschen beteiligt haben sollen. Ende Oktober entluden sich im Kreis Zhonmou der zentralchinesischen **Provinz Henan** (→ Karte) soziale Spannungen zwischen Angehörigen der Han-Bevölkerungsmehrheit und der muslimischen Minderheitsgruppe der Hui zu ethnischen Unruhen, die zu den schwersten in China seit Jahrzehnten zählen sollen. Nach Verhängung des Kriegsrechts über die Region stellte das Militär unter Einsatz von rd. 10 000 Soldaten die Ordnung wieder her. Angaben über die Zahl der Todesopfer schwankten in den Medien zwischen zwölf und 148. Zwischen September und November verweigerten 6000 Beschäftigte der Tianwang-Textilfabrik in **Xianyang** im Nordwesten des Landes für sieben Wochen in einem der seit Jahren härtesten »wilden Streiks« die Arbeit, um sich eine fällige, von der Firmenleitung jedoch offenbar unterschlagene Entschädigung für die Privatisierung des Unternehmens zu erkämpfen. In **Sichuan**, im Südosten des Landes, wo mehr als 100 000 Menschen einem Staudammprojekt weichen sollen, protestierten Anfang November mehrere zehntausend Bauern gegen ihre Zwangsumsiedlung.

Nach Angaben der staatlichen Nachrichtenagentur Xinhua soll es 2003 zu rd. 58 000 Massenprotesten in China gekommen sein. Konnten Nachrichten von Streiks, gewaltsamen Zusammenstößen zwischen Bevölkerungsgruppen und Massenproteste gegen Behördenwillkür und Korruption bisher weitgehend von der internationalen Öffentlichkeit abgeschirmt werden, erweist sich das Internet trotz Zensurmaßnahmen zunehmend als Informationsquelle jenseits der offiziellen Medien.

■ **Aids-Blut-Skandal:** Im Oktober 2004 startete das Gesundheitsministerium eine landesweite Untersuchung zum Umfang der **Infizierung mit dem HI-Virus**, die zu Beginn der 1990erJahre durch Blutabnahmen unter mangelhaften hygienischen Bedingungen verursacht wurden. Neben dem Test aller Blutspender auf das tödliche Virus sollen kriminelle Machenschaften aufgedeckt werden, mit denen Blut- und Plasmasammelstellen oft im Zusammenspiel mit lokalen Funktionären operierten. In der am stärksten betroffenen **Provinz Henan** sollen in der fraglichen Zeit etwa 280 000 Bauern ihr Blut verkauft haben, um ihr Einkommen aufzubessern. Unabhängige Experten vermuten, dass sich allein dort eine Million Menschen mit Aids infiziert haben. Nach offiziellen Angaben waren 2004 im ganzen Land etwa 840 000 Personen an Aids erkrankt. Die jahrelang vertuschte Affäre kam erst nach Antritt der neuen politischen Führung ans Licht der Öffentlichkeit.

■ **Umweltpolitik:** Mit der **Stornierung von 30 Großprojekten** beschloss die Zentralregierung Mitte Januar 2005 ein Maßnahmenpaket zugunsten des Umweltschutzes und bekräftigte damit ihre Absicht, den verheerenden ökologischen Folgen des Wirtschaftsbooms entgegenzuwirken. Trotz der konjunkturbedingt rapide angestiegenen Energieknappheit gehören zu den aufgekündigten Investitionen 26 aus dem Energiebereich, darunter neben 13 Kohlekraftwerken auch ein unterirdisches Wasserkraftwerk des Drei-Schluchten-Staudamms und der Bau des Xiluodo-Staudamms (beide am Jangtse). Ein Anfang 2004 ausgesprochenes Moratorium für ein heftig kritisiertes Großprojekt am Nu-Fluss in Yunnan wurde zwischenzeitlich wieder aufgehoben.

Um der ungebrochen steigenden Energienachfrage zu entsprechen, plant die Regierung, die **Zahl der Atomkraftwerke** bis 2020 von bisher neun auf mindestens 36 erhöhen. Der Anteil der Atomkraft am gesamten Strommarkt soll dann 4 % ausmachen (2003: 1,8 %).

Schadstoffemissionen, insbesondere aus Kohlekraftwerken, die etwa zwei Drittel der Stromenergie liefern, und von Kraftfahrzeugen sollen stärker kontrolliert werden. Nach Untersuchungen des Weltenergierates ist China der zweitgrößte Emittent von Treibhausgasen der Welt und wird 2020 die USA vom Spitzenplatz verdrängt haben. Zur Durchsetzung des Umweltschutzprogramms insbesondere gegenüber den Provinzregierungen und lokalen Behörden wurden die **Kompetenzen der zentralen Umweltbehörde gestärkt**. Gleichwohl ist sie mit rd. 300 Beschäftigten immer noch vergleichsweise schwach ausgelegt. Ende Januar würdigte die internationale Umweltschutzorganisation Greenpeace die Kooperation mit den Zentralbehörden des Landes und die von der Regierung eingeleiteten Maßnahmen als »Wende« in der chinesischen Umweltpolitik.

■ **Naturkatastrophen:** Nach **heftigen Regenfällen** in der Provinz Hunan **im Juli 2004**, die zur Überflutung zahlreicher Ortschaften geführt hatten, mussten nach offiziellen Angaben über 1 Mio. Menschen aus ihren Häusern evakuiert werden. Zu diesem Zeitpunkt hatten im Jahr 2004 bereits 650 Menschen durch Naturkatastrophen ihr Leben verloren. Ministerpräsident Wen Jiabao forderte die Behörden auf, dafür zu sorgen, dass nicht noch mehr Menschen ihr leben lassen müssen. Trotz Warnungen der Metereologischen Behörde und der Evakuierung von 415 000 Menschen aus der Küstenregion konnte nicht verhindert werden, dass der Taifun Rananim, der schlimmste Sturm in China seit 1967, am 12. 8. 2004 in der Stadt Wenling, Provinz Zhejiang, mindestens 115 Menschen tötete und mehr als 1800 verletzte; 40 000 Häuser wurden zerstört, 90 000 schwer beschädigt. Der volkswirtschaftliche Schaden wurde von der Regierung auf umgerechnet ca. 1,85 Mrd. US-$ beziffert. Die dem Sturm nachfolgenden starken Niederschläge ließen den Wasserstand im Jangtse-Fluss und damit auch im Staubecken des Drei-Schluchten-Damms stark ansteigen, so dass dort die Schleusen geöffnet werden mussten, um den Druck auf den Damm zu verringern. Die schlimmsten Schäden richteten die Fluten in der Provinz Sichuan und in Chongqing an, wo ganze Ortschaften und sogar vierstöckige Häuser im Wasser versanken. Im Juni 2005 kam es nach heftigen Regenfällen erneut zu großen Überschwemmungen, von denen besonders die Provinzen Guangxi und Guangdong betroffen waren; am schlimmsten traf es die Stadt Wuzhou (→ Foto), in der die Bewohner nur noch mit Booten die oberen Stockwerke ihrer Häuser erreichen konnten. Nach offiziellen Angaben wurden über 500 Menschen getötet, 2,45 Mio. Menschen mussten aus ihren Häusern evakuiert werden, der angerichtete Schaden wird auf 2,77 Mrd. US-$ beziffert. Während der Süden Chinas von Fluten heimgesucht wurde, waren der Norden und die Mitte von extrem hoher Hitze und einer anhaltenden Dürre betroffen.

Wuzhou am 23. 6. 2005

▪ **Antisezessionsgesetz und Aufrüstung:** In der Abschlusssitzung des Volkskongresses am 14. 3. 2005 billigten die 2896 Delegierten bei zwei Enthaltungen und ohne Gegenstimme das schon vor Bekanntwerden im Wortlaut international kritisierte Antisezessionsgesetz, das Staatschef Hu Jintao unmittelbar nach der Abstimmung ratifizierte. Mit dem Ziel zu verhindern, dass sich »Taiwan auf irgendeine Weise oder unter irgendeinem Namen von China loslöst«, werden Staatsrat und Militärkommission **ermächtigt**, in einem solchen Fall oder einer Krise Taiwans **zu »nicht-friedlichen Mitteln und anderen Maßnahmen« zu greifen**. Ministerpräsident Wen stritt in seiner Begründung für die Vorlage ab, dass es sich um ein »Kriegsgesetz« handle; vielmehr strebe Beijing dauerhaft bessere Beziehungen zu Taiwan an und wolle, wie es das Gesetz verlangt, alle Mittel ausschöpfen, um die friedliche Wiedervereinigung zu erreichen.

Die **überproportionale Erhöhung des Verteidigungsbudgets** um 12,6 % (nach 11,6 % 2004) unterstrich die Entschiedenheit der politischen Führung, die Taiwanfrage gegebenenfalls auch militärisch zu lösen. Im Vordergrund steht dabei die Modernisierung der Streitkräfte, während die Truppenstärke, die nach Angaben des im Dezember 2004 veröffentlichten Weißbuchs 2,3 Mio. Soldaten umfasst, um 200 000 Mann reduziert werden soll. In der Küstenprovinz Fujijan sollen inzwischen mehr als 600 Raketen gegen Taiwan in Stellung gebracht worden sein.

▪ **Sonderverwaltungszone Hongkong:** Die **Wahl zum Legco**, dem mit eingeschränkten parlamentarischen Kompetenzen versehenen Legislativrat, am 12. 9. 2004 brachte der Demokratiebewegung nicht den erhofften Durchbruch. Von den 30 in freier Wahl zu vergebenden Mandaten – sechs mehr als im Jahr 2000 – errang sie zwar 18 (bisher 3); da die andere Hälfte des 60-köpfigen Parlaments von Vertretern weitgehend regierungsnaher berufsständischer Organisationen besetzt wird, verfehlten die demokratischen chinakritischen Parteien mit insgesamt 25 Abgeordneten deutlich die erhoffte absolute Mehrheit. Den relativen Erfolg des Beijing-treuen Lagers um die Democratic Alliance for the Betterment of Hong Kong (12 Wahlmandate, 23 Ständemandate) erklärten Wahlbeobachter mit einer chinafreundlicheren Stimmungslage auf Grund der verbesserten Wirtschaftslage.

Erstmals seit dem Übergang der ehemaligen britischen Kronkolonie unter chinesische Souveränität 1977 kam es am 12. 3. 2005 zu einem **Regierungswechsel** in der Sonderverwaltungszone. Der bisherige stellvertretende Verwaltungschef Donald Tsang übernahm von Chief Executive Tung Che-hwa, der zwei Tage zuvor seinen Rücktritt erklärt hatte, die Amtsgeschäfte, um diese zunächst bis zur formellen Wahl eines Verwaltungschefs fortzuführen. Nach Absetzung der für den 10. 7. vorgesehenen Wahl, weil ein Gegenkandidat nicht angetreten war, übertrug die Zentralregierung in Beijing am 21. 6. Tsang die Führung der ehemaligen britischen Kolonie. Seine Amtszeit ist auf zwei Jahre (d. h. die noch verbliebene Amtszeit seines Vorgängers) beschränkt.

▪ **Sonderverwaltungszone Macao:** Der seit 1999 amtierende Chief Executive Edmund H. W. Ho wurde am 29. 8. 2004 mit 296 Stimmen des 300 Mitglieder umfassenden Wahlmännergremiums für fünf weitere Jahre im Amt bestätigt. Im Unterschied zu seinem Kollegen in Hongkong erfreut sich Ho in der prosperierenden Spielermetropole, für deren Entwicklung zum asiatischen Las Vegas Beijing grünes Licht gegeben hat, großer Popularität.

▪ **USA:** Der stellvertretende Ministerpräsident und ehemalige Außenminister Qian Qichen veröffentlichte am 1. 11. 2004, einen Tag vor der Präsidentenwahl in den USA, in der englischsprachigen Zeitschrift »China Daily« eine **negative Bilanz der US-amerikanischen Politik** unter Präsident George W. Bush und verurteilte scharf die »Bush-Doktrin« als Ausdruck des Strebens nach Weltherrschaft. Ungeachtet dessen suchte die Regierung auf diplomatischer Ebene auf mehreren Feldern das **Arrangement mit den USA.** Als Ergebnis seiner aufgewerteten Rolle in der Weltpolitik wurden von politischen Beobachtern Bemerkungen von US-Außenminister Colin Powell vom 25. 10. 2004 interpretiert, mit denen dieser sich in der Taiwanfrage entgegen dem bisherigen offiziellen Sprachgebrauch deutlich der Position der VR näherte (→ China, Republik). Erstmals seit langem verzichteten die USA auch darauf, zur Jahrestagung der UN-Menschenrechtskommission im März/April 2005 einen Resolutionsentwurf zur Verurteilung Chinas in der Menschenrechtsfrage einzubringen. Auf den zuvor veröffentlichten Menschenrechtsbericht des US-Außenministeriums, in dem China massiver Menschenrechtsverletzungen angeklagt wurde, hatte Beijing mit der Replik reagiert, die US-Regierung sei wegen eigener schwerer Menschenrechtsverletzungen u. a. in Irak nicht legitimiert, sich als Weltpolizist aufzuspielen.

In seiner **Vermittlungsrolle im Streit um Nordkoreas Atomprogramm** schlug Außenminister Li Zhaoxing am 6. 3. 2005 bilaterale Gespräche zwischen Washington und Pjöngjang vor, um vor neuen Sechsergesprächen eine Vertrauensbasis zwischen den Hauptkontrahenten zu schaffen. Dazu gehöre auch die Anerkennung legitimer Interessen Nordkoreas wie Sicherheitsgarantien und Wirtschaftshilfe (→ Korea, DVR).

▪ **Nordkorea:** Die offizielle Bekanntgabe Nordkoreas Anfang Februar, sich im Besitz von Atomwaffen zu befinden, nahm die politische Führung in Beijing, der einzige wichtige Dialog- und Wirtschaftspartner des isolierten Landes, mit Zurückhaltung auf, obwohl die frühere Erklärung Pjöngjangs, noch nicht über Kernwaffen zu verfügen, Geschäftsgrundlage für die chinesischen Vermittlungsbemühungen gewesen war.

▪ **EU:** Die wiederholte Forderung zur Aufhebung des **Waffenembargos der EU** gegen die VR China, das nach der Niederschlagung der Demokratiebewegung auf dem Platz des Himmlischen Friedens in Beijing 1989 verhängt worden war, begründete Außenminister Li Xhaoxing bei seinem Besuch der EU-Kommission in Brüssel am 18. 3. nicht mit dem Interesse am Kauf von Rüstungsgütern, sondern an einer **Beendigung der »politischen Diskriminierung«**, die der neuen Partnerschaft zwischen der EU und China nicht mehr angemessen sei. Mit **Deutschland** und **Frankreich**, den prominentesten Fürsprechern der Aufhebung des Waffenembargos, intensivierte die VR China die politischen und wirtschaftlichen Verbindungen.

▪ **Japan:** Anlässlich eines Aufeinandertreffens der Fußballmannschaften beider Länder im Finale des Asien-Cups am 7. 8. 2004 in Beijing kam es zu ersten schweren **antijapanischen Ausschreitungen.** Das sensible Nachbarschaftsverhältnis zu Japan wurde Mitte November 2004 durch das **Eindringen eines chinesischen U-Bootes in japanische Hoheitsgewässer** bei der Insel Okinawa einer weiteren Belastungsprobe unterzogen. Einige Tage nach dem Vorfall entschuldigte sich Beijing für den Vorfall, der durch ein Versehen ausgelöst worden sei.

Ungeachtet florierender wirtschaftlicher Beziehungen komplizierte sich das Verhältnis zwischen beiden Staaten aus chinesischer Sicht durch eine **neue japanische Verteidigungsstrategie** mit klarem Bezug auf die Gefährdung Japans durch China und die japanische Beteiligung an einem amerikanisch-asiatischen Raketenabwehrsystem. Hinzu kommen der **Anspruch Japans auf strittige Inseln** und Ressourcen auf dem Meeresboden im Ostchinesischen Meer und eine ambivalente Haltung Japans in der Taiwanfrage. Die als unzureichend empfundene Aufarbeitung der von den Japanern in China begangenen Verbrechen stellt nach wie vor eine emotionale Hypothek im Verhältnis beider Nationen dar (im Einzelnen hierzu → Japan).

Nach teils **gewalttätigen antijapanischen Demonstrationen Anfang April 2005** (→ Foto) weckten Bemühungen beider Seiten Hoffnungen auf eine Entspannung der Krise im Verhältnis beider Staaten. So kam es am Rande des Asien-Afrika-Gipfels in Jakarta am 22. 4. zu einem Treffen Hu Jintaos mit Ministerpräsident Junichirô Koizumi. Der rhetorische Schlagabtausch mit gegenseitigen Schuldzuweisungen wurde jedoch wieder aufgenommen, als die **Vize-Regierungschefin Wu Yi** während ihrer Visite in Japan **ein geplantes Treffen mit Koizumi absagte** und den Besuch am 23. 5. unvermittelt abbrach. Anlass für den Eklat soll Koizumis Erklärung gewesen sein, den umstrittenen Yasukuni-Schrein in Tokio nach eigenem Ermessen wieder besuchen zu wollen. In der Gedenkstätte werden neben 2,5 Mio. Kriegsgefallenen auch Kriegsverbrecher aus der Zeit der japanischen Invasion Chinas vor dem Zweiten Weltkrieg geehrt.

Antijapanische Proteste in Suzhou am 10. 4. 2005

Costa Rica Mittel-Amerika

Republik Costa Rica; República de Costa Rica – CR/CRI

Fläche (Weltrang: 125): 51 100 km^2

Einwohner (123): F 2003 4 005 000 = 78 je km^2

Hauptstadt: San José

Amtssprache: Spanisch

Bruttonationaleinkommen 2003 je Einw.: 4300 $

Währung: 1 Costa-Rica-Colón (¢) = 100 Céntimos
Kurs: 1 US-$ = 475,19 ¢; 1 € = 585,96 ¢

Botschaft der Republik Costa Rica
Dessauer Str. 28/29, 10963 Berlin
T 030/26 39 89 90, Fax 26 55 72 10
E-Mail: emb-costa-rica@t-online.de

LANDESSTRUKTUR **Fläche:** 51 100 km^2; einschl. 100 km^2 Inseln, u. a. Isla de Chira 45 km^2, Isla del Coco 24 km^2; Karte → WA 2004, Sp. 208 ▪ **Verwaltung:** 7 Provinzen; Tabelle → WA 2004, Sp. 208 ▪ **Städte:** (Z 2000) San José 309 672 Einw., Puerto Limón 56 719, Ipís 52 922, Desamparados 52 283, Alajuela 42 889, San Francisco 40 840, Cartago 38 363

BEVÖLKERUNG Costa-Ricaner – F 2003: 4 005 000 Einw.; Bevölkerungswachstum: 1,6 %; letzte Zählung 2000: 3 925 331 Einw. – ca. 87 % Weiße und Kreolen, 7 % Mestizen, 3 % Schwarze und Mulatten, 2 % Asiaten, 1 % Indios ▪ **Sprachen:** Spanisch, Englisch und Kreolisch ▪ **Religion** 2002: 88 % Katholiken, 8 % Protestanten

STAATS- UND REGIERUNGSFORM Verfassung von 1949 – Präsidialrepublik seit 1949 – Gesetzgebende Versammlung (Asamblea Legislativa) mit 57 Mitgl., Wahl alle 4 J. – Direktwahl des Staatsoberh. alle 4 J.; keine Wiederwahl – Wahlpflicht ab 18 J. ▪ **Unabhängigkeit:** Proklamation 15. 9. 1821 (ehem. spanische Kolonie), endgültig 14. 11. 1838 (Austritt aus der Zentralamerikanischen Konföderation) ▪ **Nationalfeiertag:** 15. 9.

REGIERUNG UND PARTEIEN **Staats- u. Regierungschef:** Abel Pacheco de la Espriella (PUSC), seit 8. 5. 2002 – **Äußeres:** Roberto Tovar Faja, seit 8. 5. 2002 ▪ **Parlament:** Wahlen zur Gesetzgebenden Versammlung vom 3. 2. 2002: Partido Unidad Social Cristiana/PUSC 19 von 57 Sitzen (1998: 27), Partido de Liberación Nacional/PLN 17 (23), Partido Acción Ciudadana/PAC 14 (–), Movimiento Libertario/ML 6 (–), Partido Renovación Costariccense/PRC 1 (–), Fuerza Democrática/FD – (3), Sonstige – (4)

WIRTSCHAFT **BIP** 2003: 17,427 Mrd. $; realer Zuwachs: 6,5 %; Anteil (2003) Landwirtschaft 9 %, Industrie 29 %, Dienstleistungen 62 % ▪ **Erwerbstätigkeit** 2002: Landwirtsch. 15,9 %, Industrie 22,5 %, Dienstl. 61,3 % ▪ **Arbeitslosigkeit** ∅ 2004: 6,5 % ▪ **Inflation** ∅ 2004: 10,2 % ▪ **Außenhandel** 2004: **Import:** 8,268 Mrd. $; *Güter:* 92 % Industriewaren (darunter 50 % Rohstoffe, 10 % elektronische Bauelemente), 8 % Agrarprodukte; *Länder:* 30 % USA, 20 % Südamerika, 7 % Zentralamerika, 7 % Mexiko, 5 % VR China, 4 % Japan, 3 % Deutschland; **Export:** 6,293 Mrd. $; *Güter:* 68 % Industriewaren (darunter 14 % Elektronik für die Datenverarbeitung, 7 % Medizintechnik), 32 % Agrarprodukte (darunter 9 % Bananen, 4 % Ananas, 3 % Kaffee); *Länder:* 28 % USA, 26 % Zentralamerika, 7 % Belgien und Luxemburg, 6 % Südamerika

CHRONIK

Im September 2004 sah sich der seit Mitte 2002 regierende Präsident Abel Pacheco de la Espriella (Partido Unidad Social Cristiana/PUSC) gezwungen, nach dem Rücktritt einiger Minister eine **umfassendere Kabinettsumbildung** vorzunehmen. Der Regierungskrise war eine Welle von Protesten vorausgegangen, bei denen für eine Lohnerhöhung streikende Regierungsangestellte im Verein mit im Ausstand befindlichen Transportarbeitern ihre Forderungen durchzusetzen versuchten. Als der Minister im Präsidialamt, Ricardo Toledo, zur Beendigung des Ausstands eine 5 %ige Lohnerhöhung für die 157 000 Angestellten des öffentlichen Sektors vereinbarte, traten neben Finanzminister Alberto Dent Zeledon auch Toledo sowie zwei weitere Minister zurück.

▪ **Korruptionsverdacht gegen drei Ex-Präsidenten:** Anfang Oktober 2004 forderte Staatspräsident Abel Pacheco den erst seit Mitte September amtierenden neuen Generalsekretär der Organisation Amerikanischer Staaten (OAS), Miguel Ángel Rodríguez Echeverría, zum Rücktritt auf, der dieser Forderung am 8. 10. 2004 nachkam und bei seiner Ankunft in Costa Rica am 15. 10. verhaftet wurde. Rodríguez, Präsident von 1998–2002, werden illegale Bereicherung, Bestechlichkeit und Korruption vorgeworfen.

Kurz darauf gerieten zwei weitere ehemalige Staatschefs des Landes unter Korruptionsverdacht: Ex-Präsident Rafael Ángel Calderón Fournier (1990–94) und Mitglieder der Regierungspartei PUSC sollen im Zusammenhang mit der Gewährung eines finnischen Kredits für die Anschaffung von medizinischen Geräten 450 000 US-$ kassiert haben. Calderón wurde daraufhin am 22. 10. 2004 ebenfalls verhaftet. Zuletzt geriet auch noch Ex-Präsident José María Figueres Olsen (1994–98) in Verdacht, bei der Vergabe von Staatsaufträgen an ein französisches Unternehmen Schmiergelder angenommen zu haben. Figueres wies die Vorwürfe zwar zurück, reichte aber dennoch am 29. 10. seinen Rücktritt als Chief Executive Officer des Weltwirtschaftsforums (WEF) ein.

Côte d'Ivoire → **Elfenbeinküste**

Dänemark Nord-Europa

Königreich Dänemark; Kongeriget Danmark – DK / DNK

Fläche (Weltrang: 130): 43 096 km²

Einwohner (106): F 2003 5 387 000 = 125 je km²

Hauptstadt: København (Kopenhagen)

Amtssprache: Dänisch

Bruttonationaleinkommen 2003 je Einw.: 33 570 $

Währung: 1 Dänische Krone (dkr) = 100 Øre
Kurs: 1 US-$ = 6,16 dkr; 1 € = 7,45 dkr (1. 7. 2005)

Königlich Dänische Botschaft
Rauchstr. 1, 10787 Berlin
T 030/50 50 20 00, Fax 50 50 20 50
www.daenemark.org

LANDESSTRUKTUR **Fläche:** 43 096 km²; davon Halbinsel Jylland (Jütland) 29 766 km²; einschließlich 474 Inseln, u. a. Sjaelland (Seeland) 7026 km², Fyn (Fünen) 2976 km², Lolland 1241 km², Bornholm 588 km², Falster 514 km², → Karte ▪ **Gebiete:** Färöer und Grönland → unten ▪ **Verwaltung:** 14 Bezirke und 2 Stadtbezirke; Tabelle → WA 2005, S. 102 ▪ **Städte:** (F 2004) København (Kopenhagen) 501 664 Einw.; (F 2003) Århus 222 559, Odense 145 374, Ålborg 121 100, Frederiksberg 91 721, Esbjerg 72 613, Randers 55 897, Kolding 54 526, Vejle 49 782, Horsens 49 457, Roskilde 43 753, Greve Strand 41 509

BEVÖLKERUNG Dänen – F 2003: 5 387 000 Einw.; Bevölkerungswachstum: 0,2 %; letzte Zählung 2001: 5 349 212 Einw. – F 2004: 95,0 % Dänen, 5,0 % Ausländer ▪ **Sprachen:** Dänisch; Deutsch teilweise Schulsprache in N-Schleswig ▪ **Religion** 2002: 84 % Lutheraner; 34 884 Katholiken, andere Protestanten, 14 672 Zeugen Jehovas, 3000 Juden

STAATS- UND REGIERUNGSFORM Verfassung von 1953 – Parlamentarische Monarchie seit 1953 – Parlament (Folketing) mit 179 Mitgl. (davon je 2 Vertreter Grönlands und der Färöer), Wahl alle 4 J. – Wahlrecht ab 18 J. ▪ **Unabhängigkeit:** rd. 1200-jährige staatl. Tradition ▪ **Nationalfeiertag:** 5. 6. (Verfassungstag)

REGIERUNG UND PARTEIEN **Staatsoberhaupt:** Königin Margrethe II., seit 1972 – **Regierungschef:** Anders Fogh Rasmussen (V), seit 27. 11. 2001 – **Äußeres:** Per Stig Møller (KF), seit 27. 11. 2001 ▪ **Parlament:** Wahlen zum Parlament vom 8. 2. 2005: Venstre (Rechtsliberale) / V 52 von 175 Sitzen (2001: 56), Socialdemokratiet / SD 47 (52), Dansk Folkeparti / DF 24 (22), Det Konservative Folkeparti / KF 18 (16), Det Radikale Venstre (Sozialliberale) / RV 17 (9), Socialistisk Folkeparti / SF 11 (12), De Rød-Grønne (Rot-Grüne Einheitsliste) / E 6 (4), Kristen Demokraterne / KD – (4)

WIRTSCHAFT **BIP** 2003: 211,888 Mrd. $; realer Zuwachs: 0,4 %; Anteil (2003) Landwirtschaft 2,1 %, Industrie 26,4 %, Dienstleistungen 71,5 % ▪ **Erwerbstätigkeit** 2002: Landwirtsch. 3,2 %, Industrie 24,3 %, Dienstl. 72,5 % ▪ **Arbeitslosigkeit** ⌀ 2004: 5,4 % ▪ **Inflation** ⌀ 2004: 0,9 % ▪ **Außenhandel** 2004 (vorläufig): **Import:** 399,2 Mrd. dkr; *Güter:* 8 % Kfz, 5 % Büromaschinen, 5 % Telekommunikationsausrüstungen, 5 % Elektrotechnik, 5 % Bekleidung und Accessoires, 5 % allgemeiner Maschinenbau, 4 % Petroleum und -produkte, 4 % Eisen und Stahl, 3 % Metallerzeugnisse, 3 % Pharmazeutika, 3 % Kunststoffe, 3 % Papier und -produkte, 2 % Fisch; *Länder:* 22 % Deutschland, 13 % Schweden, 7 % Niederlande, 6 % Großbritannien, 5 % Frankreich, 5 % Norwegen, 4 % Italien (EU gesamt: 70 %); **Export:** 453,0 Mrd. dkr; *Güter:* 7 % Pharmazeutika, 7 % Petroleum und -produkte, 7 % allgemeiner Maschinenbau, 6 % Fleisch, 4 % Möbel, 4 % Spezialmaschinen, 4 % Kraftmaschinen, 4 % Telekommunikationsausrüstungen, 3 % Bekleidung und Accessoires, 3 % Elektrotechnik, 3 % Fisch, 3 % Kfz; *Länder:* 18 % Deutschland, 13 % Schweden, 9 % Großbritannien, 6 % USA, 6 % Niederlande, 5 % Norwegen, 5 % Frankreich (EU gesamt: 65 %)

AUSSENGEBIETE

Färöer

Føroyar; Færøerne

Fläche: 1398,9 km²; 18 Inseln, davon 17 bewohnt; Karte → WA 2005, S. 103 ▪ **Bevölkerung** F 2004: 48 353 Einw. ▪ **Sprachen:** Färöisch, Dänisch ▪ **Religion:** 95 % Lutheraner ▪ **Hauptstadt** (F 2002): Tórshavn 12 395 Einw. ▪ **Status:** Autonomie seit 1948 – Parlament: Logting mit mind. 27 und max. 32 Mitgl., Wahl alle

4 J.; 2 Abgeordnete im dänischen Parlament ▪ **Regierung:** Hochkommissarin: Birgit Kleis, seit 1. 11. 2001 – Regierungschef: Jóannes Eidesgaard (Sozialdemokratische Partei), seit 31. 1. 2004

Grönland
Kalaalit Nunaat; Grønland

Fläche: 2 166 086 km²; davon ca. 410 449 km² eisfrei (18,9 %); Karte → WA 2004, Sp. 212 ▪ **Bevölkerung** F 2004: 56 854 Einw. – v. a. Inuit (Eskimos) ▪ **Sprachen:** Inuit (Eskimoisch), Dänisch, Englisch ▪ **Religion:** 98 % Lutheraner ▪ **Hauptstadt** (F 2004): Nuuk (dän. Godthåb) 14 715 Einw. ▪ **Status:** Seit 1953 gleichberechtigter Teil Dänemarks, seit 1979 innere Autonomie – Parlament: Landsting mit 31 Mitgl., Wahl alle 4 J.; 2 Abgeordnete im dän. Parlament ▪ **Regierung:** Hochkommissar: Peter Lauritzen, seit 1. 4. 2002 – Regierungschef: Hans Enoksen (Siumut), seit 8. 12. 2002

CHRONIK

Die Folketingwahl am 8. 2. 2005 (→ Grafik) **bestätigte die Minderheitsregierung**, die von der rechtsliberalen Venstre (V) des Ministerpräsidenten Anders Fogh Rasmussen und der Konservativen Volkspartei (KF) getragen und von der rechtspopulistischen Dänischen Volkspartei (DF) parlamentarisch unterstützt wird. Dabei verschob sich – bei der gleichen Anzahl von 95 Mandaten wie bei der Wahl 2001 – das Kräfteverhältnis innerhalb des Regierungslagers leicht zuungunsten der Venstre: Sie büßte bei 29,0 % der Wählerstimmen 2,2 Prozentpunkte und vier Mandate ein, die zu gleichen Teilen an die Konservativen (10,3 %) und die DF (13,2 %) gingen. Insgesamt war jedoch Rasmussens Kalkül aufgegangen, die **für die Regierung günstige Stimmungslage** zu nutzen und den Termin der Wahl, die erst im November hätte erfolgen müssen, möglichst weit vorzuziehen. Die Regierungsparteien profitierten von einer positiven Wirtschaftsentwicklung (BIP-Zuwachs 2004: rd. 2,4 %), einer sinkenden Arbeitslosenquote (Januar 2005: 5,2 %) und dem Versprechen von Steuersenkungen ohne weitere Belastung des Wohlfahrtstaats. Die Proteste gegen das unpopuläre

Dänemark: Wahlen zum Parlament am 8.2.2005 (2001)

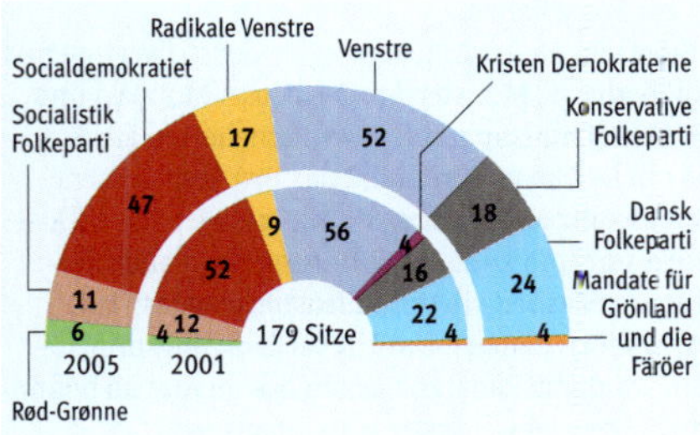

Dänemark
Herkunftsländer der Immigranten

Herkunftsregion und -land	F 2000	F 2002	F 2004
Europa insgesamt	210 109	221 082	229 732
davon Türkei	48 773	52 159	54 257
ehem. Jugoslawien	39 879	39 648	38 721
Deutschland	25 448	25 289	25 250
Norwegen	14 648	14 999	15 488
Schweden	14 606	14 455	14 222
Polen	12 290	12 624	13 025
Großbritannen	11 608	11 798	11 925
Afrika insgesamt	35 895	40 783	42 836
davon Somalia	14 856	17 299	17 363
Asien insgesamt	114 659	134 530	149 155
davon Irak	14 902	21 555	25 671
Libanon	19 011	20 566	21 790
Pakistan	17 509	18 623	19 250
Iran	12 980	13 625	14 213
insgesamt	378 165	415 331	442 036

Quelle: Danmarks Statistik 2005

militärische Engagement im Irak hatten sich inzwischen weitgehend erschöpft und die Kritik an der umstrittenen rigiden Asyl- und Ausländerpolitik (→ WA 2005, S. 103) war abgeebbt (→ Tabelle).

Im Lager der Opposition fiel die Sozialdemokratische Partei (SD, 25,9 %) mit einem Verlust von 3,2 Prozentpunkten noch hinter das desaströse Ergebnis von 2001 zurück, das sie die jahrzehntelange Vormachtstellung gekostet hatte. Dagegen wurde die sozialliberale Radikale Venstre (RV) für ihren scharfen Oppositionskurs, insbesondere gegen das Irak-Engagement und die Ausgrenzungspolitik gegenüber Ausländern, mit ihrem besten Ergebnis seit drei Jahrzehnten belohnt (9,2 %); sie konnte die Zahl ihrer Folketingsitze fast verdoppeln. Die Wahlbeteiligung betrug 84,5 %.

▪ **Zweite Regierung Fogh Rasmussen:** Am 18. 2. 2005 stellte Rasmussen, der als erster Venstre-Regierungschef eine zweite Amtszeit antrat, sein neues Kabinett vor, das er nur in wenigen Ressorts umbesetzte. Per Stig Møller (KF) verblieb im Amt des Außenministers. Die DF ist nicht im Kabinett vertreten, wird es auf der Basis eines Tolerierungsabkommens jedoch weiterhin im Parlament unterstützen. Nachdem die Partei aus dieser Position in der vergangenen Legislaturperiode der Ausländerpolitik ihren Stempel aufdrücken konnte, die zu einem drastischen Rückgang der Asylbewerberzahl beitrug, drängt sie unter der populären Vorsitzenden Pia Kjaersgaard auf eine weitere Verschärfung der Einwanderungspolitik, obwohl der Menschenrechtskommissar des Europarats, Alvaro Gil-Robles, diese Mitte Juli 2004 deutlich kritisierte.

▪ **Krise der Sozialdemokraten:** Als Konsequenz aus der Niederlage seiner Partei kündigte der Vorsitzende der SD, der seit drei Jahren amtierende Mogens Lykketoft noch am Wahlabend seinen **Rücktritt** an. Über seine Nachfolge entschied die Partei am 12. 4. erstmals

STAATEN Dänemark

in einer Urwahl, die über das Internet erfolgte: Mit 53 % von 46 000 Stimmen der Parteimitglieder setzte sich Helle Thorning-Schmidt, eine frühere Abgeordnete des Europäischen Parlaments, die im Februar erstmals in den Folketing gewählt worden war, gegen den zunächst favorisierten früheren Forschungs- und Justizminister Frank Jensen (47 %) durch. Thorning-Schmidt ist die erste Frau an der Spitze der dänischen Sozialdemokratie. Ihrer Wahl war ein innerparteilicher Wahlkampf vorausgegangen, in dem sich die tiefe **innere Spaltung der Partei** offenbarte. Der Gewerkschaftsdachverband unterstützte die 38-jährige Helle Thorning-Schmidt, Vertreterin des rechten Parteiflügels, die die Partei nach dem Vorbild der britischen New Labour der breiten Wählermitte öffnen will und auf eine Kooperation mit der bürgerlichen Regierung setzt. Ihr Konkurrent warb dagegen für eine Rückbesinnung auf die linke Tradition der Partei.

▪ **Armeereform:** Überschattet vom Engagement im Irak trat Anfang 2005 der erste Teil einer Militärreform in Kraft, die – von den Regierungsparteien und den Sozialdemokraten im Konsens verabschiedet – phasenweise über mehrere Jahre umgesetzt werden soll. Angestrebt wird neben einer rascheren Einsatzbereitschaft im Ausland, insbesondere durch die Schaffung einer neuen 3800 Mann starken Spezialbrigade, eine engere Verzahnung der Schutzfunktionen nach außen und innen (etwa gegen terroristische Anschläge und im Fall von Katastrophen). Dänemark nimmt an den verteidigungspolitischen Aktivitäten im Rahmen der EU nicht teil. Unter den Prioritäten des neuen Einsatzmodells soll auf die U-Boot-Flotte (derzeit vier Einheiten) zugunsten einer erweiterten Ausrüstung mit Transportflugzeugen und Patrouillenschiffen verzichtet werden. Die **Wehrpflicht wurde von neun auf vier Monate verkürzt**, ergänzt um drei weitere Monate Wehrübungen, die sich auf drei Jahre verteilen. Wer sich freiwillig auf neun Monate verpflichtet, erhält besondere Vergünstigungen. Nach zwei Testjahren will das Parlament endgültig über die Zukunft der Wehrpflicht entscheiden.

▪ **Irak-Engagement:** Der Folketing verlängerte am 25. 11. 2004 das **Mandat für den Militäreinsatz** im Irak um weitere sechs Monate bis zum 1. 7. 2005. Auch die Sozialdemokraten, die eine Beteiligung des Landes am Krieg im Frühjahr 2003 noch abgelehnt hatten, stimmten dem Beschluss zu.

Vorwürfe der **Gefangenenmisshandlung** bei Verhören führten Anfang August 2004 zur Ablösung der beiden höchsten Kommandanten des rd. 550 Soldatinnen und Soldaten starken Bataillons, das im Süden des Irak (in Basra und Kurna) stationiert ist.

Der im März 2004 aus dem Dienst entlassene Offizier des Auslandsgeheimdienstes Frank Søholm Grevil wurde am 30. 11. zu sechs Monaten **Haft wegen Geheimnisverrats** verurteilt. Er hatte im Februar den Medien Geheimdienstexpertisen für die Regierung im Vorfeld des Irak-Kriegs zugespielt, an denen er selbst mitgewirkt hatte. Die Veröffentlichung ließ den Schluss zu, dass Ministerpräsident Fogh Rasmussen im Frühjahr 2003 das Parlament bewusst falsch informiert hatte, als er dem Irak den Besitz von Massenvernichtungswaffen anlastete, um die Zustimmung zur dänischen Beteiligung an der »Koalition der Willigen« zu erhalten.

Einen Tag vor Beginn des G8-Gipfels in Gleneagles, Schottland, stattete **US-Präsident George W. Bush** am 6. 7. 2005 Dänemark einen **Besuch** ab, um sich für die dänische Unterstützung seiner Irak-Politik erkenntlich zu zeigen. Nach einer Pressekonferenz, in der sich Bush erneut gegen das Kyoto-Protokoll aussprach und die Haftbedingungen in Guantánamo als »menschlich« bezeichnete, feierte er zusammen mit Ministerpräsident Rasmussen und Königin Margrethe II. seinen 59. Geburtstag (→ Foto).

George W. Bush und Königin Margrethe II. am 6. 7. 2005

▪ **EU-Referendum:** Nach dem Scheitern der Volksabstimmungen in → Frankreich und in den → Niederlanden und des EU-Gipfels am 16./17. 6. stornierte Ministerpräsident Rasmussen den Ratifizierungsprozess für den EU-Verfassungsvertrag. Er sollte mit einem Referendum am 27. 9. 2005 abgeschlossen werden. Die Aussichten für die Annahme standen bis Ende Mai noch gut: So hatte die SF, die bisher die Opposition zur EU-Integration mitgetragen hatte, nach einer Mitgliederbefragung im Dezember einen Kurswechsel vorgenommen. Auch in der Bevölkerung überwog inzwischen die Zustimmung für die EU-Verfassung. Rasmussen hatte angekündigt, ein Nein zum Verfassungsvertrag werde den Austritt des Landes aus der EU zur Folge haben.

▪ **Grönland:** Außenminister Møller, der stellvertretende grönländische Ministerpräsident Josef Motzfeld und US-Außenminister Colin Powell erneuerten am 6. 8. 2004 in Igaliku auf Grönland das 1951 geschlossene Verteidigungsabkommen. Damit erhielten die USA freie Hand zum in der Bevölkerung Grönlands umstrittenen **Ausbau des Luftwaffenstützpunktes Thule** (→ WA 2005, S. 104). Das US Verteidigungsministerium plant, die Radaranlagen in das im Aufbau befindliche Raketenabwehrsystem zu integrieren.

Deutschland Mittel-Europa

Bundesrepublik Deutschland – DE/DEU

Fläche (Weltrang: 61): 357 030 km²

Einwohner (12): F 2003 82 541 000 = 231 je km²

Hauptstadt: Berlin

Amtssprache: Deutsch

Bruttonationaleinkommen 2003 je Einw.: 25 270 $

Währung: 1 Euro (€) = 100 Cent
Kurs: 1 US-$ = 0,83 € (1. 7. 2005)

LANDESSTRUKTUR **Fläche:** 357 030 km² ▪ **Verwaltung:** 16 Bundesländer jeweils mit Verfassung, Parlament und Regierung ▪ Städte mit mehr als 100 000 Einw. → Tabelle

BEVÖLKERUNG Deutsche – F 2003: 82 551 000 Einw.; Bevölkerungswachstum: 0,1 %; letzte Zählung 1987: 61 077 000 Einw. – F 2004: 91,2 % Deutsche, 8,8 % Ausländer; Minderheiten mit Sonderrechten: Sorben (Wenden) in Brandenburg und Sachsen (60 000), Dänen in Südschleswig (50 000), Friesen in Nordfriesland (10 000), Friesen im Saterland (2000), Sinti und Roma (50 000) ▪ **Sprachen:** Deutsch; Sorbisch in der Lausitz (regionale Amtssprache), Dänisch teilweise Schulsprache in Schleswig-Holstein, Friesisch in Nordfriesland und im Saterland, Niederdeutsch in Norddeutschland, Romani ▪ **Religion** 2003: (Ang. in Tsd.) Römisch-Katholische Kirche 26 466 (2002), Evangelische Kirche 26 211 (2002), Islam 3200 (2001), Orthodoxe 935 (1999), Neuapostolische Kirche 383, Zeugen Jehovas 164 (2001), Juden 100

STAATS- UND REGIERUNGSFORM Grundgesetz von 1949, letzte Änderung 2000 – Demokratisch-parlamentarischer Bundesstaat seit 1949 – Parlament: Bundestag mit 598 Mitgl. (ohne Überhangmandate), Wahl alle 4 J. – Bundesrat als Ländervertretung mit 69 Mitgl. – Wahl des Staatsoberhauptes (Bundespräsident; hauptsächlich Repräsentativfunktion) alle 5 J. durch die Bundesversammlung (einmalige Wiederwahl) – Wahlrecht ab 18 J. ▪ **Unabhängigkeit:** Beginn der Staatsgeschichte unter Karl dem Großen bzw. 843 mit Vertrag von Verdun; Gründung des Deutschen Reiches 18. 1. 1871, der Bundesrepublik Deutschland 24. 5. 1949 (Grundgesetz-Verkündung 23. 5. 1949), Gründung der Deutschen Demokratischen Republik 7. 10. 1949; Beitritt der DDR zum Geltungsbereich des Grundgesetzes 3. 10. 1990 ▪ **Nationalfeiertag:** 3. 10. (Tag der Deutschen Einheit)

REGIERUNG UND PARTEIEN **Staatsoberhaupt:** Horst Köhler (CDU), seit 1. 7. 2004 – **Regierungschef:** Gerhard Schröder (SPD), seit 27. 10. 1998; Koalition von SPD und B'90/Grüne – **Äußeres:** Joschka (Joseph) Fischer (B'90/Grüne), seit 27. 10. 1998 ▪ **Parlament:** Wahlen zum Bundestag vom 22. 9. 2002: Sozialdemokratische Partei Deutschlands (SPD) 251 von 603 Sitzen (1998: 298 von 669), Christlich-Demokratische Union-Christlich Soziale Union/CDU-CSU 248 (245), Bündnis 90/Die Grünen/B'90/Grüne 55 (47), Freie Demokratische Partei/FDP 47 (43), Partei des Demokratischen Sozialismus/PDS 2 (36)

WIRTSCHAFT **BIP** 2003: 2403,160 Mrd. $; realer Zuwachs: –0,1 %; Anteil (2003) Landwirtschaft 1,1 %, Industrie 27,7 %, Dienstleistungen 70,3 % ▪ **Erwerbstätigkeit** 2004: Landwirtsch. 2,3 %, Industrie 30,8 %, Dienstl. 66,9 % ▪ **Arbeitslosigkeit** ∅ 2004: 9,2 % ▪ **Inflation** ∅ 2004: 1,6 % ▪ **Außenhandel** 2004: **Import:** 574,4 Mrd. €; *Güter*: 11,4 % Elektronik, 10,3 % Kfz und -teile, 6,8 % Erdöl und Erdgas, 6,4 % chemische Enderzeugnisse, 6,2 % Nahrungsmittel, 5,7 % Maschinen, 5,0 % Elektrotechnik, 4,8 % chemische Vorerzeugnisse; *Länder*: 9,1 % Frankreich, 8,3 % Niederlande, 7,0 % USA, 6,1 % Italien, 5,9 % Großbritannien, 5,6 % VR China, 4,9 % Belgien, 4,2 % Österreich, 3,7 % Schweiz, 3,7 % Japan (EU gesamt: 64,9 %); **Export:** 731,1 Mrd. €; *Güter*: 18,3 % Kfz und -teile, 12,6 % Maschinen, 8,1 % chemische Enderzeugnisse, 7,9 % Elektronik, 6,0 % chemische Vorerzeugnisse, 5,9 % Elektrotechnik, 4,0 % Mechatronik, 3,5 % Nahrungsmittel, 2,4 % Eisen- und Stahlerzeugnisse; *Länder*: 10,3 % Frankreich, 8,8 % USA, 8,3 % Großbritannien, 7,1 % Italien, 6,2 % Niederlande, 5,6 % Belgien, 5,4 % Österreich, 5,0 % Spanien, 3,8 % Schweiz, 2,9 % VR China (EU gesamt: 63,8 %)
Weitere Informationen → Kap. Wirtschaft, → S. 146

Deutschland: Entstehung des BIP 2004

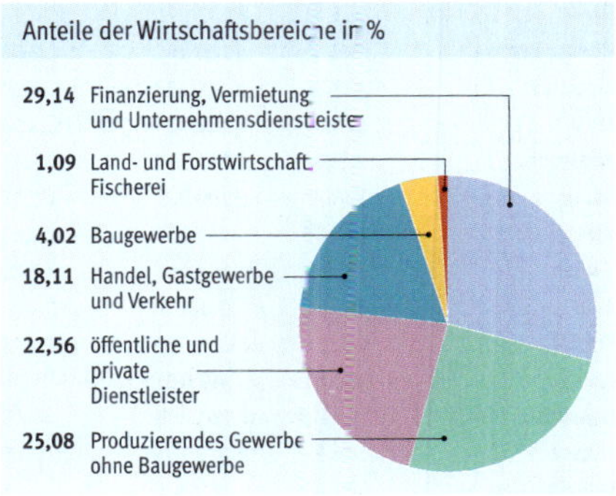

Quelle: Statistisches Bundesamt 2005

Deutschland
Großstädte

Stadt	Fläche* in km²	Einwohner* F 2004	Veränderung 1994–2004 in %	je km²	Rang	Oberbürgermeister
Aachen	160,83	256 605	↑4,03	1 596	27	OB Dr. Jürgen Linden, SPD
Augsburg	146,78	259 217	↓2,14	1 766	26	OB Dr. Paul Wengert, SPD
Bergisch Gladbach	83,12	106 053	↑1,01	1 276	77	B Klaus Orth, SPD
Berlin	891,75	3 388 477	↓2,50	3 800	1	Reg. B Klaus Wowereit, SPD
Bielefeld	257,80	328 452	↑1,16	1 274	18	OB Eberhard David, CDU
Bochum	145,46	387 283	↓3,44	2 662	16	OB Dr. Ottilie Scholz, SPD
Bonn	144,22	311 052	↑4,78	2 203	19	OB Bärbel Dieckmann, SPD
Bottrop	100,61	120 324	↑0,54	1 196	62	OB Peter Noetzel, SPD
Braunschweig	192,09	245 076	↓4,37	1 276	29	OB Dr. Gert Hoffmann, CDU
Bremen	326,55	544 853	↓1,22	1 669	10	Präs. d. Senats: B Dr. Henning Scherf, SPD
Bremerhaven	77,68	118 276	↓11,17	1 523	67	OB Jörg Schulz, SPD
Chemnitz	220,86	249 922	↓10,59	1 132	28	OB Dr. Peter Seifert, SPD
Cottbus	164,23	107 549	↓16,06	655	75	OB Karin Rätzel, parteilos
Darmstadt	122,23	139 698	↓0,04	1 143	55	OB Peter Benz, SPD
Dortmund	280,35	589 661	↓2,04	2 103	6	OB Dr. Gerhard Langemeyer, SPD
Dresden	328,29	483 632	↑0,91	1 473	15	OB Ingolf Roßberg, FDP
Duisburg	232,81	506 496	↓5,65	2 176	12	OB Adolf Sauerland, CDU
Düsseldorf	217,00	572 511	↓0,42	2 638	9	OB Joachim Erwin, CDU
Erfurt	269,17	201 645	↑0,42	749	37	OB Manfred Ruge, CDU
Erlangen	76,85	102 449	↓0,06	1 333	80	OB Dr. Siegfried Balleis, CSU
Essen	210,38	589 499	↓5,28	2 802	7	OB Dr. Wolfgang Reiniger, CDU
Frankfurt am Main	248,31	643 432	↓2,48	2 591	5	OB Petra Roth, CDU
Freiburg	153,06	212 495	↑7,66	1 388	36	OB Dr. Dieter Salomon, B '90/Grüne
Fürth	63,35	111 892	↑3,51	1 766	70	OB Dr. Thomas Jung, SPD
Gelsenkirchen	104,86	272 445	↓7,66	2 598	22	OB Frank Baranowski, SPD
Gera	151,93	106 365	↓13,51	700	76	OB Ralf Rauch, parteilos
Göttingen	117,24	122 883	↓4,31	1 048	59	OB Jürgen Danielowski, CDU
Hagen	160,36	200 039	↓6,91	1 247	38	OB Peter Demnitz, SPD
Halle/Saale	135,00	240 119	↓18,71	1 779	30	OB Ingrid Häußler, SPD
Hamburg	755,16	1 734 083	↑1,83	2 296	2	Präs. d. Senats: 1. B Ole von Beust, CDU
Hamm	226,24	184 961	↑1,41	818	42	OB Thomas Hunsteger-Petermann, CDU
Hannover	204,01	516 160	↓1,65	2 530	11	OB Herbert Schmalstieg, SPD
Heidelberg	108,83	142 959	↑2,53	1 314	53	OB Beate Weber, SPD
Heilbronn	99,88	120 705	↓1,38	1 209	61	OB Helmut Himmelsbach, parteilos
Herne	51,41	172 870	↓4,28	3 363	44	OB Horst Schiereck, SPD
Hildesheim	93,02	103 245	↓2,88	1 110	78	OB Dr. Ulrich Kumme, CDU
Ingolstadt	133,35	119 528	↑8,99	896	64	OB Dr. Alfred Lehmann, CSU
Jena	114,47	102 634	↑2,54	897	79	OB Dr. Peter Röhlinger, FDP
Karlsruhe	173,46	282 595	↑1,65	1 629	21	OB Heinz Fenrich, CDU
Kassel	106,77	194 322	↓3,88	1 820	40	OB Bertram Hilgen, SPD
Kiel	118,39	233 039	↓6,38	1 968	32	OB Angelika Volquartz, CDU
Koblenz	105,02	107 608	↓2,00	1 025	74	OB Dr. Eberhard Schulte-Wissermann, SPD
Köln	405,15	965 954	↑0,36	2 384	4	OB Fritz Schramma, CDU
Krefeld	137,74	238 565	↓4,44	1 732	31	OB Gregor Kathstede, CDU
Leipzig	297,61	497 531	↑1,36	1 672	13	OB Wolfgang Tiefensee, SPD
Leverkusen	78,86	161 543	↓0,13	2 048	49	OB Ernst Küchler, SPD
Lübeck	214,14	212 754	↓2,08	994	35	OB Bernd Saxe, SPD
Ludwigshafen	77,68	162 836	↓3,15	2 096	48	OB Dr. Eva Lohse, CDU
Magdeburg	200,93	227 535	↓15,90	1 132	33	OB Dr. Lutz Trümper, SPD
Mainz	97,75	185 532	↑0,02	1 898	41	OB Jens Beutel, SPD
Mannheim	144,96	308 353	↓3,04	2 127	20	OB Gerhard Widder, SPD

Deutschland
Großstädte

Stadt	Fläche* in km²	Einwohner* F 2004	Veränderung 1994–2004 in %	je km²	Rang	Oberbürgermeister
Moers	67,70	107 903	↑1,19	1 594	72	B Norbert Ballhaus, SPD
Mönchengladbach	170,44	262 391	↓1,10	1 539	25	OB Norbert Bude, SPD
Mülheim a. d. Ruhr	91,29	170 745	↓3,63	1 870	45	OB Dagmar Mühlenfeld, SPD
München	310,46	1 247 873	↓0,62	4 019	3	OB Christian Ude, SPD
Münster	302,89	269 579	↑0,83	890	24	OB Dr. Berthold Tillmann, CDU
Neuss	99,48	152 050	↑2,75	1 528	51	B Herbert Napp, CDU
Nürnberg	186,37	493 553	↓1,09	2 648	14	OB Dr. Ulrich Maly, SPD
Oberhausen	77,04	220 033	↓2,83	2 856	34	OB Klaus Wehling, SPD
Offenbach a. M.	44,90	119 208	↑2,00	2 655	65	OB Gerhard Grandke, SPD
Oldenburg	102,96	158 340	↑7,20	1 538	50	OB Dietmar Schütz, SPD
Osnabrück	119,80	165 517	↓1,52	1 382	46	OB Hans-Jürgen Fip, SPD
Paderborn	179,38	141 800	↑8,97	791	54	B Heinz Paus, CDU
Pforzheim	98,03	119 046	↑1,36	1 214	66	OB Christel Augenstein, FDP
Potsdam	187,29	144 979	↑4,11	774	52	OB Jann Jakobs, SPD
Recklinghausen	66,43	123 144	↓3,15	1 854	58	B Wolfgang Pantförder, CDU
Regensburg	80,76	128 604	↑2,61	1 592	57	OB Hans Schaidinger, CSU
Remscheid	74,60	117 717	↓4,77	1 578	68	OB Beate Wilding, SPD
Reutlingen	87,06	112 346	↑4,40	1 290	69	OB Barbara Bosch, parteilos
Rostock	181,03	198 303	↓16,44	1 095	39	OB Roland Methling, parteilos
Saarbrücken	167,07	181 860	↓4,74	1 089	43	OB Charlotte Britz, SPD
Salzgitter	223,96	109 855	↓6,65	491	71	OB Helmut Knebel, SPD
Siegen	114,67	107 768	↓3,65	940	73	B Ulf Stötzel, CDU
Solingen	89,46	164 543	↓0,92	1 839	47	OB Franz Haug, CDU
Stuttgart	207,36	589 161	↓0,82	2 841	8	OB Dr. Wolfgang Schuster, CDU
Trier	117,14	100 180	k. A.	855	82	OB Helmut Schröer, CDU
Ulm	118,69	119 807	↑4,33	1 009	63	OB Ivo Gönner, SPD
Wiesbaden	203,90	271 995	↑0,41	1 334	23	OB Hildebrand Diehl, CDU
Witten	72,37	101 823	↓3,77	1 407	81	B Sonja Leidemann, SPD
Wolfsburg	204,01	122 724	↓4,15	602	60	OB Rolf Schnellecke, CDU
Wuppertal	168,38	362 137	↓6,33	2 151	17	OB Peter H. Jung, CDU
Würzburg	87,55	132 687	↑2,96	1 516	56	OB Pia Beckmann, CSU

* Stand: 1. 1. 2004

Quelle: Deutscher Städtetag 2005

Deutschland: Öffentliche Verschuldung 2004
Insgesamt 1 430 095 Mio. €

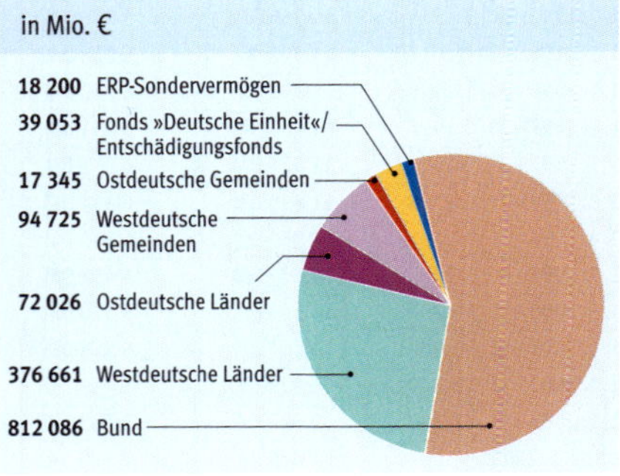

Quelle: Deutsche Bundesbank 2005; Stand Ende 2004, teilweise geschätzt

Großstädte mit den höchsten Schuldenständen
je Einwohner in € Stand: 31. 12. 2003

Bonn	2885	Essen	1888
Frankfurt a. M.	2659	Nürnberg	1844
Köln	2648	Offenbach a. M.	1772
München	2500	Leipzig	1753
Münster	2254	Aachen	1741
Darmstadt	2225	Düsseldorf	1728
Lübeck	2192	Krefeld	1691
Moers	2158	Würzburg	1664
Bochum	2147	Dortmund	1634
Regensburg	2056	Fürth	1628
Ludwigshafen	2025	Herne	1615
Koblenz	1968	Recklinghausen	1599

Quelle: Deutscher Städtetag 2005

Der Bundespräsident

Prof. Dr. Horst Köhler, CDU
Amtsantritt 1. 7. 2004
Schloss Bellevue, Spreeweg 1, 10557 Berlin
www.bundespraesident.de

Chef des Bundespräsidialamtes:
Staatssekretär Michael Jansen, CDU

Gemäß Art. 54 GG wurde Horst Köhler am 23. 5. 2004 von der Bundesversammlung zum Präsidenten der Bundesrepublik Deutschland gewählt. Für ihn stimmten im 1. Wahlgang 604 bzw. 50,17 % der 1204 anwesenden Delegierten; Frau Prof. Dr. Gesine Schwan (SPD) erhielt 589 Stimmen. Die Vereidigung erfolgte am 1. 7. 2004 – Amtsdauer 5 Jahre – Wiederwahl nach Art. 54 Abs. 2 GG einmal zulässig – Die Bundesversammlung besteht aus den Mitgliedern des Bundestages und einer gleichen Zahl von Vertretern, die von den Länderparlamenten gewählt werden. Ihre Zahl richtet sich nach der jeweiligen Bevölkerungsstärke (2004: insg. 1205 Mitglieder). Sie wird vom Präsidenten des Bundestages einberufen.

Der Deutsche Bundestag

Platz der Republik 1, 11011 Berlin
www.bundestag.de

Der Deutsche Bundestag ist die Volksvertretung der Bundesrepublik Deutschland und Oberstes Bundesorgan (Art. 38–44 GG). Die gesetzliche Mitgliederzahl beträgt zurzeit 601 (nach der Bundestagswahl vom 22. 9. 2002 einschließlich fünf Überhangmandaten 603 Abgeordnete). Die Abgeordneten werden aufgrund allgemeiner, unmittelbarer, freier, gleicher und geheimer Wahl für die Dauer einer Wahlperiode (4 Jahre) gewählt. Auf Vorschlag des Bundespräsidenten wählt der Bundestag den Bundeskanzler.

Präsidium
Präsident: Wolfgang Thierse, SPD
Vizepräs.: Susanne Kastner, SPD; Dr. Norbert Lammert, CDU; Dr. Hermann Otto Solms, FDP; Dr. Antje Vollmer, B'90/Grüne.
Der älteste Bundestagsabgeordnete, Otto Schily, SPD, übernimmt im Bedarfsfall das Präsidium (sog. Alterspräsident).

Ältestenrat
Gemeinsames Beratungsorgan des Bundestagspräsidenten und der Fraktionen zur Steuerung der Arbeit des Bundestages. Präsident, 4 Vizepräsidenten, 23 von den Fraktionen benannte Abgeordnete (SPD 10, CDU/CSU 9, B'90/Grüne 2, FDP 2) sowie als Vertreter der Bundesregierung (ohne Stimmrecht) die Staatsminister beim Bundeskanzler Rolf Schwanitz, SPD, und Dr. Christina Weiss.

Fraktionsvorsitzende
SPD: Franz Müntefering – CDU/CSU: Dr. Angela Merkel – B'90/Grüne: Katrin Göring-Eckardt und Krista Sager – FDP: Dr. Wolfgang Gerhardt

Ständige Ausschüsse
www.bundestag.de/parlament/gremien15

Gemeinsame Ausschüsse von Bundestag/Bundesrat
Gemeinsamer Ausschuss gemäß Artikel 53a GG (Notparlament): 16 Mitgl. des Bundesrates (jede Landesregierung stellt 1 Mitglied) und 32 Mitgl. des Bundestages (SPD 14, CDU/CSU 13, B'90/Grüne 3, FDP 2).
Vermittlungsausschuss gemäß Artikel 77 GG: Bundesrat und Bundestag je 16 Mitgl. (SPD 8, CDU/CSU 6, B'90/Grüne 1, FDP 1). Von den 16 Mitgl. des Bundesrates stellt jede Landesregierung 1 Mitglied. Vorsitzende: im vierteljährlichen Wechsel je ein Mitglied des Bundestages und des Bundesrates.

Wehrbeauftragter des Deutschen Bundestages
Reinhold Robbe, SPD
Platz der Republik 1, 11011 Berlin

Deutschland
Diäten der Bundestagsabgeordneten 1977–2005

Zeitraum	Entschädigung (steuerpflichtig)	Kostenpauschale (steuerfrei)
1. 4. 1977–30. 6. 1983	7 500 DM	4 500 DM
1. 7. 1983–30. 6. 1984	7 820 DM	4 700 DM
1. 7. 1984–30. 6. 1985	8 000 DM	4 800 DM
1. 7. 1985–30. 6. 1986	8 224 DM	4 915 DM
1. 7. 1986–30. 6. 1987	8 454 DM	5 003 DM
1. 7. 1987–30. 6. 1988	8 729 DM	5 078 DM
1. 7. 1988–30. 6. 1989	9 013 DM	5 155 DM
1. 7. 1989–30. 6. 1990	9 221 DM	5 274 DM
1. 7. 1990–30. 6. 1991	9 664 DM	5 443 DM
1. 7. 1991–30. 6. 1992	10 128 DM	5 765 DM
1. 7. 1992–30. 9. 1995	10 366 DM	5 978 DM
1. 10. 1995–31. 12. 1995	11 300 DM	5 978 DM
1. 1. 1996–31. 12. 1996	11 300 DM	6 142 DM
1. 1. 1997–30. 6. 1997	11 300 DM	6 251 DM
1. 7. 1997–31. 12. 1997	11 825 DM	6 251 DM
1. 1. 1998–31. 3. 1998	11 825 DM	6 344 DM
1. 4. 1998–31. 12. 1998	12 350 DM	6 344 DM
1. 1. 1999–30. 6. 2000	12 875 DM	6 459 DM
1. 7. 2000–31. 12. 2000	12 953 DM	6 520 DM
1. 1. 2001–31. 12. 2001	13 200 DM	6 558 DM
1. 1. 2002–31. 12. 2002	6 878 €	3 417 €
1. 1. 2003–31. 12. 2004	7 009 €	3 503 €
seit 1. 1. 2005	7 009 €	3 589 €

Quelle: Deutscher Bundestag 2005

Deutschland: Stimmenverteilung im Bundesrat

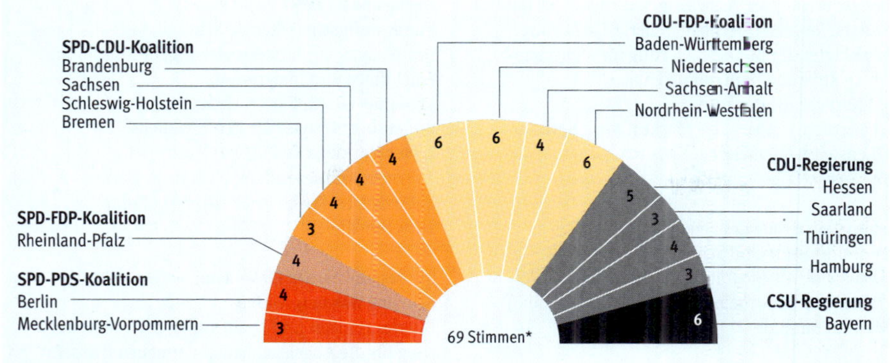

* Stimmen eines Bundeslandes können nur einheitlich abgegeben werden

Quelle: Bundesrat; Stand Juli 2005

Der Bundesrat

Leipziger Str. 3–4, 10117 Berlin
www.bundesrat.de

Durch den Bundesrat wirken die Länder bei der Gesetzgebung und Verwaltung des Bundes und in Angelegenheiten der Europäischen Union mit (Art. 50 GG). Der Bundesrat besteht aus Mitgl. der Regierungen der Länder, die sie bestellen und abberufen.
Jedes Land hat mind. 3 Stimmen, Länder mit mehr als 2 Mio. Einwohnern haben 4, Länder mit mehr als 6 Mio. Einw. 5, mit mehr als 7 Mio. Einw. 6 Stimmen. Gesamtzahl der Mitglieder des Bundesrates z. Z. 69 (Stimmenverteilung → Abb.).

Präsidium
Präsident (und Vertreter des Bundespräsidenten): bis 31. 10. 2005 der Ministerpräsident von Brandenburg, Matthias Platzeck, SPD; ab 1. 11. 2005 bis 31. 10. 2006 der Ministerpräsident von Schleswig-Holstein, z. Z. Peter Harry Carstensen, CDU. 3 Vizepräsidenten
Direktor des Bundesrates: Dirk Brouër
Der Bundesrat wählt seinen Präsidenten jeweils auf 1 Jahr. Laut Vereinbarung der Regierungschefs der Länder wechselt das Amt unter ihnen in der Reihenfolge der Einwohnerzahl der Länder.

Ständige Konferenz der Kultusminister der Länder in der Bundesrepublik Deutschland
Präsident/in (jährl. wechselnd nach Bundesländern): bis 31. 12. 2005 Prof. Dr. Johanna Wanka, Ministerin für Wissenschaft, Forschung und Kultur in Brandenburg; ab 1. 1. 2006 die Ministerin für Bildung und Frauen in Schleswig-Holstein, Ute Erdsiek-Rave.
Generalsekretär: Prof. Dr. Erich Thies
Lennéstr. 6, 53113 Bonn
Berliner Büro: Markgrafenstr. 37, 10117 Berlin
www.kmk.org

Die Bundesregierung

Die Bundesregierung besteht aus Bundeskanzler und Bundesministern (Art. 62 GG). Der Bundeskanzler bestimmt nach Art. 65 GG die Richtlinien der Politik und trägt dafür die Verantwortung. Innerhalb dieser Richtlinien leitet jeder Bundesminister seinen Geschäftsbereich in eigener Verantwortung. Die Bundesminister werden auf Vorschlag des Bundeskanzlers vom Bundespräsidenten ernannt und entlassen (Art. 64 GG).
www.bundesregierung.de

Bundeskanzler
Gerhard Schröder, SPD

Stellvertreter des Bundeskanzlers und Bundesminister des Auswärtigen
Joschka (Joseph) Fischer, B'90/Grüne

Bundeskanzleramt
Willy-Brandt-Str. 1, 10557 Berlin
Chef des Bundeskanzleramtes:
Staatssekr. Dr. Frank Walter Steinmeier, SPD
Tel. 030/40 00–0
Staatsminister beim Bundeskanzler:
Dr. Christina Weiss, Beauftragte der Bundesregierung für Kultur und Medien
Rolf Schwanitz, SPD, Beauftragter der Bundesregierung für die Koordination von Bund und Ländern
www.bundeskanzler.de

Presse- und Informationsamt der Bundesregierung
Chef des Presse- u. Informationsamtes und Regierungssprecher: Béla Nikolai Anda
Dorotheenstr. 84, 10117 Berlin

Auswärtiges Amt
Bundesminister des Auswärtigen u. Stellv. des Bundeskanzlers: Joschka (Joseph) Fischer, B '90 / Grüne
Beauftragter der Bundesregierung für Menschenrechtspolitik und humanitäre Hilfe:
Tom Koenigs, B '90 / Grüne
1. Dienstsitz: Werderscher Markt 1, 10117 Berlin
2. Dienstsitz: Adenauerallee 99–103, 53113 Bonn
www.auswaertiges-amt.de

Bundesministerium des Innern
Bundesminister: Otto Schily, SPD
1. Dienstsitz: Alt-Moabit 101 D, 10559 Berlin
2. Dienstsitz: Graurheindorfer Str. 198, 53117 Bonn
www.bmi.bund.de

Bundesministerium der Justiz
Bundesministerin: Brigitte Zypries, SPD
1. Dienstsitz: Mohrenstr. 37, 10117 Berlin
2. Dienstsitz: Heinemannstr. 6, 53175 Bonn
www.bmj.bund.de

Bundesministerium der Finanzen
Bundesminister: Hans Eichel, SPD
1. Dienstsitz: Wilhelmstr. 97, 10117 Berlin
2. Dienstsitz: Graurheindorfer Str. 108, 53117 Bonn
www.bundesfinanzministerium.de

Bundesministerium für Wirtschaft und Arbeit
Bundesminister: Wolfgang Clement, SPD
1. Dienstsitz: Scharnhorststr. 34–37, 10115 Berlin
2. Dienstsitz: Villemombler Str. 76, 53123 Bonn
www.bmwi.bund.de

Bundesministerium für Verbraucherschutz, Ernährung und Landwirtschaft
Bundesministerin: Renate Künast, B '90 / Grüne
1. Dienstsitz: Rochusstr. 1, 53123 Bonn
2. Dienstsitz: Wilhelmstr. 54, 10117 Berlin
www.verbraucherministerium.de

Bundesministerium der Verteidigung
Bundesminister: Dr. Peter Struck, SPD
Generalinspekteur der Bundeswehr:
General Wolfgang Schneiderhan
1. Dienstsitz: Hardthöhe, 53125 Bonn
2. Dienstsitz: Stauffenbergstr. 18, 10785 Berlin
www.bmvg.de

Bundesministerium für Gesundheit und Soziale Sicherung
Bundesministerin: Ulla Schmidt, SPD
Beauftragte der Bundesregierung für Drogenfragen:
Marion Caspers-Merk, SPD
1. Dienstsitz: Am Probsthof 78 a, 53121 Bonn
2. Dienstsitz: Wilhelmstr. 49, 10117 Berlin
www.bmgs.bund.de

Bundesministerium für Familie, Senioren, Frauen und Jugend
Bundesministerin: Renate Schmidt, SPD
Beauftragte der Bundesregierung für Migration, Flüchtlinge und Integration:
Marieluise Beck, B'90 / Grüne
Bundesbeauftragter für den Zivildienst:
Dieter Hackler, CDU
1. Dienstsitz: Alexanderplatz 6, 10178 Berlin
2. Dienstsitz: Rochusstr. 8–10, 53123 Bonn
www.bmfsfj.de

Bundesministerium für Verkehr, Bau- und Wohnungswesen
Bundesminister und Beauftragter der Bundesregierung für die Angelegenheiten der neuen Länder:
Dr. Manfred Stolpe, SPD
1. Dienstsitz: Invalidenstr. 44, 10115 Berlin
2. Dienstsitz: Robert-Schuman-Platz 1, 53175 Bonn
www.bmvbw.de

Bundesministerium für Umwelt, Naturschutz und Reaktorsicherheit
Bundesminister: Jürgen Trittin, B '90 / Grüne
1. Dienstsitz: Robert-Schuman-Platz3, 53175 Bonn
2. Dienstsitz: Alexanderplatz 6, 10178 Berlin
www.bmu.de

Bundesministerium für Bildung und Forschung
Bundesministerin: Edelgard Bulmahn, SPD
1. Dienstsitz: Heinemannstr. 2, 53175 Bonn
2. Dienstsitz: Hannoversche Str. 28–30, 10115 Berlin
www.bmbf.de

Bundesministerium für wirtschaftliche Zusammenarbeit und Entwicklung
Bundesministerin: Heidemarie Wieczorek-Zeul, SPD
1. Dienstsitz: Friedrich-Ebert-Allee 40, 53123 Bonn
2. Dienstsitz: Stresemannstr. 94, 10963 Berlin
www.bmz.de

Kabinettsausschüsse der Bundesregierung
Rechtsgrundlage sind mehrere Beschlüsse der Bundesregierung, zuletzt der Beschluss vom 22. 10. 2002. Vors. der Kabinettsausschüsse ist der Bundeskanzler. Ständige Mitgl. eines Kabinettsausschusses sind jene Bundesminister, deren Geschäftsbereiche regelmäßig und nicht nur unwesentlich betroffen sind.
Nach dem Beschluss von 2002 bestehen die folgenden fünf Ausschüsse: Bundessicherheitsrat – Kabinettsausschuss Neue Länder – K. f. Wirtschaft – K. f. Zukunftstechnologie – K. f. Umwelt und Gesundheit

Oberste Organe der Rechtsprechung

Bundesverfassungsgericht
Schlossbezirk 3, 76131 Karlsruhe
Präsident: Prof. Dr. Hans-Jürgen Papier
Vizepräsident: Prof. Dr. Winfried Hassemer
www.bundesverfassungsgericht.de

Bundesgerichtshof
Herrenstr. 45a, 76133 Karlsruhe
Präsident: Prof. Dr. Günter Erhard Hirsch
www.bundesgerichtshof.de

Sitz des 5. Strafsenats
Karl-Heine-Str. 12, 04229 Leipzig
Leiterin: Vors. Richterin am Bundesgerichtshof
Monika Harms

Der Generalbundesanwalt beim Bundesgerichtshof
Brauerstr. 30, 76137 Karlsruhe
Leiter: Generalbundesanwalt Kay Nehm
www.generalbundesanwalt.de

Dienststelle Bundeszentralregister
Adenauerallee 99–103, 53113 Bonn
Leiter: Oberstaatsanwalt Peter Christensen
www.bundeszentralregister.de

Bundesverwaltungsgericht
Simsonplatz 1, 04107 Leipzig
Präsident: Eckart Hien
www.bverwg.de

Bundesarbeitsgericht
Hugo-Preuß-Platz 1, 99084 Erfurt
Präsidentin: Ingrid Schmidt
www.bundesarbeitsgericht.de

Bundesfinanzhof
Ismaninger Str. 109, 81675 München
Präsident: Wolfgang Spindler
www.bfh.bund.de

Bundespatentgericht
Cincinnatistr. 56, 81549 München
Präsident: Dr. Hans-Georg Landfermann
www.bpatg.de

Bundessozialgericht
Graf-Bernadotte-Platz 5, 34119 Kassel
Präsident: Prof. Dr. Karl Matthias von Wulffen
www.bundessozialgericht.de

Bundesbehörden (Auswahl)

Bundesagentur für Arbeit
Regensburger Str. 104, 90478 Nürnberg
Vorstandsvorsitzender: Frank-Jürgen Weise
www.arbeitsagentur.de

Bundesamt für Verfassungsschutz
Merianstr. 100, 50765 Köln
Präsident: Heinz Fromm
www.verfassungsschutz.de

Bundeskartellamt
Kaiser-Friedrich-Str. 16, 53113 Bonn
Präsident: Dr. Ulf Böge
www.bundeskartellamt.de

Bundeskriminalamt
Thaerstr. 11, 65193 Wiesbaden
Präsident: Jörg Ziercke
www.bka.de

Bundesnachrichtendienst
Heilmannstr. 30, 82049 Pullach
Präsident: Dr. August Hanning
www.bundesnachrichtendienst.de

Bundesrechnungshof
Adenauerallee 81, 53113 Bonn
Präsident: Prof. Dr. Dieter Engels
www.bundesrechnungshof.de

Deutsche Bundesbank
Wilhelm-Epstein-Str. 14, 60431 Frankfurt am Main
Präsident: Prof. Dr. Axel Weber
www.bundesbank.de

Deutsches Patent- und Markenamt
Zweibrückenstr. 12, 80331 München
Präsident: Dr. Jürgen Schade
www.dpma.de

Statistisches Bundesamt
Gustav-Stresemann-Ring 11, 65189 Wiesbaden
Präsident: Johann Hahlen
www.destatis.de

Umweltbundesamt
Wörlitzer Platz 1, 06844 Dessau
Präsident: Prof. Dr. Andreas Troge
www.umweltbundesamt.de

Der Bundesbeauftragte für den Datenschutz
Husarenstraße 30, 53117 Bonn
Bundesbeauftragter: Peter Schaar
www.bfd.bund.de

Parteien

(im Bundestag der 15. Wahlperiode vertreten)

Christlich Demokratische Union Deutschlands (CDU)
Konrad-Adenauer-Haus,
Klingelhöferstr. 8, 10785 Berlin
Vors.: Dr. Angela Merkel
Stellv. Vors.: Dr. Christoph Böhr, Dr. Jürgen Rüttgers, Dr. Annette Schavan, Christian Wulff
Generalsekretär: Volker Kauder
Bundesschatzmeister: Dr. Wolfgang Peiner
Mitgliederzahl (Stand 31. 12. 2004): 579 526
www.cdu.de

Sozialdemokratische Partei Deutschlands (SPD)
Willy-Brandt-Haus,
Wilhelmstr. 141, 10963 Berlin
Vors.: Franz Müntefering
Stellv. Vors.: Kurt Beck, Wolfgang Clement, Wolfgang Thierse, Ute Vogt, Heidemarie Wieczorek-Zeul
Generalsekretär: Klaus Uwe Benneter
Schatzmeisterin: Inge Wettig-Danielmeier
Mitgliederzahl (Stand 31. 12. 2004): 605 807
www.spd.de

Christlich-Soziale Union in Bayern (CSU)
Franz-Josef-Strauß-Haus,
Nymphenburger Str. 64, 80335 München
Vors.: Dr. Edmund Stoiber
Stellv. Vors.: Dr. Ingo Friedrich, Dr. Beate Merk, Horst Seehofer, Barbara Stamm
Generalsekretär: Dr. Markus Söder
Schatzmeister: Thomas Bauer, Adolf Dinglreiter
Mitgliederzahl (Stand 30. 4. 2005): 172 148
www.csu.de

Bündnis 90 / Die Grünen
Platz vor dem Neuen Tor 1, 10115 Berlin
Bundesvorstand:
Vorsitzende: Claudia Roth, Reinhard Bütikofer
Politische Geschäftsführerin: Steffi Lemke
Bundesschatzmeister: Dietmar Strehl
Mitgliederzahl (Stand 31. 12. 2004): 44 344
www.gruene.de

Freie Demokratische Partei (FDP)
Thomas-Dehler-Haus,
Reinhardtstr. 14, 10117 Berlin
Vors.: Dr. Guido Westerwelle
Stellv. Vors.: Rainer Brüderle, Prof. Dr. Andreas Pinkwart, Cornelia Pieper
Generalsekretär: Dirk Niebel
Bundesschatzmeister: Dr. Hermann Otto Solms
Mitgliederzahl (Stand 31. 12. 2004): 64 146
www.liberale.de

Partei des Demokratischen Sozialismus (PDS)
Karl-Liebknecht-Haus,
Kleine Alexanderstr. 28, 10178 Berlin
Vors.: Prof. Dr. Lothar Bisky
Stellv. Vors.: Dagmar Enkelmann, Katja Kipping, Wolfgang Methling
Bundesschatzmeister: Uwe Hobler
Mitgliederzahl (Stand 31. 12. 2004): 61 693
www.sozialisten.de

Deutschland: Mitgliederentwicklung der Parteien

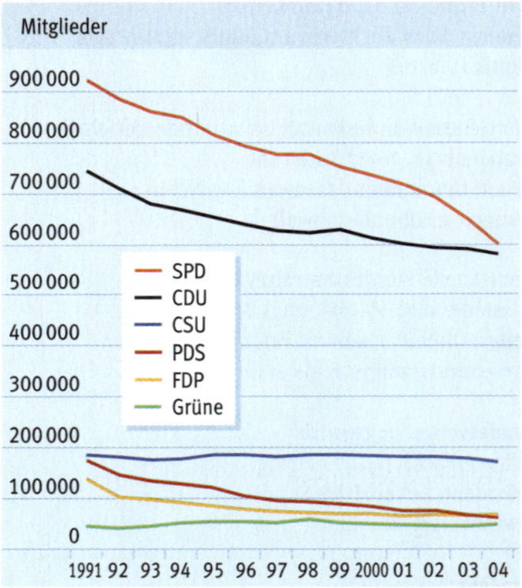

Quelle: Niedermayer, Oskar: Parteimitglieder seit 1990, Berlin 2005; eigene Recherchen

Arbeitgeberverbände

Bundesvereinigung der Deutschen Arbeitgeberverbände (BDA)
Breite Str. 29, 10178 Berlin
Präsident: Dr. Dieter Hundt
www.bda-online.de

Bundesverband der Deutschen Industrie e. V. (BDI)
Breite Str. 29, 10178 Berlin
Präsident: Jürgen R. Thumann
www.bdi-online.de

Deutscher Industrie- und Handelskammertag (DIHK)
Breite Str. 29, 10178 Berlin
Präsident: Ludwig Georg Braun
www.dihk.de

Zentralverband des Deutschen Handwerks (ZDH)
Mohrenstr. 20/21, 10117 Berlin
Präsident: Otto Kentzler
www.zdh.de

Deutscher Bauernverband
Reinhardtstr. 18, 10117 Berlin
Präsident: Gerd Sonnleitner
www.bauernverband.de

Deutschland
Die größten Arbeitgeber

Unternehmen	Beschäftigte in 1000	Veränderung in %
Siemens	417,0	− 2,1
Deutsche Post AG	383,2	+ 3,0
DaimlerChrysler AG	362,1	− 1,0
Volkswagen	336,8	+ 3,7
Deutsche Telekom AG	251,3	− 1,8
Deutsche Bahn AG	242,8	− 3,2
Robert Bosch GmbH	229,4	+ 1.5
Edeka Gruppe	200,0	± 0,0
Metro AG	198,0	+ 3,4
Rewe-Gruppe	192,6	+ 2,9
ThyssenKrupp AG	190,1	− 0,6
Tengelmann (Welt)	183,6	+ 1,1
Allianz Group	173,8	− 4,3
RWE AG	127,0	− 3,6
Bayer	115,4	− 5,9
BMW Group	104,3	+ 2,9
KarstadtQuelle-Konzern	101,0	− 3,3
Deutsche Lufthansa	93,2	− 0,6
BASF-Gruppe	87,2	− 2,5
RAG AG	77,7	− 5,2
Bertelsmann AG	73,2	− 9,2
Continental AG	68,8	+ 6,8
Deutsche Bank AG	67,7	−12,5
E.ON AG	66,5	−38,4
Fresenius AG	66,3	+ 4,2

Quelle: FAZ 2004

Arbeitnehmerverbände

Deutscher Gewerkschaftsbund (DGB)
Bundesvorstand
Henriette-Herz-Platz 2, 10178 Berlin
Vorsitzender: Michael Sommer
Stellv. Vors.: Dr. Ursula Engelen-Kefer
Mitgliederzahl (Stand 31. 12. 2004): 7 013 037
www.dgb.de

IG Metall
Lyoner Str. 34, 60528 Frankfurt am Main
Vorsitzender: Jürgen Peters
2. Vors.: Berthold Huber
Mitgliederzahl (Stand: 31. 12. 2004): 2 425 005
www.igmetall.de

Vereinte Dienstleistungsgewerkschaft (Ver.di)
Paula-Thiede-Ufer 10, 10179 Berlin
Vorsitzender: Frank Bsirske
Stellv. Vors.: Gerd Herzberg, Margret Mönig-Raane, Franz Treml, Frank Werneke
Mitgliederzahl (Stand 31. 12. 2004): 2 464 510
www.verdi.de

Deutscher Beamtenbund (DBB)
Friedrichstr. 169/170, 10117 Berlin
Vorsitzender: Peter Heesen
Stellv. Vors.: Klaus Dauderstädt, Dieter Ondracek, Heinz Ossenkamp, Ilse Schedl, Frank Stöhr
Mitgliederzahl (Stand 31. 7. 2004):
1 269 816, davon 919 655 Beamte
www.dbb.de

Deutschland: Deutscher Gewerkschaftsbund
Mitgliederentwicklung DGB und Anteil der Einzelgewerkschaften

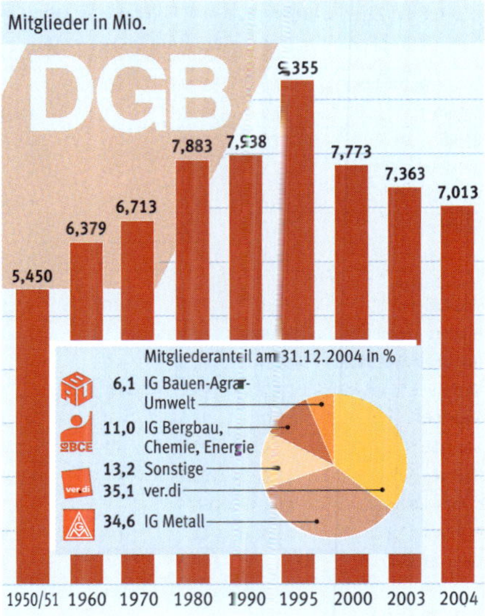

Quelle: Deutscher Gewerkschaftsbund 2005

Deutschland
Fläche und Bevölkerung nach Bundesländern

Bundesland	Fläche in km² 31.12.2003	Fläche in % 31.12.2003	Einw. insgesamt 31.12.2004	Einw. Saldo 2003/04	Einw. je km² 31.12.2003	Einw. in % 31.12.2004	Ausländer insgesamt 31.12.2004	Ausländeranteil in den Bundesländern in % 31.12.2004
Baden-Württemberg	35 751,65	10,01	10 717 419	24 863	299	12,99	1 281 717	12,0
Bayern	70 549,19	19,76	12 443 893	20 507	176	15,08	1 175 198	9,4
Berlin	891,75	0,25	3 387 828	–649	3800	4,11	454 545	13,4
Brandenburg	29 477,16	8,26	2 567 704	–6 817	87	3,11	67 222	2,6
Bremen	404,23	0,11	663 213	84	1640	0,80	86 650	13,1
Hamburg	755,16	0,21	1 734 830	747	2296	2,10	244 401	14,1
Hessen	21 114,72	5,91	6 097 765	8 337	288	7,39	694 693	11,4
Mecklenburg-Vorpommern	23 174,17	6,49	1 719 653	–12 573	75	2,08	39 417	2,3
Niedersachsen	47 618,24	13,34	8 000 909	7 494	168	9,70	536 939	6,7
Nordrhein-Westfalen	34 089,52	9,55	18 075 352	–4 334	530	21,91	1 944 556	10,8
Rheinland-Pfalz	19 847,37	5,56	4 061 105	2 423	204	4,92	311 556	7,7
Saarland	2 568,65	0,72	1 056 417	–4 959	413	1,28	88 925	8,4
Sachsen	18 413,91	5,16	4 296 284	–25 153	235	5,21	118 480	2,8
Sachsen-Anhalt	20 445,26	5,73	2 494 437	–28 504	123	3,02	47 123	1,9
Schleswig-Holstein	15 763,18	4,42	2 828 760	5 589	179	3,43	151 286	5,3
Thüringen	16 172,14	4,53	2 355 280	–17 877	147	2,85	47 817	2,0
Deutschland	357 030,32	100,00	82 500 849	–30 822	231	100,00	7 289 979	8,8

Quelle: Statistisches Bundesamt 2005

Vergleich der Bundesländer nach Wirtschaftskraft und Arbeitslosigkeit 2003 – 2004

Bundesland	Bruttoinlandsprodukt in jeweiligen Preisen: insgesamt in Mrd. €		reale Veränderung in %		Anteil am Bundes-BIP in %		€ je Erwerbstätigen		Arbeitslosenquote (Jahresdurchschnitt)	
	2003	2004	2002/03	2003/04	2003	2004	2003	2004	2003	2004*
Baden-Württemberg	312,3	319,4	+ 1,0	+ 2,3	14,7	14,7	58 497	59 685	6,2	6,2
Bayern	375,9	385,2	+ 1,2	+ 2,4	17,7	17,7	60 625	61 870	6,9	6,9
Berlin	76,8	77,9	– 0,2	+ 1,3	3,6	3,6	50 740	50 773	18,1	17,6
Brandenburg	44,3	45,0	+ 0,7	+ 1,7	2,1	2,1	43 648	44 323	18,8	18,7
Bremen	23,2	23,6	+ 0,3	+ 1,8	1,1	1,1	59 465	60 308	13,2	13,3
Hamburg	76,7	78,8	+ 1,2	+ 2,7	3,6	3,6	74 502	75 963	9,9	9,7
Hessen	190,1	195,2	+ 0,7	+ 2,6	8,9	9,0	63 707	65 195	7,9	8,2
Mecklenburg-Vorpommern	29,3	29,8	+ 0,0	+ 1,5	1,4	1,4	41 220	42 140	20,1	20,5
Niedersachsen	181,9	184,9	+ 1,4	+ 1,7	8,5	8,5	52 302	53 155	9,6	9,6
Nordrhein-Westfalen	469,7	481,4	+ 0,7	+ 2,5	22,1	22,1	56 998	58 110	10,0	10,2
Rheinland-Pfalz	93,2	95,4	+ 1,3	+ 2,4	4,4	4,4	53 461	54 429	7,7	7,7
Saarland	25,3	26,1	– 0,3	+ 3,2	1,2	1,2	50 675	52 071	9,5	9,2
Sachsen	77,9	79,8	+ 2,2	+ 2,4	3,7	3,7	40 629	41 631	17,9	17,8
Sachsen-Anhalt	44,9	45,8	+ 1,7	+ 1,9	2,1	2,1	44 402	45 345	20,5	20,3
Schleswig-Holstein	65,1	66,5	+ 0,8	+ 2,1	3,1	3,1	53 771	54 951	9,7	9,8
Thüringen	41,5	42,3	+ 1,6	+ 1,9	1,9	1,9	40 309	40 951	16,7	16,7
Deutschland	2 128,2	2 177,0	+ 1,0	+ 2,3	100,0	100	55 546	56 631	10,5	10,5

Quellen: Arbeitskreis Volkswirtschaftliche Gesamtrechnungen der Länder, Berechnungsstand Frühjahr 2005; Bundesagentur für Arbeit 2005

* Ein Vergleich mit dem Vorjahr ist wegen der Umstellung der Arbeitslosenstatistik zum 1.1.2004 nicht möglich.

Die Länderparlamente werden in Bremen, Hamburg, Mecklenburg-Vorpommern und Sachsen-Anhalt alle 4 J., in den übrigen Bundesländern alle 5 J. neu gewählt. Bei der Sitzverteilung wird der Stand der letzten Wahl angegeben. Es werden die Wahlergebnisse der Parteien genannt, die mindestens 1 % der abgegebenen Stimmen erhalten haben.
Fläche: Stand 31. 12. 2003;
Einwohnerzahl: Stand 31. 12. 2004;
Bevölkerungsdichte: Stand 31. 12. 2003

Baden-Württemberg

Fläche: 35 751,65 km²
Einwohner: 10 717 419 (5 260 183 m / 5 457 236 w)
Bevölkerungsdichte: 299 Einw. je km²
Hauptstadt: Stuttgart

Landtag von Baden-Württemberg
Präsident: Peter Straub, CDU
Haus des Landtags, Konrad-Adenauer-Str. 3, 70173 Stuttgart
www.landtag-bw.de

Verteilung der 128 Sitze: 63 CDU, 45 SPD, 10 FDP / DVP, 10 B '90 / Grüne
Landtagswahl am 25. 3. 2001: 44,8 % CDU, 33,3 % SPD, 8,1 % FDP / DVP 7,7 % B '90 / Grüne, 4,4 % REP

Nächste Wahl: 26. 3. 2006

Regierung des Landes Baden-Württemberg
Ministerpräsident
Günther Oettinger, CDU (seit 21. 4. 2005)
Richard-Wagner-Str. 15, 70184 Stuttgart
Leiter der Staatskanzlei:
Staatssekretär Rudolf Böhmler
Tel. 07 11 / 21 53–0
Minister des Staatsministeriums und für europäische Angelegenheiten:
Min. Willi Stächele, CDU
Bevollmächtigter des Landes beim Bund:
Min. Prof. Dr. Wolfgang Reinhart, CDU
Tiergartenstr. 15, 10785 Berlin
www.baden-wuerttemberg.de

Wirtschaftsministerium
Stellv. d. Min.-Präs. Min. Ernst Pfister, FDP
Theodor-Heuss-Str. 4, 70174 Stuttgart

Innenministerium
Min. Heribert Rech, CDU
Dorotheenstr. 6, 70173 Stuttgart

Ministerium für Kultus, Jugend und Sport
Min. Dr. Annette Schavan, CDU
Schlossplatz 4 (Neues Schloss), 70173 Stuttgart

Ministerium für Wissenschaft, Forschung und Kunst
Min. Prof. Dr. Peter Frankenberg, CDU
Königstr. 46 (Mittnachtbau), 70173 Stuttgart

Justizministerium
Min. und Ausländerbeauftragter
Prof. Dr. Ulrich Goll, FDP
Schillerplatz 4, 70029 Stuttgart

Finanzministerium
Min. Gerhard Stratthaus, CDU
Schlossplatz 4 (Neues Schloss), 70173 Stuttgart

Ministerium für Ernährung und Ländlichen Raum
Min. Peter Hauk, CDU
Kernerplatz 10, 70182 Stuttgart

Ministerium für Arbeit und Soziales
Min. Andreas Renner, CDU
Schellingstr. 15, 70174 Stuttgart

Umweltministerium
Min. Tanja Gönner, CDU
Kernerplatz 9, 70182 Stuttgart

Döring-Affäre: Im Gefolge der Affäre um den FDP-Politiker und Wirtschaftsminister Walter Döring (→ WA 2005, S. 144) musste auch seine Kabinettskollegin Corinna Werwigk-Hertneck fünf Wochen später, am 22. 7. 2004, ihr Amt als Justizministerin niederlegen. Sie hatte ihren Parteifreund Döring vorab über ein bevorstehendes Ermittlungsverfahren gegen ihn informiert. Am 25. 10. trat Staats- und Europaminister Christoph E. Palmer (CDU) wegen einer Tätlichkeit gegen einen parteiinternen Kritiker von Ministerpräsident Teufel (CDU) zurück.
Regierungswechsel: Ministerpräsident Teufel erklärte am 25. 10. 2004 zum April 2005 seinen Verzicht auf seine politischen Ämter. In einer Befragung der CDU-Mitglieder zur Nachfolge Teufels setzte sich am 3. 12. der Vorsitzende der Landtagsfraktion, **Günther Oettinger**, mit 60,6 % der Stimmen gegen Kultusministerin Annette Schavan durch (Wahlbeteiligung: 70,6 %). Ein Sonderparteitag bestätigte Oettingers Nominierung am 11. 12. Am 21. 4. 2005 wählte ihn der Landtag mit 76 Stimmen der 128 Mitglieder zum Ministerpräsidenten. Zum Vorsitzenden der Landespartei wählte ihn der Parteitag in Ulm am 29. 4. mit 89,9 % der Stimmen.

Freistaat Bayern

Fläche: 70 549,19 km^2
Einwohner: 12 443 893 (6 088 805 m / 6 355 088 w)
Bevölkerungsdichte: 176 Einw. je km^2
Hauptstadt: München

Bayerischer Landtag
Präsident: Alois Glück, CSU
Maximilianeum, 81627 München
www.bayern.landtag.de

Verteilung der 180 Sitze; 124 CSU, 41 SPD, 15 B'90 / Grüne
Letzte Landtagswahl am 21. 9. 2003: 60,7 % CSU, 19,6 % SPD, 7,7 % B'90 / Grüne, 4,0 % Freie Wähler, 2,6 % FDP, 2,2 % REP, 2,0 % ÖDP

Nächste Wahl: 2008

Die Bayerische Staatsregierung
Ministerpräsident
Dr. Edmund Stoiber, CSU
Franz-Josef-Strauß-Ring 1, 80539 München
Leiter der Staatskanzlei und Staatsminister für Bundesangelegenheiten und Verwaltungsreform: Staatsmin. Erwin Huber, CSU
Tel. 089 / 21 65–0
Staatsmin. für Europaangelegenheiten und reg. Beziehungen: Staatsmin. Eberhard Sinner, CSU
Vertretung des Freistaats beim Bund:
Behrenstraße 21 / 22, 10117 Berlin
www.bayern.de

Staatsministerium des Innern
Stellvertreter des Min.-Präs.
Staatsmin. Dr. Günther Beckstein, CSU
Odeonsplatz 3, 80539 München

Staatsministerium der Justiz
Staatsmin. Dr. Beate Merk, CSU
Justizpalast, 80335 München

Staatsministerium für Wissenschaft, Forschung und Kunst
Staatsmin. Dr. Thomas Goppel, CSU
Salvatorstraße 2, 80333 München

Staatsministerium für Unterricht und Kultus
Staatsmin. Siegfried Schneider, CSU
Salvatorstraße 2, 80333 München

Staatsministerium der Finanzen
Staatsmin. Prof. Dr. Kurt Faltlhauser, CSU
Odeonsplatz 4, 80539 München

Staatsministerium für Wirtschaft, Infrastruktur, Verkehr und Technologie
Staatsmin. Dr. Otto Wiesheu, CSU
Prinzregentenstr. 28, 80538 München

Staatsministerium für Umwelt, Gesundheit und Verbraucherschutz
Staatsmin. Dr. Werner Schnappauf, CSU
Rosenkavalierplatz 2, 81925 München

Staatsministerium für Landwirtschaft und Forsten
Staatsmin. Josef Miller, CSU
Ludwigstr. 2, 80539 München

Staatsministerium für Arbeit und Sozialordnung, Familie und Frauen
Staatsmin. Christa Stewens, CSU
Winzererstr. 9, 80797 München

Hohlmeier-Affäre: Nach Kritik an ihrem Verhalten in der Wahlfälschungsaffäre eines Münchner CSU-Kreisverbandes im Jahr 2003 legte Kultusministerin **Monika Hohlmeier** am 23. 7. 2004 den Vorsitz des Münchner CSU-Bezirks nieder und entschuldigte sich. Nachdem ein Zeuge vor dem Untersuchungsausschuss des Landtages Hohlmeier als »Dirigentin der Fälschungen« bei der CSU-internen Wahl bezeichnet hatte und führende Münchner CSU-Mitglieder sie der Lüge bezichtigt hatten, veranlasste Ministerpräsident Edmund Stoiber sie zum **Rücktritt** am 15. 4. 2005. Zum neuen Kultusminister berief Stoiber am 21.4. den Landtagsabgeordneten **Siegfried Schneider** (CSU). Die gegen sie vorgebrachten Vorwürfe bestritt die Tochter des früheren Ministerpräsidenten Franz-Josef Strauß (CSU) jedoch.
Sport: Mit einem Freundschaftsspiel zwischen dem TSV 1860 München und dem 1. FC Nürnberg wurde am 30. 5. 2005 die neue **Allianz-Arena** in München-Fröttmaning eingeweiht. Das nach einem langen Streit über den eventuellen Umbau des Olympia-Stadions und einem Bürgerentscheid neu gebaute Stadion bietet Platz für 66 000 Zuschauer (Baukosten 320 Mio. €).

Berlin

Fläche: 891,75 km²
Einwohner: 3 387 828 (1 653 057 m / 1 734 771 w)
Bevölkerungsdichte: 3800 Einw. je km²

Abgeordnetenhaus von Berlin
Präsident Walter Momper, SPD
Niederkirchnerstr. 5, 10111 Berlin
www.parlament-berlin.de

Verteilung der 141 Sitze: 44 SPD, 35 CDU, 33 PDS, 15 FDP, 14 B'90 / Grüne
Letzte Wahl zum Abgeordnetenhaus am 21. 10. 2001: 29,7 % SPD, 23,8 % CDU, 22,6 % PDS, 9,9 % FDP, 9,1 % B'90 / Grüne, 1,4 % Graue, 1,3 % REP

Nächste Wahl: 2006

Senat von Berlin
Regierender Bürgermeister
Klaus Wowereit, SPD
Berliner Rathaus, 10178 Berlin
Chef der Senatskanzlei: André Schmitz
Tel. 030 / 90 26–0
Bevollmächtigte des Landes Berlin beim Bund und Europabeauftragte:
Staatssekretärin Monika Helbig, SPD
Rathausstr. 15, 10178 Berlin
www.berlin.de / rbmskzl / rbm / senat.html

Senatsverwaltung für Justiz
Bürgermeisterin und Senatorin Karin Schubert, SPD
Salzburger Str. 21–25, 10825 Berlin

Senatsverwaltung für Wirtschaft, Arbeit und Frauen
Bürgermeister und Senator Harald Wolf, PDS
Martin-Luther-Str. 105, 10825 Berlin

Senatsverwaltung für Bildung, Jugend und Sport
Senator Klaus Böger, SPD
Beuthstr. 6–8, 10117 Berlin

Senatsverwaltung für Wissenschaft, Forschung und Kultur
Senator Dr. Thomas Flierl, PDS
Brunnenstr. 188–190, 10119 Berlin

Senatsverwaltung für Gesundheit, Soziales und Verbraucherschutz
Senatorin Dr. Heidi Knake-Werner, PDS
Oranienstraße 106, 10969 Berlin

Senatsverwaltung für Inneres
Senator Dr. Ehrhart Körting, SPD
Klosterstr. 47, 10179 Berlin

Berlin: Schuldenstand und Steuereinnahmen 1994–2004

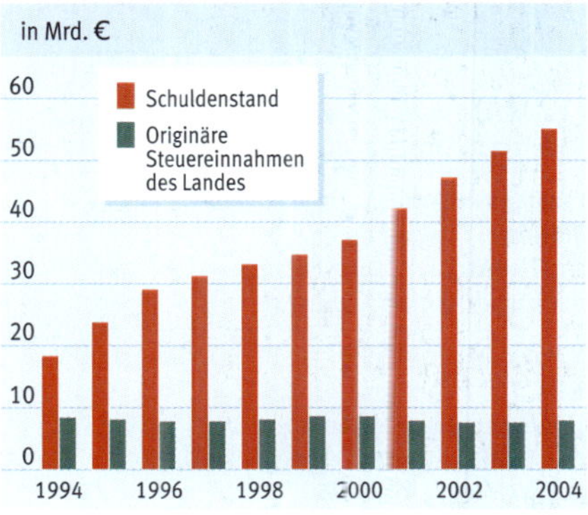

Quelle: Senatsverwaltung für Finanzen Berlin 2005

Senatsverwaltung für Finanzen
Senator Dr. Thilo Sarrazin, SPD
Klosterstr. 59, 10179 Berlin

Senatsverwaltung für Stadtentwicklung
Senatorin Ingeborg Junge-Reyer, SPD
Württembergische Straße 6, 10707 Berlin

Airport-Ausbau: Das Bundesverwaltungsgericht in Leipzig untersagte am 14. 4. 2005 vorläufig den Ausbau des **Flughafens Schönefeld** zum geplanten neuen Hauptstadt-Aiport Berlin Brandenburg International (BBI).
Holocaust-Mahnmal: Zum Gedenken an die ermordeten Juden Europas wurde am 12. 5. 2005 das von Peter Eisenman entworfene Stelenfeld (Foto) eröffnet (→ Kultur).

Brandenburg

Fläche: 29 477,16 km²
Einwohner: 2 567 704 (1 270 347 m / 1 297 357 w)
Bevölkerungsdichte: 87 Einw. je km²
Hauptstadt: Potsdam

Landtag von Brandenburg
Präsident: Gunter Fritsch, SPD
Am Havelblick 8, 14473 Potsdam
www.landtag.brandenburg.de

Verteilung der 88 Sitze; 33 SPD, 29 PDS, 20 CDU, 6 DVU
Letzte Landtagswahl am 19. 9. 2004: 31,9 % SPD, 28,0 % PDS, 19,4 % CDU, 6,1 % DVU, 3,6 % B'90 / Grüne, 3,3 % FDP

Nächste Wahl voraussichtlich 2009

Regierung des Landes Brandenburg
Ministerpräsident
Matthias Platzeck, SPD
Heinrich-Mann-Allee 107, 14473 Potsdam
Chef der Staatskanzlei: Staatssekr. Clemens Appel, SPD
Tel. 03 31 / 8 66–0
Bevollmächtigter des Landes beim Bund und für Europaangelegenheiten: Staatssekr. Dr. Gerd Harms
In den Ministergärten 1, 10117 Berlin
www.brandenburg.de

Ministerium des Innern
Stellv. des Min.-Präs. Min. Jörg Schönbohm, CDU
Henning-von-Tresckow-Str. 9–13, 14467 Potsdam

Ministerium der Justiz
Min. Beate Blechinger, CDU
Heinrich-Mann-Allee 107, 14473 Potsdam

Ministerium der Finanzen
Min. Rainer Speer, SPD
Steinstr. 104–106, 14480 Potsdam

Ministerium für Wirtschaft
Min. Ulrich Junghanns, CDU
Heinrich-Mann-Allee 107, 14473 Potsdam

Brandenburg: Wahlen zum Landtag am 19.9.2004 (1999)

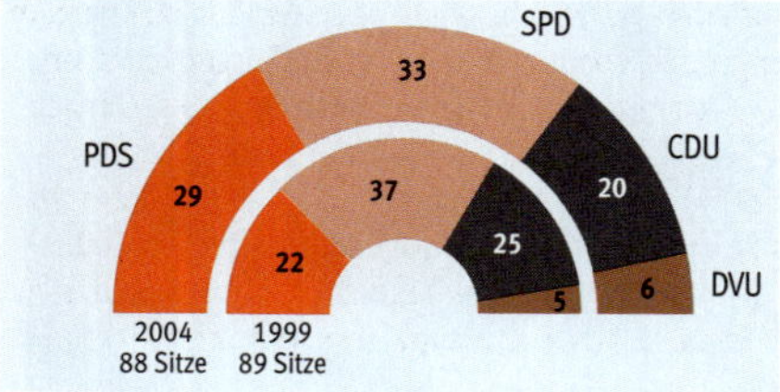

Ministerium für Arbeit, Soziales, Gesundheit und Frauen
Min. Dagmar Ziegler, SPD
Heinrich-Mann-Allee 103, 14473 Potsdam

Ministerium für Infrastruktur und Raumordnung
Min. Frank Szymanski, SPD
Heinrich-Mann-Allee 103, 14473 Potsdam

Ministerium für Bildung, Jugend und Sport
Min. Holger Rupprecht
Steinstr. 104–106, 14480 Potsdam

Ministerium für Wissenschaft, Forschung und Kultur
Min. Prof. Dr. Johanna Wanka, CDU
Dortustr. 36, 14467 Potsdam

Ministerium für Ländliche Entwicklung, Umwelt- und Verbraucherschutz
Min. Dr. Dietmar Woidke, SPD
Henning-von-Tresckow-Str. 2–8, 14467 Potsdam

Landtagswahl: Trotz starker Verluste für beide Parteien bei der Landtagswahl am 19. 9. 2004 im Vergleich zu 1999 führten SPD (31,9 %, –7,4 Prozentpunkte) und CDU (19,4 %, –7,1) die große Koalition fort. Die PDS (28,0 %, +4,7) rückte auf den zweiten Platz vor. Die rechtsextreme Deutsche Volksunion steigerte sich auf 6,1 % (+0,8). Bündnis 90 / Die Grünen und FDP verfehlten trotz Zugewinnen erneut den Einzug ins Parlament. Der Landtag **bestätigte Ministerpräsident Matthias Platzeck** (SPD) am 13. 10. mit 47 Stimmen bei 36 Gegenstimmen und vier Enthaltungen für eine zweite Amtszeit.

Brandenburg: Landtagswahlen seit 1990

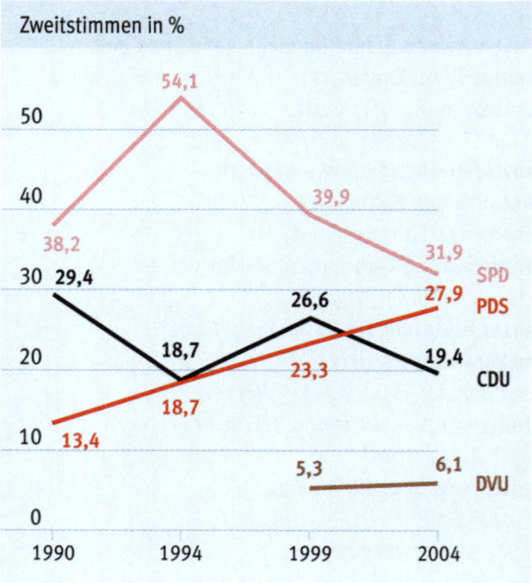

Freie Hansestadt Bremen

Fläche: 404,23 km²
Einwohner: 663 213 (321 206 m / 342 007 w)
Bevölkerungsdichte: 1640 Einw. je km²

Bremische Bürgerschaft
Präsident: Christian Weber, SPD
Haus der Bürgerschaft, Am Markt 20,
28195 Bremen www.bremische-buergerschaft.de

Verteilung der 83 Sitze: 40 SPD, 29 CDU, 12 B'90/Grüne, 1 FDP, 1 DVU
Letzte Bürgerschaftswahl am 25. 5. 2003: 42,3 % SPD, 29,8 % CDU, 12,8 % B'90/Grüne, 4,4 % Partei der Rechtsstaatlichen Offensive/PRO, 4,2 % FDP, 2,3 % DVU, 1,7 % PDS

Nächste Wahl: 2007

Senat der Freien Hansestadt Bremen
Präsident des Senats und Senator für kirchliche Angelegenheiten sowie für Justiz und Verfassung
Bürgermeister Dr. Henning Scherf, SPD
Chef der Senatskanzlei:
Staatsrat Prof. Dr. Reinhard Hoffmann
Rathaus, Am Markt 21, 28195 Bremen
Tel. 04 21/3 61–0
Bevollmächtigte der Freien Hansestadt Bremen beim Bund, für Europa und Entwicklungszusammenarbeit:
Staatsrätin Dr. Kerstin Kießler
Hiroshimastr. 24, 10785 Berlin
www.rathaus-bremen.de

Senator für Justiz und Verfassung
Bürgermeister Dr. Henning Scherf, SPD
Richtweg 16–22, 28195 Bremen

Senator für Inneres und Sport
Thomas Röwekamp, CDU
Contrescarpe 22–24, 28203 Bremen

Senator für Bildung und Wissenschaft
Willi Lemke, SPD
Rembertiring 8–12, 28195 Bremen

Senatorin für Arbeit, Frauen, Gesundheit, Jugend und Soziales
Karin Röpke, SPD
Contrescarpe 72, 28195 Bremen

Senator für Bau, Umwelt und Verkehr
Jens Eckhoff, CDU
Ansgaritorstr. 2, 28195 Bremen

Deutschland: BIP pro Einwohner

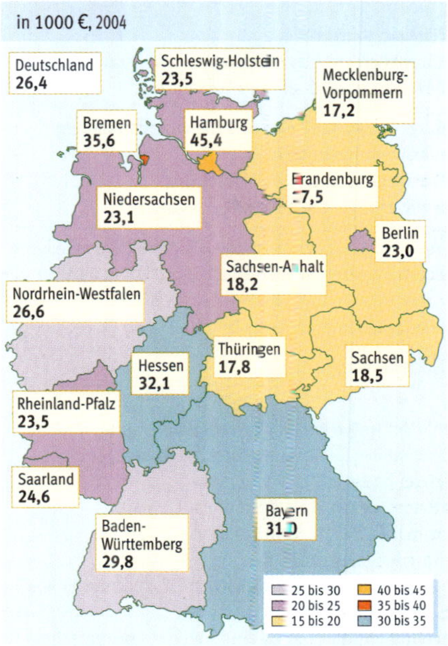

Quelle: Arbeitskreis Volkswirtschaftliche Gesamtrechnung der Länder 2005

Senator für Wirtschaft und Häfen sowie Kultur
Bürgermeister Jörg Kastendiek, CDU
Zweite Schlachtpforte 3, 28195 Bremen

Senator für Finanzen
Dr. Ulrich Nußbaum
Rudolf-Hilferding-Platz 1, 28195 Bremen

Sektaffäre: Der Stellvertretende Erste Bürgermeister und Wirtschafts- sowie Kultursenator Peter Gloystein (CDU) erklärte am 12. 5. 2005 seinen Rücktritt. Er zog damit die Konsequenz aus einem Eklat, den er verursacht hatte, als er auf einem Weinfest einen Obdachlosen mit Sekt überschüttete. Gloystein hatte erst acht Monate zuvor Hartmut Perschau abgelöst, der im Juli 2004 seine Ämter aufgegeben hatte. **Neuer Wirtschafts- und Kultursenator** wurde am 26. 5. der bisherige Chef der CDU-Bürgerschaftsfraktion, Jörg Kastendiek. Zum Vize-Regierungschef rückte Innensenator Thomas Röwekamp auf. **Kopftuchverbot:** Nach langen Auseinandersetzungen in der großen Koalition beschloss die Bürgerschaft am 23. 6. 2005 eine Änderung des Schulgesetzes. Danach darf das äußere Erscheinungsbild von Lehrkräften nicht religiöse oder weltanschauliche Empfindungen von Schülern und Eltern stören oder den Schulfrieden gefährden. Die Vorschrift gilt als verklausuliertes Kopftuchverbot für muslimische Lehrerinnen.

Freie und Hansestadt Hamburg

Fläche: 755,16 km²
Einwohner: 1734 830 (843 580 m / 891 250 w)
Bevölkerungsdichte: 2296 Einw. je km²

Bürgerschaft der Freien und Hansestadt Hamburg
Präsident: Berndt Röder, CDU
Rathausmarkt 1, 20095 Hamburg
www.hamburgische-buergerschaft.de

Verteilung der 121 Sitze: 63 CDU, 41 SPD, 17 GAL
Letzte Bürgerschaftswahl am 29. 2. 2004: 47,2 % CDU, 30,5 % SPD, 12,3 % GAL, 3,1 % PRO DM / Schill, 2,8 % FDP

Nächste Wahl: 2008

Senat der Freien und Hansestadt Hamburg
Präsident des Senats und Erster Bürgermeister
Ole von Beust, CDU
Rathausmarkt 1, 20095 Hamburg
Zweite Bürgermeisterin Senatorin Birgit Schnieber-Jastram, CDU
Chef der Senatskanzlei: Staatsrat Dr. Volkmar Schön
Tel. 040 / 4 28 31–0
Bevollmächtigter beim Bund, bei der Europäischen Union und für Auswärtige Angelegenheiten: Staatsrat Reinhard Stuth
Adresse s. o. und Jägerstr. 1–3, 10117 Berlin
www.fhh.hamburg.de

Justizbehörde
Senator Dr. Roger Kusch, CDU
Drehbahn 36, 20354 Hamburg

Behörde für Bildung und Sport
Senatorin Alexandra Dinges-Dierig, CDU
Hamburger Str. 31, 22083 Hamburg

Behörde für Wissenschaft und Gesundheit
Senator Jörg Dräger
Hamburger Str. 37, 22083 Hamburg

Kulturbehörde
Senatorin Prof. Dr. Karin von Welck
Hohe Bleichen 22, 20354 Hamburg

Behörde für Soziales und Familie
Senatorin und 2. Bm Birgit Schnieber-Jastram, CDU
Hamburger Str. 47, 22083 Hamburg

Behörde für Stadtentwicklung und Umwelt
Senator Dr. Michael Freytag, CDU
Stadthausbrücke 8, 20355 Hamburg

Behörde für Wirtschaft und Arbeit
Senator Gunnar Uldall, CDU
Alter Steinweg 4, 20459 Hamburg

Behörde für Inneres
Senator Udo Nagel
Johanniswall 4, 20095 Hamburg

Finanzbehörde
Senator Dr. Wolfgang Peiner, CDU
Gänsemarkt 36, 20354 Hamburg

Schill-Partei: Am 22. 2. 2005 gab der Landesverband der Partei Rechtsstaatliche Offensive, aus der ehemaligen Schill-Partei hervorgegangen, seine Auflösung bekannt.
Airbus-Landebahn: Im jahrelangen Streit über die geplante Verlängerung um 589 m der Start- und Landebahn für den Werkflughafen der EADS-Tochter Airbus in Hamburg-Finkenwerder blockierte das Hanseatische Oberlandesgericht im August 2004 die vom Senat betriebene Enteignung von verkaufsunwilligen Grundstücksbesitzern. Anfang Dezember 2004 erklärte sich ein Obstbauer bereit, seine »Schlüsselflurstücke« zu verkaufen. Airbus hatte angekündigt, die Auslieferung des Großflugzeugs A380 nach Toulouse zu verlegen, sollte die Startbahn nicht 2006 zur Verfügung stehen. Von dem Vorhaben hängen 4000 neue Arbeitsplätze in der Region ab.

Hessen

Fläche: 21 114,72 km²
Einwohner: 6 097 765 (2 986 543 m / 3 111 222 w)
Bevölkerungsdichte: 288 Einw. je km²
Hauptstadt: Wiesbaden

Hessischer Landtag
Präsident: Norbert Kartmann, CDU
Schlossplatz 1–3, 65183 Wiesbaden
www.hessischer-landtag.de

Verteilung der 110 Sitze: 56 CDU, 33 SPD, 12 B'90/Grüne, 9 FDP
Letzte Landtagswahl am 2. 2. 2003: 48,8 % CDU, 29,1 % SPD, 10,1 % B'90/Grüne, 7,9 % FDP, 1,3 % REP

Nächste Wahl: 2008

Hessische Landesregierung
Ministerpräsident
Roland Koch, CDU
Georg-August-Zinn Straße 1, 65183 Wiesbaden
Chef der Hessischen Staatskanzlei:
Staatsmin. Stefan Grüttner, CDU
Tel. 06 11/32–0
Minister für Bundes- und Europaangelegenheiten und Bevollmächtigter des Landes beim Bund:
Staatsmin. Jochen Riebel, CDU
Adresse s. o.
und In den Ministergärten 5, 10117 Berlin
www.hessen.de

Ministerium des Innern und für Sport
Staatsmin. Volker Bouffier, CDU
Friedrich-Ebert-Allee 12, 65185 Wiesbaden

Ministerium der Finanzen
Staatsmin. Karlheinz Weimar, CDU
Friedrich-Ebert-Allee 8, 65185 Wiesbaden

Ministerium der Justiz
Staatsmin. Dr. Christean Wagner, CDU
Luisenstr. 13, 65185 Wiesbaden

Kultusministerium
Stellv. d. Ministerpräsidenten
Staatsmin. Karin Wolff, CDU
Luisenplatz 10, 65185 Wiesbaden

Ministerium für Wissenschaft und Kunst
Staatsmin. Udo Corts, CDU
Rheinstr. 23–25, 65185 Wiesbaden

Ministerium für Wirtschaft, Verkehr und Landesentwicklung
Staatsmin. Dr. Alois Rhiel, CDU
Kaiser-Friedrich-Ring 75, 65185 Wiesbaden

Deutschland: Länderfinanzausgleich 2003/2004

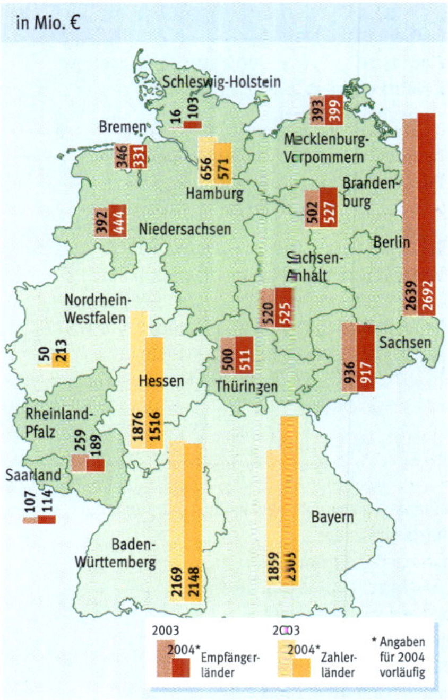

Quelle: Bundesministerium der Finanzen 2005

Ministerium für Umwelt, ländlicher Raum und Verbraucherschutz
Staatsmin. Wilhelm Dietzel, CDU
Mainzer Str. 80, 65189 Wiesbaden

Sozialministerium
Staatsmin. Silke Lautenschläger, CDU
Dostojewskistr. 4, 65187 Wiesbaden

Kopftuchverbot: Der Landtag beschloss am 7. 10. 2004 mit der absoluten Mehrheit der CDU-Fraktion ein Gesetz, das es allen Beamten verbietet, Kleidung zu tragen, mit der sie das »Vertrauen in die Neutralität ihrer Amtsführung« beeinträchtigen oder »den weltanschaulichen Frieden« gefährden könnten. Dies sei aus der christlich und humanistisch geprägten abendländischen Tradition zu prüfen. Vertreter der Opposition und Verfassungsrechtler meldeten verfassungsrechtliche Bedenken gegen das Gesetz an.
Schulzeitverkürzung: Der Landtag verabschiedete am 26. 11. 2004 eine Schulgesetznovelle, die u. a. die Verkürzung der Mittelstufe in Gymnasien von sechs auf fünf Jahre vorsieht. Dadurch kann das Abitur nach der zwölften Klasse abgelegt werden. Die Umstellung in zwei Schritten soll zum Schuljahr 2006/07 abgeschlossen sein.

Mecklenburg-Vorpommern

Fläche: 23 174,17 km^2
Einwohner: 1 719 653 (852 143 m / 867 510 w)
Bevölkerungsdichte: 75 Einw. je km^2
Hauptstadt: Schwerin

Der Landtag von Mecklenburg-Vorpommern
Präsidentin: Sylvia Bretschneider, SPD
Schloss, Lennéstraße 1, 19053 Schwerin
www.landtag-mv.de

Verteilung der 71 Sitze: 33 SPD, 25 CDU, 12 PDS, 1 Fraktionsloser
Letzte Landtagswahl am 22. 9. 2002: 40,6 % SPD, 31,4 % CDU, 16,4 % PDS, 4,7 % FDP, 2,6 % B'90 / Grüne, 1,7 % Partei der Rechtsstaatlichen Offensive / PRO

Nächste Wahl: 2006

Landesregierung von Mecklenburg-Vorpommern
Ministerpräsident
Dr. Harald Ringstorff, SPD
Schlossstr. 2–4, 19053 Schwerin
Chef der Staatskanzlei:
Staatssekretär Dr. Frank Tidick
Tel. 03 85 / 5 88–0
Frauen- und Gleichstellungsbeauftragte der Landesregierung:
Parl. Staatssekr. Dr. Margret Seemann, SPD
Bevollmächtigter des Landes beim Bund:
Staatssekretär Dr. Thomas Freund
In den Ministergärten 3, 10117 Berlin
www.mv-regierung.de

Umweltministerium
Stellv. Ministerpräsident
Min. Prof. Dr. Wolfgang Methling, PDS
Schlossstr. 6–8, 19053 Schwerin

Innenministerium
Min. Dr. Gottfried Timm, SPD
Karl-Marx-Str. 1, 19055 Schwerin

Justizministerium
Min. Erwin Sellering, SPD
Demmlerplatz 14, 19053 Schwerin

Finanzministerium
Min. Sigrid Keler, SPD
Schlossstr. 9–11, 19053 Schwerin

Wirtschaftsministerium
Min. Dr. Otto Ebnet, SPD
Johannes-Stelling-Str. 14, 19053 Schwerin

Ministerium für Ernährung, Landwirtschaft, Forsten und Fischerei
Min. Dr. Till Backhaus, SPD
Paulshöher Weg 1, 19061 Schwerin

Ministerium für Bildung, Wissenschaft und Kultur
Min. Prof. Dr. Hans-Robert Metelmann
Werderstr. 124, 19055 Schwerin

Ministerium für Arbeit, Bau und Landesentwicklung
Min. Helmut Holter, PDS
Schlossstr. 6–8, 19053 Schwerin

Sozialministerium
Min. Dr. Marianne Linke, PDS
Werderstr. 124, 19055 Schwerin

Tourismus: In Deutschland war der jahrzehntelange Aufwärtstrend der Tourismuswirtschaft – wie fast überall auf der Welt – 2001 beendet. 2002 und 2003 traten jeweils Rückgänge auf; 2004 war wieder eine leichter Zuwachs zu verzeichnen, und zwar sowohl beim Inlandstourismus als auch beim sog. outgoing-Tourismus (Auslandstourismus, d. h. Deutsche ins Ausland).

Unter den Bundesländern erreichten 2004 nur die Stadtstaaten und einige ostdeutsche Länder größere Zuwachsraten bei den Gästeübernachtungen, so z. B. Berlin +16,1 %, Hamburg +9,2 %, Sachsen-Anhalt +3,7 % und Sachsen +3,6 %. Die bedeutendsten Touristenziele mussten dagegen Stagnationstendenzen (Bayern –0,2 %, Baden-Württemberg +0,3 %) oder sogar größere Rückgänge verzeichnen (Mecklenburg-Vorpommern –6,0 %, Schleswig-Holstein –4,9 %). Bayern blieb aber mit 21,7 % der Übernachtungen das beliebteste Reiseziel vor Baden-Württemberg (11,8 %).

Mecklenburg-Vorpommern
Tourismus 1994 – 2004

Jahr	Anzahl der Übernachtungen	Anzahl der Beherbungsstätten
1992	6 658 840	1058
1993	7 606 861	1233
1994	8 664 001	1474
1995	9 936 174	1696
1996	10 808 915	1895
1997	11 579 000	1917
1998	13 279 576	2084
1999	15 615 850	2229
2000	18 250 052	2509
2001	19 759 712	2638
2002	21 005 622	2687
2003	22 140 077	2656
2004	21 350 569	2651

Quelle: Statistisches Landesamt Mecklenburg-Vorpommern 2005

Niedersachsen

Fläche: 47 618,24 km²
Einwohner: 8 000 909 (3 919 375 m / 4 081 534 w)
Bevölkerungsdichte: 168 Einw. je km²
Hauptstadt: Hannover

Niedersächsischer Landtag
Präsident: Jürgen Gansäuer, CDU
Hinrich-Wilhelm-Kopf-Platz 1, 30159 Hannover
www.landtag-niedersachsen.de

Verteilung der 183 Sitze (davon 28 Überhangmandate): 91 CDU, 63 SPD, 15 FDP, 14 B'90/Grüne
Letzte Landtagswahl am 2. 2. 2003: 48,3 % CDU, 33,4 % SPD, 8,1 % FDP, 7,6 % B'90/Grüne

Nächste Wahl voraussichtlich 2008

Niedersächsische Landesregierung
Ministerpräsident
Christian Wulff, CDU
Planckstr. 2, 30169 Hannover
Leiterin der Staatskanzlei:
Staatssekr. Dr. Gabriele Wurzel, CDU
Tel. 05 11 / 1 20–0
Bevollmächtigter des Landes beim Bund:
Staatssekr. Wolfgang Gibowski
In den Ministergärten 10, 10117 Berlin
www.niedersachsen.de

Ministerium für Wirtschaft, Arbeit und Verkehr
Stellv. d. Min.-Präs. Min. Walter Hirche, FDP
Friedrichswall 1, 30159 Hannover

Finanzministerium
Min. Hartmut Möllring, CDU
Schiffgraben 10, 30159 Hannover

Ministerium für Inneres und Sport
Min. Uwe Schünemann, CDU
Lavesallee 6, 30169 Hannover

Ministerium für den ländlichen Raum, Ernährung, Landwirtschaft und Verbraucherschutz
Min. Hans-Heinrich Ehlen, CDU
Calenberger Str. 2, 30169 Hannover

Ministerium für Soziales, Frauen, Familie und Gesundheit
Min. Dr. Ursula von der Leyen, CDU
Hinrich-Wilhelm-Kopf-Pl. 2, 30159 Hannover

Umweltministerium
Min. Hans-Heinrich Sander, FDP
Archivstr. 2, 30169 Hannover

Entwicklung der CeBIT

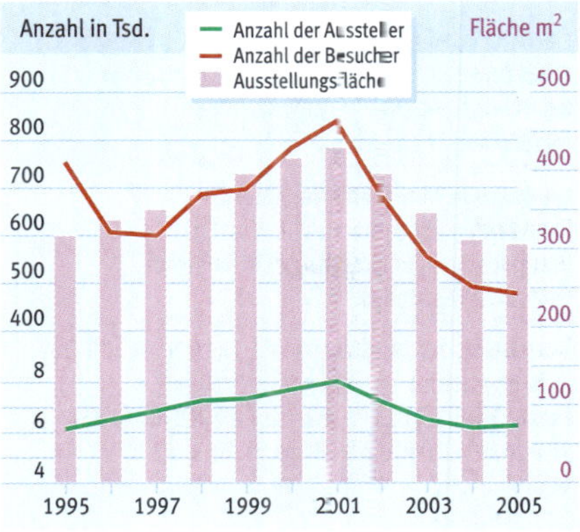

Quelle: CeBIT 2005

Justizministerium
Min. Elisabeth Heister-Neumann, CDU
Am Waterlooplatz 1, 30169 Hannover

Kultusministerium
Min. Bernd Busemann, CDU
Schiffgraben 12, 30159 Hannover

Ministerium für Wissenschaft und Kultur
Min. Lutz Stratmann, CDU
Leibnizufer 9, 30169 Hannover

Verfahren gegen Abgeordnete: Landtagspräsident Gansäuer reichte am 31. 5. 2005 Klage gegen die SPD-Landtagsabgeordneten Hans-Hermann Wendhausen und Ingolf Viereck ein. Beide Politiker bezogen mehr als zehn Jahre lang zusätzlich zu ihren Diäten Zahlungen vom VW-Konzern, ohne eine Arbeitsleistung für das Unternehmen zu erbringen. Dafür sollen sie rund 766 000 € an die Landeskasse abführen. Die Affäre war Mitte Dezember 2004 öffentlich geworden.

Nordrhein-Westfalen

Fläche: 34 083,52 km²
Einwohner: 18 075 352 (8 803 255 m / 9 272 097 w)
Bevölkerungsdichte: 530 Einw. je km²
Hauptstadt: Düsseldorf

Landtag von Nordrhein-Westfalen
Präsidentin: Regina van Dinther, CDU
Platz des Landtags 1, 40221 Düsseldorf
www.landtag.nrw.de

Verteilung der 187 Sitze: 89 CDU, 74 SPD, 12 FDP, 12 B'90/Grüne
Letzte Wahl am 22. 5. 2005: 44,8 % CDU, 37,1 % SPD, 6,2 % FDP, 6,2 % B'90/Grüne, 2,2 % WASG

Nächste Wahl voraussichtlich 2010

Landesregierung Nordrhein-Westfalen
Ministerpräsident
Dr. Jürgen Rüttgers, CDU
Stadttor 1, 40219 Düsseldorf
Chef der Staatskanzlei und Staatssekretär für Kultur:
Hans-Heinrich Grosse-Brockhoff,
Tel. 02 11 / 8 37–01
Staatssekr. für Medien und Regierungssprecher:
Thomas Kemper, CDU
Ministerium für Bundes- und Europaangelegenheiten:
Min. Michael Breuer, CDU
Adresse s. o.
und Hiroshimastr. 12–16, 10785 Berlin
www.nrw.de

Ministerium für Innovation, Wissenschaft, Forschung und Technologie
Stellv. des Min.-Präsidenten
Min. Prof. Dr. Andreas Pinkwart, FDP
Völklinger Str. 49, 40221 Düsseldorf

Finanzministerium
Min. Dr. Helmut Linssen, CDU
Jägerhofstr. 6, 40479 Düsseldorf

Ministerium für Wirtschaft, Mittelstand und Energie
Min. Christa Thoben, CDU
Haroldstr. 4, 40213 Düsseldorf

Innenministerium
Min. Dr. Ingo Wolf, FDP
Haroldstr. 5, 40213 Düsseldorf

Ministerium für Arbeit, Gesundheit und Soziales
Min. Karl-Josef Laumann, CDU
Fürstenwall 25, 40219 Düsseldorf

Ministerium für Schule
Min. Barbara Sommer, CDU
Völklinger Str. 49, 40221 Düsseldorf

Ministerium für Bauen und Verkehr
Min. Oliver Wittke, CDU
Elisabethstr. 5–11, 40217 Düsseldorf

Justizministerium
Min. Roswitha Müller-Piepenkötter, CDU
Martin-Luther-Platz 40, 40212 Düsseldorf

Ministerium für Umwelt und Naturschutz, Landwirtschaft und Verbraucherschutz
Min. Eckhard Uhlenberg, CDU
Schwannstr. 3, 40476 Düsseldorf

Ministerium für Generationen, Familie, Frauen und Integration
Min. Armin Laschet, CDU
Horionplatz 1, 40213 Düsseldorf

Machtwechsel: Bei der **Landtagswahl am 22. 5. 2005** (Wahlbeteiligung 63 %) erwies sich die von Jürgen Rüttgers geführte CDU mit 44,8 % (+7,8) als stärkste politische Kraft. Die SPD mit Ministerpräsident Peer Steinbrück rutschte auf 37,1 % (–5,7) ab. Mit einem Stimmenanteil von 6,2 % zogen Grüne (–0,9) und FDP (–3,6) gleich. Auf die erstmals angetretene Partei Arbeit und Soziale Gerechtigkeit – Die Wahlalternative (WASG) entfielen 2,2 % der Stimmen. **CDU und FDP** einigten sich am 16. 6. auf einen **Koalitionsvertrag.** Am 22.6. wählte der Landtag mit 99 von 187 Stimmen **Rüttgers zum neuen Regierungschef,** sein Stellvertreter wurde der FDP-Landesvorsitzende Andreas Pinkwart.

Als Konsequenz aus dem für ihre Partei desaströsen Wahlergebnis kündigten der SPD-Vorsitzende Müntefering und Bundeskanzler Schröder noch am Wahlabend Schritte für den Weg zur Neuwahl des Bundestags an (→ Chronik).

Am 26. 5. 2005 **trat der SPD-Landesvorstand geschlossen zurück.** Der Sonderparteitag am 9. 7. wählte Jochen Dieckmann zum neuen Landesvorsitzenden.

Nordrhein-Westfalen:
Wahlen zum Landtag am 22.5.2005 (2000)

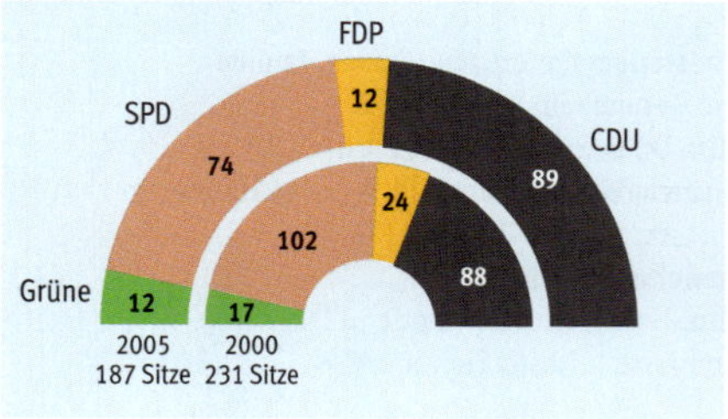

Rheinland-Pfalz

Fläche: 19 847,39 km²
Einwohner: 4 061 105 (1 991 975 m / 2 069 130 w)
Bevölkerungsdichte: 204 Einw. je km²
Hauptstadt: Mainz

Landtag von Rheinland-Pfalz
Präsident: Christoph Grimm, SPD
Deutschhausplatz 12, 55116 Mainz
www.landtag.rlp.de

Verteilung der 101 Sitze: 49 SPD, 38 CDU, 8 FDP, 6 B'90/Grüne
Letzte Landtagswahl am 25. 3. 2001: 44,7 % SPD, 35,3 % CDU, 7,8 % FDP, 5,2 % B'90/Grüne, 2,5 % Freie Wählergruppen, 2,4 % REP

Nächste Wahl: 26. 3. 2006

Landesregierung Rheinland-Pfalz
Ministerpräsident
Kurt Beck, SPD
Staatskanzlei, Peter-Altmeier-Allee 1, 55116 Mainz
Chef der Staatskanzlei: Staatssekr. Martin Stadelmaier
Tel. 0 61 31/16–0
Bevollmächtigter des Landes beim Bund und für Europa:
Staatssekr. Dr. Karl-Heinz Klär, SPD
In den Ministergärten 6, 10117 Berlin
www.rlp.de

Ministerium für Wirtschaft, Verkehr, Landwirtschaft und Weinbau
Stellv. des Min.-Präs. Staatsmin.
Hans-Artur Bauckhage, FDP
Stiftsstr. 9, 55116 Mainz

Ministerium des Innern und für Sport
Staatsmin. Karl Peter Bruch, SPD
Schillerstr. 3–5, 55116 Mainz

Ministerium der Finanzen
Staatsmin. Gernot Mittler, SPD
Kaiser-Friedrich-Str. 5, 55116 Mainz

Ministerium der Justiz
Staatsmin. Herbert Mertin, FDP
Ernst-Ludwig-Str. 3, 55116 Mainz

Ministerium für Arbeit, Soziales, Familie und Gesundheit
Staatsmin. Malu Dreyer, SPD
Bauhofstr. 9, 55116 Mainz

Rheinland-Pfalz: Weinmosternte 1994–2004

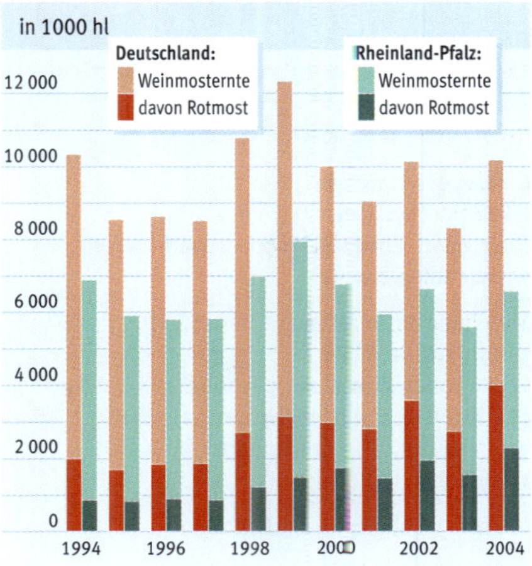

Quellen: Statistisches Bundesamt, Statistisches Landesamt Rheinland-Pfalz, Bundesministerium für Verbraucherschutz, Ernährung und Landwirtschaft

Ministerium für Bildung, Frauen und Jugend
Staatsmin. Doris Ahnen, SPD
Mittlere Bleiche 61, 55116 Mainz

Ministerium für Wissenschaft, Weiterbildung Forschung und Kultur
Staatsmin. Prof. Dr. Jürgen Zöllner, SPD
Mittlere Bleiche 61, 55116 Mainz

Ministerium für Umwelt und Forsten
Staatsmin. Margit Conrad, SPD
Kaiser-Friedrich-Str. 1, 55116 Mainz

Kabinett: Ministerpräsident Beck wechselte im Januar 2005 den gesundheitlich angeschlagenen **Innenminister** Walter Zuber zugunsten von **Karl Peter Bruch** aus. Der bisherige Staatssekretär im Innenministerium trat sein neues Amt am 24. 2. 2005 an.
Parteien: Auf einem **CDU**-Sonderparteitag im November 2004 wählten die Delegierten mit deutlicher Mehrheit den Landes- und Fraktionsvorsitzenden **Christoph Böhr** zum **Spitzenkandidaten** für die **Landtagswahlen** 2006. Der Abstimmung waren heftige Querelen vorausgegangen, während denen sich die Partei-Bezirksvorsitzenden des Landesverbands offen gegen Böhr und für die Ludwigshafener Oberbürgermeisterin Eva Lohse ausgesprochen hatten. Nachdem diese eine Kandidatur gegen Böhr ausgeschlossen hatte, ließ sich der Bezirksvorsitzende Peter Rauen aufstellen, verlor aber bei einer Mitgliederbefragung.

Saarland

Fläche: 2568,65 km²
Einwohner: 1 056 417 (513 460 m / 542 957 w)
Bevölkerungsdichte: 413 Einw. je km²
Hauptstadt: Saarbrücken

Landtag des Saarlandes
Präsident: Hans Ley, CDU
Franz-Josef-Röder-Str. 7, 66119 Saarbrücken
www.landtag-saar.de

Verteilung der 51 Sitze: 27 CDU, 18 SPD, 3 B'90/Grüne, 3 FDP
Letzte Landtagswahl am 5. 9. 2004: 47,5 % CDU, 30,8 % SPD, 5,6 % B'90/Grüne, 5,2 % FDP, 4,0 % NPD, 3,0 % Familienpartei, 2,3 % PDS, 1,4 % Graue

Nächste Wahl voraussichtlich 2009

Regierung des Saarlandes
Ministerpräsident
Peter Müller, CDU
Am Ludwigsplatz 14, 66117 Saarbrücken
Minister für Bundes- und Europaangelegenheiten und Chef der Staatskanzlei:
Min. Karl Rauber, CDU
Tel. 06 81/5 01–00
Bevollmächtigte des Saarlandes beim Bund:
Staatssekr. Monika Beck, CDU
In den Ministergärten 4, 10117 Berlin
www.saarland.de

Ministerium der Finanzen
Stellv. des Min.-Präs. Min. Peter Jacoby, CDU
Am Stadtgraben 6–8, 66111 Saarbrücken

Ministerium für Inneres, Familie, Frauen und Sport
Min. Annegret Kramp-Karrenbauer, CDU
Franz-Josef-Röder-Str. 21, 66119 Saarbrücken

Ministerium für Wirtschaft und Arbeit
Min. Dr. Hanspeter Georgi, CDU
Am Stadtgraben 6–8, 66111 Saarbrücken

Ministerium für Justiz, Gesundheit und Soziales
Min. Josef Hecken, CDU
Zähringer Str. 12, 66119 Saarbrücken

Ministerium für Bildung, Kultur und Wissenschaft
Min. Jürgen Schreier, CDU
Hohenzollernstr. 60, 66117 Saarbrücken

Ministerium für Umwelt
Min. Stefan Mörsdorf
Keplerstr. 18, 66117 Saarbrücken

Landtagswahl: Im Wahltrend des Jahres erlitt die SPD am 5. 9. 2004 eine schwere Niederlage. Bei einem Verlust von 13,6 Prozentpunkten im Vergleich zur Wahl 1999 erzielte die Landespartei mit 30,8 % der Wählerstimmen das schlechteste Wahlergebnis seit 40 Jahren. Eine Mitverantwortung dafür wurde quertreibenden Aktivitäten des ehemaligen Landesvorsitzenden Oskar Lafontaine zugeschrieben. Die CDU baute mit 47,5 % (+2,0) ihre absolute Mehrheit im Landtag um einen Sitz aus. Bei der geringen Wahlbeteiligung von 55,5 % (–3,2), der bisher geringsten bei einer Landtagswahl, entfielen auf sie allerdings 44 000 weniger Stimmen als 1999. Grünen (5,6 %, +2,4) und FDP (5,2 %, +2,6) gelang der Einzug ins Parlament. Die NPD kam auf 4 %.

Ministerpräsident Peter Müller wurde am 29. 9. vom neu konstituierten Landtag in seinem Amt bestätigt.
Landeshaushalt: Bundesfinanzminister **Eichel lehnte** am 25. 4. 2005 die **Wiederaufnahme** der 2004 ausgelaufenen **finanziellen Unterstützung** durch den Bund **ab** und bestritt gleichzeitig eine Haushaltsnotlage des mit 8,3 Mrd. € verschuldeten Bundeslandes. In den vergangenen Jahren hatte Saarbrücken durch Teilentschuldungen sowie sonstige Finanzhilfen mehr als 6,6 Mrd. € aus Berlin erhalten.

Saarland: Wahlen zum Landtag am 5.9.2004 (1999)

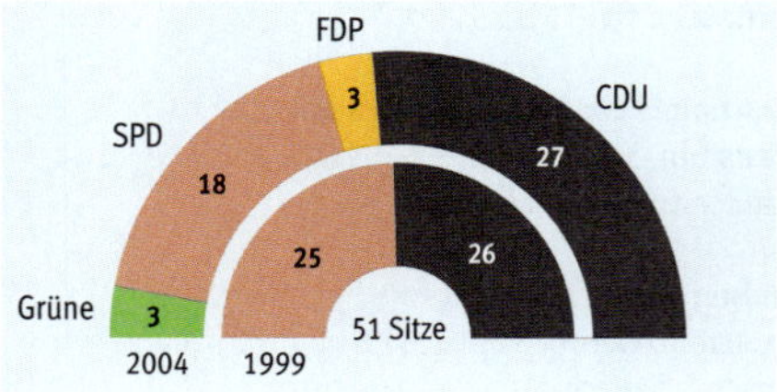

Freistaat Sachsen

Fläche: 18 413,91 km²
Einwohner: 4 296 284 (2 091 821 m / 2 204 463 w)
Bevölkerungsdichte: 235 Einw. je km²
Hauptstadt: Dresden

Sächsischer Landtag
Präsident: Erich Iltgen, CDU
Bernhard-von-Lindenau-Platz 1,
01067 Dresden
www.landtag.sachsen.de

Verteilung der 124 Sitze: 55 CDU, 31 PDS, 13 SPD, 12 NPD, 7 FDP, 6 B'90/Grüne
Letzte Landtagswahl am 19. 9. 2004: 41,1 % CDU, 23,6 % PDS, 9,8 % SPD, 9,2 % NPD, 5,9 % FDP, 5,1 % B'90/Grüne, 1,6 % Tierschutzpartei

Nächste Wahl voraussichtlich 2009

Staatsregierung des Freistaats Sachsen
Ministerpräsident
Prof. Dr. Georg Milbradt, CDU
Archivstr. 1, 01097 Dresden
Chef der Staatskanzlei und zuständig für Bundes- und Europaangelegenheiten:
Staatsmin. Hermann Winkler, CDU
Tel. 03 51/5 64–0
Bevollmächtigter des Freistaates beim Bund:
Dr. Michael Wilhelm
Brüderstr. 11/12, 10178 Berlin
www.sachsen.de/de/bf/staatsregierung

Staatsministerium des Innern
Staatsmin. Dr. Thomas de Maizière, CDU
Wilhelm-Buck-Str. 2, 01097 Dresden

Staatsministerium der Justiz
Staatsmin. Geert Mackenroth, CDU
Hospitalstr. 7, 01097 Dresden

Sachsen
Schüler und Lehrer 1992/93 – 2004/05

Schuljahr	Schüler	Hauptberufliche Lehrer
1992/1993	620 500	41 315
1993/1994	629 831	40 263
1994/1995	633 588	40 883
1995/1996	627 779	40 880
1996/1997	618 735	40 110
1997/1998	597 999	39 676
1998/1999	566 863	38 183
1999/2000	530 823	37 543
2000/2001	492 802	36 756
2001/2002	452 535	36 252
2002/2003	417 921	35 647
2003/2004	389 440	34 884
2004/2005	365 956	33 707

Quelle: Statistisches Landesamt des Freistaates Sachsen 2005

Staatsministerium für Wissenschaft und Kunst
Staatsmin. Barbara Ludwig, SPD
Wigardstr. 17, 01097 Dresden

Staatsministerium der Finanzen
Staatsmin. Dr. Horst Metz, CDU
Carolaplatz 1, 01097 Dresden

Staatsministerium für Soziales
Staatsmin. Helma Orosz, CDU
Albertstr. 10, 01097 Dresden

Staatsministerium für Umwelt und Landwirtschaft
Staatsmin. Stanislaw Tillich, CDU
Archivstr. 1, 01097 Dresden

Staatsministerium für Wirtschaft und Arbeit
Staatsmin. Thomas Jurk, SPD
Wilhelm-Buck-Str. 2, 01097 Dresden

Staatsministerium für Kultus
Staatsmin. Steffen Flath, CDU
Carolaplatz 1, 01097 Dresden

Landtagswahl: Die CDU erreichte am 19. 9. 2004 nur noch einen Stimmenanteil von 41,1 % und verlor damit die absolute Mehrheit. Ihr Verlust ging vor allem auf Kosten der rechtsextremen NPD, die um 1,4 % (1999) auf 9,2 % zulegte. Die PDS bekräftigte mit 23,6 % (+1,4) ihren zweiten Rang, während die SPD ihr bisher schlechtestes Landtagswahlergebnis überhaupt erzielte (9,8 %, −9). FDP und Grüne kamen über 5 %.

CDU und SPD bildeten eine Koalition unter dem amtierenden Ministerpräsidenten Milbradt (CDU), der am 10. 11. erst im zweiten Wahlgang bestätigt wurde. Im Parlament sorgte die NPD-Fraktion für mehrere Eklats.
Schulpolitik: Mitte Mai 2005 demonstrierten Schüler, Eltern und Lehrer gegen die Schulpolitik. Die Landesregierung plant, angesichts eines absehbaren Schülerrückgangs jede fünfte Schule zu schließen und rund ein Viertel aller Lehrerstellen zu streichen.

Sachsen: Wahlen zum Landtag am 19.9.2004 (1999)

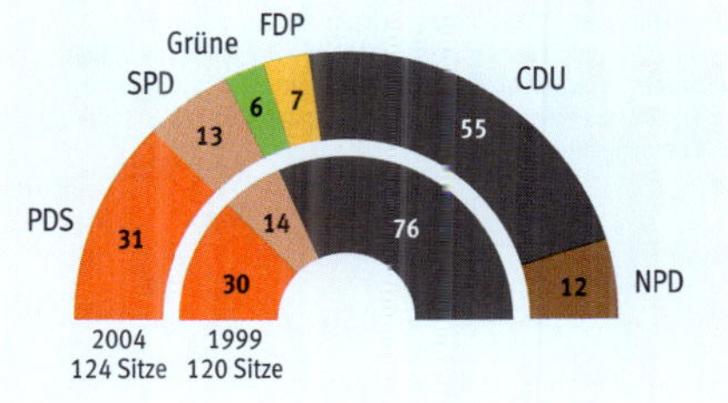

Sachsen-Anhalt

Fläche: 20 445,26 km^2
Einwohner: 2 494 437 (1 216 890 m / 1 277 547 w)
Bevölkerungsdichte: 123 Einw. je km^2
Hauptstadt: Magdeburg

Landtag von Sachsen-Anhalt
Präsident: Prof. Dr. Adolf Spotka, CDU
Domplatz 6–9, 39104 Magdeburg
www.landtag.sachsen-anhalt.de

Verteilung der 115 Sitze: 48 CDU, 25 PDS, 25 SPD, 17 FDP
Letzte Landtagswahl am 21. 4. 2002: 37,3 % CDU, 20,4 % PDS, 20,0 % SPD, 13, 3 % FDP, 4,5 % PRO, 2,0 % B '90 / Grüne

Nächste Wahl: 26. 3. 2006

Regierung von Sachsen-Anhalt
Ministerpräsident
Prof. Dr. Wolfgang Böhmer, CDU
Domplatz 4, 39104 Magdeburg
Chef der Staatskanzlei: Min. Rainer Robra, CDU
Tel. 03 91 / 5 67–01
Bevollmächtigter des Landes beim Bund:
Staatssekr. Dr. Michael Schneider, CDU
Luisenstr. 18, 10117 Berlin
www.sachsen-anhalt.de

Die Nationalparks Hochharz (Sachsen-Anhalt, seit 1990) und Harz (Niedersachsen, seit 1994) werden gemäß des Staatsvertrages zwischen beiden Bundesländern vom 28.8.2004 bis Ende 2005 zu einem einzigen Nationalpark Harz (24 703 Hektar) zusammengeführt.

Ministerium des Innern
Min. Klaus-Jürgen Jeziorsky, CDU
Halberstädter Str. 1–2, 39112 Magdeburg

Ministerium der Justiz
Min. Curt Becker, CDU
Hegelstr. 40–42, 39104 Magdeburg

Ministerium der Finanzen
Min. Prof. Dr. Karl-Heinz Paqué, FDP
Editharing 40, 39108 Magdeburg

Ministerium für Gesundheit und Soziales
Min. Gerry Kley, FDP
Turmschanzenstr. 25, 39114 Magdeburg

Kultusministerium
Min. Prof. Dr. Jan-Hendrik Olbertz
Turmschanzenstr. 32, 39114 Magdeburg

Ministerium für Wirtschaft und Arbeit
Min. Dr. Horst Rehberger, FDP
Hasselbachstr. 4, 39104 Magdeburg

Ministerium für Landwirtschaft und Umwelt
Min. Petra Wernicke, CDU
Olvenstedter Str. 4, 39108 Magdeburg

Ministerium für Bau und Verkehr
Min. Dr. Karl-Heinz Daehre, CDU
Turmschanzenstr. 30, 39114 Magdeburg

Landesverfassung: Der Landtag beschloss am 12. 11. 2004 einstimmig eine Reihe von **Verfassungsänderungen**: Ab 2006 wird die Länderkammer alle 5 Jahre statt wie bisher alle 4 Jahre neu gewählt; die für ein Einreichen eines Volksbegehren notwendige Anzahl von Unterschriften wurde von 35 000 auf 30 000 reduziert. Weitere Änderungen betreffen u. a. das Landesverfassungsgericht und den Landesrechnungshof.
Abstimmung: Ein **Volksentscheid** am 23. 1. 2005 über einen Rechtsanspruch auf **ganztägige Kinderbetreuung für alle Eltern scheiterte** an mangelnder Beteiligung, obwohl die Mehrheit der Stimmberechtigten dafür votierten. Zuvor hatte bereits der Landtag den entsprechenden Gesetzesentwurf verworfen. Ministerpräsident Böhmer hatte mehrfach davor gewarnt, im Osten soziale Wohltaten zu finanzieren auf Kosten westdeutscher Geberländer, die diese sich selbst nicht leisten könnten.
Parteien: Mitte November 2004 übergab Ministerpräsident Böhmer den **CDU-Landesparteivorsitz** an Landrat **Thomas Webel**.

Schleswig-Holstein

Fläche: 15 763,18 km²
Einwohner: 2 828 760 (1 382 531 m/1 446 229 w)
Bevölkerungsdichte: 179 Einw. je km²
Hauptstadt: Kiel

Schleswig-Holsteinischer Landtag
Präsident: Martin Kayenburg, CDU
Landeshaus, Düsternbrooker Weg 70,
24105 Kiel
www.sh-landtag.de

Verteilung der 69 Sitze: 30 CDU, 29 SPD, 4 FDP, 4 B'90/Grüne, 2 SSW
Letzte Landtagswahl am 20. 2. 2005: 40,2 % CDU, 38,7 % SPD, 6,6 % FDP, 6,2 % B'90/Grüne, 3,6 % SSW, 1,9 % NPD

Nächste Wahl voraussichtlich 2010

Landesregierung Schleswig-Holstein
Ministerpräsident
Peter Harry Carstensen, CDU
Landeshaus, Düsternbrooker Weg 70, 24105 Kiel
Chef der Staatskanzlei:
Staatssekr. Heinz Maurus, CDU
Tel. 04 31/9 88–0
Bevollmächtigter beim Bund:
Dr. Klaus Schüler, CDU
In den Ministergärten 8, 10117 Berlin
www.landesregierung.schleswig-holstein.de

Minister für Justiz, Arbeit und Europa
Uwe Döring, SPD
Lorentzendamm 35, 24103 Kiel

Ministerin für Bildung und Frauen
Stellv. des Min.-Präsidenten Ute Erdsiek-Rave, SPD
Brunswiker Str. 16–22, 24105 Kiel

Innenminister
Dr. Ralf Stegner, SPD
Düsternbrooker Weg 92, 24105 Kiel

Schleswig-Holstein:
Wahlen zum Landtag am 20.2.2005 (2000)

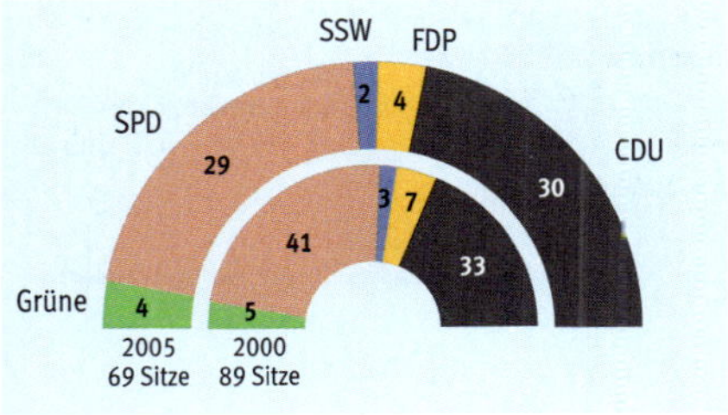

Wichtige deutsche Seehäfen
Güterumschlag in Mio. t (ohne Binnenschifffahrt)

	Gesamtumschlag		Einladungen	Ausladungen
	2003	2002	2003	
Hamburg	93,562	86,724	36,404	57,158
Bremen/Bremerhaven	42,492	40,452	18,731	23,762
Wilhelmshaven	39,427	38,798	8,458	30,970
Lübeck	17,786	17,020	7,167	10,619
Rostock	16,712	17,347	7,405	9,307
Brunsbüttel	7,180	7,560	2,077	5,104
Brake	5,178	5,019	1,997	3,181
Bützfleth	4,182	3,653	1,449	2,732
Puttgarden	3,375	3,283	2,073	1,338
Emden	3,313	3,380	1,130	2,183
Kiel	3,050	3,199	1,378	1,672

Finanzminister
Rainer Wiegand, CDU
Düsternbrooker Weg 64, 24105 Kiel

Minister für Wissenschaft, Wirtschaft und Verkehr
Dietrich Austermann
Düsternbrooker Weg 94, 24105 Kiel

Ministerin für Soziales, Gesundheit, Familie, Jugend und Senioren
Dr. Gitta Trauernicht, SPD
Adolf-Westphal-Str. 4, 24143 Kiel

Minister für Landwirtschaft, Umwelt, und ländliche Räume
Dr. Christian von Boetticher, CDU
Mercatorstr. 3, 24106 Kiel

Machtwechsel: Bei der Landtagswahl am 20. 2. 2005 kam die favorisierte SPD überraschend nur auf 38,7 % der Stimmen (gegenüber 2000: –4,4), die CDU gewann 40,2 % (+5,0), FDP 6,6 % (–1,0), die Grünen blieben bei 6,2 %, der Südschleswigsche Wählerverband (SSW) mit Minderheitsstatus kam auf 3,6 %. SPD und Grüne erneuerten zunächst ihre Koalition und bildeten ein vom SSW toleriertes Minderheitenkabinett unter Führung der amtierenden Ministerpräsidentin Heide Simonis (SPD). Ihre **Wiederwahl** am 17. 3. durch den Landtag, in dem sie auf 35 der insgesamt 69 Stimmen zählen konnte, **scheiterte jedoch in vier Wahlgängen**. Auf Simonis entfielen jeweils nur 34 Stimmen, ebenso viel wie auf den CDU-Kandidaten Carstensen. Ein Abgeordneter, der seine Identität auch später nicht preisgab, enthielt sich jeweils der Stimme. Simonis zog ihre Kandidatur zurück und erklärte am nächsten Tag ihren Rückzug aus der Politik. Am 17. 4. 2005 schlossen CDU und SPD einen Koalitionsvertrag. Auf dessen Basis wählte der Landtag am 27. 4. **Carstensen** mit 54 Stimmen der 69 Abgeordneten der großen Koalition **zum neuen Ministerpräsidenten.**

Freistaat Thüringen

Fläche: 16172,14 km²
Einwohner: 2355280 (1158456 m/1196824 w)
Bevölkerungsdichte: 147 Einw. je km²
Hauptstadt: Erfurt

Thüringer Landtag
Präsidentin: Prof. Dr. Dagmar Schipanski, CDU
Jürgen-Fuchs-Str. 1, 99096 Erfurt
www.landtag.thueringen.de

Verteilung der 88 Sitze: 45 CDU, 28 PDS, 15 SPD
Letzte Landtagswahl am 13. 6. 2004: 43,0 % CDU, 26,1 % PDS, 14,5 % SPD, 4,5 % Grüne, 3,6 % FDP

Nächste Wahl: 2009

Landesregierung Thüringen
Ministerpräsident
Dieter Althaus, CDU
Regierungsstr. 73, 99084 Erfurt
Minister für Bundes- und Europaangelegenheiten und Chef der Staatskanzlei:
Gerold Wucherpfennig, CDU
Tel. 03 61/3 79–00
Bevollmächtigte des Freistaates beim Bund:
Staatssekretärin Dr. Renate Meier, CDU
Adresse s. o.
und Mohrenstr. 64, 10117 Berlin
www.thueringen.de

Innenministerium
Min. Dr. Karl Heinz Gasser, CDU
Steigerstr. 24, 99096 Erfurt

Finanzministerium
Stellv. Min.-Präsidentin Min. Birgit Diezel, CDU
Ludwig-Erhard-Ring 799099 Erfurt

Ministerium für Wirtschaft, Technologie und Arbeit
Min. Jürgen Reinholz, CDU
Max-Reger-Str. 4–8, 99096 Erfurt

Ministerium für Soziales, Familie und Gesundheit
Min. Dr. Klaus Zeh, CDU
Werner-Seelenbinder-Str. 6, 99096 Erfurt

Kultusministerium
Min. Prof. Dr. Jens Goebel, CDU
Werner-Seelenbinder-Str. 7, 99096 Erfurt

Ministerium für Bau und Verkehr
Min. Andreas Trautvetter, CDU
Werner-Seelenbinder-Str. 8, 99096 Erfurt

Ministerium für Landwirtschaft, Naturschutz und Umwelt
Min. Dr. Volker Sklenar, CDU
Beethovenplatz 3, 99096 Erfurt

Justizministerium
Min. Harald Schliemann, CDU
Werner-Seelenbinder-Str. 5, 99096 Erfurt

Diäten: Entgegen der in der Landesverfassung festgelegten Regelung, wonach die Diäten der Landtagsabgeordneten jährlich an die allgemeine Einkommenssteigerung angepasst werden, beschlossen die Parlamentarier im Oktober 2004, die **Erhöhung für zwei Jahre** bis Oktober 2006 **auszusetzen**. Die Volksvertreter beziehen damit weiterhin monatlich 4413 € an Diäten sowie eine Kostenpauschale von 1062 €.

Deutschland: Haushaltsvolumen und Schulden der Bundesländer

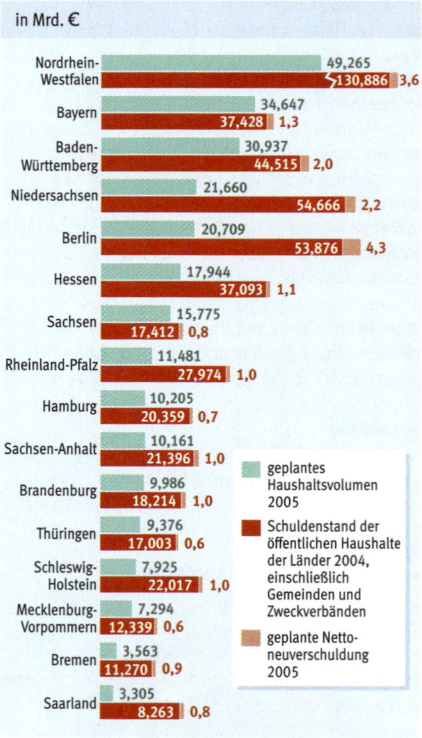

Quelle: Statistisches Bundesamt, Finanzministerien der Bundesländer

Bevölkerung

■ **Bevölkerungsentwicklung** Nach Angaben des Statistischen Bundesamts lebten am 31. 12. 2004 in Deutschland 82 500 849 Personen (2003: 82 531 671). Davon waren 42 147 222 Frauen und 40 353 627 Männer. Im früheren Bundesgebiet ohne Berlin West lebten 65 679 663 (65 618 912), in den neuen Ländern ohne Berlin Ost 13 433 358 (13 524 282) Personen, Berlin hatte 3 387 828 (3 388 477) Einwohner. Der Rückgang der Bevölkerungszahl im Jahr 2004 ergab sich zum einem daraus, dass es mehr Sterbefälle als Geburten gab. Zum anderen wurde das Geburtendefizit nicht durch die zugewanderten Personen ausgeglichen. Dieser Trend wird sich in den nächsten Jahren verstärken. Nach einer Schätzung des Statistischen Bundesamtes wird im Jahr 2050 die Hälfte der Einwohner in Deutschland älter als 48 und ein Drittel 60 Jahre oder älter sein. Auch bei einem stetigen Zuwanderungsüberschuss wird die Einwohnerzahl auf lange Sicht zurückgehen und sich – einer mittleren Berechnungsvariante zufolge – bis 2050 auf ca. 75 Mio. Personen einpendeln.

■ **Geburten** Die Zahl der Lebendgeburten sank 2004 auf einen neuen Tiefstand. Nach vorläufigen Angaben wurden 705 631 (2003: 706 721) Kinder geboren. Darunter waren 362 015 (362 709) Jungen und 343 616 (344 012) Mädchen. Nichtehelich kamen 197 228 (190 641) Kinder auf die Welt, d. h. 28,0 (27,0) %.

■ **Lebenserwartung** Für ein neugeborenes Mädchen beträgt die Lebenserwartung (nach der Sterbetafel 2001/2003 des Statistischen Bundesamtes) 81,34 Jahre, während sie für Jungen bei 75,59 Jahren liegt

■ **Sterbefälle** Die Zahl der Gestorbenen sank 2004 nach vorläufigen Angaben gegenüber dem Vorjahr um 4,18 % auf 818 263 (2003: 853 946; 2002: 841 686). Damit ergab sich ein Sterbeüberschuss von 112 632 (2003: 147 225; 2002: 122 436; 1997: 48 216).

■ **Familien** Im März 2004 lebten in Deutschland 22,415 (Mai 2003: 22,430) Mio. Familien. 12,568 (12,639) Mio. dieser Familien hatten Kinder. Allein erziehende Eltern – dazu gehören auch Unverheiratete, die mit einem Partner zusammenleben – gab es 3,319 (3,244) Mio., davon 653 (634) Tsd. Männer und 2,666 (2,610) Mio. Frauen.

■ **Ehen** Gemäß vorläufigen Ergebnissen stieg die Zahl der Eheschließungen 2004 wieder leicht an und belief sich auf 394 533, nachdem 2003 mit 382 911 so wenig Vermählungen stattgefunden hatten wie nie zuvor in der Geschichte der Bundesrepublik. 2003 heirateten Männer mit Durchschnitt im Alter von 32,0 Jahren, Frauen mit 29,0 Jahren.

■ **Wanderung** Zwischen den neuen Ländern inkl. Berlin-Ost und den alten Bundesländern hält die Wanderung weiterhin an. Die Zuzüge aus den neuen in die alten Bundesländer beliefen sich nach vorläufigen Angaben auf 146 352 (2003: 155 385), die Fortzüge aus den alten in die neuen Bundesländer auf 94 577 (97 035), sodass sich 2004 ein Wanderungssaldo zu Ungunsten der neuen Länder von 51 775 (58 350) ergab.

Deutschland: Altersstruktur

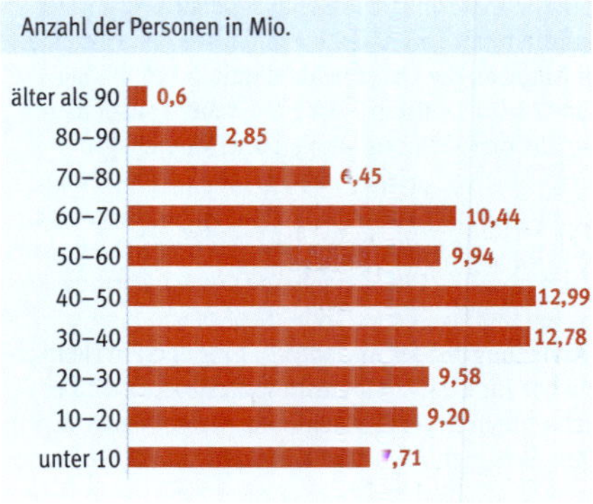

Quelle: Statistisches Bundesamt; Stand 31.12.2003

■ **Einbürgerungen** Die Zahl der eingebürgerten Ausländer war 2003 (keine neuen Angaben erhältlich) erneut rückläufig. 136 851 Personen erwarben die deutsche Staatsbürgerschaft (2002: 154 547), das waren 17 696 oder 11,45 % weniger als im Vorjahr. Nachdem 2000 wegen der Einführung des neuen Staatsangehörigkeitsrechts mit 186 688 Einbürgerungen der Höchststand erreicht worden war, ging die Zahl seitdem stetig zurück. Von den 136 851 Einbürgerungen entfielen 2003 u. a. 56 240 (64 631) auf Türken, 9431 (13 021) auf Iraner, 5103 (8375) auf Serben und Montenegriner (ehem. Jugoslawien), 4948 (4749) auf Afghanen, 4118 (3800) auf Marokkaner, 3887 (3655) auf Ukrainer, 3010 (2027) auf Kasachen und 2998 (1721) auf Iraker.

■ **Aussiedler** Der seit Jahren stetig anhaltende Rückgang des Zuzugs von Spätaussiedlern setzte sich 2004 fort. So wurden 59 093 Spätaussiedler und deren Angehörige in Deutschland aufgenommen, während es im Jahr 2003 noch 72 885 Personen waren. Hauptherkunftsland war 2004 die Russische Föderation.

■ **Ausländer** Zum Jahresende 2004 lebten in Deutschland 6 717 115 Mio. Ausländer, rund 8 % weniger als zum gleichen Zeitpunkt des Vorjahres (2003: 7 334 765). Die geringere Zahl ausländischer Mitbürger ist nach Angaben des Statistischen Bundesamtes im Wesentlichen auf eine Bereinigung des Ausländerzentralregisters zurückzuführen und deshalb nicht mit der Vorjahreszahl vergleichbar. Die durchschnittliche Aufenthaltsdauer lag bei 16,1 Jahren, ein Drittel wohnte Ende 2004 schon länger als 20 Jahre in Deutschland. Zwei Drittel lebten Ende 2004 bereits 8 Jahre oder länger in Deutschland und würden damit die für die Einbürgerung notwendige Aufenthaltsdauer erfüllen. Jedoch nehmen immer weniger Ausländer diese

Möglichkeit wahr, bedingt u. a. durch die fortschreitende EU-Erweiterung. Die weitaus meisten Ausländer stammten mit 1,764 Mio. Personen aus der Türkei, deren Anteil an der Gesamtzahl damit bei 26,3 % lag. 548 194 oder 8,2 % der Ausländer kamen aus Italien, 507 328 oder 7,6 % aus Serbien und Montenegro. Übrige Staaten: Griechenland 315 989 (4,7 %), Polen 292 109 (4,3 %), Kroatien 229 172 (3,41 %), Russische Föderation 178 616 (2,66 %), Bosnien und Herzegowina 155 973 (2,32 %), Ukraine 128 110 (1,91 %), Portugal 116 730 (1,74 %), Niederlande 114 087 (1,70 %).

- **Asyl** Die Zahl der Asylanträge ging 2004 in Deutschland wie im EU-Durchschnitt weiter zurück und erreichte einen neuen Tiefstand. Insgesamt beantragten 35 607 Personen Asyl, 29,6 % weniger als im Vorjahr (2003: 50 563 Anträge) oder etwa so viele wie im Jahr 1984. Auch die Anerkennungsquote verringerte sich 2004 weiter auf 1,5 % (2003: 1,6 %). Bei insgesamt 61 961 (93 885) getroffenen Entscheidungen wurden 960 (1534) Personen als Asylberechtigte anerkannt. 1107 (1602) Asylbewerber erhielten Abschiebeschutz. Hauptherkunftsländer der Asylbewerber waren 2004 (2003): Türkei 4148 (6301), Serbien und Montenegro 3855 (4909), Russische Föderation 2757 (3383), Vietnam 1668 (2096), Iran 1369 (2049), Aserbaidschan 1363 (1291), Irak 1293 (3850), China 1186 (2387).

Deutschland: Entwicklung der Asylantragszahlen

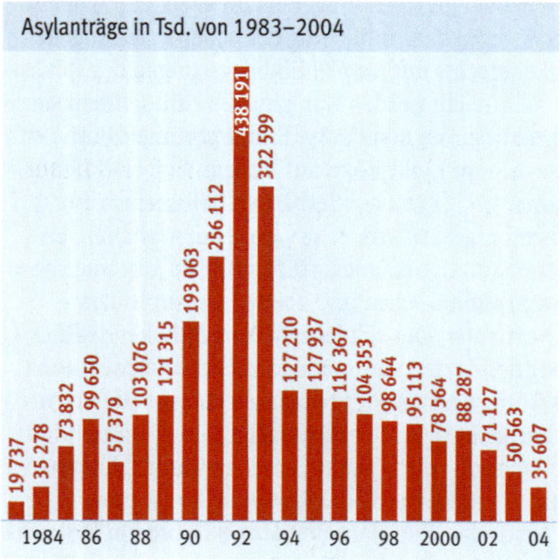

Quelle: Bundesamt für Migration und Flüchtlinge 2004, Bundesministerium des Innern 2005

- **Flüchtlinge** Seit 2000 halten sich in der Bundesrepublik gleichbleibend rund 1,1 Mio. Flüchtlinge (mit oder ohne Status nach der Genfer Konvention) auf. Davon waren 92 000 Asylberechtigte und im Ausland anerkannte Flüchtlinge, 120 000 Familienangehörige von Asylberechtigten, 70 000 Konventionsflüchtlinge, 5500 Kontingentflüchtlinge, 200 000 jüdische Emigranten aus der ehemaligen Sowjetunion, 7500 heimatlose Ausländer, 86 000 Asylbewerber und 387 000 De-facto-Flüchtlinge (Stand 31. 12. 2004).

Kriminalität

- **Straftaten** Nach der Polizeilichen Kriminalstatistik/PKS stieg 2004 die Zahl der registrierten Straftaten gegenüber dem Vorjahr leicht um 0,9 % auf insgesamt 6,663 (2003: 6,572) Mio. Im gesamten Bundesgebiet entfielen damit 8037 Delikte auf 100 000 Einwohner.

Der Diebstahl, der den weitaus größten Anteil an den erfassten Fällen einnimmt (→ Grafik), ging 2004 um 2,3 % auf 2,961 Mio. Fälle zurück. Darunter fielen 509 417 Ladendiebstahlsdelikte, die um 4,7 % zurückgingen, 439 654 Diebstähle in oder aus Kraftfahrzeugen (–4,2 %) und 412 097 Fahrraddiebstähle (–5,7 %). Eine Zunahme der registrierten Straftaten war u. a. bei den Rohheitsdelikten und Straftaten gegen die persönliche Freiheit (+5,2 %), unter die z. B. Raub, räuberische Erpressung, Körperverletzung oder Geiselnahmen fallen. Hier betrug die Gesamtzahl der registrierten Fälle 718 053. Einen weiteren großen Anteil am registrierten Straftatenbestand machten die Betrugsfälle aus. Hier wurde ein Anstieg von 7,5 % auf 941 859 Fälle verzeichnet, wobei zunehmend das Internet als Tatmittel eingesetzt wurde. Zudem gab es 2004 283 708 erfasste Rauschgiftdelikte (+11 %). Der Anstieg ist z. T. begründet durch intensivierte Kontrollen auf Drogenmissbrauch im Straßenverkehr. Im Bereich Straftaten gegen die sexuelle Selbstbestimmung wurden insgesamt 57 306 Fälle registriert (+4,9 %); darunter fielen 15 255 Fälle sexuellen Missbrauchs gegen Kinder (–1,1 %) und 8831 Delikte von Vergewaltigung und sexueller Nötigung, deren Zahl um 0,7 % zunahm.

Deutschland: Straftatenanteile 2004

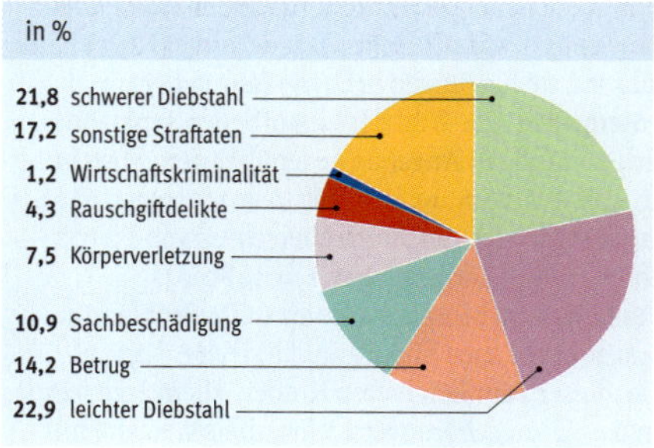

Quelle: Polizeiliche Kriminalstatistik 2004

- **Aufklärungsquote** Aufgeklärt wurden 2004 3,597 Mio. Fälle. Die Aufklärungsquote insgesamt verbesserte sich damit leicht auf 54,2 (2003: 53,1)%. Bei den verschiedenen Straftaten war sie allerdings sehr unterschiedlich: bei Mord und Totschlag lag sie bei 96,1 %, bei den Rauschgiftdelikten ähnlich hoch mit 94,9 %, wobei hier zu beachten ist, dass nur ein geringer Teil der begangenen Straftaten bekannt wurde. Demgegenüber betrug sie bei Wohnungseinbruchdiebstahl 19,5 %, bei schwerem Diebstahl 13,9 %.

Bildung

■ **Schule** Im Schuljahr 2003/2004 besuchten 9,727 Mio. Schülerinnen und Schüler allgemein bildende Schulen (2002/2003: 9,780 Mio.). Davon entfielen u. a. auf den Vorschulbereich 54 (55) Tsd. Schüler, auf die Grundschulen 3,147 (3,144) Mio., auf die Hauptschulen 1,092 (1,111) Mio., auf Schularten mit mehreren Bildungsgängen 428 (438) Tsd., auf die Realschulen 1,297 (1,283) Mio., auf die Gymnasien 2,316 (2,297) Mio., auf die Integrierten Gesamtschulen 545 (547) Tsd. und auf die Sonderschulen 429 (429) Tsd. Neu eingeschult wurden zu Beginn des Schuljahres 2003/2004 843,8 Tsd. Kinder (803,8 Tsd.). Die Anzahl der Abiturientinnen und Abiturienten mit Hochschul- oder Fachhochschulreife zum Ende des Schuljahres 2003/2004 nahm gegenüber dem Vorjahr um 4,5 % zu und belief sich auf 385,7 (369,0) Tsd. Seit 1995 stieg damit die Zahl der Abiturientinnen und Abiturienten um rund 25 % an. Die Zahl der (voll- und teilzeit sowie stundenweise beschäftigten) Lehrerinnen und Lehrer betrug im Schuljahr 2003/2004 744 157 (743 547). Davon waren an Grundschulen 210 657 (212 219) tätig, an Hauptschulen 83 148 (82 132), an Schulen mit mehreren Bildungsgängen 36 751 (35 412), an Realschulen 82 323 (81 215), an Gymnasien 173 852 (171 791), an integrierten Gesamtschulen 43 314 (43 481) und an Sonderschulen 76 919 (75 979).

■ **Studium** Im Wintersemester 2004/2005 waren nach vorläufigen Angaben 1 966 243 Studierende eingeschrieben, rund 3 % weniger als im Wintersemester 2003/2004, als in Deutschland mit 2 019 831 Studierenden erstmals die 2-Millionen-Marke überschritten worden war. Der Rückgang ist nach Angaben des Statistischen Bundesamtes überwiegend auf die Einführung von Studiengebühren für Langzeitstudierende in Nordrhein-Westfalen und Hessen zurückzuführen, die dort 62 253 (Nordrhein-Westfalen) bzw. 17 117 (Hessen) Studierende zur Exmatrikulation veranlassten. Im Vergleich zum Vorjahr ging auch die Anzahl der ausländischen Studierenden an deutschen Hochschulen auf 244 643 (2003/2004: 246 136) zurück. Ebenfalls sank im Wintersemester 2004/2005 die Zahl der Studienanfänger um 6 % und lag gemäß vorläufigen Angaben bei 300 142 (316 656) Neuimmatrikulierten. Die Studienanfängerquote, d. h. der Anteil der Studienanfänger an der gleichaltrigen Bevölkerung, betrug für das Studienjahr 2004 bei 37,3 % (2003: 38,9 %). Sie ging damit erstmals seit der Vereinigung Deutschlands zurück, liegt aber gleichwohl 11,8 Prozentpunkte über dem Wert von 1993.

Von der Gesamtzahl der Immatrikulierten studierten 1 363 413 an Universitäten einschließlich Pädagogischen und Theologischen Hochschulen (2003/2004: 1 436 679), 562 713 (551 941) an Fachhochschulen und Verwaltungsfachhochschulen, 31 204 (31 211) an Kunsthochschulen. Bevorzugte Studienfächer waren im Wintersemester 2004/2005 erneut Rechts-, Wirtschafts- und Sozialwissenschaften mit 613 050 Studierenden, gefolgt von Sprach- und Kulturwissenschaften (415 578), Mathematik und Naturwissenschaften (344 475) und Ingenieurswissenschaft (323 864).

Die Hochschulen mit den meisten Studierenden im Wintersemester 2004/2005 waren die Universität Köln (45 928), die Ludwig-Maximilians-Universität München (45 071), die Universität Hamburg (38 723), die Universität Münster (38 290), die Freie Universität Berlin (37 590), die Universität Frankfurt/Main (34 459), die Universität Mainz (34 257), die Universität Duisburg-Essen (33 557) und die Fernuniversität Hagen (33 557).

Deutschland: Frauen in Universitäten

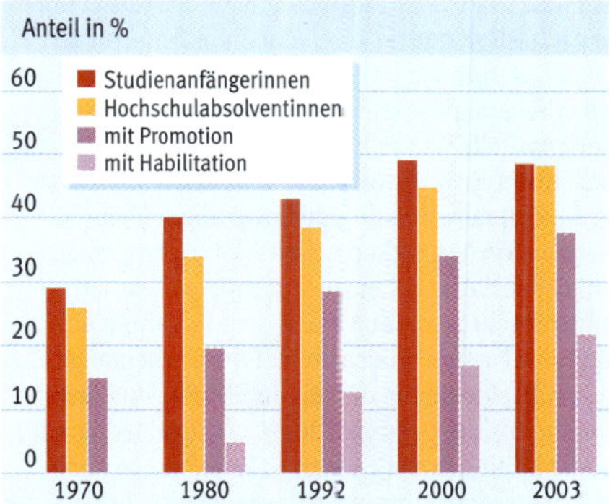

Angaben für 1970, 1980 sowie Promotionen 1992: früheres Bundesgebiet; Habilitationen 1970: k.A.

Quellen: Statistisches Bundesamt 2004, Bundesministerium für Bildung und Forschung

■ **Bildungsausgaben** Die öffentlichen Ausgaben (Grundmittel) für Bildung, Wissenschaft und Kultur stiegen 2004 (Soll) erneut an und betrugen 91,910 Mrd. € (vorläufiges Ist 2003: 90,711 Mrd. €). Der Bund trug davon 11,534 (2003: 10,547 Mrd. €), die Länder 65,528 (65,316) Mrd. €, Gemeinden und Zweckverbände 14,848 (14,848) Mrd. €. Bund, Länder und Gemeinden gaben 2003 (keine neueren Angaben verfügbar) nach vorläufigen Angaben für Schulen 49,591 (2002: 49,409) Mrd. € aus, für die Hochschulen 18,803 (18,779) Mrd. €, für Jugendarbeit und Tageseinrichtungen für Kinder 11,692 (11,465) Mrd. €.

Wirtschaftliche Entwicklung 2004 zeigte die deutsche Wirtschaft nach einer dreijährigen Schwächeperiode deutliche Anzeichen einer Konjunkturerholung. Beim Bruttoinlandsprodukt (BIP) konnte nominal ein Plus von 2,0 % verzeichnet werden. Getragen wurde der Aufschwung maßgeblich von der Ausweitung der Exporte, die bei einem außerordentlich dynamischen Welthandel real um 8,6 % stiegen. In der zweiten Jahreshälfte 2004 verlangsamte sich die Exportkonjunktur wieder, hauptsächlich infolge eines starken Ölpreisanstiegs und einer kräftigen Euro-Aufwertung. Insgesamt entfaltete sich jedoch kein breit angelegter, selbsttragender Wirtschaftsaufschwung, u. a. bedingt durch die nach wie vor zurückhaltende Inlandsnachfrage.

Auf den Arbeitsmarkt, geprägt von administrativen und arbeitsmarktpolitischen Maßnahmen, hatte die konjunkturelle Wende kaum Auswirkungen. Zwar stieg die Zahl der Erwerbstätigen seit Anfang 2004 wieder an, die Zunahme wurde jedoch vor allem über die staatliche Förderung von Arbeitsplätzen erreicht. Die Zahl der sozialversicherungspflichtigen Beschäftigungsverhältnisse nahm wie in den Vorjahren ab. Durch die Neumeldung erwerbsfähiger ehemaliger Sozialhilfeempfänger, die seit der Einführung des so genannten Arbeitslosengeldes II im Zuge der zum 1. 1. 2005 in Kraft getretenen Hartz-IV-Reformen durch die Arbeitsverwaltung betreut werden, erhöhte sich die Zahl der Arbeitslosen zu Jahresbeginn 2005 auf knapp über 5 Mio. Menschen (→ Chronik).

Zum Wirtschaftswachstum trugen 2004 mit Ausnahme des Baugewerbes alle Wirtschaftsbereiche bei. Den größten Anstieg verzeichnete das Produzierende Gewerbe (+4,7 %), gefolgt von der Land- und Forstwirtschaft sowie Fischerei (+3 %), Handel, Gastgewerbe und Verkehr (+2,1 %), Finanzierung, Vermietung und Unternehmensdienstleistungen (+1,6 %) sowie öffentliche und private Dienstleister (+0,1 %).

Die Lage der öffentlichen Haushalte blieb wie in den Jahren zuvor trotz leicht gesunkener Ausgaben weiterhin stark angespannt, bedingt u. a. durch die anhaltende Arbeitslosigkeit und Probleme bei der Umsetzung wirtschafts- und sozialpolitischer Reformen. Die Finanzentwicklung der einzelnen Haushaltsebenen gestaltete sich recht unterschiedlich. Ungünstiger als geplant entwickelte sich die Finanzlage des Bundes, während die Länder ihre Haushaltsdefizite senken konnten; die Gemeinden konnten ihre Defizite durch kräftig gestiegene Gewerbesteuereinnahmen in etwa halbieren. Aufgrund des insgesamt engen Einkommensrahmen, der höheren Teuerungsrate und des erneuten Anstiegs der Sparquote ging die Konsumbereitschaft der privaten Haushalte 2004 weiter zurück.

Bruttoinlandsprodukt Nach Angaben des Statistischen Bundesamtes betrug das BIP 2004 gemäß der großen Revision der Volkswirtschaftlichen Gesamtrechnung (VGR) 2005 und in jeweiligen Preisen

Deutschland: Wirtschaftswachstum 1995–2004

Quelle: Statistisches Bundesamt 2005

2207,24 Mrd. €, nachdem es im Jahr 2003 (umgerechnet gemäß VGR) 2164,87 Mrd. € betragen hatte. Im Vergleich zum Vorjahr stieg es damit um 2 % an, preisbereinigt und gemäß VGR um 1,6 % (→ Grafik).

Verwendung des BIP Die Konsumausgaben der privaten Haushalte stiegen 2004 gegenüber dem Vorjahr um 1,3 % an und lagen bei 1304,19 (2003: 1286,27) Mrd. €. Die Konsumausgaben des Staates sanken 2004 gegenüber dem Vorjahr um 0,4 % 412,93 (414,60) Mrd. €.

Bruttoanlageinvestitionen Die Bruttoanlageinvestitionen verringerten sich 2004 erneut geringfügig um 0,7 % auf 379,52 (2003: 380,71) Mrd. €. Die Ausrüs-

Deutschland: Konsumausgaben der privaten Haushalte

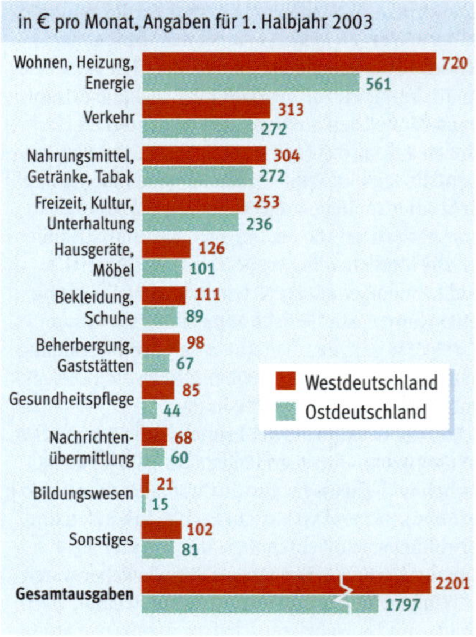

Quelle: Statistisches Bundesamt 2004

tungsinvestitionen stiegen nominal gegenüber dem Vorjahr um 1,0 % an auf 148,44 (146,94) Mrd. €. Die Bauinvestitionen verringerten sich 2004 gegenüber dem Vorjahr um 1,2 % auf 206,34 (209,22) Mrd. €. Sonstige Anlagen stiegen nominal geringfügig um 0,5 % auf 24,74 (24,55) Mrd. €.

■ **Inflation** Der Anstieg der Verbraucherpreise fiel 2004 mit 1,6 % etwas stärker aus als in den Vorjahren (2003: 1,1 %, 2002: 1,4 %). Verantwortlich für die Beschleunigung der Preisentwicklung waren insbesondere das In-Kraft-Treten der Gesundheitsreform zum 1. 1. 2004, die Tabaksteuererhöhungen im März und Dezember 2004 sowie die gestiegenen Mineralölpreise.

■ **Volkseinkommen** Das Volkseinkommen nahm 2004 erneut zu und stieg um 2,2 % auf 1636,09 (2003: 1600,88) Mrd. €, davon entfielen auf Unternehmens- und Vermögenseinkommen 501,79 (469,04) Mrd. €, auf Arbeitnehmerentgelte (Einkommen aus unselbständiger Arbeit inkl. Sozialbeiträge der Arbeitgeber) 1134,30 (1131,84) Mrd. €.

■ **Arbeitnehmerentgelt** in Mrd. € 2004 (2003):
Land- und Forstwirtschaft, Fischerei 8,91 (8,93)
Prod. Gewerbe (ohne Baugewerbe) 337,50 (335,89)
Baugewerbe 53,93 (55,72)
Handel, Gastgewerbe und Verkehr 224,60 (225,57)
Finanzierung, Vermietung und Unternehmensdienstleister 181,82 (178,83)
öffentliche und private Dienstleister 328,30 (327,97).

■ **Geldvermögen** Das Geldvermögen der privaten Haushalte stieg 2004 weiter leicht an und überschritt nach Angaben der Deutschen Bundesbank zum Jahresende 2004 mit 4067 (2003: 3915) Mrd. € erstmals die »Grenze« von 4 Mrd. €. Davon waren bei Banken 1451 (1399) Mrd. € angelegt, bei Versicherungen 1040 (991) Mrd. € und 1344 (1296) Mrd. € in Wertpapieren, davon 251 (245) Mrd. € in Aktien. Auch die Verbindlichkeiten der privaten Haushalte nahmen weiter zu und summierten sich auf 1566 (1562) Mrd. €, davon kurzfristige Kredite 90 (99) Mrd. € und längerfristige Kredite 1466 (1454) Mrd. €.

■ **Sparquote** Die private Ersparnis erhöhte sich 2004 gegenüber dem Vorjahr leicht auf 155,3 (2003: 154,1) Mrd. €, die Sparquote betrug 10,6 % des verfügbaren Einkommens (10,7 %).

■ **Außenhandel** Die traditionell exportorientierte deutsche Wirtschaft wurde auch 2004 wieder maßgeblich durch die Ausfuhren gestützt. Trotz der deutlich gestiegenen Importe ergab sich damit ein neuer Rekordaußenhandelsüberschuss von 156,1 Mrd. € (2002: 132,8 Mrd. €, 2003: 129,9 Mrd. €).

Die Leistungsbilanz konnte sich im Vergleich zum Vorjahr nahezu verdoppeln auf 84,0 Mrd. € (2003: 45,2 Mrd. €). Demgegenüber war der Saldo bei den Dienstleistungen auch 2004 negativ: –32,0 Mrd. € (–34,0 Mrd. €). Grund dafür ist u. a. das anhaltend hohe Defizit im Reiseverkehr von 35,8 Mrd. € (→ Kap. Wirtschaft).

Arbeit und Soziales

■ **Entwicklung des Arbeitsmarkts** Der Arbeitsmarkt wurde im Jahr 2004 stark von administrativen und arbeitsmarktpolitischen Maßnahmen geprägt, während sich die wirtschaftliche Belebung nach dreijähriger Stagnationsphase nicht auf einen Rückgang der Arbeitslosigkeit auswirkte. Zum 1. 1. 2005 trat im Rahmen des Vierten Gesetzes für moderne Dienstleistungen am Arbeitsmarkt (»Hartz IV«) die neue Grundsicherung für Arbeitsuchende in Kraft. Hilfsbedürftigen Erwerbsfähigen zwischen 15 und 65 Jahren, d. h. Personen, die unter den üblichen Bedingungen des Arbeitsmarktes mindestens drei Stunden täglich arbeiten können, sowie ihren im Haushalt lebenden Angehörigen steht seitdem das neu geschaffene Arbeitslosengeld II zu, nicht erwerbsfähige Angehörige können Sozialgeld beanspruchen. Die bisherige Arbeitslosenhilfe wurde abgeschafft, ebenso die Hilfe zum Lebensunterhalt für diesen Personenkreis. Dadurch stieg die Zahl der Arbeitslosen im Januar 2005 über die 5 Mio. Marke, sank aber in den Folgemonaten wieder unter diese Grenze. Die Zahl der Erwerbstätigen stieg 2004 erstmals seit 2001 wieder an, allerdings ist sie im Wesentlichen auf Zuwächse bei den geringfügig Beschäftigten sowie den Selbständigen (Ich-AG) zurückzuführen, die intensiv von der Politik gefördert wurden. Der Rückgang der normalen sozialversicherungspflichtigen Beschäftigungsverhältnisse setzte sich dagegen 2004 weiter fort.

■ **Erwerbstätigkeit** Die Zahl der Erwerbspersonen (Erwerbstätige und Erwerbslose) stieg nach vorläufigen

Deutschland: Arbeitsstunden je Erwerbstätigen 2003

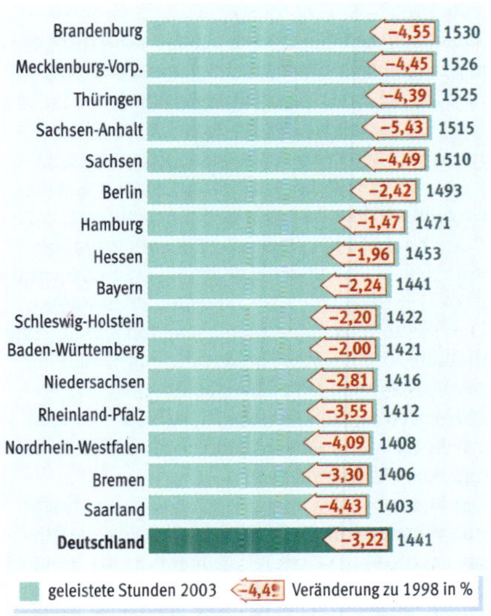

Quelle: Arbeitskreis Volkswirtschaftliche Gesamtrechnung der Länder 2005

Angaben gemäß Inländerkonzept im Jahresdurchschnitt 2004 leicht um 0,9 % auf 42,708 Mio. (2003: 42,322 Mio., ebenfalls vorläufige Angaben). Die Zahl der Erwerbstätigen stieg 2004 – erstmals seit zwei Jahren wieder – um 142 000 auf 38,777 Mio. Darunter waren 4,231 Mio. Selbständige, 3,9 % mehr als im Vorjahr.

Erwerbstätige im Inland nach Wirtschaftsbereichen 2004 gemäß vorläufigen Ergebnissen (2003, vorl. Erg.) in Mio.:
Land- und Forstwirtschaft, Fischerei 0,886 (0,881)
Prod. Gewerbe ohne Baugewerbe 8,018 (8,139)
Baugewerbe 2,250 (2,322)
Handel, Gastgewerbe und Verkehr 9,770 (9,717)
Finanzierung, Vermietung und Unternehmensdienstleister 6,304 (6,128)
öffentliche und private Dienstleister 11,632 (11,535).

▪ **Öffentlicher Dienst** Die Beschäftigtenzahl ist zum 1. 6. 2004 nach Angaben des Statistischen Bundesamtes erneut leicht zurückgegangen. Insgesamt waren nach vorläufigen Ergebnissen 4,684 (2003: 4,779) Mio. Personen bei öffentlichen Arbeitgebern beschäftigt. Dies entsprach 14,0 (14,0)% aller abhängig Beschäftigten. Von der Gesamtzahl entfielen auf den unmittelbaren öffentlichen Dienst 4 082 065 (4 184 274) Personen, davon auf den Bund 492 685 (233 963), die Länder 2 115 728 (2 155 281), die Gemeinden und Gemeindeverbände 1 348 084 (1 409 592), kommunale Zweckverbände 70 530 (70 342), das Bundeseisenbahnvermögen 55 038 (57 944), den mittelbaren öffentlichen Dienst 601 783 (595 130), davon 233 381 (242 929) im Bundesdienst, 368 402 (352 201) im Landesdienst. Nach dem Dienstverhältnis entfielen auf Beamte, Richter und Soldaten 1 880 412 (1 876 587), darunter 187 700 (186 889) Soldaten, Angestellte 2 229 247 (2 301 493), Arbeiter 574 189 (601 106).

▪ **Arbeitslosigkeit** Angesichts der sich noch nicht auf den Arbeitsmarkt auswirkenden Konjunkturerholung blieb die Zahl der Arbeitslosen auch 2004 weiterhin unverändert hoch. Im Jahresdurchschnitt 2004 waren 4 381 040 Personen arbeitslos gemeldet, 5013 oder 0,1 % mehr als 2003, allerdings ist zu beachten, dass aufgrund einer Änderung der Arbeitslosenstatistik zum 1. 1. 2004 ein Vergleich zum Vorjahr nur bedingt möglich ist. Mit der Einführung des Sozialgesetzbuches II (SGB II) und damit verbundenen statistischen Effekten aus Zusammenlegung von Arbeits- und Sozialhilfe zum 1. 1. 2005 meldete die Bundesagentur für Arbeit in ihrem Januarbericht 2005 5 037 142 arbeitslose Personen. Davon waren nach Schätzungen der Behörde mindestens 222 000 ehemalige erwerbsfähige Sozialhilfeempfänger.

Im Mai 2005 waren nach Angaben der Bundesagentur für Arbeit 4 806 589 Personen arbeitslos, die Quote lag bei 11,6 % (→ Karte). Darunter waren 3 169 980 Arbeitslose in Westdeutschland (9,7 %) und 1 636 609 Arbeitslose in Ostdeutschland (18,9 %).

Arbeitslosenquoten in den Bundesländern im Mai 2005

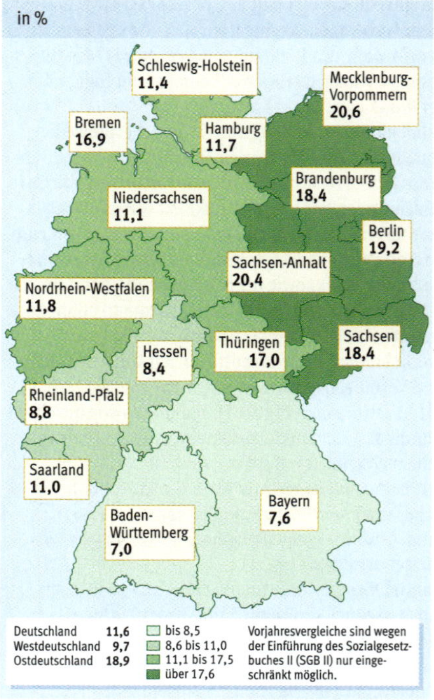

Quelle: Bundesagentur für Arbeit 2005

▪ **Arbeitslosigkeit Westdeutschland** In den alten Bundesländern (ohne Berlin) stieg die durchschnittliche Zahl der Arbeitslosen 2004 auf 2,781 (2003: 2,753) Mio. Personen an. Die Zahl arbeitsloser Jugendlicher unter 25 Jahren nahm ab auf 323 (328) Tsd., auch die Zahl der 55 Jahre und älteren Arbeitslosen ging zurück auf 324 (355) Tsd. Personen. Dagegen stieg die Zahl arbeitsloser Schwerbehinderter auf 130 (125) Tsd. an, ebenso die der Langzeitarbeitslosen 983 (872) Tsd. Die Zahl der Ausländer ohne Arbeit blieb nahezu konstant mit 472 (471) Tsd. Personen. Im Jahresdurchschnitt 2004 stieg die **Arbeitslosenquote** leicht an auf 8,5 % (2003: 8,4 %). – Die Zahl der Kurzarbeiter verringerte sich deutlich auf 122 (160) Tsd. – An Arbeitsbeschaffungsmaßnahmen nahmen 2004 20 (24) Tsd. Personen teil, 121 (161) Tsd. Personen wurden in Maßnahmen beruflicher Weiterbildung der Bundesagentur für Arbeit gefördert.

▪ **Arbeitslosigkeit Ostdeutschland** In den neuen Bundesländern einschließlich Berlin ging die durchschnittliche Arbeitslosenzahl 2004 etwas zurück, und zwar auf 1,598 (2003: 1,624) Mio. Personen. Insgesamt waren 182 (188) Tsd. Jugendliche unter 25 Jahren ohne Arbeit, die Arbeitslosigkeit der 55-Jährigen und Älteren sank ebenfalls auf 159 (177) Tsd. Dagegen stieg die Zahl der schwerbehinderten Arbeitslosen auf 45 (43) Tsd. Personen an, ebenso die der Langzeitarbeitslosen auf 698 (649) Tsd. 78 (77) Tsd. Ausländer waren 2004 arbeitslos gemeldet. – Im Jahresdurchschnitt lag die **Arbeitslosenquote** bei 18,4 % (18,5 %). – Die Zahl der Kurzarbeiter lag 2004 bei 29 (35) Tsd. Personen, in Arbeitsbeschaffungsmaßnahmen waren 65 (73) Tsd. Personen tätig. 63 (99) Tsd. Personen nahmen an beruflichen Weiterbildungsmaßnahmen der Bundesagentur für Arbeit teil.

■ **Ausbildungsmarkt** Zum ersten Mal seit 2000 besserte sich im Jahr 2004 die Lage auf dem Ausbildungsmarkt wieder. Im Berichtsjahr 1. 10. 2003–30. 9. 2004 wurden insgesamt 572 980 (2002/2003: 557 634) Ausbildungsverträge neu abgeschlossen, ein Plus von 15 346 Verträgen oder 2,8 % bei einem Gesamtangebot von 586 374 (2002/2003: 572 474) Stellen. Einen wesentlichen Impuls für den Anstieg bewirkte nach Angaben des Ministeriums für Bildung und Forschung der am 16. 6. 2004 zwischen Wirtschaft und Bundesregierung geschlossene »Nationale Pakt für Ausbildung und Fachkräftenachwuchs«. Darin verpflichtete sich die Wirtschaft für die nächsten drei Jahre, jährlich 30 000 neue Ausbildungsplätze sowie 25 000 Einstiegsqualifizierungsplätze zu schaffen. Die Anzahl der unvermittelten Bewerber zum Ende des Vermittlungsjahres am 30. 9. 2004 war allerdings bedingt durch eine höhere Zahl an Schulabsolventen ebenfalls höher als im Vorjahr, zum Stichtag suchten noch 44 576 (2003: 35 015) Jugendliche eine Ausbildungsmöglichkeit. Bis zum Jahresende konnten 29 627 Bewerber nachvermittelt werden, sodass der Bestand Unvermittelter auf 14 949 (16 273) Jugendliche oder um 66,5 % (53,5 %) sank. Zu den begehrtesten Ausbildungsbereichen gehörten nach Angaben des Statistischen Bundesamtes 2004 Stellen bei Industrie und Handel mit 320 220 (309 700) neu abgeschlossenen Verträgen, sowie leicht rückläufig handwerkliche Berufe mit 171 423 (171 800) Auszubildenden.

■ **Gehälter** Nach Angaben des Statistischen Bundesamtes lagen die tariflichen Monatsgehälter in der gewerblichen Wirtschaft (Produzierendes Gewerbe, Handel-, Kredit- und Versicherungsgewerbe, Gebietskörperschaften) 2004 2,0 % über dem des Vorjahres. Überdurchschnittlich stiegen die tariflichen Monatsgehälter bei den Eisenbahnen (+3,6 %), im Textilgewerbe (+2,7 %), im Fahrzeugbau (+2,5 %), in der Herstellung von Metallerzeugnissen sowie im Kreditgewerbe und bei den Gebietskörperschaften (jeweils +2,4 %). Im Handel erhöhten sich die Gehälter um 2,0 %. Die Durchschnittsverdienste aller Arbeitnehmer stiegen 2004 lediglich um 0,2 % gegenüber dem Vorjahr. In dieser Rechnung werden auch die geringfügig Beschäftigten, die an den Tariflohnsteigerungen nur teilweise partizipierten, berücksichtigt.

■ **Sozialleistungen** 2003 stiegen die Sozialleistungen weiter an und erreichten mit 694,4 Mrd. € den bisher höchsten Wert in der Geschichte der Bundesrepublik

Deutschland: Ausbildungsplätze

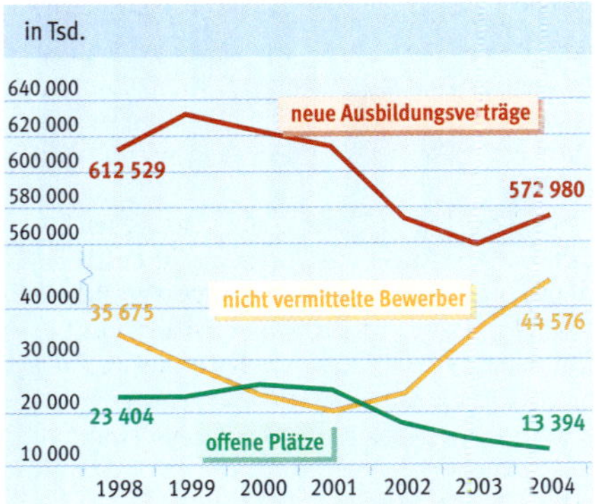

Quellen: Bundesinstitut für Berufsbildung 2005, Bundesagentur für Arbeit 2005

Deutschland
Sozialleistungen (in Mrd. €)

	2002	2003
1. Direkte Leistungen		
a) Allgemeine Systeme		
Rentenversicherung der Arbeiter	113,4	115,2
Rentenversicherung der Angestellten	105,3	108,8
knappschaftliche Rentenversicherung	14,1	14,5
gesetzliche Pflegeversicherung	17,3	17,4
gesetzliche Krankenversicherung	141,2	143,4
gesetzliche Unfallversicherung	11,3	11,3
Arbeitsförderung	71,1	73,3
b) Sondersysteme		
Alterssicherung der Landwirte	3,3	3,3
Versorgungswerke	2,3	2,5
c) Leistungssysteme des öffentlichen Dienstes		
Pensionen	35,4	35,8
Familienzuschläge	7,0	7,0
Beihilfen	9,8	9,9
d) Leistungssysteme der Arbeitgeber		
Entgeltfortzahlung	26,5	25,0
betriebliche Altersversorgung	16,2	16,1
Zusatzversorgung	8,5	8,7
sonst. Arbeitgeberleistungen	2,8	2,7
e) Entschädigungssysteme		
soziale Entschädigung	4,6	4,5
Lastenausgleich	0,1	0,1
Wiedergutmachung	0,9	0,9
sonstige Entschädigungen	0,1	0,2
f) Förder- und Fürsorgesysteme		
Sozialhilfe	26,7	28,0
Jugendhilfe	17,8	17,9
Kindergeld	0,1	0,1
Erziehungsgeld	3,6	3,5
Ausbildungsförderung	1,5	1,7
Wohngeld	4,9	5,2
Förderung der Vermögensbildung	0,8	0,9
2. Indirekte Leistungen		
steuerliche Maßnahmen	38,2	39,0
Familienleistungsausgleich	36,0	36,1
Sozialbudget insgesamt	683,036	694,430

Quelle: Bundesministerium für Gesundheit und Soziale Sicherung 2005

(2002: 683,0 Mrd. €). Mittlerweile beträgt die Sozialleistungsquote, d.h. der Anteil aller Sozialleistungen am Bruttoinlandsprodukt 32,6 % (2002: 32,5 %). Rein rechnerisch entfielen auf jeden Einwohner Sozialleistungen in Höhe von 8416 (8306) €. Finanziert wurden die Sozialleistungen 2003 u. a. aus Beiträgen der Arbeitgeber in Höhe von 237,7 (242,5) Mrd. €, öffentlichen Mitteln in Höhe von 272,7 (263,0) Mrd. € sowie Beiträgen der Versicherten in Höhe von 183,1 (179,1) Mrd. €.

- **Sozialhilfe** Zum 31. 12. 2003 lebten in Deutschland 2,811 Mio. Sozialhilfeempfänger, damit benötigten 2,0 % mehr Personen laufende Hilfe zum Lebensunterhalt als zum 31. 12. 2002. In Westdeutschland (ohne Berlin) nahm die Zahl der Empfänger um 1,2 % gegenüber dem Vorjahr auf 2,125 Mio. Personen zu, in Ostdeutschland (ohne Berlin) stieg sie an auf 426 Tsd. Personen (+4,9 %), in Berlin bezogen 261 Tsd. Personen (+3,5 %) Sozialhilfe. Ein besonderer Anstieg war bei der Zahl sozialhilfebedürftiger Kinder unter 18 Jahren zu verzeichnen: Sie erhöhte sich im Jahr 2003 im Vergleich zu 2002 um 6,2 % auf 1,08 Mio.

Daneben erhielten nach Angaben des Statistischen Bundesamtes zum Jahresende 2003 438 831 Personen Leistungen aus der bedarfsorientierten Grundsicherung. Dadurch verringerte sich die Zahl der älteren Sozialhilfeempfänger ab 65 Jahren zum Jahresende 2003 auf 98 Tsd. Personen (–48 % gegenüber 2002), die Sozialhilfequote älterer Menschen verringerte sich auf 0,7 % (2002: 1,3 %).

Die **bedarfsorientierte Grundsicherung** im Alter und bei Erwerbsminderung war wie die Sozialhilfe eine eigenständige Sozialleistung. Sie sollte den grundlegenden Bedarf für den Lebensunterhalt sicherstellen, außerdem blieben im Gegensatz zum bisherigen Bundessozialhilfegesetz Unterhaltsansprüche gegenüber Kindern und Eltern des Leistungsempfängers in der Regel unberücksichtigt. Mit In-Kraft-Treten des Grundsicherungsgesetzes (GSiG) zum 1. 1. 2003 konnte sie von 18–64-Jährigen in Anspruch genommen werden bei dauerhafter voller Erwerbsminderung, und von Personen ab 65 Jahren. Mit dem Beschluss des »Vierten Gesetzes über moderne Dienstleistungen am Arbeitsmarkt« (»Hartz IV«) wurde jedoch eine Neuregelung des Sozialhilferechts erforderlich: Neben dem Bundessozialhilfegesetz (BSHG) wurde u. a. auch das GSiG in das Sozialgesetzbuch (SGB) XII eingeordnet, das zum 1. 1. 2005 in Kraft trat. Zum gleichen Zeitpunkt wurde das GSiG außer Kraft gesetzt. Die Leistungen des GSiG sowie die Inhalte der Statistiken blieben dadurch jedoch im Wesentlichen unverändert.

Die Nettoausgaben für Sozialhilfe stiegen 2003 gegenüber dem Vorjahr um 3,0 % auf 22,569 (2002: 21,914) Mrd. € und erreichten damit neuen Höchststand. Damit wurden pro Einwohner 274 € netto ausgegeben. Auf die alten Bundesländer (ohne Berlin) entfielen davon 18,143 (2002: 17,701) Mrd. €, auf die neuen (ohne Berlin) 2,584 (2,439) Mrd. €, auf Berlin 1,842 Mrd. €. Anteilmäßig entfielen 2003 von den Nettoausgaben 8,747 (2002: 8,761) Mrd. € auf Hilfe zum Lebensunterhalt, für Hilfen in besonderen Lebenslagen 13,822 (13 153) Mrd. €. Für Leistungen nach dem GSiG gab die öffentliche Hand 2003 netto 1,36 Mrd. € aus.

- **Rente** Zum 1. 7. 2004 betrug die Zahl der Rentenberechtigten in Deutschland nach Angaben des Verbandes Deutscher Rentenversicherungsträger 19,812 Mio. Personen und stieg damit gegenüber 2003 (19,558) um 1,30 % leicht an. Davon erhielten 11,597 (11,493) Rentnerinnen und 8,216 (8,065) Rentner Zahlungen aus der gesetzlichen Rentenversicherung. Mehrere Renten bezogen 3,511 (3,458) Mio. Frauen und 3,452 (3,195) Mio. Männer.

- **Krankenversicherung** Die Anzahl der Mitglieder in der gesetzlichen Krankenversicherung ging erneut leicht zurück und betrug im Jahresdurchschnitt 2004 50,652 (2003: 50,754) Mio. Mitglieder. Davon waren 28,748 (28,957) Mio. Pflichtmitglieder, 16,816 (16,681) Mio. Rentner und 5,061 (5,116) Mio. freiwillig Versicherte. Die Zahl der mitversicherten Familienangehörigen lag bei 19,646 (19,700) Mio.

Die Mitgliederzahl in den privaten Krankenversicherungen betrug 8,26 (2003: 8,11) Mio. Die Einkommensgrenze, ab der ein Arbeitnehmer in die private Krankenversicherung wechseln konnte, lag 2004 bei einem Jahreseinkommen von 46 350 €. Die Zahl der Verträge über private Zusatzversicherungen (sowohl von gesetzlich als auch privat Versicherten) nahm gegenüber dem Vorjahr leicht zu auf 16,23 (14,68) Mio.

Deutschland: Einnahmen und Ausgaben der Gesetzlichen Krankenversicherung 1998–2004

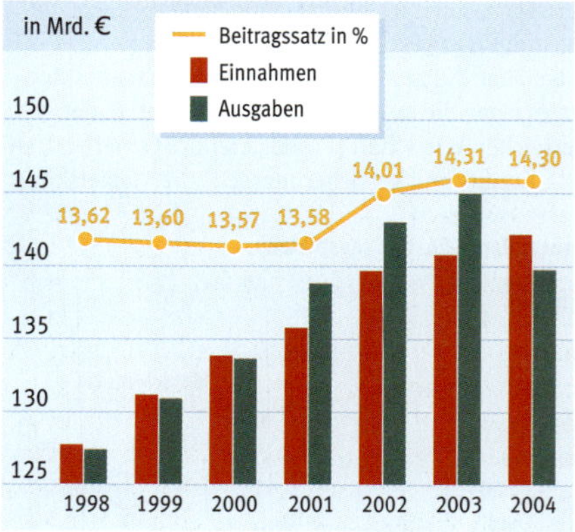

Quelle: Bundesministerium für Gesundheit und Soziales 2005

Deutschland
Bundeshaushalt 2004/2005

Einzelplan / Ausgaben	Soll 2004 inkl. Nachtrag (in Mio €)	Verfügbares Soll 2005 (in Mio €)
01 Bundespräsidialamt	23,04	23,64
02 Bundestag	548,91	550,92
03 Bundesrat	18,25	19,95
04 Bundeskanzleramt	1 490,29	1 510,08
05 Auswärtiges Amt	2 173,58	2 205,78
06 Inneres	4 057,98	4 126,64
07 Justiz	340,12	338,59
08 Finanzen	3 520,92	4 041,77
09 Wirtschaft und Arbeit	30 915,33	37 974,67
10 Verbraucherschutz, Ernährung u. Landwirtschaft	5 211,63	5 106,96
12 Bau, Verkehr, Wohnungswesen	26 778,80	23 255,51
14 Verteidigung	24 060,71	23 900,00
15 Gesundheit und Soziale Sicherung	83 465,10	84 409,88
16 Umwelt, Naturschutz, Reaktorsicherheit	789,41	769,02
17 Familie, Senioren, Frauen und Jugend	4 872,49	4 571,69
19 Bundesverfassungsgericht	17,03	17,63
20 Bundesrechnungshof	88,71	86,67
23 Wirtschaftliche Zusammenarbeit und Entwicklung	3 783,43	3 859,09
30 Bildung und Forschung	8 261,25	8 540,42
32 Bundesschuld	38 844,14	40 431,84
33 Versorgung	8 792,72	8 321,01
60 Allgemeine Finanzverwaltung	7 546,17	–261,77*
Insgesamt	255 600,00	254 300,00

Differenzen durch Rundungen möglich

* Die Veränderung ergibt sich insbesondere durch Wegfall und Verlagerungen einzelner Zahlungen. Die negativen Ausgaben ergeben sich, weil im Posten Allgemeine Finanzverwaltung eine globale Minderausgabe in Höhe von 2 Mrd. € veranschlagt ist, wovon die Ressorts 864 Mio. € zu erbringen haben.

Quelle: Bundesministerium der Finanzen, 2005

Deutschland
Steuereinnahmen von Bund, Ländern und Gemeinden (in Mio. €)

Steuerart	2003	2004
Gemeinschaftliche Steuern		
Lohnsteuer[1]	133 090	123 896
Veranlagte Einkommensteuer[1]	4 568	5 394
Kapitalertragsteuer[2]	16 633	16 691
Körperschaftsteuer[2]	8 275	13 123
Mehrwertsteuer[3]	103 162	104 715
Einfuhrumsatzsteuer[3]	33 834	32 651
Reine Bundessteuern		
Mineralölsteuer	43 188	41 782
Tabaksteuer	14 094	13 630
Branntweinabgaben	2 204	2 195
Versicherungsteuer	8 870	8 750
Übrige Verkehrssteuern		
Stromsteuer	6 531	6 597
Sonstige Bundessteuern[4]	11 722	11 601
EU-Zölle	2 877	3 059
Reine Ländersteuern		
Vermögensteuer	230	80
Kraftfahrzeugsteuer	7 336	7 740
Biersteuer	786	788
Erbschaftsteuer	3 373	4 284
Sonstige Ländersteuern	6 989	6 883
Gemeindesteuern		
Gewerbesteuer (Ertrag/Kapital)	24 146	28 373
Grundsteuern	9 658	9 939
Sonstige Gemeindesteuern u. steuerähnliche Einnahmen	671	797
Steuereinnahmen insgesamt	414 846	409 517

1 Bund 42,5%, Länder 42,5%, Gemeinden 15%
2 Bund 50%, Länder 50%
3 Bund 49,6%, Länder 50,4%
4 Übrige Verbrauchsteuern und Solidaritätszuschlag
Quelle: Deutsche Bundesbank, Juni 2005

Öffentliche Finanzen

▪ **Staatshaushalt** Endgültige Zahlen zum Staatshaushalt (öffentliche Haushalte insgesamt) lagen noch nicht vor. 2004 wies er nach Angaben der Deutschen Bundesbank (teilw. geschätzt) einen Saldo der Einnahmen und Ausgaben von –65,0 Mrd. € auf, nachdem er 2003 bei –74,1 Mrd. € lag. Die Einnahmen betrugen 2004 (2003) 925,1 (925,9) Mrd. €, davon Steuern 443,0 (442,2) Mrd. €. Die Ausgaben beliefen sich 2004 (2003) auf 990,1 (1000,0) Mrd. € und umfassten u. a. folgende Teilbereiche (in Mrd. €): Sozialversicherungen 468,7 (474,4), Personalausgaben 173,5 (174,0), Zinsausgaben 64,8 (65,7).

Das Staatsdefizit ist 2004 gegenüber dem Vorjahr leicht um 0,2 Prozentpunkte gesunken, lag aber mit 3,6 % zum dritten Mal in Folge über der im Maastrichter Vertrag festgelegten Grenze von 3 % des Bruttoinlandsprodukts. Auch das zweite wichtige Maastricht-Kriterium, nach dem der öffentliche Schuldenstand maximal 60 % des BIP erreichen darf, wurde deutlich verfehlt. Die Schuldenquote stieg um 1,8 Prozentpunkte auf 66,0 % und erreichte ein neues Rekordniveau. Auch das gesamtstaatliche Defizit lag 2004 nach vorläufigen Schätzungen ca. 3 Mrd. € über dem Vorjahresstand bei rund 80,3 Mrd. €.

▪ **Bundeshaushalt** Der am 13. 7. 2005 dem Kabinett vorgelegte Bundeshaushalt 2005 erfüllt knapp die Vorgaben des Grundgesetzes, demzufolge die Investitionsausgaben höher sein müssen als die geplante Neuverschuldung. Er sieht eine Nettokreditaufnahme in Höhe von 21,5 Mrd. € und Investitionen in Höhe von 22,4 Mrd. € vor.

▪ **Schulden** Schulden der öffentlichen Haushalte → Grafik S. 119.

▪ **Länderfinanzausgleich** → Karte S. 133.

Hoffnungen der rot-grünen Regierungskoalition auf eine deutliche Belebung der Binnenkonjunktur und eine Entspannung auf dem Arbeitsmarkt erfüllten sich nicht. Der Februar 2005 markierte mit der Zahl von 5,22 Mio. (12,6 %), selbst unter Berücksichtigung neuer statistischer Effekte, die **höchste Arbeitslosigkeit** in der Geschichte der Bundesrepublik. Vor diesem Hintergrund **stellte sich der politische Stimmungsumschwung nicht ein**, den sich die Regierungsparteien für das Wahljahr 2006 erhofft hatten. Vielmehr fand die Arbeitsmarktreform als Kernstück der von Bundeskanzler Gerhard Schröder auf den Weg gebrachten »Agenda 2010« immer weniger Akzeptanz, zumal sich in den ersten Monaten der praktischen Umsetzung von »Hartz IV« soziale Härten, Ungerechtigkeiten und handwerkliche Mängel, aber keine Erfolge in der Bekämpfung der Arbeitslosigkeit zeigten. Als sich mit dem Ergebnis der Landtagswahlen in Schleswig-Holstein im Februar und Nordrhein-Westfalen im Mai zeigte, dass es der SPD nicht gelungen war, den Vertrauensverlust bei den Wählern aufzuhalten, strebte Bundeskanzler Schröder für seine Politik **eine neue Legitimation durch vorgezogene Neuwahlen** an. Neben einer verfassungsrechtlichen Auseinandersetzung über die Zulässigkeit der fingierten Vertrauensfrage im Bundestag provozierte er mit diesem Schritt einen **Umbruch in der Parteienlandschaft**. Dessen Folgen trafen die SPD mit dem raschen Aufstieg der PDS-basierten Sammlungspartei (»Die Linkspartei«) zur potenziell dritten Kraft im Parteienspektrum am schwersten.

Mit der überraschenden Vorverlegung der Bundestagswahl **fiel der CDU-Vorsitzenden Angela Merkel die Kanzlerkandidatur für die Unionsparteien zu**, schneller und reibungsloser als ursprünglich erwartet.

INNENPOLITISCHE EREIGNISSE

- **Auf dem Weg zur Bundestagswahl:** Nach Schließung der Wahllokale in → Nordrhein-Westfalen am 22. 5. 2005 teilten der SPD-Vorsitzende Franz Müntefering und Bundeskanzler Gerhard Schröder in Fernseherklärungen mit, sie strebten eine vorgezogene Neuwahl des Bundestags an. Der Schritt wurde von allen Parteien begrüßt und in den Medien als »Flucht nach vorn« gewertet, um einer bis zum regulären Wahltermin im Herbst 2006 zu erwartenden Immobilität der Bundespolitik vorzubeugen. Da das Grundgesetz die Selbstauflösung des Bundestags nicht vorsieht und andere Alternativen noch weniger attraktiv erschienen, **stellte Schröder** am 27. 6. 2005 im Bundestag **den Antrag, ihm das Vertrauen auszusprechen** – in der Absicht, die notwendige absolute Mehrheit der Abgeordneten zu verfehlen. Er folgte hierbei dem Beispiel der unechten negativen Vertrauensvoten, die sich die Bundeskanzler Willy Brandt (SPD) und Helmut Kohl (CDU) 1972 bzw. 1982 einholten, um sich bei jeweils nachfolgenden Neuwahlen im Amt bestätigen zu lassen.

Auflösung des Bundestags durch die »unechte Vertrauensfrage«

Die Vertrauensfrage dient zur Bestätigung der Regierung, wenn sich der Bundeskanzler der Mehrheit im Parlament nicht mehr sicher ist. Nach Artikel 68 des Grundgesetzes ermöglicht ein mehrheitliches Nein der Abgeordneten die Auflösung des Bundestags durch den Bundespräsidenten und anschließende Neuwahlen. »Unecht« ist die Vertrauensfrage, wenn das Ziel nicht die Bestätigung der Regierung, sondern die Auflösung des Bundestags ist.

Präzedenzfälle

- Am 20. 9. 1972 stellte der amtierende Bundeskanzler **Willy Brandt** (SPD) die Vertrauensfrage, nachdem der CDU-Abgeordnete Rainer Barzel mit einem konstruktiven Misstrauensvotum nur sehr knapp gescheitert war und einige Abgeordnete das Lager gewechselt hatten. Die Regierungsmitglieder blieben der Abstimmung am 22. 9. fern und Brandt wurde das Vertrauen abgesprochen. Der Bundestag wurde vom amtierenden Bundespräsidenten Gustav Heinemann aufgelöst. Am 19. 11. gewann die regierende Koalition von SPD und FDP unter Brandt eine deutliche Mehrheit.
- Am 1. 10. 1982 brachte die CDU/CSU zusammen mit der FDP einen Antrag auf ein konstruktives Misstrauensvotum gegen Bundeskanzler Helmut Schmidt (SPD) ein. Aus der Abstimmung ging der Chef der CDU/CSU-Opposition, **Helmut Kohl**, als neuer Bundeskanzler hervor. Kohl wurde noch am selben Tag ernannt und vereidigt. Verabredungsgemäß verweigerten die Abgeordneten der Regierungsparteien am 17. 12. dem Bundeskanzler ihr Vertrauen und machten damit den Weg frei zur Auflösung des Bundestages durch Bundespräsident Karl Carstens. Die Koalition wurde bei den Wahlen am 6. 3. 1983 bestätigt.

Das **Bundesverfassungsgericht** bestätigte die Entscheidung des Bundespräsidenten und erkannte die Instabilität der Regierung an, legte in seinem Urteil aber fest: Das Kräfteverhältnis im Bundestag muss die Handlungsfähigkeit des Kanzlers »so beeinträchtigen oder lähmen, dass er eine vom stetigen Vertrauen der Mehrheit getragene Politik nicht sinnvoll zu verfolgen vermag«. Gleichzeitig vergrößerte es den Beurteilungsspielraum des Bundespräsidenten, der »die Einschätzungs- und Beurteilungskompetenz des Bundeskanzlers« beachten soll, wenn nicht seine grundlegend andere Einschätzung der politischen Lage die Auflösung des Bundestags verbiete.

In der Begründung für seinen Antrag machte Schröder am 1. 7. 2005 geltend, auf Grund fehlenden Rückhalts in den eigenen Reihen sei ihm **ein »stetiges Vertrauen« der Bundestagsmehrheit für seine Politik nicht**

mehr sicher. Nach der Serie schwerer Wahlniederlagen der SPD und angesichts der Blockadestrategie der Opposition in dem von ihr dominierten Bundesrat sei seine Regierung nur noch eingeschränkt handlungsfähig. Zur Fortführung der Reformen bedürfe es einer neuen Legitimation durch die Bürger.

In der namentlichen Abstimmung sprachen 151 Abgeordnete (105 SPD, 46 Grüne) dem Bundeskanzler ihr Vertrauen aus. 148 Abgeordnete (140 Sozialdemokraten und 8 Grüne) enthielten sich der Stimme entsprechend der Empfehlung des SPD-Partei- und Fraktionsvorsitzenden Franz Müntefering. 296 Parlamentarier stimmten mit Nein. Fünf gaben ihre Stimme z. T. aus verfassungsrechtlichen Bedenken nicht ab, darunter der Grünen-Politiker Werner Schulz. Genau wie er kündigte die SPD-Abgeordnete Jelena Hoffmann für den Fall der Auflösung des Bundestags eine Klage beim Bundesverfassungsgericht an. Die Vertrauensabstimmung erfülle weder die formalen noch die inhaltlichen Voraussetzungen nach Artikel 68 GG.

Nach der Abstimmung schlug der Bundeskanzler dem Bundespräsidenten vor, **gemäß Artikel 68 GG den Bundestag aufzulösen.** Bundespräsident Horst Köhler entsprach dem Antrag am 21. 7. und begründete die Entscheidung mit der Notwendigkeit einer »verlässlichen handlungsfähigen Mehrheit im Bundestag« angesichts der gegenwärtigen Probleme des Landes. Als Termin für die Bundestagswahl setzte er den 18. 9. an. Das Bundesverfassungsgericht hat sich mit der Entscheidung noch zu befassen.

▪ **SPD:** Mit dem Entschluss zu Neuwahlen auf Bundesebene zogen Bundeskanzler und SPD-Chef die Konsequenz aus dem anhaltenden **Stimmenverfall für die SPD bei Landtagswahlen**, der im ersten Halbjahr 2004 in Bayern, Hamburg und Thüringen dramatische Formen angenommen hatte (→ WA 2005, S. 142) und sich seitdem mit einer Folge von Niederlagen fortsetzte: Im → Saarland stürzte die SPD am 5. 9. 2004 (im Vergleich zur letzten Landtagswahl) um 14,7 Prozentpunkte auf einen Stimmenanteil von 30,8 % ab, in → Brandenburg am 19. 9. um 7,4 auf 31,9 %. Das Ergebnis in Sachsen am gleichen Tag stellte mit einem Stimmenanteil von 9,8 % (–0,9 %), knapp vor der NPD, den Tiefpunkt in der bisherigen Geschichte der Partei dar. In → Schleswig-Holstein verlor sie am 20. 2. 2005 mit 38,7 % und einem Verlust von 4,4 Prozentpunkten die politische Führung an die CDU, mit der sie schließlich wie in Sachsen als Juniorpartner in eine Regierung der großen Koalition eintrat. Bei der Wahl in → Nordrhein-Westfalen am 22. 5. verlor die SPD 5,7 Prozentpunkte und musste mit 37,1 % der Stimmen nach 39 Jahren den Machtwechsel hinnehmen. Damit war die SPD **nur noch in fünf der 16 Bundesländer die führende politische Kraft**. 2004 verlor die SPD 30 000 Mitglieder und rutschte im Frühjahr 2005 erstmals seit 50 Jahren unter die Marke von 600 000.

Unter dem Eindruck der Wahlniederlagen, eines drohenden Bruchs mit den Gewerkschaften im Konflikt über die Umsetzung der Arbeitsmarktreform »Hartz IV« und der Entstehung der neuen linken Partei WAsG (→ unten), wurde der Ruf in der Partei nach einem Kurswechsel lauter. Im Wahlkampf in Nordrhein-Westfalen überraschte der Parteivorsitzende Müntefering mit einem **verbalen Schwenk nach links**, als er am 12. 4. 2005 bei der Vorstellung von Thesen zur Reform des Parteiprogramms eine breite Debatte um Kapitalismuskritik mit dem Hinweis auf die »international wachsende Macht des Kapitals« entfachte. »Bestimmten Finanzunternehmen« warf er vor, mit »international forcierten Profitmaximierungsstrategien« die Demokratie zu gefährden.

Das am 4. 7. 2005 vom Kleinen Parteitag in Berlin einstimmig verabschiedete Wahlmanifest griff Forderungen des linken und des Arbeitnehmerflügels auf und stellte neben einer »Weiterentwicklung« der »Agenda 2010« eine soziale Familienpolitik in den Vordergrund.

▪ **CDU / CSU:** Bei den **Landtagswahlen** in Brandenburg und Sachsen am 19. 9. 2004 musste neben der SPD auch die CDU starke Stimmeneinbußen hinnehmen (–7,1 bzw. –15,8 %). Die Wahl in Schleswig-Holstein am 20. 2. markierte einen Stimmungsumschwung (+5,0 %), der in Nordrhein-Westfalen am 22. 5. voll zum Tragen kam (+7,8) und die Partei in beiden Ländern mit 40,2 bzw. 44,8 % der Stimmen in die Regierungsverantwortung brachte. Die unionsgeführte Opposition reichte nun im Bundesrat mit 43 von 69 Stimmen dicht an die Zweidrittelmehrheit heran.

CDU und CSU präsentierten ihr gemeinsames **Wahlprogramm** am 11. 7. 2005. Im Zentrum steht die Senkung der Arbeitskosten durch die Reduzierung des Beitrags zur Arbeitslosenversicherung von 6,5 auf 4,5 %. Zur Gegenfinanzierung soll die Mehrwertsteuer von 16 auf 18 % erhöht werden.

Das Parteigericht der hessischen CDU verfügte am 20. 7. 2004 den **Parteiausschluss von Martin Hohmann.** Der Fuldaer Bundestagsabgeordnete hatte mit einer antisemitisch gefärbten Rede zum Tag der Deutschen Einheit 2003 einen Skandal hervorgerufen (→ WA 2005, S. 146).

▪ **Bündnis 90 / Die Grünen:** Bei den **Landtagswahlen** schlug sich die verbreitete Ablehnung der rot-grünen Sozialreformen für die Partei zunächst nicht negativ nieder, sie verbuchte sogar Stimmengewinne auf Kosten der SPD. Bei der Wahl in Schleswig-Holstein im Februar hielt sie noch ihren Stimmenanteil aus dem Jahr 2000 von 6,2 %, den sie auch im Mai in Nordrhein-Westfalen erreichte (–0,9 %).

Zur Neuwahl des Bundestags nahmen die Grünen Abstand vom Konzept eines rot-grünen Lager-Wahlkampfs. Entsprechend grenzt sich das Wahlprogramm, das der Parteitag am 9. / 10. 7. 2005 in Berlin beschloss, im Schwerpunkt Wirtschafts-, Arbeitsmarkt- und Sozialpolitik mit Konzepten zur Förderung des Mittelstands und sozialen Absicherung der »Schicht der Ausgeschlossenen« deutlich von der SPD ab. Als **Spitzenkandidat** schickte der Parteitag den amtierenden Außenminister Joschka Fischer ins Rennen.

▪ **NPD:** Bundesweite Beachtung fand der 9,2 %-**Wahlerfolg bei der Landtagswahl** in → Sachsen am 19. 9. 2004. Entgegen ersten Befürchtungen blieb die rechtsradikale Partei bei den Wahlen in → Schleswig-Holstein und in → Nordrhein-Westfalen mit 1,9 bzw. 0,9 % jedoch weiterhin nahezu bedeutungslos. Der Verfassungsschutzbericht des Bundesinnenministers verzeichnete für 2004 knapp 24 000 Mitglieder rechter Parteien, davon gehörten 5300 zur NPD.

▪ **Linksparteien:** Die Ergebnisse der Landtagswahlen in → Sachsen (23,6 %) und in → Brandenburg (28 %) bestätigten mit deutlichen Stimmengewinnen die **PDS als zweite politische Kraft** in den ostdeutschen Bundesländern. Im Westen hingegen fand die Partei weiterhin keine Resonanz, wie die Wahlen in → Schleswig-Holstein (0,8 %) und → Nordrhein-Westfalen (0,9 %) zeigten. Die Vorverlegung der Bundestagswahl gab den Anstoß, sich kurzfristig mit der **Wahlalternative Arbeit und soziale Gerechtigkeit (WAsG)** zu verbünden. Diese Partei war, vorbereitet durch eine Initiative von SPD-Abweichlern und Gewerkschaftern, am 22. 1. 2005 in Göttingen gegründet worden, um der Linksopposition eine neue politische Heimat zu bieten. Bei der ersten Landtagswahl, zu der sie in Nordrhein-Westfalen am 22. 5. 2005 antrat, verbuchte sie 2,2 % der Wählerstimmen.

Um den WAsG-Akzent zur Geltung zu bringen und die Akzeptanz der Partei im Westen zu erhöhen, nahm die PDS den neuen Namen **»Linkspartei«** an und öffnete ihre Wahllisten für Kandidaten der WAsG, die auf einen eigenen Auftritt zur Bundestagswahl verzichtete. Der Bundesparteitag der WAsG billigte die Kooperation am 3. 7. Für die PDS entschied abschließend ein Parteitag in Berlin am 17. 7. Die Erfolgsaussichten der »Linkspartei« zur Bundestagswahl, die nach Meinungsumfragen Anfang Juli auf einen Wählerzuspruch von 11 % kam, gründete sich maßgeblich auf die Mitarbeit der populären Spitzenpolitiker **Gregor Gysi** (PDS) und **Oskar Lafontaine**.

HAUSHALTS- UND FINANZPOLITIK

- **Steuerreform:** Am 1. 1. 2005 trat die **dritte Stufe der** von der rot-grünen Regierungskoalition durchgesetzten **Steuerreform** in Kraft. Damit sank der Eingangssteuersatz von 16 auf 15 % und der Spitzensteuersatz von 45 auf 42 %.
- **Steueramnestie:** Die mit dem ersten Quartal 2005 beendete Steueramnestie brachte Bund, Ländern und Kommunen rd. 1,5 Mrd. € ein. Bei In-Kraft-Treten des Steuerehrlichkeitsgesetzes am 1. 1. 2004 hatte der Bundesfinanzminister bei einem erwarteten Rückfluss von 20 Mrd. € illegal im Ausland deponierten Kapitals mit 5 Mrd. € für die öffentlichen Finanzkassen gerechnet.
- **Bundeshaushalt 2004:** Stagnierende Steuereinnahmen und in der Höhe nicht erwartete Mindereinnahmen aus der Mineralöl- und der Tabaksteuer im Volumen von rd. 1,5 Mrd. € sowie die Einnahmeausfälle aus der immer noch nicht angelaufenen LKW-Maut (→ unten) zwangen Bundesfinanzminister Hans Eichel am 6. 10. 2004 zur **Vorlage eines Nachtragshaushalts für 2004**. Dieser sieht eine Nettokreditaufnahme in der Rekordhöhe von 43,7 Mrd. € vor, um 14,2 Mrd. € höher als ursprünglich angesetzt. Da die Kreditaufnahme die Investitionen um 19,1 Mrd. € übersteigt, erklärte Eichel, um den Haushalt nach Artikel 115 GG verfassungsrechtlich zu legitimieren, das gesamtwirtschaftliche Gleichgewicht für gestört. Die **Oppositionsfraktionen** reichten Mitte Dezember **beim Bundesverfassungsgericht Klage** gegen den Bundeshaushalt 2004 ein.
- **Bundeshaushalt 2005:** Angesichts der schwachen Entwicklung der Binnenkonjunktur hatte Eichel schon bei der Einbringung des Haushaltsentwurfs 2005 in den Bundestag neue Sparmaßnahmen zur Begrenzung des Haushaltsdefizits abgelehnt. Den Haushalt für 2005 (→ Tabelle S. 151) verabschiedete der Bundestag am 26. 11. 2004.

ARBEITS- UND SOZIALPOLITIK

- **Arbeitsmarktreform – »Hartz IV«:** Als letzter Teil des arbeitsmarktpolitischen Segments des im März 2003 von Bundeskanzler Schröder verkündeten Reformprogramms »Agenda 2010« (→ WA 2005, S. 140 f.) passierte das **Vierte Gesetz für moderne Dienstleistungen am Arbeitsmarkt (»Hartz IV«)** nach langwierigen Kontroversen am 9. 7. 2004 den Bundesrat. Vier östliche Bundesländer stimmten dabei gegen das Gesetz, die beiden SPD-geführten (Mecklenburg-Vorpommern und Berlin) enthielten sich der Stimme. »Hartz IV« trat mit halbjähriger Verspätung **am 1. 1. 2005 in Kraft**. Unter dem Motto »Fördern und Fordern« soll es vor allem der Wiedereingliederung von Langzeitarbeitslosen in den Arbeitsmarkt dienen. Für solche wurden Arbeitslosenhilfe und Sozialhilfe zum Arbeitslosengeld II (ALG II) zusammengelegt. Der Regelgrundbetrag liegt bei 345 € in den alten und 331 € in den neuen Bundesländern, die Kosten für eine angemessene Wohnung und Heizung werden erstattet. Für ALG II-Empfänger gilt generell jede nicht sittenwidrige Arbeit als zumutbar; ihre Ablehnung führt zu Leistungskürzungen.

Neben organisatorischen Problemen und administrativen Defiziten zeichneten sich im ersten Halbjahr Schwierigkeiten bei der Umsetzung des Konzepts ab:

- Die Aufteilung der Zuständigkeit für Langzeitarbeitslose – auf 356 Arbeitsgemeinschaften von Arbeitsagenturen und Kommunen, 69 allein verantwortliche »Optionskommunen« und 19 Dependancen der Bundesagentur für Arbeit (BA) – führte in vielen Fällen nicht zu der erhofften Effizienzsteigerung.
- Die Kommunen nutzten in weitaus größerem Maße als erwartet die Möglichkeit, die von ihnen bisher unterstützten Sozialhilfeempfänger in ALG II-Empfänger umzuwidmen, die von der BA finanziert werden (→ Tabelle).

Deutschland
Rückgang der Sozialhilfeempfänger durch »Hartz IV«

Stadt	31. 12. 2004	31. 1. 2005
Aachen	14 [illegible]03	1 022
Bremen	45 834	3 633
Cottbus	3 384	51
Düsseldorf	29 769	1 095
Frankfurt a. M.	42 005	2 359
Fürth	3 955	80
Herne	7 979	121
Hildesheim	7 931	279
Jena	3 401	33
Kiel	20 879	514
Köln	65 014	2 297
Leipzig	38 886	2 870
Leverkusen	[illegible] 432	50
Mainz	[illegible] 216	440
München	4[illegible] 495	2 482
Münster	10 888	400
Offenbach a. M.	10 632	200
Rostock	10 932	230
Trier	3 936	62
Wolfsburg	3 575	67
Wuppertal	26 889	815
Würzburg	3 479	143

Quelle: Bundesregierung 2005

- Statistische Annahmen zur Sozialstruktur der Klienten erwiesen sich in gravierenden Punkten als falsch: Statt jeden vierten Antragsteller auf ALG II ablehnen zu können, weil er auf das zu verzehrende Vermögen zu verweisen war, traf dies nur für jeden siebten zu.
- Auch bedingt durch die ausbleibende Entlastung auf dem Arbeitsmarkt (Arbeitslosenzahl im 1. Quartal 2005: 5,14 Mio.) lag die Zahl der Empfänger von ALG II im Frühjahr 2005 um 800 000 Personen höher als von der Regierung im Juni 2004 veranschlagt. Statt der für den »Hartz IV«-Komplex für 2005 angesetzten Haushaltsausgaben von 14,6 Mrd. € war auf der Basis des ersten Quartals hochgerechnet für das ganze Jahr eine Steigerung auf 23,6 Mrd. € zu erwarten.
- Erhebliche soziale Härten und Unausgewogenheiten der Reform, die vor allem jene treffen, die auf dem Arbeitsmarkt kaum Chancen haben, sorgten für verbreiteten Unmut. Nach der Verabschiedung des Gesetzes fanden im August und September 2004 wieder wöchentliche »Montagsdemonstrationen« gegen »Hartz IV« in mehreren Städten mit zeitweise insgesamt rd. 40 000 Teilnehmern statt (→ WA 2005, S. 141).

Den Empfehlungen des Ombudsrats, der Anlaufstelle für Hartz-IV-Beschwerden, folgend kündigte Wirtschafts- und Arbeitsminister Wolfgang Clement Ende Juni 2005 mehrere **Korrekturen im »Hartz IV«-Komplex** an. Insbesondere soll das ALG II in Ostdeutschland dem Westniveau angeglichen werden. Als erste Maßnahme billigte der Bundesrat am 8. 7. die Erweiterung der Hinzuverdienstmöglichkeit für Langzeitarbeitslose.

Probleme der Umsetzung, Ineffizienz oder unerwartete Kostensteigerungen ergaben sich **auch in anderen Segmenten** (»Hartz I« bis »Hartz III«) der unter der »Agenda 2010« eingeleiteten und schon Ende 2003 bzw. 2004 in Kraft getretenen Arbeitsmarktreformen. Insbesondere erfüllte sich nur in geringem Maße die Hoffnung, durch die Neuorganisation der Arbeitsvermittlung und erhöhten Druck auf Arbeitslose, Arbeitsmöglichkeiten jeder Art wahrzunehmen, mehr Menschen wieder zu vollwertigen Arbeitsplätzen zu verhelfen. Die Zahl der geförderten sog. **Mini-Jobs** stieg bis Ende 2004 auf rd. 4,9 Mio., rd. 350 000 mehr als ein Jahr zuvor. Eine zunehmende Gesamtbeschäftigung ergab sich daraus aber kaum, weil vielfach reguläre Teilzeit- und Vollzeitstellen verdrängt wurden. Der numerische Erfolg der Einführung von sog. **Ich-AGs** – die Existenzgründerhilfe nahmen bis Mitte 2005 236 000 Personen in Anspruch – relativierte sich durch den Rückfall von mehr als der Hälfte der Geförderten in die Arbeitslosigkeit. Zugleich verdoppelten sich die Kosten für dieses arbeitsmarktpolitische Modul auf rd. 1,45 Mrd. € in 2005. Um Missbrauch zu verhindern, beschloss das Parlament am 29. 9./15. 10. 2004 strengere Fördervoraussetzungen, die Anfang 2005 in Kraft traten. Als Fehlschlag wurde weitgehend die Einrichtung der rd. 850 **Personal-Service-Agenturen** (PSA) gewertet, die schwer vermittelbare Arbeitslose unter Vertrag nehmen und sie, von der BA mitfinanziert, an Unternehmen ausleihen. Seit 2003 fanden auf diese Weise rd. 25 000 Personen eine Beschäftigung. Die Kosten für das Projekt beliefen sich auf rd. 580 Mio. €.

- **Pflege-, Gesundheits-, Rentenreform:** Der Bundestag überwand am 26. 11. 2004 mit Kanzlermehrheit den Einspruch des Bundesrats gegen die Anhebung des Beitragssatzes zur **Pflegeversicherung für Kinderlose** um 0,25 % des Bruttolohns. Der Gesetzgeber erfüllte damit eine Vorgabe des Bundesverfassungsgerichts, Familien in der Pflegeversicherung besser zu stellen. Die Beitragserhöhung trat zum 1. 1. 2005 in Kraft und gilt für kinderlose Arbeitnehmer ab 23 Jahre. Ausgenommen sind Versicherte, die vor 1940 geboren sind und Empfänger des ALG II.

Gleichermaßen beschloss der Bundestag am 5. 11. 2004 gegen den Widerstand des Bundesrates und der Opposition **Sonderbeiträge für Zahnersatz und Krankengeld** ab 1. 7. 2005 (0,4 % bzw. 0,5 % des Bruttolohns).

Anfang 2005 trat das am 16. 6. 2004 vom Bundestag beschlossene Renten-Nachhaltigkeits-Gesetz in Kraft. Der sog. **Nachhaltigkeitsfaktor in der Rentenformel** besagt, dass sich mit steigender Anzahl der Rentenempfänger die jährliche Rentenerhöhung reduziert, sie sich mit steigender Anzahl der Beitragszahler aber erhöhen kann. Bis dahin soll das Nettorentenniveau eines »Standardrentners« nicht unter 46 % des durchschnittlichen Bruttoeinkommens liegen. 2004 lag es bei 53 %, bezogen auf rd. 30 000 €.

Am 1. 1. 2005 trat auch das vom Bundesverfassungsgericht im März 2003 geforderte **Alterseinkünftegesetz** zur einheitlichen Besteuerung von Renten und Beamtenpensionen in Kraft. Stufenweise bis 2040 werden Renten stärker besteuert, im Gegenzug die Beiträge zur gesetzlichen Rentenversicherung schrittweise steuerfrei gestellt. Ab 2040 sind alle Altersbezüge, abzüglich der Freibeträge, steuerpflichtig.

- **Ausländerpolitik:** Am 1. 1. 2005 trat das **Zuwanderungs- und Integrationsgesetz** in Kraft. Es war nach vierjährigen innenpolitischen Auseinandersetzungen im Juli 2004 angenommen worden (→ WA 2005, S. 145). Es regelt Einreise, Aufenthalt und Integration von Ausländern und enthält Regelungen zum Schutz vor der Gefährdung der inneren Sicherheit.

Unter dem Motto »Hand in Hand für Frieden und gegen Terror« **demonstrierten** am 21. 11. 2004 in Köln etwa **25 000 Menschen**, vorwiegend Muslime, ihre **Ablehnung des islamistischen Terrorismus**. Zu der Manifestation hatte die Türkisch-Islamische Union (DITIB) aufgerufen. Sie ist die wichtigste religiöse Vereinigung der Türken in Deutschland.

UMWELT- UND VERKEHRSPOLITIK

- **Klimaschutz:** Zur Umsetzung der Verpflichtungen aus dem Kyoto-Protokoll – bis 2012 will Deutschland die Treibhausgasemissionen um 21 % reduzieren (bezogen auf das Niveau von 1990) – gelten auch in Deutschland seit Anfang 2005 die EU-einheitlichen Regeln für den **Handel mit Emissionszertifikaten** (→ Kap. Umwelt). Nach EU-Vorgaben dürfen deutsche Unternehmen in den kommenden drei Jahren insgesamt 1485 Mio. Tonnen Kohlendioxyd (CO_2; 495 Mio. Tonnen pro Jahr) ausstoßen. Diese Menge entspricht den Emissionsrechtezertifikaten, die von der Deutschen Emissionshandelsstelle (DEHST) des Umweltbundesamtes nach einem Zuteilungsschlüssel an 1849 betroffene Anlagen ausgegeben wurden.

▪ **Gentechnik-Gesetze:** Am 3. 2. 2005 trat das mit Kanzlermehrheit verabschiedete Gentechnikgesetz in Kraft. In überfälliger Umsetzung von EU-Richtlinien regelt es das **Nebeneinander von gentechnisch veränderten und herkömmlichen Nutzpflanzen** in der Landwirtschaft. Zentraler Gegenstand ist die stark umstrittene Einführung des Verursacherprinzips im Fall von Schäden oder der unerwünschten gentechnischen Verunreinigung von Nachbaräckern.

Am 28. 2. 2005 trat das von Koalition und CDU/CSU-Fraktion gemeinsam verabschiedete **Biopatentgesetz** in Kraft. Es schränkt den Patentanspruch auf menschliche Gene deutlich ein und verbietet ein Patent zum Klonen menschlicher Lebewesen sowie die kommerzielle und industrielle Verwendung menschlicher Embryonen.

▪ **Feinstaub-Belastung:** Nach Versäumnissen, Maßnahmen zur Reinhaltung der Luft zu ergreifen, verpflichtete das Verwaltungsgericht Stuttgart am 31. 5. 2005 auf Antrag von zwei Bürgern der Stadt das Land Baden-Württemberg zur Erstellung eines Aktionsplans. Schon am 13. 3. hatte die Feinstaubbelastung in Stuttgart zum 36. Mal über dem Wert gelegen, der nach der **seit Anfang des Jahres geltenden EU-Norm** (50 Mikrogramm Feinstaub pro Kubikmeter Luft) im ganzen Jahr maximal nur 35 Mal überschritten werden darf. Auch in weiteren Städten mit ähnlichen Verhältnissen (u. a. München, Düsseldorf, Berlin) waren Klagen von Bürgern bei Gericht eingegangen (→ Kap. Umwelt).

▪ **Lkw-Maut:** Das Bundesamt für Güterverkehr (BAG) erteilte am 15. 12. 2004 die vorläufige Betriebserlaubnis für das satellitengestützte Mautsystem (→ WA 2005, S. 146). Nach drei Verschiebungen des Anlauftermins und 16 Monaten Verspätung **startete es am 1. 1. 2005** in einer technisch »abgespeckten« Version (→ Foto). Ab Anfang 2006 will das Betreiberkonsortium Toll Collect alle vertraglich zugesagten Systemanforderungen erfüllen. Auf allen Bundesautobahnen (BAB) gilt eine streckenbezogene Maut für in- und ausländische Lastkraftwagen ab zwölf Tonnen zulässigem Gesamtgewicht. Die Maut beträgt je nach Größe und Achszahl zwischen 9 und 14 Cent pro Kilometer. Der Bund erwartete für 2005 Einnahmen von 3 Mrd. €. Abzüglich der Betriebskosten verbleiben für Investitionen in die Verkehrsinfrastruktur 2,4 Mrd. €. Davon sollen 1,2 Mrd. € in die Bundesfernstraßen fließen, 910 Mio. € in das Schienennetz und 290 Mio. € in Wasserstraßen.

INNERE SICHERHEIT, TERRORABWEHR

▪ **Bedrohungslage:** Bei der Vorstellung des Verfassungsschutzberichtes für 2004 in Berlin am 17. 5. 2005 bezeichnete Bundesinnenminister Otto Schily (SPD) den **islamistischen Terrorismus als die weiterhin größte Gefahr** für die innere Sicherheit Deutschlands. Derzeit würden bundesweit 171 Ermittlungsverfahren mit einem solchen Hintergrund geführt. Ausländischen Extremisten wurden 2004 461 Straftaten, darunter 61 Gewalttaten zugeschrieben (2003: 1473 bzw. 88). Die Zahl der Mitglieder und Anhänger islamistischer Organisationen stieg um rd. 1000 auf 318 000 an, das entspricht etwa einem Prozent der in Deutschland lebenden Muslime.

▪ **Antiterrormaßnahmen:** Zur Bekämpfung des islamistischen Terrorismus vereinbarte die Innenministerkonferenz des Bundes und der Länder am 7. 7. 2004 die Einführung einer zentralen Datenbank. Die sog. **Islamistendatei bzw. Anti-Terror-Datei** sollte beim Bundesamt für Verfassungsschutz eingerichtet werden und Informationen der Verfassungsschutzämter, des Bundesnachrichtendienstes und der Polizei zum islamischen Extremismus bündeln und bereitstellen. Wegen datenschutzrechtlicher Bedenken lehnte der Bundestag den vom Bundesrat eingebrachten Gesetzentwurf am 30. 6. 2005 mit den Stimmen der Regierungskoalition und der FDP ab.

Am 11. 5. 2005 legte Innenminister Schily dem Bundeskabinett einen **Überprüfungsbericht zu den Antiterrorismusgesetzen** vor, die seit 2001 aufgelegt wurden. Befürchtungen von Kritikern, sie könnten in einen Überwachungsstaat führen, hätten sich nicht bewahrheitet. Schily kündigte Initiativen an, die bis 2007 befristete Geltungsdauer der Gesetze unbefristet zu verlängern und sie darüber hinaus um ein drittes Paket von Maßnahmen zur Terrorabwehr zu ergänzen.

Mit ernsten Bedenken unterzeichnete Bundespräsident Köhler am 12. 1. 2005 das **Luftsicherheitsgesetz**. Es ermächtigt den Bundesverteidigungsminister, im äußersten Notfall ein Passagierflugzeug abschießen zu lassen, wenn es von Terroristen als Waffe eingesetzt wird (→WA 2005, S. 144). Der Bundestag beschloss das Gesetz mit Kanzlermehrheit am 24. 9. 2004 gegen den Einspruch des Bundesrats. Die Opposition hielt

Lastwagenfahrer in einer Maut-Station

eine Grundgesetzänderung zur Legitimation von Einsätzen der Bundeswehr zur Terrorabwehr für erforderlich. Von verschiedenen Seiten wurde nach In-Kraft-Treten des Gesetzes Beschwerde beim Bundesverfassungsgericht eingelegt.

- **Reisepass:** Der Bundesrat billigte am 8. 7. 2005 die Verordnung der Bundesregierung zur Einführung eines neuen Reisepasses **mit biometrischen Merkmalen.** Seine Einführung war vom Bundestag mit dem Terrorismusbekämpfungsgesetz vom Januar 2002 beschlossen worden. Die Ausgabe des Dokuments, das den Bürger 59 € kosten wird, soll am 1. 11. 2005 begonnen werden. Damit wurde eine internationale Vereinbarung umgesetzt, die Sicherheit des Reiseverkehrs durch Einführung biometrischer Daten in Pässe zu erhöhen. Die Datenschutzbeauftragten gaben zu bedenken, dass die Risiken der Technik nicht ausreichend geprüft worden seien.

- **Prozess zum islamistischen Terrorismus:** Das Hanseatische Oberlandesgericht Hamburg rollte am 10. 8. 2004 den Prozess gegen den Marokkaner **Mounir al-Motassadek** wegen Beihilfe zu den Terroranschlägen vom 11. 9. 2001 in den USA wieder auf. Der Freispruch seines Landsmannes **Abdelghani Mzoudi** in gleicher Sache durch das Hamburger Gericht erhielt am 9. 6. 2005 Rechtskraft, als der Bundesgerichtshof die Revision der Bundesanwaltschaft zurückwies (zu beiden Fällen → WA 2005, S. 144). Mzoudi reiste am 20. 6. 2005 in seine Heimat aus.
- **Prozess zum Rechtsterrorismus:** Das Brandenburgische Oberlandesgericht in Potsdam verurteilte am 7. 3. 2005 zwölf Jugendliche u. a. wegen **Mitgliedschaft in einer terroristischen Vereinigung.** Der Hauptangeklagte erhielt eine Haftstrafe von viereinhalb Jahren, die anderen nach Jugendstrafrecht Bewährungsstrafen zwischen 8 und 24 Monaten. Sie hatten die rechtsextremistische Gruppe »Freicorps« gegründet und zahlreiche Brandanschläge auf Geschäfte von Zuwanderern verübt.
- **Großer Lauschangriff:** Nach Einigung der Regierungskoalition mit den Unionsparteien auf eine Neuregelung der Vorschriften zum sog. Großen Lauschangriff (→ WA 2005, S. 147) passierte die Gesetzesnovelle Mitte Juni 2005 beide Häuser des Parlaments. Damit können die Ermittlungsbehörden **zur Verfolgung der organisierten Kriminalität und schwerer Straftaten** Wohn- und Geschäftsräume auch weiterhin akustisch überwachen. Der Katalog der Straftatbestände, die dies erlauben, wurde ausgeweitet, u. a. auf schwere gemeinschaftliche Sexualdelikte. Wenn beim Abhören der »Kernbereich privater Lebensgestaltung« betroffen wird, sind die Abhörgeräte umgehend abzuschalten.
- **Versammlungsrecht:** Am 11. und 18. 3. 2005 verabschiedeten beide Häuser des Parlaments ein neues Versammlungsrecht, sodass es am 1. 4., rechtzeitig vor den Gedenkterminen zum Ende des Zweiten Weltkriegs, in Kraft treten konnte. Versammlungen an historisch bedeutenden Gedenkstätten – etwa in ehemaligen Konzentrationslagern – können verboten werden, wenn die Würde von Opfern nationalsozialistischer Gewalt beeinträchtigt wird. Ausdrücklich im Gesetz genannt ist das Holocaust-Mahnmal in Berlin (→Karte). Die Länder können weitere zu schützende Orte per Gesetz bestimmen.

BILDUNGS- UND KULTURPOLITIK

- **Kultusbürokratie:** Die niedersächsische Landesregierung beschloss am 5. 10. 2004 die **Kündigung des Vertrags zur Kultusministerkonferenz (KMK)** zum Jahresende 2005. Die KMK ist als gemeinsame Einrichtung der Bundesländer das zentrale Gremium der deutschen Bildungs- und Kulturpolitik. Der Ausstieg eines Partners hätte der KMK insgesamt die Grundlage entzogen. Ministerpräsident Christian Wulff (CDU) begründete den Schritt mit der **Absicht, Reformen in Gang zu setzen.** Die KMK sei zu teuer, zu bürokratisch und zu wenig innovativ. Am 15./16. 12. beschloss die Ministerpräsidentenkonferenz, an der KMK festhalten zu wollen, ihren Kostenaufwand aber drastisch zu reduzieren. Die Kündigung des KMK-Vertrags durch Niedersachsen hatte sich damit faktisch erledigt.

Die Ministerpräsidentenkonferenz vom 8. 10. 2004 beschloss, die umstrittene **Rechtschreibreform am 1. 8. 2005** in wesentlichen Teilen in Kraft treten zu lassen (→ Kap. Kultur). Bayern und Nordrhein-Westfalen nahmen davon Mitte Juli wieder Abstand.

Am 10. 5. 2005 wurde in Berlin das **»Denkmal für die ermordeten Juden Europas« (Holocaust-Mahnmal)** mit einem Staatsakt der Öffentlichkeit übergeben. Der Vorsitzende des Stiftungskuratoriums, Bundestagspräsident Wolfgang Thierse (SPD), bezeichnete in seiner Eröffnungsrede das von dem Architekten Peter Eisenman geschaffene Monument als ein nationales Symbol im Zentrum der deutschen Hauptstadt für die Unfassbarkeit des entsetzlichsten Verbrechens (→ Kap. Kultur).

- **Hochschulen:** Eine mit Unterstützung der Unionspar-

Deutschland: Studiengebühren

ab dem 1. Semester

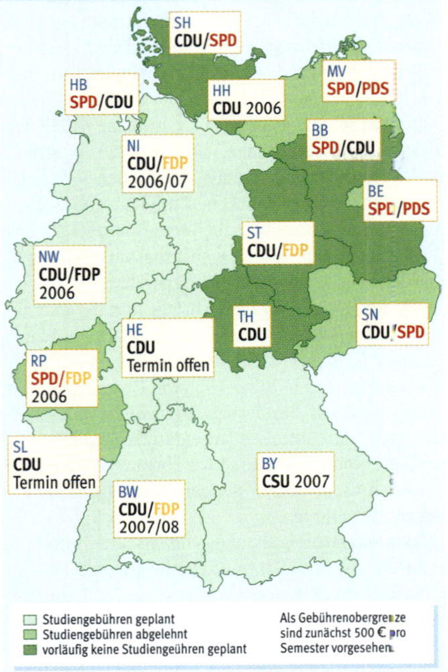

Quelle: Süddeutsche Zeitung, Landesregierungen 2005

teien verabschiedete, Anfang September 2004 in Kraft getretene Novelle des Hochschulrahmengesetzes **stärkte die Autonomie der Hochschulen**. Sie können 60 % der Studienanfänger in zulassungsbeschränkten Fächern selbst aussuchen. 40 % werden weiterhin über die Dortmunder Zentralstelle für die Vergabe von Studienplätzen (ZVS) auf die Universitäten nach Abiturnote (20 %) bzw. Warteliste (20 %) verteilt.

Das Bundesverfassungsgericht erklärte am 27. 7. 2004 die Einführung der **Juniorprofessur** für **verfassungswidrig**, weil der Bund damit die Zuständigkeit der Länder für das Hochschulwesen verletze. Für rd. 1000 als Juniorprofessoren befristet angestellte Wissenschaftler musste eine neue Regelung gefunden werden (→ Kap. Kultur).

Am 26. 1. 2005 setzten sich sechs unionsgeführte Bundesländer mit dem Antrag durch, die 2002 im Hochschulrahmengesetz vorgenommene Festschreibung der **Gebührenfreiheit für das Erststudium aufzuheben**. Mehrere Bundesländer begannen umgehend mit Vorbereitungen zur Einführung von Studiengebühren (→ Karte u. Kap. Kultur).

AFFÄREN

▪ **CDU-Schwarzgeld-Affäre:** Das Bundesverfassungsgericht bestätigte am 16. 9. 2004 die von Bundestagspräsident Wolfgang Thierse im Jahr 2000 verhängte Sanktion gegen die CDU-Bundespartei, **21,1 Mio. € an Staatszuschüssen an die Bundestagsverwaltung zurückzuzahlen**. Grundlage für diese Forderung war die gesetzwidrige Unterlassung des hessischen Landesverbandes, in seinem Rechenschaftsbericht für 1998 Vermögen von mehr als 9 Mio. € auszuweisen. Die Aufdeckung der schwarzen Kassen löste Anfang 2000 einen Skandal aus (→ WA 2001, Sp. 259–60).

In dieser Angelegenheit verurteilte das Landgericht Wiesbaden am 18. 4. 2005 den ehemaligen Bundesinnenminister Kanther wegen Untreue zu Lasten der CDU zu 18 Monaten Haft auf Bewährung und einer Geldstrafe von 25 000 €. Der ehemalige CDU-Finanzberater Horst Weyrauch wurde wegen Beihilfe zur Untreue zu einer Geldstrafe von 61 200 € verurteilt.

Der Bundestagspräsident gab am 22. 12. 2004 die Verhängung einer weiteren Strafzahlung gegen die CDU in Höhe von rd. 511 000 € wegen illegaler Parteienfinanzierung bekannt. Der hessische Landesverband hatte in den 1990er Jahren mehrere Großspenden des Süßwarenherstellers Ferrero angenommen, diese aber nicht im Rechenschaftsbericht ausgewiesen.

▪ **Visa-Affäre:** Am 17. 12. 2004 beschloss der Bundestag auf Antrag der Opposition die Einsetzung eines **Parlamentarischen Untersuchungsausschusses** zu der Frage, ob die Bundesregierung mit der Praxis der Visavergabe **zum massenhaften Erschleichen von Einreiseerlaubnissen vor allem aus Osteuropa** beigetragen hat. Anlass hierzu hatte der Ausgang des Prozesses gegen einen aus der Ukraine stammenden Schleuser vor dem Kölner Landgericht am 9. 2. 2004 gegeben. Der Richter hatte bei der Strafzumessung mildernde Umstände anerkannt, weil das Auswärtige Amt dem Täter durch »schweres Fehlverhalten« Vorschub geleistet habe.
Im Zentrum der Verhandlungen des Untersuchungsausschusses stand ein von Außenminister Joschka Fischer unterzeichneter **Erlass vom 3. 3. 2000** (zunächst als »Volmer-Erlass« bezeichnet), der den Ermessensspielraum der deutschen Vertretungen im Ausland bei der Ausstellung von Touristenvisa erweiterte. In bestimmten Fällen sollten sie **»im Zweifel für die Reisefreiheit«** entscheiden. Die schon seit 1995 auf Grund von Reiseerleichterungen stark erhöhte Zahl der in Osteuropa ausgestellten Visa für Deutschland stieg seit 2000 sprunghaft an, für Ukrainer verdoppelte sie sich von 1999 bis 2001 auf 297 000. Vorschub für den massenhaften Missbrauch der Einreiseerleichterungen insbesondere durch Schleuser leistete vor allem das Reisebüroverfahren und die Anerkennung von Reiseschutzpässen mehrerer Versicherungsunternehmen als Ersatz für eine eingehendere Überprüfung des Antragstellers, seiner Reisemotive und Rückkehrwilligkeit (die beiden Verfahren wurden in Kiew im Oktober 2001 bzw. Juni 2002 eingestellt). Der frühere Staatsminister im Auswärtigen Amt Ludger Volmer verteidigte vor dem Untersuchungsausschuss in der ersten live übertragenen Zeugenbefragung des deutschen Parlamentarismus den umstrittenen Erlass am 21. 4.

Außenminister Fischer am 25. 4. 2005 vor dem Visa-Untersuchungsausschuss

2005 als korrekt und von seiner Intention her bürgerfreundlich und freiheitsfördernd. **Außenminister Fischer räumte** bei seiner Vernehmung am 25. 4. (Foto) **eigene Fehler und Fehler seines Amtes ein** und warf der Opposition zugleich vor, mit der »Skandalisierung« der Visa-Versäumnisse außenpolitischen Schaden anzurichten. Am 16. 7. 2005 betonte Innenminister Otto Schily vor dem Ausschuss, dass die Polizeibehörden der Länder ihm trotz der kritisierten Visa-Politik keine markante Zunahme der Kriminalität gemeldet hätten.

▪ **Abgeordneten-Nebeneinkünfte:** Den Rücktritten auf Grund von irregulären oder nicht angezeigten Nebengehältern im Dezember 2004 der prominenten CDU-Politiker **Hermann-Josef Arentz** und **Laurenz Meyer** folgten am 14. 1. 2005 die Mandatsniederlegung des SPD-Bundestagsabgeordneten **Jann-Peter Janssen** und am 24. 1. der Ämterverzicht von **Ulrike Flach** (FDP). Janssen, ein früherer Betriebsrat im VW-Konzern, hatte nach Angaben des Unternehmens bis 2004 auf der Gehaltsliste gestanden, obwohl er seit seiner Wahl in den Bundestag 1994 nicht mehr beschäftigt war.

VW hatte am 13. 1. die **Namen von fünf weiteren SPD-Politikern** bekannt gegeben, die nach ihrem Wechsel in die Parlamente weiterhin das volle Gehalt ausgezahlt bekamen, unter ihnen auch der SPD-Bundestagsabgeordnete Hans-Jürgen Uhl sowie zwei Parlamentarier im Landtag von Niedersachsen. Zugleich teilte das Unternehmen mit, es werde die seit 1990 geübte parteiübergreifende Praxis der weiteren Entlohnung von Mitarbeitern, die in die Politik gegangen sind, beenden. Im Sog einer weiteren Affäre um Finanzierungspraktiken der Betriebsratsarbeit traten am 30. 6. der Gesamtbetriebsratsvorsitzende und am 8. 7. 2005 der Personalvorstand Peter Hartz von ihren Ämtern zurück.

Vorwürfe, seine politische und berufliche Arbeit verquickt zu haben, als er Staatsminister im Auswärtigen Amt war, gaben dem außenpolitischen Sprecher der Grünen **Ludger Volmer** Anlass, am 12. 2. 2005 seine politischen Ämter, nicht jedoch sein Bundestagsmandat, niederzulegen. Volmer war insbesondere im Zuge der Visa-Affäre unter Druck geraten.

Unter dem Eindruck dieser Vorfälle und der öffentlichen Kritik verabschiedeten Bundestag und Bundesrat am 30. 6./8. 7. 2005 ein **Abgeordnetengesetz**, das mehr Transparenz in die Bezüge von Parlamentariern bringen soll. Bundestagsabgeordnete müssen künftig alle Einkünfte aus Nebentätigkeiten offenlegen. Diese werden in pauschaler Form veröffentlicht. Die Annahme von Zuwendungen ohne Gegenleistung wurde verboten.

▪ **Pfahls-Prozess:** Der ehemalige Staatsekretär im Bundesverteidigungsministerium, Ludwig-Holger Pfahls, gab am 28. 6. 2005 vor Gericht zu, u. a. im Zusammenhang mit Rüstungsgeschäften Anfang der 1990er Jahre 873 000 DM (rd. 446 000 €) von dem Rüstungslobbyisten Karlheinz Schreiber erhalten zu haben; insgesamt bezifferte die Anklage seine Einkünfte mit 3,8 Mio. DM (1,94 Mio. €), auf die er nur treuhänderischen Zugriff eingestand.

Weitere Affären: Döring-Affäre → Baden-Württemberg; Hohlmeier-Affäre → Bayern.

URTEILE

▪ **Alteigentümer- und DDR-Neusiedler-Urteile:** Für frühere Grundbesitzer, deren Ländereien in der damaligen Sowjetischen Besatzungszone zwischen 1945 und 1949 enteignet wurden, besteht **kein Anspruch auf Rückgabe**. Das Bundesverfassungsgericht wies am 1. 12. 2004 mehrere Verfassungsbeschwerden ab, in denen die Kläger ihren Anspruch auf Rückgabe mit der Völkerrechtsrechtwidrigkeit der Enteignungen durch die Sowjetische Militäradministration begründeten. Dagegen befand das Gericht, selbst in diesem Fall habe der deutsche Staat nach der Wiedervereinigung im Zwei-Plus-Vier-Vertrag mit den Siegermächten (1990) auf Rückgabe verzichten dürfen.

Im Verfahren um die entschädigungslose **Enteignung von sog. Bodenreform-Erben** (DDR-Neusiedler) durch ein Gesetz von 1992 gab die Revisionsinstanz des Europäischen Gerichtshofs für Menschenrechte in Straßburg am 30. 6. 2005 dem Einspruch der Bundesregierung gegen das Urteil der Vorinstanz vom 22. 1. 2004 (→ WA 2005, S. 147) statt.

▪ **Folterdrohungs-Urteil:** Das Landgericht Frankfurt verurteilte am 20. 12. 2004 den früheren stellvertretenden Polizeipräsidenten **Wolfgang Daschner** zu einer Geldstrafe von 10 800 €, ausgesetzt auf Bewährung für ein Jahr. Daschner hatte im Entführungs- und Mordfall Jakob von Metzler dem festgenommenen Täter mit Folter drohen lassen, um das Kind zu retten, was zu kontroversen Diskussionen in der Öffentlichkeit führte.

- **Mannesmann-Prozess:** Generalbundesanwalt Kay Nehm legte am 5. 4. 2005 gegen die Freisprüche vom 22. 7. 2004 im Düsseldorfer Prozess gegen sechs ehemalige Mitglieder der Konzernführung der Mannesmann AG **Berufung beim Bundesgerichtshof** ein (→ WA 2005, S. 147).
- **Religionsgemeinschafts-Urteil:** Das Oberverwaltungsgericht in Berlin billigte am 24. 3. 2005 den **Zeugen Jehovas** den Status einer Körperschaft des öffentlichen Rechts zu. Dieser Glaubensgruppe stehen damit gleiche staatliche Privilegien zu wie anderen Religionsgemeinschaften.
- **Politbüro-Prozess:** Im letzten Prozess um Verantwortung für die **Menschenrechtsverletzungen des DDR-Grenzregimes** verurteilte das Berliner Landgericht am 6. 8. 2004 zwei Spitzenpolitiker der DDR, Hans-Joachim Böhme und Siegfried Lorenz, zu Bewährungsstrafen von 15 Monaten Haft. Die beiden ehemaligen Mitglieder des Politbüros der regierenden Sozialistischen Einheitspartei Deutschlands (SED), wurden der Beihilfe zum dreifachen Mord für schuldig befunden. Sie waren zwar an keinem Beschluss zum Schießbefehl beteiligt gewesen, hatten es aber unterlassen, gegen das Unrecht einzuschreiten.
- **Fall Kaplan:** Obwohl beim Bundesverwaltungsgericht noch ein Revisionsverfahren anhängig war (→WA 2005, S. 145), wurde der radikale türkische Islamistenführer Metin Kaplan am 12. 10. 2004 **in die → Türkei abgeschoben**. Das Verwaltungsgericht Köln hatte hierfür grünes Licht gegeben. Am 17. 3. 2005 erhob die Staatsanwaltschaft Stuttgart Anklage gegen 33 Anhänger der verbotenen Organisation »Kalifatstaat«, deren Führer Kaplan gewesen war.
- **Bürgerrechte:** Das **Informationsfreiheitsgesetz** ersetzt das Prinzip des Amtsgeheimnisses durch das Prinzip der Öffentlichkeit der Verwaltung: Der Bürger hat einen grundsätzlichen Anspruch auf Zugang zu amtlichen Informationen des Bundes. Ausnahmeregelungen schützen Amtsgeheimnisse, Sicherheitsinteressen und Interessen Dritter. Vom Bundestag am 3. 6. 2005 mit rot-grüner Mehrheit beschlossen, passierte die Vorlage am 8. 7. den Bundesrat.

UNTERNEHMEN, ÖFFENTLICHER DIENST

- **Stellenabbau:** In den Produktionsstätten der **Adam Opel AG** führte die Ankündigung des in die Verlustzone geratenen weltgrößten US-Autobauers General Motors (GM), in Europa durch Streichung von 12 000 Arbeitsplätze innerhalb von zwei Jahren 1 Mrd. € einsparen zu wollen, im Oktober 2004 zu Protesten der Beschäftigten; die Belegschaft des Bochumer Werks griff zu einem mehrtägigen »wilden Streik«. Am 4. 3. 2005 schlossen Unternehmensführung und Gesamtbetriebsrat einen »Zukunftsvertrag« über eine Bestandsgarantie der Standorte bis 2010, der Gehaltseinbußen für die Belegschaft und eine flexible Handhabung der Arbeitszeit beinhaltet.

VfL-Bochum-Fans demonstrieren am 16. 10. 2004 gegen Stellenabbau bei Opel

Der viertgrößte Baukonzern, die Augsburger **Walter Bau AG**, meldete am 1. 2. 2005 Konkurs an. Betroffen waren 9500 Arbeitsplätze.

Die Anfang Dezember bekundete Absicht des Vorstands der **Deutschen Bank AG**, in den nächsten beiden Jahren die Zahl der weltweit Beschäftigten (65 000) um rd. 6400 und die Stellen im Inland (27 300) um rd. 2000 Beschäftigte zu kürzen, rief in weiten Teilen der Öffentlichkeit Empörung hervor, zumal die Nachricht mit der Bekanntgabe exzellenter wirtschaftlicher Ergebnisse verbunden war: Die Bank steigerte 2004 den Gewinn vor Steuern (4,1 Mrd. €) gegenüber dem Vorjahr um 50 %.

- **Managergehälter:** Ein am 8. 7. 2005 mit Zustimmung der Unionsparteien verabschiedetes Gesetz verpflichtete die Vorstände börsennotierter Aktiengesellschaften, ihre **Gehälter zu veröffentlichen**, wenn dies nicht von 75 % der Aktionäre abgelehnt wird. Der Gesetzgeber nahm damit die öffentliche Kritik auf, die hervorgerufen wurde durch die bekannt gewordene rasante Steigerung von Gehältern einer Reihe von Spitzenkräften in Großunternehmen ungeachtet der Lage des Unternehmens oder der Gesamtwirtschaft. Das Gesetz wurde auf den Weg gebracht, nachdem sich diese Vorgabe des deutschen Corporate Governance Kodex als wenig wirkungsvoll erwiesen hatte.
- **Öffentlicher Dienst:** Bundesinnenminister Otto Schily (SPD) einigte sich am 5. 10. 2004 mit dem Deutschen Beamtenbund und der Gewerkschaft Verdi Anfang Oktober auf Grundzüge einer **Reform des Beamtenrechts**. Kern des Konzepts ist die Umstellung auf eine leistungsbezogene Bezahlung für die rd. 1,7 Mio. Beamten von Bund, Ländern und Kommunen.

Die Einführung einer leistungsbezogenen Bezahlung war gleichfalls eines der Kernelemente der **Tarifreform für rd. 2,1 Mio. Angestellte im öffentlichen Dienst**, die am

9. 2. 2005 zwischen Bund und Kommunen vereinbart wurde. Die Länder übernahmen die Regelungen für ihre rd. 900 000 Beschäftigten zunächst nicht. Zu den weiteren Eckpunkten des Vertrags gehören der Verzicht auf Erhöhung der Tarifgehälter während der drei Jahre Laufzeit des Vertrags (bei einmaligen Jahrespauschalen von 300 €), Kürzung der Sonderzahlungen, Vereinheitlichung der Wochenarbeitszeit auf 39 Stunden, Flexibilisierung der Arbeitszeit sowie Änderungen in der Lohnstruktur.

BUNDESWEHR

▪ **Auslandseinsätze:** Der Bundesrat ließ am 18. 2. 2005 ein **Parlamentsbeteiligungsgesetz** passieren, das der Bundestag am 3. 12. 2005 gegen die Stimmen der Opposition, der die Regelungen nicht weit genug gingen, beschlossen hatte. Danach bedürfen Entsendungen zu Auslandseinsätzen stets der Zustimmung des Bundestags, sie können in Fällen, die keinen Zeitaufschub dulden, jedoch auch unverzüglich nachträglich eingeholt werden. Über kleinere Einsätze kann in einem vereinfachten Verfahren entschieden werden. Der Verlauf der Einsätze, die das Parlament jederzeit widerrufen kann, muss dem Parlament von der Regierung berichtet werden. Mit der Verabschiedung des Gesetzes folgte das Parlament einer Aufforderung des Bundesverfassungsgerichts aus dem Jahre 1994.

Verteidigungsminister Peter Struck räumte am 24. 9. 2004 vor dem Bundestag **Mängel des Bundeswehreinsatzes im Kosovo** während der schweren Unruhen im März des Jahres (→ WA 2005, S. 391) ein. Ein interner Untersuchungsbericht hatte ergeben, dass die Soldaten für eine solche Situation nicht genügend ausgebildet und ausgerüstet waren. Der Bundestag verlängerte den Kosovo-Einsatz am 2. 6. 2005 um ein weiteres Jahr (mit 575 Ja- gegen 7 Nein-Stimmen). Zu dem Zeitpunkt umfasste das deutsche Kontingent als größter nationaler Teil der Friedenstruppe KFOR rd. 2600 Soldaten.

Am 30. 9. 2004 wurde der Einsatz der Bundeswehr mit rd. 2000 Soldaten im Rahmen der **ISAF-Mission in → Afghanistan** um ein weiteres Jahr verlängert. Ende April erklärte sich Verteidigungsminister Struck bereit, den Einsatz der Bundeswehr auf den ganzen Norden des Landes auszudehnen. Am 25. 6. 2004 starben zwei Bundeswehrsoldaten und sechs Afghanen in Kundus bei der Explosion von Munition. Dabei hat es sich um einen Unfall gehandelt.

Am 22. 4. 2005 billigte der Bundestag mit großer Mehrheit die Entsendung von bis zu 75 Bundeswehrsoldaten für den **UN-Friedenseinsatz im → Sudan**. Das Mandat für die Mission bezieht sich auf unbewaffnete Beobachtungsaufgaben vorläufig außerhalb der Bürgerkriegsregion Darfur und gilt zunächst für sechs Monate.

▪ **Wehrbeauftragter:** Der scheidende Wehrbeauftragte des Bundestags, Willfried Penner (SPD), stellte in seinem letzten Bericht, den er am 15. 3. 2005 vorstellte, fest, in der Schere zwischen den wachsenden Aufgaben und der Einschränkung ihres Budgets **sei die Bundeswehr an ihre Belastungsgrenzen geraten**. Die Zahl der bei ihm eingereichten Beschwerden von Bundeswehrangehörigen stieg 2004 leicht auf 6154 Vorgänge an. Bei der Wahl des neuen Wehrbeauftragten durch den Bundestag am 14. 4. 2005 setzte sich der SPD-Abgeordnete **Reinhold Robbe** in einer Kampfabstimmung durch. Die Nominierung des früheren Kriegsdienstverweigerers hatte Aufsehen erregt.

▪ **Rüstung:** Der Haushaltsausschuss bewilligte am 20. 4. 2005 die anteiligen Mittel für die Entwicklung des umstrittenen multinationalen **Raketenabwehrsystems MEADS** in Höhe von 834 Mio. € bis 2012. Die Kosten für die anschließende Beschaffung von 12 Batterien werden auf 2,85 Mrd. € geschätzt. Die Grünen stimmten dem Projekt nach längeren Widerstand im Interesse des Koalitionsfriedens und der Beziehungen zu den USA schließlich zu.

▪ **Gewissensfreiheit:** Das Bundesverwaltungsgericht billigte in einer Entscheidung vom 22. 6. 2005 die Befehlsverweigerung eines Soldaten aus Gewissensgründen. Ein Major hatte Einspruch gegen seine Maßregelung durch das Truppendienstgericht eingelegt. Er wurde zum Hauptmann herabgestuft, nachdem er sich aus Gewissensgründe im April 2003 geweigert hatte, an einem militärischen Computerprogramm zu arbeiten, das seiner Ansicht nach die Kriegführung der USA im Irak indirekt unterstützt hätte. Das Gericht gestand dem Soldaten zu, sich auf Artikel vier des Grundgesetzes zu berufen, ungeachtet seines Verzichts auf Kriegsdienstverweigerung.

AUSSENPOLITIK

Im Kontext der anstehenden UN-Reform bewarb sich die Bundesregierung mit vielfältigen diplomatischen Aktivitäten um einen mit Vetokraft ausgestatteten ständigen Sitz im UN-Sicherheitsrat. Dagegen standen nicht zuletzt die Interessen der USA, zu denen sich zwischenzeitlich wieder ein geschäftsmäßiges Verhältnis unter engen Bündnispartnern entwickelt hatte. Unter diesen Vorzeichen beteiligte sich Deutschland an den Stabilisierungsbemühungen im Irak, ohne jedoch Soldaten dorthin zu entsenden. In der Europapolitik führte der Vorrang nationaler Interessen zum Debakel, als über die Finanzplanung der EU keine Einigung erzielt werden konnte.

▪ **Tsunami-Hilfe:** Die Flutwellen nach dem Seebeben im Indischen Ozean an den Küsten Südost-Asiens am 26. 12. 2004 (→ S. 24 ff.) rissen – nach dem Stand von Ende Juni – 557 deutsche Staatsbürger in den Tod, eingerechnet 46 noch als vermisst gemeldete. Nach einer ersten Übersicht über die Dimension der Katastrophe leitete die Bundeswehr mit Lazarettflugzeugen, einem Feldlazarett und dem als Krankenhaus dienenden Versorgungsschiff »Berlin« ihren bislang größten humanitären Einsatz im Ausland ein. Diese Hilfe konzentrierte sich auf die Region Aceh in

→ Indonesien und endete Mitte März. Zusammen mit Sri Lanka wurde Indonesien auch Hauptempfängerland der deutschen Katastrophenhilfe. Das Bundeskabinett beschloss am 5. 1. 2005 **Hilfszusagen im Umfang von insgesamt 500 Mio. €**, davon 125 Mio. für 2005, den Rest, einschließlich Schuldenerlass für mehrere Länder im Rahmen der Gläubigerstaaten des Pariser Clubs, für mittelfristige Wiederaufbauprojekte.

Auch die **Spendenbereitschaft der Bevölkerung** erreichte ein bisher nicht gekanntes Ausmaß: Rund 60 Hilfsorganisationen erhielten insgesamt 600 Mio. € an Spendengeldern.

- **Vereinte Nationen:** Außenminister Fischer begründete am 23. 9. 2004 in einer Rede vor der Generalversammlung in New York den deutschen **Anspruch auf einen gleichberechtigten ständigen Sitz im Sicherheitsrat** (→ UN).
- **USA:** Die bei seiner zweiten Amtseinführung am 20. 1. 2005 bekundete Bereitschaft George W. Bushs zur multilateralen Zusammenarbeit begrüßte die Bundesregierung ausdrücklich. Beide Seiten nutzten den Neuanfang als Gelegenheit zu einer **atmosphärischen Verbesserung des Verhältnisses**, wie sich auch am Besuch von Außenminister Fischer bei seiner designierten Amtskollegin Condoleezza Rice in Washington am 25. 1. zeigte. Die von überaus starken Sicherheitsvorkehrungen begleitete **Visite von Präsident Bush am 23. 3. in Mainz**, die nach Angaben des Mainzer und Wiesbadener Innenministeriums 5,2 Mio. € kostete, sollte Einigkeit und Kooperationsbereitschaft in aktuellen Fragen der Weltpolitik demonstrieren, u. a. in der Haltung zum iranischen Atomprogramm.
- **NATO:** Auf der 41. Konferenz für Sicherheitspolitik am 12. 2. 2005 in München forderte Bundeskanzler Schröder in seiner von Verteidigungsminister Struck verlesenen Rede eine grundlegende Reform der → NATO.
- **Europapolitik:** Wie auch im Verhältnis zu den USA und Russland setzte die deutsche Europapolitik weiter auf eine **enge Abstimmung mit Frankreich**. Damit sicherte sie in allen wichtigen kontroversen Themen, die die politischen Auseinandersetzungen auf EU-Ebene dominierten, die weitgehende Durchsetzung der deutschen wie auch der französischen Positionen bzw. Interessen (→ EU).

Der Bundestag nahm am 12. 5. 2005 den **EU-Verfassungsvertrag** mit 569 Stimmen an, bei 23 Nein-Stimmen, darunter 20 aus der CSU, und 2 Enthaltungen; die Zustimmung des Bundesrats folgte am 27. 5. mit den Stimmen aller Bundesländer außer den Enthaltungen des SPD-PDS-regierten Mecklenburg-Vorpommern.

- **Polen:** Am 7. 1. 2005 nahmen die nationalen **Koordinatoren für die bilateralen Beziehungen** ihre Tätigkeit auf – auf deutscher Seite die Präsidentin der Viadrina-Universität in Frankfurt/Oder, Gesine Schwan, und auf polnischer die bisherige Botschafterin des Landes in Österreich, Irene Lipowicz. Bundeskanzler Schröder und Ministerpräsident Marek Belka hatten sie bei ihrem Treffen am 4. 11. 2004 berufen. Bei dieser Gelegenheit wurde mit der Vorlage der Ergebnisse einer gemeinsamen Expertenkommission auch der **Streit um Reparationsforderungen als abgeschlossen bezeichnet**.
- **Türkei:** Vor dem Hintergrund wachsender Vorbehalte in den EU-Staaten wie auch in der Türkei selbst gegenüber einem möglichen Beitritt des Landes bekräftigte Bundeskanzler **Schröder bei seinem Besuch in Ankara** am 3. 5. die Perspektive einer Mitgliedschaft und die Absicht, die Verhandlungen dazu am 3. 10. 2005 aufzunehmen.

Für einen Konflikt im bilateralen Verhältnis sorgte eine am 16. 6. vom Bundestag mit den Stimmen aller Fraktionen angenommene Entschließung, in der die Türkei im Sinne einer »europäischen Erinnerungskultur« aufgefordert wird, die **Massaker an den Armeniern** im Osmanischen Reich zwischen 1915 und 1917 als Teil ihrer Geschichte zu akzeptieren. Zugleich bekannten sich die Abgeordneten zur deutschen Mitverantwortung an der Vernichtungsaktion, der bis zu 1,5 Mio. Armenier zum Opfer fielen. Den Begriff »Völkermord« machte sich der Bundestag in der Resolution nicht zu Eigen. Außenminister Abdullah Gül kritisierte die Entschließung als ehrverletzend für die Türkei und die in Deutschland lebenden Türken und bestellte den deutschen Botschafter in Ankara ein.

- **Libyen:** Als erster deutscher Kanzler und erster Regierungschef, nachdem die EU am 11. 10. 2004 die Sanktionen gegen Libyen aufgehoben hatte, **besuchte Schröder am 15. 10. das nordafrikanische Land** (→ Libyen).

JUBILÄEN

Der **Steiff**-Teddybär wurde 2005 **125 Jahre** alt. Anlässlich dieses Geburtstags eröffnete die Firma Steiff am Firmensitz in Giengen an der Brenz ein Museum für Kuscheltiere. Der Zehn-Millionen-Euro-Bau entstand nach einem Entwurf des Zürcher Architekten Andreas Ramseier. Bei einer Auktion in Giengen im Jahr 2002 erzielte ein Teddybär von 1926/27 (Foto) den bisher höchsten Kaufpreis von 140 000 €.

Der Buchdrucker und Theaterschauspieler Ernst **Litfaß** stellte vor **150 Jahren**, in Berlin am 1. 7. 1855, die ersten nach ihm benannten Werbesäulen auf. Ursprünglich aus Holz, sind sie heute meist aus Beton. Das Fraunhofer Institut in Berlin entwickelte sogar eine digitale Säule mit dreidimensionalen Bildern im Innenraum.

Dominica Mittel-Amerika; Karibik

Commonwealth of Dominica – DM / DMA

Fläche (Weltrang: 171): 751 km^2

Einwohner (183): F 2003 71 000 = 95 je km^2

Hauptstadt: Roseau

Amtssprache: Englisch

Bruttonationaleinkommen 2003 je Einw.: 3330 $

Währung: 1 Ostkarib. Dollar (EC$) = 100 Cents
Kurs: 1 US-$ = 2,72 EC$; 1 € = 3,35 EC$

High Commissioner for the Commonwealth of Dominica
1, Collingham Gardens, GB – London SW5 0HW
T 00 44 – 207 – 3 70 51 94, Fax 3 73 87 43

LANDESSTRUKTUR **Fläche**: 751 km^2; → Karte ▪ **Verwaltung**: 10 Bezirke ▪ **Städte**: (S 2001) Roseau 26 000 Einw.

BEVÖLKERUNG Dominicaner – F 2003: 71 000 Einw.; Bevölkerungswachstum: 0,2 %; letzte Zählung 2001: 71 727 Einw. – ca. 91 % Schwarze, 6 % Mulatten und Kreolen, 1,5 % Indianer; weiße Minderheit ▪ **Sprachen**: Englisch, Patois (franz. Kreol), Cocoy (englischer Dialekt) ▪ **Religion** 1999: 80 % Katholiken

STAATS- UND REGIERUNGSFORM Verfassung von 1978 – Republik (im Commonwealth) seit 1978 – Parlament (House of Assembly) mit 30 Mitgl. (21 gewählt, 5 vom Regierungschef und 4 durch Opposition ernannte Senatoren); Wahl alle 5 J. – Wahl des Staatsoberh. durch Parlament alle 5 J. – Wahlrecht ab 18 J.
▪ **Unabhängigkeit**: 3. 11. 1978 (ehem. britische Kolonie)
▪ **Nationalfeiertag**: 3. 11.

REGIERUNG UND PARTEIEN **Staatsoberhaupt**: Nicholas Liverpool, seit 2. 10. 2003 – **Regierungschef**: Roosevelt Skerrit (DLP), seit 8. 1. 2004; Koalition aus DLP und DFP – **Äußeres**: Charles Savarin, seit 12. 5. 2005 ▪ **Parlament**: Wahlen vom 5. 5. 2005: Dominica Labour Party/DLP 12 von 21 gewählten Sitzen (2000: 10), United Workers' Party/UWP 8 (9), Dominica Freedom Party/DFP – (2), Unabhängige 1 (–)

WIRTSCHAFT **BIP** 2003: 259 Mio. $; realer Zuwachs: – 0,6 %; Anteil (2002) Landwirtschaft 19 %, Industrie 21 %, Dienstleistungen 60 % ▪ **Erwerbstätigkeit** 1997: Landwirtsch. 23,7 %, Industrie 18,2 %, Dienstl. 53,8 % ▪ **Arbeitslosigkeit**: k. A. ▪ **Inflation**: k. A. ▪ **Außenhandel** 2001: **Import**: 130,9 Mio. $; *Güter*: 26 % Maschinen und Transportausrüstungen, 20 % Nahrungsmittel; *Länder*: 36 % USA, 17 % Trinidad und Tobago, 10 % Großbritannien; **Export**: 43,6 Mio. $; *Güter*: 31 % Seife, 18 % Bananen; *Länder*: 23 % Jamaika, 21 % Großbritannien, 7 % Frankreich, 7 % Guyana

CHRONIK

Aus den am 6. 5. 2005 abgehaltenen **Parlamentswahlen** ging die regierende Dominica Labour Party (DLP) von Premierminister Roosevelt Skerrit mit nur geringem Vorsprung vor der oppositionellen United Workers' Party (UWP) als Siegerin hervor. Sie erreichte 12 von 21 Sitzen im Parlament. Der Wahlkampf wurde vor allem vom **Sparprogramm des Internationalen Währungsfonds (IWF)** für das vom Bananenexport und Tourismus abhängige Land geprägt, das der Insel zwar einen Wirtschaftsaufschwung, aber auch Steuererhöhungen und eine steigende Arbeitslosenquote beschert hatte. In dem Wahlsieg sah Premier Skerrit eine Bestätigung seiner bisherigen Politik, das IWF-Programm zu unterstützen. Oppositionsführer Edison James von der UWP hatte diese Position im Wahlkampf ebenso kritisiert wie die Entscheidung der Regierung, im März 2004 die diplomatischen Beziehungen zur Republik China (Taiwan) abzubrechen und stattdessen mit der Volksrepublik China aufzunehmen. Peking hatte im Gegenzug versprochen, Dominica ein 5-jähriges Hilfsprogramm in Höhe von über 100 Mio. US-$ zukommen zu lassen – etwa 1500 US-$ für jeden der 70 000 Einwohner.

Dominikanische Republik

Mittel-Amerika; Karibik

República Dominicana – DO / DOM

Fläche (Weltrang: 127): 48 422 km²

Einwohner (84): F 2003 8 739 000 = 181 je km²

Hauptstadt: Santo Domingo

Amtssprache: Spanisch

Bruttonationaleinkommen 2003 je Einw.: 2130 $

Währung: 1 Dom. Peso (dom$) = 100 Centavos
Kurs: 1 US-$ = 29,21 dom$; 1 € = 36,65 dom$

Botschaft der Dominikanischen Republik
Dessauer Str. 28–29, 10963 Berlin
T 030 / 257 57 76 – 0, Fax 257 57 76 – 1
E-Mail: embajadomal@t-online.de

LANDESSTRUKTUR **Fläche**: 48 422 km²; Karte → WA 2005, S. 151 ▪ **Verwaltung**: 31 Provinzen und 1 Distrikt ▪ **Städte**: (Z 2002) Santo Domingo 1 887 586 Einw., Santiago de los Caballeros 507 418, San Pedro de Macorís 193 713, La Romana 191 303, Los Alcarrizos 166 930; (S 2002) San Cristóbal 137 422; (Z 2002) San Francisco de Macorís 122 036, Puerto Plata 112 036, Higüey 103 502

BEVÖLKERUNG Dominikaner – F 2003: 8 739 000 Einw.; Bevölkerungswachstum: 1,4 %; letzte Zählung 2002: 8 562 541 Einw. – 73 % Mulatten, 16 % Weiße, 11 % Schwarze ▪ **Sprachen**: Spanisch ▪ **Religion** 2001: 89 % Katholiken

STAATS- UND REGIERUNGSFORM Verfassung von 1966 mit Änderung 1994 – Präsidialrepublik seit 1966 – Parlament (Congreso Nacional): Abgeordnetenhaus (Cámara de Diputados) mit 150, Senat mit 32 Mitgl.; Wahl alle 4 J. – Direktwahl des Staatsoberh. alle 4 J. – Wahlpflicht ab 18 J. ▪ **Unabhängigkeit**: erstmals 27. 2. 1844–1861, endgültig 14. 9. 1863 (ehem. spanische Kolonie) ▪ **Nationalfeiertag**: 27. 2.

REGIERUNG UND PARTEIEN **Staats- u. Regierungschef**: Leonel Fernández Reyna (PLD), seit 16. 8. 2004 – **Äußeres**: Carlos Morales Troncoso (PLD), seit 16. 8. 2004 ▪ **Parlament**: Wahlen vom 16. 5. 2002: Abgeordnetenhaus: Partido Revolucionario Dominicano / PRD 73 von 150 Sitzen (1998: 83 von 149 Sitzen), Partido de la Liberación Dominicana / PLD 41 (5c), Partido Reformista Social Cristiano / PRSC 36 (16) – Senat: PRD 29 von 32 Sitzen (1998: 24 von 30 Sitzen), PRSC 2 (2), PLD 1 (4)

WIRTSCHAFT **BIP** 2003: 16,540 Mrd. $; realer Zuwachs: –0,4 %; Anteil (2003) Landwirtschaft 11 %, Industrie 31 %, Dienstleistungen 58 % ▪ **Erwerbstätigkeit** 2002: Landwirtsch. 15,1 %, Industrie 20,8 %, Dienstl. 64,0 % ▪ **Arbeitslosigkeit** ∅ 2004: 18,4 % ▪ **Inflation** ∅ 2004: 28,7 % ▪ **Außenhandel** 2004: **Import**: 7,845 Mrd. $; *Güter*: 48 % Konsumgüter, 36 % Rohstoffe und Zwischenprodukte (darunter 11 % Erdöl), 16 % Kapitalgüter; *Länder* 2004: 47 % USA, 3 % Zentralamerika, 3 % Spanien, 2 % Japan; **Export**: 5,750 Mrd. $; *Güter*: 29 % Nickel, 7 % Rohzucker, 4 % Kakao, 3 % Tabak; *Länder* 2004: 69 % USA, 2 % Niederlande, 2 % Rep. Korea

CHRONIK

Die anhaltende Wirtschaftskrise bestimmt die politische Agenda des neuen Präsidenten. Ein Drittel der erwerbsfähigen Bevölkerung ist arbeitslos, nach UN-Angaben hat die Zahl der unter der Armutsgrenze lebenden Dominikaner in den letzten Jahren um bis zu 20 % zugenommen.

▪ **Wirtschaftskrise:** Als der neue Präsident Leonel Fernández Reyna (Partido de la Liberación Dominicana / PLD), der bereits von 1996 bis 2000 mit einigem Erfolg regiert und damals ein respektables Wirtschaftswachstum herbeigeführt hatte, am 16. 8. 2004 sein Amt antrat, befand sich das Land in einer der schlimmsten Wirtschaftskrisen seiner Geschichte. Die Auslandsverschuldung hatte sich in den beiden Vorjahren auf 6 Mrd. US-$ fast verdoppelt, die Zentralbank verfügte seit Monaten über keinerlei Währungsreserven mehr. Der Präsident ist bei seinen Reformvorhaben, einer strikten Sparpolitik und dem Kampf gegen Korruption, allerdings auf die Mitarbeit der Opposition angewiesen, da er im Parlament über keine Mehrheit verfügt. Angesichts der **Bemühungen der neuen Regierung um die Wiederherstellung der wirtschaftlichen Stabilität** bewilligte der Internationale Währungsfonds (IWF) dem Land Anfang Februar 2005 einen weiteren Stand-by-Kredit. Der neue Kreditvertrag hat bei einer Laufzeit von 28 Monaten ein Volumen von insg. knapp 670 Mio. US-$.

Als Fernández wenige Tage nach seiner Amtsübernahme vier z. T. bedeutende Regierungs- bzw. Verwaltungsposten ausgerechnet an Personen vergab, gegen die zurzeit Ermittlungen wegen Unterschlagung von 100 Mio. US-$ öffentlicher Gelder während seiner ersten Amtszeit laufen, wurde er von Ex-Präsident Hipólito Mejía Domínguez ebenfalls der Korruption beschuldigt. Fernández wies diese Vorwürfe als politisch motiviert zurück.

▪ **Weitere Ereignisse:** Im Gefängnis von Higüey im Osten des Landes kamen am 6. 3. 2005 bei einem durch Kämpfe inhaftierter rivalisierender Bandenmitglieder ausgelösten Brand 134 Häftlinge ums Leben.

Durch den Anfang September 2004 über der Karibik wütenden **Tropensturm »Jeanne«** kamen mindestens 18 Menschen ums Leben, 260 weitere wurden verletzt. Rund 34 000 Personen mussten auf Grund schwerer Überschwemmungen evakuiert werden (→ Haiti).

Dschibuti Nordost-Afrika

Republik Dschibuti;
Ǧumhūriyya Ǧībūtī;
République de Djibouti – DJ / DJI

Fläche (Weltrang: 146): 23 200 km²

Einwohner (157): F 2003 705 000 = 30 je km²

Hauptstadt: Ǧībūtī / Djibouti (Dschibuti)

Amtssprachen: Arabisch, Französisch

Bruttonationaleinkommen 2003 je Einw.: 910 $

Währung: 1 Dschibuti-Franc (FD) = 100 Centimes
Kurs: 1 US-$ = 179,50 FD; 1 € = 226,87 FD

Botschaft der Republik Dschibuti
26, Rue Emile Ménier, F-75116 Paris
T 00 33 – 1 – 47 27 49 22, Fax 45 53 50 53
www.ambassadedjibouti.org

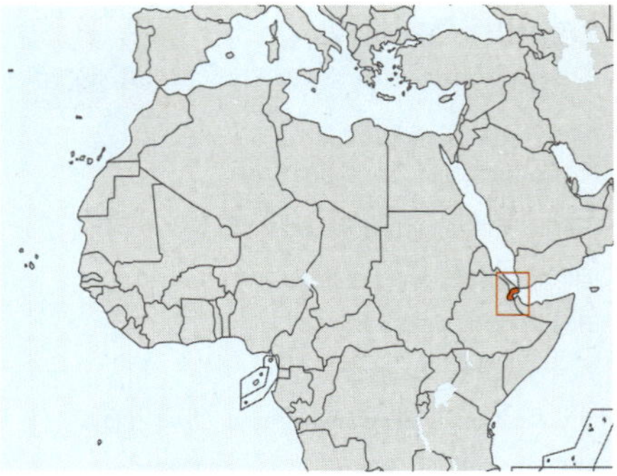

LANDESSTRUKTUR **Fläche**: 23 200 km²; Karte → WA 2005, S. 152 ▪ **Verwaltung**: 4 Distrikte ▪ **Städte**: (S 2003) Ǧībūtī / Djibouti (Dschibuti) 547 100 Einw., Ali-Sabieh 8000, Tadjoura 7500, Dikhil 6500

BEVÖLKERUNG Dschibutier – F 2003: 705 000 Einw.; Bevölkerungswachstum: 1,7 % – ca. 50 % Issa (Nord-Somali), 40 % Afar, Europäer (meist Franzosen) sowie Araber ▪ **Sprachen**: Arabisch und Französisch sowie kuschitische Sprachen der Afar (Danakil) und Issa ▪ **Religion**: fast 100 % Muslime (Sunniten)

STAATS- UND REGIERUNGSFORM Verfassung von 1992 – Präsidialrepublik seit 1977 – Nationalversammlung (Chambre des Députés) mit 65 Mitgl. (davon 33 Issa, 32 Afar), Wahl alle 5 J. – Direktwahl des Staatsoberhaupts alle 6 J. – Wahlrecht ab 18 J. ▪ **Unabhängigkeit**: 27. 6. 1977 (ehem. französische Kolonie) ▪ **Nationalfeiertag**: 27. 6.

REGIERUNG UND PARTEIEN **Staatsoberhaupt**: Ismail Omar Guelleh (RPP / FRUD), seit 8. 5. 1999; wieder gewählt am 8. 4. 2005 mit 100 % der Stimmen – **Regierungschef**: Dileita Mohamed Dileita (RPP), seit 7. 3. 2001 – **Äußeres**: Mahamud Ali Jussuf, seit 22. 5. 2005 ▪ **Parlament**: Wahlen vom 10. 1. 2003: Union pour la Majorité Présidentielle: Koalition aus Rassemblement Populaire pour le Progrès / RPP, Front pour la Restauration de l'Unité et de la Démocratie / FRUD, Parti National Démocratique / PND und Parti Populaire Social Démocrate / PPSD alle 65 Sitze (1997: 65)

WIRTSCHAFT **BIP** 2003: 625 Mio. $; realer Zuwachs: 3,5 %; Anteil (2001) Landwirtschaft 4 %, Industrie 16 %, Dienstleistungen 81 % ▪ **Erwerbstätigkeit** 2001: Landwirtsch. 78 % ▪ **Arbeitslosigkeit** ∅ 2003: 45 % (S) ▪ **Inflation**: k. A. ▪ **Außenhandel** 1999: **Import**: 27,131 Mrd. FD; *Güter*: v. a. Nahrungsmittel, Maschinen, Kleidung, Erdöl und -produkte; *Länder*: v. a. Frankreich, Thailand, Saudi-Arabien und Äthiopien; **Export**: 15,919 Mrd. FD; (1992) *Güter*: v. a. Häute, Felle und andere Viehzuchtprodukte; *Länder*: v. a. Somalia, Äthiopien und Jemen

CHRONIK

Laut eines Berichts des UN-Büros für die Koordination humanitärer Angelegenheiten (OCHA) waren bis zum April 2005 die Hälfte der ländlichen Gebiete von teils drastischer **Wasser- und Lebensmittelknappheit** bedroht, rund 28 000 Menschen benötigten dringend Nahrungsmittel. Die UN bezifferte die Höhe der nötigen Finanzhilfen zur Umsetzung von Sofortmaßnahmen auf 7,5 Millionen US-$.

▪ **Präsidentschaftswahl:** Bei der Präsidentschaftswahl am 10. 4. 2005 erreichte Amtsinhaber Ismail Omar Guelleh laut offizieller Angaben 100 % der abgegebenen Stimmen. Einen Gegenkandidaten gab es nicht, da das Oppositionsbündnis Union pour l'Alternance Démocratique die Wahlen boykottiert hatte. Die Wahlbeteiligung lag bei 78,9 %. Sprecher der Opposition wiesen das Wahlergebnis als »lächerlich und manipuliert« zurück. Internationale Beobachter der Arabischen Liga und der Francophonie, einem Zusammenschluss französischsprachiger Staaten, sprachen von einem friedlichen Ablauf der Wahlen. Kurz vor dem Urnengang war es vor dem Sitz der Opposition zu Demonstrationen gegen den Präsidenten gekommen, die von der Polizei unter Einsatz von Tränengas aufgelöst wurden.

▪ **Tod des ersten Premiers:** Am 12. 9. 2004 starb im Alter von 72 Jahren Ahmed Dini Ahmed, der erste Premierminister Dschibutis nach der Unabhängigkeit von Frankreich im Jahre 1977. Bereits sechs Monate nach seiner Wahl hatte er sein Amt mit dem Vorwurf niedergelegt, die Regierung betreibe die Unterdrückung seiner eigenen Ethnie, der Afar. In den neunziger Jahren war es in Dschibuti immer wieder zu bewaffneten Auseinandersetzungen gekommen zwischen der größeren Ethnie, der Issa, und den Afar, die von der Front pour la Restauration de l'Unité et de la Démocratie (FRUD), deren Anführer Dini war, vertreten wurden.

Ecuador Süd-Amerika

Republik Ecuador; República del Ecuador – EC / ECU

Fläche (Weltrang: 75): 256 370 km²

Einwohner (65): F 2003 13 008 000 = 51 je km²

Hauptstadt: Quito

Amtssprache: Spanisch

Bruttonationaleinkommen 2003 je Einw.: 1830 $

Währung: 1 US-Dollar (US-$) = 100 Cents
Kurs: 1 € = 1,21 US-$ (1. 7. 2005)

Botschaft der Republik Ecuador
Kaiser-Friedrich-Str. 90, 10585 Berlin
T 030 / 238 62 17, Fax 34 78 71 26
www.botschaft-ecuador.org

LANDESSTRUKTUR **Fläche**: 256 370 km²; → Karte ▪ **Gebiete:** Archipiélago de Colón (Galápagosinseln) 7844 km²; Karte → WA 2005, S. 154 ▪ **Verwaltung**: 22 Provinzen, außerdem sog. Zonas no delimitadas ▪ **Städte**: (Z 2001) Guayaquil 1 952 029 Einw., Quito 1 399 814, Cuenca 276 964, Santo Domingo 200 421, Machala 198 123, Manta 183 166, Portoviejo 170 326, Eloy Alfaro 167 784, Ambato 154 369, Riobamba 124 478, Quevedo 119 436, Loja 117 796, Milagro 110 093, Ibarra 108 666, Esmeraldas 95 630

BEVÖLKERUNG Ecuadorianer – F 2003: 13 008 000 Einw.; Bevölkerungswachstum: 1,6 %; letzte Zählung 2001: 12 156 608 Einw.; davon Galápagosinseln: 18 640 Einw. – 45 % Mestizen, 35 % Indianer, 10 % Weiße, 10 % Afro-Ecuadorianer ▪ **Sprachen**: Spanisch; Quichua u. a. indianische Sprachen ▪ **Religion** 2001: 91,6 % Katholiken; indigene Religionen

STAATS- UND REGIERUNGSFORM Verfassung von 1979, zuletzt geändert 1998 – Präsidialrepublik seit 1978 – Parlament (Cámara de Representantes) mit 100 (vorher 121) für 5 J. gewählten Mitgl. – Direktwahl des Staatsoberh. alle 4 J. (keine Wiederwahl) – Wahlpflicht ab 18 J. ▪ **Unabhängigkeit**: Proklamation 10. 8. 1809 (ehem. spanische Kolonie), endgültig 13. 5. 1830 (Loslösung von Großkolumbien) ▪ **Nationalfeiertag**: 10. 8.

REGIERUNG UND PARTEIEN **Staats- u. Regierungschef**: Alfredo Palacio González, seit 20. 4. 2005 – **Äußeres**: Antonio Parra Gil, seit 21. 4. 2005 ▪ **Parlament**: Wahlen vom 20. 10. 2002: Partido Social Cristiano / PSC 24 von 100 Sitzen (1998: 26 von 121), Izquierda Democrática / ID 15 (16), Partido Roldosista Ecuatoriano / PRE 14 (24), Partido Renovador Institucional de Acción Nacional / PRIAN 10 (–), Movimiento Unidad Plurinacional Pachakutik–Nuevo País / MUPP-NP 8 (6), Partido Sociedad Patriótica 21 de Enero / PSP 8 (–), Movimiento Popular Democrático / MPD 7 (–), Democracia Popular / DP 5 (36), Partido Socialista Ecuatoriano / PS 3 (–), Frente Radical Alfarista / FRA – (3), Sonstige 6 (10)

WIRTSCHAFT **BIP** 2003: 27,201 Mrd. $; realer Zuwachs: 2,7 %; Anteil (2003) Landwirtschaft 8 %, Industrie 29 %, Dienstleistungen 64 % ▪ **Erwerbstätigkeit** 2001: Landwirtsch. 27 % ▪ **Arbeitslosigkeit** ∅ 2004: 11,0 % (hohe Unterbeschäftigung) ▪ **Inflation** ∅ 2004: 1,9 % ▪ **Außenhandel** 2004: **Import**: 7,27[illegible] Mrd. $; *Güter*: 36 % Rohstoffe, 28 % Konsumgüter (darunter 16 % Verbrauchsgüter, 12 % langlebige Konsumgüter), 26 % Kapitalgüter (darunter 17 % industriell), 10 % mineralische Brennstoffe / Schmiermittel; *Länder*: 21,0 % USA, 15,0 % Kolumbien, 7 % Venezuela, 6 % Brasilien, 5 % Chile, 4 % Japan, 3 % Deutschland; **Export**: 7,606 Mrd. $; *Güter*: 56 % Erdöl und -derivate, 17 % industrielle Erzeugnisse (darunter 5 % verarbeitete Fisch- und Meeresfrüchte), 14 % Bananen, 4 % Blumen, 4 % Krabben; *Länder*: 43 % USA, 8 % Peru, 5 % Italien, 4 % Kolumbien, 3 % Deutschland

CHRONIK

Bereits seit Mitte 2003 befand sich die Regierung von Präsident Lucio Edwin Gutiérrez Borbúa (Partido Sociedad Patriótica 21 de Enero / PSP) in einer Vertrauenskrise, da ihr sowohl im Kongress die Mehrheit als auch in weiten Kreisen der Bevölkerung zunehmend der politische Rückhalt verloren ging. Nach Massenprotesten und seiner Absetzung durch das Parlament setze sich Gutiérrez nach Brasilien ab und bat um politisches Asyl.

▪ **Politische Krise:** Nachdem Präsident Gutiérrez, dessen PSP im 100-köpfigen Parlament nur über 8 Mandate verfügte, mit dem Ausscheiden der Indiopartei Pachakutik Mitte 2003 einen wichtigen Koalitionspartner verloren hatte, kündigte ihm auch der Partido Social Cristiano (PSC) seine Unterstützung auf. Das katastrophale Abschneiden der Präsidentenpartei bei den Kommunal- und Provinzialwahlen am 19. 10. 2004 war ein weiteres Indiz für die wachsende Ablehnung des Präsidenten.

Als die Opposition im Kongress am 5. 11. 2004 eine Petition einbrachte, mit der ein **Amtsenthebungsverfahren gegen den Präsidenten** eingeleitet werden sollte, ging Gutiérrez eine informelle Koalition mit den Parteigängern von Ex-Präsident Abdalá Bucaram (Partido Roldosista Ecuatoriano / PRE) ein. Bucaram war 1997 wegen »Regierungsunfähigkeit« abgesetzt worden und ins Exil nach Panama geflohen. Mit den Stimmen der PRE gelang es Gutiérrez nicht nur, das Amtsenthebungsverfahren zu Fall zu bringen, sondern auch, 27 von 31 Richtern des Obersten Gerichtshofes abzusetzen. Da weder die unter Zwang erfolgte Ablösung der Richter noch die Ernennung von Parteigängern Gutiérrez' verfassungsgemäß waren, sprachen die Gegner des Präsidenten vom Beginn einer Diktatur. Der Vorwurf der Opposition, mit der Umbesetzung des Gerichts wolle Gutiérrez dem Verfahren gegen Ex-Präsident Bucaram einen Riegel vorschieben, bestätigte sich, als der Oberste Gerichtshof Ende April 2005 die Urteile wegen Korruption, Veruntreuung und Verschwendung öffentlicher Gelder nicht nur gegen Bucaram, sondern auch gegen Ex-Präsident Gustavo Noboa und den ehemaligen Vizepräsidenten Alberto Dahik aufhob. Alle drei kehrten daraufhin am 2. 4. 2005 im Abstand von wenigen Stunden aus ihrem Exil zurück.

In Quito und später auch in anderen Städten kam es daraufhin täglich zu **Massendemonstrationen** – dieses Mal nicht nur von den traditionellen Linksparteien und Organisationen der Indiobevölkerung, sondern auch von Studenten und weiten Teilen der Mittelschicht getragen –, auf denen **der Rücktritt des Präsidenten gefordert** wurde. Gutiérrez verhängte hierauf am 16. 4. den Notstand über Quito und löste den umstrittenen Obersten Gerichtshof per Dekret auf. Da die Demonstrationen unverändert fortdauerten, sah sich Gutiérrez nach knapp 24 Stunden gezwungen, den Ausnahmezustand wieder aufzuheben. Die Proteste gegen Gutiérrez nahmen unterdessen weiter zu. Als auch die Armee dem Präsidenten ihre Unterstützung entzogen hatte, verließ der **Präsident** seinen Amtssitz in einem Hubschrauber und **floh in die brasilianische Botschaft**.

- **Neuer Präsident:** Noch am selben Tag beschloss das Parlament in einer Sondersitzung die Absetzung des Präsidenten mit der Begründung, er habe sein Amt verlassen, und ernannte den **bisherigen Vizepräsidenten** Alfredo Palacio González **zum neuen Staats- und Regierungschef**. Damit wurde in Ecuador schon zum dritten Mal innerhalb von acht Jahren ein Präsident seines Amtes enthoben. Da nur 62 der 100 Parlamentarier anwesend waren, von denen 60 für die Amtsenthebung gestimmt hatten, erfolgte der Schritt ohne die von der Verfassung geforderte Zweidrittelmehrheit.

Der neue Staatspräsident Palacio kündigte unmittelbar danach die Einberufung einer Verfassunggebenden Versammlung und die Bildung einer »Regierung für das Volk« an, lehnte jedoch die Forderung der Demonstranten nach Auflösung des Parlaments ab.

Die Staatsanwaltschaft erließ **Haftbefehl gegen Gutiérrez** mit der Begründung, er habe Armee und Polizei den Befehl erteilt, mit Gewalt gegen die Demonstranten vorzugehen. Trotz weiterer Proteste ermöglichte die neue Regierung Gutiérrez dann am 24. 4. 2005 an Bord eines brasilianischen Militärflugzeugs die Flucht nach Brasilien. Wenige Tage später beantragte Ecuador bei der brasilianischen Regierung seine Auslieferung.

Ex-Präsident Bucaram kehrte Ende April in sein Exil nach Panama zurück, um einer erneuten Strafverfolgung zu entkommen, während Noboa Anfang Mai unter Hausarrest gestellt wurde.

Arbeiter auf einer Bananenplantage in San Carlos in der Provinz Los Ríos

- **Wirtschaft:** Ecuador wies 2004 eine Zunahme des BIP von 6 % auf, das sich vor allem der florierenden Erdölindustrie verdankt, die rund 30 % der Staatseinnahmen erbringt und mehr als die Hälfte zu den Exporterlösen beiträgt. Die Landwirtschaft dagegen stagnierte, obwohl Ecuador der weltweit größte Bananenexporteur (→ auch Foto) ist. Das Wirtschaftswachstum hatte aber keine Auswirkungen auf die nach wie vor hohe Rate von Unterbeschäftigung, von der etwa die Hälfte der Bevölkerung betroffen ist. Rund 20 % der Ecuadorianer arbeiten daher im Ausland, deren Überweisungen an ihre Familien die nach dem Erdölexport wichtigste Einnahmequelle des Landes sind.

Elfenbeinküste

West-Afrika

Republik Côte d'Ivoire; République de Côte d'Ivoire – CI / CIV

Fläche (Weltrang: 67): 322 462 km²

Einwohner (57): F 2003 16 835 000 = 52 je km²

Hauptstadt: Yamoussoukro

Regierungssitz: Abidjan

Amtssprache: Französisch

Bruttonationaleinkommen 2003 je Einw.: 660 $

Währung: CFA-Franc
Kurs: 1 US-$ = 526,07 CFA-Francs
1 € = 655,96 CFA-Francs

Botschaft der Republik Côte d'Ivoire
Fasanenstr. 16, 53179 Bonn
T 02 28 / 21 20 90, Fax 21 73 13

LANDESSTRUKTUR **Fläche**: 322 462 km²; → Karte ▪ **Verwaltung**: 18 Regionen ▪ **Städte**: (Z 1998) Abidjan 2 877 948 Einw., Bouaké 461 618, Yamoussoukro 299 243, Daloa 173 107, Korhogo 142 093, San-Pédro 131 800, Man 116 657, Gagnoa 107 124

BEVÖLKERUNG Ivorer – F 2003: 16 835 000 Einw.; Bevölkerungswachstum: 1,9 %; letzte Zählung 1998: 15 366 672 Einw. – insg. über 60 Ethnien (überwiegend Gur- und Mande-Gruppen): ca. 23 % Baule, 18 % Bete, 15 % Senufo, 14 % Agni-Aschanti, 11 % Malinke, 10 % Kru sowie Mande, Dan Gouro, Koua, Fulbe; 74 % Ivorer, 15 % Burkiner, 5 % Malier, 6 % Guineer, Ghanaer, Liberianer u. a. ▪ **Sprachen**: Französisch; Baoulé, Bété, Diula und Senufo; außerdem Gur- und Mande-Sprachen ▪ **Religion** 1998: über 40 % Muslime, 34 % Christen (v. a. Katholiken), 15 % Anhänger von indigenen Religionen

STAATS- UND REGIERUNGSFORM Verfassung von 2000 – Präsidialrepublik seit 1960 – Parlament (Assemblée Nationale) mit 225 (vorher 177) Mitgl., Wahl alle 5 J. – Direktwahl des Staatsoberh. alle 5 J. – Wahlrecht ab 21 J. ▪ **Unabhängigkeit**: 7. 8. 1960 (ehem. französische Kolonie) ▪ **Nationalfeiertag**: 7. 8.

REGIERUNG UND PARTEIEN **Staatsoberhaupt**: Laurent Gbagbo (FPI), seit 26. 10. 2000 – **Regierungschef**: Seydou Elimane Diarra, seit 10. 2. 2003 – **Äußeres**: Bamba Mamadou (PDCI), seit 13. 3. 2003 ▪ **Parlament**: Wahlen vom 10. 12. 2000 und 14. 1. 2001: Front Populaire Ivoirien / FPI 96 von 225 Sitzen (1995: 14 von 177), Parti Démocratique de Côte d'Ivoire / PDCI 94 (149), Rassemblement des Républicains / RDR 5 (14), Parti Ivorien des Travailleurs / PIT 4 (–), Sonstige 3 (–), Unabhängige 22 (–), 1 Sitz vakant

WIRTSCHAFT **BIP** 2003: 13,734 Mrd. $; realer Zuwachs: –3,8 %; Anteil (2003) Landwirtschaft 26 %, Industrie 19 %, Dienstleistungen 55 % ▪ **Erwerbstätigkeit** 2001: Landwirtsch. 48 % ▪ **Arbeitslosigkeit** ∅ 2003: 40 % (S) ▪ **Inflation** ∅ 2003: 3,3 % ▪ **Außenhandel** 2002: **Import**: 2,792 Mrd. $; *Güter* 2000: 34 % mineralische Brennstoffe, Schmiermittel, 16 % Maschinen und Transportmittel, 15 % Nahrungsmittel und lebende Tiere, 15 % chemische Erzeugnisse, 13 % bearbeitete Waren; *Länder* 2000: 27 % Nigeria, 20 % Frankreich, 4 % Belgien, 4 % Italien, 4 % USA; **Export**: 5,023 Mrd. $; *Güter* 2000: 28 % Kakao und Kakaoprodukte, 18 % Erdölprodukte, 7 % Fisch, 7 % Holzprodukte, 4 % Baumwolle; *Länder* 2000: 15 % Frankreich, 10 % Niederlande, 8 % USA, 6 % Mali, 5 % Italien, 4 % Senegal, 4 % Belgien

CHRONIK

Erneute Bemühungen, die Bürgerkriegsparteien auf die Umsetzung des im Januar 2003 beschlossenen Friedensplans von Linas-Marcoussis (→ WA 2004, Sp. 315) einzuschwören und damit die Spaltung des Landes zu überwinden, wurden immer wieder von gewalttätigen Auseinandersetzungen zwischen Regierung und Rebellen unterbrochen, in die im November 2004 auch die ehemalige Kolonialmacht Frankreich verwickelt wurde. Im April 2005 einigten sich angesichts der für Oktober 2005 geplanten Präsidentschaftswahl alle Beteiligten darauf, die kriegerischen Handlungen zu beenden, die auch durch die in der Mitte des Landes eingerichtete Neutrale Zone und die dort stationierten französischen und UN-Truppen verhindert werden sollen (→ Karte). Außerdem wurde die bis dato umstrittene Präsidentschaftskandidatur von Oppositionsvertreter Alassane Dramane Ouattara, der die mehrheitlich muslimische Bevölkerung im Norden repräsentiert, zugelassen. In dem einst reichsten Land Westafrikas war es in der Folge des Ausschlusses

Ouattaras bei den Präsidentschaftswahlen im Jahr 2000 wegen dessen angeblich zweifelhafter ivorischer Staatsangehörigkeit zum Bürgerkrieg gekommen. Vor allem die 2002 gegründete »Ivorische Bewegung zur Verteidigung republikanischer Institutionen«, die ein ultranationalistisches Konzept der Ivorité mit einer radikal antifranzösischen Position verbindet und Präsident Laurent Gbagbo nahe steht, könnte die notwendige Aussöhnung zwischen den beiden Landesteilen durch eine Revision des Staatsbürgergesetzes blockieren.

▪ **Von Kämpfen überschattete Friedensbemühungen:** Unter starkem internationalem Druck einigten sich Regierung, Rebellen und Opposition Ende Juli 2004 in der ghanaischen Hauptstadt Accra darauf, den seit Monaten stockenden Friedensprozess wieder aufzunehmen und einen Zeitplan zur Umsetzung des Abkommens von Linas-Marcoussis zu beschließen (so genannter Accra-III-Plan): Die Regierung unter Präsident Gbagbo sagte zu, bis Ende August 2004 die im Vertrag festgelegten Änderungen im Wahl-, Ausländer- und Bodengesetz vom Parlament verabschieden zu lassen. Die Rebellen der Nouvelle Force unter Führung von Guillaume Soro erklärten sich ihrerseits bereit, bis zum 15. 10. mit der Entwaffnung ihrer Milizen zu beginnen.

Als das Parlament, in dem nach mehrmaliger Suspendierung auch wieder Vertreter der Nouvelle Force und der Opposition saßen, seine Beratungen Ende September 2004 ergebnislos abbrach, stellten die Rebellen ihre bereits begonnenen Maßnahmen zur Entwaffnung ein. Am 4. 11. 2004 kam es zu einem **Bruch der seit 18 Monaten anhaltenden Waffenruhe,** als die ivorische Luftwaffe Angriffe auf die Zentrale der Nouvelle Force in der Stadt Bouaké im Norden des Landes flog. Bei weiteren Luftangriffen am 6. 11. wurde auch ein französisches Militärlager in der Nähe von Bouaké getroffen, neun französische Soldaten wurden getötet, 38 zum Teil schwer verletzt. Die **französischen Truppen** reagierten mit der Zerstörung der aus zwei Kampfflugzeugen und fünf Helikoptern bestehenden ivorischen Luftwaffe und schlossen sämtliche Flughäfen des Landes. Der Vorfall löste in Abidjan heftige Ausschreitungen der Gbagbo-Anhänger gegen die ehemalige Kolonialmacht aus, die französische Soldaten nach Angaben von ai mit brutaler Gegengewalt beantworteten. Zahlreiche Personen wurden getötet bzw. verletzt, mehr als 10 000 flohen vorübergehend ins benachbarte Liberia. Rund 8000 Ausländer – hauptsächlich Franzosen – wurden ab dem 10. 11. von ihren Regierungen evakuiert.

In die Auseinandersetzungen schaltete sich am 11. / 12. 11. 2004 der von der Afrikanischen Union (AU) zum Vermittler bestimmte südafrikanische Präsident Thabo Mbeki ein. Um zusätzlichen Druck auf die Konfliktparteien auszuüben, verhängte der UN-Sicherheitsrat am 15. 11. ein sofortiges Waffenembargo gegen die Elfenbeinküste und kündigte personenbezogene Sanktionen an, sollte der Friedensprozess bis Mitte Dezember 2004 nicht vorankommen. Am 17. 12. verabschiedete das Parlament wie im Accra-III-Plan festgelegt die Reformgesetze, allerdings erst, nachdem die Front Populaire Ivoirien (FPI) von Präsident Gbagbo einschneidende Änderungen bei den Wahl- und Staatsbürgerschaftsgesetzen durchgesetzt hatte.

Führer der Nouvelle-Force-Rebellen am 14. 4. 2005 (Issouf Sanogo / AFP / Getty Images)

Bei einer **als »Durchbruch« bezeichneten Einigung** am 6. 4. 2005 im südafrikanischen Pretoria beschlossen Regierung, Nouvelle-Force-Rebellen und Opposition, die Kriegshandlungen sofort einzustellen und ihre Truppen umgehend zu entwaffnen. Außerdem sollten bis Ende April 2005 einige bereits beschlossene Gesetze noch einmal ins Parlament eingebracht werden und im Sinne des Linas-Marcoussis-Vertrags neu verabschiedet werden. Die Entscheidung über die **Zulassung Ouattaras als Präsidentschaftskandidat** fiel erst am 27. 4., als Präsident Gbagbo dessen Kandidatur ausnahmsweise für die im Oktober 2005 geplante Wahl akzeptierte. Ferner stimmte Gbagbo der paritätischen Besetzung einer unabhängigen Wahlkommission zu, entzog ihr aber zugleich die Aufstellung der Wählerlisten zugunsten des Statistischen Amtes. Damit blieb weiter unklar, wer bei der geplanten Wahl überhaupt abstimmen darf.

Trotz Protesten der Rebellen, weil die Ende April 2005 zu verabschiedenden Gesetze noch immer nicht ins Parlament eingebracht worden waren, entschieden Regierung und die Nouvelle Force am 15. 5., dass die Rebellen Ende Juni 2005 mit der Entwaffnung ihrer Milizen beginnen und bis August 2005 abschließen sollen. Die regierungsnahen Milizen, darunter die »Jeunes Patriotes«, im Westen weigerten sich zunächst, ihre Waffen abzugeben, erklärten sich dann aber angesichts eines anwesenden UN-Beobachters bereit, symbolisch eine Kalaschnikow zu übergeben.

El Salvador Mittel-Amerika

Republik El Salvador; República de El Salvador – SV / SLV

Fläche (Weltrang: 148): 21 041 km²

Einwohner (98): F 2003 6 533 000 = 311 je km²

Hauptstadt: San Salvador

Amtssprache: Spanisch

Bruttonationaleinkommen 2003 je Einw.: 2340 $

Währung: 1 El-Salvador-Colón (¢) = 100 Centavos
Kurs: 1 US-$ = 8,75 ¢; 1 € = 10,79 ¢

Botschaft der Republik El Salvador
Joachim-Karnatz-Allee 47, 10557 Berlin
T 030 / 206 46 60, Fax 224 882 44
www.botschaft-elsalvador.de

LANDESSTRUKTUR **Fläche**: 21 041 km²; → Karte ▪ **Verwaltung**: 14 Departamentos ▪ **Städte**: (F 2001) San Salvador 485 847 Einw., Soyapango 287 034, Santa Ana 253 037, San Miguel 245 428, Mejicanos 193 400, Apopa 179 122, Nueva San Salvador (Santa Tecla) 163 794, Delgado 157 094

BEVÖLKERUNG Salvadorianer – F 2003: 6 533 000 Einw.; Bevölkerungswachstum: 1,8 %; letzte Zählung 1992: 5 047 925 Einw. – überwiegend Mestizen (Ladinos), 10 % Indianer, 1 % Weiße; über 2 Mio. Salvadorianer leben im Ausland ▪ **Sprachen**: Spanisch; Nahua, Maya; Englisch ▪ **Religion** 2001: 78 % Katholiken, Minderheit von Protestanten

STAATS- UND REGIERUNGSFORM Verfassung von 1983 – Präsidialrepublik seit 1983 – Nationalversammlung (Asamblea Legislativa) mit 84 Mitgl., Wahl alle 3 J. – Direktwahl des Staatsoberh. alle 5 J. (keine Wiederwahl) – Wahlpflicht ab 18 J. ▪ **Unabhängigkeit**: Proklamation 15. 9. 1821 (ehem. spanische Kolonie), endgültig 13. 4. 1839 ▪ **Nationalfeiertag**: 15. 9.

REGIERUNG UND PARTEIEN **Staats- u. Regierungschef**: Tony (Elías Antonio) Saca González (ARENA), seit 1. 6. 2004 – **Äußeres**: Francisco Laínez Rivas, seit 1. 6. 2004 ▪ **Parlament**: Wahlen vom 16. 3. 2003: Frente Farabundo Martí para la Liberación Nacional / FMLN 31 von 84 Sitzen (2000: 31), Alianza Republicana Nacionalista / ARENA 27 (29), Partido de Conciliación Nacional / PCN 16 (14), Centro Democrático Unido / CDU 5 (3), Partido Demócrata Cristiano / PDC 4 (5), Partido Movimiento Renovador / PMR 1 (–), Partido Acción Nacional / PAN – (2)

WIRTSCHAFT **BIP** 2003: 14,879 Mrd. $; realer Zuwachs: 1,8 %; Anteil (2003) Landwirtschaft 9 %, Industrie 33 %, Dienstleistungen 59 % ▪ **Erwerbstätigkeit** 2002: Landwirtsch. 19,7 %, Industrie 19,3 %, Dienstl. 55,9 % ▪ **Arbeitslosigkeit** ∅ 2004: 6,3 % (rd. 30 % Unterbeschäftigung) ▪ **Inflation** ∅ 2004: 4,5 % ▪ **Außenhandel** 2004: **Import**: 6,269 Mrd. $; *Güter*: 38 % industrielle Zwischengüter, 29 % Konsumgüter, 22 % Maquila, 16 % Investitionsgüter; *Länder*: 47 % USA, 8 % Guatemala, 3 % Costa Rica, 3 % Honduras; **Export**: 3,295 Mrd. $; *Güter*: 55 % Maquila, 4 % Kaffee; *Länder*: 65 % USA, 12 % Guatemala, 6 % Honduras

CHRONIK

▪ **Anhaltende Wirtschaftskrise**: Unter der Minderheitsregierung von Präsident Tony (Elías Antonio) Saca González stieg das BIP 2004 nur um 1,8 %. Der wichtigste Sektor im produzierenden Gewerbe des Landes, die in freien Produktionszonen textilverarbeitenden »Maquilas«, stagnierte als Folge der scharfen Konkurrenz aus der Volksrepublik China. Mit 13 % des BIP sind Geldrücksendungen der in die USA ausgewanderten El Salvadorianer nach wie vor wichtiger Wirtschaftsfaktor für rund ein Viertel aller Familien.

▪ **Bekämpfung der Kriminalität**: Die schlechte wirtschaftliche Lage verstärkte die Gewaltbereitschaft der Jugendbanden, der sog. Maras (→ WA 2005, S. 157 u. S. 193). Als Reaktion auf die grassierende Bandenkriminalität vereinbarten Guatemala, El Salvador, Honduras, Nicaragua und Costa Rica Anfang Mai 2005 **eine gemeinsame »schnelle Eingreiftruppe«**.

▪ **Aufarbeitung der Vergangenheit**: Ein US-Bundesgericht in Kalifornien befand am 3. 9. 2004 den ehemaligen Luftwaffenoffizier Alvaro Rafael Saravia Merino der Mitwirkung an dem Attentat auf Oscar Arnulfo Romero, den Erzbischof von San Salvador, im März 1980 für schuldig und verhängte die Zahlung einer Entschädigung von 10 Mio. US-$. Das Attentat auf den Erzbischof, das mit zum Ausbruch des 12-jährigen Bürgerkriegs mit rund 70 000 Toten beigetragen hatte, belebte die Diskussion eines 1993 erlassenen Amnestiegesetzes für vor 1992 begangene politische Verbrechen wieder, an dem Präsident Saca festhält.

Eritrea Nordost-Afrika

Staat Eritrea; Eritrea (tigrinya); Iritriyya (arabisch) – ER / ERI

Fläche (Weltrang: 96): 121 144 km²

Einwohner (117): F 2003 4 390 000 = 36 je km²

Hauptstadt: Asmera (Asmara)

Amtssprachen: Tigrinya, Arabisch

Bruttonationaleinkommen 2003 je Einw.: 190 $

Währung: 1 Nakfa (Nfa) = 100 Cents
Kurs: 1 US-$ = 15,75 Nfa; 1 € = 19,51 Nfa
1 Birr (Br) = 1 Nfa

Botschaft des Staates Eritrea
Stavangerstr. 18, 10439 Berlin
T 030 / 446 746 0, Fax 44 67 46 21
E-Mail: er.embassy@freenet.de

LANDESSTRUKTUR **Fläche**: 121 144 km²; → Karte ▪ **Verwaltung**: 10 Provinzen ▪ **Städte**: (S 2003) Asmera (Asmara) 400 000 Einw., Aseb (Assab) 56 300, Keren 38 000, Mitsiwa (Massawa) 30 700

BEVÖLKERUNG Eritreer – F 2003: 4 390 000 Einw.; Bevölkerungswachstum: 2,2 %; letzte Zählung 1984: 2 748 304 Einw. – ca. 50 % Tigrinya, 30 % Tigre, 5 % Afar (Nomaden), 5 % Saho, 3 % Hedareb (Beja), 2 % Bilen, 2 % Kunama (Bara), 2 % Nara (Baria), 1 % Raschaida ▪ **Sprachen**: Tigrinya und Arabisch; Sprachen der anderen Volksgruppen ▪ **Religion**: 50 % eritreisch-orthodoxe Christen, 50 % Muslime; indigene Religionen

STAATS- UND REGIERUNGSFORM Verfassung in Ausarbeitung – Republik seit 1993 – Provisorisches Parlament (Nationalversammlung) mit derzeit 104 Mitgl. (Zentralkomitee der PFDJ sowie 30 Mitgl. der Provinzparlamente und 30 sonst. Mitgl.); Parlament mit 150 Mitgl. vorgesehen (75 direkt gewählt und 75 Mitgl. des PFDJ-Zentralkomitees) ▪ **Unabhängigkeit**: 24. 5. 1993 (ehem. Provinz von Äthiopien) ▪ **Nationalfeiertag**: 24. 5.

REGIERUNG UND PARTEIEN **Staats- u. Regierungschef**: Isayas Afewerki (Generalsekr. der PFDJ), seit 1993 (Übergangsregierung) – **Äußeres**: Ali Sayyid Abdullah, seit 2. 10. 2000 ▪ **Parlament**: People's Front for Democracy and Justice (ehem. Eritreische Volksbefreiungsfront / EPLF) / PFDJ u. a.

WIRTSCHAFT **BIP** 2003: 751 Mio. $; realer Zuwachs: 3,0 %; Anteil (2003) Landwirtschaft 14 %, Industrie 25 %, Dienstleistungen 61 % ▪ **Erwerbstätigkeit** 2001: Landwirtsch. 77 % ▪ **Arbeitslosigkeit** ∅ 2002: 50 % ▪ **Inflation** ∅ 2002: 16,9 % ▪ **Außenhandel** 2001: **Import**: 4356 Mio. Nfa; (ohne Erdöl) *Güter*: 38 % Nahrungsmittel und lebende Tiere, 23 % Maschinen und Transportausrüstungen, 19 % bearbeitete Waren; *Länder*: 19 % Italien, 17 % Saudi-Arabien, 15 % Vereinigte Arabische Emirate, 5 % USA; **Export**: 193 Mio. Nfa; *Güter*: 47 % Nahrungsmittel und lebende Tiere, 30 % bearbeitete Waren; *Länder*: 49 % Sudan, 8 % Italien

CHRONIK

Auch im vierten Jahr nach Abschluss eines Friedensvertrages mit Äthiopien war eine Einigung im Konflikt um den Grenzverlauf zwischen beiden Ländern nicht in Sicht. Präsident Isayas Afewerki lehnte einen Vorschlag des äthiopischen Ministerpräsidenten Ato Meles Zenawi ab, in erneuten Gesprächen Änderungen der von der unabhängigen Grenzkommission für Äthiopien und Eritrea (EEBC) festgelegten Demarkationslinie zu diskutieren. Unterdessen wurden die **Lebensmittelreserven** des immer noch an den Folgen des Grenzkrieges leidenden Landes **knapp.** Eine seit vier Jahren anhaltende Dürre und daraus resultierende massive Ernteausfälle haben das Land von Lebensmittellieferungen aus dem Ausland abhängig gemacht, die aber wegen der instabilen Grenzsituation oft nicht ihr Ziel erreichen.

Mitte Oktober 2004 kam es zu **Spannungen mit Sudan.** Eritrea beschuldigte das Nachbarland, die Ermordung von Präsident Afewerki geplant zu haben. Daraufhin warf der Chef des sudanesischen Sicherheitsdienstes, Saleh Gosh, der Regierung in Asmera vor, die sudanesischen Rebellengruppen zu unterstützen. Sudans Oppositionsbewegung National Democratic Alliance hat ihr Hauptquartier in Eritrea. Die Beziehungen zwischen Eritrea und Sudan sind seit Jahren angespannt, was 2002 zur Schließung der Grenze geführt hatte.

Estland Nordost-Europa

Republik Estland; Eesti Vabariik – EE / EST

Fläche (Weltrang: 129): 45 227 km²

Einwohner (146): F 2003 1 353 000 = 30 je km²

Hauptstadt: Tallinn (Reval)

Amtssprache: Estnisch

Bruttonationaleinkommen 2003 je Einw.: 5380 $

Währung: 1 Estnische Krone (ekr) = 100 Senti
Kurs: 1 US-$ = 12,93 ekr; 1 € = 15,65 ekr (1. 7. 2005)

Botschaft der Republik Estland
Hildebrandstr. 5, 10785 Berlin
T 030 / 254 606 00, Fax 254 606 01
www.estemb.de

LANDESSTRUKTUR **Fläche:** 45 227 km² einschließlich 1520 Inseln mit insg. 4133 km²: Saaremaa (Ösel) 2673 km², Hiiumaa (Dagö) 989 km², Muhu (Moon) 200 km², Vormsi (Worms) 92,9 km²; ohne Binnengewässer ▪ **Verwaltung:** 15 Regionen ▪ **Städte:** (F 2003) Tallinn (Reval) 397 150 Einw., Tartu (Dorpat) 101 190, Narva 67 752, Kohtla-Järve 46 765, Pärnu (Pernau) 44 781

BEVÖLKERUNG Esten – F 2003: 1 353 000 Einw.; Bevölkerungswachstum: –0,4 %; letzte Zählung 2000: 1 370 052 Einw. – 65,3 % Esten, 28,1 % Russen, 2,5 % Ukrainer, 1,5 % Weißrussen, 0,9 % Finnen ▪ **Sprachen** 2000: 67 % Estnisch, 30 % Russisch; Sprachen der Minderheiten ▪ **Religion** 2000: 33 % ohne Religion oder Atheisten; 11 % Lutheraner, 10 % Estnisch-Orthodoxe; Minderheiten von Katholiken, Muslimen, Juden

STAATS- UND REGIERUNGSFORM Verfassung von 1992 – Republik seit 1991 – Parlament (Reichstag / Riigikogu) mit 101 Mitgl.; Wahl alle 4 J. – Wahl des Staatsoberh. alle 5 J. durch das Parlament – Wahlrecht ab 18 J. ▪ **Unabhängigkeit:** 1918–1940, Proklamation 30. 3. 1990, endgültig 21. 8. 1991 ▪ **Nationalfeiertag:** 24. 2. (Gründung der Republik Estland 1918)

REGIERUNG UND PARTEIEN **Staatsoberhaupt:** Arnold Rüütel (Agrarunion), seit 8. 10. 2001 – **Regierungschef:** Andrus Ansip (RE), seit 12. 4. 2005; Koalition aus RE, K und ERL – **Äußeres:** Urmas Paet (RE), seit 12. 4. 2005 ▪ **Parlament:** Wahlen zum Reichstag vom 2. 3. 2003: Zentrum / K 28 von 101 Sitzen (1999: 28), Res Publica / RESP 28 (–), Reformpartei / RE 19 (18), Bürgerunion / ERL 13 (–), Vaterlandsunion / I 7 (18), Moderate / M 6 (17), Sonstige – (20)

Estland: BIP gesamt und je Einwohner

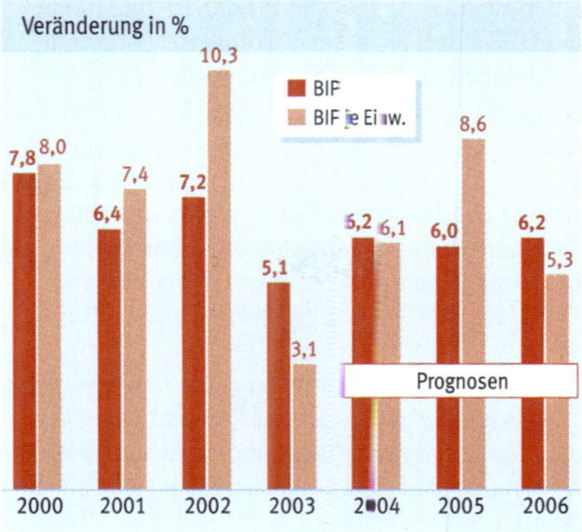

Quelle: Eurostat 2005

WIRTSCHAFT **BIP** 2003: 9,082 Mrd. $; realer Zuwachs: 5,1 %; Anteil (2003) Landwirtschaft 4 %, Industrie 28 %, Dienstleistungen 67 % ▪ **Erwerbstätigkeit** 2002: Landwirtsch. 7,0 %, Industrie 31,3 %, Dienstl. 61,7 % ▪ **Arbeitslosigkeit** ∅ 2004: 9,2 % ▪ **Inflation** ∅ 2004: 3,0 % ▪ **Außenhandel** 2004: **Import:** 74,277 Mrd. ekr; *Güter:* 29 % Maschinen und Ausrüstungen, 12 % Transportmittel, 11 % Metalle / Metallwaren, 9,2 % Agrarprodukte / Nahrungsmittel, 7 % Chemieprodukte, 7 % mineralische Erzeugnisse, 7 % Textilien und Bekleidung, 5 % Gummi- und Kunststoffprodukte, 3 % Holz und Holzprodukte; *Länder:* 22 % Finnland, 13 % Deutschland, 10 % Schweden, 10 % Russland, 5 % Litauen, 5 % Lettland, 4 % Niederlande, 3 % Polen, 2 % Dänemark, 2 % Italien (EU gesamt: 78 %); **Export:** 105,429 Mrd. ekr; *Güter:* 27 % Maschinen und Ausrüstungen, 13 % Holz / Holzwaren, 9 % Textilien und Bekleidung, 8 % Metalle / Metallwaren, 8 % Agrarprodukte / Nahrungsmittel, 6 % Transportmittel, 5 % Chemieprodukte, 5 % mineralische Produkte, 3 % Produkte aus Kunststoff oder Gummi; *Länder:* 23 % Finnland, 15 % Schweden, 8 % Deutschland, 8 % Lettland, 5 % Russland, 4 % Litauen, 4 % Ungarn, 4 % Großbritannien, 3 % Norwegen (EU gesamt: 80 %)

CHRONIK

▪ **Neue Mitte-links-Regierung:** Die bereits seit dem vergangenen Jahr **angespannten Beziehungen zwischen den Koalitionspartnern** spitzten sich zu und führten am 11. 2. 2005 zur Entlassung von Außenministerin Kristiina Ojuland (Liberale Reformpartei, RE). Der konservative Ministerpräsident Juhan Parts (Res Publica, RESP) hatte sie für den Verlust vertraulicher Akten aus ihrem Ministerium verantwortlich gemacht und ihr das Vertrauen entzogen. Daraufhin verlangten die beiden kleinen Koalitionspartner den Rücktritt von Justizminister Ken-Marti Vaher (RESP), dem sie unprofessionelle und undemokratische Methoden bei der

Korruptionsbekämpfung vorwarfen. Als Parts dieser Forderung nicht nachgab, initiierten RP und Bürgerunion (ERL) am 21. 3. eine Vertrauensabstimmung im Parlament gegen Vaher, die dieser verlor. Als Konsequenz trat auch Parts am 24. 3. zurück. Zum **neuen Regierungschef** einer Koalition aus RE, linkem Zentrum (K) und ERL wählten die Abgeordneten am 12. 4. 2005 mit 53 zu 40 Stimmen den RE-Vorsitzenden und früheren Wirtschafts- und Kommunikationsminister, Andrus Ansip. Neuer Außenminister der zwölften Regierung seit der Unabhängigkeit 1991 wurde Urmas Paet.

- **Estnisch-russischer Grenzvertrag:** Die Außenminister Estlands und Russlands, Urmas Paet und Sergej Lawrow, unterzeichneten am 18. 5. 2005 in Moskau zwei **Verträge über die Land- und Seegrenzen** zwischen beiden Staaten. Zusätzlich müssen die Parlamente in Tallinn und Moskau noch zustimmen. Der estnische Reichstag billigte den Vertrag in einer Sondersitzung am 18. 7.; die russische Duma lehnte den Vertrag jedoch wegen einer Präambel ab, in der auf den Friedensvertrag von Tartu im Jahr 1920 Bezug genommen wird. Moskau hatte in diesem Vertrag die Unabhängigkeit Estlands ebenso anerkannt wie die seinerzeitigen Grenzen. Die Gebiete, auf die Estland jetzt per Vertrag verzichten wollte, gingen erst während der sowjetischen Besatzung im Zweiten Weltkrieg an Moskau. Mit der Unterschrift unter den Vertrag hätte Russland also die Besatzung und Annexion Estlands anerkannt, weshalb der Vertrag vom russischen Außenminister als »unannehmbar« zurückgewiesen wurde. Die Vertragsverhandlungen waren bereits seit 1999 abgeschlossen, Russland hatte jedoch bisher wegen Kritik an der Lage der russischen Minderheit in Estland die Unterzeichnung immer wieder hinausgezögert.
- **Geschichtspolitik:** Die Einladung des russischen Präsidenten Wladimir Putin zu den Feiern zum 60. Jahrestag des Sieges über Nazideutschland am 9. 5. 1945 lehnten Präsident Arnold Rüütel und sein litauischer Amtskollege Valdas Adamkus am 8. 3. 2005 ab (→ Litauen). Rüütel verwies darauf, dass Estland 1940 und erneut 1944 widerrechtlich von der Sowjetunion okkupiert worden sei und der 9. 5. deshalb für Estland kein Feiertag sei.
- **EU-Verfassung:** Die Regierung entschied am 2. 9. 2004, die geplante EU-Verfassung vom Parlament ratifizieren zu lassen. Die Abstimmung wurde am 1. 6. 2005 auf den Herbst verschoben. Grund dafür waren aber nicht die gescheiterten Referenden in → Frankreich am 29. 5. 2005 und den → Niederlanden am 1. 6., sondern die Prüfung, ob die EU-Verfassung mit der estnischen Verfassung vereinbar sei.

Fidschi Ozeanien

Republik Fidschi-Inseln; Matanitu Tu-Vaka-i-koya Ko Viti (fidschianisch); Republic of the Fiji Islands – FJ / FJI

Fläche (Weltrang: 151): 18 376 km²

Einwohner (153): F 2003 835 000 = 45 je km²

Hauptstadt: Suva

Amtssprachen: Fidschianisch, Englisch

Bruttonationaleinkommen 2003 je Einw.: 2240 $

Währung: 1 Fidschi-Dollar ($F) = 100 Cents
Kurs: 1 US-$ = 1,71 $F; 1 € = 2,13 $F

Botschaft der Republik Fidschi-Inseln
34, Hyde Park Gate, GB-London SW7 5DN
T 00 44 – 20 / 75 84 36 61, Fax 75 84 28 38
www.fijihighcommission.org.uk

LANDESSTRUKTUR **Fläche**: 18 376 km²; davon Viti Levu 10 429 km² und Vanua Levu 5556 km²; Rotuma-Inseln insg. 332, davon 105 bewohnt; Karte → WA 2005, S. 160 ▪ **Verwaltung**: 4 Bezirke mit 14 Provinzen ▪ **Städte**: (Z 1996) Suva 77 366 Einw., Lautoka 36 083, Nadi 9170, Labasa 6491, Ba 6314

BEVÖLKERUNG Fidschianer – F 2003: 835 000 Einw.; Bevölkerungswachstum: 1,4 %; letzte Zählung 1996: 775 077 Einw. – F 2004: 54,3 % Fidschianer (Melanesier), 38,2 % Inder; Rotumas, Chinesen, Europäer u. a.; → Tabelle ▪ **Sprachen**: Fidschianisch (melanesische Sprache), Hindi, Englisch ▪ **Religion** 1996: 49 % Methodisten und andere protestantische Kirchen, 32 % Hindus, 9 % Katholiken, 7 % Muslime u. a.

STAATS- UND REGIERUNGSFORM Verfassung von 1997 – Republik seit 1987 (im Commonwealth) – Parlament: Repräsentantenhaus mit 71 Mitgl. (davon reserviert für Fidschianer 23, Inder 19, Rotumas 1, Europäer, Chinesen u. a. 3); Senat mit 32 Mitgl. (14 vom Großen Rat der Stammeshäuptlinge, 9 vom Präsidenten, 8 von der Opposition und 1 vom Rotuma-Inselrat ernannt); Wahl alle 5 J. – Großer Rat der Stammeshäuptlinge (Bose Levu Vakaturaga) mit 80 Mitgl.

Fidschi
Ethnische Zusammensetzung der Bevölkerung

Ethnie	Z 1976	Z 1986	Z 1996	F 2003
Melanesier	259 932	329 305	393 575	456 207
Inder	292 896	348 704	338 818	320 659
Rotumas	7 291	8 652	9 727	63 335*
Europäer	4 929	4 196	3 103	
Chinesen	4 652	4 784	4 939	
andere	18 368	19 734	24 915	
insgesamt	588 068	715 375	775 077	840 201

* keine genaueren Angaben verfügbar *Quelle:* Fiji Islands Bureau of Statistics 2005

ernennt Staatsoberh. alle 5 J. – Staatsoberh. muss ethnischer Fidschianer sein – Wahlrecht ab 21 J. ▪ **Unabhängigkeit**: 10. 10. 1970 (ehem. britische Kolonie) ▪ **Nationalfeiertag**: 10. 10.

REGIERUNG UND PARTEIEN **Staatsoberhaupt**: Josefa Iloilo, seit 13. 7. 2000 – **Regierungschef**: Laisenia Qarase, seit 4. 7. 2000 – **Äußeres**: Kaliopate Tavola, seit 28. 7. 2000 ▪ **Parlament**: Wahlen vom 25. 8.–2. 9. 2001: United Fiji Party / SDL 32 von 71 Sitzen (1999: – von 71), Fiji Labour Party (Inder) / FLP 27 (37), Conservative Alliance / MV 6 (–), New Labour Unity Party / NLUP 2 - (–), United General Party / UGP 1 (2), National Federation Party (Inder) / NFP 1 (–), Unabhängige 2 (5), Sonstige – (27)

WIRTSCHAFT **BIP** 2003: 2,036 Mrd. $; realer Zuwachs: 4,8 %; Anteil (2002) Landwirtschaft 16 %, Industrie 27 %, Dienstleistungen 57 % ▪ **Erwerbstätigkeit** 2001: Landwirtsch. 40 % ▪ **Arbeitslosigkeit**: k. A. ▪ **Inflation** ∅ 2004: 3,0 % (S) ▪ **Außenhandel** 2004: **Import**: 2,205 Mrd. $F; *Güter*: 23 % Maschinen und Transportausrüstungen, 15 % mineralische Produkte, 16 % Nahrungsmittel und lebende Tiere, 11 % Textilien, 7 % chemische Produkte; *Länder* 2002: 37 % Australien, 17 % Neuseeland, 16 % Singapur; **Export**: 1,175 Mrd. $F; *Güter*: 24 % Getränke und Tabak, 23 % Textilien und Schuhe, 14 % mineralische Produkte, 11 % Nahrungsmittel und lebende Tiere, 8 % Perlen und Edelmetalle; *Länder* 2002: 26 % USA, 20 % Australien, 11 % Großbritannien

CHRONIK

Die **juristische Klärung des Putsches vom Mai 2000**, als Rebellenführer George Speight die Regierung des ersten Premierministers indischer Abstammung, Mahendra Chaudry, gestürzt hatte, ließ den Inselstaat auch weiterhin nicht zur Ruhe kommen. Das Oberste Gericht in der Hauptstadt Suva befand am 5. 8. 2004 **Vizepräsident Ratu Jope Seniloli** und den stellvertretenden Parlamentspräsidenten Ratu Rakuita Vakalalabure für schuldig und verurteilte sie am Tag darauf zu vier bzw. sechs Jahren Haft. Drei weitere Angeklagte erhielten Haftstrafen zwischen drei Jahren und einem Jahr. Allen wurde zur Last gelegt, an dem Putsch beteiligt gewesen zu sein. Am 26. 11. 2004 ordnete Justizminister Qoroniasi Bale die **Entlassung von Seniloli aus dem Gefängnis** an und begründete dies mit dem angeblich schlechten Gesundheitszustand des Inhaftierten. Dessen Berufung gegen das Urteil war am 11. 11. abgelehnt worden. Sein Staatsamt, das er trotz seiner Verurteilung weiter innegehabt hatte, legte Seniloli am 29. 11. nieder, einen Teil seiner bisherigen Bezüge durfte er weiterhin behalten. Chaudrys Fiji Labour Party (FLP) kritisierte die Haftentlassung als Verschwörung der Regierung gegen das Oberste Gericht. Wenige Tage zuvor hatte er sich mit der Oppositionsrolle abgefunden, nachdem seine Versuche, der FLP den verfassungsrechtlich vorgeschriebenen Platz im Kabinett zu sichern, fruchtlos geblieben waren. Vier weitere Beteiligte des Putsches, unter ihnen der Minister für Landangelegenheiten und Rohstoffe, Ratu Naiqama Lalabalavu, wurden am 4. 4. 2005 zu je acht Monaten Gefängnis verurteilt. Als Nachfolger von Lalabalavu wurde am 8. 4. Sam Speight, der ältere Bruder des Rebellenführers, vereidigt.

Ende Mai 2005 brachte die Regierung eine **Aussöhnungs- und Einigungs-Vorlage** zur ersten Lesung ins Parlament ein. Sollte die Vorlage zum Gesetz werden, würden damit zahlreiche Beteiligte des Putsches aus dem Jahr 2000, u. a. auch George Speight, umgehend amnestiert werden. Bei Opposition, Bürgerrechtsgruppen und dem Militär stieß die Vorlage auf Widerstand.

Anfang März 2005 erhoben die Bewohner der Insel Namalata, die in der Lau-Gruppe im Osten der Inselrepublik liegt, **Klage gegen Schauspieler und Regisseur Mel Gibson**. Dieser hatte im Dezember 2004 für umgerechnet 15 Mio. US-$ die rund 2100 ha große Nachbarinsel Mago von einer japanischen Hotelkette gekauft. Die Namalata-Insulaner betrachten sich als die rechtmäßigen Besitzer von Mago und fordern sie nun zurück. Ihre Vorfahren seien im 19. Jahrhundert unter Waffengewalt vertrieben worden und hätten lediglich 2000 Kokospalmen als Entschädigung erhalten. Nachdem die Regierung in Suva den Kauf bereits im Februar 2005 genehmigt hatte, werden einer Klage wenig Chancen eingeräumt.

Prinz Charles auf Staatsbesuch in Fidschi am 11. 3. 2005

Der britische **Kronprinz Charles** beendete eine zweiwöchige Reise, die ihn u. a. nach Australien und Neuseeland geführt hatte, am 11. 3. 2005 in Fidschi. Auf Castaway Island wurde er von einer Ehrengarde in Empfang genommen und ließ sich über die Maßnahmen zum Schutz der Korallenriffs informieren. Sein letzter Besuch in dem Inselstaat hatte 1974 stattgefunden, 100 Jahre nach der Kolonisierung durch die Engländer.

Finnland Nord-Europa

Republik Finnland; Suomen Tasavalta, Kurzform: Suomi (finnisch); Republiken Finland (schwedisch) – FI / FIN

Fläche (Weltrang: 63): 338 144 km²

Einwohner (109): F 2003 5 212 000 = 15,4 je km²

Hauptstadt: Helsinki / Helsingfors

Amtssprachen: Finnisch, Schwedisch

Bruttonationaleinkommen 2003 je Einw.: 27 060 $

Währung: 1 Euro (€) = 100 Cent
Kurs: 1 US-$ = 0,83 € (1. 7. 2005)

Botschaft der Republik Finnland
Rauchstr. 1, 10787 Berlin
T 030 / 50 50 30, Fax 50 50 33 33
www.finnland.de

LANDESSTRUKTUR **Fläche:** 338 144 km²; 6554 Inseln, rd. 60 bewohnt; → Karte ▪ **Gebiete:** Ahvenanmaa-Inseln (Åland) → unten ▪ **Verwaltung**: 6 Regierungsbezirke: Åland, Lappland, Oulu, Ostfinnland, Südfinnland, Westfinnland; 20 Regionen; Tabelle → WA 2005, S. 162 ▪ **Städte**: (F 2003) Helsinki (Helsingfors) 559 330 Einw., Espoo (Esbo) 224 231, Tampere (Tammerfors) 200 966, Vantaa (Vanda) 184 039; (F 2004) Turku (Åbo) 175 059; (F 2003) Oulu (Uleåborg) 125 928, Lahti 98 253, Kuopio 88 250, Jyväskylä 82 409, Pori (Björneborg) 76 189, Lappeenranta 58 897, Vaasa (Vasa) 56 953, Kotka 54 618, Joensuu 52 659

BEVÖLKERUNG Finnen – F 2003: 52 120 000 Einw.; Bevölkerungswachstum: 0,2 %; letzte Zählung 2000: 5 181 115 Einw. – 92,4 % Finnen, 5,6 % Finnland-Schweden, 2,0 % Sonstige u. a. ca. 17 000 Samit (Samen) ▪ **Sprachen** 2000: 92,40 % Finnisch, 5,63 % Schwedisch, 0,54 % Russisch, 0,03 % Samisch ▪ **Religion** 2000: 85,1 % Lutheraner, 1,1 % Finnisch-Orthodoxe, 11 weitere christliche Gemeinschaften sowie Minderheiten von Muslimen und Juden

STAATS- UND REGIERUNGSFORM Verfassung von 2000 – Republik seit 1919 – Parlament (Eduskunta, Riksdag) mit 200 Mitgl., Wahl alle 4 J. – Direktwahl des Staatsoberh. alle 6 J. – Wahlrecht ab 18 J. ▪ **Unabhängigkeit**: Proklamation 6. 12. 1917 (Loslösung von Russland) ▪ **Nationalfeiertag**: 6. 12.

REGIERUNG UND PARTEIEN **Staatsoberhaupt**: Tarja Halonen (SDP), seit 1. 3. 2000 – **Regierungschef**: Matti Vanhanen (KESK-Vorsitzender), seit 24. 6. 2003; Koalition aus KESK, SDP und SFP – **Äußeres**: Erkki Tuomioja (SDP), seit 1. 3. 2000 ▪ **Parlament**: Parlamentswahlen vom 16. 3. 2003: Zentrum / KESK 55 von 200 Sitzen (1999: 48), Sozialdemokratische Partei / SDP 53 (51), Nationale Sammlungspartei / KOK 40 (46), Linksverband / VAS 19 (20), Grüne / VIHR 14 (11), Schwedische Volkspartei / SFP 8 (11), Christliche Union / SKL 7 (10), Wahre Finnen / PeruS 3 (1), Vertreter der Åland-Inseln 1 (1), Reformgruppe / REM – (1)

WIRTSCHAFT **BIP** 2003: 161,876 Mrd. $; realer Zuwachs: 1,9 %; Anteil (2003) Landwirtschaft 3 %, Industrie 31 %, Dienstleistungen 66 % ▪ **Erwerbstätigkeit** 2002: Landwirtsch. 5,4 %, Industrie 26,9 %, Dienstl. 67,7 % ▪ **Arbeitslosigkeit** ∅ 2004: 8,8 % ▪ **Inflation** ∅ 2004: 0,1 % ▪ **Außenhandel** 2004 (vorläufig): **Import**: 40,270 Mrd. €; *Güter*: 20 % elektronische und optische Ausrüstungen, 12 % Bergbauerzeugnisse, 11 % Chemikalien und chemische Produkte, 10 % Metalle und -produkte, Transportausrüstungen, 10 % Maschinen, 9 % Kfz, 5 % Lebensmittel, Getränke, Tabak; *Länder*: 15 % Deutschland, 13 % Russland, 11 % Schweden, 5 % China, 5 % Großbritannien, 5 % Frankreich, 5 % USA, 4 % Niederlande (EU gesamt: 59 %); **Export**: 48,790 Mrd. €; *Güter*: 25 % elektronische und optische Ausrüstungen, 20 % Papier- und Papierprodukte, 13 % Metalle und Metallprodukte, 12 % Maschinen, 7 % Chemikalien und chemische Produkte, 6 % Transportausrüstungen, 5 % Holz und -produkte; *Länder*: 11 % Schweden, 11 % Deutschland, 9 % Russland, 7 % Großbritannien, 6 % USA, 5 % Niederlande, 4 % China, 4 % Frankreich (EU gesamt: 58 %)

Åland

Ahvenanmaa

Fläche: 1527 km² ▪ **Bevölkerung** F 2003: 26 347 Einw. ▪ **Sprachen**: Schwedisch (Amtssprache) ▪ **Religion**: Lutheraner ▪ **Hauptstadt** (F 2003): Mariehamn 10 626 Einw. ▪ **Status:** Selbstverwaltung seit 1922 – Parlament (Lagting) mit 30 Mitgl., Wahl alle 4 J. ▪ **Regierung:** Gouverneur: Peter Lindbäck – Regierungschef: Roger Nordlund (Zentrumspartei), seit 1999

CHRONIK

Die zum zehnjährigen Jubiläum des EU-Beitritts vorgelegte Studie des Regierungsinstituts für Wirtschaftsforschung kam zu dem Ergebnis, dass Finnland wirtschaftlich und politisch vom Beitritt profitiert habe. Investitionen in Forschung, Ausbildung und Hochtechnologie hätten zur Diversifizierung der Wirtschaft beigetragen. Präsidentin Tarja Halonen verwies darauf, dass sich seitdem das Verhältnis zum großen Nachbarn Russland entspannt habe. Dass sich Finnland zum Musterland entwickelt hat, zeigte sich auch daran, dass es erneut **internationale Spitzenplätze** belegt hat, so mit 9,7 von 10 Punkten den Spitzenplatz (geringste Korruption) auf dem **Korruptionsindex**, den die Nichtregierungsorganisation Transparency International auf der Basis von Daten der Weltbank und mehrerer Forschungsinstitute erstellt und im Oktober 2004 veröffentlicht hatte (→ Weltthema Korruption). Auch in einem **globalen Umweltschutz-Ranking** führt Finnland unter 146 Nationen. Wissenschaftler der US-amerikanischen Universitäten Yale und Columbia präsentierten auf dem Weltwirtschaftsforum in Davos Ende Januar 2005 den »Environmental Sustainability Index«. Deutschland erreichte Platz 31, die Schweiz den siebten, Österreich den zehnten Rang.

- **Steuersenkungen / Lohnpolitik:** Die Mitte-links-Regierung entschied am 30. 11. 2004, die **Einkommensteuer** in den kommenden drei Jahren zu senken. 2005 soll der Satz um 0,5 % reduziert werden, 2006 um 1 %, 2007 nochmals um rund 0,5 %. In der Summe belaufen sich die Steuererleichterungen auf rund 2 Mrd. €. Außerdem wird 2006 die Vermögensteuer abgeschafft, die pro Jahr lediglich zwischen 60–70 Mio. € einbringt. Die Regierung hatte diese Steuersenkungen unter dem Vorbehalt zugesagt, dass sich Gewerkschaften und Arbeitgeber auf moderate Lohnabschlüsse verständigen. Der **nationale Einkommensvertrag** war nach zähen Verhandlungen am Vortag zustande gekommen und sieht bei einer Laufzeit von zweieinhalb Jahren Gehaltssteigerungen von 2,5 % ab März 2005 und von 2,1 % ab Juni 2006 vor.

Ein **sechswöchiger Streik in der Papierindustrie**, bei dem 24 000 Beschäftigte die Arbeit niedergelegt hatten, wurde Ende Juni 2005 beendet. Die Einnahmeausfälle wurden auf 40 Mio. € geschätzt.

- **Kernkraftwerk:** Mitte Februar 2005 erteilte die Regierung in Helsinki die **Baugenehmigung für** einen **dritten Reaktorblock** beim Kernkraftwerk Olkiluoto (→ Karte). Zum ersten Mal seit der Katastrophe von Tschernobyl 1986 wird damit in einem westlichen Industriestaat wieder ein Atommeiler errichtet. Finnland will auf diese Weise die vom Kyoto-Protokoll vorgeschriebene Reduktion von Treibhausgasen erzielen.
- **Sozialdemokratische Partei (SDP):** Der Parlamentspräsident und frühere Ministerpräsident **Paavo Lipponen** (1995–2003) kündigte am 9. 2. 2005 nach zwölf Jahren seinen Rückzug vom Vorsitz der SDP an. Nach der Niederlage seiner Partei bei der Parlamentswahl 2003 hatte er es abgelehnt, als Minister in eine von der Zentrumspartei geführte große Koalition einzutreten.
- **Verzicht auf Landminen bis 2016:** Nach einer Kontroverse über den geeigneten Zeitpunkt, sich der Konvention von Ottawa über das Verbot von Landminen (1999 in Kraft getreten) anzuschließen, vereinbarte die Regierungskoalition im September 2004, das Abkommen im Jahr 2012 zu unterzeichnen und bis 2016 gänzlich auf die Verwendung dieser Waffenart zu verzichten. Bisher hat Finnland die Ausrüstung mit Landminen für unabdingbar gehalten, um die lange Ostgrenze zu Russland zu sichern. Außenminister Erkki Tuomioja und Staatspräsidentin Tarja Halonen konnten sich mit ihrer Forderung, die Ratifizierung zwischen 2006–08 vorzunehmen, nicht durchsetzen.
- **EU-Sicherheitspolitik:** Ministerpräsident Matti Vanhanen und sein schwedischer Amtskollege Göran Persson beschlossen am 4. 10. 2004 die Aufstellung einer gemeinsamen Kampfgruppe als Beitrag zum Aufbau der europäischen Verteidigungsstruktur. Diese hochmobilen Gefechtsverbände, von denen 13 Einheiten mit jeweils 1500 Soldaten geplant sind, sollen 2007 einsatzbereit sein. Finnland wird 200 Soldaten stellen, Schweden 1000. Zusätzlich hatte sich Norwegen, das der NATO, aber nicht der EU angehört, im September 2004 bereit erklärt, diese Initiative zu unterstützen. In ihrem Sicherheitsbericht vom 24. 9. hielt die Regierung am Grundsatz der Bündnisfreiheit fest, verwies jedoch auf die Notwendigkeit, sich an internationalen Kooperationen zu beteiligen.
- **Aceh-Friedensgespräche in Helsinki:** Seit Ende Januar 2005 war Finnland Gastgeber der Verhandlungen zwischen der indonesischen Regierung und der Separatisten-Bewegung Freies Aceh (GAM) (→ Indonesien). Als Vermittler fungierte der frühere Präsident Martti Ahtisaari in seiner Eigenschaft als Inhaber der privaten Consultingfirma Crisis Management Initiative (CMI), die sich der Friedensstiftung widmet.

Frankreich West-Europa

Französische Republik; République française, Kurzform: France – FR / FRA

Fläche (Weltrang: 47): 543 965 km²

Einwohner (20): F 2003 59 762 000 = 110 je km²

Hauptstadt: Paris

Amtssprache: Französisch

Bruttonationaleinkommen 2003 je Einw.: 24 730 $

Währung: 1 Euro (€) = 100 Cent
Kurs: 1 US-$ = 0,83 € (1. 7. 2005)

Botschaft der Französischen Republik
Pariser Platz 5, 10117 Berlin
T 030 / 5 90 03 90 00, Fax 5 90 03 91 10
www.botschaft-frankreich.de

LANDESSTRUKTUR **Fläche**: 543 965 km² ▪ **Gebiete:** Französisch-Guayana, Französisch-Polynesien, Guadeloupe, Martinique, Mayotte, Neukaledonien, Réunion, Saint-Pierre und Miquelon, Wallis und Futuna, Französische Süd- und Antarktisgebiete → unten ▪ **Verwaltung**: 22 Regionen, 96 Départements; Tabelle → WA 2005, S. 163 ▪ **Städte**: (Z 1999) Paris 2 115 757 Einw., Marseille 797 700, Lyon 416 263, Toulouse 390 712, Nice (Nizza) 341 016, Nantes 268 683, Strasbourg (Straßburg) 263 896, Montpellier 224 856, Bordeaux 214 940, Rennes 205 865, Le Havre 190 650, Reims 187 149, Lille 182 228, Saint-Étienne 179 708, Toulon 160 406, Grenoble 151 847, Angers 151 107, Dijon 150 173

BEVÖLKERUNG Franzosen – F 2003: 59 762 000 Einw.; Bevölkerungswachstum: 0,5 %; letzte Zählung 1999: 58 520 688 Einw. – 94,4 % Franzosen, 5,6 % Ausländer ▪ **Sprachen**: Französisch; regional Baskisch, Bretonisch, Elsässisch, Flämisch, (Mosel)Fränkisch, Katalanisch, Korsisch, Okzitanisch ▪ **Religion**: 78,8 % Katholiken (1999); 5 Mio. Muslime, 950 000 Protestanten (v. a. Calvinisten), 650 000 Juden, 200 000 Orthodoxe (2001) u. a.

STAATS- UND REGIERUNGSFORM Verfassung der V. Republik von 1958, zuletzt geändert 2000 – Republik seit 1875 – Parlament: Nationalversammlung (Assemblée Nationale) mit 577 alle 5 J. gewählten Mitgl. (davon 22 aus Überseegebieten) und Senat mit 331 (vorher 321) Mitgl. (davon 14 aus Überseegebieten und 12 von den Auslandsfranzosen gestellt), Wahl alle 9 J. durch Wahlkollegium (⅓ der Sitze alle 3 J. erneuert) – Direktwahl des Staatsoberhaupts alle 5 J. – Wahlrecht ab 18 J. ▪ **Unabhängigkeit**: Beginn der eigentlichen Staatsgeschichte: Vertrag von Verdun 843 ▪ **Nationalfeiertag**: 14. 7. (Sturm auf die Bastille 1789)

REGIERUNG UND PARTEIEN **Staatsoberhaupt**: Jacques Chirac (UMP-RPR), seit 1995 – **Regierungschef**: Dominique de Villepin (UMP-RPR), seit 2. 6. 2005 – **Äußeres**: Philippe Douste-Blazy, (UMP) seit 2. 6. 2005 ▪ **Parlament**: Wahlen zur Nationalversammlung vom 9. 6. / 16. 6. 2002: Union pour la Majorité Présidentielle / UMP: Wahlbündnis aus Rassemblement pour la République / RPR und weiteren Parteien der Rechten 369 von 577 Sitzen (1997: RPR 134), Parti Socialiste / PS 141 (241), Union pour la Démocratie Française / UDF 22 (108), Parti Communiste Français / PC 21 (38), Parti Radical de Gauche / PRG 7 (12), Les Verts / V 3 (7), Démocratie Libérale / DL 2 (trat 1997 zusammen mit UDF an), Rassemblement pour la France / RPF 2 (–), Mouvement pour la France / MPF 1 (–), Mouvement des Citoyens / MDC – (7), Front National / FN – (1), verschiedene linke Parteien insg. 6 (14), verschiedene rechte Parteien insg. 3 (14), Unabhängige – (1) – Senat (Stand Juni 2005): UMP und Allierte 155 von 331 Sitzen (2001: 162 von 321), PS und Allierte 97 (83), Union Centriste / UC 33 (30), Groupe Communiste, Républicain et Citoyen / CRC 23 (23), Rassemblement Démocratique et Social Européen / RDSE 16 (17), Parteilose 7 (6)

WIRTSCHAFT **BIP** 2003: 1757,613 Mrd. $; realer Zuwachs: 0,5 %; Anteil (2003) Landwirtschaft 3 %, Industrie 24 %, Dienstleistungen 73 % ▪ **Erwerbstätigkeit** 2002: Landwirtsch. 4,1 %, Industrie 25,4 %, Dienstl. 70,5 % ▪ **Arbeitslosigkeit** ∅ 2004: 9,7 % ▪ **Inflation** ∅ 2004: 2,3 % ▪ **Außenhandel** 2004: **Import**: 354,4 Mrd. €; *Güter*: 31 % Halbfertigwaren, 21 % Investitionsgüter, 17 % Konsumgüter, 12 Kfz, 9 % Nahrungsmittel, Agrargüter; *Länder*: 17 % Deutschland, 9 % Italien, 8 % Spanien, 8 % Belgien / Luxemburg, 7 % Großbritannien, 6 % USA; **Export**: 335,9 Mrd. €; *Güter*: 31 % Halbfertigwaren, 23 % Investitionsgüter, 16 % Kfz, 15 % Konsumgüter, 12 % Nahrungsmittel, Agrargüter; *Länder*: 15 % Deutschland, 10 % Spanien, 9 % Italien, 8 % Großbritannien, 8 % Belgien / Luxemburg, 7 % USA
Weitere Informationen → Kap. Wirtschaft

AUSSENGEBIETE

Französisch-Guyana Guyane française

Fläche: 83 534 km²; Karte → WA 2004, Sp. 331 ▪ **Bevölkerung** F 2002: 173 000; letzte Zählung 1999: 157 213 Einw. – v. a. Kreolen, ferner Asiaten, Maroons, Indianer, 30 000 Ausländer ▪ **Sprachen**: Französisch; Créole ▪ **Religion** 2001: 75 % Katholiken ▪ **Hauptstadt** (Z 1999): Cayenne 66 149 Einw. ▪ **Status:** Département d'outre-mer seit 1947; französisch seit 1817 – Parlament: Conseil général mit 19 Mitgl. und Conseil régional mit 31 Mitgl., Wahl alle 6 J.; je 2 Vertr. in der Nationalvers. u. im Senat ▪ **Regierung:** Präfekt: Ange Mancini, seit 2. 9. 2002

Französisch-Polynesien
Polynésie française

Fläche: 4167 km^2; 5 Archipele mit 120 Inseln: Archipel de la Société (Gesellschaftsinseln): Tahiti 1042 km^2, Moorea 132 km^2, Maiao 10 km^2, Mehetia 2,3 km^2, Tetiaroa (Iles du vent); Raiatea, Tahaa, Huahine, Bora Bora, Maupiti u. 4 kl. Atolle 452 km^2 (Iles sous le vent); Archipel des Tuamotu: 78 Atolle, 774 km^2; Archipel des Marquises 1274 km^2; Archipel des Gambiers 36 km^2; Archipel des Australes 174 km^2; Clipperton 7 km^2, unbew. (untersteht der Regierung F. P.s, ist nicht Teil des Territoriums); → Karte ▪ **Bevölkerung** F 2003: 243 000 Einw.; Bevölkerungswachstum: 1,2 %; letzte Zählung 2002: 245 405 Einw. – 83 % Polynesier u. Mischlinge, 12 % Europäer, 5 % Asiaten ▪ **Sprachen:** Französisch und Tahitisch; polynesische Sprachen ▪ **Religion:** 54 % Protestanten, 30 % Katholiken u. a. ▪ **Hauptstadt** (Z 2002): Papeete (Tahiti) 26 181 Einw. ▪ **Status:** Pays d'outre-mer seit 2003 (erweiterte Autonomie seit 1996); Tahiti seit 1842 französisch – Parlament: Assemblée territoriale mit 57 Mitgl., Wahl alle 5 J.; 2 Vertr. in d. Nationalvers. u. 1 im Senat ▪ **Regierung:** Hochkommissar: Michel Mathieu, seit 17. 11. 2001 – Regierungspräsident: Oscar Temaru (Union pour la Démocratie), seit 3. 3. 2005; → Chronik

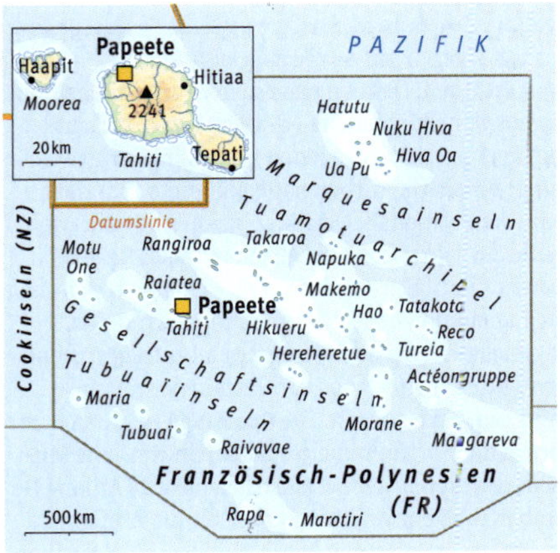

Guadeloupe

Fläche: 1705 km^2; davon Basse-Terre 848 km^2, Grande-Terre 590 km^2, Iles des Saintes (Les Saintes) 13 km^2, La Désirade 22 km^2, Marie-Galante 158 km^2, St. Barthélemy 21 km^2, nördl. Teil von St. Martin 53 km^2 ▪ **Bevölkerung** F 2003: 435 000 Einw.; letzte Zählung 1999: 422 496 Einw. – 77 % Mulatten, 10 % Schwarze, 10 % Kreolen, 25 000 Inder ▪ **Sprachen:** Französisch, Créole ▪ **Religion** 2001: 84 % Katholiken ▪ **Hauptstadt** (Z 1999): Basse-Terre 36 126 Einw. ▪ **Status:** Département d'outre-mer seit 1946; französisch seit 1635 – Parlament: Conseil général mit 42 Mitgl. und Conseil régional mit 41 Mitgl., Wahl alle 6 J.; 4 Vertr. in der Nationalvers. u. 2 im Senat ▪ **Regierung:** Präfekt: Paul Girot de Langlade, seit 17. 8. 2004

Martinique

Fläche: 1106 km^2 ▪ **Bevölkerung** F 2003: 388 000 Einw.; letzte Zählung 1999: 381 427 Einw. – ca. 87 % Schwarze, Inder ▪ **Sprachen:** Französisch; Créole ▪ **Religion** 2001: 78 % Katholiken ▪ **Hauptstadt** (Z 1999): Fort-de-France 130 616 Einw. ▪ **Status:** Département d'outre-mer seit 1946; französisch seit 1635 – Parlament: Conseil général mit 45 Mitgl. und Conseil régional mit 41 Mitgl., Wahl alle 6 J.; 4 Vertr. in d. Nationalvers. u. 2 im Senat ▪ **Regierung:** Präfekt: Yves Dassonville, seit 8. 2. 2004

Mayotte

Fläche: 374 km^2; Hauptinsel Mayotte u. kleinere Inseln; Karte → WA 2004, Sp. 334 ▪ **Bevölkerung** Z 2002: 160 265 Einw. – v. a. Mahorais, 15 000 Komorer ▪ **Sprachen:** Französisch; Komorisch (Swahili-Dialekt) ▪ **Religion:** 98 % Muslime ▪ **Hauptstadt** (Z 2002): Dzaoudzi 12 308 Einw. ▪ **Status:** Collectivité départmentale seit 2000; seit 1841 französisch – Parlament: Conseil général mit 19 Mitgl., Wahl alle 6 J.; je 1 Vertr. in d. Nationalvers. u. im Senat ▪ **Regierung:** Präfekt: Jean-Paul Kihl, seit 17. 1. 2005

Neukaledonien **Nouvelle Calédonie**

Fläche: 19 103 km^2; davon Hauptinsel Grande Terre 16 750 km^2; Iles Loyauté 1981 km^2 (davon Lifou 1150 km^2, Maré 650 km^2, Ouvéa 130 km^2); Karte → WA 2005, S. 165 ▪ **Bevölkerung** F 2002: 215 904 Einw. – 44 % Melanesier (Kanaken), 34 % meist französische Europäer (Caldoches), 9 % Wallisiens u. Futuniens ▪ **Sprachen:** Französisch; melanesische und polynesische Sprachen ▪ **Religion** 2001: 55 % Katholiken, 17 % Protestanten, 3 % Muslime ▪ **Hauptstadt** (F 2002): Nouméa 83 266 Einw. ▪ **Status:** Territoire d'outre-mer seit 1956; französisch seit 1853; Übergangsstatut seit 6. 7. 1998 – Parlament: Congrès territorial mit 54 Mitgl., Wahl alle 5 J.; 2 Vertr. in d. Nationalvers. u. 1 im Senat ▪ **Regierung:** Hochkommissar: Daniel Constantin, seit 31. 7. 2002 – Regierungspräsidentin: Marie-Noëlle Thémereau (L'Avenir Ensemble), seit 29. 6. 2004

Réunion

Fläche: 2512 km^2, mit den unbew. Inseln Tromelin, Les Glorieuses, Juan de Nova, Bassas da India, Europa, insg. 32 km^2 ▪ **Bevölkerung** F 2003: 753 600 Einw.; letzte Zählung 1999: 706 300 Einw. – ca. 40 % Mulatten, Schwarze u. Madegassen, ca. 25 % Weiße, Inder,

Chinesen ▪ **Sprachen**: Französisch; Créole, Gujurati ▪ **Religion** 2001: 92 % Katholiken ▪ **Hauptstadt** (Z 1999): Saint-Denis 158 139 Einw. ▪ **Status:** Département d'outre-mer seit 1946; französisch seit 1642 – Parlament: Conseil général mit 49 Mitgl. und Conseil régional mit 45 Mitgl., Wahl alle 6 J.; 5 Vertr. in d. Nationalvers. u. 3 im Senat ▪ **Regierung:** Präfekt: Laurent Cayrel, seit 1. 7. 2005

Saint-Pierre und Miquelon
Saint-Pierre-et-Miquelon

Fläche: 242 km^2; Saint-Pierre 26 km^2, Miquelon 110 km^2, Langlade 91 km^2 u. a. ▪ **Bevölkerung** Z 1999: 6316 Einw.; Saint-Pierre: 5681 Einw.; Miquelon und Langlade: 698 Einw. ▪ **Sprachen**: Französisch ▪ **Religion** 2001: 99,9 % Katholiken ▪ **Hauptstadt** (Z 1999): Saint-Pierre 5618 Einw. ▪ **Status:** Collectivité territoriale seit 1985; seit 1816 französisch – Parlament: Conseil général mit 19 Mitgl., Wahl alle 6 J.; je 1 Vertr. in d. Nationalvers. u. im Senat ▪ **Regierung:** Präfekt: Albert Dupuy, seit 10. 1. 2005

Wallis und Futuna
Wallis-et-Futuna

Fläche: 274 km^2; davon Uvéa 60 km^2 u. sonst. Inseln der Wallisgruppe 99 km^2, Futuna 64 km^2, Alofi 51 km^2 ▪ **Bevölkerung** Z 2003: 14 944 Einw. ▪ **Sprachen**: Französisch; polynesische Sprachen ▪ **Religion** 2001: 97 % Katholiken ▪ **Hauptstadt** (Z 2003): Matâ-Utu 1191 Einw. ▪ **Status:** Territoire d'outre-mer / T. O. M. seit 1961; französisch seit 1842 – Parlament: Assemblée territoriale mit 20 Mitgl. (13 Mitgl. aus Wallis und 7 aus Futuna), Wahl alle 5 J.; je 1 Vertr. in d. Nationalvers. u. im Senat ▪ **Regierung:** Administrateur Supérieur: Xavier de Furst, seit 18. 1. 2005

Terres australes et antarctiques
Französische Süd- und Antarktisgebiete

Amsterdam **Ile Amsterdam** 85 km^2, Dauersiedlung Martin-de-Viviés

St. Paul **Ile Saint-Paul** 7 km^2, unbewohnt

Crozetinseln **Iles Crozet** 515 km^2, Dauersiedlung Alfred-Faure

Kerguelen **Iles Kerguelen** 7215 km^2, wiss. Station in Port-aux-Français

Adelieland **Terre Adélie** → Antarktis

CHRONIK

Die überraschend klare Ablehnung des EU-Verfassungsvertrags durch das Referendum Ende Mai 2005 gab den Auftakt für eine schwere Krise in der → EU und erschütterte die Innenpolitik. Im negativen Votum spiegelte sich nach Erkenntnis von Meinungsforschern neben weit verbreiteten Bedenken in der Bevölkerung gegen den europapolitischen Kurs des Präsidenten Jacques Chirac auch die Unzufriedenheit der Bürger mit der Wirtschafts- und Sozialpolitik seiner rechtsbürgerlichen Regierung unter Ministerpräsident Jean-Pierre Raffarin. Diese war mit ihren – unter dem Druck der sozialen Proteste schon zunehmend abgeschwächten – neoliberalen Reformprogrammen u. a. der schwierigen Lage auf dem Arbeitsmarkt (Arbeitslosenquote im 1. Quartal 2005: 10,1 %) nicht Herr geworden. Der negative Ausgang des Referendums zwang Präsident Chirac zur Erneuerung der Regierung.

INNENPOLITIK

▪ **EU-Verfassungsvertrag:** Bei dem **Referendum am 29. 5. 2005** lehnten 54,87 % der Wähler den EU-Verfassungsvertrag ab. Die Wahlbeteiligung betrug 69,74 %. Bei der Abstimmung ergaben sich starke Unterschiede zwischen den verschiedenen Départements sowie zwischen ländlichen und städtischen Gebieten. In Paris stimmten mehr als 66 % mit Ja, in Lyon 61 %, in Straßburg 63 %. In Marseille wurde der Verfassungsvertrag dagegen mit 61,2 % abgelehnt.

Vorgeschichte: Dem Wunsch seiner Partei Union pour un mouvement populaire (UMP) folgend, die mit dem Versprechen eines Referendums im Europawahlkampf für sich geworben hatte, kündigte Präsident Chirac am Nationalfeiertag (14. 7. 2004) für die zweite Hälfte des Jahres 2005 die **Abhaltung eines Referendums** zur Ratifizierung des am 18. 6. vom Europäischen Rat angenommenen EU-Verfassungsvertrags an. Angesichts des Trends zu negativen Umfrageergebnissen legte er am 4. 3. 2005 den Termin der Abstimmung auf den 29. 5. fest. Die **Opposition** zeigte sich im Vorfeld der Abstimmung **gespalten**: Obwohl eine Mitgliederbefragung der Sozialistischen Partei Anfang Dezember 2004 ein Votum von 59 % für die Annahme des Verfassungsvertrags ergab und damit die Position des Parteivorsitzenden François Hollande und des früheren Ministerpräsidenten Lionel Jospin (1997–2002) stützte (Stimmbeteiligung: knapp 80 %), hielt der linke Flügel um den früheren Ministerpräsidenten Laurent Fabius (1984–86) auch in der Öffentlichkeit an seiner Ablehnung fest und wurde darin vom größten Gewerkschaftsdachverband CGT unterstützt. Die Grünen sprachen sich in einer Urabstimmung Mitte Februar 2005 nur mit knapper Mehrheit (52 %) für den Verfassungsvertrag aus (Stimmbeteiligung: 58 %). Im Sog der sozialen Unruhe zeichnete sich seit Anfang März in Meinungsumfragen ein **Stimmungswandel zugunsten einer negativen Entscheidung** ab.

Die Meinungsbildung zum Referendum war zudem überschattet von der **Kontroverse über eine künftige EU-Mitgliedschaft der Türkei** (→ EU). Um die Auseinandersetzung über den EU-Verfassungsvertrag von dieser Frage zu entlasten, kündigte Chirac am 1. 10. 2004 gleichfalls ein nationales Referendum über den Türkei-Beitritt für den Fall an, dass es – voraussichtlich erst in mehr als zehn Jahren – zu einem positiven Abschluss der Beitrittsverhandlungen kommen würde.

■ **Regierung Raffarin (2004/05)**: Gemäß einer Vereinbarung mit Präsident Chirac schied Wirtschafts- und Finanzminister **Nicolas Sarkozy** nach seiner Wahl zum Vorsitzenden der UMP (→ unten) am 29. 11. 2004 aus dem Kabinett aus. Zuständig für das Doppelressort Wirtschaft und Finanzen wurde der bisherige Landwirtschaftsminister **Hervé Gaymard**, der nach nur drei Monaten Amtszeit infolge einer Immobilienaffäre am 25. 2. 2005 zurücktrat; Nachfolger wurde **Thierry Breton**, der bisherige Chef des Staatskonzerns France Télécom.

■ **Regierung Villepin (2005)**: Als Konsequenz aus dem Abstimmungsdebakel zum EU-Verfassungsvertrag ernannte Präsident Chirac am 2. 6. 2005 eine **neue Regierung** unter Dominique de Villepin. Dessen bisherigen Posten des Innenministers erhielt UMP-Chef Nicolas Sarkozy (→ Foto), der mit dem herausgehobenen Status eines Staatsministers nach sieben Monaten Abwesenheit wieder als Nummer zwei in die Regierung zurückkehrte. Der bisherige Gesundheitsminister Philippe Douste-Blazy folgte Michel Barnier als Außenminister nach. Die Inhaber der anderen Schlüsselressorts wie Verteidigung (Michèle Alliot-Marie), Wirtschaft und Finanzen (Thierry Breton) sowie Arbeit und sozialer Zusammenhalt (Jean-Louis Borloo) bestätigte Chirac in ihren Ämtern. In seiner Regierungserklärung bezeichnete Villepin die Bekämpfung der Arbeitslosigkeit, die unter seinem Vorgänger stark angestiegen war, als oberste Priorität (→ Karte). Gleichzeitig erklärte er das »modèle social français« mit Mindestlohn, Arbeitslosen-, Renten- und Krankenversicherung als unantastbar.

Die neue franzöische Regierung am 3. 6. 2005 (von links nach rechts: Villepin, Chirac, Sarkozy)

■ **Parteien:** Bei der **Teilerneuerungswahl des Senats** am 26. 9. 2004, durch die 117 von 331 Sitzen neu bestimmt wurden, erlitt die Regierungspartei UMP nach den Regionalwahlen im März und der Wahl zum Europäischen Parlament im Juni (→ WA 2005, S. 167, 171) die dritte Wahlniederlage in Folge. Sie verlor ihre bisherige absolute Mehrheit; jedoch blieb das konservative Lager insgesamt die stärkste Fraktion im Senat.

Ein **Parteikongress der UMP** in Le Bourget bei Paris mit mehr als 30 000 Teilnehmern kürte am 28. 11. 2004 **Sarkozy zum neuen Parteipräsidenten**. Er war aus der Urabstimmung mit 85,1 % der Stimmen gegenüber zwei Mitbewerbern als klarer Sieger hervorgegangen und positionierte sich damit offen als Rivale von Staatspräsident Chirac im Hinblick auf die Präsidentenwahl 2007.

Sarkozy trat die Nachfolge von Alain Juppé an, der am 16. 7. den Parteivorsitz der UMP niedergelegt hatte, ein halbes Jahr nach seiner erstinstanzlichen Verurteilung wegen illegaler Parteienfinanzierung und Korruption (→ WA 2005, S. 169). Das Berufungsgericht in Versailles minderte am 1. 12. die Dauer der Haft auf Bewährung von 18 auf 14 Monate und die des politischen Funktionsverbots auf ein Jahr.

■ **Schwerpunkte der Wirtschaftspolitik:** Wirtschafts- und Finanzminister Sarkozy sowie seine Nachfolger Gaymard und Breton im Kabinett Raffarin widmeten sich mit unterschiedlicher Gewichtung der Aufgabe, Möglichkeiten zur **Stärkung der Binnennachfrage** als Motor des wirtschaftlichen Wachstums auszuschöpfen. Dabei verlor die Stabilitätsorientierung der Haushaltspolitik entgegen den offiziellen Verlautbarungen zusehends an Priorität. Sarkozy, der sich noch einer strikten Begrenzung des Haushaltsdefizits verpflichtet sah, erreichte im Herbst 2004 eine Selbstverpflichtung der großen Ladenketten, die Preise von Massenkonsumgütern um durchschnittlich 2 % zu senken. Um die Auswirkungen des drastisch gestiegenen Erdölpreises zu dämpfen, erhielten stark betroffene Wirtschaftsgruppen finanzielle Hilfe bzw. Steuererleichterungen (für Agrar-Diesel um 4 ct. pro Liter). Die Übertragung von Ersparnissen zwischen den Generationen wurde befristet erleichtert.

Sarkozys Nachfolger Gaymard stellte die **Schaffung von Arbeitsplätzen** ins Zentrum der gesamten Wirtschafts-, Finanz- und Industriepolitik. Er legte am 8. 2. 2005 ein **Programm zur »Erneuerung der Wirtschaft«** für die nächsten zweieinhalb Jahre vor, das sich auf weitere Maßnahmen zur Förderung des Konsums, die Stärkung der Kaufkraft insbesondere durch steuerliche Erleichterungen und die Teilprivatisierung staatlicher Unternehmen (mit einer Erlöserwartung von 20 Mrd. €) konzentrierte. Breton als nächster Wirtschafts- und Finanzminister ergänzte die Vorhaben Mitte März u. a. um ein Programm zur Förderung innovativer mittelständischer Unternehmen.

■ **Sozialpolitik:** Nachdem die Nationalversammlung am 20. 7. 2004 nach 16-tägiger Debatte, einer der

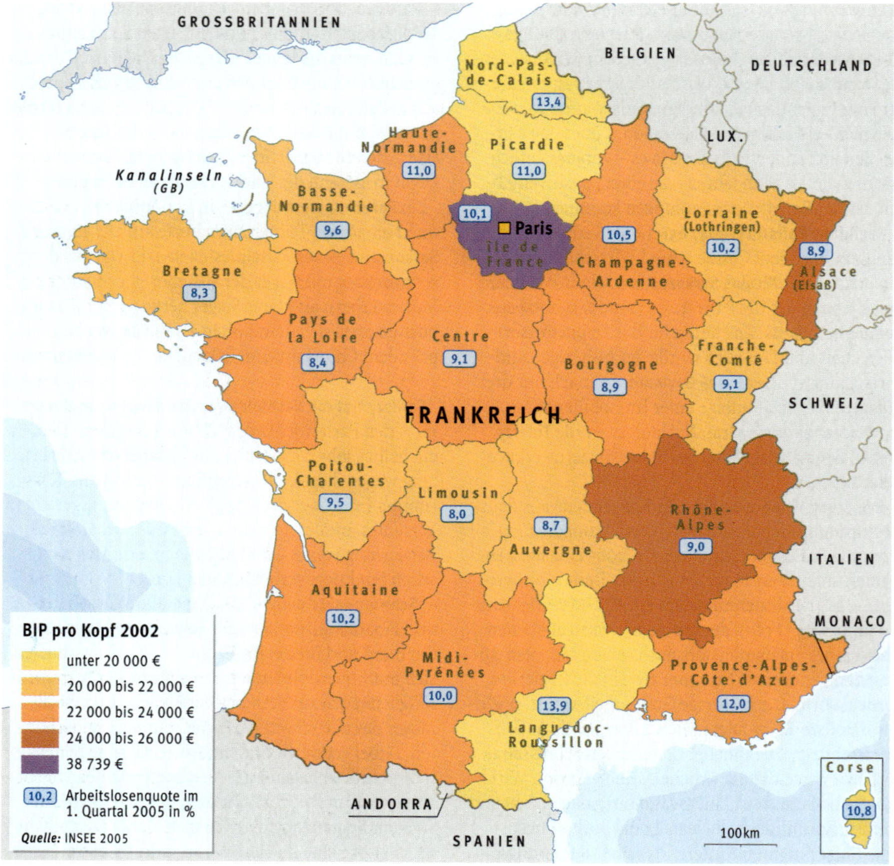

längsten in der Parlamentsgeschichte Frankreichs, mit den alleinigen Stimmen der UMP den umstrittenen Gesetzentwurf zur **Gesundheitsreform** billigte (→ WA 2005, S. 167), nahm ihn am 30. 7. auch der Senat an. Zu den zentralen Elementen zählen neben der Stärkung der Rolle des Hausarztes die Einführung einer umfassend dokumentierten Internet-basierten Patientenakte für jeden Versicherten, die Einführung einer Praxisgebühr (in der Regel 1 € pro Arztbesuch) sowie die Verpflichtung der Ärzte auf die Verschreibung von Generika und die Erhöhung des Beitrags zu den Sozialkassen. Am Grundprinzip der französischen Gesundheitsvorsorge – einem im internationalen Vergleich großzügigen, jedoch fast völlig staatlichem System mit nur wenigen Möglichkeiten zur privaten Versicherung – wurde festgehalten.

Am 15. 9. 2004 verabschiedete das Kabinett den von Arbeits- und Sozialminister Jean-Louis Borloo vorgelegten **»Plan für den sozialen Zusammenhalt«**, den die Nationalversammlung als Rahmengesetz am 20. 12. billigte. Danach stellt die Regierung in den kommenden fünf Jahren 12,8 Mrd. € für die Eingliederung von Langzeitarbeitslosen, den sozialen Wohnungsbau und die Förderung der Chancengleichheit bereit. Besonderes Gewicht wird auf die Entschärfung der sozialen Brennpunkte und die Bekämpfung der hohen Jugendarbeitslosigkeit gelegt (deren Quote in sozialen Brennpunkten nicht selten 50 % übersteigt). Ein wichtiger Pfeiler des Programms besteht in der schärferen, mit abgestuften Sanktionsmaßnahmen bekräftigten Verpflichtung von Arbeitslosen, aktiv nach Arbeit zu suchen.

Mit 350 gegen 135 Stimmen beschloss die Nationalversammlung am 22. 3. 2005 eine **Lockerung der Arbeitszeitregeln**. Damit wurde die vor fünf Jahren unter der Koalitionsregierung des sozialistischen Ministerpräsidenten Lionel Jospin durchgesetzte Arbeitszeitreform zur Einführung der 35-Stunden-Woche, die nur teilweise umgesetzt worden war, faktisch aufgehoben. Das neue Gesetz stellt es Arbeitgebern und Arbeitnehmern grundsätzlich frei, auf Betriebsebene flexible Arbeitszeiten auszuhandeln. Als Höchstbegrenzung gilt die in der EU vorgeschriebene maximale Wochenarbeitszeit von 48 Stunden. Überstunden können zum

Ausgleich auf der Basis von »Arbeitszeitkonten« auch auf Freizeitkontingente, Ausbildungsmaßnahmen oder vorzeitigen Ruhestand angerechnet werden.

- **Bildungspolitik:** Am 24. 3. 2005 brachte Erziehungsminister François Fillon ein **Schulreformgesetz** über die parlamentarischen Hürden. Den »Plan Borloo« zur sozialen Kohäsion flankierend, verfolgen die »Maßnahmen für die Schule des 21. Jahrhunderts« das Ziel, die hohe Zahl der Schulversager zu senken, das allgemeine Bildungsniveau zu heben, der zunehmenden Gewalt in der Schule durch Wiederherstellung der Autorität entgegenzuwirken und den »Werten der Republik« mehr Geltung zu verschaffen. Die Reform verlangt u. a. allen Schülern zum Schulabschluss einen kontrollierten **Kanon von Basiskenntnissen** ab, womit Versetzungen in höhere Klassen oder Schultypen erschwert werden, und reformiert die Lehrlings- und die Lehrerausbildung.
- **Soziale Proteste:** Der breite Widerstand gegen die Pläne zur Abschaffung der 35-Stunden-Woche, verbunden mit Protesten gegen die Umsetzung der Gesundheitsreform, Sparmaßnahmen im öffentlichen Dienst, Privatisierungsvorhaben und Tarifkonflikten, führten im Frühjahr 2005 zu mehreren Wellen der **größten sozialen Mobilisierung seit Mitte der 1990er Jahre**. Einen ersten Höhepunkt erreichte sie Mitte Januar mit gestaffelten Arbeitsniederlegungen im öffentlichen Dienst, insbesondere der Eisenbahner und Postbeamten, Krankenhausbelegschaften und Lehrer. Am 5. 2. demonstrierten in zahlreichen Orten etwa eine halbe Million Menschen, am 10. 3. etwa eine Million. Hinzu kamen zwischen Februar und April wochenlange, teilweise gewalttätige **Schülerproteste** auf der Straße und in den Schulen gegen das neue Schulreformgesetz, an denen sich zeitweise hunderttausende Mittelschüler und Gymnasiasten beteiligten. Bildungsminister Fillon verzichtete Mitte Februar vorläufig auf die Durchsetzung seiner besonders umstrittenen Pläne zur Reform des Zentralabiturs (Baccalauréat), ohne damit jedoch zunächst die Schülerbewegung beschwichtigen zu können.

Französische Schüler demonstrieren am 8. 3. 2005 in Paris gegen die Schulreform

Unter dem Druck der sozialen Bewegung und angesichts des unsicheren Ausgangs des Referendums zum EU-Verfassungsvertrag konzentrierte sich die Regierung Raffarin ab Mitte März auf die **Wiederherstellung des sozialen Friedens**. So kam sie nach dem Streik am 10. 3. Tarifforderungen im öffentlichen Dienst entgegen. Wirtschaftliche Erleichterungen erhielten ebenso die Landwirte, unter denen sich eine Anti-EU-Stimmung breit gemacht hatte. Erhöhte Finanzmittel wurden auch dem Wissenschaftsbereich zugesagt.

- **Sterbehilfe:** Nach zweijähriger Debatte stimmte am 8. 4. 2005 auch der Senat der Neuregelung der Sterbehilfe zu, die von der Nationalversammlung schon am 30. 11. 2004 gebilligt worden war. Danach können Patienten ohne Aussicht auf Heilung von ihren Ärzten die **Einstellung aller lebensverlängernden Maßnahmen** verlangen. Die passive Sterbehilfe muss in Absprache mit den Angehörigen des Patienten von mindestens zwei Ärzten angeordnet werden. Im Unterschied zu Regelungen in den Niederlanden, Belgien und in der Schweiz wird dagegen jede Form aktiver Sterbehilfe oder des »Tötens auf Verlangen« weiterhin strafrechtlich verfolgt. Obwohl bisher verboten, verzichteten groben Schätzungen zufolge die Ärzte in Frankreich jedes Jahr in 150 000 Fällen auf die Weiterführung lebenserhaltender Maßnahmen.
- **Rassismus und Antisemitismus** Nachdem Mitte 2004 eine wachsende Zahl rassistischer Vorfälle, insbesondere **Übergriffe auf Juden und jüdische Einrichtungen**, einen Höhepunkt erreicht und eine Welle der Empörung ausgelöst hatte, forderte Präsident Chirac die Bevölkerung am 8. 7. zum »Aufstand« und zur »Wachsamkeit« gegenüber jeder Form der Intoleranz auf und verlangte von allen Funktionsträgern in Politik, Verwaltung, Justiz und Sicherheitsbehörden »unbedingte Entschlossenheit«, die »nicht hinnehmbaren Tendenzen zu bekämpfen«. Nach der Zerstörung eines jüdischen Gemeindezentrums in Paris durch einen Brandanschlag am 23. 8., zu dem sich später eine bis dahin unbekannte Islamistengruppe bekannte, rief Justizminister Dominique Perben den »Krieg gegen Rassismus« aus.

Die **Aufforderung des israelischen Ministerpräsidenten** Ariel Scharon an die französischen Juden am 18. 7., »unverzüglich« nach Israel auszuwandern, da sich in Frankreich auf Grund des Anteils von 10 % Muslimen an der Bevölkerung »wildester Antisemitismus« ausbreite, provozierte entrüstete Reaktionen in der Öffentlichkeit und sorgte für einen diplomatischen Eklat. Auch die Dachorganisation der jüdischen Einrichtungen (Crif) wies Sharons Intervention zurück.

Anlässlich der Einweihung einer Gedenkstätte am 25. 1. 2005 zur Erinnerung an die mehr als 76 000 Juden, die im Zweiten Weltkrieg von der deutschen Besatzungsmacht aus Frankreich in Konzentrationslager deportiert worden waren (→ Kultur), erneuerte Chirac seine Kampfansage an jede Form von Antisemitismus und bekräftigte Israels Recht auf Existenz in Frieden und sicheren Grenzen.

Nach einem in Paris am 21. 3. 2005 vorgestellten Bericht der Nationalen Beratungskommission für Menschenrechte (CNCDH) stieg die Zahl rassistischer und antisemitischer Übergriffe in Frankreich von 833 im Jahr 2003 auf 1565 im Folgejahr und erreichte damit einen neuen Höchststand. Die Mehrzahl der Vorfälle richtete sich gegen Juden und ihre Einrichtungen. Die **Zahl der Angriffe auf muslimische Immigranten verdoppelte sich** in diesem Zeitraum auf fast 600. Nach einer im Auftrag des Innenministeriums erstellten Untersuchung, die im Oktober 2004 in Paris vorgestellt wurde, werden die meisten antisemitischen und rassistischen Übergriffe nicht, wie häufig vermutet, von Rechtsextremisten oder benachteiligten Jugendlichen nordafrikanischer Abstammung verübt. Vielmehr suchten in der Regel sozial Benachteiligte und Ausgeschlossene unterschiedlicher Herkunft in solchen Taten ein »Ventil«. Die Menschenrechtsorganisation amnesty international kritisierte in ihrem Anfang April 2005 veröffentlichten Bericht einen **»systematischen Gewaltmissbrauch« der Polizei** in der Strafverfolgung gegenüber Verdächtigen arabischer oder schwarzafrikanischer Herkunft.

▪ **Terrorabwehr:** Am 27. 7. 2004 überstellten die US-Behörden die ersten vier von sieben französischen **Häftlingen aus dem Internierungslager Guantánamo Bay** auf Kuba in ihre Heimat, am 8. 3. 2005 die restlichen drei. Unter dem Verdacht der Bildung einer terroristischen Vereinigung wurden alle nach ihrer Ankunft in Paris in Untersuchungshaft genommen. Ihre Anwälte teilten mit, ihre Mandanten seien in Guantánamo misshandelt worden. Am 13. 5. kündigten sie die Anrufung des Europäischen Gerichtshofs für Menschenrechte an, um die Freilassung der Häftlinge zu erreichen.

Im Prozess um ein auf den Weihnachtsmarkt in Straßburg Ende 2000 geplantes Attentat verhängte ein Gericht in Paris am 16. 12. 2004 gegen die **zehn Angeklagten Haftstrafen zwischen einem und zehn Jahren**. Die Männer, die meisten von ihnen stammen aus Algerien und Tunesien, seien Mitglieder einer islamistischen terroristischen Vereinigung gewesen. Das Oberlandesgericht in Frankfurt hatte im März 2003 vier weitere Mitglieder der Gruppe wegen Planung des Anschlags zu zehn und zwölf Jahren Haft verurteilt (→ WA 2004, Sp. 295).

Am 15. 3. 2005 verurteilte ein Gericht in Paris **sechs Personen wegen Vorbereitung antiamerikanischer Terroranschläge** in Frankreich zu Strafen zwischen einem und zehn Jahren Gefängnis. Die höchste Strafe erhielt Djamel Begal, ein Franzose algerischer Herkunft, der als Al-Qaida-Kader noch vor dem 11. 9. 2001 festgenommen worden war.

Nach Angaben von Innenminister Dominique de Villepin am 14. 1. 2005 wurden im Jahr 2004 315 terrorismusverdächtige Personen festgenommen, knapp 30 % mehr als im Vorjahr. 101 Verdächtige (+24) sollen sich am islamistischen Terrorismus beteiligt haben. 154 Festnahmen erfolgten im Zusammenhang mit dem korsischen und 60 mit dem baskischen Separatismus.

Gegen die **baskische Separatistenorganisation ETA** gelang der Polizei am 3. 10. 2004 ein bedeutender Schlag, als sie in Südfrankreich den mutmaßlichen politischen Chef der Organisation, Mikel Albisu Iriarte (alias Mikel Antza), und 19 weitere Verdächtige festnahm.

Im **korsischen Separatismus-Konflikt** kündigte die führende, im Untergrund aktive militante Nationalistengruppe Front National de Libération de la Corse – Union des Combattants (FNLC-UC) den im November 2003 von ihr ausgerufenen Waffenstillstand. Sie protestierte damit gegen den Beginn des Prozesses in Paris gegen zehn korsische Nationalisten, zu denen auch Mitglieder der Führung der FNLC-UC gehören. Einen Tag später wurden bei einem Bombenanschlag in der korsischen Hauptstadt Ajaccio mehrere Menschen verletzt. Die Gewalt der korsischen Nationalisten richtet sich zunehmend gegen die rd. 20 000 nordafrikanischen Einwanderer.

▪ **Weitere Ereignisse:** Vor einem Gericht in der westfranzösischen Stadt Angers begann am 3. 3. 2005 **der bisher größte Prozess wegen sexueller Gewalt gegen Kinder** in der französischen Justizgeschichte. 66 Angeklagte, die ein Netz von Kinderprostitution und Pädophilie gebildet haben sollen, müssen sich u. a. wegen Vergewaltigung von Minderjährigen, Zuhälterei und Kindesmissbrauchs verantworten. Die Verbrechen an mindestens 45 Opfern trugen sich zwischen Mitte 1999 und Februar 2002 zu. Im Prozess wurde auch das Versagen der Sozialdienste thematisiert, denn alle Angeklagten und alle Opfer kommen aus schwachen sozialen Verhältnissen und lebten von Sozialhilfe.

AUSSENGEBIETE

▪ **Französisch-Polynesien:** Gaston Flosse, langjähriger Regierungspräsident und Gefolgsmann von Staatspräsident Chirac, kehrte am 23. 10. 2004 nach einem politischen Lagerwechsel einiger Abgeordneter wieder an die Macht zurück, die er im Juni nach dem Ausgang einer umstrittenen Parlamentswahl an seinen Rivalen Oscar Temaru verloren hatte. Eine vom Staatsrat in Paris angeordnete **Neuwahl** auf den beiden größten Inseln Tahiti und Moorea am 13. 2. 2005 bestätigte jedoch Temarus knappen Wahlsieg. Am 4. 3. kehrte der Führer der Unabhängigkeitsbewegung ins Amt des Regierungspräsidenten zurück. Er kündigte an, das südpazifische Inselterritorium schrittweise, im Konsens mit Paris und unter Beachtung der beiderseitigen wirtschaftlichen Interessen in die Souveränität führen zu wollen.

Oscar Temaru

AUSSENPOLITIK

▪ **EU:** (Referendum zur Verfassung → oben). Die **Reform des Stabilitäts- und Wachstumspaktes**, auf die sich die EU-Finanzminister am 20. 3. 2005 vor allem auf Drängen der »Großen« (Frankreich, Deutschland und Italien) einigten (→ EU), konnte Wirtschafts- und Finanzminister Breton als Erfolg verbuchen, weil sie den »Defizitsündern« **mehr Spielraum zur Gestaltung ihrer Wachstumspolitik** einräumt.

Während seines Besuchs in der VR China (9.–12. 10. 2004) sprach sich Präsident Chirac für eine **Aufhebung des EU-Waffenembargos gegen China** aus, das er weder für »gerecht noch konsequent« halte. Zusammen mit Bundeskanzler Gerhard Schröder erwirkte er auf dem EU-Gipfel am 16./17. 12. den Beschluss, »auf eine Aufhebung des Waffenembargos hinzuarbeiten«. Die Absicht, diese ein halbes Jahr später zu vollziehen, erwies sich nach heftiger innen- und außenpolitischer Kritik als unrealistisch.

In der Auseinandersetzung über die künftige **Finanzierung der EU auf dem Brüsseler EU-Gipfel am 16./17. 6. 2005** kam es zu einer harten Konfrontation der Positionen Frankreichs und Großbritanniens. Dabei machte sich Präsident Chirac zusammen mit Bundeskanzler Schröder zum Vorkämpfer der Forderung, den Beitragsrabatt für die Briten einzufrieren. Blairs ultimative Bedingung, Zugeständnisse beim »Britenrabatt« von einem Systemwechsel in der Agrarsubventionspolitik abhängig zu machen, wies er hingegen zurück und akzeptierte den abschließenden Kompromissvorschlag des EU-Ratspräsidenten Jean-Claude Juncker. Für die harsche Zuweisung der Schuld für das Scheitern des Finanzgipfels an Premierminister Blair war sich Chirac mit Juncker, Schröder und der Mehrheit der anderen EU-Regierungschefs einig.

▪ **Verhältnis zu den USA:** Nach der Installation einer Übergangsregierung im Irak am 30. 6. 2004 gab Frankreich seinen Widerstand gegen die **Irak-Politik der USA** weitgehend auf. Ende September billigte es den Aufbau eines Ausbildungszentrums der NATO für irakische Militärs in der Nähe von Bagdad, sicherte gemeinsam mit Deutschland und Belgien die Beteiligung an Ausbildungshilfe aber nur außerhalb des Irak zu. Ein direktes militärisches Engagement der NATO im Irak lehnte Frankreich ab.

Im Kreis des sog. Pariser Clubs, in dem 19 Gläubigerstaaten des Irak versammelt sind, akzeptierte auch Frankreich am 21. 11. die Vereinbarung, 80 % der irakischen Schulden zu tilgen. Am 12. 1. 2005 empfing Chirac den irakischen Vizepräsidenten Ghasi al-Jawar, nachdem dessen zunächst für September geplante Visite in Paris wegen seiner kritischen Äußerungen zur französischen Irak-Politik noch kurzfristig abgesagt worden war.

In der **Nahost-Politik** zeichnete sich eine engere Zusammenarbeit mit den USA ab, als Frankreich mit seiner Zustimmung zur Resolution 1559 des UN-Sicherheitsrats vom 2. 9. 2004 erstmals eine scharfe Kritik an der syrischen Libanon-Politik und die Forderung nach Abzug der syrischen Streitkräfte mittrug. Nach dem Attentat auf den früheren libanesischen Präsidenten Rafik al-Hariri am 14. 2. 2005 gab Frankreich seine bis dahin neutrale Haltung gegenüber Syrien auf. Eine zwischenzeitliche Belastungsprobe des französisch-amerikanischen Verhältnisses stellte der Anfang Oktober 2004 veröffentlichte Untersuchungsbericht des Leiters der mit der Suche nach den vermuteten Massenvernichtungswaffen im Irak betrauten Iraq Survey Group (ISG), Charles Duelfer, dar. Ihm zufolge wurden **prominente französische Politiker vom irakischen Staatschef Saddam Hussein bestochen** – namentlich die früheren Innen- bzw. Verteidigungsminister Charles Pasqua und Pierre Joxe sowie Geschäftsleute mit guten politischen Verbindungen und die Sozialistische Partei insgesamt (wie auch russische Politiker und der britische Abgeordnete George Galloway). Der irakische Diktator habe mit Manipulationen des UN-Hilfsprogramms »Öl für Lebensmittel« zugunsten der Angeschuldigten das Ziel verfolgt, Frankreich und Russland im UN-Sicherheitsrat zu einer irakfreundlichen Haltung zu motivieren. Das französische Außenministerium erklärte die Vorwürfe der ISG, die sich auf angebliche Aussagen des von den USA festgenommenen früheren irakischen Außenministers Tariq Aziz berief, als »nicht verifiziert«. Ein Untersuchungsausschuss des amerikanischen Senats bekräftigte im Wesentlichen die Vorwürfe in einem am 12. 5. veröffentlichten Bericht. Die benannten Politiker wiesen die Beschuldigungen zurück.

▪ **Journalistenentführungen im Irak:** Nach 124 Tagen Geiselhaft entließ die fundamentalistische Gruppe Islamische Armee im Irak die beiden »Figaro«-Kriegsreporter **Christian Chesnot und Georges Malbrunot** aus ihrer Gewalt. Die Entführer hatten ultimativ die Abschaffung des Kopftuchverbots an den französischen Schulen (→ WA 2005, S. 169) gefordert, provozierten aber eine **Welle der nationalen Solidarität**, der sich fast ausnahmslos auch die muslimische Minderheit anschloss.

Am 5. 1. 2005 wurde die Reporterin der Pariser Tageszeitung »Libération«, **Florence Aubenas**, zusammen mit ihrem Übersetzer in Bagdad entführt. Nach ihrer Freilassung am 11. 6. wurden Vermutungen laut, dass es sich dabei um einen Racheakt der Entführer im Fall der Reporter des »Figaro« wegen ausgebliebener Lösegeldzahlungen handeln könnte, was von Ex-Außenminister Barnier entschieden bestritten wurde.

▪ **Elfenbeinküste:** Mit Bezug auf die weiterhin fragile Lage in der → Elfenbeinküste signalisierte Präsident Chirac bei seinem Staatsbesuch in Senegal am 3. 2. 2005 die **Bereitschaft, die französischen Truppen aus der Elfenbeinküste abzuziehen**. Frankreich unterhält in Abidjan einen ständigen Stützpunkt mit 650 Marineinfanteristen. Weitere 5000 Soldaten bilden den Kern der rd. 10 000 Mann starken UN-Friedenstruppe, die den brüchigen Waffenstillstand zwischen den Regierungstruppen und Rebellen im Norden sichern soll.

Gabun Zentral-Afrika

Gabunische Republik; République gabonaise, Kurzform: Le Gabon – GA / GAB

Fläche (Weltrang: 74): 267 667 km²

Einwohner (147): F 2003 1 344 000 = 5,0 je km²

Hauptstadt: Libreville

Amtssprache: Französisch

Bruttonationaleinkommen 2003 je Einw.: 3340 $

Währung: CFA-Franc
Kurs: 1 US-$ = 526,07 CFA-Francs
1 € = 655,96 CFA-Francs

Botschaft der Gabunischen Republik
Hohensteiner Str. 16, 14197 Berlin
T 030 / 89 73 34 40, Fax 89 73 34 44
www.botschaft-gabun.de

LANDESSTRUKTUR **Fläche**: 267 667 km² ▪ **Verwaltung**: 9 Provinzen ▪ **Städte**: (F 2001) Libreville 573 000 Einw.; (Z 1993) Port Gentil 79 225, Franceville 31 183, Oyem 22 882, Moanda 21 882, Mouila 16 307, Lambaréné 15 033

BEVÖLKERUNG Gabuner – F 2003: 1 344 000 Einw.; Bevölkerungswachstum: 2,2 %; letzte Zählung 2003 (vorl.): 1 520 911 Einw. – rd. 40 Ethnien (überwiegend Bantu-Gruppen) ▪ **Sprachen**: Französisch; Fang, Bantu-Sprachen ▪ **Religion**: 60 % Katholiken, 30 % Anhänger von indigenen Religionen, 5 % Protestanten, 5 % Muslime

STAATS- UND REGIERUNGSFORM Verfassung von 1991, Änderung 1995 – Präsidialrepublik seit 1961 – Nationalversammlung mit 120 Mitgl.; Senat mit 91 Mitgl., Wahl alle 5 J. – Direktwahl des Staatsoberh. alle 5 J. – Wahlrecht ab 21 J. ▪ **Unabhängigkeit**: 17. 8. 1960 (ehem. franz. Kolonie) ▪ **Nationalfeiertag**: 17. 8.

REGIERUNG UND PARTEIEN **Staatsoberhaupt**: Omar Bongo (PDG), seit 1967 – **Regierungschef**: Jean-François Ntoutoume Emane (PDG), seit 24. 1. 1999 – **Äußeres**: Jean Ping, seit 24. 1. 1999 ▪ **Parlament**: Wahlen zur Nationalversammlung am 9. / 23. 12. 2001: Parti Démocratique Gabonais / PDG 88 von 120 Sitzen (1996: 85), Rassemblement pour le Gabon / RPG 8 (7), Parti Gabonais du Progrès / PGP 3 (10), Alliance des Démocrates Républicains / Adere 3 (–), Cercle des Libéraux Réformateurs / CLR 2 (–), Sonstige 4 (18), Unabhängige 12 (–) – Wahlen zum Senat am 9. 2. 2003

WIRTSCHAFT **BIP** 2003: 6,057 Mrd. $; realer Zuwachs: 2,8 %; Anteil (2003) Landwirtschaft 8 %, Industrie 62 %, Dienstleistungen 30 % ▪ **Erwerbstätigkeit** 2001: Landwirtsch. 37 % ▪ **Arbeitslosigkeit**: k. A. ▪ **Inflation**: k. A. ▪ **Außenhandel** 2003: **Import**: 1,1 Mrd. $; *Güter*: Maschinen und Transportausrüstungen, Lebensmittel, bearbeitete Waren; *Länder*: 41 % Frankreich, 10 % USA, 6 % Belgien, 5 % Japan, 5 % Niederlande, 3 % Italien, 2 % Deutschland (EU gesamt: 66 %); **Export**: 2,8 Mrd. $; *Güter*: v. a. Erdöl, Holz und Mangan; *Länder*: 56 % USA, 7 % Frankreich, 7 % VR China, 5 % Japan (EU gesamt 11 %)

CHRONIK

Am 15.–17. 6. 2005 traf Gabuns Präsident Omar Bongo, der mit 38 Jahren am längsten amtierende Präsident Afrikas, auf seinem **Deutschlandbesuch** mit Bundespräsident Horst Köhler (→ Foto) und Bundeskanzler Gerhard Schröder zu **Gesprächen über die Ausgestaltung wirtschaftlicher Beziehungen** zusammen. In Leipzig warb er bei deutschen Unternehmern für Investitionen.

Im Februar 2004 hatte Gabun, zum ersten Mal in seiner Geschichte, ein vorläufig einjähriges Abkommen mit China zum Export von Rohöl geschlossen. Da der Ölpreis aber starken Schwankungen unterworfen ist, wurden bei Engpässen Auslandskredite für die Vollendung staatlicher Projekte verwendet. Inzwischen verschlingen die Zinsen allein die Hälfte des Staatshaushalts. Die **Ölvorkommen**, deren Export die Hälfte staatlicher Einkommen ausmacht, **versiegen** langsam, und Gabun hat es versäumt, andere Wirtschaftszweige auszubilden. Importe waren bisher günstiger als Produkte aus dem eigenen Land. Die Ölproduktion ist seit 1996, wo sie ihren Höhepunkt hatte, um ein Drittel zurückgegangen und die Preissteigerung konnte den Verlust nur bedingt auffangen. Bongo hat es derweil verpasst, in die Infrastruktur, die Gesundheitsversorgung und in das Bildungswesen zu investieren. Die Arbeitslosigkeit lag bei mehr als 20 Prozent und die Gewinne beim Verkauf der Rohstoffe kommen nur einer kleinen Elite zugute. Deshalb empfahl der Internationale Währungsfonds (IWF) weiterhin ein bisher nicht verwirklichtes Privatisierungsprogramm staatlicher Betriebe, strikte Sparmaßnahmen und eine Diversifizierung der industriellen Produktion.

Omar Bongo wird bei seinem Staatsbesuch in Deutschland am 16. 6. 2005 von Bundespräsident Köhler begrüßt

Gambia West-Afrika

Republik Gambia; Republic of the Gambia, Kurzform: The Gambia – GM/GMB

Fläche (Weltrang: 158): 11 295 km²

Einwohner (145): F 2003 1 421 000 = 126 je km²

Hauptstadt: Banjul

Amtssprache: Englisch

Bruttonationaleinkommen 2003 je Einw.: 270 $

Währung: 1 Dalasi (D) = 100 Bututs
Kurs: 1 US-$ = 28,29 D; 1 € = 36,30 D

Honorarkonsul der Republik Gambia
Kurfürstendamm 103, 10711 Berlin
T 030/89 68 98 01, Fax 891 14 01

LANDESSTRUKTUR **Fläche:** 11 295 km²; → Karte ▪ **Verwaltung:** 7 Bezirke und Hauptstadtbezirk ▪ **Städte:** (Z 2003) Serekunda 322 410 Einw.; (S 2003) Brikama 63 000; (Z 2003) Banjul 34 828

BEVÖLKERUNG Gambier – F 2003: 1 421 000 Einw.; Bevölkerungswachstum: 2,3 %; letzte Zählung 2003: 1 364 507 Einw. – ca. 44 % Mandingo, 17,5 % Fulbe, 12,3 % Wolof, 7 % Djola, 7 % Sarakole u. a. ▪ **Sprachen:** Englisch; Manding, Wolof, Ful u. a. ▪ **Religion:** ca. 85 % Muslime, 10 % Christen; indigene Religionen

STAATS- UND REGIERUNGSFORM Verfassung von 1997 – Präsidialrepublik (im Commonwealth) seit 1970 – Parlament (National Assembly) mit 53 Mitgl. (davon 48 alle 5 J. gewählt, 5 vom Staatsoberh. ernannt) – Direktwahl des Staatsoberh. alle 5 J. – Wahlrecht ab 18 J. ▪ **Unabhängigkeit:** 18. 2. 1965 (ehem. britische Kolonie) ▪ **Nationalfeiertag:** 18. 2.

REGIERUNG UND PARTEIEN – **Staats- u. Regierungschef:** Yahya Jammeh (APRC), seit 1994 – **Äußeres:** Sidi Moro Sanneh, seit 14. 10. 2004 ▪ **Parlament:** Wahlen vom 17. 1. 2002: Alliance for Patriotic Reorientation and Construction/APRC 45 von 48 gewählten Sitzen (1997: 33 von 45), National Reconciliation Party/NRP und People's Democratic Organization for Independence and Socialism 3 (2 bzw. 1), Sonstige – (9)

WIRTSCHAFT **BIP** 2003: 395 Mio. $; realer Zuwachs: 6,7 %; Anteil (2003) Landwirtschaft 30 %, Industrie 15 %, Dienstleistungen 55 % ▪ **Erwerbstätigkeit** 2001: Landwirtsch. 79 % ▪ **Arbeitslosigkeit:** k. A. ▪ **Inflation** ∅ 2002: 4,9 % ▪ **Außenhandel** 1999: **Import:** 2207 Mio. D; *Güter:* 33 % Nahrungsmittel, 21 % Maschinen, 6 % Brennstoffe; *Länder:* 14 % Deutschland, 11 % Großbritannien; **Export:** 18,2 Mio. $; *Güter:* Erdnüsse, Fisch und Fischprodukte; *Länder* 1999: 8 % Belgien, 5 % Großbritannien

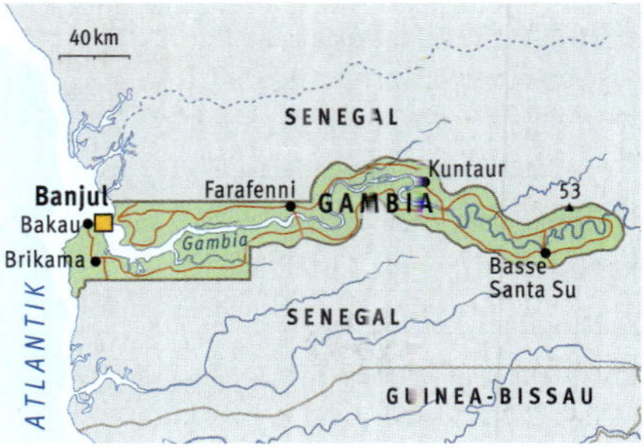

CHRONIK

Die Ermordung eines der führenden Journalisten, Deyda Hydara, der am 16. 12. 2004 in seinem Wagen erschossen wurde, löste unter Journalisten auch in den Nachbarstaaten Senegal und Mali Empörung aus. Mehrere hundert Journalisten und Verleger in Gambia traten in einen Proteststreik und demonstrierten im Zentrum von Banjul für eine unabhängige Untersuchung der Tatumstände. Hydara, Chefredakteur der unabhängigen Tageszeitung The Point und Korrespondent für Agence France Press, hatte wiederholt ein neues Pressegesetz scharf kritisiert, das Haftstrafen für jedes Pressevergehen sowie eine drastische Erhöhung der Lizenzgebühren für die Gründung neuer Zeitungen und Radiosender vorsieht. Die **Beschneidung der Pressefreiheit** nimmt seit dem Militärputsch, durch den Präsident Yahya Jammeh 1994 an die Macht gekommen ist, kontinuierlich zu. Die Regierung, die keinen Zusammenhang zwischen der Ermordung Hydaras und dem neuen Gesetz sehen wollte, verurteilte den Vorfall.

Bei einer **Kabinettsumbildung** am 3. 3. 2005 übernahm Präsident Jammeh selbst das Verteidigungs-, das Energie- und das Landwirtschaftsressort. Er entließ mehrere Minister unter dem Vorwurf der Korruption.

Georgien Vorder-Asien

Sakartvelos Respublikis, Kurzform: Sakartvelo – GE / GEO

Fläche (Weltrang: 118): 69 700 km²

Einwohner (110): F 2003 5 126 000 = 74 je km²

Hauptstadt: Tbilisi (Tiflis)

Amtssprache: Georgisch

Bruttonationaleinkommen 2003 je Einw.: 770 $

Währung: 1 Lari (GEL) = 100 Tetri
Kurs: 1 US-$ = 1,83 GEL; 1 € = 2,29 GEL

Botschaft von Georgien
Heinrich-Mann-Str. 32, 13156 Berlin
T 030 / 48 49 07 – 0, Fax 48 49 07 20
www.botschaftvongeorgien.de

LANDESSTRUKTUR **Fläche:** 69 700 km² einschließlich Abchasien, Adscharien und Süd-Ossetien → unten; → Karte ▪ **Verwaltung:** 2 autonome Republiken (Abchasien und Adscharien → unten), 9 Distrikte und Süd-Ossetien; → Tabelle ▪ **Städte:** (Z 2002) Tbilisi (Tiflis) 1 071 345 Einw., Kutaisi 185 965, Batumi 121 806, Rustavi 116 384; (S 2005) Suchumi 81 546; (Z 2002) Zugdidi 68 894, Gori 49 516, Poti 47 149

BEVÖLKERUNG Georgier – F 2003: 5 126 000 Einw.; Bevölkerungswachstum: –1,0 %; letzte Zählung 2002: 4 602 000 Einw. – Georgier, Aserbaidschaner, Armenier, Russen u. a.; → Tabelle ▪ **Sprachen** 1989: 71,7 % Georgisch, 41,8 % Russisch; Sprachen der Minderheiten ▪ **Religion:** mehrheitlich Georgisch-Orthodoxe; armenisch-apostolische Kirche, Muslime; Minderheit von Juden

STAATS- UND REGIERUNGSFORM Verfassung von 1995, zuletzt geändert 2005 – Präsidialrepublik seit 1995 – Parlament (Oberster Rat) mit 150 (bisher 235) Mitgl., Wahl alle 4 J. – Direktwahl des Staatsoberh. alle 5 J. (zweifache Wiederwahl) – Wahlrecht ab 18 J. ▪ **Unabhängigkeit:** 1918–1920; Proklamation am 9. 4. 1991 ▪ **Nationalfeiertag:** 26. 5. (Unabhängigkeitserklärung 1918)

REGIERUNG UND PARTEIEN **Staats- u. Regierungschef:** Michail Saakaschwili (Nationale Union), seit 25. 1. 2004 – **Regierungschef:** Surab Nogaideli, seit 17. 2. 2005 – **Äußeres:** Salomé Surabischwili, seit 11. 3. 2004 ▪ **Parlament:** Wahlen vom 28. 3. 2004: Parteienbündnis aus Nationaler Union und Demokratischer Partei 135, Opposition 15; 85 direkt gewählte Abgeordnete

WIRTSCHAFT **BIP** 2003: 3,988 Mrd. $; realer Zuwachs: 11,1 %; Anteil (2003) Landwirtschaft 20 %, Industrie 25 %, Dienstleistungen 54 % ▪ **Erwerbstätigkeit** 2001: Landwirtsch. 52,7 %, Industrie 9,3 %, Dienstl. 38,0 %

Georgien
Fläche, Bevölkerung und Bevölkerungsdichte

Distrikt (Hauptort)	Fläche in km²	Einwohner insgesamt Z 2002	je km²
Guria (Ozurgeti)	2 083	143 357	69
Imereti (Kutaisi)	6 552	699 666	107
Kakheti (Telavi)	11 310	407 182	36
Kverno Kartli (Rustavi)	6 528	497 530	76
Mtskheta-Mtianeti (Mtskheta)	6 786	125 443	18
Racha-Lochhumi & Kverno Svaneti (Ambrolauri)	4 954	50 969	10
Samegrelo-Zemo Svaneti (Zugdidi)	7 442	466 100	63
Samtskhe-Javakheti (Akhaltsikhe)	6 413	207 598	32
Shida Kartli (Gori)	4 808	314 039	65
Tbilisi	244	1 081 679	4433
Abchasien (Suchumi)	8 660	232 421	27
Adscharien (Batumi)	2 900	376 016	130
Georgien	69 700	4 602 000	66

Quelle: State Department for Statistics of Georgia 2005

▪ **Arbeitslosigkeit** ∅ 2002: 12,3 % ▪ **Inflation** ∅ 2003: 7,0 % ▪ **Außenhandel** 2003: **Import:** 1,138 Mrd. $; *Güter:* 9 % Rohöl, 8 % Röhren, 6 % Erdgas, 6 % Arzneimittel, 5 % Zucker, 4 % Kfz, 2 % Weizen, 2 % Elektrizität, 2 % Zigaretten, 2 % Dampfturbinen; *Länder:* 14 % Russland, 13 % Großbritannien, 10 % Türkei, 9 % Aserbaidschan, 8 % Ukraine, 8 % Deutschland, 5 % USA, 5 % Frankreich; **Export:** 0,465 Mrd. $; *Güter:* 13 % Metallschrott, 9 % Wein, 7 % Zucker, 6 % Eisenmetalle, 5 % Kupfer, 4 % Flugzeuge, 4 % Gold, auch Halbwaren, 4 % Mineralwasser, 4 % Dünger, 4 % Teile von Flugzeugen; *Länder:* 18 % Türkei, 17 % Russland, 13 % Turkmenistan, 7 % Schweiz, 6 % Ukraine, 6 % Großbritannien, 4 % Aserbaidschan, 3 % USA, 2 % Deutschland

AUTONOME GEBIETE

Abchasien
Apsny – Abhazija

Fläche: 8660 km² ▪ **Bevölkerung** Z 2002: 232 421 Einw. ▪ **Sprachen:** Abchasisch, Georgisch, Russisch ▪ **Religion:** Georgisch-Orthodoxe, Sunniten, armenische Gregorianer ▪ **Hauptstadt** (S 2005): Suchumi 81 546 Einw. ▪ **Status:** Autonome Republik – Verfassung von 1999 – Unabhängigkeitserklärung 21. 7. 1992 – Volksversammlung mit 65 Mitgl. (1994 durch Georgien für aufgelöst erklärt) ▪ **Regierung:** Präsident: Sergej Bagapsch, seit 12. 2. 2005 – Regierungschef: Aleksandr Ankwab, seit 14. 2. 2005

Adscharien
Adzharia

Fläche: 2900 km² ▪ **Bevölkerung** Z 2002: 376 016 Einw. ▪ **Sprachen:** Georgisch, Russisch ▪ **Religion:** Muslime (v. a. Sunniten), Georgisch-Orthodoxe, armenische Gregorianer ▪ **Hauptstadt** (Z 2002): Batumi 121 806 Einw. ▪ **Status:** Autonome Republik – Verfassung u. Parlament ▪ **Regierung:** Regierungschef: Lewan Warschalomidze, seit 7. 5. 2004

Südossetien
Jugo Osetija

Fläche: 3900 km² ▪ **Bevölkerung** S 2003: 70 000 Einw. ▪ **Sprachen:** Ossetisch, Georgisch, Russisch ▪ **Religion:** Georgisch-Orthodoxe ▪ **Hauptstadt** (S 2005): Cchinvali (Zchinvali) 40 529 Einw. ▪ **Status:** Autonomes Gebiet – Unabhängigkeitserklärung 21. 12. 1991 – Parlament mit 30 Mitgl. ▪ **Regierung:** Präsident: Eduard Kokoity, seit 18. 12. 2001 – Regierungschef: Jury Morozow, seit 5. 7. 2005

CHRONIK

Die innenpolitischen Reformen, die der 2004 nach der »Rosenrevolution« an die Macht gelangte prowestliche Präsident Michail Saakaschwili begonnen hatte, zeigten erste Erfolge. Gleichwohl mahnte der Europarat weitere Schritte in Richtung Demokratie an. Mit den abtrünnigen Teilrepubliken Süd-Ossetien und Abchasien kam es erneut zu Spannungen.

▪ **Innenpolitische Reformen:** Die Reformen, die Präsident Saakaschwili bei seinem Amtsantritt im Januar 2004 angekündigt hatte – Bekämpfung der Korruption, Befreiung von wirtschaftlichen Fesseln sowie Wiederherstellung der staatlichen Souveränität (→ unten) –, zeigten erste Erfolge. So konnte u. a. durch die **Erhöhung der Besoldung von Beamten** und Neueinstellungen im öffentlichen Dienst die Korruption eingedämmt werden; ferner wurden umgerechnet 300 Mio. US-$ an eingehaltenen Löhnen an Staatsbeamte ausbezahlt sowie die **Monatsrente** auf 15 US-$ **erhöht**. Auch der **Europarat** bescheinigte Saakaschwili in einer Zwischenbilanz seines Monitoring-Verfahrens Ende 2004 große **Entschlossenheit bei** der Durchführung von **Reformen.** Eine Verbesserung der nach wie vor schwachen Wirtschaftskraft des Landes und eine Verringerung der hohen Arbeitslosigkeit erhoffte sich die Regierung u. a. durch die im Mai 2005 eröffnete Erölpipeline Baku–Tbilisi–Ceyhan (→ Aserbaidschan), die jährlich 50 Mio. US-$ an Transiteinnahmen bringen soll.

Parlamentsreform: Das Parlament beschloss am 17. 2. 2005 eine **Verfassungsänderung**, wonach die Zahl der Abgeordneten ab der nächsten Legislaturperiode 2008 von 235 auf 150 reduziert wird. 100 Mandate sollen über Parteilisten, 50 über Direktwahlkreise vergeben werden.

▪ **Neuer Ministerpräsident:** Am 3. 2. 2005 kam Ministerpräsident Surab Schwanija bei einem Gasunfall in Tbilisi ums Leben. Schwanija galt als enger Vertrauter von Präsident Saakaschwili und wichtigster Partner bei der Umsetzung der Reformen. Nachdem er das Amt des Regierungschefs vorübergehend selbst übernommen hatte, schlug Saakaschwili am 8. 2. gegen den Widerstand von Parlamentspräsidentin Nino Burdschanadse den bisherigen Finanzminister Surab Nogaideli als neuen Ministerpräsidenten vor. Das Parlament bestätigte die Ernennung am 17. 2. mit 174 zu 24 Stimmen.

▪ **Süd-Ossetien:** Die Bemühungen Saakaschwilis, die Einheit des Landes weiter voranzutreiben (→ WA 2005, S. 175), führten zu einer Zuspitzung des Verhältnisses zwischen Georgien und der abtrünnigen Teilrepublik Süd-Ossetien. Zu **schweren Kämpfen** mit Toten und Verletzten auf beiden Seiten kam es Mitte August 2004 in der Nähe des süd-ossetischen Hauptorts Cchinvali, die auch nach einem am 13. 8. 2004 vereinbarten Waffenstillstand weitergingen. Überraschend ordnete Saakaschwili am 19. 8. einen Rückzug der georgischen Truppen aus dem Konfliktgebiet an. Der georgische Ministerpräsident Schwanija und der süd-ossetische Präsident Eduard Kokoity vereinbarten am 6. 11. den Abzug ihres Militärs mit dem Ziel, Süd-Ossetien in eine entmilitarisierte Zone zu verwandeln.

Bei einer Rede vor dem Europarat in Straßburg präsentierte **Saakaschwili** am 26. 1. 2005 einen **Plan für eine friedliche Lösung** des Süd-Ossetien-Konflikts. Demzufolge will er der Region eine größere Autonomie zugestehen sowie das Recht auf eine eigene Exekutive und Legislative. Der süd-ossetische Präsident Kokoity wies den Vorschlag zurück und wiederholte sein Ziel eines Anschlusses an Russland.

Der Konflikt zwischen Georgien und Süd-Ossetien geht auf die Sowjetzeit zurück, als das Land der Osseten zwischen Russland und der damaligen Sowjetrepublik Georgien geteilt wurde. In der auseinanderfallenden UdSSR sagten sich die Süd-Osseten von

Georgien
Volksgruppen

	in % der Gesamtbevölkerung Z 1979	Z 1989	Z 2002
Georgier	68,8	70,1	83,8
Abchasen	1,7	1,8	0,1
Osseten	3,2	3,0	0,9
Russen	7,4	6,3	1,5
Ukrainer	0,9	1,0	0,2
Aserbaidschaner	5,1	5,7	6,5
Armenier	9,0	8,1	5,7
Juden	0,6	0,5	0,1
Griechen	1,9	1,9	0,3
Kurden	0,5	0,6	0,5

Quelle: State Department for Statistics of Georgia 2005

Georgien los und forderten den Anschluss an Russland, um sich mit den Nord-Osseten zu vereinigen.Daraufhin entzog der damalige georgische Präsident Swiad Gamsachurdia Süd-Ossetien den Autonomiestatus und löste damit einen Bürgerkrieg aus. Ab 1992 galt nach einem Waffenstillstand ein fragiler Status Quo zwischen beiden Seiten; Süd-Ossetien erklärte sich wie Adscharien und Abchasien für unabhängig, was international aber nicht anerkannt wurde. Nach seiner Amtsübernahme erklärte Saakaschwili, die drei abtrünnigen Teilrepubliken wieder in den georgischen Staatsverband zu integrieren. In **Adscharien** gibt es bereits seit Juni 2004 eine **Tbilisi-freundliche Regierung**.

- **Abchasien:** Die **Präsidentschaftswahlen** am 3. 10. 2004 stürzten die Teilrepublik in eine **tiefe Krise**. Während zunächst der von der abchasischen als auch von der russischen Regierung favorisierte Kandidat, Ministerpräsident Raul Chadschimba, zum Gewinner und künftigen Staatschef erklärt wurde, gab die Wahlkommission eine Woche später den Sieg des Oppositionskandidaten und früheren Ministerpräsidenten, Sergej Bagapsch, bekannt. Nach Demonstrationen von Anhängern beider Kandidaten einigten sich Regierung und Opposition unter Vermittlung Russlands am 6. 12. 2004 darauf, dass beide Kandidaten bei der Wahlwiederholung am 12. 1. 2005 als »Partner« antreten. Beim **zweiten Urnengang** stimmten 90 % der Wahlberechtigten für Bagapsch als Präsidenten und Chadschimba als seinen Stellvertreter. Nach seiner Vereidigung am 12. 2. kündigte Bagapsch an, das Bündnis seines Landes mit Russland stärken zu wollen.
- **Verhältnis zu Russland:** Wegen des noch nicht vollständig abgeschlossenen **Abzugs russischer Truppen** – dieser hätte ursprünglich bis 2001 erfolgt sein müssen – kam es im März 2005 zu Spannungen zwischen beiden Staaten. Auslöser war ein **Ultimatum** des Parlaments in Tbilisi, dass die beiden letzten in Georgien noch bestehenden russischen Militärbasen Batumi und Achalkalaki (→ Karte) ab dem 1. 1. 2006 als illegal betrachtet würden und russische Militärangehörige keine Visa für Georgien mehr erhielten, sollten sich beide Seiten nicht bis zum 15. 5. 2005 auf einen Zeitplan zum endgültigen Abzug der russischen Truppen einigen. In der russischen Duma löste die Entschließung des georgischen Parlaments Empörung aus. Am 30. 5. vereinbarten Außenministerin Salomé Surabischwili und ihr russischer Kollege Sergej Lawrow in Moskau einen **Kompromiss**, wonach **Russland seine Truppen bis 2008 stufenweise abziehen wird**; der Abzug schwerer Waffen soll noch 2005 beginnen. Im Gegenzug sagte Georgien zu, sich an den Kosten des Truppenabzugs zu beteiligen und keine ausländischen Truppen ins Land zu lassen.
- **Besuch von US-Präsident Bush:** Zum Abschluss seiner Europareise, während der er u. a. an den Feierlichkeiten in Moskau anlässlich des 60. Jahrestages der Kapitulation des Nazi-Regimes teilgenommen hatte, wurde US-Präsident George W. Bush am 9./10. 5. 2005 **begeistert** in Georgien **empfangen**. Bush lobte das Kaukasusland für seine demokratischen Fortschritte seit der Rosenrevolution und wies auf den Vorbildcharakter der innenpolitischen Veränderungen für die GUS-Staaten hin.

Ghana West-Afrika

Republik Ghana; Republic of Ghana – GH / GHA

Fläche (Weltrang: 79): 238 537 km²

Einwohner (50): F 2003 20 669 000 = 87 je km²

Hauptstadt: Accra

Amtssprache: Englisch

Bruttonationaleinkommen 2003 je Einw.: 320 $

Währung: 1 Cedi (¢) = 100 Pesewas
Kurs: 1 US-$ = 9122 ¢; 1 € = 11 294 ¢

Botschaft der Republik Ghana
Stavangerstr. 17, 10439 Berlin
T 030 / 547 14 90, Fax 44 67 40 63
www.ghanaemberlin.de

LANDESSTRUKTUR **Fläche:** 238 537 km²; → Karte ▪ **Verwaltung:** 10 Regionen ▪ **Städte:** (F 2000) Accra 1 976 000 Einw.; (S 1990) Kumasi 398 000, Tamale 171 000, Tema 123 000

BEVÖLKERUNG Ghanaer – F 2003: 20 669 000 Einw.; Bevölkerungswachstum: 1,8 %; letzte Zählung 2000: 18 845 265 Einw. – v. a. Kwa-Gruppen, Gur-Gruppen, Mande, Hausa, Fulbe ▪ **Sprachen:** Englisch; Kwa-Sprachen; Gur-Sprachen; Ful, Nzima ▪ **Religion** 2000: 69 % Christen, 15,6 % Muslime; 35 % Anhänger von indigenen Religionen

STAATS- UND REGIERUNGSFORM Verfassung der IV. Republik von 1993 – Präsidialrepublik (im Commonwealth) seit 1979 – Parlament mit 230 (früher 200) Mitgl., Wahl alle 4 J. – Direktwahl des Staatsoberh. alle 4 J. (einmalige Wiederwahl) – Wahlrecht ab 18 J. ▪ **Unabhängigkeit:** 6. 3. 1957 (ehem. britische Kolonie) ▪ **Nationalfeiertag:** 6. 3.

REGIERUNG UND PARTEIEN **Staats- u. Regierungschef:** John Agyekum Kufuor (NPP-Vors.), seit 7. 1. 2001 – **Äußeres:** Nana Addo Dankwa Akufo-Addo, seit 1. 4. 2003 ▪ **Parlament:** Wahlen vom 7. 12. 2004: New Patriotic Party / NPP 128 von 230 Sitzen (2000: 100 von 200), National Democratic Congress / NDC 94 (92), People's National Convention / PNC 4 (3), Convention People's Party / CPP 3 (1), Unabhängige 1 (4)

WIRTSCHAFT **BIP** 2003: 7,624 Mrd. $; realer Zuwachs: 5,2 %; Anteil (2003) Landwirtschaft 36 %, Industrie 25 %, Dienstleistungen 39 % ▪ **Erwerbstätigkeit** 2001: Landwirtsch. 57 % ▪ **Arbeitslosigkeit** ∅ 2003: 30 % ▪ **Inflation** ∅ 2004: 12,6 % ▪ **Außenhandel** 2003: **Import:** 4,10 Mrd. $; *Güter:* 29 % Brennstoffe, 25 % Nahrungsmittel; *Länder:* 22 % Nigeria, 9 % VR China, 7 % Großbritannien, 6 % Elfenbeinküste, 6 % USA, 4 % Frankreich, 4 % Deutschland (EU gesamt: 24,4 %);

Export: 1,98 Mrd. $; *Güter:* 32 % Gold, 26 % Kakao, 8 % Holz; *Länder:* 11 % Niederlande, 11 % Großbritannien, 8 % Frankreich, 6 % Deutschland, 5 % Italien (EU gesamt: 51 %)

CHRONIK

Am 6. 11. 2004 gab die Regierung bekannt, sieben Männer unter dem **Verdacht eines Putschversuchs** gegen den Präsidenten verhaftet zu haben. Nach Ansicht der Opposition handelte es sich dabei um ein Wahlkampfmanöver im Vorfeld der Präsidentschafts- und Parlamentswahlen.

Aus der **Präsidentschaftswahl** am 7. 12. 2004 ging Amtsinhaber John Kufuor von der New Patriotic Party (NNP) mit 52,4 % der Stimmen klar als Sieger hervor. Sein stärkster Gegenkandidat, John Atta Mills (NDC), erreichte 44,6 %. Bei den gleichzeitig abgehaltenen Parlamentswahlen errang die regierende New Patriotic Party (NPP) die absolute Mehrheit der Sitze.

Als Hauptaufgabe seiner zweiten Amtszeit bezeichnete der »gentle giant« (sanfter Riese) genannte Kufuor die Stärkung der Wirtschaft und die Bekämpfung der Armut.

Grenada Mittel-Amerika; Karibik

State of Grenada – GD / GRD

Fläche (Weltrang: 183): 344,5 km²

Einwohner (178): F 2003 105 000 = 305 je km²

Hauptstadt: St. George's

Amtssprache: Englisch

Bruttonationaleinkommen 2003 je Einw.: 3710 $

Währung: 1 Ostkarib. Dollar (EC$) = 100 Cents
Kurs: 1 US-$ = 2,72 EC$; 1 € = 3,35 EC$

Honorarkonsul von Grenada
Stierstr. 10, 12159 Berlin
T 030 / 8 52 22 02, Fax 8 53 23 54

LANDESSTRUKTUR **Fläche**: 344,5 km²; davon Grenada 311 km² und Südliche Grenadinen 33,5 km²; Karte → WA 2004, Sp. 358 ▪ **Verwaltung**: 6 Gemeinden und 1 Dependency; Tabelle → WA 2004, Sp. 358 ▪ **Städte**: (Z 2001) St. George's 3908 Einw.; (S 1987) Gouyave 3000, Grenville 2000, Victoria 2000

BEVÖLKERUNG Grenader – F 2003: 105 000 Einw.; Bevölkerungswachstum: 1,1 %; letzte Zählung 2001: 100 895 Einw. – 1991: 82 % Schwarze, 13 % Mulatten, 3 % indischer Abstammung, unter 1 % Weiße ▪ **Sprachen**: Englisch; kreolisches Englisch und Französisch ▪ **Religion** 2001: 55 % Katholiken, 30 % Protestanten

STAATS- UND REGIERUNGSFORM Verfassung von 1974 mit Änderungen – Parlamentarische Monarchie (im Commonwealth) seit 1974 – Parlament: Repräsentantenhaus mit 15 gewählten und Senat mit 13 vom Generalgouverneur ernannten Mitgl.; Wahl alle 5 J. – Wahlrecht ab 18 J. ▪ **Unabhängigkeit**: 7. 2. 1974 (ehem. britische Kolonie) ▪ **Nationalfeiertag**: 7. 2.

REGIERUNG UND PARTEIEN **Staatsoberhaupt**: Königin Elizabeth II., vertreten durch Generalgouverneur Sir Daniel Williams, seit 8. 8. 1996 – **Regierungschef**: Keith Mitchell (NNP), seit 22. 6. 1995 – **Äußeres**: Elvin Nimrod, seit 1/2001 ▪ **Parlament**: Wahlen vom 27. 11. 2003: New National Party / NNP 8 von 15 Sitzen (1999: 15), National Democratic Congress / NDC 7 (–)

WIRTSCHAFT **BIP** 2003: 439 Mio. $; realer Zuwachs: 5,8 %; Anteil (2002) Landwirtschaft 8 %, Industrie 23 %, Dienstleistungen 70 % ▪ **Erwerbstätigkeit** 1998: Landwirtsch. 13,8 %, Industrie 23,9 %, Dienstl. 62,3 % ▪ **Arbeitslosigkeit**: k. A. ▪ **Inflation** ∅ 2003: 1,1 % ▪ **Außenhandel** 2002: **Import**: 233,2 Mio. $; *Güter*: 27 % Maschinen und Transportausrüstungen, 17 % bearbeitete Waren, 17 % Nahrungsmittel und lebende Tiere; *Länder* 2001: 47 % USA, 19 % Trinidad und Tobago, 7 % Großbritannien; **Export**: 64,4 Mio. $; *Güter*: 36 % elektronische Komponenten, 20 % Muskatnüsse; *Länder* 2001: 39 % USA, 12 % Irland, 7 % Deutschland

CHRONIK

Nachdem **Hurrikan Ivan** am 7. 9. 2004 mit teilweise über 250 km/h direkt über die Insel hinweggezogen war und dabei schwerste Verwüstungen hinterlassen hatte (→ Karte), rief Premierminister Keith Mitchell (New National Party / NNP) noch am selben Tag den nationalen Notstand aus. Der Wirbelsturm forderte 39 Menschenleben und zerstörte oder beschädigte rund 90 % aller Gebäude, wodurch etwa zwei Drittel der 100 000 Einwohner Grenadas obdachlos wurden. Zahllose Muskatnussbäume, mit deren Früchten Grenada 25 % des weltweiten Bedarfs deckt und die eine wichtige Einnahmequelle der Inseln sind, wurden vernichtet. Insgesamt belief sich der materielle Schaden auf etwa 1 Mrd. US-$. Die Europäische Union (EU) sagte dem Land 6,5 Mio. US-$ an Hilfsgeldern für langfristige Projekte zu.

Quelle: National Hurricane Center, US Dept. of Commerce, 2004

Griechenland

Südost-Europa

Hellenische Republik; Ellinikí Dimokratía, Kurzform: Elláda – GR / GRC

Fläche (Weltrang: 94): 131 957 km^2

Einwohner (71): F 2003 11 033 000 = 84 je km^2

Hauptstadt: Athína (Athen)

Amtssprache: Griechisch

Bruttonationaleinkommen 2003 je Einw.: 13 230 $

Währung: 1 Euro (€) = 100 Cent
Kurs: 1 US-$ = 0,83 € (1. 7. 2005)

Botschaft der Griechischen Republik
Jägerstr. 54/55, 10117 Berlin
T 030/20 62 60, Fax 20 62 64 44
www.griechenland-botschaft.de

LANDESSTRUKTUR **Fläche**: 131 957 km^2; Festland 106 915 km^2 (davon Ágio Óros [Mönchsrepublik Athos] 336 km^2) und 3054 Inseln (davon 167 bewohnt) insg. 25 042 km^2: u. a. Kríti (Kreta) 8261 km^2, Lésvos (Lesbos) 1630 km^2, Ródhos (Rhodos) 1398 km^2, Chíos (Chios) 842 km^2, Kefallinía (Kephallenia) 781 km^2, Sámos (Samos) 476 km^2, Náxos (Naxos) 428 km^2; → Karte ▪ **Verwaltung**: 13 Regionen; Mönchsrepublik Athos mit autonomem Status ▪ **Städte**: (Z 2001) Athína (Athen) 745 514 Einw., Thessaloníki (Saloniki) 363 987, Peiraiás (Piräus) 175 697, Pátra (Patras) 161 114, Peristérion 137 918, Irákleio (Heraklion) 133 012, Lárisa (Larissa) 124 786, Kallithéa 109 609, Níkaia 93 086, Kalamariá 87 255, Vólos 82 439, Néa Liósia 80 859, Glifádha 80 409

BEVÖLKERUNG Griechen – F 2003: 11 033 000 Einw.; Bevölkerungswachstum: 0,3 %; letzte Zählung 2001: 10 964 020 Einw.; Mönchsrepublik Athos: 1536 Einw. (Z 1991) – offiz. 100 % Griechen; Minderheiten von Mazedoniern, Türken, Bulgaren (Pomaken), Roma, Armeniern ▪ **Sprachen**: Griechisch (Neugriechisch), griechische Dialekte (Pontisch, Tsakonisch); ▪ **Religion**: 97 % Griechisch-Orthodoxe, Minderheiten von Muslimen, Protestanten, Katholiken, Juden

STAATS- UND REGIERUNGSFORM Verfassung von 1975, letzte Änderung 2001 – Parlamentarische Republik seit 1973 – Parlament (Nationalversammlung) mit 300 Mitgl.; Wahl alle 4 J. – Wahl des Staatsoberh. alle 5 J. durch das Parlament – Wahlpflicht ab 18 J. ▪ **Unabhängigkeit**: Proklamation 13. 1. 1822, nominell 3. 2. 1830 (Londoner Protokoll) ▪ **Nationalfeiertag**: 25. 3. (Beginn des Befreiungskampfes gegen das Osmanische Reich 1821)

REGIERUNG UND PARTEIEN **Staatsoberhaupt**: Karolos Papoulias, seit 12. 3. 2005 – **Regierungschef**: Kostas Karamanlis (ND), seit 9. 3. 2004 – **Äußeres**: Petros Molyviatis, seit 10. 3. 2004 ▪ **Parlament**: Wahlen vom 7. 3. 2004: Nea Dimokratia (Neue Demokratie) / ND 165 von 300 Sitzen (2000: 125), Panellino Socialistiko Kinima (Panhellenische Sozialistische Bewegung) / PASOK 117 (158), Kommounistiko Komma Ellados (Kommunistische Partei) / KKE 12 (11), Koalition der Linken und des Fortschritts / SYN 6 (6)

WIRTSCHAFT **BIP** 2003: 172,203 Mrd. $; realer Zuwachs: 4,3 %; Anteil (2003) Landwirtschaft 7 %, Industrie 24 %, Dienstleistungen 69 % ▪ **Erwerbstätigkeit** 2002: Landwirtsch. 15,8 %, Industrie 22,5 %, Dienstl. 61,7 % ▪ **Arbeitslosigkeit** ∅ 2004: 8,9 % ▪ **Inflation** ∅ 2004: 3,0 % ▪ **Außenhandel** 2004 (vorläufig): **Import**: 42,4 Mrd. €; *Güter*: 34 % Maschinen und Fahrzeuge, 13 % chemische Erzeugnisse, 13 % Vorerzeugnisse, 13 % Brennstoffe und technische Öle, 12 % Fertigerzeugnisse, 9 % Nahrungsmittel und lebende Tiere, 2 % Rohstoffe, 2 % Getränke und Tabak; *Länder*: 13 % Deutschland, 13 % Italien, 6 % Frankreich, 5 % Niederlande, 5 % USA, 4 % Rep. Korea (EU gesamt: 58 %, GUS gesamt: 5 %); **Export**: 12,2 Mrd. €; *Güter*: 23 % Vorerzeugnisse, 18 % Fertigerzeugnisse, 15 % Nahrungsmittel und lebende Tiere, 15 % Maschinen und Fahrzeuge, 8 % Brennstoffe, technische Öle, 8 % Rohstoffe, 4 % Getränke und Tabak, 3 % chemische Erzeugnisse, 3 % tierische, pflanzliche Öle; *Länder*: 13 % Deutschland, 10 % Italien, 7 % Großbritannien, 5 % USA, 4 % Frankreich, 3 % Spanien, 3 % Niederlande (EU gesamt: 58 %, GUS gesamt: 3 %)

CHRONIK

Die Verwicklung hoher orthodoxer Würdenträger in Korruption und Drogenhandel sowie der Disput über falsche Angaben der vormaligen sozialistischen Regierung zu den Stabilitätskriterien für die Einführung des Euro gegenüber der Europäischen Union (EU) setzten wesentliche politische Akzente im Berichtszeitraum. Sogar der Erfolg der überraschend reibungslos verlaufenen Olympischen Sommerspiele vom 13.–29. 8. 2004 (→ WA 2005, S. 178, → Sportteil), deren unerwartet hohe Kosten auch im Frühjahr 2005 für die EU-Statistikbehörde Eurostat noch nicht hinreichend genau zu ermitteln waren, geriet dadurch in den Hintergrund. Trotz weiterhin bestehender Differenzen mit der Türkei in der Ägäisfrage nahm Griechenland in seiner Verteidigungsplanung Abschied von der »Erbfeindschaft« zum kleinasiatischen Nachbarn.

- **Präsidentenwahl:** Das Parlament wählte am 8. 2. 2005 den früheren Außenminister Karolos Papoulias mit 279 von 286 Stimmen zum Staatspräsidenten. Der konservative Ministerpräsident Kostas Karamanlis hatte den 75-jährigen Sozialisten, Mitglied der größten Oppositionspartei (PASOK), im Dezember nominiert, um eine Niederlage im Parlament und eventuelle Parlamentsneuwahlen zu vermeiden, denn die Verfassung verlangt für die Wahl des Präsidenten eine Zweidrittelmehrheit der Abgeordneten. Gelingt dies nicht, muss das Parlament aufgelöst und seine Neuwahl ausgeschrieben werden. Papoulias löste Konstantinos Stefanopoulos ab, der die von der Verfassung erlaubten zwei Amtszeiten ausgeschöpft hatte. Die Vereidigung am 12. 3. durch das Oberhaupt der orthodoxen Kirche, den von Skandalen belasteten Erzbischof von Athen und ganz Griechenland Christodoulos, war von Protesten der Kirchenkritiker überschattet.

- **Justiz- und Kirchenskandale:** Seit Beginn 2005 häuften sich Ermittlungen des höchsten Gerichts (Areopag) gegen bestechliche Justizbedienstete, die Strafprozesse niedergeschlagen, Haftbefehle gegen Drogendealer unterlaufen und in Zivilverfahren Recht gebeugt hatten. Durch die Verwicklung führender Amtsträger des orthodoxen Klerus in diese Machenschaften geriet auch die Kirche in eine ihrer **schwersten Krisen seit ihrer Gründung** im Jahr 1833. Am 28. 2. 2005 erklärte der Bischof von Thessaliotida, Theoklitos, wegen enger Beziehungen zur Unterwelt seinen Rücktritt. Neben weiteren Bischöfen geriet auch das Kirchenoberhaupt Christodoulos (Foto) in Bedrängnis; ihm wurden Kontakte zu Drogenhändlern und Rechtsextremisten nachgesagt. Nach Meinungsumfragen hielten im Frühjahr 2005 82 % der Bevölkerung den höheren Klerus für korrupt, 43 % die Justiz. Zugleich entfachte sich eine erregte öffentliche Debatte über die **Trennung von Staat und Kirche**. Die Kirche ist die reichste Institution des Landes, muss aber keine Steuern zahlen und die Entlohnung der Geistlichen erfolgt durch den Staat. Die führenden Vertreter des Staates werden vom Erzbischof vereidigt. Andersgläubige dürfen ihre Kultgebäude nur bauen, wenn die Kirche dies billigt.

Erzbischof Christodoulos

- **EU-Stabilitätskriterien:** Am 22. 9. 2004 räumte Wirtschafts- und Finanzminister George Alogoskoufis ein, die Vorgängerregierung habe bereits im Jahr 2000 den europäischen Stabilitätspakt verletzt. Das Haushaltsdefizit habe bei 4,1 % des BIP gelegen statt der gemeldeten 2 %. Auch für die Folgejahre waren falsche Zahlen nach Brüssel gemeldet worden. Auch die jährlichen Angaben über die Entwicklung der Staatsverschuldungsquote waren systematisch geschönt worden; d. h., Griechenland hätte den Euro nicht einführen dürfen. Das am 5. 7. 2004 eingeleitete Defizitverfahren wurde am 17. 2. 2005 erneut bestätigt; die Frist zur Verringerung des Haushaltsdefizits jedoch bis 2006 verlängert (→ EU-Chronik). Nicht zuletzt wegen der Kostenexplosion bei der Ausrichtung der Olympischen Spiele – der staatliche Aufwand wurde im November auf 7,2 Mrd. € ohne Infrastrukturausgaben veranschlagt – erreichte das Haushaltsdefizit 2004 mit 6,1 % des BIP (statt erwarteter 5,3 %) den höchsten Wert eines Landes seit Einführung des Euro im Jahr 2001. Das **Parlament billigte den EU-Verfassungsvertrag** am 19. 4. mit 268 gegen 19 Stimmen bei 17 Enthaltungen.

- **Verhältnis zur Türkei:** Am 1. 3. 2005 beschloss der Rat für Außenpolitik und Verteidigung eine neue Verteidigungsdoktrin des Landes. Danach wird **die Türkei nicht mehr als größte Gefahr** bezeichnet. Die größte Gefahr erwachse vielmehr aus nichtstaatlicher, so genannter asymmetrischer Bedrohung durch Terror, illegalen Waffenhandel und regionale Destabilisierung, insbesondere aus dem Krisenraum des Balkans. Da die Türkei jedoch weiterhin griechische Hoheitsrechte infrage stelle, müssten auch an der dortigen Grenze präventiv genügend Streitkräfte stationiert bleiben. Den Hintergrund für die Streitigkeiten in der Ägäis bilden vor allem die Kontroverse um Schürfrechte (Öl, Gas), die strittige Zugehörigkeit einiger Felseninseln (Imia) und Hoheitsrechte im Luftraum. Im Oktober 2004 und Anfang Mai 2005 gaben einige Zwischenfälle der Regierung in Athen Anlass, sich in Ankara über Verletzungen des Luftraums bzw. der Hoheitsgrenze zur See zu beschweren.

Ministerpräsident Karamanlis und sein türkischer Amtskollege Recep Tayyip Erdoğan gaben am 3. 7. 2005 auf einer Brücke über dem Grenzfluss Evros (türkisch Meriç Nehri) gemeinsam die Arbeiten für den **Bau einer Erdgas-Pipeline zwischen beiden Staaten** frei. Sie soll ab 2007 die nordgriechische Stadt Komotini mit dem knapp 300 km entfernten Karacabey verbinden und als Schlüsselpassage für Erdgas aus dem Kaspischen Becken nach Italien und Westeuropa dienen.

Großbritannien und Nordirland West-Europa

Vereinigtes Königreich Großbritannien und Nordirland; United Kingdom of Great Britain and Northern Ireland, Kurzform: Vereinigtes Königreich – GB/GBR

Fläche (Weltrang: 77): 242 910 km²

Einwohner (21): F 2003 59 329 000 = 244 je km²

Hauptstadt: London

Amtssprache: Englisch

Bruttonationaleinkommen 2003 je Einw.: 28 320 $

Währung: 1 Pfund Sterling (£) = 100 Pence
Kurs: 1 US-$ = 0,56 £; 1 € = 0,68 £ (1. 7. 2005)

Botschaft des Vereinigten Königreichs
Großbritannien und Nordirland
Wilhelmstr. 70, 10117 Berlin
T 030/20 45 70, Fax 20 45 75 79
www.britischebotschaft.de

LANDESSTRUKTUR **Fläche:** 242 910 km²; davon England 130 422 km², Nordirland, Schottland und Wales → unten; Kanalinseln → unten und Isle of Man → unten ▪ **Gebiete:** Crown Dependencies und Abhängige Gebiete: Anguilla, Bermuda, Britische Jungferninseln, Britisches Territorium im Indischen Ozean, Britisches Territorium in der Antarktis, Falklandinseln, Gibraltar, Kaimaninseln, Montserrat, Pitcairninseln, St. Helena, Süd-Georgien und Südliche Sandwichinseln, Turks- und Caicosinseln → unten ▪ **Verwaltung:** 34 Grafschaften (Counties), 46 Unitary Authorities, 6 Metropolitan Counties und Greater London in England, 22 Unitary Authorities in Wales, 26 Districts in Nordirland, 32 Unitary Authorities in Schottland ▪ **Städte:** (F 2001) London (Greater London) 7 188 000 Einw., Birmingham 976 400, Leeds 715 500, Glasgow 578 700, Sheffield 513 100, Bradford 467 900, Edinburgh 449 000, Liverpool 439 200, Manchester 392 900, Kirklees 388 900, Bristol 380 800, Fife 349 800, North Lanarkshire 321 200, Wakefield 315 400, East Riding of Yorkshire 314 800, Wirral 312 200, Cardiff 305 200, Dudley 305 100, South Lanarkshire 302 300, Wigan 301 500, Coventry 300 700, Doncaster 286 900, Stockport 284 600, Sefton 282 900, Sandwell 282 800, Sunderland 280 800, Leicester 279 800, Belfast 277 200, Nottingham 267 000, Bolton 261 300, Newcastle upon Tyne 259 600, Walsall 253 300

BEVÖLKERUNG Briten – F 2003: 59 329 000 Einw.; Bevölkerungswachstum: 0,2 %; letzte Zählung 2001: 58 789 194 Einw. – 80 % Engländer, 10 % Schotten, 4 % Nordiren, 2 % Waliser ▪ **Sprachen:** Englisch; außerdem regional: Irisch-Gälisch und Scots in Nordirland, Schottisch-Gälisch (Highlands) und Scots (Lowlands) in Schottland, Kymrisch (auch Walisisch oder Welsh) in Wales ▪ **Religion** 2001: 71,8 % Christen: Anglikaner (Anglikanische Kirche in England ist Staatskirche), sonstige Protestanten u. a. Presbyterianer (Presbyterianische Kirche in Schottland ist Staatskirche), Methodisten, Freikirchen, Baptisten, Katholiken; 2,8 % Muslime, 1,0 % Hindus, 0,6 % Sikhs, 0,5 % Juden, 0,3 % Buddhisten, 0,3 % Sonstige; 15,1 % religionslos; 7,8 % keine Angaben

STAATS- UND REGIERUNGSFORM Keine geschriebene Verfassung, aber Gesetze mit Verfassungscharakter – Parlamentarische Monarchie (im Commonwealth) seit 1921 – Parlament: Unterhaus (House of Commons) mit 646 (davor 659) Mitgl. (davon 17 aus Nordirland), für max. 5 J. gewählt; Oberhaus (House of Lords) mit 715 Mitgl.: 26 Bischöfe, 597 Lords auf Lebenszeit, inklusive Law Lords (Mitglieder des obersten Appellationsgerichts), 92 Erblords (Stand Mai 2003); Peers haben kein passives Wahlrecht – Wahlrecht ab 18 J. ▪ **Unabhängigkeit:** alte staatliche Tradition ▪ **Nationalfeiertag:** 2. Samstag im Juni (Queen's Birthday)

REGIERUNG UND PARTEIEN **Staatsoberhaupt:** Königin Elizabeth II., seit 1952, gekrönt 1953 – **Regierungschef:** Tony (Anthony Charles Lynton) Blair (Vors. der Labour Party), seit 1997 – **Äußeres:** Jack Straw (Labour Party), seit 8. 6. 2001 ▪ **Parlament:** Unterhaus-Wahlen vom 5. 5. 2005: Labour Party/LAB 356 von 646 Sitzen (2001: 413 von 659), Conservative Party/CON 198 (166), Liberal Democrats/LD 62 (52), Democratic Unionist Party/DUP 9 (5), Scottish National Party/SNP 6 (5), Sinn Féin 5 (4), Plaid Cymru/PC 3 (4), Social Democratic and Labour Party/SDLP 3 (3), Ulster Unionist Party/UUP 1 (6), RESPECT-The Unity Coalition/RES 1 (–), Unabhängige 2 (1)

WIRTSCHAFT **BIP** 2003: 1794,878 Mrd. $; realer Zuwachs: 2,2 %; Anteil (2003) Landwirtschaft 1,0 %, Industrie 26,6 %, Dienstleistungen 72,4 % ▪ **Erwerbstätigkeit** 2003: Landwirtsch. 1,4 %, Industrie 19,9 %, Dienstl. 78,7 % (ohne Nordirland) ▪ **Arbeitslosigkeit** ∅ 2004: 4,7 % ▪ **Inflation** ∅ 2004: 1,3 % ▪ **Außenhandel** 2004: **Import:** 248,6 Mrd. £; *Güter:* 41 % Maschinen und Transportausrüstungen, 30 % Waren des verarbeitenden Gewerbes, 11 % chemische Erzeugnisse, 7 % Nahrungsmittel und lebende Tiere, 5 % mineralische Brennstoffe und Schmiermittel; *Länder:* 14 % Deutschland, 9 % USA, 8 % Frankreich, 7 % Niederlande, 6 % Belgien/Luxemburg, 5 % Italien; **Export:** 190,7 Mrd. £; *Güter:* 42 % Maschinen und Transportausrüstungen, 24 % Waren des verarbeitenden Gewerbes, 17 % chemische Erzeugnisse, 9 % mineralische Brennstoffe und Schmiermittel, 3 % Nahrungsmittel und lebende Tiere; *Länder:* 15 % USA, 12 % Deutschland, 10 % Frankreich, 7 % Irland, 6 % Niederlande, 5 % Spanien
Weitere Informationen → Kap. Wirtschaft

Nordirland Northern Ireland

Fläche: 13 576 km² ▪ **Bevölkerung** Z 2001: 1 685 267 Einw. ▪ **Sprachen**: Englisch, Irisch-Gälisch und Scots ▪ **Religion** 2001: 53,1 % Protestanten, 43,8 % Katholiken u. a. ▪ **Hauptstadt** (F 2001): Belfast 277 200 Einw. ▪ **Status:** Teilautonomie – Regionalversammlung mit 108 Mitgl., Wahl alle 5 Jahre ▪ **Regierung:** First Minister: David Trimble (UUP), seit 1. 7. 1998; suspendiert seit 15. 10. 2002 – Stellvertreter: Seamus Mallon (SDLP); suspendiert

Schottland Scotland

Fläche: 78 133 km² ▪ **Bevölkerung** Z 2001: 5 062 011 Einw. ▪ **Sprachen**: Englisch, Schottisch-Gälisch (Highlands) und Scots (Lowlands) ▪ **Religion**: Presbyterianer (Presbyterianische Kirche ist Staatskirche) ▪ **Hauptstadt** (F 2001): Edinburgh 449 000 Einw. ▪ **Status:** Teilautonomie – Parlament mit 129 Mitgliedern; Wahl alle 4 Jahre ▪ **Regierung:** First Minister: Jack McConnell (LP), seit 22. 11. 2001

Wales

Fläche: 20 779 km² ▪ **Bevölkerung** Z 2001: 2 903 085 Einw. ▪ **Sprachen**: Englisch, Kymrisch (auch Walisisch oder Welsh) ▪ **Religion**: Anglikaner ▪ **Hauptstadt** (F 2001): Cardiff 305 200 Einw. ▪ **Status:** Teilautonomie – Nationalversammlung mit 60 Mitgliedern; Wahl alle 4 Jahre ▪ **Regierung:** First Secretary: Rhodri Morgan (Labour Party), seit 9. 2. 2000

AUSSENGEBIETE

Crown Dependencies

unmittelbar mit der Krone verbundene Gebiete, keine Teile des Vereinigten Königreichs, keine EU-Mitglieder

Kanalinseln Channel Islands

Fläche: 194 km²; Jersey (GBJ) 116,2 km², Guernsey (GBG) 63,4 km², Alderney 7,9 km², Sark 5,5 km², Herm und Jethou 14,4 km²; → Karte ▪ **Bevölkerung** Z 2001: 149 934 Einw.; Jersey 87 186 Einw., Guernsey 59 807, Alderney 2294, Sark 550, Herm u. Jethou 97 ▪ **Sprachen**: Englisch; auf Guernsey z. T. normannischer Dialekt ▪ **Religion**: Anglikaner, Katholiken ▪ **Städte** (Z 2001): St. Peter Port (Hptst. von Guernsey) 16 488 Einw., St. Helier (Hptst. von Jersey) 28 310 Einw. ▪ **Status:** Selbstverwaltung durch Ständeparlamente (States) ▪ **Regierung:** Lieutenant-Governor: Sir John Cheshire (Jersey), seit 24. 1. 2001 u. Sir John Foley (Guernsey), seit Mai 2000

Insel Man Isle of Man

Fläche: 572 km² ▪ **Bevölkerung** F 2003: 74 300; letzte Zählung 2001: 76 315 Einw. ▪ **Sprachen**: Englisch ▪ **Religion**: Anglikaner, Katholiken, sonstige protestantische Kirchen ▪ **Hauptstadt** (Z 2001): Douglas 25 347 Einw. ▪ **Status:** Selbstverwaltung – Parlament (Tynwald): Versammlung (House of Keys) mit 24 direkt gewählten Mitgl. (Wahl alle 5 J.) und Gesetzgebender Rat mit 11 Mitgl. (8 vom House of Keys bestimmt, 3 ex officio) ▪ **Regierung:** Lieutenant-Governor: Ian David Macfadyen, seit 25. 10. 2000 – Regierungschef: Donald Gelling, seit 14. 12. 2004

United Kingdom Overseas Territories

Verschiedene Grade von Selbstverwaltung; die autonomen und assoziierten Staaten haben innere Selbstverwaltung; London ist für Verteidigung und Außenpolitik, z. T. auch für Verfassungsfragen zuständig

Anguilla

Fläche: 96 km²; davon Anguilla 91 km², Sombrero 5 km² ▪ **Bevölkerung** letzte Zählung 2001: 11 430 Einw. – 90 % Schwarze, 4 % Weiße ▪ **Sprachen**: Englisch ▪ **Religion**: 29 % Anglikaner, 24 % Methodisten ▪ **Hauptstadt** (Z 2001): The Valley (Reg.-Sitz) 1169 Einw. ▪ **Status:** United Kingdom Overseas Territory – Innere Autonomie seit 1980; britische Kolonie seit 1650 – Verfassung von 1982, mit Änderung von 1990 – House of Assembly mit 11 Mitgl. (7 für 5 J. gewählt, 2 ernannt, 2 ex officio) ▪ **Regierung:** Gouverneur: Alan Huckle, seit 28. 5. 2004 – Regierungschef: Osbourne Fleming (Anguilla National Alliance), seit 6. 3. 2000

Bermuda
Bermuda

Fläche: 53 km²; rd. 360 Inseln, über 20 bewohnt ▪ **Bevölkerung** Z 2001: 65 545 Einw. – ca. 61 % Schwarze, 39 % Weiße ▪ **Sprachen:** Englisch ▪ **Religion:** 23 000 Anglikaner, 9300 Katholiken ▪ **Hauptstadt** (Z 2000): Hamilton 969 Einw. ▪ **Status:** United Kingdom Overseas Territory – Innere Autonomie seit 1968; britische Kolonie seit 1684 – Verfassung von 1968, letzte Änderung 1979 – Repräsentantenhaus (House of Assembly) mit 36 (vorher 40) gewählten und Senat mit 11 ernannten Mitgl.; Wahl alle 5 J. ▪ **Regierung:** Gouverneur: John Vereker, seit 11. 4. 2002 – Regierungschef: Alex Scott (Progressive Labour Party), seit 28. 7. 2003

Britische Jungferninseln
British Virgin Islands

Fläche: 153 km²; 40 Inseln: u. a. Tortola 54,4 km², Anegada 38,8 km², Virgin Gorda 21,4 km², Jost van Dyke 9,1 km² ▪ **Bevölkerung** F 2002: 21 000 Einw. – überwiegend Schwarze und Mulatten ▪ **Sprachen:** Englisch ▪ **Religion:** Anglikaner, Methodisten, Adventisten ▪ **Hauptstadt** (F 2001): Road Town (Tortola) 11 000 Einw. ▪ **Status:** United Kingdom Overseas Territory – Britisch seit 1672; Kolonie seit 1872 (bis 1956 Teil von Leeward Islands) – Verfassung von 1977 – Parlament: Legislativrat mit 15 Mitgl. (13 gewählt, 1 ex officio, 1 ernannt), Wahl alle 5 J. ▪ **Regierung:** Gouverneur: Tom Macan, seit 14. 10. 2002 – Regierungschef: Orlando Smith (National Democratic Party), seit 17. 6. 2003

Britisches Territorium im Indischen Ozean
British Indian Ocean Territory / BIOT

Fläche: 54 400 km²: Chagos Archipelago (Tschagos-Inseln); davon rd. 60 km² Landfläche

Britisches Territorium in der Antarktis
British Antarctic Territory / BAT → **Antarktis**

Falklandinseln
Falkland Islands – Islas Malvinas

Fläche: 12 173 km²; East u. West Falkland sowie rd. 200 kleinere Inseln, ohne Süd-Georgien (→ unten) ▪ **Bevölkerung** Z 2001: 2913 Einw.; außerdem britisches Truppenkontingent (1500) ▪ **Sprachen:** Englisch ▪ **Religion:** überwiegend Protestanten ▪ **Hauptstadt** (Z 2001): Stanley 1981 Einw. ▪ **Status:** United Kingdom Overseas Territory – Britisch seit 1833; Kolonie seit 1837 – Verfassung von 1985 – Parlament: Legislativrat mit 10 Mitgl. (8 gewählt, 2 ex officio), Wahl alle 4 J. ▪ **Regierung:** Gouverneur: Howard Pearce, seit 3. 12. 2002; gleichzeitig Commissioner von Süd-Georgien und den Südlichen Sandwichinseln – Chief Executive: Michael Blanch

Gibraltar

Fläche: 6,5 km²; Karte → WA 2005, S. 184 ▪ **Bevölkerung** Z 2001: 27 025 Einw. – 20 921 Einheimische (meist spanischer, maltesischer oder portugiesischer Herkunft), 3825 Briten, 2279 Nichtbriten (überwiegend Marokkaner) ▪ **Sprachen:** Englisch, Spanisch ▪ **Religion** 2002: 85 % Katholiken; Muslime, Anglikaner, Juden ▪ **Hauptstadt:** City of Gibraltar ▪ **Status:** United Kingdom Overseas Territory – Britisch seit 1713; Kolonie seit 1830 – Verfassung von 1969 – Parlament: House of Assembly mit 17 Mitgl. (15 gewählt, 2 ex officio), Wahl alle 4 J. ▪ **Regierung:** Gouverneur: Francis Richards, seit 27. 5. 2003 – Regierungschef: Peter Caruana (Gibraltar Social Democrats), seit 17. 5. 1996

Kaimaninseln
Cayman Islands

Fläche: 259 km²; davon Grand Cayman 197 km², Cayman Brac, Little Cayman ▪ **Bevölkerung** F 2001: 41 000, letzte Zählung 1999: 39 410 Einw.; Grand Cayman 37 473 Einw., Cayman Brac 1822, Little Cayman 115 – überwiegend Mulatten und Schwarze, ca. 1600 Weiße ▪ **Sprachen:** Englisch ▪ **Religion:** Protestanten ▪ **Hauptstadt** (Z 1999): George Town (Grand Cayman) 20 626 Einw. ▪ **Status:** United Kingdom Overseas Territory – Innere Autonomie seit 1962; britisch seit 1670 – Verfassung von 1959, letzte Änderung 1994 – Parlament: Legislativrat mit 18 Mitgl. (15 gewählt, 3 vom Gouv. ernannt), Wahl alle 4 J. ▪ **Regierung:** Gouverneur: Bruce Dinwiddy, seit 29. 5. 2002 – Regierungschef: Kurt Tibbetts, seit 18. 5. 2005

Montserrat

Fläche: 102 km² ▪ **Bevölkerung** Z 2001: 4482 Einw. – 93 % Schwarze, 3 % Weiße; Evakuierung der Hälfte der Bevölkerung nach Vulkanausbruch im Juni 1997; Zerstörung der Hauptstadt Plymouth und ⅔ der Infrastruktur des Südens ▪ **Sprachen:** Englisch ▪ **Religion:** v. a. Protestanten ▪ **Hauptstadt:** Brades ▪ **Status:** United Kingdom Overseas Territory – Innere Autonomie seit 1960; britisch seit 1632 – Verfassung von 1989 – Parlament: Legislativrat mit 11 Mitgl. (9 gewählt, 2 ex officio) ▪ **Regierung:** Gouverneurin: Deborah Barnes Jones, seit 10. 5. 2004 – Regierungschef: John Osborne (New People's Liberation Movement), seit 5. 4. 2001

Pitcairninseln
Pitcairn Islands Group

Fläche: 35,5 km²; davon Pitcairn 4,35 km² und die unbewohnten Inseln Henderson, Ducie u. Oeno zus. 31,15 km² ▪ **Bevölkerung** F 2003: 45 Einw. ▪ **Sprachen:** Pitcairn-Englisch ▪ **Religion:** Adventisten ▪ **Hauptstadt:** Adamstown ▪ **Status:** United Kingdom Overseas Territory – Britische Siedlung seit 1790; Kolonie seit 1838 – Verfassung von 1940 – Parlament: Inselrat mit 10 Mitgl. (davon 5 jährl. gewählt) ▪ **Regierung:** Gouverneur: Richard Fell, seit 10. 12. 2001 – Mayor: Brenda Christian, seit 8. 11. 2004

St. Helena

Fläche: 122 km²; ohne Ascension (88 km²), Tristan da Cunha (98 km²) u. a. Inseln (201 km²) ▪ **Bevölkerung** F 2000: 4647 Einw. ▪ **Sprachen:** Englisch ▪ **Religion:** v. a. Protestanten ▪ **Hauptstadt** (Z 1998): Jamestown 850 Einw. ▪ **Status:** United Kingdom Overseas Territory – Britisch seit 1673; Kolonie seit 1834 – Verfassung von 1989 – Parlament: Legislativrat mit 14 Mitgl. (12 gewählt, 2 ex officio), Wahl alle 4 J. ▪ **Regierung:** Gouverneur: Michael Clancy, seit 15. 10. 2004

Südgeorgien und Süd-Sandwich-Inseln
South Georgia and the South Sandwich Islands

Fläche: 3903 km²; davon South Georgia 3592 km² und South Sandwich Islands 311 km²; unbewohnt

Turks- und Caicosinseln
Turks and Caicos Islands

Fläche: 430 km²; über 30 Inseln, davon bewohnt: Grand Turk, Salt Cay, South Caicos, Grand Caicos, North Caicos, Providenciales, Pine Cay, Parrot Cay ▪ **Bevölkerung** Z 2001: 20 014 Einw. – 63 % Mulatten, 33 % Schwarze ▪ **Sprachen:** Englisch ▪ **Religion:** v. a. Protestanten ▪ **Hauptstadt** (S 1987): Cockburn Town (Grand Turk) 2500 Einw. ▪ **Status:** United Kingdom Overseas Territory – Britisch seit 1670; innere Autonomie seit 1962 – Verfassung von 1976, mit Änderung von 1988 – Legislativrat mit 19 Mitgl. (13 gewählt, 3 vom Gouv. ernannt, 3 ex officio), Wahl alle 4 J. ▪ **Regierung:** Gouverneur: Richard Tauwhare, seit 11. 7. 2005 – Regierungschef: Michael Misick (Progressive National Party), seit 15. 8. 2003

CHRONIK

Der glimpfliche Ausgang auch der letzten offiziellen Untersuchung des Regierungsverhaltens im Umfeld der Irak-Krise im Juli 2004 kompensierte nicht den Glaubwürdigkeitsverlust von Premierminister Tony Blair, erlaubte ihm aber, als erster Labour-Premier in der Geschichte Großbritanniens seine Partei zum dritten Mal in Folge an die Regierung zu bringen. Den Absatzbewegungen in der »Koalition der Willigen« aus dem militärischen Engagement im Irak schloss sich Großbritannien nicht an. Nach der Wiederwahl des US-Präsidenten George W. Bush demonstrierte Blair durch eigene Initiativen seinen außenpolitischen Handlungsspielraum, indem er insbesondere in der Entwicklungspolitik die politische Dimension der globalen Terrorbekämpfung betonte.

Die **verheerenden Terrorangriffe auf den öffentlichen Nahverkehr in London** am 7. 7. 2005 lösten weltweit Entsetzen aus und überschatteten die Beratungen des G8-Gipfels in Schottland über Hilfsmaßnahmen für Afrika.

INNENPOLITIK

▪ **Kabinettsumbildung 2004:** Um die Regierungsarbeit politisch und organisatorisch auf den bevorstehenden Wahlkampf einzustellen, verstärkte Blair am 9. 9. 2004 seine Gefolgschaft im Kabinett um zwei Politiker, die als seine engen Vertrauten gelten: **Alan Milburn,** der im Juni 2003 aus familiären Gründen als Gesundheitsminister zurückgetreten war, erhielt einen Sitz im Kabinett ohne Geschäftsbereich. Unter dem Titel eines »Kanzlers des Herzogtums von Lancaster« erhielt er die strategische Verantwortung für den Wahlkampf der Labour Party. Der bisherige Staatsminister für Bildung, **Alan Johnson,** trat als neuer Arbeits- und Rentenminister an die Stelle von Andrew Smith, der am 6. 9. zurückgetreten war und als Anhänger des Schatzkanzlers Gordon Brown gilt. Das Kabinettsrevirement wurde von politischen Beobachtern als Versuch Blairs gewertet, die Position von Gordon Brown zu schwächen, der sich als innerparteilicher Widerpart und heimlicher Rivale Blairs zu erkennen gegeben hatte. 1997 und 2001 hatte Brown noch die Wahlkämpfe von Labour geführt.

Innenminister **David Blunkett** zog mit seinem Rücktritt am 15. 12. die Konsequenz aus einem wochenlang Aufsehen erregenden Skandal. Ihm war Amtsmissbrauch zugunsten seiner früheren Geliebten vorgeworfen worden, indem er eine Vorzugsbehandlung ihres philippinischen Kindermädchens bei der Erteilung einer permanenten Visumerteilung erwirkt haben soll. Für Blunkett rückte der bisherige Erziehungsminister Charles Clarke nach, für den seinerseits die Unterhausabgeordnete Ruth Kelly neu ins Kabinett eintrat.

▪ **Wahlkampfprogramm der Regierung:** Mit Blick auf den bevorstehenden Wahlkampf kündigte Blair in seinem von Königin Elizabeth II. (→ Foto) am 23. 11. 2004

Königin Elizabeth II. und Prinz Philip bei der Parlamentseröffnung am 23. 11. 2004

vorgetragenen Regierungsprogramm für seine noch verbleibende zweite Amtszeit an, sich vorrangig der **Sicherung von Recht und Ordnung** mit dem besonderen Schwerpunkt der Bekämpfung der organisierten Kriminalität und des Terrorismus (→ unten) zu widmen. Zu den wichtigsten Projekten gehörte die **Einführung von Identitätskarten** (ID-Cards) für alle Bürger mit biometrischen Daten (ab 2008, obligatorisch ab 2011) und die Einrichtung einer nationalen Datenbank. Das Unterhaus billigte den Gesetzentwurf am 20. 12. mit 385 gegen 93 Stimmen. Kern eines weitgehenden Umbaus der Sicherheitssysteme ist die Schaffung einer **Serious Organised Crime Agency** (SOCA) nach dem Vorbild des US-amerikanischen FBI. 5000 Spezialbeamte der SOCA, ausgestattet mit modernster Technik, sollen sich um alle Spielarten der organisierten Schwerkriminalität kümmern.

▪ **Parlamentswahl am 5. 5. 2005**: Premier Blair bat am 5. 4. Königin Elizabeth II., das Unterhaus aufzulösen, und setzte die Neuwahl für den 5. 5. an. Den frühen Termin – mehr als ein halbes Jahr vor dem spätesten Zeitpunkt – wählte er ungeachtet seiner immer noch niedrigen Popularitätswerte, jedoch **begünstigt durch eine** im Vergleich zu den großen europäischen Nachbarn **vorteilhafte wirtschaftliche Entwicklung.** 2004 verzeichnete Großbritannien einen BIP-Zuwachs von 3,1 %, eine Preissteigerungsrate von 1,5 % und die niedrigste Arbeitslosenquote seit 29 Jahren (4,7 %).

Die Labour Party musste deutliche Stimmeneinbußen hinnehmen. Sie erhielt 35,3 % der Stimmen, 6,4 Prozentpunkte weniger als bei der Wahl im Jahr 2001, und fuhr damit das schlechteste Wiederwahlergebnis einer Partei in Großbritannien ein. Bei Besetzung der 646 Unterhaussitze (2001: 659 Sitze) verlor sie 47 Wahlkreise, kam aber dank des Mehrheitswahlsystems auf 356 Mandate und damit auf eine **klare absolute Mehrheit.** 32,3 % der Wähler stimmten für die Conservative Party (Tories), die sich mit einem Plus von 1,1 Prozentpunkten um 31 auf 198 Mandate steigern konnte, während die Liberal Party, die sich um 4,0 Prozentpunkte verbesserte (22,1 % der Stimmen), nur 10 Abgeordnete mehr und damit insgesamt 62 ins Unterhaus entsendet (→ Grafik).

Großbritannien und Nordirland:
Wahlen zum Unterhaus am 5.5.2005 (2001)

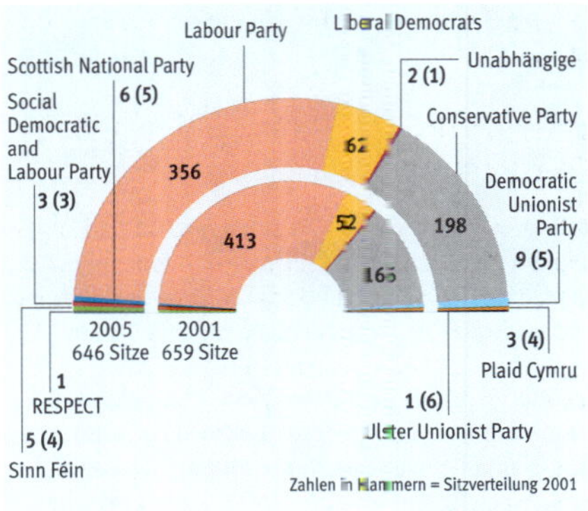

Als Grund für die Stimmenverluste von Labour führten Beobachter vor allem Blairs Unterstützung des Irak-Kriegs an der Seite der USA im Frühjahr 2003 und die nachfolgenden Auseinandersetzungen über die Umstände der umstrittenen Entscheidung an (→ unten, Außenpolitik). Unrühmlich erschien der schwache Wahlsieg auch angesichts des anhaltenden Formtiefs der Konservativen, die mit ihrem Spitzenkandidaten Michael Howard Blair keinen ebenbürtigen Gegner entgegenstellen konnten und trotzdem erheblich an Boden gut machten. Howard kündigte nach der dritten Wahlniederlage der Tories in Folge unmittelbar nach dem Wahlausgang seinen Rücktritt an.

▪ **Neue Regierung Blair (Mai 2005)**: Nach den Revirements, die Blair erst im September und Dezember 2004 vorgenommen hatte (→ oben), **beließ er die wichtigsten Posten unverändert** – mit Schatzkanzler Gordon Brown, Innenminister Charles Clarke und Außenminister Jack Straw. Der frühere Innenminister David Blunkett kehrte als Arbeitsminister wieder in das Kabinett zurück. John Reid, bisher Gesundheitsminister und enger Vertrauter von Blair, wurde neuer Verteidigungsminister. Sein Vorgänger Geoff Hoon übernahm mit Kabinettsrang die Führung der Labour-Fraktion im Unterhaus. Der bisherige Führer des Unterhauses und Minister für Wales, Peter Hain, übernahm auch die Zuständigkeit für Nordirland.

TERRORISMUS

▪ **Terrorabwehr:** Mit der **Verhaftung von 13 Terrorismusverdächtigen** am 3. 8. 2004 reklamierten die Sicherheitsbehörden einen der größten Erfolge in ihrem Antiterrorkampf. Nach Verstreichen der 14-tägigen Vernehmungsfrist wurden acht der Männer, die meisten von ihnen Briten pakistanischer Herkunft, wegen der Beteiligung an einem Mordkomplott bzw. Teilnahme an terroristischen Aktivitäten angeklagt. Im Visier der Angeklagten sollen sich der Flughafen London-Heathrow sowie bedeutende Einrichtungen in den USA befunden haben. Als Kopf der Zelle, die zum Netz-

Bombenanschlag am Tavistock Square

werk der Al-Qaida gezählt wurde, gilt der gleichfalls festgenommene Dhiren Barot, bekannt auch unter den Alias-Namen **Abu Issa al-Hindi** und Abu Moussa al-Hindi. Nach Erkenntnissen der US-amerikanischen Ermittlungsbehörden galt er als einer der Drahtzieher, die die Angriffsziele in den USA 2001 ausgespäht hatten. Die Zerschlagung der Gruppe erfolgte offenbar auf Grund von Informationen, die im Zusammenhang mit den Festnahmen von Naeem Noor Khan und Ahman Khalfan Ghailani in → Pakistan am 13. bzw. 30. 7. gewonnen wurden, die als hochrangige Al-Qaida-Terroristen gelten.

Nach Angaben des Innenministeriums von Anfang August waren zwischen dem 11. 9. 2001 und 30. 6. 2004 609 Terrorismusverdächtige inhaftiert worden, von denen 99 bis dahin unter Anklage gestellt und 15 verurteilt wurden, die meisten davon wegen Kreditkartenbetrugs. Etwa die Hälfte der Verdächtigen, in der Mehrzahl Muslime, wurde ohne weitere rechtliche Konsequenzen wieder freigelassen. Angesichts dieser Zahlen kritisierten Sprecher der muslimischen Minderheit die **»Stigmatisierung« der islamischen Glaubensgemeinschaft**. Zu den spektakulären juristischen Fällen im Terrorismus-Komplex gehört das Verfahren gegen den radikal-islamischen Imam der Finsbury-Park-Moschee, **Abu Hamza al-Masri**, der 2003 seines Amtes enthoben wurde (→ WA 2004, Sp. 374 f.). Seit Mai 2004 in Untersuchungshaft, stellte ihn die Staatsanwaltschaft am 10. 10. unter Anklage u. a. wegen des Aufrufs zu Anschlägen auf Juden und andere Nichtmuslimen, der Aufstachelung zum religiösen Hass und der Unterstützung terroristischer Aktivitäten. Scotland-Yard-Chef Sir John Stevens gab am 9. 12. bekannt, die Polizei habe in London **einen Terroranschlag vereitelt**, der in seiner Dimension den Angriffen vom 11. 3. 2004 in Madrid gleichgekommen wäre.

Ein Gericht in London verurteilte am 14. 4. 2005 einen 31-jährigen Algerier, in dessen Wohnung die Polizei im Januar 2003 Giftstoffe und Rezepte zur Herstellung von Rizin gefunden hatte, wegen **Planung von Giftanschlägen** zu 17 Jahren Gefängnis. Acht weitere Verdächtige – sieben Algerier und ein Libyer – wurden aus Mangel an Beweisen freigelassen.

- **Antiterrorismus-Gesetz:** Das Appellationsgericht in London wies am 11. 8. 2004 die Beschwerde von zehn im Hochsicherheitsgefängnis von Belmarsh inhaftierten Gefangenen zurück und erklärte die **Internierungspraxis** auf der Grundlage des Anti-Terrorism, Crime, and Security Act von 2001 für rechtmäßig. Das Gesetz, für dessen Geltung Großbritannien Bestimmungen der Europäischen Menschenrechtskonvention außer Kraft gesetzt hatte, erlaubt es dem Innenminister, ausländische Terrorverdächtige ohne Anklageerhebung und Prozess unbefristet internieren zu lassen, wenn »vernünftige Verdachtsgründe« bestehen. Als solche erkannte das Gericht auch **im Ausland unter Folter erpresste Aussagen** an.

Das als höchstes Gericht tagende Kollegium von neun Law Lords des Oberhauses hingegen erklärte am 16. 12. 2004 mit 8:1 Stimmen die Internierung von Ausländern als **Verstoß gegen die Rechtsstaatlichkeit** und unvereinbar mit der Europäischen Menschenrechtskonvention, ohne das Antiterrorismus-Gesetz für ungültig erklären zu können. Neben prinzipiellen rechtsstaatlichen Mängeln beanstandeten die Law Lords die Diskriminierung von Ausländern, da das Gesetz terrorismusverdächtige britische Bürger von der Internierung ausnimmt. Unter dem Druck dieser Entscheidung verzichtete die Regierung darauf, das Parlament um die anstehende jährliche Erneuerung des Antiterrorismus-Gesetzes zu ersuchen und setzte stattdessen am 13. 3. die **Verabschiedung eines neuen »Gesetzes zur Verhütung des Terrorismus«** durch, das auch für britische Staatsbürger gilt. Statt einer Internierung einschlägig Verdächtiger kann nun strenger Hausarrest einschließlich Kommunikationsverbot verhängt werden. Als weitere wesentliche Neuerung muss ein Richter die Anordnung des Innenministers innerhalb von sieben Tagen überprüfen. Wesentliche juristische Grundsätze, wie das Prinzip der Unschuldsvermutung, das Recht auf einen ordentlichen Richter und ein ordentliches Verfahren bleiben auch im neuen Gesetz unberücksichtigt. Im Unterhaus fand es nach langer Auseinandersetzung nur eine knappe Mehrheit, weil zahlreiche Labour-Abgeordnete ihre Zustimmung verweigerten. Im Oberhaus lehnten die Lords die Vorlage viermal mit Zweidrittelmehrheit ab, bevor sie dem Kompromiss unter der Bedingung zustimmten, **in einem Jahr erneut darüber zu befinden.**

- **Terroranschläge vom 7. 7. 2005**: Nahezu zeitgleiche Explosionen von Sprengsätzen in drei U-Bahnen gegen 8:47 Uhr Ortszeit sowie in einem Doppeldeckerbus (→ Foto) etwa eine Stunde später **erschütterten die Londoner City** zur Rushhour und legten das gesamte Nahverkehrssystem der Metropole lahm. Über die Zahl der Todesopfer – insgesamt mehr als 52 – herrschte wegen der schweren Bergungsbedingungen in den U-Bahn-Schächten mehrere Tage Unklarheit. Mehr als 700 Menschen wurden verletzt, viele von ihnen schwer. Gleichwohl verliefen die Rettungsmaßnahmen nach Medienberichten rasch und effizient. Nach den Anschlägen von Madrid am 11. 3. 2004 (→ WA 2005, S. 404), denen diese in ihrem Muster stark ähnelten, waren die Rettungsdienste auf Ereignisse dieser Art vorbereitet. Wenige Stunden nach den Attentaten bekannte sich in einer Internet-Erklärung eine bislang unbekannte »Geheime Al-Qaida-Organisation in Europa« zu der »heroischen Tat«; zwei Tage später reklamierte eine weitere Gruppe, die dem Terrornetzwerk Al-Qaida nahe steht, im Internet die Attacken für sich.

Premierminister Blair unterbrach für einige Stunden seine Anwesenheit auf dem G8-Gipfel, um vor Ort die politische Regie zu führen. Er und Außenminister Straw hielten in ersten Erklärungen die Täterschaft einer islamistischen Terrororganisation für erwiesen. Der G8-Gipfel stellte sich in einer Erklärung geschlossen gegen die Bedrohung durch den Terrorismus und setzte seine Beratungen fort.

Bereits fünf Tage später konnte Scotland Yard erste Ermittlungserfolge melden. Danach waren die **Terroranschläge von vier Selbstmordattentätern** begangen worden. In der U-Bahn und in dem zerstörten Doppeldeckerbus gefundene Dokumente ergaben, dass wahrscheinlich drei der Täter aus Leeds und Umgebung stammten, wo die Polizei Razzien durchführte. Auf einer Überwachungskamera im Bahnhof King's Cross wurden vier der Attentäter identifiziert. Die Ermittlungen konzentrierten sich nach diesen ersten Fahndungserfolgen auf die möglichen Hintermänner der Anschläge.

NORDIRLAND

▪ **Fronten verhärtet:** Ein erneuter Versuch von Premierminister Blair und seinem irischen Amtskollegen Bertie Ahern, der Provinz die Rückkehr zu der 2002 suspendierten Selbstverwaltung durch Bildung einer All-Parteien-Regierung zu ermöglichen, scheiterte nach **ergebnislosen Treffen** mit Vertretern der nordirischen Konfliktparteien im südostenglischen Leeds Castle (16.–18. 9. 2004) und am 8. 12. in Belfast. Auf protestantischer Seite zeigte sich vor allem die bei der Neuwahl des Regionalparlaments im November 2003 (→ WA 2005, S. 184) erstarkte radikale **Democratic Unionist Party (DUP) des Pfarrers Ian Paisley unnachgiebig**. Sie lehnte einen von Blair und Ahern präsentierten Kompromissvorschlag ab und forderte die Selbstauflösung der katholisch-republikanischen Untergrundarmee Irish Republican Army (IRA) sowie eine Neuverhandlung des Karfreitagsabkommens von 1998, das den Beginn des Friedensprozesses begründet hatte. Sinn Féin, der politische Arm der IRA, bekundete die Bereitschaft der IRA, sich in eine friedliche Organisation umzuwandeln und sich beschleunigt und nachprüfbar vollständig zu entwaffnen, lehnte aber die Forderung von Fotobeweisen als »Erniedrigung« ab.

Ein am 20. 12. generalstabsmäßig ausgeführter **Bankraub in Belfast**, mit einer Beute von 26,5 Mio. £ (rd. 28 Mio. €) der größte in der britischen Kriminalgeschichte Nordirlands, führte zu einem weiteren Rückschlag im politischen Prozess. Ahern und Blair lasteten die Tat der IRA an und bezichtigten Sinn Féin der Komplizenschaft. Als Reaktion **zog die IRA**, die eine Verantwortung für den Bankraub abstritt, Anfang Februar **ihre Entwaffnungsangebote zurück**.

In weitere Bedrängnis geriet die katholisch-republikanische Bewegung nach der **Ermordung eines Katholiken**, des 33-jährigen Sinn-Féin-Anhängers Robert McCartney, in einem Belfaster Pub am 30. 1. 2005. Die fünf Schwestern des Opfers machten die IRA für den Mord verantwortlich und erfuhren für ihre Kampagne breite Unterstützung in der katholischen Bevölkerung. Sinn Féin schloss Anfang März sieben ihrer Mitglieder, die der Mordbeteiligung verdächtig waren, aus und forderte sie auf, sich der Polizei zu stellen. Das Angebot der IRA an die Familie des Ermordeten, als Vergeltung drei Hauptverantwortliche zu erschießen, stieß auf einhellige Empörung, selbst in sonst mit der IRA sympathisierenden Kreisen. Am 6. 4. **rief Adams die IRA auf, die Idee des bewaffneten Kampfes endgültig aufzugeben**, sich allein politischer Mittel zu bedienen und den Friedensprozess zu unterstützen. Am 1. 6. nahm die Polizei in Belfast und in der mittelenglischen Stadt Birmingham zwei Verdächtige fest, die eine Tatbeteiligung jedoch abstritten.

Bei der **Wahl zum nationalen Unterhaus** in London am 5. 5. 2005 eroberten **die extremistischen Parteien beider Seiten** 14 der 18 für Nordirland bestimmten Sitze, während die gemäßigten Parteien eine deutliche Niederlage hinnehmen mussten. Paisleys radikale Protestantenpartei steigerte ihren Stimmenanteil um 11,2 Prozentpunkte auf 33,7 % und gewann 9 Sitze, die Sinn Féin kam auf 24,3 % (+2,6) und ist mit 5 Abgeordneten im Unterhaus vertreten. Auf die gemäßigte Katholikenpartei SDLP entfielen dagegen nur 3 Mandate (–1), auf die bisher führende protestantische UUP nur 1 Mandat (–5). Der UUP-Vorsitzende **David Trimble**, Friedensnobelpreisträger und ehemaliger Premierminister der Provinz, erklärte als Konsequenz aus dem Wahldesaster seinen Rücktritt.

Zu seinem Nachfolger wählte der Parteitag der UUP am 24. 6. **Reginald Empey**. Der Vertraute von Trimble war Bürgermeister von Belfast und Industrieminister in der aufgelösten Autonomieregierung.

▪ **Pitcairn:** In einem weltweit beachteten **Prozess gegen sieben der zwölf männlichen Einwohner** des Eilands

Pitcairninsel im südlichen Pazifik

Pitcairn, das 47 Einwohner zählt, verurteilte das angereiste Gericht am 25. 10. 2004 vier Angeklagte zu Gefängnisstrafen zwischen vier und sechs Jahren und zwei zu gemeinnützigen Tätigkeiten. Sie wurden der vielfachen sexuellen Nötigung und der Vergewaltigung von Kindern für schuldig befunden, die Vorgänge lagen teilweise schon Jahrzehnte zurück. Die Verteidigung machte die Abgeschiedenheit der Insel für die Ausprägung einer eigenen Sexualmoral verantwortlich. Nach Scheitern ihrer Berufung Mitte Mai 2005 steht ihnen noch die Beschwerde beim Privy Council in London offen, dem höchsten Appellationsgericht für Überseeterritorien, um prüfen zu lassen, ob die Insel der einstigen »Meuterer der Bounty« überhaupt der britischen Gerichtsbarkeit untersteht.

▪ **Weitere Ereignisse:** Nach sieben Jahren heftigen Auseinandersetzungen setzte die Labour-Mehrheit im Unterhaus am 18. 11. 2004 das **Verbot der traditionellen Fuchsjagd** (Hetzjagd mit Hunden auf Füchse, Hirsche und Hasen) durch. Um den Widerstand des Oberhauses zu überwinden, dem es immer wieder gelungen war, das Gesetz zu blockieren, bediente sich die Labour-Fraktion des **Parliament Act von 1949** – eines äußerst selten angewandten Sondergesetzes, das es dem Unterhaus erlaubt, ein mehrmals verabschiedetes Gesetz auch gegen die Ablehnung des Oberhauses in Kraft zu setzen. Das Londoner Appellationsgericht wies am 16. 2. 2005 eine Klage der Jägerlobby Countryside Alliance gegen das Jagdverbot ab. Die Verbände der Jäger und Großgrundbesitzer riefen zum zivilen Ungehorsam auf und kündigten eine Klage vor dem Europäischen Gerichtshof für Menschenrechte an. Zwei Tage nach Inkrafttreten des Gesetzes am 18. 2. demonstrierten landesweit rd. 20 000 Fuchsjäger und 260 Jagdgesellschaften ihren Widerstand, indem sie die Fuchsjagd wieder aufnahmen. Dabei beriefen sie sich auf eine als Kompromiss in das Gesetz eingeführte Klausel, nach der die Jagd mit bis zu zwei Jagdhunden auf Füchse erlaubt ist, wenn diese danach mit der Jagdwaffe erlegt werden.

Am 10. 4. 2005 **heiratete der britische Thronfolger Charles**, Prince of Wales (56), in Windsor seine langjährige Geliebte Camilla Parker Bowles (57), die jetzt den Titel Herzogin von Cornwall führen darf. Die Hochzeit war zugunsten einer Teilnahme von Charles am Begräbnis von Papst Johannes Paul II. im → Vatikan um einen Tag verschoben worden.

Nach der Entdeckung eines Lecks in der nuklearen **Wiederaufarbeitungsanlage Thorp in Sellafield** (Nordwestengland) wurde die Anlage am 9. 5. 2005 stillgelegt. Nach Medienberichten waren über Monate hinweg unbemerkt über 80 m^3 radioaktiver Salpetersäure mit Uran und Plutonium ausgetreten und in einen abgedichteten Überlaufbehälter geflossen. Der von der Internationalen Atomenergiebehörde (IAEA) in Wien als »ernst« eingestufte Vorfall ist der schwerste Atomunfall in Großbritannien seit mehr als zehn Jahren.

AUSSENPOLITIK

▪ **Irak-Engagement:** Auf Ersuchen der USA beschloss das Kabinett am 2. 11. 2004 die **Verlegung eines rd. 850 Mann starken Kampfbataillons** aus dem relativ friedlichen britischen Südsektor von Basra **in die Umgebung von Bagdad**. Die Entscheidung wurde in der Öffentlichkeit hauptsächlich als demonstrative Unterstützung des Premiers für den im Wahlkampf befindlichen US-Präsidenten verstanden. Zu diesem Zeitpunkt war das britische Kontingent nach Informationen von Verteidigungsminister Geoff Hoon von 46 000 während des Krieges auf 8500 Mann heruntergefahren worden. Bis dahin waren 68 Soldaten im Irak gestorben, davon 24 in direkten Kampfhandlungen. Den bisher größten Einzelverlust verzeichnete das britische Militär, als beim **Abschuss eines Flugzeugs der Royal Air Force** am 30. 1. 2005 zehn Soldaten starben.

Auf die Kritik der Opposition im Wahlkampf, ein Ende des Irak-Einsatzes sei nicht absehbar, kündigte der Verteidigungsminister Mitte April an, die **militärische Präsenz im Irak bis 2006 weiter reduzieren und 2007 beenden zu wollen.**

Am 10. 7. 2005, drei Tage nach den Terrorattacken in London, veröffentlichte eine Sonntagszeitung den bis dahin geheimen Plan eines Abzugs von rd. 5000 Soldaten bis Mitte 2006. Verteidigungsminister John Reid bezeichnete ihn als eine von mehreren Optionen.

▪ **Kontroverse über Irak-Engagement:** Lord Robin Butler legte am 14. 7. 2004 den Untersuchungsbericht einer von ihm geleiteten überparteilichen Kommission zur **Arbeit der Geheimdienste im Vorfeld des Irak-Kriegs** vor, den Premierminister Blair im Februar in Auftrag gegeben hatte (→ WA 2005, S. 183). Der Report entlastet Blair und alle Beteiligten von dem Vorwurf, die Öffentlichkeit durch absichtliche Verfälschung der Geheimdiensterkenntnisse getäuscht zu haben. Er diagnostiziert jedoch »schwerwiegende Fehler« der Geheimdienste, deren Material als Entscheidungsgrundlage für die Regierung »zweifelhaft« gewesen sei. So sei die Behauptung vom September 2002, der Irak verfüge über einsatzbereite Massenvernichtungswaffen, unbegründet gewesen. Butler verzichtete auf persönliche Schuldzuweisungen und **führte die Mängel auf »kollektive Verantwortung« zurück.** Gleichwohl kritisierte er deutlich den präsidialen Regierungsstil des Premiers, der die Kabinettskollegen unzureichend informiert habe. Blair räumte in seiner Stellungnahme zum Bericht vor dem Unterhaus ein, dass die Beweise für die Gefährlichkeit des Irak-Diktators weniger stichhaltig waren, als sie schienen. Jedoch sei das Ziel, Saddam Hussein loszuwerden, kein Fehler gewesen.

Auf dem Parteitag der Labour Party Ende September 2004 in Brighton **entschuldigte sich Blair** für die falsche Einschätzung der Bedrohung durch den Irak, konnte aber eine kritische Diskussion des militärischen Engagements in Irak nicht verhindern. Am 13. 10. wiederholte er gegenüber dem Unterhaus sein auf die Fehlerhaftigkeit der Geheimdienstinformationen begrenztes Bedauern. Der Glaubwürdigkeitsverlust Blairs in der Öffentlichkeit erhielt neue Nahrung durch seine vorläufige Weigerung, den Text des **Gutachtens zur völkerrechtlichen Bewertung** eines Angriffs auf den Irak zu veröffentlichen, den der Rechtsberater der Regierung, Kronanwalt Lord Peter Goldsmith, im März 2003 abgegeben hatte. Die Opposition warf der Regierung vor, sie habe Goldsmith unter Druck gesetzt, ein ihr genehmes Statement abzugeben, das sich im Widerspruch zu seiner ursprünglichen Auffassung befunden habe; der Kronanwalt bestritt diese Version. In dem **Ende April 2005** schließlich veröffentlichten Dokument, das auf den 7. 3. 2003 datiert ist, erklärte Lord Goldsmith eine mögliche britische Kriegsteilnahme gegen Irak ohne weitere UN-Resolution nicht für illegal, eine internationale Klage gegen ein solches Vorgehen sei aber nicht chancenlos. Der »sicherste politische Kurs« sei, einen solchen Einsatz auf einen spezifischen UN-Auftrag zu gründen.

- **Geiselmorde:** Als erste britische Geisel im Irak wurde am 8. 10. 2004 der Ingenieur **Kenneth Bigley** aus Liverpool vor laufender Videokamera von seinen Entführern aus der Terrorgruppe um den Jordanier Abu Mussab al-Zarkawi enthauptet. Er war am 16. 9. zusammen mit zwei Amerikanern in Bagdad verschleppt worden, die beiden US-Bürger wurden bereits nach wenigen Tagen ermordet. Vor seinem Tod hatte Bigley in zwei von den Geiselnehmern aufgezeichneten Videobotschaften direkt an Premierminister Blair appelliert, mit den Entführern zu verhandeln. Diese hatten gefordert, alle weiblichen irakischen Gefangenen in US-Gefängnissen sollten freigelassen werden. Die Regierung lehnte Verhandlungen in diesem wie auch im Fall von **Margaret Hassan** ab. Die mit einem Iraker verheiratete Leiterin des Regionalbüros der Hilfsorganisation Care International wurde am 19. 10. entführt. Ihre Ermordung etwa drei Wochen später dokumentierte ein dem arabischen Sender Al Dschasira zugespieltes Video. Fünf Tatverdächtige, die den Mord gestanden, wurden Ende April 2005 von irakischen Sicherheitskräften festgenommen.
- **Gefangenenmisshandlungen:** Ein auf der britischen Militärbasis in Osnabrück tagendes Militärgericht verurteilte am 25. 2. 2005 drei Soldaten des in Osnabrück stationierten Royal Regiment of Fusiliers zu Haftstrafen zwischen fünf Monaten und zwei Jahren sowie unehrenhafter Entlassung aus der Armee. Die Jury hatte die Angeklagten in fünf von neun Anklagepunkten für schuldig befunden, im Mai 2003 in einem Camp nahe Basra **irakische Zivilisten körperlich misshandelt und sexuell gedemütigt** bzw. dazu Beihilfe geleistet zu haben. Die Iraker waren als mutmaßliche Diebe in einem Depot für Hilfsgüter im Rahmen einer Strafaktion festgenommen worden. Hauptzeuge im Prozess war ein Soldat, der zuvor in Celle von einem anderen britischen Militärgericht zu 18 Monaten Gefängnis verurteilt worden war. Seine **Fotos von den Misshandlungen**, die das Gericht eine Woche vor Urteilsverkündung zur Veröffentlichung freigegeben hatte, riefen in der Heimat Abscheu und Empörung hervor, zumal sie dort wie im Irak und in der arabischen Welt den Nimbus von einer im Unterschied zur US Army »sauber« operierenden britischen Armee zerstörten.
- **EU-Verfassungskrise:** Nach der Ablehnung des EU-Verfassungsvertrags durch Volksentscheide in → Frankreich und den → Niederlanden **verschob die Regierung am 6. 6.** das vorgesehene **Referendum** auf unbestimmte Zeit. Ein Zeitpunkt im Rahmen des europaweiten Ratifizierungsprozesses bis November 2006 war noch nicht festgelegt worden.

Beim Gipfeltreffen der EU-Regierungschefs am 17. 6. 2005 gelang es dem derzeitigen Ratsvorsitzenden, dem luxemburgischen Regierungschef Jean-Claude Juncker, nicht, eine Einigung über die EU-Finanzen herbeizuführen. Im Vorfeld hatte Premierminister Blair erklärt, der Großbritannien eingeräumte Beitragsrabatt stünde nicht zur Disposition, wenn nicht die Finanzplanung insgesamt, insbesondere die Agrarausgaben, überprüft würden (→ EU).

Zum Auftakt seiner halbjährigen EU-Präsidentschaft am 1. 7. kündigte Blair zur Klärung des Konflikts zwischen dem britischen Wirtschaftskonzept und dem bisher in der EU dominanten Sozialmodell eine Grundsatzdebatte zur Zukunft der EU an.

- **Atomstreit mit Iran:** In der Auseinandersetzung mit dem → Iran über dessen Nuklearpolitik ging Großbritannien deutlich auf **Distanz gegenüber US-amerikanischen Drohungen** und suchte zusammen mit Frankreich und Deutschland in Verhandlungen mit dem Iran eine Beilegung des Streits. Am 2. 11. 2004 schloss Außenminister Jack Straw ein militärisches Vorgehen gegen den Iran als »nicht vorstellbar« aus, zumal »Umstände, in denen ein Militäreinsatz gegen den Iran gerechtfertigt wäre«, nicht zu erkennen wären. Diese Position bekräftigte Straw gegenüber seiner US-amerikanischen Kollegin Condoleezza Rice am 24. 1. 2005.
- **Entwicklungspolitik:** Schatzkanzler Gordon Brown kündigte am 27. 9. 2004 an, Großbritannien werde als erstes Land der G8-Industriestaaten für mehr als 30 Staaten bei der Weltbank und der Afrikanischen Entwicklungsbank 10 % der ausstehenden Verbindlichkeiten streichen. Den Umfang des **Schuldenerlasses** bezifferte er auf 100 Mio. £ (rd. 147 Mio. €). Anlässlich der Vorstellung eines Berichts der internationalen Commission for Africa am 11. 3. 2005 stellte Premierminister Blair eine Afrika-Initative vor, die er als turnusmäßiger Vorsitzender dem G8-Gipfel in Gleneagles (6.–8. 7.) zur Beschlussfassung unterbreiten wolle.

Am 12. 6. einigten sich die G8-Finanzminister zu dem als historisch bezeichneten Kompromiss, 18 Staaten, vorwiegend afrikanischen, sämtliche multilateralen Schulden zu erlassen. Der G8-Gipfel im schottischen Gleneagles am 6./7. 7. ergänzte diese Absichten um weniger definitive Zusagen zur Erweiterung der Entwicklungshilfe (→ Kap. Organisationen, G7/G8).

Guatemala Mittel-Amerika

Republik Guatemala; República de Guatemala – GT / GTM

Fläche (Weltrang: 103): 108 889 km²

Einwohner (66): F 2003 12 307 000 = 113 je km²

Hauptstadt: Guatemala (Guatemala-Stadt)

Amtssprache: Spanisch

Bruttonationaleinkommen 2003 je Einw.: 1910 $

Währung: 1 Quetzal (Q) = 100 Centavos
Kurs: 1 US-$ = 7,64 Q; 1 € = 9,42 Q

Botschaft der Republik Guatemala
Joachim-Karnatz-Allee 45–47, 10557 Berlin
T 030 / 206 43 63, Fax 206 43 659
E-Mail: embaguate.alemania@t-online.de

LANDESSTRUKTUR **Fläche**: 108 889 km²; → Karte ▪ **Verwaltung**: 22 Departamentos; Tabelle → WA 2005, S. 186 ▪ **Städte**: (F 2001) Guatemala 1 022 000 Einw., Mixco 452 131, Villa Nueva 390 329, San Pedro Carchá 165 972, Cobán 165 687, Quezaltenango 152 228, San Juan Sacatepéquez 142 445, Jalapa 118 943, Escuintla 114 626, Totonicapán 105 092

BEVÖLKERUNG Guatemalteken – F 2003: 12 307 000 Einw.; Bevölkerungswachstum: 2,6 %; letzte Zählung 2002: 11 237 196 Einw. – ca. 60 % Indianer (Indígenas, u. a. Maya-Quiché, Mames, Cakchiqueles, Kekchi; 30 % Mestizen (Ladinos); Schwarze, Mulatten, Zambos und Weiße ▪ **Sprachen**: Spanisch; Maya-Quiché-Sprachen ▪ **Religion** 2001: 60 % Katholiken, Protestanten

STAATS- UND REGIERUNGSFORM Verfassung von 1986, letzte Änderung 1994 – Präsidialrepublik seit 1986 – Parlament (Congreso Nacional) mit 158 (vorher 113) Mitgl., Wahl alle 4 J. – Direktwahl des Staatsoberh. alle 4 J. – Wahlrecht ab 18 J. ▪ **Unabhängigkeit**: Proklamation 15. 9. 1821 (ehem. spanische Kolonie), endgültig 13. 4. 1839 (Austritt aus der Zentralamerik. Konföderation) ▪ **Nationalfeiertag**: 15. 9.

REGIERUNG UND PARTEIEN **Staats- u. Regierungschef**: Óscar Rafael Berger Perdomo (GANA), seit 14. 1. 2004 – **Äußeres**: Jorge Briz Abularach (GANA / MR), seit 14. 1. 2004 ▪ **Parlament**: Wahlen vom 9. 11. 2003: Gran Alianza Nacional / GANA: Bündnis aus Partido Patriota / PP, Movimiento Reformador / MR, Partido de la Solidaridad Nacional / PSN) 49 von 158 Sitzen, Frente Republicano / FRG 41 (1999: 63 von 113), Unidad Nacional de la Esperanza / UNE 30 (–), Partido de Avanzada Nacional / PAN 17 (37), Alianza Nueva Nacion / ANN 7 (–), Partido Unionista / PU 7 (–), Sonstige 7 (13)

WIRTSCHAFT **BIP** 2003: 24,730 Mrd. $; realer Zuwachs: 2,1 %; Anteil (2003) Landwirtschaft 22 %, Industrie 19 %, Dienstleistungen 58 % ▪ **Erwerbstätigkeit** 2002: Landwirtsch. 38,7 %, Industrie 20,0 %, Dienstl. 37,5 % ▪ **Arbeitslosigkeit** ∅ 2004: 7,5 % (hohe Unterbeschäftigung) ▪ **Inflation** ∅ 2004: 9,2 % ▪ **Außenhandel** 2004: **Import**: 9,475 Mrd. $; *Güter*: 17 % Textilien, 15 % Maschinen, 12 % Mineralien, 12 % chemische Erzeugnisse, 9 % Transportmittel, 7 % Metalle und Metallverarbeitung, 7 % Plastik- und Kautschukprodukte; *Länder*: 34 % USA, 9 % Zentralamerika, 8 % Mexiko, 7 % Rep. Korea, 7 % VR China, 4 % Japan, 3 % Brasilien, 2 % Deutschland; **Export**: 5,036 Mrd. $; *Güter*: 33 % Kleidung, 6 % Kaffee, 5 % Bananen, 4 % Zucker, 4 % Erdöl, 3 % chemische Erzeugnisse, 3 % Früchte und Fruchtzubereitung, 1 % Kardamom; *Länder*: 53 % USA, 12 % El Salvador, 7 % Honduras, 4 % Mexiko, 4 % Costa Rica, 4 % Nicaragua, 3 % Panama, 1 % Deutschland

CHRONIK

Guatemala kämpft weiterhin mit den Folgen des 1996 beendeten Bürgerkriegs, der in 36 Jahren über 200 000 Menschenleben gefordert hatte. Unter dem seit Januar 2004 regierenden Präsidenten Óscar Rafael Berger Perdomo vom Rechtsbündnis Gran Alianza Nacional (GANA) wurden die Bemühungen um Aufarbeitung der Bürgerkriegszeit verstärkt.

▪ **Entschädigungszahlungen:** Im Gegensatz zu seinem Vorgänger Alfonso Portillo Cabrera setzte sich Berger für eine **Entschädigungszahlung an die Bürgerkriegsopfer** ein und übergab am 6. 7. 2004 der Direktorin der Nationalen Wiedergutmachungskommission in einem symbolischen Akt einen Scheck über 30 Mio. Quetzales (rd. 4 Mio. US-$), damit die Kommission ihre Arbeit beginnen könne. Gleichzeitig nahm er den umstrittenen Plan Portillos wieder auf, **Kompensationszahlungen an** die ehemaligen Mitglieder der 1996 aufgelösten **Paramilitärs** (Patrullas de Autodefensa Civil / PAC; → WA 2005, S. 187), die schwerster Menschenrechtsverletzungen während des Bürgerkrieges beschuldigt werden, zu leisten. Am 19. 8. 2004 verkündete Berger einen Gesetzeserlass, nach dem ca. 520 000 Ex-PAC-Mitgliedern ein Betrag von insgesamt 114 Mio. US-$ zustehen soll. Die vom Kongress am 3. 11. gebilligte Gesetzesinitiative wurde erneut durch Urteile des Obersten Gerichtshofes am 9. 12. 2004 und 8. 2. 2005 blockiert. Um Druck auf den Kongress auszuüben und gegen diese Gerichtsurteile zu protestieren, besetzten Veteranen der PAC, wie regelmäßig in den letzten Jahren, wichtige Verkehrswege, Brücken und Flughäfen.

Am 9. 12. 2004 verurteilte der Inter-Amerikanische Gerichtshof für Menschenrechte die guatemaltekische Regierung für das unter Diktator Ríos Montt von Militärs 1982 verübte Massaker in Plan de Sánchez und sprach den Hinterbliebenen der 268 Opfer jeweils 25 000 US-$ zu.

▪ **Umsetzung des Friedensabkommens von 1996:** Nachdem ihr Mandat zum Jahresende 2004 ausgelaufen war, **zog sich die UN-Mission für Guatemala (MINUGUA) am 15. 11. 2004 aus dem Land zurück.** Ihre Aufgabe, die Überwachung der Einhaltung der Friedensverträge zwischen Regierung und ehemaliger Guerilla, soll fortan unter nationaler Verantwortung weitergeführt werden. Als größten Erfolg der UN-Mission in Guatemala wertete der Deutsche Tom Koenigs, der die MINUGUA in den letzten drei Jahren geleitet hatte, die Entwaffnung und Zerschlagung der Guerillagruppen, das Ende der systematischen, staatlich unterstützten Menschenrechtsverletzungen sowie die Verkleinerung und Modernisierung der Armee. Wenig Fortschritte habe es dagegen bei der Entschädigung der Kriegsopfer, der Bekämpfung von Armut, Rassendiskriminierung, Gewalt- und Bandenkriminalität sowie der Konsolidierung des Rechtsstaates gegeben.

▪ **Kriminalität:** Aufgrund der Nachwirkungen der im Bürgerkrieg herrschenden Rechtlosigkeit entwickelte sich Guatemala zu einem der Länder mit der **höchsten Gewaltkriminalitätsrate in Lateinamerika.** Versuche, die herrschende Kriminalität von Jugendbanden (Maras) und organisierten Verbrecherkartellen einzudämmen, scheiterten; allein im ersten Halbjahr 2004 wurde bei Gewaltverbrechen ein Anstieg von 13 % verzeichnet. Nach Ansicht von politischen Beobachtern war dies ausschlaggebend für den am 19. 7. 2004 erfolgten Rücktritt von Innenminister Arturo Soto Aguirre. Zu seinem Nachfolger ernannte Präsident Berger am 22. 7. den bisherigen Antikorruptionsbeauftragten der Regierung, Carlos Vielmann Montes, der als Sofortmaßnahme die Einführung von Armee- und Polizeipatrouillen in Guatemala-Stadt verfügte (→ Foto). Noch im Juli startete die Regierung Initiativen, um der Gewalt im Land Herr zu werden, u. a. ein Entwaffnungsprogramm, das vorsieht, Schusswaffen gegen Fahrräder und Nähmaschinen einzutauschen.

Kirchen und soziale Organisationen riefen im selben Monat eine »Nationale Front gegen die Gewalt« ins Leben. Am 13. 8. demonstrierten in der Hauptstadt

Soldaten patrouillieren im Juli 2004 durch Paraiso II, eines der gefährlichsten Viertel der Hauptstadt

rund 15 000 Menschen unter Führung des internationalen Ombudsmannes für Menschenrechte, Sergio Morales, gegen die wachsende Kriminalität. Wenige Tage nachdem er von einem Unbekannten niedergeschossen worden war, erlag der Kongressabgeordnete Carlos Miralda Roca am 27. 9. seinen Verletzungen. Miralda war bekannt für seine Kampagnen zur Aufdeckung von Korruption im Verteidigungsministerium. Mitte Mai 2005 wurde Staatsanwalt Erick Moisés Gálvez von einem Unbekannten ermordet; bereits im März und April waren zwei Richter und ein Staatsanwalt bei Anschlägen ums Leben gekommen, ein weiterer Staatsanwalt war schwer verletzt worden.

Am 9. 6. 2005 startete amnesty international eine Kampagne, um auf die steigende Zahl von **Gewaltverbrechen gegen Frauen** aufmerksam zu machen, allein 2004 seien 450 Frauenmorde registriert worden.

▪ **Rassismus-Urteil:** Die indigene Nobelpreisträgerin Rigoberta Menchú gewann am 4. 4. 2005 einen Prozess gegen fünf Politiker, darunter den Enkel des Ex-Diktators Ríos Montt, wegen rassistischer Diskriminierung. Damit wurde erstmals in der Geschichte des Landes ein Schuldspruch wegen Rassismus und Diskriminierung ausgesprochen. Der Tatbestand war im Jahr 2002 in das guatemaltekische Strafgesetzbuch aufgenommen worden.

▪ **Wirtschaft:** Am 10. 3. 2005 ratifizierte das Parlament in Guatemala-Stadt das im Mai 2004 zwischen den USA und den zentralamerikanischen Staaten Costa Rica, Dominikanische Republik, El Salvador, Guatemala, Honduras und Nicaragua geschlossene **Abkommen über die Zentralamerikanische Freihandelszone CAFTA.** Die Ratifizierung löste im Land eine Welle von Protesten aus: Am 13. 3. gingen ca. 4000 Menschen in Guatemala-Stadt auf die Straße und forderten ein Referendum über den CAFTA-Beitritt sowie den Rücktritt des Innenministers und des Polizeichefs. Die Spannungen nahmen zu, als am 15. 3. bei Zusammenstößen mit der Polizei zwei Demonstranten ums Leben kamen. Vor allem die indigenen Bauern befürchten, dass ihr Einkommen durch die überlegene Konkurrenz der US-Landwirtschaft erheblich geschmälert werden könnte.

Guinea West-Afrika

Republik Guinea; République de Guinée – GN / GIN

Fläche (Weltrang: 76): 245 857 km²

Einwohner (91): F 2003 7 909 000 = 32 je km²

Hauptstadt: Conakry

Amtssprache: Französisch

Bruttonationaleinkommen 2003 je Einw.: 430 $

Währung: Guinea-Franc (F. G.)
Kurs: 1 US-$ = 3244 F. G.; 1 € = 4199 F. G. (März 2005)

Botschaft der Republik Guinea
Jägerstr. 67–69, 10117 Berlin
T 030 / 2 00 74 33 – 0, Fax 2 00 74 33 – 33
www.ambaguinee.de

LANDESSTRUKTUR **Fläche**: 245 857 km²; → Karte ▪ **Verwaltung**: 4 Supraregionen, 30 Regionen und Hauptstadtdistrikt ▪ **Städte**: (Z 1996) Conakry 1 091 483 Einw., Kindia 287 607, N'Zérékoré 282 772, Kankan 261 341, Labé 249 515

BEVÖLKERUNG Guineer – F 2003: 7 909 000 Einw.; Bevölkerungswachstum: 2,1 %; letzte Zählung 1996: 6 524 800 Einw. – v. a. Manding (30 % Malinké, 15 % Soussou, Kuranko, Dialonke), 30 % Fulbe (Peul, Tukulör), 6,5 % Kissi, 4,8 % Kpelle u. a. ▪ **Sprachen**: Französisch und Manding-Sprachen (Mande), Ful u. a. ▪ **Religion**: 85 % Muslime, 8 % Christen, 7 % Anhänger von indigenen Religionen

STAATS- UND REGIERUNGSFORM Verfassung von 1991, geändert 2001 – Präsidialrepublik seit 1991 – Parlament mit 114 Mitgl., Wahl alle 4 J. – Direktwahl des Staatsoberh. alle 7 J. – Wahlrecht ab 18 J. ▪ **Unabhängigkeit**: 2. 10. 1958 (ehem. französische Kolonie) ▪ **Nationalfeiertag**: 2. 10. (Tag der Republik)

REGIERUNG UND PARTEIEN **Staatsoberhaupt**: Lansana Conté (PUP), seit 1984 – **Regierungschef**: Cellou Dalein Diallo, seit 9. 12. 2004 – **Außenministerin**: Fatoumata Kaba, seit 8. 3. 2005 ▪ **Parlament**: Wahlen vom 30. 6. 2002: Parti de l'Unité et du Progrès / PUP 85 von 114 Sitzen (1995: 71), Union pour le Progrès et le Renouveau (Zusammenschluss aus PRG und UNR) / UPR 20 (18), Sonstige 9 (25)

WIRTSCHAFT **BIP** 2003: 3,630 Mrd. $; realer Zuwachs: 1,2 %; Anteil (2003) Landwirtschaft 25 %, Industrie 36 %, Dienstleistungen 39 % ▪ **Erwerbstätigkeit** 2001: Landwirtsch. 84 % ▪ **Arbeitslosigkeit**: k. A. ▪ **Inflation** ∅ 2003: 12,9 % ▪ **Außenhandel** 2001: **Import**: 601 Mio. $; *Güter*: 25 % Maschinen und Transportausrüstungen, 22 % Nahrungsmittel, Getränke und Tabak, 19 % mineralische Brennstoffe und Schmiermittel; *Länder*: 17 % Frankreich, 13 % Belgien, 13 % Elfenbeinküste, 7 % USA; **Export**: 575 Mio. $; *Güter*: 70 % Aluminium und -produkte, 21 % Gold; *Länder*: 26 % Frankreich, 17 % USA, 11 % Irland, 9 % Spanien

CHRONIK

Nach dem Rücktritt des nur für kurze Zeit amtierenden Regierungschefs François Lonseny Fall ernannte Staatspräsident Lansana Conté am 9. 12. 2004 den ehemaligen Landwirtschafts- und Fischereiminister Cellou Dalein Diallo zum **neuen Premierminister.**

Bei einem **Attentat** am 19. 1. 2005, bei dem mehrere Bewaffnete das Feuer auf den Präsidentenkonvoi eröffneten, **blieb Staatschef Conté unverletzt**. Laut Regierungsangaben wurden daraufhin mehrere Verdächtige festgenommen. Die Hintergründe des Anschlags blieben jedoch zunächst unklar. Am 3. 5. erklärte der Chefankläger des UN-gestützten Sondergerichtshofs für Sierra Leone, David Crane, der im nigerianischen Exil lebende Expräsident Liberias, Charles Taylor, sei Drahtzieher des Attentats. Es habe sich um einen Vergeltungsakt für Contés Unterstützung der LURD-Rebellen gehandelt, die Taylor 2003 gestürzt hatten.

Bei einer **Kabinettsumbildung** am 8. 3. 2005 entließ Präsident Conté Außenminister Mamadi Condé und Sicherheitsminister Moussa Sampil, der als Hardliner galt und Maßnahmen wie die Einschränkung der Pressefreiheit durchgesetzt hatte. Zu ihren Nachfolgern ernannte er Fatoumata Kaba (Äußeres) und Ousmane Camara (Sicherheit).

Guinea-Bissau West-Afrika

Republik Guinea-Bissau; Republica da Guiné-Bissau – GW / GNB

Fläche (Weltrang: 133): 36 125 km²

Einwohner (144): F 2003 1 489 000 = 41 je km²

Hauptstadt: Bissau

Amtssprache: Portugiesisch

Bruttonationaleinkommen 2003 je Einw.: 140 $

Währung: CFA-Franc
Kurs: 1 US-$ = 526,07 CFA-Francs
1 € = 655,96 CFA-Francs

Botschaft der Republik Guinea-Bissau
70, Avenue Franklin Roosevelt, B-1050 Brüssel
T 00 32 – 2 / 647 08 90, Fax 647 13 51

LANDESSTRUKTUR **Fläche:** 36 125 km²; Karte → WA 2005, S. 189 ▪ **Verwaltung:** 8 Regionen und Hauptstadtdistrikt ▪ **Städte:** (S 2001) Bissau 292 000 Einw.; (S 1990) Bafatá 18 000, Gabú 9500, Catió 6000, Canchungo 5500, Mansôa 5200, Farim 4700

BEVÖLKERUNG Guinea-Bissauer – F 2003: 1 489 000 Einw.; Bevölkerungswachstum: 2,9 %; letzte Zählung 1991: 983 367 Einw. – ca. 25 % Balanta, 20 % Fulbe, 12 % Mandingo, 11 % Manyako, 10 % Papéis u. a.; weiße Minderheit ▪ **Sprachen:** Portugiesisch, Crioulo (kreolisches Portugiesisch); Fulani u. a. Idiome ▪ **Religion:** 50 % Muslime, 40 % Anhänger von indigenen Religionen, 10 % Christen (v. a. Katholiken)

STAATS- UND REGIERUNGSFORM Verfassung von 1999 – Präsidialrepublik seit 1984 – Nationalversammlung mit 102 Mitgl., Wahl alle 5 J. – Direktwahl des Staatsoberh. alle 5 J. (einmalige Wiederwahl) – Wahlrecht ab 18 J. ▪ **Unabhängigkeit:** Proklamation 24. 9. 1973 (ehem. portugiesische Kolonie), endgültig 10. 9. 1974 ▪ **Nationalfeiertag:** 24. 9.

REGIERUNG UND PARTEIEN **Staatsoberhaupt:** Henrique Rosa Perreira, seit 28. 9. 2003 – **Regierungschef:** Carlos Gomes Júnior (PAIGC-Vors.), seit 10. 5. 2004 – **Äußeres:** Soares Sambu, seit 12. 5. 2004 ▪ **Parlament:** Wahlen vom 28./30. 3. 2004: Partido Africano da Independência da Guiné e Cabo Verde/PAIGC 45 von 102 Sitzen (1999: 25), Partido para a Renovação Social/PRS 35 (37), Partido Unido Social Democrátice/PUSD 17 (–), Resistência da Guiné-Bissau/RGB – (27), Sonstige 3 (13)

WIRTSCHAFT **BIP** 2003: 239 Mio. $; realer Zuwachs: 0,6 %; Anteil (2003) Landwirtschaft 69 %, Industrie 13 %, Dienstleistungen 18 % ▪ **Erwerbstätigkeit** 2001: Landwirtsch. 83 % ▪ **Arbeitslosigkeit:** k. A. ▪ **Inflation** ∅ 2003: –3,5 % ▪ **Außenhandel** 2001: **Import:** 96,7 Mio. $; *Güter:* 24 % Nahrungsmittel, Tabak und Getränke, 13 % Transportausrüstungen, 6 % Erdöl und -produkte; *Länder:* 30 % Portugal, 27 % Senegal, 11 % VR China; **Export:** 47,2 Mio. $; *Güter:* 96 % Cashewnüsse; *Länder:* 86 % Indien

CHRONIK

Bei einer **Militärmeuterei** am 6. 10. 2004 in der Hauptstadt Bissau besetzten Hunderte von Soldaten wichtige Militäreinrichtungen. Sie nahmen Armeechef General Verissimo Seabra Correira, der Hauptverantwortlichen des Staatsstreichs gegen Präsident Kumba Yala im September 2003 (→ WA 2005, S. 189), als Geisel und ermordeten ihn wenig später. Außerdem beschuldigten sie die Armeeführung der Korruption und forderten ihren seit Monaten ausstehenden Sold. Die Regierung bezeichnete den Aufstand als Putschversuch, mehrere Soldaten wurden festgenommen. Unter Vermittlung von Portugal wurde der Konflikt am 11. 10. mit einer Einigung beigelegt, die u. a. eine Amnestie für die Meuterer, Reformen im Militärapparat und bessere Lebensbedingungen in den Kasernen vorsieht. Angesichts der gespannten Lage verlängerte der UN-Sicherheitsrat am 22. 12. das Mandat der Friedenstruppe UNOGBIS um ein Jahr.

Die Monate ab März 2005 standen ganz im Zeichen der **Vorbereitungen für** die ursprünglich für Mai angesetzte, dann aber auf Juni verschobene **Präsidentschaftswahl.** Der Partido para a Renovação Social, der zu den größten Oppositionsparteien im Land zählt, bestimmte am 26. 3. 2005 Kumba Yala einstimmig zu seinem Spitzenkandidaten. Am 7. 4. kehrte Ex-Staatschef Joao Bernardo Vieira aus seinem portugiesischen Exil zurück und erklärte, dass er sich ebenfalls um das Präsidentenamt bewerben wolle. Beiden ist gemäß der Übergangsverfassung eine Beteiligung an der Politik ihres Landes untersagt.

Am 15. 5. 2005 **ernannte sich Yala** in Bissau vor Journalisten selbst **zum Präsidenten.** Er erklärte seine Absetzung im September 2003 für rechtswidrig, weil er damals vom Militär zum Amtsverzicht gezwungen worden war. In Anbetracht dieser Entwicklung bemühten sich die **Präsidenten von Nigeria, Niger und Senegal sowie der Premierminister von Guinea** am 21. 5. darum, Yala zum Verzicht auf das Präsidentenamt zu bewegen.

Bei der **geregelt ablaufenden Wahl** am 19. 6. 2005 erzielte kein Bewerber im ersten Wahlgang die absolute Mehrheit. Der Kandidat der seit März 2004 regierenden PAIGC, Malam Bacai Sanha, kam auf 35,3 %, Vieira auf 28,5 % und Yala auf 25,7 %. An der Abstimmung beteiligten sich rund 80 % der 538 000 Stimmberechtigten. Die Stichwahl zwischen Bacai Sanha und Vieira fand am 24. 7. statt. Beobachter befürchten allerdings, dass der Verlierer das Ergebnis nicht anerkennen wird, und Guinea-Bissau, eines der weltweit ärmsten Länder, in die nächste Krise treibt.

Guyana Süd-Amerika

Kooperative Republik Guyana;
Co-operative Republic of Guyana –
GY / GUY

Fläche (Weltrang: 82): 214 969 km²

Einwohner (155): F 2003 769 000 = 3,6 je km²

Hauptstadt: Georgetown

Amtssprache: Englisch

Bruttonationaleinkommen 2003 je Einw.: 900 $

Währung: 1 Guyana-Dollar (G$) = 100 Cents
Kurs: 1 US-$ = 201,88 G$; 1 € = 248,87 G$

Botschaft der Kooperativen Republik Guyana
12, Av. du Brésil, B-1050 Brüssel
T 00 32 – 2 / 6 75 62 16, Fax 6 72 55 98
E-Mail: embassy.guyana@skynet.be

LANDESSTRUKTUR **Fläche**: 214 969 km²; → Karte ▪ **Verwaltung**: 10 Regionen ▪ **Städte**: (Z 2002) Georgetown 137 330 Einw., Linden 29 572

BEVÖLKERUNG Guyaner – F 2003: 769 000 Einw.; Bevölkerungswachstum: 0,4 %; letzte Zählung 2002: 749 190 Einw. – F 1999: 51 % Inder, 41 % Schwarze, Mulatten und Mestizen, 6 % Indianer, 2 % Portugiesen und Chinesen u. a. ▪ **Sprachen**: Englisch; Hindi, Urdu und indianische Sprachen ▪ **Religion**: 34 % Protestanten (u. a. 16 % Anglikaner), 33 % Hindus, 20 % Katholiken, 8 % Muslime

STAATS- UND REGIERUNGSFORM Verfassung von 1980, zuletzt geändert 2001 – Präsidialrepublik (im Commonwealth) seit 1980 – Parlament (National Assembly) mit 65 direkt gewählten Mitgl.; Wahl alle 5 J. – Staatsoberh. wird der Kandidat der gewinnenden Partei der Parlamentswahlen – Wahlrecht ab 18 J. ▪ **Unabhängigkeit**: 26. 5. 1966 (ehem. britische Kolonie) ▪ **Nationalfeiertag**: 23. 2. (Tag der Republik von 1970)

REGIERUNG UND PARTEIEN **Staatsoberhaupt**: Bharrat Jagdeo (PPP / CIVIC), seit 11. 8. 1999 – **Regierungschef**: Samuel Archibald Anthony Hinds (PPP / CIVIC), seit 1997 – **Äußeres**: Samuel R. Insanally, seit 21. 5. 2001 ▪ **Parlament**: Wahlen vom 19. 3. 2001: People's Progressive Party / PPP und CIVIC 34 von 65 Sitzen (1997: 36), People's National Congress / PNC 27 (26), Guyana Action Party / GAP und Working People's Alliance / WPA 2 (WPA und Guyana Labour Party 1), Rise Organise and Rebuild Guyana 1 (–), The United Force / TUF 1 (1), Guyana Democratic Party / GDP – (1)

WIRTSCHAFT **BIP** 2003: 742 Mio. $; realer Zuwachs: –0,6 %; Anteil (2002) Landwirtschaft 31 %, Industrie 29 %, Dienstleistungen 41 % ▪ **Erwerbstätigkeit** 2001: Landwirtsch. 17,3 % ▪ **Arbeitslosigkeit**: k. A. ▪ **Inflation** ⌀ 2002: 5,3 % ▪ **Außenhandel** 2002: **Import**: 563,1 Mio. $; *Güter*: 28 % Konsumgüter, 23 % Kapitalgüter, 21 % Benzin und Schmierstoffe; *Länder* 1998: 27 % USA, 20 % Trinidad und Tobago, 7 % Großbritannien; **Export**: 494,9 Mio. $; *Güter*: 24 % Gold, 24 % Zucker, 16 % Bauxit, 11 % Reis, 10 % Shrimps; *Länder* 1998: 27 % Kanada, 21 % Großbritannien, 3 % Trinidad und Tobago

CHRONIK

Im April 2005 wurde Ronald Gajraj erneut zum Innenminister ernannt, nachdem eine von Präsident Bharrat Jagdeo eingesetzte Untersuchungskommission zu dem Schluss gekommen war, dass Gajraj nicht in eine Serie von Hunderten von Morden an vermeintlichen und überführten Kriminellen verwickelt war, die seit 2002 von einer Todesschwadron verübt worden waren. Gajraj war wegen der in diesem Zusammenhang gegen ihn erhobenen Vorwürfe im April 2004 zurückgetreten.

Im Januar erklärte die Regierung die Hauptstadt Georgetown zum Katastrophengebiet, nachdem wochenlange **heftige Regenfälle** weite Gebiete der Stadt völlig überflutet hatten. Fünf Menschen starben, tausende wurden obdachlos. Insgesamt waren 300 000 Menschen, 40 % der Gesamtbevölkerung Guyanas, von den Überschwemmungen betroffen. Die USA sagten 100 000 US-$ als Unterstützung für die Flutopfer zu, die EU-Kommission 900 000 US-$ und der IWF 14,1 Mio. US-$.

Haiti Mittel-Amerika; Karibik

Republik Haiti; République d'Haïti; Repiblik Dayti (kreolisch) – HT / HTI

Fläche (Weltrang: 142): 27 750 km²

Einwohner (86): F 2003 8 440 000 = 304 je km²

Hauptstadt: Port-au-Prince

Amtssprachen: Französisch, Kreolisch

Bruttonationaleinkommen 2003 je Einw.: 400 $

Währung: 1 Gourde (Gde.) = 100 Centimes
Kurs: 1 US-$ = 38,73 Gde.; 1 € = 47,75 Gde.

Botschaft der Republik Haiti
Meinekestr. 5, 10719 Berlin
T 030 / 88 55 41 34, Fax 88 55 41 35
E-Mail: ambahait@aol.com

LANDESSTRUKTUR **Fläche**: 27 750 km²; davon Ile de la Gonâve 658 km², Ile de la Tortue 180 km², Ile à Vache 52 km², Grande Cayemite 45 km²; → Karte ▪ **Verwaltung**: 9 Départements ▪ **Städte**: (F 1999) Port-au-Prince 990 558 Einw., Carrefour 336 222, Delmas 284 079, Cap-Haïtien 113 555

BEVÖLKERUNG Haitianer – F 2003: 8 440 000 Einw.; Bevölkerungswachstum: 1,8 %; letzte Zählung 2003 (vorl.): 7 929 048 Einw. – ca. 60 % Schwarze, 35 % Mulatten, Weiße ▪ **Sprachen**: Französisch und Créole (Kreolisch) ▪ **Religion** 2001: 66 % Katholiken, Protestanten; Voodoo-Kulte bei rd. 70 % der Bevölkerung verbreitet

STAATS- UND REGIERUNGSFORM Verfassung von 1987 – Präsidialrepublik seit 1987 – Parlament: Abgeordnetenhaus mit 82 alle 4 J. gewählten und Senat mit 27 alle 6 J. gewählten Mitgl. (Teilwahlen von ⅓ der Senatoren alle 2 Jahre) – Direktwahl des Staatsoberh. alle 5 J. (keine unmittelb. Wiederwahl) – Wahlrecht ab 18 J. ▪ **Unabhängigkeit**: 1. 1. 1804 (ehem. französische Kolonie) ▪ **Nationalfeiertag**: 1. 1.

REGIERUNG UND PARTEIEN **Staatsoberhaupt**: Boniface Alexandre, seit 29. 2. 2004 – **Regierungschef**: Gérard Latortue, seit 12. 3. 2004 – **Äußeres**: Hérard Abraham, seit 31. 1. 2005 ▪ **Parlament**: Wahlen vom 21. 5., 30. 7. und 26. 11. 2000: Abgeordnetenhaus: Fanmi Lavalas / FL 72 von 82 Sitzen (1995: – von 83), Mouvement Chrétien National / Mochrena 3 (–), Pati Louvri Baryé / PLB 2 (–), Espace / E 2 (–), Organisation du Peuple en Lutte / OPL 1 (68), Sonstige und Unabhängige 3 (15) – Senat: FL 26 von 27 Sitzen (18), PLB 1 (1), Sonstige und Unabhängige – (8)

WIRTSCHAFT **BIP** 2003: 2,921 Mrd. $; realer Zuwachs: 0,4 %; Anteil (2002) Landwirtschaft 28 %, Industrie 17 %, Dienstleistungen 55 % ▪ **Erwerbstätigkeit** 2001: Landwirtsch. 62 % ▪ **Arbeitslosigkeit** ∅ 2001: 60 % ▪ **Inflation** ∅ 2003: 39,3 % ▪ **Außenhandel** 1999 / 2000: **Import**: 1090 Mio. $; *Güter*: 23 % Nahrungsmittel und leb. Tiere, Fertigwaren, Ölprodukte; *Länder* 1997 / 98: 60 % USA, Japan, Frankreich, Kanada, Dom. Republik; **Export**: 327 Mio. $; *Güter*: 31 % Fertigwaren, 4 % Kaffee; *Länder* 1991 / 92: 87 % USA, Japan, Frankreich, Kanada, Dom. Republik

CHRONIK

Seit dem Sturz von Präsident Jean-Bertrand Aristide im Februar 2004 (→ WA 2005, S. 191 f.) hat sich die politische und sozio-ökonomische Situation in Haiti, dem ärmsten Land der westlichen Hemisphäre, kaum geändert. Der **Übergangsregierung gelang es** seit ihrem Amtsantritt im März 2004 **nicht, das Land zu stabilisieren** und die vom Ausland immer wieder angemahnte Entwaffnung gewaltbereiter Gruppen durchzusetzen. Während die Hauptstadt Port-au-Prince vor allem von Aristide-Anhängern, den so genannten Chimären, mit z. T. brutalen Mitteln kontrolliert wird, herrschen auf dem Land und in den anderen Städten vor allem ehemalige Truppenangehörige der 1995 von Aristide abgeschafften Armee. Die Polizei war nur selten in der Lage, Sicherheit zu gewährleisten und nach Angaben von Beobachtern sogar häufig selbst an Rechtsverletzungen, Entführungen und Exekutionen beteiligt. Schätzungen von Menschenrechtsorganisationen zufolge kamen im ersten Halbjahr 2005 mehr als 600 Personen bei gewalttätigen Auseinandersetzungen ums Leben.

Maßnahmen der Regierung, die Loyalität der Ex-Militärs mit Abfindungszahlungen oder deren Übernahme in den Polizeidienst zu erkaufen, scheiterten u. a. an begrenzten finanziellen Mitteln.

▪ **Anhaltende Gewalt:** Ein **Gedenkmarsch** von Aristide-Anhängern in Port-au-Prince anlässlich des **Jahrestages des Militärputsches** von 1991 löste am 30. 9. 2004 eine Schlägerei zwischen kriminellen Banden und der Polizei aus. Bei den an den folgenden Tagen ausbrechenden **Unruhen** kamen mindestens 53 Menschen ums Leben, das öffentliche Leben in der Hauptstadt kam weitgehend zum Erliegen. Die Polizei verhaftete vier führende Köpfe der Aristide-treuen Bewegung, darunter auch Senatspräsident Yvon Fuille.

Als Bewaffnete am 19. 2. 2005 ein Gefängnis in Port-au-Prince stürmten, um mehrere inhaftierte Drogendealer und Entführer zu befreien, gelang rund 350 Häftlingen die **Flucht**, darunter auch dem früheren **Premierminister Yvon Neptun** und **Ex-Innenminister Jocelerme Privert**. Die unter Präsident Aristide aktiven Politiker wurden am Folgetag wieder in Gewahrsam genommen und UN-Soldaten unterstellt. Sie waren im April bzw. Juni 2004 auf Anordnung der Interimsregierung verhaftet worden und werden beschuldigt, an einem Massaker an 50 Oppositionellen beteiligt gewesen zu sein (→ WA 2005, S. 192).

Am 1. 2. 2005 kündigte die Regierung **Präsidentschafts- und Parlamentswahlen für November und Dezember 2005** sowie Regionalwahlen für Oktober 2005 an, um das bestehende Machtvakuum zu beseitigen.

▪ **Freispruch für Anführer einer Todesschwadron:** Am 18. 8. 2004 wurde der Milizenführer Louis-Jodel Chamblain in einem Wiederaufnahmeverfahren vom Vorwurf, im Jahre 1994 an einem Massaker beteiligt gewesen zu sein, freigesprochen. In einem ersten Verfahren hatte man ihn in der gleichen Sache für schuldig befunden. Das Urteil der 12 Geschworenen in Port-au-Prince stieß bei Menschenrechtsgruppen und der US-Regierung auf Protest. Chamblain, Anführer einer Todesschwadron, war maßgeblich an den militärischen Aktionen zum Sturz Aristides im Februar 2004 beteiligt gewesen und hatte sich im April 2004 den Behörden gestellt.

▪ **MINUSTAH:** Die seit März 2004 in Haiti stationierte UN-Friedensmission MINUSTAH war im April 2005 mit 6207 Blauhelmsoldaten und 1288 Zivilpolizisten vertreten, soll aber weiter aufgestockt werden. Experten schätzen die Arbeit der MINUSTAH durchaus positiv ein, da sie der Interimsregierung trotz der schwierigen Situation Ansätze für Stabilisierungsmaßnahmen lieferte. Die **Verlängerung der Mission** um ein Jahr, wie von UN-Generalsekretär Kofi Annan am 1. 6. 2005 vorgeschlagen, scheiterte im UN-Sicherheitsrat zunächst am Veto der VR China, wurde aber inzwischen bis zum 15. 2. 2006 genehmigt.

▪ **Internationale Maßnahmen zur Unterstützung Haitis:** Bei ihrem jährlichen Gipfeltreffen berieten die 15 Staats- und Regierungschefs der Karibischen Staatengemeinschaft **CARICOM** vom 4.–7. 7. 2004 in Grenada über die Wiederaufnahme Haitis in die Organisation. Sie beschlossen, eine Delegation nach Haiti zu entsenden, die die Regierung in Port-au-Prince zu demokratischen Reformen verpflichten und so die Wiedereingliederung des Landes in die CARICOM fördern soll. Premierminister Latortue hatte die Mitgliedschaft seines Landes im März 2004 aus Protest aufgekündigt, weil die CARICOM sich geweigert hatte, ihn und seine Regierung anzuerkennen.

Auf einer **Geber-Konferenz** in Washington einigten sich Vertreter der USA, der EU, Kanadas und der Weltbank am 19./20. 7. 2004 darauf, die Stabilisierung und den Wiederaufbau Haitis mit rund 1,1 Mrd. US-$ zu unterstützen. Bei einer **zweiten Hilfskonferenz** der internationalen Gemeinschaft im März 2005 sagten u. a. EU, CARICOM und UN **eine weitere Mrd. US-$ für 380 Hilfsprojekte** zu, u. a. für Straßenbau und Stromversorgung. Bis zu diesem Zeitpunkt war von den im Juli 2004 zusagten Geldern weniger als ein Fünftel ausbezahlt worden, was die Geberländer vor allem mit der schlechten Sicherheitslage und fehlendem Fachpersonal zur Betreuung von Hilfsprojekten begründeten.

Überflutete Straßen von Gonaïves am 23. 9. 2004

▪ **Naturkatastrophe:** Mitte September 2004 wurde Haiti von einer **verheerenden Naturkatastrophe** heimgesucht: Nachdem im Mai 2004 bei sintflutartigen Regenfällen rund 2000 Personen ums Leben gekommen waren, forderte der Hurrikan Jeanne am 18./19. 9. 2004 erneut rd. 2000 Todesopfer, etwa 300 000 Personen wurden obdachlos. Besonders betroffen war der Norden, die Stadt Gonaïves war mehrere Tage lang von der Außenwelt abgeschnitten (→ Foto). Die Reis- und Obsternte im Hauptanbaugebiet des Landes wurde komplett vernichtet, die ohnehin schwache Infrastruktur nahezu völlig zerstört. Premierminister Latortue erklärte den gesamten Norden Haitis zum Katastrophengebiet und ordnete eine dreitägige Staatstrauer an. Die EU stellte 1,5 Mio. € als Katastrophenhilfe bereit, Spanien, Frankreich und Argentinien schickten Flugzeuge und Hilfsgüter, Kuba entsandte 400 Ärzte und andere Spezialkräfte. Bei der Verteilung der Hilfsgüter kam es zu gewaltsamen Ausschreitungen, Hilfskonvois wurden von der verzweifelten Bevölkerung geplündert. Naturkatastrophen dieser Art sind wegen der weitgehenden Entwaldung Haitis besonders folgenreich. Fast überall wurden in dem einst waldreichen Land die Bäume gefällt und zu Holzkohle verarbeitet, welche mangels anderer Energieträger als Brennmaterial dient.

Honduras Mittel-Amerika

Republik Honduras; República de Honduras – HN/HND

Fläche (Weltrang: 100): 112 492 km^2

Einwohner (95): F 2003 6 969 000 = 62 je km^2

Hauptstadt: Tegucigalpa

Amtssprache: Spanisch

Bruttonationaleinkommen 2003 je Einw.: 970 $

Währung: 1 Lempira (L) = 100 Centavos
Kurs: 1 US-$ = 18,99 L; 1 € = 23,42 L

Botschaft der Republik Honduras
Cuxhavener Str. 14, 10555 Berlin
T 030/39 74 97 11, Fax 39 74 97 12
www.embahonduras.de

LANDESSTRUKTUR **Fläche:** 112 492 km^2; → Karte ▪ **Verwaltung:** 18 Departamentos ▪ **Städte:** (Z 2001) Tegucigalpa 819 867 Einw., San Pedro Sula 483 384; (F 2001) El Progreso 115 000, La Ceiba 111 200, Choluteca 101 600, Comayagua 77 400, Danlí 68 800

BEVÖLKERUNG Honduraner – F 2003: 6 969 000 Einw.; Bevölkerungswachstum: 2,5 %; letzte Zählung 2001: 6 535 344 Einw. – F 1987: 89,9 % Mestizen, 6,7 % Indianer (v. a. Maya), 2,1 % Schwarze (auch Mulatten und Zambos), 1,3 % Weiße ▪ **Sprachen:** Spanisch; indianische Sprachen; Englisch ▪ **Religion** 2001: 80 % Katholiken; Minderheiten von Protestanten

STAATS- UND REGIERUNGSFORM Verfassung von 1982, zuletzt geändert 1999 – Präsidialrepublik seit 1982 – Parlament (Congreso Nacional) mit 128 Mitgl., Wahl alle 4 J. – Direktwahl des Staatsoberh. alle 4 J. (keine Wiederwahl) – Wahlrecht ab 18 J. ▪ **Unabhängigkeit:** Proklamation 15. 9. 1821 (ehem. spanische Kolonie), endgültig 26. 10. 1838 (Austritt aus der Zentralamerik. Konföderation) ▪ **Nationalfeiertag:** 15. 9.

REGIERUNG UND PARTEIEN **Staats- u. Regierungschef:** Ricardo Maduro Joest (PN), seit 27. 1. 2002 – **Äußeres:** Mario Alberto Fortín Midence, seit 4. 7. 2005 ▪ **Parlament:** Wahlen zum Parlament vom 25. 11. 2001: Partido Nacional/PN 61 von 128 Sitzen (1997: 55), Partido Liberal/PL 55 (67), Partido de Unificación Democrática/PUD 5 (1), Partido Innovación y Unidad-Social Democracia/PINU 4 (3), Partido Demócrata Cristiano de Honduras/PDCH 3 (2)

WIRTSCHAFT **BIP** 2003: 6,978 Mrd. $; realer Zuwachs: 3,0 %; Anteil (2003) Landwirtschaft 13 %, Industrie 31 %, Dienstleistungen 56 % ▪ **Erwerbstätigkeit** 2002: Landwirtsch. 39,6 %, Industrie 20,1 %, Dienstl. 40,3 % ▪ **Arbeitslosigkeit** ∅ 2001: 4,2 % (über 35 % Unterbeschäftigung) ▪ **Inflation** ∅ 2003: 7,7 % ▪ **Außenhandel** 2002 (vorläufig): **Import:** 2,976 Mrd. $; *Güter*: 16 % Maschinen und elektrische Ausrüstungen, 15 % chemische Produkte, 14 % mineralische Brennstoffe und Schmiermittel; *Länder*: 41 % USA, 8 % Guatemala, 6 % El Salvador, 6 % Mexiko; **Export:** 1,331 Mrd. $; *Güter*: 14 % Schalentiere, 14 % Kaffee, 13 % Bananen; *Länder*: 50 % USA, 12 % El Salvador, 6 % Guatemala, 6 % Deutschland

CHRONIK

▪ **Kriminalität:** Die **Gewalttaten krimineller Jugendbanden**, der Maras, nahmen trotz der von Präsident Ricardo Maduro Joest, dessen Sohn von einer Jugendbande entführt und ermordet worden war, verfolgten Null-Toleranz-Politik mit aktiver überregionaler Kooperation zu (→ El Salvador, → WA 2005, S. 157 u. S. 193). Der Überfall auf einen Linienbus am 23. 12. 2004, bei dem 28 Menschen getötet und 21 weitere verletzt worden waren, war nach Aussage eines am Anschlag Beteiligten und kurz danach Verhafteten auch eine Antwort auf die von der Regierung erlassene Verschärfung der Gesetze. Die Mitglieder der Banden rekrutieren sich vor allem aus arbeitslosen Jugendlichen in den städtischen Zentren Mittelamerikas. US-Strafverfolgungsbehörden gelang es im Februar 2005, den in die USA geflohenen Anführer der MS-13, Ebert Anibal Rivera, festzunehmen.

▪ **Handelsabkommen:** Am 3. 3. 2005 ratifizierte der Nationalkongress in Tegucigalpa den umstrittenen **Beitritt zur Zentralamerikanischen Freihandelszone CAFTA.** Gegner der CAFTA fürchten, dass bei einer Freigabe des Handels die nationalen Ökonomien der überlegenen Konkurrenz aus den USA nicht gewachsen sind.

Honduras zählt neben Guyana, Nicaragua und Bolivien zu den vier lateinamerikanischen Staaten, denen gemäß einer Vereinbarung der G8-Finanzminister Mitte Juni 2005 ein **vollständiger Schuldenerlass** gegenüber Internationalem Währungsfonds und Weltbank gewährt wurde. Der Beschluss wurde auf dem G8-Gipfel im schottischen Gleneagles am 6.–8. 7. offiziell verabschiedet.

Indien Süd-Asien

Republik Indien; Bhāratīya Gaṇarājya, Kurzform: Bhārat (hindi); Republic of India – IN / IND

Fläche (Weltrang: 7): 3 287 263 km²

Einwohner (2): F 2003 1 064 399 000 = 324 je km²

Hauptstadt: New Delhi (Neu-Delhi)

Amtssprachen: Hindi, Englisch, 17 gleichberechtigte Regionalsprachen

Bruttonationaleinkommen 2003 je Einw.: 540 $

Währung: 1 Indische Rupie (iR) = 100 Paise
Kurs: 1 US-$ = 43,88 iR; 1 € = 54,43 iR

Botschaft der Republik Indien
Tiergartenstr. 17, 10785 Berlin
T 030 / 25 79 50, Fax 25 79 51 02
www.indianembassy.de

LANDESSTRUKTUR **Fläche:** 3 287 263 km² einschließlich des von Pakistan besetzten Gebietes von Azad Kashmir (78 114 km²; Karte → WA 2005, S. 198), der Andamanen und Nikobaren (8249 km²); → Karte ▪ **Verwaltung:** 28 States (Bundesstaaten) und 7 Union Territories; → Tabelle ▪ **Städte:** (Z 2001) Mumbai (Bombay) 11 914 398 Einw., Delhi 9 817 439, Kolkata (Kalkutta) 4 580 544, Bangalore 4 292 223, Chennai (Madras) 4 216 268, Ahmadābād 3 515 361, Hyderābād (Haidarabad) 3 449 878, Pune (Poona) 2 540 069, Kānpur 2 532 138, Sūrat 2 433 787, Jaipur 2 324 319, Lucknow 2 207 340, Nāgpur 2 051 320, Indore 1 597 441, Bhopāl 1 433 875, Ludhiāna 1 395 053, Patna 1 376 950, Vadodara 1 306 035, Thane 1 261 517, Agra 1 259 979, Kalyān-Dombivli 1 193 266, Varanasi (Benares) 1 100 748, Nashik 1 076 967, Meerut 1 074 229, Faridabad 1 054 981, Haora 1 008 704, Pimprichinchwad 1 006 417, New Delhi (Neu-Delhi) 294 783

BEVÖLKERUNG Inder – F 2003: 1 064 399 000 Einw.; Bevölkerungswachstum: 1,5 %; letzte Zählung 2001 (vorl.): 1 027 015 247 Einw. – fast ausschließlich Inder; Minderheiten von Tibetanern, Chinesen, Europäern ▪ **Sprachen** 1994: Hindi (350,3 Mio. Sprecher), Englisch sowie 17 weitere Sprachen als Amtssprachen: Assamesisch (14,8 Mio.), Bengali (68,3 Mio.), Gujarati (44 Mio.), Kannada (35,7 Mio.), Kashmiri, Konkani, Malayalam (34,4 Mio.), Manipuri, Marathi (65,8 Mio.), Nepali, Oriya (30,3 Mio.), Pandschabi (24,7 Mio.), Sanskrit, Sindhi, Tamil (59,3 Mio.), Telugu (71,9 Mio.), Urdu (46,8 Mio.); zahlreiche weitere Sprachen ▪ **Religion** 2001: 80,5 % Hindus, 13,4 % Muslime, 2,3 % Christen, 1,9 % Sikhs, 0,8 % Buddhisten, 0,4 % Dschainas; 89 000 Parsen

STAATS- UND REGIERUNGSFORM Verfassung von 1950 – Bundesrepublik (im Commonwealth) seit 1950 – Bundesparlament: Haus des Volkes (Lok Sabha) mit 543 alle 5 J. gewählten Mitgl. (außerdem 2 vom Staatsoberh. nominierte Mitgl. der anglo-indischen Gemeinschaft) und Rat der Staaten (Rajya Sabha) mit 245 Mitgl., davon 237 Mitgl. alle 6 J. (bzw. ⅓ alle 2 Jahre) durch die Parlamente der Bundesstaaten gewählt und 8 Mitgl. vom Staatsoberh. ernannt – Wahl des Staatsoberh. alle 5 J. durch Wahlmännerkollegium – Wahlrecht ab 18 J. ▪ **Unabhängigkeit:** 15. 8. 1947 (ehem. Britisch-Indien) ▪ **Nationalfeiertag:** 26. 1. (Tag der Republik) und 15. 8. (Unabhängigkeitstag)

REGIERUNG UND PARTEIEN **Staatsoberhaupt:** A. P. J. Abdul Kalam, seit 25. 7. 2002 – **Regierungschef:** Manmohan Singh, seit 22. 5. 2004 – **Äußeres:** Natwar Singh (INC), seit 24. 5. 2004 ▪ **Parlament:** Wahlen vom 20. 4./26.4/5. 5./10. 5. 2004: Unterhaus: Congress und Alliierte 217 von 543 Sitzen (1999: 141): India National Congress (Kongresspartei) / INC 145 (112), Rashtriya Janata Dal / RJD 21 (7), Dravida Munnetra Kazhagam / DMK 16 (10), National Congress Party / NCP 9 (7), Sonstige 26 (5); National Democratic Alliance 185 (299): Bharatiya Janata Party (Hindu-Partei) / BJP 138 (183), Shiv Sena / SHS 12 (15), Biju Janata Dal / BJD 11 (10), Shiromani Akali Dal / SAD 8 (2), Janata Dal United / JDU 8 (22), Telugu Desam Party / TDP 5 (29), Sonstige 3 (38); Sonstige und regionale Parteien: Communist Party of India-Marxist / CPI-M 43 (33), Samajwadi Party / SP 36 (26), Bahujan Samaj Party / BSP 19 (14), Communist Party of India / CPI 10 (4), Sonstige 29 (20), Unabhängige 4 (6) – Sitzverteilung im Oberhaus (Stand 7 / 2005): Kongresspartei 73 von 237 Sitzen, BJP 49, CPI-M 13, All India Anna Dravida Munnetra Kazagham 12, Sonstige 79, Unabhängige 11

WIRTSCHAFT **BIP** 2003: 600,637 Mrd. $; realer Zuwachs: 8,6 %; Anteil (2003) Landwirtschaft 22 %, Industrie 27 %, Dienstleistungen 51 % ▪ **Erwerbstätigkeit** 2001: Landwirtsch. 59 % ▪ **Arbeitslosigkeit** ⌀ 2003: 6,0 % ▪ **Inflation** ⌀ 2004: 3,8 % ▪ **Außenhandel** 2004: **Import:** 95,16 Mrd. $; *Güter:* 27 % Erdöl und -produkte, 10 % chemische Erzeugnisse, 9 % Perlen und Edelsteine, 8 % elektrotechnische Erzeugnisse, 7 % Maschinen, 4 % Gold und Silber, 4 % Speiseöle, 2 % Elektrotechnik, 1 % Mess- und Prüfinstrumente; *Länder:* 7 % USA, 6 % Belgien, 5 % Großbritannien, 5 % China, 4 % Singapur, 4 % Deutschland, 3 % Japan, 2 % Saudi-Arabien; **Export:** 72,53 Mrd. $; *Güter:* 13 % Edelsteine und Schmuck, 11 % chemische Erzeugnisse, 10 % Textilien, 10 % Bekleidung, 10 % Nahrungsmittel, 6 % Erdöl, Erdölerzeugnisse, 5 % Rohstoffe, 5 % Eisen und Stahl, 4 % Maschinen; *Länder:* 21 % USA, 6 % China, 5 % Großbritannien, 5 % Hongkong, 4 % Deutschland, 4 % Vereinigte Arabische Emirate, 3 % Japan
Weitere Informationen → Kap. Wirtschaft

Indien
Fläche, Bevölkerung und Bevölkerungsdichte

Verwaltungseinheit (Hauptort)	Fläche in km²	Einwohner insgesamt Z 2001	je km²
Bundesstaat (State)			
Andhra Pradesh (Hyderabad)	275 045	75 727 541	275
Arunāchal Pradesh (Itanagar)	83 743	1 091 117	13
Assam (Dispur)	78 438	26 638 407	340
Bihār (Patna)	99 200	82 878 796	835
Chhattisgarh (Raipur)	135 000	20 795 956	154
Goa (Panaji)	3 702	1 343 998	363
Gujarāt (Gandhinagar)	196 024	50 596 992	258
Haryāna (Chandīgarh)	44 212	21 082 989	477
Himāchal Pradesh (Simla)	55 673	6 077 248	109
Jammu & Kashmir (Srinagar)[1]	222 236	10 069 917	45
Jharkand (Ranchi)	74 677	26 909 428	338
Karnātaka (Bangalore)	191 791	52 733 958	275
Kerala (Trivandrum)	38 863	31 838 619	819
Madhya Pradesh (Bhopal)	308 446	60 385 118	196
Mahārāshtra (Mumbai)	307 713	96 752 247	314
Manipur (Imphal)	22 327	2 388 634	107
Meghālaya (Shillong)	22 429	2 306 069	103
Mizoram (Aizawl)	21 081	891 058	42
Nāgāland (Kohima)	16 579	1 988 636	120
Orissa (Bhubaneswar)	155 707	36 706 920	235
Punjab (Chandīgarh)[2]	50 362	24 289 296	482
Rājasthān (Jaipur)	342 239	56 473 122	165
Sikkim (Gangtok)	7 096	540 493	76
Tamil Nādu (Chennai)	130 058	62 110 839	478
Tripura (Agartala)	10 486	3 191 168	304
Uttar Pradesh (Lucknow)	243 286	166 052 859	683
Uttaranchal (Dehradun)	51 125	8 479 562	159
West Bengal (Kolkata)	88 752	80 221 171	904
Bundesterritorium (Territory)			
Andamanen & Nikobaren (Port Blair)	8 249	356 265	43
Chandīgarh (Chandīgarh)	114	900 914	7903
Dādra & Nagar Haveli (Silvassa)	491	220 451	449
Damān & Diu (Damān)	112	158 059	1411
Delhi (Neu-Delhi)	1 483	13 782 976	9294
Lakshadweep (Kavaratti)	32	60 595	1894
Pondicherry (Pondicherry)	492	973 829	1979
Indien	3 287 263	1 027 015 247	324

1 Fläche einschl. des von Pakistan kontrollierten Gebietes von Azad Kashmir und Northern Areas (zus. 78 114 km²) und des von der VR China kontrollierten Gebietes; die Daten zur Bevölkerung beruhen auf einer Schätzung und schließen die von Pakistan und der VR China kontrollierten Gebiete aus

2 Chandīgarh bildet ein eigenes Bundesterritorium

Quelle: Census of India 2004; Ministry of Statistics and Programme 2004

Die im Mai 2004 neu gewählte, von der Kongresspartei unter Premierminister Manmohan Singh geführte Regierung (→ WA 2005, S. 196) sah sich angesichts der prekären Mehrheitsverhältnisse gezwungen, ihre Herrschaft zunächst abzusichern: Der **neue Premierminister** musste auf zahlreiche untereinander zerstrittene Regional- und Kleinparteien Rücksicht nehmen und aus Gründen der Koalitionsarithmetik deren z. T. wegen Korruption verurteilte populistische Parteiführer in sein Kabinett berufen. Zudem war die Regierung auf die Unterstützung der Kommunisten angewiesen. Die ersten Amtsmonate wurden durch ungünstige Rahmenbedingungen wie einen schlechten Monsunbeginn und gestiegene Ölpreise überschattet. Gestärkt wurde die Regierung durch Neuwahlen in zwei Bundesstaaten.

INNENPOLITIK

■ **Bundesstaaten:** Im westindischen **Maharashtra** (mit der Hauptstadt Mumbai) konnte sich die regierende Koalition aus Kongresspartei und Nationaler Kongresspartei bei den **Neuwahlen** am 16. 10. 2004 erfolgreich an der Macht behaupten, während im nordöstlichen **Arunachal Pradesh** die Kongresspartei mit 34 von 60 Sitzen wieder die Regierung übernahm, deren Verantwortung ihr im August 2003 durch ein Misstrauensvotum entzogen worden war. Drei weitere Wahlen im Februar 2005 boten hingegen ein durchwachsenes Ergebnis: Im nordwestlichen Bundesstaat **Haryana** gelang der Kongresspartei ein klarer Sieg; in den beiden armen östlichen Staaten **Bihar** und **Jharkand** konnten weder die Kongresspartei und ihre regionalen Verbündeten, noch die hindu-nationalistische Opposition eine klare Mehrheit bilden. In Jharkand wurde schließlich am 15. 3. eine von der Hindupartei Bharatiya Janata Party (BJP) geführte Regierung unter dem bisherigen Ministerpräsidenten Arjun Munda mit knapper Mehrheit gewählt. Nachdem alle Versuche zur Bildung einer mehrheitsfähigen Regierung gescheitert waren, wurde der drittgrößte Bundesstaat Bihar am 7. 3. unter die Direktverwaltung des Staatspräsidenten gestellt. Gleiches erfolgte im westlichen Bundesstaat **Goa**, nachdem mehrere Anläufe zur Wahl einer Regierung gescheitert waren. Am 23. 5. wurde das Parlament von Bihar aufgelöst und Neuwahlen ausgeschrieben.

In der indischen Wirtschaftsmetropole **Mumbai** – 40 % des indischen Steueraufkommens werden im Großraum Mumbai erwirtschaftet – begann die Regierung am 8. 12. 2004 mit der **Zerstörung der mitten in der Stadt gelegenen Hütten der Slumbewohner**, die teilweise über deren Abbruch nicht informiert worden waren. Im Wahlkampf hatte die Kongresspartei noch versprochen, alle nach 1995 entstandenen Siedlungen zu legalisieren, um gegenüber dem politischen Gegner aufzutrumpfen, der lediglich die nach 2001 gebauten

Siedlungen legalisieren wollte, und prompt die Wahl gewonnen. Zu **massiven Protesten** kam es erst Ende Januar 2005, da für die jetzt Obdachlosen keine Notunterkünfte bereitgestellt worden waren und diese daher auf der Straße kampierten. Mitte Februar wurde die Zerstörungsaktion in **»Slumbai«** vorläufig abgebrochen; 350 000 waren obdachlos geworden, die tagtäglich ihrer Arbeit in der Stadt nachgehen, aber deren Stimmen nur bei den Wahlen zählen.

▪ **Parteien:** Der Parteivorsitzende der BJP, Venkaiah Naidu, trat am 18. 10. 2004 von seinem Amt zurück. Er zog damit die Konsequenzen aus dem schlechten Abschneiden seiner Partei bei den Wahlen auf Bundes- und Landesebene. An seiner Stelle wurde der ehemalige Innenminister Lal Krishna Advani, ein Vertreter des religiös-nationalen Flügels der Partei, am 27. 10. zum Parteivorsitzenden gewählt. Der in Karatschi geborene Advani erregte mit einer einwöchigen Reise nach Pakistan Anfang Juni 2005 großes Aufsehen. Für Entrüstung innerhalb des radikalen Flügels seiner hindu-nationalistischen Partei sorgten insbesondere seine Erklärung, die Existenz von zwei souveränen Staaten sei eine unabänderliche Realität, und sein Besuch am Mausoleum des pakistanischen Staatsgründers Mohammed Ali Jinnah. Advani stellte daraufhin am 7. 6. sein Amt zur Verfügung; sein Rücktrittsgesuch wurde von der BJP-Führung jedoch am 10. 6. zurückgewiesen.

Die beiden **maoistischen Gruppierungen** People's War (PW) und Maoist Communist Centre (MCC) fusionierten im Oktober 2004 zur Maoistisch-Kommunistischen Partei Indiens (MCPI). Beide Bewegungen hatten seit den 1980er Jahren in den südlichen und östlichen Bundesstaaten einen Guerillakampf gegen Großgrundbesitzer und Staatsorgane begonnen. Nach der Wahl der neuen von Kommunisten unterstützten Regierung auf Bundesebene war es in mehreren Bundesstaaten zu einem Waffenstillstand gekommen. Weitere Verhandlungen scheiterten an der Vorbedingung einer freiwilligen Entwaffnung; in Andhra und Uttar Pradesh gingen die Sicherheitskräfte daher weiter gegen die MCPI wie auch gegen die marxistisch-leninistische kommunistische Partei (CPI-ML) vor.

▪ **Gewalt im Nordosten:** Bewaffnete Separatistenbewegungen setzten ihre Politik der Attentate und Entführungen fort (→ WA 2005, S. 197), insbesondere in den Bundesstaaten **Assam** und Manipur. Bombenanschläge in Assam am 15. und 26. 8. forderten insgesamt 18 Todesopfer und zahlreiche Verletzte, bei mehreren bewaffneten Überfällen zwischen dem 2. und 5. 10. starben 46 Personen. Am 2. 10. kam es auch zu Bombenanschlägen in Kohima, der Hauptstadt Nagalands (im Süden Assams), bei denen 28 Menschen starben.

Der Vorwurf, eine Rebellenkämpferin sei am 10. 7. 2004 von regierungstreuen paramilitärischen Einheiten entführt, vergewaltigt, gefoltert und dann umgebracht worden, führte den ganzen August über zu Protesten, Generalstreiks und bewaffneten Auseinandersetzungen im Bundesstaat **Manipur**. Verschiedene Rebellenbewegungen hatten bereits in der Vergangenheit schwere Vorwürfe wegen Menschenrechtsverletzungen durch paramilitärische Einheiten erhoben, die mit einer besonderen gesetzlichen Ermächtigung (AFSPA) in der Anti-Terrorbekämpfung eingesetzt werden. Die angeordnete Untersuchung der Vorwürfe durch die Landesregierung ging nur schleppend voran, obwohl der Vorfall bundesweit für Aufmerksamkeit gesorgt hatte. Auch der Besuch des indischen Innenministers Shivraj Patil in dem Bundesstaat am 5. 9. konnte die Situation nicht entspannen, da er der Forderung nach einem Rückzug der Spezialeinheiten nicht nachkam. Am 21. 9. begannen Bürgerrechtsgruppen mit Straßenblockaden in Manipur, um ihren Forderungen stärkeren Nachdruck zu verleihen. Die Regierung erklärte daraufhin am 30. 10., zu einer temporären Außerkraftsetzung der AFSPA in Manipur bereit zu sein.

Zwischen dem 20. und 22. 11. reiste Premierminister Singh in die beiden Unruhestaaten Manipur und Assam und rief die separatistischen Gruppen beider Staaten dazu auf, die Gewalt zu beenden. Die Regierung werde den Einsatz der paramilitärischen Sicherheitskräfte überdenken, die Souveränität über die Gebiete aber niemals preisgeben. Die Verhandlungen mit der Nationalen Demokratischen Front Bodolands (NDFB) endeten am 25. 5. 2005 mit einem Waffenstillstand.

WIRTSCHAFT

Die neue Mitte-links-Regierung nahm in der Wirtschaftspolitik keinen radikalen Kurswechsel vor. Finanzminister Palaniappan Chidambaram präsentierte am 8. 7. 2004 den ersten Haushaltsplan, der am 26. 8. mit einigen Veränderungen in Kraft trat. Darin wurde einerseits das Bekenntnis zu größerer Ausgabendisziplin und der Reduzierung des Haushaltsdefizits deutlich. Andererseits zielten die gesamten Ausgaben auf die nachhaltige Bekämpfung der ländlichen Armut durch Investitionen in den Infrastruktur-, Gesundheits- und Bildungsbereich. Den Willen zur Fortsetzung und Vertiefung der Liberalisierungspolitik unterstrich die Regierung – gegen die erklärte Absicht der linksgerichteten Koalitionspartner – mit ihrer weitgehenden Rücknahme der Begrenzungen für Auslandsinvestitionen in den drei kritischen Infrastrukturbereichen Zivilluftfahrt, Elektrizität und Fernmeldewesen sowie den Anstrengungen zur Privatisierung der riesigen Staatsindustrien in diesen Bereichen sowie bei den Finanzdienstleistungen (Banken und Versicherungen). Knapp eine Million Bankangestellte folgten am 22. 3. einem Streikaufruf gegen die Pläne der Regierung, 27 staatseigene Banken zu fusionieren.

Entgegen allen Unkenrufen kam es zu einer positiven Wirtschaftsentwicklung im Finanzjahr 2004/05 (Wachstum 8 %), wozu vor allem die in ganz Indien verbreiteten Software-Zentren (→ Karte) beigetra-

gen haben. Der Haushalt für das Finanzjahr 2005/06 wurde am 28. 2. 2005 eingebracht. Darin stellte die Regierung weitere Ausgaben für Grundbildung, Gesundheit und ländliche Entwicklung in Aussicht. Andererseits wurde auch das Verteidigungsbudget wie bereits im Vorjahr überdurchschnittlich erhöht. In der Steuerpolitik wurde die Zahl der armen Steuerbefreiten drastisch erhöht. Die Einkommensteuerzahlung beginnt erst ab einem Jahreseinkommen von 100 000 Rupien (rd. 1785 €); bislang zahlten freilich ohnehin nur knapp 3 % der Inder Einkommensteuern. Außerdem wurden Einfuhrzölle gesenkt, und die lokalen Umsatzsteuern zum 1. 4. 2005 durch eine allgemeine Mehrwertsteuer ersetzt.

KATASTROPHEN UND UNGLÜCKE

Die schwersten **Monsunregen** seit mindestens zehn Jahren führten im Juli/August 2004 zu Überschwemmungen in den nordöstlichen Bundesstaaten Assam, Arunachal Pradesh und Bihar. Bis Ende Juli waren bereits 686 Opfer zu beklagen. Millionen Menschen wurden zudem obdachlos. Bei einer Massenpanik unter hinduistischen Pilgern am Mandra-Devi-Tempel in der Stadt Wai (Maharashtra) starben am 25. 1. 2005 258 Personen, darunter zahlreiche Frauen und Kinder. An der Wallfahrt hatten 300 000 Pilger teilgenommen.

Anlässlich des **20. Jahrestags der Katastrophe von Bhopal** am 3. 12. 2004 fanden Kundgebungen und Demonstrationen im ganzen Land statt. Die US-Firma Union Carbide hatte als Eigentümer der Anlage 1989 in einer außergerichtlichen Einigung 470 Mio. US-$ Entschädigung an die indische Regierung geleistet, doch die Hälfte des Geldes war bisher nicht an die Opfer und deren Hinterbliebene ausbezahlt, sondern in einem Fonds angelegt worden. Am 19. 7. 2004 hatte das indische Oberste Gericht die Regierung dazu verurteilt, die durch Zinsen auf ca. 330 Mio. US-$ angewachsene Summe ihrer eigentlichen Bestimmung zuzuführen, und bewilligte einen am 26. 10. von der Regierung vorgelegten Aktionsplan zur Verteilung des Geldes an die 572 173 Opfer und Hinterbliebenen. 3800 Personen waren 1984 durch ausströmendes Gas direkt getötet worden, 10 000 weitere seitdem gestorben, und ca. 120 000 leiden an durch das Unglück verursachten schweren Gesundheitsstörungen.

Der **Tsunami** (→ Themen der Welt) vom 26. 12. 2004 forderte in Indien knapp 10 700 Todesopfer, die meisten in den östlichen Küstenstaaten Tamil Nadu, Kerala und Andhra Pradesh. Auf den zu Indien gehörenden Inselgruppen der Andamanen und Nikobaren, die nur ca. 100 km vom Epizentrum entfernt waren, starben mindestens 1894 Personen. Ende Juni 2005 wurden noch 5537 Menschen vermisst. Befürchtungen, einige indigene Stämme seien durch die Flutwelle völlig ausgelöscht worden, wurden von der indischen Regierung am 14. 1. zurückgewiesen. Die Regierung war für ihre zögerlichen Hilfsaktionen auf den entlegenen Inselgruppen, auf denen sie eine Militärbasis unterhält, zunächst scharf kritisiert worden.

KASHMIR-KONFLIKT

Der seit April 2003 begonnene friedliche Dialog zwischen Indien und Pakistan wurde fortgesetzt. In zahlreichen Treffen auf Ebene von Regierungsexperten, Außenministern (28. 6. und 6. 9. 2004) und Regierungschefs (24. 9. 2004 in New York und 25. 11. 2004 in Delhi) wurde der **Wille zu einer friedlichen Lösung** des Kashmir-Konflikts beschworen und der seit November 2003 gültige Waffenstillstand in der Region verlängert. Konkrete Fortschritte in den vielen Einzelpunkten der im Januar 2004 vereinbarten Verhandlungsagenda (→ WA 2005, S. 198) wurden hingegen kaum deutlich. Nach den mit großen Erwartungen verbundenen, letztlich aber gescheiterten bilateralen Verhandlungen früherer Jahre (1999, 2001) waren beide Seiten um Vertraulichkeit und eine Politik der kleinen Schritte bemüht. Bei seinem ersten offiziellen Besuch in Kashmir am 17. 11. gab der indische Premierminister Singh die erste Reduzierung des indischen Truppenbestands seit Ausbruch der bewaffneten Rebellion 1989 bekannt. Die Infiltrationen muslimischer Extremisten seien seit Beginn der bilateralen Verhandlungen um 60 % zurückgegangen. Hierfür war sicherlich auch ein elektronischer Zaun verantwortlich, den Indien auf Grund der Waffenruhe in den meisten Grenzabschnitten hatte installieren können. Ein erstes Kontingent von 4000 indischen Soldaten (von geschätzten 200 000–400 000 Mann) wurde noch in der gleichen Woche abgezogen. Mit 733 zivilen Opfern im Jahr 2004 war der Blutzoll der Bevölkerung im indischen Teil Kashmirs niedriger als je zuvor seit 1989. Außerdem starben ca. 1000 Rebellen und 330 indische Sicherheitskräfte.

Zwischen dem 8. und 17. 2. 2005 fanden erstmals seit 27 Jahren im indischen Teil von Kashmir Kommunalwahlen statt. Trotz gewalttätiger Boykottdrohungen verlief die Wahl bei einer Beteiligung von rund 60 % friedlich. In der überwiegend von Muslimen bewohnten Hauptstadt Srinagar war es jedoch im Vorfeld der Wahlen zu mehreren Attentaten auf Kommunalpolitiker gekommen.

Der wesentlichste Fortschritt für die Bevölkerung Kashmirs bestand in der **Wiedereröffnung** einer 170 km langen **direkten Busverbindung** von Srinagar nach Muzaffarabad (→ Karte), den jeweiligen Hauptstädten der beiden Provinzen, am 7. 4. 2005. Mit drei Bussen und 51 Passagieren wurde nach 57 Jahren die Waffenstillstandslinie erstmals für den Personenverkehr geöffnet. Die Kashmiri haben nun Aussicht auf direkten Kontakt mit ihren seit 1947 von ihnen getrennten Verwandten, auch wenn die Busse vorläufig nur in zweiwöchigem Rhythmus verkehren. Über die für die Busreise notwendigen Reisedokumente war monatelang verhandelt worden: Indien bestand auf Pässen und Visa, da es den pakistanischen Teil Kashmirs als Ausland betrachtet. Aus pakistanischer Perspektive benötigten Kashmiri hingegen überhaupt keine Reisedokumente, da der indische Teil Kashmirs zu Pakistan gehöre. Schließlich einigte man sich auf eine für die Busreise gesonderte Reisebewilligung, die Bürgern beider Staaten volle Bewegungsfreiheit auf dem Territorium des historischen Kashmirs garantiert. Am 6. 4., einen Tag vor Abfahrt des ersten Busses, konnte in Srinagar ein Selbstmordanschlag auf die 29 indischen Busreisenden gerade noch verhindert werden.

Der Besuch des pakistanischen Präsidenten Pervez Musharraf anlässlich eines Spiels des pakistanischen Kricket-Mannschaft in Indien vom 16.–18. 4. (→ Foto) bestätigte die bisherige **Politik der kleinen Schritte**: Beide Seiten bekräftigten in einer gemeinsamen Erklärung ihren Willen zur Durchsetzung weiterer vertrauensbildender Maßnahmen. So sollte auch die Buslinie zwischen Lahore und Amritsar und zum 1. 1. 2006 die seit Jahrzehnten stillgelegte Eisenbahnstrecke durch die Wüste von Rajasthan wieder in Betrieb genommen werden. Die Energieminister beider Länder begannen am 5. 6. mit Verhandlungen über die Erstellung einer Erdgaspipeline von Iran nach Indien, die durch pakistanisches Territorium verlaufen soll. Weitere Verhandlungsrunden über den gestaffelten Rückzug beider Seiten aus dem Gebiet des Siachen-Gletschers, des höchstgelegenen Kriegsgebiets der Welt, blieben bis Juni ohne Erfolg. Anfang Juni erlaubte Indien erstmals einer Delegation moderater Separatistenführer der All-Party-Hurriyet-Konferenz (APHC), in den pakistanischen Teil Kashmirs zu reisen. Trotz oder gerade wegen dieser weiteren Annäherung beider Seiten intensivierte sich der bewaffnete Widerstand der Extremisten in Kashmir. Allein im April 2005 tötete die Armee mehr als 100 Rebellen.

Die Forderung, **innovative Vorschläge für die Zukunft Kashmirs** vorzulegen, war öffentlich vom pakistanischen Staatschef Musharraf formuliert worden, der am 25. 10. 2004 vor Journalisten in Islamabad erklärt hatte, nicht länger an dem UN-Referendum festzuhalten. Statt einer Aufteilung Kashmirs entlang der Waffenstillstandslinie (für Indien eine De-facto-Grenze), die für Pakistan inakzeptabel sei, solle man Kashmir eher in ein entmilitarisiertes autonomes Gebiet mit sieben Teilregionen umwandeln. Einige würden an Indien und Pakistan fallen, für die umstrittenen Regionen könnten drei verschiedene Optionen ins Auge gefasst werden: gemeinsame Souveränität und Verwaltung, staatliche Unabhängigkeit oder eine UN-verwaltete Sonderzone. Der Tabubruch eines Verzichts auf das in der 50 Jahre alten UN-Resolution vorgesehene Plebiszit wurde von Teilen der pakistanischen Opposition scharf verurteilt. Die indische Regierung ging zunächst nicht auf die Vorschläge ein. Sie beharrte auf ihrer Politik der kleinen Schritte und vertrauensbildenden Maßnahmen. Dennoch wurden in der Erklärung vom April 2005 auch substanzielle Fortschritte deutlich: Beide Seiten halten den Friedensprozess für »unumkehrbar«, beide verurteilen die grenzüberschreitenden »Terrorakte« (womit Pakistan auch die Aktionen islamistischer Separatisten in Kashmir als Terrorismus einstuft und ihnen offiziell den Rückhalt entzieht), und beide verpflichten sich auf Gespräche mit dem Ziel, eine »endgültige« Lösung der Kashmir-Frage herbeizuführen. Damit anerkennt Indien, dass der Status von Kashmir ungelöst ist und in einem absehbaren Zeitrahmen gelöst werden muss. Am 30. 5. bestätigte Singh in einer Pressekonferenz das Ziel, die Waffenstillstandslinie »irrelevant« zu machen.

Musharraf (links) und Singh in Neu-Delhi

AUSSENPOLITIK

Auf außenpolitischer Ebene erwies sich die indische Regierung erfolgreich: Zwischen April und Mai 2005 machten hintereinander die neue amerikanische Außenministerin Condoleezza Rice, der chinesische Regierungschef **Wen Jiabao**, der japanische Ministerpräsident Junichirô Koizumi und der russische Präsident Wladimir Putin der indischen Regierung ihre Aufwartung. Mit der **VR China** wurde eine »strategische Partnerschaft« vereinbart, die vor allem eine Ausweitung des Handels, verbunden mit der Übernahme gemeinsamer Zollstandards, und die Förderung der bilateralen Investitionen im Bereich von Spitzentechnologien und im Infrastrukturbereich vorsieht. In einer Grundsatzerklärung wurde auch erstmals der seit 40 Jahren bestehende Grenzkonflikt angesprochen.

Vom 6.–7. 10. 2004 besuchte auch Bundeskanzler Gerhard Schröder Indien. Bei seinen Treffen mit Regierungschef Singh betonte er seinen Willen, das bilaterale Handelsvolumen in den nächsten fünf Jahren auf zehn Mrd. € zu verdoppeln (zum Vergleich: deutsch-chinesischer Handel liegt bei 50 Mrd. €). Beide Länder wollen auch ihre Bemühungen um eine Vertretung im UN-Sicherheitsrat miteinander abstimmen. Daneben wurden auch Perspektiven einer engeren wissenschaftlichen Kooperation diskutiert.

Am 29. 6. unterzeichneten Indien und die USA anlässlich eines Besuchs des indischen Verteidigungsministers Pranab Mukherjee in Washington einen zehnjährigen Verteidigungspakt, der Zusammenarbeit bei der Waffenproduktion und beim Technologietransfer vorsieht.

Indonesien Südost-Asien

Republik Indonesien; Republik Indonesia – ID / IDN

Fläche (Weltrang: 15): 1 912 988 km²

Einwohner (4): F 2003 214 674 000 = 112 je km²

Hauptstadt: Jakarta

Amtssprache: Indonesisch (Bahasa Indonesia)

Bruttonationaleinkommen 2003 je Einw.: 810 $

Währung: 1 Rupiah (Rp.) = 100 Sen
Kurs: 1 US-$ = 9542 Rp.; 1 € = 11 827 Rp.

Botschaft der Republik Indonesien
Lehrter Str. 16–17, 10557 Berlin
T 030 / 47 80 70, Fax 44 73 71 42
www.kbri-berlin.org

LANDESSTRUKTUR **Fläche**: 1 912 988 km²; insg. 13 677 Inseln; Karte → WA 2005, S. 200 f. ▪ **Verwaltung**: 33 Provinzen, davon 2 Sonderbezirke (Yogyakarta und Aceh) und 1 Hauptstadtbezirk (Jakarta); → Tabelle ▪ **Städte**: (Z 2000) Jakarta 8 347 083 Einw., Surabaya 2 599 796, Bandung 2 136 260, Medan 1 904 273, Bekasi 1 663 802, Palembang 1 451 419, Semarang 1 348 803, Tangerang 1 325 854, Depok 1 143 403, Ujungpandang (Makasar) 1 100 019, Malang 756 982, Bogor 750 819, Tanjungkarang 742 749

BEVÖLKERUNG Indonesier – F 2003: 214 674 000 Einw.; Bevölkerungswachstum: 1,3 %; letzte Zählung 2000: 206 264 595 Einw. – Z 1995: v. a. Malaien (malaisch-polynesisch bzw. austronesisch); 40 % Javaner, 15 % Sundanesen, 5 % Maduresen; Atjeher, Bataker, Minangkabau, Balinesen, Menadonesen, Dayak, Ambonesen (Maluken), Papuas; Chinesen, Araber, Inder, Pakistaner; Europäer und Amerikaner ▪ **Sprachen**: malayo-polynesische Sprachen, u. a. Bahasa Indonesia, Javanisch (mehr als 70 Mio.), ca. 170 weitere malayo-polynesische sowie zahlreiche Papua-Sprachen; z. T. Chinesisch; Englisch, auch Niederländisch und Arabisch ▪ **Religion**: 88 % Muslime, 5 % Protestanten, 3 % Katholiken, 2 % Hindus (v. a. auf Bali), 1 % Buddhisten; indigene Religionen

STAATS- UND REGIERUNGSFORM Verfassung von 1945, zuletzt geändert 2003 – Präsidialrepublik seit 1945 – Parlament: Abgeordnetenhaus (Dewan Perwakilan Rakyat/DPR) mit 550 alle 5 J. gewählten Mitgl. (vorher 500 Mitgl.) und Abgeordnetenhaus der Regionen (Dewan Perwakilan Daerah) mit der gleichen Anzahl direkt gewählter Mitgl. aus allen Provinzen (max. 1/3 der Mitgl. des DPR); Wahl alle 5 J. – Direktwahl des Staatsoberh. alle 5 J. – Wahlrecht ab 17 J. (für Verheiratete auch darunter) ▪ **Unabhängigkeit**: Proklamation 17. 8. 1945 (ehem. niederländische Kolonie), endgültig 27. 12. 1949 ▪ **Nationalfeiertag**: 17. 8.

Indonesien
Fläche, Bevölkerung und Bevölkerungsdichte

Region/Provinz	Fläche in km²	Einwohner insgesamt Z 2000	je km²
Sumatera (Sumatra)			
Aceh [1]	55 392	3 930 905	71
Sumatera Utara	70 787	11 649 655	165
Sumatera Barat	49 778	4 248 931	85
Riau	94 561	4 957 627	52
Jambi	44 800	2 413 846	54
Sumatera Selatan	98 888	6 899 675	70
Bangka Belitung	4 800	900 197	188
Bengkulu	21 168	1 567 432	74
Lampung	33 307	6 741 439	202
Java und Madura			
Jakarta [1]	661	8 389 443	12692
Java Barat	37 994	35 729 537	940
Banten [2]	8 235	8 098 780	983
Java Tengah	34 206	31 228 940	913
Yogyakarta [1]	3 169	3 122 268	985
Java Timur	47 921	34 783 640	726
Nusa Tenggara (Kleine Sundainseln)			
Bali	5 561	3 151 162	567
Nusa Tenggara Barat	20 177	4 009 261	199
Nusa Tenggara Timur	47 876	3 952 279	83
Kalimantan (Borneo)			
Kalimantan Barat	146 760	4 034 198	27
Kalimantan Tengah	152 600	1 857 000	12
Kalimantan Selatan	37 660	2 985 240	79
Kalimantan Timur	210 985	2 455 120	12
Sulawesi (Celébes)			
Sulawesi Utara	6 808	2 012 098	296
Gorontalo [3]	12 215	835 044	68
Sulawesi Tengah	69 726	2 218 435	32
Sulawesi Selatan	72 781	8 059 627	111
Sulawesi Tenggara	27 686	1 821 284	66
Maluku (Molukken) und Papua			
Maluku	43 610	1 205 539	28
Maluku Utara [4]	30 895	785 059	25
Papua [5]	421 981	2 220 934	5
Indonesien	1 912 988	206 264 595	108

1 Sonderbezirke 2 Provinz seit 2000, vorher Teil von Java Barat
3 Provinz seit 2000, vorher Teil von Sulawesi Utara
4 Provinz seit 2000, vorher Teil von Maluku
5 früher Irian Jaya (Westirian), 2002 umbenannt
Quelle: Biro Pusat Statistik (Central Bureau of Statistics Indonesia) 2002

REGIERUNG UND PARTEIEN **Staats- u. Regierungschef**: Susilo Bambang Yudhoyono (DP), seit 20. 10. 2004; Vizepräsident: Jusuf Kalla (GOLKAR), seit 20. 10. 2004 – **Äußeres**: Hassan Wirajuda, seit 9. 8. 2001 ▪ **Parlament**: Wahlen vom 5. 4. 2004 zum DPR: GOLKAR 128 von 550 Sitzen (1999: 120 von 462), Demokratische Partei des Kampfes/PDI-P 109 (154), Vereinigte Entwicklungspartei/PPP 58 (58), Demokratische Partei/DP 57 (–), Nationale Erweckungspartei/PKB 52 (51), Nationale Mandatspartei/PAN 52

(35), Wohlstands- und Gerechtigkeitspartei/PKS 45 (6), Reformpartei/PBR 13 (–), Wohlstands- und Friedenspartei/PDS 12 (–), Partei des Halbmondes und Sterns/PBB 11 (14), Sonstige 13 (24)

WIRTSCHAFT **BIP** 2003: 208,312 Mrd. $; realer Zuwachs: 4,1 %; Anteil (2003) Landwirtschaft 17 %, Industrie 44 %, Dienstleistungen 40 % ▪ **Erwerbstätigkeit** 2001: Landwirtsch. 43,8 %, Industrie 18,7 %, Dienstl. 37,5 % ▪ **Arbeitslosigkeit** ∅ 2004: 9,6 % ▪ **Inflation** ∅ 2004: 6,2 % ▪ **Außenhandel** 2004: **Import**: 46,2 Mrd. $; *Güter* 2003: 44 % Brennstoffe, technische Öle, 18 % Rohstoffe, 17 % Nahrungsmittel, lebende Tiere, 11 % chemische Erzeugnisse, 8 % Vorerzeugnisse, 2 % Maschinen und Fahrzeuge; *Länder* 2003: 16 % Japan, 12 % VR China, 11 % Singapur, 7 % USA, 6 % Thailand, 5 % Australien, 4 % Rep. Korea, 4 % Deutschland; **Export**: 69,7 Mrd. $; *Güter* 2003: 26 % Brennstoffe, technische Öle, 18 % Vorerzeugnisse, 16 % Maschinen und Fahrzeuge, 14 % Fertigerzeugnisse, 9 % Rohstoffe, 6 % Nahrungsmittel, lebende Tiere, 6 % chemische Erzeugnisse, 5 % tierische und pflanzliche Öle; *Länder* 2003: 21 % Japan, 13 % USA, 8 % Singapur, 7 % VR China, 7 % Rep. Korea, 4 % Australien, 3 % Malaysia, 3 % Deutschland

CHRONIK

Ein Machtwechsel im Herbst und das Seebeben gegen Jahresende, das »schlimmste Ereignis in Indonesiens Geschichte« (Präsident Yudhoyono), rückten den Inselstaat ins Blickfeld der Weltöffentlichkeit. Anhaltende terroristische und separatistische Aktivitäten in manchen Landesteilen, insbesondere in der Provinz Aceh, verweisen auf die innere Instabilität des bevölkerungsreichsten mehrheitlich muslimischen Staates.

▪ **Neuer Präsident:** In der ersten Direktwahl des Staatspräsidenten setzte sich in der Stichrunde am 20. 9. 2004 der ehemalige General **Susilo Bambang Yudhoyono** mit 60,6 % der Stimmen gegen die Amtsinhaberin Megawati Sukarnoputri durch, auf die nach dem am 5. 10. veröffentlichten Wahlergebnis 39,3 % entfielen. Yudhoyono war im März als Sicherheitsminister von Megawati aus dem Kabinett entlassen worden und hatte mit der von ihm 2003 gegründeten Demokratischen Partei (DP) bei der Parlamentswahl im März 2004 einen Stimmenanteil von 7,5 % erzielt. Bereits im ersten Wahlgang am 5. 7. hatte Yudhoyono unter fünf Kandidaten die meisten Stimmen gewonnen (33,6 %). Ausschlaggebend für seinen Wahlsieg war nach Ansicht von Kommentatoren vor allem der **Wunsch der Wähler nach Erneuerung und politischer Stabilität.** Megawati hatte in ihrer dreijährigen Amtszeit viele Anhänger mit ihrer Unentschlossenheit und ihrer Distanz zur Bevölkerung enttäuscht. Internationale Beobachter werteten die drei großen Wahlen des Jahres als Beispiel für die erfolgreiche Implementierung demokratischer Strukturen in muslimischen Gesellschaften. An der zweiten Runde der Präsidentschaftswahl, die – wie schon die Parlaments- und die Regionalwahlen im April – überwiegend friedlich verlief, beteiligten sich 75, 2 % der Wahlberechtigten.

Yudhoyono

Yudhoyono legte am 20. 10. – zusammen mit seinem Stellvertreter Jusuf Kalla – als fünftes Staatsoberhaupt seinen Amtseid ab. In seine 34-köpfige »Regierung der Einheit Indonesiens« nahm er auch Vertreter der Oppositionsparteien auf, zudem betraute er **erstmals vier Frauen** mit der Führung von Ministerien. Außenminister Hassan Wirajuda verblieb im Amt. Bei seinem Amtsantritt kündigte Yudhoyono Maßnahmen zur Wiederbelebung der Wirtschaft sowie ein härteres Vorgehen gegen die Korruption und den islamistischen Terrorismus an. Die Bewältigung der humanitären Notlage nach der verheerenden Seebeben-Katastrophe bedeutete für die neue Regierung eine erste schwere Bewährungsprobe.

▪ **Seebeben-Katastrophe** (→ Themen der Welt): Am 26. 12. 2004 um 7:58 Ortszeit erreichte ein Seebeben im Indischen Ozean der Stärke 9 auf der Richterskala, gefolgt von einer bis zu 15 Meter hohen Flutwelle, die Nordspitze der Insel Sumatra (→ Karte) und **vernichtete weitflächig fast alles Leben an den Küsten der Provinzen Aceh und Nordsumatra.** Die Provinzhauptstadt Banda Aceh wurde fast völlig zerstört. Das ganze Ausmaß der Schäden offenbarte sich wegen der Unzugänglichkeit mancher Regionen erst im Laufe der nächsten Wochen. Im Mai 2005 wurde die **Zahl der Toten und Vermissten in Indonesien auf über 229 000 geschätzt**, rd. 420 000 wurden obdachlos. Den entstandenen Sachschaden schätzte die Regierung Mitte Februar auf 4,5 Mrd. US-$. Präsident Yudhoyono ordnete eine dreitägige Staatstrauer an.

Während indonesische Rettungs- und Hilfskräfte kaum zur Verfügung standen, leisteten in der Region operierende Marineeinheiten Australiens und der USA, u. a. der US-Flugzeugträger Lincoln mit drei Begleitschiffen, von See aus über Hubschrauber **erste Katastrophenhilfe.** An den nachfolgenden Bergungs- und Versorgungsleistungen an Land beteiligten sich neben über **50 internationalen Hilfsorganisationen auch Militäreinheiten** aus mehreren Staaten. Die USA hatten rd. 16 000 Soldaten in und um Aceh zur Katastrophenhilfe im Einsatz; weitere Militärkontingente stellten Japan (1560), Singapur (965), Australien (785), Deutschland (310). Das deutsche Bundeswehrversorgungsschiff Berlin diente als schwimmendes Krankenhaus und Basis für ein mobiles Rettungszentrum; weitere Lazarettschiffe schickten Indien, Frankreich und die USA.

In der Sorge, die Kontrolle über die Entwicklung in der politisch fragilen Krisenprovinz Aceh zu verlieren (→ unten), unterstellte die Regierung am 12. 1. 2005

die Hilfsorganisationen, die außerhalb der Städte Banda Aceh und Meulaboh tätig wurden, **der Kontrolle und dem Schutz durch das Militär**, das unter Verweis auf die Bürgerkriegslage in Aceh die Hilfsaktivitäten häufig behinderte. Zugleich wurde der Zeitrahmen für die Anwesenheit ausländischer Soldaten auf drei Monate begrenzt. Bis Ende März hatten daher alle ausländischen Militärs ihre Hilfsmission beendet und Aceh verlassen. Am 6. 1. 2005 war Jakarta Gastgeber der internationalen Krisenkonferenz zur Bewältigung der Folgen der nach den Worten von UN-Generalsekretär Kofi Annan »bislang nicht dagewesenen globalen Katastrophe, die eine nicht dagewesene globale Antwort verlangt«. Nach anfänglichem Interesse, aber schließlich in Übereinstimmung mit der Reaktion Thailands und Malaysias **verzichtete die Regierung auf ein befristetes Schuldenmoratorium**, das die im Pariser Club zusammengefassten 19 Hauptgläubigerstaaten den betroffenen Ländern am 12. 1. anboten. Bei einer Verschuldung gegenüber dem Pariser Club in Höhe von 40 Mrd. US-$ (Auslandsschulden insgesamt 132 Mrd. US-$) hätte der Zahlungsaufschub Indonesien für 2005 um ca. 2,3 Mrd. € entlastet, jedoch zugleich die Kreditwürdigkeit des Landes auf den internationalen Finanzmärkten gefährdet. Statt einer Suspendierung der Schuldentilgung gab die Regierung direkten Zuschüssen den Vorzug. Auf einer internationalen Konferenz am 17. 1. in Jakarta stellte Finanzminister Jusuf Anwar ein **auf fünf Jahre angelegtes Infrastrukturprogramm** vor, dessen Kosten, eingeschlossen 4 Mrd. US-$ für den Wiederaufbau in der Provinz Aceh (→ Foto), er auf 150 Mrd. US-$ veranschlagte. Präsident Yudhoyono unterzeichnete am 26. 3. das Dekret für die Umsetzung eines »Masterplans« für Aceh; in der Provinz waren 1,3 Mio. Häuser, 85 % der Trinkwasserversorgung, 92 % der Abwasseranlagen und 20 % der Stromversorgung durch die Flutwelle zerstört worden.

Bis Mitte Februar verfügte die Regierung nach eigenen Angaben aus der internationalen Staatengemeinschaft **über Zusagen an humanitärer Hilfe in Höhe von 4,3 Mrd. US-$**. Um möglicher Korruption vorzubeugen, wurde für die eingehenden Spendengelder von Staaten, internationalen Organisationen und aus privater Hand ein multilateraler Fonds gebildet, der von der Weltbank verwaltet und von einem Komitee überwacht wird, in dem die Geber, die Zentralregierung und die Provinzregierung von Aceh sowie indonesische Nichtregierungsorganisationen vertreten sind. Der Chef der nationalen Wiederaufbaubehörde für Aceh und die Insel Nias erklärte Ende Mai 2005, keines der von der Regierung gegebenen Versprechen für den Wiederaufbau sei bislang eingelöst worden, weil die **zugesagte Hilfe vom Parlament in Jakarta noch nicht freigegeben** worden sei. Seine Behörde arbeite bislang ausschließlich mit ausländischen Hilfsgeldern. Schwierigkeiten zeigten sich auch bei der Koordination der Hilfsorganisationen, die noch vor Ort in Aceh seien. Die um sich greifende **Korruption** im Zusammenhang mit Wiederaufbaumaßnahmen in den Griff zu bekommen hätte oberste Priorität.

Nachdem eine Einigung mit den anderen Anrainerstaaten des Indischen Ozeans über die Einrichtung eines einheitlichen **Tsunami-Frühwarnsystems** ausblieb, entschied sich die Regierung für das deutsche Angebot. Am 14. 3. 2005 unterzeichneten Bundesforschungsministerin Edelgard Bulmahn und ihr indonesischer Kollege eine entsprechende Erklärung. Das deutsche Warnsystem soll den Westen der indonesischen Inselwelt einschließlich Sumatras und eines Teils von Java abdecken. Für den östlichen Teil verhandelte die Regierung mit anderen Anbietern. Die Kosten in Höhe von 45 Mio. € werden im Rahmen des deutschen Hilfebeitrags zur Bewältigung der Katastrophe (500 Mio. €) finanziert. Mit dem Aufbau soll im Oktober 2005 begonnen werden.

Zwei weitere Seebeben mit Epizentrum vor Sumatra erschütterten am 26. 2. und am 28. 3. (Stärke 8,2 auf der Richterskala) die Region (→ Karte) und versetzten die vielfach noch traumatisierten Menschen in Panik, lösten aber keine Tsunamis aus. Auf der Insel Nias, die von den Folgen des Tsunami am 26. 12. weitgehend verschont geblieben war, forderte das Beben am 28. 3. etwa 650 Menschenleben.

Aufräumarbeiten in der Provinz Aceh Ende Januar 2005

■ **Separatismuskonflikt in Aceh:** Am 27. 12. 2004, dem Folgetag der Tsunami-Katastrophe, verkündete die separatistische Guerilla Gerakan Aceh Moerdeka/GAM (Bewegung Freies Aceh) eine einseitige informelle **Waffenruhe**, der sich die indonesische Armee ihrerseits anschloss; gleichwohl wurde in den nachfolgenden Wochen von mehreren teils schweren Zusammenstößen berichtet. Zugleich forderte der Chef der »Exilregierung« für Aceh, Malik Mahmud, von Schweden aus die Regierung in Jakarta zu Verhandlungen über einen formellen Waffenstillstand auf. Mit Bezug auf das Versprechen von Präsident Yudhoyono bei seinem Amtsantritt, er sei bereit, über alles zu verhandeln außer über die Unabhängigkeit der Provinz, reagierte Vizepräsident Kalla mit der Gegenforderung nach einer umfassenden Friedenslösung, die mit einem Waffenstillstand besiegelt werden könne.

Drei Gesprächsrunden in Helsinki zwischen Ende Januar 2005 und Mitte April **verliefen ergebnislos**. Nach Beendigung der vierten Verhandlungsrunde im Mai erklärte der als Moderator fungierende ehemalige finnische Präsident Martti Ahtisaari, dass es nun darum gehe, die eigentlichen Schlüsselfragen zu lösen. Am 3. 7. lehnte der indonesische Armeechef Endriartono Sutarto einen erneuten Waffenstillstand ab und fügte hinzu: »Wenn die GAM tatsächlich beabsichtigt, ihren Kampf für ein unabhängiges Aceh nicht mehr fortzusetzen, dann sollte sie die Waffen niederlegen.« Die GAM kämpfte seit 1976 für die Unabhängigkeit der rohstoffreichen Provinz Aceh, deren Einnahmen bisher aber nur der Zentralregierung zugute kommen.

Bei der fünften Runde der Friedensgespräche lehnte die GAM den Vorschlag der Regierung ab, Kandidaten innerhalb der existierenden Parteien für die nächsten Wahlen aufzustellen, und beharrte darauf, eine eigene Partei in Aceh zu gründen. Die Regierung ist jedoch gegen die Gründung einer »Provinz«-Partei, da nach der derzeitigen gesetzlichen Regelung alle Parteien in mindestens der Hälfte der 33 Provinzen vertreten sein und über ein Hauptquartier in Jakarta verfügen müssen. Die GAM hatte sich jedoch von ihren Unabhängigkeitsbestrebungen verabschiedet; stattdessen wird der Provinz eine weitreichende Autonomie zugestanden, verbunden mit einer angemessenen Beteiligung an den Einnahmen aus dem Rohstoffsektor.

Die **Armee** soll **von der Tsunami-Flut schwer getroffen** worden sein: Schätzungen zufolge kamen bis zu zwei Drittel der in Aceh stationierten offiziell über 30 000 Soldaten ums Leben oder wurden verletzt, jedoch wurden die Einheiten aus anderen Landesteilen schnell wieder aufgefüllt. Weniger schwer traf die Naturkatastrophe vermutlich die aus ihren Rückzugsgebieten im bergigen und bewaldeten Hinterland heraus operierenden Rebellen. Sie sollen jedoch zuvor schon durch die Offensive der Armee unter dem Kriegsrecht 2003/04 stark geschwächt worden sein und nur noch über ein- bis zweitausend Kämpfer verfügen.

■ **Terrorismus:** Bei einem offenbar gegen die australische Botschaft in Jakarta gerichteten **Selbstmord-Bombenanschlag** am 9. 9. 2004 starben neun Menschen, mehr als 180 wurden teils schwer verletzt; die Wucht der Detonation verursachte im Geschäftszentrum der Hauptstadt schwere Schäden. Auf einer Internetseite, deren Authentizität jedoch fraglich blieb, bekannte sich die islamistische Organisation **Jamaa Islamiya** in einer Erklärung zu dem Anschlag und kündigte weitere Angriffe auf Einrichtungen Australiens an, sollte es seine Truppen nicht aus dem Irak abziehen. Aufgrund der Umstände des Attentats schließen die Ermittlungsbehörden auf den gleichen Urheberkreis, der auch für die Anschläge auf Bali im Oktober 2002 und das Marriott-Hotel in Jakarta im August 2003 verantwortlich gemacht wird. Unter den mehr als 20 nach dem Anschlag festgenommenen Verdächtigen soll sich auch einer befinden, der der Mittäterschaft an den beiden vorangegangenen Anschlägen bezichtigt wird.

Wegen Verwicklung in den Bali-Anschlag von 2002, bei dem 202 Menschen starben, verurteilte ein Gericht in Jakarta am 3. 3. 2005 den Geistlichen **Abubakar Bashir zu zweieinhalb Jahren Haft**. Staatsanwaltschaft und Verteidigung kündigten Berufung gegen das Urteil an. Westliche Regierungen kritisierten das Strafmaß als zu milde. Bashir, Leiter einer Koranschule, aus der in den vergangenen Jahren mehrere Mittäter von Terroranschlägen hervorgegangen waren, propagiert die Umwandlung Indonesiens in einen islamischen Gottesstaat und gilt Teilen der Justiz und politischen Beobachtern als geistlicher Führer der Terrororganisation Jamaa Islamiya; Bashir selbst bestreitet dies. Im März 2004 war er in einem Revisionsverfahren zu 18 Monaten Haft verurteilt worden (→ WA 2005, S. 202).

Ein **doppelter Bombenanschlag in der Stadt Tentena** auf Sulawesi tötete am 28. 5. 2005 mindestens 22 Menschen. Nach Einschätzung der Sicherheitskräfte trägt der Anschlag die Handschrift der islamistischen Terrororganisation Jamaa Islamiya.

Irak Vorder-Asien

Republik Irak; al-Ǧumhūriyya al-ʻIrāqiyya, Kurzform: ʻIrāq – IQ/IRQ

Fläche (Weltrang: 57): 438 317 km²

Einwohner (44): F 2003 24 700 000 = 56 je km²

Hauptstadt: Bagdād (Bagdad)

Amtssprache: Arabisch

Bruttonationaleinkommen 2003 je Einw.: k. A.

Währung: 1 Irak-Dinar (ID) = 1000 Fils
Kurs: 1 US-$ = 14 650 ID; 1 € = 1841 ID

Botschaft der Republik Irak
Riemeisterstraße 20, 14169 Berlin
T 030 – 81 48 80, Fax 81 48 82 22
www.iraqiembassy-berlin.de

LANDESSTRUKTUR **Fläche**: 438 317 km²; Karten → WA 2005, S. 207; einschließlich Kurdistan (→ unten) ▪ **Verwaltung**: 18 Provinzen, davon 3 Provinzen als Autonome Region Kurdistan; außerdem Neutrale Zone mit Saudi-Arabien (→ dort) ▪ **Städte**: (S 2003) Baghdād (Bagdad) 5 772 000 Einw., Al-Mawṣil (Mosul) 1 739 800, Al-Baṣrāh (Basra) 1 300 000, Kirkuk 800 000; (S 1997) Irbīl (Erbil) 700 000, As-Sulaymānīyah 525 000, An-Najaf 410 000, Karbalāʼ (Kerbala) 380 000; (F 1985) Al-Ḥillah 215 300

BEVÖLKERUNG Iraker – F 2003: 24 700 000 Einw.; Bevölkerungswachstum: 2,2 %; letzte Zählung 1997: 22 017 983 Einw. – 80 % Araber, über 15 % Kurden, Minderheiten von Turkmenen, Aramäern u. a. ▪ **Sprachen**: 80 % Arabisch (Irakisch, im SW Beduinendialekte), 15 % Kurdisch, Aserbaidschanisch, Aramäisch u. a. ▪ **Religion**: 95 % Muslime (davon ⅔ Schiiten und ⅓ Sunniten, v. a. Kurden, Aserbaidschaner und Araber), weniger als 5 % Christen (v. a. Chaldäer und Assyrer)

STAATS- UND REGIERUNGSFORM Übergangsverfassung vom 8. 3. 2004 – Republik – Staatsreligion: Islam – Dreiköpfiger Präsidentschaftsrat aus Präsident und 2 Vizepräsidenten – Übergangsnationalversammlung mit 275 gew. Mitgl. (25 % für Frauen reserviert) ▪ **Unabhängigkeit**: 3. 10. 1932 (Aufhebung des Völkerbundmandats) ▪ **Nationalfeiertag**: 9. 4. (Fall des Baath-Regimes 2003)

REGIERUNG UND PARTEIEN **Staatsoberhaupt**: Dschalal Talabani (Patriotische Union Kurdistans), Vizepräsidenten: Ghasi al-Jawar (Sunnit), Adel Abdul Mahdi (Schiit), seit 7. 4. 2005 – **Regierungschef**: Ibrahim al-Dschaafari, seit 7. 4. 2005 – **Äußeres**: Hoschjar Zibari ▪ **Parlament**: Wahlen vom 31. 1. 2005: Vereinigte Irakische Allianz (Schiiten) 140 von 275 Sitzen, Allianz der Kurdenparteien 75, Irakische Liste (Ijad Allawi) 40, »Iraker« (Ghasi al-Jawar) 5, Turkmenische Irakische Front 3, Unabhängige 3, Sonstige 9

WIRTSCHAFT **BIP** 2003: (S) 12–16 Mrd. $; realer Zuwachs: –20 %; Anteil (2003) Landwirtschaft 14 %, Industrie 59 %, Dienstleistungen 27 % ▪ **Erwerbstätigkeit** 2001: Landwirtsch. 9,6 % ▪ **Arbeitslosigkeit**: k. A. ▪ **Inflation** ∅ 2003: 27,5 % ▪ **Außenhandel** 2003: **Import**: 6,389 Mrd. $; **Export**: 7,031 Mrd. $

CHRONIK

Mit den Wahlen zur Nationalversammlung am 31. 1. 2005 und der anschließenden Bildung einer neuen Regierung konnte zwar erstmals nach fünfzig Jahren ein demokratisches Regime etabliert werden. Die innere Sicherheit und Stabilität des Landes war jedoch weiterhin vom Kampf gegen die internationale Truppenpräsenz und zunehmend durch interne gewaltsame Konflikte in extremem Maße gefährdet.

GEWALTSAME KONFLIKTE

▪ **Bewaffneter Widerstand gegen die Koalitionstruppen:** Bei US-Luftangriffen im Juli und September 2004 auf **Falludscha**, mit denen die Anhänger des Islamistennetzwerks von Abu Mussab al-Zarkawi getroffen werden sollten, kamen zu einem großen Teil Zivilisten ums Leben. Im September kontrollierten Islamisten, Baathisten, aber auch gewöhnliche Banditen verschiedene Teile der Stadt, wie auch den größten Teil des sunnitischen Dreiecks. Versuche, durch Militäreinsätze oder Verhandlungen die Kontrolle über diese Gebiete wieder zu erringen, blieben weitgehend erfolglos. Am 18. 10. zogen die US-Truppen einen Belagerungsring um die Stadt, der am 8. 11. schließlich geschlossen wurde. Am selben Tag griffen 15 000 US-Truppen und 3000 neu ausgebildete irakische Soldaten die Stadt von zwei Seiten an, deren Zentrum einen Tag später in ihre Hände fiel; die Kämpfe dauerten noch bis zum 14. 11. an. Führer der Aufständischen wie Zarkawi und Scheich Abdullah al-Dschanabi vom Rat der Mudschaheddin konnten allerdings entkommen. Ein Großteil der 300 000 Einwohner hatte vor Ausbruch der Kämpfe die Stadt verlassen.

Vor dem Angriff waren Verhandlungen mit Notabeln von Falludscha gescheitert, die die Auslieferung Zarkawis als unmöglich bezeichneten. Vermittlungsversuche von UN-Generalsekretär Kofi Annan am 31. 10. waren gleichfalls fehlgeschlagen. Nach Abschluss der Kampfhandlungen gab am 25. 11. 2004 ein Sprecher der irakischen Regierung die Zahl von 2085 Toten, darunter 54 US-Soldaten, und die Gefangennahme von 1600 Aufständischen bekannt.

Parallel zum US-Angriff auf Falludscha am 8. 11. 2004 versuchten Aufständische, die Koalitionstruppen und irakischen Sicherheitskräfte durch Attacken im sunnitischen Dreieck sowie in Bagdad und **Mosul** zu binden. Dabei kam es insbesondere in Mosul am

10.–11. 11. zu Kämpfen, als Gruppen von bis zu 50 Rebellen mindestens zehn Polizeistation parallel angriffen. US-Militärs und irakische Regierungstruppen starteten am 16. 11. eine Gegenoffensive, in deren Verlauf knapp 60 ermordete Iraker gefunden wurden, größtenteils ehemalige Mitglieder der Sicherheitskräfte. Für den Aufstand in Mosul verantwortlich waren die Mudschaheddin-Brigaden, eine lokale islamistisch-salafitische Organisation, die vorwiegend kurdischen Ansar as-Sunna und der Nationale Islamische Widerstand, eine Organisation aus früheren Militär- und Geheimdienstangehörigen.

Anfang Dezember brachen erneut Straßenkämpfe in Mosul aus. In der nahe gelegenen US-Luftwaffenbasis kam es am 21. 12. zum bis dahin schwersten Anschlag auf US-Truppen, als ein Selbstmordattentäter in US-Uniform den Speisesaal betrat und sich in die Luft sprengte. Dabei fanden 19 Amerikaner und 7 Iraker den Tod. Die Verantwortung für diesen Angriff übernahm die Gruppe Ansar as-Sunna.

Während des Angriffs auf Falludscha eskalierten auch die Anschläge auf US-Truppen und irakische Einheiten im so genannten **Dreieck des Todes**, einer Region mit Kleinstädten südlich der Hauptstadt, die am 23. 11. 2004 mit einer Offensive von amerikanischen, britischen und irakischen Kampfgruppen mit insgesamt 5000 Mann beantwortet wurden.

Im Vorfeld der Wahlen Ende Januar 2005 verstärkte das US-Militär seine Versuche, für mehr Sicherheit im Land zu sorgen. Durch einen wahrscheinlich wetterbedingten Absturz eines Transporthubschraubers am 26. 1. in Westirak starben 31 Marines und 6 weitere Soldaten im Kampf, die höchste Zahl seit Kriegsende. Nur vier Tage später kamen bei einem vermutlich durch Raketenbeschuss verursachten Flugzeugabsturz bei Balad 10 britische Militärs um.

Über **40 % aller Angriffe** auf irakische Sicherheitskräfte, Regierungsbeamte und Zivilisten sowie US-Truppen **fanden in Bagdad** statt. Hauptziel waren die in der **»Grünen (Sicherheits-)Zone«** gelegenen Regierungsgebäude, Botschaften und US-Einrichtungen. Am 14. 7. 2004 kam es mit mindestens 11 Toten zur schwerwiegendsten Selbstmordattentat am Zugang zur Grünen Zone seit der Übergabe der Souveränität an die irakische Interimsregierung am 28. 6. 2004. Mit einer Autobombe am 4. 10., die 15 Menschen das Leben kostete, versuchten die Aufständischen weiterhin, die Grüne Zone direkt anzugreifen. Einen Erfolg errangen sie am 14. 10., als sich erstmals zwei Selbstmordattentäter innerhalb der Grünen Zone in die Luft sprengten und dabei mindestens 10 Menschen töteten.

Der US-amerikanische Außenminister Colin Powell gestand in einem Interview am 26. 9. 2004 erstmals ein, dass es kaum Anzeichen dafür gäbe, dass die Truppen der irakischen Regierung und die Koalitionstruppen (162 000 Soldaten) einen raschen Sieg gegen die vermuteten 20 000 – 40 000 vermuteten Aufständischen erringen würden.

Bei der Eröffnungsfeier einer Kläranlage in der Bagdader Vorstadt al-Amel am 30. 9. explodierten zwei Autobomben, denen 35 Schulkinder und 7 Erwachsene zum Opfer fielen. Die Verantwortung für den Anschlag, bei dem es auch noch zahlreiche Verletzte gab, übernahm angeblich die von Zarkawi geführte Dschamaat at-Tawhid wa'l-Dschihad. Seine Organisation benannte sich Ende Oktober 2004 in Tanzim Kaedat al-Dschihad fi bilad Radain (Al-Qaida Organisation für den Heiligen Kampf im Irak) um.

Am 3. 10. 2004 schlossen US-Truppen und Einheiten der irakischen Sicherheitskräfte die zwei Tage zuvor begonnene Rückeroberung der hauptsächlich von Sunniten bewohnten Stadt **Samarra** erfolgreich ab, die im Juli in die Hände der Aufständischen gefallen war. Neben den nach US-Angaben 125 gefallenen Aufständischen kam es auch zu zahlreichen Zivilopfern.

Am 20. 2. 2005 wurde bekannt, dass die USA versuchten, die Kämpfe durch direkte **Verhandlungen** mit sunnitischen Aufstandsgruppen zu beenden. Ende Juni 2005 gab es erneut Hinweise auf Verhandlungsangebote mit einigen Rebellengruppen.

Im Laufe des Frühjahrs 2005 hielten die Kämpfe in und um Bagdad an. So griff am 20. 3. eine Gruppe von 50 Aufständischen einen Militärkonvoi der US-Streitkräfte an, wobei laut US-Angaben 26 von ihnen fielen. Weitere 85 Aufständische erlagen einem US-Angriff auf ein großes Militärlager der Rebellen zwischen Tikrit und Samarra, was in der Großregion am 24. 3. zu einer Anschlagswelle mit zahlreichen Opfern führte. Seit der Nominierung der neuen irakischen Regierung Ende April verstärkten die Aufständischen ihre Angriffe. Die Zahl der täglichen Anschläge hatte sich von 30 bis 40 im Februar auf 70 im April erhöht. Dabei wurden bis Juni etwa 900 Menschen getötet, die meisten davon Zivilisten.

Im **Grenzgebiet zu Syrien** führten US-Truppen in der zweiten Maiwoche 2005 eine groß angelegte Operation gegen Aufständische durch. Dabei waren 125 Rebellen getötet und 39 gefangen genommen worden. In der zweiten Maihälfte versuchten 40 000 irakische Soldaten und Polizisten, die Aufständischen in Bagdad unter Kontrolle zu bringen. Am 5. 6. nahmen Sicherheitskräfte Mullah Mehdi, einen mutmaßlichen Stellvertreter von Zarkawi, und fünf Angehörige der Gruppe Ansar as-Sunna in Mosul fest.

Die sich verstärkenden Bombenanschläge und Selbstmordattentate und die sich häufenden Entführungen (→ unten) führten in einigen **Herkunftsstaaten der Koalitionstruppen** dazu, ihre Truppen früher als geplant abzuziehen. Die USA hatten 138 000, Großbritannien 9000, Italien 3000, Südkorea 2800, Polen 2400, Ukraine 1600, die Niederlande 1350, die Ungarn rd. 1000 Soldaten stationiert. An die zehn Staaten hatten bis November 2004 bereits ihre Truppen abgezogen oder wie Spanien ihren Abzug angekündigt.

Nach dem Sturz des Baath-Regimes fanden vom 1. 5. 2003–12. 6. 2005 über 1700 US-Soldaten den Tod, bis

Mitte März 2005 außerdem 176 Koalitionssoldaten, darunter 86 Briten. Zwischen Mai 2004 und Mai 2005 starben 295 amerikanische Zivilkräfte.

Zu den Übergriffen alliierter Soldaten gegen irakische Gefangene und Zivilisten → USA, → auch Großbritannien

■ **Aufstand radikaler schiitischer Kräfte:** Am 2. 8. 2004 brachen in Nadschaf (→ auch Karte) und Nasiriya nach einer seit dem 16. 6. existierenden Waffenruhe erneut Kämpfe zwischen der Mahdi-Armee des radikalen **Schiitenführers Muktada as-Sadr** und den US-Truppen aus. Nach US-Angaben standen dabei 2000 Marineinfanteristen und 1800 Mitglieder der irakischen Nationalgarde rund 2000 Milizionären gegenüber. Allerdings scheiterten seine Anhänger wegen des erfolgreichen Widerstands der irakischen Polizei, auch in Kerbala, Nasiriya und anderen Städten die Kontrolle zu übernehmen. Dies war nur in dem armen und hauptsächlich von Schiiten bewohnten Bagdader Stadtviertel Madinat as-Sadr der Fall.

Als der einflussreichste schiitische Kleriker des Landes, Großajatollah Ali as-Sistani, Anfang August zu einer Herzoperation nach London gereist war, spitzten sich die Kämpfe am 5. 8. im Bezirk um den Schrein Imam Alis und den städtischen Friedhof in **Nadschaf** zu und forderten wahrscheinlich Hunderte von Toten. Aufrufe zur Niederlegung der Waffen von Seiten des Interimsministerpräsidenten Ijad Allawi (8. 8. in Nadschaf) und Vermittlungsversuche der UN blieben vorerst erfolglos. Die Interimsregierung verbot den Amerikanern am 12. 8., den heiligen Bezirk zu betreten, und kündigte die »Befreiung« des Gebietes durch irakische Sicherheitskräfte an. Trotz einer zwischenzeitlichen Einstellung flammten die Kämpfe bereits am 15. 8. wieder auf. Verhandlungsangebote der am 18. 8. zusammengetretenen irakischen Nationalkonferenz führten letztlich zu keiner Lösung. Erst als Großajatollah Sistani am 26. 8., einen Tag nach seiner Rückkehr aus London, in einem »Friedensmarsch« mit etlichen tausend Anhängern in die Stadt einzog, konnten seine Repräsentanten und die irakische Polizei die Kontrolle über den Schrein und über die Altstadt übernehmen. Sadr, der selbst abgetaucht war, rief seine Anhänger zum Verlassen der Stadt unter Zurücklassung ihrer Waffen auf. Kämpfe in der Region und in Madinat as-Sadr dauerten noch bis zum 30. 8. an, als Sadrs Sprecher einen einseitigen Waffenstillstand für den gesamten Irak ausrief. Im Verlauf des September (7. 9. und 22.–23. 9.) kam es aber noch einmal zu Kämpfen mit den US-Truppen, als diese versuchten, die Sadr-Milizen zu entwaffnen.

Dem **Waffenstillstand** vorausgegangen war eine Abmachung zwischen Sadr und der irakischen Interimsregierung. Im Gegenzug für die vereinbarte Entwaffnung der Mahdi-Armee sollte auf eine Verfolgung verzichtet und führende Anhänger Sadrs aus der Haft entlassen werden. Anlässlich einer Freitagspredigt am 29. 10. rief ein Repräsentant dessen Anhänger zur Teilnahme an den kommenden Parlamentswahlen auf. Sadr und seine Anhänger fanden sich aber keineswegs mit der Anwesenheit der Amerikaner im Irak ab. In der größten Kundgebung seit der Invasion demonstrierten am 9. 4. 2005 in Bagdad zehntausende seiner Anhänger friedlich für den Abzug der US-Truppen aus dem Irak.

■ **Gewalt gegen die irakische Regierung und Sicherheitskräfte:** Seit Sommer 2004 gerieten zunehmend Angehörige des neuen irakischen Staatsapparats und der Sicherheitskräfte ins Fadenkreuz der Aufständischen. Am 14. 7. 2004 fiel Usama Kashmula, der Gouverneur von Mosul, einem Attentat zum Opfer; am 17. 7. entging Justizminister Malik al-Hasan in Bagdad knapp einem Attentat; am 28. 7. fielen einem Selbstmordattentäter in Bakuba mindestens 70 Menschen zum Opfer, als dieser sein Auto in der Nähe eines Polizeirekrutierungsbüros in die Luft sprengte.

Seit Anfang August (4. 8.) wurde mit Mosul auch erstmals eine nordirakische Stadt von Kämpfen zwischen Aufständischen und der irakischen Polizei erschüttert, der mindestens 12 Menschen zum Opfer fielen. Als Reaktion auf die zunehmenden Anschläge führte die irakische Interimsregierung am 8. 8. wieder die Todesstrafe für Mord, Drogenhandel und Entführung ein, am 7. 8. hatte sie noch eine begrenzte Amnestie ausgesprochen. In Bagdad und anderen Teilen des Landes kam es am 12. 9. erneut zu zahlreichen Anschlägen und Kämpfen, denen laut Presseangaben mindestens 110 Menschen zum Opfer fielen. Ein **Brennpunkt** der Attacken war die **Grüne Zone in Bagdad**, wo die Interimsregierung und das US-Hauptquartier ihre Sitze haben. Bei den anscheinend hauptsächlich von Zarkawis Gruppe durchgeführten Angriffen starben mindestens 37 Menschen. Nur zwei Tage später sprengte sich ein Selbstmordattentäter mit seinem Auto vor einem Polizeihauptquartier in Bagdad in die

Luft, was mindestens 47 Tote und über hundert Verletzte forderte.

49 unbewaffnete irakische Rekruten wurden am 23. 10. in der östlichen Provinz Diyala per Kopfschuss getötet, nachdem sie an einer vorgetäuschten Straßensperre in einen Hinterhalt geraten waren. Der Vorfall führte zu Verstimmungen zwischen der irakischen Interimsregierung, die den Koalitionstruppen mangelnden Schutz der Nationalgardisten vorwarf, und dem US-Militär, das den Befehlshaber der Nationalgarde in Diyala beschuldigte, Verbindungen zu den Aufständischen zu haben. Am 28. 10. wurden elf gefangene irakische Soldaten vor laufender Kamera von Angehörigen der Ansar as-Sunna hingerichtet, da sie für den Schutz der amerikanischen »Kreuzfahrertruppen« verantwortlich gewesen seien. Dieselbe Gruppe erklärte sich auch für die Erschießung des Stellvertretenden Gouverneurs von Bagdad, Hatim Kamil, am 1. 11. für verantwortlich.

Mit dem Sturm auf eine Polizeistation, bei der 11 Polizeibeamte erschossen wurden, und der Detonation einer Autobombe nahe einer schiitischen Moschee am 3. 12., die an die 30 Menschen tötete und für die Zarkawis Al-Qaida Organisation für den Heiligen Kampf im Irak verantwortlich zeichnete, erlebte die irakische Hauptstadt den gewalttätigsten Tag seit der Erstürmung Falludschas im November.

Gegen Ende des Jahres 2004 begannen **Anschläge auf Schiiten** wieder zuzunehmen, als Selbstmordattentäter am 19. 12. mindestens 62 Menschen töteten. Schiitische Kreise machten sunnitische Fundamentalisten und Anhänger des alten Baath-Regimes dafür verantwortlich. Am 27. 12. starben aufgrund eines Selbstmordanschlags auf das Hauptquartier des schiitischen Hohen Rates für die Islamische Revolution im Irak (SCIRI) in Bagdad 13 Menschen, sein Führer Abdelaziz Hakim blieb jedoch unverletzt.

Vor den Wahlen am 30. 1. 2005 nahm, insbesondere im »sunnitischen Dreieck« aber auch im Nordirak, **die Zahl der Anschläge nochmals deutlich zu.** Prominentestes Opfer war der Provinzgouverneur und Bürgermeister von Bagdad, Ali al-Haidari, der am 4. 1. einen Überfall auf seine Fahrzeugkolonne nicht überlebte. Die Selbstmordattentäter waren inzwischen dazu übergegangen, große Fahrzeuge wie Tanklaster oder mit Sprengstoff beladene LKWs – so bei einer Attacke auf das Hauptquartier der Elitetruppen des Innenministeriums in Bagdad – einzusetzen. In Bagdad kam es allein am 19. 1. zu fünf Auto- bzw. LKW-Bombenanschlägen. Zu den meisten Attentaten bekannte sich auch hier Zarkawis Organisation. Allerdings musste auch er Schläge einstecken, als einer seiner Militärführer, Omar Hadid, im November 2004 ums Leben kam und am 15. 1. 2005 mit dem Sprengstoffexperten Sami Mohammad Said al-Dschafi einer seiner Vertreter festgenommen werden konnte.

Verstärkt gerieten auch **schiitische Würdenträger und Gläubige** ins Fadenkreuz der Aufständischen. Am 13. 1. erlag der Vertreter von Großajatollah Sistani, Scheich Mahmud al-Madaini, samt seinen Begleitern einem Anschlag. Bei einem Bombenattentat auf die schiitische Taf-Moschee in Bagdad wurden mindestens 14 Menschen getötet und 40 weitere verletzt.

Selbstmordanschlag auf Polizeistation in Bagdad am 24. 7. 2005

Bereits wenige Tage nach den Wahlen vom 30. 1. 2005 begannen die Anschläge auf irakische Sicherheitskräfte (→ auch Foto), die Koalitionstruppen und Schiiten erneut. Um die schiitischen Trauertage (Aschura) für den im 7. Jahrhundert ermordeten Imam Hoseyn Mitte Februar fielen Dutzende von Schiiten zahlreichen Anschlägen zum Opfer, zu denen sich häufig mit Zarkawi verbundene Gruppen bekannten. Der blutigste Anschlag seit der Invasion mit über 132 Toten ereignete sich am 28. 2. vor Rekrutierungsbüros der irakischen Verwaltung und der Sicherheitskräfte in Hilla, einer vorwiegend schiitischen Stadt 100 km südlich von Bagdad. Selbst im nordirakischen Mosul fielen am 10. 3. über 50 Menschen einem Selbstmordanschlag auf eine schiitische Moschee zum Opfer.

Eine neue Entwicklung schien sich am 1. 4. 2005 anzudeuten, als eine Gruppe von 64 sunnitischen Rechtsgelehrten und Imamen, darunter einige radikale Gegner der US-Besatzung, in einem islamischen Rechtsgutachten (Fatwa) die Sunniten aufforderten, in die neue irakische Armee und Polizei einzutreten. Unter ihnen war auch ein führendes Mitglied der einflussreichen Vereinigung muslimischer Gelehrter. Mitte April wurden 50, wahrscheinlich schiitische Tote im Tigris südlich von Bagdad gefunden, deren Ermordung in Zusammenhang mit dem Versuch radikaler Sunniten gebracht wurde, alle Schiiten aus der Provinz Madain zu vertreiben.

Ein **Attentat gegen Interimsministerpräsident Allawi** am 20. 4. schlug fehl. Im Frühjahr 2005 eskalierten die Anschläge gegen die irakischen Sicherheitskräfte, wobei zunehmend Rekrutierungsstellen und die Polizei ins Visier der Rebellen gerieten. Insgesamt beträgt die **Stärke der neuen irakischen Armee 40 000 Mann**, vor allem Schiiten und Kurden, was sie bei den Sunniten noch unbeliebter macht. So starben allein in der **nordirakischen Stadt Erbil** am 20. 6. 2005 20 Beamte durch ein Selbstmordattentat. In Erbil waren bereits am 3. 5. über 60 Menschen einem Anschlag vor einem Rekrutierungsbüro zum Opfer gefallen. Dennoch war es im kurdischen Norden und im schiitischen Süden vergleichsweise ruhig geblieben.

Anfang Juni 2005 gab der irakische Innenminister Dschabr bekannt, dass in den vergangenen 18 Monaten etwa **12 000 Iraker durch die Gewalt Aufständischer ums Leben gekommen** wären, wovon mehr als 10 500 Schiiten gewesen seien. Unabhängige britische und amerikanische Wissenschaftler schätzen die **Zahl der zivilen Opfer seit Kriegsbeginn auf mindestens 15 499.**

Seit dem Sturz des Saddam-Regimes wurden **planmäßig Angehörige der irakischen Intelligenz, darunter häufig Sunniten, ermordet**. Prominentes Opfer war der Germanistikprofessor Fuad Ibrahim Mohammed, der am 19. 4. 2005 erschossen wurde. Insgesamt starben durch Terroranschläge bis April 2005 ungefähr 80 Professoren und 100 Ärzte, was den Exodus der sowieso schon stark dezimierten irakischen Intelligenz weiter verstärkte. Insgesamt sollen schon mehr als 1000 Akademiker das Land verlassen haben. Als Hintermänner werden fanatische sunnitische Islamisten sowie schiitische Killerkommandos vermutet.

- **Geiselnahmen:** Ab der zweiten Jahreshälfte 2004 entwickelte sich die **Entführung von Ausländern**, insbesondere von Journalisten und Technikern, immer mehr zu einem Mittel der Terroristen in ihrem Kampf gegen die Besatzungstruppen und die neue irakische Regierung. Hauptziele waren dabei, eine unabhängige Berichterstattung über den Konflikt zu verhindern, die Mitgliedstaaten der US-geführten Koalition zum Abzug zu bewegen und den Wiederaufbau bzw. die Stabilisierung Iraks zu verhindern.

Einige der kleinere Truppenkontingente stellenden Staaten, wie z. B. die Philippinen oder Kenia, zogen daraufhin ihre Soldaten ab. Großbritannien, Japan und Polen, die weit mehr Soldaten im Einsatz hatten, ließen sich trotz der Entführung und Ermordung von Geiseln nicht auf die Erpressung ein.

Um die Versorgung der Koalitionstruppen und den Wiederaufbau des Irak zu behindern, wurden auch zahlreiche LKW-Fahrer und Bauarbeiter als Geiseln genommen. Nach der Ermordung eines türkischen LKW-Fahrers Anfang August 2004 kündigte der türkische Verband internationaler Spediteure die Einstellung der Arbeiten für das US-Militär an.

Der am 12. 8. in Südirak entführte Reporter des »Sunday Telegraph« wurde einen Tag später angeblich durch die Intervention der Mahdi-Armee von Sadr wieder freigelassen. Dagegen machte die Islamische Armee im Irak ihre Drohung wahr und tötete den italienischen Journalisten Enzo Baldoni am 27. 8., da die italienische Regierung nicht bereit war, ihre Truppen aus dem Irak abzuziehen. Eine neue Qualität erreichten die Geiselnahmen am 20. 8. 2004 durch den Versuch, mit der Entführung von Georges Malbrunot (Le Figaro) und Christian Chesnot (Radio International) die französische Regierung zur Rücknahme des Gesetzes zum Verbot religiöser Symbole wie dem Kopftuch an Schulen zu erpressen (→ Frankreich).

Mit der **Entführung der beiden Italienerinnen** Simona Pari und Simona Torretta (→ Foto), Mitarbeiterinnen der Organisation »Un Ponte per Bagdad« (Eine Brücke für Bagdad), am 7. 9. in Bagdad traf es erstmals westliche Frauen und explizite Gegner der Invasion Iraks. Die von den Geiselnehmern an Italien gestellte Forderung nach Freilassung aller im Gefängnis befindlichen Frauen durch die Kriegskoalition wurde erneut im Zusammenhang mit der Entführung von zwei US-Amerikanern und einem Briten am 16. 9. in Bagdad gestellt. Die beiden Amerikaner wurden am 20. und 21. 9. enthauptet, der Brite am 7. 10. Durch die Entführung der britisch-irakischen Staatsbürgerin und lokalen Direktorin von CARE International, **Margaret Hassan**, am 19. 10. in Bagdad versuchten die Terroristen, den Druck auf die britische Regierung zum Abzug ihrer Truppen weiter zu erhöhen (→ Großbritannien).

Simona Pari und Simona Torretta bei ihrer Rückkehr nach Italien

INNENPOLITISCHE ENTWICKLUNG

- **Parlamentswahlen, Regierungsbildung und Verfassungsdiskussion:** Am 7. 7. 2004 trat nach Unterzeichung durch die Interimsregierung das **Nationale Sicherheitsgesetz** in Kraft, das Ministerpräsident Allawi die Ausrufung des Notstands in jedem Landesteil für die Dauer von maximal 60 Tagen erlaubt und den ihm direkt unterstellten Sicherheitskräften und dem neu gegründeten Geheimdienst weitgehende Kompetenzen im Kampf gegen illegale Organisationen zugesteht. Wegen der zahlreichen Terroranschläge und zur Vorbereitung des Angriffs auf Falludscha rief Ministerpräsident Allawi am 7. 11. den Notstand in den meisten Regionen Iraks mit Ausnahme der drei kurdisch dominierten Nordprovinzen aus. Daneben ließ er auch die Grenzen zu Syrien und Jordanien sowie den Bagdader Flughafen schließen.

Zur **Wahl eines vorläufigen gesetzgebenden Organs** trat am 15.–18. 8. der irakische Nationalkongress, bestehend aus 1300 Delegierten von rund 70 politischen Gruppen, zusammen. Trotz der auf Druck der Vereinten Nationen (UN) erfolgten Verschiebung boykottierten einige prominente Politiker und Parteien die Konferenz, darunter auch der radikale Schiitenführer

Muktada as-Sadr. Nach dem Rückzug einer Gruppe von Unabhängigen und Angehörigen kleinerer Organisationen gehörten die 81 gewählten Mitglieder des Übergangsparlaments meist Gruppierungen an, die bereits in der Interimsregierung vertreten waren. Die regierungsnahe Liste Irakische Nationale Einheit, bestehend aus den großen schiitischen Organisationen, den säkularen kurdischen Parteien, der Nationalen Eintracht von Allawi, der sunnitischen Islamischen Partei und kleineren Parteien, siegte bei den **Wahlen zum Nationalrat**. Die verbleibenden 19 Plätze waren für die Mitglieder des vormaligen Irakischen Regierungsrates reserviert. Diese vorläufige Gesetzgebende Versammlung trat am 1. 9. 2004 erstmals zusammen und hatte die Aufgabe, die Interimsregierung bis zu den Wahlen zu kontrollieren, allgemeine Wahlen vorzubereiten und den Staatshaushalt für 2005 zu beschließen. Zum Präsidenten des Nationalrats wurde ein Mitglied der Patriotischen Union Kurdistans (PUK) gewählt.

Trotz breiter Kritik am **Wahltermin** von irakischer Seite, aber auch von UN-Generalsekretär Kofi Annan beharrten sowohl die Interimsregierung als auch verschiedene schiitische Führer auf dem Wahltermin im Januar 2005. Am 21. 11. 2004 gab die Unabhängige Wahlkommission den 30. 1. 2005 als Wahltermin für ein 275-köpfiges Parlament bekannt, das die vorläufige gesetzgebende Versammlung, den Nationalrat, ersetzen sollte. Zuvor war bereits entschieden worden, dass sich auf Drängen der schiitischen Führer und der Exilparteien auch die über 1,5 Mio. **Exiliraker** an der Wahl beteiligen dürfen. Führende sunnitische Politiker, aber auch 17 kleinere sunnitische, kurdische und säkulare Parteien drängten auf eine Verschiebung der Wahlen um mindestens sechs Monate, bis die öffentliche Sicherheit wiederhergestellt sei. Zwei führende Mitglieder der einflussreichen sunnitischen Vereinigung muslimischer Gelehrter, die wegen des Sturms auf Falludscha zum **Boykott der Wahlen** aufgerufen hatten, wurden am 22. und 23. 11. 2004 erschossen. Wegen der schlechten Sicherheitslage zog auch die sunnitische Irakisch-Islamische Partei ihre Kandidatur zurück. Schiitische und kurdische Führer lehnten hingegen die Verschiebung des Wahltermins ab.

Mit Unterstützung des wichtigsten religiösen Führers der irakischen Schiiten, Großajatollah Sistani, gründete sich am 9. 12. die Vereinte Irakische Allianz, ein Wahlbündnis der bedeutendsten schiitischen Parteien, von Stammesführern aus dem ganzen Land und Angehörigen der ethnischen Minderheiten. Anhänger des radikalen Schiitenführers Muktada as-Sadr waren jedoch nicht beteiligt und begannen die Wahlen als religionsfeindlich zu denunzieren.

Auf amerikanischen Druck gab die UN am 15. 12. 2004 bekannt, ihre Präsenz im Vorfeld der geplanten Wahlen zu erhöhen. Bereits am ersten Tag der offiziellen Wahlkampagne kam es zu einem Anschlag in Kerbala mit 8 Toten und einem schwer verletzten hohen schiitischen Geistlichen. Die größte sunnitische Partei, die Irakisch-Islamische Partei, zog am 27. 12. offiziell ihre Teilnahme an der Wahl zurück, da glaubwürdige Wahlen nicht zu erwarten seien. Am selben Tag rief Osama bin Laden über den Sender al-Dschasira zu einem Boykott der Wahlen auf und erklärte jeden, der wählen gehen würde, zum Ungläubigen. Zugleich ernannte er Zarkawi zu seinem Stellvertreter im Irak.

An den **Wahlen für die 275 Sitze der Nationalversammlung am 30. 1. 2005** beteiligten sich über 100 politische Parteien, Gruppen und Bündnisse. Sie mussten mindestens 12 Kandidaten aufstellen, durften aber keine Verbindungen zu bewaffneten Milizen oder gar zu terroristischen Aktivitäten aufweisen. Angehörige des Militärs oder von Milizen besaßen genauso wie führende Mitglieder der verbotenen Arabisch-Sozialistischen Baath-Partei kein passives Wahlrecht. Über aktives Wahlrecht verfügte jeder Iraker über 18 Jahre, die Sitze wurden nach Mehrheitswahlrecht vergeben, wobei 25 Sitze für Frauen reserviert waren.

Am selben Tag wurden außerdem die **Regionalräte der achtzehn irakischen Provinzen** sowie im kurdisch beherrschten Norden die Mitglieder der **Nationalversammlung von Irakisch-Kurdistan** gewählt. Aus der Mitte des neuen irakischen Parlaments sollte der Präsident des Landes und seine beiden Stellvertreter gewählt werden. Diese wiederum bestimmten aus den Reihen der Parlamentsmitglieder den Ministerpräsidenten und die Minister der neuen Regierung.

Bei den **ersten demokratischen Wahlen** seit 50 Jahren am 31. 1. 2005 kam es zu Angriffen insbesondere auf Wahllokale in Bagdad, Basra, Mosul und Samarra. Insgesamt wurden **ca. 260 Angriffe und Anschläge** mit mindestens 44 Toten gezählt. Größtenteils konnten sie durch irakische Sicherheitskräfte abgewehrt werden und störten den Wahlprozess nur punktuell. Im sunnitischen Dreieck beteiligten sich aufgrund der Drohungen allerdings nur wenige Wähler, teilweise lag die Wahlbeteiligung sogar unter 5 %. Insgesamt betrug die **Wahlbeteiligung** der registrierten 14,6 Mio. Wahlberechtigten 58,32 % (→ Foto), was der teilweise sehr hohen Teilnahme in den schiitischen und den kurdischen Gebieten zu verdanken war. In den kurdischen Provinzen boykottierten Araber, mancherorts auch Turkmenen die Wahlen. Über 265 000 Auslandsiraker, u. a. in Iran, Schweden und Deutschland, hatten ebenfalls von ihrem Wahlrecht Gebrauch gemacht.

Laut dem durch die Unabhängige Wahlkommission am 13. 2. bekannt gegebenen **endgültigen Wahlergebnis** ging das schiitisch dominierte Wahlbündnis Vereinigte Irakische Allianz mit 48,19 % und 140 Sitzen als Sieger aus den Wahlen hervor. Auf seiner 228 Personen starken Liste hatten aber auch Sunniten, Kurden, Christen und Turkmenen kandidiert. Beteiligte Gruppierungen waren der schiitische Hohe Rat für die Islamische Revolution im Irak (SCIRI), die schiitische Da'wa-Partei und der Irakische Nationalkongress, geführt vom umstrittenen Ahmad Tschalabi.

Vor einem Wahllokal im Süden des Irak

Aufgrund ihres hohen Organisationsgrades gewann die Allianz der Kurdenparteien (Demokratische Partei Kurdistans / KDP und Patriotische Union Kurdistans / (PUK sowie 9 kleinere Parteien) mit 25,73 % und 75 Sitzen die zweitstärkste Position. Drittstärkste Kraft mit 13,82 % und 40 Sitzen wurde die von Interimsministerpräsident Ijad Allawi geführte säkulare, aber schiitisch dominierte Irakische Liste.

Obwohl zahlreiche, insbesondere religiös orientierte sunnitische Gruppierungen die Wahlen boykottierten, kandidierten mit der Liste Die Iraker, geführt vom Interimspräsidenten Ghasi al-Jawar, und der Unabhängigen Demokratischen Bewegung unter Adnan al-Patchachi auch zwei prominente sunnitische Politiker. Sie konnten allerdings nur 5 bzw. einen Sitz (1,78 % und 0,46 %) erringen. Die restlichen 14 Sitze verteilten sich auf die Turkmenisch-Irakische Front (1,1 % bzw. 3 Sitze) sowie kleinere islamische und nationalistisch-säkulare Parteien.

Bei den parallel stattfindenden **Regionalwahlen in den kurdischen Gebieten** erhielt das Wahlbündnis Nationale Kurdistan Front der beiden großen kurdischen Parteien PUK und KDP 104 von 111 Sitzen, 6 gingen an die Islamische Kurdistan Gesellschaft.

Die erste Sitzung der Nationalversammlung am 16. 3. verlief ergebnislos, da sich die beiden größten Fraktionen gegenseitig bei der Regierungsbildung blockierten. Hauptstreitpunkte waren die Kontrolle der Zentralregierung über die 100 000 Mann starken kurdischen Truppen und die administrative Kontrolle über die ölreiche nordirakische Region Kirkuk. Während der 3. Sitzung am 3. 4. konnten nach etlichen vergeblichen Versuchen mit 215 von 275 Stimmen der sunnitische Araber und vormalige Minister für Industrie und Bodenschätze, Hadschem al-Hassani, zum Parlamentspräsidenten sowie Hussein al-Schahristani (Schiite) und Aref Taifur (Kurde) zu seinen Stellvertretern gewählt werden. Drei Tage später, am 6. 4., wählte das Parlament den Führer der Patriotischen Union Kurdistans, **Dschalal Talabani**, mit 227 von 257 Stimmen zum vorwiegend für Repräsentationsaufgaben zuständigen **Präsidenten** des Landes. Als **Vizepräsidenten** wurden der vormalige Interimspräsident **Ghasi al-Jawar**, sunnitischer Stammesführer aus dem Nordirak, und der frühere Finanzminister **Adel Abdul Mahdi**, Mitglied des schiitischen Hohen Rates für die Islamische Revolution im Irak, gewählt. Der aus ihnen gebildete Präsidialrat bestimmte dann am 7. 4. den Führer der schiitischen Da'wa-Partei und vormaligen Interimsvizepräsidenten **Ibrahim al-Dschaafari zum neuen Ministerpräsidenten**. In dieser Wahl drückte sich die mächtige Stellung der Schiiten im nach-baathistischen Irak aus. Es dauerte jedoch bis zum 28. 4., bis das Parlament sein Kabinett bestätigte, wobei man sich auf die Besetzung von fünf Ministerposten, darunter das Verteidigungs- und das Ölministerium, noch nicht hatte einigen können. Die neue Regierung bestehend aus 32 Ministern und vier Staatsministern, darunter sieben Frauen, konnte wegen der noch zu besetzenden Ministerposten aber erst Mitte Mai vereidigt werden. In der Regierung sind mit Verteidigungsminister Salun al-Dulaimi, einem Sunniten, und Ölminister Ibrahim Bahr al-Ulum, einem Schiiten, zumindest zwei US-freundliche Ressortchefs vertreten. Schiiten stellen etwa die Hälfte der Minister, Kurden und Sunniten jeweils ein Viertel, ein Minister ist Christ, ein weiterer Turkmene.

Die **Verfassungskommission**, in die schließlich doch noch einige Sunniten integriert werden konnten, hatte sich in Grundzügen auf ein föderales Grundgesetz geeinigt. Dabei gab es zwischen den Kurden, die tendenziell eine Konföderation anstreben, und den meisten Schiiten, die einen starken Bezug auf den Islam in der Verfassung wünschen, sowie den zentralstaatlich orientierten Sunniten weiterhin deutliche Meinungsverschiedenheiten. Bis Ende August 2005 müssen sich die verschiedenen Gruppen endgültig auf einen Entwurf geeinigt haben, damit das im Oktober vorgesehene Referendum stattfinden kann. Sunnitische Stammesführer, Politiker und Religionsgelehrte gründeten am 20. / 21. 5. 2005 eine Allianz, um auf politischer Ebene die **Interessen der sunnitischen Bevölkerungsgruppe** durchsetzen zu können. Hintergrund sind wachsende Konflikte zwischen dem sunnitischen Rat der Religionsgelehrten und dem schiitischen Hohen Rates für die Islamische Revolution im Irak (SCIRI).

- **Prozess gegen Saddam Hussein und andere Amtsträger der Baath-Regierung:** Saddam Hussein erschien zum ersten Mal nach seiner Festnahme durch die Amerikaner (13. 12. 2003) am 1. 7. 2004 bei der Vorführung vor einem Bagdader Gericht wieder in der Öffentlichkeit. Vorläufige Anklage wurde auch gegen elf weitere hochrangige Regierungs-, Partei- und Militärangehörige des Regimes, darunter den stellvertretenden Ministerpräsidenten Tarik Aziz und den Kommandanten der Republikanischen Garden, General Kamal Mustafa Abdallah Sultan at-Tikriti, erhoben. Die vorläufige Anklage gegen Saddam Hussein umfasste sieben Punkte, darunter die Ermordung religiöser Würdenträger 1974, den Beginn des Krieges gegen Iran 1980, den Giftgaseinsatz gegen die Kurden 1988 und die Invasion in Kuwait 1990.

Saddam Hussein verweigerte die Unterzeichnung der Anklageschrift u. a. mit dem Argument, dass es sich bei Kuwait um irakisches Territorium handle, außerdem sei er weiterhin Staatspräsident des Irak. Der Strafprozess gegen Saddam Hussein soll noch im Jahr 2005 beginnen. Obwohl die Staatsanwaltschaft in 500 Fällen gegen ihn ermittelte, will sich die Anklage auf 14 mutmaßliche Verbrechen konzentrieren, um einen raschen Prozessbeginn zu garantieren. Allein eine Verurteilung wegen der Ermordung von 160 männlichen Einwohnern des schiitischen Dorfes Dudschail im Jahre 1982, in die Saddam persönlich involviert war, würde schon für die Verhängung der Todesstrafe genügen.

Die Anklageerhebung gegen fünf führende Mitglieder des Saddam-Regimes am 28. 2. kostete am darauffolgenden Tag den Untersuchungsrichter Barwez Mohammed Mahmud al-Merwani und seinen Sohn das Leben.

US-Untersuchungsbeamte, die **Kriegsverbrechertribunale** gegen führende Angehörige des Saddam-Regimes vorbereiteten, hatten laut einem Bericht in »The Guardian« vom 14. 10. 2004 in einem Massengrab in Hatra, nahe der antiken Stadt Niniveh, die Leichen von Hunderten von kurdischen Männern, Frauen und Kindern gefunden. Insgesamt werden dort mehrere tausend Leichen vermutet. Hatra war das erste von insgesamt ungefähr zehn zu untersuchenden Massengräbern, die im Rahmen eines mit 75 Mio. US-$ ausgestatteten Programms forensische, fotografische und schriftliche Beweise der Untaten des Regimes liefern sollen. Am 15. 4. gaben irakische Regierungsstellen den Fund von Massengräbern mit bis zu 5000 Toten im Südirak bekannt. In einem Grab bei Basra lagen irakische Soldaten, die während des Aufstandes gegen das Regime 1991 zu den Aufständischen übergelaufen waren, in einem anderen Massengrab bei Samawa vermutete man bis zu 2000 Tote, die dem kurdischen Stamm von Masud Barzani, dem Führer der Demokratischen Partei Kurdistans (KDP) angehörten. Insgesamt sollen in den bisher gefundenen 290 Gräbern 300 000 Ermordete liegen.

■ **Wirtschaftliche Entwicklung:** Wegen der beinahe täglichen Anschläge auf Pipelines und Pumpstationen waren im August 2004 die **Einnahmen aus den Erdölexporten** mit einem Tagesdurchschnitt von 24,8 Mio. US-$ auf den **niedrigsten Stand seit Oktober 2003** gefallen. Der folgenschwerste Anschlag seit der Invasion ereignete am 2. 9. 2004 in Riyadh, ungefähr 65 km südwestlich von Kirkuk. 2004 nahm der Irak mit 17,1 Mrd. US-$ trotz der gestiegenen Erdölpreise 15 % weniger ein als geplant. Auch 2005 gingen die Anschläge gegen Pipelines weiter. So wurde am 30. 3. bei Kirkuk ein Anschlag auf die Pipeline Richtung Türkei verübt. Ende Juni 2005 exportierte der Irak täglich nur noch 2,5 Mio. Barrel Erdöl, 1990 war es trotz der schon damals veralteten Ölinfrastruktur eine Mio. Barrel mehr gewesen. Laut einem UNDP-Bericht vom 5. 10. 2004 verhinderten insgesamt 282 gesunkene Schiffe den Zugang zu den irakischen Seehäfen Umm Qasr und Az Zubayr, was deren Wiederinbetriebnahme als Handelshäfen unmöglich machte. Die Schiffe waren während der drei Golfkriege 1980–88, 1991 und 2003 versenkt worden.

Der **Internationale Währungsfonds** verabschiedete am 29. 9. 2004 ein Unterstützungsprogramm für den Irak in Höhe von 297,1 Mio. Sonderziehungsrechten (rd. 203 Mio. US-$). Eine **internationale Geberkonferenz in Tokio** am 13.–14. 10. 2004 beschloss, die Bereitstellung der versprochenen Gelder zu beschleunigen, um den Wiederaufbau des Landes voranzutreiben. Außerdem diskutierte man die Frage, wie die eine Mrd. US$, die bei den UN und der Weltbank bereitstehen, am sinnvollsten eingesetzt werden sollen.

Die Vertreter von zwanzig Staaten, darunter der Irak und seine Nachbarn, weitere arabische Staaten, die USA und andere westliche Länder versammelten sich am 22.–23. 11. 2004 im ägyptischen Ferienort Scharm el-Scheich zur **ersten internationalen Irak-Konferenz**. In der Abschlusserklärung unterstützte man die bevorstehenden Wahlen und verurteilte die Gewalt im Lande sowie die Entführungen, wobei alle Parteien zum Gewaltverzicht aufgerufen wurden. Außerdem erinnerte man an die zeitliche Begrenzung des Mandats der Multinationalen Truppe auf der Grundlage der UN-Resolution 1546. Daneben beschloss die Konferenz mit Unterstützung Russlands, Frankreichs und Deutschlands dem Irak **80 % seiner Schulden schrittweise zu erlassen**. Dies war offenkundig ein Kompromiss mit den USA, die einen Erlass von mindestens 90 % gefordert hatten, und der deutsch-französischen Position, die von 50 % ausging. Die Gesamtschulden Iraks beliefen sich zu diesem Zeitpunkt auf 125 Mrd. US-$, wobei die deutschen Forderungen an Bagdad knapp 6 Mrd. € betrugen.

In Brüssel fand am 22. 6. 2005 die **zweite internationale Irak-Konferenz** mit 85 Teilnehmerländern statt, die von der EU und den USA gemeinsam ausgerichtet wurde. Hauptthema war die Frage, wie die Situation im Irak stabilisiert werden könnte. Als neue konkrete Maßnahme stellte die EU ein Programm zur Ausbildung von 770 Polizeichefs, Richtern, Staatsanwälten und Gefängnisdirektoren vor.

Jean Ziegler, der UN-Sonderberichterstatter für das Recht auf Nahrung, gab am 30. 3. 2005 bekannt, dass sich die **akute Unterernährung von Kindern** unter fünf Jahren seit der Invasion von April 2003 von ca. 4 auf 7,7 % Ende 2004 nahezu verdoppelt habe, was größtenteils mit der schlechten Sicherheitslage zusammenhinge. Im Juni 2005 waren ca. 70 % der Bevölkerung arbeitslos, neun Mio. Menschen sollen unterhalb der Armutsgrenze leben. Die Strom- und Trinkwasserversorgung im Land hat sich seit dem Sturz des Saddam-Regimes auch wegen der dauernden Anschläge deutlich verschlechtert. So verfügen zwei Drittel der Dörfer über kein sauberes Trinkwasser.

Iran Vorder-Asien

Islamische Republik Iran; Jomhûrî-ye Eslâmî-ye Îrân, Kurzform: Îrân – IR / IRN

Fläche (Weltrang: 17): 1 648 000 km²

Einwohner (18): F 2003 66 392 000 = 40 je km²

Hauptstadt: Tehrān (Teheran)

Amtssprache: Persisch (Farsi)

Bruttonationaleinkommen 2003 je Einw.: 2010 $

Währung: 1 Rial (Rl.) = 100 Dinars
für 10 Rls. ist auch die Bezeichnung »Toman« gebräuchlich
Kurs: 1 US-$ = 8962 Rls.; 1 € = 11 071 Rls.

Botschaft der Islamischen Republik Iran
Podbielskiallee 67, 14195 Berlin
T 030 / 84 35 30, Fax 84 35 35 35
E-Mail: iran.botschaft@t-online.de

LANDESSTRUKTUR **Fläche:** 1 648 000 km²; → Karte ▪ **Verwaltung:** 28 Provinzen; Tabelle → WA 2005, S. 212 ▪ **Städte:** (Z 1996) Tehrān (Teheran) 6 758 845 Einw., Mashhad 1 887 405, Eṣfahān (Isfahan) 1 266 072, Tabrīz (Täbriz) 1 191 043, Shīrāz 1 053 025, Karaj 940 968, Ahvāz 804 980, Qom 777 677, Bākhtarān (Kermānshāh) 692 986, Orūmīyeh 435 200, Zāhedān 419 518, Rasht 417 748, Mehrshāhr 413 299, Hamadān 401 281, Kermān 384 991, Arāk 380 755, Ardabīl 340 386, Yazd 326 776

BEVÖLKERUNG Iraner – F 2003: 66 392 000 Einw.; Bevölkerungswachstum: 1,3 %; letzte Zählung 1996: 60 055 488 Einw. – 51 % Perser, 24 % Aserbaidschaner, 8 % Gilaki und Mazandarani, 7 % Kurden, 3 % Araber, 2 % Turkmenen, 2 % Luren, 2 % Balutschen, Armenier u. a.; → Karte ▪ **Sprachen:** 50 % Persisch; weitere Sprachen: Luri (mit Bachtiari), Kurdisch, Balutschi; Turksprachen: Aserbaidschanisch, Turkmenisch; Arabisch, Armenisch ▪ **Religion** 1996: 99,6 % Muslime (90 % Schiiten: v. a. Perser, Aserbaidschaner, Luren, z. T. Kurden, Araber; 8 % Sunniten); Minderheiten von Christen, Juden, Parsen, Mandäern; Bahai-Religion verboten; → Karte

STAATS- UND REGIERUNGSFORM Verfassung von 1979 mit Ergänzungen 1989 – Islamische Republik seit 1979 – Staatsreligion: Islam – 12-köpfiger Verfassungsrat (Wächterrat) seit 1989 als Kontrollorgan für die Konformität von Gesetzen mit dem islamischen Recht (Scharia) – Parlament (Majlis-e-Shura bzw. Islamische Konsultative Versammlung) mit 290 Mitgl. (5 Sitze für religiöse Minderh. reserviert), Wahl alle 4 J. – Direktwahl des Staatsoberh. alle 4 J. (einmalige Wiederwahl) – Wahlrecht ab 16 J. ▪ **Unabhängigkeit:** über 2500 J. alte Staatsgeschichte ▪ **Nationalfeiertag:** 11. 2. (Tag der Revolution von 1979)

REGIERUNG UND PARTEIEN **Staatsoberhaupt:** Religionsführer: Ajatollah Sayed Ali Khamenei, seit 1989 – **Staats- u. Regierungschef:** Mahmud Ahmadi-Nedschad, seit 3. 8. 2005 – **Äußeres:** N. N. ▪ **Parlament:** Wahlen vom 20. 2. und 7. 5. 2004: genaue Sitzverteilung unbekannt; Konservative 196 von 290 Sitzen, Reformanhänger (Khatami) 48, Unabhängige 39; 2000: Reformanhänger 189 von 290 Sitzen, Radikale 54, Unabhängige 42, Angehörige religiöser Minoritäten 5

WIRTSCHAFT **BIP** 2003: 137,144 Mrd. $; Zuwachs: 6,6 %; Anteil (2003) Landwirtschaft 11 %, Industrie 41 %, Dienstleistungen 48 % ▪ **Erwerbstätigkeit** 1996: Landwirtsch. 23,5 %, Industrie 31,2 %, Dienstl. 45,3 % ▪ **Arbeitslosigkeit** ∅ 2004 / 05: 16,0 %; inoffiziell über 50 % einschließlich verdeckter Arbeitslosigkeit und Unterbeschäftigung ▪ **Inflation** ∅ 2004 / 05: 13,0 % ▪ **Außenhandel** 2004: **Import:** 31,9 Mrd. $; *Güter* 2002 / 03: 46 % Fahrzeuge, Maschinen und Apparate (22 % nichtelektrische Maschinen, 16 % Fahrzeuge, 8 % elektrische Maschinen), 12 % chem. Erzeugnisse, 8 % Eisen- und Stahlwaren, 8 % Nahrungs- und Genussmittel (4 % Weizen), 5 % mineralische Erzeugnisse, Benzin, Öl; *Länder:* 17 % Deutschland, 10 % Vereinigte Arabische Emirate, 9 % Schweiz, 6 % Italien, 6 % Frankreich, 5 % VR China, 4 % Rep. Korea, 4 % Russland, 4 % Großbritannien, 3 % Japan, 3 % Brasilien (EU gesamt: 44 %); **Export:** 37,5 Mrd. $; *Güter* 2003 / 04: 80 % Erdölbereich, 20 % Nichtölbereich (10 % Industrieerzeugnisse); *Länder:* 23 % Japan, 10 % VR China, 10 % Singapur, 7 % Italien, 6 % Türkei, 5 % Großbritannien, 4 % Rep. Korea, 4 % Frankreich, 4 % Deutschland, 3 % Spanien (EU gesamt: 23 %)

CHRONIK

INNENPOLITIK

In den Monaten vor den Präsidentschaftswahlen im Juni 2005 stieg der Druck auf die reformorientierte Regierung Präsident Sayed Mohammed Khatamis weiter an. Da religiöse Hardliner jegliche Arbeit behindern würden, trat am 12. 10. 2004 der liberale Vizepräsident Mohammad Ali Abtahi von seinem Amt zurück. Neun Tage zuvor hatte das von den Konservativen dominierte Parlament den als Reformer geltenden Verkehrsminister Ahmad Khorram wegen angeblicher Korruption und Missmanagement abgesetzt.

▪ **Präsidentschaftswahlen:** Im April 2005 gaben der vormaligen Polizeichef und Kommandant der Revolutionsgarden, Brigadegeneral Mohammad Baqer Qalibaf, und der frühere Präsident (1989–97) Ali Akbar Haschemi Rafsandschani ihre Kandidatur für die Präsidentschaft bekannt. Der Hardliner Qalibaf wie auch der Pragmatiker Rafsandschani versuchten sich in der Öffentlichkeit ein moderates Image zu geben und plädierten auch für die Herstellung besserer Beziehun-

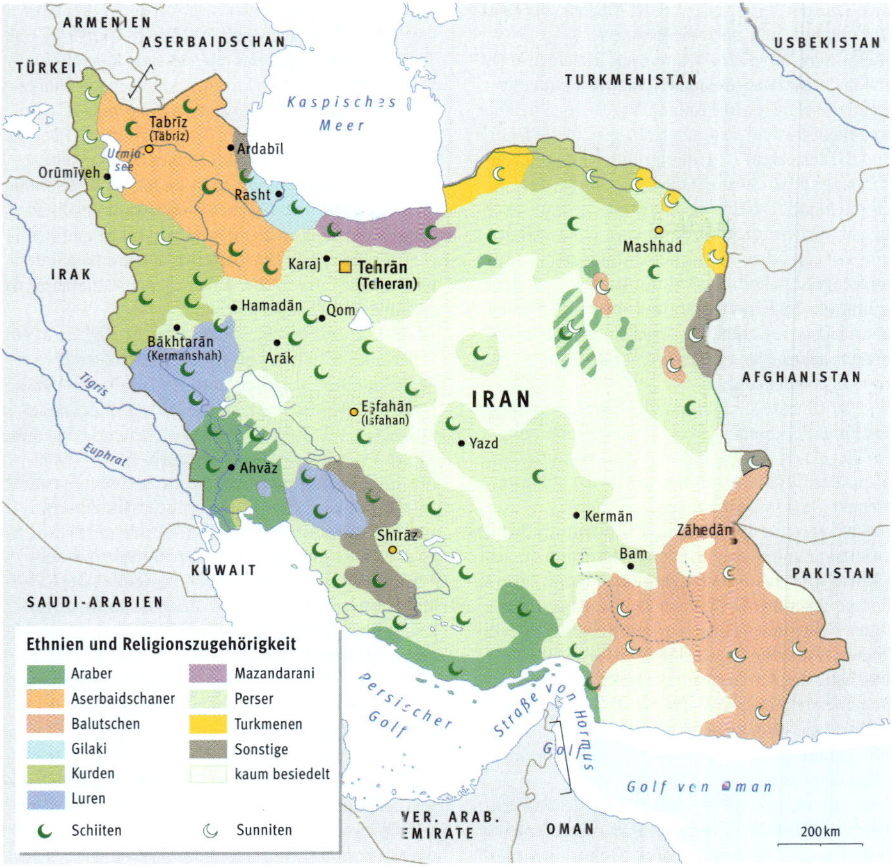

gen zu den USA. Insgesamt durften nur sieben von ursprünglich 1014 registrierten Bewerbern zur Wahl antreten. Aus dem Lager der Reformer und Gemäßigten kandidierten der frühere Erziehungsminister Mustafa Moin, der einstige Vizepräsident Mohsen Mehralizadeh und der ehemalige Parlamentssprecher Mehdi Mahdavi-Karrubi. Moin und Mehralizadeh waren erst nach Protesten und Intervention des Obersten Führers Ajatollah Sayed Ali Khamenei zur Wahl zugelassen worden. Mahmud Ahmadi-Nedschad, der Bürgermeister von Teheran, Ali Laridschani, der frühere Chef des Staatsfernsehens, und Mohsen Rezai, der ehemalige Kommandeur der Revolutionsgarden, galten als Vertreter des konservativen Establishments und stehen Ajatollah Khamenei nahe.

Bei der Wahl am 17. 6. 2005 erreichte Rafsandschani 21 % bzw. 6,16 Mio. Stimmen, Zweitplatzierter wurde mit 19,5 % und 5,71 Mio. Stimmen Ahmadi-Nedschad, gefolgt von Mahdavi-Karrubi mit 5 Mio. Stimmen, Moin und Qalibaf mit je 4 Mio., Larijani mit 1,7 Mio. und Mehralizadeh mit 1,3 Mio. Stimmen. Die Wahlbeteiligung betrug 63 %, wobei selbst das Innenministerium den Hardlinern massive Wahlfälschungen, Stimmenkauf und Einschüchterung der Wähler vorwarf.

In der **Stichwahl** (Wahlbeteiligung 60 %) am 24. 6. **siegte** mit 61,8 % der Stimmen **überraschend Ahmadi-Nedschad** gegen Rafsandschani, der es nur auf knapp 37 % brachte. Ahmadi-Nedschad war vor allem in Südteheran und in den ärmeren Provinzen des Landes gewählt worden, was von Beobachtern allerdings angezweifelt wurde. Rafsandschani und reformorientierte Kräfte warfen dem Lager des Siegers Wahlbetrug vor.

Innenpolitisch sieht sich der neue Präsident als **Interessenvertreter der »Armen und Entrechteten«**, wobei er über kein konkretes Wirtschaftsprogramm für die Senkung der hohen Arbeitslosigkeit und die Perspektivlosigkeit großer Teile der Jugend verfügt. Seine Außenpolitik werde auf den Prinzipien »Frieden, Mäßigung und Koexistenz« beruhen. Generell gilt er als verlängerter Arm des Obersten Führers Ajatollah Khamenei. Die Khamenei nahe stehenden Kräfte kontrollieren damit alle staatlichen Sicherheitsorgane, die Justiz, große Teile der Wirtschaft und der Medien, das Parlament und nun auch noch die Exekutive.

- **Aufrüstung:** Mit dem erfolgreichen Test einer neuen Version der **Mittelstreckenrakete Shahab-3** mit einer Reichweite von 1300 km Anfang August 2004 baute Iran sein insbesondere gegen Israel gerichtetes Drohpotential aus. Aktueller Hintergrund der deutlichen Drohungen gegen Israel ist die Befürchtung, dass Tel Aviv einen militärischen Schlag gegen die iranischen Nuklearanlagen durchführen könnte, falls es mit den Europäern und den USA zu keiner Einigung über das Atomprogramm kommen würde. Am 5. 10. gab der Vorsitzende des Expertenrats und vormalige Präsident Rafsandschani bekannt, dass Iran eine **Satelliten-Trägerrakete namens Shahab-4** mit einer Reichweite von 2000 km entwickelt habe.

Wie der Oberste Staatsanwalt der Ukraine am 18. 3. 2005 mitteilte, konnte Iran in den Jahren 2000 und 2001 illegal Luft-Boden-Raketen samt Wartungsmaterial aus der Ukraine erwerben, mit denen nukleare Sprengköpfe transportiert werden können.

- **Menschenrechte und Justiz:** Im Fall des in staatlichem Gewahrsam im Juli 2003 erfolgten Mordes an der **irano-kanadischen Journalistin Zahra Kazemi** sprach das zuständige Teheraner Gericht am 24. 7. 2004 den angeklagten Geheimdienstangehörigen Mohammad Reza Aghdam Ahmadi mangels Beweisen frei. Sechs Tage zuvor hatte das Anwaltsteam unter der iranischen Friedensnobelpreisträgerin Shirin Ebadi, das die Mutter der Toten als Nebenklägerin vertrat, wegen »inakzeptabler« Praktiken des Gerichts die Verhandlung unter Protest verlassen.

Internationales Aufsehen erregte auch der Fall des **Universitätsdozenten Hashem Aghajari**, der im November 2002 wegen angeblichen Abfalls vom Islam zum Tode verurteilt worden war. Er hatte öffentlich geäußert, dass Muslime ihren geistlichen Führern nicht wie »Affen« folgen sollten. Nach landesweiten studentischen Protesten wurde das Urteil im Juni 2004 aufgehoben; ein Teheraner Gericht verurteilte ihn am 20. 7. 2004 zu fünf Jahren Gefängnis.

Anfang August 2004 demonstrierten rund 200 Journalisten in Teheran gegen das Verbot von fast 100 Publikationen, das in den letzten Jahren zur Arbeitslosigkeit von über 2500 Journalisten geführt habe.

Der iranische Staatsführer Ajatollah Khamenei **bestätigte** in einer Ansprache vor iranischen Mekkapilgern am 19. 1. 2005 die **Fatwa** (islamisches Rechtsgutachten), die sein Vorgänger Ajatollah Khomeini **gegen den britischen Autor Salman Rushdie** ausgesprochen hatte. Seiner Auffassung des islamischen Rechts nach dürfe jeder Muslim Rushdie töten, da er vom islamischen Glauben abgefallen sei.

Im Februar 2005 wurde der Herausgeber der Zeitung »Gilan-e Emruz« Arash Sigarchi zu 14 Jahren Gefängnis verurteilt, u. a. wurde er der Spionage und Zusammenarbeit mit Konterrevolutionären bezichtigt. Eigentlicher Hintergrund seiner Verhaftung schien aber seine Webseite gewesen zu sein, auf der er drei Jahre lang kritische Berichte publiziert hatte. Das Urteil war Teil einer Kampagne, das **Internet unter Kontrolle** zu bringen, da in den vergangenen Monaten die Zahl regimekritischer Webseiten stark zugenommen hatte.

Der wegen seiner mutigen Berichterstattung über die Geheimdienstmorde an fünf Dissidenten im Jahre 2000 zu zehn Jahren Haft und fünf Jahren Verbannung verurteilte Journalist **Akbar Gandschi** kam wegen seines Hungerstreiks Anfang Juni 2005 aus gesundheitlichen Gründen frei. Die Justiz ließ den kranken Journalisten nach zwei Wochen aber wieder festnehmen, da sie ihm vorwarf, untertauchen zu wollen.

Am 12. 4. 2005 beschloss das iranische Parlament ein Gesetz, das **Abtreibung** bis zum vierten Monat erlaubt, falls das Leben der Mutter in Gefahr sei oder der Embryo Behinderungen aufweise. Gegner des Gesetzes wiesen auf Missbrauchsmöglichkeiten und den positiven Beitrag vieler Behinderter zur Gesellschaft hin. Das Gesetz wurde vom Wächterrat unter Berufung auf das islamische Recht, das jegliche Abtreibung verbietet, abgelehnt. Experten schätzen, dass jährlich 80 000 Abtreibungen in Iran durchgeführt werden.

- **Wirtschaft:** Mitte Oktober 2004 entschied der Expertenrat unter dem Vorsitz von Ali Akbar Hashemi Rafsandschani, dass die **Privatisierung von Staatsunternehmen** entgegen dem Beschluss des Parlaments von August möglich sei. Damit konnte die Regierung ihren Fünf-Jahres-Entwicklungsplan für die Periode ab März 2005 dem Parlament erneut vorlegen.

Iran und China unterzeichneten am 29. 10. 2004 ein vorläufiges Abkommen zur Lieferung von jährlich 10 Mio. t verflüssigtem Erdgas auf 25 Jahre. Allerdings soll die Lieferung mangels Verflüssigungskapazitäten erst in fünf Jahren aufgenommen werden.

- **Unruhen in Khuzestan:** Ein gefälschter Brief des damaligen Vizepräsidenten Mohammad Ali Abtahi, in dem die **Umsiedlung der ethnisch arabischen Bevölkerung** aus der iranischen Ölprovinz Khuzestan diskutiert wurde, führte am 15.–17. 4. 2005 zu gewaltsamen Unruhen mit mindestens fünf Toten in den Städten Mahshahr und Ahvaz, der Hauptstadt Khuzestans. In der Folge wurden ungefähr 200 Menschen festgenommen und das Teheraner Büro des Senders al-Dschasira wegen Aufhetzung geschlossen. Die arabischstämmige Bevölkerung der an Irak grenzenden Region hatte sich auch in der Vergangenheit des Öfteren wegen Benachteiligung beklagt, insbesondere wenn sie der sunnitischen Richtung des Islams angehören. Vor den Präsidentschaftswahlen explodierten am 12. 6. 2005 in Ahvaz drei Bomben vor öffentlichen Gebäuden, denen acht Menschen zum Opfer fielen, 75 wurden verletzt. Der Anschlag, zu dem sich niemand bekannte, war der schwerste seit rund zehn Jahren.
- **Erdbeben:** In der Provinz Kerman im Südostiran ereignete sich am 22. 2. 2005 ein Erdbeben der Stärke 6,4 auf der Richterskala mit mindestens 602 Toten und 40 zerstörten Dörfern.

ATOMPROGRAMM

Die internationale Auseinandersetzung um das iranische Atomprogramm dauerte auch im Jahre 2005 an. Eine vom Gouverneursrat der Internationalen Atomenergiebehörde (IAEA) während seiner Sitzung in Wien am 13.–18. 9. 2004 verabschiedete Resolution forderte Iran auf, sämtliche Aktivitäten zur Uran-Anreicherung einzustellen. Die USA hatten sich dabei nicht mit ihrer Forderung durchsetzen können, dass die IAEA bei weiteren Verstößen den UN-Sicherheitsrats einschalten sollte. In seinem Antwortschreiben vom 19. 9. betonte der Vorsitzende des iranischen Obersten Nationalen Sicherheitsrates Hasan Rohani, dass sein Land sich von keinem internationalen Gremium die Uran-Anreicherung verbieten lassen würde. Am selben Tag lehnte das iranische Parlament auch die Ratifizierung des Zusatzprotokolls zum internationalen Atomwaffensperrvertrag ab.

Anfang September 2004 drangen Informationen aus einem geheimen Bericht des IAEA-Generaldirektors Mohamed el-Baradei an die Öffentlichkeit, laut dem Iran mitgeteilt habe, dass im August/September 37 Tonnen Uran (»Yellow Cake«) in Uranhexafluorid umgewandelt worden seien. Daraus kann wiederum niedrig angereichertes Material für den Betrieb von AKWs oder hoch angereichertes zur Waffenproduktion hergestellt werden. Iran versuchte weiterhin zu taktieren, indem die Verhandlungsdelegationen Gesprächsbereitschaft bekundeten, die **iranische Führung bezeichnete** hingegen die **Uran-Anreicherung als unverzichtbar.** Das Parlament beschloss am 31. 10. ein Gesetz, das die Regierung zur Herstellung des vollständigen Brennstoffkreislaufs für eine friedliche Nutzung der Atomenergie sowie zur Kooperation mit der IAEA aufforderte.

Laut dem **Abkommen zwischen Iran und der Europäischen Union** sollte als »freiwillige vertrauensbildende Maßnahme« ab dem 22. 11. kein Uran mehr in Uranhexafluorid umgewandelt und die Herstellung von Gaszentrifugen sowie die Umwandlung von Gas in angereichertes Uran aufgegeben werden. Die europäische Seite sicherte dafür die Aufnahme von Gesprächen über eine Vielzahl von Bereichen wie Wirtschaftskooperation, Handel, Sicherheitspolitik und Technologietransfer zu. Die IAEA billigte das Abkommen am 29. 11. und bemerkte, dass Iran bis Oktober 2003 zahlreiche Verstöße gegen den Sperrvertrag begangen, seither aber »gute Fortschritte« gemacht habe.

Wie wenig Iran bereit war, sich tatsächlich internationalen Kontrollen zu unterstellen, zeigte sich bereits Ende des Jahres 2004, als die Teheraner Führung der IAEA nur beschränkten Zugang zu den Militäranlagen von Parchin gewährte und eine weitere Untersuchung gänzlich ablehnte. Daneben gab die IAEA am 1. 1. 2005 bekannt, dass Iran die Arbeiten an einem Schwerwasserreaktor in Arak weiterhin vorantreibe ebenso wie den Bau von unterirdischen Anlagen zur Lagerung radioaktiven Materials in Isfahan.

Anfang März 2005 näherten sich die Positionen der USA und der EU im Atomstreit an, da Washington im Falle einer Beendigung des iranischen Atomprogramms seinen Widerstand gegen die Mitgliedschaft Irans in der WTO aufgeben würde. Die EU akzeptierte im Gegenzug die Forderung Washingtons, im Falle der Nichterfüllung der IAEA-Bedingungen durch Teheran den UN-Sicherheitsrat einzuschalten. Die Teheraner Führung drückte ihren Willen aus, mit den Europäern zu einer Übereinkunft gelangen zu wollen. Als Signatarstaat des Sperrvertrags dürfe Iran aber nicht das Recht verweigert werden, auf Basis von dessen Artikel IV Uran anzureichern.

IAEA-Generaldirektor el-Baradei beklagte am 14. 6. 2005 während der Sitzung des IAEA-Gouverneursrates in Wien, **Iran habe immer noch nicht die nötigen Informationen über sein Programm zur Uran-Anreicherung geliefert** und ermögliche keinen freien Zugang zu den nuklearen Forschungseinrichtungen Lavinsa-Shian und Parchin. Fortschritte habe man allerdings bei der Untersuchung der Herkunft von Spuren hoch angereicherten Urans an Zentrifugen gemacht. Nach der Wahl des neuen Präsidenten Ahmadi-Nedschad erwarten Beobachter wegen dessen explizit antiwestlicher Haltung eine mögliche Verhärtung der Positionen in den Verhandlungen. Iran und die **Russische Föderation** unterzeichneten am 27. 2. 2005 einen Vertrag über die Lieferung von atomarem Brennstoff für das von russischer Seite gebaute Kernkraftwerk Bushehr. Damit könnte die Anlage bereits Ende 2005 in Betrieb gehen. Eine Klausel des Abkommens verpflichtet Iran, die abgebrannten Brennstäbe, die zur Herstellung von Plutonium genutzt werden könnten, an Russland zurückzugeben.

Irland West-Europa

Poblacht Na h'Éireann, Kurzform: Éire
Republic of Ireland, Kurzform: Ireland – IE / IRL

Fläche (Weltrang: 117): 70 273 km^2

Einwohner (124): F 2003 3 994 000 = 57 je km^2

Hauptstadt: Baile Atha Cliath / Dublin

Amtssprachen: Irisch, Englisch

Bruttonationaleinkommen 2003 je Einw.: 27 010 $

Währung: 1 Euro (€) = 100 Cent
Kurs: 1 US-$ = 0,83 € (1. 7. 2005)

Botschaft von Irland
Friedrichstr. 200, 10117 Berlin
T 030 / 22 07 20, Fax 22 07 22 99
www.botschaft-irland.de

LANDESSTRUKTUR **Fläche**: 70 273 km^2; Karte → WA 2005, S. 217 ▪ **Verwaltung**: 4 Provinzen (Leinster, Munster, Connaught und Ulster) mit 26 Grafschaften (Counties) und 4 County-Boroughs; Tabelle → WA 2004, Sp. 426 ▪ **Städte**: (Z 2002) Baile Atha Cliath / Dublin 495 781 Einw., Corcaigh / Cork 123 062, An Ghaillimh / Galway 65 832, Luimneach / Limerick 54 023, Waterford 44 594

BEVÖLKERUNG Iren – F 2003: 3 994 000 Einw.; Bevölkerungswachstum: 1,6 %; letzte Zählung 2002: 3 917 203 Einw. ▪ **Sprachen**: Irisch (Gälisch) und Englisch sowie regional Scots ▪ **Religion** 2002: 88,4 % Katholiken, 3,0 % Church of Ireland (Anglikaner), 0,5 % Presbyterianer, 0,3 % Methodisten; 5,5 % religionslos oder ohne Angaben

STAATS- UND REGIERUNGSFORM Verfassung von 1937, zuletzt geändert 2004 – Republik seit 1937 – Parlament (Oireachtas): Repräsentantenhaus (Dáil Éireann) mit 166 und Senat (Seanad Éireann) mit 60 Mitgl. (49 indirekt gewählt und 11 vom Premierminister ernannt); Wahl alle 5 J. – Direktwahl des Staatsoberh. alle 7 J. – Wahlrecht ab 18 J. ▪ **Unabhängigkeit**: Proklamation 1919, seit 6. 12. 1921 selbständiges Dominion im Commonwealth; Proklamation der Irischen Republik 18. 4. 1949 ▪ **Nationalfeiertag**: 17. 3. (St. Patrick's Day)

REGIERUNG UND PARTEIEN **Staatsoberhaupt**: Mary McAleese (FF), seit 11. 11. 1997 – **Regierungschef**: Bertie Ahern (FF-Vors.), seit 1997; Minderheitskoalition aus FF und PD – **Äußeres**: Dermot Ahern (FF), seit 29. 9. 2004 ▪ **Parlament**: Wahlen zum Repräsentantenhaus vom 17. 5. 2002: Fianna Fáil (Soldaten des Schicksals) / FF 81 von 166 Sitzen (1997: 77), Fine Gael (Familie der Iren) / FG 31 (54), Labour Party 21 (17), Progressive Democrats / PD 8 (4), Green Party / GP 6 (2), Sinn Féin / SF 5 (1), Socialist Party / SP 1 (1), Democratic Left / DL – (4), Independant Fianna Fáil / IFF – (1), Unabhängige 13 (5) – Senatswahlen vom August 1997 (inkl. ernannte Mitgl.): FF 29 von 60 Sitzen (1993: 25), FG 16 (17), Labour 4 (9), PD 4 (2), Sonstige 7 (7)

WIRTSCHAFT **BIP** 2003: 153,719 Mrd. $; realer Zuwachs: 3,7 %; Anteil (2002) Landwirtschaft 3 %, Industrie 42 %, Dienstleistungen 55 % ▪ **Erwerbstätigkeit** 2003: Landwirtsch. 6,4 %, Industrie 27,7 %, Dienstl. 65,9 % ▪ **Arbeitslosigkeit** ∅ 2004: 4,5 % ▪ **Inflation** ∅ 2004: 2,3 % ▪ **Außenhandel** 2004: **Import**: 50,297 Mrd. €; *Güter*: 45 % Maschinen und Transportausrüstungen, 15 % chemische Erzeugnisse, 13 % Erzeugnisse der verarbeitenden Industrie, 6 % Nahrungsmittel und lebende Tiere, 4 % mineralische Brennstoffe und Schmiermittel; *Länder*: 30 % Großbritannien, 16 % USA, 8 % Deutschland, 7 % VR China, 5 % Japan, 5 % Frankreich, 4 % Niederlande; **Export**: 84,008 Mrd. €; *Güter*: 48 % chemische Erzeugnisse, 28 % Maschinen und Transportausrüstungen, 13 % Erzeugnisse der verarbeitenden Industrie, 7 % Nahrungsmittel und lebende Tiere; *Länder*: 22 % USA, 17 % Großbritannien, 11 % Belgien / Luxemburg, 8 % Deutschland, 6 % Frankreich, 5 % Niederlande, 5 % Italien

CHRONIK

Premierminister Bertie Ahern (Fianna Fáil, FF) nahm am 29. 9. 2004 eine größere **Umbildung des Kabinetts** vor, das seit seinem Amtsantritt 1997 und über die Wiederwahl 2002 hinaus in den wichtigsten Positionen fast konstant geblieben war. Zu den wichtigsten Veränderungen gehörte die Neubesetzung des Außenressorts mit dem FF-Abgeordneten Dermot Ahern, der an die Stelle von Brian Cowen (FF) rückte. Dieser übernahm die Leitung des Finanzressorts, das durch die Berufung von Charly McCreevy (FF) zum EU-Kommissar für Binnenmarkt und Dienstleistungen vakant geworden war.

Am 11. 11. 2004 legte **Staatspräsidentin** Mary McAleese (FF) ihren Eid für eine zweite siebenjährige Amtszeit ab. Da sich ihrer erneuten Bewerbung bis zum 1. 10. kein weiterer Kandidat entgegengestellt hatte, galt sie nach der Verfassung als im Amt bestätigt. Nach den Präsidenten Seán Thomas O'Kelly (1945–59) und Patrick Hillery (1976–90) ist sie das dritte Staatsoberhaupt in der Geschichte der Republik, das für die zweite Amtszeit keiner erneuten Direktwahl durch das Volk bedurfte.

Das Bemühen von **Sinn Féin**, in der Republik Irland als demokratisch legitimierte politische Kraft an Einfluss zu gewinnen – sie verfügt über 5 der 166 Sitze im Repräsentantenhaus –, erlitt wegen ihres engen Loyalitätsverhältnisses zur **Irish Republican Army** (IRA) einen schweren Rückschlag. Die offene oder unterschwellige Sympathie in Teilen der Bevölkerung für die Anliegen der militanten nordirischen Republikaner wich Anfang 2005 einer breiten Distanzierung. Zuvor waren die Verhandlungen über eine Lösung des Nordirland-Konflikts (→ Großbritannien) nicht zuletzt durch ein zwielichtiges Taktieren der Sinn Féin gescheitert, gefolgt von einem spektakulären Bankraub in Belfast am 20. 12. 2004, der allgemein der IRA zugeschrieben wurde. Premierminister Ahern beschuldigte die Sinn-Féin-Führung der Komplizenschaft. Die Aushebung eines offenbar von der IRA organisierten Geldwäsche-Netzwerks durch die Polizei in Cork und Dublin, was am 18. 2. 2005 bekannt wurde, veranlasste Justizminister Michael McDowell zu der Äußerung, IRA und Sinn Féin befänden sich **auf dem Weg zu einer »kollektiven kriminellen Maschinerie«.**

Trotz der Ablehnung des **EU-Verfassungsvertrags** bei den Volksabstimmungen in → Frankreich und den → Niederlanden im Mai 2005 erklärte Außenminister Ahern am 7. 6. 2005, seine Regierung halte weiterhin an dem geplanten **Referendum** fest. Ein Datum für die Abstimmung wurde jedoch noch nicht festgesetzt. Am 13. 6. 2005 erkannte die EU **Irisch** (Gälisch) offiziell als **21. Amtssprache** an (→ EU).

Weitere Ereignisse: 2005 trug **Cork** den von der EU-Kommission verliehenen Titel der **Kulturhauptstadt Europas**. Die zweitgrößte Stadt des Landes, mit rd. 120 000 Einwohnern jedoch die kleinste, der dieser Titel verliehen wurde, versuchte mit einem Budget von 13,5 Mio. € und rund 4000 Veranstaltungen der Herausforderung gerecht zu werden.

Universität von Cork

Am 20. 1. 2005 trat die Umstellung auf das **metrische System im Straßenverkehr** in Kraft. Tempolimits und Entfernungsangaben beziehen sich nicht mehr auf Meilen, sondern auf Kilometer. Für 96 000 km Straße wurden 58 000 Schilder erneuert.

Island Nord-Europa

Republik Island; Lýðveldið Ísland – IS / ISL

Fläche (Weltrang: 104): 103 000 km²

Einwohner (169): F 2003 289 000 = 2,8 je km²

Hauptstadt: Reykjavík (Reykjavik)

Amtssprache: Isländisch

Bruttonationaleinkommen 2003 je Einw.: 30 910 $

Währung: 1 Isländische Krone (ikr) = 100 Aurar
Kurs: 1 US-$ = 64,86 ikr; 1 € = 79,91 ikr

Botschaft der Republik Island
Rauchstr. 1, 10787 Berlin
T 030/50 50 40 00, Fax 50 50 43 00
www.botschaft-island.de

LANDESSTRUKTUR **Fläche:** 103 000 km²; → Karte ▪ **Verwaltung:** 8 Regionen ▪ **Städte:** (F 2004) Reykjavík 113 848 Einw., Kópavogur 25 803, Hafnarfjörður 22 000, Akureyri 16 475, Reykjanesbær 10 952

BEVÖLKERUNG Isländer – F 2003: 289 000 Einw.; Bevölkerungswachstum: 0,3 %; letzte Zählung 2004: 293 577 Einw. ▪ **Sprachen:** Isländisch ▪ **Religion** 2004: 86,2 % Lutheraner, 2,0 % Katholiken, sonstige protestantische Gemeinschaften

STAATS- UND REGIERUNGSFORM Verfassung von 1944 – Republik seit 1944 – Parlament (Althing) mit 63 Mitgl., Wahl alle 4 J. – Direktwahl des Staatsoberh. alle 4 J. – Wahlrecht ab 18 J. ▪ **Unabhängigkeit:** Souveränität 1. 1. 1918, in Personalunion mit der dän. Krone verbunden, 17. 6. 1944 Aufkündigung der Union und Ausrufung der Republik ▪ **Nationalfeiertag:** 17. 6. (Tag der Republik)

REGIERUNG UND PARTEIEN **Staatsoberhaupt:** Ólafur Ragnar Grímsson, seit 1996 – **Regierungschef:** Halldór Ásgrímsson (FSF-Vorsitzender), seit 16. 9. 2004; Koalition zwischen SSF und FSF – **Äußeres:** Davíð Oddsson (SSF), seit 16. 9. 2004 ▪ **Parlament:** Wahlen vom 10. 5. 2003: Unabhängigkeitspartei / SSF 22 von 63 Sitzen (1999: 26), Allianz aus Sozialistischer Volksallianz / AL, Sozialdemokraten / SF und Frauenallianz 20 (17), Fortschrittspartei / FSF 12 (12), Linksgrüne Partei / VG 5 (6), Liberale / FF 4 (2)

WIRTSCHAFT **BIP** 2003: 10 513 Mrd. $; realer Zuwachs: 4,0 %; Anteil (2001) Landwirtschaft 10 %, Industrie 28 %, Dienstleistungen 63 % ▪ **Erwerbstätigkeit** 2002: Landwirtsch. 7,3 %, Industrie 23,0 %, Dienstl. 69,7 % ▪ **Arbeitslosigkeit** ∅ 2004: 3,1 % ▪ **Inflation** ∅ 2004: 2,3 % ▪ **Außenhandel** 2004: **Import:** 260 Mrd. ikr; *Güter*: 22 % Kapitalgüter (außer für Transport), 18 % Konsumgüter, 17 % Transportausrüstung, 9 % Nahrungs-

mittel und Getränke, 9 % Brennstoffe und Schmiermittel; *Länder* 2003: 12 % Deutschland, 8 % Dänemark, 7 % USA, 7 % Großbritannien, 7 % Norwegen, 7 % Schweden, 6 % Niederlande (EU gesamt: 64 %); **Export**: 202 Mrd. ikr; *Güter*: 60 % Fisch und Fischerzeugnisse, 18 % Aluminium, 7 % Arzneimittel und medizinische Produkte, 2 % Agrarprodukte; *Länder* 2003: 18 % Großbritannien, 17 % Deutschland, 11 % Niederlande, 9 % USA, 6 % Spanien, 5 % Dänemark, 5 % Norwegen, 4 % Portugal (EU gesamt: 77 %)

CHRONIK

Premierminister Davíð Oddsson, Vorsitzender der konservativen Unabhängigkeitspartei sowie dienstältester Regierungschef Europas, und Außenminister Halldór Ásgrímsson, der die rechtsliberale Fortschrittspartei führt, **tauschten** am 15. 9. 2004 die **Regierungsämter**. Die Rochade zur Hälfte der Legislaturperiode erfolgte gemäß einer Koalitionsvereinbarung nach der Parlamentswahl im Mai 2003. Mit dem neuen Regierungschef, der als **Befürworter eines Beitritts Islands zur EU** gilt, erhielt die Debatte über diese Frage neuen Auftrieb. Die Fortschrittspartei sprach sich auf ihrem Parteitag Ende Februar 2005 für Verhandlungen mit der EU und ein Beitrittsreferendum im Jahr 2007 aus. Als größte Hürde für eine Mitgliedschaft Islands wie auch Norwegens gilt die Fischereipolitik der EU.

Die **Regierung zog im Juli 2004 ein umstrittenes Mediengesetz** zurück, gegen das Präsident Ólafur Ragnar Grímsson ein Veto eingelegt hatte (→ WA 2005, S. 218), wodurch die für August 2004 angesetzte Volksabstimmung hinfällig wurde. Mit dem Gesetz sollte ein Unternehmer aus dem Bereich Zeitungen und Fernsehen gezwungen werden, sich von einer Sparte zu trennen.

Das Parlament genehmigte am 21. 3. 2005 die **Einbürgerung des ehemaligen Schachweltmeisters Bobby Fischer** und ignorierte damit Bemühungen der USA, ihm diese Zufluchtsmöglichkeit abzuschneiden. Fischer befand sich seit neun Monaten in Abschiebehaft in Japan, das eine Auslieferung an die USA erwog. Die US-amerikanischen Behörden werfen Fischer neben Steuerhinterziehung die Verletzung des früheren internationalen Embargos gegen das ehemalige Jugoslawien vor, weil er 1992 an einem Schachturnier in Belgrad teilgenommen hatte. Seitdem befand sich Fischer auf der Flucht vor dem Zugriff der US-Behörden. Am 24. 3. landete er als isländischer Staatsbürger auf dem Flughafen Reykjavik.

Für seine **umfassenden Strukturreformen** und beträchtlichen **Fortschritte bei der Finanzaufsicht** sprach der Internationale Währungsfonds (IWF) dem nordatlantischen Inselstaat im Juni 2005 großes Lob aus. Nach Angaben der isländischen Nationalbank verzeichnete das BIP im Jahr 2004 ein Wachstum von 5,4 %, für 2005 wird eine Steigerung von 6,1 % erwartet. Hinter dem Boom stehen sowohl ein kräftiger Privatkonsum als auch hohe Anlageinvestitionen, etwa in geothermische Kraftwerke und zwei Aluminiumhütten. Diese Wirtschaftszweige werden das Land nach Ansicht von Experten in den kommenden Jahren stärker prägen als der Fischfang.

Anfang November 2004 kam es zu einem **Ausbruch** des unter dem Vatnajökull-Gletschers gelegenen **Vulkans Grímsvötn** (→ Karte). Nach Ansicht des Isländischen Amtes für Meteorologie wurde die Eruption durch die Austrocknung eines Gletschersees über dem Vulkan verursacht. Da sich die ausströmende Asche bis in eine Höhe von 12 000 m erstreckte, wurden in Island alle Flüge gestrichen; außerdem wurden zahlreiche Nordatlantikflüge abgesagt, da deren Route über Island geht. Von Flugzeugmotoren angesogene Staub- und Aschepartikel können zu einem Ausfall der Motoren führen, wie es 1989 bei einem Flugzeug passiert war, das in die Aschewolke eines Vulkanausbruchs über Alaska geraten war. Nach einem kurzen Absacken der Maschine war es den Piloten glücklicherweise gelungen, die Motoren wieder zu starten und damit eine Katastrophe zu verhindern.

Israel Vorder-Asien

Staat Israel; Medinat Yisra'el (hebräisch); Dawlat Isrā'īl (arabisch) – IL/ISR

Fläche (Weltrang: 149): 20 991 km²

Einwohner (97): F 2003 6 688 000 = 319 je km²

Hauptstadt: Yeruschalayim/Al-Quds (Jerusalem)

Amtssprachen: Hebräisch, Arabisch

Bruttonationaleinkommen 2003 je Einw.: 16 240 $

Währung: 1 Neuer Schekel (NIS) = 100 Agorot
Kurs: 1 US-$ = 4,42 NIS; 1 € = 5,44 NIS

Botschaft des Staates Israel
Auguste-Viktoria-Str. 74–76, 14193 Berlin
T 030/89 04 55 00, Fax 89 04 55 55
www.israel.de

LANDESSTRUKTUR **Fläche**: 20 991 km²; ohne Ost-Jerusalem (seit 1980 annektiert) und Golan-Höhen mit 1176 km² (seit 1981 annektiert); Karte → WA 2005, S. 219 ▪ **Verwaltung**: 6 Distrikte; → Tabelle; Gebiete mit palästinensischer Teilautonomie → unten ▪ **Städte**: (F 2004) Yeruschalayim/Al-Quds (Jerusalem) 701 500 Einw., Tel-Aviv-Yafo (Jaffa) 368 600, Hefa (Haifa) 269 400; (F 2003) Rischon LeZiyyon 214 900; (F 2004) Aschdod 195 500, Be'ér Scheva' (Beerscheba) 184 200, Petah-Tikwa 175 500, Netanya 168 800, Holon 165 900, Bene Berak 141 400, Bat Yam 131 100, Ramat Gan 127 000, Aschkelon 105 200

BEVÖLKERUNG Israeli – F 2003: 6 688 000 Einw.; Bevölkerungswachstum: 1,8 %; letzte Zählung 1995: 5 548 523 Einw. – F 2003: 81 % Israeli, 19 % Palästinenser (mit israelischer Staatsangehörigkeit); Tscherkessen, Armenier, Türken u. a. ▪ **Sprachen**: 60 % Hebräisch (Iwrith), mind. 20 % Arabisch (Palästinenser und Einwanderer aus arab. Staaten; ohne besetzte Gebiete); Jiddisch und zahlreiche weitere, v. a. europäische Sprachen; Englisch ▪ **Religion** 2003: 76,7 % Juden 15,8 % Muslime, 2,1 % Christen, 1,6 % Drusen

STAATS- UND REGIERUNGSFORM Keine schriftliche Verfassung, einzelne Gesetze – Republik seit 1948 – Parlament (Knesset) mit 120 Mitgl., Wahl alle 4 J. – Wahl des Staatsoberh. durch das Parlament alle 5 J. – Wahlrecht ab 18 J. ▪ **Unabhängigkeit**: 14. 5. 1948 Proklamation ▪ **Nationalfeiertag**: 14. 5.

REGIERUNG UND PARTEIEN **Staatsoberhaupt**: Mosche Katzav (Likud), seit 1. 8. 2000 – **Regierungschef**: Ariel Scharon (Vors. des Likud), seit 7. 3. 2001; Koalition aus Likud, Arbeitspartei und Vereinter Tora-Partei – **Äußeres**: Silvan Schalom (Likud), seit 28. 2. 2003 ▪ **Parlament**: Wahlen vom 28. 1. 2003: Likud 38 von 120 Sitzen (1999: 19), Avoda/Meimad (Bündnis der Arbeitspartei) 19 (26), Schinui 15 (6), Ultraorthodoxe/Schas 11 (17), Bündnis Nationale Union/IL 7 (8), Meretz (linkslib. Einheitsliste) 6 (10), Nationalreligiöse Partei/Mafdal 6 (5), Vereinte Tora-Partei/YhT 5 (5), Gewerkschaftspartei/AE 4 (2), Kommunisten/Hadasch 3 (3), arabische Nationale Demokratische Allianz/Balad 3 (2), Vereinigte Arabische Liste, Ra'am 2 (5), Ysrael b'Alija (Immigrantenpartei)/YBA 2 (6), Sonstige – (6)

Israel
Fläche, Bevölkerung und Bevölkerungsdichte

Distrikt/Subdistrikt	Fläche[1] in km²	Einwohner insgesamt F 2003*	Einwohner je km²
Yerushalayim (Jerusalem)[2]	652	812 200	1 246
Norddistrikt			
Zefat (Sefad)	668	95 100	142
Genezareth (Kinneret)	533	96 000	180
Yizre'el (Jesreel)	1 188	412 600	347
'Akko (Acre)	935	507 900	543
Golan[3]	1 154	37 000	32
Hefa (Haifa)			
Hefa (Haifa)	291	529 600	1 820
Hadera	572	316 400	553
Zentraldistrikt/Ramla			
Saron (Sharon)	349	346 200	992
Petah Tiqwa	284	538 200	1 895
Ramla/Ramla	339	246 600	727
Rehovot/Rehovot	304	446 000	1 467
Tel Aviv-Yafo (Jaffa)	171	1 164 300	6 809
Süddistrikt			
Ashqelon (Askalon)	1 285	433 900	338
Be'ér Sheva' (Beersheba)	12 946	534 700	41
Israel	21 671	6 748 400[4]	311

* per 31. 12. 1 nur Landfläche; Gesamtfläche einschließlich Golan 2 einschließlich Ostjerusalem 3 von Israel besetztes Gebiet 4 inkl. der Siedler in Judäa, Samaria und Gaza (insg. 231 700) *Quelle:* Central Bureau of Statistics 2004

WIRTSCHAFT **BIP** 2003: 110,227 Mrd. $; realer Zuwachs: 1,3 %; Anteil (2003) Landwirtschaft 3 %, Industrie 38 %, Dienstleistungen 59 % ▪ **Erwerbstätigkeit** 2002: Landwirtsch. 2,0 %, Industrie 23,5 %, Dienstl. 74,6 % ▪ **Arbeitslosigkeit** ∅ 2004: 10,7 % ▪ **Inflation** ∅ 2004: 1,6 % ▪ **Außenhandel** 2004: **Import**: 34,8 Mrd. $; *Güter*: 30 % Maschinen und Fahrzeuge, 24 % Baustoffe, Glas, Keramik, 10 % chemische Erzeugnisse, 10 % Brennstoffe, 5 % Nahrungs- und Genussmittel; *Länder* 2003: 16 % USA, 10 % Belgien, 8 % Deutschland, 7 % Großbritannien, 4 % Italien, 4 % Niederlande, 4 % Frankreich, 3 % VR China, 3 % Hongkong, 3 % Indien, 3 % Japan (EU gesamt: 41 %); **Export**: 31,8 Mrd. $; *Güter*: 38 % Baustoffe, Glas, Keramik, 26 % Maschinen und Fahrzeuge, 16 % chemische Erzeugnisse, 3 % Nahrungsmittel; *Länder* 2003: 38 % USA, 7 % Belgien, 5 % Hongkong, 4 % Großbritannien, 4 % Deutschland, 3 % Niederlande, 2 % Italien, 2 % Indien, 2 % Frankreich, 2 % Japan (EU gesamt: 27 %)

Palästinensische Gebiete Vorder-Asien

Westjordanland und Gaza

Fläche: 6020 km²

Einwohner: F 2003 3 367 000 = 559 je km²

Hauptstadt: Ram Allah (Ramallah)

Amtssprache: Arabisch

Bruttonationaleinkommen 2003 je Einw.: 1100 $

Währung: Israelischer Schekel, Jordan-Dinar
Kurs: 1 US-$ = 4,42 NIS; 1 € = 5,44 NIS

Vertretung der Palästinensischen Autonomiebehörde:
Palästinensische Generaldelegation
August-Bier-Str. 33, 53129 Bonn
T 02 28/21 20 35, Fax 21 35 94
Interet: www.palaestina.org

LANDESSTRUKTUR **Fläche**: 6020 km²; davon Westjordanland 5655 km², Gaza 365 km²; → Karte ▪ **Verwaltung**: Westjordanland 11 Governorate, Gaza 5 Governorate; → Tabelle ▪ **Städte**: (F 2004) Ghazzah (hebr.: Gaza) 381 247 Einw., Al-Quds (Ost-Jerusalem) 245 066, Al-Khalīl (Hebron/hebr.: Hevron) 155 003, Nābulus (Nablus/hebr.: Schechem) 126 521, Khan Yunus (hebr.: Khan Yunis) 121 174, Rafah 65 984, Tūlkarem 42 870, Kalkiliya 41 722; (F 2003) Yattah 40 014; (F 2004) Al-Birah 36 853, Janīn (Jenin) 33 701, Bayt Lahm (Bethlehem) 28 111, Rām Allāh (Ramallah) 23 737

BEVÖLKERUNG Palästinenser – F 2003: 3 367 000 Einw.; Bevölkerungswachstum: 4,1 %; letzte Zählung 1997: 2 895 683 Einw. – F 2003: Westjordanland 2 305 000 Einw., Gaza 1 330 000; 231 000 Einw. in israelischen Siedlungen ▪ **Sprachen**: Arabisch, Hebräisch; Englisch ▪ **Religion** 2002: überwiegend Muslime (Sunniten); 3 % Christen

STAATS- UND REGIERUNGSFORM Verfassung von 2002 – Teilautonomie seit 1994 – von 92 Staaten diplomatisch anerkannt – Parlament: Legislativrat mit 88 Mitgl.; Wahl alle 4 J. – Direktwahl des Präsidenten – Wahlrecht ab 18 J. ▪ **Unabhängigkeit**: ▪ **Nationalfeiertag**: 15. 11.

REGIERUNG UND PARTEIEN **Staatsoberhaupt**: Präsident der Autonomiebehörde: Mahmud Abbas (Fatah), seit 15. 1. 2005 – **Regierungschef**: Ahmed Kurei (Fatah), seit 5. 10. 2003 – **Äußeres**: Nasser al-Kidwa (Fatah), seit 24. 2. 2005 ▪ **Parlament**: Letzte Wahlen zum Autonomierat vom 20. 1. 1996: Fatah 50 von 88 Sitzen, Unabhängige 38

Palästinensische Gebiete
Fläche, Bevölkerung und Bevölkerungsdichte

Governorat	Fläche in km²	Einwohner* insgesamt F 2004	je km²
Westjordanland			
Janīn (Jenin)	583	246 685	423
Tūbās	402	45 168	112
Tūlkarem	246	162 936	662
Kalkīliya	166	90 960	548
Salfīt	204	60 132	295
Nābulus (Nablus)	605	317 331	525
Rām Allāh (Ramallah) und Al-Bīrah	855	270 678	317
Al-Quds (Ostjerusalem)	335	389 663	1 163
Arīhā (Jericho)	593	40 909	69
Bayt Lahm (Bethlehem)	659	169 190	257
Al-Khalīl (Hebron)	997	506 641	508
Gaza			
Nordgaza	61	254 093	4 165
Ghazzah	74	470 605	6 360
Dayr al-Balah	58	193 648	3 339
Khān Yūnus (Khan Yunis)	108	259 640	2 404
Rafah	64	159 250	2 488
Palästinensische Gebiete	6 020	3 637 529	604

* ohne jüdische Siedler — *Quelle:* Palestinian Central Bureau of Statistics 2005

WIRTSCHAFT **BIP** 2003: 3,454 Mrd. $; realer Zuwachs: –1,7 %; Anteil (2003) Landwirtschaft 6 %, Industrie 12 %, Dienstleistungen 82 % ▪ **Erwerbstätigkeit** 2002: Landwirtsch. 14,8 %, Industrie 24,3 %, Dienstl. 60,9 % ▪ **Arbeitslosigkeit** ∅ 2004: 32,4 % ▪ **Inflation** ∅ 2004: 5,7 % ▪ **Außenhandel** 2002: **Import**: 1117 Mio. $; *Länder*: v. a. Israel; **Export**: 241 Mio. $; *Länder*: v. a. Israel

CHRONIK

Der Tod des langjährigem PLO-Vorsitzenden und Präsidenten der Palästinensischen Autonomiebehörde, Jassir Arafat, weckte in Israel wie auch international die Hoffnung, dem Frieden ein Stück näher zu kommen. Mit dem vom israelischen Ministerpräsidenten Ariel Scharon auch gegen den Widerstand der jüdischen Siedler mit Nachdruck betriebenen Abzug aus dem Gazastreifen war zumindest ein Anfang gemacht, einen eigenständigen palästinensischen Staat zu schaffen.

ISRAEL – INNENPOLITIK

▪ **Abzug aus dem Gazastreifen:** Ministerpräsident Ariel Scharon trieb entschlossen seinen Plan zum Abzug aus dem Gazastreifen voran. Das israelische Sicherheitskabinett beschloss am 14. 9. 2004 Entschädigungszählungen für umzugsbereite Siedlerfamilien im Umfang von 200 000 bis 500 000 US-$ je Familie. In Umfragen sprach sich eine große Mehrheit der israelischen Bevölkerung für den Abzug aus.

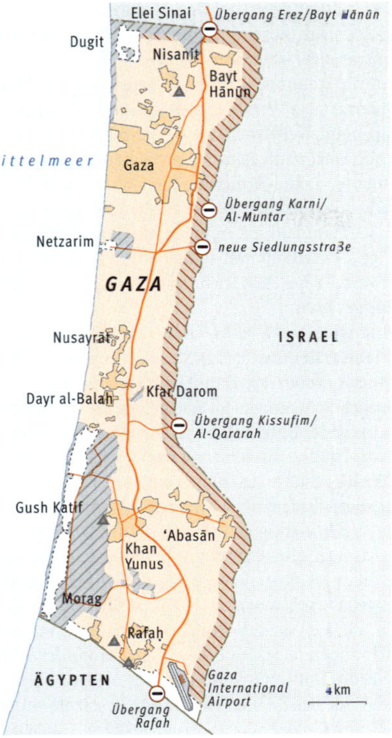

Jüdische Siedlungen: 7500 Einwohner (2003)

Zivile palästinensische Kompetenz, israelische Sicherheitskompetenz, Nutzungsbeschränkungen

Sicherheitskontrollen der palästinensischen Polizei, Nutzungsbeschränkungen

▲ Flüchtlingslager

Die Nationalreligiöse Partei hatte das Kabinett wegen des angekündigten Abzugs aus dem Gazastreifen zunächst verlassen wollen, entschied sich aber am 14. 9. für ihren weiteren Verbleib. Nachdem eine erste Abstimmung in der Knesset am 11. 10. über den Abzugsplan gescheitert war, stimmte eine Mehrheit am 26. 10. schließlich dafür. 67 Abgeordnete votierten für die Räumung des Gazastreifens und von vier Siedlungen im Westjordanland, 45 dagegen. Abgelehnt wurde das Vorhaben von den Ultraorthodoxen/Schas, der Vereinten Thora-Partei und der Nationalreligiösen Partei sowie von 17 (der 40) Abgeordneten von Scharons eigener Likud. Die Arbeitspartei und die laizistische Schinui stimmten dagegen geschlossen dafür.

- **Umbildung der Regierungskoalition:** Am 1. 12. 2004 entließ Scharon die vier Minister der laizistischen Partei Schinui, nachdem diese zuvor aus Protest gegen die Finanzierung religiöser jüdischer Einrichtungen durch den Staat gegen den Regierungshaushalt gestimmt hatte. Die Schinui verließ darauf die Koalition, an deren Stelle Scharon die in der Opposition befindliche Arbeitspartei zur Teilnahme an der Regierungskoalition einlud. Schon im August 2004 hatte er diesbezüglich mit der Arbeitspartei verhandelt. Die neu gebildete Regierungskoalition aus dem Likud, der Arbeitspartei und der Vereinten Thora-Partei erhielt am 10. 1. 2005 mit 58 gegen 56 Stimmen in der Knesset ein knappes Vertrauensvotum: 13 Likud-Abgeordnete stimmten nicht für die Regierung, dafür jedoch die linke Oppositionspartei Yahad (früher Meretz). Shimon Peres, der Vorsitzende der Arbeitspartei, wurde stellvertretender Premierminister. Dem neuen Kabinett gehören 21 Minister an (Likud 12, Arbeitspartei 8 sowie ein Unabhängiger). Ein von Gegnern des Abzugs – unter ihnen Finanzminister Benjamin Netanjahu und Außenminister Silvan Schalom – eingebrachtes Gesetz über die Durchführung von Referenden wurde am 28. 3. 2005 in der Knesset abgelehnt. Auch die vor allem von orientalischen Juden gewählte Schas stimmte dagegen, nachdem Rabbiner Ovadia Josef, ihr geistlicher Führer, sich in diesem Sinne ausgesprochen hatte. Am 16. 2. verabschiedete die Knesset ein Gesetz, das Entschädigungen von insgesamt 900 Mio. US-$ für die ca. 8000 Siedler vorsah, die von dem Rückzugsplan Scharons betroffen sein würden. Das **Kabinett stimmte** am 20. 2. **mit einer klaren Mehrheit der Räumung des Gazastreifens zu**; abgelehnt wurde sie von Finanzminister Netanjahu und Diaspora-Minister Nathan Scharansky. Da am 29. 3. auch der Haushalt von einer Mehrheit der Knesset angenommen wurde, konnten drohende Neuwahlen verhindert werden.

Scharansky gab am 2. 5. 2005 seinen Rücktritt aus der Regierung bekannt; er begründete dies mit seiner Ablehnung des Rückzugs aus dem Gazastreifen. Seiner Meinung nach seien Konzessionen an die Palästinenser ohne Gegenleistungen kontraproduktiv. Die palästinensische Seite habe bisher weder Demokratisierung noch Reformen verwirklicht.

Seit der Bekanntgabe des Plans, aus dem Gazastreifen abzuziehen und die dortigen Siedlungen aufzugeben, kam es zu **Protestkundgebungen radikaler Siedler.** Am 25. 7. 2004 formierten sie eine rund 90 km lange Menschenkette, in Jerusalem demonstrierten anschließend 70 000 Personen. Vom Rat der jüdischen Gemeinden in Judäa, Samaria und dem Gazastreifen wurde am 13. 9. eine Kundgebung in Jerusalem mit rund 50 000 Teilnehmern organisiert, ebenso am 30. und 31. 1. 2005 mit 150 000 Teilnehmern. Auch in den nächsten Monaten setzten sich diese Aktionen fort und häuften sich, je näher das wahrscheinliche Abzugsdatum im Sommer rückte. Das **Oberste Gericht** erklärte am 9. 6. 2005 den Abzugsplan der Regierung und die Evakuierung der Siedlungen für rechtmäßig und **wies** damit eine **Klage von Siedlern** gegen das betreffende Gesetz **zurück.**

Während der Abzug aus dem Gazastreifen vorbereitet wurde, ging der **Ausbau der Siedlungen im Westjordanland** weiter. So wurde am 17. 8. 2004 der Bau von ca.

1000 neuen Wohnungen ausgeschrieben. Neben Kritik von Seiten der Arbeitspartei und der Bewegung Peace Now erinnerte auch die US-amerikanische Botschaft Scharon daran, er sei laut Road Map dazu verpflichtet, den Siedlungsbau vollständig zu stoppen. Anfang August hatte Scharon den Bau von 600 Wohnungen in der Siedlung Maale Adumim bei Jerusalem genehmigt, wo bereits 28 000 Menschen leben. Generalstaatsanwalt Mazuz entschied am 1. 2. 2005, dass die Konfiszierung von Land in palästinensischem Besitz bei Jerusalem illegal sei. Ein von der früheren Staatsanwältin Talia Sasson im Auftrag der Regierung erstellter und am 8. 3. 2005 publizierter Bericht gelangte zu dem Ergebnis, dass seit Mitte der 1990er Jahre mit dem stillschweigenden Einverständnis der Regierung **mindestens 105 illegale Außenposten von jüdischen Siedlungen** in den besetzten Gebieten errichtet worden waren, zum Teil vollständig auf palästinensischem Besitz. Sasson forderte die Regierung auf, die Finanzierung dieser Außenposten unverzüglich zu stoppen. Außerdem sollte der amtierende Generalstaatsanwalt die Einleitung strafrechtlicher Untersuchungen gegen einige in diese illegalen Akte involvierte Personen prüfen.

Das Kabinett beschloss daraufhin am 13. 3. 2005, 24 illegale Außenposten von Siedlungen im Westjordanland aufzulösen; eine Kommission sollte Vorschläge ausarbeiten, wie die Budgets, Planungen und Errichtung von Siedlungen kontrolliert werden könnten. Am 18. 4. 2005 wurde eine Ausschreibung für den Bau von 50 neuen Wohneinheiten in der Siedlung Elkana im Westjordanland veröffentlicht. In einem Interview mit »Haaretz« vom 21. 4. erklärte Scharon, er beabsichtige, der palästinensischen Seite keine weiteren Zugeständnisse zu machen. Die Siedlung Maale Adumim solle durch mehrere hundert Wohnungen erweitert werden, das westlich von Bethlehem gelegene Betar Ilit um 1000 Wohnungen. Alle weiteren Fortschritte im Sinne der Road Map hingen vom entschlossenen Vorgehen der palästinensischen Sicherheitskräfte gegen den Terrorismus ab.

Auf Vorschlag von Bildungsministerin Livnat wurde das College in der Siedlung Ariel im Westjordanland am 2. 5. durch Kabinettsbeschluss zur ersten israelischen Universität in den besetzten Gebieten erklärt. Minister der Arbeitspartei sprachen sich gegen diesen Schritt aus. Am 24. 6. 2005 erklärte das israelische Landwirtschaftsministerium, es wolle die Zahl der bisher 6300 israelischen Siedler im Jordantal innerhalb der nächsten zwei Jahre verdoppeln.

▪ **Weitere Ereignisse:** Das **Korruptionsverfahren gegen Premier Scharon** und seinen Sohn Gilad wegen Bestechlichkeit im Zusammenhang mit einem Bauskandal in den 90er Jahren wurde endgültig **eingestellt**, nachdem das Oberste Gericht am 19. 8. 2004 zum dritten Mal einen Einspruch gegen die dementsprechende Entscheidung des Generalstaatsanwalts zurückgewiesen hatte.

Der Luftwaffengeneral Dan Chalutz übernahm am 1. 6. 2005 von Mosche Yaalon das Amt des **Generalstabschefs der israelischen Armee.**

Am 24. 4. 2005 **verstarb der frühere israelische Staatspräsident** (1993–2000) **Ezer Weizmann** (geb. 1924). Weizmann, Neffe von Israels erstem Präsidenten Chaim Weizmann, hatte als Verteidigungsminister in der ersten Likud-Regierung unter Menachem Begin maßgeblichen Anteil an der Aushandlung des Friedensabkommens mit Ägypten von Camp David im Jahre 1979. Weizmann war seither ein entschiedener Befürworter eines Ausgleichs mit der palästinensischen Seite gewesen.

Staatspräsident Mosche Katzav weilte vom 19.–21. 10. 2004 als erstes israelisches Staatsoberhaupt zu einem Besuch in **Österreich**. Damit wurden endgültig die langjährigen Spannungen ad acta gelegt, die die Normalisierung der israelisch-österreichischen Beziehungen belastet hatten. Im Juli 2004 war bereits ein israelischer Botschafter nach Wien entsandt worden.

Bundespräsident Horst Köhler absolvierte ab dem 1. 2. 2005 einen viertägigen **Staatsbesuch in Israel** aus Anlass des 40. Jahrestags der Aufnahme diplomatischer Beziehungen zwischen den beiden Ländern. Gut ein Vierteljahr später erwiderte Katzav diesen Besuch und hielt am 31. 5. vor dem Bundestag eine Rede, in der er unter anderem beklagte, dass es in Europa derzeit eine Welle des Antisemitismus gebe wie nie zuvor seit dem Ende des Zweiten Weltkriegs. Er warnte vor einer Legitimation der neonazistischen Kräfte, erklärte aber zugleich, die deutsche Demokratie sei widerstandsfähig und würdigte das gute bilaterale Verhältnis.

Bei den Begräbnisfeierlichkeiten für Papst Johannes Paul II. am 8. 4. 2005 in Rom kam es zu einem kurzen Kontakt zwischen Katzav und den Präsidenten Syriens, Baschar al-Assad, und Irans, Sayed Mohammed Khatami, als man während der Messe den Friedensgruß tauschte.

Bei einem Besuch des Direktors der **Internationalen Atomenergiebehörde** (IAEA), Mohamed el-Baradei, äußerte sich Ministerpräsident Scharon am 6. 7. 2004 in gewohnter Weise ambivalent über den **Besitz von Atomwaffen**: Israel müsse alle Waffen besitzen, die für seine eigene Verteidigung notwendig seien. Man werde aber nicht als erster Staat im Nahen Osten Atomwaffen einsetzen. Nach der Einschätzung von Experten besitzt Israel zwischen 100 und 400 Atomsprengköpfen (nach anderen Quellen 75–200). Israel ist nicht Mitglied der IAEA und unterliegt deshalb nicht deren Kontrollen; so verweigerte man Baradei auch einen Besuch in den betreffenden Anlagen.

PALÄSTINENSISCHE GEBIETE

▪ **Regierungskrise:** Oppositionelle Gruppen innerhalb der Fatah, die dem ehemaligen Sicherheitsminister der Regierung von Mahmud Abbas, Mohammed Dahlan, nahe stehen, entführten im Juli 2004 mehrere höhere Offiziere, darunter Polizeichef Jabali. Jassir Arafat, der am 17. 7. den Ausnahmezustand verhängt hatte, stimmte schließlich der Absetzung Jabalis zu, an dessen Stelle er seinen Neffen Musa Arafat ernannte. Zugleich verfügte er die Zusammenlegung der zahlreichen Sicherheitsdienste: Künftig solle es nur noch die Polizei, den Geheimdienst und die Nationalen Sicherheitskräfte geben. Mit deren Führung betraute Arafat indessen erneut enge Gefolgsleute. Damit entsprach er weder den israelischen und amerikanischen Forderungen noch jenen der innerpalästinensischen Opposition, die die **Zuständigkeit für die Sicherheitsdienste** in den Händen der Regierung sehen wollte. So kam es gegen die Ernennung Musa Arafats im Gazastreifen zu heftigen Protesten; die von Arafat geführte Administration wurde einmal mehr der Korruption bezichtigt. Arafat machte schließlich am 19. 7. die Ernennung Musa Arafats zum Allgemeinen Leiter der Sicherheitsdienste rückgängig; für den Gazastreifen blieb er weiterhin zuständig. An seine Stelle trat der abgesetzte Kommandant Abderazak al-Majaida.

Ministerpräsident Ahmed Kurei gab am 17. 7. 2004 seinen Rücktritt bekannt; es sei ihm nicht gelungen, die schwere Wirtschaftskrise zu bewältigen und die öffentliche Ordnung in Gaza wiederherzustellen. Das Parlament billigte am 21. 7. den Bericht einer Kommission, in dem der Führung unter Arafat Versagen bei der Bekämpfung von Gewalt und Gesetzlosigkeit vorgeworfen wurde. Zugleich wurde Arafat aufgefordert, anstelle Kureis einen Premier und eine Regierung mit wirklicher Machtbefugnis einzusetzen. Kurei zog am 27. 7. seinen Rücktritt zurück, den Arafat von Anfang an abgelehnt hatte. Am 4. 9. 2004 kündigte Arafat Parlaments- und Präsidentschaftswahlen für die Zeit unmittelbar nach den im Dezember abzuhaltenden Kommunalwahlen an, ohne einen genauen Termin zu nennen.

Gemäß einer im August 2004 veröffentlichten vorläufigen **Untersuchung der Antikorruptionsbehörde** der EU wurden die EU-Mittel von der palästinensischen Administration nicht für illegale Zwecke eingesetzt. Die EU zahlt seit 2001 monatlich 10 Mio. € an die Palästinensischen Autonomiebehörde, um die dieser zustehenden Steuer- und Zolleinnahmen zu kompensieren, die von Israel zurückgehalten werden. Eine Gruppe von 157 EU-Parlamentariern hatte die Überprüfung der Verwendung dieser Gelder gefordert, auch nachdem Ministerpräsident Scharon 2003 behauptet hatte, mit dem Geld würden Terroranschläge gegen Israel finanziert.

■ **Tod von Jassir Arafat:** Arafats Gesundheitszustand verschlechterte sich im Oktober so dramatisch, dass er am 29. 10. 2004 in ein französisches Militärkrankenhaus in der Nähe von Paris gebracht wurde, wo er am 11. 11. verstarb. Israel, das ihn seit fast zwei Jahren in seinem Amtssitz in Ramallah festgehalten hatte, hatte die Ausreise genehmigt. An der offiziellen Trauerfeier am 12. 11. in Kairo nahmen neben palästinensischen Politikern sowie den meisten Staats- und Regierungschefs der arabischen Welt auch Vertreter anderer Staaten teil, darunter Bundesaußenminister Fischer. Arafat wurde gleichentags in Ramallah auf dem Gelände seines Amtssitzes bestattet. Die eigentlich gewünschte Bestattung in Jerusalem war von Israel strikt abgelehnt worden.

Jassir Arafat 1929–2004

Arafat (geb. 1929) hatte seit 1969 an der Spitze der PLO gestanden und war zur Personifizierung des Kampfes der Palästinenser für einen eigenen unabhängigen Staat geworden. Die Regierung Scharon hatte ihn in den letzten Jahren, anders als ihre Vorgängerinnen, prinzipiell als Gesprächspartner abgelehnt und zunehmend isoliert.

Zum **Nachfolger Arafats** als Vorsitzendem der PLO wählte das Exekutivkomitee der PLO noch am 11. 11. 2004 Mahmud Abbas. Faruk Kaddumi übernahm die Führung der Fatah, der wichtigsten Organisation der PLO. Ministerpräsident Kurei übernahm die Leitung des Nationalen Sicherheitsrates, was ihm die Kontrolle der Sicherheitsdienste ermöglichte, die ihm bisher von Arafat verwehrt worden war.

■ **Präsidentschaftswahlen:** Am 22. 11. 2004 wurde Mahmud Abbas von der PLO einstimmig zum Kandidaten für die Präsidentschaftswahlen nominiert. Der von einem israelischen Gericht zu fünfmal lebenslänglicher Haft verurteilte populäre jüngere Fatah-Aktivist Marwan Barghuti zog nach längerem Hin und Her seine Kandidatur Ende November schließlich zurück. Abbas wurde am 9. 1. 2005 mit großer Mehrheit (62,5 %) gewählt; die meisten Stimmen nach ihm erhielt mit 19,5 % Mustafa Barghuti, ein unabhängiger Bürgerrechtler und Cousin des inhaftierten Marwan Barghuti. 70 % der schätzungsweise 1,8 Mio. Wahlberechtigten hatten sich für die Wahl registrieren lassen, von diesen hatten wiederum 73,4 % an der Wahl teilgenommen. Während US-Wahlbeobachter die Wahlen als frei und fair bezeichneten, wurden von EU-Beobachtern einzelne Verstöße wie die willkürliche Verlängerung der Öffnungszeit von Wahllokalen oder die Verwendung staatlicher Gelder für den Wahlkampf (des PLO-Kandidaten Abbas) angeprangert. Dennoch wertete auch die EU das Wahlergebnis als gutes Omen für den Friedensprozess.

Bei seiner Amtseinführung sprach sich Abbas für demokratische Reformen und die Einführung eines Rechtsstaates auf pluralistischer Grundlage aus. Mit Israel solle ein Waffenstillstand geschlossen und Verhandlungen begonnen werden, die zur Gründung eines palästinensischen Staates führen sollten. Abbas war seit Jahren dafür bekannt, dass er den gewaltsamen

Widerstand gegen Israel ablehnte und stattdessen auf politische Mittel setzte; nach seinem Amtsantritt ging die Zahl der Anschläge deutlich zurück, auch im Gazastreifen beruhigte sich die Lage. Zum Anschlag eines Selbstmordattentäters am 26. 2. 2005 vor einem Lokal in Tel Aviv, dem vier Menschen zum Opfer fielen, bekannte sich der Islamische Dschihad. Im Gazastreifen kam es nach drei Monaten relativer Ruhe im Mai 2005 zu neuen Gewaltausbrüchen.

Nach einem Bericht der israelischen Menschenrechtsorganisation Betselem vom 25. 5. 2005 kamen im vergangenen Jahr 89 Palästinenser beim Versuch der Festnahme durch israelisches Militär ums Leben; ungefähr die Hälfte davon soll unbewaffnet gewesen sein bzw. nicht versucht haben, von den Waffen Gebrauch zu machen. Der Bericht gelangte zu dem Schluss, dass von vornherein beabsichtigt war, die Betreffenden zu töten.

Ministerpräsident Ahmed Kurei erhielt nach dreitägiger Kontroverse und der Intervention von Präsident Abbas am 24. 2. 2005 die Zustimmung des Parlaments für sein **neues Kabinett**, in dem neben der Fatah weitere, säkular orientierte Palästinensergruppen vertreten sind. Etliche der Korruption verdächtige frühere Minister gehörten ihm nicht mehr an. Von den 24 Regierungsmitgliedern hatten 17 erstmals ein Regierungsamt übernommen. Am 23. 4. 2005 setzte Mahmud Abbas drei neue Kommandanten der Sicherheitskräfte ein; Musa Arafat wurde als Chef der Nationalen Sicherheitskräfte im Gazastreifen durch Suleiman Helles abgelöst. An die Spitze des Geheimdienstes trat Tarik Abu Radschab, Ala Husni wurde neuer Polizeichef. Außerdem sollen nach dem neuen Pensionsgesetz 10 Brigadegeneräle und rd. 1000 Offiziere im Alter von über 60 Jahren den Dienst quittieren. Am 1. 5. 2005 begannen die Autonomiebehörden im Gazastreifen mit dem Einsammeln illegaler Waffen.

Erstmals seit 1976 wurden – in mehreren Etappen (23. 12. 2004, 27. 1. und 5. 5. 2005) – **Kommunalwahlen** im Gazastreifen und im Westjordanland durchgeführt. Ein gutes Drittel der Sitze wurde von der Hamas erobert, die vor allem in den größeren Gemeinden stärkste Gruppierung wurde, die übrigen von der Fatah. In drei Fällen im Gazastreifen, in denen die Hamas gewonnen hatte, wurde nach einem Einspruch der Fatah eine Wahlwiederholung angeordnet, am 31. 5. aber zunächst verschoben.

Das am 18. 5. 2005 vom Parlament verabschiedete neue Wahlgesetz für die am 17. 7. abzuhaltenden Parlamentswahlen sieht vor, dass zwei Drittel der Sitze als Direktmandate, ein Drittel über Parteilisten vergeben werden. Präsident Abbas verschob am 5. 6. die Wahlen, um in der Zwischenzeit die Differenzen über das Wahlrecht – er selbst plädiert für eine reine Listenwahl nach dem Verhältniswahlrecht – zu beseitigen. Zugleich erschwerte der Generationenstreit innerhalb der Fatah die Aufstellung von Wahllisten. Bei der islamistischen Opposition stieß die Verschiebung auf Kritik.

Bei einem Treffen in Scharm el-Scheich am 8. 2. 2005, bei dem der ägyptische Präsident Hosni Mubarak und der jordanische König Abdullah als Gastgeber fungierten, vereinbarten Abbas und Scharon eine **Waffenruhe** und die Übergabe mehrerer Städte im Westjordanland an die palästinensische Polizei. Vorerst wurden jedoch nur Jericho (am 16. 3.) und Tulkarem (am 21.3) übergeben. Zuvor hatte Israel am 21. 2. 500 palästinensische Gefangene entlassen, weitere 400 kamen am 2. 6. frei. Scharon und Abbas trafen am 21. 6. 2005 in Jerusalem erneut zusammen. Man einigte sich darauf, die Wohnhäuser der zu räumenden israelischen Siedlungen zu zerstören und deren Bauschutt von den Palästinensern gegen Bezahlung wegräumen zu lassen. Ministerpräsident Kurei charakterisierte das Treffen anschließend vor der Presse als schwierig. Ihm zufolge hätte die israelische Seite auf ihren bekannten Prioritäten von Sicherheit und Terrorbekämpfung beharrt.

Abbas, Scharon, Mubarak und König Abdullah II. in Scharm el-Scheich (von links)

VERHÄLTNIS ISRAEL-PALÄSTINA

▪ **Mauerbau:** Die von Israel gebaute Sperrmauer zum Westjordanland, die das Eindringen von Attentätern nach Israel verhindern soll, war vom Internationalen Gerichtshof (ICJ) in Den Haag am 9. 7. 2004 in einem Rechtsgutachten für **völkerrechtlich illegal** erklärt worden, da sie zum allergrößten Teil auf palästinensischem Gebiet verläuft. Damit verstoße die Mauer gegen das Völkerrecht und die 4. Genfer Konvention zum Schutz der Zivilbevölkerung in Kriegszeiten, die nicht nur bei erklärten Kriegen, sondern auch bei bewaffneten Konflikten Gültigkeit besitze. Die Mauer schränke die Bewegungsfreiheit der Palästinenser ein und behindere sie bei der Arbeit sowie beim Zugang zur medizinischen Versorgung, zu Schulen und Universitäten. Da es sich um eine zwei Völker betreffende juristische Frage handle, sei der ICJ, anders als von Israel behauptet, in dieser Frage durchaus zuständig.

Das Gutachten und die Aufforderung des IGH an Israel, den Bau der Sperranlage einzustellen, die bereits bestehenden Teile abzureißen und betroffene Palästinenser zu entschädigen, riefen erwartungsgemäß auf Seiten der israelischen Regierung nur Ablehnung hervor. Ministerpräsident Scharon bezeichnete das **ICJ-Urteil** gar als **Ohrfeige für den Kampf gegen den Terror**.

Justizminister Lapid erklärte, nur Urteile des israelischen Obersten Gerichts wären für Israel von Bedeutung. Daher werde die Regierung dessen Urteil vom 30. 6. 2004 umsetzen, wonach der Verlauf der Sperrmauer in einigen Bereichen geändert werden müsse.

Die UN-Generalversammlung verabschiedete am 21. 7. 2004 eine Resolution (mit 150 gegen 6 Stimmen), die die Forderungen des ICJ-Gutachtens übernahm. Außerdem wurden die beiden Konfliktparteien aufgerufen, sich an ihre aus der Road Map erwachsenden Verpflichtungen zu halten. UN-Generalsekretär Kofi Annan solle die Schäden auflisten, die der palästinensischen Seite durch den Bau der Mauer bereits entstanden seien.

■ **Anschläge und bewaffnete Auseinandersetzungen:** Wie schon in den Monaten zuvor gingen die bewaffneten Auseinandersetzungen im **Gazastreifen** weiter. Am 8. 7. 2004 wurden bei Schießereien in Bayt Hanun 8 Palästinenser getötet, davon 2 Zivilisten. Nach israelischen Angaben war von dort israelisches Gebiet mit Raketen beschossen worden. Zur Vergeltung wurden Oliven- und Orangenhaine um den Ort herum zerstört. In Khan Yunis wurden am gleichen Tag von der Armee mindestens 30 Wohnhäuser zerstört. Anfang August kam es im Flüchtlingslager Jabaliya bei Gaza zu heftigen Kämpfen, ebenso in Rafah im Süden des Gazastreifen, wo ein neuer Tunnel nach Ägypten entdeckt wurde. Der Grenzübergang nach Ägypten wurde fast drei Wochen lang abgeriegelt.

Bei einer Straßensperre zwischen Jerusalem und Ramallah kam es am 10. 8. zu einem Anschlag der Al-Aksa-Brigaden, dem mehr als 12 Israelis und Palästinenser zum Opfer fielen. Am 18. 8. 2004 tötete die israelische Armee in einer gezielten Aktion fünf Mitglieder von Hamas und Islamischem Dschihad im Gazastreifen. Einem am 11. 7. 2004 von den Al-Aksa-Brigaden in Tel Aviv verübten Sprengstoffanschlag fiel eine Soldatin zum Opfer, 30 Personen wurden verletzt. Bei zwei Selbstmordattentaten der Hamas auf zwei Linienbusse in Beerscheba am 31. 8. 2004 wurden 16 Personen getötet. Die Hamas bezeichnete die Anschläge als Vergeltung für die Ermordung ihres Führers Rantisi am 17. 4. 2004. Das Haus eines der Attentäter in Hebron wurde von der Armee zerstört. Israel machte Syrien für den Anschlag verantwortlich, da Hamas und andere palästinensische Organisationen ihren Hauptsitz in Damaskus hätten und die radikalschiitische Hisbollah im Libanon den palästinensischen Gruppen Unterstützung gewähre. Auch Arafat verurteilte den Anschlag.

Nach einem nächtlichen Angriff israelischer Kampfhubschrauber am 6. 9. 2004 auf einen Fußballplatz in Gaza, bei dem 14 Palästinenser getötet wurden, erklärte Israel, es habe sich um Angehörige des militärischen Arms der Hamas gehandelt, die gerade eine Übung abgehalten hätten. Von palästinensischer Seite hieß es dagegen, es habe sich lediglich um sportliche Aktivitäten von Hamas-Pfadfindern gehandelt. Am 13. 9. wurden bei einem gezielten Angriff der Armee drei Mitglieder der Al-Aksa-Brigaden in ihrem Fahrzeug getötet. Eine Selbstmordattentäterin der Al-Aksa-Brigaden tötete am 22. 9. zwei israelische Polizisten, die sie aufgehalten und damit Schlimmeres verhindert hatten.

Im Gazastreifen kam es zu neuen Kämpfen, nachdem die israelische Armee sieben Wohnhäuser im Flüchtlingslager Khan Yunis zerstört hatte, weil sie angeblich als Versteck für palästinensische Kämpfer dienten. Als Vergeltung für den Tod einer Siedlerin durch eine palästinensische Granate wurden in Khan Yunis weiter 35 Häuser zerstört.

Nach dem Beschuss der Siedlung Sderoth durch palästinensische Raketen am 29. 9. 2004, dem zwei Kinder zum Opfer fielen, rückten israelische Panzereinheiten nach Jabaliya, Bayt Hanun und Bayt Lahia vor; in Jabaliya kam es auch zu Straßenkämpfen. Nach israelischen Angaben kamen bis zum Ende der Operation am 16. 10. 138 Palästinenser ums Leben, davon nach palästinensischen Angaben 25 Kinder. Auf israelischer Seite soll es acht Tote gegeben haben. Die palästinensischen Raketenangriffe, die mit dieser Aktion unterbunden werden sollten, hielten aber dennoch weiter an. Am 25. 10. rückte die Armee nach dem Beschuss einer israelischen Siedlung erneut in den Gazastreifen vor. Im Lager Khan Yunis wurden dabei 14 Palästinenser getötet. Ein Resolutionsentwurf der arabischen Staaten, in dem Israel zur Einstellung aller militärischen Aktionen aufgerufen wurde, scheiterte am 6. 10. am Veto der USA. Das am 26. 9. erfolgte Attentat auf einen Führer der Hamas, Izzedin Scheich Khalil, in Damaskus durch eine an seinem Fahrzeug angebrachte Bombe schreiben syrische Behörden dem israelischen Mossad zu. Am 5. 10. wurden zwei Aktivisten des Islamischen Dschihad getötet, wobei auch drei unbeteiligte Passanten verletzt wurden. Adnan al-Ghuni, Führungsmitglied der Kassem-Brigaden der Hamas, fiel am 21. 10. fiel einer Rakete der israelischen Luftwaffe zum Opfer.

In **Taba** auf der ägyptischen Sinai-Halbinsel kam es am 7. 10. 2004 zu einem **schweren Anschlag auf ein Hotel sowie eine Ferienanlage** bei Ras Shitan, der insgesamt 34 Menschenleben forderte, darunter 12 Israelis. Die ägyptischen Behörden erlaubten israelischen Rettungseinheiten den Einsatz auf ägyptischem Territorium. Tausende israelische Touristen brachen ihren Urlaub anlässlich des Laubhüttenfestes ab. Während die ägyptische Polizei palästinensische Gruppen hinter dem Anschlag vermutete, sprach die israelische Regierung von deutlichen Hinweisen auf Al-Qaida. Hamas und Islamischer Dschihad lehnten die Verantwortung für das Attentat ab.

■ **Neue internationale Friedensbemühungen:** Vertreter des aus den USA, Russland, der EU und den UN bestehenden Nahost-Quartetts und Mentoren der Road Map besuchten Anfang Juli 2004 Israel, um mit der Regierung die Umstände eines Abzugs aus dem

Gazastreifen zu klären. Diese verweigerte jedoch am 7.7.2004 ein Zusammentreffen; man wolle zuerst die eigene Position klären und sich danach ausschließlich mit der amerikanischen Seite verständigen. Ministerpräsident Scharon hatte die Road Map für nicht mehr gültig erklärt. US-Außenminister Powell führte am 22.11. Gespräche mit der israelischen und der neuen palästinensischen Führung. Dabei hob er hervor, dass die US-Regierung nach dem Tod Arafats dem Friedensprozess neuen Schwung verleihen wolle. Der palästinensischen Führung sicherte er Unterstützung bei der Durchführung der Wahlen zu. Washington halte an der Road Map fest und sehe den Abzug aus dem Gazastreifen, den Israel mit den Palästinensern koordinieren müsse, als Bestandteil dieses Plans.

Während eines Besuchs in Jerusalem und Ramallah am 22.12.2004 lud der englische Premier Tony Blair zu einer internationalen Nahostkonferenz in London ein, die am 1.3.2005 unter Teilnahme hochrangiger Vertreter von 23 Staaten und internationalen Organisationen stattfand, um über eine Friedenslösung für den Nahostkonflikt und Unterstützung für die Palästinensische Autonomiebehörde zu beraten. Israel und Syrien entsandten keine Vertreter. Mahmud Abbas erklärte, jene militanten Gruppen, die den Friedensprozess gefährdeten, bekämpfen und einen palästinensischen Staat auf rechtsstaatlicher Grundlage aufbauen zu wollen. US-Präsident George W. Bush ermahnte Scharon bei einem Treffen in Texas am 11.4.2005, die Bestimmungen der Road Map einzuhalten, was auch eine Beendigung der Siedlungstätigkeit in den besetzten Gebieten beinhalte. Dabei bezog er sich auch auf die Erweiterungen der Siedlung Maale Adumim, die nach der Errichtung der geplanten zusätzlichen Wohnungen bis an die Grenzen Jerusalems reichen würde. Zugleich wiederholte Bush seine bereits früher geäußerte Auffassung, es sei nicht nötig, dass Israel im Rahmen einer zukünftigen Friedenslösung alle Siedlungen im Westjordanland aufgebe. Der Umzug der Siedler und der militärische Abzug aus dem Gazastreifen solle durch eine amerikanische Finanzhilfe unterstützt werden. Gegen diese Zusage des Präsidenten erhob sich jedoch später Widerstand im Kongress, der diese Finanzhilfe bewilligen muss.

Scharon und Bush auf der Ranch in Texas

Erstmals seit fünf Jahren wurde mit Mahmud Abbas wieder ein Vorsitzender der Palästinensischen Autonomiebehörde im Weißen Haus empfangen. Sein zweitägiger Besuch in Washington (25./26.5.2005) wurde zu Gesprächen mit Vertretern der Regierung und Kongressabgeordneten genutzt. Präsident Bush äußerte sich anerkennend über Abbas' Amtstätigkeit, dämpfte aber palästinensische Hoffnungen auf Unterstützung im Konflikt mit Israel. Er bekräftigte die Vision eines unabhängigen und demokratischen Palästina, das mit Israel in Frieden lebe, gab indes keine Zusicherung, Druck auf Israel auszuüben und es zur Aufnahme baldiger Friedensgespräche zu bewegen. Bush bestätigte die israelische Position, wonach erst nach dem Ende des Widerstands über einen palästinensischen Staat verhandelt werden könne. Zugleich versprach er jedoch, den palästinensischen Wohnungsbau in Gaza finanziell zu unterstützen. Von den von Bush bereits im Februar für die Palästinenser zugesagten und vom Kongress bewilligten 200 Mio. US-$ soll ein Viertel an Israel fließen und für den Bau moderner Grenzposten rings um den Gazastreifen verwendet werden. Der Rest des Geldes ist für regierungsunabhängige Organisationen in Palästina bestimmt.

Die amerikanische Außenministerin Condoleezza Rice bestätigte bei ihrem Besuch in Israel und Palästina nochmals, dass die amerikanische Seite der Räumung des Gazastreifens höchste Bedeutung zumesse, und rief beide Seiten zur Koordination bei dem diesen Sommer bevorstehenden israelischen Abzug aus dem Gazastreifen auf. Neben Lob für Abbas' Reformen im Sicherheitsapparat verlangte sie ein entschiedeneres Durchgreifen gegen illegale Gruppen und Terroristen. Auf israelischer Seite traf sich Rice mit Ministerpräsident Scharon, dessen Stellvertreter Peres, Außenminister Schalom und Verteidigungsminister Mofaz. Präsident Wladimir Putin besuchte als erstes russisches Staatsoberhaupt vom 28.-30.4.2005 Israel und Palästina, bei dem er mit Israels Staatspräsidenten Katzav, Ministerpräsident Scharon und Palästinenserpräsident Abbas zusammentraf. Von israelischer Seite wurde der Besorgnis wegen geplanter Lieferungen Moskaus von Flugabwehrraketen an Syrien Ausdruck verliehen; Putin erklärte, dass russische Inspektoren die Waffen periodisch kontrollieren würden. Auch die von den Palästinensern gewünschte Lieferung von Schützenpanzerwagen stieß auf israelische Ablehnung. Bei seinem Treffen mit Abbas äußerte sich Putin nicht zu diesem Punkt. Russland ist aber zumindest bereit, der palästinensischen Seite Transporthelikopter zu liefern.

Italien Süd-Europa

Italienische Republik; Repubblica Italiana, Kurzform: Italia – IT/ITA

Fläche (Weltrang: 70): 301 336 km²

Einwohner (22): F 2003 57 646 000 = 191 je km²

Hauptstadt: Roma (Rom)

Amtssprachen: Italienisch, Deutsch (regional), Französisch (regional), Slowenisch (regional)

Bruttonationaleinkommen 2003 je Einw.: 21 570 $

Währung: 1 Euro (€) = 100 Cent
Kurs: 1 US-$ = 0,83 € (1. 7. 2005)

Botschaft der Italienischen Republik
Hiroshimastr. 1, 10785 Berlin
T 030/25 44 00, Fax 25 44 01 20
www.botschaft-italien.de

LANDESSTRUKTUR **Fläche**: 301 336 km²; davon Sizilien 25 426 km², Sardinien 23 813 km², Elba 224 km²; ▪ **Verwaltung**: 20 Regionen; Sonderstatus für die 5 Regionen Aostatal, Friaul-Julisch-Venetien, Sardinien, Sizilien, Trentino-Südtirol ▪ **Städte**: (F 2002) Roma (Rom) 2 540 829 Einw., Milano (Mailand) 1 247 052, Napoli (Neapel) 1 008 419, Torino (Turin) 861 644, Palermo 682 901, Genova (Genua) 604 732, Bologna 373 018, Firenze (Florenz) 352 940, Bari 315 068, Catania 308 438, Venezia (Venedig) 269 566; (F 2001) Messina 257 302; (F 2002) Verona 256 110, Trieste (Triest) 209 557, Padova (Padua) 205 645, Taranto (Tarent) 200 436, Brescia 187 595, Reggio di Calabria 180 363, Modena 176 584, Prato 174 631, Parma 164 716, Cagliari 162 864, Livorno 156 198, Foggia 154 970, Perugia 150 823

BEVÖLKERUNG Italiener – F 2003: 57 646 000 Einw.; Bevölkerungswachstum: –0,1 %; letzte Zählung 2001: 56 995 744 Einw. – 1 660 000 Sarden, 750 000 Rätoromanen (Friauler und 30 000 Ladiner), 300 000 Deutschsprachige (Trentino-Südtirol), 200 000 Franco-Provenzalen (Aostatal und Piemont), 90 000 Albaner (Kalabrien), 53 000 Slowenen (Friaul-Julisch Venetien), 15 000 Griechen (Apulien) ▪ **Sprachen**: Italienisch; regional Sardisch, Deutsch (Trentino-Südtirol), Französisch-Provenzalisch (Aostatal), Ladinisch (Trentino-Südtirol), Slowenisch (in Triest und Gorizia), Friaulisch (Friaul); außerdem Albanisch, Griechisch und Katalanisch ▪ **Religion** 2002: über 90 % Katholiken; 50 000 Protestanten, 30 000 Juden (1997)

STAATS- UND REGIERUNGSFORM Verfassung von 1948 – Republik seit 1946 – Parlament: Abgeordnetenhaus (Camera dei Deputati) mit 630 und Senat (Senato della Repubblica) mit 325 Mitgl. (davon 10 Senatoren auf Lebenszeit); Wahl alle 5 J. – Wahl des Staatsoberh. alle 7 J. durch Wahlmännerkollegium – Wahlpflicht ab 18 J. ▪ **Unabhängigkeit**: alte staatl. Tradition; nationale Einheit in der Neuzeit seit 1861, Ausrufung der Republik 2. 6. 1946 ▪ **Nationalfeiertag**: 25. 4. (Tag der Befreiung)

REGIERUNG UND PARTEIEN **Staatsoberhaupt**: Carlo Azeglio Ciampi, seit 29. 5. 1999 – **Regierungschef**: Silvio Berlusconi (Forza Italia), seit 11. 6. 2001; Koalition aus Parteien der Casa delle Libertà – **Äußeres**: Gianfranco Fini (AN), seit 18. 11. 2004 ▪ **Parlament**: Wahlen vom 13. 5. 2001: Abgeordnetenhaus: Mitte-rechts-Bündnis Casa delle Libertà: Forza Italia, Alleanza Nazionale, Lega Nord, Centro Cristiano Democratico/CCD-CDU, Nuovo PSI insg. 368 von 630 Sitzen (1996 als Polo delle Libertà ohne Lega Nord (59) 246); Mitte-links-Bündnis L'Ulivo: Democratici di Sinistra, Margherita: Partito Populare, Rinnovamento Italiano/Lista Dini, Unione Democratici per l'Europa, Democratici, Girasole: Federazione dei Verdi, Socialisti Democratici Italiani, Comunisti Italiani insg. 242 (284); Rifondazione Comunista/RC 11 (35); Sonstige 9 (6) – Senat: Casa delle Libertà insg. 177 von 315 Sitzen (1996 als Polo delle Libertà ohne Lega Nord (27) 116); L'Ulivo 125 (157); RC 3 (10); Sonstige 10 (5)

WIRTSCHAFT **BIP** 2003: 1468,314 Mrd. $; realer Zuwachs: 0,3 %; Anteil (2003) Landwirtschaft 3 %, Industrie 28 %, Dienstleistungen 70 % ▪ **Erwerbstätigkeit** 2000: Landwirtsch. 5,3 %, Industrie 31,9 %, Dienstl. 62,8 % ▪ **Arbeitslosigkeit** ∅ 2004: 8,3 % ▪ **Inflation** ∅ 2004: 2,3 % ▪ **Außenhandel** 2004: **Import**: 282,21 Mrd. €; *Güter*: 15 % Transportmittel, 14 % chemische Erzeugnisse, 13 % elektrotechnische Ausrüstungen, 8 % Maschinen und Anlagen, 7 % Nahrungsmittel, 5 % Textilien und Bekleidung, 3 % Agrarerzeugnisse; *Länder*: 18 % Deutschland, 11 % Frankreich, 6 % Niederlande, 5 % Großbritannien, 5 % USA; **Export**: 280,69 Mrd. €; *Güter*: 20 % Maschinen und Anlagen, 11 % Transportmittel, 10 % Textilien und Bekleidung, 10 % chemische Erzeugnisse, 6 % Nahrungsmittel, 1 % Agrarerzeugnisse; *Länder*: 14 % Deutschland, 12 % Frankreich, 10 % USA, 7 % Großbritannien, 7 % Spanien, 2 % Niederlande
Weitere Informationen → Kap. Wirtschaft

CHRONIK

Im dritten Jahr der Legislaturperiode überstand Ministerpräsident Silvio Berlusconi mit seinem rechten Regierungsbündnis die bis dahin schwersten politischen Krisen seiner Amtszeit. Kabinettsumbildungen, Rivalitäten innerhalb der Mitte-rechts-Koalition und eine schwindende parlamentarische Basis prägten das Bild der Regierungspolitik. Gleichermaßen sank die Popularität des Regierungschefs, dem angesichts der prekären Haushaltslage für die Verwirklichung seiner Wahlversprechen von 2001 kaum noch

Spielraum verblieb. In der – in sich uneinigen – Opposition positionierte sich wieder der frühere Minister- und EU-Kommissionspräsident Romano Prodi als politische Integrationskraft der linken Mitte und Alternative zum amtierenden Regierungschef für die Parlamentswahl 2006. Die Außenpolitik wurde vom Irak-Engagement überschattet, das die Öffentlichkeit mit Entführungsfällen in Atem hielt und schließlich durch den Tod eines Geheimdienstoffiziers die Beziehungen zu den USA belastete.

INNENPOLITIK

- **Regierungskrisen:** Nach dem von der rechtsnationalen Alleanza Nazionale (AN) erzwungenen **Rücktritt des Wirtschafts- und Finanzministers Giulio Tremonti** von Berlusconis Forza Italia (FI; → WA 2005, S. 229) berief der Ministerpräsident am 16. 7. 2004 den parteilosen Generaldirektor des Schatzamtes, **Domenico Siniscalco**, in das Doppelamt des »Superministers«.

Die nach den verlorenen Europa- und Regionalwahlen im Juni 2004 aufgebrochenen Divergenzen zwischen den Koalitionspartnern traten erneut hervor, als der erkrankte Reformminister **Umberto Bossi** am 19. 7. zurücktrat, gleichwohl Vorsitzender der Lega Nord (LN) blieb und sein Abgeordnetenmandat im nationalen Parlament gegen eines im Europäischen Parlament tauschte. Als Bossis Nachfolger wechselte der stellvertretende Senatspräsident und LN-Koordinator **Roberto Calderoli** ins Kabinett.

Die gescheiterte Kandidatur (→ unten) des streng konservativ-christdemokratischen Europaministers **Rocco Buttiglione (UDC)** zum neuen EU-Kommissar am 23. 7. hatte nicht nur schwere Turbulenzen auf EU-Ebene zur Folge, sondern verursachte auch neue Probleme in der fragilen Regierungskoalition. An Stelle von Buttiglione entsandte Berlusconi am 4. 11. Außenminister **Franco Frattini (FI)** in die EU-Kommission. Für ihn rückte nach heftigen Debatten am 18. 11. der Vize-Regierungschef Gianfranco Fini ins Kabinett nach. Der frühere Neofaschist und langjährige Vorsitzende der AN hatte die Partei seit Mitte der 1990er Jahre zur maßgeblichen politischen Kraft der nationalen Rechten im Rahmen der demokratischen Verfassungsordnung geformt. Um den Zusammenhalt der Vier-Parteien-Koalition zu stärken, berief der Ministerpräsident nach dem Ausscheiden Buttigliones den Generalsekretär der Christdemokraten (UDC), **Marco Follini,** zum zweiten stellvertretenden Ministerpräsidenten.

Nach erheblichen Verlusten der Regierungsparteien, vor allem der FI, und einem deutlichen Linksruck bei den Regionalwahlen im März 2005 (→ Karte), **reichte Berlusconi am 20. 4. seinen Rücktritt ein,** um sich sogleich von Staatspräsident Carlo Azeglio Ciampi mit der Neubildung der Regierung beauftragen zu lassen. Zum Neustart des Regierungsbündnisses hatten ihn UDC und AN durch einen taktischen Rückzug aus dem Kabinett gezwungen. Für sein teilerneuertes, in den Schlüsselressorts unverändertes Kabinett der 60. Nachkriegsregierung gewann Berlusconi am 27. und 28. 4. in beiden Häusern des Parlaments die Vertrauensabstimmung. Zu den wichtigen Personalentscheidungen gehörte die Rückkehr von Berlusconis engem Vertrauten Tremonti als Vize-Regierungschef. Auch Buttiglione erhielt mit der Zuständigkeit für die Kulturpolitik wieder ein Ministeramt. Als **weitere Koalitionspartner** traten die Republikanische Partei (PRI), deren Vorsitzender Giorgio La Malfa neuer Europaminister wurde, und die Neuen Sozialisten (Nuovo PSI) unter dem früheren Außenminister Gianni De Michelis in das Regierungsbündnis ein. Dem 26-köpfigen Kabinett, dem größten der Nachkriegszeit, gehören nur zwei Frauen an.

- **Berlusconi zwischen Amt, Gesetz und Unternehmen:** Nach Zustimmung der Abgeordnetenkammer in fünfter Lesung am 14. 7. 2004 trat nach drei Jahren Beratung das **Gesetz über den Interessenkonflikt** in Kraft. Danach dürfen Träger staatlicher Macht ihr politisches Amt nicht aktiv für privatwirtschaftliche Interessen nutzen. Sie können Firmeneigentümer bleiben, müssen jedoch eine operative Einwirkung auf ihre Unternehmen unterlassen. Das Gesetz soll die institutionelle Problematik lösen, die sich aus der Doppelrolle Berlusconis als Regierungschef und Haupteigentümer des größten Medienimperiums des Landes ergibt.

Am 13. 4. 2005 gab die von Berlusconi kontrollierte Familienholding Fininvest überraschend bekannt, dass sie ihre **Beteiligung am Konzern Mediaset** von 51 auf rund 34 % reduziere. Maßgeblichen Einfluss auf das Medienimperium verliert Berlusconi mit dem noch gehaltenen Mediaset-Anteil jedoch nicht.

Im **Dauerkonflikt mit der Justiz** (→ WA 2005, S. 229) errang Berlusconi zwei bedeutende Siege. Der Erste Strafsenat des Mailänder Gerichts sprach ihn am 10. 12. 2004 vom **Vorwurf der aktiven Richterbestechung** frei mit der Begründung, in einem der beiden Anklagepunkte sei die Schuld nicht erwiesen, in dem anderen sei der Fall verjährt, weil die Richter Berlusconi für das ihrer Ansicht nach erwiesene Delikt mildernde Umstände zubilligten. Beide Vorwürfe beziehen sich auf Vorgänge im Zusammenhang mit der Privatisierung des staatlich kontrollierten Lebensmittelkonzerns SME in den 1980er Jahren. Die Staatsanwaltschaft, die für Berlusconi eine achtjährige Haftstrafe gefordert hatte, legte am 3. 6. 2005 **Berufung gegen den Freispruch** im nicht verjährten Tatkomplex ein.

Der Europäische Gerichtshof (EuGH) in Luxemburg wies am 3. 5. 2005 einen Einspruch des Mailänder Gerichts gegen die sog. Lex Berlusconi, eine 2002 vorgenommene und rückwirkend geltende Reduzierung von Straftatbestand und Verjährungsfrist im Bilanzrecht, zurück – mit der Folge, dass **Berlusconi für Bilanzfälschungen nicht mehr zur Rechenschaft gezogen** werden kann. Entgegen der von der Generalanwältin des EuGH vertretenen Rechtsauffassung entschieden die Luxemburger Richter überraschend, die EU-Richtlinien – in diesem Fall zum Bilanzrecht – könnten nicht herangezogen werden. Berlusconi war von der Staatsanwaltschaft in Mailand angeklagt worden, für die Verschiebung von rd. 170 Mio. € der von ihm kontrollierten TV-Gesellschaft Mediaset auf schwarze Konten im Ausland verantwortlich gewesen zu sein.

- **Rentenreform:** Mit Hilfe einer Vertrauensabstimmung setzte Ministerpräsident Berlusconi im Abgeordnetenhaus am 28. 7. 2004 die abschließende Annahme der Reform des Rentensystems durch. Von den beschlossenen Maßnahmen, die erst 2008 wirksam werden, erhofft sich die Regierung u. a. jährliche Einsparungen im Finanzvolumen von 0,7 % des BIP (→ WA 2005, S. 230).
- **Amnestiegesetz:** Die markante **Verkürzung der Verjährungsfristen** hat ein Amnestiegesetz zum Inhalt, das am 16. 12. 2004 vom Abgeordnetenhaus verabschiedet wurde. Der Oberste Richterrat (CSM) warnte in seiner Stellungnahme vor verheerenden Folgen für die Strafjustiz, sollte der Gesetzentwurf in Kraft treten. Die Verjährungsquote aller einschlägigen anhängigen Verfahren würde sich von derzeit rd. 10 auf ungefähr 47 % erhöhen. Da das Gesetz auch für laufende Verfahren gelten soll, könnten neben tausenden Angeklagten auch Berlusconi und mehrere seiner angeklagten oder erstinstanzlich verurteilten ehemaligen Partner profitieren.
- **Justizreform:** Gegen das stark umstrittene Gesetz über die Reform des Justizapparates (→ WA 2005, S. 229), das am 1. 12. 2004 mit der Mehrheit der Regierungskoalition abschließend angenommen worden war, machte Präsident Ciampi Bedenken zur Verfassungsmäßigkeit geltend und wies es am 16. 12. zur erneuten Behandlung an das Parlament zurück. Nach Auffassung Ciampis stellt das Gesetz durch die Beschneidung der Kompetenzen des Obersten Richterrates (CSM) die Unabhängigkeit der Gerichtsbarkeit in Frage und eröffnet der Regierung eine verfassungswidrige Einflussnahme, da Staatsanwälte vom Justizminister weisungsabhängig werden. Ferner verbietet es Richtern und Staatsanwälten, sich politisch zu äußern oder an Demonstrationen teilzunehmen. Der mit kleinen Änderungen versehene Gesetzesentwurf wurde am 28. 6. 2005 vom Senat gebilligt – nach erneuter Annahme durch das Abgeordnetenhaus muss der Staatspräsident das Gesetz ausfertigen.
- **Steuerreform und Stabilitätspolitik:** Ungeachtet eines landesweiten Generalstreiks der drei großen Gewerkschaftsverbände und einer Warnung des Internationalen Währungsfonds (IWF), die Staatsverschuldung nicht weiter in die Höhe zu treiben, setzte die Regierung am 26. 11. 2004 im Abgeordnetenhaus die **Annahme eines Steuersenkungspakets** im Volumen von 6,5 Mrd. € durch. Der Hauptteil der Steuererleichterungen (6 Mrd. €) entfällt auf die Einkommensteuer. Die bisherigen fünf Steuersätze zwischen 23 und 45 % werden durch drei neue Quoten (23, 33, 39 %) ersetzt. Die Gegenfinanzierung, die nur einen Teil der Ausnahmeeinfälle abdeckt, erfolgt durch Einnahmen aus der am 14. 10. beschlossenen »Bausünder-Amnestie«, der Erhöhung diverser Verbrauchssteuern sowie mittels Einsparungen durch Kürzung von Sozialleistungen und Streichung von 75 000 Arbeitsplätzen im öffentlichen Dienst. Bei seinen Koalitionspartnern hatte Berlusconi die Steuerreform nur mit der Androhung seines Rücktritts und der Ausschreibung von Neuwahlen durchsetzen können.
- **Flüchtlingspolitik:** Das Verfassungsgericht erklärte am 15. 7. 2004 Teile des Einwanderungsgesetzes von 2002 für verfassungswidrig, darunter die Bestimmung, nach der Asylbewerber abgeschoben werden können, bevor im Falle des Widerspruchs ein rechtsgültiges Gerichtsurteil vorliegt.

Zur **Abwehr der illegalen Zuwanderung aus Afrika über Libyen nach Italien** vereinbarten Ministerpräsident Berlusconi und Libyens Staatschef Muammar al-Gaddafi am 25. 8. 2004 in Tripolis ein umfassendes Konzept zur Kooperation, das am 26. 9. in einem Abkommen zwischen den Innenministern beider Staaten konkretisiert wurde. Neben einer Luftbrücke, über die seit Anfang Oktober an den Küsten aufgegriffene Bootsflüchtlinge aus Nordafrika nach Libyen expediert werden, umfasst die Zusammenarbeit gemeinsame Patrouillen an der libyschen Küste, eine engere Kooperation der Geheimdienste und die Einrichtung von Auffanglagern in Libyen. Italien erklärte sich bereit, rd. 150 Polizisten nach Libyen zu entsenden und – nach

Aufhebung des EU-Waffenembargos am 11. 10. – die erforderliche Ausrüstung u. a. Flugzeuge, Schnellboote und Geländefahrzeuge zu stellen. In den ersten drei Quartalen 2004 wurden von den italienischen Behörden rd. 10 000 Bootsflüchtlinge registriert (2003: 14 300), die meisten von ihnen landeten auf der zwischen Libyen und Sizilien gelegenen Insel Lampedusa.

▪ **Weitere Ereignisse:** Der 85-jährige **frühere Ministerpräsident Giulio Andreotti** wurde am 15. 10. 2004 vom römischen Kassationsgericht in letzter Instanz vom Vorwurf der Mafia-Verschwörung **freigesprochen.** Damit endete nach elf Jahren eines der spektakulärsten politischen Justizverfahren in der Nachkriegszeit.

Einem seit Herbst 2003 anhaltenden **Bandenkrieg zwischen rivalisierenden Clans der Camorra** in Neapel fielen 2004 mindestens 134 Menschen zum Opfer, unter ihnen auch Unbeteiligte. Großeinsätze von Polizisten und Carabinieri führten durch Festnahmen allenfalls zu Teilerfolgen gegen das organisierte Verbrechen. Kennern der Szene zufolge geht es um die Vorherrschaft beim Handel mit Drogen und Waffen nach dem Auseinanderbrechen des mächtigen Di-Lauro-Clans.

Am 10. 1. 2005 trat eines der europaweit strengsten **Rauchverbot-Gesetze** in Kraft. Es gilt für Bars, Restaurants und Diskotheken sowie für Arbeitsplätze in geschlossenen Räumen (→ Foto). Erlaubt ist der Tabakkonsum nur noch in speziellen Raucherräumen mit Vorrichtungen, die eine Beeinträchtigung von Nichtrauchern ausschließt.

Rauchverbot-Gesetz

In einem **Prozess gegen den italienischen Zigarettenhersteller** ETI (heute: BAT Italia) wegen des Todes eines Rauchers sprach ein Berufungsgericht in Rom im ersten Urteil dieser Art in Europa am 9. 3. den Angehörigen eine **Schadenersatzzahlung** von 200 000 € zu. Zur Begründung führte das Gericht aus, das Unternehmen habe es unterlassen, auf die bekannten gesundheitlichen Risiken seiner Produkte hinzuweisen. Entsprechende Hinweise auf Zigarettenpackungen hatte der italienische Staat erst 1990 vorgeschrieben. Der Raucher war 1991 gestorben.

AUSSENPOLITIK

▪ **Europapolitik:** Bei der Besetzung der **EU-Kommission** scheiterte der nominierte Europaminister **Rocco Buttiglione** (UDC) am Widerstand des Europäischen Parlaments gegen seine Berufung (→ EU). Der konservative Politiker hatte sich durch diskriminierende Äußerungen u. a. gegenüber Homosexuellen für die vorgesehenen Ämter eines der Vizepräsidenten und des EU-Kommissars für Justiz, Freiheit und Sicherheit disqualifiziert. An seine Stelle trat im November 2004 der bisherige Außenminister Franco Frattini (FI).

Beide Häuser des Parlaments billigten mit überwältigender Mehrheit den **EU-Verfassungsvertrag** – das Abgeordnetenhaus am 25. 1. 2005 mit 436 gegen 28 Stimmen der Lega Nord (LN) und der Kommunisten (RC) sowie 5 Enthaltungen der Grünen, der Senat am 6. 4. 2005 mit 217 gegen 16 Stimmen.

▪ **Irak-Engagement:** Zwei Wochen vor den Regionalwahlen kündigte Ministerpräsident Berlusconi am 15. 3. 2005 an, das Militärkontingent im Irak werde ab September schrittweise abgezogen. In der unter britischem Kommando stehenden Südzone des Irak sind rd. 3100 italienische Soldaten stationiert, die das viertgrößte Truppenkontingent der Irak-Alliierten bilden. Ihre Mission »Antica Babilonia« hatte das Abgeordnetenhaus am selben Tag um ein halbes Jahr verlängert. Nach überraschten Reaktionen aus Washington und London relativierte Berlusconi seine Äußerung. Am 10. 5. erklärte Außenminister Fini, ein **Abzug der Truppen** könne für Anfang 2006 in Erwägung gezogen werden, wenn die Umstände, d. h. die Sicherheitslage im Irak, dies zuließen.

▪ **Geiselnahme und Affäre um Agententod:** Die Korrespondentin der linken Zeitung »Il Manifesto« und der deutschen Wochenzeitung »Die ZEIT«, **Giuliana Sgrena,** wurde am 4. 2. 2005 in Bagdad gekidnappt. Eine Islamistengruppe Organisation des islamischen Dschihad verlangte für ihre Freilassung den Abzug der italienischen Soldaten innerhalb von 72 Stunden. Die Regierung gab der Forderung nicht nach, hinter den Kulissen mündeten Verhandlungen schließlich in eine – offiziell nicht bestätigte – Lösegeldzahlung von angeblich mehreren Millionen Euro. Auf dem Weg zum internationalen Flughafen von Bagdad am 4. 3. **eröffnete** ein amerikanischer Kontrollposten **das Feuer auf den Wagen mit der freigelassenen Geisel** und tötete dabei den Geheimdienstagenten Nicola Calipari, der die Befreiung der Journalistin organisiert hatte. Unterschiedliche Versionen über den Vorfall und der Versuch von amerikanischer Seite, den italienischen Behörden, Calipari und dem Fahrer des angegriffenen Wagens die Hauptschuld zuzuweisen, steigerten die **öffentliche Empörung** in Italien über das Verhalten der USA und führten zu Verstimmungen zwischen Rom und Washington.

Jamaika Mittel-Amerika; Karibik

Jamaica – JM / JAM

Fläche (Weltrang: 159): 10 991 km²

Einwohner (134): F 2003 2 643 000 = 241 je km²

Hauptstadt: Kingston

Amtssprache: Englisch

Bruttonationaleinkommen 2003 je Einw.: 2980 $

Währung: 1 Jamaika-Dollar (J$) = 100 Cents
Kurs: 1 US-$ = 61,71 J$; 1 € = 76,20 J$

Botschaft von Jamaika
Schmargendorfer Str. 32, 12159 Berlin
T 030 / 85 99 45 – 0, Fax 85 99 45 – 40
www.jamador.de

LANDESSTRUKTUR **Fläche:** 10 991 km² ▪ **Verwaltung:** 14 Bezirke ▪ **Städte:** (Z vorl. 2001) Kingston 577 623 Einw., Spanish Town 131 056; (F 1995) Portmore 93 800, Montego Bay 82 000, May Pen 45 900

BEVÖLKERUNG Jamaikaner – F 2003: 2 643 000 Einw.; Bevölkerungswachstum: 0,8 %; letzte Zählung 2001: 2 607 632 Einw. – 1991: 76 % Schwarze, 15 % Mulatten, 1,3 % Inder, 0,2 % Weiße, 0,2 % Chinesen ▪ **Sprachen:** Englisch; jamaikanisches Creole ▪ **Religion:** ca. 50 % Anglikaner, 5 % Katholiken, 5 % Rastafari; Pfingstler, Baptisten u. a.

STAATS- UND REGIERUNGSFORM Verfassung von 1962 – Parlamentarische Monarchie (im Commonwealth) seit 1962 – Parlament: Repräsentantenhaus mit 60 gewählten und Senat mit 21 (13 durch den Generalgouv. und 8 durch den Oppositionsführer) ernannten Mitgl.; Wahl alle 5 J. – Wahlrecht ab 18 J. ▪ **Unabhängigkeit:** 6. 8. 1962 (ehem. britische Kolonie) ▪ **Nationalfeiertag:** 1. Montag im August (Unabhängigkeitstag)

REGIERUNG UND PARTEIEN **Staatsoberhaupt:** Königin Elizabeth II., vertreten durch Generalgouverneur Sir Howard Felix Hanlan Cooke, seit 1. 8. 1991 – **Regierungschef:** Percival J. Patterson (PNP-Vors.), seit 30. 3. 1992 – **Äußeres:** Keith Desmond Knight (PNP), seit 1. 11. 2001 ▪ **Parlament:** Wahlen zum Repräsentantenhaus vom 16. 10. 2002: People's National Party / PNP 34 von 60 Sitzen (1997: 50), Jamaica Labour Party / JLP 26 (10)

WIRTSCHAFT **BIP** 2003: 8,147 Mrd. $; realer Zuwachs: 2,3 %; Anteil (2003) Landwirtschaft 5 %, Industrie 30 %, Dienstleistungen 65 % ▪ **Erwerbstätigkeit** 2002: Landwirtsch. 19,4 %, Industrie 17,5 %, Dienstl. 62,8 % ▪ **Arbeitslosigkeit** ∅ 2003: 12,8 % ▪ **Inflation** ∅ 2004: 11,5 % ▪ **Außenhandel** 2004: **Import:** 3,636 Mrd. $; *Güter:* 23 % mineralische Brennstoffe, 22 % Maschinen, Transportgüter, 14 % Fertigerzeugnisse, 13 % Nahrungsmittel, 10 % chemische Erzeugnisse; *Länder:* 44 % USA, 13 % Caricom, 11 % Lateinamerika, 6 % EU, 4 % Großbritannien, 3 % Kanada; **Export:** 1,613 Mrd. $; *Güter:* 66 % Rohstoffe, 18 % Nahrungsmittel, 6 % chemische Erzeugnisse, 4 % Getränke, Tabak, 2 % mineralische Brennstoffe, 2 % Maschinen, Transportausrüstung; *Länder:* 29 % USA, 17 % EU, 16 % Kanada, 13 % Großbritannien, 4 % Caricom, 4 % Norwegen

CHRONIK

Drängendstes Problem in Jamaika ist die seit Jahren zunehmende **Gewaltkriminalität:** 2004 wurden in dem 2,6 Mio. Einwohner zählenden Land 1145 Personen ermordet. Nur die Hälfte der Verbrechen werden aufgeklärt. Gleichzeitig machte amnesty international darauf aufmerksam, dass es auch 2004 wieder zu schätzungsweise 150 extralegalen Tötungen seitens der Polizei gekommen wäre, in den vergangenen fünf Jahren aber kein einziger dieser Fälle zu einer Anklage geführt hätte.

Nun droht die ausufernde Gewalt, die von den Strafverfolgungsbehörden nicht zuletzt auf die gestiegene Aktivität von Straßenbanden zurückgeführt wird, auch den Tourismus, die Hauptdevisenquelle Jamaikas, zu beeinträchtigen. Vor diesem Hintergrund wird in Jamaika wie in allen anderen Staaten der Karibik (außer Haiti) zur Zeit eine **Diskussion über die** bei Mord in der Verfassung festgeschriebene **Todesstrafe** geführt. Das für die Commonwealth-Staaten der Region bisher als oberste Appellationsinstanz zuständige Judicial Committee of the Privy Council in London erklärte jedoch im Fall von Jamaika am 7. 7. 2004, dass ein zwingend vorgeschriebenes Todesurteil als Strafe in Mordfällen gegen die Verfassung verstoße.

Eine Lösung dieses Konflikts sahen die Karibikstaaten in dem am 16. 4. 2005 eröffneten **Karibischen Gerichtshof**, der den Privy Council als letzte juristische Appellationsinstanz ablösen und zudem als Schlichtungsstelle für Streitfragen im Rahmen des Gemeinsamen Karibischen Marktes dienen soll. Nachdem das Parlament im Juli 2004 mit einfacher Mehrheit die für den Ersatz des Privy Council durch den Karibischen Gerichtshof notwendigen Gesetzesänderungen verabschiedet hatte, rief die Opposition Mitte Januar 2005 den Privy Council an, nach dessen Ansicht es für eine solche Entscheidung einer Zweidrittelmehrheit bedürfe. Nach der am 12. bzw. 15. 4. 2005 ratifizierten Neufassung des Gesetzes gehen letztinstanzliche Berufungsfälle vorerst weiterhin nach London.

Obwohl **Hurrikan Ivan** (→ Grenada) nicht direkt über die Insel zog, forderte der Wirbelsturm am 11./12. 9. 2004 auch in Jamaika 20 Menschenleben, Tausende Häuser wurden zerstört, rund 15 000 Menschen wurden obdachlos.

Japan Ost-Asien

Nihon-Koku – JP / JPN

Fläche (Weltrang: 60): 377 837 km²

Einwohner (10): F 2003 127 573 000 = 338 je km²

Hauptstadt: Tōkyō (Tokyo, Tokio)

Amtssprache: Japanisch

Bruttonationaleinkommen 2003 je Einw.: 34 180 $

Währung: 1 Yen (¥) = 100 Sen
Kurs: 1 US-$ = 109,11 ¥; 1 € = 136,17 ¥

Botschaft von Japan
Hiroshimastr. 6, 10785 Berlin
T 030 / 21 09 40, Fax 21 09 42 22
www.botschaft-japan.de

LANDESSTRUKTUR **Fläche**: 377 837 km²; 4 Hauptinseln (Hokkaidō, Honshū, Shikoku und Kyūshū) und über 3000 kleinere Inseln; → Karte ▪ **Verwaltung**: 47 Präfekturen, darunter 3 Stadtpräfekturen Tōkyō, Ōsaka und Kyōto; Tabelle → WA 2005, S. 234 ▪ **Städte**: (F 2002) Tōkyō (Tokyo, Tokio) 8 025 538 Einw., Yokohama 3 433 612, Ōsaka 2 484 326, Nagoya 2 109 681, Sapporo 1 822 992, Kōbe 1 478 390, Kyōto 1 387 264, Fukuoka 1 302 454, Kawasaki 1 245 780, Hiroshima 1 113 786, Saitama 1 029 327, Kitakyūshū 999 806

BEVÖLKERUNG Japaner – F 2003: 127 573 000 Einw.; Bevölkerungswachstum: 0,1 %; letzte Zählung 2000: 126 925 843 Einw. – über 99 % Japaner, ca. 50 000 Ainu (Ureinwohner) auf Hokkaidō; 1 310 545 Ausländer: 40 % Südkoreaner, 19 % Chinesen, 14 % Brasilianer, 7 % Philippiner, 3 % US-Amerikaner ▪ **Sprachen**: Japanisch; Englisch ▪ **Religion** 2000: 108 Mio. Schintoisten, 95 Mio. Buddhisten (u. a. Soka Gakkai), 11,4 Mio. Angehörige von Mischreligionen; 1,8 Mio. Christen; Japaner gehören meist mehreren Religionsgemeinschaften an

STAATS- UND REGIERUNGSFORM Verfassung von 1947, zuletzt geändert 1994 – Parlamentarische Monarchie seit 1947 – Parlament (Kokkai): Unterhaus (Shugi-in) mit 480 und Oberhaus (Sangi-in) mit 242 (vorher 247) Mitgl.; Wahl des Unterhauses alle 4 J. und des Oberhauses alle 6 J. (zur Hälfte alle 3 J. neu) – Wahlrecht ab 20 J. ▪ **Unabhängigkeit**: seit mind. 660 v. Chr. (Kaiserreich) ▪ **Nationalfeiertag**: 23. 12. (Geburtstag des Kaisers)

REGIERUNG UND PARTEIEN **Staatsoberhaupt**: Kaiser Akihito, seit 1989, Symbol der Einheit des Staates und der Einheit des Volkes, kein Staatsoberh. im eigentlichen Sinn – **Regierungschef**: Junichirô Koizumi (LDP), seit 26. 4. 2001; Koalition aus LDP, Komei-to und Neuer Konservativer Partei – **Äußeres**: Nobutaka Machimura, seit 27. 9. 2004 ▪ **Parlament**: Wahlen zum Unterhaus vom 9. 11. 2003: Liberaldemokratische Partei / LDP 237 von 480 Sitzen (2000: 233), Demokratische Partei / DPJ (fusioniert mit Liberaler Partei / LP) 177 (127, LP 22), Komei-to 34 (31), Kommunistische Partei / KP 9 (20), Sozialdemokratische Partei / SDP 6 (19), Neue Konservative Partei 4 (7), Unabhängige und Sonstige 13 (21) – Oberhaus (Teilwahlen vom 11. 7. 2004): LDP 114 von 242 Sitzen (2001: 111 von 247), DPJ 83 (59), Komei-to 24 (23), KP 9 (20), SDP 5 (8), Sonstige 7 (26)

WIRTSCHAFT **BIP** 2003: 4300,858 Mrd. $; realer Zuwachs: 2,7 %; Anteil (2004) Landwirtschaft 1,3 %, Industrie 24,7 %, Dienstleistungen 74,1 % ▪ **Erwerbstätigkeit** 2002: Landwirtsch. 4,7 %, Industrie 29,7 %, Dienstl. 65,6 % ▪ **Arbeitslosigkeit** ∅ 2004: 4,7 % ▪ **Inflation** ∅ 2004: −0,1 % ▪ **Außenhandel** 2004: **Import**: 49,22 Bill. ¥; *Güter*: 22 % mineralische Brennstoffe, 11 % Nahrungsmittel, 8 % chemische Erzeugnisse, 7 % Elektrotechnik / Elektronik, 6 % Rohstoffe, 6 % Computer, Computerteile, 5 % Metalle und -erzeugnisse, 5 % Maschinen, 5 % Textilien und Bekleidung, 5 % elektronische Bauelemente, 3 % Audio-, Videogeräte, 3 % Kfz, Kfz-Teile, 3 % wissenschaftliche und optische Instrumente; *Länder*: 21 % VR China, 14 % USA, 5 % Rep. Korea, 4 % Australien, 4 % Indonesien, 4 % Saudi-Arabien, 4 % Vereinigte Arabische Emirate, 4 % Deutschland, 4 % Rep. China (EU gesamt: 13 %); **Export**: 61,17 Bill. ¥; *Güter*: 20 % Kfz, Kfz-Teile, 16 % Maschinen, 14 % sonstige Elektrotechnik / Elektronik, 9 % chemische Erzeugnisse, 7 % elektronische Bauelemente, 7 % Metalle und Metallerzeugnisse, 5 % Audio-, Videogeräte, 5 % Computer, Computerteile, 4 % wissenschaftliche und optische Instrumente; *Länder*: 22 % USA, 13 % VR China, 8 % Rep. Korea, 7 % Rep. China, 6 % Hongkong, 4 % Thailand, 3 % Deutschland, 3 % Singapur, 3 % Großbritannien (EU gesamt: 16 %)
Weitere Informationen → Kap. Wirtschaft

CHRONIK

Trotz weiter bestehender struktureller Defizite begannen die von der Regierung Junichirô Koizumi eingeleiteten Reformen zu greifen. Der Zuwachs des BIP um 2,7 % wies 2004 als insgesamt **bestes Wirtschaftsjahr seit 1996** aus. Vor diesem Hintergrund widmete sich die Regierung national- und außenpolitischen Themen. Besonders umstritten war die **Infragestellung des Pazifismus-Dogmas**, wie es in der Verfassung fixiert ist und nach Auffassung der Regierung inzwischen sowohl die Verfolgung der Sicherheitsinteressen als auch die Übernahme internationaler Verantwortung behindert. Die **zunehmende Rivalität** und nationale Empfindlichkeiten trieben das Verhältnis der beiden beherrschenden Mächte im ostasiatischen Raum im Frühjahr 2005 in die schwerste Krise seit Jahrzehnten.

Eröffnungzeremonie der Expo am 24. 3. 2005

2005 war **Japan Veranstalter der** alle fünf Jahre stattfindenden **Expo**, die am 25. 3. 2005 in Aichi nahe Nagoya ihre Tore unter dem **Motto »Weisheit der Natur«** öffnete. Mit dabei sind auch rund 100 über das Ausstellungsgelände verteilte Roboter (→ Foto), die als Babysitter mit Kindern tanzen können oder Besuchern den Weg zur Toilette weisen. Die Expo, deren Kosten sich auf 150 Mio. € belaufen, endet am 25. 9. 2005.

INNENPOLITIK

- **Wahlen zum Oberhaus:** Bei der Teilwahl am 11. 7. 2004 zum leicht verkleinerten Oberhaus – zu bestellen waren 121 der insgesamt 242 (bisher 247) Mandate – fiel die von Ministerpräsident Koizumi geführte Liberaldemokratische Partei (LDP) mit 30 % der Wählerstimmen und 49 gewonnenen Mandaten erstmals bei einer Oberhauswahl seit 15 Jahren hinter die größte Oppositionskraft, die Demokratische Partei (DPJ), zurück, die auf 37,8 % der Stimmen bzw. 50 Sitze kam. Die **Mehrheit der regierenden Koalitionsparteien** blieb jedoch auch im Oberhaus mit 138 Sitzen stabil. Das schlechte Wahlergebnis für Koizumis Partei wurde von politischen Beobachtern als Quittung der Wähler für eine halbherzige Umsetzung der großen Reformprojekte, die Verwicklung von LDP-Politikern in einen Rentenskandal (→ WA 2005, S. 236) und die umstrittene, von Koizumi im Alleingang durchgesetzte Teilnahme japanischer Truppen an der multinationalen Besatzungsmacht im Irak interpretiert.
- **Kabinettsreform:** Seiner auf etwa die Hälfte der früheren Sympathiewerte abgesunkenen Popularität versuchte Koizumi u. a. mit einer großen Kabinettsumbildung wieder aufzuhelfen, die er am 27. 9. 2004 vornahm. Als wichtigste Maßnahme unter den elf Neubesetzungen des 18-köpfigen Kabinetts wurde die zusätzliche Betrauung des reformorientierten Staatsministers **Heizo Takenaka**, schon übergeordnet verantwortlich für die Wirtschafts- und Finanzpolitik, mit dem neu geschaffenen Posten des Ministers für die Postreform (→ unten) gewertet. Als neuer Außenminister trat der ehemalige Bildungs- und Forschungsminister **Nobutaka Machimura** an die Stelle von Yoriko Kawaguchi, die mit der Funktion der außenpolitischen Beraterin des Regierungschefs eine mindestens ebenbürtige Position erhielt. Die gerade im Umbruch befindliche Verteidigungspolitik übertrug Koizumi dem neuen Leiter des Amts für Selbstverteidigung, **Yoshinori Ono**.
- **Postprivatisierung:** Am 10. 9. 2004 verabschiedete das Kabinett einen Rahmenplan, der die Aufspaltung des öffentlich-rechtlichen Unternehmens Japan Post in **vier separate Geschäftseinheiten** unter dem Dach einer zunächst noch vom Staat kontrollierten Holding vorsieht. Eine Einheit – neben Briefzustellung, Versicherungen und Verwaltung der Schalterdienste – wäre die Postbank, die als das größte Finanzinstitut der Welt derzeit ein Einlagenvolumen von umgerechnet über 2,5 Billionen €, einschließlich eines Viertels des privaten Vermögens der Bevölkerung, verwaltet. Zwischen 2007–17 sollen die Anteile an der Finanzsparte völlig und am Brief- und Filialgeschäft zu zwei Dritteln in private Hände übergehen. **Widerstand gegen dieses Projekt** formierte sich aus verschiedenen, auch in der LDP stark verankerten Lobbygruppen. Sie zweifeln an der Gewährleistung der Grundversorgung mit Postdiensten und befürchten negative Folgen für den Finanzmarkt. Vor allem aber sehen sie sich selbst durch den weitflächigen Abbau von wirtschaftlichen und politischen Privilegien betroffen, die u. a. mit dem Betrieb von fast 25 000 Filialen verbunden sind, welche rund 280 000 Personen und etwa ein Drittel aller Beamten des Landes beschäftigen.

Mit nur 5 Stimmen Mehrheit **verabschiedete das Unterhaus die Reform** am 5. 7. 2005. Um sie durchzusetzen, machte Koizumi den Kritikern mit Zusatz- und Kompromissbedingungen teilweise weit reichende Zugeständnisse und verband die Abstimmung mit der Vertrauensfrage. Das Gesetzespaket bedurfte noch bis Mitte August der Annahme durch das Oberhaus, in dem sich die Mehrheitsverhältnisse für Koizumi noch ungünstiger darstellten.

- **Verteidigungs- und Sicherheitspolitik:** Auf der Basis von Empfehlungen, die ein Gutachtergremium im Oktober 2004 vorlegte, verabschiedete das Kabinett am 10. 12. 2004 **neue Verteidigungsrichtlinien**. Mit der Begründung, Japan müsse die Fähigkeit erlangen, auf Bedrohungen mehrfacher Art zu reagieren, sowie mit dem Hinweis, die militärische Stärke müsse in gewissem Maße dem bedeutenden weltwirtschaftlichen Gewicht des Landes entsprechen, wurden die **Aufgaben der Selbstverteidigungsstreitkräfte (SFD) erweitert** – inhaltlich um eine aktivere Rolle bei internationalen Friedenseinsätzen, geografisch gilt nun auch die Region »vom Nahen Osten bis Ostasien« als »für die Sicherheit Japans äußerst wichtiges Gebiet«. Erstmals wurden zwei Staaten – Nordkorea und die VR China – konkret als mögliche Sicherheitsrisiken bezeichnet. Entspre-

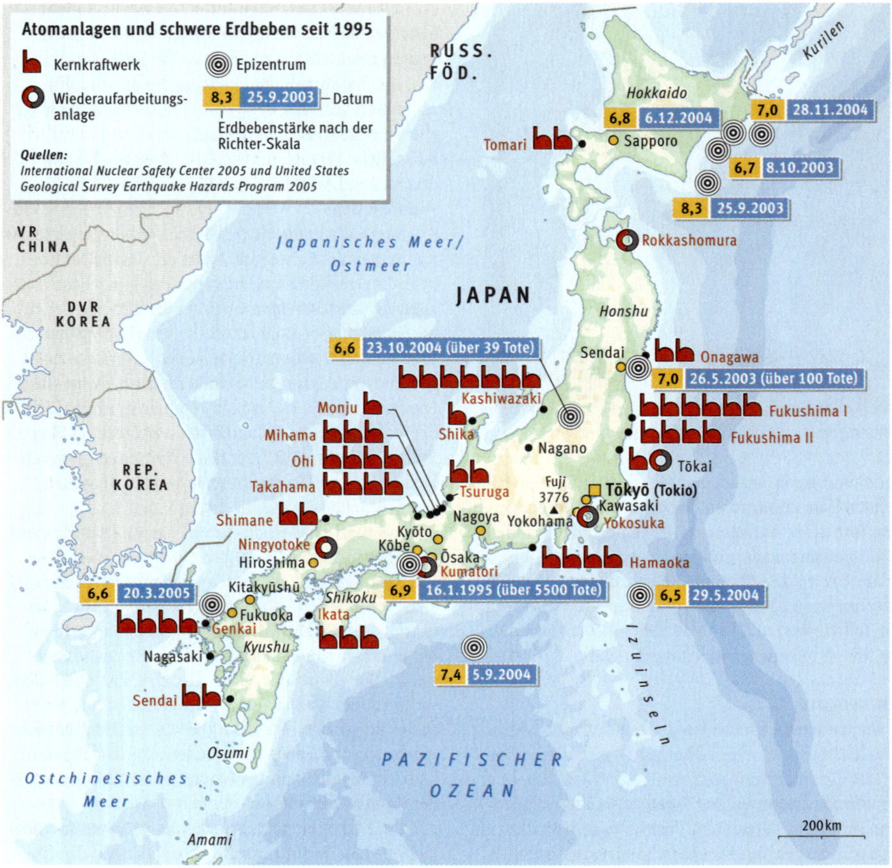

chend den veränderten Aufgaben werden die SFD von der bisherigen Hauptkompetenz, eine Invasion abwehren zu können, auf die Fähigkeit umgestellt, sich multifunktional und flexibel auf ein Bündel neuer Anforderungsszenarien einzustellen. Um als Antwort auf die mögliche atomare Bedrohung durch Nordkorea zusammen mit den USA einen Beitrag zum Aufbau eines asiatischen Raketenabwehrsystems leisten zu können (→ WA 2005, S. 237), soll das seit 1976 bestehende Waffenexportverbot gelockert werden.

- **Verfassungsdebatte:** Nach fünf Jahren Beratung empfahl ein Ausschuss des Unterhauses am 15. 4. 2005 erstmals eine grundlegende Anpassung der 1947 in Kraft gesetzten Verfassung an neue Erfordernisse. Dabei galt das Hauptinteresse ihrer **Öffnung für einen erweiterten Spielraum bei der Außen- und Sicherheitspolitik**. Dieser setzt Artikel 9 der Verfassung bisher Grenzen, indem er Japan verpflichtet, »auf immer dem Krieg als einem souveränen Recht der Nation und der Androhung oder Anwendung von Gewalt zur Beilegung internationaler Konflikte« abzuschwören. Der Ausschuss schlug vor, das Verbot der Kriegführung weiterhin beizubehalten, jedoch die Beteiligung an militärischen Aktionen der UN und an regionalen Verteidigungssystemen zu erlauben. Des Weiteren sollen die Rolle und Aufgaben des Kaisers genauer definiert und die **Thronfolge** neu geregelt werden, um dem einzigen Kind des Kronprinzen-Ehepaars, einer Tochter, die Tenno-Nachfolge zu ermöglichen. Nach dem aus der Meiji-Zeit des 19. Jahrhunderts stammenden Kaiserhaus-Gesetz kann nur ein männliches Mitglied der Kaiserfamilie die Tenno-Würde annehmen.

- **Weitere Ereignisse:** Ein **Unfall** in einem **Atomkraftwerk** westlich von Tokio Anfang August 2004 löste erneut Diskussionen über die Sicherheit der Nuklearanlagen im Land (→ Karte) aus. Experten werteten das jüngste Unglück, bei dem vier Arbeiter durch ausgetretenen heißen Wasserdampf starben, als Folge von **Fahrlässigkeit** und **Schlamperei**.

Auf der 57. Konferenz der Internationalen Walfangkommission (IWC) in Südkorea vom 20.–24. 6. 2005 **scheiterte** Japan u. a. mit seinem Antrag, das **Walfangverbot aufzuheben** und stattdessen ein Bewirtschaftungsverfahren einzuführen. Dessen ungeachtet kün-

Zugunglück in Amagasaki

digte Japan an, seine **Fangquote** für Zwergwale in der Antarktis künftig auf 900 Tiere zu **verdoppeln**, obwohl diese Region seit 1994 von der IWC als Schutzregion ausgewiesen ist. Außerdem sollen bis 2007/08 jährlich bis zu je 50 Buckel- und Finnwale abgeschossen werden. Nach offiziellen Angaben werden die Tiere zu Forschungszwecken gejagt.

Bei einem **Zugunglück** in Amagasaki in der Nähe von Osaka (→ Foto) kamen am 25. 4. 2005 107 Personen ums Leben, mehr als 450 wurden z. T. schwer verletzt. Ursache war überhöhte Geschwindigkeit, mit der der Lokomotivführer des Nahverkehrszugs eine Verspätung von 90 Sekunden aufholen wollte. Die Katastrophe löste heftige **Diskussionen** aus **über den Hang zu extremer Pünktlichkeit** der Züge und die Bestrafung von Zugführern bei Nichteinhaltung des Fahrplans.

AUSSENPOLITIK

- **Irak-Engagement:** Geiselnehmer einer Gruppe um das Terrornetzwerk Al-Qaida enthaupteten am 30. 10. 2004 in der nordirakischen Stadt Tikrit einen entführten japanischen Studenten, der als Tourist in den Irak gereist war. Zuvor hatte die Regierung ein **Ultimatum der Entführer verstreichen lassen**, die rund 550 japanischen Soldaten, welche in der südirakischen Stadt Samara mit Aufbauarbeiten beschäftigt sind, innerhalb von 48 Stunden abzuziehen. Im April 2004 hatte die Entführung von drei Japanern ein glimpfliches Ende gefunden (→ WA 2005, S. 237).

Ungeachtet der in der Bevölkerung mehrheitlich abgelehnten SFD-Mission beschloss das Kabinett am 11. 12. 2004 die **Verlängerung des Truppeneinsatzes**, der ursprünglich bis zum 14. 12. befristet war, um ein weiteres Jahr.

- **Spannungen mit der VR China:** Die Kumulation mehrerer Kontroversen führte zu einer offenen Krise im traditionell angespannten Verhältnis zur VR → China. Mitte November 2004 veranlasste das **Eindringen eines chinesischen atomgetriebenen U-Boots** in japanische Hoheitsgewässer bei der Insel Okinawa die Regierung erstmals seit fünf Jahren zur Mobilisierung der Marine und zu einem scharfen Protest gegenüber Beijing, das sich für die angeblich versehentliche Grenzverletzung entschuldigte. Vor dem Hintergrund des aufgeladenen Konfliktpotenzials im Verhältnis zwischen beiden Staaten wurde der Vorfall in den Medien zu einer militärischen Bedrohung durch die VR China hochstilisiert.

Die japanische Marine übernahm am 9. 2. 2005 die Kontrolle über einen Leuchtturm auf den unbewohnten **Senkaku-Inseln**, die China unter dem Namen Diaoyu-Archipel für sich beansprucht. Beijing bezeichnete den Schritt Tokios als »schwer wiegende Provokation«. Die Inselgruppe liegt in fischreichen und strategisch wichtigen Gewässern, in denen zudem große Erdölvorkommen entdeckt wurden.

Im Streit um Erdgas-Bohrrechte in einem von beiden Staaten beanspruchten **Grenzgebiet des Japanischen Meeres** protestierte die japanische Regierung Anfang April 2005 erfolglos gegen Probebohrungen des chinesischen Staatsunternehmens CNOOC. Am 13. 4. 2005 eröffnete das Wirtschaftsministerium trotz chinesischer Warnung seinerseits ein Vergabeverfahren zur Erschließung von Gasfeldern in dem strittigen Gebiet.

Auf ausufernde **antijapanische Demonstrationen in der VR China** Anfang April 2005 reagierte Ministerpräsident Koizumi am 11. 4. 2005 mit der Forderung nach einer offiziellen Entschuldigung Beijings für die Ausschreitungen. Statt eine solche bei seinem Krisentreffen mit seinem Amtskollegen Li Zhaoxing in Beijing am 17./18. 4. zu erhalten, sah sich Außenminister Machimura mit der Gegenforderung konfrontiert, seine Regierung müsse sich selbstkritisch mit der **Aggressionsgeschichte Japans** auseinander setzen. Die Proteste hatten sich an japanischen Schulgeschichtsbüchern entzündet, die aus chinesischer Sicht die japanischen Kriegsverbrechen in den Jahren 1937–45 verharmlosten. Der Konflikt beruhigte sich mit der **Entschuldigung Koizumis** vor dem Asien-Afrika-Gipfel im indonesischen Jakarta am 22. 4., er fühle »tiefe Reue«, dass sein Land »durch seine koloniale Herrschaft und Aggression den Menschen vieler Länder fürchterlichen Schaden und Leiden bereitet« habe – eine Formel, die so schon bei früheren Entschuldigungen verwandt worden war. Ein Treffen Koizumis mit dem chinesischen Partei- und Staatschef Hu Jintao am Rande der Gipfelkonferenz signalisierte das Bemühen beider Seiten, zur Normalität im Verhältnis beider Staaten zurückzukehren. Am gleichen Tag besuchten 80 japanische Parlamentarier, die meisten von ihnen Angehörige von Koizumis LDP, demonstrativ den **Yasukuni-Schrein** in Tokio, in dem neben 2,5 Mio. Kriegsgefallenen auch 14 verurteilten Kriegverbrechern ehrend gedacht wird. Wenige Tage zuvor hatte die chinesische Regierung gefordert, Koizumi müsse seine jährlichen Besuche des Shinto-Heiligtums, der in China als Glorifizierung des japanischen Militarismus wahrgenommen wird, einstellen.

Am 19. 4. 2005 lehnte ein Berufungsgericht in Tokio Entschädigungszahlungen an Chinesen ab, die im Zweiten Weltkrieg **Opfer der biologischen Kriegführung**

Das Verhältnis zwischen China und Japan

Die **Vergangenheit** belastet bis heute das Verhältnis zwischen China und Japan: 1895 besiegte Japan China und erhielt Taiwan. Japanische Truppen hielten von 1931–45 Teile Chinas mit zum Teil grausamen Methoden besetzt. Allein beim Massaker von Nanking am 13. 12. 1937 wurden rund 300 000 Zivilisten getötet. Bis zur Kapitulation der japanischen Truppen am 9. 9. 1945 sollen rund 10 Mio. chinesische Zivilisten der japanischen Terrorherrschaft zum Opfer gefallen und fast 200 000 Chinesinnen zur Prostitution gezwungen worden sein. Mit der Kapitulation Japans fiel Taiwan an China zurück. Doch nach dem Sieg der chinesischen Roten Armee über die Truppen der Guomindang (GMD) im Bürgerkrieg 1949 setzte der Führer der GMD, Generalissimus Chiang Kai-schek, mit rund 2 Mio. Anhängern vom Festland auf die Insel Taiwan über und proklamierte 1950 in T'aipei die Republik China (Taiwan). Als China und Japan 1972 wieder diplomatische Beziehungen aufnahmen, brach Tokyo die Beziehungen zu Taiwan ab. 1978 wurde ein chinesisch-japanischer Friedens- und Freundschaftsvertrag unterzeichnet. Japan hat sich seit 1972 zwar bei mehreren Anlässen mündlich für die Besetzung Chinas entschuldigt, doch geht die Regierung mit der Kriegsvergangenheit nur zögerlich um.

der japanischen Streitkräfte geworden waren. In der Urteilsbegründung hieß es, Einzelpersonen könnten keine Ansprüche auf Entschädigung geltend machen, weil dies Sache der Regierungen sei.

Bei zahlreichen Gelegenheiten warnten im Frühjahr 2005 führende japanische Politiker im Gleichklang mit den USA die **EU**, ihr 1989 **gegen die VR China verhängtes Waffenembargo** aufzuheben. Bei seinem Besuch in Paris am 27. 3. 2005 gab Ministerpräsident Koizumi in offenem Widerspruch zu Frankreichs Präsident Jacques Chirac zu bedenken, ein solcher Schritt könne das militärische Gleichgewicht in Ostasien stören. Mit der diplomatischen Frontstellung gegen die VR China nahm Koizumi das Scheitern der Bemühungen um einen ständigen Sitz seines Landes im UN-Sicherheitsrat in Kauf. Der am 3. 6. formell bekundete Widerstand der Vetomacht China gegen die Erweiterung des Gremiums richtete sich explizit gegen die Aufnahme Japans.

Der Konflikt mit China ließ eine Belastung der engen **Wirtschaftsbeziehungen zwischen beiden Staaten** befürchten, zumal die chinesischen Proteste Boykottkampagnen gegen japanische Waren und Einrichtungen einschlossen. Das Handelsvolumen zwischen beiden Ländern schnellte 2004 um 25,7 % auf umgerechnet 206 Mrd. US-$ in die Höhe. Damit überholte die VR China erstmals die USA als **größten Handelspartner Japans**. Die Direktinvestitionen japanischer Firmen stiegen von 2,92 Mrd. (2000) auf über 5 Mrd. US-$.

Im Verhältnis zur **Republik China (Taiwan)**, zu der Japan keine diplomatischen Beziehungen unterhält, weil es formell das Ein-China-Prinzip anerkennt, positionierte sich die Regierung Koizumi deutlich gegen Beijings Interessen. Mitte Dezember 2004 erteilte sie, den Einspruch der VR China ignorierend, dem ehemaligen taiwanesischen Präsidenten Lee Teng-hui ein Einreisevisum. Vor dem Hintergrund der zu erwartenden Annahme des auf Taiwan bezogenen Antisezessionsgesetzes durch den Nationalen Volkskongress der → VR China unterzeichneten Außenminister Nobutaka Machimura und Verteidigungsminister Ono zusammen mit ihren US-amerikanischen Kollegen Condoleezza Rice und Donald Rumsfeld als Ergebnis ihrer so genannten »2+2-Gespräche« am 20. 2. 2005 in Washington ein Protokoll, in dem die »friedliche Lösung der Fragen im Zusammenhang mit der Formosa-Straße« als »gemeinsames strategisches Ziel« beider Staaten benannt wird. Beijing interpretierte diese Erklärung als Anspruch Japans auf die Rolle einer potenziellen Ordnungsmacht in den chinesisch-chinesischen Beziehungen an der Seite der USA und wies die Erklärung umgehend als Einmischung in innere Angelegenheiten zurück.

- **Beziehungen zu Südkorea:** Auch im Verhältnis zur Republik → Korea (Südkorea) erwies sich die japanische Vergangenheitspolitik im Frühjahr 2005, als die Feiern zum 40. Jahrestag der Aufnahme diplomatischer Beziehungen anstanden, erneut als Belastung.

Bei seinem von antijapanischen Protesten begleiteten Besuch in Seoul am 20. 6. gelang es Koizumi im Gespräch mit Präsident Roh Moo-hyun nicht, die Streitigkeiten beizulegen. Auch in Südkorea werden die jährlichen Besuche des Regierungschefs beim Yasukuni-Schrein als Provokation empfunden. Wegen der dadurch geschürten Spannungen mit der VR China und Südkorea appellierten am 2. 6. acht ehemalige Ministerpräsidenten, von denen einige den Brauch des Schrein-Besuchs früher selbst häufig gepflegt hatten, an Koizumi, diese Form des Gedenkens zu unterlassen. Als besondere koreafreundliche Geste wurde der Besuch des Kaiserpaares auf der zu den Nördlichen Marianen gehörenden Insel Saipan am 28. 6. gewertet. Dort gedachten sie an einem Mahnmal der koreanischen Opfer des Zweiten Weltkriegs.

Jemen Vorder-Asien

Republik Jemen; al-Ǧumhūriyya al-Yamaniyya, Kurzform: al-Yaman – YE/YEM

Fläche (Weltrang: 48): 536 869 km²

Einwohner (53): F 2003 19 173 000 = 36 je km²

Hauptstadt: San 'ā' (Sana, Sanaa)

Amtssprache: Arabisch

Bruttonationaleinkommen 2003 je Einw.: 520 $

Währung: 1 Jemen-Rial (Y. Rl) = 100 Fils
Kurs: 1 US-$ = 192,43 Y. Rl; 1 € = 241,05 Y. Rl

Botschaft der Republik Jemen
Budapester Str. 37, 10787 Berlin
T 030/89 73 05–0, Fax 89 73 05–62
www.botschaft-jemen.de

LANDESSTRUKTUR **Fläche:** 536 869 km² einschließlich der Inseln Barīm (Perim) 13 km², Kamaran 57 km² und Suquṭrā (Sokotra); Karte → WA 2005, S. 239 ▪ **Verwaltung:** 17 Provinzen ▪ **Städte:** (F 2001) San'ā' (Sana, Sanaa) 1 410 000 Einw.; (F 1995) 'Adan (Aden) 562 000; (Z 1994) Ta'izz 317 600, Al-Ḥudaydah (Hodeida) 298 500

BEVÖLKERUNG Jemeniten – F 2003: 19 173 000 Einw.; Bevölkerungswachstum: 3,0 %; letzte Zählung 2004: 19 721 643 Einw. ▪ **Sprachen:** Arabisch (Jemenitisch, z. T. Beduinendialekte); südarabische Sprachen ▪ **Religion:** 99 % Muslime (meist Sunniten und Zaiditen)

STAATS- UND REGIERUNGSFORM Verfassung von 1994, geändert 2000 – Islamische Präsidialrepublik seit 1991 – Staatsreligion: Islam – Islamisches Recht (Scharia) – Parlament (Majlis al-Nuwaab) mit 301 Mitgl., Wahl alle 6 J. – Direktwahl des Staatsoberh. alle 7 J. (einmalige Wiederwahl) – Wahlrecht ab 18 J. ▪ **Unabhängigkeit:** alte staatl. Tradition (um 550 v. Chr.); 30. 10. 1918 Nord-Jemen (Teil des Osmanischen Reichs); 30. 11. 1967 Süd-Jemen (ehem. britisches Protektorat); 22. 5. 1990 Vereinigung der Jemenitischen Arabischen Republik und der Demokratischen Volksrepublik Jemen zur Republik Jemen ▪ **Nationalfeiertag:** 22. 5. (Tag der Republik von 1990)

REGIERUNG UND PARTEIEN **Staatsoberhaupt:** Generalleutnant Ali Abdallah Saleh (MSA-Vorsitzender), seit 1990 – **Regierungschef:** Abdel Kader Bajamal (MSA), seit 4. 4. 2001 – **Äußeres:** Abubakr al-Kirbi (MSA), seit 4. 4. 2001 ▪ **Parlament:** Wahlen vom 27. 4. 2003: Allgemeiner Volkskongress/MSA 238 von 301 Sitzen (1997: 187), Vereinigung für Reform/Islah 46 (53), Sozialistische Partei Jemens/YSP 8 (–), Nasseristische Unionistische Volkspartei/TWSN und Arabische Sozialistische Baath-Partei/Baath 5 (7), Unabhängige 4 (54)

WIRTSCHAFT **BIP** 2003: 10,831 Mrd. $; realer Zuwachs: 3,8 %; Anteil (2003) Landwirtschaft 15 %, Industrie 40 %, Dienstleistungen 45 % ▪ **Erwerbstätigkeit** 1999: Landwirtsch. 48,5 %, Industrie 15,1 %, Dienstl. 36,4 % ▪ **Arbeitslosigkeit** ∅ 2003: 25 % ▪ **Inflation** ∅ 2003: 10,8 % ▪ **Außenhandel** 2001: **Import**: 416 Mrd. Y.Rl; *Güter* 2000: 30 % Nahrungsmittel und leb. Tiere, 21 % Maschinen und Transportausrüstungen, 15 % bearbeitete Waren; *Länder*: 13 % Vereinigte Arabische Emirate, 13 % Saudi-Arabien, 6 % Indien, 5 % Kuwait, 5 % USA; **Export**: 569 Mrd. Y.Rl; *Güter* 2000: 96 % Erdöl und -produkte; *Länder*: 18 % Indien, 18 % Thailand, 13 % Rep. Korea, 9 % VR China, 9 % Singapur

CHRONIK

Seit dem 18. 6. 2004 waren die Auseinandersetzungen zwischen den staatlichen Sicherheitsorganen und der ca. 5000 Mann starken Miliz des **Schiitenführers Badreddin al-Huthi** (→ WA 2005, S. 238) im unzugänglichen Mran-Gebirge der nordwestlichen Sa'dah-Provinz militärisch eskaliert, nachdem der Schiitenführer dem Gouverneur der Provinz den Zugang zu »seiner« Region untersagt hatte. Obwohl Huthi keine Verbindung zum Terrornetzwerk al-Qaida nachgesagt wird, stufte die Regierung den radikalen Prediger und früheren Parlamentarier, der im Zeitraum von zwei Jahren in dem Gebiet eine Art Parallelstaat aufgebaut hatte, dennoch als große Gefahr für die Stabilität des Landes ein. Nachdem die Kämpfe im August abgeebbt waren, gab die Armee am 10. 9. bekannt, bei der Einnahme einer Höhlenfestung nahe der Stadt Sa'dah die Leiche Huthis aufgefunden zu haben. Staatschef Ali Abdallah Saleh verkündete daraufhin am 12. 9. das Ende des Aufstands. Ab dem 19. 3. 2005 kam es erneut zu Kämpfen zwischen den Anhängern Huthis und der Armee. Inzwischen hatte Huthis Vater die Führung der Rebellen übernommen. Er warf der Regierung vor, die eine Amnestie in Aussicht gestellt hatte, hunderte Rebellen festzuhalten und vor Gericht zu stellen. Nach offiziellen Angaben kamen bis Ende Mai 2005 über 500 Soldaten und hunderte Rebellen ums Leben.

Im **Kampf gegen den Terrorismus** begann am 6. 6. 2004 der Prozess gegen sechs Personen, die der Beteiligung am Selbstmordanschlag auf das US-Kriegsschiff Cole vom Oktober 2000 beschuldigt werden. Der aus Saudi-Arabien stammende Drahtzieher des Anschlags, Abdul Rahim al-Nashiri und ein weiterer Beschuldigter aus Jemen wurden am 29. 9. zum Tode verurteilt; ein Berufungsgericht wandelte am 26. 2. 2005 die Todesstrafe für den Jemeniten in eine 15-jährige Haftstrafe um und bestätigte die Todesstrafe für den saudischen Terroristen. Am 28. 8. ergingen die Urteile gegen 15 Jemeniten, die u. a. der Beteiligung am Anschlag auf den französischen Supertanker Limburg vor der Küste Jemens im Oktober 2002 für schuldig befunden wurden. Der Hauptangeklagte erhielt die Todesstrafe.

Jordanien Vorder-Asien

Haschemitisches Königreich Jordanien; al-Mamlaka al-Urdunniyya al-Hāšimiyya, Kurzform: al-Urdunn – JO / JOR

Fläche (Weltrang: 110): 89 342 km²

Einwohner (108): F 2003 5 308 000 = 59 je km²

Hauptstadt: 'Ammān (Amman)

Amtssprache: Arabisch

Bruttonationaleinkommen 2003 je Einw.: 1850 $

Währung: 1 Jordan-Dinar (JD.) = 1000 Fils
Kurs: 1 US-$ = 0,71 JD.; 1 € = 0,88 JD.

Botschaft des Haschemitischen Königreichs Jordanien
Heerstr. 201, 13595 Berlin
T 030 / 36 99 60 51, Fax 36 99 60 11
www.jordanembassy.de

LANDESSTRUKTUR **Fläche**: 89 342 km²; Karte → WA 2005, S. 240 ▪ **Verwaltung**: 12 Governorate; Tabelle → WA 2004, Sp. 466 ▪ **Städte**: (F 2001) 'Ammān (Amman) 1 766 155 Einw., Az-Zarqā' 447 122, Irbid 257 795, Ar-Rusayfah 227 544

BEVÖLKERUNG Jordanier – F 2003: 5 308 000 Einw.; Bevölkerungswachstum: 2,6 %; letzte Zählung 1994: 4 139 458 Einw. – ca. 98 % Araber; Minderheiten von Tscherkessen, Tschetschenen, Dagestanern, Kurden, Armeniern u. a. ▪ **Sprachen**: Arabisch, Beduinendialekte; Sprachen der Minderheiten; Englisch ▪ **Religion**: 80 % Sunniten sowie kleine Gruppen anderer Muslime; Minderheit von Christen

STAATS- UND REGIERUNGSFORM Verfassung von 1952, zuletzt geändert 1992 – Konstitutionelle Monarchie seit 1952 – Parlament: Abgeordnetenhaus mit 110 (vorher 80) für 4 J. gewählten Mitgl. (9 Sitze für Christen, 3 für Tscherkessen, 6 für Frauen reserviert) und Senat (Haus der Notabeln) mit 40 Mitgl. (für 8 J. vom König ernannt) – Wahlrecht ab 18 J. ▪ **Unabhängigkeit**: 22. 3. 1946 (ehem. britisches Mandatsgebiet) ▪ **Nationalfeiertag**: 25. 5. (Unabhängigkeitstag)

REGIERUNG UND PARTEIEN **Staatsoberhaupt**: König Abdullah II., seit 7. 2. 1999 – **Regierungschef**: Adnan Badran, seit 7. 4. 2005 – **Äußeres**: Faruk al-Kasrawi, seit 7. 4. 2005 ▪ **Parlament**: Wahlen vom 17. 6. 2003: königstreue Stammesführer 62 von 110 Sitzen, Islamische Aktionsfront 17, Demokratische Partei 2, Unabhängige 5; genaue Sitzverteilung nicht bekannt

WIRTSCHAFT **BIP** 2003: 9,860 Mrd. $; realer Zuwachs: 3,2 %; Anteil (2003) Landwirtschaft 2 %, Industrie 26 %, Dienstleistungen 72 % ▪ **Erwerbstätigkeit** 2002: Landwirtsch. 3,9 %, Industrie 21,5 %, Dienstl. 74,7 % ▪ **Arbeitslosigkeit** ∅ 2003: 14,5 % (inoffiziell bis zu 40 %) ▪ **Inflation** ∅ 2004: 3,4 % ▪ **Außenhandel** 2003: **Import**: 5,74 Mrd. $; *Güter*: 23 % Maschinen und Transportausrüstungen, 20 % Industrieprodukte, 14 % Nahrungsmittel, 12 % Erdöl und -produkte, 11 % chemische Erzeugnisse; *Länder*: 11 % Saudi-Arabien, 8 % Deutschland, 8 % VR China, 7 % USA, 7 % Irak, 4 % Italien, 4 % Japan (EU gesamt: 31 %); **Export**: 3,08 Mrd. $; *Güter*: 34 % Fertigwaren (29 % Bekleidung), 23 % chemische Erzeugnisse (8 % pharmazeutische Produkte, 4 % Düngemittel), 15 % Rohstoffe (9 % Pottasche, 5 % Phosphate), 9 % Nahrungsmittel und lebende Tiere (6 % Gemüse), 8 % Industrieprodukte, 5 % Maschinen und Fahrzeuge, 3 % tierische und pflanzliche Öle; *Länder*: 22 % USA, 18 % Irak, 7 % Indien, 7 % Schweiz, 5 % Saudi-Arabien

CHRONIK

König Abdullah II. nahm am 24. 10. 2004 eine **Kabinettsumbildung** vor, um – wie bereits im Vorjahr – die von ihm angestrebten Reformen durch die Übernahme von Ministerien durch junge Technokraten voranzutreiben. Außenminister Marwan Muasher wurde stellvertretender Ministerpräsident, sein bisheriges Amt übernahm Hani al-Mulki.

Am 5. 4. 2005 trat die Regierung unter Ministerpräsident Faisal Akif al-Fajiz zurück, der dieses Amt im Oktober 2003 übernommen hatte. Die Regierung hatte zunehmend an Popularität verloren; ihre Kampagne gegen die Berufsverbände, die der islamistischen »Bewegung gegen Normalisierung« nahe stehen, soll auch den Unmut des Königs hervorgerufen haben. Noch im Herbst 2004 hatte sich Abdullah II. für die Aufhebung der Pflichtmitgliedschaft für Journalisten, Anwälte, Ärzte, Ingenieure u. a. in diesen Berufsverbänden ausgesprochen. Zum neuen Premierminister ernannte der König Adnan Badran, dessen aus 25 Ministern bestehendes Kabinett am 7. 4. 2005 vereidigt wurde. Außenminister wurde Faruk al-Kasrawi.

Vor der Bildung der neuen Regierung hatten die **USA** Jordanien – seit dem Friedensschluss mit Israel einer der verlässlichsten Verbündeten – angemahnt, endlich mit den überfälligen Reformen ernst zu machen.

Anfang September 2004 führten die Sicherheitskräfte in den Wohnungen führender Geistlicher der **Muslimbrüder** Hausdurchsuchungen durch; neun von ihnen wurden verhaftet, weil sie in den Moscheen ohne staatliche Erlaubnis gepredigt hatten.

Das Staatssicherheitsgericht erhob am 17. 10. 2004 Anklage gegen den im Irak aktiven **islamistischen Terroristen Abu Mussab al-Zarkawi** und zwölf weitere Mitglieder von Zarkawis Gruppe Kata'ib al-Tawhid. Ihnen wird vorgeworfen, ein Attentat mit chemischen Waffen auf Ziele in der Hauptstadt Amman geplant zu haben, darunter die Geheimdienstzentrale, der Amtssitz des Ministerpräsidenten und die Botschaft der USA. Zarkawi, der von einem jordanischen Gericht bereits wegen Mordes in absentia zum Tode verurteilt worden war, wurde am 20. 3. 2005 gleichfalls in absentia zu einer 15-jährigen Haftstrafe verurteilt, ein weiterer Angeklagter zu drei Jahren Gefängnis. Am 17. 10. 2004 hatte der aus Jordanien stammende Zarkawi im Internet die Mitteilung verbreitet, seine Gruppierung habe sich Al-Qaida angeschlossen. Ein Militärgericht verurteilte am 27. 12. elf Personen wegen Sprengstoffbesitzes zu mehrjährigen Haftstrafen; 13 Angeklagte, die beschuldigt worden waren, Anschläge auf US-Einrichtungen in Jordanien geplant zu haben, wurden im gleichen Verfahren freigesprochen.

▪ **Beziehungen zu Israel:** Am 17. 4. 2005 kündigte Israel die Freilassung von neun jordanischen Gefangenen an, um die Beziehungen zu Jordanien zu verbessern. Nachdem der Botschafterposten in Israel vier Jahre unbesetzt geblieben war, entsandte Jordanien am 20. 2. 2005 wieder einen **neuen Botschafter**.

Am 8. 3. 2005 fand auf einer kleinen Insel im **Jordan** ein Treffen von jordanischen, israelischen und palästinensischen Beamten statt, um gemeinsam über die Säuberung des verschmutzten Flusses zu beraten. Nach Angaben der Friends of the Earth Middle East soll die jährliche Wassermenge des Jordan in den letzten 50 Jahren von 1,3 Mrd. m³ auf weniger als 100 Mio. zurückgegangen sein, ein Fünftel davon ungeklärte Abwässer, die auch das Tote Meer belasten. Friends of the Earth äußerten die Befürchtung, dass der Jordan in zwei Jahren überhaupt kein Wasser mehr führen werde, wenn nicht endlich etwas unternommen wird. Umweltschützer machten den Anrainerstaaten den Vorschlag, den Jordan – heilige Stätte für Juden, Christen und Muslime – dadurch besser zu schützen, dass er in die UNESCO-Welterbeliste aufgenommen wird.

▪ **Spannungen mit Irak:** Im März 2005 wurde die jordanische Botschaft in Bagdad evakuiert, nachdem sie kurz zuvor von schiitischen Irakern in einer Protestaktion besetzt worden war. Von schiitischer Seite im Irak wird Jordanien beschuldigt, ungehindert islamistische Kämpfer in den Irak einreisen zu lassen und damit indirekt für das schwere Attentat in Hilla am 28. 2. 2005 verantwortlich gewesen zu sein, das mindestens 125 Menschenleben forderte. Äußerungen König Abdullahs, die Wahlen im Irak könnten zu einem »schiitischen Halbmond« führen, hatten dort ebenfalls die Gemüter erhitzt. Jordanien berief daraufhin seinen Botschafter aus dem Irak ab, da dessen Sicherheit nicht mehr garantiert wäre. Im Juli zog auch der Irak seinen Botschafter aus Amman ab, bis sich die Krise zwischen beiden Ländern wieder gelegt habe. Diese war durch die Totenfeier für einen jordanischen Selbstmordattentäter, der aber nachweislich nicht an dem Anschlag von Hilla beteiligt gewesen war, verschärft worden.

Kambodscha Südost-Asien

Königreich Kambodscha; Preăh Réachéanachâkr Kâmpŭchéa – KH / KHM

Fläche (Weltrang: 87): 181 035 km²

Einwohner (63): F 2003 13 404 000 = 74 je km²

Hauptstadt: Phnum Pénh (Phnom Penh)

Amtssprache: Khmer

Bruttonationaleinkommen 2003 je Einw.: 300 $

Währung: 1 Riel (CR) = 100 Sen
Kurs: 1 US-$ = 4075 CR; 1 € = 5120 CR

Botschaft des Königreichs Kambodscha
Benjamin-Vogelsdorff-Str. 2, 13187 Berlin
T 030/48 63 79 01, Fax 48 63 79 73

LANDESSTRUKTUR **Fläche:** 181 035 km²; → Karte ▪ **Verwaltung:** 24 Provinzen ▪ **Städte:** (Z 1998) Phnum Pénh (Phnom Penh) 999 804 Einw., Kâmpóng Saôm / Preah Si hanouk (Sihanoukville) 155 690, Bătdâmbâng 139 964, Siĕmréab 119 528

BEVÖLKERUNG Kambodschaner – F 2003: 13 404 000 Einw.; Bevölkerungswachstum: 1,7 %; letzte Zählung 1998: 11 437 656 Einw. – ca. 85 % Khmer, 4 % Vietnamesen, 3 % Cham, Chinesen, Thailänder, Moi, Khmer Loeu (Hochland-Khmer) und Lao ▪ **Sprachen:** Khmer; Französisch; Vietnamesisch, Chinesisch u. a. ▪ **Religion:** 90 % Buddhisten; etwa 200 000 schafiitische Sunniten, christliche Minderheit

STAATS- UND REGIERUNGSFORM Verfassung von 1993 – Parlamentarische Monarchie seit 1993 – Staatsreligion: Buddhismus – Parlament (Nationalversammlung) mit 123 Mitgl. (davor 122) und Senat mit 61 Mitgl., Wahl alle 5 J. – Wahlrecht ab 18 J. ▪ **Unabhängigkeit:** alte staatl. Tradition; Proklamation 12. 3. 1945; endgültig 9. 11. 1953 ▪ **Nationalfeiertag:** 9. 11. (Unabhängigkeitstag 1953)

REGIERUNG UND PARTEIEN **Staatsoberhaupt:** König Norodom Sihamoni, seit 29. 10. 2004 – **Regierungschef:** Hun Sen (CPP), seit 30. 11. 1998; Koalition von CPP und FUNCINPEC – **Äußeres:** Hor Namhong (CPP), seit 30. 11. 1998 ▪ **Parlament:** Wahlen vom 27. 7. 2003: Volkspartei / CPP 73 von 123 Sitzen (1998: 64 von 122), Front Uni National pour un Cambodge Indépendant, Neutre, Pacifique et Coopératif / FUNCINPEC 26 (43), Pak Sam Rainsy Party / PSR 24 (15)

WIRTSCHAFT **BIP** 2003: 4,228 Mrd. $; realer Zuwachs: 5,2 %; Anteil (2003) Landwirtschaft 34 %, Industrie 30 %, Dienstleistungen 36 % ▪ **Erwerbstätigkeit** 2002: Landwirtsch. 70,2 %, Industrie 10,5 %, Dienstl. 19,5 % ▪ **Arbeitslosigkeit** ∅ 2004: 3,1 % (offizielle An-

gaben) ▪ **Inflation** ∅ 2004: 3,9 % ▪ **Außenhandel** 2004: **Import**: 2,985 Mrd. $; *Güter* 2003: 24 % Erdöl, 9 % Zigaretten, 5 % Bekleidung, 5 % Zement, 5 % Fahrzeuge, 4 % Motorräder; *Länder*: 27 % Thailand, 15 % Hongkong, 12 % Singapur, 12 % VR China, 5 % Rep. Korea, 5 % Vietnam, 3 % Indonesien, 3 % Malaysia; **Export**: 2,455 Mrd. $; *Güter* 2003: 79 % Textilien und Bekleidung, 3 % Kautschuk, 1 % Holz; *Länder*: 60 % USA, 10 % Deutschland, 7 % Großbritannien, 4 % Vietnam, 3 % Singapur

CHRONIK

▪ **Monarchie:** Am 7. 10. 2004 dankte der 81-jährige König Norodom Sihanouk mit Verweis auf seine angegriffene Gesundheit ab. Da die Thronfolge nicht erblich geregelt ist, der neue Monarch aber königlichen Blutes sein muss, setzte der neunköpfige Thronrat am 14. 10. Sihanouks ältesten Sohn **Norodom Sihamoni als Nachfolger und formales Staatsoberhaupt** ein. Sihamonis Halbbruder Norodom Ranariddh, Vorsitzender der Nationalversammlung und Führer der royalistischen FUNCINPEC, hatte zuvor zugunsten seines Verbleibs in der aktiven Politik auf die Königswürde verzichtet. Der designierte König, der in Paris als Professor klassischen Tanz und Kunstpädagogik gelehrt hatte, kehrte am 20. 10. nach Phnom Penh zurück, wo er sich am 29. 10. feierlich krönen ließ.

▪ **Völkermord-Tribunal:** Am 4. 10. 2004 billigte die Nationalversammlung einstimmig den im Juni 2003 mit den UN unterzeichneten Vertrag über die **Einrichtung eines »international gestützten Sondergerichts«**, das ehemalige Führer der Roten Khmer für Völkermord, Kriegsverbrechen und Verbrechen gegen die Menschlichkeit zur Verantwortung ziehen soll (→ WA 2004, Sp. 470). Unter der Gewaltherrschaft der Roten Khmer zwischen 1975 und 1979 waren etwa 1,7 Mio. Menschen umgekommen, was ungefähr einem Viertel der Bevölkerung entspricht. Bislang wurden erst zwei ranghohe Rote Khmer festgenommen, die sich seit 1999 in einem Militärgefängnis in Haft befinden. Von drei ehemaligen Führern ist bekannt, dass sie unbehelligt in ihren früheren Hochburgen in Grenznähe zu Thailand leben. Pol Pot war im April 1998 gestorben, bevor er strafrechtlich belangt werden konnte. Der nach jahrelangen kontroversen Verhandlungen erzielte Kompromiss über die **Kompetenzen und die Zusammensetzung des Gerichtshofs** sieht vor, dass kambodschanische Richter die Mehrheit im fünfköpfigen Tribunal stellen werden, ihre Mehrheitsentscheidung in jedem Fall jedoch der Zustimmung noch eines der beiden internationalen Richter bedarf. Das Gericht, das nach der kambodschanischen Strafprozessordnung verfahren soll, wird mit seiner Arbeit beginnen können, wenn die Finanzierung gesichert ist. Für die veranschlagte Verfahrensdauer von drei Jahren ist ein Budget von 56 Mio. US-$ vorgesehen, von denen die internationale Gemeinschaft 43 Mio. US-$ übernehmen soll.

▪ **Opposition:** Am 3. 2. 2005 wurde die parlamentarische Immunität des Führers der nach ihm benannten Pak Sam Rainsy Party (PSR), Sam Rainsy, aufgehoben. Premierminister Hun Sen hatte eine Klage wegen Verleumdung gegen ihn eingereicht, da Rainsy ihn des versuchten Mordes beschuldigt hatte. Rainsy setzte sich daraufhin nach Frankreich ab.

▪ **Aids:** Nach Angaben von UNAIDS war Kambodscha das einzige Land außerhalb Afrikas, das eine in den vergangenen 10 Jahren **dramatisch angestiegene Zahl von Neuerkrankungen an Aids** aufwies (→ Grafik). Insgesamt ein Prozent der Bevölkerung sind HIV-positiv (zum Vergleich: Deutschland 0,05 %). Aufklärungskampagnen in Schulen und für Jugendliche hatten dazu beigetragen, dass die Rate der Neuerkrankungen 2004 erstmals zurückgegangen war.

Kambodscha: Aids

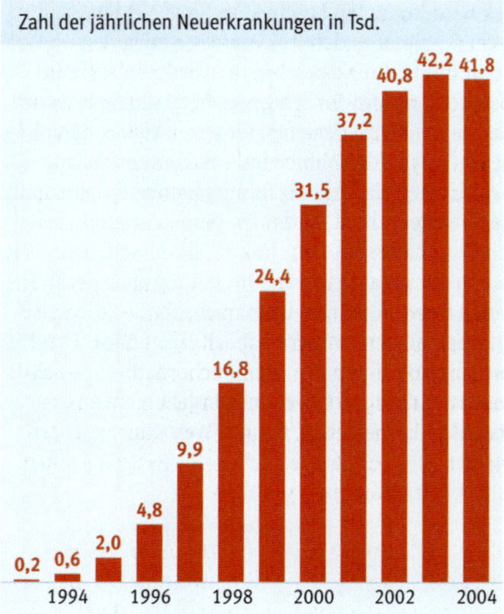

Quelle: National Aids Authority of Cambodia 2005

Kamerun Zentral-Afrika

Republik Kamerun; République du Cameroun; Republic of Cameroon – CM/CMR

Fläche (Weltrang: 52): 475 442 km²

Einwohner (59): F 2003 16 087 000 = 34 je km²

Hauptstadt: Yaoundé (Jaunde)

Amtssprachen: Französisch, Englisch

Bruttonationaleinkommen 2003 je Einw.: 630 $

Währung: CFA-Franc
Kurs: 1 US-$ = 526,07 CFA-Francs
1 € = 655,96 CFA-Francs

Botschaft der Republik Kamerun
Rheinallee 76, 53173 Bonn
T 02 28/35 60 38, Fax 35 90 58

LANDESSTRUKTUR **Fläche:** 475 442 km²; Karte → WA 2005, S. 243 ▪ **Verwaltung:** 10 Provinzen ▪ **Städte:** (F 2001) Douala 1 494 700 Einw., Yaoundé (Jaunde) 1 248 200, Garoua 356 900, Bamenda 316 100, Maroua 271 700, Bafoussam 242 000

BEVÖLKERUNG Kameruner – F 2003: 16 087 000 Einw.; Bevölkerungswachstum: 2,0 %; letzte Zählung 1987: 10 493 655 Einw. – über 200 Ethnien: ca. 40 % Bantu überwiegend im S und O (u. a. Bafia, Bakoko, Bakweri, Balong, Banen, Basaa, Batanga, Bulu, Duala, Ewondo, Eton, Maka, Mbo, Yambasa); 20 % Semibantu und Adamawa im W (u. a. Bafut, Bali, Bamileke, Bamun, Banso, Kom, Tikar, Widikum); sudansprachige Ethnien (u. a. Bana, Bata, Baya, Daba, Fali, Guider, Matakam, Mora, Musgum, Nduru, Tupuri); außerdem Pygmäen, Fulbe und Hausa (im N und Zentrum); ca. 20 000 Europäer (meist Franzosen) ▪ **Sprachen:** 80 % Französisch, 20 % Englisch; Bantu-Sprachen, Semibantu-Sprachen, Fang, Bamileke, Duala und Ful; Gbaya (Adamawa-Usangi-Sprachen), Weskos (englisch basierte kreolische Sprache) u. a. ▪ **Religion:** 53 % Christen (35 % Katholiken und 18 % Protestanten), 40 % Anhänger von indigenen Religionen, 22 % Muslime

STAATS- UND REGIERUNGSFORM Verfassung von 1972 – Präsidialrepublik (im Commonwealth) seit 1972 – Parlament mit 180 Mitgl., Wahl alle 5 J. – Direktwahl des Staatsoberh. alle 5 J. – Wahlrecht ab 21 J. ▪ **Unabhängigkeit:** 1. 1. 1960 Ost-Kamerun (ehem. französisches Mandatsgebiet); 1. 10. 1961 West-Kamerun (ehem. britisches Mandatsgebiet) ▪ **Nationalfeiertag:** 20. 5. (Tag der Verfassung)

REGIERUNG UND PARTEIEN **Staatsoberhaupt:** Paul Biya (RDPC), seit 1982; wieder gewählt am 11. 10. 2004 mit 70,9 % der Stimmen – **Regierungschef:** Ephraïm Inoni (RDPC), seit 8. 12. 2004 – **Äußeres:** Laurent Esso (RDPC), seit 8. 12. 2004 ▪ **Parlament:** Wahlen vom 30. 6. 2002 (Nachwahlen vom 15. 9. 2002): Rassemblement Démocratique du Peuple Camérounais/RDPC 149 von 180 Sitzen (1997: 116), Social Democratic Front/SDF 22 (43), Union Démocratique Camérounais/UDC 5 (5), Union des Populations du Cameroun/UPC 3 (–), Union Nationale pour la Démocratie et le Progrès/UNDP 1 (13), Sonstige – (3)

WIRTSCHAFT **BIP** 2003: 12,491 Mrd. $; realer Zuwachs: 4,7 %; Anteil (2003) Landwirtschaft 44 %, Industrie 17 %, Dienstleistungen 39 % ▪ **Erwerbstätigkeit** 2001: Landwirtsch. 58 % ▪ **Arbeitslosigkeit:** k. A. ▪ **Inflation** ∅ 2002: 2,8 % ▪ **Außenhandel** 2001: **Import:** 1,852 Mrd. $; *Güter:* 26 % Maschinen und Transportausrüstungen, 21 % bearbeitete Waren, 18 % mineralische Brennstoffe, Schmiermittel, 15 % Nahrungsmittel und lebende Tiere, 11 % chemische Erzeugnisse; *Länder:* 24 % Frankreich, 14 % Nigeria, 8 % USA, 7 % Deutschland, 5 % Japan, 4 % Guinea; **Export:** 1,749 Mrd. $; *Güter:* 46 % Erdöl, 11 % Baumwolle und Textilfasern, 8 % Kakao und Kakaoprodukte, 5 % Aluminium, 4 % Kaffee; *Länder:* 27 % Italien, 15 % Spanien, 11 % Frankreich, 9 % Niederlande, 6 % VR China

CHRONIK

Aus den **Präsidentschaftswahlen** am 11. 10. 2004 ging der seit 22 Jahren regierende Paul Biya als Sieger hervor. Nach der Abweisung von Klagen seitens der Opposition gab der Oberste Gerichtshof das offizielle Endergebnis bekannt. Danach bekam Biya 70,9 % der Stimmen, Ni John Fru Ndi von der oppositionellen Social Democratic Front erhielt 17,4 %; zwei weitere Bewerber der Opposition landeten unter 5 % der Stimmen. Das schlechte Abschneiden der Opposition war darauf zurückzuführen, dass sie sich vor den Wahlen nicht auf einen gemeinsamen Kandidaten hatten einigen können.

Im Februar 2005 wurde ein **Korruptionsskandal im Finanzministerium** aufgedeckt; darin verwickelt waren über 500 Behördenangestellte, die sich zusätzlich zu ihrem Gehalt Gelder angewiesen hatten oder Gehälter für nichtexistente Angestellte bezogen hatten. Der monatlich angerichtete Schaden wurde auf zwei Mio. US-$ geschätzt. Premierminister Ephraïm Inoni, der bei seinem Amtsantritt versprochen hatte, gegen Korruption im öffentlichen Dienst vorzugehen, hatte im Dezember Untersuchungen eingeleitet, nachdem ausländische Investoren die fehlende Transparenz im staatlichen Finanzsektor kritisiert hatten.

Bei einem auf Einladung von UN-Generalsekretär Kofi Annan zustande gekommenen Gespräch mit den Präsidenten Kameruns und Nigerias Anfang Mai 2005 in Genf wurde keine Einigung über den **Konflikt über die Bakassi-Halbinsel** erzielt (→ Nigeria).

Kanada Nord-Amerika

Canada – CA / CAN

Fläche (Weltrang: 2): 9 984 670 km²

Einwohner (36): F 2003 31 630 000 = 3,2 je km²

Hauptstadt: Ottawa

Amtssprachen: Englisch, Französisch

Bruttonationaleinkommen 2003 je Einw.: 24 470 $

Währung: 1 Kanad. Dollar (kan$) = 100 Cents
Kurs: 1 US-$ = 1,25 kan$; 1 € = 1,54 kan$

Botschaft von Kanada
Friedrichstraße 95, 10117 Berlin
T 030 / 20 31 20, Fax 20 31 25 90
www.kanada.de

LANDESSTRUKTUR **Fläche:** 9 984 670 km²; Karte → WA 2004, Sp. 475f. ▪ **Verwaltung:** 10 Provinzen und 3 Territorien unter Bundesverwaltung; → Tabelle ▪ **Städte:** (Z 2001) Toronto 4 682 897 Einw., Montréal 3 426 350, Vancouver 1 986 965, Ottawa 1 063 664, Calgary 951 395, Edmonton 937 845, Québec 682 757, Winnipeg 671 274, Hamilton 662 401, London 432 451, Kitchener 414 284, St. Catharines-Niagara 377 009, Halifax 359 183, Victoria 311 902, Windsor 307 877

BEVÖLKERUNG Kanadier – F 2003: 31 630 000 Einw.; Bevölkerungswachstum: 0,9 %; letzte Zählung 2001: 30 007 094 Einw. – ca. 800 000 Indianer, Inuit und Metis ▪ **Sprachen** 2001: (als Muttersprachen): 58,5 % Englisch, 22,6 % Französisch, 2,9 % Chinesisch, 1,6 % Italienisch, 1,5 % Deutsch, 0,9 % Pandschabi, 0,8 % Spanisch, 0,7 % Polnisch, 0,7 % Portugiesisch u. a.; 0,3 % indianische Sprachen ▪ **Religion** 2001: 43,6 % Katholiken, 29,2 % Protestanten, 2,6 % andere christliche Gemeinschaften, 2,0 % Muslime, 1,5 % Orthodoxe, 1,1 % Juden, 1,0 % Buddhisten, 1,0 % Hindus, 0,9 % Sikhs; 16,5 % religionslos

STAATS- UND REGIERUNGSFORM Verfassung von 1982 – Föderale parlamentarische Monarchie (im Commonwealth) seit 1931 – Parlament: Unterhaus (House of Commons) mit 308 alle 5 J. gewählten Mitgl. (davon 75 für Québec vorbehalten) und Senat (Senate) mit max. 112 Mitgl. (Ernennung durch Generalgouverneur auf Vorschlag des Regierungschefs) – Wahlrecht ab 18 J. ▪ **Unabhängigkeit:** 1. 7. 1867 de facto (Autonomes Dominion), 11. 12. 1931 nominell (Westminster-statut) ▪ **Nationalfeiertag:** 1. 7.

REGIERUNG UND PARTEIEN **Staatsoberhaupt:** Königin Elizabeth II., vertreten durch Generalgouverneurin Adrienne Clarkson, seit 7. 10. 1999 – **Regierungschef:** Paul Martin (LP-Vorsitzender), seit 12. 12. 2003 – **Äußeres:** Pierre Pettigrew (LP), seit 20. 7. 2004 ▪ **Parlament:** Wahlen vom 28. 6. 2004: Unterhaus: Liberal Party / LP 135 von 308 Sitzen (2000: 172 von 301), Conservative Party / CP 99 (als Canadian Alliance 66), Bloc Québécois / BQ (Separatisten) 54 (38), New Democratic Party / NDP 19 (13), Progressive Conservative Party / PCP – (12), Sonstige 1 (–) – Senat (Stand Juli 2004): LP 64, C 24, Unabhängige 4, PCP 3

Kanada
Fläche, Bevölkerung und Bevölkerungsdichte

Provinz / Territorium	Fläche in km²	Einwohner insgesamt F 2004	Einwohner je km² F 2004
Provinz (Hauptort)			
Newfoundland and Labrador (St John's)	405 212	517 000	1,3
Prince Edward Island (Charlottetown)	5 660	137 900	24,4
Nova Scotia (Halifax)	55 284	937 000	16,9
New Brunswick (Fredericton)	72 908	751 400	10,3
Québec (Québec)	1 542 056	7 542 800	4,9
Ontario (Toronto)	1 076 395	12 392 700	11,5
Manitoba (Winnipeg)	647 797	1 170 300	1,8
Saskatchewan (Regina)	651 036	995 400	1,5
Alberta (Edmonton)	661 848	3 201 900	4,8
British Columbia (Victoria)	944 735	4 196 400	4,4
Territorium (Hauptort)			
Yukon Territory (Whitehorse)	482 443	31 200	0,1
Northwest Territories (Yellowknife)	1 346 106	42 800	0,03
Nunavut Territory (Iqaluit)	2 093 190	29 600	0,01
Kanada	9 984 670	31 946 400	3,2

Quelle: Statistics Canada 2004

WIRTSCHAFT **BIP** 2003: 856,523 Mrd. $; realer Zuwachs: 2,0 %; Anteil (2004) Landwirtschaft 2,3 %, Industrie 26,4 %, Dienstleistungen 71,3 % ▪ **Erwerbstätigkeit** 2002: Landwirtsch. 2,1 %, Industrie 23,4 %, Dienstl. 74,4 % ▪ **Arbeitslosigkeit** ∅ 2004: 7,2 % ▪ **Inflation** ∅ 2004: 1,8 % ▪ **Außenhandel** 2004: **Import:** 355 Mrd. kan$; *Güter:* 29 % Maschinen und Ausrüstungen, 21 % Kfz und -teile, 20 % industrielle Güter / Materialien, 13 % sonstige Konsumgüter, 6 % agrarische Produkte; *Länder:* 59 % USA, 7 % VR China, 4 % Mexico, 3 % Deutschland; **Export:** 411 Mrd. kan$; *Güter:* 21 % Maschinen und Ausrüstungen, 21 % Kfz und -teile, 18 % industrielle Güter / Materialien, 16 % Energie, 9 % forstwirtschaftliche Produkte, 7 % agrarische Produkte; *Länder:* 85 % USA, 2 % Japan, 1 % Deutschland
Weitere Informationen → Kap. Wirtschaft

Trotz einer anhaltend guten Wirtschaftsentwicklung (→ unten), für die er als langjähriger Finanzminister die Grundlagen mitgeschaffen hatte, gelang dem seit Juni 2004 amtierenden Premierminister Paul Martin keine stabile parlamentarische Arbeit. Seine Minderheitsregierung der Liberal Party (LP) litt unter den Folgen eines Korruptionsskandals aus den späten 1990er Jahren, in deren Verlauf Martin sich wiederholter Misstrauensvoten erwehren musste.

INNENPOLITIK

- **Korruptionsaffäre:** Wegen der Veruntreuung von Regierungsmitteln während einer Kampagne gegen die Sezessionsbewegung in Quebec in den Jahren 1997–2001 (→ WA 2005, S. 245) musste sich der frühere liberale Premier (1993–2003) Jean Chrétien am 8. 2. 2005 vor einer Untersuchungskommission unter dem Vorsitz von Bundesrichter John Gomery verantworten. Am 10. 2. unterzog sich sein Nachfolger Paul Martin vor diesem Ausschuss der **ersten richterlichen Befragung eines amtierenden Premiers seit 1873**. Martin, zum Zeitpunkt der Affäre Finanzminister, räumte Fehler seiner Partei ein und sicherte zu, binnen dreißig Tagen nach dem Abschlussbericht der Kommission (der für Dezember 2005 erwartet wird) Neuwahlen anzusetzen. Die Korruptionsaffäre spaltete und schwächte die Liberale Partei. Im April konnte sie sich nach Meinungsumfragen nur noch auf 27 % der Wähler stützen.
- **Regierungskrise:** Im Parlament verfügen die Liberale Partei über 135 und die (sie tolerierende) New Democratic Party (NDP) über 19, insgesamt also über 154 der 308 Sitze, die oppositionellen Konservativen (CP; 99) und der separatistische Bloc Québécois (BQ; 54) zusammen über 153. Trotz ihrer Stimmenmehrheit (153 : 150) **scheiterte am 10. 5.** 2005 der erste Versuch, den Premier durch ein Misstrauensvotum zu stürzen, weil es sich auf Grund der Geschäftsordnung nur indirekt gegen die Regierung richtete und Martin sich trotz der moralischen Niederlage und des heftigen Protestes der Opposition nicht zum Rücktritt veranlasst sah. Für die Abstimmung über den Haushalt am 19. 5., die als neuer Stichtag für die Auflösung des Parlaments galt, gelang es dem Premier in letzter Stunde, **eine prominente konservative Parlamentsabgeordnete abzuwerben**: Belinda Stronach, bei den Wahlen um den Parteivorsitz dem Oppositionsführer Stephen Harper unterlegen, trat in die Liberale Partei ein und begründete ihren Wechsel mit der Sorge, dass vorgezogene Neuwahlen den separatistischen Tendenzen im Land Auftrieb geben könnten. Premier Martin nahm sie umgehend als Ministerin für »Human Resources« ins Kabinett auf. Damit konnte die Liberal Party auch das zweite, mit der Abstimmung über den Haushalt verbundene Misstrauensvotum abwehren: Nach einem Patt von 152 zu 152 Stimmen gab der Sprecher des Unterhauses, der Liberale Peter Milliken, mit seinem Votum für die Regierungsvorlage den Ausschlag – ein Novum in der Geschichte des Parlaments. Politische Beobachter bezweifelten, dass die Regierung die verbleibende Zeit der Legislaturperiode überstehen würde.

Der **Haushaltsplan** (2005/2006) von Finanzminister Ralph Goodale selbst gab der Opposition wenig Grund zu fundamentaler Kritik. Die anhaltendend gute Wirtschaftsentwicklung (OECD Wachstumsprognose für 2005: 3,3 % des BIP) wies – wie in den acht vorangegangenen Jahren – einen deutlichen Überschuss von 4 Mrd. US-$ auf. Ausdruck dieser guten Kassenlage waren ein großzügiges Programm von staatlichen Subventionen (41,8 Mrd. kan$) und die größte Erhöhung des Verteidigungsbudgets seit 20 Jahren (12,8 Mrd. kan$ über fünf Jahre). Forderungen der Opposition wurde mit der Senkung des Unternehmensteuersatzes von 21 auf 19 % und der Erhöhung des Einkommensteuerfreibetrags auf 10 000 kan$ entsprochen.

- **U-Boot-Affäre:** Nach dem Ausbruch eines Feuers auf dem kanadischen U-Boot HMCS Chicoutimi, am 7. 10. 2004, bei dem ein Matrose ums Leben kam, geriet die Regierung an den Rand eines Misstrauensvotums. Das U-Boot war eines von vieren, die Kanada 1998 von Großbritannien erworben hatte. Kaufpreis und Instandsetzungskosten beliefen sich auf 720 Mio. US-$, alle Schiffe zeigten jedoch weiterhin schwere technische Mängel und konnten lange nicht eingesetzt werden. Die Opposition stimmte am 8. 10., kurz vor einer Vertrauensabstimmung, der Einsetzung einer Untersuchungskommission zu.
- **Wahlen in den Provinzen:** Die Provinzwahlen in **Alberta** am 22. 11. 2004 bescherten der Progressive Conservative Party (PCP) von Amtsinhaber Premier Ralph Klein einen Stimmenanteil von 47 % und damit eine Parlamentsmehrheit von 62 der 83 Sitze. Bei den Wahlen zum Provinzparlament von **British Columbia** am 17. 5. 2005 verteidigte die BC Liberal Party unter Premier Gordon Campbell mit 45,8 % der Stimmen ihre Mehrheit. Auf die oppositionelle New Democratic Party entfielen 41,5 %. Die gleichzeitig abgehaltene Volksabstimmung über eine **Wahlrechtsreform** – Übergang vom Mehrheitswahlrecht zu einem speziellen Verhältniswahlrecht (Single Transferable Vote System/STF) – scheiterte knapp: Nur 57,4 % der Wähler stimmten für die Änderung, 60 % waren erforderlich. Die Befürworter der Reform, darunter Premier Campbell, machten sich daraufhin für eine neue Abstimmung oder eine legislative Lösung stark.
- **Ureinwohner:** Im Anschluss an eine Reihe bedeutender Verträge mit den Ureinwohnern Kanadas über Landrechte, die 2004 geschlossen wurden (→ WA 2005, S. 245), entschied der Oberste Gerichtshof am 18. 11. in einem Verfahren, das die **Haida-Indianer in British Columbia** angestrengt hatten, dass diesem Volk bei der Nutzung von natürlichen Ressourcen (Wäldern und Bodenschätzen) ihres Siedlungsgebiets (Haida

Gwaii) auf den Königin-Charlotte-Inseln von der Regierung Mitspracherechte zu gewähren seien. Nicht nur für die Haida, die seit 1994 gegen den kommerziellen Holzeinschlag auf den Inseln kämpfen, sondern für alle Landrechtsforderungen der Ureinwohner bedeutete der Richterspruch eine wichtige Bestätigung ihrer Rechte.

Am 24. 6. 2005 wurde das tags zuvor vom Senat einstimmig angenommene **Labrador-Abkommen**, das den Inuit Eigentumsrechte, Mitspracherechte und Selbstregierungskompetenzen in Nunatsiavut (Labrador) überträgt, mit königlicher Zustimmung Gesetz. Es war das letzte fehlende Abkommen über Landrechte der Ureinwohner und wurde seit 1977 verhandelt.

▪ **Homosexuelle Lebenspartnerschaften:** Am 1. 2. 2005 stellte der Justizminister einen Gesetzentwurf zur Legalisierung der **Eheschließung zwischen gleichgeschlechtlichen Partnern** vor, der sowohl in der regierenden Liberalen Partei als auch bei der Opposition heftige Ablehnung hervorrief. In acht der dreizehn kanadischen Bundesstaaten sind diese Ehen allerdings bereits erlaubt. Das Oberste Bundesgericht hatte im Dezember 2004 entschieden, dass solche Verbindungen nicht gegen die Verfassungsgrundsätze verstoßen.

AUSSENPOLITIK

▪ **Konflikt mit Iran:** Nachdem ausländischen Diplomaten die Teilnahme an der Gerichtsverhandlung gegen einen iranischen Geheimdienstmitarbeiter verweigert wurde, der für den Tod der iranischstämmigen kanadischen Fotojournalistin Zahra Kazemi in einer Teheraner Haftanstalt am 10. 6. 2003 verantwortlich sein soll, rief Kanada seinen Botschafter aus dem Iran zurück. Bereits im April hatte die Regierung ihre Teilnahme an einer Wirtschaftskonferenz für die Zusammenarbeit mit Iran in Montréal zurückgezogen, nachdem ein exilierter iranischer Militärarzt die Vorwürfe untermauert hatte, Kazemi sei nicht durch Hirnblutungen nach einem Sturz gestorben, sondern gefoltert und vergewaltigt worden. Teheran weigerte sich, die Leiche der Journalistin nach Kanada zu überstellen.

▪ **VR China – Flüchtlingsdrama:** Am 29. 9. 2004 drangen 44 Nordkoreaner (12 Männer, 26 Frauen und 6 Kinder) in die kanadische Botschaft in Peking ein. Um ihr weiteres Schicksal entspann sich ein monatelanges diplomatisches Tauziehen zwischen China, Kanada und Nordkorea. China forderte zunächst die Auslieferung der Flüchtlinge zwecks Rückführung nach Nordkorea und unterstellte grundsätzlich die Unterstützung ausländischer Botschaften bei solchen Fluchtaktionen. Mehr als 6000 Nordkoreanern ist bereits die Flucht nach Südkorea über ausländische Vertretungen in China gelungen. Am 23. 12. 2004 durften die 44 Asylanten die Ausreise in ein nicht genanntes Drittland antreten.

▪ **Differenzen mit den USA:** Am 30. 11. 2004, kurz nach seiner Wiederwahl, stattete US-Präsident George W. Bush Kanada seine **erste Visite** ab – nach US-Angaben nur ein »Arbeitsbesuch«. Die – wirtschaftlich engen – Beziehungen zwischen den Nachbarstaaten sind seit der Weigerung Kanadas, sich militärisch an der Golfkriegsallianz von 2003 zu beteiligen, politisch belastet. Neue Differenzen hatten sich aus dem Vorschlag der kanadischen Regierung ergeben, die Institution der G8-Staaten zu einer L-20 Gruppe auszuweiten, die auch Wirtschaftsmächte wie China, Indien und Brasilien umfassen soll. Hauptkonflikt blieb aber die langwierige Auseinandersetzung um die Beteiligung Kanadas an den **US-Plänen für eine satellitengestützte kontinentale Raketenabwehr** (Ballistic Missile Defence, BMD) im Rahmen des seit 1958 bestehenden North American Aerospace Defence Command (Norad). Von den USA als Mittel gegen globale terroristische Bedrohungen energisch betrieben, wird dieses Projekt in Kanada, vor allem auch von großen Teilen der regierenden Liberalen Partei, als Neuauflage der »Star Wars«-Pläne von US-Präsident Ronald Reagan (SDI) in den 1980er Jahren strikt abgelehnt. Am 25. 2. 2005 gab Premier Paul Martin den Beschluss der Regierung bekannt, die Verteidigungspolitik Kanadas auf den Ausbau der eigenen Streitkräfte zu konzentrieren. Als Reaktion auf das damit verbundene abschließende kanadische Nein zum BMD-Programm sagte Außenministerin Condoleezza Rice einen für Anfang April geplanten Besuch in Ottawa ab.

Kap Verde West-Afrika

Republik Kap Verde; auch: Kapverden; República de Cabo Verde – CV / CPV

Fläche (Weltrang: 164): 4036 km²

Einwohner (161): F 2003 470 000 = 117 je km²

Hauptstadt: Cidade de Praia

Amtssprache: Portugiesisch

Bruttonationaleinkommen 2003 je Einw.: 1440 $

Währung: 1 Kap-Verde-Escudo (KEsc) = 100 Centavos
Kurs: 1 US-$ = 88,51 KEsc; 1 € = 110,27 KEsc

Botschaft der Republik Kap Verde
Dorotheenstr. 43, 10117 Berlin
T 030 / 20 45 09 55, Fax 20 45 09 66
E-Mail: info@embassy-capverde.de

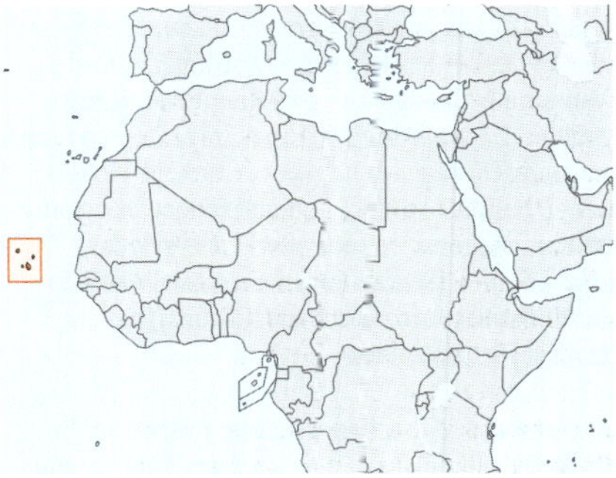

LANDESSTRUKTUR **Fläche**: 4036 km²; 15 Inseln (u. a. São Tiago mit 991 km², Santo Antão 779 km², Boa Vista 620 km², Fogo 476 km², São Nicolau 388 km², São Vicente 227 km²), davon 9 bewohnt; → Karte ▪ **Verwaltung**: 15 Bezirke; Tabelle → WA 2005, S. 247 ▪ **Städte**: (Z 2000) Cidade de Praia (São Tiago) 94 757 Einw., Mindelo (São Vicente) 62 970 ▪ **Inseln**: (Z 2000) São Tiago 236 627 Einw., São Vicente 67 163, Santo Antão 47 170, Fogo 37 421, Sal 14 816, São Nicolau 13 661, Brava 6804, Maio 6754, Boa Vista 4209

BEVÖLKERUNG Kap-Verdier – F 2003: 470 000 Einw.; Bevölkerungswachstum: 2,5 %; letzte Zählung 2000: 434 625 Einw. – F 1986: 71 % Mestiços (Mulatten), 28 % Schwarze, 1 % Weiße; ca. 700 000 Kapverdier leben im Ausland, insb. in den USA, Niederlande, Portugal, Italien und Angola ▪ **Sprachen**: Portugiesisch, Crioulo ▪ **Religion** 2001: 92,8 % Katholiken, 1 % Protestanten; indigene Religionen

STAATS- UND REGIERUNGSFORM Verfassung von 1992 – Republik seit 1975 – Parlament (Assembléia Nacional) mit 72 Mitgl., Wahl alle 5 J. – Direktwahl des Staatsoberh. alle 5 J. – Wahlrecht ab 18 J. ▪ **Unabhängigkeit**: 5. 7. 1975 (ehem. portugiesische Kolonie) ▪ **Nationalfeiertag**: 5. 7.

REGIERUNG UND PARTEIEN **Staatsoberhaupt**: Pedro Verona Rodrigues Pires (PAICV), seit 22. 3. 2001 – **Regierungschef**: José Maria Neves (PAICV-Vorsitzender), seit 1. 2. 2001 – **Äußeres**: Víctor Borges (PAICV), seit 3. 4. 2004 ▪ **Parlament**: Wahlen vom 14. 1. 2001: Partido Africano da Independência de Cabo Verde / PAICV 40 von 72 Sitzen (1995: 20), Movimento para a Democracia / MPD 30 (51), Alliança Democrática para a Mudança / ADM 2 (–), Partido da Convergência Democrática / PCD – (1)

WIRTSCHAFT **BIP** 2003: 797 Mio. $; realer Zuwachs: 5,0 %; Anteil (2003) Landwirtschaft 7 %, Industrie 20 %, Dienstleistungen 73 % ▪ **Erwerbstätigkeit** 2001: Landwirtsch. 22 % ▪ **Arbeitslosigkeit** ∅ 2003: 21 % ▪ **Inflation** ∅ 2003: 1,3 % ▪ **Außenhandel** 2001: **Import**: 247,5 Mio. $; *Güter*: 28 % Maschinen und Transportausrüstungen, 25 % Nahrungsmittel und lebende Tiere, 17 % Fertigwaren; *Länder* 2002: 55 % Portugal, 14 % Niederlande, 4 % Belgien, 4 % Deutschland, 4 % Spanien; **Export**: 9,8 Mio. $; *Güter*: 49 % Kleidung, 40 % Schuhe; *Länder* 2002: 88 % Portugal, 4 % USA

Kasachstan Ost-Europa / Zentral-Asien

Republik Kasachstan; Ķazaķstan Respublikasy – KZ / KAZ

Fläche (Weltrang: 9): 2 717 300 km²

Einwohner (61): F 2003 14 878 000 = 5,5 je km²

Hauptstadt: Astana

Amtssprache: Kasachisch

Bruttonationaleinkommen 2003 je Einw.: 1780 $

Währung: 1 Tenge (T) = 100 Tiin
Kurs: 1 US-$ = 132,49 T; 1 € = 165,90 T

Botschaft der Republik Kasachstan
Nordendstr. 14/15, 13156 Berlin
T 030/47 00 7-113, Fax 47 00 7-125
www.botschaft-kasachstan.de

LANDESSTRUKTUR **Fläche:** 2 717 300 km²; → Karte ▪ **Verwaltung:** 14 Regionen und Hauptstadtbezirk ▪ **Städte:** (Z 1999) Almaty (Alma-Ata) 1 129 400 Einw., Karagandy (Karaganda) 436 900, Čimkent 360 100, Taraz (Džambul) 330 100, Astana 313 000, Özkemen (Ust-Kamenogorsk) 311 000, Pavldar (Pavlodar) 300 500, Semey (Semipalatinsk) 269 600, Aktöbe (Akt'ubinsk) 253 100, Kostanaj (Kustanaj) 221 400, Petropavl (Petropawlovsk) 203 500

BEVÖLKERUNG Kasachen – F 2003: 14 878 000 Einw.; Bevölkerungswachstum: 0,0 %; letzte Zählung 1999: 14 953 126 Einw. – 53,4 % Kasachen, 30,0 % Russen, 3,7 % Ukrainer, 2,5 % Usbeken, 2,4 % Deutsche, 1,7 % Tataren, 1,4 % Uiguren, 4,9 % Sonstige ▪ **Sprachen:** Kasachisch, Russisch, Sprachen der Minderheiten ▪ **Religion:** 50 % Muslime (v. a. Sunniten), 50 % Christen (v. a. Russisch-Orthodoxe)

STAATS- UND REGIERUNGSFORM Verfassung von 1995, geändert 1998 – Präsidialrepublik seit 1991 – Parlament: Unterhaus (Madschlis) mit 67 Mitgl. (Wahl alle 6 J.) und Senat mit derzeit 43 Mitgl. (davon 7 vom Staatspräsidenten ernannt); Wahl für 6 J., Neuwahlen von ½ der Sitze alle 2 J. – Direktwahl des Staatsoberh. alle 7 J. – Wahlrecht ab 18 J. ▪ **Unabhängigkeit:** Souveränitätserklärung 25. 10. 1990, Proklamation 16. 12. 1991 ▪ **Nationalfeiertag:** 25. 10. (Tag der Republik)

REGIERUNG UND PARTEIEN **Staatsoberhaupt:** Nursultan A. Nasarbajew (Union der Volkseinheit), seit 1990 – **Regierungschef:** Danijal Achmetow, seit 13. 6. 2003 – **Äußeres:** Kasimchomart K. Tokajew, seit 28. 1. 2002 ▪ **Parlament:** Wahlen zum Unterhaus vom 19. 9./3. 10. 2004: den Präsidenten unterstützende Parteien: Republikanische Vaterland-Partei/Otan 42 von 77 Sitzen (1999: 24), Bürgerpartei und Agrarpartei 11 (14), Asar 4 (1); Heller Pfad/Ak Schol 1 (–), Demokratische Wahl Kasachstans/DWK 1 (1), Kommunistische Partei – (3); Unabhängige 18 (34) – Wahlen zum Senat vom 8. 10. 2002: Sitzverteilung nicht bekannt

WIRTSCHAFT **BIP** 2003: 29,749 Mrd. $; realer Zuwachs: 9,2 %; Anteil (2003) Landwirtschaft 8 %, Industrie 38 %, Dienstleistungen 54 % ▪ **Erwerbstätigkeit** 2002: Landwirtsch. 35,5 %, Industrie 16,3 %, Dienstl. 48,2 % ▪ **Arbeitslosigkeit** ∅ 2004: 8,4 % ▪ **Inflation** ∅ 2004: 6,7 % ▪ **Außenhandel** 2004: **Import:** 11,550 Mrd. $; *Güter:* 43 % Maschinen und Ausrüstungen einschl. Erzeugnisse der Elektrotechnik und Transportmittel, 13 % chemische Erzeugnisse, Kunststoffe und Kautschuk, 13 % Schwarzmetalle und Erzeugnisse daraus, 7 % Nahrungsmittel; *Länder:* 38 % Russland, 8 % Deutschland, 6 % VR China, 6 % Ukraine, 4 % USA, 3 % Italien, 2 % Großbritannien, (GUS gesamt: 48 %); **Export:** 17,990 Mrd. $; *Güter:* 68 % Erdgas, Erdöl, Ölprodukte, 20 % Schwarzmetalle, und Erzeugnisse daraus, 4 % Nahrungsmittel, 3 % chemische Erzeugnisse, Kunststoffe und Kautschuk, 2 % Maschinen und Ausrüstungen einschl. Erzeugnisse der Elektrotechnik und Transportmittel; *Länder:* 19 % Schweiz, 15 % Italien, 14 % Russland, 10 % VR China, 7 % Frankreich, 1 % Deutschland (GUS gesamt: 21 %)

CHRONIK

Während die Wirtschaft des zentralasiatischen Staats weiter wuchs, sicherte Präsident Nursultan Nasarbajew die Machtbasis seiner autoritären Regierung durch manipulierte Parlamentswahlen.

▪ **Parlamentswahlen:** Aufgrund eines neuen Wahlgesetzes wurden bei den Parlamentswahlen am 19. 9./3. 10. 2004 weitere Oppositionsparteien zugelassen, die aber im Wahlkampf massiv benachteiligt waren. Die **Oppositionsparteien** Ak Schol (Heller Pfad) und die Demokratische Wahl Kasachstans (DWK) errangen **jeweils einen Sitz**. Alle anderen 75 Mandate gingen an die regierende Republikanische Vaterland-Partei (Otan) oder an dem Präsidenten nahestehende Parteien, darunter auch die von Nasarbajews Tochter gegründete Partei Asar (Alle zusammen). Die Wahlbeteiligung betrug bei 56,7 % in der ersten und 45,2 % in der zweiten Runde. Die Opposition warf der Regierung **Fälschung der Abstimmungsergebnisse** vor, die OSZE kritisierte eine massive Verletzung der internationalen Standards für demokratische Wahlen. Aus Protest gegen die Manipulationen legte Informationsminister Altynbek Sarsenbajew am 20. 9. sein Amt nieder. Auch der Parlamentspräsident und stellvertretende Vorsitzende der Regierungspartei Otan, Scharmachan Tujakbaj, bezeichnete die Urnengänge als Farce und trat am 18. 10. zur Opposition über.

▪ **Weitere Einschränkung der Opposition:** Ein Gericht in Almaty ordnete am 6. 1. 2005 die **Auflösung der Oppositionspartei DWK** an. In der Begründung hieß es, die

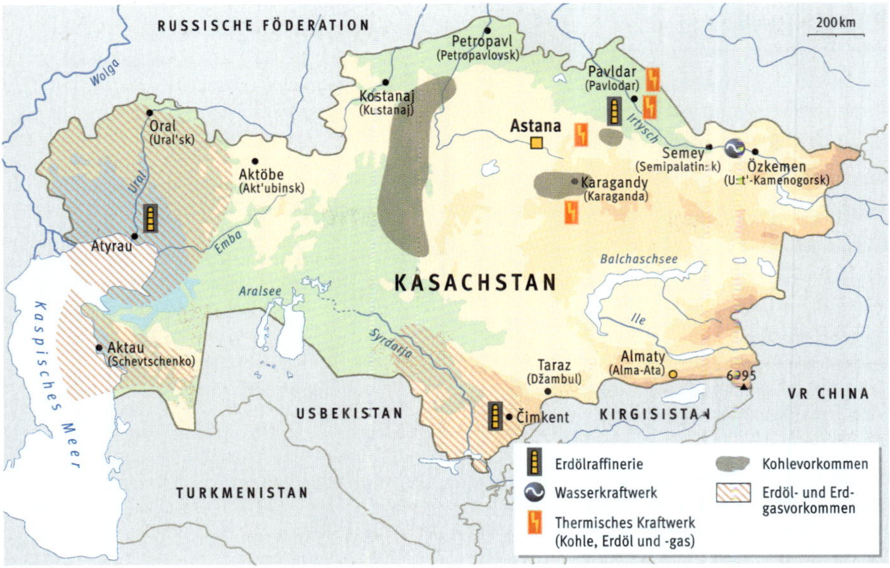

DKW habe die Regierung in einer Resolution vom Dezember 2004 des Wahlbetrugs und als illegitim bezeichnet und zu zivilem Ungehorsam aufgerufen. Beobachter bewerteten den Schritt als Reaktion der Regierung auf den demokratischen Machtwechsel in der → Ukraine. Am 5. 5. verboten die Behörden auch die bekannte Oppositionszeitung Respublika.

- **Wirtschaftliche Entwicklung:** Erdöl- und Rohstoffvorkommen bescherten dem Land 2004 ein **BIP-Wachstum** von **9,3 %**. Ähnliche Wachstumsraten erwartet die Regierung auch in den kommenden Jahren, u. a. auch durch eine Beteiligung an der neueröffneten Erdölpipeline Baku–Tbilisi–Ceyhan (→ Aserbaidschan). Die durchschnittlichen Reallöhne stiegen nach offiziellen Angaben 2004 um 12,7 % und liegen mit umgerechnet 175 € höher als in Russland (165 €). Ein großes Problem stellt allerdings die nach wie vor grassierende Korruption dar. Auf dem Korruptionsindex der Nichtregierungsorganisation Transparency International belegte Kasachstan im Jahr 2004 unter 146 genannten Staaten Platz 122.
- **Vorgehen gegen Islamisten:** Der Geheimdienst KNB (Kasachisches Nationales Sicherheitskomitee) gab am 11. 11. 2004 die Zerschlagung der Terrorvereinigung »Mudschahedin Zentralasiens« bekannt. Die 13 Mitglieder umfassende Gruppe stand in Kontakt zu Al-Qaida und war an Anschlägen in → Usbekistan beteiligt. Am 28. 3. 2005 verbot ein Gericht in Astana auf Drängen Usbekistans die Hisb-ut Tahrir (Partei der Befreiung). Der Gruppierung war vorgeworfen worden, mit Gewalt einen Kalifatsstaat in Zentralasien errichten zu wollen. Damit ist der Hisb-ut Tahrir in allen zentralasiatischen Republiken eine Betätigung untersagt.
- **Grenzvertrag mit Russland:** Präsident Nasarbajew und der russische Staatschef Wladimir Putin unterzeichneten nach fünfjährigen Verhandlungen am 18. 1. 2005 in Moskau einen Vertrag, der die **7591 km lange gemeinsame Grenze** festschreibt. In der Frage der umstrittenen Imaschew-Gasvorkommen in der Nähe des Wolga-Deltas einigten sich beide Länder auf eine gemeinsame Nutzung.
- **Bedrohte Seen** (→ Karte): Da nach dem Aralsee auch der **Balchaschsee vom Austrocknen bedroht** ist, wenn die VR China – wie geplant – aus dem Hauptzufluss Ile mehr Wasser für die Landwirtschaft entnimmt, forderte das UN-Entwicklungsprogramm im August 2004 Kasachstan und China zum Abschluss eines Abkommens über die zukünftige Wassernutzung auf. Der Balchaschsee weist zwar eine dreißigmal so große Fläche wie der Bodensee auf, eine Senkung des Wasserspiegels um wenige Zentimeter würde wegen seiner geringen Tiefe aber einen Rückgang des Wassers um mehrere hundert Meter bewirken.

Zur **Rettung des Kleinen Aralsees** wurde im Mai 2005 ein von der Weltbank mit 65 Mio. US-$ mitfinanzierter Damm am Kleinen Aralsee fertig gestellt. Ab Herbst 2005 soll das 13 km lange Bauwerk den in den vergangenen Jahren wegen Übernutzung drastisch gesunkenen **Wasserspiegel** des Sees um **drei Meter anheben** und 1000 km² trocken gefallenes Seebett wieder überfluten. Der Kleine Aralsee ist einer von drei Restseen des Aralsees, dessen Wasserfläche einmal der von Irland entsprach.

Katar Vorder-Asien

Staat Katar; Dawlat Qaṭar – QA / QAT

Fläche (Weltrang: 157): 11 437 km²

Einwohner (158): F 2003 624 000 = 55 je km²

Hauptstadt: Ad-Dawhah (Doha)

Amtssprache: Arabisch

Bruttonationaleinkommen 2003 je Einw.: k. A.

Währung: 1 Katar-Riyal (QR) = 100 Dirham
Kurs: 1 US-$ = 3,65 QR; 1 € = 4,56 QR

Botschaft des Staates Katar
Brunnenallee 6, 53177 Bonn
T 02 28 / 95 75 20, Fax 9 57 52 55
E-Mail: qatarbonn@compuserve.com

LANDESSTRUKTUR **Fläche**: 11 437 km²; → Karte ▪ **Verwaltung**: 9 Bezirke ▪ **Städte**: (Z 1997) Ad-Dawhah (Doha) 264 009 Einw., Ar-Rayyān 169 774, Al-Wakrah 31 702, Umm Salal 18 392

BEVÖLKERUNG Katarer – F 2003: 624 000 Einw.; Bevölkerungswachstum: 2,1 %; letzte Zählung. 2004 (vorl.): 743 000 – 45 % Araber (davon 20 % Katarer), 34 % Inder und Pakistaner, 16 % Iraner, 5 % Sonstige ▪ **Sprachen**: Arabisch; Urdu u. a. indoarische Sprachen, Persisch, Englisch ▪ **Religion**: 92 % sunnitische Muslime (z. T. Wahabiten); Hindus, Christen

STAATS- UND REGIERUNGSFORM Verfassung von 2005 – Emirat (absolute Monarchie) seit 1971 – Staatsreligion: Islam – Parlament mit 45 Mitgl. (⅔ gewählt, ⅓ ernannt), Wahl alle 4 J. ▪ **Unabhängigkeit**: 1. 9. 1971 (ehem. britisches Protektorat) ▪ **Nationalfeiertag**: 3. 9. (Nationaltag)

REGIERUNG UND PARTEIEN **Staatsoberhaupt**: Scheich Hamad bin Khalifa al-Thani, seit 1995 – **Regierungschef**: Scheich Abdullah bin Khalifa al-Thani, seit 1996 – **Äußeres**: Scheich Hamad bin Jassim bin Jaber al-Thani, seit 1992 ▪ **Parlament**: voraussichtlich 2005

WIRTSCHAFT **BIP** 2002: 17,466 Mrd. $; realer Zuwachs: k. A.; Anteil (2004) Landwirtschaft 0,3 %, Industrie 58,2 %, Dienstleistungen 41,5 % ▪ **Erwerbstätigkeit** 2002: Landwirtsch. 1,2 % ▪ **Arbeitslosigkeit** ∅ 2001: 3,9 % ▪ **Inflation**: k. A. ▪ **Außenhandel** 2003: **Import**: 5,9 Mrd. $; *Güter*: Maschinen, bearbeitete Waren, Nahrungsmittel, chemische Produkte; *Länder* 2002: 13 % USA, 11 % Japan, 9 % Italien, 8 % Großbritannien, 7 % Vereinigte Arabische Emirate, 7 % Deutschland; **Export**: 12,6 Mrd. $; *Güter*: v. a. Erdöl, Düngemittel (weltweit größter Kunstdüngerproduzent); *Länder* 2002: 48 % Japan, 16 % Rep. Korea, 10 % Singapur, 4 % Thailand, 4 % Vereinigte Arabische Emirate

CHRONIK

Die am 30. 6. 2004 wegen der Ermordung des früheren tschetschenischen Übergangspräsidenten Selimchan Jandarbijew zu lebenslanger Haft verurteilten Russen, vermutlich Geheimagenten (→ WA 2005, S. 250), wurden am 23. 12. 2004 an die russische Justiz überstellt. Der russische Präsident Wladimir Putin bedankte sich am 24. 12. für die Geste und stellte einen Ausbau der bilateralen Beziehungen in Aussicht.

Die erste geschriebene **Verfassung** des Landes wurde am 8. 6. 2004 verkündet. Sie tritt nach Ablauf eines Jahres und der Einrichtung der in der Verfassung vorgesehenen Institutionen zum 8. 6. 2005 in Kraft. Am 29. 3. 2005 kündigte die Regierung die Durchführung von Parlamentswahlen (wie von der Verfassung gefordert) im Zeitraum bis Juni 2006 an.

Zum ersten Mal in der Geschichte Katars ereignete sich am 19. 3. 2005, dem zweiten Jahrestag des US-Einmarschs in Irak 2003, ein **Selbstmordanschlag** in der Hauptstadt Doha. Das Ziel des Attentats, ein Theater, befindet sich in unmittelbarer Nähe der britischen Schule und der US-Botschaft. Bei dem Anschlag starb neben dem ägyptischen Attentäter der britische Theaterregisseur, zwölf Personen wurden verletzt. Die Urheberschaft für das Attentat blieb unklar. Am 21. 3. demonstrierten mehr als 1000 Personen in Doha aus Protest gegen das Attentat.

Kenia Ost-Afrika

Republik Kenia; Jamhuri ya Kenya – KE / KEN

Fläche (Weltrang: 46): 580 367 km²

Einwohner (34): F 2003 31 916 000 = 55 je km²

Hauptstadt: Nairobi

Amtssprache: Swahili

Bruttonationaleinkommen 2003 je Einw.: 400 $

Währung: 1 Kenia-Schilling (K.Sh.) = 100 Cents
Kurs: 1 US-$ = 77,16 K.Sh.; 1 € = 95,87 K.Sh.

Botschaft der Republik Kenia
Markgrafenstr. 63, 10969 Berlin
T 030 / 25 92 66 – 0, Fax 25 92 66 – 50

LANDESSTRUKTUR **Fläche**: 580 367 km² ▪ **Verwaltung**: 7 Provinzen und Hauptstadtdistrikt ▪ **Städte**: (Z 1999) Nairobi 2 143 020 Einw., Mombasa 660 800, Nakuru 219 366, Kisumu 194 390, Eldoret 167 016, Thika 82 665, Meru 78 100, Kitale 63 245, Malindi 53 805

BEVÖLKERUNG Kenianer – F 2003: 31 916 000 Einw.; Bevölkerungswachstum: 1,8 %; letzte Zählung 1999: 28 686 607 Einw. – rd. 40 Ethnien: (S 1989) über 60 % Bantu (u. a. 20,8 % Kikuyu, 14,4 % Luhya, 11,4 % Kamba), 12,4 % Luo (West-Niloten), 11,5 % Kalenjin (Ost-Niloten), 1,6 % Maasai u. a.; 89 185 Asiaten (v. a. Inder), 41 595 Araber und 34 560 Europäer ▪ **Sprachen**: Swahili; Kikuyu, Luo, Maasai und über 30 weitere Sprachen; Englisch ▪ **Religion** 2002: 60 % Anhänger von indigenen Religionen, 24,5 % Katholiken, 9 % Protestanten, 6 % Muslime u. a.

STAATS- UND REGIERUNGSFORM Verfassung von 1963, zuletzt geändert 1997 – Präsidialrepublik (im Commonwealth) seit 1963 – Parlament (National Assembly) mit 224 Mitgl. (davon 210 gewählt, je 6 von Regierung und Opposition ernannt, 2 ex officio), Wahl alle 5 J. – Direktwahl des Staatsoberh. alle 5 J. (in 5 von 8 Provinzen mit mind. 25 % der Stimmen) – Wahlrecht ab 18 J. ▪ **Unabhängigkeit**: 12. 12. 1963 (ehem. britische Kolonie) ▪ **Nationalfeiertag**: 12. 12.

REGIERUNG UND PARTEIEN **Staats- u. Regierungschef**: Mwai Kibaki (NARC-Vors.), seit 30. 12. 2002 – **Äußeres**: Chirau Ali Mwakwere (NARC), seit 30. 7. 2004 ▪ **Parlament**: Wahlen am 27. 12. 2002: National Rainbow Coalition / NARC 125 von 210 Sitzen (1997: –), Kenya African National Union / KANU 64 (107), Forum for the Restoration of Democracy-People / FORD-P 14 (3), Safina 2 (5), Forum for the Restoration of Democracy-Asili / FORD-A 2 (1), Sisi Kwa Sisi 2 (–), Shirikisho Party of Kenya / SPK 1 (1), Sonstige – (93)

WIRTSCHAFT **BIP** 2003: 14,376 Mrd $; realer Zuwachs: 1,8 %; Anteil (2003) Landwirtschaft 16 %, Industrie 20 %, Dienstleistungen 65 % ▪ **Erwerbstätigkeit** 2002: Landwirtsch. 75 % ▪ **Arbeitslosigkeit** ∅ 2003: 28 % (regional über 50 %) ▪ **Inflation** ∅ 2004: 11,5 % ▪ **Außenhandel** 2003: **Import**: 4,18 Mrd. $; *Güter*: 14 % Mineralölprodukte, 12 % Industriemaschinen, 9 % Rohöl, 6 % Straßenfahrzeuge, 5 % Öle und Fette, 4 % Eisen und Stahl, 4 % Kunststoffe und -produkte, 2 % chemische Düngemittel, 2 % Weizen, 2 % Papier und Pappe; *Länder*: 13 % Vereinigte Arabische Emirate, 9 % Saudi-Arabien, 9 % Südafrika, 7 % Großbritannien, 7 % Japan, 6 % VR China, 5 % USA, 5 % Indien, 4 % Deutschland (EU gesamt: 23 %); **Export**: 2,74 Mrd. $; *Güter*: 17 % Mineralölerzeugnisse, 15 % Tee, 13 % Rohstoffe, 9 % Fertigwaren, 5 % Gartenbauerzeugnisse, 3 % Kaffee; *Länder*: 19 % Uganda, 12 % Großbritannien, 9 % USA, 8 % Niederlande, 5 % Pakistan, 4 % Ägypten, 4 % Tansania, 3 % Deutschland (EU gesamt: 30 %)

CHRONIK

Auch im dritten Jahr seiner Amtszeit war es Präsident Mwai Kibaki nicht gelungen, die politische Lage zu stabilisieren. Hatte Kibaki bei seinem Amtsantritt die Bekämpfung der Korruption zur Priorität erklärt, so sah sich die Regierung nun selbst schweren Korruptionsvorwürfen ausgesetzt.

▪ **Kampf gegen Korruption:** Nach ersten Fortschritten in der Korruptionsbekämpfung bewilligte der Internationale Währungsfonds am 24. 9. 2004 einen Kredit von 35 Mio. US-$ und die Weltbank gab eingefrorene Zahlungen wieder frei. Am 2. 2. 2005 jedoch erhob der britische Botschafter in Kenia, Sir Edward Clay, in einer Rede **schwere Vorwürfe gegen die Regierung**. Er sprach von »massiver Plünderung« der Staatskasse durch hochrangige Regierungsmitglieder. Wenige Tage später legte der Antikorruptionsbeauftragte im Amt des Staatspräsidenten, John Githongo, sein Amt nieder, da der Regierung der politische Wille zur Korruptionsbekämpfung fehle. Die USA, später auch Deutschland, suspendierten umgehend ihre Finanzhilfe für die Antikorruptionskampagne. Unter dem zunehmenden internationalen Druck kam es zu Spannungen in der Regierungskoalition, auf die Präsident Kibaki am 14. 2. 2005 mit einer Kabinettsumbildung reagierte. Entlassen wurde jedoch keiner der der Korruption verdächtigten Minister. Nach Schätzungen von Diplomaten sollen in den vergangenen drei Jahren etwa 1 Mrd. US-$ unterschlagen worden sein.

▪ **Ethnische Unruhen:** Bei blutigen Auseinandersetzungen um Land- und Wassernutzung in mehreren Regionen zwischen Angehörigen der Kikuyu und Maasai starben im Januar 2005 rund 50 Menschen. Auch bei vergleichbaren Konflikten rivalisierender Clans an der Grenze zu Somalia kamen Mitte Juli über 70 Menschen ums Leben.

Kirgisistan Zentral-Asien

Kirgisische Republik; Kyrgyz Respublikasy, Kurzform: Kyrgyzstan – KG / KGZ

Fläche (Weltrang: 84): 199 900 km²

Einwohner (111): F 2003 5 052 000 = 25 je km²

Hauptstadt: Biškek (Bischkek)

Amtssprachen: Kirgisisch, Russisch

Bruttonationaleinkommen 2003 je Einw.: 340 $

Währung: 1 Kirgisistan-Som (K. S.) = 100 Tyin
Kurs: 1 US-$ = 40,96 K. S.; 1 € = 51,34 K. S.

Botschaft der Kirgisischen Republik
Otto-Suhr-Allee 146, 10585 Berlin
T 030 / 34 78 13 38, Fax 34 78 13 62
www.botschaft-kirgisien.de

LANDESSTRUKTUR **Fläche**: 199 900 km²; → Karte ▪ **Verwaltung**: 7 Regionen und Hauptstadtbezirk ▪ **Städte**: (F 2001) Biškek (Bischkek) 736 000 Einw.; (F 1999) Oš (Osch) 230 700; (F 1991) Džalal-Abad (Dschalalabad) 79 900, Tokmak 71 200, Issyk-Kul' 64 300, Kara-Balta 55 000

BEVÖLKERUNG Kirgisen – F 2003: 5 052 000 Einw.; Bevölkerungswachstum: 1,0 %; letzte Zählung 1999: 4 822 938 Einw. – 64,9 % Kirgisen, 13,8 % Usbeken, 12,5 % Russen, 1,1 % Dunganen, 1,0 % Ukrainer, 1,0 % Uiguren, 0,9 % Tataren, 0,9 % Kasachen, 0,9 % Tadschiken, 0,4 % Deutsche u. a. ▪ **Sprachen** 1999: 70 % Kirgisisch, Russisch; Sprachen der Minderheiten ▪ **Religion**: 75 % Muslime (Sunniten); 20 % Russisch-Orthodoxe, Buddhisten u. a.

STAATS- UND REGIERUNGSFORM Verfassung von 2003 – Präsidialrepublik seit 1991 – Ein-Kammer-Parlament mit 75 Mitgl.; Wahl alle 5 J. – Direktwahl des Staatsoberh. alle 5 J. – Wahlrecht ab 18 J. ▪ **Unabhängigkeit**: Souveränitätserklärung 15. 12. 1990, Proklamation 31. 8. 1991 ▪ **Nationalfeiertag**: 31. 8. (Unabhängigkeitstag)

REGIERUNG UND PARTEIEN **Staatsoberhaupt**: Kurmanbek Bakijew (Volksbewegung Kirgisistans), seit 25. 3. 2005 – **Regierungschef**: Felix Kulow – **Äußeres**: Rosa Otunbajewa (Ata Schurt), seit 25. 3. 2005 ▪ **Parlament**: Wahlen vom 27. 2. / 13. 3. 2005: Sitzverteilung nicht bekannt

WIRTSCHAFT **BIP** 2003: 1,909 Mrd. $; realer Zuwachs: 6,7 %; Anteil (2003) Landwirtschaft 39 %, Industrie 23 %, Dienstleistungen 38 % ▪ **Erwerbstätigkeit** 1999: Landwirtsch. 52,4 %, Industrie 11,6 %, Dienstl. 36,1 % ▪ **Arbeitslosigkeit** ∅ 2002: 12,5 % ▪ **Inflation** ∅ 2003: 3,5 % ▪ **Außenhandel** 2003: **Import**: 717 Mio. $; *Güter*:

27 % mineralische Brennstoffe, Schmiermittel, 12 % Maschinen und Transportausrüstungen; *Länder*: 25 % Russland, 24 % Kasachstan, 11 % VR China, 5 % Usbekistan, 5 % Deutschland, 4 % Türkei (EU gesamt: 11 %); **Export**: 582 Mio. $; *Güter*: 45 % Edelmetalle, mineralische Produkte, Textilien, Leder; *Länder*: 25 % Vereinigte Arabische Emirate, 20 % Kasachstan, 8 % VR China, 7 % Tadschikistan, 6 % Usbekistan

CHRONIK

Nach umstrittenen Parlamentswahlen im Februar und März 2005 und der von Süden auf den Norden übergreifenden »Tulpenrevolution« floh Präsident Askar Akajew im März 2005 nach Russland. Damit stürzte nach Georgien (→ WA 2005, S. 174 f.) und der → Ukraine der dritte Präsident eines postsowjetischen Staates. Akajew, der seit 1990 an der Spitze der zentralasiatischen Republik stand und ursprünglich als Reformpolitiker galt, hatte sein Land zuletzt mit harter Hand regiert, Politik und Wirtschaft wurden von seinem Familien-Clan beherrscht. Beobachter werteten den Umbruch jedoch weniger als friedliches Aufbegehren einer breiten Bevölkerung, sondern vielmehr als geglückten Umsturzversuch von Vertretern der im Lauf der Jahre entmachteten alten Elite angesichts der anstehenden Neubesetzung des Präsidentenamtes im Herbst 2005.

▪ **Demonstrationen nach umstrittenen Parlamentswahlen:** In der ersten Wahlrunde (Wahlbeteiligung 57 %) am 27. 2. 2005 gingen von 31 vergebenen Sitzen zwei an die Opposition. Daraufhin kam es in den im Süden gelegenen Städten Dschalalabad und Osch zu Demonstrationen mit mehreren tausend Personen unter der Führung der Oppositionsbewegung »Volksfront Kirgisistan« des ehemaligen Ministerpräsidenten Bakijew. Sie warfen der Regierung **Manipulationen bei dem Urnengang** vor und **forderten den Rücktritt von Akajew**. Die OSZE kritisierte die Abstimmung zwar wegen Stimmenkaufs und der Verletzung des Wahlgeheimnisses, bescheinigte ihr aber ansonsten einen einigermaßen korrekten Verlauf. Im Anschluss an die zweite Wahlrunde vom 13. 3. (Wahlbeteiligung 60 %) weiteten sich die Proteste in den südlichen Landesteilen aus, zunehmend begleitet von Plünderungen und gewalttätigen Ausschreitungen. Am 21. 3. erklärte die Zentrale Wahlkommission in Bischkek die Wahlen in 71 von 75 Stimmbezirken für gültig, dabei wurden sechs Sitze der Opposition zugesprochen. Noch am gleichen Tag übernahm die Opposition in Dschalalabad und Osch die Macht, die Sicherheitskräfte wurden entwaffnet oder liefen zur Opposition über.

▪ **Sturz von Präsident Akajew:** Vor dem am 22. 3. 2005 eilig einberufenen neuen Parlament lehnte Akajew die Anwendung von Gewalt gegen die Demonstranten ab, angesichts der rasch auf den Norden und die Hauptstadt Bischkek **übergreifenden Protestbewegung** schloss die Regierung jedoch am Folgetag harte Maßnahmen gegen die Demonstrationen nicht mehr aus. Trotzdem stürmten am 24. 3. mehrere tausend vornehmlich aus dem Süden stammende Personen das Weiße Haus, den Sitz des Staatschefs und der Regierung. Kurz zuvor hatte sich **Präsident Akajew mit seiner Familie** über Kasachstan **nach Russland abgesetzt.** In der Folge erklärte das Oberste Gericht die Parlamentswahlen für ungültig und das alte Parlament bestellte **Bakijew** zum **Interims-Regierungschef**; geschäftsführend übernahm dieser auch das Amt des Staatspräsidenten. Zur Beendigung der Gewalt sowie zur Wiederherstellung der Ordnung bestimmte er am 25. 3. den tags zuvor aus dem Gefängnis befreiten einstigen Vizepräsidenten und ehemaligen Geheimdienstchef, **Felix Kulow**, zum Innenminister und Sicherheitsbeauftragten. Das Ressort Äußeres übertrug Bakijew der früheren Vize-Außenministerin Rosa Otunbajewa.

In dem in der neuen Führung aufgekommenen **Streit über die Legitimität des neuen Parlaments** setzte sich Kulow gegen Bakijew durch und erreichte die Auflösung der beiden alten Kammern am 28./29. 3. 2005. Umgehend bestätigte auch das neue Parlament mit wenigen Gegenstimmen Bakijew als amtierenden Ministerpräsidenten. Neue Parlamentswahlen wurden jedoch nicht ausgeschrieben. Am 30. 3. legte Kulow den Posten als Sicherheitskoordinator nieder, da sich die Situation im Land beruhigt habe und sein Amt verfassungsmäßig nicht vorgesehen sei.

Den geforderten offiziellen **Rücktritt** als Staatschef lehnte **Akajew** vom Exil aus zunächst ab, vollzog diesen Schritt aber nach Verhandlungen mit einer Parlamentsdelegation in Moskau **am 4. 4. 2005** schließlich doch. Nach mehrfach verschobener Abstimmung votierten am 11. 4. 38 von 64 anwesenden Abgeordneten für die Annahme von Akajews Ablösung, zugleich setzten sie den 10. 7. als Termin für neue Präsidentschaftswahlen fest.

Vom Obersten Gericht Anfang April 2005 rehabilitiert, erklärte Kulow am 25. 4. 2005 seine Kandidatur für das Präsidentenamt. Nachdem Bakijew zugesichert hatte, ihn zum Ministerpräsidenten zu ernennen, sollte er die Wahl gewinnen, entschied sich Kulow am 13. 5., von seinem Vorhaben wieder Abstand zu nehmen. Von der Entscheidung erhofften sich beide größere Chancen auf einen gemeinsamen Sieg.

▪ **Anhaltende Instabilität:** Die Situation im Land beruhigte sich nach und nach wieder, blieb aber **angespannt**. In Bischkek und Umgebung begannen vor allem aus dem Süden stammende Kirgisen unter Berufung auf ein Gesetz von 1999, wonach der Staat jedem Bürger einmal im Leben ein Grundstück für ein Haus zur Verfügung stellen muss, öffentliches und privates **Land zu besetzen**, darunter auch Güter von Russen sowie anderen ethnischen Minderheiten. Die Regierung kritisierte dieses Verhalten, unternahm jedoch keine Maßnahmen dagegen. Am 1. 6. 2005 stürmten rund 500 Personen das Oberste Gericht und lieferten sich mit Anhängern angeblich betrogener Parlamentskandidaten, die das Gebäude seit Ende April 2005 besetzt hielten, gewalttätige Auseinandersetzungen. Unbewaffneten Polizisten gelang es mit Hilfe von Soldaten jedoch rasch, die Situation wieder unter Kontrolle zu bringen. Bei einem weiteren Zwischenfall Mitte Juni 2005 stürmten Anhänger eines zuvor von der Präsidentschaftswahl ausgeschlossenen Geschäftsmanns das Regierungsgebäude (→ Foto). Auch in diesem Fall konnte die Polizei die angeblich gegen Bezahlung angestachelten Demonstranten wieder zurückdrängen. Die Lage in den südlichen Landesteilen war ebenfalls von Unruhen geprägt, mancherorts herrschten Milizen.

Demonstrationen vor dem Regierungsgebäude in Bischkek am 17. 6. 2005

▪ **Präsidentschaftswahlen:** Aus den Neuwahlen zum Amt des Staatschefs am 10. 7. 2005 ging **Bakijew** mit 88,7 % der Stimmen **als Sieger** hervor. Die Wahlbeteiligung wurde offiziell mit 74 % angegeben, was Experten allerdings bezweifelten. Für die Gültigkeit des Urnengangs war eine Mindestbeteiligung von 50 % festgesetzt worden. Rund 800 internationale Wahlbeobachter, darunter von der Organisation für Sicherheit und Zusammenarbeit in Europa (OSZE), kontrollierten die Wahlen, die im Großen und Ganzen als transparent und fair bezeichnet wurden. Bakijew bestätigte am 11. 7., dass er Kulow dem Parlament als Ministerpräsident vorschlagen werde. Im Parlament gilt die Mehrheit der 75 Abgeordneten als Anhänger der alten Regierung, die Opposition ist lediglich mit 6 Sitzen vertreten; über 20 Abgeordnete wurden wegen Unregelmäßigkeiten in Nachwahlen bestimmt.

Kiribati Ozeanien

Republik Kiribati; Ribaberikin Kiribati (gilbertesisch); Republic of Kiribati – KI / KIR

Fläche (Weltrang: 170): 810,5 km²

Einwohner (180): F 2003 96 000 = 118 je km²

Hauptstadt: Bairiki

Amtssprachen: Gilbertesisch, Englisch

Bruttonationaleinkommen 2003 je Einw.: 860 $

Währung: 1 Austral. Dollar / Kiribati ($A / K)
Kurs: 1 US-$ = 1,32 $A / K; 1 € = 1,64 $A / K

Honorarkonsul der Republik Kiribati
Neumühlen 13, 22763 Hamburg
T 040 / 36 14 61 12, Fax 36 14 61 23
E-Mail: consul.kiribati@leonhardt-blumberg.com

LANDESSTRUKTUR **Fläche**: 810,5 km²; 3 Inselgruppen mit 33 Atollen: Line Islands (Line-Inseln mit Kiritimati, Tarawa-Atoll, Banaba u. a.) 496 km², Gilbert Islands (Gilbert-Inseln) 285,5 km² und Phoenix Islands (Phönix-Inseln) 29 km² ▪ **Verwaltung**: 6 Distrikte ▪ **Städte**: (Z 1990) Bairiki 2226 Einw.

BEVÖLKERUNG Kiribatier – F 2003: 96 000 Einw.; Bevölkerungswachstum: 1,8 %; letzte Zählung 2000: 84 494 Einw. – 98,8 % Mikronesier, 0,8 % Polynesier, 0,2 % Europäer u. a. ▪ **Sprachen**: Gilbertesisch (I-Kiribati, austronesische Sprache), Englisch ▪ **Religion** 1990: 53,4 % Katholiken, 39,2 % Protestanten, 2,4 % Bahai

STAATS- UND REGIERUNGSFORM Verfassung von 1979 – Präsidialrepublik (im Commonwealth) seit 1979 – Parlament (Maneaba ni Maungatabu) mit 41 Mitgl. (40 gewählt, 1 ex officio); Wahl alle 4 Jahre – Direktwahl des Staatsoberhauptes alle 4 J. – Wahlrecht ab 18 J. ▪ **Unabhängigkeit**: 12. 7. 1979 (ehem. britische Kolonie) ▪ **Nationalfeiertag**: 12. 7.

REGIERUNG UND PARTEIEN **Staatsoberhaupt, Regierungschef und Äußeres**: Anote Tong (BK), seit 4. 7. 2003 ▪ **Parlament**: Wahlen vom 9. / 16. 5. 2003: Maneaban Te Mauri / MTM 18 (2002: 16 von 40 Sitzen), Boutokanto Koaava / BK 13 (17), Unabhängige 9 (7)

WIRTSCHAFT **BIP** 2003: 55 Mio. $; realer Zuwachs: 2,5 %; Anteil (2002) Landwirtschaft 14 %, Industrie 11 %, Dienstleistungen 75 % ▪ **Erwerbstätigkeit** 2002: Landwirtsch. 26 % ▪ **Arbeitslosigkeit**: k. A. ▪ **Inflation** ∅ 2002: 3,2 % ▪ **Außenhandel** 2000: **Import**: 67,9 Mio. $A / K; *Güter*: 35 % Nahrungsmittel, Getränke, Tabak, 23 % Maschinen und Transportausrüstungen, 16 % bearbeitete Waren; *Länder* 2002: 29 % Frankreich, 27 % Australien, 13 % Fidschi, 12 % Polen; **Export**: 10,7 Mio. $A / K; *Güter*: 23 % Kopra, 21 % Fischereiprodukte; *Länder* 2002: 56 % Japan, 17 % Thailand, 13 % Rep. Korea

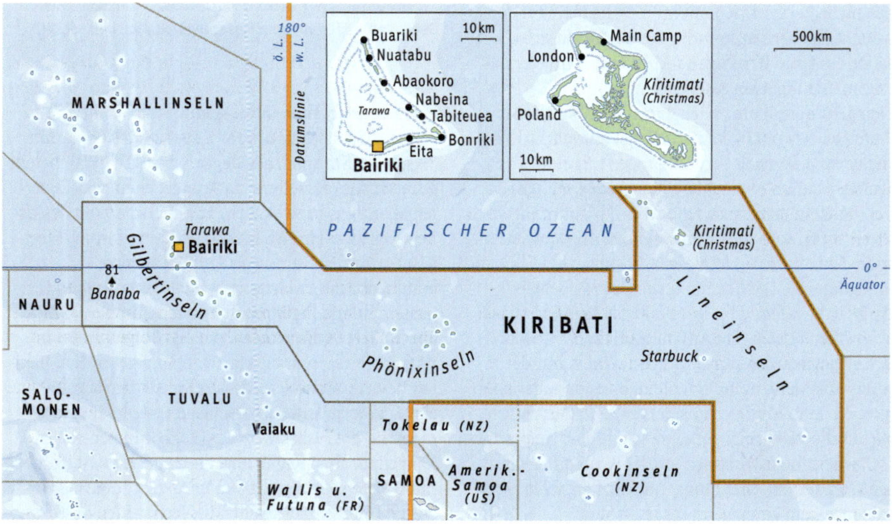

Kolumbien Süd-Amerika

Republik Kolumbien; República de Colombia – CO / COL

Fläche (Weltrang: 25): 1141748 km²

Einwohner (28): F 2003 44584000 = 39 je km²

Hauptstadt: Santa Fe de Bogotá (Bogotá)

Amtssprache: Spanisch

Bruttonationaleinkommen 2003 je Einw.: 1810 $

Währung: 1 Kolumb. Peso (kol$) = 100 Centavos
Kurs: 1 US-$ = 2333 kol$; 1 € = 2877 kol$

Botschaft der Republik Kolumbien
Kurfürstenstr. 84, 10787 Berlin
T 030 / 26 39 610, Fax 26 39 61 25
www.botschaft-kolumbien.de

LANDESSTRUKTUR **Fläche:** 1141748 km²; → Karte ▪ **Verwaltung:** 32 Departamentos und Hauptstadtdistrikt ▪ **Städte:** (F 2003) Santa Fe de Bogotá 6350205 Einw., Calí 2287819, Medellín 1955753, Barranquilla 1329579, Cartagena 902688, Cúcuta 682671, Bucaramanga 553046, Pereira 420415, Ibagué 412820, Santa Marta 406231, Bello 372857, Pasto 365121, Manizales 351878, Neiva 335248, Soledad 326067

BEVÖLKERUNG Kolumbianer – F 2003: 44584000 Einw.; Bevölkerungswachstum: 1,7 %; letzte Zählung 1993: 37422791 Einw. – 58 % Mestizen, 20 % Weiße, 14 % Mulatten, 4 % Schwarze, 3 % Zambos (Nachkommen von Schwarzen und Indianern); 1992: ca. 20000 Ureinwohner (Indios, Chibcha) ▪ **Sprachen:** Spanisch; indianische Sprachen (u. a. Chibcha und Ketschua) ▪ **Religion** 2001: 92,4 % Katholiken; Minderheiten von Protestanten und Juden

STAATS- UND REGIERUNGSFORM Verfassung von 1991, geändert 2004 – Präsidialrepublik seit 1886 – Parlament (Congreso): Repräsentantenhaus (Cámara de Representantes) mit 165 Mitgl. (davon 4 für Minderh. reserviert) und Senat (Senado) mit 102 Mitgl. (davon 2 Sitze für Indios reserviert); Wahl alle 4 J. – Direktwahl des Staatsoberh. alle 4 J. – Wahlrecht ab 18 J. ▪ **Unabhängigkeit:** Proklamation 20. 7. 1810 (ehem. spanische Kolonie), endgültig 7. 8. 1819 ▪ **Nationalfeiertag:** 20. 7.

REGIERUNG UND PARTEIEN **Staats- u. Regierungschef:** Alvaro Uribe Vélez (Primero Colombia), seit 7. 8. 2002 – **Äußeres:** Carolina Barco Isakson, seit 7. 8. 2002 ▪ **Parlament:** Wahlen vom 10. 3. 2002: Repräsentantenhaus: Partido Liberal / PL 54 von 161 Sitzen (1998: 84), Partido Conservador Colombiano / PCC 21 (28), Coalición / C 17 (–), Sonstige 69 (49) – Senat: PL 28 von 102 Sitzen (1998: 53), PCC 13 (27), C 6 (–), Indígenas (Indios) 2 (2), Sonstige 53 (20)

WIRTSCHAFT **BIP** 2003: 7,8651 Mrd. $; realer Zuwachs: 3,9 %; Anteil (2003) Landwirtschaft 12 %, Industrie 29 %, Dienstleistungen 58 % ▪ **Erwerbstätigkeit** 2002: Landwirtsch. 21,0 %, Industrie 19,3 %, Dienstl. 59,5 % ▪ **Arbeitslosigkeit** ∅ 2004: 13,6 % ▪ **Inflation** ∅ 2004: 5,5 % ▪ **Außenhandel** 2004: **Import:** 16,483 Mrd. $; *Güter:* 42 % Rohstoffe und Halbfabrikate (darunter 18 % chemische, pharmazeutische Erzeugnisse, 11 % Bergbauprodukte), 20 % Maschinen und industrielle Ausrüstung, 11 % Transportausrüstungen, 10 % langlebige Konsumgüter, 9 % kurzlebige Konsumgüter; *Länder:* 29 % USA, 7 % Venezuela, 5 % VR China, 6 % Mexiko, 6 % Brasilien, 4 % Deutschland, 4 % Japan; **Export:** 16,745 Mrd. $; *Güter:* 25 % Erdöl und -derivate, 14 % sonstige industrielle Erzeugnisse, 11 % Steinkohle, 10 % landwirtschaftliche Erzeugnisse, 9 % chemische Erzeugnisse, 6 % Lebensmittel (industriell), 6 % Kaffee, 6 % Textilien und Bekleidung, 5 % Bergbauprodukte; *Länder:* 40 % USA, 14 % EU, 10 % Venezuela, 6 % Ecuador, 3 % Peru, 3 % Mexiko

CHRONIK

INNENPOLITIK

Die neoliberale Wirtschaftspolitik des seit August 2002 regierenden Präsidenten Alvaro Uribe Vélez führte zu zunehmender Missstimmung in der Bevölkerung, zumal die von Uribe ergriffenen Sparmaßnahmen nicht in dem Maße zu einem Wirtschaftswachstum geführt haben – das BIP wuchs 2004 um 3,5 % (2003: 3,8 %) –, dass weite Bevölkerungsteile davon profitieren könnten. So protestierten am 11. 10. 2004 bei einer der größten **Demonstrationen** in der Geschichte des Landes über 300 000 Kolumbianer, vor allem Arbeiter, Bauern, Studenten und Indios, in Bogotá **gegen die Wirtschaftspolitik** der Regierung und den Entschluss, der panamerikanischen Freihandelszone FTAA beizutreten. Zudem wandten sich die von den Gewerkschaften initiierten und von einem 24-stündigen Generalstreik im öffentlichen Dienst begleiteten Proteste gegen Uribes schon seit längerem verfolgtes Vorhaben, sich durch eine **Verfassungsänderung** die Möglichkeit zur Wiederwahl zu sichern. Trotz der Proteste stimmte das Parlament am 30. 11. 2004 mit 116 zu 13 Stimmen dem Antrag Uribes zu und hob damit die 1991 eingeführte Beschränkung des Präsidenten auf nur eine Amtszeit auf. Uribe begründete sein Streben nach einer zweiten Amtszeit weiterhin damit, dass er mehr Zeit für die Beendigung des seit nunmehr **über 40 Jahre andauernden blutigen Bürgerkrieges** benötige.

Im Gegensatz zu seiner Wirtschaftspolitik trifft seine Strategie gegenüber den Guerillagruppen der Fuerzas Armadas Revolucionarias (FARC) und Ejército de Liberación Nacional (ELN) einerseits und den Paramilitärs der Autodefensas Unidas de Colombia (AUC) andererseits nach wie vor auf eine hohe Zustimmung in der Bevölkerung. Wie im letzten Jahr konnte Uribe mit seiner **Doppelstrategie von hartem, militärischem Vorgehen und Verhandlungsbereitschaft** in dem seit jeher eng mit Drogenanbau und Drogenkriminalität verquickten Konflikt nach Regierungsangaben einige Erfolge erzielen. So sei die Zahl der Todesopfer 2004 im Vergleich zum Vorjahr um 19 % zurückgegangen, die von Guerilla und Paramilitärs in großem Stil durchgeführten Entführungen hätten im gleichen Zeitraum um 39 % abgenommen. Dem Militärgeheimdienst zufolge habe sich die Zahl der FARC-Guerilleros von 17 000 auf 12 000 reduziert, andere Quellen sprechen von einem Rückgang von 18 000 auf 16 000. Ein herber Rückschlag für den Präsidenten war jedoch, dass der Oberste Gerichtshof Ende August die erst 2003 erlassenen neuen **Anti-Terror-Gesetze** (→ WA 2005, S. 255), denen Uribe eine zentrale Bedeutung im Kampf gegen Rebellen und Paramilitärs beimisst, wegen eines Verfahrensfehlers für **verfassungswidrig** erklärte. Die Sondergesetze übertrugen dem Militär Justizbefugnisse und erlaubten Einschränkungen der Grundrechte, wie z. B. das Abhören von Telefongesprächen, vorsorgliche Festnahmen sowie Hausdurchsuchungen ohne richterliche Anordnung.

▪ **Verhandlungen mit den Guerillas der FARC und ELN:** Die von der Regierung signalisierte Verhandlungsbereitschaft brachte kaum Erfolge. Um die Gespräche mit der **FARC** wieder in Gang zu bringen, schlug Präsident Uribe am 23. 7. 2004 der Guerilla vor, rund 50 von der Regierung festgehaltene Guerilleros gegen 63 Geiseln der FARC auszutauschen. Zu den Geiseln, deren Freilassung erreicht werden sollte, gehören die seit Februar 2002 festgehaltene ehemalige Präsidentschaftskandidatin Ingrid Betancourt sowie 20 weitere kolumbianische Politiker, Polizisten und Soldaten. Bisher hatte Uribe einen Gefangenenaustausch immer abgelehnt und weitere Verhandlungen mit den FARC von einer bedingungslosen Freilassung aller Geiseln abhängig gemacht. Ein weiterer Vorschlag der Regierung sah vor, freigelassene FARC-Kämpfer im Rahmen eines Wiedereingliederungsprogramms zu resozialisieren. Uribe schloss aber weiterhin kategorisch aus, dass abermals eine entmilitarisierte Zone – die Hauptbedingung der FARC für weitere Gespräche – eingerichtet werden könnte. Am 23. 8. 2004 wiesen die FARC die Vorschläge der Regierung als unseriös zurück. Dennoch zeigte sich die Regierung Anfang Dezember erneut konzessionsbereit und begnadigte am 3. 12. 2004 überraschend 23 von ihr festgehaltene FARC-Mitglieder, die nur wegen Rebellion und nicht auch wegen Verbrechen gegen die Menschlichkeit verurteilt worden waren. Als jedoch auch diese Geste wirkungslos blieb, stellte Uribe den FARC am 20. 12. 2004 das Ultimatum, bis 30. 12. die 63 Geiseln freizulassen. Nachdem das Ultimatum ohne Ergebnis verstrichen war, begann Kolumbien, die **Auslieferung inhaftierter FARC-Mitglieder an die USA** wieder aufzunehmen. Seit Uribes Amtsantritt sind bereits fast 180 Kolumbianer der US-Justiz übergeben worden. Ende Dezember 2004 wurde Juvenal Ovidio Ricardo Palerma alias Simón Trinidad, einer der Führer der Guerillagruppe, an die Vereinigten Staaten ausgeliefert. Dort muss er sich wegen Drogenhandel, Geiselnahme und Unterstützung von Terroristen verantworten. Die FARC machten daraufhin die Rückführung und Freilassung Palermas sowie der »Comandante Sonia« genannten Guerilla-Anführerin Omaira Rojas zu einer grundsätzlichen Bedingung für die Übergabe der von ihnen festgehaltenen Geiseln. Die Behörden schoben jedoch auch Rojas Anfang März in die USA ab.

Wenig Fortschritte waren auch im Hinblick auf die mit etwa 4500 Kämpfern zweitgrößte Guerillagruppe des Landes, den **ELN**, zu verzeichnen. Den von der Regierung im Juli 2004 als ersten Schritt für Friedensverhandlungen vorgeschlagenen Waffenstillstand lehnte der ELN am 10. 7. 2004 ebenso ab wie einen Mitte August 2004 angebotenen Gefangenenaustausch.

Unterdessen **gingen die Kämpfe** zwischen Guerilla, Armee und Paramilitärs mit zahllosen Anschlägen, Entführungen und Morden **weiter.** Mit einer neuen Offensive der FARC im April 2005 demonstrierte die Guerillaorganisation ihre trotz der militärischen Erfolge der Regierung immer noch vorhandene Schlagkräftigkeit.

▪ **Verhandlungen mit den Paramilitärs der AUC:** Nachdem bereits im Juli 2003 eine prinzipielle Übereinkunft über die **vollständige Demobilisierung der AUC-Verbände** bis Ende 2005 erreicht worden war, begann am 1. 7. 2004 eine neue Runde von Gesprächen über die konkrete Umsetzung des Vorhabens. Dabei wurde auch eine Übereinkunft über die Einrichtung einer 386 km² großen Sicherheitszone um Sante Fe de Ralito im Departamento Córdoba erzielt, in der Mitglieder der AUC vor Verhaftung und Auslieferung geschützt sind. Anfang August gestand Uribe den Paramilitärs eine weitere Sammlungszone im Departement Casanare im Nordosten zu, eine dritte Zone wurde Anfang Dezember vereinbart. Am 28. 7. 2004 wurde drei Kommandanten der AUC außerdem die Möglichkeit eingeräumt, im Kongress ihre Forderungen für die Verhandlungen darzulegen. Ein Gesetzentwurf der Regierung, der die demilitarisierten AUC-Angehörigen

Ein Mitglied der AUC übergibt ihre Waffe

auch weitgehend von Strafe verschonen wollte, wurde jedoch im Kongress zurückgewiesen. Anfang November 2004 begann dann die Demobilisierung (→ Foto), bei der in einer ersten Phase bis zum 18. 12. 2004 rd. 3000 der ca. 20 000 AUC-Angehörigen ihre Waffen abgaben. Zu ihnen gehörte auch der oberste militärische Führer der AUC, Salvatore Mancuso, sowie ihr politischer Chef, Iván Duque. Ende April 2005 hatten bereits 4500 Paramilitärs die Waffen niedergelegt. Von ihnen sind ca. 4000 wieder ins Zivilleben zurückgekehrt oder absolvieren Resozialisierungsprogramme.

Unklar bleibt weiterhin, was mit den übrigen 500 geschehen soll, die beschuldigt werden, schwere Menschenrechtsverletzungen begangen zu haben, da der Kongress trotz jahrelanger Diskussionen dafür immer noch keine gesetzliche Grundlage geschaffen hat. In Einzelfällen bezieht sich die Regierung auf Urteile des Obersten Gerichtshofes, wie z. B. bei der Auslieferung des FARC-Anführers Palerma und der geplanten Übergabe der AUC-Führungsmitglieder Mancuso und Carlos Castaño an die USA. Nach dem Untertauchen eines der wichtigsten AUC-Anführer, Diego Fernando Murillo alias »Don Berna«, Ende Mai 2005 drohte Uribe jedoch die Verhandlungen zwischen Regierung und AUC abzubrechen. Wenige Tage später konnte Murillo, der wegen der Ermordung eines Parlamentariers im April gesucht wurde, jedoch verhaftet werden.

Zwischen die Fronten des Bürgerkriegs gerät auch die **indigene Bevölkerung** Kolumbiens: Mitte September 2004 demonstrierten zwischen 40 000 und 60 000 Indianer, die Festnahmen, Zwangsumsiedlungen, Vertreibungen und Morden ausgesetzt sind, mit einem mehrtägigen Protestmarsch zur Stadt Calí gegen das Eindringen bewaffneter Gruppen und des Militärs in ihre Siedlungsgebiete sowie die Tötung von Indio-Gemeindeoberhäuptern.

■ **Drogenkriminalität:** Mitte Mai 2005 wurde im Hafen von Tumaco an der Pazifikküste, nahe der Grenze zu Ecuador, die größte jemals in Kolumbien entdeckte Menge Kokain, nämlich 15 Tonnen, sichergestellt. Die Region von Nariño zwischen den westlichen Kordilleren und dem Pazifik ist eines der Hauptanbaugebiete von Kokapflanzen (→ Karte). Durch die Besprühungsaktionen, mit denen im Rahmen des von den USA und Kolumbien gemeinsam betriebenen **Plans Colombia** versucht wird, die Koka-Anbauflächen zu zerstören, sind nach Angaben der kolumbianischen Anti-Drogen-Polizei im Jahr 2004 136 500 ha Koka-Anbaufläche vernichtet worden. Ein UN-Bericht vom Sommer 2004 belegte für das Jahr 2003 einen Rückgang der Anbaufläche gegenüber dem Jahr 2002 um 16 %, gegenüber dem Jahr 2000 sogar um 50 %. Zugleich ist jedoch zu beobachten, dass sich der Kokaanbau in die Reservate indigener Völker, in Nationalparks und unter das Dach tropischer Regenwälder verlagert.

Anfang Dezember 2004 lieferte Kolumbien den ehemaligen Führer des früheren Drogenkartells von Cali, Gilberto Rodríguez Orejuela, an die Vereinigten Staaten aus. Dort muss er sich wegen Rauschgifthandels, Geldwäsche und Behinderung der Justiz verantworten. Rodríguez Orejuela war 1995 in Cali verhaftet worden und soll früher gemeinsam mit seinem Bruder Miguel rund 80 % des kolumbianischen Kokainexports in die USA kontrolliert haben. Er gab auch zu, während der vergangenen zwei Jahrzehnte Präsidentschaftswahlkämpfe in Kolumbien mit Geldern aus dem Rauschgifthandel mitfinanziert zu haben.

AUSSENPOLITIK

US-Präsident George W. Bush traf im November 22. 11. 2004 zu einem vierstündigen Kurzbesuch in der Hafenstadt Cartagena ein. Er versprach auch für die Zukunft die **Unterstützung der USA im Kampf gegen die Guerilla und den Rauschgifthandel**. Die USA haben für den Plan Colombia seit 2000 mehr als 3 Mrd. US-$ aufgebracht, etwa 800 US-Militärs und zivile Fachleute beraten die Streitkräfte und die Polizei Kolumbiens.

Nachdem bekannt wurde, dass der für Außenbeziehungen und Propaganda zuständige Führer der FARC, Rodrigo Granda, im Dezember 2004 offenbar von kolumbianischen Sicherheitskräften aus **Venezuela** entführt und nach Kolumbien zurückgebracht wurde, kam es zu ernsthaften Spannungen zwischen beiden Ländern. Kolumbien warf Venezuela vor, Anführern der kolumbianischen Guerilla Unterschlupf zu gewähren und Lager der Rebellen zu dulden, Caracas beklagte im Gegenzug die Verletzung der Souveränität seines Landes. Mitte Februar 2005 konnte die Krise nach einer Unterredung beider Präsidenten in Caracas beigelegt werden.

Komoren Ost-Afrika

Union der Komoren; Udzima wa komori (komorisch); Union des Comores – KM / COM

Fläche (Weltrang: 168): 1862 km²

Einwohner (159): F 2003 600 000 = 322 je km²

Hauptstadt: Moroni

Amtssprachen: Komorisch, Französisch

Bruttonationaleinkommen 2003 je Einw.: 450 $

Währung: Komoren-Franc (FC)
Kurs: 1 US-$ = 393,50 FC; 1 € = 491,97 FC

Botschaft der Union der Komoren
20 Rue Marbeau, F-75 116 Paris
T 0033-1-40 67 90 54, Fax 40 67 72 96

LANDESSTRUKTUR **Fläche**: 1862 km²; davon Njazidja (Grande Comore) 1146 km², Nzwani (Anjouan) 424 km², Mwali (Mohéli) 290 km²; → Karte ▪ **Verwaltung**: 3 Inseldistrikte ▪ **Städte**: (F 2003) Moroni (Njazidja) 60 200 Einw., Mutsamudu (Nzwani) 30 900, Mitsamiouli (Njazidja) 21 400

BEVÖLKERUNG Komorer – F 2003: 600 000 Einw.; Bevölkerungswachstum: 2,4 %; letzte Zählung 2003 (vorl.): 590 151 Einw.; Njazidja: 295 655 Einw., Nzwani: 259 099 Einw., Mwali: 35 378 Einw. – 97 % Komorer ▪ **Sprachen**: Komorisch (mit Swahili verwandt); Arabisch und Französisch ▪ **Religion** 2001: 99 % Muslime

STAATS- UND REGIERUNGSFORM Verfassung von 2001 – Bundesrepublik – Staatsreligion: Islam – Parlament: Unionsversammlung (Assemblée de l'Union) mit 33 Mitgl. (18 alle 5 J. gewählte Mitgl. und 15 Mitgl. der regionalen Parlamente) – Direktwahl des Staatsoberh. alle 4 Jahre (Rotation zwischen den Präsidenten der drei Inseln) – Wahlrecht ab 18 J. ▪ **Unabhängigkeit**: Proklamation 6. 7. 1975 (ehem. französische Kolonie) ▪ **Nationalfeiertag**: 6. 7.

REGIERUNG UND PARTEIEN **Staats- u. Regierungschef**: Azali Assoumani, seit 26. 5. 2002 – **Äußeres**: Aboudou Soefou, seit 5. 7. 2005 ▪ **Parlament**: Wahlen vom 18. und 25. 4. 2004: Oppositionsparteien 12 der 18 gewählten Sitze, Regierungsparteien 6

WIRTSCHAFT **BIP** 2003: 323 Mio. $; realer Zuwachs: 2,5 %; Anteil (2003) Landwirtschaft 41 %, Industrie 12 %, Dienstleistungen 47 % ▪ **Erwerbstätigkeit** 2001: Landwirtsch. 73 % ▪ **Arbeitslosigkeit** ∅ 2000: ca. 20 % ▪ **Inflation** ∅ 2003: 4,5 % ▪ **Außenhandel** 2002: **Import**: 49,1 Mio. $; *Güter*: 18 % Erdölprodukte, 12 % Reis; *Länder* 2000: 37 % Frankreich, 14 % Pakistan; **Export**: 22,4 Mio. $; *Güter*: 66 % Vanille, 20 % Nelken, 10 % Ylang-Ylang; *Länder* 2000: 39 % Frankreich, 20 % USA

Kongo Demokratische Republik Zentral-Afrika

Demokratische Republik Kongo; République démocratique du Congo – CD / COD

Fläche (Weltrang: 12): 2 344 885 km²

Einwohner (23): F 2003 53 153 000 = 23 je km²

Hauptstadt: Kinshasa

Amtssprache: Französisch

Bruttonationaleinkommen 2003 je Einw.: 100 $

Währung: Kongo-Franc (FC)
Kurs: 1 US-$ = 502,74 FC; 1 € = 622,95 FC

Botschaft der Demokratischen Republik Kongo
Im Meisengarten 133, 53179 Bonn
T 02 28 / 85 81 60, Fax 34 99 89

LANDESSTRUKTUR **Fläche**: 2 344 885 km²; → Karte ▪ **Verwaltung**: 10 Provinzen und Hauptstadtdistrikt ▪ **Städte**: (F 1994) Kinshasa 4 655 000 Einw., Lubumbashi 851 381, Mbuji-Mayi 806 475, Kolwezi 417 810, Kisangani 417 517, Kananga 393 030, Likasi 299 118, Bukavu 201 569, Kikwit 182 142, Tshikapa 180 860, Matadi 172 730, Mbandaka 169 841

BEVÖLKERUNG Kongolesen – F 2003: 53 153 000 Einw.; Bevölkerungswachstum: 3,0 %; letzte Zählung 1984: 29 671 407 Einw. – insg. rd. 300 Ethnien: etwa 80 % Bantu-Gruppen (18 % Luba, 16 % Kongo, 13 % Mongo, 10 % Rwanda), 18 % Sudan-Gruppen (Ubangi u. a.), 2 % Niloten, 20 000–50 000 Pygmäen; ca. 20 000 Europäer (meist Belgier) ▪ **Sprachen**: Französisch; Chiluba, Kikongo, Lingala, Swahili; außerdem Luvena, Chokwe, Gbaya, Kituba u. a. ▪ **Religion**: 51 % Katholiken, ca. 25 % Protestanten und 15 % andere christliche Glaubensgemeinschaften (u. a. 5 Mio. Kimbangisten), 2 % Muslime; indigene Religionen

STAATS- UND REGIERUNGSFORM Übergangsverfassung vom 5. 4. 2003 – Präsidialrepublik seit 1978 – Parlament (Nationalversammlung und Senat) mit insgesamt 620 Mitgl., Wahl alle 5 J. – Direktwahl des Staatsoberh. alle 7 J. – Wahlrecht ab 18 J. ▪ **Unabhängigkeit**: 30. 6. 1960 (ehem. belgische Kolonie); 1971–1997 Republik Zaire ▪ **Nationalfeiertag**: 30. 6.

REGIERUNG UND PARTEIEN **Staats- u. Regierungschef**: Joseph Kabila (AFDL), seit 26. 1. 2001 – **Äußeres**: Raymond Ramazani Baya, seit 22. 7. 2004 ▪ **Parlament**: seit 21. 8. 2000 Übergangsparlament mit 300 ernannten Mitgl.

WIRTSCHAFT **BIP** 2003: 5,671 Mrd. $; realer Zuwachs: 5,6 %; Anteil (2002) Landwirtschaft 58 %, Industrie 19 %, Dienstleistungen 23 % ▪ **Erwerbstätigkeit** 2001: Landwirtsch. 59 % ▪ **Arbeitslosigkeit**: k. A. ▪ **Infla-**

tion: k. A. ▪ **Außenhandel** 2001: **Import**: 732 Mio. $; *Güter*: k. A.; *Länder*: k. A.; **Export**: 883 Mio. $; *Güter*: 58 % Diamanten, 24 % Rohöl, außerdem Kupfer, Kobalt, Gold, Kaffee, Palmöl, pharmazeutische Pflanzen und Nutzholz; *Länder*: k. A.

CHRONIK

Das Mitte August 2004 in Gatumba, Burundi, verübte Massaker an ca. 160 kongolesischen Tutsi löste in der DR Kongo und in ihren Beziehungen zum Nachbarstaat Ruanda eine schwere Krise aus. Nur auf internationalen Druck seitens der USA und Großbritanniens konnte ein erneuter Krieg zwischen beiden Ländern und das Scheitern des Friedensprozesses in der DR Kongo verhindert werden. Die Allparteienregierung in Kinshasa ist zerstritten und zu schwach, um ihre Kontrolle auch auf die Krisenprovinzen Nord- und Süd-Kivu auszuweiten, wo sich weiterhin reguläre und rebellierende Armeeteile sowie diverse Milizen bekämpfen. Die humanitäre Lage der Zivilbevölkerung ist äußerst prekär: Hilfsorganisationen berichteten von mehreren hunderttausend Flüchtlingen. Massaker, Vergewaltigungen und Vertreibungen sind an der Tagesordnung. Schätzungen des International Rescue Committee zufolge sterben jeden Monat ca. 1000 Menschen an den direkten und indirekten Folgen der Kämpfe.

▪ **Übergangsprozess:** Der in sich zerstrittenen Allparteienregierung gelang es nicht, die bis zum Auslaufen des Übergangsprozesses am 30. 6. 2005 und für die danach geplanten Wahlen notwendigen Gesetzesvorhaben im Parlament abzuschließen, darunter das Wahlrecht und das Amnestiegesetz. Nach monatelangen Auseinandersetzungen wurde am 12. 11. 2004 das neue **Armeegesetz** verabschiedet. Es sieht vor, die Hälfte der ca. 300 000 Kämpfer der am Krieg von 1998–2002 beteiligten Gruppen in die Forces Armées de la République Démocratique du Congo (FARDC) zu integrieren; die andere Hälfte soll demobilisiert werden. Bislang verfügt die FARDC nur über einen gemeinsamen Generalstab. Ungeklärt blieb jedoch weiterhin, welche Befugnisse die ca. 10 000 bis 15 000 Soldaten der Präsidentengarde Kabilas haben, die unter seinem direkten Kommando stehen. Ebenfalls im November 2004 wurde das neue **Nationalitätengesetz** angenommen, dem vor dem Hintergrund der immer stärker ethnisch motivierten Gewalt im Osten der DR Kongo und dem Massaker von Gatumba (→ unten) große Bedeutung zukommt. Laut dem neuen Gesetz sind alle Bewohner der DR Kongo, deren Ethnie bereits 1960 auf dem Staatgebiet beheimatet war, Staatsbürger der DR Kongo und verfügen damit über Wahlrecht.

Der **Entwurf für die neue Verfassung** wurde hingegen erst am 13. 5. 2005 vom Parlament angenommen, in dem die DR Kongo als dezentraler Einheitsstaat bezeichnet wird. Die Amtszeit eines Präsidenten, Mindestalter 30 Jahre, beträgt fünf Jahre, zulässig ist eine einmalige Wiederwahl; zusätzlich ist das Amt eines von der Mehrheitsfraktion im Parlament gewählten Premierministers vorgesehen. Der Verfassungsentwurf tritt erst nach der Annahme durch ein Referendum in Kraft, das innerhalb der folgenden sechs Monate abgehalten werden muss. Bis Juni 2006 müssen die Vorbereitungen für die Präsidentschafts- und Parlamentswahlen abgeschlossen sein. Mit der **Wählerregistrierung** wurde am 20. 6. 2005 in der Hauptstadt Kinshasa begonnen. Bis alle der schätzungsweise 28 Mio. Wahlberechtigten ihre Wahlkarte erhalten haben, dürften mindestens vier Monate vergehen.

Nach der Verabschiedung des Verfassungsentwurfs brachen in vielen Teilen des Landes **Unruhen** aus, nachdem die wichtigste Oppositionspartei Union pour la Démocratie et le Progrès Social (UPDS), die bereits Anfang Januar 2005 damit drohte, die Allparteienregierung nach dem 30. 6. 2005 nicht mehr anzuerkennen, zu einem zweitägigen Generalstreik aufgerufen hatte. Am 17./18. 5. kam es in Mbuji-Mayi, dem Zentrum der Diamantenproduktion, zu gewaltsamen Demonstrationen, bei denen vier Menschen getötet wurden. Die Sicherheitskräfte verhängten eine nächtliche Ausgangssperre. Auch aus den Bergbauprovinzen Katanga und Kasaï sowie Kinshasa wurde von Protesten der Bevölkerung gegen die Allparteienregierung berichtet, die von Sicherheitskräften gewaltsam unterdrückt wurden. Bereits Anfang Januar 2005, als der Leiter der Wahlkommission bekannt gab, dass die Wahlen verschoben werden müssten, war es zu Protesten und gewaltsamen Ausschreitungen gekommen.

▪ **Regierung:** Von Präsident Joseph Kabila wurden am 25. 11. 2004 **sechs Minister und zwölf Direktoren großer Staatsbetriebe entlassen**, nachdem ein Bericht der vom Parlament im Sommer 2004 eingesetzten Untersuchungskommission ihnen **Verschwendung und Korruption** nachweisen konnte. Am 3. 1. 2005 ernannte er die neuen Minister für Infrastruktur, Bildung, Verkehr, Außenhandel, Bergbau und Energie. Gleichfalls neu besetzt wurde der Posten des Verteidigungsministers, den jetzt Adolphe Onusumba (RCD-G) innehat. Über die Personalentscheidungen wäre es beinahe zum Bruch der Allparteienregierung gekommen, da Vizepräsident Jean-Pierre Bemba vom Mouvement pour la Libération du Congo (MLC) mit einem Rückzug drohte, sollten die Personalvorschläge des MLC nicht umgesetzt werden.

▪ **Massaker an kongolesischen Tutsi:** Am 13./14. 8. 2004 wurde ein UN-Flüchtlingslager im burundischen Gatumba angegriffen. Die Angreifer suchten und ermordeten Augenzeugenberichten zufolge gezielt Banyamulenge, kongolesische Tutsi, die im Juni 2004 vor Kämpfen in der ostkongolesischen Provinz Süd-Kivu nach Burundi geflohen waren. UN-Angaben zufolge starben ca. 160 Menschen, weitere 100 wurden verletzt. Das Massaker löste ein politisches Erdbeben in der Region aus (→ Burundi, → Ruanda): Ruanda und Burundi schlossen im August 2004 ihre Grenzen

zur DR Kongo, und Ruanda drohte mit einem erneuten Einmarsch seiner Truppen. Vizepräsident Azarias Ruberwa (RCD-G), selbst ein Banyamulenge, beschuldigte neben der ruandischen Hutu-Miliz Forces Démocratique de Libération du Rwanda (FDLR) auch Mitglieder der seit Mai/Juni 2004 verstärkt im Osten operierenden neuen kongolesischen Armee (FARDC), an dem Massaker beteiligt gewesen zu sein. Erst auf großen internationalen Druck hin konnte die Gefahr eines erneuten Krieges zwischen der DR Kongo und Ruanda Ende August 2004 abgewendet werden.

Präsident Kabila und der ruandische Präsident Paul Kagame einigten sich Ende August 2004 zwar auf die Entwaffnung von Milizen in den von ihnen kontrollierten Gebieten und beschlossen am 22. 9. die gemeinsame Überwachung ihrer Grenzen. Dennoch konnten die Spannungen zwischen Ruanda und der DR Kongo nicht abgebaut werden. Ruanda beschuldigte Kinshasa und die FARDC immer wieder des Völkermords an den Banyamulenge und drohte mit einem erneuten Einmarsch seiner Truppen, zuletzt im April 2005. Im Gegenzug warf Kabila Ruanda vor, Truppen in den Ostkongo entsandt zu haben und meuternde kongolesische Soldaten aktiv zu unterstützen.

Regionale wie internationale Beobachter warfen jedoch sowohl Ruanda, dem RCD-G als auch Hardlinern im Kreis um Präsident Kabila vor, das Massaker an den Banyamulenge politisch zu instrumentalisieren. Die International Crisis Group warnte daher vor einer Spirale ethnisch motivierter Gewalt, die den Friedensprozess in der DR Kongo auf Dauer behindern könne. Deutlich wurden die verstärkten ethnischen Spannungen in der Region auch, als rund 350 Banyamulenge am 27. 9. 2004 versuchten, von Gatumba aus in die DR Kongo zurückzukehren. In der kongolesischen Grenzstadt Uvira, Provinz Süd-Kivu, wurden sie von Demonstranten angegriffen und mussten unter UN-Schutz nach Burundi zurückgebracht werden.

■ **Blutbeflecktes Gold:** In einem Bericht der Menschenrechtsorganisation Human Rights Watch (HRW) vom Mai 2005 herrschen in den von ugandischen und ruandischen Truppen sowie von bewaffneten Rebellen und Milizen umkämpften Goldminen im Ituri-Distrikt kaum vorstellbare Zustände (→ Foto). Räuberische Erpressung, Massenexekutionen, ethnische Konflikte sowie Zwangsarbeit unter unmenschlichen Bedingungen und ohne jegliche Sicherheitsstandards, die weitere Todesopfer fordern, sind an der Tagesordnung. Den Profit teilen sich, so Human Rights Watch, kongolesische Mittelsmänner, ugandische Händler und internationale Unternehmen.

Ein UPC-Milizionär bewacht Goldgräber in der Ituri-Region (Eric Feferberg / AFP / Getty Images)

▪ **Kämpfe im Osten und UN-Mission:** Nach der vorübergehenden Einnahme der Stadt Bukavu im Juni 2004 (→ WA 2005, S. 259) durch nicht in die FARDC integrierte Kämpfer, die einem UN-Bericht vom 22. 7. 2004 zufolge von Ruanda mit Waffen versorgt werden, hatte die Allparteienregierung verstärkt loyale Truppenteile in den Osten des Landes verlegt. In der Folge kam es zu heftigen Kämpfen, vor denen Zehntausende flohen und in deren Schatten Massaker an der Zivilbevölkerung und »ethnische Säuberungen« stattfanden. Die Blauhelm-Mission MONUC (Mission de l'Organisation des Nations Unies en République Démocratique du Congo) versuchte zwar die Flüchtlingslager zu schützen, griff aber ansonsten nicht in die Kämpfe ein. Als der UN-Sicherheitsrat am 1. 10. beschloss, die Truppen der MONUC zu verstärken, wurde zugleich das **Mandat erweitert**: Zum Schutz der Zivilbevölkerung vor Gewalt bekamen die Blauhelme das **Recht, aktiv in Kampfhandlungen** einzugreifen. Bei Offensiven im März und April 2005 wurden UN-Angaben zufolge ca. 100 Rebellen getötet. Gleichzeitig mit dem Start der Offensive hatte die MONUC den Milizen ein Ultimatum gestellt und diese aufgefordert, bis zum 1. 4. 2005 ihre Waffen freiwillig abzugeben. Bis zu diesem Termin sollen UN-Angaben zufolge rund die Hälfte der ca. 15 000 Kämpfer ihre Waffen freiwillig abgegeben haben, bis Mitte April sollen ca. Zweidrittel entwaffnet worden sein (→ UN, Chronik).

Seit Februar 2005 erhöhte MONUC auch den Druck auf die Allparteienregierung in Kinshasa und verlangte ein **entschiedeneres Vorgehen gegen bekannte Kriegsverbrecher und Milizenchefs**, die sich bis dahin unbehelligt in Kinshasa aufhielten. Am 27. 2. 2005 ließ die Allparteienregierung daraufhin den Präsidenten der FNI, Floribert Ndajabu, in Kinshasa festnehmen. Zwei weitere FNI-Führer, die erst im Dezember 2004 zu Generälen der FARDC befördert worden waren, wurden in einem Kinshaser Grand-Hotel unter Hausarrest gestellt. Der Militärchef der FNI, Etienne Lona, ergab sich den UN-Truppen in Bunia. Einen Monat später, am 20. 3., wurde Thomas Lubanga, der Gründer der Hema-Miliz Union des Patriotes Congolais (UPC) in Kinshasa festgenommen. Er gilt als einer der Hauptverantwortlichen für das Massaker an Lendu in Bunia im April 2003 (→ WA 2004, S. 503). Am 18. 4. weitete der UN-Sicherheitsrat das seit Juli 2003 bestehende **Waffenembargo** für den Osten der DR Kongo auf das ganze Land aus. Ausgenommen sind lediglich Waffenlieferungen an die UN-Truppen sowie Einheiten der FARDC, sofern diese nicht in den Kivu-Provinzen stationiert sind. Weiterhin soll MONUC verschärfte Kontrollen des Luftverkehrs durchführen. Nach Angaben von amnesty international vom 5. 7. wurden aber weiterhin große Mengen Waffen an kongolesische Milizen geliefert. Daran beteiligt wären Unternehmen aus Großbritannien, Israel, Südafrika, den USA sowie ost- und südosteuropäische Länder. Involviert wären auch die Nachbarländer Ruanda und Uganda, die in der DR Kongo geplündertes Gold gegen Waffen tauschen.

▪ **UN-Skandal:** Seit August 2003 war Presseberichten zufolge immer wieder der Verdacht geäußert worden, dass Blauhelmsoldaten und Zivilpersonal der MONUC kongolesische Mädchen sexuell ausbeuten und missbrauchen (→ dazu UN-Chronik).

▪ **Flüchtlinge:** Nach Angaben des Hochkommissars für Flüchtlinge (UNHCR) wurde die Zahl der Flüchtlinge Ende des Jahres 2004 auf rund 462 000 geschätzt, die sich überwiegend in den Nachbarländern Burundi, Republik Kongo, Ruanda, Sambia und Tansania aufhalten (→ Karte). Im April 2005 begann der UNHCR mit der Repatriierung der ersten Flüchtlinge, die sich durch die anhaltende Unsicherheit in der DR Kongo äußerst schwierig gestaltet. Die Zahl der Binnenflüchtlinge wurde 2004 auf über 500 000 geschätzt. Die im Dezember 2004 wieder ausgebrochenen Kämpfe im Osten des Landes führten dazu, dass wieder Zehntausende Menschen ihre Dörfer verließen.

Kongo Republik

Zentral-Afrika

Republik Kongo; République du Congo – CG / COG

Fläche (Weltrang: 62): 342 000 km²

Einwohner (126): F 2003 3 757 000 = 11,0 je km²

Hauptstadt: Brazzaville

Amtssprache: Französisch

Bruttonationaleinkommen 2003 je Einw.: 650 $

Währung: CFA-Franc
Kurs: 1 US-$ = 526,07 CFA-Francs
1 € = 655,96 CFA-Francs

Botschaft der Republik Kongo
Rheinallee 45, 53173 Bonn
T 02 28 / 35 83 55, Fax 36 98 623
E-Mail: botschaft.kongobrz@t-online.de

LANDESSTRUKTUR **Fläche:** 342 000 km² ▪ **Verwaltung:** 9 Regionen und 1 Hauptstadtbezirk ▪ **Städte:** (Z 1996) Brazzaville 856 410 Einw., Pointe-Noire 455 131, Loubomo 79 852, Nkaya 46 727, Ouesso 17 748, Mossendjo 16 458

BEVÖLKERUNG Kongolesen – F 2003: 3 757 000 Einw.; Bevölkerungswachstum: 2,7 %; letzte Zählung 1996: 2 591 271 Einw. – v. a. Bantu-Gruppen: ca. 52 % Ba-Kongo und Vili-Kongo, 24 % Bateke und Bavili, 12 % M'boshi u. a.; Minderheit von Pygmäen, Ubangi-Gruppen, Europäern ▪ **Sprachen:** Französisch; ca. 50 % Lingala, Monokutuba, Kikongo, Téké, Sanga, Ubangi-Sprachen u. a. ▪ **Religion** 2001 43 % Katholiken, ca. 5 % Protestanten, ca. 2 % Muslime; ca. 50 % Anhänger von indigenen Religionen

STAATS- UND REGIERUNGSFORM Verfassung von 2002 – Präsidialrepublik seit 2002 – Parlament: Nationalversammlung (Assemblée Nationale) mit 137 alle 5 J. gewählten und Senat mit 66 alle 6 J. gewählten Mitgl. – Direktwahl des Staatsoberh. alle 7 J., einmalige Wiederwahl – Wahlrecht ab 18 J. ▪ **Unabhängigkeit:** 15. 8. 1960 (ehem. französische Kolonie) ▪ **Nationalfeiertag:** 15. 8.

REGIERUNG UND PARTEIEN **Staats- u. Regierungschef:** Denis Sassou-Nguesso, seit 1997 – **Äußeres:** Rodolphe Adada, seit 1997 ▪ **Parlament:** Wahlen zur Nationalversammlung vom 26. 5. und 23. 6. 2002: Parti Congolais du Travail / PCT 53 von 137 Sitzen, Forces Démocratiques Unies / FDU 30, Union pour la Renouveau Démocratique / Mwinda / URD 6, Union Panafricaine pour la Démocratie Sociale / UDAPS 4, Unabhängige 19, Sonstige 17, vakant 8 – Senatswahlen vom 7. 7. 2002: PCT 44 von 66 Sitzen, FDU 12, Sonstige 9, Unabhängige 1

WIRTSCHAFT **BIP** 2003: 3,564 Mrd. $; realer Zuwachs: 2,7 %; Anteil (2003) Landwirtschaft 6 %, Industrie 60 %, Dienstleistungen 34 % ▪ **Erwerbstätigkeit** 2001: Landwirtsch. 40 % ▪ **Arbeitslosigkeit:** k. A. ▪ **Inflation:** k. A. ▪ **Außenhandel** 2004: (S) **Import:** 2 Mrd. €; *Güter:* v. a. Maschinen, chemische Produkte, Eisen, Stahl, Transportausrüstungen; **Export:** 0,7 Mrd. €; *Güter:* v. a. Rohöl und Holz; *Länder:* v. a. VR China, Rep. Korea, USA

CHRONIK

Am 9. 7. 2004 **strichen** die Teilnehmer des sog. Kimberley-Prozesses, dem Selbstregulierungsprozess der internationalen Diamantenindustrie zum Kampf gegen Schmuggel, **Kongo von der Liste der 43 Staaten, die legal Diamanten auf den Weltmarkt bringen** dürfen. Zuvor hatte die Regierung versucht, eine Überwachungsmission an der Nase herumzuführen. Am 5. 8. verfügte die Regierung die Einstellung sämtlicher Diamantenexporte und kündigte eine Reorganisation des Sektors an. Das kleine zentralafrikanische Land gilt als attraktiv für Schmuggler aus der ganzen Region, seine Exportzölle sind niedriger als in den Nachbarländern. Seine Diamantenförderkapazität liegt bei 55 000 Karat jährlich, Schätzungen zufolge werden aber pro Jahr 3 bis 5 Mio. Karat mit »Echtheitszertifikaten« als »eigene« Produktion exportiert.

Der Internationale Währungsfonds gewährte der Regierung am 6. 12. 2004 im Rahmen der Poverty Reduction and Growth Facility für die nächsten drei Jahre **Sonderziehungsrechte** in Höhe von 54,99 Mio. US-$ zur Unterstützung der Wirtschaftsreformen.

Nach Berichten der Nachrichtenagentur AFP durchkreuzte die Regierung am 11. 4. 2005 den **Putschplan einer Gruppe von Offizieren**, die im Jahr zuvor wegen Waffendiebstahls festgenommen worden waren.

Korea Demokratische Volksrepublik Ost-Asien

Demokratische Volksrepublik Korea; auch: Nordkorea; Choson Minchuchuui Inmin Konghuaguk – KP / PRK

Fläche (Weltrang: 95): 122 762 km²

Einwohner (46): F 2003 22 612 000 = 184 je km²

Hauptstadt: P'yŏngyang (Pjöngjang)

Amtssprache: Koreanisch

Bruttonationaleinkommen 2003 je Einw.: k. A.

Währung: 1 Won = 100 Chon
Kurs: 1 US-$ = 138,70 Won; 1 € = 174,90 Won

Botschaft der Demokratischen Volksrepublik Korea
Glinkastraße 5–7, 10117 Berlin
T 030 / 229 31 89, Fax 229 31 91

LANDESSTRUKTUR **Fläche:** 122 762 km²; ohne entmilitarisierte Zone mit Südkorea 1262 km²; → Karte ▪ **Verwaltung:** 9 Provinzen und 2 Stadtbezirke ▪ **Städte:** (Z 1993) P'yŏngyang (Pjöngjang) 2 741 260 Einw. Namp'o 731 448, Hamhŭng 709 730, Ch'ŏngjin 582 480, Kaesŏng 334 433, Sinŭiju 326 011, Wŏnsan 300 148

BEVÖLKERUNG Koreaner – F 2003: 22 612 000 Einw.; Bevölkerungswachstum: 0,5 %; letzte Zählung 1993: 21 213 378 Einw. – 99 % Koreaner; chinesische Minderheit ▪ **Sprachen:** Koreanisch; Russisch und Chinesisch ▪ **Religion:** Buddhismus und Konfuzianismus verbreitet; Schamanismus, Christentum, Chondogyo; etwa 68 % konfessionslos

STAATS- UND REGIERUNGSFORM Verfassung von 1972 mit Änderung 1992 – Volksrepublik seit 1948 – Oberste Volksversammlung (Choe Ko In Min Hoe Ui) mit 687 Mitgl., wählt Staatsoberh. und die 16 Mitgl. des Zentralen Volkskomitees; Wahl alle 5 J. – Wahlrecht ab 17 J. ▪ **Unabhängigkeit:** alte staatl. Tradition; 9. 9. 1948 Ausrufung der Volksrepublik ▪ **Nationalfeiertag:** 9. 9.

REGIERUNG UND PARTEIEN **Staatsoberhaupt:** Vorsitzender der Obersten Volksversammlung und protokollarisches Staatsoberhaupt: Kim Yong-nam; Generalsekretär des ZK der PdAK, Vorsitzender der Verteidigungskommission und faktisches Staatsoberhaupt: Kim Jong-il – **Regierungschef:** Pak Pong-ju, seit 3. 9. 2003 – **Äußeres:** Paek Nam-sun, seit 5. 9. 1998 ▪ **Parlament:** Wahl vom 3. 8. 2003: Nationaler Block der Kommunistischen Partei der Arbeit Koreas / PdAK alle Sitze

WIRTSCHAFT **BIP** 2002: (S) 16,4 Mrd. $; realer Zuwachs: k. A.; Anteil (2002) Landwirtschaft 30 %, Industrie 34 %, Dienstleistungen 36 % ▪ **Erwerbstätigkeit** 2002: Landwirtsch. 29 % ▪ **Arbeitslosigkeit:** k. A. ▪ **Inflation:** k. A. ▪ **Außenhandel** 2002: **Import:** 1,896 Mrd. $; *Güter:* (ohne Handel mit Rep. Korea): 19 % Nahrungsmittel, lebende Tiere, Tierprodukte und Getränke, 15 % mineralische Brennstoffe, Schmiermittel, 15 % Maschinen und Transportausrüstungen, 10 % Textilien; *Länder:* 25 % VR China, 20 % Rep. Korea, 7 % Thailand, 7 % Deutschland; **Export:** 1,007 Mio. $; *Güter:* (ohne Handel mit Rep. Korea): 39 % Nahrungsmittel und lebende Tiere, 17 % Textilien, 12 % Maschinen; *Länder:* 27 % Rep. Korea, 27 % VR China, 23 % Japan, 4 % Hongkong

CHRONIK

Mit seiner offiziellen **Selbsteinstufung als Atommacht** bekräftigte das einzige noch verbliebene stalinistisch-kommunistische Regime am 10. 2. 2005 seine Fähigkeit, die gesamte Region zu destabilisieren. Zugleich rückte es damit von seiner seit 2002 verfolgten Linie ab, sich mit ambivalenten Äußerungen über den Fortschritt seines Atomprogramms und sein nukleares Waffenpotenzial eine politische Aufwertung und wirtschaftliche Zugeständnisse zu erwerben. Ob Nordkorea über Atomwaffen verfügt, wurde bislang nicht verifiziert. Die USA, die mit ihrer Politik, den weitgehend isolierten Staat von Massenvernichtungsmitteln fernzuhalten, gescheitert scheinen, reagierten zurückhaltend und gaben der Forderung nach direkten Verhandlungen jedoch nicht nach. Knapp ein Jahr nach Unterbrechung der Sechs-Länder-Gespräche über das nordkoreanische Atomprogramm erklärte sich Nordkorea im Juli 2005 zur Rückkehr an den Verhandlungstisch bereit.

▪ **Ende des Atomprogramm-Streits:** Nordkorea wies am 24. 7. 2004 in brüsker Form den ersten konkreten Vorschlag der USA offiziell zurück, den diese in die Verhandlungen der ergebnislosen dritten Runde der Sechser-Gespräche (Nord- und Südkorea, USA, Russland, Japan, VR China) in Beijing im Juni 2004 (→ WA 2005. S. 263) eingebracht hatten: Gegen den vollständigen Verzicht auf ein eigenes Atomprogramm sollte Nordkorea diplomatische Anerkennung und wirtschaftliche Hilfeleistungen, insbesondere Energielieferungen aus Japan und Südkorea, erhalten. Das Außenministerium in Pjöngjang erklärte, der Vorschlag der USA werde den Prinzipien »Worte gegen Worte« und »Taten gegen Taten«, nicht gerecht. **Nordkorea sei nicht zur einseitigen Niederlegung der Waffen bereit**, solange es sich mit den USA ohne Waffenstillstand noch im technischen Kriegszustand befände. Jedoch sei Pjöngjang weiterhin bereit, im Interesse einer atomfreien koreanischen Halbinsel seine Atomanlagen einzufrieren, wenn die USA alle Wirtschaftssanktionen aufheben, das Land von der Liste der terrorismus-fördernden Staaten streichen und darüber hinaus für Energielieferungen im Umfang von rd. 2000 Megawatt sorgen würden.

Mitte September sagte Nordkorea die geplante vierte Runde der Sechser-Gespräche in Beijing ab und verwies zur Begründung auf die jüngst bekannt gewordenen Nuklearexperimente Südkoreas, die zunächst aufgeklärt werden müssten (→ Korea, Republik) – politische Beobachter werteten dies als Vorwand, um vor einer Wiederaufnahme der Gespräche den **Ausgang der Präsidentenwahl in den USA abwarten** zu können. Der Kandidat der Demokraten, John Kerry, hatte im Falle seines Wahlsiegs bilaterale Gespräche mit Nordkorea in Aussicht gestellt.

Nach der Wiederwahl des Republikaners George W. Bush (→ USA), der im Wahlkampf Kim Jong-il als »Tyrannen« bezeichnet und damit den empörten Protest Nordkoreas herausgefordert hatte, verzögerte Pjöngjang zunächst die Wiederaufnahme der multilateralen Gespräche und setzte sie mit der **Erklärung vom 10. 2. 2005** über den Besitz von Atomwaffen »auf unbestimmte Zeit« aus. Zur Begründung wurde die »feindliche Politik« der USA angeführt, die Nordkorea »isolieren und ersticken« wolle. Dieser Kurs sei zuletzt von der designierten Außenministerin Condoleezza Rice auf den Begriff gebracht worden, als sie bei ihrer Anhörung vor dem Senat am 18. 1. 2005 Nordkorea – neben fünf weiteren Staaten – als »Außenposten der Tyrannei« qualifizierte. Als Rechtfertigung für den Besitz und den angedrohten weiteren Ausbau des Atomwaffenarsenals führte das nordkoreanische Außenministerium an, die Waffen dienten dem Schutz vor einem Angriff der USA. Der Direktor der Internationalen Atomenergiebehörde (IAEA) Mohamed el-Baradei, hatte es Anfang Dezember 2004 für wahrscheinlich gehalten, dass Nordkorea über **vier bis sechs Atombomben** verfügt. 2002 hatte es das Nuklearabkommen von 1994 und den Atomwaffensperrvertrag aufgekündigt, die IAEA-Inspektoren des Landes verwiesen, den umstrittenen Atomreaktor Yongbyön (→ Karte) wieder anfahren lassen und mit der Herstellung von waffenfähigem Plutonium begonnen. Außenministerin Rice reagierte auf den Vorstoß Nordkoreas mit der Bemerkung, Nordkorea vertiefe seine Isolation, Atomwaffen auf der koreanischen Halbinsel dürfe es nicht geben. Zugleich versicherte sie, die USA planten nicht, das Land anzugreifen.

Auf politischen Druck der VR China, der gastgebenden Nation der Sechser-Runde und wichtigster politischer und wirtschaftlicher Partner Nordkoreas, signalisierte Staatschef Kim Jong-il dem Sondergesandten von Chinas Staatspräsident Hu Jintao am 22. 2. 2005 gegenüber die **grundsätzliche Bereitschaft, an den Verhandlungstisch zurückzukehren**. Als Bedingung forderte Nordkorea erneut die Aufgabe der »feindlichen Politik« der USA. Zugleich drohte es in einer von der Nachrichtenagentur KCNA am 2. 3. verbreiteten Erklärung die **Wiederaufnahme seiner Tests von Langstreckenraketen** an. An das diesbezügliche 1999 mit den USA geschlossene Testmoratorium fühle es sich nicht mehr gebunden, da die US-Regierung seit Amtsantritt von Bush im Jahr 2001 den Dialog darüber verweigere. Die IAEA reagierte hierauf mit der Besorgnis, die neue Situation stelle eine »ernste Herausforderung für Frieden und Stabilität in Nordostasien« dar.

Unter der Drohung der USA, den UN-Sicherheitsrat einzuschalten, um Sanktionen beschließen zu lassen, erklärte sich Pjöngjang nach Geheimtreffen beider Seiten am 13. 5. und am 6. 6. in New York zur **Wiederaufnahme der multinationalen Verhandlungen in Beijing bereit**. Auf Drängen der VR China erklärte sich Nordkorea am 9. 7. zu weiteren Gesprächen bereit, die am 25. 7. beginnen sollen. Zuvor hatte US-Außenministerin Rice Nordkorea als »souveränen Staat« bezeichnet und war damit der Forderung Nordkoreas nachgekommen, die »feindliche Politik« der USA aufzugeben. Südkorea sowie die USA kündigten anschließend an, dem erneut von einer Missernte bedrohten Land umfangreiche Nahrungsmittellieferungen zukommen zu lassen, um eine drohende Hungerkatastrophe zu verhindern.

■ **Menschenrechtsverletzungen:** Ein Vertreter des Simon Wiesenthal Center Los Angeles gab Mitte November 2004 in der südkoreanischen Hauptstadt Seoul den Bericht eines aus Nordkorea geflüchteten Chemikers wieder, demzufolge Nordkorea seit Mitte der 1970er Jahre **tödliche Experimente mit chemischen Kampfstoffen an politischen Gefangenen** ausführe. Die detaillierten Darstellungen deckten sich mit schon früher bekannt gewordenen Berichten. Die südkoreanische Regierung wisse von den schweren Menschenrechtsverletzungen, mache sie mit Rücksicht auf die labilen zwischenstaatlichen Beziehungen jedoch nicht zum Thema. Nordkorea wies die Beschuldigung entschieden zurück.

Die in Seoul angesiedelte Kommission zur Hilfe für nordkoreanische Flüchtlinge berichtete Anfang Februar, in den vorangegangenen Monaten seien zahlreiche in China aufgegriffene und wieder zurückgeschickte **Flüchtlinge hingerichtet** worden. Nach Medienberichten gelang es in den ersten drei Quartalen 2004 rd. 1500 Nordkoreanern, sich nach Südkorea abzusetzen, über 200 mehr als im gesamten Jahr 2003.

■ **Entführungsaffäre:** Nach vierjähriger Pause begann Japan Anfang August 2004 wieder mit der Lieferung von Nahrungsmitteln und medizinischem Material und folgte damit einer Vereinbarung zwischen Staatschef Kim Jong-il und dem japanischen Ministerpräsidenten Junichirô Koizumi (→ WA 2005, S. 263) über die Aufklärung des **Schicksals von nach Nordkorea verschleppten Japanern** (→ WA 2005, S. 263). 2002 hatten fünf von ihnen, die in den 1970er und 1980er Jahren entführt worden waren, nach Japan ausreisen dürfen. Vom 8.–10. 11. versuchte eine japanische Delegation Auskunft über weitere Entführungsfälle zu erhalten. Angaben der nordkoreanischen Behörden, es gebe keine Überlebenden mehr, werden in Japan für unglaubwürdig gehalten.

Nuklearanlagen
Standorte des US-amerikanischen Militärs
VR CHINA
RUSS. FÖD.
Tumen
Paektu-san
2744
2540
Ch'ŏngjin
Jalu
Amnok-kang
Hyesan
Kanggye
2520
Sup'ung-stausee
Amnok-kang
DEMOKRATISCHE VOLKSREPUBLIK KOREA
Jalu
Sinŭiju
Yong-byŏn
Taech'ŏn
Pakch'ŏn
Hamhŭng
Sinp'o
Taedong
Ostkoreagolf
Westkorea-golf
Wŏnsan
P'yŏngyang (Pjöngjang)
Japanisches Meer/ Ostmeer
Imjin
Namp'o
Waffenstillstandslinie von 1953
P'yŏngsan
entmilitarisierte Zone
Haeju
Kaesŏng
1577
Kangnŭng
Inch'ŏn
Sŏul (Seoul)
Sŏngnam
Tonghae
1573
Ullŭng-do
Kyŏnggi-Bai
Suwŏn
Namhan
REPUBLIK KOREA
Ch'ŏngju
Kŭm
Taejŏn
Noktong
Ulchin
Westmeer (Gelbes Meer)
Kŭmsan
Taegu
Wŏlsŏng
Chŏnju
Ulsan
Yŏnggwan
Chii-san
1915
Sŏmjin
Kwangju
Pusan
Kori
Mokp'o
Koreastraße
Hŭksan-Chedo
Chin-do
JAPAN
Chejustraße
Cheju
100 km
Halla-san
1950
Cheju-do

Korea Republik Ost-Asien

Republik Korea; auch: Südkorea; Taehan Min'guk – KR / KOR

Fläche (Weltrang: 106): 99 313 km²

Einwohner (26): F 2003 47 912 000 = 482 je km²

Hauptstadt: Sŏul (Seoul)

Amtssprache: Koreanisch

Bruttonationaleinkommen 2003 je Einw.: 12 030 $

Währung: 1 Won (₩) = 100 Chon
Kurs: 1 US-$ = 1017,70 ₩; 1 € = 1262,80 ₩

Botschaft der Republik Korea
Schöneberger Ufer 89 / 91, 10785 Berlin
T 030 / 26 06 5 – 0, Fax 26 06 551
www.koreaemb.de

LANDESSTRUKTUR **Fläche**: 99 313 km²; ohne entmilitarisierte Zone mit Nordkorea 1262 km²; → Karte bei DVR Korea ▪ **Verwaltung**: 16 Provinzen, darunter 7 Städte ▪ **Städte**: (Z 2000) Sŏul (Seoul) 9 853 972 Einw., Pusan 3 655 437, Taegu 2 473 990, Inch'ŏn, 2 466 338, Taejŏn 1 365 961, Kwangju 1 350 948, Ulsan 1 012 110; (Z 1995) Sŏngnam 869 094, Suwŏn 755 550, Chŏnju 563 153, Ch'ŏngju 531 376

BEVÖLKERUNG Koreaner – F 2003: 47 912 000 Einw.; Bevölkerungswachstum: 0,6 %; letzte Zählung 2000: 45 985 289 Einw. ▪ **Sprachen**: Koreanisch; Englisch und Japanisch ▪ **Religion** 1995: 10 Mio. Buddhisten, 9 Mio. Protestanten, 3 Mio. Katholiken; Won-Buddhisten, Chondo-gyo, Taejong-gyo, Schamanismus verbreitet

STAATS- UND REGIERUNGSFORM Verfassung der VI. Republik von 1988 – Präsidialrepublik seit 1948 – Nationalversammlung (Kuk Hoe) mit 299 (vorher 273) Mitgl., Wahl alle 4 J. – Direktwahl des Staatsoberh. alle 5 J. (keine Wiederwahl) – Wahlrecht ab 20 J. ▪ **Unabhängigkeit**: alte staatl. Tradition; 15. 8. 1948 Ausrufung der Republik ▪ **Nationalfeiertag**: 15. 8.

REGIERUNG UND PARTEIEN **Staatsoberhaupt**: Roh Moo-hyun (Uri), seit 25. 2. 2003 – **Regierungschef**: Lee Hae-chan, seit 30. 6. 2004 – **Äußeres**: Ban Ki-moon, seit 16. 1. 2004 ▪ **Parlament**: Wahlen vom 15. 4. 2004: Uri 152 von 299 Sitzen (2000: – von 273), Grand National Party / GNP 121 (133), Democratic Labour Party / DLP 10 (–), Millennium Democratic Party / MDP 9 (115), United Liberal Democrats / ULD 4 (17), Sonstige 1 (3), Unabhängige 2 (5)

WIRTSCHAFT **BIP** 2003: 605,331 Mrd. $; realer Zuwachs: 3,1 %; Anteil (2003) Landwirtschaft 3 %, Industrie 35 %, Dienstleistungen 62 % ▪ **Erwerbstätigkeit** 2000: Landwirtsch. 10,9 %, Industrie 28,1 %, Dienstl. 61,0 % ▪ **Arbeitslosigkeit** ∅ 2004: 3,5 % ▪ **Inflation** ∅ 2004: 3,6 % ▪ **Außenhandel** 2004: **Import**: 224,5 Mrd. $; *Güter*: 22 % mineralische Brennstoffe etc., 10 % elektronische Bauelemente, 9 % chemische Erzeugnisse, 9 % Maschinen (ohne Büromaschinen), 6 % Elektrotechnik, 5 % Eisen, Stahl, 3 % Mess- und Regeltechnik, 3 % Nachrichtentechnik, Radio, TV, 3 % Büromaschinen, EDV; *Länder*: 21 % Japan, 13 % USA, 13 % VR China, 5 % Saudi-Arabien, 4 % Deutschland, 3 % Australien, 2 % Rep. China, 3 % Vereinigte Arabische Emirate, 2 % Indonesien, 3 % Malaysia, 2 % Singapur; **Export**: 253,8 Mrd. $; *Güter*: 14 % Nachrichtentechnik, Radio, TV, 13 % Straßenfahrzeuge, 10 % elektronische Bauelemente, 9 % chemische Erzeugnisse, 8 % Büromaschinen, EDV, 7 % Maschinen (ohne Büromaschinen), 6 % Wasserfahrzeuge, 5 % Eisen, Stahl, 4 % Textilien; *Länder*: 20 % VR China, 17 % USA, 9 % Japan, 7 % Hongkong, 4 % Rep. China, 3 % Deutschland, 2 % Singapur, 2 % Großbritannien

CHRONIK

Die Klärung der politischen Kräfteverhältnisse durch die Parlamentswahl im April 2004 (→ WA 2005, S. 268), die der Partei des Präsidenten Roh Moo-hyun die absolute Mehrheit der Mandate gebracht hatte, trug zur **Beruhigung des innenpolitischen Klimas** bei. Das militärische Engagement im Irak blieb jedoch umstritten. Angesichts des eskalierenden Streits um das Atomprogramm Nordkoreas (→ Korea, DVR) geriet die Appeasement-Strategie Seouls gegenüber dem feindlichen Bruderstaat in Zweifel.

▪ **Nordkorea-Politik:** Ende Juli 2004 nahm Südkorea **448 nordkoreanische Flüchtlinge** auf, die in einem nicht genannten asiatischen Drittland – offenbar Vietnam – auf die Einreise nach Südkorea gewartet hatten. Das Regime in Pjöngjang reagierte mit einer Unterbrechung des zwischenstaatlichen Entspannungsprozesses (→ WA 2005, S. 263) durch den **Boykott weiterer Gespräche**. Am Rande der asiatisch-afrikanischen Konferenz in Jakarta am 23. / 24. 4. 2005 vereinbarte Ministerpräsident Lee Hae-chan mit dem nordkoreanischen Parlamentspräsidenten Kim Yong-nam, die bilateralen Gespräche wieder aufzunehmen. Eine erste viertägige Runde auf Vizeminister-Ebene Mitte Mai in der nordkoreanischen Grenzstadt Kaesong endete ohne Fortschritte im Atomstreit. Jedoch sagte Südkorea dem Norden die Lieferung von 200 000 t Dünger auf der »Basis des Humanismus und der Bruderliebe« zu, wie es in einer offiziellen Verlautbarung hieß. Um den größten Teil des Düngers zu transportieren, liefen wenige Tage später erstmals seit über zwei Jahrzehnten drei nordkoreanische Frachter in Häfen Südkoreas ein.

In der Kontroverse über das **nordkoreanische Atomprogramm** drängte Südkorea auf eine Wiederaufnahme der ergebnislos abgebrochenen Gespräche in der Sechser-Runde in Beijing (→ Korea, DVR). Während seines Besuchs in den USA Mitte November warnte Präsident Roh im offenen Widerspruch zur Politik des US-Präsidenten die USA vor möglicherweise verheerenden Konsequenzen einer zu harten Haltung gegenüber Nordkorea, das seit 1987 keine Terrorakte begangen habe und allem Anschein nach auch nicht in Verbindung mit Terrororganisationen stehe. Die Verlautbarung Nordkoreas vom 10. 2. 2005, es besitze Atomwaffen, kommentierte die Regierung nach einer Sitzung des nationalen Sicherheitsrats als **»Angelegenheit großer Besorgnis«**. Die konservative Opposition hingegen, angeführt von der oppositionellen Grand National Party, forderte angesichts dieser Situation eine Neubestimmung des Verhältnisses zu Nordkorea.

■ **Geheime Nuklearforschung:** Am 23. 8. 2004 meldete die Regierung der Internationalen Atomenergiebehörde (IAEA) in Wien drei bislang geheim gehaltene Laborversuche zur chemischen Anreicherung von Uran und Plutoniumerzeugung. Die Anfang September von den Medien verbreitete Nachricht, der weitere Enthüllungen folgten, komplizierte den Atomstreit mit Nordkorea, das den Nachbarn der Doppelmoral bezichtigte und vollständige Offenlegung sowie ein Schuldeingeständnis verlangte. Nach Inspektionen u. a. im Atomenergie-Forschungsinstitut Kaeri in Daejon stellte die IAEA Mitte November in einem Bericht fest, in Südkorea seien zwischen 1982 und 2000 Experimente und Aktivitäten unternommen worden, die der Gewinnung wesentlicher Kenntnisse zur Herstellung von Atomwaffen dienen konnten. Dabei wurden auch **geringe Mengen atomwaffenfähiges Material hergestellt**. Dies hätte der IAEA gemeldet werden müssen, war ihr aber bei früheren Kontrollbesuchen verschleiert worden. Die Regierung lastete die ans Licht gekommenen Experimente übereifrigen Wissenschaftlern an und versicherte, keinerlei Interesse an der Entwicklung oder am Besitz von Atomwaffen zu haben. Südkorea hat in den 1970er Jahren auf Druck der USA auf ein eigenes Atomwaffenprogramm verzichtet und ist Mitglied des Atomwaffensperrvertrags. Es betreibt 19 Kernkraftwerke zur Energiegewinnung, ein weiteres ist im Bau. Die US-Streitkräfte in Südkorea sind mit Atomwaffen ausgerüstet.

■ **US-Truppenpräsenz** (→ Karte): Anfang Oktober 2004 erklärte sich das US-Verteidigungsministerium auf Bitten Südkoreas bereit, den **Abzug von 12 500** der 38 000 in Südkorea stationierten **US-Soldaten zu verzögern**. Statt wie im Rahmen der globalen Neuordnung der amerikanischen Streitkräfte geplant soll er erst 2008 abgeschlossen werden. Noch 2004 soll die amerikanische Truppenstärke um 5000 Mann reduziert werden, eingeschlossen 3600 Soldaten, die bereits in den Irak entsandt wurden. Die südkoreanische Regierung hatte auf die mit dem ungelösten Atomstreit mit Nordkorea **angespannte Sicherheitslage** hingewiesen und darauf gedrungen, die militärischen Abschreckungsfähigkeiten gegenüber Pjöngjang zu erhalten. Politische Kommentatoren vermuteten, dass die Regierung im Gegenzug zur Verlangsamung des amerikanischen Truppenabbaus eine Verlängerung des Irak-Engagements in Aussicht stellte.

■ **Irak-Engagement:** Mit der planmäßigen Entsendung von 3000 Soldaten (1400 Kampftruppen sowie 1600 Ingenieur- und Sanitätstruppen) in die kurdisch-irakische Stadt Erbil im August 2004, wo sie schon im Irak operierende Pionier- und Sanitätskräfte (600 Soldaten) verstärkten, stellte Südkorea nach den USA und Großbritannien das **drittgrößte Kontingent der Koalitionstruppen** im Irak. Die Ermordung eines verschleppten südkoreanischen Dolmetschers am 22. 6. 2005 im Irak durch eine dem Terroristenführer Abu Mussab al-Zarkawi zugeordnete Gruppe verstärkte den Protest tausender Demonstranten in Seoul gegen das Irak-Engagement. Die von der Regierung geplante **Verlängerung des Mandats** bis Ende 2005 wurde am 31. 12. von der Nationalversammlung gebilligt.

■ **Inselstreit mit Japan:** Der im Frühjahr 2005 wieder aufgeflammte Konflikt um zwei von beiden Staaten beanspruchte Kleininseln im Japanischen Meer – von Korea Dokdo, von Japan Takeshima genannt – verschärfte zum 40. Jahrestag der Aufnahme diplomatischer Beziehungen die historisch begründeten Spannungen im Verhältnis zu Japan. Anlass hierfür hatte die Proklamation eines »Takeshima-Feiertages« in der japanischen Provinz Shimane zum Gedenken an die erste Inbesitznahme der Inseln durch Japan am 22. 2. 1905 gegeben. Seit 1954 übt Südkorea die faktische Kontrolle über die unbewohnten vulkanischen Eilande aus, die in fischreichen Gewässern liegen. Mitte März kündigte Präsident Roh einen **Kurswechsel** in der bisher auf Beschwichtigung angelegten **Politik gegenüber Japan** an und verlangte eine Entschuldigung Japans für die Besetzung der koreanischen Halbinsel (1905–45) und die Entschädigung der Opfer von Verbrechen und Zwangsarbeit.

■ **Projekt Verwaltungshauptstadt:** Der Verfassungsgerichtshof erklärte am 21. 10. 2004 die 2003 beschlossene Verlegung der Hauptstadt in die Region Yeonggi-Gongju im Zentrum des Landes für verfassungswidrig. Für eine solche Entscheidung bedürfe es einer Verfassungsänderung oder einer Volksabstimmung. Anfang Februar brachte die Regierungspartei Uri eine Gesetzesvorlage für die Errichtung einer Verwaltungsstadt mit einer Einwohnerzahl bis zu 500 000 Menschen ins Parlament ein. Seoul sollen zentrale politische Hauptstadtfunktionen verbleiben, u. a. der Sitz des Staatspräsidenten sowie des Außen- und das Verteidigungsministeriums. Die Umzugskosten wurden auf umgerechnet rd. 7 Mrd. € begrenzt.

■ **Klonforschung:** Weltweite Aufmerksamkeit fand die Mitteilung des Veterinärs Woo Suk Hwang und des Gynäkologen Shin Yong Moon von der Seouler Nationaluniversität vom 20. 5. 2005, ihnen sei es erstmals gelungen, **embryonale Stammzellen** für die Behandlung schwer kranker Patienten zu **klonen**.

Kroatien Südost-Europa

Republik Kroatien; Republika Hrvatska – HR/HRV

Fläche (Weltrang: 123): 56 542 km²

Einwohner (116): F 2003 4 445 000 = 79 je km²

Hauptstadt: Zagreb

Amtssprache: Kroatisch

Bruttonationaleinkommen 2003 je Einw.: 5370 $

Währung: 1 Kuna (K) = 100 Lipa
Kurs: 1 US-$ = 5,90 K; 1 € = 7,36 K

Botschaft der Republik Kroatien
Ahornstr. 4, 10787 Berlin
T 030/21 91 55 14, Fax 23 62 89 65
www.kroatische-botschaft.de

LANDESSTRUKTUR **Fläche:** 56 542 km²; → Karte ▪ **Verwaltung:** 20 Regionen und Hauptstadtbezirk; Tabelle → WA 2004, Sp. 518 ▪ **Städte:** (Z 2001) Zagreb (Agram) 779 145 Einw., Split 188 694, Rijeka 144 043, Osijek (Esseg) 114 616, Zadar 72 718, Karlovac (Karlstadt) 59 395, Pula 58 594

BEVÖLKERUNG Kroaten – F 2003: 4 445 000 Einw.; Bevölkerungswachstum: 0,1 %; letzte Zählung 2001: 4 437 460 Einw. – 89,6 % Kroaten (1991: 78,1), 4,5 % Serben (1991: 12,2 %), 5,9 % Bosnier u. a. ▪ **Sprachen** 2001: 96,1 % Kroatisch; 1,0 % Serbisch u. a. ▪ **Religion** 2001: 87,8 % Katholiken, 4,4 % Orthodoxe, 1,3 % Muslime, 0,3 % Protestanten

STAATS- UND REGIERUNGSFORM Verfassung von 1990, zuletzt geändert 2000 – Republik seit 1991 – Parlament: Repräsentantenhaus (Zastupnički dom) mit mind. 100, max. 160 Mitgl. (8 für Minderh. reserviert), Wahl alle 4 J. – Direktwahl des Staatsoberhaupts alle 5 J. – Wahlrecht ab 18 J. ▪ **Unabhängigkeit:** Proklamation 25. 6. 1991, formell 8. 10. 1991 ▪ **Nationalfeiertag:** 30. 5. (Unabhängigkeitstag)

REGIERUNG UND PARTEIEN **Staatsoberhaupt:** Stipe (Stjepan) Mesić (HNS), seit 18. 2. 2000 – **Regierungschef:** Ivo Sanader (HDZ-Vorsitzender), seit 23. 12. 2003; Koalition aus HDZ und HSLS-DC – **Äußeres:** Kolinda Grabar-Kitarović (HDZ), seit 17. 2. 2005 ▪ **Parlament:** Wahlen zum Repräsentantenhaus vom 23. 11. 2003: Kroatische Demokratische Gemeinschaft/HDZ 66 von 152 Sitzen (2000: 46 von 151), Bündnis aus Sozialdemokratischer Partei/SDP und 3 kleineren Parteien 43 (52), Kroatische Volkspartei/HNS 11 (3), Kroatische Bauernpartei/HSS 9 (16), Kroatische Partei des Rechts/HSP 8 (4), Kroatische Sozialliberale Partei und Demokratisches Zentrum/HSLS-DC 3 (nur HSLS 24), Kroatische Partei der Rentner/HSU 3 (–), Sonstige 1 (2), Unabhängige und Minderheiten 8 (4)

WIRTSCHAFT **BIP** 2003: 28,797 Mrd. $; realer Zuwachs: 4,3 %; Anteil (2003) Landwirtschaft 8 %, Industrie 30 %, Dienstleistungen 62 % ▪ **Erwerbstätigkeit** 2002: Landwirtsch. 7,8 %, Industrie 30,7 %, Dienstl. 61,5 % ▪ **Arbeitslosigkeit** ∅ 2004: 13,8 % (1. Halbjahr) ▪ **Inflation** ∅ 2004: 2,1 % ▪ **Außenhandel** 2004: **Import:** 16,583 Mrd. $; *Güter:* 14 % Transportausrüstungen, 12 % Maschinen und Anlagen, 12 % mineralische Brenn- und Schmierstoffe, 11 % chemische Präparate, 7 % Nahrungs- und Genussmittel, 6 % Elektrotechnik, 5 % Metalle; *Länder:* 17 % Italien, 16 % Deutschland, 7 % Slowenien, 7 % Österreich, 7 % Russland, 4 % Frankreich, 3 % Ungarn (EU gesamt: 70 %); **Export:** 8,022 Mrd. $; *Güter:* 15 % mineralische Brenn- und Schmierstoffe, 15 % Transportausrüstungen, 10 % Bekleidung, Schuhe, 9 % chemische Präparate, 8 % Elektrotechnik, 7 % Maschinen und Anlagen, 6 % Nahrungs- und Genussmittel, 5 % Metalle; *Länder:* 23 % Italien, 15 % Bosnien und Herzegowina, 11 % Deutschland, 9 % Österreich, 8 % Slowenien, 4 % Serbien und Montenegro (EU gesamt: 65 %)

Kroatien: Wirtschaftsstruktur

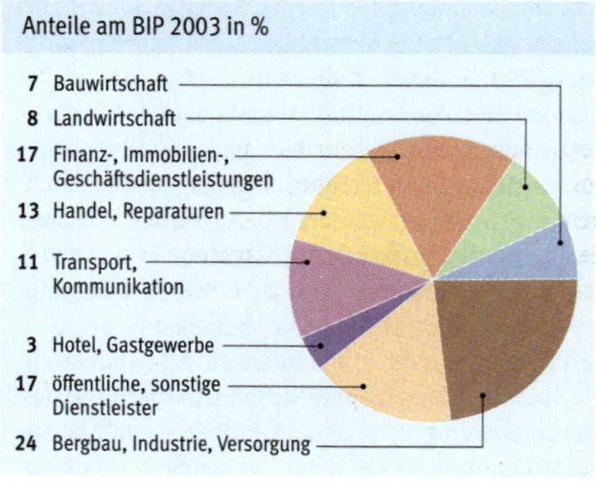

■ **Präsidentschaft:** In der zweiten Runde der Präsidentschaftswahl am 16. 1. 2005 wurde Staatspräsident **Stjepan Mesić mit 65,9 % der Stimmen** im Amt bestätigt. Er konnte sich im Wahlkampf auf ein Mitte-links-Bündnis von acht Parteien stützen. Seine von der regierenden konservativen Kroatischen Demokratischen Gemeinschaft (HDZ) präsentierte Gegenkandidatin, die stellvertretende Ministerpräsidentin Jadranka Kosor, vereinigte 34,1 % der Stimmen auf sich. Die Wahlbeteiligung betrug 51 %. Mesić, der am 18. 2. vereidigt wurde, hatte sich während seiner ersten Amtszeit Ansehen als Kontrollinstanz gegenüber der Regierung erworben und gilt als Gewährsmann für die **Kontinuität des demokratischen und rechtsstaatlichen Reformprozesses** auch unter der HDZ-Regierung. Im Sinne einer aktiven Europapolitik mit der Perspektive des EU-Beitritts befürwortet er die Strafverfolgung kroatischer Kriegsverbrecher und eine umfassende Kooperation mit dem UN-Kriegsverbrechertribunal in Den Haag (ICTY). Im Dezember 2004 hatte er sich gegen Ministerpräsident Ivo Sanader (HDZ) durchgesetzt und die Entlassung des Geheimdienstchefs verordnet. Dessen Behörde, die nach Erkenntnissen der ICTY-Chefanklägerin Carla del Ponte den gesuchten Ex-General Ante Gotovina vor dem Zugriff bewahrt (→ unten), hatte während des Wahlkampfs versucht, mit erpresserischen Methoden Details aus Mesićs Privatleben auszukundschaften.

■ **Außenminister-Affäre:** Nach der Weigerung von Kabinettskollegen, mit ihm weiter zusammenzuarbeiten, erklärte Außenminister **Miomir Žužul** (HDZ) am 4. 1. 2005 seinen Rücktritt. Er hatte seit Monaten im Mittelpunkt von Korruptionsaffären im Zusammenhang mit Bauaufträgen für eine US-Firma und der Privatisierung von Staatsfirmen gestanden, und der Skandal drohte die anstehenden Beitrittsverhandlungen mit der EU zu belasten. Am 17. 2. 2005 übernahm die über Parteigrenzen hinweg angesehene bisherige Ministerin für europäische Integration, Kolinda Grabar-Kitarović (HDZ), die Leitung des Außenressorts, dem zugleich das Europaministerium eingegliedert wurde.

■ **Europäische Integration und Verfolgung von Kriegsverbrechen:** Nach den positiven Voten der EU-Gremien zur Beitrittsperspektive des Landes im ersten Halbjahr 2004 (→ WA 2005, S. 267) folgte am 6. 10. 2004 die Bekanntgabe der Heranführungsstrategie. Die damit verbundenen **Beitrittsverhandlungen** sollten am 17. 3. 2005 beginnen, wurden aber einen Tag vorher durch einen Mehrheitsbeschluss der EU-Außenminister **ohne Nennung eines neuen Datums ausgesetzt**, weil ein entscheidendes Kriterium für den Verhandlungsbeginn bisher noch nicht erfüllt war: Die Chefanklägerin des ICTY hatte dem Europäischen Rat mitgeteilt, dass die umfassende Zusammenarbeit Kroatiens mit dem Tribunal immer noch nicht gegeben war. Insbesondere monierte sie, dass sich der als Kriegsverbrecher gesuchte ehemalige General Gotovina (→ WA 2005, S. 267) immer noch auf freiem Fuß befände, obwohl der kroatische Staat über Zugriffsmöglichkeiten verfüge. Gotovina, der in Kroatien weithin als Volksheld gilt, wird die Ermordung von rund 150 und die Vertreibung von rund 150 000 Serben im Jahr 1995 vorgeworfen. Zagreb hingegen bekräftigte, alle Möglichkeiten zur Ergreifung des Gesuchten ausgeschöpft zu haben, und wollte dies auch belegen. Deshalb räumten die 25 EU-Staats- und Regierungschefs am 23. 3. 2005 Kroatien eine zweite Chance ein und beauftragten eine **Task Force, die Kooperation des Landes mit dem ICTY noch einmal zu überprüfen**. Mit dem verzögerten Beginn der Beitrittsgespräche zerschlugen sich die Hoffnungen Kroatiens, im Jahre 2007 die Verhandlungen mit der EU abschließen zu können. Ärgernis in Zagreb bereitete dieser Umstand nicht zuletzt, weil Kroatien bessere wirtschaftliche und gesellschaftliche Rahmenbedingungen für einen EU-Beitritt aufzuweisen hat als etwa Bulgarien und Rumänien, für die der Beitrittstermin 2007 schon feststeht.

Heftige Kritik löste im Mai 2005 eine **Änderung der Anklageschrift des ICTY** im Falle der beiden kroatischen Generäle Ivan Čermak und Mladen Markac aus. Die Anklage wurde um den Vorwurf einer Teilnahme an einem »gemeinsamen verbrecherischen Unternehmen« erweitert, was sich auf die Vertreibung der serbischen Bevölkerung aus der Region Krajina 1995 bezog. In weiten Teilen der Bevölkerung wurde dies als Kriminalisierung des »Vaterländischen Kriegs« und Zuweisung einer Kollektivschuld verstanden.

■ **Kommunalwahlen:** Bei den Kommunalwahlen am 15. 5. 2005 **büßten alle großen Parteien Stimmen ein.** Die HDZ von Ministerpräsident Ivo Sanader eroberte in keiner der wichtigen Städte des Landes die Stimmenmehrheit. In der Hauptstadt Zagreb wie auch in Split und Rijeka gewann die sozialdemokratische Opposition. Die rechtsradikale Kroatische Partei des Rechts (HSP) verdreifachte die Zahl ihrer Mandate. Die Wahlbeteiligung lag bei nur 35 %.

Kroatien: BIP gesamt und je Einwohner

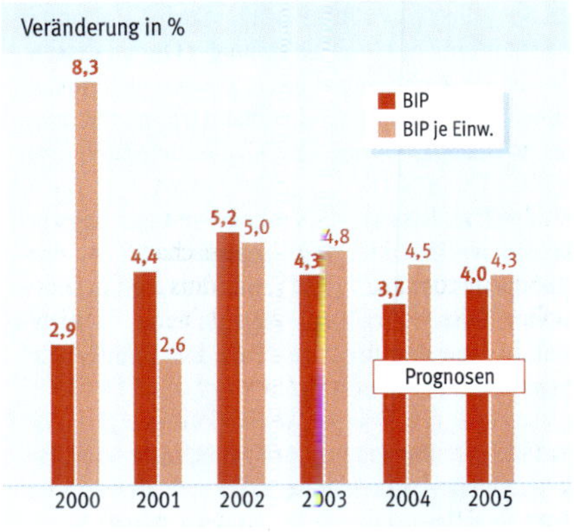

Quelle: Eurostat 2005

Kuba Mittel-Amerika; Karibik

Republik Kuba; República de Cuba – CU / CUB

Fläche (Weltrang: 102): 110 860 km²

Einwohner (70): F 2003 11 326 000 = 102 je km²

Hauptstadt: La Habana (Havanna)

Amtssprache: Spanisch

Bruttonationaleinkommen 2003 je Einw.: k. A.

Währung: 1 Kuban. Peso (kub$) = 100 Centavos
Kurs: 1 US-$ = 0,95 kub$; 1 € = 1,19 kub$

Botschaft der Republik Kuba
Stavangerstr. 20, 10439 Berlin
T 030 / 44 71 73 19, Fax 9 16 45 53
www.botschaft-kuba.de

LANDESSTRUKTUR **Fläche:** 110 860 km² einschließlich US-Marinestützpunkt Guantánamo mit 111,9 km² (→ USA); → Karte ▪ **Verwaltung:** 14 Provinzen und Sonderverwaltungsgebiet Isla de la Juventud; → Tabelle ▪ **Städte:** (F 2001) La Habana (Havanna) 2 181 500 Einw.; (F 1999) Santiago de Cuba 441 524, Camagüey 306 049, Holguín 259 300, Santa Clara 210 100, Guantánamo 208 030, Pinar del Río 148 500, Bayamo 143 600, Cienfuegos 137 513, Las Tunas 137 331, Matanzas 124 754

BEVÖLKERUNG Kubaner – F 2003: 11 326 000 Einw.; Bevölkerungswachstum: 0,7 %; letzte Zählung 1981: 9 723 605 Einw. – ca. 51 % Mulatten, 37 % Weiße, 11 % Schwarze; zahlreiche Exil-Kubaner in den USA ▪ **Sprachen:** Spanisch ▪ **Religion** 2001: 54,5 % Katholiken, protestantische Kirchen, afrokubanische Religionen

STAATS- UND REGIERUNGSFORM Verfassung von 1976, zuletzt geändert 1992 – Sozialistische Republik seit 1959 – Oberstes Staatsorgan: Volkskongress (Asamblea Nacional del Poder Popular) mit 609 (vorher: 601) alle 5 J. gewählten Mitgl.; Staatsrat (Consejo de Estado) mit 31 Mitgl. als ständiges Organ; dessen Vors. ist zugleich Staatsoberh. – Wahlrecht ab 16 J. ▪ **Unabhängigkeit:** 20. 5. 1902 (ehem. spanische Kolonie) ▪ **Nationalfeiertag:** 1. 1. (Tag der Befreiung 1959)

REGIERUNG UND PARTEIEN **Staats- u. Regierungschef:** Staatsratsvorsitzender und Generalsekretär des Zentralkomitees der PCC: Fidel Castro Ruz, seit 1959 – **Äußeres:** Felipe Pérez Roque, seit 28. 5. 1999 ▪ **Parlament:** Wahlen vom 19. 1. 2003: Partido Comunista de Cuba / PCC alle von 609 Sitzen

WIRTSCHAFT **BIP** 2004: 33,84 Mrd. $; realer Zuwachs: 3,0 %; Anteil (2004) Landwirtschaft 7 %, Industrie 26 %, Dienstleistungen 68 % ▪ **Erwerbstätigkeit** 2000: Landwirtsch. 24,4 %, Industrie 24,0 %, Dienstl. 51,6 % ▪ **Arbeitslosigkeit** ∅ 2000: 5,7 % ▪ **Inflation** ∅ 2004: 6,5 % (offiziell: 3 %) ▪ **Außenhandel** 2004: (S) **Import:** 5,3 Mrd. $; *Güter:* v. a. Rohöl und Ölprodukte, Maschinen, Fahrzeuge, Nahrungsmittel; *Länder:* v. a. Venezuela, Spanien, VR China, Kanada, Niederlande, Italien, USA, Mexiko, Frankreich, Russland; **Export:** 2,2 Mrd. $; *Güter:* v. a. Zucker und -produkte, Nickelerze und -konzentrate, Meeresfrüchte, Tabak; *Länder:* v. a. Venezuela, Spanien, VR China, Kanada, Niederlande, Italien, USA, Mexiko, Frankreich, Russland

Kuba
Fläche, Bevölkerung und Bevölkerungsdichte

Provinz (Hauptort)	Fläche* in km²	Einwohner insgesamt	je km² F 2003**
Camagüey (Camagüey)	14 158	786 400	56
Ciego de Ávila (Ciego de Ávila)	6 321	415 300	66
Cienfuegos (Cienfuegos)	4 177	398 000	95
Ciudad de la Habana (La Habana)	727	2 200 400	3027
Granma (Bayamo)	8 362	828 100	99
Guantánamo (Guantánamo)	6 184	510 300	83
Holguín (Holguín)	9 295	1 027 800	111
La Habana (La Habana)	5 691	719 900	126
Las Tunas (Victoria de las Tunas)	6 584	529 200	80
Matanzas (Matanzas)	11 739	674 600	57
Pinar del Río (Pinar del Río)	10 861	730 400	67
Sancti Spíritus (Sancti Spíritus)	6 732	462 800	69
Santiago de Cuba (Santiago de Cuba)	6 170	1 042 100	169
Villa Clara (Santa Clara)	7 944	818 200	103
Sonderverwaltungsgebiet			
Isla de la Juventud (Nueva Gerona)	2 200	86 600	39
Kuba	107 145	11 230 100	105

* ohne vorgelagerte Inseln (3 715 km²) ** Stand 31. 12.
Quelle: Oficina Nacional de Estadísticas, La Habana, 2005

CHRONIK

Kuba blieb vor allem wegen der Menschenrechtssituation und seinem Umgang mit der Opposition im Blickfeld der internationalen Öffentlichkeit. Am 15. 4. 2005 lehnte Kuba eine weitere Resolution der Menschenrechtskommission der Vereinten Nationen in Genf ab, die die Erneuerung einer UN-Mission in Kuba zur Untersuchung der dem Land vorgeworfenen Menschenrechtsverletzungen vorsah.

▪ **Opposition:** Die zunehmende Isolierung des Landes zwang die Regierung, ihren harten Kurs gegen Regimekritiker etwas abzumildern. Wegen der sich verschärfenden Haltung der US-Administration suchte Fidel Castro Ruz eine Wiederannäherung an die EU, die nach der Festnahmewelle Oppositioneller im März 2003 ihre Kontakte zum Regime praktisch eingefroren hatte. Im Vorfeld einer Sitzung der EU-Kommission, bei der über die Lockerung der diplomatischen Sanktionen entschieden werden sollte, wurden im Juni/Juli 2004 drei prominente Dissidenten freigelassen. Als Vorreiter einer Wiederannäherung fungierte Spanien, mit dem Kuba, ebenso wie mit Ungarn, im Dezember 2004 einseitig die diplomatischen Kontakte wiederherstellte. Bis Anfang Januar 2005 setzten die kubanischen Behörden insg. 14 der 75 im Jahr 2003 **festgenommenen Regimekritiker wieder auf freien Fuß**, darunter auch Raúl Rivero, einen der bekanntesten Dissidenten, der im März die strategisch motivierte Erlaubnis erhielt, für zwei Jahre nach Spanien auszureisen. Am 31. 1. 2005 setzte die EU in Anbetracht der Freilassung der Dissidenten die Einschränkung der diplomatischen Kontakte vorübergehend aus, forderte aber gleichzeitig die bedingungslose Freilassung aller politischen Gefangenen und weitere Zugeständnisse an die Opposition. Nach Informationen von amnesty international (ai) befanden sich Mitte März 2005 in Kuba weiterhin mind. 71 Personen aus politischen Gründen in Haft. Am zweiten Jahrestag der Verhaftungswelle von 2003, am 18. 3. 2005, protestierten rd. 30 Ehefrauen von Gefangenen vor der Zentrale der staatlichen Journalistengewerkschaft und kritisierten in einem Schreiben an den Gewerkschaftsvorsitzenden das Schweigen der kubanischen Journalisten. Scheinbar überraschend tolerierte Castro die Zusammenkunft einer **Konferenz** vom 19.–21. 5. **von 150 Vertretern verschiedener kubanischer Dissidentengruppen** in Havanna. Erschienen waren mehrheitlich Vertreter radikaler Oppositionsgruppen, die u a. das Wirtschaftsembargo der USA gegen Kuba befürworten. Mehr als ein Dutzend gemäßigtere Organisationen hatten die Beteiligung abgelehnt, so auch die christlich-demokratische Bewegung von Oswaldo Payá, die drei Jahre zuvor mit dem »Projekt Varela« mit über 11 000 Unterschriften mehr Bürgerrechte eingefordert hatte (→ WA 2003, Sp. 491). Payá mutmaßte, die Regierung habe das von Exilkubanern mitfinanzierte Treffen vor allem geduldet, damit die Öffentlichkeit ein radikales, abschreckendes Bild der Dissidentenbewegung bekäme. Zu der Konferenz waren auch Politiker und Intellektuelle aus aller Welt eingeladen worden. Die kubanischen Behörden verweigerten jedoch EU-Abgeordneten und Journalisten die Einreise.

▪ **Wirtschaft:** Wirtschaftspolitisch kehrt Kuba seit geraumer Zeit **zu stärker planwirtschaftlichen Mustern zurück**. So schaffte die Regierung am 25. 10. 2004 den seit elf Jahren offiziell neben der Landeswährung Peso als gültiges Zahlungsmittel erlaubten US-Dollar wieder ab. Bis Mitte November hatte die Bevölkerung Zeit, gehortete US-Dollars ohne Wechselgebühr in CUC (Peso convertible) umzutauschen. Danach wurde jeder Dollartausch mit einer Zwangssteuer von 10 % belastet. Neben dem zunehmenden Tourismus waren für die Dollarisierung der kubanischen Wirtschaft in den neunziger Jahren des 20. Jahrhunderts insbesondere die Überweisungen von Exilkubanern in den USA verantwortlich gewesen. Nach Schätzungen des Finanzministeriums in Havanna werden jährlich zwischen 700 Mio. und 1,2 Mrd. Dollar nach Kuba überwiesen. Anfang Januar 2005 machte Kuba ein weiteres Kernstück der marktwirtschaftlich orientierten Wirtschaftsreformen der 1990er Jahre rückgängig. Ab diesem Zeitpunkt mussten alle Deviseneinnahmen und -ausgaben der staatlichen Betriebe über ein einziges Sammelkonto bei der Zentralbank abgewickelt werden.

Die Rückkehr zu zentralwirtschaftlichen Methoden geschah in einer Phase relativer wirtschaftlicher Dynamik. Dazu trugen u. a. Abkommen mit der VR China und mit Venezuela bei (→ unten), aber auch die Aussicht auf eine verstärkte Erdölförderung, nachdem im Dezember 2004 eine neue Lagerstätte östlich von Havanna (→ Karte) entdeckt wurde. Unterdessen erhöhte die US-Administration stetig den Druck auf Kuba: Im Rahmen der jahrzehntelangen Embargopolitik schränkte Washington Ende Juni 2004 die Möglichkeiten für Familienbesuche und Geldüberweisungen nach Kuba weiter ein. Die verschärften Embargobestimmungen sind auch bei den Exilkubanern in den USA höchst umstritten.

▪ **Außenpolitik:** Die Intensivierung der außenwirtschaftlichen Beziehungen mit ideologisch befreundeten Staaten milderten die Auswirkungen des US-Embargos. So unterzeichnete Havanna am 23. 11. 2004 anlässlich des Staatsbesuchs des chinesischen Staats- und Parteichefs Hu Jintao 16 neue **Kooperationsabkommen mit der Volksrepublik**, u. a. ein für die devisenschwache kubanische Wirtschaft wichtiges Joint Venture in Kubas Nickelindustrie über 500 Mio. US-$. Neben einer Zusammenarbeit in den Bereichen Biotechnologie, Fremdenverkehr, Telekommunikation sowie Bildung und Gesundheit wurde ein bilaterales Abkommen geschlossen, demzufolge sich China bereit erklärte, die Rückzahlung kubanischer Schulden in unbekannter Höhe aus den Jahren 1990 bis 1994 um zehn Jahre zu stunden

Kuwait Vorder-Asien

Staat Kuwait; Dawlat al-Kuwayt – KW / KWT

Fläche (Weltrang: 152): 17 818 km²

Einwohner (137): F 2003 2 396 000 = 135 je km²

Hauptstadt: Al-Kuwayt (Kuwait)

Amtssprache: Arabisch

Bruttonationaleinkommen 2003 je Einw.: 17 960 $

Währung: 1 Kuwait-Dinar (KD.) = 1000 Fils
Kurs: 1 US-$ = 0,29 KD.; 1 € = 0,36 KD.

Botschaft des Staates Kuwait
Griegstr. 5–7, 14193 Berlin
T 030/897 300–0, Fax 897 300–32
www.kuwait-botschaft.de

LANDESSTRUKTUR **Fläche:** 17 818 km² einschließlich 900 km² Inseln (Būbiyān, Faylakah u. a.); Karte → WA 2005, S. 270 ▪ **Verwaltung:** 5 Governorate; außerdem Neutrale Zone mit Saudi-Arabien ▪ **Städte:** (Z 1995) As-Sālimīyah 129 775 Einw., Qalīb aš-Šhuyūkh 102 169, Hawallī 82 154, Al-Kuwayt (Kuwait) 28 747

BEVÖLKERUNG Kuwaiter – F 2003: 2 396 000 Einw.; Bevölkerungswachstum: 2,6 %; letzte Zählung 1995: 1 575 570 Einw. – ca. 40 % Kuwaiter (davon 150 000–180 000 Beduinen); 60 % Ausländer ▪ **Sprachen:** Arabisch; Englisch ▪ **Religion:** überwiegend Muslime (ca. 65 % Sunniten, 35 % Schiiten), Minderheit von Christen, Hindus

STAATS- UND REGIERUNGSFORM Verfassung von 1962, zuletzt geändert 1997 – Erbmonarchie (Emirat) seit 1962 – Staatsreligion: Islam – Islamisches Recht (Scharia) – Parlament (Nationalversammlung) mit 75 Mitgl. (50 gewählt, 25 vom Emir ernannt); Wahl alle 4 J. – Wahlrecht ab 21 J. (außer für Mitgl. des Militärs und der Sicherheitskräfte) ▪ **Unabhängigkeit:** 19. 7. 1961 (ehem. britisches Protektorat) ▪ **Nationalfeiertag:** 25. 2. (Nationaltag)

REGIERUNG UND PARTEIEN **Staatsoberhaupt:** Scheich Jaber al-Ahmed al-Jaber as-Sabah (13. Emir von Kuwait), seit 1977 – **Regierungschef:** Sabah al-Ahmed al-Jaber as-Sabah, seit 13. 7. 2003 – **Äußeres:** Scheich Muhammad as-Sabah as-Salim as-Sabah, seit 13. 7. 2003 ▪ **Parlament:** Wahlen vom 5. 7. 2003: islamisch orientierte Gruppen 21 von 50 gewählten Sitzen (1999: 20), Liberale 3 (16), Loyalisten 14 (12), Unabhängige 12 (2)

WIRTSCHAFT **BIP** 2003: 41,748 Mrd. $; realer Zuwachs: 9,9 %; Anteil (2004) Landwirtschaft 0,4 %, Industrie 60,5 %, Dienstleistungen 39,1 % ▪ **Erwerbstätigkeit** 2002: Landwirtsch. 1,1 % ▪ **Arbeitslosigkeit:** k. A. ▪ **Inflation:** k. A. ▪ **Außenhandel** 2002: **Import:** 2,736 Mrd. KD.; *Güter:* 40 % Maschinen und Transportausrüstungen, 19 % bearbeitete Waren, 14 % Nahrungsmittel und lebende Tiere; *Länder:* 11 % USA, 11 % Japan, 9 % Deutschland, 6 % Saudi-Arabien, 6 % Italien; **Export:** 4,666 Mrd. KD.; *Güter:* 92 % Erdöl und -produkte; *Länder:* (ohne Erdöl): 13 % Saudi-Arabien, 11 % Vereinigte Arabische Emirate, 10 % Indonesien, 6 % Indien

CHRONIK

Das Parlament forderte am 2. 11. 2004 in einer bis dahin unbekannt deutlichen Weise den Kronprinzen des Landes, Scheich Saad al-Abdullah as-Sabah, zum Rücktritt auf. Dieser war auf Grund seines hohen Alters und seiner schlechten Gesundheit bereits im Juli 2003 vom Amt des Premierministers zurückgetreten.

Der Gesetzesentwurf zur Einführung des **Frauenwahlrechts**, der Frauen erstmals bei den Parlamentswahlen 2007 das aktive und passive Wahlrecht einräumt, wurde am 16. 5. 2005 in zweiter Lesung mit knapper Mehrheit von 35 Abgeordneten angenommen (bei 23 Gegenstimmen und 1 Enthaltung). Islamistische Abgeordnete hatten freilich noch einen Passus in das Gesetz eingefügt, wonach sich Politikerinnen und Wählerinnen an das islamische Recht halten müssen.

Am 12. 6. ernannte der Emir Scheich Jaber al-Ahmed al-Jaber as-Sabah, der das Frauenwahlrecht ausdrücklich befürwortet hatte, die Universitätsprofessorin **Massouma al-Mubarak als erste weibliche Ministerin** in der Geschichte des Landes. Sie übernahm das Ressort für Planung und Verwaltungsreform.

Massouma al-Mubarak während einer Parlamentssitzung

Die UN-Kompensationskommission (UNCC) billigte am 9. 12. 2004 weitere Ansprüche Kuwaits auf **finanzielle Entschädigung für die Invasion und Besetzung durch irakische Truppen 1990/91** in Höhe von 2,3 Mrd. US-$.

Ab Januar 2005 kam es zu militärischen Auseinandersetzungen mit **islamistischen Gruppierungen**. Das Innenministerium gab am 2. 2. bekannt, die 24-köpfige Terrorzelle sei nach der Festnahme ihres mutmaßlichen Anführers Anmer al-Enezi aufgelöst. 20 vermutliche Islamisten wurden am 8. 5. zu dreijährigen Gefängnisstrafen verurteilt.

Laos Südost-Asien

Demokratische Volksrepublik Laos; Sathalanalat Paxathipatai Paxaxôn Lao – LA/LAO

Fläche (Weltrang: 81): 236 800 km²

Einwohner (100): F 2003 5 660 000 = 24 je km²

Hauptstadt: Viangchan (Vientiane)

Amtssprache: Laotisch

Bruttonationaleinkommen 2003 je Einw.: 340 $

Währung: Kip
Kurs: 1 US-$ = 10 580 Kip; 1 € = 13 452 Kip

Botschaft der Demokratischen Volksrepublik Laos
Bismarckallee 2 a, 14193 Berlin
T 030/89 06 06 47, Fax 89 06 06 48

LANDESSTRUKTUR **Fläche**: 236 800 km²; → Karte ▪ **Verwaltung:** 16 Provinzen, Sonderregion Xaysomboun und Hauptstadtpräfektur ▪ **Städte:** (F 2001) Viangchan (Vientiane) 663 000 Einw.; (F 1995) Savannakhét 58 500, Pakxé 47 000, Xam Nua 33 500, Louangphrabang 25 500

BEVÖLKERUNG Laoten – F 2003: 5 660 000 Einw.; Bevölkerungswachstum: 2,3 %; letzte Zählung 1995: 4 581 258 Einw. – insg. 70 Volksgruppen und Stämme: ca. 55 % Lao-Lum (Tal-Lao), 27 % Lao-Theung (Berg-Lao), 15 % Lao-Soung (Hmong, Meo); Minderheiten von Chinesen u. Thai ▪ **Sprachen:** 65 % Lao, Sprachen der Minderheiten; Französisch, Chinesisch, Vietnamesisch ▪ **Religion** 1992: 58 % Buddhisten, 34 % Anhänger von indigenen Religionen, 2 % Christen, 1 % Muslime; Konfuzianismus und Daoismus verbreitet

STAATS- UND REGIERUNGSFORM Verfassung von 1991 – Volksrepublik seit 1975 – Parlament (Nationalversammlung) mit 109 (vorher 99) Mitgl., Wahl alle 5 J. – Wahl des Staatsoberh. durch Parlament alle 5 J. – Wahlpflicht ab 18 J. ▪ **Unabhängigkeit**: formell 22. 10. 1953, bestätigt 21. 7. 1954 (Indochina-Konferenz) ▪ **Nationalfeiertag**: 2. 12. (Ausrufung der VR 1975)

REGIERUNG UND PARTEIEN **Staatsoberhaupt**: Khamtay Siphandone (LPRP-Generalsekretär), seit 24. 2. 1998 – **Regierungschef**: Boungnang Vorachith (LPRP), seit 27. 3. 2001 – **Äußeres**: Somsavat Lengsavat, seit 1993 ▪ **Parlament**: Wahlen vom 24. 2. 2002: Laotische Revolutionäre Volkspartei/LPRP 108 von 109 Sitzen (1997: 96 von 99), Unabhängige 1 (3)

WIRTSCHAFT **BIP** 2003: 2,122 Mrd. $; realer Zuwachs: 5,0 %; Anteil (2003) Landwirtschaft 49 %, Industrie 26 %, Dienstleistungen 25 % ▪ **Erwerbstätigkeit** 2001: Landwirtsch. 76 % ▪ **Arbeitslosigkeit** ∅ 2003: 6 % (S) ▪ **Inflation** ∅ 2004: 11,2 % ▪ **Außenhandel** 2004: **Import**: 596 Mio. $; *Güter* 2002/03: 20 % Brennstoffe und Gas, 18 % Textilien und andere Vorprodukte, 5 % Kfz, 4 % Nahrungsmittel, 4 % Baubedarf, 3 % Landwirtschafts- und Tierbedarf, 2 % Bekleidung, 1 % Elektrizität, 1 % Luxusgüter; *Länder* 2003: 60 % Thailand, 13 % VR China, 10 % Vietnam, 3 % Singapur, 2 % Japan, 1 % Frankreich, 1 % Deutschland **Export**: 420 Mio. $; *Güter* 2003: 25 % Bekleidung, 25 % Strom, 17 % Holz und -produkte, 3 % Kaffee; *Länder* 2003: 21 % Thailand, 17 % Vietnam, 8 % Frankreich, 6 % Deutschland, 4 % Belgien, 3 % Großbritannien, 2 % Italien, 2 % Niederlande, 2 % VR China, 2 % Japan

CHRONIK

Nach zehnjährigen Verhandlungen mit der Regierung in Vientane sagte die Weltbank am 31. 3. 2005 einen Kredit über 1,2 Mrd. US-$ für den **Bau eines Staudamms am Fluss Nam Theum** (→ Karte) zu, woraufhin internationale Banken weitere 1,5 Mrd. US-$ zusicherten. Von dem erzeugten Strom, der ins benachbarte Thailand exportiert werden soll, erhofft sich die Regierung ab 2009 Einnahmen von jährlich rund 220 Mio. US-$. Kritiker des Projekts befürchten, dass der geplante 450 km² große Stausee das Ökosystem und die Lebensgrundlagen der Menschen in der Region zerstört.

Lesotho Süd-Afrika

Königreich Lesotho; Mmuso wa Lesotho (sesotho); Kingdom of Lesotho – LS / LSO

Fläche (Weltrang: 137): 30 355 km²

Einwohner (142): F 2003 1 793 000 = 59 je km²

Hauptstadt: Maseru

Amtssprachen: Sesotho, Englisch

Bruttonationaleinkommen 2003 je Einw.: 610 $

Währung: 1 Loti (M) = 100 Lisente
Kurs: 1 US-$ = 6,67 M; 1 € = 8,32 M

Botschaft des Königreichs Lesotho
Dessauer Str. 28–29, 10963 Berlin
T 030 / 25 75 72 – 0, Fax 25 75 72 – 22
E-Mail: lesoembger@aol.com

LANDESSTRUKTUR **Fläche:** 30 355 km²; → Karte ▪ **Verwaltung:** 10 Distrikte; → Tabelle ▪ **Städte:** (S 2001) Maseru 271 000 Einw.; (S 1986) Teyateyaneng 14 300, Mafeteng 12 700, Leribe 10 000

BEVÖLKERUNG Lesother – F 2003: 1 793 000 Einw.; Bevölkerungswachstum: 0,9 %; letzte Zählung. 2001 (vorl.): 2 157 539 Einw. – ca. 99,7 % Sotho der Südbantu-Gruppe (Basotho); ca. 2000 Weiße und Inder ▪ **Sprachen:** Sesotho (Bantusprache), Englisch ▪ **Religion** 2002: 51 % Katholiken, über 40 % Protestanten, Minderheit von Muslimen; indigene Religionen

STAATS- UND REGIERUNGSFORM Verfassung von 1993 – Parlamentarische Monarchie (im Commonwealth) seit 1993 – Parlament (National Assembly) mit 120 Mitgl., Wahl alle 5 J.; Senat – Wahlrecht ab 21 J. ▪ **Unabhängigkeit:** 4. 10. 1966 (ehem. britische Kolonie) ▪ **Nationalfeiertag:** 4. 10.

Lesotho
Fläche, Bevölkerung und Bevölkerungsdichte

Distrikt (Hauptort)	Fläche in km²	Einwohner insgesamt Z 2001	je km²
Berea (Teyateyaneng)	2 222	300 557	135
Butha-Buthe (Butha-Buthe)	1 767	126 948	72
Leribe (Hlotse)	2 823	362 339	128
Mafeteng (Mafeteng)	2 119	238 946	113
Maseru (Maseru)	4 279	477 599	112
Mohale's Hoek (Mohale's Hoek)	3 530	206 842	59
Mokhotlong (Mokhotlong)	4 075	89 705	22
Qacha's Nek (Qacha's Nek)	2 349	80 323	34
Quthing (Moyeni)	2 916	140 641	48
Thaba-Tseka (Thaba-Tseka)	4 270	133 680	31
Lesotho	30 355	2 157 580	71

Quelle: Lesotho Demographic Survey 2001

REGIERUNG UND PARTEIEN **Staatsoberhaupt:** König Letsie III. (David Mohato Letsie Bereng Seeiso), seit 1996, gekrönt 1997 – **Regierungschef:** Bethuel Pakalitha Mosisili (LCD-Vorsitzender), seit 28. 5. 1998 – **Äußeres:** Monyane Moleleki (LCD), seit 19. 11. 2004 ▪ **Parlament:** Wahlen vom 26. 5. 2002: Lesotho Congress for Democracy / LCD 77 von 120 Sitzen (1998: 78 von 80), Basotho National Party / BNP 21 (1), Lesotho People's Congress / LPC 5 (–), National Independent Party / NIP 5 (–), Basutoland African Congress / BAC 3 (–), Basutoland Congress Party / BCP 3 (–), Sonstige 4 (–), vakant 2 (1)

WIRTSCHAFT **BIP** 2003: 1,139 Mrd. $; realer Zuwachs: 3,3 %; Anteil (2003) Landwirtschaft 17 %, Industrie 44 %, Dienstleistungen 40 % ▪ **Erwerbstätigkeit** 2001: Landwirtsch. 38 % ▪ **Arbeitslosigkeit:** k. A. ▪ **Inflation** ∅ 2004: 5,3 % ▪ **Außenhandel** 2001: **Import:** 5,119 Mrd. M; *Güter:* 23 % Nahrungsmittel, lebende Tiere, 20 % bearbeitete Waren; *Länder:* 85 % SACU, 6 % Rep. China; **Export:** 2,426 Mrd. M; *Güter:* 65 % Kleidung, 8 % Nahrungsmittel; *Länder:* 58 % USA, 41 % SACU

CHRONIK

Bei den ersten **Kommunalwahlen** seit der Unabhängigkeit 1966 setzte sich die regierende Lesotho Congress for Democracy (LCD) am 30. 4. 2005 in den 129 zu bestimmenden Gemeinderäten klar durch. Die Wahlbeteiligung lag bei 30 %. Ein Drittel aller Sitze in jedem Rat war für weibliche Kandidaten reserviert. Gemäß dem 2004 überarbeiteten Kommunalvertretungsgesetz von 1997 stehen den Gemeinderäten weitgehende Befugnisse zu, lokale Belange selbst zu regeln. Bislang hatten die so genannten Dorfentwicklungsräte aus Regierungsbeamten und traditionellen Führern nur beratende Funktion und waren vollständig von der Zentralregierung abhängig.

Lettland Nordost-Europa

Republik Lettland; Latvijas Republika, Kurzform: Latvija – LV/LVA

Fläche (Weltrang: 121): 64 589 km²

Einwohner (138): F 2003 2 321 000 = 36 je km²

Hauptstadt: Rīga (Riga)

Amtssprache: Lettisch

Bruttonationaleinkommen 2003 je Einw.: 4400 $

Währung: 1 Lats (Ls) = 100 Santims
Kurs: 1 US-$ = 0,58 Ls; 1 € = 0,70 Ls (1. 7. 2005)

Botschaft der Republik Lettland
Reinerzstr. 40/41, 14193 Berlin
T 030/826 00 222, Fax 826 00 233
www.botschaft-lettland.de

LANDESSTRUKTUR **Fläche**: 64 589 km² ▪ **Verwaltung**: 26 Distrikte und 7 Stadtverwaltungen ▪ **Städte**: (F 2003) Rīga (Riga) 739 232 Einw., Daugavpils (Dünaburg) 112 609, Liepāja (Libau) 86 983, Jelgava (Mitau) 65 754, Jūrmala 55 156, Ventspils (Windau) 44 010

BEVÖLKERUNG Letten – F 2003: 2 321 000 Einw.; Bevölkerungswachstum: –0,7 %; letzte Zählung 2000: 2 377 383 Einw. – 57,6 % Letten, 29,6 % Russen, 4,1 % Weißrussen, 2,7 % Ukrainer, 2,5 % Polen, 1,4 % Litauer, 2,1 % Sonstige ▪ **Sprachen** 2000: 62,0 % Lettisch, 36,1 % Russisch u. a. ▪ **Religion**: 55 % Lutheraner, 24 % Katholiken, 9 % Russisch-Orthodoxe

STAATS- UND REGIERUNGSFORM Verfassung von 1922 seit 1993 wieder in Kraft, zuletzt geändert 1997 – Republik seit 1991 – Parlament (Saeima) mit 100 Mitgl., Wahl alle 4 J. – Wahl des Staatsoberh. alle 4 J. durch Parlament (einmalige Wiederwahl) – Wahlrecht ab 18 J. ▪ **Unabhängigkeit**: 1918–1940; Souveränitätserklärung 28. 7. 1989; Proklamation 4. 5. 1990, in Kraft 21. 8. 1991 ▪ **Nationalfeiertag**: 18. 11. (Ausrufung der Republik 1918)

REGIERUNG UND PARTEIEN **Staatsoberhaupt**: Vaira Vīķe-Freiberga (parteilos), seit 7. 7. 1999; wieder gewählt am 20. 6. 2003 – **Regierungschef**: Aigars Kalvītis (TP-Vors.), seit 2. 12. 2004; Koalition TP, JL, ZZS und LPP – **Äußeres**: Artis Pabriks, (TP) seit 21. 7. 2004 ▪ **Parlament**: Wahlen vom 5. 10. 2002: Neue Zeit/JL 26 von 100 Sitzen (1998: –), Partei für Menschenrechte in einem geeinten Lettland/PCTVL 24 (–), Volkspartei/TP 21 (24), Union der Grünen und Bauern/ZZS 12 (–), Lettische Erste Partei/LPP 10 (–), Union für Vaterland und Freiheit/TB-LNNK 7 (17), Sonstige – (59)

WIRTSCHAFT **BIP** 2003: 11,073 Mrd. $; realer Zuwachs: 7,5 %; Anteil (2003) Landwirtschaft 5 %, Industrie 24 %, Dienstleistungen 71 % ▪ **Erwerbstätigkeit** 2002: Landwirtsch. 15,5 %, Industrie 25,5 %, Dienstl. 59,0 % ▪ **Arbeitslosigkeit** ∅ 2004: 9,8 % ▪ **Inflation** ∅ 2004: 6,2 % ▪ **Außenhandel** 2004 (vorläufig): **Import**: 2,115 Mrd. Ls; *Güter*: 20 % Maschinen und elektrische Ausrüstungen, 18 % Ernährungswirtschaft, 13 % mineralische Erzeugnisse, 11 % Transportmittel, 10 % Basismetalle und Waren daraus, 9 % Chemieprodukte; *Länder*: 15 % Deutschland, 12 % Litauen, 9 % Russland, 7 % Estland, 7 % Finnland, 6 % Schweden, 6 % Polen, 5 % Weißrussland (EU gesamt: 75 %); **Export**: 3,744 Mrd. Ls; *Güter*: 31 % Holz und -produkte, 16 % Ernährungswirtschaft, 14 % Basismetalle und Waren daraus, 11 % Textilien, Textilerzeugnisse, 8 % Maschinen und elektrische Ausrüstungen, 6 % Chemieprodukte, 5 % mineralische Erzeugnisse; *Länder*: 13 % Großbritannien, 12 % Deutschland, 10 % Schweden, 10 % Litauen, 8 % Estland, 6 % Russland, 6 % Dänemark, 4 % Polen (EU gesamt 77 %)

CHRONIK

▪ **Neue liberal-konservative Regierung:** Die **Minderheitsregierung** unter Ministerpräsident Indulis Emsis (Union der Grünen und Bauern, ZZS) reichte nach sieben Amtsmonaten am 28. 10. 2004 ihren Rücktritt ein, nachdem der größte Koalitionspartner, die rechtsliberale Volkspartei (TP), zusammen mit der Opposition den **Haushaltsentwurf** für 2005 **abgelehnt** hatte. Die TP begründete diesen Schritt mit der unausgewogenen Budgetplanung. Gemäß der parlamentarischen Geschäftsordnung entspricht die Ablehnung einem Misstrauensvotum. Ministerpräsident Emsis selbst hielt sich währenddessen in Rom zur Unterzeichnung des EU-Verfassungsvertrags auf. Bereits im September 2004 hatte die sozialdemokratische Partei der Nationalen Einheit (TSP) der Koalition aus ZSS, TP und Lettischer Erster Partei (LPP) die Unterstützung aufgekündigt.

Am 2. 12. bestätigte das Parlament die neue liberal-konservative **Vier-Parteien-Koalition** aus TP, ZZS, LPP und Neuer Zeit (JL) unter **Ministerpräsident** und TP-Fraktionschef **Aigars Kalvītis**.

■ **Euro / EU-Verfassung:** Die Zentralbank führte zum 1. 1. 2005 die Bindung der Landeswährung Lats im Verhältnis 0,7:1,0 an den Euro ein. Am 1. 5. trat Lettland dem **europäischen Wechselkursmechanismus** bei. Trotz der Ablehnung bei den Volksabstimmungen in → Frankreich und den → Niederlanden **ratifizierte** das Parlament in Riga am 2. 6. 2005 den **EU-Verfassungsvertrag**. Für die Annahme stimmten 71 Abgeordnete, fünf dagegen, sechs enthielten sich. Die nötige Zweidrittelmehrheit wurde damit klar erreicht.

■ **Ende der Privatisierung:** Die Regierung beschloss am 15. 2. 2005, die Mitte der 1990er Jahre begonnene Privatisierung von Staatsunternehmen zum Jahresende 2005 zu stoppen. Während der Verkauf zahlreicher kleiner und mittlerer Staatsunternehmen bereits im Jahr 2000 abgeschlossen war, hatte die Veräußerung der verbliebenen Großfirmen bei Gewerkschaften und verschiedenen Parteien heftigen Widerstand ausgelöst.

■ **Schulreform:** Trotz Protesten russischsprachiger Schüler und Eltern trat zum 1. 9. 2004 die Schulreform (→ WA 2005, S. 272) in Kraft, wonach in Schulen für sprachliche Minderheiten 60 % der Unterrichtsstunden in lettischer Sprache gehalten werden müssen. Mit dieser Maßnahme versucht die Regierung insbesondere die Integration der russischen Bevölkerung, die rund 30 % der Einwohner stellt, voranzutreiben.

■ **Russland:** Entgegen einer Abmachung mit den Staatschefs → Litauens und → Estlands, erst später über eine Teilnahme an den Feierlichkeiten anlässlich des 60. Jahrestags des Endes des Zweiten Weltkrieges am 9. 5. 2005 in Moskau zu entscheiden, sagte Präsidentin Vaira Vīķe-Freiberga am 12. 1. 2005 ihr Kommen zu. Beobachter interpretierten den Schritt als Versuch, die angespannten Beziehungen zu Moskau und zur russischen Minderheit in Lettland zu verbessern. In der Bevölkerung löste das Vorhaben der Präsidentin, die früher wiederholt die russische Außenpolitik kritisiert hatte, Kontroversen aus.

Im Zuge der Gedenkfeier in Moskau und wiederholten Forderungen nach einer Entschuldigung für die sowjetische Besetzung des Baltikums **sagte der Kreml** die ursprünglich für 10. 5. 2005 geplante **Unterzeichnung** des **lettisch-russischen Grenzvertrags** kurzfristig ab. Zur Weigerung Moskaus hatte auch die Ende April 2005 vorgetragene Forderung von Parlament und Regierung in Riga beigetragen, in das Abkommen ein Zusatzprotokoll aufnehmen zu wollen, in dem die sowjetische Besetzung der baltischen Staaten 1940 erwähnt wird. Nach russischem Verständnis hätten sich die baltischen Staaten der Sowjetunion freiwillig angeschlossen. Präsidentin Vīķe-Freiberga kritisierte nach der gescheiterten Vertragsunterzeichnung die Abgeordneten sowie das Kabinett von Kalvītis offen für ihr Verhalten; eine Änderung der bestehenden Grenzen halte sie für unrealistisch.

Libanon Vorder-Asien

Libanesische Republik; al-Ǧumhūriyya al-Lubnāniyya, Kurzform: Lubnān – LB / LBN

Fläche (Weltrang: 160): 10 452 km²

Einwohner (115): F 2003 4 498 000 = 430 je km²

Hauptstadt: Bayrūt (Beirut)

Amtssprache: Arabisch

Bruttonationaleinkommen 2003 je Einw.: 4040 $

Währung: 1 Libanes. Pfund (L£) = 100 Piaster
Kurs: 1 US-$ = 1507,50 L£; 1 € = 1857,84 L£

Botschaft der Libanesischen Republik
Berliner Str. 127, 13187 Berlin
T 030 / 474 98 60, Fax 47 48 78 58
E-Mail: lubnan@t-online.de

LANDESSTRUKTUR **Fläche**: 10 452 km²; → Karte ■ **Verwaltung**: 5 Provinzen ■ **Städte**: (F 2003) Bayrūt (Beirut) 1 171 000 Einw., Ṭarābulus (Tripoli) 212 900, Ṣaydā (Sidon) 149 000, Ṣūr Tyre (Tyrus) 117 100

BEVÖLKERUNG Libanesen – F 2003: 4 498 000 Einw.; Bevölkerungswachstum: 1,3 %; letzte Zählung 1970: 2 126 325 Einw. ■ **Sprachen**: Arabisch (libanesisch-syrische und palästinensische Dialekte); Armenisch, Kurdisch u. a.; Französisch und Englisch ■ **Religion**: 60 % Muslime (32 % Schiiten, 21 % Sunniten, 7 % Drusen); 40 % Christen (25 % Maroniten, 7 % Griech.-Orthodoxe, 5 % Griech.-Katholische, 4 % Armenier u. a.) → Karte

STAATS- UND REGIERUNGSFORM Verfassung von 1926, zuletzt geändert 1999 – Republik seit 1926 – Parlament (Nationalversammlung) mit 128 Mitgl. (je zur Hälfte Christen und Muslime), Wahl alle 4 J. – Staatsoberh. muss maronitischer Christ, Regierungschef sunnitischer, Parlamentspräsident schiitischer Muslim sein – Wahl des Staatsoberh. alle 6 J. durch Parlament (keine unmittelb. Wiederwahl) – Wahlrecht ab 21 J. ■ **Unabhängigkeit**: 26. 11. 1941 (ehem. französisches Mandatsgebiet), 22. 11. 1943 Wiedereinsetzung libanesischer Amtsträger ■ **Nationalfeiertag**: 22. 11.

REGIERUNG UND PARTEIEN **Staatsoberhaupt**: Émile Lahoud, seit 1998 – **Regierungschef**: Fuad Siniora, seit 19. 7. 2005 – **Äußeres**: Fausi Sallukh, seit 19. 7. 2005 ■ **Parlament**: Wahl vom 29. 5. – 19. 6. 2005: Zukunftsbewegung von Sa'ad Hariri, Walid Dschumblat und Verbündeten 72 von 128 Sitzen, Liste Michel Aoun und Verbündete 21, Hisbollah / Amal und Verbündete 35

WIRTSCHAFT **BIP** 2003: 19,0 Mrd. $; realer Zuwachs: 2,7 %; Anteil (2003) Landwirtschaft 12 %, Industrie

20 %, Dienstleistungen 68 % ▪ **Erwerbstätigkeit** 2002: Landwirtsch. 3,2 % ▪ **Arbeitslosigkeit** ∅ 2002: 20–25 % (S) ▪ **Inflation** ∅ 2004: 3,0 % ▪ **Außenhandel** 2003: **Import**: 7,72 Mrd. $; *Güter*: 18 % Ernährungsgüter, 17 % Brennstoffe, Mineralöle, 10 % chem. Erzeugnisse (6 % Pharma), 8 % Straßenfahrzeuge, 5 % elektr. Maschinen und Apparate, 4 % Edelmetalle, 4 % Textilien (Bekleidung), 3 % Eisen, Stahl, 3 % Kunststoffe; *Länder*: 13 % Frankreich, 11 % Italien, 10 % Deutschland, 5 % Syrien, 5 % VR China, 5 % Großbritannien, 5 % USA, 3 % Belgien, 3 % Saudi-Arabien, 3 % Spanien (EU gesamt: 52 %); **Export**: 1,16 Mrd. $; *Güter*: 31 % Schmuckwaren, 15 % Ernährungsgüter, 14 % Maschinen und Ausrüstungen, 12 % Metalle und -erzeugnisse, 8 % chemische und pharmazeutische Erzeugnisse, 6 % Papier und -erzeugnisse, 5 % Textilien; *Länder*: 10 % Vereinigte Arabische Emirate, 9 % Schweiz, 8 % Saudi-Arabien, 8 % USA, 5 % Türkei, 5 % Jordanien, 3 % Syrien, 3 % Italien, 3 % Indonesien, 2 % Frankreich, 2 % Deutschland (EU gesamt: 16 %)

CHRONIK

Über welchen Einfluss Syrien im Libanon verfügt, machte eine **auf syrischen Druck** hin vom Parlament mit 96 gegen 29 Stimmen **gebilligte Verfassungsänderung** am 3. 9. 2004 deutlich, mit der die Amtszeit von Präsident Emile Lahoud um drei Jahre verlängert wurde. Eigentlich sieht die Verfassung eine sechsjährige Amtszeit ohne die Möglichkeit einer anschließenden Wiederwahl vor. Auch 1995, als die Amtszeit von Lahouds Vorgänger Elias Hraoui ebenfalls um drei Jahre verlängert wurde, waren es syrische Interessen, die zu diesem Prozedere führten. Syriens Position im Nahen Osten ist eher geschwächt, nicht zuletzt auch angesichts der amerikanischen Präsenz im Irak, und wollte vermeiden, seinen Einfluss auch im Libanon durch den Wechsel der politischen Führung zu gefährden. Vier Minister der Regierung Hariri, drei davon dem im Oppositionslager befindlichen drusischen Politiker Walid Dschumblat nahestehend, erklärten daraufhin als Protest gegen die Amtszeitverlängerung ihren Rücktritt.

Auch **Premier Hariri** selbst **demissionierte** am 20. 10. 2004 nach einer mehrwöchigen Regierungskrise mit seinem gesamten Kabinett. Zu seinem Nachfolger ernannte Präsident Lahoud Omar Karame, der sein neues, weitgehend aus prosyrischen Politikern zusammengesetztes Kabinett am 26. 10. präsentierte, darunter erstmals auch zwei Frauen im Ministerrang. Das Parlament bestätigte die neue Regierung am 6. 11. 2004.

Auf heftige Kritik war die Verfassungsänderung auch bei der maronitisch-katholischen Bischofskonferenz gestoßen; auch im UN-Sicherheitsrat wurde eine Resolution eingebracht (→ unten).

Die Situation im Libanon wurde zunehmend durch Autobombenattentate geprägt, die an die Zeit des Bürgerkriegs (1975–1990) erinnerten. Am 1. 10. 2004 wurde auf Marwan Hamadeh, einen der vier zurückgetretenen Minister, ein Anschlag verübt, der ihn aber nur verletzte. **Rafik Hariri fiel** am 14. 2. 2005 zusammen mit zahlreichen weiteren Personen einem **Autobombenanschlag zum Opfer**. Der Unternehmer und Milliardär Hariri, aus einfachen Verhältnissen in Sidon stammend und in der Baubranche in Saudi-Arabien reich geworden, hatte die libanesische Politik seit 1992 dominiert. Von 1992–98 und von 2000–04 stand er als Ministerpräsident insgesamt fünf Regierungen vor. Er trieb den Wiederaufbau des Landes nach dem Bürgerkrieg voran, führte zugleich aber auch den Staatshaushalt in eine Rekordverschuldung. Kein prinzipieller Gegner des syrischen Einflusses im Libanon, hatte er in der letzten Zeit immer mehr dem antisyrischen Lager zugeneigt.

Hariris Ermordung geriet zum Anlass für eine immer **stärker anschwellende Protestbewegung gegen die syrische Präsenz** im Lande und das mit Damaskus verbundene politische Establishment. Dies zeigte sich bereits bei der Beisetzung Hariris, an der am 16. 2. 2005 gut hunderttausend Personen teilnahmen. Am 21. 2. und 28. 2. folgten weitere Kundgebungen in Beirut; an der letzteren nahmen mehrere hunderttausend Menschen teil. Ministerpräsident Karame trat noch am 28. 2. unter diesem Druck der Straße zurück, wurde von Präsident Lahoud jedoch erneut mit der Regierungsbildung betraut. Nachdem dieser Versuch am 13. 4. scheiterte, bildete Nagib Mikati, ein früherer Minister, ein Kabinett am 19. 4., dessen Hauptaufgabe die Verabschiedung eines neuen Wahlgesetzes und die anschließende Durchführung der Parlamentswahlen sein sollten. Mikati, ein Unternehmer in der Telekommunikationsbranche, genoss das Vertrauen von Damaskus, konnte aber auch von der Opposition akzeptiert werden. In seinem Kabinett waren Politiker und Technokraten, die aus beiden Lagern kommen, vertreten.

Ab dem 8. 3. demonstrierten die prosyrischen Kräfte, angeführt von der Hisbollah, ihre Stärke: Auch sie konnten mehrere hunderttausend Demonstranten mobilisieren. In den folgenden Tagen fanden im ganzen Land weitere Kundgebungen statt, wodurch sich zeigte, dass auch das prosyrische Lager durchaus auf Rückhalt in Teilen der Bevölkerung, vor allem bei den Schiiten, zählen kann. Dadurch herausgefordert, brachten die antisyrischen Kräfte am 14. 3. bis zu einer Million Demonstranten in Beirut auf die Straße.

Nach der Ermordung Hariris kam es zu weiteren Anschlägen, so Ende März in christlichem Vierteln Beiruts. Gezielten Anschlägen fielen zwei weitere Vertreter des antisyrischen Lagers zum Opfer, am 2. 6. 2005 der Journalist und Publizist Samir Kassir und am 21. 6. Georges Hawi, der frühere Vorsitzende der libanesischen KP. Über die Hintermänner der Attentate gab es nur Mutmaßungen: Als Täter kamen prosyrische Kräfte libanesischer Provenienz in Frage.

■ **Syrischer Truppenabzug:** Syrien geriet durch die Entwicklung immer mehr unter Druck, seine seit 28 Jahren stationierten Truppen (derzeit noch 17 000 Soldaten) aus dem Libanon abzuziehen. Der UN-Sicherheitsrat verabschiedete am 2. 9. 2004 eine von den USA gemeinsam mit Frankreich eingebrachte Resolution, die die Wiederherstellung der vollen Souveränität des Libanon durch den Abzug aller fremden Truppen sowie die Entwaffnung aller Milizen im Lande – also vor allem der radikalschiitischen Hisbollah – forderte (Resolution 1559). Am 18. 10. beschloss der Sicherheitsrat darüber hinaus, dass Generalsekretär Kofi Annan künftig alle sechs Monate über den Fortschritte des Truppenabzugs berichten solle. Damaskus und in seinem Schlepptau Beirut wiesen anfangs die Beschlüsse des Sicherheitsrats als Einmischung in die inneren Angelegenheiten zurück. Da in der Resolution nur von »fremden« Truppen die Rede war – die Erwähnung Syriens hätte die Annahme verhindert –, könnten nur die Israelis gemeint sein, die die Schebaa-Farmen besetzt hielten. Dieses Gebiet, obwohl eigentlich ursprünglich syrisch, wird von Beirut und Damaskus als libanesisches Staatsgebiet bezeichnet, um so eine fortdauernde israelische Besetzung libanesischen Territoriums behaupten zu können.

Dennoch sah sich Syrien am 21. 9. 2004 gezwungen, zumindest eine Umgruppierung seiner Truppen im Libanon vorzunehmen, und verlegte Einheiten aus der Nähe Beiruts in die Bekaa-Ebene. Nach dem Anschlag auf Hariri geriet Damaskus unter zusätzlichen Druck sowohl aus dem Libanon, aus anderen arabischen Ländern wie auch insbesondere von Seiten der USA, sodass es am 5. 3. 2005 den Rückzug seiner sämtlichen Truppen ankündigte. Nach einer Zeremonie auf dem libanesischen Luftwaffenstützpunkt Riyak am 26. 4. 2005 verließ der letzte syrische Soldat den Boden des Zedernlands. Zugleich sollten auch alle syrischen Geheimdienstleute das Land verlassen haben, was indessen weitaus schwieriger zu überprüfen ist. Mit diesem Abzug endete nach 28 Jahren die militärische Präsenz Syriens im Zedernland. 1976 hatte Damaskus im Bürgerkrieg interveniert und sich danach als Ordnungsmacht etabliert, die auch nach dem Ende des Bürgerkriegs weiterhin im Land verblieb. Nach dem Abzug der israelischen Truppen aus dem besetzten Südlibanon fehlte jedoch die letzte Rechtfertigung für einen weiteren Verbleib der syrischen Truppen.

■ **Parlamentswahlen:** Vom 29. 5. bis 19. 6. 2005 fanden in mehreren Etappen (29. 5. Beirut, 5. 6. Süden, 12. 6. Berg Libanon und Bekaa, 19. 6. Norden) die Parlamentswahlen statt. Sie verliefen weitgehend störungsfrei und ohne Manipulationen. Erstmals wurden sie von rund 100 internationalen Wahlbeobachtern, darunter Delegationen der EU und der UN, sowie Mitgliedern libanesischer NGOs überwacht. Die heterogene Opposition konnte 72 der 128 Sitze des Parlaments erobern. Zu ihr gehören vor allem die sunnitischen Anhänger Hariris, die als Bündnis Zukunftsbewegung jetzt von dessen Sohn Sa'ad geführt werden, mehrere von Christen dominierte Gruppierungen, darunter auch die einstige maronitische Bürgerkriegsmiliz der Forces Libanaises, sowie die Anhänger des drusischen Politikers Walid Dschumblat, der im Bürgerkrieg auf der anderen Seite gestanden hatte. Die schiitische Allianz von Hisbollah und Amal, die vor allem im Süden und in der Bekaa erfolgreich war, erhielt 35 Sitze, während die Anhänger des früheren Generals Michel Aoun 21 Sitze eroberten. Michel Aoun hatte seit 1990 in Frankreich im Exil gelebt, aus dem er nach dem Abzug der syrischen Truppen am 7. 5. 2005 zurückgekehrt war, und ist bis heute in Teilen der christlichen Bevölkerung populär.

Der von Fuad Siniora, Finanzminister im Kabinett des ermordeten Premierministers Rafik Hariri, am 19. 7. vorgestellten **neuen Regierung**, die inzwischen vom prosyrischen Präsidenten Lahoud bestätigt wurde, gehören mehrheitlich Mitglieder der antisyrischen Allianz an. Erstmals erhielt auch ein Vertreter der Hisbollah einen Ministerposten; Außenminister wurde der unabhängige Schiit Fausi Sallukh.

Liberia West-Afrika

Republik Liberia; Republic of Liberia – LR/LBR

Fläche (Weltrang: 107): 97 754 km²

Einwohner (129): F 2003 3 374 000 = 35 je km²

Hauptstadt: Monrovia

Amtssprache: Englisch

Bruttonationaleinkommen 2003 je Einw.: 110 $

Währung: 1 Liberian. Dollar (Lib$) = 100 Cents
Kurs: 1 US-$ = 58,50 Lib$; 1 € = 72,14 Lib$

Botschaft der Republik Liberia
Mainzer Str. 259, 53179 Bonn
T 02 28/923 91 73, Fax 934 07 42

LANDESSTRUKTUR **Fläche:** 97 754 km² ▪ **Verwaltung:** 14 Bezirke ▪ **Städte:** (S 2003) Monrovia 550 200 Einw., Zwedru 35 300, Buchanan 27 300

BEVÖLKERUNG Liberianer – F 2003: 3 374 000 Einw.; Bevölkerungswachstum: 2,4 %; letzte Zählung 1984: 2 101 628 Einw. – insg. 16 Ethnien: ca. 20 % Kpelle, 14 % Bassa, 9 % Grebo, 8 % Kru, 8 % Gio, 7 % Mandingo, 6 % Loma, 5 % Krahn ▪ **Sprachen:** Englisch; Gola, Kpelle, Mande, Kru u. a. ▪ **Religion:** 70 % Anhänger von indigenen Religionen, 20 % Muslime, 10 % Christen

STAATS- UND REGIERUNGSFORM Verfassung von 1986 – Präsidialrepublik seit 1847 – Parlament: Repräsentantenhaus mit 64 (Wahl alle 6 J.) und Senat mit 26 Mitgl. (Wahl alle 9 J.) – Direktwahl des Staatsoberhauptes alle 6 J. – Wahlrecht ab 19 J. ▪ **Unabhängigkeit:** 26. 7. 1847 (Gründung durch repatriierte schwarze Sklaven aus den USA) ▪ **Nationalfeiertag:** 26. 7.

REGIERUNG UND PARTEIEN **Staats- u. Regierungschef:** Gyude Bryant (Liberian Action Party), seit 14. 10. 2003 – **Äußeres:** Thomas Nimely, seit 14. 10. 2003 ▪ **Parlament:** Wahlen vom 19. 7. 1997: Repräsentantenhaus: National Patriotic Party/NPP 49 von 64 Sitzen, United Party/UP 7, United Liberation Movement of Liberia/ULIMO-K 3, Sonstige 5 – Senat: NPP 21 von 26 Sitzen, UP 3, ULIMO-K 2

WIRTSCHAFT **BIP** 2003: 442 Mio. $; realer Zuwachs: –29,5 %; Anteil (2002) Landwirtschaft 77 %, Industrie 5 %, Dienstleistungen 18 % ▪ **Erwerbstätigkeit** 2002: Landwirtsch. 67 % ▪ **Arbeitslosigkeit** ∅ 2002: 87 % ▪ **Inflation** ∅ 2002: 14,2 % ▪ **Außenhandel** 2002: (S) **Import:** 172,8 Mio. $; *Güter:* 59 % Nahrungsmittel und Getränke, 19 % Erdöl; *Länder:* 26 % Rep. Korea, Japan, Deutschland, Frankreich; **Export:** 147,2 Mio. $; *Güter:* 58 % Holz, 39 % Naturkautschuk; *Länder:* 56 % Deutschland, Polen, Frankreich

CHRONIK

Nach dem Rücktritt von Expräsident Charles Taylor am 11. 8. 2003 und seinem Gang ins Exil nach Nigeria hatte sich die **Lage** in dem von einem 14jährigen Bürgerkrieg schwer angeschlagenen Land ein Jahr später **allmählich stabilisiert.** Unter dem Schutz der mit 15 000 Blauhelmsoldaten zweitgrößten UN-Friedenstruppe (UNMIL) waren Ruhe und Frieden in der Hauptstadt Monrovia und weiten Teilen des Landes eingekehrt, die Bevölkerung konnte mit dem Wiederaufbau der zerstörten Häuser beginnen, Märkte und Schulen wurden wiedereröffnet, Flüchtlinge kehrten in ihre Heimat zurück. Die von den UN unterstützte Ausbildung eines neuen Polizei- und Militärapparates machte gute Fortschritte, ebenso das Programm zur Entwaffnung und Resozialisierung der ehemaligen LURD-Kämpfer, das am 3. 11. 2004 offiziell beendet wurde.

Die **Spuren des Krieges** – einer der brutalsten auf dem afrikanischen Kontinent – waren allerdings immer **noch überall deutlich sichtbar,** und der Übergangsregierung unter ihrem Präsidenten Gyude Bryant, die bis zu den für Oktober 2005 geplanten Wahlen im Amt bleiben soll, war es bisher noch nicht gelungen, die kontinuierliche Grundversorgung, z. B. mit Wasser und Strom, wiederherzustellen. Auch die Zahlung ausstehender Löhne im öffentlichen Dienst und für ehemalige Soldaten gestaltete sich angesichts eines riesigen von der Vorgängerregierung hinterlassenen Schuldenberges schwierig. Die grassierende Korruption lähmte den wirtschaftlichen Aufschwung.

Am 17. 9. beschloss der UN-Sicherheitsrat eine **Verlängerung der Friedensmission für Liberia (UNMIL)** um ein Jahr. Der Internationale Strafgerichtshof (ICC) in Den Haag gab am 23. 9. die Aufnahme Liberias als Vertragsstaat bekannt, nachdem das Land das Statut von Rom des ICC ratifiziert hatte.

Wie fragil der Friede im Land nach wie vor war, zeigte sich, als am 28. 10. bei **gewalttätigen Zusammenstößen zwischen christlichen und muslimischen Gruppen** in Paynesville, einem dichtbesiedelten Bezirk von Monrovia, mindestens 14 Menschen ums Leben kamen und über 200 verletzt wurden.

Mit der Begründung, die Regierung habe ihre Autorität noch nicht im ganzen Land gefestigt, verlängerte der UN-Sicherheitsrat am 21. 12. die Sanktionen für den Waffen- und Bauholzhandel um ein Jahr sowie für den Diamantenhandel um sechs Monate.

Am 24. 5. 2005 rief der UN-Sondergerichtshof in Sierra Leone den UN-Sicherheitsrat auf, eine Resolution zu verabschieden, die es ermöglichen sollte, Expräsident Charles Taylor vor das Tribunal zu stellen. Der Chefankläger des Kriegsverbrechertribunals, David Crane, beschuldigte Taylor, von seinem nigerianischen Exil aus weiterhin Einfluss auf die Geschicke Liberias zu nehmen.

Libyen Nord-Afrika

Sozialistische Libysch-Arabische Volks-Dschamahirija; al-Ǧamāhīriyya al-ʿArabiyya al-Lībiyya aš-Šaʿbiyya al-Ištirākiyya – LY / LBY

Fläche (Weltrang: 16): 1 775 500 km²

Einwohner (102): F 2003 5 559 000 = 3,1 je km²

Hauptstadt: Tarābulus (Tripolis)

Amtssprache: Arabisch

Bruttonationaleinkommen 2003 je Einw.: k. A.

Währung: 1 Lib. Dinar (LD.) = 1000 Dirham
Kurs: 1 US-$ = 1,30 LD.; 1 € = 1,64 LD.

Volksbüro der Sozialistischen Libysch-Arabischen Volks-Dschamahirija
Schützenstr. 15–17, 10117 Berlin
T 030 / 20 05 96 – 0, Fax 20 05 96 – 99
E-Mail: libysch.arab.volksbuero@t-online.de

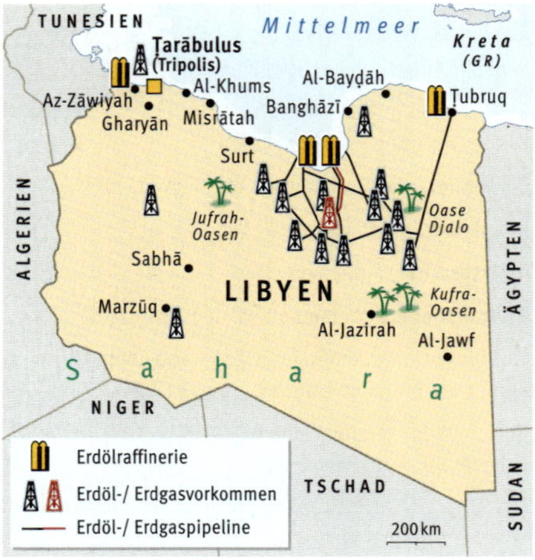

LANDESSTRUKTUR **Fläche**: 1 775 500 km²; → Karte ▪ **Verwaltung**: 13 Regionen ▪ **Städte**: (Z 2003) Tarābulus (Tripolis) 1 149 957 Einw., Banghāzī (Bengasi) 636 992, Misrātah (Misurata) 360 521, Almirqeb 328 292, Turhona & Misllatah 296 092, Al-Jfara 289 340, An-Niikar al-Ghames 208 954, Az-Zāwiyah 197 177

BEVÖLKERUNG Libyer – F 2003: 5 559 000 Einw.; Bevölkerungswachstum: 2,0 %; letzte Zählung. 2003 (vorl.): 5 678 484 Einw. – Araber; Minderheiten von Berbern (Tuareg, Nilosaharaner u. a.), Ägyptern, Schwarzafrikanern ▪ **Sprachen**: Arabisch (maghrebin. Dialekte); Berber- und nilosaharanische Sprachen; Englisch und Italienisch ▪ **Religion** 2002: 97 % Muslime (u. a. sunnitische Senussi, Ibaditen); 74 000 Katholiken; Kopten u. a. Minderheiten

STAATS- UND REGIERUNGSFORM Verfassung von 1977, geändert 1994 – Islamisch-Sozialistische Volksrepublik seit 1976 – Staatsreligion: Islam – Islamisches Recht (Scharia) – Oberstes Staatsorgan: Allgemeiner Volkskongress mit etwa 2700 Mitgl.; 7-köpfiges Generalsekretariat – Wahlpflicht ab 18 J. ▪ **Unabhängigkeit**: 24. 12. 1951 (ehem. italienische Kolonie) ▪ **Nationalfeiertag**: 1. 9. (Tag der Revolution von 1969)

REGIERUNG UND PARTEIEN **Staatsoberhaupt**: Generalsekretär des Allgemeinen Volkskongresses: Zentani Muhammed Zentani, seit 1994; de facto Staatsoberhaupt: Oberst Muammar al-Gaddafi, seit 1969 – **Regierungschef**: Shokri Ganem, seit 14. 6. 2003 – **Äußeres**: Abdurrahman Muhammad Shalgham, seit 1. 3. 2000 ▪ **Parlament**: seit 1977 lokale und regionale Volkskomitees (rd. 15 000)

WIRTSCHAFT **BIP** 2002: 19,131 Mrd. $; realer Zuwachs: k. A.; Anteil (2004) Landwirtschaft 9 %, Industrie 46 %, Dienstleistungen 46 % ▪ **Erwerbstätigkeit** 1996: Landwirtsch. 17,9 %, Industrie 29,9 %, Dienstl. 52,2 % ▪ **Arbeitslosigkeit** ⌀ 2004: ca. 30 % ▪ **Inflation** ⌀ 2004: 2,5 % ▪ **Außenhandel** 2004: **Import**: 8,59 Mrd. $; *Güter* 2003: 48 % Maschinen und Fahrzeuge, 21 % Fertigerzeugnisse, 13 % Nahrungsmittel, 5 % chemische Erzeugnisse; *Länder* 2003: 27 % Italien, 10 % Deutschland, 7 % Tunesien, 7 % Großbritannien, 6 % Rep. Korea, 6 % Frankreich (EU gesamt: 49 %); **Export**: 20,84 Mrd. $; *Güter* 2003: 95 % Erdöl und Erdgas, 4 % chemische Erzeugnisse; *Länder* 2003: 39 % Italien, 14 % Spanien, 14 % Deutschland, 7 % Türkei, 6 % Frankreich (EU gesamt: 76 %)

CHRONIK

Im Gefolge des Verzichts auf Massenvernichtungswaffen (→ WA 2005, S. 277) kam es zu einer weiteren **Annäherung mit den westlichen Führungsmächten** und einer regen Besuchsdiplomatie. Am 28. 6. 2004 eröffneten die USA ein Verbindungsbüro in Tripolis; damit waren die seit 1980 unterbrochenen diplomatischen Beziehungen zwischen beiden Ländern praktisch wiederhergestellt. Nachdem die USA bereits im April 2004 die meisten Wirtschaftssanktionen gegen Libyen eingestellt hatten, hob **US-Präsident George W. Bush** am 21. 9. auch sämtliche Beschränkungen des Luftverkehrs auf. Zugleich wurden libysche Guthaben in den USA freigegeben. Lediglich im Rüstungsbereich gelten weiterhin Beschränkungen. Beide Schritte waren eine Vorbedingung für die Auszahlung der Schadensersatzansprüche an die Opfer des Lockerbie-Anschlags von 1988 (→ WA 2005, S. 276).

Bei einem Besuch des **italienischen Ministerpräsidenten Silvio Berlusconi** am 25. 8. 2004 wurde eine intensivere Zusammenarbeit bei der **Eindämmung der illegalen Einwanderung** beschlossen, die im Sommer 2004

Silvio Berlusconi (links) und Gaddafi am 25. 8. 2004 in der Wüste von Sirte

einen vorläufigen Höhepunkt erreicht hatte. Italien erhielt die Erlaubnis, bei der Kontrolle libyschen Hoheitsgebiets zu Wasser und in der Luft mitzuwirken und 150 Beamte für gemeinsame Patrouillen zu entsenden. Am 11. 10. kamen die EU-Außenminister überein, die seit 1992 geltenden EU-Wirtschaftssanktionen (bereits seit 1999 suspendiert) und das seit 1986 bestehende Waffenembargo formell aufzuheben (bzw. durch die allgemeinen Regeln für Waffenausfuhren in Drittstaaten zu ersetzen). Insbesondere Großbritannien und Italien hatten damit gedroht, das Embargo notfalls zu brechen, um Libyen militärische Ausrüstung (Schnellboote, Hubschrauber, Radaranlagen) zur Überwachung des Seeraums im Kampf gegen Schlepperbanden zur Verfügung stellen zu können. Aufgrund Gaddafis pro-afrikanischer Haltung waren in den letzten 10 Jahren ca. 1,5 bis 2 Mio. afrikanische Migranten nach Libyen geströmt, wo sie als billige Arbeitskräfte zum Einsatz kommen, aber von der libyschen Bevölkerung angefeindet werden, zumal diese selbst von zunehmender Arbeitslosigkeit betroffen ist. Nur ein kleiner Teil der Afrikaner will oder kann nach Europa emigrieren; schätzungsweise 4000 gelang 2004 die Überfahrt nach Italien. Nach libyschen Angaben wurden im Oktober 2004 40 000 Afrikaner auf dem Luft- oder Landweg in ihre Heimatländer zurückgeschickt.

Beim Besuch von **Bundeskanzler Gerhard Schröder** am 14./15. 10. wurde ein deutsch-libysches Investitionsabkommen unterzeichnet. Libyen ist der viertwichtigste Öllieferant Deutschlands nach Russland, Norwegen und Großbritannien. Am 24./25. 11. kam schließlich auch der französische Präsident Jacques Chirac nach Libyen. Niemals zuvor in der Geschichte des unabhängigen Libyens hatten ein deutscher oder französischer Regierungschef das Land besucht.

- **Aufarbeitung der Terroranschläge:** Am 10. 8. 2004 erklärte die libysche Regierung sich bereit, 35 Mio. US-$ Schadensersatz für die 165 nicht-amerikanischen Opfer (164 deutsche Verletzte, 1 tote Türkin) des Bombenanschlags auf die Berliner Diskothek **La Belle** am 5. 4. 1986 zu bezahlen. Die Zahlung der Summe, die nach libyscher Auffassung kein Schuldeingeständnis darstellt, betrug ca. 30 % der ursprünglichen Forderungen von 125 Mio. US-$. Juristisch hatte der Anschlag damit noch nicht sein definitives Ende gefunden, da vor US-Gerichten zu diesem Zeitpunkt noch Schadensersatzklagen der amerikanischen Opfer anhängig waren.

Saudische Vorwürfe, der libysche Staatschef Gaddafi sei in ein gescheitertes Attentat auf den saudischen Kronprinz Abdullah verwickelt, eskalierten nach einer fast zweijährigen diplomatischen Krise zwischen beiden Ländern im Dezember 2004 im Rückruf des saudischen Botschafters aus Tripolis. Die jeweiligen Botschaften in beiden Ländern blieben jedoch weiterhin geöffnet.

- **Innenpolitik:** In einer Rede zum 35. Jahrestag der Revolution am 1. 9. 2004 rechtfertigte Staatschef Muammar al-Gaddafi vor dem Volkskongress den Verzicht auf Massenvernichtungswaffen sowie die Politik der Entschädigungszahlungen, durch die man eine gewaltfreie Lösung des Konflikts mit den westlichen Großmächten erreicht habe. Amnesty international zählt Libyen trotz des westlichen Enthusiasmus über die außenpolitische Reintegration weiterhin zu den Staaten mit den schwerwiegendsten Menschenrechtsverletzungen weltweit. Der Volkskongress, das libysche Parlament, schaffte am 18. 1. 2005 das Volksgericht ab. Das 1988 eingerichtete Gericht hatte sich fast ausschließlich mit politischen Fällen befasst, zuletzt aber auch mit dem Prozess gegen die ausländischen Ärzte und Krankenschwestern in Bengasi.

Der **Berufungsprozess** der im Mai 2004 wegen vorsätzlicher Infizierung mit dem HI-Virus in 426 Fällen verurteilten **fünf bulgarischen Kinderkrankenschwestern und eines palästinensischen Arztes** begann am 29. 3. 2005 vor dem Obersten Gerichtshof. An dem nach einem fünfjährigen Verfahren ergangenen Todesurteil hatten auch internationale Experten starke Zweifel geäußert (→ WA 2005, S. 278). Am 27. 5. reiste der bulgarische Staatspräsident Georgi Parwanow nach Tripolis, um eine diplomatische Lösung zu erreichen. Zuvor hatte Bulgarien das libysche Angebot einer Kompensationszahlung an die betroffenen libyschen Familien zurückgewiesen. Die zunächst für den 31. 5. angekündigte Verlesung des Urteils wurde ohne weitere Gründe auf den 15. 11. 2005 verschoben.

Wirtschaftlich profitierte Libyen von den gestiegenen Ölpreisen. Zum Jahresende 2004 wurde die Tagesproduktion auf 1,6 Mio. Barrel beziffert, bei einem Preis von über 40 US-$ pro Barrel bedeutete dies Öleinnahmen in Höhe von rund 50 Mio. US-$ täglich. Im Januar 2005 wurden 15 noch nicht explorierte Erdölfelder versteigert.

Liechtenstein Mittel-Europa

Fürstentum Liechtenstein – LI / LIE

Fläche (Weltrang: 188): 160 km^2

Einwohner (187): F 2003 33 000 = 206 je km^2

Hauptstadt: Vaduz

Amtssprache: Deutsch

Bruttonationaleinkommen 2003 je Einw.: k. A.

Währung: 1 Schweizer Franken (sfr) = 100 Rappen
Kurs: 1 US-$ = 1,28 sfr; 1 € = 1,55 sfr (1. 7. 2005)

Botschaft des Fürstentums Liechtenstein
Mohrenstraße 42, 10117 Berlin
T 030 / 52 00 06 30, Fax 52 00 06 31
E-Mail: vertretung@ber.rep.llv.lie

LANDESSTRUKTUR **Fläche**: 160 km^2; Karte → WA 2005, S. 279 ▪ **Verwaltung**: 11 Gemeinden ▪ **Städte**: (F 2003) Schaan 5639 Einw., Vaduz 5005, Triesen 4633, Balzers 4353, Eschen 3993, Mauren 3625, Triesenberg 2591

BEVÖLKERUNG Liechtensteiner – F 2003: 33 000 Einw.; Bevölkerungswachstum: 1,3 %; letzte Zählung 2002: 33 863 Einw. – F 2003: 65,6 % Liechtensteiner; 34,4 % Ausländer: 31,0 % Schweizer, 17,3 % Österreicher, 10,0 % Italiener, 10,0 % Deutsche ▪ **Sprachen**: Deutsch; alemannischer Dialekt ▪ **Religion** 2002: 76,5 % Römisch-Katholisch, 7,3 % Protestanten, 4,1 % Muslime

STAATS- UND REGIERUNGSFORM Verfassung von 1921, geändert 2003 – Parlamentarische Monarchie seit 1921 – Wirtschafts- und Währungsgemeinschaft mit der Schweiz seit 1923 – Parlament (Landtag) mit 25 Mitgl., Wahl alle 4 J. (schlägt Regierung vor) – Wahlpflicht ab 18 J. ▪ **Unabhängigkeit**: Proklamation 12. 7. 1806, nominell 6. 8. 1806 ▪ **Nationalfeiertag**: 15. 8.

REGIERUNG UND PARTEIEN **Staatsoberhaupt**: Fürst Hans-Adam II., seit 1989; die Amtsgeschäfte nimmt sein Stellvertreter Erbprinz Alois wahr – **Regierungschef**: Otmar Hasler (FBPL), seit 5. 4. 2001; Koalitionsregierung aus FBPL und VU – **Äußeres**: Rita Kieber-Beck (FBPL), seit 21. 4. 2005 ▪ **Parlament**: Wahlen vom 13. 3. 2005: Fortschrittliche Bürgerpartei / FBPL 12 von 25 Sitzen (2001: 13), Vaterländische Union / VU 10 (11), grün-alternative Freie Liste / FL 3 (1)

WIRTSCHAFT **BIP** 2001: 4,205 Mrd. sfr; realer Zuwachs: 0,3 %; Anteil (2001) Landwirtschaft 6 %, Industrie 39 %, Dienstleistungen 55 % ▪ **Erwerbstätigkeit** 2003: Landwirtsch. 2,1 %, Industrie 44,9 %, Dienstl. 53,0 % ▪ **Arbeitslosigkeit** ∅ 2003: 2,3 % ▪ **Inflation** ∅ 2003: 0,8 % ▪ **Außenhandel** 2003: (ohne den Handel mit der Schweiz) **Import**: 1,865 Mrd. sfr; *Güter*: 35 % Maschinen, elektronische Erzeugnisse, 34 % Metallwaren, Halb- und Fertigwaren, 14 % Erd- und Mineralöl, Metalle, Baustoffe, chemische Erzeugnisse, 11 % Glaswaren, Keramik, Textilien; *Länder*: 43 % Deutschland, 34 % Österreich, 5 % Italien, 3 % USA, 2 % Frankreich; **Export**: 3,193 Mrd. sfr; *Güter*: 31 % Maschinen, elektronische Erzeugnisse, 31 % Metallwaren, Halb- und Fertigwaren, 10 % Erd- und Mineralöl, Metalle, Baustoffe, chemische Erzeugnisse, 10 % Fahrzeuge und Beförderungsmittel, 10 % Glaswaren, Keramik, Textilien, 8 % landwirtschaftliche Erzeugnisse, Nahrungsmittel; *Länder*: 24 % Deutschland, 17 % USA, 11 % Frankreich, 9 % Österreich, 7 % Italien

CHRONIK

Am 15. 8. 2004 übertrug Fürst Hans-Adam II. von und zu Liechtenstein seinem erstgeborenen Sohn, dem 36-jährigen **Erbprinzen Alois, alle Funktionen des Staatsoberhauptes**. Der Landesfürst behielt aber den Fürstentitel, der Erbprinz ist sein Stellvertreter.

▪ **Parlamentswahl:** Die Wahl am 13. 3. 2005 bestätigte die **Fortschrittliche Bürgerpartei** (FBPL) unter dem amtierenden Regierungschef Otmar Hasler als **stärkste politische Kraft**, wenngleich sie ihre bisherige absolute Mehrheit verlor (→ Grafik). Mit der **Wahl der neuen Regierung** am 21. 4. 2005 kehrte das Fürstentum zur großen Koalition von FBPL und VU zurück. **Otmar Hasler** wurde als Regierungschef bestätigt, neue Außenministerin wurde Rita Kieber-Beck.

Liechtenstein: Wahlen zum Landtag am 13.3.2005 (2001)

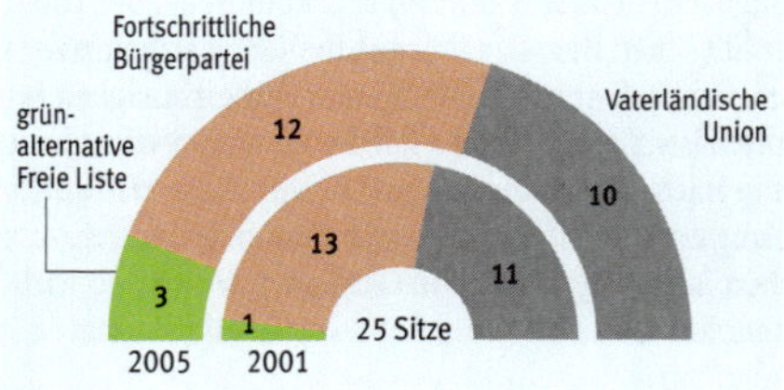

▪ **Bilderstreit:** Der Internationale Gerichtshof in Den Haag wies am 10. 2. 2005 eine **Klage des Fürstentums gegen die Bundesrepublik Deutschland** ab und erklärte sich für nicht zuständig. Liechtenstein hatte das Verfahren 2001 angestrengt, um Entschädigungszahlungen für Enteignungen der damaligen Tschechoslowakei auf Grund der Beneš-Dekrete (1945) durchzusetzen, von denen auch die Fürstenfamilie betroffen war, weil Liechtenstein der deutschen Nation zugeschlagen worden war. Die von der Bundesrepublik 1954 eingegangene Verpflichtung, auf die Rückforderung von Vermögenswerten im Ausland zu verzichten, hatte Liechtenstein als Verletzung seiner Souveränität betrachtet und die Klage in Den Haag wegen eines Gemäldes aus dem Besitz des Fürsten angestrengt.

Litauen Nordost-Europa

Republik Litauen; Lietuvos Respublika, Kurzform: Lietuva – LT / LTU

Fläche (Weltrang: 120): 65 301 km²

Einwohner (127): F 2003 3 454 000 = 53 je km²

Hauptstadt: Vilnius (Wilna)

Amtssprache: Litauisch

Bruttonationaleinkommen 2003 je Einw.: 4500 $

Währung: 1 Litas (LTL) = 100 Centas
Kurs: 1 US-$ = 2,85 LTL; 1 € = 3,45 LTL (1. 7. 2005)

Botschaft der Republik Litauen
Charitéstr. 9, 10117 Berlin
T 030 / 89 06 81 10, Fax 89 00 95 93
www.botschaft-litauen.de

LANDESSTRUKTUR **Fläche**: 65 301 km²; → Karte ▪ **Verwaltung**: 10 Bezirke; Tabelle → WA 2004, Sp. 546 ▪ **Städte**: (Z 2001) Vilnius (Wilna) 542 287 Einw., Kaunas (Kauen) 378 943, Klaipėda (Memel) 192 954, Šiauliai (Schaulen) 133 883, Panevėžys (Ponewiesch) 119 749

BEVÖLKERUNG Litauer – F 2003: 3 454 000 Einw.; Bevölkerungswachstum: –0,4 %; letzte Zählung 2001: 3 483 972 Einw. – 83,45 % Litauer, 6,74 % Polen, 6,31 % Russen, 1,23 % Weißrussen, 0,65 % Ukrainer u. a. ▪ **Sprachen**: Litauisch; Russisch, Polnisch, Belorussisch u. a. ▪ **Religion** 2001: 79 % Katholiken, 4 % Orthodoxe, Minderheiten von Protestanten und Muslimen, 9 % religionslos

STAATS- UND REGIERUNGSFORM Verfassung von 1992 – Republik seit 1991 – Parlament (Seimas) mit 141 Mitgl., Wahl alle 4 J. – Direktwahl des Staatsoberh. alle 5 J. (einmalige Wiederwahl) – Wahlrecht ab 18 J. ▪ **Unabhängigkeit**: 1918–1940; Proklamation 11. 3. 1990, in Kraft 29. 7. 1991 ▪ **Nationalfeiertag**: 16. 2. (Wiederherstellung des Staates 1918)

REGIERUNG UND PARTEIEN **Staatsoberhaupt**: Valdas Adamkus, seit 12. 7. 2004 – **Regierungschef**: Algirdas Brazauskas (LSDP), seit 3. 7. 2001; Koalition aus LSDP, DP, LDP und VNDS – **Äußeres**: Antanas Valionis (NS), seit 26. 10. 2000 ▪ **Parlament**: Wahlen vom 10. 10. / 24. 10. 2004: Arbeitspartei / DP 39 von 141 Sitzen (2000: –), Vaterlandsunion / TS 25 (9), Sozialdemokratische Partei / LSDP 20 (48), Zentrumsunion / LCS 18 (38), Neue Union / NS 11 (29), Liberaldemokratische Partei / LDP 10 (–), Bauernpartei und Neue Demokratie / VNDS 10 (7), Polnische Wahlaktion / LLRA (von 5 %-Klausel befreit) 2 (2), Unabhängige 6 (3), Sonstige – (5)

WIRTSCHAFT **BIP** 2003: 18,215 Mrd. $; realer Zuwachs: 9,0 %; Anteil (2003) Landwirtschaft 7 %, Industrie 34 %, Dienstleistungen 59 % ▪ **Erwerbstätigkeit** 2002: Landwirtsch. 17,8 %, Industrie 27,5 %, Dienstl. 54,7 % ▪ **Arbeitslosigkeit** ∅ 2004: 11,2 % ▪ **Inflation** ∅ 2004: 1,1 % ▪ **Außenhandel** 2004 (vorläufig): **Import**: 11,752 Mrd. $; *Güter*: 32 % Maschinen, Apparate und Transportausrüstungen, 20 % Fertigerzeugnisse, 15 % Brenn- und Schmierstoffe, 13 % chemische Erzeugnisse, 6 % Nahrungsmittel; *Länder*: 13 % Deutschland, 13 % Russland, 10 % Italien, 5 % VR China, 4 % USA, 3 % Frankreich, 3 % Slowenien, 3 % Ungarn; **Export**: 3,979 Mrd. $; *Güter*: 33 % Fertigerzeugnisse, 18 % Nahrungsgüter, 11 % Maschinen, Apparate und Transportausrüstungen, 11 % chemische Erzeugnisse, 2 % Getränke und Tabak; *Länder*: 10 % Deutschland, 10 % Lettland, 9 % Russland, 6 % Frankreich, 5 % Großbritannien, 5 % Schweden, 5 % Estland, 5 % USA, 5 % Niederlande, 5 % Polen, 5 % Schweiz, 5 % Dänemark, 3 % Weißrussland (EU gesamt: 66 %)

CHRONIK

▪ **Parlamentswahlen:** Die **Mitte-links-Regierungskoalition** aus Sozialdemokraten (LSDP) und Neuer Union (NS) **unter Ministerpräsident Algirdas Brazauskas** (LSDP) musste bei den Parlamentswahlen am 10. 10. / 24. 10. 2004 eine **Niederlage** hinnehmen. Das unter dem Namen »Wir arbeiten für Litauen« angetretene Bündnis erreichte nur noch 20,7 % der Stimmen (31 Mandate) und verlor seine bisherige Mehrheit im Parlament (→ Grafik). **Wahlsieger** wurde die 2003 gegründete **populistische Arbeitspartei** (DP), auf die 28,4 % und 39 Sitze entfielen. Ihr Spitzenkandidat, der russisch-stämmige Unternehmer und Millionär Viktor Uspaskich, hatte im Wahlkampf höhere Löhne und niedrigere Steuern versprochen. Die konservative Vaterlandsunion (TS) kam auf 14,6 % (25), die liberale Zentrumsunion (LCS) auf 9,1 % (18). Die Liberaldemokratische Partei des 2004 seines Amtes enthobenen Präsidenten Rolandas Paksas (→ WA 2005, S. 280) erzielte 11,4 % (10), für die reformkommunistische Bauernpartei und Neue Demokratie (VNDS) stimmten 6,6 % (10). Die Wahlbeteiligung betrug 45,9 % in der ersten und 40,2 % in der zweiten Runde. Ausschlaggebend für das schlechte Abschneiden der Re-

Litauen: Wahlen zum Seimas am 10./24.10.2004 (2000)

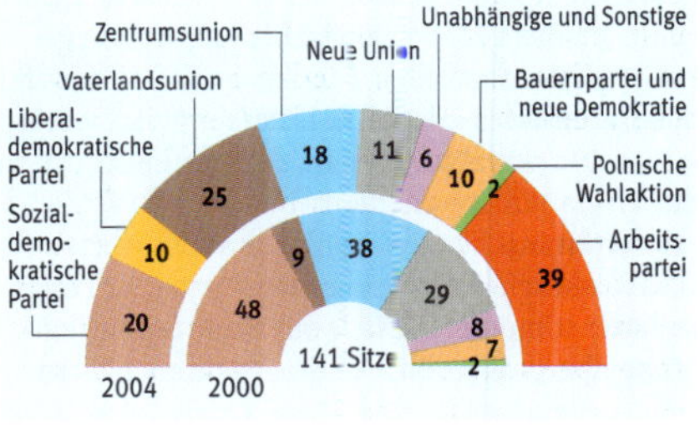

gierungskoalition war nach Ansicht von Beobachtern die verbreitete Unzufriedenheit der Bevölkerung, die vom starken Wirtschaftswachstum des Landes bislang nur wenig profitiert hatte.

Der trotz seiner Stimmenverluste **erneut** von Präsident Valdas Adamkus **mit der Regierungsbildung beauftragte Brazauskas** bildete eine neue Koalition aus LSDP, DP, LDP und VNDS, die am 14. 12. 2004 mit 68 von 141 Stimmen vom Parlament bestätigt wurde. Außenminister Antanas Valionis (NS) blieb im Amt. Die DP erhielt die Ressorts Inneres, Kultur, Justiz und Wirtschaft, Letzteres übernahm der Unternehmer Uspaskich, gegen den bereits sechs Wochen später Korruptionsvorwürfe im Zusammenhang mit Geldern aus dem EU-Strukturfonds erhoben wurden. Mitte Mai 2005 erklärte der Wirtschaftsminister, gegen den ein Parlamentsausschuss ermittelt, dass er im Fall des Nachweises seiner Schuld zurücktreten werde. Um das durch das Amtsenthebungsverfahren gegen den Ex-Präsidenten Rolandas Paksas getrübte Ansehen Litauens im Ausland nicht weiter zu beschädigen, dürfte das Parlament zögern, ein Misstrauensvotum gegen Uspaskich einzuleiten. Paksas war am 2. 3. 2005 für schuldig befunden worden, Staatsgeheimnisse verraten zu haben, kündigte aber an, dagegen Einspruch zu erheben (→ WA 2005, S. 280).

- **EU-Verfassung:** Litauen ratifizierte am 11. 11. 2004 als erstes EU-Mitglied den Verfassungsvertrag. 84 Parlamentarier stimmten mit Ja, 4 mit Nein, 3 enthielten sich. 50 Abgeordnete blieben der Abstimmung fern.
- **Militärmissionen:** Das Parlament verlängerte am 29. 9. 2004 das Mandat der litauischen Militärmissionen im Ausland bis zum 31. 12. 2005. Die Truppen sind auf dem Balkan, in Afghanistan und Irak eingesetzt. Der Forderung des Verteidigungsministeriums, die totale Truppenzahl im Ausland von 330 auf 400 zu erhöhen, wurde nicht entsprochen.
- **Atomreaktor stillgelegt:** Am 31. 12. 2004 wurde der ältere der beiden Reaktorblöcke des Atomkraftwerks Ignalina abgeschaltet (→ Karte). Die Stilllegung des Reaktors vom Typ Tschernobyl war eine Voraussetzung für den EU-Beitritt gewesen. Die Abschaltung des zweiten Reaktors soll bis Ende 2009 erfolgen. Als Ausgleich für die wirtschaftlichen Verluste – Teile des erzeugten Stroms wurden nach Weißrussland und Kaliningrad verkauft – sagte die EU Litauen 2 Mrd. € zu. Neue Heizkraftwerke und ein Mitte Dezember 2004 zwischen Polen und Litauen geschlossener Vertrag über eine Strombrücke sollen die Abhängigkeit von russischen Energielieferungen reduzieren.
- **Russland:** Präsident Adamkus und sein estnischer Amtskollege Arnold Rüütel sagten am 8. 3. 2005 ihre Teilnahme an den Feierlichkeiten anlässlich des 60. Jahrestags des Endes des Zweiten Weltkrieges am 9. 5. in Moskau ab. Am 27. 4. hatte das Parlament in Vilnius eine Erklärung über die Folgen des Zweiten Weltkriegs verabschiedet, in der die Okkupation der baltischen Staaten durch die Sowjetunion 1944/45 verurteilt und Russland zur Anerkennung des Unrechts aufgefordert wird (→ Estland, → Lettland).

Luxemburg West-Europa

Großherzogtum Luxemburg; Groussherzogtum Lëtzebuerg (lëtzebuergesch); Grand-Duché de Luxembourg (franz.) – LU / LUX

Fläche (Weltrang: 166): 2586 km²

Einwohner (163): F 2003 448 000 = 173 je km²

Hauptstadt: Lëtzebuerg / Luxemburg / Luxembourg

Amtssprachen: Lëtzebuergesch, Deutsch, Französisch

Bruttonationaleinkommen 2003 je Einw.: 45 740 $

Währung: 1 Euro (€) = 100 Cent
Kurs: 1 US-$ = 0,83 € (1. 7. 2005)

Botschaft des Großherzogtums Luxemburg
Klingelhöferstr. 7, 10785 Berlin
T 030 / 26 39 57 – 0, Fax 26 39 57 27
E-Mail: berlin-amb@mae.etat.lu

LANDESSTRUKTUR **Fläche**: 2586 km² ▪ **Verwaltung**: 3 Distrikte ▪ **Städte**: (F 2003) Lëtzebuerg / Luxemburg / Luxembourg 78 329 Einw., Esch-Uelzecht / Esch an der Uelzecht / Esch-sur-Alzette 27 630, Deifferdeng / Differdingen / Differdange 18 578, Diddeleng / Düdelingen / Dudelange 17 502, Péiténg / Petingen / Pétange 14 103, Suessem / Sassenheim / Sanem 13 505

BEVÖLKERUNG Luxemburger – F 2003: 448 000 Einw.; Bevölkerungswachstum: 1,0 %; letzte Zählung 2001: 439 764 Einw. – 276 600 Luxemburger, 164 700 Ausländer (v. a. Portugiesen, Italiener, Franzosen, Belgier, Deutsche) ▪ **Sprachen**: Lëtzebuergesch (moselfränkischer Dialekt), Deutsch, Französisch (auch Gesetzessprache) ▪ **Religion** 2002: 86 % Katholiken

STAATS- UND REGIERUNGSFORM Verfassung von 1868, letzte Änderung 1999 – Parlamentarische Monarchie (Großherzogtum) seit 1866 – Parlament (Chambre des Députés) mit 60 Mitgl., Wahl alle 5 J.; beratender Staatsrat mit 21 Mitgl., vom Großherzog nominiert – Wahlpflicht ab 18 J. ▪ **Unabhängigkeit**: 9. 6. 1815, bestätigt 11. 5. 1867 (Londoner Vertrag); Ende der Personalunion mit dem niederländischen Königshaus 13. 11. 1890 ▪ **Nationalfeiertag**: 23. 6. (Feier des Geburtstags von Großherzog Jean)

REGIERUNG UND PARTEIEN **Staatsoberhaupt**: Großherzog Henri, seit 7. 10. 2000 – **Regierungschef**: Jean-Claude Juncker (CSV), seit 1995; Koalition aus CSV und LSAP – **Äußeres**: Jean Asselborn (LSAP), seit 31. 7. 2004 ▪ **Parlament**: Wahlen vom 13. 6. 2004: Chrëstlich-Sozial Vollekspartei / CSV 24 von 60 Sitzen (1999: 19), Lëtzebuergesch Sozialistesch Arbechterpartei / LSAP 14 (13), Demokratesch Partei / DP 10 (15), Déi Gréng (Grüne) 7 (5), Aktiounskommittee fir Demokratie an Rentengerechtegkeet / ADR 5 (7), Déi Lénk – (1)

Luxemburg: Reales BIP

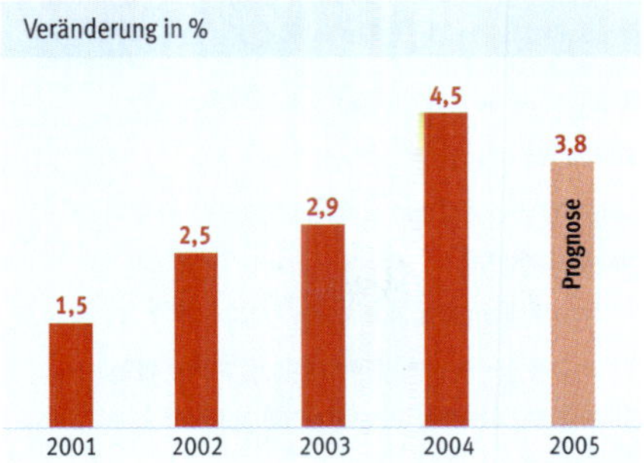

Quelle: Eurostat 2005

WIRTSCHAFT **BIP** 2003: 26,496 Mrd. $; realer Zuwachs: 2,1 %; Anteil (2003) Landwirtschaft 0,6 %, Industrie 20,5 %, Dienstleistungen 78,9 % ▪ **Erwerbstätigkeit** 2002: Landwirtsch. 1,3 %, Industrie 22,4 %, Dienstl. 76,4 % ▪ **Arbeitslosigkeit** ∅ 2004: 4,2 % ▪ **Inflation** ∅ 2004: 3,2 % ▪ **Außenhandel** 2004 (vorläufig): **Import**: 13,4 Mrd. €; *Güter*: 17 % Mineralölerzeugnisse, 17 % Maschinen und Geräte, 14 % Transportmittel, 12 % Eisen und Stahl, Metallwaren, 11 % lebende Tiere, Nahrungs- und Genussmittel, 10 % chemische Erzeugnisse; *Länder*: 36 % Belgien, 27 % Deutschland, 14 % Frankreich, 4 % USA (übrige EU: 14 %); **Export**: 9,8 Mrd. €; *Güter*: 31 % Eisen- und Stahlwaren, 18 % Maschinen und Geräte, 7 % chemische Erzeugnisse, 6 % lebende Tiere, Nahrungs- und Genussmittel, 6 % Transportmittel; *Länder*: 26 % Deutschland, 20 % Frankreich, 3 % USA (übrige EU: 29 %)

CHRONIK

Nach dem erneuten Sieg der Christlich-Sozialen Volkspartei (CSV) bei der Parlamentswahl am 13. 6. 2004 und dem schwachen Abschneiden der bisher mitregierenden Liberalen (Demokratische Partei, DP) wechselte der amtierende Ministerpräsident Jean-Claude Juncker (CSV) den Koalitionspartner und nahm als **Juniorpartner die Sozialistische Arbeiterpartei** (LSAP) mit sechs Ministern in das 15-köpfige Kabinett auf. Außenminister und Vizepremier wurde Jean Asselborn (LASP). Juncker übernahm mit dem Amt des Regierungschefs zugleich das Finanzressort. Großherzog Henri vereidigte die neue Regierung am 31. 7.

Nach dem negativen Ausgang der Volksabstimmungen über den EU-Verfassungsvertrag in → Frankreich und den → Niederlanden hatte Juncker seinen Rücktritt für den Fall angekündigt, dass auch die Luxemburger in dem Referendum am 10. 7. 2005 der EU-Verfassung eine Absage erteilen sollten. Zwar hatten die Gegner im Vorfeld der Abstimmung zugenommen; dennoch sprachen sich 56,52 % der Stimmberechtigten für die Verfassung aus

Madagaskar Südost-Afrika

Republik Madagaskar; Repoblikan'i Madagasikara (madagassisch); République de Madagascar – MG / MDG

Fläche (Weltrang: 44): 587 041 km²

Einwohner (56): F 2003 16 894 000 = 29 je km²

Hauptstadt: Antananarivo

Amtssprachen: Madagassisch, Französisch

Bruttonationaleinkommen 2003 je Einw.: 290 $

Währung: 1 Ariary (Ar) = 5 Iraimbilanja
Kurs: 1 US-$ = 1993 Ar; 1 € = 2474 Ar

Botschaft der Republik Madagaskar
Seepromenade 92, 14612 Falkensee
T 03 322 / 23 14 0, Fax 23 14 29
www.botschaft-madagaskar.de

LANDESSTRUKTUR **Fläche:** 587 041 km²; davon Madagascar 586 583 km², Nosy Be 293 km², Nosy Boraha 165 km²; Karte → WA 2005, S. 282 ▪ **Verwaltung:** 6 Provinzen ▪ **Städte:** (F 2001) Antananarivo 1 403 449 Einw., Toamasina (Tamatave) 179 045, Antsirabe 160 356, Fianarantsoa 144 225, Mahajanga 135 660, Toliara 101 661, Antsiranana 73 491

BEVÖLKERUNG Madagassen – F 2003: 16 894 000 Einw.; Bevölkerungswachstum: 2,7 %; letzte Zählung 1993: 12 092 157 Einw. – 99 % Madagassen (Malagasy): Mischvolk aus malaiischen Gruppen (Merina, Betsileo) und negritischen Gruppen (u. a. Sakalaven, Betsimisaraka); Minderheit von Indern u. a. ▪ **Sprachen:** Malagasy, Französisch; Howa u. a. einheimische Sprachen ▪ **Religion:** über 50 % Anhänger von indigenen Religionen, 41 % Christen (davon 50 % Katholiken), 7 % Muslime

STAATS- UND REGIERUNGSFORM Verfassung der III. Republik von 1992, zuletzt geändert 1998 – Präsidialrepublik seit 1992 – Parlament: Nationalversammlung mit 160 Mitgl., Wahl alle 4 J. und Senat mit 90 Mitgl., ⅔ alle 4 J. indirekt gewählt und ⅓ vom Staatsoberh. ernannt) – Direktwahl des Staatsoberh. alle 5 J. – Wahlrecht ab 18 J. ▪ **Unabhängigkeit:** 26. 6. 1960 (ehem. französische Kolonie) ▪ **Nationalfeiertag:** 26. 6.

REGIERUNG UND PARTEIEN **Staatsoberhaupt:** Marc Ravalomanana (TIM), seit 6. 5. 2002 – **Regierungschef:** Jacques Sylla, seit 26. 2. 2002 – **Äußeres:** Marcel Ranjeva, seit 18. 6. 2002 ▪ **Parlament:** Wahlen zur Nationalversammlung vom 15. 12. 2002: Tiako-i-Madagasikara / TIM 103 von 160 Sitzen (1998: – von 150), Firaisankinam-Pirenena / FP 22 (–), Rassemblement pour le Socialisme et la Démocratie / RPSD 5 (11), Association pour la Renaissance de Madagascar / AREMA 3 (63), Leader Fanilo 2 (16), People are judged by the work they do / AVI – (14), Sonstige 3 (14), Unabhängige 22 (32) – Wahlen zum Senat vom 18. 3. 2001: AREMA 49 von 60 gewählten Sitzen, Leader Fanilo 5, AVI 2, Sonstige 1, Unabhängige 3

WIRTSCHAFT **BIP** 2003: 5,474 Mrd. $; realer Zuwachs: 9,8 %; Anteil (2003) Landwirtschaft 29 %, Industrie 15 %, Dienstleistungen 55 % ▪ **Erwerbstätigkeit** 2002: Landwirtsch. 73 % ▪ **Arbeitslosigkeit:** k. A. ▪ **Inflation** ∅ 2004: 27 % (S) ▪ **Außenhandel** 2002: **Import:** 547,6 Mio. $; *Güter:* 30 % Erdöl, 13 % Konsumgüter, 8 % Nahrungsmittel; *Länder* 2001: 22 % Frankreich, 9 % VR China 6 % Südafrika, 4 % Japan, 4 % USA; **Export:** 375 Mio. $; *Güter:* 24 % Vanille, 18 % Krustentiere; *Länder* 2001: 30 % Frankreich, 14 % USA, 3 % Mauritius

CHRONIK

Eine **Serie von Attentaten auf Geschäftsleute und Politiker** im Umkreis von Präsident Marc Ravalomanana erschütterte die Inselrepublik zwischen Juni und November 2004, angeblich wurde niemand verletzt. Nach der Verhaftung eines ehemaligen Armeeoffiziers im Juli 2004 wurden mehrmals Vermutungen laut, dass hinter den Anschlägen Reservisten stecken, die höhere Entschädigungszahlungen für die Unterstützung des Präsidenten in der Krise nach den Präsidentschaftswahlen 2001 (→ WA 2003, Sp. 516 f.) verlangen.

Trotz **Strukturreformen** und Investitionen in die Infrastruktur, die im Oktober und November 2004 dazu führten, dass Weltbank, Internationaler Währungsfonds und der Pariser Club Madagaskar 2,3 Mrd. US-$ **Auslandsschulden** erließen, verschlechterte sich die wirtschaftliche Lage der Bevölkerung 2004 weiter. Ein drastischer Wertverlust der Währung Ariary sowie **deutlich gestiegene Kosten für Lebenshaltung und Transport** lösten wiederholt **Demonstrationen** aus. Vor allem der Preisanstieg beim Grundnahrungsmittel Reis traf die Madagassen, von denen mehr als die Hälfte unterhalb der Armutsgrenze leben, hart. Auch 2005 wird nicht mit einem Rückgang der Reispreise gerechnet, da Zyklone große Teile der Ernte vernichtet haben. Mitte Januar 2005 erließ das Umweltministerium ein Dekret, mit dem sämtliche **Holzschlaggenehmigungen** in Regionen, in denen der Bestand der noch vorhandenen Urwälder bedroht ist, **zurückgezogen** wurden. Damit werden rund 7 Mio. ha Wald geschützt. Zusammen mit anderen Maßnahmen und mit Unterstützung der Weltbank versucht die Regierung nach jahrelanger unkontrollierter Zerstörung des als einzigartig geltenden Ökosystems, nachhaltige Strategien zu dessen Erhalt umzusetzen. Nach Schätzungen der Weltbank wurden zwischen 1960 und 2000 mehr als 12 Mio. ha Wald in Madagaskar zerstört, etwa die Hälfte der ursprünglichen Fläche.

Makedonien → **Mazedonien**

Malawi Südost-Afrika

Republik Malawi; Mfuko la Malawŵi (chichewa); Republic of Malawi – MW/MWI

Fläche (Weltrang: 98): 118 484 km²

Einwohner (72): F 2003 10 962 000 = 93 je km²

Hauptstadt: Lilongwe

Amtssprachen: Chichewa, Englisch

Bruttonationaleinkommen 2003 je Einw.: 160 $

Währung: 1 Malawi-Kwacha (MK) = 100 Tambala
Kurs: 1 US-$ = 119,66 MK; 1 € = 149,19 MK

Botschaft der Republik Malawi
Westfälische Str. 86, 10709 Berlin
T 030/84 31 54 0, Fax 84 31 54 30

LANDESSTRUKTUR **Fläche**: 118 484 km²; → Karte ▪ **Verwaltung**: 3 Regionen ▪ **Städte**: (F 2004) Blantyre 678 381 Einw., Lilongwe 632 867, Mzuzu 126 885, Zomba 95 797

BEVÖLKERUNG Malawier – F 2003: 10 962 000 Einw.; Bevölkerungswachstum: 2,0 %; letzte Zählung 1998: 9 933 868 Einw. – Bantu: Chichewa, Nyanja, Lomwe, Yao, Sena u. a. ▪ **Sprachen** 1998: 57 % Chichewa, 12 % Nyanja, 10 % Yao, 10 % Tumbuka, Sena, Lomwe u. a.; Englisch ▪ **Religion** 1998: 80 % Christen, 13 % Muslime, 10 % Anhänger von indigenen Religionen

STAATS- UND REGIERUNGSFORM Verfassung von 1995 – Präsidialrepublik (im Commonwealth) seit 1966 – Parlament (National Assembly) mit 194 (vorher 192) Mitgl., Wahl alle 5 J. – Direktwahl des Staatsoberh. alle 5 J. – Wahlrecht ab 18 J. ▪ **Unabhängigkeit**: 6. 7. 1964 (ehem. britisches Protektorat) ▪ **Nationalfeiertag**: 6. 7. (Tag der Republik)

REGIERUNG UND PARTEIEN **Staats- u. Regierungschef**: Bingu wa Mutharika (DPP), seit 24. 5. 2004 – **Äußeres**: Davis Katsonga (DPP), seit 4. 2. 2005 ▪ **Parlament**: Wahlen vom 20. 5. 2004: Malawi Congress Party/MCP 60 von 194 Sitzen (1999: 66 von 192), United Democratic Front/UDF 49 (93), Wahlbündnis Mgwirizano Coalition 27 (–), National Democratic Alliance 8 (–), Alliance for Democracy/AFORD 6 (29), Sonstige und Unabhängige 38 (4); 6 Sitze werden in Nachwahl vergeben

WIRTSCHAFT **BIP** 2003: 1,714 Mrd. $; realer Zuwachs: 4,4 %; Anteil (2003) Landwirtschaft 38 %, Industrie 15 %, Dienstleistungen 47 % ▪ **Erwerbstätigkeit** 2002: Landwirtsch. 82 % ▪ **Arbeitslosigkeit**: k. A. ▪ **Inflation** ∅ 2004: 13,7 % ▪ **Außenhandel** 2002: **Import**: 53,657 Mrd. MK; *Güter*: Maschinen und Transportausrüstungen, bearbeitete Waren, Nahrungsmittel und lebende Tiere, chemische Produkte, Brennstoffe; *Länder* 2001: 40 % Südafrika, 16 % Simbabwe, 11 % Sambia; **Export**: 31,416 Mrd. MK; *Güter*: 57 % Tabak, 9 % Tee, 9 % Zucker; *Länder* 2001: 19 % Südafrika, 15 % USA, 11 % Deutschland, 8 % Japan, 5 % Niederlande

CHRONIK

Der im Mai 2004 neu gewählte Präsident Bingu wa Mutharika kam am 5. 2. 2005 einem Parteiausschlussverfahren zuvor und trat aus der United Democratic Front (UDF) aus. Am 16. 3. gründete er die Democratic Progressive Party (DPP), der sich ca. 83 Abgeordnete der UDF und fast alle Kabinettsmitglieder anschlossen.

Mutharika hatte sich zu diesem Schritt entschlossen, nachdem die Differenzen zwischen ihm und der Parteiführung der UDF unter seinem Amtsvorgänger Bakili Muluzi unüberbrückbar geworden waren. Hauptstreitpunkt waren die Maßnahmen zur Korruptionsbekämpfung, die zu Verfahren gegen zehn ehemalige Minister geführt hatten. Mit den Wechseln verlor die Regierung Mutharika ihre Mehrheit im Parlament.

Die UDF leitete am 24. 6. ein Amtsenthebungsverfahren gegen den Präsidenten ein, dem sie vorwarf, gegen die Verfassung verstoßen und Regierungsgelder missbraucht zu haben. Das Verfahren wurde vorübergehend ausgesetzt, nachdem der Parlamentssprecher während einer heftigen Debatte im Parlament zusammengebrochen war.

Präsident Mutharika verbot am 25. 7. 2005 jeglichen Export von Mais und verwies darauf, dass in Malawi selbst mindestens 4,2 Mio. Menschen aufgrund einer anhaltenden Dürre auf Nahrungsmittelhilfe angewiesen sind. Malawische Händler hatten bisher den Mais billig eingekauft und mit Gewinn in die Nachbarländer ausgeführt.

Malaysia Südost-Asien

Persekutuan Tanah Malaysia – MY / MYS

Fläche (Weltrang: 65): 329 733 km²

Einwohner (43): F 2003 24 774 000 = 75 je km²

Hauptstadt: Kuala Lumpur

Amtssprache: Malaiisch (Bahasa Malaysia)

Bruttonationaleinkommen 2003 je Einw.: 3880 $

Währung: 1 Malaysischer Ringgit (RM) = 100 Sen
Kurs: 1 US-$ = 3,83 RM; 1 € = 4,78 RM

Botschaft von Malaysia
Klingelhöferstr. 6, 10785 Berlin
T 030 / 88 57 490, Fax 88 57 49 50
E-Mail: mwberlin@compuserve.com

LANDESSTRUKTUR **Fläche**: 329 733 km²; davon Westmalaysia 131 573 km²; Ost-Malaysia (Kalimantan, Nordborneo) mit Bundesstaaten Sarawak 124 449 km² und Sabah (mit Insel Labuan) 73 711 km² ▪ **Verwaltung**: 13 Bundesstaaten (darunter 9 Sultanate) und 2 Bundesterritorien ▪ **Städte**: (Z 2000) Kuala Lumpur 1 297 526 Einw., Ipoh 566 211, Kelang 563 173, Petaling Jaya 438 084, Selayang 425 951, Subang Jaya 423 338, Johor Baharu 384 613, Melaka 369 222, Kota Kinabalu 354 153, Shah Alam 319 612, Kuantan 283 041, Kuala Terengganu 250 528, Seremban 246 441, Kota Baharu 233 673

BEVÖLKERUNG Malaysier – F 2003: 24 774 000 Einw.; Bevölkerungswachstum: 1,9 %; letzte Zählung 2000: 23 274 690 Einw. – 65,1 % Bumiputera (Malaien), 26,0 % Chinesen, 7,7 % Inder u. a. ▪ **Sprachen**: Malaiisch; zahlreiche andere austronesische und Mon-Khmer-Sprachen; Chinesisch, Tamil u. a. ▪ **Religion** 2000: 60,5 % Muslime (v. a. Sunniten), 19,2 % Buddhisten, 9,1 % Christen, 6,3 % Hindus, 2,6 % chinesische Religionen

STAATS- UND REGIERUNGSFORM Verfassung von 1957, letzte Änderung 1994 – Parlamentarische Wahlmonarchie (im Commonwealth) seit 1963 – Staatsreligion: Islam – Parlament: Volksversammlung (Dewan Rakyat) mit 219 (vorher 193) alle 5 J. gewählten Mitgl. (West-Malaysia 165, Sarawak 28, Sabah 25, Labuan 1) und Länderversammlung (Dewan Negara) mit 70 Mitgl. (davon 40 durch Staatsoberh. und 30 durch Parlamente der Bundesstaaten ernannt) – Wahl des Staatsoberh. alle 5 J. durch die 9 Sultane – Wahlrecht ab 21 J. ▪ **Unabhängigkeit**: 31. 8. 1957 (ehem. britisches Protektorat) ▪ **Nationalfeiertag**: 31. 8.

REGIERUNG UND PARTEIEN **Staatsoberhaupt**: König Tuanku Syed Sirajuddin Syed Putra Jamalullail (Raja von Perlis), seit 13. 12. 2001; Inauguration am 25. 4. 2002 **Regierungschef**: Abdullah Ahmad Badawi (UMNO), seit 31. 10. 2003 – **Äußeres**: Syed Hamid Albar, seit 8. 1. 1999 ▪ **Parlament**: Wahlen zur Volksversammlung vom 21. 3. 2004: Nationale Front (14 Parteien) insg. 198 von 219 Sitzen (1999: 148 von 193): United Malays National Organization / UMNO 109 (71), Malaysian Chinese Association / MCA 31 (29), Parti Pesaka Bumiputera Bersatu / PPBB 11 (10), Parti Gerakan Rakyat Malaysia / Gerakan 10 (7), Malaysian Indian Congress / MIC 6 (7), Sonstige 31 (24); Democratic Action Party / DAP 12 (10), Parti Islam Sa-Malaysia (Islamische Partei) / PAS 7 (27), Parti Keadilan Nasional (Nat. Gerechtigkeitsp.) 1 (5), Sonstige – (3), Unabhängige 1 (–)

WIRTSCHAFT **BIP** 2003: 103,737 Mrd. $; realer Zuwachs: 5,3 %; Anteil (2003) Landwirtschaft 10 %, Industrie 49 %, Dienstleistungen 42 % ▪ **Erwerbstätigkeit** 2000: Landwirtsch. 15,2 %, Industrie 37,0 %, Dienstl. 47,8 % ▪ **Arbeitslosigkeit** ∅ 2004: 3,5 % ▪ **Inflation** ∅ 2004: 1,4 % ▪ **Außenhandel** 2004: **Import**: 400,1 Mrd. RM; *Güter*: 46 % elektrische und elektronische Erzeugnisse, 8 % Maschinen, Apparate und -teile, 8 % chemische Erzeugnisse, 4 % Transportausrüstung, 4 % Eisen- und Stahlerzeugnisse; *Länder*: 16 % Japan, 15 % USA, 11 % Singapur, 10 % VR China, 6 % Thailand, 5 % Rep. China, 5 % Rep. Korea, 5 % Deutschland, 4 % Indonesien, 3 % Hongkong, 3 % Philippinen, (EU gesamt: 12 %); **Export**: 480,7 Mrd. RM; *Güter*: 25 % elektronische Bauelemente, 23 % Halbleiter, 18 %, elektrische Maschinen, 8 % Palmöl und -erzeugnisse, 7 % chemische Erzeugnisse, 6 % Erdöl; *Länder*: 19 % USA, 15 % Singapur, 10 % Japan, 7 % VR China, 6 % Hongkong, 5 % Thailand, 4 % Rep. Korea, 3 % Australien, 3 % Rep. China, 3 % Niederlande, 2 % Deutschland (EU gesamt: 12 %)

CHRONIK

▪ **Freispruch für Ex-Vizepremier Anwar:** Der Oberste Gerichtshof in Kuala Lumpur hob am 2. 9. 2004 mit zwei von drei Richterstimmen die Verurteilung des früheren stellvertretenden Premier- und Finanzministers Anwar Ibrahim wegen »unnatürlichem Geschlechtsverkehr« (Homosexualität) auf. Sechs Jahre nach der Inhaftierung Anwars stellte das Gericht letztinstanzlich fest, das 2000 ergangene Urteil, das auf neun Jahre Haft lautete, beruhe auf mangelhafter Beweislage und unglaubwürdigen Zeugenaussagen. Die Freilassung des Spitzenpolitikers, der bis zu seinem Bruch mit dem bis 2003 autokratisch regierenden Ministerpräsidenten Mahathir bin Mohamad dessen designierter Nachfolger war, wurde allgemein als **Zeichen einer politischen Liberalisierung** und Rückkehr zur Rechtsstaatlichkeit unter dem seit knapp einem Jahr regierenden neuen Premier Abdullah Ahmad Badawi gewertet. Wenige Tage nach seiner Haftentlassung begab sich Anwar nach Deutschland in ein Krankenhaus zur Behandlung seiner bei Misshandlungen während der Haft erlittenen Gesundheitsschäden.

Mit seinem Einspruch gegen die Verurteilung wegen Korruption scheiterte Anwar jedoch am 15. 9. vor dem Obersten Gericht. Das Urteil aus dem Jahr 1999, hinter dem Anwar und politische Beobachter ein politisches Komplott vermuten, beinhaltete eine 6-jährige Haftstrafe, die Anwar, nachdem sie 2003 wegen guter Führung reduziert worden war, bereits abgesessen hat. Das **Verbot politischer Betätigung** wirkt jedoch bis 2008 fort. Premierminister Badawi, zugleich Führer der Regierungspartei UMNO, schloss eine Wiederaufnahme Anwars in seine Partei aus.

- **Vertreibung von Arbeitsmigranten:** Eine schon seit Monaten anhaltende Kampagne zur Ausweisung nicht registrierter ausländischer Arbeiter mündete am 1. 3. 2005 in **landesweite Razzien**, zu denen die Sicherheitskräfte 25 000 Fahnder einsetzten, die sich von rund 300 000, teils mit Schusswaffen ausgerüsteten Zivilisten der »Freiwilligen Volksunion« unterstützen ließen. Für aufgegriffene »Illegale«, die vor ihrer Abschiebung mit harter Bestrafung (Gefängnishaft und Peitschenhieben) zu rechnen hatten, gab es ein Kopfgeld von umgerechnet 16 €. In den Wochen vor Beginn der »Operation Tegas« hatten nach Angaben der Behörden etwa 382 000 Ausländer – die meisten von ihnen aus Indonesien, aber auch von den Philippinen, aus Myanmar, Bangladesch und Indien – eine viermonatige Amnestiefrist genutzt, während der sie straffrei hatten ausreisen können mit der Chance, bei Vorlage gültiger Dokumente wieder einreisen zu dürfen. Etwa eine halbe Million Ausländer ohne Papiere ließen die Frist verstreichen, häufig um außer ihrem Arbeitsplatz nicht auch noch den Anspruch auf vorenthaltenen Lohn zu verlieren. Vom rechtlosen Status der nicht registrierten Migranten profitieren vor allem die malaysischen Arbeitgeber, die für die Beschäftigung »Illegaler« keine Abgaben an den Staat abführen. Mehr als eine Million Indonesier arbeiten dagegen regulär in Malaysia. Zahlreiche Menschenrechtsorganisationen protestierten gegen das rigide Vorgehen der Behörden. 2002 waren rd. 350 000 Indonesier aus der Provinz Sabah ins benachbarte indonesische Kalimantan vertrieben worden.

Ende Mai 2005 zwang der entstandene Mangel an Arbeitskräften (ein Zehntel der Erwerbstätigen sind Ausländer ohne Papiere) die Regierung zu einer Kehrtwende; trotz aktiver Bemühungen, indonesische Arbeiter zu legalisierter Rückkehr zu bewegen – eigens eingerichtete Büros in Indonesien mussten wegen fehlenden Zulaufs, wohl wegen der von Indonesien auferlegten hohen Bearbeitungsgebühr, geschlossen werden –, blieb der erwartete Erfolg aus. So sollen Arbeitswillige jetzt wieder mit einem Touristenvisum einreisen.

- **Tsunami-Folgen:** Die malaysische Westküste entging der stärksten Wucht der Flutwelle nach dem Seebeben vom 26. 12. 2004 (→ Themen der Welt). Die Behörden gaben am 3. 1. 2005 die Zahl der Todesopfer mit 68, die der Verletzten mit etwa 300 an. Die Sachschäden wurden auf knapp 30 Mio. US-$ geschätzt.
- **Piratenbekämpfung:** Am 20. 7. 2004 unterzeichneten Regierungsvertreter Malaysias und der anderen Anliegerstaaten Indonesien und Singapur ein Abkommen über eine **verstärkte Kontrolle der Malakkastraße**. Um der zunehmenden Piraterie zu begegnen, verpflichtete sich jedes Land zur Bereitstellung von bis zu sieben Patrouillenschiffen. Die drei Staaten reagierten damit nicht zuletzt auf den Druck der USA, die angeboten hatten, gegebenenfalls eigene Seestreitkräfte zur Sicherung der Meerenge zu entsenden. Über die Malakkastraße, die den Persischen Golf und den Indischen Ozean mit dem Südchinesischen Meer und dem Pazifik verbindet, wird etwa ein Viertel des gesamten Welthandels transportiert, darunter fast die gesamt Erdölfracht nach Japan und China. 2004 wurden nach Angaben des Anti-Piraten-Zentrums der International Maritime Organization (IMO) in Kuala Lumpur 35 Piratenangriffe in der Malakkastraße registriert, in den anderen Gewässern Indonesiens 152.

Malediven Süd-Asien

Republik Malediven; Divehi Rājjē ge Jumhūriyyā, Kurzform: Divehi Rājjē – MV / MDV

Fläche (Weltrang: 185): 298 km²

Einwohner (168): F 2003 293 000 = 983 je km²

Hauptstadt: Male' (Male)

Amtssprache: Maldivisch (Dhivehi)

Bruttonationaleinkommen 2003 je Einw.: 2350 $

Währung: 1 Rufiyaa (Rf) = 100 Laari
Kurs: 1 US-$ = 12,85 Rf; 1 € = 16,21 Rf

Honorargeneralkonsul der Malediven
Immanuel-Kant-Str. 16, 61350 Bad Homburg
T 06 172 / 86 78 33, Fax 8 58 33

LANDESSTRUKTUR **Fläche**: 298 km²; 20 Atolle mit 1087 Inseln, davon 220 bewohnt; Karte → WA 2005, S. 286 ▪ **Verwaltung**: 20 Distrikte (Atolle) und Hauptstadtdistrikt ▪ **Städte**: (Z 2000) Male' (North Male' Atoll) 74 069 Einw.

BEVÖLKERUNG Malediver – F 2003: 293 000 Einw.; Bevölkerungswachstum: 2,2 %; letzte Zählung 2000: 270 101 Einw. – Mischvolk arabischer, singhalesischer und malaiischer Abstammung ▪ **Sprachen**: Maldivisch (Dhivehi), Sonderform des Singhalesischen; Englisch ▪ **Religion**: 99,9 % Muslime (Sunniten)

STAATS- UND REGIERUNGSFORM Verfassung von 1968, zuletzt geändert 1998 – Präsidialrepublik (im Commonwealth) seit 1968 – Staatsreligion: Islam – Islamisches Recht (Scharia) – Parlament (Madschlis) mit 50 Mitgl. (42 direkt gewählt und 8 vom Staatsoberh. ernannt); Wahl alle 5 J. – Direktwahl des Staatsoberh. alle 5 J. – Wahlrecht ab 21 J. ▪ **Unabhängigkeit**: 26. 7. 1965 (ehem. britisches Protektorat) ▪ **Nationalfeiertag**: 26. 7.

REGIERUNG UND PARTEIEN **Staats- u. Regierungschef**: Maumoon Abdul Gayoom, seit 1978 – **Äußeres**: Ahmed Shaheed, seit 14. 7. 2005 ▪ **Parlament**: Letzte Wahlen am 22. 1. 2005; keine Parteien (von den 42 gewählten Abgeordneten werden 18 der oppositionellen Demokratischen Partei zugerechnet)

WIRTSCHAFT **BIP** 2003: 715 Mio. $; realer Zuwachs: 9,2 %; Anteil (2000) Landwirtschaft 20 %, Industrie 18 %, Dienstleistungen 62 % ▪ **Erwerbstätigkeit** 2000: Landwirtsch. 14 %, Industrie 19 % ▪ **Arbeitslosigkeit**: k. A. ▪ **Inflation** ∅ 2003: –2,9 % ▪ **Außenhandel** 2003: **Import**: 421 Mio. $; *Güter*: bearbeitete Waren, Erdölprodukte, Nahrungsmittel; *Länder*: 26 % Singapur, 13 % Sri Lanka, 11 % EU, 10 % Indien, 8 % Malaysia; **Export**: 113 Mio. $; *Güter*: 68 % Fisch und Fischprodukte, 32 % Kleidung; *Länder*: 32 % USA, 16 % Thailand, 14 % Sri Lanka, 10 % Großbritannien, 10 % Japan

CHRONIK

▪ **Tsunami-Folgen:** Die dem Seebeben vom 26. 12. 2004 folgende Flutwelle (→ Themen der Welt) wirkte sich auf die als Ferienparadies geschätzte Inselwelt im Indischen Ozean **weniger verheerend** aus **als zunächst befürchtet**. Auf 14 der von Einheimischen besiedelten Inseln richtete die Flut starke Zerstörungen an, etwa die Hälfte von ihnen soll auf Dauer unbewohnbar bleiben. Fast alle der nur bis zu 1,80 m über den Meeresspiegel herausragenden Inseln wurden durch Hochwasser überschwemmt, die vorgelagerten Korallenriffe brachen jedoch die Gewalt der Hauptwelle. Den wirtschaftlichen Schaden, insbesondere für die Tourismusindustrie, den einzigen bedeutenden Wirtschaftszweig des Landes, schätzte die Weltbank auf 470 Mio. US-$. Die Regierung gab die Kosten für den Wiederaufbau mit rd. 1,4 Mrd. US-$ an. Auf 13 der 87 dem Tourismus geöffneten Inseln (von insgesamt 199 bewohnten) dauerten im März noch Wiederaufbauarbeiten an.

▪ **Politische Unruhen:** Nach Versprechungen demokratischer Reformen (→ WA 2005, S. 286) kam es im August 2004 in der Hauptstadt Male' zu erneuten Zusammenstößen, nachdem die Opposition auf einer Kundgebung mit 5000 Teilnehmern verlangt hatte, mit der Einführung demokratischer Rechte ernst zu machen. Am 13. 8. verhängte der seit 1978 autoritär regierende Staatschef Maumoon Abdul Gayoom bis zum 10. 10. den **Ausnahmezustand**. Unter den 180 Festgenommenen hatten sich auch ein Minister und der ehemalige Generalstaatsanwalt befunden.

Als Reaktion auf die Menschenrechtsverletzungen forderte das **Europäische Parlament** die Mitgliedstaaten der EU am 17. 9. zu **Sanktionen** auf, u. a. sollte jede nicht-humanitäre Hilfe für die Malediven eingestellt werden.

▪ **Demokratisierung:** Die für den 31. 12. 2004 vorgesehene **Wahl zum Einkammerparlament** wurde wegen der Flutkatastrophe auf den 22. 1. 2005 verschoben. Um 42 der 50 Sitze – 8 werden vom Präsidenten ernannt – bewarben sich 150 Einzelkandidaten. In dem nach der islamischen Scharia regierten Staat sind politische Parteien verboten. Die oppositionelle Maledivische Demokratische Partei (MDP) operiert aus dem srilankischen Exil. 18 der von ihr unterstützten Kandidaten eroberten ein Mandat. Die Regierung reklamierte 20 Mandate für sich. Die Wahlbeteiligung lag nach offiziellen Angaben bei rd. 70 % der Stimmberechtigten.

Wie von Präsident Gayoum nach der Wahl in Aussicht gestellt, befasste sich das neue Parlament mit dem Abbau der autoritären Strukturen. Am 2. 6. 2005 beschloss es gemäß den Vorschlägen der Regierung einstimmig die **Einführung eines Mehrparteiensystems**.

Mali West-Afrika

Republik Mali; République du Mali – ML / MLI

Fläche (Weltrang: 23): 1 240 192 km²

Einwohner (69): F 2003 11 652 000 = 9,4 je km²

Hauptstadt: Bamako

Amtssprache: Französisch

Bruttonationaleinkommen 2003 je Einw.: 290 $

Währung: CFA-Franc
Kurs: 1 US-$ = 526,07 CFA-Francs
1 € = 655,96 CFA-Francs

Botschaft der Republik Mali
Kurfürstendamm 72, 10709 Berlin
T 030 / 31 99 88–3, Fax 31 99 88 48

LANDESSTRUKTUR **Fläche**: 1 240 192 km² ▪ **Verwaltung**: 8 Regionen und Hauptstadtdistrikt ▪ **Städte**: (F 2002) Bamako 1 178 977 Einw., Sikasso 156 736, Ségou 87 560, Kayes 83 122, Mopti 82 202, Kati 55 100, Gao 52 199, San 47 180

BEVÖLKERUNG Malier – F 2003: 11 652 000 Einw.; Bevölkerungswachstum: 2,4 %; letzte Zählung 1998: 9 790 492 Einw. – F 1995: 36,5 % Bambara, 13,9 % Fulbe (Peul), 9,0 % Senufo, 8,8 % Soninké, 8,0 % Dogon, 7,2 % Songhai, 6,6 % Malinké, 2,9 % Diola, 2,4 % Bobo und Oulé, 1,7 % Tuareg u. a. ▪ **Sprachen**: 40 % Bambara, 10 % Französisch; Songhai-Jerma, Manding, Soninké, Arabisch und Ful ▪ **Religion**: 80 % Muslime, ca. 18 % Anhänger von indigenen Religionen, 1,2 % Christen

STAATS- UND REGIERUNGSFORM Verfassung von 1992 mit Änderung von 1997 – Präsidialrepublik seit 1960 – Parlament (Assemblée Nationale) mit 147 Mitgl. (vorher 116 gewählt und 13 für Auslandsmalier reserviert); Wahl alle 5 J. – Direktwahl des Staatsoberh. alle 5 J. (einmalige Wiederwahl) – Wahlrecht ab 21 J. ▪ **Unabhängigkeit**: 22. 9. 1960 (ehem. französische Kolonie) ▪ **Nationalfeiertag**: 22. 9. (Tag der Republik)

REGIERUNG UND PARTEIEN **Staatsoberhaupt**: Amadou Toumani Touré, seit 8. 6. 2002 – **Regierungschef**: Ousmane Issoufi Maïga, seit 29. 4. 2004 – **Äußeres**: Moktar Ouane, seit 2. 5. 2004 ▪ **Parlament**: Wahlen vom 14. 7. / 28. 7. 2002: Espoir 2002: Wahlbündnis von Rassemblement pour le Mali / RPM, Congrès National d'Initiative Démocratique / CNID, Mouvement Patriotique pour le Renouveau / MPR und Rassemblement pour la Démocratie du Travail / RDT 66 von 147 Sitzen (1997: –), Alliance pour la Démocratie au Mali / ADEMA 51 (130), Sonstige 30 (17)

WIRTSCHAFT **BIP** 2003: 4,326 Mrd. $; realer Zuwachs: 6,0 %; Anteil (2003) Landwirtschaft 38 %, Industrie 26 %, Dienstleistungen 36 % ▪ **Erwerbstätigkeit** 2002: Landwirtsch. 80 % ▪ **Arbeitslosigkeit**: k. A. ▪ **Inflation** ∅ 2004: –4,2 % ▪ **Außenhandel** 2004: **Import**: 1,084 Mrd. €; *Güter*: Maschinen und Fahrzeuge, Erdölprodukte, chemische Produkte, Nahrungsmittel; *Länder*: v. a. Elfenbeinküste, Frankreich; **Export**: 0,940 Mrd. €; *Güter*: v. a. Gold, Baumwolle; *Länder*: v. a. Italien, Deutschland, Spanien

CHRONIK

Ein Gericht in Mali verurteilte am 12. 5. 2006 13 Männer zu Haftstrafen bis zu drei Jahren wegen »Widerstand, Ungehorsam und Rebellion gegen den Staat«. Die Männer, die einer obskuren muslimischen Sekte angehören, hatten sich geweigert, ihre Kinder gegen Kinderlähmung impfen zu lassen. 2004 hatten sich auch einige islamisch geprägte Bundesstaaten Nigerias dem Polio-Impfprogramm der Vereinten Nationen (UN) widersetzt und behauptet, dass ihre Töchter dadurch unfruchtbar würden. UN-Mitarbeiter haben seitdem einen Anstieg bei der Verbreitung von Polio festgestellt.

Malta Süd-Europa

Republik Malta; Repubblika ta' Malta
Republic of Malta – MT/MLT

Fläche (Weltrang: 184): 315,6 km²

Einwohner (165): F 2003 399 000 = 1263 je km²

Hauptstadt: Valletta

Amtssprachen: Maltesisch, Englisch

Bruttonationaleinkommen 2003 je Einw.: 10 780 $

Währung: 1 Maltesische Lira (Lm) = 100 Cents
Kurs: 1 US-$ = 0,35 Lm; 1 € = 0,43 Lm (1. 7. 2005)

Botschaft der Republik Malta
Klingelhöferstr. 7, 10785 Berlin
T 030/26 39 11–0, Fax 26 39 11–23
E-Mail: maltaembgrm@gov.mt

LANDESSTRUKTUR **Fläche**: 315,6 km²; davon Malta 245,7 km², Ghawdex (Gozo) 67,1 km² und Kemmuna (Comino) 2,8 km²; → Karte ▪ **Verwaltung**: 6 Bezirke mit 60 Gemeinden; Tabelle → WA 2004, Sp. 562 ▪ **Städte**: (F 2002) Birkirkara 22 334 Einw., Qormi 18 553, Mosta 17 936, Zabbar 15 057, San Gwann 12 723, Sliema 12 575, Valletta 7173

BEVÖLKERUNG Malteser – F 2003: 399 000 Einw.; Bevölkerungswachstum: 0,5 %; letzte Zählung 1997: 376 513 Einw. ▪ **Sprachen**: Maltesisch (arabisches Kreol), Englisch; Italienisch als Umgangssprache ▪ **Religion** 2002: 93 % Katholiken; protestantische Minderheit

STAATS- UND REGIERUNGSFORM Verfassung von 1974 mit Änderung 1987 – Republik (im Commonwealth) seit 1974 – Parlament (Il-Kamra tad-Deputati) mit 65, max. 69 Mitgl. (Bonus-Regel); Wahl alle 5 J. – Wahl des Staatsoberh. durch Parlament alle 5 J. – Wahlrecht ab 18 J. ▪ **Unabhängigkeit**: 21. 9. 1964 (ehem. britische Kolonie) ▪ **Nationalfeiertag**: 21. 9.

REGIERUNG UND PARTEIEN **Staatsoberhaupt**: Edward Fenech Adami (PN), seit 4. 4. 2004 – **Regierungschef**: Lawrence Gonzi (PN), seit 23. 3. 2004 – **Äußeres**: Michael Frendo (PN), seit 3. 7. 2004 ▪ **Parlament**: Wahlen vom 12. 4. 2003: Partit Nazzjonalista/PN 35 von 65 Sitzen (1998: 35), Partit tal-Haddiema/Malta Labour Party)/MLP 30 (30)

WIRTSCHAFT **BIP** 2003: 4,851 Mrd. $; realer Zuwachs: –1,7 %; Anteil (2003) Landwirtschaft 3 %, Industrie 23 %, Dienstleistungen 74 % ▪ **Erwerbstätigkeit** 2003: Landwirtsch. 1,9 %, Industrie 29,8 %, Dienstl. 68,3 % ▪ **Arbeitslosigkeit** ∅ 2004: 7,3 % ▪ **Inflation** ∅ 2004: 2,7 % ▪ **Außenhandel** 2004 (vorläufig): **Import**: 1317 Mio. Lm; *Güter*: 47 % Maschinen und Transportmittel, 9 % Nahrungsmittel, 8 % chemische Erzeugnisse, 8 % Brennstoffe und Schmiermittel; *Länder*: 26 % Italien, 13 % Frankreich, 12 % Großbritannien, 8 % Deutschland, 5 % USA, 4 % Singapur, 4 % Niederlande (EU gesamt: 73 %); **Export**: 915 Mio. Lm; *Güter*: 64 % Maschinen und Transportmittel, 3 % Nahrungsmittel, 3 % chemische Erzeugnisse; *Länder*: 15 % USA, 15 % Frankreich, 14 % Singapur, 12 % Großbritannien, 11 % Deutschland, 4 % Libyen, 3 % Italien (EU gesamt: 48 %)

CHRONIK

Mitte Januar 2005 wurde Malta wegen seiner Asylpolitik, die zu den härtesten in Europa zählt, vom UN Hochkommissar für Flüchtlinge (UNHCR) kritisiert. Bei einer friedlichen Demonstration von Asylbewerbern waren maltesische Sicherheitskräfte mit übermäßiger Härte gegen die Demonstranten vorgegangen. Obwohl die Regierung versprach, den Vorfall zu untersuchen, forderte der UNHCR eine Überprüfung der derzeitigen Asylpolitik, bei der Asylbewerber 18 Monate in Abschiebelagern untergebracht werden.

Marokko Nordwest-Afrika

Königreich Marokko; al-Mamlaka al-Maġribiyya, Kurzform: al-Maġrib – MA / MAR

Fläche (Weltrang: 54): 458 730 km²

Einwohner (37): F 2003 30 113 000 = 66 je km²

Hauptstadt: Ar-Rabāt (Rabat)

Amtssprache: Arabisch

Bruttonationaleinkommen 2003 je Einw.: 1310 $

Währung: 1 Dirham (DH) = 100 Centimes
Kurs: 1 US-$ = 9,94 DH; 1 € = 11,04 DH

Botschaft des Königreichs Marokko
Niederwallstr. 39, 10117 Berlin
T 030 / 206 12 40, Fax 206 12 420
www.maec.gov.ma / berlin

LANDESSTRUKTUR **Fläche**: 458 730 km²; → Karte ▪ **Verwaltung**: 16 Regionen → Tabelle; Westsahara → unten ▪ **Städte**: (Z 2004) Ad-Dar-el-Beida (Casablanca) 2 933 684 Einw., Ar-Rabāt (Rabat mit Salé) 1 622 860, Fès 946 815, Marrākiš (Marrakech) 823 154, Agādīr 678 596, Ṭanǧah (Tanger) 669 685, Meknès 536 232, Oujda 400 738, Kenitra 359 142, Tétouan 320 539, Safi 284 750, Mohammedia 188 619, Khouribga 166 397, Beni-Mellal (Binī Malāl) 163 286

BEVÖLKERUNG Marokkaner – F 2003: 30 113 000 Einw.; Bevölkerungswachstum: 1,6 %; letzte Zählung 2004: 29 891 708 Einw. – ca. 60 % arabischsprachige Marokkaner, 30–40 % Berber; ca. 60 000 Ausländer (Franzosen, Spanier, Italiener, Tunesier und Algerier) ▪ **Sprachen**: 60 % Arabisch (verschiedene Dialekte); Berbersprachen (Tachelhit, Tamazight, Tarifit u. a.); Französisch, z. T. auch Spanisch ▪ **Religion**: 99 % Muslime (davon 90 % Sunniten malakitischer Richtung); etwa 69 000 Christen (meist Katholiken), 8000 Juden

STAATS- UND REGIERUNGSFORM Verfassung von 1992 mit Änderung von 1996 – Parlamentarische Monarchie seit 1972 – Staatsreligion: Islam – Nationalversammlung mit 325 (davon 30 für Frauen reserviert) direkt gewählten Mitgl. (Wahl alle 5 Jahre) und Senat mit 270 indirekt gewählten Mitgl. (Wahl alle 9 J.) – Wahlrecht ab 20 J. ▪ **Unabhängigkeit**: 2. 3. 1956 (ehem. französisches und spanisches Protektorat) ▪ **Nationalfeiertag**: 30. 7. (Thronbesteigung von König Mohammed VI. 1999)

REGIERUNG UND PARTEIEN **Staatsoberhaupt**: König Mohammed VI., seit 24. 7. 1999 – **Regierungschef**: Driss Jettou, seit 7. 11. 2002; Koalitionsregierung von USFP und PI und weiteren 4 Parteien – **Äußeres**: Mohamed Benaïssa (RNI), seit 8. 4. 1999 ▪ **Parlament**:

Marokko
Fläche, Bevölkerung und Bevölkerungsdichte

Region (Hauptort)	Fläche in km²	Einwohner insgesamt Z 2004	Einwohner je km²
Chaouia – Ouardigha (Settat)	16 760	1 655 660	99
Doukkala – Abda (Safi)	13 285	1 984 039	149
Fès – Boulemane (Fès)	19 795	1 573 055	79
Gharb – Chrarda – Béni Hsen (Kénitra)	8 805	1 859 540	211
Grand Casablanca (Casablanca)	1 615	3 631 061	2248
Guelmim – Es-Semara (Guelmim) *	122 825	462 410	4
Laâyoune – Boujdour – Sakia El Hamra (El-Aaiún / Laâyoune) *	139 480	256 152	2
Marrakech – Tensift – Al Haouz (Marrakech)	31 160	3 102 652	100
Meknès – Tafilalet (Meknès)	79 210	2 141 527	27
Oriental (Oujda)	82 820	1 918 094	23
Oued Ed-Dahab – Lagouira (Dakhla) *	50 880	99 367	2
Rabat – Salé – Zemmour – Zaêr (Rabat)	9 580	2 366 494	247
Souss – Massa – Daraâ (Agadir)	70 380	3 113 653	44
Tadla – Azilal (Béni Mellal)	17 125	1 450 519	85
Tanger – Tétouan (Tanger)	11 570	2 470 372	214
Taza – Al Hoceïma – Taounate (Al Hoceïma)	24 155	1 807 113	75
Marokko	710 850	29 891 708	42

* umfasst in etwa das umstrittene Gebiet der Arabischen Saharauischen Demokratischen Republik

Quelle: Direction de la Statistique, Rabat 2005

Wahlen zur Nationalversammlung vom 27. 9. 2002: Union Socialiste des Forces Populaires / USFP 50 von 325 Sitzen (1997: 57), Istiqlal / PI 48 (32), Parti de la Justice et du Développement / PJD 42 (14), Rassemblement National des Indépendants / RNI 41 (46), Mouvement Populaire / MP 27 (40), Mouvement National Populaire / MNP 18 (19), Union Constitutionnelle / UC 16 (50), Parti National Démocratique / PND 12 (10), Front des Forces Démocratiques / FFD 12 (9), Parti du Progrès et du Socialisme / PPS 11 (9), Union Démocratique / UD 10 (–), Mouvement Démocratique et Social / MDS 7 (32), Parti Socialiste Démocratique / PSD 6 (5), Sonstige 25 (2) – Wahlen zum Senat vom 5. 12. 1997: RNI 42 von 270 Sitzen, MDS 33, UC 28, MP 27, PND 21, PI 21, USFP 16, MNP 15, Sonstige 40, Gewerkschaften 27

WIRTSCHAFT **BIP** 2003: 43,727 Mrd. $; realer Zuwachs: 5,2 %; Anteil (2003) Landwirtschaft 17 %, Industrie 30 %, Dienstleistungen 54 % ▪ **Erwerbstätigkeit** 2001: Landwirtsch. 43,6 %, Industrie 19,7 %, Dienstl. 36,7 % ▪ **Arbeitslosigkeit** ∅ 2004: 10,8 % ▪ **Inflation** ∅ 2004: 1,7 % ▪ **Außenhandel** 2004: **Import**: 14,9 Mrd. $; *Güter*: 23 % Halbwaren, 23 % Konsumgüter, 21 % Investitionsgüter, 9 % Rohöl, 9 % Nahrungs- und Genussmittel, 7 % Brennstoffe, 5 % Tiere und Pflanzen; *Länder*: 18 % Frankreich, 12 % Spanien, 7 % Italien, 6 % Deutschland, 6 % Russland, 5 % Saudi-Arabien, 4 % VR China; **Export**: 9,6 Mrd. $; *Güter*: 37 % Konsumgüter (22 % Bekleidung, 9 % Strumpfwaren), 27 % Halbwaren (8 % Phosphorsäure, 6 % Transistoren, 5 % Düngemittel), 16 % Ernährungsgüter, 8 % Investitionsgüter, 7 % Rohstoffe; *Länder*: 33 % Frankreich, 17 % Spanien, 8 % Großbritannien, 5 % Italien, 4 % USA, 4 % Indien, 3 % Deutschland, 3 % Brasilien

Sahara Demokratische Arabische Republik

Nordwest-Afrika

Arabische Saharauische Demokratische Republik; al-Ǧumhūriyya as-Ṣahrāwiyya ad-Dīmuqrāṭiyya al-ʻArabiyya; UN-Bezeichnung: Westsahara – EH / ESH

Fläche: 252 120 km^2

Einwohner: Z 1994 252 146 = 1,0 je km^2

Hauptstadt: El-Aaiún

Amtssprache: Arabisch

Bruttonationaleinkommen 2003 je Einw.: k. A.

Währung: Saharaui-Pesete
faktisches Zahlungsmittel: marokkanischer Dirham
Kurs: k. A.

Diplomatische Vertretung: derzeit keine

LANDESSTRUKTUR **Fläche**: 252 120 km^2; → Karte bei Marokko ▪ **Verwaltung**: 4 Provinzen (Boujdour, El Aaiún, Oued edh Dheheb, Smara)

BEVÖLKERUNG Saharauís (Sahraouis) – Letzte Zählung 1994: 252 146 Einw. – Araber, z. T. nomadisch lebend ▪ **Sprachen**: Arabisch, Spanisch, Hassani ▪ **Religion**: nahezu 100 % Muslime (Sunniten)

STAATS- UND REGIERUNGSFORM Republik seit 1976 – anerkannt von 60 Staaten weltweit – 7-köpfiges Exekutivkomitee sowie Nationalrat mit 45 Mitgl. – Sitz der Exilregierung in Algier/Algerien ▪ **Unabhängigkeit**: Proklamation 27. 2. 1976, von Marokko nicht anerkannt und 1979 annektiert; Referendum über Unabhängigkeit auf unbestimmte Zeit verschoben ▪ **Nationalfeiertag**: 27. 2.

REGIERUNG UND PARTEIEN **Staatsoberhaupt**: Mohammed Abdel Asis (Generalsekretär des Frente POLISARIO/RASD), seit 1982 – **Regierungschef**: Abdelkader Taleb Oumar, seit 29. 10. 2003 – **Äußeres**: Mohamed Salem Ould Salek, seit 10. 2. 1999

WIRTSCHAFT keine Angaben erhältlich

CHRONIK

Erstmals überhaupt in einem arabischen Land setzte König Mohammed VI. im April 2004 eine unabhängige nationale Kommission für Gleichheit und Versöhnung (Instance Équité et Réconciliation) ein, die sich mit der **Aufarbeitung von Menschenrechtsverletzungen** aus der Regierungszeit König Hassans II. (1956–1999) befasst. Ab dem 20. 12. 2004 fanden öffentliche Anhörungen ehemaliger politischer Gefangener statt, die auch im Radio und Fernsehen übertragen wurden. Um die Idee der nationalen Versöhnung nicht zu beschädigen, wurden die Beschuldigten nicht beim Namen genannt. Hauptziel ist nicht die strafrechtliche Verfolgung der Täter, sondern die moralische Wiedergutmachung für die Opfer und ihrer Familien. Bis April 2005 hatten bereits 22 000 Personen Eingaben bei der Kommission gemacht. Die Lage der Menschenrechte bot dennoch weiterhin Anlass zur Kritik. Die Organisation Reporters sans frontières (RSF) erhob am 30. 12. 2004 schwere Vorwürfe gegen die Regierung wegen der Inhaftierung und Folterung von Journalisten. Außerdem waren im Zusammenhang mit den Terroranschlägen vom 11. 9. 2001 und denen von Casablanca (2003) und Madrid (2004) 2000 – nach anderen Quellen bis zu 7000 – Personen verhaftet worden.

Am 19. 5. 2005 startete ein neues Programm zur wirtschaftlichen und sozialen Entwicklung der Slums, die als Hauptnährboden für islamistische Gewalt gelten. Alle Attentäter des Bombenanschlags von Casablanca im Mai 2003 (→ WA 2004, Sp. 565) stammten aus den marokkanischen Vorstädten.

▪ **Wirtschaft:** Das Wirtschaftswachstum wurde auf 5,2 % (2003) geschätzt, die positive Entwicklung war einem Anstieg bei der Getreideernte um 50 % zu ver-

König Juan Carlos I. (links) und Mohammed VI. am 17. 1. 2005 in Marrakech

danken. Die Arbeitslosigkeit in den Städten liegt bei fast 20 %, Armut und Unterentwicklung sind weit verbreitet.

▪ **Beziehungen zu Spanien:** Der spanische König Juan Carlos I. traf am 17. 1. 2005 zu einem dreitägigen Staatsbesuch in Marokko ein, dem ersten seit 25 Jahren (→ Foto). Die bilateralen Beziehungen hatten sich nach den schweren Konflikten der jüngeren Vergangenheit über territoriale Ansprüche im Mittelmeer (→ Sahara) und **illegale Einwanderung** seit der Regierungsübernahme der sozialistischen Regierung in Spanien im März 2004 deutlich verbessert. Spanien ist nach Frankreich wichtigster Handelspartner Marokkos, seit 2003 stiegen auch die spanischen Nettoinvestitionen stark an und übertrafen erstmals die Investitionen in Lateinamerika. Offiziell 350 000 Marokkaner stellten 2003 das größte Ausländerkontingent in Spanien, hinzu kam eine unbekannte Zahl nicht registrierter Einwanderer aus dem südlichen Nachbarland. Während seines Staatsbesuchs hielt Juan Carlos eine Rede vor dem marokkanischen Parlament, in der er die Lösung des Problems der illegalen Immigration als wichtigste humanitäre Aufgabe für beide Länder bezeichnete. Die intensivierte Kooperation zwischen beiden Ländern hatte zu einem 20-prozentigen Rückgang der Migrantenströme zwischen 2003 und 2004 geführt.

SAHARA

Mit dem Rücktritt des UN-Sondergesandten James Baker galt auch der von ihm erarbeitete Baker-Plan zur Lösung der Westsahara-Frage (→ WA 2005, S. 362) als gescheitert. Alle Parteien beharrten auf den bekannten Positionen: Die Vereinten Nationen (UN) befürworten das Selbstbestimmungsrecht des saharauischen Volkes; Algerien (und Spanien) forderten die Durchführung des ursprünglich von den UN vorgesehenen Referendums; Marokko (mit Unterstützung Frankreichs) bestand auf der uneingeschränkten Souveränität über das Territorium und lehnte daher die im Baker-Plan vorgesehene fünfjährige Verwaltung mit anschließendem Referendum ab.

Mit den USA und Südafrika entzogen in der zweiten Jahreshälfte zwei wichtige Staaten der marokkanischen Position ihre Unterstützung. Die USA, neben Frankreich der wichtigste politisch-militärische Verbündete, stellte klar, das im Juli 2004 mit Marokko unterzeichnete Freihandelsabkommen erstrecke sich nicht auf die Westsahara. **Südafrika erkannte** am 15. 9. 2004 anlässlich der Einweihungszeremonie des Parlaments der Afrikanischen Union die Arabische Demokratische Republik **Sahara als 60. Staat offiziell an.** Damit erfüllte Südafrika ein Versprechen, das der frühere Präsident Nelson Mandela POLISARIO-Vertretern 1995 gegeben hatte. Marokko verurteilte den Schritt scharf und rief seinen Botschafter zu Konsultationen aus Südafrika zurück.

Der UN-Sicherheitsrat verlängerte am 28. 10. einstimmig mit Resolution 1570 das Mandat der UN-Mission in der Westsahara (MINURSO) bis zum 30. 4. 2005. Trotz aller diplomatischen Bewegungen schien damit der Status quo mehr als je zuvor zementiert. Am 28. 4. wurde die Mission um weitere sechs Monate bis zum 31. 10. 2005 verlängert. Zugleich rief der UN-Sicherheitsrat mit Resolution 1598 die POLISARIO nachdrücklich auf, ohne weitere Verzögerung die verbleibenden Kriegsgefangenen freizulassen. Am 25. 6. 2004 waren weitere 100 marokkanische Kriegsgefangene freigelassen, sodass noch 412 in POLISARIO-Gefangenschaft verblieben. Für deren Freilassung demonstrierten am 6. 3. 2005 mehrere tausend Menschen in Rabat, Marokko. Ein für den 26. 5. geplantes Gipfeltreffen nordafrikanischer Staatschefs in Libyen wurde abgesagt, nachdem Marokko sich über **Algeriens** Anfang Mai öffentlich bekräftigte **Unterstützung der saharauischen Unabhängigkeit** verärgert zeigte. Die marokkanische Regierung verweigerte am 9. 6. zwei spanischen Delegationen, die die Einhaltung der Menschenrechte in dem umstrittenen Territorium überprüfen wollten, die Einreise in die Westsahara.

Marshallinseln Ozeanien

Republik Marshallinseln; Republic of the Marshall Islands – MH / MHL

Fläche (Weltrang: 187): 181,3 km^2

Einwohner (185): F 2003 53 000 = 292 je km^2

Hauptstadt: Dalap-Uliga-Darrit

Amtssprache: Englisch

Bruttonationaleinkommen 2003 je Einw.: 2710 $

Währung: US-$
Kurs: 1 € = 1,21 US-$ (1. 7. 2005)

Botschaft der Marshallinseln
2433 Massachusetts Avenue N. W.
Washington D. C. 20 008
T 001 – 202 – 234 54 14, Fax 23 23 236

LANDESSTRUKTUR **Fläche**: 181,3 km^2; 2 Inselgruppen: Ratak (88,1 km^2) mit 14 Atollen und 2 Inseln, Ralik (93,2 km^2) mit 15 Atollen und 3 Inseln; Karte → WA 2005, S. 291 ▪ **Verwaltung**: 34 Bezirke; Tabelle → WA 2004, Sp. 568 ▪ **Städte**: (Z 1999) Ebeye 9345 Einw., Darrit 7103, Dalap 6339, Rairok 3846, Uliga 2044

BEVÖLKERUNG Marshaller – F 2003: 53 000 Einw.; Bevölkerungswachstum: 0,0 %; letzte Zählung 1999: 50 848 Einw. – 97 % Mikronesier; Amerikaner ▪ **Sprachen**: Englisch; mikronesische Sprachen ▪ **Religion**: v. a. Christen (Protestanten)

STAATS- UND REGIERUNGSFORM Verfassung von 1979 mit Änderung 1990 – Republik seit 1990 – Freier Assoziierungsvertrag mit den USA (für Verteidigung zuständig) seit 1983 – Parlament (Nitijela) mit 33 alle 4 J. gewählten Mitgl. (wählt Staatsoberh. alle 4 Jahre) sowie Rat der Stammesführer (Council of Iroij) mit 12 Mitgl. – Wahlrecht ab 18 J. ▪ **Unabhängigkeit**: Proklamation 3. 11. 1986, endgültig 22. 12. 1990 ▪ **Nationalfeiertag**: 1. 5. (Tag der Verfassung)

REGIERUNG UND PARTEIEN **Staats- u. Regierungschef**: Kessai H. Note (United Democratic Party), seit 10. 1. 2000 – **Äußeres**: Alvin Jacklick, seit 10. 1. 2000 ▪ **Parlament**: Wahlen vom 17. 11. 2003: Einzelkandidaten

WIRTSCHAFT **BIP** 2003: 109 Mio. $; realer Zuwachs: 2,0 %; Anteil (2001) Landwirtschaft 14 %, Industrie 16 %, Dienstleistungen 70 % ▪ **Erwerbstätigkeit** 2000: Landwirtsch. 20 % ▪ **Arbeitslosigkeit** ∅ 2000: 31,5 % ▪ **Inflation** ∅ 2001: 2,0 % ▪ **Außenhandel** 2000: **Import**: 68,2 Mio. $; *Güter*: 44 % mineral. Brennstoffe, 17 % Maschinen und Transportausrüstungen, 11 % Nahrungsmittel und leb. Tiere; *Länder*: 61 % USA, 5 % Japan; **Export**: 7,3 Mio. $; *Güter*: v. a. Fisch; *Länder*: 71 % USA

Mauretanien

Nordwest-Afrika
Islamische Republik Mauretanien; al-Ǧumhūriyya al-Islāmiyya al-Mawrītāniyya, Kurzform: Mawrītāniyya – MR / MRT

Fläche (Weltrang: 28): 1 030 700 km^2

Einwohner (133): F 2003 2 848 000 = 2,8 je km^2

Hauptstadt: Nuwahšūt (Nouakchott)

Amtssprache: Arabisch

Bruttonationaleinkommen 2003 je Einw.: 400 $

Währung: 1 Ouguiya (UM) = 5 Khoums
Kurs: 1 US-$ = 266,50 UM; 1 € = 330,03 UM

Botschaft der Islamischen Republik Mauretanien
Kommandantenstr. 80, 10117 Berlin
T 030 / 206 58 83, Fax 206 74 750
E-Mail: ambarimbonn@aol.com

LANDESSTRUKTUR **Fläche**: 1 030 700 km^2 ▪ **Verwaltung**: 13 Regionen; Tabelle → WA 2004, Sp. 570 ▪ **Städte**: (F 2001) Nuwahšūt (Nouakchott) 760 500 Einw., Nouâdhibou 113 400; (Z 2000) Rosso 48 922, Boghé 37 531, Adel Bagrou 36 007, Kaédi 34 227

BEVÖLKERUNG Mauretanier – F 2003: 2 848 000 Einw.; Bevölkerungswachstum: 2,2 %; letzte Zählung 2000: 2 548 157 Einw. – F 1995: 81 % arabisch-berberische Mauren; Schwarzafrikaner (7 % Wolof, 5 % Toucouleur, 3 % Sarakolé, 1 % Fulbe, Bambara, Soninke u. a.); ca. 5000 Europäer (meist Franzosen) ▪ **Sprachen**: Arabisch (Hassaniya); verschiedene Niger- und Kongosprachen (Pular, Wolof und Solinke als Nationalsprache); Französisch ▪ **Religion** 2000: über 99 % Muslime (Sunniten malakitischer Richtung); christliche Minderheit

STAATS- UND REGIERUNGSFORM Verfassung von 1991 – Islamische Präsidialrepublik seit 1960 – Staatsreligion: Islam – Islamisches Recht (Scharia) – Parlament: Nationalversammlung mit 81 (vorher 79) Mitgl. (Wahl alle 5 J.) und Senat mit 56 Mitgl. (Wahl alle 6 J. durch Kommunalräte; dar. 3 Vertreter von Mauretaniern im Ausland) – Direktwahl des Staatsoberh. alle 6 J. – Wahlrecht ab 18 J. ▪ **Unabhängigkeit**: 28. 11. 1960 (ehem. französische Kolonie) ▪ **Nationalfeiertag**: 28. 11.

REGIERUNG UND PARTEIEN **Staatsoberhaupt**: Oberst Maaouiya Ould Sid'Ahmed Taya (PRDS-Vors.), seit 1984 – **Regierungschef**: Sghaïr Ould M'Bareck (PRDS), seit 6. 7. 2003 – **Äußeres**: Mohamed Vall Ould Bellal (PRDS), seit 13. 11. 2003 ▪ **Parlament**: Wahlen vom 19. / 26. 10. 2001: Parti Républicain, Démocrate et Social / PRDS 64 von 81 Sitzen (1996: 72 von 79), Action pour Changement / AC 4 (–), Rassemblement pour la

Démocratie et l'Unité (regierungsnah)/RDU 3 (–), Union pour la Démocratie et le Progrès (regierungsnah)/UDP 3 (–), Regroupement des Forces Démocratiques/RFD 3 (–), Union des Forces du Progrès/UFP 3 (–), Sonstige 1 (7) – Senat (Teilwahlen vom 7./14. 4. 2000): PRDS 51 von 53 Sitzen (49), Unabhängige 2 (4)

WIRTSCHAFT **BIP** 2003: 1,093 Mrd. $; realer Zuwachs: 4,9 %; Anteil (2003) Landwirtschaft 19 %, Industrie 30 %, Dienstleistungen 51 % ▪ **Erwerbstätigkeit** 2002: Landwirtsch. 52 % ▪ **Arbeitslosigkeit**: k. A. ▪ **Inflation** ∅ 2003: 5,2 % ▪ **Außenhandel** 2002: **Import**: 418 Mio. $; *Güter*: 26 % Erdölprodukte; *Länder*: 21 % Frankreich, 9 % Belgien/Luxemburg, 7 % Spanien, 6 % Deutschland; **Export**: 330 Mio. $; *Güter*: 56 % Eisenerz, 44 % Fisch und -produkte; *Länder*: 15 % Italien, 15 % Frankreich, 12 % Spanien, 12 % Deutschland

CHRONIK

Unter dem Vorwurf, für den 14. 8. 2004 einen **Putschversuch vorbereitet** zu haben, wurden am 8. 8. 30 Offiziere verhaftet. Offensichtlich handelte es sich um die gleichen Armee- und Geheimdienstoffiziere, die bereits im Juni 2003 in einen Putschversuch verwickelt waren (→ WA 2004, Sp. 570). Die Regierung erhob am 26. 8. Vorwürfe gegen Libyen und Burkina Faso, den Putschführern bei den Vorbereitungen behilflich gewesen zu sein; beide Staaten wiesen diese Vorwürfe zurück. Am 9. 10. wurde Salah Ould Henena, der mutmaßliche Anführer beider Putschversuche vom Juni 2003 und August 2004, zusammen mit anderen Verdächtigen nahe der Grenze zu Senegal festgenommen. Alle Putschisten gehören zur ethnischen Gruppe der Oulad Nasr aus dem Osten des Landes, der Verbindungen zum Islamisten-Netzwerk al-Zarkawis nachgesagt werden.

Der Prozess vor dem Strafgericht in Ouad Naga wurde am 21. 11. eröffnet; angeklagt waren 195 Personen wegen der Beteiligung an den Putschversuchen. Am 3. 2. 2005 ergingen die **Urteile gegen die Putschisten**: 98 Personen erhielten Gefängnisstrafen zwischen 18 Monaten und 15 Jahren; die vier Rädelsführer, u. a. Ould Henena, erhielten lebenslange Freiheitsstrafen, nicht aber die vom Staatsanwalt geforderte Todesstrafe. 93 Personen wurden freigesprochen, darunter der frühere Staatspräsident Mohammed Khouna Ould Hayallah, der im November 2003 festgenommen worden war, sowie zwei weitere Oppositionspolitiker.

Nach einem Bericht der BBC vom Juli 2005 ist Sklaverei in Mauretanien immer noch verbreitet. Die Regierung hatte dies zwar immer wieder bestritten, aber erst 2004 ein Gesetz verabschiedet, dass Sklavenhaltung unter Strafe stellt. Boubakar Messaoud, Gründer der Vereinigung SOS Slave, erklärte, dass die Sklaverei nicht offensichtlich wäre, sondern von Generation zu Generation weiter gegeben werde. Messaoud und andere Mitglieder von SOS Slave wurden nach einer Kampagne gegen die Sklaverei verhaftet.

▪ **Wirtschaft:** Die schwierige Lage der Wirtschaft und insbesondere des Finanzsektors machte sich 2004 im rapiden Wertverlust der nationalen Währung Ouguyia bemerkbar. Nach entsprechenden Forderungen von Weltbank und Internationalem Währungsfonds ging die Regierung seit Mitte 2004 entschlossener gegen informelle Wechselstuben vor.

▪ **Heuschreckenplage:** Mauretanien wurde ab August 2004 von einer schweren Heuschreckenplage betroffen, der schlimmsten seit 15 Jahren, und zerstörte etwa 60 % der mauretanischen Getreideernte. Nach Angaben der Ernährungs- und Landwirtschaftsorganisation der UN (FAO) waren 400 000 Menschen auf Nahrungsmittelhilfe angewiesen. Die Heuschreckenschwärme erfassten in den folgenden Wochen auch Algerien, Gambia, Mali, Marokko, Niger, Nigeria, Senegal und den Tschad (→ Jahreschronik, Karte).

▪ **Islamischer Protest:** Ab dem 7. 4. 2005 wurde statt des islamischen Feiertags Freitag der Sonntag (neben Samstag) zum gesetzlichen Feiertag erklärt. Der Schritt löste heftige Proteste unter muslimischen Geistlichen und den islamischen Parteien des Landes aus.

Mauritius Südost-Afrika

Republik Mauritius; Republic of Mauritius – MU / MUS

Fläche (Weltrang: 167): 2040 km²

Einwohner (149): F 2003 1 222 000 = 599 je km²

Hauptstadt: Port Louis

Amtssprache: Englisch

Bruttonationaleinkommen 2003 je Einw.: 4100 $

Währung: 1 Mauritius-Rupie (MR) = 100 Cents
Kurs: 1 US-$ = 29,46 MR; 1 € = 36,56 MR

Botschaft der Republik Mauritius
Kurfürstenstr. 84, 10787 Berlin
T 030 / 2 63 93 60, Fax 26 55 83 23
E-Mail: mu.embln.3@t-online.de

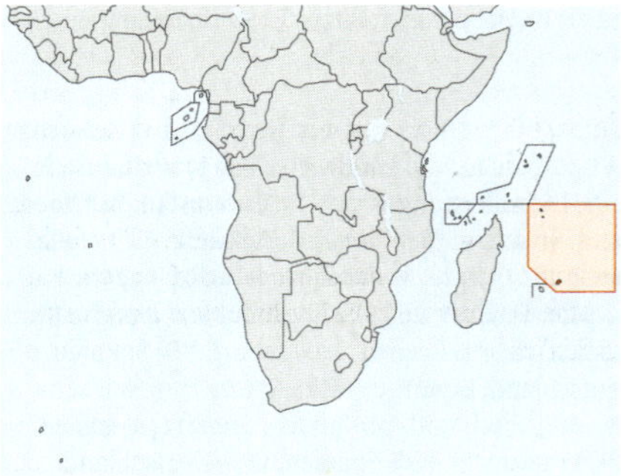

LANDESSTRUKTUR **Fläche**: 2040 km²; davon Rodrigues 104 km², Agalega, Cargados Carajos Shoals (St. Brandon) u. a. Inseln insg. 71 km²; → Karte ▪ **Verwaltung**: 9 Distrikte und 3 Dependenzen; Tabelle → WA 2004, Sp. 572 ▪ **Städte**: (Z 2000) Port Louis 144 303 Einw., Beau Bassin-Rose Hill 103 872, Vacoas-Phoenix 100 066, Curepipe 78 920, Quatre Bornes 75 884

BEVÖLKERUNG Mauritier – F 2003: 1 222 000 Einw.; Bevölkerungswachstum: 1,0 %; letzte Zählung 2000: 1 178 848 Einw. – ca. 53 % Inder, 43 % Kreolen, 2 % Chinesen, 2 % Europäer ▪ **Sprachen** 2000: 38,6 % Mauritianisch (französisches Kreol), 30,6 % Bhojpuri, 3,8 % Tamil, 3,0 % Hindi, 2,9 % Urdu, 1,6 % Telugu, 1,9 % Chinesisch ▪ **Religion** 2000: 50 % Hindus, 30 % Christen, 17 % Muslime; Minderheit von Buddhisten

STAATS- UND REGIERUNGSFORM Verfassung von 1968 mit Änderung 1992 – Republik (im Commonwealth) seit 1968 – Parlament (National Assembly) mit 70 Mitgl. (62 für 5 J. gewählt, 8 für Minderh. reserviert); Parlament wählt Staatsoberh. für 5 J. – Wahlrecht ab 18 J. ▪ **Unabhängigkeit**: 12. 3. 1968 (ehem. britische Kolonie) ▪ **Nationalfeiertag**: 12. 3.

REGIERUNG UND PARTEIEN **Staatsoberhaupt**: Anerood Jugnauth (MSM), seit 7. 10. 2003 – **Regierungschef**: Navin Chandra Ramgoolam (PTM), seit 5. 7. 2005 – **Äußeres**: Madun Dulloo, seit 5. 7. 2005 ▪ **Parlament**: Wahlen vom 3. 7. 2005: Wahlbündnis Alliance Sociale: Parti Travailliste Mauricien / PTM und Verbündete 38 von 62 Sitzen (2000: 6), Wahlbündnis Mouvement Socialiste Mauricien / MSM und Mouvement Militant Mauricien / MMM 22 (54), Organisation du Peuple Rodriguais 2 (2)

WIRTSCHAFT **BIP** 2003: 5,224 Mrd. $; realer Zuwachs: 3,2 %; Anteil (2003) Landwirtschaft 6 %, Industrie 31 %, Dienstleistungen 63 % ▪ **Erwerbstätigkeit** 2003: Landwirtsch. 9,3 %, Industrie 37,1 %, Dienstl. 53,5 % ▪ **Arbeitslosigkeit** ∅ 2003: 10,2 % ▪ **Inflation** ∅ 2004: 4,4 % ▪ **Außenhandel** 2003: **Import**: 3,06 Mrd. $; *Güter*: 28 % Vorerzeugnisse (16 % Textilprodukte), 22 % Maschinen, Transportausrüstungen (4 % Kfz), 16 % Ernährungsgüter, 11 % mineralische Brennstoffe, 10 % Fertigerzeugnisse, 9 % chemische Erzeugnisse; *Länder*: 13 % Südafrika, 12 % Frankreich, 9 % VR China, 9 % Indien, 4 % Bahrain, 4 % Japan, 3 % Großbritannien, 3 % Deutschland, 3 % Australien (EU gesamt: 41 %); **Export**: 2,01 Mrd. $; *Güter*: 52 % Bekleidung, 16 % Zuckerrohr, 6 % Fisch und Fischerzeugnisse, 4 % Textilgarne (EPZ-Anteil 61,5); *Länder*: 31 % Großbritannien, 19 % Frankreich, 17 % USA, 6 % Madagaskar, 4 % Italien, 3 % Deutschland (EU gesamt: 71 %)

Mazedonien Südost-Europa

Ehemalige jugoslawische Republik Mazedonien (provisorischer Name durch UN seit 8. 4. 1993); auch: Makedonien; Republika Makedonija – MK / MKD

Fläche (Weltrang: 145): 25 713 km^2

Einwohner (139): F 2003 2 049 000 = 80 je km^2

Hauptstadt: Skopje

Amtssprachen: Mazedonisch, Albanisch

Bruttonationaleinkommen 2003 je Einw.: 1980 $

Währung: 1 Denar (Den) = 100 Deni
Kurs: 1 US-$ = 49,23 Den; 1 € = 61,41 Den

Botschaft von Mazedonien
Königsallee 2, 14193 Berlin
T 030 / 89 06 95 22, Fax 89 09 41 41

LANDESSTRUKTUR **Fläche**: 25 713 km^2; → Karte ▪ **Verwaltung**: 123 Gemeinden ▪ **Städte**: (Z 2002) Skopje 467 257 Einw., Kumanovo 103 205, Bitola 86 408, Prilep 73 351, Tetovo 70 841

BEVÖLKERUNG Mazedonier – F 2003: 2 049 000 Einw.; Bevölkerungswachstum: 0,5 %; letzte Zählung 2002: 2 022 547 Einw. – 64,18 % Mazedonier, 25,17 % Albaner, 3,85 % Türken, 2,66 % Roma, 1,78 % Serben, 0,84 % Bosniaken, 0,48 % Walachen (Aromunen) und Sonstige ▪ **Sprachen**: Mazedonisch, Albanisch, Türkisch, Romani, Serbisch, Walachisch ▪ **Religion**: 70 % Mazedonisch-Orthodoxe, 25 % Muslime (v. a. Albaner); Katholiken

STAATS- UND REGIERUNGSFORM Verfassung von 1991, zuletzt geändert 2001 – Republik seit 1991 – Parlament (Sobranie) mit 120 Mitgl., Wahl alle 4 J. – Direktwahl des Staatsoberh. alle 5 J. – Wahlrecht ab 18 J. ▪ **Unabhängigkeit**: Proklamation 25. 1. 1991, Referendum 8. 9. 1991 ▪ **Nationalfeiertag**: 2. 8. (Tag des Aufstands 1903)

REGIERUNG UND PARTEIEN **Staatsoberhaupt**: Branko Crvenkovski (SDSM), seit 12. 5. 2004 – **Regierungschef**: Vlado Bučkovski (SDSM-Vorsitzender), seit 15. 12. 2004; Koalition aus SDSM, LDP und DUI – **Äußeres**: Ilinka Mitreva (SDSM), seit 1. 11. 2002 ▪ **Parlament**: Wahlen vom 15. 9. 2002: Gemeinsam für Mazedonien: Bündnis aus Sozialdemokratischem Bund / SDSM, Liberaldemokratischer Partei / LDP und weiteren Parteien 60 von 120 Sitzen (1998: 31), Demokratische Partei für die Nationale Einheit Mazedoniens / VMRO-DPMNE 33 (49), Demokratische Union für Integration (Albaner) / DUI 16 (–), Demokratische Partei der Albaner / PDS 7 (11), Partei der Demokratischen Prosperität (Albaner) / PDP 2 (14), Demokratische Nationale Partei (Albaner) / NDP 1 (–), Sozialistische Partei / SPM 1 (2), Demokratische Alternative / DA – (13)

WIRTSCHAFT **BIP** 2003: 4,666 Mrd. $; realer Zuwachs: 3,2 %; Anteil (2003) Landwirtschaft 12 %, Industrie 30 %, Dienstleistungen 57 % ▪ **Erwerbstätigkeit** 2002: Landwirtsch. 23,9 %, Industrie 33,3 %, Dienstl. 42,8 % ▪ **Arbeitslosigkeit** ∅ 2004: 36,0 % ▪ **Inflation** ∅ 2004: –1,9 % (S) ▪ **Außenhandel** 2004 (vorläufig): **Import**: 2,903 Mrd. $; *Güter*: 24 % Fertigerzeugnisse, 19 % Maschinen und Transportmittel, 13 % mineralische Brennstoffe, 12 % Nahrungsmittel und lebende Tiere, 11 % chemische Erzeugnisse, 6 % diverse Fertigerzeugnisse, 3 % Rohstoffe ohne Brennstoffe, 1 % Getränke und Tabak; *Länder*: 13 % Deutschland, 10 % Griechenland, 9 % Russland, 8 % Serbien und Montenegro, 7 % Bulgarien, 6 % Italien, 5 % Slowenien, 4 % Rumänien, 3 % Türkei, 3 % VR China, 3 % Polen (EU gesamt: 47 %); **Export**: 1,673 Mrd. $; *Güter*: 34 % diverse Endprodukte, 33 % Fertigerzeugnisse, 8 % Getränke und Tabakwaren, 8 % Nahrungsmittel und lebende Tiere, 6 % Maschinen und Transportmittel, 5 % Brennstoffe, 5 % chemische Erzeugnisse, 3 % Rohstoffe ohne Brennstoffe; *Länder*: 21 % Serbien und Montenegro, 19 % Deutschland, 14 % Griechenland, 8 % Italien, 5 % Kroatien, 5 % Frankreich, 4 % USA, 3 % Türkei, 3 % Bulgarien, 3 % Niederlande, 3 % Großbritannien (EU gesamt: 56 %)

CHRONIK

Mit einer Gemeindereform auf der Basis einer territorialen Neugliederung, welche die ethnischen Gegebenheiten nach den Ergebnissen der Volkszählung vom November 2002 berücksichtigte (→ WA 2005, S. 295), wurden die Vereinbarungen des Friedensabkommens von Ohrid vom August 2001 eingelöst. Dessen Kern bestand in der Verabredung eines Machttransfers vom interethnischen Zentralstaat zu den Kommunen mit Selbstverwaltungsrechten.

▪ **Gemeindereform:** Die Regierungskoalition aus hauptsächlich von mazedonischen Slawen gewählten Sozialdemokraten (SDSM), Liberalen und der mazedonisch-albanischen Union für Integration (DUI) einigte sich nach zwei Monaten ethnischen Tauziehens unter dem Druck von EU und USA im Juli 2004 auf eine **Reduzierung der Anzahl der Gemeinden** von 123 auf 76. Diese Übereinkunft führte zu landesweiten Protesten. Der **heftigste Widerstand** formierte sich **in den Städten Struga und Kicevo.** So sollte Strugas Einwohnerzahl von bisher 37 000 Einwohnern – 48 % Slawen, 42 % Albaner – durch Eingemeindung umliegender Kommunen bis auf 63 000 Einwohner anwachsen, sodass sich das zahlenmäßige Kräfteverhältnis unter den Ethnien umkehren würde (57 % Albaner, 32 % Slawen, 6 % Türken). Alle slawischen lokalen Parteien verabschiedeten eine Charta, nach der man die Gemeindewahlen boykottieren und **sich aus dem Staatsverband lösen wolle**, falls die Reform Bestand haben sollte. Kicevo, das erst 2008 arrondiert werden soll, wollte sich diesem Beispiel anschließen.

▪ **Referendum:** Die breiten Proteste gegen die geplante Gemeindereform boten einer nationalistischen Vereinigung namens Mazedonischer Weltkongress und der oppositionellen nationalkonservativen Demokratischen Partei für die Nationale Einheit Mazedoniens (VMRO-DPMNE) den Anlass zu einer Volksabstimmungs-Initiative. Das Referendum gegen das Gemeindereformgesetz und erweiterte Rechte für die albanische Minderheit **scheiterte** am 7. 11. wegen zu **geringer Beteiligung**, da das Quorum von 50 % weit unterschritten wurde. Zum Scheitern des Referendums trug nach Auffassung politischer Beobachter auch der überraschende Schritt der USA wenige Tage vor dem Referendum (am 4. 11.) bei, den bislang international nicht durchgesetzten **Staatsnamen »Republik Mazedonien«** offiziell anzuerkennen (auch in der EU hält man bisher noch an der von Griechenland tolerierten Bezeichnung »Ehemalige jugoslawische Republik Mazedonien/FYRM« fest). Zweck des Vorstoßes der USA zu diesem Zeitpunkt sei gewesen, der nationalistischen slawisch-mazedonischen Propaganda entgegenzuwirken, die USA und EU würden durch eine Privilegierung der albanischen Minderheit der Zerstörung des mazedonischen Staates Vorschub leisten wollen. In Griechenland löste der Vorgang nationale Empörung aus.

▪ **Neue Regierung:** Erst fünf Monate im Amt erklärte **Ministerpräsident Hari Kostov am 15. 11.** 2004 seinen Rücktritt. Der parteilose Wirtschaftsexperte verfügte weder ethnisch noch politisch über eine Hausmacht. Im Rücktrittsschreiben führte er an, die albanische DUI sei ausschließlich auf die Durchsetzung nationaler Ziele und Pfründenpolitik bedacht, weshalb es eine für ihn vertretbare gemeinsame Linie der Koalition im wirtschaftlichen Reformprozess nicht geben könne. Letzten Anlass zum Rücktritt bot Staatspräsident Crvenkovski, als dieser die von Kostov geforderte Entlassung eines korruptionsverdächtigen DUI-Ministers ablehnte. Auf einem umgehend einberufenen außerordentlichen Parteitag des SDSM am 26. 11. wurde Verteidigungsminister **Vlado Bučkovski** am 26. 11. 2004 zum neuen Vorsitzenden gewählt, um unmittelbar danach vom Präsidenten **zum neuen Regierungschef berufen** zu werden. Das Parlament bestätigte Buckovski, samt dem in etwa der Hälfte der Positionen erneuerten Kabinett, am 17. 12. mit 71 gegen 25 Stimmen.

Stichwahl im westmazedonischen Vrapciste am 27. 3. 2005

▪ **Kommunalwahlen:** Die u. a. wegen des Referendums vom Herbst 2004 auf den 13. 3. 2005 verschobenen Gemeindewahlen (→ Foto) wurden von Beobachtern der OSZE wegen inakzeptabler Unregelmäßigkeiten, vorwiegend im albanisch besiedelten Westen und in Skopje, kritisiert. Wegen ähnlicher Vorfälle in einer zweiten Runde und bei der Wiederholung einiger Stichwahlen am 27. 3. stand das Ergebnis erst mit 14tägiger Verspätung fest. In 51 von nun 85 Gemeinden siegten die Parteien der Regierungskoalition, die Opposition gewann in 26 Kommunen, 7 wählten einen Parteilosen und 1 einen Roma zum Bürgermeister.

▪ **Ex-Innenminister unter Kriegsverbrecher-Anklage:** Die Untersuchungen des Kriegsverbrechertribunals ICTY gegen den **früheren Innenministers Ljube Boškovski**, der sich nach Kroatien abgesetzt hatte (→ WA 2005, S. 295), wo man ihn allerdings am 31. 8. 2004 auf Ersuchen der mazedonischen Behörden in Haft nahm, führten am 14. 3. 2005 zu einer Anklage. Boškovski soll als Befehlshaber der beteiligten Truppen die Hauptverantwortung für ein Massaker im Albanerdorf Ljuboten im August 2001 (einen Tag vor Abschluss des Ohrider Abkommens) tragen, bei dem zehn Menschen ums Leben kamen. Bei der ersten Vernehmung nach seiner Überstellung an das ICTY am 1. 4. 2005 beteuerte Boškovski seine Unschuld. Ebenfalls angeklagt ist der Führer der damaligen Polizeieinheit, Johan Tarculovski.

Mexiko Nord-Amerika

Vereinigte Mexikanische Staaten; Estados Unidos Mexicanos, Kurzform: México – MX / MEX

Fläche (Weltrang: 14): 1953162 km²

Einwohner (11): F 2003 102 291 000 = 52 je km²

Hauptstadt: Ciudad de México (Mexiko-Stadt)

Amtssprache: Spanisch

Bruttonationaleinkommen 2003 je Einw.: 6230 $

Währung: 1 Mexikan. Peso (mex$) = 100 Centavos
Kurs: 1 US-$ = 10,87 mex$; 1 € = 13,40 mex$

Botschaft von Mexiko
Klingelhöferstr. 3, 10785 Berlin
T 030/26 93 23–0, Fax 26 93 23–700
www.embamex.de

LANDESSTRUKTUR **Fläche:** 1953162 km² einschließlich 5363 km² unbewohnte Inseln; → Karte ▪ **Verwaltung:** 31 Bundesstaaten und Hauptstadt-Bundesdistrikt ▪ **Städte:** (Z 2000) Ciudad de México (Mexiko-Stadt) 8 591 300 Einw., Guadalajara 1 647 720, Escatepec de Morelos 1 620 303, Puebla 1 346 176, Nezahualcóyotl 1 224 924, Ciudad Juárez 1 217 818, Tijuana 1 212 232, León 1 133 576, Monterrey 1 108 499, Zapopan 1 002 239, Nauculpan 857 511, Mexicali 764 902, Culiacán 744 859, Acapulco de Juárez 721 011, Tlalnepantla de Baz 720 755, Mérida 703 324, Chihuahua 670 208, San Luis Potosí 669 353, Guadalupe 668 780, Toluca 665 617, Aguascalientes 643 360

BEVÖLKERUNG Mexikaner – F 2003: 102 291 000 Einw.; Bevölkerungswachstum: 1,4 %; letzte Zählung 2000: 97 483 412 Einw. – Z 1995: 75 % Mestizen, 14 % Indianer, 10 % Weiße; über 150 000 Ausländer ▪ **Sprachen** 2000: 98,8 % Spanisch, 7,1 % indianische Sprachen, davon u. a. 24,0 % Náhuatl (Aztekisch), 13,2 % Maya, 7,2 % Mixteco, 7,0 % Zapoteco und weitere 83 Sprachen; 1,2 % sprechen nur indianische Sprachen ▪ **Religion** 2000: 90,4 % Katholiken, 5,2 % Protestanten, 3,5 % religionslos; Minderheiten von Bahai, Juden u. a.

STAATS- UND REGIERUNGSFORM Verfassung von 1917, zuletzt geändert 1994 – Präsidiale Bundesrepublik seit 1917 – Parlament (Congreso de la Unión): Abgeordnetenhaus (Cámara Federal de Diputados) mit 500 Mitgl. und Senat (Senado) mit 128 Mitgl.; Wahl alle 3 bzw. 6 J. – Direktwahl des Staatsoberh. alle 6 J. (keine Wiederwahl) – Wahlrecht ab 18 J., Verheiratete ab 16 J. ▪ **Unabhängigkeit:** Proklamation 16. 9. 1810 (ehem. spanische Kolonie) ▪ **Nationalfeiertag:** 16. 9.

REGIERUNG UND PARTEIEN **Staats- u. Regierungschef:** Vicente Fox Quesada (PAN), seit 1. 12. 2000 – **Äußeres:** Luis Ernesto Derbez Bautista, seit 10. 1. 2003 ▪ **Parlament:** Wahlen vom 6. 7. 2003: Abgeordnetenhaus: Partido Revolucionario Institucional / PRI 224 von 500 Sitzen (2000: 209), Partido Acción Nacional / PAN 153 (208), Partido de la Revolución Democrática / PRD 95 (53), Partido Verde Ecologista / PVEM 17 (15), Partido de Trabajo / PT 6 (9), Sonstige 5 (6) – Senat (nach Teilwahlen vom 2. 7. 2000): PRI 60 von 128 Sitzen (1994: 77), PAN 46 (33), PRD 15 (16), PVEM 5 (1), Sonstige 2 (1)

WIRTSCHAFT **BIP** 2003: 626,080 Mrd. $; realer Zuwachs: 1,3 %; Anteil (2003) Landwirtschaft 4 %, Industrie 26 %, Dienstleistungen 70 % ▪ **Erwerbstätigkeit** 2001: Landwirtsch. 18,1 %, Industrie 26,7 %, Dienstl. 55,2 % ▪ **Arbeitslosigkeit** ∅ 2004: 3,8 % (hohe Unterbeschäftigung) ▪ **Inflation** ∅ 2004: 4,7 % ▪ **Außenhandel** 2004: **Import:** 197,2 Mrd. $; *Güter:* 23 % Elektronik, 17 % Maschinen, 12 % Kfz und -Teile, 8 % chemische Erzeugnisse, 5 % Kunststoffe, 5 % Eisen und Stahl; *Länder:* 56 % USA, 7 % VR China, 5 % Japan, 4 % Deutschland, 3 % Kanada; **Export:** 188,6 Mrd. $; *Güter:* 85 % Industrieprodukte (davon 74 % Metallprodukte, Maschinen und Ausrüstungen, 8 % chem. Erzeugnisse, 7 % Textilien und Leder, 4 % Basismetalle, 3 % Lebensmittel), 12 % Bergbauprodukte; *Länder:* 88 % USA

CHRONIK

Nach Ablauf von zwei Dritteln seiner Amtszeit genießt Präsident Vicente Fox Quesada (Partido Acción Nacional / PAN) laut Umfragen nach wie vor eine große Popularität. Doch ohne eine Mehrheit im Parlament und mit einer Vielzahl von Gliedstaaten und Lokalregierungen in der Hand der Opposition kam der von ihm versprochene politische Erneuerungsprozess nicht voran. Als Reformbremse hatte sich vor allem der Partido Revolucionario Institucional (PRI) erwiesen, der auf nationaler Ebene ohne Unterbrechung zwischen 1929 und 2000 regiert hatte. Die Partei besitzt im Kongress nach wie vor eine komfortable Mehrheit. Gegen ihren Willen sind weitreichende, einer Verfassungsänderung bedürfende Reformen nicht möglich.

INNENPOLITIK

Mitte November 2004 entbrannte zwischen der Regierung und dem von der Opposition dominierten Parlament eine Kontroverse über den Haushaltsplan 2005. Gegen den Willen des PAN hatte die Opposition schwer wiegende Änderungen am Budgetvoranschlag der Regierung vorgenommen. Fox zeigte sich nicht bereit, die radikalen Änderungen zu akzeptieren und warf der Opposition unter Führung des PRI und des linken Partido de la Revolución Democrática (PRD) vor, erneut die Regierung blockieren zu wollen. Gelang es der Regierung dagegen einmal, Gesetzesvorhaben durch das Parlament zu bringen, so sah sie sich mit dem Protest der von den Reformen Betroffenen konfrontiert: So demonstrierten etwa Anfang September 2004 Gewerkschaften mit Kundgebungen und Streikaktionen in Mexiko-Stadt gegen die zuvor beschlossene Reform der staatlichen Sozialversicherung und wandten sich gegen eine geplante Novellierung des Arbeitsrechts, mit der Entlassungen erleichtert würden.

Das Ausbleiben der von Fox versprochenen Reformen ist zum Teil auch auf politisches Missmanagement des Präsidenten zurückzuführen. Mitte Juli 2004 beendete Marta Sahagún, die Frau des Präsidenten, monatelange Spekulationen, sie würde als Kandidatin der PAN bei den Präsidentschaftswahlen 2006 antreten. Fox, der sich laut Verfassung 2006 nicht wieder zur Wahl stellen kann, war innerparteilich unter Druck geraten, weil er die politischen Ambitionen seiner Frau nicht unterbunden hatte.

Schlagzeilen machte vor allem der politische **Konflikt zwischen Präsident Fox und dem linkspopulistischen Oberbürgermeister von Mexiko-Stadt**, Andrés Manuel López Obrador (PRD), einem der aussichtsreichsten Kandidaten für die Präsidentschaftswahlen 2006. Schon seit längerem liefen Versuche der Justizbehörden, die Immunität des populären Politikers aufheben zu lassen, um ihn wegen Amtsmissbrauchs anklagen zu können. López soll sich bei einem Straßenbauprojekt über einen gerichtlich angeordneten Baustopp hinweggesetzt haben. López und seine Anhänger vermuten hinter der Maßnahme ein politisches Manöver der Regierung, um den Oberbürgermeister im Vorfeld der Wahlen politisch kaltzustellen. Nachdem das Abgeordnetenhaus Anfang April 2004 die Immunität von López mit 360 zu 127 Stimmen aufgehoben hatte und damit einen Prozess gegen ihn ermöglichte, kam es in den folgenden Monaten immer wieder zu **Massenprotesten der Bevölkerung**, so etwa am 29. 8. 2004, als über 200 000 Personen in Mexiko-Stadt für seinen Verbleib im Amt demonstrierten. Mitte April 2005 kamen bei einer der größten Demonstrationen in der jüngeren Geschichte des Landes in der Hauptstadt erneut mehrere hunderttausend Menschen zusammen, um ihre Unterstützung für López kundzutun. Anfang Mai zeichnete sich jedoch nach einem kurzen Treffen von Fox und López eine Entspannung in dem Konflikt ab. Fox entließ Generalstaatsanwalt Rafael Macedo Concha, der den Prozess gegen López wegen Amtsmissbrauchs angestrengt und die Aufhebung der Immunität erreicht hatte. Zudem kamen Fox und López überein, dass die Wahlen im Juli 2006 »friedlich, sauber und frei« verlaufen sollen.

▪ **Bundesstaaten:** Zugleich ging der Machtverlust des PAN zugunsten der Oppositionsparteien PRI und PRD in den mexikanischen Gliedstaaten weiter: In den nordmexikanischen Bundesstaaten Chihuahua, Durango und Zacatecas setzte sich bei den Regionalwahlen im Juli 2004 dieser allgemeine Trend fort. Die **Gouverneurswahlen** Anfang Februar 2005 in dem Bundesstaat Baja California Sur an der Pazifikküste entschied der PRD für sich, in Quintana Sur auf der Halbinsel Yucatán siegte der PRI, und im Staat Guerrero an der Südwestküste, wo seit Generationen der PRI den Gouverneur stellte, konnte sich mit 55 % ein PRD-Kandidat, Zeferino Torreblanca, durchsetzen. Die Wahl von Guerrero war von einer Gewaltwelle überschattet worden. Unbekannte hatten drei Polizisten und einen 15 Jahre alten Jungen getötet, zudem wurde eine Polizeikaserne mit Granaten angegriffen. Der PRD warf dem PRI indirekt vor, hinter den Bluttaten zu stecken, um Angst in der Bevölkerung zu schüren.

▪ **Weitere Ereignisse:** Anfang Dezember 2004 wurde Enrique Salinas, ein Bruder des von 1988 bis 1994 regierenden Ex-Präsidenten Carlos Salinas de Gotari, ermordet aufgefunden. Die Hintergründe der Tat sind nicht bekannt. Gegen Enrique Salinas war wegen des Verdachts auf Geldwäsche ermittelt worden. Er soll hinter der Organisation von Transaktionen gestanden haben, mit denen ein weiterer Bruder aus der Familie Salinas, Raúl Salinas, Anfang der neunziger Jahre große Summen öffentlicher Gelder außer Landes geschafft haben soll. Anfang Juni 2005 hob ein Appellationsgericht ein im Jahr 1995 gesprochenes Urteil gegen Raúl Salinas im Fall der Ermordung des PRI-Generalsekretärs José Francisco Ruiz Massieu im September 1994 wieder auf. Am 23. 7. wurde gegen den früheren Präsidenten Luis Echeverría Álvarez, der das Land von 1970–76 regiert hatte, ein Haftbefehl erlassen. Ihm wird vorgeworfen, für den gewaltsamen Tod von 30 Studenten bei einer von Polizeikräften aufgelösten Demonstration am 10. 6. 1971 verantwortlich gewesen zu sein.

AUSSENPOLITIK

▪ **USA:** Obwohl sich die bilateralen Beziehungen zwischen Mexiko und den **USA** in letzter Zeit nicht positiv entwickelt haben, besuchte Präsident Fox vom 15.-18. 6. 2004 den Mittleren Westen der USA, wo er sich für eine Intensivierung der Wirtschaftsbeziehungen aussprach. Fox warb bei US-Unternehmern um Investitionen in sein Land, da sich in Mexiko hierfür oft bessere Rahmenbedingungen böten als etwa in der VR China. Der Hintergrund für den ungewöhnlich offenen Vergleich mit China ist der Umstand, dass Mexiko seit der Aufnahme Pekings in die WTO im USA-Handel bei Produkten wie etwa Textilien, Schuhen oder Spielzeug zunehmend Marktanteile an Peking verliert. Die USA importierten 2003 erstmals mehr Waren aus China als aus Mexiko, von wo etwa 10 % des US-Imports stammen. Am 23. 6. empfing Fox den Gouverneur von Texas zu einem Gespräch über Handels- und Transitfragen, wobei jedoch auch das Urteil des Internationalen Gerichtshofes von März 2004 (→ WA 2005, S. 297) über den von den USA verweigerten konsularischen Beistand für zum Tode verurteilte Mexikaner in den USA zur Sprache kam. Am 8. 3. 2005 gab das US-Justizministerium bekannt, dass US-Präsident Bush einer Überprüfung der Todesurteile zugestimmt habe.

Eines der zentralen Themen in den beiderseitigen Beziehungen ist die **illegale Immigration aus Mexiko** in die USA. Von den schätzungsweise 8–12 Mio. Migranten, die heute illegal in den USA leben und arbeiten, stammen rund die Hälfte aus Mexiko, und trotz verstärkter Anstrengungen auf beiden Seiten war es in den letzten Jahren nicht gelungen, den Zustrom von Mexikanern über die grüne Grenze zu reduzieren. Zwei Wochen nach dem Dreiergipfel von Mexiko, Kanada und den USA Mitte März 2005 kündigten die USA eine weitere Verschärfung der Bestimmungen für die Einreise aus Kanada, Mexiko und der Karibik in die USA an. Die USA wollen außerdem eine Art Gastarbeiter-Status einführen, um illegalen Immigranten so die Chance zu geben, ihren Aufenthalt zu legalisieren.

Nach Angaben der mexikanischen Zentralbank stiegen die **Devisen-Rückführungen** von in den USA lebenden Mexikanern in ihr Heimatland zwischen 1995 und 2003 von 3,7 auf 13,3 Mrd. US-$ (→ Grafik). Damit sind die Geldrücksendungen seit 2003 nach den Erdöleinnahmen und dem Tourismus die zweitwichtigste Devisenquelle des Landes.

Mexiko: Überweisungen von Auslandsmexikanern

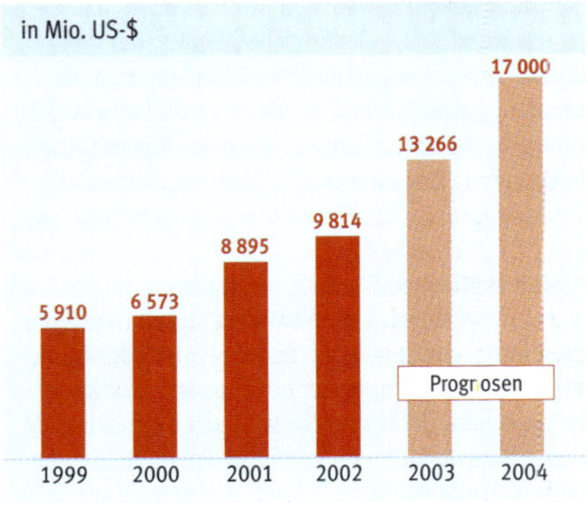

Quelle: Banco de México 2005

Mikronesien Ozeanien

Föderierte Staaten von Mikronesien
Federated States of Micronesia – FM / FSM

Fläche (Weltrang: 174): 700 km²

Einwohner (176): F 2003 125 000 = 179 je km²

Hauptstadt: Kolonia

Regierungssitz: Palikir

Amtssprache: Englisch

Bruttonationaleinkommen 2003 je Einw.: 2070 $

Währung: US-$
Kurs: 1 € = 1,21 US-$ (1. 7. 2005)

Botschaft der Föderierten Staaten von Mikronesien
1725 North Street N. W., Washington D. C. 20 036
T 001 – 202 – 223 43 83, Fax 223 43 91

LANDESSTRUKTUR **Fläche:** 700 km²; davon Pohnpei 344 km², Chuuk 127 km², Yap 119 km², Kosrae 110 km²; Karte → WA 2005, S. 298 ▪ **Verwaltung:** 4 Teilstaaten ▪ **Städte:** (F 1989) Weno (Chuuk) 15 253 Einw., Kolonia (Pohnpei) 6169, Colonia (Yap) 3456

BEVÖLKERUNG Mikronesier – F 2003: 125 000 Einw.; Bevölkerungswachstum: 1,8 %; letzte Zählung 2000: 107 008 Einw. (Chuuk 53 595, Pohnpei 34 486, Yap 11 241, Kosrae 7686) – 9 mikronesische und polynesische Ethnien ▪ **Sprachen:** Englisch, 9 mikronesische und polynesische Sprachen ▪ **Religion** 2002: 73 % Katholiken, protestantische Minderheit

STAATS- UND REGIERUNGSFORM Verfassung von 1979 – Bundesrepublik seit 1980 – Freier Assoziierungsvertrag mit den USA (für Verteidigung zuständig) seit 1986 – Parlament (Congress) mit 14 Mitgl., Wahl von 4 Mitgl. alle 4 J., sonst alle 2 J.; ernennt Staatsoberh. alle 4 J. – Wahlrecht ab 18 J. ▪ **Unabhängigkeit:** Proklamation 3. 11. 1986, endgültig 22. 12. 1990 ▪ **Nationalfeiertag:** 3. 11.

REGIERUNG UND PARTEIEN **Staats- u. Regierungschef:** Joseph J. Urusemal, seit 11. 5. 2003 – **Äußeres:** Sebastian Anefal, seit 5. 9. 2003 ▪ **Parlament:** Wahlen zum Parlament vom 8. 3. 2005: keine Parteien

WIRTSCHAFT **BIP** 2003: 243 Mio. $; realer Zuwachs: 2,4 %; Anteil (2000) Landwirtschaft 50 %, Industrie 4 %, Dienstleistungen 46 % ▪ **Erwerbstätigkeit** 2000: Landwirtsch. 55 % ▪ **Arbeitslosigkeit** ∅ 2000: 2,6 % ▪ **Inflation:** k. A. ▪ **Außenhandel** 1999: **Import:** 12,3 Mio. $; *Güter:* 25 % Nahrungsmittel, 20 % Brennstoffe, 20 % Maschinen; *Länder:* 44 % USA, 20 % Australien; **Export:** 2,1 Mio. $; *Güter:* 92 % Fisch; *Länder:* 84 % Japan

Moldau Südost-Europa

Republik Moldau; auch: Moldawien;
Republica Moldova – MD / MDA

Fläche (Weltrang: 135): 33 800 km^2

Einwohner (119): F 2003 4 238 000 = 125 je km^2

Hauptstadt: Chişinău (Chisinau, Kischinjow)

Amtssprache: Moldauisch

Bruttonationaleinkommen 2003 je Einw.: 590 $

Währung: 1 Moldau-Leu (MDL) = 100 Bani
Kurs: 1 US-$ = 12,60 MDL; 1 € = 15,76 MDL

Botschaft der Republik Moldau
Gotlandstr. 16, 10439 Berlin
T 030 / 44 65 29 70, Fax 44 65 29 72
www.botschaft-moldau.de

LANDESSTRUKTUR **Fläche**: 33 800 km^2; Karte → WA 2005, S. 300 ▪ **Verwaltung**: 31 Distrikte, 2 autonome Gebiete: Gagausien und die Dnjestr-Republik (Transnistrien → unten), 3 Stadtbezirke: Chişinău, Bălţi und Tighina ▪ **Städte**: (Z 2004) Chişinău 716 530 Einw.; (F 1996) Tiraspol 187 000; (Z 2004) Bălţi 127 673; (F 1996) Tighina 128 000

BEVÖLKERUNG Moldauer – F 2003: 4 238 000 Einw.; Bevölkerungswachstum: –0,4 %; letzte Zählung 2004 (vorl.): 3 388 071 Einw. – Z 1989: 64,5 % Moldauer, 13,8 % Ukrainer, 13,0 % Russen, 3,5 % Gagausen, 2,0 % Bulgaren, 3,1 % Sonstige ▪ **Sprachen** 1989: 67 % Moldauisch, Russisch; Ukrainisch, Gagausisch (Turksprache mit kyrillischer Schrift) u. a. ▪ **Religion** 2002: v. a. Russisch-Orthodoxe; 20 000 Katholiken

STAATS- UND REGIERUNGSFORM Verfassung von 1994 – Republik seit 1991 – Parlament mit 101 Mitgl., Wahl alle 4 J. – Wahl des Staatsoberh. durch Parlament alle 5 J. – Wahlrecht ab 18 J. ▪ **Unabhängigkeit**: Souveränitätserklärung 23. 6. 1990, Proklamation 27. 8. 1991 ▪ **Nationalfeiertag**: 27. 8.

REGIERUNG UND PARTEIEN **Staatsoberhaupt**: Wladimir Woronin (PCRM), seit 4. 4. 2001; wieder gewählt am 4. 4. 2005 – **Regierungschef**: Wasile Tarlew, seit 19. 4. 2001 – **Äußeres**: Andrei Strătan, seit 4. 2. 2004 ▪ **Parlament**: Wahlen vom 6. 3. 2005: Kommunistische Partei/PCRM 56 von 101 Sitzen (2001: 71), Demokratischer Wahlblock (Allianz Unsere Moldau 23, Demokratische Partei 8, Sozialliberale Partei 3) zus. 34 (19), Christlich-Demokratische Volkspartei/PPCD 11 (11)

WIRTSCHAFT **BIP** 2003: 1,964 Mrd. $; realer Zuwachs: 6,3 %; Anteil (2003) Landwirtschaft 23 %, Industrie 25 %, Dienstleistungen 53 % ▪ **Erwerbstätigkeit** 2001: Landwirtsch. 51,0 %, Industrie 13,9 %, Dienstl. 35,1 % ▪ **Arbeitslosigkeit** ∅ 2003: 7,9 % ▪ **Inflation** ∅ 2003: 11,6 % ▪ **Außenhandel** 2003 (vorläufig): **Import**: 1007 Mio. €; *Güter*: 25 % Maschinen, elektrische und elektronische Geräte, 25 % Textilien und Bekleidung, 16 % Kfz-Teile, 7 % chemische Produkte, 6 % Plastik- und Gummiwaren; *Länder*: 22 % Ukraine, 15 % Russland, 12 % Rumänien, 10 % Deutschland, 7 % Italien, 4 % Weißrussland, 4 % Frankreich, 3 % Bulgarien; **Export**: 788 Mio. €; *Güter*: 54 % Textilwaren, 18 % Lederwaren, 15 % Nahrungsmittel, Getränke und Tabak; *Länder*: 33 % Russland, 10 % Italien, 9 % Rumänien, 6 % Ukraine, 6 % Deutschland

Gagausien

Fläche: 1832 km^2 ▪ **Bevölkerung** Z 2004: 158 600 Einw. ▪ **Sprachen**: Gagausisch ▪ **Hauptstadt** (Z 1989): Comrat 27 500 Einw. ▪ **Status:** Autonomie-Statut seit 23. 12. 1994 – Volksversammlung mit 35 Mitgl. ▪ **Regierung:** Gouverneur: Gheorghe Tabunschik, seit 2002

Dnjestr-Republik

Fläche: 2500 km^2; 5 Bezirke, meist östlich des Flusses Dnjestr gelegen ▪ **Bevölkerung** F 2003: 629 800 Einw. ▪ **Sprachen**: Russisch, Ukrainisch ▪ **Städte** (F 1996): Tiraspol 187 000 Einw. ▪ **Status:** Parlament mit 54 Mitgl. ▪ **Regierung:** Präsident: Igor Smirnow, seit 1. 12. 1991

CHRONIK

▪ **Parlaments- und Präsidentschaftswahlen:** Die bisher regierende Kommunistische Partei (PCRM) errang bei den Wahlen (Wahlbeteiligung 64 %) am 6. 3. 2005 46 % der Stimmen, erhielt aber trotz hoher Verluste wieder die absolute Mehrheit der Parlamentssitze (56 von 101 Mandaten). Die noch bei den letzten Wahl moskautreuen Kommunisten plädierten im Wahlkampf für einen EU-Beitritt Moldaus und eine Annäherung an die USA. Das Wahlbündnis Demokratisches Moldawien (BDM) kam auf 29 % der Stimmen, die nationalpopulistische Christdemokratische Volkspartei (PPCD) erhielt 9 %.

Präsident Wladimir Woronin, der für seine Wiederwahl am 4. 4. 2005 auf die Unterstützung anderer Parteien angewiesen war, gelang es, durch seine Westorientierung die Unterstützung der bislang strikt antikommunistischen PPCD und die nach der Wahl aus dem BDM ausgetretene Demokratische Partei (8 Mandate) für sich zu gewinnen. Woronin ernannte anschließend Wasile Tarlew (PCRM) erneut zum Ministerpräsidenten.

Monaco West-Europa

Fürstentum Monaco; Principauté de Monaco – MC / MCO

Fläche (Weltrang: 192): 1,95 km²

Einwohner (187): F 2003 33 000 = 16 923 je km²

Hauptstadt: Monaco-Ville (Monaco)

Amtssprache: Französisch

Bruttonationaleinkommen 2003 je Einw.: k. A.

Währung: 1 Euro (€) = 100 Cent
Kurs: 1 US-$ = 0,83 € (1. 7. 2005)

Botschaft des Fürstentums Monaco
Klingelhöferstr. 7, 10785 Berlin
T 030 / 26 39 03 3, Fax 26 39 03 44
E-Mail: ambassademonaco@aol.com

LANDESSTRUKTUR **Fläche:** 1,95 km²; → Karte ▪ **Verwaltung:** 4 Quartiers ▪ **Städte:** (Z 2000) Monte Carlo 15 507 Einw., La Condamine (Hafen) 12 187, Fontvieille 3292, Monaco-Ville 1034

BEVÖLKERUNG Monegassen – F 2003: 33 000 Einw.; letzte Zählung 2000: 32 020 Einw. – 19 % Monegassen, 32 % Franzosen, 20 % Italiener u. a. ▪ **Sprachen:** Französisch und Monegassisch, z. T. Italienisch und Englisch als Umgangssprache ▪ **Religion** 2002: 91 % Katholiken, Minderheiten von Protestanten, Orthodoxen und Juden

STAATS- UND REGIERUNGSFORM Verfassung von 1962 – Parlamentarische Monarchie (Fürstentum) mit eingeschränkter Souveränität – Wirtschafts- und Währungsunion mit Frankreich – Parlament: Nationalrat (Conseil National) mit 24 (vorher 18) und Gemeinderat (Conseil Communal) mit 15 Mitgl.; Wahl alle 5 J. – Laut Schutzvertrag von 1861 schlägt Frankreich den Staatsminister vor, der anschließend vom Fürsten ernannt wird – Wahlrecht ab 18 J. ▪ **Unabhängigkeit:** 25. 2. 1489; fällt bei Erlöschen der Dynastie Grimaldi an Frankreich ▪ **Nationalfeiertag:** 19. 11. (Fête du Prince)

Fürst Albert II. mit Caroline (links) und Stéphanie am 12. 7. 2005

REGIERUNG UND PARTEIEN **Staatsoberhaupt:** Fürst Albert II., seit 1. 4. 2005 – **Regierungschef u. Äußeres:** Jean-Paul Proust, seit 1. 6. 2005 ▪ **Parlament:** Wahlen zum Nationalrat am 9. 2. 2003: Union pour Monaco / UNAM 21 von 24 Sitzen (1998: – von 18), Union Nationale et Démocratique / UND 3 (18)

WIRTSCHAFT **BIP** 2003: (S) 2,5 Mrd. €; realer Zuwachs: k. A.; ▪ **Erwerbstätigkeit:** k. A. ▪ **Arbeitslosigkeit:** k. A. ▪ **Inflation:** k. A. ▪ **Außenhandel** statistisch unter Frankreich erfasst

CHRONIK

Fürst **Rainier III. von Monaco verstarb am 6. 4.** 2005 nach langer Krankheit in Monte Carlo im Alter von 81 Jahren. Er hatte als dienstältestes Staatsoberhaupt Europas 55 Jahre an der Spitze einer der kleinsten Monarchien der Welt gestanden. Sein 1958 geborener Sohn, Kronprinz Albert Alexander, der am 1. 4. die Regentschaft übernommen hatte, trat nach dem Tod Rainiers III. als Albert II. die Nachfolge als regierender Fürst von Monaco und Oberhaupt der Familie Grimaldi an. Die offizielle Inthronisation Alberts erfolgte nach Ablauf der dreimonatigen Trauerfrist am 12. 7.

Der **Europarat** nahm Monaco am 5. 10. 2004, sechs Jahre nach Antragstellung, als 46. Mitglied in seine Reihen auf. Zuvor musste sich die konstitutionelle Monarchie demokratisch-rechtsstaatlich reformieren und ihre Souveränität gegenüber Frankreich stärken. Jedoch durfte sie der Minderheit von rd. 7700 monegassischen Staatsbürgern unter den rd. 32 000 Einwohnern bestimmte Privilegien vorbehalten, insbesondere auf dem Arbeits- und Wohnungsmarkt.

Mongolei Zentral-Asien

Monggol Ulus – MN / MNG

Fläche (Weltrang: 18): 1 564 100 km^2

Einwohner (136): F 2003 2 480 000 = 1,6 je km^2

Hauptstadt: Ulaanbaatar (Ulan-Bator)

Amtssprache: Mongolisch

Bruttonationaleinkommen 2003 je Einw.: 480 $

Währung: 1 Tugrik (Tug.) = 100 Mongo
Kurs: 1 US-$ = 1189 Tug.; 1 € = 1489,60 Tug.

Botschaft der Mongolei
Dietzgenstr. 31, 13156 Berlin
T 030 / 47 48 06 – 0, Fax 47 48 06 26
E-Mail: mongolbot@aol.com

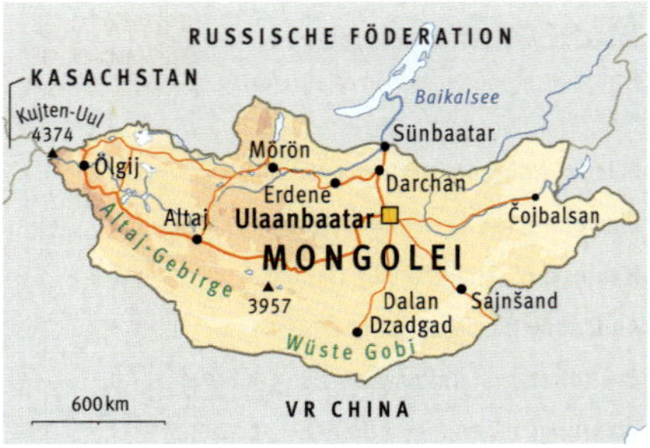

LANDESSTRUKTUR **Fläche**: 1 564 100 km^2; → Karte ▪ **Verwaltung**: 21 Provinzen, 1 Stadtbezirk: Ulaanbaatar ▪ **Städte**: (Z 2000) Ulaanbaatar (Ulan-Bator) 760 077 Einw., Erdene 68 310, Darchan 65 791, Čojbalsan 41 714

BEVÖLKERUNG Mongolen – F 2003: 2 480 000 Einw.; Bevölkerungswachstum: 1,3 %; letzte Zählung 2000: 2 373 493 Einw. – 94 % Mongolen (v. a. 81,5 % Chalcha, 1,7 % Burjaten, 1,3 % Daringanga u. a.), 4,3 % Kasachen; Minderheiten von Chinesen und Russen ▪ **Sprachen**: Mongolisch (Chalcha, seit 1993 mit mongolischem Alphabet); Russisch, Kasachisch; Sprachen der Minderheiten ▪ **Religion**: 90 % Buddhisten; indigene Religionen (Schamanismus); Muslime

STAATS- UND REGIERUNGSFORM Verfassung von 1992 – Republik seit 1992 – Parlament (Großer Volkshural) mit 76 Mitgl., Wahl alle 4 J. – Direktwahl des Staatsoberh. alle 4 J. – Wahlpflicht ab 18 J. ▪ **Unabhängigkeit**: 11. 7. 1921, 5. 1. 1946 durch China völkerrechtlich anerkannt ▪ **Nationalfeiertag**: 11. 7.

REGIERUNG UND PARTEIEN **Staatsoberhaupt**: Nambaryn Enkhbayar (MRVP), seit 24. 6. 2005 – **Regierungschef**: Tsakhiagiyn Elbegdorj (NDP), seit 20. 8. 2004; Koalition aus MDC und MRVP – **Äußeres**: Tsend Munk-Orgil, seit 20. 8. 2004 ▪ **Parlament**: Wahl vom 27. 6. 2004: Revolutionäre Volkspartei / MRVP 36 von 76 Sitzen (2000: 72), Demokratische Allianz / MDC: Nationale Demokratische Partei / NDP, Bürgermutpartei und Mutterland-Demokratische Neue Sozialisten 36 (–), Sonstige 1 (3), Unabhängige 3 (1)

WIRTSCHAFT **BIP** 2003: 1,274 Mrd. $; realer Zuwachs: 5,6 %; Anteil (2003) Landwirtschaft 28 %, Industrie 15 %, Dienstleistungen 57 % ▪ **Erwerbstätigkeit** 2002: Landwirtsch. 44,9 %, Industrie 11,4 %, Dienstl. 43,7 % ▪ **Arbeitslosigkeit** ∅ 2002: 17 % ▪ **Inflation** ∅ 2004: 11,0 % ▪ **Außenhandel** 2003: **Import**: 787,3 Mio. $; *Güter*: 20 % Maschinen, mechanische und elektrische Geräte, 19 % mineralische Produkte, 10 % Textilien, 10 % Transportmittel; *Länder* 2002: 34 % Russland, 24 % VR China, 12 % Rep. Korea; **Export**: 600,2 Mio. $; *Güter*: 33 % mineralische Produkte (u. a. Kupfer), 26 % Textilien, 23 % Edelmetalle (u. a. Gold); *Länder* 2002: 42 % VR China, 32 % USA, 9 % Russland

CHRONIK

▪ **Anhaltende politische Krise:** Nachdem die bislang regierende Revolutionäre Volkspartei (MAKN) und das oppositionelle reformorientierte Parteienbündnis Mutterland-Demokratie-Koalition (MDC) gleich stark aus der Parlamentswahl am 27. 6. 2004 (→ WA 2005, S. 301) hervorgegangen waren, einigten sie sich auf die Bildung einer großen Koalition mit der Maßgabe, zur Hälfte der Legislaturperiode (2006) die Regierungsführung zu wechseln. Am 20. 8. wählte der Große Volkshural mit 66 der 76 Mitglieder Tsakhiagiyn Elbegdorj von der Demokratischen Partei (DP), der dominierenden Kraft der MDC, zum neuen Ministerpräsidenten. **Streitigkeiten** innerhalb des Parteienbündnisses MDC führten dazu, dass insgesamt 23 Abgeordnete, unter ihnen zwei Parteivorsitzende, sowie zwei Unabhängige zur MAKN-Fraktion überwechselten, sodass diese im Januar 2005 über 61 Sitze und damit über die Mehrheit im Parlament verfügte. Ende des Monats reichten außerdem zwei Minister ihren Rücktritt ein.

▪ **Präsidentschaftswahl:** Der Kandidat der MAKN, Nambaryn Enkhbayar, siegte am 22. 5. 2005 im ersten Wahlgang mit 53,5 % der Stimmen (Wahlbeteiligung 75 %). Der ehemalige Regierungschef setzte sich gegen drei weitere Kandidaten durch, von denen Mendsaichanin Enchsaichan von der DP auf 19,8 % kam.

Mosambik Südost-Afrika

Republik Mosambik; República de Moçambique – MZ / MOZ

Fläche (Weltrang: 34): 799 380 km²

Einwohner (54): F 2003 18 791 000 = 24 je km²

Hauptstadt: Maputo

Amtssprache: Portugiesisch

Bruttonationaleinkommen 2003 je Einw.: 210 $

Währung: 1 Metical (MT) = 100 Centavos
Kurs: 1 US-$ = 24 193 MT; 1 € = 30 177 MT

Botschaft der Republik Mosambik
Stromstr. 47, 10551 Berlin
T 030 / 39 87 65 06, Fax 39 87 65 03
E-Mail: emoza@aol.com

LANDESSTRUKTUR **Fläche:** 799 380 km²; → Karte ▪ **Verwaltung:** 10 Provinzen und Hauptstadt ▪ **Städte:** (F 2001) Maputo 1 134 000 Einw.; (Z 1997) Matola 440 927, Beira 412 588, Nampula 314 965, Chimoio 177 608, Nacala 164 309, Quelimane 153 187, Tete 104 832, Xai-Xai 103 251, Gurue 101 367

BEVÖLKERUNG Mosambikaner – F 2003: 18 791 000 Einw.; Bevölkerungswachstum: 1,9 %; letzte Zählung 1997: 16 099 246 Einw. – 98 % Bantu ▪ **Sprachen:** Portugiesisch; Swahili, Makua, Nyanja u. a. Bantu-Sprachen ▪ **Religion** 2002: 70 % Anhänger von indigenen Religionen, 23 % Muslime, 22 % Katholiken, 7 % Protestanten; hinduistische Minderheit

STAATS- UND REGIERUNGSFORM Neue Verfassung vom 16. 11. 2004 – Präsidialrepublik (im Commonwealth) seit 1990 – Parlament (Assembleia da República) mit 250 Mitgl., Wahl alle 5 J. – Direktwahl des Staatsoberh. alle 5 J., einmalige Wiederwahl – Wahlrecht ab 18 J. ▪ **Unabhängigkeit:** 25. 6. 1975 (ehem. portugiesische Kolonie) ▪ **Nationalfeiertag:** 25. 6.

REGIERUNG UND PARTEIEN **Staatsoberhaupt:** Armando Emilio Guebuza (Generalsekretär der FRELIMO), seit 2. 2. 2005 – **Regierungschef:** Luisa Dias Diogo (FRELIMO), seit 17. 2. 2004 – **Äußeres:** Alcinda Abreu (FRELIMO), seit 3. 2. 2005 ▪ **Parlament:** Wahlen vom 1. / 2. 12. 2004: Frente de Libertação de Moçambique / FRELIMO 160 von 250 Sitzen (1999: 133), Resistência Nacional Moçambicana / RENAMO-União Eleitoral 90 (112)

WIRTSCHAFT **BIP** 2003: 4,321 Mrd. $; realer Zuwachs: 7,1 %; Anteil (2003) Landwirtschaft 26 %, Industrie 31 %, Dienstleistungen 43 % ▪ **Erwerbstätigkeit** 2002: Landwirtsch. 81 % ▪ **Arbeitslosigkeit:** k. A. ▪ **Inflation** ∅ 2003: 13,4 % ▪ **Außenhandel** 2002: **Import:** 1262,9 Mio. $; *Güter* 2001: 22 % Maschinen und Transportausrüstungen, 16 % mineralische Brennstoffe und Schmiermittel, 12 % Nahrungsmittel und lebende Tiere, 10 % bearbeitete Waren; *Länder* 2001: 40 % Südafrika, 8 % Portugal; **Export:** 681,8 Mio. $; *Güter:* 53 % Aluminium, 16 % Elektrizität; *Länder* 2001: 15 % Südafrika, 5 % Simbabwe

CHRONIK

Bei den Präsidentschafts- und Parlamentswahlen am 1. / 2. 12. 2004 konnte sich erneut die regierende Frente de Libertação de Moçambique (FRELIMO) gegen die oppositionelle Resistência Nacional Moçambicana (RENAMO) durchsetzen. **Präsident** wurde mit 63,74 % der Stimmen der bisherige Generalsekretär der FRELIMO, Armando Emilio Guebuza. Der Parteivorsitzende der RENAMO, Afonso Dhlakama, erhielt 31,74 %.

Bei den **Parlamentswahlen** konnten von den mehr als 20 angetretenen Parteien nur FRELIMO und RENAMO die 5-Prozent-Hürde überwinden, wobei sich auch hier der Trend der Präsidentschaftswahlen fortsetzte und RENAMO gegenüber den Wahlen von 1999 deutlich an Stimmen verlor: Sie kam nur noch auf 29,7 % der Stimmen (90 von 250 Sitzen), FRELIMO auf 62 %. Die Wahlbeteiligung wurde mit rund 36 % angegeben. Internationale Wahlbeobachter bezeichneten die Wahlen als weitgehend frei und fair. Dhlakama sprach hingegen von Wahlbetrug und verlangte zunächst eine Annullierung der Wahlen, eine Forderung, die er am 10. 1. 2005 zurückzog.

Nach der Vereidigung von Präsident Guebuza am 2. 2. 2005 ernannte er seine neue Regierung, der weiterhin Luisa Dias Diogo als Premierministerin angehören wird. Neue Außenministerin wurde Alcinda Abreu.

Myanmar Südost-Asien

Union Myanmar; auch: Birma, Burma; Pye Tawngsu Myanma Naingngan, Kurzform: Myanma Pye – MM / MMR

Fläche (Weltrang: 39): 676 552 km^2

Einwohner (24): F 2003 49 363 000 = 73 je km^2

Hauptstadt: Yangon (Rangun)

Amtssprache: Birmanisch

Bruttonationaleinkommen 2003 je Einw.: k. A.

Währung: 1 Kyat (K) = 100 Pyas
Kurs: 1 US-$ = 5,84 K; 1 € = 7,33 K

Botschaft der Union Myanmar
Zimmerstr. 56, 10117 Berlin
T 030 / 206 15 710, Fax 206 49 757
E-Mail: emb.my.berlin@t-online.de

LANDESSTRUKTUR **Fläche**: 676 552 km^2; Karte → WA 2005, S. 304 ▪ **Verwaltung**: 7 Staaten und 7 Verwaltungsbezirke ▪ **Städte**: (S 2001) Yangon (Rangun) 4 504 000 Einw.; (F 1990) Mandalay 532 895; (Z 1983) Mawlamyine (Moulmein) 219 961, Bago (Pegu) 150 528, Pathein (Bassein) 144 096, Taunggyi 108 231, Sittwe (Akyab) 107 621, Monywa 106 843

BEVÖLKERUNG Myanmaren – F 2003: 49 363 000 Einw.; Bevölkerungswachstum: 1,2 %; letzte Zählung 1983: 35 306 189 Einw. – 69 % Birmanen, 8,5 % Shan, 6,2 % Karen (Christen), 4,5 % Rohingya (Muslime), 2,4 % Mon, 2,2 % Tschin, 1,4 % Kachin u. a. ethnische Minderheiten; 1 % Inder, 1–2 % Chinesen ▪ **Sprachen**: 70 % Birmanisch; Sprachen der Minderheiten; Englisch ▪ **Religion** 1992: 87,2 % Buddhisten, 5,6 % Christen, 3,6 % Muslime, 2,6 % Anhänger von indigenen Religionen

STAATS- UND REGIERUNGSFORM Verfassung von 1974; neue Verfassung in Ausarbeitung – Sozialistische Republik seit 1974 – 1988 Putsch; Einsetzung des State Law and Order Restoration Council / SLORC mit 21 Mitgl.; seit 1997 State Peace and Development Council / SPDC mit 19 Mitgl. als Exekutive – Parlament (Volksversammlung: Pyithu Hluttaw) mit 485 Mitgl. – Nationalkonvent (Verfassunggebende Versammlung) mit 700 Delegierten – Wahlrecht ab 18 J. ▪ **Unabhängigkeit**: 4. 1. 1948 (ehem. Teil von Britisch-Indien); bis 1989 Birma bzw. Burma ▪ **Nationalfeiertag**: 4. 1.

REGIERUNG UND PARTEIEN **Staatsoberhaupt**: General Than Shwe (SPDC-Vorsitzender), seit 1992 – **Regierungschef**: Soe Win, seit 19. 10. 2004 – **Äußeres**: Nyan Win, seit 18. 9. 2004 ▪ **Parlament**: Erste freie Wahlen vom 27. 5. 1990: National League for Democracy / NLD 392 von 485 Sitzen, Shan Nationalities League for Democracy 23, Rakhine Democratic League 11, National Unity Party (ehem. Einheitspartei) / NUP 10, Sonstige 43, Unabhängige 6; nicht konstituiert

WIRTSCHAFT **BIP** 2003: (S) 10 Mrd. $; realer Zuwachs: k. A.; Anteil (2004) Landwirtschaft 57 %, Industrie 9 %, Dienstleistungen 34 % ▪ **Erwerbstätigkeit** 2001: Landwirtsch. 70 % ▪ **Arbeitslosigkeit** ∅ 2003 / 04: 4,2 % ▪ **Inflation** ∅ 2003 / 04: 24,9 % ▪ **Außenhandel** 2004: **Import**: 2,210 Mrd. $; *Güter* 2003 / 04: 37 % Konsumgüter, 33 % Halbfertigwaren, 29 % Kapitalgüter (davon 21 % Transportausrüstungen, Maschinen und Anlagen); *Länder* 2003 / 04: 30 % Singapur, 21 % VR China, 11 % Japan, 9 % Thailand, 7 % Malaysia, 5 % Rep. Korea, 1 % Deutschland; **Export**: 2,980 Mrd. $; *Güter* 2003 / 04: 25 % Erdgas, 16 % landwirtschaftl. Erzeugnisse, 15 % forstwirtschaftliche Erzeugnisse, 14 % Textilien, 7 % Fischereiprodukte; *Länder* 2003 / 4: 34 % Thailand, 15 % Indien, 9 % VR China, 6 % Singapur, 5 % Japan, 4 % USA, 3 % Hongkong, 3 % Malaysia

CHRONIK

▪ **Entmachtung von Regierungschef Khin Nyunt:** Die Militärjunta, die als Staatlicher Rat für Frieden und Entwicklung (SPDC) firmiert, »erlaubte« General Khin Nyunt am 19. 10. 2004, »aus gesundheitlichen Gründen« von seinen Ämtern zurückzutreten. Der bisherige Ministerpräsident und Chef des Nationalen Geheimdienstes war am Tag zuvor in so genannte Schutzhaft genommen worden. Khins **Nachfolger im Amt des Regierungschefs wurde Soe Win**, bisher erster Sekretär der Junta. Der Entlassung Khins war am 18. 9. eine Regierungsumbildung vorausgegangen, bei der die Zivilisten im Kabinett, u. a. der Außenminister, durch Militärs ersetzt wurden. Politische Analysten werteten die Vorgänge als **Abschluss eines Machtkampfes im SPDC** um den künftigen Kurs, bei dem Staatschef General Than Shwe die Oberhand behielt. Als Gegner demokratischer Reformen soll er sich den Bemühungen Khins widersetzt haben, mit der Opposition ins Gespräch zu kommen.

▪ **Menschenrechtslage:** Im Zuge der Neuordnung des Geheimdienstes verfügte die Regierung im November und Dezember 2004 die **Entlassung von rund 14 000 Gefangenen**, deren unrechtmäßige Haft sie »Fehlentscheidungen des Geheimdienstes« zuschrieb. Unter den Freigelassenen befanden sich auch 45 politische Häftlinge; Friedensnobelpreisträgerin Suu Kyi blieb jedoch weiterhin unter Hausarrest.

▪ **Verfassungskonvent:** Am 17. 2. 2005 nahm der »Nationalkonvent«, der im Juli 2004 auf unbestimmte Zeit vertagt worden war (→ WA 2005, S. 303), seine Beratungen über den **»Sieben-Stufen-Plan« zur Einführung der Demokratie** wieder auf. Die NLD und andere Gruppen boykottierten die Versammlung aus Protest gegen die anhaltende Inhaftierung führender Vertreter der Opposition.

Namibia Südwest-Afrika

Republik Namibia; Republic of Namibia – NA / NAM

Fläche (Weltrang: 33): 824 292 km²

Einwohner (140): F 2003 2 015 000 = 2,4 je km²

Hauptstadt: Windhoek (Windhuk)

Amtssprache: Englisch

Bruttonationaleinkommen 2003 je Einw.: 1930 $

Währung: 1 Namibia-Dollar (N$) = 100 Cents
Kurs: 1 US-$ = 6,67 N$; 1 € = 8,32 N$

Botschaft der Republik Namibia
Wichmannstr. 5, 10787 Berlin
T 030 / 25 40 95–0, Fax 25 40 95 55
E-Mail: namibiaberlin@aol.com

LANDESSTRUKTUR **Fläche**: 824 292 km² einschließlich Walvis Bay (Walfischbucht) mit 1124 km² und vorgelagerten Inseln; → Karte ▪ **Verwaltung**: 13 Regionen; → Tabelle ▪ **Städte**: (Z 2001) Windhoek (Windhuk) 223 529 Einw., Rundu 44 413, Walvis Bay (Walfischbucht) 42 015, Oshakati 28 255, Katima Mulilo 22 694, Rehoboth 21 300, Otjiwarongo 19 614, Keetmanshoop 15 543

BEVÖLKERUNG Namibier – F 2003: 2 015 000 Einw.; Bevölkerungswachstum: 1,5 %; letzte Zählung 2001: 1 830 330 Einw. – Z 1991: v. a. Bantu-Völker: 47 % Owambo, 9 % Kavango, 7 % Herero, 7 % Damara, 5 % Nama, 3,6 % Caprivianer; 6 % Weiße; Mischlinge (sog. Kleurlinge), rd. 35 000 San (Buschmänner); rd. 32 000 Rehoboth Basters; rd. 20 000 deutscher Abstammung ▪ **Sprachen** 2001: Englisch; 48 % Oshiwambo, 11 % Nama / Damara, 11 % Afrikaans, 10 % Kavango, 8 % Otiherero u. a. Sprachen (Khoekhoe der Buschmänner); Deutsch ▪ **Religion** 2002: 62 % Protestanten (51 % Lutheraner, 6 % Niederländisch-Reformierte, 5 % Anglikaner), 20 % Katholiken; indigene Religionen

STAATS- UND REGIERUNGSFORM Verfassung von 1990, geändert 1998 – Republik (im Commonwealth) seit 1990 – Parlament: Nationalversammlung (National Assembly) mit 72 gewählten und 6 vom Staatsoberh. ernannten Mitgl. und Nationalrat (National Council) mit 26 Mitgl.; Wahl alle 5 J. bzw. 6 J. – Direktwahl des Staatsoberh. alle 5 J. – Wahlrecht ab 18 J. ▪ **Unabhängigkeit**: 21. 3. 1990 (1884–1915 deutsche Kolonie Südwestafrika, ab 1920 Treuhandgebiet unter südafrikanischer Verwaltung) ▪ **Nationalfeiertag**: 21. 3.

REGIERUNG UND PARTEIEN **Staatsoberhaupt**: Hifikepunye Lucas Pohamba (SWAPO), seit 21. 3. 2005 – **Regierungschef**: Nahas Angula (SWAPO), seit 21. 3. 2005 – **Äußeres**: Marco Hausiku (SWAPO), seit 27. 5. 2004 ▪ **Parlament**: Wahlen vom 15. / 16. 11. 2004: South West Africa People's Organisation / SWAPO 55 von 72 Sitzen (1999: 55), Congress of Democrats (COD) 5 (7), Democratic Turnhalle Alliance / DTA 4 (7), United Democratic Front / UDF 3 (2) National Unity Democratic Organisation / NUDO 3 (–) Sonstige 2 (1)

Namibia
Fläche, Bevölkerung und Bevölkerungsdichte

Region (Hauptort)	Fläche in km²	Einwohner insgesamt Z 2001	Einwohner je km²
Caprivi (Katima Mulilo)	19 532	79 826	4,1
Erongo (Swakopmund)	63 719	107 663	1,7
Hardap (Mariental)	109 888	68 249	0,6
Karas (Keetmanshoop)	161 324	69 329	0,4
Kavango (Rundu)	43 417	202 694	4,7
Khomas (Windhoek)	36 804	250 262	6,8
Kunene (Opuwo)	144 254	68 735	0,5
Ohangwena (Oshikango)	10 582	228 384	21,6
Omaheke (Gobabis)	84 731	68 039	0,8
Omusati (Outapi)	13 637	228 842	16,8
Oshana (Oshakati)	5 290	161 916	30,6
Oshikoto (Tsumeb)	26 607	161 007	6,1
Otjozondjupa (Grootfontein)	105 327	135 384	1,3
Namibia	824 292	1 830 330	2,2

Quelle: National Planning Commission 2004

WIRTSCHAFT **BIP** 2003: 4,271 Mrd. $; realer Zuwachs: 3,7 %; Anteil (2003) Landwirtschaft 11 %, Industrie 26 %, Dienstleistungen 64 % ▪ **Erwerbstätigkeit** 2002: Landwirtsch. 40 % ▪ **Arbeitslosigkeit** ∅ 2001: 31 % ▪ **Inflation** ∅ 2004: 3,9 % ▪ **Außenhandel** 2002: **Import**: 1,26 Mrd. €; *Güter*: v. a. Kfz, chemische Erzeugnisse, Erdöl-Produkte, Gummiwaren, Textilien, Nahrungsmittel; *Länder*: 84 % Südafrika; **Export**: 1,24 Mrd. €; *Güter*: 50 % Diamanten, 19 % mineralische Produkte, 15 % Nahrungsmittel und lebende Tiere, 15 % bearbeitete Waren; *Länder*: v. a. Südafrika, Großbritannien, Spanien, Deutschland, Japan

CHRONIK

Am 15. und 16. 11. 2004 fanden die **Präsidentschafts- und Parlamentswahlen** statt, bei denen sich die regierende South West African People's Organisation (SWAPO) einmal mehr mit großer Mehrheit durchsetzen konnte. Ihr Präsidentschaftskandidat, der auf dem Parteitag im Mai 2004 nominierte ehemalige Minister für Landfragen, Hifikepunye Lucas Pohamba, errang 76,3 % der Stimmen. Er wurde am 21. 3. 2005 vereidigt und stellte noch am selben Tag sein Kabinett vor. Zum Premierminister ernannte er Nahas Angula, Marco Hausiku bleibt weiterhin Außenminister. Pohamba hatte bereits im Vorfeld der Wahlen angekündigt, dass er den Kurs seines Vorgängers Sam Nujoma fortsetzen und insbesondere die **Landreform weiter vorantreiben** will (→ WA 2005, S. 305).

Die Landreform basiert auf der National Resettlement Policy (NRP), in deren Rahmen von der Regierung bisher Farmen mit einer Fläche von rd. 839 000 ha aufgekauft und an mittellose Personen, die über Erfahrung mit der Landwirtschaft verfügen müssen, für 99 Jahre kostenlos abgegeben und beim Erwerb von landwirtschaftlichen Geräten und bei der Ausbildung unterstützt werden. Ein weiteres Instrument ist das Affirmative Action Loan Scheme (AALS): Danach erhalten finanzkräftige Schwarze für den Kauf von Farmen im Besitz von Weißen günstige Kredite, wenn sie sie anschließend selbst bewirtschaften. Auf diese Weise gingen bisher rund 3,1 Mio. ha in den Besitz von Schwarzen über. Die Regierung hatte den Erwerb von Land in den letzten Jahren mit rd. 20 Mio. namibischen Dollar unterstützt und diesen Betrag 2004 auf 50 Mio. aufgestockt. Von dem kommerziell genutzten Farmland, das insgesamt 36 Mio. ha umfasst, waren bis 2003 im Rahmen von NRP und AALS rd. 11 % an Schwarze übergegangen. Im Besitz der knapp 4000 weißen Farmer befinden sich noch zwei Drittel des kommerziell genutzten Landes. Das im tropischen Norden gelegene Gemeindeland (Communal Areas) mit den fruchtbarsten Böden wurde dagegen schon immer von Schwarzen bewirtschaftet (→ Karte).

Auch bei den gleichzeitig abgehaltenen **Parlamentswahlen** konnte die SWAPO ihre absolute Mehrheit verteidigen. Sie erhielt 76,3 % der Stimmen (55 von 72 Sitzen), stärkste Oppositionspartei wurde der Congress of Democrats (COD) mit 7,4 %. Die Wahlbeteiligung lag bei 84,5 %. COD und Republican Party verlangten die Annullierung des Wahlergebnisses. Am 10. 3. 2005 wies der Oberste Gerichtshof die Wahlkommission an, die Stimmen neu zu zählen. Eine Wo-

Heidemarie Wieczorec-Zeul mit Hereroführern in Okakarara

che später bestätigte diese jedoch das amtliche Endergebnis vom 21. 11. 2004.

▪ **Beziehungen zu Deutschland:** Die Bundesministerin für wirtschaftliche Zusammenarbeit und Entwicklung, Heidemarie Wieczorek-Zeul, nahm am 14. 8. 2004 an den Gedenkfeiern der Herero zum 100. Jahrestag der Schlacht am Watersberg teil und bat im Namen Deutschlands um Vergebung für die an den Herero im Krieg von 1904–1907 begangenen Verbrechen (→ WA 2005, S. 305, → Foto). Sie betonte einmal mehr die besondere Verantwortung Deutschlands gegenüber Namibia, lehnte aber mögliche Entschädigungszahlungen ab. Bislang hatte die namibische Regierung Reparationsforderungen gegenüber Deutschland immer abgelehnt, erhob aber erstmals am 3. 10. 2004 derartige Forderungen. Nachdem Herero-Vertreter bereits mit ihrer Klage gegen die Deutsche Bank und die Schifffahrtsgesellschaft Woermann-Linie wegen Beihilfe zum Völkermord in der Vorinstanz unterlegen waren, mussten sie im Berufungsverfahren vor dem Obersten Gericht der USA am 15. 11. 2004 eine erneute Niederlage hinnehmen (→ WA 2003, Sp. 562).

Nauru Ozeanien

Republik Nauru; Naoero (nauruisch); Republic of Nauru – NR / NRU

Fläche (Weltrang: 191): 21,3 km²

Einwohner (191): F 2003 13 000 = 610 je km²

Hauptstadt: Yaren

Amtssprachen: Nauruisch, Englisch

Bruttonationaleinkommen 2003 je Einw.: k. A.

Währung: 1 Australischer Dollar ($A) = 100 Cents
Kurs: 1 US-$ = 1,32 $A; 1 € = 1,64 $A

Honorarkonsul der Republik Nauru
Romshed Courtyard, GB-Kent TN15 OSD
T 0044 – 1732 746 061, Fax 1732 454 136
E-Mail: nauru@weald.co.uk

LANDESSTRUKTUR **Fläche**: 21,3 km²; → Karte ▪ **Verwaltung**: 14 Distrikte ▪ **Städte**: (S 1989) Yaren 4000 Einw.

BEVÖLKERUNG Nauruer – F 2003: 13 000 Einw.; letzte Zählung 2002: 10 065 Einw. – Z 1983: 61,7 % Nauruer, 25 % Kiribatier und Tuvaluer, 8 % Chinesen und Vietnamesen, 5 % Europäer, Neuseeländer ▪ **Sprachen**: Englisch, Nauruisch; Sprachen der Minderheiten ▪ **Religion**: 60 % Protestanten, 30 % Katholiken

STAATS- UND REGIERUNGSFORM Verfassung von 1968 – Republik (im Commonwealth) seit 1968 – Parlament mit 18 Mitgl., Wahl alle 3 J.; ernennt Staatsoberhaupt alle 3 J. – Wahlpflicht ab 20 J. ▪ **Unabhängigkeit**: 31. 1. 1968 (ehem. UN-Treuhandgebiet seit 1947) ▪ **Nationalfeiertag**: 31. 1.

REGIERUNG UND PARTEIEN **Staats- u. Regierungschef**: Ludwig Derangadage Scotty, seit 22. 6. 2004 – **Äußeres**: David Adeang, seit 22. 6. 2004 ▪ **Parlament**: Wahlen vom 23. 10. 2004: keine Parteien, mehrheitlich Anhänger des Präsidenten

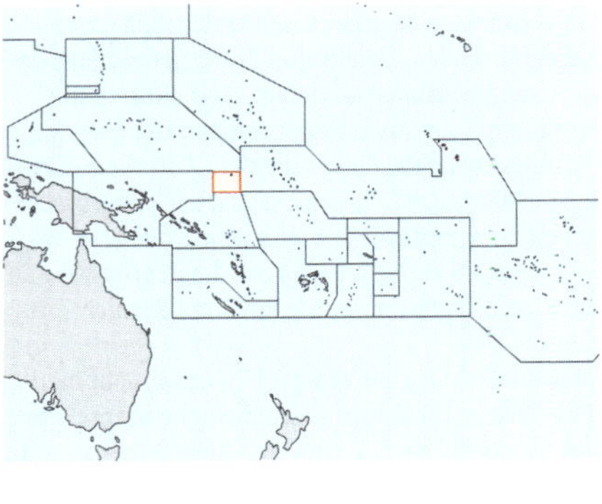

WIRTSCHAFT **BIP** 2001: 37 Mio. €; realer Zuwachs: k. A.; ▪ **Erwerbstätigkeit**: k. A. ▪ **Arbeitslosigkeit** ∅ 2000: 30 – 50 % ▪ **Inflation** ∅ 2001: 4,0 % ▪ **Außenhandel** 2001: (S) **Import**: 27 Mio. $; *Länder*: v. a. Australien; **Export**: 9 Mio. $; *Länder*: v. a. Australien

CHRONIK

Ende Juli 2004 übernahm eine Abordnung des australischen Schatzamtes die **Kontrolle über die Finanzen** des faktisch bankrotten pazifischen Mini-Staates, der noch vor wenigen Jahren als Phosphatexporteur und »Offshore-Steuerparadies« zu den Staaten mit dem höchsten Pro-Kopf-Einkommen der Welt gezählt hatte. Einer entsprechenden Vereinbarung zwischen den Regierungen Australiens und Naurus war nach einem Misstrauensvotum im Parlament die Ablösung des seit August 2003 amtierenden Präsidenten René Harris durch Ludwig Scotty am 22. 6. 2004 vorausgegangen.

Bei der **vorgezogenen Parlamentswahl** am 23. 10. 2004 gewannen die Anhänger von Scotty mit 16 von 18 Sitzen in der Kammer eine bisher nicht da gewesene komfortable Mehrheit. Damit zeichnete sich im Wechselspiel um das Amt des Staatschefs eine gewisse Stabilität ab, nachdem es im Gefolge der schweren wirtschaftlichen und politischen Krise seit 2003 zu sieben Amtswechseln gekommen war. Das Parlament bestätigte am 26. 10. **Ludwig Scotty als Staatsoberhaupt.** Auch Außenminister David Adeang blieb im Amt.

Am 21. 4. 2005 forderte der UN-Hochkommissar für Flüchtlinge die Regierung in Canberra auf, eine humanitäre Lösung für die **im Internierungslager verbliebenen Flüchtlinge** zu finden. Das Lager ist Teil der umstrittenen »Pazifischen Lösung« Australiens, vor ihrer Küste aufgegriffene Flüchtlinge in von australischer Finanzhilfe abhängigen Staaten unterzubringen (→ WA 2005, S. 306). Nachdem Australien am 22. 6. der letzten Familie mit Kindern Asyl gewährte, verblieben noch 35 Männer und eine Frau im Lager.

Nepal Süd-Asien

Königreich Nepal; Nepāl Adhirājya – NP / NPL

Fläche (Weltrang: 92): 147 181 km²

Einwohner (45): F 2003 24 660 000 = 168 je km²

Hauptstadt: Kāthmāndau (Kathmandu)

Amtssprache: Nepalesisch

Bruttonationaleinkommen 2003 je Einw.: 240 $

Währung: 1 Nepales. Rupie (NR) = 100 Paisa
Kurs: 1 US-$ = 70,74 NR; 1 € = 88,63 NR

Botschaft des Königreichs Nepal
Guerickestr. 27, 10587 Berlin
T 030 / 343 59 920, Fax 343 59 906
www.nepalembassy-germany.com

Nepal
Fläche, Bevölkerung und Bevölkerungsdichte

Region (Hauptort)	Fläche in km²	Einwohner insgesamt Z 2001	je km²
Eastern Region / Purwanchal (Dhankuta)	28 456	5 344 476	188
Central Region / Madhyamanchal (Hetauda)	27 410	8 031 629	293
Western Region / Pashchimanchal (Pokhara)	29 398	4 571 013	155
Mid Western Region / Madhya Pashchimanchal (Birendranagar)	42 378	3 012 975	71
Far Western Region / Sudur Pashchimanchal (Dipayal)	19 539	2 191 330	112
Nepal	147 181	23 151 423	157

Quelle: Central Bureau of Statistics 2003

LANDESSTRUKTUR **Fläche:** 147 181 km²; Karte → WA 2005, S. 307 ▪ **Verwaltung:** 5 Regionen; → Tabelle ▪ **Städte:** (Z 2001) Kāthmāndau (Kathmandu) 671 846 Einw., Birāṭnagar 166 674, Lalitpur 162 991, Pokharā 156 312, Birgañj 112 484, Dharān 95 332, Bharatpur 89 323, Mahendranagar 80 839

BEVÖLKERUNG Nepalesen – F 2003: 24 660 000 Einw.; Bevölkerungswachstum: 2,2 %; letzte Zählung 2001: 23 151 423 Einw. – ca. 75 indoarische und tibetoburmanische Gruppen: 13 % Chhetri, 13 % Bahun, 7 % Magar, 7 % Tharu, 6 % Tamang, 6 % Newar; Gurung, Sherpa, Limbu, Rai u. a. ▪ **Sprachen** 2001: indoarische Sprachen: 43,3 % Nepalesisch, 9,5 % Maithili, 6,0 % Bhojpuri (Bihari); tibetoburmanische Sprachen: 3,0 % Newari, 2,6 % Tamang u. a. ▪ **Religion** 2001: 80,6 % Hindus, 10,7 % Buddhisten, 4,2 % Muslime; 102 000 Christen

STAATS- UND REGIERUNGSFORM Verfassung von 1990 – Parlamentarische Monarchie seit 1990 – Staatsreligion: Hinduismus – Parlament: Repräsentantenhaus (Pratinidhi Sabha) mit 205 für 5 J. gewählten und Nationalrat (Rashtriya Sabha) mit 60 alle 6 J. ernannten Mitgl. (seit 2002 aufgelöst) – Wahlrecht ab 18 J. ▪ **Unabhängigkeit:** alte staatl. Tradition ▪ **Nationalfeiertag:** 7. 7. (Geburtstag des Königs)

REGIERUNG UND PARTEIEN **Staats- u. Regierungschef:** König Gyanendra, seit 4. 6. 2001; Regierungschef seit 1. 2. 2005 – **Äußeres:** Ramesh Nath Pandey, seit 2. 2. 2005 ▪ **Parlament:** Wahlen vom 3., 17. 5. und 23., 26. 6. 1999: Nepali Congress Party / NCP 111 von 205 Sitzen (1994: 83), Kommunistische Partei-Vereinigte Marxisten-Leninisten / NKP-EML 71 (88), Nationaldemokratische Partei (monarchistisch) / RPP 11 (20), Sadbhavana-Partei (proindisch) / NSP 5 (3), Nepal Mazdoor Kizan-Party (kommunistisch) / NMKP 1 (4), Sonstige 6 (–), Unabhängige – (7)

WIRTSCHAFT **BIP** 2003: 5,851 Mrd. $; realer Zuwachs: 3,1 %; Anteil (2003) Landwirtschaft 41 %, Industrie 22 %, Dienstleistungen 38 % ▪ **Erwerbstätigkeit** 1999: Landwirtsch. 76,1 %, Industrie 9,8 %, Dienstl. 14,0 % ▪ **Arbeitslosigkeit** ∅ 1999 / 2000: 7 % (in Städten; hohe Unterbeschäftigung) ▪ **Inflation** ∅ 2003: 5,7 % ▪ **Außenhandel** 2002: **Import:** 925 Mio. $; *Güter:* 31 % bearbeitete Waren, 18 % Maschinen und Transportausrüstungen, 14 % mineralische Brennstoffe und Schmiermittel; *Länder:* 20 % Indien, 16 % VR China, 11 % Vereinigte Arabische Emirate; **Export:** 551 Mio. $; *Güter:* v. a. Teppiche, Textilien und Bekleidung, Felle, Häute, außerdem Jute und Juteprodukte, kunsthandwerkliche Waren, Agrarprodukte; *Länder:* 47 % Indien, 27 % USA

CHRONIK

Vor dem Hintergrund weiterer Bürgerkriegsoffensiven der maoistischen Rebellenbewegung Communist Party of Nepal (CPN-M) verschärfte sich die Staatskrise durch den erneuten Versuch von König Gyanendra, mit der Ausrufung des Ausnahmezustands und Absetzung der Regierung die Lage zu stabilisieren.

▪ **Eskalation der Konflikte:** Im August und September 2004 verstärkten die maoistischen Rebellen durch Straßenblockaden, Streiks und Bombenanschläge den Druck auf die Hauptstadt derart, dass Kathmandu zeitweilig von der Außenwelt abgeschnitten war. Ende November stellte die Regierung der CPN-M ein Ultimatum, bis 13. 1. 2005 die im August 2003 abgebrochenen Friedensgespräche wieder aufzunehmen (→ WA 2005, S. 308), was die Rebellen mit der Begründung ablehnten, die Regierung würde ihre Zusagen nicht einhalten.

▪ **Machtübernahme des Königs:** Mit Verweis auf mangelnde Erfolge im Kampf gegen die Rebellen **erklärte König Gyanendra am 1. 2.** 2005 den Ausnahmezustand.

Er entließ die Regierung unter Sher Bahadur Deuba (den er bereits 2002 abgesetzt und im Juli 2004 auf Druck aus dem In- und Ausland erneut eingesetzt hatte) und ernannte sich für die kommenden drei Jahre zum alleinigen Machthaber. Damit wurden die Bürgerrechte suspendiert und alle Medien des Landes unter strenge Zensur gestellt. Am 2. 2. vereidigte der König ein von ihm geführtes zehnköpfiges Kabinett aus engen Vertrauten. Zugleich ging Gyanendra scharf gegen die Opposition vor: Zahlreiche Politiker wurden verhaftet oder unter Hausarrest gestellt; bei Protestdemonstrationen gegen den Ausnahmezustand gerieten bis Ende April mehrere hundert Oppositionsanhänger in Haft.

Ende Februar 2005 berief Gyanendra eine königliche **Kommission zur Korruptionsbekämpfung**, deren sechs Mitglieder – mit weit reichenden Vollmachten ausgestattet – in der Folge eine Reihe von Politikern verhaften ließen, darunter am 26. 4. auch Ex-Premier Deuba. Allen Angeklagten wird die Veruntreuung von Regierungsgeldern vorgeworfen.

- **Reaktionen des Auslands:** Die erneute Machtübernahme des Königs rief **unerwartet heftige Reaktionen** bei Nepals Verbündeten und internationalen Organisationen hervor. Die Mitgliedstaaten der EU und die USA riefen ihre Botschafter zurück, Indien setzte seine Militärhilfe für Nepal aus. UN und Menschenrechtsorganisationen übten scharfe Kritik an den Verstößen gegen Menschen- und Bürgerrechte.
- **Andauernde Staatskrise:** Mit Verweis auf die in der Verfassung verankerte maximale Frist von drei Monaten **hob König Gyanendra am 30. 4. den Ausnahmezustand auf**. Indien erklärte sich umgehend bereit, die Waffenlieferungen wieder aufzunehmen. Obwohl einige Oppositionelle aus der Haft entlassen wurden, stellte Gyanendra keine Rückkehr zur parlamentarischen Demokratie in Aussicht, sondern kündigte lediglich Kommunalwahlen für April 2006 an. Die neue Antikorruptionskommission blieb bestehen, ebenso die Medienzensur. Die zerstrittene Opposition hatte sich unter dem Eindruck des Putsches zu einer Einheitsfront (UF) aus sieben Parteien zusammengeschlossen und präsentierte im Mai ihre Stärke durch zahlreiche Demonstrationen für die Wiederherstellung der Demokratie (→ Foto).

Demonstration in Kathmandu am 3. 5. 2005

- **Bürgerwehr:** Im März 2005 kam es in dem Dorf Hallanagar im Südwesten des Landes nach der Entführung eines ehemaligen Polizeioffiziers zu Vergeltungsakten, bei denen Mitglieder einer vom Militär ausgebildeten Bürgerwehr zwölf Sympathisanten der Maoisten erschlugen und zahlreiche Häuser in Brand steckten. Innenminister Dan Bahadur Sahi wertete die Gegengewalt als verständliche Selbstverteidigung in Kriegszeiten.
- **Verschärfung des Bürgerkriegs:** Seit Februar wurden verstärkte Angriffe der Guerillaarmee auf die Regierungstruppen gemeldet. Bei einem Anschlag auf einen voll besetzten Reisebus im Bezirk Chitwan im Südwesten des Landes kamen am 5. 6. 2005 mindestens 37 Insassen ums Leben, 70 weitere wurden schwer verletzt. Guerillaführer Prachanda entschuldigte sich am Tag darauf für den Vorfall. Die ferngezündete Bombe habe eigentlich Sicherheitskräften gegolten. Am gleichen Tag berichtete die Regierungsarmee von einem Sieg in einem Gefecht im Westen Nepals: Sie habe mehr als 200 Rebellen getötet, auf Seiten der Sicherheitskräfte habe es 14 Tote gegeben.

Nepals Rebellen

Enttäuscht über den schleppenden Demokratisierungsprozess im Land, verließ 1995 der radikale Flügel die Kommunistische Partei und ging in den Untergrund, um sich im darauffolgenden Jahr unter der Führung von Pusha Kamal Dahal, Prachanda genannt, als Communist Party of Nepal Maoist zu konstituieren. Mit Anschlägen auf einsame Polizeistationen und Armeestützpunkte, mit Bombenterror und Entführungen verfolgen sie ihr Ziel, die konstitutionelle Monarchie abzuschaffen und eine volksdemokratische Bauernrepublik zu installieren.

Die Beendigung der alten Schuldknechtschaft in den ländlichen Regionen und ihre Forderung nach einem Ende der Kastendiskriminierung – 70 % der Bevölkerung werden vom brahmanisch beherrschten Kastensystem als minderwertig eingestuft und als Menschen zweiter Klasse behandelt – verschafft den Maoisten Rückhalt in Teilen der Bevölkerung. Andere haben schlichtweg Angst vor Repressalien.

Seit den ersten Anschlägen auf Regierungseinrichtungen in den ärmsten westlichen Distrikten durch eine kleine Gruppe im Jahr 1996 hat sich die maoistische Guerillatruppe auf schätzungsweise 10 000 bis 15 000 Kämpfer vergrößert und kontrolliert über 70 % des nepalesischen Hinterlandes. Ihre Führer Prachanda und Baburam Bhattarai, die wie die peruanische Rebellenorganisation Leuchtender Pfad zunächst für eine Etablierung der Maoisten in den ländlichen Gebieten sorgten, stützen sich auf ihren in den vergangenen Jahren erworbenen Ruf, selbst brutale Drohungen wahr zu machen. Gemäß ihrem Vorbild Mao tragen sie den Kampf aus den Dörfern in die Städte und haben 2004 die Hauptstadt Kathmandu erreicht. Der seit neun Jahren anhaltende Konflikt kostete Schätzungen zufolge bislang mehr als 11 500 Menschen das Leben.

Neuseeland Ozeanien

New Zealand; Aotearoa (maori) – NZ / NZL

Fläche (Weltrang: 73): 270 534 km²

Einwohner (122): F 2003 4 009 000 = 14,8 je km²

Hauptstadt: Wellington

Amtssprachen: Englisch, Maori

Bruttonationaleinkommen 2003 je Einw.: 15 530 $

Währung: 1 Neuseeland-Dollar (NZ$) = 100 Cents
Kurs: 1 US-$ = 1,43 NZ$; 1 € = 1,82 NZ$

Botschaft von Neuseeland
Friedrichstr. 60, 10117 Berlin
T 030 / 20 62 10, Fax 20 62 11 14
www.nzembassy.com / germany

LANDESSTRUKTUR **Fläche**: 270 534 km²; davon North Island 114 597 km², South Island 151 757 km², Stewart Island 1746 km², Chatham Islands 963 km², Kermadec Islands 33,5 km² u. a. meist unbewohnte Inselgruppen mit insg. 839 km²; Karte → WA 2005, S. 310 ▪ **Gebiete:** → unten ▪ **Verwaltung**: 16 Regionen; Tabelle → WA 2005, S. 309 ▪ **Städte**: (F 2003) Auckland 406 000 Einw., Christchurch 358 000, Manukau 358 000, North Shore 244 200, Waitakere 191 000, Wellington 178 000, Hamilton 150 400, Dunedin 113 600

BEVÖLKERUNG Neuseeländer – F 2003: 4 009 000 Einw.; Bevölkerungswachstum: 1,8 %; letzte Zählung 2001: 3 737 277 Einw. – 80,0 % europäischer, 14,7 % Maori, 6,6 % asiatischer, 6,5 % pazifischer Abstammung u. a. ▪ **Sprachen**: Englisch, Maori, Sprachen der Einwanderer ▪ **Religion** 2001: 15,6 % Anglikaner, 13,0 % Katholiken, 11,2 % Presbyterianer, 3,1 % Methodisten, 1,7 % Maori-Kirchen (Ratana, Ringatu u. a.), 1,4 % Baptisten; 27,5 % religionslos

STAATS- UND REGIERUNGSFORM Keine geschriebene Verfassung – Parlamentarische Monarchie (im Commonwealth) seit 1907 – Parlament (House of Representatives) mit 120 Mitgl.; Wahl alle 3 J. – Wahlrecht ab 18 J. ▪ **Unabhängigkeit**: 26. 9. 1907 de facto, 11. 12. 1931 nominell (Westminster-Statut) ▪ **Nationalfeiertag**: 6. 2. (Waitangi-Vertrag von 1840)

REGIERUNG UND PARTEIEN **Staatsoberhaupt**: Königin Elizabeth II., vertreten durch Generalgouverneurin Dame Silvia Cartwright, seit 4. 4. 2001 – **Regierungschef**: Helen Clark (LP), seit 10. 12. 1999 – **Äußeres**: Phil Goff (LP), seit 10. 12. 1999 ▪ **Parlament**: Wahlen vom 27. 7. 2002: Labor Party / LP 52 von 120 Sitzen (1999: 49), National Party / NP 27 (39), New Zealand First Party / NZFP 13 (5), ACT New Zealand / ACT 9 (9), United Future / UF 9 (1), Green Party of Aotearoa / GPA 8 (7), Progressive Coalition / PC 2 (–), Alliance – (10)

WIRTSCHAFT **BIP** 2003: 79,572 Mrd. $; realer Zuwachs: 3,6 %; Anteil (2004) Landwirtschaft 5 %, Industrie 27 %, Dienstleistungen 68 % ▪ **Erwerbstätigkeit** 2002: Landwirtsch. 8,8 %, Industrie 22,7 %, Dienstl. 68,5 % ▪ **Arbeitslosigkeit** ∅ 2003 / 04: 4,5 % ▪ **Inflation** ∅ 2003 / 04: 1,5 % ▪ **Außenhandel** 2003 / 04: **Import**: 33,39 Mrd. NZ$; *Güter*: 24 % mineralische Brennstoffe und chemische Erzeugnisse, 24 % Maschinen und mechanische Geräte, 20 % Kfz und -Teile, 8 % Nahrungs- und Genussmittel, 7 % elektrische Maschinen und elektrotechnische Geräte, 5 % Metall und -erzeugnisse, 5 % Textilien und Textilprodukte; *Länder*: 22 % Australien, 12 % USA, 11 % Japan, 9 % VR China, 5 % Deutschland, 3 % Großbritannien, 3 % Rep. Korea, 3 % Singapur, 2 % Italien (EU gesamt: 20 %); **Export**: 29,88 Mrd. NZ$; *Güter*: 22 % Fisch, Meeresfrüchte, Molkerei- und andere tierische Produkte, 18 % Holz, Holzprodukte, Papier, Wolle, 16 % Fleisch, 14 % Maschinen, Möbel, 13 % Obst und Gemüse, 8 % Mineralien, chemische Erzeugnisse und Kunststoffe, 6 % Metalle und -erzeugnisse; *Länder*: 21 % Australien, 14 % USA, 11 % Japan, 5 % VR China, 5 % Großbritannien, 4 % Rep. Korea, 2 % Deutschland, 2 % Rep. China (EU gesamt: 16 %)

Cookinseln Cook Islands

Fläche: 240,1 km²; Südliche Cookinseln (Rarotonga, Aitutaki, Atiu, Mangaia, Manuae, Mauke, Mitiaro, Palmerston, Takutea) mit 212,1 km² u. Nördliche Cookinseln mit 28 km²; → Karte ▪ **Bevölkerung** Z 2001: 18 027 Einw. (Rarotonga: 12 188 Einw.) – v. a. Maori ▪ **Sprachen**: Englisch, Maori ▪ **Religion** 2001: v. a. Protestanten, 17 % Katholiken ▪ **Hauptstadt** (F 1986): Avarua (Rarotonga) 9300 Einw. ▪ **Status:** Assoziiertes Territorium seit 1965 – Verfassung von 1965, letzte Änderung 1991 – Parlament: 25 Mitgl., Wahl alle 5 J.; außerd. Häuptlingsrat (House of Ariki) mit max. 15 Mitgl. ▪ **Regierung:** Vertreter der britischen Königin: Fred Goodwin, seit 2001 – Vertreter Neuseelands: High Commissioner Kurt Meyer, seit 2001 – Premierminister: Jim Marurai (Demo Tumu Party), seit 14. 12. 2004 – Tom Marsters (CIP), seit 14. 12. 2004

Niue Niue Island

Fläche: 262,7 km²; → Karte ▪ **Bevölkerung** F 2001: 1857 Einw.; 20 148 Niuaner in Neuseeland ▪ **Sprachen**: Niueanisch (polynesische Sprache), Englisch ▪ **Religion**: v. a. Protestanten ▪ **Hauptstadt** (Z 2001): Alofi 615 Einw. ▪ **Status:** Assoziiertes Territorium seit 1974 – Verfassung von 1974 – Parlament: Versammlung: Fono Ekepule mit 20 Mitgl. (6 gewählt, 14 Dorfrepräsentanten), Wahl alle 3 J. ▪ **Regierung:** Vertreterin Neuseelands: High Commissioner Sandra Lee, seit 14. 2. 2003 – Premierminister u. Äußeres: Young Vivian (Niue People's Party), seit 1. 5. 2002

Tokelau

Fläche: 10,12 km²; 3 Atolle: Atafu 2,03 km², Fakaofo 2,63 km², Nukunonu 5,46 km²; → Karte ▪ **Bevölkerung** Z 2001: 1420 Einw.; über 2000 Tokelauer in Neuseeland ▪ **Sprachen:** Tokelanisch (polynesische Sprache), Englisch ▪ **Religion:** 70 % Protestanten, 30 % Katholiken ▪ **Status:** Islands Council aus 3 unabh. Atoll-Gemeinschaften ▪ **Regierung:** Administrator: Lindsay Watt, seit 1993

CHRONIK

Als Konsequenz aus einer **Spionageaffäre** fror die Regierung Mitte Juli 2004 die diplomatischen **Beziehungen zu Israel** ein. Zuvor waren zwei israelische Staatsbürger als Mitglieder einer kleinen Gruppe von Passbetrügern gefasst und am 15. 7. zu sechs Monaten Gefängnishaft und einer Geldstrafe verurteilt worden. Die Regierung ging davon aus, dass es sich um Angehörige des israelischen Geheimdienstes Mossad handelte, und warf Israel die Verletzung internationalen Rechts und der Souveränität Neuseelands vor. Die beiden geständigen Täter, die ihre mutmaßliche Geheimdienstverbindung jedoch nicht offen legten, wurden Ende September nach Israel abgeschoben. Im Zuge dieser Affäre kam es zu Schändungen zweier jüdischer Friedhöfe und damit zu den ersten in Neuseeland bekannt gewordenen antisemitischen Übergriffen.

Am 18. 11. 2004 verabschiedete das Repräsentantenhaus mit 66 gegen 53 Stimmen das umstrittene **Küstengesetz**, das die Ufergebiete und Meeresboden zum Staatsgebiet deklariert. Im Vorfeld hatte es heftige Auseinandersetzungen mit den Maori gegeben. Diese pochten auf den historischen Friedensvertrag von Waitangi aus dem Jahr 1840, der ihnen den »vollen, alleinigen und ungehinderten Besitz von Land, Grundbesitz, Wäldern und Fischgründen« einräumt (→ WA 2005, S. 310).

Im März 2005 forderte Vize-Premierminister Michael Cullen wegen eines akuten **Arbeitskräftemangels** die im Ausland lebenden Neuseeländer auf, in ihre Heimat zurückzukehren. Auch die verstärkte Anwerbung qualifizierter Einwanderer (→ Tabelle), so Cullen, könne die Lücke bei den fehlenden Fachkräften nicht schließen.

▪ **Cookinseln:** Bei den **Parlamentswahlen** am 7. 9. 2004 erhielt die regierende Democratic Alliance Party (DAP) 14, die Cook Island Party (CIP) 9 Sitze und an Unabhängige ging 1 Sitz im Parlament. Innerparteiliche Streitigkeiten über eine Koalitionsbildung führten im November zur Spaltung der DAP und Gründung der demokratischen Partei Demo Tumu, deren Mitglied Jim Marurai am 14. 12. vom Parlament mit 14 gegen 9 Stimmen zum Premierminister gewählt wurde.

Neuseeland
Einwanderung

Herkunftsland	2003	2002	2001	2000	1999
Aufenthaltsgenehmigungen					
Insgesamt	42 957	47 492	54 412	37 642	31 010
davon:					
Großbritannien / Nordirland	8 225	6 604	6 825	5 013	4 445
VR China	5 890	7 594	7 885	4 348	3 063
Indien	4 791	8 244	7 443	4 308	2 666
Fidschi	2 491	2 339	3 645	2 214	1 831
Südafrika	2 400	3 336	4 787	3 492	3 536
Samoa	2 168	1 224	2 043	2 502	1 804
Einbürgerungen					
Insgesamt	18 296	19 469	2[illegible] 535	29 609	34 470
davon:					
Großbritannien / Nordirland	2 266	2 187	3 019	3 670	4 212
VR China	2 032	1 856	2 580	3 752	4 691
Südafrika	1 992	1 973	2 028	2 010	1 645
Indien	1 255	1 305	1 376	1 847	1 779
Samoa	1 189	1 307	1 590	1 702	1 649
Fidschi	1 047	1 139	1 273	1 253	1 104

Quelle: Statistics New Zealand 2005

Nicaragua Mittel-Amerika

Republik Nicaragua; República de Nicaragua – NI / NIC

Fläche (Weltrang: 97): 120 254 km^2

Einwohner (104): F 2003 5 480 000 = 46 je km^2

Hauptstadt: Managua

Amtssprache: Spanisch

Bruttonationaleinkommen 2003 je Einw.: 740 $

Währung: 1 Córdoba (C$) = 100 Centavos
Kurs: 1 US-$ = 16,83 C$; 1 € = 20,75 C$

Botschaft der Republik Nicaragua
Joachim-Karnatz-Allee 45, 10557 Berlin
T 030 / 206 43 80, Fax 22 48 78 91
E-Mail: embajada.berlin@embanic.de

LANDESSTRUKTUR **Fläche**: 120 254 km^2; → Karte ▪ **Verwaltung**: 17 Departamentos; ▪ **Städte**: (F 2005) Managua 973 087 Einw., León 144 538, Chinandega 126 387, Masaya 130 113, Tipitapa 127 153, Matagalpa 109 089, Estelí 96 422, Granada 89 409

BEVÖLKERUNG Nicaraguaner – F 2003: 5 480 000 Einw.; Bevölkerungswachstum: 2,6 %; letzte Zählung 1995: 4 357 099 Einw. – 69 % Mestizen, 14 % Weiße, 9 % Schwarze, 4 % Indianer; Mulatten, Zambos ▪ **Sprachen**: 97,5 % Spanisch; indianische Sprachen (u. a. Miskito, Chibcha, Sumo), Englisch ▪ **Religion** 2001: 73 % Katholiken, 17 % Protestanten, 8 % religionslos; indigene Religionen

Nicaragua
Bevölkerung

Departamento (Hauptort)	Einwohner F 2005
Boaco (Boaco)	168 590
Carazo (Jinotepe)	177 142
Chinandega (Chinandega)	441 308
Chontales (Juigalpa)	182 019
Estelí (Estelí)	215 384
Granada (Granada)	190 604
Jinotega (Jinotega)	297 270
León (León)	389 628
Madríz (Somoto)	133 250
Managua (Managua)	1 380 339
Masaya (Masaya)	317 499
Matagalpa(Matagalpa)	484 902
Nueva Segovia (Ocotal)	211 233
Río San Juan (San Carlos)	95 546
Rivas(Rivas)	166 938
Región Autonoma Atlántico Norte (Puerto Cabezas)	249 716
Región Autonoma Atlántico Sur (Bluefields)	382 079
Nicaragua	5 483 447

Quelle: Instituto Nacional de Estadísticas y Censos 2005

STAATS- UND REGIERUNGSFORM Verfassung von 1987, zuletzt geändert 2000 – Präsidialrepublik seit 1987 – Nationalversammlung (Asamblea Nacional) mit 93 Mitgl., Wahl alle 5 J. – Direktwahl des Staatsoberh. alle 5 J. (keine unmittelb. Wiederwahl) – Wahlrecht ab 16 J. ▪ **Unabhängigkeit**: Proklamation 15. 9. 1821 (ehem. spanische Kolonie), endgültig 30. 4. 1838 (Austritt aus der Zentralamerikanischen Konföderation) ▪ **Nationalfeiertag**: 15. 9.

REGIERUNG UND PARTEIEN **Staats- u. Regierungschef**: Enrique Bolaños Geyer (PLC), seit 10. 1. 2002 – **Äußeres**: Norman José Caldera Cardenal, seit 10. 1. 2002 ▪ **Parlament**: Wahlen vom 4. 11. 2001: Alianza Liberal: u. a. Partido Liberal Constitucionalista / PLC 47 (1996: 42), Frente Sandinista de Liberación Nacional / FSLN 43 (37), Sonstige 3 (14)

WIRTSCHAFT **BIP** 2003: 4,083 Mrd. $; realer Zuwachs: 2,3 %; Anteil (2003) Landwirtschaft 18 %, Industrie 26 %, Dienstleistungen 56 % ▪ **Erwerbstätigkeit** 2001: Landwirtsch. 43,4 %, Industrie 15,0 %, Dienstl. 41,9 % ▪ **Arbeitslosigkeit** ∅ 2002: 12,2 % (hohe Unterbeschäftigung) ▪ **Inflation** ∅ 2003: 5,1 % ▪ **Außenhandel** 2002: **Import**: 1795,5 Mio. $; *Güter*: 31 % Konsumgüter, 30 % Zwischengüter, 25 % Kapitalgüter; *Länder*: 27 % USA, 11 % Venezuela, 9 % Costa Rica, 8 % Guatemala; **Export**: 596,3 Mio. $; *Güter*: 13 % Meeresfrüchte, 12 % Kaffee, 12 % Fleisch, 6 % Gold, 5 % Zucker; *Länder*: 32 % USA, 15 % El Salvador, 10 % Honduras, 8 % Costa Rica

Nicaragua befindet sich seit dem Amtsantritt von Präsident Enrique Bolaños Geyer vom rechtsgerichteten Partido Liberal Constitucionalista (PLC) Anfang 2002 in einer **innenpolitischen Krise**. Eine breite Oppositionsfront aus dem linksgerichteten Frente Sandinista de Liberacíon Nacional (FSLN) unter dem früheren Staatschef Daniel Ortega zusammen mit der Mehrheit seiner eigenen PLC machte eine **geordnete Regierungsarbeit nahezu unmöglich**. Von den 92 Abgeordneten des Einkammerparlaments stehen lediglich noch acht hinter Bolaños. Dass die eigene Partei Bolaños die Gefolgschaft weitgehend aufgekündigt hat, liegt an der Rivalität zwischen dem Präsidenten und dem PLC-Vorsitzenden, dem wegen Korruption und Geldwäsche im Dezember 2003 zu 20 Jahren Hausarrest verurteilten Arnoldo Alemán Lacayo. Für die anstehenden Kommunalwahlen (→ unten) hatte sich Bolaños im Mai 2004 mit fünf kleineren Parteien zur Alianza para la Républica (Apre) zusammengeschlossen.

- **Innenpolitische Krise:** Auf der Grundlage ihrer Mehrheit brachte die **Opposition** im November 2004 ein Bündel **verfassungsändernder Gesetze** in die Nationalversammlung ein, mit denen wichtige **Kompetenzen der Exekutive** empfindlich **beschnitten** werden sollten. Diese betrafen u. a. die Überstimmung eines präsidialen Vetos durch das Parlament mit einfacher Mehrheit, die Ernennung von Ministern und Botschaftern sowie die Kontrolle über die staatliche Gesundheits- und Altersvorsorge. Bolaños, der das Vorgehen als »verfassungsrechtlichen Staatsstreich« bezeichnete, rief daraufhin den Zentralamerikanischen Gerichtshof an. Dieser wies das Parlament am 6. 1. 2005 an, den Gesetzgebungsprozess vorläufig auszusetzen, bis die Vereinbarkeit der Änderungen mit der nicaraguanischen Verfassung entschieden sei. Am selben Tag urteilte der Oberste Gerichtshof Nicaraguas – zu gleichen Teilen mit politischen Anhängern Ortegas und Alemáns besetzt –, die Verfassungsänderungen seien rechtens; zugleich verwahrte er sich gegen jegliche Einmischung in innere Angelegenheiten des Landes. Die **Nationalversammlung verabschiedete am 13. 1.** 2005 das umstrittene Gesetzespaket. Zuvor hatte sich Bolaños mit Ortega darauf geeinigt, die vom Staatschef angefochtenen Verfassungsänderungen noch einmal zu überprüfen. Im Gegenzug sagte die Opposition zu, Versuche zur Absetzung Bolaños' vor Ende seiner regulären Amtszeit im Jahr 2007 zu unterlassen. Am 18. 1. erklärte Bolaños, er werde den Gesetzen seine Zustimmung erteilen, falls daran noch kleinere Änderungen vorgenommen würden.
- **Wiedererstarken der Sandinisten:** Bei den **Kommunalwahlen** am 7. 11. 2004 ging die sandinistische **FSLN** mit 44,7 % im Landesdurchschnitt als **klarer Sieger** hervor und stellt damit in 90 der 152 Gemeinden, einschließlich der Hauptstadt Managua, die Regierung. Der PLC kam landesweit auf 36 % und steht damit nur noch in 46 Ortschaften vor, halb so vielen wie in der letzten Legislaturperiode. Das Parteienbündnis Apre vereinigte 11 % der Wählervoten auf sich und regiert in sechs Städten.

  Am 8. 1. 2005 wurde der **FSLN-Politiker** René Núñez Téllez mit Unterstützung des PLC von der Nationalversammlung zum **neuen Parlamentspräsidenten** gewählt, womit der FSLN erstmals seit dem Ende der Sandinisten-Ära 1990 wieder ein zentrales Staatsamt besetzt.
- **Proteste gegen Regierung:** Ende April 2005 legten z. T. gewalttätige Streiks von Studenten und Gewerkschaften das öffentliche Leben der Hauptstadt Managua während drei Tagen weitgehend lahm. Sie entzündeten sich an einer angekündigten Erhöhung der Buspreise um 20 %, die die Regierung mit Geldknappheit sowie gestiegenen Erdölpreisen begründete, und weiteten sich sukzessive zu einer generellen Kundgebung gegen die neoliberale Wirtschaftspolitik von Bolaños aus. Polizei und Armee wurden in Alarmzustand versetzt. Schließlich kam es auch im Norden und Osten des Landes zu Demonstrationen, zahlreiche Bürgermeister schlossen sich ihnen an und unterzeichneten eine Erklärung, in der sie den Präsidenten zum Rücktritt aufforderten. Am 29. 4. 2005 entschärfte sich die Lage nach einer Einigung zwischen Regierung, Transportunternehmen und Studentenvertretern. Die Bustarife in der Hauptstadt wurden für drei Monate eingefroren, den Transportunternehmern Subventionen in Höhe von 1,8 Mio. US-$ zugesichert.

  Mitte Mai 2005 protestierten erneut Tausende von Studenten und verlangten von der Regierung die Erhöhung der Finanzmittel für die Universitäten. Laut Verfassung ist die Regierung verpflichtet, 6 % des Haushalts dafür bereit zu stellen. Das Oberste Gericht hatte ihr aber zugestanden, statt der dadurch vorgegebenen 59 Mio. nur 46 Mio. US-$ zur Verfügung zu stellen.
- **Wirtschaft / Finanzen:** Die ökonomische Lage Nicaraguas, das zusammen mit Haiti und Bolivien zu den ärmsten Ländern der westlichen Hemisphäre zählt, war äußerst desolat. Nach einem Schuldenerlass in Höhe von 4,5 Mrd. US-$ im Rahmen der so genannten Heavily Indebted Poor Countries (HIPC)-Initiative im Januar 2004 beschlossen die G8-Finanzminister am 11. 6. 2005, dem mittelamerikanischen Land mit sofortiger Wirkung sämtliche Restschulden gegenüber Weltbank und Internationalem Währungsfonds (IWF) zu erlassen. Dieser Entscheidung gaben die G8-Staats- und Regierungschefs bei ihrem Treffen in Gleneagles, Schottland, Anfang Juli 2005 statt. Anfang 2003 betrugen die Auslandsschulden Nicaraguas nach Angaben der Weltbank 6,8 Mrd. US-$.

Niederlande West-Europa

Königreich der Niederlande; Koninkrijk der Nederlanden, Kurzform: Nederland – NL / NLD

Fläche (Weltrang: 131): 41 526 km²

Einwohner (58): F 2003 16 223 000 = 391 je km²

Hauptstadt: Amsterdam

Regierungssitz: Den Haag

Amtssprachen: Niederländisch, Friesisch (regional)

Bruttonationaleinkommen 2003 je Einw.: 26 230 $

Währung: 1 Euro (€) = 100 Cent
Kurs: 1 US-$ = 0,83 € (1. 7. 2005)

Botschaft des Königreichs der Niederlande
Klosterstr. 50, 10179 Berlin
T 030 / 20 95 60, Fax 20 95 64 41
www.niederlandeweb.de

LANDESSTRUKTUR **Fläche:** 41 526 km²; → Karte ▪ **Gebiete:** Aruba und Niederländische Antillen → unten ▪ **Verwaltung:** 12 Provinzen; Tabelle → WA 2005, S. 312 ▪ **Städte:** (F 2003) Amsterdam 736 562 Einw., Rotterdam 599 651, Den Haag 457 726, Utrecht 265 151, Eindhoven 206 118, Tilburg 197 917, Groningen 177 172, Almere 165 106, Breda 164 397, Apeldoorn 155 741, Nijmegen (Nimwegen) 156 198, Enschede 152 321, Haarlem 147 097, Arnhem (Arnheim) 141 528, Zaanstad 139 464, 's-Hertogenbosch (Herzogenbusch) 132 501, Amersfoort 131 221, Haarlemmermeer 122 902, Maastricht 121 982, Dordrecht 120 043, Leiden 117 689, Zoetermeer 112 594, Zwolle 109 955; (F 2002) Emmen 108 198; (F 2003) Ede 104 771

BEVÖLKERUNG Niederländer – F 2003: 16 223 000 Einw.; Bevölkerungswachstum: 0,5 %; letzte Zählung 2004: 16 258 032 – 95,7 % Niederländer (darunter etwa 360 000 Friesen); 0,7 % Marokkaner, 0,6 % Türken, 0,4 % Deutsche u. a. ▪ **Sprachen:** Niederländisch, Friesisch ▪ **Religion** 2002: 33 % Katholiken, 14 % Holländisch Reformierte, 7 % Calvinisten, 5,7 % Muslime, 30 000 Juden; 40 % konfessionslos

STAATS- UND REGIERUNGSFORM Verfassung von 1983 – Parlamentarische Monarchie seit 1848 – Parlament (Staten-General): Erste Kammer mit 75 Mitgl. (Wahl alle 4 J. durch Mitgl. der Provinzparlamente) und Zweite Kammer mit 150 Mitgl. (Wahl alle 4 Jahre) – Königin ernennt Regierungschef – Wahlrecht ab 18 J. ▪ **Unabhängigkeit:** Proklamation 2. 7. 1581, anerkannt 24. 10. 1648 (Westfälischer Friede) ▪ **Nationalfeiertag:** 30. 4. (Königinnentag)

REGIERUNG UND PARTEIEN **Staatsoberhaupt:** Königin Beatrix Wilhelmina Armgard, seit 1980 – **Regierungschef:** Jan Peter Balkenende (CDA), seit 22. 7. 2002; Koalition aus CDA, VVD und D66 – **Äußeres:** Bernard Rudolf Bot (CDA), seit 3. 12. 2003 ▪ **Parlament:** Wahlen zur Zweiten Kammer vom 22. 1. 2003: Christen Democratisch Appèl / CDA 44 von 150 Sitzen (2002: 43), Partij van de Arbeid / PvdA 42 (23), Volkspartij voor Vrijheid en Democratie / VVD 28 (24), Socialistische Partij / SP 9 (9), GroenLinks 8 (10), Lijst Pim Fortuyn / LPF 8 (26), Democraten 66 / D66 6 (7), Christen Unie / CU: Reformatorische Politieke Federatie / RPF und Gereformeerd Politiek Verbond / GPV 3 (4), Staatkundig Gereformeerde Partij / SGP 2 (3), Leefbar Nederland / LN – (2) – Wahlen der Ersten Kammer vom 25. 5. 2003: CDA 23 von 75 Sitzen (1999: 20), PvdA 19 (15), VVD 15 (19), GroenLinks 5 (8), SP 4 (2), D66 3 (4), CU 2 (4), SGP 2 (2), LPF 1 (–), Unabhängige 1 (1)

WIRTSCHAFT **BIP** 2003: 511,502 Mrd. $; realer Zuwachs: –0,9 %; Anteil (2004) Landwirtschaft 2,4 %, Industrie 24,5 %, Dienstleistungen 73,1 % ▪ **Erwerbstätigkeit** 2002: Landwirtsch. 3,1 %, Industrie 20,0 %, Dienstl. 76,9 % ▪ **Arbeitslosigkeit** ∅ 2004: 4,6 % ▪ **Inflation** ∅ 2004: 1,4 % ▪ **Außenhandel** 2004: **Import:** 220,2 Mrd. €; *Güter:* 30 % Maschinen und Transportmittel, 11 % chemische Produkte, 13 % Mineralöl und -produkte, 12 % lebende Tiere, Nahrungs- und Genussmittel; *Länder:* 20 % Deutschland, 11 % Belgien, 8 % USA, 7 % Großbritannien, 6 % VR China, 5 % Frankreich, 3 % Japan, 3 % Italien; **Export:** 246,7 Mrd. €; *Güter:* 27 % Maschinen und Transportmittel, 19 % lebende Tiere, Nahrungs- und Genussmittel, 13 % chemische Produkte, 10 % Mineralöl und -produkte; *Länder:* 24 % Deutschland, 12 % Belgien, 10 % Großbritannien, 10 % Frankreich, 6 % Italien, 5 % USA

Aruba

Fläche: 193 km²; Karte → WA 2004, Sp. 611 f. ▪ **Bevölkerung** F 2002: 93 333 Einw. ▪ **Sprachen:** Niederländisch, Papiamento (Mischsprache aus Spanisch, Niederländisch u. a.), Spanisch, Englisch ▪ **Religion:** 80 % Katholiken, 6500 Protestanten ▪ **Hauptstadt** (F 2002): Oranjestad 20 070 Einw. ▪ **Status:** Verfassung von 1986 – Niederländisch seit 1636; Sonderstatus (Status Aparte) seit 1986 – Parlament: Staten mit 21 Mitgl., Wahl alle 4 J. ▪ **Regierung:** Gouverneur: Fredis Refunjol, seit 11. 5. 2004 – Regierungschef: Nelson O. Oduber (Movimentu Electoral di Pueblo), seit 30. 10. 2001

Niederländische Antillen
Nederlandse Antillen

Fläche: 800 km²; 5 Inseln: Curaçao 444 km², Bonaire 288 km², Sint Maarten (nur S-Teil; Nordteil St. Martin französisch) 34 km², Sint Eustatius 21 km², Saba 13 km²; Karte → WA 2004, Sp. 611 f. ▪ **Bevölkerung** F 2004: 180 592 Einw. (Curaçao 133 644, Bonaire 10 185,

Sint Maarten 33 119, Sint Eustatius 2498, Saba 1146); Bevölkerungswachstum: 0,5 %; letzte Zählung 2001: 175 653 Einw. – ca. 90 % Schwarze und Mulatten, Arawak-Indianer, Inder ■ **Sprachen**: Niederländisch, Papiamento; Englisch, Spanisch ■ **Religion**: 80 % Katholiken, 8 % Protestanten, Minderheiten von Hindus, Juden und Muslimen ■ **Hauptstadt** (F 1990): Willemstad (Curaçao) 43 550 Einw. ■ **Status:** Verfassung von 1954 – Niederländisch seit 1630; autonom seit 1954 – Parlament: Staten mit 22 Mitgl., Wahl alle 4 J. ■ **Regierung:** Gouverneur: Frits Goedgedrag, seit 1. 7. 2002 – Regierungschef: Etienne Ys (Partido Antía Restrukturá), seit 3. 6. 2004

CHRONIK

Die Ermordung des Filmregisseurs Theo van Gogh durch einen fanatisierten Islamisten stürzte die multikulturell geprägte niederländische Gesellschaft in eine Krise, die auch auf die Haltung zum europäischen Integrationsprozess ausstrahlte. Das Referendum über den EU-Verfassungsvertrag geriet zu einer Abrechnung mit der Politik, die noch dramatischer ausfiel als in Frankreich.

■ **Politischer Mord:** Der Filmregisseur **Theo van Gogh** fiel am 2. 11. 2004 in Amsterdam auf offener Straße einem Attentat zum Opfer. Dem zweiten politischen Mord innerhalb von zweieinhalb Jahren – nach dem Tod des rechtspopulistischen Politikers Pim Fortuyn im Mai 2002 – folgte eine Welle der Gewalt nach.

Als mutmaßlichen Täter nahm die Polizei einen 26jährigen muslimischen Mann fest. Mohammed Bouyeri wurde in den Niederlanden geboren, ist marokkanischer Herkunft und besitzt die doppelte Staatsbürgerschaft. Ein bei dem Opfer hinterlassenes Schreiben ließ auf einen **islamistischen Hintergrund** für den Mord schließen. Danach wollte der Täter u. a. die Beleidigung des Islam durch van Gogh vergelten, der sich in mehreren Filmen in provokativer und teilweise polemischer Form mit fundamentalistischen Tendenzen und Frauenfeindlichkeit im Islam auseinander gesetzt hatte. Als weitere Ziele der Rache bezeichnete der Täter mehrere islamkritische Politiker und Politikerinnen, so die aus Somalia stammende Parlamentsabgeordnete Ayaan Hirsi Ali von der liberalkonservativen Volkspartei für Freiheit und Demokratie (VVD), den unabhängigen Parlamentsabgeordneten Geert Winters und den sozialdemokratischen Amsterdamer Bürgermeister Job Cohen. Hirsi Ali, die an einem Kurzfilm van Goghs (»Submission«) maßgeblich mitgewirkt hatte, tauchte für zweieinhalb Monate im Ausland unter, die anderen Bedrohten erhielten Polizeischutz.

Wie weit Bouyeri, der sich bei Prozessbeginn am 26. 1. 2005 zur Tat bekannte, als Einzeltäter gehandelt hat, blieb trotz Festnahme zahlreicher Personen aus seinem extremistischen Umfeld zunächst ungeklärt. Die Staatsanwaltschaft ging von einem Komplott aus und vermutete ein **militant islamistisches Netzwerk, die sog. Hofstad-Gruppe**, hinter der Tat. Noch am 10. 11. 2004 hatte die Polizei in Den Haag den Kern der Gruppe festgenommen. Am 7. 2. 2005 erhob die Staatsanwaltschaft in Rotterdam gegen zwölf mutmaßliche Mitglieder Anklage wegen Todesdrohungen gegen Islamkritiker. Ein der Hofstad-Gruppe zugeordneter Deutsch-Marokkaner wurde am 24. 2. in Rotterdam unter der Beschuldigung angeklagt, Anschläge auf den Flughafen Schiphol (Amsterdam), Regierungsgebäude und ein Atomkraftwerk geplant zu haben.

Spontane Kundgebungen und scharfe Verurteilungen der Tat durch prominente Vertreter aus Politik und Gesellschaft gaben dem Entsetzen in weiten Teilen der Gesellschaft Ausdruck. In den Tagen und Wochen nach dem Mord kam es neben friedlichen Manifestationen zu zahlreichen Übergriffen. In einer am 7. 2. 2005 vorgelegten Bilanz verzeichnete die Regierung **800 registrierte Gewaltakte**, bei denen in den schlimmsten Fällen Schulen, Moscheen und christliche Kulturstätten in Brand gesetzt wurden. Ein Sechstel der Gewaltakte betraf muslimische Einrichtungen. Personenschäden wurden nicht registriert.

Zugleich entfachten die Geschehnisse eine **breite gesellschaftliche Debatte** über die Widersprüche des niederländischen Modells einer offenen multikulturellen Gesellschaft, die Mängel der seit über 30 Jahren gepflegten Integrationspolitik und die Entstehung und das Ausmaß ethnisch-kultureller »Parallelgesellschaften«. Vor allem liberale Politiker und Prominente aus Kultur und Wirtschaft warnten vor wachsender **Ausländerfeindlichkeit und insbesondere Hass auf Muslime.** Jedoch förderten auch Regierungsmitglieder mit drastischen Statements die angespannte Stimmungslage. So sprach Finanzminister Gerrit Zalm (VVD) von einem »Krieg gegen den Muslimextremismus«. Justizminister Piet Hein Donner (CDA) wiederum kündigte mit indirektem Bezug auf die Polemiken van Goghs an, das fast vergessene Verbot der Gotteslästerung strafrechtlich zu reaktivieren, stieß hiermit jedoch auf eine mehrheitliche Ablehnung im Parlament. Nach Meinungsumfragen in den Tagen nach dem Mord hielten etwa 80 % der Bevölkerung ihr Land für zu tolerant. Der Geheimdienst warnte in einem am 22. 12. 2004 veröffentlichten Bericht über die Lage nach dem Mord an van Gogh vor einer **zunehmenden Radikalisierung junger Muslime**. Danach sympathisierten im Lande einige tausend Jugendliche mit dem radikalen Islam. Von den rd. 3 Mio. Einwohnern ausländischer Herkunft (entspricht 18 % der Bevölkerung) bekennen sich rd. 900 000 zum Islam, die meisten von ihnen stammen aus Marokko und der Türkei.

Am 23. 2. erklärte die Regierung ihre Absicht, erstmals drei radikal-islamistische Imame des Landes zu verweisen, weil sie mit ihrer Agitation die öffentliche Ordnung bzw. nationale Sicherheit bedrohten.

■ **Sozialreformen:** Am 5. 11. 2004 einigten sich die Sozialpartner und die christlich-liberale Regierung auf einen Kompromiss in der Sozialstaatsreform. Mit dem Ziel, die Konkurrenzfähigkeit der Wirtschaft durch Begrenzung der Lohnkosten zu stärken, wurden für 2004 und 2005 Einsparungen im Volumen von insgesamt 4,5 Mrd. € vorgenommen, die Einkommensteuer und die Pflichtbeiträge zur Sozialversicherung erhöht. Der **»neue soziale Pakt«** kam in wesentlichen Punkten den Einwänden der Gewerkschaften gegen zu harte Einschnitte entgegen oder vertagte, wie bei der geplanten Kürzung des Arbeitslosengeldes, die Entscheidung. In den Wochen zuvor war es im Protest gegen die vorgesehenen Kürzungen im Sozialbereich zu den **größten Demonstrationen seit zwei Jahrzehnten** gekommen. Am 3. 10. bekundeten etwa 250 000 Menschen in Amsterdam ihren Widerstand gegen die Pläne der Regierung.

Der Vereinbarung vom 5. 11. 2004 folgend beschloss die Zweite Kammer am 29. 11. die Umwandlung des bisherigen Krankenversicherungssystems. Danach werden die gesetzliche Krankenkassen und Privatversicherungen zum 1. 1. 2006 nach dem **Modell einer privatwirtschaftlich arbeitenden Bürgerversicherung** verschmolzen. Die medizinische Grundversorgung soll durch eine Basispolice abgedeckt werden, die aus fester Prämie (Kopfpauschale) und einkommensabhängigem Anteil besteht und in die auch Beamte und Selbstständige einbezogen werden. Die Höhe der erforderlichen Jahrespauschale soll zwischen 1000 und 1500 € liegen. Kinder unter 18 Jahren sind mitversichert. Wer die Prämie nicht aufbringen kann, soll einen staatlichen Zuschuss erhalten. Ein Schadensfreiheitsbonus soll die Bürger ermuntern, ihre Gesundheit eigenverantwortlich zu fördern. Das niederländische Gesundheitssystem, dessen Kosten trotz erheblichen Einsparungen in den letzten fünf Jahren um die Hälfte auf rd. 45 Mrd. € angestiegen waren, galt in der bisherigen Form als nicht mehr finanzierbar.

■ **Regierungskrise:** Der Minister für Verwaltungsreform und königliche Angelegenheiten, Thom de Graaf, erklärte am 25. 3. 2005 seinen **Rücktritt**. Der Spitzenpolitiker der progressiv-liberalen Partei Demokratie 66 (D66) und Vize-Regierungschef zog damit die Konsequenz aus dem Scheitern seiner Pläne zur Direktwahl der Bürgermeister. Nach Zugeständnissen der Christdemokraten (CDA) und Rechtsliberalen (VVD) – u. a. sollte der Bildungsetat aufgestockt werden – erklärte sich die kleinste Regierungspartei zur **Fortsetzung der Koalition** bereit, die mit 77 von 150 Sitzen über eine äußerst knappe Mehrheit verfügt. Am 31. 3. berief Ministerpräsident Jan Peter Balkenende (CDA) den Parteivorsitzenden der D66, Alexander Pechtold, als neuen Reformminister ins Kabinett.

■ **Referendum zum EU-Verfassungsvertrag:** Nach der Zweiten Kammer stimmte am 25. 1. 2005 auch der Senat zu, eine Volksabstimmung über den EU-Verfassungsvertrag abzuhalten, die erste seit 1797. Trotz des konsultativen Charakters sprachen sich Regierung und Parlament dafür aus, das Ergebnis zu respektiven, sollte die Beteiligung 30 % der Wahlberechtigten überschreiten. Anfang des Jahres unterstützen einer Umfrage zufolge noch 73 % der Niederländer das Verfassungswerk. Im Vorfeld der Wahl **gewannen die EU-Skeptiker an Boden** mit Warnungen vor einer zu schnellen Erweiterung, vor allem im Hinblick auf die Türkei. Ihre Kampagne verband sich mit der **allgemeinen innenpolitischen Missstimmung**, die in der massiven, wenn auch indirekten Abstrafung der Regierung Balkenende Ausdruck fand (→ Foto). Die Abstimmung am 1. 6. erbrachte **61,6 % Neinstimmen**, die Wahlbeteiligung lag bei 60,68 %.

Proteste gegen die EU-Verfassung

■ **Königshaus: Prinz Bernhard** verstarb am 1. 12. 2004 im Universitätskrankenhaus von Utrecht im Alter von 93 Jahren. Der in Deutschland geborene Vater von Königin Beatrix gehörte zu den beliebtesten Persönlichkeiten des königlichen Hauses.

Niger West-Afrika

Republik Niger; République du Niger – NE/NER

Fläche (Weltrang: 21): 1 267 000 km²

Einwohner (68): F 2003 11 762 000 = 9,3 je km²

Hauptstadt: Niamey

Amtssprache: Französisch

Bruttonationaleinkommen 2003 je Einw.: 200 $

Währung: CFA-Franc
Kurs: 1 US-$ = 526,07 CFA-Francs
1 € = 655,96 CFA-Francs

Botschaft der Republik Niger
Dürenstr. 9, 53173 Bonn
T 0228/3 50 27 82, Fax 3 50 27 68
E-Mail: ambaniger@t-online.de

LANDESSTRUKTUR **Fläche:** 1 267 000 km²; → Karte ▪ **Verwaltung:** 8 Départements ▪ **Städte:** (Z 2001) Niamey 674 950 Einw., Zinder 170 574, Maradi 147 038, Agadez 76 957, Tahoua 72 446

BEVÖLKERUNG Nigrer – F 2003: 11 762 000 Einw.; Bevölkerungswachstum: 2,9 %; letzte Zählung 2001 (vorl.): 10 790 352 Einw. – 1995: 52,8 % Hausa, 22,8 % nilo-saharanische Gruppen (14,7 % Dscherma und 8,1 % Songhai), 10,4 % Fulbe (Peul), 8,7 % Kanouri, 3,0 % Tuareg; Araber und Europäer ▪ **Sprachen:** 75 % Hausa, 22 % Songhai-Dscherma, 10 % Fulbe, 8 % Tamaschagh (Tuareg), 4 % Kanouri u. a.; Französisch ▪ **Religion:** 95 % Muslime, 10–15 % Anhänger von indigenen Religionen, christliche Minderheit

STAATS- UND REGIERUNGSFORM Verfassung von 1999 – Präsidialrepublik seit 1960 – Parlament (Assemblée Nationale) mit 113 Mitgl., Wahl alle 5 J. – Direktwahl des Staatsoberh. alle 5 J. (einmalige Wiederwahl) – Wahlrecht ab 18 J. ▪ **Unabhängigkeit:** 3. 8. 1960 (ehem. französische Kolonie) ▪ **Nationalfeiertag:** 18. 12. (Tag der Republik)

REGIERUNG UND PARTEIEN **Staatsoberhaupt:** Mamadou Tandja (MNSD), seit 22. 12. 1999 – **Regierungschef:** Hama Amadou, seit 3. 1. 2000; Koalition aus MNSD und CDS – **Äußeres:** Aïchatou Mindaoudou, seit 17. 9. 2001 ▪ **Parlament:** Wahlen vom 4. 12. 2004: Mouvement National pour la Société de Développement/MNSD 47 von 113 Sitzen (1999: 38 von 83), Convention Démocratique et Sociale/CDS 22 (17), Parti Nigerien pour la Démocratie et le Socialisme/PNDS 17 (16), Rassemblement Social et Démocrate/RSD 7 (–), Rassemblement pour la Démocratie et le Progrès/RDP 6 (8), Alliance Nigérienne pour la Démocratie et le Progrès/ANDP 5 (4), Sonstige 9 (–)

WIRTSCHAFT **BIP** 2003: 2,731 Mrd. $; realer Zuwachs: 5,3 %; Anteil (2003) Landwirtschaft 40 %, Industrie 17 %, Dienstleistungen 43 % ▪ **Erwerbstätigkeit** 2002: Landwirtsch. 87 % ▪ **Arbeitslosigkeit:** k. A. ▪ **Inflation** ∅ 2003: –1,6 % ▪ **Außenhandel** 2001: **Import:** 325 Mio. $; *Güter*: 37 % Nahrungsmittel, Getränke und Tabak, 15 % Maschinen und Transportausrüstungen, 13 % mineralische Brennstoffe und Schmiermittel; *Länder*: 19 % Frankreich, 14 % Elfenbeinküste, 10 % Nigeria; **Export:** 154 Mio. $; *Güter*: 57 % Erze und Uran, 38 % Nahrungsmittel und lebende Tiere; *Länder*: 37 % Nigeria, 36 % Frankreich, 8 % Japan

CHRONIK

Nachdem in der ersten Runde der **Präsidentschaftswahlen** keiner der Kandidaten die absolute Mehrheit gewinnen konnte, setzte sich bei der Stichwahl am 4. 12. 2004 Amtsinhaber Mamadou Tandja mit 65,53 % der Stimmen gegen Mahamadou Issoufou durch, der 34,47 % erhielt. Bei der gleichzeitig abgehaltenen **Wahl zur Nationalversammlung** konnte Tandjas Partei, der Mouvement National pour la Société de Developpement (MNSD), 47 der insgesamt 113 Sitze für sich verbuchen. Zweitstärkste Fraktion wurde der Koalitionspartner Convention Démocratique et Sociale (CDS).
▪ **Hungerkatastrophe:** Durch eine anhaltende Dürreperiode und eine anschließende Heuschreckenplage (→ Mauretanien) im Sommer und Herbst 2004 sind im Niger, einem der ärmsten Länder der Welt, 3,6 Mio. Menschen vom Hunger bedroht. Nach Berichten von Hilfsorganisationen von Mitte Juli 2005 standen Zehntausende von Kindern kurz davor, Hungers zu sterben. Dass es zu einer solchen Katastrophe kommen würde, war seit Monaten bekannt. Regierungschef Amadou hatte aber erst am 28. 5. die internationale Gemeinschaft aufgerufen, seinem Land zu helfen. Appelle von Hilfsorganisationen und zuletzt der Vereinten Nationen, die um eine Soforthilfe von 16,2 Mio. US-$ gebeten hatten, fruchteten bisher wenig.

Nigeria West-Afrika

Bundesrepublik Nigeria; Federal Republic of Nigeria – NG / NGA

Fläche (Weltrang: 31): 923 768 km^2

Einwohner (9): F 2003 136 461 000 = 148 je km^2

Hauptstadt: Abuja

Amtssprache: Englisch

Bruttonationaleinkommen 2003 je Einw.: 350 $

Währung: 1 Naira (N) = 100 Kobo
Kurs: 1 US-$ = 132,83 N; 1 € = 163,71 N

Botschaft der Bundesrepublik Nigeria
Neue Jakobstr. 4, 10179 Berlin
T 030 / 21 23 00, Fax 21 23 02 12
E-Mail: NigeriaEmbassy@compuserve.com

LANDESSTRUKTUR **Fläche**: 923 768 km^2; → Karte ▪ **Verwaltung**: 36 Bundesstaaten und Hauptstadt-Territorium ▪ **Städte**: (F 2000) Lagos 13 427 000 Einw., Ibadan 1 731 000; (F 1994) Ogbomosho 694 400, Kano 641 200, Oshogbo 453 600, Ilorin 452 700, Abeokuta 406 500; (F 1999) Abuja 403 000; (F 1994) Port Harcourt 389 900, Zaria 360 800, Ilesha 359 900, Onitsha 353 800, Iwo 344 300, Kaduna 325 500, Mushin 317 000, Maiduguri 304 500, Enugu 300 700

BEVÖLKERUNG Nigerianer – F 2003: 136 461 000 Einw.; Bevölkerungswachstum: 2,4 %; letzte Zählung 1991: 88 992 220 Einw. – insg. 434 Ethnien: 21 % Hausa-Fulani u. a. hamitische und tschadohamitische Ethnien (Kanuri, Tuareg) im N, 18 % Ibo, 6 % Ibibio usw. im SO, 21 % Yoruba im SW, 2 % Tiv im SO sowie Nomaden (Fulani); ca. 16 000 Europäer (meist Briten) ▪ **Sprachen**: Englisch; v. a. Kwa-Sprachen (u. a. Yoruba, Igbo), Ful, Hausa als Umgangssprache; Edo, Ibibio, Kanuri, Efik, Ijaw, Nupe, Tiv, Urhobo u. a.; Französisch ▪ **Religion** 1992: 45 % Muslime (v. a. im N), 26 % Protestanten, 12 % Katholiken und 11 % afrikanische Christen (v. a. im S); indigene Religionen

STAATS- UND REGIERUNGSFORM Verfassung von 1999 – Präsidiale Bundesrepublik (im Commonwealth) seit 1979 – Nationalversammlung: Repräsentantenhaus mit 360 und Senat mit 109 Mitgl., Wahl alle 4 J. – Direktwahl des Staatsoberhaupts alle 4 J. – Wahlrecht ab 21 J. ▪ **Unabhängigkeit**: 1. 10. 1960 (ehem. britische Kolonie) ▪ **Nationalfeiertag**: 1. 10.

REGIERUNG UND PARTEIEN **Staats- u. Regierungschef**: Olusegun Obasanjo (PDP), seit 29. 5. 1999 – **Äußeres**: Oluyemi Adeniji, seit 8. 7. 2003 ▪ **Parlament**: Wahlen vom 12. 4. 2003: Repräsentantenhaus: People's Democratic Party / PDP 223 von 360 Sitzen (1999: 208), All Nigeria Peoples' Party / ANPP 96 (69), Alliance for Democracy / AD 34 (76), All Progressive Grand Alliance / APGA 2 (–), United Nigeria People's Party 2 (–), National Democratic Party / NDP 1 (–), People's Redemption Party / PRP 1 (–), vakant 1 (7) – Senat: PDP 76 von 109 Sitzen (1999: 60), ANPP 27 (24), AD 6 (20), vakant – (5)

WIRTSCHAFT **BIP** 2003: 58,390 Mrd. $; realer Zuwachs: 10,7 %; Anteil (2003) Landwirtschaft 26 %, Industrie 49 %, Dienstleistungen 24 % ▪ **Erwerbstätigkeit** 2002: Landwirtsch. 32 % ▪ **Arbeitslosigkeit** ∅ 2001: 45–50 % (inoffizielle S) ▪ **Inflation** ∅ 2004: 16,5 % ▪ **Außenhandel** 2003 (vorläufig): **Import**: 10,9 Mrd. $; *Güter*: 29 % Vorerzeugnisse, 24 % Maschinen und Fahrzeuge, 21 % chemische Erzeugnisse, 12 % Ernährungsgüter, 5 % Rohstoffe, 5 % Fertigerzeugnisse, 2 % tierische und pflanzliche Öle, 2 % technische Öle; *Länder*: 14 % VR China, 10 % Großbritannien, 8 % Frankreich, 8 % USA, 7 % Niederlande, 6 % Deutschland, 6 % Rep. Korea, 6 % Italien (EU gesamt: 43 %); **Export**: 24,1 Mrd. $; *Güter*: 97 % Erdöl; *Länder*: 40 % USA, 8 % Spanien, 5 % Brasilien, 5 % Frankreich, 5 % Indonesien, 4 % Japan, 4 % Indien, 3 % Ghana, 3 % Niederlande, 3 % Portugal, 3 % Deutschland (EU gesamt: 25 %)

CHRONIK

Ethnisch-religiöse Spannungen im Norden Nigerias und Auseinandersetzungen um eine gerechtere Verteilung der Erdöleinnahmen im Nigerdelta ließen das bevölkerungsreichste Land auf dem afrikanischen Kontinent nicht zur Ruhe kommen.

▪ **Kampf um Öl:** Nachdem es in der Region um Port Harcourt wiederholt zu **gewalttätigen Auseinandersetzungen** zwischen militanten Gruppen und Sicherheitskräften gekommen war, bei denen vermutlich rund 500 Menschen getötet wurden, verstärkte die Regierung am 3. 9. 2004 die Truppenpräsenz rund um die »Öl-Hauptstadt« im Nigerdelta. Die Rebellen fordern vor allem eine Beteiligung an den Erträgen aus dem Rohölgeschäft. Die zahlenmäßig größte Rebellengruppe, die von Alhaji Mujahid Dokubo Asari geführte Niger Delta People's Volunteer Force (NDPVF), fordert darüber hinaus die völlige Autonomie für das Volk der Ijaw (→ Foto). Nach Ansicht der Regierung betrei-

Rebellen der NDPVF

ben die Rebellen illegale Ölgeschäfte – jährlich rund 10 % der Ölfördermenge werden gestohlen –, mit denen sie ihre Milizen finanzieren, und kämpfen untereinander um die Kontrolle des Marktes. Da trotz der Truppenpräsenz die Gewalt im Nigerdelta zunahm, erklärte sich der als Realpolitiker bekannte Präsident Olusegun Obasanjo am 1. 10. zu Gesprächen mit dem NDPVF-Führer Asari bereit, bei denen eine **Waffenruhe** und eine Amnestie für die NDPVF-Kämpfer **vereinbart** wurde.

Als kurz danach Nigerias mächtiger **Gewerkschaftsbund**, der Nigeria Labour Congress (NLC), wegen der geplanten Abschaffung der staatlichen Benzinsubventionen und der damit verbundenen drastischen Benzinpreiserhöhung zu einem viertägigen Generalstreik aufrief, ließ die daraus resultierende Unwägbarkeit der nigerianischen Ölproduktion die Ölpreise auf dem Weltmarkt auf mehr als 50 US-$ pro Barrel ansteigen. Dem Streikaufruf des NLC folgend, blieben am 11. 10. hauptsächlich in Abuja und Lagos viele Geschäfte, Büros und vor allem Tankstellen geschlossen. Um die Fronten zu glätten, setzte Obasanjo eine Kommission zur Untersuchung der Auswirkungen der Preiserhöhung ein, in die auch NLC-Führer Adam Oshiomhole berufen wurde. Dieser betonte jedoch, der Streik werde weitergehen, bis die jüngste Preiserhöhung von 25 % rückgängig gemacht werde. Oshiomhole war zwei Tage vor Streikbeginn von Sicherheitskräften auf dem Flughafen von Abuja festgenommen, am selben Tag jedoch wieder freigelassen worden. Nachdem der NLC weitere Streiks angekündigt hatte, nahm die Regierung die drastische Erhöhung zurück. Nach Einschätzung von Wirtschaftsexperten hindert die künstliche Drosselung der Benzinpreise durch Subventionen Nigeria jedoch daran, ein konkurrenzfähiger Teilnehmer des Weltmarktes zu werden.

Am 31. 3. 2005 erließ Obasanjo ein Gesetz, welches die Macht des NLC, dem der Präsident vorwarf, eine »Parallelregierung« zu betreiben, empfindlich beschnitt. Das Gesetz erleichterte die Gründung anderer Gewerkschaften außerhalb des NLC und entzog Mitarbeitern in wichtigen Bereichen wie Gesundheitsversorgung und Bildungseinrichtungen das Streikrecht.

Am 20. 6. verklagten acht im Nigerdelta ansässige Gemeinden die Regierung wegen des Abfackelns von Gas, das bei der Rohölförderung entsteht. Nach Ansicht von Umweltaktivisten verursacht das Abfackeln sauren Regen, gesundheitliche Probleme und erhebliche Schäden in der Landwirtschaft.

▪ **Antikorruptionskampagne:** Zwischen Dezember 2004 und April 2005 entließ Präsident Obasanjo, der im Beirat von Transparency International sitzt und bei seinem Amtsantritt den Kampf gegen die Korruption als seine zentrale Aufgabe bezeichnet hatte, mehrere Minister und hohe Staatsbeamte. Dem Gouverneur des Staates Plateau, Joshua Dariye, Polizeichef Tafa Balogun, Erziehungsminister Fabian Osuji, der Ministerin für Wohnungsbau und Stadtentwicklung, Alice Mobolaji Osomo, sowie Senatspräsident Adolphus Wabara wurde Veruntreuung von Staatsgeldern in Millionenhöhe, Bestechung von Parlamentsmitgliedern und Geldwäsche vorgeworfen. Die Entlassungen stießen auf harsche Kritik seitens einiger Parlamentsmitglieder, Obasanjo rechtfertigte die drastischen Maßnahmen jedoch mit der Erklärung, die Regierung könne sich nicht auf illegale Weise bereichern und gleichzeitig erwarten, dass die internationale Gemeinschaft Nigeria einen Schuldenerlass gewährt.

Gouverneur Dariye war erst am 17. 11. 2004 wieder in sein Amt eingesetzt worden, nachdem Obasanjo ihn auf dem Höhepunkt der ethnischen Unruhen im Staat Plateau entlassen hatte. Polizeichef Balogun wurde am 4. 4. 2005 wegen Veruntreuung und Diebstahl von Staatsgeldern in 70 Fällen vor dem Obersten Gerichtshof angeklagt, gegen die zwei Minister und fünf Parlamentsabgeordnete erhob die Staatsanwaltschaft am 12. 4. Anklage wegen Bestechung bzw. Betrugs.

■ **Ethnisch-religiöse Konflikte:** Mit der Veröffentlichung neuer Zahlen über die Opfer ethnisch-religiöser Auseinandersetzungen im Gliedstaat Plateau, die alle bisherigen Schätzungen übertrafen, zog die Regierung eine erschreckende Bilanz. Demnach starben in den seit drei Jahren immer wieder aufflammenden Unruhen zwischen Christen und Moslems rund 53 000 Menschen, fast ein Drittel davon Frauen und Kinder. Nachdem sich die Lage in Plateau allmählich wieder beruhigt zu haben schien, wurde am 17. 11. 2004 der im Mai 2004 verhängte Ausnahmezustand aufgehoben.

Bei gewalttätigen Auseinandersetzungen zwischen **Schiiten und Sunniten** um den Zugang zu den zwei Hauptmoscheen in der im Nordosten gelegenen Stadt Sokoto kamen zwischen dem 13. und 15. 5. 2005 zwei Menschen ums Leben, zahlreiche weitere wurden verletzt. Die Sunniten, die die Mehrheit der Muslime stellen, warfen den Schiiten vor, gegen ihre geistlichen Führer zu predigen. Die Stadt ist Sitz des Sultans von Sokoto, des geistigen Oberhauptes aller nigerianischen Muslime.

Bei Gefechten zwischen Sicherheitskräften und **bewaffneten Islamisten** im nordnigerianischen Gliedstaat Borno wurden im September 2004 27 Islamisten und zwei Polizisten getötet. Im Volksmund werden die Islamisten als »Taliban« bezeichnet, da sie die afghanischen Koranschüler als Vorbild betrachten und im Norden Nigerias ebenfalls einen islamischen Staat errichten wollen. Auch im Nachbarstaat Yobe war es im Januar 2004 zu Kämpfen zwischen »Taliban« und Sicherheitskräften gekommen.

■ **Scharia:** Im Oktober 2004 teilte die Menschenrechtsgruppe Baobo mit, dass einige Wochen zuvor wieder **zwei Frauen** wegen Ehebruchs **zum Tod durch Steinigung** verurteilt worden waren. Im Berufungsverfahren wurden **bisher alle Urteile** wegen schwerwiegender Fehler in der ersten Instanz **aufgehoben**, so zuletzt das Todesurteil gegen eine Frau im nordnigeriansichen Gliedstaat Bauchi. Die Scharia, das islamische Recht, wird zwar von der Bundesregierung für verfassungswidrig gehalten; gegen dessen Anwendung ist aber bisher nichts unternommen worden.

■ **Anklage wegen Putschversuch:** Am 21. 10. 2004 wurde gegen drei ranghohe Militärs Anklage wegen der Planung eines gewaltsamen Umsturzversuchs erhoben. Dem prominentesten unter ihnen, Major Hamza al-Mustapha, Sicherheitschef des ehemaligen Diktators Sani Abacha, wurde zur Last gelegt, von einem Gefängnis in Lagos aus, wo er seit dem Sturz Abachas im Jahr 1998 einsitzt, den Coup gemeinsam mit den zwei anderen Angeklagten vorbereitet zu haben.

■ **Streit mit Kamerun:** Im Streit um die **Halbinsel Bakassi** in den öl- und fischreichen Küstengewässern zwischen Nigeria und Kamerun ließ die nigerianische Regierung den vom Internationalen Gerichtshof in Den Haag bereits im Jahr 2003 für den 15. 9. 2004 festgesetzten **Termin für die endgültige Übergabe** an Kamerun **tatenlos verstreichen**. Nach ergebnislosen Gesprächen zwischen Vertretern beider Länder, die die gemeinsame Grenzkommission bilden, wurde UN-Generalsekretär Kofi Annan am 22. 10. gebeten, mit Präsident Obasanjo und dem kamerunischen Präsidenten Paul Biya eine Lösung zu finden. Am 3. 11. wies der Oberste Gerichtshof in Lagos eine Klage von Bakassi-Bewohnern gegen den geplanten Abzug der auf der Halbinsel stationierten nigerianischen Truppen ab. Allerdings nannte Obasanjo weiterhin keinen genauen Termin für den Truppenabzug und die endgültige Übergabe. Verhandlungen mit seinem Amtskollegen Biya am 11. 5. 2005 endeten ohne Einigung. Am 23. 6. erhob Kamerun Vorwürfe, die nigerianische Armee habe mehrfach kamerunische Truppen in der Bakassi-Region angegriffen. Das nigerianische Verteidigungsministerium wies die Vorwürfe zurück und sprach von Auseinandersetzungen unter Fischern.

■ **Terrordrohungen:** Wegen einer Terrordrohung von Islamisten gegen die US-amerikanische Botschaft in Lagos am 17. 6. schlossen die USA vorübergehend ihre Vertretung. Deutschland, Großbritannien, Italien und Russland, deren Botschaften in derselben Straße stehen, folgten dem Beispiel.

■ **Rückgabe von Abacha-Geldern:** Am 17. 8. 2004 entschied das Schweizer Bundesamt für Justiz, die noch in der Schweiz blockierten Gelder des inzwischen verstorbenen Ex-Diktators Sani Abachi zurückzugeben. Dabei handelt es sich um 500 Mio. US-$, die Nigeria unter der Bedingung erhält, sie für Entwicklungsprojekte zu verwenden. Erste Rückzahlungen waren bereits im April 2004 und im Dezember 2003 erfolgt (→ WA 2005, S. 317).

Norwegen Nord-Europa

Königreich Norwegen; Kongeriket Norge – NO/NOR

Fläche (Weltrang: 66): 323 759 km²

Einwohner (114): F 2003 4 562 000 = 14,1 je km²

Hauptstadt: Oslo

Amtssprache: Norwegisch

Bruttonationaleinkommen 2003 je Einw.: 43 400 $

Währung: 1 Norwegische Krone (nkr) = 100 Øre
Kurs: 1 US-$ = 6,54 nkr; 1 € = 7,88 nkr (1. 7. 2005)

Königlich Norwegische Botschaft
Rauchstr. 1, 10787 Berlin
T 030/50 50 50, Fax 50 50 55
www.norwegen.no

LANDESSTRUKTUR **Fläche:** 323 759 km²; → Karte ▪ **Gebiete:** Svalbard 61 020 km², Jan Mayen 377 km² und Bilandet (Nebenländer): Bouvetøya (Bouvetinsel) 49 km² und Peter I Øy (Peter-I.-Insel) 156 km²; Dronning Maud Land (Königin-Maud-Land) → Antarktis ▪ **Verwaltung:** 19 Provinzen; → Tabelle ▪ **Städte:** (F 2004) Oslo 521 886 Einw., Bergen 237 430, Trondheim 154 351, Stavanger 112 405, Bærum 103 313, Kristiansand 75 280, Fredrikstad 69 867, Tromsø 61 897, Drammen 56 688, Sandnes 56 668

BEVÖLKERUNG Norweger – F 2003: 4 562 000 Einw.; Bevölkerungswachstum: 0,5 %; letzte Zählung 2001: 4 520 947 Einw. – 95,9 % Norweger, davon ca. 40 000 Samit (Samen) und 12 000 Finnen (Kvener); 4,1 % Ausländer: 0,6 % Schweden, 0,4 % Dänen, 0,3 % Bosnier, 0,2 % Briten u. a. ▪ **Sprachen:** Norwegisch (mit zwei Schriftsprachen: Bokmål und Nynorsk); Samisch ▪ **Religion** 2004: (Evangelisch-Lutherische Kirche ist Staatskirche) 85,7 % Evangelisch-Lutherische; 78 000 Muslime, 46 000 Pfingstler, 46 000 Katholiken u. a.

STAATS- UND REGIERUNGSFORM Verfassung von 1814 – Parlamentarische Monarchie seit 1905 – Parlament (Storting) mit 165 Mitgl. (teilt sich für legislative Aufgaben in 2 Kammern: Lagting mit 39 und Odelsting mit 126 Mitgl.); Wahl alle 4 J. – Wahlrecht ab 18 J. ▪ **Unabhängigkeit:** alte staatl. Tradition; 27. 10. 1905 Austritt aus der Union mit Schweden ▪ **Nationalfeiertag:** 17. 5. (Verfassungstag)

REGIERUNG UND PARTEIEN **Staatsoberhaupt:** König Harald V., seit 1991 – **Regierungschef:** Kjell Magne Bondevik (KFP), seit 19. 10. 2001; Minderheitsregierung aus KFP, H und Venstre – **Äußeres:** Jan Petersen (H), seit 19. 10. 2001 ▪ **Parlament:** Wahlen zum Storting vom 9./10. 9. 2001: Det Norske Arbeiderparti/DnA 43 von 165 Sitzen (1997: 65), Høyre/H 38 (23), Fremskrittspartiet (Fortschrittspartei)/FP 26 (25), Sosialistisk Venstreparti (Sozialistische Linkspartei)/SVP 23 (9), Kristelig Folkeparti (Christliche Volkspartei)/KFP 22 (25), Senterpartiet (Zentrumspartei)/SP 10 (11), Venstre-Partei/V 2 (6), Kystpartiet (Küstenpartei)/KYST 1 (1)

Norwegen
Fläche, Bevölkerung und Bevölkerungsdichte

Provinz (Hauptort)	Fläche in km²	Einwohner insgesamt F 2003	Einwohner je km²
Akershus (Oslo)	5 371	1 000 684	186,3
Aust-Agder (Arendal)	9 212	103 195	11,2
Buskerud (Drammen)	14 927	241 371	16,2
Finnmark (Vadsø)	48 637	73 514	1,5
Hedmark (Hamar)	27 338	188 281	6,9
Hordaland (Bergen)	15 634	441 660	28,2
Møre og Romsdal (Molde)	15 104	244 309	16,2
Nordland (Bodø)	38 327	236 950	6,2
Nord-Trøndelag (Steinkjer)	22 396	127 610	5,7
Oppland (Lillehammer)	25 191	183 582	7,3
Østfold (Sarpsborg)	4 183	255 122	61,0
Rogaland (Stavanger)	9 141	385 020	42,1
Sogn og Fjordane (Hermansverk)	18 620	107 274	5,8
Sør-Trøndelag (Trondheim)	18 832	268 188	14,2
Telemark (Skien)	15 315	165 855	10,8
Troms (Tromsø)	25 984	152 247	5,9
Vest-Agder (Kristiansand)	7 281	159 219	21,9
Vestfold (Tønsberg)	2 216	218 171	98,5
Norwegen	323 759	4 552 252	14,1

Quelle: Statistisk sentralbyrå Oslo 2004

WIRTSCHAFT **BIP** 2003: 220 854 Mrd. $; realer Zuwachs: 0,4 %; Anteil (2003) Landwirtschaft 1,5 %, Industrie 37,5 %, Dienstleistungen 61,0 % ▪ **Erwerbstätigkeit** 2003: Landwirtsch. 3,7 %, Industrie 21,4 %, Dienstl. 74,9 % ▪ **Arbeitslosigkeit** ∅ 2004: 4,4 % ▪ **Inflation** ∅ 2004: 0,6 % ▪ **Außenhandel** 2004 (vorläufig): **Import:** 325,5 Mrd. nkr; *Güter:* 11 % Kfz, 6 % Nahrungsmittel und Tiere, 5 % Elektrotechnik, 5 % allgemeiner Maschinenbau, 5 % Büromaschinen, 5 % Brennstoffe, 5 % metallurgische Erze und Metallabfälle, 4 % Eisen und Stahl, 4 % Spezialmaschinen, 4 % Bekleidung und Accessoires, 3 % Pharmazeutika, 2 % Möbel, 2 % NE-Metalle, 2 % Papier- und Papierprodukte, 2 % Kunststoffe; *Länder:* 16 % Schweden, 14 % Deutschland, 7 % Dänemark, 7 % Großbritannien, 5 % VR China, 5 % USA, 4 % Niederlande (EU gesamt: 66 %); **Export:** 553,8 Mrd. nkr; *Güter:* 44 % Erdöl, 13 % Erdgas, 6 % NE-Metalle, 5 % Fisch, 2 % Eisen und Stahl, 2 % Kondensate, 2 % allgemeiner Maschinenbau, 2 % Papier und -produkte, 1 % Elektrotechnik; *Länder:* 22 % Großbritannien, 13 % Deutschland, 10 % Niederlande, 10 % Frankreich, 8 % USA, 6 % Schweden, 4 % Kanada (EU gesamt: 76 %)

CHRONIK

Arbeitsminister Dagfinn Høybråten machte am 25. 10. 2004 von einer Sonderregelung im Arbeitsrecht Gebrauch und **beendete einen seit fast vier Monaten anhaltenden Arbeitskampf** in der Erdöl- und Erdgasförderung durch die Einleitung einer Zwangsvermittlung. Bei dem Streik auf den schwimmenden Ölförderungs-Plattformen in der Nordsee ging es um eine Bestandsgarantie gegen die Verlagerung von Arbeitsplätzen zu ausländischen Unternehmen.

- **Kriegskinder-Entschädigung:** Ein Parlamentsausschuss stimmte am 18. 3. 2005 einem Plan des Justizministers zu, Entschädigungszahlungen an Kinder deutscher Besatzungssoldaten zu zahlen, die nach Kriegsende 1945 teilweise unter schweren Schikanen zu leiden hatten. Zwischen 12 000 und 20 000 Nachkommen deutscher Wehrmachtssoldaten und norwegischer Mütter sollen einmalig je 20 000 nkr (rd. 2450 €) erhalten.
- **Rentenreform:** Gegen die Stimmen der rechtspopulistischen Fortschrittspartei (FP) und der Linkssozialisten (SVP) beschloss das Parlament am 20. 5. 2005 mit breiter Mehrheit eine grundlegende Reform des Rentensystems. Neben die aus Steuern und Erdöl-Fonds finanzierte staatliche Volksrente tritt ab 2006 eine allgemein verpflichtende betriebliche Pensionsversicherung, wie sie bisher auf freiwilliger Basis in Großunternehmen üblich war.
- **Svinesundbrücke:** Zur Feier des 100. Jahrestags der Ablösung Norwegens von Schweden eröffneten König Harald V. von Norwegen und der schwedische König Carl XVI. Gustav am 10. 6. 2005 eine neue grenzüberquerende Autobahnbrücke über den Svinesund, die mit 247 m Länge die weltgrößte Ein-Bogen-Brücke ist.

Oman Vorder-Asien

Sultanat Oman; Salṭanat 'Umān – OM/OMN

Fläche (Weltrang: 69): 309 500 km²

Einwohner (135): F 2003 2 599 000 = 8,4 je km²

Hauptstadt: Masqaṭ (Maskat)

Amtssprache: Arabisch

Bruttonationaleinkommen 2002 je Einw.: 7830 $

Währung: 1 Rial Omani (R. O.) = 1000 Baizas
Kurs: 1 US-$ = 0,39 R. O.; 1 € = 0,48 R. O.

Botschaft des Sultanats Oman
Clayallee 82, 14195 Berlin
T 030/810 05–00, Fax 810 05–199
E-Mail: Botschaft-Oman@t-online.de

LANDESSTRUKTUR **Fläche**: 309 500 km² einschließlich der Inseln Masīrah mit 658 km² und Kuria-Muria mit 78 km²; Karte → WA 2005, S. 320 ▪ **Verwaltung**: 5 Regionen und 3 Governorate; Tabelle → WA 2005, S. 320 ▪ **Städte**: (S 2001) Masqaṭ (Maskat) (A) 540 000 Einw.; (F 1990) Ṣuḥār 91 521, Rustaq 66 205, Nizwā 62 880, Ṣūr 59 963

BEVÖLKERUNG Omaner – F 2003: 2 599 000 Einw.; Bevölkerungswachstum: 2,4 %; letzte Zählung 2003: 2 340 815 Einw. – 1 781 558 Omaner und 559 257 Ausländer; ca. 88 % Araber, 4 % Balutschen, 3 % Perser; 2–3 % Inder und Pakistaner, 2 % Afrikaner ▪ **Sprachen**: Arabisch; iranische (Balutschi, Persisch) und indoarische Sprachen (u. a. Urdu); Englisch ▪ **Religion** 1994: 53,5 % Muslime (Ibaditen, Sunniten); 28,0 % Hindus, 14,7 % Christen

STAATS- UND REGIERUNGSFORM Verfassung von 1996 – Monarchie (Sultanat) – Staatsreligion: Islam – Islamisches Recht (Scharia) – Konsultativrat (Madschlis as-Schura) mit 82 Mitgl. (alle 3 J. vom Sultan aus 164 gewählten Kandidaten ernannt) und Staatsrat (Madschlis al-Dawlah) mit 41 vom Sultan ernannten Mitgl. – Wahlrecht ab 21 J. ▪ **Unabhängigkeit**: 1744; bis 1970 Sultanat Maskat und Oman ▪ **Nationalfeiertag**: 18. 11. (Geburtstag des Sultans)

REGIERUNG UND PARTEIEN **Staatsoberhaupt, Regierungschef und Äußeres**: Sultan Qabus Bin Said, seit 1970 ▪ **Parlament**: letzte Wahlen zum Konsultativrat am 4. 10. 2003; keine Parteien

WIRTSCHAFT **BIP** 2004: 24,292 Mrd. $; realer Zuwachs: k. A.; Anteil (2004) Landwirtschaft 3 %, Industrie 41 %, Dienstleistungen 56 % ▪ **Erwerbstätigkeit** 2002: Landwirtsch. 35 % ▪ **Arbeitslosigkeit**: k. A. ▪ **Inflation** ∅ 2003: –0,4 % ▪ **Außenhandel** 2003: **Import**: 2,615 Mrd. R. O.; *Güter*: Maschinen und Transportausrüstungen, Nahrungsmittel, Getränke und lebende Tiere, Rohstoffe; *Länder*: Vereinigte Arabische Emirate, Japan, USA, Großbritannien; **Export**: 4,487 Mrd. R. O.; *Güter*: 80 % Erdöl und Gas; *Länder*: v. a. Vereinigte Arabische Emirate

CHRONIK

Ende Januar 2005 wurden bei einer Polizeiaktion im ganzen Land bis zu 300 Personen festgenommen, darunter mehrere Offiziere und Universitätsprofessoren. Neben Waffen und Sprengstoff wurden dabei offensichtlich auch Pläne für ein Attentat auf ein Kulturfestival in der Hauptstadt Masqat entdeckt, das Islamisten seit langem kritisieren. Die omanischen Behörden räumten zwar ein, dass es zu Festnahmen gekommen sei, verweigerten aber jede weitere Information. Am 2. 5. wurden 31 der **Islamisten** wegen Verschwörung zu langjährigen Gefängnisstrafen verurteilt. Den Verurteilten wurde zur Last gelegt, in Oman eine islamistische Herrschaft errichten zu wollen. Alle Verurteilten wurden am 9. 6. vom Sultan begnadigt und freigelassen.

▪ **Wirtschaft:** Durch den Anstieg des Ölpreises nahm Oman 2004 rd. 10,8 Mrd. US-$ ein. Da aber die Erdölreserven nach offiziellen Angaben wahrscheinlich in 30–40 Jahren erschöpft sein werden, setzt das Sultanat auf eine Diversifizierung der Wirtschaft und hat einen entsprechenden Fünfjahresplan verabschiedet. Geplant ist ein Freihafen, der Ausbau der verarbeitenden Industrie sowie des Tourismus. Zur Ministerin des neu geschaffenen Tourismusressorts wurde am 7. 6. 2004 Rajihah Bint-Abd-al-Amir ernannt.

Bundeskanzler Schröder (links) und Sultan Qabus Bin Said am 4. 3. 2005

Bei seinem Besuch in Oman am 4. 3. 2005 sprachen Bundeskanzler Gerhard Schröder und Sultan Qabus bin Said (→ Foto) vor allem über den Ausbau der wirtschaftlichen Beziehungen, an dem beide Seiten ein Interesse haben.

Österreich Mittel-Europa

Republik Österreich – AT / AUT

Fläche (Weltrang: 112): 83 871 km²

Einwohner (90): F 2003 8 090 000 = 97 je km²

Hauptstadt: Wien

Amtssprachen: Deutsch, Slowenisch (regional), Kroatisch (regional), Ungarisch (regional)

Bruttonationaleinkommen 2003 je Einw.: 26 810 $

Währung: 1 Euro (€) = 100 Cent
Kurs: 1 US-$ = 0,83 € (1. 7. 2005)

Botschaft der Republik Österreich
Stauffenbergstr. 1, 10785 Berlin
T 030 / 20 28 70, Fax 2 29 05 69
www.oesterreichische-botschaft.de

LANDESSTRUKTUR **Fläche**: 83 871 km² ▪ **Verwaltung**: 9 Bundesländer (→ Tabelle) ▪ **Städte**: (F 2003) Wien 1 583 814 Einw., Graz 233 583, Linz 184 219, Salzburg 144 395, Innsbruck 114 031, Klagenfurt 91 193, Wels 57 601, Villach 57 520, St. Pölten 49 314, Dornbirn 42 800, Steyr 39 146, Wiener Neustadt 38 429, Feldkirch 29 009, Bregenz 26 875, Leoben 25 516, Wolfsberg 25 324, Baden 24 692, Klosterneuburg 24 562, Traun 23 842, Krems an der Donau 23 523, Amstetten 22 735, Leonding 22 467, Kapfenberg 22 075, Mödling 20 409, Lustenau 20 074, Hallein 18 628, Braunau am Inn 16 247, Spittal an der Drau 16 100, Kufstein 15 686, Schwechat 15 471, Ternitz 15 170, Ansfelden 15 107, Stockerau 14 494, Feldkirchen 14 139

BEVÖLKERUNG Österreicher – F 2003: 8 090 000 Einw.; Bevölkerungswachstum: 0,3 %; letzte Zählung 2001: 8 065 466 Einw. – F 2003: 90,6 % Österreicher; 9,4 % Ausländer ▪ **Sprachen** 2001: 88,6 % Deutsch, 1,6 % Kroatisch, 0,5 % Ungarisch, 0,3 % Slowenisch, 0,2 % Burgenlandkroatisch, 0,2 % Tschechisch, 0,1 % Slowakisch, 0,1 % Romani ▪ **Religion** 2001: 73,6 % Katholiken, 4,7 % Protestanten, 4,2 % Muslime, 0,1 % Juden, 12,0 % religionslos

STAATS- UND REGIERUNGSFORM Verfassung von 1920 in der Fassung von 1929 mit Änderungen – Parlamentarisch-demokratische Bundesrepublik seit 1918 – Parlament: Nationalrat mit 183 Mitgl. (Wahl alle 4 Jahre) – Bundesrat als Länderparlament mit 62 Mitgl. – Direktwahl des Bundespräsidenten alle 6 J. (einmalige Wiederwahl) – Wahlrecht ab 18 J. ▪ **Unabhängigkeit**: alte staatl. Tradition; unter den Habsburgern ab 1282, 1804 Kaisertum, 1806 Auflösung des Heiligen Römischen Reiches Deutscher Nation, 1866 Ausscheiden aus dem Deutschen Bund, seit 1918 Republik, Wiederherstellung der Unabhängigkeit der demokratischen Republik 27. 4. 1945; Souveränität und Unabhängigkeit 15. 5. 1955 (Staatsvertrag mit den 4 Alliierten) ▪ **Nationalfeiertag**: 26. 10. (Verabschiedung des Neutralitätsgesetzes 1955)

REGIERUNG UND PARTEIEN **Staatsoberhaupt**: Heinz Fischer (SPÖ), seit 8. 7. 2004 – **Regierungschef**: Wolfgang Schüssel (ÖVP-Vorsitzender), seit 4. 2. 2000; Koalition aus ÖVP und FPÖ – **Äußeres**: Ursula Plassnik (ÖVP), seit 20. 10. 2004 ▪ **Parlament**: Wahlen zum Nationalrat vom 24. 11. 2002: Österreichische Volkspartei / ÖVP 79 von 183 Sitzen (1999: 52), Sozialdemokratische Partei Österreichs / SPÖ 69 (65), Freiheitliche Partei Österreichs–Die Freiheitlichen / FPÖ 18 (52), Die Grünen 17 (14) – Bundesrat (Stand Juli 2004): ÖVP 27 von 62 Sitzen, SPÖ 25, FPÖ 6, Die Grünen 4

WIRTSCHAFT **BIP** 2003: 253,126 Mrd. $; realer Zuwachs: 0,7 %; Anteil (2004) Landwirtschaft 2,3 %, Industrie 30,8 %, Dienstleistungen 66,9 % ▪ **Erwerbstätigkeit** 2004: Landwirtsch. 0,8 %, Industrie 26,9 %, Dienstl. 68,4 % ▪ **Arbeitslosigkeit** ∅ 2004: 4,5 % ▪ **Inflation** ∅ 2004: 2,0 % ▪ **Außenhandel** 2004: **Import**: 89,421 Mrd. €; *Güter*: 69,9 % Fertigwaren (davon 11,9 % Maschinen, 5,8 % Kfz), 12,8 % Halbwaren, 11,7 % Rohstoffe, 5,8 % Nahrungsmittel; *Länder*: Deutschland 42,6 %, Italien 6,8 %, Frankreich 4,0 %, USA 3,3 %, Schweiz 3,0 %, Großbritannien 1,9 % (EU gesamt: 73,4 %); **Export**: 89,131 Mrd. €; *Güter*: 75,2 % Fertigwaren (davon 17,1 % Maschinen, 3,9 % Kfz), 13,5 % Halbwaren, 5,7 % Rohstoffe, 5,6 % Nahrungsmittel; *Länder*: Deutschland 32,1 %, Italien 8,6 %, USA 6,0 %, Schweiz 4,5 %, Großbritannien 4,2 %, Frankreich 4,2 % (EU gesamt: 67,7 %)

Österreich: Wichtigste Handelspartner 2004

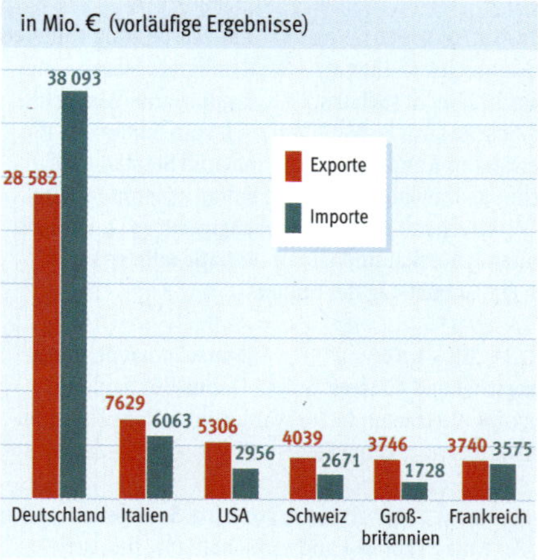

Quelle: Statistik Austria 2005

Bundespräsident

Dr. Heinz Fischer (SPÖ)
Österreichische Präsidentschaftskanzlei
Hofburg, Leopoldinischer Trakt, 1014 Wien
www.hofburg.at

Parlament

Dr. Karl-Renner-Ring 1–3, 1017 Wien
www.parlament.gv.at

Nationalrat
Präsident: Dr. Andreas Khol, ÖVP
2. Präs.: Mag. Barbara Prammer, SPÖ
3. Präs.: Dipl.-Ing. Thomas Prinzhorn, FPÖ

Bundesrat
Präsident: Mag.Georg Pehm, SPÖ
Vizepräsidenten: Anna Elisabeth Haselbach, SPÖ, Jürgen Weiss, ÖVP

Bundesregierung

Bundeskanzleramt
Bundeskanzler Dr. Wolfgang Schüssel, ÖVP
Bundeskanzleramt: Ballhausplatz 2, 1014 Wien
www.bka.gv.at
Bundesministerium für Verkehr, Innovation und Technologie
Vizekanzler und Bundesminister Hubert Gorbach, BZÖ
Radetzkystrasse 2, 1030 Wien
www.bmvit.gv.at
Bundesministerium für auswärtige Angelegenheiten
Bundesministerin Dr. Ursula Plassnik, ÖVP
Ballhausplatz 2, 1014 Wien
www.bmaa.gv.at
Bundesministerium für Bildung, Wissenschaft und Kultur
Bundesministerin Elisabeth Gehrer, ÖVP
Minoritenplatz 5, 1014 Wien
www.bmbwk.gv.at
Bundesministerium für Finanzen
Bundesminister Mag. Karl-Heinz Grasser
Himmelpfortgasse 8, 1015 Wien
www.bmf.gv.at
Bundesministerium für Inneres
Bundesministerin Liese Prokop, ÖVP
Herrengasse 7, 1014 Wien
www.bmi.gv.at
Bundesministerium für Justiz
Bundesministerin Mag. Karin Miklautsch, BZÖ
Museumstrasse 7, 1070 Wien
www.bmj.gv.at
Bundesministerium für Landesverteidigung
Bundesminister Günther Platter, ÖVP
Roßauer Lände 1, 1090 Wien
www.bmlv.gv.at
Bundesministerium für Land- und Forstwirtschaft, Umwelt und Wasserwirtschaft
Bundesminister Dipl.Ing. Josef Pröll, ÖVP
Stubenring 1, 1010 Wien
www.lebensministerium.at
Bundesministerium für Soziale Sicherheit, Generationen und Konsumentenschutz
Bundesministerin Ursula Haubner, BZÖ
Stubenring 1, 1010 Wien
www.bmsg.gv.at
Bundesministerium für Wirtschaft und Arbeit
Bundesminister Dr. Martin Bartenstein, ÖVP
Stubenring 1, 1010 Wien
www.bmwa.gv.at
Bundesministerium für Gesundheit und Frauen
Bundesministerin Maria Rauch-Kallat, ÖVP
Radetzkystrasse 2, 1030 Wien
www.bmgf.gv.at

Parteien
(im Nationalrat vertreten)

Österreichische Volkspartei (ÖVP)
Lichtenfelsgasse 7, 1010 Wien
Bundesparteiobmann: Dr. Wolfgang Schüssel
Generalsekretär: Dr. Reinhold Lopatka
www.oevp.at

Sozialdemokratische Partei Österreichs (SPÖ)
Löwelstr. 18, 1014 Wien
Vorsitzender: Dr. Alfred Gusenbauer
Bundesgeschäftsführer: Doris Bures und Mag. Norbert Darabos
www.spoe.at

Freiheitliche Partei Österreichs – Die Freiheitlichen (FPÖ)
Theobaldgasse 19, 1010 Wien
Bundesparteiobmann: Hans Christian Strache
Generalsekretär: Karlheinz Klement
www.fpoe.at

Bündnis Zukunft Österreich (BZÖ)
Kärntner Ring 11–13, 1010 Wien
Bündnisobmann: Dr. Jörg Haider
Geschäftsführender Obmann: Hubert Gorbach
www.bzoe.at

Die Grünen – Die Grüne Alternative
Lindengasse 40, 1071 Wien
Bundessprecher: Prof. Dr. Alexander van der Bellen
Bundesgeschäftsführerin: Michaela Sburny
www.gruene.at

Landesregierungen

(Stand Juni 2005)

Burgenland

Landeshauptstadt Eisenstadt
Amtsperiode 2001–2006

Landeshauptmann Hans Niessl, SPÖ
Stellvertreter Mag. Franz Steindl, ÖVP
Landesräte Helmut Bieler, SPÖ; Verena Dunst, SPÖ; Mag. Michaela Resetar, ÖVP; Dr. Peter Rezar, SPÖ; Paul Rittsteuer, ÖVP
www.burgenland.at

Kärnten

Landeshauptstadt Klagenfurt
Amtsperiode 2004–2009

Landeshauptmann Dr. Jörg Haider, BZÖ
Stellvertreter Dr. Martin Strutz, BZÖ; Dr. Peter Ambrozy, SPÖ
Landesräte Gerhard Dörfler, BZÖ; Reinhart Rohr, SPÖ; Dr. Gabriele Schaunig-Kandut, SPÖ; Dr. Josef Martinz, ÖVP
www.ktn.gv.at

Niederösterreich

Landeshauptstadt St. Pölten
Amtsperiode 2003–2008

Landeshauptmann Dr. Erwin Pröll, ÖVP
Stellvertreter Ernest Gabmann, ÖVP; Heidemaria Onodi, SPÖ
Landesräte Dr. Petra Bohuslaw, ÖVP; Christa Kranzl, SPÖ; Mag. Johanna Mikl-Leitner, ÖVP; Dipl.-Ing. Josef Plank, ÖVP; Emil Schabl, SPÖ; Mag. Wolfgang Sobotka, ÖVP
www.noel.gv.at

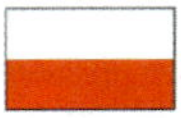

Oberösterreich

Landeshauptstadt Linz
Amtsperiode 2003–2009

Landeshauptmann Dr. Josef Pühringer, ÖVP
Stellvertreter Dipl.-Ing.Erich Haider, SPÖ; Franz Hiesl, ÖVP
Landesräte Josef Ackerl, SPÖ; Rudolf Anschober, Grüne; Dr. Hermann Kepplinger, SPÖ; Viktor Sigl, ÖVP; Dr. Josef Stockinger, ÖVP; Dr. Silvia Stöger, SPÖ
www.ooe.gv.at

Österreich: Wirtschaftskraft und Arbeitslosigkeit in den Bundesländern

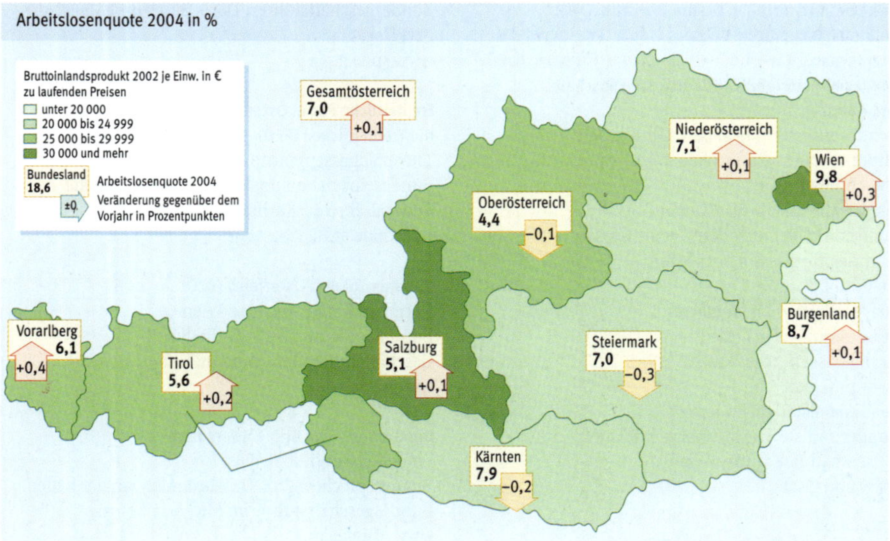

Quelle: Arbeitsmarktservice Österreich, Statistik Austria 2005

Salzburg

Landeshauptstadt Salzburg
Amtsperiode 2004–2009

Landeshauptfrau Mag. Gabi Burgstaller, SPÖ
Stellvertreter Dr. Wilfried Haslauer, ÖVP; Dr. Othmar Raus, SPÖ
Landesräte Walter Blachfellner, SPÖ; Dr. Erwin Buchinger, SPÖ; Doraja Eberle, ÖVP; Josef Eisl, ÖVP
www.land-sbg.gv.at

Steiermark

Landeshauptstadt Graz
Amtsperiode 2000–2005

Landeshauptmann Waltraud Klasnic, ÖVP
Stellvertreter Mag. Franz Voves, SPÖ; Dipl.-Ing. Leopold Schöggl, FPÖ
Landesräte Mag. Kristina Edlinger-Ploder, ÖVP; Mag. Wolfgang Erlitz, SPÖ; Dr. Kurt Flecker, SPÖ; Johann Seitinger, ÖVP; DDr. Gerald Schöpfer, parteilos; Hermann Schützenhöfer, ÖVP
www.verwaltung.steiermark.at

Tirol

Landeshauptstadt Innsbruck
Amtsperiode 2003–2008

Landeshauptmann DDr. Herwig van Staa , ÖVP
Stellvertreter Ferdinand Eberle, ÖVP; Hannes Gschwentner, SPÖ
Landesräte Christa Gangl, SPÖ; Dr. Anna Hosp, ÖVP; Mag. Sebastian Mitterer, ÖVP; Konrad Streiter, ÖVP; Dr. Elisabeth Zanon, ÖVP
www.tirol.gv.at

Vorarlberg

Landeshauptstadt Bregenz
Amtsperiode 2004–2009

Landeshauptmann Dr. Herbert Sausgruber, ÖVP
Landesstatthalter Dr. Hans-Peter Bischof, ÖVP
Landesräte Dieter Egger, FPÖ; Manfred Rein, ÖVP; Dr. Greti Schmid, ÖVP; Ing. Erich Schwärzler, ÖVP; Mag. Siegmund Stemer, ÖVP
www.vorarlberg.at

Wien

Amtsperiode 2001–2006

Landeshauptmann und Bürgermeister
Dr. Michael Häupl, SPÖ
Stadträte mit Ressort Vizebürgermeisterin Grete Laska, SPÖ; Vizebürgermeister Dr. Sepp Rieder, SPÖ; Mag. Renate Brauner, SPÖ; Werner Faymann, SPÖ; Dr. Andreas Mailath-Pokorny, SPÖ; Dipl.-Ing. Rudolf Schicker, SPÖ; Mag. Ulli Sima, SPÖ; Mag. Sonja Wehsely, SPÖ
Stadträte ohne Ressort David Ellensohn, Grüne; Dr. Johannes Hahn, ÖVP; Johann Herzog, FPÖ; Karin Landauer, FPÖ; Dr. Herlinde Rothauer, ÖVP; Dr. Eduard Schock, FPÖ
www.magwien.gv.at

Österreich
Fläche und Bevölkerung

Bundesland (Landeshauptstadt)	Fläche in km²	Einwohner pro km²	Einwohner 2003* gesamt	Österreicher	Ausländer	Ausländeranteil in %
Burgenland (Eisenstadt)	3 965,46	69,7	276 640	264 611	12 029	4,3
Kärnten (Klagenfurt)	9 535,97	58,6	559 078	524 951	34 127	6,1
Niederösterreich (St. Pölten)	19 177,78	81,2	1 556 956	1 459 207	97 749	6,3
Oberösterreich (Linz)	11 981,74	115,9	1 389 170	1 287 550	101 620	7,3
Salzburg (Salzburg)	7 154,22	73,1	523 185	458 687	64 498	12,3
Steiermark (Graz)	16 391,93	72,7	1 192 014	1 129 351	62 663	5,3
Tirol (Innsbruck)	12 647,71	54,3	686 410	617 435	68 975	10
Vorarlberg (Bregenz)	2 601,48	137,6	358 043	311 365	46 678	13
Wien (Wien)	414,66	3 855,3	1 598 626	1 321 662	276 964	17,3
Österreich	83 870,95	97,1	8 140 122	7 374 819	765 303	9,4

* per 31. 12.

Quelle: Statistik Austria 2005

Bevölkerung

▪ **Einwohner** Am Jahresanfang 2004 lebten 8 140 122 Personen in Österreich, davon 4 190 312 Frauen und 3 949 810 Männer. Damit stieg die Bevölkerungszahl gegenüber dem Vorjahr leicht um 37 947.

▪ **Geburten und Sterbefälle** 2004 wurden 78 968 Kinder lebend geboren, 2024 mehr als 2003. Besonders stark stieg die Zahl der Geburten in Vorarlberg (+6,9 %), in Niederösterreich (+3,8 %) und Oberösterreich (+3,1 %), während die Steiermark (+1,0 %) und Kärnten (+0,8 %) deutlich unter der durchschnittlichen Zuwachsrate von 2,6 % blieben. 28 366 Kinder wurden unehelich geboren, 1225 mehr als im Vorjahr, was einer Quote von 35,9 % entsprach. Aufgrund des Geburtenanstiegs und eines gleichzeitigen Rückgangs der Sterbefälle um 2917 auf 74 292 ergab sich 2004 ein Geburtenüberschuss von 4676 (2003: Geburtendefizit von 265).

Die durchschnittliche **Lebenserwartung** stieg im Vergleich zum Vorjahr um rund ein halbes Jahr und lag für einen 2004 geborenen Jungen bei 76,4 Jahren, während sie für Mädchen 82,2 Jahre betrug.

Österreich: Altersstruktur 2001, 2030* und 2050*
(* Prognosen nach der mittleren Variante)

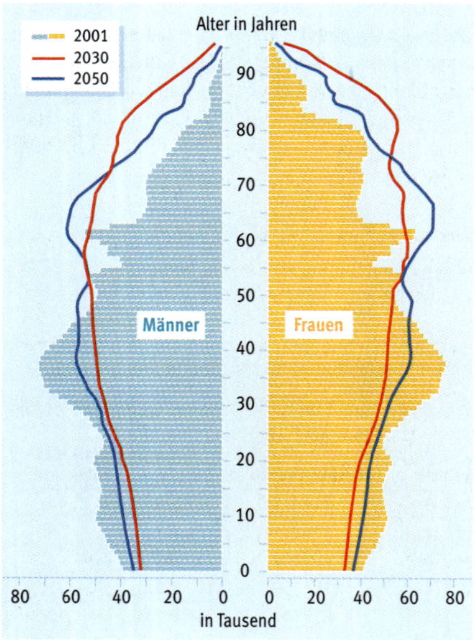

Quelle: Statistik Austria 2005

▪ **Ehen** Wie schon in den beiden Vorjahren nahm die Zahl der Eheschließungen 2004 zu; sie stieg um 3,6 % auf 38 528 (2003: 37 195). Die höchsten Zunahmen an Trauungen verzeichneten die Standesämter in den Bundesländern Wien (+8,8 %) und Tirol (+3,8 %). Die Anzahl der Ehescheidungen erreichte 2004 mit 19 590 eine neue Rekordhöhe. Die Gesamtscheidungsrate betrug 46,1 %, d. h. 46 von 100 geschlossenen Ehen enden vor dem Scheidungsrichter.

▪ **Ausländer** Der Anteil der ausländischen Bevölkerung stieg im Vergleich zum Vorjahr um 0,1 % und lag am Jahresanfang 2004 bei 9,4 %; die Gesamtzahl erhöhte sich um 10 179 auf 765 303. Die weitaus meisten Ausländer, nämlich 311 642, stammten aus dem ehemaligen Jugoslawien, gefolgt von der Türkei mit 124 601.

▪ **Einbürgerungen** Im Jahr 2004 erhielten 42 174 Personen die österreichische Staatsbürgerschaft. Damit fiel die Zahl der Einbürgerungen nach dem Rekordwert 2003 (45 112) um 2938 bzw. 6,5 %, lag aber noch immer rund 17 % über dem Durchschnitt der letzten fünf Jahre. 29,3 % aller Eingebürgerten wurden bereits in Österreich geboren. Von den Eingebürgerten aus insgesamt 135 Herkunftsländern kamen 13 024 aus der Türkei (2003: 13 665), 8664 (8268) aus Bosnien und Herzegowina, 7260 (9836) aus Serbien und Montenegro, 2213 (2588) aus Kroatien und 1376 (2096) aus Rumänien.

▪ **Asyl** Die Zahl der Asylanträge sank erneut und setzte damit die 2003 einsetzende Trendwende fort. Im Vergleich zum Vorjahr ging die Zahl der Antragssteller um 23,9 % zurück, nurmehr 24 634 (2003: 32 359) Asylbewerber stellten einen Asylantrag (→ Grafik S. 354). Dies ist unter anderem auf die gesunkene Zahl der Antragsteller aus dem Irak, die 2003 als Folge des Irak-Krieges noch bei 1446 lag und 2004 auf 232 zurückging, sowie auf die deutlich geringen Zahlen Asylsuchender aus der Türkei (–1740) und Afghanistan (–1600) zurückzuführen. Die meisten Anträge kamen 2004 von Bürgern der Russischen Föderation (6172), gefolgt von Serbien und Montenegro (2835), Indien (1839) und Nigeria (1828). 2004 wurden insgesamt 20 101 (2003: 36 315) Asylanträge rechtskräftig abgeschlossen, dabei gab es 4785 (2003: 2084) positive und 3959 (2003: 4951) negative Erledigungen.

Kriminalität

Nach dem starken Anstieg in den vergangenen Jahren nahm die Kriminalität 2004 nur geringfügig zu. Die Zahl der polizeilich bekannt gewordenen Fälle stieg um 0,1 % auf 643 648 (2003: 643 286). Während die Zahl der Delikte in den Flächenbundesländern teilweise deutlich anstieg (z. B. Niederösterreich +8,7 %), sank in Wien die Anzahl der angezeigten Fälle von 257 090 auf 243 038. Es wurden unter anderem 466 397 strafbare Handlungen gegen fremdes Vermögen registriert (2003: 466 888), 8647 strafbare Handlungen gegen Leib und Leben (86 494). Die höchste Zuwachsrate wurde bei strafbaren Handlungen gegen den Geldverkehr mit 17 444 (2003: 6006) Fällen verzeichnet. Die Gesamtaufklärungsquote betrug 38,1 (38,5)%, am höchsten lag sie in Vorarlberg (52,9 %), am niedrigsten in Wien (26,8 %).

Bildung

- **Schule** Im Schuljahr 2003/04 ging die Zahl der Schülerinnen und Schüler gegenüber dem Vorjahr geringfügig um 0,2 % bzw. 1978 auf 1 207 630 zurück. An den 5979 Schulen unterrichteten 124 358 Lehrkräfte, hier lag der Frauenanteil bei 67,4 %.

Gemäß den am 6. 12. 2004 veröffentlichten Ergebnissen der PISA-Studie 2003 verloren die östereichischen Schüler und Schülerinnen in allen Kompetenzbereichen mehrere Rangplätze gegenüber Pisa 2000. In Mathematik reichten ihre Kenntnisse nur noch für Rang 15 (2000: Rang 11), in Naturwissenschaften für Platz 20 (8), in der Leseleistung fielen sie von Rang 10 auf 19 zurück (→ S. 707).

Österreich: Studienabschlüsse an Universitäten

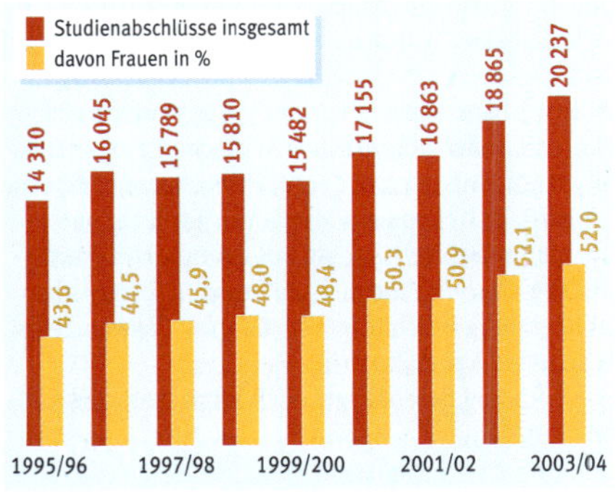

Quelle: Bundesministerium für Bildung, Wissenschaft und Kultur

- **Studium** Nachdem die Zahl der ordentlichen Studierenden an den Universitäten mit der Einführung von Studiengebühren 2001 um 22,2 % gesunken war, stieg sie in den darauf folgenden Jahren wieder leicht an und betrug im Wintersemester 2004/05 (vorläufige Zahlen) 195 775 (104 681 w/91 094 m), 27 585 Studenten nahmen erstmals ein Studium auf.

An den 15 Universitäten der Wissenschaften studierten neben 162 478 (+1,7 %) Österreichern 33 297 (+1,4 %) Ausländer (Anteil 17,0 %).

Die sechs österreichischen Universitäten der Künste verzeichneten im Wintersemester 7983 (+0,4 %) ordentliche Studierende, davon 4766 Österreicher und 3217 Ausländer (40,2 %).

Einen erheblichen Anstieg der Studierendenzahlen verzeichneten die Fachhochschulen, an denen 23 394 Hörer/innen im Wintersemester 2004/05 eingeschrieben waren, 2703 oder 13,6 % mehr als im Jahr zuvor. Davon waren 22 145 Österreicher und 1249 Ausländer (5,3 %). Der Frauenanteil stieg in den Fachhochschulen im Vergleich zum Vorjahr um 3,1 auf 40,1 %. Fast 90 % aller FH-Studenten wählen eine wirtschaftswissenschaftliche oder technische Ausbildung.

Wirtschaft

- **Wirtschaftliche Entwicklung** Nach drei wirtschaftlich schwachen Jahren belebte sich die Konjuktur 2004. Das Wirtschaftswachstum (BIP) lag mit 2,0 % deutlich über dem des Vorjahres (0,7 %) und damit knapp unter dem EU-Durchschnitt (2,2 %). Besonders positiv entwickelten sich die Exporte (+13 %), vor allem der Maschinen und Fahrzeuge, was sich positiv auf die Sachgüterproduktion (+11,1 %) auswirkte. Die Investitionsgüternachfrage stieg erneut an: Die Ausrüstungsinvestitionen lagen real um 5,3 % höher als im Vorjahr; investiert wurde insbesondere in Fahrzeuge (+8,4 %) sowie Maschinen und Geräte (+5,4 %). Die Bauinvestitionen stiegen 2004 erneut mit 1,1 % leicht an, der in den letzten Jahren rückläufige Trend im Wohnungsbau konnte mit einem realen Zuwachs von 0,5 % erstmals gestoppt werden. Eine Zuwachsrate von 2,2 % wurde in der Dientleistungsbranche erreicht; besonders hohe Umsatzsteigerungen erfuhr der Flugverkehr (+10,3 %). Rückläufige Zahlen musste 2004 das Beherbergungs- und Gaststättengewerbe hinnehmen. Der Konsum entwickelte sich zwar etwas stärker als im Vorjahr, konnte aber keine Wachstumsimpulse geben: Die Ausgaben der privaten Haushalte stiegen mit 1,5 (2003: 1,3)% nur schwach an. Aufgrund der anhaltenden Sparanstrengungen der öffentlichen Haushalte erhöhte sich auch der öffentliche Konsum real lediglich um 0,9 %. Im ersten Halbjahr 2005 zeichnete sich eine anhaltende Exportexpansion ab.

- **Bruttoinlandsprodukt** Das BIP zu laufenden Preisen nahm 2004 um 3,9 % auf 235,1 Mrd. € zu. Real betrug die Erhöhung gegenüber dem Vorjahr 2,0 %. Das BIP pro Einwohner belief sich auf 28 880 € (+3,7 %). Das verfügbare Netto-Nationaleinkommen verzeichnete einen Anstieg von 3,7 % auf 192,2 Mrd. €.

Österreich: Wirtschaftswachstum 1999–2004

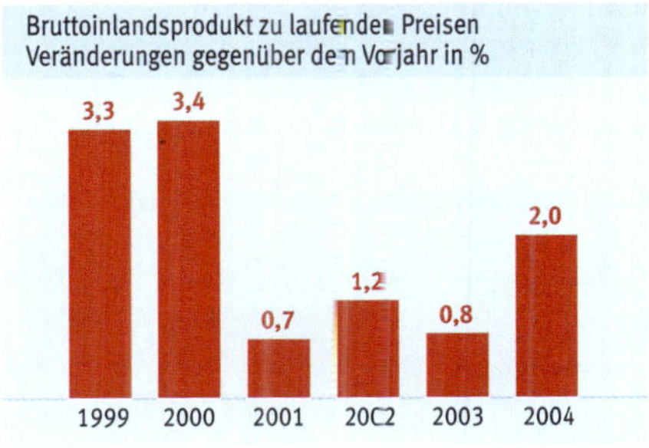

Quelle: Statistik Austria 2005

- **Außenhandel** Nach den schwachen Wachstumszahlen im vergangenen Jahr stiegen 2004 die Exporte deutlich um 13,0 (2003: 1,9) % von 78,903 auf 89,131 Mrd. €. Auch die Importe nahmen mit 10,4 % auf 89,421 (2003: 80,993) Mrd. € verstärkt zu. Daraus ergab sich erneut ein Handelsbilanzdefizit von 0,289 (2003: 2,091) Mrd. €. Etwa zwei Drittel des Außenhandels entfielen auf die Mitgliedstaaten der EU (Einfuhr 65,7, Ausfuhr 60,3 Mrd. €). Unter den EU-Staaten wiederum blieb Deutschland der wichtigste Handelspartner (→ Grafik S. 344).

- **Leistungsbilanz** Nach der vorläufigen Zahlungsbilanzstatistik für 2004 wies die Leistungsbilanz einen positiven Saldo von 750 (2003: −2045) Mio. € auf. Einnahmen in Höhe von 148 276 Mio. € standen Ausgaben von 147 526 Mio. € gegenüber.
- **Inflation** Nach dem kontinuierlichen Rückgang der Teuerungsrate in den beiden vergangenen Jahren (2002: 1,8 %, 2003: 1,3 %) stieg die Jahresinflationsrate 2004 deutlich an und lag bei 2,1 %, was hauptsächlich auf die hohen Preise für Mineralölprodukte (+9,4 %) und gestiegene Wohnungsmieten (+3,6 %) zurückzuführen war. Die beiden für die Inflationsberechnung wichtigsten Ausgabenbereiche Wohnen, Wasser, Energie und Verkehr lagen mit 3,6 bzw. 3,1 % weit über dem Durchschnitt. Hohe Preissteigerungen gegenüber dem Vorjahr wurden auch im Bereich der Dienstleistungen (+2,9 %) verzeichnet, darunter Finanzdienstleistungen (+7,0 %) und Friseure und Kosmetiksalons (+4,2 %). Durchschnittliche Teuerungsraten wiesen mit 1,9 % die Bereiche Nahrungsmittel, alkoholische Getränke, Tabakwaren sowie Erziehung und Unterricht auf. Einen Preisrückgang gab es erneut in der Telekommunikation und Nachrichtenübermittlung (−1,4 %).
- **Tourismus** Die Tourismuswirtschaft musste 2004 nach dem langjährigen positiven Trend im Vergleich zum Vorjahr ein Minus von 0,6 % hinnehmen. Wenngleich die Ankunftszahlen der in- und ausländischen Gäste mit 28,5 Mio. um 1,2 % höher lagen als noch 2003, sank die Anzahl der Übernachtungen im Kalenderjahr von 117,9 auf 117,2 Mio. Während in der Wintersaison 2003/04 mit Übernachtungen von 44,7 Mio. ausländischen Gästen und 13,4 Mio. Österreichern noch eine Zunahme von 2,0 bzw. 2,9 % registriert wurde, sanken die Übernachtungen im Sommer 2004 um 2,1 % auf 59,8 Mio. Insgesamt zeichnete sich 2004 ein Trend zu Kurzurlauben in Hotels gehobener Kategorie ab.

Österreich: Übernachtungen nach Unterkunftsarten 2004

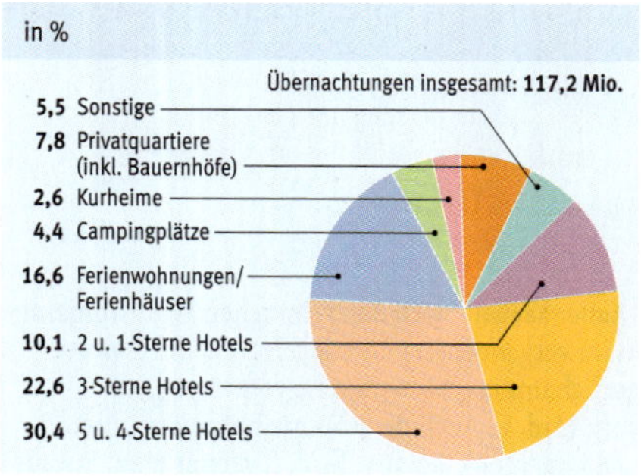

Quelle: Statistik Austria 2005

Die Reiseverkehrseinnahmen betrugen im Jahr 2004 einschließlich der internationalen Personentransporte knapp 15 Mrd. €, während die Ausgaben der Österreicher im Ausland um 9 % auf 10,4 Mrd. € sanken. Somit konnte ein Überschuss von 4,5 Mrd. € (+40,6 %) bilanziert werden, der annähernd die Rekordwerte von 1990 erreichte.

Ein Aufschwung zeichnete sich in der Wintersaison 2004/05 ab. Für die Monate Januar bis April 2005 wurden insgesamt 48,2 Mio. Übernachtungen und damit 3,7 % mehr als 2004 gemeldet (→ Karte S. 355).

Arbeit und Soziales

- **Erwerbstätige** Die Zahl der Erwerbstätigen stieg 2004 um 20 030 und belief sich auf 3 579 482; die Zahl der unselbständig Beschäftigten erhöhte sich leicht auf 3 200 500 (2003: 3 184 759), die Anzahl der selbständigen Erwerbspersonen stieg von 374 693 auf 378 982. Während in der gewerblichen Wirtschaft 7727 mehr Selbständige als noch 2003 arbeiteten, verzeichnete die Landwirtschaft 2004 ein Minus von 3438. 222 906 Personen waren geringfügig beschäftigt. Der Frauenanteil betrug 45 %, die meisten Frauen arbeiten als unselbständig Beschäftigte (1 469 304), die wenigsten als Selbständige (142 970).

Unselbständig Beschäftigte nach Wirtschaftsklassen 2004 (2003):
Land-, Forstwirtschaft und Fischerei 26 600 (26 300)
Bergbau, Industrie und Gewerbe 861 400 (867 000)
Dienstleistungen 2 189 300 (2 177 000).

Die Zahl der ausländischen Arbeitskräfte stieg 2004 von 350 361 (2003) auf 362 299; dies entspricht 9,7 (9,8) % der Gesamtbeschäftigtenzahl. Die meisten stammen aus dem ehemaligen Jugoslawien (159 626), gefolgt von der Türkei (54 588), Deutschland (38 987) und Polen (111 984).

- **Arbeitslosigkeit** Die Zahl der Arbeitslosen nahm 2004 um 3801 auf 243 880 zu, davon waren 103 618 Frauen (2003: 100 362) und 40 394 (38 209) Ausländer. Die meisten Arbeitslosen wurden wie schon im Vorjahr im Bauwesen (42 056) gezählt, gefolgt von der Sachgütererzeugung (41 766) und dem Handel (41 627). Insgesamt stieg die Arbeitslosenquote 2004 im Jahresdurchschnitt von 7,0 % (2003) auf 7,1 % (Quote nach nationalem Berechnungskonzept). Zur Arbeitslosigkeit in den Bundesländern → Grafik S. 346. Nachdem die Zahl der gemeldeten offenen Stellen in den Vorjahren zurückgegangen war, erhöhte sie sich 2004 um 2058 auf 23 774.
- **Einkommen** Der Tariflohnindex ist 2004 gegenüber dem Vorjahr um 2,1 (2003: 2,2) % gestiegen. Das durchschnittliche Brutto-Jahreseinkommen je Arbeitnehmer betrug 2004 21 710 € (Frauen 15 790 €, Männer 26 510 €) und stieg damit gegenüber dem Vorjahr um 1,3 %. Das Netto-Jahreseinkommen belief sich auf 15 870 € (Frauen 12 270 €, Männer 18 750 €).

Österreich **Bundeshaushalt[1] 2004/2005**		
Einnahmen in Mio. €	2004	2005[2]
Öffentliche Abgaben (netto)	37 660	37 483
Steuerähnliche Einnahmen	22 687	7 811
Sonstige		13 675
Gesamteinnahmen	60 347	58 969
Ausgaben in Mio. €	2004	2005[2]
Erziehung u. Unterricht	5 767	5 779
Forschung u. Wissenschaft	3 458	3 545
Kunst/Kultus	499	501
Gesundheit	830	836
Soziale Wohlfahrt	19 624	19 760
Wohnungsbau	1 803	1 810
Straßen	601	577
Sonstiger Verkehr	7 550	6 126
Land- und Forstwirtschaft	1 875	1 874
Energiewirtschaft	2	0
Industrie u. Gewerbe	756	1 117
Öffentliche Dienstleistungen	388	473
Private Dienstleistungen	257	223
Landesverteidigung	1 764	1 769
Staats- u. Rechtssicherheit	2 419	2 492
Übrige Hoheitsverwaltung	17 384	17 538
Gesamtausgaben	64 977	64 420

1 Allgemeiner Haushalt ohne Ausgleichshaushalt; Rundungen können Rechnungsdifferenzen ergeben
2 Bundesvoranschlag
Quelle: Bundesministerium für Finanzen April 2005

Österreich: Bundeshaushalt 2005 (Voranschlag)
Ausgaben nach ökonomischer Gliederung

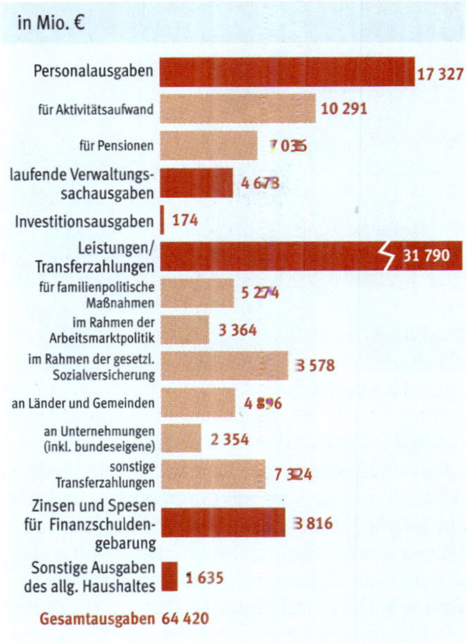

Quelle: Bundesministerium für Finanzen 2005

Öffentliche Finanzen

Auch 2004 lagen die Staatsausgaben über den Staatseinnahmen (119,1 gegenüber 116,0 Mrd. €), sodass sich ein Finanzierungsdefizit von 3,1 Mrd. € oder 1,3 % des Bruttoinlandsprodukts ergab. Gegenüber 2003 sank das Defizit zwar um 0,1 Mrd. €, die Relation des Finanzierungssaldos zum BIP blieb aber im Vergleich zu 2003 konstant bei 1,3 %, was auf den Rückgang beider Staatsquoten um jeweils 0,1 Prozentpunkte des BIP zurückzuführen ist. Gemäß den im Maastrichter Vertrag festgelegten fiskalischen Konvergenzkriterien, nach denen die Netto-Zinseinnahmen aus Swapvereinbarungen mit in die Berechnung fließen und defizitsenkend wirken, ergibt sich für 2004 noch ein öffentliches Defizit von 1,2 % des BIP (2003: 1,1 %). Die Staatsausgabenquote betrug 2004 50,7 % des BIP, die Staatseinnahmenquote 49,4 % des BIP. Die Abgaben, also Einkommen- und Vermögenssteuern, Produktionsabgaben, Vermögenswirksame Steuern und Tatsächliche Sozialbeiträge stiegen 2004 von 96,0 auf 100,6 Mrd. € und machten damit 87 % der Staatseinnahmen aus. Nahezu die Hälfte der gesamten Staatsausgaben wiederum entfiel auf die Sozialausgaben (56,6 Mrd. €), gefolgt vom Arbeitnehmerentgelt für öffentliche Bedienstete (22,3 Mrd. €). Die Zinsen für die Staatsschulden lagen 2004 bei 7,1 Mrd. € und damit auf Vorjahresniveau.

▪ **Öffentliche Verschuldung** Die Schulden der öffentlichen Haushalte beliefen sich 2004 (nach ESVG 1995) auf 150,9 Mrd. €. Damit stieg die Verschuldung absolut zwar leicht an (2003: 145,468 Mrd. €), der Anteil am BIP aber ging von 64,7 % im Jahr 2003 auf 64,2 % zurück. Der Großteil der Verschuldung entfiel mit 144,9 (2003: 136,0) Mrd. € auf den Bundessektor.
Zum **Bundeshaushalt** → Tabelle.

50 Jahre Staatsvertrag

Das **Jubiläumsjahr 2005** gab mit 60 Jahre Kriegsende und Ausrufung der Zweiten Republik, 50 Jahre Unterzeichnung des Staatsvertrags (Souveränität) und zehn Jahre Mitgliedschaft in der EU mehrfach Anlass, die Erfolgsgeschichte des Landes nach dem Zweiten Weltkrieg zu feiern. Gelegenheit zur politischen Eigenwerbung bot sich für die Regierung unter Bundeskanzler Wolfgang Schüssel und seine Österreichische Volkspartei (ÖVP) darüber hinaus mit dem fünften Jahrestag der rechtsbürgerlichen Koalition, die darauf verweisen konnte, mit ihren Reformprogrammen Österreich in die Spitzengruppe der wirtschaftlich erfolgreichsten Nationen in der EU geführt zu haben. Die Feierstimmung der Regierung trübte indessen der **innerparteiliche Dauerkonflikt der Freiheitlichen** (FPÖ). Nach der von FPÖ-Spitzenpolitiker Jörg Haider bewerkstelligten Spaltung der rechtsgerichteten Blauen kehrte der Juniorpartner als »Bündnis Zukunft Österreich« (BZÖ) wieder an den Kabinettstisch zurück. Die in der FPÖ verbliebenen extremen Rechtsnationalen rückten dagegen ins politische Abseits.

▪ **Ministerrat:** Die bisherige Botschafterin in der Schweiz, **Ursula Plassnik**, legte am 20. 10. 2004 ihren Amtseid als neue **Außenministerin** ab. Sie trat an die Stelle von **Benita Ferrero-Waldner** (ÖVP), die als EU-Kommissarin für die Außenbeziehungen der Gemeinschaft nach Brüssel wechselte (→ EU). Innenminister **Ernst Strasser** erklärte am 10. 12. überraschend seinen Rücktritt. Als Grund führte er an, in die Wirtschaft zurückkehren zu wollen, dementierte aber auch nicht Berichte über sein angespanntes Verhältnis zu Bundeskanzler Schüssel. Dieser berief zunächst interimistisch und in Doppelfunktion Verteidigungsminister Günther Platter (ÖVP) an Strassers Stelle; am 22. 12. übernahm die bisherige niederösterreichische Landesrätin und Sozialpolitikerin **Liese Prokop** (ÖVP) das Amt. Die frühere Spitzensportlerin ist die erste Innenministerin des Landes. Im Zuge der innerparteilichen Turbulenzen der FPÖ übernahm die Staatssekretärin im Sozialministerium, **Ursula Haubner,** am 26. 1. 2005 die Leitung des Ressorts von **Herbert Haupt,** den sie schon ein halbes Jahr zuvor als Parteivorsitzende abgelöst hatte (→ WA 2005, S. 330).

▪ **FPÖ-Spaltung:** Nach anhaltenden innerparteilichen Flügelkämpfen und schweren Wahlniederlagen, zuletzt bei den Kommunalwahlen in Niederösterreich am 6. 3. 2005, wo die FPÖ über 50 % ihrer bisherigen Stimmenanteile verloren hatte, kündigte der Kärntner Landeshauptmann und frühere FPÖ-Vorsitzende Jörg Haider am 4. 4. die Abspaltung des Mehrheitsflügels der Partei durch **Gründung des »Bündnisses Zukunft Österreich«** unter seiner Führung an. Damit wolle er seiner Bewegung, für die er in Anspielung auf den demokratischen Aufbruch in Osteuropa die Farbe Orange wählte, neuen Auftrieb geben und an frühere Wahlerfolge anknüpfen. Der Großteil der bisherigen FPÖ-Nationalratsmitglieder schloss sich der neuen Partei an, ebenso die drei Bundesminister einschließlich Sozialministerin **Ursula Haubner**, die ihren sofortigen **Rücktritt als Parteichefin und Austritt aus der FPÖ** bekannt gab. Bundeskanzler Schüssel akzeptierte die Umfir-

mierung des Koalitionspartners und lehnte von der Opposition geforderte vorgezogene Neuwahlen ab.

Der **Gründungskonvent des BZÖ** mit rund 900 Mitgliedern am 17. 4. 2005 in Salzburg gab der neuen Partei ein knapp gehaltenes und allgemein formuliertes konservatives **Parteiprogramm,** das die wesentlichen Elemente des FPÖ-Programms aufnimmt, und wählte mit einer Gegenstimme **Jörg Haider zum ersten Parteiobmann;** geschäftsführender Obmann wurde Vizekanzler und Verkehrsminister Hubert Gorbach. Die 425 Delegierten des **Sonderparteitags der rechtsnationalen Rest-FPÖ** wählten am 23. 4. in Salzburg den 35-jährigen **Heinz-Christian Strache** mit 90 % der Stimmen zum neuen Vorsitzenden.

▪ **Lex Kampl:** Nach umstrittenen Äußerungen über den Nationalsozialismus in Österreich von Bundesratsmitglied Siegfried Kampl (BZÖ), der im Juli 2005 turnusgemäß den Vorsitz im Bundesrat übernehmen sollte, beschloss der Nationalrat am 9. 6. 2005 einstimmig eine Verfassungsänderung, die es Fraktionen gestattet, bei Bedarf die Kandidatenfolge zu ändern. Auf dieser Grundlage wählte der Kärntner Landtag am 29. 6. Peter Mitterer (BZÖ) in das protokollarisch dritthöchste Staatsamt. Kampl kündigte eine Verfassungsklage gegen seine Ausbootung an.

▪ **Reformprojekte:** Der Nationalrat verabschiedete am 18. 11. 2004 mit Koalitionsmehrheit das Allgemeine Pensionsgesetz, das am 1. 1. 2005 in Kraft trat. Die **»Pensionsharmonisierung«** schafft für die meisten Berufsgruppen ein **einheitliches Rentensystem** und ergänzt die 2003 beschlossene Rentenreform (→ WA 2004, Sp. 640 f.). Der Beitragssatz wurde auf 22,8 % fixiert. Alle versicherten Personen erhalten ein persönliches Pensionskonto. Ein Umlageverfahren gewährleistet, dass jeder, der sich mit 65 Jahren verrenten lässt, nach 45 Versicherungsjahren 80 % des durchschnittlichen monatlichen Lebenseinkommens als Altersruhegeld erhält. Die Harmonisierung betrifft alle unter 50-Jährigen. Diverse Übergangsfristen reichen bis 2048.

Der im Mai 2003 vom Bundeskanzler eingesetzte »Österreich-Konvent« zur Erarbeitung einer **Staats- und Verfassungsreform** legte am 10. 1. 2005 seinen Schlussbericht vor. Konsens konnten die 70 Mitglieder über die Einführung eines Grundrechtekatalogs

und die Eliminierung zahlreicher für überflüssig erachteter Einzelbestimmungen erzielen, umstritten blieb die Föderalismusreform.

Nachdem sich ÖVP und SPÖ auf einem Bildungsgipfel im Februar 2005 darauf geeinigt hatten, dass künftig Schulgesetze mit einfacher Mehrheit beschlossen werden können (ausgenommen Gesetze zur Schulgeldfreiheit, zum Religionsunterricht, zur Schulpflicht und zum differenzierten Schulsystem), beschloss der Nationalrat am 12. 5. 2005 mit der erforderlichen Zweidrittelmehrheit die **Aufhebung des Verfassungsrangs von Schulgesetzen.** Die bisher erforderliche Zweidrittelmehrheit bei der Umsetzung von Projekten zur Schulreform hatte in den letzten Jahren jede durchgreifende Reform blockiert.

- **Asylrecht:** Der Verfassungsgerichtshof erklärte am 15. 10. 2004 Kernstücke des neuen Asylgesetzes für verfassungswidrig (→ WA 2005, S. 331 f.). Zu den beanstandeten Neuregelungen zählte das sog. Neuerungsverbot, nach dem Asylbewerber in zweiter Instanz des Verfahrens neue Fluchtgründe nur noch in Ausnahmefällen einbringen durften. Als Verstoß gegen die Europäische Menschenrechtskommission wurde die Bestimmung gewertet, dass Flüchtlinge nach negativem erstinstanzlichem Bescheid generell keinen Schutz vor Abschiebung mehr genießen sollten.

Der Ministerrat billigte am 10. 5. 2005 den von Innenministerin Prokop vorgelegten **Entwurf eines revidierten Asylgesetzes,** der den Bedenken des Verfassungsgerichtshofs zwar Rechnung trägt, insgesamt aber als weitere Verschärfung des Asylrechts erscheint. So wurde u. a. die Dauer der Schubhaft (Inhaftierung ohne konkreten Straftatverdacht) von sechs auf zehn Monate verlängert. Am 7. 7. nahm der Nationalrat die Gesetzesvorlage mit den Stimmen der Koalition und der SPÖ an. Die Grünen kritisierten die neuen Bestimmungen, die ab 1. 1. 2006 gelten werden, als rechtspopulistisch und verfassungsrechtlich fragwürdig.

Österreich: Asyl 2000–2004

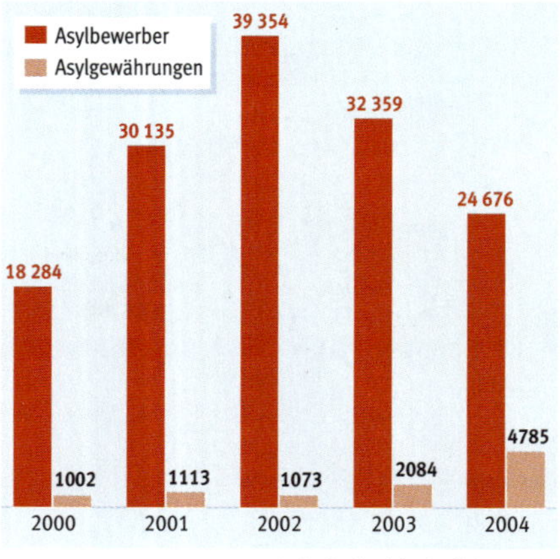

Quelle: Bundesministerium für Inneres 2005

- **Innere Sicherheit:** Der Nationalrat verabschiedete am 9. 12. 2004 ein neues **Sicherheitspolizeigesetz.** Es ist u. a. Grundlage für die Zusammenlegung von Polizei und Gendarmerie zu der ab Mitte 2005 einheitlich blau uniformierten Bundespolizei und für den Aufbau des Bundeskriminalamts. Ab Anfang 2005 gelten zudem neue Regeln für eine erweiterte Videoüberwachung öffentlicher Plätze, die als »Brennpunkte der Kriminalität« ausgemacht wurden. Im Umkreis von sensiblen Bereichen, z. B. Schulen, die durch Drogenkriminalität gefährdet erscheinen, können Schutzzonen eingerichtet werden.
- **Bundesheer:** In einer **Misshandlungs-Affäre** (vorgetäuschte Geiselnahmen und entwürdigende Behandlung in der Rekrutenausbildung) enthob Verteidigungsminister Günther Platter (ÖVP) am 3. 12. 2004 den zuständigen Bataillonskommandanten, einen Kompaniechef und einen belasteten Ausbildungsunteroffizier mit sofortiger Wirkung vom Dienst, schaltete die Staatsanwaltschaft ein und setzte eine Untersuchungskommission ein.

Anfang Februar 2005 verkündete Platter die **Verkürzung des Grundwehrdienstes** von acht auf sechs Monate ab 2006; der Zivildienst, den auch Frauen leisten können, wird dann neun statt bisher zwölf Monate dauern. Am 6. 6. beschloss der Ministerrat eine **Armeereform** mit dem Ziel, das Heer effizienter und nach betriebswirtschaftlichen Grundsätzen auszurichten. 37 % aller Liegenschaften sollen verkauft und die Mobilmachungsstärke von gegenwärtig 110 000 auf 55 000 Mann reduziert werden.

- **Priesterseminar-Affäre:** In einem Skandal um homosexuelle Kontakte und **Internet-Kinderpornographie** im Priesterseminar St. Pölten, in den neben Seminaristen auch die Anstaltsleitung verwickelt war, verfügte der von Papst Johannes Paul II. eingesetzte Apostolische Visitator, der Vorarlberger Bischof Klaus Küng, am 12. 8. 2004 die sofortige Schließung des Priesterseminars. Am 30. 9. beugte sich der vom Amt suspendierte Bischof der Diözese St. Pölten, **Kurt Krenn**, dem »Wunsch des Papstes« und reichte seinen Rücktritt ein. Zu seinem Nachfolger ernannte Johannes Paul II. am 7. 10. Klaus Küng. Die Diözese St. Pölten verzeichnete 2004 insgesamt 5129 Kirchenaustritte, 45 % mehr als im Vorjahr.
- **Wiedergutmachung:** Im Mai 2005 verkündeten Parlamentspräsident Andreas Khol und Ariel Muzicant, Präsident der Israelitischen Kultusgemeinde in Wien, die Einigung auf eine **Entschädigungszahlung** in Höhe von 18,2 Mio. € an die jüdische Gemeine Wiens für die während des Nationalsozialismus geraubten Vermögenswerte. Eine gleich hohe Summe sagten auch die Bundesländer ihren Kultusgemeinden zu.
- **Europapolitik:** Beim Treffen der EU-Außen- und Verteidigungsminister in Brüssel am 22. 11. 2004 erklärte Verteidigungsminister Platter die Bereitschaft Österreichs, sich am **Aufbau von EU-Kampftruppen** zu beteiligen und 200 Soldaten beizusteuern (→ EU). Bundes-

präsident Heinz Fischer schränkte im Hinblick auf den Neutralitätsstatus ein, Österreich dürfe sich nur an Kampfeinsätzen beteiligen, wenn ein UN-Mandat vorliege.

Dem Beispiel Frankreichs folgend kündigte Bundeskanzler Schüssel am 16. 12. 2004 ein **Referendum über den EU-Beitritt** der Türkei an und reagierte damit auf starke Vorbehalte in der Bevölkerung gegenüber den für Oktober 2005 in Aussicht gestellten Beitrittsverhandlungen mit der Türkei (→ EU).

Der Nationalrat ratifizierte am 11. 5. 2005 den **EU-Verfassungsvertrag** (→ EU) mit nur einer Gegenstimme von der FPÖ. FPÖ-Vorsitzender Heinz-Christian Strache kündigte, wie auch zunächst der BZÖ-Vorsitzende Haider, eine Klage vor dem Verfassungsgericht an, weil nach seiner Ansicht eine Volksabstimmung über den Verfassungsvertrag erforderlich gewesen wäre. In der Krise nach den fehlgeschlagenen Volksabstimmungen in → Frankreich und den → Niederlanden schlug Bundeskanzler Schüssel ein EU-weites Referendum nach dem Prinzip der doppelten Mehrheit (von Bevölkerung und Ländern) vor.

- **Tourismus:** Die Landeshauptstadt Salzburg konnte 2004 zum ersten Mal in ihrer Tourismusgeschichte mehr als eine Million Gäste begrüßen. Neben der Salzburger Altstadt, die 1997 von der UNESCO zum Weltkulturerbe erklärt wurde, trugen auch die Salzburger Festspiele zur Erfolgsbilanz bei. Trotz der positiven Entwicklung des Städtetourismus sanken die Übernachtungszahlen in der Sommersaison 2004 landesweit um 2,1 % auf 59,8 Mio. (→ Karte). Bei den rückläufigen Zahlen ausländischer Besucher schlug allein die sinkende Gästefrequenz deutscher Touristen mit einem Minus von 1,8 Mio. Übernachtungen zu Buche.

EREIGNISSE IN DEN BUNDESLÄNDERN

- **Landtagswahlen:** Bei der **Landtagswahl in Vorarlberg** am 19. 9. 2004 erzielte die **ÖVP mit einem Zugewinn von 9,1 Prozentpunkten** gegenüber der Wahl 1999 und einem Stimmenanteil von 54,9 % einen glänzenden Wahlsieg. Die SPÖ erholte sich von ihrem Rekordtief vor fünf Jahren und setzte sich mit 16,9 % (+3,9 %) wieder auf den zweiten Rang. Die Grünen steigerten sich auf 10,2 % (+4,1 %). Alle Zugewinne gingen auf Kosten der FPÖ, die auf 12,9 % (–14,5 %) abstürzte. Nach Aufhebung der Wahlpflicht gingen noch 60,6 % der Wahlberechtigten an die Wahlurne (1999: 87,8 %). Trotz absoluter Mehrheit der ÖVP-Mandate erneuerte Landeshauptmann Herbert Sausgruber die Regierungszusammenarbeit mit der FPÖ, die nur noch ein Regierungsratsmitglied stellt.

Vorarlberg: Wahlen zum Landtag am 19.9.2004 (1999)

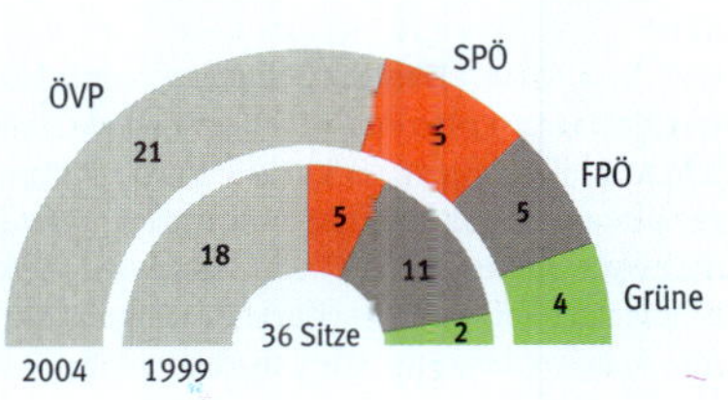

- **Landtagsauflösung:** Am 30. 6. 2005 beschloss der **Wiener Gemeinderat** mit den Stimmen von SPÖ, Grünen und BZÖ seine Auflösung und machte damit den Weg für vorgezogene Gemeinderats- und Landtagswahlen im Herbst 2005 frei. Bürgermeister Michael Häupl (SPÖ) begründete das Vorgehen damit, einen langen teuren Wahlkampf vermeiden zu wollen.

Österreich: Tourismus 2004/2005

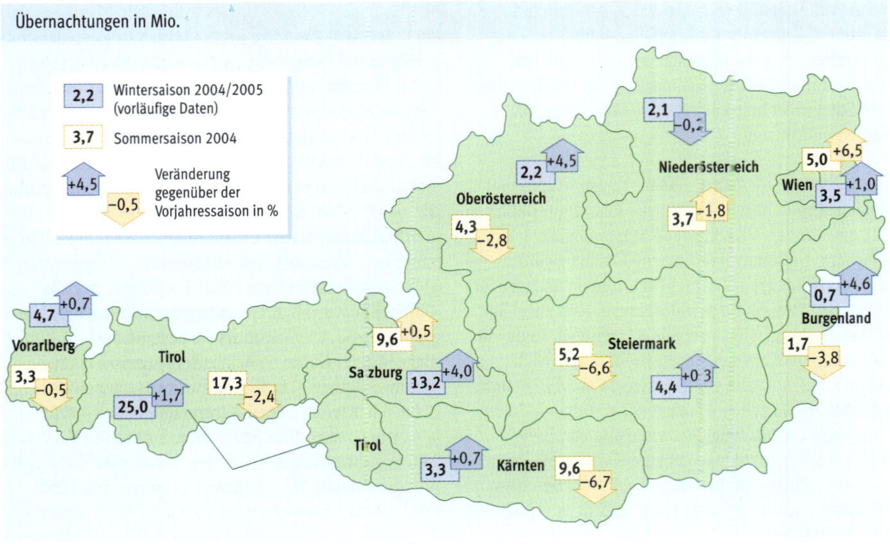

Quelle: Statistik Austria 2005

Pakistan Süd-Asien

Islamische Republik Pakistan; Islāmī Ǧamhūriyah Pākistān – PK / PAK

Fläche (Weltrang: 35): 796 095 km²

Einwohner (6): F 200 148 439 000 = 187 je km²

Hauptstadt: Islāmābād (Islamabad)

Amtssprache: Urdu

Bruttonationaleinkommen 2003 je Einw.: 520 $

Währung: 1 Pakist. Rupie (pR) = 100 Paisa
Kurs: 1 US-$ = 59,75 pR; 1 € = 74,05 pR

Botschaft der Islamischen Republik Pakistan
Schaperstr. 29, 10719 Berlin
T 030 / 21 24 40, Fax 21 24 42 10
E-Mail: pakemb.berlin@t-online.de

LANDESSTRUKTUR **Fläche**: 796 095 km²; ohne Northern Areas mit 72 520 km² und das von Pakistan besetzte Azad Kashmir 78 114 km²; → Karte ▪ **Verwaltung**: 4 Provinzen und Hauptstadtdistrikt; außerdem Bundesverwaltungsgebiete Tribal Areas mit 27 220 km² ▪ **Städte**: (Z 1998) Karāchi (Karatschi) 9 269 265 Einw., Lahore 5 063 499, Faisalabad (Lyallpur) 1 977 246, Rāwalpindi 1 406 214, Multān 1 182 441, Hyderābād 1 151 274, Gujrānwāla 1 124 749, Peshāwar 988 005, Islāmābād (Islamabad) 799 000, Quetta 560 307

BEVÖLKERUNG Pakistaner (Pakistani) – F 2003: 148 439 000 Einw.; Bevölkerungswachstum: 2,4 %; letzte Zählung 1998: 132 352 279 Einw. – ca. 50 % Pandschabi, 15 % Sindhi, 15 % Paschtunen, 8 % Mohajiren, 5 % Balutschen, 7 % Sonstige ▪ **Sprachen**: 7,6 % Urdu; 50,6 % Pandschabi, 21,6 % Sindhi, 15,0 % Paschtu, 3 % Balutschi, 1,5 % Brahui, sonstige Sprachen; Englisch verbreitet ▪ **Religion**: ca. 95 % Muslime (ca. 90 % Sunniten, 5–10 % Schiiten; Ahmadiyya-Muslime [vom Staat nicht anerkannt]); 3 % Christen, 1,8 % Hindus; Buddhisten

STAATS- UND REGIERUNGSFORM Verfassung von 1973, zuletzt geändert 2003 – Islamische Präsidialrepublik (im Commonwealth) seit 1973 – Staatsreligion: Islam – Parlament: Nationalversammlung (Majlis-e-Shura) mit 342 (vorher 277) alle 4 J. Mitgl. (davon 60 Sitze für Frauen und 10 Sitze für Minderh. reserviert) und Senat mit 100 Mitgl. (indirekt alle 6 J. gewählt, ⅓ davon alle 2 J. neu) – Wahl des Staatsoberh. durch Wahlmännerkollegium alle 5 J. – Wahlrecht ab 18 J. ▪ **Unabhängigkeit**: nominell 15. 8. 1947 (ehem. Britisch-Indien); nach Unabhängigkeitserklärung von Bangladesch am 17. 12. 1971 Staatsgebiet auf ehem. Westpakistan reduziert ▪ **Nationalfeiertag**: 23. 3. (Beschluss zur Gründung eines Staates 1940) und 14. 8. (Unabhängigkeitstag)

REGIERUNG UND PARTEIEN **Staatsoberhaupt**: Pervez Musharraf, seit 20. 6. 2001 – **Regierungschef**: Shaukat Asis (PML-Q), seit 28. 8. 2004 – **Äußeres**: Mian Khurshid Mahmud Kasuri (PML-Q), seit 23. 11. 2002 ▪ **Parlament**: Wahlen zur Nationalversammlung vom 10. 10. 2002: Pakistan Muslim League-Quaid-e-Azam / PML-Q 78 von 272 gewählten Sitzen (1997: PML 134 von 207 gewählten Sitzen), Pakistan People's Party / PPP-P 62 (18), Muttahhida Majlis-e-Amal Pakistan / MMA 45 (–), Pakistan Muslim League-Nawaz / PML-N 15 (PML: 134), Mohajir Qaumi Movement / MQM 13 (12), Awami National Party / ANP – (9), Unabhängige 21 (22), Sonstige 26 (12), weitere Sitzverteilung nicht bekannt – Wahlen zum Senat vom 25. 2. 2003: PMLQ 31 von 100 Sitzen, MMA 17, PPP 11, MQM 6, PMLN 4, Sonstige 15, Unabhängige 4; weitere Sitzverteilung nicht bekannt

WIRTSCHAFT **BIP** 2003: 82,324 Mrd. $; realer Zuwachs: 5,1 %; Anteil (2003) Landwirtschaft 23 %, Industrie 23 %, Dienstleistungen 53 % ▪ **Erwerbstätigkeit** 2003: Landwirtsch. 48,4 %, Industrie 18,0 %, Dienstl. 33,6 % ▪ **Arbeitslosigkeit** ∅ 2003: 8,3 % (hohe Unterbeschäftigung) ▪ **Inflation** ∅ 2003 / 04: 4,6 % ▪ **Außenhandel** 2003 / 04: **Import**: 15,59 Mrd. $; *Güter*: 20 % Erdöl und Erdölerzeugnisse, 27 % Maschinen (4 % Textilmaschinen), 18 % chemische Erzeugnisse, 7 % Ernährungsgüter (4 % Speiseöl), 4 % Metallerzeugnisse; *Länder*: 11 % Saudi-Arabien, 9 % USA, 8 % Dubai, 7 % VR China, 6 % Kuwait, 6 % Japan, 4 % Malaysia, 4 % Deutschland, 3 % Singapur (EU gesamt: 15 %); **Export**: 12,21 Mrd. $; *Güter*: 66 % Textilerzeugnisse (14 % Baumwollgewebe, 12 % Strickwaren, 11 % Bettwäsche, 8 % Kleider), 10 % Agrarerzeugnisse (5 % Reis), 3 % Sportartikel, 2 % Lederwaren; *Länder*: 24 % USA, 8 % Großbritannien, 7 % Dubai, 5 % Deutschland, 5 % Hongkong, 4 % Afghanistan, 4 % Italien, 3 % Saudi Arabien (EU gesamt: 30 %)

In der Nordwestprovinz setzte die Regierung ihre **Militäraktionen** mit schwerer Artillerie und Kampfhubschraubern **gegen** Stützpunkte der **Al-Qaida und Taliban** und mit ihnen verbündete Stammesführer fort (→ WA 2004, Sp. 333 f.). Nach der Tötung des populären Clanführers Nek Mohammed Ende Juni 2004 kam es zu wachsender Gegenwehr in der Teilregion **Waziristan**. Beim Absturz eines Hubschraubers am 5. 8. starben 13 Soldaten, am 9. 9. wurden bei einem Luftangriff auf ein Trainingscamp 50 usbekische, tschetschenische und arabische Milizionäre getötet. Nach inoffiziellen Meldungen starben auch ca. 40 Zivilisten, darunter Frauen und Kinder. Die pakistanische Menschenrechtskommission warf der Regierung vor, die hohe Zahl ziviler Opfer und Flüchtlinge zu verheimlichen und vorübergehend sowohl ihr selbst als auch dem Roten Kreuz den Zugang zu den Stammesgebieten zu verwehren. Bei der Befreiungsaktion zweier entführter chinesischer Ingenieure am 14. 10. wurden fünf der Entführer und einer der Chinesen getötet. Bei einer weiteren Militäraktion ab dem 6. 11. unter Beteiligung von 7000 Soldaten wurden in Waziristan 20 islamische Kämpfer getötet.

Mit **vier Stammesführern schloss die Armee** am 7. 2. 2005 einen **Friedensvertrag**. Neben einer Amnestie erhielten sie offensichtlich auch finanzielle Zusagen für die Entwicklung ihrer Gebiete. Im Gegenzug versicherten sie, Taliban und ausländische Rebellen nicht länger zu decken. Zwei Rebellenführer, darunter der Entführer der Chinesen, weigerten sich, den Vertrag zu unterschreiben. Nachdem die Gewalt in der ersten Jahreshälfte deutlich zurückgegangen war, erklärte die Armee am 28. 5. 2005 die Rebellion in Waziristan für beendet. Seit Beginn der Offensive im Oktober 2003 seien 306 Rebellen getötet und 600 gefangen genommen worden.

▪ **Balutschistan:** Für die pakistanische Regierung bedrohlicher war das Überschwappen der Gewaltwelle auf die südlich angrenzende Provinz Balutschistan. In beiden Provinzen regieren islamistische Parteien, ethnisch dominieren hier aber nicht die Paschtunen, sondern die Balutschen, die seit den 50er Jahren in mehreren gewaltsamen Aufständen vergeblich für mehr politische und wirtschaftliche Selbstbestimmung gekämpft hatten. Beeinflusst durch versprengte Taliban-Kämpfer und die aggressive Strategie der Armee gegen die Stämme in der Nord-West-Provinz, bildeten sich in der zweiten Jahreshälfte mehrere **militante Bewegungen**, die kleinere Überfälle auf strategische Ziele in der Provinz unternahmen. Für eine Bombenexplosion in Quetta, der Hauptstadt Balutschistans, am 10. 12. 2004, bei der elf Personen getötet wurden, übernahm die bis dahin unbekannte Befreiungsarmee Balutschistans (BLA) die Verantwortung. Das Gerücht, in der Erdgasanlage von Sui sei am 2. 1. 2005 eine Ärztin durch Angestellte der staatlichen Erdölgesellschaft vergewaltigt worden, führte zum Ausbruch erbitterter Kämpfe zwischen militanten Separatisten und Regierungseinheiten; bei Angriffen der BLA am 11. 1. wurden große Teile der Anlage, die für 45 % der pakistanischen Erdgasproduktion aufkommt, zerstört, 15 Menschen starben. Für zehn Tage war die Lieferung von Gas unterbrochen. Nach drei weiteren Bombenanschlägen am 22. 1. in Quetta entsandte die Regierung eine Armeedivision mit Tausenden Soldaten in die Unruheprovinz und vertrieb die Bevölkerung aus ihren Dörfern in der Umgebung des Gasfeldes.

Das **massive Vorgehen der Sicherheitskräfte führte zu scharfen Protesten** der Stammesführer und gewalttätigen Anschlägen auf Versorgungseinrichtungen und Militärpersonal. Die balutschischen Abgeordneten im nationalen Parlament verließen aus Protest das Parlament. Am 24. 2. 2005 schaltete sich Präsident Pervez Musharraf ein und sagte eine Untersuchung des Vergewaltigungsfalls zu. Beim bisher schwersten militärischen Zwischenfall am 17. 3. in der Stadt Dera Bugti starben mindestens 23 Personen, darunter acht Regierungssoldaten. Ein Anschlag auf ein muslimisches Heiligtum in Fatehpur am 19. 3. tötete 46 Pilger. Nachdem 5000 bewaffnete Stammesmitglieder eine Garnison umzingelt hatten, fanden am 22. 3. **Friedensgespräche** zwischen Anführern der militanten Separatisten und einer parlamentarischen Delegation statt, die aber **ergebnislos** verliefen.

Die Unzufriedenheit der Balutschen über die Dominanz des bevölkerungsreichen Punjab wurde von politischen Kräften im Sindh und der Nordwestprovinz aufgegriffen. Ende März rief eine Allianz mehrerer Gruppen, die für **stärkere Autonomie der Provinzen** gegenüber der Bundesregierung in Islamabad eintreten, aus Solidarität mit Balutschistan zu landesweiten Protesten und Streiks auf. In den drei Provinzhauptstädten Peshawar, Quetta und Karatschi kam der öffentliche Verkehr zum Erliegen.

▪ **Religiöse Gewalt:** Die Spirale aus Gewalt und Gegengewalt zwischen religiösen Extremisten der Sunniten und Schiiten drehte sich trotz des von der Regierung im Januar 2003 erlassenen Verbots zahlreicher radikaler Organisationen weiter. Im Verlauf des Jahres 2004 starben 160 Personen bei Anschlägen religiöser Extre-

Balutschische Stammesführer in Dera Bugti am 16. 1. 2005

misten. Zwei Bombenanschläge in der Stadt Multan auf Teilnehmer einer sunnitischen Versammlung töteten am 7. 10. 2004 mindestens 40 Personen. Sechs Tage zuvor waren 31 Schiiten bei der Detonation einer Bombe in ihrer Moschee in Sialkot ums Leben gekommen. Innenminister Aftab Sherpao **verbot** daraufhin **alle religiösen Versammlungen außerhalb von Moscheen**. Nach einem gescheiterten Anschlag auf einen prominenten schiitischen Imam am 8. 1. 2005 kam es zu gewalttätigen Unruhen in der Hauptstadt der Nordprovinz Gilgit, bei denen 15 Personen starben. In den Nordprovinzen sind die Schiiten im Unterschied zum Rest des Landes in der Mehrheit. Ein Bombenanschlag auf einen Sufi-Schrein tötete am 27. 5. 19 schiitische Gläubige und verletzte zahlreiche weitere Personen. Die Regierung stellte daraufhin am 29. 5. zahlreiche **religiöse Stätten** des Landes **unter verstärkten Polizeischutz**. Dennoch kam es am 30. 5. zu einem Selbstmordanschlag auf eine schiitische Moschee in Karatschi, bei der fünf Personen starben. Auf Druck der Regierung hatten 58 Geistliche Mitte Mai eine **Fatwa** erlassen, die **Selbstmordattentate als unislamisch** verbietet.

▪ **Al-Qaida-Festnahmen:** Bei einer Polizeirazzia in der Stadt Gujrat (Punjab-Provinz) wurden am 25. 7. 2004 14 vermutliche Mitglieder des Al-Qaida-Netzwerks festgenommen, u. a. der Tansanier Ahmed Khalfan Ghailani, gesucht im Zusammenhang mit den Bombenanschlägen auf die US-Botschaften in Kenia und Tansania 1998. Ghailani wurde im Januar 2005 an die USA ausgeliefert. Allein im Monat August wurden bei verschiedenen Polizeiaktionen 70 Personen festgenommen, darunter mindestens 12 Mitglieder von Al-Qaida. Am 26. 9. wurde Amjad Hussain Farooqi, ein weiteres Führungsmitglied, nach Gefechten mit der Polizei in Nawabshah getötet. Farooqi war nicht nur ehemaliger Vorsitzender der verbotenen Sunnitenmiliz Lashkar-I-Jhangvi, sondern galt als operativer Chef der Al-Qaida in Pakistan und als Drahtzieher der Attentate auf Musharraf vom Dezember 2003 und der Ermordung des US-Journalisten Pearl im Februar 2002. In Karatschi gelang am 2. 3. 2005 auch die Festnahme von Mohammad Solail, einer weiteren Schlüsselperson bei Anschlägen gegen ausländische Touristen seit 2002. Am 2. 5. wurde schließlich der Libyer Abu Faraj al-Libi, die mutmaßliche Nummer drei des Terrornetzwerks Al-Qaida festgenommen.

▪ **Innenpolitik:** Der **Regierungswechsel**, eingeleitet am 29. 6. 2004 mit der Wahl des Übergangspremiers Chaudry Shujaat Hussain (→ WA 2004, Sp. 335), fand am 27. 8. seinen Abschluss in der Wahl von Finanzminister Shaukat Asis zum neuen Premierminister. Asis musste zunächst am 19. 8. bei Nachwahlen ein Parlamentsmandat gewinnen, um für das Amt des Regierungschefs kandidieren zu können. Am 30. 7. war ein Selbstmordanschlag auf den designierten Regierungschef fehlgeschlagen, bei dem neun Menschen starben. Asis erhielt am 27. 8. 191 von 342 möglichen Stimmen. Die Opposition boykottierte die Wahl, nachdem die Kandidatur ihres im April verurteilten Führers Javed Hashimi nicht zugelassen worden war. In der am 1. 9. vorgestellten neuen Regierung behielten die meisten bisherigen Minister ihre Ressorts.

Nach lebhafter Debatte beschloss das Parlament am 14. 10. 2004 mit einfacher Mehrheit per Gesetz, vor dem Hintergrund des andauernden Kampfes gegen den Terrorismus **Staatspräsident Musharraf** zu erlauben, **beide Funktionen des Staats- und Armeechefs bis zum Ende seiner Amtszeit auszuüben**. Musharraf hatte ursprünglich im Dezember 2003 versprochen, den Posten des Armeechefs Ende 2004 aufzugeben, um im Gegenzug die Unterstützung einer Sechs-Parteien-Koalition islamischer Parteien zu den Verfassungsänderungen erhalten, die die Rolle des Präsidenten stärken (→ WA 2004, Sp. 334 f.). Nach der Bestätigung durch den Senat am 1. 11. wurde das Gesetz am 30. 11. offiziell verabschiedet. Die Opposition bezeichnete das Gesetz als verfassungswidrig. Am 30. 12. gab Musharraf in einer Fernsehansprache bekannt, auf Grundlage des neuen Gesetzes bis zum Ende seiner präsidentiellen Amtszeit 2007 auch die Funktion des Kommandeurs der Streitkräfte weiter ausüben zu wollen.

▪ **Weitere innenpolitische Ereignisse:** Acht Jahre nach seiner Inhaftierung wurde Asif Zardari, der Ehemann der früheren Premierministerin Benazir Bhutto, am 22. 11. 2004 vom Obersten Gericht gegen Kaution freigelassen. Zardari war ursprünglich wegen 15 Vergehen angeklagt worden, von denen eine Korruptionsklage noch läuft. Nach seiner Freilassung erklärte er, bald wieder für die pakistanische Volkspartei PPP politisch aktiv zu werden.

Das Parlament beschloss im Oktober 2004 ein **Gesetz zur Bekämpfung der »Ehrenmorde«**, bei denen Frauen auf Grund vermuteter außerehelicher Beziehungen von den eigenen Verwandten getötet werden. Nach Schätzungen werden in den ländlichen Stammesgebieten Pakistans jährlich mehrere Hundert Frauen und Mädchen Opfer dieser Ehrenmorde. Frauen- und Menschenrechtsgruppen befürworteten die erstmalige gesetzliche Ahndung dieser religiösen Praxis, die auch die Todesstrafe vorsehen kann.

▪ **Außenpolitik:** Die USA bestätigten am 26. 3. 2005 den Verkauf von 25 F-16 Kampfflugzeugen an die pakistanische Luftwaffe. Die Entscheidung von US-Präsident George W. Bush hob ein in den 1990er Jahren erlassenes Veto gegen den 1980 erfolgten Kauf von 111 F-16 auf, die bis dahin erst zum Teil ausgeliefert worden waren. Die USA honorierte damit die pakistanischen Anstrengungen im Kampf gegen den Terrorismus.

▪ **Unwetter:** Die westlichen und nördlichen Provinzen Pakistans wurden im Februar 2005 von schweren Schneefällen und Überschwemmungen heimgesucht. Insgesamt starben durch die Unwetter mindestens 529 Menschen, allein 135 Personen beim Einsturz eines Staudamms am 10. 2. in Balutschistan.

Palästina → **Israel**

Palau Ozeanien

Republik Palau; Belu'u era Belau
Republic of Palau – PW / PLW

Fläche (Weltrang: 177): 508 km²

Einwohner (190): F 2003 20 000 = 39 je km²

Hauptstadt: Koror

Amtssprachen: Palauisch, Englisch

Bruttonationaleinkommen 2003 je Einw.: 6500 $

Währung: US-$
Kurs: 1 € = 1,21 US-$ (1. 7. 2005)

Diplomatische Vertretung:
Botschaft der Republik Palau
1800 K Street N. W., Suite 714, Washington D. C. 20 006
T 001 – 202 – 4 52 68 14, Fax 4 52 62 81

LANDESSTRUKTUR **Fläche**: 508 km²; insg. 241 Inseln, davon 11 bewohnt: u. a. Babelthuap mit 409 km², Koror, Ngeruktabel, Eil Malk, Angaur; → Karte ▪ **Verwaltung**: 16 States ▪ **Städte**: (Z 1990) Koror (Koror) 10 501 Einw., Melekeok (Babelthuap), Ngetbong (Babelthuap), Airai (Babelthuap), Ngaramasch (Angaur)

BEVÖLKERUNG Palauer – F 2003: 20 000 Einw.; Bevölkerungswachstum: 0,0 %; letzte Zählung 2000: 19 129 Einw. – Z 1995: 83,2 % Palauer, 9,8 % Filipinos, 2,0 % sonstige Mikronesier, 1,2 % Chinesen ▪ **Sprachen**: Palauisch, Englisch; Angaur, Japanisch, Tobi, Sonsorolesisch ▪ **Religion** 1990: 40,8 % Katholiken, 24,8 % Protestanten, 24,8 % Anhänger traditioneller Religionen (v. a. Modekngei)

STAATS- UND REGIERUNGSFORM Verfassung von 1981 mit Änderung 1993 – Präsidialrepublik seit 1947 – Freier Assoziierungsvertrag mit den USA vom 1. 10. 1994 (USA für Verteidigung und Außenpolitik zuständig) – Parlament (National Congress, Olbiil era Kelulau): Abgeordnetenhaus (House of Delegates) mit 16 und Senat mit 14 Mitgliedern; Wahl alle 4 J. – 16-köpfige Häuptlingsversammlung (Council of Chiefs) – Direktwahl des Staatsoberhauptes alle 4 J. – Wahlrecht ab 18 J. ▪ **Unabhängigkeit**: 1. 10. 1994 (1947–1994 US-Treuhandgebiet) ▪ **Nationalfeiertag**: 1. 10.

REGIERUNG UND PARTEIEN **Staatsoberhaupt, Regierungschef und Äußeres**: Thomas Remengesau, seit 19. 1. 2001; wieder gewählt am 2. 11. 2004 ▪ **Parlament**: letzte Wahlen am 2. 11. 2004; keine politischen Parteien

WIRTSCHAFT **BIP** 2003: 126 Mio. $; realer Zuwachs: 1,5 %; Anteil (2001) Landwirtschaft 4 %, Industrie 13 %, Dienstleistungen 83 % ▪ **Erwerbstätigkeit** 2000: Landwirtsch. 2,2 %, Industrie 15,2 %, Dienstl. 82,6 % ▪ **Arbeitslosigkeit** ∅ 2000: 2,3 % ▪ **Inflation** ∅ 2000/01: 2,5 % ▪ **Außenhandel** 2000/01: **Import**: 95,8 Mio. $; *Güter*: 24 % Maschinen und Transportausrüstungen, 23 % Lebensmittel, lebende Tiere, Getränke und Tabak; *Länder*: 39 % USA, 14 % Guam, 10 % Japan, 8 % Singapur; **Export**: 18,3 Mio. $; *Güter*: Fisch, Muscheln, Kokosnüsse, Kopra

CHRONIK

Präsidentschafts- und Parlamentswahlen: Bei der Wahl am 2. 11. 2004 wurde der **amtierende Staatschef** Thomas Remengesau mit 6494 Stimmen (64 %) für eine zweite vierjährige Amtszeit **wieder gewählt.** Auf seinen Gegenkandidaten Polycarp Basilius entfielen 3268 Stimmen. Bei der Wahl des Stellvertreters setzte sich Camsek Chin mit 71 % der Stimmen gegen die bisherige Vizepräsidentin Sandra Pierantozzi durch.

Auch die Wahl der Mitglieder zum Abgeordnetenhaus erfolgte direkt, da politische Parteien nicht existieren. Zugleich billigte die Wahlbevölkerung den Vorschlag Remengesaus zur **Erneuerung der Verfassung** in vier Punkten: Ermöglichung der doppelten Staatsbürgerschaft, gemeinsame Wahl des Präsidenten und des Vizepräsidenten als Team, Begrenzung der Mandatszeit von Abgeordneten auf maximal drei Legislaturperioden und Anpassung der Abgeordnetendiäten an die wirtschaftliche Entwicklung. Mit diesen Vorschlägen hatte sich der Präsident zuvor im Parlament nicht durchsetzen können. Ein Verfassungskonvent, dessen Einsetzung gleichfalls gebilligt wurde, soll die neuen Regelungen ausarbeiten.

Panama Mittel-Amerika

Republik Panama; República de Panamá – PA / PAN

Fläche (Weltrang: 115): 75 517 km^2

Einwohner (132): F 2003 2 984 000 = 40 je km^2

Hauptstadt: Panamá (Panama)

Amtssprache: Spanisch

Bruttonationaleinkommen 2003 je Einw.: 4060 $

Währung: 1 Balboa (B/.) = 100 Centésimos (gesetzliches Zahlungsmittel: US-$)
Kurs: 1 US-$ = 1 B/.; 1 € = 1,21 US-$ (1. 7. 2005)

Botschaft der Republik Panama
Joachim-Karnatz-Allee 3, 10557 Berlin
T 030 / 226 05 811, Fax 226 05 812

LANDESSTRUKTUR **Fläche**: 75 517 km^2; davon Panamakanal-Zone 1432 km^2; Karte → WA 2004, Sp. 654 ▪ **Verwaltung**: 9 Provinzen und 3 autonome Indianerreservate ▪ **Städte**: (Z 2000) Panamá 708 438 Einw., Tocumen 81 250, David 76 481, Nuevo Arraiján 63 753, Puerto Armuelles 60 102, Pacora 57 232

BEVÖLKERUNG Panamaer – F 2003: 2 984 000 Einw.; Bevölkerungswachstum: 1,5 %; letzte Zählung 2000: 2 839 177 Einw. – Z 1990: 65 % Mestizen, 13 % Schwarze und Mulatten, 10 % Weiße (Kreolen), 8,3 % Indianer (5,3 % Guaymi, 2 % Kuna, 0,6 % Emberá), 2 % Asiaten ▪ **Sprachen**: 87 % Spanisch; z. T. indianische Sprachen (u. a. Guaymi, Chibcha); Englisch ▪ **Religion** 2000: 85 % Katholiken; Minderheit von Protestanten

STAATS- UND REGIERUNGSFORM Verfassung von 1983, geändert 1994 – Präsidialrepublik seit 1972 – Parlament (Asamblea Legislativa) mit 78 (vorher 71) Mitgl., Wahl alle 5 J. – Direktwahl des Staatsoberh. alle 5 J. (keine Wiederwahl) – Wahlrecht ab 18 J. ▪ **Unabhängigkeit**: 28. 11. 1821 (Unabhängigkeit von Spanien und Beitritt zur Republik Großkolumbien); 3. 11. 1903 (Loslösung von Großkolumbien) ▪ **Nationalfeiertag**: 3. 11.

REGIERUNG UND PARTEIEN **Staats- u. Regierungschef**: Martín Torrijos Espino (PRD), seit 1. 9. 2004 – **Äußeres**: Samuel Lewis Navarro (PRD), seit 1. 9. 2004 ▪ **Parlament**: Wahlen vom 2. 5. 2004: Bündnis Patria Nueva 42 von 78 Sitzen: Partido Revolucionario Democrático / PRD 41 (1999: 34 von 71), Partido Popular / PP 1 (–); Bündnis Visión de País 24: Partido Arnulfista / PA 17 (18), Movimiento Liberal Republicano Nacionalista / MOLIRENA 4 (3), Partido Liberal Nacional / PLN 3 (3); Partido Solidaridad / PS 9 (4), Cambio Democrático 3 (2), Sonstige – (7)

WIRTSCHAFT **BIP** 2003: 12,887 Mrd. $; realer Zuwachs: 4,1 %; Anteil (2003) Landwirtschaft 7 %, Industrie 16 %, Dienstleistungen 76 % ▪ **Erwerbstätigkeit** 2001: Landwirtsch. 21,7 %, Industrie 16,8 %, Dienstl. 61,4 % ▪ **Arbeitslosigkeit** ∅ 2004: 12,6 % ▪ **Inflation** ∅ 2004: 2,5 % ▪ **Außenhandel** 2004: **Import**: 7,471 Mrd. $; *Güter*: 33 % Konsumgüter (darunter 12 % Brennstoff), 32 % Zwischengüter (darunter 22 % Rohstoffe für die Industrie), 27 % Kapitalgüter (darunter 15 % Telekommunikationsgüter); *Länder*: 29 % USA, 7 % Curaçao, 5 % Japan, 5 % Costa Rica, 4 % Mexiko, 4 % Kolumbien, 3 % Brasilien, 3 % Venezuela, 3 % Rep. Korea, 2 % Guatemala, 1 % Deutschland; **Export**: 5,886 Mrd. $; *Güter*: 36 % Fisch (darunter 14 % Thunfisch), 12 % Bananen, 8 % Garnelen und andere Schalentiere, 9 % Melonen, 1 % Ananas; *Länder*: 49 % USA, 10 % Zentralamerika, 8 % Benelux, 7 % Schweden, 5 % Spanien, 3 % Portugal

CHRONIK

Kurz vor dem Ende ihrer Amtszeit im August 2004 löste die scheidende Staatspräsidentin Mireya Elisa Moscoso Rodríguez Gruber eine **diplomatische Krise im Verhältnis zu Kuba und Venezuela** aus. Sie begnadigte zahlreiche Strafgefangene, darunter vier im November in Panama verhaftete Exilkubaner, die wegen Sprengstoffbesitzes und illegaler Einreise zu mehrjährigen Haftstrafen verurteilt worden waren. Daraufhin brachen Kuba am 26. 8. 2004 und Venezuela am 29. 8. die Beziehungen zu Panama ab. Die vier Exilkubaner, Luis Posada Carriles, Gaspar Jiménez, Pedro Remón und Guillermo Novo, gehören zum militanten Kern der gewaltbereiten Castro-Gegner. Havanna machte sie für die Planung eines Mordanschlags auf Fidel Castro Ende 2000 verantwortlich. Venezuela forderte die Auslieferung des früheren CIA-Agenten Carriles, weil dieser dort im Zusammenhang mit einem 1976 verübten Attentat auf ein kubanisches Passagierflugzeug, das sich auf dem Flug von Caracas nach Havanna befand, gesucht wird. Der Anschlag hatte 73 Menschenleben gefordert. Staatspräsidentin Moscoso begründete die Begnadigung der vier Exilkubaner damit, dass sie eine Auslieferung der Verurteilten nach Kuba oder Venezuela verhindern wollte, wo sie die Todesstrafe erwarten würde. Am 19. 11. 2004 kamen Panama und Kuba überein, die diplomatischen Beziehungen wieder zu normalisieren.

Der am 1. 9. 2004 vereidigte **neue Präsident** Martín Torrijos Espino vom Partido Revolucionario Democrático / PRD (→ WA 2005, S. 336) setzte gleich von Beginn an auf einen strikten **Sparkurs**. Mittels einer umstrittenen Steuerreform (31. 1. 2005 in Kraft) soll das Haushaltsdefizit (5,2 % des BIP) reduziert und über einen Zeitraum von drei Jahren 40 000 Arbeitsplätze im öffentlichen Sektor eingespart werden. Die Ankündigung des Sparprogramms **führte am 24. 1. 2005 zu einer Protestwelle** in der Bevölkerung.

Papua-Neuguinea

Ozeanien

Unabhängiger Staat Papua-Neuguinea; Independent State of Papua New Guinea; Papua Niugini (Tok Pisin) – PG / PNG

Fläche (Weltrang: 53): 462 840 km²

Einwohner (103): F 2003 5 502 000 = 11,9 je km²

Hauptstadt: Port Moresby

Amtssprachen: Englisch, Tok Pisin (Pidgin-Englisch), Hiri Motu

Bruttonationaleinkommen 2003 je Einw.: 500 $

Währung: 1 Kina (K) = 100 Toea
Kurs: 1 US-$ = 3,26 K; 1 € = 4,07 K

Diplomatische Vertretung:
Honorarkonsul des Unabh. Staates Papua-Neuguinea
Mattentwiete 5, 20457 Hamburg
T 040 / 30 38 02 43, Fax 30 38 02 45
E-Mail: hoertelmann@t-online.de

LANDESSTRUKTUR **Fläche:** 462 840 km²; Ostteil der Insel Neuguinea, Bismarck-Archipel (New Britain, New Ireland, New Hanover u. a.), North Solomons (Bougainville und Buka), Admiralty Islands, Louisiade Archipelago, D'Entrecasteaux Islands, Trobriand Islands und 600 kleinere Inseln; Karte → WA 2005, S. 338 ▪ **Verwaltung:** 19 Provinzen und Hauptstadtdistrikt; Tabelle → WA 2005, S. 337 ▪ **Städte:** (Z 2000) Port Moresby 254 158 Einw., Lae 78 038, Arawa 36 443, Mount Hagen 27 782, Madang 27 394, Kokopo 20 262

BEVÖLKERUNG Papua-Neuguineer – F 2003: 5 502 000 Einw.; Bevölkerungswachstum: 2,3 %; letzte Zählung 2000: 5 130 365 Einw. – rd. 750 Ethnien: hauptsächlich Papua, an S- und NW-Küste malaiische (indonesische) Gruppen, im N melanesische, im O polynesische Gruppen; chinesische Minderheit ▪ **Sprachen:** Englisch, Tok Pisin (Pidgin-Englisch), Hiri Motu, insgesamt 742 Papua-Sprachen ▪ **Religion** 1992: 58 % Protestanten, 33 % Katholiken; indigene Religionen

STAATS- UND REGIERUNGSFORM Verfassung von 1975 – Parlamentarische Monarchie (im Commonwealth) seit 1975 – Parlament (National Parliament) mit 109 Mitgl., Wahl alle 5 Jahre – Wahlrecht ab 19 J. ▪ **Unabhängigkeit:** 16. 9. 1975 (1949–1975 UN-Treuhandgebiet unter australischer Verwaltung) ▪ **Nationalfeiertag:** 16. 9.

REGIERUNG UND PARTEIEN **Staatsoberhaupt:** Königin Elizabeth II., vertreten durch Generalgouverneur Sir Paulias Matane, seit 29. 6. 2004 – **Regierungschef:** Sir Michael Somare (NAP-Vorsitzender), seit 5. 8. 2002; Koalitionsregierung aus NAP, PPP, MA, PAP u. a. – **Äußeres:** Sir Rabbie Namaliu, seit 13. 8. 2002 ▪ **Parlament:** Wahlen vom 15. 6.–30. 7. 2002: National Alliance Party / NAP 19 von 109 Sitzen (1997: 6), People's Democratic Movement / PDM 12 (10), People's Progress Party / PPP 8 (16), Pangu New Guinea Union Party / PANGU 6 (13), People's Action Party / PAP 5 (6), Unabhängige 17 (41), Sonstige 36 (17); 6 Sitze vakant

WIRTSCHAFT **BIP** 2003: 3,182 Mrd. $; realer Zuwachs: 2,7 %; Anteil (2003) Landwirtschaft 26 %, Industrie 39 %, Dienstleistungen 35 % ▪ **Erwerbstätigkeit** 2001: Landwirtsch. 74 % ▪ **Arbeitslosigkeit:** k. A. ▪ **Inflation** ∅ 2003: 14,7 % ▪ **Außenhandel** 2002: **Import:** 1,189 Mrd. $; *Güter:* Maschinen und Transportausrüstungen, Industriegüter, Nahrungsmittel, Brennstoffe; *Länder:* 50 % Australien, 19 % Singapur; **Export:** 2,688 Mrd. $; *Güter:* 36 % Gold, 21 % Erdöl, 15 % Kupfer; *Länder:* (ohne Gold) 24 % Australien, 10 % Japan

CHRONIK

▪ **Kooperation mit Australien:** Der Abzug der rd. 200 Mann starken australischen Polizeitruppe aus dem krisengeschüttelten Papua-Neuguinea Mitte Mai 2005 bedeutete für das Verhältnis beider Staaten und ihr Ende 2003 vereinbartes Hilfsprogramm einen schweren Rückschlag. Nach Beschwerden aus der Bevölkerung über das Verhalten der Ordnungshüter hatte das Oberste Gericht entschieden, der Immunitätsstatus der Australier, den Canberra vor Entsenden der Truppe eingefordert hatte, sei mit der Verfassung des Landes nicht vereinbar.

▪ **Bougainville-Autonomie:** Die verfassunggebende Versammlung von Bougainville verabschiedete am 15. 11. 2004 den vierten Entwurf einer **Verfassung** für die frühere Bürgerkriegsprovinz, den die Regierung in Port Moresby am 15. 12. billigte. In ihrer **ersten demokratischen Wahl,** die wegen der geografischen Bedingungen zwei Wochen dauerte, wählte die Bevölkerung vom 20. 5. bis 2. 6. 2005 **Präsidenten und Regierung** für die künftig autonome Insel. Als Gewinner wurde der frühere Führer der Bougainville Revolutionary Army (BRA), Joseph Kabui, ausgerufen, dessen Regierung am 10. 6. vereidigt wurde. Ein internationales Beobachterteam bescheinigte eine friedliche und transparente Durchführung der Wahl. Unterlegene Kandidaten jedoch, unter ihnen der zweitplatzierte frühere Gouverneur der Provinz, John Momis, fochten die Wahl aufgrund erheblicher Unregelmäßigkeiten an.

Die Autonomie ist als Vorstufe auf dem Weg zu einer Volksabstimmung in etwa 10 Jahren vorgesehen, die in die vollständige Unabhängigkeit der Insel münden kann. Sie ist Bestandteil eines Abkommens der Bürgerkriegsparteien mit der nationalen Regierung vom August 2001, das auch die Entwaffnung der Kämpfer vorsah und unter Beobachtung einer UN-Mission (UNOMB) und unter Einsatz australischer Polizeitruppen schrittweise umgesetzt wurde. Das Mandat der UNOMB endete zum 30. 6. 2005.

Paraguay Süd-Amerika

Republik Paraguay; República del Paraguay (spanisch); Tetâ Paraguay (guaraní) – PY / PRY

Fläche (Weltrang: 58): 406 752 km^2

Einwohner (101): F 2003 5 643 000 = 13,9 je km^2

Hauptstadt: Asunción

Amtssprachen: Spanisch, Guaraní

Bruttonationaleinkommen 2003 je Einw.: 1110 $

Währung: 1 Guaraní (₲) = 100 Céntimos
Kurs: 1 US-$ = 6245 ₲; 1 € = 7701 ₲

Botschaft der Republik Paraguay
Hardenbergstr. 12, 10623 Berlin
T 030 / 319 98 60, Fax 31 99 86 17
E-Mail: embapyde@t-online.de

LANDESSTRUKTUR **Fläche**: 406 752 km^2; Karte → WA 2004, Sp. 660 ▪ **Verwaltung**: 17 Departamentos und Hauptstadt; Tabelle → WA 2004, Sp. 658 ▪ **Städte**: (Z 2002) Asunción 513 399 Einw., Ciudad del Este 223 350, San Lorenzo 202 745, Luque 186 988, Capiatá 154 469, Lambaré 119 984, Fernando de la Mora 114 332, Encarnación 98 134, Pedro Juan Caballero 88 020

BEVÖLKERUNG Paraguayer – F 2003: 5 643 000 Einw.; Bevölkerungswachstum: 2,4 %; letzte Zählung 2002: 5 206 101 Einw. – ca. 90 % Mestizen, 3 % Indianer (Guaraní), 2 % Weiße, Kreolen ▪ **Sprachen**: Spanisch, Guaraní ▪ **Religion** 2002: 89,5 % Katholiken, 6,0 % Prostestanten

STAATS- UND REGIERUNGSFORM Verfassung von 1992 – Präsidialrepublik seit 1967 – Parlament (Congreso Nacional): Abgeordnetenhaus (Cámara de Diputados) mit 80 und Senat (Senado) mit 45 Mitgl.; Wahl alle 5 J. – Direktwahl des Staatsoberh. alle 5 J. (keine Wiederwahl) – Wahlpflicht ab 18 J. ▪ **Unabhängigkeit**: 14. 5. 1811 (ehem. spanische Kolonie) ▪ **Nationalfeiertag**: 15. 5. (Unabhängigkeitstag)

REGIERUNG UND PARTEIEN – **Staats- u. Regierungschef**: Óscar Nicanor Duarte Frutos (ANR), seit 15. 8. 2003; Vizepräsident: Luis Alberto Castiglioni – **Äußeres**: Leila Rachid de Cowles, seit 15. 8. 2003 ▪ **Parlament**: Wahlen vom 27. 4. 2003: Abgeordnetenhaus: Asociación Nacional Republicana (Partido Colorado) / ANR 37 von 80 Sitzen (1998: 45), Partido Liberal Radical Auténtico (Partido Blanco) / PLRA 21 (26), Partido Encuentro Nacional / PEN – (7), Movimiento Patria Querida / MPQ 10 (–), Unión Nacional de Ciudadanos Éticos / UNACE 10 (–), Partido País Solidario / PPS 2 (–), País Solidario / PS – (2) – Senat: ANR 16 von 45 Sitzen (1998: 25), PLRA 12 (13), MPQ 8 (–), UNACE 7 (–), PPS 2 (–), PEN – (7)

WIRTSCHAFT **BIP** 2003: 6,030 Mrd. $; realer Zuwachs: 2,6 %; Anteil (2003) Landwirtschaft 27 %, Industrie 24 %, Dienstleistungen 49 % ▪ **Erwerbstätigkeit** 2000: Landwirtsch. 35,2 %, Industrie 16,0 %, Dienstl. 48,8 % ▪ **Arbeitslosigkeit** ∅ 2003: 8,1 % ▪ **Inflation** ∅ 2004: 5,2 % ▪ **Außenhandel** 2004: **Import**: 2,594 Mrd. $; *Güter* 2003: 18 % Maschinen, Apparate und Motoren, 18 % Treibstoffe und Schmiermittel, 12 % Chemikalien, 6 % Getränke und Tabak, 5 % Transportausrüstung, 5 % Nahrungsmittel, 2 % Kfz, 1 % elektrische Ausrüstung; *Länder* 2003: 33 % Brasilien, 22 % Argentinien, 4 % USA, 4 % Japan, 2 % Deutschland; **Export**: 1,581 Mrd. $; *Güter* 2003: 43 % ölhaltige Früchte, 11 % Rückstände der Lebensmittelindustrie, 8 % tierische Fette und Öle, 7 % Getreide, 5 % Baumwolle, 5 % Fleisch; *Länder* 2003: 34 % Brasilien, 20 % Uruguay, 8 % Schweiz, 5 % Argentinien, 4 % USA

CHRONIK

Am 30. 6. 2004 kehrte **Ex-Armeechef** General Lino Oviedo, der 1999 wegen seiner Involvierung in die Ermordung des früheren Vizepräsidenten Luis María Argaña ins Exil geflohen war, nach Paraguay zurück. Unmittelbar nach seiner Ankunft wurde er **festgenommen**, um den Rest seiner Haftstrafe, zu der er wegen der Beteiligung am Militärputsch von 1996 verurteilt worden war, zu verbüßen. Von dem Vorwurf, auch an dem Putschversuch im Mai 2000 beteiligt gewesen zu sein, wurde er jedoch am 19. 10. 2004 freigesprochen.

▪ **Entführungen:** Nach der Entführung und Ermordung des 10-jährigen Sohnes eines bekannten Tabakproduzenten entließ Präsident Nicanor Duarte Frutos am 13. 10. 2004 den Innenminister und den Polizeichef, da es trotz eines massiven Aufgebots von Polizei nicht gelungen war, die Geisel freizubekommen.

Fünf Monate nach ihrer Entführung wurde am 16. 2. 2005 die **Tochter des Ex-Präsidenten** Raúl Cubas Grau, Cecilia Cubas Gusinsky, **ermordet** aufgefunden. Das Haus, in dem die Leiche entdeckt wurde, gehört einem Funktionär der linken Partei Partido Patria Libre (PPL). Die Behörden verdächtigten den PPL, Cecilia Cubas Mitte September 2004 in einer gemeinsamen Aktion mit der kolumbianischen FARC-Rebellen entführt zu haben. Am 26. 1. 2005 war der PPL-Funktionär Osmar Martínez als einer der Hauptverdächtigen festgenommen worden.

▪ **Brandkatastrophe:** Bei einem Brand am 1. 8. 2004 kamen in einem Einkaufszentrum im Norden der Hauptstadt Asunción mindestens 369 Menschen ums Leben, etwa 500 weitere wurden zum Teil lebensgefährlich verletzt. Beim Ausbruch des Brandes hatte der Sicherheitsdienst des Einkaufszentrums sämtliche Türen geschlossen, um zu verhindern, dass Kunden ohne zu bezahlen das Haus verließen. Sechs Personen wurden verhaftet, darunter der Besitzer. Den Ermittlungen zufolge hatte der im Dezember 2001 eröffnete Markt keine ordentliche Betriebsgenehmigung.

Peru Süd-Amerika

Republik Peru; República del Perú (spanisch); Piruw (ketschua) – PE / PER

Fläche (Weltrang: 19): 1 285 216 km²

Einwohner (39): F 2003 27 148 000 = 21 je km²

Hauptstadt: Lima

Amtssprachen: Spanisch, Ketschua, Aimará

Bruttonationaleinkommen 2003 je Einw.: 2140 $

Währung: 1 Neuer Sol (S/.) = 100 Céntimos
Kurs: 1 US-$ = 3,26 S/.; 1 € = 4,08 S/.

Botschaft der Republik Peru
Mohrenstr. 42, 10117 Berlin
T 030/20 64 10 – 3, Fax 20 64 10 – 77
www.botschaft-peru.de

LANDESSTRUKTUR **Fläche**: 1 285 216 km²; → Karte ▪ **Verwaltung**: 25 Departamentos; Tabelle → WA 2004, Sp. 662 ▪ **Städte**: (F 2003) Lima (mit Callao) 7 912 274 Einw.; (F 1998) Arequipa 710 103, Trujillo 603 657, Callao 512 200, Chiclayo 469 200, Iquitos 334 013, Piura 308 155, Huancayo 305 039, Chimbote 298 800, Cusco 278 590, Pucallpa 220 866, Tacna 215 683

BEVÖLKERUNG Peruaner – F 2003: 27 148 000 Einw.; Bevölkerungswachstum: 1,5 %; letzte Zählung 1993: 22 048 356 Einw. – Z 1981: 47 % Indianer, 32 % Mestizen, 12 % Weiße; Minderheiten von Schwarzen und Mulatten, Japanern und Chinesen ▪ **Sprachen**: Spanisch, 40 % Ketschua, 3 – 5 % Aimará ▪ **Religion** 2002: 87,8 % Katholiken, 3 % Protestanten; indigene Religionen

STAATS- UND REGIERUNGSFORM Verfassung von 1993 – Präsidialrepublik seit 1980 – Parlament (Congreso) mit 120 Mitgl., Wahl alle 5 J. – Direktwahl des Staatsoberh. alle 5 J. – Wahlpflicht ab 18 J. ▪ **Unabhängigkeit**: Proklamation 28. 7. 1821 (ehem. spanische Kolonie) ▪ **Nationalfeiertag**: 28. 7.

REGIERUNG UND PARTEIEN **Staatsoberhaupt**: Alejandro Toledo Manrique (PP), seit 28. 7. 2001 – **Regierungschef**: Carlos Ferrero Costa (PP), seit 15. 12. 2003 – **Äußeres**: Manuel Rodríguez Cuadros, seit 15. 12. 2003 ▪ **Parlament**: Wahlen vom 8. 4. 2001: Perú Posible / PP 41 von 120 Sitzen (2000: 26), Alianza Popular Revolucionaria Americana / Apra 29 (6), Unidad Nacional / UN 15 (–), Frente Independiente Moralizador / FIM 12 (9), Unión por el Perú / UPP 6 (3), Somos Perú 4 (8), Cambio 90–Nueva Mayoría 4 (im Wahlbündnis mit Vamos Vecino und Frente Nacional Independiente Perú 52), Acción Popular / AP 3 (3), Sonstige 6 (11)

WIRTSCHAFT **BIP** 2003: 60,557 Mrd. $; realer Zuwachs: 3,8 %; Anteil (2003) Landwirtschaft 10 %, Industrie 29 %, Dienstleistungen 60 % ▪ **Erwerbstätigkeit** 2000: Landwirtsch. 30 % ▪ **Arbeitslosigkeit** ∅ 2003: 9,0 % ▪ **Inflation** ∅ 2004: 3,7 % ▪ **Außenhandel** 2004: **Import**: 9,818 Mrd. $; *Güter*: 56 % Rohstoffe und Halbfabrikate (darunter 33 % industrielle), 24 % Kapitalgüter und Baustoffe (darunter 17 % industrielle), 20 % Konsumgüter (darunter 12 % kurzlebige); *Länder*: 20 % USA, 8 % Kolumbien, 8 % VR China, 7 % Brasilien, 7 % Venezuela, 7 % Ecuador, 6 % Argentinien, 5 % Chile, 4 % Japan, 3 % Deutschland; **Export**: 12,547 Mrd. $; *Güter*: 60 % Bergbauprodukte (inkl. Erdöl), 11 % Fisch und -zubereitungen, 9 % Agrarerzeugnisse, 9 % Textilien, Bekleidung, 4 % chemische Erzeugnisse, 2 % Metall und -erzeugnisse; *Länder*: 21 % USA, 10 % VR China, 9 % Großbritannien, 5 % Chile, 5 % Japan, 3 % Japan, 3 % Deutschland

CHRONIK

Auch im vierten Regierungsjahr von Präsident Alejandro Toledo Manrique (Perú Posible / PP) befand sich Peru nach wie vor in einer **Phase der politischen Instabilität**, geprägt von Regierungskrisen und Korruptionsaffären, die immer neue Kabinettsumbildungen nach sich zogen (→ WA 2005, S. 340 f.). Dass am 28. 7. 2004 mit Antero Flores Aráoz ein Abgeordneter der oppositionellen Christdemokraten zum neuen Parlamentspräsidenten gewählt wurde, führte Toledo auf eine Verleumdungskampagne gegen ihn zurück. Kurz vor der Abstimmung kursierten Berichte, nach denen Toledos früherer Berater César Almeyda im Namen des Präsidenten Bestechungsgelder in Höhe von 5 Mio. US-$ angenommen haben soll. Toledo erklärte sich bereit, seine Bankkonten überprüfen zu lassen, falls Ermittlungen gegen ihn eingeleitet werden sollten. Angesichts der politischen Dauerkrise im Land hatte die größte Gewerkschaft Perus, die CGTP, unterstützt vom linken Oppositionsbündnis Alianza Popular Revolucionaria Americana (Apra), bereits am 14. 7. 2004 zu einem eintägigen **Generalstreik** aufgerufen, mit dem sie vor allem gegen die Wirtschaftspolitik Toledos protestierten.

Bei **gewaltsamen Protesten** am 1. 1. 2005 stürmten rund 150 rebellierende Militärs in der südperuanischen Stadt Andahuyalas einen Polizeiposten und nahmen 17 Geiseln. Rund 2000 Personen versammelten sich anschließend vor der Polizeistation, um den Besetzern ihre Unterstützung zu demonstrieren. Bei Zusammenstößen zwischen der Polizei und Aufständischen kamen am folgenden Tag fünf Menschen ums Leben. Die Soldaten unter Führung des Ex-Majors Antauro Humala verlangten den Rücktritt Toledos, dem sie Korruption und den Ausverkauf nationaler Interessen vorwarfen. Die Geiselnehmer zählen zum Movimiento Etnocacerista, einer nationalistischen Gruppe, die die Lösung der Probleme in einer am Vorbild der Inkas ausgerichteten »neuen Republik« sieht. Die Regierung verhängte für 30 Tage den Ausnahmezustand über das im Südosten gelegene Departement Apurímac. Nachdem Humala verhaftet worden war, ergaben sich die Aufständischen am 4. 1. 2005.

Anfang Mai 2005 wurden erneut Korruptionsvorwürfe gegen Toledo laut: Eine Untersuchungskommission des Parlaments hatte Indizien dafür gefunden, dass der Präsident vor seiner Amtszeit an der Fälschung von Unterschriften beteiligt war, die für die Gründung seiner Partei Perú Posible notwendig waren.

■ **Aufarbeitung von Fujimori-Regime und Bürgerkrieg:** Einen weiteren Mosaikstein in der Aufarbeitung der Unzahl von Rechtsverletzungen und Korruptionsaffären während der Regierungszeit des heute im japanischen Exil lebenden Ex-Präsidenten Alberto Fujimori bildete die Verurteilung des ehemaligen Armeechefs, Nicolás de Bari Hermoza Ríos, der im Mai 2005 wegen Korruption 8 Jahre Haft und eine Geldstrafe von 7,7 Mio. US-$ zugesprochen bekam. Hermoza Ríos wurde für schuldig befunden, sich auf illegale Weise ein Vermögen von 22 Mio. US-$ angeeignet zu haben, überwiegend bei irregulären Waffengeschäften. Gegen Fujimori und seine damalige rechte Hand, Vladimiro Montesinos, sind in Peru zahlreiche Ermittlungsverfahren anhängig. Peru hat wiederholt die Auslieferung Fujimoris gefordert, was Tokyo mit Hinweis auf die japanische Staatsbürgerschaft des Ex-Präsidenten bisher abgelehnt hat.

Anfang November 2004 platzte nach nur zehn Tagen ein weiterer Prozess gegen den 1992 gefassten Anführer der Guerillagruppe Sendero Luminoso, Abimael Guzmán, nachdem sich zwei der drei Richter für befangen erklärt hatten. Die Verhandlung wurde daraufhin auf Februar 2005 vertagt. Guzmán, der zusammen mit seiner Gefährtin Elena Iparraguirre und weiteren Mitgliedern der Organisation vor Gericht steht, war bereits von einem Militärtribunal wegen Terrorismus zu lebenslanger Haft verurteilt worden. Im vergangenen Jahr entschied der Oberste Gerichtshof Perus jedoch, dass das Verfahren vor einem Zivilgericht neu aufgerollt werden müsse.

■ **Drogenanbau:** Im Kampf gegen den Kokaanbau geht die Regierung einerseits mit Unterstützung der USA durch die Zerstörung von Kokafeldern gewaltsam gegen den Anbau vor. Andererseits wirbt sie mit einem »Programm der alternativen partizipativen Entwicklung« für einen freiwilligen Ausstieg aus dem illegalen Anbau. Die Campesinos weigern sich jedoch bisher weiterhin, auf den Anbau von Koka ganz zu verzichten und sich – wie vom Staat gefordert – vertraglich zur vollständigen manuellen Ausmerzung aller Kokasträucher zu verpflichten. Zudem wächst der zum Teil gewalttätige Widerstand der mittlerweile gut organisierten Kokabauern gegen die Maßnahmen der Regierung. So nahmen am 29. 9. 2004 etwa 70 Kokabauern, die gegen die Vernichtung der Kokafelder protestierten, eine Gruppe von 20 Touristen über eine Stunde lang als Geiseln. Die Kokabauern beklagten, dass die Regierung ihr Versprechen nicht hielt, ihnen die Anpflanzung einer bestimmten Menge von Kokasträuchern für den Eigenverbrauch zu erlauben. Im Oktober 2004 wurde nach schweren Zusammenstößen zwischen Kokabauern und der Polizei über zwei Distrikte im Süden des Landes für 30 Tage der Ausnahmezustand verhängt. Drei Demonstranten waren getötet worden, als die Polizei mit Waffengewalt den Sturm auf ein Kommissariat zu verhindern gesucht hatte. Etwa 800 Kokabauern hatten aus Protest gegen die Beseitigung ihrer Kokafelder ein Wasserkraftwerk besetzt.

■ **Außenpolitik:** Durch ein Abkommen mit Bolivien wurde Peru jetzt auch in den seit längerem schwelenden Territorialkonflikt zwischen → Bolivien und → Chile hineingezogen. Bei einem Treffen des bolivianischen Staatspräsidenten Carlos Mesa mit seinem peruanischen Amtskollegen Toledo in Lima kamen sie am 4. 8. 2004 überein, in der südperuanischen Stadt Ilo einen gemeinsam verwalteten Freihafen einzurichten. Ende März 2005 warf Peru warf seinem Nachbarn vor, 1995 unter Umgehung eines Embargos illegal Waffen an Ecuador geliefert zu haben.

■ **Weitere Ereignisse:** Ende September 2004 stellte die Weltbank Peru einen Kredit über 5 Mio. US-$ für den **Erhalt der Inka-Kulturstätten** zur Verfügung, wozu auch die weltbekannte Inka-Stadt Machu Picchu zählt. Die historischen Anlagen sind durch den ansteigenden Tourismus mit jährlich über 150 000 Besucher großen Gefährdungen ausgesetzt.

Für die Einrichtung eines großen **Indianerschutzgebietes** am Oberlauf des Río Purús erhielt die Regierung am 31. 3. 2005 vom World Wide Fund for Nature (WWF) die Auszeichnung »Gift of the Earth«. Das Reservat hat 2,7 Mio. ha und ist damit eines der weltweit größten Schutzgebiete für indigene Völker.

Philippinen Südost-Asien

Republik der Philippinen; Republika ng Pilipinas – PH / PHL

Fläche (Weltrang: 71): 300 000 km²

Einwohner (13): F 2003 81 503 000 = 272 je km²

Hauptstadt: Manila

Amtssprache: Pilipino (Tagalog)

Bruttonationaleinkommen 2003 je Einw.: 1080 $

Währung: 1 Philippin. Peso (₱) = 100 Centavos
Kurs: 1 US-$ = 54,92 ₱; 1 € = 69,40 ₱

Botschaft der Republik der Philippinen
Uhlandstr. 97, 10715 Berlin
T 030 / 8 64 95 00, Fax 8 73 25 51
www.philippinischebotschaft.de

LANDESSTRUKTUR **Fläche**: 300 000 km²; insg. 7107 Inseln, davon etwa 860 bewohnt; davon Luzon 104 688 km², Mindanao 94 630 km² → Karte, Samar 13 080 km², Negros 12 710 km², Palawan 11 785 km², Panay 11 515 km²; Karte → WA 2005, S. 343 ▪ **Verwaltung**: 15 Regionen, 1 autonome Region Muslim Mindanao ▪ **Städte**: (Z 2000) Quezon City 2 173 831 Einw., Manila 1 581 082, Caloocan 1 177 604, Davao 1 147 116, Cebu 718 821, Zamboanga 601 794, Pasig 505 058, Valenzuela 485 433, Las Piñas 472 780, Cagayan de Oro 461 877, Parañaque 449 811, Makati 444 867, Bacolod 429 076, General Santos 411 822, Marikina 391 170, Muntinlupa 379 310, Iloilo 365 820, Pasay City 354 908

BEVÖLKERUNG Philippiner – F 2003: 81 503 000 Einw.; Bevölkerungswachstum: 1,9 %; letzte Zählung 2000: 76 504 077 Einw. – 1990: 40 % jungmalaiische Philippiner, 30 % Indonesier und Polynesier, 10 % Altmalaien und Negritos, 10 % Chinesen, 5 % Inder ▪ **Sprachen** 1990: 55 % Pilipino (von Tagalog abgeleitet), 27,9 % Tagalog, 24,3 % Cebuano, 9,8 % Ilocano, 9,3 % Panay-Hiligaynon, 5,8 % Bicol u. a. (insg. 988 Sprachen registriert); ca. 3 % Spanisch und Chinesisch, Englisch ▪ **Religion** 2000: 82,9 % Katholiken, 5,4 % Protestanten, 4,6 % Muslime, 2,6 % Anhänger der Unabhängigen Philippinischen Kirche, 2,3 % Iglesia ni Cristo; indigene Religionen, Buddhisten

STAATS- UND REGIERUNGSFORM Verfassung von 1987 – Präsidialrepublik seit 1987 – Parlament (Kongress): Repräsentantenhaus mit max. 261 Mitgl. (davon 206 gewählt und bis zu 55 über Parteilisten, die Minderheiten berücksichtigen) und Senat mit 24 Mitgl.; Wahl alle 3 J. (Teilwahlen des Senats alle 3 J.) – Direktwahl des Staatsoberh. alle 6 J. (keine Wiederwahl) – Wahlrecht ab 18 J. ▪ **Unabhängigkeit**: 4. 7. 1946 (ehem. amerikanisches Dominion; bis 1898 spanische Kolonie) ▪ **Nationalfeiertag**: 12. 6. (Unabhängigkeitsproklamation 1898)

REGIERUNG UND PARTEIEN **Staats- u. Regierungschef**: Gloria Macapagal Arroyo (Lakas-NUCD), seit 20. 1. 2001 – **Äußeres**: Alberto Romulo, seit 18. 8. 2004 ▪ **Parlament**: Wahlen vom 10. 5. 2004: Repräsentantenhaus: Bündnis aus Nationaler Union of Christian Democrats und United Muslim Democratic Party / LAKAS–NUCD–UMDP 82 von 206 gewählten Sitzen (2001: 87 von 214), National People's Coalition / NPC 53 (62), Liberal Party / LP 21 (20), Democratic Filipino Struggle / LDP 21 (18), Sonstige 19 (19), Unabhängige 10 (8) – Senat (nach Teilwahlen vom 10. 5. 2004): Regierungskoalition 14 von 24 Sitzen, Opposition 9, Unabhängige 1

WIRTSCHAFT **BIP** 2003: 80,574 Mrd. $; realer Zuwachs: 4,5 %; Anteil (2003) Landwirtschaft 14 %, Industrie 32 %, Dienstleistungen 53 % ▪ **Erwerbstätigkeit** 2004: Landwirtsch. 35,4 %, Industrie 16,0 %, Dienstl. 48,6 % ▪ **Arbeitslosigkeit** ∅ 2004: 11,8 % (Unterbeschäftigung 17,8 %) ▪ **Inflation** ∅ 2004: 6,0 % ▪ **Außenhandel** 2004 (vorläufig): **Import**: 39,63 Mrd. $; *Güter*: 39 % Elektronik, 11 % Brennstoffe und technische Öle, 8 % Büromaschinen, EDV, 7 % chemische Erzeugnisse, 5 % Telekommunikationsausrüstung, Elektrotechnik, 5 % Maschinen ohne Büromaschinen, 4 % Nahrungs- und Genussmittel; *Länder*: 17 % Japan, 15 % USA, 7 % Singapur, 7 % Rep. China, 6 % VR China, 6 % Rep. Korea, 4 % Hongkong, 4 % Malaysia, 3 % Thailand, 3 % Saudi-Arabien, 2 % Deutschland; **Export**: 44,72 Mrd. $; *Güter*: 70 % Elektronik, Elektrotechnik, -teile, 6 % Kleidung, 4 % Maschinen und Fahrzeuge; *Länder*: 20 % Japan, 18 % USA, 9 % Niederlande, 8 % Hongkong, 7 % Singapur, 7 % VR China, 6 % Rep. China, 5 % Malaysia, 4 % Deutschland, 3 % Rep. Korea, 3 % Thailand

CHRONIK

▪ **Präsidentschaft und Regierung:** Fernando Poe Junior, der bei der Präsidentschaftswahl am 10. 5. 2004 mit 35,7 % der Stimmen unterlegene Gegenkandidat der Staatschefin Gloria Macapagal Arroyo (39,1 %), reichte am 23. 7. beim Obersten Gericht in Manila eine **Wahlanfechtung** ein und machte seinen Anspruch auf den Sieg geltend.

Im Zuge einer **Teilerneuerung ihrer Regierung** ernannte Präsidentin Arroyo am 19. 8. 2004 ihren bisherigen Kabinettschef Alberto Romulo zum Außenminister.

▪ **Reformprogramm:** In ihrer **Regierungserklärung** am 26. 7. 2004 vor beiden Häusern des Parlaments, in denen die Präsidentin nun über solide Mehrheiten verfügt, stellte Arroyo einen **Acht-Punkte-Plan für eine Steuerreform** vor. Mit den erwarteten Mehreinnahmen will sie der Finanzkrise begegnen. 2004 belief sich die Verschuldung der öffentlichen Hand einschließlich der Defizite der Gebietskörperschaften auf 136 % des BIP, der Schuldendienst absorbierte 42 % des Staatshaushaltes, während für Sozial- und Infrastrukturausgaben noch 2,7 % verblieben. Nach einem am 11. 10.

2004 vorgelegten **mittelfristigen Entwicklungsplan** soll es bis 2010 gelingen, den Jahreshaushalt auszugleichen und den Bevölkerungsanteil der unter extremer Armut leidenden Menschen, von 25 auf 17 % zu senken.

▪ **Separatismus und Terrorismus:** Am 14. 8. 2004 verhängte ein Gericht in Isabela auf der südwestlichen Insel Basilan gegen 17 Kämpfer der islamistischen **Separatistengruppe Abu Sayyaf** (ASG) wegen Mordes und Entführungen im Jahr 2002 die Todesstrafe. Am 1. 10. erhob die Staatsanwaltschaft Anklage gegen sechs weitere Mitglieder der Gruppe. Sie müssen sich für einen Bombenanschlag auf eine Fähre am 26. 2. 2004 verantworten, bei dem 116 Menschen ums Leben gekommen waren. Obwohl die Regierung die ASG, die kleinste und militanteste der auf den Philippinen aktiven Rebellenarmeen, schon 2002 für faktisch zerschlagen erklärt hatte, **intensivierte diese ihre terroristischen Aktivitäten.** Angeblich hält sie Verbindung zu der von Indonesien aus operierenden Terrororganisation Jamaa Islamiya sowie zum Al-Qaida-Netzwerk. Außerdem soll sie ihre Kooperation mit anderen Gruppen wie der Moro National Liberation Front (MNLF) und der Moro Islam Liberation Front (MILF) ausgebaut haben, nachdem deren Waffenstillstandsabkommen mit der Regierung brüchig geworden waren und die Kämpfe wieder aufflammten. Im April wurden die Friedensgespräche zwischen der MILF und der Regierung wieder aufgenommen.

Am 1. 1. 2005 veröffentlichte die Armee eine Jahresbilanz, nach der sie insgesamt 223 feindliche Kämpfer getötet und 1171 gefangen genommen haben will. Die meisten von ihnen gehörten der New People's Army (NPA) an, die als bewaffneter Arm der maoistischen Communist Party of the Philippines (CPP) gilt und vor allem auf der Nordinsel Luzon aktiv ist. An eigenen Verlusten meldete die Armee 182 Sicherheitskräfte.

Im Januar und Februar 2005 **eskalierten auf Mindanao und Jolo die Gefechte** zwischen der Armee und den verschiedenen Rebellengruppen zu den schwersten Auseinandersetzungen seit 2001, mehr als 140 Beteiligte wurden getötet, etwa 25 000 Menschen wurden aus ihren Dörfern vertrieben. Auf Jolo befanden sich 4000 Soldaten gegen angeblich 800 Aufständische im Einsatz, bei denen es sich neben 300 ASG-Rebellen um Anhänger des 2003 verhafteten MNLF-Gründers Nur Misuari gehandelt haben soll. Als Antwort auf die Offensive der Armee trug die ASG den Konflikt mit Bombenanschlägen in die Städte. Mindestens 12 Menschenleben und 150 Verletzte forderten am 14. 2. 2005 die Explosionen von Sprengsätzen in der Hauptstadt Manila sowie in Davao und General Santos City auf Mindanao.

▪ **Goldrausch:** Auf der Insel Mindanao, die über Goldvorkommen im Wert von schätzungsweise 180 Mrd. US-$ am Mount Diwata verfügt, hatte die Regierung 2002 ein Abkommen mit den über 20 000 in Diwalwal (→ Karte) ansässigen Goldgräbern und kleineren Minengesellschaften geschlossen. Auf 25 % eines

über 8000 ha großen Gebiets erhielten sie offiziell das Recht, Gold zu gewinnen. Die von der Regierung erhofften Einnahmen aus dem Abbau der Goldvorkommen auf den übrigen 75 % durch internationale Minengesellschaften blieben jedoch bisher aus, da der Oberste Gerichtshof in Manila 2004 ein Liberalisierungsgesetz, das Eigentumsbeschränkungen für ausländische Investoren aufgehoben hatte, für verfassungswidrig erklärt hatte.

▪ **Unwetter:** Ende November und Anfang Dezember 2004 richteten die **Taifune Winnie und Nanmadol** im Norden und Osten der Inselrepublik schwere Verwüstungen an. Mehr als 780 Menschen kamen ums Leben, zahlreiche wurden als vermisst gemeldet. Auf der Hauptinsel Luzon wurden etwa 100 000 Menschen obdachlos. Als eine Konseqenz aus den Erdrutschen und Überschwemmungen, die eine Folge des Kahlschlags der Wälder seien, sagte Präsidentin Arroyo der illegalen Abholzung den Kampf an und leitete eine Kampagne zur Wiederaufforstung ein. Zugleich befahl sie ein entschlossenes **Vorgehen gegen die maoistischen Rebellen der NPA**, weil diese ihren Guerilla-Krieg aus der Abholzung der waldreichen Berggebiete finanziere.

Aufräumarbeiten im Norden am 3. 12. 2004

Polen Mittel-Europa

Republik Polen; Rzeczpospolita Polska – PL/POL

Fläche (Weltrang: 68): 312 685 km²

Einwohner (30): F 2003 39 196 000 = 122 je km²

Hauptstadt: Warszawa (Warschau)

Amtssprache: Polnisch

Bruttonationaleinkommen 2003 je Einw.: 5280 $

Währung: 1 Złoty (Zł) = 100 Groszy
Kurs: 1 US-$ = 3,34 Zł; 1 € = 4,02 Zł (1. 7. 2005)

Botschaft der Republik Polen
Lassenstr. 19–21, 14193 Berlin
T 030/22 31 30, Fax 22 31 31 55
www.botschaft-polen.de

LANDESSTRUKTUR **Fläche:** 312 685 km²; → Karte ▪ **Verwaltung:** 16 Bezirke ▪ **Städte:** (F 2005) Warszawa (Warschau) 1 687 628 Einw., Łódź (Lodz) 768 901, Kraków (Krakau) 760 300, Wrocław (Breslau) 637 162, Poznań (Posen) 573 039, Gdańsk (Danzig) 457 400, Szczecin (Stettin) 413 600, Bydgoszcz (Bromberg) 368 800, Lublin 357 200, Katowice (Kattowitz) 318 600, Białystok 294 100, Gdynia (Gdingen) 254 500, Czestochowa (Tschenstochau) 247 400, Radom 227 600, Sosnowiec (Sosnowitz) 227 400, Kielce 209 500, Toruń (Thorn) 209 400, Gliwice (Gleiwitz) 199 900, Zabrze (Hindenburg) 190 300, Bytom (Beuthen) 187 100

BEVÖLKERUNG Polen – F 2003: 38 196 000 Einw.; Bevölkerungswachstum: –0,1 %; letzte Zählung 2002: 38 230 100 Einw. – ca. 98,7 % Polen; nationale Minderheiten: u. a. 300 000–500 000 Deutsche, 300 000 Ukrainer, 200 000 Weißrussen; Minderheiten von Roma, Litauern, Slowaken, Armeniern, Kaschuben, Tataren, Tschechen ▪ **Sprachen:** Polnisch; Sprachen der Minderheiten (u. a. Deutsch, Ukrainisch, Weißrussisch) ▪ **Religion** 2002: 95,8 % Römisch-Katholische; Minderheiten von Polnisch-Orthodoxen, Protestanten, Altkatholiken, Muslimen und Juden

STAATS- UND REGIERUNGSFORM Verfassung von 1997 – Republik seit 1918 – Parlament: Sejm mit 460 Mitgl. und Senat mit 100 Mitgl.; Wahl alle 4 J. – Direktwahl des Staatsoberh. alle 5 J. (einmalige Wiederwahl) – Wahlrecht ab 18 J. ▪ **Unabhängigkeit:** alte staatl. Tradition; Proklamation 7. 10. 1918 (11. 11. 1918: Piłsudski übernimmt Funktion des Regentschaftsrats; wird als eigentliche Gründung des unabhängigen Polen betrachtet) ▪ **Nationalfeiertag:** 3. 5. (Tag der Verfassung von 1791)

REGIERUNG UND PARTEIEN **Staatsoberhaupt:** Aleksander Kwaśniewski, seit 1995 – **Regierungschef:** Marek Belka, seit 2. 5. 2004; Minderheitsregierung aus SLD und UP – **Äußeres:** Adam Daniel Rotfeld (parteilos), seit 5. 1. 2005 ▪ **Parlament:** Wahlen vom 23. 9. 2001: Sejm: Bündnis der Demokratischen Linken/SLD 200 von 460 Sitzen (1997: 164), Bürgerplattform/PO 65 (–), Partei der Selbstverteidigung/S 53 (–), Recht und Gerechtigkeit/PiS 44 (zusammen mit AWS 201), Bauernpartei/PSL 42 (27), Liga polnischer Familien/LPR 38 (–), Union der Arbeit/UP 16 (–), Vertreter der Deutschen Minderh. (von Sperrklausel befreit) 2 (2), Wahlaktion der Gewerkschaft Solidarność/AWS – (201), Freiheitsunion/UW – (60), Nationalkonservative/ROP – (6) – Senat: SLD und UP 75 (1997: SLD 28), Block Senat 2001 aus PO, PiS, AWS, UW und ROP 15 (AWS 51, UW 8, ROP 5) PSL 4 (3), S 2 (–), LPR 2 (–), Unabhängige 2 (5)

WIRTSCHAFT **BIP** 2003: 209,563 Mrd. $; realer Zuwachs: 3,7 %; Anteil (2003) Landwirtschaft 3 %, Industrie 31 %, Dienstleistungen 66 % ▪ **Erwerbstätigkeit** 2002: Landwirtsch. 29,8 %, Industrie 24,4 %, Dienstl. 45,8 % ▪ **Arbeitslosigkeit** ∅ 2004: 18,8 % ▪ **Inflation** ∅ 2004: 3,5 % ▪ **Außenhandel** 2004 (vorläufig): **Import:** 73,791 Mrd. $; *Güter:* 24 % Maschinen und elektrische Geräte, 18 % Chemie- und Kunststofferzeugnisse, 15 % Transportausrüstungen, 11 % Metalle und metallische Erzeugnisse, 11 % mineralische Produkte, 7 % Leder und Textilerzeugnisse, 5 % Nahrungs- und Genussmittel; *Länder:* 24 % Deutschland, 8 % Italien, 7 % Russland, 7 % Frankreich, 5 % VR China, 4 % Tschechische Republik, 4 % Niederlande, 3 % Großbritannien, 3 % Schweden (EU gesamt: 68 %); **Export:** 87,909 Mrd. $; *Güter:* 22 % Maschinen und elektrische Geräte, 17 % Transportausrüstungen, 13 % Metalle und metallische Erzeugnisse, 10 % Chemie- und Kunststofferzeugnisse, 8 % Nahrungs- und Genussmittel, 7 % Holz, Zellulose und Papier, 6 % Leder und Textilerzeugnisse, 6 % mineralische Produkte; *Länder:* 30 % Deutschland, 6 % Frankreich, 6 % Italien, 6 % Großbritannien, 4 % Niederlande, 4 % Tschechische Republik, 4 % Russland, 4 % Schweden (EU gesamt: 79 %)

CHRONIK

Die nur vom Bündnis der Demokratischen Linken (SLD) und der sozialistischen Union der Arbeit (UP) gestützte Minderheitsregierung des parteilosen Ministerpräsidenten Marek Belka blieb **von wechselnden Mehrheiten im Parlament** abhängig. Die nach seiner Wahl zum Regierungschef angekündigte vorzeitige Auflösung des Parlaments nach einem Jahr Amtszeit scheiterte vor allem am Widerstand in den eigenen Reihen, sodass die Fortführung seiner Regierung bis zu regulären Parlamentswahlen am 25. 9. 2005 erwartet werden konnte. Das zwischen Links und Rechts polarisierte und zersplitterte Parteienspektrum stand nach einen halben Jahrzehnt erneut vor einem tief greifenden Wandel.

INNENPOLITIK

■ **Permanente Regierungskrise:** Die Minderheitsregierung von Ministerpräsident Belka hatte nur wenig Gestaltungsspielraum, weil die vom regierenden Demokratischen Linksbündnis (SLD) abgespaltenen Sozialdemokraten (SDPL, → WA 2005, S. 345) seine Regierung nur punktuell unterstützten und der linke Flügel der SLD die Wirtschafts-, Finanz- und Sozialpolitik des Regierungschefs boykottierte. Im ersten Jahr der Amtszeit Belkas überstand die Regierung vier **Vertrauensabstimmungen** teils nur sehr knapp.

Am 15. 7. 2004 trat aufgrund der fehlgeschlagenen Gesundheitsreform nach weniger als einem Monat im Amt Gesundheitsminister Marian Czakanski zurück. Wegen mangelnder Unterstützung in der eigenen Partei für die **Sanierung der Staatsfinanzen** trat Wirtschaftsminister Jerzy Hausner am 7. 2. 2005 aus dem SLD aus und reichte sein Rücktrittsgesuch ein.

Nur mit knapper Mehrheit – mit 198 zu 194 Stimmen – lehnte das Parlament am 22. 10. 2004 einen Antrag der nationalkonservativen Oppositionspartei Recht und Gerechtigkeit (PiS) ab, die 1997 abgeschaffte Todesstrafe wieder einzuführen. Präsident Aleksander Kwaśniewski hatte sich schon im Vorfeld der Abstimmung geweigert, ein solches Gesetz zu unterzeichnen.

Im **Parlamentarischen Untersuchungsausschuss zur so genannten Orlen-Affäre** nutzte die Opposition die Gelegenheit, die SLD, die Regierung und den Präsidenten mit ständigen Verdächtigungen unter Druck zu setzen. Der Ausschuss befasste sich mit der unzulässigen Einflussnahme staatlicher Organe und des größten Privataktionärs Jan Kulczyk auf die Mineralölgesellschaft PKN Orlen, an welcher der polnische Staat mit 27,5 % beteiligt ist. Kulczyk, der sich im November 2004 ins Ausland abgesetzt hatte, wurde Bestechung im Zusammenhang mit der Privatisierung von Energieunternehmen vorgeworfen. Am 9. 3. 2005 zog Präsident Kwaśniewski seine Zusage, vor dem Ausschuss auszusagen, kurzfristig zurück. Wie schon in der Affäre um den Medienkonzern Rywin (→ WA 2005, S. 345) warf ihm die Opposition die Verletzung seiner Amtspflichten und Korruption vor.

Die **Absetzung von Parlamentspräsident** (Sejm-Marschall) Józef Oleksy am 4. 1. 2005 verschärfte die politische Krise. Der erst zwei Wochen zuvor auch zum SLD-Vorsitzenden gewählte Ex-Kommunist und ehemalige Ministerpräsident (1995–96) hatte – so ein Gerichtsurteil von Ende Dezember 2004 – zwischen 1970–78 als Informant für den ehemaligen Staatssicherheitsdienst (SB) gearbeitet, dies aber geleugnet. Staatliche Funktionsträger, Parlamentarier und Richter sind seit 1997 gesetzlich verpflichtet, vor ihrem Amtsantritt eine solche Tätigkeit offen zu legen. Zu seinem **neuen Präsidenten** wählte der Seijm am 5. 1. 2005 mit 223 gegen 219 Stimmen den bisherigen Außenminister **Wlodzimierz Cimoszewicz** (SLD). Dessen bisheriger Stellvertreter Adam Daniel Rotfeld (parteilos) übernahm das Außenministerium.

Die von **Belka angestrebte Selbstauflösung des Sejm** erhielt am 5. 5. 2005 nicht die erforderliche Mehrheit von 307 Stimmen. Sein Angebot zurückzutreten, sollte die Forderung nach Herbeiführung vorzeitiger Parlamentswahlen scheitern, lehnte Präsident Kwaśniewski am folgenden Tag ab.

▪ **Umbruch in der Parteienlandschaft:** Im Vorfeld der Präsidentschafts- und Parlamentswahlen gründete sich am 8. 5. 2005 die **Demokratische Partei** (PD). Sie versteht sich als europafreundliche »Partei der Mitte«. Die Gründung inspirierten einflussreiche Politiker der Freiheitsunion (UW) wie Tadeusz Mazowiecki und UW-Chef Władysław Frasyniuk sowie Jerzy Hausner (vorher SLD). Nach einigem Zögern verknüpfte auch der parteilose Regierungschef Belka seine politische Zukunft mit der neuen Partei. Hoffnungen auf einen **gemeinsamen Präsidentschaftskandidaten der Linken** im Herbst 2005 zerschlugen sich, nachdem die Sozialdemokratie Polens (SDPL) am 1. 5. 2005 ihren Vorsitzenden Marek Borowski zu ihrem Bewerber gekürt hatten. Nach längerem Zögern gab am 28. 6. der proeuropäische Parlamentspräsident Cimoszewicz (SLD) seine Kandidatur für die Wahl bekannt.

▪ **Wirtschaftliche Entwicklung:** Der Anstieg des BIP 2004 um real 5,4 % war der stärkste seit 1997 und – zusammen mit den baltischen Staaten – der höchste in der EU. Die nach wie vor hohe Arbeitslosigkeit (2004: 18,8 %), eine der höchsten in der EU, ist vor allem eine Folge des raschen Produktivitätszuwachses und der hohen Sozialabgaben. Die Erwerbstätigenquote von 51,7 % der Gesamtbevölkerung im Jahr 2004 gehört zu den niedrigsten in der EU, u. a. weil viele erwerbsfähige Polen Invaliditätsrenten beziehen.

AUSSENPOLITIK

▪ **Deutschland:** Sowohl die polnische als auch die deutsche Regierung bemühten sich, die seit 2003 anhaltende Erregung in der polnischen Öffentlichkeit über die **Kontroverse in der so genannten Vertriebenenfrage** zu dämpfen. Bundeskanzler Gerhard Schröder wies am 1. 8. 2004 in einer Rede anlässlich des 60. Jahrestages des Warschauer Aufstandes alle privaten Restitutionsansprüche an Polen zurück. Hintergrund waren Ankündigungen einer im Jahr 2000 gegründeten Organisation (Preußische Treuhand GmbH), individuelle Entschädigungsforderungen von Vertriebenen und Spätaussiedlern gerichtlich durchzusetzen. Die Erklärung Schröders wurde von einer deutsch-polnischen Juristenkommission am 4. 11. 2004 als völkerrechtlich verbindlich angesehen. Die Kommission war von der polnischen und der deutschen Regierung eingesetzt worden, nachdem der Sejm auf Initiative der nationalistischen Liga polnischer Familien am 10. 9. **Reparationsforderungen gegenüber Deutschland** erhoben hatte. Die polnische Regierung solle finanzielle Entschädigungen für die 1939–45 durch »Aggression, Besatzung, Völkermord und Verlust der Unabhängigkeit Polens« erlittenen Schäden verlangen. Die Resolution wurde einstimmig gegen eine Enthaltung angenommen; allerdings fehlten 130 Abgeordnete des SLD, den u. a. Präsident Kwaśniewski aufgefordert hatte, einen derartigen Parlamentsbeschluss abzulehnen. Die Regierung Belka distanzierte sich von der Erklärung. Sie betrachte die Reparationsfrage als erledigt und verwies auf die einschlägigen völkerrechtlichen Verträge.

▪ **Ukraine, Russland:** Nach den gefälschten Präsidentschaftswahlen in der → **Ukraine** vom 21. 11. 2004 hatten Präsident Kwaśniewski und der damalige Außenminister Cimoszewicz als **Vermittler zwischen der Staatsführung und der Opposition** um Viktor Juschtschenko großen Anteil an der Aushandlung eines Kompromisses, der zur Wiederholung der Wahlen und zum Sieg Juschtschenkos führte. Bei einem Besuch Juschtschenkos am 11. 4. 2005 in Warschau sicherte Polen der Ukraine Unterstützung bei der Aufnahme in die EU und die NATO zu.

Spannungen mit Russland folgten aus dem polnischen Engagement für die demokratische Wende in der Ukraine und der anschließenden außen- und sicherheitspolitischen Partnerschaft beider Staaten. Belastend wirkte sich wiederholt auch die **unbewältigte Vergangenheit** aus: Zum 65. Jahrestag des Massakers von Katyn im Jahr 1940 verabschiedete der Sejm am 23. 3. 2005 eine Erklärung, die Russland aufforderte, die Morde des damaligen sowjetischen Geheimdienstes NKWD an etwa 22 000 polnischen Offizieren und Mitgliedern der polnischen Führungsschicht als »Genozid« offiziell zu verurteilen.

Schröder in Warschau. Rechts neben ihm Marek Belka

Portugal Südwest-Europa

Portugiesische Republik; República Portuguesa – PT / PRT

Fläche (Weltrang: 109): 92 345 km²

Einwohner (73): F 2003 10 444 000 = 113 je km²

Hauptstadt: Lisboa (Lissabon)

Amtssprache: Portugiesisch

Bruttonationaleinkommen 2003 je Einw.: 11 800 $

Währung: 1 Euro (€) = 100 Cent
Kurs: 1 US-$ = 0,83 € (1. 7. 2005)

Botschaft der Portugiesischen Republik
Zimmerstr. 56, 10117 Berlin
T 030/59 00 63 500, Fax 59 00 63 600
E-Mail: mail@botschaftportugal.de

LANDESSTRUKTUR **Fläche:** 92 345 km²; Karte → WA 2004, Sp. 678 ▪ **Gebiete:** Azoren (Arquipélago dos Açores) 2352 km² (Karte → WA 2004, Sp. 679), Madeira (Arquipélago da Madeira) 795 km² (Karte → WA 2004, Sp. 680) ▪ **Verwaltung:** 18 Distrikte, 2 autonome Regionen: Azoren und Madeira; → Tabelle ▪ **Städte:** (Z 2001) Lisboa (Lissabon) 556 797 Einw., Vila Nova de Gaia 287 597, Porto 262 928, Amadora 174 788, Cascais 168 827, Matosinhos 166 275, Braga 163 981, Almada 159 550, Seixal 150 095, Coimbra 148 122, Setúbal 113 480, Funchal (Madeira) 102 521

BEVÖLKERUNG Portugiesen – F 2003: 10 444 000 Einw.; Bevölkerungswachstum: 0,7 %; letzte Zählung 2001: 10 356 117 Einw.; Azoren: 241 763 Einw.; Madeira: 245 011 Einw.; 226 715 Ausländer (2,2 %) → Grafik ▪ **Sprachen:** Portugiesisch ▪ **Religion** 2002: 88 % Katholiken; Minderheiten von Protestanten, Muslimen und Juden

STAATS- UND REGIERUNGSFORM Verfassung von 1976, letzte Änderung 2001 – Republik seit 1910 – Parlament (Assembléia da República) mit 230 Mitgl., Wahl alle 4 J. – Direktwahl des Staatsoberh. alle 5 J. (einmalige Wiederwahl) – Wahlrecht ab 18 J. ▪ **Unabhängigkeit:** alte staatliche Tradition; Königreich seit 1143, 1580–1640 Personalunion mit Spanien ▪ **Nationalfeiertag:** 10. 6. (Todestag des Nationaldichters Luiz de Camões 1580)

REGIERUNG UND PARTEIEN **Staatsoberhaupt:** Jorge Fernando Branco de Sampaio (PS), seit 1996 – **Regierungschef:** José Sócrates Carvalho Pinto de Sousa (PS), seit 12. 3. 2005 – **Äußeres:** Diogo Freitas do Amaral, seit 12. 3. 2005 ▪ **Parlament:** Wahlen vom 20. 2. 2005: Partido Socialista / PS 121 von 230 Sitzen (2002: 96), Partido Social Democrata / PSD 75 (105), Coligação Democrática Unitária / CDU: Bündnis aus Partido Comunista Português / PCP und Partido Ecologista Os Verdes / PEV 12 + 2 (10 + 2), Partido Popular / CDS-PP 12 (14), Bloco do Esquerda / BE 8 (3)

Portugal
Fläche, Bevölkerung und Bevölkerungsdichte

Region	Fläche* in km²	Einwohner insgesamt F 2003	je km²
Festland insgesamt	88 796	9 991 700	113
Norte	21 278	3 711 800	174
Centro	23 668	2 366 700	100
Lisboa e Vale do Tejo	11 931	2 740 200	230
Alentejo	26 931	767 500	28
Algarve	4 988	405 400	81
Açores	2 330	240 000	103
Madeira	779	243 000	312
Portugal	91 905	10 474 600	114

* ohne 440 km² Binnengewässer
Quelle: Instituto Nacional de Estatística Portugal 2005

WIRTSCHAFT **BIP** 2003: 147,899 Mrd. $; realer Zuwachs: –1,2 %; Anteil (2004) Landwirtschaft 6 %, Industrie 30 %, Dienstleistungen 64 % ▪ **Erwerbstätigkeit** 2002: Landwirtsch. 12,3 %, Industrie 33,8 %, Dienstl. 53,8 % ▪ **Arbeitslosigkeit** ∅ 2004: 6,7 % ▪ **Inflation** ∅ 2004: 2,5 % ▪ **Außenhandel** 2004: **Import:** 44,147 Mrd. €; *Güter:* 23 % Maschinen und Ausrüstungen, 15 % Fahrzeuge und Transportmittel, 11 % chemische Erzeugnisse, 8 % Agrarerzeugnisse, 9 % Basismetalle, 6 % Kunststoffe und Kautschuk, 4 % Textilien; *Länder:* 29 % Spanien, 14 % Deutschland, 9 % Frankreich, 6 % Italien, 5 % Großbritannien, 5 % Niederlande, 2 % USA; **Export:** 28,754 Mrd. €; *Güter:* 21 % Textilien, Bekleidung und Schuhe, 17 % Maschinen und Ausrüstungen, 17 % Fahrzeuge und Transportmittel, 8 % Basismetalle, 4 % Papier und Zellstoff, 3 % Agrarerzeugnisse; *Länder:* 25 % Spanien, 15 % Deutschland, 13 % Frankreich, 11 % Großbritannien, 6 % USA, 5 % Italien, 4 % Niederlande

CHRONIK

▪ **Sturz der Regierung durch den Präsidenten:** Staatspräsident Jorge Fernando Branco de Sampaio machte am 30. 11. 2004 von seinem verfassungsmäßigen Recht Gebrauch, das **Parlament aufzulösen und Neuwahlen auszuschreiben.** Regulär hätte der Urnengang erst 2006 abgehalten werden müssen. Sampaio begründete seinen Schritt nahezu unverblümt mit der Unfähigkeit der erst vor viereinhalb Monaten angetretenen konservativen Regierung unter Ministerpräsident Pedro Santana Lopes (→ WA 2005, S. 348). Eine **»substanzielle Instabilität« der Regierungsarbeit** habe zu einer Vertrauenskrise zwischen Staat und Gesellschaft geführt. Neben in sich widersprüchlichen wirtschafts- und finanzpolitischen Maßnahmen hatten interne Querelen der Koalitionspartner – der konservativ-liberalen Sozialdemokratischen Partei (PSD) und der kleine-

Portugal: Wahlen zum Parlament am 20.2.2005 (2002)

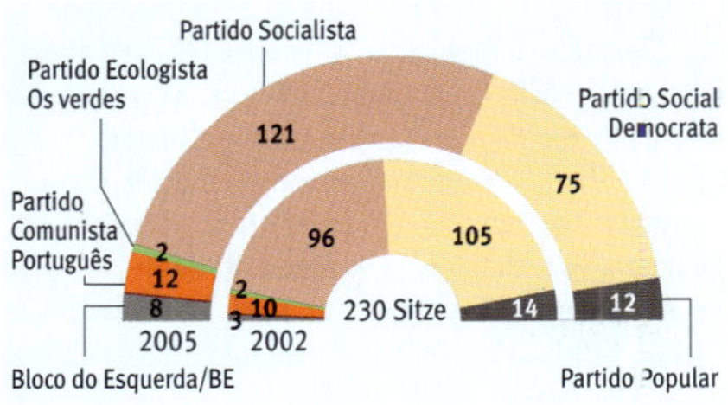

ren rechtsgerichteten Volkspartei (PP) – die Regierungsarbeit belastet. Ein Organisationschaos bei der Stellenzuweisung von 50 000 Lehrern hatte den Beginn des Schuljahres um drei Wochen verzögert und zum Unmut in der Bevölkerung beigetragen. Letzter Auslöser für die Entscheidung Sampaios war ein vierter Ministerrücktritt gewesen. Am 12. 12. erklärte Santana Lopes, obwohl er angesichts stabiler Mehrheitsverhältnisse im Parlament Sampaios Schritt für ungerechtfertigt hielt, den **Rücktritt der Regierung**. Sie führte die Amtsgeschäfte bis zur Bildung einer neuen Regierung nach den Wahlen mit beschränkten Vollmachten weiter.

▪ **Machtwechsel:** Bei der vorgezogenen Parlamentswahl am 20. 2. 2005 gewannen die oppositionellen **Sozialisten (PS)** unter dem Spitzenkandidaten und Parteichef José Sócrates Carvalho Pinto de Sousa (→ unten) die **absolute Mehrheit der Mandate**. Auf sie entfielen 45,1 % der abgegebenen Stimmen (7,2 % mehr als bei der Wahl im März 2002) und damit 121 der 230 Sitze im Parlament (+25). Die bislang regierende liberal-konservative Sozialdemokratische Partei (PSD) des amtierenden Ministerpräsidenten Santana Lopes rutschte dagegen von 40,2 % auf nur noch 28,7 % der Stimmen ab und entsendet damit künftig 75 statt bisher 105 Abgeordnete. Drittstärkste Kraft wurde das Bündnis von Kommunistischer Partei und Grünen (PCP) mit 7,6 % (14 Sitze, +2), gefolgt von der konservativen Volkspartei (PP) mit 7,3 % (12 Sitze, −2) und dem Block der Linken (BE) mit 6,4 % (8, +5). Die Wahlbeteiligung lag bei 65 %.

Der neue Ministerpräsident Sócrates legte am 12. 3. 2005 seinen Amtseid ab. Als Zeichen für seine Orientierung auf eine breite politische Mitte berief Sócrates 8 Mitglieder des PS und 8 Unabhängige in sein um drei Minister verkleinertes Kabinett. Zu seinem Stellvertreter und Innenminister bestimmte er den bisherigen Europaabgeordneten António Costa. Als »Superminister« im Rang eines Staatsministers hat dieser zugleich den Auftrag, für die Umsetzung wichtiger Reformprojekte, wie die Vereinfachung und Effizienzsteigerung der Verwaltung und die verbesserte Koordination aller Sicherheitsbehörden zu sorgen. Überraschung bereitete die **Berufung von** Diogo Freitas do Amaral **zum Außenminister.** Der konservative, inzwischen parteilose Verfassungsrechtler hatte dieses Amt schon in einer liberal-konservativen Koalition Anfang der 1980er Jahre inne. In der Auseinandersetzung um den Irak-Krieg gehörte er mit scharfen Attacken gegen die Politik des US-Präsidenten zu den entschiedenen Gegnern einer militärischen Intervention.

▪ **Parteien:** Als neuer **Parteichef der Sozialisten** (PS) wurde im September 2004 der 47-jährige ehemalige Umweltminister **José Sócrates** von 78,6 % der Parteimitglieder gewählt. Er setzte sich damit als Kandidat der gemäßigten Parteimitte gegen zwei Mitbewerber durch, die Flügelpositionen vertreten hatten. Er trat die Nachfolge von Eduardo Ferres Rodrigues an, der am 9. 7. aus Protest gegen die Ernennung von Santana Lopes (PSD) zum neuen Ministerpräsidenten zurückgetreten war.

Nach der Niederlage des **PSD** bei der Parlamentswahl am 20. 2. 2005 kündigte Santana Lopes seinen Rückzug aus der Parteiführung an. Der Sonderparteitag des PSD in Pombal wählte am 10. 4. den ehemaligen Staatsminister **Luís Marques Mendes** zum neuen Vorsitzenden.

Am 23/24. 4. 2005 tauschte auch der **Partido Popular** (PP), der Juniorpartner in der abgewählten Regierung, seine Führung aus. Auf dem Sonderparteitag in Lissabon trat der EU-Parlamentarier **José Ribeiro e Castro** als Parteichef an die Stelle Paulo Portas.

▪ **Pädophilie-Prozess:** Am 25. 11. 2004 begann in Lissabon der Prozess um den **größten Gesellschaftsskandal** des Landes seit Jahrzehnten (→ WA 2005. S. 348). Acht Personen, unter ihnen Prominente, sind als Mitglieder eines Pädophilie-Rings angeklagt, in z. T. mehreren hundert Fällen Kinder sexuell missbraucht zu haben, die im Waisenhaus Casa Pia betreut wurden. Außer dem Hauptangeklagten, einem früheren Fahrer des Waisenhauses, bestreiten die Beschuldigten die Vorwürfe. Die Anklage gegen den früheren Minister und Parteisprecher der Sozialisten, Paulo Pedroso, wurde von der Untersuchungsrichterin nicht zur Verhandlung zugelassen. Die Affäre zog einen **Justizskandal** nach sich. Wegen Verletzung des Justizgeheimnisses mussten im Sommer und Herbst 2004 mehrere hohe Kriminal- und Justizbeamte ihren Dienst quittieren.

▪ **Haushalt:** Angesichts eines **drohenden Haushaltsdefizits für 2005 von 6,8 % des BIP** kündigte die Regierung am 26. 5. **Steuererhöhungen** mit dem Ziel an, den Fehlbetrag auf 6,2 % zu begrenzen – der damit immer noch der höchste wäre, den ein Mitgliedstaat seit Start der Europäischen Währungsunion verzeichnet. So wurde eine Erhöhung der Mehrwertsteuer von 19 auf 21 % angesetzt, eine Sondersteuer auf Tabak und Benzin erhoben, die Steuer für Jahreseinkommen über 60 000 € um zwei Prozentpunkte auf 42 % erhöht. Noch bei Amtsantritt hatte Sókrates versprochen, seine Regierung werde keinesfalls an der Steuerschraube drehen. Seine Entscheidung erklärte er mit den Ergebnissen einer Überprüfung der von der letzten Regierung verursachten Finanzlage. Portugal droht ein EU-Defizitverfahren (→ EU).

Ruanda Ost-Afrika

Republik Ruanda; Republika y'u Rwanda (kinyarwanda); République du Rwanda; Republic of Rwanda – RW/RWA

Fläche (Weltrang: 144): 26 338 km²

Einwohner (87): F 2003 8 395 000 = 319 je km²

Hauptstadt: Kigali

Amtssprachen: Kinyarwanda, Französisch, Englisch

Bruttonationaleinkommen 2003 je Einw.: 220 $

Währung: 1 Ruanda-Franc (F.Rw) = 100 Centimes
Kurs: 1 US-$ = 560,79 F.Rw; 1 € = 701,27 F.Rw

Botschaft der Republik Ruanda
Beethovenallee 72, 53173 Bonn
T 02 28/3 67 02 36, Fax 35 19 22
www.rwanda-botschaft.de

LANDESSTRUKTUR **Fläche**: 26 338 km²; Karte → WA 2005, S. 349 ▪ **Verwaltung**: 12 Präfekturen ▪ **Städte**: (F 2001) Kigali 412 000 Einw.; (S 1988) Butare 43 400, Ruhengeri 29 000, Gisenyi 25 500

BEVÖLKERUNG Ruander – F 2003: 8 395 000 Einw.; Bevölkerungswachstum: 2,8 %; letzte Zählung 2002: 8 128 553 Einw. – ca. 85 % Hutu bzw. Bahutu und verwandte Stämme, 14 % Tutsi bzw. nilotische Watussi, 1 % Twa (Pygmäen) ▪ **Sprachen**: Kinyarwanda, Englisch, Französisch; Swahili ▪ **Religion** 2002: 47,3 % Christen (mehrheitl. Katholiken), 10 % Muslime; etwa 50 % Anhänger von indigenen Religionen

STAATS- UND REGIERUNGSFORM Verfassung von 2003 – Präsidialrepublik seit 1962 – Parlament: Abgeordnetenhaus (Umutwe w'Abadepite) mit 80 Mitgl. (53 gew. und 27 indirekt gew., darunter 24 Frauen), Wahl alle 5 J. und Senat (Umutwe wa Sena) mit mind. indirekt gew. 52 Mitgl., Wahl alle 8 J. – Direktwahl des Staatsoberh. alle 7 J. – Wahlrecht ab 18 J. ▪ **Unabhängigkeit**: 1. 7. 1962 (ehem. belgisches Treuhandgebiet) ▪ **Nationalfeiertag**: 1. 7.

REGIERUNG UND PARTEIEN **Staatsoberhaupt**: Paul Kagame (Tutsi; FPR-Vorsitzender), seit 17. 4. 2000 – **Regierungschef**: Bernard Makuza (Hutu, MDR), seit 9. 3. 2000; Koalition der nationalen Einheit von MDR, FPR, PSD, PL und PDI – **Äußeres**: Charles Murigande, seit 15. 11. 2002 ▪ **Parlament**: Wahlen vom 29./30. 9. 2003: Coalition Front Patriotique Rwandais 40 von 53 gewählten Sitzen: Front Patriotique Rwandais (Tutsi)/FPR 33, Parti Démocratique Chrêtien/PDC 3, Parti Démocratique Islamique/PDI 2, Parti Socialiste Rwandais /PSR 1 und Union Démocratique du People Rwandais/UDPR 1; Parti Social Démocrate (Hutu)/PSD 7, Parti Libéral (Hutu)/PL 6

WIRTSCHAFT **BIP** 2003: 1,637 Mrd. $; realer Zuwachs: 3,2 %; Anteil (2003) Landwirtschaft 42 %, Industrie 22 %, Dienstleistungen 36 % ▪ **Erwerbstätigkeit** 2002: Landwirtsch. 91 % ▪ **Arbeitslosigkeit**: k. A. ▪ **Inflation** ∅ 2003: 6,9 % ▪ **Außenhandel** 2002: **Import**: 117 Mrd. F.Rw; *Güter*: 51 % Konsumgüter, 34 % Kapital- und Zwischengüter, 15 % Brennstoffe; *Länder* 1999: 13 % Japan, 13 % Belgien, 12 % Kenia, 8 % Saudi-Arabien, 5 % Deutschland; **Export**: 28 Mrd. F.Rw; *Güter*: 38 % Tee, 25 % Kaffee, 24 % Coltan; *Länder* 1999: 62 % Kenia, 14 % Tansania, 6 % Belgien

CHRONIK

▪ **Aufarbeitung des Völkermordes:** Bei einer Gedenkfeier für die Opfer des Völkermords am 7. 4. 2004 entzündete Präsident Paul Kagame eine Flamme an der Gedenkstätte in Kigali, wo 250 000 Opfer von einer Million, die zwischen April und Juni 1994 getötet wurden, begraben wurden (→ Foto).

Präsident Kagame bei Gedenkfeier

Um den Völkermord zu ahnden, wurden im Oktober 2001 260 000 Laienrichtern für die **Gacaca-Gerichte** (Gacaca bedeutet »Gras« und bezieht sich auf die vorkoloniale Dorfgerichtsbarkeit) gewählt (→ WA 2003, Sp. 647). Vor den rd. 12 000 Laien-Tribunalen, die am 10. 3. 2005 ihre Arbeit aufnahmen, sollen knapp 600 000 Fälle verhandelt werden. Deren schon für Sommer 2002 geplante Arbeitsaufnahme hatte sich immer wieder verzögert, weil die Verfahren von der ruandischen Gesellschaft vielfach als ethnische Aburteilung begriffen werden und einem Bericht Domitilla Mukantaganzwas, der Vorsitzenden der Gacaca-Gerichtsbarkeit, vom 14. 3. zufolge, auch von Abgeordneten sabotiert wurden. Auch **Menschenrechtsorganisationen kritisieren die geplanten Verfahren**, da den Angeklagten kein Anwalt zur Seite steht und die Laienrichter zugleich als Staatsanwalt und Zeuge fungieren dürfen und es keine anderen Beweise gibt als Aussagen. Da es aber in Ruanda viel zu wenig ordentliche Gerichte gibt, bleibt keine andere Wahl. Die Regierung verspricht sich von den Gacaca, dass diese zur Versöhnung beitragen können – eine Hoffnung, die sich kaum bestätigen dürfte, da die meisten Beschuldigten jede Beteiligung an dem Völkermord abstreiten oder keine Reue zeigen. Eine von vielen geforderte Generalamnestie lehnt die Regierung ab, da sie eine Verhöhnung der Opfer und der Überlebenden darstelle. Die Durchführung der Gacaca-Verfahren dürfte das ganze Land auf Jahre lahm legen.

Vor den Laien-Tribunalen müssen sich auch mehrere hochrangige ehemalige Mitglieder des Hutu-Regimes von 1994 verantworten, u. a. der ehemalige Verteidigungsminister General Marcel Gatsinzi, dessen Verfahren Mitte Mai 2005 in Butare begann. In einer vor Gericht abgegebenen Erklärung entschuldigte er sich bisher als einziges ehemaliges Regierungsmitglied, nicht verhindert zu haben, dass die Armee an der Ermordung der Tutsi teilnahm.

Vor dem **Internationalen Kriegsverbrechertribunal für Ruanda (ICTR)** im tansanischen Arusha, vor dem sich die Hauptverantwortlichen des Genozids verantworten müssen, wurde neben mehreren Hutu-Lokalpolitikern und Bürgermeistern der ehemalige Finanzminister Emmanuel Nkingdabahizi am 15. 7. 2004 wegen Beteiligung am Völkermord zu lebenslanger Haft verurteilt. Am 28. 4. 2005 verurteilte der ICTR das ehemalige Mitglied des Hutu-Regimes, Mika Muhimana, zu lebenslanger Haft. Muhimana wurde des mehrfachen Mordes und der Vergewaltigung für schuldig befunden. Am 16. 2. 2005 reichten sechs ruandische Bürger vor dem Militärgericht in Paris eine Klage gegen französische Soldaten ein, denen Beihilfe zum Völkermord und Verbrechen gegen die Menschlichkeit vorgeworfen wird.

▪ **Beziehungen zur DR Kongo:** Die ohnehin angespannten Beziehungen zwischen Ruanda und der DR Kongo haben nach dem Massaker an kongolesischen Tutsi in Gatumba, Burundi, einen neuen Tiefpunkt erreicht (→ auch Burundi, → DR Kongo). Ruanda drohte mehrfach mit der Entsendung von Truppen in die ostkongolesischen Krisenprovinzen Nord- und Süd-Kivu, zuletzt Mitte April 2005. Gleichzeitig beschuldigte es die Allparteienregierung in Kinshasa des Genozids an kongolesischen Tutsi. Ein erneuter Krieg zwischen beiden Ländern konnte nur auf Druck der USA und Großbritanniens verhindert werden. Beobachter der International Crisis Group betrachten die Vorwürfe jedoch als Mittel zum Zweck, um die ruandische Präsenz in den an Mineralien reichen Provinzen Nord- und Süd-Kivu aufrechtzuerhalten und den Friedensprozess in der DR Kongo zu unterminieren. Bestätigt wird dies durch die am 22. 7. 2004 veröffentlichte Studie einer UN-Expertenkommission, in der Ruanda vorgeworfen wird, das seit 2003 für den Osten der DR Kongo bestehende Waffenembargo zu missachten.

▪ **Finanzhilfen:** Der Internationale Währungsfonds (IWF) und die Weltbank gewährten Ruanda am 13. 4. 2005 einen Schuldenerlass in Höhe von 1,4 Mrd. US-$. Am 10. 5. erließen die im Pariser Club zusammengefassten Geberländer Schulden in Höhe von 82,7 Mio. US-$. Ruandas Staatshaushalt wird rund zur Hälfte von internationalen Geberländern finanziert.

Rumänien Südost-Europa

Romănia – RO/ROU

Fläche (Weltrang: 80): 238 391 km²

Einwohner (49): F 2003 21 744 000 = 91 je km²

Hauptstadt: Bucureşti (Bukarest)

Amtssprache: Rumänisch

Bruttonationaleinkommen 2003 je Einw.: 2260 $

Währung: 1 Neuer Leu (l) = 100 Bani
Kurs: 1 US-$ = 2,99 l; 1 € = 3,60 l (1. 7. 2005)

Botschaft von Rumänien
Dorotheenstr. 62–66, 10117 Berlin
T 030/21 23 92 02, Fax 21 23 93 99

LANDESSTRUKTUR **Fläche:** 238 391 km²; Karte → WA 2005, S. 351 ▪ **Verwaltung:** 41 Bezirke und Hauptstadtbezirk; Tabelle → WA 2005, S. 351 ▪ **Städte:** (Z 2002) Bucureşti (Bukarest) 1 926 334 Einw., Iaşi (Jassy) 320 888, Cluj-Napoca (Klausenburg) 317 953, Timişoara (Temeschburg) 317 660, Constanţa (Konstanza) 310 471, Craiova 302 601, Galaţi (Galatz) 298 861, Braşov (Kronstadt) 284 596, Ploieşti 232 527, Brăila 216 292, Oradea (Großwardein) 206 614, Bacău 175 500, Arad 172 827, Piteşti 168 458, Sibiu (Hermannstadt) 154 892, Târgu Mureş (Neumarkt) 150 041, Baia Mare 137 921

BEVÖLKERUNG Rumänen – F 2003: 21 744 000 Einw.; Bevölkerungswachstum: −0,3 %; letzte Zählung 2002: 21 680 974 Einw. – 89,5 % Rumänen, 6,6 % Magyaren (Ungarn), 2,5 % Roma (S 1,2–2,5 Mio.), 0,3 % Deutsche, 0,3 % Ukrainer, 0,2 % Russen, 0,2 % Türken, außerdem Tataren, Serben, Slowaken u. a. (18 nationale Minderheiten anerkannt) ▪ **Sprachen:** Rumänisch; Sprachen der Minderheiten ▪ **Religion** 2002: 86,7 % Rumänisch-Orthodoxe, 4,7 % Katholiken, 3,2 % Anhänger der Reformierten Kirche, 1,5 % Pfingstler, 0,9 % Griechisch-Orthodoxe, 0,6 % Baptisten, 0,3 % Muslime, (F 1999) 14 000 Juden

STAATS- UND REGIERUNGSFORM Verfassung von 1991, zuletzt geändert 2003 – Republik seit 1991 – Parlament (Parlamentul): Abgeordnetenhaus (Camera Deputaţilor) mit 332 (vorher 346) und Senat mit 137 (vorher 140) Mitgl.; Wahl alle 4 J. – Direktwahl des Staatsoberh. alle 5 J. (einmalige Wiederwahl) – Wahlrecht ab 18 J. ▪ **Unabhängigkeit:** alte staatl. Tradition; Anerkennung der Unabhängigkeit 13. 7. 1878 (Berliner Kongress) durch das Osmanische Reich ▪ **Nationalfeiertag:** 1. 12.

REGIERUNG UND PARTEIEN **Staatsoberhaupt:** Traian Băsescu (PD), seit 20. 12. 2004 – **Regierungschef:** Călin Popescu-Tăriceanu (PNL-Vorsitzender), seit 29. 12.

2004; Koalitionsregierung aus PD, PNL, UDMR, PUR und Vertretern der nationalen Minderheiten – **Äußeres**: Mihai-Răzvan Ungureanu (PD), seit 29. 12. 2004 ▪ **Parlament**: Wahlen vom 28. 11. 2004: Abgeordnetenhaus: Demokratische Allianz Gerechtigkeit und Wahrheit: Nationalliberale Partei/PNL 64 von 332 Sitzen (2000: 30 von 346) und Demokratische Partei/PD 48 (31); Sozialdemokratische Partei/PSD 113 (149), Großrumänien-Partei/PRM 48 (84), Humanistische Partei/PUR 19 (6), Verband der Ungarn/UDMR 22 (27), Vertreter nationaler Minderheiten 18 (19) – Senat: PSD 46 von 137 (2000: 65 von 140), PNL 28 (13), PRM 21 (37), PD 21 (13), PUR 11 (–), UDMR 10 (12)

WIRTSCHAFT **BIP** 2003: 56,951 Mrd. $; realer Zuwachs: 4,9 %; Anteil (2003) Landwirtschaft 12 %, Industrie 36 %, Dienstleistungen 52 % ▪ **Erwerbstätigkeit** 2002: Landwirtsch. 36,4 %, Industrie 29,5 %, Dienstl. 34,1 % ▪ **Arbeitslosigkeit** ∅ 2004: 7,1 % ▪ **Inflation** ∅ 2004: 11,9 % ▪ **Außenhandel** 2004 (vorläufig): **Import**: 26,281 Mrd. €; *Güter*: 24 % Maschinen u. Ausrüstungen, 14 % Textilien, Textilprodukte und Ledererzeugnisse, 13 % mineralische Erzeugnisse, 8 % metallurgische Erzeugnisse, 8 % chemische Erzeugnisse; *Länder*: 21 % Italien, 15 % Deutschland, 9 % Frankreich, 7 % Türkei, 7 % Großbritannien, 4 % Ungarn, 3 % Niederlande, 3 % Österreich, 3 % USA (EU gesamt: 73 %); **Export**: 18,935 Mrd. €; *Güter*: 29 % Textilien, Bekleidung, Schuhe und Lederwaren, 18 % elektrische und mechanische Maschinen u. Ausrüstungen, 15 % metallurgische Erzeugnisse, 7 % mineralische Erzeugnisse; *Länder*: 17 % Italien, 15 % Deutschland, 7 % Frankreich, 7 % Russland, 4 % Türkei, 4 % Österreich, 3 % Großbritannien, 3 % Ungarn, 3 % VR China (EU gesamt: 58 %)

CHRONIK

Die Wahlen zur Erneuerung der Präsidentschaft und der beiden Kammern des Parlaments im November und Dezember 2004 brachen die Vorherrschaft der seit 15 Jahren fast ununterbrochen regierenden postkommunistischen Sozialisten (Sozialdemokratische Partei, PSD). Die neue liberaldemokratische Regierung schien in den ersten Monaten ihrer Amtszeit mit der Eindämmung der flächendeckenden Korruption ernst zu machen.

▪ **Parlaments- und Präsidentschaftswahlen:** Die **Wahl zum Abgeordnetenhaus** am 28. 11. 2004 erbrachte für das regierende Parteienbündnis von PSD und Humanistischer Partei (PUR) unter dem amtierenden Ministerpräsidenten und Präsidentschaftsbewerber Adrian Năstase (PSD) einen Stimmenanteil von 36,6 % und 132 der insgesamt 332 Mandate; innerhalb dieser Allianz verdreifachte die PUR die Zahl ihrer Abgeordneten im Vergleich zum Wahlergebnis von 2000 auf 19, die PSD kam auf 113 Mandate. Das **oppositionelle**

Rumänien:
Wahlen zum Abgeordnetenhaus am 28.11.2004 (2000)

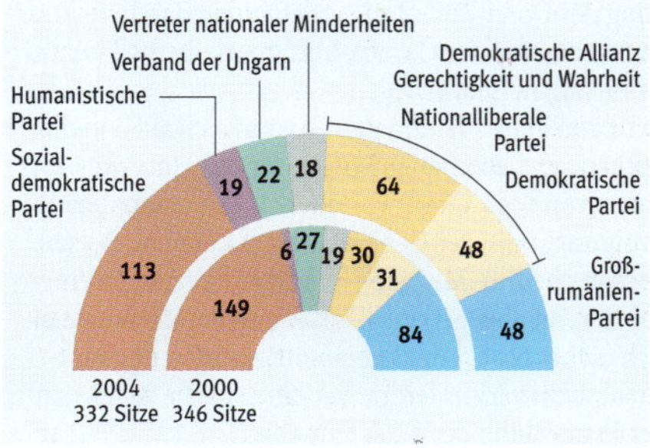

Parteienbündnis Demokratische Allianz Gerechtigkeit und Wahrheit (DA) aus Nationalliberalen (PNL) und Demokraten (PD) **verdoppelte sein Ergebnis nahezu** und erreichte 31,3 % (→ Grafik).

Bei der parallel abgehaltenen **Wahl des Staatspräsidenten** setzte sich in der ersten Runde der amtierende Ministerpräsident **Adrian Năstase** (PDSR) mit 40,0 % an die Spitze der zwölf Bewerber. Sein liberaler Rivale, der Bukarester Bürgermeister Traian Băsescu (PNL), kam auf 33,0 % der Stimmen, der Ultranationalist Corneliu Vadim Tudor, Vorsitzender der PRM, vereinigte 12,6 % auf sich. Überschattet wurden die Urnengänge von Betrugsvorwürfen der Opposition, auch die Organisation für Sicherheit und Zusammenarbeit in Europa (OSZE) äußerte sich kritisch. Die **Stichwahl** zur Präsidentschaft am 12. 12. **entschied** überraschend **Băsescu mit 51,2 % für sich.**

▪ **Machtwechsel: Băsescu** legte am 20. 12. 2004 seinen Amtseid als Nachfolger von Ion Iliescu (PSD) ab, der verfassungsrechtlich kein drittes Mal hatte kandidieren dürfen. Der als Reformer geltende Băsescu kündigte an, **mit Korruption und Klientelwirtschaft aufzuräumen.** Als weitere Aufgaben nannte er die Vorbereitung Rumäniens auf den angestrebten EU-Beitritt.

Rumänien: BIP gesamt und je Einwohner

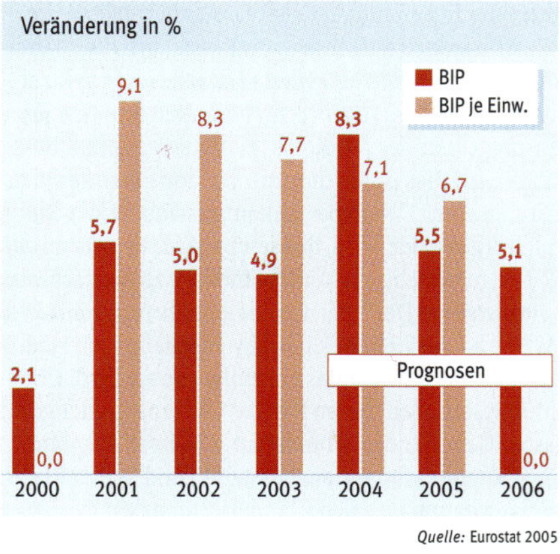

Quelle: Eurostat 2005

Der neue Präsident beauftragte den Chef der Allianz Gerechtigkeit und Wahrheit und früheren Wirtschaftminister, **Călin Popescu-Tăriceanu** (PNL), mit der **Regierungsbildung**. Entgegen ursprünglichen Planungen von PUR und UDMR, sich mit den Sozialisten zusammenzuschließen, wechselten beide Parteien die Seiten und schlossen sich dem DA-Bündnis an. Beide Kammern des Parlaments bestätigten den Regierungschef 29. 12. 2004 in einer geheimen Wahl mit überraschenden 259 von 369 Stimmen.

Neuer **Außenminister** wurde **Mihai-Răzvan Ungureanu** (PD), der als Staatssekretär im Ressort Äußeres (1998–2001) für Europäische Integration zuständig und danach Regionalkoordinator des Balkan-Stabilitätspaktes war.

▪ **Anklage gegen Ex-Präsident Iliescu:** Am 9. 6. 2005 erhob die Militärstaatsanwaltschaft Anklage gegen Ex-Staatspräsident Iliescu und den ehemaligen Ministerpräsidenten Petre Roman wegen Verbrechen gegen die Menschlichkeit und weiterer Delikte. Die Vorwürfe beziehen sich auf Vorgänge im Sommer 1990, als Iliescu Bergarbeiter aus Schiltal in die Hauptstadt Bukarest rief, um mit ihrer Hilfe die Massenproteste gegen die damalige »Regierung der nationalen Rettung« gewaltsam zu unterdrücken. Als letzte Amtshandlung hatte Iliescu im Dezember 2004 den damaligen Bergarbeiterführer Miron Cozma begnadigt, der zu 18 Jahren Haft verurteilt worden war. Nach heftigen Protesten im In- und Ausland musste der scheidende Präsident diese Entscheidung jedoch wieder rückgängig machen.

▪ **EU-Beitritt:** Der Europäische Rat der Staats- und Regierungschefs beschloss am 16./17. 12. 2004 in Brüssel den **Abschluss der Beitrittsverhandlungen** mit Rumänien sowie Bulgarien (→ EU), verband die Entscheidung jedoch **mit Auflagen**. Nach der Zustimmung des Europäischen Parlaments am 13. 4. 2005 unterzeichneten am 25. 4. 2005 in Luxemburg Präsident Băsescu und Ministerpräsident Popescu-Tăriceanu sowie Außenminister Ungureanu den **Vertrag zur Mitgliedschaft in der EU ab 1. 1. 2007**. Das Parlament in Bukarest ratifizierte den EU-Beitrittsvertrag am 17. 5. einstimmig.

▪ **Roma-Minderheit:** Der Europäische Gerichtshof für Menschenrechte verurteilte Rumänien am 12. 7. 2005, da es gegen das Verbot von menschenunwürdiger Behandlung und Diskriminierung verstoßen habe. Die Klage hatten mehrere Roma aus Siebenbürgen eingereicht, die der Polizei vorwarfen, nach Ausschreitungen im September 1993 die Bevölkerung zu Lynch-Aktionen angestachelt zu haben.

Nach den Maygaren stellen die Roma mit schätzungsweise 1,2–2,5 Mio. die größte Minderheit in Rumänien; insgesamt wird die Zahl der in Europa lebenden Roma auf 7–10 Mio. geschätzt, davon 70 % in den Staaten Mittel- und Osteuropas (→ Karte). Um ihre Lebensbedingungen zu verbessern, die von extremer Armut und einem Leben im gesellschaftlichen Abseits gekennzeichnet sind, wurde am 2. 2. 2005 in der bulgarischen Hauptstadt Sofia das »Jahrzehnt der Roma« ausgerufen, das u. a. von der Weltbank und vom Open Society Institute des aus Ungarn stammenden US-amerikanischen Multimillionärs George Soros finanziell unterstützt wird.

▪ **Überschwemmungen:** Bei Überflutungen nach schweren Regenfällen in der Flachlandregion um die Stadt Temeschburg im Westen des Landes Ende April/Anfang Mai 2005 mussten mehr als 4000 Menschen gerettet werden, mehr als 100 000 ha Land wurden überflutet. Zahlreiche der Lehmziegelhäuser stürzten ein.

Russische Föderation

Ost-Europa / Asien

Rossijskaja Federacija, Kurzform: Russland – RU / RUS

Fläche (Weltrang: 1): 17 075 400 km²

Einwohner (7): F 2003 143 425 000 = 8,4 je km²

Hauptstadt: Moskva (Moskau)

Amtssprache: Russisch

Bruttonationaleinkommen 2003 je Einw.: 2610 $

Währung: 1 Rubel (Rbl) = 100 Kopeken
Kurs: 1 US-$ = 28,09 Rbl; 1 € = 35,20 Rbl

Botschaft der Russischen Föderation
Unter den Linden 63–65, 10117 Berlin
T 030 / 2 29 11 10, Fax 2 29 93 97
www.russische-botschaft.de

LANDESSTRUKTUR **Fläche:** 17 075 400 km²; → Karte ▪ **Verwaltung:** 7 Föderationsbezirke mit 89 Territorialeinheiten (Subjekte der Föderation): 21 Republiken, 6 Regionen, 49 Gebiete, 1 Autonomes Gebiet, 10 Autonome Bezirke und 2 Städte mit Subjektstatus: Moskau und St. Petersburg (ab 1. 12. 2005 Zusammenschluss des früheren Gebietes Perm und des Autonomen Bezirks der Komi-Permjaken zur Region Perm) ▪ **Städte:** (Z 2002) Moskva (Moskau) 10 101 500 Einw., Sankt-Peterburg (St. Petersburg) 4 669 400, Novosibirsk (Nowosibirsk) 1 425 600, Nižnij Novgorod (Nischni Nowgorod) 1 311 200, Ekaterinburg (Jekaterinburg) 1 293 000, Samara 1 158 100, Omsk 1 133 900, Kazan' (Kasan) 1 105 300, Čeljabinsk (Tscheljabinsk) 1 078 300, Rostov-na-Donu (Rostow am Don) 1 070 200, Ufa 1 042 400, Volgograd (Wolgograd) 1 012 800, Perm' 1 000 100, Krasnojarsk 911 700, Saratov (Saratow) 873 500, Voronež (Woronesch) 848 700, Tol'jatti 701 900, Krasnodar 644 800, Simbirsk (früher Ul'janovsk) 635 600, Iževsk (Ischewsk) 632 100, Jaroslavl' (Jaroslawl) 613 200, Barnaul 603 500, Irkutsk 593 400, Vladivostok (Wladiwostok) 591 800, Chabarovsk (Chabarowsk) 582 700, Novokuzneck (Nowokusnezk) 550 100, Orenburg 548 800, Rjazan' (Rjasan) 521 700, Penza (Pensa) 518 200, Tjumen' 510 700

BEVÖLKERUNG Russen – F 2003: 143 425 000 Einw.; Bevölkerungswachstum: –0,4 %; letzte Zählung 2002: 145 164 000 Einw. – 79,82 % Russen, 3,83 % Tataren, 2,03 % Ukrainer, 1,15 % Baschkiren, 1,13 % Tschuwaschen, 0,94 % Tschetschenen, 0,78 % Armenier, 0,58 % Mordwinen, 0,56 % Weißrussen, 0,41 % Deutsche, 8,77 % Sonstige ▪ **Sprachen:** Russisch; Sprachen der übrigen Nationalitäten ▪ **Religion** 2002: etwa 75 Mio. Russisch-Orthodoxe, 19–22 Mio. Muslime, ca. 800 000 Katholiken, 230 000 Juden; Minderheiten von Buddhisten, Protestanten; ca. 50 Mio. Konfessionslose; Verbreitung von neuen Religionen

STAATS- UND REGIERUNGSFORM Verfassung von 1993 – Präsidialrepublik seit 1991 – Parlament (Bundesversammlung): Staatsduma (Unterhaus) mit 450 Mitgl. und Föderationsrat (Oberhaus) mit 178 Mitgl. (je 2 Vertreter aus den 89 Subjekten der Föderation); Wahl alle 4 J. – Direktwahl des Staatsoberh. alle 4 J. (einmalige Wiederwahl) – Wahlrecht ab 18 J. ▪ **Unabhängigkeit:** alte staatl. Tradition; 1918 Proklamation der Russischen Sozialistischen Föderativen Sowjetrepublik (RSFSR); 30. 12. 1922 Zusammenschluss der RSFSR mit den anderen Sowjet-Republiken zur UdSSR; 12. 6. 1990 Souveränitätserklärung ▪ **Nationalfeiertag:** 12. 6. (Unabhängigkeitstag)

REGIERUNG UND PARTEIEN **Staatsoberhaupt:** Wladimir Putin, seit 1. 1. 2000 – **Regierungschef:** Michail Fradkow, seit 5. 3. 2004 – **Äußeres:** Sergej Lawrow, seit 9. 3. 2004 ▪ **Parlament:** Wahlen vom 7. 12. 2003: Einiges Russland 226 von 450 Sitzen, Kommunistische Partei / KPRF 53, Liberaldemokratische Partei / LDPR 38, Heimat 37, Volkspartei 19, Reformblock Jabloko 4, Partei der Erneuerung Russlands-Russische Partei des Lebens 3, Union Rechter Kräfte / SPS 3, Sonstige 7, Unabhängige 57; 3 Sitze vakant

WIRTSCHAFT **BIP** 2003: 432,855 Mrd. $; realer Zuwachs: 7,3 %; Anteil (2003) Landwirtschaft 5 %, Industrie 34 %, Dienstleistungen 61 % ▪ **Erwerbstätigkeit** 2000: Landwirtsch. 13,4 %, Industrie 22,6 %, Dienstl. 64,0 % ▪ **Arbeitslosigkeit** ∅ 2004: 8,7 % ▪ **Inflation** ∅ 2004: 10,9 % ▪ **Außenhandel** 2004 (vorläufig): **Import:** 75,6 Mrd. $; *Güter:* 38 % Maschinen und Ausrüstungen, 18 % Nahrungsmittel (3 % frisches u. gefrorenes Fleisch, 2 % Getränke), 16 % chemische Produkte und Kautschuk, 7 % leichte Automobile, 4 % Schwarzmetalle, 3 % Medikamente, 1 % Stahlrohre; *Länder:* 14 % Deutschland, 9 % Weißrussland, 8 % Ukraine, 6 % VR China, 5 % Kasachstan, 4 % USA, 4 % Italien, 4 % Frankreich, 3 % Finnland (EU gesamt: 43 %); **Export:** 181,5 Mrd. $; *Güter:* 57 % Energieträger (30 % Erdöl, 12 % Ergas, 11 % Erdölprodukte, 5 % Dieselkraftstoff, 3 % Masut), 17 % Metalle und Metallprodukte, 8 % Maschinen und Ausrüstungen, 7 % Chemieprodukte und Kautschuk, 4 Holz- und Zelluloseprodukte; *Länder:* 8 % Niederlande, 7 % Deutschland, 7 % Italien, 6 % Weißrussland, 6 % Ukraine, 6 % VR China, 4 % Schweiz, 4 % USA, 3 % Finnland, 3 % Großbritannien (EU gesamt: 46 %)

Eigene Verfassung und Gesetzgebung – Bis auf die Republiken Tatarstan und Tschetschenien haben die übrigen 19 Republiken den Föderationsvertrag vom 31. 3. 1992 mit Russland unterzeichnet.

Republik Adygien (Adygeja)
Südlicher Bezirk

Fläche: 7600 km² ▪ **Bevölkerung** F 2004: 445 200 Einw.; letzte Zählung 2002: 447 000 Einw. – 24,2 % Adygier, 64,5 % Russen, 3,4 % Armenier, 2,0 % Ukrainer u. a ▪ **Sprachen:** Adyge-Tscherkessisch, Russisch ▪ **Religion:** Sunniten (Adygier), orthodoxe Christen ▪ **Hauptstadt** (Z 2002): Maikop 162 400 Einw. ▪ **Regierung:** Präsident: Khazrat Sowmen, seit 8. 2. 2002 – Regierungschef: Khazrat Huade, seit 20. 8. 2003

Republik Altai (Altaj)
Sibirien

Fläche: 92 600 km² ▪ **Bevölkerung** F 2004: 203 200 Einw.; letzte Zählung 2002: 203 000 Einw. – 30,6 % Altaier, 57,4 % Russen, 6,0 % Kasachen ▪ **Sprachen:** Altaisch, Russisch ▪ **Religion:** Sunniten, orthodoxe Christen, Buddhisten ▪ **Hauptstadt** (F 2002): Gorno-Altaisk 53 500 Einw. ▪ **Regierung:** Oberhaupt der Republik und Regierungschef: Michail Lapschin, seit 19. 1. 2002

Republik Baschkortostan
(Baškortostan) Wolga

Fläche: 143 600 km² ▪ **Bevölkerung** F 2004: 4 092 300 Einw.; letzte Zählung 2002: 4 104 000 Einw. – 29,8 % Baschkiren, 36,3 % Russen, 24,1 % Tataren, 2,9 % Tschuwaschen, 2,6 % Mari, 1,4 % Ukrainer u. a. ▪ **Sprachen:** Baschkirisch, Russisch, Tatarisch u. a. ▪ **Religion:** Muslime (Baschkiren u. Tataren), orthodoxe Christen ▪ **Hauptstadt** (Z 2002): Ufa 1 042 400 Einw. ▪ **Regierung:** Präsident: Murtasa Rachimow, seit 1993 – Regierungschef: Rafael Baidawletow, seit 12. 1. 1999

Republik Burjatien (Burjatija)
Sibirien

Fläche: 351 300 km² ▪ **Bevölkerung** F 2004: 974 300 Einw.; letzte Zählung 2002: 981 000 Einw. – 27,8 % Burjaten, 67,8 % Russen, 1,0 % Ukrainer u. a. ▪ **Sprachen:** Burjatisch, Russisch ▪ **Religion:** Buddhismus, Schamanismus (Burjaten) ▪ **Hauptstadt** (Z 2002): Ulan-Ude 359 400 Einw. ▪ **Regierung:** Präsident: Leonid Potapow, seit 1991

Republik Chakassien (Hakasija)
Sibirien

Fläche: 61 900 km² ▪ **Bevölkerung** F 2004: 542 700 Einw.; letzte Zählung 2002: 546 000 Einw. – 12,0 % Chakassen, 80,3 % Russen, 1,7 % Deutsche, 1,5 % Ukrainer u. a. ▪ **Sprachen:** Chakassisch, Russisch ▪ **Religion:** orthodoxe Christen, Muslime, Anhänger von indigenen Religionen ▪ **Hauptstadt** (Z 2002): Abakan 165 200 Einw. ▪ **Regierung:** Regierungschef: Alexej Lebed, seit 1997

Republik Dagestan
Südlicher Bezirk

Fläche: 50 300 km² ▪ **Bevölkerung** F 2004: 2 602 000 Einw.; letzte Zählung 2002: 2 577 000 Einw. – 29,4 % Awaren, 16,5 % Darginer, 14,2 % Kumücken, 13,1 % Lesgier, 5,4 % Laken, 4,7 % Russen, 4,3 % Aserbaidschaner, 3,4 % Tschetschenen, 1,5 % Nogaier u. a. ▪ **Sprachen:** Russisch, Awarisch, Darginisch, Lesginisch, Kumykisch und ca. 35 weitere Regionalsprachen ▪ **Religion:** v. a. Sunniten ▪ **Hauptstadt** (Z 2002): Machačkala (Machatschkala) 465 800 Einw. ▪ **Regierung:** Staatsratsvorsitzender: Magomedali Magomedow, seit 1990 – Regierungschef: Atai Alijew, seit 13. 10. 2004

Republik Inguschetien (Ingušetija)
Südlicher Bezirk

Fläche: 3600 km² ▪ **Bevölkerung** F 2004: 475 600 Einw.; letzte Zählung 2002: 467 000 Einw. – 77,3 % Inguschen, 20,4 % Tschetschenen u. a. ▪ **Sprachen:** Inguschisch, Russisch ▪ **Religion:** v. a. Sunniten ▪ **Hauptstadt** ▪ **Regierung:** Präsident: Murat Sjasikow, seit 23. 5. 2002 – Regierungschef: Ibrahim Malsagow, seit 30. 6. 2005

Republik Kabardinien-Balkarien
(Kabardino-Balkarija) Südlicher Bezirk

Fläche: 12 500 km² ▪ **Bevölkerung** F 2004: 898 900 Einw.; letzte Zählung 2002: 902 000 Einw. – 55,3 % Kabardiner, 25,1 % Russen, 11,6 % Balkaren, 1,1 % Osseten, 1,0 % Türken u. a. ▪ **Sprachen:** Kabardinisch, Balkarisch, Russisch ▪ **Religion:** v. a. Sunniten ▪ **Hauptstadt** (Z 2002): Nal'čik (Naltschik) 273 900 Einw. ▪ **Regierung:** Präsident: Waleri Kokow, seit 1992 – Regierungschef: Gennadi Gubin, seit 3. 2. 2004

Republik Kalmückien (Kalmykija)
Südlicher Bezirk

Fläche: 76 100 km² ▪ **Bevölkerung** F 2004: 290 600 Einw.; letzte Zählung 2002: 292 000 Einw. – 53,3 % Kalmücken, 33,7 % Russen, 2,5 % Darginer, 2,0 % Tschetschenen, 1,1 % Türkenu. a. ▪ **Sprachen:** Kalmückisch, Russisch ▪ **Religion:** v. a. lamaistische Buddhisten (Kalmücken) ▪ **Hauptstadt** (Z 2002): Elista 104 300 Einw. ▪ **Regierung:** Präsident: Kirsan Iljumschinow, seit 1993 – Regierungschef: Anatoli Kosachko, seit 19. 12. 2003

Republik Karatschai-Tscherkessien
(Karačajevo-Čerkesija) Südlicher Bezirk

Fläche: 14 100 km² ▪ **Bevölkerung** F 2004: 436 600 Einw.; letzte Zählung 2002: 440 000 Einw. – 38,5 % Karatschaier, 33,7 % Russen, 11,3 % Tscherkessen, 7,4 % Abasiner, 3,4 % Nogaier u. a. ▪ **Sprachen:** Karatschaiisch, Tscherkessisch, Abasinisch, Russisch ▪ **Religion:** v. a. Sunniten ▪ **Hauptstadt** (Z 2002): Čerkessk (Tscherkessk) 116 400 Einw. ▪ **Regierung:** Präsident: Mustafa Batdjew, seit 4. 9. 2003 – Regierungschef: Alik Kardanow (amtierend), seit 19. 1. 2005

Republik Karelien (Karelija)
Nordwestlicher Bezirk

Fläche: 172 400 km² ▪ **Bevölkerung** F 2004: 708 700 Einw.; letzte Zählung 2002: 716 000 Einw. – 9,2 % Karelier, 76,6 % Russen, 5,3 % Weißrussen, 2,7 % Ukrainer, 2,0 % Finnen u. a. ▪ **Sprachen:** Karelisch, Russisch ▪ **Religion:** v. a. orthodoxe Christen ▪ **Hauptstadt** (Z 2002): Petrosawodsk 266 200 Einw. ▪ **Regierung:** Präsident: Sergej Katanandow, seit 12. 5. 2002 – Regierungschef: Pawel Tschernow, seit 1. 1. 2003

Republik Komi
Nordwestlicher Bezirk

Fläche: 415 900 km² ▪ **Bevölkerung** F 2004: 1 005 700 Einw.; letzte Zählung 2002: 1 018 000 Einw. – 25,2 % Komi, 59,6 % Russen, 6,1 % Ukrainer, 1,5 % Tataren, 1,5 % Weißrussen, 0,9 % Deutsche ▪ **Sprachen:** Komi, Russisch ▪ **Religion:** v. a. orthodoxe Christen, Anhänger von indigenen Religionen ▪ **Hauptstadt** (Z 2002): Syktywkar 230 000 Einw. ▪ **Regierung:** Präsident: Wladimir Torlopow, seit 15. 1. 2002

Republik Mari El (Marij Èl)
Wolga

Fläche: 23 200 km² ▪ **Bevölkerung** F 2004: 721 900 Einw.; letzte Zählung 2002: 728 000 Einw. – 42,9 % Mari, 47,5 % Russen, 6,0 % Tataren, 1,0 % Tschuwaschen ▪ **Sprachen:** Mari, Russisch ▪ **Religion:** v. a. orthodoxe Christen, Schamanisten ▪ **Hauptstadt** (Z 2002): Joschkar-Ola 256 800 Einw. ▪ **Regierung:** Präsident: Leonid Markelow, seit 14. 1. 2001; am 19. 12. 2004 wieder gewählt mit 56,9 % der Stimmen

Republik Mordwinien (Mordovija)
Wolga

Fläche: 26 200 km² ▪ **Bevölkerung** F 2004: 876 100 Einw.; letzte Zählung 2002: 889 000 Einw. – 31,9 % Mordwinen, 60,8 % Russen, 5,2 % Tataren u. a. ▪ **Sprachen:** Mordwinisch, Russisch ▪ **Religion:** v. a. orthodoxe Christen ▪ **Hauptstadt** (Z 2002): Saransk 304 900 Einw. ▪ **Regierung:** Präsident: Nikolaj Merkuschkin, seit 1995; wieder gewählt am 16. 2. 2003 – Regierungschef: Wladimir Wolkow, seit 1995

Republik Nord-Ossetien
(Severnaja Osetija) Südlicher Bezirk

Fläche: 8000 km² ▪ **Bevölkerung** F 2004: 707 000 Einw.; letzte Zählung 2002: 710 000 Einw. – 62,7 % Osseten, 23,2 % Russen, 3,0 % Inguschen, 2,4 % Armenier, 1,8 % Kumücken u. a. ▪ **Sprachen:** Ossetisch/Alanisch, Russisch ▪ **Religion:** orthodoxe Christen (Osseten, Russen), sunnit. Muslime (Inguschen) ▪ **Hauptstadt** (Z 2002): Wladikawkas 315 100 Einw. ▪ **Regierung:** Präsident: Taimuras Mamsurow, seit 7. 6. 2005 – Regierungschef: Alan Boradsow, seit 10. 9. 2004

Republik Sacha (Jakutien)
Fernost

Fläche: 3 103 200 km² ▪ **Bevölkerung** F 2004: 949 000 Einw.; letzte Zählung 2002: 949 000 Einw. – 45,5 % Jakuten, 41,2 % Russen, 3,7 % Ukrainer, 1,9 % Ewenken, 1,2 % Ewenen, 1,1 % Tataren u. a. ▪ **Sprachen:** Jakutisch, Russisch ▪ **Religion:** orthodoxe Christen, Schamanisten ▪ **Hauptstadt** (Z 2002): Jakutsk 209 500 Einw. ▪ **Regierung:** Präsident: Wjatscheslaw Schtyrow, seit 27. 1. 2002 – Regierungschef: Jegor Borisow, seit 6. 2. 2003

Republik Tatarstan (Tatarija)
Wolga

Fläche: 67 836 km² ▪ **Bevölkerung** F 2004: 3 772 900 Einw.; letzte Zählung 2002: 3 779 000 Einw. – 52,9 % Tataren, 39,5 % Russen, 3,3 % Tschuwaschen u. a. ▪ **Sprachen:** Tatarisch, Russisch ▪ **Religion:** sunnitische Muslime, orthodoxe Christen ▪ **Hauptstadt** (Z 2002): Kasan 1 105 300 Einw. ▪ **Regierung:** Präsident: Mintimer Schaimijew, seit 1991 – Regierungschef: Rustam Minnichanow, seit 1998

Republik Tschetschenien (Čečnja)
Südlicher Bezirk

Fläche: 15 700 km² ▪ **Bevölkerung** F 2004: 1 121 400 Einw.; letzte Zählung 2002: 1 104 000 Einw. – 93,5 % Tschetschenen, 3,7 % Russen u. a. ▪ **Sprachen:** Tschetschenisch, Russisch ▪ **Religion:** sunnitische Muslime (Tschetschenen) ▪ **Hauptstadt** (Z 2002): Grosny 223 000 Einw. ▪ **Regierung:** Präsident: Alu Alchanow, seit 29. 8. 2004 – Regierungschef: Sergej Abramow, seit 16. 3. 2004

Republik Tschuwaschien (Čuvašija)
Wolga

Fläche: 18 300 km² ▪ **Bevölkerung** F 2004: 1 305 000 Einw.; letzte Zählung 2002: 1 314 000 Einw. – 67,7 % Tschuwaschen, 26,5 % Russen, 2,8 % Tataren, 1,2 % Mordwinen u. a. ▪ **Sprachen:** Tschuwaschisch, Russisch ▪ **Religion:** orthodoxe Christen ▪ **Hauptstadt** (Z 2002): Tscheboksary 440 800 Einw. ▪ **Regierung:** Präsident: Nikolai Fjodorow, seit 1994 – Regierungschef: Sergej Gaplikow, seit 23. 4. 2004

Republik Tuwa (Tuva)
Sibirien

Fläche: 170 500 km² ▪ **Bevölkerung** F 2004: 306 500 Einw.; letzte Zählung 2002: 306 000 Einw. – 77,0 % Tuwiner, 20,1 % Russen u. a. ▪ **Sprachen:** Tuwinisch, Russisch ▪ **Religion:** Buddhisten (Tuwiner) ▪ **Hauptstadt** (Z 2002): Kysyl 104 100 Einw. ▪ **Regierung:** Präsident u. Regierungschef: Scherig-ool Orschak, seit 1992

Republik Udmurtien (Udmurtija)
Wolga

Fläche: 42 100 km² ▪ **Bevölkerung** F 2004: 1 560 200 Einw.; letzte Zählung 2002: 1 570 000 Einw. – 29,3 % Udmurten, 60,1 % Russen, 7,0 % Tataren u. a. ▪ **Sprachen:** Udmurtisch, Russisch ▪ **Religion:** orthodoxe Christen, Schamanismus ▪ **Hauptstadt** (Z 2002): Ischewsk 632 100 Einw. ▪ **Status:** Verfassung von 1992 – Unabhängigkeitserklärung im Nov. 1991 ▪ **Regierung:** Präsident: Alexander Wolkow, seit 15. 4. 1995 – Regierungschef: Jury Pitkewitsch, seit 10/2000

CHRONIK

Mit durchgreifenden Reformen der Staatsstrukturen konnte Präsident Wladimir Putin seine innenpolitische Machtfülle weiter ausbauen, außenpolitisch versuchte Russland vor allem strategische Interessen durchzusetzen. Sozialreformen, die zahlreiche Menschen deutlich schlechter stellten, lösten heftige Proteste aus und ließen Putins Popularitätswerte erstmals sinken. Der Terror im Kaukasus, insbesondere in der Republik Tschetschenien, hielt weiterhin an; grausamer Höhepunkt war der Anschlag von Beslan.

INNENPOLITIK

▪ **Stärkung der Zentralgewalt:** Im Oktober bzw. Dezember 2004 stimmten die Duma und das Oberhaus einem bei der Opposition und international umstrittenen Gesetzesentwurf zu, der die Machtbefugnisse des Präsidenten erneut erweitert. Wurden die Gouverneure der Regionen und Teilrepubliken bisher frei und direkt bestimmt, können die Regionalparlamente in Zukunft nur noch über einen oder mehrere vom Kreml vorgeschlagene Kandidaten abstimmen; bei zweimaliger Ablehnung der Kandidaten kann der Präsident das entsprechende Regionalparlament auflösen. Präsident Putin, der diese Gesetzesvorlage und weitere Maßnahmen als Reaktion auf das Geiseldrama von Beslan (→ Kasten) bezeichnet und mit der Stärkung des Staates im Antiterror-Kampf begründet hatte, unterzeichnete am 28. 12. 2004 ein Dekret, mit dem er Ministerpräsident Michail Fradkow beauftragte, eine Liste mit Gouverneurskandidaten zu erstellen. Erstmals angewandt wurde das neue Berufungsverfahren für Gouverneure am 31. 1. 2005 in der Region Primorje (Ferner Osten), die erste Absetzung eines Gouverneurs erfolgte am 9. 3. im Autonomen Bezirk der Korjaken (Ferner Osten), nachdem Amtsinhaber Wladimir Loginow für den teilweisen Zusammenbruch der Energieversorgung mitten im Winter verantwortlich gemacht worden war.

Zu den weiteren Maßnahmen gehörten ein **restriktiveres Parteiengesetz**, mit dem die Einerwahlkreise abgeschafft werden und das reine Verhältniswahlrecht eingeführt wird. Wählerblöcke sind in Zukunft verboten, d. h. Kandidaten müssen einer registrierten Partei angehören. Außerdem wurde die bisherige 5 %-Klausel, die nur noch in Ausnahmefällen Anwendung findet, durch die 7 %-Klausel ersetzt. Voraussetzung für die Registrierung einer Partei ist eine Mindestmitgliederzahl von 50 000 (bisher 10 000); außerdem müssen die Parteien in allen 89 Föderationssubjekten mit Regionalverbänden (250–500 Mitglieder) vertreten sein. Die Oppositionsparteien, die der Politik des Kreml kaum etwas Überzeugendes entgegenzusetzen haben, versammelten sich am 13. 12. 2004 in Moskau zum Kongress »Russland für Demokratie, gegen die Diktatur«.

Der im September 2004 angekündigten Einrichtung einer Bürgerkammer – zunächst als Gremium zur Aufsicht staatlicher Instanzen gedacht – stimmte die Duma am 16. 3. 2005 zu; allerdings wird sie lediglich ein beratendes Organ mit 126 Mitgliedern aus gesellschaftlichen Organisationen (ausgenommen Parteien und Staatsbeamte) sein, wobei ein Drittel davon vom Präsidenten ernannt wird. Das Gremium nahm zum 1. 7. 2005 seine Arbeit auf.

- **Sozialreform:** Das von der Duma in zweiter Lesung am 8. 8. 2004 verabschiedete Gesetz, das die bisherigen Sozialvergünstigungen für rund 33 Mio. Russen durch direkte finanzielle Leistungen von umgerechnet 15–100 € (Durchschnittsrente 60 €) ersetzt, sorgte bereits im Vorfeld für zahlreiche Proteste in der Bevölkerung. Zu den bisherigen Vergünstigungen, die aus der Stalinzeit stammten bzw. zu Beginn der 1990er Jahre beschlossen worden waren, zählten u. a. subventionierte Wohnungen, freie Fahrt mit öffentlichen Verkehrsmitteln, freie Krankenhausbehandlung, in deren Genuss u. a. Rentner, Veteranen des Zweiten Weltkriegs, verdiente Arbeiter sowie Tschernobyl-Veteranen kamen. Das am 1. 1. 2005 in Kraft getretene Gesetz, das von zwei Dritteln der Russen abgelehnt wurde, führte noch im Januar 2005 zu Demonstrationen von Petersburg über Moskau bis nach Sibirien. Mitte Januar 2005 kündigten Abgeordnete der Duma an, einen Gesetzesentwurf vorzulegen, der eine Erhöhung der Renten um 15 % – geplant waren 5 % – vorsieht. Ein von der Kommunistischen Partei der Russischen Födera-

tion initiiertes Misstrauensvotum gegen die Regierung von Ministerpräsident Michail Fradkow scheiterte am 9. 2.; Fradkow übernahm jedoch die Verantwortung für die mangelhafte Umsetzung der Reform.

- **Wirtschaft und Finanzen:** Wie in den Vorjahren trugen vor allem die Einnahmen aus dem Erdöl- und Erdgassektor zum **Wirtschaftswachstum 2004** bei. Das BIP wuchs ähnlich wie im Vorjahr um 7,1 %. Die Arbeitslosigkeit lag 2004 bei 7,9 % und damit annähernd auf dem Vorjahresniveau.

Neben dem Energiesektor verzeichneten insbesondere die Telekommunikations-, Einzelhandels- und Dienstleistungsbranche einen Aufschwung. Die Industrie, die dringend einer Modernisierung bedarf, war weiterhin von staatlichen Subventionen abhängig.

Zu einer Verunsicherung in- und ausländischer Investoren trug jedoch die Jukos-Affäre (→ Kasten) bei: Die Privatinvestitionen gingen ab dem zweiten Halbjahr 2004 zurück, die Kapitalflucht nahm zu.

Dem Haushaltsentwurf der Regierung für 2005 stimmte der Föderationsrat am 10. 12. 2004 einstimmig zu, nachdem bereits die Duma am 8. 12. in ihrer vierten und letzten Lesung ihr Plazet gegeben hatte. Für 2005 wurden Einnahmen in Höhe von 3326 Mrd. Rubel (88,9 Mrd. €) erwartet, denen Ausgaben in Höhe von 3047 Mrd. Rubel (81,4 Mrd. €) gegenüberstanden. Deutlich erhöht – mit einem Plus von 27,6 % gegenüber dem Vorjahr – wurden die Militärausgaben (umgerechnet 14,2 Mrd. €).

Jukos-Affäre

Die bereits seit längerem gespannten Beziehungen zwischen der Regierung Putin und dem Erdölkonzern Jukos führten im September 2003 zur Festnahme des Vorstandsvorsitzenden Michail Chodorkowskij (→ WA 2005, S. 355). Bereits im Juli 2003 war der Finanzchef des Unternehmens, Platon Lebedjew, wegen Unterschlagung von 280 Mio. US-$ im Zusammenhang mit der Privatisierung verhaftet worden. **Lebedjew und Chodorkowskij** mussten sich vor Gericht wegen **Betrug, Mitgliedschaft in einer kriminellen Vereinigung und Steuerbetrug** verantworten. Ausschlaggebend für das harte Vorgehen des Kremls gegen den einstigen russischen Vorzeigekonzern, der als einer der ersten nach westlichem Vorbild geführt wurde, war nach Ansicht von Beobachtern vor allem, einen erklärten politischen Gegner zu schwächen. Chodorkowskij, mit einem geschätzten Privatvermögen von rd. 15 Mrd. US-$ der reichste Mann Russlands, hatte vor den Parlaments- und Präsidentschaftswahlen im Dezember 2003 bzw. März 2004 erklärt, die in Opposition zu Putin stehenden Parteien zu unterstützen. Ziel des Vorgehens gegen Jukos sei aber auch, wichtige Wirtschaftsgüter wieder unter staatliche Kontrolle zu bringen.

Chodorkowskij (Mitte) und Lebedjew am 11. 4. 2005 vor Gericht

Nach der Festnahme Chodorkowskijs ging die Staatsanwaltschaft weiter gegen den Konzern vor. Mehrmals forderten die Steuerbehörden ab Dezember 2003 Nachzahlungen der Steuerschulden in Höhe von mehreren Mrd. US-$ für die Jahre 2000/2001, die aber nicht bezahlt werden konnten, da das Firmenvermögen von Jukos eingefroren war. Durch eine im November 2004 erhobene Steuernachforderung für 2002 sowie Nachzahlungen für Juganskneftegas, die Hauptproduktionsgesellschaft von Jukos, überstieg der Steuersatz damit 100 % des Umsatzes. Am 19. 11. 2004 setzte die russische Regierung eine Auktion von Juganskneftegas für den 19. 12. an, um mit dem Erlös die mittlerweile auf 20 Mrd. US-$ bezifferten Steuerschulden zu tilgen. Gegen diese einer Zerschlagung des Konzerns gleichkommende Entscheidung beantragte Jukos daraufhin bei einem US-Gericht Gläubigerschutz und eine provisorische Verfügung gegen die Versteigerung; beidem gab das Gericht am 16. 12. statt. Dennoch wurde die Zwangsversteigerung am 19. 12. durchgeführt, bei der die zwei Tage zuvor registrierte Baikal Finance Group für einen Betrag von 9,3 Mrd. US-$ überraschend den Zuschlag erhielt. Als Mindestgebot waren 8,65 Mrd. US-$ angesetzt, von ausländischen Beobachtern war der Wert des Unternehmens dagegen auf 15,7–18,3 Mrd. US-$ geschätzt worden. Einziger weiterer Bieter war zunächst das Tochterunternehmen des mehrheitlich staatlich kontrollierten Erdgaskonzerns Gasprom, Gaspromneft. Die von einem westlichen Bankenkonsortium gemachte Zusage, den Kauf finanziell abzusichern, wurde nach der Entscheidung des US-amerikanischen Gerichts zurückgezogen.

Wenige Tage später kaufte die hoch verschuldete, wenig profitable staatliche Ölfördergesellschaft Rosneft die Baikal Finance Group. Am 24. 2. 2005 – wenige Stunden nach dem Treffen von US-Präsident George W. Bush und Präsident Putin in der slowakischen Hauptstadt Bratislava – lehnte das US-Gericht den Jukos-Antrag auf Gläubigerschutz mit der Begründung ab, die Präsenz des Unternehmens in den USA sei dafür nicht umfangreich genug. Die zunächst verschobene **Fusion von Gasprom und Rosneft** wurde vom Kreml am 2. 3. genehmigt, womit das Konsortium zu einem der größten Energielieferanten weltweit wurde. Jugansneftegas ist in dem Deal allerdings nicht enthalten, sondern soll eigenständig unter Leitung von Rosneft-Chef Sergej Bogdantschikow weitergeführt werden.

Am 31. 5. 2005 verurteilte das Moskauer Bezirksgericht **Chodorkowskij und Lebedjew** zu je **neun Jahren Lagerhaft** wegen Betrugs, Veruntreuung und Steuerhinterziehung. In liberalen Kreisen in Russland löste das Urteil Entsetzen aus, auch im Ausland stieß es auf teilweise harte Kritik und deutliche Ablehnung. amnesty international warf den Behörden Verletzungen der Grundsätze über ein faires Verfahren vor. Die Anwälte von Chodorkowskij und Lebedjew legten am 9. 6. Berufung gegen das Urteil ein. Mit der Aufnahme entsprechender Verhandlungen wird nicht vor Herbst 2005 gerechnet.

Liquiditätsprobleme im Bankensektor, die im Juni 2004 begonnen hatten, nachdem die Zentralbank einer Geschäftsbank wegen angeblicher Geldwäsche die Lizenz entzogen hatte, verschärften sich im Juli 2004. Am 6. 7. 2004 stellte die Guta Bank, die zu den größten Geldinstituten Russlands gehört, ihre Geschäftstätigkeit vorübergehend ein und löste damit einen Sturm besorgter Kontoinhaber aus. Am 9. 7. führte die Alfa-Bank, die größte Privatbank, eine 10 %-Gebühr für vorzeitige Auszahlungen von Geldeinlagen ein, nachdem sich lange Schlangen vor ihren Schaltern gebildet hatten. In der Folge des Duma-Beschlusses vom 10. 7., Anlegern im Fall eines Bankrotts ihrer Bank, eine Garantiesumme von 100 000 Rubeln zu sichern, beruhigte sich die Situation wieder. Experten waren in der Einschätzung der Krisenursache unterschiedlicher Ansicht: Während einige unklare Eigentumsrechte im Zuge des Jukos-Prozesses anführten, sahen andere im Handeln der Zentralbank den ungeschickten Versuch, das unregulierte Bankensystem zu konsolidieren.

Mit einer Überweisung in Höhe von 3,3 Mrd. US-$ tilgte die Regierung am 31. 1. 2005 alle ihre Schulden beim Internationalen Währungsfonds (IWF). Zudem kündigte Moskau am 13. 5. eine vorzeitige Tilgung seiner Verbindlichkeiten in Höhe von 15 Mrd. US-$ gegenüber den im Pariser Club zusammengeschlossenen Gläubigern an, womit diese von 40 auf 25 Mrd. US-$ sinken. Die Rückzahlungen wurden vor allem aus dem Erdöl-Stabilisierungsfonds finanziert.

▪ **Fortsetzung der Zusammenlegung von Föderationssubjekten:** Mit der Zusammenlegung von Föderationssubjekten setzte die Regierung die Straffung der Verwaltung fort. Beim Referendum über den Zusammenschluss des Autonomen Bezirks der Ewenken und des Autonomen Bezirks Taimyr mit der Region Krasnojarsk in Sibirien stimmen in Taimyr 69 % der Wähler, bei den Ewenken 79 % und in Krasnojarsk über 92 % für die Zusammenlegung. Die Vereinigung soll am 1. 1. 2007 erfolgen.

▪ **60. Jahrestag des Sieges über den Faschismus:** Mit Gedenkfeiern, Demonstrationen und Ausstellungen beging Russland den 60. Jahrestag des Sieges der Sowjetunion über Nazi-Deutschland. An der zentralen Feier am 9. 5. 2005 nahmen mehr als 50 Staats- und Regierungschefs aus aller Welt teil, darunter US-Präsident George W. Bush, der deutsche Bundeskanzler Gerhard Schröder sowie UN-Generalsekretär Kofi Annan. Die Präsidenten → Litauens und → Estlands, Valdas Adamkus und Arnold Rüütel, waren aus Protest ferngeblieben, nachdem die russische Regierung sich geweigert hatte, ihrer Forderung nachzukommen und die Besetzung und Umwandlung der baltischen Staaten in Sowjetrepubliken nach dem Ende des Zweiten Weltkriegs als unrechtmäßig anzuerkennen. Die lettische Präsidentin Vaira Vīķe-Freiberga war der Einladung nach Moskau gefolgt, teilte aber im Prinzip die Kritik ihrer Nachbarn (→ Lettland). Ihren Abschluss fanden die Feierlichkeiten am 24. 6. mit einem Marsch mehrerer hundert Weltkriegsveteranen zum Gedenken an die Siegesparade an jenem Tag vor 60 Jahren.

▪ **Militär:** Präsident Putin entließ am 19. 7. 2004 Generalstabschef Anatolij Kwaschnin, den Oberbefehlshaber der Truppen des Innenministeriums, General Wjatscheslaw Tichomirow, dessen Stellvertreter sowie den Vize-Chef des FSB-Geheimdienstes. Ihr Ausscheiden führten Beobachter auf ihre Verbindungen

Putin (links) und Bush in der Präsidentenresidenz am 8. 5. 2005

zu tschetschenischen Separatisten zurück, die im Juni 2004 in die Republik Inguschetien eingedrungen und dort gezielt Politiker und Beamte getötet hatten (→ WA 2005, S. 360). Am 23. 11. 2004 votierten die Duma-Abgeordneten für den Beitritt zum Internationalen Abkommen zum Verbot besonders gefährlicher Landminen von 1996. Der 1999 in Kraft getretenen Konvention über das generelle Verbot von Antipersonenminen (Ottawa-Konvention) gehört Russland bislang nicht an.

▪ **Parteien-Entwicklung:** Im Hinblick auf die 2007 anstehenden Parlamentswahlen kam Bewegung in die Parteienlandschaft. Im Juli 2004 spaltete sich die **Kommunistische Partei** der Russischen Föderation (KPRF): Die Opponenten des amtierenden Vorsitzenden Gennadij Sjuganow wählten auf einem Gegenparteitag am 3. 7. 2004 den Gouverneur des Gebiets Iwanowo, Wladimir Tichonow, zu ihrem Chef. Sie warfen Sjuganow vor, zu eng mit dem Kreml zusammenzuarbeiten und Millionäre in der Partei zu dulden. Beim offiziellen Parteitag wurde Sjuganow in seinem Amt als Parteichef bestätigt. Nachdem das Justizministerium, das über die Rechtmäßigkeit der Parteitage zu entscheiden hatte, am 3. 8. den Parteitag der Sjuganow-Gegner für ungültig erklärt hatte, gründete Tichonow am 11. 9. die Allrussische Kommunistische Partei der Zukunft (VKPB).

Die Menschenrechtsorganisation **Komitee der Soldatenmütter** formierte sich am 6./7. 11. 2004 zur Vereinten Volkspartei der Soldatenmütter. Sie setzt sich für ein Ende der Wehrpflicht, eine Militärreform und die Einhaltung von Menschenrechten ein.

Umweltschutzgruppen gründeten am 5. 6. 2005 das **Bündnis der Grünen** Russlands. Zu ihrem Vorsitzenden wählten sie den Präsidenten des Zentrums für ökologische Politik und früheren Jelzin-Berater, Alexej Jablokow.

Ein Moskauer Gericht verbot am 29. 6. 2005 die radikale **Nationalbolschewistische Partei** (NBP) des Schriftstellers Eduard Limonow, der in den 1970er Jahren als Untergrundliterat berühmt und später als

Dissident des Landes verwiesen worden war. Die NBP wurde beschuldigt, durch den Aufbau paramilitärischer Organisationen und verfassungsfeindlicher Tätigkeiten den Sturz des Präsidenten geplant zu haben. Im Dezember 2004 waren mehrere NBP-Mitglieder zu fünf Jahren Haft verurteilt worden, nachdem sie ein Büro der Präsidialverwaltung besetzt und den Rücktritt von Präsident Putin verlangt hatten.

- **Feiertage:** Die Duma verabschiedete am 24. 12. 2004 ein neues Arbeitsgesetz, mit dem mehrere Feiertage geändert wurden. Der 7. 11., bislang Tag der Oktoberrevolution, wurde abgeschafft zugunsten des »Tages der Einheit des Volkes« am 4.11; an diesem Tag hatte 1612 die polnische Besetzung Russlands geendet. Aufgehoben wurde ferner der »Tag der russischen Verfassung« am 12.12, im Gegenzug aber die Neujahrsfeiertage verlängert.
- **Menschenrechtsverletzungen:** Der Menschenrechtsbeauftragte in der Russischen Föderation, Wladimir Lukin, beklagte in seinem am 31. 3. 2005 veröffentlichten Bericht für 2004 die zunehmende Verbreitung von nationalchauvinistischem Gedankengut und die Verletzungen der Rechte von Minderheiten. Zudem kritisierte er die in Polizei und Armee herrschende Willkür.

In ihrem im Januar 2005 veröffentlichten Jahresbericht kritisierte die US-amerikanische Menschenrechtsorganisation **Human Rights Watch** eine weitere Erosion fundamentaler Rechte sowie gestiegenen Druck auf Nichtregierungsorganisationen in Russland. Ferner bemängelte die Organisation, dass Präsident Putin keine Maßnahmen angestrengt hatte, die tief verwurzelten Menschenrechtsverstöße in staatlichen Organisationen – Schikanen in der Armee, Folter und Misshandlung von Verdächtigen durch die Polizei, die schlechten Zustände in Waisenhäusern und die unmenschliche Behandlung Kranker in psychiatrischen Anstalten – zu bekämpfen.

- **Extremismus und Gerichtsurteile:** Die Zahl extremistischer Gewalttaten stieg im Berichtszeitraum weiter an, betroffen waren insbesondere kaukasische und zentralasiatische Gastarbeiter. Am 2. 8. 2004 verhinderte die Polizei in Moskau den Versuch einer Gruppe von 100 Personen, auf einem Markt Jagd auf kaukasische Händler zu machen. 40 Personen, in der Mehrzahl ehemalige Fallschirmjäger, wurden festgenommen. Ein Gericht in Wolgograd verurteilte am 26. 4. 2005 sieben junge Männer, die zwischen dem 2.–8. 10. 2004 aus rassistischen Motiven Tadschiken und Usbeken ermordet hatten, zu Haftstrafen zwischen vier und zehn Jahren. Am 25. 1. 2005 wurde bekannt, dass 20 Duma-Abgeordnete der KPRF und der Partei Heimat einen offenen Brief an den Generalstaatsanwalt unterschrieben hatten, in dem dieser aufgefordert wurde, »religiöse und ethnische jüdische Organisationen« auf die Verbreitung »jüdischen Extremismus« hin zu untersuchen. Die Duma verurteilte das Schreiben mit klarer Mehrheit am 4. 2. als antisemitisch. Beim Empfang des Oberrabiners Berl Lasar sprach sich Putin am 3. 3. ausdrücklich gegen Fremdenfeindlichkeit und Antisemitismus aus.

Das Bezirksgericht Krasnojarsk verurteilte am 23. 11. 2004 den Physiker Valentin Danilow wegen Verrats von Staatsgeheimnissen zu 14 Jahren Strafkolonie. Dieser hatte für seine Universität auf dem Gebiet der Raumfahrttechnologie Geschäftskontakte mit einer chinesischen Firma unterhalten. Ende Dezember 2003 war Danilow in einem ersten Prozess noch freigesprochen worden.

In Moskau verurteilte ein Gericht am 28. 3. 2005 den Direktor des Andrej-Sacharow-Zentrums, Jurij Samodurow, und die Kuratorin Ljudmila Wassilowskaja wegen Anstiftung zum Religionshass zu Geldstrafen von jeweils 100 000 Rubel (umgerechnet 3600 US-$). Beide hatten 2003 eine Kunstausstellung organisiert, die wegen ihrer Kritik an der russisch-orthodoxen Kirchenführung von Gläubigen verwüstet worden war.

- **Medienpolitik:** Das Journalisten-Bündnis »Zentrum für Extremjournalismus« gab am 12. 12. 2004 bekannt, dass in Russland seit Januar 2004 **54 Journalisten ermordet** worden waren – so viele wie nie zuvor in den vergangenen zehn Jahren. Prominentestes Opfer war der US-amerikanische Journalist russischer Herkunft und Herausgeber der Zeitschrift »Forbes Russia«, Paul Khlebnikov, am 9. 7. Die Täter waren nach Angaben der Staatsanwaltschaft vom 28. 9. zwei tschetschenische Killer im Auftrag des tschetschenischen Feldkommandanten Achmed Nuchajew, der sich damit für ein Buch Khlebnikovs über ihn rächte. Wegen »emotionaler Berichterstattung« musste am 6. 9. 2004 der Chefredakteur der Tageszeitung »Iswestija« zurücktreten. Gerüchten zufolge hatte die Regierung Druck auf den Eigentümer des Blattes, den Oligarchen Oleg Potanin, ausgeübt.

Ein Moskauer Wirtschaftsgericht verurteilte am 20. 10. 2004 die Zeitung **»Kommersant«** dazu, der Alfa-Bank Schadenersatz in Höhe von umgerechnet 11,7 Mio. US-$ zu zahlen. Das Gericht sah es als erwiesen an, dass die Zeitung mit einem Bericht über das Geldinstitut während der Krise im Sommer 2004 gegen das Gesetz verstoßen hatte, wonach Medien die Verbreitung von Gerüchten untersagt ist. Die Veröffentlichung eines Interviews mit dem tschetschenischen Guerillaführer Aslan Maschadow führte am 15. 2. 2005 zu einer Verwarnung der »Kommersant« durch die Föderale Medienagentur. Die Zeitung gehört dem im Exil lebenden Putin-Gegner und Oligarchen Boris Beresowskij.

Nachdem die Leiter der wichtigsten Fernsehsender zusammen mit den Duma-Fraktionsvorsitzenden am 7. 6. 2005 eine Erklärung über die Einschränkung von Gewalt im Fernsehen unterzeichnet hatten, verzichtete die Duma auf eine Änderung des Mediengesetzes.

KAUKASUSREPUBLIKEN
Der Führer des bewaffneten tschetschenischen Widerstandes, der frühere Präsident Aslan Maschadow, erklärte am 2. 8. 2004, seine Anhänger hätten ihr Kampfgebiet auf den ganzen Nordkaukasus ausgeweitet. Höhepunkt dieser Entwicklung war das Attentat von Beslan (→ Kasten). Die Befürchtung, die gespannten Beziehungen der mehrheitlich christlich-orthodoxen Bevölkerung Nord-Ossetiens zu ihren muslimischen Nachbarn in Inguschetien und Tschetschenien könne dadurch in einen neuen gewaltsamen Konflikt im Nordkaukasus übergehen, bestätigten sich nicht.

■ **Tschetschenien:** Nachdem Präsident Achmed Kadyrow am 9. 5. 2004 einem Bombenanschlag zum Opfer gefallen war, fanden am 29. 8. unter starken Sicherheitsvorkehrungen **Neuwahlen** statt. Ex-Präsident und Rebellenführer Aslan Maschadow hatte Anfang August 2004 in einem Interview gedroht, den neu gewählten Präsidenten sofort zu ermorden und den Kampf auf das russische Territorium auszudehnen. Zudem hatte ein Rebellenangriff in Grosny kurz vor dem Wahltermin rd. 50 Opfer gefordert; daneben waren bei vermutlich von Tschetscheninnen verübten Anschlägen auf zwei russische Passagierflugzeuge 90 Menschen ums Leben gekommen. Die Wahl gewann der vom Kreml favorisierte, bisherige tschetschenische Innenminister Alu Alchanow mit 73,5 % der Stimmen (offizielle Wahlbeteiligung 85,2 %). Der populärste Gegenkandidat Malik Saidullajew war am 22. 7. von der Wahl ausgeschlossen worden.

Nach seiner Amtseinführung ernannte Präsident Alchanow am 15. 10. 2004 Ramsan Kadyrow, den Sohn des ermordeten Präsidenten, zum Ersten Stellvertretenden Ministerpräsidenten. Kadyrow jun. gilt als eigentlicher Machthaber; Menschenrechtsorganisationen warfen ihm vor, als Kommandeur der Präsidentengarde für zahllose Morde, Entführungen und Vergewaltigungen verantwortlich zu sein.

Russische Spezialeinheiten spürten **Maschadow** am 8. 3. 2005 in Tolstoj-Jurt auf und töten ihn. Maschadows Nachfolger als Rebellenführer wurde am 9. 3. der ehemalige Vorsitzende des tschetschenischen Scha-

Der Terroranschlag von Beslan

Mindestens 32 bewaffnete tschetschenische Terroristen stürmten am 1. 9. 2004 in der Stadt Beslan in der Republik Nord-Ossetien eine Schule und nahmen mehr als 1300 Schüler, Eltern und Lehrer als Geiseln. Sie forderten die Freilassung inhaftierter Rebellen in Inguschetien, die Unabhängigkeit Tschetscheniens und den Abzug russischer Truppen. Nach Verhandlungen mit dem ehemaligen inguschetischen Präsidenten Ruslan Auschew wurden am 2. 9. 26 Personen, v. a. Mütter mit Kleinkindern, freigelassen. Am 3. 9. stürmten Sondertruppen des Inlandsgeheimdienstes FSB die Schule. Dabei starben mindestens 330 Geiseln, darunter 176 Kinder, sowie angeblich alle Terroristen bis auf einen, mehrere hundert Personen wurden verletzt. Die Ereignisse lösten auch international Entsetzen und Abscheu aus. Am 17. 9. bekannte sich der zum islamistischen Flügel der Rebellen zählende Schamil Bassajew zu dem Verbrechen und drohte mit weiteren Anschlägen. Gegen den überlebenden Geiselnehmer, Nurpaschi Kulajew, wurde am 17. 5 2005 in Wladikawkas (Nord-Ossetien) ein Strafprozess eröffnet.

Unmittelbare Folgen: Nach Beendigung der Geiselnahme richtete sich heftige Kritik vor allem auf das Vorgehen der Sicherheitskräfte und der Geheimdienste, die teilweise chaotisch agiert hatten. Missbilligung fand auch die Informationspolitik der Behörden und die stark eingeschränkte Medienberichterstattung. Präsident Putin enthob am 12. 9. 2004 den nord-ossetischen Innenminister, Kasbek Dsantijew, und den Leiter des Inlandsgeheimdienstes FSB in Nord-Ossetien, Walerij Andrejew, ihrer Ämter.

Eine öffentliche Untersuchung des Terroranschlags

Eine besorgte Mutter vor der Schule

lehnte Präsident Putin zunächst ab, erklärte sich am 10. 9. aufgrund des öffentlichen Drucks aber doch bereit, eine parlamentarische Untersuchungskommission einzurichten. Deren Vorsitzender teilte am 28. 1. 2005 mit, dass die Terroristen Verbindungen zu hochrangigen Offizieren aus den Reihen der Sicherheitskräfte gehabt hätten, da ein solcher Anschlag ohne sie unmöglich gewesen wäre.

Familien der Terroropfer und Überlebende erhielten von der Regierung Entschädigungszahlungen zwischen umgerechnet 420–2800 €. Für zusätzliche Antiterror- und Sicherheitsmaßnahmen bewilligte die Regierung am 14. 9. 5,42 Mrd. US-$. In Nord-Ossetien forderten Opfer des Terroranschlags und deren Angehörige mehrfach den Rücktritt des Republikpräsidenten, Alexander Dsasochow wegen dessen Krisenmanagement während der Geiselnahme. Diesen Schritt vollzog Dsasochow am 31. 5. 2005, nachdem er in den Föderationsrat gewählt worden war.

Kaukasusrepubliken

ria-Gerichts, Abdul-Chalim Saidulajew; Ende Mai 2005 erklärte Saidulajew, der Kampf gegen militärische Ziele werde fortgesetzt.

Weitere militärische Führer der tschetschenischen Rebellen wurden im Frühjahr 2005 aufgespürt. Am 18. 2. 2005 gaben die russischen Behörden bekannt, den »Emir von Grosny«, Junadi Turtschajew, getötet zu haben; auch die Nummer 3 der tschetschenischen Feldkommandanten, Riswan Tschitigow, wurde am 23. 3. in seinem Heimatort Schali getötet.

▪ **Menschenrechtsverletzungen:** Ein Gericht in Grosny verurteilte am 29. 3. 2005 einen in Tschetschenien eingesetzten Angehörigen der russischen OMON-Spezialtruppe des Innenministeriums wegen Amtsmissbrauchs, Körperverletzung und Dokumentenfälschung zu elf Jahren Straflager.

Vier Angehörige einer russischen Spezialeinheit, die 2002 sechs tschetschenische Zivilisten an einer Straßensperre erschossen hatten, wurden am 19. 5. 2005 von einem Gericht in Rostow am Don vom Vorwurf des Mordes freigesprochen, da sie nur auf Befehl gehandelt hätten.

Der **Europäische Gerichtshof für Menschenrechte** verurteilte Russland am 24. 2. 2005 zu Schadenersatzzahlungen in Höhe von umgerechnet rd. 92 000 €. Sechs tschetschenische Zivilisten waren bei Militäreinsätzen umgekommen, bei denen nicht genug Sorgfalt auf den Schutz zivilen Lebens verwandt worden sei, so das Urteil. Ihre Angehörigen sprachen dagegen von standrechtlichen Erschießungen. Die Schuldigen wurden nie ermittelt.

Die Menschenrechtsorganisation Human Rights Watch berichtete am 21. 3. 2005, dass in Tschetschenien seit 1999 zwischen 3000–5000 Personen mit Wissen russischer Behörden verschwunden sind.

▪ **Kritik des Europarats:** Erstmals fand am 21. 3. 2005 in Straßburg ein Runder Tisch zum Tschetschenien-Konflikt statt, nachdem der Europarat in einer Resolution vom 7. 10. 2004 die Menschenrechtslage in Tschetschenien kritisiert und Gespräche gefordert hatte. Vertreter der russischen Regierung, der Moskau treuen tschetschenischen Regierung, Menschenrechtler sowie Parlamentarier des Europarates nahmen daran teil.

AUSSEN- UND SICHERHEITSPOLITIK

▪ **Ratifizierung des Kyoto-Protokolls:** Das Kabinett stimmte am 30. 9. 2004 dem Beitritt zum Kyoto-Protokoll über den globalen Klimaschutz zu. Die Duma ratifizierte das Protokoll am 22. 10. mit 334 zu 73 Stimmen, der Föderationsrat am 27. 10. Innerhalb der Regierung war das Abkommen lange Zeit umstritten; noch kurz vor der Ratifizierung hatte der stellvertretende Ministerpräsident Alexander Schukow darauf hingewiesen, dass Russland seinen Ausstoß an Treibhausgasen in der näheren Zukunft nicht reduzieren müsse: Wegen des Zusammenbruchs der staatlichen Industrieproduktion seit dem Ende der Sowjetunion lägen die Emissionen heute um 30 % niedriger als 1990. Nach Ansicht von Beobachtern war die Zustimmung im Licht des Versprechens der EU zu sehen, Russlands Beitritt zur Welthandelsorganisation (WTO) zuzustimmen. Mit der Ratifizierung durch Russland am 16. 11. konnte das Kyoto-Protokoll am 16. 2. 2005 in Kraft treten.

▪ **NATO:** Nach dem Terroranschlag von Beslan trat am 7. 9. 2004 auf Einladung des NATO-Generalsekretärs Jaap de Hoop Scheffer der NATO-Russland-Rat zusammen, um gemeinsame Antiterrormaßnahmen zu erörtern. Die Verteidigungsminister der NATO-Staaten sowie ihr russischer Kollege Iwanow vereinbarten am 14. 10., zwei russische Kriegsschiffe zur Unterstützung der NATO bei Patrouillenfahrten gegen den internationalen Terrorismus im Mittelmeer einzusetzen.

▪ **Deutschland:** Auf der Hannover-Messe unterzeichneten der russische Erdgaskonzern Gasprom und die deutsche BASF im Beisein von Putin und Schröder am 11. 4. 2005 ein Abkommen über den Bau einer Gaspipeline von Russland nach Deutschland. Mit den Arbeiten soll im Herbst 2005 begonnen werden, erste Gaslieferungen sind für 2010 geplant. Deutschland bezieht jetzt schon einen Großteil seiner Gasimporte aus Russland.

Am 7. 2. 2005 vereinbarten Forschungsminister Andrej Fursenko und seine deutsche Amtskollegin Edelgard Bulmahn in Moskau eine strategische Partnerschaft russischer und deutscher Forschungsinstitute.

▪ **China:** Bei seinem Besuch in der VR China vom 14.–16. 10. 2004 einigte sich Putin mit dem chinesischen Präsidenten Hu Jintao u. a. auf ein Abkommen über den seit 40 Jahren umstrittenen Grenzverlauf am Fluss Amur im Fernen Osten. Zudem legten beide Seiten ihre Differenzen über den russischen WTO-Beitritt bei. Putin wertete den Besuch als Durchbruch in den russisch-chinesischen Beziehungen.

▪ **Iran:** Der Chef der Atombehörde, Alexander Rumjanzew, unterzeichnete am 26. 2. 2005 in der iranischen Stadt Buschehr mit seinem iranischen Amtskollegen Gholam Resa Agazadeh einen Vertrag über die Lieferung nuklearer Brennstäbe sowie deren Rücknahme und Endlagerung. Die USA warfen Russland mehrfach vor, durch die Kooperation mit dem Iran der Entwicklung iranischer Atomwaffen Vorschub zu leisten, was Russland jedoch bestritt.

▪ **Indien:** Bei ihrem Besuch in → Indien vom 3.–5. 12. 2004 unterzeichneten Putin und Verteidigungsminister Iwanow zahlreiche Wirtschaftsabkommen, u. a. auf dem Gebiet der Atomenergie. Außerdem vereinbarten sie die Fortsetzung der russisch-indischen Produktion des Marschflugkörpers »Brahma«.

▪ **Katar:** Die beiden mutmaßlichen russischen Geheimdienstagenten, die ein Gericht in → Katar wegen der Ermordung des tschetschenischen Vizepräsidenten Selimchan Jandarbijew zu lebenslanger Haft verurteilt hatte, wurden am 23. 12. 2004 an Russland überstellt.

▪ **USA:** Fragen über den Zustand der Demokratie und des Rechtsstaats in Russland lösten wiederholt Kontroversen zwischen ranghohen Vertretern Russlands und den USA aus. Entsprechende Kritik wies Außenminister Sergej Lawrow am 19. 1. 2005 als Einmischung in innere Angelegenheiten zurück. Vor ihrem Moskau-Besuch am 19./20. 4. äußerte US-Außenministerin Condoleezza Rice Sorge wegen der Machtfülle Putins und meldete Bedenken an der Unabhängigkeit der russischen Justiz angesichts des Prozesses gegen Jukos-Chef Michail Chodorkowskij an. Auf Kritik aus Moskau stießen die Besuche von US-Präsident George W. Bush in → Lettland und → Georgien vor bzw. nach dessen Teilnahme an den russischen Feiern zum 60. Jahrestag des Sieges im Zweiten Weltkrieg am 9. 5. 2005.

▪ **GUS:** Russland büßte in mehreren GUS-Staaten an Einfluss ein. Die regierenden Kommunisten in → Moldau wandten sich aufgrund der Kontroverse um den Abzug russischer Truppen aus Transnistrien schroff von Moskau ab. Mit dem Machtwechsel in der → Ukraine verlor die russische Regierung einen ihrer wichtigsten Bündnispartner innerhalb der GUS, allerdings stellte sie sich schnell auf die neue, prowestliche ukrainische Führung ein. Auch auf den Machtwechsel in → Kirgisistan reagierte Moskau pragmatisch, nicht zuletzt, da die neue Führung in Bischkek unter Präsident Kurmanbek Bakijew aus früherer Regierungstätigkeit bekannt war. In Zentralasien konnte Russland seine strategischen Partnerschaften durch einen Grenzvertrag mit → Kasachstan und die Einweihung einer neuen Militärbasis in → Tadschikistan festigen. Seine beiden Militärbasen in → Georgien musste es hingegen räumen.

▪ **Japan:** Außenminister Lawrow erklärte am 14. 11. 2004, dass Russland an der sowjetischen Erklärung von 1956 festhalte, Japan zwei der vier Kurileninseln zurückzugeben. Ein Treffen mit seinem japanischen Amtskollegen Nobutaka Machimura am 31. 5. 2005 blieb ergebnislos, da Japan weiterhin die Rückgabe aller vier Inseln verlangte. Im Juni 2005 kündigte Putin an, bei seinem für November 2005 geplanten Staatsbesuch in Japan einen Friedensvertrag abschließen zu wollen, der den Kriegszustand zwischen beiden Staaten beendet und einen Schlussstrich unter den Zweiten Weltkrieg zieht.

▪ **Irak:** Per Dekret hob Putin am 30. 8. 2004 das Verbot von Rüstungsexporten in den Irak auf. Zudem wies er die Regierung an, Rüstungsfirmen bei Geschäften mit der Regierung in Bagdad zu unterstützen. Am 6. 10. dokumentierte ein von der CIA veröffentlichter Bericht, dass russische Politiker, Beamte und Geschäftsleute zwischen 1996–2003 UN-Sanktionen gegen den Irak umgangen und Güter, darunter auch Rüstungsmaterialien, im Wert von 11 Mrd. US-$ an das Regime von Saddam Hussein verkauft hatten. Auch der ehemalige Leiter der Präsidialadministration, Alexander Woloschin, soll daran beteiligt gewesen sein.

▪ **OSZE:** Scharfe Kritik an den Wahlbeobachtungsmissionen der Organisation für Sicherheit- und Zusammenarbeit in Europa (OSZE) übte der russische OSZE-Botschafter Alexej Borodawkin am 13. 1. 2005 vor deren Ständigem Rat: Die Berichte seien einseitig und mischten sich in innere Angelegenheiten von Staaten ein. Zudem verlangte er eine Reform der Organisation und kündigte die Kürzung der russischen Beitragszahlungen an. Auslöser der deutlichen Worte war die OSZE-Bewertung der Präsidentschaftswahlen in der → Ukraine zugunsten des Oppositionskandidaten Viktor Juschtschenko. Nach den Parlamentswahlen in → Kirgisistan im März 2005 wiederholte Außenminister Lawrow die Kritik.

Salomonen Ozeanien

Solomon Islands – SB / SLB

Fläche (Weltrang: 143): 27 556 km²

Einwohner (162): F 2003 457 000 = 16,6 je km²

Hauptstadt: Honiara

Amtssprache: Englisch

Bruttonationaleinkommen 2003 je Einw.: 560 $

Währung: 1 Salomonen-Dollar (SI$) = 100 Cents
Kurs: 1 US-$ = 7,64 SI$; 1 € = 9,91 SI$

Botschaft der Salomonen
28, Boulevard Saint Michel, B-1040 Brüssel
T 00 32 – 2 / 7 32 70 85, Fax 7 32 68 85

LANDESSTRUKTUR **Fläche**: 27 556 km²; Solomon Islands ohne North Solomons (→ Papua-Neuguinea); → Karte ▪ **Verwaltung**: 9 Provinzen und Hauptstadt; → Tabelle ▪ **Städte**: (F 2000) Honiara (Guadalcanal) 50 100 Einw., Gizo 7000, Auki 5000

BEVÖLKERUNG Salomoner – F 2003: 457 000 Einw.; Bevölkerungswachstum: 3,0 %; letzte Zählung 1999: 409 042 Einw. – 94,2 % Melanesier, 3,7 % Polynesier, 1,4 % Mikronesier; außerdem Europäer und Chinesen ▪ **Sprachen**: Englisch, Pidgin-Englisch (Neo-Solomonian); etwa 80 melanesische und polynesische Sprachen ▪ **Religion**: über 95 % Christen (34 % Anglikaner, 19 % Katholiken, 17 % South Sea Evangelical Church, 21 % andere Protestanten); autochthone Kulte (u. a. Cargo)

STAATS- UND REGIERUNGSFORM Verfassung von 1978, geändert 1997 – Parlamentarische Monarchie (im Commonwealth) seit 1978 – Parlament (National Parliament) mit 50 (vorher 47) Mitgl., Wahl alle 4 J. – Wahlrecht ab 21 J. ▪ **Unabhängigkeit**: 7. 7. 1978 (ehem. britisches Protektorat) ▪ **Nationalfeiertag**: 7. 7.

Salomonen
Bevölkerung

Provinz (Hauptort)	Einwohner Z 1999
Central (Tulagi)	21 577
Choiseul (Taro)	20 008
Guadalcanal (Honiara)	60 275
Isabel (Buala)	20 421
Makira (Kirakira)	31 006
Malaita (Auki)	122 620
Rennell and Bellona (Tigoa)	2 377
Temotu (Lata / Santa Cruz)	18 912
Western (Gizo)	62 739
Hauptstadtbezirk Honiara	49 107
Salomonen	409 042

Quelle: Solomon Islands Census Office, Honiara

REGIERUNG UND PARTEIEN **Staatsoberhaupt**: Königin Elizabeth II., vertreten durch Generalgouverneur Nathaniel Waena, seit 7. 7. 2004 – **Regierungschef**: Sir Allan Kemakeza (PAP), seit 17. 12. 2001 – **Äußeres**: Laurie Chan, seit 8. 12. 2002 ▪ **Parlament**: Wahlen vom 5. 12. 2001: People's Alliance Party / PAP 20 von 50 Sitzen (1997: –), Association of Independent Members / AIM 13 (–), Solomon Islands Alliance for Change / SIAC: Koalition aus Liberal Party und Sonstigen 12 (26), People's Progressive Party / PPP 4 (–), Labour Party 1 (–), Group for National Unity and Reconciliation / GNUR – (24)

WIRTSCHAFT **BIP** 2003: 253 Mio. $; realer Zuwachs: 5,1 %; Anteil (2000) Landwirtschaft 42 %, Industrie 11 %, Dienstleistungen 47 % ▪ **Erwerbstätigkeit** 2001: Landwirtsch. 73 % ▪ **Arbeitslosigkeit**: k. A. ▪ **Inflation** ∅ 2003: 10,0 % ▪ **Außenhandel** 2002: **Import**: 436 Mio. SI$; *Güter*: Nahrungsmittel, Tiere, Getränke und Tabak, Maschinen und Transportausrüstungen; *Länder*: 32 % Australien, 20 % Singapur, 5 % Neuseeland; **Export**: 390 Mio. SI$; *Güter*: Bau- und Nutzholz, Fisch, Palmöl; *Länder*: 21 % Japan, 21 % Rep. Korea, 9 % Thailand

CHRONIK

Das Gericht in der Hauptstadt Honiara **verurteilte am 18. 3. 2005** den früheren Rebellenführer Harold Keke und zwei seiner Gefolgsleute wegen Mordes an einem Minister im August 2002 zu lebenslanger Gefängnishaft. Keke hatte während der ethnischen Unruhen zwischen 1999 und 2003 mit seiner marodierenden Miliz Guadalcanal Liberation Front (GLF) maßgeblich zum Zerfall des Staates beigetragen. Die von Australien geführte pazifisch-multinationale Truppe Regional Assistance Misson to the Solomon Islands (RAMSI) bereitete dem gewalttätigen Treiben ein Ende und nahm Keke im August 2003 fest (→ WA 2005, S. 263).

Sambia Süd-Afrika

Republik Sambia; Republic of Zambia – ZM / ZMB

Fläche (Weltrang: 38): 752 614 km²

Einwohner (74): F 2003 10 403 000 = 13,8 je km²

Hauptstadt: Lusaka

Amtssprache: Englisch

Bruttonationaleinkommen 2003 je Einw.: 380 $

Währung: 1 Kwacha (K) = 100 Ngwee
Kurs: 1 US-$ = 4750 K; 1 € = 5962 K

Botschaft der Republik Sambia
Axel-Springer-Str. 54 a, 10117 Berlin
T 030 / 206 29 40, Fax 20 62 94 19

LANDESSTRUKTUR **Fläche**: 752 614 km²; → Karte ▪ **Verwaltung**: 9 Provinzen; → Tabelle ▪ **Städte**: (Z 2000) Lusaka 1 084 703 Einw., Ndola 374 757, Kitwe 363 734, Kabwe 176 758, Chingola 147 448, Mufulira 122 336, Luanshya 115 579, Livingstone 97 488

BEVÖLKERUNG Sambier – F 2003: 10 403 000 Einw.; Bevölkerungswachstum: 1,5 %; letzte Zählung 2000: 10 285 631 Einw. – Z 1980: insg. 73 ethnische Gruppen (v. a. Bantu): 36 % Bemba, 18 % Nyanja (einschließlich Chewa, Nsenga, Ngoni), 15 % Tonga (einschließlich Lenje, Soli, Ila), 10 % Nordwest-Gruppe (Luvale, Lunda, Kaonde), 8 % Barotse (einschließlich Lozi, Nkoya) sowie kleine Buschmanngruppen; Minderheiten von Europäern, Asiaten u. a. ▪ **Sprachen**: Englisch; Bantu-Sprachen (Bemba, Tonga, Lozi, Luanda, Nyanja, Kaonde u. a.) ▪ **Religion**: ca 50 % Christen (davon 50 % Katholiken); indigene Religionen; Minderheiten von Muslimen und Hindus

STAATS- UND REGIERUNGSFORM Verfassung von 1991, Änderung von 1996 – Präsidialrepublik (im Commonwealth) seit 1964 – Parlament (National Assembly) mit 159 Mitgl. (davon 150 gewählt, 9 ernannt), Wahl alle 5 J.; außerdem House of Chiefs mit 27 Vertretern ethnischer Gruppen – Direktwahl des Staatsoberh. alle 5 J. (einmalige Wiederwahl) – Wahlrecht ab 18 J. ▪ **Unabhängigkeit**: 24. 10. 1964 (ehem. britisches Protektorat Nordrhodesien) ▪ **Nationalfeiertag**: 24. 10.

REGIERUNG UND PARTEIEN **Staats- u. Regierungschef**: Levy Patrick Mwanawasa (MMD-Vorsitzender), seit 2. 1. 2002 – **Äußeres**: Ronnie Shikapwasha, seit 10. 1. 2005 ▪ **Parlament**: Wahlen am 27. 12. 2001: Movement for Multi-Party Democracy / MMD 69 von 150 gewählten Sitzen (1996: 131), United Party for National Development / UPND 49 (–), United National Independence Party / UNIP 13 (–), Forum for Democracy and Development 12 (–), Sonstige und Unabhängige 7 (19)

WIRTSCHAFT **BIP** 2003: 4,335 Mrd. $; realer Zuwachs: 5,1 %; Anteil (2003) Landwirtschaft 23 %, Industrie 27 %, Dienstleistungen 50 % ▪ **Erwerbstätigkeit** 2002: Landwirtsch. 68 % ▪ **Arbeitslosigkeit**: k. A. ▪ **Inflation** ∅ 2003: 17,2 % ▪ **Außenhandel** 2001: **Import**: 1,307 Mrd. $; *Güter*: 36 % Maschinen und Transportausrüstungen, 15 % verschiedene Fertigwaren, 15 % chemische Produkte, 14 % bearbeitete Waren; *Länder*: 54 % Südafrika, 16 % Großbritannien, 8 % Simbabwe; **Export**: 985 Mio. $; *Güter*: 52 % Kupfer; *Länder*: 53 % Großbritannien, 23 % Südafrika, 6 % Schweiz

CHRONIK

Präsident Levy Mwanawasa verlor im **Kampf gegen die Korruption** zunehmend die Unterstützung seiner Partei Movement for Multi-Party Democracy (MMD), die ihm vorwarf, vor allem Ermittlungen gegen Expräsident Frederick Chiluba zu forcieren und zu wenig gegen die Korruption in ihm nahe stehenden Kreisen zu unternehmen. Dennoch wurde der Präsident am 17. 7. 2005 mit überwältigender Mehrheit als Parteivorsitzender bestätigt.

Mitte August 2004 mussten die beiden ersten **Korruptionsverfahren gegen Chiluba** eingestellt werden, nachdem sich die Mitangeklagten, der ehemalige Geheimdienstchef Xavier Chungu und der ehemalige Botschafter in den USA, Attan Shansonga, durch Flucht den Verfahren entzogen. Die sambische Regierung strengte jedoch am 16. 3. 2005 ein erneutes Verfahren gegen Chiluba vor einem Gericht in Großbritannien an. Zusammen mit einem Geschäftsmann aus der DR Kongo soll der Ex-Präsident im Zusammenhang mit einem Waffengeschäft die Regierung um eine Summe von 35 Mio. US-$ betrogen und das Geld außer Landes gebracht haben.

Mitte Februar 2005 wurde vom Obersten Gerichtshof das **Ergebnis der umstrittenen Präsidentschaftswahlen vom Dezember 2001 bestätigt**. Die nachweisbaren Unregelmäßigkeiten hätten das Ergebnis nicht beeinflusst.

Samoa Ozeanien

Unabhängiger Staat Samoa; Mālō Tuto'atasi o Sāmoa-i-Sisifo (samoanisch); Independent State of Samoa – WS / WSM

Fläche (Weltrang: 165): 2831 km^2

Einwohner (173): F 2003 178 000 = 63 je km^2

Hauptstadt: Apia

Amtssprachen: Samoanisch, Englisch

Bruttonationaleinkommen 2003 je Einw.: 1440 $

Währung: 1 Tala (WS$) = 100 Sene
Kurs: 1 US-$ = 2,78 WS$; 1 € = 3,48 WS$

Botschaft des Unabhängigen Staates Samoa
20, Avenue de l'Orée, B-1000 Brüssel
T 0032 – 2 / 6 60 84 54, Fax 6 75 03 36
E-Mail: samoaembassy@skynet.be

LANDESSTRUKTUR **Fläche**: 2831 km^2; davon Savai'i 1708 km^2, Upolu 1123 km^2; → Karte WA 2004, Sp. 716 ▪ **Verwaltung**: 4 Regionen ▪ **Städte**: (Z 2001) Apia (Upolu) 38 836 Einw.

BEVÖLKERUNG Samoaner – F 2003: 178 000 Einw.; Bevölkerungswachstum: 1,0 %; letzte Zählung 2001: 176 710 Einw. – 1991: ca. 90 % Samoaner, 9 % Euronesier; chines. Minderheit ▪ **Sprachen**: Samoanisch, Englisch ▪ **Religion** 2002: v. a. Protestanten, 24 % Katholiken

STAATS- UND REGIERUNGSFORM Verfassung von 1962 – Parlamentarische Demokratie (im Commonwealth) seit 1962 – Gesetzgebende Versammlung (Fono) mit 49 Mitgl.; Wahl alle 5 J. – Derzeitiges Staatsoberh. auf Lebenszeit, danach Wahl durch Fono alle 5 J. – Wahlrecht ab 21 J. ▪ **Unabhängigkeit**: 1. 1. 1962 (ehem. Treuhandgebiet unter neuseeländischer Verwaltung) ▪ **Nationalfeiertag**: 1. 6. (Verfassungstag)

REGIERUNG UND PARTEIEN **Staatsoberhaupt**: Häuptling Malietoa Tanumafili II., seit 1962 – **Regierungschef u. Äußeres**: Tuilaepa Sailele Malielegaoi (HRPP-Vors.), seit 23. 11. 1998 ▪ **Parlament**: Wahlen vom 2. 3. 2001 und Nachwahlen vom 26. 10. 2001: Human Rights Protection Party / HRPP 28 von 49 Sitzen (1996: 28), Samoa National Development Party / SNDP 13 (14), Samoa United Peoples Party / SUPP 1 (–), Unabhängige 7 (7)

WIRTSCHAFT **BIP** 2003: 268 Mio. $; realer Zuwachs: 3,5 %; Anteil (2001) Landwirtschaft 14 %, Industrie 23 %, Dienstleistungen 63 % ▪ **Erwerbstätigkeit** 2001: Landwirtsch. 35 % ▪ **Arbeitslosigkeit**: k. A. ▪ **Inflation** ∅ 2003: 0,1 % ▪ **Außenhandel** 2003: **Import**: 407 Mio. WS$; *Güter*: Erdölprodukte, Nahrungsmittel; *Länder* 2002: 24 % Neuseeland, 20 % Fidschi, 16 % Australien; **Export**: 44,3 Mio. WS$; *Güter*: Fischprodukte; *Länder* 2002: 59 % Australien, 10 % Indonesien

San Marino Süd-Europa

Republik San Marino; Repubblica di San Marino – SM / SMR

Fläche (Weltrang: 189): 61,2 km^2

Einwohner (189): F 2003 28 000 = 458 je km^2

Hauptstadt: San Marino

Amtssprache: Italienisch

Bruttonationaleinkommen 2003 je Einw.: k. A.

Währung: 1 Euro (€) = 100 Cent
Kurs: 1 US-$ = 0,83 € (1. 7. 2005)

Honorarkonsul von San Marino
Arndtstr. 12, 60325 Frankfurt am Main
T und Fax 069 / 7 41 04 40

LANDESSTRUKTUR **Fläche**: 61,2 km^2; (Karte → WA 2004, Sp. 717) ▪ **Verwaltung**: 9 Distrikte (Castelli = Kirchengemeinden) ▪ **Städte**: (Z 2002) Serravalle 9265 Einw., Borgo Maggiore 5916, San Marino – Città 4483

BEVÖLKERUNG San-Marinesen – F 2003: 28 000 Einw.; letzte Zählung 2002: 28 753 Einw. – 85,7 % San-Marinesen, 13,0 % Italiener, 1,3 % Sonstige ▪ **Sprachen**: Italienisch, romagnolischer Dialekt ▪ **Religion**: 93 % Katholiken

STAATS- UND REGIERUNGSFORM Verfassung von 1599 mit Ergänzungen – Republik seit 1599 – Freundschaftsvertrag und Zollunion mit Italien – Staatsreligion: Katholizismus – Parlament (Consiglio Grande e Generale) mit 60 Mitgl., Wahl alle 5 J. (wählt zwei Regierende Kapitäne [Capitani Reggenti] als Staatsoberh. für eine Amtszeit von je 6 Mon.) – Wahlrecht ab 18 J. (auch für im Ausland leb. Bürger) ▪ **Unabhängigkeit**: erste urkundl. Erwähnung 20. 2. 885; seither selbständig ▪ **Nationalfeiertag**: 3. 9. (legendäre Gründung im Jahr 301 durch Eremiten Marino)

REGIERUNG UND PARTEIEN **Staatsoberhaupt**: (Capitani Reggenti) Fausta Simona Morganti / (PPDS) / Cesare Antonio Gasperoni (PDCS), seit 1. 4. 2005 – **Regierungschef u. Äußeres**: Fiorenzo Stolfi (PSS), seit 17. 12. 2002 ▪ **Parlament**: Wahlen vom 10. 6. 2001: Partito Democratico Cristiano Sammarinese / PDCS 25 von 60 Sitzen (1998: 25), Partito Socialista S. / PSS 15 (14), Partito Progressista Democratico S. / PPDS 12 (11), Alleanza Popolare dei Democratici S. / APDS 5 (6), Rifondazione Comunista / RC 2 (2), Sonstige 1 (2)

WIRTSCHAFT **BIP** 2000: 840 Mio. €; realer Zuwachs: 2,2 %; ▪ **Erwerbstätigkeit** 2002: Landwirtsch. 1,8 %, Industrie 24,1 %, Dienstl. 74,1 % ▪ **Arbeitslosigkeit** ∅ 2002: 3,9 % ▪ **Inflation**: k. A. ▪ **Außenhandel** 2001: k. A.; Exportgüter: v. a. Wein, Möbel, Keramik, handwerkliche Produkte; Handelspartner: v. a. Italien

São Tomé und Príncipe

Zentral-Afrika

Demokratische Republik São Tomé und Príncipe; República Democrática de São Tomé e Príncipe – ST / STP

Fläche (Weltrang: 169): 1001 km²

Einwohner (175): F 2003 157 000 = 157 je km²

Hauptstadt: São Tomé

Amtssprache: Portugiesisch

Bruttonationaleinkommen 2003 je Einw.: 300 $

Währung: 1 Dobra (Db) = 100 Cêntimos
Kurs: 1 US-$ = 10 366 Db; 1 € = 12 928 Db

Botschaft der Demokratischen Republik São Tomé und Príncipe
175, Av. de Tervuren, B-1150 Brüssel
T 00 32 – 2 / 7 34 89 66, Fax 7 34 88 15

LANDESSTRUKTUR **Fläche:** 1001 km²; davon São Tomé 836 km² und Príncipe 128 km²; → Karte ▪ **Verwaltung:** 7 Distrikte ▪ **Städte:** (Z 2001) São Tomé 49 957 Einw., Neves (São Tomé) 6635, Santana (São Tomé) 6228, Trindade (São Tomé) 6049, Santo António (Príncipe) 1010

BEVÖLKERUNG São-Toméer – F 2003: 157 000 Einw.; Bevölkerungswachstum: 2,1 %; letzte Zählung 2001: 137 599 Einw. – 1997: 88 % Schwarze, 10 % Mulatten, 2 % Europäer ▪ **Sprachen:** Portugiesisch, Crioulo (portugiesisches Kreol) ▪ **Religion** 2002: 88 % Katholiken, Protestanten; indigene Religionen

STAATS- UND REGIERUNGSFORM Verfassung von 1990 – Präsidialrepublik seit 1975 – Parlament (Assembléia Nacional) mit 55 Mitgl., Wahl alle 4 J. – Direktwahl des Staatsoberh. alle 5 J. (einmalige Wiederwahl) – Wahlrecht ab 18 J. ▪ **Unabhängigkeit:** 12. 7. 1975 (ehem. portugiesische Kolonie) ▪ **Nationalfeiertag:** 12. 7.

REGIERUNG UND PARTEIEN **Staatsoberhaupt:** Fradique de Menezes (ADI-Vorsitzender), seit 3. 9. 2001 – **Regierungschef:** Maria do Carmo Silveira (MLSTP-PSD), seit 8. 6. 2005 – **Äußeres:** Óscar Sousa, seit 14. 3. 2004 ▪ **Parlament:** Wahlen vom 3. 3. 2002: Movimento de Libertação-Partido Social Democrata / MLSTP-PSD 24 von 55 Sitzen (1998: 31), Movimento Democrático ForçadaMudança / PartidodaConvergênciaDemocrática (MDFM / PCD) 23 (PCD 8), Uê Kédadji 8 (–), Acção Democrática Independente / ADI – (16)

WIRTSCHAFT **BIP** 2003: 59 Mio. $; realer Zuwachs: 4,5 %; Anteil (2003) Landwirtschaft 17 %, Industrie 15 %, Dienstleistungen 68 % ▪ **Erwerbstätigkeit** 2001: Landwirtsch. 31,5 %, Industrie 17,0 %, Dienstl. 51,5 % ▪ **Arbeitslosigkeit:** k. A. ▪ **Inflation:** k. A. ▪ **Außenhandel** 2003: **Import:** 27,5 Mio. $; *Länder:* v. a. Angola, Portugal; **Export:** 6,4 Mio. $; *Güter:* 80 % Kakao; *Länder:* v. a. Niederlande

CHRONIK

Regierungschefin Maria das Neves de Sousa wurde am 15. 9. 2004 wegen ihrer angeblichen Verwicklung in einen Korruptionsskandal von Präsident Fradique de Menezes **entlassen.** Zum Nachfolger wurde Damiao Vaz de Almeida berufen.

Nach der **Einigung mit Nigeria über eine gemeinsame Ölförderung** in der Joint Development Zone vor der gemeinsamen Küste (→ Karte) standen nun sechs Ölfelder zur Disposition. Die Förderrechte in Block 1 wurden im Februar 2005 an ein Konsortium aus Chevron-Texaco 51 %), ExxonMobil (40 %) und Energy Equity Resources / EER (9 %) vergeben. An der erst einige Monate vor den Vertragsverhandlungen gegründeten EER ist der nigerianische Geschäftsmann Aliko Dangote beteiligt, dem ebenso wie den norwegischen Anteilseignern enge Beziehungen zum nigerianischen Präsidenten Olusegun Obasanjo nachgesagt werden. Für die Vergabe der Förderrechte wurde eine Summe von 123 Mio. US-$ vereinbart, von der Nigeria 60 % und São Tomé und Príncipe 40 % erhalten.

Wegen Korruptionsvorwürfen **erklärte Ölminister Arlindo Carvalho** am 16. 5. 2005 **seinen Rücktritt**, der jedoch vom Präsidenten abgelehnt wurde. Den Zuschlag bei der Vergabe von weiteren Förderrechten am 2. 6. erhielten fünf kleinere Gesellschaften, darunter vor allem die Environment Remedial Holding Coporation (ERHC), die von dem nigerianischen Geschäftsmann Emeka Offor kontrolliert wird. Nach Differenzen mit dem Präsidenten über die Ausschaltung des Parlaments bei dem zweiten Vertragsabschluss **erklärte Regierungschef de Almeida** am 2. 6. **seinen Rücktritt.**

Saudi-Arabien Vorder-Asien

Königreich Saudi-Arabien; al-Mamlaka al-'Arabiyya as-Sa'ūdiyya – SA / SAU

Fläche (Weltrang: 13): 2 240 000 km²

Einwohner (48): F 2003 22 528 000 = 10,1 je km²

Hauptstadt: Ar-Riyād (Riad)

Amtssprache: Arabisch

Bruttonationaleinkommen 2003 je Einw.: 9240 $

Währung: 1 Saudi Riyal (S.Rl.) = 100 Hallalas
Kurs: 1 US-$ = 3,75 S.Rl.; 1 € = 4,71 S.Rl.

Botschaft des Königreichs Saudi-Arabien
Kurfürstendamm 63, 10707 Berlin
T 030/88 92 50, Fax 88 92 51 79

LANDESSTRUKTUR **Fläche**: 2 240 000 km²; → Karte ▪ **Verwaltung**: 13 Regionen mit 103 Governoraten → Tabelle; außerdem Neutrale Zonen: 5770 km² zum angrenzenden Kuwait, seit 1966 administrative Teilung, gemeinsame Nutzung der Erdölvorkommen; 7044 km² zum angrenzenden Irak, entmilitarisiert und unbesiedelt ▪ **Städte**: (F 2001) Ar-Riyād (Riad) 4 761 000 Einw.; (F 2000) Jiddah 3 192 000, Makkah (Mekka) 1 335 000, Al-Madīnah (Medina) 891 000, Ad-Dammām 764 000; (Z 1992) Aṭ-Ṭā'if (Taif) 416 100

BEVÖLKERUNG Saudi-Araber – F 2003: 22 528 000 Einw.; Bevölkerungswachstum: 2,9 %; letzte Zählung 2004 (vorl.): 22 673 538 Einw. – F 2000: 74,8 % Saudiaraber (über 30 % Nomaden und Halbnomaden); 25,1 % Ausländer (Arbeitskräfte aus den Philippinen, aus Bahrain, Ägypten, Jemen, Jordanien, Pakistan, Syrien, Indien, Kuwait) ▪ **Sprachen**: Arabisch (verschiedene Dialekte); Englisch ▪ **Religion**: 98 % Muslime, v. a. Sunniten (Herrscherhaus folgt wahhabitischer Richtung), im O Schiiten; Christen und Hindus (ausländische Arbeitskräfte)

STAATS- UND REGIERUNGSFORM Verfassung von 1993 – Islamische absolute Monarchie seit 1932 – Staatsreligion: Islam – Islamisches Recht (Scharia) – König nominell auch geistliches Oberhaupt (Hüter der Heiligen Stätten) – Nationaler Konsultativrat (Madschlis al-Schura) mit 150 Mitgl. (davon 4 für schiit. Minderh. reserviert) alle 4 J. durch König ernannt – Wahlrecht ab 21 J. (nur Männer) ▪ **Unabhängigkeit**: Staatsgründung 23. 9. 1932 ▪ **Nationalfeiertag**: 23. 9. (Tag der Vereinigung)

REGIERUNG UND PARTEIEN **Staats- u. Regierungschef**: König Fahd Ibn Abdelasis al-Sa'ud, seit 1982 – **Äußeres**: Prinz Sa'ud al-Faisal, seit 1975

WIRTSCHAFT **BIP** 2003: 214,748 Mrd. $; realer Zuwachs: 7,2 %; Anteil (2003) Landwirtschaft 5 %, Industrie 55 %, Dienstleistungen 40 % ▪ **Erwerbstätigkeit** 2001: Landwirtsch. 6 %, Industrie 21 %, Dienstl. 73 % ▪ **Arbeitslosigkeit** ∅ 2004: 25–30 % ▪ **Inflation** ∅ 2004: 2,5 % ▪ **Außenhandel** 2004: **Import**: 37,9 Mrd. $; *Güter* 2003: 22 % Maschinen und elektrische Erzeugnisse, 21 % Transportausrüstungen, 16 % Ernährungsgüter, 9 % mineralische und chemische Erzeugnisse, 9 % Metalle und Metallwaren, 5 % Textilien und Bekleidung; *Länder* 2003: 10 % USA, 8 % Japan, 7 % Deutschland, 6 % Großbritannien, 4 % VR China, 4 % Frankreich (EU gesamt: 43 %); **Export**: 113,3 Mrd. $; *Güter* 2003: 86 % Erdöl und Erdölerzeugnisse, 13 % petrochemische Erzeugnisse; *Länder* 2003: 21 % USA, 16 % Japan, 10 %Rep. Korea, 6 % VR China, 4 % Singapur, 1 % Deutschland (EU gesamt: 15 %)

Saudi-Arabien
Bevölkerung

Region	Einwohner F 2000
Al-Bāhah	476 382
Al-Hudud Ash-Shamalīyah	249 544
Al-Jawf	354 450
Al-Madīnah (Medina)	1 378 870
Al-Qasim	979 858
Ar-Riyād (Riad)	4 730 330
Ash-Sharqīyah	3 008 913
Asir	1 637 464
Hā' il	519 984
Jāzān	1 083 022
Makkah (Mekka)	5 448 773
Najrān	385 588
Tabuk	593 706
Saudi-Arabien	20 846 884

Quelle: Europa World Year Book 2004

■ **Kampagne gegen den militanten islamistischen Untergrund:** Nachdem sich im Mai und Juni 2004 die Lage im Königreich durch eine Serie von Selbstmordanschlägen und Entführungen von Ausländern zugespitzt hatte, trat nach der Tötung des Al-Qaida-Operationschefs Abdelasis Mukrin am 18. 6. 2004 und des Chefideologen Abdallah Rashud zehn Tage später eine gewisse Beruhigung ein. Die von Kronprinz Abdallah am 23. 6. 2004 erlassene einmonatige Amnestie (→ WA 2005, S. 369) konnte die Vermutung nicht entkräften, dass große Teile des Polizei- und Geheimdienstapparats mit der Al-Qaida sympathisierten und eine effektive Bekämpfung der Terroristen damit unmöglich machten. Im Laufe des Jahres kamen zahlreiche Zivilisten, Soldaten und Wachpersonal, aber auch Extremisten bei Anschlägen ums Leben. Für Aufsehen sorgte besonders der Anschlag auf das stark bewachte US-amerikanische Konsulat in Jiddah am 6. 12. 2004 und Autobombenanschläge auf das Innenministerium und ein Rekrutierungsbüro der Streitkräfte in Riad am 29. 12.

In der Nähe der Grenze zu Jemen gelang am 6. 8. 2004 die **Festnahme von Faris al-Zahrani**, einem Geistlichen, **der zu den 26 meistgesuchten Terroristen des Landes gehörte.** Darüber hinaus nahm die Polizei weitere Verdächtige aus dem Kreis Al-Qaidas fest, darunter Abdallah as-Subayi, den Chefplaner des Überfalls auf al-Khobar im Mai 2004 und den mutmaßlichen Kommandanten der saudischen Al-Qaida Zelle Saud al-Otaibi. Damit waren von den 26 seit 2003 gesuchten Terroristen 23 in Haft oder ums Leben gekommen. Am 5. 2. 2005 organisierte Saudi-Arabien die erste **Internationale Konferenz zur Terrorbekämpfung**, um angesichts der vielen besonders im Osten des Landes beheimateten islamistischen Terroristen ihren Ruf in der Weltöffentlichkeit zu verbessern.

■ **Politische Reformen:** Die im Oktober 2003 angekündigten **Wahlen zu den Kommunalräten** in 178 Gemeinden und Städten der 13 Provinzen fanden nach mehrmaligen Verschiebungen in drei Etappen zwischen Februar und April 2005 statt, um Kollisionen mit religiösen Festlichkeiten zu vermeiden. Nur saudische Männer über 21 Jahre waren wahlberechtigt, nicht aber Soldaten, kommunale Angestellte und Frauen, wie der saudische Innenminister am 11. 10. 2004 offiziell bestätigte. Frauen sollen erstmals 2009 wählen dürfen, um die beim Urnengang durch die Beschränkungen für Frauen entstehenden Probleme vorher regeln zu können. Die Befugnisse der Kommunalräte waren ohnehin begrenzt, und nur die Hälfte der 1084 Sitze wurde in den Wahlen vergeben. Lediglich knapp 20 % der wahlberechtigten Bevölkerung hatte sich registrieren lassen.

Der **Schura-Rat** wurde am 12. 4. 2005 nach vierjähriger Amtszeit von 120 **auf 150 Mitglieder erweitert.** Das Königshaus ernannte 85 Mitglieder neu, 65 Mandate wurden verlängert. Dem Schura-Rat gehören nur Männer an.

■ **Weitere Meldungen:** In den Regionen Assir und Jiddah starben Ende April bei **schweren Unwettern**, die Flüsse über ihre Ufer treten ließen, mindestens 41 Personen.

Aufgrund der **Explosion der Rohölpreise** wuchs die Volkswirtschaft im Jahr 2003 nominal um 13,7 %, 2004 um 16,9 % (5,3 % bei konstanten Preisen). Im Vorjahr hatte das Wirtschaftswachstum bei 3 % gelegen.

Saudi-Arabien: Rohöl-Produktion

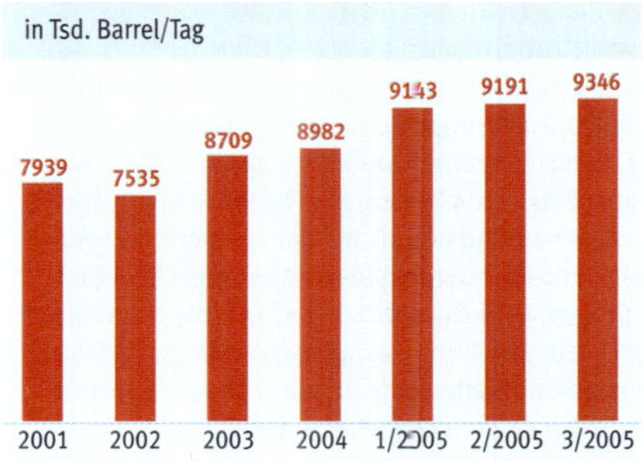

Quelle: OPEC Monthly Oil Market Report April 2005

Wähler in Riad am 10. 2. 2005

Schweden Nord-Europa

Königreich Schweden; Konungariket Sverige – SE / SWE

Fläche (Weltrang: 55): 449 964 km²

Einwohner (82): F 2003 8 956 000 = 19,9 je km²

Hauptstadt: Stockholm

Amtssprache: Schwedisch

Bruttonationaleinkommen 2003 je Einw.: 28 910 $

Währung: 1 Schwedische Krone (skr) = 100 Öre
Kurs: 1 US-$ = 7,81 skr; 1 € = 9,49 skr (1. 7. 2005)

Botschaft des Königreichs Schweden
Rauchstr. 1, 10787 Berlin
T 030/50 50 60, Fax 50 50 67 89
www.schweden.org

LANDESSTRUKTUR **Fläche**: 449 964 km²; → Karte ▪ **Gebiete:** Gotland 3001 km², Öland 1344 km² ▪ **Verwaltung**: 21 Bezirke ▪ **Städte**: (F 2003) Stockholm 761 721 Einw., Göteborg 478 055, Malmö 267 171, Uppsala 180 669, Linköping 136 231, Västerås 129 987, Örebro 126 288, Norrköping 123 971, Helsingborg 120 154, Jönköping 119 340, Umeå 107 917, Lund 100 995

BEVÖLKERUNG Schweden – F 2003: 8 956 000 Einw.; Bevölkerungswachstum: 0,4 %; letzte Zählung 1990: 8 585 907 Einw. – 92,2 % Schweden, 2,5 % sog. einheimische Finnen; außerdem ca. 20 000 Samit (Samen); 5,3 % Ausländer (93 474 Finnen, 41 516 Iraker, 35 486 Norweger, 27 704 Dänen, 19 071 Deutsche) ▪ **Sprachen**: Schwedisch; Sprachen der Minderh.: u. a. Finnisch und Samisch; Englisch und Deutsch ▪ **Religion** 1999: 85 % Evangelisch-Lutherische Schwedische Kirche; 91 000 Pfingstler, 152 000 sonstige Protestanten; 166 000 Katholiken, 98 500 Orthodoxe, 90 000 Muslime, 23 400 Zeugen Jehovas, 18 000 Juden, 3000–4000 Buddhisten

STAATS- UND REGIERUNGSFORM Verfassung von 1975 – Parlamentarische Monarchie seit 1809 – Parlament (Riksdag/Reichstag) mit 349 Mitgl., Wahl alle 4 J. – Wahlrecht ab 18 J. ▪ **Unabhängigkeit**: als Königreich seit 1523, davor mit Dänemark und Norwegen vereint (Kalmarer Union) ▪ **Nationalfeiertag**: 6. 6. (Flaggentag: Regierungsantritt der Dynastie Wasa 1523)

REGIERUNG UND PARTEIEN **Staatsoberhaupt**: König Carl XVI. Gustav, seit 1973 – **Regierungschef**: Göran Persson (SAP-Vors.), seit 1996; Minderheitsregierung der SAP – **Äußeres**: Laila Freivalds, seit 3. 10. 2003 ▪ **Parlament**: Wahlen vom 15. 9. 2002: Sveriges Socialdemokratiska Arbetarepartiet/SAP 144 von 349 Sitzen (1998: 131), Moderata Samlingspartiet/MS 55 (82), Folkpartiet Liberalerna/FP 48 (17), Kristdemokratiska Samhällspartiet/KdS 33 (42), Vänsterpartiet/VP 30 (43), Centerpartiets Riksorganisation/CP 22 (18), Miljöpartiet de Gröna/MpG 17 (16)

WIRTSCHAFT **BIP** 2003: 301,606 Mrd. $; realer Zuwachs: 1,6 %; Anteil (2003) Landwirtschaft 1,8 %, Industrie 27,9 %, Dienstleistungen 70,3 % ▪ **Erwerbstätigkeit** 2002: Landwirtsch. 2,1 %, Industrie 23,1 %, Dienstl. 74,7 % ▪ **Arbeitslosigkeit** ∅ 2004: 5,5 % ▪ **Inflation** ∅ 2004: 0,9 % ▪ **Außenhandel** 2004 (vorläufig): **Import**: 730,2 Mrd. skr; *Güter*: 11 % Kfz, 11 % Maschinen, 8 % Mineralöl, 7 % Nahrungsmittel, Getränke und Tabak, 7 % Elektrotechnik, 6 % Kommunikationstechnik, 5 % Eisen und Stahl, 4 % Büromaschinen, EDV, 4 % Bekleidung und Schuhe, 3 % Metallproduktion, 3 % Kunststoffe, 3 % Pharmazeutika; *Länder*: 19 % Deutschland, 9 % Dänemark, 8 % Großbritannien, 8 % Norwegen, 7 % Niederlande, 6 % Finnland, 5 % Frankreich, 4 % Belgien (EU gesamt: 73 %); **Export**: 900,7 Mrd. skr; *Güter*: 15 % Maschinen, 14 % Kfz, 9 % Kommunikationstechnologie, 7 % Papier und -waren, 6 % Pharmazeutika, 6 % Eisen und Stahl, 5 % Elektrotechnik, 4 % Mineralöl. 3 % Nahrungsmittel, Getränke und Tabak, 3 % Metallerzeugnisse; *Länder*: 11 % USA, 10 % Deutschland, 9 % Norwegen, 8 % Großbritannien, 7 % Dänemark, 6 % Finnland, 5 % Niederlande (EU gesamt: 59 %)
Weitere Informationen → Kap. Wirtschaft

CHRONIK

▪ **Regierungsumbildung:** Zur Halbzeit der Legislaturperiode nahm der sozialdemokratische Ministerpräsident Göran Persson am 21. 10. 2004 eine Umbildung seines Kabinetts vor und **besetzte sieben von elf Ressorts der Minderheitsregierung neu**. Mit Blick auf das Wahljahr 2006 sprach er von einem Wechsel der Generationen und brachte den neuen Finanzminister Pär Nuder (bisher Staatskanzleichef) und den neuen Wirtschaftsminister Thomas Östros (bisher Bildungsminister) als seine möglichen Nachfolger für die Ämter des Parteivorsitzenden und des Ministerpräsidenten ins Gespräch. Der 1982 aus der Türkei eingewanderte Assyrer Ibrahim Baylan ist als neuer Chef für das Schulressort in der Geschichte des Landes der erste Minister außereuropäischer Herkunft.

▪ **Parteien:** Mit der Zusammenstellung seines neuen Regierungsteams reagierte Persson auf ein **Popularitätstief**, das schon bei den Wahlen zum Europäischen Parlament im Juni 2004 zum Ausdruck gekommen war (→ WA 2005, S. 371). Ende August 2004 verabredeten die vier bürgerlichen Oppositionsparteien, zur Reichstagswahl 2006 eine gemeinsame **Allianz für Schweden** zu bilden. Am 4. 4. 2005 gründete die frühere Vorsitzende der sozialistischen Linkspartei (Vänsterpartiet ,VP), Gudrun Schyman, die **Feministische Initiative** mit dem Ziel, sie zur Wahl 2006 als politische Partei neuen Typs zu präsentieren. Unterdessen war die **Linkspartei** (VP), auf deren Unterstützung

im Parlament Perssons Minderheitsregierung angewiesen ist, von einer Spaltung bedroht, nachdem sich der Parteivorsitzende Lars Ohly offen zum Kommunismus bekannt hatte.

▪ **Militärreform:** Der Reichstag nahm nach kontroverser Debatte am 16. 12. 2004 den von Verteidigungsministerin Leni Björklund unterbreiteten »Verteidigungsvorschlag 2005–2007« an. Die Minderheitsregierung war bei ihrem **Paradigmenwechsel in der Sicherheitspolitik** auf die Stimmen der VP angewiesen, die damit erstmals Einfluss auf die Verteidigungspolitik nahm. Gemäß dem neuen Plan wird die Verteidigungsarmee zu einer flexiblen, international einsatzfähigen **Kriseninterventionsarmee** umgebaut und die Zahl der Wehrpflichtigen von 15 000 auf 10 000 Mann verringert. Durch eine Bevorzugung von Freiwilligen wird die allgemeine Wehrpflicht in der Praxis obsolet, der Zivildienst für Wehrdienstverweigerer abgeschafft. Die Reduzierung von Personal und Material sollen im Militärhaushalt bis 2007 zu Einsparungen von 4,8 Mrd. € führen. In diesem Etat ist die maßgebliche Beteiligung Schwedens am Aufbau einer schnellen **Einsatztruppe der EU** (battle group) zusammen mit Finnland und Norwegen berücksichtigt (→ EU).

▪ **Mordfälle Lindh und Palme:** Der Oberste Gerichtshof verurteilte am 2. 12. 2004 in dritter und letzter Instanz den geständigen Mörder der Außenministerin Anna Lindh zu **lebenslanger Haft**. Er bestätigte damit das erstinstanzliche Urteil und korrigierte die Entscheidung des Oberlandesgerichts Stockholm, das den Täter am 8. 7. 2004 für schuldunfähig erklärt und seine Einweisung in eine psychiatrische Anstalt verfügt hatte. Der serbischstämmige Schwede Maijailo Mjailović hatte Lindh am 10. 9. 2003 in Stockholm niedergestochen (→ WA 2005, S. 371).

Am 29. 9. 2004 verstarb **Christer Petterson**, der als vermeintlicher Mörder des Ministerpräsidenten **Olof Palme** 1989 zu lebenslanger Haft verurteilt, ein halbes Jahr später vom Obersten Gerichtshof aber freigesprochen worden war. Die Tat, zu der sich Petterson wiederholt bekannt hatte, um sie dann zu widerrufen, wurde nie aufgeklärt.

▪ **Tsunami-Folgen:** Unter den Todesopfern der Tsunami-Katastrophe am 26. 12. 2004 im Indischen Ozean wurden nach offiziellen Angaben im April 2005 insgesamt 374 Schweden identifiziert, 170 gelten weiterhin als vermisst. Zur Identifizierung wurden erstmals die DNA-Profile des sog. PKU-Registers herangezogen, einer Datenbank, in der zu Forschungszwecken Blutproben aller seit 1975 Geborenen gesammelt werden. Das Parlament verabschiedete auf einer Sondersitzung am 8. 1. eine Ausnahmeregelung, um Polizei und rechtsmedizinischem Dienst den Zugriff auf die Datenbank zu ermöglichen.

▪ **Atomkraft:** Nach Scheitern von Konsensgesprächen mit den Energiekonzernen kündigte Ministerpräsident Persson am 4. 10. 2004 an, den **zweiten Atomreaktor in Barsebäck** am Öresund im Sommer 2005 **vom Netz zu nehmen** (der erste war bereits 1999 geschlossen worden) und setzte den Ausstieg aus der Atomenergie fort, der auf der Grundlage einer Volksabstimmung von 1980 im Jahr 1997 vom Parlament beschlossen worden war. Die in der Nacht zum 1. 6. 2005 erfolgte Abschaltung des in der Nähe von Malmö und Kopenhagen stehenden Kernkraftwerks wurde von Dänemark begrüßt. Schweden bezieht derzeit knapp die Hälfte seines Stroms aus Atomkraftwerken, die andere Hälfte stammt vornehmlich aus der Wasserkraft.

▪ **Rauchverbot:** Zum 1. 6. 2005 trat ein absolutes Rauchverbot in Restaurants, Bars und Cafés in Kraft. Erlaubt ist das Rauchen nur noch im Freiluftbereich der Gaststätten.

Schweiz Mittel-Europa

Schweizerische Eidgenossenschaft; Confédération suisse; Confederazione svizzera (italienisch); Confederaziun Svizra (rätoromanisch) – CH / CHE

Fläche (Weltrang: 132): 41 285 km²

Einwohner (93): F 2003 7 350 000 = 178 je km²

Hauptstadt: Bern

Amtssprachen: Deutsch, Französisch, Italienisch, teilweise Rätoromanisch (Rumantsch)

Bruttonationaleinkommen 2003 je Einw.: 40 680 $

Währung: 1 Schweizer Franken (sfr) = 100 Rappen (Rp) / Centimes (c)
Kurs: 1 US-$ = 1,28 sfr; 1 € = 1,55 sfr (1. 7. 2005)

Schweizerische Botschaft
Otto-von-Bismarck-Allee 4 A, 10557 Berlin
T 030 / 3 90 40 00, Fax 3 91 10 30
www.botschaft-schweiz.de

LANDESSTRUKTUR **Fläche**: 41 285 km² ▪ **Verwaltung**: 20 Vollkantone und 6 Halbkantone ▪ **Städte**: (F 2003) Zürich 342 853 Einw., Genève (Genf) 178 500, Basel 164 802, Bern 122 299, Lausanne 116 811, Winterthur 91 159, St. Gallen 70 628, Luzern 57 271, Biel (Bienne) 48 524, Thun 40 850, Köniz 37 134, La Chaux-de-Fonds 36 882, Schaffhausen 33 818, Freiburg (Fribourg) 32 849, Chur 32 227, Neuchâtel (Neuenburg) 31 465, Vernier 29 794, Uster 28 783, Sitten (Sion) 27 807, Emmen 26 913, Lancy 26 634, Lugano 26 297, Kriens 25 065

BEVÖLKERUNG Schweizer – F 2003: 7 350 000 Einw.; Bevölkerungswachstum: 0,8 %; letzte Zählung 2000: 7 288 010 Einw. – F 2004: 79,5 % Schweizer, 20,5 % Ausländer ▪ **Sprachen** 2000: (Erstsprache) 63,7 % Deutsch, 20,4 % Französisch, 6,5 % Italienisch, 0,5 % Rätoromanisch (im Kanton Graubünden 17,1 %), 9,5 % andere Sprachen ▪ **Religion** 2000: 41,8 % Katholiken, 35,3 % Protestanten, 4,3 % Muslime, 1,8 % Orthodoxe, 0,2 % (17 914) Juden; 11,1 % konfessionslos

STAATS- UND REGIERUNGSFORM Verfassung von 2000 – Parlamentarischer Bundesstaat seit 1848 – Parlament (Bundesversammlung / Assemblée fédérale / Assemblea federale): Nationalrat (Conseil national / Consiglio nazionale) mit 200 Mitgl. (Präsidentin: Thérèse Mayer, CVP, bis 12 / 2005) und Ständerat (Conseil des Etats / Consiglio degli Stati) mit 46 Mitgl. (Präsident: Bruno Frick, CVP, bis 12 / 2005); Wahl jeweils alle 4 J. – Wahl des Staatsoberhaupts jährlich im Dezember von der Bundesversammlung aus den Mitgliedern des Bundesrates – Wahlrecht ab 18 J. ▪ **Unabhängigkeit**: 1291 Ewiger Bund der drei Urkantone; de facto 22. 9. 1499 (Basler Friede), anerkannt 24. 10. 1648 (Westfälischer Friede) ▪ **Nationalfeiertag**: 1. 8. (Rütlischwur im Jahr 1291)

REGIERUNG UND PARTEIEN **Staatsoberhaupt**: Bundespräsident für 2005: Samuel Schmid (SVP); Koalition aus CVP, FDP, SP und SVP – **Äußeres**: Micheline Calmy-Rey (SP), seit 1. 1. 2003 ▪ **Parlament**: Wahlen vom 19. 10. 2003: Nationalrat: Schweizerische Volkspartei / SVP 55 von 200 Sitzen (1999: 44), Sozialdemokratische Partei / SP 52 (51), Freisinnig-Demokratische Partei / FDP 36 (43), Christlichdemokratische Volkspartei / CVP 28 (35), Grüne Partei / GP 13 (9), Liberale Partei / LP 4 (6), Evangelische Volkspartei / EVP 3 (3), Eidgenössische Demokratische Union / EDU 2 (1), Partei der Arbeit / PdA 2 (2), Lega dei Ticinesi / Lega 1 (2), Schweizer Demokraten / SD 1 (1), Christlich-Soziale Partei / CSP 1 (1), Solidarités / Sol 1 (1), Alternative Liste / AL 1 (–), Landesring der Unabhängigen / LdU – (1); Ständerat: CVP 15 von 46 Sitzen (1999: 15), FDP 14 (18), SP 9 (6), SVP 8 (7)

WIRTSCHAFT **BIP** 2003: 320,118 Mrd. $; realer Zuwachs: –0,4 %; Anteil (2003) Landwirtschaft 1,5 %, Industrie 34,0 %, Dienstleistungen 64,5 % ▪ **Erwerbstätigkeit** 2004: Landwirtsch. 3,9 %, Industrie 26,1 %, Dienstl. 69,9 % ▪ **Arbeitslosigkeit** ∅ 2004: 3,9 % ▪ **Inflation** ∅ 2004: 0,8 % ▪ **Außenhandel** 2004: **Import**: 132,423 Mrd. sfr; *Güter*: 22,3 % Chemikalien, 20,6 % Maschinen, Elektronik, 10,2 % Fahrzeuge, 8,7 % Metalle, 7,9 % land-und forstwirtschaftliche Produkte, 6,5 % Textilien, Bekleidung, Schuhe, 6,2 % Instrumente, Uhren; *Länder*: 33,9 % Deutschland, 11,7 % Italien, 10,1 % Frankreich, 5,2 % Niederlande, 4,4 % Österreich, 4,3 % USA (EU gesamt: 83,4 %); **Export**: 141,735 Mrd. sfr; *Güter*: 34,9 % Chemikalien, 23,6 % Maschinen, Elektronik, 17,1 % Instrumente, Uhren, 7,8 % Metalle, 3,4 % land-und forstwirtschaftliche Produkte, 3,1 % Fahrzeuge, 2,7 % Textilien, Bekleidung, Schuhe; *Länder*: 20,6 % Deutschland, 10,0 % USA, 8,7 % Frankreich, 8,5 % Italien, 4,8 % Großbritannien, 3,7 % Japan (EU gesamt: 62,6 %)

Schweiz: Wirtschaftswachstum 1995–2004

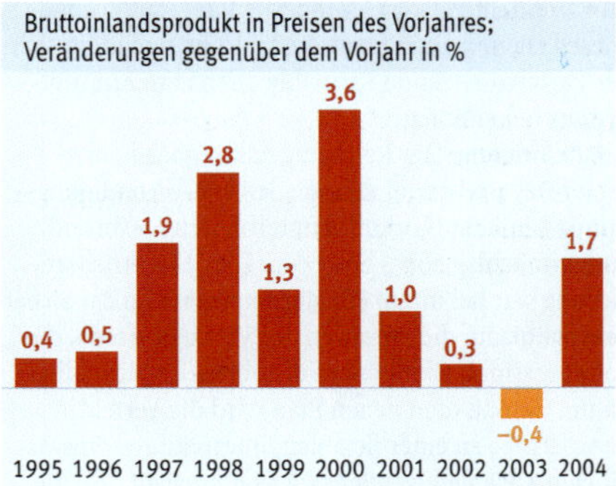

Quelle: SNB/Bundesamt für Statistik 2005

Bundesregierung
www.admin.ch

Bundesrat (Conseil fédéral / Consiglio federale):

Bundespräsident für 2005
Samuel Schmid, SVP

Vizepräsident für 2005
Moritz Leuenberger, SP

Bundeskanzlei
Bundeskanzlerin: Annemarie Huber-Hotz, FDP
Bundeshaus West, 3003 Bern
www.admin.ch/ch/d/bk

Departement für Auswärtige Angelegenheiten
Bundesrätin: Micheline Calmy-Rey, SP
Bundeshaus West, 3003 Bern
www.eda.admin.ch

Departement des Innern
Bundesrat: Pascal Couchepin, FDP
Inselgasse 1, 3003 Bern
www.edi.admin.ch

Justiz- und Polizeidepartement
Bundesrat: Christoph Blocher, SVP
Bundeshaus West, 3003 Bern
www.ejpd.admin.ch

Departement für Verteidigung, Bevölkerungsschutz und Sport
Bundesrat und Bundespräsident: Samuel Schmid, SVP
Bundeshaus Ost, 3003 Bern
www.vbs-ddps.ch

Finanzdepartement
Bundesrat: Hans-Rudolf Merz, FDP
Bundesgasse 3, 3003 Bern
www.efd.admin.ch

Volkswirtschaftsdepartement
Bundesrat und Präsident: Joseph Deiss, CVP
Bundeshaus Ost, 3003 Bern
www.evd.admin.ch

Departement für Umwelt, Verkehr, Energie und Kommunikation
Bundesrat und Vizepräsident: Moritz Leuenberger, SP
Bundeshaus Nord, 3003 Bern
www.uvek.admin.ch

Parteien

Sozialdemokratische Partei (SP)
Spitalgasse 34, 3001 Bern
Präsident: Hans-Jürg Fehr
www.sp-ps.ch

Freisinnig-Demokratische Partei (FDP)
Neuengasse 20, 3001 Bern
Präsident: Fulvio Pelli
www.fdp.ch

Christlichdemokratische Volkspartei (CVP)
Klaraweg 6, 3001 Bern
Präsidentin: Doris Leuthard
www.cvp.ch

Schweizerische Volkspartei (SVP)
Brückfeldstr. 18, 3001 Bern
Präsident: Ueli Maurer
www.svp.ch

Grüne Partei der Schweiz (GP)
Waisenhausplatz 21, 3011 Bern
Präsidentin: Ruth Genner
www.gruene.ch

Liberale Partei der Schweiz (LP)
Spitalgasse 32, 3001 Bern
Präsident: Claude Ruey
www.liberal.ch

Schweizer Demokraten (SD)
Postfach 8116, 3001 Bern
Präsident: Rudolf Keller
www.schweizer-demokraten.ch

Partei der Arbeit der Schweiz (PdA)
25, Vieux-Billard, 1211 Genève
Präsident: Alain Bringolf
www.pda.ch

Evangelische Volkspartei (EVP)
Josefstr. 32, 8005 Zürich
Präsident: Dr. Ruedi Aeschbacher
www.evppev.ch

Lega dei Ticinesi (Lega)
Via Monte Boglia 3, 6900 Lugano
Präsident: Giuliano Bignasca
www.legaticinesi.ch

Die Kantonsregierungen werden mit der im Kanton üblichen Bezeichnung aufgeführt. Die Auflistung der Kantone erfolgt nach der alphabetischen Reihenfolge. Regierungsratsmitglieder – auch hier gibt es unterschiedliche Bezeichnungen – sind von der Bevölkerung eines Kantons für eine Amtsperiode von 4 Jahren gewählt (Ausnahmen: Freiburg, Appenzell ARh und IRh). Der Vorsitz wechselt jährlich wie beim Bundesrat (Ausnahme: Glarus). In einigen kleinen Kantonen arbeiten die Regierungsräte nebenamtlich.

Kanton Aargau

Sitz des Regierungsrats: Aarau
Amtsperiode 1. 4. 2005–31. 3. 2009

Landammann 2005/2006
Rainer Huber, CVP
Landstatthalter 2005/2006
Kurt Wernli, parteilos
Regierungsräte
Peter C. Beyeler, FDP; Roland Brogli, CVP; Ernst Hasler, SVP
www.ag.ch

Aargau: Wahlen zum Grossen Rat am 27.2.2005 (2001)

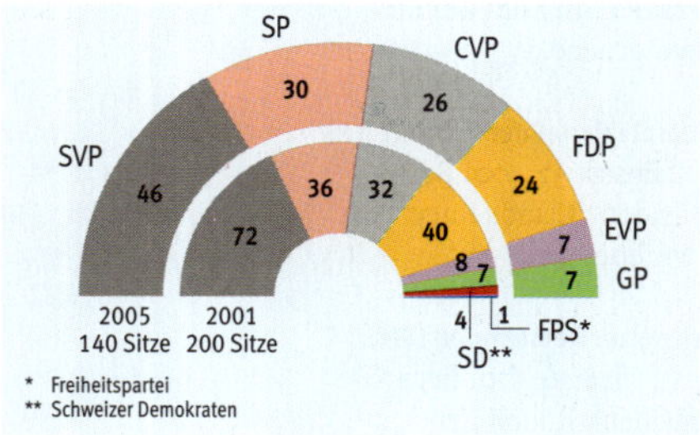

Kanton Appenzell Ausserrhoden

Sitz des Regierungsrats: Herisau
Amtsperiode 1. 6. 2003–31. 5. 2007

Landammann 2003–2007
Alice Scherrer-Baumann, FDP
Vizepräsident 2003–2007
Jakob Brunnschweiler, FDP
Regierungsräte
Rolf Degen, FDP; Hans Diem, SVP; Jakob Frei, SVP; Marianne Koller-Bohl, FDP; Jürg Wernli, FDP
www.ar.ch

Kanton Appenzell Innerrhoden

Sitz der Standeskommission: Appenzell
Amtsperiode 25. 4. 2005–24. 4. 2006

Regierender Landammann 2005/2006
Carlo Schmid-Sutter, CVP
Stillstehender Landammann 2005/2006
Bruno Koster, parteilos
Regierungsräte
Werner Ebneter, CVP; Lorenz Koller, CVP; Melchior Looser, parteilos; Stefan Sutter, CVP; Paul Wyser, parteilos
www.ai.ch

Kanton Basel-Landschaft

Sitz des Regierungsrats: Liestal
Amtsperiode 1. 7. 2003–30. 6. 2007

Präsidentin 2005/2006
Elsbeth Schneider-Kenel, CVP
Vizepräsident 2005/2006
Urs Wüthrich, SP
Regierungsräte
Adrian Ballmer, FDP; Sabine Pegoraro, FDP; Erich Straumann, SVP
www.baselland.ch

Kanton Basel-Stadt

Sitz des Regierungsrats: Basel
Amtsperiode 2. 2. 2005–3. 2. 2009

Präsident 2005/2006
Dr. Ralph Lewin, SP
Vizepräsidentin 2005/2006
Barbara Schneider, SP
Regierungsräte
Dr. Carlo Conti, CVP; Dr. Christoph Eymann, Liberaldemokratische Partei Basel-Stadt; Dr. Eva Herzog, SP; Dr. Guy Morin, GP; Jörg Schild, FDP
www.bs.ch

Basel-Stadt: Wahlen zum Grossen Rat am 24.10.2004 (2000)

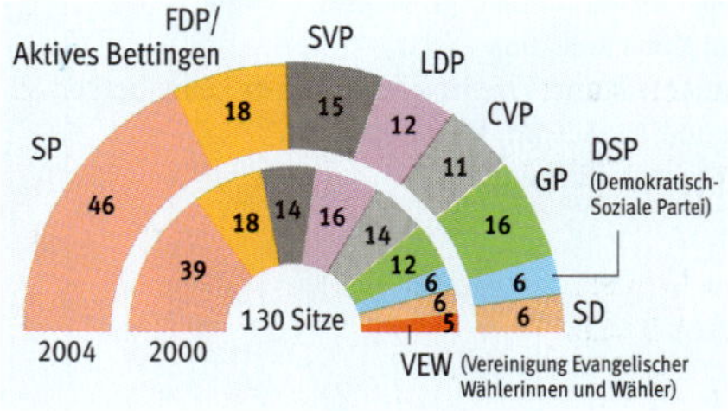

Kanton Bern

Sitz des Regierungsrats: Bern
Amtsperiode 1. 6. 2002–31. 5. 2006

Präsident 2005 / 2006
Mario Annoni, FDP
Vizepräsident 2005 / 2006
Samuel Bhend, SP
Regierungsräte
Dora Andres, FDP; Barbara Egger-Jenzer, SP; Urs Gasche, SVP; Werner Luginbühl, SVP; Elisabeth Zölch-Balmer, SVP
www.be.ch

Kanton Freiburg / Canton de Fribourg

Sitz des Staatsrats / Conseil d'Etat: Freiburg / Fribourg
Amtsperiode 1. 1. 2002–31. 12. 2006

Präsidentin 2005
Ruth Lüthi, SP
Vizepräsident 2005
Claude Grandjean, SP
Regierungsräte
Isabelle Chassot, CVP; Pascal Corminboeuf; Claude Lässer, FDP; Michel Pittet, CVP; Dr. Beat Vonlanthen, CVP
www.fr.ch / fribourg / de

Kanton Genf / Canton de Genève

Sitz des Staatsrats / Conseil d'Etat: Genf / Genève
Amtsperiode 3. 11. 2001–November 2005

Présidente 2004 / 2005
Martine Brunschwig Graf, LP
Vice-président 2004 / 2005
Carlo Lamprecht, CVP
Regierungsräte
Charles Beer, SP; Robert Cramer, GP; Laurent Moutinot, SP; Micheline Spoerri, LP; Pierre-François Unger, CVP
www.geneve.ch

Kanton Glarus

Sitz des Regierungsrats: Glarus
Amtsperiode 5. 5. 2002–2006

Landammann 2002–2006
Jakob Kamm, SP
Landesstatthalter 2002–2006
Willy Kamm, FDP
Regierungsräte
Marianne Dürst, FDP; Pankraz Freitag, FDP; Robert Marti, SVP; Franz Schiesser, SP; Dr. Rolf Widmer, CVP
www.gl.ch

Kanton Graubünden / Chantun Grischun

Sitz der Regierung / Regenza: Chur
Amtsperiode 1. 1. 2003–31. 12. 2006

Präsidentin 2005
Dr. Eveline Widmer-Schlumpf, SVP
Vizepräsident 2005
Claudio Lardi, SP
Regierungsräte
Stefan Engler, CVP; Martin Schmid, FDP; Hansjörg Trachsel, SVP
www.gr.ch

Kanton Jura / Canton du Jura

Sitz der Regierung / Gouvernement: Delsberg / Delémont
Amtsperiode 1. 1. 2003–31. 12. 2006

Président 2005
Claude Hêche, SP
Vice-présidente 2005
Elisabeth Baume-Schneider, SP
Regierungsräte
Jean-François Roth, CVP; Gérald Schaller, CVP; Laurent Schaffter, PCSI
www.jura.ch

Kanton Luzern

Sitz des Regierungsrats: Luzern
Amtsperiode 1. 7. 2003–30. 6. 2007

Schultheiss 2005
Max Pfister, FDP
Statthalter 2005
Anton Schwingruber, CVP
Regierungsräte
Dr. Markus Dürr, CVP; Dr. Kurt Meyer, CVP; Yvonne Schärli, SP
www.lu.ch

Kanton Neuenburg / Canton Neuchâtel

Sitz des Staatsrats / Conseil d'Etat:
Neuenburg / Neuchâtel
Amtsperiode 21. 5. 2005–2009

Président 2005 / 2006
Bernard Soguel, SP
Vice-présidente 2005 / 2006
Sylvie Perrinjaquet, LP
Regierungsräte
Fernand Cuche, GP; Roland Debély, FDP;
Jean Studer, SP
www.ne.ch

Neuenburg/Neuchatel: Wahlen zum Grossen Rat am 10.4.2005 (2001)

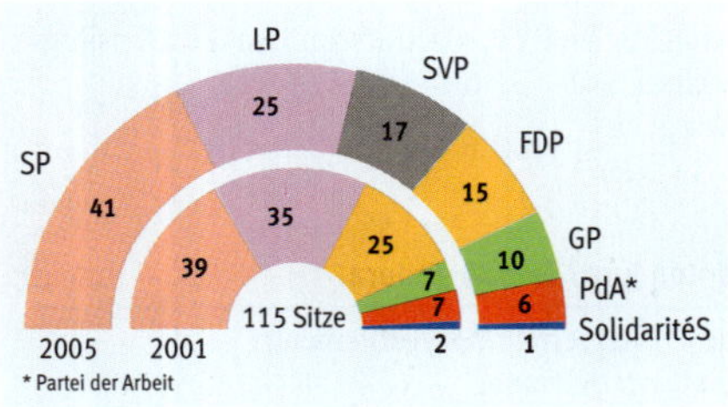

Kanton Nidwalden

Sitz des Regierungsrats: Stans
Amtsperiode 1. 7. 2002–30. 6. 2006

Landammann 2005 / 2006
Lisbeth Gabriel, CVP
Landesstatthalterin 2005 / 2006
Beatrice Jann, FDP
Regierungsräte
Beat Fuchs, FDP; Hugo Kayser, CVP; Paul Niederberger, CVP; Gerhard Odermatt, FDP; Dr. Leo Odermatt, Demokratisches Nidwalden
www.nw.ch

Kanton Obwalden

Sitz des Regierungsrats: Sarnen
Amtsperiode 1. 7. 2002–30. 6. 2006

Landammann 2005 / 2006
Hans Matter, CSP
Landesstatthalter 2005 / 2006
Hans Wallimann, CVP
Regierungsräte
Niklaus Bleiker, CVP; Elisabeth Gander-Hofer, FDP; Hans Hofer, CSP
www.ow.ch

Kanton Schaffhausen

Sitz des Regierungsrats: Schaffhausen
Amtsperiode 1. 1. 2005–31. 12. 2008

Präsident 2005
Heinz Albicker, FDP
Vizepräsident 2005
Dr. Hans-Peter Lenherr, FDP
Regierungsräte
Ursula Hafner-Wipf, SP; Dr. Erhard Meister, SVP; Rosmarie Widmer Gysel, SVP
www.sh.ch

Schaffhausen: Wahlen zum Kantonsrat am 26.8.2004 (2001)

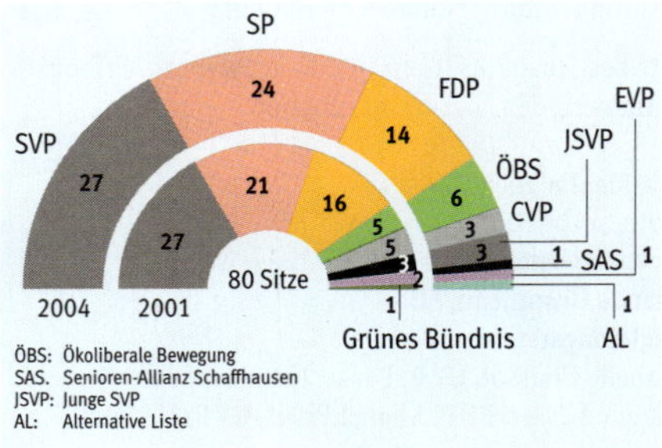

Kanton Schwyz

Sitz des Regierungsrats: Schwyz
Amtsperiode 1. 7. 2004–30. 6. 2008

Landammann 2004–2006
Kurt Zibung, CVP
Landesstatthalter 2004–2006
Alois Christen, FDP
Regierungsräte
Lorenz Bösch, CVP; Dr. Georg Hess, CVP; Armin Hüppin, SP; Peter Reuteler, FDP; Walter Stählin, SVP
www.sz.ch

Kanton Solothurn

Sitz des Regierungsrats: Solothurn
Amtsperiode August 2005– Juli 2009

Landammann 2005
Walter Straumann, CVP
Vize-Landammann 2005
Rolf Ritschard, SP
Regierungsräte
Klaus Fischer, CVP; Esther Gassler, FDP; Peter Gomm, SP; Christian Wanner, FDP
www.so.ch

Solothurn: Wahlen zum Kantonsrat am 27.2.2005 (2001)

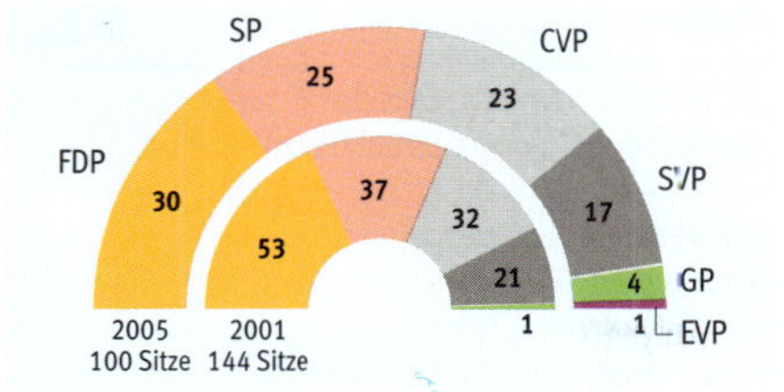

Kanton St. Gallen

Sitz der Regierung: St. Gallen
Amtsperiode 1. 6. 2004–31. 5. 2008

Präsident 2005/2006
Willi Haag, FDP
Vize-Präsident 2005/2006
Dr. Josef Keller, CVP
Regierungsräte
Heidi Hanselmann, SP; Kathrin Hilber, SP; Karin Keller-Sutter, FDP; Peter Schönenberger, CVP; Hans Ulrich Stöckling, FDP
www.sg.ch

Kanton Tessin / Cantone Ticino

Sitz des Staatsrats/Consiglio di Stato: Bellinzona
Amtsperiode April 2003–April 2007

Presidente 2005/2006
Marina Masoni, FDP
Vicepresidente 2004/2005
Luigi Pedrazzini, CVP
Regierungsräte
Marco Borradori, Lega dei Ticinesi; Gabriele Gendotti, FDP; Patrizia Pesenti, SP
www.ti.ch

Kanton Thurgau

Sitz des Regierungsrats: Frauenfeld
Amtsperiode 1. 6. 2004–31. 5. 2008

Präsident 2005/2006
Roland Eberle, SVP
Vizepräsident 2005/2006
Dr. Kaspar Schläpfer, FDP
Regierungsräte
Dr. Claudius Graf-Schelling, SP; Bernhard Koch, CVP; Hans Peter Ruprecht, SVP
www.tg.ch

Kanton Uri

Sitz des Regierungsrats: Altdorf
Amtsperiode 1. 6. 2004–31. 5. 2008

Landammann 2004–2006
Dr. Josef Arnold, CVP
Landesstatthalter 2004–2006
Dr. Markus Stadler, parteilos
Regierungsräte
Isidor Baumann, CVP; Josef Dittli, FDP; Stefan Fryberg, FDP; Heidi Zgraggen, CVP; Markus Züst, SP
www.ur.ch

Kanton Waadt / Canton de Vaud

Sitz des Staatsrats/Conseil d'Etat: Lausanne
Amtsperiode 1. 4. 2002–31. 3. 2006

Présidente 2005
Anne-Catherine Lyon, SP
Vice-président 2005
Pascal Broulis, FDP
Regierungsräte
Pierre-Yves Maillard, SP; François Marthaler, GP; Jacqueline Maurer-Mayor, FDP; Jean-Claude Mermoud, SVP; Charles-Louis Rochat, LP
www.vd.ch

Kanton Wallis / Canton du Valais

Sitz des Staatsrats/Conseil d'Etat: Sitten/Sion
Amtsperiode 1. 5. 2005–30. 4. 2009

Président 2005/2006
Claude Roch, FDP
Vice-président 2005/2006
Thomas Burgener, SP
Regierungsräte
Jean-Jacques Rey-Bellet, CVP; Jean-Michel Cina, CVP; Jean-René Fournier, CVP
www.vs.ch

Wallis: Wahlen zum Grossen Rat am 6.3.2005 (2001)

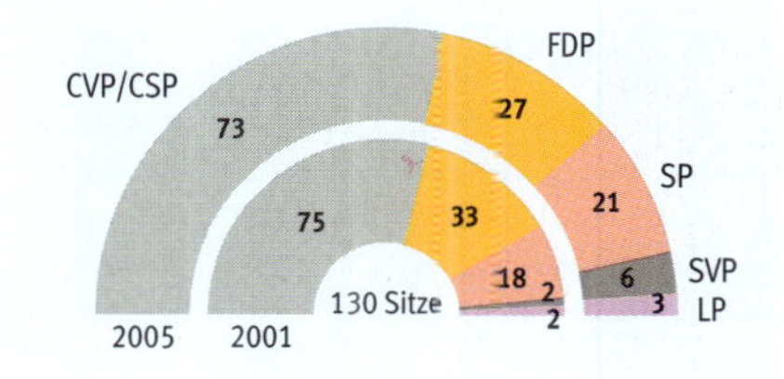

Kanton Zug

Sitz des Regierungsrats: Zug
Amtsperiode 1. 1. 2003–31. 12. 2006

Landammann 2005/2006
Brigitte Profos-Meier, SP
Statthalter 2005/2006
Hans-Beat Uttinger, SVP
Regierungsräte
Joachim Eder, FDP; Peter Hegglin, CVP; Matthias Michel, FDP; Walter Suter, CVP; Hanspeter Uster, Sozialistisch-Grüne Alternative
www.zug.ch

Kanton Zürich

Sitz des Regierungsrats: Zürich
Amtsperiode 19. 5. 2003–Frühjahr 2007

Präsidentin 2005/2006
Dorothée Fierz, FDP
Vizepräsidentin 2005/2006
Verena Diener, Grün-Liberale Zürich
Regierungsräte
Regine Aeppli, SP; Rita Fuhrer, SVP; Dr. HansHollenstein, CVP; Dr. Ruedi Jeker, FDP; Dr. Markus Notter, SP
www.zh.ch

Schweiz
Fläche, Bevölkerung und öffentliche Haushalte

Kanton – Amtl. Kürzel (Kantonshauptort)	Fläche in km²	Einwohner F 2004[1]		Öffentliche Haushalte 2003 in Mio. sfr		
		insgesamt	Ausländeranteil in %	Einnahmen	Ausgaben	Schulden
Aargau – AG (Aarau)	1 404	565 400	19,8	3 752	3 744	1 769
Appenzell Ausserrhoden[2] – AR (Herisau)	243	52 800	13,2	389	388	120
Appenzell Innerrhoden[2] – AI (Appenzell)	173	15 100	9,9	120	126	34
Basel-Landschaft[2] – BL (Liestal)	517	265 800	17,7	2 245	2 302	3 037
Basel-Stadt[2] – BS (Basel)	37	186 700	29,2	3 894	3 829	4 956
Bern – BE (Bern)	5 961	956 000	12,3	8 339	8 164	10 050
Fribourg (Freiburg) – FR (Fribourg)	1 671	249 700	15,3	2 281	2 219	1 113
Genève (Genf) – GE (Genève)	282	428 600	37,7	6 314	7 487	19 902
Glarus – GL (Glarus)	685	38 500	20,2	351	382	249
Graubünden – GR (Chur)	7 105	187 900	13,9	1 964	2 036	1 098
Jura – JU (Delémont/Delsberg)	837	69 100	12,0	786	806	610
Luzern – LU (Luzern)	1 493	354 800	15,3	2 841	2 914	2854
Neuchâtel (Neuenburg) – NE (Neuchâtel)	803	167 500	22,9	1 605	1 648	1 854
Nidwalden[2] – NW (Stans)	276	39 500	9,3	357	348	240
Obwalden[2] – OW (Sarnen)	491	33 300	11,1	289	283	198
Schaffhausen – SH (Schaffhausen)	299	73 900	20,7	583	593	400
Schwyz – SZ (Schwyz)	909	136 500	16,1	742	811	378
Solothurn – SO (Solothurn)	791	247 400	17,8	1 678	1 601	1 428
St. Gallen – SG (St. Gallen)	2 026	459 000	20,3	3 429	3 509	1 754
Thurgau – TG (Frauenfeld)	991	233 200	19,4	1 477	1 458	1 279
Ticino (Tessin) – TI (Bellinzona)	2 812	319 800	24,9	2 560	2 836	1 603
Uri – UR (Altdorf)	1 077	35 100	8,2	404	418	214
Valais (Wallis) – VS (Sion/Sitten)	5 225	288 800	17,5	2 281	2 227	2 488
Vaud (Waadt) – VD (Lausanne)	3 212	647 700	28,3	6 199	6 461	10 625
Zug – ZG (Zug)	239	105 200	20,3	887	944	409
Zürich – ZH (Zürich)	1 729	1 261 100	22,3	10 009	10 454	9 256
Schweiz	41 285	7 418 400	20,5	65 774	67 989	77 919

1 ständige Wohnbevölkerung am Jahresende 2 Halbkanton

Quelle: Bundesamt für Statistik und Eidgenössisches Finanzdepartement 2005

Bevölkerung, Wirtschaft, Soziales

Bevölkerung

▪ **Einwohner** Die Bevölkerungszahl der Schweiz (ständige Wohnbevölkerung) nahm 2004 um 54 300 zu und betrug am Jahresende 7 418 400 (2003: 7 364 100), davon waren 3 787 300 (3 762 600) Frauen und 3 631 100 (3 601 500) Männer. Die Zuwachsrate entsprach mit 0,7 % der von 2003. Der Bevölkerungsanstieg resultierte zum einen aus dem erstmals seit 1997 wieder angestiegenen Geburtenüberschuss von 12 000 Personen (8700), zum anderen aus einem weiterhin deutlichen Einwanderungsüberschuss von 41 700 Personen (43 000).

Schweiz: Altersstruktur 1980 und 2004
(ständige Wohnbevölkerung nach Altersgruppen)

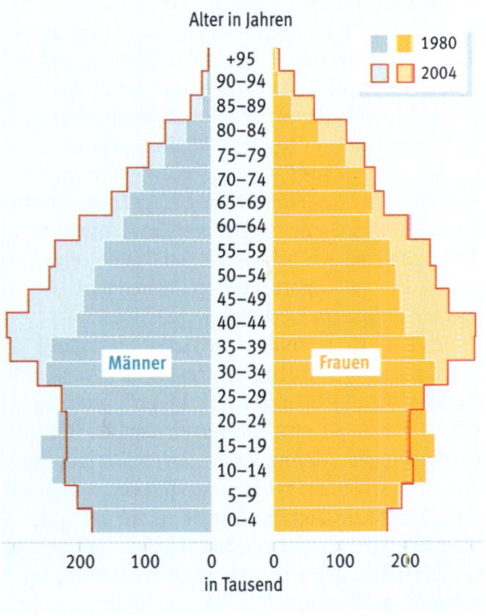

Quelle: Bundesamt für Statistik 2005

▪ **Geburten und Sterbefälle** Die Zahl der Lebendgeborenen stieg 2004 (vorläufige Ergebnisse) um 0,9 % auf 72 500 (2003: 71 800). Die Zahl der Gestorbenen sank 2004 um 5,1 % auf 60 000, während im Vorjahr 63 100 Todesfälle zu verzeichnen waren.

▪ **Ehen** Nachdem im Jahr 2002 der stark rückläufige Trend bei den Eheschließungen unterbrochen wurde, verringerte sich 2004 zum zweiten Mal in Folge die Anzahl der Eheschließungen. Es heirateten 39 500 Paare und damit 1,5 % bzw. 600 weniger als 2003. Zugleich stieg die Zahl der Ehescheidungen 2004 gegenüber dem Vorjahr um 6,8 % von 16 800 auf 17 900

▪ **Ausländer** Der Anteil der ausländischen Bevölkerung nahm nach Angaben des Bundesamtes für Statistik auch 2004 zu und belief sich am Jahresende auf 1 524 900 (2003: 1 500 900) Personen; das entspricht einer Zuwachsrate von 1,6 %. Daraus ergibt sich ein Anteil an der Gesamtbevölkerung von 20,6 % (2003: 20,5 %). Ausländeranteile in den Kantonen → Tabelle.

Hauptherkunftsländer der ständigen ausländischen Wohnbevölkerung waren nach Auskunft des Bundesamtes für Migration Ende 2004 (2003): Italien 300 214 (303 770), Serbien und Montenegro 199 150 (199 756), Portugal 159 737 (149 839) und Deutschland 144 864 (133 636).

▪ **Auslandschweizer** Die Zahl der im Ausland lebenden Schweizer stieg 2004 gegenüber dem Vorjahr erneut um 10 495 oder 1,7 % auf 623 057 Personen an. Von ihnen besaßen 442 643 (433 694) die doppelte Staatsbürgerschaft. 62 % der Auslandschweizer leben in Europa, 26 % in Nord-und Südamerika, jeweils 4,5 % in Asien und Ozeanien und 3 % in Afrika.

▪ **Einbürgerungen** Die Zahl der Einbürgerungen ist 2004 gegenüber dem Vorjahr leicht zurückgegangen: 36 957 (2003: 37 070) Menschen erhielten das Schweizer Bürgerrecht. Hauptherkunftsländer waren 2004 (2003): Serbien und Montenegro 7840 (6316), Italien 4408 (5357), Türkei 3568 (4212), Bosnien und Herzegowina 2369 (2268), Mazedonien 1976 (1795), Frankreich 1959 (2334), Kroatien 1615 (1560) und Sri Lanka 1563 (1138).

▪ **Asyl** Infolge der 2004 verabschiedeten Neufassung des Asylgesetzes nahm die Anzahl der Asylgesuche in der Schweiz stärker als in anderen westeuropäischen Staaten ab. Sie ging um 32,3 % auf 14 248 zurück und erreichte den niedrigsten Stand seit 1987 (→ Grafik S. 407). Von den Asylsuchen stammten 2004 u. a. 1777 (2953) aus Serbien und Montenegro, 1154 (1674) aus der Türkei und 731 (762) aus Georgien.

2004 wurden insgesamt 19 157 Gesuche erstinstanzlich erledigt (–29,9 % gegenüber 2003). 1555 (1636) Personen wurde Asyl gewährt (–5,0 %), davon 496 (571) aus der Türkei, 175 (175) aus dem Irak, 97 (112) aus Bosnien und Herzegowina, 85 (112) aus Serbien und Montenegro. 10 080 (14 732) Asylgesuche wurden abgelehnt, Nichteintretensentscheide (Nichtannahme des Gesuchs aus formalen oder inhaltlichen Gründen) erhielten 5193 (7832) Personen. Die **Anerkennungsquote** stieg im Vergleich zum Vorjahr um 2,5 % auf 9,2 %. Insgesamt lebten Ende 2004 24 271 (Ende 2003: 24 729) anerkannte Flüchtlinge nach der Genfer Konvention in der Schweiz.

Kriminalität

Laut Polizeilicher Kriminalstatistik hat 2004 die Kriminalität wieder zugenommen (+1,9 %). Die Anzahl der angezeigten Straftaten lag bei 338 835 (2003: 332 452). Bei den Diebstahlsdelikten gab es einen Anstieg von 2,3 % auf 300 135; die Zahl der gemeldeten Körperverletzungen stieg von 6732 auf 8198. 2004 wurden 50 580 Zuwiderhandlungen gegen das Betäubungsmittelgesetz registiert und rund 361 kg Kokain beschlagnahmt.

Bildung

■ **Schule** Die Zahl der Schülerinnen und Schüler stieg zum Schuljahr 2003/04 um knapp 1% an auf 1483988 (2002/03:1470635); davon waren 1151830 (1146071) Schweizer Kinder und 332158 (324564) Ausländer. In der PISA-Studie 2003 schafften es die Schweizer Schüler in den Kategorien Mathematik, Naturwissenschaften und Problemlösungen unter die ersten Zehn, im Lesen belegten sie den elften Platz (→ S. 707). Im kantonalen Vergleich schnitten die Jugendlichen im französischsprachigen Teil des Kantons Freiburg am besten ab, die schlechtesten Leistungen erbrachten Schüler aus den Kantonen Genf und Tessin.

■ **Studium** Die Zahl der Studierenden an Schweizer Hochschulen stieg zum Wintersemester 2004/05 um 7251 auf 160165. Davon studierten 111100 (2003/04: 109334) an universitären Hochschulen und 49065 (43580) an Fachhochschulen. An den Universitäten hat sich die Anzahl der Studierenden in den 2001/02 eingerichteten Bachelor- und Master-Studiengängen im Vergleich zum Vorjahr fast verdoppelt auf 25971. Im Wintersemester 2004/05 entschieden sich 47,6% der Studienanfänger für einen Bachelorstudiengang, 52,4% begannen ein herkömmliches Lizentiats- oder Diplomstudium.

Die Universität Zürich hat weiterhin mit Abstand die meisten Studierenden (23395, +0,4%), gefolgt von der Université de Genève (14652, +0,4%). Die größte Fachhochschule ist mit 10894 Studierenden die Haute Ecole Spécialisée de Suisse occidentale.

An den Universitäten entfielen die meisten Hörer und Hörerinnen auf die Fachbereiche Sozial- (20131, +2,0%) und Wirtschaftswissenschaften (14019, −3,4%). An den Fachhochschulen waren die beliebtesten Studienfächer Wirtschaft (15471, +8,6%) und Technik (9536, +1,9%).

Schweiz: Bildungsstand der Wohnbevölkerung 2003

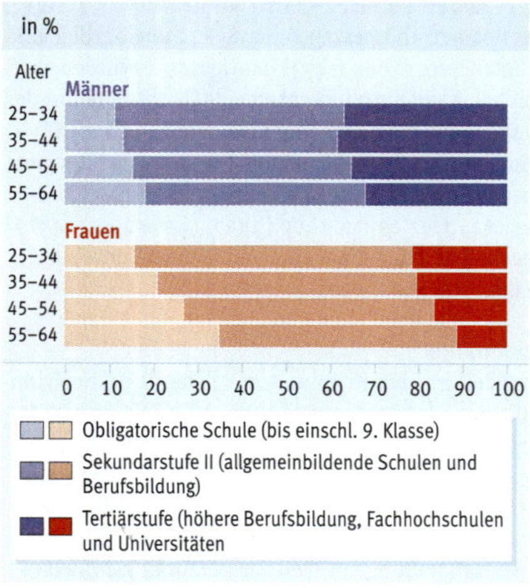

Quelle: Bundesamt für Statistik 2005

Wirtschaft

■ **Wirtschaftliche Entwicklung** Die schweizerische Wirtschaft war 2004 insbesondere in der ersten Jahreshälfte von der internationalen Konjunkturbelebung geprägt. Steigende Exportzahlen und die anziehende Binnennachfrage (Importgüter) in der Schweiz sorgten für Rekordergebnisse im Außenhandel. Der private Konsum stieg im Jahresdurchschnitt um 1,3%. Mit nachlassenden weltwirtschaftlichen Impulsen, dem Dämpfungseffekt des Erdölpreisanstiegs auf die Weltwirtschaft, der Wachstumsverlangsamung im Euroraum und einer Aufwertung des Franken gegenüber dem US-Dollar verschlechterte sich die wirtschaftliche Entwicklung im 4. Quartal. Nach drei konjunkturschwachen Jahren wertete das Staatsekretariat für Wirtschaft 2004 insgesamt als Erholungsjahr.

Die Zahl der Konkurse von Firmen nahm im Vergleich zum Vorjahr um 7,4% zu. 2004 wurden 10524 (2003: 9798) Konkursverfahren eröffnet und 10280 Konkurse abgeschlossen. Die Konkursverfahren führten zu einem Verlust von 4,7 Mrd. sfr. (+32,2%).

■ **Bruttoinlandsprodukt** Nach vorläufigen Berechnungen betrug das BIP 2004 nominal 444,425 (2003: 430,461) Mrd. sfr; damit nahm es im Vergleich zum Vorjahr deutlich auf 1,9 (0,6)% zu. Real stieg es um 1,7% (→ Grafik S. 396).

■ **Außenhandel** Nach dreijähriger Stagnation konnte der Schweizer Außenhandel infolge der Konjunkturbelebung das beste Ergebnis seit vier Jahren verzeichnen. Die Schweiz importierte 2004 Waren und Dienstleistungen im Wert von 132,423 Mrd. sfr (+8,645 Mrd. sfr gegenüber 2003). Daraus ergibt sich ein nominaler Anstieg von 7,0 (2003: 0,5)% und ein realer Anstieg von 4,6 (1,0)%. Den höchsten Zuwachs erzielten mit +7,4% Investitionsgüter. Der Wert der Exporte stieg im Vergleich zum Vorjahr um 11,074 Mrd. sfr auf 141735 Mrd. sfr und damit nominal um 8,5 (0,2)%, real um 6,4 (0,1)% an. An der Spitze der Exportgüter standen Pharmazeutika und Diagnostika (34,771 Mrd. sfr; +12,6%). Auch der Metall-, der Nahrungs- und Genussmittelsektor und die Uhrenindustrie wiesen hohe Wachstumsraten auf.

Die **Handelsbilanz** schloss 2004 mit einem Überschuss von +9,312 (2003: +6,884) Mrd. sfr ab, womit der höchste je registrierte Wert erreicht wurde. Wichtigster Außenhandelspartner war wiederum Deutschland, aus dem ein Drittel der schweizerischen Importe stammte und in das 20,6% der Exporte gingen. Weitere wichtige Handelspartner waren Italien mit 11,7% und Frankreich mit 10,1% an den Gesamtimporten sowie die Vereinigten Staaten, in die 10,1% der schweizerischen Exporte gingen.

■ **Leistungsbilanz** Die Ertragsbilanz weist nach vorläufigen Schätzungen für 2004 einen Überschuss von 53,4 Mrd. sfr auf und damit 3,2 Mrd. sfr weniger als im Vorjahr. Entscheidend für den Rückgang waren die niedrigeren Nettoerträge aus Direktinvestitionen

(–5 Mrd. sfr) und die Verringerung der Nettokapitalerträge (–5,3 Mrd. sfr). Im Warenhandel erhöhte sich dagegen der Überschuss um 2,3 Mrd. sfr auf 6,8 Mrd. sfr, im Dienstleistungssektor um knapp 1 Mrd. sfr auf 24,8 Mrd. sfr.

▪ **Inflation** Die Teuerungsrate (Index der Konsumentenpreise) belief sich im Jahresdurchschnitt 2004 auf 0,8 % (2003: 0,6 %). Dabei stieg das Preisniveau für Inlandsgüter im Jahresdurchschnitt um 0,9 %, für ausländische Güter nahm es aufgrund stark gestiegener Erdölpreise um 0,6 % (2003: 0,1 %) zu.

▪ **Tourismus** Auf der Basis einer Stichprobenerhebung von 500 Hotelbetrieben, welche 2004 die eingestellte Beherbergungsstatistik ersetzte, ermittelte das Bundesamt für Statistik im Vergleich zum Vorjahr einen leichten Rückgang der Übernachtungszahlen um 0,3 % und bewertet dies mit Blick auf die seit dem Jahr 2000 stark gesunkenen Logierzahlen als zufriedenstellendes Resultat. Während die Übernachtungszahl der Schweizer Gäste nach der Stagnation im Vorjahr 2004 um 2,8 % zurückgingen, nahmen die Übernachtungen ausländischer Gäste um 1,7 % zu. Rekordzahlen konnte der Kanton Basel-Stadt melden, in dem rd. 800 000 Übernachtungen und damit 21,5 % mehr als 2003 registriert wurden. Zu dem positiven Ergebnis trug u. a. eine Tutanchamun-Ausstellung mit ca. 50 000 Übernachtungen bei. Die Einnahmen aus dem Fremdenverkehr nahmen aufgrund der gestiegenen Anzahl von Auslandsgästen 2004 von 12,6 auf 12,8 Mrd. sfr zu.

Arbeit und Soziales

▪ **Erwerbstätige** Nach der Schweizer Arbeitskräfteerhebung 2004 (SAKE) gab es im zweiten Quartal 2004 3,959 Mio. Erwerbstätige. Gegenüber 2003 bedeutete dies einen Rückgang von 0,1 %. Während die Zahl der erwerbstätigen Frauen auf Vorjahresniveau blieb, ging die Zahl erwerbstätiger Männer leicht zurück (–0,2 % auf 2,173 Mio.). Der Anteil der ausländischen Arbeitskräfte verringerte sich 2004 um 1,4 % und lag bei 20,6 % (817 000 Personen).

Die Zuwachsrate (3,2 %) der erwerbstätigen Grenzgänger erhöhte sich nach Auskunft des Bundesamtes für Statistik trotz Abschaffung des Vorrangs inländischer Arbeitnehmer bei der Stellenvergabe am 1. 6. 2004 nicht. So stellten 2004 insgesamt 174 700 Pendler aus dem benachbarten Ausland 4,2 % der Gesamtzahl der Erwerbstätigen. Die meisten in der Schweiz arbeitenden Grenzgänger wohnten in Frankreich (54 %), gefolgt von Italien (22 %) und Deutschland (20 %). Die Anzahl der Erwerbslosen stieg im Vergleich zum Vorjahr um 5 % auf 178 000 an, die Erwerbslosenquote lag aber mit 4,3 % (2003: 4,1 %) im europäischen Vergleich noch relativ niedrig.

▪ **Arbeitslosigkeit** Trotz Konjunkturbelebung nahm die Zahl der Arbeitslosen im Jahresdurchschnitt 2004 erneut zu. 153 091 Personen und damit 45 183 oder 16,4 % mehr als 2003 waren arbeitslos registriert. Dies entspricht einer Arbeitslosenquote von 3,9 (2003: 3,7) % (Quote nach nationalem Berechnungskon-

Schweiz: Volkseinkommen und Arbeitslosigkeit in den Kantonen

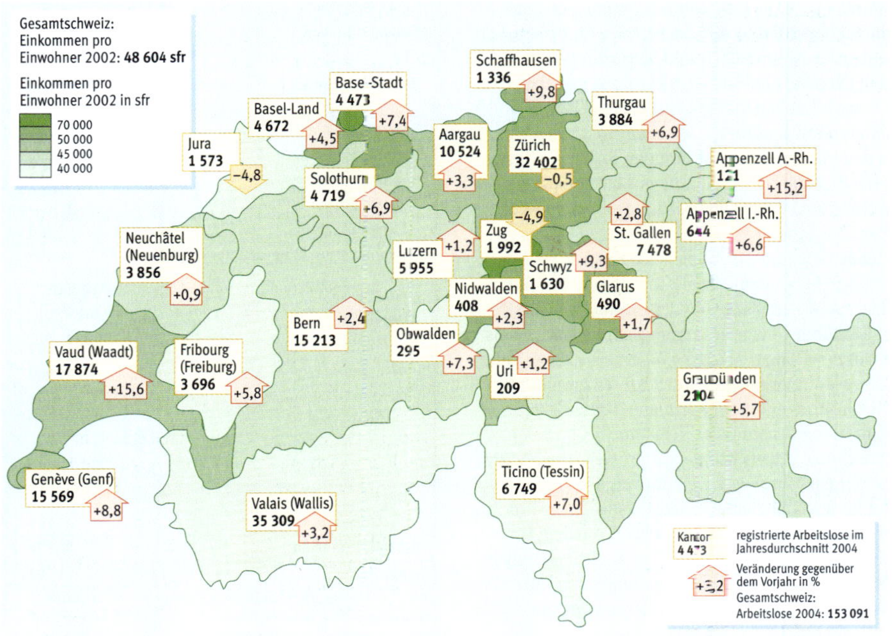

Quelle: Bundesamt für Statistik 2004/seco 2005

zept). Damit wurde zwar der starke Anstieg der Arbeitslosigkeit im Jahr 2003 verlangsamt, der seit 2001 anhaltende Trend aber fortgesetzt. Eine leichte Entspannung am Schweizer Arbeitsmarkt setzte im April 2005 ein, die Arbeitslosenquote sank um 0,1 % auf 3,8 %.

Überdurchschnittlich hoch war der Anstieg der Arbeitslosigkeit in der Altersgruppe der 15 bis 24-Jährigen: Sie betrug 2004 5,1 % (+0,4 %). Die höchste Arbeitslosenquote wurde mit 7,1 % (2003: 6,9 %) bei den ausländischen Arbeitnehmern verzeichnet.

Schweiz: Jugendarbeitslosigkeit 1995–2004

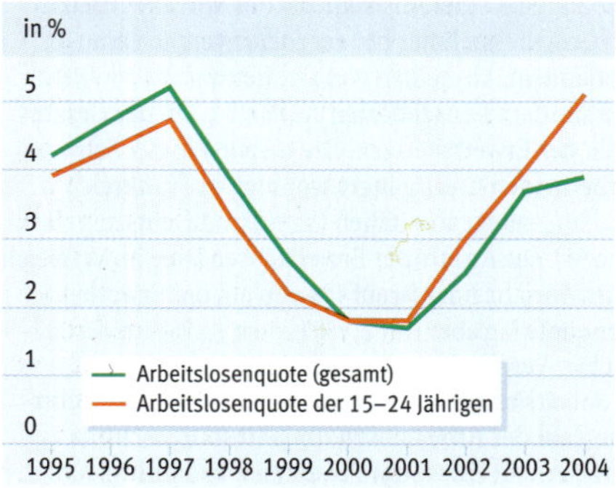

Quelle: seco

▪ **Ausbildungsmarkt** Die Gesamtzahl der Lehrstellen stieg 2004 um 4 % an und lag bei 191 370 (2003: 190 365), wodurch der demographisch bedingte Mehrbedarf (+3,5 %) gedeckt werden konnte. Neu abgeschlossen wurden 70 761 Lehrverträge (2003: 67 964): die meisten in Wirtschaft und Verwaltung (15 711), gefolgt von Verkauf und Handel (9220) und Baugewerbe (7289). Der beliebteste Lehrberuf bei Frauen und Männern war Kaufmann/-frau, an zweiter Stelle folgte bei den Männern der Elektromonteur, bei den Frauen die Verkäuferin. Insgesamt wurden 2004 57 319 (2003: 58 001) Fähigkeitszeugnisse (abgeschlossene Lehre) ausgestellt.

▪ **Löhne** Der Index der realen Löhne stieg 2004 um 0,1 % gegenüber dem Vorjahr (2003: +0,8 %). Damit schwächte sich der seit 2001 bestehende Aufwärtstrend der Reallöhne infolge des verlangsamten Wachstums der Nominallöhne (2004: 0,9 %) erneut ab. Der Lohnindex wies innerhalb der drei Sektoren große Unterschiede auf: Während im primären Sektor (Landwirtschaft) das Wachstum der Reallöhne bei 0,1 % lag, verzeichnete der sekundäre Sektor (Gewerbe und Industrie) ein Minus von 0,2 % im Vergleich zum Vorjahr. Im tertiären Sektor (Dienstleistungen) wurde dagegen ein Anstieg von 0,4 % erreicht, von dem vor allem Beschäftigte in den Bereichen Nachrichtenübermittlung (+1,4 %) und Dienstleistungen im Unternehmensbereich (+1,0 %) profitieren konnten.

Öffentliche Finanzen

Bereits das vierte Mal in Folge schloss der Bundeshaushalt mit einem Defizit ab. Es belief sich 2004 auf 1,7 Mrd. sfr bzw. 0,4 % des Bruttoinlandsprodukts. Damit wurde das im Voranschlag budgetierte Minus von 3,5 Mrd. sfr deutlich unterschritten – ein Resultat der um 1,1 Mrd. sfr niedriger ausgefallenen Ausgaben und der um 685 Mio. sfr höher als erwartet ausgefallenen Einnahmen, die damit (unter Ausschluss der außerordentlichen Einnahmen aus dem Verkauf der Swisskom-Aktien 2002) seit 2001 erstmals wieder zunahmen.

Zu den kantonalen Haushalten → Tabelle S. 402

Die **Bruttoschulden** des Bundes erhöhten sich 2004 um 3 auf 126,7 Mrd. sfr, das Finanzvermögen um 1,2 Mrd. auf 21,6 Mrd. sfr, sodass sich die Nettoschulden des Bundes Ende 2004 auf 105,1 Mrd. sfr (+1,8 Mrd. sfr) beliefen.

Schweiz
Bundeshaushalt 2004–2005

Bundesausgaben (in Mio. sfr)	Rechnung 2004	Voranschlag 2005
Soziale Wohlfahrt	13 813	14 533
Verkehr	7 435	7 807
Landesverteidigung	4 641	4 706
Finanzen und Steuern	9 417	10 518
Landwirtschaft und Ernährung	3 902	3 791
Bildung und Grundlagenforschung	3 903	3 942
Beziehungen zum Ausland	2 441	2 448
Übrige Ausgaben[1]	4 733	4 800
Gesamtausgaben	50 285	52 545
Bundeseinnahmen (in Mio. sfr)	Rechnung 2004	Voranschlag 2005
Direkte Steuern		
– Direkte Bundessteuer	11 822	12 386
– Verrechnungssteuer	2 628	3 015
Indirekte Steuern		
– Stempelabgaben	2 755	3 300
– Mehrwertsteuer/Warenumsatzsteuer	17 666	18 105
– Tabaksteuer	2 040	2 158
– Verkehrsabgaben	993	1 478
– Einfuhrzölle	1 054	1 005
– Mineralölsteuer	4 906	4 980
– Sonstige Fiskaleinnahmen	891	881
Sonstige Einnahmen		
– Regalien/Konzessionen	1 238	1 318
– Vermögenserträge	890	866
– Entgelte	1 324	1 049
– Investitionseinnahmen	422	195
Gesamteinnahmen	48 629	50 736
Ergebnis	– 1 656	– 1 809

1 Allgemeine Verwaltung, Justiz u. Polizei, Kultur u. Freizeit, Gesundheit, Umwelt u. Raumordnung sowie übrige Volkswirtschaft

Quelle: Eidgenössisches Finanzdepartement 2005

CHRONIK

Die eigenmächtige Amtsausübung des Justizministers Christoph Blocher, der nach der Nationalratswahl im Oktober 2003 als führender Kopf der nationalkonservativen Schweizerischen Volkspartei (SVP) und zweiter Vertreter seiner Partei in den siebenköpfigen Bundesrat eingerückt war (→ WA 2005, S. 383), entfachte **Grundsatzdiskussionen über die Zukunft der schweizerischen Konkordanzdemokratie,** zu deren tragenden Elementen das Kollegialitätsprinzip in der Regierungsarbeit zählt. Politische Beobachter machten Anzeichen einer Krise des Regierungssystems aus.

INNENPOLITIK

■ **Personalien:** Zum **Bundespräsidenten für das Jahr 2005** wählte die Vereinigte Bundesversammlung am 8. 12. 2004 mit 174 von 191 gültigen Stimmen turnusgemäß den bisherigen Vizepräsidenten Samuel Schmid (SVP), Leiter des Departements für Verteidigung, Bevölkerungsschutz und Sport. Stellvertretender Bundespräsident wurde der sozialdemokratische Bundesrat Moritz Leuenberger (SP, 146 Stimmen).

Der **Nationalrat** wählte am 8. 3. 2005 die Genfer CVP-Abgeordnete Thérèse Meyer-Kaelin als neue **Präsidentin.** Sie löste Jean-Philippe Maitre (CVP) ab, der erst Ende November sein Amt angetreten hatte, es aber aus gesundheitlichen Gründen drei Monate später niederlegen musste.

Nach dem Rücktritt von **Vizekanzler und Regierungssprecher** Achille Casanova berief der Bundesrat am 27. 4. Oswald Sigg (SP), den bisherigen Stabschef im Departement für Umwelt, Verkehr, Energie und Kommunikation, zum 1. 8. 2005 in diese Ämter. Aus Gründen des parteipolitischen Proporzes trat die der CVP nahe stehende Corina Casanova als zweite Vizekanzlerin an die Stelle der Sozialdemokratin Hanna Muralt Müller (SP).

■ **Parteien:** An die Spitze der **Christlichdemokratischen Volkspartei (CVP)** rückte am 18. 9. 2004 die bisherige Vizepräsidentin und Aargauer Nationalrätin Doris Leuthard. Der Parteitag in Bern wählte sie als Nachfolgerin des zurückgetretenen Philipp Stähelin. Vizepräsidenten wurden Bruno Frick und Dominique de Buman. Die CVP gab sich zugleich ein neues Programm, das die Partei als tragende Kraft für eine »sozial-liberale Marktwirtschaft« mit der Wirtschafts- und Familienpolitik als Hauptanliegen bestimmt.

Die **Freisinnigen Demokraten (FDP)** wählten auf ihrem Parteitag am 5. 3. 2005 in Bern den Tessiner Nationalrat Fulvio Pelli zum neuen Präsidenten. Er folgte Rolf Schweiger nach, der nach nur sieben Monaten Amtszeit am 5. 11. 2004 zurückgetreten war.

■ **Verteidigungspolitik:** Der Nationalrat lehnte am 17. 3. 2005 mit 97 zu 82 Stimmen das **Rüstungsprogramm 2004** ab und brachte damit erstmals seit 1848 einen solchen Antrag des Verteidigungsministers zu Fall. Ausschlaggebend war die Kontroverse über den geplanten Kauf von zwei Transportflugzeugen, den die meisten SVP-Abgeordneten verhindern wollten, um ihrem prinzipiellen Widerstand gegen jede Art von Auslandseinsätzen der Armee Geltung zu verschaffen. Zusammen mit den Abgeordneten der Linken – den Grünen, die das Programm geschlossen ablehnten, und 39 von 45 SP-Abgeordneten – bereiteten sie ihrem Vertreter im Bundesrat, Verteidigungsminister und Bundespräsident Samuel Schmid, eine gravierende Niederlage.

Vor dem Hintergrund einer veränderten Bedrohungslage und knapper Finanzmittel beschloss der Bundesrat am 11. 5. 2005 eine **Schwerpunktverlagerung in der Verteidigungskonzeption.** Danach soll nicht mehr die konventionelle Landesverteidigung mit schweren Waffen im Vordergrund stehen, sondern die Fähigkeit, die Infrastruktur zu sichern und Gewalt in diffusen Bedrohungslagen, wie etwa durch Terrorismus, vorbeugen und begegnen zu können. Der Gesamtbestand der Armee von 220 000 Mann soll erhalten bleiben, die Kapazitäten im klassischen Verteidigungsbereich jedoch ab 2008 um etwa die Hälfte auf rund 18 500 aktive Armeeangehörige reduziert und der Großteil der Armee zur Raumsicherung eingesetzt werden. Darüber hinaus soll die Zahl der im Ausland stationierten Soldaten auf 500 verdoppelt werden. Die SVP kritisierte das Konzept als Abwertung der Armee zu einer Art Polizeitruppe nach innen und Einpassung in die Militärplanung der NATO nach außen.

■ **Asylpolitik:** Gemäß der von ihm angekündigten **härteren Gangart gegenüber Asylbewerbern** brachte Justiz- und Polizeiminister Christoph Blocher in die laufenden Beratungen zur Revision des Ausländer- und Asylgesetzes (→ WA 2005, S. 385) zahlreiche weitere **Vorschläge zur Verschärfung** ein, die sich der Bundesrat im August 2004 zu Eigen machte und der Ständerat am 17. 3. 2005 mit Modifikationen annahm.

In den Kernpunkten zielen sie darauf ab, das Asyl-

Schweiz: Asylgesuche 1995–2004

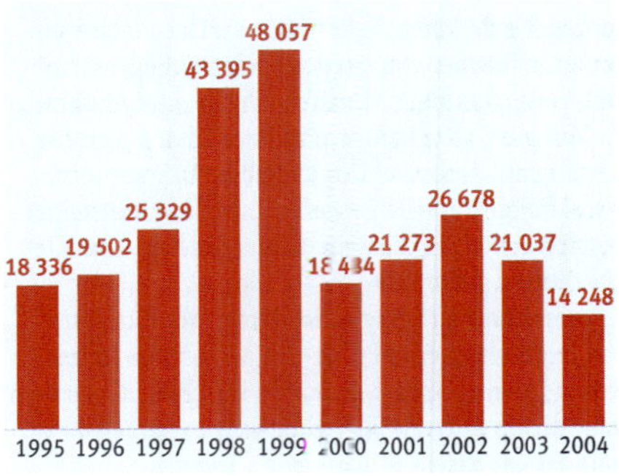

Quelle: Bundesministerium für Migration 2005

verfahren zu beschleunigen, den Aufwand für die Betreuung von abgewiesenen Asylsuchenden zu senken und ihnen den weiteren Aufenthalt in der Schweiz möglichst unattraktiv zu machen. Flüchtlingen ohne Identitätsnachweis wird der Zugang zum Asylverfahren erschwert; der Druck zur Ausreise wird u. a. durch die Möglichkeit einer maximal zweijährigen Beugehaft erhöht. Die von der Verfassung garantierte Nothilfe, welche im April 2004 für abgelehnte Asylbewerber an die Stelle der Sozialhilfe trat, kann eingeschränkt oder ganz verweigert werden, falls der Betroffene seine Pflichten verletzt oder die Ausreise verweigert, wenn dieser keine Hindernisse rechtlicher, humanitärer oder technischer Art entgegenstehen. Eine Härteklausel sieht vor, dass Kantone den Personen, deren Ausweisung nicht möglich ist, obwohl sie keinen Anspruch auf politisches Asyl haben, eine vorläufige Aufenthaltserlaubnis erteilen können.

Die Nationalratskommission schloss sich am 24. 6. 2005 in weiten Teilen der Verschärfung des Asylrechtes an, lehnte aber die von Kirchen und Flüchtlingsorganisationen stark kritisierte Einschränkung der Nothilfe ab. Auch die Pflichtleistungen der Krankenkassen sollen Asylsuchenden ohne Bleiberecht nicht genommen werden. Die vom Bundesrat vorgeschlagene humanitäre Aufnahme von nicht politischen verfolgten Flüchtlingen, die mit einer Arbeitserlaubnis und der Möglichkeit des Familiennachzugs verbunden sein sollte, lehnte die Kommission mit 15 gegen 9 Stimmen zugunsten des bisherigen Systems der vorläufigen Aufnahme ab. Die SP drohte an, die Revision des Asylgesetzes mittels Referendum zu bekämpfen.

▪ **Ausländerpolitik:** Bei der eidgenössischen Abstimmung am 26. 9. 2004 **verwarfen die Stimmbürger** mit 56,8 % bzw. 51,6 % der Stimmen **zwei Vorlagen zur Reform des Staatsbürgerrechts**, die es Ausländern der zweiten und der dritten Generation erleichtert hätten, sich einbürgern zu lassen. Ähnliche Vorstöße waren schon 1983 und 1994 abgelehnt worden. Die zur Abstimmung gestellten und vom Parlament der vergangenen Legislaturperiode verabschiedeten Bürgerrechtsvorlagen, hinter denen nach wie vor drei der vier im Bundesrat vertretenen Parteien standen, waren in einer massiven Kampagne **von der SVP unter stillschweigender Duldung ihres Bundesrats Blocher bekämpft** worden. Nach dem Scheitern der Verfassungsrevision wurde Blocher von einigen seiner Kollegen kritisiert, als zuständiger Minister, der für die Annahme der Vorlagen hätte kämpfen müssen, den negativen Ausgang mit herbeigeführt zu haben. Innenminister Pascal Couchepin (FDP) warf Blocher vor, mit seinem populistischen Stil die Grundlagen der Schweizer Demokratie zu gefährden.

▪ **Extremismus und innere Sicherheit:** Der Bundesrat kam in seinem Bericht über den politischen Extremismus, den er am 25. 8. 2004 verabschiedete, zu dem Befund, die nationale Sicherheit werde **»zur Zeit durch keine extremistische Gruppierung schwerwiegend bedroht«**. Ein nicht zu unterschätzendes Risiko gehe allerdings von der Szene der »gewaltextremistischen Linken« aus, die ca. 2000 Militante umfasse. Etwa 1000 Personen, die sich in einer Vielzahl loser Gruppen vorzugsweise auf dem Land organisiert hätten, seien als potenziell gewalttätige Rechtsextremisten einzustufen. Von islamistischen Gruppierungen seien bisher keine »terroristischen Aktivitäten im eigentlichen Sinne« ausgegangen.

Anfang November identifizierte die Polizei einen als illegalen Migranten zur Abschiebung festgenommenen Nordafrikaner als mutmaßlichen Anführer einer in Spanien aktiven islamistischen Terrorzelle. Er wurde am 22. 4. 2005 an Spanien ausgeliefert.

▪ **Weitere wichtige Volksentscheide:** Am 28. 11. 2004 akzeptierten die Eidgenossen – bei einer Stimmbeteiligung von 36,1 % – mit 64,4 % die Neugestaltung des Finanzausgleichs (NFA), eine **Föderalismusreform**, die neben Korrekturen in der Aufgabenverteilung zwi-

schen dem Bund und den 26 Kantonen die finanzstarken Kantone (wie Zug und Zürich) verpflichtet, die strukturschwachen Regionen stärker als bisher zu unterstützen. Die NFA wird mit 27 Verfassungs- und 30 Gesetzesänderungen nicht vor 2008 in Kraft treten.

Nach einer langen kontroversen Ethikdebatte wurde am 28. 11. mit überraschend hoher Zustimmung (66,4 %) auch das im Dezember 2003 verabschiedete **Stammzellenforschungsgesetz** gebilligt. Dem entsprechend dürfen überzählige Embryonen aus künstlicher Befruchtung in der medizinischen Forschung verwendet werden, wenn die Eltern schriftlich zugestimmt haben. Die Erzeugung von Embryonen zu wissenschaftlichen Zwecken und alle Arten des Klonens sind verboten. Die Stammzellenforschung unterliegt weiteren Auflagen, über deren Einhaltung eine Ethikkommission und das Bundesamt für Gesundheit wachen.

Das am 18. 6. 2004 vom Nationalrat abschließend verabschiedete **Partnerschaftsgesetz** fand am 5. 6. 2005 auch die Billigung von 58 % der Stimmbürger, die zur Urne gingen (Beteiligung: 55,9 %). Ähnlich den Regelungen in den skandinavischen Staaten, Frankreich und Deutschland erhalten homosexuelle Paare in der Schweiz die Möglichkeit, ihre Beziehung rechtlich anerkennen zu lassen. Eingetragene Partnerschaften sind in vielen Rechtsbereichen den Verheirateten angeglichen, bleiben aber von der Adoption und fortpflanzungsmedizinischer Hilfe ausgeschlossen.

- **Gewerkschaften und Unternehmen:** Nach über acht Jahren Vorbereitung fusionierten am 15./16. 10. 2004 auf der Delegiertenversammlungen in Basel fünf Einzelgewerkschaften aus den Sparten Bau, Industrie, Transport und Dienstleistungen. Die **neue Arbeitnehmerorganisation unia** ist mit rund 200 000 Mitgliedern die größte Gewerkschaft der Schweiz und in über 100 Branchen aktiv.

Die Konzernchefs der **Deutschen Lufthansa** und der **Swiss** unterzeichneten am 22. 3. 2005 eine Vereinbarung über die Integration der defizitären Schweizer Fluggesellschaft in den Lufthansa-Konzern. Abhängig von der künftigen Kursentwicklung der Lufthansa-Aktie wurde der Kaufpreis für den Erwerb der Swiss zwischen 70 und 460 Mio. Franken veranschlagt.

- **Verkehr:** Gut elf Jahre nach dem ersten Spatenstich erfolgte am 28. 4. 2005 der **Durchschlag im Lötschbergbasistunnel** und damit die Verbindung des nördlichen und südlichen Teils der insgesamt 34,6 km langen und 4,2 Mrd. sfr teuren Tunnelröhre. Der Lötschbergtunnel in den Berner Alpen ist Teil der neuen Eisenbahn-Alpentransversale (Neat) und wird nach seiner Inbetriebnahme im Dezember 2007 Personen- und Güterzügen eine Reisegeschwindigkeit von bis zu 250 km/h erlauben. Mit einer geplanten Auslastung von täglich 80 Güterzügen soll die Verlagerung des Gütertransportes auf die Schiene beschleunigt werden.

Durchstich des Lötschbergbasistunnels

Das Netz der **Schweizer Bundesbahnen** (SBB) brach am 22. 6. 2005 für mehrere Stunden komplett zusammen, nachdem ein Kurzschluss im Kanton Uri zu einem bundesweiten Spannungsabfall geführt hatte. Über 100 000 Reisende saßen in Bahnhöfen und überhitzten Zügen fest. Die Panne wird die SBB teuer zu stehen kommen, da am 1. 6. so genannte Entschuldigungsschecks bei Verspätungen von mehr als einer Stunde eingeführt wurden. Einen Tag nach dem großen Blackout legte ein Blitzschlag für rund zwei Stunden den Zugverkehr in der Westschweiz lahm.

- **Kultur:** Nach jahrelangen politischen und finanziellen Turbulenzen wurde am 20. 6. 2005 das **Zentrum Paul Klee** (ZPK), ein monografisches Museum für den Schweizer Maler und Grafiker Paul Klee (1879–1940), eröffnet. Den wellenförmigen, dreigeteilten Bau am Berner Stadtrand errichtete der italienische Stararchitekt Renzo Piano, Erbauer des Centre Pompidou in Paris, für rund 110 Mio. sfr. Die »Landschaftsskulptur« wurde postwendend mit dem Schweizer Stahlbaupreis, Prix Acier 2005, ausgezeichnet. Ermöglicht wurde das Zentrum Paul Klee, dessen Sammlung rund 4000 Werke von Klee umfasst, vor allem durch eine Schenkung in Millionenhöhe von einem Berner Arzt.

AUSSENPOLITIK

- **Europapolitik:** Am 26. 10. 2004 unterzeichneten Bundespräsident Joseph Deiss und Außenministerin Micheline Calmy-Rey in Luxemburg die **Bilateralen Abkommen II**, die eine engere Kooperation mit der EU regeln (→ WA 2005, S. 386). Nach dem Ständerat billigte auch der Nationalrat am 8. 12. 2004 die **neun bilateralen Abkommen mit der EU**. Die Haupteinwände der **Gegner des Vertragswerkes**, der Aktion für eine unabhängige und neutrale Schweiz (Auns) und der SVP als einziger im Parlament vertretenen Partei, richteten sich gegen den Verzicht auf nationale Souveränität und die angebliche Gefährdung der inneren Sicherheit. Nach intensiver innenpolitischer Debatte bestätigte die **Volksabstimmung über Schengen / Dublin am 5. 6. 2005** jedoch den auf Kooperation mit der EU angelegten Kurs des Bundesrats mit einer deutlichen Mehrheit (54,6 %). In welchem Umfang die Schweiz ab 2008 auf Personenkontrollen an den Grenzen verzichten und das Dubliner Abkommen zur Asylpolitik umsetzen wird, ist von einer weiteren Volksabstimmung im September 2005 abhängig. Mit ihr wird über die Ausdehnung der Personenfreizügigkeit auf die zehn im Zuge der Osterweiterung 2004 beigetretenen Staaten entschieden. Aus Sicht der EU sind beide Abstimmungen miteinander verknüpft.
- **Katastrophenhilfe:** Nach dem schweren Seebeben am 26. 12. 2004 im Indischen Ozean (→ S. 24 ff.) entsandte der Bundesrat drei Helikopter der Armee und 50 Soldaten als Soforthilfe in die indonesische Provinz Aceh. Für Nothilfe und Wiederaufbaumaßnahmen stellte der Bund insgesamt 28,5 Mio. sfr zur Verfügung. Das Bundesamt für Polizei teilte am 6. 6. 2005 mit, die Schweizer Task Force habe bisher 100 tote Schweizer Bürger unter den **Tsunami-Opfern** identifiziert, 12 weitere Personen würden noch vermisst.
- **Geldwäscheurteil:** Das Bundesstrafgericht in Bellinzona verurteilte am 6. 6. 2005 den **früheren Schweizer Botschafter in Luxemburg** wegen Geldwäscherei, Urkundenfälschung und Veruntreuung zu dreieinhalb Jahren Zuchthaus. Er hatte nach Erkenntnis des Gerichts 2001 u. a. Gelder illegaler Herkunft im Gesamtwert von rd. 2,4 Mio. sfr entgegengenommen, diese anschließend über eigene Bankkonten weitergeleitet und für die Transaktionen Provision erhalten.

Senegal West-Afrika

Republik Senegal; Sounougal (wolof); République du Sénégal – SN / SEN

Fläche (Weltrang: 85): 196 722 km²

Einwohner (76): F 2003 10 240 000 = 52 je km²

Hauptstadt: Dakar

Amtssprache: Französisch

Bruttonationaleinkommen 2003 je Einw.: 540 $

Währung: CFA-Franc
Kurs: 1 US-$ = 526,07 CFA-Francs
1 € = 655,96 CFA-Francs

Botschaft der Republik Senegal
Dessauer Str. 28 / 29, 10927 Berlin
T 030 / 8 56 21 90, Fax 85 62 19 21

LANDESSTRUKTUR **Fläche**: 196 722 km²; → Karte ▪ **Verwaltung**: 10 Regionen und Hauptstadtregion; → Tabelle ▪ **Städte**: (Z 2002) Dakar 1 983 093 Einw., Thiès 237 849, Rufisque 179 797, Kaolack 172 305, Saint-Louis 154 555, Mbour 153 503, Ziguinchor 153 269

BEVÖLKERUNG Senegalesen – F 2003: 10 240 000 Einw.; Bevölkerungswachstum: 2,3 %; letzte Zählung 2002: 9 956 202 Einw. – 1997: 36 % Wolof, 23 % Peul und Tukulör, 15 % Serer, 12 % Fulbe, 6 % Diola, 4 % Mandingo, 2 % Lébous, Sarakolé, Malinké u. a. ▪ **Sprachen**: Wolof, Französisch, Mande-Sprachen und westatlantische Sprachen ▪ **Religion**: 94,5 % Muslime (Sunniten), 5 % Christen (meist Katholiken); indigene Religionen

STAATS- UND REGIERUNGSFORM Verfassung von 2001 – Präsidialrepublik seit 1963 – Parlament (Assemblée Nationale) mit 120 (bisher: 140) Mitgl., Wahl alle 5 J. – Direktwahl des Staatsoberhauptes alle 5 J. (einmalige Wiederwahl) – Wahlrecht ab 18 J. ▪ **Unabhängigkeit**: 4. 4. 1960 (ehem. französische Kolonie), endgültig 20. 8. 1960 ▪ **Nationalfeiertag**: 4. 4.

REGIERUNG UND PARTEIEN **Staatsoberhaupt**: Abdoulaye Wade (PDS), seit 1. 4. 2000 – **Regierungschef**: Macky Sall, seit 21. 4. 2004 – **Äußeres**: Tidiane Gadio, seit 3. 4. 2000 ▪ **Parlament**: Wahlen vom 29. 4. 2001: Coalition Sopi: Parti Démocratique Sénégalais / PDS und 40 weitere Parteien / SOPI 89 von 120 Sitzen (1998: PDS 23 von 140), Alliance des Forces du Progrès / AFP 11 (–), Parti Socialiste / PS 10 (93), Renouveau Démocratique Sénégalais / RD 3 (11), And Jëf-Parti Africain pour la Démocratie / AJ 2 (4), Sonstige 5 (9)

WIRTSCHAFT **BIP** 2003: 6,496 Mrd. $; realer Zuwachs: 6,5 %; Anteil (2003) Landwirtschaft 17 %, Industrie 21 %, Dienstleistungen 62 % ▪ **Erwerbstätigkeit** 2002: Landwirtsch. 73 % ▪ **Arbeitslosigkeit**: k. A. ▪ **Inflation** ∅ 2003: 0,0 % ▪ **Außenhandel** 2001: **Import**: 1730,2 Mio. $; *Güter*: 23 % Maschinen, 22 % Nahrungsmittel, 17 % mineralische Brennstoffe, 15 % bearbeitete Waren; *Länder*: 28 % Frankreich, 10 % Nigeria, 8 % Thailand, 5 % Deutschland, 4 % Spanien; **Export**: 785,1 Mio. $; *Güter*: 37 % Nahrungsmittel, 18 % mineralische Brennstoffe, Schmiermittel, 18 % chemische Produkte; *Länder*: 17 % Frankreich, 12 % Indien, 7 % Griechenland, 7 % Mali, 6 % Italien

CHRONIK

▪ **Innenpolitik:** Die Spannungen innerhalb der aus 40 Parteien bestehenden Regierungskoalition nahmen weiter zu. Zum wiederholten Mal führte Präsident Abdoulaye Wade ohne Angabe von Gründen zwischen November 2004 und März 2005 **weitere Kabinettsumbildungen** durch.

Die Spannungen erreichten einen vorläufigen Höhepunkt, als Mitglieder der LD-MPT Mitte Januar gegen das **»Ezzan«-Amnestiegesetz** votierten, das eine **Amnestie für alle seit 1983 begangenen politischen Verbrechen** vorsah. Auch die Verantwortlichen für die Ermordung des Vizepräsidenten des Verfassungsgerichts, Babacar Sèye, im Jahr 1993 wurden amnestiert. Der Fall Sèye hatte Aufsehen erregt, weil Wade von den damals regierenden Sozialisten als Drahtzieher beschuldigt worden war. Nachdem der Vorsitzende des oppositionellen Parti de la Réforme (PR), Abdourahim Agne, zu Demonstrationen gegen Wade aufgerufen hatte, wurde er am 28. 5. 2005 verhaftet, am 15. 6. aber wieder freigelassen.

▪ **Casamance:** Nachdem der Generalsekretär der Rebellenorganisation Mouvement des Forces Démocratique de la Casamance (MFDC), Jean-Marie François Biagui, 2003 das Ende des Sezessionskrieges erklärt hatte (→ WA 2005, S. 387) unterzeichneten Innenminister Ousmane Ngom und der Ehrenpräsident des MFDC, Pater Augustin Diamacoune Senghor, am 30. 12. 2004 einen **Friedensvertrag**. Dieser sah einen Waffenstillstand sowie baldige Verhandlungen über politische und wirtschaftliche Fragen vor.

Serbien und Montenegro Südost-Europa

Srbija i Crna Gora – CS / SCG

Fläche (Weltrang: 105): 102 173 km^2

Einwohner (89): F 2003 8 104 000 = 79 je km^2

Hauptstadt: Beograd (Belgrad)

Amtssprache: Serbisch

Bruttonationaleinkommen 2003 je Einw.: 1910 $

Währung: 1 Neuer Dinar (N.Din) = 100 Para (Serbien); 1 Euro (€) = 100 Cent (Montenegro)
Kurs: 1 US-$ = 66,48 N.Din; 1 € = 82,33 N.Din

Botschaft von Serbien und Montenegro
Taubertstr. 18, 14193 Berlin
T 030 / 8 95 77 00, Fax 8 25 22 06
E-Mail: info@botschaft-smg.de

LANDESSTRUKTUR **Fläche:** 102 173 km^2; davon Serbien 88 361 km^2 einschließlich Kosovo und Vojvodina und Montenegro 13 812 km^2; Karte → WA 2005, S. 390 ▪ **Verwaltung:** 2 Republiken (→ unten) ▪ **Städte:** (Z 2002) Beograd (Belgrad) 1 280 639 Einw., Novi Sad (Neusatz) 234 151, Niš (Nisch) 177 823; (S 2002) Priština 165 000; (Z 2002) Kragujevac 145 890; (S 2002) Podgorica 139 000; (Z 2002) Subotica (Maria-Theresiopel) 107 139

BEVÖLKERUNG F 2003: 8 104 000 Einw.; Bevölkerungswachstum: −0,7 % ▪ **Sprachen:** Serbisch; Albanisch, Montenegrinisch, Magyarisch (Ungarisch) u. a. Sprachen der Minderheiten ▪ **Religion:** mehrheitlich Serbisch-Orthodoxe; Katholiken, Muslime; Minderheiten von Protestanten und Juden

STAATS- UND REGIERUNGSFORM Verfassung von 2003, geändert 2005 – Staatenunion seit 4. 2. 2003 – Einkammer-Parlament (Skupština Srbije i Crne Gore) mit 126 direkt gewählten Mitgl. (Serbien 91, Montenegro 35); Wahl alle 4 J., erstmals 2006/07 – Wahl des Staatsoberh. durch Parlamente der Teilrepubliken – Wahlrecht ab 18 J. ▪ **Unabhängigkeit:** Serbien und Montenegro traten am 4. 2. 2003 die Rechtsnachfolge der Bundesrepublik Jugoslawien an ▪ **Nationalfeiertag:** Serbien 7. 7., Montenegro 13. 7.

REGIERUNG UND PARTEIEN **Staats- u. Regierungschef:** Svetozar Marović (DRS), seit 7. 3. 2003 – **Äußeres:** Vuk Drašković (SPO-NS), seit 16. 4. 2004 ▪ **Parlament:** Sitzverteilung nach der Wahl in Serbien am 28. 12. 2003: Serbische Parteien (91 Sitze): Serbische Radikale Partei / SRS 30, Demokratische Partei Serbiens / DSS 20, Demokratische Partei / DS 13, G17 Plus 12, Serbische Erneuerungsbewegung / SPO-NS 8, Sozialistische Partei Serbiens / SPS 8; Montenegrinische Parteien (35 Sitze): Demokratische Partei der Sozialisten Montenegros / DPS 15, Sozialistische Volkspartei / SNP 9, Sozialdemokratische Partei / SDP 4, Serbische Volkspartei in Montenegro / SRS 3, Liberaler Bund / LS 2, Volkspartei / NS 2

WIRTSCHAFT **BIP** 2003: 20,729 Mrd. $; realer Zuwachs: 3,0 %; Anteil (2000) Landwirtschaft 15 %, Industrie 32 %, Dienstleistungen 53 % ▪ **Erwerbstätigkeit** 2002: Landwirtsch. 4,0 %, Industrie 35,5 %, Dienstl. 60,6 % ▪ **Arbeitslosigkeit** ∅ 2004: 36,0 % ▪ **Inflation** ∅ 2004: 12,5 % ▪ **Außenhandel** 2004 (vorläufig): **Import:** 11,752 Mrd. $; *Güter:* 32 % Maschinen, Apparate und Transportausrüstungen, 20 % Fertigerzeugnisse, 15 % Brenn- und Schmierstoffe, 13 % chem. Produkte, 8 % Nahrungsmittel; *Länder:* 13 % Deutschland, 13 % Russland, 10 % Italien, 5 % China, 4 % USA, 3 % Frankreich, 3 % Slowenien, 3 % Ungarn; **Export:** 3,979 Mrd. $; *Güter:* 33 % Fertigerzeugnisse, 18 % Nahrungsgüter, 11 % Maschinen, Apparate und Transportausrüstungen, 11 % chem. Erzeugnisse, 2 % Getränke und Tabak; *Länder:* 18 % Bosnien und Herzegowina, 13 % Italien, 10 % Deutschland, 7 % Mazedonien, 4 % Russland, 4 % Kroatien, 4 % Slowenien, 4 % Frankreich

REPUBLIKEN

Serbien

Fläche: 88 361 km^2 ▪ **Bevölkerung** Z 2002: 7 479 437 Einw. – 82,7 % Serben, 3,9 % Ungarn, 1,8 % Bosniaken ▪ **Hauptstadt** (Z 2002): Beograd (Belgrad) 1 280 639 Einw. ▪ **Status:** Teilsouveräne Republik – Verfassung von 1992 – Parlament mit 250 Abgeordneten; Wahl alle 4 J. ▪ **Regierung:** Präsident: Boris Tadić (DS), seit 11. 7. 2004 – Regierungschef: Vojislav Koštunica (DSS), seit 3. 3. 2004 – Wahlen zum Parlament vom 28. 12. 2003: SRS 81 von 250 Sitzen (2000: 23), Demokratische Partei Serbiens / DSS 53 (im Bündnis DOS 176), Demokratische Partei / DS 37 (im Bündnis DOS 176), G17 Plus 34 (–), SPS 22 (im Linksbündnis 37), Serbische Erneuerungsbewegung / SPO-NS 23 (–), Sonstige – (14)

Montenegro

Fläche: 13 812 km^2 ▪ **Bevölkerung** Z 2003: 620 738 Einw. – 43,2 % Montenegriner, 32,0 % Serben, 7,8 % Bosniaken ▪ **Hauptstadt** (S 2002): Podgorica 139 000 Einw. ▪ **Status:** Teilsouveräne Republik – Parlament mit 75 Abgeordneten; Wahl alle 4 J. ▪ **Regierung:** Präsident: Filip Vujanović, seit 11. 5. 2003 – Regierungschef: Milo Djukanović (DPS), seit 8. 1. 2003 – Äußeres: Miodrag Vlahović, seit 29. 7. 2004 – Wahlen zum Parlament vom 20. 10. 2002: Bündnis »Demokratische Liste für ein europäisches Montenegro« (DPS, SDP)

39 von 77 Sitzen (2001: 36 von 75), Bündnis »Gemeinsam für einen Wechsel« (Sozialistische Volkspartei/SNP u. a.) 30 (33), Liberale Allianz/LS 4 (6), Sonstige 2 (2)

Zu Serbien gehören

Kosovo Kosovo und Metohija

Fläche: 10 887 km² ▪ **Bevölkerung** Z 1991: 1 956 196 Einw. – S 2002: 88 % Albaner, 7 % Serben ▪ **Sprachen**: Albanisch, Serbisch ▪ **Religion**: sunnitische Muslime, Serbisch-Orthodoxe ▪ **Hauptstadt** (S 2002): Priština 165 000 Einw. ▪ **Status:** Seit 10. 6. 1999 unter UN-Übergangsverwaltung – Parlament mit 120 Mitgl., davon 100 gewählte, 10 Sitze für die serbische Minderheit, 10 Sitze für andere ethnische Minderheiten; Wahl alle 4 J.– Wahl des Präsidenten durch Parlament ▪ **Regierung:** Präsident: Ibrahim Rugova (LDK-Vors.), seit 5. 3. 2002 – Regierungschef: Bajram Kosumi (AAK), seit 23. 3. 2005; Regierung aus LDK und AAK – Wahlen vom 23. 10. 2004: Demokratische Liga/LDK 47 von 120 Sitzen (2001: 47), Demokratische Partei/PDK 30 (26), albanische Allianz für die Zukunft des Kosovo/AAK 9 (8), ORA 7 (–), Sonstige 27 (17), serbische Einheitsliste »Rückkehr«/KP – (22); Wahlboykott der Serben

Vojvodina
Wojwodina

Fläche: 21 506 km² ▪ **Bevölkerung** Z 2002: 2 024 487 Einw. ▪ **Sprachen**: Serbisch, Kroatisch; Ungarisch, Slowakisch, Rumänisch, Ruthenisch ▪ **Hauptstadt** (Z 2002): Novi Sad 234 151 Einw. ▪ **Status:** Autonome serbische Provinz ▪ **Regierung:** Regierungschef: Bojan Pajtić, seit 30. 10. 2004

CHRONIK

Gegenüber weiteren Initiativen der politischen Führung der kleinen Adriarepublik **Montenegro, sich aus dem Verbund mit Serbien zu lösen**, pochte der nationalkonservative Regierungschef der Republik Serbien, Vojislav Koštunica, auf die Einhaltung des 2002 vertraglich vereinbarten Fahrplans. Hierin war er sich ausnahmsweise einig mit der EU, auf deren Drängen das Staatskonstrukt zustande gekommen war. Gleichwohl mehrten sich auch in Serbien die Stimmen, sich mit einer anscheinend unaufhaltsamen **Trennung der Staatenunion** abzufinden. Die ungelöste **Statusfrage des UN-Protektorats Kosovo**, dessen albanische Bevölkerung gleichfalls nach staatlicher Unabhängigkeit strebt, komplizierte die Problematik weiter. In der formell noch serbischen Provinz Kosovo befriedete sich die Lage nach den Unruhen vom März 2004 durch eine verstärkte Präsenz der NATO-geführten internationalen KFOR-Truppe, sodass auch die Parlamentswahl im Oktober 2004 regulär ablief. Nach massivem Druck insbesondere von Seiten der EU, mit dem Kriegsverbrechertribunal für das ehemalige Jugoslawien (ICTY) zu kooperieren, überstellte Serbien im Frühjahr 2005 mehrere bis dahin untergetauchte Angeklagte nach Den Haag.

STAATENUNION

Nach der Weigerung der Regierung Montenegros, die nötigen Vorbereitungen für die im Februar 2005 fälligen ersten **Wahlen zum Parlament** der Staatenunion zu treffen, wurden diese am 23. 12. 2004 abgesagt. Somit lief das Mandat der 91 serbischen und 35 montenegrinischen Abgeordneten, die bei Gründung der Staatenunion 2003 für die erste Legislaturperiode von den einzelstaatlichen Parlamenten in die gemeinsame Volksvertretung delegiert worden waren, gemäß der Verfassung am 3. 3. 2005 zunächst aus. Am 8. 4. erreichte der EU-Außenbeauftragte Javier Solana eine Vereinbarung zwischen den Führungen beider Teilrepubliken zur **Änderung der Verfassung**. Danach wird die abgelaufene Legislaturperiode verlängert und die Abgeordneten behalten ihr Mandat, bis die Wahlen in den Teilrepubliken getrennt nachgeholt werden, und zwar zusammen mit den Urnengängen zu den Einzelparlamenten (Serbien regulär 2007, Montenegro 2006). Die Legislative der Staatenunion hat eher symbolische Bedeutung, da alle wesentlichen Bereiche der Gesetzgebung in einzelstaatliche Regie fallen. Solana hatte den Ausgang der Gespräche mit der Entscheidung der EU über die Aufnahme von Verhandlungen über ein Stabilisierungs- und Assoziierungsabkommen verknüpft (→ unten).

Im Zuge der Auseinandersetzung über die Zukunft des gemeinsamen Parlaments unterbreitete Montenegros Führung der serbischen am 23. 2. 2005 den **Vorschlag zur Auflösung des Staatenbundes**, der eine Vereinbarung über die Bildung einer Gemeinschaft souveräner Staaten nachfolgen könne. Koštunica wies den Plan kategorisch zurück. Die Verfassung erlaubt eine Entscheidung über die gemeinsame oder getrennte Zukunft beider Republiken frühestens 2006 (durch ein Referendum). Unterstützung fand Koštunica bei den Parteien seiner Regierungskoalition – mit Ausnahme der wirtschaftliberalen G17 Plus, die eine Trennung von Montenegro befürwortet. Der Präsident der Republik Serbien, Boris Tadić, zugleich Vorsitzender der oppositionellen Demokratischen Partei (DS), erklärte dagegen, er gebe der Annäherung an die EU Vorrang und befürworte jede Lösung, die diesen Prozess beschleunige.

▪ **Milošević-Prozess:** Das Internationale Kriegsverbrechertribunal für das ehemalige Jugoslawien (ICTY) nahm am 30. 8. 2004 den aus Krankheitsgründen des Angeklagten vertagten Prozess gegen den früheren jugoslawischen Präsidenten Slobodan Milošević mit dem **Beginn der Verteidigungsrunde** wieder auf. Milošević, der sich für Kriegsverbrechen, Verbrechen gegen die Menschlichkeit und Völkermord in den kriegerischen Konflikten während und nach dem Zerfall Jugoslawiens in den 1990er Jahren verantworten muss, verbleiben für seine Verteidigung 150 Verhandlungstage. Dazu kündigte er an, rund 1600 Personen in den Zeugenstand zu berufen, darunter führende Politiker westlicher Staaten und Russlands, die in den Jugoslawien-Konflikt involviert waren. In seiner Eröffnungserklärung **bestritt Milošević erneut die Legitimität des Tribunals und wies alle 66 Punkte der Anklage zurück.** Zahlreiche Unterbrechungen des Prozesses und Verzögerungen wegen der angeschlagenen Gesundheit des Angeklagten und Konflikte um Miloševićs beharrliche Weigerung, mit seinen Pflichtverteidigern zusammenzuarbeiten, stellten zunehmend den geordneten Fortgang des Verfahrens in Frage, das im Februar 2002 begonnen hatte. Am 1. 11. gestand die Berufungskammer des ICTY Milošević zu, die Führung seiner Verteidigung selbst zu übernehmen. Sollte sich jedoch sein Gesundheitszustand weiter verschlechtern, werde die Führung der Verteidigung den ihm zur Seite gestellten Pflichtverteidigern übertragen, um eine Fortsetzung des Prozesses zu gewährleisten. Beobachter rechnen frühestens 2006 mit einem Urteil in erster Instanz.

▪ **Kooperation mit dem Kriegsverbrechertribunal (ICTY) und Aufarbeitung der Kriegsverbrechen:** Chefanklägerin Carla del Ponte bezeichnete am 23. 11. 2004 vor dem UN-Sicherheitsrat in New York die **serbische Regierung als das wichtigste Hindernis bei der Suche nach Kriegsverbrechern**. Diese ignoriere ihre Verpflichtung zur Zusammenarbeit mit dem ICTY. Zu diesem Zeitpunkt befanden sich noch 20 vom Tribunal angeklagte Personen auf der Flucht, darunter zwölf Serben, die nach Überzeugung von Del Ponte frei im Land lebten.

Während Außenminister Vuk Drašković und Präsident Boris Tadić sich zu Fürsprechern einer engen Kooperation mit dem ICTY machten, um die internationale Isolierung Serbiens zu beenden, beschränkte sich Ministerpräsident Koštunica darauf, die Flüchtigen zur Selbstauslieferung aufzurufen, ihre Festnahme lehnte er jedoch ab. In der Folge **steigerte sich der Druck aus dem Ausland**, die mutmaßlichen Kriegsverbrecher nach Den Haag auszuliefern. Schon Ende Juni 2004 hatte die NATO auf ihrem Gipfel in Istanbul die Aufnahme Serbiens in das Programm »Partnerschaft für den Frieden« abgelehnt. Die USA, die bereits einen Teil ihrer Hilfe für das Haushaltsjahr 2004 zurückgehalten hatten, blockierten Mitte Januar 2005 erneut ihre Unterstützungszahlungen und kündigten Sanktionen an. Die EU-Kommission drohte Serbien an, ihre Durchführbarkeitsstudie für Assoziierungsverhandlungen zwischen beiden Seiten mit einer negativen Empfehlung an die Mitgliedstaaten der Gemeinschaft zu versehen, wenn nicht bis Ende März 2005 vier frühere serbische Generäle, die zu den wichtigsten mutmaßlichen Kriegsverbrechern zählen, an das ICTY überstellt würden. Zwischen Mitte Dezember 2004 und Ende April 2005 **stellten sich die Gesuchten** sukzessive – und angeblich freiwillig – den Behörden und wurden nach Den Haag gebracht: Vinko Pandurević, Ljubomir Borovcanin und Vujadin Popović (angeklagt wegen des Massakers in Srebrenica 1995) sowie der ehemalige Generalstabschef der jugoslawischen Armee, Nebojsa Pavković.

Der Präsident der Staatenunion, Svetozar Marović, sicherte Chefanklägerin Del Ponte am 2. 6. 2005 in Belgrad zu, die Behörden unternähmen jetzt alle Anstrengungen, um innerhalb eines Monats den früheren bosnisch-serbischen Armeechef Mladić aufzuspüren und festzunehmen. Neben Radovan Karadžić wird Mladić die Hauptverantwortung für Kriegsverbrechen und Völkermord im Bosnien-Krieg angelastet.

Ein im Fernsehen Anfang Juni 2005 gezeigter Videofilm von der Erschießung sechs gefangener Bosniaken im Juli 1995 in der Nähe von Pale durch Paramilitärs der serbischen Staatssicherheit rief in der politischen Führung und der Bevölkerung Entsetzen hervor. Zuvor war der Film bereits im Prozess gegen Milošević als Beweismittel vorgeführt worden. Im Zuge heftiger Diskussionen über die Ausstrahlung und die bisher geleugnete oder verdrängte Verantwortlichkeit für Verbrechen im Bosnien-Krieg ließ die Staatsanwaltschaft die damaligen Mitglieder der Einheit, die an der Exekution beteiligt gewesen sein sollen, verhaften. Die Verabschiedung einer Resolution im serbischen Parlament zur Verurteilung aller Kriegsverbrechen im ehemaligen Jugoslawien scheiterte am 17. 6. 2005 jedoch.

▪ **EU-Annäherung:** Am 12. 4. 2005 bescheinigte die EU-Kommission Serbien und Montenegro, die politischen und wirtschaftlichen Fortschritte in der Staatenunion erlaubten die **Aufnahme von Verhandlungen über ein Stabilisierungs- und Assoziierungsabkommen.** Als Bedingung für eine weitere Annäherung nannte EU-Erweiterungskommissar Olli Rehn, der positive Trend, der sich in der Durchführung demokratischer Reformen und der jüngsten Zusammenarbeit mit dem ICTY gezeigt habe, müsse fortgeführt und verstärkt werden. Zugleich stellte er klar, dass es ohne die Auslieferung von Mladić keine Aussicht auf spätere Beitrittsgespräche gäbe.

▪ **Klage gegen NATO-Staaten:** Der Internationale Gerichtshof in Den Haag erklärte sich am 15. 12. 2004 für unzuständig, über eine Klage der früheren Bundesrepublik Jugoslawien (seit 2003 Serbien und Montenegro) gegen acht NATO-Staaten zu befinden. Präsident Milošević hatte im April 1999 **Klage wegen schwerer Völkerrechtsverletzungen durch die Luftangriffe der NATO** auf Jugoslawien im Kosovokrieg (24. 3.–10. 6. 1999) gegen die beteiligten Staaten erhoben. Das höchste UN-Justizorgan begründete seine Nichtbefassung damit, dass die alte Bundesrepublik Jugoslawien zur Zeit der Klageerhebung zerfallen und nicht UN-Mitglied gewesen sei.

KOSOVO

▪ **Parlamentswahl:** Die Parlamentswahl am 23. 10. 2004 **bestätigte** im Wesentlichen **die politischen Kräfteverhältnisse** in Priština. Die Demokratische Liga (LDK) von Präsident Ibrahim Rugova ging erwartungsgemäß als Sieger hervor, mit fast dem gleichen Stimmenanteil wie 2001 (45,4 %) und der gleichen Anzahl von Abgeordneten (47 von 120). Die Demokratische Partei (PDK) des früheren Oberbefehlshabers der Kosovo-Befreiungsarmee UÇK, Hashim Thaci, kam auf 28,9 % der Stimmen und 30 Sitze (+3). Dessen früherer Mitstreiter Ramush Haradinaj von der Allianz für die Zukunft des Kosovo (AAK) erzielte 8,4 % (9 Sitze, +1). Die erst wenige Monate zuvor gegründete Partei ORA (Stunde) des angesehenen liberalen Journalisten Veton Surroi, der sich für eine Versöhnung mit den Serben einsetzt, erhielt 6,2 % (7 Sitze). Die Wahlbeteiligung lag mit 53,6 % deutlich unter der von 2001. **Die serbische Minderheit boykottierte die Abstimmung** nahezu geschlossen. Zum Fernbleiben von den Wahlurnen hatten der serbische Ministerpräsident Koštunica und die serbisch-orthodoxe Kirche aufgerufen. Der Aufruf des serbischen Präsidenten Tadić von der oppositionellen Demokratischen Partei (DS) zur Teilnahme verhallte dagegen ungehört. Gleichwohl blieben den serbischen Kosovaren nach der Verfassung zehn Sitze im Parlament vorbehalten, wie auch zehn weitere den anderen ethnischen Minderheiten (Türken, Bosniaken, Roma).

Die Parlamentswahl – die zweite seit dem Abzug der serbischen Streitkräfte nach dem Kosovokrieg 1999 und die erste, die von den Selbstverwaltungsbehörden organisiert wurde – verlief nach Angaben der Organisation für Sicherheit und Zusammenarbeit in Europa (OSZE) friedlich und demokratisch. Zur Verstärkung der Sicherheitsmaßnahmen war die internationale Friedenstruppe KFOR (→ Karte) vorübergehend um 2000 auf 18 000 Mann aufgestockt worden.

▪ **Regierungen Haradinaj und Kosumi:** Zur Regierungsbildung wechselte die LDK vom bisherigen Partner, der PDK, zur Koalition mit der drittgrößten Partei, der AAK. Präsident Rugova nominierte deren Vorsitzenden Ramush Haradinaj am 17. 11. 2004 überraschend als Regierungschef. Ungeachtet laufender Ermittlungen des ICTY **wählte das Parlament Haradinaj**, ehemaliger Rebellenführer und von den Kosovo-Albanern als Held des Befreiungskampfes verehrt, am 3. 12. mit 72 von 109 abgegebenen Stimmen zum Ministerpräsidenten. Zuvor hatten die Abgeordneten Rugova mit 64 gegen 32 Stimmen im Amt des Präsidenten bestätigt. Der konstituierenden Sitzung blieben acht der zehn Kosovo-Serben fern.

Nach der Anklageerhebung vor dem ICTY erklärte Haradinaj am 8. 3. 2005 seinen **Rücktritt und stellte sich dem Gerichtshof in Den Haag.** Angeklagt in 37 Fällen, Kriegsverbrechen, Verbrechen gegen die Menschlichkeit und Verletzungen des Kriegsrechts begangen zu haben, wies er bei seiner ersten Anhörung am 14. 3.

alle Vorwürfe zurück und erklärte sich für unschuldig. Am 7. 6. entließ ihn das ICTY bis zum Prozessbeginn unter Auflagen aus der Untersuchungshaft.

Am 23. 3. 2005 wählte das Parlament mit 71 gegen 36 Stimmen den bisherigen Umweltminister und Vizevorsitzenden der AAK, **Bajram Kosumi, zum neuen Regierungschef.**

▪ **Statusfrage:** In seinem Bericht vor dem UN-Sicherheitsrat zur Lage im Kosovo am 27. 5. 2005 hob Søren Jessen Petersen, Chef der UN-Mission UNMIK, die das Kosovo seit 1999 verwaltet, Fortschritte hervor. Eine zunehmende innere Stabilität habe sich u. a. darin gezeigt, dass sich der ehemalige Premier Haradinaj im März 2005 freiwillig dem Haager Kriegsverbrechertribunal gestellt habe und Unruhen in diesem Zusammenhang ausgeblieben waren. Allerdings sei noch keiner der acht vorgegebenen demokratischen Standards völlig erfüllt, die als Voraussetzung für eine Klärung der Statusfrage vorgegeben worden waren.

Am 4. 6. 2005 beauftragte UN-Generalsekretär Kofi Annan den norwegischen Diplomaten Kai Eide **mit einer weiteren Untersuchung über den Fortschritt des Demokratisierungsprozesses** und das Verhältnis der Bevölkerungsgruppen in der Albaner-Provinz.

Im Vorfeld dieser neuen Runde legte die politische Führung Serbiens am 26. 5. 2005 die Grundzüge ihrer Kosovo-Politik fest. Nach außen beharrte sie geschlossen auf dem Standpunkt, die territoriale Integrität von Serbien und Montenegro dürfe nicht angetastet werden: Eine Lösung müsse in Form einer erweiterten Autonomie des Kosovos im Rahmen Serbiens und der Staatengemeinschaft Serbien und Montenegros gesucht werden.

Seychellen Ost-Afrika

Republik Seychellen; Repiblik Sesel
Republic of Seychelles; République des Seychelles – SC / SYC

Fläche (Weltrang: 179): 454 km²

Einwohner (181): F 2003 84 000 = 185 je km²

Hauptstadt: Victoria

Amtssprachen: Kreolisch, Englisch, Französisch

Bruttonationaleinkommen 2003 je Einw.: 7490 $

Währung: 1 Seychellen-Rupie (SR) = 100 Cents
Kurs: 1 US-$ = 5,57 SR; 1 € = 7,00 SR

Honorarkonsul der Republik Seychellen
Alter Wall 40, 20457 Hamburg
T 040 / 34 66 06, Fax 36 95 0 – 2900
E-Mail: hjWorms@aol.com

LANDESSTRUKTUR **Fläche**: 454 km²; 115 Inseln: Mahé 154,7 km², Praslin 37,6 km², Silhouette 19,9 km², La Digue 10,1 km²; Aldabra-Atoll 145 km², Amiranten 10,3 km², Cosmoledo-Atoll und Farquhar-Atoll; → Karte ▪ **Verwaltung**: 23 Distrikte ▪ **Städte**: (Z 2002) Victoria (Mahé) 24 970 Einw.

BEVÖLKERUNG Seycheller – F 2003: 84 000 Einw.; Bevölkerungswachstum: 1,4 %; letzte Zählung 2002: 80 800 Einw. – 89,1 % Kreolen, 4,7 % Inder, 3,1 % Madagassen, 1,6 % Chinesen, 1,5 % Briten u. a. malaiische und europäische Minderheiten ▪ **Sprachen**: 95 % Kreolisch (Seselwa); Englisch und Französisch ▪ **Religion**: 88,6 % Katholiken, 8 % Anglikaner

STAATS- UND REGIERUNGSFORM Verfassung von 1993 – Präsidialrepublik (im Commonwealth) seit 1976 – Parlament (National Assembly) mit 34 Mitgl., Wahl alle 5 J. – Direktwahl des Staatsoberh. alle 5 J. (max. 3 Amtszeiten) – Wahlrecht ab 17 J. ▪ **Unabhängigkeit**: 28. 6. 1976 (ehem. britische Kolonie) ▪ **Nationalfeiertag**: 5. 6. (Tag der Befreiung 1977)

REGIERUNG UND PARTEIEN **Staats- u. Regierungschef**: James Alix Michel (SPPF), seit 14. 4. 2004 – **Äußeres**: Jérémy Bonnelame, seit 1997 ▪ **Parlament**: Wahlen vom 4.–6. 12. 2002: Seychelles People's Progressive Front / SPPF 23 von 34 Sitzen (1998: 30), Seychelles National Party / SNP 11 (3), Democratic Party / DP – (1)

WIRTSCHAFT **BIP** 2003: 720 Mio. $; realer Zuwachs: –5,1 %; Anteil (2003) Landwirtschaft 3 %, Industrie 35 %, Dienstleistungen 62 % ▪ **Erwerbstätigkeit** 2002: Landwirtsch. 6,2 %, Industrie 22,0 %, Dienstl. 71,8 % ▪ **Arbeitslosigkeit**: k. A. ▪ **Inflation** ∅ 2003: 3,3 % ▪ **Außenhandel** 2002: **Import**: 2295 Mio. SR; **Export**: 958 Mio. SR; *Güter*: v. a. Fisch und -produkte; *Länder*: 42 % Großbritannien, 30 % Frankreich, 10 % Italien

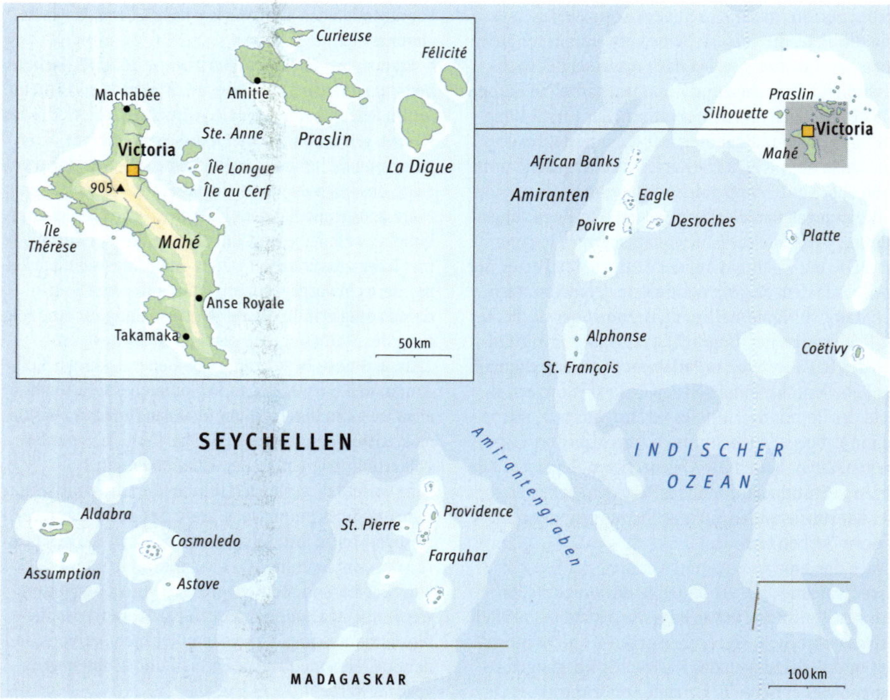

Sierra Leone West-Afrika

Republik Sierra Leone; Republic of Sierra Leone – SL / SLE

Fläche (Weltrang: 116): 71 740 km²

Einwohner (107): F 2003 5 337 000 = 74 je km²

Hauptstadt: Freetown

Amtssprache: Englisch

Bruttonationaleinkommen 2003 je Einw.: 150 $

Währung: 1 Leone (Le) = 100 Cents
Kurs: 1 US-$ = 2871,59 Le; 1 € = 3539,72 Le

Botschaft der Republik Sierra Leone
Rheinallee 20, 53173 Bonn
T 02 28 / 35 20 01, Fax 36 42 69

LANDESSTRUKTUR **Fläche**: 71 740 km²; → Karte ▪ **Verwaltung**: 4 Provinzen ▪ **Städte**: (F 2001) Freetown 837 000 Einw.; (F 1999) Makeni 103 800, Bo 100 600, Kenema 99 100, Koidu 91 600

BEVÖLKERUNG Sierra-Leoner – F 2003: 5 337 000 Einw.; Bevölkerungswachstum: 1,9 %; letzte Zählung 2004 (vorl.): 4 963 298 Einw. – F 1983: v. a. Mande-Gruppen: 31,7 % Temne, 8,4 % Limba, 3,5 % Kuranko im N, 34,6 % Mende im S; Minderheiten von Europäern, Asiaten und Libanesen ▪ **Sprachen**: Englisch; Mande-Sprachen (u. a. Malinké, Mende), Temne, Limba und Krio (Kreolisch) ▪ **Religion** 2003: ca. 75 % Muslime, 25 % Christen; indigene Religionen

STAATS- UND REGIERUNGSFORM Verfassung von 1991 – Präsidialrepublik (im Commonwealth) seit 1978 – Bürgerkrieg seit 1991 – Parlament (House of Representatives) mit 112 (vorher 68) Mitgl., Wahl alle 5 J. – Wahlrecht ab 18 J. ▪ **Unabhängigkeit**: 27. 4. 1961 (ehem. britische Kolonie) ▪ **Nationalfeiertag**: 27. 4. (Tag der Republik)

REGIERUNG UND PARTEIEN **Staats- u. Regierungschef**: Alhaji Ahmad Tejan Kabbah (SLPP-Vorsitzender), seit 29. 3. 1996, wieder eingesetzt am 10. 3. 1998 – **Äußeres**: Momodu Koroma, seit 22. 5. 2002 ▪ **Parlament**: Wahlen am 14. 5. 2002: Sierra Leone People's Party / SLPP 83 von 112 Sitzen (1996: 27 von 68), All-People's Congress / APC 27 (5), Peace and Liberation Party / PLP 2 (–), United National People's Party / UNPP – (17), People's Democratic Party / PDP – (12), National United Party / NUP – (4), Democratic Centre Party / DCP – (3)

WIRTSCHAFT **BIP** 2003: 793 Mio. $; realer Zuwachs: 6,6 %; Anteil (2003) Landwirtschaft 53 %, Industrie 31 %, Dienstleistungen 16 % ▪ **Erwerbstätigkeit** 2001: Landwirtsch. 62 % ▪ **Arbeitslosigkeit**: k. A. ▪ **Inflation** ∅ 2003: 7,6 % ▪ **Außenhandel** 2001: **Import**: 372 Mrd. Le; *Güter*: 28 % Nahrungsmittel, 23 % Brennstoffe, 20 % Maschinen; *Länder* 1994: 43 % USA, 14 % Niederlande, 6 % Großbritannien; **Export**: 58 Mrd. Le; *Güter*: 90 % Diamanten, Kakao, Kaffee; *Länder* 1994: 45 % USA, 17 % Großbritannien, 17 % Belgien

CHRONIK

Obwohl der Friedensprozess weiter voranschritt, war das Land noch immer geprägt von den Folgen des 14-jährigen Bürgerkriegs. Der UN-Sicherheitsrat **verlängerte** am 17. 9. 2004 das Mandat der **UN-Friedensmission (UNAMSIL)** bis zum 30. 6. 2005. Mit der **Übergabe der Sicherheitskontrolle** der Region um die Hauptstadt Freetown an die sierraleonischen Sicherheitskräfte am 23. 9. 2004 schloss die UNAMSIL eine ihrer Hauptaufgaben erfolgreich ab.

Als erste Station seiner Afrikareise vom 6.–16. 12. 2004 besuchte der deutsche Bundespräsident **Horst Köhler** das westafrikanische Land. Während seines dreitägigen Besuchs sprach er sich u. a. für eine Verlängerung des UN-Einsatzes und eine Erhöhung der Entwicklungshilfe für die afrikanischen Staaten aus.

Kurz vor Eröffnung der Verfahren gegen drei führende Mitglieder des Armed Forces Revolutionary Concil vor dem UN-gestützten **Sondergerichtshof für Sierra Leone** kündigte am 1. 3. 2005 Chefankläger David Crane an, Ende Juli 2005 aus privaten Gründen von seinem Amt zurückzutreten. Zugleich versprach er, sich weiterhin dafür einzusetzen, den ehemaligen liberianischen Präsidenten Charles Taylor vor Gericht zu bringen (→ WA 2004, Sp. 537).

Erste **ausländische Investitionen** wurden von einer chinesischen Firma im März 2005 getätigt, die mit 200 Mio. US-$ ein Touristen-Ressort am Lumley Beach nahe der Hauptstadt Freetown erstellen will. Der Direktor des Tourismusverbandes erklärte, von dem Projekt würde das ganze Land profitieren, was von Kritikern bezweifelt wurde.

Simbabwe Süd-Afrika

Republik Simbabwe; Republic of Zimbabwe – ZW / ZWE

Fläche (Weltrang: 59): 390 757 km²

Einwohner (64): F 2003 13 102 000 = 34 je km²

Hauptstadt: Harare

Amtssprache: Englisch

Bruttonationaleinkommen 2003 je Einw.: k. A.

Währung: 1 Simbabwe-Dollar (Z.$) = 100 Cents
Kurs: 1 US-$ = 824,00 Z.$; 1 € = 1021,18 Z.$

Botschaft der Republik Simbabwe
Kommandantenstr. 80, 10117 Berlin
T 030 / 206 22 63, Fax 204 55 062
E-Mail: zimberlin@t-online.de

LANDESSTRUKTUR **Fläche:** 390 757 km² ▪ **Verwaltung:** 8 Provinzen und 2 Städte; → Tabelle ▪ **Städte:** (Z 2002) Harare 1 444 534 Einw., Bulawayo 676 787; (Z 1992) Chitungwiza 274 912, Mutare 131 367, Gweru 128 037, Kwekwe 75 425, Kadoma 67 750, Masvingo 51 743

BEVÖLKERUNG Simbabwer – F 2003: 13 102 000 Einw.; Bevölkerungswachstum: 0,8 %; letzte Zählung 2002 (vorl.): 11 634 663 Einw. – Bantu, davon ca. 77 % Shona (Schona): 22 % Karanga, 12 % Korekore, 18 % Zezeru, 13 % Manyiku; 17 % Ndebele, 1,4 % Weiße ▪ **Sprachen:** Englisch; Fanagalo; Bantu-Sprachen (Cishona, Isindebele) ▪ **Religion:** Anhänger von indigenen Religionen; etwa 55 % Christen; Minderheiten von Muslimen, Orthodoxen und Juden

STAATS- UND REGIERUNGSFORM Verfassung von 1980, letzte Änderung 1990 – Präsidialrepublik seit 1980 – Parlament (House of Assembly) mit 150 Mitgl., davon 120 direkt gewählt, 20 durch Staatsoberh. ernannt (davon 8 Provinzgouverneure), 10 Stammeshäuptlinge; Wahl alle 6 J. – Direktwahl des Staatsoberh. alle 6 J. – Wahlrecht ab 18 J. ▪ **Unabhängigkeit:** 18. 4. 1980 (ehem. britische Kolonie Rhodesien) ▪ **Nationalfeiertag:** 18. 4.

REGIERUNG UND PARTEIEN **Staats- u. Regierungschef:** Robert Gabriel Mugabe (ZANU-PF-Vors.), seit 1987 Staatsoberhaupt, seit 1980 Regierungschef – **Äußeres:** Simbarashe Mumbengegwi, seit 15. 4. 2005 ▪ **Parlament:** Wahlen vom 31. 3. 2005: Zimbabwe African National Union-Patriotic Front / ZANU-PF 78 von 120 Sitzen (2000: 62), Movement for Democratic Change / MDC 41 (57), ZANU-Ndonga – (1), Unabhängige 1 (–)

WIRTSCHAFT **BIP** 2002: 17,750 Mrd. $; realer Zuwachs: –5,6 %; Anteil (2002) Landwirtschaft 17 %, Industrie 24 %, Dienstleistungen 59 % ▪ **Erwerbstätigkeit** 2002: Landwirtsch. 62 % ▪ **Arbeitslosigkeit** ⌀ 2004: 70–80 % (im formellen Sektor) ▪ **Inflation** ⌀ 2004: 285 % ▪ **Außenhandel** 2003: **Import**: 1,89 Mrd. $; *Güter*: 21 % Maschinen und Transportausrüstungen, 17 % Nahrungsmittel, 20 % Chemikalien, 14 % Fertigwaren, 14 % Brennstoffe u. Elektrizität; *Länder*: 41 % Südafrika, 6 % Dem. Rep. Kongo, 3 % Deutschland (EU gesamt: 10 %); **Export**: 2,75 Mrd. $; *Güter*: 42 % Agrarerzeugnisse (26 % Tabak, 10 % Blumen, 5 % Zucker), 11 % Mineralien (6 % Nickel, 6 % Platin, 4 % Asbest), 22 % Industriewaren (9 % Ferrolegierungen, 4 % Baumwollstoffe); *Länder*: 6 % Südafrika, 6 % VR China, 5 % Deutschland, 5 % Japan, 4 % Niederlande (EU gesamt: 19 %)

Simbabwe
Fläche, Bevölkerung und Bevölkerungsdichte

Provinz (Hauptort)	Fläche in km²	Einwohner insgesamt Z 2002	Einwohner je km²
Manicaland (Mutare)	36 459	1 566 889	43
Mashonaland Central (Bindura)	28 347	998 265	35
Mashonaland East (Marondera)	32 230	1 125 355	35
Mashonaland West (Chinhoyi)	57 441	1 222 583	21
Masvingo (Masvingo)	56 566	1 318 705	23
Matabeleland North (Bulawayo)	75 025	701 359	9
Matabeleland South (Gwanda)	54 172	654 879	12
Midlands (Gweru)	49 166	1 466 331	30
Stadt			
Bulawayo	479	676 787	1 413
Harare	872	1 903 510	2 183
Simbabwe	390 757	11 634 663	30

Quelle: UN Zimbabwe Office 2005

CHRONIK

Die innenpolitische Lage spitzte sich weiter zu: Politische Freiheiten wurden erneut eingeschränkt, bereits bestehende restriktive Gesetze konsequent angewandt. Internationale Beobachter sprechen von einem Klima der Angst in Simbabwe, das die Parlamentswahlen vom März 2005 als Farce erscheinen ließ. Gleichzeitig verschlechterte sich die wirtschaftliche Lage des Landes derart, dass Hilfsorganisationen zufolge inzwischen ca. vier Mio. Simbabwer auf Nahrungsmittelhilfe angewiesen sind.

▪ **Parlamentswahlen:** Am 31. 3. 2005 fanden die Parlamentswahlen erstmals nach den Richtlinien der Southern African Development Community (SADC) statt, die am 9. 12. 2004 vom Parlament abgesegnet wurden. Sie sehen die Abhaltung der Wahlen an einem Tag sowie die Auszählung der Stimmen vor Ort in den Wahllokalen vor. Die Zimbabwe African National

Union-Patriotic Front (ZANU-PF) erhielt dem amtlichen Endergebnis zufolge 59,59 % der Stimmen (78 von 120 wählbaren Sitzen), der oppositionelle Movement for Democratic Change (MDC) kam auf 39,52 % (41 Sitze). Die Wahlbeteiligung lag bei 47,66 %. Zusammen mit den 30 Abgeordneten, die vom Präsidenten direkt ernannt werden, **verfügt die ZANU-PF damit über die für Verfassungsänderungen notwendige Zweidrittelmehrheit.** Wahlbeobachter der Afrikanischen Union (AU) und der SADC beschrieben den Ablauf der Wahlen als insgesamt korrekt, während es nach Ansicht der EU und den USA Anlass zur Kritik gab: So gab es Berichte, die von Stimmenkauf mittels Nahrungsmittelhilfen durch ZANU-PF-Mitglieder, vom Eintrag von ca. einer Mio. Verstorbener in die Wählerregister und der Überwachung von Wahlveranstaltungen der MDC durch den Geheimdienst sprachen. Darüber hinaus war der Zuschnitt der Wahlbezirke am 20. 12. 2004 durch die neue Wahlkommission zugunsten der ZANU-PF geändert worden. Auch am Wahltag selbst wurden Unregelmäßigkeiten gemeldet. Der MDC sprach daher von Wahlbetrug und beantragte vor Gericht am 12. 4. 2005 die Annullierung des Ergebnisses in zehn Wahlbezirken. Am 15. 4. berief Präsident Robert Gabriel Mugabe das neue Kabinett, dem Simbarashe Mumbengegwi als Außenminister angehört.

▪ **Unterdrückung jeglicher Kritik:** Im Juni 2004 bzw. im Februar 2005 wurde zwei regierungskritischen Zeitungen die Lizenz entzogen. Durch eine weitere Verschärfung des Mediengesetzes vom 9. 11. 2004 müssen Journalisten eine gültige Akkreditierung vorweisen können, andernfalls drohen ihnen ein bis zwei Jahre Haft. Gleichzeitig gingen die Sicherheitsorgane massiv gegen jede Form des öffentlichen Protestes vor. So wurde einem Bericht von amnesty international (ai) zufolge ein Protestmarsch der Frauenrechtsgruppe Women of Zimbabwe Arise (WOZA) am 28. 9. 2004 brutal aufgelöst.

Gleichzeitig ging die ZANU-PF auch gegen parteiinterne Kritiker vor. Nachdem am 6. 12. 2004 Joyce Mujuru zur zweiten Vizepräsidentin ernannt worden war, kam es zum offenen Machtkampf zwischen rivalisierenden Fraktionen der ZANU-PF, in dem sich die alte Garde um Mugabe durchsetzen konnte. Kritiker an der Berufung Mujurus wurden kaltgestellt; hochrangige Parteimitglieder wie Jonathan Moyo, der Ende Dezember 2004 als Informationsminister zurücktreten musste, und Justizminister Patrick Chinamasa wurden von den Wahllisten der Partei gestrichen. Andere prominente Mitglieder wurden unter Spionageverdacht verhaftet.

▪ **Wirtschaft:** Das Land befindet sich auch im vierten Jahr nach den Enteignungen weißer Farmer in einer **desolaten wirtschaftlichen Lage**, ohne dass die Regierung etwas dagegen unternimmt. Im Gegenteil: Durch Ankündigungen wie der Verstaatlichung sämtlichen Farmlandes bzw. der Teilverstaatlichung von Unternehmen im Bergbausektor vom Juni bzw. September 2004 trug sie wesentlich zur Verunsicherung der Wirtschaft bei. Seit 2000 ist das Bruttoinlandsprodukt um 40 % zurückgegangen; die landwirtschaftliche Produktion brach komplett zusammen, die Deviseneinnahmen aus der Tabakproduktion verringerten sich 2004 um 35 %. All dies hat zu einem Anstieg der Arbeitslosigkeit auf über 50 % und einer verstärkten Abwanderung qualifizierter Arbeitskräfte ins Ausland geführt, während die Dageblieben gezwungen sind, sich als Straßenhändler ihr Einkommen zu sichern. Schätzungen zufolge sind ca. ein Viertel der Bevölkerung ausgewandert.

Mitte Mai 2005 wertete die Notenbank den simbabwischen Dollar um 45 % ab und warnte vor einer neuen Hyperinflation. Gleichzeitig gab die Regierung Mugabe bekannt, dass Simbabwe auf Lebensmittellieferungen aus dem Ausland angewiesen sei. Internationale Hilfsorganisationen schätzen, dass ca. **4 Mio. Simbabwer auf Nahrungsmittelhilfe angewiesen** sind.

Seit Mitte Mai 2005 gingen die Sicherheitskräfte in allen größeren Städten brutal gegen die inzwischen zahlreichen Straßenhändler vor. Rund 10 000 Menschen wurden vorübergehend festgenommen, ihre Waren beschlagnahmt. Gleichzeitig wurden in wohlhabenden Wohnbezirken Razzien durchgeführt, bei denen die Polizei nach Devisen und illegalen Treibstoffvorräten suchte. Gegen das massive Vorgehen der Sicherheitskräfte kam es vereinzelt zu Demonstrationen, die jedoch gewaltsam niedergeschlagen wurden. Gleichzeitig begannen die Sicherheitskräfte mit der **Räumung und Zerstörung von Armensiedlungen** am Rande Harares und anderer Städte (→ Foto). Bereits im September 2004 hatte ai von der brutalen Räumung eines Slums bei Harare berichtet, bei der ca. zehn Menschen durch den Einsatz von Tränengas getötet worden sein sollen. Unter dem Vorwand, die Kriminalität zu bekämpfen und den Bau illegaler Siedlungen einzudämmen, wurden im Rahmen der »Operation Restore Order« bis Juni 2005 rd. 50 000 Behausungen niedergerissen, 30 000 Personen wurden verhaftet und **zwischen 200 000 und 1 Mio. Menschen wurden obdachlos.** In einem UN-Bericht wurde die Zerstörungsaktion am 22. 7. als unmenschlich verdammt.

Mavis Gumbo auf den Trümmern ihres Hauses

Singapur Südost-Asien

Republik Singapur; Republik Singapura (malaiisch); Xinjiapo Gongheguo (chinesisch); Singapur Kuṭiyaraśu (tamilisch); Republic of Singapore – SG / SGP

Fläche (Weltrang: 175): 682,7 km²

Einwohner (118): F 2003 4 250 000 = 6225 je km²

Hauptstadt: Singapore (Singapur)

Amtssprachen: Malaiisch, Chinesisch, Tamil, Englisch

Bruttonationaleinkommen 2003 je Einw.: 21 230 $

Währung: 1 Singapur-Dollar (S$) = 100 Cents
Kurs: 1 US-$ = 1,68 S$; 1 € = 2,09 S$

Botschaft der Republik Singapur
Friedrichstr. 200, 10117 Berlin
T 030 / 22 63 43 – 0, Fax 22 63 43 55
www.singapore-embassy.de

LANDESSTRUKTUR **Fläche**: 682,7 km²; → Karte ▪ **Verwaltung**: 5 Bezirke

BEVÖLKERUNG Singapurer – F 2003: 4 250 000 Einw.; Bevölkerungswachstum: 2,0 %; letzte Zählung 2000: 4 017 733 Einw. – 76,8 % Chinesen, 13,9 % Malaien, 7,9 % Inder, 1,4 % Pakistaner, Sri Lanker u. a. ▪ **Sprachen** 2000: 35,0 % Chinesisch (Mandarin), 23,8 % chinesische Dialekte, 23,0 % Englisch, 15,5 % Malaiisch, 3,2 % Tamil, 0,9 % andere Sprachen ▪ **Religion** 2000: 42,5 % Buddhisten, 14,9 % Muslime, 14,6 % Christen, 8,5 % Daoisten, 4,0 % Hindus

STAATS- UND REGIERUNGSFORM Verfassung von 1959, zuletzt geändert 1996 – Republik (im Commonwealth) seit 1959 – Parlament mit 84 (vorher 83) Mitgl., Wahl alle 5 J. – Direktwahl des Staatsoberh. alle 6 J. – Wahlpflicht ab 20 J. ▪ **Unabhängigkeit**: 9. 8. 1965 (ehem. britische Kronkolonie; 1963–1965 Teil der Föderation von Malaysia) ▪ **Nationalfeiertag**: 9. 8.

REGIERUNG UND PARTEIEN **Staatsoberhaupt**: Sellapan Rama Nathan, seit 1. 9. 1999 – **Regierungschef**: Lee Hsien Loong (PAP), seit 12. 8. 2004 – **Äußeres**: George Yeo (PAP), seit 12. 8. 2004 ▪ **Parlament**: Wahlen vom 3. 11. 2001: People's Action Party / PAP 82 von 84 Sitzen (1997: 81 von 83), Workers' Party / WP 1 (1), Democratic Alliance 1 (–), People's Party / SPP – (1)

WIRTSCHAFT **BIP** 2003: 91,342 Mrd. $; realer Zuwachs: 1,1 %; Anteil (2003) Landwirtschaft 0,1 %, Industrie 34,9 %, Dienstleistungen 65,0 % ▪ **Erwerbstätigkeit** 2002: Landwirtsch. 0,4 %, Industrie 24,6 %, Dienstl. 75,0 % ▪ **Arbeitslosigkeit** ∅ 2004: 4,0 % ▪ **Inflation** ∅ 2004: 1,7 % ▪ **Außenhandel** 2004: **Import**: 276,9 Mrd. S$; *Güter*: 23 % elektronische Komponenten, 15 % mineralische Brennstoffe, 9 % verarbeitete Industrieerzeugnisse, 7 % chemische Produkte, 4 % elektrische Generatoren, 3 % Flugzeuge und Schiffe, 2 % Industriemaschinen, 2 % Nahrungsmittel, Getränke und Tabak; *Länder*: 15 % Malaysia, 13 % USA, 12 % Japan, 10 % VR China, 6 % Rep. China, 4 % Rep. Korea, 4 % Thailand, 4 % Deutschland, 3 % Saudi-Arabien (EU gesamt: 13 %); **Export**: 303,5 Mrd. S$; *Güter*: 20 % mineralische Brennstoffe, 20 % Büromaschinen, 17 % chemische Produkte, 16 % elektronische Komponenten, 8 % verarbeitete Industrieerzeugnisse, 2 % Musikinstrumente; *Länder*: 15 % Malaysia, 12 % USA, 10 % Hongkong, 9 % VR China, 6 % Japan, 5 % Rep. China, 4 % Thailand, 4 % Rep. Korea, 4 % Australien, 4 % Großbritannien, 4 % Deutschland (EU gesamt: 14 %)

CHRONIK

Beim **zweiten Führungswechsel seit Gründung** des Stadtstaates 1965 löste der stellvertretende Regierungschef und Finanzminister Lee Hsien Loong, Sohn des Staatsgründers Lee Kuan Yew, am 12. 8. 2004 Goh Cho Tong im Amt des Premierministers ab. Goh übernahm von Lee Hsien Long, der sein bisheriges Fachressort weiter führt, die Leitung der Zentralbank und rückte zugleich im Kabinett in die Rolle des beratenden Senior Minister, die bis dahin von Lee Kuan Yew ausgefüllt worden war. Dieser erhielt nun das neu geschaffene Amt des Mentor Minister, das ihm eine Art Oberaufsicht gibt. Bei Amtsantritt versprach Lee Hsien Loong, der im Vergleich zu Goh als Vertreter eines härteren Kurses galt, die bisher autoritär regierte Gesellschaft weiter öffnen zu wollen.

In dem paternalistisch-autoritären System Singapurs **dominiert die Familie Lee Politik und Wirtschaft**. Die Ehefrau des neuen Premierministers, Ho Ching, leitet das Staatskonglomerat Temasek, das wichtige Aktivitäten der Wirtschaftsmetropole kontrolliert. Lee Hsien Yang, der jüngere Sohn des Staatsgründers, ist Präsident der Telefongesellschaft Singtel.

Slowakei Mittel-Europa

Slowakische Republik; Slovenská republika, Kurzform: Slovensko – SK/SVK

Fläche (Weltrang: 126): 49 034 km²

Einwohner (105): F 2003 5 390 000 = 110 je km²

Hauptstadt: Bratislava (Pressburg)

Amtssprache: Slowakisch

Bruttonationaleinkommen 2003 je Einw.: 4940 $

Währung: 1 Slowakische Krone (Sk) = 100 Heller
Kurs: 1 US-$ = 31,74 Sk; 1 € = 38,32 Sk (1. 7. 2005)

Botschaft der Slowakischen Republik
Pariser Str. 44, 10707 Berlin
T 030/88 92 6–20, Fax 88 92 6–222
www.botschaft-slowakei.de

LANDESSTRUKTUR **Fläche**: 49 034 km²; → Karte ▪ **Verwaltung**: 8 Bezirke ▪ **Städte**: (Z 2001) Bratislava (Pressburg) 428 672 Einw., Košice (Kaschau) 236 093, Prešov (Preschau) 92 786, Nitra (Neutra) 87 285, Žilina (Sillein) 85 400, Banská Bystrica (Neusohl) 83 056, Trnava (Tyrnau) 70 286, Martin 60 133, Trenčín (Trentschin) 57 854, Poprad (Deutschendorf) 56 157, Priedvidza (Priwitz) 53 097

BEVÖLKERUNG Slowaken – F 2003: 5 390 000 Einw.; Bevölkerungswachstum: 0,2 %; letzte Zählung 2001: 5 379 455 Einw. – 85,8 % Slowaken, 9,7 % Magyaren (Ungarn), 1,7 % Roma (S 350 000–520 000), 0,8 % Tschechen, 0,4 % Ruthenen; Minderheiten von Ukrainern, Deutschen, Polen u. a. ▪ **Sprachen**: Slowakisch; Ungarisch, Tschechisch u. a. Sprachen der Minderheiten ▪ **Religion** 2001: 68,9 % römisch-katholisch, 4,1 % griechisch-katholisch, 0,9 % orthodox; 7,9 % Protestanten, 6,9 % Evangelische Augsburger Kirche, 2,0 % Reformierte Christliche Kirche; 0,6 % Sonstige

STAATS- UND REGIERUNGSFORM Verfassung von 1993, zuletzt geändert 2001 – Republik seit 1993 – Parlament (Nationalrat) mit 150 Mitgliedern, Wahl alle 4 J. – Direktwahl des Staatsoberhaupts alle 5 J. (einmalige Wiederwahl) – Wahlrecht ab 18 J. ▪ **Unabhängigkeit**: Souveränitätserklärung 17. 7. 1992 1. 1. 1993 Gründung der Slowakei ▪ **Nationalfeiertag**: 1. 1.

REGIERUNG UND PARTEIEN **Staatsoberhaupt**: Ivan Gasparović (Bewegung für Demokratie), seit 15. 6. 2004 – **Regierungschef**: Mikuláš Dzurinda (SDKU-Vorsitzender), seit 30. 10. 1998 – **Äußeres**: Eduard Kukan (SDKU), seit 30. 10. 1998 ▪ **Parlament**: Wahlen vom 20./21. 9. 2002: Bewegung für eine Demokratische Slowakei/HZDS 36 von 150 Sitzen (1998: 43), Demokratische und christliche Union/SDKU 28 (–), Richtung/Smer 25 (–), Partei der ungarischen Koalition/SMK 20 (15), Christlich-Demokratische Bewegung/KDH 15 (zusammen mit Liberalen 42), Neue Allianz der Bürger/ANO 15 (–), Kommunistische Partei/KSS 11 (–), Sonstige – (50)

WIRTSCHAFT **BIP** 2003: 32,519 Mrd. $; realer Zuwachs: 4,2 %; Anteil (2003) Landwirtschaft 4 %, Industrie 30 %, Dienstleistungen 67 % ▪ **Erwerbstätigkeit** 2002: Landwirtsch. 6,2 %, Industrie 38,4 %, Dienstl. 55,4 % ▪ **Arbeitslosigkeit** ∅ 2004: 18,2 % ▪ **Inflation** ∅ 2004: 7,4 % ▪ **Außenhandel** 2004: **Import**: 942,2 Mrd. Sk; *Güter*: 26 % Maschinen, 14 % Transportmittel, 14 % mineralische Erzeugnisse, 10 % unedle Metalle, 8 % chemische Erzeugnisse, 7 % Kunststoff, Kautschuk, 3 % optische Mess- und medizinische Apparate; *Länder*: 24 % Deutschland, 13 % Tschechische Rep., 10 % Russland, 6 % Italien, 4 % Österreich, 4 % Polen, 4 % Frankreich (EU gesamt: 74 %); **Export**: 895,2 Mrd. Sk;

Güter: 25 % Transportmittel, 22 % Maschinen, 15 % unedle Metalle, 7 % mineralische Erzeugnisse, 5 % Kunststoff, Kautschuk, 5 % Textilien, 4 % Papier, Pappe, 3 % chemische Erzeugnisse; *Länder*: 29 % Deutschland, 13 % Tschechische Rep., 8 % Österreich, 6 % Italien, 6 % Polen, 5 % Ungarn, 5 % USA (EU gesamt: 85 %)

CHRONIK

Die zur Weltbankgruppe gehörende Internationale Finanz-Corporation (IFC) setzte die Slowakei in ihrem Anfang September 2004 veröffentlichten Bericht auf Platz eins der reformfreudigsten Staaten der Welt. Dabei verwies die ICF u. a. auf die Maßnahmen zur Flexibilisierung des Arbeitsmarktes, die Einführung eines einheitlichen Steuersatzes von 19 % (→ WA 2005, S. 399) und die Neuordnung des Rentensystems. Trotz des positiven Wirtschaftsklimas genoss die populistische Partei Smer von Robert Fico laut Umfragen mit rund 30 % mehr Zustimmung in der Bevölkerung als die sich in inneren Streitereien zermürbende Regierungskoalition von Ministerpräsident Mikuláš Dzurinda. Dem Christdemokraten Dzurinda und seiner Minderheitsregierung gelang es dennoch, jeweils die nötige Mehrheit für die Durchsetzung ihrer umfassenden Reformen zu erhalten.

▪ **Reformpolitik:** Das Parlament verabschiedete am 21. 10. 2004 eine marktwirtschaftlich ausgerichtete **Reform des Gesundheitswesens**. Mit einer absoluten Mehrheit konnte es das Veto des Staatspräsidenten Ivan Gasparović überstimmen, der den vorgesehenen Umbau des Gesundheitswesens als sozial unverträglich abgelehnt hatte. An die Stelle der aus kommunistischen Zeiten stammenden kostenlosen medizinischen Versorgung trat ein System gestaffelter Selbstbeteiligung der Patienten, in dem nur noch die Behandlung schwerer und chronischer Erkrankungen kostenfrei bleibt. Die staatlichen Krankenhäuser sollen in Aktiengesellschaften umgewandelt werden, um gewinnorientiert zu arbeiten.

▪ **Arbeitslosigkeit:** Bisher gelang es der Regierung nicht, erkennbar mehr Arbeitsplätze zu schaffen. Nach Berechnungen der Organisation für wirtschaftliche Zusammenarbeit und Entwicklung (OECD) verharrte die Arbeitslosenquote zwischen 2002 und 2005 bei rd. 18 %, nach Polen die zweithöchste. Die durch zahlreiche Investitionen geschaffenen neuen Arbeitsplätze gingen durch Massenentlassungen in privatisierten Großunternehmen verloren.

▪ **Lexa-Prozess:** Ein Gericht in Bratislava sprach am 11. 3. 2005 den früheren Chef des Geheimdienstes SIS, Ivan Lexa, aus Mangel an Beweisen vom Vorwurf der Sabotage frei. Er war zusammen mit zwei weiteren ehemaligen SIS-Mitarbeitern angeklagt, in den 1990er Jahren illegale Geheimdienstoperationen mit dem Ziel durchgeführt zu haben, den damaligen Staatspräsidenten Michal Kováč zu entmachten.

Slowenien Mittel-Europa

Republik Slowenien; Republika Slovenija – SI / SVN

Fläche (Weltrang: 150): 20 253 km²

Einwohner (141): F 2003 1 995 000 = 99 je km²

Hauptstadt: Ljubljana (Laibach)

Amtssprache: Slowenisch

Bruttonationaleinkommen 2003 je Einw.: 11 920 $

Währung: 1 Tolar (SIT) = 100 Stotin
Kurs: 1 US-$ = 197,92 SIT; 1 € = 239,45 SIT (1. 7. 2005)

Botschaft der Republik Slowenien
Hausvogteiplatz 3–4, 10117 Berlin
T 030 / 20 61 45 – 0, Fax 20 61 45 70
E-Mail: vbn@mzz-dkp.gov.si

LANDESSTRUKTUR **Fläche**: 20 253 km²; ▪ **Verwaltung**: 193 Gemeinden, davon 11 Stadtgemeinden; Tabelle → WA 2005, S. 400 ▪ **Städte**: (Z 2002) Ljubljana (Laibach) 264 269 Einw., Maribor (Marburg) 108 944, Kranj (Krainburg) 50 825, Celje (Cilli) 47 660, Koper 46 757, Novo Mesto (Rudolfswerth) 40 735, Nova Gorica (Neugörz) 35 151, Velenje (Wöllan) 33 011

BEVÖLKERUNG Slowenen – F 2003: 1 995 000 Einw.; Bevölkerungswachstum: 0,1 %; letzte Zählung 2002: 1 964 036 Einw. – 83,1 % Slowenen, 2,0 % Serben, 1,8 % Kroaten, 1,1 % Bosniaken, 0,3 % Ungarn, 0,3 % Albaner u. a. ▪ **Sprachen**: 87,7 % Slowenisch; Kroatisch, Serbisch, Bosnisch u. a. Sprachen der Minderheiten ▪ **Religion** 2002: 57,8 % Katholiken, 4,2 % Orthodoxe, 2,7 % Muslime u. a.; 7,1 % religionslos

STAATS- UND REGIERUNGSFORM Verfassung von 1991, geändert 2000 – Republik seit 1991 – Parlament: Staatsversammlung (Državni Zbor) mit 90 Mitgl. (88 direkt gewählt und je 1 Vertreter der ungarischen und italienischen Minderheit) und Staatsrat (Državni Svet) mit 40 Mitgl. (davon 22 direkt gewählt); Wahl alle 4 bzw. 5 J. – Direktwahl des Staatsoberh. alle 5 J. (einmalige Wiederwahl) – Wahlrecht ab 18 J. ▪ **Unabhängigkeit**: Proklamation 25. 6. 1991; formell 8. 10. 1991 ▪ **Nationalfeiertag**: 25. 6.

REGIERUNG UND PARTEIEN **Staatsoberhaupt**: Janez Drnovšek (LDS-Vorsitzender), seit 22. 12. 2002 – **Regierungschef**: Janez Janša (SDS), seit 9. 11. 2004 – **Äußeres**: Dimitrij Rupel (SDS), seit 3. 12. 2004 ▪ **Parlament**: Wahlen zur Staatsversammlung vom 3. 10. 2004: Demokratische Partei / SDS 29 von 88 Sitzen (2000: 14), Liberaldemokraten / LDS 23 (34), Vereinigte Liste der Sozialdemokraten / ZLSD 10 (11), Neues Slowenien / NSi 9 (8), Volkspartei / SLS 7 (9), Nationalpartei / SNS 6 (4), Demokratische Partei der Pensionäre / DeSUS 4 (4), Partei der Jugend / SMS – (4)

WIRTSCHAFT BIP 2003: 27,749 Mrd. $; realer Zuwachs: 2,5 %; Anteil (2002) Landwirtschaft 3 %, Industrie 36 %, Dienstleistungen 61 % ▪ **Erwerbstätigkeit** 2002: Landwirtsch. 9,7 %, Industrie 38,6 %, Dienstl. 51,7 % ▪ **Arbeitslosigkeit** ∅ 2004: 6,5 % ▪ **Inflation** ∅ 2004: 3,6 % ▪ **Außenhandel** 2004 (vorläufig): **Import**: 13,403 Mrd. €; *Güter*: 13 % Metalle u. Metallerzeugnisse, 13 % chemische Erzeugnisse, 5 % Nahrungsmittel und lebende Tiere, 3 % Spezialmaschinen, 3 % medizinische und pharmazeutische Artikel; *Länder*: 20 % Deutschland, 19 % Italien, 12 % Österreich, 9 % Frankreich, 4 % Kroatien, 3 % Ungarn (EU gesamt: 82 %); **Export**: 12,686 Mrd. €; *Güter*: 14 % chemische Erzeugnisse, 12 % Straßenfahrzeuge, 12 % Metalle und Metallerzeugnisse, 12 % elektrische Maschinen, Apparate und Ausrüstungen, 7 % Möbel und Möbelteile, 7 % medizinische und pharmazeutische Artikel, 2 % Rohstoffe ohne Brennstoffe; *Länder*: 22 % Deutschland, 13 % Italien, 9 % Kroatien, 7 % Österreich, 6 % Frankreich, 3 % Serbien und Montenegro (EU gesamt: 66 %)

CHRONIK

▪ **Machtwechsel:** Bei den Parlamentswahlen (Wahlbeteiligung: 60,5 %) am 3. 10. 2004 sah sich die seit zwölf Jahren fast ununterbrochen regierende Liberaldemokratische Partei (LDS), die 22,8 % der Stimmen und damit nur noch 23 Mandate (–1) erhielt, überraschend von der oppositionellen konservativen Demokratischen Partei (SDS) überrundet, auf die 29,1 % entfielen. Der Einzug der rechtsliberalen Slowenischen Volkspartei (SLS) ins Parlament (6,8 %) verdankte sich nach Ansicht von Wahlbeobachtern in erster Linie einer spektakulären, nationalistisch aufgebauschten Aktion im Grenzstreit mit Kroatien (→ WA 2005, S. 401, → Karte). Auch die Vorwahlzeit war von einer Zunahme nationalistischer und insbesondere antikroatischer Propaganda gekennzeichnet. So hatte Ende September Ministerpräsident Rop angekündigt, Slowenien werde wegen des Grenzstreites den kroatischen EU-Beitritt künftig nicht mehr unterstützen. Nach einer Rüge des EU-Beauftragten für Außenpolitik, Javier Solana, nahm er seine Äußerung

Slowenien:
Wahlen zur Staatsversammlung am 3.10.2004 (2000)

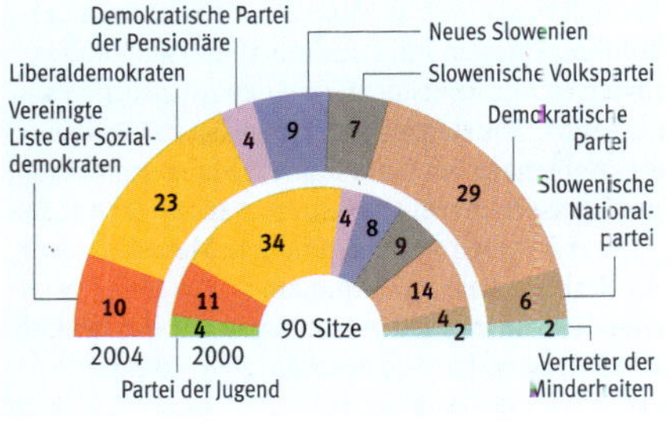

wieder zurück. Am 9. 11. wählte das Parlament mit 57 von 90 Stimmen den Vorsitzenden der SDS und ehemaligen Verteidigungsminister Janez Janša **zum neuen Regierungschef**. Janša bildete eine Mitte-rechts-Koalition aus SDS, der eher dem linken Lager zugerechneten DeSUS (4 %), der christdemokratischen Partei Neues Slowenien (NSi, 9 %) und der Slowenischen Volkspartei (SLS). Mit der Rückkehr des von der Vorgängerregierung entlassenen Außenministers Dimitrij Rupel (SDS), der damals noch zur LDS gehörte, in sein früheres Amt unterstrich die neue Regierung die beabsichtigte Kontinuität der Außen- und Europapolitik. Das 16-köpfige Kabinett wurde am 3. 12. 2004 vom Parlament bestätigt.

▪ **Grenzkonflikt:** Nachdem sich am 25. 1. 2005 Außenminister Rupel und sein kroatischer Kollege geeinigt hatten, die Grenzstreitigkeit im Golf von Piran (→ WA 2005, S. 401) beilegen zu wollen, unterzeichneten Anfang Juni der kroatische Ministerpräsident Ivo Sanader und Janša zunächst ein Abkommen zur Vermeidung von Zwischenfällen im umstrittenen Gebiet, das allerdings noch keine neue Regelung der Seegrenze beinhaltet.

▪ **EU-Verfassungsvertrag:** Am 1. 2. 2005 billigte das Parlament mit 79 gegen 4 Stimmen bei 7 Enthaltungen als drittes Land nach Litauen und Ungarn den EU-Verfassungsvertrag.

Somalia Nordost-Afrika

Republik Somalia; Jamhuuriyadda Dimoqraadiya Soomaaliya – SO / SOM

Fläche (Weltrang: 41): 637 657 km²

Einwohner (81): F 2003 9 626 000 = 15,1 je km²

Hauptstadt: Muqdisho (Mogadischu)

Amtssprache: Somali

Bruttonationaleinkommen 2003 je Einw.: k. A.

Währung: 1 Somalia-Shilling (So.Sh.) = 100 Centesimi
Kurs: k. A.

Diplomatische Vertretung:
Botschaft der Republik Somalia
26, Rue Dumont d'Urville, F-75 116 Paris
T 0033 – 1 – 45 00 76 51

LANDESSTRUKTUR **Fläche**: 637 657 km²; → Karte ▪ **Verwaltung**: 18 Provinzen ▪ **Städte**: (S 2001) Muqdisho (Mogadischu) 1 212 000 Einw.; (S 1984) Hargeysa 70 000, Kismaayo 70 000, Berbera 65 000, Marka 60 000

BEVÖLKERUNG Somalier – F 2003: 9 626 000 Einw.; Bevölkerungswachstum: 3,2 %; letzte Zählung 1987: 7 114 431 Einw. – ca. 95 % Angehörige der Somal-Stämme (Isaaq, Absami, Habargidir, Abgal, Darod, Digil, Issa, Hawiya u. a.), daneben etwa 100 000 Bantu und 30 000 Araber ▪ **Sprachen**: Somali sowie Sprachen der verschiedenen Ethnien; Arabisch und Italienisch ▪ **Religion**: 99,8 % Muslime (Sunniten schafiitischer Richtung); christl. Minderheiten

STAATS- UND REGIERUNGSFORM Übergangsverfassung von 2004 – Republik seit 1979 (Regierungssitz Nairobi) – Staatsreligion: Islam – Bürgerkrieg seit 1991 – Übergangsparlament mit 275 ernannten Mitgliedern – Ausrufung der unabhängigen Republik Somaliland (ehem. britisches Protektorat) am 18. 5. 1991 – Ausrufung der unabhängigen Republik Puntland am 23. 7. 1998 ▪ **Unabhängigkeit**: 26. 6. 1960 (Britisch-Somaliland), 1. 7. 1960 (Italienisch-Somaliland); Vereinigung 1. 7. 1960 ▪ **Nationalfeiertag**: 1. 7.

REGIERUNG UND PARTEIEN **Staatsoberhaupt**: Abdullahi Jusuf Ahmed, seit 14. 10. 2004 – **Regierungschef**: Ali Muhammad Ghedi, seit 1. 12. 2004 – **Äußeres**: Abdullahi Sheikh Ismail, seit 7. 1. 2005 ▪ **Parlament**: Letzte Wahlen 1984; Parteien: United Somali Congress / USC, Somali National Alliance / SNA, Somali Salvation Alliance / SSA, Somali Democratic Movement / SDM u. a.

WIRTSCHAFT **BIP** 2001: 1 Mrd. $; realer Zuwachs: k. A.; ▪ **Erwerbstätigkeit** 2002: Landwirtsch. 67 % ▪ **Arbeitslosigkeit**: k. A. ▪ **Inflation**: k. A. ▪ **Außenhandel** 2004: k. A.

CHRONIK

Nachdem am 22. 8. 2004 in der kenianischen Hauptstadt Nairobi ein Übergangsparlament mit 275 Abgeordneten vereidigt worden war, kam es Mitte September wieder zu blutigen Kämpfen zwischen regierungstreuen Milizen und Clans, die die Verhandlungen zur Regierungsbildung im März 2005 vorzeitig verlassen hatten. Auch im Grenzstreit zwischen den abtrünnigen Regionen Somaliland und Puntland um das Gebiet Sool brachen im September 2004 wieder Kämpfe aus.

Waffenmarkt in Mogadischu

In einer ersten Amtshandlung trat das neue Parlament am 10. 10. 2004 in Nairobi zur **Wahl eines neuen Präsidenten** zusammen. Nach drei Wahlgängen setzte sich der bisherige Präsident der halbautonomen Region Puntland, Abdullahi Jusuf Ahmed, mit 189 Stimmen gegen den letzten von ursprünglich 26 Kandidaten, Ahmed Abdullahi Addou, durch, der nur 79 Stimmen erhielt. Jusuf ernannte am 3. 11. Ali Muhammad Ghedi zum **neuen Regierungschef**. Ghedi war einst prominentes Mitglied des politischen Arms der Rebellenbewegung United Somali Congress, die 1991 den Sturz des damaligen Präsidenten Muhammad Siad Barre herbeigeführt hatte. Die Anfang Dezember vorgestellte neue Regierung wurde bereits am 11. 12. vom Parlament per **Misstrauensvotum** abgesetzt. Grund dafür war einmal mehr die Tatsache, dass einige Clans sich nicht ausreichend vertreten fühlten. Zwei Tage später wurde Ghedi vom Präsidenten wieder in sein Amt eingesetzt und mit der Bildung einer neuen Regierung beauftragt, die vom Parlament am 23. 12. gebilligt wurde. Dem neuen Kabinett, das Ghedi am 7. 1. 2005 präsentierte, gehören 47 Minister, darunter auch der Clanführer Hussein Aidid als Innenminister, und 42 stellvertretende Minister an, um den Ansprüchen aller großen Clans zu genügen. Einen Tag später wählte das Parlament in Puntland General Muhammad Muse Hersi »Adde« mit 35 Stimmen zum neuen Präsidenten. Auf seinen Gegenkandidaten Muhammad Abdi Hashi entfielen 30 Stimmen.

Über die beiden wichtigsten Fragen, die das neue somalische Parlament nun beschäftigten – die Stationierung von UN-Friedenstruppen sowie die Rückkehr der Regierung nach Somalia – herrschte zunehmend Uneinigkeit. Am 17. 3. votierte eine Mehrheit der Abgeordneten gegen eine Stationierung von Blauhelm-Soldaten aus den Nachbarländern Dschibuti, Kenia und Äthiopien. Stattdessen sollten Truppen aus Uganda und Sudan die Friedensmission übernehmen. Einige der mächtigsten Clanchefs sprachen sich gänzlich gegen eine Stationierung von Truppen aus. Uganda und Sudan erklärten sich am 18. 3. bereit insgesamt 6800 Blauhelm-Soldaten nach Somalia zu entsenden. Nach der ersten Abstimmung über den **zukünftigen Regierungssitz** im März 2005, die die Städte Baidoa und Jowhar favorisierte, verließ ein Drittel der Abgeordneten das Parlament und kehrte demonstrativ nach Mogadischu zurück. Sie unterstellten dem Präsidenten, ein Verbündeter Äthiopiens zu sein und deshalb Baidoa, das näher zur äthiopischen Grenze liege, als Regierungssitz vorzuziehen. Dennoch stimmte das Übergangsparlament in Nairobi am 12. 5. erneut für die Städte Baidoa und Jowhar als vorläufigem Regierungssitz. Daraufhin kündigte auch Parlamentspräsident Sharif Hassan Sheik Adan seine Rückkehr nach Mogadischu an. In Baidoa kam es am 30. 5. zwischen Milizen von Warlord Hassan Muhammad Nur und Muhammad Habsade, der Baidoa kontrolliert und gegen eine Etablierung der Regierung in der Stadt ist, zu **schweren Kämpfen**. **Gespräche** zwischen Jusuf und Adan in der jemenitischen Hauptstadt Sanaa am 22. 6. endeten zwei Tage später **ohne Ergebnis.** Unterdessen kehrten Premierminister Ghedi und die übrigen noch in Kenia verbliebenen Abgeordneten nach Somalia zurück und begannen **in Jowhar** mit den **Vorbereitungen für die Etablierung der Regierung.** Zur Sicherung der Stadt wurden Militäreinheiten aus Puntland, der Heimat des Präsidenten, stationiert.

■ **Tsunami-Katastrophe:** Von den durch ein schweres Beben im Indischen Ozean bei Sumatra ausgelösten bis zu 15 Meter hohen Tsunami-Flutwellen am 26. 12. 2004, bei denen die Küsten von insgesamt 14 Anrainerstaaten überschwemmt wurden, war auch Somalia betroffen. Hier kamen rund 300 Menschen in den Fluten ums Leben.

Spanien Südwest-Europa

Königreich Spanien; Reino de España, Kurzform: España – ES / ESP

Fläche (Weltrang: 50): 504 782 km^2

Einwohner (29): F 2003 41 101 000 = 81 je km^2

Hauptstadt: Madrid

Amtssprachen: Spanisch, Katalanisch (regional), Galicisch (regional), Baskisch (regional)

Bruttonationaleinkommen 2003 je Einw.: 17 040 $

Währung: 1 Euro (€) = 100 Cent
Kurs: 1 US-$ = 0,83 € (1. 7. 2005)

Botschaft des Königreichs Spanien
Lichtensteinallee 1, 10787 Berlin
T 030 / 25 40 07 – 100, Fax 25 79 95 57
E-Mail: botschaft.spanien@t-online.de

LANDESSTRUKTUR **Fläche**: 504 782 km^2 ▪ **Gebiete:** Exklaven in Marokko: Ceuta 19,7 km^2 und Melilla 12,5 km^2 ▪ **Verwaltung**: 17 Autonome Regionen / Comunidades Autónomas, 52 Provinzen einschließlich der Exklaven ▪ **Städte**: (F 2003) Madrid 3 092 759 Einw., Barcelona 1 582 738, Valencia 780 653, Sevilla 709 975, Zaragoza (Saragossa) 626 081, Málaga 547 105, Murcia 391 146, Las Palmas de Gran Canaria 377 660, Palma de Mallorca 367 277, Bilbao 353 567, Valladolid 319 805, Córdoba 318 628, Alacant (Alicante) 305 911, Vigo 292 566, Gijón 270 875, L'Hospitalet de Llobregat 246 415, A Coruña (La Coruña) 243 902, Granada 237 663, Vitoria (Gasteiz) 223 257, Santa Cruz de Tenerife 220 033, Badalona 214 440, Oviedo 207 699, Elche 207 163, Mósteles 201 789

BEVÖLKERUNG Spanier – F 2003: 41 101 000 Einw.; Bevölkerungswachstum: 0,4 %; letzte Zählung 2001: 40 847 371 Einw.; Ceuta: 71 505 Einw.; Melilla: 66 411 Einw. – 2004: 3,0 Mio. Ausländer → Grafik ▪ **Sprachen**: Spanisch (Castellano), Katalanisch, Galicisch, Baskisch und Caló (Gitanos) ▪ **Religion** 2002: 94 % Katholiken; ca. 300 000 Muslime, 15 000 Juden

STAATS- UND REGIERUNGSFORM Verfassung von 1978, zuletzt geändert 1992 – Parlamentarische Monarchie seit 1978 – Parlament (Cortes Generales): Abgeordnetenhaus (Congreso de los Diputados) mit 350 und Senat (Senado) mit 259 Mitgl. (davon 208 direkt gewählt und 51 ernannt); Wahl alle 4 J. – Staatsrat (Consejo de Estado) mit 23 Mitgl. als Konsultativorgan – Wahlrecht ab 18 J. ▪ **Unabhängigkeit**: alte staatl. Tradition; 1479 Gründung des spanischen Reiches durch Zusammenschluss von Kastilien-León und Aragón-Kastilien ▪ **Nationalfeiertag**: 12. 10. (Entdeckung Amerikas durch Kolumbus 1492)

REGIERUNG UND PARTEIEN **Staatsoberhaupt**: König Juan Carlos I. de Borbón y Borbón, seit 1975 – **Regierungschef**: José Luis Rodríguez Zapatero (PSOE-Vorsitzender), seit 17. 4. 2004 – **Äußeres**: Miguel Ángel Moratinos Cuyaube (PSOE), seit 18. 4. 2004 ▪ **Parlament**: Wahlen vom 14. 3. 2004: Abgeordnetenhaus: Partido Socialista Obrero Español / PSOE 164 von 350 Sitzen (2000: 125), Partido Popular / PP 148 (183), Convergència i Unió / CiU 10 (15), Esquerra Republicana de Catalunya / ERC 8 (1), Partido Nacionalista Vasco / PNV 7 (7), Izquierda Unida / IU 5 (8), Coalición Canaria / CC 3 (4), Bloque Nacionalista Galego / BNG 2 (3), Chunta Aragonesista / CHA 1 (1), Eusko Alkartasuna / EA 1 (1), Nafarroa Bai 1 (–), Partido Andalucista / PA – (1), Iniciativa per Catalunya-Verds / IC-V – (1) – Senat: PP 102 von 208 gewählten Sitzen (2000: 126), PSOE 81 (62), Entesa Catalana de Progrés 12 (–), PNV 6 (6), CiU 4 (8), CC 3 (5), Sonstige – (1)

WIRTSCHAFT **BIP** 2003: 838,652 Mrd. $; realer Zuwachs: 2,4 %; Anteil (2003) Landwirtschaft 3 %, Industrie 30 %, Dienstleistungen 67 % ▪ **Erwerbstätigkeit** 2002: Landwirtsch. 5,9 %, Industrie 31,2 %, Dienstl. 62,9 % ▪ **Arbeitslosigkeit** ∅ 2004: 10,8 % ▪ **Inflation** ∅ 2004: 3,1 % ▪ **Außenhandel** 2004: **Import**: 207,1 Mrd. €; *Güter*: 56 % Halbfabrikate, 11 % Maschinen, 8 % Kfz, 7 % Nahrungs- und Genussmittel; *Länder*: 25 % Deutschland, 24 % Frankreich, 14 % Italien, 6 % Niederlande, 6 % USA, 5 % Belgien, 5 % Portugal; **Export**: 146,5 Mrd. €; *Güter*: 48 % Halbfabrikate, 15 % Kfz, 12 % Nahrungs- und Genussmittel, 6 % Maschinen; *Länder*: 26 % Frankreich, 16 % Deutschland, 13 % Portugal, 12 % Italien, 5 % USA, 5 % Niederlande, 4 % Belgien
Weitere Informationen → Kap. Wirtschaft

Spanien: Ausländische Bevölkerung

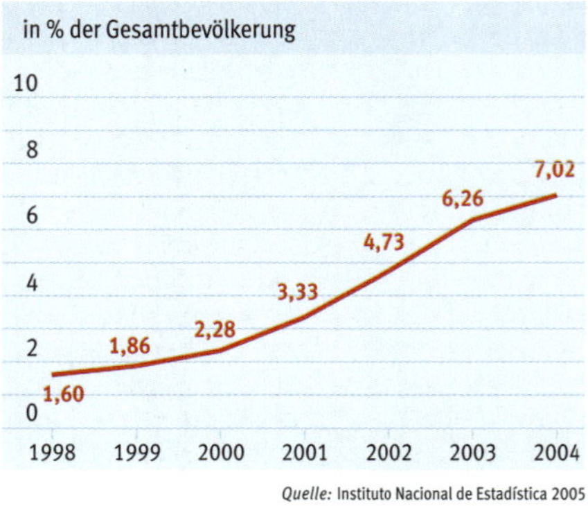

Quelle: Instituto Nacional de Estadística 2005

In ihrem ersten Amtsjahr setzte die von den Sozialisten (PSOE) gestellte Minderheitsregierung von Ministerpräsident José Luis Rodríguez Zapatero andere Akzente als ihre konservative Vorgängerin: im Innern mit Gesellschaftsreformen sowie Bemühungen um einen sozialen und wirtschaftlichen Ausgleich; in der Außenpolitik mit erhöhter Aufmerksamkeit für europäische Belange und dem Ausbau der Beziehungen zu den südlichen Mittelmeeranrainern. Spannungen mit einzelnen spanischen Regionen (Comunidades Autónomas), insbesondere dem Baskenland, versuchte Zapatero durch Gesprächsangebote politisch zu entschärfen. Mit Verfassungs- und Finanzreformen sowie der Überarbeitung der Autonomiestatuten will die Regierung das Verhältnis zwischen Zentrum und den 17 Regionen auf eine neue Grundlage stellen.

INNENPOLITIK

■ **Reformpolitik:** Am 7. 10. 2004 beschloss das Parlament mit den Stimmen aller Fraktionen ein **Gesetz gegen häusliche Gewalt**, das Misshandlungen von Frauen durch ihre Ehemänner unter härtere Strafen stellt. In der ersten Jahreshälfte 2004 wurden 47 000 Beschwerden über Gewalt gegen Frauen registriert, über 60 Frauen durch familiäre Gewalt zu Tode.

Ungeachtet des Widerstands der katholischen Kirche billigte das Parlament am 30. 6. 2005 mit 187 zu 147 Stimmen die **Einführung der Zivilehe für gleichgeschlechtliche Lebenspartnerschaften** einschließlich des Rechts homosexueller Paare auf Adoption. Anlässlich der Beratung der Gesetzesvorlage im Senat hatten am 18. 6. rund 200 000 Teilnehmer einer Kundgebung in Madrid gegen den »Anschlag auf die Familie« protestiert. Erstmals nahm der Erzbischof von Madrid, Kardinal Rouco Varela, zusammen mit Mitgliedern der spanischen Bischofskonferenz und einem Teil des Klerus, an einer solchen politischen Manifestation teil. **Weitere Reformprojekte** sorgten ebenfalls für Konflikte zwischen Regierung und Kirche: Im September 2004 stellte die Regierung ihren Plan vor, Schülern die – bislang obligatorische – **Teilnahme am Religionsunterricht** freizustellen. Die Schulnote soll nicht mehr relevant für eine Versetzung und die Abiturnote sein. Diese Absicht wurde von der katholischen Kirche entschieden bekämpft, ebenso wie Pläne innerhalb der PSOE, die staatliche Finanzierung der katholischen Kirche abzuschaffen. Der Großteil der Gelder für die katholische Kirche wird direkt vom Staat beigesteuert, ein kleiner Teil stammt aus einer Abgabe der Gläubigen in Höhe von 0,5 % der Einkommensteuer.

Im April 2005 wurde ein Entwurf zur **Änderung des Reproduktionsgesetzes** vorgelegt, das in engen Grenzen (u. a. innerhalb der Familie, bei schweren Krankheiten) therapeutisches Klonen mit Hilfe von Stammzellen erlaubt.

Auf Mallorca trat am 10. 7. 2005 das Anti-Tabak-Gesetz in Kraft, das Rauchen in Büros, öffentlichen Einrichtungen und Restaurants sowie den Verkauf von Tabak an Minderjährige untersagt. Auf dem Festland wird das **Rauchverbot** ab 1. 1. 2006 gelten.

■ **Wirtschaftspolitik:** In einer Rede zur Lage der Nation zog Zapatero am 11. 5. 2005 nach einem Jahr Regierungsarbeit eine positive Wirtschaftsbilanz und hielt fest, dass in Spanien im vergangenen Jahr die Hälfte aller neuen Arbeitsplätze in der EU geschaffen worden seien. Als eines der Ziele nannte er die Senkung der Arbeitslosenquote unter 10 % (→ Karte).

■ **Legalisierung von Immigranten:** Zwischen dem 8. 2. und 7. 5. 2005 stellten rd. 700 000 von geschätzten 1,5 Mio. Ausländern, die illegal in Spanien leben, einen Antrag auf Aufenthaltsgenehmigung. Diese erneute Legalisierungsaktion, die achte seit 1990, war im Dezember 2004 beschlossen worden, um die Schattenwirtschaft einzudämmen. Voraussetzung für eine Registrierung war der Nachweis eines gültigen Arbeitsvertrages, ein mindestens halbjähriger Aufenthalt in Spanien und die Vorlage eines Führungszeugnisses. Zwei Drittel der Antragsteller stammten aus fünf Ländern, die meisten aus Ecuador, gefolgt von Rumänien, Marokko, Kolumbien und Bolivien (→ Grafik). Aufgrund der neu erfassten Arbeitsverhältnisse erwartet der Arbeitsminister Mehreinnahmen von 1–1,5 Mrd. € für die Sozialversicherung. Außerdem kündigte die Regierung Strafen von bis zu 60 000 € für Betriebe an, die weiterhin Personen ohne gültige Arbeitserlaubnis beschäftigen. Spanien hat sich seit den 1990er Jahren vom Auswanderer- zum **Einwanderungsland** entwickelt, das 2004 mit rd. 650 000 Personen den größten Anteil der Zuwanderung in der EU vorwies. Der Ausländeranteil in Spanien erhöhte sich seit 1999 von rd. 2 % auf über 7 % (→ Grafik S. 426).

Spanien: Herkunft der ausländischen Bevölkerung

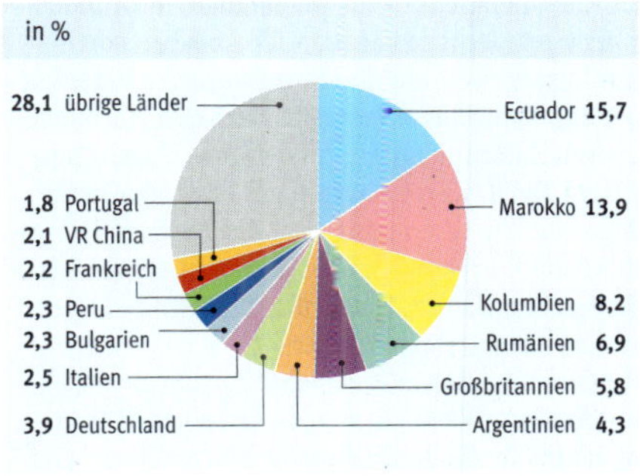

Quelle: Instituto Nacional de Estadística 2005

■ **Terrorismusbekämpfung:** Der parlamentarische Ausschuss zur **Untersuchung der Terroranschläge vom 11. 3. 2004** in Madrid (→ WA 2005, S. 404) beendete im Juni 2005 seine Arbeit mit einer unterschiedlichen Bewertung der Hintergründe: Die Sozialisten hielten die Schuld einer islamistischen Terrorzelle mit Verbin-

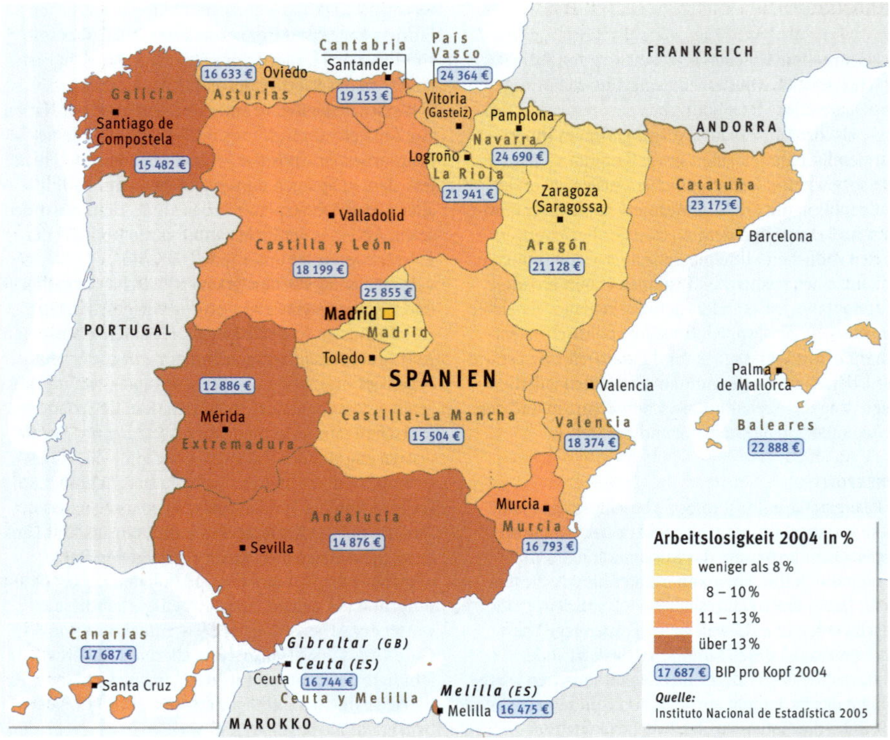

dungen zu Al-Qaida für erwiesen und beschuldigten die damalige Regierung, wider besseres Wissen an der These von der Täterschaft der baskischen Terrororganisation ETA festgehalten zu haben. Vertreter der Volkspartei – insbesondere der ehemalige Ministerpräsident José María Aznar – wiesen den Vorwurf zurück, die Öffentlichkeit aus wahltaktischen Gründen bewusst getäuscht zu haben. Nach Angaben von Innenminister José Antonio Alonso wurden 2004 insgesamt **205 mutmaßliche Terroristen verhaftet**, darunter rd. 70 im Zusammenhang mit den Anschlägen vom 11. März. Bei den Ermittlungen des Parlamentsausschusses stellte sich heraus, dass die Strafverfolgungsbehörden Informationen über die Attentäter von Madrid besaßen, diese z. T. auch überwachten, jedoch weitere Schritte unterlassen hatten.

Vor dem Nationalen Gerichtshof begann am 22. 4. 2005 ein **Strafprozess gegen 24 mutmaßliche Al-Qaida-Mitglieder.** Für die drei Hauptangeklagten, zwei Syrer und ein Marokkaner, denen vorgeworfen wird, die Attentäter der Terrorangriffe in den USA am 11. 9. 2001 unterstützt zu haben, fordert die Staatsanwaltschaft je 62 512 Jahre Gefängnis.

- **ETA-Separatisten:** Im August 2004 nahm die baskische Terrororganisation ihren bewaffneten Kampf für ein unabhängiges Baskenland mit **Bombenanschlägen** in zwei nordspanischen Touristenorten und in Madrid wieder auf. Im Dezember folgte eine Anschlagsserie in acht Städten des Landes. Auch die Explosionen von Autobomben am 9. 2. und am 25. 5. in Madrid gingen auf das Konto der ETA. Zahlreiche mutmaßliche ETA-Terroristen und ihre Helfer wurden festgenommen, geplante Anschläge vereitelt, Verstecke enttarnt sowie Sprengstoff, Waffen und gefälschte Dokumente sichergestellt. So **verhaftete die französische Polizei** am 3. 10. 2004 bei einer Großrazzia in Südwestfrankreich Mikel Albizu Iriarte (Antza), **den mutmaßlichen »politischen Führer« der ETA**, und seine Lebensgefährtin Soledad Iparaguirre (Anboto), der die Beteiligung an 14 Morden zwischen 1984 und 1993 zur Last gelegt wird. Am 25. 3. 2005 wurde ein weiteres Führungsmitglied des »militärischen Arms« der ETA festgenommen.

Als politisches Signal an die ETA wurde eine auf Initiative der PSOE am 17. 5. 2005 gegen die Stimmen der PP verabschiedete Parlamentsresolution gewertet, die einen Dialog in Aussicht gestellt, sofern die ETA die Waffen niederlege. Oppositionsführer Rajoy wertete die Resolution als Aufkündigung des Antiterrorpaktes, während Ministerpräsident Zapatero darin keine Abkehr von der vereinbarten gemeinsamen Strategie gegen den Terrorismus sah. In einer vom größten Verband von Terrorismusopfern organisierten Großkundgebung protestierten am 4. 6. in der Hauptstadt

Hunderttausende, darunter auch die PP-Politiker Rajoy und Aznar, gegen Verhandlungen mit der ETA. Am 19. 6. kündigte die ETA die Einstellung von Attentaten auf gewählte Politiker an, gab jedoch kein Signal zum generellen Gewaltverzicht.

- **Baskenland:** Bei der vorgezogenen **Regionalwahl** am 17. 4. 2005 erlitten der baskische Ministerpräsident Juan José Ibarretxe und seine nationalistische Allianz aus Partido Nacionalista Vasco (PNV) und Eusko Alkartasuna (EA) eine Niederlage: Mit 38,6 % der Stimmen errang sie 29 (–4) von 75 Sitzen; die bis dahin mit ihr in einer Koalition verbundene baskische Linke (EB) verteidigte ihre drei Mandate. Insgesamt 33 Sitze errangen die »gesamtspanischen« Parteien, die Sozialisten (PSE, 18) und die Volkspartei (PP, 15). Mit neun Mandaten zog die 2002 gegründete **Kommunistische Partei der baskischen Länder (EHAK)** erstmals ins Regionalparlament ein. Ihren Erfolg verdankte die vormals unbedeutende Splitterpartei der massiven Unterstützung durch die verbotene Batasuna, die ihren Anhängern eine Wahlempfehlung zugunsten EHAK gegeben hatte. So ergab sich im baskischen Regionalparlament ein **politisches Patt**, bei dem der EHAK eine Schiedsrichterrolle zufiel. Das Wahlergebnis wurde als Ausdruck der politischen Zerrissenheit des Baskenlandes interpretiert. Zwar blieben PNV-EA nach wie vor die stärkste Kraft, doch hatte Ibarretxe sein Wahlziel deutlich verfehlt, die absolute Mehrheit zur erreichen und damit Unterstützung für seinen radikalen Autonomieplan zu finden, aus dem Baskenland einen locker mit Spanien assoziierten Freistaat zu machen (→ WA 2005, S. 405).
- **Dürre:** Ausbleibende Regenfälle und ein zunehmender Wasser- und Stromverbrauch sorgten schon vor Sommerbeginn für die schlimmste Dürre seit 60 Jahren. Aufgrund extrem niedriger Wasserstände in Flüssen und Stauseen ist sowohl die Trinkwasserversorgung als auch die Bewässerung in der Landwirtschaft, die mit Ernteeinbußen von 50 % rechnet, gefährdet. Mitte Juli 2005 kamen bei Löscharbeiten eines fahrlässig ausgelösten Waldbrandes bei Guadalajara elf Feuerwehrleute und freiwillige Helfer ums Leben. Allein in der ersten Jahreshälfte verbrannten mehr als 50 000 ha Wald.

Wegen des niedrigen Wasserstandes ragt die alte Dorfkirche wieder aus dem Stausee bei Huesca heraus

AUSSENPOLITIK

- **USA und Lateinamerika:** Die mit dem Abzug der spanischen Truppen aus dem Irak demonstrierte Neuausrichtung der Außenpolitik (→ WA 2005, S. 406) hatte zwar die **Beziehungen zu den USA** verschlechtert, doch hoben beide Seiten bei Besuchen mehrerer spanischer Regierungsmitglieder in Washington die gemeinsamen Interessen beider Länder insbesondere in der Nahostpolitik und bei Bekämpfung des Terrorismus hervor. Als Aufbauhilfe für den Irak stellte die Regierung im September 2004 rd. 25 Mio. US-$ zur Verfügung. Das spanische Kontingent in der **International Security Assistance Force in Afghanistan (ISAF)** stockte die Regierung im zweiten Halbjahr 2004 vorübergehend auf rd. 1000 Soldaten auf.

Die Kritik der USA forderte die Regierung dagegen mit ihrer Lateinamerikapolitik heraus. Im Januar 2005 veranlasste Zapatero die EU zur Wiederannäherung an → Kuba und Aussetzung der diplomatischen Sanktionen. Am 30. 3. unterzeichneten Zapatero und der linksgerichtete venezolanische Präsidenten Hugo Chávez einen Rüstungsvertrag im Wert von 1,3 Mrd. €. Vorgesehen ist eine Lieferung von zehn Transportflugzeugen, acht Marinebooten und 100 000 Gewehren an Venezuela.

- **Maghreb:** Die Versöhnung zwischen Spanien und Marokko und den gemeinsamen Willen, vor allem die Wirtschaftsbeziehungen auszubauen, demonstrierte im Januar 2005 ein **dreitägiger Staatsbesuch von König Juan Carlos in → Marokko.**
- **Europapolitik:** Auf einem Dreier-Gipfeltreffen in Madrid am 13. 9. 2004 verabredeten Ministerpräsident Zapatero sowie der französische Staatspräsident Jacques Chirac und der deutsche Kanzler Gerhard Schröder eine enge politische Zusammenarbeit ihrer Länder. Die Zusammenkunft war als Rückkehr Spaniens zum »alten Europa« zelebriert worden, von dem sich Zapateros Vorgänger Aznar mit seiner engen Anlehnung an die USA in der Irakpolitik abgewandt hatte.

Als erster EU-Staat hielt Spanien am 20. 2. 2005 eine **Volksabstimmung** über den am 29. 10. 2004 vom Europäischen Rat unterzeichneten **EU-Verfassungsvertrag** ab. Bei einer Wahlbeteiligung von nur 42,4 % stimmten 76,5 % der Teilnehmer mit Ja und 17,4 % mit Nein; 6,1 % enthielten sich der Stimme. Für eine Zustimmung hatten sowohl die Sozialisten als auch die oppositionelle Volkspartei geworben. Am 28. 4. 2005 wurde der Verfassungsvertrag vom Parlament ratifiziert.

Im **Tauziehen um die Finanzierung des EU-Haushalts** schlug die Regierung Anfang 2005 einen eigenen Spanien-Fonds vor, der den Übergang des Landes vom größten Nettoempfänger zum Nettozahler abfedern soll. Spanien ist einer der Hauptnutznießer der gemeinsamen Agrarpolitik und des Strukturfonds (→ EU).

Sri Lanka Süd-Asien

Demokratische Sozialistische Republik Sri Lanka; Ṣrī Laṅkā Prajātāntrika Samājavādī Janarajaya (singhalesisch); Ilaṅkaiś Śaṅa-nāyaka Ṣōśališak Kuṭiyaraśa (tamil) – LK / LKA

Fläche (Weltrang: 119): 65 610 km²

Einwohner (52): F 2003 19 232 000 = 293 je km²

Hauptstadt: Colombo

Regierungssitz: Sri Jayawardenepura

Amtssprachen: Singhalesisch, Tamil

Bruttonationaleinkommen 2003 je Einw.: 930 $

Währung: 1 Sri-Lanka-Rupie (S. L.Re.) = 100 Sri Lanka Cents
Kurs: 1 US-$ = 100,31 S. L.Re.; 1 € = 126,31 S. L.Re.

Botschaft der Demokratischen Sozialistischen Republik Sri Lanka
Niklasstr. 19, 14163 Berlin
T 030 / 80 90 97 49, Fax 80 90 97 57
www.srilanka-botschaft.de

LANDESSTRUKTUR **Fläche**: 65 610 km²; → Karte ▪ **Verwaltung**: 9 Provinzen ▪ **Städte**: (Z 2001) Colombo 642 163 Einw., Dehiwala-Mount Lavinia 209 787, Moratuwa 177 190, Jaffna 145 600, Negombo 121 933, Sri Jayawardenepura 115 826, Kandy 110 049, Galle 90 934

BEVÖLKERUNG Sri-Lanker – F 2003: 19 232 000 Einw.; Bevölkerungswachstum: 1,2 %; letzte Zählung. 2001 (vorl.): 18 732 255 Einw. – 81,9 % Singhalesen, 8,0 % Moors (Muslime), 5,1 % Indien- oder Kandy-Tamilen, 4,4 % Ceylon- oder Jaffna-Tamilen, 0,3 % Malaien, 0,2 % Burghers (Nachkommen der Portugiesen und Niederländer) ▪ **Sprachen**: Singhalesisch (Sinhala), Tamil, Malaiisch; Englisch ▪ **Religion** 2001: 76,7 % Buddhisten (v. a. Singhalesen), 8,5 % Muslime, 7,9 % Hindus (v. a. Tamilen), 6,1 % Katholiken

STAATS- UND REGIERUNGSFORM Verfassung von 1978, zuletzt geändert 1987 – Präsidialrepublik (im Commonwealth) seit 1978 – Ausnahmezustand seit August 1998 – Parlament (Nationalversammlung) mit 225 Mitgl. (196 direkt gewählt, 29 nach Parteienproporz verteilt); Wahl alle 6 J. – Direktwahl des Staatsoberh. alle 6 J. – Wahlrecht ab 18 J. ▪ **Unabhängigkeit**: 4. 2. 1948 (ehem. britische Kolonie; bis 1972 Ceylon) ▪ **Nationalfeiertag**: 4. 2.

REGIERUNG UND PARTEIEN **Staatsoberhaupt**: Chandrika Bandaranaike Kumaratunga (SLFP-Vors.), seit 1994 – **Regierungschef**: Mahinda Rajapakse (SLFP), seit 6. 4. 2004 – **Äußeres**: Lakshman Kadirgamar (UNP), seit 10. 4. 2004 ▪ **Parlament**: Wahlen vom 2. 4. 2004: United People's Freedom Alliance (Bündnis von Sri Lanka Freedom Party / SLFP, People's United Liberation Front / JVP und weiteren Linksparteien) 105 von 225 Sitzen (2001: 93), United National Party / UNP 82 (109), Tamil National Alliance / TNA 22 (15), National Heritage Party / JHU 9 (–), Sri Lanka Muslim Congress / SLMC 5 (5), Up-Country People's Front 1 (–), Eelam People's Democratic Party / EPDP 1 (2), Sonstige – (1)

WIRTSCHAFT **BIP** 2003: 18,237 Mrd. $; realer Zuwachs: 5,9 %; Anteil (2003) Landwirtschaft 19 %, Industrie 26 %, Dienstleistungen 55 % ▪ **Erwerbstätigkeit** 2001: Landwirtsch. 33,0 %, Industrie 24,4 %, Dienstl. 42,5 % ▪ **Arbeitslosigkeit** ∅ 2004: 8,4 % ▪ **Inflation** ∅ 2004: 7,6 % ▪ **Außenhandel** 2004: **Import**: 7,950 Mrd. $; *Güter*: 33 % Verbrauchsgüter, 21 % Maschinen und Transportausrüstungen, 13 % Erdöl und -produkte, 11 % Konsumgüter (darunter 10 % Nahrungsmittel), 5 % chemische Erzeugnisse; *Länder*: 13 % Indien, 8 % VR China, 7 % Singapur, 6 % Hongkong, 6 % Japan, 5 % Rep. Korea, 4 % Vereinigte Arabische Emirate, 3 % Malaysia, 2 % Deutschland (EU gesamt: 15 %); **Export**: 5,800 Mrd. $; *Güter*: 60 % Verbrauchsgüter, 20 % Konsumgüter (darunter 4 % Nahrungsmittel), 5 % Maschinen und Transportausrüstung; *Länder*: 34 % USA, 12 % Großbritannien, 5 % Deutschland, 4 % Indien, 4 % Belgien, 4 % Japan, 3 % Vereinigte Arabische Emirate (EU gesamt: 30 %)

CHRONIK

Angesichts der Tsunami-Katastrophe im Dezember 2004 bestand zunächst Hoffnung auf eine Wiederaufnahme des seit März 2004 stockenden Friedensprozesses zwischen der Regierung und den Rebellen der Liberation Tigers of Tamil Eelam (LTTE). Nach Abschluss der ersten Soforthilfemaßnahmen gerieten die Verhandlungen zwischen beiden Seiten über eine längerfristige Verteilung der Hilfsgüter und -zahlungen jedoch rasch ins Stocken und polarisierten das Land zunehmend. Das Abkommen, das schließlich im Juni 2005 zustande kam, wurde vom Obersten Gerichtshof im Juli 2005 vorläufig wieder für ungültig erklärt und ausgesetzt.

▪ **Tsunami-Folgen:** Nach Indonesien war Sri Lanka (→ Karte) am schwersten von der am 26. 12. 2004 durch ein Seebeben ausgelösten Flutwelle im Indischen Ozean betroffen (→ Themen der Welt). Nach **offiziellen Angaben** von Anfang April 2005 **starben bis zu 44 000 Menschen** (eingeschlossen die immer noch Vermissten), mehr als 23 000 wurden verletzt. Etwa 100 000 Häuser an der Küste wurden ganz oder teilweise zerstört, von über 500 000 Obdachlosen mussten etwa 100 000 in Lagern untergebracht werden. Die Katastrophe traf am stärksten die nördlichen und östlichen Regionen, die vor allem von Tamilen besiedelt werden und sich ganz oder teilweise unter Kontrolle der separatistischen LTTE befinden. Im Mai 2005 veranschlagte die Regierung in einer abschließenden Bilanz

die Kosten für den Wiederaufbau der Infrastruktur auf rund 1,6 Mrd. US-$. Zur Bewältigung der unmittelbaren Katastrophenfolgen brachten die UN und internationale Organisationen große Mengen Hilfsgüter und -mannschaften ins Land. Kanada, Indien, Pakistan, Südkorea, Großbritannien und die VR China entsandten militärisches Personal bzw. zivile Experten, die USA schickten einen Flugzeugträger mit 1500 Marines, Hubschraubern und Landungsbooten. In der Bevölkerung löste die Katastrophe eine große Bereitschaft aus, sich gegenseitig zu unterstützen. Vor allem in den von den Tamilen besiedelten Gebieten liefen die Hilfsmaßnahmen unter der Regie der Tamil Relief Organisation (TRO), einer Unterorganisation der LTTE, unverzüglich an; Exil-Tamilen aus aller Welt sandten in großem Maße Mittel zur Unterstützung. In anderen Regionen litt die Koordination der Hilfe unter teilweise chaotischem Missmanagement der Behörden.

■ **Tsunami-Hilfe als Instrument im Tamilenkonflikt:** Unterschiedliche Ansichten über die Verteilung der Hilfe und entsprechende Zuständigkeiten führten bald zu einem Konflikt zwischen Regierung und LTTE. Die LTTE bestand darauf, in den von ihr kontrollierten Gebieten die entscheidende Rolle bei der Organisation und Verteilung der Hilfe zu spielen, wozu die Regierung grundsätzlich bereit war, jedoch die Kontrolle über die ausländischen Geldflüsse selbst behalten wollte. Am 8./9. 1. 2005 hinderte die Regierung UN-Generalsekretär Kofi Annan daran, in den Nordosten des Landes zu reisen, wo er mit LTTE-Führern zusammentreffen wollte.

Der erste Versuch, ein Hilfsabkommen zwischen Regierung und LTTE auszuhandeln, wurde Ende Januar 2005 ergebnislos abgebrochen. Im März 2005 schlugen die norwegischen Friedensvermittler einen so genannten **»gemeinsamen Mechanismus«** vor: Dieser sah die Einrichtung von ethnisch-paritätischen Gremien auf verschiedenen Ebenen vor, in denen Vertreter der Singhalesen, Tamilen und Muslime gemeinsam über eine gerechte Verteilung der Wiederaufbauhilfe entscheiden. Für die Umsetzung in ihren Gebieten sollte die LTTE selbst sorgen. Bei den Hilfsorganisationen stieß die Blockadehaltung beider Seiten immer häufiger auf Kritik. Um eine Fortsetzung des Friedensprozesses zu erreichen und eine gleichmäßige Verteilung der Gelder für den Wiederaufbau in allen Teilen der Insel zu gewährleisten – zahlreiche Staaten stufen die LTTE als terroristische Vereinigung ein und überwiesen deswegen nicht direkt Geld an sie –, sagte die internationale Gemeinschaft bei einer Konferenz in Kandy im Zentrum Sri Lankas am 16./17. 5. 2005 **Finanzhilfen im Umfang von insgesamt 3 Mrd. US-$** für den Wiederaufbau der Insel zu. Der Betrag schloss ein Schuldenmoratorium von 300 Mio. US-$ ein, das der Pariser Club der 19 wichtigsten Gläubigerländer sowie Indien übernahmen, der Rest bestand u. a. aus Spenden von Privatpersonen und Organisationen.

Im Streit über das Hilfsabkommen und Annäherungsschritte von Präsidentin Chandrika Bandaranaike Kumaratunga an die LTTE kündigte die marxistische singhalesisch-nationalistische People's United Liberation Front (JVP) am 16. 6 2005 das Regierungsbündnis mit der Volksallianz (SLFP) der Präsidentin auf. Die zweitgrößte Koalitionspartei, die das Abkommen als gefährliches Zugeständnis an die Rebellen und Mittel zur Spaltung des Landes betrachtet, machte damit ihre bereits im Januar 2005 vorgebrachte Androhung wahr, auf keinen Fall eine Einigung mit der LTTE zu akzeptieren. Staatschefin Kumaratunga zeigte sich dagegen entschlossen, mit einem Minderheitskabinett weiterzuregieren, obwohl im Parlament nur noch 81 der 225 Abgeordneten hinter ihr standen. Schon im Februar 2005 waren die acht Abgeordneten des Ceylon Workers Congress aus der Regierung ausgeschieden.

Trotz zahlreicher Proteste und einer wegen heftiger Tumulte abgebrochenen Parlamentssitzung **unterzeichneten Regierung und LTTE** am 24. 6. 2005 den **»gemeinsamen Mechanismus«**, womit auch sein Wortlaut erstmals öffentlich wurde. In der Folge kam es wiederholt zu gewalttätigen Demonstrationen von Gegnern des Abkommens mit Forderungen nach vorgezogenen Neuwahlen sowie zu Bombenanschlägen, für die die Regierung die LTTE verantwortlich machte. Am 15. 7. erklärte das **Oberste Gericht das Kooperationsabkommen vorläufig für ungültig.**

St. Kitts und Nevis

Mittel-Amerika; Karibik

Föderation St. Kitts und Nevis;
Federation of Saint Kitts and Nevis – KN / KNA

Fläche (Weltrang: 186): 269 km²

Einwohner (186): F 2003 46 700 = 174 je km²

Hauptstadt: Basseterre

Amtssprache: Englisch

Bruttonationaleinkommen 2003 je Einw.: 6630 $

Währung: 1 Ostkarib. Dollar (EC$) = 100 Cents
Kurs: 1 US-$ = 2,72 EC$; 1 € = 3,35 EC$

High Commissioner for Eastern Caribbean States
10, Kensington Court, GB-London W8 5DL
T 00 44 – 20 / 79 37 95 22, Fax 79 37 55 14

LANDESSTRUKTUR **Fläche**: 269 km²; davon St. Kitts (Christopher) 176 km², Nevis 93 km²; Karte → WA 2005, S. 409 ▪ **Verwaltung**: 14 Bezirke ▪ **Städte**: (Z 2001) Basseterre (St. Kitts) 13 220 Einw., Charlestown (Nevis) 1820

BEVÖLKERUNG F 2003: 46 700 Einw.; Bevölkerungswachstum: 0,0 %; letzte Zählung 2001: 46 111 Einw. – Z 1980: 86 % Schwarze, 11 % Mulatten, 2 % Weiße ▪ **Sprachen**: Englisch; kreol. Englisch ▪ **Religion**: 36 % Anglikaner, 32 % Methodisten, 11 % Katholiken, etwa 9 % Moravier; insg. rd. 40 versch. Religionsgruppen

STAATS- UND REGIERUNGSFORM Verfassung von 1983 – Parlamentarische Monarchie (im Commonwealth) seit 1983 – Nationalversammlung mit 11 für 5 J. gewählten (St. Kitts 8 und Nevis 3) und 3 vom Generalgouverneur ernannten Mitgl. – Nevis mit eigenem Parlament (5 gewählte und 3 ernannte Mitgl.) und Premierminister (Vance Amory, seit 2. 6. 1992) – Wahlrecht ab 18 J. ▪ **Unabhängigkeit**: 19. 9. 1983 (ehem. britische Kolonie); bis 1987 St. Christopher and Nevis ▪ **Nationalfeiertag**: 19. 9.

REGIERUNG UND PARTEIEN **Staatsoberhaupt**: Königin Elizabeth II., vertreten durch Generalgouverneur Sir Cuthbert Montraville Sebastian, seit 1. 1. 1996 – **Regierungschef**: Sir Denzil Douglas (Labour Party), seit 7. 7. 1995 – **Äußeres**: Timothy Harris (Labour Party), seit 10. 8. 2001 ▪ **Parlament**: Wahlen vom 25. 10. 2004: Labour Party (Worker's League) 7 von 11 Sitzen (2000: 8), Concerned Citizens' Movement / CCM 2 (2), Nevis Reformation Party / NRP 1 (1), People's Action Movement / PAM 1 (–); Wahlen auf Nevis vom 7. 9. 2001: CCM 4 von 5 Sitzen (1997: 3), NRP 1 (2)

WIRTSCHAFT **BIP** 2003: 346 Mio. $; realer Zuwachs: 0,0 %; Anteil (2003) Landwirtschaft 3 %, Industrie 28 %, Dienstleistungen 69 % ▪ **Erwerbstätigkeit** 1994:

Landwirtsch. 14,7 %, Industrie 21,0 %, Dienstl. 64,3 % ▪ **Arbeitslosigkeit** ∅ 2003: 10 % ▪ **Inflation** ∅ 2003: 2,2 % ▪ **Außenhandel** 2001: **Import**: 189,2 Mio. $; *Güter*: 280 % Maschinen und Transportausrüstungen, 23 % bearbeitete Waren, 14 % Nahrungsmittel, lebende Tiere, Getränke und Tabak; *Länder*: 51 % USA, 12 % Trinidad und Tobago, 12 % Kanada, 8 % Großbritannien; **Export**: 31,0 Mio. $; *Güter*: 65 % Maschinen und Transportausrüstungen, 23 % Nahrungsmittel (hauptsächlich Zucker und -produkte); *Länder*: 71 % USA, 23 % Großbritannien

CHRONIK

Die regierende Labour Party (SKLP) von Premierminister Sir Denzil Douglas gewann am 25. 10. 2004 zum dritten Mal in Folge die **Parlamentswahlen**. Sie erhielt 50,6 % der Stimmen und mit sieben (-1) von elf Sitzen eine komfortable Mehrheit im Parlament. Die Partei Concerned Citizens' Movement (CCM) kam auf 8,8 % der Wählervoten und damit erneut auf zwei Sitze, die Nevis Reformation Party (NRP) konnte mit 7,5 % ein Parlamentsmandat erringen. Das in der letzten Legislaturperiode nicht im Parlament vertretene People's Action Movement (PAM) erhielt trotz eines hohen Stimmenanteils auf Grund des Mehrheitswahlrechts nur einen Sitz und kündigte am 17. 11. 2004 an, wegen Mängel bei der Wählerregistrierung, in drei Wahlkreisen Einspruch zu erheben. Eine Gruppe von Wahlbeobachtern des Commonwealth hatte die Wahl als glaubwürdig eingestuft, aber zugleich eine Reform der Registrierung und des Auszählungsmodus angemahnt.

Das neue Kabinett wurde am 30. 10. vereidigt. Premierminister Douglas erklärte die Förderung des Tourismus und Weiterentwicklung des sozialen Sicherungssystems zu den wichtigsten Aufgaben seiner nächsten Amtszeit. Die Regierung hatte in der Vergangenheit beim Aufbau der Tourismusindustrie und in der Kriminalitätsbekämpfung einige Fortschritte erzielen können, hinsichtlich einer Modernisierung der veralteten Zuckerindustrie und bei der Reduzierung des hohen Staatsdefizits aber nur mäßigen Erfolg gehabt.

St. Lucia

Mittel-Amerika; Karibik
Saint Lucia – LC / LCA

Fläche (Weltrang: 176): 616,3 km²

Einwohner (174): F 2003 161 000 = 261 je km²

Hauptstadt: Castries

Amtssprache: Englisch

Bruttonationaleinkommen 2003 je Einw.: 4050 $

Währung: 1 Ostkarib. Dollar (EC$) = 100 Cents
Kurs: 1 US-$ = 2,72 EC$; 1 € = 3,35 EC$

Honorarkonsul von St. Lucia
Weidebornweg 21, 61348 Bad Homburg
T 0 61 72 / 30 23 24, Fax 30 50 72

LANDESSTRUKTUR **Fläche:** 616,3 km² ▪ **Verwaltung:** 10 Distrikte ▪ **Städte:** (Z 2001) Castries 37 963 Einw.; (F 1993) Vieux Fort 23 400, Micoud 15 000

BEVÖLKERUNG Lucianer – F 2003: 161 000 Einw.; Bevölkerungswachstum: 0,9 %; letzte Zählung 2001: 157 491 Einw. – 1991: 90,3 % Schwarze, 5,5 % Mulatten, 3,2 % Asiaten (Inder), 0,8 % Weiße ▪ **Sprachen:** Englisch; kreolisches Französisch (Patois) ▪ **Religion** 2002: 67,5 % Katholiken; Protestanten

STAATS- UND REGIERUNGSFORM Verfassung von 1979 – Parlamentarische Monarchie (im Commonwealth) seit 1979 – Parlament: Unterhaus (House of Assembly) mit 17 für 5 J. gewählten und Senat mit 9 vom Generalgouverneur ernannten Mitgl. – Wahlpflicht ab 21 J. ▪ **Unabhängigkeit:** 22. 2. 1979 (ehem. britische Kolonie) ▪ **Nationalfeiertag:** 13. 12. (St. Lucia-Tag)

REGIERUNG UND PARTEIEN **Staatsoberhaupt** Königin Elizabeth II., vertreten durch Generalgouverneurin Dame Pearlette Louisy, seit 17. 9. 1997 – **Regierungschef:** Kenny Anthony (SLP), seit 24. 5. 1997 – **Äußeres:** Petrus Compton (SLP), seit 26. 10. 2004 ▪ **Parlament:** Wahlen vom 3. 12. 2001: Labour Party / SLP 14 von 17 Sitzen (1997: 16), United Worker's Party / UWP 3 (1)

WIRTSCHAFT **BIP** 2003: 693 Mio. $; realer Zuwachs: 1,7 %; Anteil (2003) Landwirtschaft 5 %, Industrie 18 %, Dienstleistungen 77 % ▪ **Erwerbstätigkeit** 2000: Landwirtsch. 19,5 %, Industrie 21,1 %, Dienstl. 56,9 % ▪ **Arbeitslosigkeit** ∅ 2001: 18,9 % ▪ **Inflation** ∅ 2003: 0,9 % ▪ **Außenhandel** 2001: **Import:** 834,8 Mio. EC$; *Güter:* 26 % Nahrungsmittel, 20 % Maschinen, 18 % bearbeitete Waren, 13 % Brennstoffe; *Länder:* 36 % USA, 17 % Trinidad und Tobago, 9 % Großbritannien, 4 % Japan; **Export:** 119,6 Mio. EC$; *Güter:* 33 % Bananen, 21 % Bier, 9 % Kleidung; *Länder:* 24 % Großbritannien, 23 % USA, 20 % Barbados, 6 % Antigua, 5 % Grenada

St. Vincent und die Grenadinen

Mittel-Amerika; Karibik
Saint Vincent and the Grenadines – VC / VCT

Fläche (Weltrang: 182): 389,3 km²

Einwohner (177): F 2003 109 000 = 280 je km²

Hauptstadt: Kingstown

Amtssprache: Englisch

Bruttonationaleinkommen 2003 je Einw.: 3310 $

Währung: 1 Ostkarib. Dollar (EC$) = 100 Cents
Kurs: 1 US-$ = 2,72 EC$; 1 € = 3,35 EC$

Honorarkonsul von St. Vincent und den Grenadinen
Fluggenstr. 5, 80639 München
T 089 / 17 80 35 20, Fax 17 64 81

LANDESSTRUKTUR **Fläche:** 389,3 km²; davon St. Vincent 344 km², Grenadines 45,3 km² ▪ **Verwaltung:** 6 Bezirke ▪ **Städte:** (Z 2001) Kingstown 13 526 Einw.

BEVÖLKERUNG Vincenter – F 2003: 109 000 Einw.; Bevölkerungswachstum: 0,0 %; letzte Zählung 2001: 109 022 Einw. – 1991: 66 % Schwarze, 19 % Mulatten, 5,5 % Inder, 3,5 % Weiße, 2 % Zambos ▪ **Sprachen:** Englisch; kreolisches Englisch ▪ **Religion** 2002: 75 % Protestanten, 6 % Katholiken

STAATS- UND REGIERUNGSFORM Verfassung von 1979 – Parlamentarische Monarchie (im Commonwealth) seit 1979 – Parlament (House of Assembly) mit 21 Mitgl., davon 15 für 5 J. gewählt und 6 vom Generalgouverneur ernannt – Wahlrecht ab 18 J. ▪ **Unabhängigkeit:** 27. 10. 1979 (ehem. britische Kolonie) ▪ **Nationalfeiertag:** 27. 10.

REGIERUNG UND PARTEIEN **Staatsoberhaupt:** Königin Elizabeth II., vertreten durch Generalgouverneur Sir Frederick Ballantyne, seit 2. 9. 2002 – **Regierungschef:** Ralph Gonsalves (ULP), seit 29. 3. 2001 – **Äußeres:** Mike Browne (ULP), seit 31. 5. 2001 ▪ **Parlament:** Wahlen vom 28. 3. 2001: United Labour Party / ULP 12 von 15 Sitzen (1998: 7), New Democratic Party / NDP 3 (8)

WIRTSCHAFT **BIP** 2003: 371 Mio. $; realer Zuwachs: 4,0 %; Anteil (2003) Landwirtschaft 9 %, Industrie 24 %, Dienstleistungen 67 % ▪ **Erwerbstätigkeit** 1991: Landwirtsch. 25 %, Industrie 21 %, Dienstl. 54 % ▪ **Arbeitslosigkeit:** k. A. ▪ **Inflation** ∅ 2003: 0,3 % ▪ **Außenhandel** 2002: **Import:** 181,9 Mio. $; *Güter:* 24 % Nahrungsmittel, Getränke und Tabak, 19 % Maschinen, 19 % bearbeitete Waren; *Länder:* 38 % USA, 21 % Trinidad und Tobago, 9 % Großbritannien; **Export:** 42,2 Mio. $; *Güter:* 31 % Bananen, 16 % Mehl, 11 % Reis; *Länder:* 40 % Großbritannien, 10 % Trinidad und Tobago, 9 % St. Lucia, 9 % Barbados

Südafrika Süd-Afrika

Republik Südafrika; Republic of South Africa; Republiek van Suid-Afrika (afrikaans); IRiphabliki yaseMzantsi Afrika (xhosa); IRiphabliki yaseNingizimu Afrika (zulu) – ZA / ZAF

Fläche (Weltrang: 24): 1 219 090 km²

Einwohner (27): F 2003 45 829 000 = 38 je km²

Hauptstadt: Tshwane (Pretoria)

Parlamentssitz: Cape Town (Kapstadt)

Amtssprachen: Englisch, Afrikaans, Ndebele, Nordsotho, Südsotho, Setswana, Swati, Tsonga, Venda, Xhosa, Zulu

Bruttonationaleinkommen 2003 je Einw.: 2750 $

Währung: 1 Rand (R) = 100 Cents
Kurs: 1 US-$ = 6,82 R; 1 € = 8,49 R

Botschaft der Republik Südafrika
Tiergartenstr. 18, 10785 Berlin
T 030 / 22 07 30, Fax 22 07 31 90
www.suedafrika.org

LANDESSTRUKTUR **Fläche:** 1 219 090 km²; davon Inseln Marion 255 km² und Prince Edward 55 km² im Indischen Ozean; Karte → WA 2005, S. 413 ▪ **Verwaltung:** 9 Provinzen; Tabelle → WA 2005, S. 411 ▪ **Städte:** (Z 2001) Johannesburg 3 225 812 Einw., Durban 3 090 122, Cape Town (Kapstadt) 2 893 247, Tshwane (Pretoria) 1 985 983, Port Elizabeth 1 005 779, Soweto 858 649, Tembisa 348 687, Pietermaritzburg 223 518, Botshabelo 175 820, Mdantsane 175 783, Boksburg 158 650, East London 135 560, Bloemfontein 111 698 (jeweils A)

BEVÖLKERUNG Südafrikaner – F 2003: 45 829 000 Einw.; Bevölkerungswachstum: 1,1 %; letzte Zählung 2001: 44 819 778 Einw. – 79,0 % Schwarze (u. a. Zulu, Xhosa, Nordsotho, Südsotho, Tswana, Tsonga, Swasi, Ndebele, Venda), 9,6 % Weiße, 8,9 % Mischlinge, 2,5 % Asiaten ▪ **Sprachen** 2001: 23,8 % Zulu, 17,6 % Xhosa, 13,3 % Afrikaans, 9,4 % Sepedi, 8,2 % Setswana, 8,2 % Englisch, 7,9 % Nordsotho und Südsotho, 4,4 % Tsonga, 2,7 % Swati, 2,3 % Venda, 1,6 % Ndebele sowie indische Sprachen; → Karte ▪ **Religion** 2001: 79,8 % Christen (31,8 % afrikanische Kirchen, 7,6 % Pfingstkirchler, 7,4 % Methodisten, 7,1 %, Katholiken, 3,8 % Anglikaner, 2,5 % Lutheraner, 1,9 % Presbyterianer u. a.), 1,5 % Muslime, 1,2 % Hindus, 0,2 % Juden; 16,5 % religionslos oder ohne Angaben; indigene Religionen

STAATS- UND REGIERUNGSFORM Verfassung von 1997 – Präsidialrepublik (im Commonwealth) seit 1961 – Parlament: Nationalversammlung (Unterhaus) mit mind. 360, max. 400 direkt gewählten Mitgl. und Nationalrat der Provinzen mit 90 Mitgl.; Wahl alle 5 J. – Wahl des Staatsoberh. alle 5 J. durch die Nationalversammlung – Wahlrecht ab 18 J. ▪ **Unabhängigkeit:** 31. 5. 1910 de facto, 11. 12. 1931 nominell (Westminster-Statut) ▪ **Nationalfeiertag:** 27. 4. (Freiheitstag)

REGIERUNG UND PARTEIEN **Staats- u. Regierungschef:** Thabo Mvuyelwa Mbeki (ANC-Vors.), seit 16. 6. 1999 – **Äußeres:** Nkosazana Dlamini-Zuma (ANC), seit 17. 6. 1999 ▪ **Parlament:** Wahlen vom 14. 4. 2004: African National Congress / ANC 279 von 400 Sitzen (1999: 266), Democratic Alliance / DA 50 (38), Inkatha Freedom Party / IFP 28 (34), United Democratic Movement / UDM 9 (14), Independent Democrats / ID 7 (–), New National Party / NNP 7 (28), African Christian Democratic Party / ACDP 6 (6), Vryheidsfront-Freedom Front / VF-FF 4 (3), United Christian Democratic Party / UCDP 3 (3), Pan Africanist Congress of Azania / PAC 3 (3), Minority Front / MF 2 (1), Azanian People's Organization / Azapo 2 (1), Federal Alliance / FA – (2), Afrikaner Eenheidsbeweging / AEB – (1)

WIRTSCHAFT **BIP** 2003: 159,886 Mrd. $; realer Zuwachs: 1,9 %; Anteil (2003) Landwirtschaft 4 %, Industrie 31 %, Dienstleistungen 65 % ▪ **Erwerbstätigkeit** 2003: Landwirtsch. 10,3 %, Industrie 24,5 %, Dienstl. 64,9 % ▪ **Arbeitslosigkeit** ⌀ 2004: 28 % (S) ▪ **Inflation** ⌀ 2004: 4,9 % ▪ **Außenhandel** 2004: **Import:** 38,9 Mrd. $; *Güter:* (in % der Gesamteinfuhr der SACU) 26 % Maschinen und Apparate, 15 % mineralische Stoffe, 14 % Beförderungsmittel, 9 % chemische Erzeugnisse, 4 % unedle Metalle, 4 % Kunststoffe, Gummi, 3 % optische Geräte, Mess- und Musikinstrumente, Uhren; *Länder:* 14 % Deutschland, 9 % USA, 7 % Frankreich, 7 % Großbritannien, 7 % VR China, 7 % Japan, 5 % Saudi-Arabien, 4 % Iran, 3 % Italien (EU gesamt 2003: 13 %); **Export:** 38,9 Mrd. $; *Güter:* (in % der Gesamtausfuhr der SACU) 27 % Perlen, Edelsteine und Münzen, 18 % unedle Metalle, 12 % mineralische Stoffe, 9 % Beförderungsmittel, 9 % Ernährungsgüter einschl. lebender Tiere, 9 % Maschinen, Apparate und Geräte, 6 % chemische Erzeugnisse; *Länder:* 10 % USA, 10 % Großbritannien, 9 % Japan, 7 % Deutschland, 5 % Niederlande, 3 % Belgien, 3 % Italien, 2 % Spanien, 2 % Australien (EU gesamt 2003: 47 %)

CHRONIK

▪ **Kritik an der Politik der Regierung:** Die schon seit längerem gespannten Beziehungen zwischen dem regierenden African National Congress (ANC) und dem ihn unterstützenden Gewerkschaftsbund Congress of South African Trade Unions (COSATU) spitzten sich nach einem **Streik mehrerer hunderttausender Staatsangestellter** Mitte September 2004 zu. Sie forderten höhere Gehälter und warfen dem ANC vor, zu wenig Rücksicht auf die Bedürfnisse der Arbeitnehmer zu nehmen. Außerdem werde mit dem »Black Economic Empowerment«-Programm der Regierung, das eine

Beteiligung schwarzer Südafrikaner an Unternehmen vorschreibt, lediglich eine winzige, bereits privilegierte schwarze Unternehmerelite gefördert. **Weitere Kritik** an der Regierung kam im November 2004 **vom ehemaligen Erzbischof Desmond Tutu**. Auch er warf seinem früheren Verbündeten im Anti-Apartheidskampf, Präsident Thabo Mbeki, vor, seine Wirtschaftspolitik käme nicht der breiten Bevölkerung zugute. Zugleich griff er die Aids-Politik der Regierung (→ unten) scharf an. Trotz einer positiven Wirtschaftsentwicklung stiegen die Einkommen des ärmsten Bevölkerungsteils in den letzten Jahren kaum; die Arbeitslosenquote lag offiziell bei ca. 29 %, inoffiziell bei 40 %.

- **Parteiauflösung:** Die **New National Party** (NNP), Nachfolgerin der während der Apartheid jahrzehntelang regierenden National Party (NP), beschloss am 9. 4. 2005 mit großer Mehrheit ihre Auflösung. Ein entsprechender Schritt war seit den Parlamentswahlen vom April 2004 diskutiert worden, bei denen die NNP im Zuge ihrer Annäherung an den ANC starke Stimmenverluste verzeichnen musste; im August 2004 war sie dann mit dem ANC fusioniert.
- **Eigentumsrechte:** In einem richtungweisenden **Urteil über die Rechtmäßigkeit von Landbesetzungen** verpflichtete das **Verfassungsgericht** am 13. 5. 2005 die Regierung, 40 000 Landbesetzern der **»Modderklip Boerdery«** nahe Johannesburg andere Siedlungsgebiete bereitzustellen und dem Farmer, dessen Land seit fünf Jahren besetzt ist, eine Entschädigung zu zahlen. Vorausgegangen war ein fünf Jahre dauernder Rechtsstreit zwischen dem Farmer und der Regierung; ein erstinstanzliches Urteil zur Räumung des besetzten Anwesens hatte die Regierung nicht vollstreckt. Richtschnur in Sachen illegaler Landbesetzungen war bislang das »Grootboom«-Urteil von 1998, wonach illegale Landbesetzer so lange nicht vertrieben werden dürfen, wie ihnen keine adäquaten neuen Siedlungsgebiete zur Verfügung gestellt werden. Dies ver-

anlasste die Regierung dazu, illegale Landbesetzungen als »Parkplatz« für Landlose zu betrachten. Mit dem »Modderklip Boerdery«-Urteil wurde die Regierung nun in die Pflicht genommen, die Rechte der Landlosen ebenso zu achten wie die der Landbesitzer.

■ **Korruptionsaffären:** Im Zusammenhang mit dem größten **Waffengeschäft** mit europäischen Rüstungsunternehmen seit Ende der Apartheid (→ WA 2003, Sp. 759) befand ein Gericht in Durban am 2. 6. 2005 **Schabir Shaik**, den **ehemaligen Finanzberater von Vizepräsident Jacob Zuma**, wegen Betrug, Korruption und Steuerhinterziehung für schuldig und verurteilte ihn zu 15 Jahren Haft. Der Richter sah es als erwiesen an, dass Shaik über mehrere Jahre hinweg 1,2 Mio. Rand an den Vizepräsidenten überwiesen hatte, um sich damit politische Vorteile zu erkaufen. Zudem soll Shaik im Auftrag des französischen Rüstungskonzerns Thomson-CSF aktiv an der Vermittlung einer Schmiergeldzahlung an Zuma in Höhe von 500 000 Rand jährlich beteiligt gewesen sein. Die Regierung reagierte zunächst zögerlich auf das Urteil. Am 14. 6. zog Präsident **Mbeki** die Konsequenzen und **entließ seinen Stellvertreter Zuma »im Interesse der neuen Demokratie«.** Am 20. 6. eröffneten die Behörden ein Verfahren gegen Zuma wegen Korruption. Auf illegale Geschäfte Zumas hatte bereits Ende August 2003 der damalige Generalstaatsanwalt Bulelani Ngcuka hingewiesen, jedoch auf eine Anklage verzichtet (→ WA 2005, S. 413). Ngcuka war wegen der Anschuldigungen unter Druck geraten und im Juli 2004 zurückgetreten. Nachfolgerin Zumas wurde am 22. 6. 2005 die bisherige Bergbau- und Energieministerin, Phumzile Mlambo-Ngcuka. Die Öffentlichkeit begrüßte ihre Ernennung, obwohl auch sie im Zusammenhang mit der »Oilgate«-Affäre unter Korruptionsverdacht stand: Im Wahlkampf 2003 hatte der halbstaatliche Erdölkonzern Petro SA dem ANC eine Spende über 11 Mio. Rand zukommen lassen.

Im **»Travelgate«-Skandal** um betrügerische Abgeordnete wurden Mitte März 2005 die ersten Urteile gesprochen. Fünf der insgesamt 40 angeklagten Parlamentarier wurden zu Geldstrafen zwischen 40 000 und 80 000 Rand verurteilt. Das Gericht sah es als erwiesen an, dass sie staatliche Reisekostenvergütungen für Privatreisen und luxuriöse Mietwagen erschlichen hatten. Im Mai 2005 legten die Verurteilten ihre Abgeordnetenmandate nieder. Aufgeflogen war der Skandal durch eine interne Untersuchung des Parlaments im August 2004; daraufhin ermittelte die Staatsanwaltschaft gegen ein Viertel aller Abgeordneten.

■ **HIV / Aids:** Anderthalb Jahre nach der so genannten Kehrtwende der Regierung in der Aids-Politik (→ WA 2005, S. 413) **trat** das **Programm zur flächendeckenden Versorgung mit kostenlosen antiretroviralen Medikamenten für Aids-Kranke** weitgehend **auf der Stelle.** Offiziellen Angaben des Gesundheitsministeriums zufolge erhielten bis Ende März 2005 erst 42 000 der schätzungsweise über 500 000 Aids-Kranken über staatliche Stellen entsprechende Medikamente; trotz mehrfach nach unten korrigierter Ziele sollten zu diesem Zeitpunkt bereits 53 000 Patienten versorgt werden. Weitere ca. 60 000 Aids-Patienten bezogen nach Schätzungen der Anti-Aids-Organisation Treatment Action Campaign (TAC) Hilfe über Arbeitgeber-Programme, Krankenkassen und internationale Hilfsorganisationen.

Hilfsorganisationen wie Ärzte ohne Grenzen (MSF), TAC und die Weltgesundheitsorganisation (WHO) warfen Gesundheitsministerin Manto Tshabalala-Msimang vor, die Umsetzung des staatlichen Anti-HIV / Aids-Programms zu behindern. Zudem verunsichere sie mit ihrer Unterstützung des umstrittenen deutschen Mediziners Matthias Rath HIV / Aids-Patienten; dieser hatte u. a. in breit angelegten Medienkampagnen eigene Vitaminpräparate als Aids-Medizin angeboten und die Wirksamkeit antiretroviraler Medikamente gegen HIV / Aids in Frage gestellt.

Südafrika hat weltweit die höchste HIV-Infektionsrate, nach Angaben von UNAIDS waren Ende 2003 ca. **5,3 Mio. Menschen mit dem HI-Virus infiziert**. Einer im Mai 2005 veröffentlichten Studie des Medical Research Council zufolge ist mittlerweile jeder dritte Todesfall in Südafrika auf Aids zurückführen.

Mitte September 2004 verabschiedete das Parlament ein **Gesetz zur Anerkennung** der Leistungen **traditioneller Heiler.** Gleichzeitig müssen diese bestimmte Mindeststandards erfüllen, die Behandlung von Aids und Krebs ist ihnen untersagt. Schätzungen zufolge lassen sich ca. 70 % der Bevölkerung im Krankheitsfall von traditionellen Heilern behandeln; in den vergangenen Jahren waren sie immer wieder wegen der von ihnen verordneten Heilmethoden gegen Aids in die Kritik geraten und für die Verbreitung der Epidemie mitverantwortlich gemacht worden.

■ **Apartheid-Entschädigungsklagen:** Am 29. 11. 2004 wies ein New Yorker Bezirksgericht die Klage von südafrikanischen Apartheid-Opfern gegen mehr als 30 multinationale Unternehmen ab, die sich angeblich der Unterstützung und Beihilfe des früheren Regimes schuldig gemacht haben. Das Gericht begründete seine Entscheidung damit, dass trotz der Abscheulichkeit der während der Apartheid begangenen Taten kein Handelsrecht gebrochen worden sei. Außerdem könne es nicht Aufgabe des Gerichtes sein, »moralische Ideale« durchzusetzen. Beobachter interpretierten das Urteil als wegweisend für alle weiteren anhängigen Verfahren auf Entschädigung für Apartheid-Opfer.

■ **Hauptstadt umbenannt:** Der Stadtrat von **Pretoria** beschloss am 8. 3. 2005, die Hauptstadt in **Tshwane** umzubenennen, und markierte damit symbolisch den Bruch mit dem Apartheidsystem. Die 1855 von Weißen gegründete Siedlung war nach dem Burenführer Andries Pretorius benannt worden. Afrikanische Bewohner hatten die Gegend Tshwane getauft, was »Wir sind alle gleich« bedeutet. Der Großraum Pretoria heißt schon länger so.

Sudan Nordost-Afrika

Republik Sudan; Ǧumhūriyya as-Sūdān – SD / SDN

Fläche (Weltrang: 10): 2 505 813 km²

Einwohner (33): F 2003 33 546 000 = 13,4 je km²

Hauptstadt: Al-Kharṭūm (Khartum)

Amtssprache: Arabisch

Bruttonationaleinkommen 2003 je Einw.: 460 $

Währung: 1 Sudan. Dinar (sD) = 100 Piaster
Kurs: 1 US-$ = 248,89 sD; 1 € = 311,64 sD

Botschaft der Republik Sudan
Kurfürstendamm 151, 10709 Berlin
T 030 / 890 69 89, Fax 894 09 693
www.sudan-embassy.de

LANDESSTRUKTUR **Fläche:** 2 505 813 km²; → Karte ▪ **Verwaltung:** 26 Provinzen ▪ **Städte:** (F 2000) Al-Kharṭūm (Khartum) 2 731 000 Einw.; (Z 1993) Umm Durmān (Omdurman) 1 271 403, Al-Kharṭūm Bahrī 700 887, Būr Sūdān (Port Sudan) 308 195, Kassalā 234 622, Al-Ubayyid (Al-Obeid) 229 425, Nyala 227 183, Al-Jazīrah (Al-Gezira) 211 362, Al-Qadārif (Gedaref) 191 164, Kūstī 173 599, Al-Fashīr 141 884, Juba 114 980

BEVÖLKERUNG Sudanesen – F 2003: 33 546 000 Einw.; Bevölkerungswachstum: 2,3 %; letzte Zählung 1993: 24 940 683 Einw. – ca. 40–50 % Araber und arabisierte Ethnien im N, 30 % Afrikaner (572 Ethnien, v. a. nilotische Völker) im S ▪ **Sprachen:** 50 % Arabisch; 50 % afrikanische Sprachen (über 100, v. a. nilosaharanische Sprachen); kuschitische Sprachen und kordofanische Sprachen; Englisch ▪ **Religion** 2002: 70 % Muslime (Sunniten; bes. im N), 10 % Katholiken (bes. im S); Minderheit von Kopten, Protestanten; 20 % Anhänger von indigenen Religionen

STAATS- UND REGIERUNGSFORM Verfassung von 1998 – Islamische Republik seit 1986 – Staatsreligion: Islam – Islamisches Recht (Scharia) im muslimischen Landesteil – Nationalversammlung mit 360 Mitgl., davon 270 für 4 J. gewählt, 35 für Frauen, 26 für Akademiker und 29 für Gewerkschaften reserviert – Direktwahl des Staatsoberh. alle 5 J. – Wahlrecht ab 18. J. ▪ **Unabhängigkeit:** 1. 1. 1956 (ehem. britisch-ägypt. Kondominium) ▪ **Nationalfeiertag:** 1. 1.

REGIERUNG UND PARTEIEN **Staats- u. Regierungschef:** Omar Hassan Ahmad al-Bashir, seit 1989 Regierungschef, seit 1993 Staatspräsident – **Äußeres:** Mustafa Osman Ismail, seit 17. 2. 1998 ▪ **Parlament:** Wahlen vom 13.–22. 12. 2000: absolute Mehrheit der Sitze für den National Congress / NC; genaue Sitzverteilung unbekannt; Boykott der Oppositionsparteien

WIRTSCHAFT **BIP** 2003: 17,793 Mrd. $; realer Zuwachs: 6,0 %; Anteil (2002) Landwirtschaft 39 %, Industrie 18 %, Dienstleistungen 43 % ▪ **Erwerbstätigkeit** 2002: Landwirtsch. 59 % ▪ **Arbeitslosigkeit:** k. A. ▪ **Inflation** ∅ 2004: 8–9 % ▪ **Außenhandel** 2003: **Import:** 2,882 Mrd. $; *Güter*: Maschinen und Transportausrüstungen, Nahrungsmittel, bearbeitete Waren, Rohstoffe; *Länder*: 25 % Saudi-Arabien, 8 % VR China, 6 % Vereinigte Arabische Emirate, 5 % Deutschland; **Export:** 2,542 Mrd. $; *Güter* 2002: 78 % Erdöl, 7 % Fleisch und lebende Tiere, 4 % Sesam, 3 % Baumwolle; *Länder*: 70 % VR China, außerdem Saudi-Arabien, Japan, Vereinigte Arabische Emirate, Großbritannien

CHRONIK

NORD-SÜD-KONFLIKT

Nach 30-monatigen Verhandlungen konnte im Januar 2005 durch einen **Friedensvertrag** der 21-jährige Bürgerkrieg **zwischen dem nach Unabhängigkeit strebenden Südsudan und der Zentralregierung** beendet werden. Das umfassende Abkommen wurde am 9. 1. 2005 in einer feierlichen Zeremonie im kenianischen Nairobi von John Garang, dem Führer der südsudanesischen Befreiungsbewegung SPLM, und dem sudanesischen Vizepräsidenten Ali Osman Muhammad Taha im Beisein von elf afrikanischen Staatschefs unterzeichnet.

Das Abkommen besteht aus insgesamt acht Protokollen und Einzelvereinbarungen, die seit dem Machakos-Protokoll im Jahr 2002 (→ WA 2003, Sp. 763 f.) ausgehandelt worden waren. Sie sehen eine 6-jährige Übergangsphase der Autonomie für den Südsudan vor, an deren Ende die Bevölkerung in einem Referendum über die staatliche Unabhängigkeit entscheiden kann. Außerdem werden die Rahmenbestimmungen einer neuen Verfassung und die Einsetzung einer Übergangsregierung und -verwaltung bis zur Abhaltung allgemeiner Wahlen im Jahr 2008 geregelt. Die Exporteinnahmen von Erdöl werden hälftig zwischen dem Nordsudan und dem Südsudan aufgeteilt; die Grenzen dieser Gebiete werden genau definiert. Der Aufbau einer gemeinsamen Armee wird ebenso festgelegt wie der Abzug nördlicher Truppen aus dem Südsudan.

Die meisten Abkommen waren im Zeitraum zwischen September 2003 und Mai 2004 vereinbart worden (→ WA 2005, S. 414 f.). Unter dem Druck der Vereinten Nationen (UN) war am 31. 12. 2004 eine Einigung über die Einzelheiten eines **dauerhaften Waffenstillstands** und den genauen Zeitplan für die Umsetzung der einzelnen Protokolle erreicht worden, die mit der Vertragsunterzeichnung in Nairobi öffentlich zelebriert wurde. Beide Parteien einigten sich auf eine sechsmonatige Frist vor Inkrafttreten der eigentlichen Interimsperiode im Juli 2005. Das sudanesische Parlament ratifizierte das Abkommen am 1. 2. 2005.

Daraufhin richtete der UN-Sicherheitsrat am 25. 3.

2005 mit Resolution 1590 eine **Friedensmission für den Südsudan (UNMIS)** ein, dessen Mandat sich allerdings nicht auf den Darfur-Konflikt erstreckte. 10 000 Soldaten sollen für einen Zeitraum von zunächst sechs Monaten bei der Überwachung des Waffenstillstands und der Implementierung des Friedensabkommens behilflich sein. UNMIS ersetzte die im Juni 2004 eingerichtete UN-Vorbereitungsmission im Sudan (UNAMIS). Bei einem Gebertreffen für den Südsudan am 12. 4. 2005 in Oslo wurden Hilfsgelder in einer Gesamthöhe von 4,5 Mrd. US-$ für humanitäre Zwecke und den Wiederaufbau bewilligt, mehr als die Regierung und die UN für den Zeitraum 2005–2007 veranschlagt hatten. Die Einsetzung der im Friedensvertrag vorgesehenen Verfassungskommission am 23. 4. 2005 wurde verschoben, nachdem die 13 in der Nationalen Demokratischen Allianz (NDA) organisierten nordsudanesischen Oppositionsparteien (u. a. Umma; Democratic Unionist Party, DUP) mit dem Boykott der Verfassung gedroht hatten. Sie fühlten sich in der Zusammensetzung der Kommission unterrepräsentiert und fürchteten, dass die Anwendung des Mehrheitsprinzips der SPLM und der Regierung erlauben würde, sich bei allen Abstimmungen durchzusetzen. Die NDA erreichte schließlich am 18. 6. 2005 durch ein in Kairo unterzeichnetes Abkommen mit der Regierung, dass sie in der Übergangsregierung und -verwaltung vertreten sind.

Nachdem sich der aus SPLM-Mitgliedern gebildete Verwaltungsrat im Südsudan und das von der National Party dominierte Parlament in Khartum auf eine Übergangsverfassung geeinigt hatten, wurde **SPLM-Führer Garang** (→ Foto) am 10. 7. **als Vizepräsident vereidigt**. Präsident Bashir hob am 11. 7. den 1999 verhängten Ausnahmezustand auf, ausgenommen in der Provinz Darfur und in den Unruhegebieten im Osten (→ unten).

John Garang (re) und Kofi Annan am 29. 5. 2005 in Rembek

DARFUR-KONFLIKT

Die internationale Gemeinschaft war bemüht, in dem seit Februar 2003 gewaltsam ausgetragenen Konflikt in Darfur (→ Karte) ihren Druck auf die Regierung in Khartum zu erhöhen. Die Entwaffnung der als Hauptverantwortliche für die Gewalt geltenden arabischen Reitermilizen, der Djandjawid, zu der sich die sudanesische Regierung verpflichtet hatte, wurden jedoch nicht vorangetrieben. Ein entschlossenes Vorgehen der UN scheiterte immer wieder an den Meinungsunterschieden der Veto-Mitglieder des Sicherheitsrats, insbesondere Chinas und Russlands, die massive wirtschaftliche Interessen mit dem Sudan verbindet. Hauptsächlich auf Grund von Hunger und Krankheiten starben monatlich ca. 10 000 Menschen, während die Kämpfe und die Übergriffe auf die Zivilbevölkerung unvermindert anhielten.

Die **Afrikanische Union** beschloss bei ihrem Gipfeltreffen vom 5.–8. 7. 2004 in Addis Abeba ab August 2004 **300 Soldaten zum Schutz der 40 Militärbeobachter** in die Krisenregion zu entsenden, die den am 8. 4. 2004 vereinbarten Waffenstillstand aus Sicherheitsgründen nicht überwachen konnten (→ WA 2005, S. 415). Die beiden Truppen stellenden Länder, Ruanda und Nigeria, hatten sich vergeblich für eine größere Eingreiftruppe mit einem umfassenderen Mandat eingesetzt. Die sudanesische Regierung stimmte hingegen auch der Entsendung dieser 300 Soldaten nur widerwillig zu, musste aber Verpflichtungen erfüllen, die sie gegenüber der UN am 3. 7. 2004 eingegangen war.

amnesty international legte am 19. 7. 2004 einen Bericht über **grausame Fälle von Gewalt, Vertreibung und systematischen Vergewaltigungen** von Frauen und Kindern durch Milizen in der Darfur-Region vor. Der UN-Sondergesandte Jan Pronk kritisierte die Untätigkeit der Regierung und warf ihr nicht nur vor, die Menschenrechtsverletzungen zu tolerieren, sondern durch Luftangriffe und Bodentruppen aktiv zu unterstützen. Der UN-Sicherheitsrat billigte bei zwei Enthaltungen (VR China, Pakistan) am 30. 7. 2004 die **Resolution 1556**, in der von der sudanesischen Regierung die Erfüllung der gegenüber Kofi Annan gemachten Verpflichtungen innerhalb von 30 Tagen verlangt wird. Andernfalls müsse die Regierung mit Maßnahmen rechnen, die freilich nicht näher bestimmt wurden. Russland und China, die als Investoren und Importeure im sudanesischen Erdölsektor aktiv sowie die beiden wichtigsten Waffenlieferanten der sudanesischen Regierung sind, hatten gegen die Androhung von Sanktionen ihr Veto eingelegt. Sprecher der sudanesischen Armee, die mittlerweile 20 000 Mann aus dem Südsudan nach Darfur verlegt hatte, wiesen die Resolution zunächst als Kriegserklärung zurück, die Regierung erklärte sich in Gesprächen mit dem UN-Sondergesandten Pronk dann aber bereit, die Sicherheitssituation der verfolgten Bevölkerung zu verbessern und die Vertriebenen nicht gegen ihren Willen aus den Flüchtlingslagern in ihre Heimatdörfer umzusiedeln.

Als Reaktion auf Resolution 1556 kam es in der Hauptstadt Khartum am 4. 8. 2004 zu einer von der Regierung organisierten **Massendemonstration gegen ein Ein-**

greifen westlicher Truppen in Darfur, an der bis zu 100 000 Menschen teilnahmen. Entsprechende militärische Sanktionen waren zu diesem Zeitpunkt jedoch nicht angedroht worden. Die Arabische Liga kam der sudanesischen Regierung zu Hilfe und lehnte Sanktionen wie auch eine westliche Militärintervention ab, bezeichnete die 30-Tage-Frist als unrealistisch und forderte die Rebellen zur Rückkehr an den Verhandlungstisch auf.

Parallel zu den Bemühungen der internationalen Gemeinschaft gingen **Friedensgespräche** zwischen der Regierung und den beiden Rebellenbewegungen SLM und JEM am 15. 7. 2004 in Addis Abeba weiter. Beiden Seiten waren mehrere Verletzungen des im April vereinbarten Waffenstillstands vorgeworfen worden. Am 18. 7. wurden die Gespräche ergebnislos abgebrochen, nachdem sich die Regierung nicht auf einen konkreten Zeitplan für die Entwaffnung der Djandjawid-Milizen hatte festlegen wollen. Nach einem Besuch in Darfur am 24. 8. 2004 erklärte der britische Außenminister Jack Straw, dass sich die Arbeitsbedingungen für Hilfsorganisationen und die Sicherheitslage in den ca. 130 Flüchtlingslagern zwar verbessert hätten, die Regierung aber bisher nichts zur Verbesserung der Situation außerhalb der Lager getan hätte, wo die Bevölkerung nach wie vor von den Milizen terrorisiert werde. Eine weitere Verhandlungsrunde in Abuja, Nigeria, scheiterte am 15. 9. 2004.

Am Ende der 30-Tage-Frist am 30. 8. 2004 dauerten nach Angaben der AU-Militärbeobachter die Gewaltakte an, und Regierungstruppen hatten offensichtlich eine neue Offensive gegen zivile Ziele begonnen. Drei Wochen nach Ablauf der Frist stimmte der UN-Sicherheitsrat bei vier Enthaltungen für **Resolution 1564**, in der erstmals explizite **Sanktionen gegen die Ölindustrie und Regierungsmitglieder des Sudan angedroht** wurden, sollte sich die Regierung weiterhin nicht in der Lage sehen, die Djandjawid-Milizen zu entwaffnen und die Sicherheitslage zu verbessern. Außerdem wurde eine Untersuchungskommission eingerichtet, die den Vorwurf des Genozids klären sollte. Kurz zuvor hatte US-Außenminister Colin Powell erstmals von Völkermord in Darfur gesprochen, als dessen Verantwortliche die sudanesische Regierung und die mit ihr verbündeten Djandjawid-Milizen bezeichnete. Khartum wies die Vorwürfe vehement zurück. Die **UN-Untersuchungskommission** machte zwar hauptsächlich die Regierung und die von ihr nach wie vor unterstützten Milizen für die Zerstörung von schätzungsweise 700 Dörfern, Massenmord und 1,8 Mio. Flüchtlinge verantwortlich, entkräftete aber den Vorwurf des Völkermords, der ein sofortiges Eingreifen der Völkergemeinschaft erfordert hätte.

Nach Angaben der UN vom 5. 10. 2004 **verschlechterte** sich die **Lage in der Krisenregion** weiter. Die Regierung habe weder Fortschritte bei der Unterbindung der Milizenattacken noch bei der Verfolgung der Täter gemacht, denen schwerwiegende Menschenrechtsverletzungen vorgeworfen wurden. Die AU entschied am 20. 10. 2004, wie in Resolution 1564 von der UN gefordert, ihr kleines Team von Waffenstillstandsbeobachtern zu einer Friedensmission mit 1700 Militärs sowie 1600 Polizisten und Zivilisten zu erweitern und das Mandat auf den Schutz der Zivilbevölkerung auszudehnen. Die EU übernahm mit 100 Mio. US-$ knapp die Hälfte der Kosten für die Friedenstruppen, schloss den Einsatz eigener Soldaten jedoch aus. Am 4. 11. warnte der UN-Sondergesandte Pronk in einem weiteren Bericht vor dem drohenden Abgleiten Darfurs in die Anarchie: Die Regierung habe die Kontrolle über die ihr ursprünglich loyalen Milizen verloren, und innerhalb der Rebellenbewegungen gebe es mehrere konkurrierende Fraktionen. Die Kämpfe würden nicht nur nicht abnehmen, sondern an immer neuen Orten ausbrechen und die Kriegsparteien rüsteten weiter auf.

Am 9. 11. 2004 wurden bei der **vierten Runde der Friedensgespräche zwischen Regierung und Rebellen** im nigerianischen Abuja erstmals Vereinbarungen über zwei Protokolle erreicht, die als erster Schritt auf dem Weg zu einem umfassenden Friedensabkommen bezeichnet wurden. Danach mussten alle militärischen Flüge in den drei Gliedstaaten Darfurs eingestellt werden: Bisher hatten Regierungsflugzeuge Dörfer bombardiert und die Bewohner vertrieben und damit die Reitermilizen bei ihren Plünderungen und Brandschatzungen unterstützt. Den AU-Beobachtern sollten die Truppenstandorte aller bewaffneten Gruppen mitgeteilt werden. Zudem sollte allen vor Ort tätigen humanitären Organisationen ein uneingeschränkter Zugang zu allen Notleidenden garantiert werden.

Die AU stellte Regierung und Rebellen am 17. 12. 2004 ein 24-stündiges Ultimatum, ihre bewaffneten Auseinandersetzungen einzustellen, nachdem es in der Region zu einem **massiven militärischen Aufmarsch** gekommen war und die Rebellen ihre weitere Beteiligung an den Friedensverhandlungen in Abuja suspendiert hatten. Der Chef der AU-Beobachterkommission, Festus Onkonkwo, sprach von einem »astronomischen« Transport von Waffen und Munition in die Region, der von der Regierung unternommen wurde. Kurz darauf musste die AU ihre Mission abbrechen, nachdem einer ihrer Helikopter angegriffen worden war. Auch Hilfsmittellieferungen mussten eingestellt werden, sodass 260 000 Menschen im Dezember keine Nahrungsmittelrationen bekamen. Im März beschlossen die UN ein Reiseverbot für die Verantwortlichen des Darfur-Konflikts und ließ deren ausländische Konten einfrieren. Ein bestehendes Waffenembargo wurde gleichzeitig ausgeweitet.

Der Sicherheitsrat der Afrikanischen Union beschloss am 28. 4. 2005 in Addis Abeba, seine **Mission im Sudan (AMIS)** bis September 2005 von 3300 **auf 7700 Personen**, darunter 5500 Soldaten, 1600 Polizisten und 630 Militärbeobachter, **zu erhöhen**. Zu diesem Zeitpunkt waren aber mangels Transportmitteln, Treibstoff und Wartungspersonal noch nicht einmal die bisher zugesagten Friedenstruppen vollständig eingetroffen. Am 17. 5. wurde dem Vorsitzenden der AU-Kommission, Alpha Oumar Konaré, von Vertretern der EU und NATO in Brüssel die Unterstützung in den Bereichen Kommunikation, Transport und Versorgung zugesagt. Am 12. 6. 2005 wurden die im Dezember abgebrochenen Friedensverhandlungen zwischen der Regierung und den Rebellen unter Ägide der AU in Abuja wieder aufgenommen.

Der UN-Hilfskoordinator für Darfur gab am 15. 3. 2005 neue **Zahlen über die Opfer des Darfur-Konflikts** bekannt: Danach waren allein seit Ende 2003 180 000 Menschen an Hunger und Krankheiten gestorben. Die Zahlen schlossen die den Kampfhandlungen direkt zum Opfer gefallenen Personen nicht mit ein, die von amnesty international auf ca. 50 000 geschätzt wurden. Die Zahl der Binnenflüchtlinge belaufe sich auf mindestens 1,8 Mio., zusammen mit den ca. 200 000 in Tschad befindlichen Flüchtlingen sei damit ein Drittel der Bevölkerung auf der Flucht.

Mit Resolution 1593 vom 31. 3. 2005 hatten die UN schließlich beschlossen, die für die Kriegsverbrechen Verantwortlichen vor dem **Internationalen Strafgerichtshof (ICC)** in Den Haag anzuklagen. UN-Generalsekretär Annan übergab dem Chefankläger am 6. 4. eine versiegelte Liste mit 51 hochrangigen Regierungsmitgliedern, lokalen Funktionären, Djandjawid- und Rebellenführern, die vor Gericht gestellt werden sollen. Am 13. 6. 2005 nahm der ICC offiziell seine Ermittlungen auf. Die sudanesische Regierung lehnte die Auslieferung von Sudanesen ab und kündigte zugleich Anfang Juni die Einrichtung eines eigenen Tribunals unter Leitung des Verfassungsrichters Mahmud Mohammed Said Abkam an, durch den die in Darfur begangenen Verbrechen geahndet werden sollen. Bei den unter der Ägide der AU stehenden Friedensverhandlungen in Abuja wurde am 5. 7. ein Teilabkommen zwischen der Regierung und den Rebellengruppen der JEM und der SLA vereinbart, der als Grundlage für die politische Lösung des Konflikts dienen soll.

WEITERE POLITISCHE UND MILITÄRISCHE KONFLIKTE

Die Regierung gab am 25. 9. 2004 zum dritten Mal innerhalb von sechs Monaten die Aufdeckung einer militärischen Verschwörung unter Führung des **Oppositionspolitikers Hassan at-Turabi** und die Entdeckung eines Waffenlagers im Norden Khartums bekannt. Auch die islamische JEM sei in den Umsturzversuch verwickelt gewesen. Turabi stand bereits seit einem ebenfalls aufgedeckten Putschversuch im März 2004 unter Hausarrest und wurde nun erneut inhaftiert. Die meisten Beschuldigten wurden am 15. 4. 2005 zu Gefängnisstrafen zwischen 5 und 15 Jahren verurteilt. Am 30. 6. 2005 wurde Turabi aus der Haft entlassen.

Nach dem Friedensschluss im Süden versuchten Oppositionelle unterschiedlicher ethnischer Abstammung und politischer Gesinnung in Verhandlungen oder mit Waffengewalt auch für ihre Regionen mehr Mitsprache und einen größeren Anteil an den Erdöleinnahmen durchzusetzen. Dies galt in erster Linie für den bereits in den 60er Jahren gegründeten Beja-Kongress im **Osten Sudans**, ein Mitglied der oppositionellen NDA. Vertreter des Beja-Kongresses, die die seit 4000 Jahren im Ostsudan ansässigen Beja-Nomaden vertreten, unterzeichneten am 21. 10. 2004 ein Rahmenabkommen mit der Regierung über mehr politische und wirtschaftliche Mitbestimmung. Dennoch kam es am 28. 1. 2005 in der Hafenstadt Port Sudan zu Demonstrationen von Anhängern des Beja-Kongresses, bei denen 29 Menschen von Sicherheitskräften erschossen wurden. Offensichtlich war es zum Schulterschluss von Rebellenbewegungen in Darfur mit bewaffneten Oppositionsgruppen in anderen Teilen des Landes gekommen. Dies galt neben dem Beja-Kongress, der seit Januar 2004 offiziell mit der Sudanesischen Befreiungsbewegung (SLM) zusammenarbeitet, auch für die mit der Bewegung für Gerechtigkeit und Gleichberechtigung (JEM) lose verbündete Rebellenbewegung in West-Kordofan.

Auf die Mitte Juni 2005 begonnene **Offensive der zur Eastern Front zusammen geschlossenen Aufständischen im Ostsudan**, darunter der Beja-Kongress und die Free Lions vom Stamm der Rashaida sowie die JEM, reagierte die Regierung mit einem Gegenangriff. Für die Regierung ist der Aufstand im Osten besonders bedrohlich, da sich die Rebellen nahe von Port Sudan befinden, dem einzigen sudanesischen Hafen, über den der gesamte Erdölexport abgewickelt wird.

Suriname Süd-Amerika

Republik Suriname; Republiek van Suriname – SR/SUR

Fläche (Weltrang: 90): 163 265 km²

Einwohner (164): F 2003 438 000 = 2,7 je km²

Hauptstadt: Paramaribo

Amtssprache: Niederländisch

Bruttonationaleinkommen 2003 je Einw.: 2280 $

Währung: 1 Suriname-Dollar (SRD) = 100 Cents
Kurs: 1 US-$ = 2,78 SRD; 1 € = 3,47 SRD

Honorargeneralkonsul der Republik Suriname
Adolf-Kolping-Str. 16, 80336 München
T 089/55 33 63, Fax 59 70 64

LANDESSTRUKTUR **Fläche**: 163 265 km²; → Karte ▪ **Verwaltung**: 9 Distrikte und Hauptstadtdistrikt; → Tabelle ▪ **Städte**: (F 1996) Paramaribo 205 000 Einw., Lelydorp 15 600, Nieuw Nickerie 11 100

BEVÖLKERUNG Surinamer – F 2003: 438 000 Einw.; Bevölkerungswachstum: 1,1 %; letzte Zählung 2004: 487 024 Einw. – F 1990: 34,2 % Indischstämmige, 33,5 % Kreolen, 17,8 % Javaner, 8,5 % Schwarze (Maroons), 1,8 % Indianer; 17 640 Chinesen, Europäer und Libanesen ▪ **Sprachen**: 40 % Niederländisch, 32 % Hindi, 15 % Javanisch u. a. sowie die Mischsprachen Sranang Tongo (Taki-Taki), Saramaccan; Englisch ▪ **Religion** 2002: 27 % Hindus, 25 % Katholiken, 20 % Muslime, 20 % verschiedene Protestanten; indigene Religionen

STAATS- UND REGIERUNGSFORM Verfassung von 1987 – Präsidialrepublik seit 1987 – Nationalversammlung mit 51 Mitgl., Wahl alle 5 J. – Wahl des Staatsoberhaupts alle 5 J. durch Nationalversammlung – 14-köpfiger Staatsrat (Supreme Council; Topberaad) – Wahlrecht ab 18 J. ▪ **Unabhängigkeit**: 25. 11. 1975 (ehem. Niederländisch-Guayana) ▪ **Nationalfeiertag**: 25. 11.

REGIERUNG UND PARTEIEN **Staats- u. Regierungschef**: Ronald Venetiaan (NF); Vizepräsident: Jules Ajodhia (VHP), seit 12. 8. 2000 – **Äußeres**: Marie Levens (NPS), seit 12. 8. 2000 ▪ **Parlament**: Wahlen vom 25. 5. 2005: Nieuwe Front voor Democratie/NF: Nationale Partei/NPS, Fortschrittliche Reformpartei (indisch)/VHP, Javanische Partei/PL, Arbeiterpartei Surinames/SPA insg. 23 von 51 Sitzen (2000: 32), Nationale Demokratische Partei/NDP 15 (im Wahlbündnis mit 2 weiteren Parteien 10), Volksalliantie Voor Vooruitgang/VVV: Democratisch Nationaal Platform 2000/DNP 2000 und 2 weitere Parteien 5 (nur DNP 2000: 3), Sonstige 8 (6)

WIRTSCHAFT **BIP** 2003: 1,154 Mrd. $; realer Zuwachs: 5,1 %; Anteil (2002) Landwirtschaft 11 %, Industrie 20 %, Dienstleistungen 69 % ▪ **Erwerbstätigkeit** 1999: Landwirtsch. 6,4 %, Industrie 15,1 %, Dienstl. 78,6 % ▪ **Arbeitslosigkeit** ∅ 2001: ca. 20 % ▪ **Inflation** ∅ 2003: 23,0 % ▪ **Außenhandel** 2001: **Import**: 456,5 Mio. $; *Güter*: 31 % Maschinen und Transportausrüstungen, 16 % mineralische Brennstoffe, Schmiermittel, 15 % bearbeitete Waren, 13 % Nahrungsmittel; *Länder*: 27 % USA, 24 % Niederlande, 18 % Trinidad und Tobago; **Export**: 449,0 Mio. $; *Güter*: 7[illegible] % Aluminium, 9 % Fisch und Meerestiere; *Länder*: 24 % USA, 20 % Norwegen, 9 % Frankreich

Suriname
Fläche, Bevölkerung und Bevölkerungsdichte

Distrikt (Hauptort)	Fläche in km²	Einwohner insgesamt Z 2004	Einwohner je km²
Brokopondo (Brokopondo)	7 364	13 299	1,8
Commewijne (Nieuw Amsterdam)	2 353	24 657	10,5
Coronie (Totness)	3 902	2 809	0,7
Marowijne (Albina)	4 627	16 641	3,6
Nickerie (Nieuw Nickerie)	5 353	36 611	6,8
Para (Onverwacht)	5 393	18 958	3,5
Saramacca (Groningen)	3 636	16 135	4,4
Sipaliwini*	130 012	28 202	0,2
Wanica (Lelydorp)	442	86 072	195
Hauptstadtdistrikt			
Paramaribo	183	243 640	1331
Suriname	163 265	487 024	3,0

* wird von Paramaribo verwaltet
Quelle: Algemeen Bureau voor de Statistiek in Suriname 2005

Swasiland Südost-Afrika

Königreich Swasiland; Umbuso wakaNgwane, Kurzform: kaNgwane – SZ / SWZ

Fläche (Weltrang: 153): 17 363 km^2

Einwohner (150): F 2003 1 106 000 = 64 je km^2

Hauptstadt: Mbabane

Amtssprache: Siswati (IsiZulu)

Bruttonationaleinkommen 2003 je Einw.: 1350 $

Währung: 1 Lilangeni (E) = 100 Cents
Kurs: 1 US-$ = 6,70 E; 1 € = 8,30 E

Honorargeneralkonsul des Königreichs Swasiland
Worringer Str. 59, 40211 Düsseldorf
T 02 11 / 35 08 66, Fax 02 133 / 77 01 70 82

LANDESSTRUKTUR **Fläche:** 17 363 km^2; → Karte ▪ **Verwaltung:** 4 Distrikte: Hhohho, Lubombo, Manzini, Shiselweni ▪ **Städte:** (S 2001) Mbabane 80 000 Einw.; (S 1999) Manzini 78 000, Lobamba

BEVÖLKERUNG Swasi (Swasiländer) – F 2003: 1 106 000 Einw.; Bevölkerungswachstum: 1,6 %; letzte Zählung 1997: 980 722 Einw. – Z 1986: 97 % Swasi (zur Ñguni-Gruppe der Bantu gehörend, mit den Zulu verwandt) sowie Zulu, Tsonga, Shangaan ▪ **Sprachen:** Siswati (IsiZulu); Sprachen der Minderheiten; Englisch ▪ **Religion:** 60 % Christen (verschiedene Protestanten, 5,5 % Katholiken); Bantu-Religionen

STAATS- UND REGIERUNGSFORM Verfassung von 1978 – Absolutistische Monarchie (im Commonwealth) seit 1973 – Parlament (Libandla): Nationalversammlung (National Assembly) mit 65 Mitgl. (davon 55 direkt gewählt und 10 vom König ernannt) und Senat mit 30 Mitgl. (10 durch Nationalversammlung gewählt und 20 vom König ernannt) – Wahlrecht ab 18 J. ▪ **Unabhängigkeit:** 6. 9. 1968 (ehem. britisches Protektorat) ▪ **Nationalfeiertag:** 6. 9.

REGIERUNG UND PARTEIEN **Staatsoberhaupt:** König Mswati III., seit 1986 – **Regierungschef:** Themba Dlamini, seit 17. 11. 2003 – **Äußeres:** Mabili Dlamini, seit 26. 11. 2003 ▪ **Parlament:** Wahlen vom 18./19. 10. 2003; Parteien seit 1973 verboten

WIRTSCHAFT **BIP** 2003: 1,845 Mrd. $; realer Zuwachs: 2,2 %; Anteil (2003) Landwirtschaft 12 %, Industrie 52 %, Dienstleistungen 36 % ▪ **Erwerbstätigkeit** 2002: Landwirtsch. 33 % ▪ **Arbeitslosigkeit:** k. A. ▪ **Inflation** ∅ 2003: 7,3 % ▪ **Außenhandel** 2001: **Import:** 849 Mio. $; *Güter*: 23 % Maschinen und Transportausrüstungen, 18 % Nahrungsmittel und Getränke, 17 % Fertigwaren; *Länder*: Südafrika, Großbritannien, Niederlande, Schweiz; **Export:** 813 Mio. $; *Güter*: 37 % Früchte und Fruchtkonzentrate, 10 % Holz und -produkte, 9 % Zucker; *Länder*: Südafrika, Großbritannien

CHRONIK

Nach achtjährigen Verhandlungen verabschiedete das Parlament am 14. 6. 2005 eine **neue Verfassung**. An der Machtfülle des bislang per Dekret regierenden Königs Mswati III. änderte sie jedoch nur wenig. Politische Parteien wurden legalisiert, dürfen sich jedoch weiterhin nicht an Wahlen beteiligen. Gewerkschaften und Kirchen kritisierten die Verfassung als Zementierung der bestehenden Machtverhältnisse und warnten angesichts des in den vergangenen Jahren gestiegenen Unmuts in der Bevölkerung vor sozialen Unruhen. Am 12. 7. **verkündete Mswati III., er werde die Verfassung nicht unterschreiben**. Zur Begründung führte er an, dass er selbst die Diäten der Abgeordneten zahlen müsse, falls er das Parlament vorzeitig auflösen sollte. Des Weiteren zeigte er sich unzufrieden über die Regelung, wonach bestimmte Mitglieder seiner Familie Steuern zahlen müssen; er selbst ist davon befreit.

In dem seit Ende der 1990er Jahre von wirtschaftlicher Stagnation geprägten Land leben rund zwei Drittel der Bevölkerung in Armut, 40 % sind arbeitslos, viele sind mit dem HI-Virus infiziert. Seinen Staatshaushalt finanziert Swasiland mittlerweile zur Hälfte aus Ausgleichszahlungen der Southern African Customs Union (SACU).

Syrien Vorder-Asien

Arabische Republik Syrien;
al-Ǧumhūriyya al-ʻArabiyya as-Sūriyya – SY / SYR

Fläche (Weltrang: 86): 185 180 km²

Einwohner (55): F 2003 17 384 000 = 94 je km²

Hauptstadt: Dimašq (Damaskus)

Amtssprache: Arabisch

Bruttonationaleinkommen 2003 je Einw.: 1160 $

Währung: 1 Syrisches Pfund (syr£) = 100 Piaster
Kurs: 1 US-$ = 53,45 syr£; 1 € = 66,25 syr£

Botschaft der Arabischen Republik Syrien
Rauchstr. 25, 10787 Berlin
T 030/50 17 70, Fax 50 17 73 11

LANDESSTRUKTUR **Fläche**: 185 180 km² einschließlich der seit 1967 von Israel besetzten Golan-Höhen mit 1176 km²; → Karte ▪ **Verwaltung**: 13 Provinzen und Hauptstadtdistrikt ▪ **Städte**: (F 2000) Ḥalab (Aleppo) 2 229 000 Einw.; (F 2003) Dimashq (Damaskus) 2 228 000; (F 2000) Ḥims 811 000; (Z 1994) Al-Lādhiqīyah (Latakia) 311 784, Hamāh 264 348, Ar-Raqqah 165 195, Al-Qāmishlī 144 286, Dayr az-Zawr 140 459

BEVÖLKERUNG Syrer – F 2003: 17 384 000 Einw.; Bevölkerungswachstum: 2,3 %; letzte Zählung 1994: 13 812 284 Einw. – ca. 89 % syrische Araber, über 6 % Kurden (z. T. staatenlos), 2 % Armenier sowie Tscherkessen, Turkmenen, Türken u. a. ▪ **Sprachen**: Arabisch (syrischer Dialekt); Kurdisch (Kurmandschi), Armenisch u. a. Sprachen der Minderheiten ▪ **Religion** 1992: 90 % Muslime: 80 % Sunniten, 7 % Alawiten (herrschende Elite), 2 % Drusen, 1 % Ismailiten; 9 % Christen

STAATS- UND REGIERUNGSFORM Verfassung von 1973 – Präsidialrepublik seit 1973 – Parlament (Volksversammlung) mit 250 Mitgl.; Wahl alle 4 J. – Direktwahl des Staatsoberh. alle 7 J. – Wahlrecht ab 18 J. ▪ **Unabhängigkeit**: 28. 9. 1941 nominell, 17. 4. 1946 de facto ▪ **Nationalfeiertag**: 17. 4.

REGIERUNG UND PARTEIEN **Staatsoberhaupt**: Baschar al-Assad (Baath-Partei), seit 17. 7. 2000 – **Regierungschef**: Muhammad Nadschi al-Otari, seit 10. 9. 2003 – **Äußeres**: Faruk as-Shara, seit 1984 ▪ **Parlament**: Wahlen vom 2. 3. 2003: Arabische Sozialistische Baath-Partei und Verbündete 167 von 250 Sitzen (1998: 135), Unabhängige 83 (83), Sonstige – (32)

WIRTSCHAFT **BIP** 2003: 21,499 Mrd. $; realer Zuwachs: 2,5 %; Anteil (2003) Landwirtschaft 23 %, Industrie 29 %, Dienstleistungen 48 % ▪ **Erwerbstätigkeit** 2002: Landwirtsch. 30,3 %, Industrie 26,9 %, Dienstl. 42,9 % ▪ **Arbeitslosigkeit** ∅ 2003: 11,7 % (offiziell) ▪ **Inflation** ∅ 2004: 3,5 % ▪ **Außerhandel** 2003: **Import**: 8,36 Mrd. $; *Güter*: 27 % Fertigwaren, 24 % Maschinen und elektrotechnische Erzeugnisse und Fahrzeuge, 15 % Nahrungsmittel und lebende Tiere, 14 % chemische Erzeugnisse, 6 % Rohstoffe, 3 % mineralische Brennstoffe; *Länder*: 7 % Deutschland, 7 % Italien, 6 % VR China, 6 % Frankreich, 5 % Rep. Korea, 5 % Türkei, 4 % Ukraine (EU gesamt: 31 %); **Export**: 6,26 Mrd. $; *Güter*: 71 % mineralische Brennstoffe, 13 % Nahrungsmittel und lebende Tiere, 6 % bearbeitete Waren, vorwiegend nach Beschaffenheit gegliedert, 4 % Rohstoffe, 4 % verschiedene Fertigwaren; *Länder*: 19 % Deutschland, 12 % Italien, 9 % Türkei, 7 % Vereinigte Arabische Emirate, 6 % Libanon, 5 % Frankreich, 5 % Kroatien, 4 % USA, 3 % Saudi-Arabien (EU gesamt: 43 %)

CHRONIK

INNENPOLITIK

▪ **Umbildungen der Regierung**: Um den staatlichen Wirtschaftssektor zu reformieren, wurden ältere Baath-Funktionäre durch jüngere Leute mit Universitätsausbildung ersetzt. Altgediente Sicherheitsfachleute wie der neue Innenminister General Ghazi Kanaan, der bisherige syrische Geheimdienstchef im Libanon, sollen dagegen für die Sicherheit des Staates (und der Partei) sorgen. Der allzu reformfreudige Wirtschafts- und Handelsminister Ghassan Rifai wurde durch den Baath-Funktionär Lutfi ersetzt. Die Zahl der Minister, die Mitglied der Baath-Partei sind, sank geringfügig von 18 auf 16, wie bisher werden zwei Ministerposten von Frauen bekleidet. Im Februar 2005 ersetzte Staatschef Baschar al-Assad den seit Anfang 2000 amtierenden Chef des militärischen Geheimdienstes, General Hassan Khalil durch seinen Schwager, General Asef Shawkat.

■ **Baath-Partei:** Beim 10. Kongress der Arabischen Sozialistischen Baath-Partei vom 6.–9. 6. 2005 in Damaskus wurde die 13-köpfige Führung der Partei verjüngt; einige altgediente Mitglieder wie der frühere Verteidigungsminister Mustafa Tlass oder Vizepräsident Abdelhalim Khaddam traten ab. Mit Shahnaz Fakush wurde erstmals eine Frau in das Führungsgremium der Partei aufgenommen. Neu war an diesem Kongress vor allem, dass – wenngleich hinter verschlossenen Türen – ausgesprochen offen und heftig debattiert wurde. Die in der Verfassung festgeschriebene führende Stellung der Baath-Partei wurde nicht abgeschafft, aber sie soll künftig auf die Aufsichtsfunktion beschränkt und klarer von der Regierung getrennt werden. Außerdem empfahl die Partei dem Parlament die Abschaffung des Ausnahmezustands. Die starken Restriktionen für politische Parteien sollen künftig gelockert, das Wahlgesetz überarbeitet werden. In der Außenpolitik bot man Washington eine Politik des konstruktiven Dialogs an. Mehr als 200 syrische Oppositionelle, darunter der Philosoph Sadik al-Azm und der Menschenrechtsanwalt Anwar al-Bunni hatten in einem Brief an die Partei die Freilassung aller politischen Gefangenen und mehr Meinungsfreiheit gefordert.

■ **Weitere innenpolitische Ereignisse:** Im Juli 2004 wurden 28 Islamisten, die zum Teil seit Beginn der 1980er Jahre, nach der Niederschlagung der islamistischen Unruhen in Hama, inhaftiert gewesen waren, auf freien Fuß gesetzt.

Am 30. 12. 2004 verurteilte das Staatssicherheitsgericht zwei Männer zum Tode, die im April 2004 an einem Autobombenanschlag beteiligt gewesen waren, bei dem zwei Personen getötet wurden; 20 weitere Angeklagte wurden zu zum Teil lebenslänglichen Haftstrafen verurteilt.

Am 10. 3. 2005 kam es in Damaskus zu einer Demonstration, bei der die Teilnehmer die Aufhebung des Ausnahmezustandes forderten, der in Syrien seit 42 Jahren in Kraft ist; dabei wurden sie von dem Regime nahestehenden Gegendemonstranten gewaltsam attackiert.

Ende März 2005 erließ Präsident Assad einen **Straferlass für über 300 kurdische Häftlinge**, die im vergangenen Jahr bei Unruhen im Nordosten des Landes festgenommen worden waren. Der syrische Geheimdienst soll den kurdischen Geistlichen Scheich Muhammad Maschuk al-Khasnawi laut dessen Familienangehörigen zu Tode gefoltert haben. Er war Anfang Mai 2005 entführt worden und Ende des Monats schwer verletzt in ein Krankenhaus gebracht worden, wo er kurz darauf gestorben sei. Die Regierung dagegen behauptete, dass Khasnawi zwei Kriminellen zum Opfer gefallen sei. Nach dem Tode Khasnawis kam es in Kamischli, dem Hauptort des kurdischen Siedlungsgebiets in Syrien, zu Demonstrationen.

AUSSENPOLITIK

■ **Truppenabzug im Libanon:** Nach zunehmendem internationalen Druck zog Syrien seine Truppen bis zum 26. 4. 2005 vollständig ab (Einzelheiten → Libanon).

■ **Beziehungen zu Israel:** Ein führendes Mitglied der islamistischen palästinensischen Hamas, Izzedin Scheich Khalil, kam in Damaskus am 26. 9. 2004 bei der Explosion einer an seinem Auto angebrachten Bombe ums Leben. Hamas beschuldigte Israel, hinter dem Anschlag zu stehen. Israel hatte Anfang September Syrien mit einer Militäraktion gedroht; es beschuldigte das Nachbarland der Komplizenschaft bei einem doppelten Selbstmordanschlag, dem am 31. 8. 2004 in Beerscheba 16 Menschen zum Opfer gefallen waren. Präsident Assad erklärte am 24. 11. 2004, **Syrien sei zu Friedensgesprächen mit Israel bereit**. Man wolle die Gespräche dort aufnehmen, wo sie vor dem Amtsantritt des derzeitigen israelischen Ministerpräsidenten Ariel Scharon abgebrochen worden waren. Als eine Geste der Normalisierung wurde die Einfuhr von Äpfeln aus den von Israel besetzten Golanhöhen nach Syrien erlaubt. Bei den Begräbnisfeierlichkeiten für Papst Johannes Paul II. am 8. 4. 2005 in Rom kam es zu einem kurzen Kontakt zwischen Assad und Israels Präsident Mosche Katzav, als die beiden Politiker während der Messe den Friedensgruß tauschten.

■ **Weitere außenpolitische Ereignisse:** Bei einem Besuch des US-amerikanischen stellvertretenden Außenministers Nicholas Burns in Damaskus am 11. 9. 2004 wurde die Bildung einer syrisch-irakisch-amerikanischen Kommission von Militär- und Sicherheitsexperten vereinbart, was unter anderem zur konkreten Zusammenarbeit bei der Sicherung der syrisch-irakischen Grenze führen soll, um so das Einsickern von islamistischen Kämpfern in den Irak zu verhindern.

Am 20. 10. 2004 wurde nach acht Jahren schwierigen Verhandlungen in Brüssel ein **Assoziierungsabkommen** zwischen Syrien und der → **EU** unterzeichnet. Darin ist auch ein politischer Dialog enthalten, der ebenso Reformen in Syrien betrifft wie Erleichterungen im bilateralen Handel sowie Zusammenarbeit in den Bereichen von Justiz und Kultur und der Bekämpfung von Kriminalität, Terrorismus und illegaler Einwanderung dienen soll. Syrien erklärte sich in diesem Zusammenhang auch bereit, die Verträge über die Nichtverbreitung von Massenvernichtungswaffen zu unterzeichnen. Das Abkommen erleichtert Syrien künftig den Export von Agrar- und Industrieprodukten in die EU.

Präsident Assad hielt sich vom 24.–27. 1. 2005 zu einem **Staatsbesuch in Russland** auf. Laut israelischen Berichten soll Russland bei dieser Gelegenheit dem Verkauf moderner Raketen sowie weiterer Waffen an Syrien zugestimmt haben.

Tadschikistan

Zentral-Asien

Republik Tadschikistan; Çumḫurii Toçikiston – TJ / TJK

Fläche (Weltrang: 93): 143 100 km²

Einwohner (99): F 2003 6 305 000 = 44 je km²

Hauptstadt: Dušanbe (Duschanbe)

Amtssprache: Tadschikisch

Bruttonationaleinkommen 2003 je Einw.: 210 $

Währung: 1 Somoni (TJS) = 100 Diram
Kurs: 1 US-$ = 3,07 TJS; 1 € = 3,85 TJS

Botschaft der Republik Tadschikistan
Otto-Suhr-Allee 84, 10585 Berlin
T 030 / 34 79 300, Fax 34 79 30 29
www.botschaft-tadschikistan.de

LANDESSTRUKTUR **Fläche:** 143 100 km²; → Karte ▪ **Verwaltung:** 3 Regionen und Hauptstadtbezirk sowie die Autonome Republik Gorno-Badachšan (Berg-Badachschan) mit 63 700 km² ▪ **Städte:** (F 2002) Dušanbe (Duschanbe) 575 900 Einw., Chudžand (ehem. Leninabad) 147 400, Kul'ab 79 500, Kurgan-T'ube 61 200, Ura-T'ube 51 700

BEVÖLKERUNG Tadschiken – F 2003: 6 305 000 Einw.; Bevölkerungswachstum: 0,6 %; letzte Zählung 2000: 6 127 493 Einw. – 80 % Tadschiken, 15,3 % Usbeken, 1,1 % Russen, 0,3 % Tataren; Kirgisen, Ukrainer, Deutsche u. a. ▪ **Sprachen:** Tadschikisch; Russisch, Sprachen der Minderheiten ▪ **Religion:** 80 % Sunniten, 5 % Schiiten und Ismailiten, Russisch-Orthodoxe

STAATS- UND REGIERUNGSFORM Verfassung von 1994; geändert per Referendum am 22. 6. 2003 – Präsidialrepublik seit 1994 – Parlament: Unterhaus (Madschlisi-Namojandagon) mit 63 Mitgl. und Oberhaus (Madschlisi-Millij) mit 33 Mitgliedern (25 gewählt, 8 vom Präsidenten ernannt; Wahl alle 5 J. – Direktwahl des Staatsoberhaupts alle 5 J. (zweimalige Wiederwahl) – Wahlrecht ab 18 J. ▪ **Unabhängigkeit:** Souveränitätserklärung 24. 8. 1990; Proklamation 9. 9. 1991 ▪ **Nationalfeiertag:** 9. 9.

REGIERUNG UND PARTEIEN **Staatsoberhaupt:** Emomali S. Rachmonow (HDKT), seit 1992 – **Regierungschef:** Akil Akilow (HDKT), seit 20. 12. 1999 – **Äußeres:** Talbak Nazarow, seit 1994 ▪ **Parlament:** Wahlen vom 27. 2. / 13. 3. 2005: Volksdemokratische Partei / HDKT 52 von 63 Sitzen (2000: 30), Kommunistische Partei 4 (13), Islamische Partei der Wiedergeburt / IRP 2 (2), Unabhängige 5 (15), vakant – (3)

WIRTSCHAFT **BIP** 2003: 1,553 Mrd. $; realer Zuwachs: 10,2 %; Anteil (2003) Landwirtschaft 23 %, Industrie 20 %, Dienstleistungen 56 % ▪ **Erwerbstätigkeit** 2001: Landwirtsch. 66,0 %, Industrie 9,2 %, Dienstl. 24,8 % ▪ **Arbeitslosigkeit** ∅ 2001: ca. 30 % ▪ **Inflation** ∅ 2004: 7,5 % ▪ **Außenhandel** 2004: **Import:** 1,375 Mrd. $; *Güter:* Aluminia, Elektrizität, Erdölprodukte; *Länder:* Russland, GUS-Staaten; **Export:** 915 Mio. $; *Güter:* Aluminium, Baumwolle, Metallprodukte, landwirtschaftliche Güter, Strom, Tabak; *Länder:* EU-Staaten (v. a. Niederlande), Russland, GUS-Staaten

CHRONIK

▪ **Wahlen:** Die Parlamentswahlen am 27. 2. / 13. 3. 2005 wurden von Protesten der Opposition gegen Wahlfälschungen seitens der Regierung unter Präsident Emomali Rachmonow begleitet. Laut offiziellem Ergebnis erreichte die regierende Volksdemokratische Partei (HDKT) 74 % der Stimmen und damit 52 der 63 Sitze. Die regierungsnahe Kommunistische Partei kam auf 13,6 %, die oppositionelle Islamische Partei der Wiedergeburt auf 9 %. Wahlbeobachter der OSZE sprachen von Verletzung demokratischer Wahlstandards.

▪ **Verhaftungen von Oppositionellen:** Der bisher im Exil lebende Vorsitzende der Demokratischen Partei, Machmadrusi Iskandarow, wurde am 22. 4. 2005 u. a. wegen Amtsmissbrauchs und Veruntreuung verhaftet. Iskandarow hatte kurz zuvor angekündigt, bei den Präsidentschaftswahlen gegen Rachmonow zu kandidieren. Am 25. 4. wurde der Oppositionspolitiker und frühere Innenminister Jakub Salimow wegen Landesverrats und Unterschlagung zu 15 Jahren Haft verurteilt.

▪ **Kooperation mit Russland:** Rachmonow und Präsident Wladimir Putin weihten am 17. 10. 2004 die neue **russische Militärbasis** bei Dušanbe ein (→ Karte). Tags zuvor hatte Putin russische Investitionen von rd. 2 Mrd. US-$ und einen Schuldenerlass von 240 (von insg. 300) Mio US-$ zugesagt. Dafür erhielt Moskau das Raumfahrtzentrum Nurek zurück.

Taiwan → **China, Republik**

Tansania Ost-Afrika

Vereinigte Republik Tansania;
Jamhuri ya Muungano wa Tanzania (kisuaheli); United Republic of Tanzania – TZ / TZA

Fläche (Weltrang: 30): 945 087 km²

Einwohner (32): F 2003 35 889 000 = 38 je km²

Hauptstadt: Dodoma

Regierungssitz: Dar es Salaam (Daressalam)

Amtssprachen: Swahili, Englisch

Bruttonationaleinkommen 2003 je Einw.: 300 $

Währung: 1 Tans.-Schilling (T.Sh.) = 100 Cents
Kurs: 1 US-$ = 1135 T.Sh.; 1 € = 1407 T.Sh.

Botschaft der Vereinigten Republik Tansania
Eschenallee 11, 14050 Berlin
T 030 / 30 30 800, Fax 30 30 8020
www.tanzania-gov.de

LANDESSTRUKTUR **Fläche**: 945 087 km²; davon Tanganjika 942 626 km², Zanzibar (Sansibar) mit Pemba insg. 2461 km²; → Karte ▪ **Verwaltung**: 26 Regionen; Tabelle → WA 2005, S. 421 ▪ **Städte**: (Z 2002) Dar es Salaam (Daressalam) 2 336 055 Einw., Arusha 270 485, Mbeya 230 318, Mwanza 209 806, Morogoro 206 868, Zanzibar (Hptst. von Sansibar) 205 870, Tanga 179 400, Dodoma 149 180

BEVÖLKERUNG Tansanier – F 2003: 35 889 000 Einw.; Bevölkerungswachstum: 2,0 %; letzte Zählung 2002: 34 569 233 Einw.; Tanganjika: 33 584 607 Einw., Zanzibar (Sansibar) mit Pemba: 984 626 Einw. – insg. 120 Ethnien: ca. 60 % Bantu-Gruppen (Haya, Makonde, Njamwesi, Sukuma, Tschagga u.v.a.), außerdem ostnilotische Maasai, arabisch-afrikanische Suaheli; Minderheiten von Asiaten, Arabern und Europäern ▪ **Sprachen**: Swahili, Englisch; weitere Bantu-Sprachen und nilotische Sprachen ▪ **Religion**: 35 % Muslime (98 % auf Sansibar), 33 % Katholiken, 13 % Protestanten; indigene Religionen; Minderheit von Hindus

STAATS- UND REGIERUNGSFORM Verfassung von 1977, zuletzt geändert 2000 – Föderative Präsidialrepublik (im Commonwealth) seit 1964 – Bundesparlament (National Assembly) mit 274 Mitgl., davon 232 gewählten, 37 weiblichen vom Präsidenten bestimmten und 5 gewählten von Sansibar / Pemba, Wahl alle 5 J. – Direktwahl des Staatsoberh. alle 5 J. (einmalige Wiederwahl) – Regionalverfassung von 1985 für Sansibar und Pemba (Parlament mit 75 Mitgl.) – Wahlrecht ab 18 J. ▪ **Unabhängigkeit**: Tanganjika 9. 12. 1961 (1884–1918 deutsche Kolonie, ab 1918 britisches Treuhandgebiet); Sansibar 10. 12. 1963 (ab 1890 britisches Protektorat); 26. 4. 1964 Inkrafttreten der Union ▪ **Nationalfeiertag**: 26. 4. (Tag der Union)

REGIERUNG UND PARTEIEN **Staatsoberhaupt**: Benjamin William Mkapa (CCM), seit 1995 – **Regierungschef**: Frederick Sumaye (CCM), seit 1995 – **Äußeres**: Jakaya Mrisho Kikwete, seit 1995 ▪ **Parlament**: Wahlen vom 29. 10. 2000: Revolutionspartei / CCM 244 von 269 Sitzen (1995: 186 von 232 Sitzen); Opposition: National Convention for Construction and Reform / NCCR-Mageuzi, Partei für Demokratie und Entwicklung / Chadema und Civic United Front / CUF 25 (insg. 46)

WIRTSCHAFT **BIP** 2003: 10,297 Mrd. $ (ohne Sansibar); realer Zuwachs: 7,1 %; Anteil (2003) Landwirtschaft 45 %, Industrie 16 %, Dienstleistungen 39 % ▪ **Erwerbstätigkeit** 2002: Landwirtsch. 80 % ▪ **Arbeitslosigkeit**: k. A. ▪ **Inflation** ∅ 2003: 3,5 % ▪ **Außenhandel** 2003: **Import**: 1,934 Mrd. $; **Export**: 1,137 Mio. $; *Güter*: Cashewnüsse, Kaffee, Mineralien, Tabak, Baumwolle

CHRONIK

Um dem zu Tansania gehörenden Kilimandscharo (→ Foto) gab es mit Kenia Differenzen, als dessen Tourismusminister ihn als Kenias berühmteste Touristenattraktion bezeichnete.

Kilimandscharo

Thailand Südost-Asien

Königreich Thailand; Ratcha Anachak Thai, Kurzform: Prathet Thai oder Muang Thai – TH/THA

Fläche (Weltrang: 49): 513 115 km²

Einwohner (19): F 2003 62 014 000 = 121 je km²

Hauptstadt: Krung Thep (Bangkok)

Amtssprache: Thailändisch

Bruttonationaleinkommen 2003 je Einw.: 2190 $

Währung: 1 Baht (B|) = 100 Stangs
Kurs: 1 US-$ = 40,61 B|; 1 € = 50,50 B|

Königlich Thailändische Botschaft
Lepsiusstr. 64–66, 12163 Berlin
T 030/79 48 10, Fax 79 48 15 11
E-Mail: thaiber@snafu.de

LANDESSTRUKTUR **Fläche:** 513 115 km²; Karte → WA 2005, S. 423 ▪ **Verwaltung:** 5 Regionen, 75 Provinzen ▪ **Städte:** (Z 2000) Krung Thep (Bangkok) 6 320 174 Einw., Samut Prakan 378 694, Nonthaburi 291 307, Udon Thani 220 493, Nakhon Ratchasima 204 391, Hat Yai 185 557, Chon Buri 182 641, Chiang Mai 167 776, Phra Padaeng 166 828, Lampang 147 812, Pak Kret 141 788, Si Racha 141 334, Khon Kaen 141 034, Nakhon Pathom 120 657, Nakhon Si Thammarat 118 764, Thanya Buri 113 818, Surat Thani 111 276, Rayong 106 585, Ubon Ratchathani 106 552, Khlong Luang 103 282

BEVÖLKERUNG Thailänder – F 2003: 62 014 000 Einw.; Bevölkerungswachstum: 0,6 %; letzte Zählung 2000: 60 606 947 Einw. – ca. 80 % Thaivölker, v. a. Siamesen, außerdem Shan im N und Lao im NO; 12 % Chinesischstämmige, 4 % Malaien, 3 % Khmer u. v. a. Minderheiten ▪ **Sprachen:** Thailändisch (Siamesisch); Chinesisch, Malaiisch u. a.; Englisch ▪ **Religion** 2000: 94,6 % Buddhisten, 4,6 % Muslime (Malaien); 0,7 % Christen

STAATS- UND REGIERUNGSFORM Verfassung von 1997 – Parlamentarische Monarchie seit 1932 – Parlament: Repräsentantenhaus mit künftig 500 Mitgl., Wahl alle 4 J., und Senat mit 200 gewählten Mitgl., Wahl alle 6 J. – Wahlpflicht ab 18 J. ▪ **Unabhängigkeit:** alte staatliche Tradition, Königreich seit 1782 ▪ **Nationalfeiertag:** 5. 12. (Geburtstag des Königs)

REGIERUNG UND PARTEIEN **Staatsoberhaupt:** König Rama IX. (Bhumibol Adulyadej), seit 1946, gekrönt 1950 – **Regierungschef:** Thaksin Shinawatra (TRT), seit 9. 2. 2001; Koalition aus TRT, PCT und PCP – **Äußeres:** Kantathi Suphamongkhon (TRT), seit 11. 3. 2005 ▪ **Parlament:** Wahlen zum Repräsentantenhaus vom 6. 2. 2005: Thais lieben Thais-Partei/TRT 377 von 500 Sitzen (2001: 248), Demokratische Partei/PP 96 (128), Nationalpartei/PCT 25 (41), Volkspartei 2 (–), New Aspiration Party/PKWM – (36), Partei für Nationale Entwicklung/PCP – (29), Sonstige – (18); letzte Wahlen zum Senat 2000: keine Parteien zugelassen

WIRTSCHAFT **BIP** 2003: 142,953 Mrd. $; realer Zuwachs: 6,9 %; Anteil (2003) Landwirtschaft 10 %, Industrie 44 %, Dienstleistungen 46 % ▪ **Erwerbstätigkeit** 2002: Landwirtsch. 41,6 %, Industrie 23,6 %, Dienstl. 34,8 % ▪ **Arbeitslosigkeit** ∅ 2004: 2,1 % (S) ▪ **Inflation** ∅ 2004: 2,7 % ▪ **Außenhandel** 2004: **Import:** 94,4 Mrd. $; *Güter:* 42 % Maschinen und Fahrzeuge, 20 % verarbeitete Waren, 14 % mineralische Brenn- und Schmierstoffe, 11 % chemische Erzeugnisse, 4 % Rohstoffe, 3 % Nahrungsmittel; *Länder:* 24 % Japan, 9 % VR China, 8 % USA, 6 % Malaysia, 4 % Singapur, 4 % Rep. China, 4 % Rep. Korea, 3 % Deutschland (EU gesamt: 10 %); **Export:** 96,1 Mrd. $; *Güter:* 45 % Maschinen und Fahrzeuge, 16 % verarbeitete Waren, 12 % Nahrungsmittel, 7 % chemische Erzeugnisse, 5 % Rohstoffe; *Länder:* 16 % USA, 14 % Japan, 7 % VR China, 7 % Singapur, 5 % Malaysia, 5 % Hongkong, 3 % Indonesien, 3 % Großbritannien, 2 % Deutschland (EU gesamt: 15 %)

CHRONIK

▪ **Tsunami-Folgen:** Die Flutwelle vom 26. 12. 2004 (→ Themen der Welt) **riss nach offiziellen Angaben etwa 8200 Menschen in den Tod** (einschließlich 2833 noch als vermisst geltende Personen, Stand Ende Mai 2005). Besonders stark wurden die Touristenzentren auf den der Küste vorgelagerten Inseln Phuket und Phi Phi Don sowie das auf dem Festland gelegene »Urlaubsparadies« Khao-Lak betroffen. **Etwa 3200 ausländische Touristen kamen ums Leben.** Der Tourismus brach während der Hochsaison im ganzen Land fast vollständig ein. Ende Januar 2005 schätzte die Regierung die durch den Tsunami verursachten Mindereinnahmen auf rund 600 Mio. €, dies entspricht etwa 10 % des ursprünglich erwarteten Umsatzes.

Bis auf die Unterstützung von forensischen Experten aus etwa 20 Ländern zur Identifizierung der Leichen **verzichtete die Regierung** unter Verweis auf die nationalen Fähigkeiten und Kapazitäten **auf materielle oder personelle Hilfe aus dem Ausland.** Auch das Angebot der im so genannten Pariser Club vertretenen 19 größten Gläubigernationen und -organisationen, die Schulden des Staates befristet zu stunden, nahm Premierminister Thaksin Shinawatra nicht an.

Am 11. 1. 2005 verkündete die Regierung – auch mit Blick auf die bevorstehende Parlamentswahl – ein vergleichsweise großzügiges **Nothilfeprogramm** im Finanzvolumen von 60 Mrd. Baht (rund 1,2 Mrd. €). Drei Viertel des Betrags dienen zur Entlastung von geschädigten Unternehmen, vor allem in Tourismus und Fischerei. Die Familien jedes einheimischen oder ausländischen Verletzten, Todesopfers oder Vermissten erhielten 30 000 Baht (rund 600 €) Soforthilfe; für einheimische Familien, deren Ernährer ums Leben gekommen war, wurde der Betrag verdoppelt. Unterstützung erhielten auch etwa 35 000 Einheimische, die vorübergehend ihren Arbeitsplatz verloren hatten, sowie die Eigentümer von rund 3500 Häusern, die ganz oder teilweise zerstört worden waren.

Nach einem erneuten schweren Seebeben am 28. 3., dessen Epizentrum vor Sumatra lag, kündigte Premierminister Thaksin die beschleunigte **Einrichtung eines nationalen Warnsystems** an. Am 29. 4. wurde es auf Phuket erstmals erfolgreich getestet, Notfallübungen sollen künftig alle sechs Monate stattfinden.

▪ **Parlamentswahl:** Bei der Wahl zum Repräsentantenhaus am 6. 2. 2005, für das 400 Abgeordnete direkt gewählt und 100 von den Parteien delegiert werden, errang die Partei von Premier Thaksin, Thai Rak Thai (Thais lieben Thais, TRT), einen **Erdrutschsieg**. Mit 60,7 % der Wählerstimmen, einem Zugewinn von 20,1 Prozentpunkten, gewann sie 377 Mandate und erreichte die Dreiviertelmehrheit. In den muslimischen Krisenprovinzen Pattani, Yala, Songkhla und Narathiwat (→unten) qualifizierte sich kein einziger Kandidat der TRT für den Einzug ins nationale Parlament. Die Demokratische Partei als stärkste Oppositionskraft kam auf 24,4 % bzw. 96 Sitze und büßte dabei 2,2 Prozentpunkte (32 Sitze) ein. Die Beteiligung an der Wahl, in deren Vorfeld es zu 14 politischen Morden gekommen war und Stimmen in großem Umfang gekauft worden sein sollen, betrug rund 72 %.

In dem von der Tsunami-Katastrophe überschatteten Wahlkampf hatte sich **Thaksin als Krisenmanager** präsentiert und seinen Ruf als **beliebtester Politiker** festigen können. Seine Popularität verdankt er nach Ansicht von Kommentatoren auch der ungebrochen prosperierenden Wirtschaft und einem Wirtschafts- und Sozialprogramm zur Entwicklung des ländlichen Raumes, von dem insbesondere die bäuerliche Bevölkerung profitiert.

Am 9. 3. 2005 bestätigte das Parlament des Königreichs Thaksin als ersten Regierungschef für eine zweite Legislaturperiode, zugleich wurde er erster Regierungschef **an der Spitze einer Einparteienregierung**. Zum neuen Außenminister wurde Kanthati Suphamongkhon berufen.

▪ **Unruhen im Süden:** Bei den seit Anfang 2004 anhaltenden Auseinandersetzungen in den drei mehrheitlich von malayischen Muslimen bewohnten Südprovinzen (→ Karte und WA 2005, S. 424) sollen im Verlauf des Jahres **2004 insgesamt etwa 550 Menschen getötet** worden sein. Die Gewaltwelle erreichte am 26. 10. 2004 in Tak Bai in der Provinz Narathiwat einen Höhepunkt, als Sicherheitskräfte nach Massenverhaftungen etwa 1300 Demonstranten in Armeelaster pferchten und 85 von ihnen auf dem Transport in ein Lager erstickten. Premier Thaksin entschuldigte sich bei Muslim-Geistlichen für das Vorgehen der Polizei und sicherte eine Untersuchung der Vorfälle an, wies aber

Rücktrittsforderungen des Islamischen Zentralkomitees von Thailand sowie prominenter Politiker zurück. König Bhumibol mahnte am 2. 11. vom Premier einen »milderen« Umgang mit den Muslimen im Süden an. Die separatistische Vereinigte Befreiungsorganisation Pattani (Pulo) drohte zur Vergeltung Terroranschläge in der Hauptstadt Bangkok an. In Indonesien und Malaysia kam es zu Solidaritätskundgebungen mit den muslimischen Radikalen in Thailand. Am 5. 12. 2004, dem Nationalfeiertag und Geburtstag des Königs, ließ Thaksin als »Zeichen des Friedens« und »Symbol der nationalen Einheit« 120 Mio. Papierkraniche abwerfen.

Als die Explosion einer Autobombe am 17. 2. 2005 an der Südgrenze Thailands zu Malaysia mit mindestens sechs Getöteten eine Eskalation des Terrors der Separatisten anzeigte, kündigte Thaksin neue, noch **härtere Maßnahmen zu deren Bekämpfung** an. Die Sicherheitskräfte wurden um etwa ein Drittel des Personals verstärkt. Gemeinden und Städte in den Krisenregionen, in denen sich die Bewohner als Sympathisanten der Separatisten zu erkennen gegeben hatten (Kategorie »rot«), wurden zur Strafe die Kredite des staatlichen Dorfentwicklungsprogramms entzogen, »gemäßigt widerspenstige« Ortschaften (Kategorie »gelb«) erhielten sie auf Bewährung. Am 30. 3. schien Thaksin wieder auf einen milderen Kurs einzuschwenken, als er vor beiden Häusern des Parlaments **Fehler im Umgang mit der muslimischen Minderheit im Süden des Landes** einräumte. Den Familien der Todesopfer vom 26. 10. 2004 sagte er eine finanzielle Entschädigung zu. Zugleich gab er die Gründung einer unabhängigen Kommission bekannt, die ein Konzept zur nationalen Versöhnung ausarbeiten soll. Unter Vorsitz des angesehenen Geschäftsmanns und früheren Premiers Anand Panyarachun gehören ihr religiöse und politische Führer an.

Timor-Leste Südost-Asien

Demokratische Republik Timor-Leste; auch: Osttimor; República Democrática Timor Loro Sa'e (tetum); República Democrática de Timor-Leste (portugiesisch)

Fläche (Weltrang: 154): 14 604 km²

Einwohner (151): F 2003 877 000 = 60 je km²

Hauptstadt: Dili

Amtssprachen: Tetum, Portugiesisch

Bruttonationaleinkommen 2003 je Einw.: 460 $

Währung: 1 US-Dollar (US-$) = 100 Cents
Kurs: 1 € = 1,21 US-$ (1. 7. 2005)
indonesische Rupiah ebenfalls gesetzliches Zahlungsmittel

Diplomatische Vertretung: derzeit keine

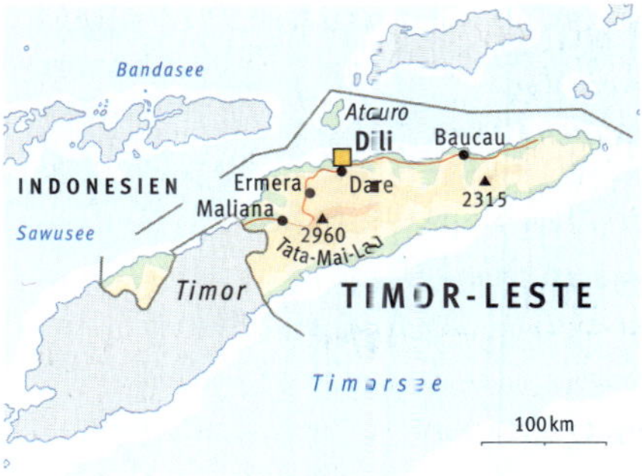

LANDESSTRUKTUR **Fläche:** 14 604 km²; einschließlich der Exklave Oecussi-Ambeno und der Inseln Ataúro und Jaco; → Karte ▪ **Verwaltung:** 13 Distrikte ▪ **Städte:** (S 2001) Dili 56 000 Einw.; (F 2000) Dare 17 100, Baucau 14 200, Maliana 12 300, Ermera 12 000

BEVÖLKERUNG F 2003: 877 000 Einw.; Bevölkerungswachstum: 5,3 %; letzte Zählung 2004 (vorl.): 924 642 Einw. – ca. 78 % Timorer, 20 % Indonesier, 2 % Chinesen ▪ **Sprachen:** Tetum, Portugiesisch, Bahasa Indonesia; ca. 30 weitere Sprachen ▪ **Religion** 2002: 93,1 % Katholiken, 3 % Protestanten, 2 % Muslime, Anhänger von indigenen Religionen

STAATS- UND REGIERUNGSFORM Verfassung von 2002 – Präsidialrepublik – Parlament vorerst mit 88 Mitgl., ab der zweiten Legislaturperiode mit mind. 52, höchstens 65 alle 5 J. gewählten Mitgl. – Direktwahl des Staatsoberhauptes alle 5 J. (einmalige Wiederwahl) – Wahlrecht ab 18 J. ▪ **Unabhängigkeit:** 20. 5. 2002 ▪ **Nationalfeiertag:** 28. 11. (Unabhängigkeitserklärung 1975)

REGIERUNG UND PARTEIEN **Staatsoberhaupt:** José Alexandre »Xanana« Gusmão (Fretilin), seit 20. 5. 2002 – **Regierungschef:** Mari Alkatiri (Fretilin), seit 20. 9. 2001 – **Äußeres:** José Ramos-Horta, seit 19. 10. 2000 ▪ **Parlament:** Wahlen zur Verfassunggebenden Versammlung vom 30. 8. 2001: Frente Revolucionária do Timor Leste Independente / Fretilin 55 von 88 Sitzen, Partido Democrático / PD 7, Partido Social Democrata / PSD 6, Associação Social-Democrata Timorense / ASDT 6, Sonstige 13, Unabhängige 1

WIRTSCHAFT **BIP** 2002: 341 Mio. $; realer Zuwachs: –3,0 %; Anteil (2001) Landwirtschaft 26 %, Industrie 18 %, Dienstleistungen 56 % ▪ **Erwerbstätigkeit** 2003: Landwirtsch. 90 % ▪ **Arbeitslosigkeit:** k. A. ▪ **Inflation** ∅ 2004: 2,0 % ▪ **Außenhandel** 2004: **Import:** 143 Mio. $; *Güter:* Nahrungsmittel, Baumaterialien, Ölprodukte; *Länder:* v. a. Indonesien; **Export:** 7 Mio. $; *Güter:* v. a. Kaffee; *Länder:* v. a. Indonesien

CHRONIK

Drei Jahre nach der Unabhängigkeit des Landes zogen die UN zum 20. 5. 2005 die letzten Blauhelmsoldaten der **Friedensmission UNMISET** ab und beendeten die seit Herbst 1999 währende Mission, die indonesisches Militär und proindonesische Milizen daran hinderte, nach einer Volksabstimmung über die Unabhängigkeit die 1975 von Indonesien annektierte Inselhälfte weiter mit Gewalt zu überziehen. Im Land verblieben noch rd. 130 Militärberater und Experten für den weiteren Aufbau. Auch die von den UN eingerichtete Anklagebehörde (Serious Crimes Unit) und die Sonderkammer (Special Panels for Serious Crimes) beim Distriktgericht Dili stellten zum 20. 5. ihre Arbeit ein und **überließen der mit dieser Aufgabe überforderten nationalen Justiz** Hunderte ungelöster Fälle von schweren Menschenrechtsverletzungen. Bis dahin hatte die UN-gestützte Justiz 74 Täter, meist Mitläufer in osttimoresischen Milizen, zu Haftstrafen verurteilt. **Indonesische Verantwortliche** aus Verwaltung und Militär waren **nicht zur Rechenschaft gezogen** worden, weil die Regierungen in Jakarta und Dili mit dem Gericht nicht kooperieren bzw. das beiderseitige Verhältnis nicht belasten wollten. Als Alternative zum Strafverfolgungsprozess in beiden Ländern soll sich eine Wahrheits- und Freundschaftskommission (Truth and Friendship Commission, TFC) mit der Aufarbeitung der Gewaltverbrechen im Umfeld des Referendums vom August 1999 befassen. Die Staatspräsidenten Timor-Lestes und Indonesiens unterzeichneten am 9. 3. 2005 in Jakarta ein entsprechendes Abkommen, das Menschenrechts- und Nichtregierungsorganisationen in einer gemeinsamen Erklärung als Versuch kritisierten, einen Schlussstrich unter die Vergangenheit zu ziehen, ohne die Täter zu bestrafen. Die Gründung der TFC erfolgte ungeachtet der Berufung einer unabhängigen internationalen Expertenkommission durch UN-Generalsekretär Kofi Annan im Februar.

Togo West-Afrika

Republik Togo; République togolaise – TG / TGO

Fläche (Weltrang: 122): 56 785 km²

Einwohner (113): F 2003 4 861 000 = 86 je km²

Hauptstadt: Lomé

Amtssprachen: Französisch, Kabyé, Ewe

Bruttonationaleinkommen 2003 je Einw.: 310 $

Währung: CFA-Franc
Kurs: 1 US-$ = 526,07 CFA-Francs
1 € = 655,96 CFA-Francs

Botschaft der Republik Togo
Grabbeallee 43, 13156 Berlin
T 030 / 48 47 64 71, Fax 49 90 89 68
www.republicoftogo.com

LANDESSTRUKTUR **Fläche**: 56 785 km²; → Karte ▪ **Verwaltung**: 5 Regionen ▪ **Städte**: (F 2001) Lomé 732 000 Einw.; (F 1997) Sokodé 51 000, Kpalimé 30 000; (S 1997) Kara 30 000; (S 1987) Atakpamé 30 000, Tsévié 26 000

BEVÖLKERUNG Togoer – F 2003: 4 861 000 Einw.; Bevölkerungswachstum: 2,1 %; letzte Zählung 1981: 2 703 250 Einw. – v. a. Kwa-Völker (22 % Ewe, 10 % Watchi) und Gur-Völker (13 % Kabyé) (Temba, Mopa, Gurma, und Losso); daneben Hausa, Fulbe ca. 4000 Europäer (meist Franzosen) ▪ **Sprachen**: Französisch; Ewe, Kabyé, Gur-Sprachen (Moba und Gurma), Fulbe, Yoruba und Hausa ▪ **Religion**: 50 % Anhänger von indigenen Religionen, 35 % Christen (darunter 22 % Katholiken), 15 % Muslime (Sunniten)

STAATS- UND REGIERUNGSFORM Verfassung von 1993, geändert 2003 – Präsidialrepublik seit 1967 – Parlament (Assemblée Nationale) mit 81 Mitgl.; Wahl alle 5 J. – Direktwahl des Staatsoberh. alle 5 J. – Wahlrecht ab 18 J. ▪ **Unabhängigkeit**: 27. 4. 1960 (ehem. französisches Treuhandgebiet) ▪ **Nationalfeiertag**: 27. 4.

REGIERUNG UND PARTEIEN **Staatsoberhaupt**: Faure Gnassingbé (RPT), seit 4. 5. 2005 – **Regierungschef**: Edem Kodjo (RPT), seit 8. 6. 2005 – **Äußeres**: Zarifou Ayéva, seit 20. 6. 2005 ▪ **Parlament**: Wahlen vom 27. 10. 2002: Rassemblement du Peuple Togolais / RPT 72 von 81 Sitzen (1999: 79), Sonstige 9 (2); Boykott der Oppositionsparteien

WIRTSCHAFT **BIP** 2003: 1,759 Mrd. $; realer Zuwachs: 2,7 %; Anteil (2003) Landwirtschaft 41 %, Industrie 22 %, Dienstleistungen 37 % ▪ **Erwerbstätigkeit** 2002: Landwirtsch. 59 % ▪ **Arbeitslosigkeit**: k. A. ▪ **Inflation** ∅ 2003: –1,0 % ▪ **Außenhandel** 2002: **Import**: 667 Mio. €; *Güter* 2001: 27 % bearbeitete Waren, 18 % Nahrungsmittel und lebende Tiere, 16 % mineralische Brennstoffe und Schmiermittel, 15 % Maschinen und Transportausrüstungen; *Länder* 2001: 19 % Frankreich, 6 % Kanada, 6 % Elfenbeinküste, 6 % Italien; **Export**: 439 Mio. €; *Güter* 200: 43 % bearbeitete Waren, 20 % Düngemittel und mineralische Rohstoffe, 15 % Nahrungsmittel und lebende Tiere, 10 % Baumwolle; *Länder* 2001: 22 % Ghana, 17 % Benin, 10 % Burkina Faso, 6 % Philippinen

CHRONIK

Präsident Gnassingbé Eyadéma, der dienstälteste Diktator Afrikas, starb am 5. 2. 2005 im Alter von 69 Jahren, kurz bevor er zur medizinischen Behandlung ins Ausland gebracht werden sollte. Seit er 1967 durch einen Militärputsch an die Macht gekommen war, hatte er das westafrikanische Land mit eiserner Faust regiert. 1993 zum ersten Mal zum Staatschef »gewählt«, war Eyadéma 1998 und 2003 im Amt »bestätigt« worden. Am 13. 3. 2005 wurde er beigesetzt.

Sein Ableben stürzte das westafrikanische Land in eine **schwere Krise**. Unmittelbar nach der Veröffentlichung der Todesnachricht ernannte das **Militär** den Sohn des Verstorbenen, Faure Gnassingbé, zum Staatschef. Gnassingbé, einziges von schätzungsweise 50 Kindern von Eyadéma, das in die Politik gegangen war, hatte seit 2003 das Ministerium für Bergbau und Kommunikation geleitet, zudem war er de facto Finanzminister. Am 6. 2. 2005 wählte die Nationalversammlung Gnassingbé zum Parlamentspräsidenten – in Abwesenheit des Amtsinhabers Fambaré Ouattara Natchaba, der sich zum Zeitpunkt des Todes von Eya-

Trauerfeier für Gnassingbé Eyadéma am 13. 3. 2005 in der Hauptstadt Lomé

déma im Ausland aufgehalten und wegen geschlossener Grenzen nicht in sein Land hatte zurückkehren können; verfassungsgemäß hätte ihm im vorliegenden Fall interimistisch das Amt des Staatspräsidenten zugestanden. Daneben verabschiedeten die Abgeordneten eine **Verfassungsänderung**, die es Gnassingbé erlaubt, bis zum Ende des Mandats seines Vaters im Jahr 2008 als Staatschef im Amt zu bleiben. In der Hauptstadt Lomé kam es daraufhin trotz eines Demonstrationsverbots zu **tagelangen gewalttätigen Protesten**, mehrere Personen wurden erschossen. Auch international stießen die Vorgänge in Togo auf harsche Kritik – trotz der Ankündigung Gnassingbés, sobald wie möglich freie und transparente Wahlen abzuhalten. Die Afrikanische Union (AU) sprach von einem Militärcoup, die Staats- und Regierungschefs der Economic Community of West African States (ECOWAS) verweigerten Gnassingbé die Anerkennung als legitimer Präsident seines Landes. Der Ständige Rat der Francophonie suspendierte die Mitgliedschaft Togos.

Nach Sanktionsdrohungen des nigerianischen Präsidenten und AU-Vorsitzenden, Olusegun Obasanjo, kündigte Gnassingbé am 18. 2. 2005 Präsidentschaftswahlen für April 2005 an. Den ebenfalls geforderten Rücktritt lehnte Gnassingbé zunächst ab, vollzog diesen Schritt aber am 25. 2., nachdem die AU, ECOWAS, EU und USA Sanktionen gegen Togo verhängt hatten; zugleich kündigte er seine Kandidatur für die Präsidentschaftswahlen an. Interimistisch übernahm Abass Bonfoh das Amt des Staatschefs. Daraufhin hob die ECOWAS alle Sanktionen gegen Togo auf (die AU am 27. 5.).

Am 14. 3. 2005 ernannte ein Bündnis aus sechs Oppositionsparteien, darunter als stärkste die Union des Forces du Changement (UFC), den 74-jährigen Emmanuel Bob Akitani zu seinem Spitzenkandidaten für die Präsidentschaftswahlen. Aus dem Urnengang am 24. 4. ging Gnassingbé mit 60,1 % der Stimmen als Sieger hervor, auf Akitani entfielen 38,3 %. Die beiden weiteren Kandidaten kamen zusammen auf 1,6 %. Die Wahlbeteiligung wurde mit 63,6 % angegeben. Ausländische Beobachter berichteten von Unregelmäßigkeiten, bei Auseinandersetzungen zwischen Regierungs- und Oppositionsanhängern kamen am Wahltag mindestens drei Personen ums Leben; die ECOWAS bezeichnete die Abstimmung zunächst als fair, vermeldete aber Anfang Mai 2005 auch Unregelmäßigkeiten.

Nach Bekanntgabe der Ergebnisse am 26. 4. gingen Tausende von Oppositionsanhängern in Lomé auf die Straße und errichteten brennende Barrikaden, Oppositionspolitiker sprachen von **Wahlbetrug**. Die Situation geriet zunehmend außer Kontrolle, nachdem sich Akitani am 27. 4. zum Wahlsieger erklärt und seine Anhänger aufgerufen hatte, mobilisiert zu bleiben. Offiziellen Angaben zufolge starben bei Auseinandersetzungen zwischen Opposition und Polizei 22 Personen, die Opposition sprach von über 100 Toten. Rund 30 000 Personen flohen dem UNHCR zufolge vor den Unruhen in die Nachbarländer Benin und Ghana. Ein Angriff vermutlich ziviler Soldaten beschädigte am 29. 4. die Vertretung des Goethe-Instituts in Lomé schwer. Hintergrund des Anschlag war nach Angaben von Beobachtern die Flucht von Innenminister François Boko in die deutsche Botschaft, nachdem dieser eine Verschiebung der Wahl gefordert und daraufhin fristlos entlassen worden war.

Am 3. 5. 2005 **erklärte das Oberste Gericht Gnassingbé zum rechtmäßigen Gewinner der Wahl**. Bei seiner Vereidigung am nächsten Tag versprach er die Förderung der wirtschaftlichen Entwicklung und des Gemeinwohls sowie die Sicherung des Friedens und der nationalen Einheit. Von der ECOWAS initiierte Gespräche zwischen Gnassingbé und Vertretern der Opposition in der nigerianischen Hauptstadt Abuja am 19. 5., bei denen der nigerianische Präsident Obasanjo beide Seiten zur Bildung einer Regierung der nationalen Einheit aufforderte, blieben ergebnislos. Zum **Premierminister** ernannte Gnassingbé am 9. 6. **Edem Kodjo**, der dieses Amt bereits unter Eyadéma sen. von 1994–96 innegehabt hatte und gegenwärtig der als gemäßigt geltenden Partei Convergence Patriotique Panafrique (CPP) vorsteht. Verhandlungen Kodjos mit dem Oppositionsbündnis über eine Regierungsbeteiligung endeten vorläufig mit deren Weigerung, in eine Koalition einzutreten, u. a. da Gnassingbé am 21. 6. seinen Bruder Kpatcha Gnassingbé zum Verteidigungsminister ernannt hatte.

Tonga Ozeanien

Königreich Tonga; Pule'anga Fakatu'i 'o Tonga – TO / TON

Fläche (Weltrang: 172): 748 km²

Einwohner (179): F 2003 102 000 = 136 je km²

Hauptstadt: Nuku'alofa

Amtssprache: Tongaisch

Bruttonationaleinkommen 2003 je Einw.: 1490 $

Währung: 1 Pa'anga (T$) = 100 Seniti
Kurs: 1 US-$ = 1,91 T$; 1 € = 2,40 T$

Honorarkonsul des Königreichs Tonga
Angermunder Str. 64, 40489 Düsseldorf
T 02 03 / 74 12 11, Fax 61 13 53 76
E-Mail: tonga-cg.hamburg@t-online.de

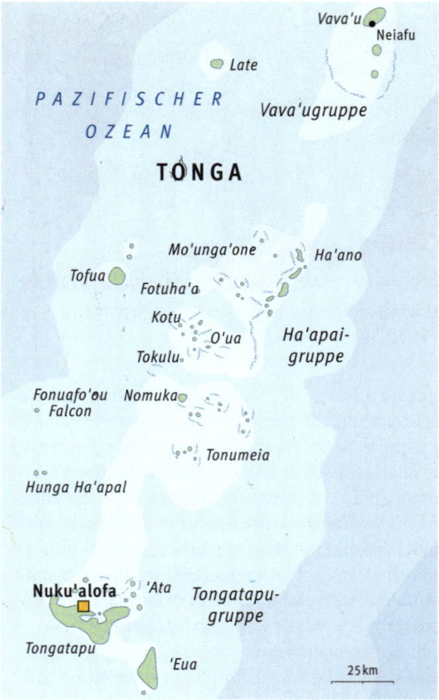

LANDESSTRUKTUR **Fläche**: 748 km²; 169 Inseln, davon Tongatapu 261 km², Vava'u 119 km², Ha'apai 110 km², Eua 87 km², Niuas 72 km² ▪ **Verwaltung**: 5 Verwaltungseinheiten ▪ **Städte**: (Z 1996) Nuku'alofa (Tongatapu) 22 400 Einw. ▪ **Inseln:** (Z 1996) Tongatapu 66 577 Einw., Vava'u 15 779, Ha'apai 8148, Eua 4924, Niuas 2018

BEVÖLKERUNG Tongaer – F 2003: 102 000 Einw.; Bevölkerungswachstum: 0,4 %; letzte Zählung 1996: 97 446 Einw. – ca. 99 % polynesische Tongaer; 300 Europäer ▪ **Sprachen**: Tongaisch (polynesische Sprache); Englisch ▪ **Religion**: 36 % Methodisten, 15 % Katholiken, 15 % Mormonen

STAATS- UND REGIERUNGSFORM Verfassung von 1875 mit Änderungen – Konstitutionelle Monarchie (im Commonwealth) seit 1875 – Parlament mit 30 Mitgliedern, davon 9 alle 3 J. gewählt, 9 von 33 Adelsfamilien bestimmte Häuptlinge, 10 vom König auf Lebenszeit nominierte Minister und 2 Gouverneure – Wahlrecht ab 21 J. ▪ **Unabhängigkeit**: 4. 6. 1970 (ehem. britisches Protektorat) ▪ **Nationalfeiertag**: 4. 6.

REGIERUNG UND PARTEIEN **Staatsoberhaupt**: König Taufa'ahau Tupou IV., seit 1965, gekrönt 1967 – **Regierungschef**: Prinz Lavaka'ata Ulukalala, seit 3. 1. 2000 – **Äußeres**: Sonatone Tu'a Taumoepeau Tupou, seit 24. 8. 2004 ▪ **Parlament**: Wahlen vom 16. 3. 2005: Human Rights and Democracy Movement 7 von 9 Sitzen (2002: 7), Unabhängige 2 (2)

WIRTSCHAFT **BIP** 2003: 163 Mio. $; realer Zuwachs: 2,5 %; Anteil (2002) Landwirtschaft 29 %, Industrie 15 %, Dienstleistungen 56 % ▪ **Erwerbstätigkeit** 2001: Landwirtsch. 33 % ▪ **Arbeitslosigkeit**: k. A. ▪ **Inflation** ∅ 2003: 11,6 % ▪ **Außenhandel** 2001: **Import**: 68,9 Mio. $; *Güter*: 32 % Nahrungsmittel, 26 % Brennstoffe, 11 % bearbeitete Waren, 11 % Maschinen und Transportausrüstungen; *Länder*: 33 % Neuseeland, 22 % Fidschi, 10 % Australien; **Export**: 6,0 Mio. $; *Güter*: v. a. Nahrungsmittel; *Länder*: 42 % Japan, 40 % USA

CHRONIK

Bei der **Parlamentswahl** am 17. 3. 2005 verteidigte die einzige Partei **Human Rights and Democracy Movement (HRDM)** ihre **sieben Sitze**. Zwei Sitze wurden von unabhängigen Kandidaten besetzt. An dem Urnengang beteiligten sich 65 000 Wähler.

Der seit 1965 auf der Basis einer Adelsherrschaft regierende 86-jährige König Taufa'ahau Tupou IV. hatte im November 2004 entschieden, Vertreter des Volkes an der Regierung zu beteiligen. Der vom König ernannte Premierminister Prinz Lavaka'ata Ulukalala berief am 21. 3. 2005 **zwei gewählte Parlamentarier als Minister** in das neue Kabinett. Von den durch Nachwahlen Anfang Mai ermittelten neuen Abgeordneten gehörte einer der **People's Democratic Party** an, die am 16. 4. 2005 als zweite politische Partei und Splittergruppe der HRDM gegründet wurde, obwohl die Verfassung keine Parteien vorsieht. Während der Premier die Berufung gewählter Parlamentarier zu Ministern als einen weit reichenden Schritt der politischen Reform darstellte, drängte die Demokratiebewegung auf eine Verfassungsreform zur Einführung eines echten parlamentarisch-demokratischen Systems.

Trinidad und Tobago

Mittel-Amerika; Karibik
Republik Trinidad und Tobago;
Republic of Trinidad and Tobago – TT/TTO

Fläche (Weltrang: 163): 5128 km²

Einwohner (148): F 2003 1 313 000 = 256 je km²

Hauptstadt: Port of Spain

Amtssprache: Englisch

Bruttonationaleinkommen 2003 je Einw.: 7790 $

Währung: 1 Trinidad-und-Tobago-Dollar (TT$) = 100 Cents
Kurs: 1 US-$ = 6,30 TT$; 1 € = 7,86 TT$

Honorarkonsul der Republik Trinidad und Tobago
Raboisen 3, 20097 Hamburg
T 040/2 20 03 96, Fax 2 20 67 56

LANDESSTRUKTUR **Fläche**: 5128 km²; davon Trinidad 4828 km², Tobago 300 km²; → Karte ▪ **Verwaltung**: 11 Regionen, 3 Bezirke und 2 Städte ▪ **Städte**: (Z 2000) Chaguanas 67 433 Einw., San Fernando 55 419, Port of Spain 49 031, Arima 32 278

BEVÖLKERUNG F 2003: 1 313 000 Einw.; Bevölkerungswachstum: 0,7 %; letzte Zählung 2000: 1 262 366 Einw. – 1990: 40,3 % Inder, 39,6 % Schwarze, 18,5 % Mulatten ▪ **Sprachen**: Englisch; Französisch, Spanisch, Hindi, Chinesisch und Kreolisch (Patois) ▪ **Religion** 1990: 40,3 % Christen (29,4 % Katholiken, 10,9 % Anglikaner), 23,8 % Hindus, 5,8 % Muslime

STAATS- UND REGIERUNGSFORM Verfassung von 1976 – Präsidialrepublik (im Commonwealth) seit 1976 – Parlament: Repräsentantenhaus mit 36 alle 5 J. gewählten und Senat mit 31 vom Staatsoberh. ernannten Mitgl. (16 auf Vorschlag des Premiers, 6 auf Vorschlag des Oppositionsführers, 9 Unabhängige) – Parlament von Tobago mit 15 Mitgl. (12 gewählt) – Wahl des Staatsoberh. durch Wahlkollegium alle 5 J. – Wahlrecht ab 18 J. ▪ **Unabhängigkeit**: 31. 8. 1962 (ehem. britische Kolonie) ▪ **Nationalfeiertag**: 31. 8.

REGIERUNG UND PARTEIEN **Staatsoberhaupt**: George Maxwell Richards, seit 17. 3. 2003 – **Regierungschef**: Patrick Manning (PNM-Vors.), seit 24. 12. 2001 – **Äußeres**: Knowlson Gift, seit 26. 12. 2001 ▪ **Parlament**: Wahlen zum Repräsentantenhaus vom 7. 10. 2002: People's National Movement/PNM 20 von 36 Sitzen (2001: 18), United National Congress/UNC 16 (18) – Senat (Sitzverteilung): PNM 16, UNC 6, Unabhängige 9; Wahlen zum Parlament von Tobago vom 17. 1. 2005: PNM 11 von 12 Sitzen (2001: 8), Democratic Action Congress/DAC 1 (–), National Alliance for Reconstruction/NAR – (4)

WIRTSCHAFT **BIP** 2003: 10,511 Mrd. $; realer Zuwachs: 13,2 %; Anteil (2003) Landwirtschaft 1,2 %, Industrie 48,8 %, Dienstleistungen 50,0 % ▪ **Erwerbstätigkeit** 2001: Landwirtsch. 7,8 %, Industrie 28,9 %, Dienstl. 63,3 % ▪ **Arbeitslosigkeit** ∅ 2003: 10,5 % ▪ **Inflation** ∅ 2004: 3,9 % ▪ **Außenhandel** 2004: **Import**: 4,283 Mrd. $; *Güter* 2003: 32 % Maschinen und Transportausrüstungen, 27 % mineralische Brennstoffe, Schmiermittel, 14 % verschiedene Fertigerzeugnisse, 8 % chemische Erzeugnisse, 8 % Nahrungsmittel; *Länder* 2003: 30 % USA, 12 % Euro-Zone, 4 % Großbritannien, 3 % Kanada, 2 % Caricom; **Export**: 5,958 Mrd. $; *Güter* 2003: 50 % mineralische Brennstoffe, Schmiermittel, 17 % chemische Erzeugnisse, 9 % verschiedene Fertigerzeugnisse, 2 % Nahrungsmittel, 2 % Schiffe; *Länder* 2003: 55 % USA, 20 % Caricom, 2 % Euro-Zone, 2 % Kanada

CHRONIK

In Anwesenheit von zehn Regierungschefs wurde am 16. 4. 2005 in Port of Spain der **Karibische Gerichtshof** (Caribbean Court of Justice, CCJ) feierlich eröffnet. Der CCJ dient den 13 beteiligten Staaten als Schlichtungsstelle für Streitfragen im Rahmen des Gemeinsamen Karibischen Marktes (Caribbean Single Market and Economy, CSME). Für die Commonwealth-Staaten in der Region soll der CCJ zudem ihr bisheriges oberstes Appellationsgericht, das in London angesiedelte Privy Council ablösen, das in den letzten Jahren in Revisionsprozessen zahlreiche von Ländergerichten wegen Mord verhängte Todesurteile verworfen hatte (→ Jamaika). Der Regierung von Premierminister Patrick Manning gelang es bislang nicht, die notwendige Verfassungsänderung zur Ablösung des Privy Council durch den CCJ zu verabschieden, da die Opposition unter Ex-Premierminister Basdeo Panday ihre Zustimmung von der Ablösung des bisherigen Mehrheitswahlrechts durch das Verhältniswahlrecht abhängig macht.

Tschad Zentral-Afrika

Republik Tschad; République du Tchad; Ǧumhūriyya Tashād (arabisch) – TD / TCD

Fläche (Weltrang: 20): 1 284 000 km²

Einwohner (85): F 2003 8 582 000 = 6,7 je km²

Hauptstadt: N'Djamena

Amtssprachen: Französisch, Arabisch

Bruttonationaleinkommen 2003 je Einw.: 240 $

Währung: CFA-Franc
Kurs: 1 US-$ = 526,07 CFA-Francs
1 € = 655,96 CFA-Francs

Botschaft der Republik Tschad
Basteistr. 80, 53173 Bonn
T 02 28 / 35 60 26, Fax 35 58 87

LANDESSTRUKTUR **Fläche:** 1 284 000 km²; → Karte ▪ **Verwaltung:** 28 Départements ▪ **Städte:** (Z 1993) N'Djamena 529 555 Einw., Moundou 281 477, Sarh 198 113, Bongor 194 992, Abéché 187 757

BEVÖLKERUNG Tschader – F 2003: 8 582 000 Einw.; Bevölkerungswachstum: 2,8 %; letzte Zählung 1993: 6 279 931 Einw. – insg. rd. 200 Ethnien: ca. 15 % Araber, im Sahelgebiet arabisierte Völker (Kanembou, Boulala, Hadjerai, Dadjo u. a.), 30 % Sara (im S), 20 % tschadische Gruppen, 2 % Tibbu-Daza-Gruppen im Tebesti, Hausa, Fulbe ▪ **Sprachen:** Französisch, Arabisch; regional Sara (im S), Baguirmi, Boulala, Tibbu-Gorane u. a. ▪ **Religion:** 50 % Muslime, 30 % Christen (v. a. Katholiken); indigene Religionen

STAATS- UND REGIERUNGSFORM Verfassung von 1996, geändert 2005 – Präsidialrepublik seit 1960 – Parlament: Nationalversammlung (Assemblée Nationale) mit 155 (vorher 125) Mitgl., Wahl alle 4 J.; Senat, Wahl für 6 J. (Neuwahl jeweils ⅓ der Sitze alle 2 J.) – Direktwahl des Staatsoberh. alle 5 J. – Wahlrecht ab 18 J. ▪ **Unabhängigkeit:** 11. 8. 1960 (ehem. französische Kolonie) ▪ **Nationalfeiertag:** 11. 8.

REGIERUNG UND PARTEIEN **Staatsoberhaupt:** Idriss Déby (MPS-Vors.), seit 1990 – **Regierungschef:** Pascal Yoadimnadji, seit 3. 2. 2005 – **Äußeres:** Nagoum Yamassoum, seit 25. 6. 2003 ▪ **Parlament:** Wahlen vom 21. 4. 2002: Mouvement Patriotique pour le Salut / MPS 108 von 155 Sitzen (1997: 55 von 125), Rassemblement pour la Démocratie et le Progrès / RDP 14 (–), Fédération Action pour la République / FAR 10 (–), Union pour le Renouveau et la Démocratie / URD 6 (31), Union Nationale pour le Développement et le Renouveau / UNDR 3 (15), Sonstige 11 (24), vakant 3

WIRTSCHAFT **BIP** 2003: 2,608 Mrd. $; realer Zuwachs: 11,3 %; Anteil (2003) Landwirtschaft 46 %, Industrie 13 %, Dienstleistungen 41 % ▪ **Erwerbstätigkeit** 2001: Landwirtsch. 74 % ▪ **Arbeitslosigkeit:** k. A. ▪ **Inflation** ∅ 2003: –1,9 % ▪ **Außenhandel** 2002: **Import:** 861 Mio. €; *Güter:* v. a. Brennstoffe, Fahrzeuge, Nahrungsmittel; *Länder:* k. A.; **Export:** 183 Mio. €; *Güter:* v. a. Baumwolle, Viehzuchtprodukte; *Länder:* k. A.

CHRONIK

▪ **Beziehungen zum Sudan:** Die anhaltenden **Gefechte im Nachbarland → Sudan sorgten** nach wie vor **für große Probleme im Tschad.** Die Zahl der seit Ausbruch der Kämpfe in der Region Darfur über die Grenze geflohenen und unter miserablen Konditionen in überfüllten Flüchtlingslagern lebenden Sudanesen stieg bis September 2004 auf rund 200 000 an. Gewaltsame Zusammenstöße zwischen den Milizen beider Seiten in der Grenzregion, aber auch Auseinandersetzungen innerhalb der Lager unterbrachen immer wieder die ohnehin schwierige Versorgung. **Vorwürfe von Präsident Idriss Déby** am 8. 4. 2005, die sudanesische Regierung unterstütze eine tschadische Rebellengruppe von 3000 Mann im sudanesischen Grenzgebiet, verbunden mit der Drohung, er werde sich aus seiner Vermittlerposition im Sudan zurückziehen, **belasteten die ohnehin angespannten Beziehungen** zwischen N'Djamena und Khartum weiter schwer.

▪ **Innenpolitik:** Nach einer Serie von Streiks der Angestellten des öffentlichen Dienstes, die seit Monaten kein Gehalt mehr bekommen hatten, **erklärte Premierminister Moussa Faki** am 4. 2. 2005 **seinen Rücktritt.**

Bei einem Referendum Anfang Juni 2005 stimmten 77 % der Wähler für eine **Verfassungsänderung,** die dem Präsidenten eine dritte Amtszeit erlaubt.

Tschechische Republik

Mittel-Europa

auch: Tschechien; Česká republika,
Kurzform: Česko – CZ / CZE

Fläche (Weltrang: 113): 78 866 km²

Einwohner (77): F 2003 10 202 000 = 129 je km²

Hauptstadt: Praha (Prag)

Amtssprache: Tschechisch

Bruttonationaleinkommen 2003 je Einw.: 7150 $

Währung: 1 Tschechische Krone (Kč) = 100 Heller
Kurs: 1 US-$ = 24,92 Kč; 1 € = 29,99 Kč (1. 7. 2005)

Botschaft der Tschechischen Republik
Wilhelmstr. 44, 10117 Berlin
T 030 / 22 63 80, Fax 2 29 40 33
www.czech-embassy.de

LANDESSTRUKTUR **Fläche:** 78 866 km²; → Karte ▪ **Verwaltung:** 14 Regionen; Tabelle → WA 2004, Sp. 830 ▪ **Städte:** (F 2002) Praha (Prag) 1 161 938 Einw., Brno (Brünn) 370 505, Ostrava (Ostrau) 314 102, Plzeň (Pilsen) 163 791, Olomouc (Olmütz) 101 624, Liberec (Reichenberg) 97 677, České Budějovice (Budweis) 95 986, Hradec Králové (Königgrätz) 95 755, Ústí nad Labem (Aussig) 94 544, Pardubice (Pardubitz) 89 725, Havířov (Freistadt) 85 271, Zlín 79 841, Kladno 70 328

BEVÖLKERUNG Tschechen – F 2003: 10 202 000 Einw.; Bevölkerungswachstum: 0,0 %; letzte Zählung 2001: 10 292 933 Einw. – 90,3 % Tschechen, 3,7 % Mährer, 1,9 % Slowaken, 0,5 % Polen, 0,4 % Deutsche, 0,2 % Ukrainer, 0,1 % Roma (S 150 000–300 000) u. a. ▪ **Sprachen:** Tschechisch, Sprachen der Minderheiten ▪ **Religion** 2001: 26,7 % Katholiken, Minderheiten von Protestanten; 59 % konfessionslos

STAATS- UND REGIERUNGSFORM Verfassung von 1993, zuletzt geändert 2000 – Republik seit 1993 – Parlament: Repräsentantenhaus (Poslanecká sněmovna) mit 200 alle 4 J. gewählten Mitgl. und Senat mit 81 Mitgl., Wahl alle 6 J. (Neuwahl von ⅓ der Senatoren alle 2 J.) – Wahl des Staatsoberh. durch das Parlament alle 5 J. (einmalige Wiederwahl) – Wahlrecht ab 18 J. ▪ **Unabhängigkeit:** Proklamation 28. 10. 1918; 1. 1. 1993 Trennung von der Slowakei ▪ **Nationalfeiertag:** 28. 10.

REGIERUNG UND PARTEIEN **Staatsoberhaupt** Václav Klaus, (ODS), seit 7. 3. 2003 – **Regierungschef** Jiří Paroubek (ČSSD), seit 25. 4. 2005 – **Äußeres:** Cyril Svoboda (KDU-ČSL), seit 15. 7. 2002 ▪ **Parlament:** Wahlen vom 14. / 15. 6. 2002: Sozialdemokratische Partei / ČSSD 70 von 200 Sitzen (1998: 74), Demokratische Bürgerpartei / ODS 58 (63), Kommunistische Partei / KSČM 41 (24), Koalition aus Christlich-Demokratischer Union-Tschechoslowakische Volkspartei / KDU-ČSL und Freiheitsunion / US 31 (20 und 19) – Senat (nach Teilwahlen vom 5. / 6. / 12. / 13. 11. 2004): ODS 36 von 81 Sitzen (2002: 26), KDU-ČSL 13 (zusammen mit US 31), US 8 (zusammen mit KDU-ČSL 31), ČSSD 7 (11), KSČM 2 (3), Unabhängige 3 (5), Sonstige – 12 (5)

WIRTSCHAFT **BIP** 2003: 89,715 Mrd. $; realer Zuwachs: 3,1 %; Anteil (2003) Landwirtschaft 3 %, Industrie 39 %, Dienstleistungen 57 % ▪ **Erwerbstätigkeit** 2002: Landwirtsch. 4,4 %, Industrie 38,7 %, Dienstl. 56,9 % ▪ **Arbeitslosigkeit** ∅ 2004: 8,3 % ▪ **Inflation** ∅ 2004: 2,8 % ▪ **Außenhandel** 2004: **Import** 53,901 Mrd. €; *Güter:* 13 % Maschinen, 11 % Elektrotechnik, 11 % chemische Erzeugnisse, 9 % Kfz und -teile, 9 % Informations- und Kommunikationstechnik, 7 % mineralische Brennstoffe, 5 % Eisen und Stahl, 5 % Halbwaren aus Metallen, 4 % Nahrungsmittel und lebende Tiere; *Länder:* 32 % Deutschland, 5 % Slowakei, 5 % Italien, 5 % VR China, 5 % Frankreich, 5 % Polen (EU gesamt: 72 %); **Export:** 53,252 Mrd. €; *Güter:* 15 % Kfz und -teile, 14 % Maschinen, 11 % Elektrotechnik, 10 % Informations- und Kommunikationstechnik, 6 % chemische Erzeugnisse, 6 % Halbwaren aus Metallen, 5 % Eisen und Stahl, 3 % Halbwaren aus nichtmetallischen Mineralien, 3 % mineralische Brennstoffe und Schmiermittel, 3 % Garne, Gewirke und Gestricke, 3 % Nahrungsmittel und lebende Tiere, 2 % Möbel und -teile; *Länder:* 36 % Deutschland, 9 % Slowakei, 6 % Österreich, 5 % Großbritannien, 5 % Polen, 5 % Frankreich (EU gesamt: 86 %)

CHRONIK

▪ **Regierungswechsel** 2004: Nach dem Rücktritt des sozialdemokratischen Ministerpräsidenten Vladimír Špidla (ČSSD) erneuerte der von Staatspräsident Václav Klaus am 2. 7. 2004 mit der Regierungsbildung beauftragte amtierende Innenminister **Stanislav Gross (ČSSD)** die Dreiparteienkoalition aus Sozialdemokraten, Christdemokraten (KDU-ČSL) und rechtsliberaler Freiheitsunion (US), die im Parlament weiterhin nur über eine knappe Mehrheit verfügt. Am 4. 8. vereidigte Klaus die neue Regierung, die sich in Programm und Zusammensetzung nur wenig vom Vorgängerkabinett unterschied. Am 24. 8. bestätigte das Parlament mit Koalitionsmehrheit das Kabinett unter dem mit 34 Jahren jüngsten Ministerpräsidenten in Europa. Den Ex-Ministerpräsidenten nominierte die neue Regierung am 28. 7. für die EU-Kommission.

▪ **Regierungskrise:** Die nur **achtmonatige Amtszeit von Gross** war neben Flügelkämpfen in der ČSSD von **Affären um seine Person** bestimmt: Im Januar 2005 warf ihm die Opposition vor, während seiner Amtszeit als Innenminister im Jahr 2002 eine **geheime Ermittlungseinheit der Polizei** mit dem Decknamen Mlyn (Mühle) ins Leben gerufen zu haben, die ihm direkt unterstellt war. Der Premier bestätigte, die Einheit als notwen-

dige und legale Maßnahme zur Bekämpfung der Wirtschaftskriminalität eingerichtet zu haben, wies aber den Vorwurf zurück, er habe Informationen aus persönlichem Interesse sammeln lassen. Medienrecherchen ergaben, dass Mlyn nicht die einzige geheime Polizeieinheit war, die Gross als Innenminister etablierte. Seine Amtsvorgänger wiesen darauf hin, dass auch während ihrer Amtszeit die Einrichtung von Spezialeinheiten gängige Praxis gewesen sei, allerdings seien diese stets der Staatsanwaltschaft unterstellt gewesen und nicht dem Innenminister. Seit Anfang Februar war Gross darüber hinaus Vorwürfen zur unklaren Finanzierung seiner Prager Luxusimmobilie ausgesetzt. Am 6. 3. entschuldigte sich Gross für einige falsche Bemerkungen in der **Wohnungsaffäre**, im Gegenzug sprach das Zentrale Exekutivkomitee der ČSSD ihrem kommissarischen Vorsitzenden das Vertrauen aus; am 26. 3. wählte der Parteitag der Sozialdemokraten Gross zum regulären Vorsitzenden. Wenige Tage später erklärte die KDU-ČSL, die den Rücktritt von Gross verlangt hatte, ihren Austritt aus der Koalition und zog ihre Minister aus der Regierung zurück. Das nachfolgende **Misstrauensvotum im Parlament** am 1. 4. überstand Gross mit Hilfe der kommunistischen Abgeordneten (KSČM), die sich geschlossen der Stimme enthielten. Präsident Klaus durchkreuzte die Absicht des Ministerpräsidenten, die Regierung künftig als Minderheitenkabinett von der KSČM tolerieren zu lassen, indem er hierfür ein erneutes Vertrauensvotum des Parlaments verlangte. Die Freiheitsunion wie auch einige ČSSD-Minister lehnten jedoch die Mitarbeit in einer Regierung ab, die von den Kommunisten abhängig sein würde. Mitte April bot der Ministerpräsident seinen Rücktritt an.

- **Regierungswechsel 2005:** Nach einer von Gross als ČSSD-Vorsitzendem herbeigeführten Einigung über eine Neuauflage der alten Dreiparteienkoalition unter einem anderen Regierungschef vereidigte Präsident Klaus nach dem offiziellen Rücktritt von Gross am 25. 4. 2005 den amtierenden Minister für Regionalentwicklung, Jiří Paroubek, als neuen Ministerpräsidenten. Am 13. 5. gewann Paroubek die Vertrauensabstimmung im Unterhaus mit der Zustimmung sämtlicher 101 Abgeordneten der Koalition. Das Kabinett blieb fast unverändert.
- **Wehrpflicht:** Präsident Klaus ratifizierte am 22. 11. 2004 ein Gesetz zur **Abschaffung der Wehrpflicht** zum Ende des Jahres. Mit Beginn 2005 wurde die Truppe in eine Berufsarmee umgewandelt.
- **Atomkraft:** Das umstrittene südböhmische **Kernkraftwerk Temelín** wechselte am 11. 10. 2004 vom Probe- in den Vollbetrieb. Die Betriebserlaubnis gilt vorerst bis 2010. Am 14. 6. 2005 musste der Reaktor wegen eines Fehlers im Generatorkühlsystem vom Netz genommen werden. Es soll die 79. technische Störung seit Inbetriebnahme der Anlage im November 2000 sein.

Tunesien Nord-Afrika

Tunesische Republik; al-Ǧumhūriyya at-Tūnisiyya, Kurzform: Tūnis – TN / TUN

Fläche (Weltrang: 89): 163 610 km²

Einwohner (79): F 2003 9 895 000 = 61 je km²

Hauptstadt: Tūnis (Tunis)

Amtssprache: Arabisch

Bruttonationaleinkommen 2003 je Einw.: 2240 $

Währung: 1 Tunes. Dinar (tD) = 1000 Millimes
Kurs: 1 US-$ = 1,30 tD; 1 € = 1,61 tD

Botschaft der Tunesischen Republik
Lindenallee 16, 14050 Berlin
T 030 / 36 41 07 – 0, Fax 30 82 20 83

LANDESSTRUKTUR **Fläche**: 163 610 km²; → Karte ▪ **Verwaltung**: 24 Governorate; → Tabelle ▪ **Städte**: (F 2001) Tūnis (Tunis) 690 940 Einw., Ṣafāqs (Sfax) 263 840, Al-Ariānah (Ariana) 205 940, Sūsa (Sousse) 149 420, Al-Qayrawān (Kairouan) 115 470, Banzart (Biserta) 110 810, Qābis (Gabès) 108 295; (Z 1994) Bārdaw (Bardo) 72 700, Qafṣa (Gafsa) 71 100

BEVÖLKERUNG Tunesier – F 2003: 9 895 000 Einw.; Bevölkerungswachstum: 1,2 %; letzte Zählung 2004 (vorl.): 9 910 872 Einw. – ca. 98 % Araber und arabisierte Berber, 1,2 % Berber; Minderheiten von Franzosen, Italienern und Maltesern ▪ **Sprachen**: Arabisch (tunesischer Dialekt); Berber-Sprachen; Französisch ▪ **Religion** 2000: 99 % Muslime (meist Sunniten); 18 000 Katholiken, ca. 2000 Juden und protestant. Minderheit

STAATS- UND REGIERUNGSFORM Verfassung von 1959, zuletzt geändert 2002 – Präsidialrepublik seit 1959 – Staatsreligion: Islam – Parlament: Assemblée Nationale mit 189 Mitgl. (vorher 182 Mitgl.), Wahl alle 5 J.; Ratsversammlung – Direktwahl des Staatsoberh. alle 5 J. – Wahlrecht ab 20 J. ▪ **Unabhängigkeit**: 20. 3. 1956 (ehem. französisches Protektorat) ▪ **Nationalfeiertag**: 20. 3.

REGIERUNG UND PARTEIEN **Staatsoberhaupt**: Zine el-Abidine Ben Ali (RCD), seit 1987; wieder gewählt am 24. 10. 2004 mit 94,5 % der Stimmen – **Regierungschef**: Mohamed Ghannouchi (RCD), seit 17. 11. 1999 – **Äußeres**: Abdelbaki Hermassi (RCD), seit 10. 11. 2004 ▪ **Parlament**: Wahlen vom 24. 10. 2004: Rassemblement Constitutionnel Démocratique / RCD 152 von 189 Sitzen (1999: 148 von 182), Opposition: Mouvement des Démocrates Socialistes / MDS 14 (13), Parti de l'Unité Populaire / PUP 11 (7), Union Démocratique Unioniste / UDU 7 (7), Mouvement de la Rénovation-Ettajdid / MR 3 (5), Parti Social-Libéral / PSL 2 (2)

Tunesien
Fläche, Bevölkerung und Bevölkerungsdichte

Governorat (Hauptort)	Fläche* in km²	Einwohner insgesamt F 2004	je km²
Al-Ariānah / Ariana (Al-Ariānah)	498	424 600	853
Al-Kāf / Le Kef (Al-Kāf)	4 965	258 900	52
Al-Mahdīyah / Mahdia (Al-Mahdīyah)	2 966	379 200	128
Al-Musnastīr / Monastir (Al-Musnastīr)	1 019	457 900	449
Al-Qasrayn / Kassérine (Al-Qasrayn)	8 066	413 100	51
Al-Qayrawān / Kairouan (Al-Qayrawān)	6 712	547 000	81
Bājah / Béja (Bājah)	3 558	305 200	86
Banzart / Bizerte (Banzart)	3 685	525 400	143
Bin 'Arūs / Ben Arous (Bin 'Arūs)	761	509 000	669
Jundūbah / Jendouba (Jundūbah)	3 102	417 000	134
Madanīn / Médenine (Madanīn)	8 588	433 900	51
Manubah / Manouba (Manubah)	1 060	337 000	318
Nābul / Nabeul (Nābul)	2 788	696 500	250
Qābis / Gabès (Qābis)	7 175	343 500	48
Qafsah / Gafsa (Qafsah)	8 990	324 500	36
Qibilī / Kébili (Qibilī)	22 084	143 700	7
Safāqis / Sfax (Safāqis)	7 545	858 300	114
Sīdī Bū Zayd / Sidi Bouzid (Sīdī Bū Zayd)	6 994	396 500	57
Siliānah / Siliana (Siliānah)	4 631	234 300	51
Sūsah / Sousse (Sūsah)	2 621	547 000	209
Tatāuīn / Tataouine (Tatāuīn)	38 889	143 900	4
Tawzar / Tozeur (Tawzar)	4 719	97 900	21
Tūnis / Tunis (Tūnis)	346	985 300	2848
Zaghwān / Zaghouan (Zaghwān)	2 768	161 500	58
Tunesien	154 032	9 941 100	65

* ohne Binnengewässer — *Quelle* Institut National de la Statistique 2005

WIRTSCHAFT **BIP** 2003: 25,037 Mrd. $; realer Zuwachs: 5,6 %; Anteil (2003) Landwirtschaft 12 %, Industrie 28 %, Dienstleistungen 60 % ▪ **Erwerbstätigkeit** 2004: Landwirtsch. 16,3 %, Industrie 34,3 %, Dienstl. 49,4 % ▪ **Arbeitslosigkeit** ∅ 2004: 13,9 % ▪ **Inflation** ∅ 2004: 3,6 % ▪ **Außenhandel** 2004: **Import**: 11,6 Mrd. $; *Güter*: 32 % Konsumgüter, 31 % Roh- und Halbwaren, 21 % Maschinen, 9 % Ölprodukte, 6 % Lebensmittel; *Länder*: 25 % Frankreich, 19 % Italien, 9 % Deutschland, 5 % Spanien, 3 % Libyen, 3 % Belgien, 3 % USA (EU gesamt: 79 %); **Export**: 9,0 Mrd. $; *Güter*: 26 % Bekleidung, 7 % Strickwaren, 5 % Öl, 4 % Schuhe, 4 % elektrische Leitungen und Kabel; *Länder*: 33 % Frankreich, 25 % Italien, 9 % Deutschland, 6 % Spanien, 4 % Libyen, 3 % Belgien (EU gesamt: 85 %)

■ **Präsidentschafts- und Parlamentswahlen: Präsident** Zine el-Abidine Ben Ali ging **mit 94,5 % der Stimmen** als **Sieger** aus den Präsidentschaftswahlen am 24. 10. 2004 hervor. Er wurde damit für eine vierte fünfjährige Amtszeit gewählt. Eine Verfassungsänderung hatte 2002 die bisherige Beschränkung der Wiederwahl eines Präsidenten abgeschafft. Die **Präsidentenpartei Rassemblement Constitutionnel Démocratique (RCD) gewann** bei den gleichzeitig ausgetragenen **Parlamentswahlen** 152 der 189 Sitze in der Nationalversammlung. Vier Parteien der offiziellen, mit dem RCD ideologisch verbundenen Opposition teilten sich weitere 34 Sitze. Ettajdid, die einzige echte Oppositionspartei, die an den Wahlen teilgenommen hatte, erhielt 3 Sitze. Sie beklagte allerdings verschiedene Formen der Benachteiligung und warf der Regierung Wahlfälschung vor. Die führende Oppositionspartei Parti Démocratique Progressiste (PDP) hatte die Wahl von vornherein boykottiert und eine »Farce« genannt. Weitere wichtige Oppositionsparteien durften nicht teilnehmen, weil sie offiziell verboten sind. Unabhängige Wahlbeobachter wurden nicht zugelassen. In der vom bisherigen Premierminister Mohamed Ghannouchi am 11. 11. 2004 gebildete Regierung wurde Abdelbaki Hermassi Außenminister.

■ **Menschenrechte und Meinungsfreiheit:** Menschenrechtsaktivisten beklagten weiter die **politische Repression** in Tunesien. Ein Bericht von Human Rights Watch (HRW) warf der Regierung im Juli 2004 unmenschliche Behandlung zahlreicher politischer Gefangener vor: Vierzig unter ihnen, ausnahmslos Islamisten, die keinerlei Gewalttaten begangen hätten, würden z. T. seit Jahren in Isolationshaft gehalten. Seit 1991 die Tunesische Menschenrechtsliga (LTDH) einen einzigen Gefängnisbesuch machen durfte, wurde keiner unabhängigen Menschenrechtsorganisation der Zugang zu den Haftanstalten gewährt. Tunis reagierte auf den Bericht mit einer Einladung an den HRW und dem Versprechen, keinen Häftling länger als zehn Tage in Einzelhaft zu halten. Auch der französische Premierminister Jean-Pierre Raffarin forderte bei einem Besuch in Tunesien am 31. 1. 2005 verstärkte Bemühungen der Regierung um demokratische Reformen und Freiheiten. Am 13. 3. 2005 starb der regimekritische Journalist Zouhair Yahyaoui, der die satirische Internet-Zeitschrift TuneZine gegründet und betrieben hatte, überraschend im Alter von 36 Jahren an einem Herzinfarkt. Er war 2002 zu 18 Monaten Haft verurteilt worden, weil er angeblich »falsche Informationen verbreitet« hatte, war mehrmals in Hungerstreik getreten und soll gefoltert worden sein. Obwohl die Regierung 2004 die Internet-Zensur für französische Tageszeitungen und zwei Menschenrechtsorganisationen aufgehoben hatte, wurden 8 Internet-Nutzer zu 19 Jahren Haft verurteilt. Angeblich hätten sie nach Anweisungen für Sprengstoffattentate gesucht.

■ **Wirtschaft:** Das hohe Wachstum der Vorjahre (2003: 5,6 %), das im Wesentlichen auf den Agrarsektor und eine Rekordernte zurückzuführen gewesen war, hielt nicht an. **Ausländische Investitionen gingen** u. a. auf Grund von Korruption **dramatisch zurück** (2003: –35,6 %).

Zum 1. 6. 2005 trat das **Freihandelsabkommen** der EFTA-Staaten (Schweiz, Norwegen, Island und Liechtenstein) mit Tunesien in Kraft, das dem Land Zollfreiheit für die Ausfuhr von Industriewaren und Zollkonzessionen auf einige Landwirtschaftsprodukte gewährt.

Türkei Südost-Europa / Vorder-Asien

Republik Türkei; Türkiye Cumhuriyeti – TR / TUR

Fläche (Weltrang: 36): 779 452 km²

Einwohner (15): F 2003 70 712 000 = 91 je km²

Hauptstadt: Ankara

Amtssprache: Türkisch

Bruttonationaleinkommen 2003 je Einw.: 2800 $

Währung: 1 Neue Türk. Lira (YTL.) = 100 Kuruş
Kurs: 1 US-$ = 1,37 TL.; 1 € = 1,72 TL.

Botschaft der Republik Türkei
Rungestr. 9, 10179 Berlin
T 030 / 27 58 50, Fax 27 59 09 15
www.tuerkischebotschaft.de

LANDESSTRUKTUR **Fläche:** 779 452 km²; davon 23 764 km² in Europa (Ostthrakien), 755 688 km² in Vorderasien (Anatolien); Karte → WA 2005, S. 435 ▪ **Verwaltung:** 81 Provinzen ▪ **Städte:** (Z 2000) İstanbul 8 803 468 Einw., Ankara 3 203 362, İzmir 2 232 265, Bursa 1 194 687, Adana 1 130 710, Gaziantep 853 513, Konya 742 690, Antalya 603 190, Diyarbakır 545 983, İçel (Mersin) 537 842, Kayseri 536 392, Eskişehir 482 793, Şanhurfa 385 588

BEVÖLKERUNG Türken – F 2003: 70 712 000 Einw.; Bevölkerungswachstum: 1,5 %; letzte Zählung 2000: 67 803 927 Einw. – Z 1990: 70 % Türken, 20 % Kurden, 2 % Araber, 0,5 % Tscherkessen, 0,5 % muslim. Georgier u. a. ▪ **Sprachen** 1990: 90 % Türkisch, 15 % kurdische Sprachen, 2 % Arabisch; Sprachen der sonstigen Minderheiten ▪ **Religion:** 99 % Muslime, davon 70 % Sunniten, 15–25 % Aleviten; christliche und jüdische Minderheit

STAATS- UND REGIERUNGSFORM Verfassung von 1982, zuletzt geändert 2002 – Republik seit 1923 – Parlament (Große Nationalversammlung) mit 550 Mitgl., Wahl alle 5 J. – Wahl des Staatsoberh. alle 7 J. durch das Parlament (keine Wiederwahl) – Wahlrecht ab 18 J. ▪ **Unabhängigkeit:** alte staatliche Tradition; Ausrufung der Republik Türkei 29. 10. 1923 ▪ **Nationalfeiertag:** 29. 10.

REGIERUNG UND PARTEIEN **Staatsoberhaupt:** Ahmet Necdet Sezer, seit 16. 5. 2000 – **Regierungschef:** Recep Tayyip Erdoğan (AKP-Vorsitzender), seit 14. 3. 2003 – **Äußeres:** Abdullah Gül (AKP), seit 14. 3. 2003 ▪ **Parlament:** Wahlen vom 3. 11. 2002: Partei für Gerechtigkeit und Entwicklung / AKP 363 von 550 Sitzen (1999: –), Republikanische Volkspartei / CHP 178 (–), Demokratische Partei der Linken / DSP – (136), Partei der nationalen Bewegung / MHP – (129), Tugendpartei / FP – (111), Mutterlandspartei / ANAP – (86), Partei des Rechten Weges / DYP – (85), Unabhängige 9 (3)

Türkei: Bevölkerungsentwicklung

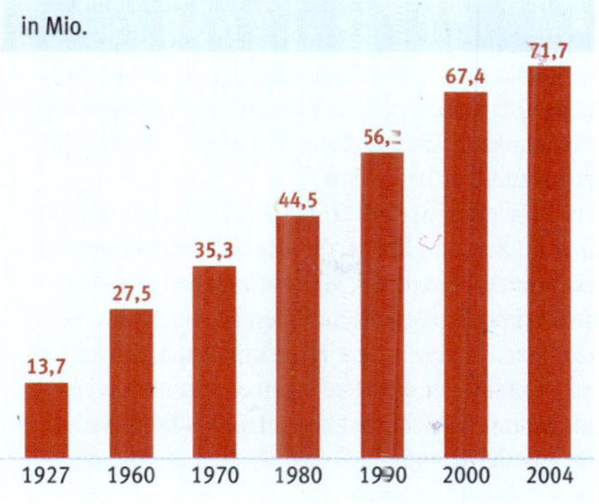

Quelle: World Development Indicators 2005

WIRTSCHAFT **BIP** 2003: 240,376 Mrd. $; realer Zuwachs: 5,8 %; Anteil (2003) Landwirtschaft 13 %, Industrie 22 %, Dienstleistungen 65 % ▪ **Erwerbstätigkeit** 2002: Landwirtsch. 33,2 %, Industrie 23,8 %, Dienstl. 43,0 % ▪ **Arbeitslosigkeit** ∅ 2004: 10,3 % ▪ **Inflation** ∅ 2004: 9,8 % ▪ **Außenhandel** 2004 (vorläufig): **Import:** 62,8 Mrd. $; *Güter:* 15 % Brennstoffe, 13 % Maschinen, 11 % Kfz, 6 % Elektrotechnik, 4 % Textilien, 4 % Kunststoffe und Gummi, 3 % Arzneimittel, 3 % organische Chemikalien; *Länder:* 13 % Deutschland, 9 % Russland, 7 % Italien, 6 % Frankreich, 5 % USA, 5 % China, 4 % Großbritannien (EU gesamt: 47 %); **Export:** 97,2 Mrd. $; *Güter:* 28 % Bekleidung und Textilien, 13 % Kfz, 10 % Eisen und Stahl, 5 % Gemüse und Früchte, 5 % Maschinen, 5 % Elektronik, 4 % Elektrotechnik; *Länder:* 14 % Deutschland, 9 % Großbritannien, 8 % USA, 7 % Italien, 6 % Frankreich, 4 % Spanien, 3 % Niederlande (EU gesamt: 55 %)

CHRONIK

INNENPOLITIK

▪ **Reformen:** Nachdem der Großteil der von der Europäischen Union (EU) im Rahmen des Anpassungsprozesses vorausgesetzten Verfassungs- und Gesetzesänderungen bereits vor einiger Zeit erfolgt war, begannen sich die Reformen allmählich auch im Alltag des Landes niederzuschlagen. Am 18. 8. 2004 erteilte der Hohe Radio- und Fernsehrat drei privaten Radiostationen in den osttürkischen Städten Diyarbakır und Batman die Lizenz, **in Kurmanci, dem kurdischen Hauptdialekt der Türkei, zu senden**. Zuvor hatte bereits der staatliche Sender TRT 3 die Genehmigung erhalten, Sendungen in Arabisch, Zazaki, Kurmanci, Tscherkessisch und Bosnisch auszustrahlen.

Von großer symbolischer Bedeutung war die erstmalige Übernahme des Vorsitzes des **Nationalen Sicherheitsrates** (MGK) durch einen Zivilisten, den vormaligen Botschafter in Griechenland, Mehmet Yiğit Alpoğan. Der Sicherheitsrat hatte in der Vergangenheit als zentrales Instrument der Einflussnahme des Militärs auf die Politik gedient.

Als die regierende gemäßigt islamistische Partei für Gerechtigkeit und Entwicklung (AKP) die **Reform des Strafrechts** dazu nutzen wollte, einen an islamischen Rechtsvorstellungen orientierten Paragraphen zu »sexueller Untreue in der Ehe« in das neue Gesetzeswerk einzubauen, führte dies zu einem massiven Konflikt mit Brüssel und zu heftigen innenpolitischen Auseinandersetzungen (→ Foto). Nachdem die EU-

Frauen demonstrieren im November 2004 (Tarik Tinazay / AFP / Getty Images) vor dem Parlament

Kommission gedroht hatte, die Entscheidung über die Aufnahme von Beitrittsverhandlungen auszusetzen, verabschiedete das AKP-dominierte Parlament am 26. 9. 2004 die Strafrechtsreform ohne den umstrittenen Paragraphen. Die neuen Gesetze beinhalteten u. a. erstmals Strafen für Vergewaltigung in der Ehe, Kindesmissbrauch und Folter; Strafnachlass bei sog. »Ehrenmorden« ist zukünftig nicht mehr möglich, der Begriff der Volksverhetzung wurde neu gefasst. In Folge der Auseinandersetzungen um den »Unzuchtsparagraphen« trat der liberale und säkular orientierte Minister für Kultur und Tourismus, Erkan Mumcu, am 15. 2. 2005 von seinem Amt zurück. Das In-Kraft-Treten des neuen Strafgesetzbuches wurde vom Parlament am 31. 3. vom 1. 4. auf den 1. 6. verschoben, da zahlreiche Paragraphen insbesondere im Bereich der Meinungsfreiheit sowohl innenpolitisch umstritten waren, wie auch von der EU kritisiert wurden.

Eine von Brüssel am 15. 9. 2004 entsandte Untersuchungskommission sollte den gegen die staatlichen Sicherheitsorgane erhobenen Foltervorwürfen nachgehen, da allein zwischen Januar und Juni 2004 388 Beschwerden über Menschenrechtsverletzungen eingegangen waren. Die insgesamt aber positive Entwicklung im Jahr 2004 führte dazu, dass die EU-Kommission dem Europäischen Rat am 6. 10. die **Aufnahme von Beitrittsverhandlungen** mit der Türkei empfahl (→ EU).

Die Ankündigung einiger EU-Mitgliedstaaten, den Beitritt der Türkei mittels eines Referendums zu entscheiden, wurde von Ankara als »Sonderbehandlung« scharf kritisiert und mit der Forderung verbunden, die Türkei nicht anders als frühere Beitrittskandidaten zu behandeln.

Als Hürde für die Verhandlungsaufnahme am 3. 10. 2005 sollte sich die Frage der **Erweiterung der Zollunion** mit der EU **auf die Republik Zypern** erweisen, da die Türkei Zypern völkerrechtlich nicht anerkennt. Anfang Januar 2005 fanden zwei Demonstrationen islamistischer und nationalistisch-islamischer Parteien mit mehreren tausend Teilnehmern **gegen den EU-Beitritt** statt, wobei die Beitrittsbedingungen der EU als antiislamische Kampagne und als Auslieferung der Türkei an das Ausland bezeichnet wurden. Şevket Kazan, der Vorsitzende der islamistischen Saadet (Glückseligkeit) Partei, kritisierte insbesondere die Forderung der Europäischen Kommission gegen Rassismus und Intoleranz nach einem religionsneutralen Personalausweis und dem Ende des zwangsweisen Religionsunterrichts als Versuch, »eine Nation von ihren moralischen Werten zu trennen und die Kreuzfahrergeographie auf die Türkei auszuweiten«.

▪ **Kopftuchverbot:** Obwohl sich die regierende Partei für Gerechtigkeit und Entwicklung (AKP) weitgehend von der islamistischen Vergangenheit ihrer Vorgängerorganisation gelöst hatte, versuchte sie den Einfluss des Islams im öffentlichen Leben zu erweitern. Ihr Versuch, mittels eines Zusatzes zum Strafgesetzbuch das Verbot des Kopftuchtragens an Universitäten aufzuheben, wurde am 5. 7. 2005 vom Rechtsausschuss der Nationalversammlung wegen Verletzung der säkularen Traditionen des Landes abgelehnt. Hingegen konnte die AKP-Mehrheit am 15. 3. im Parlament ein Amnestiegesetz für die angeblich 675 000 Studierenden durchsetzen, die seit dem 29. 6. 2000 von der Universität verwiesen worden waren, etliche wegen Tragens des verbotenen Kopftuchs. Die Betreffenden konnten sich nun erneut einschreiben, wobei das Kopftuchverbot aber weiterhin gültig blieb.

▪ **Debatte um den Genozid an den Armeniern:** Im Vorfeld des 90. Jahrestages der Vertreibung und Ermordung von Millionen von anatolischen Armeniern am 24. 4. 2005 begann der Streit mit der Türkei, ob es sich dabei um einen Völkermord gehandelt habe, erneut zu eskalieren. Staatspräsident Ahmet Necdet Sezer übte am 7. 4. harsche Kritik an europäischen Politikern, die die Anerkennung des Genozids durch die Türkei nachträglich zur Vorbedingung der Aufnahme von Beitrittsgesprächen mit der EU machen wollten. Der **Vorschlag** von Ministerpräsident Recep Tayyip Erdoğan, eine **gemeinsame armenisch-türkische Historikerkommission** zur Klärung der Genozid-Frage einzurichten, veranlasste den Europarat am 27. 4. zu einem Appell an den armenischen Präsidenten Robert Kocharjan, darauf positiv zu reagieren. Kocharjan sprach sich in der Folge zwar prinzipiell für die Bildung einer solchen Kommission aus, forderte zuvor aber die Wiederherstellung der diplomatischen Beziehungen. Im April konnte zumindest eine zweite Direktflugverbindung zwischen der Türkei und Armenien eingerichtet werden. Als drei angesehene Istanbuler Universitäten eine für den 25.–27. 5. 2005 angesetzte internationale Konferenz zum Schicksal der Armenier auf massiven politischen Druck hin absagen mussten, wuchsen international die Zweifel an den Demokratisierungsbestrebungen der Türkei. Die Verabschiedung einer Entschließung zum Gedenken an die Massaker an den Armeniern durch den Deutschen Bundestag am 16. 6. führte zur Einbestellung des deutschen Botschafters ins türkische Außenministerium und zu deutlichen Protesten von Seiten der türkischen Regierung.

▪ **Menschenrechte:** Wegen der Hindernisse, die ihnen von Seiten der Regierung und der Justiz dauernd in den Weg gelegt wurden, traten am 7. 2. 2005 der Vorsitzende des offiziellen »Beratenden Ausschusses für Menschenrechte«, İbrahim Kaboğlu, und ein Teil seiner Mitarbeiter von ihren Ämtern zurück. Bei der Auflösung einer unangemeldeten Demonstration linksradikaler Gruppen zum internationalen Frauentag in Istanbul am 6. 3. ging die Polizei mit Schlagstöcken gegen die Teilnehmer vor, was eine offizielle Protestnote der EU zur Folge hatte.

▪ **Kurden:** Nicht zuletzt aufgrund des Drucks von Seiten der EU befasste sich das Oberste Appellationsgericht der Türkei erneut mit dem Fall der 1994 wegen Unterstützung der Kurdischen Arbeiterpartei (PKK) zu 15 Jahren Gefängnis verurteilten damaligen Parlamentsabgeordneten Orhan Doğan, Hatip Dicle, Selim Sadak und Leyla Zana, die am 4. 6. 2004 vorläufig frei gelassen worden waren. Am 13. 7. 2004 hob das Gericht das Berufungsurteil vom April auf, da die Gerichtsverhandlung nicht fair abgelaufen sei. In der zweiten Juliwoche erhob die Polizei jedoch neuerliche Anschuldigungen gegen die Ex-Abgeordneten, da sie auf Demonstrationen Reden in Kurdisch gehalten hatten, was den türkischen Wahl- und Parteigesetzen zuwiderlief.

Leyla Zana erhielt am 14. 10. 2004 für ihren friedlichen Einsatz für die Rechte der kurdischen Minderheit im Europaparlament den angesehenen Sacharow-Preis für Menschenrechte überreicht. Der Preis war ihr schon 1995 verliehen worden, sie konnte ihn damals wegen ihrer Haft jedoch nicht annehmen. Bei seiner Rückkehr in die Türkei nach knapp neun Jahren Exil wurde ihr Ehemann Mehdi Zana, der vormalige Bürgermeister von Diyarbakır, wegen eines alten Haftbefehls am Istanbuler Flughafen kurzzeitig verhaftet.

Seitdem der Volkskongress Kurdistans, die Nachfolgeorganisation der verbotenen PKK, im Juni 2004 seinen vor fünf Jahren einseitig ausgerufenen Waffenstillstand beendet hatte, begannen sich Anschläge und **Auseinandersetzungen mit Sicherheitskräften** wieder zu häufen. Hikmet Tan, der Gouverneur der vorwiegend kurdisch besiedelten Provinzhauptstadt Van im Osten des Landes, entging am 2. 7. 2004 nur knapp einem Anschlag; fünf Menschen verloren ihr Leben, 23 wurden verletzt. Der Volkskongress stritt jedoch eine Beteiligung ab. Ende Juli führte die türkische Armee im Grenzgebiet zum Irak mit 4000 Mann eine Militäraktion durch.

Zwei Bombenanschläge in einem Istanbuler Touristenviertel mit zwei Toten und elf Verletzten am 10. 8. 2004 wurden von staatlicher Seite dem Volkskongress bzw. seinem bewaffneten Arm zugeschrieben. Die Verantwortung dafür hatten allerdings die islamistischen Abu Hafs al-Masri-Brigaden sowie die Freiheitsfalken Kurdistans (TAK), angeblich eine radikale Abspaltung der PKK, übernommen. Am 23. 8. explodierte im Hafen der Touristenmetropole Antalya eine Bombe, die einen Menschen das Leben kostete. Ein Anschlag des Volkskongresses Anfang September auf einen Zug zwischen Mersin und Iskenderun schlug fehl. Einer der Attentäter starb, fünf weitere wurden am 9. 9. festgenommen.

Bei Kämpfen zwischen staatlichen Sicherheitskräften und kurdischen Rebellen starben im Juli und August 2004 insgesamt 63 Menschen und 50 wurden verletzt. Auch den ganzen Winter und das Frühjahr über hielten die bewaffneten Auseinandersetzungen weiter an, wobei der Volkskongress weiterhin den Nordirak als Rückzugsgebiet und Nachschubbasis nutzte. Angeblich sollen sich dort 4–5000 PKK-Kämpfer aufhalten. Zu den bisher heftigsten Kämpfen kam es im April 2005, als mehr als 40 Soldaten und 41 Rebellen getötet wurden. Im selben Monat ereigneten sich in Istanbul mehrere Bombenanschläge gegen staatliche Einrichtungen, wobei einige Menschen verletzt wurden. Ob alle Anschläge tatsächlich zu Lasten kurdischer Extremisten gehen, wurde bezweifelt, insbesondere bei dem Anschlag in der Nähe des Rathauses von Diyarbakır am 7. 3. 2005, da die Stadt von der kurdischen demokratischen Volkspartei verwaltet wird.

Die verbotene PKK gab am 4. 4. 2005 bekannt, dass sie nicht mehr mit gewaltsamen Methoden einen kurdischen Staat anstreben würde, sondern einen »demokratischen Konföderalismus« mit friedlichen Mitteln zu erreichen suche. Mit Konföderation war eine Art loser Zusammenschluss aller kurdischen Gebiete der Region gemeint. Der Volkskongress Kurdistans, eine zuvor gegründete Nachfolgeorganisation der PKK, würde weiter bestehen und Bündnispartner sein. Nachdem allein im Mai 2005 aber erneut rund 50 Menschen ums Leben kamen und die gewaltsamen Auseinandersetzungen weiter eskalierten, riefen Mitte Juni erstmals etwa 260 bekannte kurdische Persönlichkeiten die PKK zur sofortigen und bedingungslosen Einstellung ihres Kampfes auf. Die Regierung solle im Gegenzug alles nur mögliche für einen stabilen Frieden und die Teilhabe aller Bürger am politischen Leben tun. Die PKK lehnte den Friedensaufruf jedoch ab.

Der Europäische Gerichtshof für Menschenrechte in Straßburg gab am 12. 5. 2005 einer Klage des PKK-

Führers Abdullah Öcalan gegen das Verfahren statt, in dem er zu lebenslanger Haft verurteilt worden war. Da der Prozess rechtsstaatlichen Kriterien nicht genügt habe, müsse ein neues Verfahren eingeleitet werden. Die Anwälte Öcalans teilten einige Tage später mit, dass er auf eine Wiederaufnahme des Prozesses verzichte.

- **Islamistischer Terror:** Am 13. 9. 2004 begann der Prozess gegen 69 Angeklagte, die mit den Anschlägen auf zwei Synagogen, das britische Konsulat und die HSCB-Bank im November 2003 in Istanbul in Verbindung gebracht wurden. Einer der Angeklagten sagte aus, dass Al-Qaida hinter den Anschlägen gestanden hätte. Acht Angeklagte wurden am 14. 2. 2005 vom 10. Strafgerichtshof in Istanbul freigesprochen, vier Angeklagte wurden am 27. 6. zu einer lebenslänglichen Haftstrafe, 36 Angeklagte zu Haftstrafen unterschiedlicher Länge verurteilt. Wahrscheinlich islamistischen Hintergrund hatten einige Anschläge im September 2004, die sich vor allem gegen Filialen der HSCB-Bank und die Türkisch-Amerikanische Gesellschaft richteten. Am 12. 10. 2004 wurde der Islamistenführer und selbst ernannte »Kalif« **Metin Kaplan** von der Bundesrepublik in die Türkei abgeschoben, wo ihn u. a. eine Anklage wegen Hochverrats erwartete; am 20. 6. 2005 wurde Kaplan zu lebenslanger Haft verurteilt.
- **Wirtschaft:** Die wirtschaftliche Erholung nach der Krise von 2000/2001 hielt 2004 und 2005 an. Das Wirtschaftswachstum überstieg deutlich dasjenige der meisten EU-Mitgliedstaaten (→ Grafik). Zum ersten Mal seit Jahrzehnten sank die Inflation dauerhaft unter 10 %; die Auslandsschulden waren zwischen 2001 und 2004 von 95 % des BIP auf rund 65 % Ende 2004 gefallen. Als Ausdruck der wirtschaftlichen Stabilisierung und der gesunkenen Inflation ersetzte Ankara am 1. 1. 2005 im Rahmen einer **Währungsreform** die Türkische Lira (TL) durch die Neue Türkische Lira (YTL), wobei eine YTL einer Million TL entsprechen. Die alte Währung bleibt aber noch bis Ende 2005 gültig.

Türkei: BNE je Einwohner und Arbeitslosigkeit

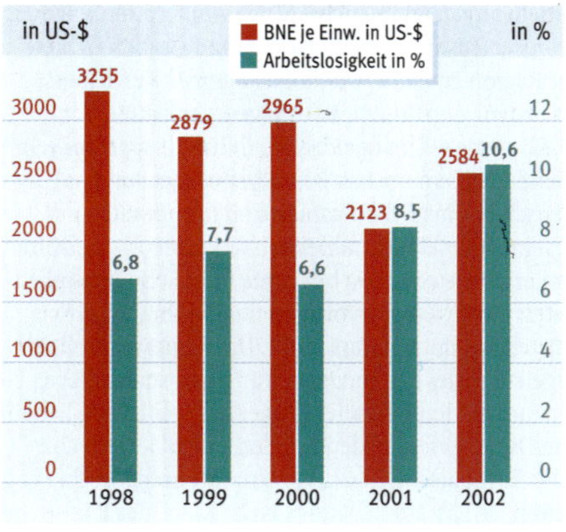

Quelle: Statistikamt der Türkei 2005

- **Eisenbahnunfälle:** Die Einrichtung einer Hochgeschwindigkeitsverbindung zwischen Istanbul und Ankara führte am 22. 7. 2004 zu einem schweren Zugunglück mit 39 Toten und rund 80 Verletzten. Ursache waren die Gleisanlagen, die für die neue Höchstgeschwindigkeit nicht ausgelegt waren. In der westtürkischen Provinz Aydın ereignete sich nur drei Tage später erneut ein Unglück mit 15 Toten, als an einem Bahnübergang ein Zug mit einem Minibus kollidierte.

AUSSENPOLITIK

Die Beziehungen mit **Griechenland** entwickelten sich weiterhin positiv. Am 13. 7. 2004 schlossen beide Staaten in Istanbul ein Kooperationsabkommen zum Bereich der inneren Sicherheit. Vom 27.–29. 7. 2004 hielt sich Ministerpräsident Erdoğan zum Abschluss mehrerer Wirtschaftsabkommen in Teheran auf. Türkische Unternehmen sollen u. a. ein zweites Mobilfunknetz in Iran aufbauen und den neuen Teheraner Flughafen errichten.

Auch mit der **Russischen Föderation** hatten sich insbesondere die Wirtschaftsbeziehungen seit dem Zerfall der Sowjetunion stetig verbessert, sodass Russland nach Deutschland inzwischen der zweitwichtigste Handelspartner der Türkei geworden ist. Als Ausdruck dieser Entwicklung reiste der russische Präsident Wladimir Putin am 6. 12. 2004 erstmals in die Türkei und unterzeichnete sechs Abkommen in den Bereichen Verteidigung, Handel und Finanzen.

Beim ersten Besuch eines türkischen Regierungschefs in **Syrien** seit 1987 vereinbarte Ministerpräsident Erdoğan am 22./23. 12. 2004 mit Staatschef Baschar al-Assad einen Freihandelsvertrag und ein Abkommen über ein gemeinsames Staudammprojekt im jahrzehntelang umstrittenen Grenzgebiet Hatay.

Seitdem Erdoğan im Mai 2004 einen israelischen Angriff in den besetzten Gebieten als »Staatsterror« bezeichnet hatte, waren die vormals engen **türkisch-israelischen Beziehungen** deutlich abgekühlt. Aus diesem Grund kam dem Israelbesuch von Außenminister Abdullah Gül am 3. 1. 2005, dem bisher hochrangigsten Besuch seit der Regierungsübernahme durch die AKP im November 2002, eine besondere Bedeutung zu.

Während eines Besuchs von **US-Außenministerin** Condoleezza Rice in der Türkei am 5.–6. 2. 2005 kam es zu großen anti-amerikanischen Demonstrationen in Ankara. Rice führte Gespräche mit Staatspräsident Sezer, Ministerpräsident Erdoğan und Außenminister Gül insbesondere über die Lage im Irak.

Während einer Konferenz der Anrainerstaaten des Irak am 1. 5. 2005 in Istanbul vereinbarten die anwesenden Außenminister die Grenzen zum Irak besser zu sichern und die Demokratisierung des Landes zu unterstützen.

Turkmenistan Zentral-Asien

Türkmenistan Respublikasy – TM / TKM

Fläche (Weltrang: 51): 488 100 km²

Einwohner (112): F 2003 4 864 000 = 10,0 je km²

Hauptstadt: Ašchabad (Aschgabat)

Amtssprache: Turkmenisch

Bruttonationaleinkommen 2003 je Einw.: 1120 $

Währung: 1 Turkmen.-Manat (TMM) = 100 Tenge
Kurs: 1 US-$ = 5200 TMM; 1 € = 6548 TMM

Botschaft der Republik Turkmenistan
Langobardenallee 14, 14052 Berlin
T 030/30 10 24 52, Fax 30 10 24 53
E-Mail: botschaft-turkmenistan@t-online.de

LANDESSTRUKTUR **Fläche**: 488 100 km²; → Karte ▪ **Verwaltung**: 5 Regionen ▪ **Städte**: (F 2002) Aščhabad (Aschgabat) 743 000 Einw.; (F 1999) Turkmenabat (früher Čardžou/Tschardschou) 203 000, Tašauz 165 000, Mary 123 000, Balkanabat (früher Nebit-Dag) 119 000, Turkmenbaschi (früher Krasnovodsk) 70 000

BEVÖLKERUNG Turkmenen – F 2003: 4 864 000 Einw.; Bevölkerungswachstum: 1,5 %; letzte Zählung 1995: 4 483 251 Einw. – F 1993: 73,3 % Turkmenen, 9,8 % Russen, 9,0 % Usbeken, 2,0 % Kasachen, 0,9 % Tataren, 0,8 % Ukrainer sowie Aserbaidschaner, Armenier, Belarussen u. a. ▪ **Sprachen** 1989: 74,7 % Turkmenisch; Sprachen der Minderheiten, v. a. Russisch ▪ **Religion**: 90 % Muslime (Sunniten), 10 % Russisch-Orthodoxe

STAATS- UND REGIERUNGSFORM Verfassung von 1992, geändert 1999 – Präsidialrepublik seit 1991 – Parlament (Madschlis) mit 50 Mitgl., Wahl alle 5 J.; Volksrat (Khalk Maslakhaty) mit 65 Mitgl. (Vertreter der Regionen, Bezirke, Regierung und der Abgeordneten) – Direktwahl des Staatsoberh. alle 5 J. (einmalige Wiederwahl) – Wahlrecht ab 18 J. ▪ **Unabhängigkeit**: Souveränitätserklärung 22. 8. 1990, Proklamation 27. 10. 1991 ▪ **Nationalfeiertag**: 27./28. 10.

REGIERUNG UND PARTEIEN **Staats- u. Regierungschef**: General Saparmurad A. Nijasow (DPT-Vorsitzender, Staatspräsident auf Lebenszeit), seit 1990 – **Äußeres**: Rashid Meredow (DPT), seit 7. 7. 2001 ▪ **Parlament**: Wahlen vom 19. 12. 2004/9. 1. 2005: Demokratische Partei Turkmenistans/DPT 50 von 50 Sitzen (1999: 50)

WIRTSCHAFT **BIP** 2003: 6,201 Mrd. $; realer Zuwachs: 16,9 %; Anteil (2001) Landwirtschaft 25 %, Industrie 44 %, Dienstleistungen 30 % ▪ **Erwerbstätigkeit** 2002: Landwirtsch. 48,7 %, Industrie 14,2 %, Dienstl. 37,2 % ▪ **Arbeitslosigkeit** ∅ 2002: 2,5 % (offizielle Angaben) ▪ **Inflation** ∅ 2004: 40 % (offiziell: 23,4 %) ▪ **Außenhandel** 2002: **Import**: 2,119 Mrd $; *Güter*: 40 % Maschinen, 19 % bearbeitete Waren; *Länder*: 19 % Deutschland, 18 % Ukraine, 12 % Vereinigte Arabische Emirate, 11 % Russland; **Export**: 2,856 Mrd. $; *Güter*: 86 % mineralische Brennstoffe; *Länder*: 16 % Iran, 16 % Ukraine, 11 % Aserbaidschan, 6 % Kasachstan

CHRONIK

Der **Personenkult** um den diktatorisch regierenden Präsidenten Saparmurad Nijasow nahm immer bizarrere Formen an. Der zweite Band seines zur Pflichtlektüre erhobenen Buches »Ruchname« über die Geschichte und das Wesen der Turkmenen wurde am 12. 9. 2004 Regierungsvertretern, ausländischen Diplomaten und Künstlern vorgestellt. In seinem Heimatort Kiptschak eröffnete am 23. 10. die größte Moschee Zentralasiens, an deren Wänden neben Koranversen auch Auszüge aus dem »Ruchname« eingraviert sind.

Das Nijasow-Regime verdankt seine Stabilität den reichen Bodenschätzen des Landes. Turkmenistan verfügt u. a. über die fünftgrößten Gasvorkommen der Erde. Die Bevölkerung ist hingegen weitgehend verarmt.

Bei den **Parlamentswahlen** am 19. 12. 2004/9. 1. 2005 konnten 50 Abgeordnete aus 131 Kandidaten der Demokratischen Partei Turkmenistans (DPT) ausgewählt werden. Anfang Mai kündigte der auf Lebenszeit gewählte »Turkmenbaschi« (Haupt der Turkmenen) an, dass bei den Präsidentschaftswahlen 3–4 Kandidaten zugelassen werden. Auch für die anderen Wahlen müsse ein »neues Verfahren« eingeführt werden. Nachdem im April 2005 alle **öffentlichen Bibliotheken geschlossen** wurden, sind Bücher nur noch in Universitäten zugänglich. Kino, Oper, Ballett und Zirkus hatte Präsident Nijasow bereits zuvor verbieten lassen.

Tuvalu Ozeanien

The Tuvalu Islands – TV / TUV

Fläche (Weltrang: 190): 26 km²

Einwohner (192): F 2003 11 500 = 442 je km²

Hauptstadt: Funafuti

Amtssprachen: Tuvaluisch, Englisch

Bruttonationaleinkommen 2003 je Einw.: k. A.

Währung: 1 Australischer Dollar ($A) = 100 Cents
Kurs: 1 US-$ = 1,32 $A; 1 € = 1,64 $A

Honorargeneralkonsulat von Tuvalu
An der Alster 45, 20099 Hamburg
T 040 / 24 83 83 66, Fax 24 83 83 75
E-Mail: tuvaluconsulate@ahrenkiel.net

LANDESSTRUKTUR **Fläche**: 26 km²; 9 Atolle ▪ **Verwaltung**: 9 Atolle ▪ **Inseln**: (Z 2002) Funafuti 4492 Einw., Vaitupu 1591, Nanumea 664, Niutao 663, Nanumanga 589, Nukufetau 586, Nui 548, Nukulaelae 393, Niulakita 35

BEVÖLKERUNG Tuvaluer – F 2003: 11 500 Einw.; letzte Zählung 2002: 9561 Einw. – ca. 96 % Polynesier sowie Melanesier; rd. 1500 Tuvaluer im Ausland ▪ **Sprachen**: Tuvaluisch (polynesische Sprache) und Englisch ▪ **Religion**: 98 % Protestanten (Church of Tuvalu)

STAATS- UND REGIERUNGSFORM Verfassung von 1978 – Parlamentarische Monarchie (im Commonwealth) seit 1978 – Parlament (House of Assembly) mit 15 Mitgl., Wahl alle 4 J. – Wahlrecht ab 18 J. ▪ **Unabhängigkeit**: 1. 10. 1978 (ehem. britisches Protektorat) ▪ **Nationalfeiertag**: 1. 10.

REGIERUNG UND PARTEIEN **Staatsoberhaupt**: Königin Elizabeth II., vertreten durch Generalgouverneur Filoimea Telito, seit 15. 4. 2005 – **Regierungschef u. Äußeres**: Maatia Toafa, seit 27. 8. 2004 ▪ **Parlament**: letzte Wahlen am 25. 7. 2002; keine Parteien

WIRTSCHAFT **BIP** 2001: 13 Mio. $; realer Zuwachs: 4,0 %; ▪ **Erwerbstätigkeit**: k. A. ▪ **Arbeitslosigkeit**: k. A. ▪ **Inflation** ∅ 2002: 2,6 % ▪ **Außenhandel** 2001: **Import**: 14,1 Mio. $; *Güter*: v. a. Nahrungsmittel, Halbfertigprodukte, Maschinen und Transportausrüstungen, Brennstoffe; *Länder* 2002: 13 % Fidschi, 13 % Japan; **Export**: 1,0 Mio. $; *Güter*: v. a. Kopra und Fisch; *Länder* 2002: 53 % Großbritannien

Uganda Ost-Afrika

Republik Uganda; Jamhuri ya Uganda (kisuaheli); Republic of Uganda – UG / UGA

Fläche (Weltrang: 78): 241 548 km²

Einwohner (42): F 2003 25 280 000 = 105 je km²

Hauptstadt: Kampala

Amtssprachen: Swahili, Englisch

Bruttonationaleinkommen 2003 je Einw.: 250 $

Währung: Uganda-Schilling (U.Sh.)
Kurs: 1 US-$ = 1767 U.Sh.; 1 € = 2217 U.Sh.

Botschaft der Republik Uganda
Axel-Springer-Str. 54a, 10117 Berlin
T 030 / 24 04 75 56, Fax 24 02 75 57
E-Mail: ugembassy@yahoo.de

LANDESSTRUKTUR **Fläche**: 241 548 km² ▪ **Verwaltung**: 4 Regionen mit 45 Distrikten; → Tabelle ▪ **Städte**: (Z 2002) Kampala 1 208 544 Einw., Gulu 113 144, Lira 89 871, Jinja 86 520, Mbale 70 437, Mbarara 69 208, Masaka 61 300

BEVÖLKERUNG Ugander – F 2003: 25 280 000 Einw.; Bevölkerungswachstum: 2,7 %; letzte Zählung. 2002 (vorl.): 24 748 977 Einw. – insg. 45 ethn. Gruppen: 50 % Bantu-Gruppen (darunter 28 % Buganda), 26 % west- und ostnilotische Gruppen, 5 % sudanesische Gruppen ▪ **Sprachen**: Sprachen: Swahili, Englisch; 70 % Bantu-Sprachen: u. a. 20 % Buganda, 15 % Banyoro, westnilotische Sprachen: 6,5 % Lango, 4 % Acholi, ostnilotische Sprachen: 8 % Turkana und 3 % Karamojong ▪ **Religion**: 43 % Katholiken, ca. 25 % Protestanten (v. a. Anglikaner), 5 % Muslime; indigene Religionen

STAATS- UND REGIERUNGSFORM Verfassung von 1995; geändert 2005 – Präsidialrepublik (im Commonwealth) seit 1967 – Parlament mit 276 Mitgl. (davon 214 gewählt, 62 vom Präsidenten ernannt) – Verfassunggebende Versammlung mit 288 Mitgl. (davon 214 gewählt, 74 ernannt) seit 1994 – Direktwahl des Staatsoberh. alle 5 J. – Wahlrecht ab 18 J. ▪ **Unabhängigkeit**: 9. 10. 1962 (ehem. britisches Protektorat) ▪ **Nationalfeiertag**: 9. 10.

Uganda
Fläche, Bevölkerung und Bevölkerungsdichte

Region	Fläche in km²	Einwohner insgesamt Z 2002*	Einwohner je km²
Central Region	61 352	6 683 887	109
Eastern Region	39 525	6 301 677	159
Western Region	55 278	6 417 449	116
Northern Region	85 393	5 345 964	63
Uganda	241 548	24 748 977	102

* vorläufiges Ergebnis — *Quelle:* Uganda Bureau of Statistics 2003

REGIERUNG UND PARTEIEN **Staatsoberhaupt:** Generalleutnant Yoweri Kaguta Museveni (NRM-Vorsitzender), seit 1986 – **Regierungschef:** Apolo Nsimbambi, seit 7. 4. 1999 – **Äußeres:** Sam Kutesa, seit 13. 1. 2005 ▪ **Parlament:** Parlamentswahlen vom 26. 6. 2001: keine Parteien, nur Personen zugelassen

WIRTSCHAFT **BIP** 2003: 6,293 Mrd. $; realer Zuwachs: 4,7 %; Anteil (2003) Landwirtschaft 32 %, Industrie 21 %, Dienstleistungen 46 % ▪ **Erwerbstätigkeit** 2002: Landwirtsch. 79 % ▪ **Arbeitslosigkeit:** k. A. ▪ **Inflation** ∅ 2003: 7,8 % ▪ **Außenhandel** 2003: **Import** 1,375 Mrd. $; *Länder*: 28 % Asien, 18 % EU, 6 % USA; **Export**: 534 Mio. $; *Länder*: 26 % EU, 15 % übriges Europa, 8 % Asien, 3 % Afrika, 2 % USA

CHRONIK

Ende Juni 2005 sprach sich die Mehrheit der Parlamentarier in erster Lesung für eine **Verfassungsänderung** aus, die es Präsident Yoweri Museveni erlaubt, sich zum dritten Mal in Folge zur Wahl zu stellen; diese Entscheidung wurde in zweiter Lesung am 12. 7. bestätigt. Gleichzeitig leitete Museveni eine Kampagne für ein Referendum Ende des Monats zur Einführung eines Mehrparteiensystems (bisher sind Parteien verboten) ein und rief die Bevölkerung auf, mit Ja zu stimmen. Für bzw. gegen seine Wiederwahl hatten im März 2005 Museveni-Anhänger und -Gegner demonstriert. Eine nicht genehmigte Demonstration von Museveni-Gegnern wurde am 31. 3. 2005 von der Polizei mit Wasserwerfern und Tränengas auseinander getrieben. 17 Menschen wurden verhaftet. Knapp einen Monat später appellierte das neu registrierte Forum for Democratic Change (FDC) an die Geberländer, ihre Zahlungen an Uganda einzustellen, um so den Druck auf Museveni zu erhöhen. Am 29. 4. strich Großbritannien daraufhin 5 Mio. £ an bereits zugesagten Hilfsgeldern. Ugandas Haushalt wird zu ca. 50 % aus Geldern der internationalen Gebergemeinschaft finanziert.

Bereits 2002 hatte ein UN-Expertenpanel **Uganda** nachgewiesen, **an der Ausplünderung der Bodenschätze im Norden der DR Kongo beteiligt zu sein** (→ WA 2004, Sp. 845 f.). Ein Ende Mai 2005 veröffentlichter Bericht der Menschenrechtsorganisation Human Rights Watch (HRW) belegte anhand von Augenzeugenberichten eine Vielzahl von Verbrechen, die die ugandische Armee im Verbund mit kongolesischen Rebellenmilizen seit 1999 in Nordostkongo an der Zivilbevölkerung begangen hat. Auch nach dem Rückzug der ugandischen Armee aus der DR Kongo profitiere Uganda vom Geschäft mit dem Gold (→ Kongo, DR). Seit Anfang November 2004 muss sich Uganda gegen gleichlautende Vorwürfe seitens der DR Kongo vor dem Internationalen Gerichtshof in Den Haag verantworten.

▪ **Kampf gegen LRA-Rebellen:** Im Kampf gegen die von Südsudan aus operierenden Rebellen der Lord's Resistance Army (LRA) gelang es der Armee seit Juli 2004 mehrfach wichtige Stellungen der LRA im Südsudan einzunehmen. Bei den heftigen Kämpfen konnten über 100 LRA-Kämpfer getötet und etwa ebenso viele gefangen genommen werden. Die militärischen Erfolge waren möglich geworden, nachdem die US-Armee Presseberichten zufolge die Ugander technisch unterstützte. Mitte April 2005 gab der Chefankläger beim Internationalen Gerichtshof in Den Haag bekannt, dass er die 2004 aufgenommenen Ermittlungen gegen die LRA auf Bitten von Vertretern norduganischer Volksgruppen vorerst einstelle, um potenzielle Friedensverhandlungen nicht zu gefährden. Parallel zum militärischen Vorgehen verstärkte die Regierung ihre Bemühungen, LRA-Kämpfer mit Amnestieangeboten zum Überlaufen zu bewegen. Prominentester Überläufer ist der Mitte Februar 2005 übergewechselte LRA-Kommandat Sam Kolo. Vor den Kämpfen und Racheaktionen der LRA gegen die Zivilbevölkerung in Norduganda flohen insbesondere Kinder. Das UN-Kinderhilfswerk UNICEF berichtete, dass nach Gefechten im April 2005 ca. 10 000 Kinder in die Städte flüchteten, um Entführungen durch die LRA zu entgehen. Schätzungen der Vereinten Nationen (UN) von Ende Oktober 2004 zufolge hat die LRA seit Beginn der Kämpfe 1986 rund **20 000 Kinder entführt**, um sie als Soldaten einzusetzen. Außerdem seien ca. 1,6 Mio. Menschen aus ihren Dörfern vertrieben worden.

Ukraine Ost-Europa

Ukraïna – UA/UKR

Fläche (Weltrang: 43): 603 700 km²

Einwohner (25): F 2003 48 356 000 = 80 je km²

Hauptstadt: Kyyiv (Kiew)

Amtssprache: Ukrainisch

Bruttonationaleinkommen 2003 je Einw.: 970 $

Währung: 1 Griwna (UAH) = 100 Kopeken
Kurs: 1 US-$ = 5,05 UAH; 1 € = 6,30 UAH

Botschaft der Ukraine
Albrechtstr. 26, 10117 Berlin
T 030/28 88 72 20, Fax 28 88 71 63
www.botschaft-ukraine.de

LANDESSTRUKTUR **Fläche**: 603 700 km²; → Karte ▪ **Verwaltung**: 23 Regionen, 2 Stadtbezirke sowie die Republik Krim ▪ **Städte**: (Z 2001) Kyyiv (Kiew) 2 611 327 Einw., Kharkiv 1 470 902, Dnipropetrovs'k 1 065 008, Odesa (Odessa) 1 029 049, Donets'k 1 016 194, Zaporizhzhya 815 256, L'viv (Lemberg) 732 818, Kryvyy Rih 668 980, Mykolayiv 514 136, Mariupol' 492 176, Luhans'k 463 097, Makiyivka 389 589, Vinnytsya 356 665, Simferopol' (Krim) 343 644, Sevastopol' (Krim) 342 451, Kherson 328 360, Poltava 317 998, Chernihiv 304 994

BEVÖLKERUNG Ukrainer – F 2003: 48 356 000 Einw.; Bevölkerungswachstum: –0,7 %; letzte Zählung 2001: 48 457 102 Einw. – 77,8 % Ukrainer (1989: 72,7 %), 17,3 % Russen (22,1 %), 1989: 0,9 % Belarussen, 0,6 % Moldauer, 0,5 % Bulgaren, 0,4 % Polen sowie Ungarn, Rumänen, Griechen, Tataren u. a. ▪ **Sprachen** 1989: 78 % Ukrainisch; 78,4 % Russisch; Sprachen der Minderheiten ▪ **Religion** 2001: Orthodoxe (z. Z. drei konkurrierende Patriarchate); 4,4 Mio. Katholiken (unierte und römisch-katholische Kirche); 103 600 Juden; Muslime, Protestanten u. a.

STAATS- UND REGIERUNGSFORM Verfassung von 1996, geändert 2003 – Präsidialrepublik seit 1991 – Parlament (Werchowna Rada) mit 450 Mitgl., Wahl alle 4 J. – Direktwahl des Staatsoberh. alle 5 J. – Wahlrecht ab 18 J. ▪ **Unabhängigkeit**: Souveränitätserklärung 16. 7. 1990, Proklamation 24. 8. 1991 ▪ **Nationalfeiertag**: 24. 8.

REGIERUNG UND PARTEIEN **Staatsoberhaupt**: Viktor Juschtschenko (NU), seit 23. 1. 2005 – **Regierungschefin**: Julia Timoschenko (JT/NU), seit 4. 2. 2005 – **Äußeres**: Boris Tarasjuk (Ruch/Unsere Ukraine), seit 4. 2. 2005 ▪ **Parlament**: Wahlen vom 30. 3. 2002: Wahlbündnis »Unsere Ukraine«/NU 112 von 450 Sitzen (1998: –), Präsidentenblock »Für eine vereinte Ukraine« 102 (–), Kommunistische Partei 66 (123), Sozialistische Partei 24 (zus. mit Bauernpartei 29), Sozialdemokratische Partei 23 (14), Block Julia Timoschenko/JT 21 (–), Volksfront Ruch – (41), Demokratische Volkspartei/DVP – (28), Gemeinschaft – (20), Grüne Partei – (19), Sozialistische Fortschrittspartei – (14), Sonstige 8 (26), Unabhängige 94 (136)

WIRTSCHAFT **BIP** 2003: 49,537 Mrd. $; realer Zuwachs: 9,4 %; Anteil (2003) Landwirtschaft 14 %, Industrie 40 %, Dienstleistungen 46 % ▪ **Erwerbstätigkeit** 2002: Landwirtsch. 19,8 %, Industrie 30,8 %, Dienstl. 49,3 % ▪ **Arbeitslosigkeit** ∅ 2004: 8,5 % ▪ **Inflation** ∅ 2004: 12,3 % ▪ **Außenhandel** 2004: **Import**: 29,0 Mrd. $; *Güter*: 37 % Primärenergieträger und mineralische Produkte, 16 % Maschinen und elektronische Erzeugnisse, 9 % Fahrzeuge, 8 % chemische Erzeugnisse, 7 % Nahrungs- und Genussmittel, 3 % Textilien und Bekleidung, 3 % Holz, Holzerzeugnisse, Zellstoff und Papier; *Länder*: 41 % Russland, 9 % Deutschland, 7 % Turkmenistan, 3 % Polen, 3 % Italien, 3 % Großbritannien, 3 % VR China, 2 % Frankreich (EU gesamt: 34 %, GUS gesamt: 51 %); **Export**: 32,7 Mrd. $; *Güter*: 33 % Eisenmetalle, 13 % Primärenergieträger und mineralische Produkte, 11 % Nahrungs- und Genussmittel, 9 % Maschinen und elektronische Erzeugnisse, 9 % Chemieerzeugnisse, 7 % NE-Metalle, 6 % Fahrzeuge, 3 % Textilien und Bekleidung, 1 % Holz, Holzerzeugnisse, Zellstoff und Papier; *Länder*: 18 % Russland, 6 % Deutschland, 6 % Türkei, 5 % Italien, 5 % USA, 3 % Polen, 3 % Ungarn, 3 % VR China, 3 % Rumänien (EU gesamt: 30 %, GUS gesamt: 26 %)

CHRONIK

In der Ukraine hat nach Massenprotesten gegen die Wahlfälschungen der Regierung bei den Präsidentschaftswahlen ein historischer **Machtwechsel** stattgefunden. Der Kandidat der demokratischen Opposition Viktor Juschtschenko setzte sich in der so genannten »Revolution in Orange« gegen den Kandidaten der Regierung, Ministerpräsident Viktor Janukowitsch, durch. Juschtschenko leitete demokratische und marktwirtschaftliche Reformen ein, und löste sich außenpolitisch aus der engen Allianz mit Russland.

INNENPOLITIK

▪ **Vereinigung der Opposition:** Die wichtigsten Oppositionsparteien, die Bewegung Unsere Ukraine (NU) und der Block Julia Timoschenko (JT), einigten sich am 2. 7. 2004 auf den NU-Vorsitzenden Viktor Juschtschenko als gemeinsamen Kandidaten für die bevorstehenden Präsidentschaftswahlen. Da Präsident Kutschma nach zwei Amtszeiten nicht mehr kandidierte, nominierte die Regierung Ministerpräsident Viktor Janukowitsch als Kandidaten.

Der Wahlkampf wurde am 9. 9. 2004 von einem

Dioxin-Giftanschlag auf den Oppositionskandidaten Juschtschenko überschattet, der daraufhin seine Kampagne unterbrechen musste, um sich in ärztliche Behandlung in Österreich zu begeben. Er beschuldigte die Regierung, den Auftrag zu seiner Ermordung erteilt zu haben, seine Beschwerden seien unmittelbar nach einem privaten Essen mit der Führung der Geheimpolizei Ukrainischer Sicherheitsdienst (SBU) aufgetreten. Die Ermittlungen blieben bisher ohne Ergebnis.

- **Präsidentschaftswahlen:** Der Wahlkampf war geprägt von einer Polarität zwischen dem ukrainisch geprägten Westen, der Juschtschenko unterstützte, und dem russisch geprägten Osten, wo Janukowitsch großen Rückhalt genoss. Staatlich kontrollierte Medien unterstützten einseitig den amtierenden Ministerpräsidenten Janukowitsch. Auch die russische Regierung griff unverhohlen in den Wahlkampf ein: Sie entsandte politische Berater, und Präsident Wladimir Putin besuchte Janukowitsch nur wenige Tage vor dem Wahltermin und reiste auch vor der Stichwahl noch einmal an. Janukowitsch plädierte seinerseits für eine enge Anlehnung an Russland und nannte als Ziele seiner Präsidentschaft eine doppelte russisch-ukrainische Staatsbürgerschaft sowie die Einführung des Russischen als zweiter Amtssprache. Der Oppositionskandidat Juschtschenko setzte sich hingegen für eine Öffnung nach Westen und demokratisch-marktwirtschaftliche Reformen ein.

Bei der ersten Runde der Präsidentschaftswahlen am 31. 10. 2004 erreichte Juschtschenko nach offiziellen Angaben 39,87 % der Stimmen, Ministerpräsident Janukowitsch kam auf 39,32 %. Wahlbeobachter der OSZE sprachen von einer **massiven Verletzung demokratischer Standards**. In der Stichwahl erhielt Juschtschenko die Unterstützung weiterer Oppositionsparteien wie der Sozialistischen Partei der Ukraine, deren Präsidentschaftskandidat Oleksandr Moros mit 5,81 % das drittbeste Ergebnis aller Kandidaten erreicht hatte. Auch die Partei der Unternehmer und Industriellen empfahl, Juschtschenko zu wählen.

Nach der Bekanntgabe erster Teilergebnisse am 21. 11. 2004 lag Regierungskandidat Janukowitsch in Führung. Daraufhin begannen bereits am Wahlabend in Kiew und anderen Städten **Massendemonstrationen** mit mehreren Hunderttausend Teilnehmern, die **der Regierung Wahlfälschungen vorwarfen**. Juschtschenko stellte sich an die Spitze der Demonstrationen und beanspruchte den Wahlsieg für sich. Mehrere Städte in der Westukraine erklärten am selben Tag, dass sie nur Juschtschenko als Präsidenten anerkennen würden. Dennoch gab die Zentrale Wahlkommission am 24. 11. den Sieg Janukowitschs mit 49,46 % gegen 46,61 % der Stimmen bekannt.

Juschtschenko rief zum **Generalstreik** auf und erreichte, dass das Oberste Gericht seine Klage zur Anfechtung der Wahlergebnisse zuließ. Einen ersten Erfolg errang die Opposition, als das Parlament am 27. 11. die Wahlen für ungültig erklärte. In den mehrheitlich russisch geprägten Gebieten formierten sich unterdessen die Anhänger von Ministerpräsident Janukowitsch. Vertreter der Regionalparlamente der Ost- und Südukraine, die größtenteils für Janukowitsch votiert hatten, drohten im Fall der Machtübernahme Juschtschenkos mit einer Abspaltung.

Auch das Oberste Gericht erklärte die Stichwahl vom 21. 11. für ungültig und setzte eine Wiederholung auf den 26. 12. an. Um Präsident Kutschma und dessen Anhänger für die Neuwahl zu gewinnen, beschloss das Parlament am 8. 12. eine Verfassungsänderung: Die Kompetenzen des Präsidenten wurden zugunsten von Regierung und Parlament beschnitten. Die Regelungen treten allerdings erst zwischen September 2005 und April 2006 in Kraft. Um einen fairen Wahlablauf zu garantieren, wurde eine neue Zentrale Wahlkommission gebildet und strengere Vorkehrungen gegen Wahlbetrug, insbesondere durch die Einschränkung der Briefwahl getroffen. Die Opposition stellte daraufhin die Massendemonstrationen in Kiew und anderen Städten nach 17 Tagen ein. Die **Wiederholung der Stichwahlen** am 26. 12. 2004 fand ohne größere Beeinträchtigungen statt. Laut offiziellem Endergebnis errang Juschtschenko 52 % der Stimmen, Janukowitsch 44 %. Die Wahlbeteiligung lag bei 77 %.

Freudentaumel nach der Wahl

Janukowitsch trat nach seiner Niederlage am 31. 12. als Ministerpräsident zurück. Seine zahlreichen Einsprüche gegen das Wahlergebnis lehnte das Oberste Gericht ab. **Juschtschenko** wurde am 23. 1. 2005 **als Präsident vereidigt** und ernannte seine wichtigste politische Verbündete, die Radikaldemokratin Julia Timoschenko zur Ministerpräsidentin, die vom Parlament einstimmig bestätigt wurde. Neben der NU und dem JT ist die Sozialistische Partei in der Regierung vertreten. Der Vorsitzende der Partei der Unternehmer und Industriellen, Anatolij Kinach, übernahm das Amt des stellvertretenden Ministerpräsidenten. Mit Anatolij Hrizenko übernahm erstmals ein Zivilist das Verteidigungsministerium; Außenminister wurde Boris Tarasjuk (NU), ein Befürworter der Annäherung an EU und NATO. Die Regierung Juschtschenko-Timoschenko nannte als vorrangige **innenpolitische Ziele** die Durchsetzung rechtsstaatlicher Prinzipien, den Kampf gegen die Korruption und die Förderung der Wirtschaft.

■ **Auswirkungen des Machtwechsels:** Präsident Juschtschenko löste die Präsidialadministration auf und schuf an ihrer Stelle ein Sekretariat mit seinem Wahlkampfleiter Oleksandr Sintschenko als Stabschef. Ministerpräsidentin Timoschenko setzte nach Amtsantritt alle Gouverneure der Regionen ab; zwei Gouverneure, enge Gefolgsleute des ehemaligen Präsidenten Kutschma, wurden kurz darauf wegen Amtsmissbrauchs verhaftet. Außerdem **annullierte sie die umstrittene Privatisierung des Stahlkonzerns Kriworoschstal** und beauftragte die Staatsanwaltschaft mit einem Ermittlungsverfahren. Das Unternehmen war im Juni 2004 vom Schwiegersohn Kutschmas, Viktor Pintschuk, und einem der reichsten Oligarchen der Ukraine, Rinat Achmetow, für 800 Mio. $ erworben worden, obwohl andere Konsortien im Bieterverfahren die doppelte Summe geboten hatten.

Nach Meinungsverschiedenheiten in der Regierung über die Prüfung weiterer 3000 Privatisierungen, die Unruhe unter internationalen Investoren auslöste, unterzeichneten Präsident Juschtschenko, Ministerpräsidentin Timoschenko und Parlamentspräsident Wolodimir Litwin am 16. 6. ein Memorandum, das die Eigentumsrechte privatisierter Unternehmen in der Ukraine garantierte. Verletzungen der Privatisierungsgesetze sollten ausschließlich vor Gericht verfolgt und nicht von der Regierung rückgängig gemacht werden können.

■ **Aufklärung des Mordfalls Gongadse:** Die ungeklärte Ermordung des Journalisten Georgi Gongadse im Jahr 2000 war ein wichtiger Antrieb für die ukrainische Demokratiebewegung. Präsident Juschtschenko beschuldigte am 1. 3. 2005 die alte Regierung, die Aufklärung verschleppt und die Mörder gedeckt zu haben. Der frühere Innenminister Jurij Krawtschenko beging kurz vor seiner Anhörung Selbstmord. Ex-Präsident Kutschma, dem von der Opposition vorgeworfen wurde, die Ermordung Gongadses angeordnet zu haben, sowie der ehemalige SBU-Chef Leonid Derkatsch wurden von der Staatsanwaltschaft verhört. Generalstaatsanwalt Swjatoslaw Piskun gab am 2. 3. bekannt, dass die mutmaßlichen Täter gefasst worden seien.

AUSSENPOLITIK

■ **Neuanfang in den Beziehungen zu Russland:** Bereits einen Tag nach seinem Amtantritt reiste Präsident Juschtschenko am 24. 1. 2005 trotz der russischen Parteinahme für seinen Kontrahenten bei den Präsidentschaftswahlen zu einem Treffen mit dem russischen Präsidenten Putin nach Moskau. Juschtschenko betonte die für die Ukraine weiterhin bedeutende strategische Partnerschaft mit Russland. Auch die russische Regierung bemühte sich um Einvernehmen mit der neuen prowestlichen ukrainischen Führung. Ministerpräsidentin Timoschenko sagte jedoch einen im April geplanten Besuch in Russland ab, da die russischen Behörden einige Wochen vor der Wahl einen Haftbefehl wegen Bestechung eines russischen Beamten aus ihrer Zeit als Chefin des ukrainischen Unternehmens Vereinigte Energiesysteme erlassen hatten. Den ukrainischen Wunsch, Russland möge seinen Flottenstützpunkt Sewastopol auf der Krim vor Auslaufen des Stützpunktvertrages 2017 räumen, lehnte der russische Verteidigungsminister, Sergej Iwanow, am 5. 3. 2005 bei einem Besuch in Sewastopol ab. An einer vorzeitigen Auflösung des Vertrags ist Kiew deshalb interessiert, weil ein russischer Militärstützpunkt auf ukrainischem Territorium einer Mitgliedschaft in der NATO entgegensteht.

■ **Annäherung an EU und NATO:** Die EU stellte nach dem demokratischen Machtwechsel in der Ukraine keine Mitgliedschaft in Aussicht, bot aber eine privilegierte politische und ökonomische Zusammenarbeit im Rahmen einer »Politik der Neuen Nachbarschaft« an (→ EU). Außenminister Tarasjuk gab am 21. 4. 2005 beim NATO-Treffen in Vilnius bekannt, dass die Ukraine eine NATO-Mitgliedschaft für 2008 anstrebt.

■ **Kooperation mit Moldau:** Präsident Juschtschenko und sein moldauischer Kollege Wladimir Woronin baten bei einem Treffen in Odessa am 2. 6. 2005 die EU um Hilfe bei der Überwachung der Grenzen zu Moldaus sezessionistischer Region Transnistrien, die als Zentrum von Schmuggel und Menschenhandel in Osteuropa gilt.

■ **Irak:** Am 9. 1. 2005 wurden acht ukrainische Soldaten bei einer Bombenexplosion im Irak getötet. Der scheidende Präsident Kutschma ordnete daraufhin in Überstimmung mit dem designierten Präsidenten Juschtschenko den Rückzug der 1600 ukrainischen Soldaten an, die durch Zivilisten ersetzt werden sollen. Der Abzug begann im März und soll bis Ende 2005 abgeschlossen sein. Der Rückzug aus dem Irak war eines der Wahlversprechen Juschtschenkos.

■ **Visa-Affäre:** Zur Visa-Affäre → Deutschland

Ungarn Mittel-Europa

Republik Ungarn; Magyar Köztársaság,
Kurzform: Magyarország – HU / HUN

Fläche (Weltrang: 108): 93 030 km²

Einwohner (78): F 2003 10 128 000 = 109 je km²

Hauptstadt: Budapest

Amtssprache: Ungarisch

Bruttonationaleinkommen 2003 je Einw.: 6350 $

Währung: 1 Forint (Ft) = 100 Filler
Kurs: 1 US-$ = 204,46 Ft; 1 € = 246,64 Ft (1. 7. 2005)

Botschaft der Republik Ungarn
Unter den Linden 76, 10117 Berlin
T 030 / 20 31 00, Fax 39 41 385
www.ungarische-botschaft.de

LANDESSTRUKTUR **Fläche**: 93 030 km²; → Karte ▪ **Verwaltung**: 19 Komitate und Hauptstadt; Tabelle → WA 2004, Sp. 852 ▪ **Städte**: (F 2002) Budapest 1 739 569 Einw., Debrecen (Debrezin) 206 564, Miskolc 182 408, Szeged (Szegedin) 163 699, Pécs (Fünfkirchen) 159 794, Györ (Raab) 129 287, Nyíregyháza 117 002, Kecskemét 107 267, Székesfehérvár (Stuhlweißenburg) 104 059

BEVÖLKERUNG Ungarn – F 2003: 10 128 000 Einw.; Bevölkerungswachstum: –0,3 %; letzte Zählung 2001: 10 197 119 Einw. – Z 1990: 96,6 % Ungarn (Magyaren); Minderheiten von Roma (S 600 000–800 000), Deutschen, Kroaten, Rumänen u. a. ▪ **Sprachen** 2001: 98,6 % Ungarisch, 0,5 % Romani, 0,3 % Deutsch u. a. ▪ **Religion** 2001: 52 % Katholiken, 16 % Calvinisten, 3 % Lutheraner, 0,1 % Juden; 14,5 % konfessionslos, 10 % ohne Angaben

STAATS- UND REGIERUNGSFORM Verfassung von 1949, letzte Änderung 1989 – Republik – Nationalversammlung (Országgyülés) mit 386 Mitgl., Wahl alle 4 J. – Wahl des Staatsoberhaupts alle 5 J. durch das Parlament (einmalige Wiederwahl) – Wahlrecht ab 18 J. ▪ **Unabhängigkeit**: Krönung Stefan I. im Jahr 1000 (Staatsgründung); seit 1867 gleichberechtigte Reichshälfte in Österreich-Ungarn; 16. 11. 1918 Gründung der Republik ▪ **Nationalfeiertag**: 20. 8. (St. Stefanstag)

REGIERUNG UND PARTEIEN **Staatsoberhaupt**: László Sólyom (MDF), seit 3. 8. 2005 – **Regierungschef**: Ferenc Gyurcsány (MSZP), seit 29. 9. 2004; Koalition aus MSZP und SzDSz – **Äußeres**: Ferenc Somogyi, seit 2. 11. 2004 ▪ **Parlament**: Wahlen vom 7. 4. / 21. 4. 2002: Bürgerallianz / FIDESz-MPSZ und Demokratisches Forum / MDF 188 von 386 Sitzen (1998: 148 und 17), Sozialistische Partei / MSZP 178 (134), Bund Freier Demokraten / SzDSz 20 (24), Sonstige – (62), Unabhängige – (1)

WIRTSCHAFT **BIP** 2003: 82,732 Mrd. $; realer Zuwachs: 3,0 %; Anteil (2004) Landwirtschaft 3 %, Industrie 31 %, Dienstleistungen 66 % ▪ **Erwerbstätigkeit** 2002: Landwirtsch. 6,2 %, Industrie 34,1 %, Dienstl. 59,7 % ▪ **Arbeitslosigkeit** ⌀ 2004: 5,8 % ▪ **Inflation** ⌀ 2004: 6,8 % ▪ **Außenhandel** 2004 (vorläufig): **Import**: 59,479 Mrd. $; *Güter*: 18 % elektrische Geräte und Ausrüstungen, 9 % chemische Vor- und Enderzeugnisse, 8 % Telekommunikations- und Audiogeräte, 8 % Kfz, 8 % Metalle, 7 % Energieträger, 6 % Maschinen, Ausrüstungen für Energieerzeugung, 4 % Textilien, Bekleidung und Schuhe; *Länder*: 29 % Deutschland, 8 % Österreich, 6 % Russland, 5 % Italien, 5 % VR China, 5 % Niederlande, 5 % Frankreich (EU gesamt: 71 %); **Export**: 54,784 Mrd. $; *Güter*: 19 % Telekommunikations- und Audiogeräte, 11 % elektrische Geräte und Ausrüstungen, 11 % Maschinen, Ausrüstungen für Energieerzeugung, 8 % Kfz, 7 % chemische Vor- und Enderzeugnisse, 7 % Büro-, Datenberarbeitungsmaschinen, 6 % Nahrungsmittel, Getränke und Tabak, 5 % Metalle, 5 % Textilien, Bekleidung und Schuhe; *Länder*: 31 % Deutschland, 7 % Österreich, 6 % Frankreich, 6 % Italien, 5 % Großbritannien, 4 % Niederlande, 3 % Rumänien, 3 % USA (EU gesamt: 79 %)

CHRONIK

▪ **Regierungswechsel:** In den innerparteilichen Auseinandersetzungen nach der Niederlage bei den Wahlen zum Europäischen Parlament am 13. 6. 2004 (→ WA 2005, S. 442) setzte sich in der regierenden Sozialistischen Partei (MSZP) der von Jugend- und Sportminister Ferenc Gyurcsány angeführte linke Flügel durch. Der parteilose, der MSZP nahe stehende Ministerpräsident **Péter Medgyessy reichte am 19. 8.** 2004 seinen Rücktritt ein, nachdem er vergeblich versucht hatte, seiner Entmachtung durch eine Kabinettsumbildung zuvorzukommen. Als Nachfolger setzte sich auf einem Sonderparteitag der MSZP am 25. 8. Gyurcsány mit 453 von 623 Delegiertenstimmen, aber gegen die Empfehlung der Parteiführung durch. Der ehemalige Funktionär der kommunistischen Jugend und jetzige Multimillionär hatte sich als scharfer Kritiker der »alten Garde« der Partei und bekennender Anhänger des britischen Premierministers Tony Blair profiliert. **Am 29. 8.** 2004 übernahm Gyurcsány zunächst interimistisch die **Amtsgeschäfte des Regierungschefs** und präsentierte nach seiner Wahl durch das Parlament sein Kabinett. Es stützt sich wieder auf eine Koalition mit der SzDSz und umfasst 17 Minister, von denen zehn bereits unter Medgyessy amtierten. Nachfolger von Außenminister László Kovács wurde der Karrierediplomat Ferenc Somogyi.

▪ **Referendum zur doppelten Staatsbürgerschaft:** Zunehmende Übergriffe gegen Angehörige der ungarischen Minderheit in der serbischen Vojvodina boten den Oppositionsparteien Anlass, an der Seite des volkstümelnden Weltbundes der Ungarn (WBU) auf einer Welle nationalistischer Emotionen eine Volksabstimmung zur Einrichtung einer doppelten Staatsbürgerschaft für Auslandsungarn zu erzwingen. Anders als Staatspräsident Ferenc Mádl, der die Initiative unterstützte, sprach sich die Regierung strikt dagegen aus. Die Abstimmung am 5. 12. **scheiterte wegen mangelnder Beteiligung** am Quorum von 25 %.

▪ **Regierungsumbildungen:** Nachdem István Hiller den nach Brüssel entsandten László Kovácz an der Spitze der MSZP abgelöst und sein Ministeramt niedergelegt hatte, berief Ministerpräsident Gyurcsány am 7. 2. 2005 den Soziologen Andras Bozoki als Nachfolger Hillers ins Amt des Ministers für Nationales Kulturerbe. Am 18. 4. ersetzte er den parteilosen Finanzminister Tibor Draskovics durch seinen Vertrauten und bisherigen Kabinettschef Janos Veres (MSZP). Mit der **Ablösung des Landwirtschaftsministers** Imre Németh durch Józef Graf Mitte März 2005 kam der Regierungschef den **Forderungen der Bauern** entgegen, die seit drei Wochen mit massiven Aktionen dagegen protestiert hatten, dass die Regierung sich nach dem EU-Beitritt nicht mehr an zuvor geschlossene Verträge über Ausgleichszahlungen halten wollte. Die Proteste wurden beendet, als Gyurcsány in die Verhandlungen eingriff und Zugeständnisse machte.

▪ **Neuer Staatspräsident:** Bei der Wahl des neuen Staatsoberhaupts durch das Parlament am 7. 6. 2005 unterlag die sozialistische Parlamentspräsidentin Katalin Szili (MSZP) mit 182 zu 185 Stimmen dem Kandidaten der Opposition, dem 63-jährigen Verfassungsrichter László Sólyom, im dritten Wahlgang, in dem die einfache Mehrheit genügte. Die Abgeordneten des liberalen Koalitionspartners SzDSz waren der Wahl ferngeblieben, weil ihnen Szili zu stark parteipolitisch gebunden schien. Solyom hatte vor der Wahl mehrfach betont, kein Mann des Apparats zu sein und das Amt des Staatspräsidenten überparteilich ausüben zu wollen. Er trat am 3. 8. 2005 die Nachfolge von Ferenc Mádl an.

▪ **Stasi-Akten:** Seit 1990 wurde von vielen Seiten die Offenlegung der Geheimdienstakten gefordert. Nachdem seit Herbst 2004 mehrere Listen angeblicher Mitarbeiter im Internet veröffentlicht worden waren, legte die MSZP-Fraktion trotz massiver innerparteilicher Widerstände Anfang März 2005 einen **Gesetzentwurf** vor, der die nahezu völlige **Öffnung der einschlägigen Akten** von 1944 bis 1990 vorsah. Die Forderung der Opposition, dass ehemalige Agenten nicht mit öffentlichen Ämtern betraut werden dürfen, ging der MSZP allerdings zu weit. Schließlich blockierte der Koalitionspartner SzDSz die Abstimmung im Parlament, indem er ankündigte, in dieser Frage nicht mit der MSZP konform zu stimmen.

▪ **Irak-Engagement:** Anfang November 2004 gab Gyurcsány bekannt, in Übereinstimmung mit der US-Regierung den Abzug des 300 Mann starken Kontingents aus dem Irak erst Ende März 2005 beginnen und bis Ende Mai abschließen zu wollen. Dazu musste das auf Ende 2004 begrenzte Mandat im Parlament verlängert werden. Die Opposition, die dem Engagement von Anfang an kritisch gegenübergestanden hatte, war zu einem Aufschub des Abzugs nicht bereit. **Am 22. 12.** 2004 hatten alle ungarischen Soldaten den Irak verlassen.

Uruguay Süd-Amerika

Republik Östlich des Uruguay;
República Oriental del Uruguay – UY/URY

Fläche (Weltrang: 88): 176 215 km^2

Einwohner (128): F 2003 3 380 000 = 19,2 je km^2

Hauptstadt: Montevideo

Amtssprache: Spanisch

Bruttonationaleinkommen 2003 je Einw.: 3820 $

Währung: 1 Urug. Peso (urug$) = 100 Centésimos
Kurs: 1 US-$ = 24,05 urug$; 1 € = 29,60 urug$

Botschaft der Republik Östlich des Uruguay
Budapester Str. 39, 10787 Berlin
T 030/263 90 16, Fax 263 90 170
E-Mail: urubrande@t-online.de

LANDESSTRUKTUR **Fläche**: 176 215 km^2; Karte → WA 2005, S. 443 ▪ **Verwaltung**: 19 Departamentos ▪ **Städte**: (Z 1996) Montevideo 1 378 705 Einw., Salto 93 420, Paysandú 84 160, Las Piedras 66 100, Rivera 63 370, Mercedes 50 800, Maldonado 50 420, Melo 47 160, Tacuarembó 42 580

BEVÖLKERUNG Uruguayer – F 2003: 3 380 000 Einw.; Bevölkerungswachstum: 0,6 %; letzte Zählung 1996: 3 163 763 Einw. – 1985: ca. 85 % Weiße, 5 % Mestizen, 3 % Mulatten ▪ **Sprachen**: Spanisch ▪ **Religion** 2002: 73 % Katholiken; etwa 75 000 Protestanten, 50 000 Juden

STAATS- UND REGIERUNGSFORM Verfassung von 1966, letzte Änderung 1997 – Präsidialrepublik seit 1967 – Parlament (Asamblea General): Abgeordnetenhaus (Cámara de Diputados) mit 99 u. Senat mit 30 gewählten Mitgl.; Wahl alle 5 J. – Direktwahl des Staatsoberh. alle 5 J. (Staatsoberh. wird der Kandidat der Siegerpartei bei den Parlamentswahlen; keine unmittelb. Wiederwahl) – Wahlpflicht ab 18 J. ▪ **Unabhängigkeit**: 4. 10. 1828 (ehem. spanische Kolonie) ▪ **Nationalfeiertag**: 25. 8. (Unabhängigkeitsproklamation gegenüber Brasilien 1825)

REGIERUNG UND PARTEIEN **Staats- u. Regierungschef**: Tabaré Ramón Vázquez Rosas (EP-FA), seit 1. 3. 2005 – **Äußeres**: Reinaldo Gargano Ostuni (EP-FA), seit 1. 3. 2005 ▪ **Parlament**: Wahlen vom 31. 10. 2004: Abgeordnetenhaus: Encuentro Progresista-Frente Amplio/EP-FA 53 von 99 Sitzen (1999: 40), Partido Nacional (Blanco)/PN 34 (23), Partido Colorado/PC 10 (32), Sonstige 2 (4) – Senat: EP 17 von 30 Sitzen (1999: 12), PN 10 (7), PC 3 (10), Sonstige – (1)

WIRTSCHAFT **BIP** 2003: 11,182 Mrd. $; realer Zuwachs: 2,5 %; Anteil (2003) Landwirtschaft 13 %, Industrie 27 %, Dienstleistungen 60 % ▪ **Erwerbstätigkeit** 2000: Landwirtsch. 4,0 %, Industrie 24,5 %, Dienstl. 71,4 % ▪ **Arbeitslosigkeit** ∅ 2004: 12,1 % ▪ **Inflation** ∅ 2004: 9,2 % ▪ **Außenhandel** 2004: **Import**: 3,114 Mrd. $; *Güter*: 21 % Rohöl und Derivate, 17 % chemische Erzeugnisse, 14 % Maschinen, Apparate und Elektro, 9 % Kunststoffe und Gummi; *Länder*: 22 % Argentinien, 22 % Brasilien, 9 % EU (ohne Deutschland), 7 % USA, 6 % VR China, 3 % Deutschland; **Export**: 2,922 Mrd. $; *Güter*: 25 % Tiefkühlprodukte, 8 % Lederwaren, 7 % Agrargüter, 7 % Textilien, 6 % Milchprodukte, 6 % chemische Erzeugnisse, 6 % Getreide, 4 % Fisch und Meeresfrüchte; *Länder*: 20 % USA, 17 % Brasilien, 14 % EU (ohne Deutschland), 8 % Argentinien, 5 % Deutschland, 4 % Mexiko, 4 % VR China

CHRONIK

Parlaments- und Präsidentschaftswahlen: Am 31. 10. 2004 erfolgte in Uruguay ein **epochaler Machtwechsel**: Das Linksbündnis Encuentro Progresista-Frente Amplio (EP-FA) gewann mit deutlichem Vorsprung nicht nur die Präsidentschaft, sondern auch die Mehrheit in beiden Kammern des Parlaments. Bei der **Präsidentschaftswahl** erhielt der **Kandidat des EP-FA**, Tabaré Vázquez Rosas, bei einer Wahlbeteiligung von 89,5 % bereits im ersten Wahlgang **50,7 %** der Stimmen. Jorge Larrañaga Fraga vom konservativen Partido National (PN) erreichte als Zweitplatzierter rund 34,1 %, während Guillermo Stirling, der Bewerber des Partido Colorado (PC) von Präsident Jorge Batlle Ibáñez, nur auf 10,3 % kam. Bei den **Parlamentswahlen** kam der EP-FA auf 53 Sitze in der 99-köpfigen Abgeordnetenkammer und auf 17 von 31 Sitzen im Senat (30 Abgeordnete + Vizepräsident). Damit wurde die Dominanz der beiden Traditionsparteien PN und PC, der so genannten »Blancos« und »Colorados«, beendet, die sich seit 170 Jahren gegenseitig an der Macht abgewechselt oder zusammen regiert hatten.

Nach der **Konstituierung des neuen Kongresses** am 16. 2. 2005 eröffnete José Mujica, einer der Mitbegründer der früheren Stadtguerilla des Movimiento de Liberación Nacional Tupamaros, als neuer Senatspräsident die Legislaturperiode und nahm den neuen Senatoren den Amtseid ab. Das Abgeordnetenhaus wählte **Nora Castro**, ebenfalls früheres Mitglied der Tupamaros, zur Präsidentin und damit auch zur **ersten Frau an der Spitze der Kammer**. Am 1. 3. 2005 wurde Tabaré Vázquez als neuer Präsident Uruguays vereidigt.

Noch am 1. 3. unterzeichnete Vázquez einen mit 100 Mio. US-$ ausgestatteten **Plan zur Behebung der »sozialen Notlage«** im Land, der den ärmsten Bevölkerungsschichten u. a. durch Arbeitsbeschaffungsmaßnahmen und Zahlung von Sozialunterstützung Soforthilfe leisten soll. Nach Regierungsangaben hatte sich die Zahl der unter der Armutsgrenze Lebenden in den Jahren 2000 bis 2004 fast verdreifacht.

USA → **Vereinigte Staaten von Amerika**

Usbekistan Zentral-Asien

Republik Usbekistan; Ŭzbekiston Žumḩurijati – UZ/UZB

Fläche (Weltrang: 56): 447 400 km²

Einwohner (41): F 2003 25 590 000 = 57 je km²

Hauptstadt: Taškent (Taschkent)

Amtssprache: Usbekisch

Bruttonationaleinkommen 2003 je Einw.: 420 $

Währung: 1 Usbekistan-Sum (U. S.) = 100 Tijin
Kurs: 1 US-$ = 1102,59 U. S.; 1 € = 1382,54 U. S.

Botschaft der Republik Usbekistan
Perleberger Str. 62, 10559 Berlin
T 030/39 40 98-0, Fax 39 40 98 62
www.uzbekistan.de

LANDESSTRUKTUR **Fläche**: 447 400 km² einschließlich der Autonomen Republik Karakalpakistan mit 164 900 km²; → Karte ▪ **Verwaltung**: 12 Regionen, Autonome Republik Karakalpakistan (Respublika Karakalpak) ▪ **Städte**: (F 2001) Taškent (Taschkent) 2 197 000 Einw.; (F 1999) Namangan 376 600, Samarkand 362 300, Andižan 323 900, Buchara 237 900, Nukus 199 000, Karši 197 600, Kokand 192 500, Fergana 182 800

BEVÖLKERUNG Usbeken – F 2003: 25 590 000 Einw.; Bevölkerungswachstum: 1,3 %; letzte Zählung 1989: 19 810 077 Einw. – F 1993: 73,7 % Usbeken, 5,5 % Russen, 5,1 % Tadschiken, 4,2 % Kasachen, 2 % Krimtataren, 2 % Karakalpaken, 1,1 % Koreaner u. a. ▪ **Sprachen** 1989: 75 % Usbekisch; 33,4 % Russisch; Sprachen der Minderheiten ▪ **Religion**: 90 % Muslime (Sunniten), schiit. und orthodoxe Minderheiten; Minderheit von Juden

STAATS- UND REGIERUNGSFORM Verfassung von 1992, geändert 2002 – Präsidialrepublik seit 1992 – Parlament: Abgeordnetenhaus mit 120 gew. Mitgl. und Senat mit 100 Mitgl. (84 von den Regionalparlamenten entsandt, 16 vom Präsidenten ernannt), Wahl alle 5 J. (bisher: Einkammerparlament mit 250 Mitgl.) – Direktwahl des Staatsoberh. alle 7 J. (einmalige Wiederwahl) – Wahlrecht ab 18 J. ▪ **Unabhängigkeit**: Souveränitätserklärung 20. 6. 1990, Proklamation 31. 8. 1991 ▪ **Nationalfeiertag**: 1. 9. (Unabhängigkeitstag)

REGIERUNG UND PARTEIEN **Staatsoberhaupt**: Islam A. Karimow (NDPU), seit 1990 – **Regierungschef**: Schawkat Mirzijajew, seit 11. 12. 2003 – **Äußeres**: Eljor Ganijew, seit 4. 2. 2005 ▪ **Parlament**: Wahlen vom 26. 12. 2004/9. 1. 2005: Liberaldemokratische Partei 41 von 120 Sitzen (1999: – von 250 Sitzen), Volksdemokratische Partei (ehem. Kommunistische Partei)/NDPU 36 (48), Fidokorlar 19 (34), Nationale Wiedergeburt 11 (10), Partei der Gerechtigkeit 10 (11), Unabhängige 3 (110), Sonstige – (37)

WIRTSCHAFT **BIP** 2003: 9,949 Mrd. $; realer Zuwachs: 4,4 %; Anteil (2003) Landwirtschaft 35 %, Industrie 22 %, Dienstleistungen 43 % ▪ **Erwerbstätigkeit** 2002: Landwirtsch. 32,5 %, Industrie 12,7 %, Dienstl. 54,8 % ▪ **Arbeitslosigkeit** ∅ 1004: 0,4 % (inoffiziell: 6 %) ▪ **Inflation** ∅ 2004: 3,7 % (inoffiziell: 8,8 %) ▪ **Außenhandel** 2004: **Import**: 3,816 Mrd. $; *Güter*: 46 % Maschinen und Ausrüstungen, 13 % chemische Erzeugnisse, Kunststoffe und Erzeugnisse daraus, 10 % Eisen- und Buntmetalle, 7 % Nahrungsmittel, 2 % Energieträger; *Länder*: 24 % Russland, 10 % USA, 9 % Rep. Korea, 7 % Deutschland, 7 % VR China, 6 % Kasachstan, 5 % Ukraine, 5 % Türkei, 2 % Italien (GUS gesamt: 39 %); **Export**: 4,853 Mrd. $; *Güter*: 18 % Baumwollfasern, 12 % Energieträger, 9 % Eisen- und Buntmetalle, 7 % Maschinen und Ausrüstungen, 5 % chemische Erzeugnisse, Kunststoffe und Erzeugnisse daraus, 4 % Nahrungsmittel; *Länder*: 15 % Russland, 8 % Großbritannien, 5 % Türkei, 4 % Kasachstan, 3 % Schweiz, 3 % USA, 2 % Ukraine (GUS gesamt: 28 %)

CHRONIK

Usbekistan war weiterhin Ziel islamistischer Terrorangriffe. Das autoritäre Regime von Präsident Islam A. Karimow nutzte diesen Umstand, um jede Opposition gegen die Regierung als islamistisch zu diffamieren. Laut der Menschenrechtsorganisation Human Rights Watch waren in Usbekistan 7000 Menschen unrechtmäßig wegen ihrer Glaubensrichtung inhaftiert. Im Juli 2004 strichen die USA wegen der schlechten Menschenrechtslage ihre jährlichen Entwicklungshilfen von 18 Mio US-$.

▪ **Islamistischer Terror:** Am 30. 7. 2004 wurden in Taschkent Selbstmordattentate auf die Botschaften der USA und Israels sowie auf die Generalstaatsanwaltschaft verübt. Die Gruppe Islamischer Dschihad bekannte sich zu den Anschlägen, wie auch zu denen in Taschkent und Buchara im Frühjahr 2004 (→ WA

2005, S. 445). Die Gruppe gilt als Abspaltung der in ganz Zentralasien operierenden Terrororganisation Islamistische Bewegung Usbekistans. Am 24. 8. 2004 wurden 15 **Mitglieder der Gruppe Islamischer Dschihad** wegen der Anschläge von 2004 zu Haftstrafen zwischen 6 und 18 Jahren **verurteilt**.

▪ **Parlamentswahlen:** Die Behörden schlossen vier Oppositionsparteien im Vorfeld von der Teilnahme an den Parlamentswahlen am 26. 12. 2004/9. 1. 2005 aus. Laut offiziellem Endergebnis errang die Liberaldemokratische Partei 41 von 120 Mandaten. Die postkommunistische Volksdemokratische Partei erhielt 36 Sitze, die Partei Fidokorlar (Selbstaufopferung) 19, die Nationale Wiedergeburt 11 und die islamische Soziale Demokratische Partei Gerechtigkeit 10; 3 Sitze gingen an Unabhängige. Alle Parlamentsparteien gelten als loyal gegenüber Präsident Karimow. Die OSZE nannte die **Verstöße** gegen die Standards für demokratische Wahlen **gravierend**, da keine oppositionelle Alternative zur Wahl stand.

▪ **Niederschlagung des Aufstands in Andischan:** Am 12./13. 5. 2005 erhob sich die Bevölkerung von Andischan im Fergana-Tal gegen die Regierung von Präsident Karimow. Auslöser war ein Prozess gegen 23 lokale Unternehmer, deren Kleinbetriebe einige der raren Arbeits- und Verdienstmöglichkeiten in der Region bieten. Sie wurden beschuldigt, Mitglieder einer Splittergruppe der islamischen Hisb-ut-Tahrir zu sein. Bei Demonstrationen gegen den Prozess wurden mehrere Teilnehmer von Sicherheitskräften verhaftet. Daraufhin stürmten Demonstranten das lokale Gefängnis und befreiten Hunderte Gefangene. Die Regierung setzte am 13. 5. Sicherheitskräfte ein, die den **Aufstand mit massivem Gewalteinsatz niederwarfen.** Laut Regierungsangaben wurden 169 Menschen getötet, darunter 32 Sicherheitskräfte. Menschenrechtsorganisationen sprachen dagegen von 500 bis 1000 Toten unter den weitgehend unbewaffneten Demonstranten.

In weiteren Städten im Fergana-Tal kam es ebenfalls zu Protesten oder Unruhen. Präsident Karimow beschuldigte wieder einmal international agierende islamistische Terroristen und lehnte eine von Untersuchung ab.

Einwohner von Andischan vor dem Leichenschauhaus am 16. 5. 2005

Vanuatu Ozeanien

Republik Vanuatu; Ripablik blong Vanuatu (bislama); Republic of Vanuatu; République de Vanuatu – VU/VUT

Fläche (Weltrang: 156): 12 190 km²

Einwohner (172): F 2003 210 000 = 17,2 je km²

Hauptstadt: Port Vila

Amtssprachen: Bislama, Englisch, Französisch

Bruttonationaleinkommen 2003 je Einw.: 1180 $

Währung: Vatu (VT)
Kurs: 1 US-$ = 114,02 VT; 1 € = 141,06 VT

Diplomatische Vertretung: derzeit keine

LANDESSTRUKTUR **Fläche:** 12 190 km²; insg. 12 Haupt- und 70 Nebeninseln, darunter Espiritu Santo 3626 km², Malekula 1994 km², Erromango 958 km², Efate 907 km²; Karte → WA 2005, S. 446 ▪ **Verwaltung:** 6 Provinzen ▪ **Städte:** (Z 1999) Port Vila (Éfaté) 29 356 Einw., Luganville 10 738

BEVÖLKERUNG Vanuatuer – F 2003: 210 000 Einw.; Bevölkerungswachstum: 2,2 %; 1999: 186 678 Einw. – ca. 91 % Ni-Vanuatu (Melanesier), 3 % Polynesier bzw. Mikronesier ▪ **Sprachen:** Bislama (ni-Vanuatu-Pidgin), Englisch, Französisch ▪ **Religion:** v. a. Christen

STAATS- UND REGIERUNGSFORM Verfassung von 1980 mit Änderung 1987 – Republik (im Commonwealth) seit 1980 – Parlament mit 52 Mitgl., Wahl alle 4 J.; Häuptlingsrat – Wahl des Staatsoberh. alle 5 J. – Wahlrecht ab 18 J. ▪ **Unabhängigkeit:** 30. 7. 1980 (ehem. britisch-französisches Kondominium Neue Hebriden) ▪ **Nationalfeiertag:** 30. 7.

REGIERUNG UND PARTEIEN **Staatsoberhaupt:** Kalkot Matas Kelekele, seit 16. 8. 2004 – **Regierungschef:** Ham Lini (NUP), seit 11. 12. 2004 – **Äußeres:** Sato Kilman (PPP), seit 11. 12. 2004 ▪ **Parlament:** Wahlen vom 6. 7. 2004: National United Party/NUP 10 von 52 Sitzen (2002: 8), Union of Moderate Parties/UMP 8 (15), Vanua'aku Pati/VP 8 (14), Vanuatu Republikan Pati/VRP 4 (3), People's Progressive Party/PPP 4 (–), Melanesian Progressive Pati/MPP 3 (2), Sonstige und Unabhängige 15 (10)

WIRTSCHAFT **BIP** 2003: 28[illegible] Mio. $; realer Zuwachs: 2,0 %; Anteil (2001) Landwirtschaft 15 %, Industrie 9 %, Dienstleistungen 76 % ▪ **Erwerbstätigkeit:** k. A. ▪ **Arbeitslosigkeit:** k. A. ▪ **Inflation:** k. A. ▪ **Außenhandel** 2002: **Import:** 124,4 Mio. $; *Güter:* 24 % Maschinen und Transportausrüstungen, 21 % Nahrungsmittel; *Länder:* 23 % Australien, 21 % Japan, 10 % Neuseeland; **Export:** 83,5 Mio. $; *Güter:* Holz, Rindfleisch, Kopra; *Länder:* 31 % Belgien, 21 % Chile, 21 % Deutschland

Vatikanstadt Süd-Europa

Staat Vatikanstadt; Status Civitatis Vaticanae (lateinisch); Stato della Città del Vaticano (italienisch) – VA/VAT

Fläche (Weltrang: 193): 0,44 km²

Einwohner (193): F 2003 253 = 0 je km²

Währung: 1 Euro (€) = 100 Cent
Kurs: 1 US-$ = 0,83 € (1. 7. 2005)

Apostolische Nuntiatur
Lilienthalstr. 3 A, 10 965 Berlin
T 030/61 62 40, Fax 61 62 43 00
E-Mail: Apostolische_Nuntiatur@t-online.de

LANDESSTRUKTUR **Fläche**: 0,44 km²; zur Vatikanstadt gehören das Gebiet um die Basilika St. Peter sowie einige Kirchen u. Paläste in Rom, ferner der päpstliche Sommersitz Castel Gandolfo; Karte → WA 2005, S. 448

BEVÖLKERUNG F 2003: 253 Einw. – 552 Personen haben vatikanische Staatsbürgerschaft (61 Kardinäle, 346 Geistliche, 101 Mitglieder der Schweizer Garde, 44 Laien) ▪ **Sprachen**: Latein, Italienisch ▪ **Religion**: Katholizismus ist offizielle Religion

STAATS- UND REGIERUNGSFORM Apostolische Verfassung von 1968 – Souveränes Bistum seit 1929 – Kardinalskollegium (Konsistorium) als höchstes leitendes Gremium (Beratung u. Wahl des Papstes): April 2005: 183 Mitglieder (aus 67 Staaten), davon haben 117 Wahlrecht (Wahlalter bis 80 J.) → Grafiken ▪ **Unabhängigkeit**: alte staatl. Tradition; wieder souverän 7. 6. 1929 (In-Kraft-Treten der mit Italien am 11. 2. 1929 geschlossenen Lateranverträge) ▪ **Nationalfeiertag**: 22. 10. (Amtseinführung von Johannes Paul II. 1978)

REGIERUNG **Staatsoberhaupt**: Benedikt XVI., seit 19. 4. 2005 (265. Papst u. gleichz. Bischof von Rom) **Römische Kurie:** Eigentliche Regierung der Gesamtkirche, lt. Reform 1968 (Regimini Ecclesiae Universae) gegliedert in: 1. Staatssekretariat als Ausführungsorgan des Papstes und zur Koordination der Kurie: Staatssekretär Kardinal Angelo Sodano, seit 1. 12. 1990 (alle Vollmachten in Angelegenheiten weltlicher Souveränität, vergleichbar Min.-Präs.); Sektion für Allgemeine Angelegenheiten (Inneres): Sekretär Titularerzbischof Leonardo Sandri, seit 16. 9. 2000; für Beziehungen mit den Staaten (Äußeres): Sekretär Titularerzbischof Giovanni Lajolo, seit 24. 11. 2003 – 2. Neun Kongregationen: für Glaubenslehre: Präfekt Erzbischof William Joseph Levada; für Orientalische Kirchen: Präfekt Kardinal Ignace Moussa Daoud; für Gottesdienst und Sakramentenordnung: Präfekt Kardinal Francis A. Arinze; für Selig- und Heiligsprechungsprozesse: Präfekt Kardinal José Saraiva Martins; für Evangelisierung der Völker: Präfekt Kardinal Crescenzio Sepe; für den Klerus: Präfekt Kardinal Darío Castrillón Hoyos; für Institute geweihten Lebens und Gesellschaften apostolischen Lebens: Präfekt Kardinal Eduardo Martínez Somalo; für Katholisches Bildungswesen: Präfekt Kardinal Zenon Grocholewski; für Bischöfe: Präfekt Kardinal Giovanni Battista Re) – 3. Drei Gerichtshöfe, Oberste Appellationsinstanz (u. a. Ehe-Annullierung) – 4. Elf Päpstliche Räte – 5. Büros – 6. Institutionen (u. a. Vatikanische Apostolische Bibliothek) – **Diplomatische Beziehungen:** In 174 Staaten durch einen Nuntius vertreten (Januar 2005) – **Allgemeine Ertragsrechnung** 2004: Einnahmen: 205,7 Mio. €, Ausgaben: 202,6 Mio. €; – **Haushalt:** k. A.

CHRONIK

Der nach langem Siechtum eingetretene **Tod Papst Johannes Pauls II. am 2. 4. 2005** um 21:37 Uhr beendete das mit 26 Jahren drittlängste Pontifikat, nach dem Tenor der Würdigungen aus aller Welt zugleich eines der bedeutendsten in der Geschichte der katholischen Kirche. Medien, Politiker und andere Glaubensgemeinschaften priesen in ihren Nachrufen das erste nichtitalienische Oberhaupt der katholischen Kirche seit fünfeinhalb Jahrhunderten als eine der einfluss-

Vatikan: Konklave und Katholiken

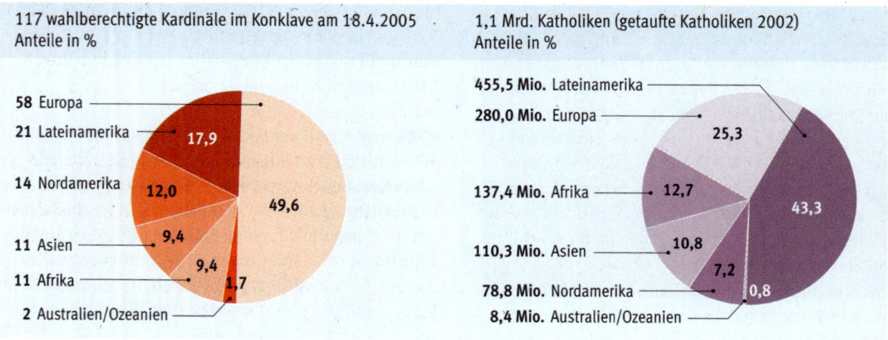

Quelle: Vatikan

reichsten und charismatischsten Persönlichkeiten der letzten Jahrzehnte und hoben seine Verdienste um Frieden, Menschenrechte und soziale Gerechtigkeit hervor. Insbesondere wurde der persönliche Anteil des aus Polen stammenden Karol Wojtyla am demokratischen Umbruch in seiner Heimat und in den ehemaligen Ostblock-Staaten betont. Gleichwohl verwiesen kritische Stimmen darauf, dass die streng konservativen gesellschafts- und kirchenpolitischen Grundsätze Johannes Pauls II. viele Menschen der Kirche entfremdet hätten.

■ **Trauerfeierlichkeiten:** Während der Trauerfeierlichkeiten und der Beisetzung des Papstes in der Krypta des Petersdoms am 8. 4. 2005 erlebte der Vatikan und die Stadt Rom **mit rund 4 Mio. Pilgern aus aller Welt**, darunter den Repräsentanten von 138 Staaten und Würdenträgern aller Religionen, den vermutlich größten Massenauflauf der Geschichte. Etwa 1,4 Mio. Trauernde zogen nach offiziellen Angaben an dem im Petersdom aufgebahrten Leichnam des Papstes vorbei. Millionen weitere gedachten seiner auf Plätzen und in Kirchen in aller Welt. In Polen, dessen Umwandlung in einen demokratischen Staat der Papst eng begleitet hatte, erfasste die Trauer die ganze Nation.

■ **Papstwahl:** Auf die neuntägige Trauerzeit folgte am 18./19. 4. 2005 das von der Außenwelt hermetisch abgeschlossene **Konklave in der Sixtinischen Kapelle** zur Wahl des 265. Nachfolgers Petri auf dem Heiligen Stuhl. An ihr nahmen 115 der 117 wahlberechtigten Kardinäle teil (die das 80. Lebensjahr noch nicht überschritten hatten). Sie stammten aus 86 Ländern, knapp mehr als die Hälfte von ihnen aus Europa (58), gefolgt von Lateinamerika (20) und Nordamerika (14). Afrika und Asien wurden durch 11 bzw. 10 Kardinäle vertreten, Australien und Ozeanien durch je 2. Der am 19. 4. im vierten Wahlgang überraschend schnell und – unbestätigten Meldungen zufolge – überraschend einmütig gekürte **Joseph Kardinal Ratzinger gab sich den Namen Benedikt XVI.** mit ausdrücklicher Referenz auf Papst Benedikt XV. (1914–22), der durch seine intensiven – wenn auch vergeblichen – Friedensbemühungen im Ersten Weltkrieg das Papsttum als neuen Akteur auf die weltpolitische Bühne gebracht hatte. In der internationalen Presse wurde die Wahl des 78-Jährigen als Ausdruck des Konklaves interpretiert, das Pontifikat für eine Übergangsphase einem Sachwalter anzuvertrauen, **der das unbedingte Vertrauen des verstorbenen Papstes genoss** und dessen Politik in wesentlichen Bereichen maßgeblich mitgestaltet hatte. Kritische Stimmen, nicht zuletzt aus seiner eigenen Heimat, verwiesen dagegen darauf, dass Ratzinger als langjähriger Präfekt der Glaubenskongregation das theologische Profil des letzten Pontifikats geprägt und die konservative Grundhaltung in der Kirche rigoros durchgesetzt hatte. Enttäuschung rief die Wahl Ratzingers bei vielen Menschen in Lateinamerika hervor. Sie hatten auf die Erhebung eines von ihrem Kontinent stammenden Kardinals zum Papst

Römische Kurie

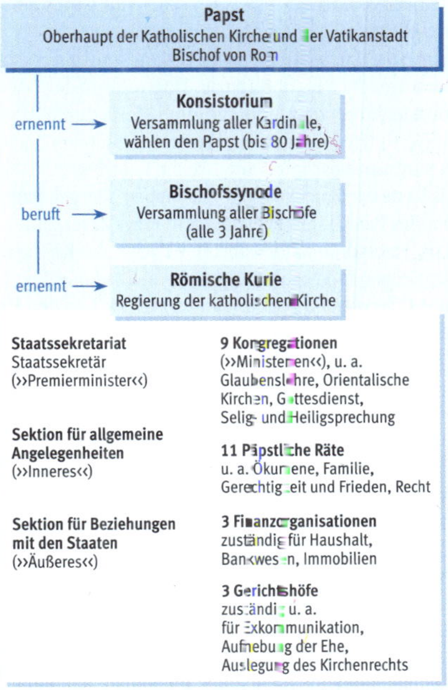

gehofft. Am 24. 4. erfolgte die feierliche Amtseinführung Benedikts XVI.

■ **Erste Amtshandlungen:** Zwei Tage nach seiner Wahl berief Benedikt XVI. die Mitglieder der von seinem Vorgänger ernannten **Kurie** erneut in ihre Ämter. So fungierten der 78-jährige Angelo Kardinal Sodano weiterhin als Kardinalstaatssekretär in der Rolle des »Ministerpräsidenten« des Kirchenstaats und Erzbischof Giovanni Lajolo (70) als »Außenminister«. Am 13. 5. 2005 ernannte Benedikt XVI. den Erzbischof von San Francisco, William Levada (69) zu seinem Nachfolger als Präfekt der Glaubenskongregation. Ebenfalls am 13. 5. kündigte Benedikt XVI. das **Verfahren zur Seligsprechung seines Vorgängers** an. Der Vatikan nahm es am 30. 5. offiziell auf und wich damit von der üblichen Wartezeit von fünf Jahren nach dem Tod ab. Schon während der Trauerfeierlichkeiten war der verstorbene Papst von Kardinälen öffentlich als »Johannes Paul der Große« tituliert worden und viele Gläubige hatten auf dem Petersplatz die Forderung »santo subito« skandiert.

■ **Weitere Ereignisse:** Der Vatikan veröffentlichte am 31. 7. 2004 ein **»Schreiben an die Bischöfe der Katholischen Kirche über die Zusammenarbeit von Mann und Frau in der Kirche und in der Welt«**, das in weiten Teilen der inner- und vor allem der außerkirchlichen Öffentlichkeit auf scharfe Ablehnung stieß. Das Dokument, das von der Kongregation für Glaubenslehre unter Kardinal Ratzinger im Namen des Papstes verfasst worden war, erteilte gesellschaftlichen Tendenzen zur Verschleierung der Verschiedenheit oder Dualität der Geschlechter und Bestrebungen des Feminismus eine klare Absage.

Seine **104. und letzte Auslandsreise** anlässlich des 150. Jahrestages der Verkündung des Dogmas von der Unbefleckten Empfängnis der Jungfrau Maria durch Papst Pius IX. führte Johannes Paul II. am 14./15. 8. 2004 in den südfranzösischen Wallfahrtsort Lourdes.

Als **Geste der ökumenischen Versöhnung** übergab Papst Johannes Paul II. am 27. 11. 2004 in einer Zeremonie die im Petersdom aufbewahrten Gebeine der Kirchenväter Gregor von Nazianz (330–390 n. Chr.) und Johannes Chrysostomos (ca. 344–407 n. Chr.) an den Patriarchen von Konstantinopel, Bartholomäus I. Dieser hatte bei seinem Besuch im Vatikan im Juni 2004 um die Rückgabe der Reliquien der beiden Kirchenlehrer des Ostens gebeten. Sie waren vermutlich von römisch-katholischen Rittern nach ihrem Einfall in Konstantinopel im vierten Kreuzzug 1204 geraubt und nach Rom gebracht worden. Der Papst hatte bei seinem Besuch in Athen am 4. 5. 2001 die orthodoxe Kirche öffentlich um Vergebung für die Verfehlungen im Rahmen der Kreuzzüge gebeten.

In der **Auseinandersetzung über Methoden der Aids-Bekämpfung** wies der Präsident des Päpstlichen Rates für Gesundheitsangelegenheiten, der mexikanische Kardinal Javier Lozano Barragán, am 19. 1. 2005 den Generalsekretär und Sprecher der Spanischen Katholischen Bischofskonferenz, Juan Antonio Martínez Camino, mit der Feststellung zurecht, die Verwendung von Kondomen verstoße gegen die Moral und dürfe daher von der Kirche nicht als geeignetes Mittel der Prävention empfohlen werden. Eine solche Möglichkeit hatte Camino nach einem Gespräch mit der spanischen Gesundheitsministerin Elena Salgado Méndez eingeräumt. Nach der Intervention aus Rom nahm er das Zugeständnis zurück.

Wegen **päpstlicher Kritik an ihrem gesellschaftlichen Modernisierungsprogramm** zeigte sich die sozialistische Regierung Spaniens unter José Luis Rodríguez Zapatero »befremdet« und bestellte am 28. 1. 2005 den Apostolischen Nuntius ein, um die Einmischung zurückzuweisen. Papst Johannes Paul II. hatte sich bei einem Treffen mit spanischen Bischöfen im Vatikan am 24. 1. über den zunehmenden Einfluss der »Ideologie« des Laizismus in Spanien besorgt gezeigt, der »zur Beschränkung der religiösen Freiheit führt«.

- **Seligsprechung:** Papst Johannes Paul II. sprach am 3. 10. 2004 bei einer Messe auf dem Petersplatz den **letzten Kaiser von Österreich, Karl I.** (1887–1922), selig. Kritiker verwiesen darauf, dass der Kaiser neben Verdiensten um eine Beendigung des Ersten Weltkriegs als Oberbefehlshaber der k.u.k.-Armee die Verantwortung für den Giftgaseinsatz an der italienischen Front 1917 getragen habe.
- Zur **Krenn-Affäre** → Österreich.

Papst Benedikt XVI. am 24. 6. 2005

PRESSESTIMMEN ZUR WAHL VON PAPST BENEDIKT XVI.

»Er wird ein geliebter und gefürchteter Papst sein, ein Intellektueller mit den Zügen eines Hirten.«
Corriere della Sera, Italien

»Zu den Herausforderungen, vor denen das Papsttum am Beginn des 21. Jahrhunderts steht, gehören die Fragen der Umsetzung der Lehre des Zweiten Vatikanischen Konzils, der Dialog mit der Wissenschaft, die Antwort auf neue Ideologien, Ökumene, die Beziehung nicht nur zum Islam, sondern auch zu anderen Religionen.« *Rzeczpospolita, Polen*

»Das hohe Alter von Ratzinger deutet darauf hin, dass die Kardinäle ihn vielleicht als einen Übergangspapst ausgewählt haben.« *El País, Spanien*

»Dies ist ein trauriger Tag für die lateinamerikanischen Katholiken, die an ihrer Spitze jemanden bräuchten, der die Bedürfnisse der vom kapitalistischen System Marginalisierten versteht, und nicht jemanden, der immer den progressiven Flügel der Kirche verfolgte. Lang lebe die Befreiungstheologie!«
La Nación, Argentinien

»Der weiße Rauch aus dem Schornstein des Vatikans hat eine schnelle Entscheidung bekannt gegeben – und die Fortsetzung des Krieges des Vatikans mit der modernen Welt.«
The Independent, Großbritannien

»Der Papst muss sich sofort um die Kernprobleme der Kirche kümmern, indem er sich Themen wie Homosexualität, Abtreibung und der Priesterweihe von Frauen zuwendet.« *Mmegi, Botsuana*

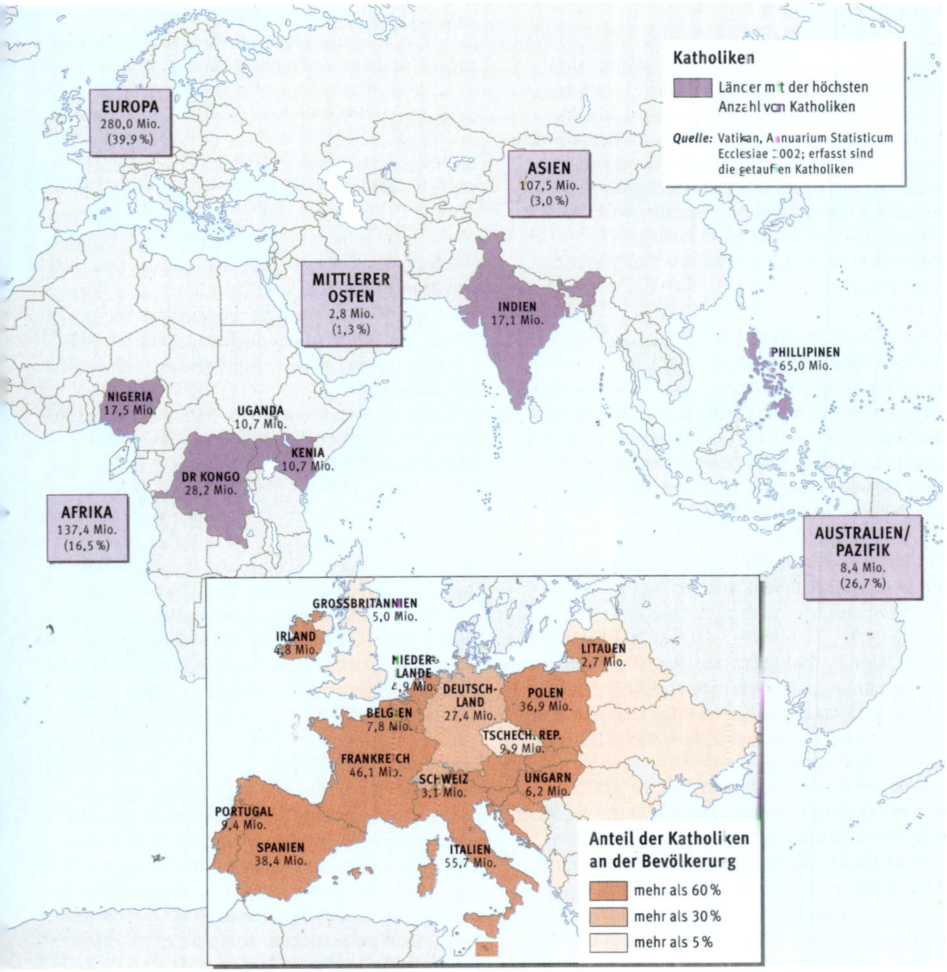

Venezuela Süd-Amerika

Bolivarische Republik Venezuela; República Bolivariana de Venezuela – VE/VEN

Fläche (Weltrang: 32): 912 050 km²

Einwohner (40): F 2003 25 674 000 = 28 je km²

Hauptstadt: Caracas

Amtssprache: Spanisch

Bruttonationaleinkommen 2003 je Einw.: 3490 $

Währung: 1 Bolívar (Bs.) = 100 Céntimos
Kurs: 1 US-$ = 2150 Bs.; 1 € = 2645 Bs.

Botschaft der Bolivarischen Republik Venezuela
Schillstr. 9–10, 10785 Berlin
T 030/83 22 40 0, Fax 83 22 40 20
www.botschaft-venezuela.de

LANDESSTRUKTUR **Fläche:** 912 050 km²; Karte → WA 2005, S. 450 ▪ **Verwaltung:** 23 Bundesstaaten und Bundesdistrikt der Hauptstadt; Tabelle → WA 2005, S. 449 ▪ **Städte:** (Z 2001) Caracas 1 836 000 Einw., Maracaibo 1 609 000, Valencia 1 196 000, Barquisimeto 811 000, Ciudad Guayana 629 000, Maracay 394 000, Petare 369 000, Barcelona 328 000, Maturín 325 000, Turmero 306 000, Ciudad Bolívar 287 000, Cumaná 263 000, San Cristóbal 234 000, Barinas 229 000, Cabimas 210 000, Puerto la Cruz 199 000, Mérida 196 000, Baruta 192 000

BEVÖLKERUNG Venezolaner – F 2003: 25 674 000 Einw.; Bevölkerungswachstum: 1,8 %; letzte Zählung 2001: 23 054 210 Einw. – 75–80 % Mestizen und Mulatten, 15–20 % Weiße, 3–5 % Schwarze, 1,5 % Indianer ▪ **Sprachen:** Spanisch; indianische Sprachen (Goajiro, Guaraúno, Cariña, Pemón u. a.) ▪ **Religion** 2002: 86 % Katholiken, ca. 5 % Protestanten; Minderheiten von Orthodoxen, Muslimen und Juden

STAATS- UND REGIERUNGSFORM Verfassung von 2000 – Präsidiale Bundesrepublik seit 1961 – Parlament: Nationalversammlung mit 165 (bisher 189) gewählten Mitgl.; Wahl alle 5 J. – Direktwahl des Staatsoberh. alle 6 J. – Wahlpflicht ab 18 J. ▪ **Unabhängigkeit:** Proklamation 5. 7. 1811 (ehem. spanische Kolonie), endgültig 24. 6. 1821 (Schlacht von Carabobo); 6. 5. 1830 (Loslösung von Großkolumbien) ▪ **Nationalfeiertag:** 5. 7.

REGIERUNG UND PARTEIEN **Staats- u. Regierungschef:** Hugo Chávez Frías (MVR), seit 2. 2. 1999 – **Äußeres:** Alí Rodríguez Araque, seit 22. 11. 2004 ▪ **Parlament:** Wahlen vom 30. 7. 2000: Movimento Quinta República/MVR 92 von 165 Sitzen (1998: 49 von 189), Acción Democrática/AD 33 (55), Partido Social-Cristiano/COPEI 6 (27), Proyecto Venezuela/PV 6 (24), Movimiento al Socialismo/MAS 6 (17), Causa Radical/CR 3 (6), Patria Para Todos/PPT 1 (4), Convergencia Nacional/CN 1 (3), Sonstige 17 (4)

WIRTSCHAFT **BIP** 2003: 85,394 Mrd. $; realer Zuwachs: –9,4 %; Anteil (2003) Landwirtschaft 4 %, Industrie 41 %, Dienstleistungen 54 % ▪ **Erwerbstätigkeit** 2002: Landwirtsch. 9,8 %, Industrie 21,1 %, Dienstl. 69,1 % ▪ **Arbeitslosigkeit** ∅ 2003: 16,8 % ▪ **Inflation** ∅ 2004: 19,2 % ▪ **Außenhandel** 2004: **Import:** 18,6 Mrd. $; *Güter:* 23 % elektrische Ausrüstungen, 15 % chemische Produkte, 14 % Transportausrüstungen, 11 % Nahrungsmittel, Getränke und Tabak, 10 % landwirtschaftliche Erzeugnisse, 6 % Metalle, 6 % Kunststoff und -erzeugnisse, 5 % Papier; *Länder:* 30 % USA, 8 % Brasilien, 8 % Kolumbien, 6 % Mexiko, 4 % Japan, 4 % Deutschland, 4 % Argentinien, 4 % Italien; **Export:** 39,3 Mrd. $; *Güter:* 36 % Bergbauprodukte, 32 % Metallerzeugnisse, 16 % chemische Produkte, 4 % Transportausrüstungen, 3 % Kunststoffwaren; *Länder:* 41 % USA, 11 % Kolumbien, 5 % Niederlande, 4 % Ecuador, 4 % Mexiko, 4 % Peru, 3 % Italien, 3 % Brasilien

CHRONIK

Nachdem der seit 1999 regierende Präsident Hugo Chávez Frías (Movimento Quinta República, MVR) in den letzten Jahren mehrere Versuche, ihn zu stürzen, überstanden hatte, verfolgte er zunehmend eine **Radikalisierung seines linkspopulistischen Kurses (»bolivarische Revolution«).** Dies betrifft die Innen- und Wirtschaftspolitik ebenso wie die äußeren Beziehungen des Landes und führte zu einer tiefen Spaltung des südamerikanischen Landes in Anhänger und Gegner des Präsidenten.

▪ **Abwahlreferendum gescheitert:** Nach mehrfachen Anläufen hatte das Oppositionsbündnis Coordinadora Democrática (CD), ein breiter Zusammenschluss von 44 bürgerlichen Parteien und politischen Gruppierungen, Gewerkschaften, Unternehmervereinigungen und anderen Interessenverbänden im Juni 2004 ein Referendum über die Abberufung des Präsidenten durchgesetzt (→ WA 2005, S. 450 f.). Neben Misswirtschaft und Korruption hatte die CD Chávez vorgeworfen, mit diktatorischen Ambitionen dem Staat seine »bolivarische Revolution« aufzuzwingen und die Unabhängigkeit der Notenbank, der Gerichte sowie des staatlichen Erdölkonzerns PdVSA zu beschneiden.

Bei der Abstimmung am 15. 8. 2004 votierten **59,3 % der Stimmberechtigten gegen** und **40,7 % für die Abberufung** des Präsidenten. Die Wahlbeteiligung lag bei 69,9 %. **Damit scheiterte der Versuch, Chávez auf verfassungsmäßigem Weg zu stürzen.** Obgleich die CD unter ihrem Wortführer Henry Ramos Allup der Regierung groß angelegten Betrug vorwarf, bestätigten die Organisation Amerikanischer Staaten (OAS) und die offiziellen Wahlbeobachter um den früheren US-Präsidenten Jimmy Carter den im Großen und Ganzen ordnungsgemäßen Ablauf des Referendums. Seinen Sieg verdankte Chávez insbesondere den Stimmen der ärmeren Bevölkerungsschichten, die die Regierung mit umfassenden Sozialleistungen – finanziert aus den Erdölexporten des Landes – unterstützt.

■ **Weitere innenpolitische Ereignisse:** Seine **Machtposition** konnte Chávez bei den **Regional- und Kommunalwahlen** am 31. 10. 2004 weiter **ausbauen**: 21 der 23 Gouverneursposten gewannen die Kandidaten der MVR und deren Verbündete, auch in den meisten Gemeinden und in Caracas stellen sie die Regierung. Mit seiner gefestigten Herrschaft ging Präsident Chávez gegen Schlüsselfiguren der Opposition vor. Anfang Februar 2005 nahm die Polizei in Caracas General Felipe Rodríguez fest. Ihm wurden Anstiftung zur Aufruhr, Verschwörung gegen eine legale Regierung und illegaler Waffenbesitz vorgeworfen. Der entschiedene Gegner des Präsidenten gilt als einer der Anführer des Aufrufs zu zivilem und militärischem Ungehorsam und Widerstand gegen Chávez im Oktober 2002 (→ WA 2004, Sp. 865). Im März 2005 verhafteten Sicherheitskräfte den Gewerkschaftsführer Carlos Ortega, der sich heimlich in Venezuela aufhielt. Ortega, Anführer des gescheiterten Generalstreiks gegen Chávez im Dezember 2002, war danach nach Costa Rica geflohen.

■ **Wirtschaft:** 2004 wuchs das BIP um 17,4 %, Experten schreiben dies jedoch den außergewöhnlichen Umständen nach dem Generalstreik des Jahres 2002 zu, der einen Produktionseinbruch nach sich zog. Für 2005 wird ein Wirtschaftswachstum von 3,9 % erwartet. Bedingt durch die Erdölexporte verfügte die Regierung über hohe Einnahmen, gleichzeitig stiegen die Staatsausgaben gegenüber 2003 um rund 27 % bzw. um rund 42 %, wenn quasifiskalische Ausgaben des staatlichen Erdölkonzerns PdVSA mit eingerechnet wurden. Dies entspricht 27 bzw. 31 % des BIP. Die offizielle Arbeitslosenquote lag 2004 bei 16,8 %, die Inflationsrate bei 19,2 %.

Am 10. 1. 2005 unterzeichnete Chávez ein **Dekret** über die **Enteignung und Umverteilung** von landwirtschaftlichem **Großgrundbesitz**, der brachliegt oder dessen Eigentumsrechte ungeklärt sind. Damit soll zum einen verhindert werden, dass die bestehenden Latifundien noch größer werden, zum anderen soll über 100 000 Bauern Land zur Verfügung gestellt werden. Gemäß Erhebungen der Behörden gehören weniger als 5 % der Venezolaner über 80 % der Ländereien. Schon 1999 war eine Landreform beschlossen worden, 2001 war es darüber zu einer Streikserie gekommen, die im April 2002 in einen Putschversuch gegen Chávez mündete.

AUSSENPOLITIK

■ **USA:** Die seit dem Putschversuch von 2002 gespannten Beziehungen zu Washington spitzten sich weiter zu. Am 24. 4. 2005 beendete Chávez ohne Ankündigung die seit 1951 bestehende militärische Kooperation zwischen beiden Staaten, zudem ordnete er die Ausreise der im Land tätigen US-Ausbilder an.

■ **Kuba:** Verstärkt wandte sich Chávez dem ihm nahe stehenden Kubaner Fidel Castro zu. Ende April 2005 (→ Foto) vertieften beide Politiker in Havanna mit einer Reihe politischer und wirtschaftlicher Verträge das von ihnen gegründete **Integrationsbündnis »Alternativa Bolivariana para las Américas«** (Alba). U. a. garantierte Caracas der Karibikinsel weiterhin die Lieferung von Erdöl zu Sonderkonditionen, während Kuba bis Ende 2005 30 000 Ärzte und Krankenschwestern zur Versorgung Armer nach Venezuela schicken wird. Schätzungen zufolge arbeiteten im August 2004 bereits 13 000 bis 18 000 Kubaner in Venezuela; Mitte Juli 2005 demonstrierten in Caracas mehrere hundert venezolanische Ärzte für die Ausweisung ihrer kubanischen Kollegen. Die Kooperation zwischen Venezuela und Kuba hatte im Jahr 2000 begonnen und war ursprünglich auf fünf Jahre befristet.

Hugo Chávez und Fidel Castro am 29. 4. 2005 in Havanna

■ **Kolumbien:** Die zunächst unklare Entführung von Rodrigo Granda, einem der führenden Köpfe der kolumbianischen Guerillaorganisation FARC, am 13. 12. 2004 aus Venezuela führte zu **Spannungen zwischen Caracas und Bogotá**. Später stellte sich heraus, dass venezolanische Sicherheitskräfte Granda gegen ein Kopfgeld gekidnappt und an der Grenze den kolumbianischen Behörden übergeben hatten.

■ **Weitere Kooperationen:** Am 29. 3. 2005 traf sich Chávez in der Urwaldstadt Ciudad Guayana mit dem kolumbianischen Präsidenten Uribe, dem brasilianischen Staatschef Lula da Silva sowie dem spanischen Ministerpräsidenten José Luis Rodríguez Zapatero. Unter deutlichem Hinweis auf die Lateinamerika-Politik Washingtons sprachen sich die vier Politiker gegen jegliche Einmischung in die nationale Souveränität und für die Beachtung internationalen Rechts aus. Mit Zapatero unterzeichnete Chávez am 30. 3. einen Vertrag über die **Lieferung von Kriegsschiffen und Transportflugzeugen** im Wert von 1,3 Mrd. €. Zuvor schon hatte Chávez in Brasilien zwölf **Jagdbomber** und in Russland 100 000 **Schnellfeuergewehre** bestellt. In den USA löste die Aufrüstung Venezuelas Befürchtungen aus, dass die Waffen zur Ausstattung neuer »Volksmilizen« dienten oder in die Hände von Guerilla-Organisationen gelangen könnten.

Vereinigte Arabische Emirate Vorder-Asien

Dawlat al-Imārāt al-ʿArabiyya al-Muttaḥida – AE / ARE

Fläche (Weltrang: 114): 77 700 km²

Einwohner (121): F 2003 4 041 000 = 52 je km²

Hauptstadt: Abū Ẓabī (Abu Dhabi)

Amtssprache: Arabisch

Bruttonationaleinkommen 2003 je Einw.: k. A.

Währung: 1 Dirham (Dh.) = 100 Fils
Kurs: 1 US-$ = 3,68 Dh.; 1 € = 4,60 Dh.

Botschaft der Vereinigten Arabischen Emirate
Hiroshimastr. 18–20, 10785 Berlin
T 030/51 65 16, Fax 51 65 19 00

LANDESSTRUKTUR **Fläche:** 77 700 km²; 7 Emirate: Abū Ẓabī (Abu Dhabi) 67 350 km², Dubayy (Dubai) 3900 km², Aš-Šāriqah (Schardscha) 2600 km², Ra's al-Khaymah (Ras al Chaima) 1700 km², Al-Fujayrah (Fudschaira) 1150 km², Umm-al-Qaywayn (Umm al Kaiwan) 750 km², 'Ujmān (Adschman) 250 km²; Karte → WA 2005, S. 452 ▪ **Verwaltung:** 7 Emirate ▪ **Städte:** (F 2003) Dubayy (Dubai) 1 171 000 Einw., Abū Ẓabī (Abu Dhabi) 558 000, Aš-Šāriqah 519 000

BEVÖLKERUNG F 2003: 4 041 000 Einw.; Bevölkerungswachstum: 7,4 %; letzte Zählung 1995: 2 411 041 Einw.; F 2003: Abū Ẓabī (Abu Dhabi) 1 591 000 Einw., Dubayy (Dubai) 1 204 000, Aš-Šāriqah 636 000, Ra's al-Khaymah 195 000, Al-Fujayrah 118 000, Umm-al-Qaywayn 62 000, 'Ujmān 235 000 – über 70 % Araber, bis zu 10 % Nomaden; Iraner, Inder, Bangladescher, Pakistaner u. Philippiner; 75 % Ausländer; ▪ **Sprachen:** Arabisch; außerdem Hindi, Urdu u. Farsi; Englisch ▪ **Religion:** 96 % Muslime (hauptsächlich Sunniten, 16 % Schiiten), 3 % Christen

STAATS- UND REGIERUNGSFORM Provisorische Verfassung von 1971 mit Änderung 1976 – Föderation (Ittihad) von 7 autonomen Emiraten seit 1971 – Staatsreligion: Islam – Islamisches Recht (Scharia) – Oberstes Staatsorgan: 7-köpfiger Oberster Rat der Scheichs (Vetorecht für Abu Dhabi u. Dubai); ernennt Staatsoberh. – Nationalversammlung mit 40 für 2 J. von den Emiraten ernannten Mitgl., ausschließlich beratende Funktion ▪ **Unabhängigkeit:** Proklamation der Föderation durch 6 Emirate 2. 12. 1971, 1972 Beitritt des Emirats Ra's al-Khaymah ▪ **Nationalfeiertag:** 2. 12.

REGIERUNG UND PARTEIEN **Staatsoberhaupt:** Scheich Khalifa Bin Zayid al-Nahayan (Emir von Abu Dhabi), seit 3. 11. 2004 – **Regierungschef:** Scheich Maktoum Bin Raschid al-Maktoum (Emir von Dubai seit 1990), seit 1979 – **Äußeres:** Raschid Abdullah al-Nuaimi, seit 1980 ▪ **Parlament:** keine

WIRTSCHAFT **BIP** 2002: 70,960 Mrd. $; realer Zuwachs: 2,4 %; Anteil (2002) Landwirtschaft 4 %, Industrie 59 %, Dienstleistungen 37 % ▪ **Erwerbstätigkeit** 2000: Landwirtsch. 7,9 %, Industrie 33,4 %, Dienstl. 58,7 % ▪ **Arbeitslosigkeit:** k. A.; offiziell Vollbeschäftigung ▪ **Inflation** ∅ 2004: 2,5 % ▪ **Außenhandel** 2004 (vorläufig): **Import:** 52,1 Mrd. $; *Güter:* 26 % Edelsteine, Schmuck, 21 % Maschinen, elektrische Ausrüstungen, 9 % unedle Metalle und Waren daraus, 8 % Fahrzeuge und Ausrüstung, 8 % Textilien, 5 % chemische Erzeugnisse; *Länder:* 11 % VR China, 8 % Japan, 8 % Deutschland, 8 % USA, 8 % Frankreich, 7 % Großbritannien, 5 % Italien, 4 % Indien (EU gesamt: 27 %); **Export:** 77,6 Mrd. $; *Güter:* 36 % Rohöl, Gas, Derivate, 30 % Reexporte, 15 % lokal hergestellte Güter (hauptsächlich Freizonen); *Länder:* 27 % Japan, 10 % Rep. Korea, 4 % Iran, 1 % Deutschland (EU gesamt: 5 %)

CHRONIK

Am 2. 11. 2004 starb Scheich Zayid bin Sultan al-Nahayan, Präsident der Vereinigten Arabischen Emirate und Herrscher über das Emirat Abu Dhabi im Alter von 87 Jahren. Scheich Zayid hatte die VAE seit der Unabhängigkeit 1971 regiert und war zuletzt im Dezember 2001 vom Obersten Rat der Föderation für eine weitere fünfjährige Amtszeit bestätigt worden. Am folgenden Tag wurde der älteste Sohn des Verstorbenen, **Scheich Khalifa Bin Zayid al-Nahayan** vom Obersten Rat zum **neuen Präsidenten der Föderation** gewählt. Er wurde zugleich auch neuer Herrscher von Abu Dhabi, wo er als Kronprinz bereits in den letzten Jahren den Erdölsektor verwaltet hatte. Abu Dhabi ist das größte und mit 90 % des Erdöleinkommens auch das wohlhabendste der sieben Emirate.

Kurz vor seinem Tod hatte Scheich Zayid am 1. 11. 2004 noch eine Kabinettsumbildung vorgenommen. **Erstmals in der Geschichte der VAE** wurde mit Scheicha Lubna al-Kasimi aus der Herrscherfamilie des Emirats Sharjah auch eine **Frau in den Ministerrang** berufen. Sie steht dem Planungs- und Wirtschaftsministerium vor. Zugleich wurde ein Ministerium für Energiefragen auf Bundesebene gebildet, dem Mohammed al-Hamili vorsteht: Die Oberaufsicht über die Förderung ihrer Bodenschätze hatte bisher bei den einzelnen Emiraten gelegen.

Vereinigte Staaten von Amerika Nord-Amerika

auch: Vereinigte Staaten, Amerika; United States of America, Kurzform: America – US/USA

Fläche (Weltrang: 3): 9 809 155 km²

Einwohner (3): F 2003 290 810 000 = 30 je km²

Hauptstadt: Washington

Amtssprachen: Englisch, Spanisch (regional)

Bruttonationaleinkommen 2003 je Einw.: 37 870 $

Währung: 1 US-Dollar (US-$) = 100 Cents
Kurs: 1 € = 1,21 US-$ (1. 7. 2005)

Botschaft der Vereinigten Staaten von Amerika
Neustädtische Kirchstr. 4–5, 10117 Berlin
T 030/238 51 74, Fax 2 38 62 90
www.usembassy.de

LANDESSTRUKTUR **Fläche**: 9 809 155 km²; Karte → WA 2005, S. 462 f. ▪ **Gebiete:** 2 US-Commonwealth Territories: Nördliche Marianen, Puerto Rico; Außen- und Pachtgebiete: Amerikanische Jungferninseln, Amerikanisch-Samoa, Guam, Inseln im Pazifik und der Karibik, Guantánamo → unten ▪ **Verwaltung**: 50 Bundesstaaten und der District of Columbia/DC mit Bundeshauptstadt Washington; Bundesstaaten jeweils mit Verfassung und Parlament aus 2 Kammern (nur Nebraska 1 Kammer) sowie einem gewählten Gouverneur; → Tabelle ▪ **Städte**: (F 2003) New York 8 085 742 Einw., Los Angeles 3 819 951, Chicago 2 869 121, Houston 2 009 690, Philadelphia 1 479 339, Phoenix 1 388 416, San Diego 1 266 753, San Antonio 1 214 725, Dallas 1 208 318, Detroit 911 402, San José 898 349, Indianapolis 783 438, Jacksonville 773 781, San Francisco 751 682, Columbus 728 432, Austin 672 011, Memphis 645 978, Baltimore 628 670, Milwaukee 586 941, Fort Worth 585 122, Charlotte 584 658, El Paso 584 113, Boston 581 616, Seattle 569 101, Washington 563 384, Denver 557 478, Nashville-Davidson 544 765, Portland 538 544, Oklahoma City 523 303, Las Vegas 517 017, Tucson 507 658, Long Beach 475 460, Albuquerque 471 856, New Orleans 469 032, Cleveland 461 324, Fresno 451 455, Sacramento 445 335, Kansas City 442 768, Virginia Beach 439 467, Mesa City 432 376, Atlanta 423 019, Omaha 404 267

BEVÖLKERUNG Amerikaner – F 2003: 290 810 000 Einw.; Bevölkerungswachstum: 0,8 %; letzte Zählung 2000: 281 421 906 Einw. – 75,1 % Weiße, 12,3 % Schwarze, 3,6 % Asiaten, 0,9 % Indianer/Eskimos/Aleuten, andere 8,0 %; 12,5 % Hispanics ▪ **Sprachen**: Englisch (Amerikanisch), Spanisch; Sprachen der Minderheiten ▪ **Religion** → Grafik

STAATS- UND REGIERUNGSFORM Verfassung von 1787, zuletzt geändert 1992 – Präsidiale Bundesrepublik seit 1789 – Parlament (Congress): Repräsentantenhaus (House of Representatives) mit 435 Mitgl. (Wahl alle 2 J.) und Senat (Senate) mit 100 Mitgl. (Wahl für 6 Jahre, Neuwahl alle 2 J. von ⅓ der Senatoren) – Indirekte Wahl des Staatsoberh. durch 538 Wahlmänner (Electoral College) alle 4 J. (einmalige Wiederwahl) – Wahlrecht ab 18 J. ▪ **Unabhängigkeit**: 4. 7. 1776 Inkraftsetzung der Unabhängigkeitserklärung durch den 2. Kontinentalkongress ▪ **Nationalfeiertag**: 4. 7.

REGIERUNG UND PARTEIEN **Staats- u. Regierungschef:** George W. Bush (Rep.), seit 20. 1. 2001 (43. Präsident der USA) – Vizepräsident: Richard Cheney (Rep.) – **Äußeres**: Condoleezza Rice (Rep.), seit 26. 1. 2005 ▪ **Parlament**: Wahlen vom 2. 11. 2004 zum 109. Kongress: Repräsentantenhaus: Republican Party/RP 233 von 435 Sitzen (2002: 229), Democratic Party/DP 201 (205), Unabhängige 1 (1); Senat (Neuwahl von 34 Sitzen am 2. 11. 2004): RP 55 (2000: 51), DP 44 (48), Unabhängige 1 (1) – Gouverneure (Neuwahl von 11 Gouverneuren am 2. 11. 2004): RP 28 (28), DP 22 (22)

WIRTSCHAFT **BIP** 2003: 10 948,547 Mrd. $; realer Zuwachs: 3,1 %; Anteil (2004) Landwirtschaft 0,9 %, Industrie 19,7 %, Dienstleistungen 79,4 % ▪ **Erwerbstätigkeit** 2001: Landwirtsch. 2,4 %, Industrie 22,6 %, Dienstl. 75,0 % ▪ **Arbeitslosigkeit** ∅ 2004: 5,5 % ▪ **Inflation** ∅ 2004: 2,7 % ▪ **Außenhandel** 2004: **Import**: 1470 Mrd. $; *Güter*: 14 % Kfz und -teile, 12 % mineralische Brennstoffe, 8 % Computer und -teile, 6 % Maschinen, 3 % Telekommunikation, 3 % chemische Erzeugnisse, 3 % Unterhaltungselektronik; *Länder*: 17 % Kanada, 13 % VR China, 11 % Mexiko, 9 % Japan, 5 % Deutschland, 3 % Großbritannien; **Export**: 817 Mrd. $; *Güter*: 11 % Computer und -teile, 10 % Maschinen, 9 % Kfz und -teile, 8 % chemische Erzeugnisse, 4 % elektrische Ausrüstungen, 3 % Telekommunikation; *Länder*: 23 % Kanada, 14 % Mexiko, 7 % Japan, 4 % Großbritannien, 4 % VR China, 4 % Deutschland
Weitere Informationen → Kap. Wirtschaft

USA: Religionen 2001

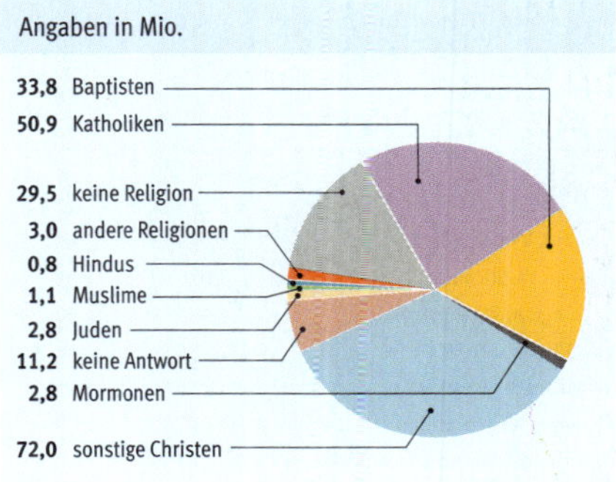

Quelle: U.S. Census Bureau

Vereinigte Staaten von Amerika
Bundesstaaten

Staat, postalische Abkürzung (Hauptstadt)	Fläche* in km²	Rangstelle	Einwohner F 2004**	Rangstelle	Gouverneur	Amtsantritt
Alabama, AL (Montgomery)	135 775	29	4 530 182	23	Bob Riley (Rep.)	20.1.2003
Alaska, AK (Juneau)	1 700 138	1	655 435	47	Frank Murkowski (Rep.)	2.12.2002
Arizona, AZ (Phoenix)	295 276	6	5 743 834	18	Janet Napolitano (Dem.)	6.1.2003
Arkansas, AR (Little Rock)	137 742	27	2 752 629	32	Mike D. Huckabee (Rep.)	15.7.1996
California, CA (Sacramento)	424 002	3	35 893 799	1	Arnold Schwarzenegger (Rep.)	17.11.2003
Colorado, CO (Denver)	269 618	8	4 601 403	22	Bill Owens (Rep.)	12.1.1999
Connecticut, CT (Hartford)	14 358	48	3 503 604	29	M. Jodi Rell (Rep.)	1.7.2004
Delaware, DE (Dover)	6 448	49	830 364	45	Ruth Ann Minner (Dem.)	3.1.2001
District of Columbia, D.C. (Washington)	177	51	553 523	50	Anthony Williams[1] (Dem.)	2.1.1999
Florida, FL (Tallahassee)	170 314	22	17 397 161	4	Jeb Bush (Rep.)	5.1.1999
Georgia, GA (Atlanta)	153 952	21	8 829 383	9	Sonny Perdue (Rep.)	13.1.2003
Hawaii, HI (Honolulu)	28 313	47	1 262 840	42	Linda Lingle (Rep.)	2.12.2002
Idaho, ID (Boise)	216 456	13	1 393 262	39	Dirk Kempthorne (Rep.)	8.1.1999
Illinois, IL (Springfield)	150 007	24	12 713 634	5	Rod Blagojevich (Dem.)	13.1.2003
Indiana, IN (Indianapolis)	94 328	38	6 237 569	14	Mitchell Daniels (Rep.)	10.1.2005
Iowa, IA (Des Moines)	145 754	25	2 954 451	30	Tom Vilsack (Dem.)	15.1.1999
Kansas, KS (Topeka)	213 111	14	2 735 502	33	Kathleen Sebelius (Dem.)	13.1.2003
Kentucky, KY (Frankfort)	104 665	37	4 145 922	26	Ernie Fletcher (Rep.)	9.12.2003
Louisiana, LA (Baton Rouge)	134 275	31	4 515 770	24	Kathleen Blanco (Dem.)	12.1.2004
Maine, ME (Augusta)	91 653	39	1 317 253	40	John Baldacci (Dem.)	8.1.2003
Maryland, MD (Annapolis)	32 134	42	5 558 058	19	Robert L. Ehrlich (Rep.)	15.1.2003
Massachusetts, MA (Boston)	27 337	45	6 416 505	13	Mitt Romney (Rep.)	2.1.2003
Michigan, MI (Lansing)	250 465	23	10 112 620	8	Jennifer Granholm (Dem.)	1.1.2003
Minnesota, MN (St. Paul)	225 182	12	5 100 958	21	Tim Pawlenty (Rep.)	6.1.2003
Mississippi, MS (Jackson)	125 443	32	2 902 966	31	Haley Barbour (Rep.)	13.1.2004
Missouri, MO (Jefferson City)	180 546	19	5 754 618	17	Matt Blunt (Rep.)	10.1.2005
Montana, MT (Helena)	380 850	4	926 865	44	Brian Schweitzer (Dem.)	3.1.2005
Nebraska, NE (Lincoln)	200 358	15	1 747 214	38	Dave Heineman (Rep.)	21.1.2005
Nevada, NV (Carson City)	286 367	7	2 334 771	35	Kenny Guinn (Rep.)	4.1.1999
New Hampshire, NH (Concord)	24 219	44	1 299 500	41	John Lynch (Dem.)	6.1.2005
New Jersey, NJ (Trenton)	22 590	46	8 698 879	10	Richard J. Codey[2] (Dem.)	16.11.2004
New Mexico, NM (Santa Fé)	314 939	5	1 903 289	36	Bill Richardson (Dem.)	1.1.2003
New York, NY (Albany)	141 080	30	19 227 088	3	George E. Pataki (Rep.)	1.1.1995
North Carolina, NC (Raleigh)	139 397	28	8 541 221	11	Mike Easley (Dem.)	6.1.2001
North Dakota, ND (Bismarck)	183 123	17	634 366	48	John Hoeven (Rep.)	15.12.2000
Ohio, OH (Columbus)	116 103	35	11 459 011	7	Bob Taft (Rep.)	11.1.1999
Oklahoma, OK (Oklahoma City)	181 048	18	3 523 553	28	Brad Henry (Dem.)	13.1.2003
Oregon, OR (Salem)	254 819	10	3 594 586	27	Ted Kulongoski (Dem.)	13.1.2003
Pennsylvania, PA (Harrisburg)	119 291	33	12 406 292	6	Ed Rendell (Dem.)	21.1.2003
Rhode Island, RI (Providence)	4 002	50	1 080 632	43	Donald Carcieri (Rep.)	7.1.2003
South Carolina, SC (Columbia)	82 902	40	4 198 068	25	Mark Sanford (Rep.)	15.1.2003
South Dakota, SD (Pierre)	199 744	16	770 883	46	Mike Rounds (Rep.)	7.1.2003
Tennessee, TN (Nashville)	109 158	34	5 900 962	16	Phil Bredesen (Dem.)	18.1.2003
Texas, TX (Austin)	695 676	2	22 490 022	2	Rick Perry (Rep.)	21.12.2000
Utah, UT (Salt Lake City)	219 902	11	2 389 039	34	Jon Huntsman (Rep.)	3.1.2005
Vermont, VT (Montpelier)	24 903	43	621 394	49	Jim Douglas (Rep.)	8.1.2003
Virginia, VA (Richmond)	110 792	36	7 459 827	12	Mark R. Warner (Dem.)	12.1.2002
Washington, WA (Olympia)	184 672	20	6 203 788	15	Christine Gregoire (Dem.)	12.1.2005
West Virginia, WV (Charleston)	62 759	41	1 815 354	37	Joe Manchin (Dem.)	17.1.2005
Wisconsin, WI (Madison)	169 643	26	5 509 026	20	Jim Doyle (Dem.)	6.1.2003
Wyoming, WY (Cheyenne)	253 349	9	506 529	51	Dave Freudenthal (Dem.)	6.1.2003
Vereinigte Staaten von Amerika	9 809 155		293 655 404			

* Flächenangaben einschl. Binnengewässer ** per 1.7. 1 Mayor 2 amtierend

Quelle: U.S. Census Bureau 2005

US-COMMONWEALTH TERRITORIES

Nördliche Marianen
Bund der Nördlichen Marianen;
Northern Mariana Islands

Fläche: 457 km²; 16 Inseln, davon 6 bewohnt: Saipan 120 km², Tinian 102 km², Rota 85 km², Pagan 48 km², Anatahan 32 km², Agrihan 30 km²; Karte → WA 2005, S. 455 ▪ **Bevölkerung** F 2003: 80 000 Einw.; letzte Zählung 2000: 69 221 Einw. – 26,2 % Filipinos, 22,1 % Chinesen, 21,3 % Chamorros, Caroliner u. a. ▪ **Sprachen**: Englisch, Chamorro, Carolinisch (polynesische Sprache) ▪ **Religion**: Christen (v. a. Katholiken) ▪ **Hauptstadt** (Z 2000): Garapan (Saipan) 3588 Einw. ▪ **Status:** Self-governing Incorporated Territory – Innere Autonomie seit 1986 (Proklamation am 3. 11. 1986, Aufhebung der UN-Treuhandschaft am 22. 12. 1990) – Verfassung von 1978 – Bewohner sind Bürger der USA, bei US-Wahlen aber ohne Stimmrecht – Parlament: Repräsentantenhaus mit 18 Mitgl. u. Senat mit 9 Mitgl.; Wahl alle 2 J. – Direktwahl des Gouverneurs alle 5 J. ▪ **Regierung:** Gouverneur: Juan N. Babauta (RP), seit 14. 1. 2002

Puerto Rico **Freistaat Puerto Rico; Estado Libre y Asociado de Puerto Rico; Commonwealth of Puerto Rico**

Fläche: 8959 km² einschl. der Inseln Vieques 133,9 km², Mona 50,5 km², Culebra 28,5 km² u. a.; → Karte ▪ **Bevölkerung** F 20 043: 3 894 855 Einw.; Bevölkerungswachstum: 0,7 %; letzte Zählung 2000: 3 808 610 Einw. ▪ **Sprachen**: 84 % Spanisch, Englisch ▪ **Religion** 2001: 72 % Katholiken, 5 % Protestanten ▪ **Hauptstadt** (Z 2000): San Juan 421 958 Einw. ▪ **Status:** Self-governing Incorporated Territory – Innere Autonomie seit 1951 – Verfassung von 1952 – Bewohner sind Bürger der USA, bei US-Wahlen aber ohne Stimmrecht – Parlament: Abgeordnetenhaus mit 51 Mitgl. und Senat mit 27 Mitgl., Wahl alle 4 J.; Direktwahl des Gouverneurs alle 4 J. ▪ **Regierung:** Gouverneur: Aníbal Acevedo Vilá (Partido Popular Democrático), seit 2. 1. 2005

AUSSENGEBIETE

Amerikanische Jungferninseln
United States Virgin Islands

Fläche: 347,1 km²; St. Croix 215 km², St. Thomas 80,3 km², St. John 51,8 km²; Karte → WA 2005, S. 455 ▪ **Bevölkerung** F 2003: 112 000 Einw.; Bevölkerungswachstum: 1,8 %; letzte Zählung 2000: 108 612 Einw. (einschl. US-Streitkräfte) – 80 % Schwarze u. Mulatten, 15 % Weiße ▪ **Sprachen**: Englisch, Spanisch, Kreolisch ▪ **Religion**: v. a. Christen ▪ **Hauptstadt** (Z 2000): Charlotte Amalie (auf St. Thomas) 11 004 Einw. ▪ **Status:** Unincorporated Territory mit innerer Autonomie – Verfassung: Organic Act von 1936, zuletzt geändert 1973 – Parlament: Senat mit 15 Mitgl., Wahl alle 4 J. ▪ **Regierung:** Gouverneur: Charles Turnbull (Dem.), seit 4. 1. 1999

Amerikanisch-Samoa
American Samoa

Fläche: 194,8 km²; östl. Teil der Samoa-Gruppe: Tutuila, Aunn'u, Ta'u, Otu, Olosega, Swain's Islands; Karte → WA 2005, S. 456 ▪ **Bevölkerung** F 2003: 70 300 Einw.; letzte Zählung 2000: 57 291 Einw. – 90 % Polynesier ▪ **Sprachen**: Samoanisch, Englisch ▪ **Religion**: über 50 % Mitgl. der Christian Congregational Church, 20 % Katholiken ▪ **Hauptstadt** (Z 2000): Pago Pago (Tutuila) 4278 Einw. ▪ **Status:** Unincorporated Territory mit innerer Autonomie – Verfassung von 1967 – Parlament (Fono): Repräsentantenhaus mit 20 Mitgl., Wahl alle 2 J. und Senat mit 18 durch lokale Häuptlinge (Matai) gewählte Mitgl., Wahl alle 4 J. ▪ **Regierung:** Gouverneur: Togiola Tulafono, seit 7. 4. 2003

Guam

Fläche: 549 km²; Karte → WA 2005, S. 456 ▪ **Bevölkerung** F 2003: 162 000 Einw.; Bevölkerungswachstum: 1,9 %; letzte Zählung 2000: 154 805 Einw. – 37,0 % Chamorro, 26,3 % Philippiner, ▪ **Sprachen**: Englisch, Chamorro ▪ **Religion**: 90 % Katholiken ▪ **Hauptstadt** (Z 2000): Hagåtña (Agana) 1122 Einw. ▪ **Status:** Unincorporated Territory mit innerer Autonomie seit 1982 – Verfassung: Organic Act von 1950 – Parlament: 15 Mitgl., Wahl alle 2 J. ▪ **Regierung:** Gouverneur: Felix Camacho (Rep.), seit 6. 1. 2003

SONSTIGE INSELN

Pazifik

Bakerinsel **Baker Island**
Fläche: 2,3 km²; unbewohnt

Howlandinsel **Howland Island**
Fläche: 2,3 km²; unbewohnt

Jarvisinsel **Jarvis Island**
Fläche: 7,7 km²; unbewohnt

Johnstonatoll **Johnston Atoll**
Fläche: 2,6 km²

Kingmanriff **Kingman Reef**
Fläche: 8 km²; unbewohnt

Midwayinseln **Midway Islands**
Fläche: 5 km²; ca. 450 Einw.

Palmyra
Fläche: 6 km²; unbewohnt

Wake **Wake Island**
Fläche: 7,8 km²; ca. 200 Einw.

Karibik

Navassa **Navassa Island**
Fläche: 5 km²; unbewohnt

Guantánamo **Guantánamo Bay Naval Station**
Fläche: 111,9 km²; 4000 militärische und zivile Angestellte; seit 1903 von Kuba an die USA verpachtet

CHRONIK

Vorherrschendes Thema im zweiten Halbjahr 2004 war die Präsidentschaftswahl, die Amtsinhaber George W. Bush knapp vor seinem demokratischen Kontrahenten John Kerry gewann. Wichtige personelle Entscheidungen der zweiten Regierung Bushs – die Neubesetzung von Bundesrichterstellen sowie des UN-Botschafterpostens – lösten heftige Konflikte mit den oppositionellen Demokraten aus, andere innenpolitische Vorhaben – wie das Rentenreformprojekt – stießen bei der Bevölkerung auf Ablehnung. Probleme bescherten der Administration Bush ferner Fragen zum Gefangenenlager Guantánamo sowie die Aufarbeitung der Folterungen im US-Gefängnis Abu Ghraib im Irak.

Die Außenbeziehungen wurden weiterhin von den Folgen des Einmarschs in den Irak und der globalen Anti-Terror-Strategie bestimmt. Während sich das Verhältnis zu den europäischen Gegnern der US-Intervention von 2003 normalisierte, hielten die Konflikte mit arabisch-muslimischen Staaten ebenso an wie die Konfrontation mit internationalen Organisationen.

INNENPOLITIK

▪ **Präsidentschaftswahl:** In der Endphase des Präsidentschaftswahlkampfs zwischen Amtsinhaber George W. Bush und seinem demokratischen Herausforderer John Kerry traten zuvor wichtige Einzelfragen wie der Irak-Krieg und die Wirtschaftslage in den Hintergrund. Dem republikanischen Lager gelang die Zuspitzung auf einen **Richtungswahlkampf** um die Themen moralische Grundwerte und nationale Sicherheit. **Bush** machte seinen Rückstand in den Wahlprognosen wett und **gewann** die Abstimmung am 2. 11. 2004 **mit 50,7 % der Stimmen, Kerry erhielt 48,3 %,** 0,3 % entfielen auf den Verbraucheranwalt und unabhängigen Kandidaten Ralph Nader, der – wie schon 2000 – in 30 von 50 Bundesstaaten zur Wahl angetreten war. Nach Wahlmännerstimmen blieb das Rennen zunächst unentschieden, bis Bush es durch seinen Sieg im Bundesstaat Ohio (mit 118 475 Stimmen Vorsprung) gewann. Die Wahlbeteiligung von 60 % war die höchste seit 1968. Um ein Abstimmungsdebakel wie bei der

Bush mit seiner Frau auf der Pennsylvania Avenue in Washington am 20.1. 2005

Präsidentschaftswahl 2000 zu vermeiden, hatte die Regierung 3,8 Mrd. US-$ in technische Verbesserungen des Wahlvorgangs investiert.

Am 6. 1. 2005 wurde Bush mit **286 zu 252 Wahlmännerstimmen** im Kongress zum Sieger der Wahl erklärt.

Nachwahlanalysen zeigten, dass Bush vor allem in ländlichen Gebieten und bei der christlich-konservativen Bevölkerung punkten konnte. In der Gruppe der »wiedergeborenen Christen«, ein Fünftel der Wählerschaft, erhielt er 77 % der Stimmen, auch drei Viertel der weißen Protestanten stimmten für Bush. Die Demokraten verloren in der größten Einwanderergruppe, den Hispanics, an Boden – die zu Wohlstand gekommenen Teile dieser überwiegend katholischen Minderheit wandten sich den Republikanern zu, Bush gewann bei ihnen gegenüber 2000 9 % hinzu.

▪ **Kongresswahlen und Volksabstimmungen:** Bei den gleichzeitig stattfindenden Wahlen zum **Repräsentantenhaus** setzten sich ebenfalls die Republikaner durch: Sie verbesserten sich um vier auf 233 der 435 Sitze, während die Demokraten vier verloren und noch 201 besetzen konnten. Ein ähnliches Bild ergaben die Teilerneuerungswahlen zum **Senat**, wo 34 der 100 Sitze neu zu vergeben waren: Republikaner 55 (+4), Demokraten 44 (–4) Sitze. Die Republikaner halten damit seit 2002 die Mehrheit in beiden Kammern des Parlaments. Nur bei den ebenfalls parallel abgehaltenen **Gouverneurswahlen** in elf Bundesstaaten konnten die Demokraten (sechs Posten) einen knappen Vorsprung gegenüber den Republikanern (fünf Posten) verbuchen. In 34 Bundesstaaten fanden zugleich Volksabstimmungen statt, in elf davon über die Zulassung von **Ehen zwischen gleichgeschlechtlichen Partnern** – alle diese Voten gingen ausnahmslos zugunsten der konservativen Anträge aus, die Ehe durch einen Verfassungszusatz als den Bund zwischen Mann und Frau zu definieren.

▪ **Zweites Kabinett Bush:** Am 20. 1. 2005 wurde George W. Bush als 43. Präsident der USA zu seiner zweiten Amtszeit vereidigt (→ Foto). In seiner außenpolitisch geprägten Inaugurationsansprache nannte der Präsident die »Verbreitung der Freiheit überall in der Welt« als die wichtigste Aufgabe seines Landes. Ähnlich war die Themengewichtung in Bushs erster **Rede zur Lage der Nation** (Regierungserklärung) am 2. 2. vor dem Kongress. Hier versprach der Präsident neben der Fortsetzung des weltweiten Kampfes gegen den Terror vor allem die Umsetzung seiner Pläne zur Steuer-, Gesundheits- und Rentenreform (→ unten) sowie die Halbierung des Haushaltsdefizits bis 2009 (also zum Ende seiner Amtsperiode).

Das Mitte Januar 2005 vollständig nominierte Kabinett wies **Neuberufungen auf neun der 15 Ministerposten** auf, zeigte aber auf den wichtigsten Politikfeldern die Kontinuität der präsidialen Absichten an: Bushs Sicherheitsberaterin **Condoleezza Rice** übernahm von

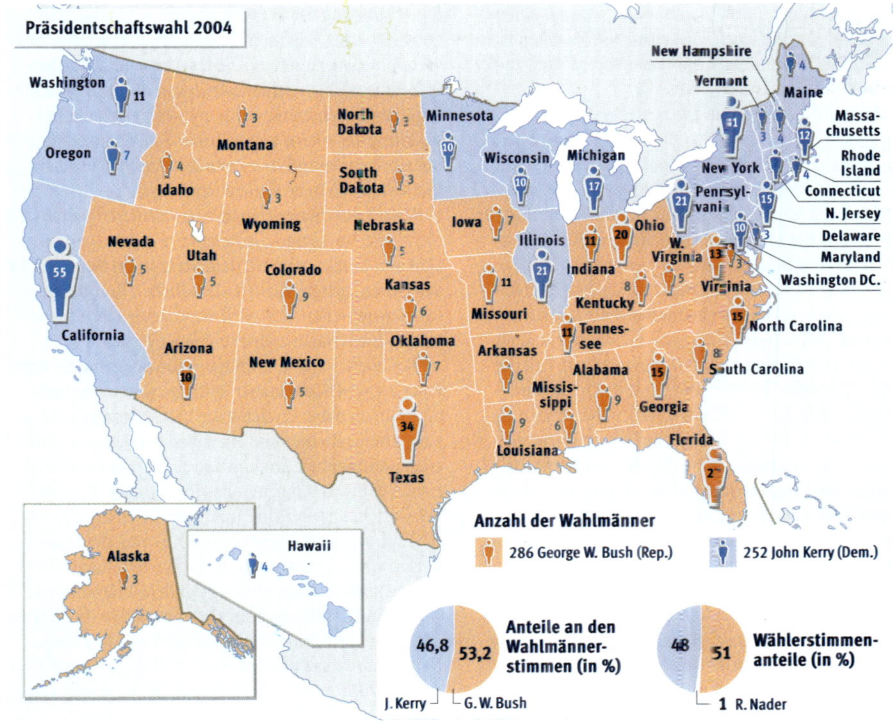

Colin Powell das Außenministerium, Rechtsberater **Alberto Gonzales** von John Ashcroft das Justizministerium. Vizepräsident **Richard Cheney** und Verteidigungsminister **Donald Rumsfeld** blieben im Amt. Bei der vorgeschriebenen Befragung durch den Rechtsausschuss des Senats musste sich Gonzales wegen seiner Rechtsgutachten zum Gefangenenlager Guantánamo und seiner Abwertung des Völkerrechts heftiger Kritik stellen und wurde nur mit 60 der 100 möglichen Stimmen bestätigt. In der öffentlichen Debatte wurde Präsident Bush vorgeworfen, persönliche Loyalität zum wichtigsten Kriterium der Berufungen gemacht zu haben.

▪ **Kontroverse um UN-Botschafter:** Am 3. 12. 2004 legte der UN-Botschafter John Danforth, der als Kandidat für das Amt des Außenministers gehandelt worden war, nach nur vier Monaten sein Amt nieder. Präsident Bush nominierte am 7. 3. 2005 den Untersekretär im Außenministerium, **John Bolton**, als Nachfolger. Um dessen Bestätigung entwickelte sich im Senat eine erbitterte Kontroverse. Die Demokraten kritisierten im außenpolitischen Ausschuss Äußerungen des prominenten Neokonservativen gegen die UN und seine Verwicklung in Falschinformationen über Massenvernichtungswaffen. Mit dem Mittel der Dauerdebatte (»Filibuster«) erzwangen sie im Plenum wiederholt die Verschiebung seiner Ernennung. Ende Juni 2005, nachdem sich auch republikanische Senatoren kritisch geäußert hatten, blieb Präsident Bush nur das Mittel einer Ernennung durch Dekret in der sitzungsfreien Zeit des Parlaments, um den seit sieben Monaten vakanten Posten mit dem Kandidaten seiner Wahl zu besetzen.

▪ **Streit um Richterposten:** Die anstehende Neuberufung von sieben Kandidaten für das Richteramt bei Bundesgerichten durch Präsident Bush löste im Mai 2005 einen Grundsatzstreit im Senat aus, dessen demokratische Mitglieder drohten, ihre Zustimmung zur Ernennung der als sehr konservativ geltenden Richter durch eine Dauerdebatte zu verhindern. Im Gegenzug kündigten die Republikaner an, das seit dem frühen 19. Jahrhundert bestehende **Recht der Opposition im Senat auf »Filibuster«** durch Parlamentsentscheid abzuschaffen. Seit dem Votum des Gerichts im Fall der Koma-Patientin Terri Schiavo (→ unten), nicht im Sinne der Regierung zu intervenieren, bestanden Vertreter der christlichen Rechten auf einem **stärkeren konservativen Einfluss auf die höheren juristischen Instanzen**. Weil die Auseinandersetzung um das Filibuster-Verfahren die gesamte parlamentarische Arbeit lahm zu legen drohte, einigten sich am 23. 5. Senatoren aus beiden Lagern auf den Kompromiss, zunächst drei der umstrittenen Bundesrichter-Kandidaten abzusegnen; Präsident Bush wurde in einem Memorandum aufgefordert, sich bei der Auswahl der Richter besser mit den Parteien im Senat abzustimmen. Anfang Juni 2005 wurden die vier restlichen Kandidaten bestätigt.

Nach dem Rücktritt der 75-jährigen Richterin am Supreme Court, Sandra Day O'Connor, Anfang Juli 2005 entbrannte erneut ein parteipolitischer Streit um die Neubesetzung des Amtes. Beobachter rechnen auch in diesem Fall mit einem zähen politischen Ringen, das aber mit der Ernennung des konservativen, aber als erfahrener Richter und Jurist geltenden **John G. Roberts** beendet wurde.

▪ **Rentenreformprojekt:** Im März 2005 lancierte Bush eine landesweite Kampagne zur Reform der Rentenversicherung (social security). Ihre Umsetzung zählt zu den wichtigsten innenpolitischen Vorhaben des Präsidenten in seiner verbleibenden Amtszeit: Weil die nach dem Umlageprinzip geführte staatliche Pensionskasse voraussichtlich ab 2017 defizitär sein wird, soll Arbeitnehmern unter 55 Jahren erlaubt werden, **bis zu zwei Drittel ihrer Rentenbeiträge zu kapitalisieren**, also in Aktien, Fonds etc. zu investieren. Langfristig könnte dadurch die Rentenkasse von Auszahlungen entlastet werden. Der Plan stieß jedoch auf starke Vorbehalte. Insbesondere ließen die damit verbundenen kurzfristigen Einnahmeausfälle der staatlichen Versicherung viele Bürger um ihre Renten fürchten. Nach Umfragen im April 2005 **lehnten 56 % der Amerikaner das Konzept ab**. Widerstand gegen die Reform regte sich ebenso in den Reihen der regierenden Republikaner selbst, die eine Erhöhung des Haushaltsdefizits missbilligten. Auch Notenbankchef Alan Greenspan plädierte gegen Bushs Vorschläge und empfahl die Absenkung der Rentenleistungen. Anfang Mai 2005 versuchte Bush sein Projekt durch einen Kompromissvorschlag zu retten: Die Leistungen für mittlere und höhere Einkommen sollten von der Reallohnentwicklung abgekoppelt werden – womit sich die Entwicklung der Altersbezüge dieser Schichten letztlich nur noch an der Inflationsrate orientieren würde. Damit löste Bush neue Kontroversen aus.

▪ **Menschenrechtsverletzungen im Anti-Terror-Kampf:** Der rechtliche Status und die Behandlung der von den USA seit Januar 2002 auf dem Stützpunkt **Guantánamo Bay** (Kuba) festgehaltenen »feindlichen Kombattanten« sowie weitere Vorwürfe bescherten der Administration Bush wachsende Probleme (Vorgeschichte → WA 2005, S. 460). Im August 2004 begann der **erste Prozess gegen Guantánamo-Häftlinge** vor einem Militärtribunal, dabei erreichte die Verteidigung die Absetzung zweier Richter und eines Beisitzers wegen Voreingenommenheit. Im Juni 2004 hatte der Oberste Gerichtshof den Gefangenen das Recht zugebilligt, vor US-Gerichten gegen ihre Inhaftierung zu klagen, bis Juni 2005 wurden bereits etwa ein Drittel der Inhaftierten von US-Anwaltsfirmen vertreten. Nach einer zehnmonatigen Überprüfung durch Militärtribunale wurde Ende März 2005 bei 38 der etwa 660 Häftlingen der Status des »feindlichen Kämpfers« aufgehoben. Nachdem schon zuvor auf Druck von Regierungen und Öffentlichkeit vereinzelte Überstellungen erfolgt waren, so an → Großbritannien und → Frankreich, kündigte das Pentagon nun vermehrte Abschiebungen in die Heimatländer an. Internationale Hilfsorganisationen warfen den USA wiederholt vor, **Gefangene durch physischen und psychischen Druck gefügig zu machen**. Eine Meldung des Nachrichtenmagazins Newsweek vom 9. 5. 2005 über die Entweihung religiöser Symbole bei Verhören in Guantánamo – Exemplare des Korans wurden angeblich zertrampelt und in Toiletten geworfen (**»Koranschändung«**) – löste internationale Proteste und Demonstrationen in Afghanistan, Ägypten, Pakistan, Indonesien, Iran und Palästina aus. Newsweek distanzierte sich kurz darauf wegen mangelnder Belegbarkeit von der Meldung, doch das Internationale Komitee vom Roten Kreuz (IKRK) und ehemalige Häftlinge bestätigten den Bericht. Anfang Juni 2005 räumte das Verteidigungsministerium mehrere Übergriffe dieser Art ein, lehnte jedoch am 21. 6. die Forderung der oppositionellen Demokratischen Partei ab, die Internierungspraxis in Guantánamo von einer unabhängigen Kommission untersuchen zu lassen. Die früheren Präsidenten Jimmy Carter und Bill Clinton schlugen im Juni 2005 die Schließung des Lagers vor. UN-Generalsekretär Kofi Annan forderte Ende Juni 2005 Zugang von UN-Menschenrechtsexperten nach Guantánamo; am 23. 6. teilte die UN-Menschenrechtskommission in Genf mit, dass die USA eine Kooperation zur Untersuchung der Haftbedingungen in den Gefangenenlagern im Irak, in Afghanistan und in Guantánamo verweigern.

Die Vorfälle verschärften die schon länger währende Debatte über **Menschenrechtsverletzungen und Folterpraktiken** des Militärs und der Geheimdienste. Menschenrechtsorganisationen wie Human Rights Watch und American Civil Liberties Union (ACLU) hatten bereits Ende 2004 Dokumente über Misshandlungen und Todesfälle in afghanischen und irakischen Haftanstalten vorgelegt; das Center for Constitutional Rights (CCR) in New York und die New York Times lenkten Anfang März 2005 die Aufmerksamkeit auf die Praxis der CIA, Terrorverdächtige zum Verhör in Länder wie Syrien und Ägypten zu überstellen (»Rendition«) und sie dort foltern zu lassen. Im Jahresbericht 2005 erhob amnesty international schwere Vorwürfe gegen die USA, vor allem wegen der Verharmlosung von Folterpraktiken.

▪ **Abu-Ghraib-Prozesse:** In der juristischen Aufarbeitung des Folterskandals im irakischen US-Gefängnis Abu Ghraib standen seit 2004 neun unmittelbar Tatbeteiligte vor US-Gerichten, acht Fälle endeten mit einem Schuldspruch (Vorgeschichte → WA 2005, S. 461). Die höchste Strafe – zehn Jahre Gefängnis – erhielt im Januar 2005 der Unteroffizier der Militärpolizei **Charles Graner Jr.** wegen seiner Führungsrolle bei den Übergriffen. Der Versuch der Soldatin **Lynndie England**, durch ihre Auftritte in den Videos aus Abu Ghraib die prominenteste Angeklagte, sich schuldig zu bekennen, um eine Strafminderung zu erreichen, scheiterte am 2. 5. 2005. Der Richter erklärte ihr Geständnis für ungültig und verwies das Verfahren an das Heereskommando zurück. Internationale Kritik richtete sich auf die **milde Behandlung der hochrangigen Verantwortlichen** für die Vorgänge in dem Gefängnis; auf Protest stieß auch die Tatsache, dass Generaloberst Geoffrey Miller, ehemaliger Kommandeur des Lagers Guantánamo Bay und im August 2003 als Spezialist für Verhörmethoden in den Irak entsandt, sich in der Angelegenheit nicht verantworten musste. Ende April 2005 entlastete eine Untersuchungskommission der Streitkräfte den damaligen Oberbefehlshaber im Irak, General Ricardo Sanchez und drei seiner Mitarbeiter. Die damalige Leiterin der Militärpolizei im Irak, Brigadegeneralin **Janis Karpinski, wurde dagegen am 5. 5. 2005** in den Rang eines Obersten zurückgestuft. Oberst Thomas Pappas, verantwortlich für die Geheimdienstaktivitäten im Gefängnis, erhielt im Mai 2005 eine Abmahnung und eine Geldstrafe.

▪ **Wirtschaft und Wirtschaftsprozesse:** Die Wirtschaft verzeichnete 2004 mit einem **BIP-Wachstum von 4,4 %** die höchste Steigerung seit 1999. Maßgeblich trugen private Konsumausgaben und Investitionen in der Computerindustrie zu dem Anstieg bei. Im vierten Quartal sorgte das auf eine Rekordhöhe von 60,3 Mrd. US-$ gestiegene Handelsbilanzdefizit für eine Abschwächung des Wachstums (→ Kap. Wirtschaft).

USA: Wirtschaftswachstum

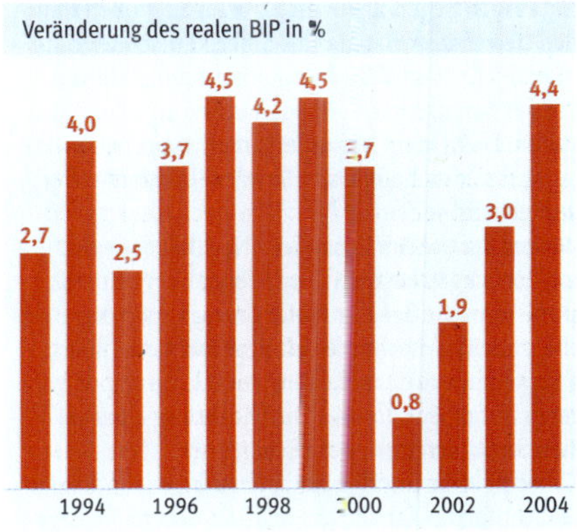

Quelle: U.S. Department of Commerce 2005

Am 13. 7. 2005 wurde der Gründer und Chef des Telekommunikations-Unternehmens WorldCom Inc., Bernard Ebbers, zu 25 Jahren Gefängnis verurteilt. Ein Geschworenen-Gericht in New York hatte ihn am 15. 3. wegen Wertpapierbetrugs, Verschwörung sowie Falschaussagen für schuldig befunden. Die **WorldCom-Affäre** gilt als der **größte Betrugsfall in der Geschichte der USA**. Im Juli 2002 hatte das Unternehmen Insolvenz angemeldet, nachdem Falschbuchungen in der Bilanz über 11 Mrd. US-$ bekannt geworden waren. Die Staatsanwaltschaft hatte lange mit einer Anklage gezögert, weil sie kein schriftliches Belastungsmaterial fand. Der Prozess stützte sich deshalb ausschließlich auf die Aussage des früheren Finanzchefs von WorldCom, Scott Sullivan, dem ebenfalls eine langjährige Haftstrafe droht.

Im Zusammenhang mit dem Bestreben, die Abhängigkeit der USA auf dem Energiesektor von ausländischen Erdölimporten zu verringern, brachte Präsident Bush erneut den Plan in den Kongress ein, in **Alaska Erdölbohrungen** zuzulassen. Das 2003 noch abgelehnte Vorhaben wurde am 16. 3. 2005 vom Senat gebilligt, da die Republikaner inzwischen über die Mehrheit in beiden Häusern des Kongresses verfügen. Die Erdölvorkommen liegen in einem 7,7 Mio. ha großen **Nationalen Tierschutzgebiet**, das als amerikanische Serengeti bezeichnet wird. Erdölunternehmen erklärten nach der Senatsentscheidung, dass sie an weiteren Explorationen nicht besonders interessiert wären, da das wirtschaftliche Potenzial nicht besonders vielversprechend sei.

- **Reform der Geheimdienste:** Als Nachfolger des im Juni 2004 zurückgetretenen George Tenet übernahm der republikanische Senator **Porter Gross**, Vorsitzender des Geheimdienstausschusses im Repräsentantenhaus, im September 2004 die **Leitung der CIA**. Zu seinen wichtigsten Aufgaben zählt die Durchführung einer raschen Strukturreform des Dienstes.

Konsequenzen aus den Mängeln der geheimdienstlichen Antiterror-Arbeit zog ein **neues Geheimdienstgesetz** (Intelligence Bill), das Präsident Bush am 17. 12. 2004 in Kraft setzte. Es weist den Diensten mehr Personal zu und räumt ihnen erweiterte Rechte bei der Überwachung im Inland und an den Grenzen ein. Neben der Schaffung eines Nationalen Zentrums zur Terrorabwehr besteht die wichtigste Reform in der **Einsetzung eines Nationalen Geheimdienstdirektors**, der die Arbeit von 15 Behörden mit rund 200 000 Mitarbeitern koordinieren soll. Diese Oberaufsicht hatte in der Vergangenheit stets der CIA-Direktor übernommen. Seit 22. 4. 2005 übt **John Negroponte**, der frühere US-Botschafter bei den UN und im Irak, dieses Amt aus.

Der am 31. 3. 2005 auszugsweise veröffentlichte Bericht der von Präsident Bush eingesetzten Kommission zur Untersuchung der Geheimdienststrukturen bekräftigte die **Vorwürfe gegen die Geheimdienste**, die bereits von der 9/11-Kommission und dem Geheimdienstausschuss des Senats erhoben worden waren: Mangelnde Prüfung von Quellen, Fehlinformationen bezüglich der Massenvernichtungswaffen im Irak und allgemein ungenügende Koordination.

- **Sterbehilfe-Fall Schiavo:** Ein langjähriger Rechtsstreit um die künstliche Ernährung der Wachkoma-Patientin Terri Schiavo in Florida führte im Frühjahr 2005 zu einer **zutiefst emotional geführten Kontroverse um lebensverlängernde Maßnahmen**. Seit 1997 versuchte ihr Ehemann Michael gerichtlich die Abschaltung der Apparate der seit 1990 künstlich am Leben erhaltenen Frau zu erreichen; Einsprüche der Eltern der Frau mit Unterstützung des Gouverneurs des Bundesstaats, Jeb Bush, verhinderten dies jedoch wiederholt. Nach der erneuten Entfernung der Magensonde Mitte März 2005 schaltete sich auch Präsident Bush ein, verschiedene Gerichte bis hin zum Supreme Court lehnten aber sämtliche Einsprüche zur Wiederaufnahme der Ernährung ab. Schiavo starb schließlich am 31. 3. 2005. Die Debatte stieß auch im Ausland auf ein großes Echo. Vertreter der christlichen Rechten, die tagelang vor dem Hospiz demonstriert hatten, kündigten Kampagnen gegen Sterbehilfemaßnahmen an.
- **Freispruch:** Nach fünfmonatigem Prozess wegen des Verdachts auf Kindesmissbrauchs **sprachen** die Geschworenen des Gerichts im kalifornischen Santa Maria den Popstar **Michael Jackson** (→ Foto) am 13. 6. 2005 **in allen zehn Anklagepunkten frei.** Sie argumentierten, dass es der Anklage nicht gelungen sei, genügend glaubwürdige Fakten für eine Verurteilung des Sängers zu präsentieren. Eine britische Fernsehdokumentation im Februar 2003 hatte die Ermittlungen gegen den heute 46-jährigen Jackson ausgelöst.

Michael Jackson und seine Mutter verlassen am 13. 6. 2005 das Gericht

AUSSENPOLITIK

- **Dauerbelastung durch Irak-Krieg:** Ihrem erklärten Ziel, der Befriedung und Demokratisierung des Irak sowie der gesamten Nahostregion, kamen die USA nicht näher. Die ethnisch-religiösen Konflikte und die Zahl der Terroranschläge im → Irak nahmen seit Anfang 2005 drastisch zu. Weil der Aufbau von Militär und Polizei unter der irakischen Regierung nicht zügig voranging, musste die US-Truppenstärke im Januar 2005 auf mehr als 150 000 erhöht werden. Bis Anfang Juli 2005 war die Zahl der **seit Kriegsbeginn 2003 getöteten US-Soldaten auf über 1700 gestiegen**. Kritik an der Irak-Politik aus den Reihen des US-Militärs bezog sich auf die personelle Überlastung der Streitkräfte. Am 10. 5. 2005 bewilligte der Kongress u. a. für die Militäroperationen im Irak und Afghanistan einen Nachtragshaushalt von 82 Mrd. US-$, der die Aufwendungen für Verteidigung im Haushaltsjahr 2005/2006 auf über 100 Mrd. US-$ brachte.

Ende 2004 wurde die **Suche nach Massenvernichtungswaffen** im Irak **eingestellt**. Chef-Waffeninspektor Charles Duelfer hatte dem Kongress im Oktober 2004 einen Abschlussbericht vorgelegt, der einen entscheidenden Kriegsgrund endgültig als unhaltbar auswies. Nach den Befunden der Inspektoren hatte das Regime unter Saddam Hussein sein Atomprogramm nach 1991 aufgegeben und besaß zum Zeitpunkt der US-Intervention Anfang 2003 keine Massenvernichtungswaffen.

Angesichts schlechter Umfragewerte warb Präsident Bush am 28. 6. 2005 in einer Fernsehansprache um mehr Unterstützung für den »Krieg gegen den Terror auf dem Schlachtfeld Irak«. Er versicherte, keine weiteren Truppen zu entsenden, wollte aber auch **keinen Zeitplan für einen Rückzug** nennen. Kurz zuvor hatte Verteidigungsminister Rumsfeld erklärt, der bewaffnete Widerstand im Irak könne noch bis zu zehn oder zwölf Jahre andauern.

- **Konflikte mit internationalen Organisationen:** Die Aussage von **UN-Generalsekretär Annan** am 16. 9. 2004 in einem BBC-Interview, der Einmarsch der US-geführten Koalitionstruppen in den Irak sei nicht durch eine UN-Sicherheitsratsresolution gedeckt und darum ein Verstoß gegen die UN-Charta gewesen, rief scharfe Reaktionen des Außenministeriums hervor: Washington bekräftigte seine Haltung, mit der Androhung »ernster Konsequenzen« in der Resolution 1441 vom November 2002 sei der Krieg legitimiert gewesen. Konservative Kongressabgeordnete und ihnen nahestehende Medien forderten ab Ende 2004 den Rücktritt des UN-Generalsekretärs, weil er Unregelmäßigkeiten beim UN-Programm »Öl für Nahrungsmittel« (1996–2003) für den Irak geduldet habe (→ UN, Kap. Internationale Organisationen).

Daneben engagierten sich die USA gegen die Kandidatur des **Leiters der Internationalen Atomenergiebehörde (IAEA), Mohamed el-Baradei**; für eine dritte Amtszeit. El-Baradei, seinerzeit Chef der UN-Waffeninspektoren im Irak, hatte vor dem Einmarsch der USA Zweifel an der Theorie der Massenvernichtungswaffen geäußert und sich auch im Streit um das iranische Atomwaffenprogramm gegen die Positionen der USA gestellt. Im Dezember 2004 wurde bekannt, dass US-Geheimdienste el-Baradeis Telefonate mit dem Iran abgehört hatten, um ihm Parteilichkeit nachzuweisen. Washington argumentierte auch mit einer informellen Regelung, dass hohe UN-Funktionäre nur zwei Amtsperioden absolvieren sollten und bemühten sich – allerdings erfolglos – einen Gegenkandidaten aufzustellen. Der IAEA-Gouverneursrat berief el-Baradei am 13. 6. 2005 für weitere vier Jahre (ab 1. 12. 2005) zum Leiter der Kontrollbehörde.

Die Nominierung des stellvertretenden Verteidigungsministers Paul Wolfowitz durch Präsident Bush am 16. 3. 2005 zum **neuen Präsidenten der Weltbank** (in der die USA Mehrheitsaktionär sind) stieß international und vor allem bei Hilfsorganisationen auf Kritik. Wolfowitz, ein Protagonist der Neokonservativen, gilt als einer der Architekten des Irak-Kriegs. Er wurde am 1. 4. 2005 vom Direktorium der Weltbank ins Amt gewählt.

In der Debatte um die **Erweiterung des UN-Sicherheitsrats** nahmen die USA eine defensive Haltung ein – nur die Mitgliedschaft Japans fand ihre Billigung. Gegenüber der deutschen Bewerbung zeigten sich Außenministerin Rice und Präsident Bush bei den Besuchen von Außenminister Joschka Fischer bzw. Bundeskanzler Gerhard Schröder in Washington (9. 6. 2005 bzw. 27. 6.) deutlich reserviert.

- **Verhältnis zu Europa:** Im Bemühen um Beilegung der Konflikte mit europäischen Staaten, die sich der Kriegskoalition gegen den Irak verweigert hatten, setzte Außenministerin Rice mit ihrer Rede am 8. 2. 2005 in Paris ein deutliches Zeichen. Sie rief zu einem **»neuen Anfang« in den transatlantischen Beziehungen** auf und regte ein gemeinsames Vorgehen in der Nahostpolitik an. Diese Haltung brachte auch Präsident Bush zu Beginn seiner Europareise am 21. 2. 2005 in Brüssel zum Ausdruck. Der damalige EU-Ratsvorsitzende Jean-Claude Juncker kündigte an, die Europäer werden gemeinsam mit den USA eine internationale Konferenz zum Wiederaufbau des Irak organisieren.

Ein andauernder **Konflikt mit der EU** ergab sich allerdings, als die EU-Kommission im Dezember 2004 auf Betreiben vor allem Frankreichs und Deutschlands ein Verfahren zur Aufhebung des (seit 1989 bestehenden) **Waffenembargos gegen China** einleitete. Das Repräsentantenhaus verabschiedete am 2. 2. 2005 eine fast einmütige Protestresolution, Sprecher des Senats kündigten Sanktionen gegen die EU im Bereich der technologischen Zusammenarbeit an. Eine besondere **Krise in den Beziehungen zu Rom** ergab sich aus der Erschießung eines italienischen Geheimdienstmitarbeiters durch US-Soldaten bei der Befreiung der italienischen Journalistin Giuliana Sgrena in Bagdad am 4. 3. 2005 (→ Italien). Ende April 2005 sprach ein Untersuchungsausschuss der US-Armee die beteiligten Soldaten von allen Vorwürfen frei. Weiter wurde das Verhältnis zwischen beiden Staaten durch den im Juni 2005 an die Öffentlichkeit geratenen Skandal um die Entführung eines islamistischen Predigers aus Mailand nach Ägypten belastet. Die Mailänder Staatsanwaltschaft erließ am 23. 6. Haftbefehl gegen 13 in Italien operierende CIA-Agenten.

▪ **Israel/Palästina:** Bei ihrer Antrittsreise durch den Nahen Osten im Februar 2005 **forderte Außenministerin Rice die weitere Umsetzung des Friedensplans (Road Map) ein**, der zu einem autonomen Palästinenserstaat an der Seite Israels führen soll. Das erste Gipfeltreffen zwischen dem neu gewählten Palästinenserpräsidenten Mahmud Abbas und Israels Ministerpräsident Ariel Scharon am 8. 2. 2005 im ägyptischen Scharm el-Scheich (das nur einen Waffenstillstand erbrachte) galt als Neubeginn in diesem Prozess. Dabei wurde auch die Einsetzung von US-General William Ward als »Sicherheitskoordinator« bei der palästinensischen Autonomiebehörde vereinbart. Beim Besuch von Scharon in Washington am 11. 4. beharrte Bush auf der Forderung nach einem Siedlungsstopp im Rahmen der Road Map und unterstützte die Pläne Scharons für den Abzug Israels aus dem Gaza-Streifen. Aus der ersten Visite von Palästinenserpräsident Abbas in Washington am 26. 5. ergaben sich keine neuen politischen Perspektiven. Im Juni 2005 spitzten sich die Beziehungen zwischen den Verteidigungsministerien beider Länder zu, nachdem bekannt geworden war, dass Israel hinter dem Rücken der USA Waffen an die VR China verkaufen wollte. Außenministerin Rice und Verteidigungsminister Rumsfeld verhängten daraufhin Sanktionen gegen Israel.

▪ **Syrien: Gegenüber → Syrien**, das sie als Unterstützer des Widerstands im Irak brandmarkten, **erhöhten die USA den politischen Druck**. Nach der Ermordung des libanesischen Ministerpräsidenten Rafik Hariri, die dem syrischen Geheimdienst angelastet wurde, zog Washington im Februar 2005 seine Botschafterin aus Damaskus ab. In einer Rede am 8. 3. 2005 forderte Präsident Bush Syrien zum Abzug seiner Truppen aus dem Libanon auf und sicherte allen Demokratiebewegungen in der Region die Unterstützung der USA zu. Bei seinem Treffen am 15. 3. mit dem jordanischen König Abdullah II. machte Bush der libanesischen Hisbollah (für die USA eine vom Iran gestützte Terrororganisation) das Angebot, sie als politische Kraft zu akzeptieren, wenn sie die Waffen niederlegt. Am 6. 5. verlängerte Bush die Wirtschaftssanktionen gegen Syrien auf unbestimmte Zeit.

▪ **Iran:** Im Streit um das Atomprogramm des → Iran lenkten die USA im Februar 2005 ein und stützten die Bemühungen um eine Verhandlungslösung, die von der so genannten EU-3-Gruppe (Großbritannien, Frankreich und Deutschland) unternommen wurden. Gleichwohl hielten sich die USA die Option auf einen Militärschlag offen. Ausdruck der Abkehr von Sanktionsdrohungen war der Beschluss der Welthandelsorganisation (WTO) am 26. 5. 2005, Beitrittsverhandlungen mit dem Iran aufzunehmen – die USA verzichteten auf ein Veto. Nach der Wahl des religiös-konservativen Mahmud Ahmadi-Nedschad zum neuen iranischen Staatspräsidenten am 24. 6. zeigte sich das State Department in einer ersten Reaktion »tief besorgt«.

▪ **Weitere Entwicklungen:** Verschärfte Spannungen beim gleichzeitigen Bemühen, diese nicht eskalieren zu lassen, kennzeichneten die **Beziehungen zu Nordkorea** (→ Korea, DVR). Mitte 2005 zeichnete sich die Bereitschaft Pjöngjangs ab, an den im Juni 2004 ausgesetzten multilateralen Abrüstungsgesprächen in Beijing (Sechser-Gespräche) wieder teilzunehmen.

Im langdauernden **Konflikt um die Handels- und Währungspolitik der VR → China** drohte die US-Regierung Anfang Juni 2005 mit Schutzzöllen gegen chinesische Billigimporte, falls Beijing nicht innerhalb von sechs Monaten den Wechselkurs des Yuan anhebe. Vor dem Hintergrund des anhaltenden Taiwan-Problems (→ China, Republik), das durch die Verabschiedung eines Antisezessionsgesetzes durch den Nationalen Volkskongress in Beijing am 14. 3. 2005 wieder akut geworden war, wandten sich die USA als Schutzmacht Taiwans energisch gegen die von der EU beabsichtigte Aufhebung des Waffenembargos gegen China und erreichten am 15. 4. eine Aufschiebung der Entscheidung.

Das **Verhältnis zu Russland** blieb bestimmt von grundsätzlicher Allianz im Kampf gegen den Terrorismus und Distanz in Fragen der Rechtssicherheit und Demokratie im russischen Machtbereich. Nach dem Geiseldrama von Beslan (→ Russland) äußerte Präsident Bush am 17. 9. 2004 nur zurückhaltend Kritik am Abbau demokratischer Rechte, den der russische Staatschef Wladimir Putin mit den Erfordernissen des Anti-Terror-Kampfes begründete. Vor dem Hintergrund des Prozesses gegen den früheren Jukos-Ölmagnaten Michail Chodorkowski mahnte Bush bei seinem Treffen mit Putin am 24. 2. 2005 im slowakischen Bratislava dagegen Medienfreiheit und demokratische Kontrolle der Macht an. Argwöhnisch betrachtete der Kreml auch die Besuche Bushs in Lettland und Georgien vor bzw. nach dessen Teilnahme an den Feierlichkeiten in Moskau anlässlich des 60. Jahrestages des Endes des Zweiten Weltkriegs im Mai 2005.

Nach der **Tsunami-Katastrophe** vom 26. 12. 2004 in Südostasien (→ Themen der Welt) starteten die USA eine breit angelegte Hilfsaktion für die Opfer. Luftwaffe und Heeresmarine führten die größte Operation in der Region seit dem Ende des Vietnamkriegs durch. Präsident Bush sagte bis Februar 2005 940 Mio. US-$ zu. Außenpolitisch war dies auch als der Versuch gedacht, die seit Beginn des Anti-Terror-Feldzugs belasteten Beziehungen zu → **Indonesien** zu verbessern. Das Land mit der weltweit größten muslimischen Bevölkerung und insbesondere dessen Provinz Aceh waren besonders stark von der Flutwelle betroffen.

Vietnam Südost-Asien

Sozialistische Republik Vietnam;
Công-hòa xã-hôi chú-nghĩa Viêt-Nam – VN / VNM

Fläche (Weltrang: 64): 331 114 km²

Einwohner (14): F 2003 81 314 000 = 246 je km²

Hauptstadt: Ha Noi (Hanoi)

Amtssprache: Vietnamesisch

Bruttonationaleinkommen 2003 je Einw.: 480 $

Währung: 1 Dong (D) = 100 Xu
Kurs: 1 US-$ = 15 852 D; 1 € = 19 875 D

Botschaft der Sozialistischen Republik Vietnam
Elsenstr. 3, 12435 Berlin
T 030 / 53 63 01 08, Fax 53 63 02 00
www.vietnambotschaft.org

LANDESSTRUKTUR **Fläche**: 331 114 km²; → Karte ▪ **Verwaltung**: 8 Regionen mit 61 Provinzen und 4 Stadtbezirken: Ha Noi, Ho Chi Minh-Stadt, Hai Phong und Da Nang; Tabelle → WA 2004, Sp. 894 ▪ **Städte**: (S 2002) Thanh Pho Ho Chi Minh (ehem. Saigon) 5 378 100 Einw., Ha Noi 2 841 700, Hai Phong 1 711 100, Hué 1 078 900, Thanh Hoa 1 066 300, Vung Tau 839 000, Da Nang 715 000

BEVÖLKERUNG Vietnamesen – F 2003: 81 314 000 Einw.; Bevölkerungswachstum: 1,1 %; letzte Zählung 1999: 76 323 173 Einw. – insg. über 60 Nationalitäten: ca. 87 % Vietnamesen (Kinh), daneben siamo-chines. u. a. Minderheiten ▪ **Sprachen**: 80 % Vietnamesisch; Sprachen der Minderheiten ▪ **Religion** 1992: 55 % Buddhisten, 5 % Katholiken; etwa 180 000 Protestanten, daneben Daoismus, Konfuzianismus

STAATS- UND REGIERUNGSFORM Verfassung von 1992 – Sozialistische Republik seit 1980 – Parlament (Nationalversammlung) mit 498 Mitgl., Wahl alle 5 Jahre; Staatsrat ständig amtierendes Gremium; Zentralkomitee (161 Mitgl.), Politbüro als entscheidendes Organ (15 Mitgl.) – Staatsoberh. ist der alle 5 J. durch die Nationalversammlung gewählte Vorsitzende – Wahlrecht ab 18 J. ▪ **Unabhängigkeit**: alte staatl. Tradition; Ausrufung der Unabhängigkeit durch Ho Chi Minh 2. 9. 1945, französischer Unabhängigkeits-Vertrag mit Gegenregierung (Bao Dai) 4. 6. 1954; Wiedervereinigung 2. 7. 1976 ▪ **Nationalfeiertag**: 2. 9.

REGIERUNG UND PARTEIEN **Staatsoberhaupt**: Trân Duc Luong, seit 25. 9. 1997 – **Regierungschef**: Phan Van Khai, seit 25. 9. 1997 – **Äußeres**: Nguyen Dy Nien, seit 28. 1. 2000 ▪ **Parlament**: Wahlen zur Nationalversammlung vom 19. 5. 2002: Kommunistische Partei 447 von 498 Sitzen (1997: 384 von 450), Nichtparteimitglieder und Unabhängige 51 (66)

WIRTSCHAFT **BIP** 2003: 39,164 Mrd. $; realer Zuwachs: 7,2 %; Anteil (2003) Landwirtschaft 22 %, Industrie 40 %, Dienstleistungen 38 % ▪ **Erwerbstätigkeit** 2002: Landwirtsch. 66,1 %, Industrie 12,9 %, Dienstl. 21,0 % ▪ **Arbeitslosigkeit** ∅ 2004: 5,6 % ▪ **Inflation** ∅ 2004: 7,7 % ▪ **Außenhandel** 2004: **Import**: 32,0 Mrd. $; *Güter*: 16 % Maschinen und Ausrüstungen, 11 % Kraftstoffe, 8 % Eisen und Stahl, 7 % Leder und Bekleidungsmaterial, 5 % Textilien und Baumwolle, 3 % Kfz-Komponenten, 3 % Düngemittel und Insektizide; *Länder*: 14 % VR China, 12 % Rep. China, 11 % Singapur, 11 % Japan, 10 % Rep. Korea, 6 % Thailand, 4 % USA, 3 % Hongkong, 2 % Deutschland; **Export**: 26,5 Mrd. $; *Güter*: 22 % Rohöl, 17 % Textilien und Bekleidung, 10 % Schuhe, 9 % Fisch und Meeresfrüchte, 4 % Reis, 3 % Holz und Holzerzeugnisse, 2 % Kaffee; *Länder*: 19 % USA, 13 % Japan, 10 % VR China, 7 % Australien, 5 % Singapur, 4 % Deutschland, 4 % Großbritannien, 3 % Rep. China, 3 % Rep. Korea, 2 % Frankreich

CHRONIK

▪ **Vogelgrippe:** Trotz der vorsorglichen Tötung von mehr als 20 Mio. Stück Geflügel im Zuge der ersten Seuchenausbreitung **gelang es den Behörden nicht, die Vogelpest**, die in der Variante des H5N1-Virus auch für den Menschen gefährlich ist, **gänzlich zu unterdrücken** (→ WA 2005, S. 464 f.). Mehrmals flackerte die Epidemie wieder auf. Ab Januar 2004 bis März 2005 starben in Asien laut Robert-Koch-Institut 42 Menschen an der Vogelgrippe, allein 29 davon in Vietnam. Anfang Februar bat die Regierung die Weltgesundheitsorganisation (WHO) und die Ernährungs- und Landwirtschaftsorganisation der UN (FAO) um internationale Hilfe bei der Bekämpfung der Vogelseuche.

▪ **Menschenrechte:** Mit Blick auf den gewünschten WTO-Beitritt und die Verbesserung der politischen und wirtschaftlichen Beziehungen insbesondere zu Ländern des Westens kam die Regierung in einigen Punkten den Forderungen nach Respektierung der Menschenrechte entgegen. Am 12. 7. 2004 wurde das **Bürgerrecht auf Glauben und freie Religionsausübung** verkündet, blieb jedoch an bestimmte Bedingungen gebunden. So müssen sich religiöse Würdenträger staatlich registrieren lassen und dürfen ihr Amt nur im Rahmen ihrer Gemeinde ausüben. Den Staat oder die Gesellschaft gefährdende religiöse Aktivitäten können weiterhin verboten werden. Im Zuge dieser Entscheidung sollten Gerichtsurteile, in denen Angeklagte auf Grund ihrer religiösen Überzeugung verurteilt worden waren, aufgehoben und Glaubenshäftlinge entlassen werden.

Am 31. 1. 2005 erließ die Regierung eine **Amnestie** für 8300 Gefangene. Zu ihnen gehörten neben 33 Ausländern, die in ihre Heimat entlassen wurden, der katholische Priester Thaddeus Nguyen Van Ly und der buddhistische Mönch Huyn Van Bas, sowie einige Menschenrechtsaktivisten, unter ihnen Nguyen Dan Que. Er war am 29. 7. 2004 wegen »Missbrauchs demokratischer Rechte« (§ 87) zu 30 Monaten Gefängnis verurteilt worden, weil er die in Vietnam ausgeübte Pressezensur im Internet kritisiert hatte.

▪ **Internationale Beziehungen:** Auf der fünften EU-Asien-Konferenz (Asem), deren Gastgeber Hanoi vom 7.–9. 10. 2004 war, erhielt Vietnam (wie auch Laos) von der EU Rückhalt für ihre **Bemühungen um einen Beitritt zur Welthandelsorganisation** (WTO), den Vietnam noch für 2005 anstrebte. Ein am Rande der Konferenz zwischen der EU und Vietnam geschlossenes Handelsabkommen sollte den Weg hierzu ebnen.

Vietnam: Wirtschaftswachstum

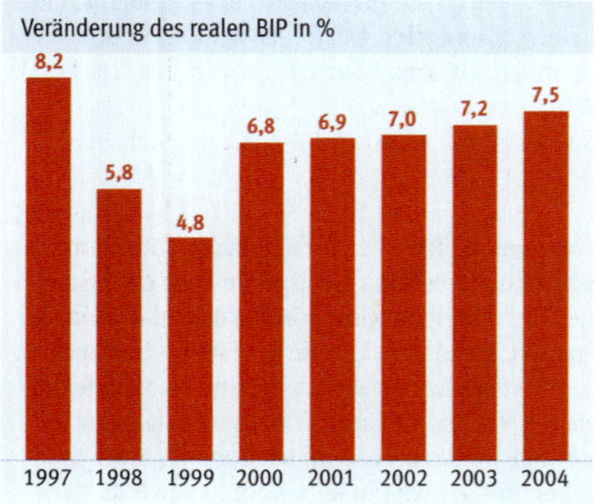

Quelle: World Development Indicators 2005

Zum Abschluss unterzeichneten Ministerpräsident Phan Van Khai und sein deutscher Kollege Gerhard Schröder ein **Entwicklungshilfeabkommen** im Finanzvolumen von 60 Mio. €. Zwei Unternehmensabkommen (Siemens AG und Polysius AG) über die Lieferung von Lokomotiven und den Bau von Zement- bzw. Klinkermahlwerken im Gesamtwert von 156 Mio. € ergänzten die Abmachung.

Gespräche zur Vorbereitung des WTO-Beitritts und der Abschluss von Wirtschaftsverträgen standen auch im Vordergrund des Besuches von Ministerpräsident Phan Van Khai in den USA vom 19.–22. 6. Die **erste Visite eines vietnamesischen Regierungschefs in den USA** – 30 Jahre nach dem Sieg über die USA und zehn Jahre nach Aufnahme diplomatischer Beziehungen – qualifizierten politische Beobachter als gleichermaßen »historisch« wie die Reise des damaligen US-Präsidenten Bill Clinton nach Hanoi im Jahr 2000. Am Rande des Besuchs demonstrierten Exil-Vietnamesen für die Einhaltung der Menschenrechte in ihrem Heimatland.

▪ **Vietnamkriegsopfer:** Ein Bundesgericht in New York wies am 10. 3. 2005 eine **Sammelklage von Vietnamesen gegen 32 amerikanische Chemiekonzerne** ab, die das hochgiftige dioxinhaltige Entlaubungsmittel Agent Orange als Chemiewaffe für den Einsatz im Vietnamkrieg durch das US-Militär herstellten. Die Kläger hatten geltend gemacht, ihre schweren Gesundheitsschäden stammten von dem von US-Flugzeugen zwischen 1962–71 großflächig versprühten Herbizid, und hatten Entschädigung gefordert. Mehr als 2 Mio. Menschen in Vietnam sollen in ähnlicher Weise geschädigt sein. 80 g des in Agent Orange enthaltenen Dioxins TCDD, in die Wasserversorgung einer Stadt gemischt, reichen aus, um 8 Mio. Menschen zu töten. Nach Schätzungen der Columbia University wurden mindestens 366 kg TCDD über Vietnam verteilt. 1984 hatten rd. 30 000 amerikanische Vietnamkriegsveteranen Entschädigungszahlungen von insgesamt 180 Mio. US-$ von den Agent-Orange-Produzenten erhalten. Gleichwohl beurteilte das Gericht die Ansprüche der vietnamesischen Kläger als nach nationalem wie internationalem Recht unbegründet.

Weißrussland Ost-Europa

Republik Weißrussland; auch: Belarus; Respublíka Belarus', Kurzform: Belarus' – BY / BLR

Fläche (Weltrang: 83): 207 595 km^2

Einwohner (80): F 2003 9 881 000 = 48 je km^2

Hauptstadt: Minsk

Amtssprachen: Weißrussisch, Russisch

Bruttonationaleinkommen 2003 je Einw.: 1600 $

Währung: 1 Belarus-Rubel (BYR) = 100 Kopeken
Kurs: 1 US-$ = 2149 BYR; 1 € = 2691 BYR

Botschaft der Republik Belarus
Am Treptower Park 32/33, 12435 Berlin
T 030/53 63 59-0, Fax 53 63 59 23
www.belarus-botschaft.de

LANDESSTRUKTUR **Fläche**: 207 595 km^2; → Karte ▪ **Verwaltung**: 6 Regionen und Hauptstadtbezirk ▪ **Städte**: (F 2001) Minsk 1 699 100 Einw., Gomel' 480 000, Mogil'ov 360 600, Vitebsk 341 500, Grodno 307 100, Brest 291 400, Bobrujsk 221 400, Baranoviči 168 800, Borisov 150 900, Pinsk 131 100, Orşa 124 000, Mozyr' 110 700, Novopolotsk 102 100, Soligorsk 101 900, Lida 100 000

BEVÖLKERUNG Weißrussen (Belarussen) – F 2003: 9 881 000 Einw.; Bevölkerungswachstum: –0,4 %; letzte Zählung 1999: 10 045 237 Einw. – 81 % Weißrussen (Belarussen), 11 % Russen, 4 % Polen, 2 % Ukrainer sowie Tataren u. a. ▪ **Sprachen** 1989: 77,7 % Weiß(Belo)russisch, 82,7 % Russisch; Sprachen der Minderheiten ▪ **Religion**: 60 % Russisch-Orthodoxe, 8 % Römisch-Katholische; Minderheiten von Muslimen, Juden, Protestanten

STAATS- UND REGIERUNGSFORM Verfassung von 1994, geändert 2004 – Präsidialrepublik seit 1994 – Parlament: Repräsentantenhaus (110 Mitgl.) und Republikrat (64 Vertreter der Regionen, 8 Mitgl. werden vom Staatsoberh. ernannt); Wahl alle 4 J. – Direktwahl des Staatsoberh. alle 7 J. – Wahlrecht ab 18 J. ▪ **Unabhängigkeit**: Souveränitätserklärung 27. 7. 1990, Proklamation 25. 8. 1991 ▪ **Nationalfeiertag**: 27. 7.

REGIERUNG UND PARTEIEN **Staatsoberhaupt**: Aleksander G. Lukaschenko, seit 1994 – **Regierungschef**: Sergej Sidorsky, seit 10. 7. 2003 – **Äußeres**: Sergej Martinow, seit 21. 3. 2003 ▪ **Parlament**: Wahlen vom 17. 10. 2004: Kommunistische Partei 8 von 110 Abgeordneten, Agrarpartei 3, Liberaldemokratische Partei 1, Unabhängige 96; 3 Sitze werden in Nachwahlen bestimmt

WIRTSCHAFT **BIP** 2003: 17,493 Mrd. $; realer Zuwachs: 6,8 %; Anteil (2003) Landwirtschaft 10 %, Industrie 30 %, Dienstleistungen 60 % ▪ **Erwerbstätigkeit** 2003: Landwirtsch. 11,3 %, Industrie 34,1 %, Dienstl. 54,6 % ▪ **Arbeitslosigkeit** ∅ 2004: 1,9 % (offiziell) ▪ **Inflation** ∅ 2004: 14,4 % ▪ **Außenhandel** 2004: **Import**: 16,345 Mrd. $; *Güter*: 28 % mineralische Rohstoffe, 25 % Maschinen, Ausrüstungen und Fahrzeuge, 14 % Metallerzeugnisse, 13 % Chemie- und Kunststofferzeugnisse, 11 % Metalle, Ernährungsgüter, 4 % Textilien; *Länder*: 69 % Russland, 7 % Deutschland, 3 % Ukraine, 3 % Polen, 2 % Italien (GUS gesamt 72 %, EU gesamt: rd. 20 %); **Export**: 13,752 Mrd. $; *Güter*: 28 % mineralische Rohstoffe und Primärenergieträger, 23 % Maschinen, Ausrüstungen und Fahrzeuge, 15 % Chemie- und Kunststofferzeugnisse, 9 % Metalle und Erzeugnisse daraus, 9 % Ernährungsgüter (inkl. Rohstoffe), 7 % Holz-, Zellstoff-, Papiererzeugnisse, Möbel, 7 % Textilien; *Länder*: 47 % Russland, 8 % Großbritannien, 7 % Niederlande, 5 % Polen, 4 % Ukraine, 4 % Deutschland, 3 % Litauen, 2 % Lettland, 2 % VR China (GUS gesamt: 53 %, EU gesamt: rd. 37 %)

CHRONIK

Unter dem Eindruck des demokratischen Machtwechsels in der → Ukraine ging die Regierung unter dem diktatorisch regierenden Präsidenten Aleksander Lukaschenko hart gegen die Opposition vor.

▪ **Referendum und Parlamentswahlen:** Da die Verfassung bisher nur die einmalige Wiederwahl des Präsidenten vorsah, ließ Lukaschenko am 17. 10. 2004 in einem Referendum über die Aufhebung dieser Beschränkung abstimmen. Laut amtlichen Angaben stimmten 79,42 % der Teilnehmer mit Ja, und da die offizielle Wahlbeteiligung bei 90 % lag, erreichte Lukaschenko formal die Zustimmung von mehr als 50 % der Wahlberechtigten, die für eine Gültigkeit des Referendums notwendig waren. Nach Ansicht eines international renommierten, weißrussischen Meinungsforschungsinstituts lag die Zustimmung nur bei 48,7 %.

Bei den **Parlamentswahlen** errang die Opposition kein einziges der 110 Mandate (offizielle Wahlbeteiligung 90,14 %). Die EU verurteilte am 20. 10. 2004 die **grobe Missachtung grundlegender demokratischer Standards** bei Referendum und Parlamentswahl.

▪ **Verfolgung von Oppositionsführern:** Der oppositionelle Präsidentschaftskandidat Michail Marinitsch wurde am 30. 12. 2004 zu fünf Jahren Zwangsarbeit verurteilt. Ein Gericht befand ihn der Unterschlagung und des Amtsmissbrauchs für schuldig. Die Strafe wurde nach Protesten der EU und der USA im Februar 2005 auf dreieinhalb Jahre Haft reduziert. Der Vorsitzende der Sozialdemokratischen Partei, Mikola Statkewitsch, und der Leiter der Jugendorganisation »Junge Front«, Pawel Sewerinez, wurden am 31. 5. 2005 von einem Gericht wegen Störung der öffentlichen Ordnung zu drei Jahren Freiheitsentzug verurteilt.

Zentralafrikanische Republik Zentral-Afrika

Ködrö tî Bê-Afrîka (sangho); République centrafricaine – CF / CAF

Fläche (Weltrang: 42): 622 436 km^2

Einwohner (125): F 2003 3 881 000 = 6,2 je km^2

Hauptstadt: Bangui

Amtssprachen: Sango, Französisch

Bruttonationaleinkommen 2003 je Einw.: 260 $

Währung: CFA-Franc
Kurs: 1 US-$ = 526,07 CFA-Francs
1 € = 655,96 CFA-Francs

Honorarkonsul der Zentralafrikanischen Republik
Hangstr. 2, 76228 Karlsruhe
T 0721 / 47 54 47 und Fax 47 54 54

LANDESSTRUKTUR **Fläche**: 622 436 km^2; Karte → WA 2005, S. 467 ▪ **Verwaltung**: 16 Präfekturen und Hauptstadt mit Sonderstatus ▪ **Städte**: (Z vorl. 2003) Bangui 531 763 Einw., Bimbo 114 086, Berbérati 59 414, Carnot 37 339, Bambari 33 273

BEVÖLKERUNG Zentralafrikaner – F 2003: 3 881 000 Einw.; Bevölkerungswachstum: 1,6 %; 2003 (vorl.): 3 151 072 Einw. – hauptsächlich Ubangi-Gruppen: 34 % Banda, 27 % Gbaya, 11 % Ngbandi, 10 % Azande, Yakoma u. a.; Minderheit von Europäern ▪ **Sprachen**: Sango (Ngbandi-basierte Kreolsprache), Französisch; verschiedene Ubangi-Sprachen und Fulani ▪ **Religion**: 25 % Katholiken, 25 % Protestanten, 15 % Muslime; 24 % Anhänger von indigenen Religionen

STAATS- UND REGIERUNGSFORM Neue Verfassung von 2004 – Präsidialrepublik seit 1986 – Parlament: Nationalversammlung mit 106 Mitgl.; Wahl alle 5 Jahre – Direktwahl des Staatsoberh. alle 5 J. (einmalige Wiederwahl) – Wahlrecht ab 21 J. ▪ **Unabhängigkeit**: 13. 8. 1960 (ehem. französische Kolonie) ▪ **Nationalfeiertag**: 1. 12.

REGIERUNG UND PARTEIEN **Staatsoberhaupt**: François Bozizé (KNK), seit 15. 3. 2003 – **Regierungschef**: Elie Doté, seit 13. 6. 2005 – **Äußeres**: Jean-Paul Ngoupandé, seit 19. 6. 2005 ▪ **Parlament**: Wahlen vom 13. 3. / 8. 5. 2005: Kwa na Kwa-Koalition / KNK 42 von 106 (1998: – von 109), Mouvement pour la Libération du Peuple Centrafricain / MLPC 11 (47), Rassemblement Démocratique Centrafricain / RDC 8 (20), Sonstige 10 (35), Unabhängige 34 (7)

WIRTSCHAFT **BIP** 2003: 1,198 Mrd. $; realer Zuwachs: –7,3 %; Anteil (2003) Landwirtschaft 61 %, Industrie 25 %, Dienstleistungen 14 % ▪ **Erwerbstätigkeit** 2001: Landwirtsch. 72 % ▪ **Arbeitslosigkeit**: k. A. ▪ **Inflation** Ø 2003: 3,1 % ▪ **Außenhandel** 2002: **Import**: 102 Mio. $; *Güter*: Industriegüter, Maschinen, Nahrungsmittel, Brennstoffe; *Länder* 2001: v. a. Frankreich, Kamerun, Spanien; **Export**: 134 Mio. $; *Güter*: Diamanten, Kaffee, Holz, Baumwolle; *Länder* 2001: v. a. Belgien, Kasachstan, Spanien

CHRONIK

Obwohl das Land immer noch weit davon entfernt war, als stabil zu gelten, gab es Anzeichen für eine allmähliche Entwicklung hin zu Demokratie und Frieden. Um das Kabinett auf 24 Mitglieder zu verkleinern, entließ Präsident François Bozizé am 3. 9. 2004 die gesamte Regierung. Im neuen Kabinett unter dem bisherigen Premierminister Célestin Leroy Gaombalet blieb Charles Hervé Wénézoui Außenminister.

Bei einem Referendum am 17. 12. 2004 stimmten 87 % der Stimmberechtigten für die **neue Verfassung**, die eine Stärkung des Premierministers vorsieht. Die Amtszeit des Präsidenten wird auf 5 Jahre und eine einmalige Wiederwahl festgelegt.

Die Entscheidung des Obersten Gerichtshofs, im Vorfeld der ursprünglich für Januar 2005 angesetzten, dann aber mehrfach verschobenen **Parlaments- und Präsidentschaftswahlen**, mehrere Kandidaten von der Wahl auszuschließen, darunter auch den 2003 gestürzten Präsidenten Ange-Felix Patassé, löste eine politische Krise aus. Auf Druck der Nachbarländer entschied Bozizé am 22. 1. 2005, alle ausgeschlossenen Kandidaten, ausgenommen den im Exil lebenden Patassé, gegen den ein Strafverfahren anhängig ist, zur Wahl zuzulassen. In der ersten Runde der Präsidentschaftswahlen am 13. 3. 2005 erhielt Bozizé 43 % der Stimmen, Martin Ziguélé vom Mouvement pour la Libération du Peuple Centrafricains (MLPC) erzielte 24 %, der frühere Staatspräsident André Kolingba vom Rassemblement Démocratique Centrafricain (RDC) kam auf 16 % und Jean-Paul Ngoupandé vom Parti de l'Unité Nationale (PUN) auf 5 %. Die Wahlbeteiligung lag laut offiziellen Angaben bei 73 %. Der ehemalige Premierminister und derzeitige Vizepräsident Abel Goumba, der nur auf 3 % kam, sprach von Wahlbetrug und wurde umgehend seines Amtes enthoben.

Aus der **Stichwahl** am 8. 5. 2005 ging **Bozizé** mit 65 % der Stimmen **eindeutig als Sieger** hervor und wurde am 13. 6. vereidigt. Elie Doté wurde zum Premierminister ernannt und stellte am 19. 6. sein 27-köpfiges Kabinett vor.

Bei den Parlamentswahlen am 13. 3. und 8. 5. gewann Präsident Bozizés Kwa na Kwa-Koalition (KNK) 42 von 106 Mandaten, der MLCP 11 (gegenüber 1998 –36), der RDC 8 (–12).

Die **Afrikanische Union** (AU) sah in den allgemein als frei und fair bewerteten Wahlen eine Rückkehr zur verfassungsmäßigen Ordnung und **hob** deshalb am 27. 6. 2005 ihre nach dem Putsch vom März 2003 verhängten **Sanktionen auf**.

Zypern Südost-Europa

Republik Zypern; Kypriaki Dimokratía, Kurzform: Kýpros (griechisch); Kıbrıs Cumhuriyeti (türkisch) – CY / CYP

Fläche (Weltrang: 161): 9251 km²

Einwohner (154): F 2003 770 000 = 83 je km²

Hauptstadt: Lefkosía / Lefkoşa (Nikosia)

Amtssprachen: Griechisch, Türkisch

Bruttonationaleinkommen 2003 je Einw.: k. A.

Währung: 1 Zypern-Pfund (Z£) = 100 Cents
Kurs: 1 US-$ = 0,48 Z£; 1 € = 0,57 Z£ (1. 7. 2005)

Botschaft der Republik Zypern
Wallstr. 27, 10179 Berlin
T 030 / 30 86 830, Fax 27 59 14 54
E-Mail: cyprusembassy@t-online.de

LANDESSTRUKTUR **Fläche**: 9251 km²; davon griechisch-zypriotisches Gebiet 5896 km² (einschließlich 256 km² britische Militärstützpunkte), Türkische Republik Nordzypern / TRNC 3355 km² → unten; → Karte ▪ **Verwaltung**: 6 Distrikte ▪ **Städte**: (Z 2001) Lefkosía / Lefkoşa (Nikosia; seit 1974 geteilt) 200 686 Einw., Lemesós / Leymosun (Limassol) 156 939, Lárnax (Larnaca) 70 502, Néa Páfos (Paphos) 46 323

BEVÖLKERUNG Zyprer – F 2003: 770 000 Einw.; Bevölkerungswachstum: 0,6 %; letzte Zählung 2001: 703 529 Einw. (ohne TRNC) – 80,6 % griechische Zyprer, 11,1 % türkische Zyprer, 8,3 % Sonstige: Maroniten, Armenier, Latiner u. a. ▪ **Sprachen**: 80 % Griechisch, 20 % Türkisch; Englisch ▪ **Religion** 2001: (ohne TRNC) 94,8 % orthodoxe Christen, 1,5 % Katholiken; Minderheiten von Anglikanern, Maroniten, Muslimen und armenischen Christen

STAATS- UND REGIERUNGSFORM Verfassung von 1960 – Präsidialrepublik (im Commonwealth) seit 1960 – Parlament mit 80 Mitgl., davon 56 für griechische Zyprer, 24 für türkische Zyprer (vakant); Wahl alle 5 J. – Direktwahl des Staatsoberh. alle 5 J. – Wahlpflicht ab 18 J. ▪ **Unabhängigkeit**: 16. 8. 1960 (ehem. britische Kolonie); 1974 Teilung Zyperns in einen griechischen und einen international nicht anerkannten türkischen Teil (»TRNC«) ▪ **Nationalfeiertag**: 1. 10. (Unabhängigkeitstag)

REGIERUNG UND PARTEIEN **Staats- u. Regierungschef**: Tassos Papadopoulos (DIKO), seit 1. 3. 2003 – **Äußeres**: Georgios Iacovou (DIKO), seit 1. 3. 2003; Regierungskoalition aus DIKO, AKEL and KISOS ▪ **Parlament**: Wahlen vom 27. 5. 2001 (56 griechisch-zypriotische Abgeordnete): Fortschrittspartei des werktätigen Volkes / AKEL 20 von 56 (1996: 19), Demokratische Sammlungsbewegung / DISY 19 (20), Demokratische Partei / DIKO 9 (10), Demokratische Sozialisten / KISOS 4 (–), Vereinigte Demokraten / EDI 1 (2), Sonstige 3 (5)

WIRTSCHAFT **BIP** 2003: 11,385 Mrd. $; realer Zuwachs: 4,0 %; Anteil (2004) Landwirtschaft 4 %, Industrie 20 %, Dienstleistungen 76 % ▪ **Erwerbstätigkeit** 2001: Landwirtsch. 8,0 %, Industrie 21,5 %, Dienstl. 70,5 % ▪ **Arbeitslosigkeit** ∅ 2005: 5,0 % ▪ **Inflation** ∅ 2004: 1,9 % ▪ **Außenhandel** 2004: **Import**: 2,679 Mrd. Z£; *Güter*: 30 % Zwischenprodukte, 28 % Konsumgüter, 17 % Transportausrüstungen, 12 % Kapitalgüter, 12 % Brenn- und Schmierstoffe; *Länder*: 15 % Griechenland, 11 % Italien, 9 % Deutschland, 8 % Großbritannien, 6 % Frankreich, 5 % Japan, 4 % VR China (EU gesamt: 65 %); **Export**: 548 Mio. Z£; *Güter*: 57 % Industrieerzeugnisse, 25 % unbearbeitete landwirtschaftliche Erzeugnisse, 15 % industriell verarbeitete landwirtschaftliche Produkte; *Länder*: 27 % Großbritannien, 12 % Griechenland, 5 % Deutschland, 3 % Libanon, 3 % Niederlande (EU gesamt: 59 %)

Nordzypern

Türkische Republik Nordzypern / TRNC; Kuzey Kıbrıs Türk Cumhuriyeti

Fläche: 3355 km²; 36 % von Gesamtzypern ▪ **Bevölkerung** F 2001: 211 191 Einw. (inkl. Soldaten und Siedler) ▪ **Sprachen**: Türkisch ▪ **Religion**: mehrheitl. sunnit. Muslime ▪ **Hauptstadt** (F 1996): Lefkoşa 42 767 Einw. ▪ **Städte** (F 1996): Gazimağusa (griech. Ammóchostos, ehem. Famagusta) 22 215 Einw., Girne (griech. Kerýneia; Kyrenia) 7893 ▪ **Status:** Verfassung von 1985 – Einseitige Unabhängigkeitsproklamation 1983, nur von der Türkei anerkannt – Parlament: 50 Mitgl., Wahl alle 5 J. – Direktwahl des Staatsoberh. alle 5 J. ▪ **Regierung:** Staatsoberhaupt: Mehmet Ali Talat (CTP-Vors.), seit 24. 4. 2005 – Regierungschef: Ferdi Sabit Soyer (CTP), seit 26. 4. 2005 – Äußeres: Serdar Denktaş (DP-Vors.), seit 13. 1. 2004

CHRONIK

Nachdem das ablehnende Votum der griechischen Zyprioten zur Wiedervereinigung im April 2004 die Hoffnung enttäuscht hatte, Zypern könnte als geeintes Land der EU beitreten (→ WA 2005, S. 469), kristallisierten sich die Schwierigkeiten einer Einigung im Umfeld der Entscheidung des Europäischen Rats im Dezember heraus, Beitrittsverhandlungen mit der Türkei im Oktober 2005 aufzunehmen (→EU). Während in der Türkischen Republik Nordzypern (TRNC) im April 2005 die Ära des Nationalisten Rauf Denktaş endete und der neue proeuropäische Präsident Mehmet Ali Talat konziliante Zeichen sandte, war die Haltung von Präsident Tassos Papadopoulos unnachgiebig. Die **Finanzhilfen** in Höhe von 259 Mio. €, mit denen die EU im Juli 2004 Nordzypern aus der wirtschaftlichen Isolation befreien wollte, wurden von Papadopoulos **blockiert**, indem er die Nutzung »illegaler« (Flug-)Häfen im Norden als faktische Anerkennung des annektierten Landesteils ablehnte. Gleichzeitig wollte der Norden nur direkte Handelsbeziehungen mit der EU eingehen und nicht den Umweg über südliche Standorte akzeptieren.

▪ **EU-Türkei-Beziehung als Instrument im Inselstreit:** Im Vorfeld des EU-Gipfeltreffens am 17. 12. 2004 bestand Staatspräsident Tassos Papadopoulos neben der völkerrechtlichen Anerkennung der souveränen Staatlichkeit der Republik Zypern durch die Türkei darauf, dass alle Besatzungsstreitkräfte aus Nordzypern abgezogen und die Türken, die vom Festland in die TRNC übergesiedelt waren, repatriiert würden. Mit seiner **Drohung, die Aufnahme von Beitrittsverhandlungen der EU mit der Türkei** durch sein Veto **zu blockieren**, sah sich Papadopoulos jedoch vollständig isoliert. Er lenkte nach dem Zugeständnis des türkischen Premierministers Recep Tayyip Erdoğan ein, der das Protokoll zur **Ausdehnung der Zollunion auf die Republik Zypern** noch vor Aufnahme der Beitrittsverhandlungen unterzeichnen wollte. Die Zollunion von EU und Türkei besteht seit 1995 auf der Rechtsgrundlage eines 1963 geschlossenen Assoziationsvertrags zwischen der damaligen Europäischen Wirtschaftsgemeinschaft (EWG) und der Türkei. Während die EU und, explizit, die Türkei die Ausdehnung dieser Regelungen auf die zehn neuen EU-Mitglieder – und somit auch Zypern – als technische Anpassung verstehen, sieht die politische Führung Zyperns diesen Schritt als faktische völkerrechtliche Anerkennung ihrer Republik.

▪ **Ratifizierung des EU-Verfassungsvertrags:** Mit 30 von 56 Stimmen billigte das Parlament am 30. 6. 2005 den europäischen Verfassungsvertrag. Die 19 Abgeordneten der kommunistischen Partei AKEL stimmten dagegen.

NORDZYPERN

▪ **Parlamentswahl:** Die erst seit Januar 2004 amtierende Regierung unter Ministerpräsident Mehmet Ali Talat erklärte am 20. 10. 2004 ihren **Rücktritt**. Sie hatte ihre Mehrheit durch den Wechsel mehrerer Abgeordneter der Republikanischen Türkischen Partei (CTP) von Talat und der Demokratischen Partei (DP) des Präsidentensohnes Serdar Denktaş zur Opposition verloren, nachdem die Wiedervereinigung im April 2004 gescheitert war. Die Regierung Talat blieb bis zur Neuwahl des Parlaments geschäftsführend im Amt.

Die **Parlamentswahl** am 20. 2. 2005 erbrachte eine **deutliche Bestätigung des auf eine Wiedervereinigung gerichteten Kurses** der bisherigen Regierung. Talats CTP errang einen klaren Sieg mit 44,5 % der Stimmen (+9,1 %) und 24 der 50 Mandate (+5). Ihr Koalitionspartner DP kam auf 13,5 % (+0,6 %) bzw. 6 Mandate (–1). Der Gewinn der CTP ging zulasten der Bewegung für Frieden und Demokratie (BDH), auf die 5,8 % der Stimmen (–7,3 %) und 1 Mandat (–5) entfielen. Die na-

tionalistische Partei der Einigungsgegner, die Nationale Einheitspartei (UBP), welcher der amtierende Präsident Rauf Denktaş nahe stand, kam bei 31,7 % (–1,1 %) auf 19 Sitze (+1). Die Wahlbeteiligung betrug 80,8 %.

Am 9. 3. 2005 bildete Talat eine **neue Regierung auf der Grundlage der bisherigen Koalition aus CTP und DP**, die jedoch nur bis zum Antritt des neu gewählten Präsidenten zu amtieren hatte.

▪ **Präsidentenwahl und neue Regierung:** Bei der turnusmäßigen Direktwahl des Präsidenten am 17. 4. 2005 erhielt der amtierende Ministerpräsident **Talat** mit 55,6 % der Stimmen bereits im ersten Wahlgang die erforderliche **absolute Mehrheit** der abgegebenen Stimmen. Sein Hauptkonkurrent, der nationalistische ehemalige Regierungschef und Vorsitzende der UBP, Derviş Eroglu, kam auf 22,7 % (Wahlbeteiligung: 64 %). Der 81-jährige, seit 1975 ununterbrochen amtierende Präsident und Gründungsvater des »Türkischen Bundesstaates Nordzypern« (1975), der jetzigen TRNC (seit 1983), **Rauf Denktaş, hatte auf eine Kandidatur zur Wiederwahl verzichtet**. Sein Nachfolger wurde am 24. 4. 2005 vereidigt.

Präsident Talat beauftragte den Vorsitzenden der CTP, Ferdi Sabit Soyer, mit der Regierungsbildung. Sein Koalitionskabinett aus CTP und DP wurde am 28. 4. 2005 vom Parlament bestätigt, Soyer selbst am 30. 4. vom Präsidenten vereidigt. Serdar Denktaş, Parteichef der DP, übernahm die Ämter des stellvertretenden Premiers und des Außenministers. Als Hauptziel strebt die neue politische Führung eine Lösung des Inselstreits und Reformen zur Anpassung an die EU-Standards an.

Arktis

Die Arktis (von griech. Árktos = Bär; Land unter dem Sternbild Großer Bär; »Land im Norden«) ist ein um den geografischen Nordpol liegendes Land- und Meeresgebiet (Nordpolargebiet) mit einer **Fläche** von ca. 26 Mio. km² Eis. In ihrem Zentrum liegt das größtenteils ständig eisbedeckte Nordpolarmeer.
▪ **Die territoriale Zugehörigkeit** der Landgebiete der Arktis erstreckt sich auf Grönland (→ Dänemark), den Kanadisch-Arktischen Archipel, die sibirischen Inseln (→ Russland), einen Alaska-Sektor der USA sowie die norwegischen Inseln Spitzbergen, Jan Mayen und Båreninsel. ▪ Bevölkerung: In der Arktis und ihrer Randzone leben rund 4 Mio. Menschen, verteilt auf etwa 30 eingeborene Völker mit unterschiedlichen Traditionen und Kulturen: die Inuit (Eskimos) in den nördlichsten Gebieten Nordamerikas, Asiens und Grönlands; in der polaren Randzone der Arktis die subarktischen Völker, darunter die nördlichen Indianer aus Kanada und Alaska, die Samit (Lappen) aus Skandinavien und dem europäischen Teil Russlands sowie mehrere nordsibirische Völker wie die Tschuktschen, Samojeden, Jakuten und Nenet, u. a.
▪ Wirtschaft: Pelztierjagd und -zucht (Kanada, Russland); Fischerei (Gewässer um Dänemark, Kanada, Russland, USA); Rohstoffe: Erdöl (USA und Russland), Erdgas (Russland), Silber und Gold (Kanada), Zink (Dänemark), Kohle (Norwegen und Russland), Eisen (Norwegen), Apatit, Nickel, Buntmetalle, Gold und Diamanten (Russland).

ARKTISCHER RAT Zum Schutz und der Entwicklung der Polarregion durch eine Koordinierung der Umweltschutzinitiative, der Forschungs- und Verkehrsprojekte und der Ureinwohnerprogramme sowie einer

Abstimmung aller Erschließungsvorhaben (wobei der hohen Störanfälligkeit nordpolarer Ökosysteme besondere Aufmerksamkeit gewidmet werden soll) wurde 1996 der Arktische Rat durch acht Arktis-Anrainerstaaten (Dänemark, Finnland, Island, Kanada, Norwegen, Russland, Schweden und die USA) gegründet.

▪ **Ständige Teilnehmer** im Rat (mit Mitspracherecht) sind die Vertreter von sechs Ureinwohnerorganisationen, darunter die Konferenz der Inuits der Polarregion (Inuit Circumpolar Conference, ICC) aus Vertretern Grönlands, Kanadas, Alaskas und Russlands, der Lappische Rat mit Sektionen in Finnland, Norwegen, Schweden und Russland sowie der Verband der eingeborenen Völker Nordrusslands. Oberstes Organ ist der **Ministerrat**, dessen Beschlüsse nur Empfehlungscharakter haben und für die Mitgliedstaaten nicht bindend sind (Vorsitz 2004–2006: Russland).

▪ **Aktivitäten:** Die Mitgliedstaaten initiierten zahlreiche zwischenstaatliche Initiativen, u. a. zur Überwachung der Arktis (Arctic Monitoring and Assessment Programme/AMAP), zum Schutz der Flora und Fauna (Programme for the Conservation of Arctic Flora and Fauna/CAFF) und der Meeresumwelt (Protection of the Arctic Marine Environment/PAME), zur Beseitigung von Verschmutzung (Arctic Council Action Plan to Eliminate Pollution of the Arctic/ACAP), für Dringlichkeitsmaßnahmen (Emergency Prevention, Preparedness and Response/EPPR) und zur nachhaltigen Entwicklung (Sustainable Development Working Group/SDWG). Die 4. Ministerkonferenz fand am 24. 11. 2004 in Reykjavík (Island) statt.

Antarktis

Die Antarktis (Südpolargebiet; »Gegen-Arktis«, »Land im Süden«) hat eine Fläche von ca. 12,5 Mio. km²; 98 % der Fläche sind immer mit Eis bedeckt. 90 % der gesamten Eismassen der Erde liegen in der Antarktis, 10 % in der Arktis.

▪ **Ansprüche** auf rd. 80 % der Gesamtfläche des Gebiets haben sieben Staaten geltend gemacht: Argentinien, Australien, Chile, Frankreich, Neuseeland, Norwegen und Großbritannien. Diese zum Teil sich überlappenden »historischen« Ansprüche sind völkerrechtlich nicht anerkannt. Sie wurden durch den 1961 in Kraft getretenen Antarktisvertrag (→ unten) »auf Eis gelegt«.

▪ **Bevölkerung:** Im Gegensatz zur Arktis gibt es in der Antarktis keine Ureinwohner. Das Südpolargebiet wurde erst mit der Entwicklung hochseetüchtiger Schiffe von Menschen betreten. In den 1950er Jahren wurden einige feste Siedlungen errichtet. Die meisten »Einwohner« sind Wissenschaftler und technisches Personal, die dort nur für einen begrenzten Zeitraum in den rund 80 Forschungsstationen leben.

▪ **Wirtschaft:** Große Rohstoffvorkommen (Erdöl und -gas, Eisen, Titan, Chrom, Kupfer, und Kohle sowie Uran, Platin und Gold). Die Fischerei ist durch den Antarktisvertrag stark eingeschränkt.

ANTARKTISVERTRAG Der 1961 in Kraft getretene Vertrag, der alle Landgebiete südlich des sechzigsten Breitengrads einschließlich des Schelfeises umfasst, ist zeitlich unbegrenzt und regelt die friedliche Nutzung der Antarktis. Er war das erste internationale Abkommen nach dem Zweiten Weltkrieg, das für eine bestimmte Region alle militärischen Maßnahmen untersagt, und auch die erste Vereinbarung über eine kernwaffenfreie Zone in der Welt. Dem Antarktisvertrag sind bisher 45 Staaten beigetreten:

– die Gründungsmitglieder (= Vollmitglieder): Argentinien, Australien, Belgien, Chile, Frankreich, Großbritannien, Japan, Neuseeland, Norwegen, Russland (damals UdSSR), Südafrika und die USA

– Staaten mit Konsultativstatus (Voraussetzung ist die Errichtung einer wissenschaftlichen Station): Brasilien, VR China, Deutschland, Ecuador, Finnland, Indien, Italien, Republik Korea, Niederlande, Polen, Schweden, Spanien und Uruguay

– und Staaten ohne Konsultativstatus (= assoziierte Mitglieder ohne Stimmrecht): Bulgarien, Dänemark, Guatemala, Kanada, Kolumbien, DVR Korea, Kuba, Österreich, Papua-Neuguinea, Rumänien, Schweiz, Slowakei, Tschechische Republik, Türkei, Ukraine, Ungarn und Venezuela.

Den Antarktisvertrag begleitende **Maßnahmen und Übereinkommen** betreffen u. a. die Erhaltug der antarktischen Flora und Fauna durch Schutzzonen und Artenschutz (seit 1964 in Kraft), die Erhaltung der antarktische Robben (1978) und der lebenden Meeresschätze der Antarktis, z. B. Krill (Kleinkrebse, die Teil des Planktons sind) und Fischen (1982), sowie die Nutzung der antarktischen mineralischen Ressourcen (1988 unterzeichnet, noch nicht in Kraft).

Ein Protokoll zum Antarktisvertrag über Umweltschutz (seit 1992 in Kraft) deklariert die Antarktis für mindestens fünfzig Jahre als »ein dem Frieden und der Wissenschaft gewidmetes Naturreservat« und unterwirft jedes menschliche Handeln Regeln, die der ökologischen Bedeutung und dem globalen Klima Rechnung tragen. Jeder Abbau der Bodenschätze außer zu wissenschaftlichen Forschungszwecken ist verboten. Das Protokoll enthält Detailvorschriften für die Umweltverträglichkeitsprüfung wissenschaftlicher Projekte, um eine Gefährdung der einheimischen Pflanzen- und Tierwelt zu vermeiden, sowie Regeln zur Abfallbeseitigung und Reinhaltung des Meerwassers. Mittlerweile besuchen jährlich rd. 30 000 Touristen den Kontinent.

Außerhalb des Antarktis-Vertragssytems wurde durch die Internationale Walfangkommission (IWC) 1994 ein für 50 Jahre geltendes, 21 Mio. km² großes **Walschutzgebiet** rund um die Antarktis errichtet.

Alukisten mit Büchern für die Bibliothek am Ende der Welt

Am 19. 1. 2005 eröffnete nach rund zehnjähriger Vorbereitungszeit die **»Bibliothek im Eis«** (Foto) des Alfred-Wegener-Instituts für Polar- und Meeresforschung (AWI). Fast 1000 Bücher stehen den Wissenschaftlern der benachbarten deutschen Forschungsstation »Neumayer« in dem beheizten Bibliothekscontainer zur Verfügung.

Das Alfred-Wegener-Institut feierte am 15. 7. an seinem Hauptsitz in Bremerhaven sein 25-jähriges Bestehen. Mit sechs Forschungsschiffen, darunter dem weltweit leistungsfähigsten Eisbrecher »Polarstern«, und fünf Polarstationen gehen Wissenschaftler in der Antarktis und der Arktis ihren Forschungsaufgaben, u. a. der Untersuchung des antarktischen Ökosystems und der Sammlung von Klimadaten, nach.

Basisdaten: Bevölkerung 1

Definitionen, Quellen und Weltregionen → S. 779 ff.

	HDI-Rang 2004	Einwohner F 2003	Bevölkerungsdichte je km² 2003	Städtische Bevölkerung in % 2003	Lebenserwartung in Jahren 2003	Bevölkerung unter 15 J. in % 2003	Bevölkerung über 65 J. in % 2003
Afghanistan	–	28 766 000	44	23,3	43*	44,1	2,8
Ägypten	120	67 559 000	67	42,9	69	33,5	4,3
Albanien	65	3 169 000	110	44,2	74	27,3	7,3
Algerien	108	31 833 000	13	58,8	71	33,9	4,0
Andorra	–	66 000	141	91,7	–	–	–
Angola	166	13 522 000	11	36,2	47	47,6	2,9
Antigua und Barbuda	55	79 000	179	37,8	75	20,7	8,2
Äquatorialguinea	109	494 000	18	51,4	52	43,6	3,7
Argentinien	34	36 772 000	13	88,6	74	27,0	9,8
Armenien	82	3 056 000	103	67,5	75	20,5	10,2
Aserbaidschan	91	8 233 000	95	51,9	65*	27,0	7,5
Äthiopien	170	68 613 000	61	16,6	42	45,4	2,8
Australien	3	19 880 000	3	91,9	80	20,0	12,5
Bahamas	51	317 000	23	89,4	70	28,4	5,6
Bahrain	40	712 000	995	93,0	73	27,2	2,5
Bangladesch	138	138 066 000	936	26,8	62	35,5	3,4
Barbados	29	271 000	630	51,7	75	20,6	10,2
Belgien	6	10 376 000	319	97,5	78	17,0	16,7
Belize	99	274 000	12	48,4	71	37,7	4,4
Benin	161	6 720 000	60	44,5	53	45,0	2,7
Bhutan	134	874 000	19	7,9	64	42,6	4,1
Bolivien	114	8 814 000	8	64,0	64	38,4	4,4
Bosnien und Herzegowina	66	4 140 000	81	44,4	74	17,2	10,9
Botsuana	128	1 722 000	3	50,3	38	41,5	2,3
Brasilien	72	176 596 000	21	82,8	69	27,5	5,4
Brunei Darussalam	33	356 000	62	73,8	77	30,5	3,0
Bulgarien	56	7 823 000	71	67,5	72	14,4	16,4
Burkina Faso	175	12 109 000	44	17,6	43	46,9	2,7
Burundi	173	7 206 000	259	9,9	42	45,3	2,5
Chile	43	15 774 000	21	86,6	76	26,9	7,4
China, Rep. (Taiwan)	–	22 605 000	628	–	76	–	–
China, Volksrepublik	94	1 295 660 000	135	38,7	71	23,6	7,3
Costa Rica	45	4 005 000	78	60,6	79	29,8	5,8
Dänemark	17	5 387 000	125	85,1	77	18,6	14,9
Deutschland	19	82 541 000	231	88,1	78	14,9	17,3
Dominica	95	71 000	95	72,0	77	25,0	8,4
Dominikanische Republik	98	8 739 000	181	67,1	67	32,0	4,5
Dschibuti	154	705 000	30	84,6	43	42,8	3,0
Ecuador	100	13 008 000	51	64,3	71	32,7	4,9
Elfenbeinküste	163	16 835 000	52	44,9	45	41,5	2,6
El Salvador	103	6 533 000	311	63,5	70	34,7	5,0
Eritrea	156	4 390 000	36	20,0	51	44,3	2,7
Estland	36	1 353 000	30	69,5	71	16,1	15,2
Fidschi	81	835 000	45	51,7	70	32,3	3,8
Finnland	13	5 212 000	15	59,0	78	17,6	15,3
Frankreich	16	59 762 000	110	75,9	79	18,6	16,1
Gabun	122	1 344 000	5	83,6	53	40,4	5,5
Gambia	155	1 421 000	126	32,6	53	40,5	3,2
Georgien	97	5 126 000	74	57,0	73	18,4	14,3
Ghana	131	20 669 000	87	37,1	54	41,9	4,4
Grenada	93	105 000	305	39,6	73	34,2	7,0

	HDI-Rang 2004	Einwohner F 2003	Bevölkerungsdichte je km² 2003	Städtische Bevölkerung in % 2003	Lebenserwartung in Jahren 2003	Bevölkerung unter 15 J. in % 2003	Bevölkerung über 65 J. in % 2003
Griechenland	24	11 033 000	84	60,9	78	14,7	18,7
Großbritannien	12	59 329 000	244	89,7	78	18,2	16,0
Guatemala	121	12 307 000	113	40,6	66	42,5	3,5
Guinea	160	7 909 000	32	28,9	46	43,6	2,5
Guinea-Bissau	172	1 489 000	41	33,9	46	44,4	3,4
Guyana	104	769 000	4	37,6	62	29,9	4,8
Haiti	153	8 440 000	304	37,6	52	39,0	3,5
Honduras	115	6 969 000	62	55,5	66	40,8	3,3
Indien	127	1 064 399 000	324	28,3	63	32,4	5,1
Indonesien	111	214 674 000	112	44,1	67	29,7	4,9
Irak	–	24 700 000	56	67,5	63	39,4	3,1
Iran	101	66 392 000	40	66,1	69	29,5	4,7
Irland	10	3 994 000	57	59,8	73	21,3	11,2
Island	7	289 000	3	92,9	80	22,5	11,9
Israel	22	6 688 000	319	92,1	79	27,4	9,7
Italien	21	57 646 000	191	67,4	80	14,0	19,0
Jamaika	79	2 643 000	241	57,6	76	29,7	6,9
Japan	9	127 573 000	338	79,2	82	14,2	18,6
Jemen	149	19 173 000	36	25,7	58	45,2	2,6
Jordanien	90	5 308 000	59	79,1	72	37,4	3,2
Kambodscha	130	13 404 000	74	18,6	54	41,0	3,2
Kamerun	141	16 087 000	34	51,2	48	41,1	3,7
Kanada	4	31 630 000	3	79,3	79	18,2	12,8
Kap Verde	105	470 000	117	65,7	69	41,6	3,6
Kasachstan	78	14 878 000	6	55,9	61	24,5	8,1
Katar	47	624 000	55	93,3	75	24,2	3,1
Kenia	148	31 916 000	55	36,3	45	42,1	2,7
Kirgisistan	110	5 052 000	25	34,4	65	31,7	6,1
Kiribati	–	96 000	118	39,5	63	38,3	2,2
Kolumbien	73	44 584 000	39	76,5	72	31,8	4,8
Komoren	136	600 000	322	35,0	62	41,9	2,6
Kongo, Dem. Republik	168	53 153 000	23	–	45	47,9	2,6
Kongo, Republik	144	3 757 000	11	67,3	52	46,9	3,1
Korea, Dem. VR	–	22 612 000	184	61,1	63	25,7	6,6
Korea, Republik	28	47 912 000	482	83,5	74	20,7	7,6
Kroatien	48	4 445 000	79	59,0	74	16,2	15,8
Kuba	52	11 326 000	102	75,9	77	20,3	10,4
Kuwait	44	2 396 000	135	96,2	77	24,8	1,9
Laos	135	5 660 000	24	20,7	55	41,8	3,5
Lesotho	145	1 793 000	59	30,3	37	41,4	5,1
Lettland	50	2 321 000	36	60,4	71	15,9	15,5
Libanon	80	4 498 000	430	90,6	71	30,3	5,9
Liberia	–	3 374 000	35	46,7	47	44,1	2,8
Libyen	58	5 559 000	3	88,5	73	32,5	3,7
Liechtenstein	–	33 000	206	21,9	74	–	–
Litauen	41	3 454 000	53	68,9	72	17,7	14,2
Luxemburg	15	448 000	173	92,5	78	18,9	14,9
Madagaskar	150	16 894 000	29	31,4	56	44,0	3,0
Malawi	165	10 962 000	93	15,9	38	44,9	3,4
Malaysia	59	24 774 000	75	59,4	73	33,0	4,4
Malediven	84	293 000	983	28,9	69	39,2	4,0

	HDI-Rang 2004	Einwohner F 2003	Bevölkerungs-dichte je km² 2003	Städtische Bevölkerung in % 2003	Lebens-erwartung in Jahren 2003	Bevölkerung in % 2003 unter 15 J.	über 65 J.
Mali	174	11 652 000	9	32,3	41	47,2	2,8
Malta	31	399 000	1 263	91,6	79	19,4	12,6
Marokko	125	30 113 000	66	57,4	69	32,9	4,4
Marshallinseln	–	53 000	292	66,4	65*	–	–
Mauretanien	152	2 848 000	3	61,7	51	42,6	3,1
Mauritius	64	1 222 000	599	42,3	72	25,0	6,4
Mazedonien	60	2 049 000	80	59,6	74	21,5	10,7
Mexiko	53	102 291 000	52	75,0	74	32,3	5,2
Mikronesien	–	125 000	179	29,3	69	36,4	3,8
Moldau	113	4 238 000	125	41,9	67	20,4	11,1
Monaco	–	33 000	16 923	100,0	–	–	–
Mongolei	117	2 480 000	2	56,8	66	31,7	4,1
Mosambik	171	18 791 000	24	35,6	41	42,3	3,6
Myanmar	132	49 363 000	73	29,2	57	31,9	4,5
Namibia	126	2 015 000	2	32,4	40	41,9	3,8
Nauru	–	13 000	610	–	–	–	–
Nepal	140	24 660 000	168	12,9	60	40,1	3,8
Neuseeland	18	4 009 000	15	86,1	79	21,9	11,7
Nicaragua	118	5 480 000	46	57,3	69	40,9	3,1
Niederlande	5	16 223 000	391	89,8	78	18,3	14,0
Niger	176	11 762 000	9	22,1	46	48,9	2,3
Nigeria	151	136 461 000	148	46,6	45	44,0	2,6
Norwegen	1	4 562 000	14	75,5	79	19,7	14,9
Oman	74	2 599 000	8	77,6	74	41,3	2,8
Österreich	14	8 090 000	97	67,8	79	16,2	16,0
Pakistan	142	148 439 000	187	34,1	64	40,1	3,4
Palästinensische Gebiete	102	3 515 000	584	–	73	45,1	3,1
Palau	–	20 000	39	69,5	–	–	–
Panama	61	2 984 000	40	57,2	75	30,0	5,8
Papua-Neuguinea	133	5 502 000	12	18,2	57	40,9	2,5
Paraguay	89	5 643 000	14	58,0	71	38,4	3,5
Peru	85	27 148 000	21	73,9	70	33,0	4,9
Philippinen	83	81 503 000	272	61,0	70	36,0	4,0
Polen	37	38 196 000	122	63,0	75	17,6	12,5
Portugal	26	10 444 000	113	68,1	76	17,3	15,2
Ruanda	159	8 395 000	319	6,6	40	45,7	3,0
Rumänien	69	21 744 000	91	55,7	70	16,6	13,9
Russische Föderation	57	143 425 000	8	72,9	66	16,3	13,2
Salomonen	124	457 000	17	21,4	70	44,7	2,6
Sambia	164	10 403 000	14	40,3	36	46,8	2,7
Samoa	75	178 000	63	22,8	70	35,5	5,0
San Marino	–	28 000	458	90,7	–	–	–
São Tomé und Príncipe	123	157 000	157	49,0	66	38,6	6,4
Saudi-Arabien	77	22 528 000	10	87,5	73	40,2	2,9
Schweden	2	8 956 000	20	83,4	80	17,5	17,5
Schweiz	11	7 350 000	178	67,5	80	16,6	15,6
Senegal	157	10 240 000	52	49,6	52	43,6	2,7
Serbien und Montenegro	–	8 104 000	79	52,0	73	19,6	14,0
Seychellen	35	84 000	185	66,0	73	27,9	6,9
Sierra Leone	177	5 337 000	74	38,7	37	43,6	2,6
Simbabwe	147	13 102 000	34	37,5	39	43,4	3,1

Basisdaten: Bevölkerung 1

	HDI-Rang 2004	Einwohner 2003	Bevölkerungs-dichte je km² 2003	Städtische Bevölkerung in % 2003	Lebens-erwartung in Jahren 2003	Bevölkerung in % 2003 unter 15 J.	über 65 J.
Singapur	25	4 250 000	6 225	100,0	79	20,7	7,6
Slowakei	42	5 390 000	110	58,0	73	18,2	11,4
Slowenien	27	1 995 000	99	49,2	76	15,0	14,6
Somalia	–	9 626 000	15	28,9	47	47,8	2,4
Spanien	20	41 101 000	81	78,3	80	15,0	17,2
Sri Lanka	96	19 232 000	293	23,8	74	25,1	6,7
St. Kitts und Nevis	39	46 700	174	34,7	72	26,1	11,8
St. Lucia	71	161 000	261	38,6	74	30,6	5,4
St. Vincent u. Grenadinen	87	109 000	280	58,1	73	25,7	7,1
Südafrika	119	45 829 000	38	59,2	45	32,0	4,4
Sudan	139	33 546 000	13	38,9	59	39,5	3,6
Suriname	67	438 000	3	76,0	70	28,7	5,5
Swasiland	137	1 106 000	64	27,4	43	42,1	2,8
Syrien	106	17 384 000	94	52,5	70	38,2	3,1
Tadschikistan	116	6 305 000	44	27,6	66	36,5	4,6
Tansania (nur Festland)	162	35 889 000	38	35,4	43	44,7	2,4
Thailand	76	62 014 000	121	20,4	69	22,9	6,6
Timor-Leste	158	877 000	60	7,7	62	49,5	1,7
Togo	143	4 861 000	86	35,1	50	43,2	3,2
Tonga	63	102 000	136	33,5	71	33,8	8,4
Trinidad und Tobago	54	1 313 000	256	75,3	72	23,7	6,5
Tschad	167	8 582 000	7	25,0	48	48,0	2,8
Tschechische Republik	32	10 202 000	129	74,7	75	15,5	13,9
Tunesien	92	9 895 000	61	67,4	73	27,5	6,1
Türkei	88	70 712 000	91	67,0	69	28,3	5,9
Turkmenistan	86	4 864 000	10	45,4	64	33,8	4,5
Tuvalu	–	11 500	442	–	–	–	–
Uganda	146	25 280 000	105	15,3	43	49,8	1,8
Ukraine	70	48 355 000	80	68,2	68	16,0	15,1
Ungarn	38	10 123 000	109	65,4	73	16,3	14,7
Uruguay	46	3 380 000	19	92,5	75	24,4	12,6
Usbekistan	107	25 590 000	57	36,7	67	33,3	4,9
Vanuatu	129	210 000	17	22,9	69	40,8	2,9
Vatikanstadt	–	253	–	–	–	–	–
Venezuela	68	25 674 000	28	87,6	74	32,2	4,7
Ver. Arabische Emirate	49	4 041 000	52	88,0	75	24,8	3,1
Ver. Staaten von Amerika	8	290 810 000	30	77,9	77	21,0	12,4
Vietnam	112	81 314 000	246	25,4	70	30,6	5,3
Weißrussland	62	9 831 000	48	69,9	68	16,8	14,0
Zentralafrikanische Rep.	169	3 831 000	6	42,7	42	41,8	3,5
Zypern	30	770 000	83	70,9	78	21,8	12,0
WELTREGIONEN							
Afrika südl. d. Sahara	–	704 518 000	30	36,5	46	43,7	2,9
Naher Osten u. Nordafrika	–	311 613 000	28	59,0	69	34,6	4,0
Südasien	–	1 424 728 000	298	28,3	63	33,8	4,7
Ostasien u. Pazifik	–	1 854 631 000	117	39,1	70	25,8	6,6
Lateinamerika u. Karibik	–	532 744 000	27	76,6	71	30,5	5,6
Europa und Zentralasien	–	472 232 000	20	63,8	63	20,4	11,4
Am wenigsten entw. Länder	–	674 324 000	34	24,9	51	42,0	3,1
Welt	–	6 272 522 000	48	48,7	67	28,9	7,1

– keine Angaben * Zahlen beziehen sich auf anderes Jahr oder anderen Zeitraum als im Kopf angegeben

Definitionen, Quellen und Weltregionen → S. 779 ff.

	Bevölkerungs-wachstum in % 2003	Geburtenrate je 1000 Einw. 2003	Sterberate je 1000 Einw. 2003	Fruchtbar-keitsrate pro Frau 2003	Kinder-sterblichkeit pro 1000 Geb. 2003	Säuglings-sterblichkeit pro 1000 Geb. 2003
Afghanistan	2,7	48	22	6,8	257	165
Ägypten	1,8	24	6	3,1	39	33
Albanien	0,6	17	6	2,2	21	18
Algerien	1,6	22	5	2,7	41	35
Andorra	–	–	–	–	7	6
Angola	3,0	50	19	7,0	260	154
Antigua und Barbuda	2,7	18	5	1,7	12	11
Äquatorialguinea	2,5	40	15	5,4	146	97
Argentinien	0,8	18	8	2,4	20	17
Armenien	–0,4	9	8	1,2	33	30
Aserbaidschan	0,7	16	7	2,1	91	75
Äthiopien	2,1	40	20	5,6	169	112
Australien	1,1	13	7	1,8	6*	5*
Bahamas	1,1	18	8	2,1	14	11
Bahrain	2,0	21	4	2,3	15	12
Bangladesch	1,7	28	8	2,9	69	46
Barbados	0,4	14	8	1,8	13	11
Belgien	0,4	11	10	1,6	5	4
Belize	3,2	27	4	3,1	39	33
Benin	2,5	38	13	5,2	154	91
Bhutan	2,6	35	9	5,1	85	70
Bolivien	1,9	29	8	3,7	66	53
Bosnien und Herzegowina	0,7	12	8	1,3	17	14
Botsuana	0,6	29	23	3,7	112	82
Brasilien	1,2	19	7	2,1	35	33
Brunei Darussalam	1,6	18	3	2,5	6	5
Bulgarien	–0,6	8	14	1,2	15	12
Burkina Faso	2,3	43	19	6,2	207	107
Burundi	1,9	38	20	5,7	190	114
Chile	1,2	17	5	2,2	9	8
China, Rep. (Taiwan)	0,4	–	–	–	–	–
China, Volksrepublik	0,6	15	8	1,9	37	30
Costa Rica	1,6	17	4	2,3	10	8
Dänemark	0,2	12	11	1,8	6*	4
Deutschland	0,0	9	10	1,3	5*	4
Dominica	0,2	18	6	1,9	14	12
Dominikanische Republik	1,4	22	7	2,6	35	29
Dschibuti	1,7	36	20	5,2	138	97
Ecuador	1,6	22	6	2,7	27	24
Elfenbeinküste	1,9	37	17	4,5	192	117
El Salvador	1,8	25	6	2,8	36	32
Eritrea	2,2	37	13	4,8	85	45
Estland	–0,4	10	13	1,2	9	8
Fidschi	1,4	22	5	2,6	20	16
Finnland	0,2	11	9	1,8	4*	3
Frankreich	0,5	13	9	1,9	6*	4*
Gabun	2,2	35	15	4,0	91	60
Gambia	2,3	36	14	4,8	123	90
Georgien	–1,0	8	10	1,1	45	41
Ghana	1,8	31	13	4,4	95	59
Grenada	1,1	24	7	3,0	23	18

Basisdaten: Bevölkerung 2

	Bevölkerungs-wachstum in % 2003	Geburtenrate je 1000 Einw. 2003	Sterberate je 1000 Einw. 2003	Fruchtbar-keitsrate pro Frau 2003	Kinder-sterblichkeit pro 1000 Geb. 2003	Säuglings-sterblichkeit pro 1000 Geb. 2003
Griechenland	0,3	9	9	1,3	5	4
Großbritannien	0,2	12	10	1,6	7*	5
Guatemala	2,6	33	6	4,3	47	35
Guinea	2,1	37	17	5,0	160	104
Guinea-Bissau	2,9	49	20	6,6	204	126
Guyana	0,4	22	10	2,3	69	52
Haiti	1,8	32	14	4,2	118	76
Honduras	2,5	29	6	4,0	41	32
Indien	1,5	24	8	2,9	87	63
Indonesien	1,3	21	7	2,4	41	31
Irak	2,2	29	8	4,0	125	102
Iran	1,3	18	6	2,0	39	33
Irland	1,6	16	7	2,0	7*	5
Island	0,3	14	6	2,0	4	3
Israel	1,8	20	6	2,7*	6	5
Italien	−0,1	9	10	1,3	6*	4
Jamaika	0,8	19	6	2,3	20	17
Japan	0,1	9	8	1,3	5*	3*
Jemen	3,0	41	10	6,0	113	82
Jordanien	2,6	28	4	3,5	28	23
Kambodscha	1,7	29	12	3,9	140	97
Kamerun	2,0	35	16	4,6	166	95
Kanada	0,9	11	7	1,5	7*	5*
Kap Verde	2,5	30	5	3,5	35	26
Kasachstan	0,0	15	10	1,8	73	63
Katar	2,1	14	4	2,5	15	11
Kenia	1,8	34	17	4,8	123	79
Kirgisistan	1,0	19	8	2,4	68	59
Kiribati	1,8	27	7	3,6	66	49
Kolumbien	1,7	22	5	2,5	21	18
Komoren	2,4	32	8	4,0	73	54
Kongo, Dem. Republik	3,0	45	18	6,7	205	129
Kongo, Republik	2,7	44	14	6,3	108	81
Korea, Dem. VR	0,5	17	11	2,1	55	42
Korea, Republik	0,6	12	7	1,5	5	5
Kroatien	0,1	10	12	1,4	7	6
Kuba	0,7	13	8	1,6	8*	7*
Kuwait	2,6	20	3	2,5	9	8
Laos	2,3	35	12	4,8	91	82
Lesotho	0,9	33	24	4,3	110	79
Lettland	−0,7	9	14	1,3	12	10
Libanon	1,3	19	6	2,2	31	27
Liberia	2,4	43	20	5,8	235	157
Libyen	2,0	27	4	3,3	16	13
Liechtenstein	1,3	–	–	–	11	10
Litauen	−0,4	9	12	1,3	11	8
Luxemburg	1,0	12	9	1,6	6*	5
Madagaskar	2,7	38	12	5,2	126	78
Malawi	2,0	44	25	6,0	178	112
Malaysia	1,9	21	5	2,8	7	7
Malediven	2,2	29	7	4,0	72	55

	Bevölkerungs-wachstum in % 2003	Geburtenrate je 1000 Einw. 2003	Sterberate je 1000 Einw. 2003	Fruchtbar-keitsrate pro Frau 2003	Kinder-sterblichkeit pro 1000 Geb. 2003	Säuglings-sterblichkeit pro 1000 Geb. 2003
Mali	2,4	48	23	6,4	220	122
Malta	0,5	10	8	1,4	6	5
Marokko	1,6	22*	6*	2,7	39	36
Marshallinseln	0,0	–	–	–	61	53
Mauretanien	2,2	34	15	4,6	107	77
Mauritius	1,0	16	7	2,0	18	16
Mazedonien	0,5	14	9	1,8*	11	10
Mexiko	1,4	19	5	2,2	28	23
Mikronesien	1,8	25	5	3,4	23	19
Moldau	-0,4	11	13	1,4	32	26
Monaco	–	–	–	–	4	4
Mongolei	1,3	22	6	2,4	68	56
Mosambik	1,9	40	21	5,0	147	101
Myanmar	1,2	23	11	2,8	107	76
Namibia	1,5	35	21	4,8	65	48
Nauru	–	–	–	–	30	25
Nepal	2,2	31	10	4,1	82	61
Neuseeland	1,8	14	7	1,9	6	5
Nicaragua	2,6	29	5	3,4	38	30
Niederlande	0,5	12	9	1,8	6	5
Niger	2,9	48	19	7,1	262	154
Nigeria	2,4	43	8	5,6	198	98
Norwegen	0,5	12	9	1,8	5*	3
Oman	2,4	26	3	4,0	12	10
Österreich	0,3	10	10	1,4	6*	5
Pakistan	2,4	32	8	4,5	98	74
Palästinensische Gebiete	4,1	34	4	4,9	–	–
Palau	0,0	–	–	–	28	23
Panama	1,5	20	5	2,4	24	18
Papua-Neuguinea	2,3	33	10	4,3	93	69
Paraguay	2,4	30	5	3,8	29	25
Peru	1,5	22	6	2,7	34	26
Philippinen	1,9	25	6	3,2	36	27
Polen	-0,1	9	9	1,2	7	6
Portugal	0,7	11	10	1,4	5	4
Ruanda	2,8	43	22	5,7	203	118
Rumänien	-0,3	10	12	1,3	20	18
Russische Föderation	-0,4	10	15	1,3	21	16
Salomonen	3,0	38	4	5,3	22	19
Sambia	1,5	38	23	5,0	182	102
Samoa	1,0	29	6	4,0	24	19
San Marino	–	–	–	–	5	4
São Tomé und Príncipe	2,1	31	9	4,3	118	75
Saudi-Arabien	2,9	31	4	5,3	26	22
Schweden	0,4	11	10	1,7	4*	3
Schweiz	0,8	10	9	1,4	6*	4
Senegal	2,3	34	13	4,9	137	78
Serbien und Montenegro	-0,7	11	14	1,7	14	12
Seychellen	1,4	19	7	2,0	15	11
Sierra Leone	1,9	44	25	5,6	284	166
Simbabwe	0,8	29	22	3,6	126	78

Basisdaten: Bevölkerung 2

	Bevölkerungswachstum in % 2003	Geburtenrate je 1000 Einw. 2003	Sterberate je 1000 Einw. 2003	Fruchtbarkeitsrate pro Frau 2003	Kindersterblichkeit pro 1000 Geb. 2003	Säuglingssterblichkeit pro 1000 Geb. 2003
Singapur	2,0	11	5	1,4	5*	3*
Slowakei	0,2	10	10	1,2	8	7
Slowenien	0,1	9	10	1,2	4	4
Somalia	3,2	50	18	6,9	225	133
Spanien	0,4	10	9	1,3	4	4
Sri Lanka	1,2	19	6	2,0	15	13
St. Kitts und Nevis	0,0	17	11	2,1	22	19
St. Lucia	0,9	17	6	2,1	18	16
St. Vincent u. Grenadinen	0,0	18	6	2,1	27	23
Südafrika	1,1	25	20	2,8	66	53
Sudan	2,3	33	10	4,4	93	63
Suriname	1,1	21	6	2,4	39	30
Swasiland	1,6	35	19	4,2	153	105
Syrien	2,3	29	4	3,4	18	16
Tadschikistan	0,6	22	7	2,9	95	76
Tansania (nur Festland)	2,0	38	18	5,0	165	104
Thailand	0,6	15	8	1,8	26	23
Timor-Leste	5,3	46	13	7,6	124	87
Togo	2,1	35	15	4,9	140	78
Tonga	0,4	23	8	3,4	19	15
Trinidad und Tobago	0,7	16	7	1,8	20	17
Tschad	2,8	45	16	6,2	200	117
Tschechische Republik	0,0	9	11	1,2	5*	4
Tunesien	1,2	17	6	2,0	24	19
Türkei	1,5	21	7	2,4	39	33
Turkmenistan	1,5	22	8	2,7	102	79
Tuvalu	–	–	–	–	51	37
Uganda	2,7	44	18	6,0	140	81
Ukraine	−0,7	9	15	1,2	20	15
Ungarn	−0,3	10	13	1,3	7	8
Uruguay	0,6	16	9	2,2	14	12
Usbekistan	1,3	20	6	2,3	69	57
Vanuatu	2,2	32	5	4,3	38	31
Vatikanstadt	–	–	–	–	–	–
Venezuela	1,8	23	5	2,7	21	18
Ver. Arabische Emirate	7,4	17	4	3,0	8	7
Ver. Staaten von Amerika	0,8	14	8	2,0	8*	7*
Vietnam	1,1	18	6	1,9	23	19
Weißrussland	−0,4	9	14	1,3	17	13
Zentralafrikanische Rep.	1,6	35	20	4,6	180	115
Zypern	0,6	13	8	1,9	5	4
WELTREGIONEN						
Afrika südl. d. Sahara	2,2	39	18	5,2	171	101
Naher Osten u. Nordafrika	1,9	22	5	3,1	53	43
Südasien	1,7	26	8	3,1	92	66
Ostasien u. Pazifik	0,8	17	8	2,1	41	32
Lateinamerika u. Karibik	1,4	21	6	2,4	33	28
Europa und Zentralasien	0,1	13	12	1,6	36	29
Am wenigsten entw. Länder	2,2	36	15	4,7	150	94
Welt	1,2	21	9	2,6	86	57

– keine Angaben * Zahlen beziehen sich auf anderes Jahr oder anderen Zeitraum als im Kopf angegeben

Basisdaten: Bildung und Gesundheit

Definitionen, Quellen und Weltregionen → S. 779 ff.

	Alphabetisierungsrate 2002		Einschulungsrate in % Grundschulen 2002		weiterführende Schulen 2002		Schul-/Universitätsbesuch in J. 2002/03	Bildungsausgaben in % des BIP 2002	Zugang zu Sanitäreinrichtungen in % 2002	Zugang zu Trinkwasser in % 2002
	m	w	m	w	m	w				
Afghanistan	51	21*	–	–	–	–	–	–	8	13
Ägypten	67	44*	–	–	83	79*	12	–	68	98
Albanien	99	98*	97	97*	73	75*	11	–	89	97
Algerien	78	60	96	94	65	69	12	–	92	87
Andorra	–	–	–	–	–	–	11	–	100	100
Angola	–	–	–	–	–	–	6	2,8*	30	50
Antigua und Barbuda	80	83*	–	–	–	–	–	3,8	95	91
Äquatorialguinea	93	74*	91	78*	43	30	–	0,6	53	44
Argentinien	97	97	100	100*	79	83*	16	4,6*	–	–
Armenien	100	99*	95	93	83	85	11	3,2	84	92
Aserbaidschan	99	96*	81	79	77	75	11	3,2	55	77
Äthiopien	49	34	52	42	19	11*	–	4,6*	6	22
Australien	–	–	96	97	87	89	21	4,9*	100	100
Bahamas	95	96*	85	88	74	77	–	–	100	97
Bahrain	92	84	89	91	84	90	14	–	–	–
Bangladesch	50	31	83	87	42	47	8	2,4	48	75
Barbados	100	100	100	100	90	90	–	7,6	99	100
Belgien	–	–	100	100*	94	96*	19	–	–	–
Belize	77	77*	98	100	66	69	13	5,2	47	91
Benin	55	26	–	–	27	13*	–	3,3	32	68
Bhutan	61	34*	–	–	–	–	–	5,2*	70	62
Bolivien	93	81*	95	95	72	71	14	6,3	45	85
Bosnien und Herzegowina	98	91*	–	–	–	–	10	–	93	98
Botsuana	76	82	79	83	50	57	12	2,2*	41	95
Brasilien	86	87*	98	91*	69	74*	15	4,3*	75	89
Brunei Darussalam	95	88*	–	–	–	–	13	–	–	–
Bulgarien	99	98	91	90*	88	86*	13	3,5*	100	100
Burkina Faso	34	14*	42	31	11	7	4	–	12	51
Burundi	58	44	62	52	10	8	6	3,9	36	79
Chile	96	96	87	86	78	79	14	4,2	92	95
China, Rep. (Taiwan)	–	–	–	–	–	–	–	–	–	–
China, Volksrepublik	95	87*	94	95*	–	–	11	–	44	77
Costa Rica	96	96	90	91	48	52	11	5,1	92	97
Dänemark	–	–	100	100*	91	94*	17	8,5*	–	100
Deutschland	–	–	–	–	88	88*	16	4,6*	–	100
Dominica	–	–	83	79	86	97	13	–	83	97
Dominikanische Republik	84	84	99	95*	30	41	13	2,3	57	93
Dschibuti	76	54*	38	30*	21	13*	4	–	50	80
Ecuador	92	90*	99	100	50	51	–	1,0*	72	86
Elfenbeinküste	60	37*	67	54	27	15*	–	4,6*	40	84
El Salvador	82	77	90	90	48	49	11	2,9	63	82
Eritrea	67	45*	49	42	25	18	5	4,1	9	57
Estland	100	100*	96	95*	85	88*	16	5,5*	–	–
Fidschi	95	91*	100	100*	73	79*	–	5,6*	98	–
Finnland	–	–	100	100*	94	95*	18	6,2*	100	100
Frankreich	–	–	100	100*	92	94*	16	5,7*	–	–
Gabun	80	62*	–	–	–	–	–	3,9*	36	87
Gambia	44	30*	79	78	39	27	–	2,8	53	82
Georgien	100	99*	89	88	62	61	11	2,2	83	76
Ghana	82	66	64	62	36	31	7	–	58	79
Grenada	–	–	–	–	–	–	16	5,1	97	95

Basisdaten: Bildung und Gesundheit

	Alphabetisierungsrate 2002		Einschulungsrate in %: Grundschulen 2002		Einschulungsrate in %: weiterführende Schulen 2002		Schul-/Universitätsbesuch in J. 2002/03	Bildungsausgaben in % des BIP 2002	Zugang zu Sanitäreinrichtungen in % 2002	Zugang zu Trinkwasser in % 2002
	m	w	m	w	m	w				
Griechenland	99	96	97	97*	84	86*	16	3,9*	–	–
Großbritannien	–	–	100	100*	94	97*	–	4,7*	–	–
Guatemala	77	62	89	86	30	29	9	1,7*	61	95
Guinea	55	27*	73	58	28	13	–	1,8*	13	51
Guinea-Bissau	54	24*	–	–	–	–	–	–	34	59
Guyana	99	98*	–	–	75	79*	–	8,4	70	83
Haiti	54	50	–	–	–	–	–	–	34	71
Honduras	80	80*	87	88*	–	–	–	–	68	90
Indien	68	45*	89	76*	–	–	10	4,1*	30	86
Indonesien	92	83	93	92*	–	–	11	1,3*	52	78
Irak	55	23*	–	–	–	–	–	–	80	81
Iran	84	70	–	–	–	–	12	4,9	84	93
Irland	–	–	95	96*	79	86*	17	4,3*	–	–
Island	–	–	100	100*	83	86*	18	6,2*	–	100
Israel	97	93	100	100*	88	89*	16	7,3*	–	100
Italien	99	98	99	99*	90	91	16	5,0*	–	–
Jamaika	84	91	95	95*	73	76*	–	6,1*	80	93
Japan	–	–	100	100*	–	–	15	3,6*	100	100
Jemen	69	29	84	59	–	–	–	9,5*	30	69
Jordanien	96	86	91	92*	80	81*	13	–	93	91
Kambodscha	81	59	96	91	20	15	9	1,3	16	34
Kamerun	77	60*	–	–	–	–	–	3,3	48	63
Kanada	–	–	–	–	–	–	–	5,2*	100	100
Kap Verde	85	68	100	98	55	61	12	7,9	42	80
Kasachstan	100	99	92	91	87	87	14	3,0	72	86
Katar	94	94*	95	94	80	85	13	–	100	100
Kenia	90	79	66	66	25	24	–	7,0	48	62
Kirgisistan	–	–	91	88	–	–	13	3,1	60	76
Kiribati	–	–	–	–	–	–	–	–	39	64
Kolumbien	92	92	87	86*	51	56*	11	5,2	86	92
Komoren	63	49	–	–	–	–	8	3,9	23	94
Kongo, Dem. Republik	73	50*	–	–	–	–	–	–	29	46
Kongo, Republik	89	77	55	53	–	–	–	3,2	9	46
Korea, Dem. VR	99	96*	–	–	–	–	–	–	59	100
Korea, Republik	99	96*	100	100	87	87	16	4,3*	–	92
Kroatien	99	97*	90	89	86	87	13	4,5	–	–
Kuba	97	97	94	93	86	86	13	9,0*	98	91
Kuwait	85	81	82	84	75	79*	–	–	–	–
Laos	77	55	88	82	38	32	9	2,8	24	43
Lesotho	73	94	83	89	18	27	–	10,4*	37	76
Lettland	100	100*	87	88*	87	88*	15	5,5*	–	–
Libanon	92	80*	91	90	–	–	13	2,7	98	100
Liberia	72	39	–	–	–	–	–	–	26	62
Libyen	92	71	–	–	–	–	–	–	97	72
Liechtenstein	–	–	–	–	–	–	–	–	–	–
Litauen	100	100*	95	94*	93	93*	16	5,9*	–	–
Luxemburg	–	–	96	96*	77	83*	14	–	–	100
Madagaskar	74	60*	78	79	–	–	–	2,9*	33	45
Malawi	76	49	–	–	32	26	–	6,0	46	67
Malaysia	92	85*	95	95*	66	73*	12	7,9*	–	95
Malediven	97	97	92	93	48	55	–	–	58	84

Basisdaten Bildung und Gesundheit

STAATEN

	Alphabetisierungsrate 2002		Einschulungsrate in % Grundschulen 2002		weiterführende Schulen 2002		Schul-/Universitätsbesuch in J. 2002/03	Bildungsausgaben in % des BIP 2002	Zugang zu Sanitäreinrichtungen in % 2002	Zugang zu Trinkwasser in % 2002
	m	w	m	w	m	w				
Mali	27	12*	50	39	–	–	5	–	45	48
Malta	92	93	97	97*	81	83*	14	4,7*	–	100
Marokko	63	38	92	87	38	33	10	6,5	61	80
Marshallinseln	–	–	–	–	–	–	–	11,2	82	85
Mauretanien	51	31	68	67	18	14	7	–	42	56
Mauritius	88	81*	90	91	70	71	13	4,7	99	100
Mazedonien	97	94*	92	93*	82	80*	12	–	–	–
Mexiko	93	89*	99	100*	59	61*	13	5,2*	77	91
Mikronesien	66	67*	–	–	–	–	–	7,0*	28	94
Moldau	100	99	79	79	68	70	10	4,9	68	92
Monaco	–	–	–	–	–	–	–	–	–	–
Mongolei	98	98*	78	80	72	83	11	9,0	59	62
Mosambik	62	31	58	53	14	10	–	–	27	42
Myanmar	89	81	84	85	36	34	–	0,5*	73	80
Namibia	84	83	76	81	39	50	12	7,2	30	80
Nauru	–	–	–	–	–	–	–	–	–	–
Nepal	62	26	–	–	–	–	10	3,4	27	84
Neuseeland	–	–	100	99	91	94	19	6,7*	–	–
Nicaragua	77	77*	86	85	36	42	11	3,1	66	81
Niederlande	97	97	100	99*	90	91*	17	5,0*	100	100
Niger	25	9	45	31	7	5	–	2,3	12	46
Nigeria	74	59	–	–	–	–	10	–	38	60
Norwegen	–	–	100	100*	94	96*	18	7,0*	–	100
Oman	82	65	72	72	69	70	–	4,6	89	79
Österreich	–	–	89	91*	89	88*	15	5,8*	100	100
Pakistan	57	28*	–	–	–	–	–	1,8*	54	90
Palästinensische Gebiete	–	–	89*	89*	54*	59*	–	–	–	–
Palau	–	–	–	–	–	–	–	11,1*	83	84
Panama	93	92	100	99	60	66	13	4,5	72	91
Papua-Neuguinea	71	57*	76	61	26	21*	–	2,3*	45	39
Paraguay	93	90*	91	92*	49	51*	12	4,8*	78	83
Peru	91	80	100	100*	70	68*	–	2,9*	62	81
Philippinen	95	95	92	94*	51	62*	12	3,2*	73	85
Polen	100	100*	98	98*	–	–	16	5,6*	–	–
Portugal	95	91	100	100*	82	87*	16	5,9*	–	–
Ruanda	75	63	85	88	–	–	9	2,8*	41	73
Rumänien	98	96	89	88*	79	81*	13	3,3*	51	57
Russische Föderation	100	99	–	–	–	–	14	3,1*	87	96
Salomonen	–	–	–	–	–	–	9	3,4*	31	70
Sambia	86	74	69	68	25	21	–	2,0*	45	55
Samoa	99	98	96	94*	58	65*	–	4,8*	100	88
San Marino	–	–	–	–	–	–	–	–	–	–
São Tomé und Príncipe	–	–	100	94*	32	26*	–	–	24	79
Saudi-Arabien	84	69	55	54	54	52	–	–	–	–
Schweden	–	–	100	100*	98	99*	19	7,3*	100	100
Schweiz	–	–	99	98*	90	85*	16	5,5*	100	100
Senegal	49	30	61	54	–	–	–	3,2*	52	72
Serbien und Montenegro	99	97*	–	–	–	–	–	3,3*	87	93
Seychellen	–	–	100	99*	100	100	14	5,2	–	87
Sierra Leone	51	23*	–	–	–	–	–	3,7*	39	57
Simbabwe	94	86	80	80	40	36	9	4,7*	57	83

Basisdaten: Bildung und Gesundheit

	Alphabetisierungsrate 2002		Einschulungsrate in % Grundschulen 2002		Einschulungsrate in % weiterführende Schulen 2002		Schul-/Universitätsbesuch in J. 2002/03	Bildungsausgaben in % des BIP 2002	Zugang zu Sanitäreinrichtungen in % 2002	Zugang zu Trinkwasser in % 2002
	m	w	m	w	m	w				
Singapur	97	89*	–	–	–	–	–	–	–	–
Slowakei	100	100*	86	88*	86	87*	14	4,0*	100	100
Slowenien	100	100	93	93*	92	93*	16	–	–	–
Somalia	–	–	–	–	–	–	–	–	25	29
Spanien	99	97	100	99*	92	96*	16	4,4*	–	–
Sri Lanka	95	90	–	–	–	–	–	–	91	78
St. Kitts und Nevis	–	–	–	–	–	–	15	3,2	96	99
St. Lucia	–	–	99	100	68	85	–	7,7	89	98
St. Vincent u. Grenadinen	–	–	90	90	55	60	11	10,0	–	–
Südafrika	87	85	89	89	63	68	13	5,3	67	87
Sudan	71	49	–	–	–	–	–	–	34	69
Suriname	96	93*	97	98*	52	75*	–	–	93	92
Swasiland	82	80	75	75	29	36	10	7,1	52	52
Syrien	91	74	100	96	44	41	–	–	77	79
Tadschikistan	100	99*	100	95*	86	73*	11	2,8	53	58
Tansania (nur Festland)	85	69	69	68	–	–	6	–	46	73
Thailand	95	91*	87	85*	–	–	13	5,2*	99	85
Timor-Leste	–	–	–	–	–	–	–	–	33	52
Togo	74	45	99	83	–	–	–	2,6	34	51
Tonga	–	–	100	100*	68	77*	–	4,9	97	100
Trinidad und Tobago	99	98	91	90	68	73	12	4,3	100	91
Tschad	55	38	75	51	–	–	–	–	8	34
Tschechische Republik	–	–	88	88*	89	90*	15	4,2*	–	–
Tunesien	83	63	97	97*	67	69*	13	6,8*	80	82
Türkei	94	79*	91	85*	–	–	11	3,7*	83	93
Turkmenistan	–	–	–	–	–	–	–	–	62	71
Tuvalu	–	–	–	–	–	–	–	–	88	93
Uganda	79	59	–	–	15	13	12	–	41	56
Ukraine	100	100	84	84	84	85	13	5,4	99	98
Ungarn	99	99	91	90*	92	92*	16	5,1*	95	99
Uruguay	97	98	89	90*	68	76*	15	3,2*	94	98
Usbekistan	100	99	–	–	–	–	12	–	57	89
Vanuatu	–	–	92	94*	27	28*	–	11,0	50	60
Vatikanstadt	–	–	–	–	–	–	–	–	–	–
Venezuela	94	93	90	91	55	64	12	–	68	83
Ver. Arabische Emirate	76	81	84	82	70	72	12	1,6	100	–
Ver. Staaten von Amerika	–	–	92	93*	85	85*	16	5,7*	100	100
Vietnam	95	91*	–	–	–	–	11	–	41	73
Weißrussland	100	100	95	94	83	86	14	5,0*	–	100
Zentralafrikanische Rep.	65	33*	–	–	–	–	–	–	27	75
Zypern	99	95*	96	96*	90	93*	13	5,3*	100	100
WELTREGIONEN										
Afrika südl. d. Sahara	71	58	–	–	–	–	–	3,3*	36	58
Naher Osten u. Nordafrika	82	61	–	–	–	–	–	–	75	88
Südasien	73	44*	89	77*	–	–	–	3,1*	35	84
Ostasien u. Pazifik	90	86*	93	94*	–	–	–	3,2*	49	78
Lateinamerika u. Karibik	86	88*	–	–	62	66*	–	4,3*	74	89
Europa und Zentralasien	98	96*	–	–	–	–	–	3,8*	82	91
Am wenigsten entw. Länder	68	44	72	68	–	–	–	3,1*	36	59
Welt	80	73*	89	85*	–	–	–	4,4*	54	82

– keine Angaben   * Zahlen beziehen sich auf anderes Jahr oder anderen Zeitraum als im Kopf angegeben

Definitionen, Quellen und Weltregionen → S. 779 ff.

	BNE pro Kopf in US-$ 2003	BNE pro Kopf in PPP-$ 2003	Staatsausgaben 1999–2002 Anteil für Gesundheit in %	Anteil für Bildung in %	Anteil für Verteidigung in %	Energieverbrauch pro Kopf in kg ÖE 2002	CO_2-Emissionen pro Kopf in t 2000	Waldzu-/abnahme in % 1990–2000
Afghanistan	–	–	–	–	–	–	0,0	±0
Ägypten	1 390	3 940	3	15	9	789	2,2	+3,3
Albanien	1 740	4 710	4	2	4	617	0,9	−0,8
Algerien	1 930	5 930	4	24	17	985	2,9	+1,3
Andorra	–	–	–	–	–	–	–	–
Angola	740	1 910	6*	15*	34	672	0,5	−0,2
Antigua und Barbuda	9 160	9 730	–	–	–	–	4,9	±0
Äquatorialguinea	700*	5 100*	–	–	–	–	0,4	−0,6
Argentinien	3 810	11 410	2	6	4	1 543	3,9	−0,8
Armenien	950	3 790	–	–	–	632	1,1	+1,3
Aserbaidschan	820	3 390	1	3	11	1 435	3,6	+1,3
Äthiopien	90	710	6	16	9	297	0,1	−0,8
Australien	21 950	28 780	14	9	6	5 732	18,0	−0,2
Bahamas	14 920*	16 140*	16	20	3	–	5,9	±0
Bahrain	10 850*	16 180*	7	13	14	9 837	29,1	+14,9
Bangladesch	400	1 870	5*	11*	10*	155	0,2	+1,3
Barbados	9 260	15 060	–	–	–	–	4,4	±0
Belgien	25 760	28 920	14	2	3	5 505	10,0	−0,2
Belize	3 370	6 320	8	20	5	–	3,1	−2,3
Benin	440	1 110	6*	31*	17*	340	0,3	−2,3
Bhutan	630	–	11	7	0	–	0,5	±0
Bolivien	900	2 490	9	4	6	499	1,3	−0,3
Bosnien und Herzegowina	1 530	6 250	–	–	–	1 052	4,8	±0
Botsuana	3 530	8 370	5	26	8	–	2,3	−0,9
Brasilien	2 720	7 510	6	6	3	1 093	1,8	−0,4
Brunei Darussalam	–	–	–	–	–	6 149	–	−0,2
Bulgarien	2 130	7 540	11	5	7	2 417	5,3	+0,6
Burkina Faso	300	1 170	7	17	14	–	0,1	−0,2
Burundi	90	630	2	15	23	–	0,0	−9,0
Chile	4 360	9 810	13	19	8	1 585	3,9	−0,1
China, Rep. (Taiwan)	11 710	–	–	–	–	–	–	–
China, Volksrepublik	1 100	4 980	0	2	12	960	2,2	+1,2
Costa Rica	4 300	9 140	28	20	0	904	1,4	−0,8
Dänemark	33 570	31 050	1	13	5	3 675	8,4	+0,2
Deutschland	25 270	27 610	19	0	4	4 198	9,6	±0
Dominica	3 330	5 020	–	–	–	–	1,4	−0,7
Dominikanische Republik	2 130	6 310	11	16	4	948	3,0	±0
Dschibuti	910	2 140	–	–	–	–	0,6	±0
Ecuador	1 830	3 440	11*	18*	13*	706	2,0	−1,2
Elfenbeinküste	660	1 400	4*	21*	4*	397	0,7	−3,1
El Salvador	2 340	4 910	5	24	7	670	1,1	−4,6
Eritrea	190	1 020	–	–	–	–	0,1	−0,3
Estland	5 380	12 680	16	7	5	3 324	11,7	+0,6
Fidschi	2 240	5 650	9	18	6	–	0,9	−0,2
Finnland	27 060	27 460	3	10	4	6 852	10,3	±0
Frankreich	24 730	27 640	16*	7*	6*	4 470	6,2	+0,4
Gabun	3 340	5 500	–	–	–	1 209	2,8	±0
Gambia	270	1 740	7*	12*	4*	–	0,2	+1,0
Georgien	770	2 610	5	5	5	494	1,2	±0
Ghana	320	2 190	7	22	5	411	0,3	−1,7
Grenada	3 710	7 030	10	17	0	–	2,1	+0,9

Basisdaten: Wirtschaft und Umwelt

	BNE pro Kopf in US-$ 2003	BNE pro Kopf in PPP-$ 2003	Staatsausgaben 1999–2002 Anteil für Gesundheit in %	Anteil für Bildung in %	Anteil für Verteidigung in %	Energieverbrauch pro Kopf in kg ÖE 2002	CO_2 Emissionen pro Kopf in t 2000	Waldzu-/abnahme in % 1990–2000
Griechenland	13 230	19 900	7	11	8	2 637	8,2	+ 0,9
Großbritannien	28 320	27 690	15	4	7	3 824	9,6	+ 0,6
Guatemala	1 910	4 090	11	17	11	616	0,9	– 1,7
Guinea	430	2 080	3*	11*	29*	–	0,2	– 0,5
Guinea-Bissau	140	680	1*	3*	4*	–	0,2	– 0,9
Guyana	900	3 980	–	–	–	–	2,1	– 0,3
Haiti	400	1 730	–	–	–	251	0,2	– 5,7
Honduras	970	2 590	10*	19*	7*	504	0,7	– 1,0
Indien	540	2 880	2	2	5	513	1,1	+ 0,1
Indonesien	810	3 210	1	4	3	737	1,3	– 1,2
Irak	–	–	–	–	–	1 199	3,3	± 0
Iran	2 010	7 000	6	7	12	2 044	4,9	± 0
Irland	27 010	30 910	16	14	3	3 894	11,1	+ 3,0
Island	30 910	30 570	24	10	0	11 819	7,7	+ 2,2
Israel	16 240	19 440	13	15	20	3 191	10,0	+ 4,9
Italien	21 570	26 830	11*	8*	4*	2 994	7,4	+ 0,3
Jamaika	2 980	3 790	7	15	2	1 493	4,2	– 1,5
Japan	34 180	28 450	2	6	4	4 058	9,3	± 0
Jemen	520	820	4	22	19	221	0,5	– 1,9
Jordanien	1 850	4 290	10	16	19	1 036	3,2	± 0
Kambodscha	300	2 000	–	–	–	–	0,0	– 0,6
Kamerun	630	1 990	3	12	10	417	0,4	– 0,9
Kanada	24 470	30 040	1	2	6	7 973	14,2	± 0
Kap Verde	1 440	5 130	–	–	–	–	0,3	+ 9,3
Kasachstan	1 780	6 280	2	3	6	3 123	8,1	+ 2,2
Katar	–	–	–	–	–	19 915	69,5	+ 9,6
Kenia	400	1 030	7	26	6	489	0,3	– 0,5
Kirgisistan	340	1 690	11	20	10	507	0,9	+ 2,6
Kiribati	860	–	–	–	–	–	0,3	± 0
Kolumbien	1 810	6 410	9	20	13	625	1,4	– 0,4
Komoren	450	1 720	–	–	–	–	0,1	– 4,3
Kongo, Dem. Republik	100	660	0	0	18	299	0,1	– 0,4
Kongo, Republik	650	730	–	–	–	252	0,5	– 0,1
Korea, Dem. VR	–	–	–	–	–	869	8,5	± 0
Korea, Republik	12 030	18 000	0	18	13	4 272	9,1	– 0,1
Kroatien	5 370	10 610	16	8	5	1 852	4,5	+ 0,1
Kuba	–	–	23*	10*	–	1 262	2,8	+ 1,3
Kuwait	17 960	19 480	7	15	17	9 503	21,9	+ 3,5
Laos	340	1 730	–	–	–	–	0,1	– 0,4
Lesotho	610	3 100	9	27	7	–	–	± 0
Lettland	4 400	10 210	11	6	4	1 825	2,5	+ 0,4
Libanon	4 040	4 840	2	7	11	1 209	3,5	– 0,4
Liberia	110	–	5*	11*	9*	–	0,1	– 2,0
Libyen	–	–	–	–	–	3 433	10,9	+ 1,4
Liechtenstein	–	–	–	–	–	–	–	+ 1,2
Litauen	4 500	11 390	13	7	6	2 476	3,4	+ 0,2
Luxemburg	45 740	55 500	13	10	1	9 112	19,4	– 0,2
Madagaskar	290	800	8	21	5*	–	0,1	– 0,9
Malawi	160	590	7*	12*	5*	–	0,1	– 2,4
Malaysia	3 880	8 970	6	23	11	2 129	6,2	– 1,2
Malediven	2 350	–	9	18	10	–	1,8	± 0

	BNE pro Kopf in US-$ 2003	BNE pro Kopf in PPP-$ 2003	Staatsausgaben 1999 – 2002			Energieverbrauch pro Kopf in kg ÖE 2002	CO_2-Emissionen pro Kopf in t 2000	Waldzu-/abnahme in % 1990 – 2000
			Anteil für Gesundheit in %	Anteil für Bildung in %	Anteil für Verteidigung in %			
Mali	290	960	2*	9*	8*	–	0,1	– 0,7
Malta	10 780	17 780	10	11	2	2 247	7,2	± 0
Marokko	1 310	3 940	3	18	13	363	1,3	± 0
Marshallinseln	2 710	–	–	–	–	–	–	± 0
Mauretanien	400	1 870	4*	23*	–	–	1,2	– 2,7
Mauritius	4 100	11 280	9	5	1	–	2,4	– 0,6
Mazedonien	1 980	6 750	–	–	–	–	5,5	± 0
Mexiko	6 230	8 980	5	25	3	1 560	4,3	– 1,1
Mikronesien	2 070	–	–	–	–	–	–	– 4,5
Moldau	590	1 760	4	5	2	703	1,5	+ 0,2
Monaco	–	–	–	–	–	–	–	–
Mongolei	480	1 820	6	9	9	–	3,1	– 0,5
Mosambik	210	1 060	5*	10*	35*	436	0,1	– 0,2
Myanmar	–	–	3	8	29	258	0,2	– 1,4
Namibia	1 930	6 660	10*	22*	7*	599	1,0	– 0,9
Nauru	–	–	–	–	–	–	–	± 0
Nepal	240	1 420	5	18	8	353	0,1	– 1,8
Neuseeland	15 530	21 350	17	16	4	4 573	8,3	+ 0,5
Nicaragua	740	3 180	13	15	6	544	0,7	– 3,0
Niederlande	26 230	28 560	10	2	4	4 827	8,7	+ 0,3
Niger	200	830	–	–	–	–	0,1	– 3,7
Nigeria	350	900	1*	3*	3*	718	0,3	– 2,6
Norwegen	43 400	37 910	5	7	6	5 843	11,1	+ 0,4
Oman	7 830*	13 000*	7	15	33	4 265	8,2	+ 5,3
Österreich	26 810	29 740	13	10	2	3 774	7,6	+ 0,2
Pakistan	520	2 040	1	1	18	454	0,8	– 1,5
Palästinensische Gebiete	1 110	–	–	–	–	500	–	–
Palau	6 500	–	–	–	–	–	12,7	± 0
Panama	4 060	6 420	18	16	4*	1 028	2,2	– 1,6
Papua-Neuguinea	500	2 250	7	22	4	–	0,5	– 0,4
Paraguay	1 110	4 690	7	22	11	709	0,7	– 0,5
Peru	2 140	5 080	6	7	8	450	1,1	– 0,4
Philippinen	1 080	4 640	2	19	5	525	1,0	– 1,4
Polen	5 280	11 210	2	5	4	2 333	7,8	+ 0,2
Portugal	11 800	17 710	9*	11*	6	2 546	5,8	+ 1,7
Ruanda	220	1 290	5*	26*	–	–	0,1	– 3,9
Rumänien	2 260	7 140	15	6	5	1 696	3,8	+ 0,2
Russische Föderation	2 610	8 950	1	3	12	4 288	9,9	± 0
Salomonen	560	1 710	–	–	–	–	0,4	– 0,2
Sambia	380	850	13	14	4	639	0,2	– 2,4
Samoa	1 440	5 780	–	–	–	–	0,8	– 2,1
San Marino	–	–	–	–	–	–	–	± 0
São Tomé und Príncipe	300	–	–	–	–	–	0,6	± 0
Saudi-Arabien	9 240	13 230	6*	14*	36*	5 775	18,1	± 0
Schweden	28 910	26 710	7	7	6	5 718	5,3	± 0
Schweiz	40 680	32 220	0	3	6	3 723	5,4	+ 0,4
Senegal	540	1 620	3	14	7	319	0,4	– 0,7
Serbien und Montenegro	1 910	–	–	–	–	1 981	–	–
Seychellen	7 490	–	7	7	3	–	2,8	± 0
Sierra Leone	150	530	10*	13*	10*	–	0,1	– 2,9
Simbabwe	–	2 180*	8	24	7	751	1,2	– 1,5

Basisdaten: Wirtschaft und Umwelt

	BNE pro Kopf in US-$ 2003	BNE pro Kopf in PPP-$ 2003	Staatsausgaben 1999–2002 Anteil für Gesundheit in %	Anteil für Bildung in %	Anteil für Verteidigung in %	Energieverbrauch pro Kopf in kg ÖE 2002	CO_2-Emissionen pro Kopf in t 2000	Waldzu-/abnahme in % 1990–2000
Singapur	21 230	24 180	6	23	29*	6 078	14,7	±0
Slowakei	4 940	13 440	17	9	4	3 448	6,6	+0,9
Slowenien	11 920	19 100	15	12	3	3 486	7,3	+0,2
Somalia	–	–	1*	2*	38	–	–	–1,0
Spanien	17 040	22 150	15	2	4	3 215	7,0	+0,6
Sri Lanka	930	3 740	6	10	18	430	0,6	–1,6
St. Kitts und Nevis	6 630	10 740	–	–	–	–	–	–0,6
St. Lucia	4 050	5 310	–	–	–	–	–	–4,9
St. Vincent u. Grenadinen	3 310	5 870	12	16	0	–	–	–1,4
Südafrika	2 750	10 130	–	–	–	2 502	7,4	–0,1
Sudan	460	1 760	1	8	28	483	0,2	–1,4
Suriname	2 280	–	–	–	–	–	5,0	±0
Swasiland	1 350	4 850	8	20	8	–	0,4	+1,2
Syrien	1 160	3 430	2	9	24	1 063	3,3	±0
Tadschikistan	210	1 040	2	4	9	518	0,6	+0,5
Tansania (nur Festland)	300	620	6*	8*	16*	408	0,1	–0,2
Thailand	2 190	7 450	8	17	6	1 353	3,3	–0,7
Timor-Leste	460	–	–	–	–	–	–	–0,6
Togo	310	1 640	5*	20*	11*	324	0,4	–3,4
Tonga	1 490	6 910	7*	13*	–	–	1,2	±0
Trinidad und Tobago	7 790	10 390	9	15	2	7 121	20,5	–0,8
Tschad	240	1 080	8*	8*	–	–	0,0	–0,6
Tschechische Republik	7 150	15 600	16	9	5	4 090	11,6	±0
Tunesien	2 240	6 850	6	20	5	845	1,9	+0,2
Türkei	2 800	6 710	3	10	8	1 083	3,3	+0,2
Turkmenistan	1 120	5 860	–	–	–	3 465	7,5	±0
Tuvalu	–	–	–	–	–	–	–	–
Uganda	250	1 430	2*	15*	26*	–	0,1	–2,0
Ukraine	970	5 430	3	7	5	2 684	6,9	+0,3
Ungarn	6 350	13 840	6	5	3	2 505	5,4	+0,4
Uruguay	3 820	7 980	7	8	4	747	1,6	+5,0
Usbekistan	420	1 720	–	–	–	2 047	4,8	+0,2
Vanuatu	1 180	2 900	–	–	–	–	0,4	+0,1
Vatikanstadt	–	–	–	–	–	–	–	–
Venezuela	3 490	4 750	6	21	6	2 141	6,5	–0,4
Ver. Arabische Emirate	–	20 920*	8	18	31	9 609	18,1	+2,8
Ver. Staaten von Amerika	37 870	37 750	22	2	16	7 943	19,8	+0,2
Vietnam	480	2 490	4	14	–	530	0,7	+0,5
Weißrussland	1 600	6 050	4	4	5	2 496	5,9	+3,2
Zentralafrikanische Rep.	260	1 080	–	–	–	–	0,1	–0,1
Zypern	–	19 600	6	12	4	3 225	8,5	+3,7
WELTREGIONEN								
Afrika südl. d. Sahara	500	1 750	–	–	–	567	0,7	–
Naher Osten u. Nordafrika	2 390	5 860	4	14	13	1 504	4,2	–
Südasien	510	2 640	2	2	15	468	0,9	–
Ostasien u. Pazifik	1 070	4 610	1	8	11	904	2,1	–
Lateinamerika u. Karibik	3 280	7 130	6	16	4	1 156	2,7	–
Europa und Zentralasien	2 580	7 530	4	5	9	2 697	6,7	–
Am wenigsten entw. Länder	310	1 310	–	–	–	297	0,2	–
Welt	5 510	8 190	12	5	10	1 699	3,8	–

– keine Angaben   * Zahlen beziehen sich auf anderes Jahr oder anderen Zeitraum als im Kopf angegeben

Afghanistan | Ägypten | Albanien | Algerien | Andorra | Angola | Antigua u. Barbuda

Äquatorialguinea | Argentinien | Armenien | Aserbaidschan | Äthiopien | Australien | Bahamas

Bahrain | Bangladesch | Barbados | Belgien | Belize | Benin | Bhutan

Bolivien | Bosnien u. Herzegowina | Botsuana | Brasilien | Brunei | Bulgarien | Burkina Faso

Burundi | Chile | China, Republik | China, Volksrepublik | Costa Rica | Dänemark | Deutschland

Dominica | Dominikanische Rep. | Dschibuti | Ecuador | Elfenbeinküste | El Salvador | Eritrea

Estland | Fidschi | Finnland | Frankreich | Gabun | Gambia | Georgien

Ghana | Grenada | Griechenland | Großbritannien | Guatemala | Guinea | Guinea-Bissau

Guyana | Haiti | Honduras | Indien | Indonesien | Irak | Iran

Irland | Island | Israel | Italien | Jamaika | Japan | Jemen

Jordanien | Kambodscha | Kamerun | Kanada | Kap Verde | Kasachstan | Katar

Kenia | Kirgisistan | Kiribati | Kolumbien | Komoren | Kongo, Dem. Rep. | Kongo, Republik

Korea, DVR | Korea, Rep. | Kroatien | Kuba | Kuwait | Laos | Lesotho

Lettland | Libanon | Liberia | Libyen | Liechtenstein | Litauen | Luxemburg

Madagaskar | Malawi | Malaysia | Malediven | Mali | Malta | Marokko

Marshallinseln
Mauretanien
Mauritius
Mazedonien
Mexiko
Mikronesien
Moldau
Monaco
Mongolei
Mosambik
Myanmar
Namibia
Nauru
Nepal
Neuseeland
Nicaragua
Niederlande
Niger
Nigeria
Norwegen
Oman
Österreich
Pakistan
Palau
Panama
Papua-Neuguinea
Paraguay (Vorders.)
Paraguay (Rücks.)
Peru
Philippinen
Polen
Portugal
Ruanda
Rumänien
Russische Föderation
Sahara
Salomonen
Sambia
Samoa
San Marino
São Tomé u. Príncipe
Saudi-Arabien
Schweden
Schweiz
Senegal
Serbien u. Montenegro
Seychellen
Sierra Leone
Simbabwe
Singapur
Slowakei
Slowenien
Somalia
Spanien
Sri Lanka
St. Kitts und Nevis
St. Lucia
St. Vincent u. Gren.
Südafrika
Sudan
Suriname
Swasiland
Syrien
Tadschikistan
Tansania
Thailand
Timor-Leste
Togo
Tonga
Trinidad und Tobago
Tschad
Tschechische Rep.
Tunesien
Türkei
Turkmenistan
Tuvalu
Uganda
Ukraine
Ungarn
Uruguay
Usbekistan
Vanuatu
Vatikanstadt
Venezuela
Ver. Arab. Emirate
Ver. St. v. Amerika
Vietnam
Weißrussland
Zentralafrikan. Rep.
Zypern

Beringstraße
Beaufortsee
Queen-Elizabeth-Inseln
Baffin-bai
Grönland
Spitzbergen
Europäisches Nordmeer
Alaskakette
McKinley 6193
Nördlicher Polarkreis
Golf von Alaska
Hudson-bai
Island
Stockholm
Labradorsee
Britische Inseln
Rocky Mountains
Neufundland
London
Berlin
Paris
Mont-blanc 4807
Alpen
Missouri
New York
Washington D.C.
Appalachen
Madrid
Los Angeles
Mississippi
Azoren
Madeira
Algier
Golf von Mexiko
Kanarische Inseln
Nördlicher Wendekreis
Mexiko-Stadt
Sahara
Große Antillen
Kleine Antillen
Niger
Karibisches Meer
Kapverden
Dakar
ATLANTISCHER
Lagos
Äquator
São Paulo
Golf von Guinea
Galápagos
Amazonas
Fernando de Noronha
PAZIFISCHER
Ascension
Lima
Anden
Brasília
St. Helena
Südlicher Wendekreis
Rio de Janeiro
Desventurados-inseln
Sala y Gómez
Osterinsel
OZEAN
Aconcagua 6962
Juan-Fernández
Santiago
Buenos Aires
Tristan da Cunha
Kapstadt
Gough
OZEAN
Patagonien
Falkland-inseln
Südgeorgien
Bouvetinsel
Magellanstraße
Feuerland
Kap Hoorn
Süd-Shetland-Inseln
Süd-Sandwich-Inseln
Süd-Orkney-Inseln
Südlicher Polarkreis
Alexander
Ellesworthland
Berkner
Königin-Maud-Land
ANTAR

olarmeer
Sewernaja Semlja
Neusibirische Inseln
Ostsibirische See
Bering-Straße
Alaska
Franz-Josef-Land
Nowaja Semlja
Barentssee
Jenissei
Lena
West-sibirisches Tiefland
Ob
Ural
St. Petersburg
Wolga
Moskau
Kamtschatka
Aleuten
Sachalin
Amur
Altai
Aralsee
Almaty
Tianschan
Gobi
Peking
Hokkaido
Honshu
Tokio
Korea
Schwarzes Meer
5642
Elbrus
Kaukasus
Kaspisches Meer
Ankara
Hindukusch
Tibet
Himalaya
Jangtsekiang
PAZIFISCHER
Jerusalem
Bagdad
Nansei-inseln
Bonin-inseln
Kairo
Nil
Rotes Meer
Neu-Delhi
Everest
8850
Hongkong
Taiwan
Marianen
Hainan
Philippinen
Arabisches Meer
Golf von Bengalen
Bangkok
Südchines. Meer
Sokotra
Andamanen
Karolinen
Ceylon
Malediven
Sumatra
OZEAN
Borneo
Celebes
Bismarck-archipel
Nairobi
Victoriasee
Kilimandscharo
5895
Seychellen
Tschagosinseln
Große Sundainseln
Jakarta
Java
Neuguinea
5029
Puncak Jaya
INDISCHER
Komoren
Maskarenen
Kokos-inseln
Weihnachts-insel
Kleine Sundainseln
Korallen-see
Str. v. Mosambik
Madagaskar
OZEAN
Große Victoriawüste
Kap der Guten Hoffnung
Amsterdam
St. Paul
Sydney
Canberra
Tasman-see
Neuseeland
Wellington
Crozetinseln
Kerguelen
Prinz-Eduard-Inseln
Tasmanien
Heard
Macquarie
Ballenyinseln
Wilkesland
über 5000 m
2000 – 5000 m
1000 – 2000 m
500 – 1000 m
200 – 500 m
0 – 200 m
unter 0 m
0 – 200 m
200 – 2000 m
2000 – 4000 m
4000 – 6000 m
6000 – 8000 m
unter 8000 m
60°
80°
100°
120°
140°
160°
180°
40°
20°
0°

Wenn es in Mitteleuropa 12.00 Uhr (MEZ) ist, ist es in ...

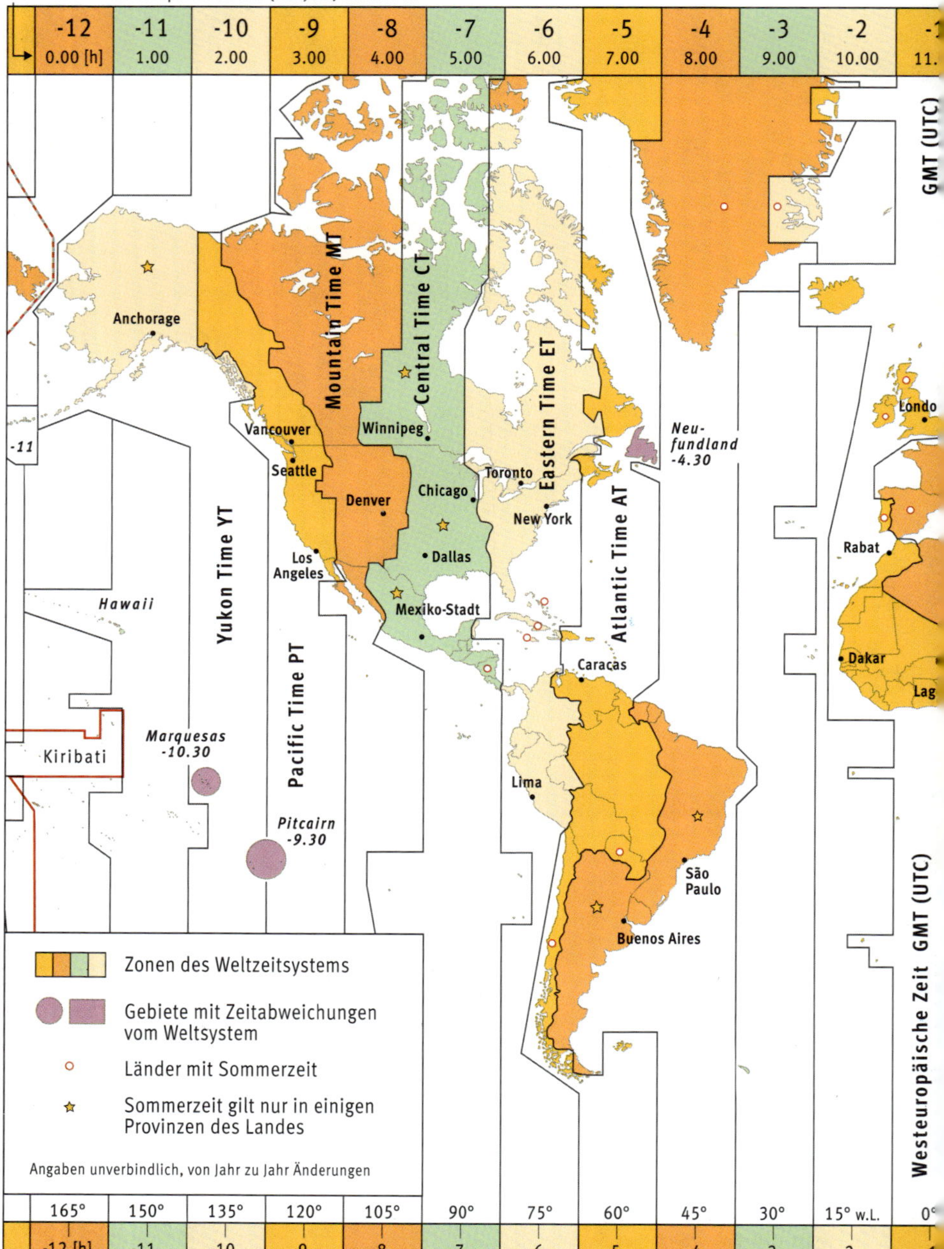

Das System der Standardzeitzonen wurde durch internationale Abkommen und nationale Gesetze festgelegt. Nach diesem System ist die Erde in 24 Zonen mit einer geographischen Länge von 15° aufgeteilt.

Der Mittelmeridian jeder Zone bestimmt die Zonenzeit.
Die 0-Zeitzone erstreckt sich von 7,5° westlich bis 7,5° östlich des Nullmeridians von Greenwich. In den

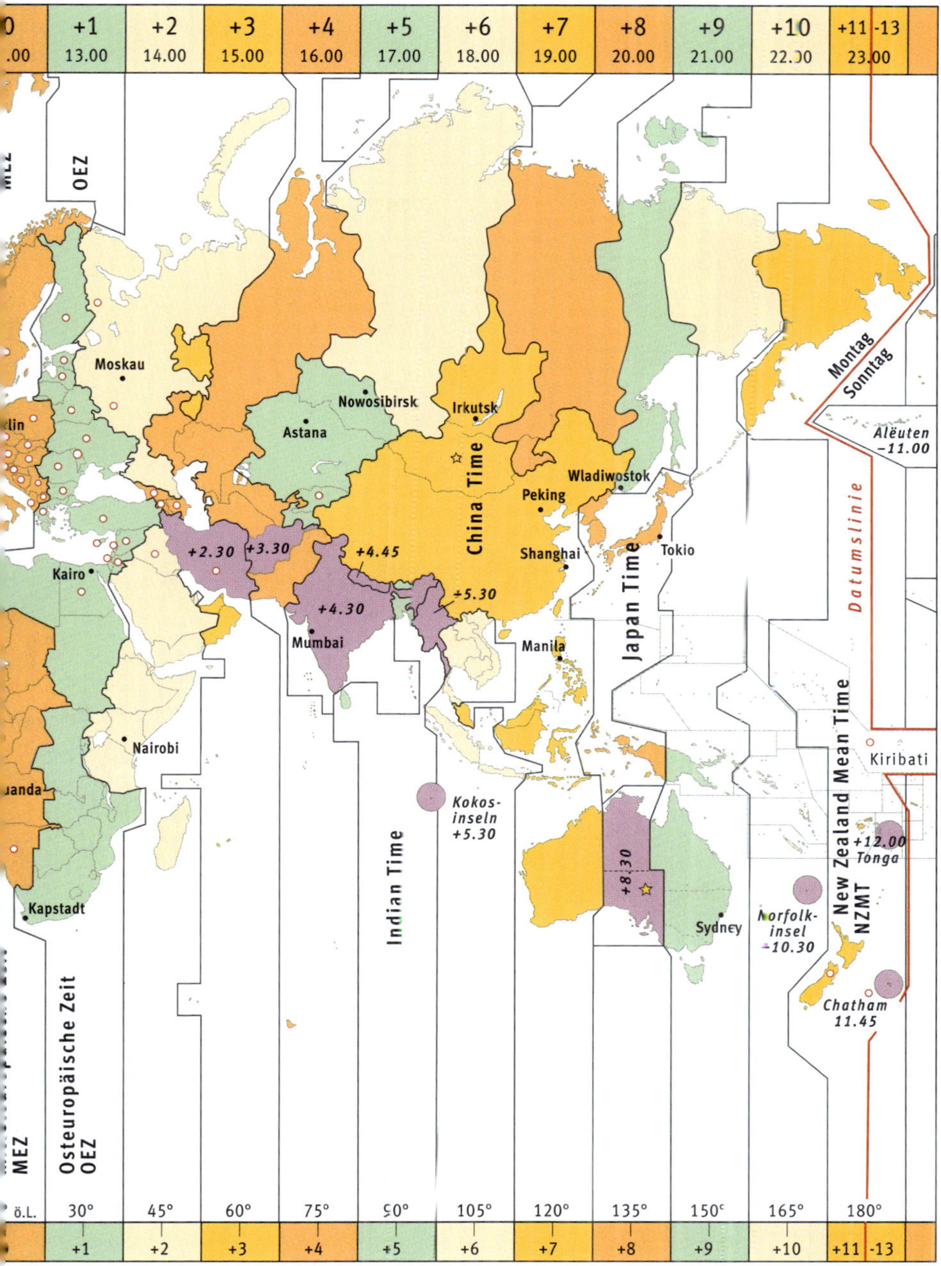

Zeitzonen westlich von Greenwich ist es früher als dort, in den Zeitzonen östlich von Greenwich ist es später, da sich die Erde nach Osten dreht. Als Datumslinie hat man den 180. Längengrad (mit Abweichungen) festgelegt. Die Staaten, die sich an dieses Zeitzonensystem halten, übernehmen die für ihren Bereich gültige Zonenzeit. Andere legen die Zeitzonen nach politischen Grenzen fest

über 1 000 000 Einw.
500 000 - 1 000 000 Einw.
100 000 - 500 000 Einw.
Madrid Hauptstadt eines Staates
Staatsgrenze
200 km
USA (Alaska)
Bering-straße
KANADA
Victoria
Beaufort-see
Wrangel-insel
Ostsibir. See
Nordpolar-meer
Neusibirische Inseln
Magnet. Nordpol
1831
1960
1975
1980
2004
Ellesmere
Geogr. Nordpol
Sewernaja Semlja
Franz-Josef-Land
RUSSISCHE FÖDERATION
Nördl. Polarkreis
Geomagnet. Nordpol
Baffin
Baffin-bai
Spitz-bergen
Nowaja Semlja
Barents-see
Grönland (DK)
Grönland-see
ISLAND
FINNLAND
SCHWEDEN
NORWEGEN
Reykjavík
ISLAND
Nördlicher Polarkreis
Europäisches Nordmeer
Färöer (DK)
Trondheim
NORWEGEN
Shetland
Bergen
Oslo
Orkney
Glasgow
GROSSBRITANNIEN UND NORDIRLAND
Göteborg
DÄNEMARK
København (Kopenhagen)
Dublin
IRLAND
Nord-see
Birmingham
London
NIEDERLANDE
Hamburg
Elbe
Amsterdam
Bremen
Berlin
Kanalinseln (GB)
Der Kanal
BELGIEN
Bruxelles
DEUTSCHLAND
LUXEMBURG
Luxembourg
Frankfurt/M.
Paris
Seine
Loire
Stras-bourg
Rhein
Stuttgart
Donau
München
FRANKREICH
ATLANTISCHER OZEAN
Golf von Biscaya
Genève
Bern
LIE.
SCHWEIZ
ÖSTERREICH
Bordeaux
Lyon
Rhône
Torino
Milano
Po
Ljubljana
SLOWENIEN
Bilbao
Porto
Ebro
Genova
ANDORRA
MONACO
San Marino
SAN MARINO
PORTUGAL
Zaragoza
And. la Vella
Marseille
Lisboa (Lissabon)
Tajo
Madrid
SPANIEN
Barcelona
Korsika
Roma
VATIKAN-STADT
Valencia
Menorca
Tyrrhenisches Meer
Sevilla
Ibiza
Mallorca
Sardinien
Napoli
Madeira (PT)
Str. v. Gibraltar
Málaga
Formentera
Mittel
Gibraltar (GB)
Ceuta (ES)
Dar-el-Beida (Casablanca)
Rabat
Melilla (ES)
Wahrān
El Djazaïr (Algier)
Qusanṭīna
Palermo
Sizilien
Fès
Tunis
Valletta
MALTA
Kanarische Inseln (ES)
Marrakech
MAROKKO
ALGERIEN
TUNESIEN
Tarābulus (Tripolis)
SAHARA
LIBYEN

Nordkap
Barentssee
Murmansk
Halbinsel Kola
Weißes Meer
Archangel'sk
RUSSISCHE FÖDERATION
Ural
Ob
SCHWEDEN
Bottnischer Meerbusen
FINNLAND
Tampere
Helsinki
Onega-see
Petrozavodsk
Ladoga-see
Sankt-Peterburg
Vologda
Kama
Perm'
Ekaterinburg
Čeljabinsk
Ural-gebirge
Tallinn
ESTLAND
Stockholm
Wolga
Kazan'
Nižnij Novgorod
Ufa
Samara
Orenburg
Riga
LETT-LAND
Daugavpils
Ostsee
Moskva (Moskau)
Penza
LITAUEN
Vilnius (Wilna)
Kaliningrad (Königsberg)
(RUSS.)
Smolensk
Tula
Saratov
Ural'sk
KASACHSTAN
Gdańsk (Danzig)
POLEN
Minsk
Warszawa (Warschau)
WEISSRUSSLAND
Voronež
Wisła
Odra
Łódź
Brest
Wrocław (Breslau)
Bug
Kyyiv (Kiew)
Kharkiv
Volgograd
Kraków (Krakau)
L'viv (Lemberg)
UKRAINE
Dnjepr
Dnipropetrovs'k
Luhans'k
Donets'k
Don
Rostov-na-Donu
Astrachan'
Kaspisches Meer
SLOWAKEI
Bratislava (Preßburg)
MOLDAU
Chişinău
Budapest
UNGARN
Iaşi
Odesa
Asowsches Meer
Krasnodar
Krim
Groznyj
RUMÄNIEN
București (Bukarest)
Zagreb
Dunarea
Suchumi
GEORGIEN
Tbilisi (Tiflis)
Baku
BOSNIEN-HERZEG.
Beograd
Schwarzes Meer
Batumi
ARMENIEN
ASERBAIDSCHAN
Jerevan
Sarajevo
SERBIEN UND MONTENEGRO
BULGARIEN
Sofija
Skopje
MAZEDON.
Tiranë
Bari
İstanbul
Bosporus
Tabrīz
ALBANIEN
Thessaloniki
Bursa
Ankara
TÜRKEI
IRAN
Eskişehir
Diyarbakır
Ägäisches Meer
GRIECHENLAND
İzmir
Gaziantep
Al-Mawsil
Kirkūk
Adana
Euphrat
Tigris
Athínai (Athen)
Antalya
Halab
SYRIEN
Lefkosía
Baġdād (Bagdad)
Kreta
Rhodos
ZYPERN
Bayrūt (Beirut)
Dimashq (Damaskus)
IRAK
LIBANON
Al-Basrāh
ISRAEL
JORDANIEN
KUWAIT
Al-Kuwayt
ÄGYPTEN
Yerushalayim (Jerusalem)
'Ammān
SAUDI-ARABIEN
Al-Iskandarīyah (Alexandria)
Mittelmeer
20°
30°
40°
50°
60°
70°

EUROPA
NORDATLANTISCHER OZEAN
KASACHSTAN
Aralsee
USBEKISTAN
Schwarzes Meer
GEORGIEN
Kasp. Meer
TURKMEN.
Aŝchabad
ARMENIEN
Ankara
TÜRKEI
ASERBAID-SCHAN
Azoren (PT)
Mittelmeer
Tunis
El Djazaïr (Algier)
TUNESIEN
ZYPERN
SYRIEN
Tehrān
LIBANON
IRAK
IRAN
ISRAEL
Dar-el-Beida (Casablanca)
Rabat
Madeira (PT)
MAROKKO
Tarābulus (Tripolis)
JORDANIEN
BAHRAIN
Al-Manāmah
Kanaren (ES)
Al-Qāhirah (Kairo)
KUWAIT
KATAR
ALGERIEN
LIBYEN
El Aaiún
Ad-Dawhah
Ar-Riyād
ÄGYPTEN
SAHARA
Nördlicher Wendekreis
Rotes Meer
VAE
SAUDI-ARABIEN
Abu-Zaby (Abu Dhabi)
Masqat
MAURE-TANIEN
KAP VERDE
Nouakchott
MALI
NIGER
TSCHAD
OMAN
Praia
SENEGAL
Dakar
Al-Khartūm
Asmera
JEMEN
San'ā'
Arabisches Meer
GAMBIA
Banjul
Bamako
BURKINA FASO
Niamey
ERITREA
SUDAN
Bissau
Ouagadougou
N'Djamena
DSCHIBUTI
Sokotra (YE)
GUINEA-BISSAU
GUINEA
NIGERIA
Djibouti
Conakry
Freetown
ELFENBEIN-KÜSTE
GHANA
TOGO
BENIN
Adis Abeba
SOMALIA
SIERRA LEONE
Abuja
Porto-Novo
ZENTRAL-AFRIK.REP.
Bangui
ÄTHIOPIEN
LIBERIA
Monrovia
Yamous-soukro
Lomé
KAMERUN
Accra
Malabo
SÃO TOMÉ U. PRÍNCIPE
Yaoundé
REP. KONGO
UGANDA
Muqdisho (Mogadischu)
São Tomé
Kampala
KENIA
ÄQUATORIAL-GUINEA
Libreville
GABUN
Nairobi
Äquator
RUANDA
Kigali
BURUNDI
Bujumbura
Brazzaville
Kinshasa
Victoria
Ascension (GB)
DEM.REP. KONGO
Dodoma
TANSANIA
Luanda
SEYCHELLEN
KOMOREN
Moroni
ANGOLA
SAMBIA
Lusaka
Lilongwe
MALAWI
Mayotte (FR)
St. Helena (GB)
MAURITIUS
Harare
MOSAMBIK
Antananarivo
NAMIBIA
SIMBABWE
Port Louis
MADAGASKAR
Südlicher Wendekreis
Windhoek
BOTSUANA
Réunion (FR)
Gaborone
Pretoria
Maputo
Johannesburg
Mbabane
SWASILAND
SÜDATLANTISCHER OZEAN
Maseru
LESOTHO
INDISCHER OZEAN
SÜDAFRIKA
Cape Town (Kapstadt)
Kap der Guten Hoffnung
Tristan da Cunha (GB)
Prinz-Eduard-Inseln (SA)
Crozetinseln (FR)

Nordpolarmeer
Ostsibirische See
Beringmeer
Barentssee
Karasee
Laptewsee
Nördlicher Polarkreis
Murmansk
Kamtschatka
Kolyma
Lena
Jenissei
Kaliningrad (Königsberg)
Sankt-Peterburg
Jakutsk
Ochotskisches Meer
Sachalin
Kurilen
Moskva (Moskau)
Perm'
Ob
RUSSISCHE FÖDERATION
Ekaterinburg
Čeljabinsk
Wolga
Samara
Don
Omsk
Novosibirsk
Amur
Chabarovsk
Baikalsee
Irkutsk
Ural
Astana
Irtysch
Kaspisches Meer
GEORGIEN
ARMENIEN
ASERBAIDSCHAN
Aralsee
KASACHSTAN
Balchaschsee
Vladivostok
Sapporo
Ostmeer (Jap. Meer)
JAPAN
Ulaanbaatar
MONGOLEI
Shenyang
D.R. KOREA
P'yongyang
Tokio
Yokohama
Ōsaka
Hiroshima
Soul
REP. KOREA
IRAK
USBEKISTAN
TURKMENISTAN
Biškek
Taškent
KIRGISISTAN
Ürümqi
Beijing (Peking)
Tianjin
Aschabad
Tehrān
IRAN
TADSCHIKISTAN
Dušanbe
AFGHANISTAN
Kābol
VOLKSREPUBLIK CHINA
Xi'an
Shanghai
Nanseiinseln
KUWAIT
BAHRAIN
KATAR
VAE
Islāmābād
PAKISTAN
Indus
Tibet
Wuhan
Changsha
Jangtsekiang
T'aipei
REP. CHINA
PAZIFISCHER
OZEAN
Karāchi
New Delhi
NEPAL
Kāthmāndau
BHUTAN
Thimphu
Guangzhou (Kanton)
Xianggang (Hongkong)
OMAN
Nördlicher Wendekreis
Ganges
Dhaka
Kolkata (Kalkutta)
Mumbai (Bombay)
INDIEN
BANGLADESCH
MYANMAR
LAOS
Ha Noi
Viangchan
Hainan
VIETNAM
Luzon
Manila
PHILIPPINEN
Sokotra (YE)
Arabisches Meer
Godavari
Yangon
Mekong
THAILAND
Golf von Bengalen
Südchinesisches Meer
Lakkadiven (IN)
Chennai (Madras)
Andamanen (IN)
Krung Thep (Bangkok)
KAMBODSCHA
Phnum Pénh
Ho Chi Minh (Saigon)
Bandar Seri Begawan
BRUNEI
Nikobaren (IN)
Male'
MALEDIVEN
Colombo
SRI LANKA
MALAYSIA
Äquator
Kuala Lumpur
SINGAPUR
Borneo
Celebes
Sumatra
INDONESIEN
Dili
TIMOR-LESTE
INDISCHER
OZEAN
Jakarta
Java
Bali
Tschagosinseln (GB)
Diego Garcia (GB)
Weihnachtsinsel (AU)
Kokosinseln (AU)
Rodrigues (MU)
Südlicher Wendekreis
AUSTRALIEN
Perth
500 km
Amsterdam (FR)
St. Paul (FR)

Beringstraße
Beringmeer
Nordpolarmeer
Beaufortsee
Grönlandsee
Magnetischer Nordpol
Alaska (US)
Yukon
Anchorage
Alëuten
Golf von Alaska
Juneau
Ellesmere
Grönland (DK)
Großer Bärensee
Mackenzie
Victoria
Baffinbai
Baffin
Nördlicher Polarkreis
Nuuk (Godthåb)
Yellowknife
Großer Sklavensee
KANADA
Edmonton
Victoria
Vancouver
Hudsonbai
Labradorsee
Calgary
Seattle
Winnipegsee
Labrador
Snake
Missouri
Winnipeg
VEREINIGTE STAATEN VON AMERIKA
Salt Lake City
Oberer See
San Francisco
Québec
Montréal
Ottawa
Los Angeles
San Diego
Tijuana
Colorado
Denver
Toronto
Detroit
Chicago
Boston
Columbus
Indianapolis
New York
Philadelphia
Washington D.C.
Phoenix
Santa Fe
Arkansas
Mississippi
Ciudad Juárez
Rio Grande
Golf von Kalifornien
PAZIFISCHER OZEAN
Dallas
ATLANTISCHER OZEAN
Houston
San Antonio
New Orleans
Jacksonville
Bermuda (GB)
MEXIKO
Monterrey
Golf von Mexiko
Sargassosee
Guadalajara
León
Miami
BAHAMAS
Nassau
Ciudad de México
La Habana (Havanna)
Nördlicher Wendekreis
Puebla
Mérida
KUBA
Acapulco
BELIZE
Belmopan
Guatemala
GUATEMALA
HONDURAS
Tegucigalpa
San Salvador
EL SALVADOR
NICARAGUA
Managua
Kingston
JAMAIKA
HAITI
Port-au-Prince
DOMINIK. REP.
Santo Domingo
Puerto Rico (US)
San Juan
Karibisches Meer
Hawaii (US)
Honolulu
San José
COSTA RICA
Panamakanal
Panamá
PANAMA
KOLUMBIEN
VENEZUELA

Karibisches Meer
Kleine Antillen
Barranquilla
Maracaibo
Caracas
Port-of-Spain
TRINIDAD u. TOBAGO
Cumaná
Orinoco
PANAMA
Medellín
Georgetown
Paramaribo
Cayenne
VENEZUELA
GUYANA
SURI-NAME
Franz.-Guyana (FR)
Cali
Santa Fe de Bogotá
KOLUMBIEN
Rio Negro
Äquator
Quito
ECUADOR
Guayaquil
Amazonas
Manaus
Belém
Iquitos
Tocantins
Fortaleza
Natal
Ucayali
Juruá
Madeira
Tapajós
Xingu
PERU
BRASILIEN
Recife
Callao
Lima
Huancayo
São Francisco
Salvador
BOLIVIEN
Arequipa
La Paz
Brasília
Sucre
Belo Horizonte
PARAGUAY
Paraguay
Nova Iguaçu
São Paulo
Rio de Janeiro
Südlicher Wendekreis
Antofagasta
Asunción
Curitiba
CHILE
PAZIFISCHER OZEAN
ATLANTISCHER OZEAN
Paraná
Uruguay
Pôrto Alegre
Córdoba
Mendoza
Rosario
Santiago de Chile
URUGUAY
Buenos Aires
Montevideo
ARGENTINIEN
Bahía Blanca
Falkland-inseln (GB)
Magellan-Straße
Punta Arenas
Kap Hoorn
400 km
GROSSBRITANNIEN
NORWEGEN
ARGENTINIEN
CHILE
AUSTRALIEN
FR
NEUSEELAND
ATLANTISCHER OZEAN
INDISCHER OZEAN
PAZIFISCHER OZEAN
Südlicher Polarkreis
Weddell-meer
Bellings-hausensee
Amundsensee
Rossmeer
5140
Geogr. Südpol

KUBA
Windwardpassage
HAITI
DOMINIKANISCHE REPUBLIK
Port-au-Prince
Santo Domingo
Monapassage
ATLANTISCHER OZEAN
200 km
Jungferninseln (US/GB)
San Juan
Puerto Rico (US)
Anguilla (GB)
zu FR
zu NL
ANTIGUA UND BARBUDA
Saint John's
Basseterre
ST. KITTS UND NEVIS
Montserrat (GB)
Guadeloupe (FR)
Avesinsel (VE)
Roseau
DOMINICA
Martinique (FR)
Karibisches Meer
Castries
ST. LUCIA
Kingstown
BARBADOS
Bridgetown
ST. VINCENT UND DIE GRENADINEN
Niederländische Antillen (NL)
Aruba
Curaçao
Bonaire
Saint George's
GRENADA
TRINIDAD UND TOBAGO
Port of Spain
KOLUMBIEN
VENEZUELA
75°
70°
65°
60°
20°
15°
10°

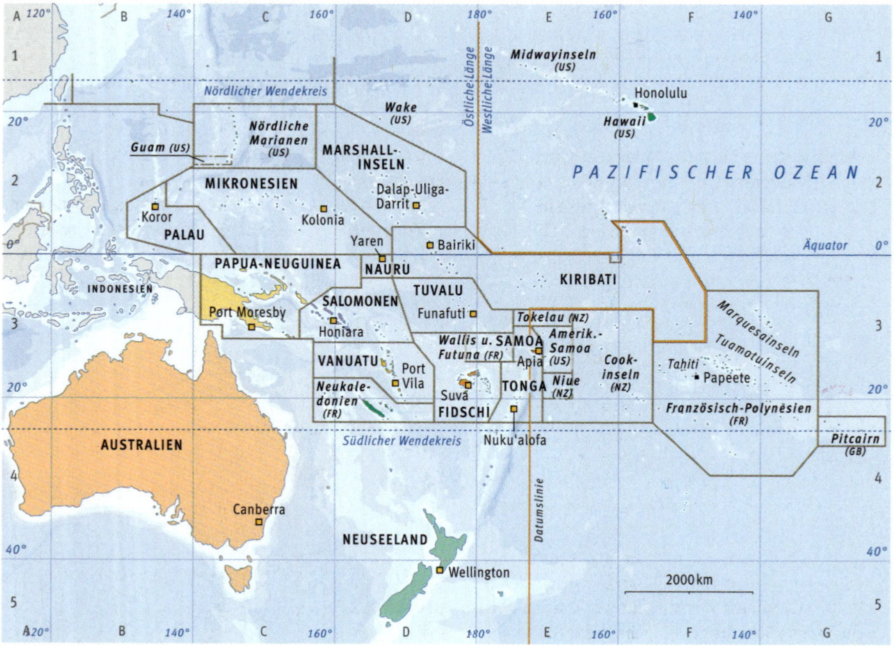
A
B
C
D
E
F
G
1
2
3
4
5
120°
140°
160°
180°
Östliche Länge
Westliche Länge
Midwayinseln (US)
Nördlicher Wendekreis
Honolulu
Hawaii (US)
Wake (US)
Nördliche Marianen (US)
Guam (US)
MARSHALL-INSELN
PAZIFISCHER OZEAN
MIKRONESIEN
Dalap-Uliga-Darrit
Koror
PALAU
Kolonia
Yaren
Bairiki
Äquator
0°
PAPUA-NEUGUINEA
NAURU
KIRIBATI
INDONESIEN
SALOMONEN
TUVALU
Marquesasinseln
Port Moresby
Funafuti
Tokelau (NZ)
Honiara
Wallis u. Futuna (FR)
SAMOA
Amerik.-Samoa (US)
Tuamotuinseln
VANUATU
Apia
Cook-inseln (NZ)
Tahiti
Papeete
Port Vila
Niue (NZ)
Neukaledonien (FR)
Suva
TONGA
FIDSCHI
Französisch-Polynesien (FR)
Südlicher Wendekreis
Nuku'alofa
Pitcairn (GB)
AUSTRALIEN
Datumslinie
Canberra
NEUSEELAND
Wellington
2000 km
20°
40°

Entstehung und Entwicklung der EU

Am Anfang des europäischen Integrationsprozesses stand der

- Vertrag über die **Gründung der Europäischen Gemeinschaft für Kohle und Stahl (EGKS / Montanunion)**, der am 18. 4. 1951 in Paris durch Belgien, die BR Deutschland, Frankreich, Italien, Luxemburg sowie die Niederlande unterzeichnet wurde und am 27. 7. 1952 in Kraft trat. Ziel ist ein gemeinsamer Markt für Kohle und Stahl. Nach Ablauf des auf 50 Jahre befristeten Vertrags am 23. 7. 2002 wurden diese beiden Bereiche dem Recht der Europäischen Gemeinschaft unterstellt.

Nach dem Beschluss der Außenminister der EGKS-Staaten vom 1. / 2. 6. 1955 in Messina (Italien), die Integration auf alle Wirtschaftsbereiche auszudehnen, unterzeichneten diese sechs Staaten am 25. 3. 1957 in Rom die sog. **Römischen Verträge**, die am 1. 1. 1958 in Kraft traten:

- Vertrag zur **Gründung der Europäischen Wirtschaftsgemeinschaft (EWG)**: Ziel ist die Errichtung eines Gemeinsamen Marktes und die schrittweise Annäherung der nationalen Wirtschaftspolitiken.
- Vertrag zur **Gründung der Europäischen Atomgemeinschaft (Euratom / EAG)**: Ziel ist die Förderung der friedlichen Nutzung der Kernenergie.

EGKS (bis 2002), EWG und Euratom bilden zusammen die **Europäischen Gemeinschaften**. Sie haben seit dem sog. **Fusionsvertrag** (in Kraft 1. 7. 1967) einen gemeinsamen Rat (Ministerrat) und eine gemeinsame Kommission; deren Befugnisse waren jedoch bei der EGKS anders geregelt als bei der EWG und Euratom. Die Parlamentarische Versammlung (heute: Europäisches Parlament) und der Gerichtshof waren von Anfang an für alle drei Gemeinschaften zuständig.

Die erste grundlegende Änderung und Ergänzung der Gründungsverträge, die v. a. die EWG betraf, erfolgte durch die **Einheitliche Europäische Akte** (EEA, in Kraft 1. 7. 1987). Durch sie wurden die Organe der Gemeinschaft gestärkt, die Kompetenzen der Gemeinschaft und die Ziele der Integration erweitert sowie die **Schaffung des europäischen Binnenmarkts** bis Ende 1992 festgeschrieben.

Die zweite und bisher grundlegendste Änderung und Ergänzung der Verträge zur Gründung der Europäischen Gemeinschaften ist der am 1. 11. 1993 in Kraft getretene **Vertrag über die Europäische Union (EU-Vertrag)**. Er bildet die Grundlage für die Vollendung der Europäischen Wirtschafts- und Währungsunion (EWWU) sowie für weitere politische Integrationsschritte, insbesondere eine Gemeinsame Außen- und Sicherheitspolitik (GASP) und eine Zusammenarbeit in den Bereichen Justiz und Inneres. Mit der **Einführung des Euro** als neue gemeinsame eigenständige Währung in elf EU-Staaten (seit 2001: zwölf) begann am 1. 1. 1999 termingerecht die dritte Stufe der EWWU; zum 1. 1. 2002 wurde in diesen zwölf EU-Staaten das Euro-Bargeld eingeführt.

Durch den am 1. 5. 1999 in Kraft getretenen **Vertrag von Amsterdam** zur Änderung und Ergänzung der Verträge, auf denen die EU beruht, wurden die Stellung der Gemeinschaftsorgane gestärkt, die Kompetenzen der Gemeinschaft erweitert, Diskriminierung verboten, Kohärenz, Effizienz und Transparenz der GASP verbessert sowie als neues Ziel der Union die **Schaffung eines Raums der Freiheit, der Sicherheit und des Rechts** (Vollendung für 2004 vorgesehen) festgeschrieben.

Vor dem Hintergrund der Krisen auf dem Balkan beschloss der ER 1999, die **Europäische Sicherheits- und Verteidigungspolitik** (ESVP) zu entwickeln. Zivile bzw. militärische Krisenmanagementeinsätze im Rahmen der ESVP werden seit 2003 durchgeführt. Seit den Terroranschlägen gegen die USA am 11. 9. 2001 ist die **Bekämpfung des Terrorismus** ein vorrangiges Ziel der EU.

Der umstrittene **Vertrag von Nizza** (in Kraft 1. 2. 2003) zur Revision der Verträge, auf denen die EU beruht, beinhaltet die institutionellen Reformen, die notwendig sind, damit die EU auch nach der Erweiterung handlungs- und entscheidungsfähig bleibt. Die meisten institutionellen Änderungen wurden erst im Zuge der **fünften und bisher größten Erweiterung der EU** um zehn Staaten am 1. 5. 2004 wirksam.

Der von den Staats- und Regierungschefs sowie den Außenministern der 25 EU-Staaten am 29. 10. 2004 unterzeichnete Vertrag über eine Verfassung für Europa, der die erweiterte EU handlungsfähiger, demokratischer und transparenter machen soll, kann nur nach Ratifizierung durch alle Mitgliedstaaten in Kraft treten. Nachdem sich Franzosen und Niederländer in Volksabstimmungen am 29. 5. 2005 bzw. 1. 6. mehrheitlich gegen den Verfassungsvertrag ausgesprochen haben, beschloss der ER am 16. / 17. 6., nach einer ausführlichen Diskussion in Mitgliedstaaten und EU im ersten Halbjahr 2006 den weiteren Fortgang des Ratifizierungsprozesses zu vereinbaren (→ Chronik).

Jean-Claude Juncker (links) und José Manuel Baroso auf dem EU-Gipfel in Brüssel am 17. 6. 2005

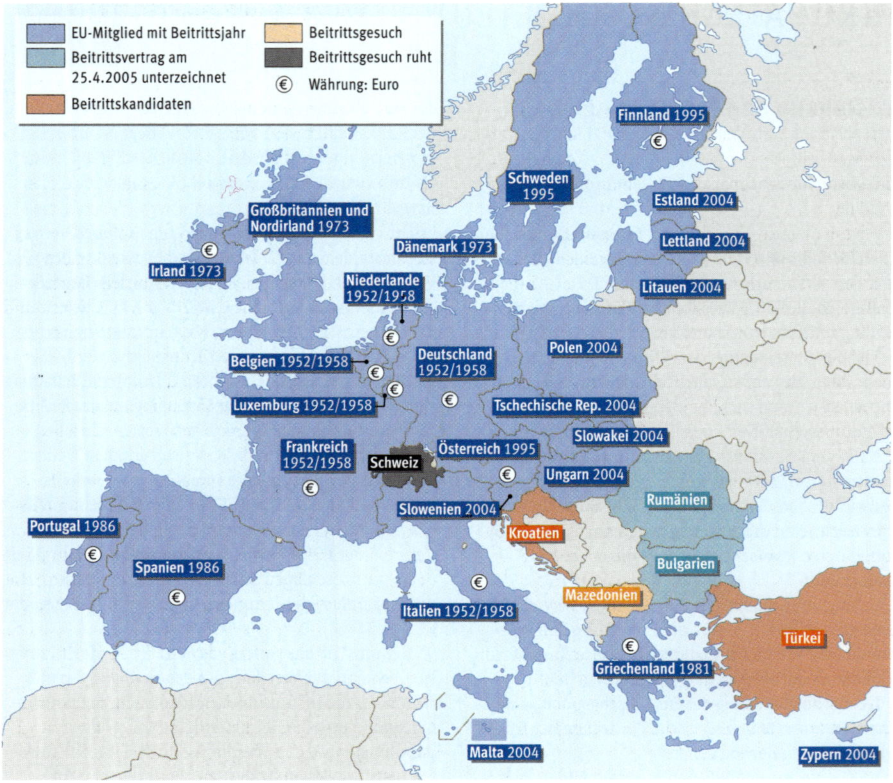

Mitgliedstaaten (25)

Seit der fünften und bisher größten Erweiterung der EU am 1. 5. 2004 um zehn Staaten – Estland, Lettland, Litauen, Malta, Polen, Slowakische Republik, Slowenien, Tschechische Republik, Ungarn und Zypern – hat die EU 25 Mitgliedstaaten mit zusammen rund 457 Mio. Einwohnern und einer Gesamtfläche von 4,0 Mio. km². Die meisten außereuropäischen Hoheitsgebiete von EU-Staaten gehören entweder zur EU oder sind dieser assoziiert.

Amtssprachen (21)

Dänisch, Deutsch, Englisch, Estnisch, Finnisch, Französisch, Griechisch, Irisch (ab 2007), Italienisch, Lettisch, Litauisch, Maltesisch, Niederländisch, Polnisch, Portugiesisch, Schwedisch, Slowakisch, Slowenisch, Spanisch, Tschechisch und Ungarisch. Zusätzliche Vertragssprachen: Baskisch, Galicisch, Katalanisch.

Beitrittsgesuche

Bulgarien (16. 12. 1995; * Beitrittsvertrag am 25. 4. 2005 unterzeichnet), **Kroatien** (21. 2. 2003; seit 18. 6. 2004 Status eines Beitrittskandidaten; die für 17. 3. 2005 vorgesehene Eröffnung der Beitrittsverhandlungen wurde auf unbestimmte Zeit verschoben), die ehem. jugoslawische Republik **Mazedonien** (22. 3. 2004), **Rumänien** (22. 6. 1995*), **Schweiz** (26. 5. 1992; Gesuch ruht, seit die Schweizer Bevölkerung am 6. 12. 1992 gegen die Ratifizierung des EWR-Abkommens stimmte) und **Türkei** (12. 4. 1987; seit 10. 12. 1999 Status eines Beitrittskandidaten; Eröffnung der Beitrittsverhandlungen für 3. 10. 2005 vorgesehen).

1. Europäische Gemeinschaft (EG)

Die EU verfügt über einen einheitlichen institutionellen Rahmen. Sie besteht seit 2002 aus den zwei Gemeinschaften EG (erster Pfeiler der EU) und Euratom, die jeweils eine eigene Rechtspersönlichkeit besitzen und durch ihre Organe im Rahmen ihrer Befugnisse vertreten werden (Gemeinschaftsmethode), sowie aus den Bereichen Gemeinsame Außen- und Sicherheitspolitik (zweiter Pfeiler) und polizeiliche und justizielle Zusammenarbeit in Strafsachen (dritter Pfeiler), in denen die Beschlussfassung im Rahmen der Regierungszusammenarbeit erfolgt.

Die Bestimmungen, die es einer Gruppe von Mitgliedstaaten ermöglichen, in bestimmten Politikbereichen eine engere, allen Mitgliedstaaten offen stehende Zusammenarbeit zu begründen, wurden durch den Vertrag von Nizza (2003) gelockert. Im Bereich des ersten Pfeilers (EG) wurde das Vetorecht abgeschafft und in den Gebieten, für die das Mitentscheidungsverfahren gilt, die Zustimmung des EP eingeführt. Auch im Bereich der polizeilichen und justiziellen Zusammenarbeit in Strafsachen (dritter Pfeiler) entfiel das Vetorecht. Im Bereich der GASP wurde die Möglichkeit einer verstärkten Zusammenarbeit eingeführt: sie betrifft die Durchführung einer gemeinsamen Aktion oder die Umsetzung eines gemeinsamen Standpunkts (militärische oder verteidigungspolitische Fragen ausgenommen); grundsätzlich Abstimmung mit qualifizierter Mehrheit im Rat.

Gemeinschaftlicher Besitzstand (aquis communautaire)

Der sich ständig weiter entwickelnde Gemeinschaftliche Besitzstand beinhaltet die Rechte und Pflichten, die für alle EU-Mitgliedstaaten verbindlich sind.

Das Primärrecht, das Ziele, Tätigkeitsgebiete, Organisation und Funktionsweise beinhaltet, und das abgeleitete Recht bilden zusaammen das Gemeinschaftsrecht im engeren Sinne. Die von EP und Rat gemeinsam, Rat oder Kommission zur Erfüllung ihrer Aufgaben im Rahmen der EG erlassenen Rechtsvorschriften haben einen unterschiedlichen Grad an Verbindlichkeit: Verordnungen sind in allen Teilen verbindlich, gelten unmittelbar in jedem Mitgliedstaat und müssen nicht erst in nationales Recht umgesetzt werden. Richtlinien geben den Mitgliedstaaten Ziele verbindlich vor, überlassen ihnen jedoch Form und Mittel der Umsetzung in nationales Recht. Entscheidungen betreffen einzelne Adressaten und sind in allen Teilen für diejenigen verbindlich, an die sie gerichtet sind (ein Mitgliedstaat oder eine natürliche/juristische Person). Empfehlungen und Stellungnahmen sind nicht rechtsverbindlich. Die Rechtsakte können vom → EuGH überprüft werden.

An die Stelle der EWG trat durch den EU-Vertrag (1993) die Europäische Gemeinschaft (EG) mit neuen bzw. erweiterten Kompetenzen.

Aufgabe (Art. 2 EG-Vertrag) ist es, »in der ganzen Gemeinschaft eine harmonische, ausgewogene und nachhaltige Entwicklung des Wirtschaftslebens, ein hohes Beschäftigungsniveau und ein hohes Maß an sozialem Schutz, die Gleichstellung von Männern und Frauen, ein beständiges, nichtinflationäres Wachstum, einen hohen Grad von Wettbewerbsfähigkeit und Konvergenz der Wirtschaftsleistungen, ein hohes Maß an Umweltschutz und Verbesserung der Umweltqualität, die Hebung der Lebenshaltung und der Lebensqualität, den wirtschaftlichen und sozialen Zusammenhalt und die Solidarität zwischen den Mitgliedstaaten zu fördern«.

Die **Politiken der Gemeinschaft** umfassen freien Verkehr von Waren, Personen, Dienstleistungen und Kapital (Binnenmarkt), Landwirtschaft, Visa, Asyl, Einwanderung und andere den freien Personenverkehr betreffende Politiken, Verkehr gemeinsame Regeln betreffend Wettbewerb, Steuerfragen und Angleichung von Rechtsvorschriften, Wirtschaft- und Währungspolitik, Beschäftigung, gemeinsame Handelspolitik, Zusammenarbeit im Zollwesen, Sozialpolitik, allgemeine und berufliche Bildung und Jugend, Kultur, Gesundheitswesen, Verbraucherschutz, Transeuropäische Netze (TEN), Industrie, wirtschaftlicher und sozialer Zusammenhalt (Kohäsion), Forschung und technologische Entwicklung, Umwelt und Entwicklungszusammenarbeit.

Kompetenzen: Die EG besitzt Rechtspersönlichkeit. Sie kann im Rahmen der ihr von den Mitgliedstaaten im EG-Vertrag zugewiesenen Befugnisse und gesetzten Ziele durch ihre supranationalen Organe mit exekutiven Befugnissen Recht setzen, das nicht nur für die Gemeinschaft und ihre Organe, sondern auch für die Mitgliedstaaten und deren natürliche und juristische Personen unmittelbar gilt. Die Erfordernisse des Umwelt-, Gesundheits- und Verbraucherschutzes sowie das Ziel eines hohen Beschäftigungsniveaus sind bei Festlegung und Durchführung aller Gemeinschaftspolitiken zu berücksichtigen. Nach dem **Subsidiaritätsprinzip** (Art. 5 EG-Vertrag) wird die Gemeinschaft in den Bereichen, die nicht in ihre ausschließliche Zuständigkeit fallen, nur tätig, sofern und soweit die Ziele der Maßnahmen auf Ebene der Mitgliedstaaten nicht ausreichend und daher wegen ihres Umfangs oder ihrer Wirkungen besser auf Gemeinschaftsebene erreicht werden können. Ein Protokoll zum Vertrag von Amsterdam präzisiert Bedingungen und Kriterien für die Anwendung der Grundsätze der Subsidiarität und der Verhältnismäßigkeit.

Das Ausmaß, in dem die Mitgliedstaaten ihre einzelstaatliche Souveränität den Gemeinschaftsorganen übertragen haben, hängt vom Tätigkeitsgebiet ab: eine einheitliche Geld- und Wechselkurspolitik in den EU-Staaten, die den Euro als gemeinsame Währung eingeführt haben, eine gemeinsame Politik (z. B. Landwirtschaft, Fischerei, Verkehr, Handel), eine enge Koordinierung (z. B. Wirtschaftspolitik), eine Politik (z. B. Umwelt- und Sozialpolitik, Entwicklungszusammenarbeit), ein Beitrag (z. B. Bildung, Kultur und Gesundheitswesen, bei denen »jegliche Harmonisierung der Rechts- und Verwaltungsvorschriften der Mitgliedstaaten« ausgeschlossen ist, sowie Verbraucherschutz), Maßnahmen (z. B. freier Personenverkehr, Energie, Katastrophenschutz, Fremdenverkehr) oder Förderung (z. B. Koordinierung der Beschäftigungspolitik, Forschung).

Unionsbürgerschaft: Durch die mit dem EU-Vertrag (1993) eingeführte, die nationale Staatsbürgerschaft ergänzende Unionsbürgerschaft erhielten die Staatsangehörigen der Mitgliedstaaten bestimmte Rechte: u. a. sich in der EU frei zu bewegen und aufzuhalten, aktives und passives Wahlrecht am Wohnsitz bei Kommunalwahlen und EP-Wahlen, diplomatischen Schutz in Drittstaaten, Petitionsrecht beim EP und Recht auf Anhörung durch den Bürgerbeauftragten.

Raum der Freiheit, der Sicherheit und des Rechts

Im Vertrag von Amsterdam (1999) wurde als neues Ziel der Union die Schaffung eines Raums der Freiheit, der Sicherheit und des Rechts festgelegt, »in dem in Verbindung mit geeigneten Maßnahmen in Bezug auf die Kontrollen an den Außengrenzen, das Asyl, die Einwanderung sowie die Verhütung und Bekämpfung der Kriminalität der freie Personenverkehr gewährleistet ist«. Dänemark (ausgenommen Visapolitik), Großbritannien und Irland haben einen Sonderstatus.

In den Bereichen Asyl, Einwanderung, Kontrolle der EU-Außengrenzen und justizielle Zusammenarbeit in Zivilsachen, die 1999 vom dritten Pfeiler der EU (zwischenstaatliche Zusammenarbeit) in den Gemeinschaftsrahmen (erster Pfeiler der EU) überführt worden waren, ist nach Ablauf der fünfjährigen Übergangsfrist zum 1. 5. 2004 der Übergang von der Einstimmigkeit im Rat zur Beschlussfassung mit qualifizierter Mehrheit und Mitentscheidung des EP möglich; in der gemeinsamen Visapolitik erfolgte der Übergang bereits 1999. Bei der polizeilichen und justiziellen Zusammenarbeit in Strafsachen besteht weiterhin Zwang zur Einstimmigkeit.

Der Schengen-Besitzstand – v. a. Abschaffung der Personenkontrollen an den Binnengrenzen und Schengener Informationssystem (SIS), eine zentrale Datenbank für gesuchte Personen, Gegenstände und Fahrzeuge – wurde von fünf Mitgliedstaaten, die die Freizügigkeit schneller verwirklichen wollten, außerhalb des rechtlichen Rahmens der EU geschaffen. Seit er 1999 mit einem Protokoll zum Vertrag in den EU-Rahmen einbezogen wurde, fällt die Zusammenarbeit der Mitgliedstaaten, die die Schengen-Übereinkommen (1985 und 1990, in Kraft 1995) unterzeichnet haben, unter den rechtlichen und institutionellen Rahmen der EU. Seit 25. 3. 2001 sind 13 der nun 25 EU-Staaten, ohne Großbritannien, Irland und die zehn neuen Mitgliedstaaten, sowie Island und Norwegen Anwenderstaaten; Irland (seit 1. 4. 2002) und Großbritannien (seit 22. 12. 2004) wenden einzelne Bestimmungen des Schengen-Besitzstands an. Bei einer Volksabstimmung in der Schweiz am 5. 6. 2005 sprachen sich 54,6 % der Teilnehmer für einen Beitritt zum Schengen-Raum aus.

Europäische Wirtschafts- und Währungsunion (EWWU)

Grundlage für die EWWU, die seit 1. 7. 1990 in drei Stufen verwirklicht wurde, bildet der EU-Vertrag (1993). Am 1. 1. 1999 traten elf EU-Staaten in die **Endstufe der EWWU** ein: In Belgien, Deutschland, Finnland, Frankreich, Irland, Italien, Luxemburg, Niederlande, Österreich, Portugal und Spanien wurde der Euro als neue **gemeinsame eigenständige Währung** eingeführt. Griechenland trat der Euro-Zone am 1. 1. 2001 bei. Die Verantwortlichkeit für die Geldpolitik in der Europäischen Währungsunion wurde von den nationalen Zentralbanken der teilnehmenden EU-Staaten auf die unabhängige EZB übertragen. Beide verfolgen vorrangig das Ziel der Preisstabilität (von der EZB definiert durch einen anhaltenden Anstieg des Harmonisierten Verbraucherpreisindexes für das Euro-Währungsgebiet von unter, aber nahe 2 % gegenüber dem Vorjahr). Wirtschafts- und Finanzpolitik bleiben grundsätzlich in nationaler Verantwortung, sind aber als Angelegenheit von gemeinsamen Interesse zu betrachten. Der Euro (EUR, €), der seit 1. 1. 1999 nur im bargeldlosen Zahlungsverkehr an die Stelle der nationalen Währungen getreten war, ist seit 1. 1. 2002 gesetzliches Zahlungsmittel in den zwölf Staaten des Euro-Währungsgebiets. Gegenüber den Währungen von Drittstaaten und den 13 EU-Staaten, die den Euro noch nicht eingeführt haben, ist der Euro flexibel.

Der **Stabilitäts- und Wachstumspakt** (SWP), der am 1. 1. 1999 in Kraft trat, hat zum Ziel, eine dauerhafte Stabilitätsorientierung der auch nach Einführung des Euro in nationaler Kompetenz verbleibenden Finanzpolitik zu erreichen. Der Rat prüft, ob die von allen EU-Staaten jährlich vorzulegenden aktualisierten Stabilitäts- (Euroländer) bzw. Konvergenzprogramme mit den vom Rat angenommenen »Grundzügen der Wirtschaftspolitik der Mitgliedstaaten und der Gemeinschaft“, dem zentralen Element der wirtschaftspolitischen Koordinierung, und den Zielen des SWP in Einklang stehen. Gegen einen Mitgliedstaat des Euro-

Währungsgebiets, dessen Neuverschuldung 3 % des BIP übersteigt und der die notwendigen Maßnahmen zur Haushaltskonsolidierung innerhalb bestimmter Fristen nicht ergreift, kann der Rat (nur die Euro-Staaten ohne Stimmrecht des betroffenen Staats) mit Zweidrittelmehrheit Sanktionen verhängen. Vor dem Hintergrund der schwierigen Finanzlage in mehreren Staaten des Euro-Währungsgebietes beschloss der ER am 22./23. 3. 2005 grundlegende Änderungen des SWP (→ Chronik). EZB und Kommission forderten erneut weitere Strukturreformen v. a. bei Arbeits- und Gütermärkten sowie Sozialversicherungssystemen, um solide öffentliche Finanzen und kräftiges Wirtschaftswachstum zu erreichen; diese sind insb. angesichts des demografischen Wandels (sinkendes Bevölkerungswachstum und zunehmende Überalterung) erforderlich.

Dänemark, Großbritannien, Schweden und die zehn neuen EU-Staaten nehmen zwar an der EWWU teil, jedoch als »Mitgliedstaaten, für die eine Ausnahmeregelung gilt«: Sie gehören zunächst nicht dem Euro-Währungsgebiet an; Geld- und Währungspolitik verbleiben also in nationaler Verantwortung. **Dänemark** und **Großbritannien** machen von der nur diesen beiden Staaten im EU-Vertrag eingeräumten »Opting-out«-Klausel Gebrauch und verzichten vorerst auf eine Teilnahme. **Schweden**, das dem Wechselkursmechanismus WKM II noch nicht beigetreten ist, und die **zehn neuen EU-Staaten** sind zur Einführung des Euro verpflichtet, haben sich hierfür aber noch nicht qualifiziert. Sie können den Euro einführen, sobald nach dem im EG-Vertrag vorgesehenen Verfahren aufgrundlage der Konvergenzkriterien (→ unten) ein ausreichendes Maß an dauerhafter Konvergenz festgestellt wird und die nationale Zentralbank die rechtlichen Anforderungen erfüllt, um integraler Bestandteil des ESZB zu werden.

Konvergenzkriterien (Maastricht-Kriterien):

- Der Anstieg der Verbraucherpreise darf nicht mehr als 1,5 Prozentpunkte über der Teuerungsrate der drei preisstabilsten Mitgliedstaaten liegen.
- Staatsverschuldung und Haushaltsdefizit dürfen 60 % bzw. 3 % des BIP nicht überschreiten.
- Teilnahme am WKM II seit mind. zwei Jahren ohne starke Spannungen, insb. ohne Abwertung gegenüber dem Euro.
- Die langfristigen Zinssätze dürfen nicht höher liegen als zwei Prozentpunkte über dem Durchschnitt der drei preisstabilsten Mitgliedstaaten.

WKM II: Der Wechselkursmechanismus in der dritten Stufe der EWWU (WKM II, *1. 1. 1999), der die Währungen von EU-Staaten, die den Euro noch nicht eingeführt haben, an diesen bindet, schafft Anreize zur stabilitätsorientierten Ausrichtung der Wirtschafts- und Währungspolitik und wirkt spekulativ verursachten, nicht durch die volkswirtschaftlichen Fundamentaldaten gerechtfertigten Wechselkursschwankungen entgegen. Die Wechselkurse der am WKM II teilnehmenden Währungen dürfen von den festgelegten bilateralen Leitkursen gegenüber dem Euro um max. 15 % nach oben oder unten abweichen. Bei Erreichen der oberen bzw. unteren Grenzkurse sind die EZB und die Zentralbank des betroffenen, nicht zum Euro-Währungsgebiet gehörenden Staats zur Intervention in unbegrenzter Höhe verpflichtet. Leitkursänderungen sind im Einvernehmen möglich. Die Teilnahme am WKM II ist grundsätzlich freiwillig. Sie ist jedoch eine der Vorbedingungen für die spätere Einführung des Euro (→ Konvergenzkriterien).

Teilnehmer am WKM II: Dänische Krone (Schwankungsbreite von ±2,25 % um ihren bilateralen Leitkurs gegenüber dem Euro), Estnische Krone, Litas (Litauen), Tolar (Slowenien), Lats (Lettland), Maltesische Lira und Zypern-Pfund.

Regionalpolitik

Zwischen und in den EU-Staaten besteht ein großes Einkommens- und Wohlstandsgefälle. Mit der EU-Erweiterung 2004 haben die Disparitäten deutlich zugenommen. Ziel der Struktur- und des Kohäsionsfonds ist es, durch an Kofinanzierung aus den nationalen Haushalten gebundene Finanzhilfen für Programme und Projekte zur Verringerung der Ungleichgewichte zwischen Regionen und sozialen Gruppen sowie zur Stärkung des wirtschaftlichen, sozialen und territorialen Zusammenhalts in der EU beizutragen. Die zehn Staaten, die der EU 2004 beitraten, werden in die strukturpolitischen Maßnahmen nur schrittweise einbezogen.

- **Strukturfonds:** Wichtigstes Finanzinstrument zum Abbau der regionalen Disparitäten sind die vier Strukturfonds. Im Gegensatz zum Kohäsionsfonds können die Regionen aller EU-Staaten bei Erfüllung bestimmter Kriterien diese Strukturfonds in Anspruch nehmen. Für 2000–2006 sind insgesamt 209 Mrd. € in Preisen von 1999 vorgesehen (2005: 37,3 Mrd. €). Hauptempfänger sind Spanien, Italien, Deutschland, Griechenland, Portugal, Großbritannien, Frankreich und Polen.

Ziel 1: Förderung der Entwicklung und strukturellen Anpassung der Regionen mit Entwicklungsrückstand, d. h. Regionen mit einem Pro-Kopf-BIP von weniger als 75 % des EU-Durchschnitts, sowie Regionen in äußerster Randlage (französischen überseeischen Departements, Azoren, Madeira und Kanarische Inseln) und Gebiete mit sehr geringer Bevölkerungsdichte in Finnland und Schweden. Finanzierung durch die vier Strukturfonds sowie durch das Programm zur Unterstützung des Friedensprozesses in Nordirland (PEACE; 2000–2004: 500 Mio. €) und das Sonderprogramm für die schwedischen Küstengebiete (2000–2006: 350 Mio. €). 2004: 25 301 Mio. €; Hauptempfänger: Spanien, Griechenland, Italien, Deutschland, Portugal und Polen (→ Karte).

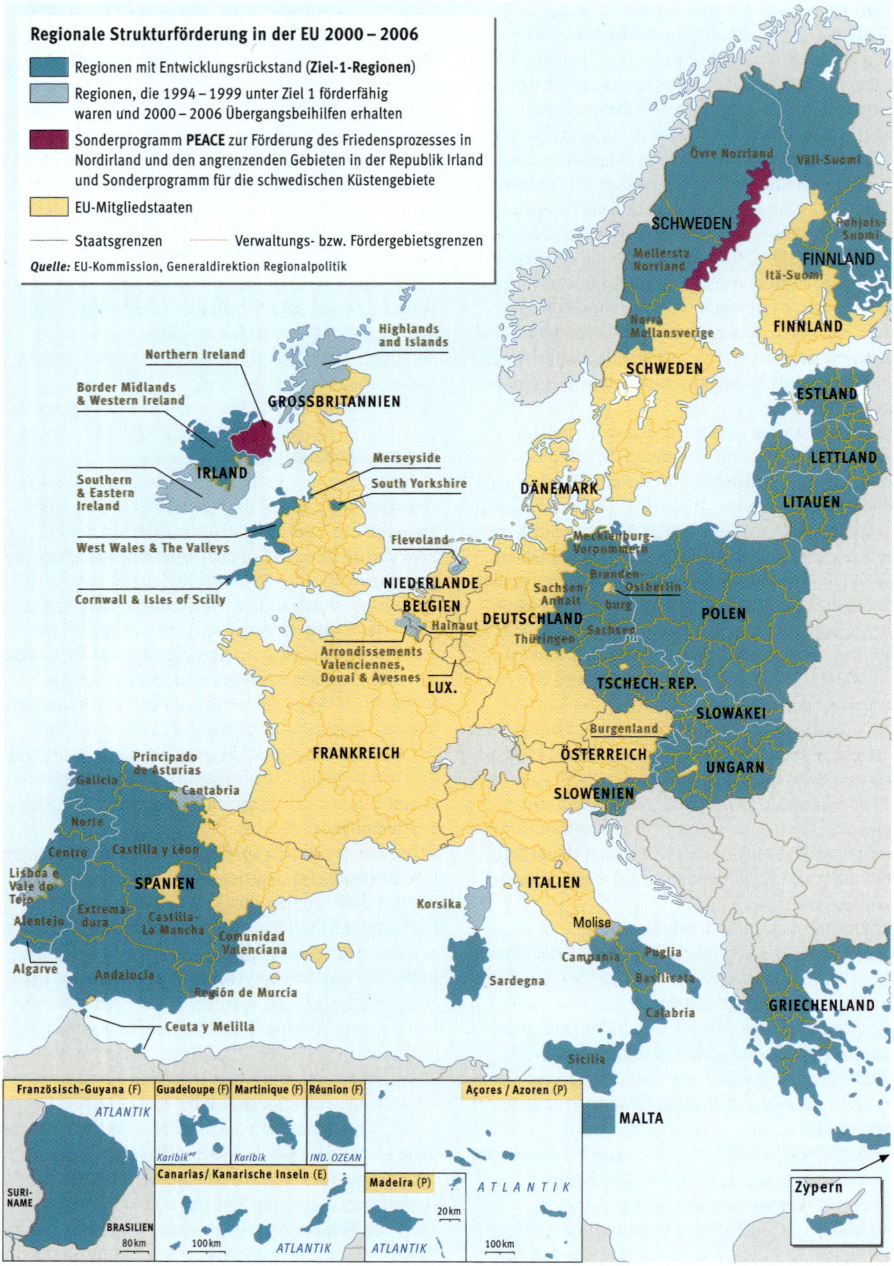

Ziel 2: Unterstützung der wirtschaftlichen und sozialen Umstellung der Regionen außerhalb der Ziel-1-Regionen. Der auf diese Gebiete entfallende Bevölkerungsanteil darf 18 % der EU-Gesamtbevölkerung nicht übersteigen. 2004: 3615 Mio. €, v. a. Frankreich, Großbritannien, Deutschland, Italien und Spanien.

Ziel 3: Anpassung und Modernisierung der Bildungs-, Ausbildungs- und Beschäftigungspolitiken und -systeme. Finanzhilfen für Gebiete, die nicht unter Ziel 1 fallen. Das allein aus dem ESF finanzierte Ziel 3 dient zudem als Bezugsrahmen, um die Kohärenz mit allen in einem Mitgliedstaat zur Entwicklung der Humanressourcen durchgeführten Aktionen zu gewährleisten. 2004: 3802 Mio. €, v. a. Deutschland, Großbritannien, Frankreich und Italien.

Die vier Gemeinschaftsinitiativen beinhalten Förderung der grenzübergreifenden, transnationalen und interregionalen Zusammenarbeit (Interreg), wirtschaftliche und soziale Wiederbelebung von krisenbetroffenen Städten und Vorstädten (URBAN), Entwicklung des ländlichen Raums (Leader) und transnationale Zusammenarbeit zur Förderung neuer Methoden zur Bekämpfung von Diskriminierung und Ungleichheiten jeglicher Art beim Zugang zum Arbeitsmarkt (EQUAL). 2004 insg. 2127 Mio. €.

- **Europäischer Ausrichtungs- und Garantiefonds für die Landwirtschaft (EAGFL), Abteilung Ausrichtung:** *1962, Neuordnung 1999. Die Abteilung Ausrichtung finanziert in den Ziel-1-Regionen Maßnahmen zur Verbesserung der Effizienz der Erzeugungs-, Verarbeitungs- und Vermarktungsstrukturen für land- und forstwirtschaftliche Erzeugnisse sowie zur Entwicklung des endogenen Potenzials der ländlichen Gebiete (z. B. Maßnahmen zur Modernisierung und Diversifizierung der Betriebe, Niederlassungsbeihilfen für Junglandwirte). Die Abteilung Garantie (2004: 45,1 Mrd. €) übernimmt die Ausgaben im Zusammenhang mit der Gemeinsamen Agrarpolitik (Kosten für garantierte Agrarpreise, Direktbeihilfen für Landwirte), flankierende Maßnahmen (z. B. Agrarumweltmaßnahmen, Vorruhestandsregelung) und Maßnahmen zur ländlichen Entwicklung außerhalb der Ziel-1-Regionen.
- **Europäischer Fonds für regionale Entwicklung (EFRE):** *1975 (1985 reorganisiert, 1999 Neuordnung) zum Abbau regionaler Ungleichgewichte in der EU durch Finanzhilfen für Regionen mit Entwicklungsrückstand sowie zur wirtschaftlichen und sozialen Umstellung der Gebiete mit Strukturproblemen; wird im Rahmen der Ziele 1 und 2 tätig.
- **Europäischer Sozialfonds (ESF):** *1960, Neuordnung 1999. Finanzhilfen für Maßnahmen zur Vermeidung und Bekämpfung von Arbeitslosigkeit, zur Entwicklung der Humanressourcen und der sozialen Integration in den Arbeitsmarkt; wird in der gesamten EU im Rahmen aller drei Ziele, v. a. im Rahmen der Europäischen Beschäftigungsstrategie, tätig.
- **Finanzinstrument für die Ausrichtung der Fischerei (FIAF):** *1994, Neuordnung 1999, zur Verbesserung der Wettbewerbsfähigkeit und Entwicklung existenzfähiger Unternehmen in der Fischereiindustrie unter Berücksichtigung eines Gleichgewichts zwischen Fangkapazitäten und Fischbeständen; Finanzierung von Strukturmaßnahmen innerhalb und außerhalb der Ziel-1-Gebiete.
- **Kohäsionsfonds:** *1994 (geändert 1999) zur finanziellen Unterstützung von Investitionsprojekten in den Bereichen Umweltschutz und Verkehrsinfrastruktur von gemeinsamen Interesse in Mitgliedstaaten mit einem Pro-Kopf-BSP von weniger als 90 % des EU-Durchschnitts. Fördermittel 2000–2006: 25,6 Mrd. € in Preisen von 1999. Förderfähig sind Griechenland, Portugal und Spanien (2004: insg. 2719 Mio. €) sowie die zehn neuen EU-Staaten (2004: 2902 Mio. €); Irland ist seit 2004 nicht mehr förderfähig.
- Der **EU-Solidaritätsfonds** (*2002), der Finanzhilfen bei Katastrophen größeren Ausmaßes in der EU oder den EU-Beitrittskandidaten leistet (max. 1 Mrd. € im Jahr), gewährte 2004 Spanien, Frankreich und Malta, die von Unwettern heimgesucht worden waren, insg. 22 Mio. €.

2. Gemeinsame Außen- und Sicherheitspolitik (GASP)

Entstehung: Die Information und Konsultation der Mitgliedstaaten in außenpolitischen Fragen im Rahmen der Europäischen Politischen Zusammenarbeit/EPZ (*1970, seit 1987 durch die EEA vertraglich geregelt) wurde durch den EU-Vertrag (1993) zu einer Gemeinsamen Außen- und Sicherheitspolitik (GASP) fortentwickelt (zweiter Pfeiler der EU); deren Kohärenz, Effizienz und Transparenz wurden durch den Vertrag von Amsterdam (1999) verbessert. Die GASP umfasst alle Bereiche der Außen- und Sicherheitspolitik, wozu auch die schrittweise Festlegung einer gemeinsamen Verteidigungspolitik gehört, die zu einer gemeinsamen Verteidigung führen könnte, falls der ER dies beschließt. Dänemark muss sich nicht an Beschlüssen mit verteidigungspolitischem Bezug beteiligen. Bisher ist die GASP nur in ersten Ansätzen vorhanden; sie ersetzt keinesfalls die nationalen Außenpolitiken.

Ziele (Art. 11 EU-Vertrag): Wahrung der gemeinsamen Werte, grundlegenden Interessen und Unabhängigkeit der Union; Stärkung der Sicherheit der Union; Wahrung des Friedens und Stärkung der internationalen Sicherheit entsprechend den Grundsätzen der Charta der Vereinten Nationen sowie den Prinzipien der KSZE-Schlussakte und den Zielen der Charta von Paris (→ OSZE); Förderung der internationalen Zusammenarbeit; Entwicklung und Stärkung von Demokratie und Rechtsstaatlichkeit sowie Achtung der Menschenrechte und Grundfreiheiten.

Instrumente der GASP sind gemeinsame Strategie (bisher für die Beziehungen zur Russischen Föderation, zur Ukraine und zum Mittelmeerraum), gemeinsame Aktion (spezifische Situationen, in denen die Union operativ tätig werden will, z. B. Entsendung von Wahlbeobachtern und Ernennung von Sonderbeauftragten) und gemeinsamer Standpunkt (ein für die Mitgliedstaaten verbindliches Konzept für eine bestimmte Frage geografischer oder thematischer Art). Zudem gibt die Union zu aktuellen politischen Ereignissen wertende, die Mitgliedstaaten bindende Erklärungen ab. Die Beschlussfassung erfolgt im Rahmen der Regierungszusammenarbeit.

Zu jeder außen- und sicherheitspolitischen Frage von allgemeiner Bedeutung findet im Rat eine gegenseitige Unterrichtung und Abstimmung zwischen den Mitgliedstaaten statt. Beschlüsse zur GASP werden vom Rat grundsätzlich einstimmig gefasst. Ein Beschluss kann aber auch bei Stimmenthaltung von Ratsmitgliedern zustande kommen, sofern die Enthaltungen nicht mehr als einem Drittel der gewogenen Stimmen im Rat entsprechen (konstruktive Stimmenthaltung). Ein Mitgliedstaat, der sich der Stimme enthält, ist zur Durchführung des Beschlusses nicht verpflichtet, akzeptiert jedoch, dass dieser für die Union bindend ist. Bei Beschlüssen, die auf einer gemeinsamen Strategie basieren, v. a. Annahme einer gemeinsamen Aktion oder eines gemeinsamen Standpunkts, sowie Beschlüssen zu deren Durchführung, beschließt der Rat mit qualifizierter Mehrheit; ausgenommen hiervon sind Beschlüsse mit militärischen oder verteidigungspolitischen Bezügen. Falls ein Ratsmitglied aus Gründen der nationalen Politik einen mit qualifizierter Mehrheit zu fassenden Beschluss abzulehnen beabsichtigt, erfolgt keine Abstimmung, und die Angelegenheit kann zur einstimmigen Beschlussfassung an den ER verwiesen werden.

Der Vorsitz im Rat vertritt die Union in Angelegenheiten der GASP, ist für die Durchführung der gefassten Beschlüsse verantwortlich und legt in bzw. auf internationalen Organisationen und Konferenzen den Standpunkt der Union dar. Er wird dabei unterstützt vom Generalsekretär des Rats und Hohen Vertreters für die GASP, dem eine Strategieplanungs- und Frühwarneinheit untersteht. Für besondere politische Fragen kann der Rat Sonderbeauftragte ernennen, derzeit für Afghanistan, Bosnien und Herzegowina, die ehem. jugoslawische Republik Mazedonien, die Moldau, für den Nahost-Friedensprozess, den Südkaukasus und die afrikanische Region der Großen Seen, sowie Sonderkoordinator für den Stabilitätspakt für Südosteuropa. Die Kompetenzen von Kommission (Initiativrecht zusammen mit den Mitgliedstaaten), EP (Konsultation und Unterrichtung) und EuGH sind im Rahmen der GASP eingeschränkt; diese Organe haben in der GASP eine relativ unbedeutende Rolle.

ESVP: Einem Beschluss des ER vom 3./4. 6. 1999 folgend, wurden Ende 2000 die im EU-Vertrag (1999) als GASP-Angelegenheiten festgeschriebenen sog. Petersberger Aufgaben (humanitäre Aufgaben und Rettungseinsätze, friedenserhaltende Aufgaben sowie Kampfeinsätze bei der Krisenbewältigung einschl. friedensschaffender Maßnahmen) von der Westeuropäischen Union (WEU) auf die EU übertragen. Seit 2003 ist die EU in der Lage, Operationen im ganzen Spektrum der Aufgaben Krisenverhütung und Krisenbewältigung durchzuführen. Es wurden die zum Krisenmanagement erforderlichen politischen und militärischen Gremien im Rat eingesetzt und über den Zugang der EU zu Planungskapazitäten, Mitteln und Fähigkeiten der NATO Dauervereinbarungen geschlossen; die zivilen und militärischen operativen Fähigkeiten werden weiter ausgebaut, um noch bestehende Defizite abzubauen. Die EU wird nur dann als Reaktion auf eine internationale Krise eine EU-geführte militärische Operation einleiten und durchführen, wenn die NATO als Ganzes nicht beteiligt ist. Das vom ER 1999 im Bereich der **militärischen Fähigkeiten** gesetzte Ziel, dass die EU-Staaten im Rahmen der freiwilligen Zusammenarbeit bis 2003 in der Lage sind, für eine Operation binnen 60 Tagen bis zu 60 000 Mann an Bodentruppen sowie zusätzlich die ggf. erforderlichen See- und Luftstreitkräfte bereitzustellen und diese für mind. ein Jahr im Einsatz zu halten, wurde in quantitativer Hinsicht erreicht.

Die bereits bestehenden **zivilen Instrumente zum Krisenmanagement** (u. a. Entwicklungszusammenarbeit, Handelspolitik und politischer Dialog) sollen besser koordiniert werden. Im Bereich der zivilen Fähigkeiten übertreffen die von den Mitgliedstaaten zugesagten freiwilligen Beiträge für die vier Schwerpunktbereiche – Polizei, Rechtstaatlichkeit, Zivilverwaltung und Katastrophenschutz – die vom ER festgelegten Zielvorgaben (u. a. Entsendung von bis zu 5000 Polizisten für internationale Einsätze, darunter 1000 binnen 30 Tagen).

Der Kommandeur von EUFOR, Generalmajor David Leakey, und Gerhard Schröder in Sarajewo am 3. 5. 2005

Laufende ESVP-Operationen (7): In Bosnien und Herzegowina militärische Operation der EU (EUFOR Althea; seit 2. 12. 2004) und Polizeimission der EU (EUPM, seit 1. 1. 2003); Polizeimission der EU in der ehem. jugoslawischen Republik Mazedonien (EUPOL Proxima, seit 15. 12. 2003); in der Demokratischen Republik Kongo Polizeimission der EU in Kinshasa (EUPOL Kinshasa, seit 30. 4. 2005) sowie Beratungs- und Unterstützungsmission der EU für die Reform des Sicherheitssektors (EUSEC RD Congo, seit 8. 6. 2005); Mission der EU zur Stützung der Rechtstaatlichkeit in Georgien (Eujust Themis, seit 16. 7. 2004); und Integrierte Mission der EU zur Stützung der Rechtstaatlichkeit im Irak (Eujust Lex, seit 9. 3. 2005).

3. Polizeiliche und justizielle Zusammenarbeit in Strafsachen

Entstehung: Durch den EU-Vertrag (1993) wurde die Zusammenarbeit in den Bereichen Justiz und Inneres erstmals institutionalisiert, um den bereits im EWG-Vertrag (1958) vorgesehenen freien Personenverkehr zu verwirklichen. Da durch den Vertrag von Amsterdam (1999) Teilbereiche des dritten Pfeilers der EU (zwischenstaatliche Zusammenarbeit) in den ersten Pfeiler der EU (Gemeinschaftsmethode) überführt wurden, verbleiben im Bereich des dritten Pfeilers nur die polizeiliche und justizielle Zusammenarbeit in Strafsachen.
Ziele: Verhütung und Bekämpfung von Rassismus und Fremdenfeindlichkeit, Kriminalität, v. a. Terrorismus, Menschenhandel und Straftaten an Kindern, Drogen- und Waffenhandel sowie Korruption und Betrug, durch eine engere Zusammenarbeit der Polizei-, Zoll- und Justizbehörden der Mitgliedstaaten, sowohl unmittelbar als auch unter Einschaltung des Europäischen Polizeiamts (Europol) und der Europäischen Stelle für justizielle Zusammenarbeit (Eurojust), und – soweit erforderlich – durch Annäherung der strafrechtlichen Vorschriften der Mitgliedstaaten.
Instrumente und Verfahrensweisen: Die Mitgliedstaaten unterrichten und konsultieren einander im Rat, um ihr Vorgehen zu koordinieren (zwischenstaatliche Zusammenarbeit) und begründen eine Zusammenarbeit zwischen ihren zuständigen Verwaltungsstellen. Der Rat kann auf Initiative eines Mitgliedstaats oder der Kommission einstimmig gemeinsame Standpunkte, durch die das Vorgehen der Union in einer gegebenen Frage bestimmt wird, Rahmenbeschlüsse zur Angleichung der Rechts- und Verwaltungsvorschriften der Mitgliedstaaten oder Beschlüsse für jeden anderen Zweck annehmen und Übereinkommen ausarbeiten, die er den Mitgliedstaaten zur Annahme empfiehlt.

Außenbeziehungen

Bei den Außenbeziehungen der EU ist zu unterscheiden zwischen der Gemeinsamen Außen- und Sicherheitspolitik (GASP), bei der die Regierungen der Mitgliedstaaten ihr Handeln in allen wichtigen Fragen abstimmen, und den vergemeinschafteten Bereichen, die unter die ausschließliche Zuständigkeit der Gemeinschaft fallen; die Grenzen sind allerdings fließend. Die Gemeinschaftsorgane sind v. a. zuständig für die gemeinsame Handelspolitik (wichtigste Instrumente: gemeinsamer Außenzoll auf die Einfuhren aus Drittstaaten, handelspolitische Schutzmaßnahmen, Präferenzabkommen und multilaterale Verhandlungen), Entwicklungszusammenarbeit und humanitäre Hilfe.

Die Kommission nimmt an den meisten bilateralen, regionalen und globalen Verhandlungen im Namen und im Auftrag der EU-Staaten teil. Ende 2004 war die Kommission bei über 120 Regierungen und internationalen Organisationen akkreditiert; rund 120 Drittstaaten hatten diplomatische Vertretungen bei den Europäischen Gemeinschaften.

Die EU verfügt über eine Vielzahl von bilateralen und multilateralen Abkommen mit den meisten Drittstaaten und Regionen der Welt. In deren Mittelpunkt stehen die Handelsbeziehungen, jedoch wurden mit zahlreichen Staaten auch regelmäßige politische Kontakte auf hoher Ebene und eine Zusammenarbeit v. a. in Wirtschaft und Kultur vereinbart. Als wesentlicher Bestandteil aller Abkommen mit Drittstaaten wurden schrittweise die Achtung von Demokratie, Menschenrechten und Rechtsstaatlichkeit, Klauseln über Migration und Rückübernahme sowie Bestimmungen über die Bekämpfung des Terrorismus (seit 11. 9. 2001) und der Verbreitung von Massenvernichtungswaffen (seit 2004) aufgenommen. Die in den neueren Abkommen enthaltene Klausel, wonach Verstöße gegen wesentliche Bestandteile der Verträge die Aussetzung von vertraglichen Beziehungen zur Folge haben können, wurde bisher nur gegen wenig einflussreiche AKP-Staaten angewandt.

Die am wenigsten entwickelten Staaten der Welt können seit 5. 3. 2001 alle Waren ausgenommen Waffen zollfrei und ohne Mengenbeschränkungen in die EU exportieren; nur für die drei besonders sensiblen Agrarprodukte erfolgt die vollständige Liberalisierung schrittweise (Bananen bis 2006, Zucker und Reis bis 2009). Gewerbliche Waren sind bereits seit 1. 1. 1998 zollfrei.

2004 stellte die EU über ECHO (→ Kommission) 570 Mio. € für humanitäre Hilfe bereit.
Beitrittskandidaten: Diese Staaten werden von der EU unterstützt durch Assoziierungsabkommen, Beitrittspartnerschaften, in denen die Prioritäten des Reformprozesses festgelegt sind, und finanzielle Heranführungsinstrumente. Die Abkommen mit **Bulgarien** (in Kraft 1. 2. 1995 Europa-Abkommen), **Kroatien** (1. 2. 2005 Stabilisierungs- und Assoziierungsabkommen), **Rumänien** (1. 2. 1995 Europa-Abkommen) und der **Türkei** (1. 12. 1964 Assoziierungsabkommen; Zusatzprotokoll 1. 1. 1973; seit 31. 12. 1995 Zollunion) sehen u. a. einen regelmäßigen politischen Dialog, die schrittweise Errichtung einer Freihandelszone, Zusammenarbeit in Wirtschaft und Kultur sowie EU-Finanzhilfen vor und umfassen auch eine beschränkte Liberalisierung des Agrarhandels.

Heranführungshilfen erhalten 2005 Bulgarien und Rumänien (1,6 Mrd. €), die Türkei (286 Mio. €) und erstmals Kroatien (105 Mio. €). Zur Förderung der wirtschaftlichen Entwicklung des nördlichen Teils von Zypern sind bis 2006 EU-Finanzhilfen von 259 Mio. € vorgesehen.

Notwendige Voraussetzung für einen EU-Beitritt ist die Erfüllung aller vom ER in Kopenhagen im Juni 1993 festgelegten **Beitrittskriterien** (Kopenhagen-Krite-

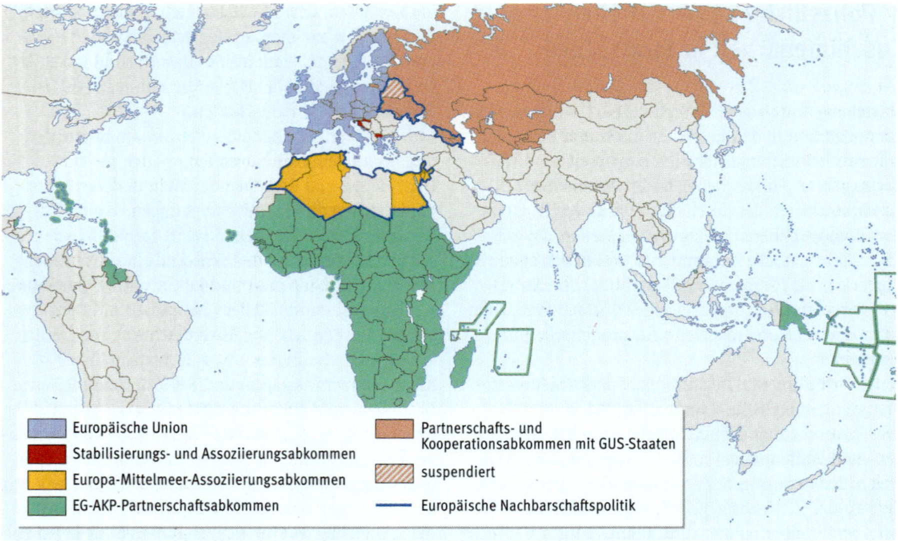

rien, → WA 2004, Sp. 1093f.): Institutionelle Stabilität als Garantie für demokratische und rechtsstaatliche Ordnung, Wahrung der Menschenrechte sowie Achtung und Schutz von Minderheiten (politisches Kriterium; eine Voraussetzung für die Aufnahme von Beitrittsverhandlungen); funktionsfähige Marktwirtschaft und Fähigkeit, dem Wettbewerbsdruck und den Marktkräften innerhalb der EU standzuhalten (wirtschaftliches Kriterium); Übernahme der aus einer Mitgliedschaft erwachsenden Verpflichtungen und zu Eigen machen der Ziele der Politischen Union sowie der Wirtschafts- und Währungsunion (Kriterium der Übernahme des gemeinschaftlichen Besitzstands an Verträgen und Rechtsakten, des acquis communautaire).

Südosteuropa: Die EU unterstützt Kroatien und die vier »potenziellen EU-Beitrittskandidaten« Albanien, Bosnien und Herzegowina, die ehem. jugoslawische Republik Mazedonien sowie Serbien und Montenegro bei ihren Bemühungen um Frieden, Demokratie, Rechtsstaatlichkeit, Achtung der Menschenrechte, wirtschaftliche Entwicklung, Aufbau von Verwaltungsstrukturen und regionale Zusammenarbeit vor allem durch den 1999 eingeleiteten **Stabilisierungs- und Assoziierungsprozess**, der den jeweiligen Verhältnissen in den fünf Staaten Rechnung trägt und eine mit Fortschritten bei der regionalen Zusammenarbeit untrennbar verbundene Perspektive für ihre Integration in EU-Strukturen bietet. Im Rahmen des für diese fünf Staaten bestimmten CARDS-Programms (* 20. 11. 2000) wird die EU insb. in den Bereichen politische, wirtschaftliche und institutionelle Reformen sowie für die Förderung der regionalen Zusammenarbeit 4,65 Mrd. € (2000–2006; 2004: 548 Mio. €) bereitstellen.

Die **Stabilisierungs- und Assoziierungsabkommen** (SAA) mit Mazedonien (in Kraft 1. 4. 2004) und Kroatien (1. 2. 2005) sehen u. a. einen politischen Dialog auf bilateraler und regionaler Ebene, die Achtung von Menschenrechten, Demokratie und Rechtstaatlichkeit, Verbesserung der regionalen Kooperation, Zusammenarbeit in den Bereichen Justiz und Inneres, Errichtung einer Freihandelszone und Finanzhilfen vor; sie enthalten jedoch auch Bestimmungen, die auf die besonderen Gegebenheiten jedes Staats zugeschnitten sind. Über Interimsabkommen wurden die Handelsbestimmungen der Abkommen vor deren Ratifizierung zum 1. 6. 2001 bzw. 1. 1. 2002 in Kraft gesetzt. Mit Albanien wird seit 31. 1. 2003 über ein SAA verhandelt; ein Abkommen über Handel und Zusammenarbeit in Handel und Wirtschaft ist seit 1. 12. 1992 in Kraft. Der Rat beschloss am 25. 4. 2005, mit Serbien und Montenegro Verhandlungen über ein SAA zu beginnen.

Seit 2003 werden in Bosnien und Herzegowina und Mazedonien zivile und militärische Krisenmanagementeinsätze der EU im Rahmen der ESVP durchgeführt. Die Überwachungsmission der EU (EUMM) ist seit 1991 in den westlichen Balkanstaaten tätig.

Europa-Mittelmeer-Partnerschaft: Die in Barcelona 1995 begründete Europa-Mittelmeer-Partnerschaft, die durch die vom ER 2000 beschlossene und vom ER am 4./5. 11. 2004 bestätigte gemeinsame Strategie für den Mittelmeerraum gestärkt wurde, umfasst zehn Partner aus dem östlichen und südlichen Mittelmeerraum: Ägypten, Algerien, Israel, Jordanien, Libanon, Marokko, Syrien, Tunesien und Türkei sowie die Palästinensische Autonomiebehörde; Libyen ist Beobachter. Sie beinhaltet eine Zusammenarbeit in den Bereichen Politik, Sicherheitspolitik, Wirtschaft (u. a. Errichtung einer Freihandelszone bis 2010), Finanzen, Soziales und Kultur, für die im Rahmen des MEDA II-Programms EU-Finanzhilfen von 5,35 Mrd. € (2000–2006; 2004: 684 Mio. €) bereitgestellt werden. Die multilaterale Zusammenarbeit im Rahmen des Barcelona-Prozesses wird ergänzt durch bilaterale Europa-Mittelmeer-Assoziierungsabkommen mit allen Mittelmeerpartnern (* Abkommen unterzeichnet, aber noch nicht in Kraft): Ägypten (1. 6. 2004), Algerien (22. 4. 2002*), Israel (1. 6. 2000), Jordanien (1. 5. 2002), Libanon (17. 6. 2002*), Marokko (1. 3. 2000), Syrien (am 19. 10. 2004 nach achtjährigen Verhandlungen paraphiert), Tunesien (1. 3. 1998) und Interims-Assoziierungsabkommen über Handel und Zusammenarbeit mit der PLO zugunsten der Palästinensischen Autonomiebehörde (1. 7. 1997).

GUS-Staaten: Die mit den zwölf GUS-Staaten geschlossenen Partnerschafts- und Kooperationsabkommen regeln die Beziehungen in Politik, Wirtschaft und Handel und bilden die Grundlage für eine Zusammenarbeit in den Bereichen Soziales, Finanzen, Wissenschaft, Technologie, Kultur sowie Reformen von Staat, Institutionen und Gesetzgebung. Interimsabkommen (IA), die wegen ihres kommerziellen Charakters in die Zuständigkeit der Kommission fallen, erlauben die zeitlich vorgezogene Anwendung der Handelsbestimmungen der Partnerschafts- und Kooperationsabkommen vor deren Ratifizierung (* Abkommen unterzeichnet, aber noch nicht in Kraft): Armenien (1. 7. 1999), Aserbaidschan (1. 7. 1999), Georgien (1. 7. 1999), Kasachstan (1. 7. 1999), Kirgisistan (1. 7. 1999), Moldau (1. 7. 1998), Russische Föderation (1. 12. 1997), Tadschikistan (11. 10. 2004*, IA 11. 10. 2004*), Turkmenistan (25. 5. 1998*, IA 10. 11. 1999*), Ukraine (1. 3. 1998), Usbekistan (1. 7. 1999) und Weißrussland (6. 3. 1995*, IA 25. 3. 1996*; Ratifizierung durch EU seit 15. 9. 1997 suspendiert).

Die EU unterstützt den wirtschaftlichen und politischen Transformationsprozess in den GUS-Staaten und der Mongolei v. a. im Rahmen ihres TACIS-Programms. Seit 1991 wurden Zuschüsse von über 4 Mrd. € bewilligt; 2000–2006: 3,1 Mrd. €, 2004: 509 Mio. €.

Am 10. 5. 2005 wurde mit Russland eine engere Zusammenarbeit in den vier Bereichen äußere Sicherheit, Freiheit, Sicherheit und Recht, Wirtschaft sowie Forschung, Bildung und Kultur vereinbart.

Europäische Nachbarschaftspolitik (ENP): Ziel der ENP, die mit der EU-Erweiterung 2004 entwickelt wurde, ist es, die Nachbarstaaten der EU im Osten und Süden an Stabilität, Sicherheit und Wohlstand teilhaben zu lassen und einen »Ring von Freunden« um die Grenzen der erweiterten EU zu schaffen. Die ENP bietet keine Beitrittsperspektive, sondern den Aufbau engerer, über die bestehenden Verträge hinausgehende Beziehungen an. Sie richtet sich an die Moldau, die Ukraine und Weißrussland, an die Staaten im Südkaukasus (Armenien, Aserbaidschan und Georgien), neun Teilnehmer der Europa-Mittelmeer-Partnerschaft (ohne Türkei) und Libyen; Russland hat einen Sonderstatus. Der Rat genehmigte am 21. 2. 2005 die ersten länderspezifischen ENP-Aktionspläne mit fünf Ländern des Mittelmeerraums; sie definieren u. a. die Prioritäten für beide Seiten. Die finanzielle Unterstützung der Partnerländer durch die EU (2004–2006: 255 Mio. € sowie 700 Mio. € für die entsprechenden Grenzgebiete in der EU) soll ab 2007 deutlich erhöht werden.

EG-AKP-Partnerschaftsabkommen: Mit dem am 23. 6. 2000 in Cotonou (Benin) unterzeichneten neuen Partnerschaftsabkommen, das am 1. 4. 2003 in Kraft trat und eine Laufzeit von 20 Jahren hat, begann eine neue Etappe in der seit 1963 bestehenden Zusammenarbeit mit bestimmten Entwicklungsländern in Afrika, Karibik und Pazifik (inzwischen 78 **AKP-Staaten**, darunter Südafrika mit Sonderstatus; Kuba ist Beobachter). **Ziele der neuen Partnerschaft**, die auf einem politischen Dialog, Entwicklungszusammenarbeit sowie Wirtschafts- und Handelsbeziehungen beruht und der ein integriertes, die politischen, wirtschaftlichen, sozialen, kulturellen und Umweltaspekte Rechnung tragendes Konzept zugrunde liegt, sind die **Armutsbekämpfung**, eine **nachhaltige Entwicklung** der AKP-Staaten und deren **schrittweise Integration in die Weltwirtschaft**. Vorgesehen ist auch eine Beteiligung nichtstaatlicher Akteure an der Partnerschaft.

Wesentliche Bestandteile des Abkommens sind die Achtung der Menschenrechte, der Grundsätze der Demokratie und der Rechtsstaatlichkeit sowie eine Verpflichtung zur verantwortungsvollen Staatsführung; Verstöße gegen diese wesentlichen Elemente und schwere Fälle von Korruption können zur Aussetzung der Zusammenarbeit mit dem betreffenden AKP-Staat führen.

Grundlegend neu geregelt wurde die **wirtschafts- und handelspolitische Zusammenarbeit**. Sie baut auf einer regionalen Integration und Kooperation der AKP-Staaten auf, berücksichtigt den unterschiedlichen Entwicklungsstand der einzelnen AKP-Staaten und führt schrittweise eine neue, mit den Regeln der WTO konforme Handelsregelung ein. Spätestens am 1. 1. 2008 sollen mit Gruppen von AKP-Staaten regionale Wirtschaftspartnerschaftsabkommen in Kraft treten, die nach einer Übergangszeit bis 2020 eine vollständige gegenseitige Handelsliberalisierung vorsehen.

Für 2000–2005 sind aus den Mitteln des 9. Europäischen Entwicklungsfonds (EEF) EU-Zuschüsse von 13,5 Mrd. € sowie EIB-Darlehen von 1,7 Mrd. € vorgesehen; weitere 9,9 Mrd. € stehen aus früheren EEF zur Verfügung.

Weitere Abkommen wurden mit fast allen Staaten **Lateinamerikas**, mit zahlreichen Staaten **Asiens** und mit **Industriestaaten** (v. a. den Mitgliedern der EFTA, der Schweiz, den USA und Kanada) geschlossen.

Adressen der Gemeinschaftsorgane und ausgewählter Einrichtungen der EU

Europäisches Parlament:
Allée du Printemps, F-67 070 **Straßburg** Cedex,
T (0033)3–88 17 40 01, Fax -88 25 65 01
(zwölf monatliche Plenartagungen einschl. Haushaltstagung)
Plateau du Kirchberg, L-2929 **Luxemburg**,
T (00 352)43 00 1, Fax -43 00 294 94
(Generalsekretariat und dessen Dienststellen)
Rue Wiertz, B-1047 **Brüssel**,
T (0032)2–284 21 11, Fax -284 69 74
(zusätzliche Plenartagungen und Ausschüsse)
Informationsbüros in allen Mitgliedstaaten
Deutschland: Unter den Linden 78, 10 117 Berlin,
T (030)2280 1000, Fax -2280 1111;
Erhardtstr. 27, 80 331 München,
T (089)202 0879 0, Fax -202 0879 73
Österreich: Kärtner Ring 5–7, 1010 Wien,
T (0043)1–516 170, Fax -513 2515.
Internet: www.europarl.eu.int
Rat: Rue de la Loi 175, B-1048 Brüssel,
T (0032)2–285 61 11, Fax -285 73 97
Im April, Juni und Oktober finden die Ratstagungen in Luxemburg statt.
Internet: ue.eu.int
Kommission: Rue de la Loi 200, B-1049 Brüssel,
T (0032)2–299 11 11.
Vertretungen in allen EU-Staaten.
Deutschland: Unter den Linden 78, 10 117 Berlin,
T (030)2280 2000, Fax -2280 2222;
Erhardtstr. 27, 80 331 München,
T (089)242 448 0, Fax -242 448 15;
Bertha-von-Suttner-Platz 2–4, 53 111 Bonn,
T (0228)53 009 0, Fax -53 009 50.
Österreich: Kärtner Ring 5–7, 1010 Wien,
T (0043)1–516 18 0, Fax -513 42 25.
Internet: europa.eu.int/comm

EuGH:
Boulevard Konrad Adenauer, L-2925 Luxemburg,
T (00 352)43 03 1, Fax -43 03 2600.
Internet: curia.eu.int
EuRH:
12, Rue Alcide De Gasperi, L-1615 Luxemburg,
T (00 352)4398 1, Fax -4398 46 430.
Internet: www.eca.eu.int
Europäischer Bürgerbeauftragter (*1993),
seit 1. 4. 2003 Nikiforos Diamandouros (GR)
1, Avenue du Président Robert Schuman,
F-67 001 Straßburg Cedex,
T (0033)3–88 17 23 13, Fax -88 17 90 62.
Internet: www.euro-ombudsman.eu.int
Europäischer Datenschutzbeauftragter (*2001),
seit 17. 1. 2004 Peter Johan Hustinx (NL)
Rue Wiertz 60, B-1047 Brüssel,
T (0032)2–28 31 900, Fax -28 31 950.
Internet: www.edps.eu.int
EWSA: Rue Belliard 99, B-1040 Brüssel,
T (0032)2–546 90 11, Fax -513 48 93.
Internet: www.esc.eu.int
AdR: Rue Belliard 101, B-1040 Brüssel,
T (0032)2–282 2211, Fax -282 2325.
Internet: www.cor.eu.int
EIB:
100, Boulevard Konrad Adenauer, L-2950 Luxemburg,
T (00 352)43 79 1, Fax -43 77 04. Büros in Brüssel, Paris, Rom, Athen, Berlin, Lissabon, London, Madrid; Kairo, Nairobi, Dakar, Pretoria, Tunis.
Internet: www.eib.org
EIF: 43, Avenue J. F. Kennedy, L-2968 Luxemburg,
T (00 352)42 66 88 1, Fax -42 66 88 200.
Internet: www.eif.org
EZB: Kaiserstraße 29, D-60 311 Frankfurt am Main,
T (069)1344 0; Fax -1344 6000.
Internet: www.ecb.int

Entwicklung des Personalbestands der Gemeinschaftsorgane

	1970	1980	1990	2000	2004
Europäisches Parlament	532	2 573	3 482	4 199	5 399
Europäischer Bürgerbeauftragter					38
Europäischer Datenschutzbeauftragter					15
Rat	618	1 599	2 184	2 659	3 184
Kommission	7 801	11 947	16 720	23 076	25 393
davon: Verwaltungshaushalt	5 201	8 885	12 887	17 087	17 412
Forschungshaushalt	2 501	2 736	3 285	3 704	3 672
Amt für Veröffentlichungen	99	265	424	522	536
OLAF				224	329
Sonstige		61	124	1 539	3 444
Gerichtshof	114	363	752	1 010	1 641
Rechnungshof	26	259	379	552	736
EWSA und AdR	144	339	501	751	1 026
Insgesamt	**9 235**	**17 080**	**24 018**	**32 247**	**37 432**

Quelle: EU-Kommission

Organe und ausgewählte Einrichtungen der EU

Europäisches Parlament (EP)

Aufgaben: Die Befugnisse des EP (* 1952) bei der gemeinschaftlichen **Gesetzgebung** wurden im Laufe der Zeit erweitert und gestärkt. Am Prozess zur Annahme von Gemeinschaftsakten ist das EP je nach Angelegenheit durch Stellungnahme, Zusammenarbeit, Mitentscheidung oder Erteilung seiner Zustimmung beteiligt (→ Kasten). Das EP ist zusammen mit dem Rat **Haushaltsbehörde**; es stellt den EU-Haushaltsplan endgültig fest, überwacht die zweckmäßige Verwendung der Mittel und erteilt der Kommission die Entlastung für die Ausführung des Haushaltsplans. Von seinem Recht, den Haushaltsentwurf global abzulehnen, hat das EP keinen Gebrauch mehr gemacht, seit die jährlichen Ausgaben Bestandteil der gemeinsam mit dem Rat angenommenen mehrjährigen Finanzplanung, der sog. »Finanziellen Vorausschau« (* 1988), sind. Die **demokratische Kontrolle** durch das EP wurde schrittweise ausgeweitet und umfasst nun alle Tätigkeiten der EU. Das EP muss der Nominierung des Kommissionspräsidenten (eingeführt 1999) und der Ernennung der Kommission als Kollegialorgan (eingeführt 1993) zustimmen. Sein Recht, die Kommission als Kollegium durch ein Misstrauensvotum zum Rücktritt zu zwingen (mit der Mehrheit von zwei Dritteln der abgegebenen Stimmen und der Mehrheit der EP-Abgeordneten), hat das EP bisher nicht genutzt. In den Bereichen GASP sowie Justiz und Inneres hat das EP kaum Befugnisse.

Zusammensetzung: Alle fünf Jahre Direktwahlen (erstmals 1979), zuletzt 10.–13. 6. 2004 (→ WA 2005, S. 527).

Im Zuge der EU-Erweiterung 2004 wurde die Zahl der EP-Abgeordneten von 626 auf 732 erhöht und die Zahl der in jedem Mitgliedstaat zu wählenden Abgeordneten neu festgesetzt (→ Tabelle). In der 6. Wahlperiode (2004–2009) umfasst das EP sieben Fraktionen mit Parlamentariern aus über 150 nationalen Parteien und einige fraktionslose Mitglieder (→ Grafik).

Die aus den nationalen Haushalten finanzierten Diäten, Besteuerung und Immunitätsregeln richten sich nach den jeweiligen nationalen Vorschriften. Die EP-Abgeordneten erhalten im Monat brutto zwischen 805 € (Ungarn) und 10 975 € (Italien), jeweils zuzüglich Reisekosten und Tagegelder. Das EP stimmte am 23. 6. 2005 in erster Lesung für ein seit Jahren geplantes Abgeordnetenstatut, das u. a. aus dem EU-Haushalt zu finanzierende einheitliche Abgeordnetendiäten von brutto 7000 im Monat vorsieht; Reisekosten sollen künftig nicht mehr über großzügige Pauschalen, sondern auf der Grundlage der tatsächlichen Kosten erstattet werden.

Präsidium: Das EP wählt aus seiner Mitte einen Präsidenten: Josep Borrell Fontelles (E), seit 20. 7. 2004, 14 Vizepräsidenten und fünf Quästoren für eine Amtszeit von jeweils zweieinhalb Jahren. Generalsekretär: Julian Priestley (UK).

Ausschüsse (20): Haushalt; Haushaltskontrolle; Wirtschaft und Währung; Beschäftigung und soziale Angelegenheiten; Umwelt, Volksgesundheit und Lebensmittelsicherheit; Industrie, Forschung und Energie; Binnenmarkt und Verbraucherschutz; Verkehr und Fremdenverkehr; regionale Entwicklung; Landwirtschaft; Fischerei; Bildung und Kultur; Recht; bürgerliche Freiheiten, Justiz und Inneres; konstitutionelle Fragen; Rechte der Frau und Gleichstellung der Geschlechter; Petitionsausschuss; auswärtige Angelegenheiten; Entwicklung; internationaler Handel. Daneben Unterausschüsse und nichtständige (Untersuchungs-)Ausschüsse; derzeit nichtständiger Ausschuss zu den politischen Herausforderungen und Haushaltsmitteln der erweiterten EU 2007–2013 (* 15. 9. 2004).

Europäisches Parlament: Sitzverteilung 2004–2009

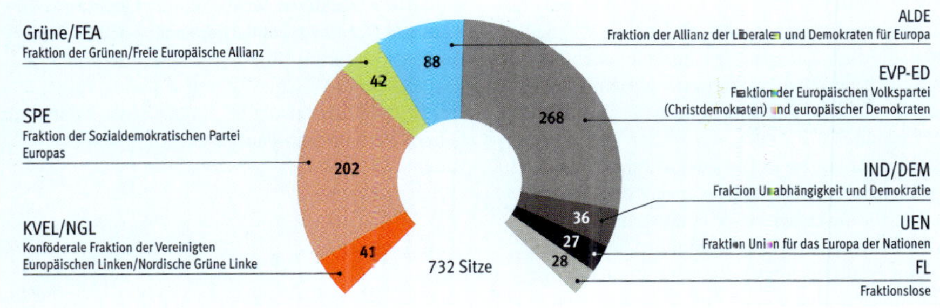

Europäischer Rat (ER)

Gründung: Die Staats- bzw. Regierungschefs der Mitgliedstaaten treten seit 1975 regelmäßig zusammen. Durch die EEA (1987) wurde der ER zu einer vertraglichen Gemeinschaftsinstitution und dem Rat faktisch übergeordnet (Weisungsbefugnis). Der ER, dem auch der Kommissionspräsident angehört, tagt grundsätzlich vier Mal im Jahr unter dem Vorsitz des Staats- oder Regierungschefs des Mitgliedstaats, der im Rat den Vorsitz führt. Seit der EU-Erweiterung 2004 finden in der Regel alle Tagungen des ER in Brüssel statt.
Aufgabe: Der ER gibt Impulse für die Entwicklung der Union und legt die allgemeinen politischen Zielvorstellungen in allen EU-Tätigkeitsbereichen fest; er befasst sich auch mit strittigen Fragen, die auf Ministerebene ungeklärt blieben.

Rat der Europäischen Union

Aufgaben: Der Rat, in dem die Regierungen der Mitgliedstaaten ihre Interessen vertreten, ist das wichtigste Entscheidungsorgan der EU mit legislativen und exekutiven Befugnissen. Der Rat hat gesetzgebende Gewalt, in vielen Bereichen der Gemeinschaftspolitik gemeinsam mit dem EP, gewährleistet die Koordinierung der allgemeinen Wirtschaftspolitik der Mitgliedstaaten, schließt internationale Abkommen zwischen EG bzw. EU und Drittstaaten oder internationalen Organisationen, ist zusammen mit dem EP Haushaltsbehörde und ist für die Regierungszusammenarbeit in den Bereichen GASP (zweiter Pfeiler der EU) sowie polizeiliche und justizielle Zusammenarbeit in Strafsachen (dritter Pfeiler der EU) zuständig.
Beschlussfassung: Der Rat beschließt je nach Angelegenheit mit der einfachen Mehrheit seiner Mitglieder, mit qualifizierter Mehrheit oder einstimmig (→ Tabelle). Seit 1. 11. 2004 erfordert ein mit **qualifizierter Mehrheit** zu fassender Beschluss mindestens 232 der 321 Stimmen und die Zustimmung der Mehrheit der Mitglieder (bei Beschlüssen, die auf Vorschlag der Kommission zu fassen sind) bzw. die Zustimmung von mindestens zwei Dritteln der Mitglieder (in den anderen Fällen, d. h. Teile des ersten Pfeilers der EU sowie zweiter und dritter Pfeiler). Ein Mitglied des Rats kann beantragen, dass geprüft wird, ob die Mitgliedstaaten, die diese qualifizierte Mehrheit bilden, mindestens 62 % der EU-Bevölkerung repräsentieren; sollte dies nicht der Fall sein, kommt der Beschluss nicht zustande.
Zusammensetzung: Im Rat ist jeder Mitgliedstaat durch einen Vertreter auf Ministerebene vertreten, in der Regel der für die zu beratende Frage zuständige Minister, der für seine Regierung verbindlich handelt. Seit 2002 gibt es nur noch neun Ratsformationen: Allgemeine Angelegenheiten und Außenbeziehungen einschl. ESVP und Entwicklungszusammenarbeit; Wirtschaft und Finanzen einschl. Haushalt; Justiz und Inneres einschl. Katastrophenschutz; Beschäftigung, Sozialpolitik, Gesundheit und Verbraucherschutz; Wettbewerbsfähigkeit (Binnenmarkt, Industrie und Forschung) einschl. Tourismus; Verkehr, Telekommunikation und Energie; Landwirtschaft und Fischerei; Umwelt; Bildung, Jugend und Kultur.

Den **Vorsitz im Rat** führen die Mitgliedstaaten in einer vom Rat einstimmig beschlossenen Reihenfolge nacheinander für je sechs Monate: Niederlande (2. Halbjahr 2004), Luxemburg (1. Halbjahr 2005), Großbritannien (2. Halbjahr 2005), Österreich (1. Halbjahr 2006), Finnland (2. Halbjahr 2006), Deutschland (1. Halbjahr 2007).

Der Rat wird unterstützt von einem Generalsekretariat, das einem vom Rat mit qualifizierter Mehrheit (seit 2003) ernannten **Generalsekretär und Hohen Vertreter für die GASP**: Javier Solana Madariaga (E), seit 18. 10. 1999 (am 29. 6. 2004 im Amt bestätigt), Amtszeit fünf Jahre, untersteht; für die organisatorische Leitung ist ein stellv. Generalsekretär: Pierre de Boissieu (F) zuständig. Solana, der mit Inkrafttreten des Verfassungsvertrags zum EU-Außenminister ernannt wird, stehen zur Seite der Koordinator für die Terrorismusbekämpfung: Gijs de Vries (NL), seit 25. 3. 2004, und sein persönlicher Beauftragter für die Menschenrechte im Bereich der GASP: Michael Matthiessen (DK), seit 17. 1. 2005.

Jeder Mitgliedstaat unterhält in Brüssel eine Ständige Vertretung bei der EU; der **Ausschuss der Ständigen Vertreter** (AStV; i.d.R. Diplomaten im Botschafterrang) tritt wöchentlich zur Vorbereitung der Ratstagungen zusammen.

Beratende Gremien u. a. Sonderausschuss Landwirtschaft, Beschäftigungsausschuss (*2000 zur Förderung der Koordinierung der Beschäftigungs- und Arbeitsmarktpolitik der Mitgliedstaaten, vormals Ausschuss für Beschäftigung und Arbeitsmarkt) sowie die informelle, aber einflussreiche Euro-Gruppe (vormals Euro-11-Gruppe, *1998), ein Forum der Wirtschafts- oder Finanzminister der zwölf Staaten des Euro-Währungsgebiets zu Themen im Zusammenhang mit ihrer Verantwortung für die gemeinsame Währung (Vorsitz: Jean-Claude Juncker / L, seit 1. 1. 2005, Amtszeit zwei Jahre).
Militärische Strukturen der EU: Ständig tagendes **Politisches und Sicherheitspolitisches Komitee** (PSK); **Militärausschuss** der EU (EUMC): Vorsitzender: General Rolando Mosca Moschini (I), seit 9. 4. 2004, Amtszeit drei Jahre; **Militärstab** der EU (EUMS): Generaldirektor Generalleutnant Jean-Paul Perruche (F), seit 1. 3. 2004.

Europäische Kommission (EU-Kommission)

Aufgaben: In den Bereichen, die den ersten Pfeiler der EU bilden, ist die Kommission wegen ihres alleinigen Initiativrechts zuständig für die Ausarbeitung von **Vorschlägen für neue gemeinschaftliche Rechtsakte**. Die wichtigsten Entscheidungen über Maßnahmen und Prioritäten der EG treffen jedoch der Rat oder Rat und EP gemeinsam. Diese beiden Organe können die Kommission zur Vorlage von Vorschlägen zur Verwirklichung der gemeinsamen Ziele auffordern. Gemeinsam mit dem EuGH achtet die Kommission als **Hüterin der Verträge** auf die Einhaltung der gemeinschaftlichen Rechtsvorschriften. 2004 leitete die Kommission 1945 (2003: 1552) Vertragsverletzungsverfahren ein. Als **ausführendes Organ** ist die Kommission u. a. zuständig für die Erstellung des EU-Haushaltsentwurfs, den Vollzug des Haushaltsplans sowie die Verwaltung der Struktur- und des Kohäsionsfonds sowie der Forschungs- und anderer Programme. In einigen Bereichen verfügt sie über erhebliche Entscheidungs- und Durchführungsbefugnisse, die ihr durch den EG-Vertrag oder vom Rat übertragen wurden. Die Kommission vertritt die EU auf internationaler Ebene und handelt im Namen der EG u. a. Abkommen mit (Gruppen von) Drittstaaten aus. Die Kommission ist dem EP gegenüber politisch rechenschaftspflichtig, das sie durch Misstrauensvotum zum Rücktritt zwingen kann.
Beschlussfassung mit der Mehrheit der Mitglieder.
Zusammensetzung: Die Kommission, deren Amtszeit am 22. 11. 2004 begann, hat 25 Mitglieder – eines je Mitgliedstaat. Die Kommissionsmitglieder sind im Gegensatz zum Rat den Interessen der Gemeinschaft verpflichtet; sie dürfen bei der Erfüllung ihrer Pflichten Anweisungen von einer Regierung oder einer anderen Stelle weder anfordern noch entgegennehmen. Der von den Mitgliedstaaten mit qualifizierter Mehrheit (seit 2003) benannte Präsident der Kommission bedarf seit 1999 der Zustimmung des EP; der designierte Präsident und die übrigen Mitglieder der Kommission, die von den Mitgliedstaaten seit 1999 im Einvernehmen mit diesem nominiert werden, müssen als Kollegium vom EP bestätigt werden (seit 1993), bevor sie von den Mitgliedstaaten mit qualifizierter Mehrheit (seit 2003) für fünf Jahre ernannt werden. Die Kommission übt seit 1999 ihre Tätigkeit unter der politischen Führung ihres Präsidenten aus, der den Kommissionsmitgliedern ihre Zuständigkeiten zuweist.
Verwaltung mit Generalsekretär: David O'Sullivan (IRL), seit 1. 6. 2000; 26 Generaldirektionen; elf Dienste, u. a. Amt für amtliche Veröffentlichungen der Europäischen Gemeinschaften (EUR-OP, *1969), Statistisches Amt der Europäischen Gemeinschaften (Eurostat, *1959), Amt für Zusammenarbeit EuropeAid (*1. 1. 2001) zur Umsetzung der EG-Außenhilfe und Europäisches Amt für Betrugsbekämpfung (Office européen de lutte antifraude/OLAF; *1. 6. 1999): Direktor: Franz-Hermann Brüner (D), seit 1. 3. 2000, Amtszeit fünf Jahre; Aufgabe: Aufdeckung von Betrug, Korruption und Misswirtschaft durch unabhängige Ermittlungen innerhalb und außerhalb der Organe und Einrichtungen der EU einschl. EZB und EIB.

Die Mitglieder der Kommission

José Manuel Durão Barroso (P): Präsident
Margot Wallström (S): Vizepräsidentin; institutionelle Beziehungen und Kommunikation
Jacques Barrot (F): Vizepräsident; Verkehr
Franco Frattini (I): Vizepräsident; Justiz, Freiheit und Sicherheit
Siim Kallas (EE): Vizepräsident; Verwaltung, Audit und Betrugsbekämpfung
Günter Verheugen (D): Vizepräsident; Unternehmen und Industrie
Joaquín Almunia Amann (E): Wirtschaft und Währung; Statistisches Amt der Europäischen Gemeinschaften (Eurostat)
Joe Borg (MT): Fischerei und maritime Angelegenheiten
Stavros Dimas (GR): Umwelt
Benita Ferrero-Waldner (A): Außenbeziehungen und europäische Nachbarschaftspolitik; EuropeAid – Amt für Zusammenarbeit
Ján Figel (SK): Bildung, Kultur und Mehrsprachigkeit; Amt für amtliche Veröffentlichungen
Mariann Fischer Boel (DK): Landwirtschaft und ländliche Entwicklung
Dalia Grybauskaite (LT): Finanzplanung und Haushalt
Danuta Hübner (PL): Regionalpolitik
László Kovács (HU): Steuern und Zollunion
Nellie Kroes (NL): Wettbewerb
Markos Kyprianou (CY): Gesundheit und Verbraucherschutz
Peter Mandelson (UK): Handel
Charlie McCreevy (IRL): Binnenmarkt und Dienstleistungen
Louis Michel (B): Entwicklung und humanitäre Hilfe; Amt für humanitäre Hilfe – ECHO
Andris Piebalgs (LV): Energie
Janez Potočnik (SI): Wissenschaft und Forschung
Viviane Reding (L): Informationsgesellschaft und Medien
Olli Rehn (FIN): Erweiterung
Vladimír Špidla (CZ): Beschäftigung, soziale Angelegenheiten und Chancengleichheit

Beschlussfassung in der EU

Die Regeln und Verfahren für die Beschlussfassung, an der v. a. Kommission, EP und Rat beteiligt sind, sind in den Verträgen festgelegt. Die Rechtsgrundlage, d. h. der Vertragsartikel, bestimmt, ob ein Rechtsakt vom Rat oder von EP und Rat gemeinsam erlassen wird und ob die beratenden Ausschüsse EWSA und AdR, der Rechnungshof oder die EZB angehört werden müssen. In bestimmten Fällen verfügt auch die Kommission über eigene Rechtsetzungsbefugnisse.

Bei Beschlüssen im Rahmen des ersten Pfeilers der EU steht am Anfang der Entscheidung ein Vorschlag der Kommission (alleiniges Initiativrecht). Diesen kann der Rat meist unter Beteiligung des EP verabschieden, ablehnen oder einstimmig abändern. Solange das Rechtsetzungsverfahren noch nicht abgeschlossen ist, kann die Kommission ihren Vorschlag jederzeit ändern oder zurückziehen. EP und Rat können die Kommission auffordern, Vorschläge für neue Rechtsvorschriften auszuarbeiten. In den Bereichen GASP sowie Justiz und Inneres haben Kommission und Mitgliedstaaten Initiativrecht.

Die Verfahren für die Annahme neuer Rechtsvorschriften unterscheiden sich v. a. durch die jeweiligen Befugnisse von EP und Rat. Beim **Konsultationsverfahren** muss das EP eine Stellungnahme zu einem Legislativvorschlag der Kommission abgeben, bevor er vom Rat angenommen werden kann; Kommission und Rat sind an Änderungswünsche des EP nicht gebunden. Dies gilt u. a. für die Bereiche Landwirtschaft (Preise), Steuern, Wettbewerbsregeln, die meisten Fragen im Zusammenhang mit der Schaffung eines Raums der Freiheit, der Sicherheit und des Rechts sowie polizeiliche und justizielle Zusammenarbeit in Strafsachen.

Der Anwendungsbereich des 1987 eingeführten Verfahrens der **Zusammenarbeit**, bei dem das EP zwar auf die Entscheidung des Rats Einfluss nehmen kann, aber über keine Entscheidungsgewalt verfügt, ist seit In Kraft-Treten des Vertrags von Amsterdam (1999) auf vier Beschlüsse in der Wirtschafts- und Währungspolitik beschränkt.

Das z. T. mit Einstimmigkeit im Rat verbundene **Mitentscheidungsverfahren** stellt EP und Rat bei der Gesetzgebung gleich; derzeit wird es z. B. angewendet bei Regelungen für das Verbot von Diskriminierungen aus Gründen der Staatsangehörigkeit, bei einem Großteil der den Binnenmarkt betreffenden Beschlüsse, bei justizieller Zusammenarbeit in Zivilsachen (ohne Familienrecht), in weiten Bereichen der Verkehrs-, Sozial- und Umweltpolitik, bei Fördermaßnahmen auf den Gebieten Bildung, Kultur und Gesundheit, Maßnahmen zum Verbraucherschutz, Maßnahmen und Leitlinien für die TEN sowie bei Durchführungsbeschlüssen betreffend den Europäischen Sozialfonds und den Europäischen Fonds für regionale Entwicklung.

Die **Zustimmung des EP** (je nach Angelegenheit absolute Mehrheit der abgegebenen Stimmen bzw. der Mitglieder), eingeführt 1987, muss der Rat einholen v. a. bei der Feststellung einer schwer wiegenden und anhaltenden Verletzung der Menschenrechte und Grundfreiheiten durch einen Mitgliedstaat, bei wichtigen internationalen Abkommen sowie bei Beschlüssen zu den Aufgaben der Struktur- und des Kohäsionsfonds sowie den Zuständigkeiten der EZB.

Der Rat beschließt nunmehr überwiegend mit qualifizierter Mehrheit. **Einstimmigkeit im Rat** ist erforderlich u. a. bei der Feststellung einer schwer wiegenden und anhaltenden Verletzung der Menschenrechte und Grundfreiheiten durch einen Mitgliedstaat sowie bei Beschlüssen zur Bekämpfung jeglicher Diskriminierung, zu Asyl und Einwanderung, staatlichen Beihilfen, Steuerrecht, Kultur, Aufgaben und Zielen der Struktur- und des Kohäsionsfonds (bis 2007) sowie Beitritts- und Assoziierungsabkommen. Auch in den Bereichen GASP sowie Justiz und Inneres gilt der Einstimmigkeitsgrundsatz.

Sitze im EP, Stimmengewichtung im Rat sowie Zusammensetzung von Kommission, EWSA und AdR (seit 1. 11. 2004)

Land	Sitze im EP*	Stimmen im Rat	Mitglieder in Kommission	Mitglieder in EWSA/AdR
Deutschland	99	29	1	24
Frankreich	78	29	1	24
Großbritannien	78	29	1	24
Italien	78	29	1	24
Polen	54	27	1	21
Spanien	54	27	1	21
Niederlande	27	13	1	12
Belgien	24	12	1	12
Griechenland	24	12	1	12
Portugal	24	12	1	12
Tschechien	24	12	1	12
Ungarn	24	12	1	12
Schweden	19	10	1	12
Österreich	18	10	1	12
Dänemark	14	7	1	9
Finnland	14	7	1	9
Slowakei	14	7	1	9
Irland	13	7	1	9
Litauen	13	7	1	9
Lettland	9	4	1	7
Slowenien	7	4	1	7
Estland	6	4	1	7
Luxemburg	6	4	1	6
Zypern	6	4	1	6
Malta	5	3	1	5
EU 25	**732**	**321**	**25**	**317**

* seit Beginn der Wahlperiode 2004–2009

Gerichtshof der Europäischen Gemeinschaften (EuGH)

Dem EuGH (*1952) ist seit 1989 zu dessen Entlastung das **Gericht Erster Instanz** (GEI) beigeordnet, das für bestimmte Arten von Rechtsstreitigkeiten zuständig ist. Gegen die Entscheidungen des GEI kann beim EuGH ein auf Rechtsfragen beschränktes Rechtsmittel eingelegt werden. Dem GEI wurde am 10. 11. 2004 das **Gericht für den öffentlichen Dienst der EU** beigeordnet, das Entscheidungen über dienstrechtliche Streitsachen im ersten Rechtszug übernimmt.

Aufgabe des EuGH ist es, die Wahrung des Rechts bei der Auslegung und Anwendung der Gründungsverträge der Europäischen Gemeinschaften sowie der von den zuständigen Gemeinschaftsorganen erlassenen Durchführungsvorschriften zu sichern. Durch den Vertrag von Amsterdam (1999) wurden dem EuGH auch die Zuständigkeit für die Wahrung der Grundrechte, wie sie in der Europäischen Konvention zum Schutz der Menschenrechte und Grundfreiheiten gewährleistet sind, übertragen und beschränkte Befugnisse in den Bereichen freier Personenverkehr sowie polizeiliche und justizielle Zusammenarbeit in Strafsachen eingeräumt. Beim EuGH können direkte Klagen, die von Kommission, anderen Gemeinschaftsorganen, einem Mitgliedstaat sowie natürlichen und juristischen Personen erhoben werden, sowie von Gerichten der Mitgliedstaaten Anträge auf Vorabentscheidung eingereicht werden (→ Klagearten). Die Entscheidungen sind unmittelbar verbindlich für Mitgliedstaaten, Gemeinschaftsorgane, nationale Gerichte sowie natürliche und juristische Personen (letzte Instanz).

Klagearten: Vertragsverletzungsklage der Kommission gegen einen Mitgliedstaat oder eines Mitgliedstaats gegen einen anderen, Nichtigkeitsklage (Überprüfung der Rechtmäßigkeit gemeinschaftlicher Rechtsakte), Untätigkeitsklage gegen EP, Rat, Kommission oder EZB, Schadensersatzklage gegen die Organe der Gemeinschaft oder deren Bedienstete, Beamtenklage (Rechtsstreitigkeiten zwischen den Organen der Gemeinschaft und deren Bediensteten), Vorlagen zur Vorabentscheidung über Auslegung oder Gültigkeit von Gemeinschaftsrecht (auf Vorlage nationaler Gerichte) und Rechtsmittel gegen Urteile des GEI.

Aktivitäten: Von der Gründung bis Ende 2004 wurden beim EuGH 13 493 Rechtssachen anhängig gemacht und von diesem 6465 Urteile erlassen. 2004 schloss der EuGH 665 (2003: 494) Rechtssachen ab; die Zahl der neu eingegangenen Rechtssachen betrug 531 (561); die Zahl der anhängigen Rechtssachen lag Ende 2004 bei 840 (974). Beim GEI wurden 1989–2004 5355 Rechtssachen anhängig gemacht; 4182 wurden erledigt. 2004 gingen beim GEI 536 (2003: 466) neue Rechtssachen ein, 361 (339) Rechtssachen wurden abgeschlossen; 26 (39) Anträge auf vorläufigen Rechtschutz wurden eingereicht und 34 (31) abgeschlossen; die Zahl der Ende 2004 anhängigen Rechtssachen stieg auf 1174 (999).

Zusammensetzung: Die 25 (seit 11. 5. 2004) Richter, einer je Mitgliedstaat, und acht Generalanwälte sind unabhängig und werden von den Mitgliedstaaten einvernehmlich für sechs Jahre ernannt; alle drei Jahre findet eine teilweise Neubesetzung statt. Die Richter wählen aus ihrer Mitte den **Präsidenten**: Vassilios Skouris (GR), seit 7. 10. 2003, Amtszeit drei Jahre. Das GEI besteht derzeit aus einem Richter je Mitgliedstaat, die von den Mitgliedstaaten einvernehmlich für sechs Jahre ernannt werden; alle drei Jahre wird das GEI teilweise neu besetzt. Das Gericht für den öffentlichen Dienst der EU besteht aus sieben Richtern; Amtszeit sechs Jahre.

Europäischer Rechnungshof (EuRH)

Aufgaben: Der EuGH (*1975), der durch den EU-Vertrag (1993) den Status eines Gemeinschaftsorgans erhielt, prüft die Recht- und Ordnungsmäßigkeit aller Einnahmen und Ausgaben der Gemeinschaft einschließlich der von dieser geschaffenen Einrichtungen (die Kontrolle geht also über den EU-Gesamthaushaltsplan hinaus) und kontrolliert die Wirtschaftlichkeit der Haushaltsführung; Zusammenarbeit auch mit den nationalen Rechnungsprüfungsbehörden der EU-Staaten; jährlicher Rechnungsprüfungsbericht. Der EuRH unterstützt Rat und EP bei der Kontrolle des Haushaltsplans und deckt Missbrauch auf.

Von Betrug und Unregelmäßigkeiten, für die sowohl die Kommission als auch die Mitgliedstaaten (diese verwalten rd. 80 % der EU-Haushaltsmittel) verantwortlich sind, insbesondere betroffen sind die EU-Einnahmen, die auf dem Mehrwertsteueraufkommen und dem BNE der Mitgliedstaaten basieren (v. a. wegen Schattenwirtschaft, Mehrwertsteuerbetrug, Zigaretten- und Alkoholschmuggel), sowie die Ausgaben für Agrar- und Strukturpolitik.

Zusammensetzung: Die 25 (seit 7. 5. 2004) Mitglieder, einer je Mitgliedstaat, sind an keine Weisungen gebunden und werden vom Rat nach Anhörung des EP seit 2003 mit qualifizierter Mehrheit auf sechs Jahre ernannt. **Präsident:** Hubert Weber (A), seit 17. 1. 2005, Amtszeit drei Jahre.

Europäischer Wirtschafts- und Sozialausschuss (EWSA)

Aufgaben: Der EWSA (*1958), ein beratendes Organ zur Beteiligung der verschiedenen Interessengruppen des wirtschaftlichen und sozialen Lebens an der Verwirklichung des Gemeinsamen Markts, muss von Kommission oder Rat gehört werden u. a. bei Beschlüs-

sen in den Bereichen Verkehr, indirekte Steuern, Beschäftigung, Sozialpolitik, Bildung, Kultur, Gesundheitswesen, Verbraucherschutz, TEN, Industrie, wirtschaftlicher und sozialer Zusammenhalt, Forschung und technologische Entwicklung sowie Umwelt.
Zusammensetzung: Die an keine Weisungen gebundenen, vom Rat seit 2003 mit qualifizierter Mehrheit auf Vorschlag der Mitgliedstaaten auf vier Jahre ernannten Mitglieder (seit 1. 5. 2004: 317 → Tabelle) vertreten die verschiedenen wirtschaftlichen und sozialen Bereiche der organisierten Zivilgesellschaft. Sie sind in drei Gruppen organisiert: Arbeitgeber, Arbeitnehmer und Verschiedene Interessen (z. B. Landwirte, Kaufleute, Handwerker, freie Berufe, Verbraucher, Umweltbewegungen, Wissenschaft). **Präsidentin**: Anne-Marie Sigmund (A), seit 10/2004, Amtszeit 2 Jahre.

Ausschuss der Regionen (AdR)

Aufgabe: Der AdR (*1993), ein beratender Ausschuss aus Vertretern der regionalen und lokalen Gebietskörperschaften, muss von Kommission oder Rat gehört werden bei Beschlüssen, die die Verantwortlichkeit lokaler und regionaler Behörden unmittelbar betreffen, u. a. Verkehr, Beschäftigung, Sozialpolitik, Bildung, Kultur, Gesundheitswesen, TEN, wirtschaftlicher und sozialer Zusammenhalt sowie Umwelt.
Zusammensetzung: Die an keine Weisungen gebundenen, vom Rat seit 2003 mit qualifizierter Mehrheit auf Vorschlag der Mitgliedstaaten auf vier Jahre ernannten Mitglieder (seit 1. 5. 2004: 317 → Tabelle) sowie eine gleiche Anzahl von Stellvertretern müssen entweder ein auf Wahlen beruhendes Mandat in einer regionalen oder lokalen Gebietskörperschaft innehaben oder gegenüber einer gewählten Versammlung politisch verantwortlich sein. **Präsident**: Peter Straub (D), seit 11. 2. 2004, Amtszeit 2 Jahre.

Wirtschafts- und Finanzausschuss

Das mit Beginn der dritten Stufe der EWWU (1. 1. 1999) gegründete beratende Gremium, dem je zwei Vertreter der EU-Staaten (Regierung und ggf. nationale Zentralbank), der Kommission und der Europäischen Zentralbank angehören, hat folgende Aufgaben: Beobachtung der Wirtschafts- und Finanzlage der Mitgliedstaaten und der Gemeinschaft; Beobachtung der Währungs- und Finanzlage sowie des allgemeinen Zahlungsverkehrs der EU-Staaten, die den Euro noch nicht eingeführt haben; mindestens jährliche Prüfung der Lage in Bezug auf Kapital- und Zahlungsverkehr; Berichterstattung an Rat und Kommission. **Präsident**: Caio Koch-Weser (D), seit 5/2003.

EIB-Gruppe

Die EIB-Gruppe (*2000) besteht aus der Europäischen Investitionsbank (EIB; *1958; autonome öffentlich-rechtliche Finanzierungsinstitution der EU) und dem Europäischen Investitionsfonds (EIF; *1994). Seit der Reform von 2000 ist der EIF die auf Risikokapitalfinanzierungen und Garantien zugunsten von kleinen und mittleren Unternehmen (KMU) spezialisierte Finanzierungsinstitution der EU.
Aufgabe der EIB ist es, die Ziele der EU durch langfristige Darlehen für tragfähige Investitionen zu fördern, v. a. im Hinblick auf wirtschaftliche Integration sowie stärkeren wirtschaftlichen und sozialen Zusammenhalt.
Anteilseigner der EIB sind die 25 EU-Staaten.
Organe der EIB: Rat der Gouverneure, in dem alle EU-Staaten durch einen Minister (in der Regel der Finanzminister) vertreten sind. Direktorium aus dem **EIB-Präsidenten**: Philippe Maystadt (B), seit 1. 1. 2000, und acht Vizepräsidenten nimmt die laufenden Geschäfte wahr. Prüfungsausschuss.
Personal der EIB (31. 12. 2004): 1314 Mitarbeiter.
Eigene Finanzierungsmittel der EIB (seit 1. 5. 2004): Gezeichnetes Kapital 163,7 Mrd. €, davon 5 % eingezahlt bzw. noch einzuzahlen. Größte Kapitalzeichner: Deutschland, Frankreich, Großbritannien und Italien je 16,3 %. Rücklagen (31. 12. 2004): 16,9 Mrd. €. Wichtigste Finanzierungsquelle sind die Kreditaufnahmen an den internationalen Kapitalmärkten: 49,9 Mrd. € (2004); ausstehende Anleiheverbindlichkeiten (31. 12. 2004): 214,8 Mrd. €.
Mittelvergabe der EIB : EIB-Mittel können öffentliche und private Darlehensnehmer in allen Wirtschaftsbereichen erhalten; vergeben werden Einzeldarlehen sowie an Finanzierungsinstitute Globaldarlehen, die daraus in Einklang mit den Kriterien der EIB Teildarlehen für kleinere und mittlere Investitionsvorhaben (bis zu 25 Mio. €) bereitstellen. Die Darlehen decken im allgemeinen höchstens 50 % der Investitionskosten; Laufzeit bis zu 12 (Industrieprojekte) bzw. 20 Jahren (Infrastrukturvorhaben).
Von der Gründung bis Ende 2004 wurden Darlehen und Garantien von insg. 498,2 (2004: 43,2) Mrd. € zugesagt, davon 485,9 (42,9) Mrd. € aus eigenen Mitteln; 438,5 (39,7) Mrd. € wurden für Projekte innerhalb der EU bereitgestellt – darunter Deutschland 63,6 (6,7) Mrd. € – und 59,7 (3,5) Mrd. € für Investitionsvorhaben außerhalb der EU, d. h. für die Staaten der Europa-Mittelmeer-Partnerschaft (2004: 2,2 Mrd. €), die AKP-Staaten, die überseeischen Länder und Gebiete der EU-Staaten, Südafrika sowie die Staaten in Lateinamerika, Asien und im westlichen Balkan. Ausgezahlt wurden 2004 insg. 38,6 Mrd. €, davon 38,4 Mrd. € aus eigenen Mitteln. Die Ende 2004 ausstehenden Darlehen aus eigenen Mitteln betrugen 265,8 Mrd. €, davon 222,9 Mrd. € ausgezahlt.

Europäische Zentralbank (EZB)

Das **Europäische System der Zentralbanken (ESZB)** besteht aus der Europäischen Zentralbank (EZB) und den nationalen Zentralbanken aller EU-Staaten. Als Eurosystem bezeichnet man den Verbund aus der EZB und den nationalen Zentralbanken der zwölf EU-Staaten, die den Euro bereits eingeführt haben. Die EZB besitzt Rechtspersönlichkeit. Sie stellt sicher, dass alle dem Eurosystem und dem ESZB übertragenen Aufgaben entweder von ihr selbst oder von den nationalen Zentralbanken erfüllt werden.
Gründung von EZB und ESZB durch den EU-Vertrag (1993). Arbeitsbeginn der EZB am 2. 6. 1998 und des ESZB am 1. 1. 1999.
Ziele / Aufgaben: Vorrangiges Ziel des ESZB ist die Gewährleistung der Preisstabilität. Seine grundlegenden Aufgaben sind Festlegung und Ausführung der Geldpolitik in den Staaten der Europäischen Währungsunion, Durchführung von Devisengeschäften, Halten und Verwalten der offiziellen Währungsreserven der teilnehmenden Mitgliedstaaten und Förderung des reibungslosen Funktionierens der Zahlungssysteme in der Europäischen Währungsunion. Die EZB hat das ausschließliche Recht zur Genehmigung der Ausgabe von Banknoten innerhalb der Europäischen Währungsunion.
Beschlussorgane der EZB: Dem **Rat**, dem höchsten Entscheidungsgremium, gehören die Mitglieder des EZB-Direktoriums und die Zentralbankpräsidenten der Mitgliedstaaten, die den Euro eingeführt haben, an; jedes Mitglied hat eine Stimme. Das **Direktorium** besteht aus dem **Präsidenten** der EZB: Jean-Claude Trichet (F, seit 1. 11. 2003), dem Vizepräsidenten Lucas Papademos (GR, seit 1. 6. 2002) und vier weiteren Mitgliedern: José Manuel González-Páramo (E), Gertrude Tumpel-Gugerell (A), Otmar Issing (D) und Lorenzo Bini Smaghi (I, seit 1. 6. 2005; Nachfolger des Italieners Tommaso Padoa-Schioppa).
Solange nicht alle EU-Staaten den Euro eingeführt haben, gibt es ergänzend einen **Erweiterten Rat**, dem der Präsident und der Vizepräsident der EZB sowie die Präsidenten der Zentralbanken aller EU-Staaten angehören; dieser ist v. a. zuständig für die Berichterstattung über die Konvergenzfortschritte jener EU-Staaten, die den Euro noch nicht eingeführt haben.
Personal (31. 12. 2004): 1314 Mitarbeiter.
Kapital (seit 1. 5. 2004): 5,6 Mrd. €, die von den Zentralbanken der 25 EU-Staaten gezeichnet wurden; größte Kapitalzeichner: Deutschland 21,1 %, Frankreich 14,9 %, Großbritannien 14,4 %, Italien 13,1 %. Zudem übertrugen die nationalen Zentralbanken ihrer Kapitalzeichnung entsprechend der EZB 50 Mrd. € Währungsreserven, davon von den zwölf Staaten des Eurogebiets 39,8 Mrd. € eingezahlt. Währungsreserven des Eurosystems 157,1 Mrd. €, darunter EZB 28,1 Mrd. € (Ende März 2005).

Autonome Einrichtungen der Gemeinschaft

- **Einrichtungen zur Erleichterung der Funktionsweise des Binnenmarkts**: Europäische Agentur für die Beurteilung von Arzneimitteln (* 1993) in London, Harmonisierungsamt für den Binnenmarkt (Marken, Muster und Modelle) (* 1993) in Alicante (Spanien), Gemeinschaftliches Sortenamt (* 1994) in Angers (Frankreich), Europäische Behörde für Lebensmittelsicherheit (* 2002) in Parma (Italien), Europäische Agentur für die Sicherheit des Seeverkehrs (* 2002) in Lissabon (Portugal) und Europäische Agentur für Flugsicherheit (* 2002) in Köln, Europäische Agentur für Netz- und Informationssicherheit (* 2004) in Heraklion (Griechenland) und Europäische Agentur für Sicherheit und Interoperabilität im Eisenbahnverkehr (* 2004) in Lille-Valenciennes (Frankreich).
- **Beobachtungsstellen**: Europäische Umweltagentur (* 1990) in Kopenhagen (Dänemark), Europäische Beobachtungsstelle für Drogen und Drogensucht (* 1993) in Lissabon (Portugal), Europäische Stelle zur Beobachtung von Rassismus und Fremdenfeindlichkeit (* 1997) in Wien (Österreich) und Europäisches Zentrum für Seuchenprävention und -bekämpfung (* 2005) in Stockholm (Schweden).
- **Einrichtungen zur Förderung des sozialen Dialogs auf europäischer Ebene**: Europäisches Zentrum für die Förderung der Berufsbildung (Cedefop, * 1975) in Thessaloniki (Griechenland), Europäische Stiftung zur Verbesserung der Lebens- und Arbeitsbedingungen (* 1975) in Dublin (Irland) und Europäische Agentur für Sicherheit und Gesundheitsschutz am Arbeitsplatz (* 1994) in Bilbao (Spanien).
- **Einrichtungen mit spezifischen Aufgaben**: Europäische Stiftung für Berufsbildung (* 1990) in Turin (Italien), Übersetzungszentrum für die Einrichtungen der EU (* 1994) in Luxemburg und Europäische Agentur für den Wiederaufbau (* 1999) in Thessaloniki (Griechenland).
- Einrichtungen im Rahmen der **GASP**: Institut der EU für Sicherheitsstudien in Paris und Satellitenzentrum der EU in Torrejón de Ardoz (Spanien). Zur Unterstützung der ESVP wurde 2004 die Europäische Verteidigungsagentur in Brüssel errichtet.
- Um die **polizeiliche und justizielle Zusammenarbeit in Strafsachen** (dritter Pfeiler der EU) zu verbessern, v. a. bei der Bekämpfung der internationalen organisierten Kriminalität, wurden zwei Einrichtungen mit Sitz in Den Haag (Niederlande) gegründet: Europäisches Polizeiamt (Europol, * 1992; Direktor: Max-Peter Ratzel / D, seit 18. 4. 2005) und Eurojust (* 2002). Zudem Europäische Polizeiakademie (* 2000) in Bramshill (Großbritannien). Die Europäische Agentur für die operative Zusammenarbeit an den EU-Außengrenzen (* 25. 10. 2004) mit Sitz in Warschau (Polen) nahm am 1. 5. 2005 ihre Arbeit auf.

Haushalt der EU

Der vom EP am 16. 12. 2004 festgestellte Haushaltsplan für 2005 beläuft sich auf 116 554 Mio. € (+6,2 % gegenüber 2004) bei den Mitteln für Verpflichtungen (ausgabewirksame Beschlüsse) und auf 106 300 Mio. € (+4,4 %) bei den Mitteln für Zahlungen (tatsächliche Ausgaben; entspricht 1,00 % des zu erwartenden BNE). 39,2 % der Mittel für Verpflichtungen entfallen auf obligatorische Ausgaben, d. h. sich aus den Verträgen, abgeleitetem Recht, Abkommen bzw. Übereinkommen ergebenden Verpflichtungen, v. a. Agrarausgaben und Ausgaben im Zusammenhang mit internationalen Abkommen mit Drittstaaten (→ Tabelle). Gemessen an der Wirtschaftsleistung sind die Niederlande der mit Abstand größte Nettozahler in der EU (→ Grafik). In absoluten Zahlen ist Deutschland der größte Nettozahler und zugleich nach Spanien und Frankreich der drittgrößte Empfänger von EU-Mitteln. Alle zehn neuen EU-Staaten waren 2004 Netto-Empfänger (insg. 2,8 Mrd. €)

Außerhalb des Gemeinschaftshaushalts verwaltet und abgewickelt werden u. a. die Anleihen und Darlehen der Gemeinschaft, der von der Kommission verwaltete und von den Mitgliedstaaten finanzierte Europäische Entwicklungsfonds (neunter EEF: 13,5 Mrd. € für 2000–2005) sowie Europäische Investitionsbank und Europäischer Investitionsfonds (→ EIB-Gruppe).

EU-Haushaltsplan 2005

Ausgaben (Mittel für Verpflichtungen)	Ausgaben 2005 in Mio €	Veränderung gegenüber 2004 in %	Anteil am Gesamthaushalt in %
Landwirtschaft	49 676	10,2	42,6
Agrarausgaben	42 835	11,1	36,7
Ländliche Entwicklung	6 841	4,7	5,9
Strukturpolitische Maßnahmen	42 423	3,4	36,4
Strukturfonds	37 292	5,5	32,0
Kohäsionsfonds	5 132	−9,7	4,4
Interne Politikbereiche (u. a. Forschung, Energie und Bildung)	9 052	4,0	7,8
Externe Politikbereiche (v. a. Zusammenarbeit mit Drittstaaten)	5 219	0,8	4,5
Verwaltungsausgaben	6 351	3,7	5,4
Reserven	446	0,9	0,4
Hilfen zur Vorbereitung auf den Beitritt	2 081	20,1	1,8
Ausgleichszahlungen an die zehn neuen EU-Staaten*	1 305	−7,4	1,1
Insgesamt	**116 554**	**6,2**	**100,0**

* Die neuen EU-Staaten dürfen zu Beginn ihrer Zugehörigkeit zur EU nicht zu Nettozahlern werden.

Quelle: EU-Kommission

EU-Haushaltseinnahmen 2005 gemäß Haushaltsplan

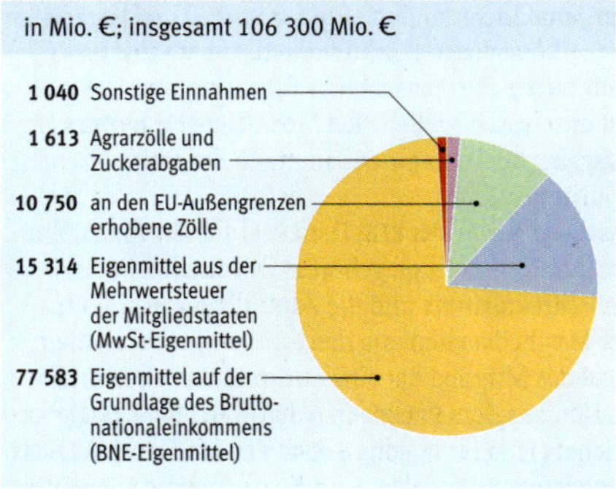

Quelle: EU-Kommission

Nettozahler und Nettoempfänger in der EU 2003

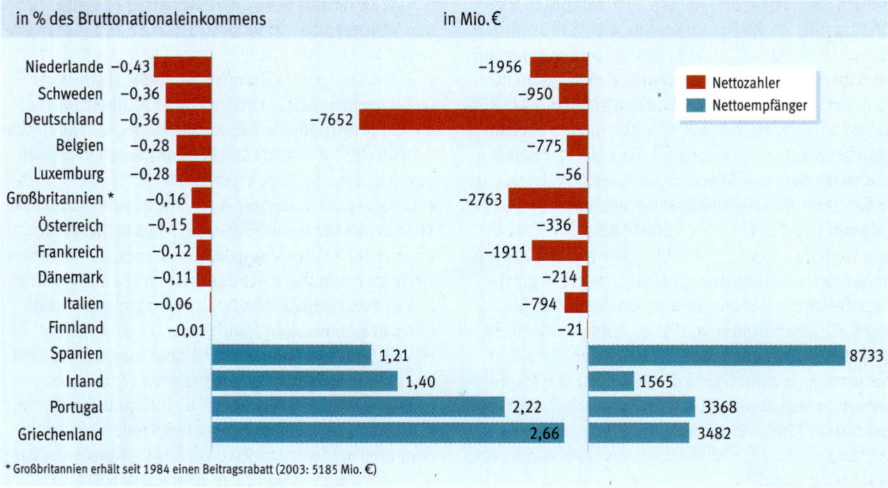

Quelle: EU-Kommission

Neue Kommission

Wegen einer wochenlangen Auseinandersetzung zwischen dem Europäischen Parlament (EP) und dem designierten Kommissionspräsidenten José Manuel Durão Barroso bzw. den Regierungen von Mitgliedstaaten um einzelne designierte Kommissare konnte die neue Kommission ihre Arbeit nicht wie vorgesehen am 1. 11. 2004, sondern erst am 22. 11. aufnehmen. Die neue Kommission wurde als Kollegium vom EP am 18. 11. mit 449 gegen 149 Stimmen bei 82 Enthaltungen bestätigt und am 19. 11. vom Rat ernannt. In der neuen Kommission haben sowohl große als auch kleinere Mitgliedstaaten wichtige Posten inne. 14 der 25 Kommissionsmitglieder – einer je Mitgliedstaat – gehörten bereits der bisherigen Kommission an, darunter drei für eine volle Amtszeit: Viviane Reding (L), Günter Verheugen (D) und Margot Wallström (S). Den von Deutschland, Frankreich und Großbritannien am 18. 2. geforderten »Superkommissar« mit koordinierender Funktion in Wirtschaftsfragen und Weisungsbefugnis gibt es nicht; jedoch ist Verheugen, einer der fünf Vizepräsidenten der Kommission, nicht nur für die Unternehmens- und Industriepolitik zuständig, sondern er erhielt Zuständigkeiten aus dem Ressort Binnenmarkt, wird die Kommission im Rat für Wettbewerbsfähigkeit vertreten und ist der Stellvertreter Barrosos bei der Koordinierung der »Lissabon-Strategie«.

Der Europäische Rat (ER) hatte am 29. 6. 2004 Barroso, den bisherigen konservativen Ministerpräsidenten Portugals, als neuen Kommissionspräsidenten benannt; die Nominierung war vom EP am 22. 7. mit 413 gegen 251 Stimmen bei 44 Enthaltungen gebilligt worden. Nach den Anhörungen jedes einzelnen designierten Kommissionsmitglieds in den Fachausschüssen des EP (27. 9.–8. 10.) hatte das EP personelle Veränderungen und eine Neuverteilung von Zuständigkeiten in der Kommission gefordert. Da der designierte Kommissionspräsident Barroso auf diese Forderungen zunächst nicht einging, entwickelte sich eine Auseinandersetzung um die Rechte des EP bei der Besetzung der Kommission, in deren Mittelpunkt der designierte Kommissar für Justiz und Inneres, der Italiener Rocco Buttiglione, stand. Die Mitgliedstaaten nominieren die Mitglieder der Kommission. Der (designierte) Kommissionspräsident weist ihnen ihre Zuständigkeiten zu. Das EP muss der Ernennung der Kommission als Kollegium zustimmen; es kann nur die Kommission insgesamt ablehnen, nicht aber einzelne Kommissionsmitglieder. Als sich abzeichnete, dass die Kommission in der geplanten Zusammensetzung keine Mehrheit im EP erhalten würde – dagegen waren Sozialdemokraten, Grüne, Vereinigte Linke und die meisten Liberalen –, zog Barroso am 27. 10. unmittelbar vor der geplanten Abstimmung im EP seinen Vorschlag für die neuen Kommissare und ihre Zuständigkeiten zurück.

Die vom designierten Kommissionspräsidenten Barroso vorgelegte neue Liste der designierten Mitglieder der Kommission, die am 4. 11. vom ER im Einvernehmen mit Barroso angenommen wurde, erfüllte mit zwei neuen Nominierungen und einer geänderten Ressortzuständigkeit die meisten Forderungen des EP: Italiens Außenminister Franco Frattini löste Buttiglione als Vizepräsident und Kommissar für Justiz und Inneres ab; der bekennende Katholik Buttiglione, der v. a. wegen seiner Äußerung, »Homosexualität sei Sünde«, und seiner sehr traditionellen Vorstellung von der Rolle der Frau in der Ehe im EP auf heftigen Widerstand gestoßen war und dem der EP-Ausschuss für bürgerliche Freiheiten, Justiz und Inneres mit 27 gegen 26 Stimmen die fachliche Eignung abgesprochen hatte, hatte am 30. 10. seine Kandidatur zurückgezogen. Der Lette Andris Piebalgs erhielt in der Kommission die Verantwortlichkeit für Energie; er ersetzte Ingrida Udre, die wegen Verwicklung in einen heimischen Parteispendenskandal sowie ihrer Europa-Skepsis umstritten war und deren Nominierung Lettland am 2. 11., vier Tage nach dem Rücktritt der Regierung (→ Chronik Lettland), zurückgezogen hatte. Ungarns Außenminister László Kovács, an dessen Nominierung die ungarische Regierung festhielt, wurde ein anderes Ressort zugeteilt; er erhielt die Zuständigkeit für Steuern und Zollunion, die ursprünglich die Lettin Udre hätte übernehmen sollen, und nicht – wie zunächst vorgesehen – das Ressort Energie, für das der zuständige EP-Fachausschuss ihn als fachlich ungeeignet erklärt hatte. Christdemokraten lehnten Kovács wegen seiner kommunistischen Vergangenheit ab.

An zwei wegen möglicher Interessenskonflikte umstrittenen Nominierungen hielt Barroso jedoch fest: Die Kommissarin für Landwirtschaft, die Dänin Mariann Fischer Boel, ist Eigentümerin von Agrarland in Dänemark, auf dem ihr Mann einen landwirtschaftlichen Betrieb führt, der EG-Subventionen erhält. Die Niederländerin Neelie Kroes, Kommissarin für Wettbewerb, hatte bis 1. 9. zahlreiche Aufsichtsratsmandate und Beraterposten in der Privatwirtschaft inne. Sie hat sich verpflichtet, nach ihrer Amtszeit in der Kommission nie wieder in der Privatwirtschaft tätig zu werden; alle Entscheidungen über Unternehmen, denen sie in der Vergangenheit verbunden war, gibt sie an andere Kommissionsmitglieder bzw. seit Juni 2005 an Binnenmarktkommissar Charlie McCreevy ab.

Das EP lehnte am 8. 6. 2005 mit 35 gegen 589 Stimmen bei 35 Enthaltungen einen Misstrauensantrag gegen die Kommission ab. 77 überwiegend EU-kritische EP-Abgeordnete hatten Kommissionspräsident Barroso einen Interessenskonflikt vorgeworfen, weil er vor seinem Amtsantritt Urlaub auf der Yacht des befreundeten griechischen Reeders und Bankiers Spiros Latsis gemacht hatte; dessen Unternehmensgruppe ist von zahlreichen EU-Entscheidungen betroffen.

EU-Erweiterung

Der **Beitrittsvertrag** mit **Bulgarien** und **Rumänien** wurde am 25. 4. 2005 in Luxemburg durch Vertreter der 25 EU-Staaten und der beiden künftigen EU-Staaten **unterzeichnet**. Die Beitrittsverhandlungen hatten am 15. 3. 2000 begonnen und waren am 14. 12. 2004 abgeschlossen worden. Nach Stellungnahme der Kommission stimmten EP (13. 4. 2005) und Rat (25. 4.) den Anträgen von Bulgarien und Rumänien auf EU-Mitgliedschaft zu; das EP nahm den Antrag von Bulgarien mit 522 gegen 70 Stimmen bei 69 Enthaltungen und den von Rumänien mit 497 gegen 93 Stimmen bei 71 Enthaltungen an. Der Vertrag sieht einen Beitritt beider Staaten zur EU am 1. 1. 2007 vor, sofern alle 27 Staaten den Vertrag gemäß ihren jeweiligen verfassungsrechtlichen Vorschriften ratifiziert haben. Die beiden ehemals kommunistischen Staaten haben vor ihrem EU-Beitritt noch zahlreiche Verpflichtungen umzusetzen, v. a. im Bereich Justiz und Inneres (Justizreform, Bekämpfung von Korruption und organisierter Kriminalität) sowie in Rumänien zusätzlich in den Bereichen Wettbewerbspolitik und Umwelt. Daher enthält der Beitrittsvertrag eine besondere Klausel: Sollte bei den Vorbereitungen auf die Übernahme und Umsetzung des gemeinschaftlichen Besitzstands offensichtlich werden, dass ernsthaft das Risiko besteht, dass Bulgarien oder Rumänien nicht darauf vorbereitet sein werden, in verschiedenen wichtigen Bereichen die Anforderungen der EU-Mitgliedschaft bis 1. 1. 2007 zu erfüllen, kann der Rat einstimmig auf Empfehlung der Kommission beschließen, den Beitritt dieses Staats um ein Jahr auf den 1. 1. 2008 zu verschieben. Im Falle Rumäniens, das langsamere Fortschritte bei der Erfüllung der EU-Anforderungen macht, kann der Rat mit qualifizierter Mehrheit entscheiden, wenn die ernsthaften Defizite Verpflichtungen in den Bereichen Kontrolle der künftigen EU-Außengrenze, Justizreform, Bekämpfung von Korruption, v. a. auf hoher Ebene, und Kriminalität sowie Wettbewerb (hinsichtlich staatlicher Beihilfen) betreffen. Die Kommission wird weiterhin jährliche Berichte über die Durchführung der notwendigen Reformen und die Umsetzung der eingegangenen Verpflichtungen vorlegen. In Entscheidungen über die Verschiebung des Beitrittstermins wird das EP einbezogen.

Mit der Erweiterung der EU um diese beiden Staaten wird die Bevölkerung der Gemeinschaft um rund 30 Mio. auf über 486 Mio. Menschen steigen. Das BIP dagegen wird um weniger als 1 % zunehmen: Das BIP pro Kopf der beiden künftigen EU-Staaten entspricht rund 12 % des EU-25-Durchschnitts bzw. gut 30 % zu Kaufkraftparitäten.

Mit dem Tag des EU-Beitritts müssen Bulgarien und Rumänien den gesamten gemeinschaftlichen Besitzstand (acquis communautaire) vollständig übernehmen und umsetzen; die zeitlich befristeten Übergangsbestimmungen betreffen v. a. die Bereiche Landwirtschaft, Arbeitnehmerfreizügigkeit, Kapitalverkehr und Umwelt (Übergangsfristen bis 2018 für Rumänien); sie entsprechen denen der EU-Erweiterung von 2004. Die Beitrittsländer werden nur schrittweise in das System der Direktzahlungen an die Landwirte einbezogen: 2007 erhalten sie 25 % der in der EU 15 gewährten Direktzahlungen; dieser Anteil steigt stufenweise bis 2016 auf 100 %. Die Obergrenze für die Mittel für Verpflichtungen einschließlich geschätzter Kosten für die Gemeinsame Agrarpolitik beträgt für 2007–2009 insg. 14,8 Mrd. € in Preisen zu 2004 (→ Tabelle).

Finanzmittel für Bulgarien und Rumänien 2007–2009 in Mio. € zu Preisen von 2004

Mittel für Verpflichtungen	Bulgarien	Rumänien	insgesamt
Landwirtschaft	1 552	3 921	5 473
Marktordnungsmaßnahmen*	388	732	1 120
Direktzahlungen für die Landwirte*	431	881	1 312
Entwicklung des ländlichen Raums	733	2 308	3 041
Strukturpolitische Maßnahmen	2 300	5 974	8 274
Stilllegung des Kernkrafwerks Kosloduy	210	–	210
Cashflow- und Schengen-Fazilität	240	560	799
Übergangsfazilität für den Institutionenaufbau	–	–	82
Summe	**4 302**	**10 455**	**14 838**

* geschätzte Kosten *Quelle:* Beitrittsvertrag, EU-Kommission

Der ER beschloss am 16./17. 12. 2004, die Beitrittsverhandlungen mit **Kroatien** am 17. 3. 2005 zu eröffnen, sofern Kroatien uneingeschränkt mit dem Internationalen Gerichtshof für das ehemalige Jugoslawien (ICTY) in Den Haag zusammenarbeitet. Da diese Voraussetzung nach Auffassung der Mehrheit der EU-Staaten nicht erfüllt ist, verschoben die EU-Außenminister am 16. 3. den Beginn der Beitrittsverhandlungen auf unbestimmte Zeit. Die Chefanklägerin des UN-Tribunals, Carla del Ponte, hatte der kroatischen Regierung seit Oktober 2004 wiederholt vorgeworfen, nicht genug getan zu haben, um den 2001 angeklagten und seither flüchtigen mutmaßlichen Kriegsverbrecher Ante Gotovina zu verhaften und dem ICTY zu überstellen. Dem in Teilen der Bevölkerung als Volksheld verehrten ehem. General wird vorgeworfen, für die Ermordung und Vertreibung von Serben bei der Rückeroberung der Krajina 1995 mitverantwortlich zu sein.

Auf der Grundlage des Berichts und der Empfehlung der Kommission zu den Fortschritten der Türkei auf dem Weg zum Beitritt, die am 6. 10. 2004 vorgelegt worden waren, stellte der ER am 17. 12. fest, dass die Türkei die politischen Beitrittskriterien (Demokratie, Rechtstaatlichkeit, Wahrung der Menschenrechte sowie Achtung und Schutz von Minderheiten) für die Eröffnung von Beitrittsverhandlungen hinreichend erfüllt, sofern sie sechs von der Kommission in ihrer Stellungnahme genannte Gesetze in Kraft setzt (Strafgesetzbuch, Strafprozessordnung, Strafvollzugsordnung, Vereinsgesetz, Gesetz zur Schaffung einer Kriminalpolizei und Gesetz über die zweitinstanzlichen Berufungsgerichte). Die Beitrittsverhandlungen sollen am 3. 10. 2005 eröffnet werden. Um die Unumkehrbarkeit des weit reichenden politischen Reformprozesses und seine tatsächliche Umsetzung insb. im Hinblick auf die Grundfreiheiten und die uneingeschränkte Achtung der Menschenrechte sicherzustellen, wird die Kommission weiterhin regelmäßige Berichte über diesen Reformprozess vorlegen und dabei auf alle von ihr aufgezeigten Problembereiche, insb. auch auf die Umsetzung der »Null-Toleranz-Politik« gegenüber Folter und Misshandlung eingehen. Die schwierigste Frage beim Treffen des ER war die Forderung nach völkerrechtlicher Anerkennung der Republik Zypern durch die Türkei. Deren Ministerpräsident Recep Tayyip Erdoğan sagte schließlich mündlich zu, die türkische Regierung werde das Protokoll von Ankara noch vor Beginn der Beitrittsverhandlungen unterzeichnen; er lehnte es jedoch ab, dieses Dokument, wie zunächst gefordert, noch vor Ort zu paraphieren. Die Unterzeichnung des Protokolls von Ankara, mit dem der Assoziierungsvertrag (1964) zwischen EU und Türkei sowie die auf dessen Grundlage begründete Zollunion (1995) auf die zehn neuen EU-Staaten – und damit auf die seit 1974 geteilte Mittelmeerinsel Zypern, deren Nordteil vom EU-Beitrittskandidaten Türkei militärisch besetzt ist – ausgedehnt wird, bedeutet aus türkischer Sicht nicht die Anerkennung der Republik Zypern, sondern nur eine technische Anpassung; andere leiten daraus eine zumindest indirekte Anerkennung ab. In vielen EU-Staaten ist die EU-Mitgliedschaft der Türkei, die in wenigen Jahren der bevölkerungsreichste Staat in Europa sein wird, aus kulturellen, politischen und wirtschaftlichen Gründen umstritten. Die deutschen Christdemokraten, Frankreich und Österreich hatten daher für eine »privilegierte Partnerschaft« anstelle der vollen EU-Mitgliedschaft geworben. Die Beitrittsverhandlungen werden mind. zehn Jahre dauern.

Der ER einigte sich am 16./17. 12. 2004 darauf, dass künftig vor Eröffnung von **Beitrittsverhandlungen** ein länderspezifischer **Verhandlungsrahmen** erstellt wird, der den Erfahrungen der EU-Erweiterung von 2004 Rechnung trägt und folgende Aspekte umfasst:

- Für den vorläufigen Abschluss und ggf. für die Eröffnung der Verhandlungen über jedes Kapitel des gemeinschaftlichen Besitzstands werden vom Rat Richtgrößen festgelegt, die sich auf Rechtsangleichung, eine zufrieden stellende Bilanz bei der Umsetzung des gemeinschaftlichen Besitzstands und Erfüllung bestehender vertraglicher Verpflichtungen gegenüber der EU beziehen.
- Lange Übergangsfristen, Ausnahmeregelungen oder dauerhafte Schutzklauseln für Bereiche wie Freizügigkeit, Strukturpolitik und Landwirtschaft sind möglich.
- Der Abschluss der Beitrittsverhandlungen mit Staaten, deren Beitritt erhebliche finanzielle Auswirkungen haben könnte, setzt die Festlegung des EU-Finanzrahmens für die Zeit nach 2014 voraus.
- Ziel der Verhandlungen ist der Beitritt. Sie sind ein Prozess mit offenem Ende, dessen Ausgang sich nicht garantieren lässt. Sollte ein Bewerberland nicht imstande sein, alle mit einer Mitgliedschaft verbundenen Verpflichtungen einzuhalten, müsse sichergestellt werden, dass es vollständig in den europäischen Strukturen verankert wird.
- Bei einer schwer wiegenden und anhaltenden Verletzung der Werte, auf die sich die EU gründet – Freiheit, Demokratie, Wahrung der Menschenrechte und der Grundfreiheiten sowie Rechtsstaatlichkeit –, können auf Antrag von Kommission oder einem Drittel der EU-Mitgliedstaaten und Beschluss des Rats mit qualifizierter Mehrheit die Beitrittsverhandlungen ausgesetzt werden.
- Parallel zu den Beitrittsverhandlungen wird die EU einen intensiven politischen und kulturellen Dialog aufnehmen, in den auch die Zivilgesellschaft einbezogen wird.

Vertrag über eine Verfassung für Europa

Die Staats- und Regierungschefs sowie die Außenminister der 25 EU-Staaten unterzeichneten am 29. 10. 2004 in Rom den Vertrag über eine Verfassung für Europa, über den am 18. 6. Einvernehmen erzielt worden war (→ WA 2005, S. 513 ff.). Die Zeremonie fand am selben Ort statt, an dem am 25. 3. 1957 durch Belgien, Deutschland, Frankreich, Italien, Luxemburg und die Niederlande die Verträge zur Gründung der Europäischen Wirtschaftsgemeinschaft (EWG, jetzt EG) und der Europäischen Atomgemeinschaft (Euratom) unterzeichnet worden waren, mit denen der Prozess der europäischen Integration begann. Der Verfassungsvertrag ist ein bedeutender Schritt im Prozess der Integration und der Zusammenarbeit in Europa. Er soll an die Stelle der Verträge treten, auf denen die EU beruht.

Die **Handlungsfähigkeit** der erweiterten EU soll verbessert werden v. a. durch institutionelle Reformen – Einführung der doppelten Mehrheit bei Entscheidun-

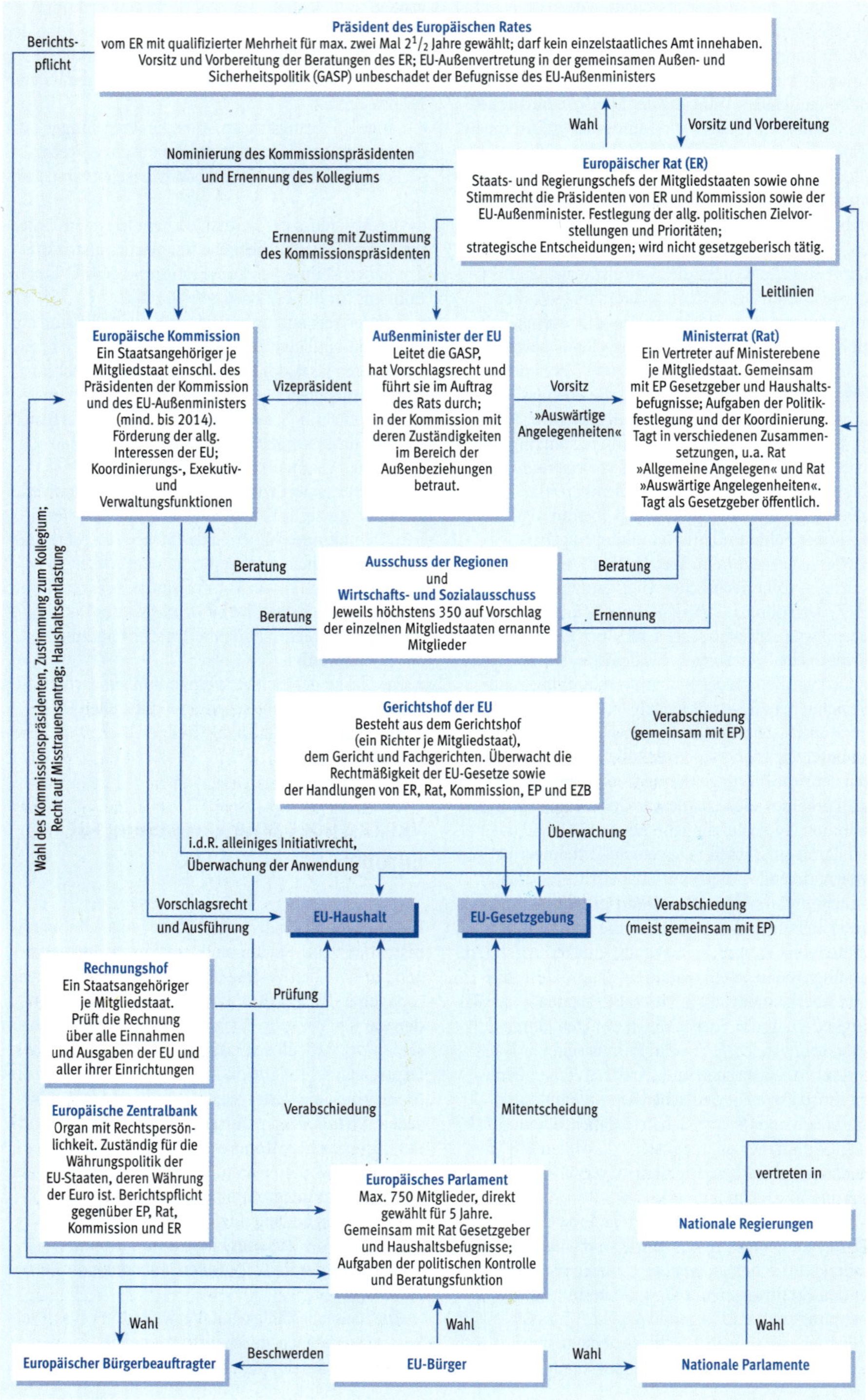
Präsident des Europäischen Rates
vom ER mit qualifizierter Mehrheit für max. zwei Mal 2 1/2 Jahre gewählt; darf kein einzelstaatliches Amt innehaben. Vorsitz und Vorbereitung der Beratungen des ER; EU-Außenvertretung in der gemeinsamen Außen- und Sicherheitspolitik (GASP) unbeschadet der Befugnisse des EU-Außenministers
Berichtspflicht
Wahl
Vorsitz und Vorbereitung
Nominierung des Kommissionspräsidenten und Ernennung des Kollegiums
Europäischer Rat (ER)
Staats- und Regierungschefs der Mitgliedstaaten sowie ohne Stimmrecht die Präsidenten von ER und Kommission sowie der EU-Außenminister. Festlegung der allg. politischen Zielvorstellungen und Prioritäten; strategische Entscheidungen; wird nicht gesetzgeberisch tätig.
Ernennung mit Zustimmung des Kommissionspräsidenten
Leitlinien
Europäische Kommission
Ein Staatsangehöriger je Mitgliedstaat einschl. des Präsidenten der Kommission und des EU-Außenministers (mind. bis 2014). Förderung der allg. Interessen der EU; Koordinierungs-, Exekutiv- und Verwaltungsfunktionen
Vizepräsident
Außenminister der EU
Leitet die GASP, hat Vorschlagsrecht und führt sie im Auftrag des Rats durch; in der Kommission mit deren Zuständigkeiten im Bereich der Außenbeziehungen betraut.
Vorsitz
»Auswärtige Angelegenheiten«
Ministerrat (Rat)
Ein Vertreter auf Ministerebene je Mitgliedstaat. Gemeinsam mit EP Gesetzgeber und Haushaltsbefugnisse; Aufgaben der Politikfestlegung und der Koordinierung. Tagt in verschiedenen Zusammensetzungen, u.a. Rat »Allgemeine Angelegen« und Rat »Auswärtige Angelegenheiten«. Tagt als Gesetzgeber öffentlich.
Wahl des Kommissionspräsidenten, Zustimmung zum Kollegium; Recht auf Misstrauensantrag; Haushaltsentlastung
Beratung
Ausschuss der Regionen
und
Wirtschafts- und Sozialausschuss
Jeweils höchstens 350 auf Vorschlag der einzelnen Mitgliedstaaten ernannte Mitglieder
Beratung
Beratung
Ernennung
Gerichtshof der EU
Besteht aus dem Gerichtshof (ein Richter je Mitgliedstaat), dem Gericht und Fachgerichten. Überwacht die Rechtmäßigkeit der EU-Gesetze sowie der Handlungen von ER, Rat, Kommission, EP und EZB
Verabschiedung (gemeinsam mit EP)
Überwachung
i.d.R. alleiniges Initiativrecht, Überwachung der Anwendung
Vorschlagsrecht und Ausführung
EU-Haushalt
EU-Gesetzgebung
Verabschiedung (meist gemeinsam mit EP)
Rechnungshof
Ein Staatsangehöriger je Mitgliedstaat. Prüft die Rechnung über alle Einnahmen und Ausgaben der EU und aller ihrer Einrichtungen
Prüfung
Europäische Zentralbank
Organ mit Rechtspersönlichkeit. Zuständig für die Währungspolitik der EU-Staaten, deren Währung der Euro ist. Berichtspflicht gegenüber EP, Rat, Kommission und ER
Verabschiedung
Mitentscheidung
vertreten in
Europäisches Parlament
Max. 750 Mitglieder, direkt gewählt für 5 Jahre. Gemeinsam mit Rat Gesetzgeber und Haushaltsbefugnisse; Aufgaben der politischen Kontrolle und Beratungsfunktion
Nationale Regierungen
Wahl
Wahl
Wahl
Europäischer Bürgerbeauftragter
Beschwerden
EU-Bürger
Wahl
Nationale Parlamente

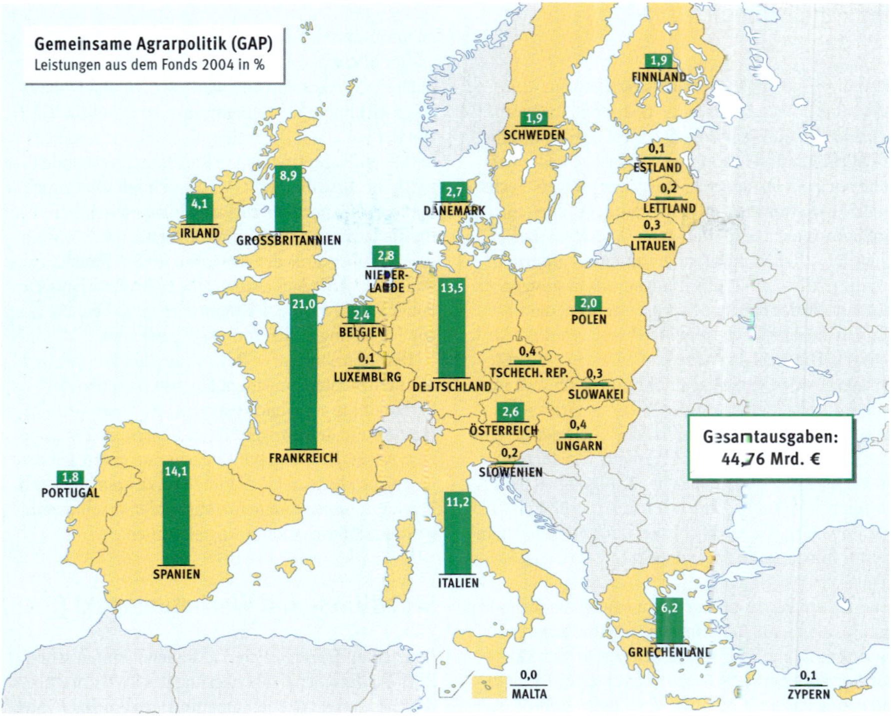

gen mit qualifizierter Mehrheit im Rat (i.d.R. Zustimmung von mind. 55 % der Mitgliedstaaten, die zusammen mind. 65 % der EU-Bevölkerung repräsentieren, erforderlich), Schaffung der Posten eines Präsidenten des ER und eines EU-Außenministers sowie von 2014 an Verkleinerung der Kommission auf zwei Drittel der Zahl der Mitgliedstaaten – und eine deutliche Ausweitung der Bereiche, in denen der Rat mit qualifizierter Mehrheit beschließen kann. Um die **demokratische Legitimierung** des Handelns der EU und ihrer Organe zu erhöhen, erhalten das EP mehr Rechte, v. a. durch Anwendung des Mitentscheidungsverfahrens in weiteren Politikbereichen, und die nationalen Parlamente mehr Einfluss. Die Charta der Grundrechte der Union wird vollständig in den Vertrag aufgenommen. Zu mehr **Transparenz** der EU sollen u. a. beitragen: einheitliche Rechtspersönlichkeit der EU, Abschaffung der drei Pfeiler der EU, klarere Abgrenzung der Zuständigkeiten von EU und Mitgliedstaaten sowie Vereinfachung der Gesetzgebungsverfahren und Verringerung der Rechtsinstrumente von 15 auf sechs EU-Rechtsakte.

Das EP sprach sich am 12. 1. 2005 mit 500 gegen 137 Stimmen bei 40 Enthaltungen für die Ratifizierung des Verfassungsvertrags aus; die Zustimmung des EP ist nicht bindend.

Bisher haben die Parlamente von zwölf der 25 EU-Staaten für die Ratifizierung des Verfassungsvertrags gestimmt, darunter nur Spanien und Luxemburg auf der Grundlage einer Volksabstimmung: Litauen (11. 11. 2004), Ungarn (20. 12.), Slowenien (1. 2. 2005), Italien (25. 1. und 6. 4.), Griechenland (19. 4.), Slowakische Republik (11. 5.), Spanien (28. 4. und 18. 5.; konsultatives Referendum am 20. 2.: 76,7 % Ja-Stimmen, Stimmbeteiligung 42,3 %), Österreich (11. 5. und 25. 5.), Deutschland (12. 5. und 27. 5.), Lettland (2. 6.), Malta (6. 7.) und Luxemburg (Referendum 10. 7.: 56,52 % Ja-Stimmen).

Bei einer **Volksabstimmung in Frankreich** und einem konsultativen **Referendum in den Niederlanden** am 29. 5. (Stimmbeteiligung 70 %) bzw. 1. 6. (Stimmbeteiligung 62,8 %) sprachen sich 54,9 % bzw. 61,6 % der Teilnehmer **gegen eine Ratifizierung des Verfassungsvertrags** aus. Als Gründe für die Ablehnung genannt werden v. a. innenpolitische Motive, wirtschaftliche Sorgen, das Tempo der Veränderungen in der EU, die EU-Erweiterungen, Bedenken gegen den Verlust an Souveränität und die hohen finanziellen Beiträge der Niederlande an den EU-Haushalt. Daraufhin suspendierte die britische Regierung am 6. 6. die für Frühjahr 2006 geplante Volksabstimmung.

Obwohl der Verfassungsvertrag nur in Kraft treten kann, wenn er von allen Mitgliedstaaten gemäß ihren jeweiligen verfassungsrechtlichen Vorschriften ratifiziert worden ist, beschloss der ER am 16./17. 6. 2005, den Ratifizierungsprozess fortzusetzen.

EU-Finanzrahmen 2007–2013

Die Staats- und Regierungschefs erzielten am 16./17. 6. 2005 keine politische Einigung über den Finanzrahmen 2007–2013. Die Mitgliedstaaten, die einstimmig beschließen müssen, konnten sich bisher weder auf Höhe noch auf Struktur der Ausgaben einigen. Sechs der elf EU-Nettozahler – Deutschland, Frankreich, Großbritannien, die Niederlande, Österreich und Schweden – halten unverändert an ihrer Forderung fest, die jährlichen Verpflichtungsermächtigungen ab 2007 auf 1 % des BNE der EU zu begrenzen; damit könnten die jährlichen Ausgaben bis 2013 auf 124 Mrd. € steigen. Die meisten anderen EU-Staaten unterstützen dagegen den Vorschlag der Kommission vom 10. 2. und 14. 7. 2004, der wegen der EU-Erweiterung und der konkreten Umsetzung politischer Ziele der EU eine deutliche Erhöhung des EU-Haushalts von derzeit 106 auf 143 Mrd. € (Zahlungsermächtigungen, in Preisen von 2004; durchschnittlich 1,14 % des BNE) bzw. 117 auf 158 Mrd. € (Verpflichtungsermächtigungen, in Preisen von 2004) in 2013 vorsieht (→ WA 2005, S. 531).

Bei diesen Verhandlungen geht es auch um den 1984 beschlossenen, nur dem Nettozahler Großbritannien gewährten Rabatt, der dessen Beiträge an den EU-Haushalt reduziert (1997–2003: durchschnittliche Entlastung von 4,3 Mrd. € im Jahr) und vor den Kosten der EU-Erweiterung schützt. Von den EU-Nettozahlern hatte Großbritannien 1984 das niedrigste und 2003 das zweithöchste Pro-Kopf-BNE in Kaufkraftparitäten. Vor diesem Hintergrund schlug die Kommission am 14. 7. 2004 vor, den »Britenrabatt« durch einen allgemeinen, von allen EU-Staaten zu finanzierenden Korrekturmechanismus zu ersetzen: Entlastet werden sollen alle Nettozahler, deren Nettobeitrag an den EU-Haushalt 0,35 % ihres BNE übersteigt; der insgesamt umzuverteilende Betrag wird auf 7,5 Mrd. € begrenzt. Großbritanniens Nettobeiträge an den EU-Haushalt würden sich in etwa verdoppeln. Der Vorschlag geht den – an der Wirtschaftsleistung gemessenen – größten Nettozahlern Deutschland, Niederlande und Schweden nicht weit genug.

Entwicklung der GAP-Ausgaben

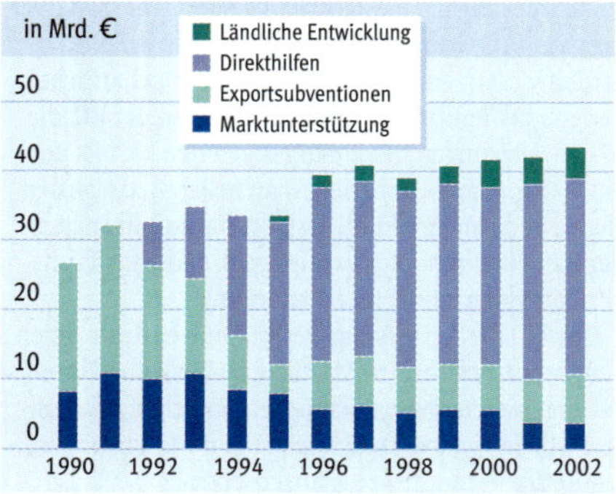

Quelle: Europäische Kommission

Der britische Premierminister Tony Blair lehnte jedoch eine Diskussion über den »Britenrabatt« ab, solange nicht über die Gemeinsame Agrarpolitik (GAP), von der vor allem Deutschland, Frankreich, Italien und Spanien profitieren (→ Karte), neu verhandelt wird. Die Ausgaben der GAP, die sich seit 1990 zunehmend von Exportsubventionen hin zu Direktbeihilfen für die Landwirtschaft entwickelt haben (→ Grafik), machen über 40 % der Ausgaben im EU-Haushalt aus. Blair vertrat die Auffassung, eine zukunftsorientierte Politk der EU müsse sich intensiver Aufgabenbereichen wie Forschung und Technologie zuwenden.

Der luxemburgische Regierungschef Juncker und EU-Kommissionspräsident Barroso hatten in der Verhandlung vergeblich versucht, zwischen Großbritannien und den übrigen Nettozahlern eine Einigung zu erzielen. Das Angebot Ungarns, auf einen Teil der ihnen zustehenden EU-Mittel zu verzichten, dem sich Polen und weitere neue EU-Mitglieder anschlossen, wurde mit Beschämung aufgenommen.

Stabilitäts- und Wachstumspakt (SWP)

Deutschland, Frankreich und Italien konnten sich mit ihrer Forderung nach Lockerung des SWP durchsetzen: Der von den EU-Finanzministern am 20. 3. 2005 einstimmig erzielte Kompromiss zur **Reform des SWP**, der vom ER am 22./23. 3. gebilligt wurde, sieht im Wesentlichen eine stärkere Berücksichtigung länderspezifischer Gegebenheiten vor. Damit werden die Ermessenspielräume von Kommission und Rat bei der Haushaltsüberwachung deutlich ausgeweitet und die Regelbindung des SWP, der solide öffentliche Finanzen gewährleisten soll, weitgehend außer Kraft gesetzt. Die Verpflichtung zur Haushaltsdisziplin wird abgeschwächt. Die beiden Referenzwerte für die Beurteilung der Haushaltslage – –3 % des BIP für das Haushaltsdefizit und 60 % des BIP für die Staatsverschuldung – werden formal beibehalten.

Die bisherige Verpflichtung der Mitgliedstaaten, mittelfristig einen nahezu ausgeglichenen oder einen Überschuss aufweisenden Haushalt anzustreben, wird ersetzt durch länderspezifische mittelfristige Haushaltsziele, die mind. alle vier Jahre überprüft werden; die Spanne liegt konjunkturbereinigt und ohne Anrechnung einmaliger Maßnahmen zwischen –1 % des BIP für Staaten mit niedriger Schuldenquote/hohem Potenzialwachstum und einem ausgeglichenen oder einen Überschuss aufweisenden Haushalt für Staaten mit hoher Schuldenquote/niedrigem Potenzialwachstum. Von Mitgliedstaaten, die ihr Ziel noch nicht erreicht haben, wird eine um Konjunktureffekte und Einmalmaßnahmen bereinigte Haushaltskonsolidierung um 0,5 Prozentpunkte des BIP im Jahr gefordert (bei günstiger Konjunktur mehr, in »schlechten Zeiten« weniger). Abweichungen vom mittelfristigen Haushaltsziel oder vom Anpassungspfad sind bei bestimmten Strukturreformen zulässig.

Bei der Durchführung eines Verfahrens bei einem übermäßigen öffentlichen Defizit werden **zusätzliche Gründe eingeführt**, die eine vorübergehende und in der Nähe des Referenzwerts (nicht quantifiziert) bleibende **Überschreitung der 3 %-Defizitgrenze** rechtfertigen können. Als Ausnahmen gelten nicht nur Naturkatastrophen oder ein Rückgang des realen BIP um mind. 2 %, sondern künftig bereits eine negative Wachstumsrate oder ein schwaches Wirtschaftswachstum über einen längeren Zeitraum. Die »sonstigen einschlägigen Faktoren«, die laut EG-Vertrag bei der Beurteilung eines Haushaltsdefizits entlastend zu berücksichtigen sind, wurden konkretisiert: Entwicklung des Wachstumspotenzials, aktuelle Konjunkturlage, Umsetzung der Lissabon-Strategie, Ausgaben für Forschung, Entwicklung und Innovation, frühere Haushaltskonsolidierung in Zeiten günstiger Konjunktur, Tragfähigkeit des Schuldenstands, öffentliche Investitionen, Qualität der öffentlichen Finanzen, Finanzbeiträge zugunsten der internationalen Solidarität und zur Verwirklichung der Ziele der europäischen Politik, insb. dem europäischen Einigungsprozess (z. B. Nettobeiträge Deutschlands an den EU-Haushalt, Kosten der deutschen Wiedervereinigung sowie Frankreichs Entwicklungshilfe- und Verteidigungsausgaben), und bestimmte Reformen der Rentensysteme. Bei eingeleiteten Defizitverfahren kann die Frist zur Rückführung des Haushaltsdefizits auf –3 % des BIP auf zwei Jahre verlängert werden.

Die Regierung Griechenlands räumte am 21. 9. 2004 ein, die bis zu den Parlamentswahlen am 7. 3. amtierende PASOK-Regierung habe seit 2000 die gesamtstaatliche Neuverschuldung deutlich zu niedrig ausgewiesen. Eine darauf folgende Überprüfung durch Eurostat (→ Kommission) vor Ort führte zu massiven **Revisionen der Daten**, die **Griechenland** zur Beurteilung seiner Haushaltslage eingereicht hatte; sie sind v. a. auf Korrekturen bei den Militärausgaben und den Überschüssen der Sozialversicherung zurückzuführen: Griechenlands Haushaltsdefizit betrug 1997–2003 zwischen –3,4 % und –6,4 % des BIP und war damit in jedem Jahr um 1,6–3,5 Prozentpunkte höher als ursprünglich gemeldet. Nach oben korrigiert wurden auch die Angaben für die Staatsverschuldung. D. h., Griechenland hat die Konvergenzkriterien noch nie erfüllt. Es hätte daher 2001 den Euro nicht einführen dürfen. Zudem hat es seither jedes Jahr gegen den SWP verstoßen. Die Entscheidung des ER vom 19. 6. 2000 über die Einführung des Euro in Griechenland bleibt gültig; sie beruhte auf dem damaligen Kenntnisstand. Wegen der inkorrekten Datenmeldungen leitete die Kommission am 1. 12. 2004 ein Vertragsverletzungsverfahren gegen Griechenland ein.

Zuverlässige und zeitnahe statistische Daten zu den öffentlichen Finanzen bilden die Grundlage für die Gestaltung der Wirtschaftspolitik, die multilaterale Haushaltsüberwachung und die Entscheidung, ob sich ein Mitgliedstaat für die Einführung des Euro qualifiziert hat. Daher sind Maßnahmen zur Verbesserung der Haushaltsstatistiken in Vorbereitung (u. a. mehr Befugnisse für Eurostat bei der Kontrolle der von den Mitgliedstaaten gemeldeten Daten, mehr Transparenz der eingereichten Daten und Unabhängigkeit der nationalen statistischen Ämter).

Die Entwicklung der **öffentlichen Finanzen im Euro-Währungsgebiet** war auch 2004 nicht zufrieden stellend (→ Tabelle): Die durchschnittliche gesamtstaatliche Neuverschuldung blieb mit 2,7 % des BIP (2003: 2,8 %) fast unverändert; die durchschnittliche öffentliche Schuldenquote stieg auf 71,3 % des BIP (2004: 70,8 %). Deutschland und Frankreich (Haushaltsdefizit 2004 jeweils –3,7 % des BIP), die beiden größten Staaten des Euro-Währungsgebiets, überschritten 2004 zum dritten Mal in Folge den Referenzwert für die gesamtstaatliche Neuverschuldung von 3 % des BIP. In Griechenland liegt das Haushaltsdefizit nach den umfangreichen statistischen Revisionen seit 1997 über –3 %.

Auch Italien und sechs der 13 EU-Staaten, die den Euro noch nicht eingeführt haben, wiesen 2004 Haushaltsdefizite von über –3 % des BIP auf (Großbritannien, Malta, Polen, Slowakische Republik, Ungarn und Zypern). Die für die Staatsverschuldung zulässige Obergrenze von 60 % des BIP überschritten 2004 Belgien, Deutschland, Frankreich, Griechenland, Italien, Österreich und Portugal sowie die beiden neuen EU-Staaten Malta und Zypern.

Öffentliche Finanzen im Euroraum

	Finanzierungssaldo des Staats in % des BIP		Staatsverschuldung in % des BIP	
	2003	2004	2003	2004
Belgien	0,4	0,1	100,0	95,6
Deutschland	– 3,8	– 3,7	64,2	66,0
Finnland	2,5	2,1	45,3	45,1
Frankreich	– 4,2	– 3,7	63,9	65,6
Griechenland	– 5,2	– 6,1	109,3	110,5
Irland	0,2	1,3	32,0	29,9
Italien	– 3,1	– 3,1	106,5	106,6
Luxemburg	0,5	– 1,1	7,1	7,5
Niederlande	– 3,2	– 2,5	54,3	55,7
Österreich	– 1,1	– 1,3	65,4	65,2
Portugal	– 2,9	– 2,9	60,1	61,9
Spanien	0,3	– 0,3	51,4	48,9
Euroraum	**– 2,8**	**– 2,7**	**70,8**	**71,3**
EU 15	**– 2,8**	**– 2,6**	**64,3**	**64,7**
EU 25	**– 2,9**	**– 2,6**	**63,3**	**63,8**

Quelle: Eurostat

Der EuGH klärte die Zuständigkeiten von Kommission und Rat in Verfahren bei einem übermäßigen öffentlichen Defizit: Der Beschluss der EU-Finanzminister vom 25. 11. 2003, entgegen den Empfehlungen der Kommission die am 21. 1. bzw. 3. 6. gegen **Deutschland** und **Frankreich** eingeleiteten Defizitverfahren auszusetzen und die vom Rat angenommenen, an die beiden Mitgliedstaaten gerichteten Empfehlungen zur Korrektur des übermäßigen Defizits ohne erneute Empfehlung der Kommission zu ändern, ist nach einem EuGH-Urteil vom 13. 7. 2004 aus formalen Gründen nichtig. Der Rat verfüge bei Defizitverfahren über einen Ermessensspielraum; er kann Vorschläge der Kommission ändern, müsse aber die Vorschriften von EG-Vertrag und SWP – und damit das Initiativrecht der Kommission – einhalten. Die Kommission beschloss am 14. 12., die Defizitverfahren gegen Deutschland und Frankreich ruhen zu lassen (vom Rat am 18. 1. 2005 bestätigt), unter der Voraussetzung, dass beide Staaten ihre Zusage, das Haushaltsdefizit 2005 auf –3 % des BIP zurückzuführen, auch tatsächlich einhalten. Angesichts des niedrigen Wirtschaftswachstums dürfte Deutschland dieses Ziel verfehlen.

Das auf Empfehlung der Kommission vom Rat am 5. 7. 2004 eingeleitete Defizitverfahren gegen **Griechenland** wurde schrittweise fortgeführt. Am 17. 2. 2005 wurde Griechenland (Haushaltsdefizit 2004: –6,1 % des BIP) als erster EU-Staat in Verzug gesetzt, da es keine wirksamen Maßnahmen zum Abbau seines übermäßigen Defizits ergriffen hat; zugleich wurde die Frist zur Verringerung des Haushaltsdefizits auf unter –3 % des BIP bis 2006 verlängert. Dies ist mit einer verstärkten Überwachung der nationalen Haushaltspolitik und – bei erneuter Nichterfüllung der Auflagen – der Möglichkeit von Geldbußen von bis zu 0,5 % des BIP verbunden.

Die Eröffnung von Defizitverfahren gegen **Italien**, das am 5. 7. 2004 eine Frühwarnung hatte vermeiden können, dessen Haushaltsdefizit nach Datenrevision aber 2003 und 2004 jeweils –3,1 % des BIP betrug und 2005 zunehmen wird, sowie gegen **Portugal**, dessen Haushaltsdefizit 2005 auf über –6 % des BIP steigen wird, waren im Juni 2005 in Vorbereitung.

Auf Empfehlung der Kommission stellte der Rat am 5. 7. 2004 das Bestehen eines übermäßigen öffentlichen Defizits in sechs der zehn **neuen EU-Staaten** fest; aufgrund besonderer Umstände wurde die Frist für die Rückführung ihrer Defizite unter den Referenzwert von –3 % des BIP verlängert: Zypern 2005, Malta 2006, Polen und Slowakische Republik 2007 sowie Tschechische Republik und Ungarn 2008. Fortgesetzt wurde im Berichtszeitraum 2004/2005 nur das Defizitverfahren gegen **Ungarn**; der Rat stellte am 18. 1. 2005 fest, dass keine wirksamen Maßnahmen zur Erreichung der im ungarischen Konvergenzprogramm vorgesehenen Ziele für das Haushaltsdefizit (2004: –4,6 % des BIP; 2005: –4,1 %) ergriffen wurden. Anders als im Falle Griechenlands drohen jedoch nicht verstärkte Überwachung und Sanktionen, da Ungarn den Euro noch nicht eingeführt hat.

Wirtschafts- und Sozialfragen

Das US-Softwareunternehmen **Microsoft** hat eine vorläufige Niederlage erlitten: Der Präsident des Gerichts Erster Instanz (GEI), Bo Vesterdorf, wies am 22. 12. 2004 den Antrag von Microsoft zurück, durch einstweilige Anordnung die von der Kommission am 24. 3. wegen Missbrauchs einer marktbeherrschenden Stellung verhängten Auflagen bis zur Entscheidung des GEI im Hauptverfahren auszusetzen; die vorgelegten Beweismittel reichten nicht aus, um glaubhaft zu machen, dass Microsoft bei Erfüllung der Auflagen ein »schwerer und irreparabler Schaden« entstehen kann. Das Unternehmen, das die Geldbuße von 497 Mio. € unter Vorbehalt gezahlt hat, muss somit die Schnittstellenspezifikationen offen legen, die eine uneingeschränkte Kompatibilität von Arbeitsgruppenservern anderer Anbieter mit Window-PCs und -Servern ermöglichen, und eine Version seines Betriebssystems ohne den bisher integrierten Windows Media Player (Software zum Abspielen von Musik und Videos) anbieten.

Im langjährigen Handelskonflikt mit den **USA** um unzulässige US-Exportsubventionen (Foreign Sales Corporations/FSC, → WA 2005, S. 544) beschloss der Rat am 31. 1. 2005, die seit 1. 3. 2004 erhobenen EU-Strafzölle bei der Einfuhr von rd. 1600 US-Produkten rückwirkend zum 1. 1. 2005 auszusetzen. Die Kommission hat allerdings erneut die World Trade Organisation (WTO) angerufen, da ihrer Ansicht nach das von US-Präsident George W. Bush Ende Oktober 2004 unterzeichnete Gesetz zur Reform der Unternehmensbesteuerung, mit dem u. a. das FSC-System abgeschafft wird, Übergangsbestimmungen und Schutzklauseln enthält, die mit den WTO-Regeln nicht vereinbar sind. Im Streit mit den USA um das Byrd Amendment von 2000, auf deren Grundlage die USA Einnahmen aus Antidumping- und Antisubventionszöllen an US-Unternehmen weiterleiten, die den entsprechenden Fall aufgebracht oder unterstützt haben, erhebt die EU seit 1. 5. 2005 Strafzölle von 15 % bei der Einfuhr bestimmter US-Produkte; das Volumen ist mit knapp 28 Mrd. US-$ im Jahr vergleichsweise niedrig. Die WTO hatte das Gesetz am 27. 1. 2003 für unzulässig erklärt und am 26. 11. 2004 mehrere WTO-Mitglieder zu Sanktionen ermächtigt. Im Streit um die staatliche Unterstützung für die Flugzeughersteller Airbus und Boeing haben die USA und die EU am 31. 5. 2005 Klage vor der WTO eingereicht.

Die Kommission reichte am 4. 3. 2005 beim EuGH eine Vertragsverletzungsklage gegen Deutschland ein; nach ihrer Ansicht verstößt das **VW-Gesetz** gegen die Grundsätze des freien Kapitalverkehrs und der Niederlassungsfreiheit. Das Gesetz von 1960, das die Stimmrechte eines Aktionärs der Volkswagen AG auf max. 20 % begrenzt, eine Sperrminorität von nur 20 % vorsieht sowie dem Land Niedersachsen und dem

Bund, falls dieser wieder eine VW-Aktie erwirbt, unabhängig von der Höhe der Beteiligung je zwei Sitze im Aufsichtsrat garantiert, sichert dem Land Niedersachsen, das mit 18,2 % der VW-Stammaktien größter Aktionär ist, einen entscheidenden Einfluss.

Besteuerung von Zinserträgen

Mit der Richtlinie zur Besteuerung von Zinserträgen, die am 1. 7. 2005 in Kraft trat, wurde die automatische Auskunftserteilung zwischen den zuständigen Behörden der Mitgliedstaaten eingeführt; damit soll sichergestellt werden, dass die Zinserträge, die in einem EU-Staat ansässige natürliche Personen in einem anderen EU-Staat erzielen, im steuerlichen Wohnsitzland des Anlegers besteuert werden. Nur Belgien, Luxemburg und Österreich dürfen während einer Übergangszeit (→ WA 2004, Sp. 1131) unter Wahrung des Bankgeheimnisses eine Quellensteuer erheben (15 % bzw. 20 % für je drei Jahre, danach 35 %), deren Einnahmen sie zu 75 % an das Steuersitzland des Anlegers weiterleiten. Um eine Kapitalflucht zu verhindern, wenden Andorra, Liechtenstein, Monaco, San Marino und die Schweiz sowie alle relevanten abhängigen oder assoziierten Gebiete Großbritanniens und der Niederlande (Kanalinseln, Insel Man und sieben Gebiete in der Karibik) seit 1. 7. im Rahmen von Abkommen Maßnahmen an, die den Bestimmungen dieser Richtlinie gleichwertig sind (Schweiz: Quellensteuer auf Zinserträge, die an in einem EU-Staat ansässige natürliche Person gezahlt werden, oder freiwilliger Informationsaustausch mit Zustimmung des Steuerpflichtigen und Amtshilfe bei Steuerbetrug »und dergleichen«, nicht aber bei Steuerhinterziehung).

Justiz und Inneres

Das vom ER am 4./5. 11. 2004 angenommene Rahmenprogramm für 2005–2009 zur Stärkung von Freiheit, Sicherheit und Recht in der EU (**Haager Programm**) spiegelt die im Vertrag über eine Verfassung für Europa genannten Ziele wider und trägt der von der Kommission vorgelegten Bewertung des ersten Mehrjahresprogramms (Tampere Programm 1999–2004) Rechnung. Es behandelt alle Aspekte von Politikbereichen, die einen Bezug zum Raum der Freiheit, der Sicherheit und des Rechts haben, einschl. ihrer außenpolitischen Dimension; dies sind v. a. Grundrechte und Unionsbürgerschaft, Asyl und Einwanderung, Integration, Kontrollen der EU-Außengrenzen, Verhütung und Bekämpfung von Terrorismus und organisierter Kriminalität, justizielle Zusammenarbeit in Straf- und Zivilsachen sowie polizeiliche Zusammenarbeit. Die Kommission legte am 10. 5. 2005 einen Aktionsplan mit konkreten Maßnahmen und einen Zeitplan zur Verwirklichung des Haager Programms vor. Sie wird jährlich einen Bericht über den Stand der Umsetzung erstellen (»Fortschrittsanzeiger«). Die vom ER am 16./17. 12. 2004 verabschiedete neue EU-Drogenstrategie für 2005–2012 ergänzt das Haager Programm.

Der Rat verständigte sich am 19. 11. 2004 auf gemeinsame Grundprinzipien für die politische Integration von Einwanderern in der EU. Das Dokument nennt elf Grundsätze, darunter Achtung der Grundrechte der EU, Grundkenntnisse von Sprache, Geschichte und Institutionen des Gastlands, Zugang zu Bildung, Arbeitsmarkt sowie öffentlichen Gütern und Dienstleistungen, Beteiligung am demokratischen Prozess, insb. auf lokaler Ebene, Förderung des interkulturellen Dialogs sowie kulturelle und religiöse Vielfalt, so lange sie nicht im Widerspruch steht zu Grundrechten wie Gleichstellung von Frauen, Rechte von Kindern und Religionsfreiheit.

Nach einer Verordnung des Rats, die am 18. 1. 2005 in Kraft trat, müssen die von den EU-Staaten neu ausgestellten **Pässe** und andere Reisedokumente zum Schutz vor Fälschung bestimmte Mindestsicherheitsnormen erfüllen und zur verlässlicheren Überprüfung der Identität des Inhabers zwei **biometrische**, auf einem Datenchip gespeicherte **Identifikatoren – Gesichtsbild und Fingerabdrücke** – enthalten. Die Übergangsfrist beträgt 18 Monate (Gesichtsbild) bzw. drei Jahre nach Festlegung der technischen Einzelheiten. Die Verordnung findet keine Anwendung auf Personalausweise. Sie ist nicht anwendbar in Großbritannien und Irland, die nur einzelne Bestimmungen des Schengen-Besitzstands anwenden. Dänemark, das ebenfalls einen Sonderstatus hat, kann entscheiden, ob es die Verordnung in nationales Recht umsetzt. In Deutschland wird der Reisepass mit biometrischen Daten am 1. 11. eingeführt: Zunächst wird er einen Chip enthalten, auf dem ein digitales Foto des Inhabers gespeichert ist; ab März 2007 sollen zusätzlich zwei digitale Fingerabdrücke gespeichert werden. Die USA verlangen von den Staatsbürgern jener Staaten, die für die Einreise kein Visum benötigen, ab 26. 10. 2005 einen Pass mit mind. einem biometrischen Erkennungsmerkmal. Wegen der technischen Schwierigkeiten hat die EU die USA ersucht, diesen bereits einmal um ein Jahr verschobenen Termin bis 28. 8. 2006 zu verlängern.

Im Bemühen, die innere Sicherheit in der EU durch einen besseren und schnelleren Informationsaustausch zu erhöhen, erzielte der Rat am 14. 4. 2005 in Bezug auf den grenzüberschreitenden Zugang von Informationen über Vorstrafen einen politischen Kompromiss. Für EU-Bürger (elektronische Vernetzung der nationalen Strafregister) und für Personen aus Drittstaaten, die in einem EU-Staat rechtskräftig verurteilt worden sind (Erfassung in einem zentralen Register), sind verschiedene Systeme vorgesehen.

Der Prozess zum Ausbau der **militärischen Fähigkeiten** der EU für internationale Krisenmanagementeinsätze ist mit dem vom ER am 17./18. 6. 2004 gebilligten Planziel 2010, der Errichtung der Europäischen Verteidigungsagentur sowie den Beschlüssen zu einer Europäischen Gendarmerietruppe und EU-Gefechtsverbänden in eine neue Phase getreten. Aufgaben der Europäischen Verteidigungsagentur, deren Errichtung vom Rat am 12. 7. 2004 beschlossen wurde und an der sich Dänemark nicht beteiligt, sind Ausbau der Verteidigungskapazitäten, Förderung der europäischen Zusammenarbeit im Rüstungsbereich, Verbesserung der technologischen und industriellen Grundlagen der europäischen Verteidigung und Schaffung eines wettbewerbsfähigen europäischen Rüstungsmarkts. Die Verteidigungsminister von Frankreich, Italien, Niederlande, Portugal und Spanien sagten am 17. 9. in Noordwijk (Niederlande) zu, eine Europäische Gendarmerietruppe einzurichten; diese Polizeitruppe mit militärischem Status (zunächst rund 900 Personen, Erhöhung auf 3000 bis 2007 geplant) wird für Kriseneinsätze zur Aufrechterhaltung der öffentlichen Sicherheit bereitgestellt. Ein Kommandozentrum soll in Vicenza (Italien) entstehen. Bei einer Beitragskonferenz zu den militärischen Fähigkeiten sagten die Verteidigungsminister von 20 EU-Staaten am 22. 11. in Brüssel Beiträge für 13 EU-Gefechtsverbände zu. Die volle Einsatzbereitschaft dieser modern ausgerüsteten, binnen weniger Tage in Krisenregionen einsetzbaren Kampfeinheiten mit je 1500 Soldaten soll 2007 erreicht werden; dann soll es möglich sein, zwei Operationen, v. a. auf Ersuchen der UN, gleichzeitig durchzuführen.

Bei der Umsetzung des Aktionsplans zu den **zivilen Aspekten des ESVP**, der vom ER am 17./18. 6. 2004 gebilligt worden war, wurden Fortschritte erzielt. Die bis 22. 11. von den Mitgliedstaaten zugesagten freiwilligen Beiträge für die Bereiche Polizei (5761 Personen), Rechtsstaatlichkeit (631), Zivilverwaltung (562) und Katastrophenschutz (4988) gehen weit über die vom ER festgelegten konkreten Ziele hinaus. Zudem sagten die Mitgliedstaaten Fähigkeiten zu für den Bereich Beobachtung (505) und Unterstützungsfunktionen (391) für die zivilen Krisenbewältigungsmissionen und die EU-Sonderbeauftragten. Defizite bei den zivilen Fähigkeiten bestehen in Bereichen wie operative Planung und Unterstützung von Missionen, Finanzierung, Fähigkeit der EU, kurzfristig Einsätze durchzuführen, und Beschaffung. Das vom ER am 16./17. 12. 2004 gebilligte Zivile Planziel 2008 beschreibt die Ziele der EU in Bezug auf die zivile Krisenbewältigung im Rahmen der ESVP und bildet die Grundlage für die Feststellung der benötigten Fähigkeiten und der Bereiche, in denen die EU ihre Fähigkeiten weiter ausbauen muss.

Im Berichtszeitraum 2004/2005 wurden fünf **neue ESVP-Operationen** eingeleitet. Die militärische Operation der EU in Bosnien und Herzegowina (EUFOR Althea) löste am 2. 12. 2004 die von der NATO geführte Stabilisation Force (Sfor, *1996) ab. Die zeitlich unbefristete Mission Althea, die mit Rückgriff auf Mittel und Fähigkeiten der NATO stattfindet, ist der dritte und mit rund 7000 Mann aus 22 EU-Staaten und elf Drittstaaten der bisher größte militärische Krisenmanagementeinsatz im Rahmen der ESVP. Sie steht unter dem Kommando des britischen Generalmajors David Leakey. Die NATO bleibt mit einem eigenen Hauptquartier in Sarajewo präsent (etwa 150 Stabsleute). Aufgabe der am 16. 7. 2004 eingeleiteten Mission der EU zur Stützung der Rechtstaatlichkeit in Georgien (Eujust Themis), der ersten Mission dieser Art im Rahmen der ESVP, ist es, die georgische Regierung bei der Ausarbeitung einer Strategie zu unterstützen, die als Richtschnur für die Reform der Strafrechtspflege dienen soll. Die operative Phase der vom Rat am 21. 2. 2005 beschlossenen integrierten Mission der EU zur Stützung der Rechtstaatlichkeit im Irak (Eujust Lex) soll spätestens am 1. 7. beginnen; die Weiterbildung von Führungskräften aus den Bereichen Justiz, Polizei und Strafvollzug wird wegen der Sicherheitslage im Irak vorerst in der EU oder in der Region stattfinden. In der Demokratischen Republik Kongo wurden zwei Missionen eingeleitet: Die Polizeimission der EU in Kinshasa (EUPOL Kinshasa) beobachtet und berät seit 30. 4. 2005 eine Integrierte Polizeieinheit; die Beratungs- und Unterstützungsmission der EU für die Reform des Sicherheitssektors (EUSEC RD Congo) begann am 8. 6. Erwogen wird eine Beobachtermission in der Provinz Aceh (→ Chronik Indonesien).

UN Vereinte Nationen

Hauptorgane

Programme und Fonds

Sonderorganisationen (Auswahl)

Autonome Organisation

Weitere interkontinentale Organisationen und Konferenzen

Regionale Organisationen

Nichtregierungsorganisationen

Mitgliedschaft in den UN und der WTO (mit Beitrittsjahr) und Vertragsstaaten des ICC (Rom-Statut)

	UN	WTO	ICC		UN	WTO	ICC		UN	WTO	ICC
Afghanistan	1946	*	■	Israel	1949	1995		Papua-Neuguinea	1975	1996	
Ägypten	1945	1995		Italien	1955	1995	■	Paraguay	1945	1995	■
Albanien	1955	2000	■	Jamaika	1962	1995		Peru	1945	1995	■
Algerien	1962	*		Japan	1956	1995		Philippinen	1945	1995	
Andorra	1993	*	■	Jemen	1947	*		Polen	1945	1995	■
Angola	1976	1996		Jordanien	1955	2000	■	Portugal	1955	1995	■
Antigua u. Barbuda	1981	1995	■	Kambodscha	1955	2004	■	Ruanda	1962	1996	
Äquatorialguinea	1968	*		Kamerun	1960	1995		Rumänien	1955	1995	■
Argentinien	1945	1995	■	Kanada	1945	1995	■	Russland	1945	*	
Armenien	1992	2003		Kap Verde	1975	*		Salomonen	1978	1996	
Aserbaidschan	1992	*		Kasachstan	1992	*		Sambia	1964	1995	■
Äthiopien	1945	*		Katar	1971	1996		Samoa	1976	*	■
Australien	1945	1995	■	Kenia	1963	1995	■	San Marino	1992		■
Bahamas	1973	*		Kirgisistan	1992	1998		Sao Tomé u. Prín.	1975	*	
Bahrain	1971	1995		Kiribati	1999			Saudi-Arabien	1945	*	
Bangladesch	1974	1995		Kolumbien	1945	1995	■	Schweden	1946	1995	■
Barbados	1966	1995	■	Komoren	1975			Schweiz	2002	1995	■
Belgien	1945	1995	■	Kongo, DR	1960	1997	■	Senegal	1960	1995	■
Belize	1981	1995	■	Kongo, Rep.	1960	1997	■	Serbien u. Monten.	2000	*	■
Benin	1960	1996	■	Korea, DVR	1991			Seychellen	1976	*	
Bhutan	1971	*		Korea, Rep.	1991	1995	■	Sierra Leone	1961	1995	■
Bolivien	1945	1995	■	Kroatien	1992	2000	■	Simbabwe	1980	1995	
Bosnien u. Herzeg.	1992	*	■	Kuba	1945	1995		Singapur	1965	1995	
Botsuana	1966	1995	■	Kuwait	1963	1995		Slowakei	1993	1995	■
Brasilien	1945	1995	■	Laos	1955	*		Slowenien	1992	1995	■
Brunei	1984	1995		Lesotho	1966	1995	■	Somalia	1960		
Bulgarien	1955	1996	■	Lettland	1991	1999	■	Spanien	1955	1995	■
Burkina Faso	1960	1995	■	Libanon	1945	*		Sri Lanka	1955	1995	
Burundi	1962	1995	■	Liberia	1945		■	St. Kitts und Nevis	1983	1996	
Chile	1945	1995		Libyen	1955	*		St. Lucia	1979	1995	
China (Rep.)		2002		Liechtenstein	1990	1995	■	St. Vincent u. d. G.	1980	1995	■
China (VR)	1945	2001		Litauen	1991	2001	■	Südafrika	1945	1995	■
Costa Rica	1945	1995	■	Luxemburg	1945	1995	■	Sudan	1956	*	
Dänemark	1945	1995	■	Madagaskar	1960	1995		Suriname	1975	1995	
Deutschland	1973	1995	■	Malawi	1964	1995	■	Swasiland	1968	1995	
Dominica	1978	1995	■	Malaysia	1957	1995		Syrien	1945		
Dominikan. Rep.	1945	1995	■	Malediven	1965	1995		Tadschikistan	1992	*	■
Dschibuti	1977	1995	■	Mali	1960	1995	■	Tansania	1961	1995	■
Ecuador	1945	1996	■	Malta	1964	1995	■	Thailand	1946	1995	
Elfenbeinküste	1960	1995		Marokko	1956	1995		Timor-Leste	2002		■
El Salvador	1945	1995		Marshallinseln	1991		■	Togo	1960	1995	
Eritrea	1993			Mauretanien	1961	1995		Tonga	1999	*	
Estland	1991	1999	■	Mauritius	1968	1995	■	Trinidad u. Tobago	1962	1995	■
Fidschi	1970	1996	■	Mazedonien	1993	2003	■	Tschad	1960	1996	
Finnland	1955	1995	■	Mexiko	1945	1995		Tschechische Rep.	1993	1995	
Frankreich	1945	1995	■	Mikronesien	1991			Tunesien	1956	1995	
Gabun	1960	1995	■	Moldau	1992	2001		Türkei	1945	1995	
Gambia	1965	1996	■	Monaco	1993			Turkmenistan	1992		
Georgien	1992	2000	■	Mongolei	1961	1997	■	Tuvalu	2000		
Ghana	1957	1995	■	Mosambik	1975	1995		Uganda	1962	1995	■
Grenada	1974	1996		Myanmar	1948	1995		Ukraine	1945	*	
Griechenland	1945	1995	■	Namibia	1990	1995	■	Ungarn	1955	1995	■
Großbritannien	1945	1995	■	Nauru	1999		■	Uruguay	1945	1995	■
Guatemala	1945	1995		Nepal	1955	2004		Usbekistan	1992	*	
Guinea	1958	1995	■	Neuseeland	1945	1995	■	Vanuatu	1981	*	
Guinea-Bissau	1974	1995		Nicaragua	1945	1995		Vatikanstadt		*	
Guyana	1966	1995	■	Niederlande	1945	1995	■	Venezuela	1945	1995	■
Haiti	1945	1996		Niger	1960	1996	■	Ver. Arab. Emirate	1971	1996	
Honduras	1945	1995	■	Nigeria	1960	1995	■	USA	1945	1995	
Indien	1945	1995		Norwegen	1945	1995	■	Vietnam	1977	*	
Indonesien	1950	1995		Oman	1971	2000		Weißrussland	1945	*	
Irak	1945	*		Österreich	1955	1995	■	Zentralafrikan. Rep.	1960	1995	■
Iran	1945			Pakistan	1947	1995		Zypern	1960	1995	■
Irland	1955	1995	■	Palau	1994						
Island	1946	1995	■	Panama	1945	1997	■				

* Beobachterstatus

UN

Vereinte Nationen

United Nations (UN); Nations Unies (NU); Naciones Unidas (NU); Vereinte Nationen (VN); inoffiziell auch UNO gebräuchlich

U. N. Plaza, New York, NY 10 017, USA
T 001/212/963 12 34, Fax 963 48 79
www.un.org

UN-Büro Genf: www.unog.ch

UN-Büro Wien: www.unvienna.org

UN-Informationsbüro Bonn: www.uno.de

▪ **Gründung**: Am 26. 6. 1945 wurde in San Francisco die Charta der Vereinten Nationen beschlossen. Sie trat am 24. 10. 1945 in Kraft. ▪ **Mitglieder**: 191, alle Staaten der Welt mit Ausnahme der Demokratischen Arabischen Republik Sahara (DARS), der Republik China (Taiwan) und Vatikanstadt. ▪ **Amts- und Arbeitssprachen**: Arabisch, Chinesisch, Englisch, Französisch, Russisch und Spanisch ▪ **Generalsekretär**: Kofi Annan (Ghana) ▪ **Personal**: 8900 Mitarbeiter, die vom regulären Budget der Mitgliedstaaten finanziert werden. ▪ **Haushalt**: 2004/05 3,161 Mrd. US-$. Hinzu kommen Sonderbudgets, vor allem zur Finanzierung der → UN-Friedenstruppen.

Ziele und Grundsätze

Die Vereinten Nationen gingen aus der gegen Deutschland, Italien und Japan gerichteten Kriegskoalition des Zweiten Weltkriegs hervor; der Name »Vereinte Nationen« wurde erstmals in der »Erklärung der Vereinten Nationen« vom 1. 1. 1942 verwendet, in der Großbritannien und die USA ihre Kriegsziele darlegten.

Grundsätze und Ziele der UN sind in der am 26. 6. 1945 in San Francisco unterzeichneten und am 24. 10. 1945 in Kraft getretenen **Charta der Vereinten Nationen** niedergelegt. Als primäres Ziel weist sie die Wahrung des Weltfriedens und der internationalen Sicherheit aus. Weitere Ziele nach Art. 1 der Charta sind: die Achtung der Menschenrechte; die internationale Zusammenarbeit auf wirtschaftlichem, kulturellem, sozialem und humanitärem Gebiet (hinzu trat das Anliegen des Umweltschutzes); und die Entwicklung freundschaftlicher Beziehungen zwischen den Mitgliedstaaten. Die Organisation selbst soll der Charta zufolge ein Mittelpunkt sein, »in dem die Bemühungen der Nationen zur Verwirklichung dieser gemeinsamen Ziele aufeinander abgestimmt werden«.

Bei der Verwirklichung dieser Ziele haben die Mitgliedstaaten wie die Vereinten Nationen die in Art. 2 der Charta niedergelegten Grundsätze zu beachten: ein allgemeines Gewaltverbot und die Verpflichtung zur friedlichen Beilegung von Streitigkeiten (ausgenommen hiervon sind das Recht auf Selbstverteidigung sowie vom → Sicherheitsrat beschlossene legitime Zwangsmaßnahmen nach Kapitel VII der Charta); den Grundsatz der souveränen Gleichheit aller Mitgliedstaaten; das Verbot des Eingreifens der Organisation in die inneren Angelegenheiten der Mitglieder. Der den Staaten zugestandene Umfang ihrer »inneren Angelegenheiten« wurde jedoch zunehmend eingeschränkt; so gilt insbesondere der Schutz der Menschenrechte immer weniger als ausschließlich innere Angelegenheit eines Staates.

Das System der Vereinten Nationen

Die Charta der Vereinten Nationen etabliert sechs Hauptorgane mit unterschiedlicher Kompetenzen und Aufgaben, die bei Bedarf Neben- und Hilfsorgane einsetzen können (→ Grafik). Im Laufe der Zeit entstand ein vielschichtiges System, zu dem – neben der Organisation der UN selbst und den von ihr etablierten Spezialorganen – 14 weitere, organisatorisch wie finanziell autonome Sonderorganisationen gehören. Sie sind mit der Kernorganisation vertraglich verbunden; ihre Arbeit soll vom → Wirtschafts- und Sozialrat (ECOSOC) koordiniert werden.

Hauptorgane

Generalversammlung

General Assembly

www.un.org/ga

▪ **Aufgaben**: Die Generalversammlung ist das zentrale Beratungsorgan aller 191 Mitgliedstaaten der Vereinten Nationen. Sie besteht aus den Vertretern ihrer Regierungen, prüft und genehmigt den Haushalt, setzt die Beitragsquoten fest, bestimmt die Zusammensetzung der Organe, entscheidet mit dem Sicherheitsrat über Aufnahme, Suspendierung oder Ausschluss eines Mitglieds, wählt die nichtständigen Mitglieder des → Sicherheitsrats und alle Mitglieder des → Wirtschafts- und Sozialrats, ernennt auf Empfehlung des Sicherheitsrats den Generalsekretär (→ Sekretariat) und die Richter des → Internationalen Gerichtshofs. Die Generalversammlung erörtert alle Themen, die in den Rahmen der Charta fallen, und äußert sich in Form von (völkerrechtlich nicht verbindlichen) Resolutionen. Jeder Mitgliedstaat hat eine Stimme.

Die Generalversammlung tritt einmal jährlich von September bis Dezember zu ihrer ordentlichen Jahrestagung zusammen, zu anderen Zeiten bei Bedarf. Sie hat zahlreiche Neben- und Hilfsorgane bzw. Ausschüsse. **Präsident** der 59. Jahrestagung war Jean Ping (Gabun); zum Präsidenten der 60. Generalversammlung wurde Jan Eliassin (Schweden) gewählt.

Das System der Vereinten Nationen

Nebenorgane (Auswahl)

UN-Friedensmissionen	
CTC	Ausschuss zur Bekämpfung des Terrorismus
UNMOVIC	Überwachungs-, Verifikations- und Inspektionskommission der Vereinten Nationen
ICTR	Internationaler Strafgerichtshof für Ruanda
ICTY	Internationaler Strafgerichtshof für das ehemalige Jugoslawien

Programme und Fonds[1] (Auswahl)

UNDP	Entwicklungsprogramm
UNIFEM	Entwicklungsfonds für die Frau
UNV	Freiwilligenprogramm
UNCTAD	Handels- und Entwicklungskonferenz
UNICEF	Kinderhilfswerk
UNFPA	Bevölkerungsfonds
UNDCP	Internationales Drogenkontrollprogramm
WFP	Welternährungsprogramm
UNEP	Umweltprogramm
UNHCR	Amt des Hohen Flüchtlingskommissars
UNRWA	Hilfswerk für Palästinaflüchtlinge im Nahen Osten

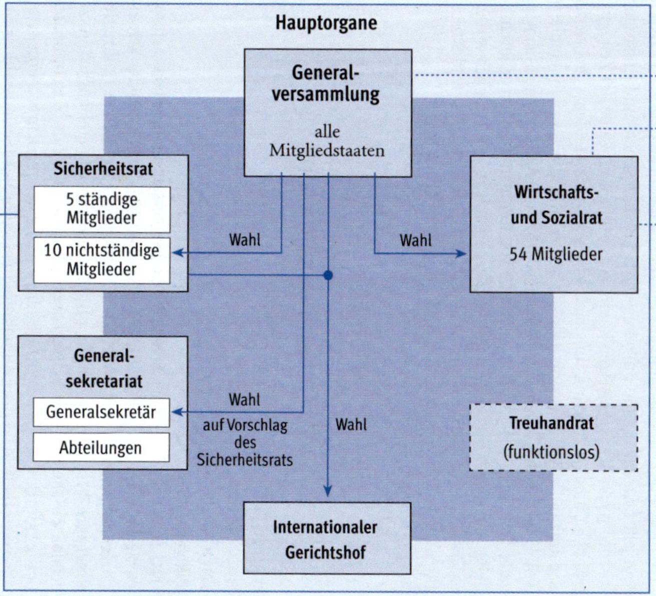

Sonderorganisationen[1]

ILO	Internationale Arbeitsorganisation
FAO	Ernährungs- und Landwirtschaftsorganisation
UNESCO	Organisation für Erziehung, Wissenschaft und Kultur
WHO	Weltgesundheitsorganisation
UNIDO	Organisation für industrielle Entwicklung
IFAD	Internationaler Agrarentwicklungsfonds
ICAO	Internationale Zivilluftfahrtorganisation
IMO	Internationale Seeschifffahrtsorganisation
ITU	Internationale Fernmeldeunion
UPU	Weltpostverein
WMO	Weltorganisation für Meteorologie
WIPO	Weltorganisation für geistiges Eigentum
Weltbankgruppe	
IBRD	Internationale Bank für Wiederaufbau und Entwicklung (»Weltbank«)
IDA	Internationale Entwicklungsorganisation
IFC	Internationale Finanz-Corporation
MIGA	Multilaterale Investitions-Garantie-Agentur
ICSID	Internationales Zentrum zur Beilegung von Investitionsstreitigkeiten
IWF	Internationaler Währungsfonds

IAEA[2]	Internationale Atomenergiebehörde

WTO[3]	Welthandelsorganisation

Anmerkungen:
Durchgehende Linien von einem Hauptorgan zeigen eine direkte Berichterstattungspflicht zwischen Haupt- und Hilfsorgan, gestrichelte Linien weisen darauf hin, dass es sich um keine nachgeordneten Organe handelt.

[1] Sonderorganisationen sowie Programme und Fonds sind autonome Organisationen, die mit den UN und untereinander über die Koordinierungsmechanismen des Wirtschafts- und Sozialrats arbeiten.
[2] Die autonome IEAO berichtet der Generalversammlung und dem Sicherheitsrat.
[3] Die WTO ist eine von den UN unabhängige Organisation

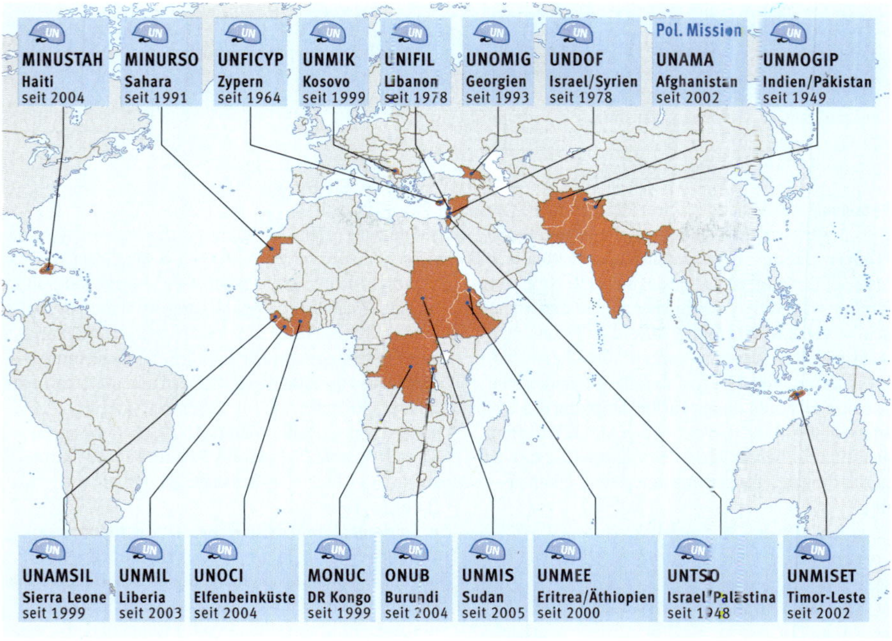

Sicherheitsrat

Security Council

www.un.org/sc

▪ **Ziele**: Das bedeutendste Organ der UN ist der mit weit reichenden Kompetenzen in der Konfliktverhütung und -lösung ausgestattete Sicherheitsrat, der als einziges Gremium für alle UN-Mitglieder verbindliche Beschlüsse treffen kann. ▪ **Mitglieder**: fünf **ständige Mitglieder**: VR China, Frankreich, Großbritannien, Russland (seit 1991 in Nachfolge der UdSSR) und die USA; zehn **nichtständige Mitglieder** (jeweils für zwei Jahre berufen): Algerien, Benin, Brasilien, Philippinen, Rumänien (bis Ende 2005) sowie Argentinien, Dänemark, Griechenland, Japan und Tansania (bis Ende 2006). ▪ Die **Präsidentschaft** im Sicherheitsrat wechselt monatlich. **Abstimmungsmodus**: Beschlüsse über Verfahrensfragen bedürfen der Zustimmung von mindestens neun Mitgliedern; Beschlüsse, die über Verfahrensfragen hinausgehen, bedürfen der Zustimmung von neun Mitgliedern einschl. sämtlicher ständigen Mitglieder (**Vetorecht** der ständigen Mitglieder).

UN-Friedenstruppen

(»Blauhelme«)

UN-Peacekeeping Operations

www.un.org/Depts/dpko

▪ **Aufgaben**: Die in der UN-Charta nicht vorgesehenen »Blauhelme« haben sich zum wichtigsten Instrument des Sicherheitsrats in Wahrnehmung seiner Verantwortung für den Weltfrieden entwickelt. Nachdem Blauhelme zu Beginn der 1990er Jahre oft auch mit dem Mandat ausgestattet worden waren, Frieden zu schaffen, tendiert der Sicherheitsrat heute wieder zum klassischen Mandat der Friedenserhaltung mit Einverständnis der Konfliktparteien, während er für friedensschaffende Maßnahmen zumeist nur bereitwilligen Mitgliedstaaten oder Organisationen (z. B. → NATO) ein Mandat erteilt. Neben diese Missionen mit vorwiegend militärischen Aufgaben treten aber auch zunehmend kombinierte Einsätze mit zahlreichen nichtmilitärischen Funktionen und zivile UN-Missionen zur Friedenssicherung. Seit 1948 wurden 60 »friedenserhaltende oder friedensstiftende« Maßnahmen beschlossen. Derzeit bestehen 17 Peacekeeping-Missionen, in denen 67 1[illegible]2 Soldaten und Zivilpolizisten im Einsatz sind. Hinzu kommen von den UN mandatierte Missionen wie ISAF in Afghanistan oder KFOR im Kosovo (→ Karte, → Chronik).

▪ **Haushalt**: 2,8 Mrd. US-$

CTC Ausschuss zur Bekämpfung des Terrorismus
Counter Terrorism Committee

Chrysler Building, Room 5144, New York, NY 10 174; T 001/212/457 12 66
www.un.org/Docs/sc/committees/1373

▪ **Gründung**: Am 28. 8. 2001 durch Resolution 1373 des UN-Sicherheitsrats in Reaktion auf die Terroranschläge vom 11. 9. 2001 in New York und Washington. ▪ **Mitglieder**: alle 15 Mitgliedstaaten des Sicherheitsrats; das Gremium wird von 10 von ihm benannten Experten beraten. ▪ **Vorsitzender**: Andrej I. Denisov (Russland)
▪ **Aufgaben**: Der Ausschuss sorgt für die Überwachung der Umsetzung von Res. 1373, die alle Mitgliedstaaten zu konkreten Maßnahmen zur Bekämpfung des Terrorismus anhält. Zudem leistet er den Mitgliedstaaten Unterstützung bei der Ausarbeitung von Gesetzen zur Bekämpfung des Terrorismus und seiner Finanzierung.

ICTR Internationaler Strafgerichtshof für Ruanda
International Criminal Tribunal for Rwanda

Arusha International Conference Centre, P. O. Box 6016, Arusha, Tansania
T 00 255/27/250 42 07–11, Fax 250 4000/4373 (Arusha)
T 001/212/963 28 50, Fax 963 28 48 (New York)
www.ictr.org

▪ **Gründung**: Am 8. 11. 1994 durch den Sicherheitsrat als dessen unabhängiges Hilfsorgan ▪ **Mitglieder**: 16 Richter in drei Spruchkammern sowie einer Berufungskammer; hinzu kommt ein Reservepool von 18 ad litem Richtern zur Verstärkung des Tribunals, von denen jeweils maximal 9 (seit Resolution 1512 vom 27. 10. 2003) zur selben Zeit tätig sind. ▪ **Präsident**: Erik Møse (Norwegen), **Chefankläger**: Hassan Bubacar Jallow (Gambia) ▪ **Personal**: 1042 Mitarbeiter
▪ **Haushalt**: 255,909 Mio. US-$ (2004/2005)
▪ **Aufgaben**: Das Tribunal ist zuständig für die strafrechtliche Verfolgung von Völkermord und anderen schweren Menschenrechtsverletzungen, die im Laufe des Jahres 1994 von ruandischen Staatsangehörigen in Ruanda oder Nachbarstaaten und von nichtruandischen Staatsangehörigen in → Ruanda begangen wurden (→ Chronik).

ICTY Internationaler Strafgerichtshof für das ehemalige Jugoslawien
International Criminal Tribunal for the Former Yugoslavia

Churchillplein 1, NL-2517 JW Den Haag
T 00 31/70/416 52 33, Fax 416 53 55
www.un.org/icty/index.html

▪ **Gründung**: Am 25. 2. 1993 durch den Sicherheitsrat als dessen unabhängiges Hilfsorgan ▪ **Mitglieder**: 16 ständige Richter; hinzu kommt ein Reservepool von 27 ad litem Richtern zur Verstärkung des Tribunals. Die Verhandlungen finden in drei Spruchkammern und einer Berufungskammer statt; jede Spruchkammer besteht aus drei ständigen Richtern und maximal sechs ad litem Richtern, die zur selben Zeit tätig sind.
▪ **Präsident**: Theodor Meron (USA), **Chefanklägerin**: Carla Del Ponte (Schweiz) ▪ **Personal**: 1238 Mitarbeiter aus 84 Ländern ▪ **Haushalt**: 271,9 Mio. US-$ (2004/05)
▪ **Aufgaben**: Das Tribunal ist zuständig für die strafrechtliche Verfolgung von Personen, die seit 1. 1. 1991 auf dem Gebiet des ehemaligen Jugoslawien gegen das Genfer Abkommen von 1949 zum Schutz der Zivilpersonen in Kriegszeiten und die Haager Landkriegsordnung von 1907 verstoßen oder Verbrechen gegen die Menschlichkeit und Völkermord begangen oder angeordnet haben (→ Bosnien und Herzegowina, → Serbien und Montenegro).

ECOSOC Wirtschafts- und Sozialrat
Econonomic and Social Council

Department of Economic and Social Affairs, 1 U.N. Plaza, Room DC1–1428, New York, NY 10 017
www.un.org/esa/coordination/ecosoc

▪ **Aufgaben**: Das Hauptorgan für wirtschaftliche und soziale Fragen untersteht der Generalversammlung, besitzt keine Exekutivbefugnisse und fungiert als Lenkungs- und Koordinierungsstelle; Durchführung oder Anregung von Untersuchungen zu wirtschaftlichen, sozialen, kulturellen und humanitären Fragen; Empfehlungen an UN-Mitglieder und -Organe; Einberufung internationaler Konferenzen; Koordination der Arbeit mit den autonomen Sonderorganisationen.
▪ **Mitglieder**: 54 (Afrika 14, Asien 11, Lateinamerika und Karibik 10, Osteuropa 6, Westeuropa und andere 13), von denen jährlich 18 Mitglieder für eine Amtszeit von drei Jahren gewählt werden. Der ECOSOC tagt halbjährlich, jeder Mitgliedstaat hat eine Stimme.
▪ **Präsident** 2005: Munir Akram (Pakistan)
Der ECOSOC verfügt über eine Vielzahl von Nebenorganen sowie über **regionale Wirtschaftskommissionen** auf allen fünf Kontinenten.

ICJ Internationaler Gerichtshof
International Court of Justice

Peace Palace, Carnegieplein 2, NL-2517 KJ Den Haag
T 00 31/70/302 23 23, Fax 364 99 28
www.icj-cij.org

■ **Gründung**: 1945 (Arbeitsaufnahme 1946, ersetzte den seit 1922 bestehenden Ständigen Internationalen Gerichtshof der Völkerbundszeit) ■ **Mitglieder**: 15 unabhängige Richter (gewählt für 9 Jahre) aus 15 verschiedenen Staaten: Abdul G. Koroma (Sierra Leone), Vladlen S. Vereschschetin (Russland), Rosalyn Higgins (Großbritannien), Gonzalo Parra-Aranguren (Venezuela), Pieter H. Kooijmans (Niederlande), Francisco Rezek (Brasilien), Awn Shawkat Al-Khasawneh (Jordanien), Thomas Buergenthal (USA), Nabil Elaraby (Ägypten), Hisahi Owada (Japan), Bruno Simma (Deutschland), Peter Tomka (Slowakei), Ronny Abraham (Frankreich); Registrar: Philippe Couvreur (Belgien) ■ **Präsident**: Shi Jiuyong (VR China); Vizepräsident: Raymond Ranjeva (Madagaskar) ■ **Personal**: 96 (ohne Richter) ■ **Haushalt**: 31,5 Mio. US-$ (2004/05, aus dem regulären UN-Haushalt)
■ **Aufgaben**: Der ICJ ist das Haupt-Rechtsprechungsorgan der UN und entscheidet internationale Streitigkeiten auf Basis des Völkerrechts. Als Parteien können nur Staaten auftreten. Der ICJ kann nur tätig werden, wenn beide Parteien mit der Behandlung des Streitfalls vor dem Gerichtshof einverstanden sind oder die Gerichtsbarkeit generell vorab anerkannt haben. Seine Entscheidungen sind verbindlich; er hat jedoch nicht die Möglichkeit, diese auch durchzusetzen.

Sekretariat
Secretariat

New York (Zentrale), Genf, Nairobi und Wien
Generalsekretär: Kofi Annan (Ghana)

■ **Aufgaben**: Das Sekretariat ist das Verwaltungsorgan der UN mit einer starken Stellung im Organisationsgefüge. Die Leitung liegt beim Generalsekretär, dem höchsten Verwaltungsbeamten der UN mit unabhängigem Status. Die Aufgaben des Generalsekretärs umfassen Verwaltungs- und politische Funktionen. Letztere gliedern sich in übertragene und originäre Aufgaben: Einerseits kann der Sicherheitsrat den Generalsekretär mit der Vorbereitung oder Durchführung seiner Beschlüsse (etwa bei der Einsetzung von Friedenstruppen) oder mit der Erarbeitung von Strategiedokumenten beauftragen. Andererseits kann der Generalsekretär gemäß Art. 99 der UN-Charta »die Aufmerksamkeit des Sicherheitsrats auf jede Angelegenheit lenken, die nach seinem Dafürhalten geeignet ist, die Wahrung des Weltfriedens und der internationalen Sicherheit zu gefährden«. Aufgrund dieser Mitverantwortung für den Weltfrieden haben die bisherigen Generalsekretäre eigenständige diplomatische Initiativen ergriffen und Vorschläge u. a. zur Konfliktprävention erarbeitet.

Kofi Annan berief im November 2003 eine Arbeitsgruppe, die Reformvorschläge für die UN erarbeiten sollte, und griff in seinem am 21. 3. 2005 veröffentlichten Bericht »In größerer Freiheit: auf dem Weg zu Entwicklung, Sicherheit und Menschenrechten für alle« auf deren Empfehlungen zurück. (→ Kasten)

Programme und Fonds (Auswahl)

UNCTAD Handels- und Entwicklungskonferenz
UN Conference on Trade and Development

Palais des Nations, 8–14 Avenue de la Paix,
CH-1211 Genf 10
T 00 41/22/917 58 09, Fax 917 00 51
www.unctad.org

■ **Gründung**: 1964 ■ **Ziele**: Förderung des Handels zwischen Ländern unterschiedlichen Entwicklungsstandes (hauptsächlich Industrieländer und Entwicklungsländer); Verständigung zwischen Süd und Nord ■ **Mitglieder**: 192 Staaten ■ **Organe**: Konferenz alle drei bis vier Jahre; Organ zwischen den Konferenzen: Rat für Handel und Entwicklung (TDB, Trade and Development Board); Sekretariat mit einem **Generalsekretär**: Carlos Fortin (Chile) ■ **Personal**: ca. 400 Mitarbeiter
■ **Haushalt**: ca. 93 Mio. US-$ (2004/05)
■ **Aufgaben**: Das Tätigkeitsfeld umfasst den Bereich der wechselseitigen Beziehungen zwischen Handel, wirtschaftlicher Entwicklung und internationaler Wirtschaftshilfe. Lange Jahre galt die UNCTAD als wichtigstes Forum des Nord-Süd-Dialogs, unterdessen hat sie aber an Bedeutung verloren. Dies liegt v. a. daran, dass die Industriestaaten inzwischen die 1995 gegründete Welthandelsorganisation (→ WTO) als Verhandlungsplattform zwischen Nord und Süd bevorzugen. Die meisten Entwicklungsländer halten jedoch an einer reformierten UNCTAD fest.

Reform der Vereinten Nationen und Erweiterung des Sicherheitsrates

Am Rande der 59. UN-Generalversammlung im September 2004 in New York unternahmen Japan, Deutschland, Indien und Brasilien einen gemeinsamen Vorstoß zur Reform des UN-Sicherheitsrates. Die Regierungen dieser so genannten G4-Staaten kündigten an, ihre Kandidaturen gegenseitig zu unterstützen. Am 27,9 erhob Südafrika Anspruch auf zwei Sitze für afrikanische Staaten im Sicherheitsrat, darunter einen für Südafrika. Auch Nigeria, Ägypten und Senegal hatten bereits Ansprüche angemeldet.

Schon im November 2003 hatte UN-Generalsekretär Kofi Annan eine Arbeitsgruppe ins Leben gerufen, die sich mit der Reform der UN beschäftigen sollte. Dieses sogenannte »High Level Panel on challenges, threats and change« unter Vorsitz des früheren thailändischen Ministerpräsidenten Anand Panyarachun legte am 1. 12. 2004 in New York einen Bericht mit 101 Empfehlungen zur UN-Reform vor. Das 16-köpfige Gremium, dem u. a. neben dem Generalsekretär der Arabischen Liga, Amre Mohamed Mussa, und dem Ex-US-Sicherheitsberater Brent Scowcroft auch der frühere russische Premierminister Jewgenij M. Primakow, die frühere norwegische Regierungschefin Gro Harlem Brundtland und der ehemalige chinesische Vize-Premier Qian Qichen angehörten, unterbreitete u. a. zwei Vorschläge zur Erweiterung des UN-Sicherheitsrates unter dem Titel »Eine sichere Welt – unsere gemeinsame Verantwortung«. Das erste Reformmodell (→ Tabelle, Spalte A) würde die Aufstockung der ständigen Ratsmitglieder von fünf auf 11 und der nichtständigen Mitglieder von zehn auf 13 vorsehen. Von den neuen ständigen Sitzen im Sicherheitsrat entfielen dabei zwei auf Afrika, zwei auf Asien und Ozeanien, einer auf Amerika und einer auf Europa. Das zweite Reformmodell sieht die Schaffung von acht »halbständigen« Sitzen mit verlängerbarer vierjähriger Amtszeit vor – zusätzlich zu den unverändert fünf ständigen und zehn nichtständigen Mitgliedern mit wie bisher zweijähriger Amtszeit. Bei diesem zweiten Reformmodell (→ Tabelle, Spalte B) entfielen auf jede der vier großen Weltregionen zwei halbständige Sitze.

Obwohl die Vorschläge des High Level Panel sich keineswegs auf eine Reform des UN-Sicherheitsrates konzentrierten, sondern auf eine umfassende Erneuerung der Weltorganisation abzielten, verengte sich die öffentliche Diskussion schnell wieder auf die Frage nach möglichen neuen ständigen Mitgliedern des Sicherheitsrates. Um diese Fixierung auf den Sicherheitsrat aufzubrechen, rief Annan die Mitgliedstaaten in seinem am 21. 3. 2005 veröffentlichten Bericht »In größerer Freiheit: auf dem Weg zu Entwicklung, Sicherheit und Menschenrechten für alle« dazu auf, noch vor dem für September 2005 geplanten UN-Weltgipfel eine Entscheidung über die Zukunft des Sicherheitsrates zu treffen. Zwar sei eine Entscheidung in dieser Frage im Konsens vorzuziehen; sollte ein solcher unmöglich sein, dürfe dies allerdings kein Vorwand für eine erneute Vertagung der Frage sein.

Sein Bericht, in dem Annan weitgehend auf die Empfehlungen des High Level Panel zurückgriff, beinhaltete Vorschläge zu einer umfassenden Reform der Weltorganisation und ihrer Politik. Notwendig sei, so Annan, entschiedenes Handeln, um Armut zu bekämpfen, Entwicklung zu befördern, die kollektive Sicherheit zu festigen und den Schutz der Menschenrechte zu stärken. Annan mahnte, zur Erreichung der Millennium-Entwicklungsziele (→ WA 2004, Sp. 1082) seien erhebliche zusätzliche Anstrengung der Entwicklungsländer wie der Industrienationen erforderlich. Alle Staaten forderte er dazu auf, die Interdependenz von Entwicklung, Sicherheit und Menschenrechten anzuerkennen und eine umfassende Strategie zur Abwehr von Bedrohungen zu entwickeln; dazu gehöre auch eine Definition des Begriffes »Terrorismus«. Nationale Souveränität müsse da an ihre Grenzen stoßen, wo der Staat nicht willens oder in der Lage sei, seine Bürger zu schützen. Die Verantwortung gehe in diesen Fällen auf die internationale Gemeinschaft über; dies schließe Gewaltanwendung im Notfall mit ein.

Zur Wiederbelebung der UN selbst empfahl Annan

- eine Entschlackung der alljährlichen Tagesordnung der Generalversammlung und deren Konzentration auf das Wesentliche;
- eine Reform des Sicherheitsrates;
- eine Stärkung des Wirtschafts- und Sozialrates (ECOSOC);
- die Schaffung eines Menschenrechtsrates anstelle der bisherigen, an einer Glaubwürdigkeitskrise leidenden Menschenrechtskommission;
- die Schaffung einer Kommission für friedensschaffende Maßnahmen (Peacebuilding), die Staaten auf dem Weg vom Bürgerkrieg zu einem dauerhaften Frieden begleiten solle;
- die Abschaffung des funktionslosen Treuhandrates und die Streichung der gegen Deutschland, Italien und Japan gerichteten »Feindstaatenklauseln«.

Die Vorschläge sollen während des Sondergipfels im Rahmen der UN-Generalversammlung am 14. und 15. 9. 2005, 60 Jahre nach Gründung der Vereinten Nationen, erörtert werden.

Die Aufforderung Annans, eine Sicherheitsratsreform noch vor der Sommerpause zu verabschieden, ermutigte die G4, ihren Reformvorschlag weiterzuentwickeln. Bereits kurz nach der Veröffentlichung der beiden Reformmodelle schien klar, dass das zweite Reformmodell ohnehin kaum Erfolgschancen haben würde. Der sog. »Coffee Club« der Gegner des G4-Modells unter Führung Italiens unternahm daher den

Versuch, jegliche Entscheidung zu verhindern. Eine Reform von solcher Tragweite könne nicht per Mehrheitsentscheid getroffen werden, sondern bedürfe des Konsenses aller 191 Mitglieder.

Die G4 hingegen argumentierten, ein solcher Konsens sei unmöglich. Die seit nunmehr 13 Jahren andauernde Debatte müsse nun endlich zu Ergebnissen führen. Am 16. 5. 2005 legten sie daher einen ersten detaillierten Resolutionsentwurf zur Sicherheitsratsreform vor. Dieser baut auf dem Modell A des High Level Panel auf, sieht aber einen zusätzlichen nichtständigen Sitz für Osteuropa vor.

Der Resolutionsentwurf skizziert zur Annahme des Vorschlags ein dreistufiges Verfahren: zunächst eine Grundsatzentscheidung über die Reform; sodann die Wahl der neuen ständigen Mitglieder gemäß dem zuvor festgelegten Verteilungsschlüssel (→ Tabelle, Spalte G4); schließlich die formale Änderung der UN-Charta. Alle drei Schritte bedürfen einer Zweidrittelmehrheit der 191 Mitgliedstaaten in der Generalversammlung; die Änderung der Charta muss zudem von zwei Dritteln der Mitgliedstaaten ratifiziert werden, darunter von allen bisherigen ständigen Mitgliedern des Sicherheitsrates (China, Frankreich, Großbritannien, Russland, USA).

Die G4-Staaten argumentieren, der Sicherheitsrat spiegele in seiner gegenwärtigen Zusammensetzung die Realitäten des 21. Jahrhunderts nicht mehr angemessen wider. Vor allem Entwicklungsländer seien von einer gleichberechtigten Repräsentation im Sicherheitsrat ausgeschlossen; dies gelte aber auch für Länder wie Japan und Deutschland, die als zweit- bzw. drittgrößter Beitragszahler der UN wie auch durch ihr Engagement bei Friedensmissionen und als Geber von Entwicklungshilfe große Verantwortung übernommen hätten.

Als Hauptgegner einer Erweiterung des UN-Sicherheitsrates hatte sich seit längerem Italien profiliert. Italien befürchtet, dass mit einem ständigen Sitz Deutschlands und den jetzigen Sicherheitsratmitgliedern Frankreich und Großbritannien die Bedeutung Italiens in der Europäischen Union schrumpfen würde. Aber auch die anderen Kandidaten Brasilien, Japan und Indien haben Widerstand aufgrund regionaler Differenzen zu erwarten. So betonten etwa Pakistan, Argentinien und Mexiko ihre ablehnende Haltung zu der Reform. Unter den bisherigen ständigen Mitgliedern sprach sich China gegen den Resolutionsentwurf aus; Hintergrund ist der andauernde Konflikt mit der ehemaligen Kolonialmacht Japan. Während die USA sich einer offiziellen Stellungnahme bislang enthielten, aber Skepsis erkennen ließen, unterstützen Frankreich, Großbritannien und Russland die Reform jedenfalls im Grundsatz.
In einer überarbeiteten Fassung des Resolutionsentwurfs erklärten die G4 am 8. 6. 2005 ihren vorläufigen Verzicht auf das Vetorecht, das den ständigen Mitgliedern des UN-Sicherheitsrates bislang zukommt. Die Frage der Ausdehnung des Vetorechts auf die neuen ständigen Mitglieder soll dem neuen Entwurf zufolge erst auf einer Revisionskonferenz endgültig beantwortet werden, die 2020 zusammentreten soll. Mit dem Verzicht auf das Veto erhoffen sich die G4 eine größere Akzeptanz ihres Vorschlags auch bei den Staaten, die bei einer Erweiterung des Sicherheitsrates die Arbeitsfähigkeit des Gremiums in Gefahr sehen.

UN-Sicherheitsrat: Sitze bisher, Reformmodell A und B der UN sowie Modell der G4-Staaten

Region	Anzahl Staaten	Ständige Sitze				Nichtständige Sitze (2 Jahre)				Nichtständige Sitze (4 Jahre)				Sitze insgesamt			
		bisher	A	B	G4	bisher	A	B	G4	bisher	A	B	G4	bisher	A	B	G4
Afrika	53	–	2	–	2	3	4	4	4	–	–	2	–	3	6	6	6
Asien/Ozeanien	56	1	3	1	3	2	3	3	3	–	–	2	–	3	6	6	6
Europa	47	3	4	1	4	3	2	3	4	–	–	2	–	6	6	6	8
Amerika	35	1	1	1	2	2	4	3	3	–	–	2	–	3	6	6	5
Insgesamt	191	5	8	3	11	10	13	13	14	–	–	6	–	15	24	24	25

UNDP Entwicklungsprogramm
UN Development Programme

1, U. N. Plaza, New York, NY 10 017, USA
T 001/212/906 66 37, Fax 906 53 64
www.undp.org

▪ **Gründung**: 1965 ▪ **Organe**: Exekutivrat (zugleich zuständig für → UNFPA) mit 36 Mitgliedern: Genehmigung der Länderprogramme und allgemeine Aufsicht über die Aktivitäten von UNDP (in 166 Ländern vertreten); Sekretariat mit einem **Administrator**: Mark Malloch Brown (USA) ▪ **Personal**: 3322 Mitarbeiter ▪ **Haushalt**: 572,2 Mio. US-$ (2004/05)
▪ **Aufgaben**: Als zentrale Planungs-, Finanzierungs- und Koordinierungsagentur des UN-Systems beauftragt UNDP in der Regel Trägerorganisationen mit der Durchführung seiner Projekte. Arbeitsschwerpunkte sind die Armutsbekämpfung, die Schaffung demokratischer Regierungsstrukturen, die Krisenbekämpfung und -bewältigung, die Regenerierung der Umwelt, die Schaffung von Arbeitsplätzen, der Kampf gegen HIV/AIDS, die Implementierung von Informationstechnologien und die Unterstützung der Frauen im Entwicklungsprozess → Chronik.

UNEP Umweltprogramm
UN Environment Programme

P. O. Box 30 552, United Nations Avenue, Gigiri, Nairobi 00 100, Kenia
T 00 254/20/62 12 34, Fax 62 44 89, 62 44 90
www.unep.org

▪ **Gründung**: 1972 ▪ **Organe**: Verwaltungsrat; Sekretariat mit einem **Exekutivdirektor**: Klaus Töpfer (Deutschland) ▪ **Personal**: 605 Mitarbeiter ▪ **Finanzierung**: Das UNEP-Büro wird aus dem regulären UN-Haushalt finanziert; Budget 9,3 Mio. US-$ (2004/05). Für die Umweltprogramme steht ein Umweltfonds aus freiwilligen Beiträgen der Mitglieder zur Verfügung; projektiertes Volumen 2004/05: 240,7 Mio. US-$.
▪ **Aufgaben**: Als zentrale Koordinierungsstelle für alle Umweltaktivitäten von staatlichen und nichtstaatlichen international agierenden Umwelteinrichtungen innerhalb und außerhalb des UN-Systems ist UNEP hauptsächlich auf drei Ebenen aktiv: 1. Förderung internationaler Abkommen zur Schaffung eines Umwelt-Völkerrechts; 2. Ausarbeitung globaler Umweltschutzrichtlinien; 3. Hilfestellung für nationale Umweltgesetzgebung und -politik; dazu gehört die Bereitstellung von Überwachungs- und Informationsdiensten zum Datenaustausch.

UNFPA Bevölkerungsfonds
UN Population Fund

220 East 42nd Street, New York, NY 10 017, USA
T 001/212/297 50 00, Fax 557 64 16
Verbindungsbüro: 13 Chemin des Anémones, CH-1219 Châtelaine
T 00 41/22/979 90 16
www.unfpa.org

▪ **Gründung**: 1967 ▪ **Organe**: Gemeinsamer UNDP/UNFPA-Exekutivrat; Sekretariat mit **Exekutivdirektorin**: Thoraya Obaid (Saudi-Arabien) ▪ **Personal**: 972 Mitarbeiter ▪ **Finanzierung**: UNFPA erhält keine Mittel aus dem regulären UN-Haushalt, sondern finanziert sich durch freiwillige Beiträge. Die Gesamteinnahmen 2003 beliefen sich auf ca. 397,9 Mio. US-$.
▪ **Aufgaben**: UNFPA unterstützt Entwicklungsländer dabei, Programme zur Bevölkerungsentwicklung zu erarbeiten und durchzuführen. Schwerpunkte sind die Förderung von Familienplanung, Gesundheitsfürsorge für Mütter und Kinder, Sexualerziehung sowie Gesundheitsmaßnahmen für Heranwachsende. Dies geschieht z. B. durch Unterstützung lokaler Initiativen, durch Bereitstellung von Datenmaterial sowie durch Informationsveranstaltungen. Seit der Gründung hat der UNFPA fast 6 Mrd. US-$ an Entwicklungsländer gezahlt. Der Bevölkerungsfonds arbeitet in 142 Ländern und Gebieten und unterhält Büros in 112 Ländern, die von neun Country Technical Services Teams koordiniert werden.

UNHCR Hoher Kommissar für Flüchtlinge
UN High Commissioner for Refugees

94 Rue Montbrillant, Case Postale 2500, CH-1211 Genf
T 00 41/22/739 81 11, Fax 73 91 95 46
UNHCR Deutschland: Wallstr. 9–13, D-10 179 Berlin
T 030/30 202 202 0, Fax 30 202 202 20

▪ **Gründung**: 1950 (Arbeitsaufnahme 1. 1. 1951) ▪ **Organe**: Exekutivkomitee mit Delegierten aus 66 Mitgliedstaaten; **Hoher Flüchtlingskommissar**: António Guterres (Portugal), seit 15. 6. 2005 ▪ **Personal**: etwa 5200 Mitarbeiter (weltweit 6307) in rund 268 Büros in 114 Staaten ▪ **Finanzierung**: UNHCR finanziert sich fast ausschließlich aus freiwilligen Beiträgen der Geberländer. Das UNHCR-Exekutivkomitee (66 Staaten, darunter auch Deutschland) muss dem Vorschlag für den jeweiligen Haushalt (Voranschlag 2005: 1,180 Mrd. US-$) zustimmen.

■ **Aufgaben**: Hauptaufgabe des UNHCR ist es, Flüchtlingen – unabhängig von Rasse, Religion, Geschlecht oder politischer Meinung – internationalen Rechtsschutz zu gewähren und dauerhafte Lösungen für ihre Probleme zu suchen.

Seit längerem erstrecken sich die Hilfsleistungen des UNHCR nicht mehr allein auf internationale Flüchtlinge im Sinne der Genfer Flüchtlingskonvention vom 28. 7. 1951, sondern auch auf Binnenvertriebene und auf Menschen, die vor innerstaatlichen Konflikten und Menschenrechtsverletzungen fliehen.

Neben Soforthilfeprogrammen bei Massenfluchten (Grundversorgung mit Trinkwasser, Nahrungsmitteln, Unterkünften, Kleidung und Medikamenten) und der längerfristigen Versorgung für Flüchtlinge in Wartesituationen strebt der UNHCR vor allem dauerhafte Lösungen für Flüchtlinge an. Zur aktuellen Flüchtlingssituation weltweit siehe → Chronik, → Karte.

UNICEF Weltkinderhilfswerk

UN Children's Fund

3, U. N. Plaza, New York, NY 10 017, USA
T 001/212/326 70 00, Fax 887 74 65, 887 74 54
www.unicef.org
Deutsches Komitee für UNICEF
Höninger Weg 104, 50 969 Köln
T 02 21/93 65 00, Fax 93 65 02 79
www.unicef.de

■ **Gründung**: 1946 ■ **Organe**: Exekutivrat (36 Mitglieder) mit einer **Exekutivdirektorin**: Ann M. Veneman (USA, seit 1. 5. 2005); 8 Regional- und 126 Länderbüros, Versorgungszentrum UNIPAC in Kopenhagen ■ **Personal**: über 7200 Mitarbeiter (davon 90 % vor Ort) in 158 Ländern ■ **Finanzierung**: vollständig durch Spenden (Gesamteinnahmen 2003: 1,688 Mrd. US-$)

■ **Aufgaben**: UNICEF arbeitet in 158 Staaten und unterstützt Kinder und Mütter v. a. in den Bereichen Gesundheitsfürsorge, Familienplanung, Wasser und Hygiene, Ernährung, Erziehung und leistet Soforthilfe in Notsituationen. Außerdem engagiert sich UNICEF in zahlreichen über die Grundhilfe hinausgehenden Bereichen der Kinderhilfe.

WFP Welternährungsprogramm

World Food Programme

Via Cesare Giulio Viola 68, Parco dei Medici,
I-00 148 Rom
T 00 39/06/651 31, Fax 651 328 40
www.wfp.org

■ **Gründung**: 1961 (Arbeitsaufnahme 1963) ■ **Organe**: Exekutivrat mit 36 Mitgliedern; **Exekutivdirektor**: James T. Morris (USA) ■ **Personal**: 3770 Mitarbeiter, davon 655 in der Zentrale ■ **Finanzierung**: Die Arbeit des WFP basiert auf freiwilligen Beiträgen (Nahrungsmittel, Geld, Dienstleistungen); Regierungsspenden 2004: 2,211 Mrd. US-$

■ **Aufgaben**: Das WFP ist die weltweit größte Einrichtung zur multilateralen Nahrungsmittelhilfe (2003 versorgte das WFP 104 Mio. Menschen auf der Welt mit Nahrung, operierte in 81 Staaten und verschiffte 5,9 Mio. t Lebensmittel); diese wird in Projektform Ländern mit geringem Einkommen gewährt. Der überwiegende Teil der Mittel wird in jüngster Zeit als Katastrophenhilfe v. a. in den Hungerregionen Afrikas und in den von kriegerischen Auseinandersetzungen betroffenen Gebieten geleistet. Dem WFP obliegt auch die Koordinierung der von unterschiedlichen staatlichen, multilateralen und Nichtregierungsorganisationen gewährten Nahrungsmittelhilfe (→ Foto).

WFP-Hilfe in Sri Lanka im Januar 2005

Sonderorganisationen (Auswahl)

FAO Ernährungs- und Landwirtschaftsorganisation

Food and Agriculture Organization of the UN

Viale delle Terme di Caracalla, I-00 100 Rom
T 00 39/06/570 51, Fax 57 05 31 52
www.fao.org

▪ **Gründung**: 1945 ▪ **Mitglieder**: 187 Staaten sowie die EU-Kommission ▪ **Organe**: Konferenz (alle zwei Jahre), Exekutivrat aus 49 Mitgliedern; Sekretariat mit einem **Generaldirektor**: Jacques Diouf (Senegal). Die FAO unterhält 5 Regional-, 5 Subregional-, 5 Verbindungs- und 78 Länderbüros ▪ **Personal**: über 3450 Mitarbeiter, davon 1450 professionelle und 2000 Service-Mitarbeiter; 5 Regional-, 5 Subregional-, 5 Verbindungs- und 8 Länderbüros ▪ **Finanzierung**: Haushalt 2004/05: 749,1 Mio. US-$; für Feldprogramme wurden 2003 386 Mio. US-$ ausgegeben, die v. a. aus Zusatzleistungen der Mitgliedstaaten und Zuwendungen des → UNDP finanziert wurden.

▪ **Aufgaben**: Die FAO bekämpft Armut, Unter- und Fehlernährung in den Entwicklungsländern. Sie sammelt, bewertet und veröffentlicht Daten und Informationen über Ernährung, Land- und Forstwirtschaft, Fischerei und formuliert Prioritäten für die regionale Nahrungsmittelproduktion und Ernährungssicherheit. Sie verfügt über ein globales Frühwarnsystem zur rechtzeitigen Erkennung von Versorgungskrisen. Als Entwicklungsorganisation führt die FAO ein Drittel der → UNDP-Programme durch und koordiniert zahlreiche agrar- und fischereiorientierte sowie umweltrelevante UN-Maßnahmen oder wirkt an ihnen entscheidend mit.

ILO Internationale Arbeitsorganisation

International Labour Organization

4 Route de Morillons, CH-1211 Genf 22
T 00 41/22/799 61 11, Fax 798 86 85
www.ilo.org
ILO-Vertretung in Deutschland
Karlsplatz 7, 10 117 Berlin
T 030/28 09 26 68/69, Fax 28 04 64 40
www.ilo.org/berlin

▪ **Gründung**: 1919 (als erste UN-Sonderorganisation 1946) ▪ **Mitglieder**: 178 Staaten; dreigliedriger Aufbau der ILO mit gleichberechtigter Vertretung der Regierungen einerseits, der Sozialpartner andererseits ▪ **Organe**: Internationale Arbeitskonferenz (jährlich, je Mitgliedstaat vier Delegierte: zwei Regierungs-, ein Arbeitgeber- und ein Arbeitnehmervertreter); Verwaltungsrat (tagt dreimal jährlich; 56 Mitglieder: 28 Regierungs-, je 14 Arbeitnehmer- und Arbeitgebervertreter); Internationales Arbeitsamt (IAA) als ständiges ILO-Sekretariat, Koordinierungsstelle für die weltweit agierenden Experten, Forschungs- und Informationszentrum; IAA-**Generaldirektor**: Juan Somavía (Chile) ▪ **Personal**: 1900 Mitarbeiter im ILO-Sekretariat; zusätzlich rund 600 Experten; weltweit rund 40 Außenstellen (Regional-, Verbindungs- und Zweigbüros) ▪ **Finanzierung**: Ordentlicher Haushalt 2004/2005: 434 Mio. US-$

▪ **Aufgaben**: Die Tätigkeit der ILO konzentriert sich auf vier Zielbereiche: Förderung und Verwirklichung der grundlegenden Prinzipien und Rechte bei der Arbeit, insbesondere durch Annahme von internationalen, völkerrechtlich verbindlichen Arbeitsnormen (z. B. Verbot von Zwangsarbeit, Vereinigungsfreiheit, Recht auf Kollektivverhandlungen, Schutz vor Diskriminierung und Regelung des Arbeitsmindestalters); Schaffung angemessener Beschäftigungsmöglichkeiten mit ausreichendem Einkommen für Frauen und Männer; Erweiterung und Erhöhung der Wirksamkeit des Sozialschutzes; Stärkung des Prinzips der Dreigliedrigkeit (Arbeitgeberverbände, Gewerkschaften, Staat) und des sozialen Dialoges.

IMO Internationale Seeschifffahrtsorganisation

International Maritime Organization

4 Albert Embankment, London, SE1 7SR, Großbritannien
T 00 44/171/735 76 11, Fax 587 32 10
www.imo.org

▪ **Gründung**: 1948 (in Kraft 1958) ▪ **Mitglieder**: 164 Staaten, dazu 3 assoziierte Mitglieder ▪ **Organe**: Vollversammlung (alle zwei Jahre), Rat (40 Mitglieder), fünf Ausschüsse (Seeschifffahrt, Recht, Schutz der Meeresumwelt, Technische Zusammenarbeit, Erleichterung des internationalen Seeverkehrs); Generalsekretariat mit **Generalsekretär**: Efthimios Mitropoulos (Griechenland) ▪ **Personal**: etwa 300 Mitarbeiter

▪ **Finanzierung**: Haushalt 2004/2005: 46,19 Mio. £

▪ **Aufgaben**: Die IMO koordiniert die Zusammenarbeit auf allen Gebieten der internationalen Handelsschifffahrt. Schwerpunkte ihrer Arbeit sind die Beratung und Verabschiedung von Übereinkommen oder Resolutionen über die schiffstechnische und navigatorische Sicherheit auf See, der Meeresumweltschutz, die Rechtsvereinheitlichung zwischen den Mitgliedstaaten sowie die Förderung der technischen Zusammenarbeit zwischen Industriestaaten und Entwicklungsländern.

ITU Internationale Fernmeldeunion

International Telecommunication Union

Place des Nations, CH-1211 Genf 20
T 00 41/22/730 51 11, Fax 733 72 56
www.itu.int

▪ **Gründung**: 1865 als Welttelegraphenverein (seit 1932 Weltnachrichtenverein, seit 1947 UN-Sonderorganisation) ▪ **Mitglieder**: 189 Staaten ▪ **Organe**: Konferenz der Regierungsbevollmächtigten (alle vier Jahre); Rat (46 Mitglieder); Konferenzen für internationale Fernmeldedienste; Funk-, Standardisierungs- und Entwicklungssektoren mit eigener Organisationsstruktur; Generalsekretariat mit **Generalsekretär**: Yoshio Utsumi (Japan) ▪ **Personal**: mehr als 790 Mitarbeiter im Hauptsitz in Genf und 11 Büros weltweit ▪ **Finanzierung**: Haushalt 2002/2003: 341,9 Mio. sfr
▪ **Aufgaben**: Die ITU fördert weltweit das elektronische Kommunikationssystem und übernimmt eine führende Rolle bei der Ausarbeitung einer internationalen Informations- und Telekommunikationspolitik. Die drei Sektoren der ITU widmen sich verschiedenen Aufgaben: der Sektor für Radiokommunikation kümmert sich um die Zuweisung und Registrierung von Funkfrequenzen, der Sektor für Telekommunikations-Standardisierung konzentriert sich auf die Schaffung weltweiter Standards im Fernmeldewesen, im Sektor für Telekommunikationsentwicklung fördert die ITU gemeinsam mit anderen UN-Einrichtungen und der Internationalen Bank für Wiederaufbau und Entwicklung (Weltbankgruppe) den Ausbau von Telekommunikationseinrichtungen in den Entwicklungsländern.

IWF Internationaler Währungsfonds

International Monetary Fund (IMF)

700 19th Street, NW, Washington, D.C. 20431, USA
T 001/202/623 73 00, Fax 623 62 78
www.imf.org

▪ **Gründung**: 1944 (in Kraft 1945) ▪ **Mitglieder**: 184 Staaten ▪ **Organe**: Gouverneursrat (alle Mitgliedstaaten mit im Wesentlichen nach der Quote gewichtetem Stimmrecht); Quotensumme 213,49 Mrd. SZR; die höchsten Quoten haben die USA mit 17,46 %, Japan mit 6,26 %, Deutschland mit 6,11 %, Frankreich mit 5,05 und Großbritannien mit 5,05 %; Exekutivdirektorium als ständiges Entscheidungsorgan (24 Exekutivdirektoren); **Generaldirektor** (zugleich Vorsitzender des Exekutivdirektoriums): Rodrigo de Rato y Figaredo (Spanien) ▪ **Personal**: ca. 2700 Mitarbeiter aus 141 Ländern
▪ **Aufgaben**: Der IWF analysiert im Rahmen jährlicher Konsultationen mit den Mitgliedstaaten die nationale Wirtschaftsentwicklung und -politik, überprüft fiskal-, wechselkurs- und geldpolitische Maßnahmen und beurteilt die Auswirkungen der Politik der Mitgliedstaaten auf deren Zahlungsbilanzen; daneben begutachtet der IWF halbjährlich die Weltwirtschaftslage.

Ein Mitgliedstaat kann nach einer in Sonderziehungsrechten (SZR) nach seiner Wirtschaftskraft errechneten Quote (→ oben) auf Kredite ohne Auflagen und Gebühren zurückgreifen. Darüber hinausgehende Vereinbarungen zur Überbrückung von Zahlungsbilanzdefiziten werden verzinst und sind an korrigierende wirtschaftspolitische Maßnahmen des Mitgliedstaats gebunden (sog. Konditionalität). Bei kurzfristigen und vorübergehenden Zahlungsbilanzschwierigkeiten können Bereitschaftskreditvereinbarungen (Stand-by-Arrangements, SBA) abgeschlossen werden. Zur Behebung struktureller Probleme steht die Erweiterte Fondsfazilität (Extended Fund Facility, EFF), bei Zahlungsbilanzproblemen in plötzlich auftretenden Krisen die Fazilität zur Stärkung von Währungsreserven (Supplemental Reserve Facility, SRF) zur Verfügung. Mit der konzessionären Armutsreduzierungs- und Wachstumsfazilität (Poverty Reduction and Growth Facility, PRGF) werden die ärmsten Staaten unterstützt. Zuletzt wurde gemeinsam mit der → Weltbank eine Initiative zur Hilfe für hoch verschuldete arme Länder (Heavily Indebted Poor Countries, HIPC) ins Leben gerufen.

Mittelvergabe (1 SZR = 1,48 516 US-$; Stand: 27. 5. 2005): Ausstehende Kredite am 30. 4. 2005: 56,58 Mrd. SZR von 85 Staaten. Zum selben Zeitpunkt waren Kreditvereinbarungen mit 43 Staaten in einer Höhe von insgesamt 15 664 Mrd. SZR in Kraft; allein die bis September 2006 laufende Kreditvereinbarung mit Argentinien belief sich auf ein Volumen von 8,891 Mrd. SZR.

UNESCO Organisation für Erziehung, Wissenschaft und Kultur

UN Educational, Scientific and Cultural Organization

7, Place de Fontenoy, F-75 352 Paris 07 SP
T 00 33/1/45 68 10 00, Fax 45 67 16 90
www.unesco.org
Deutsche UNESCO-Kommission:
Colmantstr. 15, 53 115 Bonn
T 02 28/60 49 70, Fax 604 97 30
www.unesco.de

▪ **Gründung**: 1946 ▪ **Mitglieder**: 191 Staaten und 6 assoziierte Mitglieder ▪ **Organe**: Generalkonferenz (alle zwei Jahre), Exekutivrat (58 Mitglieder), **Generaldirektor**: Koichiro Matsuura (Japan). ▪ **Personal**: ca. 2000 Mitarbeiter, 2/3 am Hauptsitz; zusätzlich weitere 640 Mitarbeiter in den 53 Büros weltweit ▪ **Finanzierung**: Ordentlicher Haushalt 2004/05: 576 Mio. US-$
▪ **Aufgaben**: Die Haupttätigkeitsfelder der UNESCO liegen in folgenden Programmbereichen: Bildung und Erziehung (Schwerpunkt: Bekämpfung des Analphabetentums in den Entwicklungsländern), Naturwissenschaften (Förderung und Entwicklung der Grundlagenforschung, weltweiter Austausch von Forschungsergebnissen), Kulturarbeit (Liste des Weltkulturerbes mit 754 Denkmälern in 129 Staaten, → Kultur), Kommunikation, Information und Informatik (Förderung des freien Informationsflusses und einer ausgeglichenen Verbreitung von Informationen, Ausbau der Kommunikationskapazitäten in den Entwicklungsländern), Frieden und Menschenrechte mit dem Ziel der Herausbildung einer »Kultur des Friedens und der Demokratie«.

UNIDO Organisation für industrielle Entwicklung

UN Industrial Development Organization

Vienna International Centre, Postfach 300
A-1400 Wien
T 00 43/1/260 260, Fax 269 26 69
www.unido.org

▪ **Gründung**: 1966 ▪ **Mitglieder**: 171 Staaten ▪ **Organe**: Generalkonferenz (alle 2 Jahre), Rat für industrielle Entwicklung (53 Mitglieder), Komitee für Programm und Budget (27 Mitglieder), Sekretariat mit **Generaldirektor** Carlos Alfredo Magariños (Argentinien) und drei Direktoren; 21 Länderbüros und zahlreiche weitere Vertretungen weltweit ▪ **Personal**: 630 in den Hauptsitzen, 123 Mitarbeiter in den Vertretungen vor Ort und ca. 2000 Experten weltweit ▪ **Finanzierung**: Haushalt 2004/05 356 Mio. € (davon 144,3 Mio. € reguläres Budget, 21,5 Mio. € operationelles Budget und 189,8 Mio. € aus freiwilligen Beiträgen. 2004 wurden neu Projekte der technischen Hilfe mit einem Volumen von 84,4 Mio. US-$ initiiert. Zu den 51 »integrierten Programmen« wurden 146,7 Mio. US-$ beigetragen; davon erhielt Afrika 40 %, die arabische Region 20, Mittel- und Osteuropa, Asien und Lateinamerika weitere 40 %.
▪ **Aufgaben**: UNIDO unterstützt als einzige Organisation im UN-System die Industrialisierung in den Ländern der Dritten Welt und in den Transformationsländern Mittel- und Osteuropas sowie die industrielle Zusammenarbeit zwischen Entwicklungsländern und Industriestaaten: durch technische Hilfe, Beratung und Vermittlung, Forschungs- und Studienprogramme.

UNIDO verfolgt künftig drei Hauptziele: Unterstützung der Wettbewerbsfähigkeit von Unternehmen in wenig entwickelten Ländern, Förderung weniger umweltbelastender industrieller Produkte, Schaffung von »produktiver Beschäftigung«. Zunehmend konzentriert UNIDO seine Aktivitäten auf »integrierte Programme«, die darauf abzielen, Entwicklungs- und Transformationsländer bei der Verfolgung ihrer industriepolitischen Ziele zu unterstützen. Dabei sollen gemeinsam mit dem betroffenen Staat und anderen entwicklungspolitischen Organisationen im UN-System Lösungen für die Hauptprobleme bei der Umsetzung der jeweiligen nationalen Strategie gefunden werden.

Weltbankgruppe

World Bank Group

1818 H Street, NW, Washington, D. C. 20 433, USA
T 001/202/473 10 00, Fax 477 63 91
www.worldbank.org

Die Weltbankgruppe umfasst fünf eng miteinander verbundene Institutionen, darunter IBRD und und IDA, die gemeinhin als Weltbank bezeichnet werden, sowie IFC, MIGA und ICSD:
IBRD (Internationale Bank für Wiederaufbau und Entwicklung), *1944 (in Kraft 1945), 184 Mitglieder (Anteilseigner)
IDA (Internationale Entwicklungsorganisation), *1959 (in Kraft 1960), 165 Mitglieder
IFC (Internationale Finanz-Corporation), *1956, 177 Mitglieder; www.ifc.org
MIGA (Multilaterale Investitionsgarantie-Agentur): *1985 (in Kraft 1988), 164 Mitglieder; www.miga.org
ICSID (Internationales Zentrum zur Beilegung von Investitionsstreitigkeiten), *1965 (in Kraft 1966), 154 Mitglieder, www.worldbank.org/icsid

- **Präsident**: Paul Wolfowitz (USA), seit 1. 6. 2005
- **Personal**: ca. 10 000 am Hauptsitz in Washington und in 109 Büros weltweit
- **Aufgaben**: Gemeinsame Aufgabe der vier rechtlich selbständigen multilateralen Finanzierungsinstitutionen IBRD, IDA, IFC und MIGA ist die Förderung des wirtschaftlichen und sozialen Fortschritts ihrer weniger entwickelten Mitgliedstaaten durch Finanzhilfen, Beratung und technische Hilfe. Sie fungieren zudem als Katalysator für die Unterstützung durch Dritte. Während die IBRD Kredite zu marktüblichen Zinsen (Laufzeit zwischen 15 und 20 Jahren, 5 Jahre tilgungsfrei) vergibt, sind die Kredite der IDA zinslos. Sie haben eine Laufzeit zwischen 35 und 50 Jahren (10 Jahre tilgungsfrei) und werden nur den am wenigsten entwickelten Ländern gewährt. Die IFC unterstützt die Finanzierung von Projekten im Privatsektor der Entwicklungsländer, während die MIGA Investoren gegen nichtgeschäftliche Risiken von Direktinvestitionen absichert.
- **Mittelvergabe**: 2004 vergab die Weltbank Mittel in Höhe von 20,1 Mrd. US-$ für 245 Projekte in Entwicklungsländern weltweit. Davon finanzierte die IDA 158 Projekte mit 9 Mrd. US-$, die IBRD 87 Projekte mit 11 Mrd. US-$.

WHO Weltgesundheitsorganisation

World Health Organization

20 Avenue Appia, CH-1211 Genf 27
T 00 41/22/791 21 11, Fax 791 31 11
www.who.int

- **Gründung**: 1946 (in Kraft 1948) - **Mitglieder** 192 Staaten - **Organe**: Weltgesundheitsversammlung (jährlich), Exekutivrat (32 Mitglieder), Sekretariat mit dem **Generaldirektor**: Lee Jong-wook (Südkorea) und 9 Exekutivdirektoren; sechs Regionalbüros. - **Personal**: ca. 3500, davon 1400 in der Zentrale - **Finanzierung**: Haushalt 2004/05: 2,8 Mrd. US-$, davon im regulären Budget: 880 Mio. US-$
- **Aufgaben**: Nach einer organisatorischen Umstrukturierung Ende der 1990er Jahre konzentriert sich die Arbeit der WHO auf die Bereiche weltweiter Gesundheitswarndienst (Dokumentation und Information über ansteckende Krankheiten, ihre Ursachen und über Todesfälle), Unterstützung bei Auf- und Ausbau leistungsfähiger Gesundheitsdienste in Staaten der Dritten Welt (Schwerpunkt: primäre Gesundheitsvorsorge durch Verbesserung der Ernährungslage und der Trinkwasserversorgung sowie durch Ausstattung mit notwendigen Medikamenten), Förderung der medizinischen Forschung und Aids-Bekämpfung.

Autonome Organisation

IAEA Internationale Atomenergiebehörde

International Atomic Energy Agency

Vienna International Centre, Wagramer Str. 5,
A-1400 Wien
T 00 43/1/2600-0, Fax 2600-7
www.iaea.org

- **Gründung**: 1956 (in Kraft 1957) - **Mitglieder**: 138 Staaten - **Organe**: Jährlich tagende Generalkonferenz, Gouverneursrat (35 Mitglieder, tagt in der Regel fünfmal jährlich), Sekretariat mit **Generaldirektor**: Mohamed el-Baradei (Ägypten) - **Personal**: über 2200 Mitarbeiter - **Finanzierung**: Haushalt 2005: 272,9 Mio. US-$
- **Aufgaben**: Die Internationale Atomenergiebehörde (IAEA), eine rechtlich, organisatorisch und finanziell selbständige Organisation, wird – ohne die bei Sonderorganisationen übliche Anbindung an den ECOSOC – dem UN-System als autonome Organisation zugeordnet. **Hauptaufgabe** der IAEA ist die internationale Zusammenarbeit im Bereich der friedlichen Nutzung der Kernenergie. Sie unterstützt die Mitgliedstaaten bei der Nutzung nuklearer Technologien und erleichtert den Technologietransfer. Darüber hinaus entwickelt die IAEA nukleare Sicherheitsstandards und fördert deren Erreichung bzw. Einhaltung. Durch ihr Inspektionssystem trägt sie zudem dafür Sorge, dass die Mitgliedstaaten ihre Verpflichtungen aus dem Vertrag über die Nichtverbreitung von Atomwaffen und ähnlichen Übereinkommen einhalten und Kernenergie nur zu friedlichen Zwecken nutzen.

CHRONIK Auf der Tagung des Gouverneursrates der IAEA vom 28. 2.–3. 3. 2005 forderte Generaldirektor el-Baradei den → Iran zur Kooperation auf, um die offene Frage zu klären, ob es in dessen Nuklearprogramm auch eine militärische Komponente gegeben habe. Deutschland, Frankreich und Großbritannien warfen dem Iran vor, gegen das Abkommen, unbefristet auf die Anreicherung von Uran zu verzichten, zu verstoßen. Die Haltung Nordkoreas, das im Februar 2005 die Sechsergespräche abgebrochen und behauptet hatte, bereits über Atomwaffen zu verfügen, wurde als »ernste Bedrohung« bezeichnet.

Der Gouverneursrat bestätigte am 16. 6. 2005 el-Baradei für eine dritte Amtszeit als Generaldirektor, nachdem die USA wenige Tage zuvor ihren Widerstand gegen die erneute Bestätigung aufgegeben hatten. El-Baradei hatte den Unmut der US-Regierung auf sich gezogen, weil er vor Beginn des Irak-Krieges im März 2003 Informationen der CIA über vermeintliche Massenvernichtungswaffen im Irak in Zweifel gezogen hatte.

Jahresberichte der UN-Programme und -Fonds

Am 15. 7. 2004 stellte das Entwicklungsprogramm der UN (**UNDP**) seinen Jahresbericht für 2004 vor. Auf Platz 1 des »Indexes für menschliche Entwicklung« (HDI), bei dem neben der Einkommenssituation auch soziale Komponenten einbezogen werden, lag von 177 untersuchten Ländern Norwegen, gefolgt von Schweden und Australien. Drei Länder in Afrika südlich der Sahara – Burkina Faso, Niger und Sierra Leone – stehen auf den untersten Plätzen. Weltweit 20 Länder sind gegenüber dem Entwicklungsstand von 1990 zurückgefallen; dies trifft besonders auf Länder in Afrika südlich der Sahara zu.

Der Weltbevölkerungsbericht der Vereinten Nationen für 2004 wurde vom **UNFPA** am 15. 9. 2004 in Berlin vorgestellt. Demzufolge wird sich die Zahl der Menschen in den ärmsten Ländern der Erde bis 2050 verdreifachen. Die Zahl der Weltbevölkerung werde im selben Zeitraum voraussichtlich von derzeit 6,4 auf rund 8,9 Mrd. ansteigen, während in Europa ein Bevölkerungsrückgang von derzeit 728 auf 668 Mio. Menschen erwartet wird. Die globale Bevölkerungszunahme hatte sich abgeschwächt und sank in den letzten zehn Jahren von 82 auf 76 Mio. Menschen pro Jahr (→ Bevölkerung, S. 28 f.). An Aids infizieren sich dem Bericht zufolge jährlich ca. 5 Mio. Menschen neu, während 3,1 Mio. Menschen im Jahr 2004 an der Krankheit starben – eine halbe Million davon Kinder (→ Aids, S. 30 f.).

Das Kinderhilfswerk der UN, **UNICEF**, forderte in seinem am 7. 10. 2004 vorgelegten Bericht »Progress for Children« verstärkte Bemühungen zur Senkung der Kindersterblichkeit. Die Sterblichkeitsrate von Kindern unter fünf Jahren sei zwar zwischen 1960 und 2000 halbiert worden, doch gebe es in vielen Staaten derzeit keine weiteren Fortschritte; in zehn Ländern Afrikas südlich der Sahara sowie im Irak, in Kambodscha und in Staaten der ehemaligen Sowjetunion sei die Sterblichkeitsrate sogar wieder angestiegen. 98 Staaten lagen somit hinter dem in den Millenniums-Entwicklungszielen der UN verankerten Plan zur Senkung der Kindersterblichkeit bis 2015 zurück.

Dem **UNICEF-Jahresbericht** »Zur Situation der Kinder in der Welt 2005« vom Dezember 2004 zufolge sind rund 90 Mio. Kinder unter fünf Jahren stark mangelernährt, 270 Mio. Kinder verfügen nicht einmal über die einfachste Gesundheitsversorgung, und rund 400 Mio. haben keinen Zugang zu sauberem Trinkwasser. Mehr als 120 Mio. Kinder im Grundschulalter besuchten keine Schule. Die materielle Armut behindere oft die geistige Entwicklung und das körperliche Wachstum der Kinder (→ Bedrohte Kindheit, S. 42 ff.).

Im Oktober waren nach Angaben der **WHO** rund eine Million Freiwillige in 23 Ländern Afrikas unterwegs, um im Rahmen der größten Impfaktion vor Ort, rund 80 Mio. Kinder zu impfen. Ziel der Impfaktion war die Ausrottung der Kinderlähmung (Polio), die sich ausgehend vom nordnigerianischen Bundesstaat Kano wieder in Afrika auszubreiten begonnen hatte. Die UN haben seit 1988 rund 2,4 Mrd. € in die Polio-Bekämpfung investiert.

Amt des Hohen Flüchtlingskommissars der Vereinten Nationen (UNHCR)

Aus einer Pressemitteilung vom 17. 6. 2005 (→ auch Karte): »Die **globale Flüchtlingszahl** ist 2004 um vier Prozent auf 9,2 Mio. gesunken, den **niedrigsten Wert seit**

fast einem Vierteljahrhundert. Dies geht aus der UNHCR-Jahresstatistik hervor, die im Vorfeld des Weltflüchtlingstags (20. Juni) veröffentlicht wurde. Die Zahl der Binnenvertriebenen und Staatenlosen bleibt aber hoch. Trotz des Rückgangs der Flüchtlingszahlen auf den niedrigsten Stand seit 1980 stieg die Gesamtzahl der Menschen in flüchtlingsähnlichen Situationen – darunter auch Asylsuchende, Rückkehrer, Staatenlose und ein Teil der Binnenflüchtlinge – auf 19,2 Mio. gegenüber 17 Mio. im Jahr 2003.

Der Rückgang im vierten Jahr in Folge geht im Wesentlichen auf ein fast nie da gewesenes Ausmaß an freiwilliger Rückkehr zurück. Insgesamt konnten seit Ende 2001 über 5 Mio. Flüchtlinge in ihre Heimatländer zurückkehren, alleine 3,5 Mio. nach Afghanistan.

Die Zahl der erfassten Staatenlosen und anderer Menschen mit ähnlichem Schicksal, die ebenfalls unter das Mandat der UN-Flüchtlingsorganisation fallen, stieg 2004 auf über zwei Mio. Dies geht auf Bemühungen von UNHCR zurück, Staatenlosigkeit exakter zu erheben.

Während Afghanen mit 2,1 Mio. die größte Flüchtlingsgruppe weltweit bleiben (nicht mitgezählt die 4 Mio. Palästinenser unter dem Mandat des UN-Palästinenserhilfswerks UNRWA), machten die Sudanesen 2004 mit plus 20 % den größten Zuwachs aus. Aus dem Sudan flohen 125 000 neue Flüchtlinge, vorwiegend aus Darfur in den Tschad. Die Gesamtzahl sudanesischer Flüchtlinge stieg daher 2004 weltweit auf 731 000.

Die führenden Asylländer waren Iran (1 046 000 Flüchtlinge, vorwiegend Afghanen) und Pakistan (961 000, nahezu alle Afghanen). Weitere wichtige Asylländer sind Deutschland (–8,7 % auf 877 000), Tansania (602 000) und die USA (421 000).«

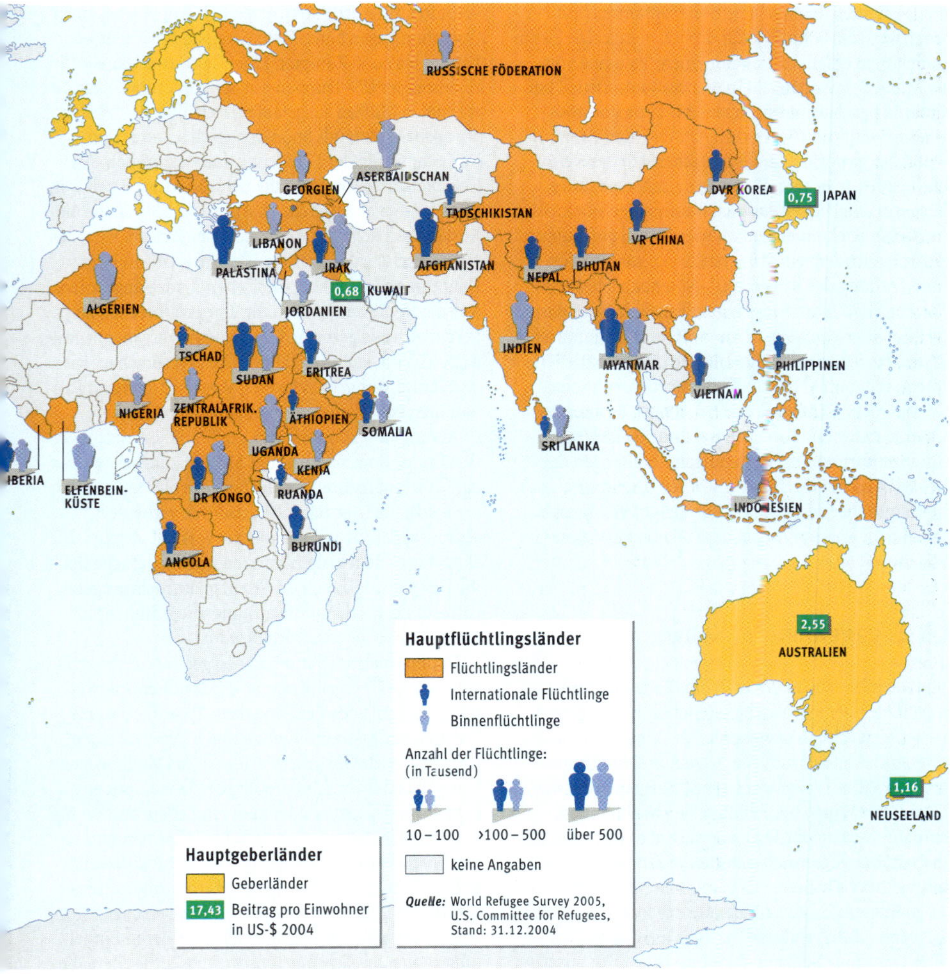

Korruptionsskandal um das Oil-for-Food-Programm

Durch das seit 14. 4. 1995 laufende UN Oil-for-Food-Programm, durch das der Irak Lebensmittel und Medikamente im Gegenzug für Öllieferungen erhielt, wurden dem Land von Dezember 1996 bis zum Ausbruch des Irak-Kriegs im März 2003 Leistungen im Gegenwert von etwa 31 Mrd. US-$ an humanitärer Hilfe und Unterstützung zuteil. Nachdem bekannt geworden war, dass sich Saddam Hussein vor seinem Sturz durch Bestechungsgelder beteiligter Firmen hatte bereichern können, wurde Kritik an der Durchführung des Programms laut. Im Jahr 2004 geriet auch UN-Generalsekretär Kofi Annan im Gefolge von Enthüllungen über Korruption von Mitarbeitern des Programms negativ in die Schlagzeilen. Ihm wurde vorgeworfen, er habe die Schweizer Wirtschaftsprüfungsgesellschaft Cotecna mit der Überwachung des Programms beauftragt, weil sein Sohn Kojo für diese arbeitete. Die Firma erhielt 1998 einen Auftrag mit einem Volumen von 60 Mio. US-$; Annans Sohn, der bis 1998 offiziell bei Cotecna beschäftigt war, erhielt bis 2004 400 000 US-$ für dubiose »Beratertätigkeiten«. Kofi Annan wurde vorgeworfen, in diese Machenschaften verwickelt gewesen zu sein. Besonders neokonservative Kreise in den USA forderten daraufhin den Rücktritt des Generalsekretärs. Annan wies diese Forderungen zurück, nachdem eine Untersuchungskommission unter Leitung des früheren US-Notenbankchefs Paul Volcker Ende März 2005 zu dem Ergebnis kam, dass die Vorwürfe gegen ihn haltlos wären. Die Kommission kritisierte jedoch, dass Kofi Annan den potentiellen Interessenkonflikt durch die Beratertätigkeit seines Sohnes nicht rechtzeitig erkannt hätte. Die interne Untersuchung der Vorwürfe wäre nur halbherzig durchgeführt und die zuständigen Abteilungen der UN seien nicht eingebunden worden. Die Kommission bestätigte aber auch, dass hochrangige UN-Mitarbeiter an dem Korruptionsskandal beteiligt gewesen wären.

UN-Engagement im Kongo

Im Dezember 2004 kam es in den Regionen Kivu und Ituri in der Demokratischen Republik Kongo erneut zu heftigen Kämpfen zwischen der Armee und meuternden Soldaten. Durch die schweren Kämpfe waren 100 000 Menschen an der Grenze zu Ruanda auf der Flucht. Der Kongo beschuldigte das Nachbarland, eine Offensive in der Region gestartet und die aufständischen Offiziere durch ruandische Kontaktoffiziere unterstützt zu haben.

Vor diesem Hintergrund hatte der Sicherheitsrat am 1. 10. 2004 mit Resolution 1565 die Verstärkung der Friedenstruppe der MONUC (Mission de l'Organisation des Nations Unies en République Démocratique du Congo) um 5900 auf maximal 16 700 Mann beschlossen. Gleichzeitig wurde das Mandat der Mission erheblich erweitert: Hatten die »Blauhelme« bislang kein Recht gehabt, zugunsten bedrohter Zivilisten in Kampfhandlungen einzugreifen, wurden sie nun mit dem Schutz der Zivilbevölkerung »vor unmittelbar drohender Gewalt« beauftragt. Dazu gehören auch Maßnahmen, gegen illegal bewaffnete Gruppen militärisch vorzugehen. Mit Resolution 1596 vom 18. 4. 2005 wurde zudem ein vollständiges Waffenembargo über die DR Kongo verhängt, von dem nur reguläre Truppen der Übergangsregierung sowie die MONUC ausgenommen wurden.

Die Erweiterung des Mandats der MONUC bedeutete jedoch eine erhöhte Gefährdung der UN-Soldaten. Am 25. 2. 2005 wurden bei einem Überfall in der Provinz Ituri neun UN-Blauhelmsoldaten getötet. Einen Tag zuvor hatten Blauhelmsoldaten etwa 30 Milizkämpfer verhaftet. Im April 2005 töteten UN-Truppen bei einer Operation gegen bewaffnete Gruppen im Osten des Landes bis zu 38 Kämpfer. Einen Tag zuvor war ein Ultimatum der UN-Truppen mit der Forderung an die bewaffneten Milizen ausgelaufen, freiwillig ihre Waffen abzugeben. Mehr als 8000 der geschätzten 15 000 Kämpfer waren der Forderung nachgekommen. Als Gegenleistung versprach die UN jedem, der bereit war, seine Waffen abzugeben, als Anreiz 50 US-$ sowie die Aussicht auf Rehabilitation und einen Arbeitsplatz; den Anführern wurde sogar ein Posten als Oberst oder Hauptmann in der kongolesischen Armee angeboten. Nur die wenigsten werden für Kriegsverbrechen zur Verantwortung gezogen. Gegen dieses Vorgehen wurde jedoch Kritik laut, da zahllose Kriegsverbrechen, wie etwa Entführungen, Sklaverei, Vergewaltigungen, Exekutionen von Zivilisten, so ungesühnt bleiben.

Anfang Juni 2005 erklärte der für die Entwaffnung zuständige Kommandeur der MONUC, dass ca. 90 % der Milizionäre ihre Waffen abgeliefert hätten (→ Foto); die Lage hätte sich dadurch verbessert, aber es wäre immer noch höchste Vorsicht geboten. Die ehemaligen Rebellen kritisierten jedoch, dass die UN ihr Versprechen auf einen Arbeitsplatz nicht eingelöst hätte, ohne das dem Entwaffnungsprogramm auf Dauer kein Erfolg beschieden wäre.

Der erstmals im Sommer 2003 geäußerte Verdacht auf sexuelle Übergriffe seitens der Blauhelmsoldaten führte erst im Sommer 2004 dazu, dass die UN eine Untersuchungskommission in den Kongo schickten. In ihren Bericht dokumentierten sie 20 Fälle, bei denen Blauhelmsoldaten minderjährige Mädchen mit einem Dollar, einem Ei oder anderen Lebensmitteln für Sex »bezahlt« hätten. Generalsekretär Annan und der UN-Sicherheitsrat betonten, die UN würden alles unternehmen, um derartige Übergriffe zukünftig zu verhindern. Die Einsatzregeln wurden verschärft; 100 zusätzliche Militärpolizisten sollen für deren Einhaltung sorgen. Im Februar 2005 wurden sechs ehemalige

Lendu-Milizen übergeben Waffen an MONUC-Soldaten (30. 3. 2005)

Soldaten der MONUC in Marokko wegen dieser Vorfälle verhaftet; Soldaten aus weiteren vier der 48 Truppen stellenden Staaten stehen ebenfalls in Verdacht.

Die UN und der Sudan

Darfur-Konflikt

Anfang Juli 2004 besuchte UN-Generalsekretär Kofi Annan die Krisenregion Darfur im Westen des → Sudan. Seit der Formierung der sudanesischen Befreiungsbewegung (SLM) im Jahr 2003 war dort zwischen ihnen und den von Regierungstruppen unterstützten arabisch-stämmigen Djandjawid-Milizen ein offener Kampf ausgebrochen. Die Djandjawid überfielen Dörfer, steckten sie in Brand, vergewaltigten Frauen und Kinder und töteten diejenigen, denen es nicht gelang zu fliehen. Am 19. 7. 2004 legte Amnesty International einen Bericht über systematische Vergewaltigungen von Frauen und Kindern in der Darfur-Region vor. Diese teilweise öffentlichen Vergewaltigungen durch Anhänger der Djandjawid-Miliz haben v. a. die Vertreibung der schwarzafrikanischen Bevölkerung aus der Region zum Ziel.

Annan rief die sudanesische Regierung dazu auf, wirksam gegen die Djandjawid-Milizen vorzugehen. Zum Abschluss seines Besuches am 3. 7. 2004 unterzeichnete Annan mit dem sudanesischen Präsident Omar Hassan Ahmad al-Bashir ein **Communiqué**, indem sich die Regierung dazu verpflichtete, umgehend die Entwaffnung der Milizen zu garantieren, Menschenrechtsverletzungen im Land zu untersuchen und die Verantwortlichen zu bestrafen. Ende Juli 2004 verabschiedete der UN-Sicherheitsrat mit 13 zu 2 Stimmen **Resolution 1556**, die eine 30-tägige Frist zur Erfüllung der im Communiqué vereinbarten Pflichten festschrieb. Konkrete Strafmaßnahmen wurden jedoch nicht angedroht. Russland und China, die in der sudanesischen Erdölwirtschaft aktiv sind sowie zu den wichtigsten Waffenlieferanten der sudanesischen Regierung zählen, hatten gegen die Androhung von Sanktionen ihr Veto eingelegt. Wenige Tage später lehnte die Arabische Liga auf einer Dringlichkeitssitzung der Außenminister in Kairo jegliche Sanktionen gegen Sudan sowie die Stationierung ausländischer Truppen im Krisengebiet ab. Erst im August stimmte die sudanesische Regierung auf internationalem Druck hin wenigstens der Errichtung von Flüchtlingslagern und der Versorgung der Menschen in der betroffenen Region zu.

Am 18. 9. 2004 drohte die UN in der **Resolution 1564** zum ersten Mal explizit mit Sanktionen gegen die sudanesische Ölindustrie, falls Khartum die Djandjawid-Milizen nicht entwaffnet. Beobachter der Afrikanischen Union (AU) hatten zuvor von neuen Angriffen auf Zivilisten berichtet. Eine Untersuchungskommission wurde beauftragt, die Menschenrechtslage in der Region zu prüfen und festzustellen, ob Anzeichen des Völkermords vorliegen. In ihrem Abschlussbericht vom 31. 1. 2005 warf die Kommission der Regierung des Sudan schwerste Verbrechen in der Darfur-Region vor: Die Djandjawid-Milizen stünden, entgegen der Aussage der Regierung, unter der Kontrolle der Behörden oder dürften zumindest mit deren Duldung rechnen. Ein Völkermord – der die UN zu sofortigem Handeln gezwungen hätte – habe jedoch nicht stattgefunden. In **Resolution 1591** wurde das bestehende Waffenembargo verschärft und ein Reiseverbot für die Verantwortlichen der Verbrechen in Darfur verhängt, deren Vermögen außerdem eingefroren wurde. Zwei Tage später, am 31. 3. 2005, beschloss der UN-Sicherheitsrat mit **Resolution 1593** die Angelegenheit in Darfur der Anklagebehörde des → Internationalen Strafgerichtshofs (ICC) in Den Haag zu übergeben. UN-Generalsekretär Annan überreichte am 5. 4. 2005 dem Chefankläger des ICC, Luis Moreno Ocampo, in New York eine Liste mit den Namen der 51 Hauptverdächtigen.

Auf einer internationalen Geberkonferenz in Addis Abeba, Äthiopien, am 26. 5. 2005 appellierten UN-Generalsekretär Annan und der Präsident der Kommission der Afrikanischen Union (AU), Alpha Oumar Konaré (→ Foto), an die Weltgemeinschaft, die Friedensmission der AU in Darfur zu unterstützen. Die

Kofi Annan (links) und Alpha Oumar Konaré am 25. 5. 2005 in Addis Abeba

AU, die bisher 2300 Soldaten in die Region entsandt hat, ist für die Stationierung weiterer Truppen auf finanzielle und logistische Unterstützung angewiesen.

Konflikt mit dem Südsudan

Im seit 1956 anhaltenden Bürgerkrieg zwischen dem arabisch-muslimischen Norden und dem schwarzafrikanisch-christlichen bzw. von indigenen Religionen geprägten Süden des Landes konnte mit der Unterzeichnung eines umfassenden Friedensabkommens zwischen der Zentralregierung und den Rebellen der südsudanesischen Befreiungsbewegung (Sudan People's Liberation Movement/Army, SPLM/A) am 9. 1. 2005 in Nairobi, Kenia, ein bedeutender Fortschritt erzielt werden. Während einer vorbereitenden, außerordentlichen Sitzung des Sicherheitsrats in Nairobi am 18./19. 11. 2004 hatte die UN in **Resolution 1574** umfangreiche Hilfen für den Fall in Aussicht gestellt, dass eine abschließende Einigung den Frieden für den Südsudan bis Ende des Jahres vertraglich besiegelte. Mit **Resolution 1590** vom 24. 3. 2005 beschloss der UN-Sicherheitsrat die Entsendung einer Friedenstruppe aus 10 000 Soldaten (United Nations Mission In Sudan, UNMIS). Ihre Aufgabe besteht in der Umsetzung des Friedensabkommens von Nairobi, in der Zahlung humanitärer Hilfsmaßnahmen sowie im Schutz der Menschenrechte. Der Konflikt in Darfur gehörte dem Mandat zufolge nicht zum Aufgabenbereich der UNMIS; sie sollte lediglich den dort stationierten Truppen der Afrikanischen Union technische und logistische Unterstützung gewähren.

Annahme einer Konvention gegen nuklearen Terrorismus

Am 13. 4. 2005 verabschiedete die UN-Generalversammlung die »Internationale Konvention zur Verhinderung von Akten des Nuklearterrorismus«. Die Konvention basiert auf einem bereits 1998 von Russland unterbreiteten Vorschlag. Sie definiert die Bedingungen, die ein Vergehen als Nuklearterrorismus ausweisen. Staaten, die die Konvention ratifizieren, müssen Täter – beispielsweise Personen oder Gruppen, die gesetzwidrig im Besitz radioaktiver Materialien sind und das Ziel verfolgen, damit Schaden zu verursachen – entweder strafrechtlich verfolgen oder ausliefern. Beschlagnahmtes Material soll entsprechend den Richtlinien der Internationalen Atomenergiebehörde (IAEA) verwahrt werden. Zudem werden die Staaten zu einer verstärkten straf- und prozessrechtlichen Zusammenarbeit aufgerufen. Die Konvention liegt ab September 2005 zur Zeichnung auf.

Urteil des Internationalen Gerichtshofs zur israelischen »Mauer«

Der Internationale Gerichtshof (ICJ) legte am 9. 7. 2004 das von der UN-Generalversammlung am 8. 12. 2003 erbetene Gutachten zur Rechtmäßigkeit der israelischen Sperranlagen im Westjordanland vor (→ WA 2005, S. 560). Der Gerichtshof befand, dass die Errichtung einer Mauer in den besetzten palästinensischen Gebieten durch Israel **gegen das Völkerrecht verstößt**. Israel sei dazu verpflichtet, diesen fortgesetzten Bruch des internationalen Rechts zu beenden, die Baumaßnahmen abzubrechen und bestehende Teile der Mauer abzubauen. Außerdem sei Israel zur Zahlung von Reparationen für die entstandenen Schäden verpflichtet. Der ICJ wies die israelische Argumentation zurück, der Gerichtshof sei nicht zuständig, da es sich nicht um eine rechtliche, sondern eine politische Frage handle. Durch den Bau der »Mauer« habe Israel ein fait accompli geschaffen, das geeignet sei, die zweifelsfrei rechtswidrige Errichtung von Siedlungen in den besetzten Gebieten zu zementieren. Durch den Bau der Sperranlagen würden die demographischen Verhältnisse im Westjordanland verändert. Außerdem schränke die »Mauer« die betroffene palästinensische Bevölkerung in unzulässiger Weise in ihren Lebensgewohnheiten ein und entziehe ihnen zum Teil ihre Verdienstmöglichkeiten. Damit würden die Menschenrechte der Bevölkerung ebenso verletzt wie ihre Rechte nach der 4. Genfer Konvention. Außerdem zeigte sich der Gerichtshof nicht überzeugt, dass der konkrete Verlauf der Mauer für die Sicherheitsinteressen Israels und seiner Bevölkerung notwendig sei. Daher könne Israel sich auch nicht auf das Selbstverteidigungsrecht oder einen vermeintlichen Notstand berufen.

Während das Gutachten des ICJ von den arabischen Staaten einhellig begrüßt wurde, lehnte Israel es ab, daraus Konsequenzen zu ziehen. Der Gerichtshof habe es versäumt, auf die entscheidende Frage – den palästinensischen Terrorismus – einzugehen. Allerdings beschloss Israel am 30. 7. 2004, den Verlauf der Sperranlagen zu verlegen. Die Regierung folgte damit einem Urteil des israelischen Obersten Gerichtshofs, der gefordert hatte, der Sicherheitszaun müsse näher an der Waffenstillstandslinie von 1967 verlaufen.

Die UN-Generalversammlung rief Israel in einer Sondersitzung wenige Tage nach der Veröffentlichung des Gutachtens auf, den Forderungen des ICJ Folge zu leisten. Für die Resolution stimmten 150 Staaten, darunter auch die EU-Mitgliedstaaten, was zu diplomatischen Verstimmungen zwischen Israel und der EU führte. Sechs Staaten – neben Israel u. a. die USA – stimmten gegen die Resolution, zehn enthielten sich der Stimme.

G7 / G8
Weltwirtschaftsgipfel

Internet: www.g8.gov.uk

▪ **Gründung**: Der erste Weltwirtschaftsgipfel, das Treffen der Staats- und Regierungschefs der führenden Industrienationen, fand 1975 als G6 auf französische Initiative in Rambouillet statt. ▪ **Ziele**: Zunächst beschränkt auf die Koordinierung der nationalen Wirtschaftspolitiken der Mitgliedstaaten. Mittlerweile dient die G7 / G8 als wichtiges Forum für regelmäßige Konsultationen nicht nur über Fragen der Weltwirtschaft, sondern auch der internationalen Politik. Die G7 / G8 erörtert u. a. den Kampf gegen die Armut in den Entwicklungsländern, die Arbeitslosigkeit, den Kampf gegen Kriminalität, den Terrorismus und die Weiterverbreitung von Massenvernichtungswaffen. ▪ **Mitglieder**: Die sieben führenden Wirtschaftsnationen (G7) Deutschland, Frankreich, Großbritannien, Italien, Japan, die USA und Kanada (seit 1976) sowie Russland (seit 1994); seit 1998 formell als G8. Seit 1977 nimmt zudem die Europäische Gemeinschaft (seit 1993 EU) an den Treffen teil. Sie wird durch die Europäische Kommission und das Land, das die EU-Präsidentschaft innehat, vertreten. ▪ **Organisation**: Keine feste Organisationsstruktur. Die G7 / G8 treffen sich regelmäßig zu informellen Ministertreffen sowie auf der Ebene der Staats- und Regierungschefs. Den Vorsitz übernehmen die Mitglieder im Wechsel für jeweils ein Jahr (2004 USA, 2005 Großbritannien). Die Gipfeltreffen der Staats- und Regierungschefs werden von ihren persönlichen Beauftragten, den sog. Sherpas, vorbereitet. ▪ **Finanzierung**: durch die Mitgliedstaaten; kein eigenständiges Budget.

CHRONIK Am 1. 10. 2004 trafen sich die Finanzminister und Zentralbankdirektoren der sieben stärksten Wirtschaften der Welt (G7) in Washington D. C.; auch China nahm an dem Treffen teil. Die Mitglieder der G7 drückten ihre Hoffnung aus, dass China ein flexibles Wechselkurssystem für seine Währung einführe. Die chinesische Delegation vertrat hingegen die Auffassung, dass die Volksrepublik noch einige Zeit brauche, bevor Währungskontrollen aufgehoben werden könnten. Des weiteren unterstützte die Gruppe der 7 einen Aufruf des britischen Schatzkanzlers, Gordon Brown, an die → OPEC, ihre Produktion zu erhöhen, um die Weltwirtschaft vor den steigenden Ölpreisen zu beschützen.

Eine Einigung auf einen weiteren Schuldenerlass für die ärmsten Länder der Welt und den Irak, der insbesondere von Großbritannien bzw. den USA betrieben worden war, kam bei dem Treffen wie auch bei einem Folgetreffen im Februar 2005 zunächst nicht zustande. Am 10. und 11. 6. 2005 einigten sich die Finanzminister anlässlich ihrer Zusammenkunft in London auf einen Vorschlag, der einen Schuldenerlass in Höhe von etwa 40 Mrd. US-$ für 18 Staaten aus der Gruppe der hochverschuldeten armen Länder (Highly Indebted Poor Countries, HIPCs) vorsieht. 14 davon – Äthiopien, Benin, Burkina Faso, Ghana, Madagaskar, Mali, Mauretanien, Mosambik, Niger, Ruanda, Sambia, Senegal, Tansania und Uganda – liegen in Afrika südlich der Sahara; hinzu kommen die lateinamerikanischen Staaten Bolivien, Guyana, Honduras und Nicaragua. Weitere Länder sollen später folgen. Den betroffenen Staaten sollen die Schulden bei → Weltbank, → Internationalem Währungsfonds und Afrikanischer Entwicklungsbank vollständig erlassen werden. Während der Vorschlag überwiegend positiv aufgenommen wurde, gab es auch vereinzelt Kritik: Der Schuldenerlass »belohne« die Länder, die eine besonders unsolide Finanzpolitik betrieben hätten, und setze nicht ausreichend Wachstumsimpulse.

Auf ihrer Tagung in London betonten die Finanzminister zudem die Notwendigkeit, bei der Doha-Runde der → WTO zu einer baldigen Einigung zu gelangen, unterstrichen die Bedeutung des Kampfs gegen Aids und einer verbesserten Gesundheitsversorgung und riefen die internationalen Finanzinstitutionen zu verstärkten Anstrengungen für den Kampf gegen die Armut und zur Erreichung der Millennium-Entwicklungsziele auf.

G8-Gipfel vom 6.–8. 7. 2005 – Gleneagles in Pertshire, Schottland: Auf dem Gipfeltreffen der G8-Staaten, das von den Terroranschlägen in London überschattet war, verständigten sich die sieben größten Industriestaaten und Russland auf ein Hilfspaket von 90 Mrd. US-$: 40 Mrd. werden für den Schuldenerlass der 18 ärmsten Länder der Welt (→ oben) aufgewendet, 50 Mrd. wurden als zusätzliche Hilfe zugesagt, die bis 2010 ausgezahlt werden und vor allem Afrika zugute kommen soll; 3 Mrd. US-$ davon erhält die Palästinensische Autonomiebehörde. Ob das beschlossene Hilfspaket von 50 Mrd. US-$ über die Erhöhung der Entwicklungshilfe der G8-Staaten finanziert wird, blieb bei den Beratungen offen.

Da sich US-Präsident George W. Bush schon vor Beginn des Gipfels erneut gegen die Ratifizierung des Kyoto-Protokolls ausgesprochen hatte, einigten sich die G8-Staaten auf einen neuen Aktionsplan zu Klima, Energie und nachhaltiger Entwicklung. Einbezogen wurden dabei auch die Schwellenländer VR China, Indien, Südafrika, Brasilien und Mexiko, die durch ihr starkes Wirtschaftswachstum inzwischen mit 45 % zu den weltweiten Schadstoff-Emissionen beitragen.

ICC

Internationaler Strafgerichtshof

International Criminal Court (ICC); Cour pénale internationale (CPI); deutsche Abkürzung: IStGH

Maanweg 174, 2516 AB Den Haag, Niederlande
T 00 31/70/515 85 15, Fax 515 85 55
www.icc-cpi.int

■ **Gründung** am 17. 7. 1998. Das Statut des ICC trat am 1. 7. 2002 in Kraft, der ICC nahm am 16. 6. 2003 seine praktische Arbeit auf. ■ **Ziele**: Strafrechtliche Verfolgung von Völkermord, Verbrechen gegen die Menschlichkeit (auch »ethnische Säuberungen« und Entrechtung von Minderheiten), Kriegsverbrechen und Verbrechen des Angriffskriegs ■ **Vertragsstaaten** 99 Staaten (→ Tabelle, S. 560) haben bis zum 12. 5. 2005 das Statut des ICC ratifiziert; 139 Staaten haben das Statut bisher nur unterzeichnet. Das »Agreement on Privileges and Immunities of the International Criminal Court« (APIC), das den Richtern und Anklägern volle Immunität zusichert, trat am 22. 7. 2004 in Kraft. 62 Staaten hatten die Vereinbarung bis dahin unterzeichnet; bis zum 31. 1. 2005 haben 21 Staaten das Agreement ratifiziert. Da der ICC kein UN-Organ ist, war diese Zusatzvereinbarung eine Voraussetzung dafür, dass die Mitglieder des ICC ihren Aufgaben unabhängig nachgehen können. ■ **Hauptorgane Präsident**: Philippe Kirsch (Kanada); 1. Vizepräsidentin: Akua Kuenyehia (Ghana), 2. Vizepräsidentin: Elizabeth Odio Benito (Costa Rica) Kammern: Vorverfahrenskammern (5 Richter), Strafkammern (mind. 6 Richter) und Berufungskammern (mind. 6 Richter). **Chefankläger** der Anklagebehörde: Luis Moreno Ocampo (Argentinien). Kanzlei als Verwaltungsorgan: Kanzler Bruno Cathala (Frankreich).
■ **Personal**: 116 Frauen und 134 Männer aus 60 Ländern
■ **Arbeitsweise**: Das ICC-Statut definiert die einzelnen Verbrechen, regelt die Zuständigkeit des Gerichtshofs, den Gerichtsaufbau, das Strafverfahren, die Strafvollstreckung und die strafrechtliche Zusammenarbeit.

Der ICC erhält **automatische Gerichtsbarkeit für die Kernverbrechen** (→ oben), allerdings mit einigen Ausnahmen. Das Gericht kann sich eines Falles annehmen, wenn er vom UN-Sicherheitsrat überwiesen worden ist oder wenn ein Staat, der seine Jurisdiktion anerkannt hat, ihm einen Fall überträgt. Der Ankläger arbeitet unabhängig; er kann von sich aus Ermittlungen aufnehmen, ist dabei aber der steten Kontrolle einer Ermittlungskammer des ICC unterworfen. Für **Kriegsverbrechen** gilt eine Übergangsphase von sieben Jahren, in denen sich jeder Vertragsstaat weigern kann, die Zuständigkeit des ICC für sich und seine Bürger anzuerkennen (Opting out). Die Höchststrafe, die das Gericht verhängen kann, beträgt 30 Jahre, in besonders schweren Fällen lebenslänglich; Personen, die zum Zeitpunkt des Verbrechens weniger als 18 Jahre alt waren, können nicht angeklagt werden. **Verbrechen des Angriffskriegs** sollen erst dann in die Zuständigkeit des Gerichts fallen, wenn eine Überprüfungskonferenz sieben Jahre nach Inkrafttreten des Statuts Näheres dazu festgelegt hat. Der ICC ergänzt die nationalen Strafverfolgungssysteme, ersetzt sie aber nicht. Er ist nur für Verbrechen zuständig, die nach dem 1. 7. 2002 verübt wurden.

Ein Abkommen, das die Beziehungen mit den UN regelt, unterzeichneten der Präsident des ICC, Philippe Kirsch, und UN-Generalsekretär Kofi Annan am 4. 10. 2004. Neben einer engen Zusammenarbeit sieht es auch eine Teilnahme des ICC als Beobachter in der UN-Generalversammlung vor. Außerdem regelt das Abkommen Fälle, in denen der UN-Sicherheitsrat dem ICC eine Situation zur Untersuchung unterbreitet.

CHRONIK Vom 26.–30. 7. 2004 entsandte der ICC seine erste stellvertretende Delegation in die Demokratische Republik **Kongo**, um dort den Grundstein einer zukünftigen Kooperation zu legen. Am 12. 10. 2004 unterzeichneten Vertreter der kongolesischen Regierung und des ICC ein »Memorandum of Understanding« über die Aktivitäten des ICC auf kongolesischem Territorium. Wenige Tage zuvor war bereits ein Abkommen über justizielle Zusammenarbeit unterzeichnet worden.

Ein Untersuchungsverfahren zu den Vorkommnissen in **Norduganda** wurde am 29. 7. 2004 eingeleitet. Die ugandische Regierung hatte dem ICC ein entsprechendes Ersuchen im April 2004 unterbreitet. Anfang Januar 2005 unterstellte die **Zentralafrikanische Republik** in einem Schreiben an Chefankläger Moreno Ocampo die Verbrechen auf dem gesamten Staatsgebiet der Untersuchung durch den Gerichtshof, soweit sie seit Juli 2002 begangen wurden und unter die Jurisdiktion des ICC fallen. Eine Voruntersuchung des ICC soll von den Richtern Hans Peter Kaul (Deutschland), Tuiloma Neroni Slade (Samoa) und Sylvia Steiner (Brasilien) geleitet werden. Im Februar 2005 erkannte zudem die **Elfenbeinküste** die Jurisdiktion des ICC bezüglich Verbrechen an, die dort seit Ausbruch des Bürgerkriegs am 19. 9. 2002 begangen wurden.

Der UN-Sicherheitsrat entschied am 1. 4. 2005 mit der Resolution 1593, dem ICC die Situation in der **sudanesischen Provinz Darfur** zur Untersuchung vorzulegen. Dieser Beschluss war insofern bemerkenswert, als die USA den ICC weiterhin ablehnen, die Annahme der Resolution aber nicht verhindert haben. UN-Generalsekretär Kofi Annan übergab der Anklagebehörde des ICC am 5. 4. eine Liste mit 51 Namen der vermutlich Verantwortlichen für die Verbrechen im Sudan. Am 7. 4. 2005 wurde die versiegelte Liste im Beisein von Chefankläger Luis Moreno Ocampo geöffnet. Nach Abschluss der Vorermittlungen entschied Moreno am 6. 6. 2005, eine formelle Untersuchung einzuleiten.

NATO Organisation des Nordatlantikvertrags

North Atlantic Treaty Organization; Organisation du traité de l'Atlantique du Nord (OTAN)

Boulevard Léopold III, B-1110 Brüssel
T 00 32/2/707 41 11, Fax 707 41 17
www.nato.int

■ **Gründung**: Am 4. 4. 1949 in Washington D. C. durch einen Vertrag zwischen zwölf Staaten Westeuropas und Nordamerikas als Sicherheitsbündnis gleichberechtigter Staaten; ratifiziert am 24. 8. 1949. ■ **Ziele**: Zusammenarbeit auf politischem, wirtschaftlichem und militärischem Gebiet zur Friedenserhaltung und Krisenbewältigung in Zusammenarbeit mit den Vereinten Nationen (→ UN) und der Organisation für Sicherheit und Zusammenarbeit in Europa (→ OSZE). Aufgabe in Friedenszeiten ist die Friedenssicherung durch Ausarbeitung von Verteidigungsplänen, Rüstungszusammenarbeit, Errichtung von Infrastruktur, gemeinsame Übungen. Seit 1991 verstärkt die NATO ihre politischen Funktionen und hat neue Aufgaben der Friedenserhaltung und Krisenbewältigung übernommen. ■ **Mitglieder** (26): Belgien, Bulgarien, Dänemark, Deutschland, Estland, Frankreich, Griechenland, Großbritannien, Island, Italien, Kanada, Lettland, Litauen, Luxemburg, Niederlande, Norwegen, Polen, Portugal, Rumänien, Slowakei, Slowenien, Spanien, Tschechische Republik, Türkei, Ungarn und die USA. – Frankreich und Spanien sind militärisch nicht integriert, Island besitzt keine Streitkräfte.

ORGANISATIONSSTRUKTUREN

Zivile Organisation: Der Nordatlantikrat NAC (North Atlantic Council) ist das höchste Konsultations- und Beschlussgremium; die Staats- und Regierungschefs (NATO-Gipfel) oder Außen- bzw. Verteidigungsminister der 26 Mitgliedstaaten treten in der Regel zweimal im Jahr zusammen. Die NATO-Botschafter in Brüssel fungieren als Ständiger Rat. Weitere Hauptorgane sind der Ausschuss für Verteidigungsplanung (Defence Planning Committee/DPC), die Nukleare Planungsgruppe (Nuclear Planning Group/NPG) und die Nordatlantische Versammlung aus Parlamentariern der 26 Mitgliedstaaten (halbjährlich) zur Vorbereitung nationaler Parlamentsentscheidungen. Das Generalsekretariat wird von einem **Generalsekretär** geleitet (der traditionell ein Europäer ist) – seit 1. 1. 2004 Jaap de Hoop Scheffer (Niederlande) – und hat rund 1400 Mitarbeiter. Im NATO-Hauptquartier sind insgesamt 3150 Vollzeitkräfte beschäftigt, davon rund 1400 bei den nationalen Delegationen und Militärvertretungen.
Integrierte Militärstruktur: Der Militärausschuss (Military Committee/MC) ist das höchste militärische Beratungsgremium der Stabschefs der an der integrierten Militärstruktur teilnehmenden Mitgliedstaaten, zugleich vorgesetzte Behörde der Obersten Alliierten Befehlshaber. Der MC besteht aus ranghohen Militärs der 26 Mitgliedstaaten und trifft sich regelmäßig auf der Ebene der Generalstabschefs. Vorsitzender des Militärausschusses ist Ray Henault (Kanada).

Frankreich hatte sich 1966 aus der integrierten militärischen Struktur des Bündnisses zurückgezogen; die Kontakte werden über eine beim MC akkreditierte französische Militärmission abgewickelt. Island, das über keine eigenen Streitkräfte verfügt, kann einen zivilen Beamten in den MC entsenden. Spanien beteiligt sich nicht an der integrierten Befehlsstruktur der NATO, ist aber Vollmitglied des NAC, der NPG, des DPC und des MC.
Kommandostruktur: In Friedenszeiten unterstehen die Streitkräfte der Mitgliedstaaten größtenteils nationalem Oberbefehl. Die integrierten Stäbe der NATO-Hauptquartiere, die Einheiten der integrierten Luftverteidigung, die Flotte der 17 Frühwarnflugzeuge AWACS (Airborne Warning And Control System) und die drei Einsatzflotten (Atlantik, Mittelmeer und ein Minenabwehrverband) sind auch im Frieden NATO-Befehlshabern unterstellt.

Das Alliierte Kommando Operationen (Allied Command Operations, ACO) mit Sitz in Mons (Belgien) untersteht dem Oberfehl des SACEUR (Supreme Allied Commander Europe; General James L. Jones, in Personalunion auch Oberkommandierender der US-Streitkräfte in Europa); das Alliierte Kommando Transformation (Allied Command Transformation, ACT) mit Sitz in Norfolk (USA) wird geleitet von Admiral Edmund P. Giambastiani. Traditionell werden die beiden militärischen Führungsämter von US-Offizieren bekleidet. Die Kommandostrukturen des Bündnisses wurden 2003 erneuert.

CHRONIK Die Außenminister der drei Bewerber für eine zukünftige NATO-Mitgliedschaft, **Albanien, Kroatien und Mazedonien**, stellten am 17. 6. 2004 in Brüssel eine gemeinsame Strategie für ihre Bewerbung vor. Sie erklärten, dass sie an einem gemeinsamen Plan zur Zusammenlegung ihrer Kräfte arbeiteten, die sie dann in die NATO integrieren könnten. Auf ihrem Gipfeltreffen in Istanbul am 28./29. 6. 2004 (→ WA 2005, S. 571) bekundeten die Staats- und Regierungschefs der NATO-Mitgliedstaaten ihre grundsätzliche Bereitschaft zur Erweiterung des Bündnisses, forderten aber zugleich die drei Bewerber auf, ihre bereits auf den Weg gebrachten notwendigen Reformen auch weiterhin mit größtem Engagement zu verfolgen.

Mit einer Zeremonie in Sarajevo am 2. 12. 2004 wurde das Ende der **SFOR**-Operation in Bosnien und Herzegowina offiziell beendet. Truppen der Europäischen Union – die EUFOR-Mission Althea unter UN-Mandat, kommandiert vom britischen General David Leakey – werden knapp zehn Jahre nach dem Friedensschluss von Dayton fortan für Sicherheit und Stabilität sorgen. Zusätzlich sind noch 300 US-Soldaten präsent, die sich an der Verfolgung von Kriegsverbrechern

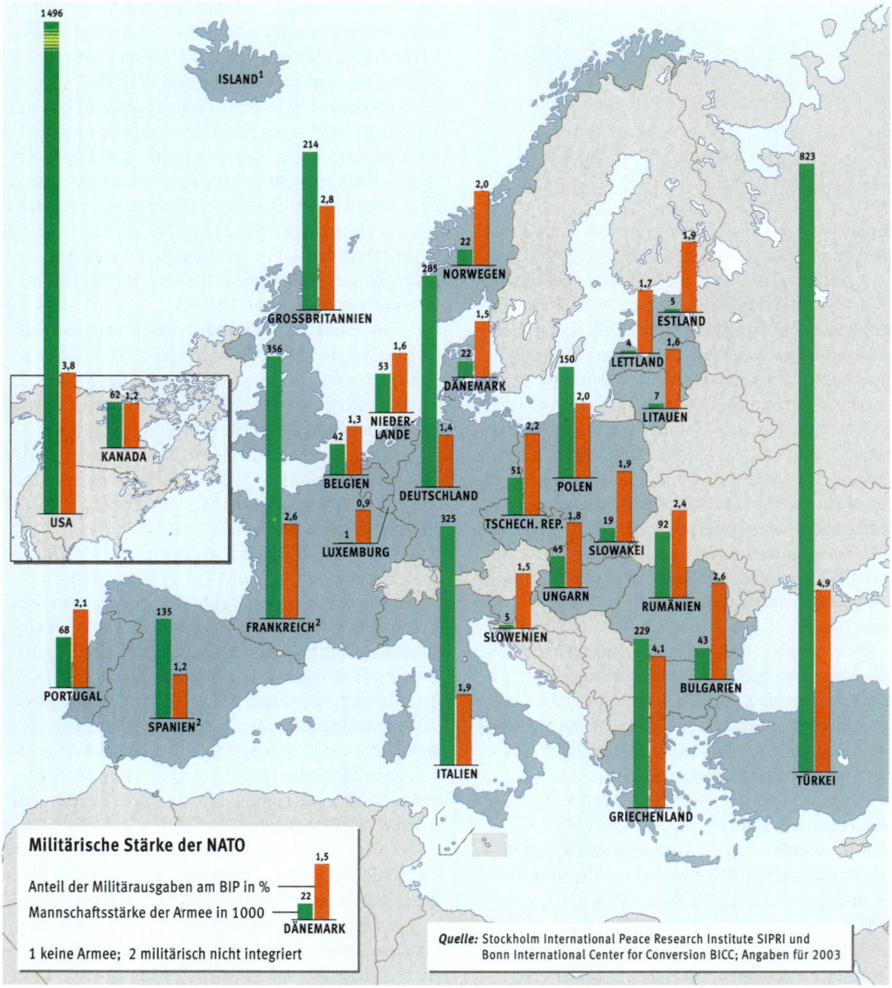

durch die EUFOR beteiligen sollen. Im Gegensatz zur SFOR wurde der weitere Verbleib der **KFOR** im **Kosovo** als unabdingbar für Frieden und Sicherheit in der nach Unabhängigkeit strebenden serbischen Provinz bezeichnet. Dank der Bemühungen der NATO verliefen die Wahlen im Kosovo im Oktober ohne nennenswerte Zwischenfälle.

Auf dem Istanbuler Gipfel wurde auch beschlossen, die von der NATO geführte Internationale Schutztruppe (ISAF) in Afghanistan zu erweitern. Zusätzliche Wiederaufbauteams (Provincial Reconstruction Teams, PRTs) sollten den Wiederaufbau beschleunigen. Die Präsidentschaftswahlen in Afghanistan am 9. 10. 2004 bezeichnete NATO-Generalsekretär Jaap de Hoop Scheffer als großen Erfolg, zu deren friedlichem Verlauf das ISAF-Engagement wesentlich beigetragen habe. Kurz vor den Wahlen waren die ISAF-Truppen verstärkt und der Aufbau von fünf zusätzlichen PRTs abgeschlossen worden. Bis Mai 2005 wurden weitere PRTs im Westen des Landes unter das Kommando der ISAF gestellt (→ Foto). Bis zum Abschluss der Bildung von PRTs will ISAF die Sicherheit in etwa 50 % des afghanischen Territoriums garantieren (→ Afghanistan). Am 9. 6. 2005 beschlossen die NATO-Verteidigungsminister, auch für die im Herbst 2005 geplanten Parlamentswahlen zusätzliche Truppen zur Verfügung zu stellen, um einen reibungslosen Ablauf zu garantieren.

Auf dem NATO-Gipfel von Istanbul im Juni 2004 war auch die Unterstützung der irakischen Übergangsregierung beim Aufbau von irakischen Sicherheitskräften beschlossen. Am 14. 8. erreichten erste NATO-Mannschaften zu diesem Zweck den **Irak**. Bei einem Besuch bei der NATO am 14. 9. bat der irakische Über-

ISAF-Truppen in Afghanistan

gangspräsident Scheich Ghasi al-Jawar darum, das Engagement der NATO bezüglich der Ausbildung und Ausstattung irakischer Sicherheitskräfte noch zu verstärken. Wenig später entschied die NATO, irakische Kräfte auch außerhalb ihres Landes – im Joint Warfare Center der NATO in Stavanger (Norwegen) – auszubilden und zu unterrichten. Am 9. 12. 2004 beschlossen die Außenminister der NATO auf ihrer Herbsttagung, ein von der NATO unterstütztes Iraqi Training, Education and Doctrine Centre in der Nähe von Bagdad aufzubauen.

Der Streit über den Irak-Krieg und seine Folgen hatte die Allianz 2003 an den Rand einer Zerreißprobe geführt. Nach anfänglichen Kontroversen auch über die Einbindung der NATO beim Wiederaufbau des Irak, zelebrierten alle Mitgliedstaaten auf dem **NATO-Gipfeltreffen** am 22. 2. 2005 in Brüssel demonstrativ eine neue Einigkeit. US-Präsident George W. Bush bezeichnete die NATO als den Grundpfeiler der transatlantischen Beziehungen. Die Staats- und Regierungschefs zeigten sich einig in dem Willen, die Ausbildung irakischer Sicherheitskräfte durch die NATO zu unterstützen. Darüber hinaus verständigte man sich, die Bemühungen in Afghanistan und den politischen Dialog in der Allianz wieder zu verstärken. Vorausgegangen waren Irritationen über eine Äußerung des deutschen Bundeskanzlers Gerhard Schröder am 12. 2. 2005 auf der Münchner Sicherheitskonferenz. Schröder hatte in seiner (wegen Krankheit von Verteidigungsminister Peter Struck vorgetragenen) Rede eine Stärkung der politischen Dimension der NATO gefordert. Die NATO sei »nicht mehr der primäre Ort, an dem die transatlantischen Partner ihre strategischen Vorstellungen konsultieren und koordinieren«. Schröder regte daher die Einrichtung eines »Panels« hochrangiger Persönlichkeiten an, das Ideen für eine Reform der NATO erarbeiten solle. Generalsekretär Jaap de Hoop Scheffer wies diesen Vorschlag ebenso wie die US-Regierung zurück. Gleichzeitig betonten alle NATO-Mitgliedstaaten die Notwendigkeit einer Intensivierung des transatlantischen Dialogs.

Das künftige Selbstverständnis der NATO war auch Thema eines **Treffens der NATO-Verteidigungsminister** am 13. 10. 2004 in Poiana Brasov (Rumänien) gewesen. Die Minister erörterten bei der informellen Zusammenkunft die Fähigkeit des Bündnisses, Truppen zu entsenden und aktuelle Herausforderungen zu bewältigen. Gerade im Hinblick auf den internationalen Terrorismus müsse eine schnelle Handlungsfähigkeit der NATO gesichert sein. Ein Hauptaugenmerk lag dabei auf der Verbindung von Entscheidungen, die NATO-Missionen vorsehen, und einer Gewährleistung, dass diesen Vorhaben auch genügend Truppen zur Seite stehen. Ziel sei es, dass 40 % der NATO-Truppen jederzeit einsetzbar seien und 8 % über längere Zeit vor Ort operieren könnten. Neben der Planung und Finanzierung solcher Operationen wurde auch der politische Entscheidungsprozess diskutiert.

Am 14. 4. 2005 wurde in Brüssel erneut über eine politische und militärische Transformation der NATO beraten. NATO-Generalsekretär Jaap de Hoop Scheffer bekräftigte notwendige Änderungen in den Strukturen der NATO. Das Ziel sei es, die NATO zum zentralen Forum transatlantischer strategischer Diskussionen zu machen. Des Weiteren sei ein schneller politischer Entscheidungsprozess von Nöten, um das Krisenmanagement in der NATO zu optimieren.

Am 9. 6. 2005 beschloss die NATO, gemeinsam mit der → EU die Friedensmission der → Afrikanischen Union (AU) in **Darfur** (→ UN-Chronik) logistisch zu unterstützen. Unter anderem sollten der AU Lufttransportkapazitäten für die Aufstockung ihrer Truppen in der sudanesischen Provinz zur Verfügung gestellt werden. Die NATO wird damit erstmals auf dem afrikanischen Kontinent aktiv.

OPEC Organisation Erdöl exportierender Länder

Organization of the Petroleum Exporting Countries

Obere Donaustr. 93, A-1020 Wien
T 00 43/1/21 11 22 79, Fax 214 98 27
www.opec.org

▪ **Gründung**: Am 14. 9. 1960 in Bagdad durch die fünf Erdöl-Förderstaaten Irak, Iran, Kuwait, Saudi-Arabien und Venezuela. ▪ **Ziele**: Koordinierung der Erdölpolitiken in den Förderstaaten; Stabilisierung der Weltmarktpreise u. a. durch Regulierung der Fördermengen; »faire Erträge« für Investoren in der Erdölindustrie (→ Stichwort). ▪ **Mitglieder** (11): Algerien, Indonesien, Irak, Iran, Katar, Kuwait, Libyen, Nigeria, Saudi-Arabien, Venezuela und die Vereinigten Arabischen Emirate. ▪ **Hauptorgane**: Konferenz der Erdöl- bzw. Finanzminister (halbjährlich) zur Festlegung der Preise und Förderquoten; **Präsident**: Scheich Ahmad Fahad al-Ahmad as-Sabah (Kuwait); **Generalsekretär**: Adnan Shihab-Eldin (Kuwait); rd. 160 Mitarbeiter ▪ **Finanzierung**: zu gleichen Teilen durch die Mitgliedstaaten; Haushalt 2005 19,8 Mio. €

CHRONIK Auf der 132. Konferenz der OPEC am 15. 9. 2004 in Wien beschlossen die Mitgliedstaaten, ihre Produktion ab 1. 11. um 1 Mio. auf insgesamt 27,0 Mio. Barrel Rohöl pro Tag zu erhöhen, um den Erdölpreis wieder zu senken und den Ölmarkt zu stabilisieren. Allerdings hatten die OPEC-Mitgliedsländer bereits vorher sogar mehr als 28 Mio. Barrel gefördert. Als Gründe für den hohen Erdölpreis, der außerhalb des Einflusses der OPEC lag, galten neben Anschlägen im Irak auch die zu geringe Anzahl an Raffinerien, die Öl zu Benzin oder Diesel verarbeiten. Um zu einer Stabilisierung des Ölmarktes beizutragen, einigte sich die OPEC auf der 133. (Sonder-)Konferenz am 10. 12. 2004 in Kairo auf eine Drosselung ihrer Überproduktion auf die in Wien festgelegten 27 Mio. Barrel pro Tag.

Förderquoten der OPEC

OPEC-Mitglieder	Produktion in Mio. Barrel/Tag	in % der OPEC-Produktion
Algerien	0,878	3,6
Indonesien	1,425	5,2
Iran	4,037	14,7
Kuwait	2,207	8,8
Libyen	1,473	5,4
Nigeria	2,265	8,2
Katar	0,713	2,6
Saudi-Arabien	8,937	32,5
Vereinigte Arab. Emirate	2,400	8,7
Venezuela	3,165	11,5
Irak	–	–
Gesamt	27,500	

Scheich Ahmad as-Sabah (Mitte) auf der OPEC-Konferenz am 16. 3. 2005

Zudem wurde das Budget der OPEC für 2005 auf 19,8 Mio. € festgelegt.

Die 134. (Sonder-)Konferenz am 30. 1. 2005 in Wien nahm die OPEC zum Anlass, ihr Mitleid für die Opfer der Tsunami-Katastrophe im OPEC-Mitgliedsland Indonesien auszudrücken. Da man annahm, dass der Ende 2004 wieder gefestigte Ölpreis auch zu Beginn 2005 einigermaßen stabil bleiben würde, wurde die vorläufige Förderquote von 27 Mio. Barrel pro Tag zunächst beibehalten.

Auf der 135. Konferenz (→ Foto) am 16. 3. 2005 in Isfahan (Iran) beschäftigte sich die OPEC mit der Frage, warum der Erdölpreis trotz ausreichender Versorgung des Weltmarktes weiter angestiegen war. Dafür wurden v. a. der lange, kalte Winter in der nördlichen Hemisphäre sowie der Preisdruck durch Hedge-Fonds und Index-Fonds verantwortlich gemacht. Als Reaktion verständigten sich die OPEC-Mitglieder darauf, die Förderquote auf 27,5 Mio. Barrel pro Tag zu erhöhen; die tatsächliche Produktion lag zu diesem Zeitpunkt bei etwa 29,5 Mio. Barrel. Die Marktlage sollte weiterhin streng überwacht werden.

In ihrem Monatsbericht vom Juni 2005 erklärte die OPEC, es seien sofortige und hohe Investitionen im Raffineriesektor notwendig, damit die Bemühungen auf Seiten der Rohöllieferanten zur Versorgung des Weltmarkts ihre volle Wirkung zeigen könnten. Zur Entwicklung des Erdölpreises, der im Juni 2005 kurzfristig die Marke von 60 US-$ pro Barrel überstiegen hatte, → Kapitel Wirtschaft.

WTO Welthandelsorganisation

World Trade Organization (WTO);
Organisation mondiale du commerce (OMC)

154 Rue de Lausanne, CH-1211 Genf 21
T 00 41/22/739 51 11, Fax 731 42 06
www.wto.org

▪ **Gründung** am 15. 4. 1994 in Marrakesch (Marokko) als Dachorganisation für die internationalen Handelsbeziehungen. Die WTO-Verträge umfassen – neben dem Abkommen über die Schaffung der Organisation selbst – das **Allgemeine Zoll- und Handelsabkommen GATT** (General Agreement on Tariffs and Trade) von 1947; das **Allgemeine Abkommen über den Handel mit Dienstleistungen GATS** (General Agreement on Trade in Services); das **Abkommen über handelsrelevante Urheberrechte TRIPS** (Agreement on Trade-Related Aspects of Intellectual Property Rights); ein Abkommen über das Streitschlichtungsverfahren, ein Abkommen über die Überprüfung der Handelspolitiken der Mitglieder sowie weitere sektorale Vereinbarungen. Die Abkommen traten (mit Ausnahme des GATT) am 1. 1. 1995 in Kraft. ▪ **Ziele und Aufgaben**: Die WTO soll die internationalen Handelsbeziehungen durch bindende Regelungen auf der Basis des Freihandels organisieren. Sie dient als Forum für internationale Verhandlungen und stellt Streitschlichtungsmechanismen bereit. Darüber hinaus soll sie Entwicklungsländer in Handelsfragen unterstützen und Handelspraktiken ihrer Mitgliedstaaten überprüfen. Sie stützt sich dabei auf die GATT-Prinzipien, die mit Gründung der WTO über den Handel mit Gütern hinaus auf weitere Bereiche, v. a. den Dienstleistungshandel, ausgedehnt wurden: Gegenseitigkeit (die handelspolitischen Leistungen, die sich die Signatare gegenseitig einräumen, müssen gleichwertig sein), Liberalisierung (Abbau von Zöllen und nichttarifären Handelshemmnissen) und Meistbegünstigung (Zoll- und Handelsvorteile, die sich zwei Mitglieder gegenseitig einräumen, sollen allen Signataren zugute kommen). ▪ **Mitglieder** (148): 147 Vertragsstaaten (→ Tabelle, S. 560) und die Europäischen Gemeinschaften (EG; → EU), vertreten durch die EU-Kommission. Die Vereinten Nationen (→ UN) und UNCTAD, IWF, FAO, Weltbank und WIPO (→ UN) sowie die → OECD haben als Organisationen Beobachterstatus im Allgemeinen Rat. Weitere 30 Staaten bemühen sich derzeit um eine vollständige Mitgliedschaft. 2004/05 wurden Verhandlungen mit Libyen, dem Irak, Afghanistan, Serbien und Montenegro, dem Iran sowie São Tomé und Príncipe aufgenommen. Für Aufsehen sorgte insbesondere der Startschuss für Gespräche mit dem Iran: Als Gegenleistung für iranische Zugeständnisse im Streit um das Atomprogramm des Landes zogen die USA ihr langjähriges Veto gegen Beitrittsgespräche mit Teheran zurück. ▪ **Hauptorgane**: Ministerkonferenz (1996, 1998, 1999, 2001, 2003; 13.–18. 12. 2005 Hongkong); Allgemeiner Rat von Experten auf Beamtenebene, fungiert auch als Streitschlichtungsgremium DSB (Dispute Settlement Body) und als Organ zur Überprüfung von Handelspraktiken. In der Ministerkonferenz und im Rat gilt das Einstimmigkeitsprinzip. Unterorgane: 1. Rat für Warenhandel (GATT-Rat), 2. Rat für Handel mit

Dienstleistungen GATS, 3. Rat für handelsbezogene Aspekte der Rechte des geistigen Eigentums TRIPS. Das Generalsekretariat untersteht einem **Generaldirektor**: Supachai Panitchpakdi (Thailand); ab 1. 9. 2005: Pascal Lamy (Frankreich, → Foto).
▪ **Personal**: 600 ▪ **Finanzierung** durch die Mitgliedstaaten; Haushalt 2004: 161,78 Mio sfr.

CHRONIK Die Mitgliedstaaten der WTO einigten sich am 31. 7. 2004 auf ein Paket von Abkommen zur Liberalisierung des Weltagrarmarktes, der einen besseren Zugang der Entwicklungsländer zum Weltmarkt sichern soll. Die Mitgliedstaaten einigten sich im Grundsatz darauf, alle Agrarexportsubventionen, die sich jährlich auf 300 Mrd. US-$ belaufen, abzuschaffen und andere Hilfen für die Landwirte in den Industrieländern zu reduzieren. Die ärmsten Entwicklungsländer werden dagegen von der Verpflichtung befreit, ihre Wirtschaft dem Wettbewerb des Weltmarktes auszusetzen. Der Generalsekretär der WTO, Supachai Panitchpakdi, nannte den Kompromiss historisch für die WTO. Die Einigung wird nach dem Scheitern der letzten Ministerkonferenz 2003 in Cancún als bedeutender Fortschritt in den Verhandlungen zur weiteren Liberalisierung des Welthandels im Rahmen der so genannten Doha-Runde gesehen (→ WA 2005, S. 564).

Hinsichtlich von Agrarexportsubventionen wurden zwei **Vertragsverletzungsverfahren** vor der WTO angestrengt: Der **Europäischen Union** wurde vorgeworfen, die direkten oder indirekten Hilfen bei der Exportsubventionierung von Zucker bei weitem überschritten zu haben; die **USA** stand wegen übermäßiger Exportbeihilfen am Pranger.

Am 1. 1. 2005, dem 10. »Geburtstag« der WTO, traten planmäßig **Importbeschränkungen für Textilien und Kleidung außer Kraft**. Die Abschaffung der Beschränkungen war insbesondere in westlichen Industriestaaten nicht unumstritten. Hauptnutznießer China wurde vorgeworfen, durch Dumpingpreise westliche Märkte zu überschwemmen und die Textilindustrie in Nordamerika und Europa in ihrer Existenz zu gefährden. Weit problematischer dürfte sich das Ende des Textilprotektionismus auf die Billiglohnländer auswirken, die in den letzten Jahren eine rein exportorientierte Textilindustrie aufgebaut haben – so u. a. Sri Lanka, Bangladesch, Madagaskar, Dominikanische Republik, Fidschi –, und deren zugesicherte Lieferquoten ebenfalls wegfallen.

Arabische Liga

Jâmi'at al-duwal al-arabîya; League of Arab States (LAS)

PO Box 11 642, Kairo, Ägypten
T 00 20/2/575 05 11, Fax 577 56 26
www.arableagueonline.org

Vertretung in Deutschland:
Markgrafenstr. 25, 10 117 Berlin
T 030/20 62 28 90, Fax 20 45 56 72

▪ **Gründung**: Am 22. 3. 1945 in Kairo (Ägypten) als loser Zusammenschluss afrikanischer und asiatischer Staaten, 1950 durch einen Verteidigungspakt ergänzt. ▪ **Ziele**: Förderung der Beziehungen der Mitgliedstaaten auf politischem, kulturellem, sozialem und wirtschaftlichem Gebiet; Wahrung der Souveränität der Mitgliedstaaten und der arabischen Außeninteressen; Anerkennung Palästinas als unabhängiger Staat (zentrales politisches Ziel) ▪ **Mitglieder** (22): Ägypten, Algerien, Bahrain, Dschibuti, Irak, Jemen, Jordanien, Katar, Komoren, Kuwait, Libanon, Libyen, Marokko, Mauretanien, Oman, Palästina (durch die PLO vertretenes Vollmitglied), Saudi-Arabien, Somalia, Sudan, Syrien, Tunesien und die Vereinigten Arabischen Emirate. ▪ **Hauptorgane**: Ligarat (tagt halbjährlich auf der Ebene der Außenminister oder deren Vertreter), seine Empfehlungen sind nur für die jeweils zustimmenden Mitglieder verbindlich und müssen von den Staatschefs und Regierungen gebilligt werden. Bei Bedarf Sondertreffen des Ligarats sowie Gipfeltreffen. Das Sekretariat wird von einem **Generalsekretär** geleitet – Amre Mohamed Mussa (Ägypten) – und hat 460 Mitarbeiter.

CHRONIK Nach dem Urteil des Internationalen Gerichtshofes in Den Haag vom Juli 2004 (→ UN-Chronik), das den Bau **israelischer Sperranlagen** im Westjordanland als unrechtmäßig verurteilte, forderten Vertreter der Arabischen Liga Israel auf, die bereits errichteten Sperranlagen wieder abzubauen. Israel beantwortete die Aufforderung allerdings damit, dass das Haager Urteil nicht rechtsverbindlich sei und somit der Schutzwall solange bestehen bleibe, wie Israel von Terroristen bedroht wird.

Themen wie der Darfur-Konflikt im Sudan oder die Rolle Syriens im Libanon standen nicht auf der Tagesordnung. Die Regierungschefs konnten sich auch nicht dazu entschließen, dem Vorschlag Jordaniens zu folgen, den saudi-arabischen Friedensvorschlag für den Nahostkonflikt von 2002 zu reaktivieren. Generalsekretär Mussa erklärte dazu, dass die gegenwärtige israelische Politik keine Friedensinitiative verdiene.

ASEAN Verband Südostasiatischer Staaten

Association of Southeast Asian Nations

70 Jalan Sisingamangaraja, Jakarta 12 110, Indonesien
T 00 62/21/726 29 91, Fax 724 35 04

Büro Brüssel: 74 Rue de Trèves, B-1040 Brüssel
T 00 32/2/286 17 11, Fax 286 17 50
www.aseansec.org

▪ **Gründung**: Am 8. 8. 1967 in Bangkok (Thailand). ▪ **Ziele**: Wirtschaftliche, soziale und kulturelle Zusammenarbeit sowie Festigung des Friedens in Südostasien. 1971 erweitert um eine Zone für Frieden, Freiheit und Neutralität ZOPFAN (Zone of Peace, Freedom and Neutrality), 1992 um die Freihandelszone AFTA (ASEAN Free Trade Area) und 1995 um die Südostasiatische Atomwaffenfreie Zone SEANWFZ (Southeast Asia Nuclear Weapon Free Zone). ▪ **Mitglieder** (10): Brunei, Indonesien, Kambodscha, Laos, Malaysia, Myanmar, Philippinen, Singapur, Thailand und Vietnam; Beobachter: Papua-Neuguinea. ▪ **Hauptorgane**: Ordentliche Gipfelkonferenz der Staats- bzw. Regierungschefs (jährlich), informelle Gipfeltreffen (jährlich oder bei Bedarf); Ministertagung auf Außenministerebene (jährlich) als zentrales Entscheidungsgremium; Fachministertreffen; Sekretariat mit einem Generalsekretär – Ong Keng Yong (Singapur) – und rd. 30 Mitarbeitern.

CHRONIK Thema des am 29./30. 11. 2004 in Vientiane (Laos) tagenden 10. Jahresgipfels der ASEAN war das »Voranbringen einer sicheren und dynamischen ASEAN-Familie durch größere Solidarität, wirtschaftliche Integration und sozialen Fortschritt«. Aufgrund der aktuellen Herausforderungen in der Region wie Terrorismus und hohe Ölpreise wurde die Bedeutung der »Vision 2020« erneut bekräftigt, die eine Gemeinschaft südostasiatischer Staaten nach dem Vorbild der EU für 2020 vorsieht.

Daneben wurde erneut die Bedeutung des Abkommens über Freundschaft und Kooperation in Südostasien für die Sicherheit in der Region betont. Dem Abkommen gehören auch Indien und die VR China sowie als neue Mitglieder Südkorea und Russland an. Zusammen mit diesen Partnern ist es erklärtes Ziel der ASEAN, für mehr Sicherheit in der Region zu sorgen.

Beim 15. ASEAN-EU-Treffen am 10. 3. 2005 in Jakarta, bei der beide Seiten die Partnerschaft als Grundstein für die Beziehungen zwischen Europa und Asien würdigten, verständigte man sich darauf, im Bereich der Terrorismusbekämpfung noch enger zusammenzuarbeiten.

AU Afrikanische Union

African Union (AU); Union Africaine (UA)

PO Box 3234, Roosevelt Street, Addis Abeba, Äthiopien
T 00 251/1/51 77 00, Fax 51 78 44
www.africa-union.org

▪ **Gründung**: Am 10. 7. 2002 in Durban (Südafrika) durch die Staats- und Regierungschefs von 53 afrikanischen Staaten. Die Afrikanische Union (AU) löste die am 25. 5. 1963 in Addis Abeba (Äthiopien) gegründete Organisation der Afrikanischen Einheit (OAU) ab. ▪ **Funktion**: Förderung der Einheit und Solidarität der afrikanischen Staaten; Koordinierung der innerafrikanischen und weltweiten Zusammenarbeit; Selbstverantwortung bei der Bewältigung von Konflikten und Kriegen sowie der Bekämpfung von Hunger. ▪ **Mitglieder** (53): Alle 52 unabhängigen afrikanischen Staaten sowie die Demokratische Arabische Republik Sahara (DARS). – Marokko trat auf Grund des Vollmitgliedstatus der DARS 1985 aus der OAU aus. ▪ **Hauptorgane**: Versammlung der Staats- und Regierungschefs (jährlich) als oberstes Beschlussorgan (mit Zweidrittelmehrheit); überwacht die Umsetzung von Beschlüssen, verabschiedet Direktinitiativen und berät über notwendige Interventionen oder Sanktionen gegen zahlungssäumige oder nicht AU-konforme Mitglieder. Exekutivrat der Außenminister (halbjährlich); zur Umsetzung der Beschlüsse der Versammlung. Komitee der Ständigen Vertreter, bestehend aus den am Sitz in Addis Abeba akkreditierten Botschaftern der Mitgliedstaaten. **Pan-Afrikanisches Parlament** mit 5 von den nationalen Parlamenten gewählten Vertretern pro Mitglied mit zunächst beratender, später gesetzgebender Funktion.

(15 auf 2 bzw. 3 Jahre gewählte Mitglieder) zur Verhinderung oder Beilegung von Konflikten; er besitzt ein begrenztes Interventionsrecht bei Verbrechen gegen die Menschlichkeit, Kriegsverbrechen oder Völkermord und kann Einsatzgruppen bilden, die in die verschiedenen Konfliktregionen entsandt werden. Kommission, die die Aufgaben eines Generalsekretariats hat. Wirtschafts-, Sozial- und Kulturrat (ECOSOCC) seit 30. 3. 2005. Geplant ist außerdem ein Afrikanischer Gerichtshof. **Vorsitzender** der AU: Olusegun Obasanjo (Nigeria); **Kommissionspräsident**: Alpha Oumar Konaré (Mali). ▪ **Finanzierung** durch die Mitgliedstaaten; Haushalt 2004: 46 Mio. US-$; hohe Beitragsrückstände.

CHRONIK Die Afrikanische Union engagierte sich nachhaltig für die Beilegung der Konflikte im **Sudan**. Ihre Vermittlungsbemühungen erleichterten die Friedensgespräche, die schließlich zur Unterzeichnung des Abkommens von Nairobi am 9. 1. 2005 führten (→ UN-Chronik). Bereits am 20. 10. 2004 hatte der

AU-Soldaten in Darfur (Sudan) am 28. 5. 2005

Friedens- und Sicherheitsrat der Afrikanischen Union in seiner 17. Sitzung beschlossen, das militärische Personal der African Union Mission in Sudan (AMIS) auf ca. 3320 aufzustocken (→ Foto). Eine weitere Verstärkung wurde im Juni 2005 vereinbart. Mit Unterstützung der → NATO und der EU sollte die Truppenstärke auf insgesamt 7700 Soldaten aus Ruanda, Nigeria, Südafrika und dem Senegal angehoben werden.

Vom 6.–8. 7. 2004 trafen sich die Staats- und Regierungschefs der Mitgliedsländer der AU in Addis Abeba zum 3. Gipfeltreffen. In ihrem Abschlusskommuniqué betonten sie die **Gleichheit der Geschlechter**, sprachen sich erneut für die Gründung einer Afrikanischen Frauenkommission aus und einigten sich auf eine periodische Unterrichtung der nationalen Regierungen über den Entwicklungsstand der Geschlechtergleichheit. Darüber hinaus betonten die Vertreter, dass die Verhinderung der Rekrutierung von Kindersoldaten und der Zwangsprostitution minderjähriger Mädchen oberste Priorität habe.

Vom 27.–30. 3. 2005 konstituierte sich der **Wirtschafts-, Sozial- und Kulturrat der Afrikanischen Union** (ECOSOCC) als Forum der AU für die Zivilgesellschaft. Damit wurde eine weitere der im AU-Gründungsakt von Lomé 2000 vorgesehenen Institutionen gebildet. Die von den UN und der AU initiierte erste internationale Konferenz der Region der Großen Seen endete am 20. 11. 2004 mit der Unterzeichnung der so genannten Deklaration von Dar es Salaam, in der alle Teilnehmer ihre Absicht bekräftigen, Frieden, Sicherheit, Demokratie und Entwicklung in der Region durchzusetzen. Zur Sicherung von Frieden und Sicherheit sollten neben gemeinsamen Verteidigungsbündnissen und Nichtangriffserklärungen auch gemeinsame Präventionsmaßnahmen ergriffen werden.

Auf dem 25. Treffen des Friedens- und Sicherheitsrates am 25. 2. 2005 in Addis Abeba verurteilte die AU den Staatsstreich in **Togo** und forderte die Einleitung von Maßnahmen, um die konstitutionelle Ordnung in dem Land wiederherzustellen.

Europarat

Council of Europe (CE); Conseil de l'Europe (CE); deutsche Abkürzung: ER

Avenue de l'Europe, F-67 075 Straßburg Cedex
T 00 33/3/88 41 20 00, Fax 88 41 27 45
www.coe.int

▪ **Gründung**: Am 5. 5. 1949 in London; Inkrafttreten der Statuten am 3. 8. 1949. ▪ **Ziele und Aufgaben**: Schutz der Menschenrechte, der pluralistischen Demokratie und des Rechtsstaats; Förderung des Bewusstseins um die gemeinsame kulturelle Identität in ihrer ganzen Vielfalt und deren ständige Weiterentwicklung; Suche nach Lösungen für die gesellschaftlichen Probleme Europas; Konsolidierung der demokratischen Stabilität in Europa durch die Förderung politischer, gesetzgeberischer und verfassungsrechtlicher Reformen. Im Rahmen des ER entstanden bisher 196 Konventionen, Protokolle und Vertragswerke über Menschenrechte, Umweltschutz, Datenschutz, ausländische Arbeitnehmer, Bildungsabschlüsse, sprachliche und ethnische Minderheiten, Raumordnung und Medienpolitik, mit denen die rechtliche Zusammenarbeit der Mitgliedstaaten geregelt wird (sie haben nach ihrer Ratifizierung bindende Wirkung). Die bekanntesten sind die 1953 in Kraft getretene Europäische Menschenrechtskonvention (EMRK) und die Europäische Sozialcharta von 1988. ▪ **Mitglieder**: 46 europäische Staaten mit Ausnahme von Weißrussland. – Beobachterstatus bei den zwischenstaatlichen Instanzen des ER haben Japan, Kanada, Mexiko, die USA und Vatikanstadt; in der Parlamentarischen Versammlung Kanada, Israel und Mexiko. ▪ **Hauptorgane**: Ministerkomitee der Außenminister oder der Ständigen Vertreter (Botschafter), tagt halbjährlich und legt Richtlinien fest. Die **Parlamentarische Versammlung** aus von den Parlamenten der Mitgliedstaaten entsandten 313 Abgeordneten (zwei bis 18 Abgeordnete je Mitgliedstaat) tagt dreimal jährlich und hat beratende Funktion (Impulsgeber); Präsident: Peter Schieder (Österreich) für ein einjähriges Mandat (zweimal erneuerbar). Das Sekretariat des ER wird von einem **Generalsekretär** geleitet – Terry Davis (Großbritannien) – und beschäftigt rund 1300 Beamte. Beratungsorgan des ER ist der Kongress der Gemeinden und Regionen Europas (KGRE) aus 313 Mitgliedern in zwei Kammern: Regionen und Gemeinden, die rund 200 000 lokale und regionale Gebietskörperschaften aus den 44 Mitgliedstaaten vertreten. Der KGRE tritt einmal im Jahr in Straßburg zusammen. Erster Menschenrechtskommissar des ER ist seit 1999 Alvaro Gil-Robles y Gil-Delgado (Spanien).

Als Gerichtsbarkeit fungiert der aus 45 Richtern (je einer für jeden ER-Mitgliedstaat) bestehende **Europäische Gerichtshof für Menschenrechte** (EGMR) in Straßburg. ▪ **Finanzen**: Budget 2005: 186 Mio. €

CHRONIK Am 26. 1. 2005 nahm die Parlamentarische Versammlung des Europarates mit 56 zu 37 Stimmen eine Resolution an, die die Rolle russischer Behörden bei der Zerschlagung des russischen Ölkonzerns Jukos und der Inhaftierung von Jukos-Gründer Michail Chodorkowski heftig kritisierte. Es sei dabei weniger um eine strafrechtliche Verfolgung als um die Ausschaltung eines politischen Gegners gegangen. In der Resolution wurden die russischen Behörden dazu aufgefordert, den Jukos-Managern ein gerechtes Verfahren zuzugestehen (→ Russische Föderation).

Die Russische Föderation, die derzeit einem Monitoring-Verfahren unterliegt, wurde am 22. 6. 2005 von der »Parlamentarischen Versammlung nachdrücklich aufgefordert, seine Demokratie zu verbessern. Sie forderte eine Stärkung des russischen Parlaments, eine pluralistische und unparteiliche Rundfunk- und Fernsehberichterstattung und normale Bedingungen für die Zivilgesellschaft.« (Pressemitteilung)

Anlässlich eines Gipfeltreffens (8.–11. 3. 2005) zum Gedenken an die Opfer des terroristischen Anschlages vom 11. 3. 2004 in der spanischen Hauptstadt Madrid erklärte der Generalsekretär des Europarates, Terry Davis, trotz des Wunsches nach mehr Sicherheit seien die Mitgliedsländer des Europarats nicht bereit, dafür die Menschenrechte und die Demokratie selbst zu beschneiden. Er verwies dabei auf die Richtlinien des Europarates im Kampf gegen den Terrorismus, die durch neue Instrumente, wie u. a. eine Konvention gegen Geldwäsche und finanzielle Unterstützung des Terrorismus und verbesserte Zeugenschutzprogramme.

Den 10. Jahrestag des Massakers in Srebrenica (Bosnien und Herzegowina) am 11. 7. 2005 nahm der Europarat zum Anlass einer Erklärung: 60 Jahre nach Beendigung des Zweiten Weltkrieges, der alle zivilisierten Völker davon überzeugt habe, dass nie wieder solche unmenschlichen Verbrechen geschehen dürften, sehe man sich dem 10. Jahrestag des Massakers von Srebrenica gegenüber. »Was in der Gegend um Srebrenica 1995 geschah, war ein Verbrechen gegen die Menschheit. Dennoch sind wir fest davon überzeugt, dass wir – wenn wir uns erinnern und mit der Vergangenheit auseinandersetzen – nicht dazu verdammt sind, sie zu wiederholen.«

Friedhof in Potocari bei Srebrenica, auf dem 8000 Opfer bestattet sind

MERCOSUR

Gemeinsamer Markt des Südens

Mercado Común del Sur / Mercado Comum do Sul

Luis Piera 1992, 1°, 11 200 Montevideo, Uruguay
T 00 598 / 2 / 412 90 24, Fax 418 05 57
www.mercosur.org.uy

▪ **Gründung**: Am 26. 3. 1991 durch den Vertrag von Asunción; Übertragung internationaler Rechtspersönlichkeit durch das Ouro Preto-Protokoll vom Dezember 1994. Seit dem 1. 1. 2000 bilden die Mitgliedstaaten eine Zollunion. Ausnahmen bilden jedoch die beiden Sektoren Zucker und Automobile, für die es jeweils spezifische Regelungen gibt. Zwischen den MERCOSUR-Staaten und den assoziierten Partnern Chile und Bolivien werden Präferenzregelungen auf die jeweils bestehenden nationalen Zölle angewandt. ▪ **Ziele und Aufgaben**: Integration der nationalen Wirtschaften durch den freien Verkehr von Waren, Dienstleistungen und Produktionsfaktoren; gemeinsame Handelspolitik, Harmonisierung der wirtschaftspolitischen Gesetzgebung, Koordination der makroökonomischen Politiken der Mitgliedstaaten; daneben außenpolitische Koordinierung. ▪ **Mitglieder** (4): Argentinien, Brasilien, Paraguay, Uruguay. Bolivien, Chile, Mexiko, Peru und Venezuela sind assoziierte Mitglieder ▪ **Hauptorgane**: Der Rat des Gemeinsamen Marktes ist das höchste Beschlussfassungsorgan des MERCOSUR zur Umsetzung der Ziele des Vertrages von Asunción. Als Exekutivorgan fungiert die Gruppe Gemeinsamer Markt; sie trifft konkrete Beschlüsse für den Integrationsprozess. Die Handelskommission überwacht die Funktionsweise des gemeinsamen Außenzolltarifs. Die Gemeinsame Parlamentarische Kommission besteht aus Parlamentsmitgliedern der Mitgliedstaaten und soll die nationale Umsetzung der Regeln des Gemeinsamen Marktes beschleunigen helfen. Daneben besteht ein Beratendes Wirtschafts- und Sozialforum aus Vertretern von Unternehmern und Gewerkschaften. Das Verwaltungssekretariat wird von einem **Direktor**, Reginaldo Braga Arcuri (Brasilien), geleitet. ▪ **Finanzen**: durch Beiträge der Mitgliedstaaten. Jahresbudget: 0,98 Mio. US-$.

CHRONIK Im Juli 2004 nahm der südamerikanische Handelsblock MERCOSUR auf einem Gipfeltreffen der Präsidenten der Mitgliedstaaten Mexiko und Venezuela als neue assoziierte Mitglieder der Freihandelszone und Zollunion auf.

Am 9. 12. 2004 unterzeichneten zwölf südamerikanische Länder eine Grundsatzerklärung zur Gründung einer südamerikanischen Staatengemeinschaft. Ziel der Gründung ist v. a. eine Annährung zwischen der Andengemeinschaft (CAN), der Bolivien, Ecuador, Kolumbien, Peru und Venezuela angehören, und dem MERCOSUR mit Argentinien, Brasilien, Paraguay und Uruguay. Die Gründungsmitglieder erhoffen sich von diesem »Land mit 361 Millionen Einwohnern«, mehr Einfluss auf die internationale Politik ausüben zu können. Das erste Treffen der neuen Staatengemeinschaft ist 2005 in Brasilien geplant. Die Wirksamkeit der südamerikanischen Staatengemeinschaft wird von Kritikern auf Grund der Interessengegensätze jedoch bezweifelt. Diese wurden in der Debatte um eine → Reform des UN-Sicherheitsrates wieder einmal offenkundig: Während Brasilien einen ständigen Sitz in dem Gremium anstrebt, versuchen insbesondere Mexiko und Argentinien, eine Reform zu verhindern.

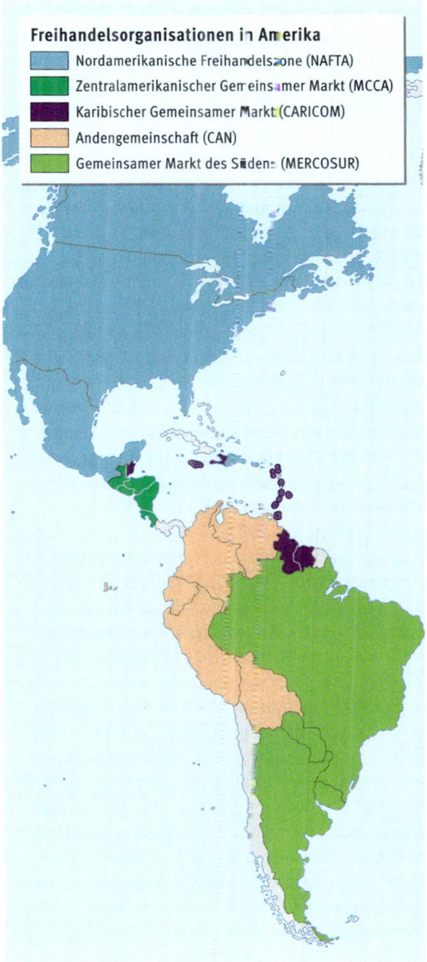

OSZE Organisation für Sicherheit und Zusammenarbeit in Europa

Organization for Security and Co-operation in Europe (OSCE); Organisation de la sécurité et la coopération en Europe (OSCE)

Kärntner Ring 5–7, A-1010 Wien
T 00 43/1/51 43 60, Fax 514 36 96
www.osce.org

■ **Gründung**: Am 1. 8. 1975 mit der Schlussakte der Konferenz über Sicherheit und Zusammenarbeit in Europa (KSZE) von Helsinki (Finnland) durch 35 Teilnehmerstaaten. Die Folgekonferenz von Helsinki 1992 gab der KSZE Strukturen und Institutionen einer Organisation; auf der Folgekonferenz in Budapest (Ungarn) 1994 wurde sie (ab 1. 1. 1995) in OSZE umbenannt. ■ **Ziele**: Stabilität und Sicherheit in ganz Europa; engere Zusammenarbeit in den Bereichen Wirtschaft, Wissenschaft, Kultur und Umweltschutz; Schaffung einer europäischen »Sicherheitsstruktur für das 21. Jahrhundert«, u. a. durch gesamteuropäische Abrüstungsmaßnahmen und Gespräche über vertrauensbildende Maßnahmen und Konfliktverhütung.
■ **Mitglieder** (55): Alle 45 europäischen Staaten, acht zentralasiatische Staaten sowie Kanada und die USA. ■ **Hauptorgane:** Gipfeltreffen der Staats- und Regierungschefs zur Bestandsaufnahme, Prüfung der Verwirklichung eingegangener Verpflichtungen; Ministerrat (Außenminister), tagt mindestens jährlich, zentrales Forum für politische Konsultationen und (auch institutionelle) Beschlüsse im OSZE-Prozess. Für Abstimmungen in der OSZE gilt das Konsensprinzip. ■ **Weitere Organe**: Hoher Rat hochrangiger Beamter der Mitgliedstaaten in Prag, bereitet Tagungen des Ministerrats vor und führt dessen Beschlüsse durch; Ständiger Rat der OSZE-Botschafter in Wien als Beratungs- und Entscheidungsgremium für tägliche operative Aufgaben; Büro für Demokratische Institutionen und Menschenrechte in Warschau, soll Einhaltung der Verpflichtungen im Bereich der »menschlichen Dimension« überwachen und dabei vor allem die Demokratisierungsprozesse unterstützen (→ Kasten); Konfliktverhütungszentrum in Wien zur Datensammlung und -auswertung für die Verhandlungen über vertrauens- und sicherheitsbildende Maßnahmen in Wien, steuert zahlreiche Beratungs-, Vermittlungs- und Beobachtungsmissionen in Spannungsgebieten und kontrolliert (seit 1992) Abrüstungsvereinbarungen; Repräsentanz für die Freiheit der Medien (Wien); Hoher Kommissar für nationale Minderheiten in Den Haag – Rolf Ekéus (Schweden) – vermittelt in zahlreichen Staaten in Minderheitenfragen; Forum für Sicherheitskooperation in Wien, entwickelt politische Grundregeln (»Verhaltenskodex«) für die Sicherheitsbeziehungen der Mitgliedstaaten; Parlamentarische Versammlung unter Beteiligung von über 300 Abgeordneten der Parlamente aller OSZE-Teilnehmerstaaten mit einem Sekretariat in Kopenhagen, tagt jährlich und verabschiedet Empfehlungen und Erklärungen; Vergleichs- und Schiedsgerichtshof in Genf. – Das OSZE-Sekretariat in Wien wird von einem **Generalsekretär**, Marc Perrin de Brichambaut (Frankreich) seit 21. 6. 2005, geleitet. ■ **Personal**: 440 Beschäftigte in den verschiedenen Institutionen, in den Missionen rund 750 internationale und 2370 lokale Mitarbeiter. ■ **Haushalt** 2005: 168,6 Mio. €

CHRONIK Am 17. 10. 2004 waren die Bewohner → Weißrusslands aufgerufen, in einem Referendum über eine Verfassungsänderung abzustimmen, die eine weitere Verlängerung der Amtszeit von Präsident Aleksander Lukaschenko ermöglichen sollte. Nach Angaben aus Weißrussland stimmten 77,3 % aller Wahlberechtigten für eine Änderung der Verfassung und somit für eine Verlängerung der Amtszeit von Amtsinhaber Lukaschenko. Bei den gleichzeitig stattfindenden Parlamentswahlen wurde kein einziger Kandidat der Opposition gewählt. Die OSZE teilte mit, dass bei der Volksabstimmung und der Parlamentswahl in Weißrussland massiv gegen demokratische Grundprinzipien verstoßen wurde. In Minsk bezeichneten OSZE-Wahlbeobachter die Volksabstimmung als »Farce«. Bei Demonstrationen an den folgenden Tagen wurden mehrere Oppositionelle festgenommen.

Zum ersten Mal beobachtete die OSZE auf Einladung der → USA eine Präsidentschaftswahl in den Vereinigten Staaten. Nach den Unregelmäßigkeiten bei der Präsidentschaftswahl im Jahre 2000 in Florida befürchtete man auch 2004 wieder einen ähnlich knappen Ausgang der Wahl zwischen Amtsinhaber George W. Bush und seinem Herausforderer John Kerry. Die Leiterin der OSZE-Wahlbeobachtungsmissi-

Büro für demokratische Institutionen und Menschenrechte

Die Wahlbeobachtungen werden vom Büro für demokratische Institutionen und Menschenrechte (Office for Democratic Institutions and Human Rights, ODIHR) der OSZE durchgeführt. ODIHR hat seinen Sitz in Warschau. Es wird von einem Direktor, dem Österreicher Christian Strohal, geleitet und hat 120 Mitarbeiter aus 25 Ländern. Neben Wahlbeobachtungen ist ODIHR u. a. in folgenden Bereichen tätig:

- Expertise und praktische Unterstützung der Mitgliedstaaten beim Aufbau demokratischer Institutionen und der Stärkung des Rechtsstaats
- Unterstützung der OSZE-Feldmissionen
- Unterstützung der Mitgliedstaaten bei der Umsetzung internationaler Verpflichtungen im Bereich Menschenrechte und Demokratie
- Überwachung der Umsetzung der OSZE-Menschenrechtsverpflichtungen durch die Mitgliedstaaten

Präsident Woronin vor OSZE-Wahlbeobachtern am 6. 3. 2005 (Viktor Drachev / AFP / Getty Images)

on, Rita Süssmuth, erklärte nach der Wahl vom 2. 11. 2004, dass die OSZE keine Unregelmäßigkeiten zu berichten habe.

Nach der Stichwahl zur Präsidentschaftswahl in der → Ukraine zwischen dem Regierungskandidaten Viktor Janukowitsch und dem Herausforderer der Oppositionspartei, Viktor Juschtschenko, am 21. 11. 2004, sprachen Wahlbeobachter der OSZE von Manipulation und erkannten das Ergebnis, demzufolge Janukowitsch mit 49,42 % der Stimmen die Wahl für sich entschieden habe, nicht an. Die OSZE berichtete, dass demokratische Standards nicht eingehalten und staatliche Mittel zur Vorteilnahme von Präsident Janukowitsch eingesetzt worden seien. Bei der Wahlwiederholung am 26. 12. 2004 konnten die 1000 OSZE-Wahlbeobachter keine Unregelmäßigkeiten beobachten. Bei der erneuten Stichwahl erhielt Viktor Juschtschenko 51,99 % der Stimmen und wurde somit zum neuen Präsident der Ukraine gewählt.

Die OSZE kritisierte die Parlamentswahlen in → Kirgisistan und → Tadschikistan vom Februar und März 2005. In keinem der beiden Länder seien die internationalen Standards für demokratische Wahlen eingehalten worden. Disqualifizierung von Kandidaten, schwere Einschränkungen der Pressefreiheit und gar Stimmenkäufe hätten die Wahlen in beiden Ländern überschattet. Nach massiven Protesten in Kirgisistan trat Präsident Akajew zurück und verließ das Land. Am 14. 4. legte die OSZE einen Aktionsplan vor, der Sicherheit und Stabilität in Kirgisistan während der dreimonatigen Präsidentschaftswahlkampagnen garantieren soll. Die Sicherheit im Lande sollte v. a. durch die Unterstützung der Polizei vor Ort gewährleistet werden. Der Plan wurde mit der neuen politischen Führung am 18. 4. abgestimmt. Beide Seiten stimmten darin überein, dass die vornehmlichste Aufgabe bis zur Präsidentschaftswahl am 10. 7. 2005 die Garantie der Sicherheit im Lande sei. Auf lange Sicht verständigte man sich auch auf gemeinsame Vorhaben im Bereich von Bildung, Gesetz, den Grenzen und wirtschaftlicher Entwicklung.

Die OSZE beobachtete auch die Kommunalwahlen in → Mazedonien am 13. / 27. 3. und 10. 4. 2005, wo ebenfalls erhebliche Defizite bei der Wahldurchführung in einigen Teilen des Landes festgestellt wurden.

Ein etwas positiveres Zeugnis stellten die OSZE-Wahlbeobachter den Parlamentswahlen in → Moldau am 6. 3. 2005 aus (→ Foto). Die Wahlen hätten die meisten Kriterien der OSZE für freie und faire Wahlen erfüllt; allerdings seien im Wahlkampf die Bedingungen nicht für alle Parteien gleich gewesen.

Der türkische Botschafter Omur Orhum, persönlicher Repräsentant des Vorsitzenden des OSZE-Büros für die Bekämpfung von Intoleranz und Diskriminierung der Muslime, verurteilte am 12. 5. 2005 die Terroranschläge in London am 7. 7. und äußerte Genugtuung darüber, dass viele islamische Gemeinschaften, auch jene in Großbritannien, dies ebenfalls getan und sich von Terrorismus und Gewalt distanziert hatten. Er bedauerte aber gleichzeitig, dass inzwischen wieder Terrorismus mit Islam und Muslimen gleichgesetzt werde, dies sei inakzeptabel und müsse entschieden zurückgewiesen werden. Begriffe wie »Islamischer Terrorismus« sollten vermieden werden, um die Kluft zwischen der Islamischen Welt und dem Westen nicht zu vergrößern.

ai amnesty international

ai

Hauptsitz: 1 Easton Street, London WC1X 0DW
T 00 44/20/74 13 55 00, Fax 74 13 57 27
www.amnesty.org

Deutsche Sektion: ai, 53108 Bonn
T 02 28/98 37 30, Fax 63 00 36
www.amnesty.de

▪ **Gründung**: Am 28.5.1961 in London (Großbritannien) durch den Rechtsanwalt Peter Benenson als unabhängige, auf ehrenamtlicher Tätigkeit basierende Nichtregierungsorganisation. Er hatte an diesem Tag einen Aufruf zugunsten der »Vergessenen Gefangenen« veröffentlicht. Aus diesem Appell entstand die seit über 40 Jahren weltweit größte Menschenrechtsorganisation. ▪ **Ziele/Aufgaben**: Weltweiter Einsatz für die Freilassung und Unterstützung von Personen, die unter Missachtung der Allgemeinen Erklärung der Menschenrechte der Vereinten Nationen (→ UN) wegen ihrer Überzeugung, ethnischen Herkunft, Sprache, wegen ihres Glaubens oder ihres Geschlechts inhaftiert sind und Gewalt weder angewandt noch befürwortet haben. ai wendet sich darüber hinaus bedingungslos gegen Folter und Todesstrafe, das »Verschwindenlassen« von Menschen und extralegale Hinrichtungen. – ai erhielt 1977 den Friedensnobelpreis, 1978 den UN-Menschenrechtspreis. ▪ **Mitglieder**: mehr als 1,8 Mio. Mitglieder und Förderer in mehr als 150 Staaten. Weltweit gibt es in über 100 Ländern und Territorien Tausende örtliche Jugend-, Studenten- und Berufsgruppen. Zusätzlich gruppieren sich ai-Mitglieder in Themen- und Länderspezialgruppen. In 53 Staaten gibt es kontinuierliche Menschenrechtsarbeit, in 22 weiteren Staaten existieren ai-Strukturen. ▪ **Hauptorgane**: Oberstes Beschlussgremium ist der alle zwei Jahre zusammentretende Internationale Rat aus Delegierten aller Sektionen. Ein halbjährlich tagendes neunköpfiges Internationales Exekutivkomitee setzt die Ratsbeschlüsse um. Das Internationale Sekretariat führt länderspezifische Recherchen zur Ermittlung von Menschenrechtsverletzungen durch, initiiert Kampagnen und Eilaktionen (urgent actions) und entwickelt Strategien zur präventiven Menschenrechtsarbeit; gemeinsam mit den ai-Sektionen übt es Druck auf Regierungen und zwischenstaatliche Organisationen aus, Menschenrechtsverletzungen zu beenden und zu verhindern. **Generalsekretärin**: Irene Zubaida Khan (Bangladesch). – **Amnesty International Deutschland** nahm bereits zwei Monate nach Gründung von ai seine Arbeit auf. Die deutsche Sektion zählt heute über 75 000 Unterstützer. Die amtierende Vorstandssprecherin ist Anja Mihr, Generalsekretärin ist Barbara Lochbihler. Insgesamt gibt es in Deutschland 704 ai-Gruppen: 110 Länder-bzw. Themenkoordinationsgruppen sowie 504 Orts- und 90 Jugendgruppen. ▪ **Personal** (Internationales Sekretariat): über 410 hauptamtliche und rd. 120 ehrenamtliche Mitarbeiterinnen und Mitarbeiter aus über 50 Staaten. ▪ **Finanzierung**: Durch Spenden und Beiträge; Gelder von Regierungen werden satzungsgemäß weder beantragt noch entgegengenommen.

CHRONIK Vor dem Gipfeltreffen der Europäischen Union mit Russland am 25.11.2004 in Den Haag wies ai Vertretern der Europäischen Union gegenüber auf Aussagen von Zeugen hin, die über massive Menschenrechtsverletzungen in **Tschetschenien** berichteten. Personen, die sich für die Einhaltung von Menschenrechten stark gemacht hatten, wären entweder gefoltert oder getötet worden. Seit Beginn des Konflikts in Tschetschenien haben russische Behörden Aussagen über die Menschenrechtssituation in der Kaukasusrepublik verweigert. ai forderte die EU dazu auf, die Einhaltung aller Menschenrechte durch Russland einzufordern.

Mit dem **Martin-Ennals-Preis** für die Verteidigung von Menschenrechten wurde 2005 der syrische Präsident des Komitees für die Verteidigung demokratischer Freiheiten und Menschenrechte in Syrien (CDDLHR), Aktham Naisse, ausgezeichnet.

Der Gründer von amnesty international, Peter Benenson, starb am 22.5.2005 im Alter von 83 Jahren (→ S. 771). ai-Generalsekretärin Irene Khan bezeichnete Benenson als überaus mutigen Mann, »dessen Leben ein Zeugnis seines visionären Kampfes gegen Ungerechtigkeit in der Welt war«.

In einer Erklärung vom 28.4.2005 wies ai-Generalsekretärin Irene Khan darauf hin, dass ein Jahr nach Bekanntwerden von Folterungen im irakischen Gefängnis **Abu Ghraib** durch US-Soldaten nach wie vor keine richtige Aufklärung in dem Fall betrieben worden sei. Zwar seien einige Soldaten vor Gericht gestellt worden, deren Vorgesetzte hätten sich aber nach wie vor nicht für die Vorfälle verantworten müssen. Die Generalsekretärin forderte die USA auf, internationalen Organisationen, v. a. dem Roten Kreuz, Zugang zu allen Gefangenen der USA auf der Welt zu gewähren.

Der **ai-Jahresbericht** wies für das Jahr 2004 42 Staaten aus, in denen Menschen willkürlich in Haft genommen worden seien. In mindestens 35 Staaten habe es gewaltlose politische Gefangene gegeben. Weltweit seien in 64 Staaten mindestens 7395 Menschen zum Tode verurteilt worden; in 25 Staaten seien Todesurteile vollstreckt worden. In 104 Staaten werde weiterhin gefoltert.

attac Vereinigung zur Besteuerung von Finanztransaktionen im Interesse der BürgerInnen

Association pour une Taxation des Transactions financières pour l'Aide aux Citoyens; Association for the Taxation of Financial Transactions for the Aid of Citizen

Deutscher Kontakt: Münchener Str. 48, 60 329 Frankfurt am Main
T 069/90 02 81 10, Fax 90 02 81 99
www.attac.de

▪ **Gründung:** Die internationale attac-Bewegung wurde bei einem Treffen mit Teilnehmern aus verschiedenen Staaten am 11./12. 12. 1998 in Paris als Teil der globalisierungskritischen Bewegung ins Leben gerufen. ▪ **Ziele:** Demokratische Kontrolle der Finanzmärkte und ihrer Institutionen; Ausweitung von politischen Aktionen auf andere Gruppierungen, die Konvergenzen und Netzwerkaktivitäten favorisieren (jede dieser Gruppen sollte in ihrem eigenen Kompetenzbereich gegen neoliberale Politik und deren Folgen arbeiten); mehr kollektive Diskussionen und eine wirksamere Verbreitung von Informationen; Verbindung von Menschen und Organisationen, die für soziale und ökologische Gerechtigkeit im Globalisierungsprozess streiten. ▪ **Mitglieder:** 15 846 Organisationen und Einzelpersonen (Stand: Januar 2005) ▪ **Haushalt 2004:** Einnahmen: 1 155 324 €; Ausgaben: 1 250 230 €

CHRONIK Am 2. 10. 2004 demonstrierten etwa 45 000 Anhänger von attac in Berlin gegen die **Reformpolitik** der Bundesregierung. Aus mehr als 90 deutschen Städten waren Demonstranten gegen »Hartz IV« und die »Agenda 2010« angereist (→ Foto). Mit der Demonstration wollte attac auf Ungerechtigkeiten hinweisen, die aus der Zusammenlegung von Arbeitslosengeld II und Sozialhilfe entstanden seien. Anhänger von attac sagten, Hartz IV schaffe keine Arbeitsplätze, sondern vernichte sie und stürze die Menschen in Armut. attac unterstützte zudem die so genannten »Montagsdemonstrationen« in mehreren deutschen Städten.

Im Zusammenhang mit der Unterzeichnung einer **europäischen Verfassung** am 29. 10. 2004 in Rom übte attac scharfe Kritik an den Inhalten der Verfassung. »Mit dem im Vertragstext enthaltenen Aufrüstungsgebot und einer Rüstungsagentur soll die weitere Militarisierung Europas festgeschrieben werden. Wer für ein friedliches, demokratisches, ökologisches und soziales Europa eintritt, der muss diese Verfassung ablehnen«, so Annette Groth, Mitglied der EU-AG Region Stuttgart. Zusätzlich kritisierte attac die EU-Dienstleistungsrichtlinie (Bolkestein-Richtlinie) und forderte den Rückzug des Entwurfes. attac befürchtet eine Verschlechterung von Umwelt-, Qualitäts- und Sozialstandards durch die Richtlinie. Um diesen Forderungen Ausdruck zu verleihen und die Mängel in der EU-Verfassung zu thematisieren, rief attac seine Mitglieder zu einer europaweiten Demonstration am 19. 3. 2005 in Brüssel auf. attac unterstützte auch die Kampagnen für ein Nein in den Referenden über die europäische Verfassung in Frankreich und den Niederlanden.

Nach der verheerenden **Tsunami-Katastrophe** in Südostasien vom 26. 12. 2004 forderte die Organisation einen bedingungslosen und umfassenden Schuldenerlass für die betroffenen Länder.

Im Januar 2005 beschloss attac Deutschland, vom 21.–24. 7. 2005 ein **Sozialforum** in Erfurt zu organisieren. Zu den Veranstaltungen, zu denen mehrere tausend Menschen erwartet werden, will man in Workshops und Seminaren über Probleme der Globalisierung, der Gefährdung des Sozialstaats und der Umwelt- und Friedenspolitik diskutieren. Schwerpunkte der Diskussionen sollen die Themen Menschenrechte, Arbeitswelt und Globalisierung sein.

Vom 26.–31. 1. 2005 fand das 5. Weltsozialforum in Pôrto Alegre (Brasilien) statt. Mit einer Teilnehmerzahl von über 120 000 konnte das Forum die Spitzenzahlen der Jahre zuvor nochmals übertreffen. Das Weltsozialforum konzentrierte sich auf die Vernetzung und Bündelung von Themen sowie eine Verbesserung der Handlungsfähigkeit. Vertreter von attac verabredeten, verbindliche Strukturen für eine weltweite Kooperation aufzubauen.

IKRK Internationales Komitee vom Roten Kreuz

Comité international de la Croix-Rouge (CICR); International Committee of the Red Cross (ICRC)

19 Avenue de la Paix, CH-1202 Genf
T 00 41/22/734 60 01, Fax 733 20 57
www.icrc.org

▪ **Gründung**: Am 17. 2. 1863 in Genf (Schweiz) durch Henry Dunant (1828–1910) und vier weitere Schweizer Bürger als »Komitee der Fünf« zur Unterstützung verwundeter Soldaten (ab 1880 Internationales Komitee vom Roten Kreuz/IKRK genannt). – Das IKRK ist ein privater, unabhängiger Verein des schweizerischen Zivilrechts. Es ist im politischen, religiösen und ideologischen Bereich neutral; sein internationaler Charakter beruht auf seinem insbesondere in den Genfer Abkommen von 1949 (→ Hintergrund) verankerten, durch die Staaten formulierten Auftrag. ▪ **Ziele/Aufgaben**: Förderung und Weiterentwicklung des humanitären Völkerrechts; Überwachung der Einhaltung der Genfer Abkommen durch die Staaten und die Konfliktparteien (z. B. durch Delegiertenbesuche in Gefangenenlagern), sowohl in internationalen als auch in innerstaatlichen Konflikten; Schutz und Hilfe für Kriegsopfer; Eintreten für die Haftbedingungen politischer Häftlinge. Die wichtigsten Handlungsmaximen sind Neutralität und stille Diplomatie. – Das IKRK wurde dreimal mit dem Friedensnobelpreis ausgezeichnet; Dunant erhielt 1901 den ersten je verliehenen Friedensnobelpreis. ▪ **Hauptorgane**: Das vier- bis sechsmal im Jahr als Versammlung tagende Internationale Komitee mit höchstens 25 Schweizer Bürgern legt die allgemeine Politik und die Richtlinien der Tätigkeit fest. **Präsident** ist seit 2000 Jakob Kellenberger (Schweiz). Die vierköpfige Direktion leitet die Geschäfte; sie steht unter der Leitung eines **Generaldirektors**: seit 2002 Angelo Gnaedinger (Schweiz). Das IKRK unterhält derzeit ständige Vertretungen in 79 Staaten und führt Operationen in über 80 Staaten durch. ▪ **Personal**: Mehr als 1200 Delegierte und Mitarbeiter befinden sich derzeit in 80 Missionen für das IKRK überall auf der Welt im Einsatz. Diese Arbeit wird von ca. 9000 lokalen Kräften unterstützt. Koordiniert wird das IKRK von 800 Mitarbeitern am Hauptsitz in Genf. ▪ **Budget 2005**: 636 Mio. €, davon 99,5 Mio für das Hauptquartier in Genf und 536,5 Mio. € für Dienstleistungen vor Ort.

INTERNATIONALES ROTES KREUZ Das IKRK und die derzeit 181 nationalen Rotkreuz- und Rothalbmondgesellschaften mit über 400 Mio. individuellen Mitgliedern bilden, zusammen mit der 1919 gegründeten Internationalen Föderation der Rotkreuz- und Rothalbmondgesellschaften (kurz: Föderation), die Internationale Bewegung vom Roten Kreuz und Roten Halbmond. Die Aufgaben der Föderation sind in erster Linie friedensbezogen (Gesundheitserziehung, Wohlfahrtsarbeit, Hilfe bei internationalen Notständen, Förderung des Blutspendedienstes, Ausbildungsprogramme).

CHRONIK Das IKRK engagierte sich 2004 und 2005 in der sudanesischen Provinz **Darfur**, in der es im Laufe des Jahres immer wieder zu Übergriffen der islamischstämmigen Djandjawid-Milizen gegen die Zivilbevölkerung kam. Der Regierung Sudans wurde vorgeworfen, nichts gegen die Übergriffe unternommen zu haben, durch die Zehntausende aus ihren Häusern vertrieben wurden und von der internationalen Gemeinschaft versorgt werden mussten. Im Juni 2004 begann das Rote Kreuz zusammen mit dem Roten Halbmond in Darfur, die Flüchtlinge mit Essen, Kleidung, Haushaltsgegenständen und Unterkünften zu versorgen. Das IKRK errichtete drei Flüchtlingslager mit einer Kapazität für 90 000 Menschen und eröffnete bzw. reparierte fünf Krankenhäuser sowie drei Erste-Hilfe-Lazarette, in denen bis Januar 2005 370 000 Menschen behandelt wurden. Weitere Krankenhäuser erhielten Hilfslieferungen in Form von Medikamenten und Ausstattung. Darüber hinaus kümmerte sich das IKRK um die Trinkwasserversorgung, errichtete neue Anlagen und reparierte alte. Derzeit befinden sich 200 Mitarbeiter des IKRK im Sudan, die mit mehr als 2000 lokalen Kräften vor Ort zusammenarbeiten. In einem Bulletin vom 15. 4. 2005 beklagt das IKRK, dass die nach wie vor anhaltende Gewalt die Hilfslieferungen der Organisation beeinträchtige. Dennoch kündigte das IKRK an, seine Hilfslieferungen in der Region auch weiterhin fortzusetzen.

Nach der **Tsunami-Katastrophe** in Südostasien am 26. 12. 2004 begann das IKRK sofort mit der Lieferung von Hilfsgütern nach Sri Lanka und Indonesien, den beiden von der Flutwelle am stärksten betroffenen Ländern. Zusammen mit dem Roten Kreuz in Sri Lanka brachte das IKRK Verwundete außer Landes bzw. kümmerte sich um die medizinische Versorgung vor Ort und half bei der Identifizierung der Toten. Nach den Unruhen in **Togo** im Anschluss an die Präsidentschaftswahl vom 24. 4. 2005 organisierte das togolesische Rote Kreuz mit der Unterstützung des IKRK und von 900 Freiwilligen die Versorgung der Menschen vor Ort. Das Internationale Rote Kreuz unterstützte die Maßnahmen finanziell und entsandte vier Mitglieder in das betroffene Gebiet.

Für alle folgenden Zahlenangaben, insbesondere die Produktionstabellen, gilt: Die Zahlen für 2003 und 2004 sind häufig vorläufig und beruhen meist auf Schätzungen, z. B. der UN oder von Wirtschaftsforschungsinstituten. Wenn nicht anders erwähnt, Großbritannien einschl. Nordirland. Daten für die VR China enthalten keine Angaben zur Rep. China (Taiwan) und zu Hongkong, sofern nicht anders angegeben.
Fachbegriffe werden im → Glossar erläutert.

Die Wirtschaft im globalen Überblick

Die **Weltwirtschaft** wuchs 2004 auf breiter Basis stärker als im Vorjahr und erreichte eine Wachstumsdynamik, wie sie zuletzt in den 1970er Jahren erreicht worden war. Die Deutsche Bundesbank analysierte die Entwicklung mit den Worten: »Der globale Aufschwung, der bereits 2003 in Gang gekommen war, setzte sich im ersten Halbjahr 2004 mit hohem Tempo fort. In der zweiten Jahreshälfte verlor die Weltkonjunktur jedoch an Schwung.« Insgesamt stieg die globale Wertschöpfung 2004 um 5,1 %, verglichen mit 4,0 % im Vorjahr.

Positive Impulse erhielt die weltwirtschaftliche Entwicklung vor allem aus zwei Richtungen: von der lebhaften Konjunktur in den USA und von der wirtschaftlichen Dynamik der ostasiatischen Schwellenländer, insbesondere Chinas. Vom kräftigen Wachstum der Industrie profitierten andererseits die Rohöl und sonstige Rohstoffe exportierenden Länder, deren Ausfuhren sich nicht nur mengenmäßig, sondern aufgrund der starken Preissteigerungen vor allem auch wertmäßig erhöhten. Die Bundesbank schreibt von einer »starken Rohstoff- und Energielastigkeit des globalen Wachstums, die in gewisser Hinsicht als Rückkehr der Old Economy apostrophiert werden kann« und die in der zweiten Jahreshälfte in vielen Ländern konjunkturdämpfend wirkte. Wegen der starken Zunahme der Industrie- und Rohstoffproduktion expandierte

Wachstum der Weltwirtschaft 1970–2010

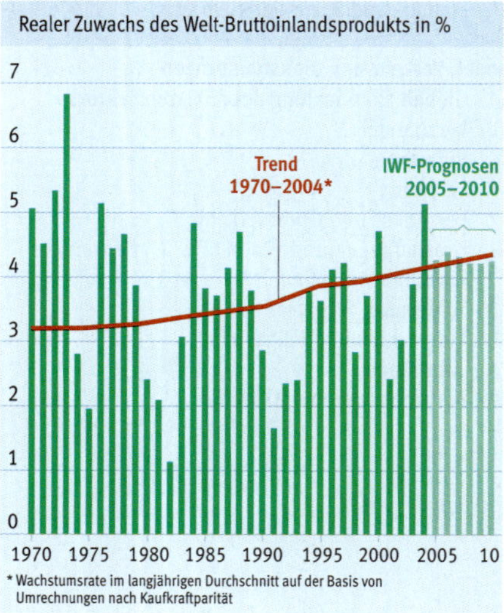

* Wachstumsrate im langjährigen Durchschnitt auf der Basis von Umrechnungen nach Kaufkraftparität

Quelle: IWF 2005

Globale Verteilung des Weltwirtschaftsergebnisses 2003

Staatengruppe	Bruttosozialprodukt in Mrd. US-$	Bevölkerung in Mio.	Bruttonationaleinkommen je Einw. in US-$
Länder mit niedrigem Einkommen	1 038,2	2 310,3	450
Länder mit mittlerem Einkommen	5 731,8	2 990,1	1 920
(untere Kategorie)	3 934,3	2 655,2	1 480
(obere Kategorie)	1 787,8	334,9	5 340
Länder mit hohem Einkommen	27 731,5	971,4	28 550
Welt insgesamt	34 491,5	6 271,7	5 500

Quelle: Weltbank

der Welthandel real um rd. 9 %. Positiv auf das Wachstum der Weltwirtschaft wirkten sich nach Angaben der Bundesbank auch »die anhaltend günstigen Finanzierungsbedingungen für Unternehmen und private Haushalte sowie die spürbare Kurserhöhung an den Aktienmärkten« aus.

Die Wirtschaftsentwicklung in den **Industriestaaten**, den sog. »advanced economies« nach der Terminologie des IWF, gewann gegenüber dem Vorjahr noch einmal beträchtlich an Dynamik und erreichte 2004 ein Wachstum von 3,4 % (2002 1,6 %, 2003 2,0 %). Die sieben wichtigsten westlichen Industriestaaten (G7) als Teil dieser Gruppe kamen wegen des starken Wachstums in den USA und in Großbritannien auf 3,3 %, obwohl das Ergebnis durch die niedrigen Wachstumsraten von Deutschland (+1,7 %) und Italien (+1,2 %) gedrückt wurde. Die EU als Ganzes schnitt mit +2,4 % wesentlich besser ab als 2003 (0,8 %). Das Gesamt-Wachstum der Industriestaaten setzte sich aus sehr unterschiedlichen Einzelbeiträgen zusammen: ostasiatische, pazifische und nordamerikanische Staaten mit deutlichem Wirtschaftswachstum (z. B. Singapur 8,4 %, Rep.China/Taiwan 5,7 %, Rep. Korea 4,6 %, USA 4,4 %) und europäische Länder mit einer Spannweite des Wachstums zwischen Irland (5,1 %) und Portugal (1,0 %).

In den **Entwicklungsländern** erhöhte sich das Wirtschaftswachstum leicht von 6,4 % (2003) auf 7,2 % (2004), doch gab es auch hier sehr unterschiedliche Ergebnisse – zwischen einem Zuwachs von 5,1 % in Afrika bzw. 5,7 % in Lateinamerika und wesentlich stärkeren Wachstumsraten in den GUS-Ländern und in Süd- und Ostasien (jeweils 8,2 %).

Die **Weltwirtschaft** war auch 2004/2005 durch grundlegende Entwicklungstendenzen bzw. globale Rahmenbedingungen geprägt, die teilweise schon längerfristig bestehen, z. T. aber auch Ergebnisse neuerer Entwicklungen sind. Hierzu zählen:

- die **enormen wirtschaftlichen Ungleichgewichte zwischen den einzelnen Staatengruppen**, insbesondere zwischen den Industrieländern in Europa, Nordamerika, Ostasien und Australien mit – im Durchschnitt gesehen – wohlhabender Bevölkerung und andererseits den Entwicklungsländern, in denen trotz teilweise beachtlicher Wachstumsraten immer noch ein großer Teil der Bevölkerung in Armut, unzureichend ernährt und unter menschenunwürdigen Bedingungen lebt;
- die **weiter zunehmenden Internationalisierungs- und Globalisierungstendenzen**, die sich vor allem in immer engerer weltweiter Verflechtung der Güterproduktion, der Dienstleistungs- und der Finanzmärkte, in der starken Intensität des Warenaustausches (Welthandel) und im hohen Niveau des internationalen Reiseverkehrs (Tourismus) zeigen;
- eine **hohe Arbeitslosigkeit bzw. Unterbeschäftigung** in fast allen Entwicklungs- und vielen Industrieländern aufgrund der teils konjunkturell, meist aber strukturell bedingten Probleme, für die Bevölkerung adäquate Arbeitsplätze zu schaffen;
- die weltweit extrem **ungleiche demografische Entwicklung** mit niedrigen Geburtenzahlen und daraus folgend regionalen Bevölkerungsrückgängen und starken Überalterungstendenzen in den meisten europäischen Staaten und andererseits hohen Wachstumsraten der Bevölkerung in den meisten Entwicklungsländern aufgrund ausgeprägter Geburtenüberschüsse;
- der große **Einfluss der Rohstoffpreise** auf die Konjunktur und die Wirtschaftsentwicklung in den Industriestaaten, die 2004/05 unter stark steigenden Preisen vor allem für Energierohstoffe, aber auch für viele Metalle litten (→ Bergbau und Rohstoffe);
- das wachsende **Ausmaß negativer ökologischer Folgen der intensiven Wirtschaftstätigkeit**. Diese Auswirkungen der Wirtschaft auf die Umwelt wurden lange Zeit kaum beachtet, führen aber neuerdings immerhin in den meisten Industriestaaten zu einer allmählichen Bewusstseinsveränderung und zu Gegenmaßnahmen (→ Umwelt);

Die zehn Staaten mit dem höchsten Bruttoinlandsprodukt (zu Marktpreisen) in Mrd. US-$

	2003	2002	2001	2000
USA	10 945,8	10 110,1	10 065,3	9 601,5
Japan	4 389,8	4 265,5	4 141,4	4 519,1
Deutschland	2 084,6	1 870,4	1 846,1	2 063,7
Großbritannien	1 680,3	1 486,2	1 424,1	1 459,5
Frankreich	1 523,0	1 342,7	1 309,8	1 438,3
VR China	1 417,3	1 209,5	1 159,0	1 062,9
Italien	1 243,0	1 097,9	1 088,8	1 163,2
Kanada	756,8	700,5	694,5	649,8
Spanien	698,2	594,1	581,8	595,3
Mexiko	637,2	596,7	617,8	497,0

Quelle: Weltbank

- die seit dem New Yorker Terroranschlag vom 11. 9. 2001 zunehmend ins Bewusstsein der Bevölkerung gerückte latente **Bedrohung durch Terror und regionale Kriege**, die sich angesichts der globalen Vernetzung der Wirtschaft auf viele Branchen, vor allem Handel, Verkehr und Tourismus, lähmend und wachstumshemmend auswirken können.

Die **globale Wertschöpfung**, d. h. das gesamte auf der Erde erwirtschaftete Sozialprodukt, betrug nach Berechnungen der Weltbank 2003 rd. 34,492 Billionen US-$ (5500 $ pro Kopf im Weltdurchschnitt). Bei einer Umrechnung der nationalen Währungen nach Kaufkraftparität betrugen die Werte 51,303 Bill. US-$ bzw. 8180 US-$ pro Kopf. Die enormen Unterschiede zwischen einzelnen Staaten werden durch die Tabellen deutlich.

Das **weltweite Wohlstands- und Wachstumsgefälle zwischen reichen und armen Ländern** hat sich in den letzten Jahrzehnten bis in die Gegenwart nicht verringert, sondern eher noch vergrößert. Auch wenn sich keine wesentliche Umverteilung des globalen Wohlstands abzeichnete, konnten in den letzten zwei bis drei Jahrzehnten trotzdem zwei Gruppen von Staaten den Abstand zu den wohlhabenden altindustrialisierten Ländern beträchtlich verringern:

Die zehn reichsten Staaten
Bruttonationaleinkommen je Einwohner in US-$ (ohne Kleinststaaten)

	2003	2002	2001	2000
Luxemburg	43 940	38 830	39 840	42 060
Norwegen	43 350	37 850	35 630	34 530
Schweiz	39 880	37 930	38 330	38 140
USA	37 610	35 060	34 280	34 100
Japan	34 510	33 550	35 610	35 620
Dänemark	33 750	30 290	30 600	32 280
Island	30 810	28 590	28 910	30 390
Schweden	28 840	24 820	25 400	27 140
Großbritannien	28 350	25 250	25 120	24 430
Finnland	27 020	26 160	25 300	25 130

Quelle: Weltbank

Die zehn ärmsten Staaten
Bruttonationaleinkommen je Einwohner in US-$ (ohne Kleinststaaten)

	2003	2002	2001	2000
Niger	200	170	180	180
Tadschikistan	190	180	180	180
Eritrea	190	150	160	170
Malawi	170	150	160	170
Sierra Leone	150	140	140	130
Guinea-Bissau	140	150	160	180
Liberia	130	150	140	140
Burundi	100	100	100	110
Dem. Rep. Kongo	100	90	80	80
Äthiopien	90	100	100	100

Quelle: Weltbank

Probleme der Vergleichbarkeit internationaler Wirtschaftsdaten

Regionale und zeitliche Vergleiche von Wirtschaftsstrukturen und -entwicklungen verschiedener Länder sind häufig problematisch. Die zugrunde liegenden Daten werden oft durch Faktoren beeinflusst, die eine Interpretation und direkte Vergleiche erschweren. So muss z. B. berücksichtigt werden, dass stärkere Veränderungen des BIP in aufeinander folgenden Jahren auch auf geänderten Wechselkursen gegenüber dem US-$ beruhen können. Abgesehen davon ergibt sich zunächst schon eine gewisse Verzerrung der Ergebnisse und ihrer Vergleichbarkeit durch die Tatsache, dass sie zu offiziellen Wechselkursen – die nicht immer dem wirklichen Wert entsprechen – in US-$ umgerechnet werden. Um diesen Fehler auszuschalten, wird zunehmend statt des aktuellen Wechselkurses der KKP-Kurs (Kaufkraftparität) angewandt (englisch: PPP = »purchasing power parity«). Bei Anwendung des KKP-Kurses hat ein US-$ die gleiche Kaufkraft bezogen auf das BNE des jeweiligen Landes wie der $ bezogen auf das BNE der USA.

Insbesondere bei Entwicklungsländern ergeben sich große Unterschiede zwischen beiden Umrechnungsmethoden. So erreicht Indien ein BIP pro Kopf (2003) von 530 US-$ bei Anwendung des offiziellen Wechselkurses, dagegen von 2880 US-$ bei Kaufkraftparität. Für Brasilien lauten die entsprechenden Zahlen 2710 bzw. 7480 US-$.

Ein weiterer wichtiger Grund für die begrenzte Vergleichbarkeit von Wirtschaftsdaten – insbesondere für Entwicklungsländer – ist der sog. »informelle Sektor«. Neben dem statistisch erfassten Teil der Wirtschaft weist häufig die »Schatten-« oder »Parallelwirtschaft« (informeller Sektor der Wirtschaft) beachtliche Leistungen auf. Der Anteil dieser illegalen bis halblegalen, meist stillschweigend geduldeten Wirtschaft, die weder steuerlich noch statistisch erfasst wird, liegt z. B. in Indien nach Weltbankschätzungen bei rd. 50 %, die also zum amtlichen BNE oder BIP hinzugezählt werden müssten. In den meisten anderen Entwicklungsländern erreicht der informelle Sektor ähnlich hohe Werte.

Auch in westlichen Industrieländern liegt die »Schattenwirtschaft« in Form von »Schwarzarbeit« inzwischen bei 5–25 % des offiziellen BNE – mit zunehmender Tendenz. Für Italien und Griechenland werden 25 % geschätzt, für Deutschland 18 %, Belgien und Schweden je 14–16 %, Frankreich und Großbritannien je 12–14 %. Insbesondere hohe Umsatz- und Einkommensteuern sind ein Anreiz für Schwarzarbeit im Handwerk und im Dienstleistungsbereich.
Weitere Probleme der Vergleichbarkeit ergeben sich durch unterschiedliche Begriffsdefinitionen. So wird die Abgrenzung zwischen sekundärem und tertiärem Sektor der Wirtschaft nicht einheitlich gehandhabt (→ Globale Entwicklung des tertiären Sektors), und Arbeitslosenstatistiken verschiedener Länder sind schwer vergleichbar, weil die Berechnung der Quote unterschiedlich erfolgt.

- die dünn besiedelten Erdöl exportierenden Staaten der arabischen Halbinsel seit Ende der 1970er Jahre und
- die seit den 1980er Jahren weit überdurchschnittlich gewachsenen Schwellenländer Ost- und Südostasiens. Trotz Wachstumskrisen in den 1990er Jahren und um 2001/02 zählen sie derzeit wieder weltweit zu den raschest wachsenden Volkswirtschaften. Bis Ende des ersten Jahrzehnts des 21. Jahrhunderts könnten weitere Schwellenländer Asiens und Lateinamerikas durch überdurchschnittliches Wachstum in die Gruppe der Industriestaaten aufrücken. Der Internationale Währungsfonds (IWF) hat erstmals 1997 mehrere dieser Staaten aus der Gruppe der Schwellenländer herausgenommen und den Industrieländern (»advanced economies«) zugeordnet: Israel, Rep. Korea, Hongkong, Singapur und Rep. China/Taiwan.

Als nächste Ländergruppe dürften vermutlich die **Transformationsländer Ostmittel- und Osteuropas**, die seit 2004 der EU angehören, wegen des dadurch verursachten Wachstumsschubes durch überdurchschnittlich steigende Wirtschaftsergebnisse zu den wohlhabenden Industriestaaten aufschließen.

Beschäftigungsprobleme und Arbeitslosigkeit

Beschäftigungs- und Arbeitsmarktfragen und das Problem der Arbeitslosigkeit zählten auch 2004/05 in vielen Staaten, insbesondere auch in Deutschland zu den größten wirtschaftspolitischen Problemen. In einigen europäischen Industriestaaten besserte sich zwar die Situation, doch verhinderte das meist nur mäßige Wirtschaftswachstum stärkere Fortschritte beim Abbau der Arbeitslosigkeit. Besonders brisant ist die Problemlage in vielen außereuropäischen Ländern, wo die Diskrepanz zwischen der Zahl und Qualität der zur Verfügung stehenden Arbeitsplätze und der Zahl der Arbeit suchenden Menschen weiter wuchs.

Arbeitslosigkeit hat sich in Industrie-, aber mehr noch in Entwicklungsländern zu einem der größten wirtschafts- und sozialpolitischen Probleme zu Beginn des 21. Jahrhunderts entwickelt. Nach der im Februar 2005 veröffentlichten Schätzung der Internationalen Arbeitsorganisation (ILO) in Genf verminderte sich 2003–2004 die Zahl der Arbeitslosen weltweit von 195,2 Mio. auf 184,7 Mio.; die Quote sank von 6,3 auf

Industriestaaten mit besonders hoher Arbeitslosigkeit

	2004	2003	2002	2000
Spanien	10,8 %	11,3 %	11,4 %	13,9 %
Israel	10,4 %	10,8 %	10,3 %	8,8 %
Frankreich	9,7 %	9,5 %	8,9 %	9,1 %
Deutschland	9,2 %	9,6 %	8,7 %	7,3 %
Griechenland	8,9 %	9,7 %	10,3 %	11,4 %
Finnland	8,8 %	9,0 %	9,1 %	9,3 %
Italien	8,3 %	8,7 %	9,0 %	10,6 %

Quelle: World Economic Outlook

Industriestaaten mit besonders niedriger Arbeitslosigkeit

	2004	2003	2002	2000
Österreich	4,5 %	4,4 %	4,3 %	3,7 %
Luxemburg	4,4 %	3,8 %	3,0 %	2,6 %
Neuseeland	3,9 %	4,6 %	5,2 %	6,0 %
Schweiz	3,5 %	3,4 %	2,3 %	1,7 %
Rep. Korea	3,5 %	3,4 %	3,1 %	4,2 %
Zypern	3,2 %	3,4 %	3,2 %	3,4 %
Island	3,1 %	3,3 %	2,5 %	1,3 %

Quelle: World Economic Outlook

6,1 %. Im 10-Jahres-Vergleich 1994–2004 stieg die Quote jedoch von 5,5 auf 6,1 %. Diese Zahlen sind allerdings wenig aussagekräftig, da in vielen Entwicklungsländern Arbeitskräfte und Arbeitsuchende nicht statistisch erfasst werden. Für realistisch wird die Schätzung gehalten, dass weltweit rd. 25 % aller erwerbsfähigen Menschen arbeitslos oder unterbeschäftigt sind. Hierbei bestehen große regionale Unterschiede. So schätzt die ILO für Ostasien eine Zunahme der Arbeitslosigkeit von 2,5 auf 3,3 % (2003–2004), für den Nahen Osten und Nordafrika eine Abnahme von 12,4 auf 11,7 %.

In den **Entwicklungsländern** entsteht das Problem der Arbeitslosigkeit hauptsächlich durch das Bevölkerungswachstum und die starke Abwanderung vom Land in die Städte. Die Landwirtschaft kann die wachsende Bevölkerung nicht mehr ausreichend ernähren (»push«-Faktor), bzw. die Städte locken mit ihrem höheren Lebensstandard und der Aussicht auf sozialen Aufstieg (»pull«-Faktor). Die Zahl der neu entstehenden Arbeitsplätze im städtischen Industrie- oder Dienstleistungssektor ist jedoch längst nicht ausreichend, um die Masse der Zuwanderer zu beschäftigen, die in der Regel arbeitslos bleiben oder höchstens im »informellen Sektor« eine Beschäftigung finden. Mehr als 50 % Arbeitslosigkeit unter der Stadtbevölkerung von ärmeren Entwicklungsländern sind keine Seltenheit. Vor allem die Jugendarbeitslosigkeit ist hier enorm hoch. Sie wird für die meisten afrikanischen und asiatischen Entwicklungsländer auf insgesamt über 25 % geschätzt.

In den **Industriestaaten** geht das Problem der Arbeitslosigkeit vor allem auf die hohen Kosten menschlicher Arbeit zurück. Da die Lohn- und Lohnnebenkosten in den letzten Jahrzehnten kontinuierlich angestiegen sind, wird in allen Wirtschaftszweigen versucht, die Zahl der Arbeitskräfte zu reduzieren und Arbeitsvorgänge zu vermeiden oder zumindest zu automatisieren. Insbesondere in der Industrieproduktion wurde (und wird) Handarbeit durch Automaten und Roboter ersetzt, aber auch im Dienstleistungsbereich wurde kräftig Personal durch Rationalisierung und Automatisierung abgebaut (z. B. Verkaufspersonal durch Selbstbedienung, Bankpersonal durch Geldautomaten und Online-banking, Bahnpersonal durch Fahrkartenautomaten und schaffnerlose Züge usw.). Vor allem die Arbeitsplätze für an- und ungelernte Kräfte, die wenig zur volkswirtschaftlichen Wertschöpfung beitragen, wurden stark reduziert, und bisher ist keine Ende dieses Trends erkennbar. Im Gegenteil: Mit zunehmender Globalisierung und damit verstärkter internationaler Wirtschaftsverflechtung spielen Unterschiede der Lohnkosten eine wachsende Bedeutung, da Unternehmen in den europäischen »Hochlohnländern« direkt mit entsprechenden Konkurrenten in »Niedriglohnländern« im Wettbewerb stehen.

In den meisten wirtschaftlich hoch entwickelten Ländern konnte in den letzten Jahren die Wirtschaft nicht einmal in Zeiten der Hochkonjunktur in neuen Industrien oder Dienstleistungsbereichen so viele gleichwertige neue Arbeitsplätze schaffen, wie in schrumpfenden Bereichen verloren gingen. In den europäisch-nordamerikanischen Industrieländern nahm 2003–2004 trotz eines Wirtschaftswachstums von 3,2 % die Arbeitslosenquote nur von 7,5 auf 7,1 % ab.

Dazu kam, dass in vielen Fällen hoch bezahlte Vollzeitarbeitsplätze durch gering entlohnte Teilzeitarbeitsplätze ersetzt wurden. In den wenigen Ländern mit Rückgang der Arbeitslosigkeit entstand der Zuwachs an Arbeitsplätzen vielfach im Teilzeit- und Niedriglohnbereich. Das Wirtschaftsergebnis wird also mit immer weniger Arbeitskräften erreicht bzw. – umgekehrt – das BIP pro Arbeitskraft steigt laufend an.

Die Prognosen für die meisten europäischen Länder gehen für die nächsten Jahre davon aus, dass die Arbeitslosigkeit weniger durch Wirtschaftswachstum als vielmehr durch den Altersstruktureffekt zurückgehen wird (sinkende Bevölkerungszahlen; es scheiden mehr ältere Erwerbstätige aus als jüngere heranwachsen). Darauf deutet auch die Tatsache hin, dass es in gewissen wirtschaftsstarken Regionen bereits einen Mangel an hoch qualifizierten Arbeitskräften gibt (z. B. Niederlande, Südengland, Raum Paris).

Weltwährungsfragen, Auslandsinvestitionen und Staatsverschuldung

Das **Weltwährungssystem** blieb auch 2004 relativ stabil, nachdem schon in den Vorjahren die starken Turbulenzen und Wechselkursverschiebungen überwunden worden waren, die die zweite Hälfte der 1990er Jahre geprägt hatten (Wirtschafts- und Finanzkrisen in Japan, Südostasien, Lateinamerika, Russland).

Im **Verhältnis der Währungen** zueinander war die Wechselkursentwicklung des Euro besonders bemerkenswert und Gegenstand vieler Diskussionen. Die Entwicklung zeigte eine Fortsetzung des Trends von 2002 und 2003, als der € gegenüber dem US-$ zunehmend an Wert gewann. 2004 verbuchte der € per Saldo weitere Kursgewinne gegenüber fast allen wichtigen Währungen. Besonders ausgeprägt war diese Aufwertung gegenüber dem US-$ sowie dem japanischen Yen und dem chinesischen Renminbi Yuan. Insgesamt hatte der € Ende 2004 8,2 % mehr Wert gegenüber dem US-$ als zu Jahresbeginn; zum Jahresende kostete der € 1,36 US-$, im Frühjahr 2005 ging der Wechselkurs zeitweise wieder auf 1 : 1,25 zurück. Als Ursache der €-Stärke bzw. US-$-Schwäche gilt einerseits zunehmendes Vertrauen in die Stabilität der EU und ihrer Wirtschaft, andererseits Misstrauen gegenüber der US-amerikanischen Finanzsituation mit ihren immens hohen Budget- und Leistungsbilanzdefiziten.

Wichtigste Währung im Devisenhandel war auch 2004 der US-$ vor dem €, dem Yen und dem britischen £; wichtigster Finanzplatz war Großbritannien vor den USA und Japan. Nach Studien der Europäischen Zentralbank erhöhte sich 2004 die weltweite Bedeutung des € weiter. So stieg der Euro-Anteil an den globalen Währungsreserven von 16,4 % (2002) auf 18,8 %, während der US-$-Anteil von 67,5 % auf 64,4 % zurückging. An den internationalen Devisenmärkten betrug der Anteil der Transaktionen in € ca. 25 % (US-$ 50 %, £ und ¥ je 10 %). Im Außenhandel der Eurostaaten nahm die Rechnungsstellung in € (auf Kosten des US-$) 2004 um 5 % zu.

Der Wechselkurs des € gegenüber US-$, £ und Yen 2002–2005

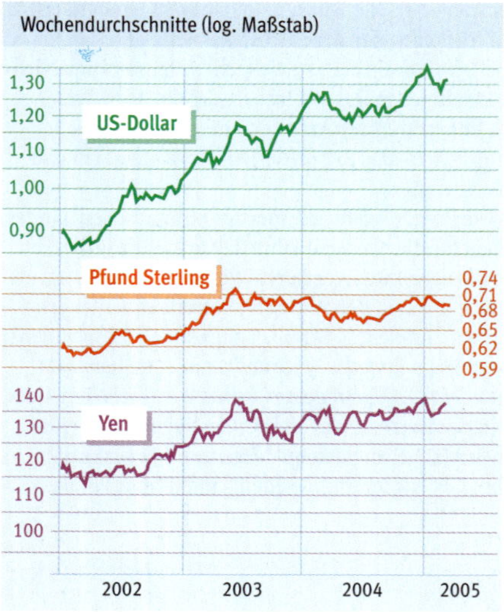

Quelle: Deutsche Bundesbank

Die **Globalisierung der Wirtschaft** hat in besonders starkem Maß die **Finanzmärkte** erfasst. Sie zeigt sich u. a. in stark angeschwollenen internationalen Kapitalströmen und Finanztransaktionen als Folge der Liberalisierung der Finanzmärkte und der zunehmenden Bedeutung **multinationaler Unternehmen.** Die UN-Konferenz für Handel und Entwicklung (UNCTAD) veröffentlichte in ihrem jährlich publizierten »World Investment Report« einen sog. **»Transnationalitätsindex«** (TNI) für große internationale Konzerne als Verhältnis von Investitionssumme, Umsätzen und Beschäftigten jeweils im Inland (Firmensitz) und im Ausland. 100 % bedeutet stärkste Multinationalität; gewisse Firmen mit weltweiter Präsenz kamen 2002 bereits auf einen Index von mehr als 80 %, so z. B. Vodafone (84,5 %), BP (81,3 %) und Roche Pharma (91,0 %). Unter den großen deutschen Konzernen sind besonders stark global tätig: Bertelsmann (63,4 %), Siemens (62,3 %), VW (57,1 %), BASF (54,7 %), BMW (53,7 %), Bayer (45,6 %).

Die **Direktinvestitionen der Wirtschaft im Ausland** (sog. FDI = foreign direct investments) machten auch 2004/05 einen beträchtlichen Anteil der internationalen Kapitalströme aus. Seit Beginn der 1980er Jahre bis zur Jahrtausendwende sind Investitionen in ausländische Produktionsstätten – durch Gründung neuer Werke, Kauf bestehender Unternehmen oder Zusammenschluss von Unternehmen – etwa sechsmal so schnell angestiegen wie das Welthandelsvolumen und haben zu intensiven globalen Finanzverflechtungen geführt. 2000 wurde ein gewisser Höhepunkt erreicht; die FDI beliefen sich nach Berechnungen der UNCTAD (»World Investment Report 2004«) weltweit auf 1387,953 Mrd. US-$, wobei etwa 90 % dieser Summe auf Firmenkäufe und Zusammenschlüsse (M & A, »mergers & acquisitions«) entfielen. Seitdem ging die Summe der FDI stark zurück; sie betrug 2002 nur noch 678,751 und 2003 559,576 Mrd. US-$.

Der Grund für diesen starken Rückgang liegt nach Analysen der UNCTAD in einer gewissen Normalisierung nach dem »Platzen« des Informationstechnologiebooms um die Jahrtausendwende, in der Konjunkturabschwächung, in wirtschaftlichen Problemen vieler Industriestaaten und in Unsicherheit über die weitere Entwicklung angesichts von Kriegs- und Terrorfurcht. Bemerkenswert ist nach Meinung der UNCTAD, dass sich der **Schwerpunkt der FDI** immer stär-

Die wichtigsten Herkunftsländer der weltweiten Direktinvestitionen Investitionssummen im Ausland in Mrd. US-$

Land	2003	2002	2000
USA	151,884	115,340	142,626
Belgien / Luxemburg	132,637	138,471	86,362
Frankreich	57,279	49,434	177,449
Großbritannien	55,093	35,180	233,371
Niederlande	36,092	34,554	75,535
Japan	28,800	32,281	31,558
Spanien	23,373	31,512	54,675
Kanada	21,542	26,409	44,675
Schweiz	10,919	7,578	44,673
Italien	9,121	17,123	22,316
Hongkong	3,769	17,463	59,375
Deutschland	2,560	8,622	56,557

Quelle: UNCTAD

Die wichtigsten Empfängerländer der weltweiten Direktinvestitionen Investitionssummen ausländischer Investoren in Mrd. US-$

Land	2003	2002	2000
Belgien/Luxemburg	117,041	131,743	88,739
VR China	53,505	52,743	40,715
Frankreich	46,981	48,906	43,250
USA	29,772	62,870	314,007
Spanien	25,625	35,908	37,523
Irland	25,497	24,486	25,843
Niederlande	19,674	25,571	63,854
Großbritannien	14,515	27,776	118,764
Hongkong	13,561	9,682	61,939
Deutschland	12,866	3[illegible],014	198,276
Schweiz	12,161	[illegible],648	19,255
Brasilien	10,144	1[illegible],590	32,779

Quelle: UNCTAD

ker vom industriellen in den Dienstleistungsbereich verschiebt. Bereits 2002 entfielen rd. 70 % der FDI auf Unternehmen des tertiären Sektors (Handel, Verkehr, Tourismus, Finanzdienstleistungen usw.).

Auch 2003 betrafen die wichtigsten grenzüberschreitenden Kapitaltransfers Investitionen westeuropäischer und nordamerikanischer Firmen in anderen Industrieländern und in Schwellenländern (z. B. Lateinamerika, Südostasien) sowie umgekehrt US-amerikanische und ostasiatische Investitionen in Europa. In den östlichen Reformländern sowie in den Entwicklungsländern wurde demgegenüber wegen der wirtschaftlichen und politischen Risiken wesentlich weniger investiert (→ Tab. Länderbonität). Größere Kapitalströme flossen hier beispielsweise nach Polen (4,225 Mrd. US-$), in die Tschechische Republik (2,583 Mrd. US-$) und nach Ungarn (2,470 Mrd. US-$). Auf Entwicklungsländer entfielen 2003 zwar 30,7 % der Direktinvestitionen, doch der Hauptanteil ging nach China und in die fortgeschrittenen Schwellenländer in Ostasien und Südamerika (Brasilien, Chile Venezuela). In die 50 am wenigsten entwickelten Länder flossen nur 7,356 Mrd. US-$, d. h. 1,3 % der weltweiten Auslandsinvestitionen.

Die **Staatsverschuldung** war auch 2004/05 ein heftig diskutiertes Thema der Weltwirtschafts- und Währungspolitik. Problematisch ist weniger die absolute Schuldenhöhe als vielmehr das Verhältnis von Schulden zu Wirtschaftsleistung und finanzieller Leistungsfähigkeit. So liegt das Hauptproblem in der Unfähigkeit vieler Schuldnerländer, ihre Auslandsschulden fristgerecht zurückzuzahlen. Die USA und viele westeuropäische Staaten sind zwar auch hoch verschuldet, doch handelt es sich weitgehend um Inlandsverschuldung, d. h. Kreditaufnahme bei den eigenen Bürgern. Außerdem haben diese Staaten angesichts ihrer Wirtschaftskraft und des Wohlstands ihrer Bürger keine Probleme mit der Rückzahlung; der Schuldendienst kann lediglich steuer- und finanzpolitisch gefährlich werden und zukünftige Handlungsspielräume der Staaten einengen. Demgegenüber waren viele hoch verschuldete Entwicklungsländer und osteuropäische Transformationsländer auch 2004 nur mit Mühe oder gar nicht in der Lage, ihren Zahlungsverpflichtungen (Zins- und Tilgungsleistungen) voll nachzukommen.

Für die Entwicklungsländer bedeutet die hohe Verschuldung im Ausland nicht nur eine Überforderung ihrer wirtschaftlichen Leistungsfähigkeit. Ihre verlorene Kreditwürdigkeit verhindert auch den dringend benötigten Zufluss von neuem Kapital und bildet ein starkes Hemmnis für ihre Einbindung in den Welthandel.

Die **Auslandsschulden aller Entwicklungsländer** (einschl. Osteuropa und GUS) betrugen nach Angaben der Weltbank (»World Development Report«) Ende 2003 brutto 2554,138 Mrd. US-$. Davon entfielen auf

Schuldenhöhe ausgewählter Entwicklungs- und Transformationsländer Auslandsschulden in Mrd. US-$

	2003	2002	2000
Brasilien	235,431	227,932	237,953
VR China	193,567	168,255	149,800
Russland	175,257	147,541	160,300
Argentinien	166,207	132,314	146,172
Türkei	145,662	131,556	116,209
Mexiko	140,004	141,264	150,288
Indonesien	134,389	132,208	141,803
Indien	113,467	104,429	100,367
Polen	95,219	69,521	63,561
Philippinen	62,663	59,342	50,063
Thailand	51,793	59,212	79,675
Malaysia	49,074	48,557	41,797
Nigeria	34,953	30,476	34,134
Venezuela	34,851	32,563	38,196
Ägypten	31,383	30,750	28,957

Quelle: Weltbank

die Staaten Lateinamerikas 779,632 Mrd. $, die Staaten Ostasiens und des Pazifik 525,535 Mrd. $, die Staaten Osteuropas und Zentralasiens 675,998 Mrd. $, die Staaten Afrikas südlich der Sahara 231,360 Mrd. $, die Staaten Nordafrikas und des Nahen Ostens 158,827 Mrd. $ und die Staaten Südasiens 182,785 Mrd. $. Die Schuldendienstzahlungen der Entwicklungsländer beliefen sich 2004 auf 436,5 Mrd. $ (Zins und Tilgung). Damit verschlang der Schuldendienst 2004 insgesamt 14,0 % der Einnahmen aus dem Export von Waren und Dienstleistungen (in Lateinamerika sogar 31,1 %).

1996 begannen die Weltbank und der Internationale Währungsfonds mit Überlegungen zu einer gezielten **Entschuldung** für Heavily Indebted Poor Countries (HIPC). 1999 beschloss der Weltwirtschaftsgipfel der G7 in Köln die Einzelheiten eines **Entschuldungsprogramms** für Low Income Countries (LIC), d. h. Länder mit einem jährlichen Pro-Kopf-Einkommen bis 755 US-$. Unter diese Einkommens- und Verschuldungskriterien (HIPC und LIC) fielen 37 Länder mit zusammen 475 Mio. Einwohnern. Verschiedene kamen wegen Bürgerkriegen (z. B. DR Kongo) oder fehlender Zusammenarbeit mit den internationalen Gremien (z. B. Myanmar) nicht in Frage, sodass schließlich 2000 für 22 Länder ein Teil-Schuldenerlass in Höhe von insgesamt 34 Mrd. US-$ beschlossen wurde. Der Schuldenerlass in Höhe von durchschnittlich 47 % und die Gewährung neuer Kredite werden mit Verpflichtungen zu wirtschaftlichen und politischen Reformen verbunden, um zu verhindern, dass der positive Effekt – wie bei ähnlichen Maßnahmen in der Vergangenheit – durch Misswirtschaft, Korruption und Bereicherung der einheimischen Machteliten zunichte gemacht wird.

Die **Staatsverschuldung** bereitete auch in der EU zunehmend Probleme. Während noch 2002 die meisten europäischen Regierungen an ihrer stabilitätsorientierten Geld- und Zinspolitik festgehalten hatten, um die Maastricht-Kriterien mit dem Ziel des Abbaus von Haushaltsdefiziten und übermäßiger Staatsverschuldung zu erfüllen, gingen bereits 2003 Deutschland und Frankreich mit schlechtem Beispiel voran und überschritten das geforderte Schuldenlimit von 3 % des BIP. 2004 verschlechterte sich die Situation; die Europäische Zentralbank schrieb: »Die Entwicklung der öffentlichen Finanzen ... verlief 2004 nicht zufrieden stellend.« Vier Länder (Deutschland, Frankreich, Griechenland, Niederlande) überschritten die 3 %-Verschuldungsgrenze. Auf massiven Druck von Deutschland und Frankreich wurde daher die strikte Begrenzung der Staatsverschuldung aufgehoben. Finanzexperten werteten dies als massive Beeinträchtigung der Stabilität des €.

Inflationsraten der USA, Japans und des Euroraumes 1999–2004

Veränderung gegenüber Vorjahr

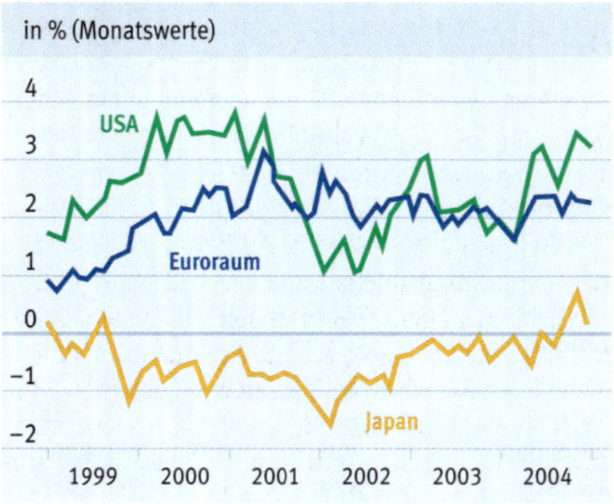

Quelle: EZB 2005

Demgegenüber betrieben viele andere Staaten, insbesondere Entwicklungsländer unter dem Einfluss von IWF und Weltbank eine auf Stabilität ausgerichtete Politik. Als eine der positiven Folgen blieben auch 2004/05 fast weltweit die Inflationsraten auf annähernd dem niedrigen Stand, den sie um die Jahrtausendwende erreicht hatten.

Die bekannteste **Rangliste der Staaten nach ihrer Kreditwürdigkeit** wird nach Umfragen bei den 100 führenden Banken der Welt zusammengestellt. Die vorderen und mittleren Plätze nehmen die wirtschaftsstarken westlichen Industrieländer ein mit – im globalen Maßstab – hoch produktiver Wirtschaft und relativ geringer Auslandsverschuldung, gemessen am Bruttoinlandsprodukt. Einige Länder mit hoher Verschuldung und großen Haushaltsdefiziten, wie die USA, Deutschland, Italien und die Niederlande wurden zuletzt deutlich zurückgestuft. Vorgerückt in der Rangliste sind ost- und südostasiatische Schwellenländer mit starker Wirtschaftsentwicklung und stabilen politischen Verhältnissen, wie Singapur (15), die Rep. China (Taiwan) (24), Hongkong (26), die Rep. Korea (Südkorea) (28), die VR China (37) und Malaysia (35). Die Reformstaaten Ostmittel- und Osteuropas mit stabiler Entwicklung stehen auf vorderen bis mittleren Plätzen, wie z. B. Slowenien (27), die Tschechische Rep. (34), Estland (39), Polen (40), Ungarn (41) und die Slowakei (42). Dagegen blieben die Reformstaaten mit geringeren Fortschritten auf den hinteren Plätzen, so z. B. Bulgarien (60), Rumänien (65), Ukraine (82), Makedonien (91), Albanien (117), Serbien und Montenegro (121) und Weißrussland (134). Russland konnte sich 2004 leicht verbessern und rückte 2005 auf den 58. Platz vor. Am Schluss der bewerteten 173 Länder standen auch Anfang 2005 die ärmsten und wirtschaftlich wie politisch zerrütteten Entwicklungsländer wie DVR Korea (Nordkorea) (173), Liberia (172), Somalia (171), DR Kongo (170), Sierra Leone (169), Simbabwe (168) und Irak (167).

Zunehmende Globalisierung als Phänomen der Weltwirtschaft

Die **Globalisierung der Wirtschaft** setzte sich auch 2004/05 fort, wobei die entsprechenden Tendenzen durch das relativ starke Wachstum der Weltwirtschaft verstärkt wurden. Auch die enorm steigenden Rohstoffpreise (→ Kap. Bergbau und Rohstoffe) und die nach wie vor latente Terrorfurcht änderten nichts an der Tendenz weiter zunehmender internationaler Verflechtung der Weltwirtschaft.

Die **Globalisierung** hat ökonomische, kulturelle, soziale und ökologische Aspekte. Aus wirtschaftlicher Sicht versteht man unter Globalisierung die starke Zunahme internationaler Wirtschaftsbeziehungen und -verflechtungen und das Zusammenwachsen von Märkten für Güter und Dienstleistungen über die Grenzen einzelner Staaten hinaus, wobei internationale Kapitalströme und die Diffusion neuer Technologien eine große Rolle spielen. Globalisierung bedeutet also Zunahme der Intensität und der Reichweite grenzüberschreitender wirtschaftlicher Austauschbeziehungen, damit auch Intensivierung des Wettbewerbs durch Vergrößerung der Märkte bis hin zum Entstehen globaler Märkte. Neben der seit langem intensivierten Integration der »Output-Märkte« (Welthandel mit fertigen Industrieprodukten) kam es in den letzten Jahren zu einer verstärkten Integration der »Input-Märkte« und zu einer grenzüberschreitenden Organisation der Produktion und der produktionsnahen Dienstleistungen.

Typisch für das gegenwärtige Stadium der Globalisierung ist der abnehmende Einfluss der Nationalstaaten auf die global tätige Wirtschaft. Die Regierungen und Parlamente einzelner Staaten haben immer weniger Möglichkeiten, beispielsweise Standortentscheidungen, Produktionsziele, Finanztransfers, Geschäftspraktiken usw. von Firmen zu beeinflussen, die global operieren. Gerade diese Tatsache ist ein Hauptkritikpunkt von Globalisierungsgegnern, die mehr demokratische Kontrolle anmahnen.

Ursachen und zugleich Auswirkungen zunehmender Globalisierung sind z. B. Direktinvestitionen von Firmen im Ausland, die Bildung multinationaler Unternehmen, Zulieferbeziehungen über Staatsgrenzen hinweg (sog. »global sourcing«), Finanztransaktionen, Kreditnahme bzw. -vergabe und Risikoversicherungen mit Hilfe ausländischer Geschäftspartner.

Die rasche **Zunahme des Welthandels** in den letzten Jahren gehört zu den charakteristischen Auswirkungen der Globalisierung. Sie verläuft wesentlich schneller als das Wachstum der Weltwirtschaft insgesamt. In den letzten 35 Jahren hat sich der Exportanteil an der Weltgüterproduktion von ca. 10 auf fast 30 % erhöht. In ähnlicher Größenordnung nahm auch der Anteil der international gehandelten Dienstleistungen zu.

Wichtige Voraussetzungen für die rasch fortschreitende Globalisierung der Wirtschaft waren die langjährigen Bemühungen um einen **freien Welthandel** durch Organisationen wie OECD, GATT und neuerdings WTO (→ Welthandel). Ferner ist wichtig, dass zwei Staatengruppen sich aktiv an der Weltwirtschaft beteiligen, die noch vor drei Jahrzehnten nur eine marginale Rolle im Welthandel spielten: die neu industrialisierten Staaten Ost- und Südostasiens und neuerdings auch Lateinamerikas, die sich in einem überdurchschnittlich raschen wirtschaftlichen Aufholungsprozess befinden, sowie die Transformationsländer Osteuropas und der GUS. Deutlichster Ausdruck dieser Entwicklung ist der 2004 erfolgte EU-Beitritt von acht Staaten des ehemaligen Ostblocks.

Neben den geänderten **politischen Rahmenbedingungen** wirkte sich in den letzten Jahren insbesondere der **technische Fortschritt** im Bereich Verkehr und Telekommunikation positiv auf die Beschleunigung der Globalisierung aus. Die Personen- und Güterverkehrsverbindungen zwischen allen Regionen der Erde waren noch nie so schnell und so kostengünstig wie heute. Der Gebrauch des genormten Containers erlaubt es beispielsweise, Stückgut ohne das früher notwendige zeitraubende und kostspielige Umpacken und Umladen direkt über eine Kette von mehreren Verkehrsmitteln vom Produzenten zum Einzelhändler oder Endverbraucher zu versenden. Die technischen Möglichkeiten weltweiter billiger Telefon- und Faxverbindungen und Computervernetzungen (Internet, E-Mail, → Kommunikation und Medien) lassen ein Überschreiten beliebiger Distanzen und nationaler wie kontinentaler Grenzen immer selbstverständlicher werden. Sie erlauben es z. B., die Produktion einer Ware in Ostasien vom Schreibtisch in Westeuropa aus ohne Zeitverzögerung zu planen und zu beaufsichtigen oder den Text und das Layout eines Buches in Deutschland zu entwerfen, per E-Mail nach Indien zu schicken und das Buch dort drucken und binden zu lassen.

Diese Entwicklungen und Möglichkeiten führen vor allem unter Kostengesichtspunkten zu wachsender **internationaler Standortkonkurrenz**. Bei verzögerter Anpassung an die neuen Bedingungen besteht für die traditionellen Industrieländer Westeuropas die Gefahr, dass mehr und mehr Arbeitsplätze aus den »Hochlohnländern« in weitaus billiger produzierende Länder verlagert werden (Export von Arbeitsplätzen), ohne dass vorher ein adäquater Ersatz in Form neuer innovativer Branchen und Technologien entwickelt worden ist. Angesichts weiter zunehmender internationaler Arbeitsteilung wird die Zukunft der westeuropäischen Wirtschaft vor allem in der Betonung »intelligenter«, forschungsintensiver Güterproduktion und entsprechender Dienstleistungsangebote liegen. Ungelernte oder schlecht ausgebildete Arbeitskräfte werden in vielen Branchen in Zukunft nur noch gering bezahlte oder gar keine Arbeitsplätze mehr finden. Entsprechende Tätigkeiten werden nach Möglichkeit wegrationalisiert oder in Billiglohnländer ausgelagert.

Die Entwicklung in wirtschaftlich bedeutenden Staaten und Regionen

Industriestaaten

In den OECD-Staaten und den übrigen marktwirtschaftlich organisierten Industriestaaten (»advanced economies«) setzte sich der wirtschaftliche Aufschwung des Vorjahres verstärkt fort, wobei sich die Unterschiede zwischen den einzelnen Staaten verstärkten. Negative Einflüsse, wie das unsichere weltpolitische Umfeld mit der ständigen Drohung terroristischer Aktivitäten, in vielen Ländern verschleppte Reformen der Sozialsysteme angesichts ungünstiger demografischer Entwicklungen, zurückgehende Realeinkommen breiter Bevölkerungsschichten usw. wirkten sich sehr unterschiedlich aus, z. B. bezüglich des privaten Verbrauchs, des Verkehrs und des Tourismus, der Investitionstätigkeit der Wirtschaft. Kennzeichen der Wirtschaftsentwicklung 2004 waren u. a.:

- Das **Bruttoinlandsprodukt** nahm mit 3,2 % wesentlich stärker zu als in den Vorjahren (2002 1,7 % – 2003 2,1 %). Die sieben wichtigsten Industriestaaten (USA, Japan, Deutschland, Frankreich, Italien, Großbritannien, Kanada) kamen mit 2,6 % auf ein deutlich niedrigeres Ergebnis, da Italien (1,2 %), Deutschland (1,7 %), Frankreich (2,3 %) und Japan (2,6 %) den Durchschnitt drückten. Überdurchschnittlich wuchs die Wirtschaftstätigkeit dagegen in Irland (5,1 %), den USA (4,4 %), Griechenland (4,2 %), Schweden (3,5 %) und Finnland (3,7 %).
- Die **Arbeitskräftenachfrage** blieb trotz der positiven Konjunkturentwicklung gering, litt aber vor allem unter der weiteren Verlagerung von Arbeitsplätzen in »Billiglohnländer«. Außerdem wurde bei der industriellen Produktion verstärkt Personal abgebaut zugunsten weiterer Automatisierung und Rationalisierung, und auch im Dienstleistungsbereich wurde allgemein nur sehr zögernd Personal eingestellt. Lediglich in Ländern, wo Teilzeitarbeit stärker gefördert wurde, konnten niedrigere Arbeitslosenquoten gehalten werden (z. B. Niederlande 4,6 %). Im Durchschnitt aller Industriestaaten nahm die Arbeitslosigkeit 2003–2004 von 6,6 auf 6,3 % ab, jedoch bestanden noch große Unterschiede: Neben Ländern mit stark unterdurchschnittlicher Quote wie den Niederlanden (4,6 %), Japan (4,7 %), Irland und Österreich (je 4,5 %), Neuseeland (3,9 %) und der Schweiz (3,5 %) standen Länder mit nach wie vor hoher und z. T. sogar steigender Arbeitslosigkeit wie Spanien (10,8 %), Frankreich (9,7 %), Deutschland (9,2 %), Griechenland (8,9 %) und Finnland (8,8 %).
- Die **Inflationsraten** (Anstieg der Verbraucherpreise) stiegen nur leicht über das niedrige Niveau des Vorjahres. Trotz preistreibender Einflüsse, wie Energiepreisverteuerungen und in einigen Ländern Steuererhöhungen, sorgten die antiinflationäre Zinspolitik der meisten Notenbanken, die zurückhaltende Ausgabenpolitik der Regierungen und nicht zuletzt das in vielen Ländern stark gebremste Kaufverhalten der Bevölkerung für relative Preisstabilität. 2004 betrug die (gewichtete) durchschnittliche Inflationsrate aller Industriestaaten 2,0 % (gegenüber 1,8 % im Vorjahr). Wesentlich darüber lagen z. B. Spanien (3,1 %) und Griechenland (3,0 %), die USA (2,7 %) und Portugal (2,5 %), während z. B. Japan (0,0 %), Norwegen (0,6 %) und die Schweiz (0,7 %) weit unter dem Durchschnitt lagen.
- Der **Welthandel**, an dem überwiegend die Industriestaaten beteiligt sind (als Importeure und / oder Exporteure) zeigte 2004 ein wesentlich stärkeres Wachstum als im Vorjahr (+9,0 %), vor allem aufgrund des Konjunkturaufschwungs in den USA und des Wachstums der ostasiatischen Volkswirtschaften. Insbesondere sorgte die Entwicklung in China für einen beträchtlichen Wachstumsschub des Welthandels.

Wirtschaftswachstum der USA, Japans und des Euroraumes 1999–2004
Veränderung des BIP gegenüber Vorjahr

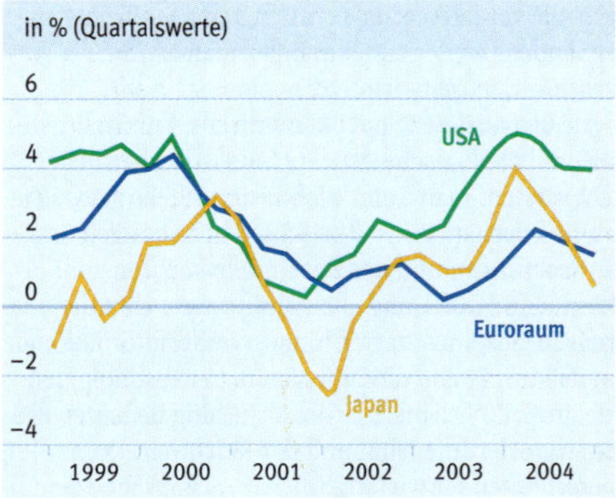

Quelle: EZB 2005

Deutschland

→ Staatenteil S. 146

Euroland

Diejenigen Mitgliedsländer der EU, die sich dem Währungsverbund angeschlossen und den Euro eingeführt haben, werden meist als »Euroland« bezeichnet. 2003 hatten sich die Eurostaaten deutlich vom weltwirtschaftlichen Aufschwung abgekoppelt, da die Zunahme des BIP nur noch 0,5 % betrug. Auch 2004 blieb das Wirtschaftsergebnis der Eurostaaten mit einer BIP-Steigerung von 2,0 % sehr deutlich hinter dem Wachstum anderer Industriestaaten bzw. der Weltwirtschaft zurück. Als Ursachen für das unbefriedigende Wirtschaftsergebnis nennen Wirtschaftsforschungsinstitute u. a. hohe Arbeitslosigkeit (verstärkt durch überregulierte Arbeitsmärkte), Schwäche der Binnennachfrage (stagnierende private Konsumausgaben), Verteuerung der Exporte durch die Aufwertung des Euro, geringe Unternehmensinvestitionen angesichts mäßiger Gewinnerwartungen und niedriger Kapazitätsauslastung, geringe Investitionen der öffentlichen Hand wegen zunehmender Finanzierungsprobleme der staatlichen und kommunalen Haushalte (wesentlich mitverursacht durch überproportional steigende Sozialleistungen). Das durchschnittliche Wachstum von 2,0 % wurde zwar von einigen Mitgliedsländern deutlich übertroffen (Irland 5,1 %, Luxemburg 4,4 %, Griechenland 4,2 %, Finnland 3,7 %), aber vor allem die ungünstigen Ergebnisse von Deutschland (1,7 %), Italien (1,2 %) und den Niederlanden (1,3 %) drückten den Durchschnitt. Die Arbeitslosigkeit als besonders großes Problem nahm weiter zu, die Quote stieg von 8,7 % (2003) auf 8,8 %. Auch hier schlugen vor allem große Staaten wie Spanien (10,8 %), Frankreich (9,7 %) und Deutschland (9,2 %) negativ zu Buche. Positiv war lediglich die Inflationsrate zu sehen, die trotz der starken Preiserhöhungen von Energie und der meisten Rohstoffe wie im Vorjahr 2,1 % betrug. Mit einem deutlichen Anstieg des Wirtschaftsergebnisses wird auch für 2005 nicht gerechnet; die EU-Kommission erwartet sogar einen Rückgang des BIP-Wachstums auf nur 1,6 %.

Frankreich

Das französische Institut für Wirtschaftsstatistik (INSEE) wählte die Worte »Holpriger Aufschwung« als Überschrift für seinen Konjunkturbericht für das Jahr 2004. D. h. es gab zwar einen beträchtlichen Konjunkturaufschwung (Zunahme des BIP um 2,3 %), aber negative Entwicklungen in vielen Bereichen (Arbeitsmarkt, Staatsverschuldung, wachsendes Außenhandelsdefizit). Die Zunahme des Wirtschaftsergebnisses hatte eine breite Basis: höherer Privatverbrauch (+2,3 %), höhere Staatsausgaben (+2,6 %), Steigerung der Investitionen der Wirtschaft (+3,3 %) und der Exporte (+3,2 %). Trotzdem konnte aber die hohe Arbeitslosigkeit nicht reduziert werden; die Quote lag im Jahresdurchschnitt bei 9,7 % mit steigender Tendenz. Nach wie vor ist insbesondere die Jugendarbeitslosigkeit relativ hoch. Als besonders problematisch erwies sich die vor einigen Jahren per Gesetz eingeführte 35-Stunden-Woche, die wegen der erhöhten Kostenbelastung viele Unternehmen zum Personalabbau bzw. zur Abwanderung in das Ausland veranlasste. Die Regierung ergriff daher 2004/05 diverse Maßnahmen zur Wiedererhöhung der Arbeitszeit (Flexibilisierung der Wochenarbeitszeit, Abschaffung arbeitsfreier bezahlter Feiertage). Das größte Problem, das auch die wirtschaftspolitischen Aktionsmöglichkeiten der Regierung stark einschränkt, ist – ähnlich wie in Deutschland – die hohe Staatsverschuldung. 2004 überschritt das Defizit im Staatshaushalt mit 3,7 % erneut deutlich die im Vertrag von Maastricht festgelegte Obergrenze von 3 % des BIP. Neben Mindereinnahmen aufgrund von Steuersenkungen spielen vor allem die steigenden Sozialausgaben eine wichtige Rolle. Die Reformen der Kranken- und Rentenversicherung wurden gegen den Widerstand der Gewerkschaften 2004 fortgeführt, um das zunehmende Missverhältnis zwischen sinkenden Einnahmen und steigenden Ausgaben zu beseitigen. Auch der zu teure öffentliche Dienst müsste reformiert werden. Dagegen wird im Bereich Bildung und Forschung seit Jahren zu wenig investiert, sodass die Wirtschaft zunehmend die mangelhafte Ausbildung der Beschäftigten kritisiert.

Großbritannien

Die wirtschaftliche Entwicklung Großbritanniens verläuft seit über einem Jahrzehnt deutlich günstiger als in der übrigen EU. Bei höherem Wirtschaftswachstum waren Preisanstieg und Arbeitslosenquote geringer. Auch 2004 konnte wieder ein günstigeres Ergebnis als im EU-Durchschnitt erzielt werden. Das Wachstum des BIP erhöhte sich von 2,2 (2003) auf 3,1 % – verglichen mit 2,0 % im Euroraum. Ein besonders wichtiger Wachstumsfaktor war, wie in den Vorjahren, der private Verbrauch, der um 3,1 % zunahm. Die Unternehmensinvestitionen stiegen sogar um 5,9 % an, und zwar vor allem im Dienstleistungsbereich. Hier entstanden auch neue Arbeitsplätze, die den weiter fortschreitenden Stellenabbau in der Industrie kompensierten. Per Saldo wurden 2004 ca. 75 000 neue Arbeitsplätze geschaffen, und die Arbeitslosenquote sank auf 4,8 %. Die Inflationsrate lag mit 1,3 % etwa auf Vorjahreshöhe, zeigte jedoch im Lauf des Jahres Zunahmetendenzen wegen der steigenden Rohstoffpreise. Die Regierung Blair bemühte sich auch 2004 um ein Gleichgewicht von Wirtschaftswachstum, hohem Beschäftigungsgrad und Preisstabilität, steht jedoch in der Kritik wegen des maroden Zustands großer Teile der öffentlichen Infrastruktur, vom Krankenhauswesen bis zur Eisenbahn. Auch 2004/05 wurde das Verhältnis zur EU immer wieder diskutiert, insbesondere die Frage eines etwaigen Beitritts zur Europäischen Währungsunion. In der Bevölkerung und in Teilen der Regierung überwiegt nach wie vor die Ablehnung, verstärkt durch das schlechte Bild, das die Euroländer auch 2004 in wirtschaftlicher Hinsicht abgaben.

Italien

Die Konjunkturentwicklung verlief 2004 ähnlich ungünstig wie im Vorjahr, und Italien zählte mit einer BIP-Zunahme von nur 1,2 % »zu den Wachstumsschlusslichtern Europas«, wie eine Zeitung schrieb. Ähnlich wie 2003 wirkte sich die Konjunkturschwäche des wichtigen Handelspartners Deutschland negativ aus; auch der private Verbrauch stieg nur um 1,0 % an, da die Reallöhne stagnierten. Besonders die Inflationsrate, die bei 2,3 % lag, trug dazu bei, dass es im Durchschnitt zu keiner Zunahme der Kaufkraft kam. Wegen der stagnierenden Nachfrage ging die Industrieproduktion um 0,4 % zurück. Ein negatives Element war auch die Arbeitslosenquote, die trotz eines leichten Rückgangs auf 8,3 % immer noch relativ hoch blieb. Auch 2004 setzte sich die jahrelange Abnahme der Beschäftigung in der Industrie weiter fort; daneben verloren die Landwirtschaft und das Baugewerbe weitere Arbeitsplätze, die nur teilweise durch den Zuwachs des Dienstleistungssektors kompensiert werden konnten. Als Wachstumshemmnis sehen Wirtschaftsforschungsinstitute die Struktur der italienischen Industrie, die zu stark auf älteren stagnierenden Branchen basiert und zu wenig Hochtechnologie produziert. Dringend notwendig wären auch durchgreifende Strukturreformen beim Steuer- und beim Rentensystem. Insbesondere das allzu großzügige Sozialsystem verursachte hohe Kosten und trägt wesentlich zum Haushaltsdefizit bei, das 2004 bei 3,0 % (mit steigender Tendenz) lag. Die von der Regierung Berlusconi versprochenen durchgreifenden Reformgesetze blieben bisher aus; sie sind jedoch nach Meinung aller Fachleute nötig, um die Wirtschaft wieder dauerhaft wachsen zu lassen und die Staatsfinanzen zu sanieren.

Österreich → Staatenteil

Schweden

Nach der wirtschaftlichen Schwächephase von 2003 zeigte die schwedische Wirtschaft 2004 wieder ein kräftiges Wachstum; das BIP stieg um 3,5 % an. Der Zuwachs der Wirtschaftsleistung war gleichermaßen den stark gestiegenen Exporten (+10,2 %) und der erhöhten Investitionssteigerung der Industrie (+5,1 %) zu verdanken, während der private Verbrauch mit +1,8 % eher mäßig anstieg. Trotz der Hochkonjunktur verschlechterte sich die Lage auf dem Arbeitsmarkt, da die Industrie weiter Stellen abbaute. Die Arbeitslosenquote stieg von 4,9 % (2003) auf 5,5 % (2004), einen im europäischen Durchschnitt immer noch günstigen Wert. Die Bekämpfung des Preisauftriebs war relativ erfolgreich; die Inflationsrate konnte auf 0,9 % gesenkt werden. Die Staatsfinanzen entwickelten sich weiterhin günstig (geringe Staatsverschuldung), da die notwendigen Reformen im Sozialbereich (Renten, Krankenkassen) in den letzten Jahren erfolgreich durchgeführt worden sind.

Spanien

Der Konjunkturaufschwung des Jahres 2003 verstärkte sich 2004 noch; das BIP wuchs um 2,7 %, sodass Spaniens Ergebnis erneut wesentlich günstiger als im EU-Durchschnitt war. Dazu trugen sowohl die private Nachfrage als auch der Export und nicht zuletzt der Tourismus bei, der dem Land wieder einen hohen Leistungsbilanzüberschuss bescherte. Spanien war erneut weltweit das zweitwichtigste touristische Zielgebiet. Allerdings zeigte der Tourismus wegen der zunehmenden Konkurrenz preisgünstigerer Ziele (Destinationen) nur noch geringe Zuwachsraten. Die Verbraucherpreise stiegen, wie im Vorjahr, um 3,1 %. Die Inflationsrate war damit wieder eine der höchsten im EU-Raum. Auch die Arbeitslosigkeit blieb mit 10,8 % relativ hoch. Die Produktionszunahme im Dienstleistungsbereich (z. B. Tourismus) reichte auch 2004 nicht, um den Personalabbau im industriellen Bereich zu kompensieren und alle neu in das Erwerbsleben eintretenden Jugendlichen aufzunehmen und die Erwerbslosigkeit wesentlich abzubauen. Spanien profitierte bisher stark von EU-Fördergeldern. Daher wird die EU-Osterweiterung mit gewisser Besorgnis gesehen, da sich ab 2007 die Zahlungen aus EU-Mitteln wesentlich vermindern werden zugunsten von Umschichtungen zu den neuen Mitgliedern. Bisher ist Spanien der größte Netto-Empfänger von EU-Geldern.

USA

Die USA waren 2004 neben China »die globale Konjunkturlokomotive«, wie die Deutsche Bundesbank in ihrem Geschäftsbericht schrieb. Das Wirtschaftswachstum (Zunahme des BIP) betrug 4,4 % – nach 3,0 % (2003). Getragen wurde das Wirtschaftswachstum vor allem durch den privaten Verbrauch und private Investitionen, die durch erhebliche Steuersenkungen angeregt wurden. Niedrige Zinsen und günstige Hypotheken wirkten sich insbesondere auf die Auto- und Baukonjunktur positiv aus. Wegen der starken Nachfrage erhöhten sich auch die Investitionen der Wirtschaft kräftig (+10,5 %). Auch der Staatsverbrauch stieg beträchtlich an, nicht zuletzt durch erhöhte Militärausgaben. Der Arbeitsmarkt profitierte von der Hochkonjunktur; die Arbeitslosenquote sank von 6,0 (2003) auf 5,5 %. Die Inflationsrate stieg dagegen erneut an; sie betrug im Jahresdurchschnitt 2004 2,7 %. Eine Gefahr für die wirtschaftliche Entwicklung der nächsten Jahre wird von vielen Fachleuten im Budgetdefizit des Bundes gesehen, das 2004 auf 396 Mrd. US-$ stieg (=3,4 % des BIP). Ähnlich ungünstig entwi-

Die umsatzstärksten Unternehmen der USA 2004

Unternehmen/Branche	Umsatz in Mrd. US-$	Gewinn in Mrd. US-$	Beschäftigte
Wal-Mart/Handel	285,222	10,267	1 500 000
Exxon Mobil/Mineralöl	270,764	25,330	85 900
General Motors/Auto	193,452	3,691	324 000
Ford/Auto	170,839	3,487	327 531
General Electric/Elektro	152,363	16,593	307 000
Chevron Texaco/Mineralöl	142,897	13,328	50 582
Conoco Phillips/Mineralöl	118,719	8,129	35 800
IBM/Computer	96,503	8,430	369 277
Hewlett-Packard/ Computer	79,905	3,497	151 000
Home Depot/Baumärkte	73,094	5,001	299 000
Verizon/ Telekommunikation	71,283	7,831	203 100
Mc Kesson/Handel	69,506	0,647	24 500

ckelte sich die Handelsbilanz. Da die Einfuhren wesentlich stärker anstiegen als die Ausfuhren, ergab sich 2004 ein negativer Saldo von 617,7 Mrd. US-$ (=5,3 % des BIP).

Kanada

Das Wirtschaftswachstum verstärkte sich 2004 und erreichte 2,8 % nach 2,0 % im Vorjahr. Damit war das Ergebnis deutlich schlechter als im Nachbarland USA, mit dem die kanadische Wirtschaft eng verbunden ist, insbesondere über die nordamerikanische Freihandelszone NAFTA (zusammen mit Mexiko). Auch 2004 gingen wieder rd. 80 % der kanadischen Exporte in die USA, und 70 % der Importe kamen von dort. 2004 nahmen die Exporte Kanadas – sowohl von Industrieprodukten (Elektronik, Kraftfahrzeuge) als auch von agrarischen und bergbaulichen Rohstoffen jedoch nur mäßig zu; Hauptursache des Wirtschaftswachstums war dagegen die starke Zunahme des privaten Konsums. Trotz der Konjunkturentwicklung konnte die Arbeitslosigkeit nur leicht gesenkt werden; die Quote ging auf 7,2 % zurück. Die Inflationsrate sank ebenfalls leicht auf 1,8 %.

Japan

Japan war bis Anfang der 1990er Jahre Schrittmacher des Wirtschaftswachstums für die anderen Industriestaaten gewesen und galt als Musterbeispiel für eine dynamisch wachsende Volkswirtschaft. Dem folgten fast 10 Jahre wirtschaftliche Stagnation, die nur kurzzeitig, aber ohne nachhaltige Wirkung, durch Konjunkturprogramme der Regierung abgelöst worden waren. 2003 war mit einer Zunahme des BIP von 1,4 % wieder eine kurze Wachstumsphase begonnen worden, die aber bereits im Sommer 2004 wieder in eine erneute Rezession überging. Bezogen auf das ganze Jahr 2004 ergab sich jedoch noch eine Zunahme des BIP von 2,6 %, aber nur wegen des Wachstums im 1. Quartal (5,8 %). Als Ursachen für das Problem, ein dauerhaftes Wirtschaftswachstum zu erreichen, werden vor allem die sehr hohe Staatsverschuldung, der negative Haushaltssaldo (–6,9 %) und die sehr starke Regulierung der Wirtschaft genannt, daneben zu geringe Innovationen in der Industrie. Ein Zeichen dafür, dass die wirtschaftliche Dynamik in Ostasien z. Zt. eher von China und Korea ausgeht, war auch 2003 und 2004 die geringe Summe an Auslands-Direktinvestitionen in Japan (2003 nur 6,324 Mrd. US-$). Die Arbeitslosigkeit ging trotz des Konjunkturabschwungs 2004 auf 4,7 % zurück. Bei den Verbraucherpreisen überwogen – wie schon seit sechs Jahren – die deflationären Tendenzen; die Preise sanken um 0,0–0,1 %.

Australien

Mit einem Wirtschaftswachstum von 3,2 % (Zuwachs des BIP) konnte Australien 2004 das Ergebnis des Vorjahres fast erreichen und damit die seit über 10 Jahren anhaltende Phase wirtschaftlicher Hochkonjunktur fortsetzen. Neben der starken Binnennachfrage waren es vor allem die kräftig zunehmenden Exporte, die für den anhaltenden Konjunkturaufschwung sorgten. Australien profitierte hierbei vor allem vom enormen Wirtschaftswachstum in China, daneben vom ebenfalls höheren Rohstoffbedarf in den anderen ostasiatischen Ländern und in den USA. Unter den hoch entwickelten Industriestaaten hat das Land bis heute am stärksten seinen Charakter als wichtiges Rohstoffexportland behalten. 2004 entfielen rd. ⅔ der Ausfuhr auf Bergbau- und – in geringerem Maße – Agrarerzeugnisse. Besonders gefragt waren Kohle, Erdöl, Erdgas, Eisenerz, Gold, Nickel, Bauxit und Kupfer, bei den Agrarprodukten Weizen, Fleisch und Wolle. Die australische Wirtschaft profitierte dabei nicht nur vom Mengenwachstum der Exporte, sondern auch von den kräftig gestiegenen Weltmarktpreisen für Rohstoffe. Positiv machte sich auch die in den letzten Jahren erfolgte Modernisierung und Diversifizierung der Industrie bemerkbar. Ihre Produktion wuchs 2004 um rd. 3 % (Maschinenbau, Büro- und Computertechnologie, Telekommunikation, Fahrzeugindustrie, Rohstoffverarbeitung). Wegen der Hochkonjunktur ging die Arbeitslosigkeit weiter zurück auf 5,5 %. Dagegen nahmen die Inflationstendenzen zu; die Rate stieg auf 2,3 %. Mitte 2004 wurde zwischen Australien und den USA der Abschluss eines Freihandelsabkommens vereinbart, das den Handel zwischen beiden Staaten künftig weiter fördern dürfte.

Transformationsländer (Reformstaaten)

Seit der politischen Wende im ehemaligen Herrschaftsbereich der Sowjetunion und dem Zerbrechen des unter sowjetischer Führung stehenden Rates für gegenseitige Wirtschaftshilfe (RGW / COMECON) versuchen die betreffenden Staaten Ostmittel-, Ost- und Südosteuropas sowie Kaukasiens und Zentralasiens mit unterschiedlich ausgeprägtem Reformwillen und unterschiedlicher Intensität, die sozialistische Staatswirtschaft zu überwinden und demokratisch-marktwirtschaftliche Strukturen aufzubauen. Diejenigen Staaten, die in diesem Konversionsprozess am weitesten fortgeschritten waren, wurden am 1. 5. 2005 als Mitglieder in die → EU aufgenommen (Estland, Lettland, Litauen, Polen, Slowakei, Slowenien, Tschechische Republik, Ungarn).

Seit den 1990er Jahren werden die ehemals sozialistischen Staaten (einschließlich der europäischen Nachfolgestaaten der UdSSR) meist als **Reformstaaten, Transformationsländer** oder **Konversionsländer** (countries in transition) oder MOE-Staaten (Mittel- und Osteuropa) bezeichnet. Gemessen an der Wirtschaftskraft, ihrem Volkseinkommen und ihrer infrastrukturellen Entwicklung sind sie heute vergleichbar mit fortgeschrittenen Entwicklungsländern (Schwellenländern), z. T. mit Industriestaaten West- und Südeuropas wie Portugal oder Griechenland. Die **zentralasiatischen** und **transkaukasischen GUS-Staaten** gehören demgegenüber in die Gruppe der echten **Entwicklungsländer.**

Die Modernisierung und Reorganisation der Wirtschaft, insbesondere die Privatisierung, die Durchsetzung der Marktwirtschaft in allen Bereichen und die Eingliederung in den Weltmarkt, wird seit der politischen Wende mit sehr unterschiedlich ausgeprägter Intensität durchgeführt. Auch 2004 gab es in dieser Gruppe Staaten, die bisher weitgehend an den alten Strukturen festgehalten haben und kaum marktwirtschaftliche Fortschritte erkennen ließen (z. B. Weißrussland, Moldau, Ukraine bis zur Wahl von Juschtschenko als Präsident, die zentralasiatischen Staaten). Demgegenüber haben diejenigen Staaten, die inzwischen in die EU aufgenommen wurden, ihre Wirtschaft, ihre Rechtssysteme, ihre Innenpolitik usw. bereits weitgehend an westeuropäische Standards angepasst oder sind zumindest auf dem Weg dorthin.

Die **europäischen Transformationsländer** konnten 2004 ihren marktwirtschaftlichen Aufbau fast durchwegs mit erhöhten Zuwachsraten des Wirtschaftsergebnisses fortsetzen. Das zunehmende weltwirtschaftliche Wachstum, weiterhin beträchtliche Investitionen aus dem westeuropäisch-nordamerikanischen Ausland, die wachsende Binnennachfrage aufgrund von Steigerungen der Realeinkommen, nicht zuletzt finanzielle Hilfen der EU für die Beitrittsländer förderten in fast allen Staaten ein solides Wirtschaftswachstum. Insgesamt ergab sich eine Zunahme des Wirtschaftsergebnisses von 6,1 (2003 4,6) % für die ostmittel- und osteuropäischen Staaten (ohne Russland) und von 8,2 (2003 7,9) % für die GUS-Staaten. Die höchsten Zuwächse wiesen in Europa die Ukraine (12,1 %), Rumänien (8,3 %), Lettland (8,0 %), Russland (7,1 %), Litauen (6,6 %), Estland (6,2 %), die Slowakei (5,5 %) und Polen (5,3 %) auf.

Die **Inflationsraten** konnten durch währungs- und haushaltspolitische Maßnahmen sowie durch die Konsolidierung der Wirtschaft nach den vielfach turbulenten Jahren bis etwa 2000 in den meisten Staaten weiter gesenkt werden. So sank die Teuerungsrate in Rumänien von 22,5 (2002) über 15,3 (2003) auf 11,9 % (2004), in Russland von 15,8 (2002) über 13,7 (2003) auf 10,9 % (2004). In einigen Ländern stieg sie allerdings wieder an, so in Polen von 0,8 (2003) auf 3,5 % (2004), in der Tschechischen Republik von 0,1 (2003) auf 2,8 % (2004) und in Ungarn von 4,7 (2003) auf 6,8 % (2004). Insgesamt lag sie für die neuen EU-Mitglieder 2004 bei 4,2 %. Ein wichtiger Grund für die immer noch vergleichsweise hohen Raten der Geldentwertung war 2004 erneut das in den meisten Staaten hohe Defizit der Staatshaushalte. Dieses entstand insbesondere in den GUS-Staaten durch das Missverhältnis von geringen Staatseinnahmen (ineffiziente Staatsverwaltung, schlechte Steuermoral, niedrige Exporterlöse) und hohen Ausgaben (z. B. Preissubventionen, Militärapparat, Subventionierung unwirtschaftlicher Industriebetriebe, Beschäftigung überflüssigen Personals in den verbliebenen Staatsbetrieben). Beispiele sind insbesondere die Ukraine, Weißrussland und die zentralasiatischen GUS-Staaten.

Problematisch für die weitere Entwicklung sind bei einigen Transformationsländern die hohen **Auslandsschulden.** 2003 betrugen sie in Russland 175,257 Mrd. US-$, in Polen 95,219 Mrd. US-$, in Ungarn 45,785 Mrd. US-$ und in der Tschechischen Republik 34,630 Mrd. US-$. Insgesamt lag die Summe für alle Transformationsländer 2003 bei 675,998 Mrd. US-$. Sie wird vermutlich in den nächsten Jahren weiter ansteigen, da der Finanzbedarf nur über Kredite aus dem westlichen Ausland gedeckt werden kann. In den Staaten mit stabiler Aufwärtsentwicklung spielen zunehmend auch ausländische Direktinvestitionen eine wichtige Rolle bei der Zuführung von Kapital. Besonders Polen, die Tschechische Republik und Ungarn waren 2004/05 attraktive Zielgebiete für Investitionen ausländischer, meist westeuropäischer und nordamerikanischer Firmen. 2003 flossen 4,225 Mrd. US-$ an ausländischen Direktinvestitionen nach Polen, 2,583 Mrd. US-$ in die Tschechische Republik und 2,470 Mrd. US-$ nach Ungarn (zum Vergleich: nach Russland nur 1,144 Mrd. US-$).

Das Problem der **Arbeitslosigkeit** bzw. Unterbeschäftigung war schon zu kommunistischer Zeit latent vorhanden (Beschäftigung überflüssiger Arbeitskräfte in Staatsbetrieben) und trat nach der Wende offen zutage. 2004 wiesen die meisten Länder leicht gesunkene Arbeitslosenquoten auf, die aber häufig noch über 10 % (z. B. Litauen 11,2 %, Bulgarien 13,0 %) bzw. sogar über 15 % lagen (z. B. Slowakei 18,2 %, Polen 18,8 %, Mazedonien 36,0 %). Günstiger war die Situation z. B. in Slowenien (6,5 %), Ungarn (5,8 %) und der Tschechischen Republik (8,3 %). Nach westeuropäischen Maßstäben ist die Arbeitslosigkeit real wesentlich höher, und zwar besonders in den GUS-Staaten, für die keine genauen Zahlen vorliegen. Vor allem in Russland (8,7 %) wird das wahre Ausmaß der Arbeitslosigkeit durch hohe Anteile überflüssiger Beschäftigter in den staatlichen Großbetrieben der Industrie und der Landwirtschaft verschleiert.

Russland

In Russland als größtem Nachfolgestaat der UdSSR hatte sich die Wirtschaft um die Jahrtausendwende weitgehend von den Krisenjahren nach der politischen Wende erholt. Seit 2000 wächst die Wirtschaft sehr kräftig. 2004 wurde eine Zunahme des BIP um 7,1 % erreicht. Hierbei spielten die steigenden Einnahmen aus dem Erdöl- und Erdgasexport die Hauptrolle – einerseits durch höhere Förder- und Ausfuhrmengen, andererseits durch die kräftig erhöhten Weltmarktpreise. Der Rohstoffexport brachte dem Staat einen Haushaltsüberschuss, einen steigenden Leistungsbilanzüberschuss und eine Senkung der Staatsschulden.

Neben dem Export trugen aber auch die zunehmende Investitionsbereitschaft der Wirtschaft und der wachsende Privatverbrauch (+8 %) zum positiven Jahresergebnis bei. Durch Reformgesetze gelang es, das Steuersystem und die Organisation der Wirtschaft zu verbessern, doch fehlen für einen dauerhaften Aufschwung noch wichtige Voraussetzungen: bessere Durchsetzung der Steuerforderungen des Staates, die Realisierung der Rechtsstaatlichkeit, energischere Bekämpfung der grassierenden Korruption im Wirtschaftsleben und eine geordnete Lohnpolitik als Voraussetzung für soziale Stabilität. Ein großes Problem ist nach wie vor die Ausbeutung der Wirtschaft durch eine korrupte Schicht von Neureichen, die ihre Gewinne überwiegend nicht investieren, sondern in das Ausland transferieren. Dieser Sachverhalt scheint der Hintergrund um die nicht immer mit rechtsstaatlichen Mitteln ausgetragenen Bemühungen der Regierung Putin zu sein, die großen Rohstoffkonzerne de facto wieder zu verstaatlichen (Jukos, Gasprom, Rosneft u. a.). Der Kampf gegen einige »Oligarchen« ließ jedoch die »Kapitalflucht« aus Russland wieder stärker ansteigen. Nicht gelöst wurden trotz des Wirtschaftsbooms auch 2004 die Probleme Inflation (Rate 10,8 %) und Arbeitslosigkeit (offiziell 8,5 %, real wesentlich höher).

Entwicklungsländer

Die **Entwicklungsländer** wiesen auch 2004 wie schon in den Vorjahren insgesamt ein stärkeres wirtschaftliches Wachstum auf als die Industrieländer – allerdings nur relativ (in %), nicht in absoluten Werten. Die Unterschiede zwischen den einzelnen Entwicklungsländern waren allerdings auch 2004 wieder sehr ausgeprägt. Einerseits stagnierte in vielen der ärmsten Staaten die wirtschaftliche Entwicklung bzw. die Lage verschlechterte sich teilweise noch weiter, insbesondere dort, wo Kriege, Bürgerkriege, innere Unruhen, instabile und korrupte politische Verhältnisse oder eine inkompetente Wirtschaftspolitik keine gedeihliche Entwicklung ermöglichten. Andererseits gab es in allen Kontinenten Staaten, die durch Reformen, stabile Rahmenbedingungen und/oder eine engere Einbindung in die Weltwirtschaft eine beachtliche wirtschaftliche Entwicklung erlebten. Beispiele waren 2004 in Asien die VR China mit einem BIP-Wachstum von 9,5 %, Vietnam mit 7,7 %, Indien mit 7,3 % und die Philippinen mit 6,1 %, in Afrika Äthiopien (11,6 %), Mosambik (7,8 %), Tunesien (5,8), Ghana (5,5 %) und Botsuana (5,2 %).

Insgesamt zeigten die Entwicklungsländer 2004 ein Wirtschaftswachstum von 7,2 (2003 6,4) %, wobei die regionalen Unterschiede vor allem zwischen Ostasien und Afrika auffällig waren. Die Wachstumsrate (reales BIP) betrug in Ost-, Südost- und Südasien 8,2 (2003 8,1) %, in Vorderasien und dem Nahen Osten 5,5 (2003 5,8) %, in Afrika 5,1 (2003 4,6) % und in Lateinamerika 5,7 (2003 2,2) %.

Die **Entwicklungsländer** sind als Staatengruppe schwierig abzugrenzen, da sie sich in wirtschaftlicher, politischer und sozialer Hinsicht in vielfacher Weise voneinander unterscheiden. Jedoch entstammt – im Gegensatz zum Begriff »Dritte Welt«, der wegen seiner Unbestimmtheit nicht definierbar und zudem anachronistisch ist – der Begriff »Entwick-

Wirtschaftswachstum der Entwicklungsländer 1980–2003
Bruttoinlandsprodukt reales Wachstum in Preisen von 2000

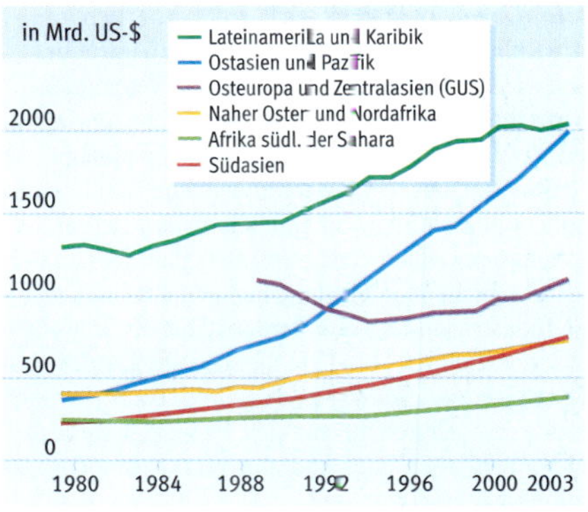

Quelle: World Bank 2005

lungsland« dem offiziellen Sprachgebrauch internationaler Organisationen (z. B. UN, IWF und Weltbank: »developing country«) und bezieht sich auf wirtschaftliche, infrastrukturelle, soziale und/oder kulturelle Entwicklungsrückstände im Vergleich zu den Industriestaaten. Ein wichtiges Charakteristikum ist insbesondere das Vorhandensein sehr starker wirtschaftlicher und sozialer Disparitäten innerhalb eines Landes und seiner Bevölkerung, d. h. eine sehr ungleiche Entwicklung zwischen der Hauptstadt und den peripheren Gebieten, sowie sehr starke ökonomische und soziale Unterschiede zwischen einer meist sehr kleinen reichen Oberschicht und der armen Masse der Bevölkerung.

Häufig werden **Entwicklungsländer** allein aufgrund **ökonomischer Kriterien** (z. B. Pro-Kopf-Einkommen) abgegrenzt und klassifiziert. Eine verbreitete Klassifikation dieser Art wird jährlich im »Weltentwicklungsbericht« der Weltbank veröffentlicht und in der Fachliteratur vielfach angewandt. In der Ausgabe 2005 werden die Entwicklungsländer in folgende Kategorien eingeteilt:

- **Länder mit niedrigem Einkommen** (BNE pro Kopf 2003 bis 765 US-$): z. B. Indien, Pakistan, Bangladesch, Äthiopien, Sudan, Tansania, Kenia, Sambia, Madagaskar, Haiti, aber auch einige Staaten der GUS wie Kirgisistan, Usbekistan und Tadschikistan;
- **Länder mit mittlerem Einkommen** Untere Einkommenskategorie (BNE pro Kopf 2003 zwischen 766 und 3035 US-$): z. B. VR China, Indonesien, Thailand, Philippinen, Sri Lanka, Kolumbien, Brasilien, Ecuador, Ägypten, Tunesien, Algerien, Marokko, aber auch viele der ehemals sozialistischen Staaten Europas, wie Russland, Rumänien, Albanien, Bulgarien, die Ukraine und Weißrussland;

  Obere Einkommenskategorie (BNE pro Kopf 2003 zwischen 3036 und 9385 US-$): z. B. Argentinien, Venezuela, Mexiko, Chile, Saudi-Arabien, unter den europäische Staaten Polen, Ungarn, Kroatien, Slowakei und die Tschechische Republik;
- **Länder mit hohem Einkommen** (BNE pro Kopf 2003 ab 9386 US-$). Hierzu gehören neben den Industriestaaten Europas, Nordamerikas, Australiens und Asiens (Japan und Israel) auch Erdöl exportierende Entwicklungsländer mit relativ geringer Einwohnerzahl, wie Brunei, Katar, Kuwait und die Vereinigten Arabischen Emirate sowie Industriegüter exportierende Schwellenländer wie Singapur und Hongkong.
- **Schwellenländer** Unter den Entwicklungsländern mit »hohem Einkommen« und denen mit »mittlerem Einkommen« (obere Kategorie) stehen einige von der wirtschaftlichen Entwicklung her an der Schwelle zu den Industrieländern und werden daher als Schwellenländer bezeichnet. Vor allem die sog. NIC-Länder oder NIE-Länder (newly industrialized countries bzw. economies) gehören hierzu. Vielfach werden sie auch emerging markets oder emerging market countries genannt. Um die Jahrtausendwende erlebten eine Reihe dieser Schwellenländer in Südost- und Ostasien (z. B. Thailand, Indonesien, Malaysia) und in Lateinamerika Wirtschaftskrisen, die zeitweise das ökonomische Wachstum unterbrachen. 2003 und 2004 war aber das Wachstum vor allem in Asien wieder relativ stark. So ergaben sich 2004 hohe Zuwächse des BIP z. B. in Malaysia (7,1 %), Thailand (6,1 %), Philippinen (6,1 %) und Indonesien (5,1 %). Auch in den Schwellenländern Lateinamerikas stiegen die Wachstumsraten fast durchwegs beträchtlich und erreichten Werte von 9,0 % (Argentinien), 6,0 % (Chile), 5,2 % (Brasilien) und 4,4 % (Mexiko).

Mittel- bis längerfristig verfolgen alle Schwellenländer mit geringen Modifikationen die gleiche Entwicklungspolitik: Verbesserung der wirtschaftlichen Situation durch staatlich geförderte Expansion des gewerblichen Unternehmertums, weiteren industriellen Aufbau und verstärkten Fertigwarenexport in die Industriestaaten, aber auch Ausbau eines leistungsfähigen privaten Dienstleistungssektors.

Ein hoher Anteil des Wirtschaftswachstums ging auch 2004/05 in den Schwellenländern auf ausländische Direktinvestitionen zurück, vorzugsweise auf den Aufbau von Produktionsstandorten durch europäische und nordamerikanische Firmen. Auch deutsche Firmen verlagerten erneut Produktionskapazitäten in diese sog. »Billiglohnländer«, um den hohen deutschen Lohnkosten zu entgehen (z. B. Textil-, Bekleidungs-, Kunststoff-, feinmechanische und Elektronikindustrie). Daneben hat sich in den meisten Schwellenländern inzwischen eine einheimische Unternehmerschicht gebildet, die für einen selbsttragenden wirtschaftlichen Aufschwung sorgt. Auch der Aufbau einer Tourismusinfrastruktur für Gäste aus den Industriestaaten mit Hilfe ausländischer Investitionen trägt seit Jahren zum Wirtschaftswachstum bei (z. B. Türkei, Tunesien, Marokko, Ägypten, Thailand, Malaysia, Mexiko).

Ost-, Südost- und Südasien

Die Entwicklungsländer in Ost- und Südostasien gelten seit den 1980er Jahren als »Wachstumspol« der Weltwirtschaft und als Vorbilder für die zielstrebige Entwicklung ehemals armer Länder zu Industrieländern. Zwar erlebte die Region zeitweilig Wachstumskrisen mit Rückgängen der Wirtschaftsergebnisse in einzelnen Jahren, so z. B. 1997/98, doch bewegen sich seit der Jahrtausendwende alle Länder der Region wieder »auf dem Wachstumspfad«, wie das ifo-Institut schrieb. Statt »überhitzter Konjunktur« wird eine nachhaltige und dauerhafte Aufwärtsentwicklung angestrebt. Für 2004 ergab sich für die Region als Ganzes (mit Südasien) ein Zuwachs des BIP von 8,2 % und damit etwa der gleiche Wert wie 2003 (8,1 %). Die Arbeitslosigkeit hielt sich bei etwa 5 %, die Inflationsrate stieg leicht auf 4,2 %. Das Ergebnis der Region wird sehr stark von China und Indien beeinflusst; ohne diese beiden Staaten betrug die Wachstumsrate nur 5,9 %. Aber auch in den kleinen Ländern stieg die Zuwachsrate seit 2001 kontinuierlich an. Nach Strukturreformen im Finanzbereich, dem Neuaufbau eines leistungsfähigen Bankensystems, Maßnahmen zur Deregulierung der Finanz- und Arbeitsmärkte, der Sanierung der Staatshaushalte, der Förderung von Investitionen insbesondere in kleinere und mittlere Betriebe und ähnlichen Reformen, die in den letzten Jahren in Zusammenarbeit mit dem IWF durchgeführt worden waren, dürften die Weichen für ein nachhaltiges Wachstum der Region gestellt worden sein. 2004 erreichte der BIP-Zuwachs – neben China mit 9,5 % und Indien mit 7,3 % – in den meisten Staaten beachtliche Werte, wie 6,1 % in Thailand und auf den Philippinen, 7,1 % in Malaysia, 5,1 % in Indonesien. Als wichtigster »Schrittmacher« der Entwicklung in dieser Region wurde inzwischen Japan durch China abgelöst.

China

Der Volksrepublik gelang es, das starke Wirtschaftswachstum der Vorjahre durch hohe öffentliche Investitionen in Wirtschaft und Infrastruktur, weitere Förderung ausländischer Direktinvestitionen in die Industrie, eine weitere kräftige Steigerung der Exporte (+35 %) und nicht zuletzt stark zunehmende Ausgaben der Privathaushalte auch 2004 beizubehalten. Eine Wirtschaftszeitschrift schrieb von »ungebremster Turbokonjunktur«; das BIP-Wachstum betrug 2004 9,5 % nach 9,3 % (2003). China gehört zwar mit einem Pro-Kopf-BIP von nur 1100 US-$ (bzw. 4990 US-$ nach KKP-Umrechnung, jeweils 2003) zu den Entwicklungsländern (»lower-middle-income«), bildet aber zusammen mit anderen ostasiatischen Ländern, wie Rep. Korea (Südkorea), Taiwan, Hongkong und Singapur derzeit die bedeutendste Wachstumsregion der Welt.

Ein Hauptproblem in China war auch 2004 wie in den Vorjahren, die stark wachstumsorientierte Politik durch Dezentralisierung der Entscheidungsstrukturen in allen Landesteilen in geordneter Weise weiterzuführen, ohne zu starke soziale Spannungen auftreten zu lassen. Hinzu kommt das schwierige Bestreben der kommunistischen Führung, eine »sozialistische Marktwirtschaft« ohne allzu große Liberalisierung und Demokratisierung aufzubauen, um das Machtmonopol der Partei nicht zu gefährden. Ein Indikator für die ungelösten Probleme eines ungleichen Wachstums in den verschiedenen Landesteilen und unterschiedlichen Branchen ist die zunehmende Arbeitslosigkeit. Sie stieg trotz aller Gegenmaßnahmen weiter an, z. T. durch kräftige Abwanderung von Landbewohnern aus der Landwirtschaft in die Städte, wo nicht genügend Arbeitsplätze für alle Zuwanderer geschaffen werden konnten, z. T. durch Entlassungen überflüssiger Be-

Ausländische Direktinvestitionen in der VR China 1998–2005 (ohne Hongkong und Macao)

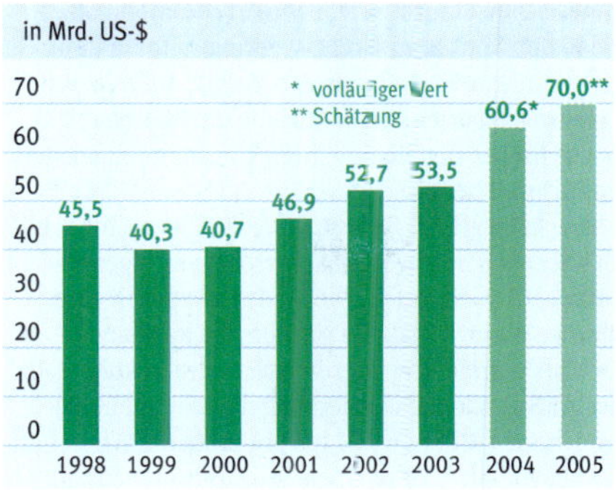

schäftigter in den staatlichen Industrie-Großbetrieben und Behörden. 2004 wurde geschätzt, dass trotz der Schaffung von 8 Mio. neuen Arbeitsplätzen mindestens 150 Mio. Menschen arbeitslos sind. Um die Zahl nicht weiter anwachsen zu lassen, werden weiterhin unrentable Staatsbetriebe mit Krediten der Staatsbanken am Leben erhalten. Während sich das Wirtschaftswachstum hauptsächlich am Jangtse-Delta abspielt (Shanghai-Nanjing), fehlen Arbeitsplätze in den armen ländlichen Gebieten des Nordens und Westens. 2004 verhielt sich das durchschnittliche Pro-Kopf-Einkommen in den reichsten und ärmsten Provinzen wie 9 : 1.

Das wirtschaftliche Wachstum Chinas ging auch 2004 – neben dem aufstrebenden Binnenmarkt – zu einem großen Teil auf den Außenhandel zurück. Die Exporte erhöhten sich um 35 %, die Importe sogar um 40 %. Neben Investitionsgütern wurden vor allem Rohstoffe importiert (Eisenerz, Rohöl, Metallerze, agrarische Rohstoffe), da die kräftig wachsende Industrie immer weniger durch einheimische Ressourcen versorgt werden konnte. Der enorm steigende Verbrauch Chinas führte 2004 bei vielen Rohstoffen (z. B. Eisen- und Kupfererz) zu Versorgungsengpässen auf dem Weltmarkt und zu kräftig ansteigenden Preisen (→ Kap. Bergbau und Rohstoffe). In der noch unzureichenden Erschließung eigener Rohstoffvorräte und in gravierenden Mängeln der Energie- und Verkehrsinfrastruktur wird ein wichtiger Engpassfaktor für die weitere Entwicklung gesehen (z. B. ungenügende Hafenkapazitäten für den Außenhandel).

Die enorme wirtschaftliche Entwicklung Chinas wurde auch 2004 wieder zu einem beachtlichen Anteil durch die Nutzung ausländischen Kapitals ermöglicht. Die ausländischen Direktinvestitionen betrugen 2003 53,505 Mrd. US-$ (dazu 13,561 Mrd. US-$ in Hongkong und 0,350 Mrd. US-$ in Macao). China war damit erneut das wichtigste Empfängerland für ausländische Investitionen unter allen Entwicklungsländern. Die kumulierte Gesamtsumme an ausländischen Investitionen belief sich 2004 bereits auf 501,471 Mrd. US-$.

Die Bedeutung von **Jointventures** (chinesisch-ausländische Unternehmen) zeigt sich darin, dass die chinesischen Staatsbetriebe ihre Produktion 2004 – wie in den Vorjahren – relativ gering steigern konnten und rd. 30 % von ihnen mit Verlust abschlossen. Dagegen steigerten Privatbetriebe und solche mit ausländischer Beteiligung ihren Umsatz 2004 wieder um mehr als 20 %.

Hongkong gehört zwar staatsrechtlich zu China, bildet aber als Sonderverwaltungszone eine eigene wirtschaftliche Einheit. Die Stadt war 2001 in eine schwere Wirtschaftskrise geraten, die auch 2003 noch nicht endgültig überwunden werden konnte, da die SARS-Epidemie wochenlang das Wirtschaftsleben lähmte (BIP +3,2 %). 2005 boomte die Wirtschaft wieder, vor allem durch die enge Zusammenarbeit mit den angrenzenden chinesischen Sonderwirtschaftszonen und durch höhere ausländische Direktinvestitionen (rd. 15 Mrd. US-$). Das BIP-Wachstum betrug daher 8,1 %. Dadurch konnte auch die Arbeitslosigkeit abgebaut werden (Quote 8 %), die in den letzten Jahren stark angestiegen war.

Die **Republik China (Taiwan)**, die von der Volksrepublik als »abtrünnige Provinz« angesehen wird, konnte ihr Wirtschaftswachstum 2004 wieder auf 5,7 % anheben, doch leidet das hoch industrialisierte Land unter seiner starken Exportabhängigkeit (insbesondere der Informationstechnologie-Branche) und zunehmender Abwanderung von Investoren auf das chinesische Festland. Trotz aller politischen Gegnerschaft nahm 2004/05 die wirtschaftliche Verflechtung mit der Volksrepublik weiter zu (Handel, Investitionen).

Lateinamerika

Nach einer länger andauernden Phase schwerer wirtschaftlicher Rezession erholte sich Lateinamerika langsam wieder und erreichte 2004 fast durchwegs hohe Wachstumsraten. Das BIP, das 2003 im gewichteten Durchschnitt aller Staaten um 2,2 % angestiegen war, erhöhte sich 2004 um 5,7 %. Am stärksten war das Wachstum in Venezuela (17,3 % nach –7,7 % im Vorjahr), Argentinien (9,0 %) und Chile (6,0 %), während Brasilien (5,2 %) und Peru (5,1 %) leicht unter dem Durchschnitt lagen. Auch die meisten Staaten Mittelamerikas erreichten nicht die Werte Südamerikas. Die Ursachen des starken Konjunkturaufschwungs lagen vor allem im günstigen weltwirtschaftlichen Umfeld, in den kräftig steigenden Rohstoffpreisen auf den Exportmärkten und dem weltweit vermehrten Bedarf an agrarischen und bergbaulichen Rohstoffen, die für fast alle lateinamerikanischen Staaten die wichtigsten Exportgüter darstellen. Auch wirkten sich Reformmaßnahmen im Bankensektor und wieder ansteigende Geldzuflüsse durch ausländische Investoren positiv aus.

Relativ hoch war auch 2004 in den meisten Ländern die Arbeitslosigkeit mit 15–18 %; tatsächlich (bei Berücksichtigung von Unterbeschäftigung, Gelegenheitsarbeiten usw.) lag sie meist bei 20–25 %. Dagegen konnte die Inflationsrate fast überall deutlich gesenkt werden, in der gesamten Region von 10,6 (2003) auf 5,9 %. Besonders hoch lag sie nur noch in Venezuela mit 21,7 %; in Brasilien ging sie von 14,7 (2003) auf 5,5 % zurück, in Argentinien von 13,4 auf 4,4 %. Die hohe Auslandsverschuldung nahm nur in einigen Staaten ab, u. a. durch Schuldenerlasse und Umschuldungsvereinbarungen. Mit 779,632 Mrd. US-$ war Lateinamerika auch 2004 der höchstverschuldete Kontinent. Die Investitionstätigkeit ausländischer Unternehmen konzentrierte sich 2003 vor allem auf Mexiko (10,783 Mrd. US-$), Brasilien (10,144 Mrd. US-$) und Chile (2,982 Mrd. US-$). Die Investoren kamen vor allem aus den USA und den EU-Staaten.

Mexiko nimmt in Lateinamerika insofern eine Sonderstellung ein, da es als Mitglied der NAFTA eng an die nordamerikanischen Industrieländer gebunden ist und als erstes Schwellenland 1994 Mitglied der OECD wurde (→ Internationale Organisationen). Wegen der engen Bindung an die US-amerikanische Wirtschaft bewegt sich die wirtschaftliche Entwicklung Mexikos eng an die Konjunkturzahlen der USA gekoppelt. Das BIP erhöhte sich 2004 um 4,4 % (nach 1,6 % 2003). Die Abhängigkeit der mexikanischen von der US-amerikanischen Wirtschaft wird daraus deutlich, dass über 80 % der Exporte in die USA gehen, die damit für rd. 25 % des BIP sorgen. Bei den Ausfuhren sind inzwischen Industriegüter gleichberechtigt neben die früher dominierenden Rohstoffexporte getreten. Vor allem Zweigbetriebe US-amerikanischer, aber auch europäischer Konzerne produzieren aufgrund des niedrigeren Lohnniveaus für einfache Arbeiter in Mexiko für den US-Markt (sog. Maquiladoras). Um die starke Abhängigkeit der Wirtschaft von den USA zu verringern, wirbt das Land vor allem um europäische Investoren.

Niedrigeinkommensländer (LDC)

Die Entwicklungsländer mit niedrigem Einkommen werden von der UNO auch als LDC (least developed countries) bezeichnet. Sie konnten auch 2004, als Gruppe gesehen, ein Wirtschaftswachstum vorweisen, das höher lag als dasjenige der Industrieländer. Der Gesamtdurchschnitt verdeckt allerdings die enormen Unterschiede innerhalb dieser Gruppe. Hierzu gehören einerseits große Entwicklungsländer mit Rohstoffressourcen und bereits regional starker Industrialisierung, die fast alle 2004 ein im Weltmaßstab überdurchschnittliches Wachstum zeigten (z. B. Indien 7,3 %). Die Situation mittelgroßer und kleiner oder rohstoffarmer Länder stellte sich unterschiedlich dar. Neben Staaten mit bemerkenswertem Wachstum der Wirtschaft (z. B. Äthiopien 11,6 %, Mosambik 7,8 %, Gambia 7,7 %, Tansania 6,3 %) standen solche mit

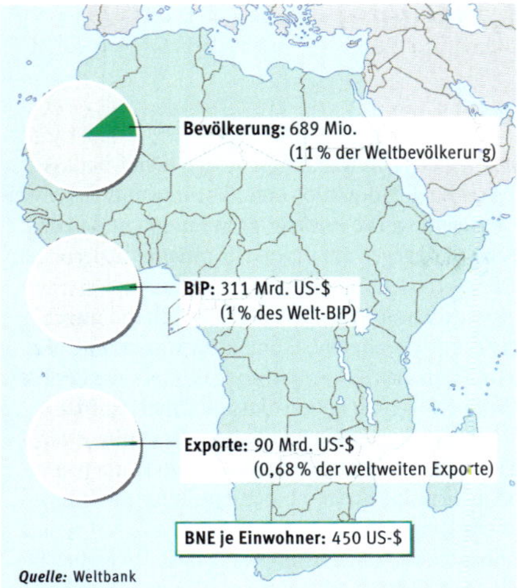

Quelle: Weltbank

stagnierender oder negativer Entwicklung (z. B. Elfenbeinküste −0,9 %, Simbabwe −4,8 %, Liberia −20 %). Letzteres betraf vor allem Staaten, die von inneren Unruhen und Bürgerkriegen betroffen waren. Deutlich sichtbar wird dies am Wirtschaftsergebnis Afrikas, zu dem die meisten LDC gehören. Das BIP der afrikanischen Staaten südlich der Sahara erhöhte sich im Durchschnitt 2004 nur um 5,1 %, bezogen auf die Einwohnerzahl (BIP/Einw.) nur um 2,8 % und damit am geringsten unter allen Kontinenten.

Viele arme Entwicklungsländer litten auch 2004 – wie in den Vorjahren – unter dem Mangel an finanziellen Mitteln wegen ausbleibender Geldzuflüsse (Kredite, Investitionen). Eine Hauptursache war vielfach die gewaltige **Überschuldung**, d. h. die Unfähigkeit, die bisher erhaltenen Kredite zurückzuzahlen. Sie führt zu starker Zurückhaltung bei der Gewährung neuer Kredite durch die Industrieländer bzw. durch private Investoren. Oft trägt auch politische Instabilität bis hin zu Bürgerkriegswirren und Willkürherrschaft dazu bei, dass vor allem seitens der Privatwirtschaft der Industrieländer z. Zt. kaum Neigung besteht, in den ärmsten Entwicklungsländern zu investieren. Andererseits sind die Möglichkeiten und die Bereitschaft der westlichen Industriestaaten, finanzielle Hilfe zu geben, angesichts vielfacher eigener Konjunktur- und Strukturprobleme nur begrenzt. Den hoch verschuldeten ärmsten Ländern (HIPC) soll daher durch Schuldenerlass geholfen werden (→ Weltwirtschaftliche Entwicklungen).

Eine weitere Ursache der mangelnden Entwicklungsfähigkeit gerade vieler armer Länder ist die anhaltende Kapitalflucht. Die kleine, aber in der Regel sehr reiche Oberschicht der fast durchwegs diktatorisch regierten armen Entwicklungsländer betrachtet ihre Heimatländer häufig als eine Art Privateigentum und entzieht ihnen jährlich große Summen, um sie in den Industrieländern sicher und gewinnbringend anzulegen, statt im eigenen Land zu investieren.

Indien

Das Wirtschaftswachstum lag 2004 – ähnlich wie im Vorjahr – bei 7,3 %; nach Meinung von Experten dürfte es auch in den kommenden Jahren auf ähnlicher Höhe bleiben, wenn die in den letzten Jahren begonnenen Reformen der stark regulierten Wirtschaft zügig weitergeführt werden. Das Wirtschaftsklima war zwar auch 2004 durch außenpolitische Probleme (Konflikt mit Pakistan, Kashmirfrage), durch starke Eingriffe des Staates in die Wirtschaft und durch Probleme mit den Staatsfinanzen belastet (Etatdefizit 2004 10 % des BIP; gesamte Staatsverschuldung über 80 % des BIP), doch überwogen in der Wirtschaft die positiven Tendenzen. Viele Fachleute sehen Indien inzwischen als zweiten großen asiatischen Boomstaat neben China. Aber auch 2004 waren mangelnder Wille zur Privatisierung der häufig unwirtschaftlich arbeitenden staatlichen industriellen Großbetriebe und die generell starke staatliche Reglementierung der Wirtschaft Hindernisse für ein langfristiges und dauerhaftes Wachstum. Wegen der guten Zukunftsaussichten nahmen die ausländischen Direktinvestitionen 2004 auf über 4 Mrd. US-$ zu. Der starke Produktionszuwachs im Industrie- und Dienstleistungsbereich geht zu einem nicht geringen Teil auf ausländische Unternehmen zurück. Es gelang jedoch nicht, die hohe Arbeitslosigkeit von mehr als 12 % wirksam zu bekämpfen und die starken Disparitäten zwischen zurückgebliebenen armen ländlichen Gebieten und wirtschaftsstarken städtischen Räumen zu verkleinern. Vom Wirtschaftswachstum der letzten Jahre profitierte vor allem die städtische Ober- und Mittelschicht; in der Gesamtbevölkerung ist der Anteil der absolut Armen immer noch erschreckend hoch (in Großstadtslums und ländlichen Armutsgebieten, wo vor allem die Landwirtschaft dringend modernisiert werden muss). Trotz wachsender Zahlen wohlhabender Stadtbewohner leben immer noch ca. ⅓ der indischen Bevölkerung unter der Armutsgrenze.

Landwirtschaft und Ernährung in globaler Übersicht

Die globale Situation der Landwirtschaft und der Ernährung der Weltbevölkerung unterschied sich 2004/05 kaum von der Lage in den Vorjahren. Rein rechnerisch reichen die Nahrungsmittelbestände auf der Erde (Ernte und Vorräte) bei weitem aus, um alle Menschen ausreichend zu ernähren. Doch in der Realität herrschen nach wie vor wegen der enormen weltweiten Unterschiede der Nahrungsmittelversorgung in vielen Entwicklungsländern Hunger und Unterernährung. Demgegenüber werden in agrarischen Überschussgebieten, wie in den USA und in der EU, Programme zur Anbaureduzierung und zur Vermeidung allzu hoher Agrarüberschüsse umgesetzt, und Landwirte erhalten Prämien für die Stilllegung von Ackerflächen.

Für die 2. Hälfte des 20. Jahrhunderts meldete die FAO eine Erfolgsbilanz: 1960–2000 Steigerung der Nahrungsmittelproduktion um 80 %, Verringerung des Anteils chronisch Unterernährter an der Weltbevölkerung von 35 % auf 18 %, Erhöhung der Nahrungsenergieversorgung im Weltdurchschnitt auf 2700 kcal pro Kopf und Tag. Allerdings ergaben neuere Schätzungen der FAO 2004, dass um 2002 weltweit 852 Mio. Menschen unterernährt waren, davon 9 Mio. in den Industrieländern, 28 Mio. in den Transformationsländern Osteuropas und der ehemaligen UdSSR und 825 Mio. in Entwicklungsländern. Unterernährung wird hierbei angenommen, wenn weniger als 2100 kcal pro Tag und Kopf zur Verfügung stehen.

Nach Angaben der FAO sind die Hauptprobleme insbesondere in Südasien und in Afrika südlich der Sahara das starke Bevölkerungswachstum und die zu geringe Wirtschaftsentwicklung, Kriege und Bürgerkriege, das starke Ausmaß der AIDS-Erkrankungen und »massive politische, soziale und wirtschaftliche Missstände« in den betreffenden Ländern. Als positiv wird angemerkt, dass seit Mitte der 1990er Jahre in insgesamt 31 Staaten die Zahl der Hungernden um mindestens 25 % abgenommen hat, so z. B. in Brasilien, China, Ghana, Indonesien, Mosambik, Nigeria, Syrien, Thailand und Vietnam. Die meisten unterernährten Menschen leben in Indien (rd. 200 Mio.); dramatisch ist auch die Lage in der DR Kongo (rd. 40 Mio.). Ausgebreitet hat sich der Hunger auch in Zentralasien (Usbekistan, Tadschikistan) sowie in Teilen Lateinamerikas.

Wie die → Tabelle zur **globalen Nahrungsmittelerzeugung** zeigt, nahm zwar die Produktion in den letzten Jahren zu, doch war die Wachstumsrate der Bevölkerung in vielen Entwicklungsländern höher, sodass die Pro-Kopf-Produktion von Nahrungsmitteln teilweise zurückging. Die Rückgänge in Europa und in den USA sind dagegen auf bewusste Anbaureduzierungen zurückzuführen.

Im September 2004 wurden die Verhandlungen über die »freiwilligen Leitlinien zur Umsetzung des Menschenrechts auf Ernährung« im Rahmen der FAO in Rom erfolgreich abgeschlossen. Damit wurden nach mehrjährigen Verhandlungen Beschlüsse der Welternährungsgipfel von 1996 und 2002 umgesetzt und international vereinbarte Regeln für die Hungerbekämpfung beschlossen.

Entwicklungsländer mit Nahrungsmitteldefiziten sollen vor allem durch eine bessere Agrar- und Ernährungspolitik befähigt werden, die Ernährungssicherung aus eigener Kraft zu schaffen. In Staaten, die sich mangels natürlicher Ressourcen nie werden vollkommen selbst ernähren können, müssen verstärkt andere Wirtschaftszweige entwickelt werden (z. B. Industrie, Fremdenverkehr), um die finanziellen Mittel für den Kauf von Lebensmitteln auf dem Weltmarkt zu erwirtschaften.

Lediglich für Länder, in denen eine Versorgung aus eigener Kraft noch nicht möglich ist oder wo Katastrophen dringende Hilfe erfordern, sieht die FAO für eine begrenzte Zeit **Nahrungsmittelhilfen** vor. Diese Hilfe muss aber in die Agrarpolitik des Empfängerlandes eingebunden werden, um die einheimischen Märkte nicht zu stören und die Verkäufe der eigenen Bauern zu behindern. Insbesondere darf Nahrungsmittelhilfe nicht als Instrument der Überschussbeseitigung missbraucht werden.

Entwicklung der Nahrungsmittelproduktion nach Ländergruppen und je Einwohner
1989–1991 = 100

Gebiet	Nahrungsmittelproduktion 2002 insgesamt	2002 je Einw.	2001 insgesamt
Welt insgesamt	129,2	109,3	126,5
Europa (mit Russland)	87,8	87,4	87,6
darunter Russland	69,1	71,2	64,5
Nord- und Mittelamerika	122,0	104,7	124,8
darunter USA	121,7	107,5	124,3
Südamerika	152,7	126,7	142,2
darunter Brasilien	162,2	137,3	146,0
Asien	159,6	131,1	153,8
darunter VR China	191,7	167,0	180,1
Indien	129,8	105,3	132,0
Afrika	133,8	99,7	131,8
Australien / Ozeanien	128,9	108,4	137,3

Quelle: FAO

Produktionswert der deutschen Landwirtschaft 2004 (Verkaufserlöse)

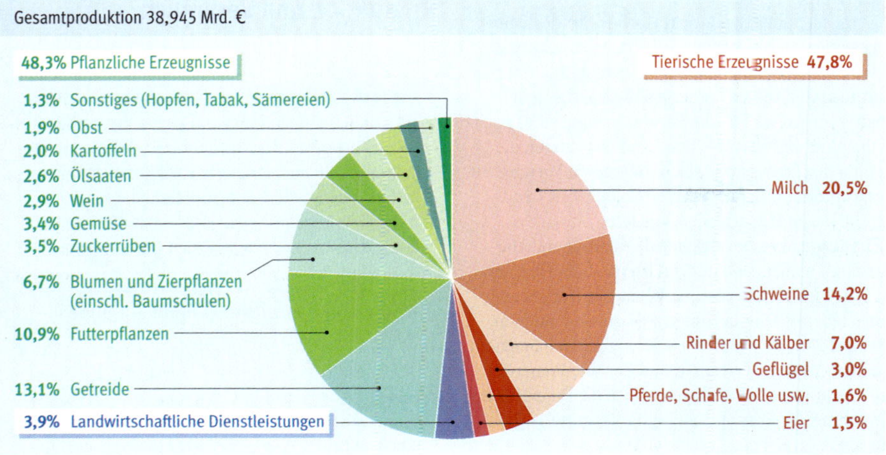

Quelle: Bundesregierung, Agrarbericht 2005

Die Weltagrarmärkte

Die **Weltmarktpreise** für Nahrungs-, Genuss- und Futtermittel sowie agrarische Industrierohstoffe waren in den 1990er Jahren bis 2001 durchwegs zurückgegangen und hatten teilweise historische Tiefstände erreicht. 2002 setzte eine Trendwende ein, die allerdings nicht alle Agrarprodukte gleichermaßen erfasste. Auch 2004 stiegen die Preise für Nahrungsmittel und agrarische Industrierohstoffe weiter an, jedoch weniger stark als diejenigen für mineralische, insbesondere Energierohstoffe. Die Ursache liegt darin, dass Preiserhöhungen im Wesentlichen spekulativ bedingt oder die Folge nur kurzfristiger Lieferengpässe waren. Bei den meisten Agrarprodukten konnte der Bedarf problemlos befriedigt werden bzw. drückten Angebotsüberschüsse auf die Preise, wie bei Kaffee, Wein oder Zucker, sodass Preiserhöhungen seitens der Erzeuger oder des Handels nur schwer durchsetzbar waren.

Insgesamt stieg der Preisindex für Nahrungs- und Genussmittel auf US-$-Basis (2000 = 100) von 112,3 (2003) auf 125,4 (2004). Die Preise für agrarische Industrierohstoffe erhöhten sich von 103,7 (2003) auf 113,9 (2004). 2005 setzten sich die Preisauftriebstendenzen fort. So lag der Index für Nahrungs- und Genussmittel im März 2005 bei 132,9, derjenige für Industrierohstoffe bei 120,1.

Die Lage der Landwirtschaft in Deutschland

Die **Situation der deutschen Landwirtschaft** wurde auch 2004/05 sehr unterschiedlich gesehen. Die Landwirte selbst und ihre Berufsvertretung (Bauernverband) thematisierten vor allem die für viele Bauern nach wie vor ungünstige wirtschaftliche Lage: relativ geringes Einkommen verglichen mit anderen Berufsgruppen, Probleme der EU-Marktordnungen und der niedrigen Weltmarktpreise für Agrarprodukte, neue Rahmenbedingungen durch die Reform der Gemeinsamen Agrarpolitik (GAP) der EU, die in wesentlichen Teilen 2005 in Kraft treten und eine Umstellung der Förde-

Struktur der landwirtschaftlichen Betriebe Deutschlands
(Betriebe ab 2 ha Fläche)

Betriebsgröße in ha	Anzahl der Betriebe in Tsd.		Anteil an allen Betrieben in %		Veränderung 2003 – 2004	Fläche der Betriebe in Mio. ha		Anteil an der Gesamtfläche in %	
	2004	2003	2004	2003	in %	2004	2003	2004	2003
2 – 9,9	123,5	132,8	33,2	34,2	– 7,0	0,643	0,686	3,8	4,0
10 – 19,9	73,4	77,5	19,7	20,0	– 5,3	1,091	1,150	6,4	6,8
20 – 29,9	38,3	39,8	10,3	10,3	– 3,8	0,951	0,995	5,6	5,9
30 – 49,9	52,8	54,5	14,2	14,0	– 3,1	2,052	2,123	12,1	12,6
50 – 99,9	54,9	55,0	14,7	14,2	– 0,2	3,827	3,823	22,5	22,5
100 und mehr	29,6	28,5	7,3	7,3	+ 4,1	8,409	8,205	49,5	48,3
Insgesamt	372,4	388,1	100	100	– 4,0	16,973	16,982	100	100

Quelle: Agrarbericht 2005

rung von produktionsbezogenen Zahlungen zu Direktzahlungen bringen wird.

Demgegenüber rückt die rot-grüne Bundesregierung seit mehreren Jahren ökologische Aspekte der Landbewirtschaftung und der Tierzucht und Verbraucherinteressen in den Vordergrund. Ziel der deutschen Agrarpolitik ist »die Verwirklichung einer nachhaltigen umweltverträglichen Landwirtschaft«; die Qualität der Erzeugnisse soll unbedingten Vorrang vor Massenproduktion haben, und ökologischer Landbau soll besonders gefördert werden.

Die **Einkommensentwicklung** der deutschen Landwirtschaft verlief 2004 im Durchschnitt der Haupterwerbsbetriebe leicht positiver als in den Vorjahren. Verglichen mit 2003 erhöhten sich die Gewinne um 4,8 % auf 28 254 € pro Betrieb. Höhere Erlöse brachten vor allem Weizen, Kartoffeln und Zuckerrüben, während die Milchpreise sanken und sich die Preise für Betriebsmittel (Treibstoff, Saatgut, Futtermittel) erhöhten.

Zum **Produktionswert der deutschen Landwirtschaft** (→ Grafik).

Der **Strukturwandel der deutschen Landwirtschaft**, der seit den 1950er Jahren zu beobachten ist, setzte sich auch 2004 fort. Vor allem die unsicheren Zukunftsaussichten und der deutliche Einkommensrückstand gegenüber vergleichbaren Erwerbstätigen in anderen Wirtschaftsbereichen führten dazu, dass weiterhin unrentable Klein- und Mittelbetriebe aufgegeben wurden. Die durchschnittliche Betriebsgröße stieg damit an (→ Tabelle).

Auch die **Arbeitskräftesituation** veränderte sich 2004 im bisherigen Trend. Die Gesamtzahl aller landwirtschaftlichen Arbeitskräfte verringerte sich 2004 auf nur noch 1,273 Mio. (1993 noch 1,576 Mio.). Während in den alten Bundesländern hauptsächlich Betriebsinhaber und ihre Familienangehörigen beschäftigt sind (770 000 gegenüber 98 800 familienfremden Arbeitskräften), arbeiten in den neuen Ländern überwiegend Lohnarbeitskräfte in der Landwirtschaft (88 000 gegenüber 40 000 Familienarbeitskräften).

Die Bedeutung der Landwirtschaft als Mittel des Lebensunterhalts auf dem Land ging weiter zurück. Nach dem Erwerbscharakter zählten 2004 in Deutschland nur noch 45,2 % aller Betriebe (mit 77,2 % der Fläche) zu **Haupterwerbsbetrieben** und 54,8 % der Betriebe (mit 22,8 % der Fläche) zu den **Nebenerwerbsbetrieben**. Bei Letzteren machen außerlandwirtschaftliche Einkommen mehr als 50 % des Haushalt-Gesamteinkommens aus.

Die Zahl der **Betriebe des ökologischen Landbaus** (sog. Alternativbetriebe) nahm 2004 um 5,4 % zu. Es wurden 16 466 ökologisch wirtschaftende Betriebe (nach den EU-Richtlinien) gezählt, die 734 024 ha bewirtschafteten (3,9 % der Betriebe mit 4,3 % der Fläche). Die Bundesregierung ist bestrebt, den Marktanteil ökologisch erzeugter Produkte in 10 Jahren auf 20 % zu steigern und fördert diese Betriebe besonders.

Ausgewählte Agrarerzeugnisse – Produktion und Verbrauch

Angaben – wenn nicht anders angegeben – nach »FAO Bulletin of Statistics«, »FAO Production Yearbook« und »FAO Trade Yearbook«; S = Schätzung; genannt werden immer nur die Hauptproduzenten bzw. -erzeuger; die Weltproduktion, die auf Schätzungen der UN beruht, gibt also nicht die Summe der in den Tabellen aufgeführten Länder wieder.

Weltproduktion wichtiger Produktgruppen
in Mio. t

	2002	2001
Getreide	2 031,540	2 107,954
Gemüse und Melonen	802,888	773,909
Wurzelfrüchte	692,849	687,742
Früchte	473,974	472,044
Ölfrüchte (ohne Nüsse)	328,368	328,422
Hülsenfrüchte	56,224	53,284
Pflanzenfasern	23,702	26,236
Nüsse (ohne Erdnüsse)	7,669	7,270
Milch	598,687	588,758
Fleisch	245,047	237,526

Bananen Produktion in Mio. t

	2002	2001	2000
Indien (S)	16,500	16,450	16,170
Brasilien	6,504	6,177	5,663
VR China	5,784	5,477	5,139
Ecuador	5,528	6,077	6,477
Philippinen	5,264	5,061	4,930
Indonesien	3,683	4,300	3,747
Mexiko	2,077	1,983	1,863
Costa Rica (S)	2,050	2,130	2,250
Thailand (S)	1,800	1,750	1,750
Burundi	1,603	1,549	1,514
Kolumbien	1,424	1,375	1,524
Vietnam	1,044	1,126	1,125
Welternte	68,015	67,792	66,145

Wichtigste **Exportländer** sind die mittelamerikanischen Staaten, bedeutendste **Einfuhrländer** die USA, die EU-Staaten und Japan.

Der **Welthandel** mit Bananen spielt sich hauptsächlich mit den Produkten US-amerikanischer Agrarkonzerne in Mittel- und Südamerika ab. Der von 1993–2001 zwischen der EU, den USA und den lateinamerikanischen Erzeugerländern bestehende »Bananenstreit« um die EU-Marktordnung brach 2004 wieder aus und wurde der WTO vorgelegt. Hintergrund ist die starke Erhöhung der EU-Einfuhrzölle für lateinamerikanische Bananen bei gleichzeitiger Bevorzugung der Importe aus den AKP-Staaten (ehemalige Kolonien, vor allem in Afrika). Ecuador, Costa Rica, Kolumbien u. a. befürchten starke Umsatzrückgänge.

Baumwollfasern (entkernt) Produktion in Mio. t

	2002	2001	2000
VR China	4,916	5,324	4,417
USA	3,747	4,420	3,742
Pakistan	1,736	1,805	1,825
Indien	1,583	1,987	1,641
Usbekistan	1,008	1,015	1,000
Türkei	0,850	0,901	0,880
Brasilien	0,713	0,872	0,663
Griechenland	0,355	0,456	0,443
Australien	0,341	0,745	0,806
Ägypten	0,285	0,330	0,225
Syrien	0,272	0,335	0,345
Weltproduktion	18,307	21,113	18,640

Die bedeutendsten **Ausfuhrländer** sind die USA (fast 40 % der Weltexporte), Pakistan und die zentralasiatischen GUS-Staaten; wichtigste **Importeure** sind die ostasiatischen Industrie- und Schwellenländer und die EU-Staaten.

Die **Weltmarktpreise** für Baumwolle, die wegen hoher Lagerbestände jahrelang sehr niedrig lagen, waren schon 2003 stark angestiegen. 2004 setzten sich die Preiserhöhungen abgeschwächt fort, da die stark wachsende Textilindustrie in China und anderen ostasiatischen Staaten einen kräftig zunehmenden Importbedarf aufwies. Eine noch stärkere Bedarfszunahme wurde nur durch die ebenfalls ansteigende Produktion und Verarbeitung von Chemiefasern vermieden.

Butter

Wichtigste **Ausfuhrländer** sind Neuseeland, die Niederlande, Deutschland, Belgien und Frankreich; wichtigste **Einfuhrländer** sind Russland, Großbritannien und Deutschland.

Butterherstellung und -verbrauch veränderten sich in den letzten Jahren in Deutschland nur wenig. 2004 betrug der Verbrauch 6,5 kg pro Kopf, in der EU insgesamt nur 4,4 kg. Der Selbstversorgungsgrad mit Butter betrug 2004 in der EU 112 %, in Deutschland nur 82 %. Durch Drosselung der Milcherzeugung und Subventionierung des Absatzes sind die ehemals hohen Überschussbestände in der EU stark verringert worden.

Fischfang

Die weltweiten **Fischereierträge** betrugen 2004 nach ersten Schätzungen rd. 142 Mio. t. Seit mehreren Jahren geht ein zunehmend größerer Anteil auf die **Aquakultur** zurück (Fischzucht in Meeres- und Binnengewässern), die in den Länderzahlen (→ Tabelle) nicht enthalten ist. Sie betrug 2004 etwa 54 Mio. t. Dagegen nahm – trotz vergrößerter Fangflotten – der Fang von hochwertigen Speisefischen aus den Ozeanen weiter ab. Die Ursache liegt vor allem in eindeutiger **Überfischung** durch zu große Fangflotten mit der Folge sinkender Bestände, die sich in gewissen Meeresräumen kaum mehr regenerieren können.

Fischfang Fangerträge in Mio. t
(See- und Binnenfischerei einschl. Krustentiere und Mollusken, aber ohne Wassersäugetiere; Anlandungen im In- und Ausland, ohne Aquakultur und Fischzucht)

	2001	2000	1990
VR China	16,529	16,987	6,654
Peru	7,986	10,659	6,869
USA	4,944	4,745	5,555
Japan	4,719	4,989	9,550
Indonesien	4,204	4,140	2,544
Chile	3,797	4,300	5,163
Indien	3,763	3,594	2,783
Russland	3,628	3,974	7,554
Thailand	2,881	2,924	2,498
Norwegen	2,687	2,703	1,603
Dänemark	2,035	1,900	1,749
Rep. Korea	1,988	1,823	2,467
Island	1,981	1,983	1,505
Philippinen	1,945	1,893	1,829
Vietnam	1,491	1,442	0,752
Mexiko	1,399	1,314	1,361
Malaysia	1,235	1,289	0,953
Myanmar	1,167	1,070	0,737
Spanien	1,085	0,977	1,096
Marokko	1,083	0,897	0,565
Kanada	1,050	0,994	1,638
Rep. China	1,005	1,094	1,111
Bangladesch	1,000	1,004	0,654
Argentinien	0,923	0,918	0,555
Großbritannien	0,741	0,746	0,760
u. a. Deutschland	0,211	0,206	0,247
Weltfangerträge	92,356	94,849	85,553

Die Fänge der **deutschen Fischereifahrzeuge** nahmen 2003 auf 267 600 t zu. Die Steigerung betraf sowohl die sog. Große Hochseefischerei, die 141 200 t anlandete, als auch die Kleine Hochsee- und Küstenfischerei (Kutterfischerei) mit Fängen von 126 400 t. Da die Erzeugerpreise im Durchschnitt auf 510 €/t abnahmen, sanken die Erlöse trotz gesteigerter Fangmengen.

Mitte der 1970er Jahre landete die deutsche Fangflotte noch jährlich rd. 500 000 t an. Die seitdem erfolgte starke Abnahme vor allem der Hochseefischerei ist hauptsächlich auf die Aufteilung der Meere in nationale Fischereizonen zurückzuführen (200-Seemeilen-Zone). Die deutschen Fänge stammten früher zu etwa ⅔ aus der 200-sm-Zone von Ländern außerhalb der EU. Die entsprechenden Gebiete vor Island, Grönland, USA, Kanada und Norwegen wurden seit Ende der 1970er Jahre völlig oder weitgehend für ausländische Fangflotten gesperrt. Derzeit stammen daher über 70 % der deutschen Fänge aus Nord- und Ostsee und den westbritischen Gewässern

Die Fangquoten für das **»EU-Meer«** (200-sm-Zone vor den Küsten der EU-Staaten in Nordsee, Ostsee, Nordatlantik und Mittelmeer) werden seit 1983 jährlich neu festgelegt; außerdem werden EU-Fangrechte vor Drittländern auf die nationalen Fangflotten aufgeteilt.

Die Produktion der **Binnenfischerei**, die fast ausschließlich auf Aquakultur (Teichwirtschaft) entfällt, ergab 2003 rd. 45 000 t Speisefische, vor allem Forellen und Karpfen.

Zur **Erhaltung und Erholung der Fischbestände** ergriff die EU in den letzten Jahren verschiedene Maßnahmen, wie Verordnungen über Mindestmaschengrößen der Netze und Höchstfangmengen für besonders bedrohte und in ihren Beständen zurückgegangene Arten (Hering, Sprotte, Kabeljau, Dorsch, Schellfisch, Scholle, Seezunge, Seehecht). Im Dezember 2004 einigte sich der Fischereirat der EU auf Maßnahmen für die künftige Fischwirtschaft, die für eine stärkere Nachhaltigkeit der Fischerei sorgen sollen. Die Ergebnisse blieben jedoch auf Druck der Fischerei-Lobby weit hinter dem zurück, was zur Bestandssicherung der Fischbestände nötig wäre. Insbesondere in der **Nord- und Ostsee** ist die Situation einzelner Fischbestände sehr kritisch, zumal sich viele Fischer nicht an die Schutzbestimmungen halten. Im Ergebnis wurden lediglich für die Kabeljau-, Dorsch- und Heringsfischerei gewisse zeitliche, räumliche und mengenmäßige Beschränkungen erlassen sowie Maßnahmen zur verbesserten Kontrolle der Schutzbestimmungen beschlossen.

Wegen des Rückgangs der Fangmöglichkeiten wurde die **deutsche Seefischereiflotte** seit den 70er Jahren stark reduziert. Gegenüber 71 Fahrzeugen (1975) existierten 2003 in Deutschland nur noch 11 Fahrzeuge der Großen Hochseefischerei. Die Zahl der Fahrzeuge der Kutter- und Küstenfischerei betrug 2214 (einschl. nebengewerblicher Fischerei).

Die **Versorgung** Deutschlands mit Fisch erfolgte auch 2004/05 weitgehend durch Importe. Sie betrugen 2003 netto rd. 1,1 Mio. t. Zur Förderung der Fischereiwirtschaft wurden 2004 Subventionen in Höhe von 6,6 Mio. € aus Bundesmitteln gegeben. Dazu kamen EU-Subventionen (z. B. Hilfen für Stilllegungen von Fischereifahrzeugen).

Fleisch

Die **Weltfleischproduktion** betrug 2002 245,047 Mio. t, davon 94,186 Mio. t Schweinefleisch, 73,869 Mio. t Geflügelfleisch, 60,977 Mio. t Rind-, Kalb- und Büffelfleisch, 11,548 Mio. t Schaf- und Ziegenfleisch.

Erzeugung und **internationaler Handel** mit **Fleisch** waren in den letzten Jahren starken Turbulenzen ausgesetzt, da die Verbraucher durch diverse Tierkrankheiten verunsichert wurden (BSE, Maul- und Klauenseuche, Schweinepest, Vogelgrippe usw.) und der internationale Handel mit bestimmten Fleischarten zeitweilig ausgesetzt war.

Die wichtigsten **Exportländer** waren 2004 für Rindfleisch die USA, Kanada, Australien und Argentinien, für Schweinefleisch die EU-Staaten und China, für Schaffleisch Australien und Neuseeland sowie für Geflügelfleisch die USA, Frankreich, die Niederlande, Thailand und Brasilien. Die bedeutendsten **Importeure** waren die USA, Japan und die EU-Staaten.

In der **EU** war der Fleischmarkt nach den Turbulenzen der Vorjahre mit teilweise drastischen Verbrauchsrückgängen 2004 wieder normalisiert. Der Verbrauch betrug wieder 20,0 kg pro Kopf bei Rind- bzw. 43,6 kg bei Schweinefleisch. Durch Marktanpassungsmaßnahmen sanken die Überschüsse, sodass sich der Selbstversorgungsgrad der EU auf 98 % bei Rind- und 107 % bei Schweinefleisch verringerte. Um den Fleischmarkt weiter zu stabilisieren, fielen jedoch in der EU wieder hohe Marktordnungsausgaben an (2004 u. a. 7,776 Mrd. € für Rindfleisch, d. h. 17,4 % aller EU-Agrarausgaben, z. B. für Exportsubventionen,

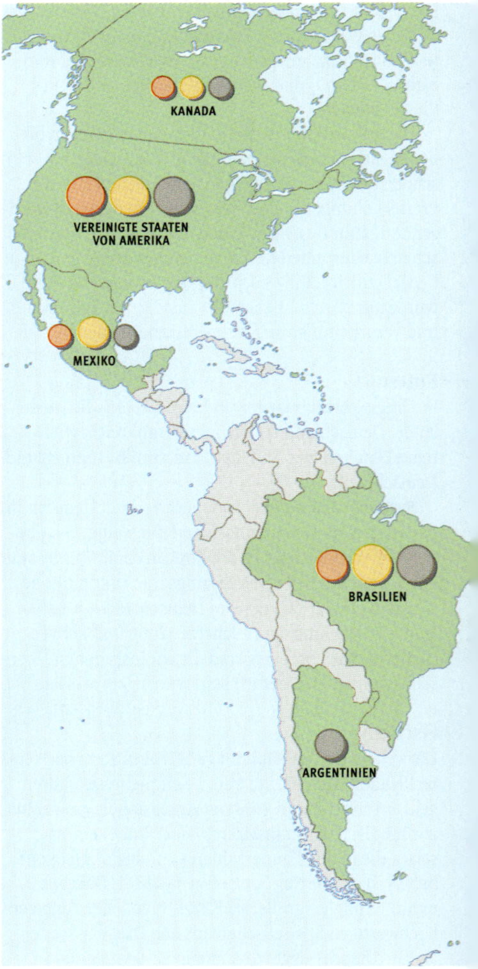

Einlagerung von Fleisch, Aufkauf unverkäuflicher Tiere, Marketingaktionen usw.).

In **Deutschland** hatte sich der Fleischverbrauch besonders stark vermindert und erreichte auch 2004 noch nicht wieder den Stand vor der BSE-Krise. Der Rind- und Kalbfleischverbrauch erhöhte sich jedoch vom Tiefstand 2001 (9,9 kg pro Kopf) wieder auf 12,6 kg pro Kopf (2004; 1999 noch 15,2 kg). Der Schweinefleischverbrauch war von 56,9 kg (1999) auf 53,7 kg (2002) zurückgegangen und stieg 2004 wieder auf 55,3 kg pro Kopf an. Während bei Schweinefleisch 2004 ein Netto-Importbedarf von 0,466 Mio. t bestand, wurde Rindfleisch auch 2004 weit über den eigenen Bedarf hinaus produziert (Selbstversorgungsgrad 128 %). Der Verzehr von Geflügelfleisch nahm 2004 ebenfalls zu (auf 18,5 kg pro Kopf).

Gerste → Getreide

Getreide

Die **Weltgetreideproduktion** entfällt hauptsächlich auf drei Arten mit jährlich jeweils ca. 580–610 Mio. t Ertrag (Mais, Reis und Weizen) und fünf weitere Arten (Gerste, Hirse, Sorghum, Hafer und Roggen), die nicht weltweit, sondern mit regionalen Schwerpunkten angebaut werden und in einigen Ländern nur als Futtergetreide verwendet werden.

Die globale **Produktion** betrug 2000–04 jeweils leicht über 2 Mrd. t und lag damit ca. 100 Mio. t unter dem Verbrauch. Das Defizit konnte bisher aus Lagerbeständen gedeckt werden, doch sanken die Bestände 2001–04 von 27 auf 17 % eines Jahresverbrauchs.

Die **Weltmarktpreise** stiegen daher Anfang 2004 stark an und sanken erst im Herbst wieder, als sich eine wesentlich höhere Ernte im Wirtschaftsjahr 2004/05 abzeichnete. Außerdem wirkte sich preisdämpfend aus, dass ein großer Teil des Getreides Fut-

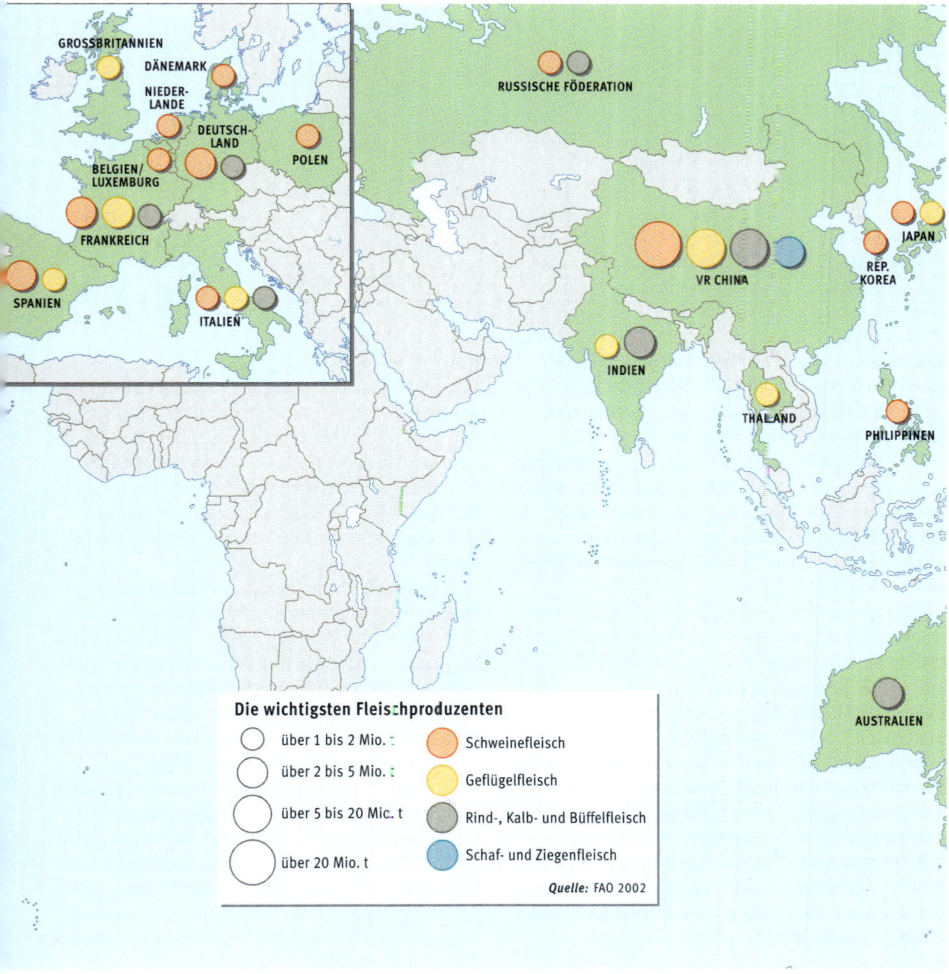

Getreide Produktion in Mio. t

	Getreide insges.*		Mais (Körnermais)		Reis (ungeschält)		Weizen	
	2002	2000	2002	2000	2002	2000	2002	2000
VR China	399,999	407,336	121,497	106,178	176,342	189,814	90,290	99,636
USA	298,787	342,809	228,805	251,854	9,569	8,658	44,062	60,757
Indien	211,750	234,997	11,110	12,043	113,580	127,531	71,814	76,369
Russland	84,849	64,244	1,541	1,500	0,483	0,586	50,609	34,455
Frankreich	69,662	65,698	16,440	16,018	0,105	0,116	38,934	37,353
Indonesien	61,106	61,575	9,527	9,677	51,579	51,898	–	–
Brasilien	50,237	45,897	35,500	31,879	10,472	11,090	2,926	1,662
Deutschland	43,391	45,271	3,738	3,324	–	–	20,818	21,622
Bangladesch	39,528	39,538	0,010	0,010	37,851	37,628	1,606	1,673
Ukraine	37,983	23,810	4,180	3,848	0,816	0,827	20,556	21,348
Vietnam	36,958	34,535	2,511	2,006	34,447	32,530	–	–
Kanada	36,288	51,021	8,995	6,954	–	–	16,198	26,519
Argentinien	32,068	38,751	15,000	16,781	0,713	0,904	12,300	16,147
Türkei	30,822	32,249	2,100	2,300	0,360	0,350	19,500	19,007
Thailand	30,047	30,519	4,211	4,462	25,611	25,844	0,001	0,001
Mexiko	28,772	27,991	19,299	17,557	0,227	0,351	3,236	3,275
Pakistan	27,173	30,461	1,737	1,643	6,718	7,204	18,227	19,024
Polen	26,877	22,341	1,962	0,923	–	–	9,304	9,283
Myanmar	23,713	21,966	0,660	0,365	22,780	21,324	0,100	0,094
Großbritannien	23,115	23,989	–	–	–	–	16,053	16,704
Nigeria	22,089	21,370	4,934	4,107	3,192	3,298	0,077	0,051
Spanien	21,641	24,516	4,463	3,992	0,816	0,827	6,783	7,294
Italien	21,499	20,661	10,824	10,138	1,371	1,230	7,529	7,464
Ägypten	19,164	20,106	6,500	6,474	5,600	6,000	6,183	6,255
Australien	16,330	34,445	0,457	0,406	1,291	1,098	10,059	22,108
u. a. Österreich	4,745	4,490	1,956	1,852	–	–	1,434	1,313
Schweiz	1,141	1,206	0,195	0,219	–	–	0,550	0,586
Weltproduktion	2031,540	2060,836	604,408	592,654	575,430	599,155	572,667	585,966

* durch Runden und Zähldifferenzen ergeben sich z. T. Unterschiede zwischen der Gesamtmenge und der Summe der Getreidearten

terzwecken dient und hier leicht auf andere Futtermittel wie Ölpflanzen ausgewichen werden kann.

Im Einzelnen nahm 2004 die Weizenproduktion kräftig zu, vor allem durch höhere Erträge in der EU und in den GUS-Staaten. Die Maiserzeugung stieg insbesondere in den USA durch Erhöhung der Flächenerträge und Ausweitung der Anbauflächen an. Die Reisproduktion, die in den 1990er Jahren stark angewachsen war, blieb vor allem in Südostasien auf hohem Niveau.

Die **Flächenerträge** sind nach wie vor regional sehr unterschiedlich. Im weltweiten Durchschnitt errechnete die FAO Getreideerträge je ha von 3082 kg, bei Mais 4385 kg, bei Reis 3899 kg und bei Weizen 2682 kg. In Deutschland betrug dagegen der Getreideertrag insgesamt 6251 kg, der Weizenertrag 6906 kg/ha.

Hauptexportländer für Getreide waren 2004 die USA, Australien, Kanada, die EU-Staaten, Russland und Thailand (für Reis). Futtergetreideausfuhren kamen zu über 50 % aus den USA; es folgten Argentinien, Australien und Kanada. Insgesamt betrug 2004 der Welthandel mit Weizen 107,3 Mio. t und mit Futtergetreide 101,2 Mio. t. Die wichtigsten **Importeure** für Getreide waren 2004 Japan und die Entwicklungsländer der mittleren und oberen Einkommenskategorien.

Holz

Der weltweite **Holzeinschlag** stieg 2004 auf schätzungsweise 3,5 Mrd. m³, davon 1,650 Mrd. m³ Industrie- und 1,850 Mrd. m³ Brennholz (einschl. Holzkohle). Insbesondere in den ärmeren Entwicklungsländern wird Holz ganz überwiegend für private (Feuerholz) und industrielle Energiegewinnung genutzt. Nach Holzarten entfiel der Einschlag weltweit zu 65 % auf Laubholz.

In **Deutschland** erhöhte sich der Holzeinschlag 2003 um 20,8 % gegenüber dem Vorjahr auf 51,2 Mio. m³. Er lag damit über dem langjährigen Durchschnitt, da aufgrund des extrem heißen Sommers größere Waldschäden (Insekten- und Trockenschäden) aufzuarbeiten waren. Der Einschlag entfiel hauptsächlich auf Fichte, Tanne und Douglasie (60 %), Kiefer und Lärche (19 %), Rotbuche (17 %) und Eiche (4 %).

Der Selbstversorgungsgrad mit Holz betrug 2004 rd. 95 % (einschließlich der Wiederverwendung von inländischem Altpapier und Altholz). Exportiert wurden 2003 3,578 Mio. m³ Rundholz, importiert 1,902 Mio. t. Hinzu kam der Handel mit Holzerzeugnissen und Altpapier. Den Importbedarf deckten vor allem skandinavische, osteuropäische und nordamerikanische Länder sowie Österreich.

Getreide Produktion in Mio. t (Forts.)

	Gerste		Hirse (mit Sorghum)		Hafer		Roggen	
	2002	**2000**	**2002**	**2000**	**2002**	**2000**	**2002**	**2000**
VR China	3,324	2,646	5,524	4,734	0,490	1,012	0,580	1,000
USA	4,933	6,939	9,454	12,151	1,722	2,171	0,177	0,213
Indien	1,416	1,447	13,830	17,607	–	–	–	–
Russland	18,739	14,079	0,320	1,207	5,700	6,000	7,139	5,400
Frankreich	10,988	9,709	0,453	0,371	0,773	0,459	0,139	0,146
Indonesien	–	–	–	–	–	–	–	–
Brasilien	0,235	0,257	0,773	0,780	0,277	0,173	0,005	0,007
Deutschland	10,928	13,495	–	–	1,016	1,087	3,666	4,154
Bangladesch	0,003	0,004	0,058	0,056	–	–	–	–
Ukraine	10,364	6,872	0,120	0,442	0,943	0,881	1,511	0,968
Vietnam	–	–	–	–	–	–	–	–
Kanada	7,489	13,229	–	–	2,911	3,403	0,134	0,260
Argentinien	0,570	0,722	2,872	3,392	0,500	0,644	0,080	0,125
Türkei	8,300	8,000	0,007	0,005	0,290	0,265	0,255	0,260
Thailand	0,013	0,011	0,145	0,148	–	–	–	–
Mexiko	0,737	0,713	5,206	5,842	0,064	0,089	–	–
Pakistan	0,100	0,118	0,391	0,417	–	–	–	–
Polen	3,370	2,783	–	–	1,487	1,070	3,831	4,003
Myanmar	–	–	0,160	0,169	–	–	–	–
Großbritannien	6,192	6,492	–	–	0,758	0,640	0,029	0,044
Nigeria	–	–	13,804	13,816	–	–	–	–
Spanien	8,333	11,063	0,034	0,043	0,916	0,954	0,174	0,220
Italien	1,190	1,262	0,215	0,219	0,329	0,318	0,010	0,009
Ägypten	0,101	0,099	0,750	0,941	–	–	0,030	0,030
Australien	3,268	6,743	0,234	2,173	0,725	1,050	0,021	0,021
u. a. Österreich	0,861	0,855	–	–	0,117	0,123	0,171	0,183
Schweiz	0,254	0,283	–	–	0,022	0,027	0,024	0,023
Weltproduktion	135,661	133,250	76,863	83,847	25,451	26,303	20,919	20,113

Holz Einschlag bzw. Gewinnung 2001 in Mio. m^3

	Industrieholz (Rundholz)	Brennholz, Holzkohle
USA	398,225	72,803
Indien	19,299	277,380
VR China	93,861	191,049
Brasilien	102,994	133,428
Kanada	197,373	2,953
Russland	117,800	46,900
Indonesien	26,497	85,712
Äthiopien	2,457	88,825
Nigeria	9,418	59,698
Kongo, Dem. Rep.	3,653	66,081
Schweden	57,300	5,900
Finnland	47,727	4,483
Frankreich	37,471	2,360
Deutschland	36,503	2,980
Philippinen	2,685	41,699
Australien	24,353	6,707
Vietnam	4,183	26,615
Südafrika	18,616	12,000
Thailand	7,101	20,396
Polen	23,375	1,641
u. a. Österreich	10,562	2,905
Weltproduktion	1 551,960	1 789,875

Holz ist weltweit und auch in Deutschland der **wichtigste nachwachsende Rohstoff**. Die **deutsche Waldfläche** nimmt seit Jahren durch Aufforstungen leicht zu. Sie betrug 2004 11,1 Mio. ha, d. h. rd. 31 % der Staatsfläche, die von etwa 400 000 Betrieben der Land- und Forstwirtschaft bewirtschaftet wurden. Nach Eigentümern verteilt sich die Waldfläche folgendermaßen: Staatswald 33 %, Privatwald 47 %, Körperschaftswald (Gemeinden, Kirchen, Stiftungen u. ä.) 20 %.

Nach Baumarten gliedert sich der Wald in Deutschland folgendermaßen: Fichte, Tanne, Douglasie 32 % – Kiefer, Lärche 27 % – Buche und sonstige Laubbäume 31 % – Eiche 10 %. Insgesamt wird in den deutschen Wäldern deutlich nach den Grundsätzen der **Nachhaltigkeit** gewirtschaftet, d. h. es wird jährlich wesentlich weniger Holz eingeschlagen (im Durchschnitt der letzten 10 Jahre 39,0 Mio. m^3) als nachwächst (etwa 60 Mio. m^3). Nach Berechnungen des Bundeslandwirtschaftsministeriums wurden in den letzten Jahrzehnten nur 72 % des Holzzuwachses genutzt, sodass noch größere Potenziale insbesondere für eine umweltfreundliche, da CO_2-neutrale, energetische Nutzung des Holzes zur Verfügung stehen.

Kaffee (grün) Ernte in Mio. t	2002	2001	2000
Brasilien	2,494	1,820	1,904
Kolumbien	0,697	0,656	0,636
Vietnam	0,689	0,841	0,803
Indonesien	0,623	0,622	0,625
Indien	0,317	0,301	0,292
Mexiko	0,313	0,303	0,338
Äthiopien	0,220	0,228	0,230
Elfenbeinküste	0,198	0,260	0,336
Uganda	0,198	0,197	0,143
Honduras	0,182	0,206	0,193
Guatemala	0,180	0,276	0,312
Peru	0,170	0,160	0,158
Costa Rica	0,141	0,147	0,159
El Salvador	0,092	0,112	0,114
Weltproduktion	7,668	7,365	7,529

Die wichtigsten **Kaffee-Exportländer** sind Brasilien, Kolumbien, Vietnam, Indonesien und die mittelamerikanischen Staaten; die bedeutendsten **Importländer** sind die USA, Deutschland, Frankreich, Japan und Italien. Die bedeutendsten Export- und Importländer sind in der **ICO** (Internationale Kaffee-Organisation) zusammengeschlossen, die aber keinen Einfluss auf die Preispolitik nimmt. Versuche von 28 Erzeugerländern, durch einen 2000 erfolgten Zusammenschluss zur **ACPC** (Association of Coffee Producing Countries) ein Quotensystem zur Preisstabilisierung einzuführen, scheiterten bisher.

Die **Weltmarktpreise** für Kaffee hatten 1998–2003 unter einem starken Missverhältnis zwischen stagnierendem Verbrauch in den europäisch-nordamerikanischen Importländern und steigender Erzeugung bei gleichzeitig vollen Lagern gelitten. Die Preise waren kontinuierlich gefallen. Dieser Trend kehrte sich 2004 wieder um, vor allem aus spekulativen Gründen. In Deutschland konnte sich dieser Trend wegen der starken Konkurrenz nicht durchsetzen. Die Verbraucherpreise lagen 2004 um 5 % niedriger als 2003. Der Kaffeeverbrauch ging in den letzten Jahren in vielen Ländern zurück, in Deutschland 2004 auf 6,5 kg pro Kopf.

Kakao (Kakaobohnen) Ernte in Mio. t	2002	2001	2000
Elfenbeinküste	1,000	1,200	1,396
Indonesien	0,450	0,381	0,466
Ghana	0,380	0,340	0,437
Nigeria	0,340	0,340	0,338
Brasilien	0,175	0,186	0,197
Kamerun	0,125	0,122	0,123
Ecuador	0,088	0,076	0,065
Dominikanische Rep.	0,050	0,045	0,037
Malaysia	0,048	0,058	0,070
Kolumbien	0,048	0,044	0,045
Welternte	2,922	3,004	3,384

Die wichtigsten **Kakao-Exportländer** sind die Elfenbeinküste, Indonesien, Ghana, Nigeria und Brasilien; bedeutendste **Importländer** sind die USA, die Niederlande und Deutschland. Die wichtigsten Produzenten sind in der Internationalen Kakao-Organisation (**ICCO**) zusammengeschlossen, die der Marktregulierung und Preisstabilisierung dienen soll.

Die **Weltmarktpreise** für Kakao waren in den letzten Jahren starken Schwankungen unterworfen – aufgrund von zeitweiliger Überproduktion, andererseits witterungsbedingten Ernteausfällen, Bürgerkrieg im Hauptexportland Elfenbeinküste und Spekulationen von Rohstofffonds. 2004 stiegen die Preise nur mäßig an, da ein relativ hohes Angebot preisdämpfend wirkte.

Kartoffeln Ernte in Mio. t	2002	2001	2000
VR China	66,573	64,596	66,325
Russland	32,871	34,965	33,979
Indien	24,082	22,488	24,713
USA	20,856	19,862	23,297
Ukraine	16,620	17,344	19,838
Polen	15,524	19,379	24,232
Deutschland	11,492	11,917	13,694
Weißrussland	7,421	7,768	8,718
Niederlande	7,363	7,015	8,127
Frankreich	6,877	6,078	6,434
Großbritannien	6,375	6,498	6,636
Türkei (S)	5,200	5,000	5,370
u. a. Österreich	0,684	0,695	0,695
Schweiz	0,526	0,518	0,600
Weltproduktion	311,360	312,435	329,025

Wichtige **Exportländer** sind die Beneluxländer, Deutschland (für Kartoffelprodukte) und Frankreich; wichtigstes **Importland** ist Deutschland (für Frühkartoffeln).

In **Deutschland** nahm die Anbaufläche in den vergangenen Jahren stark ab; sie betrug 2004 nur noch 293 000 ha (gegenüber noch 548 000 ha 1990). Die Erntemenge stieg 2004 wegen der feuchteren Witterung im Vergleich zu 2003 um 27,2 % auf 12,6 Mio. t; die Preise sanken dadurch. Die Bedeutung der Kartoffel als Grundnahrungs- und Futtermittel hat in den letzten Jahrzehnten stark abgenommen; der **Pro-Kopf-Verbrauch** lag 2004 nur noch bei 66,6 kg pro Jahr (1992 noch 74,0 kg), davon rd. 32 kg für Kartoffelerzeugnisse.

Kautschuk

Über 75 % der Weltproduktion werden exportiert; bedeutendste **Exporteure** sind Thailand, Indonesien und Indien; die wichtigsten **Einfuhrländer** sind die USA, Japan, China, Deutschland und Frankreich.

Der **Anteil des Naturkautschuks** an der gesamten Gummiproduktion betrug 1939 noch rd. 98 % und sank über 56 (1955) und 38 (1965) auf nur noch ca. 30 % Mitte der 1970er Jahre zugunsten des synthetischen Produkts. Seitdem ist der Anteil des Naturkautschuks

Kautschuk (Naturkautschuk) Erzeugung in Mio. t (Trockengewicht)

	2002	2001	2000
Thailand	2,404	2,424	2,278
Indonesien	1,630	1,607	1,610
Indien	0,650	0,630	0,622
Malaysia	0,589	0,546	0,615
VR China	0,527	0,477	0,482
Elfenbeinküste	0,123	0,128	0,123
Nigeria	0,112	0,108	0,107
Liberia	0,108	0,107	0,105
Sri Lanka	0,069	0,068	0,067
Weltproduktion	6,984	6,838	6.824

am gesamten Gummiverbrauch weltweit wieder leicht angestiegen, da er für gewisse Anwendungsbereiche Vorteile aufweist (z. B. Winterreifen). In den letzen Jahrzehnten erhöhte sich auch der Bedarf an Latex für die Herstellung von medizinischen Handschuhen und Kondomen.

Die **Weltmarktpreise** für Kautschuk lagen jahrelang relativ niedrig, da Produktion und Lagerbestände stärker anstiegen als die Nachfrage. 2004 gab es wie im Vorjahr nur geringe Preiserhöhungen, da die schwache Automobilkonjunktur stärkere Nachfragesteigerungen verhinderte.

Mais → Getreide

Milch Erzeugung von Kuhmilch in Mio. t

	2002	2001	2000
USA	77,021	74,980	76,023
Indien	35,700	34,400	34,000
Russland (S)	33,100	32,600	32,000
Deutschland	28,012	28,191	28,331
Frankreich	25,197	24,903	24,999
Brasilien	22,635	21,146	20,380
Großbritannien	14,918	14,709	14,489
Ukraine	14,138	13,435	12,436
Neuseeland	14,078	13,162	12,235
Polen	12,200	11,884	11,889
Australien	11,610	10,875	11,183
Italien	11,365	11,275	11,014
VR China	10,843	10,601	8,632
Niederlande	10,842	11,291	11,155
Mexiko	9,598	9,472	9,311
Türkei	8,490	8,489	8,732
Japan	8,380	8,301	8,497
Argentinien	8,200	9,866	10,121
Kanada	8,130	8,106	8,090
u. a. Schweiz	3,940	3,959	3,889
Österreich	3,450	3,300	3,340
Weltproduktion	502,325	494,075	487,216

Neben Kuhmilch wurden 2002 noch 75,468 Mio. t Büffelmilch erzeugt (davon 46,750 Mio. t in Indien), ferner 11,846 Mio. t Ziegen- und 7,764 Mio. t Schafmilch.

Wichtige **Ausfuhrländer** für Trockenmilch sind Neuseeland, die Niederlande, Deutschland und Frankreich, für Frisch- und Kondensmilch die Niederlande und Deutschland.

Die Milchproduktion war in **Deutschland** auch 2004 die mit Abstand wichtigste Einnahmequelle der Landwirtschaft. Sie erbrachte Verkaufserlöse von 7,971 Mrd. € (–3,8 % gegenüber 2003), d. h. 20,5 % des gesamten Produktionswertes der deutschen Landwirtschaft. 2004 lieferten 4,287 Mio. Milchkühe insgesamt 28,300 Mio. t Milch (rd. 6600 l pro Kuh). Der **Verbrauch** sowohl von Milch als auch von Milchprodukten nahm 2004 gegenüber dem Vorjahr leicht ab (Pro-Kopf-Verbrauch 328 kg). Aufgrund verschärften Wettbewerbs im Einzelhandel und billiger Auslandskonkurrenz sanken die Erzeugerpreise. Die Einfuhren betrugen 8,000 Mio. t bei Ausfuhren von 9,000 Mio. t. Das Problem großer Milchüberschüsse, das früher in Deutschland wie in der gesamten EU bestanden hatte, ist inzwischen gelöst. Dies wurde durch die sog. »Garantiemengenregelung« der EU erreicht, nach der die Abnahme- und Preisgarantie des Staates nur noch für eine bestimmte »Garantiemenge«, d. h. Höchstmenge pro Erzeuger, gilt. Verschiedene Änderungen der Milchquotenregelung, vor allem bezüglich des Handels mit Milchquoten über Quotenbörsen, sind seit 2002 in Kraft. Die Kosten der EU-Milchmarktordnung – z. B. für Ausfuhrsubventionen – konnten 2004 auf 2,765 Mrd. € gesenkt werden.

Ölsaaten Weltproduktion in Mio. t

	2002	2001	2000
Sojabohnen	180,553	176,743	161,411
Rapssaat	34,000	35,916	39,511
Erdnüsse (in der Schale)	33,735	35,464	34,670
Baumwollsaat	32,949	37,569	33,247
Palmöl	26,091	24,209	22,417
Sonnenblumensaat	24,104	20,400	26,242
Oliven	15,724	15,244	15,359
Palmkerne	7,077	6,918	6,479
Kopra	5,137	5,831	5,301
Sesamsaat	2,974	3,216	2,883
Leinsaat	2,034	1,970	2,070

Die Produktion von **Ölsaaten** und Ölfrüchten hat ökonomisch eine doppelte Bedeutung, da zwei unterschiedliche Märkte beliefert werden: Pflanzliches Öl wird für die menschliche Ernährung verwendet (z. B. Margarineproduktion), während Ölschrot als eiweißreiches Futtermittel dient.

Im Wirtschaftsjahr 2003/04 erhöhte sich die **Weltproduktion** an Ölfrüchten gegenüber dem Vorjahr um rd. 2 % auf 336,7 Mio. t. Während die Produktion von Sojabohnen aus klimatischen Gründen (Ernteausfälle in den USA und Südamerika) leicht abnahm (auf 189,8 Mio. t), wurde das Defizit durch erhöhte Produktion von Raps- und Sonnenblumensaat und Palmöl ausgeglichen. Bei der Weltmarktversorgung mit pflanzlichen Ölen und Fetten (menschliche und tierische Ernährung) lag der Sojaanteil trotzdem bei 56,4 %.

Die **Weltmarktpreise** für Ölfrüchte stiegen 2004 zunächst wegen Verknappungstendenzen stark an, um ab Jahresmitte beträchtlich zu sinken, da der Importbedarf des größten Verbrauchers China wegen der Vogelgrippe stark abnahm.

Reis → Getreide

Rinder, Schafe, Schweine Bestand in Mio. 2002 (Rangfolge nach Anzahl der Rinder)

	Rinder	Schafe	Schweine
Indien (S)	221,900	58,800	18,000
Brasilien (S)	176,000	15,500	30,000
VR China	106,151	136,972	464,695
USA	96,704	6,685	59,804
Argentinien	48,100	12,400	4,250
Sudan (S)	38,325	47,043	–
Äthiopien (S)	35,500	11,438	0,026
Mexiko	30,700	6,260	18,000
Australien	27,870	106,200	2,912
Russland	27,107	13,035	16,047
Kolumbien	24,765	2,045	2,234
Bangladesch (S)	24,000	1,154	–
Pakistan	22,857	24,398	–
Frankreich	20,281	9,327	15,290
Nigeria (S)	20,000	22,000	5,500
Tansania (S)	17,700	3,550	0,455
Venezuela	16,000	0,820	5,655
Deutschland	14,227	2,702	25,958
Südafrika (S)	13,722	29,090	1,600
Großbritannien	10,343	35,832	5,588
Weltbestand	1358,107	1 024,369	941,168

Sojabohnen Erzeugung in Mio. t

	2002	2001	2000
USA	74,290	78,671	75,055
Brasilien	41,903	37,907	32,735
Argentinien	30,000	26,883	20,207
VR China	16,900	15,407	15,411
Indien	4,270	5,857	5,276
Paraguay	3,276	3,511	2,980
Kanada	2,335	1,635	2,703
Welternte	179,917	176,746	161,416

Die wichtigsten **Exportländer** sind die USA, Brasilien und Argentinien; bedeutendste **Importeure** sind China, Japan, die Niederlande und Deutschland.

Sojabohnen werden v. a. als proteinhaltiges Viehfutter (Sojaschrot) und für die Margarineherstellung (Sojaöl) verwendet. Soja ist weltweit die wichtigste Ölpflanze. Von der gesamten Welterzeugung an → Ölsaaten entfielen 2004 56,4 % auf Sojabohnen. Die Erzeugung nahm 2004 vor allem in den USA und in Südamerika aus Witterungsgründen um rd. 2 % ab, sodass es bei erhöhter Nachfrage zu weiter steigenden **Weltmarktpreisen** kam. Bei Soja hat sich in den letzten Jahren die Gentechnik weitgehend durchgesetzt. In Argentinien waren 2004 über 90 % aller angebauten Sojabohnen gentechnisch verändert, in Brasilien rd. 40 %.

Tabak (Rohtabak) Ernte in Mio. t

	2002	2001	2000
VR China	2,455	2,359	2,564
Brasilien	0,657	0,565	0,578
Indien	0,575	0,490	0,520
USA	0,399	0,450	0,478
Simbabwe	0,174	0,196	0,228
Türkei	0,154	0,145	0,200
Griechenland	0,127	0,136	0,137
Argentinien	0,125	0,098	0,115
Italien	0,122	0,130	0,130
Pakistan	0,094	0,085	0,108
Malawi	0,069	0,083	0,099
u. a. Deutschland	0,011	0,011	0,011
Welternte	6,394	6,187	6,661

Die wichtigsten **Tabakexportländer** sind die USA, Brasilien, Griechenland, Italien und die Türkei; bedeutende **Importeure** sind die USA, Deutschland, Großbritannien, Russland und die Niederlande.

Zigaretten → Industrie, Nahrungs- und Genussmittel

Tee Ernte in Mio. t

	2002	2001	2000
Indien	0,847	0,848	0,835
VR China	0,765	0,722	0,704
Sri Lanka	0,310	0,295	0,306
Kenia	0,287	0,295	0,236
Indonesien	0,165	0,165	0,163
Türkei	0,150	0,143	0,139
Vietnam	0,090	0,076	0,070
Japan	0,084	0,085	0,085
Iran	0,084	0,051	0,050
Weltproduktion	3,141	3,068	2,956

Die wichtigsten **Tee-Exportländer** sind Indien, China, Sri Lanka und Kenia; bedeutendste **Importeure** sind Großbritannien, Russland, Pakistan, die USA und die arabischen Länder. Der **Teeverbrauch** stieg weltweit auch 2004/05 an, vor allem wegen des zunehmenden Eigenverbrauchs in den bevölkerungsstarken Hauptproduktionsländern. Nachfrage und Angebot hielten sich jedoch ungefähr die Waage, sodass die **Weltmarktpreise** relativ stabil blieben.

Wein Traubenernte und Weinerzeugung in Mio. t

	Traubenernte		Weinerzeugung	
	2002	**2001**	**2002**	**2001**
Italien	7,394	8,988	4,430	5,229
Frankreich	6,782	7,313	5,201	5,538
USA	6,681	5,959	2,540	2,300
Spanien	5,874	5,111	3,642	3,094
VR China	4,564	3,765	1,080	1,080
Türkei	3,650	3,250	0,033	0,028
Iran	2,520	2,517	–	–
Argentinien	2,460	2,460	1,215	1,584
Australien	1,746	1,546	1,220	1,077
Chile	1,720	1,785	0,575	0,565
Deutschland	1,425	1,226	1,018	0,908
Südafrika	1,350	1,350	0,760	0,761
Brasilien	1,121	1,059	0,320	0,320
Ägypten	1,104	1,079	0,004	0,004
Rumänien	1,077	1,122	0,546	0,509
Portugal	1,039	0,895	0,779	0,671
Griechenland	1,000	1,288	0,348	0,428
Ungarn	0,501	0,811	0,333	0,541
u. a. Österreich	0,350	0,329	0,260	0,253
Schweiz	0,150	0,153	0,119	0,117
Weltproduktion	61,892	61,285	26,943	27,448

In **Deutschland** umfasste der Weinbau 2004 eine Rebfläche von 102 241 ha. Die größten **Anbaugebiete** lagen in folgenden Bundesländern (in ha): Rheinland-Pfalz (64 010), Baden-Württemberg (27 499), Bayern (6084), Hessen (3578), Sachsen-Anhalt und Sachsen (1055).

Die **Weinernte** fiel 2004 in Deutschland reichlich und auch qualitativ gut aus. Die Erzeugung stieg 2003–2004 von 8,110 Mio. hl auf 10,007 Mio. hl Weinmost, davon 6,034 Mio. hl Weiß- und 3,973 Mio. hl Rotwein. Der Weinverbrauch pro Kopf betrug 2004 24,5 l; er wurde per Saldo etwa zur Hälfte durch Importweine gedeckt. 2004 wurden 11,7 Mio. hl Wein importiert und 2,5 Mio. hl exportiert.

Weizen → Getreide

Wolle (Schafwolle roh) Erzeugung in Mio. t

	2002	**2001**	**2000**
Australien	0,607	0,645	0,695
VR China	0,305	0,298	0,293
Neuseeland	0,232	0,237	0,257
Iran	0,075	0,074	0,075
Großbritannien	0,060	0,055	0,064
Südafrika	0,057	0,057	0,053
Argentinien	0,056	0,058	0,058
Indien	0,054	0,054	0,053
Uruguay	0,049	0,057	0,057
Russland	0,040	0,040	0,040
u. a. Deutschland	0,015	0,015	0,015
Weltproduktion	2,211	2,263	2,346

Die größten Wollproduzenten (insbesondere Australien und Neuseeland) sind auch die **Hauptexporteure**; Japan und die EU-Länder sind die wichtigsten **Importeure**.

Der **Anteil der Schafwolle** am Rohstoffverbrauch der Textilindustrie beträgt derzeit weltweit nur noch weniger als 20 %, verglichen mit 30 % Baumwolle und mehr als 50 % für Chemiefasern. Der **Weltmarktpreis**, der 1998/99 wegen jahrelanger Überproduktion auf ein historisches Tief gefallen war, stieg auch 2004/05 wie in den Vorjahren wieder mäßig an.

Zucker (Rohzucker, zentrif. Zucker aus Zuckerrohr und -rüben) Erzeugung in Mio. t

	2002	**2001**	**2000**
Brasilien*	23,810	20,400	17,100
Indien*	20,475	20,480	20,219
VR China*	11,754	9,517	7,021
USA	7,608	7,171	7,955
Thailand*	5,947	4,865	6,447
Frankreich	5,139	3,962	4,590
Australien*	4,987	4,162	5,448
Mexiko*	4,872	4,924	4,696
Deutschland	4,380	4,066	4,765
Kuba*	3,775	3,591	4,120
Weltproduktion	145,306	132,399	132,610

* Zuckererzeugung aus Zuckerrohr

Wichtige **Exportländer** von Zucker sind Australien, Kuba, Frankreich, Brasilien, Thailand und Deutschland; wichtige **Importeure** sind Russland, China, Japan, USA, Indien und Großbritannien.

Der **Weltmarktpreis** schwankte zwar im Jahresverlauf durch spekulative Einflüsse stark, blieb aber mit durchschnittlich 8 US-cents/lb auf einem sehr niedrigen Niveau.

Der **Zuckerverbrauch** für Nahrungszwecke dürfte auch in den nächsten Jahren kaum steigen, da den laufenden Zunahmen in den Entwicklungs- und Schwellenländern stagnierender bis abnehmender Verbrauch in vielen europäischen Ländern gegenübersteht (Konkurrenz von Süßstoffen, Gesundheitsgründe). Um den Zuckerabsatz zu erhöhen, wird weltweit nach weiteren Verwendungsmöglichkeiten gesucht. Hier spielt die Alkoholerzeugung die Hauptrolle. Treibstoff-Alkohol (Ethanol) aus Zucker wird z. Z. hauptsächlich in Brasilien produziert.

Die **EU** versucht seit längerem, die Zuckerproduktion zu drosseln, um die nur schwer absetzbaren Überschüsse zu verringern. 2004 betrug die Erzeugung in der vergrößerten EU 18,557 Mio. t gegenüber einem Verbrauch von 16,630 Mio. t (einschl. Industrie). Es standen daher erneut größere Überschussmengen für den Export zur Verfügung, die wegen der weltweit hohen Lagerbestände und angesichts der Weltmarktpreise weit unter dem EU-Niveau nur mit Hilfe von Ausfuhrsubventionen abzusetzen waren. Die Zucker-Marktordnungsausgaben der EU stiegen 2004 auf 1,425 Mrd. €.

Globale Rohstoffsituation

Bergbauliche Rohstoffe wurden bis in die 1970er Jahre fast ausschließlich unter strategischen (wirtschaftlichen und politischen) Gesichtspunkten diskutiert. Im Vordergrund standen Fragen nach der Größe der Vorräte, den Gewinnungs- und Bezugsmöglichkeiten oder der Preisentwicklung auf den Weltmärkten. Demgegenüber erhielten in den letzten Jahrzehnten **ökologische Überlegungen** ein immer größeres Gewicht. Fragen nach den Umweltauswirkungen der Förderung, Aufbereitung, Nutzung und Verarbeitung von Rohstoffen werden heute in Deutschland und anderen Industrieländern mindestens ebenso intensiv diskutiert wie die Frage nach Preis und Verfügbarkeit. Dieser Umschwung resultiert auch daher, dass sich die pessimistischen Annahmen der 1970er Jahre über eine baldige Erschöpfung vieler Rohstofflagerstätten (z. B. in der Studie des »Club of Rome« über die »Grenzen des Wachstums«) nicht bewahrheitet haben. Stattdessen zeigten die 1980er und 90er Jahre, dass bei Bergbauprodukten – global gesehen – keinerlei Mangellage eingetreten ist. Es existierte bei allen bergbaulichen Rohstoffen ein ausreichendes Angebot, vielfach sogar ein **Überangebot**.

Seit 2003 und insbesondere seit 2004 veränderte sich die Versorgungslage dramatisch. Bei fast allen bergbaulich zu gewinnenden Rohstoffen – sowohl für die industrielle Verarbeitung als auch für die Energieproduktion – kam es zur Verknappung, zu Lieferengpässen und vielfach zu Versorgungsproblemen.

Die Ursache dieser neuen Entwicklung liegt jedoch in keinem Fall in der Erschöpfung der weltweiten natürlichen Reserven, sondern in einer überraschend schnellen Zunahme der Nachfrage, der kein entsprechendes Angebot gegenüberstand. Eine Zeitschrift schrieb, es habe einen gravierenden Mangel an Vorausschau bei den Bergwerksunternehmen gegeben, die in den vergangenen Jahren unter dem Eindruck von Überangeboten und einem sehr niedrigen Preisniveau kaum in die Aufsuchung und Erschließung neuer Lagerstätten und den Bau von Förderanlagen, Raffinerien usw. investiert hatten. Teilweise waren sogar Bergwerke zum Zwecke der Preisstabilisierung durch Drosselung der Förderung stillgelegt worden.

Als dann ab 2003 die Nachfrage durch den weltweiten Konjunkturaufschwung und insbesondere die enorme Steigerung der Industrieproduktion in China (und daneben weiteren Schwellenländern) rapide anstieg, konnte die Förderung damit nicht Schritt halten. Der starke Einfluss Chinas auf die globale Versorgungssituation wird aus einigen Zahlen deutlich: Bis 1996 war China Netto-Ölexporteur, inzwischen zählt es trotz gestiegener Rohölförderung zu den größten Importeuren. Ähnlich verhält es sich mit Kohle (seit 2005 Netto-Importeur), Eisen- und anderen Erzen. 2003/04 verbrauchte China 50 % der Welt-Zementproduktion, 31 % der Kohle- und 30 % der Eisenerzförderung, 27 % der Stahl- und 17 % der Aluminiumproduktion der Welt.

Alle Prognosen gehen dahin, dass es – das derzeitige Wirtschaftswachstum der wichtigsten Verbrauchsländer vorausgesetzt – mehrere Jahre dauern wird, bis durch Steigerung der Förderung wieder ein Gleichgewicht zwischen Nachfrage und Angebot hergestellt sein wird. Andererseits ist es denkbar, dass durch die starken Preissteigerungen in erhöhtem Maße Einsparungs- und Substitutionseffekte in Gang gesetzt werden (z. B. regenerative anstelle von fossilen Energien, Kunststoffe statt Metalle).

Eine Verknappung durch Erschöpfung der Lagerstätten ist nach heutigen geowissenschaftlichen Erkenntnissen auf absehbare Zeit bei keinem bergbaulich zu gewinnenden Rohstoff zu befürchten. Es wird bei dieser Frage häufig übersehen, dass der Umfang der aktuellen Reserven vor allem vom Preis und vom Stand der Abbau- und Fördertechnik abhängt. Es ist relativ, von welcher Mineralkonzentration an z. B. ein Gestein als Metallerz zu berücksichtigen ist. Bei steigenden Preisen nimmt regelmäßig auch die Menge der verfügbaren Reserven zu, da sich dann der Abbau vorher vernachlässigter ärmerer Lagerstätten rentiert bzw. ein Anreiz zur Erforschung und Erschließung bisher noch unbekannter oder bisher nicht wirtschaftlich nutzbarer Ressourcen entsteht.

Alle Angaben über **Rohstoffvorkommen und -vorräte** sind also unter der Prämisse »nach dem gegenwärtigen Stand der Technik und zu den gegenwärtigen Preisen wirtschaftlich gewinnbar« zu sehen. Daher nimmt in Zeiten steigender Preise, mit verbesserten Abbautechniken und der Erforschung neuer Lagerstätten regelmäßig die **statische Lebensdauer** (= Vorräte bei gleich bleibender Jahresförderung) zu.

Statische Lebensdauer ausgewählter Rohstoffe in Jahren (Stand 2003/2004)

Chrom	350	Eisen	300
Mangan	250	Braunkohle	230
Nickel	160	Steinkohle	200
Zinn	120	Kupfer	90
Blei	90	Erdgas	75
Erdöl	40	Zink	45
einschl. Teersande / Ölschiefer	120	Quecksilber	35

Entwicklung der Rohstoffpreise an den internationalen Warenbörsen 2001–2005

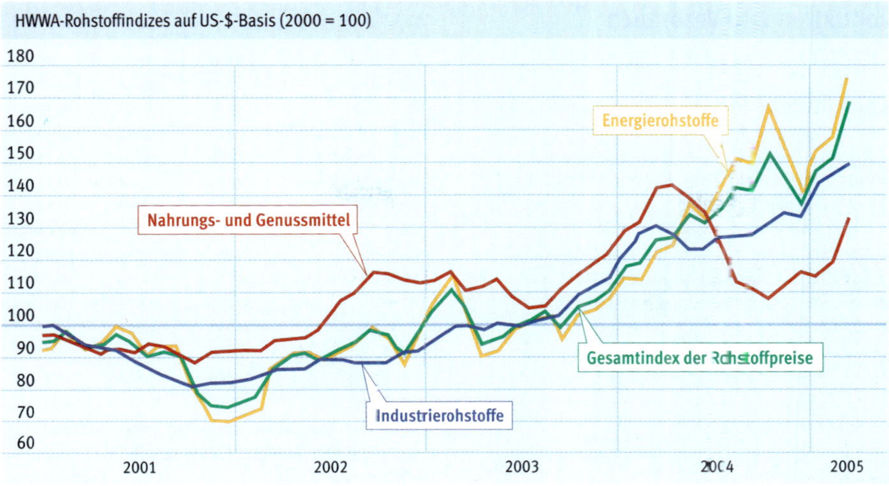

Quelle: HWWA

Rohstoff-Recycling

Für die industrielle Produktion wurden früher fast ausschließlich Rohstoffe aus bergbaulicher (oder auch agrarischer) Erzeugung eingesetzt, sog. Primärrohstoffe. Heute wächst dagegen laufend die Bedeutung von Sekundärrohstoffen. Im Gegensatz zu fossilen Energierohstoffen, die beim Verbrennen unwiderruflich verbraucht werden, handelt es sich bei der Verarbeitung mineralischer (z. B. Metall) und z. T. auch organischer Rohstoffe (z. B. Kautschuk, Holz, Papier) eher um ein »Durchgangsstadium«. Ein beträchtlicher Teil der Rohstoffe kann nach Ablauf der Verwendungszeit wieder zurückgewonnen und über das **Recycling** als Sekundärrohstoff erneut in den Produktionskreislauf zurückgeführt werden.

Diese Wiederverwendung führt dazu, dass der Rohstoffbedarf der Industrieländer seit Jahren wesentlich schwächer ansteigt als die Güterproduktion und das industrielle Wachstum. Die Verwendung von Sekundärrohstoffen ist oft kostengünstiger als die Verwendung »neuer« Rohstoffe und vor allem ökologisch sinnvoller als die Beseitigung von Altmaterialien durch Deponieren oder Verbrennen. Die Lebensdauer mineralischer Rohstoffvorräte verlängert sich durch das Recycling beträchtlich.

Eher negativ wirkt sich dagegen die Zunahme des Recyclings auf die Lieferländer von Primärrohstoffen aus. Häufig sind es arme Entwicklungsländer, für die Recycling Absatzeinbußen und verringerte Deviseneinnahmen zur Folge hat.

In **Deutschland** liegen die **Recyclingraten** für gewisse Rohstoffe inzwischen über 50 % (z. B. Blei, Silber, Zinn, Glas, Papier), für andere zwischen 35 und 50 % (z. B. Eisen, Kupfer, Aluminium, Zink, Platin).

Welt-Rohstoffmärkte und -preise

Die internationalen Märkte für bergbauliche Rohstoffe wurden auch 2004/05 vor allem durch die Warenbörsen in New York und London gesteuert. Haupteinflussfaktor für die Preisentwicklung war 2004/05 die Konjunkturentwicklung der Weltwirtschaft mit stärkerem Wachstum in den USA, vor allem aber in China und den Schwellenländern Ost- und Südostasiens.

Diese Faktoren führten 2004 zu einem starken Preisauftrieb, nachdem die Rohstoffpreise erst 2001 den niedrigsten Stand seit 15 Jahren erreicht hatten. Nach rd. 20-jähriger Baisse auf den Rohstoffmärkten wurden 2004 für viele Produkte die höchsten je erzielten Preise gezahlt (z. B. Erdöl).

Im Euroraum wirkten sich die Preiserhöhungen weniger stark aus, da sie teilweise durch den Wertverlust des US-$ gegenüber dem Euro kompensiert wurden. Insgesamt erhöhte sich der Gesamtindex für Rohstoffe auf US-$-Basis (2000 = 100) von 90,1 (Durchschnitt 2002) bis März 2005 auf 169,4.

Die starke Aufwärtsentwicklung der Rohstoffpreise, insbesondere auf dem Energiesektor führte zu einer spürbaren Dämpfung der Wirtschaftskonjunktur in den Industriestaaten. Aus der Sicht der Rohstoffproduzenten und -exporteure verlief die Preisbewegung dagegen erfreulich. Der Bergbau hat insbesondere für viele Entwicklungsländer lebensnotwendige Bedeutung. Eine große Zahl von ihnen ist für den wirtschaftlichen Aufbau, insbesondere auch für den Schuldendienst von Krediten (Zins- und Tilgungszahlungen) auf die Deviseneinnahmen durch den Export von bergbaulichen Rohstoffen angewiesen.

Ausgewählte Bergbau-Erzeugnisse – Produktion und Verbrauch

In den Tabellen werden nur die Hauptproduzenten nach Rangfolge aufgeführt; Weltproduktion bzw. -förderung häufig Schätzungen. Angaben vorwiegend nach L. Weber & G. Zsak, World Mining Data, Wien 2005, und nach UN-Angaben.

Bauxit (unterschiedl. Nässegehalt u. Zusammensetzung) Produktion in Mio. t

	2003	2002	2000
Australien	56,316	53,900	53,801
Brasilien	20,000	18,200	14,100
Guinea	16,814	17,000	18,072
Jamaika	13,445	13,120	11,400
Indien	10,002	9,000	6,500
VR China	8,000	7,500	9,000
Russland	5,442	4,579	5,000
Suriname	3,501	4,400	4,000
Venezuela	2,677	2,631	2,181
Griechenland	2,442	2,469	1,966
Guyana	1,846	1,568	2,687
Kasachstan	1,160	4,400	3,730
Weltproduktion	144,403	141,802	135,824

Bauxit dient als Rohstoff für die Aluminiumerzeugung. Als Zwischenprodukt wird zunächst Tonerde (Aluminiumoxid) hergestellt. Die größten Produzenten hiervon sind Australien, die USA, Russland und Jamaika.

Exportiert wird Bauxit bzw. Tonerde zu rd. drei Vierteln von Entwicklungsländern. Die Bauxit-, Tonerde- bzw. Aluminiumausfuhren erbringen für die Hauptexporteure z. T. mehr als zwei Drittel der Exporterlöse (z. B. Jamaika, Guinea, Suriname). Die führenden Ausfuhrländer sind zur Wahrung ihrer wirtschaftlichen Interessen in der International Bauxite Association (**IBA**) zusammengeschlossen.

Aluminium → Industrie, Ausgewählte Produktionszahlen

Blei

Die derzeit wirtschaftlich gewinnbaren **Bleivorräte** werden weltweit auf über 200 Mio. t geschätzt, hauptsächlich in Australien, den USA, Kanada, China und Mexiko. Die größten **Bleiverbraucher** sind die USA, Japan, Deutschland und China. Der Verbrauch ist stark von der Automobilkonjunktur abhängig, da rd. 60 % des Welt-Bleibedarfs auf die Herstellung von Starterbatterien entfallen (Recyclingrate in Deutschland fast 90 %, weltweit rd. 60 %), weitere 20 % auf die chemische Industrie.

Die **Weltmarktpreise** für Blei waren bis 2001 auf einen relativ niedrigen Stand gefallen (unter 700 US-$/t).

Blei (Pb-Inhalt von Erzen und Konzentraten) Produktion in Mio. t

	2003	2002	2000
Australien	0,677	0,658	0,678
VR China	0,670	0,640	0,570
USA	0,449	0,440	0,406
Peru	0,309	0,298	0,271
Mexiko	0,144	0,139	0,161
Kanada	0,077	0,099	0,143
Polen	0,077	0,073	0,068
Russland	0,063	0,054	0,052
Südafrika	0,053	0,055	0,075
Marokko	0,050	0,055	0,073
Schweden	0,050	0,043	0,107
Irland	0,050	0,042	0,058
Weltproduktion	2,978	2,913	2,997

Bereits 2003 stiegen sie stärker an, 2004 nochmals um fast 20 % auf 1023 US-$/t (März 2005). Die Ursache liegt vor allem im stark steigenden Bedarf Chinas, der die Eigenproduktion übertraf, sodass China erstmals auf dem Weltmarkt als Käufer auftrat.

Diamanten (ohne synthetische Diamanten) Gewinnung in Mio. Karat

	2003	2002	2000
Russland	36,000	20,000	15,800
Botswana	30,000	28,397	21,348
Australien*	24,310	33,500	19,832
Dem. Rep. Kongo*	23,000	29,700	16,500
Südafrika*	10,800	10,876	10,805
Angola	6,200	6,000	4,006
Namibia	1,700	1,550	1,552
Ghana*	1,000	0,963	0,687
Brasilien	0,800	0,750	0,650
Zentralafrikan. Rep.	0,680	0,650	0,450
Guinea	0,500	0,450	0,369
Weltproduktion			
Industriediamanten	69,605	75,390	
Schmuckdiamanten	78,665	76,198	

* überwiegend Industriediamanten

Wertmäßig machen Schmuckdiamanten über 80 % der Förderung aus. Über ¾ des Bedarfs an Industriediamanten werden synthetisch hergestellt.

Der weltweite **Diamantenmarkt** verläuft wegen hoher Lagerbestände, die z. T. zur Preisstabilisierung zurückgehalten werden, weitgehend unabhängig von der Höhe der Förderung. Die Vermarktung der Rohdiamanten erfolgt seit Jahrzehnten hauptsächlich über die CSO (»Central Selling Organization«) des britisch-südafrikanischen de Beers-Konzerns. Dieser kontrollierte auch 2004 65 % des weltweiten Diamantenmarkts und versuchte, die Preise für Schmuckdiamanten stabil zu halten. Auch die in den letzten Jahren stark gestiegene russische Produktion wird überwiegend über de Beers verkauft. Durch internationale Vereinbarungen (»Kimberley-Prozess«) wurde 2004 versucht, Diamantenverkäufe afrikanischer Rebellenorganisationen (z. B. in Angola) zu verhindern, mit denen diese Bürgerkriege finanzieren. Die Hauptabsatzmärkte für Schmuckdiamanten waren 2004 die USA (etwa die Hälfte des Weltabsatzes) und die Länder Ost- und Südostasiens.

Eisenerz Förderung in Mio. t
(%-Angaben = durchschnittl. Fe-Gehalt)

	2003	2002	2000
Brasilien (65 %)	229,6	210,5	197,5
Australien (62 %)	210,7	187,2	172,9
VR China (60 %)	130,5	115,7	112,2
Indien (63 %)	100,0	83,5	72,9
Russland (60 %)	91,8	84,3	86,6
Ukraine (60 %)	62,5	57,4	55,7
USA (62 %)	48,5	49,2	63,0
Südafrika (64 %)	37,3	35,4	32,8
Kanada (64 %)	33,0	28,9	37,8
Schweden (64 %)	21,5	20,3	20,6
Venezuela (64 %)	21,3	20,9	17,6
Kasachstan (60 %)	17,3	15,4	14,9
Mexiko (62 %)	11,0	11,0	12,7
Mauretanien (61 %)	10,1	9,5	11,3
u. a. Österreich (30 %)	1,0	0,7	1,3
Weltförderung	1066,3	966,0	945,0

Quelle: UN, Eurostat

Die **Nachfrage** nach Eisenerz nahm 2004 kräftig zu, da die ostasiatische, insbesondere die chinesische Stahlindustrie ihre Produktion sehr stark steigerte. Die Stahlerzeugung der VR China erhöhte sich beispielsweise 2004 um rd. 25 %. Durch die dadurch verursachte Verknappung auf dem Rohstoffmarkt (Erz und Stahlschrott) ergaben sich Erhöhungen des Weltmarktpreises für Eisenerz um 30–40 %. Anfang 2005 kündigten die wichtigsten Erzbergbaukonzerne weitere Preissteigerungen von über 70 % an. Zusätzlich erhöhten sich für die Stahlwerke die Kosten durch die stark gestiegenen Frachtraten für den Überseetransport des Erzes.

Die Schwerpunkte des Eisenerzabbaus, auch für die europäische Stahlindustrie, lagen 2004 wie schon in den Vorjahren in Übersee, wo in der Regel weitaus höherwertige Erze billiger gefördert und angeboten werden können als durch die europäischen Produzenten. Daher haben fast alle ehemaligen Förderländer in Europa in den letzten Jahren ihre Produktion aufgegeben (z. B. Deutschland, Frankreich, Großbritannien).

Gold (Au-Inhalt) Förderung in t

	2003	2002	2000
Südafrika	420,000	399,200	428,221
USA	276,893	298,100	354,000
Australien	262,000	264,000	349,000
Russland	180,000	171,000	144,000
Peru	172,619	152,200	132,585
VR China	170,000	18[illegible],800	162,000
Kanada	140,529	14[illegible],866	153,781
Usbekistan	85,000	8[illegible],000	87,000
Ghana	67,000	6[illegible],537	76,522
Papua-Neuguinea	62,000	6[illegible],156	74,540
Mali	58,000	5[illegible],000	25,900
Tansania	45,000	42,300	15,060
Philippinen	37,844	35,848	31,050
Chile	37,000	39,000	54,173
Brasilien	37,000	38,058	48,000
Argentinien	29,744	32,486	26,388
Kasachstan	26,800	[illegible]6,000	20,000
Kirgisistan	23,958	[illegible]8,000	21,000
Mexiko	22,177	[illegible]3,594	25,822
Weltförderung	2 469,421	2 5[illegible]2,231	2 576,096

2004 betrug die **Bergbauproduktion** von Gold nach ersten Schätzungen rd. 2500 t. Zusätzlich zur bergbaulichen Gewinnung kommen jährlich 500–600 t aus Altgoldbeständen auf den Markt.
Südafrika stand auch 2004 mit einer Bergwerksproduktion von 342 t an der Spitze der Goldproduzenten. Sein Anteil an der Weltförderung verringerte sich jedoch weiter durch die Abnahme der südafrikanischen Produktion und die Zunahme der Goldgewinnung in anderen Ländern sowie die Erschließung neuer Vorkommen (z. B. in Peru, den USA, Argentinien, China und den zentralasiatischen GUS-Staaten). Während Südafrika Anfang der 1970er Jahre mit fast 1000 t noch rd. 75 % der Welt-Goldförderung erbrachte, sank sein Anteil inzwischen auf 17,0 % (2003).

Die **Weltvorräte** (derzeit bekannte Lagerstätten) von rd. 56 000 t liegen zwar zu rd. 40 % im südlichen Afrika, doch hat die Rep. Südafrika wegen der beträchtlichen Tiefe der meisten Bergwerke (bis 4000 m tief) den Nachteil besonders hoher Förderkosten. Auch sind die Löhne der Bergleute stark angestiegen. In den letzten Jahren wurden daher bereits mehrere Goldminen wegen der zu hohen Gewinnungskosten geschlossen. In den meisten anderen Produktionsländern kann Gold dagegen unter günstigeren Voraussetzungen gefördert werden (z. B. Tagebau in Australien und China).

Der **Weltmarktpreis** für Gold war um die Jahrtausendwende auf den tiefsten Stand seit 20 Jahren gefallen. Ende 2001 begann eine starke Aufwärtsentwicklung, die auch 2004/05 anhielt. Der Preis stieg dabei von ca. 330 US-$ pro Unze (Ende 2002) über ca. 400 US-$ (Anfang 2004) auf 427 US-$ (April 2005). Ende 2004 lag der Preis sogar zeitweise bei 455 US-$. Ursa-

Entwicklung des Goldpreises 2003–2005

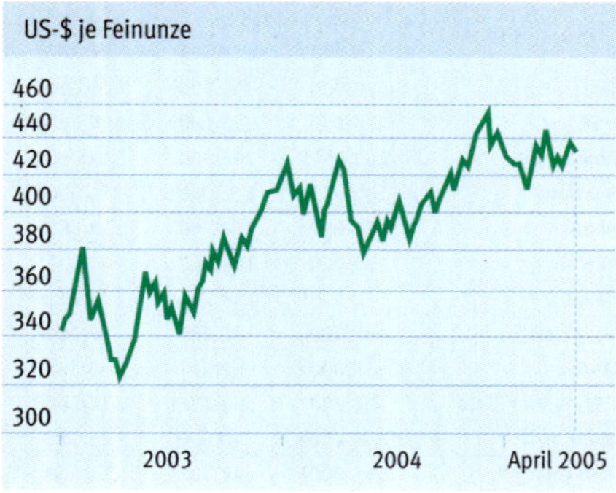

Quelle: Handelsblatt

chen der Hausse waren weniger Angebotsverknappungen als vielmehr politische Unsicherheit, Kriegs- und Krisenangst und Börsenspekulationen, die diese Ängste schürten und Anleger »zum Gold trieben«, wie eine Wirtschaftszeitung bemerkte. Daneben führte der schwache US-$-Kurs dazu, dass viele Anleger das Gold als Anlageform bevorzugten. Gedämpft wurde der Preisanstieg durch größere Mengen an Altgold, die wegen der hohen Preise in den Markt eingebracht wurden, und durch Goldverkäufe einiger Notenbanken. So verkaufte die Schweizer Notenbank 279 t Gold.

Die wichtigsten Goldbezieher für Verarbeitungszwecke (vor allem Schmuck) waren 2004 Indien, die USA, die Ölförderländer des Nahen Ostens, die Schwellenländer Ost- und Südostasiens und die EU. An zweiter Stelle der Goldverbraucher stand die Elektronikbranche vor der Münzherstellung.

Kupfer (Cu-Inhalt von Erzen und Konzentraten)
Förderung in Mio. t

	2003	2002	2000
Chile	4,500	4,620	4,602
Indonesien	1,935	1,167	1,064
USA	1,116	1,140	1,590
Peru	0,843	0,843	0,554
Australien	0,800	0,876	0,487
Russland	0,665	0,844	0,824
Polen	0,612	0,572	0,486
Kanada	0,534	0,577	0,623
VR China	0,530	0,554	0,500
Kasachstan	0,409	0,432	0,387
Sambia	0,350	0,336	0,263
Mexiko	0,304	0,315	0,339
Papua-Neuguinea	0,220	0,211	0,203
Argentinien	0,199	0,218	0,145
Weltförderung	14,100	13,772	13,293

Die sicheren und wahrscheinlichen **Weltkupfervorräte** werden auf über 600 Mio. t geschätzt, davon rd. 120 in Chile, 100 in den USA, 60–70 in der GUS und je rd. 40 Mio. t in Sambia und Kanada. Die wichtigsten **Exportländer** Chile, Peru, Australien, Indonesien, Sambia und Papua-Neuguinea sind zwecks Preisstabilisierung im Rat der Kupfer exportierenden Länder (**CIPEC**) lose zusammengeschlossen.

Die **Weltmarktpreise** für Kupfer waren 2001 auf ein historisches Tief gefallen, da einer geringen Nachfrage hohe Lagerbestände gegenüberstanden. Diese Situation hat sich seit 2003 unerwartet rasch verändert; die Nachfrage stieg 2004 insbesondere aus China, daneben aus Japan und den USA, stark an. Da die Förder- und Produktionskapazitäten in den letzten Jahren wegen der niedrigen Preise vermindert worden waren, konnte die Nachfrage nur bedingt gedeckt werden, und die Preise erhöhten sich sprunghaft. Spekulative Einflüsse durch Rohstofffonds führten zu weiteren Preissteigerungen. Insgesamt erhöhte sich der Preis von weniger als 3000 US-$/t Anfang 2004 auf 3408 US-$/t im März 2005.

Die Zukunftsaussichten werden unterschiedlich beurteilt: Einerseits steigt der Bedarf der Elektronik- und Telekommunikationsindustrie, andererseits wird Kupfer in vielen Anwendungsbereichen durch andere Werkstoffe ersetzt, z. B. durch Glasfasern, Aluminium (Bauwesen) und Kunststoffe. Die größten **Importeure** waren 2004 China, die USA und Deutschland.

Platin

Der weltweit wichtigste **Produzent** ist mit großem Abstand die Republik Südafrika (2003 140,0 t). Weitere Produzenten sind Russland (70,0 t), Kanada (18,5 t) und die USA (4,2 t). Diese Länder sind die wichtigsten Lieferanten für den Weltmarkt. Die größten Verbraucher sind die USA, China, Japan und Westeuropa (je rd. 25 %). Bedeutendstes Anwendungsgebiet für Platin ist die Herstellung von Abgaskatalysatoren (über 40 % der Nachfrage); hinzu kommt die Verwendung für Münzen und Schmuck (v. a. in China und Japan sehr beliebt), in der Elektronik und Chemie.

Die **Weltmarktpreise** waren schon 2003 stark angestiegen; 2004 erhöhten sich die Preise weiter und gelangten mit 900 US-$/Unze zeitweise auf den höchsten bisher erreichten Wert. Neben einem spekulativen Element lag eine Ursache der Preissteigerungen auch in umfangreichen chinesischen Käufen und entsprechenden Angebotsverknappungen.

Die Autoindustrie weicht inzwischen beim Bau von Katalysatoren teilweise auf das verwandte Metall **Palladium** aus, das billiger angeboten wird. In Zukunft wird die Verwendung von Recycling-Platin aus Abgaskatalysatoren zunehmend an Bedeutung gewinnen. Der Bedarf dürfte jedenfalls stark zunehmen, da Platin auch für die Technik der Brennstoffzelle sowie für Computerfestplatten benötigt wird.

Silber (Ag-Inhalt) Förderung in t	2003	2002	2000
Mexiko	2955	3146	2747
Peru	2921	2761	2438
Australien	2056	2111	1900
Polen	1561	1571	1144
Kanada	1255	1344	1161
USA	1239	1420	2259
VR China	1200	1390	1500
Chile	1100	1210	1242
Russland	820	790	628
Kasachstan	800	787	637
Türkei	795	–	–
Bolivien	465	400	434
Schweden	300	321	329
Marokko	240	238	270
Weltförderung	18834	19382	18508

Bedeutendste **Verbrauchsländer** für Silber sind die USA, Japan und Deutschland. Hauptverbraucher sind die Fotochemie (etwa ½ des Weltbedarfs), die Elektro- und Elektronikindustrie, Schmuck- und Besteckherstellung sowie die Verwendung für Münzen und Medaillen. Neben der Bergwerksproduktion beruhte auch 2004/05 das Silberangebot zu einem beträchtlichen Teil auf der Aufarbeitung und Rückgewinnung. Die Recyclingrate beträgt weltweit rd. 25 %, im industriellen Bereich 60 % (insbes. aus Filmen). Unter Berücksichtigung von eingeschmolzenen Münzen, Schmuck u. dergl. entfällt weltweit etwa ⅔ des Silberangebots auf Umschmelz- und Recyclingware. Der Bedarf für fotografische Filme geht zur Zeit wegen des Vordringens der Digitalkameras zurück, doch wird Silber auch beim Druck hochwertiger Digitalfotos benötigt.

Der **Weltmarktpreis** folgte 2004/05 tendenziell dem Aufwärtstrend für die übrigen Rohstoffe, schwankte jedoch stärker aufgrund spekulativer Elemente (Rohstofffonds). Der Höchststand war im April 2004 mit 8,30 US-$/Unze erreicht; er fiel zeitweise auf 6,50 US-$ und stand Anfang 2005 bei 7,10 US-$, verglichen mit nur rd. 5 US-$ um die Jahrtausendwende.

Zink

Zink wird überwiegend für galvanisierte Stahlprodukte verwendet, daher ist der Bedarf stark von der Stahlkonjunktur abhängig. Der kräftig gestiegene Stahlbedarf führte daher 2004 zu einer seit vielen Jahren

Zink (Zn-Inhalt von Erzen und Konzentraten) Produktion in Mio. t	2003	2002	2000
VR China	2,200	2,080	1,350
Peru	1,373	1,222	0,910
Australien	1,355	1,490	1,410
Kanada	0,744	0,892	0,936
USA	0,738	0,780	0,828
Mexiko	0,412	0,432	0,359
Indien	0,294	0,234	0,175
Irland	0,280	0,277	0,263
Russland	0,268	0,256	0,241
Kasachstan	0,250	0,286	0,254
Weltförderung	9,330	9,331	8,220

nicht mehr erlebten Nachfrage nach Zink, die nur durch Abbau der Lagervorräte gedeckt werden konnte. Der Hauptnachfrager China entwickelte sich vom Exporteur zum Importeur; der **Weltmarktpreis** stieg 2004 um rd. 25 % an und betrug im März 2005 1350 US-$/t.

Zinn (Sn-Inhalt von Erzen und Konzentraten) Produktion in Mio. t	2003	2002	2000
VR China	0,056	0,077	0,111
Peru	0,040	0,039	0,037
Bolivien	0,017	0,012	0,012
Brasilien	0,014	0,012	0,014
Indonesien	0,011	0,067	0,046
Russland	0,007	0,005	0,005
Vietnam	0,005	–	0,002
Malaysia	0,003	0,004	0,006
Weltförderung	0,158	0,230	0,250

Die bedeutendsten **Zinnverbraucher** sind die USA, Japan, Deutschland und China, vor allem für Getränkedosen und andere Verpackungen (in Legierungen). Der **Weltmarktpreis** lag jahrelang bei nur etwa 6500 US-$/t; er stieg bereits 2003 und noch einmal 2004 stark an und lag im Februar 2005 bei 8430 US-$/t. Die Ursache war vor allem in stark steigender Nachfrage seitens Chinas und Japans sowie in der starken Industriekonjunktur der USA begründet. Zusätzlich zur Bergwerksproduktion spielt die Verwendung von Sekundärzinn eine große Rolle. Die Recyclingrate liegt bei etwa 50 % des Bedarfs.

Globale Entwicklungen

Die Industrie hatte auch 2004 wie in den Vorjahren einen beträchtlichen Anteil am weltweiten Konjunkturaufschwung und erreichte noch höhere Wachstumsraten als 2003. Sowohl in den Industrieländern als auch besonders in den Schwellen- und Entwicklungsländern nahm die Dynamik des produzierenden Sektors zu, wobei besonders die Informationstechnologie und andere »High-Tech«-Industrien stärker steigende Umsätze erzielten. Die Wachstumskräfte waren vor allem in Ostasien sehr stark. Im Weltdurchschnitt schätzt man für 2004 ein industrielles Wachstum von rd. 4,5 %. Die europäisch-nordamerikanischen Industriestaaten blieben unter diesem Wert; die Entwicklungs- und Schwellenländer sowie auch die Transformationsländer Osteuropas erreichten eine wesentlich höhere industrielle Wachstumsrate (6–8 %); in China lag sie sogar bei ca. 10 %.

Westliche Industriestaaten

Das **Industriewachstum** im OECD-Bereich (westliche Industrieländer) wird für 2004 auf 2,8–3,0 % geschätzt, d. h. leicht höher als in den Vorjahren. Die wichtigsten Industriestaaten sind nach wie vor die USA, Japan und Deutschland. Zusammen mit Frankreich, Großbritannien, Italien und Kanada bilden sie die Gruppe der 7 führenden Wirtschaftsmächte (**G7**), die sich (seit 1998) zusammen mit Russland als **G8** jährlich zum **Weltwirtschaftsgipfel** treffen. Typisch für diese hoch entwickelten Staaten, von denen die Industrialisierung der Welt ihren Ausgangspunkt nahm, ist die Ablösung der Industrie durch den **Dienstleistungssektor** als wichtigstem Arbeitgeber. Der produzierende Sektor verliert laufend an Bedeutung, sowohl gemessen am Beschäftigungsanteil als auch nach seinem Anteil am BIP.

Als wichtigste Probleme des Industriesektors galten auch 2004/05 der **Umweltschutz** (Emissionen mit Belastung von Luft, Wasser und Boden → Kap. Umwelt) und die **Arbeitsplatzsicherung und -schaffung**. Die Arbeitsmarktlage im industriellen Sektor veränderte sich in den letzten Jahren in allen Industriestaaten ungünstiger als die Produktion, d. h. Produktionsabnahmen führten zu weitaus stärkerem Arbeitskräfteabbau, und Produktionszunahmen ergaben keinen gleich hohen Arbeitskräftebedarf. Eine Erhöhung der Industrieproduktion erfolgt in der Regel weniger durch Neueinstellungen, als vor allem durch erhöhte Produktivität, verbesserte Auslastung der Anlagen, verstärkte

Die größten Industrieunternehmen Europas
nach ihrem Umsatz 2003 (Umsätze ohne Mehrwert-, Mineralöl- und Tabaksteuer)

Firma/Land/ Branche	Umsatz in Mrd. €	Marktwert in Mrd. €	Beschäftigte
1. BP/GB/ Mineralöl	200,600	158,544	103 700
2. Daimler-Chrysler/D/ Automobil	136,437	36,563	362 063
3. Royal Dutch/NL/ Mineralöl	106,132	85,444	119 000
4. Total/F/ Mineralöl	104,652	100,886	110 783
5. Volkswagen/D/ Automobil	87,153	11,306	334 873
6. Siemens/D/ Elektronik	74,233	50,958	417 000
7. Shell/GB/ Mineralöl	69,669	57,281	119 000
8. Nestlé/CH/ Nahrungsmittel	56,397	85,007	253 000
9. Peugeot-Citroën/F/ Automobil	54,407	11,275	199 900
10. ENI/I/Mineralöl	54,233	67,091	76 521
11. Fiat/I/Automobil	48,346	4,803	162 237
12. RWE/D/ Versorgung	42,771	18,591	127 028
13. Unilever/NL/ Nahrungsmittel	42,693	30,637	234 000
14. EON/D/ Versorgung	42,541	38,794	66 549
15. BMW/D/ Automobil	41,525	21,560	104 342
16. Renault/F/ Automobil	37,525	16,854	130 740
17. Thyssen-Krupp/ D/ Maschinenbau	36,137	6,956	190 102
18. Repsol/ES/ Mineralöl	36,069	21,011	30 644
19. BASF/D/Chemie	33,361	23,444	87 159
20. Enel/I/Strom	31,317	40,380	63 379
21. Glaxo Smithkline/ GB/Pharma	30,430	101,750	100 919
22. EADS/F/Luft- u. Raumfahrt	30,133	16,152	109 869
23. Statoil/N/ Mineralöl	29,617	23,272	19 325
24. Saint Gobain/F/ Baustoffe	29,590	13,880	169 797
25. Nokia/FN/ Tel.komm.	29,455	52,048	51 359
26. Philips/NL/ Elektronik	29,037	28,743	164 438
27. Bayer/D/Chemie	28,567	16,966	115 400
28. Arcelor/F/Stahl	25,923	7,144	98 264
29. Audi/D/ Automobil	23,406	3,828	52 689
30. Gazprom/Rus/ Mineralöl, Gas	22,955	34,992	330 000

Quelle: Handelsblatt

Automatisierung und Robotereinsatz. In Deutschland nahm z. B. der Umsatz des produzierenden Gewerbes 2003–2004 um 5,4 % zu, während die Zahl der Beschäftigten gleichzeitig um 1,9 % zurückging.

Die Industrie ist besonders stark von der zunehmenden **Globalisierung** der gesamten Wirtschaft betroffen. Der produzierende Sektor der »alten« Industrieländer steht dadurch einem wachsenden Konkurrenzdruck seitens der neu industrialisierten Staaten gegenüber. Besonders in Westeuropa haben viele Industriebranchen zunehmende Wettbewerbsprobleme durch ihre **hohen Lohn- und Lohnnebenkosten** (einschließlich der steuerlichen Belastung des »Faktors Arbeit«) im Vergleich zu den osteuropäischen und Mittelmeerländern, insbesondere aber zu den Entwicklungsländern Ost- und Südasiens und Lateinamerikas, die in einem raschen Industrialisierungsprozess begriffen sind. Die Betriebe in den europäischen Hochlohnländern sind zunehmend gezwungen, zur Sicherung ihrer Konkurrenzfähigkeit auf dem Weltmarkt im Inland verstärkt zu rationalisieren, zu automatisieren und durch Personalabbau ihre Produktionskosten zu senken. Als nächster Schritt wird dann häufig ein Teil der Produktion an billigere Standorte verlagert. Im Extremfall bleiben nur noch die Forschungs-, Entwicklungs- und Vertriebsabteilungen in Europa, während die Produktion völlig in ein **Billiglohnland** ausgelagert wird. In Europa werden die Dienstleistungen erbracht, die manuellen Tätigkeiten werden durch billig entlohnte Arbeitskräfte in Entwicklungs- und Schwellenländern ausgeführt und die erzeugten Güter nach Europa exportiert – abzulesen am überproportionalen Anstieg der Exporte von Industrieprodukten aus den Schwellenländern.

Ein besonderes Problem für die europäische Industrie ist die Höhe der **Arbeitskosten**. Zu ihrer Berechnung werden entweder die Summe aus Lohn- und Personalzusatzkosten pro Arbeitsstunde oder die sog. Lohnstückkosten verwendet, die sich aus der Relation von Arbeitnehmerentgelt zum BIP pro Erwerbstätigen errechnen. Zu den Industriestaaten mit überdurchschnittlich hohen Arbeitskosten in der Industrie gehören z. B. Deutschland, die Schweiz, Belgien, Norwegen und Dänemark; wesentlich niedriger sind sie – abgesehen von überseeischen Schwellenländern – in Ostmittel- und Südosteuropa, aber auch in Nordamerika und Japan.

Ein weiteres Charakteristikum der gegenwärtig ablaufenden Globalisierungsprozesse in der Wirtschaft sind die Fusionen von Industrieunternehmen über nationale Grenzen hinweg, die in den letzten Jahren stark zugenommen haben. Aus fast allen großen Industriefirmen sind inzwischen multinationale Unternehmen geworden.

Entwicklung der Industrie in Deutschland

Nach einem Jahr mit zurückgehenden Umsätzen (2002) und einem Jahr der Stagnation (2003) konnte die Industrie in Deutschland 2004 wieder ein Umsatzwachstum von 5,6 % verbuchen. Real (unter Berücksichtigung von Preisveränderungen) erhöhte sich der Umsatz des produzierenden Gewerbes (= Bezeichnung für den industriellen Sektor in der Statistik) um 4 %. Die Zunahme bezog sich auf fast alle Branchen, besonders stark auf die Metallerzeugung (+16,2 %), den Kohlenbergbau (+12,4 %), die Kfz.-Industrie (+10,0 %), den Maschinenbau (+7,1 %) und die Elektrotechnik (+6,3 %). Rückgänge verzeichneten z. B. die Bekleidungsindustrie (−2,7 %), die Möbelindustrie (−1,8 %), die EDV-Branche (−0,5 %) und die Textilindustrie (−0,4 %).

Insgesamt betrug der **Umsatz** der deutschen Industrie 2004 (ohne Baugewerbe) 1423,369 Mrd. € (2003: 1348,122 Mrd. €); davon entfielen 563,965 Mrd. € (=39,6 %) auf den Auslandsumsatz. Dieser nahm um 9,6 % zu, also wesentlich stärker als der Inlandsumsatz. Ein noch stärkeres industrielles Wachstum wurde also durch die schwache Binnennachfrage verhindert. Andererseits stieg der Export relativ stark an (→ Kap. Welthandel).

Die Zahl der **Industriebeschäftigten** nahm trotz des Produktionswachstums ab (−1,9 %), insbesondere weil zunehmend personalintensive Betriebszweige und Produktionsvorgänge ins billigere Ausland verlagert wurden. Die Beschäftigtenzahl sank von 6,133 Mio. (Durchschnitt 2003) auf 6,015 Mio. (2004).

Die bedeutendsten Industriezweige in Deutschland

Branche	Zahl der Betriebe[1]		Beschäftigte in Mio.[1]		Umsatz in Mrd. €		davon Auslandsumsatz		Exportquote in %	
	2003	2002	2003	2002	2003	2002	2003	2002	2003	2002
Fahrzeugbau	1 732	1 702	0,948	0,943	280,985	273,772	162,283	160,937	57,8	58,8
Elektrotechnik u. Elektronik	5 869	5 921	0,845	0,875	167,651	169,302	75,011	75,874	44,7	44,8
Maschinenbau	7 248	7 289	0,962	0,986	158,696	158,983	81,470	80,054	51,3	50,4
Chemische Industrie	1 861	1 832	0,464	0,465	136,428	133,662	70,415	68,799	51,6	51,5
Ernährungsgewerbe	5 883	5 991	0,525	0,537	127,270	126,419	16,881	15,924	13,3	12,6
Industrie insgesamt	48 417	49 960	6,133	6,295	1 348,122	1 340,399	513,941	507,951	38,1	37,9

1 Jahresdurchschnitt

Quelle: Statistisches Bundesamt

Die industrielle Entwicklung in den Transformationsländern

Nach der politischen Wende um 1990 war es in allen Staaten des ehemaligen Ostblocks zu massiven Rückgängen der Industrieproduktion, z. T. zu einer regelrechten Entindustrialisierung gekommen. Ursachen waren

- der marode Zustand der meisten Produktionsmittel und der Infrastruktur,
- die vom Weltmarkt abgeschottete Wirtschaft, die hauptsächlich durch die Interessen der Sowjetunion gesteuert worden und international nicht konkurrenzfähig war,
- der technologische Rückstand aufgrund mangelnden Kapitals und fehlenden internationalen Austausches,
- der allgemeine Zusammenbruch des politischen und wirtschaftlichen Systems der sozialistischen Staatswirtschaft.

Nach 1991/92 setzte zuerst in Polen, Ungarn und in der ehem. ČSFR eine Konsolidierung ein. Ab 1994 meldeten alle Staaten mit Ausnahme der GUS-Länder wieder ein industrielles Wachstum. 2004 verzeichneten fast alle Transformationsländer – verglichen mit Westeuropa – überdurchschnittlich hohe Zuwachsraten der Industrieproduktion, nicht nur EU-Beitrittsländer wie Litauen, Lettland und Estland (je 6–8 %), die Slowakei und Polen (je 6–7 %), sondern auch Russland (7,5 %), die Ukraine, Rumänien, Bulgarien und Kroatien (je 5–6 %).

Die Stärke der Entwicklung hing stark vom Ausmaß der Direktinvestitionen aus den westeuropäisch-nordamerikanischen Staaten ab. Dagegen wurde die Entwicklung überall gebremst durch noch nicht privatisierte industrielle Großbetriebe, die in der Regel defizitär arbeiten, eigentlich Konkurs anmelden müssten, aber vom Staat mit hohen Summen in Betrieb gehalten werden (hauptsächlich wegen der Sicherung der Arbeitsplätze). Für die weitere Entwicklung halten internationale Organisationen vor allem eine konsequent durchgeführte Reformpolitik für notwendig, die ausländische Investitionen anlockt und den Privatsektor stärkt. In den EU-Beitrittsländern ist dies gewährleistet.

In **Russland** war es 1990–98 zu einer massiven **Entindustrialisierung** mit jährlichen Abnahmeraten der Industrieproduktion bis zu 20 % gekommen (1998 noch –5,2 %). Von diesem Schrumpfungsprozess war besonders die Rüstungsindustrie betroffen, sehr stark aber auch der Maschinenbau, die Elektronik, die Bauindustrie und die gesamte Investitionsgüterindustrie. Insgesamt ging die Industrieproduktion 1990–1998 um mehr als zwei Drittel zurück. Seit 1999 wächst die Industrie wieder, wenn auch relativ einseitig, nämlich hauptsächlich im Bereich Bergbau und Grundstoffindustrie. 2004 stieg das Wachstum der Industrieproduktion nach vorläufigen Berechnungen auf 7,5 (2003 7) %. Die Zuwächse entfielen vor allem auf die Erdölförderung und -verarbeitung (+12 %), die Erdgasförderung sowie die Eisen- und Stahlindustrie. Dagegen wies die Verbrauchsgüterindustrie nur Zunahmen von 1–3 % auf. Die Hoffnungen für weiteres Wachstum in den nächsten Jahren beruhen vor allem auf den kleinen und mittelgroßen Privatbetrieben, die in den letzten Jahren entstanden sind, während die Großbetriebe im Staatsbesitz oder mit Staatsanteilen häufig mit Verlust arbeiten. Problematisch sind insbesondere die zu geringen Investitionen in die Modernisierung älterer und den Aufbau neuer innovativer Betriebe. So befindet sich ein großer Teil der Industrie technisch auf dem Stand der 1960er und 70er Jahre.

Eine durchgreifende Besserung ist kurzfristig nicht zu erwarten, da insbesondere noch viele Hemmnisse für ausländische Investitionen bestehen und sich das »Investitionsklima« nur langsam verbessert. Der Kampf gegen Korruption, mafiose Strukturen, Überbürokratisierung und für verbesserten Rechtsschutz wurde bisher nicht wirksam genug geführt. Auch konnte die Kapitalflucht ins Ausland bisher nicht wirksam zugunsten inländischer Investitionen eingedämmt werden. Negativ wirken sich auch die gegenwärtigen Bestrebungen der Regierung Putin aus, die Großindustrie wieder verstärkt unter Staatseinfluss zu stellen (z. B. Erdöl- und Gasindustrie).

Russland: Entwicklung der Wirtschaft 1989–2003

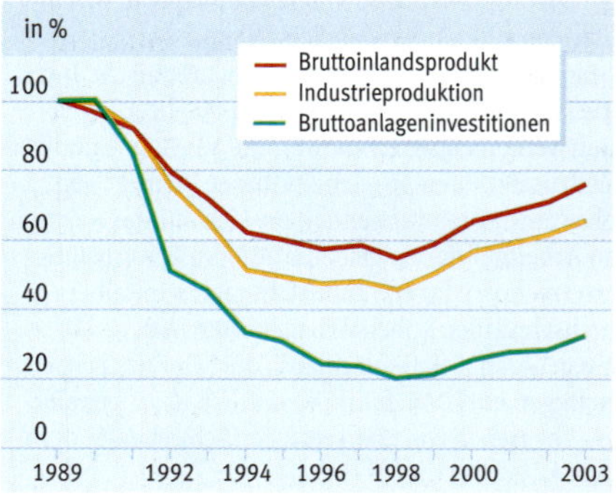

Quelle: DIW

Der industrielle Sektor in den Entwicklungsländern

Alle Globaldaten zur Industrie in den Entwicklungsländern werden stark durch das industrielle Wachstum in den schon relativ hoch industrialisierten Schwellenländern Südost- und Ostasiens und Lateinamerikas beeinflusst. Da sich die meisten dieser Länder 2004 in einer konjunkturellen Aufschwungphase befanden, erhöhte sich auch das industrielle Wachstum entsprechend. Die Industrieproduktion wuchs nach vorläufigen Schätzungen in den Entwicklungsländern insgesamt um ca. 5,0 %, allein in Asien um 9 %, in Lateinamerika um 5 %, in Afrika um 3 % (bei sehr starken regionalen Unterschieden).

Die vergleichsweise sehr **niedrigen Lohn- bzw. Lohnstückkosten** wirkten sich in den Entwicklungsländern auch 2004 positiv auf den industriellen Aufbau aus. Hinzu kamen die – trotz massiver Erhöhungen der Frachtraten – immer noch relativ niedrigen Transportkosten der Hochseeschifffahrt für den Verkehr zwischen Entwicklungs- und Industriestaaten und die in den letzten Jahren stark verbesserten Möglichkeiten der Kommunikation (Telefon, Fax, E-Mail). Dies sind Anreize für Betriebe in Westeuropa, Nordamerika und Japan, Produktionsstandorte in derartige Billiglohnländer zu verlegen, insbesondere wenn dort eine zumindest befriedigende Verkehrs-, Kommunikations- und Energieinfrastruktur und geeignete Arbeitskräfte zur Verfügung stehen und die politische Lage stabil ist.

In den **ärmeren Entwicklungsländern** verhinderten auch 2004/05 viele negative Rahmenbedingungen, dass sich private Unternehmen aus Europa oder Nordamerika in nennenswertem Umfang in Form von Direktinvestitionen engagierten. Instabile politische Verhältnisse, innere Unruhen bis hin zu Bürgerkriegen, unbefriedigende Sicherheitslage, unzureichende Versorgungslage, ungenügende Verkehrsinfrastruktur usw. blieben unüberwindliche Hindernisse für Investitionen in den industriellen Sektor. Besonders Afrika südlich der Sahara wurde nach wie vor weitgehend ausgespart. Demgegenüber erreichten erneut diejenigen Staaten das stärkste Industriewachstum, die ausländische Investitionen und privates Unternehmertum begünstigten, im Inneren für stabile Verhältnisse sorgten und sich intensiv am Welthandel beteiligten.

Besonders die **rohstoffreichen Entwicklungsländer**, deren Einnahmen hauptsächlich auf dem Export bergbaulicher oder landwirtschaftlicher Rohstoffe basieren, besitzen teilweise günstige Voraussetzungen für wirtschaftliche Entwicklung und Industrialisierung: Rohstoffbasis, Finanzausstattung, Infrastruktur, Einbindung in den Welthandel u. ä. schaffen vergleichsweise gute Bedingungen für industriewirtschaftlichen Aufbau.

In einer derartigen Aufbauphase sind derzeit vor allem lateinamerikanische Rohstoffexporteure, wie Brasilien, Venezuela, Chile und Mexiko, sowie die arabischen Golfstaaten als Erdölexporteure. Viele Rohstoffstaaten versuchen, ihre Deviseneinnahmen zu erhöhen, indem sie Halbfertig- oder Fertigprodukte statt Rohprodukte exportieren. In den bevölkerungsreichen Rohstoffstaaten mit genügend großem Binnenmarkt, wie z. B. in Brasilien lohnt sich auch der Aufbau einer Industrie zur Eigenversorgung und Importsubstitution.

Die **Schwellenländer (NIC)**, die Länder, die an der »Schwelle« zum Industrieland stehen (→ Kap. Wirtschaft, Übersicht), verdanken ihren fortgeschrittenen Entwicklungsstatus hauptsächlich ihrer erfolgreichen Industrialisierungspolitik. Sie zeichnen sich in der Regel durch eine bereits relativ gut ausgebaute Infrastruktur, höheres Bildungsniveau, eine zahlenmäßig stärkere Führungsschicht, eine relativ effektive Staatsverwaltung und ähnlich günstige Voraussetzungen für eine wachstumsorientierte Entwicklungsstrategie aus. Meist begannen sie ihre Industrialisierung auf der Basis arbeitsintensiver Exportindustrien (häufig in Industrieparks oder Freihandelszonen) oder von Dienstleistungen (z. B. Tourismus), anfangs mit Hilfe ausländischen Kapitals. Inzwischen treten sie teilweise selbst als Investoren in anderen Ländern auf. UN, Weltbank und Internationaler Währungsfonds bezeichnen diese Staaten als Newly Industrialized Countries / NIC, Newly Industrialized Economies / NIE oder Länder mit mittlerem Einkommen. Hierzu zählen z. B. Singapur, Hongkong, Rep. China, Rep. Korea (vom IWF inzwischen zu den Industrieländern gezählt), Malaysia, Thailand, verschiedene karibische Inselstaaten und südamerikanische Länder.

Den »alten«, insbesondere den europäischen Industrieländern ist damit auf dem Weltmarkt eine vielfältige Konkurrenz erwachsen, insbesondere bei Massengütern und Produkten, die mit ausgereifter Technologie durch angelernte Arbeitskräfte in großen Serien hergestellt werden können (z. B. Textilien und Bekleidung, Schuhe, Elektrogeräte, Spielzeug, elektronische Bauteile). Beispiele für die zunehmende Bedeutung der Schwellenländer als Produzenten und Exporteure von Industriegütern bieten die → Textilindustrie, die → Elektrotechnik, die Kunststofferzeugung (→ chemische Industrie), aber auch etwa die Spielwaren-, feinmechanische und optische Industrie. Investoren in die Industrie der Schwellenländer sind vielfach Unternehmer aus den traditionellen Industriestaaten, immer stärker aber auch Angehörige der kapitalkräftigen Oberschichten der betreffenden Länder selbst.

Ende der 1990er Jahre waren einige Länder in Ost- und Südostasien und Lateinamerika in Wachstumskrisen geraten. Diese waren zu Beginn des neuen Jahrtausends überwunden, und die meisten Schwellenländer setzten auch 2004 ihren industriellen Aufbau mit Wachstumsraten von 4–8 % fort.

Ausgewählte Produktionszahlen und Branchenübersichten

In den Tabellen werden nur die Hauptproduzenten nach Rangfolge aufgeführt; die Weltproduktion umfasst auch die Erzeugung nicht genannter Länder.

Aluminium Hüttenproduktion in Mio. t

	2003	2002	2000
VR China	4,300	4,400	2,830
Russland	3,200	3,178	2,884
Kanada	2,800	2,709	2,373
USA	2,750	2,700	3,668
Australien	1,877	1,810	1,769
Norwegen	1,192	1,150	1,030
Brasilien	1,000	1,100	1,270
Indien	0,798	0,628	0,665
Frankreich	0,716	0,714	0,701
Südafrika	0,665	0,664	0,674
Deutschland	0,660	0,655	0,644
Venezuela	0,592	0,595	0,560
Bahrain	0,532	0,460	0,400
Spanien	0,389	0,380	0,365
Neuseeland	0,370	0,350	0,330
Großbritannien	0,343	0,344	0,304
Verein. Arab. Emirate	0,340	0,330	0,300
Tadschikistan	0,300	0,308	0,300
Niederlande	0,278	0,220	0,302
Island	0,266	0,264	0,226
Weltproduktion	25,291	24,842	23,331

Quelle: UN

Die größten **Aluminiumverbraucher** sind die USA, Japan, Deutschland, China, Italien und Frankreich. Das Metall wird wegen seines geringen Gewichts vor allem im Fahrzeugbau verwendet (Straßen-, Schienen- und Luftfahrzeuge; zusammen 43 % des Absatzes in Deutschland), daneben für Verpackungen (Folien, Dosen), im Maschinenbau und Hochbau.

Aufgrund des hohen Stromverbrauchs bei der Aluminiumproduktion wurden in den letzten Jahren größere **Produktionskapazitäten** in Ländern mit billiger Energie neu errichtet, z. B. in Brasilien (Wasserkraft), Venezuela und arabischen OPEC-Staaten wie Bahrain und den Ver. Arab. Emiraten (Erdöl und -gas), Australien und Südafrika (Kohle) und Island (Erdwärme). Dagegen wurden in Ländern mit hohen Strompreisen seit den 1990er Jahren Fertigungskapazitäten und Produktionsstandorte abgebaut, z. B. auch in Deutschland.

Die **Weltmarktpreise** für Aluminium waren bereits 2002 und 2003 angezogen und nahmen 2004 mit rd. +20 % an der allgemeinen Preissteigerung für Industrierohstoffe teil. Besonders die Konjunkturbelebung in den USA und vor allem das enorme Wirtschaftswachstum in China sorgten für die kräftige Nachfragesteigerung.

Bauindustrie

Wohnungsbau * Zahl der fertig gestellten Wohnungen (Neubauten) in Mio.

	2002	2001	2000
USA	1,650	1,608	1,596
Japan**	1,121	1,247	1,309
Russland	0,396	0,372	0,370
Spanien**	0,350	0,366	0,367
Frankreich**	0,294	0,293	0,301
Deutschland	0,290	0,326	0,423
Großbritannien	0,175	0,179	0,185
Italien	0,150	0,148	0,163
Türkei	0,149	0,234	0,245
Australien	0,137	0,125	0,110
Kanada	0,125	0,130	0,130
Polen	0,098	0,106	0,090
Portugal	0,088	0,102	0,103
Niederlande**	0,075	0,073	0,071
Ukraine	0,064	0,066	0,075
Österreich	0,042	0,046	0,054
Schweiz	0,029	0,029	0,034

* Für viele Staaten, insbesondere die meisten Entwicklungsländer, liegen keine vergleichbaren Zahlen vor. Generell ist die internationale Vergleichbarkeit wegen unterschiedlicher Definition des Begriffs »Wohnung« und wegen unvollständiger statistischer Erfassung sehr erschwert.

** einschl. Instandsetzung

Quelle: UN

Für viele Staaten, insbesondere die meisten Entwicklungsländer, liegen keine vergleichbaren Zahlen vor. Generell ist die internationale Vergleichbarkeit wegen unterschiedlicher Definition des Begriffs »Wohnung« und wegen unvollständiger statistischer Erfassung sehr erschwert.

In **Europa** wuchs die **Bauwirtschaft** 2004 leicht. Zwar ging in einigen Ländern die Bautätigkeit erneut zurück, doch in Ostmitteleuropa nahm sie leicht zu. In Westeuropa gab es insbesondere bei staatlichen Baumaßnahmen (z. B. Straßenbau, öffentliche Gebäude) wegen Bedarfsdeckung oder aus Gründen der Einsparung und des öffentlichen Schuldenabbaus keine Zuwächse mehr. Aber auch der private Wohnungsbau stagnierte, sodass die Zahl der fertig gestellten Wohneinheiten in Westeuropa vom Maximum 2,150 Mio. (1999) auf 1,908 Mio. (2003) sank. 2004 stieg die Zahl der neuen Wohnungen nach ersten Erhebungen leicht auf ca. 1,950 Mio.

In **Deutschland** drückte die Bauwirtschaft auch 2004, wie im Vorjahr, das gesamtwirtschaftliche Jahresergebnis. Umsätze und Beschäftigtenzahlen nahmen erneut ab (–3,3 % bzw. –5,8 %) und sanken auf den Stand der 1980er Jahre. Der Rückgang betraf wegen der allgemeinen Wirtschaftsflaute sowohl den Wohnungsbau als auch den Wirtschaftsbau; zudem kürzten Staat und Gemeinden wegen sinkender Steuereinnahmen die Infrastrukturinvestitionen (z. B. im Straßen- und Eisenbahnbau und bei öffentlichen Hochbauten).

Die Zahl der **Baugenehmigungen** im Wohnungsbau ging – nach einem leichten Anstieg im Vorjahr – 2004 um 9,7 % auf 268 123 zurück. Die Zahl der **fertig gestellten Wohnungen** belief sich 2000 auf 423 044 und 2004 nur noch auf 278 019. Im **Nichtwohnbau** (Industrie, Gewerbe, Büros, Landwirtschaft usw.) setzte sich der Rückgang der Vorjahre fort. Das Volumen der Baugenehmigungen ging von 36,923 Mio. m² Nutzfläche (1999) auf 29,906 Mio. m² (2002) und weiter auf 25,220 Mio. m² (2004) zurück, die Zahl der fertig gestellten Gebäude sank von 40 473 (1999) auf 28 125 (2004). Im **Tiefbau** (Straßen-, Kanalbau u. ä.), der zu etwa ¾ von der öffentlichen Hand durchgeführt wird, gingen die Ergebnisse 2004 gegenüber dem Vorjahr um rd. 4,0 % zurück.

Der **Umsatz** des deutschen Bauhauptgewerbes, der 1995 noch bei 232,402 Mrd. DM gelegen hatte und bis 1999 bereits auf 206,046 Mrd. DM gefallen war, ging 2004 erneut um 3,3 % auf 83,181 Mrd. € zurück. Die **Beschäftigtenzahl** sank 2004 um 5,8 % auf nur noch 0,767 Mio. (1995 noch 1,486 Mio.).

Das **deutsche Baugewerbe** wird nach allen Prognosen 2005 weiter schrumpfen. Es leidet unter vier Problemkreisen: die Finanznot der öffentlichen Hand, die eine stärkere Belebung der Bautätigkeit verhindert; die Konjunkturschwäche, die sich lähmend auf Investitionen der Wirtschaft auswirkt; die Zurückhaltung der Investoren, die sich auch in den Verdichtungsräumen, wo noch zusätzlicher Wohnungsbedarf besteht, wegen mangelnder Rentabilität weitestgehend aus dem Mietwohnungsbau zurückgezogen haben; und die Konkurrenz ausländischer Unternehmen und Subunternehmen. Diese bezahlen ihre Mitarbeiter nach den niedrigeren Lohnsätzen ihrer Heimatländer, können daher günstigere Preise anbieten und deutsche Unternehmen vom Markt verdrängen. Da am Bau 40–50 % der Kosten auf Lohnkosten entfallen, kann dieser Wettbewerbsnachteil durch höhere Produktivität deutscher Unternehmen nicht ausgeglichen werden. 2005 werden im Jahresergebnis die – angesichts der Auftragslage – hohen Überkapazitäten vermutlich beträchtlich weiter abgebaut werden. Es wird mit einem Rückgang um weitere rd. 5000 Arbeitsplätze gerechnet. Symptomatisch war Anfang des Jahres die Insolvenz des drittgrößten deutschen Baukonzerns Walter.

Baubedarf wird in den nächsten Jahren hauptsächlich im Verkehrsbereich (Schienenneubauten und Straßeninstandhaltung, weniger Neubauten) gesehen. Im Wohnungsbau ist in vielen Regionen Bedarfsdeckung gegeben, ausgenommen wirtschaftsstarke Verdichtungsräume wie München, wo noch Bedarf vorliegt. In Ostdeutschland ist noch großer Sanierungs-, aber kein Neubaubedarf mehr vorhanden. Wegen des Bevölkerungsrückgangs überschreitet in vielen Kreisen die Zahl der Wohnungsabbrüche bereits diejenige der Neubauten.

Einen gewissen Ausgleich für Verluste im Inland fanden deutsche Bauunternehmen auch 2004 durch Aufträge im Ausland (meist über ausländische Tochterfirmen und Beteiligungen), obwohl auch hier die Wettbewerbssituation zunehmend schwieriger wird. Am höchsten waren die Auftragseingänge aus dem Ausland 2001 mit 21,3 Mrd. €; 2003 betrugen sie 17,5 Mrd. €. Hiervon entfielen auf die USA 6,695, auf Australien 6,317 und auf Frankreich 0,596 Mrd. €.

Zement Produktion in Mio. t

	2002	2001	2000
VR China	725,000	[illegible]	597,000
Indien	108,144	104,040	95,004
USA	91,266	90,450	89,510
Japan	72,012	76,548	81,300
Rep. Korea	56,820	53 064	51,252
Spanien	42,336	40 500	38,112
Brasilien	42,192	39 504	39,564
Italien	42,048	40 488	39,588
Russland	39,672	35,280	32,400
Mexiko	33,348	32,136	31,680
Türkei	32,508	30,120	35,796
Thailand	32,244	[illegible]	32,004
Indonesien	31,200	[illegible]	27,792
Deutschland	30,972	[illegible]	36,459
Frankreich	20,004	19,836	20,004
Rep. China	19,363	13,128	17,572
Ägypten	16,500	15,000	15,600
Griechenland	15,500	15,564	14,148
Malaysia	14,328	14,004	11,488
Kanada	13,200	12,986	12,612
Weltproduktion	1 800,000	[illegible]	1 650,000

Quelle: UN

Die **Zementproduktion** als Konjunkturindikator für die Bauwirtschaft zeigte in den letzten Jahren in vielen Industrieländern stagnierende bis rückläufige Tendenz, da die Bauwirtschaft wegen Bedarfsdeckung (Wohnungsbau) oder fehlender finanzieller Mittel (öffentlicher Bau, Straßenbau) nicht mehr expandierte. In vielen Entwicklungsländern stieg dagegen die Produktion stark an (z. B. China).

Die größten Baukonzerne Deutschlands

Konzern	Bauleistung 2003 in Mrd. Euro	Zahl der Mitarbeiter
Hochtief, Essen	11,510	34 000
Bilfinger Berger, Mannheim	5,586	50 460
Strabag Deutschland, Köln	3,408	11 411
Walter-Bau, Augsburg	3,053	10 143
Ed. Züblin, Stuttgart	1,269	8 361

Quelle: Handelsblatt 2005

Auch in **Deutschland** waren 2004 wegen der Krise der Bauwirtschaft die Kapazitäten der Zementindustrie nicht ausgelastet, und der Absatz ging auf rd. 25 Mio. t zurück. Um die Auslastung der verbleibenden Zementwerke zu erhöhen, wurden in den letzten Jahren bereits mehrere Zementwerke geschlossen.

Die chemische Industrie verbuchte 2004 eine starke Nachfragesteigerung und konnte ihre Produktion kräftig erhöhen. Umsatzzuwächse zeigten in globalem Rahmen besonders die Bereiche Petrochemie, Pharmazie, Farben und Lacke, Düngemittel, Kunststoffe und Kunstfasern. Negativ wirkten sich lediglich die stark steigenden Preise für Rohstoffe und Energie aus, die sich in den Produktionskosten und Erzeugerpreisen niederschlugen und die internationale Konkurrenz verschärften.

Die **Verlagerung von Produktionskapazitäten** aus den Industrie- in Entwicklungsländer, die seit Jahren zu beobachten ist, setzte sich 2004 fort. In den letzten Jahren kam es z. B. zur Errichtung neuer Produktionsstätten für Mineralölprodukte, Kunststoffe und -fasern, Düngemittel u. a. in Erdölförderländern sowie in lateinamerikanischen und ostasiatischen Schwellenländern, während gleichzeitig die Kapazitäten in Westeuropa und Nordamerika stagnierten oder verringert wurden. In Westeuropa, auch in **Deutschland**, werden zunehmend die Forschungs- und Entwicklungsabteilungen der Unternehmen konzentriert, während die lohn- und/oder energieintensive Produktion in kostengünstigere Länder verlagert wird. So ging im letzten Jahrzehnt die Zahl der Beschäftigten in der chemischen Industrie in Großbritannien um rd. 30 %, in Italien um 20 %, in Deutschland um 18 % zurück. Entsprechende Zuwächse verzeichneten vor allem die Schwellenländer Ost- und Südostasiens und Lateinamerikas und neuerdings auch die Länder Ostmittel- und Südosteuropas.

Wichtige Ursachen für Betriebs- und Produktionsverlagerungen aus Deutschland und anderen europäischen Staaten sind neben **Arbeitskosten** vor allem die höheren **Energiekosten** sowie die **Umweltschutzauflagen**, die nur in wenigen anderen Ländern ähnlich streng gehandhabt werden wie in der EU. Die Folge war in den letzten Jahren eine zunehmende Spezialisierung der deutschen Produktion auf innovative und hoch spezialisierte Produkte. 2004/05 sorgte der Entwurf einer EU-Chemikalienverordnung unter dem Namen REACH für Diskussionen (»Registration, Evaluation and Authorisation of Chemicals«), da sie vorsieht, in den kommenden Jahren alle ca. 30 000 chemischen Substanzen, die in einer Menge von mehr als 1t jährlich produziert werden, auf ihre Umweltverträglichkeit zu untersuchen. Die Chemieindustrie der EU-Länder befürchtet untragbare Kosten insbesondere für Kleinbetriebe und droht mit verstärktem Arbeitsplatzabbau in Europa.

Die **deutsche Chemieindustrie** konnte 2004 die Konjunkturschwäche der Vorjahre überwinden und einen Umsatzzuwachs von 4,6 % verbuchen. Insgesamt stieg der Umsatz von 135,831 Mrd. € (2003) auf 142,060 Mrd. €. Die Steigerung ging vor allem auf erhöhte Exporte zurück, denn der Auslandsumsatz nahm um 7,5 % von 70,260 Mrd. € (2003) auf 75,558 Mrd. € zu und erreichte somit 53,2 % des Umsatzes. Die wichtigsten Produkte waren Pharmazeutika und Kunststoffe mit je 15–20 % des Produktionswertes, Farbstoffe und Lacke mit 12 %, Wasch- und Reinigungsmittel sowie Körperpflegemittel (je 5 %) und Kunstfasern. Die steigenden Rohstoff- und Energiekosten konnten nur teilweise auf die Preise abgewälzt werden; die Erzeugerpreise stiegen um rd. 1 % an.

Der Abbau der **Beschäftigten** setzte sich 2004 fort. Ihre Zahl sank um 4,1 % auf 445 000 (1992 noch 654 000). Im globalen Vergleich belegt die deutsche Chemie mit rd. 6 % des Welt-Chemieumsatzes den 3. Rang nach den USA (25 %) und Japan (12 %). Im Welthandel nahm Deutschland mit fast 18 % des Weltchemieexports den ersten Rang vor den USA ein.

Produkte der chemischen Industrie

Die Weltproduktion von Chemiefasern erhöhte sich 2004 auf rd. 30,200 Mio. t. Die Zunahme entfiel überwiegend auf synthetische Fasern, deren Anteil an allen Kunstfasern inzwischen bei rd. 93 % liegt. Regional gesehen entfiel die Zunahme auch in den letzten Jahren hauptsächlich auf Ost- und Südostasien, wo die sechs größten Erzeuger (VR China, Rep. China, Rep. Korea, Japan, Indien, Indonesien) 2003 bereits 65 % der Weltproduktion erzeugten.

In **Deutschland** sank die Produktion 2004 auf rd. 0,550 Mio. t. Sie wurden überwiegend exportiert, da die Weiterverarbeitung zu Textilien fast völlig ins Ausland verlagert worden ist.

Kunstfasern auf Zellulose- und Synthetikbasis; Produktion in Mio. t

	2002	2001	2000
VR China	9,563	7,932	6,710
Rep. China	3,203	3,105	3,265
USA	2,868	2,791	3,308
Rep. Korea	2,341	2,381	2,659
Indien	1,976	1,822	1,866
Indonesien	1,236	1,233	1,261
Japan	1,197	1,347	1,434
Deutschland	0,936	0,950	1,026
Thailand	0,912	0,838	0,823
Türkei	0,740	0,707	0,755
Mexiko	0,528	0,560	0,602
Italien	0,480	0,520	0,550
Russland	0,375	0,391	0,399
Brasilien	0,325	0,318	0,347
Weltproduktion	30,008	28,123	28,344
davon Synthetics	27,890	26,039	26,129

Quelle: UN

Kunststoffe (Plastik) gehören seit den 1960er Jahren zu den wichtigsten Erzeugnissen der chemischen Industrie. In der Weltproduktion dominieren die ost- und südostasiatischen Staaten (Japan, China, Korea, Thailand, Malaysia u. a.) vor den USA, Deutschland und anderen EU-Ländern. In **Deutschland** sind Kunststoffe mit rd. 15 % des Produktionswertes das drittwichtigste Erzeugnis der Chemieindustrie (nach Grundstoffen und Pharmazeutika). Deutschland gehört neben den USA und Japan zu den bedeutendsten Kunststoffexporteuren – etwa 50 % der Produktion, während andererseits über 40 % des Inlandsverbrauchs aus Importen stammen. Die wichtigsten **Einsatzgebiete** von Kunststoffen sind das Verpackungs- und Transportwesen (28 %), das Baugewerbe (20 %), die Elektrotechnik und die Fahrzeugindustrie (je 10 %), Farben, Lacke, Klebstoffe (8 %) sowie Haushaltswaren (6 %). Auch bei Kunststoffen spezialisierte sich die deutsche Industrie, wie in anderen Branchen, zunehmend auf innovative hochwertige Produkte, während Massenware weitgehend importiert wird.

Mineraldünger auf Stickstoffbasis; Produktion in Mio. t N

	2002	2001	2000
VR China	23,644	22,076	21,559
Indien	10,558	10,767	10,943
USA	9,337	9,923	9,904
Russland	6,011	5,874	5,452
Kanada	3,070	3,068	3,831
Indonesien	2,868	2,549	2,853
Ukraine	2,314	2,069	2,130
Pakistan	2,183	2,128	2,054
Ägypten	1,548	1,578	1,287
Saudi-Arabien	1,299	1,329	1,278
Deutschland	1,205	1,079	1,274
Polen	1,177	1,570	1,497
Niederlande	1,068	1,013	1,137
Weltproduktion	86,333	85,295	86,019

Quelle: FAO

Synthetischer Kautschuk Produktion in Mio. t

	2002	2001	2000
USA	2,150	2,064	2,395
Japan	1,522	1,466	1,592
VR China	1,133	1,052	0,836
Deutschland	1,044	0,828	0,851
Russland	0,919	0,919	0,837
Frankreich	0,681	0,672	0,669
Rep. Korea	0,678	0,663	0,678
Rep. China	0,523	0,480	0,465
Brasilien	0,384	0,342	0,373
Großbritannien	0,337	0,333	0,286
Italien	0,250	0,274	0,285
Niederlande	0,176	0,188	0,200
Kanada	0,150	0,143	0,187
Weltproduktion	10,930	10,530	10,870

Quelle: UN

Kautschuk → Landwirtschaft

Eisen Erzeugung von Roheisen in Mio. t

	2003	2002	2000
VR China	202,312	159,083	131,034
Japan	82,091	80,979	81,071
Russland	48,325	46,251	44,536
USA	39,119	40,225	47,878
Brasilien	32,039	29,650	28,135
Ukraine	29,574	27,634	25,697
Deutschland	29,481	29,427	30,845
Rep. Korea	27,314	26,570	24,937
Indien	26,550	24,315	21,321
Frankreich	12,972	13,510	13,916
Rep. China	10,250	10,169	9,618
Italien	10,148	9,775	11,209
Großbritannien	10,081	8,561	10,890
Kanada	8,509	8,670	8,904
Belgien	7,813	7,988	8,477
Südafrika	6,234	5,823	6,292
Australien	6,116	6,106	7,049
Niederlande	5,846	5,367	4,969
Polen	5,632	5,296	6,492
u. a. Österreich	4,677	4,669	4,318
Weltproduktion	657,319	609,917	577,003

Quelle: Statist. Jahrbuch der Stahlindustrie

Stahl (Rohstahl) Erzeugung in Mio. t

	2003	2002	2000
VR China	220,115	181,682	127,236
Japan	110,511	107,745	106,444
USA	90,440	91,587	101,803
Russland	62,720	59,777	59,126
Rep. Korea	46,310	45,390	43,107
Deutschland	44,809	45,015	46,376
Ukraine	36,922	34,050	31,767
Indien	31,779	28,814	26,924
Brasilien	26,718	29,604	27,865
Italien	26,697	26,066	26,759
Frankreich	19,758	20,258	20,954
Rep. China	18,920	18,230	16,840
Türkei	18,298	16,467	14,325
Spanien	16,472	16,408	15,874
Kanada	15,888	16,002	16,594
Mexiko	15,178	14,010	15,586
Großbritannien	13,268	11,667	15,155
Belgien	11,135	11,343	11,637
Südafrika	9,481	9,095	8,481
Polen	9,107	8,368	10,498
Australien	7,544	7,527	7,129
Iran	6,916	7,321	6,600
Tschech. Rep.	6,783	6,512	6,216
Niederlande	6,571	6,117	5,666
Österreich	6,261	6,189	5,707
Schweden	5 707	5,754	5,227
Weltproduktion	964 943	903,067	847,622

Quelle: Statist. Jahrbuch der Stahlindustrie

Die **Weltstahlproduktion** erhöhte sich 2004 um rd. 8 % auf 1,050 Mrd. t. Davon entfielen allein 272,5 Mio. t auf China (Zunahme um 23,2 %), das damit 26 % des Stahls weltweit produzierte (1970 erst 3,1 % – 1990 8,6 % – 2000 15,0 %). Auch die anderen Länder steigerten 2004 ihre Produktion z. T. kräftig, so die USA um 5,2 %, Brasilien um 5,7 %, Italien um 5,6 % und Deutschland um 3,6 %.

Der **Welt-Stahlmarkt** war 2004 durch stark steigende Verbrauchszuwächse gekennzeichnet, die überwiegend auf China, daneben auf andere Schwellenländer und die USA entfielen. Während der Bedarf in Europa vor allem wegen der schwachen Bau- und Automobilkonjunktur nur mäßig zunahm, erhöhte sich der chinesische Bedarf um über 30 %. Da die eigene Produktion »nur« um 23 % gesteigert werden konnte, entwickelte sich China zum größten Importeur von Rohstahl und Stahlprodukten. Die Folge waren weltweite Knappheitserscheinungen – nicht nur beim Stahl, sondern auch beim Eisenerz, beim Schrott und bei der Kokskohle – und entsprechend stark steigende Preise auf dem Weltmarkt. Die Ursache für Chinas »Stahlhunger« war die anhaltende Hochkonjunktur beim Bau, in der Fahrzeug- und Hausgeräteindustrie.

Da die EU und die USA bei Massenstählen aus Preisgründen nicht mit den großen asiatischen Herstellern (China, Japan, Südkorea, Indien) konkurrieren können, haben sie sich auf hochwertige Produkte wie Speziallegierungen und nahtlose Stahlrohre spezialisiert. Insbesondere in der **EU** hat sich die Stahlindustrie in den letzten Jahren zu einer hoch produktiven High-Tech-Branche entwickelt, die durch Automatisierung und starken Personalabbau international wettbewerbsfähig wurde. Während die EU-Stahlindustrie 1980 noch ca. 500 000 Beschäftigte zählte, sank die Zahl bis 2004 auf 245 000.

Aufgrund dieser Entwicklung sank der EU-Anteil an der Weltstahlproduktion von 26 % (1970) auf 15 % (2004), der Anteil Deutschlands auf 4,2 %. Allerdings erhöhte sich die Wirtschaftlichkeit der verbliebenen europäischen Stahlwerke, da durch zahlreiche Werksstilllegungen in den letzten Jahren die Kapazitäten an die Absatzmöglichkeiten angepasst worden waren.

In **Deutschland** nahm die Stahlindustrie 2004 in vollem Umfang am weltweiten Boom der Stahlproduktion teil und erreichte ein Ergebnis von 46,5 Mio. t. Die Hütten arbeiteten mit einer Kapazitätsauslastung von 98 %, und die Eisen- und Stahlindustrie gehörte 2004 zu den wenigen Branchen, die mit dem Geschäftsverlauf zufrieden waren.

Die weltgrößten Stahlerzeuger
Rohstahlproduktion 2004 in Mio. t

1. Mittal Steel (USA/Großbritannien/Indien)	57,8
2. Arcelor (Luxemburg)	48,9
3. Nippon Steel (Japan)	31,8
4. Japan Steel Corp. (Japan)	30,0
5. Posco (Südkorea)	29,7
6. Shanghai Baosteel (VR China)	19,9
7. Corus / Hoogovens & British Steel (Großbritannien)	18,9
8. US Steel (USA)	17,9
9. Thyssen-Krupp (Deutschland)	17,0
10. Riva (Italien)	15,7

Welt-Rohstahlproduktion nach Regionen

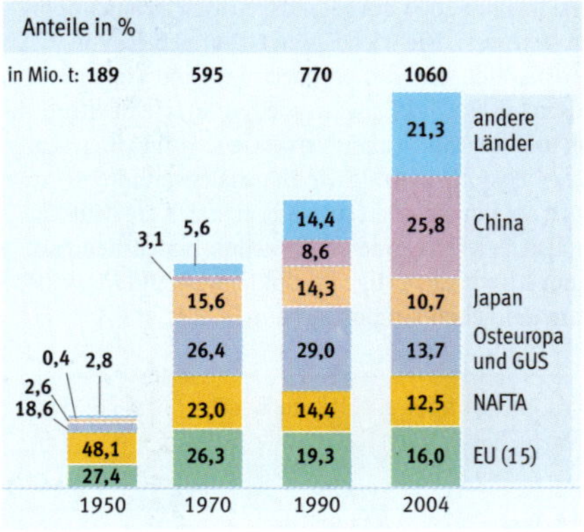

Quelle: Statistisches Jahrbuch der Stahlindustrie

Elektrotechnische und elektronische Industrie

Die Elektro- bzw. Elektronikindustrie konnte 2004 weltweit nicht nur die Umsatzzuwächse des Vorjahres wiederholen, sondern ein noch stärkeres Wachstum erreichen. Besonders China und die anderen ost- und südostasiatischen Länder und die USA meldeten stark erhöhte Produktions- und Verkaufszahlen. Vor allem die Informationstechnologie (Halbleiter, Informations- und Kommunikationstechnik) konnte an die Zuwachsraten des Vorjahres anschließen. In Osteuropa nahmen daneben Produktion und Verkauf von Haushaltsgeräten stark zu, da hier noch größerer Nachholbedarf besteht. Dagegen stagnierte in der EU die Nachfrage bei der Auto- und Unterhaltungselektronik und bei Haushaltsgeräten aufgrund von Sättigungseffekten (fast nur noch Ersatzbedarf).

Auch 2004 war die elektrotechnische und Elektronikindustrie eine Branche mit starken Verlagerungstendenzen in Richtung billiger produzierender Länder. In wichtigen Bereichen, wie Unterhaltungselektronik, Haus- und EDV-Geräte, liegt inzwischen der Schwerpunkt der Produktion in ost- und südostasiatischen Ländern wie Japan, der VR China, der Rep. China / Taiwan, Hongkong, Singapur, der Rep. Korea und Malaysia. Besonders die im Vergleich zu Westeuropa weitaus niedrigeren Lohn- und Lohnnebenkosten in diesen Ländern – zu denen in den letzten Jahren auch osteuropäische Niedriglohnländer kamen – lassen eine sehr preisgünstige Erzeugung zu. Westeuropäische, auch deutsche Firmen verlegen ihre Produktion zunehmend in diese Länder, um preislich konkurrenzfähig zu bleiben. Für die nächsten Jahre wird eine weitere Verschärfung des internationalen Wettbewerbs erwartet, vor allem durch die stark expandierende chinesische Industrie. Ein Beispiel für die Globalisierung der Industrie und die weltweite Streuung von Standorten bietet die Firma Siemens. Von ihren 430 000 Beschäftigten arbeiteten 2004 nur noch 164 000 (38 %) in Deutschland (1992 noch 252 000), die übrigen in anderen Ländern.

2004 boomte weltweit vor allem der Markt für die Halbleiterbranche (Hersteller von Computerchips) und die IT-Industrie (Information und Telekommunikation). Während es in Europa in vielen Bereichen inzwischen Marktsättigung gibt (Handy, PC), stiegen Absatz und Produktion vor allem in Ost- und Südostasien, daneben in den USA und in Osteuropa an. Der Absatz von PCs stieg z. B. 2004 auf 175 Mio. mit Dell (16,4 %), Hewlett-Packard (13,9 %), IBM (5,2 %) und Fujitsu-Siemens (3,8 %) als größten Anbietern. In Deutschland gab es die größten Umsatzzuwächse bei Digitalkameras. Der Absatz erhöhte sich 2003 – 2004 um rd. 50 % auf 7,2 Mio. Geräte.

Die **Elektro- und Elektronikindustrie in Deutschland** konnte 2004 nur zum geringen Teil am Umsatzzuwachs des Handels partizipieren, da vor allem die Importe zunahmen. Der Umsatz der Industriebranche selbst erhöhte sich um 4 % auf 161 Mrd. €; trotzdem sank die Zahl der Beschäftigten um 11 000 auf 818 000. Der Export stieg zwar auf ca. 45 % des Umsatzes, allerdings handelte es sich dabei zu 40 % um Güter bzw. Komponenten, die zuvor importiert worden waren. Insgesamt ging der deutsche Anteil an den Weltexporten von Elektro- und Elektronikartikeln auf etwa 6 % zurück; größte Exporteure waren Japan (15 %), die USA (14 %) und die vier ostasiatischen Länder Rep. China, Rep. Korea, Hongkong und Singapur (zusammen 25 %). Insbesondere bei Hausgeräten und Unterhaltungselektronik besteht inzwischen ein hoher Importüberschuss in Deutschland. Größere Chancen auf dem einheimischen wie auf dem Weltmarkt haben vor allem High-Tech-Produkte der Bereiche Nachrichten-, Mess- und Regeltechnik, Autoelektronik und Industrieroboter.

Kühlschränke (Haushaltskühlschränke)
Produktion in Mio.

	2001	2000	1990
VR China	13,513	12,790	4,631
USA	11,776	12,355	7,015
Italien	6,936	6,987	4,199
Rep. Korea	5,128	5,224	2,827
Japan	3,875	4,224	5,048
Brasilien	3,371	2,921	2,441
Indien	2,469	2,009	0,800
Türkei	2,245	2,405	0,986
Spanien	2,100	2,153	1,285
Mexiko	2,071	2,049	0,3[illegible]6
Thailand	2,000	1,900	0,855
Russland	1,542	1,151	–
Ungarn	1,058	0,995	0,438
Slowenien	0,900	0,841	–
Weltproduktion	74,000	73,000	52,000

Quelle: UN

Fernsehgeräte Produktion in Mio.

	2001	2000	1990
VR China	46,110	45,012	26,847
Malaysia	9,501	10,[illegible]51	3,000
Rep. Korea	9,321	10,[illegible]54	15,838
USA	8,264	9,[illegible]72	14,800
Türkei	8,025	8,789	2,005
Polen	7,502	6,287	0,600
Brasilien	5,463	6,078	2,000
Japan	2,862	3,382	13,243
Indien	1,979	2,399	1,100
Deutschland	1,940	1,533	4,227
Argentinien	1,500	1,556	0,310
Italien	1,208	1,350	2,324
Tschechische Rep.	1,200	1,141	0,504
Weltproduktion	ca. 132,000	ca. 130,000	ca. 120,000

Quelle: UN

Der weltweite Absatz von Fernsehgeräten nahm 2004 um 5,1 % auf 147 Mio. zu – wegen des steigenden Bedarfs in Entwicklungsländern und des zunehmenden Ersatzes von Bildröhren-Fernsehern durch Flachgeräte in Westeuropa und USA.

Kraftfahrzeugindustrie → Straßenverkehr

Maschinenbau

Der Maschinenbau gehört seit jeher zu den wichtigsten Branchen der großen Industrieländer, da er hauptsächlich Ausrüstungen und Maschinen für die industrielle Fertigung liefert. Deshalb ist er auch besonders stark den Konjunkturschwankungen der Industrie unterworfen. Dementsprechend profitierte der Maschinenbau 2004 weltweit von der starken Wirtschaftskonjunktur und besonders von der regen Investitionstätigkeit der Industrie. Die Folge waren weltweite Produktionszunahmen der Maschinenbauindustrie.

Auch der **deutsche Maschinenbau** erreichte 2004 ein sehr gutes Ergebnis. Während 2003 der Umsatz noch um 0,2 % zurückgegangen war, konnte 2004 ein Umsatzwachstum von 7,1 % auf 169,925 Mrd. € erreicht werden. Damit stand der Maschinenbau an 2. Stelle unter den Industriebranchen (nach der Automobilindustrie). Da die Konjunkturlage bei den wichtigsten Handelspartnern wesentlich günstiger war als in Deutschland, konnte der Auslandsumsatz um 10,7 % auf 89,869 Mrd. € gesteigert werden. Der Exportanteil am Umsatz stieg dadurch auf 52,9 %.

Trotz des Umsatzwachstums wurde kräftig rationalisiert und das Personal reduziert; insgesamt arbeiteten 2004 im Jahresdurchschnitt 948 000 Beschäftigte im deutschen Maschinenbau (–1,5 %). Damit stand die Branche auch 2004 nach der Beschäftigtenzahl an erster Stelle der deutschen Industriebranchen. Daneben beschäftigen deutsche Maschinenbauunternehmen im Ausland über 300 000 Personen, davon ca. 160 000 in der Produktion, den Rest im Vertriebs- und Servicebereich.

Wegen des erhöhten **Maschinenexports** – vor allem von High-Tech-Produkten – stand Deutschland weiterhin an der Spitze im Welthandel mit Maschinen (rd. 19 %) vor den USA (15 %) und Italien (10 %). Die wichtigsten Abnehmer deutscher Maschinen sind die USA, Frankreich, China, Italien und andere EU-Mitglieder. Besonders China schob sich mit einem starken Zuwachs bei der Einfuhr deutscher Maschinen an eine vordere Stelle der deutschen Kunden.

Nahrungs-, Genussmittel- und Getränkeindustrie

Das **Ernährungsgewerbe** gehört zu den Wirtschaftszweigen, die nur wenig konjunkturabhängig sind und relativ geringe Schwankungen von Jahr zu Jahr zeigen. Innerhalb der Branche ergeben sich Veränderungen eher längerfristig durch Preisschwankungen einzelner Produkte oder durch veränderte Ernährungstrends. Zu nennen sind hier z. B. Rückgang des Fleischverbrauchs in den letzten Jahren, Umsatzzunahme von sog. Bio- und Naturkostläden, Zunahme von Fertiggerichten und Tiefkühlkost im Zusammenhang mit der Zunahme von Single-Haushalten u. ä. Auch 2004/05 machten sich in Deutschland die Konjunkturschwäche und die Kaufzurückhaltung der Bevölkerung in stagnierenden Umsätzen der Nahrungs- und Genussmittelindustrie bemerkbar. Im Lebensmitteleinzelhandel setzte sich der Trend zu billigeren Produkten und Angeboten fort (Umsatzzunahme der Discounter auf Kosten von Fachgeschäften).

Die deutsche Nahrungs- und Genussmittelindustrie 2004

	Umsatz in Mrd. €	Beschäftigte Jahresdurchschnitt
Insgesamt	130,759	522 582
davon: Schlachtereien und Fleischverarbeitungsbetriebe	25,380	106 814
Milchverarbeitung	22,146	38 801
Backwarenherstellung	10,721	144 842
Süßwarenherstellung	8,851	32 352
Brauereien	8,395	33 398
Obst- und Gemüseverarbeitung	8,033	29 230
Mineralbrunnen- und Erfrischungsgetränkeindustrie	6,042	24 953
Futtermittelherstellung	5,567	11 691

In **Deutschland** war die Nahrungs- und Genussmittelindustrie auch 2004 mit einem Umsatz von 130,758 Mrd. € einer der größten Industriezweige, vergleichbar mit der chemischen Industrie. Der Umsatz stieg 2004 leicht an (+2,2 %), hauptsächlich wegen zunehmender Exporte, während im Inland wegen des rückläufigen Realeinkommens der Bevölkerung der Trend zu Billigprodukten anhielt. Die Ausfuhren stiegen um 7,9 % auf 18,213 Mrd. € an (= 13,9 % des Umsatzes); für etwa die doppelte Summe wurden Produkte der Ernährungsindustrie importiert.

Der **Getränkeverbrauch** ist in Deutschland – wie in den anderen wichtigen Industrieländern – an der Sättigungsgrenze angelangt. 2004 gab es bei den meisten Erfrischungsgetränken Rückgänge wegen des kühleren Sommers im Vergleich zu 2003. Ebenfalls rückläufig war der Bierabsatz, u. a. wegen der Einführung des Dosenpfands.

Bier Produktion in Mio. hl (nur Bier aus Malz)

	2001	2000	1990
USA	235,000	233,000	236,670
VR China	230,000	220,000	69,221
Deutschland	106,372	106,877	115,035
Brasilien	67,905	66,954	43,849
Russland	63,700	51,600	33,600
Mexiko	61,632	59,851	42,000
Großbritannien	59,000	58,913	70,800
Japan	48,131	54,638	65,636
Südafrika	28,000	25,000	17,750
Spanien	26,802	26,388	27,940
Polen	25,163	25,231	14,000
Niederlande	24,606	24,956	20,055
Tschech. Rep.	17,734	17,796	–
Australien	17,449	17,679	19,540
Frankreich	15,716	15,993	19,109
u. a. Österreich	8,528	8,725	9,799
Schweiz	3,500	3,750	4,143
Weltproduktion	1 390,000	1 383,000	1 350,000

Quelle: UN

In **Deutschland** geht der Verbrauch von Bier seit Jahren leicht zurück, da der Trend eher zu nichtalkoholischen Getränken geht. Allerdings konnten die inländischen Absatzrückgänge weitgehend durch steigende Exporte ausgeglichen werden. Der Absatz der deutschen Brauereien betrug 2004 105,804 Mio. hl (2003: 105,521); die größte Menge entfiel auf Brauereien in Nordrhein-Westfalen (26,728 Mio. hl) und Bayern (22,533 Mio. hl). Der deutsche Bierkonsum, der 1976 noch bei 151 l pro Einwohner gelegen hatte, betrug 2004 nur noch 114 l. Der Bierexport – als Ausgleich für sinkenden inländischen Konsum – konnte 2004 auf rd. 16 Mio. hl gesteigert werden, der Import belief sich auf 2,8 Mio. hl. Die Zahl der Brauereien, die jahrelang durch Betriebsaufgaben und Fusionen abgenommen hatte, erhöhte sich zuletzt wieder durch neue kleine

Gasthaus-Brauereien. 2004 produzierten in Deutschland 1270 Brauereien, davon 642 in Bayern und 172 in Baden-Württemberg.

Kaffee, Kakao, Milch, Tee, Wein → Landwirtschaft, ausgewählte Erzeugnisse

Zigaretten Produktion in Mio. Stück, meist Schätzungen

	2001	2000	1990
VR China	2 200 000	2 000 000	1 648 765
USA	595 000	600 000	709 700
Russland	355 632	333 953	–
Japan	320 000	300 000	268 100
Indonesien	270 000	260 000	155 000
Brasilien	230 000	220 000	173 987
Deutschland	213 793	206 770	200 374
Großbritannien	138 000	139 125	112 000
Niederlande	102 000	105 000	71 992
Rep. Korea	94 116	94 531	91 923
Polen	81 697	83 800	91 497
Türkei	77 160	76 613	63 055
Spanien	75 000	74 799	75 995
Ukraine	69 731	58 774	69 397
Indien	60 577	75 085	61 162
Mexiko	56 057	56 383	55 380
Ägypten	55 000	53 000	39 837
Italien	45 368	43 694	61 736
u. a. Schweiz	33 565	34 299	31 771
Weltproduktion	ca. 6 000 000	ca. 5 900 000	

Quelle: UN

In **Deutschland** wurden 2004 folgende Mengen versteuert: 114,107 Mrd. Zigaretten, 3,847 Mrd. Zigarren und Zigarillos, 25 053 t Feinschnitt. Der Zigarettenverbrauch je Einwohner (ab 15 Jahre) sank 2004 auf 1591 Stück (1999 noch 2101 Stück).

Papierindustrie

Die **Papierindustrie** gehörte auch 2003/04 weltweit zu den expandierenden Branchen, vor allem durch den zunehmenden Bedarf an Verpackungen und an Druckereierzeugnissen (Zeitungen, Bücher). Dazu kommt der ebenfalls wachsende Bedarf an Hygiene- sowie an Büropapier. Dieser ist – entgegen früheren Prognosen – durch den Einsatz von Computern nicht verringert worden.

Deutschland war auch 2004 der größte Papierproduzent Europas. Die Produktion von Papier, Karton und Pappe stieg um 5 % auf 20,3 Mio. t. Die Zunahme erfolgte weitgehend aufgrund steigender Exporte, die um 11 % auf 9 Mio. t zunahmen, während der Inlandsabsatz nur um 2,9 % anstieg. Die wichtigsten Erzeugnisse waren 2004 Druck-, Presse- und Büropapier (10,078 Mio. t), Verpackungsmaterial (Papier, Karton, Pappe: 7,740 Mio. t), technisches Papier (1,459 Mio. t) und Hygienepapier (1,072 Mio. t).

Der wichtigste **Rohstoff** für die Papier- und Pappeproduktion war auch 2004 **Altpapier**. Die eingesetzte Menge betrug 13,134 Mio. t (Einsatzquote 65 % vor Zellstoff mit 4,759 Mio. t und Holzstoff mit 1,493 Mio. t).

Der **Umsatz** der deutschen Papierindustrie stieg um 4 % auf 12,5 Mrd. €, d. h. wegen starker Preiskonkurrenz weniger stark als die Produktion. Wichtigste Abnehmerländer der deutschen Exporte waren Frankreich, Großbritannien und Italien; Hauptlieferländer der Importe (rd. 8,5 Mio. t) waren Finnland, Schweden und Österreich.

Papier Produktion in Mio. t

	Papier und Pappe		davon Zeitungspapier	
	2002	2001	2002	2001
USA	81,792	81,438	5,248	5,771
VR China	37,930	37,929	2,030	2,029
Japan	30,686	30,[illegible]17	3,597	3,464
Kanada	20,226	19,[illegible]34	8,465	8,373
Deutschland	18,526	17,379	2,082	2,090
Finnland	12,776	12,503	1,007	1,296
Schweden	10,724	10,534	2,423	2,463
Rep. Korea	9,812	9,332	1,585	1,597
Frankreich	9,798	9,625	0,994	1,033
Italien	9,273	8 926	0,085	0,080
Großbritannien	6,481	6 467	1,048	1,090
Russland	5,915	5,625	1,713	1,732
Spanien	5,365	5,131	0,303	0,316
Österreich	4,419	4,250	0,365	0,383
Mexiko	4,056	4,056	0,240	0,240
Indien	3,980	3,973	0,700	0,700
Niederlande	3,346	3,174	0,357	0,399
Australien	2,645	2,672	0,465	0,471
u. a. Schweiz	1,805	1,75[illegible]	0,365	0,359
Weltproduktion	324,649	320,43[illegible]	37,680	38,634

Quelle: UN

Schiffbau → Verkehr

Stahlerzeugung → Eisen- und Stahlindustrie

Textil- und Bekleidungsindustrie

Die Textil- und Bekleidungsindustrie ist seit langem eines der deutlichsten Beispiele für die Verlagerung von Produktionskapazitäten aus den Hochlohnländern Westeuropas in die Niedriglohnländer Ost- und Südasiens und seit der politischen Wende auch Osteuropas. Besonders die Bekleidungsindustrie wurde wegen ihrer leichten Verlagerbarkeit, ihres relativ geringen Kapitaleinsatzes und ihrer Arbeitsintensität von der OECD als »Musterbeispiel für Globalisierung« von Industrien bezeichnet. Dementsprechend gingen in allen westlichen Industriestaaten in den letzten Jahren die Beschäftigtenzahlen stark zurück. In der EU sank die Zahl der Textilbeschäftigten 1990–2005 von 1,695 Mio. auf nur noch 1,030 Mio. In ähnlicher Größenordnung stiegen die Zahlen in Ostasien an. 2004 verzeichnete die Textil- und Bekleidungsindustrie weltweit beträchtlich steigende Umsätze, da sich der wirtschaftliche Aufschwung in vielen Industrie- und Schwellenländern in erhöhten privaten Ausgaben, andererseits auch in Absatzzuwächsen bei technischen Textilien auswirkte.

In **Deutschland** litten 2004 – wie schon in den Vorjahren – sowohl die Textil- als auch die Bekleidungsindustrie unter der anhaltenden Konjunkturschwäche, die sich besonders im Einzelhandel in massiver Kaufzurückhaltung äußerte. Der **Umsatz** des deutschen **Textilgewerbes** nahm 2004 um 0,9 % auf 13,347 Mrd. € ab, derjenige des **Bekleidungsgewerbes** um 2,1 % auf 8,980 Mrd. €. Der Rückgang wäre wesentlich stärker gewesen, wenn nicht die Exporte hätten gesteigert werden können: um 3,7 bzw. 2,2 %. Dadurch stieg der Anteil des Auslandsumsatzes auf 39,5 (Textilien) bzw. 33,4 % (Bekleidung).

Die Situation der deutschen Textil- und Bekleidungsindustrie entwickelte sich somit auch 2004 entsprechend dem langjährigen Trend: abnehmende Produktion. Dieser Rückgang wird seit Jahren nur gebremst durch die Konzentration auf die Herstellung hochwertiger Produkte – besonders für den Export – und der Diversifizierung zugunsten innovativer Erzeugnisse. So entfielen in den letzten Jahren mengenmäßig weniger als 30 % auf den traditionellen Sektor der Bekleidungstextilien, dagegen 36 % auf Heimtextilien und 34 % auf technische Textilien.

Bei den **Beschäftigten** setzte sich der Abnahmetrend auch 2004 fort. In der Textilindustrie ging die Zahl 2003–2004 von 102 000 auf 95 000 zurück, in der Bekleidungsindustrie sank die Beschäftigtenzahl von 49 000 auf 45 000. Zum Vergleich: 1960 beschäftigten die beiden Industrien allein in den alten Bundesländern noch 820 000 Personen. In der Textilindustrie der neuen Bundesländer war schon 1994 der drastische Abbau der Kapazitäten weitgehend abgeschlossen, der nach dem Wegfall der früheren staatlichen Subventionen in der DDR und der Hauptabsatzmärkte in Osteuropa eingesetzt hatte. Von den ursprünglich 318 000 Arbeitsplätzen der Textil- und Bekleidungsindustrie der DDR (1989) blieben 2004 nur noch rd. 11 000 übrig, davon etwa 9800 in der Textilindustrie.

Die Ursache für das starke **Schrumpfen der deutschen Textil- und Bekleidungsindustrie**, das schon seit Jahrzehnten andauert, liegt einerseits in Rationalisierungs- und Automatisierungsmaßnahmen, vor allem aber in Betriebsschließungen und -verlagerungen in das billiger produzierende Ausland. Insbesondere die umfangreichen Importe, die seit Jahren aus Ostasien, neuerdings auch verstärkt aus Osteuropa und Nordafrika kommen, engten die Absatzchancen der deutschen Produzenten bei billiger Ware immer stärker ein. Mit 28,9 Mrd. € an Einfuhren (Textilien und Bekleidung ohne Rohstoffe) war Deutschland 2003 der zweitgrößte Importeur nach den USA; es stand jedoch bei den Ausfuhren mit 20,2 Mrd. € immerhin an fünfter Stelle (überwiegend technische Textilien und Spezialstoffe).

Auch 2004 bezog die **deutsche Textil- und Bekleidungswirtschaft** große Teile ihres Bedarfs aus dem Ausland. So gingen rd. 70 % des Umsatzes der deutschen Bekleidungsindustrie auf Fertigung bzw. Veredelung im Ausland zurück (neben Ländern Ostasiens zunehmend osteuropäische Länder, an der Spitze Polen, Rumänien und Ungarn, und südliche und östliche Anrainerländer des Mittelmeeres wie Tunesien, Marokko und die Türkei). Mengenmäßig stammten in den letzten Jahren von allen in Deutschland verkauften Blusen und Sakkos 85 % aus dem Ausland; die Miederwarenproduktion deutscher Hersteller findet zu fast 100 % im Ausland statt; fast 80 % aller in Deutschland getragenen Hosen stammen aus ausländischer Produktion.

Einer gewissen Regulierung des Welthandels diente bis 2004 das **Welttextilabkommen (WTA)**. Ab 1. 1. 2005 wurde der Welthandel mit Textilien und Bekleidung liberalisiert und den allgemeinen Regeln der WTO über weltweiten Freihandel angepasst. D. h. die Schutzklauseln und Quotenregelungen liefen aus, die die europäische und nordamerikanische Textilindustrie vor übermäßigen Billigimporten aus Entwicklungsländern schützte. Im bisherigen Verlauf des Jahres 2005 zeigte sich, dass vor allem China von der Marktöffnung profitiert; die Textilimporte der EU aus China nahmen in der ersten Jahreshälfte 2005 um rd. 50 % gegenüber dem Vorjahr zu. Leidtragende sind nicht nur die europäischen Produzenten, sondern auch Textilhersteller in anderen Entwicklungsländern, die nicht mit der billigen chinesischen Massenproduktion konkurrieren können. Man rechnet in den nächsten Jahren mit bis zu 50 % chinesischem Weltmarktanteil an Bekleidung und Textilien.

Baumwollgewebe (ganz oder überwiegend aus Baumwolle) in Mio. m^2

	2002	2001	2000
VR China (Mio. m)	35 000	34 000	33 102
Indien	19 733	19 526	19 670
USA	3 000	3 101	3 718
Russland	2 326	2 088	1 819
Hongkong	650	630	640
Rep. China	600	650	650
Pakistan	568	490	468
Japan	540	562	664
Türkei (Mio. m)	552	496	474
Frankreich	530	548	579
Deutschland	362	411	424
Weltproduktion (S)	90 000	95 000	90 000

Energieproduktion und -verbrauch

Die **Welterzeugung an Energie** betrug 2004 nach ersten Schätzungen rd. 13,6 Mrd. t SKE (Steinkohleeinheiten). Die letzten genaueren Berechnungen über Erzeugung und Verbrauch von Energie im globalen Maßstab liegen für 2001 vor und ergaben eine **Primärenergieproduktion** von 13,411 Mrd. t SKE (2000: 13,090) und einen **Energieverbrauch** von 12,440 Mrd. t SKE (2000: 12,229). Die Differenz entfällt vor allem auf Übertragungs- und Umwandlungsverluste.

Die Tabelle zeigt den globalen **Einsatz der wichtigsten Energieträger** und ihre Veränderungen bezüglich des Verbrauchs bis 2001. Derartige Berechnungen können in verschiedenen Quellen beträchtlich voneinander abweichen, je nach dem Umrechnungsmodus und nach dem Ausmaß der Einbeziehung nichtkommerzieller Energieträger (z. B. tierische Energie, Zug- oder Lasttiere, Brennholz, privat genutzte Wind- und Wasserkräfte, Solarenergie u. ä.).

Erzeugung und Verbrauch von Energie hängen natürlich mit der Anzahl der Menschen auf der Erde und ihrer Zunahme zusammen; entscheidend sind aber in erster Linie die Wirtschaftsentwicklung und der Lebensstandard in den großen Industriestaaten, auf die der größte Teil des Energieverbrauchs entfällt. So gab es zur Zeit starken weltwirtschaftlichen Wachstums in der zweiten Hälfte der 1980er Jahre auch größere Steigerungen des Energieverbrauchs. Anfang der 90er Jahre trat mit der wirtschaftlichen Rezession in den wichtigsten westlichen Industrieländern und dem Zusammenbruch der Volkswirtschaften im ehem. »Ostblock« eine deutliche Verlangsamung der weltweiten Verbrauchszuwächse von Energie ein. Ab Ende der 90er Jahre und seit der Jahrtausendwende nahm nach vorläufigen Berechnungen der weltweite Energieverbrauch nur mäßig zu. Neben der Konjunkturschwäche in weltwirtschaftlich wichtigen Ländern (z. B. Deutschland) waren entscheidende Einflussfaktoren in den letzten Jahren auch Einsparungsbemühungen in den Industrieländern (Aspekt des »Klimaschutzes«) und der Kapitalmangel in Osteuropa und in vielen Entwicklungsländern, der stärkere Verbrauchssteigerungen verhinderte. Dagegen erhöhte sich der Verbrauch in den wirtschaftlich stark wachsenden Entwicklungs- und Schwellenländern Ost- und Südostasiens sehr stark (z. B. China).

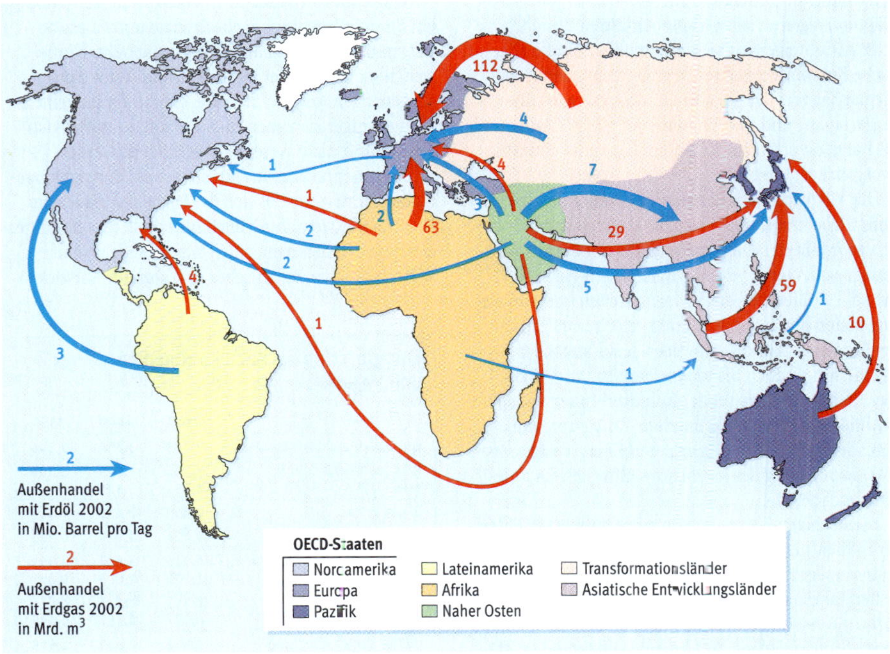

Quelle: Internationale Energie-Agentur (IEA)

Einsatz von Energieträgern für den Welt-Energieverbrauch
(nur kommerzielle Energie)

	1970 Mrd. t SKE	%	1980 Mrd. t SKE	%	1990 Mrd. t SKE	%	2000 Mrd. t SKE	%	2001 Mrd. t SKE	%
Erdöl	3,009	45,3	3,835	44,6	4,011	36,9	4,310	35,2	4,352	35,0
Kohle (Stein- und Braunkohle)	2,184	32,9	2,623	30,5	3,239	29,8	3,224	26,4	3,341	26,9
Erdgas und Stadtgas	1,293	19,5	1,836	21,4	2,563	23,6	3,340	27,3	3,373	27,1
Kernenergie	0,010	0,1	0,101	1,2	0,738	6,8	0,947	7,8	0,973	7,8
Wasserkraft, Windkraft, Sonstige	0,145	2,2	0,198	2,3	0,314	2,9	0,408	3,3	0,401	3,2
Insgesamt	6,641	100,0	8,593	100,0	10,865	100,0	12,229	100,0	12,440	100,0

Quelle: Yearbook of World Energy Statistics, UN

Der **Weltverbrauch von Energie** stieg 1970–80 um 29,4 %, 1980–90 um 26,4 %, 1990–2000 um 11,3 %. Der Verbrauchsanstieg hat sich also stark verlangsamt. Der Energieverbrauch erhöht sich derzeit jährlich um einen wesentlich geringeren Prozentsatz als das globale Wirtschaftswachstum. Hierin zeigt sich auch die abnehmende Bedeutung energieintensiver Schwerindustrien in der Weltwirtschaft sowie die zunehmende Bedeutung des Dienstleistungssektors für das Wirtschaftswachstum.

Der **wichtigste Energieträger** ist – global gesehen – mit großem Abstand das **Erdöl** (2001 35,0 %). Sein Verbrauch nahm vor allem in den 1960er und 70er Jahren stark zu und deckte einen Großteil des damaligen Energie-Mehrbedarfs, insbesondere auch für die wachsende Motorisierung, die trotz der Entwicklung alternativer Antriebsmöglichkeiten für Kfz immer noch weitgehend auf Erdöl beruht.

Beim **Erdgas** ist seit den 1970er Jahren die jährliche Verbrauchssteigerung wesentlich höher als die allgemeine Zunahme des Energieverbrauchs; sein Anteil stieg daher von Jahr zu Jahr von 19,5 % (1970) über 21,4 % (1980) und 23,6 % (1990) auf 27,1 % (2001). Erdgas hat 2000 erstmals die Kohle als zweitwichtigsten Energieträger abgelöst.

Der Weltverbrauch des »klassischen« Energierohstoffs **Stein- und Braunkohle** nahm zwar in den 1960er und 70er Jahren zu, aber sein Anteil am Gesamtverbrauch sank (1970: 32,9 % – 1980: 30,5 %); ab 1980 stieg der Kohleanteil durch den gezielten und von vielen Staaten durch Subventionen geförderten Einsatz zur Erdölsubstitution zeitweise wieder an (1985: 31,2 %), ging jedoch bis 1990 wieder auf 29,8 % zurück. Seitdem schwankt der Kohleverbrauch vor allem in Abhängigkeit vom allgemeinen Energiepreisniveau, da die Kohle zu den teureren Energieträgern gehört. 2001 betrug der Anteil am weltweiten Energieverbrauch 26,9 %.

Die höchsten Zuwachsraten verzeichnete bis Mitte der 1980er Jahre der Einsatz der **Kernenergie** (1970: 0,1 % – 1980: 1,2 % – 1985: 5,5 % – 1990: 6,8 %). In den letzten Jahren erhöhte sich der Anteil langsamer (2001: 7,8 %), da ein weiterer Ausbau der Kernenergieproduktion in vielen Ländern auf Widerstände stößt.

Der Anteil der **Wasserkraft** und anderer **regenerierbarer Energiequellen** (z. B. Wind- und Sonnenenergie, Geothermie) nahm von 1970 (2,2 %) über 1975 (2,3 %) und 1980 (2,3 %) relativ langsam, dann durch verstärkten Ausbau und gezielte staatliche Förderung in vielen Ländern etwas schneller zu (1985: 2,6 % – 1990: 2,9 % – 1995: 3,0 % – 2001: 3,2 %). Die Wasserkraft hat vor allem in vielen Entwicklungsländern eine große Bedeutung. In den Industriestaaten ist ihr Anteil, abgesehen von den Gebirgsländern Österreich, Schweiz und Norwegen, relativ unbedeutend und nur schwer steigerungsfähig. Die Nutzung sonstiger regenerativer Energien, wie Sonnen- und Windenergie, führte bisher weltweit zu kaum nennenswerten Anteilen, auch wenn sie in einigen Ländern größere regionale Bedeutung haben (z. B. Geothermie in Island, Windkraft in Norddeutschland und Dänemark).

Aufgrund von Schätzungen (z. B. der Internationalen Energie-Agentur), insbesondere unter Berücksichtigung der aktuellen Entwicklung beim Kraftwerksbau und bei der Motorisierung, kann davon ausgegangen werden, dass die Anteile der einzelnen Energieträger sich auch 2005/06 und in mittelfristiger Zukunft nicht wesentlich verändern werden.

Besonders zwischen Industrie- und Entwicklungsländern unterscheidet sich der **Energieverbrauch pro Einwohner** extrem. Aber auch innerhalb dieser Ländergruppen existieren enorme Unterschiede, je nach wirtschaftlicher, technischer und sozialer Entwick-

Energieverbrauch nach Kontinenten und Regionen in Mrd. t SKE

	2001	2000	1990
Europa (ab 2000 mit Russland)	3,588	3,514	2,346
Nord- u. Mittelamerika	3,765	3,799	3,196
davon USA	3,152	3,175	–
Südamerika	0,449	0,439	0,313
Afrika	0,424	0,415	0,282
Asien (ohne UdSSR / Russland)	4,016	3,877	2,659
davon China	1,101	1,013	0,893
Japan	0,677	0,682	0,564
Australien und Ozeanien	0,197	0,187	0,149
UdSSR (1990) / Russland	0,862	0,853	1,919

Quelle: UN

lung. Weltweit veränderte sich der Energieverbrauch pro Kopf in den letzten Jahrzehnten im Durchschnitt nur geringfügig. Er sank zunächst von seinem bisherigen Höchststand 1979 (2061 kg SKE) über 2045 kg (1990), 2035 kg (1995) und 1946 kg (1998) bis auf 1926 kg (1999) und stieg bis 2001 wieder leicht auf 1941 kg SKE/Einwohner an. Nach allen Prognosen ist in den nächsten Jahren mit keiner stärkeren Steigerung zu rechnen. Jedoch wird der Energieverbrauch insgesamt natürlich mit der wachsenden Zahl der Weltbevölkerung ansteigen.

Die größten Energieverbraucher
in Mio. t SKE

	2001	2000	1999	1990
USA	3 152,0	3 175,0	3 110,0	2 636,9
VR China	1 100,7	1 013,3	1 031,7	893,4
Russland	862,1	853,1	835,3	–
Japan	677,5	682,1	662,7	564,2
Deutschland	466,3	449,8	450,9	501,3
Indien	455,9	455,0	426,1	269,2
Frankreich	356,7	347,4	341,9	294,7
Kanada	339,5	347,2	330,2	291,9
Großbritannien	326,7	328,3	323,2	307,4
Italien	244,6	242,1	239,1	223,7
Rep. Korea	227,6	221,7	207,3	119,1
Ukraine	208,3	204,7	206,6	–
Mexiko	193,4	196,1	188,3	157,8
Südafrika	189,9	190,4	192,6	115,2
Brasilien	175,2	171,9	167,2	116,9
Australien	166,4	157,3	154,7	127,1
Spanien	157,9	156,3	149,9	80,8
Polen	124,7	123,3	129,3	96,0
u. a. Österreich	38,1	36,5	37,1	31,9
Schweiz	36,3	33,7	34,6	31,9

Quelle: UN

Der **Pro-Kopf-Verbrauch** an Energie hängt hauptsächlich vom wirtschaftlichen Entwicklungsstand eines Landes ab, daneben aber auch von vielen weiteren Bedingungen und Einflüssen: Ausbau und Zusammensetzung der Industrie (z. B. hoher Verbrauch der metallurgischen und chemischen Industrie), Grad der individuellen Motorisierung, Klima (Dauer der Heizperiode), Art der verwendeten Energieträger und Grad der Rationalisierung bzw. Verschwendung beim Energieeinsatz. Der sehr hohe Energieverbrauch der USA und Kanadas geht zum großen Teil auf den verschwenderischen Umgang mit Energie zurück, die in Nordamerika relativ billig ist. In Westeuropa nimmt der Energieverbrauch pro Kopf in den meisten Ländern nur noch gering zu oder stagniert durch Einsparungen und technische Entwicklungen (Automatisierung, Energie sparende Geräte und Maschinen, verbesserte Heizungs- und Verkehrstechniken, Wärmedämmung der Gebäude), aber auch durch den Abbau der energieintensiven Montan- und chemischen Industrie.

Energieverbrauch pro Kopf in ausgewählten Ländern in kg SKE

	2001	2000	1990
USA	11 067	11 210	10 751
Kanada	10 943	11 290	10 503
Australien	8 582	8 210	7 529
Niederlande	7 522	7 487	7 282
Frankreich	6 026	5 895	5 193
Russland (1990 UdSSR)	5 989	5 864	6 632
Deutschland (1990: »alt«)	5 663	5 485	6 241
Großbritannien	5 467	5 517	5 335
Japan	5 329	5 377	4 567
Schweiz	5 018	4 651	4 679
Rep. Korea	4 808	4 689	2 779
Österreich	4 690	4 499	4 137
Italien	4 222	4 189	3 922
Spanien	3 922	3 960	2 938
Polen	3 228	3 191	3 596
Argentinien	2 110	2 278	1 882
Thailand	1 509	1 385	752
Brasilien	1 016	1 025	788
Ägypten	984	1 019	650
VR China	356	795	787
Philippinen	539	564	409
Indien	441	454	316
Pakistan	416	416	283
Tansania	63	58	40
Dem. Rep. Kongo	36	37	64
Tschad	8	8	12

Quelle: UN

Die wichtigsten **globalen Einflussfaktoren auf den Pro-Kopf-Verbrauch** an Energie in den letzten 10–15 Jahren waren (neben kurzfristigen Konjunkturschwankungen in den großen Industriestaaten):

- **sparsamerer Umgang mit Energie** in den meisten westeuropäischen Industriestaaten, sodass hier der Verbrauch nur noch geringfügig oder gar nicht mehr zunahm (z. B. Deutschland);
- **stärkere Verbrauchssteigerungen** in den **Industrie- und Schwellenländern Ost- und Südostasiens und Lateinamerikas**, parallel zum dortigen industriellen Aufbau;
- der **Zusammenbruch großer Teile von Industrie und Gewerbe im ehemaligen Ostblock**, was zusammen mit dem Absinken des privaten Lebensstandards zu einem beträchtlichen Rückgang des Energieverbrauchs führte, zumal die osteuropäische Industrie mit veralteten Techniken und übermäßig hohem Energieeinsatz arbeitete;
- die **wirtschaftlichen Schwierigkeiten der rohstoffarmen Entwicklungsländer**, in denen größere Energieimporte durch Devisenmangel und hohe Verschuldung verhindert werden, sodass hier die Bevölkerungszahlen meist wesentlich stärker wachsen als der Energieverbrauch.

Zukünftige Energiequellen und Energievorräte

Die **Weltvorräte** an Energierohstoffen bzw. die Potenziale an regenerierbaren Energieträgern lassen sich nur schwer abschätzen. Auch Expertenaussagen unterscheiden sich stark, je nachdem, ob bei den fossilen Energieträgern nur die heute wirtschaftlich ausbeutbaren Vorkommen berücksichtigt werden oder die nach derzeitigem Kenntnisstand überhaupt vorhandenen oder auch die nur vermuteten. Daneben besteht große Unsicherheit darüber, in welchem Ausmaß sog. alternative, d. h. regenerierbare (erneuerbare) Energiequellen ökonomisch und ökologisch sinnvoll einsetzbar sind (z. B. Biomasse, Sonnen- und Windenergie, Gezeiten- und geothermische Energie, Wasserkraftnutzung). Die Haupthindernisse für eine raschere Zunahme der **Nutzung regenerativer Energiequellen** sind

- meist geringe Energiedichte und, damit verbunden,
- häufig ein ungünstiges Verhältnis zwischen technischem und finanziellem Aufwand und Ertrag,
- häufig stark störende Eingriffe in den Natur- und Landschaftshaushalt (z. B. Wasserkraftwerke) oder in das Landschaftsbild (z. B. Windkraftwerke),
- meist sehr hohe Abhängigkeit von Tages- und Jahreszeiten, klimatischen und geologischen Verhältnissen u. a. (Problem der starken Variabilität der Erzeugung und der Speicherung der Energie).

Eine **Anwendung erneuerbarer Energien** in größerem Maßstab – über lokale Erzeugung hinaus – wurde deshalb bisher fast ausschließlich durch die Verbrennung von Holz und anderem Biomaterial und bei der Wasserkraft realisiert, die in vielen Industrieländern bereits sehr stark ausgebaut ist, sowie neuerdings zunehmend auch bei der Windkraft. Die direkte Nutzung der Sonnenenergie zur Elektrizitätserzeugung in den Industrieländern der nördlichen Breiten ist bisher ausschließlich mit Hilfe öffentlicher Subventionen konkurrenzfähig. Am wirtschaftlichsten ist der Einsatz regenerativer Energiequellen derzeit im regionalen und lokalen Maßstab, z. B. in gering industrialisierten ländlichen Räumen mit schwachem Energiebedarf oder in Entwicklungsländern mit mangelhafter Versorgungsinfrastruktur. Hier können regenerative Energiequellen, wie Sonnen- und Windenergie, dazu beitragen, den Raubbau am Wald (Brennholz) zu begrenzen.

Ein ins Gewicht fallender Beitrag zur Senkung der CO_2-Emissionen, die bei konventioneller Energieerzeugung in Verbrennungskraftwerken entstehen, ist – global gesehen – in naher Zukunft durch regenerierbare Energieträger nicht zu erwarten, zumal die bevölkerungsreichen Entwicklungs- und Schwellenländer, wie z. B. China, Indien und Brasilien, z. Z. ihre Kapazitäten an Verbrennungskraftwerken stark ausbauen.

Die bekannten **Weltvorräte an fossilen Energierohstoffen**, wie Kohle, Erdöl und Erdgas, nehmen bisher noch jährlich zu, weil größere Mengen neu entdeckt als abgebaut und verbraucht werden. Aber selbstverständlich werden die fossilen und mineralischen Energieträger eines Tages erschöpft sein – die Mineralöl- und Erdgasvorkommen mittel- bis längerfristig, die Kohle- und Uranvorkommen erst nach mehreren Jahrhunderten.

Bei globaler Betrachtung ist es wahrscheinlich, dass kurz- bis mittelfristig der Anteil des Erdöls – längerfristig auch des Erdgases – an der Energieversorgung langsam, aber kontinuierlich geringer wird. Er wird nach heutigem Kenntnisstand voraussichtlich im Wesentlichen durch Kohle, daneben auch durch Kernenergie ersetzt werden, während regenerierbare Energiequellen aus den erwähnten Gründen in den Planungen der meisten Industrie- und Schwellenländer bisher nur eine zweitrangige Rolle spielen. In den meisten Staaten sollen nach derzeitiger Planung fossile und mineralische Energieträger auch mittel- bis längerfristig die Hauptlast der Versorgung tragen und den weiteren Zuwachs des Verbrauchs decken, der vor allem in den großen Entwicklungsländern zu erwarten ist (z. B. China, Indien, Indonesien, Brasilien).

Weltvorräte an Energieträgern 2002/2003
in Mio. t

	gesichert	vermutet
Steinkohle	2 562 000	3 380 000
Braunkohle	745 000	3 690 000
Torf	111 200	532 000
Erdöl	147 000	–
Ölschiefer und -sande (Ölgehalt)	13 700	–
Erdgas (in Mrd. m^3)	148 000	–
Uran (in t)	3 533 250	3 628 300

Quelle: Energy Statistics Yearbook, UN

Eine andere Perspektive ist nur wahrscheinlich, wenn es zu einem Durchbruch bei der Kernverschmelzung oder, was eher möglich erscheint, bei der großtechnischen Anwendung regenerativer Energien (z. B. Solarenergie oder Wasserstofftechnik, Geothermie) kommen sollte. Bisher steht einer verstärkten Nutzung erneuerbarer Energien vor allem die Tatsache entgegen, dass die fossilen Energierohstoffe Kohle, Erdöl und -gas aufgrund des weltweit reichlichen Angebotes trotz der jüngsten starken Preissteigerungen immer noch so billig sind, dass z. B. die Solarenergie preislich nicht konkurrieren kann. Aber auch die spezifischen Kosten für den Bau eines Kraftwerkes liegen – bezogen auf die produzierte Energiemenge – bei konventionellen Wärmekraftwerken wesentlich niedriger als bei regenerativen Energien (z. B. Wasser, Wind). Die Internationale Energie-Agentur erwartet daher, dass der Welt-Energiebedarf voraussichtlich noch auf Jahrzehnte hinaus ganz überwiegend von den fossilen Energieträgern (einschließlich Uran) gedeckt werden wird.

Energiewirtschaft in Deutschland

Der **Primärenergieverbrauch** nahm in Deutschland 2003–04 um 0,1 % ab, d. h. von 493,1 auf 492,6 Mio. t SKE. Im Vorjahr war noch ein leichter Verbrauchszuwachs zu verzeichnen gewesen. Insgesamt hielt die langjährige Tendenz an, dass der deutsche Energieverbrauch seit etwa 1990 nur innerhalb eines relativ engen Rahmens schwankt. Eigentlich wäre 2004 mit einem höheren Verbrauch als 2003 zu rechnen gewesen, da die Witterung kälter war und die Wirtschaftsleistung um 1,6 % höher lag. Die Statistik misst jedoch nicht den tatsächlichen Verbrauch, sondern den Absatz. Dieser lag insbesondere beim Heizöl wegen der stark steigenden Preise niedriger als im Vorjahr (Lagerabbau).

Vom gesamten **deutschen Primärenergieverbrauch** von 492,6 Mio. t SKE entfielen 2004 (2003) auf Mineralöl 179,4 (180,2), Erdgas 110,4 (110,0), Steinkohle 66,2 (68,7), Kernenergie 62,2 (61,5), Braunkohle 56,2 (55,9), Wasser- und Windkraft 5,6 (4,6) und auf Sonstiges (Müll, Brennholz, Sonnenenergie sowie Außenhandelssaldo) 12,6 (12,2) Mio. t SKE.

Der **Mineralölverbrauch** nahm 2004 statistisch um 0,5 % ab, real dürfte er auf Vorjahresniveau geblieben sein, da es sich hauptsächlich um einen Absatz-, weniger um einen Verbrauchsrückgang handelte. Vor allem beim Heizöl wurde wegen der hohen Preise starker Vorratsabbau betrieben.

Der Verbrauch von **Erdgas** stieg um 0,3 % an. Ursachen waren temperaturbedingte Verbrauchszuwächse, die Zunahme erdgasbeheizter Wohnungen und vermehrter Gaseinsatz in Kraftwerken.

Der Verbrauch von **Steinkohle** nahm um 3,6 % ab, und zwar durch verringerten Einsatz in der Elektrizitätswirtschaft, während der Kohlebedarf der Stahlindustrie leicht zunahm. Bemerkenswert ist hier der längerfristige Bedeutungsverlust: 1955 deckte die Steinkohle noch 72 % des Energiebedarfs der BR Deutschland.

Energieträger in Deutschland 2004
(Anteile am Primärenergieverbrauch)

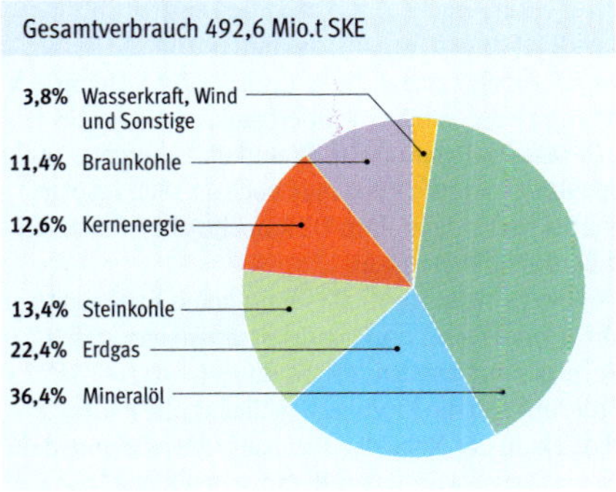

Quelle: Arbeitsgemeinschaft Energiebilanzen 2005

Energieverbrauch in Deutschland 1994–2004

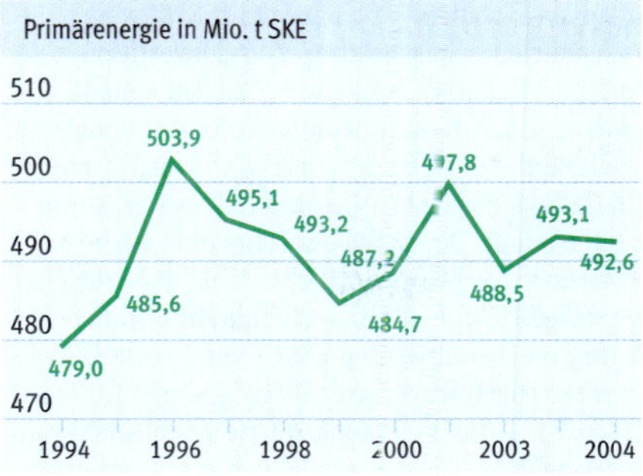

Quelle: ET 2005

Die **Braunkohle** gewann leicht an Bedeutung als Energieträger (+0,5 %), da die Lieferungen an die Kraftwerke anstiegen.

Der Einsatz der **Kernenergie** erhöhte sich (Zunahme der Stromerzeugung um 1,1 %). Die Stromproduktion aus **Wasserkraft** nahm aus Witterungsgründen gegenüber dem trockenen Sommer 2003 stark zu. Auch die **Windkraftnutzung** erhöhte sich aufgrund hoher Investitionen in neue Anlagen auch 2004 wieder kräftig. Insgesamt lag der Anteil erneuerbarer Energien 2004 bei ca. 3,7 % des Verbrauchs.

Der **Pro-Kopf-Verbrauch** an Energie in Deutschland lag 2004 bei 6,0 t SKE. Verglichen mit dem Weltdurchschnitt (ca. 1,9 t SKE pro Kopf und Jahr) liegt der deutsche Verbrauch sehr hoch, doch wird die Energie in Deutschland besonders effizient genutzt, verglichen mit globalen Maßstäben. Der »spezifische Energieverbrauch« (Verhältnis zur erwirtschafteten Wertschöpfung) belief sich 2003 in Deutschland auf 231,4 kg SKE je 1000 € BIP. Weltweit liegt der spezifische Energieverbrauch bei rd. 395 kg SKE je 1000 € BIP. Insgesamt ist Deutschland, das etwa 1,3 % der Weltbevölkerung umfasst, mit etwa 3,8 % am gesamten Weltenergieverbrauch beteiligt.

Vom **Energieverbrauch der privaten Haushalte** entfallen im mehrjährigen Durchschnitt auf Raumheizung 52 %, Auto 31 %, Warmwasserzubereitung 8 %, Hausgeräte 6 %, Information, Kommunikation 2 %, Beleuchtung 1 %. An der **Raumheizung** sind z. Z. folgende Energieträger beteiligt: Erdgas 45 %, Heizöl 30 %, Kohle 6 %, Fernwärme 15 %, Strom 4 %.

Energieprognosen für Deutschland erwarten für die nächsten Jahre nur noch geringe Verbrauchszuwächse, eher -rückgänge. Die Prognos AG rechnete bereits 1995 für 2020 nur noch mit einem Primärenergieverbrauch in Deutschland von 486 Mio. t SKE. Als neuere Berechnung kommt die »Esso Energieprognose 2003« zum Ergebnis, dass der Energieverbrauch in Deutschland bis 2005 auf 488 Mio. t SKE und bis 2010 auf 486 Mio. t SKE leicht abnehmen wird, um dann bis 2020 stärker auf 450 Mio. t SKE zurückzugehen.

Sicherer als Prognosen über den Energieverbrauch insgesamt sind Vorausschätzungen über den **zukünf-**

tigen Anteil der einzelnen Energieträger, da angesichts der langen Planungs- und Bauzeit für Kraftwerke durch politische Entscheidungen und Investitionen der Energiewirtschaft frühzeitig die Weichen gestellt werden müssen. So nimmt die letzte Esso-Prognose an, dass der Erdölanteil bis 2020 auf 34,3 % zurückgehen wird (hauptsächlich für Kfz- und Luftverkehr sowie Raumheizung). Der Anteil der Steinkohle dürfte bei 14 % bleiben, da bei weiter zurückgehender deutscher Förderung zunehmend Importkohle zur Stromerzeugung eingesetzt werden wird – vorausgesetzt es kommt zur beabsichtigten Stilllegung von Kernkraftwerken. Auch die Braunkohle dürfte einen Anteil von 9–10 % behalten (fast ausschließlich zur Strom- und Fernwärmeerzeugung). Der stärkste Zuwachs (auf 32 % Anteil) wird für Erdgas prognostiziert, aufgrund weiter zunehmender Bedeutung für die Raumheizung und als Kernenergie-Ersatz bei der Stromerzeugung. So sind bereits 2004 vier neue Gaskraftwerke mit je mehr als 30 MW Leistung in Betrieb gegangen. Besonders ungewiss ist der künftige Anteil der Stromproduktion aus Kernenergie, da hier nicht wirtschaftliche oder technische Entwicklungen, sondern politische Entscheidungen eine Rolle spielen. Die Prognose geht davon aus, dass ihr Anteil am gesamten deutschen Energieverbrauch bis 2020 durch Stilllegungen auf 3–4 % gesunken sein wird.

Über den künftigen Anteil regenerativer Energien bestehen vielfach sehr optimistische Schätzungen, doch erwartet die Prognose, dass er bei realistischer Betrachtung in den nächsten Jahren nicht über 7 % hinausgehen wird, vor allem durch Zuwächse bei Wind- und Solarenergie und Biomasseverbrennung, weniger bei der Wasserkraft. Der Zuwachs bei den erneuerbaren Energien hängt jedoch stark von einer günstigen wirtschaftlichen Entwicklung ab, da hier die Investitionskosten im Verhältnis zum Ertrag besonders hoch sind und eine merkliche Steigerung massive öffentliche Subventionen und Preiserhöhungen für die Verbraucher voraussetzt. So stiegen die von den Verbrauchern zu zahlenden Mehrkosten für die Förderung von »Ökostrom« von 0,9 Mrd. € (2000) auf 2,2 Mrd. € (2004) durch die erhöhten Einspeisevergütungen (»Erneuerbare-Energien-Gesetz«).

Erzeugung und Verbrauch der wichtigsten Primär- und Sekundärenergien

Braunkohle

Braunkohle gehört zu den Energierohstoffen mit besonders reichhaltigen Vorräten, die aber in vielen Ländern noch kaum genutzt werden, solange mit Steinkohle, Erdöl u. a. höherwertige Rohstoffe zur Verfügung stehen. Die Weltreserven (sicher und vermutet) belaufen sich (nach UN-Angaben) auf ca. 4428 Mrd. t; die größten Vorräte besitzen (in Mrd. t) Russland (2600), die USA (1030), die VR China (470), Australien (310) und Deutschland (120).

Braunkohle (Lignit) Förderung in Mio. t

	2003	2002	2000
Deutschland	179,085	181,779	167,691
Russland	70,000	75,600	86,400
Griechenland	69,411	71,074	63,307
USA	68,000	67,000	83,460
Australien	68,000	67,000	64,960
Polen	60,923	58,240	61,338
VR China	52,000	50,000	40,000
Tschechische Rep.	50,390	49,335	50,136
Türkei	43,749	60,000	62,952
Serbien und Montenegro	42,000	44,000	33,636
Rumänien	30,030	30,189	17,943
Indien	25,000	24,000	21,659
Bulgarien	23,000	23,202	25,850
Thailand	18,830	19,602	17,714
Spanien	14,000	12,283	–
u. a. Österreich	1,152	1,412	1,255
Weltförderung	876,928	899,993	877,417

Deutschland war auch 2004 – trotz einer leichten Abnahme der Förderung – mit Abstand weltweit größter Braunkohlenproduzent. Die **Förderung** erhöhte sich 2003–2004 um 1,6 % von 179,085 Mio. t auf 181,926 Mio. t (1989 allerdings noch 410,7 Mio. t). Von der Gesamtförderung entfielen auf das Rheinische Revier (Köln/Aachen) 100,286, die Lausitz (Cottbus) 58,996 (1989 noch 195,139), das mitteldeutsche Revier (Halle/Leipzig) 20,248 (1989 noch 105,651), Helmstedt 2,372 und Nordostbayern (Oberfranken) 0,023 Mio. t.

Die **Beschäftigtenzahl** im Braunkohlenbergbau sank 2004 um 4,3 % auf 17315 (1995 noch 40281). 1989 arbeiteten in der damaligen DDR noch 138831 Personen im Braunkohlenbergbau.

In **Deutschland** wurde die Braunkohle auch 2004 ganz überwiegend zur **Elektrizitätserzeugung** verfeuert. Insgesamt wurden 167,385 Mio. t (= 92,0 % der Förderung) an die Kraftwerke geliefert, die in der Regel direkt in der Nähe der Tagebaue betrieben werden. Beispielsweise wurden im Rheinischen Revier 2004

89,535 Mio. t der Gesamtförderung von 100,286 Mio. t in fünf Großkraftwerken verfeuert.

An **Braunkohlen-Veredelungsprodukten** wurden 2004 in Deutschland hergestellt: 1,435 Mio. t Briketts (weiterer Rückgang, da der Verbrauch in den Haushalten durch die weitgehend abgeschlossene Umstellung der Heizungen auch in Ostdeutschland weiter abnahm), 3,002 Mio. t Braunkohlenstaub (zur industriellen Kesselfeuerung) sowie Koks, Filterkohle und andere chemische Produkte. Insgesamt trug die Braunkohle 2004 (2003) in Deutschland 11,4 (11,4)% zur Primärenergieversorgung und 26,1 (26,2)% zur Stromerzeugung bei.

In der **ehem. DDR** war die Braunkohle die einzige bedeutende einheimische Energiequelle. Um Devisen für Energieimporte zu sparen, wurde sie ohne Rücksicht auf Umweltschäden extensiv abgebaut, um die Hauptlast der Strom- und Wärmeerzeugung zu tragen. Nach der deutschen Wiedervereinigung wurde der Abbau zunächst stark reduziert. Die Braunkohleförderung in den **neuen Bundesländern** sank daher von 300,790 Mio. t (1989) auf nur noch 64,804 Mio. t (1999). In den letzten Jahren stieg die ostdeutsche Förderung wieder leicht an (2004: 79,244 Mio. t), da 2001 zwei neue Großkraftwerke in Betrieb genommen wurden. Nach dem weitgehenden Abschluss der umweltfreundlichen Umrüstung der Kraftwerke (Rauchgasreinigungsanlagen) und der Stilllegung veralteter Kraftwerke soll diese Fördermenge erhalten bleiben. Ein Großteil der Wohnungsheizungen (auch Fernheizungen) wurde inzwischen von der früheren Braunkohlenbrikett- auf Öl- oder Gasheizung umgestellt, sodass auch in den ostdeutschen Revieren die Braunkohle heute ganz überwiegend zum Zwecke der »Verstromung« gefördert wird.

Im **rheinischen Revier** geriet der **Braunkohlentageabbau** in den 1990er Jahren zunehmend in die Kritik wegen der ökologischen (riesige Tieftagebaue mit weitflächigen Auswirkungen auf die Grundwasserverhältnisse) und sozialen Folgen (Umsiedlung von Dörfern). Z. Z. werden hier drei großflächige Tagebaue betrieben (Hambach, Garzweiler, Inden). 2006 ist der Übergang vom ausgekohlten Tagebau Garzweiler I auf den Anschlußtagebau Garzweiler II vorgesehen.

Erdgas

Die weltweite **Erdgasförderung** nahm in den letzten Jahren in abgeschwächter Form weiter zu. Allerdings ist in den USA mit der baldigen Erschöpfung vieler seit längerem ausgebeuteter Erdgasquellen zu rechnen. In Russland – dem größten Produzenten – und anderen osteuropäischen und GUS-Staaten ergaben sich immer wieder technische Probleme bei der Förderung und beim Transport (veraltete Technologie, hohe Leitungsverluste). In anderen Ländern mit größeren Vorräten (z. B. Naher Osten) wurde in den Jahren niedriger Energiepreise zu wenig in die Förderanlagen investiert, um die Produktion rasch erhöhen zu können.

Erdgas (»Naturgas«, einschl. Erdölgas)
Netto-Förderung (Brutto-Förderung abzügl. zurückgepresstes und abgefackeltes Gas und Eigenverbrauch) in Mrd. m^3

	2003	2002	2000
Russland	590,000	595,000	584,000
USA	550,300	551,700	543,400
Kanada	180,900	171,348	166,078
Großbritannien	108,700	109,512	115,033
Algerien	81,000	84,000	85,000
Norwegen	76,900	68,300	52,400
Niederlande	72,800	72,000	67,727
Indonesien	71,000	85,083	82,277
Iran	62,600	61,000	57,000
Usbekistan	58,062	57,670	56,400
Saudi-Arabien	58,000	50,500	49,000
Malaysia	56,000	55,200	42,400
Turkmenistan	49,000	53,000	47,000
Ver. Arab. Emirate	48,100	40,000	22,900
Mexiko	40,600	38,700	38,400
Argentinien	37,700	38,500	41,000
VR China	33,400	28,000	27,700
Katar	33,400	32,900	29,100
Australien	33,267	32,700	31,165
Venezuela	32,600	28,000	31,000
Pakistan	23,400	24,800	20,000
Indien	22,800	23,500	21,000
u. a. Deutschland	20,910	21,424	21,576
Österreich	2,030	2,015	1,805
Weltförderung	2 558,220	2 534,613	2 433,331

Außer der wirtschaftlich genutzten Fördermenge werden jährlich immer noch größere Mengen Erdgas »abgefackelt«, d. h. an Ort und Stelle nutzlos verbrannt. Es handelt sich meist um Gas, das bei der Erdölförderung als sog. assoziiertes, d. h. erdölgebundenes, Gas anfällt und mangels Absatzmöglichkeiten noch nicht sinnvoll verwendet werden kann.

Der **Erdgasverbrauch** nimmt weiter überdurchschnittlich zu, da in der Industrie zunehmend Erdgas anstelle von Kohle und Öl verwendet wird (auch für die Stromerzeugung) und in vielen europäischen Ländern veraltete Kohle- und Ölheizungen durch umweltfreundlichere Gasheizungen ersetzt werden (geringere Emissionen).

Die nachgewiesenen und gewinnbaren **Erdgas-Reserven** belaufen sich auf rd. 148 000 Mrd. m^3. Die Menge nahm gegenüber früheren Jahren zu (z. B. 1990 erst 119 328 Mrd. m^3), da bisher die Fördermenge durch neue Entdeckungen mehr als ausgeglichen wurde. Die größten bekannten Reserven befinden sich im Nahen Osten (56 025 Mrd. m^3) und im westlichen Sibirien (ca. 50 000 Mrd. m^3).

Der **Anteil des Erdgases an der Welt-Energieversorgung** lag 2003 bei 27,5 %. Allerdings ist die Verwendung von Erdgas stärker als bei anderen Energiequellen auf wenige Regionen konzentriert. 2003 entfielen allein 28 % des Weltverbrauchs auf Nordamerika und 42 %

auf Europa (einschl. Russland). Der wichtigste Grund für die starke Konzentration der Erdgasverwendung sind die Transportschwierigkeiten. Daher ist auch der Außenhandel mit Gas bisher auf relativ wenige Handelsströme begrenzt (→ Tabelle). Der Transport des gehandelten Erdgases erfolgt zu rd. 80 % per Pipeline und zu 20 % in LNG-(»liquefied natural gas«, Flüssiggas-)Tankern.

Außenhandel mit Erdgas 2001 in Terajoule

Bedeutendste Exporteure		Bedeutendste Importeure	
Russland	6 796 889	USA	4 294 636
Kanada	4 120 413	Deutschland	2 951 423
Algerien	2 234 390	Japan	2 886 398
Norwegen	2 022 071	Ukraine	2 221 701
Indonesien	1 666 663	Italien	2 086 927
Niederlande	1 651 219	Frankreich	1 623 060
Malaysia	745 212	Rep. Korea	879 644
Gesamtexporte 2001 (2000)		25 484 223 (24 712 553)	

Quelle: Energy Statistics Yearbook, UN

Das **deutsche Erdgasaufkommen** belief sich 2004 auf 119,3 Mrd. m^3 (= +4,6 % gegenüber 2003). Es wurde zu 16,4 % aus inländischer Förderung gedeckt, zu 83,6 % aus Importen. Diese kamen vor allem aus Russland, dem mit Abstand wichtigsten Lieferanten (42,0 Mrd. m^3), Norwegen (28,6 Mrd. m^3) und den Niederlanden (22,5 Mrd. m^3). Die Inlandsförderung 2004 betrug 19,5 Mrd. m^3 und kam zu rd. 95 % aus den Regionen Weser-Ems, Elbe-Weser und westl. Emsland.

Vom **Gasabsatz** in Deutschland entfielen 2004 auf Haushalte und sonstige Kleinverbraucher 48 %, auf die Industrie (nur Energieverbrauch) 25 %, auf nichtenergetischen Verbrauch und Fernwärmeerzeugung 14 % und auf Kraftwerke zur Stromerzeugung 13 %. Gegenüber dem Vorjahr nahm der Verbrauch der Industrie leicht zu, während der Verbrauch der Haushalte aufgrund der höheren Temperaturen während der winterlichen Heizperiode leicht abnahm, obwohl die Zahl der gasbeheizten Wohnungen erneut um etwa

Erdgasaufkommen in Deutschland 2004

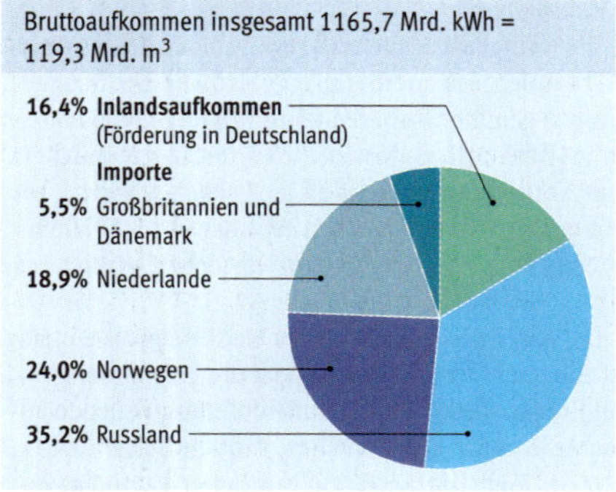

Quelle: ET 2005

0,3 % anstieg. Ihre Gesamtzahl betrug Ende 2004 17,8 Mio., d. h. 47,2 % des deutschen Wohnungsbestandes. Vor allem in Ostdeutschland wurden in den letzten Jahren viele Wohnungen von Braunkohle- auf Gasheizung umgestellt. Insgesamt wurden 2004 in Deutschland 75 % aller Neubauwohnungen mit Gasheizung ausgestattet. Im Kraftwerkssektor wurde 2004 etwa gleich viel Erdgas zur Stromerzeugung verbraucht wie im Vorjahr.

Der gesamte **Erdgasverbrauch** stieg 2003–2004 in Deutschland um 0,3 % auf 101,9 Mrd. m^3 an (einschließlich anderer Naturgase, wie Grubengas). Der Anteil am gesamten Primärenergieverbrauch stieg leicht von 22,3 (2003) auf 22,4 % (2004).

Erdöl

Die **Rohölförderung** nahm 2003 und vor allem 2004 aufgrund des weltwirtschaftlichen Konjunkturaufschwungs stark zu. Insbesondere die beträchtlichen Nachfragesteigerungen der USA und Chinas führten zu entsprechenden Erhöhungen der Förderung (und zu starkem Rückgang der Lagerhaltung). Unter den bedeutendsten Förderstaaten stand Saudi-Arabien auch 2003 mit 13,7 % der Weltförderung an der Spitze. Die russische Förderung stieg stark an (11 % der Welt), obwohl bei veralteten Anlagen vielfach technische Probleme auftraten. Dagegen ging die Förderung der USA erneut leicht zurück, da immer mehr Lagerstätten erschöpft sind. Insgesamt entfielen 2003 auf den Nahen Osten 29,5 % der weltweiten Ölförderung, auf Mittel- und Südamerika 14,5 %, auf Nordamerika 13,2 %, auf Europa (ohne Russland und die GUS-Staaten) 8,5 %. Die westeuropäische Förderung wurde zu über 95 % aus der Nordsee gewonnen.

Erdöl ist weltweit der **wichtigste Energielieferant** und deckte 2003 rd. 35,2 % des kommerziellen Welt-Energieverbrauchs. 1974 hatte der Anteil noch 48 % betragen, was damals als zu einseitig empfunden worden war. Nach den Planungen, die während der »Erdölkrisen« in den 1970er Jahren aufgestellt wurden, sollte der Anteil des Erdöls in den 80er und 90er Jahren durch Einsparungen und verstärkten Einsatz anderer Energieträger (bes. Kernenergie) kontinuierlich gesenkt werden, um die allzu große Abhängigkeit von einem Produkt abzubauen. Wegen der inzwischen stark gesunkenen Preise für Erdölprodukte und aufgrund der hohen Kosten für Erschließung und Ausbau anderer Energieträger, auch wegen der Akzeptanzkrise der Kernenergie, erfolgte bisher die Mineralölsubstitution wesentlich langsamer als ursprünglich geplant. In manchen Ländern steigt der Erdölanteil am Energieverbrauch sogar wieder an, verursacht durch die Abkehr von Kernenergieplanungen und wegen der weiter fortschreitenden Motorisierung. Für den Kfz-Verkehr ist in kurz- bis mittelfristiger Zukunft mit keiner ins Gewicht fallenden Alternative zum benzin- bzw. dieselbetriebenen Motor zu rechnen.

Erdöl Förderung (einschl. Naturbenzin, Kondensate, Flüssiggas und Öl aus Teersanden) in Mio. t

	2003	2002	2000
Saudi-Arabien *	496,800	407,200	439,800
Russland	400,000	366,000	323,000
USA	349,400	350,100	351,300
Mexiko	187,800	179,200	173,300
Iran *	181,700	170,700	193,300
VR China	169,400	167,000	162,600
Norwegen **	151,700	159,200	159,000
Venezuela *	138,000	162,800	172 900
Kanada	136,000	137,000	131,631
Ver. Arab. Emirate *	122,556	104,800	120,500
Nigeria *	107,300	97,600	101,200
Kuwait *	104,200	98,000	106,300
Großbritannien **	97,820	107,400	117,882
Algerien *	80,200	70,200	59,200
Brasilien	76,400	84,440	72,587
Libyen *	71,289	63,800	80,832
Irak *	62,900	99,700	123,000
Indonesien *	57,600	65,162	82,277
Kasachstan	50,600	47,220	30,648
Angola	48,000	46,200	37,600
Oman	40,500	44,600	47,800
Argentinien	38,500	40,000	40,100
Indien	36,900	32,000	32,000
Ägypten	36,900	32,964	41,200
Malaysia	38,500	36,513	35,624
Katar *	38,400	34,000	35,100
Australien	27,876	31,800	40,734
Kolumbien	27,800	30,155	36,200
u. a. Deutschland	3,809	3,768	3,120
Weltförderung **	3 631,625	3 512,160	3 596,038

* OPEC-Staaten
** davon mehr als ein Drittel aus untermeerischen Quellen

Die bestätigten **Weltreserven** an Erdöl wurden für 2004 auf rd. 147 Mrd. t berechnet. Hinzu kommen rd. 14 Mrd. t in Ölsanden und -schiefern und weitere 20–30 Mrd. t wahrscheinliche, aber noch nicht sicher bestätigte Vorkommen. Die Reserven – die geortet sind und mit der gegenwärtigen Technik wirtschaftlich gewonnen werden können – nahmen in den letzten Jahren trotz der jährlichen Fördermengen jeweils leicht zu und erreichten 2002 den höchsten jemals berechneten Stand. Seitdem war der Verbrauch höher als neu entdeckte Reserven.

Saudi-Arabien ist nach wie vor das ölreichste Land; es verfügt über ca. 22 % aller bestätigten Erdölreserven der Welt. Auf Irak, Iran, Kuwait und die Verein. Arabischen Emirate entfallen je 8–10 %. Bei gleichbleibender Jahresförderung würden die derzeit bekannten Reserven (also ohne künftige Neu-Entdeckungen) insgesamt noch 40 Jahre reichen, in Europa nur 8–9 Jahre, im Nahen Osten dagegen rd. 90 Jahre. Seit Beginn der Erdölförderung 1859 wurden bis 2004 rd. 276 Mrd. t Erdöl entdeckt. Davon wurden bis Ende 2004 etwa 141,5 Mrd. t (= 51 %) gefördert und verbraucht.

Außenhandel mit Erdöl 2001 in Mio. t

Bedeutendste Exporteure		Bedeutendste Importeure	
Saudi-Arabien	302,883	USA	494,431
Russland	162,109	Japan	205,008
Norwegen	147,518	Rep. Korea	117,400
Iran	118,903	Deutschland	105,171
Venezuela	103,299	Frankreich	86,156
Nigeria	101,022	Italien	82,829
Mexiko	92,740	Indien	75,449
Irak	89,989	VR China	60,260
Großbritannien	80,735	Spanien	56,792
Ver. Arab. Emirate	79,427	Niederlande	54,253
Libyen	49,067	Großbritannien	48,992
Gesamtexporte 2001 (2000) 1 894,184 (1 901,285) Mio. t			

Quelle: Energy Statistics Yearbook, UN

Der **Anteil der OPEC-Länder** an der Welt-Erdölförderung, der 1973 noch 54 % betragen hatte, sank in den 80er Jahren stark ab (1985: 29,7 %), stieg aber 2004 wieder auf ca. 40 %. Auf die OPEC-Länder entfallen 68 % der sicheren Welt-Erdölreserven, und wegen ihres relativ geringen Eigenverbrauchs (nur 8 % des Weltverbrauchs) entstammten auch 2003/04 wieder über zwei Drittel des international gehandelten Rohöls von dort.

Die größten Mineralölverbraucher in Mio. t

	2003	2002	2000
USA	895,1	888,4	887,8
VR China	262,8	247,9	219,8
Japan	252,2	249,4	255,0
Russland	126,2	126,6	123,5
Deutschland	124,9	127,0	129,4
Indien	106,5	99,1	98,0
Rep. Korea	100,7	99,2	99,3
Brasilien	97,4	100,3	100,1
Frankreich	96,3	93,6	95,2
Kanada	95,6	89,1	93,0
Italien	93,5	93,4	89,8

Der **Mineralöl-Weltverbrauch** steigt seit Mitte der 1980er Jahre fast jährlich an und erreichte 2004 ein neues Maximum mit rd. 3,7 Mrd. t. Die starke Verbrauchszunahme ging – parallel zur Wirtschaftskonjunktur – vor allem auf das Konto Chinas und der USA, die beide ihre Importe stark erhöhten und zum kräftigen Preisanstieg beitrugen.

Die **Rohölpreise** erhöhten sich von 2004 so stark wie selten zuvor in einem Jahr. Sie stiegen von 28,83 US-$/barrel im Jahresdurchschnitt 2003 auf 38,10 US-$ 2004 (+32 %). Der Anstieg verlief jedoch nicht gleichmäßig, sondern in Sprüngen; zeitweise wurden bis über 50 US-$ bezahlt, und auch im Frühjahr 2005 wurde mehrfach die 50-$-Marke überschritten. Die Ursachen lagen auf der Angebots- wie auf der Nachfrageseite. Insbesondere der Bedarf Chinas, daneben anderer Schwellenländer sowie der USA stieg aus kon-

 Preisentwicklung des Erdöls 1974–2005

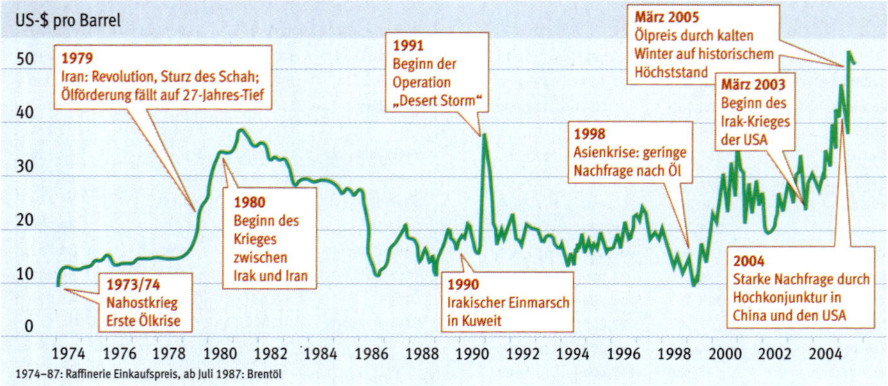

Quellen: EIA, Thomson Financial Datastream, BP Statistical of World Energy, Goldman Sachs; Handelsblatt

junkturellen Gründen sehr stark an. Das Angebot konnte mit der kräftig zunehmenden Nachfrage wegen begrenzter Förderkapazitäten und – vor allem in den USA – mangelnder Raffineriekapazitäten nicht Schritt halten, obwohl die OPEC ihre Förderung über die vereinbarten 24,5 Mio. barrel pro Tag erhöhte (Anfang 2005 auf 28 Mio. barrel). Zusätzlich wirkten spekulative Elemente (Rohstofffonds) und die politische Unsicherheit in Nahost preistreibend. In Deutschland wirkten sich die gestiegenen Weltmarktpreise aufgrund des Wertzuwachses des € gegenüber dem US-$ nicht in voller Höhe aus. Die durchschnittlichen Rohöl-Importpreise frei deutsche Grenze stiegen nur um 17 %, und zwar von 130 (2003) auf 152 €/t SKE im Jahresdurchschnitt. Insbesondere die Benzin- und die Heizölpreise erhöhten sich entsprechend, und die chemische Industrie litt unter den steigenden Rohstoffpreisen.

In **Deutschland** nahm das Mineralölaufkommen 2003–2004 um 4,0 % auf 149,399 Mio. t zu. Die wichtigsten Komponenten des Aufkommens waren Rohöleinfuhren (110,140 Mio. t) sowie Importe von Mineralölprodukten (34,956 Mio. t). Die Inlandsförderung nahm leicht ab und war mit 3,547 Mio. t relativ unbedeutend. Sie kam hauptsächlich aus den Fördergebieten Weser-Ems, Elbe-Weser und Schleswig-Holstein.

Rohöllieferanten Deutschlands 2004

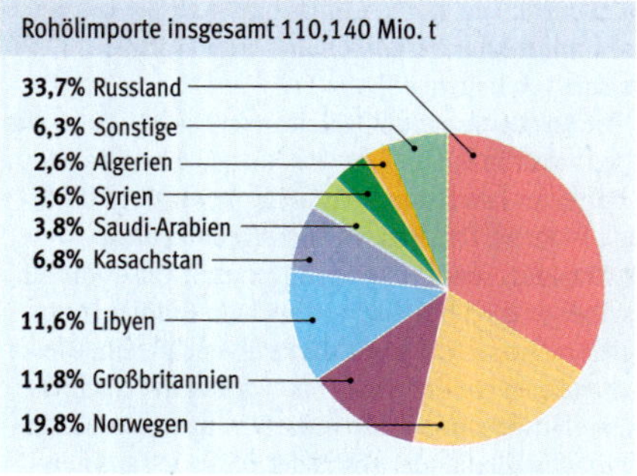

Quelle: Bundesamt für Wirtschaft und Ausfuhrkontrolle 2005

Die Herkunft des importierten Rohöls hat sich gegenüber früheren Jahren stark gewandelt. 1973 entfielen noch 96,4 % der Importe auf OPEC-Länder; 2004 lieferten sie nur noch 20,0 %. Dagegen entfielen 33,7 % auf Lieferungen Russlands und 33,4 % auf Nordseeöl. Russland erhöhte seinen Anteil von 31,5 % (2003) und war 2004 mit großem Abstand der wichtigste Lieferant.

Die deutschen **Ausgaben für den Import** von Erdöl und Mineralölprodukten stiegen 2004 wegen erhöhter Einfuhrmengen, vor allem aber wegen der stark gestiegenen Weltmarktpreise. Die Kurssteigerungen des € gegenüber dem US-$ (in dem global abgerechnet wird) wirkten sich jedoch günstig aus. Während sich die Rohölpreise im Jahresdurchschnitt 2003–2004 in US-$ um 32 % erhöhten, stiegen die Importpreise frei deutsche Grenze nur um 17 %. Insgesamt wurden 2004 für den Import von Rohöl und Mineralölprodukten netto 25,1 Mrd. € ausgegeben (2003: 23,1 Mrd. €). Dies entsprach 67,8 % aller Importe von Energierohstoffen.

Der **Absatz** von Mineralölprodukten im Inland nahm 2003–2004 um 0,6 % von 115,074 Mio. t auf 114,399 Mio. t ab. Die Abnahme ging vor allem auf die Absatzrückgänge bei leichtem Heizöl zurück (–9,2 % auf 25,5 Mio. t). Ursache waren der Abbau der Vorräte bei den Haushalten wegen der Preissteigerungen.

Der Absatz an Ottokraftstoff (Benzin und Super) ging um 2,7 % auf 25,2 Mio. t zurück. Die Ursache lag einerseits beim Rückgang der Fahrzeuge mit Benzinmotor zugunsten von Dieselfahrzeugen, andererseits im sog. »Tanktourismus« in die Nachbarländer mit niedrigeren Benzinpreisen. Zunahmen verzeichneten der Verbrauch von Dieselkraftstoff (+3,5 % auf 28,9 Mio. t, davon rd. ⅔ für LKW und Busse), von Flugturbinentreibstoff (+2,2 % auf 7,1 Mio. t) sowie von Rohbenzin für industrielle Zwecke (+3,4 % auf 17,8 Mio. t).

Steinkohle

Die weltweiten **Steinkohlenressourcen** werden nach Angaben der UN derzeit auf 4450 Mrd. t geschätzt; hiervon gelten 1068 Mrd. t als gesicherte und nachgewiesene Reserven, 3382 Mrd. t als vermutete weitere Reserven. Die größten Vorräte entfallen auf Russland (rd. 35 %), die USA (16 %) und China (12 %).

Steinkohle Förderung in Mio. t (nach UN)

	2003	2002	2000
VR China	1 315,224	1 108,068	1 005,000
USA	895,591	920,158	909,259
Indien	348,432	335,059	311,751
Australien	268,506	236,800	228,100
Südafrika	238,160	222,450	220,893
Russland	184,000	182,400	185,000
Indonesien	106,451	87,914	71,748
Polen	102,240	103,545	103,173
Kasachstan	58,000	56,000	52,000
Kolumbien	47,500	39,500	38,142
DVR Korea (S)	45,000	51,000	54,000
Kanada	26,552	30,438	33,805
Großbritannien	28,236	29,539	30,485
Deutschland	28,653	28,671	37,338
Tschechische Rep.	13,650	14,472	14,856
Spanien	11,500	13,308	14,965
Weltförderung	3 883,305	3 629,422	3 478,827

Quelle: UN

Steinkohle war bis 1966 weltweit der wichtigste **Energielieferant** und wurde dann vom Erdöl überholt, in den 1990er Jahren auch vom Erdgas. 2004 lieferte Steinkohle nur noch ca. 22 % der Welt-Primärenergie. Während Kohle früher vor allem im Ursprungsland verbraucht wurde, stieg seit den 1970er Jahren der internationale Handel stark an, vor allem durch kostengünstige Angebote aus Übersee. Die früher dominierenden europäischen Kohleproduzenten können demgegenüber preislich seit längerem nicht mehr konkurrieren.

Die **Weltförderung** stieg in den letzten Jahren wieder leicht an, da sich aufgrund der starken Ölpreissteigerungen die Preisdifferenz zur Öl- und Gaskonkurrenz stark verringerte und die Nachfrage deutlich zunahm. Die wichtigsten Produzenten sind seit Jahren die – verglichen mit Europa – preisgünstig abbauenden überseeischen Länder, in denen die Kohle teils zur Deckung des eigenen Energiebedarfs (z. B. USA, VR China, Indien, Südafrika), teils für den Export gefördert wird (vor allem in Australien, Südafrika, Indonesien). China verringerte in den letzten Jahren seine Exporte stark zugunsten der Deckung seines eigenen stark zunehmenden Energiebedarfs.

Die **Weltmarktpreise** für Steinkohle stiegen 2004 relativ stark an. Vor allem wegen des erhöhten Bedarfs der Stahlindustrie und der starken Industriekonjunktur in Ostasien und den USA erhöhte sich der Bedarf. Zusätzlich wirkten die gestiegenen Frachtraten für den Schiffstransport von Südafrika und Australien preistreibend. Insgesamt erhöhten sich die Preise für Kraftwerkskohle von 50 US-$ / t SKE im Durchschnitt 2003 auf 84 US-$ 2004. Sie lagen jedoch in Deutschland immer noch bei weniger als der Hälfte der Preise für einheimische Kohle.

Außenhandel mit Steinkohle 2001 in Mio. t

Bedeutendste Exporteure		Bedeutendste Importeure	
Australien	192,749	Japan	155,145
VR China	90,128	Rep. Korea	64,966
Südafrika	69,210	Großbritannien	35,542
Indonesien	66,281	Deutschland	33,511
USA	44,066	Niederlande	30,336
Russland	41,553	Russland	27,820
Kolumbien	39,074	Indien	20,448
Kanada	30,376	Italien	19,657
Polen	23,029	Spanien	18,916
Gesamtexporte 2001 (2000)		667,875 (600,986) Mio. t	

Quelle: Energy Statistics Yearbook, UN

In **Deutschland** blieb die **Steinkohleförderung** 2004 gegenüber dem Vorjahr praktisch gleich. Sie betrug 25,872 Mio. t (2003: 25,873). Die Importe stiegen jedoch um rd. 10 % an, sodass sich der Anteil der Importkohle am gesamten Steinkohlenaufkommen auf 60 % erhöhte. Die wichtigsten Lieferanten waren 2004 Polen (19 %), Südafrika (16 %), die GUS-Staaten (15 %), Australien (11 %), Kolumbien (10 %) und Kanada (5 %). Vom Absatz an Kraftwerke entfielen rd. 40 %, an die Stahlindustrie 60 % auf Kohleimporte; im Wärmemarkt (Kohlenheizung) dominierten die Importe mit mehr als 80 %.

Der Anteil der Steinkohle an der deutschen Energieversorgung (**Anteil am Primärenergieverbrauch**) betrug 2004 13,4 % (gegenüber 13,9 % im Vorjahr); der Anteil an der Stromerzeugung sank von 24,3 % (2003) auf 22,8 % (2004). Die wichtigsten Kohleabnehmer waren 2004 Kraftwerke (47,3 Mio. t SKE), die Stahlindustrie (17,1 Mio. t SKE) sowie Haushalte und Gewerbe (Wärmemarkt mit 1,8 Mio. t SKE).

Die **Beschäftigtenzahl** im Steinkohlebergbau ging 2004 auf 42 005 zurück, davon 22 333 unter Tage (zum Vergleich: 1957 noch 605 000 Beschäftigte); ihre Leistung sank 2004 leicht auf 6,497 t Kohle je Mann unter Tage / Schicht.

Die **Zahl der Zechen** verringerte sich in den letzten Jahren kontinuierlich weiter (Höchststand 1956 mit 175 Bergwerken). 2004 förderten nur noch neun Untertage-Schachtanlagen, davon sieben im Ruhrrevier (17,765 Mio. t, 31 914 Beschäftigte) und je eine im Saarland (6,014 Mio. t, 7443 Beschäftigte) und in Ibbenbüren (1,912 Mio. t).

Die Förderung von Steinkohle und ihr Einsatz in der Stahlindustrie und in Kraftwerken sind in Deutschland seit Jahrzehnten nur noch durch hohe **öffentliche Subventionen** aufrechtzuerhalten. Am 15. 7. 2003 war der Anpassungs- bzw. Stilllegungsprozess bis 2012 beschlossen worden. Die Förderung soll bis dahin auf 16 Mio. t gedrosselt werden, die in nur noch 5–6 Bergwerken gefördert werden sollen. Die staatlichen Zuwendungen wurden im Dezember 2004 weiter bis 2008 geregelt. Für die drei Jahre 2006–2008 stellen der Bund und das Land Nordrhein-Westfalen 7,319 Mrd. € zur Verfügung.

Uran

Wegen der großen energiewirtschaftlichen (Bau von Kernkraftwerken) und militärischen Bedeutung des Urans wurde in den 1960er und 70er Jahren intensive Lagerstättenforschung betrieben. Der Abbau wurde jedoch in den 80er und 90er Jahren in vielen Förderländern eingeschränkt, da sich auf dem **Weltmarkt** ein **Überangebot** entwickelte. Auch 2004 stieg der Bedarf für Kraftwerke nur leicht an. Aufgrund der jahrelang anhaltenden Überschusssituation existiert weltweit ein Vorrat schätzungsweise in Höhe des vierfachen Weltjahresbedarfs. Außerdem wurden in den letzten Jahren große Mengen an Uran frei, die für militärische Zwecke gehortet worden waren. Der Weltmarktpreis für Uran lag daher auch 2004, trotz erheblicher Preissteigerungen im Verlauf der allgemeinen Energiepreiserhöhungen, relativ niedrig.

Uran Gewinnung in t

	2003	2002	2000
Kanada	10 294	15 396	9 919
Australien	9 538	8 337	8 948
Russland	3 700	3 419	2 358
Niger	3 400	3 076	3 407
Namibia	3 300	3 244	3 201
Kasachstan	3 200	2 936	2 052
Usbekistan	2 200	2 311	2 358
Südafrika	1 050	1 177	1 000
USA	1 000	1 088	1 769
Ukraine	980	943	600
VR China	880	860	589
Gabun	825	820	863
Tschechische Rep.	540	562	587
Weltproduktion	41 429	44 811	38 727

In **Deutschland** bestehen abbauwürdige Lagerstätten im Schwarzwald (Menzenschwand), in Nordostbayern und im Erzgebirge. Von einer kommerziellen Nutzung wird abgesehen, da der Bedarf der deutschen Kernkraftwerke preisgünstig im Ausland gedeckt wird.

Die größten Uranreserven (sicher und wahrscheinlich) in t 2001/2002/2003

USA	1 633 700	Kanada	430 000
Niger	1 365 820	Brasilien	262 200
Australien	895 000	Russland	181 500
Kasachstan	860 600	Ukraine	131 000
Südafrika	635 600	Usbekistan	130 200

Quelle: IAEA

Elektrischer Strom

Elektrischer Strom als sog. **Sekundärenergie** wird durch unterschiedliche Träger von Primärenergie erzeugt. Diese werden – je nach natürlicher, wirtschaftlicher und technischer Ausstattung der einzelnen Staaten – in den unterschiedlichsten Kombinationen angewendet. Bei der großtechnischen Elektrizitätsproduktion handelt es sich vor allem um Kohle, Erdöl, Erdgas und Uran, während regenerative Energien (Wasser- und Sonnenkraft, geothermische Energie u. ä.) im Vergleich dazu nur regional eine größere Rolle spielen.

Der Anteil des **Erdöls** an der Stromerzeugung ist vor allem in den arabischen Ländern (fast 100 %), aber auch in Italien (fast 60 %) und Japan (ca. 30 %) relativ hoch. Einen hohen Anteil des **Erdgases** erreichen z. B. die Niederlande (rd. 65 %) und Irland (45 %); die **Steinkohle** dominiert in Südafrika (90 %), Dänemark (85 %), Großbritannien (65 %), den USA (fast 60 %) und Spanien (über 40 %), die **Braunkohle** in den neuen deutschen Bundesländern (rd. 75 %) und in Griechenland (etwa 60 %), **Stein- und Braunkohle** zusammen in der VR China (rd. 75 %) und in Deutschland (2004: 48,9 %). Der Anteil der **Kernenergie** ist relativ hoch in Frankreich (78 %), Litauen (77 %), Belgien (57 %), Schweden (51 %), Ungarn (42 %), Bulgarien und der Schweiz (je 41 %) und in der Rep. China (39 %). Der Anteil der **Wasserkraft** als wichtigster regenerativer Stromquelle erreicht relativ hohe Werte z. B. in Norwegen (99 %), Österreich (69 %), Kanada (60 %) und der Schweiz (59 %) sowie in vielen Entwicklungslän-

Elektrischer Strom
Bruttostromerzeugung in Mio. kWh (öffentliche und industrielle Kraftwerke)

	2003	2002	2000
USA	3 850 000	3 800 000	3 791 928
VR China	1 838 748	1 602 156	1 313 112
Japan	919 932	925 668	940 692
Russland	913 896	888 936	877 404
Brasilien	620 000	620 000	581 040
Kanada	570 000	565 000	581 268
Deutschland	560 300	543 561	557 007
Frankreich	550 000	549 245	540 697
Indien	530 000	529 692	495 768
Großbritannien	353 304	375 658	374 897
Rep. Korea	322 272	306 000	266 400
Italien	292 632	281 816	275 826
Spanien	225 000	223 483	212 241
Südafrika	218 000	217 704	210 684
Australien	186 000	187 752	188 544
Mexiko	180 000	178 476	181 944
Ukraine	172 440	173 724	171 444
Polen	150 012	140 880	141 624
Schweden	132 564	144 132	145 755
u. a. Schweiz	68 000	69 000	65 352
Österreich	62 628	62 000	61 792
Weltproduktion	16 663 000	16 189 000	15 440 000

Quelle: UN, EU

Stromerzeugung nach Energieträgern in Deutschland 2004

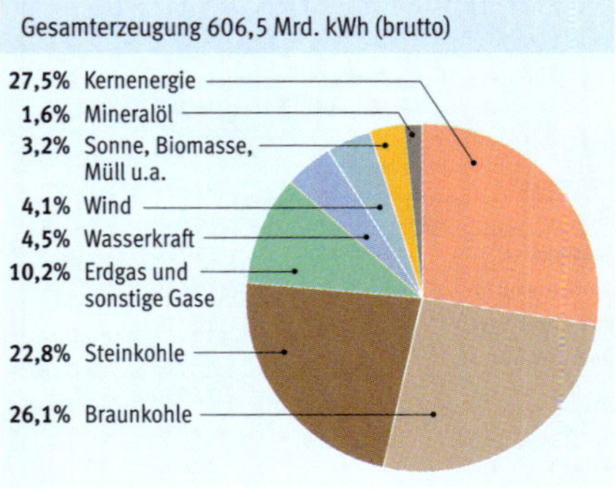

Quelle: ET 2005

dern (Paraguay, DR Kongo je 99 %, Peru 76 %, Venezuela 67 %, Südamerika zusammen 73 %). (Derartige Berechnungen weichen in verschiedenen Quellen oft voneinander ab, je nachdem auf welcher Basis umgerechnet wird und ob nur die öffentliche oder auch die industrielle und private Stromerzeugung einbezogen wird.)

In **Deutschland** erhöhten sich 2004 **Stromerzeugung** (+0,4 %) und **Stromverbrauch** (+0,6 %) im Vergleich zum Vorjahr. Das Gesamtaufkommen an elektrischem Strom stieg 2004 auf 613,9 Mrd. kWh (2003: 612,2 Mrd. kWh); es setzte sich zusammen aus der inländischen Stromerzeugung von brutto 606,5 (2003: 603,8) bzw. netto (abzüglich Eigenverbrauch der Kraftwerke) 569,7 (2003: 566,5) Mrd. kWh und aus Stromimporten von 44,2 (2003:45,7) Mrd. kWh. Vom Gesamtaufkommen 2004 (2003) entfielen 51,5 (53,8) Mrd. kWh auf Exporte sowie 33,0 (32,2) Mrd. kWh auf Pumpstromverbrauch der Kraftwerke und Netzverluste, sodass sich für 2004 (2003) ein **Netto-Stromverbrauch** von 529,4 (526,2) Mrd. kWh ergab.

Eine Aufgliederung des **Stromverbrauchs nach Nutzergruppen** für 2004 ergab für die Industrie 47 %, private Haushalte 26 %, sonstige Kleinverbraucher (Gewerbe, Landwirtschaft, öffentliche Einrichtungen) 24 %, Verkehr 3 %. Der Verbrauchsanstieg entfiel vor allem auf den gewerblichen Bereich.

Vom **Haushaltsstromverbrauch** entfielen im Durchschnitt der letzten Jahre u. a. auf Raumheizung 23 %, Kühlschrank und Gefriergerät 21 %, Warmwasser (Küche, Bad) 13 %, Fernseher, CD-Spieler, PC 10 %, Elektroherd 9 %, Waschmaschine und Wäschetrockner 8 %, Beleuchtung 8 %, Sonstiges 8 %.

Die **Einsatzenergien** für die **deutsche Stromversorgung** sind – verglichen mit anderen Ländern – besonders stark diversifiziert (→ Abb.). Allerdings existieren gravierende regionale Unterschiede: Während die Kernenergie allein und auch die Steinkohle ganz überwiegend in den westlichen Bundesländern genutzt wird, dient die Braunkohle sowohl in den west- wie in den ostdeutschen Revieren zur Stromerzeugung. Nach der Stilllegung mehrerer besonders umweltschädlicher und der Inbetriebnahme neuer »sauberer« Kraftwerke wird in den neuen Bundesländern Strom weiterhin zu über 75 % aus Braunkohle erzeugt. Während das Erdgas als Primärenergie für die Stromerzeugung wegen ihrer geringeren Emissionen im Vergleich zu festen Brennstoffen in den letzten Jahren vermehrt genutzt wurde, spielt Erdöl mit einem Anteil von nur 1,6 % kaum eine Rolle. Beide Energieträger dienen hauptsächlich der kurzzeitigen »Spitzenstrom«-Erzeugung und werden als Sicherheitsreserve vorgehalten, während Atom- und Kohlekraftwerke in der Regel »rund um die Uhr« in Betrieb sind und für die Deckung der »Grundlast« sorgen. Regenerative und sonstige Energiequellen (Wasser, Wind, Sonne, Biomasse, Müll u. a.) konnten ihren Anteil bei der Stromerzeugung 2004 auf 11,7 % steigern (2003: 10,4 %).

Produktion von Strom aus erneuerbaren Quellen in Deutschland in Mrd. kWh

	2004	2003	2002	2000
Wind	25,00	18,90	15,90	9,50
Wasser*	22,00	20,40	27,90	21,70
Biomasse und Müll**	7,30	6,60	4,20	4,30
Photovoltaik	0,50	0,30	0,10	0,03

* ohne Pumpspeicherkraftwerke
** Müll nur zur Hälfte als regenerativ berechnet

Auf erneuerbare (regenerative) Energien entfielen 2004 54,8 Mrd. kWh (2003: 46,2), d. h. 9,1 % der deutschen Stromversorgung (Bruttoinlandsverbrauch). Gegenüber dem Vorjahr nahm die Erzeugung von Hydro-Elektrizität (Wasserkraft) wegen des regenreichen Sommers zu, erreichte aber nicht die Summe von 2002. Dagegen erhöhte sich die in den letzten Jahren mit hohem finanziellen Aufwand und kräftigen Subventionen ausgebaute Wind- und Solarenergie-Erzeugung 2004 auf neue Rekordwerte. So stieg der Anteil der Windenergie von 1,8 % (2000) auf 4,1 % (2004) der gesamten Stromproduktion.

Die **Stromversorgung in Deutschland** machte in den letzten Jahren einen starken Wandel durch. Das Energiewirtschaftsgesetz von 1998 (nach einer EU-Richtlinie von 1997) führte zu einer **Liberalisierung des Strommarktes**; die Versorgungsunternehmen verloren ihre Gebietsmonopole, d. h. das Recht (und die Pflicht), in ihrem Konzessionsgebiet allein Strom zu staatlich kontrollierten Preisen anzubieten. Sie müssen sich nun dem Wettbewerb anderer öffentlicher (z. B. Stadtwerke) oder privater Stromlieferanten stellen, dürfen dafür aber ihre Preise frei kalkulieren. Auf der anderen Seite wurden aus den privaten oder gewerblichen Stromverbrauchern, die bisher keine Wahl hatten, sondern den Strom vom zuständigen Gebietsmonopolisten zu dessen Bedingungen abnehmen mussten, echte Kunden, die sich ihren Lieferanten im gemeinsamen europäischen Elektrizitätsmarkt frei wählen können.

Die neuen Konkurrenzverhältnisse auf dem Energiemarkt führten zunächst zu stark zurückgehenden Preisen, vor allem durch neu auf dem Markt erscheinende Stromlieferanten. Diese sind in der Regel nicht die Erzeuger des Stroms, sondern fungieren als Händler, die elektrischen Strom einkaufen und an die Endverbraucher abgeben. Die Durchleitung von Strom durch die Netze anderer Anbieter wurde nach anfänglichen Problemen inzwischen durch Vereinbarungen und Verträge geregelt. In Deutschland bestand 2004 eine Marktöffnung beim Strom von 100 % ebenso wie z. B. in Großbritannien oder Österreich (in Frankreich erst 70 %, in den Niederlanden 63 %).

Als nächster Schritt wird voraussichtlich noch 2005 ein neues **Energiewirtschaftsgesetz** in Kraft treten, das für eine weitere Entflechtung von Vertrieb und Netz sorgen und mit Hilfe einer eigenen Regulierungsbehörde die Netznutzung (Durchleitungsrechte) neu regeln soll. Die ursprüngliche Verbilligung des Stroms durch die Liberalisierung des Marktes wurde inzwischen zugunsten von Steuererhöhungen und neuen Steuern völlig aufgezehrt (Ökosteuer, Erneuerbare-Energien-Gesetz, Kraft-Wärme-Koppelungsgesetz). 2004 sank der Großhandelspreis für Strom leicht; die Verbraucherpreise stiegen um rd. 5 % an. Der Staatsanteil an der Stromrechnung (Steuern) stieg von durchschnittlich 24,7 (1998) über 38,1 (2000) auf 40 % (2004).

Kernenergie

Anfang 2005 waren weltweit in 31 Staaten 441 **Kernkraftwerksblöcke** mit einer Nettoleistung von insgesamt 366,682 Megawatt (MW) in Betrieb, per Saldo 2 Anlagen mehr als vor einem Jahr (nach IAEA). Die **Stromerzeugung durch Kernkraftwerke** betrug 2004 rd. 2,738 Mrd. Gwh und erreichte damit einen neuen Höchststand. Kernenergie lieferte damit auch 2004, wie im Vorjahr, rd. 17 % der Weltstromproduktion.

Mehr als ein Drittel trägt die Kernenergie in folgenden Ländern zur Stromerzeugung bei: Litauen, Frankreich, Belgien, Slowakei (je über ½), Schweden, Bulgarien, Ukraine, Schweiz, Ungarn, Slowenien, Japan, Armenien.

2004 wurden in China, Japan, Korea, Russland, der Ukraine und Kanada insgesamt sieben Kernkraftwerksblöcke neu bzw. wieder in Betrieb genommen; fünf wurden stillgelegt (in Litauen und Großbritannien). Im Bau waren Anfang 2005 insgesamt 22 Kernkraftwerksblöcke in neun Staaten. Die größten Bauprogramme laufen in Indien (9), Japan (3), Russland, China und Taiwan (je 2). In Finnland wurde 2004 mit dem ersten Neubau eines KKW im EU-Raum seit 14 Jahren begonnen (→ Karte bei Finnland).

Weitere KKW sind in Bulgarien, Finnland, Ungarn (je 4), Argentinien, Brasilien, Mexiko, Pakistan, Südafrika (je 2), Armenien, Litauen, den Niederlanden, Rumänien und in Slowenien in Betrieb.

Kernkraftwerke Blöcke Mai 2005
Betrieb, Nettoleistung, Bau

	in Betrieb Anzahl	Nettoleistung in MW	im Bau Anzahl
USA	104	99 096	–
Frankreich	59	63 263	–
Japan	54	45 470	3
Russland	31	21 770	2
Großbritannien	23	11 840	–
Rep. Korea	20	16 770	–
Deutschland *	17	20 643	–
Kanada	17	12 056	–
Indien	14	2 503	9
Ukraine	15	13 090	–
Schweden **	10	9 427	–
Spanien	9	7 574	–
VR China	9	6 514	2
Belgien	7	5 757	–
Rep. China (Taiwan)	6	4 884	2
Tschechische Rep.	6	3 494	–
Slowakei	6	2 448	–
Schweiz	5	3 200	–

* KKW Obrigheim am 11. 5. 2005 abgeschaltet
** KKW Barsebäck am 31. 5. 2005 abgeschaltet

In **Deutschland** betrug die **Stromerzeugung in Kernkraftwerken** 2004 167,0 Mrd. kWh (2003: 165,1). Mit einem Anteil von 27,5 % an der gesamten Stromerzeugung war damit Uran wiederum der wichtigste Energieträger für die Elektrizitätsproduktion. Der Anteil der Kernenergie am gesamten Primärenergieverbrauch betrug, wie im Vorjahr, 12,6 %.
Die Situation der Kernenergiewirtschaft hat sich in Deutschland seit 1998 grundlegend geändert, da die rot-grüne Regierungskoalition von Anfang an eine Beendigung der Atomenergieproduktion anstrebte. 2001/02 wurde gesetzlich festgelegt, »die Nutzung der Kernenergie zur gewerblichen Erzeugung von Elektrizität geordnet zu beenden«.

Die wichtigsten Punkte der »Ausstiegsgesetze« sind: Die Nutzung der Kernenergie soll auslaufen, neue Kernkraftwerke dürfen nicht mehr errichtet werden. Für jede bestehende Anlage wird eine Reststrommenge auf der Basis einer Regellaufzeit von 32 Jahren errechnet, aus der sich der Zeitpunkt der Abschaltung ergibt. Strommengen können dabei von einer Anlage auf eine andere übertragen werden. Die **Wiederaufarbeitung** von abgebrannten Brennelementen im Ausland (England und Frankreich) soll am 1. 7. 2005 beendet werden; die abgebrannten Brennelemente sollen dann in Zwischenlagern bei den Kraftwerken gelagert werden, die inzwischen errichtet wurden. Die Erkundung des möglichen Endlagers Gorleben wurde bis auf weiteres eingestellt, d. h. die Frage eines Endlagers bleibt zunächst offen.

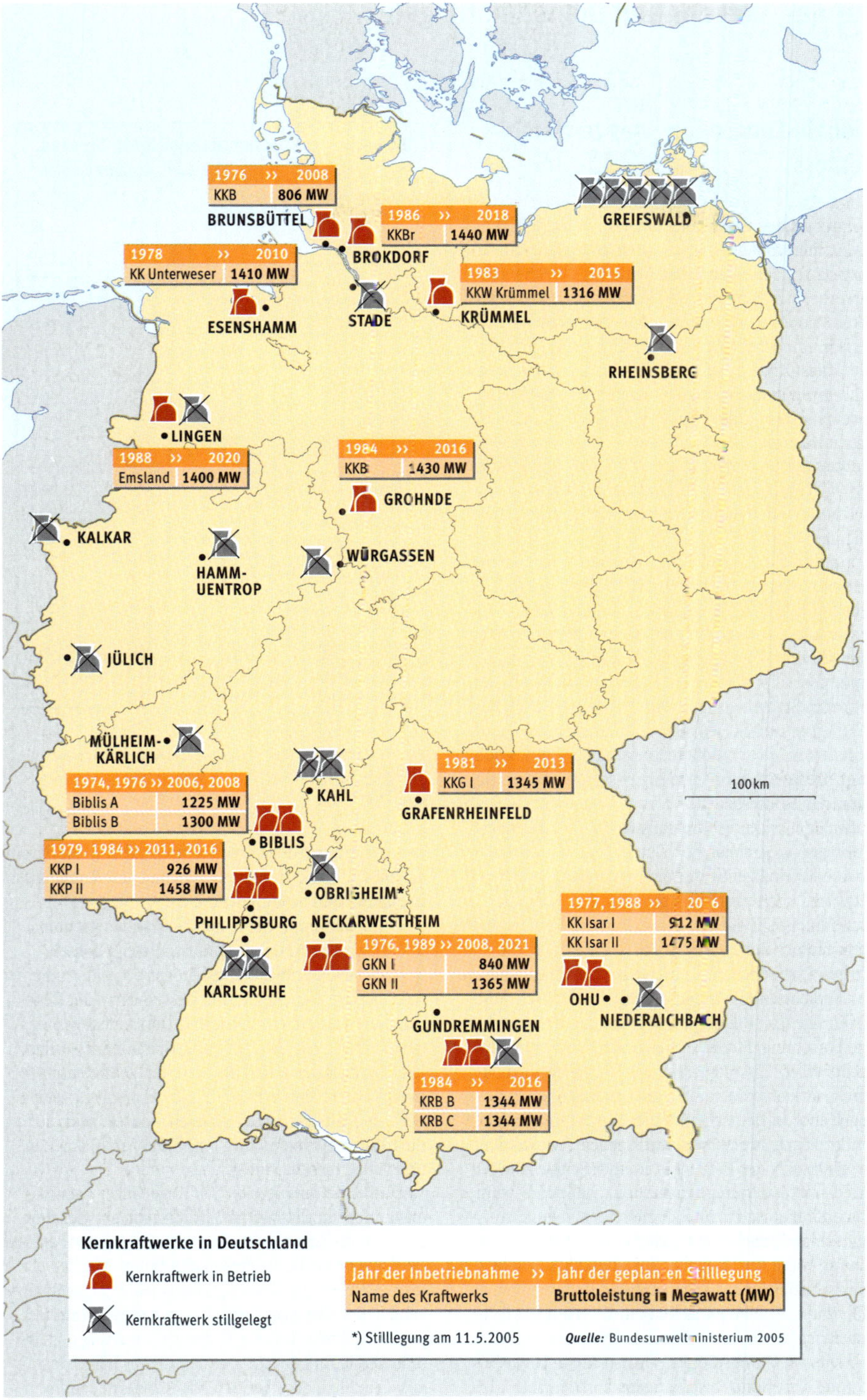
1976 ›› 2008
KKB 806 MW
BRUNSBÜTTEL
1986 ›› 2018
KKBr 1440 MW
BROKDORF
GREIFSWALD
1978 ›› 2010
KK Unterweser 1410 MW
ESENSHAMM
STADE
1983 ›› 2015
KKW Krümmel 1316 MW
KRÜMMEL
RHEINSBERG
LINGEN
1988 ›› 2020
Emsland 1400 MW
1984 ›› 2016
KKB 1430 MW
GROHNDE
KALKAR
HAMM-UENTROP
WÜRGASSEN
JÜLICH
MÜLHEIM-KÄRLICH
KAHL
1981 ›› 2013
KKG I 1345 MW
GRAFENRHEINFELD
100 km
1974, 1976 ›› 2006, 2008
Biblis A 1225 MW
Biblis B 1300 MW
BIBLIS
1979, 1984 ›› 2011, 2016
KKP I 926 MW
KKP II 1458 MW
OBRIGHEIM*
PHILIPPSBURG
NECKARWESTHEIM
1976, 1989 ›› 2008, 2021
GKN I 840 MW
GKN II 1365 MW
1977, 1988 ›› 2016
KK Isar I 912 MW
KK Isar II 1475 MW
KARLSRUHE
OHU
NIEDERAICHBACH
GUNDREMMINGEN
1984 ›› 2016
KRB B 1344 MW
KRB C 1344 MW
Kernkraftwerke in Deutschland
Kernkraftwerk in Betrieb
Kernkraftwerk stillgelegt
Jahr der Inbetriebnahme ›› Jahr der geplanten Stilllegung
Name des Kraftwerks
Bruttoleistung in Megawatt (MW)
*) Stilllegung am 11.5.2005
Quelle: Bundesumweltministerium 2005

Globale Entwicklung des tertiären Sektors

In einer groben Gliederung der ökonomischen Aktivitäten unterscheidet man den **primären Sektor** (Agrarwirtschaft), den **sekundären Sektor** (produzierendes Gewerbe, d. h. Industrie und Handwerk) und den **tertiären Sektor** der Wirtschaft. In diesem werden Handel, Verkehr und alle sonstigen öffentlichen und privaten Dienstleistungen zusammengefasst. Seit Jahrzehnten ist weltweit in allen Industriestaaten eine **wachsende Bedeutung des tertiären Sektors** zu beobachten. Diese »Tertiarisierung« der Wirtschaft hat sich unter dem Einfluss der Globalisierung deutlich beschleunigt; sie lässt sich zweifach mit Zahlenangaben belegen:

1. anhand des Anteils der Beschäftigten im Dienstleistungssektor,

2. anhand des Anteils der Dienstleistungen an der gesamten Wertschöpfung der Wirtschaft, ausgedrückt durch das Bruttoinlandsprodukt (BIP).

Der **Rückgang landwirtschaftlicher Arbeitsplätze** kam früher hauptsächlich dem sekundären Sektor zugute. Heute geht in praktisch allen wirtschaftlich hoch entwickelten Staaten auch der Anteil der industriell Beschäftigten zurück. Vor allem die zunehmende Automatisierung, ja z. T. Roboterisierung der Produktion trägt zu diesem Abbau von Arbeitsplätzen im produzierenden Sektor bei.

Nutznießer dieses **Strukturwandels** sind die **Dienstleistungen**, die in allen hoch entwickelten Industriestaaten als einziger Sektor ein **Arbeitsplatzwachstum** aufweisen – anteilsmäßig (prozentual), meist aber auch zahlenmäßig. Der Sektor ist allerdings in sich außerordentlich heterogen; zu ihm gehören z. B. die Wirtschaftsbereiche Handel, Banken und Versicherungen, Verkehr und Fremdenverkehr, medizinische und soziale Dienste, Bildung und Unterricht, Wissenschaft und Forschung, Medien, öffentliche Verwaltung und Rechtswesen. Ein internationaler Vergleich wird dadurch stark erschwert, dass die Beschäftigten in der Regel, auch in Deutschland, nicht nach ihrer Tätigkeit, sondern nach ihrer Arbeitsstätte zugeordnet werden. So gehört z. B. der Hausmeister einer Schule zum tertiären Sektor, derjenige eines Industriebetriebs zum sekundären, d. h. zum produzierenden Sektor. In Deutschland (und vielen anderen Ländern) liegt daher der Anteil der Dienstleistungsbeschäftigten in Wirklichkeit höher, als in der Statistik angegeben. Außerdem verwischen sich in modernen High-Tech-Industrien die Grenzen zwischen produzierender und Dienstleistungstätigkeit immer mehr. Unter Beachtung dieser Einschränkungen kann der Anteil der Beschäftigten in den Dienstleistungen Hinweise darauf geben, wie stark die Modernisierung der Wirtschaft in einem Land fortgeschritten ist.

Erwerbsstruktur in ausgewählten Staaten
Anteile der Erwerbstätigen nach Wirtschaftssektoren 2002 / 2003 in %

	I	II	III
Niederlande	2,8	20,2	77,0
USA	2,6	21,8	75,6
Großbritannien	1,2	23,5	75,3
Australien	4,3	21,2	74,5
Schweiz	4,2	24,0	71,8
Frankreich	4,4	24,8	70,7
Deutschland	2,4	31,4	66,2
Österreich	5,5	28,7	65,7
Spanien	5,6	30,8	63,6
Italien	4,7	31,8	63,5
Chile	13,5	23,9	62,6
Russland	11,8	29,4	58,8
Polen	18,2	28,5	53,3
Ägypten	29,6	21,3	49,1
Philippinen	37,4	15,6	47,0
Türkei	33,2	23,8	43,0
Marokko	44,4	20,1	35,5
VR China (2001)	49,2	24,1	26,7
Indien (2001)	59,4	21,9	18,7
Tansania (2001)	81,3	8,5	10,2

Wegen z. T. unterschiedlicher Erfassungsweise sind die Zahlen nicht immer exakt vergleichbar.
I = Primärer Sektor (Land- und Forstwirtschaft, Fischerei)
II = Sekundärer Sektor (Industrie, Produzierendes Gewerbe)
III = Tertiärer Sektor (Handel, Verkehr, Dienstleistungen)

Quellen: UN, OECD

Beim **BIP** nimmt der Anteil der Landwirtschaft überall ab. Der Anteil der Industrie steigt derzeit noch in vielen Entwicklungsländern an, während er in den hoch entwickelten Industrieländern in der Regel stagniert oder bereits abnimmt. Der Dienstleistungsanteil erhöht sich dagegen praktisch überall. Auffallend ist, dass der Anteil des tertiären Sektors am BIP in vielen hoch entwickelten Ländern niedriger ist als der Anteil an den Erwerbstätigen – ein Hinweis auf die Häufigkeit von niedrig bezahlten Arbeitskräften und Teilzeitbeschäftigten.

Die **Dienstleistungen** stehen wegen ihrer Expansionstendenz in allen wirtschaftlich hoch entwickelten Ländern im Zentrum der Wirtschafts-, speziell der Arbeitsmarktpolitik. Sie stellen den Haupt-Wachstumssektor dar, und die Schaffung neuer Arbeitsplätze setzt in der Regel geringere Investitionen voraus als in der Industrie. So ist z. B. die Verringerung der Arbeitslosigkeit in den USA in den 1990er Jahren fast ausschließlich dem Zuwachs an Arbeitsstellen im

Wertschöpfung der Wirtschaft nach Sektoren in ausgewählten Staaten
Anteile der Wirtschaftssektoren am BIP in %

	I		II		III	
	2003	1990	2003	1990	2003	1990
USA	2	2	23	28	75	70
Großbritannien	1	2	26	35	73	63
Frankreich	3	4	25	30	72	66
Niederlande	3	4	26	31	71	65
Australien	4	4	26	28	70	67
Mexiko	4	8	26	30	70	64
Deutschland	1	2	30	38	69	60
Italien	3	4	29	34	69	63
Schweiz	2	3	30	35	68	62
Spanien	3	6	30	35	67	59
Österreich	2	4	32	34	66	62
Polen	3	8	31	50	66	42
Türkei	13	18	22	30	65	52
Kenia	17	29	19	21	64	52
Russland	5	17	34	48	61	35
Chile	9	10	34	39	57	51
Kolumbien	14	17	31	38	55	45
Iran	11	24	37	21	53	48
Indien	23	31	26	28	52	41
Ägypten	16	19	34	29	50	52
Malaysia	9	15	49	42	42	43
Tansania	43	46	17	18	40	36
Indonesien	17	20	44	40	40	42
VR China	15	27	53	42	32	31
DR Kongo	58	30	19	28	23	42

I = Primärer Sektor (Land- und Forstwirtschaft, Fischerei)
II = Sekundärer Sektor (Industrie, Bergbau, Energiewirtschaft, Baugewerbe)
III = Tertiärer Sektor (Handel, Verkehr, Dienstleistungen)
Reihenfolge der Staaten nach dem Anteil des tertiären Sektors als Indikator für die wirtschaftliche Entwicklung

Quelle: World Development Indicators

Dienstleistungsbereich zu verdanken. In Deutschland konnte dieser Effekt bisher weniger wirken, da wegen der – verglichen mit den USA – hohen Lohn- und Lohnnebenkosten auch im personalkostenintensiven Dienstleistungsbereich fast gleich viele Arbeitsplätze wegrationalisiert wie neu geschaffen wurden.

Charakteristisch für den Dienstleistungssektor ist die große Spannweite zwischen sehr hoch und gering bezahlten Tätigkeiten. Einerseits gehören Hilfstätigkeiten dazu, die häufig auf Teilzeitbasis betrieben werden, andererseits fällt der gesamte Bereich der Forschung und Entwicklung, der Datenverarbeitung, der »neuen Medien« usw. darunter, die seit Jahren in den meisten Ländern am stärksten wachsen. Auch in Deutschland dürfte daher der tertiäre Sektor auch weiterhin überproportional zunehmen.

Welthandel

Entwicklungstendenzen und Probleme des Welthandels

Die ganzen 1990er Jahre hindurch wuchs der internationale Handel kräftiger als das weltweite Wirtschaftsergebnis, ausgedrückt durch das Sozialprodukt. Insofern zeigten sich deutlich die Auswirkungen der Globalisierung der Wirtschaft. 2001 führte der Konjunktureinbruch in weltwirtschaftlich bedeutenden Ländern zu einem Rückschlag mit leichter Abnahme des Außenhandelsvolumens. 2002 und 2003 erhöhte sich der Welthandel nominal wieder stärker, doch ging ein großer Teil der Zunahme auf Preissteigerungen zurück; die reale Zunahme war wesentlich geringer. 2004 kam es mit +9 % auch real zu einer starken Zunahme des Welthandels, die erneut über dem Wachstum der Weltwirtschaft insgesamt (+5 %) lag.

Die **Zusammensetzung der Welthandelsgüter** änderte sich in den letzten Jahren bezüglich der Anteile von Rohstoffen und Industriegütern. Der Handel mit agrarischen und bergbaulichen Rohstoffen wuchs weniger als halb so stark wie der Handel mit Halbfertig- und Fertigwaren aus Industrieproduktion. Dies betraf nicht nur den Handel zwischen den großen Industriestaaten, sondern zunehmend auch zwischen den europäischen und nordamerikanischen Industrieländern und den »newly industrialized countries«, den Schwellenländern Asiens und Lateinamerikas. Insbesondere die weit fortgeschrittene Globalisierung der Wirtschaft mit weltweiten Produktions- und Handelsbeziehungen (z. B. Verlagerung von Fertigungsprozessen aus Westeuropa nach Ostasien) ist eine wesentliche Ursache für den Strukturwandel des Welthandels.

Der **Welthandel** weitete sich zwar in den letzten Jahren durch die Einflüsse der **Internationalisierung** und **Globalisierung** der Wirtschaft und durch die Bemühungen der WTO (Welthandelsorganisation) um den

Entwicklung des Welthandels

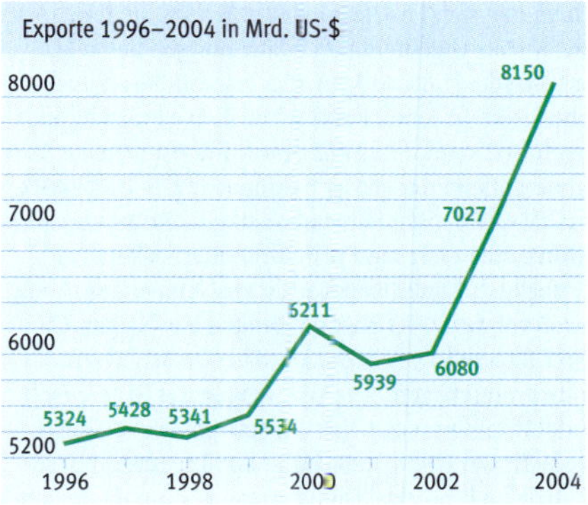

Quelle: UN

Freihandel stark aus, doch zeigen sich vor allem seit Beginn der 1990er Jahre auch kräftige Gegenbewegungen.

Zunehmend wird der freie Welthandel durch die Bildung von Wirtschaftsblöcken und Freihandelszonen, also durch **Regionalisierungstendenzen**, sowie durch staatlichen **Protektionismus** behindert. Freihandelszonen, Wirtschafts- und Zollunionen, wie z. B. die → EU in Europa, die → NAFTA in Nordamerika, Mercosur in Lateinamerika, → ASEAN in Südostasien oder SACU in Südafrika, fördern zwar die Integration ihrer Mitglieder und den Intra-Unions-Handel, wirken aber diskriminierend gegenüber Drittländern, denen der ungehinderte Marktzugang versperrt wird.

Inzwischen existieren weltweit etwa 40 Handelsbündnisse, die unterschiedlich gut funktionieren und auch unterschiedliche Produktspektren umfassen (z. B. nur Warenhandel oder nur Zollabbau). Auch 2004 entfiel wieder deutlich mehr als die Hälfte des globalen Handelsvolumens auf den Handel innerhalb von Freihandelszonen und Zollunionen – 1980 war es erst weniger als ein Drittel. Grundsätzlich wird hierdurch das Prinzip der WTO massiv verletzt, Gleichbehandlung und Nicht-Diskriminierung zu gewährleisten. Die EU ist ein Beispiel dafür, dass der Handel innerhalb der Union wesentlich stärker zunimmt als der Handelt mit Drittländern.

Protektionismus im Handel soll die eigene Wirtschaft vor billigerer oder besserer ausländischer Konkurrenz schützen. Viele Entwicklungsländer versuchen, Einfuhren von Industriegütern zum Schutz der eigenen, im Aufbau begriffenen Industrie sowie zur Deviseneinsparung zu reglementieren bzw. zu verhindern. Aber auch viele Industrieländer bemühen sich, ihre eigene Industrie durch Importrestriktionen vor der Konkurrenz billiger produzierender Entwicklungs- und Schwellenländer zu schützen, um Arbeitsplätze zu erhalten (z. B. Schutz der westeuropäischen Textilindustrie durch das 2004 ausgelaufene Welt-Textilabkommen → Textilindustrie).

Auch im Handel der Industrieländer untereinander, soweit sie verschiedenen Wirtschaftsblöcken angehören, hält sich Protektionismus in verschiedenen Formen – trotz gegenteiliger Bestimmungen der WTO. Insbesondere tatsächliche oder angebliche gesundheitliche Risiken oder technische Normen werden häufig angeführt, um die Einfuhr bestimmter Waren aus konkurrierenden Ländern zu behindern (z. B. USA–Japan, USA–EU). Mit Subventionen und Steuervorteilen wird versucht, eigenen Waren im internationalen Wettbewerb Konkurrenzvorteile zu verschaffen. 2004 waren vor der WTO über 20 Streitfälle zwischen EU und USA anhängig, in denen es hauptsächlich um Agrarprodukte geht. Die USA werfen der EU die Exportsubventionen für Nahrungsmittel vor und beklagen sich über Importrestriktionen für genveränderte pflanzliche Produkte. Daneben ging es um die angeblich illegale Anwendung von US-Anti-Dumping-Zöllen und um die gegenseitigen Vorwürfe, die Flugzeugindustrie (Boeing bzw. Airbus) illegal zu subventionieren.

Als **Gesamtvolumen des Welthandels** (Exporte) gibt das Statistische Amt der Vereinten Nationen für 2002 6080,243 Mrd. US-$ an, für 2003 7027,245 Mrd. US-$. Für 2004 beläuft sich der Wert nach vorläufigen Berechnungen auf 8150,000 Mrd. US-$. Dies bedeutet für 2004 eine Zunahme von 11,6 %. Real (unter Berücksichtigung von Preis- und Wechselkursschwankungen

Die führenden Welthandelsländer
(Einfuhr cif, Ausfuhr fob)

Einfuhr 2003	2002		in Mrd. US-$ 2003	2002
1.	1.	USA	1305,410	1202,430
2.	2.	Deutschland	601,828	492,112
3.	6.	VR China	413,062	295,171
4.	3.	Japan	383,085	337,209
5.	4.	Großbritannien	380,821	335,458
6.	5.	Frankreich	369,299	311,330
7.	7.	Italien	292,329	246,613
8.	8.	Kanada	239,083	221,961
9.	10.	Belgien	234,794	198,125
10.	11.	Niederlande	233,091	193,784
11.	9.	Hongkong	231,896	207,644
12.	13.	Spanien	208,553	163,575
13.	14.	Rep. Korea	178,827	152,126
14.	12.	Mexiko	170,490	168,679
15.	15.	Singapur	127,935	116,441
16.	16.	Rep. China	118,000	112,500
17.	17.	Schweiz	92,014	79,129
18.	19.	Australien	89,090	72,693
19.	18.	Österreich	88,265	72,881
20.	22.	Schweden	82,717	66,717
Ausfuhr 2003	**2002**		**in Mrd. US-$ 2003**	**2002**
1.	2.	Deutschland	751,517	612,857
2.	1.	USA	723,805	693,860
3.	3.	Japan	471,999	416,730
4.	6.	VR China	437,899	325,591
5.	4.	Frankreich	365,645	311,814
6.	5.	Großbritannien	304,268	276,315
7.	8.	Italien	293,549	254,219
8.	7.	Kanada	272,696	252,408
9.	9.	Niederlande	258,915	222,406
10.	10.	Belgien	255,517	215,877
11.	11.	Hongkong	223,762	200,092
12.	13.	Rep. Korea	193,817	162,470
13.	12.	Mexiko	165,396	160,682
14.	16.	Spanien	156,024	123,563
15.	15.	Singapur	144,183	125,177
16.	14.	Rep. China	132,000	130,600
17.	17.	Russland	126,048	106,705
18.	18.	Malaysia	99,370	93,264
19.	20.	Schweiz	97,165	83,922
20.	22.	Saudi-Arabien	93,370	72,550

Quelle: IWF

und -veränderungen) lag die Zunahme des Welthandelsvolumens bei 8,9 %, einem seit Jahren nicht mehr erreichten Wert.

Die wichtigsten **Welthandelsströme** verliefen auch 2004 nach Richtung und Stärke ähnlich wie in den Vorjahren. Die westlichen Industrieländer (einschl. Japan) waren weiterhin die führenden Welthandelsmächte; auf sie entfielen im Jahr 2003 Exporte von 4498,574 Mrd. US-$ (64,0 % aller weltweiten Ausfuhren). Allein die 25 EU-Staaten innerhalb dieser Gruppe exportierten Waren für 3024,702 Mrd. US-$, d. h. 43,0 % aller Exporte. Die Entwicklungsländer insgesamt exportierten 2003 im Wert von 2161,873 Mrd. US-$ (30,8 % aller Ausfuhren). Hiervon entfiel wiederum ein großer Teil auf die ostasiatischen Schwellenländer, von denen allein die ASEAN-Staaten in Südostasien mit 448,022 Mrd. US-$ 6,4 % aller Weltexporte lieferten. Der Anteil der übrigen Gruppen von Entwicklungsländern änderte sich vor allem aufgrund von Preisveränderungen bei Rohstoffen, den wichtigsten Ausfuhrprodukten. Die OPEC-Länder als Gruppe innerhalb der Entwicklungsländer kamen 2003 auf Ausfuhren von 346,119 Mrd. US-$, d. h. 4,9 % aller Exporte. Die ärmsten und am wenigsten entwickelten Länder (LDC) hatten mit 37,866 Mrd. US-$ lediglich einen Anteil von 0,54 % an den Weltexporten. Auch die Transformationsländer Osteuropas und Asiens kamen 2003 mit 2,8 % des Welthandels nur auf einen relativ geringen Anteil. 2004/05 stieg jedoch mit zunehmender weltwirtschaftlicher Verflechtung der Anteil dieser Staaten überdurchschnittlich. Besonders die neuen EU-Mitglieder bewiesen durch stärkeren Handelsaustausch ihre rasch intensiver werdende weltwirtschaftliche Einbindung.

Die **führenden Welthandelsländer** waren auch 2003/04 – wie schon in den Vorjahren – die USA, Deutschland, Japan, Großbritannien, Frankreich, Italien, Kanada und, als einziges Entwicklungsland, China. Die Volksrepublik rückte dank der enormen Steigerung ihres Außenhandels 2003 bei den Ausfuhren auf den 4. und bei den Einfuhren sogar auf den 3. Platz vor und überholte damit Industrieländer wie Italien, Kanada, die Niederlande und Belgien. Als nächste Gruppe folgten die Industrie- und Schwellenländer Ost- und Südostasiens (newly industrialized countries) – Hongkong, Rep. Korea (Südkorea), Singapur, Rep. China (Taiwan) und Malaysia – sowie die in wirtschaftlicher Hinsicht mittelgroßen europäischen Industriestaaten Niederlande, Belgien, Spanien, die Schweiz und Österreich. Nur vier weitere Staaten, die nicht zu den oben genannten Gruppen gehören, zählen zu den 20 wichtigsten Welthandelsländern: die beiden wichtigen Industriegüter- und Rohstoffexporteure Mexiko und Australien – wobei Mexiko stark von der Zugehörigkeit zur NAFTA (Zollunion mit USA und Kanada) profitiert – sowie Russland und Saudi-Arabien. Als größter Nachfolgestaat der UdSSR zählt Russland vor allem durch seine Rohstoffexporte zu den 20 größten Ausfuhrländern, und Saudi-Arabien rückte als größtes Ölexportland durch die Preissteigerungen beim Erdöl in diese Gruppe.

Deutscher Außenhandel

Der **deutsche Außenhandel** (→ Grafik) erhöhte sich sowohl bei den Einfuhren (8,0 %) als auch insbesondere bei den Ausfuhren (+10,4 %). Da der Zuwachs bei den Exporten höher war als bei den Importen, wurde der bisherige Rekordüberschuss von 2002 (+132,8 Mrd. €) beträchtlich überboten und mit 156,1 Mrd. € der höchste bisher erreichte Ausfuhrüberschuss erzielt.

Das starke Wachstum des Exports wurde erreicht, obwohl sich aufgrund des hohen €-Kurses gegenüber dem US-$ und anderen Währungen die deutschen Ausfuhren in die entsprechenden Länder beträchtlich verteuerten. Trotzdem stärkte Deutschland seine Stellung und rückte zum weltweit wichtigsten Exportland auf. Dieses hohe Niveau der Exportwirtschaft ging

Entwicklung des deutschen Außenhandels 1994–2004

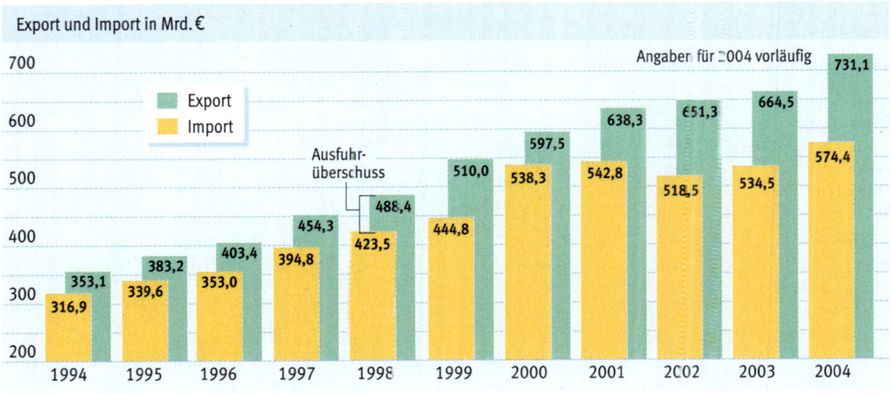

Quelle: Statistisches Bundesamt Wiesbaden

zweifellos auf die nach wie vor bestehende Stärke der deutschen Industrie zurück, die es verstand, trotz vergleichsweise hoher Preise durch innovative Produkte und technisch hochwertige Erzeugnisse Marktpositionen zu sichern.

Andererseits zeigt die Zunahme der Importe gerade von Industrieerzeugnissen, weniger von Rohstoffen, auch die zunehmende Globalisierung der Wirtschaft und die starke Einbindung Deutschlands in den Weltmarkt. Die früher übliche Charakterisierung als Rohstoffe importierendes und Fertigwaren exportierendes Land trifft längst nicht mehr zu. In der Fachliteratur (Prof. Sinn vom ifo-Institut für Wirtschaftsforschung) tauchte 2004 in Bezug auf Deutschland der Begriff der **»Basarökonomie«** auf: Gemeint ist damit, dass weniger produziert, als vielmehr gehandelt wird; konkret: der deutsche Export besteht inzwischen zu rd. 40 % aus vorher importierten Vorprodukten und Halbfertigwaren, die im Inland nur weiter bearbeitet oder veredelt werden. Die Folge ist – trotz Zunahme von Industriegüterexporten – ein massiver Abbau von industriellen Arbeitsplätzen in Deutschland, da die personalintensiven Fertigungsstufen immer mehr ins Ausland verlagert werden.

Insgesamt betrugen 2004 die **deutschen Exporte** 733,456 Mrd. €, die **Importe** 577,375 Mrd. € (vorläufige Angaben; 2003: 664,455 bzw. 534,534 Mrd. €). Die Ausfuhren erreichten damit erneut – wie schon im Vorjahr – den höchsten bisher erreichten Werte in der Geschichte der BR Deutschland. Aufgrund des hohen Überschusses der Außenhandelsbilanz von 156,704 Mrd. € entwickelte sich auch die deutsche Leistungsbilanz gegenüber dem Ausland wieder sehr positiv. Die Defizite der Dienstleistungsbilanz (–31,966 Mrd. €, vor allem verursacht durch das hohe Defizit im Tourismus), der unentgeltlichen Leistungen (laufende Übertragungen; –28,422 Mrd. €) und der Ergänzungen zum Warenverkehr (–12,466 Mrd. €) konnten durch den Handelsbilanzüberschuss mehr als ausgeglichen werden, sodass sich 2004 ein Plus der Leistungsbilanz von 83,967 Mrd. € ergab, verglichen mit 45,249 Mrd. € 2003.

Eine grobe regionale Gliederung der **Handelsströme** aus bzw. nach Deutschland zeigt, dass die Bedeutung der **EU-Partner** und der **USA** für den deutschen Außenhandel auch 2004 überragend war. Der Handelsaustausch mit den EU-Partnern nahm bei den Importen um 6,9 %, bei den Exporten um 9,9 % zu, sodass 2004 63,9 % der deutschen Ausfuhren in die EU gingen und 60,0 % der Einfuhren von dort kamen. Der Exportüberschuss im Außenhandel mit den übrigen EU-Ländern erhöhte sich 2003–2004 von 102,3 auf 122,1 Mrd. €.

Der Handel mit den USA nahm weniger stark zu (deutsche Exporte +5,1 %, Importe +2,6 %), während der Handel mit Japan und mit den ASEAN-Ländern in Südostasien nach einer Schwächephase im Vorjahr 2004 wieder stärker anstieg. Besonders kräftig erhöhte sich 2004 der Handelsaustausch mit China, das bereits 2002 Japan als größten Handelspartner in Asien abgelöst hatte. Die Exporte in die VR China nahmen um 15,0 %, die Importe von dort sogar um 26,4 % zu. Auch der Handel mit Lateinamerika zeigte starke Zunahmetendenzen. So stieg der deutsche Exportanteil in die lateinamerikanischen Staaten 2003–2004 um 21,2 %.

Uneinheitlich veränderte sich der Handel mit den **EU-Beitrittsländern**. Während z. B. im Handel mit Polen nur die deutschen Exporte kräftig zunahmen (+15,0 %), dagegen die Einfuhren stagnierten (+0,3 %), entwickelten sich beim Handelsaustausch mit der Tschechischen Republik die deutschen Importe sogar negativ (–3,0 %), die Exporte dagegen positiv (+6,1 %).

Der Handel mit den Rohstoffe exportierenden **Entwicklungsländern** (vor allem Staaten Afrikas, Vorderasiens und Lateinamerikas) nahm wertmäßig vor allem wegen der stark gestiegenen Rohstoffpreise zu. Insgesamt war der Handelsaustausch mit Entwicklungsländern aber relativ gering. So betrugen die Exporte nach ganz Afrika 2004 nur 13,603 Mrd. €, die Importe 10,498 Mrd. €, weniger als nach Schweden (15,857 bzw. 10,171 Mrd. €). Hier wirkte es sich aus, dass der deutsche Rohstoffbedarf wegen der Konjunktur-

Der deutsche Außenhandel nach Kontinenten und Staatengruppen

Liefer- bzw. Bezugsstaaten	Importe			Exporte in Mrd. €			Saldo		
	2004	2003	2002	2004	2003	2002	2004	2003	2002
Europa	415,5	386,7	374,5	545,4	492,1	471,7	+129,9	+105,4	+ 97,2
davon EU-Staaten[1)]	346,5	324,0	262,8	468,6	426,3	354,8	+122,1	+102,3	+ 92,0
Amerika	54,0	51,9	52,8	84,5	79,6	89,1	+ 30,5	+ 27,7	+ 36,3
davon NAFTA-Staaten	44,3	43,3	44,6	74,6	71,4	79,2	+ 30,3	+ 28,1	+ 34,6
Asien	94,8	83,0	78,3	83,1	74,2	72,0	– 11,7	– 8,8	– 6,3
davon ASEAN-Staaten	16,6	15,3	15,4	12,9	11,8	11,8	– 3,7	– 3,5	– 3,6
Afrika	10,5	10,2	10,2	13,6	12,1	11,8	+ 3,1	+ 1,9	+ 1,6
Australien u. Ozeanien	2,0	1,9	2,0	5,5	5,0	5,0	+ 3,5	+ 3,1	+ 3,0
Insgesamt*	577,4	534,5	518,5	733,5	664,5	651,3	+156,1	+130,0	+132,8

* Der Gesamtwert stimmt wegen nicht zuzuordnender Handelsströme nicht völlig mit der Summe der Kontinente überein. Die Zahlen für 2004 sind vorläufig.
1) ab 2003: EU-25

schwäche stagnierte, sodass es trotz stark gestiegener Preise kaum Zuwachsraten gab. Eine Ausnahme unter den Entwicklungsländern bietet vor allem China, das wegen seines rasanten wirtschaftlichen Aufbaus einen weit überdurchschnittlich steigenden Importbedarf hatte und zum Wachstum des deutschen Handels kräftig beitrug.

Deutschland war auch 2004 wie seit mehreren Jahrzehnten das **zweitwichtigste Welthandelsland** nach den USA und vor Japan, Frankreich und Großbritannien. Auch 2004 wurden im Warenhandel mit fast allen Kontinenten und Staatengruppen Überschüsse erzielt, ausgenommen Süd- und Ostasien. Hier geht der defizitäre Saldo auf die hohen Einfuhrüberschüsse im Handel mit Japan und China und die ebenfalls – wenn auch nicht in dieser Höhe – bestehenden negativen Salden mit der Rep. Korea, der Rep. China (Taiwan), Thailand und anderen ASEAN-Staaten zurück.

Die wichtigsten **Außenhandelspartner** Deutschlands waren auch 2004 – wie schon in den Vorjahren – mit weitem Abstand die übrigen westlichen Industriestaaten, und zwar sowohl als Einkaufs- wie auch als Käuferländer (Ursprungs- und Bestimmungsländer). Auf diese Länder entfielen jeweils etwa drei Viertel der deutschen Ein- und Ausfuhren. Eine Analyse nach einzelnen Ländern zeigt, dass die vorderen Plätze in der Im- und Exportstatistik auch 2004 von EU-Staaten eingenommen wurden. Lediglich die **USA** stand bei den Liefer- wie bei den Abnehmerländern an 3. bzw. 2. Stelle. **Frankreich** behielt, wie schon seit vielen Jahren, seinen 1. Rang als Abnehmerland mit einem Anteil von 10,3 % der deutschen Ausfuhren, und es blieb auch 2004 wichtigstes Lieferland mit 9,0 % aller deutschen Importe. Auf den nächsten Plätzen der Lieferanten für deutsche Einfuhren folgten, außer den USA, die EU-Partner **Niederlande**, **Italien** und **Großbritannien** sowie erstmals die **VR China**, die Belgien/Luxemburg überholte. Bei den wichtigsten deutschen Exportkunden standen 2004 nach Frankreich und USA ebenfalls Großbritannien, Italien, die Niederlande und Belgien/Luxemburg auf den nächsten Plätzen.

Bemerkenswert war in den letzten Jahren das Vorrücken der **Transformationsländer Ostmitteleuropas**, die seit 2004 EU-Mitglieder sind, unter die wichtigsten deutschen Handelspartner. Auch 2004 standen die Tschechische Republik, Polen und Ungarn wieder unter den ersten 16 deutschen Handelspartnern. Bei den Ausfuhren lagen Polen und die Tschechische Republik auf den Plätzen 11 und 12, noch vor Russland, Japan und den »alten« EU-Mitgliedern Schweden, Dänemark, Finnland und Portugal.

Unter den überseeischen Ländern waren die **USA** mit 7,0 % der deutschen Einfuhren und 8,8 % der Ausfuhren auch 2004 der bedeutendste Handelspartner. Der deutsche Überschuss im US-Handel stieg von 22,423 Mrd. € (2003) auf 24,537 Mrd. € (2004) an, da die deutschen Exporte sich stärker erhöhten als die Importe. Zweitwichtigster überseeischer Handelspartner war auch 2004 die **VR China**, die auf den 6. Rang bei den Lieferanten und den 10. Rang bei den Abnehmern vorrückte. Da die deutschen Bezüge aus China wesentlich stärker zunahmen als die Lieferungen dorthin, erhöhte sich das deutsche Außenhandelsdefizit von 7,416 Mrd. € (2003) auf 11,460 Mrd. € (2004). Der Handel mit **Japan** nahm nur leicht zu, das deutsche Defizit stieg von 7,795 Mrd. € (2003) auf 8,401 Mrd. € (2004). Das Land stand 2004 nur noch auf dem 10. Rang der Liefer- und auf dem 15. Rang der Abnehmerländer.

Die wichtigsten deutschen Außenhandelspartner

Einfuhr		in Mrd. €		
		2004*	2003	2002
1.	Frankreich	52,204	48,545	48,200
2.	Niederlande	47,865	42,301	40,751
3.	USA	40,265	39,231	40,376
4.	Italien	34,963	34,259	33,482
5.	Großbritannien	34,313	31,712	33,075
6.	VR China	32,455	25,681	21,338
7.	Belgien mit Luxemb.	30,699	26,132	26,505
8.	Österreich	24,237	21,453	21,047
9.	Schweiz	21,415	19,093	19,461
10.	Japan	21,094	19,684	19,896
11.	Spanien	17,312	16,518	15,532
12.	Tschech. Rep.	17,016	17,538	16,240
13.	Russland	16,218	14,231	13,178
14.	Polen	15,940	15,888	14,193
15.	Irland	15,072	13,627	13,497
16.	Ungarn	13,373	12,297	12,154
17.	Norwegen	13,137	13,445	11,879
18.	Schweden	10,171	9,501	8,868
19.	Dänemark	9,340	9,486	9,264
20.	Türkei	7,938	7,249	6,928
Ausfuhr		**in Mrd. €**		
		2004*	**2003**	**2002**
1.	Frankreich	75,301	69,025	68,721
2.	USA	64,8[illegible]2	61,654	68,263
3.	Großbritannien	61,[illegible]68	55,597	53,761
4.	Italien	52,441	48,414	47,335
5.	Niederlande	45,491	42,219	40,463
6.	Belgien mit Luxemb.	44,359	38,413	34,108
7.	Österreich	39,434	35,857	33,863
8.	Spanien	36,810	32,364	29,436
9.	Schweiz	27,953	26,009	26,702
10.	VR China	20,995	18,265	14,571
11.	Polen	18,[illegible]17	16,362	16,103
12.	Tschech. Rep.	17,812	16,785	16,010
13.	Schweden	15,357	14,240	13,496
14.	Russland	14,974	12,120	11,374
15.	Japan	12,593	11,889	12,576
16.	Ungarn	12,502	11,860	11,185
17.	Türkei	11,824	8,850	7,503
18.	Dänemark	11,286	11,272	11,287
19.	Finnland	7,445	6,686	6,619
20.	Portugal	5,807	6,344	6,765

* Zahlen vorläufig

Besonders hohe **Überschüsse** erzielte Deutschland 2004 im Handel mit seinen EU-Partnern und Nachbarländern, so mit Großbritannien (26,745 Mrd. €), Frankreich (23,097 Mrd. €), Spanien (19,497 Mrd. €), Italien (17,478 Mrd. €) und Österreich (15,198 Mrd. €). Bei überseeischen Handelspartnern ergaben sich größere Überschüsse vor allem mit den USA (10,837 Mrd. €), Australien (3,354 Mrd. €), Kanada (2,477 Mrd. €) und Australien (2,861 Mrd. €).

Größere **Außenhandelsdefizite** ergaben sich 2004 mit einigen Industriegüter- und Rohstofflieferanten wie VR China (−11,460 Mrd. €), Irland (−10,724 Mrd. €), Japan (−8,401 Mrd. €), Norwegen (−7,971 Mrd. €), Niederlande (−2,373 Mrd. €) und Russland (−1,245 Mrd. €).

Auch 2004 resultierte der **Außenhandelsüberschuss** Deutschlands überwiegend aus den positiven Salden im Warenaustausch mit den meisten industrialisierten europäischen Ländern sowie mit mehreren Rohstoffe exportierenden (und somit devisenstarken) Entwicklungsländern. Negative Salden traten vor allem im Handel mit einigen ostasiatischen Industrie- und Schwellenländern auf, die Industrieprodukte exportieren (ASEAN-Länder), sowie gegenüber vielen der ärmeren Rohstofflieferanten unter den Entwicklungsländern (z. B. Erdöl, Kaffee, Erze).

Die Zusammensetzung der **Waren und Güter**, die im deutschen Ex- und Import gehandelt wurden, hat sich in den letzten Jahren wenig verändert. Auch 2004 dominierte sehr stark der Außenhandel mit Waren der gewerblichen Wirtschaft gegenüber Ernährungsgütern und Rohstoffen.

Der größte **Ausfuhrüberschuss** wurde wieder mit Kraftfahrzeugen erwirtschaftet, nämlich 75,329 Mrd. €. Den größten **Einfuhrüberschuss** ergab der Handel mit Erdöl und Erdgas und Mineralölprodukten (38,107 Mrd. €) sowie mit Nahrungs- und Genussmitteln und Getränken (10,714 Mrd. €).

Die wichtigsten Güter im deutschen Außenhandel

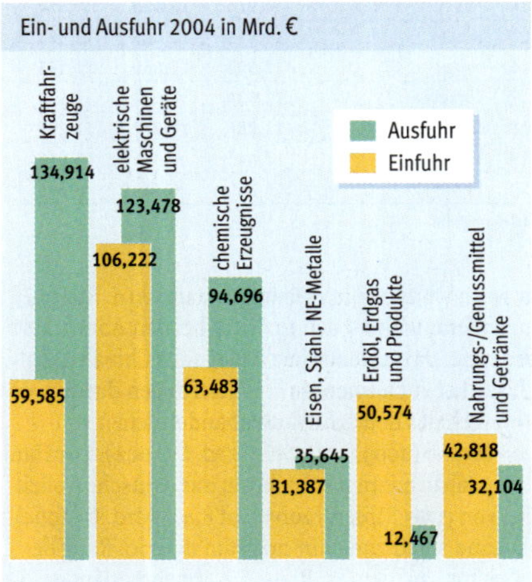

Einzelhandel

In allen wirtschaftlich hoch entwickelten Staaten läuft im Einzelhandel seit mehreren Jahrzehnten ein Strukturwandel ab, der vor allem durch folgende Veränderungen gekennzeichnet ist: Vergrößerung der Verkaufsfläche insgesamt und pro Betrieb, Umstellung auf Selbstbedienung, Verringerung des Personals, Aufgabe kleiner und umsatzschwacher Läden, Anschluss von Einzelbetrieben an Einkaufsgenossenschaften oder Handelsketten bis zur völligen Aufgabe der Selbständigkeit. Der Lebensmitteleinzelhandel hatte bei diesen Entwicklungen eine gewisse Vorreiterrolle; sie sind aber auch z. B. im Handel mit Möbeln, Textilien und Bekleidung, Haushaltswaren, Elektrogeräten usw. zu erkennen. Während dieser Umstrukturierungsprozess in den USA bereits in den 1970er Jahren weitgehend abgeschlossen war, ist er in Europa noch in vollem Gange.

In **Deutschland** fanden die größten Veränderungen in den 1980er und 90er Jahren statt. So nahm z. B. im deutschen Lebensmitteleinzelhandel die Anzahl der Ladengeschäfte von 1970 (alte Länder) bis 1995 (Gesamtdeutschland) von 153 999 auf 76 403 ab, während gleichzeitig die Verkaufsfläche von 8,15 auf 23,19 Mio. m^2 zunahm, d. h. die Verkaufsfläche pro Geschäft stieg von 53 auf 304 m^2. Die Entwicklung setzte sich seitdem beschleunigt fort. Die traditionellen kleinen »Tante-Emma-Läden« sind fast völlig verschwunden; 2003 entfielen bereits rd. 85 % des Umsatzes im Lebensmitteleinzelhandel auf die 10 größten Unternehmen der Branche (Discounter und große Supermarktketten).

Die **Umsätze im Einzelhandel** stagnieren in **Deutschland** seit Jahren. 2004 gingen die Einzelhandelsumsätze sogar um 1,6 % zurück; die Ursache dieser Kaufzurückhaltung wird in der hohen Arbeitslosigkeit, der schwachen Konjunktur mit realen Einkommensverlusten für weite Bevölkerungskreise sowie in allgemeiner Zukunftsangst gesehen.

Insgesamt betrug der Umsatz des Einzelhandels im engeren Sinn (d. h. ohne KFZ-Handel, Tankstellen und Apotheken) 2003 373,6 Mrd. € (2001 waren es noch 381,2 Mrd. €). Vom Gesamtumsatz entfielen nur noch 24,8 % auf traditionelle Fachgeschäfte, dagegen u. a. 22,0 % auf Fachmärkte, 11,7 % auf SB-Warenhäuser, 11,0 % auf Lebensmitteldiscounter, 7,9 % auf Supermärkte, 5,8 % auf Versandhandel und 3,8 % auf Waren- bzw. Kaufhäuser.

Trotz der sinkenden Umsätze setzte sich 2004 die **Flächenexpansion** im deutschen Einzelhandel fort, was zum starken Verdrängungswettbewerb beitrug. So erhöhte sich 2003–2005 die Zahl der »shopping-center« mit mehr als 15 000 m^2 Verkaufsfläche von 308 auf 325. Inzwischen verfügt Deutschland mit 1,4 m^2 pro Einwohner über mehr Verkaufsfläche als jedes andere Land Europas.

Personen- und Güterverkehr

Der grenzüberschreitende (internationale) Verkehr wird teils als Folgeerscheinung der zunehmenden Globalisierung der Wirtschaft gesehen, teils als Mitverursacher, d. h. seine Entwicklung (Kostensenkung, Beschleunigung) ermöglicht Globalisierungseffekte.

Kostenentwicklung des Güter- und Nachrichtenverkehrs 1930–2000

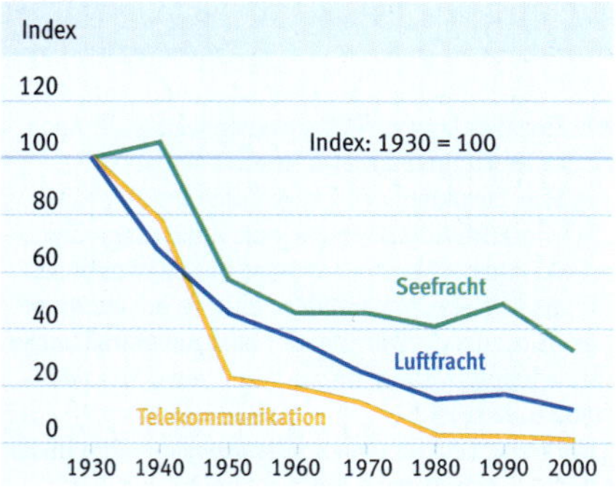

Quelle: World Development Report 2005

Jahrelang wies der internationale Verkehr hohe Zuwachsraten auf (z. B. Tourismus, Güterbeförderung im Außenhandel), die in der Regel über dem Zuwachs der Wirtschaftsleistung lagen. Auch im regionalen und innerstaatlichen Rahmen, wo vielfach Mobilität als Indikator für hohe Lebensqualität angesehen wird, zeigten sowohl Personen- als auch Güterverkehr weltweit jährlich beachtliche Zuwächse. Dieser Trend einer jährlichen Verkehrszunahme endete zunächst 2001 durch die Konjunkturschwäche in vielen Industriestaaten und vor allem durch die Terrorangriffe vom 11. September 2001.

Nach mehreren Jahren der Stagnation oder sogar des Rückgangs waren 2004 wieder fast weltweit in allen Verkehrsbereichen Zuwächse zu verzeichnen. Im Güterverkehr sorgte vor allem die starke Zunahme des Außenhandels für hohe Verkehrssteigerungen. Beim Personenverkehr war es hauptsächlich der internationale Urlaubsreiseverkehr (→ Tourismus), der wieder beachtliche Zuwachsraten aufwies.

Neben den Industriestaaten waren es vor allem die Schwellenländer und die Transformationsländer Ost- und Südosteuropas, in denen sich der Verkehr 2004 überdurchschnittlich entwickelte. Wegen des kräftigeren Wirtschaftswachstums nahm der Güterverkehr stärker zu, und durch die verbesserte Einkommenssituation der Bevölkerung erhöhte sich der Motorisierungsgrad und damit der Straßenverkehr. Während die Schwellenländer Ostasiens z. T. beachtliche Verkehrszunahmen aufwiesen (z. B. China), ist in den ärmeren Entwicklungsländern der Verkehr weiterhin relativ unbedeutend.

Personenverkehr in Deutschland 2003

Verkehrszweig	beförderte Personen in Mio.	Personen-km in Mrd.
Kfz (privat)	58 950	872,3
Straßenverkehr (öffentlich)	8 111	75,8
davon Linienverkehr (einschl. U- und Straßenbahn)	8 034	52,7
Ausflugs- u. ä. Verkehr	77	23,1
Eisenbahnverkehr	2 024	71,3
davon Fernverkehr	117	31,6
Luftverkehr	94,4	43,3

Quelle: Bundesverkehrsministerium

Güterverkehr in Deutschland 2003

Verkehrszweig	beförderte Güter in Mio. t	Tonnen-km in Mrd.
LKW-Verkehr (gewerblich) *	1 525,8	192,8
LKW-Verkehr (Werkverkehr)	1 204,7	63,0
Eisenbahnverkehr	303,7	79,8
Binnenschiffsverkehr	220,0	58,2
Seeverkehr (nach und von deutschen Seehäfen)	251,3	1 410,1
Luftverkehr	2,5	0,8
Rohrfernleitungen (nur Rohöl)	92,3	15,4

* ohne ausländische LKW

Quelle: Bundesverkehrsministerium

In **Deutschland** war 2001 zunächst ein Ende der jahrelangen Zuwachsraten des Verkehrs erreicht. 2002 stagnierte die Verkehrsmenge; 2003 nahmen sowohl Personen- als auch Güterverkehr leicht zu, und auch 2004 ist – nach vorläufigen Berechnungen – von einer leichten bis mäßigen Zunahme bei allen Verkehrsarten auszugehen. Einflussfaktoren auf die Verkehrsentwicklung waren die wirtschaftliche Rezession, die sich weiter verschlechternde Arbeitsmarktlage, die – im Durchschnitt der Gesamtbevölkerung – zurückgehenden Realeinkommen, die starken Preiserhöhungen für Benzin und Diesel, aber auch Sättigungseffekte in vielen Wirtschaftsbereichen. Bei der Zunahme des Güterverkehrs spielten vor allem das Außenhandelswachstum und der zunehmende Güteraustausch mit den neuen EU-Mitgliedsländern in Osteuropa eine wichtige Rolle.

Den Verkehr, gegliedert nach Verkehrsmitteln, zeigen die Tabellen. Beim **Personenverkehr** ergab sich bei der Verkehrsleistung insgesamt 2002–2003 ein Rückgang von 1,072 Billionen auf 1,063 Bill. Personen-km; für 2004 wird eine Zunahme auf 1,070 Bill. Personen-km geschätzt (Individual- und öffentlicher Verkehr).

Beim **Güterverkehr** erhöhten sich bei den beiden wichtigsten Verkehrsträgern die Leistungen 2002–2003: beim Straßengüterverkehr von 354,5 auf 362,9 Mrd. t-km, beim Bahnverkehr von 76,3 auf 79,8 Mrd. t-km.

Kraftfahrzeugbestand Der **Weltbestand** an Kraftfahrzeugen beträgt derzeit rd. 740 Mio. Die letzten genauen Zahlen ermittelte die UN für 2001: 521,466 Mio. PKW und 210,791 Mio. Nutzfahrzeuge (LKW, Busse u. a.; jeweils ohne motorisierte Zweiräder, landwirtschaftliche Zugmaschinen, Anhänger, Polizei- und Militärfahrzeuge).

Kraftfahrzeugbestand 2002 in Mio. (teilweise S)

	PKW	LKW (inkl. Kombi)
USA (2001)	134,811	88,635
Japan	54,541	18,226
Deutschland	44,657 *	2,619
Italien	33,706	3,666
Frankreich	29,160	5,687
Großbritannien	28,484	2,961
Brasilien (2000)	23,242	5,306
Russland (2000)	20,353	4,401
Spanien	18,733	3,949
Kanada (2001)	17,055	3,626
VR China	12,024	8,122
Polen	11,029	2,163
Mexiko (2000)	10,443	7,932
Australien (2001)	10,137 *	2,245
Rep. Korea	9,737	3,985
Indien	7,571	2,600
Niederlande	6,855	0,880
Ukraine	5,159	0,550
u. a. Österreich	3,987 *	0,320
Schweiz	3,701 *	0,290
zum Vergleich: Kenia (2000)	0,245	0,058
Äthiopien (2001)	0,059	0,034

* inkl. Kombi

Die **Motorisierung** ist weltweit nach wie vor sehr ungleich. So entfallen in den USA 468, in Deutschland 541 und in Luxemburg sogar 641 PKW auf 1000 Einwohner, dagegen in China nur 9, in Indien 7 und in den meisten Staaten West- und Zentralafrikas 1–2.

In Deutschland nahm die **Neuzulassung** von Kraftfahrzeugen 2004 wieder leicht zu, nachdem die Zahl

Bestand an Kraftfahrzeugen in Deutschland
Zugelassene Kfz zu Jahresbeginn in Mio.

	2005	2004	1990*
PKW und Kombi	45,376	45,023	30,685
LKW	2,572	2,586	1,389
Motorräder	3,828	3,745	1,414
Traktoren	1,962	1,952	1,757
Omnibusse	0,086	0,086	0,070
Sonstige (Wohnmobile, Sonderfahrzeuge usw.)	0,697	0,689	0,434
Kfz insgesamt	54,520	54,082	35,748

* nur westliche Bundesländer

Quelle: Kraftfahrzeugbundesamt

Neuzulassung von PKW in Deutschland 2004

insgesamt 3 266 826 PKW

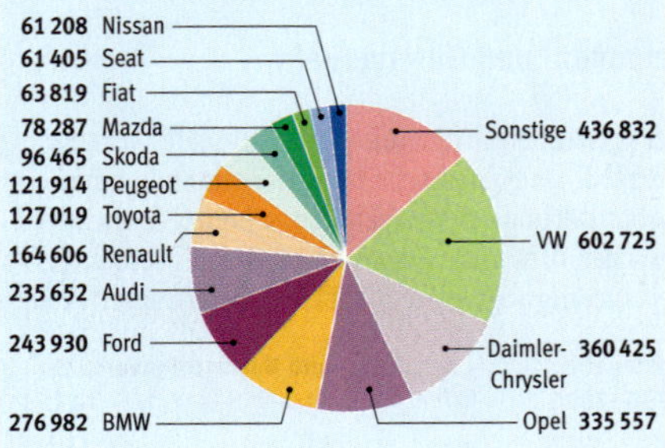

Quelle: Kraftfahrtbundesamt

mehrere Jahre lang zurückgegangen war. Nach Angaben des Kraftfahrtbundesamtes wurden 2004 3,775 Mio. fabrikneue Kfz. zugelassen (2003: 3,733 Mio.). Im Einzelnen stieg die Zulassungszahl bei PKW um 0,9 % auf 3,267 Mio., bei LKW um 6,2 % auf 0,215 Mio., bei Motorrädern ging sie um 4,2 % auf 0,199 Mio. zurück. Die Zahl der **Besitzumschreibungen** gebrauchter Kfz. sank um 2,2 % auf 7,479 Mio., davon 6,610 Mio. PKW.

Die **Weltproduktion von Kraftfahrzeugen** nahm in den letzten Jahren nur noch leicht zu; bei PKW gab es 2001 und 2002 Produktionsrückgänge gegenüber 2000. Die Weltproduktion (PKW und Kombis) betrug 2003 50,666 Mio. und 2004 52,663 Mio. Stück. Die größten Produktionsländer waren 2004 die USA (11,600 Mio.) vor Japan (8,720 Mio.), Deutschland (5,191 Mio.) und Frankreich (3,155 Mio.). Die weltweit größten PKW-Hersteller waren 2004 General Motors vor Toyota und Ford.

Auch in der **Automobilindustrie** setzte sich 2004/05 der Globalisierungsprozess vor allem in Form von internationalen Zusammenschlüssen oder Beteiligungen fort, mit denen auf den Kosten- und Konkurrenzdruck geantwortet wird. Allerdings ist die Automobilindustrie schon seit Jahren dadurch besonders stark international orientiert, dass sie in besonders hohem Maße Produktionsstätten im Ausland betreibt. Es gibt vor allem zwei Gründe für diese Verlagerungstendenzen: Einerseits zwingen vielfach Handelsbeschränkungen (z. B. hohe Einfuhrzölle) und das Bedürfnis nach Marktnähe dazu, in wichtigen Abnahmeländern direkt zu produzieren, andererseits haben die europäischen Produktionsstandorte, besonders Deutschland, durch hohe Arbeitskosten, Steuern und staatliche Auflagen stark an Wettbewerbsfähigkeit eingebüßt. Eine Folge ist z. B., dass die deutschen PKW-Exporte sich zunehmend auf die EU-Länder und andere Industrieländer konzentrieren, wo deutsche High-Tech-Produkte trotz ihres relativ hohen Preises gute Absatzchancen haben. Die Produktion deutscher Marken für den Verkauf in Entwicklungsländern wird dagegen

Produktion von Kraftfahrzeugen in Mio.
(ohne Montage importierter Bausätze)

	PKW und Kombi		LKW, Busse u. a. Nutzfahrzeuge	
	2002	2000	2002	2000
USA	5,019	5,542	7,261	7,258
Japan	8,618	8,359	1,639	1,781
Deutschland	5,123	5,132	0,346	0,395
Frankreich	3,293	2,880	0,409	0,468
VR China	1,102	0,605	2,185	1,464
Rep. Korea	2,651	2,602	0,496	0,513
Spanien	2,267	2,366	0,588	0,667
Kanada	1,369	1,551	1,260	1,411
Großbritannien	1,630	1,641	0,193	0,173
Mexiko	0,960	1,279	0,845	0,556
Brasilien	1,520	1,352	0,271	0,330
Italien	1,126	1,422	0,301	0,316
Russland	0,980	0,969	0,240	0,236
Indien	0,704	0,518	0,190	0,283
Tschech. Rep.	0,441	0,428	–	–
Malaysia	0,380	0,280	–	–
Polen	0,288	0,532	–	0,050
Weltproduktion	41,413	41,216	17,641*	17,159*

* ohne Traktoren

Quelle: UN

zunehmend in ausländische Werke verlagert. 2004 verteilte sich die Herstellung von PKW deutscher Marken zu 55 % auf Deutschland und zu 45 % auf das Ausland. Eine ähnliche Globalisierungsstrategie verfolgen die US-amerikanischen und japanischen Hersteller.

In **Deutschland** zeigt die **Kraftfahrzeugproduktion** seit mehreren Jahren eine leicht zurückgehende bis stagnierende Tendenz. Der Höhepunkt der PKW-Produktion war 1998 mit 5,348 Mio. Stück erreicht. 2003 betrug die Erzeugung 5,121 Mio. Fahrzeuge; 2004 stieg sie leicht auf 5,192 Mio. Hinzu kam die Produktion deutscher Marken im Ausland in Höhe von 4,221 Mio. Stärker als bei PKW war das Wachstum der LKW-Fertigung. Die Produktion schwerer Nutzfahrzeuge (ab 6 t) stieg um 22 % auf 160 000 LKW, diejenige leichter Fahrzeuge bis 6t um 1 % auf 208 000.

Die Produktion von Kraftfahrzeugen konnte nur dadurch auf dieser Höhe aufrechterhalten werden, weil es gelang, bei stagnierendem Inlandsabsatz erneut die Exporte zu steigern. Die Exportquote bei PKW stieg 2004 auf 70,6 %, wobei das Exportgeschäft 145 Mrd. € einbrachte. Wichtigste ausländische Märkte waren 2004 die »alten« EU-Länder (61 %) und die USA (15 %). Bedeutendste Importeure waren japanische (11,6 %) und französische Hersteller (10,6 % Marktanteil an den Neuzulassungen).

Die **Kraftfahrzeugindustrie** gehörte in Deutschland auch 2004 zu den bedeutendsten Industriebranchen. Die **Beschäftigtenzahl** betrug 804 000, der Gesamtumsatz der Branche stieg von 253,820 Mrd. (2003) um 3 % auf 276,948 Mrd. € (2004), davon 160,542 Mrd. € Auslandsumsatz (= 58,0 %).

Straßenverkehr und Straßenbau In **Deutschland** war zuletzt 1999 ein stärkeres Wachstum des Straßenverkehrs zu verzeichnen gewesen. Seitdem sinken die Zuwachsraten. Beim Personenverkehr auf der Straße (öffentlicher und Individualverkehr) stagniert die Verkehrsmenge seit 1999 bzw. zeigt von Jahr zu Jahr nur noch geringe Schwankungen. Der Straßengüterverkehr steigt demgegenüber weiterhin langsam, aber kontinuierlich an.

Der **Individualverkehr mit PKW** nahm 2002–2003 von 583,6 auf rd. 577,8 Mrd. km (Fahrleistung aller PKW und Kombi) ab. Zwar erhöhte sich der PKW-Bestand leicht (44,657 Mio. PKW zum Jahresende 2003), doch sank die durchschnittliche jährliche Fahrleistung pro PKW von 15 600 km (1990) auf 11 300 km für Otto- und 20 000 km für Dieselfahrzeuge (2003). Der Benzin- und Dieselverbrauch für PKW ging daher leicht zurück (auch durch sparsamere Motoren). Der spezifische Verbrauch nahm erneut leicht ab. Im Durchschnitt verbrauchte ein PKW 1990 noch 9,7 l Benzin pro 100 km, 2003 nur noch 8,4 l; bei Dieselmotoren sank der Verbrauch von 7,8 l/100 km (1990) auf 6,9 l (2003).

Der **Straßenbau** blieb 2004/05 weltweit auf relativ niedrigem Niveau. In den meisten Industrieländern wird der Straßenbau bereits seit Jahren zunehmend eingeschränkt, da der vordringliche Bedarf weitgehend gedeckt ist und Gesichtspunkte des Natur- und Umweltschutzes gegen eine weitere Verdichtung des Straßennetzes sprechen. Hinzu kam in vielen Staaten Finanzknappheit der öffentlichen Hand wegen der Abschwächung der Wirtschaftskonjunktur. Daneben verschlingt die Sanierung bestehender Straßen einen zunehmend größeren Teil der verfügbaren Mittel. In den Entwicklungsländern, aber auch in den Transformationsländern Osteuropas besteht zwar noch großer Nachholbedarf bei der Straßenverkehrsinfrastruktur, doch stagnierte das Neubauvolumen hier vor allem aus finanziellen Gründen. Vor allem in der VR China, in Indien, Lateinamerika, aber auch in Russland und den zentralasiatischen Staaten existieren zahlreiche Pläne zum Bau von Überlandstraßen, die günstige Auswirkungen auf die wirtschaftliche Entwicklung hätten. Nur ein kleiner Teil der Projekte dürfte in absehbarer Zeit Aussicht auf Realisierung haben. Intensiver Straßenbau wird vor allem in den Industriegebieten Chinas betrieben.

In **Deutschland** wurde der Straßenbau 2004/05 infolge des wirtschaftlich bedingten Sparzwangs erneut vermindert und auf relativ niedrigem Niveau gehalten. Abgesehen von verschiedenen Ortsumgehungen und kleinen Lückenschließungen im Bundesstraßen- und Autobahnnetz wurden Bauvorhaben hauptsächlich in Ostdeutschland im Rahmen der »Verkehrsprojekte Deutsche Einheit« realisiert (Autobahn Lübeck–Rostock–Stettin, Arbeiten an der Verbindung Erfurt–Schweinfurt und weitere Teilstücke in Sachsen-Anhalt und Thüringen). Wegen der finanziellen Probleme der öffentlichen Haushalte wird das Ausmaß des

Straßenbaus in den nächsten Jahren stark von den Erträgen der LKW-Maut auf den Bundesautobahnen abhängen.

Die **LKW-Maut auf Autobahnen** sollte in **Deutschland** ursprünglich am 31. 8. 2003 eingeführt werden. Aufgrund technischer Pannen bei der Entwicklung des Erfassungssystems der Firma TollCollect (im Wesentlichen eine Tochtergesellschaft von Telekom und DaimlerChrysler) verzögerte sich die Inbetriebnahme bis zum 1. 1. 2005. Seitdem ist das Mautsystem in Betrieb. Die Gebühr beträgt durchschnittlich 12,4 cent/km. Mit den Erträgen, die teilweise in Straßenbau und -unterhalt fließen, sollen die besonderen Belastungen der Straßen durch den Schwerverkehr kompensiert werden. Für 2005 rechnet man mit Einnahmen von rd. 3 Mrd. €, von denen 2,4 Mrd. € in Verkehrswege investiert werden sollen.

Das **deutsche Straßennetz** umfasste 2003 insgesamt 231 581 km Straßen des überörtlichen Verkehrs, davon 12 037 km Bundesautobahnen, 41 246 km Bundesstraßen, 86 868 km Landes- bzw. Staatsstraßen und 91 430 km Kreisstraßen. Hinzu kommen rd. 431 000 km Gemeindestraßen (inner- und außerorts).

Eisenbahnverkehr

Streckennetz und Verkehrsentwicklung Das **Streckennetz der Eisenbahn** (Personen- und Güterverkehr) umfasste 2004/05 weltweit rd. 1,250 Mio. km, davon rd. 260 000 km in Nordamerika (USA und Kanada), 180 000 km in den GUS-Staaten und 160 000 km im Europäischen Wirtschaftsraum (EWR). In Europa hatten 2002 die längsten Netze: Russland (85 542 km), Deutschland (35 858 km), Frankreich (29 352 km), Ukraine (22 079 km), Polen (20 223 km), Großbritannien (17 052 km), Italien (16 307 km), Spanien (12 298 km), Rumänien (11 364 km) und Schweden (11 079 km).

In **Entwicklungsländern** wurden 2004 in einigen Fällen Netzerweiterungen zur besseren Raumerschließung vorgenommen (z. B. Indien und vor allem China). Diverse weitere Ausbaupläne konnten wegen Kapitalmangel nicht in Angriff genommen werden. Ein ernstes Problem stellt der in der Regel sehr schlechte technische Zustand der meisten Eisenbahnlinien in Entwicklungsländern dar. Er ist die Hauptursache für die oft nur sehr begrenzte Leistungsfähigkeit, geringe Transportgeschwindigkeit und die häufigen Unfälle. Die längsten Netze weisen Indien (63 140 km) und die VR China (59 530 km) auf.

In den meisten **europäischen Industriestaaten** wurden auch 2004/05 die organisatorischen und technischen Reformen der vielfach veralteten, defizitären und wenig leistungsfähigen Eisenbahnsysteme fortgesetzt. Die Bahn soll, auch aus Gründen des Umweltschutzes, gegenüber dem Straßen- und z. T. auch dem Luftverkehr konkurrenzfähig gemacht werden, da sie in den letzten Jahrzehnten fast überall stark an Fahrgästen und Gütermengen verloren hat. Die Gründe sind vor allem veraltete Verkehrskonzepte, zu hohe Kosten, mangelhafte Flexibilität, zu langsame und zu unzuverlässige Beförderung. Zu den Reformvorhaben gehören generell

- in den ländlichen Räumen die Attraktivitätssteigerung (durch Beschleunigung, Taktfahrplan und komfortableres Wagenmaterial) oder andernfalls Stilllegung gering frequentierter Nebenstrecken,
- die Konzentration der Bahn als Massenverkehrsmittel auf stark befahrene Hauptstrecken und
- auf den Personenverkehr in den Verdichtungsräumen (z. B. Ausbau von S-Bahnen).

Hauptziele der Bahnpolitik und des Bahnausbaues sind in den städtischen Verdichtungsräumen die Zurückdrängung des umweltschädlichen PKW-Verkehrs zugunsten des öffentlichen Personennahverkehrs und auf den Hauptstrecken zwischen den wichtigen Wirtschaftszentren die Modernisierung, teilweise auch der Neubau der Bahnlinien, um den Verkehr zu beschleunigen und die Transportkapazität zu erhöhen. Die Bahn soll dadurch gegenüber der Konkurrenz von PKW, LKW und Flugzeug (auf Kurzstrecken) wieder attraktiver gemacht werden. Nach der ersten Schnellfahrlinie in Japan (»Shinkansen«) sind inzwischen neu trassierte Schnellbahnen in vielen europäischen Ländern in Betrieb oder zumindest im Bau bzw. in der Planung: Deutschland (ICE), Frankreich (TGV), Schweiz, Österreich, Italien, Spanien, Niederlande, Belgien, Großbritannien. Diese modernen Linien verzeichnen (im Gegensatz zum sonst eher stagnierenden Bahnverkehr) durchwegs zunehmende Passagierzahlen und konnten z. B. in Deutschland den Kurzstreckenflugverkehr zwischen Großstädten reduzieren (z. B. Hamburg–Berlin).

Verkehrsleistungen der Eisenbahn in ausgewählten Ländern 2002 (Passagier- und Güterverkehr)

	Personen-km in Mio.	Netto-t-km in Mio.
Indien	493 489	333 728
VR China	480 305	1 507 817
Japan (2001)	241 133	21 950
Russland	152 900	1 510 200
Frankreich	73 227	50 036
Deutschland (nur DB)	69 296	72 423
Ukraine	50 544	193 141
Italien	47 177	23 420
Ägypten	40 837	4 188
Großbritannien	40 146	18 700
Rep. Korea	28 787	10 784
Spanien (nur staatl.)	19 480	13 253
Polen	17 310	46 560
Niederlande	14 288	3 685
Schweiz (2001)	13 842	11 113
USA	8 552	2 200 123
Österreich (nur ÖBB)	8 300	17 626

Eine völlige Neuentwicklung ist der **Transrapid**, ein Zug, der sich mittels der Magnetschwebetechnik ohne Räder auf einer Schiene fortbewegt und Geschwindigkeiten bis 500 km/h erreichen kann. Die Technik wurde in Deutschland entwickelt und auf einer Versuchsstrecke im Emsland ab 1984 bis zur Serienreife erprobt. Nach dem Scheitern erster Pläne für den Bau einer Strecke von Hamburg nach Berlin (2000 aus Kostengründen aufgegeben) wurde 2002 die erste kommerziell betriebene Transrapid-Strecke von einem deutschen Konsortium in China gebaut (ca. 30 km von Shanghai zum Flughafen Pudong) und seit 2004 kommerziell betrieben. Seitdem wird über eine Verlängerung der Strecke zum Expo-Gelände und bis in die Stadt Hangzhou (170 km) verhandelt. In Deutschland wird seit 2003 nur noch eine Strecke geplant: die Verbindung vom Münchner Hauptbahnhof zum Flughafen, die mit finanzieller Beteiligung des Bundes gebaut werden soll. Eine Realisierung ist jedoch wegen der staatlichen Finanzknappheit ungewiss.

Das EU-Konzept der **Transeuropäischen Netze (TEN)** sieht u. a. den Aus- und Neubau leistungsfähiger Bahnlinien vor. Nach den ursprünglichen Plänen sollten bis 2010 9000 km Neubau- und 15 000 km Ausbaustrecken realisiert werden, um Europa mit einem Netz schneller Bahnlinien zu überziehen. Aufgrund der seither aufgetretenen Finanzierungsprobleme und Bauverzögerungen ist jedoch eine Realisierung im geplanten Zeitraum nicht mehr möglich.

Ein seit langem diskutiertes Projekt ist in diesem Zusammenhang der **Brenner-Basistunnel** zwischen dem Tiroler Inntal und Südtirol zur Aufnahme der jährlich wachsenden Verkehrsströme über die Alpen auf der Brennerroute. Bisher gibt es zwischen Österreich, Italien, Deutschland und der EU noch keine endgültige Einigung über die Zulaufstrecken (Inntal, Südtirol) sowie über die Finanzierung des Projekts (Schnellfahrstrecke München–Verona 409 km, davon 56 km Tunnel zwischen Innsbruck und Franzensfeste). Nach derzeitigem Stand wird mit Baukosten nur für den Tunnel von ca. 6,2 Mrd. € gerechnet, die zu 50 % von der EU und zu je 25 % von Österreich und Italien bezahlt werden sollen. Nach den zwischen Österreich und Italien abgeschlossenen Verträgen könnte der Baubeginn Ende 2006, die Fertigstellung 2016 erfolgen. Die Zahl der Züge durch den Tunnel könnte 400 pro Tag betragen anstelle der derzeitigen 100.

In der Schweiz wurde dagegen 2003 mit dem Bau des 57 km langen **Gotthard-Basistunnels** als Teil der **Neuen Eisenbahn-Alpen-Transversale (NEAT)** begonnen. Der Tunnel ist Kernstück der neuen Eisenbahn-Schnellfahrstrecke Zürich–Mailand, die 2014 eröffnet werden soll. Ziel ist neben der Beschleunigung des Personenschienenverkehrs vor allem die Verlagerung des alpenquerenden Güterverkehrs von der Straße auf die Schiene. Beim zweiten Projekt der NEAT, dem Lötschbergtunnel, erfolgte im April 2005 der Durchstich.

Eisenbahnen in Deutschland In **Deutschland** wird öffentlicher Schienenverkehr durch die Deutsche Bahn AG (die am 1. 1. 1994 durch Fusion der Deutschen Bundesbahn und der Deutschen Reichsbahn der ehem. DDR entstanden ist und privatwirtschaftlich umorganisiert wurde) und 141 Regionaleisenbahngesellschaften betrieben, und zwar auf einer Streckenlänge von 40 638 km (2003). Der Anteil der elektrifizierten Strecken betrug 47,6 % (19 568 km). Die Zahl der Bahnhöfe ging in den letzten Jahren stark zurück und betrug Anfang 2003 nur noch 5300. Die DB AG kündigte für die nächsten Jahre die Schließung weiterer Bahnhöfe und ihre Umwandlung in Haltestellen an (ohne Fahrkartenschalter, nur noch Automatenverkauf). Nur noch 1300 Bahnhöfe sollen in der bisherigen Form betrieben werden.

An **Fahrzeugen** besitzen die Bahnen in Deutschland 2003 u. a. 3274 Elektroloks, 3384 Dieselloks, 6356 Triebwagen, 12 941 Reisezugwagen und 128 384 Güterwagen. Folgende **Transportleistungen** wurden u. a. erbracht (2003): 1,971 Mrd. beförderte Personen (davon 1,843 Mrd. im Nah-, 0,128 Mrd. im Fernverkehr), 70,814 Mrd. geleistete Personen-km (6,0 % weniger als im Vorjahr), 296,924 Mio. t beförderte Güter (+4,1 %) und 78,463 Mrd. geleistete t-km (+3,9 %). Die Verkehrseinnahmen beliefen sich auf 5,383 Mrd. € im Personen- und 3,326 Mrd. € im Güterverkehr.

Die Umstrukturierung des früheren Staatsbetriebs **Deutsche Bundesbahn** in die privatwirtschaftlich organisierte Deutsche Bahn AG ist seit 2001 weitgehend abgeschlossen.

Wichtige Projekte der **Deutschen Bahn** waren 2004/05:

- die Sanierung bestehender Bahnstrecken, die in den letzten Jahren mangels genügender finanzieller Mittel nicht ausreichend instand gehalten worden waren und die aufgrund von Langsamfahrstellen laufend zu Verspätungen führen;
- Umbau und Modernisierung großer Bahnhöfe (teils abgeschlossen, teils noch im Bau), z. B. in Berlin;
- Um- und Neubau von Bahnstrecken zur Leistungssteigerung und für höhere Geschwindigkeiten. Im Bau oder in der Planung waren 2004/05 u. a. die Strecken München–Nürnberg–Erfurt–Berlin, München–Augsburg–Ulm–Stuttgart, Karlsruhe–Freiburg–Basel, Erfurt–Halle–Leipzig, Leipzig–Dresden, Berlin–Frankfurt/Oder sowie weitere Netzergänzungen und Modernisierungen im Rahmen der Verkehrsprojekte Deutsche Einheit. Bau bzw. Fertigstellung aller genannten Projekte litten 2004 unter den reduzierten Finanzierungsmöglichkeiten aufgrund von Steuermindereinnahmen und wegen des Ausfalls der eingeplanten Gelder aus der LKW-Maut. Für die Jahre 2005–2009 wurden die Bundesmittel für Bahnprojekte auf 3,0–3,5 Mrd. € jährlich gekürzt.

Binnenschifffahrt Die Binnenschifffahrt spielte vor dem Beginn des Eisenbahn- und Autozeitalters weltweit eine wichtige Rolle beim Personen- und Gütertransport über mittlere und weite Entfernungen. Heute beschränkt sich ihre Bedeutung vor allem auf Entwicklungsländer mit geeigneten Wasserstraßen. In den Industrieländern ist die zwar kostengünstige und umweltfreundliche, aber relativ langsame Binnenschifffahrt weitestgehend durch den flexibleren Eisenbahn- und Kfz-Verkehr verdrängt worden. Ausnahmen sind die Niederlande, Belgien und Deutschland, wo die Fluss- und Kanalschifffahrt im Güterverkehr noch eine bedeutende Rolle spielt (daneben im touristischen Personenverkehr mit Flusskreuzfahrten).

Wichtige Binnenhäfen in Deutschland
Umschlag in Mio. t

	2003	2002
Duisburger Häfen	45,963	47,193
Köln	13,220	13,190
Hamburg (nur Binnenverkehr)	9,037	9,442
Ludwigshafen	7,144	7,809
Mannheim	6,951	7,957
Karlsruhe	6,227	6,874
Neuss	4,486	4,554
Heilbronn	4,207	4,929
Bremen (nur Binnenverkehr)	4,106	4,152
Marl-Brassert	3,493	3,044
Frankfurt am Main	3,412	4,075
Gelsenkirchen	3,353	3,623
Krefeld-Uerdingen	3,318	3,553
Kehl	3,252	3,364
Regensburg	3,194	2,453
Berliner Häfen	2,929	3,148

Quelle: Statistisches Bundesamt

In **Deutschland** hatten die befahrbaren Binnenwasserstraßen (ohne Seen) 2003 eine Länge von 7472 km. Die Zahl der Schiffe der deutschen Binnenschifffahrtsunternehmen betrug Anfang 2004 2347 Güterschiffe und 962 Fahrgastschiffe. Während die Zahl der Passagierschiffe in den letzten Jahren zunahm (für Freizeit- und Kreuzfahrten), wurde die Zahl der Güterschiffe wegen des Konkurrenzkampfes in der EU und bestehender Überkapazitäten 2004 weiter verringert.

Die **Binnenschifffahrt** in **Deutschland** litt 2003 unter monatelangen Verkehrsbehinderungen durch zu niedrige Wasserstände wegen des trockenen Sommers. Die Transportmenge ging daher beträchtlich zurück. 2004 wurden wieder die Gütermengen der Vorjahre erreicht.

Die auf **Binnenschiffen** beförderte Gütermenge betrug 2003 219,999 Mio. t; die wichtigsten transportierten Güter waren Steine und Erden (42,441 Mio. t), Erdöl und Mineralölerzeugnisse (37,184 Mio. t), Erze (35,287 Mio. t), Kohle, Koks und Briketts (30,750 Mio. t), landwirtschaftliche Erzeugnisse,

Entwicklung des Welt-Seegüterverkehrs 1984–2003

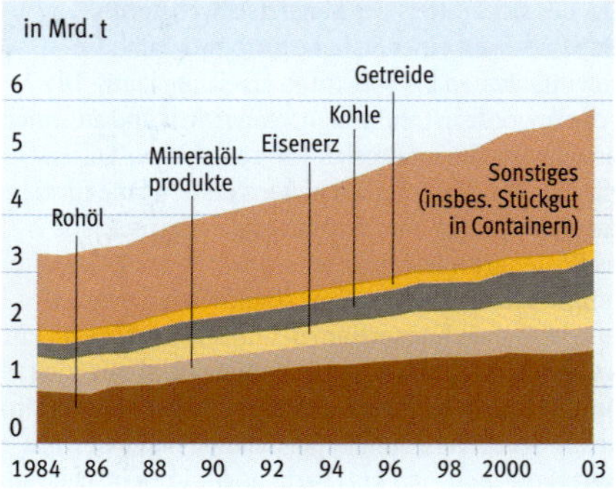

Quelle: ISL 2004

Nahrungs- und Genussmittel (24,209 Mio. t), chemische Erzeugnisse (17,355 Mio. t), Eisen, Stahl und NE-Metalle (12,239 Mio. t).

Der Gesamtverkehr (Transportleistung) auf den deutschen Binnenwasserstraßen lag 2003 bei 58,154 Mrd. t-km; davon entfielen 38,051 Mrd. t-km auf Verkehr auf ausländischen Schiffen. Vor allem niederländische Schiffe sind auf den deutschen Wasserstraßen unterwegs (28,904 Mrd. t-km). Der weitaus wichtigste Verkehrsweg war der **Rhein** mit seinen Nebenflüssen, auf den 46,419 Mrd. t-km entfielen.

Das deutsche **Binnenwasserstraßennetz** wurde 2004/05 vor allem in den neuen Bundesländern an den Schifffahrtswegen im Raum Berlin und in den neuen Bundesländern verbessert (Verkehrsprojekte »Deutsche Einheit«, Fertigstellung der Elbequerung durch den Mittellandkanal bei Magdeburg), außerdem im unteren und mittleren Main (Verbreiterung und Vertiefung der Fahrrinne). Für die Rhein-Main-Donau-Wasserstraße liegen Pläne vor, um die Donau zwischen Straubing und Vilshofen durch wasserbautechnische Maßnahmen und Flussregulierungen leistungsfähiger zu machen, damit eine durchgehende Befahrbarkeit auch in Trockenperioden gewährleistet werden kann. Auch 2004 wurde über entsprechende Baumaßnahmen wegen des Widerstands durch den Naturschutz noch nicht endgültig entschieden. Pläne zum Ausbau der mittleren Elbe und der Saale wurden nach dem Hochwasser vom Sommer 2002 vorerst gestoppt.

Seeschifffahrt Der **Welt-Seegüterverkehr** (geladene Güter im Außenhandel) belief sich 2003 (2002) auf 5,840 (5,595) Mrd. t. Die Zunahme betrug somit 2003 4,4 %, für 2004 gehen vorläufige Berechnungen von einer Zunahme von rd. 6 % aus. Die durch die Seeschifffahrt beförderte Gütermenge repräsentiert deutlich das starke Anwachsen des Welthandels. Wie die Abbildung zeigt, wird die Entwicklung des weltweiten Seefrachtverkehrs hauptsächlich durch den Mineraltransport sowie durch die Rubrik »Sonstiges« dominiert, hinter der im Wesentlichen die zunehmenden Containertransporte von Industriegütern stehen. 2004 stieg die Auslastung der Schiffskapazitäten aufgrund der Zunahme des Welthandels so stark an, dass sich zeitweise ernste Kapazitätsengpässe ergaben. Die Folge waren kräftig erhöhte Frachtraten. Ein weiterer Grund für die gestiegenen Frachtkosten waren die stark erhöhten Preise für den Dieseltreibstoff. Um angesichts der Konkurrenz im Seefrachtgeschäft Kosten zu sparen, nutzten auch 2004/05 viele Schiffseigner der europäischen Hochlohnländer die Möglichkeit, ihre Schiffe »auszuflaggen«, d. h. unter sog. **Billigflaggen** mit niedriger entlohnten ausländischen Seeleuten zu fahren. 2004 fuhren über 70 % der Schiffstonnage der Industrieländer (OECD-Länder) unter fremder Flagge.

Schiffsbestand der Handelsflotten am 1. 1. 2004
Seeschiffs-Einheiten von 300 BRT und darüber

Land (Flagge) Reihenfolge nach Tonnage	Schiffe Anzahl	in Mio. BRT	in Mio. dwt
1. Panama*	5 257	124,387	185,860
2. Liberia*	1 468	50,881	79 591
3. Griechenland	1 175	31,534	53,257
4. Bahamas*	1 097	32,814	44,848
5. Malta*	1 241	25,172	41,176
6. Singapur	993	22,890	36,171
7. Zypern*	1 104	21,988	35,348
8. Hongkong	767	20,068	33,745
9. Norwegen (einschl. NIS**)	1 082	20,066	23,852
10. Marshallinseln*	420	16,846	23,072
11. VR China	2 172	17,136	25,508
12. Großbritannien	788	16,278	20,154
13. Japan	2 667	12,196	15,443
14. USA	560	10,450	13,074
15. Indien	394	6,567	11,033
16. Italien	728	9,867	10,350
17. Rep. Korea	860	6,132	9,873
18. Dänemark (einschl. DIS**)	406	7,273	8,926
19. St. Vincent u. d. Grenadinen*	786	5,922	8,819
20. Iran	170	4,753	8,287
25. Deutschland	379	6,041	6,959
54. Schweiz	28	0,598	1,046
109. Österreich	7	0,032	0,041

* überwiegend »Billigflaggen« (sog. »Fluchttonnage«)
** NIS = Norway International Shipping Register
DIS = Denmark International Shipping Register

Quelle: Shipping Statistics Yearbook, ISL

Entwicklung der deutschen Seeschifffahrt Mit ihrer modernen Handelsflotte und einer innovativen Marketingpolitik (vor allem Spezialisierung auf dem Wachstumsmarkt Containerverkehr) konnten die deutschen Reeder auch 2004 ihre Stellung unter den weltweit führenden Seefahrtsländern behaupten und zusätzliche Marktanteile gewinnen. Der Seeverkehr in

Güterverkehr in führenden Seehäfen
Umschlag in Mio. t

	2003	2000
1. Singapur	347,694	325,591
2. Rotterdam (Niederlande)	326,958	319,969
3. Shanghai (VR China)	316,210	204,431
4. South Lousiana (USA)	217,052	222,587
5. Hongkong (VR China)	207,612	174,642
6. Houston (USA)	172,348	169,254
7. Chiba (Japan)	169,000	169,043
8. Nagoya (Japan)	168,378	153,370
9. Guangzhou (VR China)	167,720	111,310
10. Kwangyang (Rep. Korea)	165,089	139,476
11. Pusan (Rep. Korea)	162,460	117,229
12. Tianjin (VR China)	161,820	95,699
13. Ningbo (VR China)	153,980	115,474
14. Ulsan (Rep. Korea)	146,[illegible]40	151,067
15. Antwerpen (Belgien)	142,375	130,531
16. Qingdao (VR China)	140,900	86,360
17. Kaohsiung (Rep. China)	138,332	115,287
18. Inchon (Rep. Korea)	131,018	120,398
19. Dalian (VR China)	126,020	90,841
20. Yokohama (Japan)	125,943	116,994
21. Qinhuangdao (VR China)	125,620	97,430
22. Long Beach (USA)	122,946	124,830
23. Los Angeles (USA)	117,978	101,507
24. Hamburg (Deutschland)	106,536	85,863
25. Marseille (Frankreich)	95,545	94,097
26. Port Hedland (Australien)	89,799	72,914
27. Osaka (Japan)	87,687	92,948
28. Kitakyushu (Japan)	83,890	93,454
29. Port Kelang (Malaysia)	83,888	65,277
30. Dampier (Australien)	83,880	81,446
31. Tokio (Japan)	83,475	84,559
32. Shenzhen (VR China)	87,670	59,968
33. Richards Bay (Südafrika)	87,521	91,519
34. Newcastle (Australien)	82,712	73,871
35. Kobe (Japan)	78,759	84,640

Quellen: Institut für Seeverkehrswirtschaft und Logistik, Bremen, e. a.

deutschen Häfen wuchs 2003 um 3,4 %, 2004 wegen der stark erhöhten Außenhandelsmenge sogar um rd. 4,5 %. Allerdings fahren aus Kostengründen anteilsmäßig immer weniger Schiffe deutscher Reeder unter deutscher Flagge.

Die **deutsche Handelsflotte** bestand am 1. 1. 2004 nur noch aus 379 (2003: 464) Schiffseinheiten mit 6,041 Mio. BRT (6,959 Mio. dwt), davon 161 Containerschiffe, 106 Trockenfrachter, 18 Öl-, 3 Flüssiggas- und 2 Chemikalientanker sowie 87 Fahrgastschiffe. In diesen Zahlen nicht enthalten sind die rd. 600 nicht Handelszwecken dienenden Schiffe (Fischereifahrzeuge, Yachten usw.), die Schiffe der Bundesmarine sowie deutsche Schiffe, die unter fremder Flagge fahren (vor allem Antigua und Barbuda, Liberia und Zypern). Ihre Zahl stieg in den letzten Jahren stark an, besonders zur Lohnkosten- und Steuerersparnis. 2004 fuhren 1915 in Deutschland beheimatete Schiffe mit 28,197 Mio. BRT unter fremder Flagge, 83,0 % des gesamten deutschen Schiffsbestandes (1994 erst 53,5 %). Um eine weitere Ausflaggung deutscher Schiffe zu verhindern, existiert seit 1989 ein »Zweit-« oder »Zusatzregister« (**Deutsches Internationales Schiffsregister**), für das die strengen nationalen Vorschriften des Erstregisters nicht gelten. Auf Schiffen in diesem Zweitregister dürfen ausländische Seeleute zu den niedrigeren Löhnen ihrer Heimatländer beschäftigt werden.

Die Zahl der **Beschäftigten** auf deutschen Schiffen sank vom Höchststand 48 000 (1971) auf nur noch 10 533 (Anfang 2004).

Der **Güterumschlag** aller deutschen Seehäfen betrug 2003 254,834 Mio. t und erhöhte sich damit gegenüber dem Vorjahr um 3,4 %. Vom Gesamtumschlag entfielen rd. 80 % auf Nordsee- und 20 % auf Ostseehäfen. Die relativ starke Zunahme des Umschlags ging 2003 und nach vorläufigen Zahlen auch 2004 ausschließlich auf erhöhte Transportmengen im Stückgutverkehr (meist in Containern) im Rahmen des deutschen Außenhandels zurück. Wesentlich geringere Steigerungen und teilweise Stagnationstendenzen zeigten die Umschlagmengen von Massengütern, wie Getreide, Erdöl und Erzen.

Der Hafen Hamburg erreichte mit einer Steigerung auf rd. 110 Mio. t 2004 den höchsten Umschlag seiner Geschichte. Insbesondere der Containerumschlag wuchs um 12 %. Insgesamt betrug der **Güterverkehr über See** mit deutschen Häfen 2003 (2002) im **Versand** (Export) 95,632 (92,418) Mio. t, im **Empfang** (Import) 159,202 (153,935) Mio. t.

Schiffbau Der **Weltschiffbau** belief sich 2003 (2002) auf 1731 (1709) fertiggestellte Handels- und Passagierschiffe mit 36,786 (33,557) Mio. BRT. Über den Bau von Kriegsschiffen liegen keine Daten vor.

Der bisherige Höchststand im **Weltschiffbau** war 1974 mit 34,624 Mio. BRT erzielt worden, vor allem durch den Bau von Großtankern für den Erdöltransport. In den 80er Jahren nahm der Schiffbau stark ab

Fertig gestellte Handelsschiffe 1960–2003

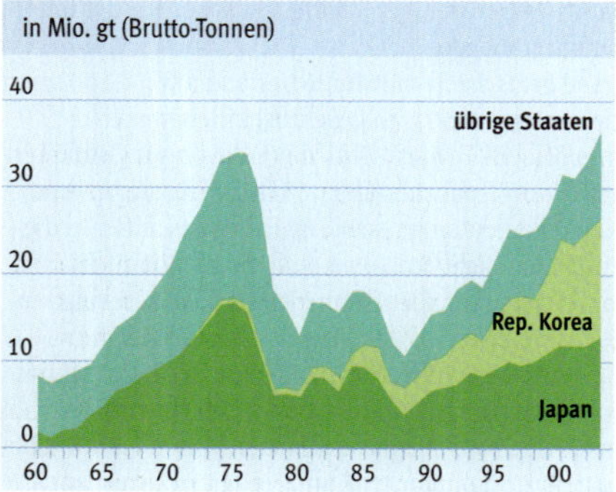

Quelle: ISL

und betrug 1988 nur noch 10,909 Mio. BRT. Seitdem nahm die Schiffbautätigkeit wieder kontinuierlich zu; durch die Steigerung des überseeischen Welthandels und die zunehmende Überalterung des vorhandenen Schiffsbestandes erhöhte sich der Bedarf an Schiffsneubauten stark, und 2003 wurde erstmals der damalige Höchstwert durch eine neue Rekordsumme übertroffen. Allerdings haben sich in den 1970er und 80er Jahren die Schwerpunkte der Werftindustrie weltweit radikal verschoben, da sich der sehr personalkostenintensive Schiffbau in Länder mit niedrigerem Lohnniveau verlagerte. Ehemals führende Schiffbaunationen wie Großbritannien (um 1960 an 2. Stelle in der Welt), Norwegen oder Niederlande spielen heute kaum mehr eine Rolle. Der Schiffbau konzentrierte sich aus Kostengründen immer stärker auf Ostasien (1975 52 %, 2003 84 % des Weltschiffbaus).

In der **Werftindustrie** bestanden 2004 weltweit Überkapazitäten von fast 30 %, obwohl die Zahl der bestellten Schiffsneubauten stark zunahm. Während in Europa und Nordamerika 2004 weitere Werften stillgelegt wurden, verschärften Werftneubauten in Ostasien, vor allem in Südkorea, die Konkurrenz. Die dortige Schiffbauindustrie erhöhte nicht nur weiter ihre Kapazitäten, sondern wurde auch massiv vom Staat subventioniert, sodass sie weltweit die Preise unterbieten konnte. 2004/05 waren bei der WTO mehrere Klagen der EU-Kommission wegen der koreanischen Dumpingpolitik anhängig. Bis zum Urteilsspruch wurden den europäischen Werften ebenfalls staatliche Subventionen beim Bau von Containerschiffen und Spezialtankern zugesprochen. Daneben überleben viele europäische Werften hauptsächlich durch militärische Aufträge.

Auch in **Deutschland** hatten die Werften 2004/05 wieder stark unter den ungleichen internationalen Wettbewerbsbedingungen zu leiden. Um sich gegen die hochsubventionierte ausländische Konkurrenz, besonders in Südkorea, durchzusetzen, wurden auch die deutschen Schiffbauunternehmen staatlich unterstützt (Subventionen aus Bundesmitteln). Die meisten Werften konnten sich durch Diversifizierung und Spezialisierung auf dem Markt behaupten (Bau hochwertiger Spezialschiffe mit aufwendiger Technologie, Spezialisierung auf Container- und Kreuzfahrtschiffe sowie militärischer Bereich).

Deutschland war auch 2004 die **größte europäische** und weltweit die viertgrößte **Schiffbaunation** mit einem Weltmarktanteil von allerdings nur 2,4 %. 2003 wurden 62 Seeschiffe mit 0,998 Mio. BRT fertig gestellt, darunter 36 Containerschiffe, 15 Passagierschiffe und 2 Öltanker. Der **Umsatz der Werften** belief sich 2003 auf 4,305 Mrd. € (davon 59 % im Export); der **Personalbestand** im Schiffbau betrug 24 500.

Luftverkehr und Flugzeugbau

Luftverkehr Der **Weltluftverkehr** erholte sich 2004 von den Ergebnissen der drei Vorjahre, die durch Umsatzeinbrüche (2001) und Stagnation (2002/03) gekennzeichnet waren. Die wirtschaftliche Hochkonjunktur in den USA und in Ostasien, dazu die nachlassende Gefahr von Terroranschlägen führten zu einer Steigerung sowohl des Passagier- als auch des Frachtverkehrs von je etwa 6 % weltweit. Als Folge besserte sich auch die wirtschaftliche Lage der meisten Fluggesellschaften, die 2002/03 überwiegend mit Verlust operiert hatten. Negativ wirkten sich nur die Kerosinpreissteigerungen aufgrund der allgemeinen Ölpreiserhöhungen aus. Außerdem wurden in einigen Ländern die nationalen Fluggesellschaften stark durch Billigflieger (Ryanair, Berlin Air u. a.) bedrängt, die durch Verzicht auf Komfort und Nebenleistungen, Starts von abgelegenen, aber billigeren Flughäfen und günstige Preise hohe Zuwächse erzielten. Insgesamt stieg das globale Passagieraufkommen nach ICAO-Angaben von 1,677 Mrd. (2003) auf 1,756 Mrd.

In **Deutschland** war es nach Jahren der ständigen Aufwärtsentwicklung 2001 und 2002 zu Rückgängen im Flugverkehr gekommen – als Nachwirkung der Terroranschläge vom 11. 9. 2001, wegen allgemeiner Kriegs- und Terrorfurcht, aber auch aufgrund der schlechten Wirtschaftslage. 2003 war der Luftverkehr wieder auf den Stand von 2002 angestiegen, und 2004

Flughäfen in Deutschland *Quelle:* ADV
Fluggäste (an, ab, Transit) 2004

400 000 – 1 Mio. | 1 – 5 Mio. | 5 – 10 Mio. | über 10 Mio. (51)

Verkehrsleistungen der wichtigsten internationalen Flughäfen 2003

Flughafen	Passagiere in Mio.	Veränderung 03/02	Fracht in Mio. t	Veränderung 03/02
	(jeweils an,		ab und Transit)	
Atlanta/Hartsfield	79,1	+ 2,9%	0,799	+ 8,8%
Chicago/O'Hare	69,5	+ 4,4%	1,511	+ 2,5%
London /Heathrow	63,5	+ 0,2%	1,300	– 0,8%
Tokio/Haneda	62,9	+ 2,9%	0,723	+ 2,2%
Los Angeles	55,0	– 2,2%	1,833	+ 2,8%
Dallas/Fort Worth	53,3	+ 0,8%	0,668	– 0,2%
Frankfurt/Rhein-Main	48,3	– 0,2%	1,650	+ 1,2%
Paris/Charles-de-Gaulle	48,2	– 0,3%	1,724	+ 6,0%
Amsterdam/Schiphol	40,0	– 1,9%	1,354	+ 5,1%
Denver	37,5	– 5,2%	0,310	– 6,9%
Phoenix/Sky Harbor	37,4	+ 5,2%	0,310	± 0,0%
Las Vegas/McCarran	36,3	+ 3,6%	0,060	+20,0%
Madrid/Barajas	35,9	+ 5,7%	0,340	+ 2,7%
Houston/G. Bush Intercont.	34,2	+ 0,7%	0,382	+15,8%
Minneapolis/St. Paul	33,2	+ 1,8%	0,320	+ 1,3%
Detroit/ Metro Wayne	32,7	+ 0,6%	0,320	– 1,2%
New York/J.F. Kennedy	31,7	+ 6,0%	1,627	– 2,5%
Bangkok	30,2	– 6,2%	0,950	– 0,7%
London/Gatwick	30,0	+ 1,3%	0,312	– 0,1%
Miami	29,6	– 1,5%	1,637	– 0,8%
New York/Newark	29,4	+ 0,7%	0,875	+ 2,0%
San Francisco	29,3	– 6,8%	0,574	– 3,8%
Orlando	27,3	– 2,[illegible]%	0,142	+ 0,1%
Hongkong	27,1	–20,[illegible]%	2,669	+ 6,6%
Seattle/Tacoma	26,8	+ 0,[illegible]%	0,351	– 6,2%
Tokio/Narita	26,5	– 8,1%	2,155	+ 7,6%
Rom/Fiumicino	26,3	+ 3,7%	0,280	+ 3,7%
St. Louis/Lambert	25,6	– 3,9%	0,195	+ 2,6%
Sydney/Kingsford Smith	25,3	+ 4,0%	0,320	–37,3%
Singapur/Changi	24,7	–14,9%	1,632	– 1,7%
Toronto/Lester B. Pearson	24,7	– 4,6%	0,308	– 0,1%
Philadelphia	24,7	– 0,5%	0,525	+ 1,9%
Peking	24,4	–10,3%	0,662	– 1,1%
München/F. J. Strauß	24,1	+ 4,6%	0,163	– 2,6%
Charlotte/Douglas	23,1	– [illegible],3%	0,125	+ 4,2%
Boston/Logan	22,8	+ [illegible],4%	0,363	– 6,4%
Barcelona	22,7	+ 5,6%	–	–
New York/La Guardia	22,5	+ 2,3%	–	–

Quelle: ADV

ergab sich eine Zunahme von 5,4 % (156,594 Mio. ein- und aussteigende Passagiere auf den 23 Verkehrsflughäfen. Von diesen Fluggästen benutzten 84 % das Flugzeug für Auslandsreisen.

Größter Flughafen war wieder mit großem Abstand Frankfurt/Rhein-Main mit 50,703 Mio. Ein- und Aussteigern und Transitreisenden (+5,6 %). An 2. Stelle stand wieder München (26,603 Mio.) vor Düsseldorf und Berlin-Tegel. Um den in Zukunft erwarteten Verkehrszuwachs zu bewältigen, wurden auch 2004 an mehreren deutschen Flughäfen Erweiterungsbauten durchgeführt (z. B. Hamburg); in München führte die Eröffnung des zweiten Terminals zu einem starken Anstieg des Flugverkehrs. In Berlin wurde der Beginn der Bauarbeiten für den neuen Großflughafen Schönefeld nach Anliegerklagen gerichtlich gestoppt; mit der Fertigstellung wird jetzt erst 2011 gerechnet.

Hauptziel der **Auslands-Flugreisenden** war auch 2004 Spanien mit 9,527 Mio. Passagieren (+4,6 %); es folgten die Türkei (5,105 Mio.; +11,5 %), Großbritannien (4,948 Mio.; +5,3 %), Italien (4,104 Mio.; +9,3 %), die USA (3,967 Mio.; +11,1 %), Frankreich (2,862 Mio.; +7,1 %), Griechenland (2,299 Mio.; +0,9 %) und Österreich (2,020 Mio.; +18,2 %). Nach Zielen in Europa flogen insgesamt 43,769 Mio., nach Amerika 5,874 Mio., nach Asien 5,000 Mio., nach Afrika 2,579 Mio. und nach Australien 0,049 Mio. Reisende.

Die wichtigsten von Deutschland aus angeflogenen **Destinationen** waren 2003 London (3,311 Mio.), Palma de Mallorca (2,657 Mio.), Antalya (2,129 Mio.), Paris (1,698 Mio.), Wien (1,229 Mio.), Istanbul (1,203 Mio.), Zürich (1,089 Mio.) und Amsterdam (1,016 Mio. Passagiere).

Der Luftfrachtverkehr von bzw. nach deutschen Flughäfen beschränkte sich ganz überwiegend auf Auslandsflüge. Von der Gesamtmenge an Luftfracht von 2,676 Mio. t (+14,7 % gegenüber 2003) entfielen 1,319 Mio. t auf Versand in das Ausland und 1,264 Mio. t auf Empfang aus dem Ausland. Außerdem wurden 0,138 Mio. t Post befördert.

Flugzeugbau Die **Luft- und Raumfahrtindustrie** erholte sich 2004 langsam von den Umsatzeinbrüchen der letzten 2 Jahre, Bestelleingang und Auslieferung insbesondere mittlerer und großer Flugzeuge nahmen langsam zu. Der Markt für Militärmaschinen wuchs dagegen wesentlich stärker. So entfielen beim größten US-amerikanischen Flugzeughersteller Boeing 2004 vom Umsatz von 52,5 Mrd. US-$ nur 21,0 Mrd. $ auf Passagier- und 31,5 Mrd. $ auf Militärmaschinen.

Auf dem Weltmarkt für **zivile Großraumflugzeuge** sind seit 1997 nur noch zwei große Hersteller tätig: Boeing in Seattle/USA und der multinationale europäische Flugzeugkonzern EADS mit seiner Tochtergesellschaft Airbus. 2004 lieferte Airbus 320 Flugzeuge aus und überholte erneut Boeing, dessen Absatz auf 285 Maschinen zurückging (2001 noch 527). In den nächsten Jahren rechnet die Luftfahrtindustrie wieder mit stärker steigenden Aufträgen vor allem für den wachsenden ostasiatischen Markt. Ein spektakuläres Neubauprojekt wurde 2004/05 realisiert. Im April 2005 erfolgte der Erstflug des neuen Großraumflugzeuges von Airbus (A 380), das bei einem maximalen Startgewicht von 550 t – je nach Bestuhlung – in zwei Etagen über 600 Passagiere befördern kann.

2004/05 verschärfte sich auch der Streit zwischen den USA und der EU über die Zulässigkeit von Subventionen, die Boeing bzw. Airbus erhalten. Beide Seiten reichten Klagen bei der WTO wegen Subventionen ein, die die beiden Unternehmen entgegen den Regeln der WTO von ihren jeweiligen Regierungen erhalten. Die US-Regierung soll Neuentwicklungen bei Boeing seit 1992 mit 23 Mrd. US-$ unterstützt haben, die EU unterstützte die Entwicklung des A 380 mit 3,2 Mrd. US-$.

Zunehmende Bedeutung erhielt 2004/05 in Europa die Raumfahrt- und Satellitentechnik. Vom EADS-Umsatz von 31,8 Mrd. Euro (2004) entfielen rd. 30 % auf Verteidigungs- und Satellitensysteme. Einen weiteren Aufschwung für diesen Bereich wird der Beschluss der EU-Verkehrsminister bringen, ein eigenes europäisches Satellitennavigationssystem (Galileo) einzurichten. Es soll mit dem US-amerikanischen GPS konkurrieren, aus 30 Satelliten bestehen und bis 2008 einsatzbereit sein (Investitionskosten ca. 3,5 Mrd. €). Sitz der Betreibergesellschaft Galileo Industries ist Ottobrunn bei München.

Tourismus

Der **Tourismus** war bis 2000 weltweit einer der dynamischsten Wirtschaftszweige. 2001 zeichneten sich bereits in der ersten Jahreshälfte Stagnationstendenzen ab (Konjunkturschwäche in den meisten Industrieländern, vor allem in den wichtigen Quellländern des internationalen Tourismus USA, Deutschland und Japan). Die Terroranschläge vom 11. 9. 2001 brachten dann massive Rückgänge in der gesamten Tourismusbranche mit sich, sodass sich erstmals seit 1982 eine Abnahme des internationalen Fremdenverkehrs ergab. Diese Entwicklung setzte sich 2002 und 2003 fort, da die Furcht vor Terroranschlägen, der Irak-Krieg und die Gefahr weiterer kriegerischer Auseinandersetzungen im Nahen Osten, der Ausbruch der SARS-Epidemie in Ostasien, schließlich die schlechte Konjunkturlage in vielen Industrieländern zu einer Stagnation und teilweise zu einem Rückgang der Reisetätigkeit führte.

Die Gesamtzahl der Auslandstouristen nahm von 687,3 Mio. (2000) zunächst auf 684,1 Mio. (2001) ab, stieg 2002 wieder auf 702,6 Mio. an und ging 2003 auf 681,723 Mio. zurück (nach WTO). Für 2004 wird nach vorläufigen Angaben wieder mit einer Zunahme auf rd. 688 Mio. internationaler Touristen gerechnet. Die Zahl aller Touristen (einschl. Inland und Mehrfachzählungen) dürfte 2004 etwa 5,6 Mrd. betragen haben.
In den Zahlen für den internationalen Tourismus sind auch Geschäfts-, Tagungs-, Kongressreisen u. ä. enthalten, die besonders stark konjunkturanfällig sind.

Die **Einnahmen** im grenzüberschreitenden Tourismus wurden für 2003 auf 605,706 Mrd. US-$ berechnet, im Tourismus insgesamt auf 4,1 Bill. US-$. Damit gehört der Fremdenverkehr zu den wirtschaftlich bedeutendsten Aktivitäten (rd. 12 % des weltweiten BSP). Die Zahl der **Arbeitsplätze** im Tourismusgewerbe (einschl. Hotellerie, Gastronomie usw.) beträgt nach OECD-Angaben weltweit rd. 245 Mio. (etwa 12 % aller Arbeitsplätze).

Internationaler Touristenreiseverkehr 2003

Zahl der einreisenden Touristen / Deviseneinnahmen und -ausgaben

	Touristen in Mio. aus dem Ausland	Devisen in Mrd. US-$ Einnahmen	Ausgaben durch Tourismus
Frankreich	75,048	32,329*	19,460*
Spanien	52,478	45,967	10,544
USA	40,356	99,816	80,621
Italien	39,604	32,566	23,724
VR China	32,970	18,707	16,716
Großbritannien	24,785	30,656	58,502
Österreich	19,078	16,247	12,650
Mexiko	18,665	10,153	7,252
Deutschland	18,399	31,641	73,652
Kanada	17,534	12,213	16,222
Hongkong	15,537	10,177*	12,417*
Griechenland	14,180	10,842	2,439
Polen	13,720	4,733	3,002
Türkei	13,341	9,010*	1,881*
Portugal	11,707	7,886	3,253
Malaysia	10,577	8,084	3,330
Thailand	10,082	10,422	4,046
Niederlande	9,181	11,745	14,201
Russland	7,943	5,879	13,427
Schweden	7,627	6,548	9,375
Kroatien	7,409	6,579	0,709
Saudi-Arabien	7,332	3,420	4,165
Irland	6,774	5,265	4,832
Belgien	6,690	8,758	13,196
Schweiz	6,530	11,344	9,448
Südafrika	6,505	5,232	3,232
Ägypten	5,746	4,704	1,465

* = 2002 *Quelle:* World Tourism Organization

Als **Tourist** wird nach den Richtlinien der **World Tourism Organization (WTO)** jeder Ausländer gezählt, der die Grenze überschreitet und sich mindestens 24 Std. im Land aufhält (ohne Transitreisende, ausländische Arbeitnehmer u. Ä.). Teilweise werden nur die Ankünfte in Hotels gezählt, oft nur Stichproben gemacht; die Daten sind daher vielfach ungenau und nur bedingt vergleichbar. Die Angaben über die Deviseneinnahmen sind meist Schätzungen bzw. erfassen nur den offiziellen Geldumtausch.

Auch 2004 war Europa der am meisten von Touristen besuchte Erdteil. Von den weltweit 681,7 Mio. als Gästeankünfte gezählten Auslandstouristen entfielen 56 % (381,8 Mio.) auf europäische Staaten. Asien kam auf rd. 120 Mio. Touristen; in Amerika gab es eine leichte Abnahme auf 110 Mio., die vor allem die USA betraf. In Afrika war die Zahl der Touristen mit rd. 30 Mio. nach wie vor niedrig. Der Hauptanteil entfiel auf die Mittelmeeranrainer und Südafrika.

Wie schon in den Vorjahren wurden auch 2004 über die Hälfte aller Auslandsreisen von den westlichen Industrieländern aus unternommen, fast 50 % aller Ausgaben im grenzüberschreitenden Tourismus der Welt wurden von Europäern getätigt. Die **wirtschaftliche Bedeutung des Tourismus** war allerdings für viele kleine Inselstaaten unter den Entwicklungsländern am größten, da für diese nur geringe Alternativen für Arbeitsplätze und Deviseneinnahmen bestehen. So betrug der Anteil des Fremdenverkehrs am Bruttonationaleinkommen in den letzten Jahren in verschiedenen karibischen Inselstaaten (Antigua und Barbuda, St. Lucia, Bahamas u. a.), auf den Malediven und Seychellen und in Fidschi jeweils mehr als 30–50 %.

Tourismus in Deutschland In Deutschland war der jahrzehntelange Aufwärtstrend der Tourismuswirtschaft – wie fast überall auf der Welt – 2001 beendet. 2002 und 2003 traten jeweils Rückgänge auf; 2004 war wieder eine leichter Zuwachs zu verzeichnen, und zwar sowohl beim Inlandstourismus als auch beim sog. outgoing-Tourismus (Auslandstourismus, d. h. Deutsche ins Ausland). Beim Inlandstourismus kam allerdings die Zunahme nur durch die steigende Zahl ausländischer Touristen zustande (= incoming-Tourismus +8,8 %), während der Binnentourismus (d. h. Deutsche in Deutschland) erneut leicht abnahm (–1,1 %). Wegen des Anstiegs der Zahl ausländischer Besucher verminderte sich das deutsche Defizit in der Reiseverkehrsbilanz (Devisenbilanz) mit dem Ausland, war aber immer noch höher als bis Mitte der 1990er Jahre.

Die Stagnation des Tourismus in Deutschland hatte in den letzten Jahren unterschiedliche Ursachen: die schwache Konjunktur in Deutschland mit hoher Arbeitslosigkeit und Rückgängen des Realeinkommens weiter Bevölkerungsschichten, die starke Konkurrenz billigerer ausländischer Reiseziele und schließlich Terror- und Kriegsfurcht, durch die der internationale Reiseverkehr, vor allem aus den USA nach Europa, betroffen war.

Die Zahl der **Gäste in Beherbergungsstätten** (ab 9 Gästebetten; andere zählt die Statistik nicht; einschl. Camping) erhöhte sich von 112,578 Mio. (2003)

Ausländertourismus in Deutschland

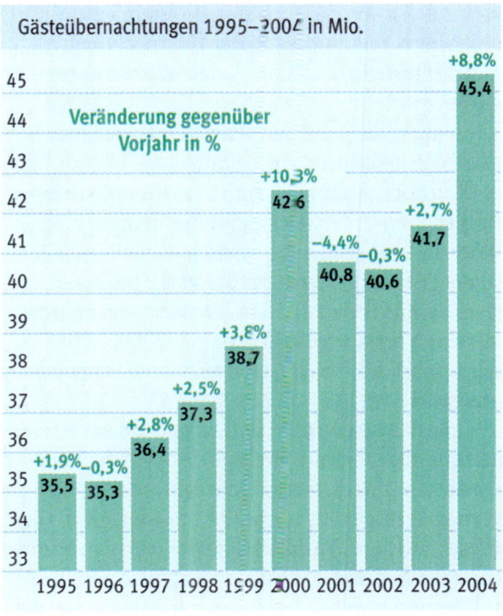

Quelle: Statistisches Bundesamt

Wichtige Herkunftsländer ausländischer Touristen in Deutschland 2004
(einschließlich Camping)

Herkunftsland	Gästeübernachtungen in Mio.	Veränderung gegenüber 2003 in %	Anteil an allen Ausländern in %
Niederlande	8,021	+ 2,2	17,7
USA	4,321	+15,1	9,5
Großbritannien	3,768	+ 8,4	8,3
Schweiz	2,926	+11,4	6,4
Italien	2,477	+ 6,5	5,5
Frankreich	1,965	+10,0	4,3
Belgien	1,941	+ 6,6	4,3
Österreich	1,900	+ 6,7	4,2
Dänemark	1,583	+ 4,2	3,5
Schweden	1,374	+ 5,1	3,0
Japan	1,286	+ 9,8	2,8
Spanien	1,216	+18,6	2,7
Polen	0,953	+13,7	2,1
Insgesamt	45,374	+ 8,8	100,0

Deutsche Ausgaben und Einnahmen im internationalen Reiseverkehr 2003
in Mrd. €

	Ausgaben	Einnahmen	Saldo
Spanien	6,971	0,638	– 6,333
Österreich	6,746	1,881	– 4,865
Italien	6,317	1,201	– 5,116
Frankreich	4,100	1,839	– 2,261
Niederlande	2,853	2,525	– 0,328
USA	2,838	1,978	– 0,860
Türkei	2,811	0,081	– 2,730
Schweiz	2,407	2,417	+ 0,010
Griechenland	2,119	0,162	– 1,957
Großbritannien	1,700	1,141	– 0,559
Tschechische Rep.	1,428	0,212	– 1,216
Polen	1,319	0,515	– 0,804
Dänemark	1,166	1,227	+ 0,061
Kroatien	0,974	0,018	– 0,956
Ungarn	0,820	0,038	– 0,782
Belgien	0,733	0,774	+ 0,041
Portugal	0,693	0,160	– 0,533
Insgesamt	57,187	20,426	– 36,761

Quelle: Deutsche Bundesbank

um 3,4 % auf 116,411 Mio. Die Zahl der **Gästeübernachtungen** stieg nur gering an, nämlich von 338,414 Mio. (2003) auf 338,769 Mio. (+0,1 %), d. h. die durchschnittliche Aufenthaltsdauer sank von 3,01 auf 2,9 Tage. Das Volumen des Übernachtungstourismus lag damit trotz der Steigerungen immer noch unter den Werten von 2000 und 2001.

Unter den Bundesländern erreichten 2004 nur die Stadtstaaten und einige ostdeutsche Länder größere Zuwachsraten bei den Gästeübernachtungen, so z. B. Berlin +16,1 %, Hamburg +9,2 %, Sachsen-Anhalt +3,7 % und Sachsen +3,6 %. Die bedeutendsten Touristenziele mussten dagegen Stagnationstendenzen (Bayern –0,2 %, Baden-Württemberg +0,3 %) oder sogar größere Rückgänge verzeichnen (Mecklenburg-Vorpommern –6,0 %, Schleswig-Holstein –4,9 %). Bayern blieb aber mit 21,7 % der Übernachtungen das beliebteste Reiseziel vor Baden-Württemberg (11,8 %).

Besonders ungünstig entwickelte sich der Tourismus in den **Heilbädern**, auf die mit 66,196 Mio. 19,5 % der Gästeübernachtungen entfielen. Hier gab es einen Rückgang von 3,7 %. Gewinner waren demgegenüber wieder die Großstädte, die einen Zuwachs von 7,8 % erreichten. Generell nimmt der **Städtetourismus** seit Jahren zu. Die bedeutendsten Fremdenverkehrsstädte waren auch 2004 wieder Berlin (13,260 Mio. Übernachtungen), München (7,690 Mio.) und Hamburg (5,946 Mio.).

Der **Ausländertourismus** in Deutschland hatte 2001 und 2002 abgenommen und war 2003 wieder leicht angestiegen. 2004 setzte sich die Aufwärtsbewegung mit einer kräftigen Zunahme (+8,8 % weiter fort. Die Zahl der einreisenden ausländischen Touristen erhöhte sich von 18,399 Mio. (2003) auf 20,137 Mio.; die Zahl der Übernachtungen stieg von 41,746 Mio. (2003) auf 45,374 Mio. Insgesamt entfielen somit 13,4 % der Gästeübernachtungen auf Ausländer – im internationalen Vergleich ein relativ niedriger Wert.

Die Reihenfolge der nach Deutschland einreisenden Nationalitäten mit Niederländern, US-Amerikanern und Briten an der Spitze änderte sich nur unwesentlich. Bemerkenswert ist die starke Zunahme der Touristenzahlen aus den USA (+15,1 %), nachdem sie in den vergangenen Jahren merklich abgesunken waren. Kräftige Zunahmen ergaben sich auch bei den Gästen aus Großbritannien (+8,4 %), der Schweiz (+11,4 %), aus Frankreich (+10,0 %) und Spanien (+18,6 %). Die Tabelle oben zeigt anhand der deutschen Devisenausgaben bzw. -einnahmen die wichtigsten Reiseziele deutscher Touristen bzw. die Herkunftsländer ausländischer Touristen. Seit der Einführung der europäischen Gemeinschaftswährung handelt es sich beim Reiseverkehr innerhalb des Euro-Raumes nur noch um Hochrechnungenaufgrund von Befragungen.

Deutsche Reiseverkehrsbilanz 1995–2004

Jahr	Einnahmen im Reiseverkehr mit dem Ausland in Mrd. €	Ausgaben	Saldo
1995	13,183	44,083	– 30,900
2000	20,179	57,427	– 37,249
2001	20,164	57,985	– 37,821
2002	20,350	55,504	– 35,154
2003	20,426	57,187	– 36,761
2004 (S)	22,234	58,058	– 35,824

Quelle: Deutsche Bundesbank

Kommunikation und Medien

Die Fortschritte der **Informationstechnologie** (IT-Branche) führten dazu, dass der Nachrichtenverkehr und die Massenkommunikation seit den 1990er Jahren rasant wuchsen – zahlenmäßig, aber auch qualitativ bezüglich neuer Anwendungsmöglichkeiten. Durch den Einsatz der Computertechnik wuchs die Kommunikationsindustrie weltweit und erschloss sich neue Märkte, sowohl im geschäftlichen wie im privaten Bereich (z. B. Funktelefon, E-Mail-Kommunikation, Online-Verbindungen, Internet, E-Commerce). Innerhalb weniger Jahre kam es beim Nachrichtenverkehr zu einer rasch fortschreitenden Ausbreitung papierloser Kommunikation, die nach allen Prognosen in den nächsten Jahren weiter zunehmen wird (E-Mail, CD-Rom und Internet anstelle von Briefen, Zeitungen, Zeitschriften und Büchern).

Telefon-Anschlüsse und Mobilfunkteilnehmer

2003 (teilw. 2002)

	Telefon-Hauptanschlüsse in Mio.	Telefon-Hauptanschlüsse je 1000 Einw.	Mobilfunkteilnehmer (Zellulartechnik) in Mio.	Mobilfunkteilnehmer (Zellulartechnik) je 1000 Einw.
VR China	263,000	205	269,000	210
USA	181,600	618	158,722	540
Japan	71,149	558	86,659	679
Deutschland	54,350	658	64,800	785
Indien	48,917	46	26,154	25
Brasilien	38,810	220	46,373	260
Russland	35,500	246	17,609	122
Großbritannien	34,898	591	49,677	842
Frankreich	33,905	567	41,683	697
Italien	26,596	463	55,918	974
Rep. Korea	22,877	480	33,592	704
Kanada	19,951	633	13,222	420
Türkei	18,917	265	27,888	391
Spanien	17,568	430	37,507	919
Mexiko	14,942	147	25,928	254
Rep. China	13,355	591	25,090	1110
Australien	10,815	548	14,347	727
u. a. Schweiz	5,419	756	6,172	851
Österreich	3,881	480	7,095	878

Quelle: International Telecommunication Union

Die Zahl der **Telefon-Hauptanschlüsse** im Festnetz betrug 2003 weltweit 1,148 Mrd., d. h. 183 pro 1000 Einwohner. Davon entfielen auf den ostasiatisch-pazifischen Raum (mit Australien) rd. 380 Mio., auf Europa 350 Mio., auf Nordamerika 220 Mio., Lateinamerika 90 Mio., Afrika 77 Mio. und Vorder- und Südasien 32 Mio. Die Zuwachsrate nahm in den letzten Jahren ab und betrug 2004 nur noch 2,5 %, da ein großer Teil des Telekommunikationsbedarfs inzwischen in vielen Ländern durch das Mobiltelefon abgedeckt wird. Die Zahl aller Sprechstellen (mit Nebenstellen) dürfte 2004 etwa 2,4 Mrd. betragen haben.

Die alten Kommunikationstechniken **Fernschreiben** (Telex) und **Telegraphieren** sind fast völlig verschwunden. Sie wurden durch das **Fernkopieren** (Telefax) und die Kommunikation per PC (**E-Mail**) ersetzt.

Internet-Nutzer

jeweils Jahresbeginn	in Mio 2004	in Mio 1999	je 10 000 Einwohner 2004
USA*	159,000	60,000	5514
VR China	79,500	2,100	632
Japan*	57,200	16,940	4489
Deutschland	39,000	8,100	4727
Rep. Korea	29,220	3,103	6034
Großbritannien*	25,000	8,000	4231
Frankreich	21,900	3,700	3656
Italien	18,500	2,[illegible]00	3367
Indien	18,481	1,400	175
Kanada*	16,110	7,500	5128
Brasilien*	14,300	2,500	822
Spanien	9,789	1,733	2391
Australien*	9,472	3,000	4817
Rep. China	8,830	3,011	3901
Niederlande	8,500	1,600	5219
Russland*	6,000	1,200	409
u. a. Österreich	3,730	0,710	4620
Schweiz*	2,556	1,200	3510

* Angaben für 2003

Quelle: International Telecommunication Union

Die **Internetnutzung** erlebte in den letzten Jahren ein ähnlich stürmisches Wachstum wie das Mobiltelefon. 2004 nahm die Zahl der Internetnutzer weltweit um rd. 15 % auf 835,700 Mio. zu. Von diesen Internetnutzern lebten etwa je 30 % in Europa, in Ost- und Südostasien und in Nordamerika. In den USA ist inzwischen weitgehend der Sättigungsgrad erreicht, während die Zahl der Nutzer in Europa langsam und in Ostasien schnell weiter wächst.

In **Deutschland** beläuft sich die Zahl der **Internetnutzer** seit etwa 2 Jahren gleichbleibend auf 34,5–35 Mio., d. h. etwa 53 % der Bevölkerung ab 14 Jahre. Nach Ergebnissen der »ARD/ZDF-Online-Studie 2004« nutzen von der Altersgruppe 14–19 Jahre 90,1 % das Internet; bei den 20–29jährigen sind es 79,8 %, bei den 40–49jährigen 66,6 %, bei den über 60jährigen 12,8 %. Nach dieser Umfrage bestehen die häufigsten privaten Internetnutzungen im Versenden von E-Mails (76 %), im »zielgerichteten Suchen nach Angeboten« (51 %), im »Surfen zum Vergnügen« (45 %), im »Homebanking« (37 %) und im »Downloaden von Dateien« (19 %). Online-shopping ist mit 10 % beteiligt.

Zwei Anwendungen des Internet nahmen besonders stark zu: Telearbeit und E-Commerce. Während in den USA 2001 bereits rd. 21 Mio. Menschen **Telearbeit** in irgendeiner Form betrieben, stieg die Anzahl in Deutschland bis Ende 2004 auf 2,9 Mio. (Teleheimarbeit, mobile Telearbeit in der Wohnung und/oder an verschiedenen Arbeitsplätzen, Telearbeitsplätze von Selbständigen u. ä.).

E-Commerce, die Anbahnung und Abwicklung von Geschäften auf elektronischem Wege (z. B. Warenbestellungen oder Erbringung von Dienstleistungen und deren Abrechnung per Internet), hatte um die Jahrtausendwende ein erstes starkes Wachstum erlebt, vor allem durch kräftige Zunahme des elektronischen Handels zwischen Unternehmen (B2B). 2001 trat – wie im gesamten Bereich der Internetökonomie (New Economy) – eine gewisse Ernüchterung ein. Insbesondere im privaten Bereich nahm das Einkaufen per Internet 2003 und auch 2004 nur noch schwach zu. Nach Umfragen benutzen etwa 22 % aller Internetnutzer gelegentlich oder regelmäßig die Möglichkeiten des Online-Einkaufens. Im Vordergrund stand das Einkaufen von Büchern, Eintritts- und Fahrkarten sowie generell im Versandhandel, wo bei einigen Unternehmen 2003 bereits 15 % des Umsatzes per Internet gemacht wurden. Stärker als das Einkaufen per Internet wuchs in Deutschland 2004 das Online-banking (Bankgeschäfte per Internet).

Bei der **Telefon-Kommunikation** wurde in **Deutschland** das Monopol der Post (Telekom) 1991 (beim Mobilfunk) bzw. 1998 (beim leitungsgebundenen Telefon) beendet. Seitdem herrscht ein harter Konkurrenzkampf. Mehrere in- und ausländische Gesellschaften bieten seit 1998 Telekommunikationsdienstleistungen an und erreichten 2004 Marktanteile bei Fern- und Auslandsgesprächen von 45,6 % zu Lasten der Telekom. Die Konkurrenzbetreiber nutzen gegen Entgelt das Netz der Telekom, insbesondere deren Hausanschlüsse. Der Wettbewerb läuft vor allem über den Preis für Ferngespräche und führte bereits bis 2001 zu Preisreduzierungen bis 85 % für Inlands- und bis 93 % für Auslandsgespräche. 2003 wurden auch die Ortsnetze für Alternativ-Anbieter neben der Telekom geöffnet. Der ruinöse Preiswettbewerb führte inzwischen zum Ausscheiden einiger Unternehmen aus dem Geschäft; 2003 und 2004 stiegen die Preise wieder moderat an.

Das schnellste Wachstum im Kommunikationssektor erreichte das **Mobiltelefon** (Mobilfunk in Zellulartechnik, »Handy«). Die Verbreitung von Mobiltelefonen nahm 2004 weltweit um ca. 30 % zu; es wurden 674 Mio. Geräte verkauft. Die bedeutendsten Hersteller waren Nokia (30,7 %), Motorola (15,4 %), Samsung (12,6 %) und Siemens (7,2 %). In Deutschland und anderen europäischen Ländern ist inzwischen weitgehend Marktsättigung erreicht; der Umsatz nahm 2004 kaum mehr zu.

Für 2005 wird in Deutschland wieder mit einem stärkeren Umsatzwachstum gerechnet, da für den Kauf neuer Handys mit Zusatzfunktionen (z. B. Kamera) geworben wird. Auch mit dem weiteren Ausbau des UMTS-Netzes (Universal Mobile Communications Standard) sind neue Funktionen verbunden (Übermittlung von Fotos und Grafiken).

Besonders hoch war auch 2004 wieder der Absatz in Ländern mit ungenügend ausgebautem Festnetz (z. B. in Osteuropa und fortgeschritteneren Entwicklungsländern), wo 2004 teilweise Wachstumsraten von über 30 % erreicht wurden. Weltweit besitzen inzwischen fast 25 % der Bevölkerung ein Mobiltelefon.

Jahreschronik

1. 7. 2004 ▪ Das 2000 km lange »Great Barrier Reef« vor der Nordostküste Australiens wird zum größten Meeresschutzgebiet der Welt: Ein Drittel des Korallenriffs steht jetzt unter Schutz.
22. 7. 2004 ▪ 56. Sitzung der Internationalen Walfang-Kommission in Sorrent (Italien): Walfangmoratorium von 1986 bleibt trotz starken Drucks durch Walfangländer in Kraft.
26. 7. 2004 ▪ Internationale UN-Regenwaldkonferenz in Genf berät über Fortentwicklung des Tropenholzabkommens von 1994.
27. 7. 2004 ▪ Natural History Museum London eröffnet DNA-Archiv für bedrohte Arten: Proben werden bei – 80 °C eingefroren
1. 8. 2004 ▪ Novelle des deutschen Erneuerbare Energien Gesetzes (EEG) tritt in Kraft.
27. 9. 2004 ▪ Der Stromversorger EnBW klagt vor Europagericht gegen deutsches Zuteilungsgesetz zum Emissionshandel.

1. 10. 2004 ▪ Der Uhu wird zum Vogel des Jahres gekürt: Fast ausgerottete größte Eule Europas ist dank gezielter Artenhilfsprogramme in ihre Lebensräume zurückgekehrt.
8. 10. 2004 ▪ Die kenianische Umweltaktivistin und Menschenrechtlerin Wangari Maathai erhält den Friedensnobelpreis.
14. 10. 2004 ▪ Weltartenschutzkonferenz in Bangkok: Elfenbeinhandel bleibt untersagt, weißer Hai erstmals unter Schutz
26. 10. 2004 ▪ Internationale Energieagentur veröffentlicht World Energy Outlook: Zunahme des weltweiten Primärenergieverbrauchs bis 2030 um 60 % erwartet
1. 11. 2004 ▪ Die letzte Pyrenäen-Braunbärin »Cannelle« wird bei einer Wildschwein-Treibjagd von einem französischen Jäger erschossen. Hunderte von Umweltschützern demonstrieren in Paris.
5. 11. 2004 ▪ Der russische Präsident Putin unterschreibt die Ratifizierungsurkunde des Kyoto-Protokolls.
7. 11. 2004 ▪ Castor-Transport von Frankreich nach Gorleben überrollt in Lothringen einen Demonstranten.
9. 11. 2004 ▪ Arktische Klimastudie: Eisdecke am Nordpol schmilzt schneller als erwartet.
8. 12. 2004 ▪ Vorlage Waldschadensbericht: Der deutsche Wald ist so krank wie noch nie.
26. 12. 2004 ▪ Nach schwerem Seebeben reißt Flutwelle (Tsunami) in Südostasien vermutlich über 300 000 Menschen in den Tod.
1. 1. 2005 ▪ Offizieller Beginn des europäischen Handels mit Kohlendioxid-Zertifikaten
16. 1. 2005 ▪ Dioxin in Hühnereiern aus Freilandhaltung: Seit Januar geltender EU-Grenzwert in mehreren Bundesländern überschritten
5. 2. 2005 ▪ Sieben zentralafrikanische Staaten unterzeichnen in Brazzaville Abkommen zum Schutz des afrikanischen Regenwaldes.
12. 2. 2005 ▪ Die US-amerikanische Ordensschwester und Umweltaktivistin Dorothy Stang wird in Anapú (Brasilien) ermordet.
16. 2. 2005 ▪ Das Kyoto-Protokoll zur Minderung von Treibhausgasemissionen in Industrieländern tritt – mehr als sieben Jahre nach seiner Verabschiedung – in Kraft.
18. 2. 2005 ▪ Der brasilianische Präsident Lula da Silva stellt per Dekret 5 Mio. ha Waldfläche im Amazonasgebiet unter Naturschutz.
22. 3. 2005 ▪ UN rufen »Jahrzehnt des Wassers« aus: Zahl der Menschen ohne Zugang zu sauberem Trinkwasser und sanitären Einrichtungen soll bis 2015 halbiert werden.
24. 3. 2005 ▪ München ist die erste deutsche Stadt, in welcher der seit 1. 1. 2005 geltende EU-Grenzwert für Jahresbelastung mit Feinstaub überschritten wird.
30. 3. 2005 ▪ UN veröffentlicht bisher größte Studie über Zustand der Ökosysteme: 1300 Umweltexperten aus 95 Ländern warnen vor fortschreitender Umweltzerstörung.
7. 4. 2005 ▪ Weltgesundheitstag unter dem Motto: »Eine gesunde Umwelt für Kinder und Mütter«
3. 5. 2005 ▪ WHO legt 1. Weltmalariabericht vor: Pro Jahr eine Million Malaria-Tote
11. 5. 2005 ▪ Deutsches Hochwasserschutzgesetz tritt in Kraft.
11. 5. 2005 ▪ AKW Obrigheim geht als drittes deutsches AKW nach Mülheim-Kärlich und Stade vom Netz
11. 5. 2005 ▪ Bundeskabinett beschließt steuerliche Förderung von Rußpartikelfiltern bei Diesel-PKW.
29. 5. 2005 ▪ Schwerster Atomunfall in Sellafield seit über 10 Jahren. 83 000 l hoch radioaktive Flüssigkeit über 9 Monate hinweg unbemerkt ausgetreten
1. 6. 2005 ▪ Abfallablagerungsverordnung tritt in Kraft. Abfälle müssen vor Deponierung vorbehandelt werden.
5. 6. 2005 ▪ Weltumwelttag unter dem Motto: »Grüne Städte – Planen für den Planeten«

Globale Erwärmung

Die globale Klimaerwärmung (»global warming«) beruht auf der Eigenschaft der Erdatmosphäre, die Wärmeabstrahlung der Erdoberfläche und bodennaher Luftschichten in das Weltall zu verringern. Ohne diesen »natürlicher **Treibhauseffekt**« läge die bodennahe Weltmitteltemperatur heute nicht bei 15,5 °C, sondern bei lebensfeindlichen –18 °C. An diesem »gewünschten« Treibhauseffekt sind als wichtigstes natürliches Treibhausgas der Wasserdampf mit 61 %, Kohlendioxid (CO_2) mit 21 %, bodennahes Ozon (O_3) mit 7 % und andere Gase mit 11 % beteiligt. Sowohl die atmosphärische Konzentration der Treibhausgase als auch die globale Mitteltemperatur sind natürlichen Schwankungen unterworfen, die jedoch zunehmend durch den Einfluss menschlicher Aktivitäten überlagert werden. Diese führen zur Anreicherung der Treibhausgase und zu einer globalen Erwärmung (»anthropogener Treibhauseffekt«).

Klimabilanz

Das Jahr 2004 war das viertwärmste Jahr seit Beginn der Aufzeichnungen 1861. Die Temperatur an der Erdoberfläche lag im Jahresdurchschnitt um 0,44 °C über dem Mittel der Jahre 1961–1990 (14,0 °C; Abweichung 2003: +0,49 °C, 1998 als bisher wärmstes Jahr: +0,54 °C). Die letzten zehn Jahre (1995–2004) waren – mit Ausnahme von 1996 – die wärmsten seit Beginn der Beobachtungen. Im 20. Jahrhundert hat sich das Weltklima um mehr als 0,6 °C erwärmt, das Tempo des Anstiegs hat sich seit 1976 deutlich erhöht (→ Grafik).

Regional waren die **Klimaextreme** wie schon in den Vorjahren sehr unterschiedlich verteilt: **Hitzewellen** gab es u. a. im Juni/Juli in Südspanien, Portugal und Rumänien (Temperaturen bis 40 °C), den ganzen Sommer über in Japan, im Februar in Ostaustralien (Temperaturen bis zu 45 °C) und in der letzten Märzwoche in Nordindien (mehr als 100 Tote). Von Kältewellen betroffen waren im Juli die Hochanden im Süden Perus (92 Tote), zum Jahreswechsel 2003/2004 größere Gebiete in Südasien (600 Tote) und im Januar 2004 Nordindien und Bangladesch (Temperaturen 6–10 °C unter dem Durchschnitt). **Dürreperioden** wurden u. a. beobachtet Anfang 2004 in Ost-Südafrika, Mosambik, Lesotho und Swasiland, ganzjährig im Süden Ugandas, in Kenia (Nahrungsmittelproduktion 40 % unter Durchschnitt), Somalia, Eritrea sowie von August bis Oktober in Südchina (schlimmste Dürre seit 54 Jahren). Zu sintflutartigen Regenfällen und **Überschwemmungen** kam es während der Monsunzeit (Juni–September) in Nordindien, Nepal und Bangladesch (1800 Tote, schlimmste Überschwemmung seit mehr als 10 Jahren), im Juni/Juli in Südostchina (1000 Tote), im Januar in Brasilien (161 Tote), Ende Mai in Haiti (Hurrikan »Jeanne«, 3000 Tote), im November/Dezember auf den Philippinen (tropische Stürme, 1100 Tote).

Die Zahl der **tropischen Stürme** (Windgeschwindigkeiten größer 62 km/h) in der atlantischen Hurrikan-Saison nimmt seit 1995 merklich zu. In 2004 waren es 15 und damit 5 mehr als im langjährigen Durchschnitt, 8 davon alleine im August (Rekord). Neun von ihnen fielen in die Gruppe der Hurrikane, darunter 6 der Kategorie drei oder höher (→ Umweltkatastrophen). Im Ostpazifik wurden 12 tropische Stürme beobachtet, 4 weniger als im Durchschnitt – davon 6 Hurrikane; im Westpazifik 26 (Durchschnitt 27) – darunter 19 Taifune.

In **Deutschland** war es 2004 mit einer Mitteltemperatur von 8,9 °C nach Angaben des Deutschen Wetterdienstes überdurchschnittlich warm (+0,7 °C gegenüber langjährigem Mittel). Die Jahresdurchschnittstemperatur des Jahres 2003 mit dem Jahrhundertsommer von 9,3 °C wurde allerdings deutlich unterschritten. Die Niederschläge lagen – trotz vieler Klagen über einen scheinbar verregneten Sommer – in 2004 mit 790 (2003: 606) Liter pro Quadratmeter in etwa in Höhe des langjährigen Mittels. Die Sonne schien mit 1528 Stunden etwa 100 Stunden länger als im langjährigen Durchschnitt.

Der Winter 2004/2005 war mit einer Mitteltemperatur von 0,7 °C ebenfalls um etwa ein halbes Grad zu warm. In Schleswig-Holstein und Mecklenburg-Vorpommern war es meist mehr als 1,5 Grad zu warm. Die kälteste Nacht des Winters war die Nacht auf den 28. 2. mit einem Minimum von –29 °C auf der Zugspitze. In Bayern sank die Temperatur verbreitet unter –20 °C.

Tropische Wirbelstürme

Tropische Wirbelstürme (tropische Zyklone) werden meist nach ihrer Windgeschwindigkeit auf der Saffir-Simpson-Skala eingestuft. Bis 60 km/h spricht man von einem tropischen Tief, zwischen 61 und 117 km/h von einem tropischen Sturm. Für Stürme ab 118 km/h gibt es regional unterschiedliche Bezeichnungen. Im Nordatlantik und Nordpazifik östlich der Datumsgrenze und im Südpazifik östlich von 160° O spricht man von Hurrikanen, im Nordpazifik westlich der Datumsgrenze von Taifunen und in allen anderen Gebieten von tropischen Zyklonen. Die schweren Wirbelstürme werden in fünf Kategorien eingeteilt:
Kategorie 1: 118 bis 153 km/h
Kategorie 2: 154 bis 178 km/h
Kategorie 3: 179 bis 210 km/h
Kategorie 4: 211 bis 249 km/h
Kategorie 5: 250 km/h und mehr.

Entwicklung des Weltklimas 1861–2004

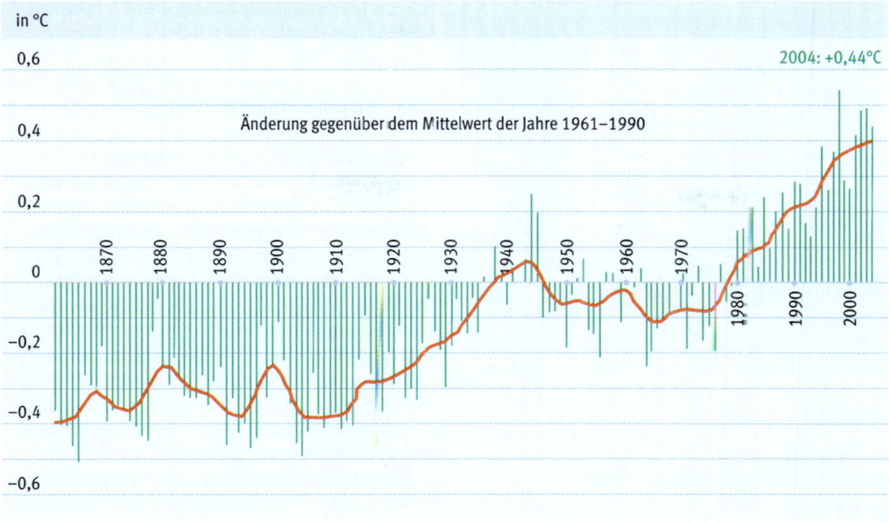

Quelle: WMO

Folgen des Klimawandels

Der in den letzten hundert Jahren beobachtete **Anstieg des Meeresspiegels** um 10–20 cm ist wahrscheinlich größtenteils auf die globale Erwärmung zurückzuführen. Dieser Vorgang könnte durch das Abschmelzen der polaren Eiskappen beschleunigt werden. Das Meereis in der Arktis ist heute nur noch halb so dick wie vor 50 Jahren, seine Ausdehnung lag 2004 das dritte Jahr in Folge deutlich unter dem langjährigen Durchschnitt (−13 % gegenüber der Periode 1973–2003). Es wird damit gerechnet, dass bis zum Jahr 2070 10–20 % des Nordpoleises abgetaut sein werden. Im Februar 2005 im Wissenschaftsmagazin Science veröffentlichte Satellitendaten deuten darauf hin, dass auch die Eisdecke der Westantarktis dünner wird.

Bis zum Jahr 2100 rechnet die auf UN-Ebene eingerichtete Zwischenstaatliche Kommission für Klimaveränderungen (Intergovernmental Panel on Climate Change, IPCC) mit einem weiteren Anstieg der globalen Mitteltemperatur um 1,4 bis 5,8 °C und des Meeresspiegels um 9 bis 88 cm, falls keine geeigneten Gegenmaßnahmen ergriffen werden. Nach neuesten – auf einer Expedition des deutschen Forschungsschiffs Polarstern 2004 gewonnenen – Erkenntnissen könnte der Klimawandel am Nordpol wesentlich schneller erfolgen als bisher angenommen. Bis Ende des Jahrhunderts ist eine Erwärmung um 4–7 °C möglich – im Sommer wäre der Nordpol dann eisfrei.
Die globale Erwärmung wird darüber hinaus schwerwiegende und unumkehrbare Folgen für die landwirtschaftliche Produktion, die Artenvielfalt, Trinkwasserreserven, menschliche Siedlungen und die Ausbreitung von Krankheiten wie Malaria und Cholera haben. Von den Auswirkungen am stärksten betroffen sein werden Entwicklungsländer und Inselstaaten. In den kommenden Jahrzehnten muss mit mehr Stürmen, heftigeren Niederschlägen, mehr Überschwemmungen und mehr Hitze- und Dürreperioden gerechnet werden.

U. a. erwartet das IPCC, dass

- sich die Zahl der in Ländern mit ungenügenden Trinkwasserreserven lebenden Menschen bis zum Jahr 2025 auf fünf Milliarden verdreifachen wird;
- sich die Auswirkungen der Luftverschmutzung in den Städten verschlimmern werden;
- bis Ende des 21. Jahrhunderts jeder zweite Gletscher in Europa geschmolzen sein wird;
- es in Südeuropa extreme Hitzewellen und in den Wintersportregionen wesentlich weniger Schnee geben wird;
- sich das Absterben der Korallenriffe in Folge der Erwärmung der Ozeane fortsetzt. Heute gelten 27 % aller Korallenriffe als schwer beschädigt (1992: 10 %), bis 2030 könnten 60 % komplett verschwunden sein;
- die Ernteerträge in tropischen und subtropischen Regionen zurückgehen werden;
- für zehn Mio. Menschen das Überschwemmungsrisiko zunehmen wird.

Die Folgen des Klimawandels für die **menschliche Gesundheit** wurden erstmals systematisch in einer im Dezember 2003 vorgelegten Studie der Weltgesundheitsorganisation untersucht. Danach ist der Klimawandel für 2,4 % aller Durchfallerkrankungen und für 2 % aller Malariaerkrankungen verantwortlich. Im Jahr 2000 forderte er weltweit 150 000 Todesopfer und

Gletscherschwund weltweit beschleunigt

Mit Hilfe von Satellitenbildern und geographischen Informationssystemen lässt sich der Gletscherschwund heute relativ gut erfassen. Nach neuesten Messungen haben die Schweizer Gletscher allein zwischen 1985 und 2000 20 % ihrer Fläche und ein Viertel ihres Volumens verloren. Ein Abschmelzen in dieser Größenordnung war eigentlich erst bis 2025 erwartet worden. Zwischen 1973 und 1985 hatte der Flächenverlust nur 1 % betragen. Durch das rasche Abschmelzen der Gletscher schwellen in vielen Regionen die Gletscherseen an, wodurch in tiefer liegenden Siedlungen das Risiko von Überschwemmungen und Erdrutschen steigt. Dies gilt insbesondere für den Himalaja. Allein in Nepal gibt es 2300 Gletscherseen. In den letzten 70 Jahren gab es über ein Dutzend Ausbrüche, so z. B. 1985 am Dig-Tsho-See, als zahlreiche Menschen zu Tode kamen.

Eis am Nordpol schwindet
Abweichung vom Mittelwert der Jahre 1973–2004

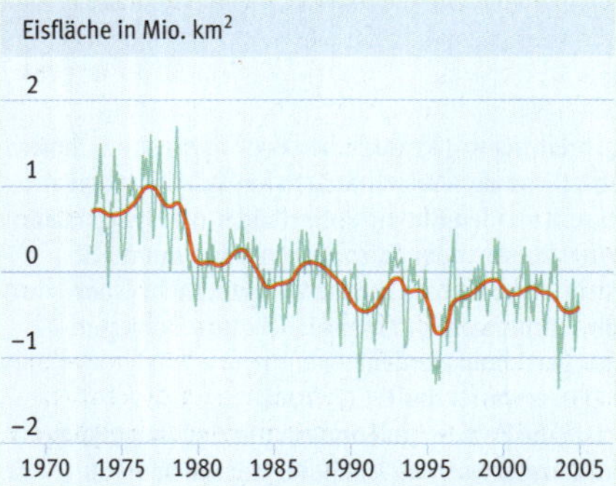

Quelle: World Meteorological Organization

Morteratschgletscher (Schweiz)

verursachte 5,5 Mio. verlorene oder durch Krankheit eingeschränkte Lebensjahre (sog. DALYs = Disability-Adjusted Life Years).

Ursachen der Klimaerwärmung

Über den Zusammenhang zwischen menschlichen Aktivitäten und beobachteter Erwärmung gibt es eine anhaltende wissenschaftliche Kontroverse. Der jüngste IPCC-Bericht spricht jedoch von »neuen und stärkeren Beweisen«, dass der überwiegende Teil der globalen Erwärmung der letzten 50 Jahre **vom Menschen verursacht** wurde. Hauptverantwortlich für die Erwärmung ist demnach der in den letzten Jahrzehnten rasch gewachsene Ausstoß von Treibhausgasen.

Der **Ausstoß des wichtigsten Treibhausgases Kohlendioxid (CO_2)** durch die Verbrennung fossiler Energieträger (Kohle, Erdöl, Erdgas) durch den Menschen hat sich im Laufe der Industrialisierung von 342 Mio. t im Jahr 1860 auf 26,1 Mrd. t im Jahr 2003 etwa um den Faktor 75 erhöht. Zwischen 1990 und 2003 lag der Zuwachs insgesamt bei fast 20 %, allein zwischen 2002 und 2003 stiegen die Emissionen um 3,7 %. Zwischen 1751 und heute wurden insgesamt mehr als 1000 Mrd. t CO_2 freigesetzt, mehr als die Hälfte davon seit Mitte der 1970er Jahre.

Die globalen Emissionen des zweitwichtigsten Treibhausgases **Methan (CH_4)** lagen nach jüngsten Schätzungen (1998) für das Jahr 1994 bei 495 Mio. t und damit fast fünfmal so hoch wie in der vorindustriellen Zeit. Auf Viehhaltung und Reisanbau entfallen gemeinsam mehr als die Hälfte dieser Emissionen, weitere bedeutsame Quellen sind die Biomasseverbrennung, die Kohleförderung, Mülldeponien und die Erdgasförderung. Weitere Treibhausgase sind Distickstoffoxid (NH_2), teilhalogenierte Kohlenwasserstoffe (H-FKW), perfluorierte Kohlenwasserstoffe (PFC) und Schwefelhexafluorid (SF_6).

Die vom Menschen ausgestoßenen Treibhausgase verbleiben bis zu 200 Jahren (CO_2) in der Atmosphäre, bevor sie durch chemische/biologische Prozesse (wie die Photosynthese im Falle des CO_2) wieder entfernt werden.

Die **Konzentration des wichtigsten Treibhausgases CO_2** in der Erdatmosphäre nimmt im Mittel der 1990er Jahre mit etwa 1,5 ppm (parts per million) pro Jahr zu und lag im Jahr 2003 mit 376 ppm um mehr als ein Drittel über dem vorindustriellen Wert von 280 ppm. Im März 2004 wurden auf Hawaii 379 ppm und damit eine deutliche Beschleunigung des Konzentrationsanstiegs gemessen.

Ein zusätzlicher Beitrag zum Anstieg der atmosphärischen CO_2-Konzentrationen resultiert aus der **Abholzung von Waldflächen**, die bei ihrem Wachstum CO_2 aus der Luft einbinden und deshalb im CO_2-Kreislauf als »Senke« fungieren. Der Beitrag der Entwaldungen wird derzeit auf etwa 5,9 Mrd. t CO_2 pro Jahr geschätzt.

Globale CO_2-Emissionen

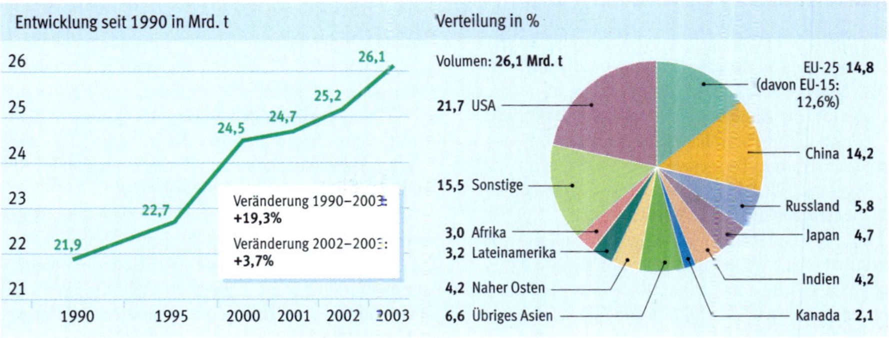

Quelle: DIW

Die Internationale Energieagentur (IEA) rechnet in ihrem World Energy Outlook (2004) bis 2030 mit einer Zunahme des globalen Primärenergiebedarfs um 60 % (gegenüber 2002). Damit verbunden wäre ein Anstieg der weltweiten, energiebedingten CO_2-Emissionen auf 38 Mrd. t in 2030 (+56 %). Zwei Drittel dieses Zuwachses werden in den Entwicklungsländern erwartet. In den frühen 2020er Jahren werden die CO_2-Emissionen in den Entwicklungsländern voraussichtlich die Emissionen in den Industriestaaten erstmals übersteigen. Die Pro-Kopf-Emissionen bleiben dort mit ca. 3 t p. a. dennoch deutlich unter denen der Industriestaaten (13 t p. a.) (→ Grafik).

CO_2-Emissionen pro Kopf

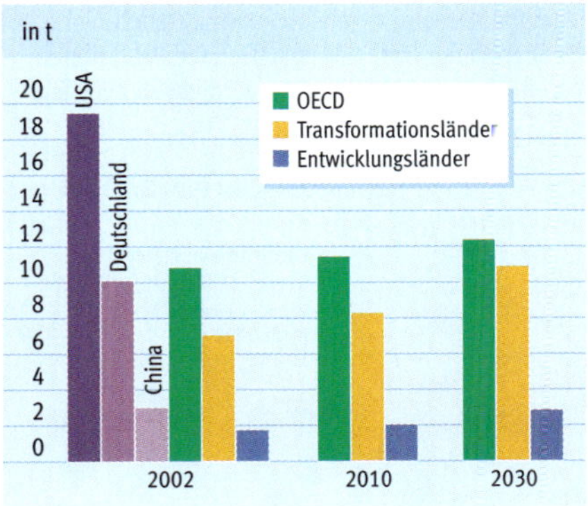

Quelle: IEA

Klimaschutz

Für den Fall, dass keine Maßnahmen gegen die globale Erwärmung ergriffen werden, rechnet das Deutsche Institut für Wirtschaftsforschung (DIW) mit globalen Klimaschäden von bis zu 20 Billionen US-$ im Jahr 2100. Wesentlich günstiger wäre es, sofort mit einer aktiven Klimaschutzpolitik zu beginnen. Die Kosten dafür schätzt das DIW auf 430 Mrd. US-$ bis 2050 und 3 Billionen US-$ bis zum Jahr 2100.

Nach Einschätzung des IPCC kann der weltweite Ausstoß an Treibhausgasen bereits mit vorhandener Technologie und ohne wirtschaftliche Einbußen erheblich reduziert werden. Die Hälfte des technischen Einsparpotenzials könnte so erschlossen werden, dass der wirtschaftliche Nutzen (u. a. durch verringerten Energieverbrauch) größer als die Kosten wäre. Nach einer Untersuchung der Internationalen Energieagentur könnten die Industriestaaten allein durch die Einführung strengerer Verbrauchsstandards für elektrische Geräte in privaten Haushalten bis 2010 ihre CO_2-Emissionen um 320 Mio. t – entsprechend 30 % ihrer Reduktionsverpflichtungen aus dem Kyoto-Protokoll – reduzieren. Die Mehrkosten für die effizienteren Geräte würden dabei durch wesentlich niedrigere Verbrauchskosten mehr als ausgeglichen.

Neben diesen **Gegenmaßnahmen** (»mitigation«) betont das IPCC die Notwendigkeit von Anpassungsmaßnahmen (»adaptation«), da sich eine weitere Erwärmung in den nächsten Jahrzehnten wegen der langen Verweildauer der Treibhausgase in der Atmosphäre nur noch zum Teil vermeiden lässt. Europa wird demnach etwa 1 % seines Bruttosozialprodukts (BSP) aufwenden müssen, um sich – etwa durch Deichbau oder Anpassungen in der Landwirtschaft – gegen die Folgen des Klimawandels zu schützen. In vielen Entwicklungsländern werden die Anpassungskosten auf 10 % des BSP oder höher taxiert; in besonders betroffenen Staaten wie Bangladesch, das wegen der langen, tief liegenden Küstenlinie extrem vom Anstieg des Meeresspiegels betroffen sein wird, sogar auf 50 %.

Die wichtigste internationale Vereinbarung zum Klimaschutz ist die 1992 auf dem Erdgipfel in Rio de Janeiro von mehr als 150 Staaten unterzeichnete **Klimarahmenkonvention (KRK)**. Das bis Mitte 2005 von 189 Staaten ratifizierte Abkommen soll »die Treibhausgaskonzentrationen in der Atmosphäre auf einem Niveau stabilisieren, das eine gefährliche Störung des Kli-

Kyoto-Protokoll: Ein erster Schritt

Mehr als sieben Jahre nach seiner Verabschiedung Ende 1997 in Japan ist am 16. 2. 2005 das Kyoto-Protokoll in Kraft getreten. In der Vereinbarung verpflichten sich die Industrieländer erstmals auf eine überprüfbare Reduktion ihrer Treibhausgasemissionen um insgesamt 5,2 % bis zur »Budgetperiode« 2008–2012. Unter die Regelung fallen die Emissionen von Kohlendioxid (CO_2), Methan (CH_4) und Distickstoffoxid (NH_2) (Bezugsjahr 1990) sowie von teilhalogenierten Kohlenwasserstoffen (H-FKW), perfluorierten Kohlenwasserstoffen (PFC) und Schwefelhexafluorid (SF_6) (Bezugsjahr 1995). Neben der Reduktion von Emissionen können die Verpflichtungen auch durch Ausweitung von Waldflächen, die als Kohlenstoffspeicher **(CO_2-Senke)** anerkannt werden, erfüllt werden – und zwar bis zu 3,5 Prozentpunkte der jew. Reduktionsverpflichtung. Außerdem können Emissionsrechte von anderen Ländern erworben werden, die ihr Soll übererfüllen (→ **Emissionshandel**). Schließlich können sich Industriestaaten im Rahmen des **Clean Development Mechanism** (CDM) Investitionen in klimafreundliche Technologien – mit Ausnahme der Kernkraft – in Entwicklungsländern auf ihr Reduktionsziel anrechnen lassen.

Lange Zeit war es unsicher, ob das Kyoto-Protokoll jemals in Kraft treten würde, da es mindestens 55 Staaten, die zugleich mindestens 55 % der Treibhausgasemissionen der Industriestaaten (Bezugsjahr 1990) abdecken, ratifiziert haben mussten. Den letztendlichen Durchbruch brachte die Ratifizierung durch Russland am 18. 11. 2004. Noch im Sommer 2004 hatte es so ausgesehen, als würde Russland aus Sorge vor negativen Folgen für das Wirtschaftswachstum bei einer Ablehnung des Protokolls bleiben. Die EU-Diplomatie soll bei der Umstimmung der russischen Regierung eine wichtige Rolle gespielt haben. Russland erhofft sich im Gegenzug eine Unterstützung der EU für einen russischen Beitritt zur Welthandelsorganisation (WTO). Auch aus wirtschaftlicher Sicht könnte sich der Schritt für Russland auszahlen: Nach neuen Berechnungen des Deutschen Instituts für Wirtschaftsforschung (DIW) könnte Russland durch den Verkauf von Emissionsrechten an Interessenten aus Europa und Japan zwischen 2008 und 2012 Einnahmen in Höhe von bis zu 30 Mrd. US-$ erzielen.

Weiterhin lehnen aber Australien und die USA das Kyoto-Protokoll als wirtschaftsfeindlich ab. Ohne deren Teilnahme wird es jedoch kaum möglich sein, Schwellenländer mit rasch wachsenden Emissionen wie z. B. China und Indien in die Pflicht zu nehmen.

Kyoto-Ziele: Ist und Soll

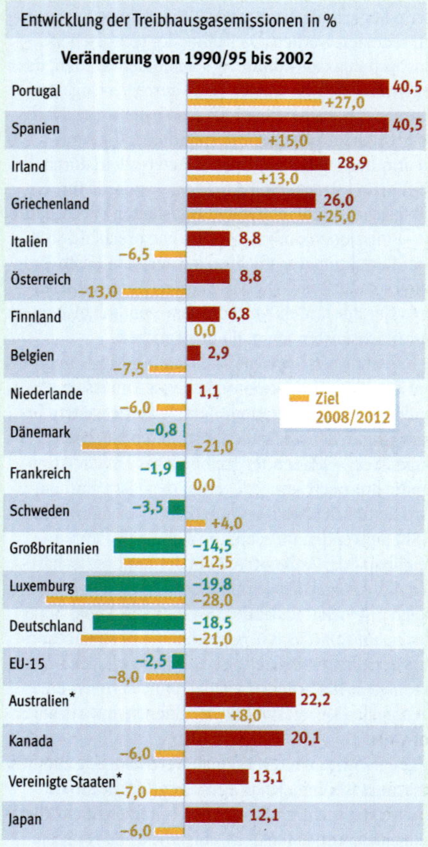

* keine Ratifizierung des Kyoto-Protokolls

Quelle: Sekretariat der UN-Klimarahmenkonvention

Globale Treibhausgasemissionen bis 2010

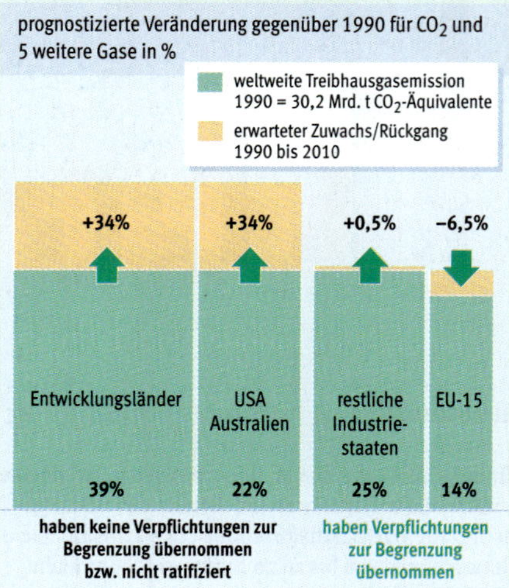

Quelle: Wuppertal Institut

Emissionshandel

Die politischen Auseinandersetzungen über die Einführung des sog. Emissionshandels (europaweiter Handel mit Rechten zum Ausstoß bestimmter Mengen an CO_2, → WA 2005, S. 682) zum 1. 1. 2005 setzten sich im Berichtszeitraum fort. So hat der drittgrößte deutsche Stromversorger, die Energie Baden-Württemberg (EnBW), am 27. 9. 2004 vor dem Europäischen Gericht die Europäische Kommission wegen der Zustimmung zum deutschen Zuteilungsgesetz für Emissionsrechte verklagt. Die Klage richtet sich v. a. gegen die Übertragungsregeln, die den Betreibern von Kohlekraftwerken erlauben, Emissionsrechte auf neue, effizientere Anlagen zu übertragen und überschüssige Zertifikate zu verkaufen. Dadurch sieht sich der v. a. auf Atomstrom setzende Konzern gegenüber der Konkurrenz benachteiligt.

Experten und Umweltorganisationen kritisierten u. a. die Fülle von Sonderregelungen, die den Unternehmen bei der Beantragung von Emissionsrechten eingeräumt wurden. Dadurch konnten sich einzelne Unternehmen wesentlich mehr Emissionsrechte als zunächst vorgesehen sichern. Da die Gesamtmenge an Zertifikaten für Deutschland auf 495 Mio. t beschränkt bleibt, geht das auf Kosten von Unternehmen, die nicht alle Sonderregelungen ausgeschöpft haben.

Den zehn größten Einzelanlagen (v. a. Kohlekraftwerke) wurden allein bis 2007 Emissionsrechte in Höhe von jährlich 160 Mio. t CO_2 – einem Fünftel der deutschen Gesamtemissionen – zugestanden (→ Tabelle). Durch die insgesamt großzügige Ausstattung mit Zertifikaten könnte es zu einem Überangebot und entsprechend niedrigen Preisen von Emissionsrechten kommen. Der Handel mit Rechten würde dann – entgegen den Absichten des Gesetzes – nur sehr langsam in Gang kommen. Damit Deutschland seine Kyoto-Reduktionsziele erreicht, sind außerdem größere Anstrengungen in den Bereichen notwendig, die nicht am Emissionshandel teilnehmen (private Haushalte, Verkehr, kleinere Unternehmen).

Offizieller Beginn für den Zertifikatshandel war der 1. 1. 2005. Mit echten Handelsaktivitäten wurde jedoch nicht vor Mitte 2005 gerechnet. Zum einen mussten noch Konten in den jeweiligen Nationalen Emissionshandelsregistern eingerichtet werden; zum anderen wurde damit gerechnet, dass die meisten Handelspartner zunächst abwarten, in welche Richtung sich der Marktpreis für die Zertifikate entwickelt.

Emissionsrechte für Großanlagen in Deutschland (2005 – 2007)

Unternehmen	Standort	Mio. t CO_2
RWE	Bergheim*	86
Vattenfall	Peitz*	77,3
RWE	Grevenbroich*	61
RWE	Eschweiler*	57
RWE	Grevenbroich*	50,7
Vattenfall	Spremberg*	39,4
Vattenfall	Böhlen*	36,7
E.ON.	Gelsenkirchen**	26
Vattenfall	Boxberg*	24,9
Thyssen Krupp	Duisburg***	21,2

* Braunkohlekraftwerk ** Steinkohlekraftwerk *** Hüttenwerk
Quelle: Die ZEIT

masystems verhindert«. Die Verpflichtungen zum Klimaschutz wurden weiterentwickelt und konkretisiert durch die Annahme des sog. **Kyoto-Protokolls** anlässlich der dritten Vertragsstaatenkonferenz (VSK) der KRK Ende 1997 in Kyoto (Japan). In den Folgejahren wurden die Bestimmungen des Protokolls schrittweise konkretisiert. Nach zähem Ringen um die erforderliche Zahl der ratifizierenden Staaten ist die Vereinbarung schließlich am 16. 2. 2005 in Kraft getreten (→ Kasten).

Auf der 10. Vertragsstaatenkonferenz zur KRK vom 6.–18. 12. 2004 in Buenos Aires konnte kein Kompromiss über die Zukunft des internationalen Klimaschutzes nach Auslaufen des Kyoto-Protokolls 2012 gefunden werden. Nachdem es lange Zeit so aussah, als ob das Treffen ergebnislos enden würde, einigte man sich in der letzten Nacht zumindest auf ein informelles Nachtreffen Mitte Mai 2005 in Bonn, in dem auch über die Zeit nach 2012 verhandelt werden soll. Da die USA das Kyoto-Protokoll weiterhin ablehnen, waren sie dort nur als Beobachter vertreten. Die als »Seminar für Regierungsexperten« deklarierte Konferenz am 16. / 17. 5. 2005 brachte jedoch kein konkretes Ergebnis, sondern lediglich einen offenen Austausch über die weiterhin unterschiedlichen Ansichten zur Weiterentwicklung des internationalen Klimaschutzes nach Auslaufen des Kyoto-Protokolls 2012.

Klimaschutz in Deutschland

Der Ausstoß des wichtigsten Treibhausgases CO_2 in Deutschland betrug nach Berechnungen des Deutschen Instituts für Wirtschaftsforschung (DIW) im Jahr 2004 gut 834 Mio. t und lag damit um 1 % unter dem Vorjahreswert. Werden die relativ milde Witterung und der Abbau von Heizöllagerbeständen mit berücksichtigt, so ist der Wert gegenüber dem Vorjahr praktisch unverändert. Gegenüber dem Basisjahr 1990 gingen die CO_2-Emissionen damit zwar um mehr als 16 % zurück – seit Mitte der 1990er Jahre ist der Rückgang jedoch stark verlangsamt. Das frühere Klimaschutzziel der Bundesregierung, die CO_2-Emissionen bis 2005 um ein Viertel zu reduzieren, kann prak-

Treibhausgasemissionen in Deutschland 1990–2003

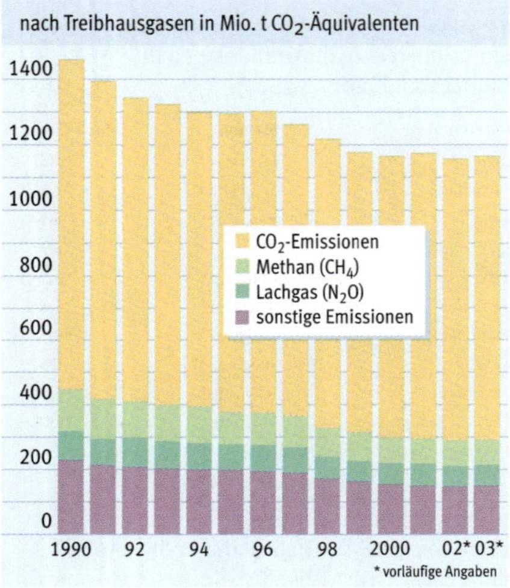

Quelle: DIW, 2005

tisch nicht mehr erreicht werden und wurde aufgegeben.

Weiterhin erreichbar – wenn auch nicht ohne konsequente Fortsetzung der klimaschutzpolitischen Anstrengungen – erscheint die im Rahmen des Kyoto-Protokolls eingegangene Verpflichtung, die Emissionen von insgesamt sechs Treibhausgasen bis 2012 um 21 % zu reduzieren. Nach Berechnungen des DIW lagen die deutschen Emissionen der »Kyoto-Gase« (ausgedrückt jew. in CO_2-Äquivalenten, entsprechend der Klimawirksamkeit der einzelnen Gase) in 2003 bereits um 18,5 % (temperaturbereinigt sogar um 19 %) unter dem Wert von 1990. Dieser Rückgang fand größtenteils in den 1990er Jahren statt. In den letzten fünf Jahren haben sich die Emissionen kaum verändert.

CO_2-Emissionen in Deutschland 2003
nach Sektoren (insg. 865 Mio t.)

Sektor	Anteil (%)	Änderung gegenüber 1990 (%)
Energieerzeugung / -umwandlung	44,5	– 12,8
Industrie	12,4	– 36,6
Verkehr	19,2	5,3
Haushalte	14,2	– 5,3
Kleinverbraucher	7,0	– 33,5
Industrieprozesse	2,7	– 9,5
Summe	*100*	*– 14,7*

Quelle: DIW

Umweltkatastrophen

Die Häufigkeit großer Naturkatastrophen hat sich seit den sechziger Jahren des letzten Jahrhunderts mehr als verdoppelt, die daraus resultierenden volkswirtschaftlichen Schäden sind auf das Siebenfache und die versicherten Schäden gar auf das Vierzehnfache angestiegen. Immer mehr Menschen fallen diesen Katastrophen zum Opfer, nicht zuletzt, weil die Siedlungsdichte in Hochrisikogebeiten wie z. B. an der Küste Floridas zunimmt.

Mit Ausnahme von Erdbeben sind praktisch alle Naturkatastrophen wetterbedingt. Wenngleich eine Zunahme extremer Wetterereignisse heute noch nicht zweifelsfrei nachgewiesen werden kann, geht die Klimaforschung davon aus, dass die fortschreitende Erwärmung der Erdatmosphäre in den nächsten Jahrzehnten zu einem vermehrten Auftreten von Stürmen, Überschwemmungen und Dürren führen wird.

Katastrophenbilanz

Neben dem Tsunami (→ S. 24 ff.) in Südostasien, bei dem vermutlich mehr als 300 000 Menschen starben, war das Jahr 2004 von einigen dramatischen Ereignissen in Folge von tropischen Wirbelstürmen geprägt. In der jährlichen von der Münchener Rück erstellten Bilanz der Umweltkatastrophen wurden für 2004 insgesamt 650 Ereignisse aufgeführt, was dem Durchschnitt der letzten 10 Jahre entspricht. Zusätzlich zu den Opfern des Tsunamis kamen dabei mehr als 12 000 Menschen zu Tode. Die volkswirtschaftlichen Schäden summierten sich auf 145 Mrd. US-$, davon 44 Mrd. US-$ versichert, wobei allein die zerstörerischen Hurrikane in der Karibik und den USA sowie die Taifune in Japan Schäden von rund 40 Mrd. US-$ verursachten.

Weitere Besonderheiten 2004:

- Vor der brasilianischen Küste bildete sich im März erstmals seit Beginn der Beobachtungen ein Hurrikan. Bislang galt dieser Teil des Südatlantiks wegen niedriger Wassertemperaturen als hurrikanfrei.
- Ebenfalls ungewöhnlich: Hurrikan Alex – im August – verstärkte sich auf seiner nördlichen Zugbahn

Dominikanische Republik Mai 2004

Tornado über Duisburg

Ein Tornado hat am Abend des 18. 7. 2004 eine bis zu 1,5 km breite Spur der Verwüstung durch das westliche Ruhrgebiet gezogen. Mehrere Menschen wurden leicht verletzt. Der Sachschaden ging in die Millionenhöhe. Der Tornado zog aus Richtung Viersen über den Rhein nordostwärts über Duisburg und Oberhausen bis nach Essen. Er deckte zahlreiche Häuser ab und stürzte Bäume um. In Duisburg verwüstete die Windhose ganze Straßenzüge. Im Hafen fiel ein Kran auf ein Schiff. Zudem wurden zahlreiche Autos beschädigt und Keller überschwemmt.

Ein Tornado ist ein kleinräumiger, schlauchförmiger und sehr intensiver Wirbelsturm, der fast immer im Zusammenhang mit kräftigen Gewittern auftritt. Er bewegt sich nur mit ca. 50 km/h vorwärts, die Luftmassen im Inneren drehen sich jedoch mit viel höheren Geschwindigkeiten. Die höchste jemals gemessene Geschwindigkeit innerhalb eines Tornados wurde 1999 in Oklahoma (USA) gemessen und betrug 510 km/h. In Deutschland werden pro Jahr 10 bis 20 eher schwache Tornados beobachtet. Dennoch sind auch Extremereignisse möglich – wie z. B. der Tornado am 10. 7. 1968 in Pforzheim mit zwei Todesopfern, 200 zum Teil lebensgefährlich Verletzten sowie Schäden in Millionenhöhe. Anfang 2005 kündigte der Deutsche Wetterdienst den Aufbau eines Tornado-Frühwarnsystems für Deutschland an.

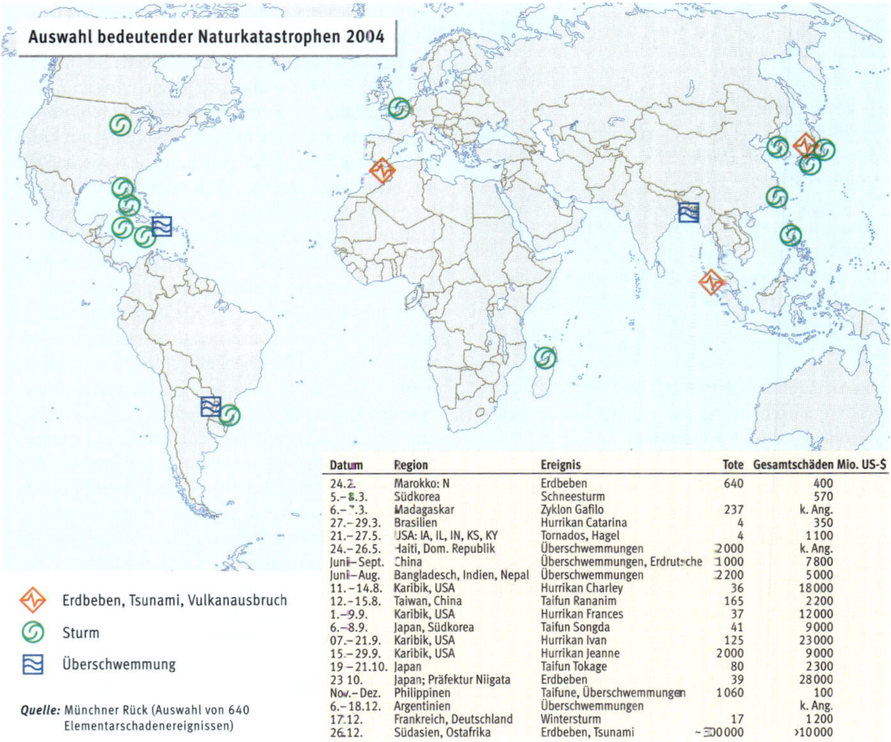

Erdbeben, Tsunami, Vulkanausbruch

Sturm

Überschwemmung

Quelle: Münchner Rück (Auswahl von 640 Elementarschadenereignissen)

Datum	Region	Ereignis	Tote	Gesamtschäden Mio. US-$
24.2.	Marokko: N	Erdbeben	640	400
5.–8.3.	Südkorea	Schneesturm		570
6.–7.3.	Madagaskar	Zyklon Gafilo	237	k. Ang.
27.–29.3.	Brasilien	Hurrikan Catarina	4	350
21.–27.5.	USA: IA, IL, IN, KS, KY	Tornados, Hagel	4	1100
24.–26.5.	Haiti, Dom. Republik	Überschwemmungen	2000	k. Ang.
Juni–Sept.	China	Überschwemmungen, Erdrutsche	1000	7800
Juni–Aug.	Bangladesch, Indien, Nepal	Überschwemmungen	2200	5000
11.–14.8.	Karibik, USA	Hurrikan Charley	36	18000
12.–15.8.	Taiwan, China	Taifun Rananim	165	2200
1.–9.9.	Karibik, USA	Hurrikan Frances	37	12000
6.–8.9.	Japan, Südkorea	Taifun Songda	41	9000
07.–21.9.	Karibik, USA	Hurrikan Ivan	125	23000
15.–29.9.	Karibik, USA	Hurrikan Jeanne	2000	9000
19–21.10.	Japan	Taifun Tokage	80	2300
23.10.	Japan; Präfektur Niigata	Erdbeben	39	28000
Nov.–Dez.	Philippinen	Taifune, Überschwemmungen	1060	100
6.–18.12.	Argentinien	Überschwemmungen		k. Ang.
17.12.	Frankreich, Deutschland	Wintersturm	17	1200
26.12.	Südasien, Ostafrika	Erdbeben, Tsunami	~300000	>10000

Bangladesch erneut unter Wasser

Zu Beginn der Regenzeit (Monsun) im Juli 2004 wurde Bangladesch von sintflutartigen Regenfällen und großflächigen Überschwemmungen heimgesucht. Ende Juli 2004 stand mehr als die Hälfte des von den Strömen Ganges, Brahmaputra und Meghna durchzogenen Landes unter Wasser; in der 13 Mio. Einwohner zählenden Hauptstadt Dhaka waren 40 % der Fläche überflutet. Nach Angaben des Ministeriums für Nahrung und Katastrophenmanagement kamen bei dem Hochwasser 750 Menschen zu Tode. 30 Mio. Menschen wurden obdachlos und 20 Mio. Menschen wurde die Existenzgrundlage entzogen. Der wirtschaftliche Schaden wurde auf 7 Mrd. US-$ beziffert.

Überschwemmungen sind in dem Land, das weniger als halb so groß wie Deutschland ist und fast 140 Mio. Einwohner zählt, seit jeher keine Seltenheit. Die Flüsse führen – gespeist durch Schmelzwasser aus dem Himalaya – mehr Wasser mit sich, als durch ganz Europa fließt. Der mitgeführte und über die Ufer gespülte Löß erlaubt bis zu vier Reisernten pro Jahr. Dies lockt viele Landlose an die fruchtbaren aber gefährlichen Ufer der Flüsse.

Nach den großen Überschwemmungen in den letzten Jahrzehnten, bei denen teilweise bis zu 120 000 Menschen umkamen, hat die internationale Gemeinschaft umfangreiche Hilfsprogramme für das arme Land in Gang gesetzt, die jedoch von der als korrupt geltenden Regierung zweckentfremdet wurden. Vorsorgender Hochwasserschutz wäre nur durch das Ausbaggern der riesigen Flussbette und die Errichtung von Dämmen zu erreichen – ein Programm, das etliche Milliarden US-$ und eine Bauzeit von ein bis zwei Jahrzehnten benötigen würde.
Zusätzliche Gefahr für das flach liegende Land droht von dem im Zuge des Klimawandels vorhergesagten Anstieg des Meeresspiegels um ca. einen Meter in den nächsten 150 Jahren. Eine Fläche halb so groß wie die der Schweiz würde dann im Golf von Bengalen versinken.

noch weit außerhalb der Tropen und behielt seine Hurrikanintensität bis auf eine geographische Breite von 42° N (etwa Höhe Boston) bei.

- Innerhalb nur weniger Wochen trafen vier Hurrikane Florida. Für die Versicherungswirtschaft war es, mit 30 Mrd. US-$ allein in dieser Region, die teuerste Hurrikansaison aller Zeiten.
- Japan wurde von 10 tropischen Wirbelstürmen getroffen – eine Rekordzahl, wie sie im ganzen letzten Jahrhundert nicht erreicht wurde.

Energienutzung

Die Debatte über die Zukunft der Energieversorgung nimmt angesichts wachsender Gefahren durch die globale Erwärmung und den Preisanstieg bei fossilen Energieträgern (v. a. Erdöl) an Intensität zu. Weitgehend unstrittig ist die Notwendigkeit, die Effizienz der Energieumwandlung (z. B. durch höhere Wirkungsgrade, d. h. bessere Brennstoffausnutzung in Kraftwerken) zu steigern und Endenergie (z. B. durch wärmeisolierte Häuser, sparsame Autos und Haushaltsgeräte) einzusparen. Wesentlich kontroverser ist die Frage nach dem Energiemix der Zukunft: Sollte der Klimagefahr und der Verknappung fossiler Energieträger eher mit dem Ausbau der (quasi CO_2-freien) Atomenergie oder besser mit der verstärkten Nutzung erneuerbarer Energiequellen begegnet werden?

Erdöl wird knapp

Über die Reichweite fossiler Energieträger gibt es eine anhaltende internationale Kontroverse. In deren Kern steht die Frage, ob die Menge der wirtschaftlich erschließbaren Reserven an Kohle, Erdöl und Erdgas durch Neufunde und Verbesserungen in der Fördertechnologie schneller gesteigert werden kann, als die weltweite Nachfrage nach diesen Energieträgern wächst. Falls nicht, schrumpfen die Reserven und ihre berechnete Reichweite. Insbesondere die Reichweite des Erdöls ist höchst umstritten. Nach Angaben der Bundesanstalt für Geowissenschaften und Rohstoffe (BGR) ist die uneingeschränkte Versorgung mit Erdöl nur noch für 10–20 Jahre gesichert, die statische Reichweite (nutzbare Reserven geteilt durch aktuellen Jahresverbrauch) liegt bei 43 Jahren. Den Scheitelpunkt der Erdölförderung (»Peak oil«) vermutet die BGR im Zeitraum 2010 bis 2030 – anschließend wird sie abnehmen. Dramatischer wird die Versorgungssituation durch unabhängige Erdölexperten eingeschätzt, die die Höhe der von Ölkonzernen und Staaten gemeldeten Ölreserven in Frage stellen. Sie sehen den Scheitelpunkt z. T. schon im Jahr 2007. Der rasante Anstieg des Ölpreises Anfang 2005 ist jedoch Folge aktueller Engpässe bei den Förderkapazitäten: In den Zeiten billigen Öls in den 1990er Jahren waren Investitionen in Exploration und Förderung zurückgestellt worden. Der Aufbau zusätzlicher Kapazitäten kann jedoch mit der aktuell wachsenden Erdölnachfrage (v. a. aus Asien/China, → Grafik) kaum Schritt halten.

»Renaissance der Atomkraft«

Die Internationale Atomenergiebehörde (IAEA) in Wien hat Mitte 2004 eine »Langfrist-Analyse« vorgelegt, die – vor dem Hintergrund wachsender Klimage-

Erdölverbrauch weltweit 1978–2003

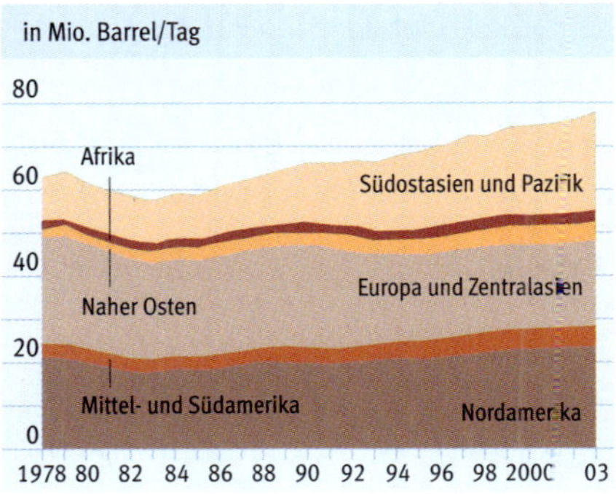

Quelle: BP

fahren – eine Ausweitung der Kernenergienutzung bis 2030 um das 2,5fache und bis 2050 gar um das vierfache voraussagt. Als Anzeichen für diesen neuerlichen Aufschwung führt der Bericht eine Liste von 27 (einschließlich Taiwan 29) in Bau befindlichen Reaktoren mit einer Gesamtleistung von ca. 23 000 MW auf. Kritiker des Ausbauszenarios verweisen darauf, dass die Umsetzung dieser Projekte in vielen Fällen äußerst unsicher sei – fast die Hälfte der Reaktoren ist z. B. bereits zwischen 17 und 29 Jahren »im Bau«. Neubauplanungen würden jedoch oftmals u. a. aufgrund von Widerständen in der Bevölkerung und Genehmigungsproblemen wieder aufgegeben. In der Liste enthalten sind außerdem zwei Meiler, die die USA dem kommunistischen Regime in Nordkorea versprochen haben, sofern es auf die Entwicklung von Atombomben verzichtet, was derzeit jedoch nicht absehbar ist. Als aktuelle Bauvorhaben bleiben übrig: acht Reaktoren in Indien, zwei in China, zwei in Taiwan, zwei in Japan, einer in Südkorea.

Die Debatte über den deutschen Atomausstieg wurde im Februar 2005 neu entfacht, nachdem führende Wirtschaftsverbände eine Verlängerung der Laufzeiten von Atomkraftwerken (AKW) gefordert hatten. Der Ausstieg aus der Kernenergie beruht auf einer Vereinbarung zwischen der rot-grünen Bundesregierung und der Stromindustrie (»Atomkonsens«, → WA 2002, Sp. 258f.), die nach langwierigen Verhandlungen im Juni 2000 erzielt und 2002 im Atomgesetz fixiert wurde. Darin werden die Laufzeiten von AKW auf 32 Jahre (ab Inbetriebnahme) begrenzt. Nun hält die Industrie die deutschen Klimaschutzverpflichtungen im

Im Bau befindliche Atomreaktoren
weltweit ohne Taiwan

Jahr	Zahl	Leistung (Megawatt)
1990 (31.12.)	83	65 760
1998 (31.12.)	36	26 813
2003 (31.12.)	31	26 102
2004 (Juni)	27	22 676

Quelle: IAEA

Rahmen des Kyoto-Protokolls und das Ziel moderater Energiepreise für unvereinbar mit einem Atomausstieg bis 2020. Auch in den USA seien in den letzten Jahren die Betriebsgenehmigungen von 24 (von insgesamt 104) kommerziellen Meilern von 40 auf 60 Jahre verlängert worden.

Der neue baden-württembergische Ministerpräsident Oettinger kündigte im April 2005 an, nach gesetzlichen Wegen zu suchen, die vereinbarten Restlaufzeiten der AKW im Südwesten um bis zu 10 Jahre zu verlängern. Laut Atomkonsens sollen die Reaktorblöcke Neckarwestheim I bis zum Jahr 2009, Philippsburg I bis 2013, Philippsburg II bis 2018 und Neckarwestheim II bis zum Jahr 2021 abgeschaltet werden.

Der für die Reaktorsicherheit zuständige Bundesumweltminister Trittin lehnte den Vorstoß der Wirtschaftsverbände mit der Begründung ab, dass Laufzeitverlängerungen zu höheren Sicherheitsrisiken und einer Verhinderung von Investitionen im Kraftwerkssektor führen würden. Das älteste, kommerziell betriebene Atomkraftwerks in Deutschland, Obrigheim, wurde am 11. 5. 2005 planmäßig abgeschaltet.

Erneuerbare Energien

Nach Definition der Internationalen Energieagentur gehören zu den erneuerbaren Energien die Biomasse (feste Biomasse wie Holz, Stroh etc., Holzkohle, Biomüll, flüssige Biomasse und vergaste Biomasse), Windenergie, Wasserkraft, Solarenergie, Erdwärme und Gezeitenenergie. Der Anteil der Erneuerbaren am Weltenergiebedarf betrug im Jahr 2002 14 %. Die bisher am meisten genutzte erneuerbare Energiequelle ist Biomasse, die zu zwei Dritteln auf nichtkommerzieller Basis zur häuslichen Energieversorgung in Entwicklungsländern zum Einsatz kommt. Ihr Anteil am Weltenergiebedarf liegt bei 11 %, ihr Anteil an der erneuerbaren Energienutzung bei 80 %. Die zweitgrößte erneuerbare Energiequelle ist die Wasserkraft (16 %) – die restlichen erneuerbaren Energiequellen, die sog. »neuen Erneuerbaren« stehen bisher nur für 4 % der erneuerbaren Energienutzung – ihr Wachstum ist mit durchschnittlich knapp 20 % p. a. seit 1990 jedoch deutlich höher als das der anderen Erneuerbaren.

Erneuerbare Energien in Deutschland

Der Anteil der erneuerbaren Energien am Stromverbrauch in Deutschland ist im Jahr 2004 laut Arbeitsgruppe Erneuerbare-Energien-Statistik (AGEE-Stat) um fast ein Fünftel auf 9,3 % gegenüber 7,9 % im Vorjahr angewachsen. Die Windkraft hat dabei erstmals die Wasserkraft überholt. Sie trägt mittlerweile mit 44 % zur Stromerzeugung aus erneuerbaren Energien

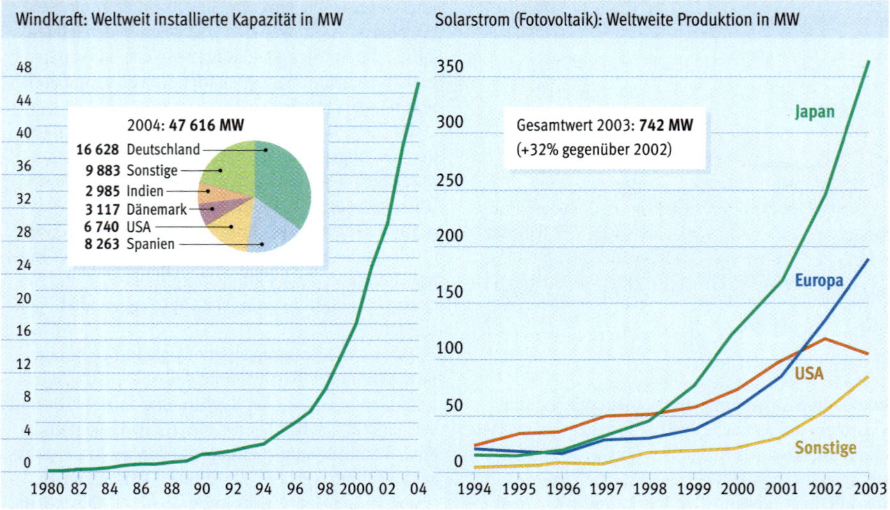

Quellen: AWEA, Paul Maycock

bei (Wasserkraft: 38 %). Bei den Kraftstoffen stieg der Anteil erneuerbarer Energien von 0,9 auf 1,6 %, im Wärmemarkt von 4,1 auf 4,2 %. Bezogen auf den gesamten Energieverbrauch ist der Anteil der Erneuerbaren von 3,1 auf 3,6 % gestiegen. Durch die Nutzung erneuerbarer Energien konnten im Jahr 2004 rund 70 Mio. t CO_2 vermieden werden.

Eine besonders dynamische Entwicklung gab es bei den Solarstromanlagen. Mit einem Zubau von 300 MW sind nun insgesamt 700 MW installiert. Damit lag Deutschland 2004 erstmals vor dem Konkurrenten Japan an der Weltspitze. Der Markt für Solarkollektoren zur Warmwassererzeugung bewegt sich auf hohem Niveau. Die installierte Kollektorfläche beträgt mittlerweile mehr als 6 Mio. m^2.

Ziel der Bundesregierung ist es, den Anteil der erneuerbaren Energien im Strombereich bis 2010 auf mindestens 12,5 % und bis 2020 auf mindestens 20 % zu erhöhen. Der Anteil am gesamten Primärenergiebedarf soll bis 2010 auf 4,2 % und bis 2050 auf 50 % steigen.

Wichtigstes Instrument für die Umsetzung des Ausbauziels für die Stromerzeugung aus erneuerbaren Energien ist das zum 1. 4. 2000 in Kraft getretene **Erneuerbare Energien Gesetz (EEG)**. Ziel des Gesetzes ist es, durch Zahlung gesetzlich garantierter Einspeisetarife einen wirtschaftlichen Betrieb von Erzeugungsanlagen auf Basis erneuerbarer Energien zu gewährleisten. Das Gesetz verpflichtet die Stromnetzbetreiber, Elektrizität aus erneuerbaren Energiequellen vorrangig abzunehmen und dafür einen – je nach Technologie – festgelegten Preis zu zahlen. Zum 1. 8. 2004 trat die erste Novelle des EEG in Kraft. Veränderungen gab es u. a. bei der Vergütung von Strom aus großen Wasserkraftanlagen (6,65 cent/kWh), Biogasanlagen (bis zu 21,5 cent/kWh) und Solarstromanlagen (bis zu 57,4 cent/kWh). Streit hatte es zuvor über die Förderung der Windkraft gegeben, deren weitere Nutzung im Binnenland von verschiedener Seite abgelehnt wurde (»Verspargelung der Landschaft«). Die Vergütung für Windkraft wird durch die Novelle zwar vermindert, bleibt aber auch für Standorte im Binnenland erhalten.

Stromerzeugung aus erneuerbaren Energien in Deutschland 1990–2004

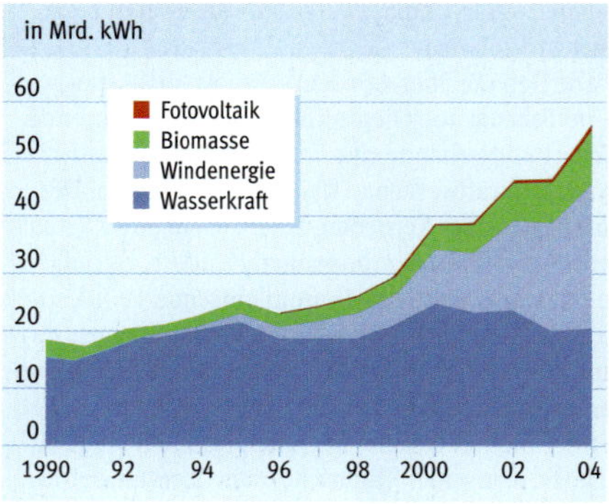

Quelle: AGEE-Stat
(Strom aus Geothermie auf Grund geringer Strommengen nicht ausgewiesen)

Bioenergie-Boom in der deutschen Landwirtschaft

Angesichts drastisch ansteigender Preise für fossile Energieträger (Benzin, Heizöl, Erdgas, Strom) erfährt die Energiegewinnung aus nachwachsenden Rohstoffen (Pflanzen) und biologischen Abfallstoffen (Ernteabfälle, Exkremente aus der Tierhaltung, Abfälle aus Lebensmittelindustrie und Haushalten) zunehmendes Interesse. Dabei geht es sowohl um die Gewinnung von Biotreibstoffen zum Einsatz in Diesel- und Ottomotoren als auch um die Strom- und Wärmegewinnung (z. B. aus Holz oder Biogas).

So wird sich beispielsweise die Produktion von **Biodiesel** aus Raps nach Prognosen des Deutschen Bauernverbandes von 1,1 Mio. t in 2004 auf 2 Mio. t Ende 2006 fast verdoppeln. Bereits im Sommer 2004 gab es – ausgelöst durch Sprünge bei den Benzinpreisen – einen regelrechten Ansturm auf die wenigen Raps-Diesel-Tankstellen des Landes, wo Treibstoff für ca. 70 Cent zu haben war. Weiteren Schub erhielt die Raps-Diesel-Produktion durch die Änderung des Mineralölsteuergesetzes zum 1. 1. 2004: Biodiesel und Bioethanol können seitdem bis zu einem Anteil von 5 % steuerfrei dem Diesel- bzw. Ottokraftstoff beigemischt werden. In 2004 wurden erstmals 50 000 t Bioethanol als Benzin-Beimischung produziert. Höhere Ethanolanteile bis zu 100 % sind durch sog. Flex-Fuel-Einspritzanlagen möglich. Dies erfordert jedoch Anpassungen in der Motorentechnik. Das Bundeslandwirtschaftsministerium kündigte am 2. 5. 2005 den Start eines Feldversuch mit Ethanol-Zapfsäulen und Flex-Fuel-Autos in Nordrhein-Westfalen noch vor der Sommerpause an. Auch reines Pflanzenöl wird in speziell umgerüsteten Motoren schon heute genutzt. Tests zur Nutzung von Methan aus Biogas in Erdgasfahrzeugen sind ebenfalls angelaufen.

2003 hatte die EU die Biokraftstoff-Richtlinie verabschiedet, die eine Steigerung des Anteils von Biokraftstoffen in den Mitgliedstaaten auf 2 % bis 2005 und bis 5,75 % (bezogen auf den Energiegehalt) bis 2010 fordert. Nach Angaben der FNR – Fachagentur Nachwachsende Rohstoffe – lag dieser Anteil in Deutschland 2005 noch bei 1,8 %, bis 2020 könnte er jedoch schrittweise auf 25 % anwachsen. Die Ackerfläche zum Anbau von Energiepflanzen – vor allem Raps für die Biodieselproduktion, aber auch Roggen für Bioethanol – betrug in 2004 bereits 780 000 ha und könnte bis 2020 auf knapp 3,5 Mio. ha, fast ein Drittel des gesamten deutschen Ackerlandes, ansteigen, ohne in Konkurrenz zur Nahrungsmittelproduktion zu treten.

Aber auch die Gewinnung von Strom und Wärme aus Biomasse ist auf dem Vormarsch. So erwartet der Deutsche Bauernverband, dass die Zahl der Biogasanlagen allein zwischen 2004 und 2005 von 2000 auf 3000 ansteigen wird. Dieser Boom beruht im Wesentlichen auf verbesserten Förderbedingungen durch die am 1. 8. 2004 in Kraft getretene Novelle des Erneuerbare Energien Gesetzes (EEG). Strom aus kleinen Biogasanlagen (bis 150 kW elektrischer Leistung) muss von den Stromnetzbetreibern nun mit 11,5 cent kWh vergütet werden. Hinzu kommen Bonuszahlungen, wenn eigens zur Energiegewinnung angebaute nachwachsende Rohstoffe und/oder Gülle verwertet werden (NawaRo-Bonus: 2,5–6 cent/kWh), und/oder gleichzeitig Wärme erzeugt wird (KWK-Bonus: 2 cent/kWh). Der Bundesverband BioEnergie hat für die gesamte Branche 2004 einen Jahresumsatz von 3,5 Mrd. €, ein Investitionsvolumen von 1,75 Mrd. € und 50 000 Beschäftigte ermittelt. Ein offensiver Ausbau der Bioenergie könnte bis 2030 200 000 neue Arbeitsplätze – v. a. in landwirtschaftlichen Betrieben – schaffen. In den Medien wird die rasante Entwicklung des Bioenergie-Sektors mit Formulierungen wie »Der Landwirt als Energiewirt« oder »Bauern als Ölscheichs von morgen« beschrieben.

Wälder

Es gibt weltweit mehr als 90 verschiedene Definitionen von Wäldern und Waldflächen. Die auf UN-Ebene für die Wälder zuständige Welternährungsorganisation FAO definiert Wald als eine von Bäumen dominierte Vegetationsform, wobei die Bäume im Reifestadium mindestens 5 m groß sein und 10 % der Bodenoberfläche überschirmen müssen. Waldflächen müssen nach dieser Definition mindestens 0,5 ha groß sein. Die globale Waldfläche betrug laut FAO im Jahr 2000 3870 Mio. ha (29,6 % der eisfreien Landfläche). 95 % dieser Fläche sind natürliche Wälder, 5 % sind Forstplantagen. 47 % der Waldflächen sind tropische Wälder, 9 % subtropische, 11 % temperierte und 33 % boreale Wälder.

Waldverluste

In 25 Staaten sind die Wälder praktisch verschwunden, 18 Staaten haben mehr als 95 %, weitere 11 mehr als 90 % ihrer ursprünglichen Waldfläche (Schätzwert für die Zeit vor dem Beginn des Ackerbaus im 16. Jahrhundert) verloren. Im Verlauf der Menschheitsgeschichte hat sich die Waldfläche von 6 Mrd. ha (vor 8000 Jahren) auf 3,9 Mrd. ha reduziert. Zwischen 1990 und 2000 ging die Waldfläche weltweit um 94 Mio. ha zurück. Einem mittleren jährlichen Rückgang von 12,3 Mio. ha in den tropischen Zonen stand ein Anstieg um 2,9 Mio. ha p. a. in den übrigen Gebieten gegenüber. Insgesamt hat sich die Schrumpfung der globalen Waldfläche in den 1990er Jahren verlangsamt. Die jährlichen Netto-Verluste gingen von 13 Mio. ha in den 1980er Jahren auf 9,4 Mio. ha in den 1990er Jahren zurück (→ Karte WA 2005 S. 690).

Amazonas-Regenwald schrumpft weiter

Die Zerstörung des Amazonas-Regenwaldes in Brasilien setzt sich mit praktisch unvermindertem Tempo fort. Nach Angaben der brasilianischen Regierung gingen 2004 wie schon im Vorjahr mehr als 20 000 km^2 Regenwald – ein Gebiet der Größe Hessens – verloren. In den letzten 30 Jahren sind ca. 16 % des brasilianischen Amazonasregenwaldes abgeholzt worden. Schreiten die Rodungen im gleichen Tempo fort, könnten in 30 Jahren 40 % des größten Tropenwaldes der Erde zerstört sein. Neben dem Sojaanbau, der illegalen Holzwirtschaft und dem Straßenbau ist v. a. die starke Ausweitung der Rinderzucht für die beschleunigte Abholzung verantwortlich.

Nach Untersuchungen des Zentrums für internationale Waldforschung (CIFOR) hat sich der Rinderbestand am Amazonas zwischen 1992 und 2004 auf 57 Mio. Tiere mehr als verdoppelt. Dem dadurch wachsenden Bedarf an Weideflächen ist v. a. der Regenwald zum Opfer gefallen. Der bereits in den 1980er Jahren geprägte Begriff der »Hamburger-Connection« erhält dadurch neue Aktualität: Begünstigt durch die Abwertung der brasilianischen Währung und das Ausbleiben der BSE-Seuche, haben sich die brasilianischen Rindfleischexporte seit 1995 vervierfacht – fast ein Drittel wird allein von der EU abgenommen.

Neue Gefahren für den brasilianischen Regenwald drohen durch die geplante Asphaltierung von insgesamt 6200 km Schotterstraßen quer durch das Amazonasgebiet. Dadurch könnten nach einer Studie des Amazonas-Umweltforschungsinstituts in Belem und dem Woods Hole Research Instituts aus den USA in den nächsten 25 bis 35 Jahren bis zu 270 000 km^2 Urwaldfläche zusätzlich verloren gehen. Diese Schätzung beruht auf Erfahrungen mit der Asphaltierung der Strecke zwischen der Hauptstadt Brasília und Belem an der Amazonasmündung vor 35 Jahren. Auf einer Schneise von 50 km zu beiden Seiten der Straße ist fast die Hälfte des Regenwaldes verschwunden.

Die Debatte über die Zukunft des Amazonas-Regenwaldes verstärkte sich nach der – wahrscheinlich im Auftrag von Großgrundbesitzern ausgeführten – Ermordung der aus den USA stammenden Nonne und Umweltschützerin Dorothy Stang am 12. 2. 2005 bei Anapú. Die 74-Jährige hatte sich über 30 Jahre lang gegen die Abholzung des Regenwaldes und für die Ansiedlung landloser Bauern in Reservaten zur nachhaltigen Waldnutzung eingesetzt. Die brasilianische Regierung schickte 2000 Soldaten in die Region, um nach den Mördern zu fahnden und die Waldüberwachung zu verbessern. Am 18. 2. 2005 stellte Präsident Lula da Silva per Dekret fünf Mio. ha im Amazonas unter Naturschutz.

Schutz der Regenwälder

Auf der **Internationalen UN-Regenwaldkonferenz** in Genf vom 26. 7.–30. 7. 2004 wurden Verhandlungen über die Fortentwicklung des Internationalen Tropenholzabkommens von 1994 begonnen. Neben der Regulierung des Handels mit Tropenhölzern stand dabei die Unterstützung nachhaltiger Waldbewirtschaftungsmethoden im Vordergrund. Von Experten und Umweltschützern wurde im Umfeld gefordert, dass die Waldbevölkerung an Verhandlungen und Umsetzungsprogrammen künftig stärker beteiligt werden müsse. Nach einer Studie der Organisation Forest Trends sind zur Zeit 22 % der Regenwaldgebiete in Entwicklungsländern im Besitz der lokalen Bevölkerung. Diese Fläche hat sich seit 1989 immerhin verdoppelt und ist nun größer als die der staatlichen Schutzgebiete. Das Schutzniveau ist in diesen Gebieten – nicht zuletzt durch das Eigeninteresse der Bevölkerung am langfristigen Erhalt ihrer Lebensgrundlagen – nachweislich größer als in den staatlichen Reservaten. Ungeachtet dessen wird in vielen Ländern der kommerzielle Holzeinschlag weiter forciert. So sollen in der Demokratischen Republik Kongo mit Hilfe der Weltbank 60 Mio. ha Regenwald – eine Fläche der Größe Frankreichs, in der u. a. 400 endemische (nur dort vorkommende) Säugetierarten leben – zur Nutzung freigegeben werden. Zwar wird bei solchen Programmen offiziell eine schonende Nutzung (Reduced Impact Logging) angestrebt – in der Realität scheitert dies jedoch meist an mangelnden Kontrollmöglichkeiten. Durch illegalen Holzeinschlag entsteht den Regenwald-Ländern ein jährlicher Schaden von 10 bis 15 Mrd. €.

In diesem Zusammenhang hat die Europäische Kommission am 17. 7. 2004 einen Aktionsplan verabschiedet, der die Länder bei der Umsetzung wirksamer Rechtssysteme zum Schutz der Wälder unterstützen soll. Die von Regenwaldschützern geforderten Handelsrestriktionen sind in dem Aktionsplan nicht enthalten.

Mangels internationaler Vereinbarungen kündigte Bundesumweltminister Jürgen Trittin zum **Tag des Waldes** am 21. 3. 2005 die Vorlage eines **Urwaldschutzgesetzes** an, dass die Vermarktung illegal eingeschlagener Hölzer in Deutschland verbietet. Nach Schätzungen beträgt der illegale Holzeinschlag in den drei für Deutschland wichtigsten Importländern Brasilien 80 %, Indonesien 73 % und Russland 20–30 %. Das Gesetz verlangt von größeren Vermarktern für ihre Holzprodukte den Nachweis, dass das Holz nicht illegal in Urwäldern eingeschlagen wurde.

Am Rande des zentralafrikanischen Gipfels am 5. 2. 2005 haben sieben Staaten ein **Abkommen zum Schutz des afrikanischen Regenwaldes** – dem zweitgrößten Regenwaldgebiet der Erde – geschlossen. Zu den Unterzeichnern gehören Äquatorialguinea, Gabun, die Demokratische Republik Kongo, die Republik Kongo, São Tomé und Principe, der Tschad und die Zentralafrikanische Republik.

Als Beleg dafür, dass der Erhalt der natürlichen Lebensgrundlagen integral mit dem Schutz von Menschenrechten und der Wahrung von Frieden und Sicherheit zusammenhängt, wurde die Verleihung des **Friedensnobelpreises 2004** an die kenianische Umweltschützerin und Menschenrechtlerin **Wangari Maathai** (Foto) gewertet. Maathai hatte in den 1970er Jahren das »Green Belt Movement« in Kenia gegründet, das mit Baumpflanzungen im großen Stil weit über Kenia hinaus Beachtung erlangte. Die Bewegung zählt heute 6000 Frauengruppen, die in 600 Netzwerken organisiert sind.

Die Bemühungen Deutschlands und anderer Länder, den Schutz der Wälder durch internationale Vereinbarungen voran zu bringen, treten auf der Stelle. Die damit befasste 5. Sitzung des UN-Waldforums (UNFF) vom 16.–27. 5. 2005 in New York kam zu keinem Ergebnis. Die Verhandlungen werden im Februar 2006 fortgesetzt.

»Waldsterben«

In den gemäßigten Breiten stellt die Entwaldung nicht das forstliche Hauptproblem dar. Schwierigkeiten resultieren vielmehr aus einer reduzierten Vitalität der Wälder, gemeinhin als **neuartige Waldschäden** oder **Waldsterben** beschrieben. Im Rahmen eines europaweiten Programms wird der Waldzustand seit 1989 nach einheitlichen Methoden in mittlerweile 31 europäischen Staaten erfasst. Nach einer kurzen Erholung nach 1995 hat sich der Zustand der europäischen Wälder in den letzten Jahren wieder verschlechtert. So wurde im Jahr 2003 eine deutliche Zunahme der Nadel- und Blattverluste bei allen Hauptbaumarten festgestellt. Mehr als ein Fünftel aller [illegible]0 000 erfassten Probebäume wurde als geschädigt oder deutlich geschädigt eingestuft, wobei der trockene und extrem heiße Sommer 2003 als wichtige Ursache aufgeführt wird.

Ursachen der Waldschäden sind erhöhte Stoffeinträge, die die Artenzusammensetzung der Wälder bereits erheblich verändert haben. Die Vielfalt der Pflanzenarten ist demnach auf 58 % der Flächen gefährdet. Auf 45 % der Flächen ist mit einer Destabilisierung der Waldbäume zu rechnen, und auf einem Drittel der Flächen ist die Funktionsfähigkeit der Baumwurzeln durch Säureeintrag beeinträchtigt. Vor allem in Mitteleuropa werden die Grenzwerte für die Säureeinträge überschritten; überhöhte Stickstoffeinträge sind in ganz Westeuropa verbreitet.

Waldschäden in Europa 1989–2003
Nadel-/Blattverlust bei den Hauptbaumarten

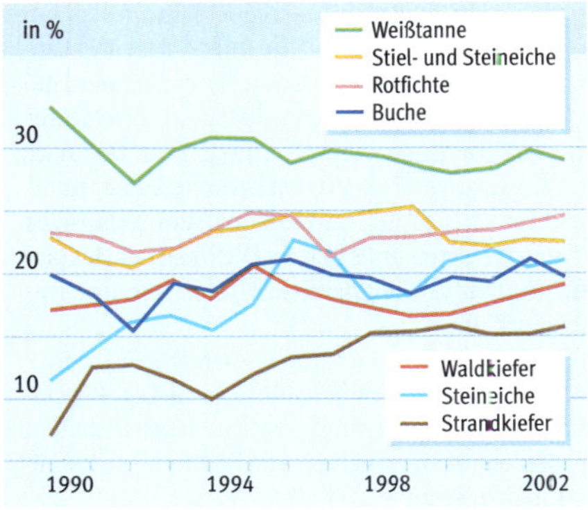

Quelle: ICP Forests

Zustand der Wälder in Deutschland

Der Zustand des deutschen Waldes hat sich im Jahr 2004 dramatisch verschlechtert. Fast drei Viertel der Bäume weisen sichtbare Schäden auf – mehr als jemals zuvor seit Beginn der systematischen Beobachtungen vor 20 Jahren. Dies geht aus dem im Dezember 2004 von der Bundesregierung vorgelegten **Waldzustandsbericht 2004** hervor. Knapp ein Drittel der Bäume zeigten deutliche Nadel- bzw. Blattverluste. Damit nahm die Zahl der stark geschädigten Bäume gegenüber 2003 um acht Prozentpunkte zu – die größte Zunahme im Vergleich zum Vorjahr und gleichzeitig der höchste Stand seit Beginn der Zeitreihe 1984. Besonders betroffen sind die Laubbäume. So weisen mehr als die Hälfte der Buchen deutliche Blattverluste auf. Bei den älteren Buchen fielen sogar 6[illegible] % in diese Schadstufen. Als Hauptursachen für die Verschlechterung gelten der heiße und trockene Sommer 2003, dessen Fol-

Waldschäden in Deutschland 1985–2004

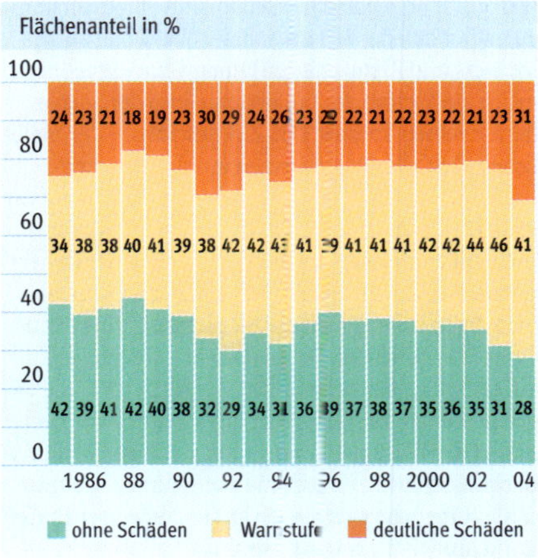

Quelle: BMVEL

gen sich mit Verzögerung zeigen, sowie die mit dieser Witterung verbundenen hohen Ozonwerte und die Vermehrung des Borkenkäfers, der insbesondere der Fichte stark zusetzte.

Baum des Jahres 2005 in Deutschland und der Schweiz ist die **Rosskastanie** (Aesculus hippocastanum) – eine sehr bekannte und beliebte Stadt- und Alleebaumart (Foto). Sie fällt auf durch große Knospen im Winter, große gefingerte Blätter im Frühjahr, orchideenhafte Blüten im Mai und goldfarbene Blätter sowie große, glänzende Samen (bis zu 20 g) im Herbst. Die Rosskastanie kämpft derzeit mit einem Schädling, der ihr Blätterkleid schon im Juli zerfrisst und verbräunt: die Rosskastanien-Miniermotte. In Österreich ist der Ahorn Baum des Jahres 2005.

Biologische Vielfalt

Die Begriffe »Biologische Vielfalt« und »Biodiversität« gehen über den der »Artenvielfalt« (Verschiedenheit aller Tier- und Pflanzenarten) hinaus und erfassen zusätzlich die Vielfalt der Ökosysteme und der Sorten jeder einzelnen Spezies. Das Ziel des Erhalts der biologischen Vielfalt folgt zum einen aus der Anerkennung ihres Eigenwerts, zum anderen gründet es auf der Erkenntnis, dass eine Vielfalt der Erscheinungsformen Grundvoraussetzung für die Stabilität der Ökosysteme ist, von deren Leistungen auch der Mensch abhängt. Nicht zuletzt stellt die Biodiversität eine ökonomische Ressource dar. Der Marktwert aller biogenen Medikamente wird beispielsweise auf 75–150 Mrd. US-$ p. a. geschätzt. Die Gesundheitsversorgung von drei Vierteln der Weltbevölkerung stützt sich direkt auf natürliche Heilmittel. Trotz des Wissens um ihre zentrale Bedeutung setzt sich der Verlust an biologischer Vielfalt mit großer Geschwindigkeit fort.

Artenvielfalt

Erst seit Ende 1995 liegt eine umfassende, globale Abschätzung der biologischen Vielfalt vor. Der im Auftrag des UN-Umweltprogramms UNEP erarbeitete Bericht geht für 1995 von 1,75 Mio. beschriebenen und wissenschaftlich benannten Arten aus. Jährlich kommen etwa 12 000 neue Arten hinzu. Am vielfältigsten sind die Insekten mit ca. 950 000 Arten, gefolgt von den Pflanzen mit 265 000 Arten. Selbst die Vielfalt von Spinnen, Weichtieren und Pilzen ist jeweils fast doppelt so groß wie die der Wirbeltiere (ca. 56 000 bekannte Arten). Bekannt ist jedoch nur ein Bruchteil aller Arten. Schätzungen für die Gesamtzahl liegen in der Größenordnung von 10 bis 100 Mio. und werden durch die Zahl der unbekannten Insektenarten dominiert. Die globale Vielfalt an pflanzlichen und tierischen Lebensformen ist sehr inhomogen verteilt. Die feuchtwarmen tropischen Regenwälder, die nur etwa 7 % der Landfläche bedecken, beherbergen bis zu 90 % der an Land vorkommenden Artenvielfalt.

Gebiete mit großer und gleichzeitig bedrohter biologischer Vielfalt werden als **Hot Spots** bezeichnet. Ein Hot Spot muss laut Definition mindestens 1500 von weltweit 300 000 endemischen (d. h. nur an einem Ort vorkommenden) Arten beherbergen und mindestens 70 % seiner natürlichen Vegetation verloren haben. 25 Hot Spots sind bisher bekannt. Sie sind der einzig verbliebene Lebensraum für 44 % der Pflanzenarten und 35 % der Wirbeltierarten, obwohl sie nur 1,4 % der Landfläche der Erde ausmachen. Lediglich 38 % der Gesamtfläche der Hot Spots stehen bisher unter Naturschutz.

Artenverluste

Nach Einschätzung verschiedener Experten verschwinden jährlich bis zu 35 000 Arten für immer von der Erde. Die Geschwindigkeit des globalen Artenverlustes liegt um den Faktor 1000–10 000 über der natürlichen Aussterberate von ca. 10 Arten pro Jahr (Säugetiere: eine Art in 400 Jahren). Vom Aussterben bedrohte Arten werden seit Anfang der 1960er Jahre in sog. **Roten Listen** geführt. Dadurch soll die Aufstellung und Umsetzung von Schutzprogrammen erleichtert werden. Seit 2004 liegt erstmals eine vollständige Bewertung aller beschriebenen Amphibien-Arten vor. Demnach sind fast ein Drittel aller Arten bedroht. Der Bestand vieler Frösche, Kröten und Salamander nimmt selbst in Schutzgebieten drastisch ab. Die Ursachen des globalen Amphibien-Sterbens sind bisher nur unzureichend geklärt.

Ein Beispiel für eine aktuell besonders bedrohte Säugetierart ist der im Kongobecken als sog. Buschfleisch gejagte Flachlandgorilla. Durch fortschreitende Abholzung und Jagd wurden die Bestände von Gorillas und Schimpansen in Gabun und der Demokrati-

Rote Liste bedrohter Arten 2004

Gruppe	Zahl beschriebener Arten	Zahl bewerteter Arten	Anteil bedrohter Arten an beschriebenen (bewerteten) Arten in %
Wirbeltiere			
Säugetiere	5 416	4 863	20 (23)
Vögel	9 917	9 917	12 (12)
Reptilien	8 163	499	4 (61)
Amphibien	5 743	5 743	31 (31)
Fische	28 500	1 721	3 (46)
Zwischensumme	**57 739**	**22 733**	**9 (23)**
Nichtwirbeltiere			
Insekten	950 000	771	0,06 (73)
Weichtiere	70 000	2 163	1 (45)
Krustentiere	40 000	496	1 (86)
andere	130 200	55	0,02 (55)
Zwischensumme	**1 190 200**	**3 382**	**0,17 (57)**
Pflanzen	*297 655*	*11 826*	*2,7 (70)*
insgesamt	**1 545 594**	**38 046**	**1 (41)**

Quelle: IUCN

Zu den wichtigsten Ursachen für den Verlust biologischer Vielfalt gehören:

- die Vernichtung und ökologische Beeinträchtigung von Lebensräumen durch den Menschen: 89 % aller bedrohten Tierarten, 83 % aller bedrohten Säugetierarten und 91 % aller bedrohten Pflanzenarten sind betroffen;
- die Übernutzung von Ökosystemen (z. B. Holzeinschlag, Jagd, Fischerei): 37 % aller Vögel, 34 % aller Säugetierarten und 8 % aller Pflanzenarten sind betroffen;
- die Einführung fremder Arten: Sie ist die häufigste Ursache für das Verschwinden von Vogelarten (insbesondere auf Inseln);
- die Verschmutzung durch Luftschadstoffe und giftige Abfälle (z. B. Stickstoffeinträge in Waldböden, Ölverschmutzung der Meere);
- die globale Erwärmung, an deren Geschwindigkeit sich viele Arten nicht anpassen können (z. B. Absterben von Korallenriffen und Verschwinden von Korallenfischen). Laut einer Anfang 2004 im Wissenschaftsmagazin Nature veröffentlichten Studie könnten bis 2050 mehr als eine Million Arten aussterben.

schen Republik Kongo – wo gemeinsam 80 % der weltweiten Exemplare dieser Arten leben – um 56 % dezimiert. Es wird geschätzt, dass es weltweit höchstens noch 350 000 Gorillas, Schimpansen, Bonobos und Orang-Utans gibt.

Aber auch »Allerweltsarten« in Deutschland sind gefährdet. So ist z. B. der Bestand des Sperlings in den vergangenen sechs Jahren um 20 % zurück gegangen. Der »Spatz« wurde daher im Jahr 2002 in die sog. Vorwarnstufe für gefährdete Tierarten eingestuft. Internationale Aufregung hat der unbeabsichtigte Abschuss der letzten Pyrenäen-Braunbärin am 1. 11. 2004 während einer Wildschwein-Treibjagd verursacht. Mit dem Tod von »Cannelle« (Zimt), wie die berühmte Braunbärin genannt wurde, ist die Rasse nun ausgestorben – die anderen noch in der Region lebenden Tiere wurden aus Slowenien importiert. Die französische Regierung schickte ihren Umweltminister in die Region und kündigte an, weitere Bären in den Pyrenäen auszusetzen.

Letzte Pyrenäen-Braunbärin

Artenschutz / Schutz der biologischen Vielfalt

Einen wichtigen Beitrag zum Erhalt der biologischen Vielfalt liefern nationale und internationale Schutzgebiete, in denen menschliche Aktivitäten (u. a. Land- und Forstwirtschaft) besonderen Einschränkungen unterworfen werden. Neuere Untersuchungen belegen, dass diese Schutzgebietssysteme – entgegen häufig geübter Kritik – sehr effizient sind. Im Gegensatz zu den umgebenden Gebieten können Rodungen und andere Landnutzungsänderungen in Schutzgebieten meist vermieden und damit Lebensräume für Tier- und Pflanzenarten erhalten werden. Die weltweite Zahl der Schutzgebiete hat im Jahr 2003 die Marke von 100 000 überschritten. Ende 2004 betrug die weltweit unter Schutz stehende Fläche (inkl. Meeresschutzgebiete) 19,5 Mio. km², das entspricht 13 % der Landflächen.

Naturschutzgebiete weltweit 1872–2004

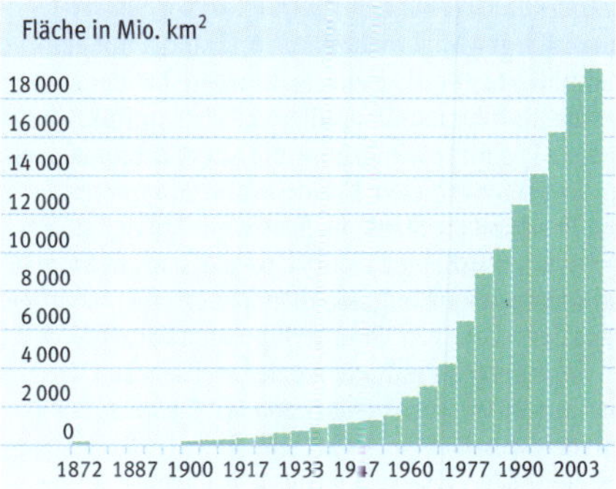

Quelle: UNEP-WCMC

Zustand globaler Ökosysteme: Das UN-Millennium Ecosystem Assessment

Am 30. 3. 2005 wurde die bisher größte und umfassendste Untersuchung des Zustands der globalen Umwelt – das sog. Millennium Ecosystem Assessment (MEA) – veröffentlicht. Vier Jahre lang hatten fast 1400 Wissenschaftler aus 95 Ländern unter dem Dach der UN den Zustand von Ökosystemen wie z. B. Wäldern, Ozeanen, Feuchtgebieten, Trockengebieten etc. analysiert. Die Ergebnisse des insgesamt 2500 Seiten langen Berichts sind alarmierend: In den letzten 50 Jahren hat der Mensch die Ökosysteme schneller und tiefer gehend verändert als jemals zuvor. Dies hat wesentlich zur wirtschaftlichen Entwicklung und Steigerung des Wohlstands beigetragen. Die Beeinträchtigung der Umwelt – insbesondere in Entwicklungsländern – ist jedoch so gravierend, dass Wohlstandsverluste für künftige Generationen nur durch deutliche Veränderungen von Wirtschafts- und Konsumstilen verhindert werden können. Beispielsweise kann das Millenniums-Ziel der Halbierung der Zahl der Hungernden bis 2015 nach Ansicht der Experten ohne eine radikale Umkehr keinesfalls erreicht werden. Von den in dem Bericht untersuchten 26 »Dienstleistungen« der Natur (Wälder zur Holznutzung, Böden für die Landwirtschaft, Fischvorkommen, Frischwasser etc.) nutzt der Mensch 15 (60 %) auf nicht nachhaltige Weise und gefährdet die Ressourcen in ihrem Bestand. Der Bericht präsentiert u. a. folgende Fakten:

- 20 % der Korallenriffe und 35 % der Mangrovengebiete wurden in den letzten Jahrzehnten zerstört – weitere 20 % der Korallenriffe sind akut von der Zerstörung bedroht.
- Die Wasserentnahme aus Flüssen und Seen hat sich seit 1960 verdoppelt, die Wassermenge in künstlichen Reservoiren vervierfacht.
- 10–30 % der Säugetier-, Vögel- und Amphibienarten sind vom Aussterben bedroht.
- Der Holzeinschlag für die Produktion von Papier und Pappe hat sich seit 1960 verdreifacht.
- 25 % der kommerziell genutzten Fischbestände in den Ozeanen der Welt sind übernutzt. Der Fischfang in den Meeren ist seit Mitte der 1980er Jahre rückläufig.

Urwaldrodung in Ecuador

Die bisher umfassendste internationale Vereinbarung zum Schutz der biologischen Vielfalt ist das 1992 in Rio de Janeiro unterzeichnete Abkommen über die biologische Vielfalt (Biodiversitäts-Konvention). Ziele der bis Mai 2005 von 188 Staaten ratifizierten Konvention sind über den Erhalt der biologischen Vielfalt hinaus die nachhaltige Nutzung ihrer Bestandteile sowie die faire Aufteilung der daraus resultierenden Gewinne.

Als erste Ergänzung der Biodiversitäts-Konvention verabschiedeten die Vertragsstaaten im Jahr 2000 in Cartagena (Kolumbien) das Abkommen über die grenzüberschreitende Verbringung gentechnisch veränderter Organismen (GVOs). Das sog. **Biosafety-Protokoll** legt Mindeststandards im Handel mit genmanipulierten Produkten fest. Einzelne Länder können die Einfuhr genmanipulierter Lebensmittel oder anderer Produkte wie Baumwolle oder Saatgut aus reiner Vorsorge verbieten. Bis Mitte Mai 2005 waren dem Protokoll 119 Staaten beigetreten. Auf der 2. Vertragsstaatenkonferenz vom 30. 5.–3. 6. 2005 in Montréal konnte keine Einigung über die besonders strittige Frage der zulässigen Verunreinigungen bei als GVO-frei deklarierten Produkten erzielt werden. Die Verhandlungen werden im März 2006 in Curitiba, Brasilien fortgesetzt.

Bereits seit 1975 existiert das **Washingtoner Artenschutz-Abkommen** (CITES – Convention on International Trade in Endangered Species of Wild Fauna and Flora). Die mittlerweile 166 Unterzeichnerstaaten verpflichten sich zum Schutz bedrohter Arten durch Handelskontrollen oder -verbote. Neben dem Verlust von Lebensräumen ist der Handel mit bedrohten Tier- und Pflanzenarten einer der wichtigsten Gründe für ihre Gefährdung. Auf der Weltartenschutzkonferenz vom 2.–14. 10. 2004 in Bangkok einigten sich die CITES-Vertragsstaaten auf eine Reihe von Handelsbeschränkungen. So bleibt der Handel mit Roh-Elfenbein weiterhin untersagt. Seitdem die Elefanten-Bestände in Afrika wieder zunehmen, bemühen sich einige Länder um die Legalisierung regelmäßiger Ausfuhren. Diese Bestrebungen wurden jedoch von der Mehrheit der Vertragsstaaten mit Verweis auf unzureichende Kontrollinstrumente abgelehnt. Gleiches gilt für die u. a. von Japan beantragte Freigabe des Handels mit Kleinwalen. Der Schwarzmarkt für den verbotenen Handel mit gefährdeten Arten wird weltweit auf ca. 5 Mrd. US-$ geschätzt. In Bangkok wurde erstmals der weiße Hai unter Schutz gestellt. Er wird v. a. wegen seiner Zähne und seiner Flossen gejagt. Letztere gelten insbes. in Asien als Delikatesse. Handelsbeschränkungen wurden außerdem für einige Schildkröten-Arten, den Gelbwangenkakadu, den Irawaddy-Delfin und die Tropenholzart Ramin vereinbart.

Auf der 57. Sitzung der **Internationalen Walfangkommission** (IWC) vom 20.–24. 6. 2005 in Ulsan (Südkorea) wurde erneut über das seit 1986 geltende Walfangmoratorium gestritten. Seit Jahren versuchen Walfangländer wie Japan, Norwegen und Island, in der Kommission Mehrheiten für eine Lockerung oder gar Aufhebung des Moratoriums zu organisieren. Bereits am zweiten Verhandlungstag wurde jedoch ein Antrag Japans – wenn auch mit knapper Mehrheit – abgelehnt, das Walfangverbot aufzuheben und stattdessen Fangquoten einzuführen. Deutschland und andere Länder setzten sich mit einem Vorschlag durch, zunächst die Verhandlungen über ein strengeres Bewirtschaftungsverfahren (Revised Management Scheme / RMS), das u. a. bessere Kontrollen von Fangquoten ermöglicht, fortzusetzen. Über das RMS wird seit über zehn Jahren gestritten. Tierschützer befürchten jedoch, dass Japan auch weiterhin ungeachtet des Moratoriums Walfang betreiben wird. Dies ist möglich, da der Walfang zu Forschungszwecken von dem Fangverbot ausgenommen ist. Allein 2003 wurden mehr als 1400 Wale zu Forschungszwecken getötet. Japan kündigte an, die Fangquoten zu erhöhen. Auf der nächsten Jahrestagung des IWC wird erneut über ein Regelwerk zur Wiederaufnahme des kommerziellen Walfangs beraten.

Der im Juni 2004 in Kraft getretene **Vertrag über die genetische Vielfalt von Ackerpflanzen** (International Treaty on Plant Genetic Resources for Food and Agriculture) garantiert den freien Zugang zu Pflanzensaatgut im Besitz öffentlicher Institutionen aller Vertragsstaaten. Anteile aus den Gewinnen aus der Kommerzialisierung des Saatguts fließen in einen Fonds, der Entwicklungsländer bei der Bewahrung der Vielfalt von Ackerpflanzen unterstützt. Die genetische Vielfalt von Ackerpflanzen hat in den letzten Jahrzehnten stark abgenommen. Die Ernährung der Weltbevölkerung basiert heute nur noch auf 150 Pflanzen; allein 12 Pflanzen stehen für 80 % der Welternährung; Reis, Weizen, Mais und Kartoffeln zusammen für 60 %.

Wasser

97,5 % der weltweiten Wasservorkommen (1,4 Mrd. km³) befinden sich als Salzwasser in den Weltmeeren, die die Erde zu 71 % bedecken. Von den 2,5 % Süßwasser sind 70 % in den Eisschichten von Nord- und Südpol gebunden. Die anderen 30 % liegen überwiegend als großflächig verteilte Bodenfeuchte oder in wasserführenden Schichten (Aquiferen) vor. Letztlich sind nur 1 % des Süßwassers (0,007 % allen Wassers) für den Menschen nutzbar. Von dieser jährlich verfügbaren Menge werden bereits heute 54 % genutzt, 70 % davon allein in der Landwirtschaft (→ auch Grafik S. 700). Aufgrund des Bevölkerungswachstums könnte der Gesamtverbrauch im Jahr 2025 auf 70 % steigen. Im Verlauf des 20. Jahrhunderts hat sich die **globale Wasserentnahme** mehr als versechsfacht und ist damit mehr als doppelt so schnell gewachsen wie die Weltbevölkerung.

Wasserkrise

Der im Jahr 2003 von den Vereinten Nationen vorgelegte **Weltwasserentwicklungsbericht** spricht von einer sich verschärfenden **internationalen Wasserkrise**. Obwohl die Wasservorkommen sehr unterschiedlich auf Länder und Regionen verteilt sind, wird laut UN von den Auswirkungen keine Region verschont bleiben. Bis 2050 werden günstigstenfalls 2 Mrd. Menschen in 48 Ländern und schlimmstenfalls 7 Mrd. Menschen in 60 Ländern von **Wasserknappheit** (Pro-Kopf-Verfügbarkeit an Süßwasser geringer als 1700 m³ p. a.) oder **Wassermangel** (weniger als 1000 m³ p. a.) betroffen sein. Der Anteil der globalen Erwärmung an der Wasserverknappung wird auf 20 % geschätzt. Die Pro-Kopf-Verfügbarkeit an Süßwasser wird in den nächsten 20 Jahren im globalen Durchschnitt um ein Drittel zurückgehen. Zu den neu von Wasserknappheit betroffenen Menschen gehören u. a. die Anwohner der Flüsse Volta, Farah, Nil, Narmada, Euphrat und Tigris.

Die Zahl der Menschen mit **Zugang zu sauberem Trinkwasser** (→ Basisdaten) wächst zwar dank hoher, v. a. nach 1980 eingesetzter Investitionen mittlerweile schneller als die Bevölkerung, dennoch waren 2002 nach Angaben der Weltgesundheitsorganisation (WHO) immer noch rund 1,1 Mrd. Menschen unzureichend mit sauberem Wasser versorgt. In den afrikanischen Ländern südlich der Sahara liegt der Anteil unversorgter Bevölkerung mit 42 % besonders hoch. 2,6 Mrd. Menschen – der Hälfte der in Entwicklungsländern lebenden Menschen – fehlt der **Zugang zu Sanitäreinrichtungen** (→ Basisdaten). 2,2 Mio. Menschen sterben jährlich an Infektionskrankheiten (v. a. Durchfallerkrankungen) aufgrund unzureichender Versorgung mit Trinkwasser und Sanitäreinrichtungen, 90 % davon sind Kinder unter 5 Jahren.

Der zunehmende Druck auf die Wasserressourcen ist neben dem Bevölkerungswachstum auf die **Zunahme von Bewässerungslandwirtschaft** sowie industrieller und privater Nutzung zurückzuführen. 69 % der globalen Wasserentnahme entfallen auf die Landwirtschaft (Industrie: 23 %, private Haushalte: 8 %). Die bewässerten Flächen haben sich von 1961 bis 2002 nahezu verdoppelt (→ Grafik). Auf diesen 17 % der weltweiten Ackerfläche werden 40 % der Nahrungsmittel für die Weltbevölkerung produziert; 70 % dieser Flächen liegen in Asien. Ein Großteil der in den letzten Jahrzehnten erreichten Steigerung der Nahrungsmittelproduktion wäre ohne die Ausweitung der Bewässe-

Bewässerungslandwirtschaft weltweit 1961–2002

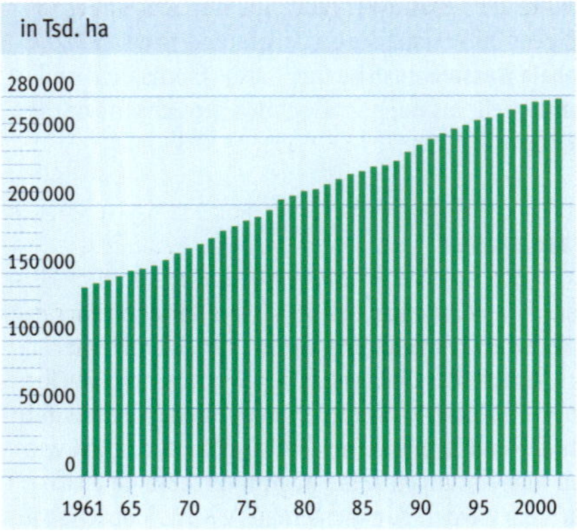

Quelle: FAO

rung nicht möglich gewesen. Der Wasserverbrauch der Landwirtschaft hat allein seit 1960 um 60 % zugenommen. Problematisch ist dabei die zunehmende Beanspruchung von Grundwasserreserven, die sich nur langsam erneuern und gleichzeitig die wichtigste Trinkwasserquelle für den Menschen darstellen.

Das Ogallala-Aquifer im mittleren Westen der USA beispielsweise wird durch die Bewässerung von Getreidefeldern derart übernutzt, dass voraussichtlich in den nächsten 20 Jahren 40 % der bewässerten Flächen brachfallen werden. Ein Großteil des in der Landwirtschaft genutzten Wassers verdunstet oder geht anderweitig verloren. Die Effizienz der Bewässerungslandwirtschaft wird global mit 43 % geschätzt, wobei große Unterschiede zwischen trockenen Regionen (58 % Effizienz) und wasserreichen Regionen (31 % Effizienz) bestehen. Nach Meinung von Experten könnten 40 % des derzeit für künstliche Bewässerung eingesetzten Wassers durch effizientere Technologie (Tropfenbewässerung aus perforierten Rohren) eingespart werden – dies entspricht in etwa dem bis 2050 vorausgesagten Mehrbedarf.

Wasserpolitik

Im Gegensatz zum globalen Klima oder zur stratosphärischen Ozonschicht handelt es sich bei den Süßwasserreserven um nationale oder regionale Güter. Zu ihrem Schutz bedarf es nationaler und länderübergreifender Strategien. Aus der Abhängigkeit von Süßwasserzuflüssen aus Nachbarstaaten können Konflikte resultieren, vor allem dann, wenn Wasserknappheit herrscht und die Nutzung des Flusswassers nicht über Verträge geregelt ist. Als solche Gefahrenherde müssen die Anrainerstaaten von Ganges, Nil, Jordan, Euphrat und Tigris sowie Amudarja und Syrdarja (Zentralasien) betrachtet werden. Ein Beispiel zwischenstaatlicher Kooperation ist die 1992 in Helsinki unter dem Dach der UN-Wirtschaftskommission für Europa (UNECE) unterzeichnete Konvention zum Schutz und der Nutzung grenzüberschreitender Wasserwege und Seen (**»Wasserkonvention«**). Die 35 Vertragsstaaten verpflichten sich darin u. a. zur Kontrolle und Reduktion der Gewässerverschmutzung und zur gegenseitigen Information, insbesondere bei Unfällen. Auf dem 2. Weltwasserforum vom 17.–22. 3. 2000 in Den Haag wurde das Ziel formuliert, die Zahl der Menschen ohne Zugang zu sauberem Trinkwasser und ohne Zugang zu sanitären Einrichtungen bis 2015 jeweils zu halbieren und bis 2025 auf null zu bringen. Diese Ziele wurden durch die UN-Generalversammlung auf dem »Jahrtausendgipfel« (Millennium Summit) vom 6.–8. 9. 2000 in New York und auf dem Weltgipfel in Johannesburg (26. 8.–4. 9. 2002) als Teil des Aktionsplans zum Schutz der Umwelt bekräftigt. Um diese Ziele zu erreichen, müssen laut Weltwasserent-

wicklungsbericht bis 2015 jährlich zusätzlich 100 Mio. Menschen mit Wasseranschlüssen und 125 Mio. Menschen mit Sanitäranschlüssen versorgt werden. Die Weltbank geht davon aus, dass das Erreichen dieser Ziele eine Steigerung der Investitionen im Wassersektor von heute 60–80 Mrd. auf 180 Mrd. US-$ pro Jahr erfordert. In der Abschlusserklärung des 3. Weltwasserforums vom 16.–23. 3. 2003 in Kyoto (Japan) verständigten sich 170 Staaten und 43 internationale Organisationen darauf, die technischen und finanziellen Mittel zur weltweiten Versorgung mit sauberem Trinkwasser zu verdoppeln. Die 13. Sitzung der **UN-Kommission für Nachhaltige Entwicklung** (Commission on Sustainable Development, CSD) vom 11.–22. 4. 2005 in New York war u. a. dem Thema Wasser gewidmet. Im Abschlussdokument werden die o. g. Millenniumsziele für den Ausbau von Trinkwasserversorgung und sanitären Einrichtungen bekräftigt und die Verantwortung der Staaten betont, geeignete Rahmenbedingung für die Umsetzung zu schaffen.

Gewässerqualität in Deutschland

Am 20. 3. 2005 hat die Bundesregierung – basierend auf Daten der Bundesländer – eine umfassende Bestandsaufnahme der Gewässerqualität deutscher Flüsse und Seen vorgelegt. Demnach sind die Gewässer in den letzten Jahrzehnten zwar immer sauberer geworden, haben aber überwiegend noch nicht den von der im Jahr 2000 in Kraft getretenen **EU-Wasserrahmenrichtlinie** angestrebten »guten Zustand« erreicht. 60 % der Oberflächengewässer und über 50 % des Grundwassers bedürfen weiterer Maßnahmen. Bewertet wurden sowohl die biologische Gewässergüte (u. a. Nährstoffbe-

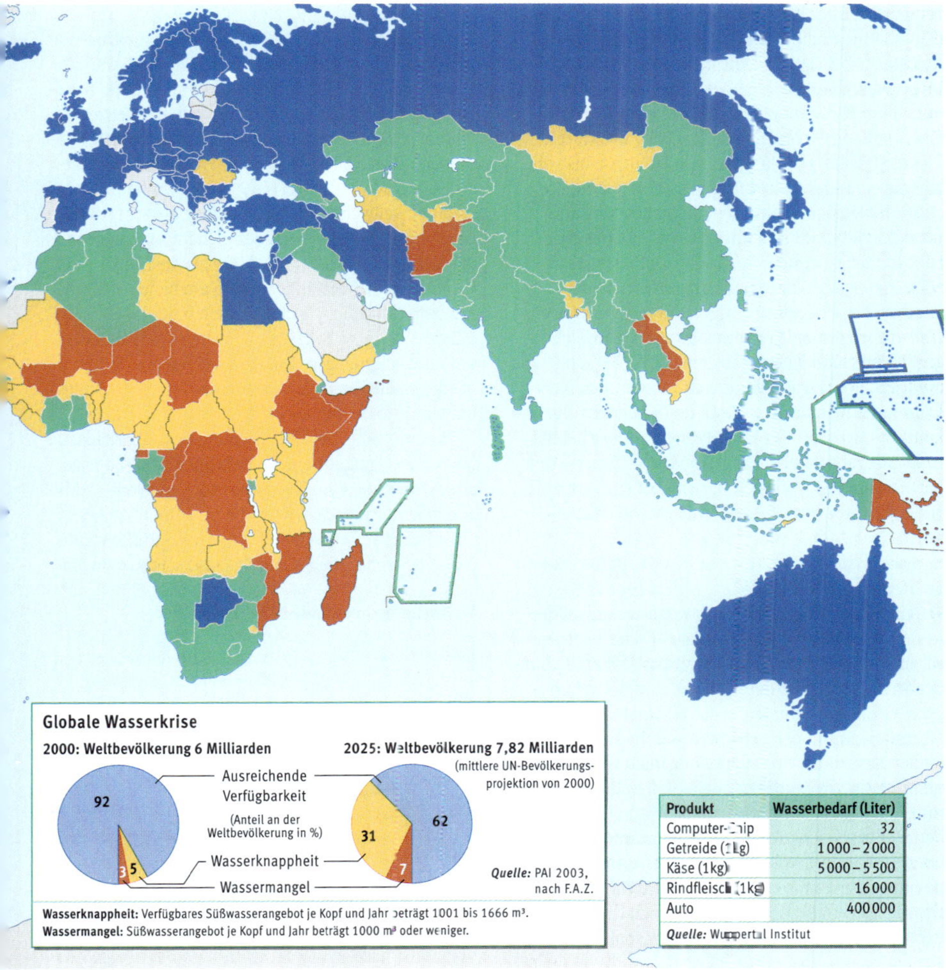

Produkt	Wasserbedarf (Liter)
Computer-Chip	32
Getreide (1 kg)	1 000 – 2 000
Käse (1 kg)	5 000 – 5 500
Rindfleisch (1 kg)	16 000
Auto	400 000

Quelle: Wuppertal Institut

Deutschland: Gewässerqualität nach Güteklassen

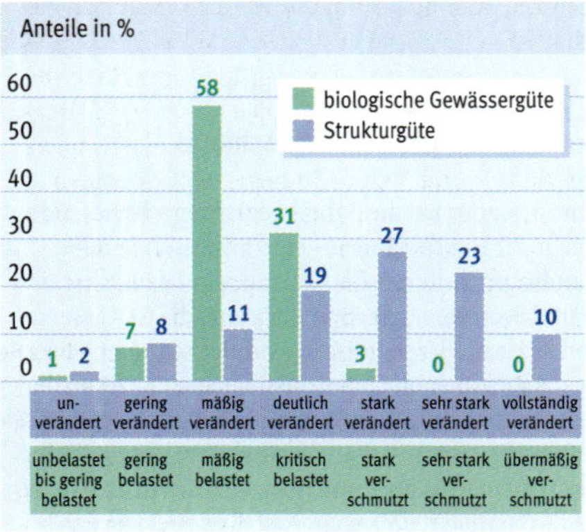

Quelle: BMU, 2005

lastung) als auch die durch bauliche Veränderungen (Flussbettbegradigungen etc.) beeinträchtigte Strukturgüte, wobei sich die Defizite bei der Strukturgüte als gravierender erwiesen: Von insgesamt bewerteten 33 000 km Fließgewässern sind nur etwa 20 % in einem annähernd naturnahen Zustand (Strukturgüteklassen 1 bis 3), 33 % hingegen sind deutlich bis vollständig verändert (Strukturgüteklassen 6 und 7).

Die biologische Gewässergüte wird heute kaum noch durch Punktbelastungen aus Industriebetrieben, sondern vielmehr durch diffuse Einträge von Nährstoffen und Pflanzenschutzmitteln aus der Landwirtschaft beeinträchtigt. Dies führt u. a. zu Nitratbelastungen im Grundwasser und Algenwachstum in Seen und Küstengebieten. Die EU-Wasserrahmenrichtlinie war bis Mitte 2005 immer noch nicht vollständig in nationales Recht (auf Ebene der Bundesländer) umgesetzt. Die Umsetzungsfrist war bereits Ende 2003 abgelaufen. Die Europäische Kommission hat vor dem Europäischen Gerichtshof ein Vertragsverletzungsverfahren gegen Deutschland eingeleitet.

Hochwasserschutz: Am 11. 5. 2005 ist das **Hochwasserschutzgesetz** in Kraft getreten. Anlass für das Gesetz waren die katastrophalen Hochwasserereignisse der letzten Jahre, nicht zuletzt das Jahrhunderthochwasser im Sommer 2002. Das Gesetz verpflichtet die Bundesländer, innerhalb der nächsten fünf bis sieben Jahre Gebiete zu definieren, die bei Hochwasser von Überschwemmungen betroffen sind. In diesen Gebieten darf zukünftig nicht mehr gebaut werden. Ausnahmen sind nur unter eng gefassten Bedingungen möglich. Außerdem sind innerhalb von vier Jahren Pläne aufzustellen, um einen abgestimmten Hochwasserschutz entlang der Flüsse zu erreichen. Die Pläne müssen auf ein so genanntes 100jährliches Hochwasser, also ein Ereignis, das statistisch einmal in hundert Jahren zu erwarten ist, ausgelegt sein.

Ozeane und Küsten

Ozeane bedecken 71 % der Erdoberfläche und enthalten mehr als 90 % der lebenden Biomasse auf der Erde. Mehr als die Hälfte der Weltbevölkerung leben an ihren Küsten innerhalb eines 60 km breiten Streifens – bis zum Jahr 2020 könnte dieser Anteil auf 75 % steigen. Die Grundernährung von 3,5 Mrd. (überwiegend in Entwicklungsländern lebenden) Menschen hängt von Erzeugnissen aus Ozeanen und Küsten ab. Küstennahe Ökosysteme wie z. B. Mangrovenwälder und Korallenriffe beherbergen eine große Zahl von Tier- und Pflanzenarten. Menschliche Aktivitäten gefährden das Gleichgewicht von Meeres- und Küstenökosystemen in zunehmendem Maße.

Überfischung

Eines der gravierendsten Probleme stellt die Übernutzung zahlreicher Fischbestände dar. Bis 1950 war die Überfischung auf Fanggründe im Nordatlantik, Nordpazifik und Mittelmeer beschränkt. In den letzten Jahren ist sie mehr und mehr zu einem globalen Phänomen geworden. Nach neuesten Angaben der Welternährungsorganisation (FAO) waren im Jahre 2003 24 % der weltweiten Fischbestände überfischt (16 %), erschöpft (7 %) oder befanden sich im Aufbau nach völliger Erschöpfung (1 %). Mehr als die Hälfte (52 %) der Fischbestände werden am biologischen Limit befischt; lediglich 24 % werden moderat (21 %) oder gering (3 %) befischt und bieten Spielraum für größere Fangmengen. Die Zahl der Fischbestände, bei denen die Fangmengen gesteigert werden könnten, ist seit Mitte der 1970er Jahre stark rückläufig.

Hauptursache der Überfischung sind Überkapazitäten bei den Fangflotten, die weltweit auf 30–40 % geschätzt werden. Laut FAO gab es 2003 weltweit 4,1 Mio. registrierte Fangschiffe (1,3 Mio. mit Deck, 2,8 Mio. ohne Deck) – die Fischereiflotte der EU umfasst ca. 100 000 Schiffe. Die Fischereiindustrie erhält staatli-

Weltweite Fischbestände 1974–2003

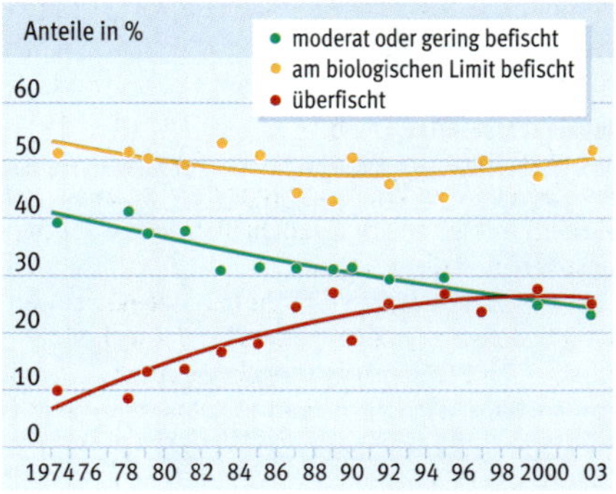

Quelle: FAO

Kabeljau vom Aussterben bedroht

Der beliebte Speisefisch Kabeljau (als Jungfisch Dorsch genannt) ist vom Aussterben bedroht. Weltweit gelten 75 % der kommerziell nutzbaren Bestände als überfischt oder vollständig ausgebeutet. Im Nordwest-Atlantik (Neufundland) waren Anfang der 1990er Jahre 30 000 Fischer arbeitslos geworden, als die Bestände wegen Überfischung zusammenbrachen. Aber auch in den heimischen Gewässern ist der Kabeljau bedroht: Die Bestände in Nord- und Ostsee haben seit den 1970er Jahren um 90 % abgenommen.

Nach zähen Verhandlungen einigten sich die Fischereiminister der EU am 22. 12. 2004 auf leicht reduzierte Fangquoten in der Ostsee. Im östlichen Teil der Ostsee wurde die Zahl der Sperrzonen, in denen der Dorschfang ganzjährig verboten ist, von zwei auf drei erhöht. Für die Nordsee scheiterte die Einrichtung von Sperrzonen v. a. am Widerstand Großbritanniens – der Kabeljau ist dort Bestandteil des Nationalgerichts »Fish'n'Chips«. Auch die Fangquote wurde nicht reduziert, sondern lediglich die Zahl der Fangtage pro Monat von 10 auf 9. Das Verhandlungsergebnis wurde von Umweltschützern als völlig unzureichend kritisiert. Damit sich die Bestände regenerieren könnten, müssten 40 % der beiden Gewässer unter strikten Schutz gestellt werden.

che Subventionen in Höhe von 15–20 Mrd. US-$ pro Jahr, was etwa 20 % ihrer Einnahmen entspricht. Weltweit leben immer noch ca. 10 Mio. (Klein-)Fischer direkt vom Fischfang, geraten jedoch zunehmend in Konkurrenz zu den industriellen Fangbooten (Trawlern). Die Zunahme der Schleppnetzfischerei gefährdet die empfindlichen Ökosysteme in Seeböden und Korallenriffen. Die Fangtiefen reichen bei dieser Methode von 400 bis zu 1500 m, die betroffene Fläche wird auf 14,8 Mio. km² geschätzt.

Meeresverschmutzung

Nach Einschätzung der Weltumweltorganisation (UNEP) hat sich die Belastung von Ozeanen und küstennahen Ökosystemen durch menschliche Aktivitäten in den letzten Jahrzehnten intensiviert. Zu den wichtigsten Phänomenen gehören die Zerstörung von Lebensräumen für Tiere und Pflanzen durch küstennahen Siedlungsbau, die Ausweitung der Fischzucht sowie der Eintrag von Schadstoffen über Flüsse, die Atmosphäre und die Schifffahrt.

Besonderes Aufsehen erregen **Tankerunglücke** wie das der »Prestige« vor der galizischen Küste Ende 2002 (→ WA 2004, Sp. 1345). Jährlich werden durch solche Unglücke im Durchschnitt der Jahre 1994–2004 laut UNEP ca. 85 000 Tonnen Öl freigesetzt. Je nach Schwere des Unglücks und lokalen Bedingungen kommt es zum Massensterben von Fischen und Vögeln und zum Zusammenbruch von Fischerei und Tourismus. Weniger Aufsehen – aber wahrscheinlich größeren Schaden – verursachen die auf knapp 3 Mio. Tonnen jährlich geschätzten **kontinuierlichen Öleinleitungen** über Flüsse und durch Schiffe. Die aus verschmutzten Küstengewässern und Meeren resultierenden volkswirtschaftlichen Schäden werden auf 12,8 Mrd. US-$ p. a. geschätzt. Durch Plastikmüll kommen jährlich bis zu einer Mio. Seevögel, 100 000 Säugetiere und eine große Zahl von Fischen zu Tode.

Ein besonderes Problem ist die massenhafte **illegale Öleinleitung** auf hoher See – meist beim Waschen von Schiffstanks. Allein im Jahre 2001 wurden in der Ostsee 390 und in der Nordsee 596 illegale Öleinleitungen registriert – die Gesamtzahl in europäischen Gewässern wird auf bis zu 3000 geschätzt. Vor diesem Hintergrund hat das Europäische Parlament am 23. 2. 2005 dem Entwurf einer Richtlinie zugestimmt, die die Einleitung von Schadstoffen in die Meere als strafrechtliches Vergehen einstuft. Das EU-Gesetz soll eine EU-Küstenwache schaffen, die illegale Meeresverschmutzung durch Schiffe bekämpfen soll.

Umwelt und Gesundheit

Umweltveränderungen beeinflussen die menschliche Gesundheit. Laut **Weltgesundheitsorganisation** (WHO) ergeben sich aus Verschlechterungen der Umweltqualität erhebliche Gesundheitsrisiken. Statistisch werden Gesundheitsschäden durch den Begriff der »durch Krankheit / Arbeitsunfähigkeit belasteten Lebensjahre« (Disability-Adjusted Life Years – DALYs) ausgedrückt. Dieser Gesundheitsindikator berücksichtigt sowohl frühzeitige Todesfälle als auch Krankheiten. Im globalen Maßstab sind v. a. folgende Umwelteinflüsse relevant:

- Verschmutztes Trinkwasser, unzureichende Sanitäreinrichtungen und Hygiene: 3,1 % (1,7 Mio.) aller Todesfälle und 3,7 % (54,2 Mio. DALYs) aller Gesundheitsschäden;
- Luftverschmutzung in Städten: 1,4 % (0,8 Mio.) aller Todesfälle und 0,8 % (7,9 Mio. DALYs) aller Gesundheitsschäden;
- Luftverschmutzung in Innenräumen durch offene Verbrennung von Biomasse: 2,8 % (1,6 Mio.) aller Todesfälle und 2,7 % (ca. 40 Mio. DALYs) aller Gesundheitsschäden;
- Bleivergiftungen: 0,4 % (0,23 Mio.) aller Todesfälle und 0,9 % (12,9 Mio. DALYs) aller Gesundheitsschäden;
- Klimawandel (indirekt durch Zunahme von Dürren, Malaria und anderen Krankheiten wie Dengue-Fieber): 0,3 % (0,15 Mio.) aller Todesfälle und 0,4 % (5,5 Mio. DALYs) aller Gesundheitsschäden (→ globale Erwärmung).

Feinstaub – neue Gefahr für Luftqualität in europäischen Städten

Seit dem 1. 1. 2005 gelten in der Europäischen Union neue Grenzwerte für die Belastung der Luft durch gesundheitsschädlichen Feinstaub. Damit sind mikroskopische Partikel mit einem Durchmesser von weniger als zehn Mikrometer (Millionstel Meter) gemeint, die v. a. aus Industrieschornsteinen, Heizungsanlagen und Diesel-Motoren in die Umwelt gelangen. Diese Kleinstteilchen werden nicht von den Schleimhäuten des menschlichen Nasen-Rachen-Raums ausgefiltert, dringen bis tief in die Lunge ein und können dort Krankheiten auslösen bzw. verschlimmern (u. a. Lungenkrebs und Asthma). Nach einer im Februar 2005 von der Europäischen Kommission vorgelegten Studie kommen durch Feinstaubemissionen EU-weit jährlich ca. 300 000 Menschen zu Tode – mehr als 65 000 davon allein in Deutschland. Der Durchschnittseuropäer fehlt im Schnitt 0,5 Tage pro Jahr am Arbeitsplatz aufgrund von Erkrankungen in Folge von Luftverschmutzung – dem entspricht ein volkswirtschaftlicher Schaden von 80 Mrd. €. Die zulässige **Höchstbelastung durch Feinstaub** wurde durch die **EU** auf 50 Mikrogramm pro Kubikmeter Luft (µg / m³) festgelegt, wobei je Messstation bis zu 35 Überschreitungen pro Jahr erlaubt sind.

In Deutschland wurde der Grenzwert bis Anfang Juli 2005 an insges. 11 Messstationen mehr als 35 Mal überschritten (→ Tabelle). Obwohl der Straßenverkehr nur für 17 % der Feinstaubemissionen verantwortlich ist, werden die Grenzüberschreitungen v. a. an Straßen mit hohem Verkehrsaufkommen registriert. Das liegt u. a. an den – in der Emissionsstatistik nicht erfassten – Feinstäuben aus dem Reifen- und Bremsabrieb (ca. 75 000 t p. a.) sowie an der Tatsache, dass der Feinstaub v. a. bei trockener und windarmer Witterung mehrfach von der Straße wieder aufgewirbelt wird.

Obwohl die EU-Feinstaub-Richtlinie bereits 1999 verabschiedet worden war und die Messergebnisse klar darauf hindeuteten, dass es zu wachsenden Grenzüberschreitungen kommen würde, waren in den letzten Jahren kaum Maßnahmen ergriffen worden. Zwischen 2000 und 2003 war der Anteil der Messstationen, an denen die Feinstaubkonzentration an mehr als 35 Tagen höher als 50 µg / m³ lag, von 12 % auf 38 % angestiegen. Die öffentliche Debatte war von wechselseitigen Schuldzuweisungen geprägt: Die für die Einhaltung der Grenzwerte zuständigen Kommunen verwiesen auf die Länder, die für die Erstellung von Luftreinhaltungsplänen zuständig sind. Diese wiederum verwiesen auf die Gesetzgebung des Bundes. Im Zentrum der Diskussion standen die Emissionen von Diesel-PKW und die Einführung des Rußpartikelfilters. Während französische Hersteller ihre Dieselfahrzeuge seit einigen Jahren serienmäßig mit Filter ausstatten, hatten deutsche Autobauer auf eine Verbesserung der Motorentechnik zur Reduzierung der Partikelemissionen gesetzt. Im Frühjahr 2005 kündigten einige Hersteller in Reaktion auf die wachsende Kritik und den Einbruch bei den Verkaufszahlen von Diesel-PKW an, Rußpartikelfilter früher als geplant (Herbst 2005) anzubieten bzw. ihre Modelle serienmäßig mit Filtern auszustatten.

Feinstaubbelastung in deutschen Großstädten

Zahl der Tage mit Grenzwertüberschreitung

Stationsname	Tage
München / Landshuter Allee	55
Leipzig-Mitte	51
Leipzig Lützner Str.	50
Hannover Verkehr	47
Düsseldorf Corneliusstr.	46
Berlin Neukölln – Silbersteinstr.	42
Braunschweig Verkehr	42
Bremen Verkehr 2	41
Dortmund Brackeler Str.	39
Dresden Nord	38
Berlin Friedrichshain – Frankfurter Allee	36

Quelle: Umweltbundesamt, Stand: 2. 7. 2005

Das Bundeskabinett hat am 11. 5. 2005 die **steuerliche Förderung von Diesel-PKW mit Rußpartikelfilter** beschlossen. Der Gesetzentwurf sieht einen Betrag von 350 € für rußarme Neuwagen und 250 € für die Nachrüstung von Gebrauchtwagen vor. Das Gesetz soll Anfang 2006 in Kraft treten und den Förderzeitraum 2005 bis 2007 umfassen. Die Zustimmung durch den Bundesrat war im Juni 2005 noch ungewiss. Die Umsetzung des Gesetzes würde bei den Ländern im Jahr 2006 Steuerausfälle in Höhe von 595 Mio. € verursachen. Einige Länder setzten sich deshalb dafür ein, die Förderung auf Nachrüstungen mit Partikelfiltern zu beschränken. Einige der betroffenen Städte haben indes weitreichende Aktionspläne aufgelegt. Die geplanten Sofortmaßnahmen reichen von der regelmäßigen Nassreinigung betroffener Straßen über den Bau neuer Umgehungsstraßen, Geschwindigkeitsbegrenzungen, Einführung einer City-Maut nach dem Beispiel Londons bis hin zu Fahrverboten für LKW und Diesel-PKW ohne Rußfilter.

Smog über Athen

Architektur

Architektur-Biennale Unter der Leitung des Schweizer Kunst- und Architekturhistorikers Kurt W. Forster fand vom 12. 9.–7. 11. 2004 die 9. Internationale Architektur-Biennale in Venedig statt; »Metamorph«, das Motto der Architekturschau, sollte auf den tiefgreifenden Wandel in der zeitgenössischen Baukultur verweisen.

Auf der weltgrößten Architekturausstellung präsentierten 170 Architekturbüros aus 45 Nationen in den Länderpavillons und Hallen des Arsenals ihre aktuellen Entwürfe und Projekte.

Für den besten Länderbeitrag wurde Belgien mit dem Goldenen Löwen ausgezeichnet: »Kinshasa, Imaginary City« von Filip de Boeck und Koen van Synghel dokumentiert anhand von Fotos und Videoaufnahmen die Elendssituation in der Hauptstadt der ehemaligen belgischen Kolonie. Das Projekt rege, so die Begründung der Jury, zu einer Diskussion über die postkoloniale Urbanisation in Afrika an.

20 Jahre DAM Anlässlich seines 20-jährigen Bestehens zeigte das Deutsche Architekturmuseum in Frankfurt vom 30. 10. 2004–6. 2. 2005 die Ausstellung »Revision der Postmoderne«, die dem 1999 verstorbenen Gründungsdirektor Heinrich Klotz gewidmet war und den Titel seiner viel beachteten und teilweise sehr umstrittenen Eröffnungsausstellung von 1984 »Revision der Moderne« aufgriff. Mit der Jubiläumsausstellung wollte das DAM »ausloten, was aus dem Anspruch der Altmeister der Postmoderne, Fehler der Moderne und die Verdikte dogmatischen Realismus' zu überwinden, geworden ist«. Überdies sollte gezeigt werden, in welcher Weise Erkenntnisse und Einflüsse, die aus der Diskussion um die Postmoderne resultieren, in jüngster Zeit baulich umgesetzt wurden.

Dazu wurden Projekten aus der Eröffnungsausstellung Architekturbeispiele der Jahre 1990 bis 2000 gegenübergestellt. In 13 Sektionen (u. a. Kultur als Erlebnis, Leben ohne Nostalgie, Populismus oder Baukunst, Orte der Stille) gegliedert, präsentierte die Schau ca. 70 Projekte aus Architektur und Städtebau. Zusätzlich widmete das Museum dem Erbauer des DAM, Oswald Mathias Ungers, eine kleine Werkschau.

Bundesstiftung Baukultur Nach zweijähriger Vorbereitungszeit beschloss das Bundeskabinett am 15. 12. 2004 die Errichtung einer Bundesstiftung Baukultur. Die Stiftung soll vor allem als Kommunikator wirken: den öffentlichen Dialog über die Kriterien für Baukultur organisieren, bei allen Fragen der Baukultur als unabhängige Institution beraten, über hinderliche und förderliche Verfahren aufklären und neue Qualitätsmaßstäbe in der Baukultur erarbeiten. Geplant sind u. a. die Einrichtung eines Netzwerks als Kommunikationsplattform für planende und bauende Institutionen, die Organisation von Ausstellungen und Veranstaltungen, die Erstellung eines regelmäßigen Berichts zur Lage der Baukultur sowie die Förderung zukunftsweisender Architekturprojekte. Zur Grundfinanzierung stellt der Bund bis 2008 insgesamt 5,25 Mio. € zur Verfügung, langfristig ist jedoch eine finanzielle Beteiligung von Wirtschaft und privaten Sponsoren vorgesehen. Nach der parlamentarischen Beratung trat das Stiftungsgesetz in der zweiten Jahreshälfte 2005 in Kraft. Die Stiftung wird im November ihre Arbeit aufnehmen.

Holocaust-Mahnmale Nach mehrjähriger Planungs- und Bauzeit wurden in der ersten Jahreshälfte 2005 drei Holocaust-Gedenkstätten eingeweiht bzw. wieder eröffnet: das »Mémorial de la Shoa« in Paris, »Yad Vashem« in Jerusalem und das »Denkmal für die ermordeten Juden Europas« in Berlin.

Das in über drei Jahren modernisierte und erweiterte Pariser Forschungs- und Dokumentationszentrum zur Geschichte des Holocaust wurde am 27. 1. 2005, dem 60. Jahrestag der Befreiung des Konzentrationslagers Auschwitz, für Besucher geöffnet. Der neue Bau, dessen Gesamtfläche von 1800 auf 5000 m² vergrößert wurde, umfasst nun neben mehreren Veranstaltungs- und Ausstellungsräumen einen Multimediasaal, ein unterirdisch gelegenes Museum und einen Lesesaal, in dem die rund eine Mio. Dokumente, 60 000 Fotos und 50 000 Bücher der Forschungsbibliothek eingesehen werden können. Den Eingangsbereich des Mémorial umschließt die anlässlich der Wiedereröffnung errichtete »Mur de noms«: meterhohe Marmorwände, in die die Namen und Geburtsdaten der 76 000 aus Frankreich deportierten Juden eingraviert sind.

Am 15. 3. 2005 wurde das von Moshe Safdie gebaute Museum auf dem Gelände der 1957 eröffneten Gedenkstätte Yad Vashem in Jerusalem eingeweiht. Es

Neues Museum in Yad Vashem

symbolisiert den Holocaust als totalen Bruch im jüdischen Leben: das überwiegend unterirdisch verlaufende Gebäude, ein tunnelartiger Beton-Keil, zieht sich etwa 200 Meter durch den Berg des Gedenkens, um auf der anderen Seite den Blick auf Jerusalem freizugeben. Rechts und links der Hauptachse liegen die Ausstellungsräume; Gräben verhindern, dass der Besucher an Räumen vorbeigeht, jedes Kapitel des Holocaust soll wahrgenommen werden. Das Ausstellungskonzept sieht verschiedene Dimensionen der Erinnerung vor: Neben Fotos, Tagebuchaufzeichnungen und persönlichen Erinnerungsstücken sowie einer Präsentation von Kunstwerken jüdischer Häftlinge, die das Leben in den Lagern spiegeln, laufen auf über 100 Bildschirmen Videos, in denen Überlebende ihre eigene Geschichte erzählen.

Als zentraler Ort der Erinnerung und der Mahnung wurde am 10. 5. 2005 in Berlin das Denkmal für die ermordeten Juden Europas eingeweiht. Nach langjährigen Kontroversen hatte der Bundestag im Juni 1999 die Errichtung eines Holocaust-Mahnmals beschlossen; mit dem Bau des 28 Mio. teuren Baus war im April 2003 begonnen worden. Nach den Plänen des US-amerikanischen Architekten Peter Eisenman wurden auf dem 19 000 m² großen Areal in der Nähe des Brandenburger Tores 2711 Beton-Stelen rasterförmig angeordnet. Das Stelenfeld, ein leicht, aber unregelmäßig abgesenktes Gelände, ist von allen vier Seiten begehbar. Durch die unterschiedliche Höhe (20 Zentimeter bis knapp fünf Meter) und Neigung der Stelen entsteht der Eindruck einer Wellenbewegung. Ergänzt wird das Mahnmal durch einen unterirdisch angelegten »Ort der Information«: auf 800 m² Ausstellungsfläche wird das Schicksal der Opfer anhand beispielhafter Lebens- und Familiengeschichten dokumentiert, gleichsam eine Personalisierung der Erinnerung.

▪ **Pritzker-Preis** Überraschend wurde der US-amerikanische Architekt Thom Mayne am 31. 5. 2005 mit dem renommierten Pritzker-Preis ausgezeichnet. Der 61jährige Kalifornier wurde erst Ende der 1990er Jahre international bekannt. Mit seiner Firma »Morphosis« schuf Mayne unter anderem die Diamond Ranch High School in Pomona, die auffällige Glas-Stahl-Fassade der Hypo-Bank in Klagenfurt und das legendäre Restaurant »Kate Mantilini« in Beverly Hills. Weitere Projekte sind ein Wohnkomplex in Madrid, ein neues Regierungsgebäude in Alaska und das für 2012 geplante Olympische Dorf in New York.

Maynes mutiger Stil reflektiere die »einzigartige, ein wenig wurzellose Kultur Südkaliforniens», begründete die Jury die Auszeichnung Maynes. Der 1979 vom Hotel- und Immobilienmagnaten Jay A. Pritzker gestiftete und mit 100 000 US-$ dotierte Preis gilt als die höchste Auszeichnung für Architekten; zu den bisherigen Preisträgern gehören neben Frank Gehry auch der Italiener Renzo Piano und der Niederländer Rem Koolhaas. Im vergangenen Jahr war die aus dem Irak stammende britische Architektin Zaha Hadid als erste Frau mit dem »Nobelpreis der Architektur« ausgezeichnet worden.

Bildung und Forschung

▪ **Juniorprofessur** Das Bundesverfassungsgericht (BVG) in Karlsruhe erklärte am 27. 7. 2004 die bundeseinheitliche Einführung der Juniorprofessur für verfassungswidrig: Mit der Novelle des Hochschulrahmengesetzes (HRG) 2002 habe der Bund seine Zuständigkeit klar überschritten. Das BVG entsprach damit einer Normenkontrollklage Bayerns, Sachsens und Thüringens.

Mit der Juniorprofessur sollte die Abwanderung wissenschaftlicher Nachwuchskräfte ins Ausland (»Brain Drain«) gestoppt und das Einstellungsalter für Professoren (in Deutschland mit durchschnittlich 42 Jahren im internationalen Vergleich sehr hoch) gesenkt werden. Das Modell sah vor, dass herausragende Nachwuchswissenschaftler direkt nach der Promotion als Juniorprofessor selbständig forschen und lehren können. Ab 2010 sollte die auf sechs Jahre begrenzte Juniorprofessur (ohne vorherige Assistenzzeit und Habilitation) Regelvoraussetzung für eine ordentliche Professur sein. Für insgesamt 3000 Juniorprofessur-Stellen hatte der Bund 180 Mio. € bereitgestellt; bis Ende Juli 2004 waren 933 Stellen an 65 Universitäten bewilligt und rund 600 besetzt worden.

▪ **Studiengebühren** In seinem Urteil vom 26. 1. 2005 erklärte das Bundesverfassungsgerichts (BVG) die im August 2002 in das Hochschulrahmengesetz (HRG) aufgenommene Regelung eines bundesweiten Verbots von Studiengebühren für das Erststudium für verfassungswidrig: Die Regelung verstoße gegen das Gesetzgebungsrecht der Länder; eine bundesweite Regelung der Studiengebühr sei weder zur »Herstellung gleichwertiger Lebensverhältnisse« noch zur »Wahrung der Wirtschaftseinheit« notwendig. Mit dem Urteil gab das Gericht einer Klage der unionsgeführten Länder Baden-Württemberg, Bayern, Hamburg, Saarland, Sachsen und Sachsen-Anhalt gegen das Gebührenverbot statt, mahnte aber gleichzeitig alle Bundesländer, die Gebühren sozialverträglich zu gestalten, um auch Studenten aus einkommensschwachen Familien ein Studium zu ermöglichen.

Bayern, Baden-Württemberg, Hamburg, Niedersachsen, Nordrhein-Westfalen und das Saarland haben bereits die Einführung von Gebühren für das Erststudium (500 € pro Semester) angekündigt, Berlin, Brandenburg, Mecklenburg-Vorpommern und Schleswig-Holstein wollen vorerst keine Studiengebühren erheben, Bremen, Rheinland-Pfalz und Sachsen planen ein Studienkonten-Modell, bei dem das Erststudium bis zum Masterabschluss in der Regelstudienzeit

PISA II

Trotz geringfügiger Verbesserungen lagen die deutschen Schüler bei der zweiten PISA-Studie, deren Ergebnisse am 6. 12. 2004 in Brüssel vorgestellt wurden, im internationalen Vergleich weiter im Mittelfeld. Das im Auftrag der Organisation für wirtschaftliche Zusammenarbeit (OECD) erstellte »Programme for International Student Assessment« (PISA) testet in regelmäßigen Abständen das Wissen fünfzehnjähriger Schüler in den Bereichen Mathematik, Lesen und Naturwissenschaften sowie die Fähigkeit der flexiblen, situationsgerechten Anwendung dieses Wissens. Darüber hinaus werden Daten über den familiären Hintergrund der Schüler und über deren Wahrnehmung von Schule und Unterricht erhoben. Das Programm sieht in jeder Erhebungsrunde einen Untersuchungsschwerpunkt vor: 2000 stand die Lesekompetenz, 2003 die Mathematik im Zentrum, 2006 wird die naturwissenschaftliche Grundbildung als Schwerpunktgebiet untersucht.

An der PISA-Studie 2003 nahmen 41 Staaten (30 OECD-Staaten und 11 Partnerländer) teil; insgesamt wurden 250 000 Schüler getestet. In Deutschland beteiligten sich 4660 Schüler an 216 Schulen. In der 41-Staaten-Skala lag Deutschland in Mathematik auf Rang 16 (Österreich auf Rang 15, die Schweiz auf Rang 7), beim Lesen auf 18 (Österreich: 19, Schweiz: 11), in den Naturwissenschaften auf 15 (Österreich: 20, Schweiz: 9) und in der Kategorie Problemlösen auf 13 (Österreich: 15, Schweiz: 8). Im Vergleich zur ersten PISA-Studie wurden in Deutschland die stärksten Leistungszuwächse bei der Gruppe der Gymnasiasten festgestellt, weiterhin schlecht schnitten die Hauptschüler ab. Sehr kritisch sahen die PISA-Forscher die Verschärfung der im deutschen Schulsystem ohnehin ausgeprägten Abhängigkeit des Bildungserfolgs von der sozialen Herkunft und den hohen Anteil der so genannten Risikoschüler, deren Mathematik- und Lesekompetenzen auch am Ende ihrer Pflichtschulzeit nicht über Grundschulniveau hinausgehen.

Ergebnisse der PISA-Studie 2003

	Mathematik[1]		Problemlösen		Naturwissenschaften[2]		Lesen[3]
1 (4)	Finnland	2	Finnland ♀	1 (3)	Finnland ♀	1 (1)	Finnland ♀
3 (–)	Niederlande	7	Belgien ♀	5 (–)	Niederlande	6 ([illegible])	Irland ♀
6 (9)	Belgien	**8**	**Schweiz ♀**	6 (11)	Tschechien	7 ([illegible])	Schweden ♀
7 (7)	**Schweiz**	9	Niederlande	**9 (18)**	**Schweiz**	8 (–)	Niederlande ♀
10 (17)	Tschechien	10	Frankreich ♀	10 (12)	Frankreich ♀♂	9 (1[illegible])	Belgien ♀
11 (13)	Island ♀	11	Dänemark	11 (17)	Belgien ♀♂	10 (13)	Norwegen ♀
12 (12)	Dänemark	12	Tschechien	12 (10)	Schweden	**11 (17)**	**Schweiz ♀**
13 (10)	Frankreich	**13**	**Deutschland ♀**	13 (9)	Irland	13 (23)	Polen ♀
14 (14)	Schweden	14	Schweden ♀	14 (15)	Ungarn ♀	14 (14)	Frankreich ♀
15 (11)	**Österreich**	**15**	**Österreich ♀**	**15 (20)**	**Deutschland**	16 (16)	Dänemark ♀
16 (19)	**Deutschland**	16	Island ♀	16 (21)	Polen	17 (12)	Island ♀
17 (15)	Irland	17	Ungarn ♀	17 (–)	Slowakei	**18 (21)**	**Deutschland ♀**
18 (–)	Slowakei	18	Irland	18 (16)	Island ♀	**19 (10)**	**Österreich ♀**
19 (16)	Norwegen	19	Luxemburg	**20 (8)**	**Österreich ♀**	20 (19)	Tschechien ♀
20 (26)	Luxemburg	20	Slowakei	21 (19)	Spanien	21 (22)	Ungarn ♀
21 (22)	Polen	21	Norwegen ♀	22 (23)	Italien	22 (18)	Spanien ♀
22 (20)	Ungarn	22	Polen ♀	23 (13)	Norwegen	23 (26)	Luxemburg ♀
23 (21)	Spanien	23	Spanien ♀	24 (26)	Luxemburg	24 (25)	Portugal ♀
25 (23)	Portugal	25	Portugal ♀♂	25 (24)	Griechenland	25 (20)	Italien ♀
26 (23)	Italien	26	Italien ♀	26 (22)	Dänemark	26 (24)	Griechenland ♀
27 (25)	Griechenland	27	Griechenland	27 (27)	Portugal	27 (–)	Slowakei ♀
28 (–)	Türkei	28	Türkei	28 (–)	Türkei ♀♂	28 (–)	Türkei ♀

Von den Staaten, die am Programme for International Student Assessment (PISA) 2003 teilnahmen, sind hier nur die europäischen OECD-Mitgliedsländer aufgeführt. Großbritannien nahm an der Untersuchung 2003 teil, wurde aber den in Bezug auf die Beteiligungsquote geltenden Regeln nicht gerecht. Weil damit eine verlässliche Vergleichbarkeit mit anderen Teilnehmerländer nicht gewährleistet ist, wird Großbritannien in dieser Skala nicht aufgeführt.

Zahlen in Klammern beziehen sich auf die Skala der Untersuchung von 2000. Die Interpretation der Veränderungen zwischen 2000 und 2003 unterliegt Einschränkungen. Die Slowakei und Türkei waren 2003 erstmals an der Untersuchung beteiligt, die niederländische Stichprobe entsprach 2000 nicht PISA-Standards.

Die Problemlösekompetenz wurde 2003 erstmals erhoben.

Grün = oberhalb des OECD-Durchschnitts Schwarz = OECD-Durchschnitt Rot = unterhalb des OECD-Durchschnitts

♀ = Mädchen erreichen einen höheren Kompetenzwert als Jungen ♀♂ = Mädchen und Jungen zeigen gleiche Kompetenz

ohne Symbol = Jungen erreichen höheren Kompetenzwert als Mädchen

1 PISA 2000: oberhalb des OECD-Durchschnitts Platz 1 – 14, Durchschnitt: Platz 15 – 18, unterhalb des Durchschnitts: Platz 19 – 27

2 PISA 2000: oberhalb des OECD-Durchschnitts Platz 1 – 11, Durchschnitt: Platz 12 – 18, unterhalb des Durchschnitts: Platz 19 – 27

3 PISA 2000: oberhalb des OECD-Durchschnitts: Platz 1 – 12, Durchschnitt: Platz 13 – 17, unterhalb des Durchschnitts: 18 – 27

Quelle: PISA-Konsortium Deutschland: PISA 2003. Ergebnisse des zweiten internationalen Vergleichs

plus einiger weiterer Semester kostenlos bleibt. Danach werden Langzeitgebühren von 500 € pro Semester fällig.

■ **Klon-Verbot** Mit 84 zu 34 Stimmen (bei 37 Enthaltungen) sprach sich die UN-Vollversammlung am 8. 3. 2005 in New York für ein weltweites Verbot jeder Art des Klonens aus. Der Beschluss der Vollversammlung ist allerdings nur eine unverbindliche Empfehlung. Die der Abstimmung vorausgegangenen, vier Jahre andauernden Verhandlungen im Rechtsausschuss der Vereinten Nationen um eine weltweit völkerrechtlich bindende Konvention war mehrfach (zuletzt im November 2004) am Widerstand jener Staaten gescheitert, die bereits Klonforschungen zulassen.

Dem Ausschuss hatten zwei gegensätzliche Resolutionen vorgelegen: Der von Costa Rica eingebrachte und von 60 weiteren Staaten (darunter die USA und der Vatikan) unterstützte Entwurf sah ein vollständiges Klonverbot vor. Der andere, von Belgien eingebrachte und 20 weiteren Ländern (u. a. Großbritannien und Frankreich) geförderte Vorschlag verbot lediglich das Klonen von Menschen (reproduktives Klonen, bei dem ein geklonter Embryo auch ausgetragen würde), nicht jedoch das Klonen von Embryonen zu Forschungszwecken. Bei diesem so genannten therapeutischen Klonen wird der Zellkern einer menschlichen Körperzelle in eine entkernte Eizelle übertragen. Nach den ersten Zellteilungen werden Stammzellen entnommen, um körpereigenes Gewebe herzustellen, das dann für therapeutische Zwecke eingesetzt werden kann.

In Deutschland sind seit 1990 beide Klonformen verboten (»Embryonenschutzgesetz«). Gleichwohl wird die Frage, ob das Klonen menschlicher Stammzellen zu Forschungs- und Heilzwecken zugelassen werden soll, immer wieder diskutiert. In der am 13. 9. 2004 veröffentlichten Stellungnahme des Nationalen Ethikrats, der sich seit Mitte 2003 mit dem Thema beschäftigte, heißt es: »Das Klonen von Embryonen zu Forschungszwecken sollte zum jetzigen Zeitpunkt verboten bleiben.« Auf eine Abstimmung war verzichtet worden, da die einzelnen Gremiums-Mitglieder voneinander abweichende Positionen vertraten: während sich ein Teil für eine begrenzte Zulassung des therapeutischen Klonens aussprach, war für eine zweite Gruppe das Herstellen und anschließende Vernichten menschlicher Lebewesen auch für Forschungs- und Heilzwecke moralisch nicht vertretbar. Die dritte Gruppe plädierte aus »ethischen und pragmatischen Gründen«, das therapeutische Klonen zum gegenwärtigen Zeitpunkt nicht zuzulassen, da die bisherigen Verfahren »ineffizient und fehlerhaft« seien; ändere sich dies, müsse über eine Zulassung erneut nachgedacht werden.

■ **Spitzenforschung** Nach einem über eineinhalb Jahre andauernden Streit um die Förderung von Spitzenforschung und Elite-Universitäten unterzeichneten Bundeskanzler Gerhard Schröder und die Ministerpräsidenten am 23. 6. 2005 ein gemeinsames Abkommen. Bereits eine Woche zuvor hatte die Bund-Länder-Kommission für Bildungsplanung und Forschungsförderung einen neuen Vereinbarungstext über das Bund-Länder-Programm verabschiedet.

Die so genannte Exzellenz-Initiative, mit der Bund und Länder die Forschung ab 2006 mit insgesamt 1,9 Mrd. € fördern wollen, basiert auf drei Säulen: den Aufbau von 30 Exzellenzzentren der Forschung in verschiedenen Disziplinen, die Einrichtung von 40 Graduiertenkollegs zur Förderung des wissenschaftlichen Nachwuchses sowie »Zukunftskonzepte zum projektbezogenen Ausbau der universitären Spitzenforschung«, eine spezielle Förderung von etwa zehn Hochschulen zum Aufbau von international anerkannten Spitzen- oder Elite-Universitäten. Die unionsgeführten Länder hatten das Programm mehrere Monate blockiert: Während die ersten beiden Punkte von Beginn an unstrittig waren, sahen die Unions-Ministerpräsidenten in der Förderung von Elite-Universitäten einen Eingriff in ihre föderalen Rechte. Das neue Förderungskonzept bezieht sich jetzt ausdrücklich auf konkrete Forschungsvorhaben und nicht mehr auf einzelne Hochschulen. Das Förderungsprogramm läuft bis 2011, 75 % der Kosten übernimmt der Bund, 25 % das jeweilige Sitz-Land der geförderten Universität.

Film

■ **Filmfestival Venedig** Die Filmfestspiele von Venedig fanden 2004 (vom 1. 9.–11. 9.) erstmals unter der Leitung des italienischen Produzenten und langjährigen Direktors des Filmfestivals von Locarno, Marco Müller, statt. Der Ernennung Müllers am 5. 3. 2004 waren monatelange Querelen vorausgegangen; erst nachdem er sich verpflichtet hatte, seine Produzententätigkeit vorerst ruhen zu lassen, stimmte der Aufsichtsrat der Biennale der Wahl Müllers zu. Angetreten, die »Mostra Internazionale d'Arte Cinematografica« wieder zur Nummer eins der Europäischen Filmfestivals zu machen, hatte der neue Festivalchef in nur vier Monaten Vorbereitungszeit einige strukturelle Veränderungen vorgenommen; das Programm wurde deutlich reduziert, auf 71 Filme, davon 21 im Wettbewerb um den Goldenen Löwen, und der erst vor drei Jahren eingeführte zweite Wettbewerb »Controcorrente« abgesetzt. Für den zuletzt am Lido vermissten Glamour sorgte ein Star-Aufgebot von Nicole Kidman über Robert de Niro bis Steven Spielberg, dessen Film »The Terminal« zur Eröffnung der 61. Mostra gezeigt wurde. Den Goldenen Löwen für den besten Film gewann »Vera Drake» von Mike Leigh, der sich damit u. a. gegen Alejandro Aménabar (»Mar adentro«), Mira Nair (»Vanity fair«), François Ozon (»5 x 2«) und Wim Wenders (»Land of Plenty«) durchsetzen konnte.

■ **Berlinale** Mit der Weltpremiere von Régis Wargniers »Man to Man«, einem historischen Abenteuer-Epos,

Filmfestivals und Filmpreise

Land	*Bester Film*	*Bester europäischer/nichtenglischsprachiger Film (Oscars)*	*Bester Regisseur*	*Bester Hauptdarsteller*	*Beste Hauptdarstellerin*
Deutschland					
Berlinale 2005	»U-Carmen eKhayelitsha« Mark Dornford-May		Marc Rothemund »Sophie Scholl«	Lou Taylor Pucci »Thumbsucker«	Julia Jentsch »Sophie Scholl«
Deutscher Filmpreis 2004	»Alles auf Zucker« Dani Levy		Dani Levy »Alles auf Zucker«	Henny Hübchen »Alles auf Zucker«	Julia Jentsch »Sophie Scholl«
Europa					
Europäischer Filmpreis 2004	»Gegen die Wand« Fatih Akin		Alejandro Amenábar »Mar adentro«	Javier Bardem »Mar adentro«	Imelda Staunton »Vera Drake«
Frankreich					
Filmfestspiele Cannes 2005	»L'Enfant« Pierre & Luc Dardenne		Michael Haneke »Caché«	Tommy Lee Jones »The Three Burials of Melquiades Estrada«	Hanna Laslo »Free Zone«
César 2005	»L'esquive« Abdellatif Kechiche	»Lost in Translation« Sofia Coppola	Abdellatif Kechiche »L'esquive«	Mathieu Almaric »Rois & reine«	Yolande Moreau »Quand la mer monte«
Großbritannien					
Bafta-Awards 2005	»Aviator« Martin Scorcese		Mike Leigh »Vera Drake«	Jamie Foxx »Ray«	Imelda Staunton »Vera Drake«
Italien					
Filmfestspiele von Venedig 2004	»Vera Drake« Mike Leigh		Kim Ki-Duk »Bin-jip«	Javier Bardem »Mar adentro«	Imelda Staunton »Vera Drake«
Schweiz					
Schweizer Filmpreis 2005	»Tout un hiver sans feu« Greg Zglinski			Roeland Wiesnekker »Strähl«	Johanna Bantzer »Strähl«
Filmfestival Locarno 2004	»Private« Saverio Constanzo			Mohammad Bakri »Private«	Maria Kwiatkowski/ Pinar Erincin »En Garde«
Spanien					
Goyas 2005	»Mar adentro« Alejandro Amenábar	»Gegen die Wand« Fatih Akin	Alejandro Amenábar »Mar adentro«	Javier Bardem »Mar adentro«	Lola Dueñas »Mar adentro«
Vereinigte Staaten von Amerika					
Oscars 2005	»Million Dollar Baby« Clint Eastwood	»Mar adentro« Alejandro Amenábar	Clint Eastwood »Million Dollar Baby«	Jamie Foxx »Ray«	Hilary Swank »Million Dollar Baby«
Golden Globes 2005	»Aviator« Martin Scorcese	»Mar adentro« Alejandro Amenábar	Clint Eastwood »Million Dollar Baby«	Leonardo DiCaprio »Aviator«	Hilary Swank »Million Dollar Baby«

wurden am 10. 2. 2005 die 55. Internationalen Filmfestspiele von Berlin eröffnet. Innerhalb der zehn Festivaltage wurden rund 350 Filme aus 52 Ländern gezeigt und für 1100 Vorstellungen 180 000 Kinokarten verkauft. Im Wettbewerb um die Goldenen und Silbernen Bären konkurrierten 21 Filme, darunter »Sophie Scholl – Die letzten Tage« von Marc Rothemund, »Thumbsucker« von Mike Mills , »Sometimes in April« von Raoul Peck und »Solnze« von Aleksandr Sokurov. Mit dem Hauptpreis, dem Goldenen Bären, zeichnete die Internationale Jury, unter Vorsitz des Regisseurs Roland Emmerich, überraschend die südafrikanische Produktion »U-Carmen eKhayelitsha« aus. Der Film des britischen Regisseurs Mark Dornford-May verlegt das Geschehen von Bizets Oper »Carmen« in ein südafrikanisches Township. Die von der Deutschen Kinemathek unter dem Titel »Schauplätze – Drehorte – Spielräume. Production Design & Film« realisierte Retrospektive beschäftigte sich mit der Wirkungsweise und dem Metier der Filmausstattung; die Filmreihe präsentierte 45 internationale Filme der letzten 65 Jahre, darunter fast alle Werke Stanley Kubricks. Unter dem Motto »Designing Your Future« lag auch beim diesjährigen »Talent Campus«, dem Forum für Nachwuchsfilmer, der thematische Schwerpunkt auf dem Produktionsdesign.

▪ **Filmportal** Am 11. 2. 2005 wurde die Internetplattform für den deutschsprachigen Film filmportal.de, ein Projekt des Deutschen Filminstituts (DIF) in Zusammenarbeit mit dem Hamburgischen Centrum für Filmforschung (CineGraph), freigeschaltet. Durch die Vernetzung der zwei umfangreichsten deutschen Filmdatenbanken stehen den Nutzern Informationen zu 75 000 Personen und 30 000 Produktionen seit 1895, davon ein Zehntel mit ausführlichen filmografischen Angaben und Links zu Rezensionen, Inter-

FESPACO

Seit 1969 findet in Burkina Fasos Hauptstadt Ouagadougou alle zwei Jahre das »Festival Panafricain du Cinéma« (FESPACO) statt, zuletzt vom 26. 2.–5. 3. 2005. Auf dem Programm des größten afrikanischen Filmfestivals standen über 170 Filme, 20 liefen im Wettbewerb. In diesem Jahr wurde erstmals ein Film aus Südafrika mit dem Hauptpreis, dem »Etalon d'Or«, für den besten afrikanischen Film ausgezeichnet: »Drum« von Zola Maseko. Basierend auf der wahren Geschichte des Journalisten Henry Nxumalo, der in den 1950er Jahren für die Johannesburger Zeitschrift »Drum« schrieb, erzählt der Film von Verfolgung und Unterdrückung während der Anfänge des Apartheidregimes. Der zweite Preis ging an den marokkanischen Regisseur Hassan Benjelloun für »La chambre noire«, der dritte Preis an Sanou Kolo Daniel (Burkina Faso) für »Tasuma«. Das FESPACO, einst zur Förderung des unabhängigen afrikanischen Films (»Dekolonialisierung der afrikanischen Leinwände«) gegründet, gilt heute als wichtigstes Forum für afrikanische Filmemacher, Schauspieler, Regisseure und Produzenten. Diesjähriger Themenschwerpunkt war die Professionalisierung der afrikanischen Filmproduktion. Neben dem Dokumentarfilmfestival, das in einem eigenen Programm mehr als 70 Filme präsentierte, widmete das Festival dem 50-jährigen Jubiläum des panafrikanischen Kinos eine Retrospektive.

views, Fotos und Plakaten, zur Verfügung. Durch übergeordnete Themenbereiche geben die ständig aktualisierten Angaben über reine Lexikon-Einträge hinaus einen repräsentativen Überblick über die vielfältige Filmkultur Deutschlands. Dabei wurde die Informationstiefe und Komplexität der angebotenen Daten nach unterschiedlichen Nutzerbedürfnissen gestaffelt, sodass jeder Nutzer selbständig entscheiden kann, wie umfangreich er informiert werden möchte.

▪ **»Oscars«** Strahlender Gewinner bei der 77. Oscar-Verleihung am 27. 2. 2005 in Hollywood war der US-amerikanische Regisseur und Schauspieler Clint Eastwood, der für sein Boxer-Drama »Million Dollar Baby« mit dem Preis für den besten Film und die beste Regie ausgezeichnet wurde. Zusätzlich gingen zwei Schauspieler-Preise an Eastwoods Film: Hillary Swank erhielt den Oscar als beste Hauptdarstellerin, Morgan Freeman als bester Nebendarsteller. Martin Scorseses im Vorfeld als absoluter Favorit geltender, elf Mal nominierter »Aviator« erhielt fünf Auszeichnungen, u. a. für den besten Schnitt und die beste Ausstattung. Der als bester fremdsprachiger Film nominierte deutsche Beitrag »Der Untergang« von Oliver Hirschbiegel ging leer aus; stattdessen erhielt der spanische Regisseur Alejandro Amenábar den begehrten Auslands-

Kino 2004

	Deutschland	Österreich	Schweiz
Besucher insgesamt in Mio.	156,7	19,4	17,7
Veränderung zu 2003 in %	+ 5,2	+ 9,2	+ 4,4
Erfolgreichster Filmstart	(T)Raumschiff Surprise	(T)Raumschiff Surprise	Harry Potter 3: Der Gefangene von Askaban
Besucher in Mio.	9,2	1,1	0,6

Quellen: FFA Berlin, Statistik Austria, Wien, ProCinema, Bern

Die Gewinner der Goldenen Palme seit 1975

1975	Chroniques des anneés de braise	Mohamed Lakhdar Hamina (Algerien)
1976	Taxi Driver	Martin Scorsese (USA)
1977	Mein Vater, mein Herr	Paolo und Vittori Taviani (Italien)
1978	Der Holzschuhbaum	Ermanno Olmi (Italien)
1979	Die Blechtrommel	Volker Schlöndorff (Deutschland)
	Apocalypse Now	Francis Ford Coppola (USA)
1980	Kagemusha	Akira Kurosawa (Japan)
	Hinter dem Rampenlicht	Bob Fosse (USA)
1981	Der Mann aus Eisen	Andrzej Wajda (Polen)
1982	Vermisst	Constantin Costa-Gavras (USA)
	Yol – Der Weg	Yilmay Güney (Türkei)
1983	Die Ballade Narayama	Shohei Imamura (Japan)
1984	Paris, Texas	Wim Wenders (Deutschland)
1985	Papa ist auf Dienstreise	Emir Kusturica (Jugoslawien)
1986	Mission	Roland Joffe (Großbritannien)
1987	Die Sonne Satans	Maurice Pialat (Frankreich)
1988	Pelle, der Eroberer	Bille August (Dänemark)
1989	Sex, Lügen und Video	Steven Soderbergh (USA)
1990	Wild at Heart	David Lynch (USA)
1991	Barton Fink	Joel und Ethan Coen (USA)
1992	Die besten Absichten	Bille August (Dänemark)
1993	Das Piano	Jane Campion (Neuseeland)
	Lebewohl, meine Konkubine	Chen Kaige (China)
1994	Pulp Fiction	Quentin Tarantino (USA)
1995	Underground	Emir Kusturica (Jugoslawien)
1996	Lügen und Geheimnisse	Mike Leigh (Großbritannien)
1997	Der Aal	Shohei Imamura (Japan)
	Der süße Geschmack der Kirschen	Abbas Kiarostami (Iran)
1998	Die Ewigkeit eines Tages	Theo Angelopoulos (Griechenland)
1999	Rosetta	Luc und Jean-Pierre Dardenne (Belgien)
2000	Dancer in the Dark	Lars von Trier (Dänemark)
2001	Das Zimmer meines Sohnes	Nanni Moretti (Italien)
2002	Der Pianist	Roman Polanski (Polen / Frankreich)
2003	Elephant	Gus Van Sant (USA)
2004	Fahrenheit 9 / 11	Michael Moore (USA)
2005	L'enfant	Luc und Jean-Pierre Dardenne (Belgien)

Quelle: Agence France-Presse

Oscar für seinen Film »Mar adentro« (»Das Meer in mir«).

▪ **Festival von Cannes** Bei den Filmfestspielen von Cannes (12.–22. 5. 2005) gewannen die beiden Brüder Jean-Pierre und Luc Dardenne für ihren Film »L'Enfant« die Goldene Palme. Es ist bereits die zweite Palme für die Belgier, 1999 wurden sie für »Rosetta« ausgezeichnet. Der Große Preis der Jury, in diesem Jahr unter Vorsitz des Regisseurs und zweimaligen Cannes-Gewinners Emir Kusturica, ging an den als Top-Favoriten geltenden US-amerikanischen Regisseur Jim Jarmusch für seinen Film »Broken Flowers«. Die ebenfalls als Favoriten gehandelten Lars von Trier (»Manderley«) und David Cronenberg (»A History of Violence«) gingen dagegen ebenso leer aus wie Wim Wenders, der für seinen Film »Don't Come Knocking« vom Publikum 20 Minuten lang Standing Ovations erhielt.

Emir Kusturica

Beim diesjährigen 56. Filmfestival von Cannes standen 21 Filme aus 13 Ländern im Hauptwettbewerb; im vergangenen Jahr hatte die Jury, unter Vorsitz Quentin Tarrantinos, mit der Auszeichnung Michael Moores für seinen Anti-Bush-Film »Fahrenheit 9/11« ein politisches Signal gesetzt. Als Welturaufführung (und außer Konkurrenz) lief die letzte Folge (»Episode III – Die Rache der Sith«) von George Lucas' »Star-Wars«-Saga. Seit Beginn der Serie im Jahr 1977 spielten die bislang fünf Filme über Darth Vader, Luke Skywalker und Obi-Wan Kenobi weltweit 3,4 Mrd. US-$ ein; das Merchandising-Geschäft mit Masken, Kostümen und Spielfiguren erbrachte weitere 9 Mrd. US-$.

Kulturpolitik

▪ **Kulturstiftung des Bundes** Der Stiftungsrat der Kulturstiftung des Bundes verabschiedete auf seiner Sitzung am 13. 12. 2004 die Förderprojekte für die Jahre 2005 bis 2010. Das Fördervolumen beträgt 17,9 Mio. €, davon gehen allein 12,5 Mio. € in den »Tanzplan Deutschland«, der die deutsche Tanztheaterszene nachhaltig etablieren soll. Mit dem »Tanzplan vor Ort« sollen ausgewählte Städte durch Maßnahmen in den Bereichen Ausbildung, Produktion, Präsentation und Wissenschaft mit bis zu 1,2 Mio. € jährlich unterstützt werden. Geplant ist außerdem, ein Internetportal für die nationale und internationale Kommunikation im Bereich Tanz zu errichten. Als Auftaktveranstaltung fand vom 30. 6.–3. 7. 2005 ein internationaler Tanzkongress im Berliner Haus der Kulturen statt. Mit den verbleibenden 5,4 Mio. € Fördergeldern wurden unter anderem ein internationales Autorentreffen auf der King-Hussein-Brücke zwischen arabischen und israelischen Autoren während der Jerusalemer Buchmesse, der Fonds deutsch-ungarischer Kulturprojekte, der Deutsche Übersetzerfonds sowie die Projekte von Hallenser Kultureinrichtungen im Rahmen der 1200-Jahr-Feier der Stadt 2006 unterstützt.

▪ **Kultusministerkonferenz** Auf ihrer Sondersitzung am 16. 12. 2004 in Berlin sprachen sich die Ministerpräsidenten der Länder für den Erhalt der Kultusministerkonferenz (KMK) sowie einen bis zu dreißigprozentigen Abbau der 200 Stellen in den KMK-Geschäftsstellen Bonn und Berlin aus. Bereits Anfang Dezember hatten die Länderchefs ein Reformkonzept verabschiedet, wonach sich die KMK künftig stärker auf ihre Kernaufgaben wie die Entwicklung von Bildungsstandards für den Unterricht und die Qualitätssicherung an Schulen und Hochschulen konzentrieren solle.

Den Beschlüssen vorausgegangen war der geplante Ausstieg Niedersachsens aus der KMK: Am 5. 10. 2004 hatte die niedersächsische Landesregierung unter Ministerpräsident Christian Wulff (CDU) den Vertrag mit den anderen Bundesländern gekündigt. Die Organisation sei zu inflexibel und zu teuer, begründete Wulff den Austritt. Durch die Kündigung wäre der Vertrag für alle Bundesländer außer Kraft getreten. Die Zuständigkeiten für das Bildungswesen und die Kultur liegen bei den einzelnen Bundesländern (»Kulturhoheit der Länder«). Wichtigste Aufgabe der 1948 gegründeten KMK ist es, den Lernenden, Studierenden, Lehrenden und wissenschaftlich Tätigen länderübergreifend ein Höchstmaß an Mobilität zu sichern. Das betrifft beispielsweise die Übereinstimmung oder Vergleichbarkeit von Zeugnissen und Abschlüssen und einheitliche Kriterien in allen Bildungseinrichtungen. Die KMK tritt auf Ministerebene etwa drei- bis viermal pro Jahr zusammen, für Beschlüsse ist die Einstimmigkeit der Länder erforderlich.

▪ **Neues Gedenkstättenkonzept** Um eine konzeptionelle Arbeitsteilung und ein Optimum an Syngergien zu gewährleisten, möchte die Bundesregierung für die Berliner NS-Gedenkstätten Holocaust-Mahnmal, Topographie des Terrors, Haus der Wannsee-Konferenz und Gedenkstätte deutscher Widerstand eine gemeinsame öffentlich-rechtliche Stiftung errichten. Entsprechende Konzeptvorschläge stellte Kulturstaatsministerin Christina Weiss am 8. 2. 2005 vor. Danach sollen die vier Gedenkstätten auch weiterhin ihre Autonomie behalten, als selbständige Orte mit eigenem Angebot und Profil wahrgenommen werden, aber als Teil der »Stiftung Dokumentation der NS-Verbrechen« von einem Vorstand, der sich aus einem wissenschaftlichen und einem kaufmännischen Leiter sowie den Direktoren der Erinnerungsorte zusammensetzt, fachmännisch geleitet und von einem Stiftungsrat kontrolliert werden.

Dem Stiftungsrat werden Vertreter des Bundes, des Landes Berlin, des Bundestages, des Abgeordnetenhauses Berlin sowie die Beiratsvorsitzenden der Ein-

Rechtschreibreform

Nach mehr als zehnjähriger Beratung unterzeichneten Deutschland, Österreich, die Schweiz, Liechtenstein und weitere Staaten mit deutschsprachigen Bevölkerungsteilen am 1. 7. 1996 in Wien eine »Gemeinsame Erklärung zur Neuregelung der deutschen Rechtschreibung«. Seither ist die sogenannte Rechtschreibreform heftig umstritten. Ein Überblick:

- Auf der Frankfurter Buchmesse unterzeichnen am 6. 10. 1996 über 100 Schriftsteller die »Frankfurter Erklärung« für eine Rücknahme der Reform.
- 1997 konstituiert sich die Zwischenstaatliche Kommission für die deutsche Rechtschreibung, die im Auftrag der Kultusminister die Einführung der neuen Regeln (zum 1. 8. 1998) begleiten und Zweifelsfälle ausräumen soll.
- Nachdem das Bundesverfassungsgericht am 14. 7. 1998 eine entsprechende Klage als unbegründet abweist und die Rechtschreibreform für rechtmäßig erklärt, tritt die neue Rechtschreibung am 1. 8. 1998 für alle Schulen und Behörden in Kraft. Bis zum 31. 7. 2005 besteht eine Übergangsfrist, in der Schülern alte Schreibweisen nicht als Fehler angerechnet, sondern lediglich als »überholt« korrigiert werden. Danach soll die alte Rechtschreibung endgültig außer Kraft gesetzt werden.
- Am 1. 8. 2000 kehrt die Frankfurter Allgemeine Zeitung (FAZ) zur alten Rechtschreibung zurück; am 3. 8. appelliert die Deutsche Akademie für Sprache und Dichtung an Zeitungen, Verlage und staatliche Stellen, ebenfalls zur alten Rechtschreibung zurückzukehren.
- Laut einem Bericht der Zwischenstaatlichen Kommission vom 28. 2. 2002 erscheinen bereits 80 % aller neu verlegten Bücher in neuer Schreibweise; die meisten Zeitungsverlage arbeiten auf der Basis einer eigenen, reformierten Hausrechtschreibung.
- Die Deutsche Akademie für Sprache und Dichtung legt am 21. 3. 2003 einen Kompromissvorschlag zur Rechtschreibreform vor.
- Die Kultusministerkonferenz (KMK) beschließt am 3. 6. 2004 in Mainz einstimmig, das umstrittene Regelwerk wie geplant ab dem 1. 8. 2005 für alle Schulen, Universitäten und die öffentliche Verwaltung verbindlich gelten zu lassen. Daraufhin fordern Schriftsteller, Sprach- und Literaturwissenschaftler und verschiedene Institutionen, u. a. das Goethe-Institut und das deutsche PEN-Zentrum, erneut eine Rücknahme der Reform. Auch einige Ministerpräsidenten sprechen sich gegen die geplante Umsetzung der Reform 2005 aus; sie fordern eine »Reform der Reform«.
- Die Ankündigung des Axel-Springer- und des Spiegel-Verlags vom 6. 8. 2004, wieder zur alten Rechtschreibung zurückzukehren, löst erneut eine heftige Debatte um die Reform aus; als Grund für die Entscheidung nannten die beiden Verlage die zunehmende Verunsicherung und die mangelnde Akzeptanz des vorgegebenen Regelwerks.
- Die Deutsche Akademie für Sprache und Dichtung schlägt am 30. 8. 2004 als Kompromiss eine reduzierte Form der Reform vor, die u. a. die Übernahme von »brauchbaren« Teilen des neuen Regelwerks vorsieht.
- Am 8. 10. 2004 beschließen die Ministerpräsidenten der Länder einstimmig, die Rechtschreibreform wie geplant zum 1. August 2005 in Kraft treten zu lassen. Die Zwischenstaatliche Kommission soll durch einen »Rat für deutsche Rechtschreibung« ersetzt werden, der die noch strittigen Fälle klären soll. Nachbesserungsbedarf sehen die Länderchefs vor allem bei der Getrennt- und Zusammenschreibung, einigen Komma-Regeln und der Schreibweise von Fremdwörtern.
- Bei ihrem zweitägigen Treffen im saarländischen Mettlach beschließen die Kultusminister am 15. 10. 2004 die Einberufung des neuen Rats. Das 36-köpfige Gremium (18 Vertreter aus Deutschland, je neun aus Österreich und der Schweiz), dem neben Sprachwissenschaftlern auch Journalisten, Lehrer, Autoren und Verleger angehören werden, soll langfristig die Entwicklung der Schreibpraxis beobachten und darüber hinaus die besonders strittigen Fragen der Reform klären.
- Die Deutsche Akademie für Sprache und Dichtung lehnt am 22. 10. 2004 die ihr angebotenen Sitze im Rat für deutsche Rechtschreibung ab, da sie den Rat in seiner geplanten Form für ungeeignet hält. Eine Woche später lehnt auch das deutsche PEN-Zentrum seine Mitarbeit im Rat ab.
- Am 17. 12. 2004 kommen die Mitglieder des Rats zu ihrer konstituierenden Sitzung zusammen und wählen den ehemaligen bayerischen Wissenschaftsminister Hans Zehetmair zum Vorsitzenden.
- Auf seiner ersten Arbeitssitzung am 18. 2. 2005 beschließt der Rat die Einrichtung einer Arbeitsgruppe, die bis zum 8. 4. 2005 konkrete Vorschläge für die Getrennt- und Zusammenschreibung ausarbeiten soll.
- **Aktuelle Entwicklung** Auf ihrer Konferenz in Quedlinburg beschließen die Kultusminister am 2. 6. 2005 einstimmig, zunächst lediglich die unstrittigen Teile der Rechtschreibreform wie geplant zum 1. 8. 2005 in Kraft treten zu lassen. Als unstrittig gelten die neuen Regeln für die Groß- und Kleinschreibung sowie die Laut-Buchstabenzuordnung wie bei Stängel (früher Stengel) und aufwändig (früher aufwendig). Bei den strittigen Fällen, für die der Rat für deutsche Rechtschreibung Empfehlungen ausarbeitet, sollen die Lehrer weiterhin »Toleranz üben« und keine Fehler werten. Nach dem Beschluss des Rats vom 3. 6. 2005 sollen sämtliche Neuregelungen zur Getrennt- und Zusammenschreibung bei Wortgruppen mit Verben wieder zurückgenommen werden: Verben wie z. B. Eis laufen und geheim halten würden dann künftig wieder zusammengeschrieben. Zu den Änderungsvorschlägen des Rates will die KMK eine Anhörung mit Lehrern und Elternverbänden ansetzen.

richtungen und bis zu sechs Persönlichkeiten des wissenschaftlichen und öffentlichen Lebens angehören. Die Stiftung soll vorrangig für die übergeordneten Aufgaben, wie die Koordinierung der Arbeitsteilung zwischen den Einrichtungen, Öffentlichkeitsarbeit und Weiterentwicklung der Gedenkstätten-Pädagogik und Ausstellungsgestaltung, zuständig sein. Das geltende Gedenkstättenkonzept aus dem Jahr 1999 sieht die Förderung von Gedenkstätten primär als Aufgabe der Länder und Gemeinden, der Bund kann sich jedoch an der Förderung von Gedenkstätten und Projekten beteiligen, sofern sie von nationaler oder internationaler Bedeutung sind. Von dieser Regelung haben seither vor allem die Gedenkstätten-Stiftungen in Sachsen, Thüringen und Brandenburg und die Berliner Erinnerungsorte profitiert. Das neue Konzept sieht nun eine institutionelle Förderung aller gesamtstaatlich bedeutsamen authentischen Orte durch den Bund vor: geplant ist eine bis zu fünfzigprozentige Beteiligung an den Unterhaltskosten der KZ-Gedenkstätten Dachau, Neuengamme, Bergen-Belsen und Flossenbürg.

Um eine systematische Förderung und eine bessere Vernetzung der Einrichtungen zum Gedenken an die SED-Diktatur zu erzielen, wird gegenwärtig ein gesondertes Konzept erarbeitet, das vor allem die Gleichbehandlung der Gedenkstätten in Ost und West und die besondere Situation der in Berlin angesiedelten Gedenkstätten berücksichtigt.

▪ **Akademie der Künste** Mit der absoluten Mehrheit von 306 Stimmen verabschiedete der Bundestag am 18. 2. 2005 das Gesetz zur Übernahme der Berliner Akademie der Künste in die Trägerschaft des Bundes. Mit der Abstimmung wurde der erneute Einspruch des Bundesrates zurückgewiesen und das monatelange Gerangel zwischen Bundestag und Bundesrat vorläufig beendet. Da nach ihrer Meinung keine Gesetzgebungskompetenz des Bundes bestehe und das Gesetz damit verfassungswidrig sei, hatten die Regierungschefs der unionsgeführten Länder im Bundesrat Mitte Januar gegen das am 11. 4. 2004 im Bundestag beschlossene Gesetz Einspruch erhoben und den Vermittlungsausschuss mit dem Ziel der Aufhebung des Gesetzes angerufen. Nachdem der Vermittlungsausschuss am 16. 2. 2005 überraschend das Akademie-Gesetz zur Übernahme bestätigte, hatte der Bundesrat zwei Tage später erneut Einspruch eingelegt.

Um die Durchführung der Berliner Opernreform und damit den Erhalt der drei Berliner Opern zu sichern, hatte der Bund zum 1. 1. 2004 die Finanzierung der Akademie übernommen. Bei der Bemessung der institutionellen Förderung (jährlich 16 Mio. €) wurden die Betriebskosten des Akademieneubaus am Pariser Platz bereits berücksichtigt. Mit dem am 21. 5. 2005 offiziell eröffneten Neubau kehrt die Akademie, die zuletzt im Stadtteil Tiergarten untergebracht war, an ihren historischen Standort zurück. Das 56 Mio. € teure, von Günther Behnisch und Werner Durth entworfene Gebäude am Brandenburger Tor war nach fünfjähriger Bauzeit im Februar an die Akademie übergeben worden.

▪ **Goethe-Institut** Dr. Hans-Georg Knopp, davor Intendant des Hauses der Kulturen in Berlin, ist seit dem 1. 8. 2005 neuer Generalsekretär des Goethe-Instituts. Der promovierte Indologe hatte bereits ab 1974 für das Goethe-Institut gearbeitet, u. a. in Bombay, Colombo, Jakarta und Singapur, und war Leiter des Goethe-Instituts in Chicago. Knopp tritt die Nachfolge Andreas Schlüters an, der Generalsekretär des Stifterverbands für die deutsche Wissenschaft wird. Das Goethe-Institut unterhält derzeit 144 Institute in 80 Ländern und beschäftigt weltweit ca. 3000 Mitarbeiter. Zusammen mit fünf weiteren europäischen Kulturinstituten (British Council, Instituto Cervantes, Società Dante Alighieri, Alliance Française und Instituto Camões) erhielt das Goethe-Institut den Prinz-von-Asturien-Preis 2005 für Kommunikation und Geisteswissenschaften.

Kunst, Museen und Ausstellungen

▪ **SEE History** Für die Ausstellung »SEE History 2004. Der demokratische Blick« in der Kunsthalle Kiel (23. 7. 2004 bis Juni 2005) wurden die Räume von den Mitarbeitern des Museums jeweils unter einem Leitthema neu gestaltet. Werkstattleiter, Sekretärin, Hausmeister oder Reinigungskraft, sie alle präsentierten ihren ganz persönlichen Blick auf die Kunst. Der »demokratische Zugriff« auf die Bestände des Museums sollte der Kunst den elitären Charakter nehmen, die jeweils subjektive Neuordnung der Exponate, jenseits intellektueller Kunstdebatten oder einer einengenden Gliederung in Stil und Epochen, dem Besucher einen völlig neuen Zugang zur Kunst öffnen.

▪ **Yves Klein** Mit über 100 Arbeiten aus allen Phasen seine Werkes widmete die Schirn Kunsthalle Frankfurt am Main dem französischen Künstler Yves Klein (1928–1962) eine große Retrospektive (17. 9. 2004–9. 1. 2005). Klein, dessen vielschichtiges Gesamtwerk in nur acht Jahren entstand, galt bereits zu Lebzeiten als Visionär: mit seinen spektakulären Kunstaktionen wie der Uraufführung der »Monotonen Symphonie – Stille« (1947) oder den mit einer Art Flammenwerfer angefertigten Feuerbildern (1962) nahm er zahlreiche künstlerische Ausdrucksmittel wie Happening und Performance, Land- und Body-Art sowie Elemente der Konzeptkunst vorweg.

Mit »Yves, le monochrome« verbindet man vor allem eine Farbe: jenes leuchtende Ultramarinblau, das er sich sogar als »International Klein Blue« patentieren ließ. Um die Leuchtkraft der Farbe zu erhöhen, rührte er die Farbpigmente mit Kunstharz an und brachte die so entstandene Farbe mit Rollen direkt auf die Leinwand, wodurch eine ganz ungewohnte Tiefe entstand. Im Anschluss an Frankfurt war die Ausstellung im Guggenheim Museum Bilbao zu sehen.

Munch-Raub

Vor den Augen zahlreicher Museumsbesucher wurden am 22. 8. 2004 bei einem bewaffneten Überfall die weltberühmten Gemälde »Der Schrei« und »Madonna« des norwegischen Malers Edvard Munch (1863–1944) aus dem Osloer Munch-Museum entwendet. Beide Bilder gelten als unverkäuflich, weshalb die Polizei von Art-Napping ausging: die Gemälde werden entführt und später gegen Zahlung eines Lösegeldes, dessen Höhe erheblich unter der Versicherungssumme liegt, wieder herausgegeben. So geschehen bei den 1994 aus der Frankfurter Kunsthalle Schirn geraubten Bildern von Caspar David Friedrich (»Nebelschwaden«, Wert: 1,9 Mio. €, wurde für 250 000 € ausgelöst) und William Turners Gemälden »Licht und Farben« und »Schatten und Dunkelheit«, deren Versicherungswert bei 24 Mio. £ lag und die für 3,5 Mio. £ zurückgekauft wurden.

Kunstraub ist Experten zufolge inzwischen nach dem Drogen- und Waffenhandel das drittgrößte illegale Geschäft; jährlich werden zwischen 45 000 und 60 000 Kunstwerke gestohlen, geschätzter Umsatz pro Jahr: fünf Mrd. €. Bilder und kunsthandwerkliche Objekte dienen dem organisierten Verbrechen als Zahlungsmittel oder Instrument der Geldwäsche: weniger bekannte Bilder oder Kunstobjekte erhalten ein gefälschtes Gutachten, man lässt sie versichern, beleiht sie bei einer Bank und tilgt danach den Kredit mit Schwarzgeld aus Drogen- oder Waffengeschäften. Der Wert aller gestohlenen Kunstwerke wird auf neun Mrd. € geschätzt. In dem von Museen, Versicherungen und Sammlern ins Leben gerufene »Art Loss Register« (ALR), einer internationalen Datenbank zur Wiederbeschaffung gestohlener Kunstwerke, sind mehr als 150 000 verschwundene Kunstgegenstände registriert. Auf der Liste befinden sich unter anderem 530 Werke von Pablo Picasso, 347 von Joan Miró, 309 von Marc Chagall, 28 von Salvador Dalí, 198 von Albrecht Dürer und 190 von Auguste Renoir. Monatlich kommen allein in den Niederlassungen des ALR in Köln, New York, London und St. Petersburg 1200 Objekte hinzu.

Das seit dem spektakulären Kunstraub geschlossene Osloer Munch-Museum wird zur Zeit mit neuen Sicherheitsmaßnahmen ausgestattet: für rund 5 Mio. € werden Überwachungssysteme installiert, Eingangsschleusen und Metalldetektoren eingebaut. Die beiden (unversicherten) Gemälde, deren Wert zusammen auf etwa 100 Mio. € geschätzt wird, waren lediglich mit Drähten an der Wand befestigt.

▪ **Flick Collection** Nach monatelanger kontrovers geführter Debatte wurde am 21. 9. 2004 in Anwesenheit von Bundeskanzler Gerhard Schröder die Ausstellung der »Friedrich Christian Flick Collection« in Berlin eröffnet. Kritiker hatten das Vorhaben als einen Versuch der moralischen Weißwäsche von Blutgeld gewertet, da Flick die Sammlung mit dem ererbten Vermögen seines Großvaters, des NS-Rüstungsunternehmers Friedrich Flick, erworben habe.

In der Eröffnungsausstellung war ein erster Ausschnitt aus der mehr als 2500 zeitgenössische Kunstwerke umfassenden Sammlung zu sehen. Auf einer Gesamtfläche von 13 000 m² wurden im bis auf die Beuys-Werke leer geräumten Museum Hamburger Bahnhof und den angrenzenden Rieck-Hallen 400 Arbeiten von 40 Künstlern gezeigt. Die Ausstellung, die am 23. 1. 2005 endete, zählte insgesamt 250 000 Besucher. In den kommenden sechs Jahren soll nach und nach der Rest der Collection präsentiert werden; die Stiftung Preußischer Kulturbesitz hatte mit Flick im Januar 2003 einen auf sieben Jahre befristeten Leihvertrag abgeschlossen und sich gleichzeitig verpflichtet, die Hälfte der für den Umbau und Miete anfallenden Kosten von 14 Mio. € zu übernehmen.

▪ **Sammlung Frieder Burda** Die Eröffnung des neuen Museums der Sammlung Frieder Burda am 22. 10. 2004 in Baden-Baden sollte gleichzeitig den Beginn einer europaweit einzigartigen Kooperation zwischen einem privaten Sammler und einer staatlichen Kunstinstitution kennzeichnen. In einer gemeinsamen Eröffnungsschau wurden 150 Hauptwerke der über 550 Arbeiten umfassenden Sammlung der klassischen Moderne und zeitgenössischen Kunst (zu der Werke von Kirchner, Macke und Picasso bis Pollock, Baselitz, Richter und Polke zählen) im Neubau und in der Kunsthalle gezeigt. Für sein nach Plänen des US-amerikanischen Architekten Richard Meier entstandenes Museum an Baden-Badens renommierter Lichtenthaler Allee hatte Burda 1998 eine gemeinnützige Stiftung gegründet, die die Baukosten von 20 Mio. € sowie den kompletten Unterhalt des Museums finanziert; Stadt und Land stellten lediglich den Bauplatz. Eine gläserne Brücke, die Kunsthalle und die lichtdurchflutete »große Villa« (Richard Meier) miteinander verbindet, symbolisiert die Zusammenarbeit: beide Häuser sollen ihre Eigenständigkeit bewahren, aber doch eng verbunden bleiben, u. a. durch gemeinsame Ausstellungen und ein so genanntes Kombi-Ticket.

▪ **Kunstkauf** Bei einem Anfang November 2004 vom Londoner Auktionshaus Christie's arrangierten Handel erwarb das New Yorker Metropolitan Museum of Art ein Madonnenbild des Renaissance-Künstlers Duccio di Buoninsegna für den Rekordpreis von 45 Mio. US-$: es war der teuerste Ankauf in der Geschichte des Museums. Das nur 20 mal 28 Zentimeter große Bild »Madonna mit dem Kinde« entstand um 1300. An der Duccio-Tafel waren mehrere Museen interessiert; u. a. waren Vertreter des Louvre, des Prado und des Getty-Museums in Los Angeles nach London gereist, um das Bild zu begutachten. Deutsche Museen mussten bereits im Vorfeld aufgeben: die Ankaufsetats – wenn überhaupt noch vorhanden – sind inzwischen so niedrig, dass Käufe dieser Größenordnung ausgeschlossen sind.

Wiedereröffnung des MoMA Am 20. 11. 2004, dem 75. Jahrestag seiner Gründung, wurde das New Yorker Museum of Modern Art (MoMA) nach dreijähriger Umbauzeit wieder eröffnet. Inklusive der für die Vergrößerung nötigen Immobilienankäufe, der zwischenzeitlichen Unterbringung der Sammlung in Queens und dem 425 Mio. US-$ teuren Neubau des japanischen Architekten Yoshio Taniguchi hat das Modernisierungsprojekt 858 Mio. US-$ gekostet; der größte Teil der Ausgaben wurde aus privaten Spenden finanziert. Zudem erhöhte das Museum seine Eintrittspreise um 67 % auf 20 US-$. Durch die Einbeziehung umliegender Gebäude wurde die Grundfläche des Museums auf über 58 000 m² verdoppelt und die Ausstellungsfläche um die Hälfte auf 12 000 m² erweitert. Das MoMA gilt als das weltweit wichtigste Museum für Gegenwartskunst. Während des Umbaus waren 200 seiner bedeutendsten Exponate, darunter Werke von van Gogh, Rousseau, Chagall, Picasso, O'Keefe, Hopper und Pollock, in der Ausstellung »Das MoMA in Berlin« (20. 2.–19. 9. 2004) zu sehen. Mit insgesamt 1,2 Mio. Besuchern war die Berliner MoMA-Schau, die einen Gewinn von 6,5 Mio. € erwirtschaftete, eine der weltweit erfolgreichsten Ausstellungen.

Das MoMA am 20. 11. 2004

Art Basel Miami Beach Die internationale Kunstmesse Art Basel Miami Beach (2. 12.–5. 12. 2004) hat sich bereits im dritten Jahr ihres Bestehens als Amerikas wichtigste Messe für moderne und zeitgenössische Kunst etabliert. 190 Galerien aus Europa, den USA, Lateinamerika und der Karibik hatten Gemälde, Fotografien, Skulpturen und Drucke für wenige hundert bis über 12 Mio. US-$ im Angebot. Besonders hoch im Kurs: »German art«; der Stand der Leipzig-Berliner Galerie Eigen + Art beispielsweise war 20 Minuten nach Eröffnung ausverkauft. Für die Kunstliebhaber, die sich abseits des Mainstreams orientieren wollten, fanden parallel zur eigentlichen Verkaufsmesse im Miami Beach Convention Center noch zwei weitere, kleinere Messen statt: »Scope« und »Nada«. Ein außergewöhnliches Begleitprogramm boten einige Sammler aus Florida: Don und Mera Rubbel, Rosa de la Cruz und Martin Margulies öffneten während des fünftägigen Kunstspektakels ihre hochkarätigen Privat-Kollektionen von Gerhard Richter bis Neo Rauch für das Messepublikum.

Museum Leipzig Am 4. 12. 2004, dem 61. Jahrestag der Zerstörung des ursprünglichen Museums, wurde das neue Museum der Bildenden Künste in Leipzig eröffnet. Es ist der erste große Museums-Neubau, der nach 1990 in den neuen Bundesländern entstanden ist. Der u. a. wegen der hohen Kosten (75 Mio. statt der ursprünglich veranschlagten 57,6 Mio. €) umstrittene Bau, ein Kubus aus Glas und Beton, ermöglicht erstmals, nach jahrelanger provisorischer Unterbringung (zunächst im ehemaligen Reichsgericht, später im »Handelshof«), die Präsentation einer der ältesten und bedeutendsten bürgerlichen Kunstsammlungen Deutschlands, darunter Werke von Tintoretto, Caspar David Friedrich, Max Klinger, Max Beckmann und der »Leipziger Schule«. Für die insgesamt 3000 Gemälde, 1000 Skulpturen und 60 000 grafische Blätter umfassende Sammlung stehen jetzt auf fünf Etagen 7000 m² zur Verfügung. Neben der Dauerausstellung und verschiedenen Sonderschauen wird künftig in einer jährlich wechselnden Ausstellung (»Begegnungen der Bilder«) das Werk eines ostdeutschen dem eines westdeutschen Künstlers gegenübergestellt, in diesem Jahr die »Kontrahenten« Willi Baumeister und Karl Hofer.

RAF-Ausstellung Die umstrittene Ausstellung »Zur Vorstellung des Terrors: Die RAF« wurde am 29. 1. 2005, ein Jahr später als geplant, eröffnet. Bis zum 16. 5. wurden in den Berliner Kunst-Werken mehr als 100 Arbeiten von über 50 Künstlern, darunter Werke von Gerhard Richter, Joseph Beuys, Martin Kippenberger, Sigmar Polke, Katharina Sieverding und Jörg Immendorff gezeigt. Die Schau sollte keine Ausstellung über die Rote Armee Fraktion sein, sondern ihre Wahrnehmung in Kunst und Medien abbilden. Mit Berichterstattungen von Tageszeitungen und Fernsehsendern wurde neben der künstlerischen auch die mediale Auseinandersetzung mit dem Thema dokumentiert. Nachdem Kulturstaatsministerin Christina Weiss aufgrund von Protesten von Angehörigen der RAF-Opfer den zunächst vom Hauptstadtkulturfonds bewilligten Zuschuss von 100 000 € im Januar 2004 wieder zurückgefordert hatte, organisierten die Ausstellungsmacher zur Finanzierung des Projekts eine Internet-Auktion, für die verschiedene Künstler ihre Arbeiten zur Verfügung stellten; die Online-Auktion erbrachte, nach zehn Tagen Laufzeit, 250 000 €.

Richter-Retrospektive Mit rund 110 Werken zeigte das Düsseldorfer K20 vom 12. 2.–16. 5. 2005 eine umfassende Retrospektive des Malers Gerhard Richter. Der 1932 in Dresden geborene Künstler, zu dessen umfangreichem und komplexem Œuvre abstrakte Malereien und fotorealistische Arbeiten ebenso wie Hinterglasbilder, Spiegel und Skulpturen gehören, gilt als einer der bedeutendsten Maler der zeitgenössischen Kunst. Die Düsseldorfer Ausstellung, die in enger Zusammenarbeit mit dem Künstler entstand, umfasste alle wichtigen Etappen seines Gesamtwerks; neben Bildern aus den 1960er Jahren waren auch ganz neue Arbeiten zu sehen, wie das gerade vollendete neun mal neun Meter große Wandbild »Strontium« und die 2002 in der Berliner Kunsthalle Unter den Linden (Deutsche Guggenheim) gezeigte Werkgruppe »Acht Grau«. Zweite Station der Ausstellung ist das Münchner Lenbachhaus (bis September 2005).

▪ **The Gates** Mehr als zwei Mio. Besucher sahen die Installation »The Gates« im New Yorker Central Park. Für ihr am 12. 2. 2005 eröffnetes Kunstprojekt ließen Verhüllungskünstler Christo und seine Frau Jeanne-Claude 7500 Stahltore, an denen safranfarbene Stoffbahnen befestigt waren, entlang der Parkwege aufstellen. Auf einer Gesamtstrecke von 37 Kilometern konnten die Besucher 16 Tage lang gleichsam unter einem »goldenen Dach« (Christo) spazieren gehen. Für das Mammut-Projekt, auf dessen Realisierung die beiden Künstler über 25 Jahre warten mussten, wurden 5000 Tonnen Stahl und 100 000 Quadratmeter Nylon verarbeitet; die Kosten von rund 20 Mio. US-$ wurden vorab aus dem Verkauf von Zeichnungen, Modellen und Collagen des Projekts gedeckt. Das Künstler-Ehepaar, u. a. durch die Verhüllung der Brückenpfeiler des Pont Neuf in Paris (1985) und des Berliner Reichstags (1995) berühmt, plant bereits das nächste Kunstprojekt: »Über den Fluss« am Arkansas River in Colorado.

The Gates im New Yorker Central Park

▪ **Kunstmuseum Stuttgart** Mit der Ausstellung »Angekommen – Die Sammlung im eigenen Haus« wurde am 5. 3. 2005 das Kunstmuseum Stuttgart eröffnet. Der von den Berliner Architekten Hascher & Jehle entworfene, 67 Mio. € teure Bau, ein 26 Meter hoher Glaskubus, bietet 5000 m², zum Teil unterirdische Ausstellungsfläche für die städtische Sammlung. Begründet wurde die Stuttgarter Kunstsammlung von Graf Silvio della Valle di Casanova, der 1924 der Stadt seine Privatsammlung schwäbischer Impressionisten vermachte. Heute umfasst die Sammlung etwa 15 000 Werke der klassischen Moderne und zeitgenössischer Kunst, darunter Werkkomplexe von Adolf Hölzel, Willi Baumeister, Dieter Roth und Wolfgang Laib sowie die weltweit bedeutendste Sammlung von Werken Otto Dix'. Neben der dauerhaften Präsentation der Sammlung sind zukünftig drei Sonderausstellungen pro Jahr geplant.

▪ **Mona Lisa** Das wohl berühmteste Gemälde der Welt, Leonardo da Vincis Mona Lisa, ist seit dem 6. 4. 2005 in ganz neuer Umgebung zu bewundern: vier Jahre lang wurde der »Salle des Etats« im Pariser Louvre grundlegend umgestaltet, u. a. wurden vier neue Fensteröffnungen geschaffen und die Klimatisierung verbessert. Kosten der Saal-Renovierung: 4,8 Mio. €. Das nur 53 mal 76 Zentimeter große Bild, das nach Angaben des Museums jährlich sechs Mio. Menschen sehen möchten, ist jetzt in einer panzerglasgesicherten, klimatisierten Vitrine untergebracht, zusätzlich geschützt durch eine drei Meter breite Holz-Absperrung.

▪ **Edward Hopper-Ausstellung Köln** Mit einem Besucherrekord ging am 9. 5. 2005 die große Edward-Hopper-Retrospektive im Kölner Museum Ludwig zu Ende: mit knapp 360 000 Besuchern war es die erfolgreichste Ausstellung seit der Gründung des Museums. Hopper (1882–1965) zählt zu den bedeutendsten US-amerikanischen Künstlern des 20. Jahrhunderts. Die Retrospektive, eine Kooperation mit der Londoner Tate Modern, präsentierte rund 80 Ölbilder, Aquarelle, Grafiken und Zeichnungen aus allen Schaffensperioden des Künstlers. Eine Besonderheit waren die ansonsten nur selten gezeigten Vorzeichnungen zu bekannten Bildern wie beispielsweise dem Gemälde »Night Hawks«: sie belegen, wie genau der Maler seine scheinbar zufälligen Bildkompositionen entwarf.

▪ **100 Jahre »Die Brücke«** Mit zahlreichen Ausstellungen feierten mehrere Museen das 100. Gründungsjahr der Künstlervereinigung »Die Brücke«, deren Mitglieder als Wegbereiter des deutschen Expressionismus gelten. Unter anderem zeigte die Neue Nationalgalerie zusammen mit dem Brücke-Museum und dem Kupferstichkabinett in Berlin eine große Überblicksschau mit 500 Gemälden, Zeichnungen und Skulpturen aus den Beständen der beteiligten Museen. Ergänzt wurde die Ausstellung um Leihgaben anderer Museen, darunter Werke, die von den Nationalsozialisten als »entartete Kunst« beschlagnahmt worden waren, wie Kirchners Gemälde »Die Straße« (1913) aus dem New Yorker MoMA.

Am 7. 6. 1905 hatten sich die Architekturstudenten Ernst Ludwig Kirchner, Erich Heckel, Karl Schmidt-Rottluff und Fritz Bleyl zur Künstlergruppe »Die Brücke« zusammengeschlossen. Bis auf Kirchner, der auch Malerei studiert hatte, waren sie auf dem Gebiet der Malerei und Graphik Autodidakten. Die traditionelle akademische Malerei lehnten sie ab, suchten nach neuen künstlerischen Ausdrucksformen: Leuchtende Farben, primitive Formen und der Verzicht auf die traditionelle Perspektive kennzeichnen die Werke. 1911 siedelte die Gruppe, der sich zwischenzeitlich auch Max Pechstein und Emil Nolde angeschlossen hatten, nach Berlin über; 1913 löste sich die Vereinigung aufgrund interner Differenzen auf.

▪ **Biennale Venedig** Der Düsseldorfer Bildhauer und Grafiker Thomas Schütte wurde auf der 51. Kunstbiennale in Venedig (12. 6.–6. 11. 2005) als bester internationaler Künstler ausgezeichnet, beste Nachwuchskünstlerin wurde die 1974 geborene Regina José Galindo aus Guatemala. Mit dem Goldenen Löwen für den besten Länderbeitrag wurde der französische Pavillon ausgezeichnet, den Ehrenlöwen für ihr Lebenswerk erhielt die US-Künstlerin Barbara Kruger. Erstmals in der 110jährigen Geschichte der Biennale leiteten zwei Frauen die neben der documenta weltweit wichtigste Ausstellung für Gegenwartskunst: Stiftungspräsident Davide Croff berief die beiden Spanierinnen Maria del Corral und Rosa Martínez im August 2004 zur Vorbereitung der diesjährigen Kunstausstellung. Neben den Länderpavillons zeigten Martínez und de Corral zwei weitere große Ausstellungen. »The Experience of Art« und »Always a Little Further« präsentierten zeitgenössische Kunst von den 1970er Jahren bis heute. Der Deutsche Pavillon, wie bereits im Jahr 2003 von Julian Heynen, dem künstlerischen Leiter der Düsseldorfer K21 Kunstsammlung kuratiert, zeigte Arbeiten der beiden Nachwuchskünstler Thomas Scheibitz und Tino Sehgal.

▪ **Personalien** Der holländische Kunsthistoriker Carel van Tuyll van Serooskerken ist seit dem 1. 9. 2004 Leiter des Grafischen Kabinetts des Louvre in Paris. Van Serooskerken, der die Nachfolge von Françoise Viatte antrat, ist der erste Ausländer auf einem leitenden Posten des Museums. Seine Ernennung wurde erst durch ein entsprechendes, im Dezember 2003 verabschiedetes Dekret möglich.

Der Gründungsdirektor des Kunstmuseums Wolfsburg, Gijs van Tuyl, ist seit dem 1. 1. 2005 Direktor des Amsterdamer Stedelijk Museums, einem der renommiertesten Museen für moderne und zeitgenössische Kunst.

Van Tuyls Nachfolger in Wolfsburg wird ab dem 1. 1. 2006 der Schweizer Kunstwissenschaftler Markus Brüderlin, seit 1996 Leitender Kurator der Foundation Beyeler in Riehen bei Basel.

Max Hollein, Direktor der Schirn Kunsthalle Frankfurt, wird ab 1. 1. 2006 auch neuer Direktor des Städelschen Kunstinstituts. Der 35-jährige Österreicher leitet dann drei Frankfurter Museen: das Städel, das Liebighaus und die Schirn.

Literatur

▪ **Frankfurter Buchmesse** Drei Wochen vor Beginn der Frankfurter Buchmesse gab der Aufsichtsrat des Börsenverein des Deutschen Buchhandels (die Buchmesse ist ein Tochterunternehmen des Börsenvereins) überraschend bekannt, den Vertrag mit Buchmessen-Chef Volker Neumann Ende 2005 auslaufen zu lassen. Neumann, seit September 2002 im Amt, hatte 2003 durch seine Äußerungen, die Buchmesse wegen überhöhter Hotelpreise und den zu hohen Standkosten für die Aussteller nach München zu verlagern, für monatelangen Diskussionsstoff gesorgt.

Nachfolger Neumanns ist Jürgen Boos. Der 43-jährige Diplomkaufmann und Verlagsbuchhändler, zuletzt Leiter des Bereichs Marketing / Sales / Distribution im Wissenschaftsverlag Wiley-VCH in Weinheim, ist seit dem 1. 5. 2005 alleiniger Geschäftsführer der Buchmesse; Volker Neumann, der ihm ursprünglich bis Ende des Jahres zur Seite stehen sollte, hatte sein Amt zum 30. 4. niedergelegt.

Auf der 56. Frankfurter Buchmesse, die vom 6.–10. 10. 2004 stattfand, präsentierten rund 6700 Aussteller aus 111 Ländern rund 350 000 Titel. Ergänzt wurde die weltweit größte Bücherschau von 2500 Veranstaltungen; Ehrengast war die Arabische Welt, die mit 17 von 22 Ländern der Arabischen Liga vertreten war; nicht offiziell dabei waren Algerien, Marokko, Libyen, Kuwait und der Irak.

▪ **Jahres-Bestseller** Das meistverkaufte Buch in Deutschland war 2004 Dan Browns Thriller »Sakrileg«, das erfolgreichste Sachbuch 2004 war Susanne Fröhlichs »Moppel-Ich«. Nach Angaben der Verlage wurden von Dan Browns Verschwörungsroman 700 000 und von Susanne Fröhlichs Diät-Buch etwa 500 000 Exemplare ausgeliefert. Auf den Plätzen zwei folgen Frank Schätzings Roman »Der Schwarm« und im Sachbuch-Bereich Frank Schirrmachers »Das Methusalem-Komplott«.

▪ **Buchmesse Kairo** An der Cairo International Book Fair, die vom 27. 1.–8. 2. 2005 stattfand, nahmen in diesem Jahr aufgrund der veränderten Teilnahmebedingungen (es durften lediglich die Mitglieder des arabischen Verlegerverbandes ausstellen) erheblich weniger Verlage teil: waren es 2004 noch 1600 aus insgesamt 97 Ländern, so kamen 2005, nach offiziellen Zahlen, nur 516 Aussteller aus 25 Ländern. Die Messe, die in diesem Jahr unter dem Motto »Die arabische Renaissance und Perspektiven für Reformen« stand, bot den geschätzten 3,5 Mio. Besuchern Gelegenheit, sich über alle Neuerscheinungen zu informieren, Be-

Preisträger internationaler Literaturpreise

Preis	Preisträger
Astrid-Lindgren-Gedächtnispreis 2005 (Schweden, 550 000 €)	Ryoji Arai (Japan) und Philip Pullman (Großbritannien)
Georg-Büchner-Preis 2005 (Deutschland 40 000 €)	Brigitte Kronauer (Deutschland)
Großer Schillerpreis 2005 (Schweiz 30 000 sfr)	Erika Burkart (Schweiz)
Impac Dublin Literary Award 2005 (Irland 100 000 €)	Edward P. Jones (USA)
Ingeborg-Bachmann-Preis 2005 (Österreich 22 500 €)	Thomas Lang (Deutschland)
Joseph-Breitbach-Preis 2004 (Deutschland 50 000 €)	Raoul Schrott (Österreich)
Literaturpreis des Nordischen Rates 2005 (Skandinavien 70 000 €)	Sjón (Island)
Man-Booker Prize 2004 (Großbritannien 75 000)	Alan Hollinghurst (Großbritannen)
National Book Award 2004 (USA 10 000 US-$)	Lily Tuck (USA)
Premio Camões 2005 (Portugal 100 000 €)	Lygia Fagundes Telles (Brasilien)
Premio Ruan Rulfo 2004 (Mexiko 100 000 €)	Juan Goytisolo (Spanien)
Premio Planeta 2004 (Spanien 601 000 €)	Lucía Etxebarría (Spanien)
Prix Goncourt 2004 (Frankreich 7 €)	Laurent Gaudé (Frankreich)

stellungen aufzugeben bzw. Bücher zu ermäßigten Preisen zu erwerben. Von Verlegerseite wurde allerdings kritisiert, dass die Auswahl der Bücher noch immer, trotz anderslautender offizieller Stellungnahmen, einer Zensur unterliegt.

▪ **Der Deutsche Bücherpreis** Nach nur drei Jahren wurde der 2002 im Rahmen der Leipziger Buchmesse erstmals vergebene »Deutsche Bücherpreis« wieder eingestellt. Neben der undurchsichtigen Vorauswahl der Titel war vor allem die im Fernsehen übertragene »Bücher-Gala«, die zuletzt katastrophale Einschaltquoten zu verzeichnen hatte, heftig kritisiert worden. Ab 2005 soll nun der »Deutsche Buchpreis« zum Auftakt der Frankfurter Buchmesse verliehen werden. Im Gegensatz zum Leipziger Preis soll nur noch ein Titel, der beste deutschsprachige Roman des Jahres, prämiert werden. Im Vorfeld wird, ähnlich wie beim britischen Man-Booker-Preis, eine sechs Titel umfassende Short-List erstellt, aus der eine fünfköpfige Jury den Sieger ermittelt. Der Gewinner erhält 25 000 €, die übrigen Finalisten jeweils 2500 €.

▪ **Buchmesse Jerusalem** An der diesjährigen Jerusalem International Book Fair (13. 2.–18. 2. 2005), die seit 1963 alle zwei Jahre stattfindet, nahmen 500 Verlage aus 34 Ländern teil. Ergänzt wurde die Messe durch eine Vielzahl kultureller Veranstaltungen und Symposien. Anlässlich des 40-jährigen Jubiläums der Aufnahme diplomatischer Beziehungen zwischen Israel und Deutschland wurden am deutschen Gemeinschaftsstand, der von der Frankfurter Buchmesse, dem Auswärtigen Amt, der Deutschen Botschaft und dem Goethe-Institut organisiert wird, neben Zeitschriften und Büchern aus 220 Verlagen eine Sonder-Kollektion mit Büchern israelischer Autoren in deutscher Übersetzung und Büchern deutscher Autoren in hebräischer Übersetzung präsentiert. Die Verleihung des Jerusalem-Preises für die Freiheit des Individuums in der Gesellschaft gilt als Höhepunkt der Bücherschau; 2005 wurde der Portugiese António Lobo Antunes ausgezeichnet.

▪ **Leipziger Buchmesse** Mit 108 000 Besuchern, 6000 mehr als im Vorjahr, endete die Leipziger Buchmesse am 20. 3. 2005 erneut mit einem Besucherrekord. Auf der auf 44 000 m^2 erweiterten Ausstellungsfläche präsentierten sich 2142 Verlage aus 31 Ländern; einer der diesjährigen Themenschwerpunkte war der 200. Todestag Friedrich Schillers. Beim parallel zur Messe stattfindenden Literaturfestival »Leipzig liest« stellten etwa 1000 Autoren in rund 1500 Veranstaltungen in ganz Leipzig ihre aktuellen Buchproduktionen vor. Der erstmals vergebene, mit insgesamt 45 000 € dotierte »Preis der Leipziger Buchmesse« für herausragende deutschsprachige Neuerscheinungen in den Kategorien Belletristik, Sachbuch / Essayistik und Übersetzung ging an Terézia Mora für ihren Debüt-Roman »Alle Tage«, an Rüdiger Safranski für sein Buch »Schiller und die Erfindung des deutschen Idealismus« und an Thomas Eichhorn für seine Übersetzung von Les Murrays »Fredy Neptune«.

▪ **Buchpreisbindung** Die schweizerische Wettbewerbskommission (WEKO) hat am 30. 3. 2005 das für deutschsprachige Bücher angewandte Preisbindungssystem untersagt; der so genannte Sammelrevers verstoße gegen das Kartellgesetz. Die WEKO hatte den Sammelrevers erstmals 1999 für unzulässig erklärt, da er dazu führe, dass alle angeschlossenen Buchhandlungen den gleichen, vom Verlag festgelegten Preis einhalten und so einen Preiswettbewerb ausschließen. Daraufhin erhoben der Börsenverein des Deutschen Buchhandels und der Schweizerische Buchhändler- und Verlegerverband beim Bundesgericht eine Verwaltungsgerichtsbeschwerde. Nachdem das Bundesgericht im August 2002 die Beschwerde teilweise guthieß, wies sie den Fall zur Neubeurteilung an die WEKO zurück. Die prüfte nun, ob der Sammelrevers zu einer Erhöhung der Sortimentsbreite und -tiefe, zu einer höheren Produktvielfalt oder zu einer besseren Beratung führe, und stellte fest, dass die behaupteten positiven Wirkungen des Sammelrevers nicht nachgewiesen werden konnten. Die Schweiz importiert etwa 80 % der deutschsprachigen Bücher aus Deutschland und Österreich; in beiden Ländern ist die Buchpreisbindung gesetzlich verankert. Bei einer Aufhebung der Buchpreisbindung in der Schweiz bestünde die Gefahr des Reimports. Der Buchhandel erwägt deshalb eine erneute Klage.

■ **Rundfunkgebühren** Als letztes Bundesland stimmte Baden-Württemberg am 16. 3. 2005 dem neuen Rundfunkänderungsstaatsvertrag zu, der eine Erhöhung der Gebühren (ab dem 1. 4. 2005) um 88 Cent auf monatlich 17,03 € vorsieht. Dem Kompromissvertrag waren monatelange Diskussionen vorausgegangen: die Ministerpräsidenten Bayerns, Nordrhein-Westfalens und Sachsens hatten die im November 2003 von der Kommission zur Ermittlung des Finanzbedarfs der Rundfunksanstalten (KEF) empfohlene Anhebung der Gebühren um 1,09 € auf monatlich 17,24 € (ab dem 1. 1. 2005) abgelehnt. Sie forderten stattdessen eine Strukturreform der Sender, u. a. eine Reduzierung der Hörfunkwellen sowie einen pauschalen Personalabbau um 5 %. Mit der Anhebung um 88 Cent blieben die Länder erstmals unter der Empfehlung der KEF, die seit 1975 auf Beschluss der Ministerpräsidenten den Finanzbedarf der Rundfunk- und Fernseh-Anstalten prüft. Die ARD-Intendanten bezeichneten die Abweichung vom KEF-Vorschlag als verfassungswidrig; auf ihrem Treffen in Bremen am 14. Juni beschlossen sie, gegen die Gebührenerhöhung eine Beschwerde beim Bundesverfassungsgericht einzulegen. Der Intendant des ZDF, Markus Schächter, hatte bereits Anfang Juni bekannt gegeben, dass sein Sender auf eine Klage verzichte und eine politische Lösung favorisiere.

Auf Antrag des Verbandes der Privatsender (VPRT) prüft die EU-Kommission seit April 2003, ob die Verwendung der Rundfunkgebühren gegen das Wettbewerbsrecht verstößt. In den durch Rundfunkgebühren finanzierten Online- und E-Commerce-Angeboten von ARD und ZDF sieht der VPRT eine Wettbewerbsverzerrung; zudem stünden die Tochtergesellschaften der Sender im unzulässigen Wettbewerb zu privatwirtschaftlichen Unternehmen. Innerhalb eines Vorprüfungsverfahrens bestätigte die EU-Kommission am 3. 3. 2005 die Finanzierung der öffentlich-rechtlichen Anstalten durch Rundfunkgebühren und wies den Vorwurf des VPRT zurück, bei der Gebührenfinanzierung handele es sich um eine unzulässige Beihilfe. Gleichzeitig verlangte die Kommission in einem formalen Auskunftsbegehren von der Bundesregierung eine Stellungnahme zur Rundfunkfinanzierung und forderte mehr Transparenz und Kontrolle bei der Finanzierung und Haushaltsführung der Sender, u. a. eine Trennung zwischen den kommerziellen Aktivitäten der Anstalten und ihrem öffentlich-rechtlichen Auftrag. In ihrem Antwortschreiben vom 6. 5. 2005 kündigte die Bundesregierung weitere Ergänzungsnormen zum Rundfunkstaatsvertrag an; u. a. sollen zur besseren Kontrolle der Sender die Kompetenzen der Rundfunk- und Verwaltungsräte, der KEF und der Landesrechnungshöfe erweitert und Merchandising als »kommerzielle Tätigkeit« eingestuft werden. Zudem sollen die Online-Dienste der Sender, die sich durch die »Qualität der Inhalte« von denen anderer Anbieter unterscheiden, als »programmbezogene Angebote« in Anhängen zum Hauptvertrag festgeschrieben werden: damit würden sie, im Gegensatz zu den noch geltenden Richtlinien, unter den öffentlich-rechtlichen Auftrag fallen.

Deutschland: Monatliche Rundfunkgebühren

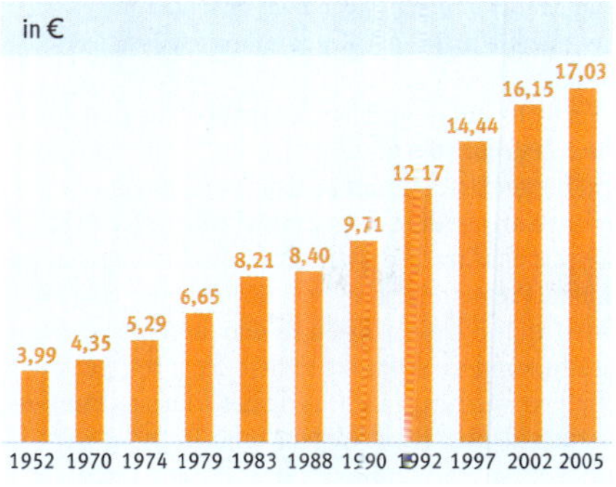

Quelle: F.A.Z.

Deutschland: Gebühreneinnahmen der öffentlich-rechtlichen Rundfunkanstalten

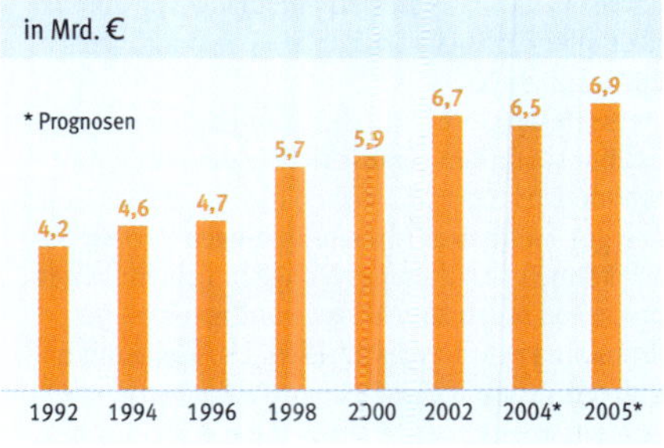

Quelle: F.A.Z.

■ **Caroline-Urteil** Das am 24. 6. 2004 vom Europäischen Gerichtshof für Menschenrechte gefällte so genannte Caroline-Urteil ist, nach Ablauf der dreimonatigen Einspruchsfrist, seit dem 24. 9. 2004 rechtskräftig. Prinzessin Caroline von Hannover hatte wegen unerlaubter Veröffentlichung von Paparazzi-Fotos in mehreren deutschen Zeitschriften in Straßburg Klage gegen Deutschland eingereicht, weil deutsche Gerichte die Veröffentlichung der Fotos nicht generell verboten hatten. Die umstrittenen Bilder zeigten die Prinzessin und ihre Familie am Strand, beim Skifahren und beim Einkaufsbummel. Nach Meinung der Straßburger Richter dürfen Prominente nur im Rahmen ihrer Berufsausübung ohne ihre Zustimmung fotografiert werden; die Medien dürften nur dann berichten, wenn ein öffentliches Interesse vorliege. Das Gericht widersprach damit einem Urteil des Bundesverfassungsgerichts aus dem Jahr 1999, in dem lediglich die Veröffentlichung der Fotos, die Caroline mit ihren Kindern zeigen, wegen des besonderen Schutzbedürfnisses der Kinder als unzulässig gerügt wurden.

Verleger- und Journalistenverbände, Chefredakteure von Zeitschriften und Fernsehsendern hatten das Straßburger Urteil scharf kritisiert und die Bundesregierung aufgefordert, Rechtsmittel einzulegen. Das Urteil sei ein Angriff auf die durch das Grundgesetz geschützte Pressefreiheit. Es bedeute nicht nur eine Herabsetzung von Journalisten zu reinen Hofberichterstattern, sondern schränke ebenso die investigative Berichtererstattung (wie im Fall des früheren Bundesbankpräsidenten Ernst Welteke) ein. Trotz der wiederholten Appelle der Medienbranche entschied sich die Bundesregierung am 1. 9. 2004, keine Rechtsmittel gegen das Urteil einzulegen. Ausschlaggebend für den Verzicht auf einen Einspruch sei die Tatsache, dass Politiker von dem Urteil ausdrücklich ausgenommen seien; die kritische Berichtererstattung über Politiker oder politische Skandale sei demnach auch künftig möglich.

Pressefusionsrecht Mit den Stimmen der rot-grünen Koalitionsmehrheit verabschiedete der Bundestag nach monatelangem Tauziehen die Novelle des Gesetzes gegen Wettbewerbsbeschränkungen (GWB). Danach können sich Zeitungsverlage mit einem Jahresumsatz von bis zu zwei Mio. € künftig ohne Einschränkung zusammenschließen. Um kleineren und mittleren Verlagen eine Fusion zu erleichtern, wird der Zusammenschluss erst ab einem gemeinsamen Jahresumsatz von mehr als 50 Mio. € von einem Genehmigungsverfahren abhängig gemacht (bislang lag die Schwelle bei 25 Mio. €). Darüber hinaus sieht das Gesetz vor, dass bis zur fünf Zeitungshäuser Kooperationen im Anzeigengeschäft, beim Vertrieb und beim Druck vereinbaren können, wenn dadurch das wirtschaftliche Überleben mindestens einer Zeitung gesichert wird. Das Gesetz, mit dem das deutsche Wettbewerbsrecht an europäisches Recht angepasst wird, trat am 1. 7. 2005 in Kraft.

Deutschland: Tägliche Fernsehdauer

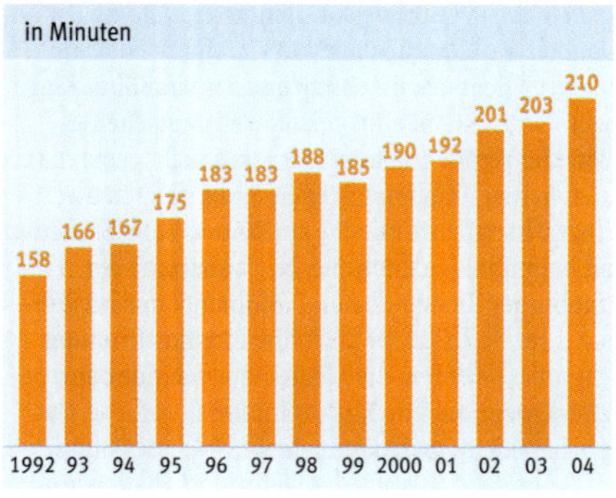

Quelle: F.A.Z.

Musik

Radio-Quote Nachdem im September 2004 eine Anhörung von Künstlern und Rundfunkvertretern über Vor- und Nachteile einer gesetzlichen Radio-Quote für deutsche Musik in der Enquete-Kommission des Bundestags »Kultur in Deutschland« stattgefunden hatte, forderte der Bundestag die Rundfunksender in einem von der Koalitionsmehrheit am 17. 12. angenommenen Antrag von SPD und Bündnis 90/Die Grünen zu einer »freiwilligen Selbstverpflichtung« auf, einen Anteil von annähernd 35 % deutschsprachiger bzw. in Deutschland produzierter Rock- und Pop-Musik zu berücksichtigen.

Hintergrund der Forderung ist die Eintönigkeit der Programme im so genannten Formatradio: deutschsprachige Künstler würden angesichts der Dominanz etablierter Stars der internationalen Musikszene kaum wahrgenommen. Die geforderte Quotierung orientiert sich am Beispiel Frankreichs: dort müssen die Radiosender seit 1994 40 % französische Musik spielen, im Falle eines Verstoßes drohen hohe Geldstrafen und ein eventueller Lizenzentzug. Im Gegensatz zu Frankreich liegt in Deutschland die gesetzgeberische Kompetenz allerdings nicht beim Bund, sondern bei den Ländern; einer entsprechenden Quotenregelung müsste demnach der Bundesrat zustimmen. Zudem wehren sich die deutschen Sender gegen eine staatliche Einmischung in ihre Musikprogramme; eine Quote für deutsche Musik bedeute einen Eingriff in die Programmhoheit der Sender.

Opernstiftung Am 22. 12. 2004, knapp ein Jahr, nachdem die drei Opernhäuser der Stadt in der Berliner Opernstiftung zusammengeführt wurden, unterschrieb Michael Schindhelm, zur Zeit noch Theaterintendant in Basel, einen Fünf-Jahres-Vertrag als erster Generaldirektor der Stiftung. Schindhelm war im Vorfeld seiner Berufung wegen seiner Stasi-Kontakte kritisiert worden. Ein Gutachten des vom Parlament einberufenen Ehrenrats, dem unter anderem die früheren DDR-Bürgerrechtler Ulrike Poppe und Wolfgang Templin angehörten, konstatierte, es gäbe »keine Einschränkung der persönlichen Eignung« Schindhelms für eine »Führungsposition in einer der wichtigsten Kultureinrichtungen der deutschen Hauptstadt«.

Die Opernstiftung gehört mit einem Jahresetat von 113 Mio. € zu den größten Kultureinrichtungen des Landes. Im Jahr 2004 betrug die Gesamt-Auslastung der Stiftung 62,1 % (Staatsoper Unter den Linden: 72,8 %, Deutsche Oper: 64 %, Komische Oper: 52,7 %).

Scala Am 3. 5. 2005 trat Stephane Lissner, Musikdirektor der Wiener Festwochen, sein Amt als Intendant der Mailänder Scala an. Die Ernennung des 52-jährigen Franzosen beendete die monatelangen Turbulenzen um die Leitung des traditionsreichen Opernhauses. Auslöser der Krise waren künstlerische und finanzielle Probleme zwischen dem langjährigen Mu-

Die renovierte Scala im November 2004

sikdirektor Ricardo Muti und dem Intendanten Carlo Fontana. Nach dessen Entlassung, im Februar dieses Jahres, übernahm der bisherige künstlerische Direktor, Mauro Meli, der als Schützling Mutis galt und den die Scala-Belegschaft ablehnte, die Nachfolge Fontanas. Die Angestellten traten daraufhin in einen zweimonatigen Streik, eine Vielzahl von Veranstaltungen wurde abgesagt. Im April traten Muti und Meli schließlich zurück.

Erst im Dezember 2004 war die Scala nach dreijähriger Renovierung glanzvoll wieder eröffnet worden; die Kosten für den Umbau lagen bei rund 61 Mio. €. Mit Lissner steht erstmals seit der Gründung 1778 ein Nichtitaliener an der Spitze des Opernhauses.

■ **Personalien** Der Belgier Gérard Mortier, bis 2001 Leiter der Salzburger Festspiele und Gründer der »RuhrTriennale«, wird neuer Direktor der Pariser Oper.

Peter Gelb, zuletzt Leiter von Sony Classical, übernimmt im Januar 2006 die Intendanz der New Yorker Metropolitan Opera.

Michael Klügl, derzeit Generalintendant des Landestheaters Linz, wird ab 2006 neuer Intendant der Staatsoper Hannover.

Als Nachfolger Peter Ruzickas, der auf eine Vertragsverlängerung verzichtete, wird Regisseur Jürgen Flimm ab Oktober 2006 Intendant der Salzburger Festspiele.

Der Direktor des Wiener Burgtheaters, Klaus Bachler, wird ab Sommer 2008 neuer Intendant der Bayerischen Staatsoper; seinen Vertrag in Wien, der noch bis 2009 läuft, will Bachler gleichzeitig wahrnehmen.

Preisträger internationaler Musikpreise

Ernst-von-Siemens-Musikpreis 2005 (Deutschland)	
	Henri Dutilleux
Polar-Musikpreis 2005 (Schweden)	
	Dietrich Fischer-Dieskau und Gilberto Gil
Grammy Awards 2005 (USA)	
	John Mayer (bester Popsänger)
	Norah Jones (beste Popsängerin)
	Genius Loves Company, Ray Charles & Various Artists (Album des Jahres)
	Daughters, John Mayer (Song des Jahres)
	Maroon 5 (beste Newcomer)
Brit Awards 2005 (Großbritannien)	
	Eminem (bester Sänger)
	Gwen Stefani (beste Sängerin)
	Scissor Sisters (beste Band)
	Scissor Sisters, Scissor Sisters (bestes Album)
MTV Europe Music Awards 2005	
	Usher (bester Sänger)
	Britney Spears (beste Sängerin)
	Outkast (beste Band)
	Confessions, Usher (bestes Album)
	Maroon 5 (beste Newcomer)

Theater

■ **RuhrTriennale** Die dritte Spielzeit der 1. RuhrTriennale, die von 2002–2004 unter der Leitung des Gründungsintendanten Gérard Mortier stattfand, endete im Juli 2004 mit einer Rekordquote: mit mehr als 25 000 Besuchern lag die Platzauslastung bei 87 %, weitere 120 000 Gäste besuchten die Bill-Viola-Ausstellung im Gasometer Oberhausen. Insgesamt kamen 117 000 Besucher zu den 289 Triennale-Veranstaltungen aller drei Spielzeiten.

Die 2. RuhrTriennale (2005–2007), unter der Intendanz Jürgen Flimms, wird am 20.8.2005 eröffnet, mehr als 700 Künstler aus 23 Ländern sind an den diesjährigen Produktionen beteiligt. Schauplätze des immer von August bis Oktober stattfindenden Festivals für Musik, Theater, Literatur und Tanz sind neben der Jahrhunderthalle Bochum Industriedenkmäler des Ruhrgebiets.

■ **Jahressieger** Bei der Kritikerumfrage der Zeitschrift »Theater heute« wurde die erst ein Jahr zuvor gegründete Berliner Bühne »Hebbel am Ufer« 2004 zum Theater des Jahres gewählt; Schauspieler des Jahres wurden Sunnyi Melles und Thomas Dannemann, bei den Nachwuchsschauspielern waren es Hilke Altefrohne und Devid Striesow. Als Inszenierungen des Jahres wurden Jürgen Goschs Düsseldorfer Inszenierung von Maxim Gorkis »Sommergäste« und Johan Simons Inszenierung von Heiner Müllers »Anatomie Titus Fall of Rome« an den Münchner Kammerspielen gewählt. Deutschsprachiges bzw. internationales Stück des Jahres wurden Fritz Katers »we are camera / Jasonmaterial« und »Der Kissenmann« von Martin McDonagh.

■ **Ruhrfestspiele** Im Rechtsstreit um seine Entlassung als Intendant der Ruhrfestspiele hat Frank Castorf am 17.1.2005 das Schlichtungsangebot des Gerichts angenommen. Nachdem die Zuschauerzahlen um mehr als die Hälfte auf 22 000 Besucher abgesunken waren, hatte der Träger des Festivals, der Deutsche Gewerkschaftsbund und die Stadt Recklinghausen, Castorf nach nur einer Spielzeit im Juli 2004 gekündigt. Der Intendant der Berliner Volksbühne, der einen Vier-Jahres-Vertrag als künstlerischer Leiter der

Festspiele unterschrieben hatte, widersprach der Entlassung. Das Schlichtungsangebot sieht neben einem Jahresgehalt von 120 000 € zwei Kooperationen zwischen den Ruhrfestspielen und der Berliner Volksbühne in den Jahren 2006 und 2007 vor. Nachfolger Castorfs (als Interimsintendant) wurde der Luxemburger Regisseur und Gründer und Intendant des Théâtre National de Luxembourg Frank Hoffmann. Sein diesjähriges Programm (1. 5.–12. 6. 2005) umfasst neben klassischen Theateraufführungen wie »Minna von Barnhelm«, »Emilia Galotti« und »Hamlet« eine Aufführungsreihe junger Ensembles »Dramen und Talente«, das »FRINGE FESTIVAL«, insgesamt 53 Vorstellungen von Kindertheater-Produktionen, Varieté, Körper- und Puppentheater sowie ein Kabarettfestival.

▪ **Deutsches Theater** Mit der Verlängerung von Bernd Wilms' Vertrag um weitere zwei Jahre bis 2008 endete die monatelange Suche nach einem neuen Intendanten für das Deutsche Theater in Berlin. Wilms hatte im August 2004 angekündigt, dass er seinen im Herbst 2006 auslaufenden Vertrag nicht verlängern wolle. Berlins Kultursenator Thomas Flierl (PDS) verpflichtete daraufhin im Oktober den Schriftsteller Christoph Hein als neuen Leiter des renommierten Hauses (ab 2006). Nachdem die Entscheidung Flierls heftig kritisiert worden war, erklärte Hein am 29. 12. 2004 seinen Rückzug. Er begründete den Verzicht mit den »massiven Vorverurteilungen« seiner Person und dem »vergifteten, feindseligen Klima«. Zudem sei es aufgrund der angespannten Haushaltslage Berlins nicht möglich, »die Intendanz seriös vorzubereiten und zu beginnen«. Die von Kultursenator Flierl im Dezember einberufene Findungskommission, der Ulrich Khuon (Intendant des Thalia Theaters Hamburg), Wolfgang Engel (Intendant des Schauspiels Leipzig) und Hortensia Völckers (künstlerische Direktorin der Kulturstiftung des Bundes) angehörten, sprach sich am 27. 1. 2005 für die Verlängerung von Wilms' Vertrag aus, da ansonsten Zeitprobleme bei der Vorbereitung für die Spielzeit 2006/07 zu befürchten seien.

▪ **Berliner Theatertreffen** Mit zwei Auszeichnungen für Andreas Kriegenburgs sechsstündige Marathon-Inzenierung von Friedrich Hebbels »Die Nibelungen« ging das 42. Berliner Theatertreffen am 22. 5. 2005 zu Ende: Kriegenburg erhielt den mit 10 000 € dotierten 3sat-Preis für eine »zukunftsweisende Leistung des deutschsprachigen Schauspiels«; der Alfred-Kerr-Darstellerpreis für Nachwuchsschauspieler ging an Wiebke Puls, die in den »Nibelungen« die Kriemhild spielt. Zweieinhalb Wochen lang wurden die von einer Jury aus Theaterkritikern ausgewählten »neun bemerkenswertesten Inszenierungen« der vergangenen Saison vorgestellt, darunter Inszenierungen von Stefan Pucher, Michael Thalheimer und Christoph Schlingensief. Abgesagt hatte Andrea Breth (Wiener Burgtheater), da keine der Berliner Bühnen die technischen Voraussetzungen für ihre aufwendige Inszenierung von Schillers »Don Carlos« biete.

▪ **Mülheimer Theatertage** Bei den Mülheimer Theatertagen, die in diesem Jahr zum 30. Mal stattfanden (14. 5.–5. 6. 2005), standen acht zeitgenössische Stücke im Wettbewerb um das beste Bühnenwerk. Den Gewinner des Mülheimer Dramatikerpreises ermittelt eine fünfköpfige Jury aus Theaterschaffenden, Kritikern und Dramatikern in einer öffentlichen Diskussion: Bewertet werden nicht die Inszenierungen, sondern die Texte. Anlässlich des 30jährigen Jubiläums wurde die Dotierung des Dramatikerpreises, der zudem mit einem Gastspiel bei den Salzburger Festspielen verbunden ist, von 10 000 auf 15 000 Euro erhöht. Ausgezeichnet wurde der Schweizer Lukas Bärfuss für sein Stück »Der Bus (Das Zeug einer Heiligen)« in der Inszenierung des Hamburger Thalia Theaters. Bärfuss erhielt außerdem den diesjährigen Publikumspreis.

UNESCO-Weltkulturerbe

▪ **Herzogin-Anna-Amalia-Bibliothek** Wenige Wochen vor dem Umzug aller Bücher in das neue unterirdische Magazin wurden bei einem Großbrand in der Herzogin-Anna-Amalia-Bibliothek am 2. 9. 2004 in Weimar mehr als 50 000 Bücher, Manuskripte und Noten zerstört, darunter nahezu die gesamte Musikaliensammlung der Herzogin sowie 42 Gemälde und das von Johann Heinrich Meyer stammende Deckengemälde »Genius des Ruhmes« im Rokokosaal der Bibliothek. Weitere 62 000 Bücher wurden durch Feuer und Löschwasser stark beschädigt. Das Feuer brach im Dachgeschoss des 1565 errichteten, seit 1998 zum Weltkulturerbe gehörenden Gebäudes aus; die Brandursache ist auch nach dem Abschlussgutachten des Bundeskriminalamtes vom März 2005 nicht vollständig geklärt. Die Gesamtkosten für die 34 000 geretteten Bücher sowie für die Wiederbeschaffung der Verluste werden auf 60 Mio. € geschätzt.

Die 1691 begründete Bibliothek zog 1766 in das von Herzogin Anna Amalia zum Bibliotheksgebäude umgestaltete frühere Wohnhaus »Grünes Schloss«, sie war eine der ersten öffentlich zugänglichen Fürstenbibliotheken. Glanzstück des Baus bildete der über drei

Der Rokokosaal der Herzogin-Anna-Amalia-Bibliothek nach dem Brand im September 2004

Etagen reichende, jetzt durch den Brand zerstörte Rokokosaal. Der Bestand der zur Stiftung Weimarer Klassik und Kunstsammlungen gehörenden Bibliothek umfasst fast eine Mio. Bücher; einen Sammlungsschwerpunkt bildet die deutsche Literatur zwischen 1750 und 1850. Daneben ergänzen zahlreiche Sondersammlungen den Bestand, u. a. eine der größten Sammlungen von Shakespeare-Originalausgaben und eine Bibelsammlung, zu der eine Lutherbibel aus dem Jahr 1534 gehört.

Um den Wiedererwerb der verlorenen Bücher, der nach Meinung der Experten frühestens in 30 Jahren ausgeglichen sein wird, zu erleichtern, wurde eine Datenbank im Internet freigeschaltet (www.anna-amalia-bibliothek.de). 2007, im Jahr des 200. Todestags der Herzogin, soll das Grüne Schloss wieder eröffnet werden. Fünf Monate nach der Brandkatastrophe wurde das neue Studienzentrum der Bibliothek eingeweiht. Der 25 Mio. € teure Bau bietet auf 7000 m² Platz für eine Mio. Bücher. Für die knapp 200 000 Bände umfassende Freihandbibliothek stehen jetzt 130 (zuvor 30) Leseplätze zur Verfügung.

Tsunami-Schäden Durch die Flutkatastrophe in Südasien im Dezember 2004 wurden auch mehrere, zum Weltkulturerbe zählende Kulturgüter sowie bedeutende Naturstätten beschädigt. Betroffen sind unter anderem die Altstadt und das niederländische Kolonialfort von Galle in Sri Lanka, der aus dem 13. Jahrhundert stammende Sonnentempel von Konarak und die Tempelstadt von Mahabalipuram in Südindien, die Tropenwälder an den Küsten Sumatras und der Nationalpark Ujing Kulon in Indonesien.

Neben der Entsendung von Expertenteams, die die Flutschäden bilanzieren und Möglichkeiten zur Reparatur erkunden sollen, kündigte die UNESCO ihre Unterstützung beim Aufbau eines Tsunami-Frühwarnsystems im Indischen Ozean an. Vorbild soll das bislang weltweit einzige, von der Internationalen Ozeanographischen Kommission der UNESCO (IOC) 1968 eingerichtete Tsunami-Warnsystem im Pazifik sein, das aus einem Netz von Seismographen und Messbojen im gesamten Pazifik besteht. Die Messdaten werden über Satellitensysteme in die Überwachungszentralen geliefert. Sobald das Entstehen eines Tsunamis beobachtet wird, ergeht eine Flutwellenwarnung an die zuständigen lokalen Behörden, die die Warnung an die Bevölkerung weiterleitet und die entsprechenden Maßnahmen zur Evakuierung ergreift.

Die Tempelstadt von Mahabalipuram

UNESCO-Kultur-Konvention Am 3. 6 2005 ging die dritte zwischenstaatliche Verhandlungsrunde der 191 UNESCO-Mitgliedstaaten über das geplante Abkommen zum Schutz und zur Förderung kultureller Vielfalt in Paris mit der Einigung über den Entwurfstext zu Ende. Die UNESCO-Konvention soll das Recht aller Staaten auf eine eigenständige Kulturpolitik völkerrechtlich absichern; die Konvention definiert kulturelle Vielfalt als ein Grundrecht: »Im Rahmen seiner Kulturpolitik leitet jeder Vertragsstaat Maßnahmen ein, die darauf abzielen, die Vielfalt kulturellen Ausdrucks auf seinem Staatsgebiet zu schützen und zu fördern.« Mit dem Abkommen stünde ein Instrument zur Verfügung, den weitgehenden Liberalisierungsvorstellungen im Rahmen der GATS-Verhandlungen entgegenzutreten. GATS steht für »General Agreement on Trade in Services«: Allgemeines Abkommen über den Handel mit Dienstleistungen, ein Abkommen der Mitgliedstaaten der Welthandelsorganisation (WTO). Ziel des GATS ist die Liberalisierung des Dienstleistungssektors.

Für die Liberalisierungsgegner spiegeln kulturelle Güter und Dienstleistungen Identitäten und Wertvorstellungen wider. Würden sie mit wirtschaftlichen Handelsgütern gleichgestellt, wäre eine Subventionierung kultureller Einrichtungen nicht mehr möglich: die Finanzierung des öffentlich-rechtlichen Rundfunks beispielsweise oder die Subventionen für Theater, Bibliotheken, Opernhäuser und Museen kämen einer Wettbewerbsverzerrung gleich. Die UNESCO-Konvention soll auf der 33. Generalversammlung der UN-Organisation für Erziehung, Wissenschaft und Kultur im Oktober angenommen und anschließend von den nationalen Parlamenten ratifiziert werden. Ob alle Staaten den Vertrag ratifizieren werden, bleibt allerdings fraglich; die USA – weltgrößter Exporteur von Produkten und Dienstleistungen für Film, Funk und Fernsehen – befürchten, dass die UN-Konvention zu stark in das internationale Handelsrecht hineinwirke.

Memory of the World Am 21. 6. 2005 teilte die Deutsche Kommission der UNESCO in Bonn mit, dass die Handexemplare der Kinder- und Hausmärchen der Brüder Grimm (14 Märchen- und zwei Kommentarbände aus den Jahren 1812 bis 1857) in das Weltdokumentenerbe aufgenommen wurden. Die Grimmschen Märchen sind die erste systematische Zusammenfassung und wissenschaftliche Dokumentation der gesamten europäischen und orientalischen Märchentradition.

Das von der UNESCO 1997 eingerichtete Register »Memory of the World« umfasst inzwischen 120 Einträge; bei der diesjährigen Tagung des internationalen Beraterkomitees am 17. 6. im chinesischen Lijang wurden insgesamt 29 neue Einträge aus 24 Ländern in das Register aufgenommen.

Nobelpreise

Nach dem Vermächtnis des schwedischen Chemikers und Industriellen Alfred Nobel (1833–96) werden seit 1901 Personen und Institutionen für ihre Verdienste um die Erhaltung des Friedens sowie für Leistungen auf den Gebieten Literatur, Chemie, Physik, Medizin oder Physiologie ausgezeichnet. Darüber hinaus stiftete 1968 die Schwedische Reichsbank den Preis für Wirtschaftswissenschaften. Die mit jeweils 10 Mio. skr (ca. 1,1 Mio. €) dotierten Auszeichnungen werden jedes Jahr am 10. 12., dem Todestag Nobels, vom norwegischen König in Oslo bzw. vom schwedischen Monarchen in Stockholm überreicht.

▪ **Friedensnobelpreis** Der Friedensnobelpreis 2004 ging an die Umweltschützerin und Frauenrechtlerin Wangari Maathai aus Kenia und damit erstmals an eine Afrikanerin. Das norwegische Friedensforschungsinstitut begründete die Vergabe mit dem Einsatz der 64-Jährigen für eine »nachhaltige Entwicklung der Natur, Meinungsfreiheit und Demokratie« in ihrem Heimatland und in Afrika.

Maathai ist promovierte Biologin und Professorin und gilt seit den 1960er Jahren als Symbolfigur der kenianischen Frauenbewegung. Bekannt wurde sie vor allem mit dem 1977 gegründeten »Green Belt Movement«: das größte Aufforstungsprojekt Afrikas pflanzte bislang mehr als 30 Mio. Bäume zum Schutz gegen Erosion, zehntausende Menschen fanden dadurch Arbeit. 1984 wurde Wangari Maathai bereits mit dem Alternativen Nobelpreis ausgezeichnet.

▪ **Nobelpreis für Literatur** Die Schwedische Akademie der Schönen Künste zeichnete mit der österreichischen Schriftstellerin und Dramatikerin Elfriede Jelinek die neunte Frau seit 1901 aus. Sie würdigte mit ihrer Entscheidung »den musikalischen Fluss von Stimmen und Gegenstimmen in Romanen und Dramen, die mit einzigartiger sprachlicher Leidenschaft die Absurdität und zwingende Macht der sozialen Klischees enthüllen«. Jelinek habe dabei vor allem »die Konsumgesellschaft Österreichs kritisiert, die nicht ihre eigene Vergangenheit aufgearbeitet hat«. Immer wieder prangere die radikale Feministin die »allgegenwärtigen männlichen Herrschafts- und Gewaltverhältnisse in Ehe und Gesellschaft« an.

Zu den bekanntesten Werken der 1946 in Mürzzuschlag/Steiermark geborenen Autorin zählen die Romane »Die Ausgesperrten« (1980), »Die Klavierspielerin« (1983) und »Die Kinder der Toten« (1995) sowie das Theaterstück »Burgtheater« (1985).

▪ **Nobelpreis für Chemie** Der Preis ging zu gleichen Teilen an die beiden israelischen Wissenschaftler Aaron Ciechanover und Avram Hershko vom Israel Institute of Technology in Haifa sowie den US-Amerikaner Irwin Rose von der University of California in Irvine für ihre Verdienste um die Erforschung des Proteinabbaus in der Zelle.

Die drei Forscher seien mit ihren Arbeiten gegen den Strom geschwommen, so das Nobelpreiskomitee des schwedischen Instituts. Im Gegensatz zu den meisten anderen Wissenschaftlern interessierten sie sich nicht für die so genannte Proteinbiosynthese, die Fertigung der Zellstrukturen und -werkzeuge, sondern für ihren Abbau. Aufgrund ihrer Forschungsergebnisse verstehe man heute, warum in der Zelle einige Proteine zerstört, andere dagegen erhalten würden. Fehler im Abbausystem könnten zu Krankheiten wie Mukoviszidose oder Gebärmutterkrebs führen.

▪ **Nobelpreis für Physik** Die Auszeichnung erhielten die US-Wissenschaftler David J. Gross (University of California in Santa Barbara), H. David Politzer (California Institute of Technology in Pasadena) und Frank Wilczek (MIT in Cambridge) für ihre Arbeit auf dem Gebiet der Quark-Forschung.

Die drei Forscher werden für ihre 1973 formulierte Arbeit zur Farbtheorie der »starken Wechselwirkung« ausgezeichnet. Sie entdeckten, dass die starke Wechselwirkung abnimmt, je näher sich Quarks sind. In direkter Nähe verhalten sich Quarks wie freie Partikel, was auch als »Asymptotic Freedom« bezeichnet wird. Auch der Umkehrschluss gilt: Je weiter entfernt Quarks voneinander sind, desto höher ist die starke Wechselwirkung. Die starke Wechselwirkung ist eine der vier Grundkräfte der Physik und unter anderem für den Zusammenhalt von Quarks und allen daraus zusammengesetzten Teilchen wie Protonen und Neutronen im Atomkern verantwortlich.

▪ **Nobelpreis für Medizin** 2004 wurden die US-Wissenschaftler Richard Axel und Linda B. Buck für ihre Verdienste um die Erforschung des Geruchssinns ausgezeichnet. Die beiden Forscher hätten laut Nobelpreiskomitee eine große Gruppe von rund 1000 Genen und Geruchsrezeptoren entdeckt, mit deren Hilfe Menschen Gerüche bestimmen können. Axel ist Wissenschaftler am Howard Hughes Medical Institute der Columbia-Universität in New York, Buck forscht am Fred Hutchinson Cancer Research Center in Seattle.

▪ **Nobel-Gedenkpreis für Wirtschaftswissenschaften** Der Gedenkpreis ging je zur Hälfte an den Norweger Finn E. Kydland (Carnegie-Universität in Pittsburgh/Universität von Santa Barbara in Kalifornien) und den US-Amerikaner Edward C. Prescott (Universität von Tempe/Arizona). Das Preiskomitee der Akademie erklärte, beide Wissenschaftler hätten fundamentale Beiträge zur Erforschung von Konjunkturschwankungen und der Ausformung staatlicher Wirtschaftspolitik geleistet. »Dies hat nicht nur bei der makroökonomischen Analyse, sondern auch für die praktische Geld- und Finanzpolitik in vielen Ländern große Bedeutung gehabt.« Die Preisträger hätten gezeigt, wie sich die Erwartungen gegenüber zukünftiger Wirtschaftspolitik auf die »Zeitkonsistenz« dieser Politik auswirkten.

Fußball

Frauenfußball

Der **1. FFC Frankfurt** und der 1. FFC Turbine Potsdam, die seit Jahren besten deutschen Frauen-Teams, können auf eine erfreuliche Saison 2004/05 zurückblicken. Während die Frankfurterinnen um Birgit Prinz und Renate Lingor den Meistertitel holten, gelang dem **1. FFC Turbine Potsdam** sogar ein Double: Die Mannschaft von Trainer Bernd Schröder gewann das **DFB-Pokalfinale** in Berlin gegen die Rivalinnen vom Main mit 3:0 und sicherte sich als Zugabe noch den **UEFA-Cup** gegen den schwedischen Meister Djurgarden/Älvsjö mit 2:0 und 3:1. Conny Pohlers, Turbine-Torschützin vom Dienst, war mit 14 Toren entscheidend am Potsdamer UEFA-Cup-Triumph beteiligt.

Bundesliga-Saison 2004/05

		Sp	Tore	Pkt.
1.	1. FFC Frankfurt	22	78:16	63
2.	FCR Duisburg	22	91:20	56
3.	1. FFC Turbine Potsdam	22	79:29	49

Europameisterschaft 2005

Großbritannien, 5. 6.–19. 6. 2005

Fußball-Europameister 2005: einen schöneren Abschied hätte es für die deutsche Trainerin in ihrem letzten Spiel nicht geben können. **Tina Theune-Meyer** zählt zu den Pionierinnen des Frauenfußballs in Deutschland: als Spielerin und Übungsleiterin bei Grün-Weiß Brauweiler, Diplom-Sportlehrerin mit Fußballlehrer-Lizenz an der Deutschen Sporthochschule in Köln und Assistenztrainerin von Frauen-Bundestrainer Gero Bisanz, dessen Amt sie 1996 übernahm. Mit Erfolg: Bronze bei Olympia 2000 und 2004, drei EM-Titel (1997, 2001, 2005) und als Krönung ihrer Karriere der erste WM-Sieg einer deutschen Frauen-Nationalmannschaft 2003 gegen Schweden. Neue Cheftrainerin wird Rekord-Nationalspielerin Silvia Neid, seit 1996 Assistentin von Tina Theune-Meyer.

Halbfinale	
Deutschland – Finnland	4:1
Schweden – **Norwegen**	2:3 n. V.
Finale	
Deutschland – Norwegen	3:1

Confederations Cup 2005

Deutschland, 15.–29. 6. 2005

Die **»Mini-WM«** präsentierte sich als ein heiteres Vergnügen, eine farbenfrohe Probe aufs Exempel. Mit einer brasilianischen Mannschaft, die, wenn sie wollte, Zauberfußball spielte. Mit einer rundderneuerten deutschen Nationalmannschaft, deren Elan trotz offenkundiger Defizite im Abwehrverhalten für die WM 2006 im eigenen Land hoffnungsfroh stimmt. Und mit Zuschauern, die sich selbst und die Schönheit des Spiels feierten.

Der Confederations Cup, über den Ex-Bundestrainer Berti Vogts einmal befand, er sei so »überflüssig wie ein Kropf«, hat sich von seinen Anfängen als Einladungsturnier des saudischen Königshauses um den König-Fahd-Pokal (1992) längst emanzipiert; seit der dritten Auflage 1997 in Mexiko steht er unter der Regie der FIFA. Der Confed Cup ist aus dem internationalen Wettkampfkalender mittlerweile nicht mehr wegzudenken. Er findet von nun an alle vier Jahre statt und wird stets vom Gastgeber der nächsten WM ausgerichtet. Als **Testlauf und Generalprobe** ist er nicht nur für die Veranstalter der Weltspiele des Fußballs von unschätzbarer Bedeutung. Die **Mängelliste** nach den Fußballfesttagen von Leipzig, Hannover, Köln, Nürnberg und Frankfurt fällt erfreulich übersichtlich aus. Eine Abseitsregel, die sich selbst ins Abseits stellte. Vier Flitzer der harmlosen Art, die unbehelligt von den Ordnern aufs Spielfeld stürmten. Und ein Dachschaden im Frankfurter Waldstadion, der Kaskaden von Wasser auf eine zum Glück nur periphere Stelle des Rasens stürzen ließ.

Ronaldinho im Finale des Confed Cup

Brasilien wird 2006 als klarer Titelfavorit zur WM nach Deutschland kommen. Obwohl ohne feste Größen wie Ronaldo, Cafù und Roberto Carlos angereist, konnte die Seleção am Ende mit Samba do Brasil, Gebeten und Gesängen den Gewinn ihres zweiten Confed Cup-Titels nach 1997 feiern. Beim 4:1 (2:0) im Finale gegen Argentinien revanchierte sie sich eindrucksvoll für die 1:3-Niederlage in der WM-Qualifikation am 8. 6. 2005 in Buenos Aires, als sie im »Superclásico« gegen Riquelme & Co. absolut chancenlos waren. Carlos Alberto Parreira verfügt ein Jahr vor Beginn der Fußball-WM über ein Kollektiv mit einer »wunderbaren inneren Balance«, zusammengehalten von einem »fast spirituell zu nennenden Teamgeist« (SZ). Und sein aus Ronaldinho (Foto), Kaká, Robinho und Adriano bestehendes magische Viereck lässt Vorfreude auf 2006 aufkommen. Manche Beobachter schwärmen bereits jetzt vom vielleicht besten brasilianischen Team aller Zeiten.

Wer hätte darauf gewettet, dass die **deutsche Mannschaft** die Hinrunde ungeschlagen als Gruppenerster abschließen, das Finale gegen Brasilien nur um einen Wimpernschlag verpassen und in fünf Spielen fünfzehn Tore schießen würde? »Revolución Klini« – auf diese Formel brachte die spanische Zeitung El Pais das, was sich in Fußball-Deutschland in der Nach-Völler-Ära bewegt. Jürgen Klinsmann, sein Assistenztrainer Joachim Löw und Teammanager Oliver Bierhoff haben innerhalb weniger Monate eine Veränderungsdynamik initiiert, die schon jetzt Früchte trägt. Sprechchöre und stehende Ovationen für einen Bundestrainer – wie nach dem mitreißenden Spiel um den 3. Platz gegen Mexiko –, hat es das nach Sepp Herberger überhaupt schon einmal gegeben? Elf Gegentore in fünf Spielen: daran wird zu arbeiten sein. Aber noch bleibt der jungen Mannschaft fast ein Jahr, um von den brasilianischen Ballartisten zu lernen und Konsequenzen für den Ernstfall 2006 zu ziehen.

Gruppe A

Deutschland – Australien 4:3
Argentinien – Tunesien 2:1
Tunesien – Deutschland 0:3
Australien – Argentinien 2:4
Australien – Tunesien 0:2
Deutschland – Argentinien 2:2

		Sp	G	U	V	Tore	Pkt.
1.	Deutschland	3	2	1	0	9:5	7
2.	Argentinien	3	2	1	0	8:5	7
3.	Tunesien	3	1	0	2	3:5	3
4.	Australien	3	0	0	3	5:10	0

Gruppe B

Brasilien – Griechenland 3:0
Japan – Mexiko 1:2
Griechenland – Japan 0:1
Mexiko – Brasilien 1:0
Griechenland – Mexiko 0:0
Japan – Brasilien 2:2

		Sp	G	U	V	Tore	Pkt.
1.	Mexiko	3	2	1	0	3:1	7
2.	Brasilien	3	1	1	1	5:3	4
3.	Japan	3	1	1	1	4:4	4
4.	Griechenland	3	0	1	2	0:4	1

Halbfinale

Deutschland – **Brasilien** 2:3
Mexiko – **Argentinien** 5:6 i. E.

Spiel um den 3. Platz

Deutschland – Mexiko 4:3 n. V.

Finale

Brasilien – Argentinien 4:1

Bundesliga-Saison 2004/05

Der **FC Bayern München** mit vierzehn Punkten Vorsprung auf Schalke 04 unangefochten deutscher Fußballmeister 2004/2005 – danach hatte es über weite Strecken der Saison nicht ausgesehen. Und dass Trainer Felix Magath als Nachfolger von Ottmar Hitzfeld gleich in seinem ersten Jahr beim FC Bayern die traditionelle Weißbierdusche als schäumendes Zeichen bayerischen Fußballglücks über sich niedergehen lassen durfte, auch darauf hätte man nach dem durchwachsenen Saisonauftakt nicht unbedingt wetten mögen.

Kahn & Co in Feierlaune

Neue Ansprache und Ansprüche, hohe Maßstäbe und extreme Fitness: Genau deshalb hat Manager Uli Hoeneß einen Übungsleiter wie »Quälix« Magath zum FC Bayern geholt. Bereits in seiner ersten Saison in München hat er mit der Mannschaft einen deutlichen Schritt in Richtung europäisches Top-Niveau zurückgelegt. Je unsteter die Bundesliga-Konkurrenz agierte, desto souveräner spielte der FC Bayern seine Stärken aus: mannschaftliche Geschlossenheit, variables Angriffsspiel, Disziplin und Siegeszuversicht.

Lange schien ein knappes Finish um die Meisterschaft mit dem **FC Schalke 04**, vielleicht sogar mit dem VfB Stuttgart denkbar. Am Ende konnte Ralf Rangnick, der schon nach wenigen Spieltagen den glücklosen Jupp Heynckes in Gelsenkirchen als Chefcoach ablöste, glücklich sein, mit Platz zwei den Sprung in die Champions League geschafft zu haben.

Der **VfB Stuttgart** verspielte am letzten Spieltag erneut die fast sicher geglaubte Champions-League-Qualifikation. Zögern und Taktieren, Absichern statt forsches Drauflosspielen? Da waren die »Jungen Wilden« um Kuranyi, Hleb, Hinkel und Hildebrand und das anspruchsvolle Stuttgarter Publikum von Sammers Vorgänger Magath anderes gewöhnt. Die Konsequenz: Trainer Matthias Sammer musste gehen. Sein Nachfolger ist ein guter alter Bekannter: Giuseppe Trapattoni, frisch gekürter portugiesischer Meister mit Benfica Lissabon – und ausgewiesener Liebhaber defensiver Spielsysteme.

Borussia Dortmund galt am Ende der Hinrunde als heißer Abstiegs- und Insolvenzkandidat. Eine Hiobsbotschaft jagte die andere. Ein schreckliches Jahr für Schwarz-Gelb, wäre da nicht diese famose Rückrunde gewesen. Der Niederländer Bert van Marwijk hatte als Trainer großen Anteil an der Wiederauferstehung des BVB. Am Ende schnupperten die Weidenfellers und Kollers gar noch an der direkten Qualifikation für »Fußball-Europa«. Platz 7, nur vier Punkte hinter Vorjahrsmeister **Werder Bremen**, das ist nach der katastrophalen Hinserie mehr als respektabel.

Werder, das im Achtelfinale der Champions League mit 0:3 und 2:7 gegen Olympique Lyon Schiffbruch erlitt, ließ am Saisonende mit einem letzten Kraftakt noch die Berliner Hertha und den VfB Stuttgart hinter sich und kann sich als Ligadritter nun erneut Hoffnungen auf die »Königsklasse« machen.

Zwei Aufsteiger haben imponiert: **Arminia Bielefeld** und der **FSV Mainz 05**. Nicht nur weil sie die Klasse gehalten haben, sondern wie sie sie gehalten haben. »Systemfußball« heißt das Zauberwort, das in der Saison die Runde machte. Letztlich meint es nichts anderes als aus eher limitierten Mitteln eine Menge herauszuholen: durch laufintensives Pressing und flexibles Positionsspiel, durch aggressives 4–4–2- oder 4–5–1-Spiel und Blitzkonter. Wo man so etwas lernt? Unter anderem in der 2. Liga. Mainz machte Spaß: die Spielstätte am Bruchweg hat das Millerntorstadion von St. Pauli als Freudenhaus der Liga abgelöst. Und dass Jürgen Klopp ein Glücksfall nicht nur für den FSV Mainz 05, sondern für die ganze Liga ist, hat sich herumgesprochen. Am Ende gelang es den Mainzern gar, durch das Hintertürchen der europäischen Fair-Play-Wertung in den UEFA-Cup einzuziehen: das Sahnehäubchen auf einer vielleicht einzigartigen Saison.

Und die Absteiger? Unter glücklicheren Umständen hätten **Hansa Rostock** und der **VfL Bochum**, den am Ende ein Punkt von Borussia Mönchengladbach und dem rettenden 15. Platz trennte, vielleicht noch den Kopf aus der Schlinge ziehen können. Der **SC Freiburg** hat dagegen den Abstieg verdient wie lange keine Mannschaft mehr. Die wenigsten Tore erzielt, die meisten kassiert, schwächste Heimbilanz, schlechteste Auswärtsbilanz. Nur Tasmania 1900 Berlin war 1966 noch schlechter als die Breisgauer.

DFB-Pokal 2004/05

Viertelfinale	
Arminia Bielefeld – Hansa Rostock	1:0
FC Bayern München (A) – **Werder Bremen**	0:3
FC Schalke 04 – Hannover 96	3:1
SC Freiburg – **FC Bayern München**	0:7
Halbfinale	
Arminia Bielefeld – **FC Bayern München**	0:2
FC Schalke 04 – Werder Bremen	5:4 i. E.
Finale	
FC Schalke 04 – **FC Bayern München**	1:2

Der Fall Hoyzer

Paderborn, 21. 8. 2004: Eine Spielertraube in blau-schwarzen Trikots umringt den Schiedsrichter. Die HSV-Profis Barbarez, Wicky, Jarolim, Beinlich und van Buyten können und wollen nicht begreifen, was ihnen im DFB-Pokalspiel gegen den SC Paderborn widerfährt. **Schiedsrichter Robert Hoyzer** pfeift zwei mehr als fragwürdige Elfmeter gegen sie und stellt HSV-Stürmer Emile Mpenza wegen angeblichen Meckerns vom Platz. Der SC Paderborn gewinnt nach 0:2-Rückstand mit 4:2 und kommt eine Runde weiter. Der Pokal hat seine eigenen Gesetze – ist es nur das?

»Die Menschen gehen zum Fußball, weil sie nicht wissen, wie's ausgeht.« Damit auch dieses Herbergersche Axiom weiterhin Bestand hat, wandte sich der Berliner Schiedsrichter Lutz Michael Fröhlich mit drei Kollegen am 19. 1. 2005 an den Vorsitzenden des Schiedsrichter-Ausschusses Volker Roth. Rasch stellte sich heraus, dass ihr Kollege Hoyzer Hintermänner hatte: die kroatischen Brüder Ante, Filip und Milan Sapina, die vom Café King in Berlin aus ein Fußballroulette mit Millioneneinsätzen steuerten. **Mindestens 28 Spiele** sollen verschoben und verpfiffen worden sein, siebzehn allein in den beiden Fußball-Regionalligen.

Nicht nur das Fairplay-Prinzip wird beim Wettbetrug mit Füßen getreten, es geht um ungeheuer viel Geld. Der Dreh heißt **Kombiwette**, das Prinzip ist einfach. Man kombiniert zum Beispiel zwei »Bankspiele«, also Paarungen mit »sicherem« Ausgang, mit einem hochspekulativen, also eher unwahrscheinlichen Ergebnis, auf das man durch einen gefügig gemachten »Unparteiischen« gezielt Einfluss nimmt. So lässt sich im Handumdrehen der Wetteinsatz verzehnfachen. »Wo investiert wird, wird geschmiert. Wo viel investiert wird, wird viel geschmiert«, konstatierte Wolfgang Schaupensteiner, Leiter der Anti-Korruptionsabteilung der Frankfurter Staatsanwaltschaft, nüchtern.

Der Fall Hoyzer hat, gut ein Jahr vor Beginn der WM, den deutschen Fußball wie kein anderes Ereignis seit dem Bundesliga-Skandal vor 1971 aufgeschreckt. Damals war die halbe Bundesliga involviert, heute sind es wohl nur wenige schwarze Schafe, die den Sport in Misskredit bringen. Aber nicht nur der Fußball hat Schaden genommen. Auch das staatliche Wettmonopol und mit ihm der staatliche Sportwettenanbieter Oddset sind in die Kritik geraten. Den privaten Wettanbietern, die sowieso auf dem Vormarsch sind, kann das nur recht sein. Bis 2005 aber wird sich an der Privilegierung von Oddset wohl nichts ändern – sonst verlöre die Fußball-WM einen nationalen Sponsor.

Das **juristische Nachspiel** ist noch nicht abgeschlossen, es gibt eine Reihe schwebender Verfahren. Robert Hoyzer, so viel steht fest, hat ausgepfiffen: Er wurde auf Lebenszeit aus dem Verband verbannt.

Ergebnisse der Bundesliga-Saison 2004/05

1. FC Bayern München		0:1 0:1	1:0 2:1	1:1 0:0	2:2 3:1	2:0 1:4	5:0 2:2	3:0 2:0	2:0 3:0	3:0 1:0
2. FC Schalke 04	1:0 1:0		2:1 0:1	1:3 1:4	3:2 0:3	3:3 3:0	1:2 1:0	1:2 2:1	3:0 0:3	1:0 0:1
3. Werder Bremen	1:2 0:1	1:0 1:2		1:1 0:0	1:0 2:0	0:0 0:0	0:0 1:2	2:0 2:0	1:0 5:1	1:1 0:0
4. Hertha BSC	0:0 1:1	4:1 3:1	1:1 1:0		0:0 0:1	3:1 3:3	0:1 1:2	4:1 1:2	3:1 3:2	0:0 1:0
5. VfB Stuttgart	1:3 2:2	3:0 2:3	1:2 2:1	1:0 0:0		3:0 1:1	2:0 2:0	2:0 1:2	0:0 0:3	1:0 0:0
6. Bayer Leverkusen	4:1 0:2	0:3 3:3	2:1 1:2	3:3 1:3	1:1 0:3		0:1 0:1	3:0 0:1	2:1 2:2	2:1 3:0
7. Bor. Dortmund	2:2 0:5	0:1 2:1	1:0 0:2	2:1 1:0	0:2 0:2	1:0 1:0		0:2 3:2	1:2 2:1	1:1 3:1
8. Hamburger SV	0:2 0:3	1:2 2:1	1:2 1:1	2:1 1:4	2:1 0:2	1:0 0:3	2:3 2:0		3:1 0:1	0:2 1:2
9. Vfl Wolfsburg	0:3 0:2	3:0 0:3	2:3 2:1	2:3 1:3	3:0 0:0	2:2 1:2	1:2 2:1	1:0 1:3		1:0 0:3
10. Hannover 96	0:1 0:3	1:0 0:1	1:4 0:3	0:1 0:0	0:0 0:1	0:3 1:2	1:3 1:1	2:1 2:0	3:0 0:1	
11. 1. FSV Mainz 05	2:4 2:4	2:1 1:2	2:1 0:0	0:3 1:1	2:3 2:4	2:0 0:2	1:1 0:3	2:1 1:2	0:2 3:4	2:0 0:2
12. 1. FC K'lautern	0:4 1:3	2:0 1:2	1:2 1:1	0:2 1:1	2:3 1:1	0:0 0:2	1:0 2:4	2:1 1:2	0:0 1:2	0:2 1:3
13. Arminia Bielefeld	3:1 0:1	0:2 1:2	2:1 0:3	1:0 0:3	0:2 1:2	1:0 2:3	1:0 1:1	3:4 2:0	1:2 0:5	0:1 1:0
14. 1. FC Nürnberg	2:2 3:6	0:2 1:4	1:2 1:4	0:0 1:2	1:1 4:2	2:4 2:2	2:2 2:2	1:3 3:4	4:0 1:0	1:1 0:1
15. Bor. M' Gladbach	2:0 1:2	1:3 2:3	3:1 0:2	0:0 0:6	2:0 0:1	1:1 1:5	2:3 1:1	1:3 0:0	1:0 1:2	0:2 1:2
16. VfL Bochum	1:3 1:3	0:2 2:3	1:4 0:4	2:2 2:2	2:0 2:5	2:2 0:4	2:2 0:1	1:2 1:0	5:1 0:3	1:0 0:3
17. Hansa Rostock	0:2 1:3	2:2 2:2	0:4 2:3	2:1 1:1	2:1 0:4	0:2 0:3	1:1 1:2	0:6 0:3	1:2 0:4	1:3 1:0
18. SC Freiburg	0:1 1:3	2:3 1:1	0:6 1:4	1:3 1:3	2:0 0:1	1:3 1:4	2:2 0:2	1:1 0:4	1:0 1:0	0:0 2:2

Champions League: FC Bayern München, FC Schalke 04
Champions League Qualifikation: Werder Bremen
UEFA-Cup: Hertha BSC Berlin, VfB Stuttgart

Absteiger in die 2. Bundesliga: VfL Bochum, Hansa Rostock, SC Freiburg
Aufsteiger in die 1. Bundesliga: 1. FC Köln, MSV Duisburg, Eintracht Frankfurt

								Heimbilanz / Auswärtsbilanz						Gesamt	
								Sp.	G	U	V	Pte.	Tore	Pte.	Tore
4:2 4:2	3:1 4:0	1:0 1:3	6:3 2:2	2:1 0:2	3:1 3:1	3:1 2:0	3:1 1:0	34	14 10	2 3	1 4	44 33	44:14 31:19	77	75:33
2:1 1:2	2:1 0:2	2:1 2:0	4:1 2:0	3:2 3:1	3:2 2:0	0:2 2:2	1:1 3:2	34	11 9	2 1	4 7	35 28	33:24 23:22	63	56:46
0:0 1:2	1:1 2:1	3:0 1:2	4:1 2:1	2:0 1:3	4:0 4:1	3:2 4:0	4:1 6:0	34	9 9	4 1	4 7	31 28	33:15 35:22	59	68:37
1:1 3:0	1:1 2:0	3:0 0:1	2:1 0:0	6:0 0:0	2:2 2:2	1:1 1:2	3:1 3:1	34	8 7	8 5	1 5	32 26	34:13 25:18	58	59:31
4:2 3:2	1:1 3:2	2:1 2:0	2:4 1:1	1:0 0:2	5:2 0:2	4:0 1:2	1:0 0:2	34	12 5	2 5	3 7	38 20	34:15 20:25	58	54:40
2:0 0:2	2:0 0:0	3:2 0:1	2:2 4:2	5:1 1:1	4:0 2:2	3:0 2:0	4:1 3:1	34	12 4	3 6	2 7	39 18	42:18 23:26	57	65:44
3:0 1:1	4:2 0:1	1:1 0:1	2:2 2:2	1:1 3:2	1:0 2:2	2:1 1:1	2:0 2:2	34	8 7	5 5	4 5	29 26	24:18 23:26	55	47:44
2:1 1:2	2:1 1:2	0:2 4:3	4:3 3:1	0:0 3:1	0:1 2:1	3:0 6:0	4:0 1:1	34	9 7	1 2	7 8	28 23	27:22 28:28	51	55:50
4:3 2:0	2:1 0:0	5:0 2:1	0:1 0:4	2:1 0:1	3:0 1:5	4:0 2:1	0:1 0:1	34	10 5	1 2	6 10	31 17	35:20 14:31	48	49:51
2:0 0:2	3:1 2:0	0:1 1:0	1:0 1:1	2:1 2:0	3:0 0:1	0:1 3:1	2:2 0:0	34	8 5	2 4	7 8	26 19	21:19 13:17	45	34:36
	3:2 0:2	0:0 1:1	0:1 2:1	1:1 1:1	1:0 6:2	3:1 0:2	5:0 2:1	34	9 3	3 4	5 10	30 13	28:21 22:34	43	50:55
2:0 2:3		2:1 2:0	1:3 3:1	1:0 0:2	1:2 1:1	2:1 3:2	3:0 2:1	34	8 4	2 4	7 9	26 16	20:21 23:31	42	43:52
1:1 0:0	0:2 1:2		3:1 2:1	0:0 0:1	1:2 1:1	1:1 1:1	3:1 3:2	34	7 4	3 4	7 9	24 16	21:21 16:28	40	37:49
1:2 1:0	1:3 3:1	1:2 1:3		0:0 1:2	2:1 1:3	3:0 2:0	3:0 3:0	34	4 6	6 2	7 9	18 20	25:25 30:38	38	55:63
1:1 1:1	2:0 0:1	1:0 0:0	2:1 0:0		2:2 0:3	2:2 0:0	3:2 1:1	34	8 0	5 7	4 10	29 7	26:21 9:30	36	35:51
2:6 0:1	1:1 2:1	1:1 2:1	3:1 1:2	3:0 2:2		0:1 1:3	3:1 1:1	34	6 3	5 3	6 11	23 12	30:29 17:39	35	47:68
2:0 1:3	2:3 1:2	1:1 1:1	0:3 0:3	0:0 2:2	3:1 1:0		0:0 0:0	34	4 3	5 4	8 10	17 13	17:31 14:34	30	31:65
1:2 0:5	1:2 0:3	2:3 1:3	2:3 0:3	1:1 2:3	1:1 1:3	0:0 0:0		34	2 1	6 3	9 13	12 6	18:31 12:44	18	30:75

Österreich

Triumph in Grün-Weiß! Die Fans von **Rapid Wien** mussten lange warten, ehe sich ihre Mannschaft zum ersten Mal nach 1996 endlich wieder mit dem Meisterteller schmücken durfte. Die von Coach »Pepi« Hickersberger trainierten Hütteldorfer setzten sich verdient gegen Vorjahresmeister Grazer AK und Austria Wien durch, weil sie den attraktivsten Offensivfußball spielten – in bester Tradition von »Kanonieren« wie Pepe Uridil und Franz Binder, die einst in den Reihen der Grün-Weißen standen.

Für die **Austria** war es in Anbetracht der immensen Mittel, die der austro-kanadische Unternehmer Frank Stronach in den Traditionsklub steckt, ein enttäuschendes Jahr. Der 3:1-Pokalerfolg gegen Rapid kam da gerade recht, weil er dem Erzrivalen das Double vermasselte und Toni Polster den Abschied als Generalmanager der Austria versüßte.

Beim **SV Salzburg** werden mit dem Engagement von Dieter Mateschitz, Gründer des Energydrink-Giganten Red Bull, als Sponsor die Karten neu gemischt. Als SV Red Bull Salzburg startet der Verein in die neue Saison. Mit Kurt Jara als Trainer und Teammanager, Franz Beckenbauer als Berater, vier frisch aus der deutschen Bundesliga verpflichteten Profis (Zickler und Linke vom FC Bayern München, Knavs und Lokvenc vom VfL Bochum) – und überaus hohen Erwartungen. Man darf jetzt schon gespannt sein auf das Prestigeduell der Austromilliardäre – und die Antwort, die Meister Rapid Wien auf dem Platz geben wird.

Schweiz

Alles andere als der Titelgewinn für den **FC Basel** wäre eine Sensation gewesen. Am Ende lag das Team von Christian Gross zehn Punkte vor dem Überraschungszweiten FC Thun. Die Meisterschaft war Balsam auf den wunden Seelen der Basler, die auf europäischem Parkett wenig ausrichten konnten: in der Champions-League-Qualifikation an Inter Mailand gescheitert, im UEFA-Cup am OSC Lille im Achtelfinale. Grasshopper Zürich und Young Boys Bern, die vermeintlich schärfsten Konkurrenten des FC Basel, hatten weder die Konstanz noch die spielerische Klasse, um die Basler Übermacht ernsthaft zu erschüttern. Der Ex-Dortmunder **Stéphane Chapuisat**, 2004 zum besten Schweizer Fußballer aller Zeiten gewählt und zuletzt in Diensten von Young Boys Bern, will mit einem letzten Profijahr beim FC Lausanne seine glanzvolle Karriere beenden.

Servette Genf schrieb in der abgelaufenen Saison nur noch Skandal-Schlagzeilen, keine sportlichen. In der Winterpause zog sich der Verein aus dem Ligabetrieb zurück und stand damit als Absteiger fest. Im März wurde Servette-Präsident Marc Roger wegen Verdachts auf Veruntreuung und betrügerischen Konkurs in Untersuchungshaft genommen. Eines der Opfer seines zwielichtigen Finanzgebarens soll auch der ehemalige Präsident von Real Madrid, Lorenzo Sanz, sein. Mit dem Schließen der Akte Servette Genf geht ein Stück Schweizer Fußballgeschichte unrühmlich zu Ende – ein weiterer Traditionsverein ist aus luftigen Höhen in die Bedeutungslosigkeit gestürzt.

Bundesliga
Abschlusstabelle Saison 2004/05

		Sp	G	U	V	Tore	Pkt.
1.	Rapid Wien	36	21	8	7	67:31	71
2.	Grazer AK	36	21	7	8	58:28	70
3.	Austria Wien	36	19	12	5	64:24	69
4.	SV Pasching	36	17	9	10	53:48	60
5.	SV Mattersburg	36	12	9	15	48:58	45
6.	FC Wacker Tirol	36	11	11	14	48:48	44
7.	Sturm Graz	36	10	10	16	37:47	40
8.	Admira Wacker Mödling	36	10	8	18	36:63	38
9.	SV Salzburg	36	9	9	18	37:51	36
10.	SW Bregenz	36	4	9	23	30:80	21

Champions League Qualifikation: Rapid Wien
UEFA-Cup: Grazer AK, Austria Wien
Absteiger: SW Bregenz (Verweigerung der Erstligalizenz am 31. 5. 2005 für die Saison 2005/06)
Aufsteiger in die Bundesliga: SV Kletzl Ried

Super League
Abschlusstabelle Saison 2004/05

		Sp	G	U	V	Tore	Pkt.
1.	FC Basel	34	21	7	6	81:45	70
2.	FC Thun	34	18	6	10	69:42	60
3.	Grasshopper-Club Zürich	34	12	14	8	51:50	50
4.	BSC Young Boys	34	12	13	9	60:52	49
5.	FC Zürich	34	13	9	12	55:57	48
6.	Neuchâtel Xamax FC	34	10	8	16	36:48	38
7.	FC St. Gallen	34	8	12	14	51:60	36
8.	FC Aarau	34	7	11	16	42:64	32
9.	FC Schaffhausen	34	7	11	16	36:59	32
10.	Servette Genf FC	18	6	5	7	24:28	20

Champions League Qualifikation: FC Basel, FC Thun
UEFA-Cup: Grasshopper-Club Zürich
Relegation: FC Schaffhausen, FC Vaduz
Absteiger: Servette Genf FC (meldete in der Winterpause Konkurs an)
Aufsteiger in die Super League: Yverdon-Sport FC

Champions League 2004/05

Große Spiele, magische Momente, Fußball de luxe: dieses Champions-League-Jahr wird lange in Erinnerung bleiben. Wer hätte gedacht, dass das **Finale** zwischen dem FC Liverpool und dem AC Mailand noch den ganz großen Tusch bereithalten würde? Zur Halbzeit führte das Team von Carlo Ancelotti nach einer beeindruckend souveränen Vorstellung mit 3:0. Die 30 000 englischen Fans sangen nach der Pause bereits ihr trotziges »You'll never walk alone«, als in der 54. Minute »das Wunder von Istanbul« seinen Lauf nahm. Innerhalb von sechs Minuten glichen die »Reds« zum 3:3 aus, retteten sich in und durch die Verlängerung – und entschieden das Elfmeterschießen dank ihres Torwarts Jerzy Dudek mit 3:2 für sich.

Viertelfinale		
AC Mailand – Inter Mailand	2:0	3:0 (UEFA-Urteil)
FC Chelsea – FC Bayern München	4:2	2:3
FC Liverpool – Juventus Turin	2:1	0:0
Olympique Lyon – **PSV Eindhoven**	1:1	2:4 i. E.
Halbfinale		
AC Mailand – PSV Eindhoven	2:0	1:3
FC Chelsea – **FC Liverpool**	0:0	0:1
Finale		
AC Mailand – **FC Liverpool**	2:3 i. E.	

UEFA-Cup 2004/05

Der Erwartungsdruck war ungeheuer groß in Lissabon – Sporting im Finale des UEFA-Cups, dazu noch im heimischen Stadion José Alvalade XXI. Und der Gegner hieß nicht ManU oder Juve, sondern ZSKA Moskau – das musste doch zu schaffen sein! Tatsächlich erwies sich ZSKA Moskau als zu stark für die Portugiesen. Ölmilliardär Roman Abramowitsch finanziert nämlich nicht nur den FC Chelsea, sondern hat über seine Firma Sibneft auch mit ZSKA einen Sponsorenvertrag über 54 Millionen Dollar abgeschlossen. Wie sehr sich das auf die spielerische Qualität der Mannschaft ausgewirkt hat, bekam Sporting vor allem in der zweiten Halbzeit zu spüren. ZSKA Moskau gewann hochverdient mit 3:1 – und als erste russische Mannschaft überhaupt einen europäischen Wettbewerb.

Viertelfinale		
FC Villareal – **AZ Alkmaar**	1:2	1:1
ZSKA Moskau – AJ Auxerre	4:0	0:2
Austria Wien – **AC Parma**	1:1	0:0
Newcastle United – **Sporting Lissabon**	1:0	1:4
Halbfinale		
FC Parma – **ZSKA Moskau**	0:0	0:3
Sporting Lissabon – AZ Alkmaar	2:1	2:3 n. V.
Finale		
ZSKA Moskau – Sporting Lissabon	3:1	

Europäische Top-Ligen 2004/05

England – Premier League

1. **FC Chelsea London**	95 Pkt.
2. FC Arsenal London	83 Pkt.
3. Manchester United	77 Pkt.
4. FC Everton	61 Pkt.

Frankreich – Première Division

1. **Olympique Lyon**	79 Pkt.
2. OSC Lille	67 Pkt.
3. AS Monaco	63 Pkt.
4. Stade Rennes	55 Pkt.

Griechenland – National Division

1. **Olympiakos Piräus**	65 Pkt.
2. Panathinaikos Athen	64 Pkt.
3. AEK Athen	62 Pkt.
4. AO Xanthi	50 Pkt.

Italien – Serie A

1. **Juventus Turin**	86 Pkt.
2. AC Mailand	79 Pkt.
3. Inter Mailand	72 Pkt.
4. Udinese Calcio	62 Pkt.

Niederlande – Eredivisie

1. **PSV Eindhoven**	87 Pkt.
2. Ajax Amsterdam	77 Pkt.
3. AZ Alkmaar	64 Pkt.
4. Feyenoord Rotterdam	62 Pkt.

Portugal – SuperLiga

1. **Benfica Lissabon**	65 Pkt.
2. FC Porto	62 Pkt.
3. Sporting Lissabon	61 Pkt.
4. SC Braga	58 Pkt.

Spanien – Primera División

1. **FC Barcelona**	84 Pkt.
2. Real Madrid	80 Pkt.
3. FC Villareal	65 Pkt.
4.Real Betis Sevilla	62 Pkt.

Türkei –Süper Lig

1. **Fenerbahce Istanbul**	80 Pkt.
2. Trabzonspor	77 Pkt.
3. Galatasaray Istanbul	76 Pkt.
4. Beşiktaş Istanbul	69 Pkt.

Champions-League-Direktqualifikation
Teilnahme an Champions-League-Qualifikation
UEFA-Cup

Olympische Sommerspiele 2004

Athen, 13.–29. 8. 2004

Athen 2004 lieferte einen kleinen Vorgeschmack auf das, was die Sportwelt in Peking erwartet. Noch einmal konnten die USA den Angriff aus Fernost auf die **Medaillenwertung** parieren, während Russland, die einstige Sport-Supermacht, aussichtslos ins Hintertreffen geraten ist. Über die enttäuschenden, manchmal auch nur unglücklichen Resultate deutscher Olympioniken wurde hierzulande mitunter gejammert wie über eine nationale Katastrophe – als gäbe es eine Medaillengarantie für alle, die ordentlich trainieren und regelmäßig Sporthilfe beziehen. Deutschland landete auf Platz sechs der Nationenwertung, mit Platz drei hatten die obersten Sportfunktionäre geliebäugelt. Einige **positive und negative Schlagzeilen** aus deutscher Sicht:

Kein Superlativ, der nicht schon auf **Birgit Fischer** (Foto), die erfolgreichste Kanutin aller Zeiten, angewendet worden wäre. 24 Jahre nach ihrem ersten Olympiasieg in Moskau führte sie als Schlagfrau den deutschen Vierer zur Goldmedaille; es war ihre achte. 13 von 17 gestarteten deutschen Kanuten holten mindestens eine Medaille. Davon konnten andere nur träumen.

Maximales Debakel bei den **Schwimmern**: Die einen »bekamen das Wasser nicht zu greifen«, andere kamen erst in Schwung, als es für Medaillen zu spät war. Für Franziska van Almsick sollte es das Rennen ihres Lebens werden. Aber statt der erhofften ersten Goldmedaille auf ihrer Spezialstrecke, den 200 Metern Freistil, wurde sie nur Fünfte, zwei Sekunden langsamer als am 3. 8. 2002 in Berlin, als sie ein unglaubliches Comeback feierte und mit 1:56:64 min Weltrekord schwamm. Die dreifache Weltmeisterin Hannah Stockbauer scheiterte über 400 und 800 Meter sogar schon in den Vorläufen.

Der strahlendste, mitreißendste deutsche Sieg gelang dem **Hockey-Team der Damen**. Nach zwei klaren Vorrundenniederlagen kämpften sie sich bis ins Finale durch, wo sie gegen die hohen Favoritinnen aus den Niederlanden mit 2:1 die Oberhand behielten. Der ansteckende Glückstaumel der Siegerinnen rückte die Randsportart Hockey ins Zentrum der öffentlichen Aufmerksamkeit – für diesen einen Tag.

Niemand dürfte am Gewinn einer Silbermedaille mehr gelitten haben als das Tennis-Doppel **Nicolas Kiefer / Rainer Schüttler**. Sie unterlagen in einem dramatischen Finale den Chilenen Fernando Gonzales und Nicolas Massu mit 2:6, 6:4, 6:3, 6:7 und 4:6. Schlimmer als die Niederlage war, dass der Sieg zum Greifen nahe lag: Morgens um 1.43 Uhr hatten sie im Tiebreak des vierten Satzes beim Stand von 6:2 vier Matchbälle. Sie nutzten keinen. 57 Minuten später hatte das chilenische Doppel Gold gewonnen.

Dank einem überragenden Henning Fritz im Tor setzte sich Europameister Deutschland im Siebenmeter-Krimi beim **Handball-Viertelfinale** gegen Angstgegner Spanien mit 32:30 durch. Nach der 26:28-Finalniederlage gegen Kroatien gaben Christian Schwarzer, Volker Zerbe, Klaus-Dieter Petersen und Stefan Kretzschmar ihren Abschied aus der Nationalmannschaft bekannt.

Zur tragischen Figur der Olympischen Spiele aus deutscher Sicht wurde **Bettina Hoy**. Weil sie wegen einer technischen Panne die Startlinie zwei Mal überritten hatte, verlor die Vielseitigkeitsreiterin nach dem Protest der Konkurrenz Einzel- und Mannschafts-Gold. Ein bitterer Sieg der Paragraphenreiter über sportliche Leistung und Fairplay.

Keine Medaille und doch ein Gewinner: Der Turner **Fabian Hambüchen** schrammte mit einer couragierten Übung am Reck nur knapp an Bronze vorbei. Bei den Europameisterschaften im Juni 2005 in Debrecen, Ungarn, unterstrich der »Turnprofessor« mit dem Sieg am Reck (vor Olympiasieger Igor Cassina) sein enormes Potential – was dem frischen, frechen 17-Jährigen im übrigen auch in Sachen Vermarktung attestiert wird.

Die beste Nachricht: Kein deutscher Sportler war in einen der vielen **Dopingfälle** der Athener Spiele verwickelt, die mit der Farce um die griechischen Sprintstars **Kostas Kenteris und Katerina Thanou** ihren Anfang nahmen. Gleich drei Olympiasieger verloren Gold und Reputation: Hammerwerfer Robert Fazekas und Diskuswerfer Adrian Annus, beide aus Ungarn, und die russische Kugelstoßerin Irina Korscharenko, der als Wiederholungstäterin eine lebenslange Sperre droht.

Medaillenspiegel Athen 2004

Platz	Nation	Gold	Silber	Bronze
1	USA	35	39	29
2	China	32	17	14
3	Russland	27	27	38
4	Australien	17	16	16
5	Japan	16	9	12
6	Deutschland	14	16	18
7	Frankreich	11	9	13
8	Italien	10	11	11
9	Südkorea	9	12	9
10	Großbritannien	9	9	12

Tennis

French-Open-Star Rafael Nadal

Der Schweizer **Roger Federer** ist auch in dieser Saison das Maß aller Dinge im Welttennis. Selbst Andre Agassi kam bei seiner deprimierend eindeutigen Dreisatz-Niederlage bei den **Australian Open** aus dem Staunen nicht heraus: »Er war viel zu gut für mich. Er spielt wunderschönes Tennis.« Bei den 119. All England Championships in **Wimbledon** setzte Federer seinen Siegeszug fort. Der ungefährdete Dreisatz-Erfolg gegen Andy Roddick war Federers fünfter Grand-Slam-Triumph, sein 30. Turniererfolg als Profi und der 36. Sieg auf Rasen in Folge. Selbst auf Sand ist mittlerweile mit ihm zu rechnen, wie seine erste Halbfinalteilnahme bei den French Open in Paris beweist – es ist der einzige Grand-Slam-Titel, der ihm noch fehlt.

Der Mallorquiner **Rafael Nadal** (Foto) ist der Shootingstar der Saison – und der jüngste Grand-Slam-Sieger seit Michael Chang (1989). Bei den **French Open** sah man, weshalb er als der »heißeste Neuling seit Boris Becker« (John McEnroe) gilt. Wie er Federer im Halbfinale von Paris in die Knie zwang, war staunenswert. Wie er dann den Argentinier Mariano Puerta in einem der hochklassigsten Finale der Tennisgeschichte mit 6:7 (6:8), 6:3, 6:1 und 7:5 schlug, war sensationell. Der 19-jährige Linkshänder beherrscht neben gewaltigen Grundschlägen auch gefühlvolle Lobs, Stops und Volleys. Seine Kraft, Schnelligkeit und Intuition machen ihn – zumindest auf Sand – schon jetzt zu einem der komplettesten Spieler.

Die Hierarchie im **Damentennis** ist ständig in Bewegung. Nach vielen Erkrankungen und Verletzungen hat sich die Belgierin **Justine Henin-Hardenne**, die im Finale der **French Open** mit der bedauernswerten Mary Pierce kurzen Prozess machte, ebenso in der Weltspitze zurückgemeldet wie ihre Landsfrau Kim Clijsters. Die »russische Welle« von 2004 ist nicht abgeebbt, aber nur Maria Scharapowa, die als Teilzeit-Fotomodell jährlich mehr als 20 Mio. US-$ an Werbeeinnahmen erzielt, scheint sich dauerhaft unter den Top 5 festsetzen zu können. Die **Williams-Schwestern** trumpften im Wechsel auf, zuletzt **Venus**, die im längsten Damenfinale der **Wimbledon**-Geschichte Lindsay Davenport nach 2:44 Stunden bezwang und sich ihren fünften Grand-Slam-Titel sicherte.

US Open 2004			New York, 30. 8. – 12. 9. 2004
Damen	Halbfinale	**Elena Dementjewa** (RUS) – Jennifer Capriati (USA)	6:0, 2:6, 7:6
		Lindsay Davenport (USA) – **Swetlana Kusnetsowa** (RUS)	6:1, 2:6, 4:6
	Finale	**Swetlana Kusnetsowa** (RUS) – Elena Dementjewa (RUS)	6:3, 7:5
Herren	Halbfinale	**Roger Federer** (CH) – Tim Henman (GB)	6:3, 6:4, 6:4
		Lleyton Hewitt (AUS) – Joachim Johansson (SWE)	6:4, 7:5, 6:3
	Finale	**Roger Federer** (CH) – Lleyton Hewitt (AUS)	6:0, 7:6, 6:0
Australian Open 2005			Melbourne, 17. 1. – 30. 1. 2005
Damen	Halbfinale	**Serena Williams** (USA) – Maria Scharapowa (RUS)	2:6, 7:5, 8:6
		Lindsay Davenport (USA) – Natalie Dechy (FRA)	2:6, 7:6, 6:4
	Finale	**Serena Williams** (USA) – Lindsay Davenport (USA)	2:6, 6:3, 6:0
Herren	Halbfinale	Andy Roddick (USA) – **Lleyton Hewitt** (AUS)	6:3, 6:7, 6:7, 1:6
		Roger Federer (CH) – **Marat Safin** (RUS)	7:5, 4:6, 7:5, 6:7, 7:9
	Finale	**Marat Safin** (RUS) – Lleyton Hewitt (AUS)	1:6, 6:3, 6:3, 6:4
French Open 2005			Paris, 23. 5. – 5. 6. 2005
Damen	Halbfinale	Elena Lichowtsewa (RUS) – **Mary Pierce** (FRA)	1:6, 1:6
		Justine Henin-Hardenne (BEL) – Nadja Petrowa (RUS)	6:2, 6:3
	Finale	**Justine Henin-Hardenne** (BEL) – Mary Pierce (FRA)	6:1, 6:1
Herren	Halbfinale	Roger Federer (SUI) – **Rafael Nadal** (ESP)	3:6, 6:4, 4:6, 3:6
		Nikolaj Dawidenko (RUS) – **Mariano Puerta** (ARG)	3:6, 7:5, 6:2, 4:6, 4:6
	Finale	**Rafael Nadal** (ESP) – Mariano Puerta (ARG)	6:7, 6:3, 6:1, 7:5
All England Lawn Championship 2005			Wimbledon, 20. 6. – 3. 7. 2005
Damen	Halbfinale	Maria Scharapowa (RUS) – **Venus Williams** (USA)	6:7, 1:6
		Lindsay Davenport (USA) – Amelie Mauresmo (FRA)	6:7, 7:6, 6:4
	Finale	**Venus Williams** (USA) – Lindsay Davenport (USA)	4:6, 7:6, 9:7
Herren	Halbfinale	**Roger Federer** (SUI) – Lleyton Hewitt (AUS)	6:3, 6:4, 7:6
		Andy Roddick (USA) – Thomas Johansson (SWE)	6:7, 6:2, 7:6, 7:6
	Finale	**Roger Federer** (SUI) – Andy Roddick (USA)	6:2, 7:6, 6:4

Segeln

Segeln ist in: Das zeigte auch das öffentliche Interesse an der **Vendée Globe 2004/05**, der härtesten Regatta der Welt nonstop um den Globus über 44 450 Kilometer, die der Franzose Vincent Riou in Rekordzeit gewann. Spektakulärer noch das weltumspannende

Abenteuer der Britin **Ellen MacArthur** (Foto): Die 28-jährige, nur 1,58 Meter große Engländerin war am 29. November 2004 von der imaginären Startlinie zwischen der bretonischen Küste und der englischen Südküste mit ihrem Trimaran zur schnellsten Einhand-Erdumseglung aller Zeiten aufgebrochen. 71 Tage, 14 Stunden, 18 Minuten und 33 Sekunden später überquerte sie die Ziellinie im Ärmelkanal. Ellen MacArthur unterbot den bisherigen Rekord des Franzosen Francis Joyon um mehr als einen Tag.

Zum ersten Mal in der 154-jährigen Geschichte des **America's Cup** wird ein deutsches Boot Segel setzen. Bei der 32. Auflage des traditionsreichsten, teuersten und glamourösesten Segelwettbewerbs der Welt 2007 vor Valencia wird der dänische Skipper Jesper Bank, der als einer der besten Matchracer der Welt gilt, mit einer schlagkräftigen Crew als einer der Herausforderer des Schweizer Titelverteidigers Alinghi in die Regattaserie gehen; als Kommodore der Kampagne wurde der frühere Olympiasieger Willi Kuhweide gewonnen. Erst wenige Stunden vor Ablauf der Meldefrist war die deutsche Bewerbung unter Dach und Fach, die unter dem Arbeitstitel Fresh Seventeen für Aufsehen gesorgt hatte. Obwohl unter immensem Zeitdruck zustande gekommen, präsentiert sich die deutsche Kampagne als seriös kalkuliertes Unternehmen. Der Westerwälder Unternehmer Ralph Dommermuth, Gründer von United Internet, wird Firmen- und Privatvermögen in die Bewerbung stecken. Die High-Tech-Yacht, die unter dem Namen **United Internet Team Germany 2007** in See stechen soll, wird auf der Kieler Knierim-Werft gebaut werden. Vor Valencia wird sie unter der Flagge des eigens gegründeten Deutschen Challenger Yacht Clubs segeln, dem die wichtigsten deutschen Segelvereine angehören. Die Bewerbung hat sich zu einem Prestigeobjekt der deutschen Wirtschaft gemausert, wie die Liste prominenter Lobbyisten – darunter Ex-BDI-Chef Hans-Olaf Henkel und der langjährige Daimler-Vorstandsvorsitzende Edzard Reuter – zeigt. Bereits im Januar hatten sich ARD und ZDF die deutschen TV-Rechte am America's Cup gesichert, der zum ersten Mal in Europa ausgesegelt wird.

Motorsport

Formel-1-Saison 2004

Der *cavallino rampante*, Ferraris Wappentier, hat die vergangene Saison in beinahe demoralisierender Deutlichkeit dominiert. Von 18 Rennen gewann die italienische Scuderia 15; Michael Schumacher stand 13 Mal ganz oben auf dem Treppchen. Allein BAR-Honda-Pilot Jenson Button brachte mit zehn Podiumsplätzen etwas Farbe in die rot-rote Prozession um die Hochgeschwindigkeitspisten zwischen Imola und Suzuka.

Fahrerwertung 2004

	Fahrer	Team	Punkte
1.	M.Schumacher (GER)	Ferrari	148
2.	Barrichello (ITA)	Ferrari	114
3.	Button (GB)	BAR-Honda	85
4.	Alonso (ESP)	Renault	59
5.	Montoya (COL)	Williams-BMW	58
6.	Trulli (ITA)	Renault	46
7.	Räikkönen (FIN)	McLaren-Mercedes	45
8.	Sato (JPN)	BAR-Honda	34
9.	R. Schumacher (GER)	Williams-BMW	24
10.	Coulthard (GB)	McLaren-Mercedes	24

Die erschreckendste Saisonstatistik für alle Nicht-Ferraristi war die Teamwertung. **Ferrari**: 262 Punkte, meilenweit enteilt. Für BMW-Williams (88) und McLaren-Mercedes (69) war es ein verlorenes Jahr. Die neue Saison würde mehr Bewegung an der Spitze, aber keinen Wechsel bringen, das war die einhellige Meinung der Rennauguren. »Vielleicht müsste man Michael mal entführen, damit die Formel wieder spannender wird«, stichelte Formel-1-Impresario Bernie Ecclestone. Wie sich bald herausstellte, bedurfte es keiner rabiaten Maßnahmen, um Ferrari vom Platz an der Sonne zu verdrängen. Der Umsturz begann da, wo er in der Formel 1 immer beginnt: bei den Motoren, den Reifen und der Aerodynamik.

Konstrukteurswertung 2004

		Team	Punkte
1.		Ferrari	262
2.		BAR-Honda	119
3.		Renault	105
4.		Williams-BMW	88
5.		McLaren-Mercedes	69
6.		Sauber-Petronas	34
7.		Jaguar-Cosworth	10
8.		Toyota	9
9.		Jordan-Ford	5
10.		Minardi-Cosworth	1

Formel-1-Saison 2005

Fernando Alonso

Die Rennsaison 2005 etabliert eine **neue Farbenlehre**. Die »Formel Ferrari« ist tot, es lebe die Formel 1! Seit dem Grand Prix von Australien fährt die sieggewohnte Scuderia aus Maranello hinterher. Die von FIA-Chef Max Mosley auf den Weg gebrachten Regeländerungen in den Bereichen Aerodynamik, Motor, Reifen und Qualifying haben die Machtverhältnisse auf den Kopf gestellt, zumindest in den ersten zwölf Rennen 2005. Blau-Weiß (Renault), Silber-Schwarz (McLaren-Mercedes) und Rot-Weiß (Toyota) sind die Farben der Saison – und Ferrari-Rot fährt hinterher.

Mit einer wahren **»Regelrevolution«** wurden die Kräfteverhältnisse in der Königsklasse des Motorsports verschoben. Branchenprimus Ferrari hat sich leichtfertig »verzockt«: Um dem neuen F 2005/M mehr Entwicklungszeit zu geben, stieg man mit dem (überarbeiteten) Vorjahresmodell in die ersten Rennen ein. Die Folge: Rot in Not! Andere haben ihre Hausarbeiten besser gemacht, allen voran **Renault**: starker Motor, ausgeklügelte Aerodynamik, schnelle Reifen – und mit dem ehrgeizigen jungen Spanier Fernando Alonso (Foto) einen Fahrer der Extraklasse.

Zwischen ihm und McLaren-Mercedes-Star Kimi Räikkönen wird sich wohl in diesem Jahr der Titelkampf entscheiden.

Auch neben der Piste wird mit harten Bandagen gestritten. Das 2007 auslaufende **Concorde Agreement** sichert Bernie Ecclestone das exklusive Vermarktungsrecht am Premiumprodukt Formel 1. Die an der Refinanzierung ihrer Rennställe orientierten Automobilkonzerne fordern mehr Geld, mehr Einfluss, mehr Transparenz; andernfalls drohen sie eine Konkurrenzserie namens Grand Prix World Championship (GPWC) auf die Beine zu stellen. Anfang der Saison brach Ferrari aus dem GPWC-Verbund aus und stimmte als einziges Team der Verlängerung des Concorde Agreements bis 2012 zu. Die Konkurrenz, also BMW, DaimlerChrysler, Renault, Honda und Toyota, wütete über die »scheinheilige Dreieinigkeit Montezemolo-Mosley-Ecclestone«. Machtprobe oder Sturm im Wasserglas? Vieles spricht dafür, dass es statt einer Konkurrenzserie zur Formel 1 mehr Geld für Ferraris Kontrahenten geben wird. So hat das »System Ecclestone« schon immer funktioniert.

Formel 1 2005

Rennen	Sieger	Zweiter	Dritter	Pole Position
GP von Australien (Melbourne, 6.3.)	Fisichella (Renault)	Barrichello (Ferrari)	Alonso (Renault)	Fisichella (Renault)
GP von Malaysia (Sepang, 20.3.)	Alonso (Renault)	Trulli (Toyota)	Heidfeld (Williams-BMW)	Alonso (Renault)
GP von Bahrain (Manama, 3.4.)	Alonso (Renault)	Trulli (Toyota)	Räikkönen (McLaren-Mercedes)	Alonso (Renault)
GP von San Marino (Imola, 24.4.)	Alonso (Renault)	M. Schumacher (Ferrari)	Wurz (McLaren-Mercedes)	Räikkönen (McLaren-Mercedes)
GP von Spanien (Barcelona, 8.5.)	Räikkönen (McLaren-Mercedes)	Alonso (Renault)	Trulli (Toyota)	Räikkönen (McLaren-Mercedes)
GP von Monaco (Monte Carlo, 22.5.)	Räikkönen (McLaren-Mercedes)	Heidfeld (Williams-BMW)	Webber (Williams-BMW)	Räikkönen (McLaren-Mercedes)
GP von Europa (Nürburgring, 29.5.)	Alonso (Renault)	Heidfeld (Williams-BMW)	Barrichello (Ferrari)	Heidfeld (Williams-BMW)
GP von Kanada (Montreal, 12.6.)	Räikkönen (McLaren-Mercedes)	M. Schumacher (Ferrari)	Barrichello (Ferrari)	Button (BAR-Honda)
GP der USA (Indianapolis, 19.6.)	M. Schumacher (Ferrari)	Barrichello (Ferrari)	Monteiro (Jordan)	Trulli (Toyota)
GP von Frankreich (Magny-Cours, 3.7.)	Alonso (Renault)	Räikkönen (McLaren-Mercedes)	M. Schumacher (Ferrari)	Alonso (Renault)
GP von Großbritannien (Silverstone, 10.7.)	Montoya (McLaren-Mercedes)	Alonso (Renault)	Räikkönen (McLaren-Mercedes)	Alonso (Renault)
GP von Deutschland (Hockenheim, 24.7.)	Alonso (Renault)	Montoya (McLaren-Mercedes)	Button (BAR-Honda)	Räikkönen (McLaren-Mercedes)

Weitere Rennen: GP von Ungarn (Budapest, 31.7.), GP der Türkei (Istanbul, 21.8.), GP von Belgien (Spa-Francorchamps, 11.9.), GP von Japan (Suzuka, 9.10.), GP von China (Shanghai, 16.10)

Radsport

Mit der neuen Rennserie **ProTour** hat die Union Cycliste Internationale (UCI) eine Art »Champions League auf zwei Rädern« geschaffen: 20 Topteams, darunter die beiden deutschen Teams T-Mobile und Gerolsteiner, erhalten gegen eine Gebühr von jährlich 50 000 € und den Nachweis ihrer Solvenz eine Lizenz bis 2008. Das durch fünf Dopingfälle in zweieinhalb Jahren in Verruf geratene Schweizer Phonak-Team erstritt sich die von der UCI verweigerte Startberechtigung vor dem Internationalen Sportgerichtshof (CAS).

Die den Weltcup und die Weltrangliste ersetzende ProTour umfasst alle großen Rundfahrten und Klassiker, insgesamt 27 Rennen, darunter auch die Deutschlandtour und die HEW Cyclassics. Die meisten Teams sehen das Reformwerk mit einem lachenden und einem weinenden Auge. Der Vorteil liegt in der Planungssicherheit auch für finanzschwächere Mannschaften; andererseits besteht bei jedem Rennen eine strikte Startverpflichtung, das heißt, die Teams müssen finanziell und personell beträchtlich aufrüsten.

Niemand setzte sich bei den **Frühjahrsklassikern** so eindrucksvoll in Szene wie der 24-jährige Belgier Tom Boonen von Quick Step. Er gilt als außergewöhnlich antizipationsfähig und nervenstark, ein Arbeitstier und Sprinter gleichermaßen. 2005 könnte das Jahr des groß gewachsenen blonden Teenagerschwarms werden. Ihm gelang das Kunststück, binnen acht Tagen die Flandern-Rundfahrt und Paris – Roubaix zu gewinnen. Dass der in seiner Heimat als neuer Museeuw gefeierte ehemalige Gefolgsmann von Lance Armstrong in der »Hölle des Nordens« mit ihren fast 55 km Kopfsteinpflaster (Pavés) bestehen konnte, überraschte nur die Konkurrenz des Belgiers, ihn selbst nicht.

Neben Boonen, dem »ersten Popstar des Rads«, zählen auch der italienische Sprinter Alessandro Petacchi, der zum ersten Mal die »Classicissima« Mailand – San Remo für sich entscheiden konnte, und Danilo de Luca (Rabobank), der die 40. Auflage des Amstel Gold Race gewann und auch beim Giro d'Italia überzeugte, zu den auffallendsten Fahrern des Frühjahrs. Dem Kasachen Alexander Vinokourov gelang beim Ardennen-Klassiker Lüttich – Bastogne – Lüttich nach einem couragierten Ausreißversuch mit Jens Voigt vom dänischen CSC-Team der erste Saisonsieg für T-Mobile.

Neben dem allseits beliebten Frühjahrsthema »Kommt Jan Ullrich rechtzeitig für die Tour in Schwung?« sorgte vor allem Danilo Hondo vom Team Gerolsteiner für die **deutschen Schlagzeilen**: zunächst als Zweiter bei Mailand – San Remo, dann durch zwei positive Dopingproben bei der Murcia-Rundfahrt. Carphedon, ein »Designer-Stimulanz mit verkappter Amphetamin-Struktur« (so Dr. Wilhelm Schänzer vom Kölner IOC-Labor), die weltweit erst bei fünf Sportlern nachgewiesen wurde.

Dass Erik Zabel, der wohl beliebteste deutsche Radprofi und mit zwölf Etappensiegen und sechs Grünen Trikots bei der Tour de France, eine Radsportkonstante des Sommers, für die Frankreich-Rundfahrt 2005 von seinem Arbeitgeber ausgebremst wurde, konnte am Ende nicht überraschen. Weniger weil der 34-Jährige den Zenit seiner Sprinterkarriere zweifellos überschritten hat, sondern weil T-Mobile zum ersten Mal konsequent die Strategie von Lance Armstrongs Team US Postal bzw. Discovery Channel kopiert: Konzentration aller Kräfte auf Jan Ullrich und dessen letztes Duell mit dem texanischen Perfektionisten.

Radklassiker 2004/05

Rennen	Sieger/Team	Zweiter/Team	Dritter/Team
Spanien Rundfahrt 4.–26.9.2004	Roberto Heras (ESP) Liberty Seguros	Santiago Pérez (ESP) Phonak	Francisco Mancebo (ESP) Illes Balears
Straßen-WM Verona, 3.10.2004	Oscar Freire (ESP)	Erik Zabel (GER)	Luca Paolini (ITA)
Mailand – San Remo 19.3.2005	Alessandro Petacchi (ITA) Fassa Bortolo	Danilo Hondo (GER) Gerolsteiner	Thor Hushovd (NOR) Crédit Agricole
Flandern-Rundfahrt 3.4.2005	Tom Boonen (BEL) Quick Step	Andreas Klier (GER) T-Mobile	Peter van Petegem (BEL) Davitamon-Lotto
Paris – Roubaix 10.4.2005	Tom Boonen (BEL) Quick Step	George Hincapie (USA) Discovery Channel	Juan Antonio Flecha (ESP) Fassa Bortolo
Amstel Gold Race 17.4.2005	Danilo di Luca (ITA) Liquigas Bianchi	Michael Boogerd (NED) Rabobank	Mirko Celestino (ITA) Domina Vacanze
Lüttich – Bastogne – Lüttich 24.4.2005	Alexander Vinokourov (KAZ) T-Mobile	Jens Voigt (GER) CSC	Michael Boogerd (NED) Rabobank
Giro d'Italia 7.–29.5.2005	Paolo Savoldelli (ITA) Discovery Channel	Gilberto Simoni (ITA) Lampre-Caffita	José Rujano Guillén (VEN) Selle Italia-Colombia
Tour de Suisse 11.–19.6.	Aitor Gonzáles Jiménez (ESP) Euskaltel	Michael Rogers (AUS) Quick Step	Jan Ullrich (GER) T-Mobile
Tour de France 2.–24.7.2005	Lance Armstrong (USA) Discovery Channel	Ivan Basso (ITA) CSC	Jan Ullrich (GER) T-Mobile

Tour de France 2005

2.–24. 7. 2005

Mit einer letzten Galavorstellung beendete **Lance Armstrong** am 24. 7. 2005 in Paris seine glanzvolle Karriere als Radprofi. Sieben Siege in Folge seit 1999 beim prestigeträchtigsten Straßenrennen der Welt – ein Rekord für die Ewigkeit. Dabei schien die Karriere des Texaners 1996 auf tragische Weise bereits beendet: Hodenkrebs, Metastasen in Lunge und Gehirn, Überlebenschance: gering. Armstrong überwand den Krebs und kehrte als ein völlig anderer Mensch in den Radsport zurück – ein »Extremist des Willens«, eine »Siegmaschine«, die sich auf der Fahrt in den Radsport-Olymp durch nichts aufhalten lassen wollte.

Für **Jan Ullrich** standen die ersten zehn Tage der Rundfahrt mit zwei Stürzen und der Demoralisierung beim Prolog unter keinem glücklichen Stern. Aber auch ohne sein Sturzpech hätte er die Dominanz Armstrongs nicht gebrochen; zu stark war der Amerikaner mit seinem explosiven Antritt sowohl im Kampf gegen die Uhr als auch in den steilen Rampen der Alpen und Pyrenäen. Am Ende konnte der T-Mobile-Kapitän glücklich sein, sich im schweren Zeitfahren von St. Etienne noch am Gewinner des Bergtrikots, dem Dänen Michael Rasmussen (Rabobank), vorbei auf den dritten Platz geschoben zu haben. Bestes Tour-Team, drei Etappensiege, und Alexander Vinokourov mit seinem Coup auf den Champs-Elysées noch auf Platz 5 – eine beeindruckende Bilanz für **T-Mobile**.

Auch **Team Gerolsteiner** schlug sich bei seiner dritten Frankreich-Tour beachtlich: Platz 6 in Paris für Levi Leipheimer, Tagessieg für Georg Totschnig in St.-Lary-Soulan bei der Königsetappe in den Pyrenäen. Und dass **Jens Voigt** (CSC) in Mulhouse zum zweiten Mal in seiner Karriere für einen Tag ins Gelbe Trikot fuhr, gehörte aus deutscher Sicht zu den strahlendsten Momenten der Tour– auch wenn der stürmische Berliner dafür einen hohen Preis zahlen musste.

Schon jetzt kommt Vorfreude auf die **Tour de France 2006** auf. Mindestens einem halben Dutzend Fahrer trauen Experten den Sieg zu: Basso und Vinokourov, Valverde, Popowitsch und Cunego. Und Jan Ullrich.

Basketball

Bundesliga 2004/05

Bamberg, eine Stadt im Ausnahmezustand: Im fünften und entscheidenden Spiel um den Titel gelang der GHP Bamberg endlich der große Wurf. Das Team von Trainer Dirk Bauermann lieferte sich mit den Opel Skyliners Frankfurt eine Schlacht um jeden Punkt – dieses Mal mit dem guten Ende für die Oberfranken, die 2003/04 gescheitert waren. Dass die Skyliners trotz der Schlappe in Meisterschaft und Pokal mit hohen Erwartungen in die nächste Saison starten, hat mit ihrem Coup auf dem hart umkämpften Sponsorenmarkt zu tun: Das (absehbare) Ende der Partnerschaft mit Opel konnte durch einen lukrativen Kontrakt mit der Deutschen Bank mehr als kompensiert werden. In der Saison 2005/2006 werden Pascal Roller & Co. als Deutsche Bank Skyliners auflaufen

Halbfinale	
Opel Skyliners Frankfurt – Alba Berlin (80:64, 85:94, 77:76, 70:68)	3:1
GHP Bamberg – Gießen 46ers (74:67, 73:84, 85:47, 88:56)	3:1
Finale	
GHP Bamberg – Opel Skyliners Frankfurt (87:73, 54:73, 82:72, 67:70, 68:64)	3:2

NBA Season 2004/05

Zum ersten Mal seit 1994, als die Houston Rockets die New York Knicks mit 4:3 bezwangen, wurde der NBA-Titel wieder im letzten Spiel der »Best of Seven«-Serie vergeben. Für die **San Antonio Spurs** besiegelte der 81:74-Sieg über die Detroit Pistons den dritten Titelgewinn in sieben Jahren. Überragender Akteur der Finalserie bei San Antonio war Emanuel Ginóbili. Wilde Pässe, verwegene Dribblings und Würfe aus allen Lagen, das sind die Markenzeichen des 27-jährigen Südamerikaners, der schon in Athen Argentinien zum Olympiasieg geführt hatte. Die Phoenix Suns, dank **Steve Nash** das derzeit wohl spektakulärste Team der NBA, waren im Western Conference Finale mit 1:4 überraschend klar an San Antonio gescheitert.

Western Conference-Finale	
Phoenix Suns – **San Antonio Spurs** (114:121, 108:111, 92:102, 111:10[illegible], 95:101)	1:4
Eastern Conference-Finale	
Miami Heat – **Detroit Pistons** (81:90, 92:86, 113:104, 96:105, 88:76, 66:91, 82:88)	3:4
Finale	
San Antonio Spurs – Detroit Pistons (84:69, 97:76, 79:96, 71:102, 96:95, 86:95, 81:74)	4:3

Handball

Bundesliga-Saison 2004/05

In der Liga blieb es bis auf die Zielgerade spannend. Ein monatelanges Kopf-an-Kopf-Rennen zwischen dem **THW Kiel** und der dominierenden Mannschaft der vergangenen Saison, der SG Flensburg-Handewitt, hielt die Meisterschaft bis zum letzten Spieltag offen. Am Ende schlugen bei den Kielern nur zwei Niederlagen zu Buche, eine weniger als bei ihrem Dauerkonkurrenten aus dem hohen Norden.

Bundesliga-Saison 2004/05		
1.	THW Kiel	32:6 Pkt.
2.	SG Flensburg-Handewitt	30:8 Pkt.
3.	SC Magdeburg	49:19 Pkt.
4.	TBV Lemgo	46:22 Pkt.
5.	VfL Gummersbach	45:23 Pkt.
6.	HSG Nordhorn	41:27 Pkt.

DHB-Pokal 2004/05

In der Hamburger Color Line Arena revanchierte sich die **SG Flensburg-Handewitt** in einem heiß umkämpften Finale gegen den THW Kiel für die knapp verpasste Meisterschaft. Der Nord-Klassiker schien beim Zwischenstand von 15:21 schon entschieden, als sich die ohne ihren verletzten Spielmacher Stefan Lövgren angetretenen Kieler mit einer großen Energieleistung wieder herankämpften und kurz vor Ende der Spielzeit sogar in Führung gingen. Am Ende sicherten die Dänen Stryger und Christiansen den Flensburgern den dritten Pokaltriumph in Folge.

Halbfinale	
FA Göppingen – **THW Kiel**	30:31
SG Flensburg-Handewitt – HSG Nordhorn	38:36 n. V.
Spiel um den 3. Platz	
HSG Nordhorn – FA Göppingen	35:33 n. V.
Finale	
SG Flensburg-Handewitt – THW Kiel	33:31

EHF-Pokal 2004/05

In einer begeisternden Aufholjagd entriss **TuSEM Essen** in der Arena von Oberhausen nach der 22:30-Hinspiel-Niederlage dem SC Magdeburg den schon sicher geglaubten EHF-Pokal mit einem Sieg von 31:22. Die Freude der Essener währte nur kurz: Lizenzverlust für TuSEM ebenso wie für den Bundesliga-Traditionsverein SG Wallau-Massenheim.

Eishockey

DEL Saison 2004/05

Mit dem ungefährdeten Finalsieg gegen Adler Mannheim sind die **Eisbären Berlin** endgültig in die Fußstapfen des einstigen Rekordmeisters Berliner Schlittschuhclub und dessen Nachfolgeverein SC Preußen getreten. Der Verein blickt auf eine wechselvolle Geschichte zurück. Finanziert und protegiert von Stasi-Chef Erich Mielke, spielten die Dynamos aus Ostberlin und Weißwasser zwanzig Jahre lang ihre skurrile Privatfehde um die DDR-Meisterschaft aus: in einer Liga aus zwei Vereinen. Weil ihnen über die Wende hinaus das Image des »Stasi-Vereins« anhing, firmiert man seit 1992 als EHC Eisbären. Finanziert wird der Klub von dem US-Milliardär Anschutz – was die Fans im Wellblechpalast von Berlin-Hohenschönhausen, wo Eishockey zelebriert wird wie nirgendwo sonst, nicht daran hindert, ihren Schlachtruf »Ostberlin, Ostberlin! « zu skandieren. Im Bewusstsein der Westfans sind sie eh »die von drüben« geblieben.

Halbfinale	
Frankfurt Lions – **Adler Mannheim** (3:4, 1:3, 4:3, 2:1, 0:2)	2:3
Eisbären Berlin – ERC Ingolstadt (3:5, 3:2, 4:2, 4:2)	3:1
Finale	
Eisbären Berlin – Adler Mannheim (5:2, 4:0, 4:1)	3:0

Weltmeisterschaft 2005

Wien, 30. 4.–15. 5. 2005

Dank einer defensiven Meisterleistung und optimaler Chancenverwertung stürzte die **tschechische Mannschaft** um NHL-Superstar Jaromir Jagr Rekord-Champion Kanada vom Eishockeythron und verhinderte deren ersten Titel-Hattrick seit 53 Jahren.

Das **deutsche Eishockey-Team** unter dem neuen Trainer Greg Poss erlebte in Wien sein Waterloo. Zum vierten Mal nach 1964, 1968, 1973 und 1998 aus der A-Gruppe der 16 weltbesten Teams **abgestiegen** – das musste die Kritiker des Amerikaners auf den Plan rufen, der den Defensivstil seines Vorgängers Hans Zach binnen Wochen durch ein Offensivsystem ersetzen wollte. Das Experiment misslang, die Quittung folgte auf dem Fuß: Greg Poss wurde nach 15 Niederlagen in 22 Länderspielen zum Assistenten des ehemaligen NHL-Stars Uwe Krupp degradiert, der als Cheftrainer vor einem Neuaufbau des Teams steht.

Spiel um den 3. Platz	**Russland** – Schweden	6:3
Finale	**Tschechien** – Kanada	3:0

Biathlon-Weltmeisterschaft 2005

Hochfilzen, 4.–13. 3. 2005

Die deutschen Biathleten haben bei der WM für ein **überragendes Mannschaftsergebnis** gesorgt. Vor allem die deutschen Skijägerinnen zeigten sich von ihrer besten Seite: drei Goldmedaillen durch Uschi Disl und Ersatzläuferin Andrea Henkel, dazu Platz 2 in der Staffel. Damen-Bundestrainer Uwe Müssiggang wusste gar nicht, über wen er sich mehr freuen sollte: über

Uschi Disl (Foto), die endlich ihr erstes WM-Einzelgold errang und 23 Stunden später diesen Coup wiederholte – oder über **Andrea Henkel**, die in einer wahren Neuschneeschlacht im 15-km-Einzelwettbewerb die chinesische Überraschungszweite Sun Ribo knapp hinter sich ließ und bewies, dass mit ihr wieder zu rechnen ist.

Die von Frank Ullrich betreuten Biathleten standen ihren Kolleginnen in fast nichts nach, auch wenn sie ohne Titel nach Hause fuhren: Sven Fischer, Michael Greis und Ricco Groß überzeugten mit drei Silber- und zwei Bronzemedaillen. Der Norweger Ole Einar Bjørndalen, mit vier Titeln der herausragende Athlet der WM, entriss dem erkrankten **Sven Fischer** im letzten Biathlon-Weltcuprennen der Saison noch den Sieg im Weltcup.

DAMEN **7,5 km Sprint** 1. Uschi Disl (GER), 2. Olga Saizewa (RUS), 3. Olena Zubrilowa (BLR) ▪ **10 km Verfolgung** 1. Uschi Disl (GER), 2. Liu Xianjing (CHI) 3. Olga Saizewa (RUS) ▪ **15 km Einzel** 1. Andrea Henkel (GER), 2. Sun Ribo (CHI) 3. Linda Tjørhom (NOR)

HERREN **12,5 km Jagd** 1. Ole Einar Bjørndalen (NOR), 2. Sergej Tschepikow (RUS), 3. Sven Fischer (GER) ▪ **10 km Sprint** 1. Ole Einar Bjørndalen (NOR), 2. Sven Fischer (GER), 3. Ilmārs Bricis (LET) ▪ **20 km Einzel** 1. Roman Dostal (TSC), 2. Michael Greis (GER), 3. Ricco Groß (GER)

Gesamt-Weltcup 2004/05

Damen	1.	Sandrine Bailly (FRA)	847 Pkt.
	2.	Kati Wilhelm (GER)	833 Pkt.
	3.	Olga Pylewa (RUS)	830 Pkt.
Herren	1.	Ole Einar Bjørndalen (NOR)	923 Pkt.
	2.	Sven Fischer (GER)	912 Pkt.
	3.	Raphael Poirée (FRA)	869 Pkt.

Nordische Ski-WM 2005

Oberstdorf, 15.–27. 2. 2005

Den Ehrentitel **»Holmenkollen der Alpen«** hat sich Oberstdorf als Ausrichter der Nordischen Ski-Weltmeisterschaften 2005 redlich verdient: exzellent präparierte Wettkampfstätten, mehr als 360 000 Besucher, ein ausgeglichener Etat – und kein einziger Dopingfall. Die Bilanz aus deutscher Sicht fällt zwiespältig aus: leicht unterdurchschnittlich bei den durch Krankheiten und Verletzungen vor der WM zurückgeworfenen Skispringern und Langläufern, überragend bei den nordischen Kombinierern von Bundestrainer Hermann Weinbuch.

Ronny Ackermann avancierte mit zwei Goldmedaillen neben der norwegischen Langläuferin Margit Björgen zum Star der Oberstdorfer Wettkämpfe. Im Sommertraining war er durch die Forcierung des Lauftrainings ein hohes Risiko eingegangen – und hatte prompt das ihm eigene Fluggefühl verloren. Das stellte sich pünktlich zur WM wieder ein und mit ihm das Wettkampfglück. Ackermanns großer finnischer Gegenspieler Hannu Manninen, der beste Kombinierer des Winters, wurde zum tragischen Verlierer von Oberstdorf und musste ohne Einzelmedaille nach Hause fahren.

Überflieger Ronny Ackermann

Normalschanze / 15 km

1. Ronny Ackermann (GER), 2. Björn Kircheisen (GER), 3. Felix Gottwald (AUT)

Team (Normalschanze / 4 x 5 km)

1. Norwegen, 2. Deutschland, 3. Österreich

Sprint / 7,5 km

1. Ronny Ackermann (GER), 2. Magnus Moan (NOR), 3. Kristian Hammer (NOR)

Gesamt-Weltcup 2004/05

1.	Hannu Manninen (FIN)	1466 Pkt.
2.	Ronny Ackermann (GER)	1070 Pkt.
3.	Felix Gottwald (AUT)	677 Pkt.

Weltmeisterschaft Ski-Alpin 2005

Bormio, 29. 1.–13. 2. 2005/S. Caterina, 30. 1.–11. 2. 2005

»Einmal ist kein Mal« hätte gut als Motto der alpinen Ski-Weltmeisterschaften 2005 in Bormio und Santa Caterina durchgehen können. Dank Janica Kostelic, Bode Miller und Benjamin Raich gab es einen klaren **Trend zum Doppelsieg**, den die schwedische Allrounderin Anja Pärson beinahe noch ausgebaut hätte. Dieser Trend kommt nicht von ungefähr. Der reine Abfahrer früherer Tage gehört ebenso einer aussterbenden Gattung an wie der exklusive Slalomfahrer. Seit die Abfahrtspisten mehr und mehr anspruchsvolle Kurven aufweisen, um die schnellste alpine Disziplin einzubremsen, wird die Schussfahrt auch für Filigrantechniker interessant. In diesen Elitezirkel hätte mit etwas Glück auch das deutsche **Supertalent Maria Riesch** hineinfahren können, die in der vergangenen Saison in drei verschiedenen Disziplinen Podiumsplätze errang. Aber wegen ihres in Cortina d'Ampezzo gerissenen Kreuzbands fand die WM für sie nur vor dem Fernseher statt.

Bei so viel Pleiten, Pech und Pannen wären die Tage von Bormio und Santa Caterina für die Deutschen sehr bitter geworden – wenn sich Florian Eckert nach endloser Verletzungsmalaise nicht so eindrucksvoll in der Weltspitze zurückgemeldet hätte. Und wenn Hilde Gerg, Monika Bergmann-Schmuderer, Martina Ertl, Andreas Ertl, Felix Neureuther und Florian Eckert nicht mit einer bravourösen Kollektivleistung Gold im Teamwettbewerb geholt hätten.

Bode Miller, Absolvent der Carrabasset Valley Academy am Fuße des Sugarloaf Mountain, war der Überflieger der Saison: Doppelweltmeister von Bormio,

Bode Miller (USA)

Weltcup-Gesamtsieger – und jüngstes Mitglied eines illustren Klubs: Nach Pirmin Zurbriggen, Marc Girardelli, Günther Mader und Kjetil Andre Aamodt ist Bode Miller erst der Fünfte, dem das Kunststück gelang, in allen vier Disziplinen Weltcupsiege zu erringen. Dem großen Allrounder Girardelli gelang das in einer Saison, dem draufgängerischen Amerikaner in 16 Tagen.

DAMEN **Slalom** 1. Janica Kostelic (CRO), 2. Tanja Poutiainen (FIN), 3. Sarka Zahrobska (CZE) ▪ **Riesenslalom** 1. Anja Pärson (SWE), 2. Tanja Poutiainen (FIN), 3. Julia Mancuso (USA) ▪ **Super-G** 1. Anja Pärson (SWE), 2. Lucia Recchia (ITA), 3. Julia Mancuso (USA) ▪ **Abfahrt** 1. Janica Kostelic (CRO), 2. Elena Fanchini (ITA), 3. Renate Götschl (AUT) ▪ **Kombination** 1. Janica Kostelic (CRO), 2. Anja Pärson (SWE), 3. Marlies Schild (AUT)

HERREN **Slalom** 1. Benjamin Raich (AUT), 2. Rainer Schönfelder (AUT), 3. Giorgio Rocca (ITA) ▪ **Riesenslalom** 1. Hermann Maier (AUT), 2. Benjamin Raich (AUT), 3. Daron Rahlves (USA) ▪ **Super-G** 1. Bode Miller (USA), 2. Michael Walchhofer (AUT), 3. Benjamin Raich (AUT) ▪ **Abfahrt** 1. Bode Miller (USA), 2. Daron Rahlves (USA), 3. Michael Walchhofer (AUT) ▪ **Kombination** 1. Benjamin Raich (AUT), 2. Aksel Lund Svindal (NOR), 3. Giorgio Rocca (ITA) ▪ **Mannschaftswettbewerb** 1. Deutschland (Martina Ertl, Hilde Gerg, Monika Bergmann-Schmuderer, Florian Eckert, Felix Neureuther, Andreas Ertl), 2. Österreich, 3. Frankreich

Gesamt-Weltcup 2004/05

Damen	1.	Anja Pärson (SWE)	1359 Pkt.
	2.	Janica Kostelic (CRO)	1356 Pkt.
	3.	Renate Götschl (AUT)	1164 Pkt.
Herren	1.	Bode Miller (USA)	1648 Pkt.
	2.	Benjamin Raich (AUT)	1454 Pkt.
	3.	Hermann Maier (AUT)	1295 Pkt.

Skispringen

Weltmeisterschaft 2005

Oberstdorf, 15.–27. 2. 2005

Normalschanze / Einzel 1. Rok Benkovic (SLO), 2. Jakub Janda (TSC), 3. Janne Ahonen (FIN) ▪ **Normalschanze / Team** 1. Österreich, 2. Deutschland, 3. Slowenien ▪ **Großschanze / Einzel** 1. Janne Ahonen (FIN), 2. Roar Ljøkelsøy (NOR), 3. Jakub Janda (TSC) ▪ **Großschanze / Team** 1. Österreich, 2. Finnland, 3. Norwegen

Vierschanzentournee 2004/05

Gesamtwertung 1. Janne Ahonen (FIN) 1043,3 Pkt., 2. Martin Höllwarth (AUT) 994,2 Pkt., 3. Thomas Morgenstern (AUT) 985,5 Pkt. (8. Michael Uhrmann, GER, 939,0 Pkt., 9. Georg Späth, GER, 928,5 Pkt.)

Gesamt-Weltcup 2004/05

1.	Janne Ahonen (FIN)	1715 Pkt.
2.	Roar Ljøkelsøy (NOR)	1440 Pkt.
3.	Matti Hautamäki (FIN)	1275 Pkt.

In diesem Kapitel sind in Auswahl Persönlichkeiten porträtiert, die zum Stichtag 15. 7. 2005 hohe Staats- und Regierungsämter bekleiden, im Berichtszeitraum in Ämter gekommen sind oder im Zentrum des öffentlichen Interesses standen. Schwerpunktmäßig sind die Staats-, Regierungschefs sowie Außenminister der Transformationsländer Ostmittel- und Osteuropas berücksichtigt. Die Personennamen sind nach der in deutschsprachigen Publikationen üblichen Schreibweise bzw. Transkription angeordnet

Abbas, Mahmud (Palästina), *Sfad 1935; seit 2005 Präsident der Autonomiebehörde

Der in Galiläa geborene Abbas ging nach der Gründung des Staates Israel 1948 mit seiner Familie ins syrische Exil. In Damaskus schloss er ein Jura-Studium ab, promovierte in Moskau über die Geschichte des Zionismus und arbeitete danach u. a. in Katar im Staatsdienst. In den 1960er Jahren schloss er sich der Fatah-Bewegung Jassir Arafats an, gehörte seit 1968 zum Führungszirkel der Palästinensischen Befreiungsorganisation (PLO) und war Mitglied im Palästinensischen Nationalrat. Der Befürworter einer friedlichen Lösung des israelisch-palästinensischen Konflikts gehörte 1993 zur palästinensischen Delegation, die die Verträge von Oslo aushandelte. 1996 übernahm er den Posten des PLO-Generalsekretärs und leitete den Umbau der ehemaligen Widerstandsorganisation zu einer Zivilregierung ein. Im April 2003 wurde Abbas Ministerpräsident mit umfassenden Machtbefugnissen Fehlender Rückhalt im Parlament sowie Kompetenzstreitigkeiten mit Arafat zwangen ihn bereits im September 2003 zum Rücktritt. Nach Arafats Tod wählte ihn das Exekutivkomitee der PLO im November 2004 zum neuen Vorsitzenden. Aus den Präsidentschaftswahlen am 9. 1. 2005 ging Abbas als Sieger hervor und wurde am 15. 1. als neuer Präsident der Autonomiebehörde vereidigt.

Adamkus, Valdas (Litauen), *Kaunas 3. 11. 1926; 1998–2003 und seit 2004 Staatspräsident

Während des Zweiten Weltkriegs schloss sich Adamkus einer Untergrundbewegung für die Unabhängigkeit Litauens an. 1945 floh er vor der Roten Armee nach Deutschland, emigrierte 1949 in die USA, studierte Ingenieurwissenschaften und stieg zum Direktor der Umweltbehörde in Chicago auf. Nach der Unabhängigkeit Litauens 1991 hielt sich Adamkus verstärkt in seinem Heimatland auf und kandidierte schließlich als Parteiloser bei den Präsidentschaftswahlen Ende 1997. In der Stichwahl Anfang 1998 konnte er sich gegen seinen Konkurrenten Arturas Palauskas durchsetzen und wurde am 26. 2. vereidigt. In seiner Amtszeit setzte sich Adamkus für einen Beitritt seines Landes zu EU und NATO ein und bemühte sich gleichzeitig um gute Beziehungen zu Russland. Trotz seines hohen Ansehens unterlag er Ex-Premier Rolandas Paksas bei den Präsidentschaftswahlen 2003. Nachdem Paksas im April 2004 wegen Verfassungsbruchs des Amtes enthoben worden war, konnte Adamkus die Neuwahl am 13./27. 6. für sich entscheiden und wurde am 12. 7. zum zweiten Mal als Staatspräsident vereidigt.

Ahmadi-Nedschad, Mahmud (Iran), *Aradan 28. 10. 1956; seit 2005 Staats- und Regierungschef

1975 nahm der in Teheran aufgewachsene Ahmadi-Nedschad das Ingenieursstudium auf. Während des Studiums schloss er sich der islamischen Opposition gegen das Schah-Regime an. Nach Ausbruch des Krieges zwischen Iran und Irak meldete er sich als Freiwilliger an die Front, 1986 trat er den Revolutionsgarden bei und beendete ein Jahr darauf sein Studium. Anschließend war er in verschiedenen Städten als Bürgermeister tätig, bevor er 1993 Gouverneur der Provinz Ardabil wurde, wo er sich nach Naturkatastrophen als Krisenmanager auszeichnete. 1997 ging er als wissenschaftlicher Mitarbeiter an die Universität in Teheran. 2003 wurde Ahmadi-Nedschad, mittlerweile zu einem Führer der sog. »Neokonservativen« aufgestiegen, zum Oberbürgermeister der Hauptstadt gewählt, wo er mit einer radikalislamischenen Politik (z. B. Einrichtung von nach Geschlechtern getrennten Aufzügen in öffentlichen Gebäuden) von sich reden machte. Als Fürsprecher der Armen, Bekämpfer des korrupten Establishments und Gegner der Reformer trat Ahmadi-Nedschad zu den Präsidentschaftswahlen 2005 an und galt, obwohl Kandidat des mächtigen Wächterrats und des Revolutionsführers Sayed Ali Khamenei, zunächst als krasser Außenseiter. In der Stichwahl am 24. 6. siegte er über den Ex-Präsidenten Hashemi Rafsandschani und wurde am 3. 8. als sechster Staatspräsident der Islamischen Republik Iran vereidigt.

Albert II. (Monaco), *Monaco 14. 3. 1958; seit 2005 Fürst von Monaco

Albert Alexandre Louis Pierre Rainier Grimaldi, einziger Sohn von Fürst Rainier III. von Monaco und Fürstin Gracia Patricia, studierte Politikwissenschaft in den USA und machte anschließend eine militärische Ausbildung bei der französischen Marine. Es folgten Stationen bei verschiedenen Wirtschaftsunternehmen in New York und Paris. Daneben machte Albert vor allem als Sportler von sich reden und gründete den monegassischen Bob-Verband, dessen Vorsitzender und einziger Pilot er ist. Nachdem er schon seit 1986 mit repräsentativen Aufgaben betraut worden war, wurde Albert am 1. 4. 2005 vom siebenköpfigen Kronrat zum Regenten ernannt. Nach dem Tod seines Vater am 7. 4. bestieg er als Albert II. den monegassischen Thron.

Alijew, Ilham (Aserbaidschan), *Baku 24. 12. 1961; seit 2003 Staatspräsident

Der Sohn des langjährigen autokratischen Staatspräsidenten Hejdar Ali Alijew (1993–2003) lehrte nach dem Studium am Moskauer Institut für Internationale Beziehungen an seiner Alma Mater (1985–90). Anschließend betätigte er sich in Moskau und Istanbul als freier Unternehmer und kehrte 1994 in seine Heimat zurück, wo er das Amt eines Vizepräsidenten der staatlichen Ölgesellschaft übernahm. Seit 1995 Parlamentsabgeordneter, stieg er 2001 zum stellvertretenden Parteivorsitzenden der Regierungspartei Neues Aserbaidschan auf. Am 4. 8. 2003 wählte ihn das Parlament zum Ministerpräsidenten. Am 15. 10. erhielt er bei der von Unregelmäßigkeiten begleiteten Präsidentschaftswahl, zu der sein Vater aus Gesundheitsgründen nicht mehr antreten konnte, 76,8 % der Stimmen; am 31. 10. erfolgte Alijews Vereidigung als Staatsoberhaupt.

Annan, Kofi (Ghana / UN), *Kumasi 8. 4. 1938; seit 1997 UN-Generalsekretär

Nach dem Studium der Wirtschaftswissenschaften in Ghana, den USA und der Schweiz trat Annan 1962 in den Dienst der Vereinten Nationen (UN). Dort verbrachte er mit kurzen Unterbrechungen seine gesamte berufliche Laufbahn. Innerhalb der UN bekleidete er zahlreiche Posten in Genf, Afrika und in New York. 1993 wurde er zum Untergeneralsekretär für Friedenssicherung ernannt. 1995 / 96 war er Sonderbeauftragter für das frühere Jugoslawien und in diesem Zusammenhang auch Sondergesandter bei der NATO. Am 17. 12. 1996 wurde Annan als erster Schwarzafrikaner und als erster UN-Beamter von der Vollversammlung der Vereinten Nationen für eine fünfjährige Amtszeit zum UN-Generalsekretär gewählt und trat am 1. 1. 1997 die Nachfolge von Boutros Boutros-Ghali an. 2001 wurde er für eine zweite Amtszeit bestätigt und erhielt im selben Jahr gemeinsam mit den UN den Friedensnobelpreis. Annan hat sich großes Ansehen als moralisches Gewissen der Welt erworben, ist jedoch in seiner bisherigen Amtszeit bei seinen Versuchen, den UN politischen Einfluss zu verschaffen, erfolglos geblieben, was sich zuletzt u. a. beim militärischen Alleingang der USA und ihrer Verbündeten im Irak und der weitgehenden Untätigkeit der Völkergemeinschaft im Darfur-Konflikt zeigte. Als seinen größten Erfolg konnte Annan die Installierung des Internationalen Strafgerichtshofs verbuchen, der seit 2002 für die weltweite Verfolgung von Völkermord, Verbrechen gegen die Menschlichkeit und Kriegsverbrechen zuständig ist, allerdings von den USA weitgehend boykottiert wird.

Ansip, Andrus (Estland), *Tartu 1. 10. 1956; seit 2005 Ministerpräsident

Der in seiner Heimatstadt zum Chemiker ausgebildete Ansip war von 1998–2004 Bürgermeister von Tartu. Im Herbst 2004 begann sein politischer Aufstieg, als er von Ministerpräsident Juhan Parts an die Spitze des Wirtschafts- und Verkehrsministeriums berufen wurde. Kurz darauf beerbte er den nach Brüssel gewechselten Siim Kallas als Vorsitzenden der rechtsliberalen Reformpartei. Als im Frühjahr 2005 die Regierung Parts nach längeren inneren Streitigkeiten über das Verschwinden von geheimen Unterlagen aus dem Außenministerium stolperte, wurde Ansip mit der Bildung einer neuen Regierung beauftragt und schmiedete eine Koalition aus Reformpartei, der linken Zentrumspartei und der konservativen Bürgerunion, die sich für die Belange der ländlichen Bevölkerung einsetzte. Am 12. 4. wurde Ansip als Chef der mittlerweile 12. Regierung seit der Unabhängigkeitserklärung 1991 vereidigt.

Ásgrímsson, Halldór (Island), *Vopnafjörður 8. 9. 1947; seit 2004 Ministerpräsident

Nach einer Ausbildung zum Buchhalter und dem Studium der Wirtschaftswissenschaften in Norwegen und Dänemark begann Ásgrímsson 1973 seine berufliche Laufbahn als Dozent an der Universität von Island. 1974 wurde er erstmals für die bäuerlich-liberale Fortschrittspartei ins Parlament gewählt, dem er seither mit kurzer Unterbrechung (1978 / 79) angehört. 1980 wurde er stellvertretender Parteivorsitzender, 1994 übernahm er den Parteivorsitz. 1983–91 hatte Ásgrímsson mehrere Ministerämter inne. 1991–95 gehörte er dem Vorstand des Nordischen Rats an. Als die Unabhängigkeitspartei nach den Wahlen 1995 wieder mit der Fortschrittspartei gemeinsam die Regierung bildete, wurde er mit dem Amt des Außen- und Außenhandelsministers sowie dem Ressort für Nordische Kooperation betraut. Mitte September 2004 übernahm er – wie von den Koalitionsparteien nach der Wahl 2003 beschlossen – von Davíð Oddsson das Amt des Ministerpräsidenten, der seinerseits ins Außenministerium wechselte. Ásgrímsson ist ein Befürworter eines EU-Beitritts seines Landes.

Ashdown, Paddy [Jeremy John Durham]
(Großbritannien / OHR), *Neu-Dehli 27. 2. 1941; seit 2002 Hoher Repräsentant für Bosnien und Herzegowina

Ashdown, Sohn eines indischen Oberst und einer irischen Mutter, wuchs zunächst in Indien, dann in Belfast (Nordirland) auf. 1959–72 diente er bei den Royal Marines, unterbrochen von einem Chinesischstudium in Hongkong 1967–70. Nach seinem Ausscheiden aus dem Militär trat Ashdown in den diplomatischen Dienst ein, u. a. als Vertreter Großbritanniens bei den Vereinten Nationen in Genf sowie als Verhandlungsteilnehmer an der Europäischen Sicherheitskonferenz in Helsinki. Stationen als Manager in der Privatwirtschaft und als Sozialarbeiter folgten (1976–81). Parallel dazu trieb er seine politische Karriere voran, die er 1979 als Abgeordneter der Liberal Party startete, deren Vorsitzender er 1987 wurde. Nach der Abwahl der Konservativen 1997 verfolgte er mit der neuen Labour-Regierung unter Tony Blair einen engen Kooperationskurs, der ihm allerdings auch viel Kritik einbrachte und ihn 1999 schließlich zum Rückzug vom Parteivorsitz bewog. Im Mai 2002 wurde Ashdown, der sich im Jugoslawienkonflikt bereits frühzeitig für ein entschiedenes Eingreifen der internationalen Gemeinschaft ausgesprochen hatte, zum Hohen Repräsentanten für Bosnien und Herzegowina bestimmt. Als höchste zivile Instanz bei der Umsetzung des Friedensabkommens von Dayton ist er verantwortlich für die politische Neuordnung und einen wirtschaftlichen Aufschwung des Landes.

Asselborn, Jean (Luxemburg), *Steinfort 27. 4. 1949; seit 2004 Außenminister

Der aus einer Arbeiterfamilie stammende Asselborn, der sich früh in der Gewerkschaft engagierte, studierte nach dem Besuch der Abendschule an der Universität Nancy Jura. 1984 wurde er zum Bürgermeister seiner Heimatgemeinde Steinfort gewählt. Im gleichen Jahr errang er einen Sitz für die Sozialistische Arbeiterpartei (LSAP) im Parlament. 1989 wurde er Fraktionsvorsitzender der LSAP, der er seit 1997 vorsitzt. 1999–2004 amtierte er als Vizeparlamentspräsident, von 2000–04 zusätzlich als Vizepräsident des Europäischen Parlaments. Nachdem die LSAP bei den Parlamentswahlen im Juni 2004 zweitstärkste Kraft im luxemburgischen Abgeordnetenhaus geworden war, wurde Asselborn am 31. 7. Vizepremier und Außenminister der 3. Regierung von Jean-Claude Juncker.

Bakijew, Kurmanbek Salijewitsch (Kirgisistan); *Masadan 1. 8. 1949; seit 2005 Staatspräsident

Lange Zeit war Bakijew getreuer Gefolgsmann des autoritären Staatspräsidenten Askar Akajew. 1997–2000 amtierte der studierte Elektroingenieur als Gouverneur der Region Chui, 2000 wurde er von Akajew zum Premierminister ernannt. Bereits 2002 musste er sein Amt jedoch niederlegen, weil er eine Demonstration von Regimegegnern blutig niederschlagen ließ. In der Folge stellte er sich an die Spitze der Opposition gegen Akajew. Als es nach den manuipulierten Parlamentswahlen im Frühjahr 2005 zu Massendemonstrationen gekommen und Akajew nach Russland geflohen war, wurde Bakijew am 29. 3. vom alten Parlament zum Ministerpräsidenten ernannt. Laut Verfassung war er damit auch amtierender Präsident. Bei den am 10. 7. durchgeführten Präsidentschaftswahlen erhielt er rund 89 % der Stimmen.

Barroso, José Manuel Durão (Portugal / EU), *Lissabon 23. 3. 1956; seit 2004 Präsident der EU-Kommission

Nach dem Studium der Rechts- und Politikwissenschaften an den Universitäten von Lissabon, Genf, New York sowie am Europäischen Hochschulinstitut in Florenz war Barroso als Assistent an der Universität Georgetown in Washington tätig. 1980 trat er dem konservativ-liberalen Partido Social Democrata (PSD) bei und wurde für diesen erstmals 1985 ins Parlament gewählt. 1986 zum Staatssekretär im Innenministerium ernannt, wechselte er 1987 als Staatssekretär ins Außenministerium, dessen Leitung er 1992 übernahm. Als sein wichtigster Erfolg gilt ein Friedensabkommen für Angola. Nach der Wahlniederlage des PSD 1995 scheiterte Barroso mit dem Versuch, Parteichef zu werden, 1999 erreichte er dieses Ziel nach heftigem innerparteilichem Machtkampf. Bei den Parlamentswahlen 2002 gewann er mit dem PSD knapp vor dem seit 1995 regierenden Partido Socialista (PS) und stand als Ministerpräsident einer Regierungskoalition von PSD und der nationalistischen Volkspartei (CDS-PP) vor. Im Juni 2004 wurde Barroso als Kompromisskandidat zum Präsident der EU-Kommission bestimmt und im Juli vom Europäischen Parlament bestätigt. Er konnte das Amt allerdings erst nach der wegen einer drohenden Abstimmungsniederlage vor dem EP erzwungenen Umbildung seiner Kommission am 22. 11. antreten.

Băsescu, Traian (Rumänien), *Basarabi 4. 11. 1951, seit 2004 Staatspräsident

Wie die meisten rumänischen Politiker der Nachwendezeit gehörte der Marineoffizier und Kapitän der Handelsflotte zur kommunistischen Nomenklatura unter Nicolae Ceauşescu. Nach dem Sturz Ceauşescus schloss er sich der Demokratischen Partei (PD) an, deren zunächst sozialistisches Programm im Laufe der Jahre konservativer wurde. In der ersten reformkommunistischen Regierung (1991–92) war er Handelsminister; dasselbe Amt übte er in den bürgerlich-liberalen Kabinetten von 1996–2000 aus. 2000 wechselte der nun endgültig zum Reformpolitiker gewandelte Băsescu in die Kommunalpolitik und wurde Bürgermeister der Hauptstadt Bukarest. Im von den Sozialdemokraten (PSD) dominierten Stadtrat behauptete er sich erfolgreich und wurde 2004 mit großer Mehrheit wieder gewählt. Im Wahlkampf um das Präsidentenamt 2004 machte Băsescu, der 2001 den Vorsitz der PD übernommen hatte, die Korruption zum Hauptthema. Dabei ist seine Verantwortung in der Affäre um den Verkauf eines Großteils der Handelsflotte Anfang der 1990er Jahre nie vollständig geklärt worden. In der Stichwahl siegte Băsescu über seinen sozialdemokratischen Kontrahenten Adrian Năstase und trat am 20. 12. das Amt des Staatsoberhaupts an.

Belka, Marek (Polen), *Łódz 9. 1. 1953; seit 2004 Ministerpräsident

Nach Habilitation und Studienaufenthalten in den USA und Großbritannien lehrte Belka ab 1994 als Professor für Wirtschaftswissenschaften an der Universität Łódz. Daneben beriet er ab 1990 die Weltbank und den IWF, bis er 1996 in den Stab des neu gewählten Präsidenten Aleksander Kwaśniewski wechselte. Im Februar 1997 übernahm der parteilose Belka das Finanzministerium; nach dem Scheitern der Regierungskoalition im September 1997 verlor er das Amt und wurde wieder Wirtschaftsberater des Staatspräsidenten. Nach dem erneuten Regierungswechsel im Oktober 2001 holte ihn der sozialistische Regierungschef Leszek Miller ins Finanzministerium zurück, wo sich der Wirtschaftsliberale Belka der Reduzierung des Staatsdefizits widmete. Er geriet zunehmend in Gegensatz zur Regierung und reichte im Juli 2002 seinen Rücktritt ein. Im Juni 2003 wurde Belka zum Leiter des Internationalen Koordinierungskomitees im Irak ernannt, kurz darauf berief ihn der Chef der US-Zivilverwaltung im Irak, Paul Bremer, zum Verantwortlichen für den wirtschaftlichen Wiederaufbau. Einen Tag nach dem EU-Beitritt Polens am 1. 5. 2004 löste er Ministerpräsident Miller ab, der schon seit längerem seinen Rücktritt angekündigt hatte. Nachdem das Parlament mit Hilfe der zerstrittenen Regierungspartei am 5. 5. 2005 Belkas Vorschlag über vorzeitige Neuwahlen abgelehnt hatte, wird seine Regierung bis zum regulären Wahltermin im Herbst des Jahres im Amt bleiben.

Benedikt XVI. [Joseph Ratzinger] (Vatikan), *Marktl am Inn (Deutschland) 16. 4. 1927; seit 2005 Papst

Nach dem Studium der Theologie und Philosophie wurde Ratzinger 1951 zum Priester geweiht, mit 30 Jahren habilitierte er und lehrte als Professor für Dogmatik und Fundamentaltheologie zunächst an der Hochschule in Freising, später in Bonn, Münster, Tübingen und Regensburg. Als theologischer Berater des Kölner Erzbischofs Josef Kardinal Frings nahm er am Zweiten Vatikanischen Konzil (1962–1965) teil. 1977 folgte Ratzinger als Nachfolger von Julius Kardinal Döpfner als Erzbischof von München und Freising, nur wenige Wochen später erhielt er bei einem »Extra-Konsistorium« in Rom die Kardinalswürde. 1981 berief ihn Papst Johannes Paul II. als Präfekten der Glaubenskongregation nach Rom. 1993 ernannte ihn der Papst zum Kardinalbischof, Ende 2002 wurde Ratzinger Dekan des Kardinalskollegiums, das den Papst berät und nach dessen Tod die Wahl eines Nachfolgers ausrichtet. Am 19. 4. 2005 wurde Ratzinger vermutlich im 4. Wahlgang nach nur zweitägigem Konklave mit der erforderlichen Zweidrittelmehrheit zum 265. Pontifex der weltweit 1,1 Milliarden Katholiken gewählt und gab sich den Namen Benedikt XVI. Er ist der achte deutsche Papst, letztmals hatte ein Deutscher vor 482 Jahren den Stuhl Petri inne (Hadrian VI. 1522/23 aus Utrecht, das damals zum Heiligen Römischen Reich Deutscher Nation gehörte). Der neue Papst gilt besonders in Deutschland als Symbol für Dogmatismus und Konservatismus: In den 1980er Jahren stoppte Ratzinger im Auftrag von Papst Johannes Paul II. die lateinamerikanische Befreiungstheologie mit disziplinarischen Maßnahmen. Er verteidigte als Präfekt der Glaubenskongregation die kategorische Ablehnung des Frauenpriestertums und der künstlichen Geburtenregelung, die harte Linie gegenüber wieder verheirateten Geschiedenen sowie die Lehre von der Vorherrschaft der katholischen Kirche.

Berisha, Sali (Albanien), *Tropojë 11. 7. 1944; 1992–97 Staatspräsident; designierter Ministerpräsident

Nach dem Studium der Medizin war Berisha als Herzspezialist, Dozent an der Universität Tirana und als Funktionär im Gesundheitswesen tätig, u. a. war er Leibarzt Enver Hoxhas. Früh Mitglied der kommunistischen Partei der Arbeit (PPSh), gab er 1989 demonstrativ sein Parteibuch zurück und klagte als einer der ersten Intellektuellen offen die stalinistische Staatsführung an. Berisha wurde Führer der 1990 gegründeten oppositionellen Demokratische Partei (PDS). Nach den Wahlen von 1992, bei der seine PDS fast $^{2}/_{3}$ der Parlamentssitze errang, wurde Berisha vom Parlament am 9. 4. zum ersten nichtkommunistischen Präsidenten seines Landes gewählt. Nach demokratischen und wirtschaftlichen Reformen (Albanien wurde Mitglied im Europarat) führte sein zunehmend autoritärer Regierungsstil zu innenpolitischen Auseinandersetzungen. Mit massiven Wahlfälschungen verschaffte er seiner

Partei 1996 eine Dreiviertelmehrheit im Parlament, musste aber nach bürgerkriegsähnlichen Unruhen im Anschluss an den so genannten Pyramiden-Betrug auch auf internationalen Druck hin Neuwahlen ausrufen und trat nach der Wahlniederlage der PDS im Sommer 1997 vom Amt zurück. Acht Jahre später kehrte Berisha nach einem Wahlsieg der PDS bei den Parlamentswahlen am 3. 7. 2005 wieder auf die politische Bühne zurück.

Berlusconi, Silvio (Italien), *Mailand 29. 9. 1936; 1994 und seit 2001 Ministerpräsident

Der Jurist machte zunächst Karriere in der Baubranche. Seit Ende der 1970er Jahre engagierte er sich zunehmend im Mediengeschäft und baute ein Firmenimperium auf. Als Eigentümer der Fininvest-Holding wurde er Herr über Verlage, Zeitungen, Supermärkte, Baufirmen, Immobilien und Unternehmen für Dienstleistungen aller Art und gehört inzwischen zu den reichsten Italienern. 1993 gründete Berlusconi, der auch Präsident des Fußballclubs AC Milan ist, seine Bewegung Forza Italia (FI), die er in ein Rechtsbündnis mit der Lega Nord und der Alleanza Nazionale (AN) einbrachte. Nach dem Erfolg bei den Parlamentswahlen 1994 zum Ministerpräsidenten ernannt, trat er am 22. 12. nach nur siebenmonatiger Amtszeit zurück und wurde Oppositionsführer. Mit dem Parteienbündnis Casa delle Libertà (»Haus der Freiheiten«) gewann Berlusconi die Parlamentswahl 2001 und wurde am 11. 6. als Chef der 59. Nachkriegsregierung Italiens vereidigt. Sein Mitte-rechts-Bündnis, das wie schon 1994 aus FI, Lega Nord und AN besteht, kann sich in beiden Parlamentskammern auf eine absolute Mehrheit stützen. Im Irak-Konflikt stellte er sich trotz großer Proteste im eigenen Land auf die Seite der USA. Berlusconi steht im In- und Ausland wegen seiner Vermischung privater, wirtschaftlicher und öffentlicher Interessen zunehmend in der Kritik.

Blair, Tony [Anthony Charles Lynton] (Großbritannien), *Edinburgh 6. 5. 1953; seit 1997 Premierminister

Nach einem Jurastudium in Oxford war Blair als Rechtsanwalt tätig. 1975 trat er der Labour Party bei, wurde 1983 erstmals ins Unterhaus gewählt und avancierte rasch zum Sprecher für Finanz- und Wirtschaftsfragen. 1988 wurde er in das Schattenkabinett von Labour-Chef Neil Kinnock berufen, 1992 war er unter dessen Nachfolger John Smith ebenfalls Mitglied des Schattenkabinetts. Als dieser unerwartet starb, wurde Blair 1994 zum neuen Parteivorsitzenden gewählt. Unter dem Motto »New Labour« wandelte er die sozialistische, gewerkschaftsnahe Partei in eine moderne Partei der Mitte um und führte Labour zu einem grandiosen Sieg bei den Unterhauswahlen 1997. In seiner ersten Amtszeit als Premier setzte Blair erfolgreich eine Reform des Sozialstaats und der Regionalverwaltung durch und trieb den Friedensprozess in Nordirland voran. 2001 wurden er und die Labour-Partei mit deutlicher Mehrheit bestätigt. Außenpolitisch setzte er in seiner zweiten Amtszeit auf die Zusammenarbeit mit den USA und unterstrich diesen Kurs mit der innenpolitisch umstrittenen britischen Unterstützung im Irak-Krieg 2003. Bei den Unterhauswahlen am 5. 5. 2005 führte Blair die Labour-Partei – wenn auch mit deutlichen Verlusten – zu einem dritten Sieg in Folge.

Brazauskas, Algirdas M. (Litauen), *Rokiskis 22. 9. 1932; seit 2001 Ministerpräsident

Der Ingenieur und promovierte Volkswirt war 25 Jahre lang Manager in der staatlichen Planwirtschaft und machte Karriere in der KP. Nach seiner Wahl zum Parteichef der Baltenrepublik 1988 setzte Brazauskas auf die nationale Karte: Ende 1989 löste er die litauische KP von der KPdSU und ließ den Führungsanspruch der KP aus den Parteistatuten streichen. Noch vor der Unabhängigkeit seines Landes 1991 wandelte er die KP in die sozialdemokratisch geprägte Demokratische Partei der Arbeit (LDDP) um, die die ersten demokratischen Parlamentswahlen im Herbst 1992 gewann. Brazauskas wurde zum Parlamentspräsidenten gewählt und übte damit die Funktion des Staatsoberhauptes aus. Aus den Präsidentschaftswahlen 1993 ging er als Sieger hervor. 1997 verzichtete Brazauskas auf eine erneute Kandidatur, da er die Bemühungen Litauens um eine Integration in die EU und NATO nicht mit seiner kommunistischen Vergangenheit belasten wollte. Nach dem Erfolg der Sozialdemokraten bei den Parlamentswahlen 2000 und dem Scheitern des Minderheitskabinetts unter Premier Rolandas Paksas wurde Brazauskas am 3. 7. 2001 zum neuen Regierungschef gewählt.

Bučkovski, Vlado (Mazedonien), *Skopje 2. 12. 1962; seit 2004 Ministerpräsident

Bučkovski studierte Jura und arbeitete dann an der Rechtsfakultät der Universität von Skopje, zuletzt als Dozent für Römisches Recht. Als Mitglied des Sozialdemokratischen Bündnisses für Mazedonien (SDSM) trat er 2001 als Verteidigungsminister in die Koalitionsregierung des konservativen Ministerpräsidenten Ljubčo Georgievski ein und behielt diesen Posten in der Folge auch in den Regierungen seiner Parteifreunde Branko Crvenkovski und Hari Kostov. Als Kostov im November 2004 zurücktrat, wurde Bučkovski zum Parteivorsitzenden des SDSM und anschließend zum Regierungschef gewählt. Er muss nun die schwierige Aufgabe der Versöhnung zwischen slawischer Bevölkerungsmehrheit und albanischer Bevölkerungsminderheit meistern, an der sein parteiloser Vorgänger Kostov bereits nach wenigen Monaten gescheitert war.

Bukejlović, Pero (Serbische Republik), *Bušletic 9. 8. 1945; seit 2005 Regierungschef der RS

Der an den Universitäten von Sarajevo und Zagreb ausgebildete Ingenieur war 2001–03 Minister für Industrie und Technologie in der Regierung des Teilstaates. Seit 2003 arbeitete Bukejlović in der Privatindustrie. Nachdem der im Januar 2003 zum Regierungschef gewählte Dragan Mikerević Ende 2004 aus Protest gegen Sanktionen zurückgetreten war, die der Hohe Repräsentant Paddy Ashdown wegen mangelnder Zusammenarbeit mit dem Kriegsverbrechertribunal in Den Haag über den Teilstaat verhängt hatte, wurde Bukejlović vom Präsidenten der Serbischen Republik, Dragan Cavić, mit der Regierungsbildung beauftragt und am 17. 2. 2005 vom Parlament bestätigt. Bukejlović, der wie Cavić der Serbischen Demokratischen Partei angehört, gilt als nationalistischer Hardliner.

Bush, George W. (USA), *New Haven 6. 7. 1946; seit 2001 Präsident

Der Sohn des früheren Präsidenten George Bush sen. (1989–93) ist Absolvent der Elite-Universitäten Yale und Harvard. Nach erfolglosen Jahren in der texanischen Erdölindustrie wurde er als Mitstreiter und Geschäftsführer der Baseballmannschaft Texas Rangers bekannt. Mit seinem 40. Geburtstag kam die Wende: Bush schwor dem Alkohol ab und konvertierte zum methodistischen Glauben. 1994 gelang ihm überraschend ein knapper Sieg über die demokratische Gouverneurin von Texas, Ann W. Richards; 1998 wurde er mit großer Mehrheit wieder gewählt. Am 7. 11. 2000 setzte er sich bei den Präsidentschaftswahlen nach einem Auszählungskrimi gegen den Kandidaten der Demokraten, Vizepräsident Al Gore, durch. Als Nachfolger von Bill Clinton wurde Bush am 20. 1. 2001 als 43. US-Präsident vereidigt. Nach den Terroranschlägen auf das World Trade Center und das Pentagon am 11. 9. 2001 als Symbole amerikanischer Wirtschaftskraft und militärischer Macht erklärte er den Kampf gegen den Terrorismus zum Leitmotiv der US-Politik. Bush verzichtete im Irak-Konflikt auf ein UN-Mandat und stürzte stattdessen mit einer »Koalition der Willigen« im Frühjahr 2003 das Regime Saddam Husseins, dem er den Besitz von Massenvernichtungswaffen vorwarf. Bei den Präsidentschaftswahlen am 2. 11. 2004 siegte Bush deutlich über seinen demokratischen Herausforderer John Kerry.

Calmy-Rey, Micheline (Schweiz), *Sion 8. 7. 1945; seit 2002 Bundesrätin, seit 2003 Außenministerin

Nach dem Erwerb der Handelsmatura in Sion und dem Lizenziat der Politikwissenschaften in Genf war sie bis 1997 Geschäftsführerin einer Gesellschaft für Buchvertrieb. Das Mitglied der Sozialdemokratischen Partei (SP) war zwischen 1981 und 1997 Mitglied des Grossen Rats im Kanton Genf, Präsidentin der Finanzkommission und des Grossen Rats. Zweimal (1986–90 und 1993–97) war sie SP-Vorsitzende im Kanton Genf. Ab 1997 gehörte Calmy-Rey der Genfer Regierung an, dessen Präsidentin sie 2002 wurde. Am 4. 12. 2002 zur Bundesrätin gewählt, übernahm sie am 1. 1. 2003 als Nachfolgerin von Joseph Deiss das Amt der Vorsteherin des Eidgenössischen Departements für Auswärtige Angelegenheiten.

Carstensen, Peter Harry (Deutschland), *Nordstrand 12. 3. 1947; seit 2005 Ministerpräsident von Schleswig-Holstein

Carstensen studierte Agrarwissenschaften und war 1976–83 als Landwirtschaftslehrer, anschließend als Wirtschaftsberater bei der Landwirtschaftskammer Schleswig-Holstein tätig. 1971 war er der CDU beigetreten und saß ab 1983 ununterbrochen im Bundestag, wo er ab 1994 dem Ausschuss für Verbraucherschutz, Ernährung und Landwirtschaft vorsaß. Erst 2002 wandte er sich der Landespolitik zu: in diesem Jahr wählte ihn die schleswig-holsteinische CDU zu ihrem Landesvorsitzenden. Nach anfänglichen Pannen im Landtagswahlkampf 2005 – nicht nur vom möglichen Koalitionspartner FDP, sondern auch in der eigenen Partei wurde er als politisches Leichtgewicht bespöttelt – machte er schließlich die CDU bei der Wahl vom 20. 2. 2005 nach über 20 Jahren wieder zur stärksten Partei. Nach der Wahl sah es zunächst so aus, als könne er die Früchte des Wahlsiegs nicht ernten. Erst als ein Abweichler aus den eigenen Reihen der zur Wiederwahl angetretenen Heide Simonis (SPD) im Kieler Landtag eine blamable Abstimmungsniederlage beigebracht hatte, war der Weg für Carstensen an die Spitze einer Regierung frei. Als Chef einer großen Koalition wurde er am 27. 4. vereidigt.

Cavić, Dragan (Serbische Republik), *Zenica 10. 3. 1958; seit 2002 Präsident der RS

Nach dem Studium der Wirtschaftswissenschaften in Banja Luka arbeitete Cavić in staatlichen und privaten Unternehmen. Er ist Mitglied der Serbischen Demokratischen Partei, in der er führende Ämter wahrnimmt. 1998 wurde er ins Parlament des Teilstaates gewählt, kurz darauf entzog ihm aber Carlos Westendorp, damaliger Hoher Repräsentant für Bosnien und Herzegowina, wegen Behinderung des Friedensprozesses sein Mandat und belegte ihn mit Politikverbot. Dieses Verbot wurde im Juli 1999 von Westendorps Nachfolger Wolfgang Petritsch aufgehoben. Am 28. 11. 2002 wurde Cavić in Direktwahl für eine vierjährige Amtszeit zum Präsidenten der Serbischen Republik gewählt. Ihm stehen zwei Vizepräsidenten zur Seite: der Bosniake Adil Osmanović und der kroatische Bosnier Ivan Tomljenović.

Chirac, Jacques René (Frankreich), *Paris 29. 11. 1932; seit 1995 Staatspräsident

Der an Elitehochschulen ausgebildete Chirac wurde 1967 erstmals in die Nationalversammlung gewählt. Von Staatspräsident Georges Pompidou gefördert, wurde das Mitglied der neogaullistischen Union des Démocrates pour la République (UDR) 1971 Minister für Beziehungen zum Parlament, 1972 Landwirtschafts- und 1974 Innenminister. 1976 übernahm er den Vorsitz der mittlerweile in Rassemblement Pour la République (RPR) umbenannten Partei. Das Amt des Ministerpräsidenten bekleidete er zweimal, 1974–76 unter Valéry Giscard d'Estaing und 1986–88 in der Kohabitation mit Präsident François Mitterrand. 1977–95 war er Bürgermeister von Paris. Bei den Präsidentschaftswahlen 1995 besiegte er im zweiten Wahlgang den Sozialisten Lionel Jospin. Seine Wiederwahl 2002 erfolgte nach einem politischen Erdbeben: Chirac trat in der Stichwahl gegen den Rechtspopulisten Jean-Marie Le Pen an, der sich im ersten Wahlgang vor Lionel Jospin platzieren konnte. Chirac erhielt ein überwältigendes Votum. Auch bei den Parlamentswahlen im Juni 2002 errang er mit seiner Partei einen deutlichen Sieg. Nach der schweren Niederlage bei den Regionalwahlen und bei der Europawahl 2004 traf Chirac die risikoreiche Entscheidung, das Volk über den europäischen Verfassungstext abstimmen zu lassen. Das Nein der Franzosen im Mai 2005 brachte ihm die bitterste Niederlage seiner politischen Laufbahn bei. Den Preis dafür zahlte Ministerpräsident Jean-Pierre Raffarin, der zurücktreten musste und durch Dominique de Villepin ersetzt wurde.

Crvenkovski, Branko (Mazedonien), *Sarajevo 12. 10. 1962; seit 2004 Staatspräsident

Nach dem Studium der Elektromechanik und Informatik an der Universität Skopje schloss sich Crvenkovski den Reformkommunisten an. Ab 1990 Abgeordneter im Parlament, ab 1991 Vorsitzender des Sozialdemokratischen Bundes (SDSM), wurde er 1992 mit nur 29 Jahren zum ersten Ministerpräsidenten des nun unabhängigen Landes gewählt. Seine Regierung, die die wirtschaftlichen Probleme des Landes nicht lösen konnte, wurde 1998 abgewählt. Mit einem Listenbündnis unter Führung des SDSM siegte Crvenkovski bei den Parlamentswahlen 2002 und wurde erneut Regierungschef. Er konnte Fortschritte auf dem Weg der Versöhnung zwischen slawischer Mehrheit und albanischer Minderheit verzeichnen, weniger erfolgreich war sein Kampf gegen Wirtschaftskrise und Korruption. Nach dem Unfalltod von Staatspräsident Boris Trajkovski im Februar 2004 kandidierte Crvenkovski bei den Präsidentschaftswahlen am 28. 4., aus denen er siegreich hervorging. Am 12. 5. wurde er vereidigt.

Djukanović, Milo (Montenegro), *Nikšić 15. 2. 1962; 1998–2002 Republikpräsident, 1991–97 und seit 2003 Ministerpräsident

Djukanović trat nach einem Studium der Wirtschaftswissenschaften an der Universität Titograd (heute Podgorica) der Kommunistischen Partei bei und stieg schnell zum ZK-Mitglied (1986–89) auf. Nach dem Zerfall Jugoslawiens wurde er Mitglied in der Demokratischen Partei der Sozialisten Montenegros (DPS) und 29-jährig 1991 Ministerpräsident der jugoslawischen Teilrepublik. Bald zählte er zu den reichsten Männern Montenegros und geriet in den Verdacht, mit Zigarettenschmuggel und anderen illegalen Geschäften sein Geld zu verdienen. Im innerparteilichen Machtkampf setzte er sich gegen Präsident Momir Bulatović, einen Getreuen von Slobodan Milošević, durch, ging aus den Präsidentschaftswahlen 1997 knapp als Sieger über Bulatović hervor und wurde am 15. 1. 1998 als neuer Präsident der Teilrepublik vereidigt. Nach einem längeren politischen Patt zwischen den proserbischen Kräften und den Befürwortern eines unabhängigen Staates unter Djukanović gelang es ihm bei den Parlamentswahlen 2002, mit seiner Parteienallianz einen Sieg zu erringen und am 10. 3. 2003 das Amt des Ministerpräsidenten zu übernehmen.

Douste-Blazy, Philippe (Frankreich), *Lourdes 1. 1. 1953; seit 2005 Außenminister

Der Kardiologe Douste-Blazy begann seine politische Karriere in der christlich-demokratischen CDS, wechselte in den späten 1980er Jahren zur liberal-konservativen Union pour la Démocratie Française (UDF) und schloss sich 2002 Jacques Chiracs Sammlungspartei Union pour un Mouvement Populaire (UMP) an. 1989–2001 war er Bürgermeister seiner Heimatstadt Lourdes, 1989–1993 war er Abgeordneter des Europäischen Parlaments. 1995–97 stand er unter Ministerpräsident Alain Juppé dem Kulturministerium vor. Seit 2001 war er Bürgermeister von Toulouse bis ihn Ministerpräsident Jean-Pierre Raffarin im März 2004 mit der Leitung des Gesundheitsministeriums betraute. In diesem Amt brachte er die umstrittene Gesundheitsreform (u. a. Einführung einer Praxisgebühr und eines Hausarzt-Systems) auf den Weg. In der unmittelbar nach dem Nein der französischen Bevölkerung zur EU-Verfassung neugebildeten Regierung von Dominique de Villepin wurde der bisher auf außenpolitischem Gebiet gänzlich unerfahrene Douste-Blazy Ende Mai 2005 zum Chefdiplomaten ernannt.

Drašković, Vuk (Serbien und Montenegro), *Mali Idjos 29. 11. 1946; seit 2004 Außenminister

Nach dem Studium der Rechtswissenschaften in Belgrad arbeitete Drašković im kommunistischen Gewerkschaftsapparat, als Afrika-Korrespondent der Nachrichtenagentur Tanjug und als Schriftsteller. 1989 gründete er die nationalistische Serbische Erneuerungsbewegung (SPO) und wurde deren Vorsitzender. 1993 bei einer Demonstration von Sondereinheiten der Polizei krankenhausreif geschlagen und inhaftiert, wurde er erst nach weltweiten Protesten freigelassen. In der Folge fuhr er einen schillernden Kurs: Zunächst schmiedete er mit Zoran Djindjić und Vesna Pesić das Oppositionsbündnis »Zajedno« (»Gemeinsam«) und organisierte Massenproteste, die die Anerkennung des Wahlsiegs der Opposition in 15 Städten bei der Kommunalwahl erzwangen. Nach dem Auseinanderbrechen von »Zajedno« trat Drašković mit seiner SPO allein bei den Parlamentswahlen 1997 an und koalierte in einer Kehrtwendung seiner bisherigen Politik Anfang 1998 mit Slobodan Miloševićs Sozialisten. Drašković übernahm Anfang 1999 das Amt des stellvertretenden jugoslawischen Ministerpräsidenten, wurde allerdings nach kurzer Zeit wegen kritischer Äußerungen zum Kosovo-Krieg von Milošević entlassen. Im April 2004 wurde der nun zum Staatsmann gewandelte Drašković zum Außenminister von Serbien und Montenegro ernannt.

Drnovšek, Janez (Slowenien), *Celje 17. 5. 1950; seit 2002 Staatspräsident

Der promovierte Volkswirtschaftler war zunächst als Bankdirektor in der Bergbaustadt Trbovlje tätig; dann ging er als Diplomat nach Kairo. Ab 1984 war er slowenischer Abgeordneter in der zweiten Kammer des Belgrader Parlaments. 1989 als Vertreter der Teilrepublik Slowenien in das Staatspräsidium gewählt, übernahm er im selben Jahr turnusgemäß den kollektiven Vorsitz des Staatspräsidiums. Nach dem Angriff der jugoslawischen Bundesarmee auf Slowenien verließ er dieses Gremium. Im April 1992 schloss sich der parteilose Drnovšek der aus der kommunistischen Jugendorganisation hervorgegangenen Liberaldemokratischen Partei an und wurde deren Vorsitzender. Nach dem Sturz von Ministerpräsident Lojze Peterle 1992 bildete er eine Übergangsregierung und wurde bei den ersten Parlamentswahlen im unabhängigen Slowenien am 5. 12. 1992 im Amt bestätigt. Im Frühjahr 2000 verlor Drnovšek die Unterstützung des Koalitionspartners und musste zurücktreten, doch bereits nach den Wahlen im Oktober 2000 wurde Drnovšek wieder Regierungschef. Nach seinem Sieg bei den Präsidentschaftswahlen 2002 übernahm er am 23. 12. das Amt des Staatsoberhauptes.

Dschaafari, Ibrahim al- (Irak), *Kerbala 1947; seit 2005 Ministerpräsident

Der schiitische Muslim Ibrahim al-Uschaikir (den Namen Dschaafari – der dem 6. Imam der Schiiten, Dschaafar as-Sadik, nachgebildet ist – nahm er später an) wurde in Mosul zum Arzt ausgebildet und trat 1966 der oppositionellen Dawa-Partei bei. Als Saddam Hussein Ende der 1970er Jahre begann, mit äußerster Brutalität gegen die Dawa-Partei vorzugehen und 1980 den Parteigründer Ajatollah Baker as-Sadr ermorden ließ, floh Dschaafari in den Iran. Unzufrieden mit dem Mullah-Regime siedelte er 1989 nach London über. Nach dem Sturz Saddams kehrte er im Sommer 2003 in den Irak zurück, setzte sich an die Spitze der Dawa-Partei und wurde von der US-amerikanischen Übergangsverwaltung in den Regierungsrat berufen. Geschickt wahrte er dennoch Distanz zur Besatzungsmacht und erwarb sich als moderater und um Ausgleich bemühter Politiker hohes Ansehen im Land. Nach der Auflösung des Regierungsrates amtierte er als einer von zwei Vizepräsidenten. Zu den Wahlen im Januar 2005 trat seine Dawa-Partei in der schiitischen Vereinigten Irakischen Allianz an, die als stärkste Gruppe ins Parlament einziehen konnte. Anfang April 2005 wurde Dschaafari zum Ministerpräsidenten ernannt. Wochenlang bemühte er sich um eine Regierungsbildung, die neben Kurden und Christen auch die sunnitische Bevölkerungsgruppe einbinden sollte. Obwohl ihm dieses missgelang, wurde sein Kabinett, in dem auch sieben Frauen vertreten sind, am 28. 4. vom Parlament gebilligt.

Dzurinda, Mikuláš (Slowakei), *Spišský Štvrtok 4. 2. 1955; seit 1998 Ministerpräsident

Der Ingenieur und Absolvent der Hochschule für Transport und Verkehr ging nach der politischen Wende in die Politik und trat den Christlichen Demokraten bei. 1994 war er in der Regierung von Jozef Moravčik Verkehrsminister. 1997 übernahm er den Vorsitz des Oppositionsbündnisses Slowakische Demokratische Koalition (SDK). Bei den Parlamentswahlen 1998 schlug die SDK mit anderen Oppositionsgruppierungen die Bewegung für eine Demokratische Slowakei (HZDS) von Ministerpräsident Vladimír

Mečiar; Dzurinda wurde neuer Regierungschef. Seit Januar 2002 ist er auch Vorsitzender seiner Partei, der Slowakischen Demokratischen und Christlichen Union (SDKU). Aus den Parlamentswahlen 2002 ging er mit seinem Mitte-rechts-Bündnis gestärkt hervor.

Elbegdorj, Tsakhiagiyn (Mongolei), *Zereg 30. 3. 1963; seit 2004 Ministerpräsident

Der in Harvard ausgebildete Journalist machte zum ersten Mal auf sich aufmerksam, als er 1990 mit einer Gruppe von Intellektuellen für demokratische Reformen und freie Wahlen demonstrierte. 1990 und 1992 ins Parlament gewählt, legte er sein Mandat 1994 unter Protest nieder. 1996 wurde er zum Vorsitzenden der rechtsliberalen Nationalen Demokratischen Partei gewählt und errang wieder ein Mandat im Parlament. 1998 amtierte er für einige Monate als Ministerpräsident. Bei den Parlamentswahlen am 27. 6. 2004 trat er mit seiner Partei in einem oppositionellen Parteienbündnis Demokratische Allianz an, das nahezu die gleiche Anzahl von Sitzen wie die Postkommunisten der Mongolischen Revolutionären Volkspartei errang. Die Pattsituation im Parlament führte zur Bildung einer großen Koalition. Elbegdorj wurde am 20. 8. zum Ministerpräsidenten gewählt, muss aber auf einen Ausgleich mit den Postkommunisten bedacht sein, deren Vorsitzender Nambaryn Enkhbayar im Mai 2005 zum Staatspräsidenten gewählt wurde.

Erdoğan, Recep Tayyip (Türkei) *Istanbul 26. 2. 1954; seit 2003 Ministerpräsident

Nach dem Besuch der staatlich-religiösen Imam-Hatip-Oberschule studierte der aus einem Armenviertel Istanbuls stammende Erdoğan Wirtschaftswissenschaften. Anschließend arbeitete er in der Privatwirtschaft. Als 22-Jähriger schloss sich der strenggläubige Erdoğan der fundamentalistischen Heilspartei an und wurde Vorsitzender ihrer Jugendorganisation. Mit Unterstützung seines Mentors Necmettin Erbakan rückte er 1984 in den Vorstand der Wohlfahrtspartei (RP) auf, einer Nachfolgeorganisation der inzwischen verbotenen Heilspartei, und wurde 1994 Oberbürgermeister Istanbuls. Mit einer pragmatischen Kommunalpolitik erwarb er sich Ansehen bei der Bevölkerung. Wegen Volksverhetzung wurde Erdoğan 1998 zu einer mehrmonatigen Haftstrafe und lebenslangem Politikverbot verurteilt. Seit dieser Zeit setzte er sich von Erbakan ab und gründete 2001 die Partei für Gerechtigkeit und Entwicklung (AKP), in der er demokratische Reformkräfte unter den Religiösen sammelte. Bei den Parlamentswahlen 2002 errang er einen überragenden Wahlsieg, konnte allerdings erst nach einer Verfassungsänderung, die sein Politikverbot aufhob, am 12. 3. 2003 Ministerpräsident werden. Seither versucht Erdoğan mit beachtlichem Tempo, politische und wirtschaftliche Strukturreformen durchzusetzen, und ist einem seiner erklärten Ziele, die EU-Beitrittsverhandlungen aufzunehmen, bereits sehr nahe gekommen.

Fernández Reyna, Leonel (Dominikanische Republik), *Santo Domingo 26. 12. 1953; 1996–2000 und seit 2004 Staatspräsident

Aufgewachsen in den USA, studierte er nach seiner Rückkehr an der Universität Santo Domingo und wurde Rechtsanwalt sowie Professor für Journalismus. Als Mitglied der Partei der Dominikanischen Befreiung (PLD) stieg er 1994 zum stellvertretenden Vorsitzenden auf. Aus den vorgezogenen Präsidentschaftswahlen 1996 ging Fernández als Sieger hervor; am 16. 8. löste er Joaquín Balaguer y Ricardo im Amt des Staatspräsidenten ab. Trotz Fortschritten in der Wirtschaftspolitik und einer dynamischen Entwicklung beim Tourismus gelang es Fernández in seiner ersten Amtszeit nicht, die Arbeitslosigkeit zu verringern. Bei der Präsidentschaftswahl 2004 trat er gegen seinen Nachfolger Hipólito Mejía Domínguez an, den er bereits im ersten Wahlgang am 16. 5. distanzierte.

Fini, Gianfranco (Italien), *Bologna 3. 1. 1952; seit 2004 Außenminister

Fini trat als Schüler der Jugendorganisation des neofaschistischen Movimento Sociale Italiano (MSI) bei, während seines Studiums der Pädagogik und der Psychologie an der Universität Rom wurde er Mitglied des MSI. Der Schützling des Parteichefs Giorgio Almirante arbeitete 1977–83 als Redakteur der parteieigenen Tageszeitung Il Secolo d'Italia. 1983 zog er erstmals als Abgeordneter ins Parlament. 1987 zum Vorsitzenden des MSI gewählt, baute er die Bewegung zu einer moderaten Rechtspartei um und verpasste ihr 1994 den neuen Namen Alleanza Nazionale (AN). Seither bezeichnet er sich als Postfaschist und Demokrat und verurteilt Antisemitismus und Mussolininostalgie. Die AN war Koalitionspartner in der ersten kurzlebigen Regierung von Silvio Berlusconi (1994). Bei der Parlamentswahl 2001 triumphierte das rechte Bündnis unter dem Namen Casa delle Libertà und Fini wurde Vizeministerpräsident im zweiten Kabinett von Silvio Berlusconi. Nach dem Wechsel von Franco Frattini nach Brüssel übernahm Fini Ende 2004 die Leitung des Außenministeriums.

Fischer, Heinz (Österreich), *Graz 9. 10. 1938; seit 2004 Bundespräsident

Studium der Rechts- und Staatswissenschaften an der Universität Wien, 1978 Habilitation an der Universität Innsbruck (Politikwissenschaft). Zu Beginn seiner über 40-jährigen Laufbahn als SPÖ-Berufspolitiker stieg er vom Sekretär des Klubs der Sozialdemokratischen Abgeordneten und Bundesräte zum Obmann auf, war 1983–87 Bundesminister für Wissenschaft und Forschung, 1990–2003 Nationalratspräsident und anschließend dessen Stellvertreter. Im Januar 2004 bestimmte die SPÖ Fischer, der als Mann des Ausgleichs gilt, zu ihrem Kandidaten für die Wahl des Bundespräsidenten. Die Präsidentschaftswahl am 25. 4. 2004 konnte er gegen die einzige Mitbewerberin, die amtierende Außenministerin Benita Ferrero-Waldner von der ÖVP, gewinnen. Er wurde am 8. 7. im Amt vereidigt.

Fischer, Joschka [Joseph] (Deutschland), *Gerabronn 12. 4. 1948; seit 1998 Außenminister

Nach vorzeitigem Verlassen des Gymnasiums schloss sich Fischer der Studentenbewegung an. An der Spitze der Frankfurter »Sponti-Szene« wurde er 1971 Arbeiter bei Opel in Rüsselsheim, aber wegen Streikaufrufs entlassen, anschließend Taxifahrer und Mitarbeiter bei der Stadtzeitung Pflasterstrand. Ab 1983 saß der »Realo« für die Grünen im Bundestag, war bis 1984 parlamentarischer Geschäftsführer der Fraktion und schied 1985 im Zuge der Rotation aus. Als Mitglied der ersten rot-grünen Regierung in einem Bundesland wurde er 1985 hessischer Umweltminister, aus diesem Amt aber von Ministerpräsident Holger Börner bereits nach 15 Monaten im Streit um das Hanauer Nuklearunternehmen Alkem entlassen. 1991–94 war er unter Hans Eichel erneut hessischer Umweltminister. 1994–98 leitete er die Fraktion von Bündnis 90/Die Grünen im Bundestag. Der ehemalige Straßenkämpfer und Turnschuhminister wandelte sich nun vom Pazifisten zum Befürworter militärischer Interventionen. Seit 1998 Außenminister in der rot-grünen Bundesregierung unter Gerhard Schröder, erwarb er sich auch international einen hervorragenden Ruf. Jahrelang war der heimliche Grünen-Vorsitzende Fischer einer der beliebtesten Politiker Deutschlands. Erst die Affäre um den Missbrauch bei der Vergabe von Visa in verschiedenen Botschaften und Konsulaten brachte ihn in eine ernsthafte Krise. Vor dem Untersuchungsausschuss hat Fischer am 25. 4. 2005 Fehler eingeräumt.

Fradkow, Michail Jefimowitsch (Russland), *Samara 1950; seit 2004 Ministerpräsident

Zu Sowjetzeiten bekleidete Fradkow, der Maschinenbau studiert hatte, führende Posten im Ministerium für außenwirtschaftliche Beziehungen. 1997 übernahm er selbst das Ministeramt und wechselte 1999 in die Leitung des Handelsministeriums. 2000 wurde er stellvertretender Sekretär des Sicherheitsrates, 2001–03 hatte er den Posten des Direktors der neu eingerichteten Steuerpolizei inne. Im März 2003 ging Fradkow als bevollmächtigter Vertreter Russlands zur Europäischen Union nach Brüssel, wo er zusätzlich als Sondervertreter des russischen Präsidenten für Fragen der Entwicklung der Beziehungen mit der EU fungierte. Am 5. 3. 2004 ernannte ihn Wladimir Putin überraschend zum neuen Ministerpräsidenten.

Freitas do Amaral, Diogo (Portugal), *Póvoa de Varzim 21. 7. 1941; seit 2005 Außenminister

Der Verwaltungsrechtler Freitas, seit 1970 ordentlicher Professor an der Universität Lissabon, gründete Mitte der 1970er Jahre den rechtskonservativen Centro Democrático Social (heute Partido Popular). 1980–1983 diente er unter Francisco Pinto Balsemão als Außen- und Verteidigungsminister, 1986 trat er als Kandidat der bürgerlich-konservativen Parteien für das Amt des Staatspräsidenten an, unterlag aber in der Stichwahl dem Sozialisten Mário Soares. Anschließend verließ er die politische Bühne und widmete sich seiner akademischen Laufbahn. Nach einem kurzen Zwischenspiel 1995/96 als Präsident der UN-Vollversammlung schien seine politische Karriere endgültig beendet zu sein. Umso überraschender war die Ernennung des mittlerweile parteilosen Freitas do Amaral zum Außenminister der sozialistischen Regierung José Sócrates im März 2005. Freitas gehörte allerdings zuletzt mit den Sozialisten zu den Gegnern der portugiesischen Beteiligung am Irak-Krieg und hatte im Wahlkampf 2005 eine Wahlempfehlung zugunsten der Sozialisten ausgesprochen.

Gašparović, Ivan (Slowakei), *Poltar 27. 3. 1941; seit 2004 Staatspräsident

Nach Abschluss seines Jurastudiums war Gašparović zunächst Staatsanwalt in Bratislava, dann Dozent für Strafrecht an der Comenius-Universität. 1990 wurde er von Staatspräsident Václav Havel zum Generalstaatsanwalt der ČSFR ernannt, zwei Jahre später wegen Begünstigung ehemaliger Kommunisten wieder entlassen. Daraufhin ging er in die Politik, schloss sich der nationalpopulistischen Bewegung für eine Demokratische Slowakei (HZDS) von Vladimír Mečiar an und wurde Parlamentspräsident. Das Amt übte er bis zur Abwahl der Regierung Mečiar 1998 aus. Als er vor den Wahlen 2002 nicht mehr auf der Liste der HZDS aufgestellt wurde, gründete er seine eigene nationalistische Partei Bewegung für Demokratie (HZD), die aber den Einzug ins Parlament verfehlte. Bei den Präsidentschaftswahlen im Frühjahr 2004 profitierte Gašparović von der Unterstützung der Mečiar-Gegner und triumphierte über seinen ehemaligen Weggenossen in der Stichwahl am 17. 4. 2004. Am 15. 6. wurde er als Präsident vereidigt.

Gnassingbé, Faure Essozimna (Togo), *Afagnan 6. 6. 1966; seit 2005 Staatspräsident

Nach einem Wirtschaftsstudium in Paris und Washington stieg der Sohn des langjährigen Staatspräsidenten Gnassingbé Eyadéma in die Politik ein und eroberte bei den Parlamentswahlen von 1998 und 2002 für die Staatspartei Rassemblement du Peuple Togolais ein Mandat. Mit einer Verfassungsänderung, in der das Mindestalter für das Amt des Staatspräsidenten von 45 auf 35 Jahre herabgesetzt wurde, ebnete ihm sein Vater 2002 den Weg zu seiner Nachfolge. Ein Jahr später übertrug er ihm den einflussreichen Kabinettsposten des Ministers für öffentliche Einrichtungen, Bergbau, Post und Telekommunikation. Zwei Tage nach dem Tod seines Vaters am 5. 2. 2005 ließ sich Gnassingbé vom Militär als Präsident vereidigen. Obwohl das Parlament diesen Verfassungsbruch nachträglich legitimierte, trat er nach drei Wochen auf internationalen Druck zurück und erklärte sich zu Neuwahlen bereit. Aus diesen ging »Bébé Gnassingbé« – wie er von der Opposition bezeichnenderweise genannt wird – nach einem von blutigen Unruhen überschatteten Wahlkampf am 26. 4. siegreich hervor. Die Opposition, die ihm massiven Wahlbetrug vorwarf, erkannte den am 4. 5. vereidigten neuen Machthaber nicht an.

Grabar-Kitarović, Kolinda (Kroatien), *Rijeka 29. 4. 1968; seit 2005 Außenministerin

Grabar-Kitarović, die in Zagreb Englisch und Spanisch studiert und u. a. in Österreich, der Schweiz und in den USA Diplomatiekurse besucht hat, ist eine langjährige Mitarbeiterin und Vertraute des Ministerpräsideten Ivo Sanader, für den sie bereits in den 1990er Jahren, als er unter Franjo Tudjman Ministerämter innehatte, als Beraterin tätig war. In der Folge arbeitete sie in verschiedenen Positionen im Außenministerium, u. a. war sie 1998–2001 in der kroatischen Botschaft in Kanada. Als Sanader Ende 2003 Ministerpräsident wurde, betraute er Grabar-Kitarović mit der Leitung des Ministeriums für Europäische Integration. Nachdem Außenminister Miomir Žužul Anfang 2005 wegen Korruptionsvorwürfen vom Amt zurückgetreten war, wurde sie Leiterin des nun mit dem Ministerium für Europäische Integratin fusionierten Außenamtes.

Guebuza, Armando Emílio (Mosambik), *Murrupula 20. 1. 1943; seit 2005 Staatspräsident

20-jährig schloss sich Guebuza der Befreiungsbewegung FRELIMO an, nahm 1964–74 am Guerillakampf gegen die portugiesische Kolonialherrschaft teil und wurde nach der Unabhängigkeit in der von Staatspräsident Samora Machel geführten Regierung Innenminister. In den späten 1980er Jahren leitete er die Friedensverhandlungen mit der Guerillabewegung RENAMO in Rom, die seit der Unabhängigkeit einen bewaffneten Kampf gegen die FRELIMO führte. Der Bürgerkrieg konnte 1992 beendet werden. Unter Staatspräsident Joaquim Alberto Chissano war Guebuza Transportminister. 2002 wurde er gegen den Wunsch Chissanos zum Generalsekretär der FRELIMO gewählt. Der mehrfache Dollarmillionär gebietet mittlerweile über ein Geschäftsimperium, das vom Tourismus über den Transportsektor bis zum Finanzwesen reicht. Nach dem freiwilligen Verzicht Chissanos auf eine nochmalige Kandidatur gewann Guebuza Ende 2004 die Präsidentschaftswahlen und wurde am 2. 2. 2005 vereidigt.

Gyurcsány, Ferenc (Ungarn) *Pápa 4. 6. 1961; seit 2004 Ministerpräsident

Bereits während des Studiums der Volkswirtschaft in Pécs (1980–90) stieg Gyurcsány zum Sekretär des dortigen kommunistischen Jugendverbands auf und wurde nach der Wende nahtlos Präsident des neu gegründeten Demokratischen Jugendverbands. Kurz darauf wechselte er als Berater in die freie Wirtschaft, wurde 1992 Chef einer Investmentgesellschaft und brachte es rasch zu einem großen Vermögen. 2002 versuchte er als Wahlkampfberater von Péter Medgyessy diesem die Idee einer »nationalen Mitte« nach dem Vorbild des Briten Tony Blair zu vermitteln. Mehr und mehr entwickelte er sich jedoch nach dem Wahlsieg Medgyessys zu dessen Kritiker, dem er gelegentlich auch die Show stahl. 2003 übernahm er das Amt des Ministers für Kinder, Jugend und Sport, im gleichen Jahr wurde er Mitglied im Vorstand der ungarischen Sozialistischen Partei. Nach dem angekündigten Rücktritt Medgyessys wurde er im August 2004 auf dem Nominierungsparteitag der Sozialisten zum Ministerpräsidentenkandidaten gekürt und Ende September vom Parlament gewählt.

Hadžipašić, Ahmet (Bosniakisch-kroatische Föderation), *Cazin 1. 6. 1952; seit 2003 Regierungschef der BKF

Hadžipašić studierte in Zenica und Sarajevo Metallurgie und begann seine berufliche Laufbahn in Zenica, wo er seit 1993 Direktor eines Unternehmens ist. Nebenher lehrte und forschte er an den Universität von Sarajevo, Zenica und Bihać. Hadžipašić ist Mitglied der bosniakischen Demokratischen Aktionspartei, die nach den Wahlen im Oktober 2002 zur stärksten Partei im Parlament der Föderation wurde. Dieses wählte ihn am 14. 2. 2003 für eine vierjährige Amtszeit zum Regierungschef.

Hsieh, Frank Chang-ting (Republik China), *Taipeh 18. 5. 1946; seit 2005 Ministerpräsident

Der promovierte Jurist gehörte 1986 zu den Gründungsmitgliedern der Demokratischen Fortschrittspartei (DPP), die sich zur wichtigsten oppositionellen Kraft entwickelte und für die er 1989–96 im Parlament saß. 1996 scheiterte er bei der ersten direkten Präsidentenwahl als Vizepräsidentschaftskandidat, 1998 wurde er Bürgermeister von Kaohsiung, der zweitgrößten Stadt Taiwans. Nachdem Chen Shui-bian 2000 als erster Oppositionskandidat in der Geschichte des Landes die Präsidentschaftswahl gewann, übernahm Hsieh den Vorsitz der DPP. Im Januar 2005 berief ihn Chen als Nachfolger von Yu Shyi-kun in das Amt des Ministerpräsidenten. Der sehr populäre Hsieh kündigte an, sich für einen stärkeren Dialog mit der ehemaligen Regierungspartei Kuo-min Tang und für ein besseres Verhältnis zur Volksrepublik China einzusetzen.

Hu Jintao (Volksrepublik China), *Jixi 1942; seit 2003 Staatspräsident

Nach dem Studium der Wasserkrafttechnik an der Pekinger Eliteuniversität Qinghua wurde Hu Jintao 1968 an das Ministerium für Wasserressourcen berufen und mit Wasserbauprojekten in der Provinz Gansu betraut. Ab 1974 übernahm er in der Aufbaukommission für Gansu leitende Funktionen und begann zugleich seine Politkarriere in der Jugendorganisation der Kommunistischen Partei (1984 Erster Sekretär des ZK). 1985 wechselte er als Sekretär ins Parteikomitee der Provinz Guizhou und wurde 1988 als Parteichef in die autonome Unruheprovinz Tibet entsandt, wo er 1989 das Kriegsrecht verhängte und Proteste gegen die chinesische Besatzungsmacht niederschlagen ließ. Protegiert von Deng Xiaoping, wurde er 1992 als jüngstes Mitglied in den Ständigen Ausschuss des Politbüros berufen, im Jahr darauf zum Leiter der Parteihochschule in Peking ernannt. Sein Aufstieg setzte sich 1998 mit seiner Ernennung zum stellvertretenden Staatspräsidenten und 1999 zum stellvertretenden Vorsitzenden der Zentralen Militärkommission der Partei fort. Beim 16. Parteikongress der KPCh wurde er Ende 2002 zum neuen Parteichef gekürt und löste Anfang 2003 Jiang Zemin als Staatspräsident ab. Profil gewann er nach Ansicht von Beobachtern durch transparente und öffentlichkeitswirksame Maßnahmen während der SARS-Krise 2003.

Insulza, José Miguel (Chile / OAS), *Santiago 2. 6. 1943; seit 2005 Generalsekretär der Organisation Amerikanischer Staaten

Die Wahl von Insulza zum Generalsekretär der OAS erfolgte nach monatelangen Machtkämpfen und geriet zu einer Ohrfeige für die USA. Diese hatten bei der ersten Abstimmungsrunde am 12. 4. 2005 zum ersten Mal in der fast 60-jährigen OAS-Geschichte ihren Kandidaten, den konservativen mexikanischen Außenminister Luis Ernesto Derbez Bautista, nicht durchsetzen können. Nachdem Derbez seine Kandidatur zurückgezogen hatte, stimmten am 2. 5. für den Chilenen 31 der 34 amerikanischen Staaten. Der Sozialist Insulza ist ein auf Völkerrecht spezialisierter Anwalt. Nach dem Militärputsch 1973 ging er ins Exil nach Italien und Mexiko. 1988 kehrte er nach Chile zurück und wurde sechs Jahre später Außenminister. Staats- und Regierungschef Ricardo Lagos Escobar berief ihn im März 2000 zum Innenminister. Insulza steht nun vor der heiklen Aufgabe, die vom finanziellen Bankrott bedrohte Organisation zu konsolidieren und ihr wieder zu politischem Ansehen zu verhelfen. Dieses hatte nicht zuletzt wegen des Korruptionsskandals um Insulzas Vorgänger, den Costaricaner Miguel Angel Rodríguez Echeverría, der Ende 2004 nach nur einmonatiger Amtszeit zurücktreten musste, gelitten.

Janša, Janez (Slowenien), *Ljubljana 17. 9. 1958; seit 2004 Ministerpräsident

Nach einem Studium an der soziologischen Fakultät der Universität in Ljubljana arbeitete der Verteidigungsexperte als Journalist bei der oppositionellen Zeitschrift Mladina. Der glühende Antikommunist wurde 1988 einer breiten Öffentlichkeit bekannt, als ihn ein jugoslawisches Militärgericht wegen »Verrats militärischer Geheimnisse« zu 18 Monaten Haft verurteilte. Tausende demonstrierten für ihn und erreichten schließlich seine vorzeitige Entlassung. Als Begründer der Sozialdemokratischen Partei Sloweniens (SDS) gehörte er zu den Wegbereitern der demokratischen Wende. Nach den ersten demokratischen Wahlen 1990 wurde Janša Verteidigungsminister und organisierte eine Territorialverteidigung, die im so genannten Zehntagekrieg 1991 durch eine Blockade der Kasernen das Eingreifen der Truppen Belgrads gegen die slowenische Unabhängigkeitserklärung verhinderte. 1994 musste er wegen einer Abhöraffäre als Minister zurücktreten. Bei den Parlamentswahlen 1992, 1996 und 2000 versuchte Janša mit der SDS vergeblich, das Machtmonopol der regierenden Liberaldemokratischen Partei zu brechen. Sein radikales Auftreten schreckte die Wähler und trug ihm die Bezeichnung »slowenischer Haider« ein. Bei der Parlamentswahl 2004 trat er mit seiner mittlerweile umbenannten Demokratischen Partei gemäßigt auf, errang einen Erdrutschsieg und wurde im November 2004 als Chef einer bürgerlichen Koalitionsregierung vereidigt.

Jawar, Ghasi al- (Irak), *Mosul 1958; seit 2005 Vizepräsident

Jawar, einer der Führer der konfessionell gemischten einflussreichen Schammar-Beduinen, ist sunnitischer Muslim. Er machte in seiner Heimatstadt, in Bagdad und in Washington eine Ausbildung zum Ingenieur und lebte seit 1990 im Exil in Saudi-Arabien, wo er als Kaufmann tätig war. 2003 kehrte er nach dem Sturz Saddam Husseins als wohlhabender Geschäftsmann in den Irak zurück und wurde als Vertreter der Sunniten von der US-amerikanischen Übergangsverwaltung in den Regierungsrat berufen. Dort übte er wiederholt gemäßigte Kritik an der Vorgehensweise der amerikanischen Besatzungstruppen. Im Mai 2004 wählte ihn der Regierungsrat zum Staatspräsidenten. Am 6. 4. 2005 wurde Jawar vom neuen Parlament zu einem der Stellvertreter des Staatspräsidenten Talabani gewählt. Im Präsidialrat sind mit dem Kurden Talabani, dem Schiiten Adel Abdul Mahdi und dem Sunniten Jawar die drei wichtigsten Bevölkerungsgruppen des Irak vertreten.

Jović, Ivo Miro (Bosnien und Herzegowina), *Kiseljak 1951; seit 2005 Mitglied des Staatspräsidiums

Nachdem Ende März 2005 der gewählte Vertreter der Kroaten im Staatspräsidium, Dragan Čović, wegen Korruption und Amtsmissbrauchs vom Hohen Repräsentanten Paddy Ashdown abgesetzt worden war, nominierte die Kroatische Demokratische Gemeinschaft Jović als Kandidaten für das Staatspräsidium. Der Historiker, der zuletzt Schuldirektor in Kiseljak war, gilt als Hardliner: so hatte er sich in der Vergangenheit für ein separates kroatisches Schulsystem und gegen das 2002 verabschiedete Bildungsgesetz, das auf eine Überwindung ethnischer Differenzen zwischen den Volksgruppen zielt, stark gemacht. Nach seiner Bestätigung durch das gesamtstaatliche Parlament legte er am 18. 5. 2005 den Amtseid ab.

Juschtschenko, Viktor (Ukraine), *Choruschivka 23. 2. 1954; seit 2005 Staatspräsident

Nach dem Studium der Ökonomie in Ternopol war Juschtschenko ab 1977 im sowjetischen Bankenwesen tätig. Nach der Unabhängigkeit der Ukraine 1991 arbeitete er bei einer Handelsbank, 1993 stieg er zum Präsidenten der Nationalbank auf. Auf Vorschlag von Staatspräsident Leonid Kutschma wurde Juschtschenko 1999 zum Ministerpräsidenten gewählt. Der überzeugte Marktwirtschaftler, der Erfahrungen in Verhandlungen mit den westlichen Kreditgebern mitbringt und als nicht korrupt gilt, legte ein ehrgeiziges Privatisierungs- und Sparprogramm vor, verlor aber 2001 nach einem Misstrauensvotum sein Amt. Der von ihm geführte Wahlblock Unsere Ukraine ging aus den Parlamentswahlen 2002 als stärkste Fraktion hervor. Bei den Präsidentschaftswahlen 2004, in deren Vorfeld er Opfer einer Dioxin-Vergiftung wurde, unterlag Juschtschenko in der manipulierten Stichwahl am 21. 11. dem amtierenden Ministerpräsidenten Viktor Janukowitsch. Nach wochenlangen Massenprotesten erklärte jedoch das Oberste Gericht den zweiten Wahlgang für ungültig, und nach Verfassungsänderungen, die eine Machtbeschneidung des Präsidenten vorsehen, wurde eine Wiederholung der Stichwahl angesetzt, in der Juschtschenko klar vor Janukowitsch siegte. Am 23. 1. 2005 wurde Juschtschenko als neuer Staatspräsident vereidigt.

Kalvītis, Aigars (Lettland), *Riga 7. 6. 1966; seit 2004 Ministerpräsident

Der Landwirt mit Hochschulabschluss war 1994–98 Vorsitzender der lettischen Milchbauernunion. 1998 zog Kalvītis als Mitglied der rechtsliberalen Volkspartei ins Parlament ein. Unter den Ministerpräsidenten Andris Skele und Andris Berzins sammelte er erste Regierungserfahrungen als Landwirtschafts- (1999/2000) und Wirtschaftsminister (2000–02). Zuletzt war er Fraktionsvorsitzender seiner Partei. Nach dem Rücktritt des kurzlebigen Minderheitskabinetts von Indulis Emsis wurde Kalvītis Anfang Dezember 2004 Chef einer bürgerlich-konservativen Koalitionsregierung.

Karimow, Islam Abduganijewitsch (Usbekistan), *Samarkand 30. 1. 1938; seit 1990 Staatspräsident

Nach dem Studium des Maschinenbaus und der Volkswirtschaftslehre in Taschkent arbeitete Karimow ab 1960 zunächst als Entwicklungsingenieur im Flugzeugbau. 1964 trat er der KP bei, wechselte 1966 in die Staatsverwaltung und stieg in der Plankommission rasch auf. 1983–86 war er Finanzminister und stellvertretender Regierungschef, ab 1989 usbekischer Parteichef, daneben auch Mitglied des Politbüros der KPdSU; 1990 wurde er zum Präsidenten des Obersten Sowjets der Republik bestimmt. Aus den ersten direkten Präsidentschaftswahlen nach der Unabhängigkeit 1991 ging er als Sieger hervor. 1995 ließ er sich per Referendum, 2000 per Wahl im Amt bestätigen; 2002 verlängerte er mittels Volksabstimmung seine Amtszeit bis 2007. Karimow etablierte ein diktatorisches, von Personenkult geprägtes Regime, in dem jegliche Opposition unterdrückt wird. Sein hartes Vorgehen insbesondere gegen fundamentalistische Strömungen sicherte ihm das Wohlwollen westlicher Staaten. Heute gilt Usbekistan als wichtigster Verbündeter der USA in der Region.

Khalifa Bin Said al-Nahayan (Vereinigte Arabische Emirate), *Abu Dhabi 1948; seit 2004 Staatspräsident

Der älteste Sohn von Said Bin Sultan al-Nahayan, der seit 1966 Herrscher des Emirats Abu Dhabi und seit 1971 Staatsoberhaupt der Föderation der Vereinigten Arabischen Emirate war, erhielt seine Ausbildung an der britischen Militärakademie in Sandhurst. 1969 wurde Khalifa zum Kronprinzen von Abu Dhabi ernannt und war als Verteidigungsminister des Emirats mit der Bildung einer Armee betraut, zwei Jahre später stieg er zum Premierminister von Abu Dhabi auf. Als die Regierung des Emirats 1974 aufgelöst wurde, bestimmte ihn sein Vater zum stellvertretenden Oberbefehlshaber der Streitkräfte der Vereinigten Arabischen Emirate. In der Folge übernahm er den Vorsitz im Obersten Erdölrat und weitere leitende Funktionen in der Regierung. Einen Tag nach dem Tod seines Vaters am 2. 11. 2004 wählten ihn die Herrscher der sieben Emirate zum neuen Staatsoberhaupt der Konföderation. Gleichzeitig folgt er seinem Vater auch als Herrscher des Emirats Abu Dhabi nach.

Klaus, Václav (Tschechische Republik), *Prag 19. 6. 1941; seit 2003 Staatspräsident

Der promovierte Wirtschaftswissenschaftler Klaus musste wegen seiner Beteiligung am »Prager Frühling« 1970 das Wirtschaftsforschungsinstitut der Akademie der Wissenschaften der ČSSR verlassen und arbeitete 1971–86 bei der Staatsbank. Im Zuge der politischen Wende 1989 avancierte er zum wirtschaftspolitischen Sprecher des »Bürgerforums« und übernahm als Parteiloser in der ersten postkommunistischen Regierung das Finanzministerium. Mit der Demokratischen Bürgerpartei (ODS) gewann er im Juni 1992 die Parlamentswahlen im tschechischen Landesteil und wurde Ministerpräsident der Teilrepublik, am 1. 1. 1993 Regierungschef der souveränen Tschechischen Republik. Auch in diesem Amt setzte er die von ihm eingeleitete Umstrukturierung der Wirtschaft fort. 1997 trat er nach innerparteilichen Auseinandersetzungen um einen Spendenskandal zurück. Nach den Parlamentswahlen von 1998 wurde Klaus Oppositionsführer und Präsident der Abgeordnetenkammer. Nun profilierte er sich als EU-Skeptiker und setzte sich für eine Verankerung der umstrittenen Beneš-Dekrete im tschechischen EU-Beitrittsvertrag ein. Anfang 2003 wählte ihn das Parlament zum Staatspräsidenten, am 7. 3. trat er als Nachfolger von Václav Havel das höchste Staatsamt an.

Köhler, Horst (Deutschland), *Skierbieszów (Polen) 22. 2. 1943; seit 2004 Bundespräsident

Köhler promovierte in Volkswirtschaftslehre und Politischen Wissenschaften an der Universität Tübingen und arbeitete ab 1969 am dortigen Institut für Wirtschaftsforschung. 1976–89 war er in verschiedenen Funktionen im Wirtschafts- und Finanzministerium tätig, wurde 1990 Staatssekretär im Finanzministerium und führte für die Regierung die Verhandlungen über den Maastricht-Vertrag über die Europäische Wirtschafts- und Währungsunion. Als persönlicher Vertreter (»Sherpa«) von Bundeskanzler Helmut Kohl war er an der Vorbereitung verschiedener G7-Wirtschaftsgipfel beteiligt. 1993 übernahm er das Amt des Präsidenten des Deutschen Sparkassen- und Giroverbandes. Vom Herbst 1998 an stand er knapp zwei Jahre an der Spitze der Europäischen Bank für Wiederaufbau und Entwicklung. Auf Vorschlag der Bundesregierung wurde Köhler 2000 zum Direktor des Internationalen Währungsfonds (IWF) gewählt. Neben der Krisenprävention galt sein Engagement der Armutsbekämpfung. Sein Amt beim IWF gab er nach seiner Nominierung zum Bundespräsidentschaftskandidaten der CDU im Frühjahr 2004 auf. Am 23. 5. 2004 wurde Köhler von der Bundesversammlung zum 9. Präsidenten der Bundesrepublik Deutschland gewählt und am 1. 7. vereidigt.

Koizumi, Junichirô (Japan), *Yokosuka 8. 1. 1942; seit 2001 Ministerpräsident

Nach dem Studium der Wirtschaftswissenschaften an der Keio-Universität entschied sich Koizumi für eine politische Laufbahn und trat in die Liberaldemokratische Partei (LDP) ein. 1972 wurde er erstmals ins Unterhaus gewählt, seither konnte er seinen Wahlkreis zehnmal verteidigen. 1979 wurde er Staatssekretär für Finanzen, unter drei Regierungschefs war er Gesundheitsminister und Minister für Post und Telekommunikation. 1995 und 1998 bemühte er sich vergeblich um das Amt des Parteivorsitzenden, das er 2001 errang, als erstmals eine Urwahl stattfand. Das Parteivolk verband mit seiner Person einen neuen

Politikstil und die Hoffnung auf politische Reformen. Nach seiner Wahl zum Premier am 26. 4. sah sich Koizumi jedoch schnell mit den verkrusteten Parteistrukturen konfrontiert. Angekündigte Reformen blieben stecken, die beliebte Außenministerin Tanaka wurde von der eigenen Partei demontiert. Trotz der anhaltenden Wirtschaftsmisere mit einer für Japan ungewöhnlich hohen Arbeitslosigkeit von über fünf Prozent wurde er im September 2003 als Parteivorsitzender wieder gewählt und nach den Parlamentswahlen im November 2003 als Regierungschef bestätigt.

Koštunica, Vojislav (Serbien), *Belgrad 24. 3. 1944; seit 2004 Ministerpräsident

Nach einem Studium der Rechtswissenschaften mit Promotion lehrte Koštunica ab 1970 an der juristischen Fakultät der Universität Belgrad. Während der politischen Säuberungen 1974 wurde er wie viele andere relegiert. In der Folge betätigte er sich als Herausgeber von Zeitschriften und publizierte Bücher. Bei den ersten Mehrparteienwahlen 1990 errang Koštunica, der nie Mitglied der Kommunistischen Partei war, als Kandidat der Demokratischen Partei (DS) einen Sitz im serbischen Parlament. Wegen Differenzen in nationalen Fragen – »Serbien zuerst, Demokratie später«, lautete einer seiner Slogans – trat er 1992 aus der DS aus und gründete die Serbische Demokratische Partei (DSS), der er seither vorsteht. Als Kandidat des Wahlbündnisses DOS besiegte der Nationalist Koštunica bei den Präsidentschaftswahlen im September 2000 den amtierenden Präsidenten Milošević, doch erst Massendemonstrationen erzwangen am 5. 10. den Machtwechsel. Die Präsidentschaft war geprägt durch den Machtkampf zwischen Koštunica und dem serbischen Premier und ehemaligen politischen Weggefährten Zoran Djindjić. Nach der Auflösung der Bundesrepublik Jugoslawien und der Bildung der Staatenunion Serbien und Montenegro endete Koštunicas Amtszeit als jugoslawisches Staatsoberhaupt am 3. 3. 2003. Seine Wahl zum Präsidenten Serbiens scheiterte zweimal an zu geringer Wahlbeteiligung. Am 3. 3. 2004 wurde er Ministerpräsident eines Minderheitskabinetts.

Kosumi, Bajram (Kosovo), *Tuxhec 20. 3. 1960; seit 2005 Ministerpräsident

Früh hat sich Kosumi für die Unabhängigkeit des Kosovo engagiert. Wegen seiner Teilnahme an Demonstrationen wurde der Philosophiestudent 1981 zu zehn Jahren Gefängnisstrafe verurteilt. Anschließend beendete er sein Studium in Priština und arbeitete als Journalist. 1999 gehörte Kosumi als Informationsminister der international nicht anerkannten Regierung des UCK-Führers Hashim Thaçi der kosovarischen Delegation an, die im französischen Rambouillet mit Vertretern Serbiens und der internationalen Gemeinschaft verhandelte. 2000 gründete Kosumi, der sich nie aktiv am Krieg beteiligt hatte, zusammen mit Ramush Haradinaj die Allianz für die Zukunft des Kosovo, deren stellvertretender Vorsitzender er wurde. Als Haradinaj Ende 2004 das Amt des Ministerpräsidenten übernahm, übertrug er Kosumi das Umweltministerium. Schon nach wenigen Monaten trat Haradinaj zurück – er stellte sich dem Haager Kriegsverbrechertribunal, das wegen vermuteter Beteiligung an Kriegsverbrechen Anklage gegen ihn erhoben hatte. Kosumi wurde am 23. 3. 2005 als neuer Ministerpräsident vereidigt.

Kotscharjan, Robert (Armenien), *Stepanakert 31. 8. 1954; seit 1998 Staatspräsident

Aufgewachsen in der armenischen Enklave Berg-Karabach studierte Kotscharjan Elektrotechnik in Jerewan und war in den 1980er Jahren in seinem Beruf tätig, daneben hatte er verschiedene KP-Ämter inne. 1988 wurde er einer der Führer der Befreiungsbewegung, die das seit 1923 zu Aserbaidschan gehörende Berg-Karabach wieder Armenien zugehörig machen wollten. 1989–94 war er Abgeordneter im armenischen Parlament, ab 1991 Abgeordneter im Parlament von Berg-Karabach, das sich 1992 – international nicht anerkannt – für unabhängig erklärte. Kotscharjan übernahm im August 1992 das Amt des Ministerpräsidenten und wurde Chef des Verteidigungskomitees, 1994 wählte ihn das Parlament von Berg-Karabach zum Präsidenten (1996 per Volkswahl bestätigt). Am 1997 ernannte ihn der armenische Präsident Lewon Ter-Petrosjan zum Ministerpräsidenten von Armenien; als dieser 1997 einem von der OSZE initiierten Plan zur Beilegung des Berg-Karabach-Konflikts zustimmte, bezichtigte ihn der Hardliner Kotscharjan des Verrats des nationalen Erbes. Nach dem erzwungenen Rücktritt Ter-Petrosjans am 3. 2. 1998 wurde Kotscharjan zum amtierenden armenischen Präsidenten ernannt, aus den Wahlen vom 16. / 30. 3. ging er als Sieger hervor. Im März 2003 wurde er in einer von der Opposition und OSZE-Beobachtern kritisierten Abstimmung im Amt bestätigt.

Kukan, Eduard (Slowakei), *Trnovec nad Váhom 26. 12. 1939; 1994 und seit 1998 Außenminister

Nach dem Besuch des Moskauer Instituts für Internationale Beziehungen und einem Jurastudium an der Prager Karls-Universität schlug Kukan eine diplomatische Laufbahn ein, die ihn nach Sambia, in die USA und schließlich als Botschafter nach Äthiopien führte. Ab 1990 vertrat er als UN-Botschafter in New York die Tschechoslowakei, ab 1993 die selbständige Slowakei. 1994 war er in der kurzlebigen Regierung von Jozef Moravčík Außenminister. Anschließend baute Kukan die liberale Demokratische Union (DU) auf und führte diese als Parteichef in das Wahlbündnis Demokratische und christliche Union (SDKU). Nach dem Sieg der SDKU bei den Parlamentswahlen 1998 wurde er am 30. 10. als Außenminister in der Regierung von Ministerpräsident Mikuláš Dzurinda vereidigt. Er forcierte die von Vladimír Mečiar unterbrochene Integrationspolitik in die westlichen Bündnisse, die er erfolgreich mit dem EU- und NATO-Beitritt 2004 abschließen konnte. Als Kandidat der SDKU scheiterte Kukan bei den Präsidentschaftswahlen im April 2004 bereits in der ersten Runde, wo er sich hinter Mečiar und dem in der Stichwahl siegreichen Ivan Gasparović nur als Dritter platzieren konnte.

Kurei, Ahmed (Palästina), *Abu Dis 1937; seit 2003 Ministerpräsident

Der ausgebildete Bankfachmann trat Ende der 1960er Jahre dem Fatah-Flügel der Palästinensischen Befreiungsorganisation bei und leitete sehr erfolgreich deren Unternehmen im libanesischen und tunesischen Exil. 1989 stieg er ins Zentralkomitee der Fatah auf und kümmerte sich zunehmend um politische Belange. So spielte er eine Schlüsselrolle in den Friedensverhandlungen mit Israel, die 1993 in die Verträge von Oslo mündeten. 1996 wurde er Mitglied des Autonomierats (Parlament) und zuletzt dessen Vorsitzender und bemühte sich weiterhin um eine Lösung des israelisch-palästinensischen Konflikts. Nach dem Rücktritt von Mahmud Abbas wurde Kurei 2003 Ministerpräsident der Palästinensischen Autonomiebehörde. Wie dieser verurteilte er stets die Terroranschläge radikaler Gruppen und ließ den Kontakt zu israelischen Politikern nie abreißen. Der als pragmatisch und moderat beschriebene Kurei setzte sich bei der Umgestaltung der palästinensischen Verwaltung mehrfach gegen Präsident Jassir Arafat durch. Auch unter dem Nachfolger Arafats, Mahmud Abbas, behielt Kurei den Posten des Regierungschefs.

Kwaśniewski, Aleksander (Polen), *Bialogard 14. 11. 1954; seit 1995 Staatspräsident

Wärend eines Studiums der Verkehrswirtschaft an der Universität in Danzig, das er nicht beendete, schloss sich Kwaśniewski 1976 der kommunistischen Vereinigten Arbeiterpartei (PVAP) an, in der er rasch aufstieg. 1985 wurde er Minister für Jugend und Sport. Anfang 1990 beteiligte er sich maßgeblich an der Umwandlung der PVAP in die Sozialdemokratische Partei der Republik Polen (SdRP) und übernahm deren Vorsitz. Bei den Parlamentswahlen 1995 wurde die SdRP stärkste Kraft. Als Kandidat des Bündnisses der Demokratischen Linken (SLD) ging er bei den Präsidentschaftswahlen im selben Jahr als knapper Sieger über Staatspräsident Lech Wałęsa hervor; Kwaśniewski wurde am 23. 12. 1995 als jüngster Präsident Polens vereidigt. 2000 wurde er bereits im ersten Wahlgang für eine zweite Amtszeit bestätigt. Für die Annäherung Polens an Europa und den Beitritt zur EU setzte er sich beharrlich ein und vermittelte zwischen EU-Befürwortern und -Gegnern.

Lawrow, Sergej (Russland), *Moskau 21. 3. 1950; seit 2004 Außenminister

Nach dem Studium am Moskauer Institut für Internationale Beziehungen, der wichigsten Diplomaten-Schule der Sowjetunion, trat er 1972 in den diplomatischen Dienst, arbeitete ab 1976 im Außenministerium, bevor er 1981 erstmals als Mitglied der sowjetischen Delegation zu den Vereinten Nationen (UN) nach New York entsandt wurde. 1988 kehrte er nach Moskau ins Außenministerium zurück und war 1992–94 stellvertretender Außenminister. Danach vertrat der international respektierte Diplomat sein Land bei den UN. Im März 2004 wurde Lawrow als Außenminister in das Kabinett von Regierungschef Michail Fradkow berufen.

Lee Hsien Loong (Singapur), *Singapur 10. 2. 1952; seit 2004 Premierminister

Der Sohn des ersten Premierministers Lee Kwan Yew, der Singapur von 1959–90 mit harter Hand regierte, studierte Mathematik in Cambridge (Großbritannien) und Verwaltungsstudien in Harvard (USA) und wurde mit 32 Jahren Brigadegeneral. Seit 1984 saß Lee Hsien Loong ununterbrochen als Abgeordneter der People's Action Party im Parlament. 1990 wurde er stellvertretender Premierminister unter Goh Chok Tong, dem Nachfolger seines Vaters, 1998 übernahm er den Vorsitz der Zentralbank, im November 2001 wurde er zum Finanzminister ernannt. Bei der Bevölkerung gilt Lee als kaltschnäuziger und überheblicher Technokrat, Beobachter halten ihm allerdings zugute, dass unter seiner Führung Singapur die Asienkrise 1997 anders als die übrigen Staaten der Region ohne tiefen wirtschaftlichen Fall überstand. 2003 erkor ihn Goh zu seinem Nachfolger, Gegenkandidaten standen nie zur Debatte. Den Geruch des Nepotismus wird der dritte Premierminister seit der Unabhängigkeit Singapurs 1965 nicht los: sein Vater Lee Kwan Yew behält bis heute als Senior Minister weitgehenden Einfluss auf die Regierung, sein jüngerer Bruder ist Präsident der größten Firma des Stadtstaates, seine Ehefrau leitet eine Staatsholding.

Lozancić, Niko (Bosniakisch-kroatische Föderation), *Kakanj 1957; seit 2003 Präsident der BKF

Der Anwalt gehört der Kroatischen Demokratischen Gemeinschaft an, deren Vizepräsident er ist. Lozancić saß sowohl im Parlament des Teilstaates als auch im

Parlament des Gesamtstaats. Am 27. 1. 2003 wurde er für eine vierjährige Amtszeit zum Präsidenten der Föderation gewählt, ihm stehen zwei Vizepräsidenten zur Seite, der Bosniake Šahbaz Dzikanović und die Serbin Desnica Radivojević.

Lukaschenko, Aleksander Grigorjewitsch (Weißrussland), * Kopys 30. 8. 1954; seit 1994 Staatspräsident

Nach dem Studium an der Pädagogischen Hochschule in Mogiljow und an der Weißrussischen landwirtschaftlichen Akademie war Lukaschenko zunächst 1975–77 als politischer Instrukteur bei den KGB-Grenztruppen in Brest, in den 1980er Jahren als Direktor in verschiedenen Kolchosen und in einem Baubetrieb tätig. 1990 wurde er Deputierter des Obersten Sowjets Weißrusslands und trug 1994 als Vorsitzender des Anti-Korruptionsausschusses mit fragwürdigen Anschuldigungen zum Sturz des reformorientierten Parlamentspräsidenten und Staatsoberhaupts Stanislaw Schuschkjewitsch bei. Aus den umstrittenen Präsidentschaftswahlen 1994 ging er als klarer Sieger hervor und errichtete ein ultraautoritäres, auf seine Person zugeschnittenes Regime. 1996 ließ er sich per Referendum eine Verfassungsänderung absegnen, die ihm erheblichen Machtzuwachs bescherte, löste daraufhin den Obersten Sowjet auf und richtete ein Parlament ohne Abhaltung von Wahlen ein. Die 2000 und 2004 durchgeführten Wahlen entsprachen keinen demokratischen Standards. Kritik an seiner Politik wird nicht geduldet, prominente Oppositionelle sind »verschwunden«, andere sitzen im Gefängnis. Außenpolitisch strebt Lukaschenko eine enge Zusammenarbeit mit Russland an, Ziel ist eine Vereinigung beider Staaten (Unions-Rahmenvertrag 1997). 2001 ließ er sich verfassungswidrig (seine Amtzeit war abgelaufen) im Amt bestätigen; 2004 setzte er wiederum per Referendum eine Verfassungsänderung durch, die ihm eine dritte Amtszeit ermöglicht. Seine fortdauernde Missachtung jeder Rechtsstaatlichkeit hat das Land international isoliert.

Mahdi, Adel Abdul (Irak), * Bagdad 1942; seit 2005 Vizepräsident

Während seines Studium der Wirtschaftswissenschaften an der Universität Bagdad engagierte sich Mahdi, der aus einer wohlhabenden schiitischen Familie stammt, in der Baath-Partei gegen das Regime und wurde mehrfach inhaftiert. 1965 begann er eine Laufbahn im Außenministerium. Nachdem die Baath-Partei 1968 an die Macht gekommen war, wurde er schnell zum Kritiker von Saddam Hussein und verließ 1969 den Irak. In den folgenden Jahrzehnten lebte er in Frankreich, hielt aber stets Kontakt mit oppositionellen Irakern im Exil. 2003 kehrte er in seine Heimat zurück und schloss sich der einflussreichsten schiitischen Partei, dem Obersten Rat der Islamischen Revolution, an, in der er dem säkularen, moderaten Flügel angehört. Stets trat er für eine gleichberechtigte Beteiligung aller Religionen und Ethnien an der Macht ein. In der Übergangsregierung diente Mahdi als Finanzminister. Am 7. 4. 2005 wurde Mahdi vom neuen irakischen Parlament zu einem der zwei Stellvertreter von Staatspräsident Dschalal Talabani gewählt.

Marovič, Svetozar (Serbien und Montenegro), * Kotor (Montenegro) 31. 3. 1955; seit 2003 Staatspräsident

Nach dem Jurastudium an der Universität von Podgorica ließ sich Marovič als Rechtsanwalt nieder. Er trat nach dem Ende der kommunistischen Herrschaft der Demokratischen Partei der Sozialisten (DPS) bei, für die er lange Jahre im Parlament von Montenegro saß, 1994–2001 amtierte er als Parlamentspräsident. Außerdem war er Abgeordneter der Bürgerkammer des jugoslawischen Bundesparlaments. 1998 wurde Marovič Vizepräsident der DPS, während der ehemalige Republikpräsident und jetzige Regierungschef Milo Djukanovič die Führung der Partei übernahm. Nach der Schaffung des Nachfolgestaates der Bundesrepublik Jugoslawien, des Staatenbundes Serbien und Montenegro, endete Anfang 2003 die Amtszeit des jugoslawischen Staatspräsidenten Vojislav Koštunica. Die Wahl eines neuen Staatspräsidenten wurde notwendig: als einziger Bewerber wurde Marovič am 7. 3. 2003 zum ersten Präsidenten von Serbien und Montenegro gewählt.

Martin, Paul (Kanada), * Windsor 28. 8. 1938; seit 2003 Premierminister

Der aus einer katholischen Familie irischer Herkunft stammende Martin studierte Philosophie, Geschichte und Jura an der Universität in Toronto. Der erfolgreiche Geschäftsmann brachte es zu einem Millionenvermögen, bis er 1988 in die Politik wechselte und als Abgeordneter der Liberalen Partei ins Parlament einzog. Als Finanzminister (1993–2002) sanierte er den Haushalt. Seine erbitterte Rivalität mit Regierungs- und Parteichef Jean Chrétien, dem er bereits 1990 im Kampf um den Parteivorsitz unterlegen war, ließ ihn 2002 aus der Regierung ausscheiden. Im Vorfeld des bereits lange angekündigten Rücktritts von Chrétien wurde der dem rechten Lager angehörende Martin im November 2003 mit großer Mehrheit zum Vorsitzenden der Liberalen Partei gewählt; am 12. 12. 2003 beerbte er Chrétien auch als Premierminister. Bereits kurz nach Amtsantritt geriet Martin in Zusammenhang mit einem Korruptionsskandal, der sich während seiner

Amtszeit als Finanzminister ereignet hatte und in den die Liberale Partei verwickelt war, unter Druck. Mittlerweile gestand Martin eine Teilschuld ein und will nach Vorliegen eines Untersuchungsberichts Ende des Jahres 2005 vorzeitige Neuwahlen anberaumen.

Martinow, Sergej N. (Weißrussland), *Leninakan (Armenien) 22. 2. 1953; seit 2003 Außenminister

Nach dem Studium am Moskauer Institut für Internationale Beziehungen trat er in den Auswärtigen Dienst ein. Anfang der 1990er Jahre wurde er in die USA entsandt, zunächst als Stellvertreter an der Vertretung von Belarus bei den Vereinten Nationen in New York (1991/92), dann als Botschafter in Washington (1993–97). Nach seiner Rückkehr stieg er zum stellvertretenden Außenminister auf. 2001–2003 war er Botschafter in Belgien und Chef der Mission bei der EU und der NATO. Am 21. 3. 2003 wurde Martinow von Präsident Aleksander Lukaschenko zum neuen Außenminister ernannt.

Merkel, Angela (Deutschland), *Hamburg 17. 7. 1954; seit 2000 CDU-Vorsitzende

Nach dem Studium der Physik an der Universität Leipzig arbeitete Merkel am Zentralinstitut für Physikalische Chemie an der Akademie der Wissenschaften in Berlin (Ost). Vor der Wende keiner Partei zugehörig, war sie im Herbst 1989 Mitbegründerin und Vorstandsmitglied des Demokratischen Aufbruch (DA), der sich 1990 mit der Ost-CDU vereinigte. In der ersten gesamtdeutschen Regierung unter Kanzler Helmut Kohl übernahm sie 1991 das Amt der Bundesministerin für Frauen und Jugend, 1994 das Ressort Umwelt, Naturschutz und Reaktorsicherheit. Ab 1991 war sie stellvertretende Bundesvorsitzende, ab 1992 Vorsitzende der CDU in Mecklenburg-Vorpommern; nach der Niederlage der CDU bei der Bundestagswahl 1998 stieg Merkel zur Generalsekretärin der CDU auf. Nach dem Rücktritt Wolfgang Schäubles wurde sie schließlich 2000 zur Parteivorsitzenden gewählt und ist damit die erste Frau an der Spitze der Christdemokraten. Während sie 2002 in der Auseinandersetzung um die Kanzlerkandidatur noch zugunsten des CSU-Vorsitzenden Edmund Stoiber verzichtet hatte, konnte sie nach der Bundestagswahl als neue Fraktionsvorsitzende der CDU und Oppositionsführerin ihre Machtposition in der Partei wieder festigen und wird bei den vorgezogenen Bundestagsneuwahlen im September 2005 als erste Kanzlerkandidatin der Bundesrepublik Deutschland antreten.

Mesić, Stipe [Stjepan] (Kroatien), *Slavonska Orahovica 24. 12. 1934; seit 2000 Staatspräsident

Der promovierte Jurist Mesić, der Anfang der 1970er Jahre wegen »nationalistischer Propaganda« im sog. Kroatischen Frühling ein Jahr im Gefängnis gesessen hatte, gehörte 1989 zusammen mit dem späteren Staatspräsidenten Franjo Tudjman zu den Gründern der Kroatischen Demokratischen Gemeinschaft (HDZ), die das Land in die Unabhängigkeit führte. Gegen den Widerstand aus Belgrad und kurz vor dem endgültigen Zerfall Jugoslawiens übernahm er 1991 für wenige Monate den Vorsitz im rotierenden Präsidium des Vielvölkerstaats und war damit der letzte jugoslawische Präsident vor dem Auseinanderbrechen des Staates. 1993 trat er im Streit mit Tudjman über die Teilungspolitik gegenüber Bosnien und Herzegowina aus der HDZ aus und wechselte zur kleinen liberal-konservativen Volkspartei (HNS), deren stellvertretender Vorsitzender er wurde. Nach dem Tod Tudjmans Ende 1999 gewann der Außenseiter Mesić die Präsidentschaftswahlen Anfang 2000. Am 18. 2. wurde er als neuer Staatspräsident vereidigt. In den folgenden Jahren bemühte sich Mesić um die Integration Kroatiens in NATO und EU. Anfang 2005 trat er wieder zur Wahl an, verpasste aber im ersten Wahlgang knapp die absolute Mehrheit, nicht zuletzt deshalb, weil er in der Vergangenheit konsequent für eine Zusammenarbeit mit dem Kriegsverbrechertribunal in Den Haag eingetreten war. Die Stichwahl am 16. 1. konnte er jedoch für sich entscheiden.

Mitreva, Ilinka (Mazedonien), *Skopje 11. 2. 1950; 2001 und seit 2002 Außenministerin

Nach dem Studium der Philologie an den Universitäten in Belgrad und Skopje (mit Promotion) arbeitete Mitreva ab 1974 an der Philologischen Fakultät in Skopje, wo sie zuletzt als Professorin für romanische Sprachen und Literatur lehrte. 1994 erstmals für den Sozialdemokratischen Bund (SDSM) ins Parlament gewählt, wurde Mitreva Vorsitzende des Auswärtigen Ausschusses und der Parlamentariergruppe für die Zusammenarbeit mit dem Europäischen Parlament. In der Regierung der Nationalen Einheit unter Ljubčo Georgievski wurde die Sozialdemokratin am 13. 5. 2001 Außenministerin. Nachdem das Parlament am 16. 11. die novellierte Verfassung ratifiziert hatte, die erstmals alle Volksgruppen rechtlich gleichstellte, beendeten die Sozialdemokraten und die Liberaldemokraten (LDP) die Allparteienkoalition. Nach dem Wahlsieg der SDSM am 15. 9. 2002 übernahm Mitreva in der Regierung ihres Parteifreundes Branko Crvenkovski erneut das Außenministerium. Dieses Amt behielt sie auch unter dessen Nachfolgern Hari Kostov und Vlado Bučkovski.

Moisiu, Alfred (Albanien), *Shkodër 1. 12. 1929; seit 2002 Staatspräsident

Ausgebildet an der Militär-Ingenieurschule in Leningrad begann Moisiu 1958 seine Karriere im Verteidigungsministerium. Zwischenzeitlich hatte er 1966–71 ein Truppenkommando inne, kehrte 1971 als Direktor der Abteilung Ingenieurwesen und Befestigungsanlagen ins Verteidigungsministerium zurück und stieg schließlich 1981 zum stellvertretenden Verteidigungsminister auf. Kurz darauf fiel er in Ungnade, wurde degradiert und 1985 entlassen. Nach dem Fall des Kommunismus kehrte er Anfang der 1990er Jahre als Berater ins Verteidigungsministerium zurück und war 1994–97 stellvertretender Verteidigungsminister. Zuletzt leitete Moisiu die Atlantische Gesellschaft, die sich für Verbindungen zur NATO einsetzte. Am 24. 6. 2002 wählte ihn das Parlament zum neuen Staatspräsidenten, nachdem sich die regierende Sozialistische Partei und die oppositionelle Demokratische Partei auf ihn als gemeinsamen Kandidaten verständigt hatten. Moisiu wurd am 24. 7. vereidigt.

Nasarbajew, Nursultan Abischewitsch (Kasachstan), *Tschemolgan 6. 7. 1940; seit 1990 Staatspräsident

Der Ingenieur machte in der KPdSU Parteikarriere, die ihn bis zum Vorsitzenden des Ministerrats der Kasachischen Sowjetrepublik 1984 aufsteigen ließ. 1989 wurde er KP-Chef und damit zugleich Mitglied des Politbüros der KPdSU und Vorsitzender des Obersten Sowjets Kasachstans. 1990 verabschiedete das Parlament die Souveränitätserklärung und führte das Amt eines Präsidenten ein, in das Nasarbajew gewählt wurde. Nach dem Moskauer Putsch vom Sommer 1991 trat er aus der KP aus und ließ die Partei verbieten. Aus den Präsidentschaftswahlen 1991 ging Nasarbajew als erster direkt gewählter Präsident hervor und verlängerte seine Amtszeit 1995 per Referendum bis zum Jahr 2000. 1998 wurde die Amtszeit des Präsidenten auf sieben Jahre verlängert, sodass Nasarbajew nach den vorgezogenen Präsidentschaftswahlen 1999, die er nach einem unfairen Wahlkampf gewann, bis mindestens 2006 an der Spitze des Staates stehen wird, den er autokratisch regiert und an dessen Bodenschätzen er sich nach Vorwürfen seiner Gegner bereichern soll. Im Parlament verfügt er dank den von seiner Familie gesteuerten Parteien über eine deutliche Mehrheit. Außenpolitisch fährt Nasarbajew einen geschickten Kurs der Kooperation mit dem Westen und der VR China und der Freundschaft mit Russland.

Nijasow, Saparmurad A. (Turkmenistan), *Aschgabad 19. 2. 1940; seit 1992 Staats- und Regierungschef

Nach dem Studium der Elektrotechnik arbeitete Nijasow zunächst in seinem erlernten Beruf, ab 1970 machte er rasch Karriere in der KP der Republik, 1985 wurde er Vorsitzender im Ministerrat und Erster Sekretär des ZK der KP von Turkmenistan, 1990 übernahm er den Vorsitz im Obersten Sowjet Turkmenistans. Nach der Souveränitätserklärung Turkmenistans wurde Nijasow Ende 1990 zum Präsidenten der Republik gewählt. Nach dem gescheiterten Putsch gegen UdSSR-Staatspräsident Michail Gorbatschow 1991 verbot er die KP und gründete die Demokratische Partei Turkmenistans, deren Führung er übernahm. Oppositionsparteien sind nicht zugelassen. Bei den Wahlen 1992 wurde Nijasow ohne Gegenkandidat mit 99,5 % der Stimmen im Amt als Präsident bestätigt. In dem kurz zuvor verabschiedeten Präsidialsystem hatte er sich weitreichende Rechte einräumen und zugleich als Ministerpräsidenten bestimmen lassen. Per Referendum ließ er sich 1994 seine Amtszeit bis 2002 verlängern, 1999 wurde Nijasow, der sich 1993 den Titel »Turkmenbaschi« (Führer aller Turkmenen) zulegte und einen grotesken Personenkult pflegt, vom Parlament zum Staatschef auf Lebenszeit ernannt.

Nogaideli, Surab (Georgien), *Kobuleti 22. 10. 1964; seit 2005 Regierungschef

Der an der Moskauer Lomonossow-Universität ausgebildete Physiker arbeitete bis 1992 an der Georgischen Akademie der Wissenschaften in Batumi. 1992–2000 saß er im georgischen Parlament, ab 1995 für die den langjährigen Staatspräsidenten Eduard Schewardnadse unterstützende Bürgerunion. 2000 ernannte ihn dieser zum Finanzminister, 2002 trat er von diesem Posten zurück und schloss sich der samtenen Revolution unter Führung von Michail Saakaschwili an. Nach dem Rücktritt Schewardnadses im November 2003 betraute die Übergangsregierung Nogaideli, der seit 2001 parteilos ist, erneut mit der Leitung des Finanzressorts; diesen Posten behielt er auch unter dem 2004 gewählten Präsidenten Saakaschwili. Am 17. 2. 2005 wurde Nogaideli Nachfolger des bei einem Unfall ums Leben gekommenen Regierungschefs Surab Schwanija.

Oettinger, Günther (Deutschland), *Stuttgart 15. 10. 1953; seit 2005 Ministerpräsident von Baden-Württemberg

Oettinger studierte in Tübingen Rechtswissenschaft und Volkswirtschaft und ist Partner und Mitinhaber einer Wirtschaftsprüfer- und Anwaltskanzlei. Nach langjährigem Engagement auf kommunalpolitischer Ebene betrat der 1974 in die CDU eingetretene Oettinger 1984 die landespolitische Bühne, als er in den baden-württembergischen Landtag gewählt wurde, dem er seitdem angehörte. 1991 beerbte er den zum Ministerpräsidenten gewählten Erwin Teufel im Fraktionsvorsitz. In dieser Funktion, die er 14 Jahre innehatte, wurde der ehrgeizige Politiker als »alerter Technokrat und moderner Manager der Macht« (Stuttgarter Zeitung) populär. Bald galt er als Teufels »Kronprinz«. Als ab 2003 innerhalb der CDU Stimmen nach einem Amtsverzicht Teufels laut wurden, machte dieser keinen Hehl aus seiner Auffassung, Oettinger stehe hinter der »Treibjagd«. Bei einer Mitgliederbefragung über die Nachfolge Teufels setzte sich Oettinger Ende 2004 gegen Kultusministerin Annette Schavan durch und wurde am 21. 4. 2005 vom Landtag in Stuttgart zum Ministerpräsidenten gewählt. Seit dem 29. 4. ist er auch Vorsitzender der baden-württembergischen CDU.

Palacio González, Alfredo (Ecuador), *Guayaquil 22. 1. 1939; seit 2005 Staatspräsident

Nach dem Medizinstudium in seiner Heimatstadt Guayaquil ging Palacio in die USA und spezialisierte sich in Cleveland und St. Louis auf Kardiologie. Seit 1980 ist er Leiter des Nationalen Instituts für Kardiologie und Professor an der medizinischen Fakultät der Universität von Guayaquil. 1994–96 übte er in der Regierung von Sixto Durán Ballén die Funktion des Gesundheitsministers aus. An der Seite von Lucio Gutiérrez Borbúa wurde er 2002 zum Vizepräsidenten gewählt. Während sich dieser in den zwei Jahren seiner Päsidentschaft vom Fürsprecher der Armen und Indios zum Interessensverwalter der Reichen gewandelt hatte, war von Palacio wenig zu hören. Als am 20. 4. 2005 Gutiérrez in einem verfassungsrechtlich zweifelhaften Verfahren unter Duldung der Armee vom Parlament wegen »Preisgabe des Amtes« für abgesetzt erklärt worden war – er ist nach Abdalá Bucaram Ortiz und Jamil Mahuad Witt der dritte Präsident Ecuadors in zehn Jahren, der seines Amtes enthoben wurde –, wurde Palacio als neuer Präsident vereidigt. Er kündigte eine »Neustrukturierung der Nation« an.

Papoulias, Karolos (Griechenland), *Ioannina 4. 6. 1929; seit 2005 Staatspräsident

Ende 2004 wurde der PASOK-Politiker Papoulias überraschenderweise vom konservativen Regierungschef Kostas Karamanlis als Kandidat für das Amt des Staatspräsidenten vorgeschlagen – nicht zuletzt deshalb, weil die griechische Verfassung im Falle einer Abstimmungsniederlage bei der Präsidentschaftswahl Neuwahlen vorsieht und die Wahl von Papoulias als sicher galt. Erwartungsgemäß wurde er am 8. 2. 2005 mit überwältigender Mehrheit zum Staatspräsidenten gewählt und trat am 12. 3. als Nachfolger von Konstantinos Stephanopoulos das rein repräsentative Amt an. Papoulias, der u. a. in München und Köln Jura studiert hatte, hielt sich auch während der Militärdiktatur (1967–1974) in Deutschland auf. 1974 gehörte er zu den Gründungsmitgliedern der Panhellenischen Sozialistischen Bewegung (PASOK) und war 1985–89 und 1993–96 unter Ministerpräsident Andreas Papandreou Außenminister.

Paravać, Borislav (Bosnien und Herzegowina), *Kostajnica (Doboj) 18. 2. 1943; seit 2003 Mitglied des Staatspräsidiums

Der bosnische Serbe Paravać studierte an der Universität von Zagreb Wirtschaftswissenschaften. 1990–2000 war er Bürgermeister seiner Heimatstadt Doboj. 1996 wurde das Mitglied der Serbischen Demokratischen Partei (SDS) als Abgeordneter in die Nationalversammlung der Serbischen Republik gewählt, der er bis 2002 angehörte. Bei den Parlamentswahlen 2002 gewann er ein Mandat für das Parlament des Gesamtstaats. Nach dem Rücktritt des in einen Waffenhandel mit dem Irak verstrickten serbischen Staatspräsidiumsmitglieds Mirko Sarović wurde Paravać von seiner Partei als dessen Nachfolger nominiert und am 11. 4. 2003 vom Parlament als Vertreter der Serben ins Staatspräsidium gewählt.

Paroubek, Jiří (Tschechische Republik), *Olomouc 21. 8. 1952; seit 2005 Ministerpräsident

Paroubek ist der dritte tschechische Ministerpräsident seit neun Monaten: Im Juni 2004 wurde der über das schwache Abschneiden seiner Sozialdemokratischen Partei (ČSSD) gestolperte Vladimír Špidla von Stanislav Gross abgelöst, der nur wenige Monate später über eine Wohnungsaffäre zu Fall kam. Paroubek, Vertreter des linken Flügels der ČSSD, steht nun vor der schwierigen Aufgabe, die zerstrittene Regierungspartei, deren Ansehen durch die Affären der letzten Zeit auf den Nullpunkt gesunken ist, bis zur Parlamentswahl im nächsten Jahr wieder auf Kurs zu bringen. Dabei ist er in der tschechischen Politik ein nahezu Unbekannter: Der Absolvent einer Prager Wirtschaftsschule war als Ökonom bis 1990 in verschiedenen Ämtern tätig, danach arbeitete er als selbständiger Unternehmensberater. 1989 gehörte Paroubek zu den Begründern der ČSSD; seit 1998 war er als stellvertretender Bürgermeister von Prag in der Kommunalpolitik engagiert, im Sommer 2004 wurde er unter Gross Minister für Regionalentwicklung.

Parwanow, Georgi (Bulgarien), *Siričnik 28. 6. 1957; seit 2002 Staatspräsident

Der an der Universität Sofia promovierte Historiker arbeitete als Forscher am Historischen Institut der kommunistischen Sozialistischen Partei (BSP). Seit 1981 Mitglied der BSP, blieb er der Partei auch nach dem Sturz des kommunistischen Regimes 1989 treu und gehörte zu ihren treibenden Reformkräften in der postkommunistischen Ära. 1994 wurde er Abgeordneter im Parlament, im selben Jahr auch stellvertretender Vorsitzender der BSP, 1996 Parteivorsitzender. Als Kandidat der BSP gewann Parwanow die Präsidentschaftswahlen im November 2001 gegen den favorisierten Amtsinhaber Petar Stojanow, den er am 22. 1. 2002 als Staatspräsident ablöste. Sein Abgeordnetenmandat gab er zurück, den Parteivorsitz legte er nieder.

Plassnik, Ursula (Österreich), *Klagenfurt 23. 5. 1956; seit 2004 Außenministerin

Plassnik studierte Rechtswissenschaften an der Universität Wien (Promotion) und dem Collège d'Europe in Brügge. 1981 begann sie ihre berufliche Laufbahn im Außenministerium, wo sie bis 1997 in verschiedenen Funktionen tätig war. Anschließend wurde sie Kabinettschefin des damaligen Außenministers und Vizekanzlers Wolfgang Schüssel; in dieser Funktion blieb sie als seine überaus loyale Vertraute auch nach seinem Amtsantritt als Bundeskanzler. Ab Januar 2004 vertrat sie ihr Land als Botschafterin in der Schweiz. Als Benita Ferrero-Waldner im Herbst 2004 als EU-Außenkommissarin nach Brüssel ging, wurde ihr am 20. 10. die Leitung des Außenressorts übertragen. Erst wenige Tage zuvor war die bis dahin parteilose Plassnik der Österreichischen Volkspartei beigetreten.

Pohamba, Hifikepunye Lucas (Namibia), *Okanghudi 18. 8. 1935; seit 2005 Staatspräsident

Pohamba gehörte zu den Gründungsmitgliedern der sozialistischen South West Africa People's Organization (SWAPO). Bis zur Unabhängigkeit Namibias 1990 lebte der enge Vertraute von Samuel Nujoma viele Jahre im Exil, fungierte für die SWAPO als Außenminister und war 1977–89 Schatzmeister der Partei. 1990 wurde Pohamba Innenminister, 1995 übertrug ihm Nujoma die Leitung des Fischereiministeriums (bis 1998). 2001 rückte er an die Spitze des Schlüsselressorts für Landangelegenheiten. Nicht zuletzt wegen seiner bedingungslosen Loyalität gegenüber Nujoma erkor ihn dieser zu seinem Nachfolger und setzte ihn als Kandidaten für das Amt des Staatspräsidenten auf einem Sonderparteitag der SWAPO im Mai 2004 durch, nachdem er zuvor aussichtsreiche parteiinterene Rivalen ausgeschaltet hatte. Die Präsidentschaftswahlen im November gewann Pohamba erwartungsgemäß und wurde am 21. 3. 2005 vereidigt. Eigentlicher Machthaber bleibt damit Nujoma, der das Amt des SWAPO-Parteivorsitzender mindestens bis 2007 behält.

Popescu-Tăriceanu, Călin (Rumänien), *Bukarest 14. 1. 1952; seit 2004 Ministerpräsident

Nach dem Studium der Wassertechnik, Informatik und Mathematik in Bukarest arbeitete Popescu-Tăriceanu zunächst als Ingenieur, von 1980 an als Dozent am Institut für Wassertechnik der Universität Bukarest. Nach dem Sturz des kommunistischen Regimes gründete er 1990 die erste private Radiostation und leitete diese 1992–1996. Ebenfalls 1990 war er Mitbegründer der Nationalliberalen Partei, für die er 1990–92 und seit 1996 im Parlament saß. In den 1990er Jahren etablierte er sich zudem als erfolgreicher Autoimporteur, 1994–97 und 2001–03 stand er als Präsident der Vereinigung der Automobilproduzenten und -importeure vor. 1996 ernannte ihn der damalige Ministerpräsident Victor Ciorbea zum stellvertretenden Ministerpräsidenten und Minister für Industrie und Handel, als der er sich für die Privatisierung der staatlichen Industrie einsetzte. Als Kandidat einer Allianz der Nationalliberalen und der Demokratischen Partei wurde Popescu Ende 2004 zum Ministerpräsidenten gewählt. Am 13. 7. 2005 kündigte er nach der Blockade der Justizreform durch beide Kammern des Parlaments und das Verfassungsgericht den Rücktritt seiner Regierung und die Einleitung vorgezogener Neuwahlen an.

Putin, Wladimir Wladimirowitsch (Russland), *Leningrad 7. 10. 1952; seit 2000 Staatspräsident

Nach dem Jurastudium in Leningrad (heute St. Petersburg) begann Putin 1975 eine Laufbahn in der Abteilung Auslandsspionage beim sowjetischen Geheimdienst KGB und war 1985–90 in der ehemaligen DDR stationiert. Anschließend ging er als Berater des Bürgermeisters Anatoli Sobtschak nach Petersburg, ehe er von Präsident Boris Jelzin 1998 zum Direktor des Inlandgeheimdienstes FSB und ab 1999 zusätzlich zu seinem Sicherheitsberater ernannt wurde. Überraschend setzte ihn Jelzin im August 1999 als kommissarischen Ministerpräsidenten ein. Nach Jelzins vorzeitigem Rücktritt am 31. 12. 1999 übernahm Putin dessen Amtsgeschäfte und ging aus den vorgezogenen Präsidentschaftswahlen 2000 als Sieger hervor. In diesem Amt wurde er 2004 mit großer Mehrheit bestätigt. Innenpolitisch gelang es Putin, unter den Schlagworten »gelenkte Demokratie« und »Diktatur des Gesetzes« Russland zu stabilisieren: Wirtschaftsreformen, vor allem aber der Anstieg der Erdöl- und Erdgaspreise, verhalfen dem Land zur ökonomischen Konsolidierung. Sein hartes Durchgreifen im Tschetschenien-Konflikt, die Stärkung der Zentralmacht, die zunehmende staatliche Kontrolle der Medien und sein Vorgehen gegen die Oligarchen stoßen indessen im In- und Ausland auf wachsende Kritik.

Rachmonow, Emomali (Tadschikistan), *Dangara 5. 10. 1952; seit 1994 Staatspräsident

Nach dem Studium der Wirtschaftswissenschaften leitete Rachmonow ein Gewerkschaftskomitee und war als Parteisekretär in einem landwirtschaftlichen Betrieb tätig. Später stieg er zum Direktor einer Sowchose in seiner Heimatregion auf. Der nach der Unabhängigkeit 1991 ausbrechende Machtkampf zwischen der alten kommunistischen Elite unter Staatspräsident Rachman Nabijew und demokratischen und religiösen Oppositionsgruppen eskalierte zum Bürgerkrieg, Nabijew wurde gestürzt und Rachmonow Ende 1992 vom Parlament zu seinem Präsidenten und damit zum faktischen Staatsoberhaupt gewählt. Die nach dem Waffenstillstand 1994 durchgeführten Präsidentschaftswahlen gewann Rachmonow. Der Bürgerkrieg wurde 1997 beendet; in der Folge wurden das Parteienverbot aufgehoben und Oppositionspolitiker an der Regierung beteiligt. 1999 wurde Rachmonow, nun Vorsitzender der neu gegründeten Volksdemokratischen Partei, für eine weitere, nunmehr siebenjährige, Amtsperiode wieder gewählt. Seine Partei gewann die von großen Unregelmäßigkeiten in der Durchführung und Auszählung begleiteten Parlamentswahlen 2000 und 2005. Per Verfassungsreferendum ließ sich Rachmonow 2003 die Option einräumen, für zwei weitere Amtszeiten antreten zu dürfen.

Rice, Condoleezza (USA), *Birmingham 14. 11. 1954; seit 2005 Außenministerin

Schon mit 15 Jahren begann Rice ein Politikstudium an der Universität in Denver. Nach ihrer Promotion 1981 lehrte sie an der Stanford University, wo sie sich insbesondere mit Fragen der Sicherheits-, Ost- und Mitteleuropapolitik und Waffenkontrolle befasste. 1989–91 beriet Rice, die 1982 der Republikanischen Partei beigetreten war, als Mitglied im Nationalen Sicherheitsrat den Präsidenten George Bush sen. in osteuropäischen und sowjetischen Angelegenheiten und war an der Vorbereitung der Zwei-plus-vier-Gespräche zur deutschen Vereinigung beteiligt. Anschließend verfolgte sie ihre wissenschaftliche Karriere weiter. 1999 kehrte sie als außenpolitische Beraterin des Präsidentschaftskandidaten George W. Bush in die Politik zurück. Nach der gewonnenen Wahl ernannte Bush sie 2001 zur Chefin des Nationalen Sicherheitsrats. Rice war maßgeblich an der Ausarbeitung der neuen »Nationalen Sicherheitsstrategie« beteiligt, die das Recht auf Selbstverteidigung durch präventives Handeln postuliert. Nach seiner Wiederwahl im November 2004 berief Bush seine enge Vertraute an die Spitze des State Department. Sie trat das Amt am 26. 1. 2005 an.

Rotfeld, Adam Daniel (Polen), *Przemyslany 4. 3. 1938; seit 2005 Außenminister

An seine Diplomatenausbildung an der Hochschule für Außendienst in Warschau schloss Rotfeld ein Journalistik-Studium an. Von 1961–1989 arbeitete er zunächst als Redakteur, später als wissenschaftlicher Mitarbeiter und Leiter der Abteilung Europäische Sicherheit am Polnischen Institut für Internationale Angelegenheiten in Warschau. Während dieser Zeit verfasste er wichtige wissenschaftliche Dossiers und führte Verhandlungen für das polnische Außenministerium, so auch bei den Gründungstreffen der Konferenz für Sicherheit und Zusammenarbeit in Europa (KSZE). 1989 wechselte er an das renommierte Stockholmer Institut für Friedensforschung (SIPRI), dem er 1991–2002 als Direktor vorstand. 2002 holte ihn der damalige Außenminister Wlodzimierz Cimoszewícz als Staatssekretär ins Auswärtige Amt, dessen Nachfolge er 2005 antrat. Wie sein Vorgänger verfolgt Rotfeld eine enge Bindung Polens an die USA, bemüht sich aber ebenso um ein gutes Verhältnis zur Europäischen Union.

Rugova, Ibrahim (Kosovo), *Cerce 2. 12. 1944; seit 2002 Präsident

Der Literaturwissenschaftler arbeitete seit 1981 als Professor an der Universität in Priština und war ab 1988 auch Präsident des kosovarischen Schriftstellerverbandes. Nachdem Slobodan Milošević 1989 die Selbstverwaltung der zu Serbien gehörenden Provinz Kosovo aufgehoben hatte, gründete Rugova die Demokratische Liga (LDK). Nach den international und von Belgrad nicht anerkannten Wahlen 1992 wurde er zum Präsidenten der »Republik Kosova« ausgerufen. Er forderte ein Ende der serbischen Repression und sprach sich für den gewaltlosen Widerstand gegen die serbischen Behörden aus. Bei den Wahlen 1998 wurde er als Vorsitzender und seine LDK als führende politische Kraft der Kosovo-Albaner bestätigt. Nach dem Kosovo-Krieg ging Rugovas LDK aus den von der OSZE organisierten Kommunalwahlen 2000 als klare Siegerin hervor; nach dem Erfolg bei den Parlamentswahlen am 17. 11. 2001 wurde Rugova nach monatelangem Tauziehen am 4. 3. 2002 zum Präsidenten des Kosovo gewählt.

Rupel, Dimitrij (Slowenien), *Ljubljana 7. 4. 1946; 1990–93 und seit 2000 mit Unterbrechung Außenminister

Nach einem Studium der Soziologie an der Universität in Ljubljana wurde Rupel 1970 Hochschulassistent und betätigte sich daneben als Literat, Journalist, Übersetzer und Herausgeber. 1989 gründete er den Slowenischen Demokratischen Bund (SDZ), mit dem er vor den Wahlen 1990 mit anderen Parteien das Bündnis Demos (Demokratische Opposition Sloweniens) schmiedete. Nach dem Sieg von Demos wurde Rupel 1990 in der ersten Regierung des unabhängigen Slowenien unter Ministerpräsident Lojze Peterle Außenminister. 1991 gehörte er zu den Mitbegründern einer neuen liberalen Demokratischen Partei (DP), die dann in der Liberaldemokratischen Partei (LDS) aufging. 1992 zog er ins Parlament ein. 1995 wurde er zum Bürgermeister von Ljubljana gewählt. 1997 ging er als Botschafter nach Washington. Anfang 2000 amtierte er wiederum für wenige Monate als Außenminister. Nach dem Sieg der LDS bei den Wahlen 2000 wurde Rupel von Ministerpräsident Janez Drnovšek erneut zum Außenminister ernannt; auch in der Regierung von Premier Anton Rop blieb Rupel in diesem Amt, wurde aber im Sommer 2004 nach längerem Streit von Rop entlassen. Rupel schloss sich der Demokratischen Partei (SDS) von Janez Janša an, der ihn nach dem Wahlsieg der SDS im Dezember 2004 wieder mit dem Außenressort beauftragte.

Rüütel, Arnold (Estland), *Saaremaa 10. 5. 1928; seit 2001 Staatspräsident

Nach der Ausbildung zum Agrarwissenschaftler war Rüütel Direktor eines Staatsguts und ab 1969 Rektor der Landwirtschaftlichen Hochschule. Daneben machte er eine steile Parteikarriere, wurde 1977 ZK-Sekretär und später Parteichef der estnischen KP. Ab 1983 war er als Präsident des Obersten Sowjets Staatsoberhaupt der estnischen Sowjetrepublik. Während der Perestroika wandelte er sich zum Verfechter der Unabhängigkeit Estlands. Im März 1990 wurde er als Vorsitzender des Obersten Rats wieder gewählt. Im Mai 1990 proklamierte er die Unabhängigkeit der Baltenrepublik, die endgültig im August 1991 vollzogen wurde. Bei den ersten freien Wahlen im Herbst 1992 unterlag er im Kampf um das höchste Staatsamt seinem Rivalen Lennart Meri, der ihn auch bei der Abstimmung 1996 distanzierte. Rüütel gründete die Landvolkpartei (heute Agrarunion) und amtierte 1994–2001 als Vizeparlamentspräsident. 2001 wurde er von der Wahlversammlung zum Staatspräsidenten gewählt und übernahm am 7. 10. das Amt von Meri, der nicht mehr kandidieren durfte.

Rüttgers, Jürgen (Deutschland), *Köln 26. 6. 1951; seit 2005 Ministerpräsident von Nordrhein-Westfalen

1987 zog der promovierte Jurist Rüttgers, der mit 19 Jahren der CDU beigetreten war, nach kommunalpolitischem Engagement in den Bundestag ein. 1991–94 war er Erster Parlamentarischer Geschäftsführer der CDU/CSU-Bundestagsfraktion, nach der Bundestagswahl 1994 berief ihn Kanzler Helmut Kohl zum Bundesminister für Bildung, Wissenschaft, Forschung und Technologie. 1999 wurde er Landesvorsitzender der nordrheinwestfälischen CDU und trat zu den Landtagswahlen 2000 erstmals als Spitzenkandidat seiner Partei an. Sein Versuch, die jahrzehntelange Vorherrschaft der SPD zu brechen, scheiterte deutlich. Fünf Jahre später jedoch führte er seine Partei zu einem triumphalen Sieg: seit dem 22. 6. steht er als neunter Ministerpräsident von Nordrhein-Westfalen einer schwarz-gelben Regierungskoalition vor.

Saakaschwili, Michail (Georgien), *Tiflis 21. 12. 1967; seit 2004 Staatspräsident

Nach dem Abitur studierte Saakaschwili an den Universitäten von Kiew, Straßburg und New York Rechtswissenschaften und arbeitete in der US-Metropole in einer Anwaltskanzlei. Seit 1995 Abgeordneter der Bürgerunion im georgischen Parlament, war er zunächst ein treuer Parteigänger von Eduard Schewardnadse, der ihn 2000 zum Justizminister ernannte. Nach wenigen Monaten legte Saakaschwili dieses Amt nieder, nachdem sein Gesetzesentwurf gegen Korruption nicht die Billigung seines Ziehvaters gefunden hatte. Anschließend gründete der populistisch und nationalistisch sowie deutlich prowestlich auftretende Politiker die Nationale Bewegung, die bei den später für ungültig erklärten Parlamentswahlen im November 2003 stärkste Oppositionspartei wurde. Am 4. 1. 2004 wurde Saakaschwili mit überwältigender Mehrheit zum neuen Präsidenten gewählt. Gleich zu Beginn seiner Amtszeit bemühte sich Saakaschwili um eine Verbesserung der angespannten Beziehungen zu Russland.

Sanader, Ivo (Kroatien), * Split 8. 6. 1953; seit 2003 Ministerpräsident

Sanader ging nach dem Abitur nach Österreich, wo er fast 15 Jahre lebte. Der in Innsbruck promovierte Literaturwissenschaftler unterrichtete anschließend in Kroatien deutsche Literatur und arbeitete als Theaterintendant. Ab 1992 Abgeordneter der Kroatischen Demokratischen Gemeinschaft (HDZ) im Parlament, wurde er unter Franjo Tudjman zunächst Wissenschaftsminister, später stellvertretender Außenminister. Zu Tudjmans Lebzeiten als Falke bekannt, führte Sanader nach seiner Wahl zum HDZ-Vorsitzenden im April 2000 die Partei aus der nationalistischen Ecke in die politische Mitte. Im Wahlkampf 2003 forderte er serbische Flüchtlinge zur Rückkehr in die Heimat auf und befürwortete eine Zusammenarbeit mit dem Haager Kriegsverbrechertribunal. Nach den Parlamentswahlen am 23. 11. 2003, aus denen seine Partei als stärkste Kraft hervorging, wurde er am 23. 12. als Nachfolger des Sozialdemokraten Ivica Račan als Ministerpräsident vereidigt.

Scharon, Ariel (Israel), * Kfar Malal 1928; seit 2001 Ministerpräsident

Bereits als 14-Jähriger engagierte sich Scharon im Kampf gegen die britische Militärherrschaft. Nach der Staatsgründung 1948 folgte ein rascher Aufstieg in der israelischen Armee. Als General befehligte er im Sechs-Tage-Krieg die Rückeroberung des Sinai. Das Mitglied des Likud-Blocks war ab Ende der 1970er Jahre Mitglied aller Kabinette: u. a. diente er unter Menachem Begin als Landwirtschafts- und Verteidigungsminister und organisierte 1982 die Invasion im Libanon, deren Ziel die Zerschlagung bzw. Vertreibung der von dort agierenden Palästinensischen Befreiungsorganisation (PLO) war. Wegen seiner »persönlichen Verantwortung« bei den von christlichen Milizen verübten Massakern in den Palästinenserlagern Chatila und Sabra musste er 1983 als Verteidigungsminister demissionieren, blieb jedoch weiterhin als Minister ohne Geschäftsbereich in der Regierung. Anschließend war er 1984–90 Industrie- und Handelsminister, 1990–92 trieb er als Wohnungsbauminister den Siedlungsbau in den besetzten Gebieten voran. Unter Ministerpräsident Benjamin Netanjahu war er Minister für Nationale Infrastruktur und Außenminister. 1999 übernahm Scharon den Likud-Vorsitz und wurde 2001 als Nachfolger von Ehud Barak zum Ministerpräsidenten gewählt. Bei den Parlamentswahlen Anfang 2003 machte er den Likud zur stärksten Partei. Trotz internationaler Friedensbemühungen rückte Scharon keinen Deut von seiner Politik der »aktiven Verteidigung« und der »gezielten Liquidierung« von mutmaßlichen palästinensischen Terroristen ab. Anfang 2004 kündigte er überraschend die Räumung des Gazastreifen für 2005 an.

Schmid, Samuel (Schweiz), * Rüti bei Büren 8. 1. 1947; Bundesrat und 2005 Bundespräsident

Nach dem Studium der Rechte an der Universität Bern trat Schmid in ein Anwaltsbüro in Bern ein. 1978 machte er sich als Advokat und Notar in Lyss selbständig. Daneben übte er verschiedene Führungsfunktionen in der Wirtschaft und in Wirtschaftsverbänden aus. Bereits in jungen Jahren verfolgte er als Mitglied der rechtskonservativen Schweizerischen Volkspartei (SVP) eine politische Karriere: er war Gemeinderat, Mitglied des Grossen Rates in Bern, 1994–99 Mitglied des Nationalrates, 1999–2000 Mitglied des Ständerates. Am 6. 12. 2000 wurde Schmid zum Bundesrat gewählt. Ähnlich wie sein Vorgänger im Bundesrat, Adolf Ogi, zählt er zum liberalen Flügel der SVP und gilt als Widersacher des rechtspopulistischen Parteiideologen Christoph Blocher. Schmid ist Leiter des Eidgenössischen Departements für Verteidigung, Bevölkerungsschutz und Sport und für das Jahr 2005 turnusmäßig Bundespräsident.

Schröder, Gerhard (Deutschland), * Mossenberg 7. 4. 1944; seit 1998 Bundeskanzler

Nach einer Lehre als Einzelhandelskaufmann machte Schröder über den zweiten Bildungsweg Abitur, studierte Jura in Göttingen und wurde Rechtsanwalt. Seit 1963 in der SPD, war er 1978–80 Bundesvorsitzender der Jungsozialisten. 1980 zog er in den Bundestag ein, dem er bis 1986 und seit 1998 angehört. 1990 wurde die SPD unter seiner Spitzenkandidatur stärkste Partei bei der niedersächsischen Landtagswahl und Schröder Ministerpräsident einer rot-grünen Koalition. Bei den Landtagswahlen 1994 führte er seine Partei zu einer absoluten Mehrheit der Mandate. Mit seinem 3. Wahlsieg in Folge vier Jahre später empfahl sich Schröder als Kanzlerkandidat für die Bundestagswahl 1998, aus der seine Partei erstmals seit 1972 wieder als stärkste Kraft hervorging. Am 27. 10. wurde er Bundeskanzler der ersten rot-grünen Bundesregierung. Die Reformvorhaben seiner Regierung der »Neuen Mitte« (u. a. Rente, Gesundheit, Staatsbürgerschaftsrecht) konnten in der ersten Legislaturperiode nur zögerlich umgesetzt werden. Sein Regierungsstil (»Politik der ruhigen Hand«) war geprägt durch die Einsetzung zahlreicher beratender Kommissionen (u. a. Süssmuth-Kommission, Hartz-Kommission); Kritiker aus den eigenen Reihen brachte der »Basta!-Kanzler« mehrfach durch Rücktrittsdrohungen auf Linie. Bei der Bundestagswahl 2002 wurde die rot-grüne Regierung mit knapper Mehrheit bestätigt. Wahlentscheidend war die Flutkatastrophe in Ostdeutschland im Sommer des Wahljahres, bei der Schröder seine Qualitäten als Krisenmanager medienwirksam demonstrieren konnte, sowie die populistisch zelebrierte Ablehnung des Irak-Krieges. Nach heftigen parteiinternen Auseinandersetzungen um die so genannte Agenda 2010 trat Schröder im Frühjahr 2004 vom Parteivorsitz zurück, den er seit 1999 innegehabt hatte. Nach den SPD-Niederlagen bei den Landtagswahlen in Schleswig-Holstein im Februar und Nordrhein-Westfalen im Mai 2005 strebte Schröder für seine Politik eine Legitimation durch vorgezogene Neuwahlen im Herbst 2005 an. Am 1. 7. stellte er im Bundestag die Vertrauensfrage, die er wunschgemäß verlor, und ersuchte Bundespräsident Horst Köhler um Auflösung des Bundestags.

Schüssel, Wolfgang (Österreich), *Wien 7. 6. 1945; seit 2000 Bundeskanzler

Der promovierte Jurist arbeitete ab 1968 als Sekretär der Parlamentsfraktion der ÖVP. 1975 wechselte er zum Wirtschaftsbund der ÖVP, deren Generalsekretär er bis 1991 war. Seit 1979 saß Schüssel als Abgeordneter im Nationalrat, wo er sich mit Finanz- und Wirtschaftsfragen beschäftigte und 1987 stellvertretender Obmann des Finanzausschusses wurde. 1989 übernahm er das Bundeswirtschaftsministerium, das er bis 1995 leitete. In diesem Jahr wurde er Außenminister und Vizekanzler in der Koalitionsregierung Franz Vranitzky und behielt seine Ämter auch unter Viktor Klima. Nach den Nationalratswahlen 1999 ging Schüssel, der seit 1995 Parteivorsitzender der ÖVP ist, unter Protesten aus dem In- und Ausland eine Koalition mit der rechtspopulistischen FPÖ ein und wurde am 4. 2. 2000 zum Bundeskanzler gewählt. Nach dem Scheitern der Mitte-rechts-Koalition im September 2002, eineinhalb Jahre vor Ablauf der Legislaturperiode, triumphierte Schüssel bei den Nationalratswahlen am 24. 11. – die ÖVP wurde erstmals seit über 30 Jahren wieder stärkste Kraft. Am 28. 2. 2003 wurde er erneut Bundeskanzler in einer ÖVP/FPÖ (seit 2005 BZÖ)-Koalition.

Sihamoni, Norodom (Kambodscha), *Phnom Penh 14. 5. 1953; seit 2004 König

Der Sohn König Norodom Sihanouks machte in Prag eine Ausbildung zum Tänzer und erwarb in Nordkorea ein Diplom für Kinematografie. 1976 kehrte er nach Kambodscha zurück und überlebte das Terrorregime der Roten Khmer in Hausarrest. 1981 ließ er sich in Paris nieder, gründete eine Tanzgruppe und war als Lehrer im Konservatorium tätig. Außerdem vertrat er seit 1993 sein Land als Botschafter bei der UNESCO. Nachdem sein Vater im Herbst 2004 abgedankt hatte, wählte ihn der Thronrat zu dessen Nachfolger. Sihamoni wurde am 29. 10. in Phnom Penh gekrönt.

Singh, Manmohan (Indien), *Punjab 26. 9. 1932; seit 2004 Premierminister

Nach dem mit Auszeichnungen absolvierten Studium der Wirtschaftswissenschaften an den Universitäten in Chandigarh, Cambridge und Oxford lehrte Singh in Chandigarh Ökonomie. 1965–69 arbeitete er für die UN in New York, anschließend erhielt er eine Professur in Delhi. Anfang der 1970er Jahre begann Singhs politische Karriere: Er war als Berater in mehreren Ministerien tätig, übte das Amt des Direktors der indischen Zentralbank aus und vertrat sein Land einige Jahre im Internationalen Währungsfonds (IWF). 1991 wurde Singh Finanzminister in der von der Kongresspartei geführten Koalitionsregierung unter P. V. Rao. In den fünf Jahren seiner Amtszeit leitete er ein umfassendes Reformprogramm ein. Die Liberalisierung der protektionistischen Wirtschaft bescherte dem Land einen beachtlichen wirtschaftlichen Aufschwung. Nach dem überraschenden Wahlsieg der Kongresspartei im Frühjahr 2004 und dem Verzicht der Parteichefin Sonia Gandhi auf das Amt der Premierministerin wurde Singh am 22. 5. als Regierungschef vereidigt. Er ist der erste Sikh an der Spitze einer indischen Regierung.

Sócrates Carvalho Pinto de Sousa, José (Portugal), *Vilar de Maçada 6. 9. 1957; seit 2005 Ministerpräsident

Nach dem Ingenieursstudium begann die politische Karriere von Sócrates, der sich als Jugendlicher beim konservativ-liberalen Partido Social Democrata (PSD) engagiert hatte, in der Sozialistischen Partei (PS). 1987 wurde er ins Parlament gewählt, dem er bis 1995 angehörte. In diesem Jahr wurde er von seinem Mentor António Guterres als Staatssekretär für Umweltfragen (1995–97) in die Regierung geholt. 1999–2002 war er schließlich Umweltminister. Als nach dem Wechsel José Manuel Barrosos nach Brüssel im Sommer 2004 Staatspräsident Jorge Sampaio die von den Sozialisten geforderten Neuwahlen verweigerte und Pedro Santana Lopes Ministerpräsident wurde, trat Eduardo Ferro Rodrigues als Generalsekretär der PS zurück und machte den Weg frei für Sócrates, der die erstmals durchgeführten Direktwahlen für dieses Amt haushoch gewann. Sócrates, der wirtschaftspolitisch dem rechten Parteiflügel angehört, gesellschaftspolitisch aber ausgesprochen fortschrittlich denkt, nennt Tony Blair sein politisches Vorbild. Bei den im Februar 2005 anberaumten Neuwahlen – Santana Lopes war nach nur vier Monaten gescheitert – holte er als Spitzenkandidat der PS die absolute Mehrheit für die Sozialisten und wurde am 12. 3. 2005 als Ministerpräsident vereidigt.

Sólyom, László (Ungarn), *Pécs 3. 1. 1942; seit 2005 Staatspräsident

Der Jurist ist einer der prägenden Politiker des demokratischen Wandels in Ungarn: 1989 gehörte er zu den Mitbegründern des national-konservativen Demokratischen Forums (MDF), das bei den ersten freien Wahlen 1990 stärkste Partei wurde. 1990–98 machte er sich als Gründungspräsident des Verfassungsgerichtes für die Bürgerrechte stark. Am 7. 6. 2005 wurde Sólyom als Kandidat der konservativen Opposition aus Bürgerallianz/FIDESz-MPSZ und MDF im 3. Wahlgang zum Präsidenten gewählt. Bei seiner Wahl profiterte er von der Zerstrittenheit der Regierungskoalition, die ihre Kandidatin, die Parlamentspräsidentin Katalin Szili, in den ersten zwei Wahlgängen nicht durchbrachten. Sólyom trat das überwiegend repräsentative Amt am 3. 8. an. Er löste den überaus beliebten Ferenc Mádl ab, der für eine zweite Amtszeit nicht mehr zur Verfügung stand.

Somogyi, Ferenc (Ungarn), *Hartkirchen (Österreich) 1. 9. 1945; seit 2004 Außenminister

Nach dem Studium der Internationalen Beziehungen an der Karl-Marx-Universität in Budapest begann Somogyi 1968 seine diplomatische Laufbahn. Schon unter dem kommunistischen Regime war er hauptsächlich für die Beziehungen zu internationalen Organisationen zuständig. Während und nach der Wende gestaltete er als Staatssekretär die neue Außenpolitik mit. 1992 zog er sich kurzzeitig aus der Politik zurück, kehrte aber 1994 auf denselben Posten ins Außenministerium zurück, wo er 1996–98 die Verhandlungen mit der EU leitete und 1997 den NATO-Beitritt verhandelte. Zuletzt arbeitete Somogyi als Vertreter der ungarischen Telekomgesellschaft Matav in Mazedonien, bevor ihn Ministerpräsident Ferenc Gyurcsány im November 2004 als Außenminister in sein Kabinett holte.

Stanischew, Sergej (Bulgarien), *Kherson (Ukraine) 5. 5. 1966; Vorsitzender der BSP

Nach einem Studium der Geschichte und politischen Wissenschaften in Moskau begann Stanischew seinen Aufstieg in der Bulgarischen Sozialistischen Partei (BSP), wo er sich maßgeblich für die Modernisierung und Westausrichtung der postkommunistischen Strukturen einsetzte. 2001 wurde er Vorsitzender der Sozialisten und oppositioneller Fraktionschef im Parlament. 2005 zog er als Spitzenkandidat seiner Partei in den Parlamentswahlkampf und rückte die für den EU-Beitritt seines Landes notwendigen Reformen ins Zentrum seines Wahlprogramms. Außerdem stellte er den Abzug der bulgarischen Soldaten aus dem Irak in Aussicht. Bei der Wahl am 25. 6. profitierten die Sozialisten von der Unzufriedenheit der Bevölkerung mit der konservativen Regierung von Simeon Sakskoburggotski, dessen Politik zwar ein Wirtschaftwachstum, aber auch hohe Arbeitslosigkeit gezeitigt hatte, und wurden stärkste Partei. Angesichts der Zusammensetzung des Parlaments zeichnete sich Mitte Juli 2005 eine schwierige Regierungsbildung ab.

Surabischwili, Salomé (Georgien), *Paris 18. 3. 1952; seit 2004 Außenministerin

Surabischwili entstammt einer georgischen Emigrantenfamilie, die in den 1920er Jahren nach Frankreich auswanderte. Nach dem Studium der Politischen Wissenschaften in Paris und New York trat sie 1974 in den diplomatischen Dienst Frankreichs ein, und war u. a. in Italien, bei der UN in New York, in Brüssel und in Wien tätig. 2001–03 leitete sie die Abteilung für internationale und strategische Angelegenheiten beim französischen Generalsekretär für Nationale Verteidigung. Ende 2003 ging sie als französische Botschafterin nach Georgien. Seit dem 11. 3. 2004 ist Surabischwili, mittlerweile auch georgische Staatsbürgerin, Außenministerin in der Regierung von Michail Saakaschwili. Zu ihren Hauptaufgaben gehört die Vorbereitung des Landes zum Beitritt in die NATO und die EU.

Svoboda, Cyril (Tschechische Republik), *Prag 24. 11. 1956; seit 2002 Außenminister

Svoboda studierte Jura an der Karls-Universität in Prag und arbeitete bis 1989 u. a. als Notar. Nach der Wende ging er in die Politik und begann als Rechtsberater der Regierung; zudem trat er in die Christlich-Demokratische Union (KDU-ČSL) ein. Ministererfahrung sammelte er ab 1992 als Vizeressortchef im Justizministerium bzw. 1996–98 im Außenministerium. In der Übergangsregierung von Premier Josef Tošovský war er schließlich Anfang 1998 Justizminister. Nach den Wahlen im selben Jahr zog er ins Parlament ein und setzte sich im Mai 2001 überraschend bei der Wahl zum Vorsitzenden der KDU-ČSL durch. Nach den Parlamentswahlen 2002 befürwortete er eine Zusammenarbeit mit der Sozialdemokratischen Partei (ČSSD) von Vladimír Špidla; am 15. 7. wurde er als Außenminister in dessen Kabinett vereidigt. Diese Position behielt er auch in den Regierungen von Stanislav Gross und Jirí Paroubek.

Tadić, Boris (Serbien), *Sarajevo (Bosnien) 15. 1. 1958; seit 2004 Präsident

Nach einem Psychologiestudium an der Belgrader Universität arbeitete Tadić als Lehrer und Journalist. Er gehörte 1990 zu den Gründungsmitgliedern der Demokratischen Partei (DS), 1997 wurde er einer der vier

Stellvertreter des Parteivorsitzenden Zoran Djindjić. Nach dem Sturz Slobodan Miloševićs diente er kurze Zeit 2000/01 als jugoslawischer Minister für Telekommunikation und als Verteidigungsminister (2003/04). Im Februar 2004 wurde der als politisch unbelastet geltende Tadić als Nachfolger des 2003 ermordeten Djindjić zum Parteivorsitzenden der DS gewählt. Bei der Präsidentschaftswahl im Juni 2004 – das Amt war seit Anfang 2003 vakant gewesen, erst die Abschaffung der Mindestbeteiligungsklausel von 50 % führte im vierten Anlauf zu einer gültigen Abstimmung – konnte sich Tadić gegen den radikalen Nationalisten Tomišlav Nikolić durchsetzen und wurde am 11. 7. vereidigt.

Talabani, Dschalal (Irak), *Koi Sinjak 1933; seit 2005 Staatspräsident

Früh engagierte sich der aus einer einflussreichen Familie stammende Talabani, der in Bagdad Jura studierte, gegen das Militärregime und für die Autonomie Kurdistans. In der Demokratischen Partei Kurdistans (KDP) machte er rasch Karriere und stieg in den inneren Führungszirkel auf. 1975 kam es zu Spannungen und schließlich zum Bruch mit dem legendären KDP-Führer Mustafa Barsani. Während Barsani vor der Bagdader Regierung kapitulierte und ins Exil ging, gründete Talabani die links orientierte Patriotische Front Kurdistans (PUK) und nahm den bewaffneten Kampf gegen die Regierung Saddam Husseins wieder auf. Während des ersten Golfkriegs kam es zu massiven Vergeltungsschlägen Saddams. Unter internationalem Schutz konnten Talabanis PUK und die mittlerweile von Barsanis Sohn Massud geleitete KDP Anfang der 1990er Jahre eine kurdische Autonomieregierung etablieren. In der Folge kam es jedoch zu einem Bruderkrieg mit Massud Barsani, der erst 1998 endgültig beigelegt werden konnte. Nach dem Sturz des Saddam-Regimes wurde Talabani im Sommer 2003 als kurdischer Vertreter von der US-amerikanischen Übergangsverwaltung in den Regierungsrat berufen. Zu den Wahlen Ende Januar 2005 trat Talabani mit seinem Rivalen Barsani in einer kurdischen Allianz an, die zur zweitstärksten Fraktion im neuen irakischen Parlament wurde. Dieses wählte am 7. 4. 2005 Talabani zum neuen Staatspräsidenten.

Talat, Mehmet Ali (Nordzypern), *Kyrenia/Girne 6. 7. 1952; seit 2005 Präsident

Nach dem Elektroingenieurstudium in Ankara kehrte Talat 1977 nach Nordzypern zurück und begann sich in der Republikanisch-Türkischen Partei (CTP) zu engagieren. 1993 wurde er in der ersten Koalitionsregierung von CTP und der konservativen Demokratischen Partei (DP) Minister für Bildung und Kultur; auch den beiden folgenden Koalitionsregierungen gehörte er an, u. a. als stellvertretender Premier. 1996 übernahm er den CTP-Vorsitz, 1998 gelang ihm der Sprung als Abgeordneter ins Parlament. Nach den Wahlen Ende 2003, aus denen die CTP knapp als stärkste Kraft hervorging, wurde Talat Ministerpräsident von Nordzypern. Im Wahlkampf hatte er sich deutlich für eine rasche Wiedervereinigung mit dem Südteil ausgesprochen. Das am 24. 4. 2004 abgehaltene Referendum scheiterte am Nein der Inselgriechen. Nach knapp einjähriger Amtszeit zerbrach jedoch seine Regierungkoalition. Aus den Neuwahlen im Februar 2005 ging er mit CTP verstärkt hervor, wurde erneut mit der Regierungsbildung beauftragt und mit der alten Regierungsmannschaft am 16. 3. vom Parlament bestätigt. Bereits wenige Wochen später gewann er die Präsidentschaftswahlen und wurde am 24. 4. im Amt vereidigt.

Tarasjuk, Boris (Ukraine), *Dzerzhyns'k 1. 1. 1949; 1998–2000 und seit 2005 Außenminister

Nach dem Studium der Rechts- und Staatswissenschaften in Kiew schlug Tarasjuk die diplomatische Laufbahn ein, die ihn zeitweise in die Ukrainische Ständige Vertretung bei den UN nach New York führte. In den 1990er Jahren stieg er zum stellvertretenden Außenminister auf; in dieser Funktion leitete er u. a. die nationale Abrüstungskommission und war für den Beitritt der Ukraine zum Europarat zuständig. 1995–98 vertrat er sein Land als Botschafter bei den Benelux-Staaten in Brüssel und bei der NATO. 1998 übernahm er die Leitung des Außenressorts. Tarasjuk ist Mitglied der Bewegung Ruch, die sich bei den Parlamentswahlen 2002 dem Wahlbündnis Unsere Ukraine anschloss. Während der orangenen Revolution im Herbst 2004 gehörte er zu den engsten Beratern von Viktor Juschtschenko. In der Regierung von Julia Timoschenko wurde er wieder mit der Leitung des Außenministerium betraut.

Tarlew, Wasile (Moldau), *9. 10. 1963; seit 2001 Ministerpräsident

Zunächst als Traktor- und Lastwagenfahrer tätig, besuchte Tarlew das Polytechnische Institut und machte einen Abschluss in Lebensmitteltechnologie. 1991 trat er in eine Süßwarenfabrik ein, in der er zum Direktor aufstieg. Nebenher engagierte er sich im nationalen Unternehmerverband, zu dessen Vorsitzenden er gewählt wurde. Im April 2001 schlug ihn das neu gewählte Staatsoberhaupt Wladimir Woronin für das Amt des Regierungschefs vor. Das Parlament wählte am 19. 4. den parteilosen Tarlew in dieses Amt. Nach der Wiederwahl Woronins im April 2005 wurde Tarlew wiederum die Leitung der Regierung übertragen.

Terzić, Adnan (Bosnien und Herzegowina), *Zagreb 1960; seit 2002 Ministerpräsident

Nach seiner Ausbildung als Bauingenieur an der Universität von Sarajevo absolvierte Terzić ein Studium der Politikwissenschaften. 1991 schloss er sich der muslimischen Demokratischen Aktionspartei (SDA) an, deren stellvertretender Parteichef er wurde. Zweimal (1997/98 und 2000/01) war er Gouverneur in Zentral-Bosnien. Nach den Wahlen vom 5. 10. 2002 wurde er am 23. 12. als Nachfolger von Dragan Mikerević vom Parlament zum Ministerpräsidenten gewählt. Terzić ist der erste Regierungschef der Zentralregierung von Bosnien und Herzegowina, der für eine vierjährige Amtszeit berufen wurde.

Tihić, Sulejman (Bosnien und Herzegowina), *Bosanski Šamac 26. 11. 1951; seit 2003 Mitglied des Staatspräsidiums

Der Bosniake Tihić studierte an der Universität von Sarajevo Jura und arbeitete zunächst ab 1975 als Richter und Staatsanwalt in seiner Heimatstadt, 1983 ließ er sich als Rechtsanwalt nieder. Während des Bürgerkrieges wurde er mehrere Monate in einem serbischen Lager gefangen gehalten. 1994–96 war er Leiter der Konsularabteilung in der Botschaft in Deutschland, anschließend im Außenministerium in Sarajevo beschäftigt. 1992–2002 war das Mitglied der bosniakischen Demokratischen Aktionspartei (SDA) Abgeordneter der Nationalversammlung der Serbischen Republik. Bei der Direktwahl des dreiköpfigen Staatspräsidiums des Gesamtstaats am 5. 10. 2002 setzte sich Tihić, mittlerweile Parteivorsitzender der SDA, als Vertreter der Bosniaken durch und wurde am 28. 10. vereidigt.

Timoschenko, Julia Wladimirowna (Ukraine), *Dnipropetrovs'k 27. 11. 1960; seit 2005 Ministerpräsidentin

Nach dem Studium der Wirtschaftswissenschaften an der Universität ihrer Heimatstadt begann Timoschenko ihre berufliche Laufbahn in einer Maschinenbaufirma. 1991 gründete sie ein eigenes Unternehmen Ukrainisches Benzin, das 1995 in die Vereinigten Energiesysteme der Ukraine umgewandelt wurde. Als Chefin dieses Unternehmens soll sie 1995–97 russisches Erdgas im Wert von mehr als 80 Mio. US-$ mit falschen Dokumenten am ukrainischen Zoll vorbei an eine britische Tochterfirma verkauft haben, was sie stets bestritten hat. 1995 ging sie in die Politik und wurde Abgeordnete im ukrainischen Parlament, 1999 Vizeministerpräsidentin in der Regierung von Viktor Juschtschenko und zuständig für den Energiebereich. Nach einem Jahr wurde sie von Präsident Leonid Kutschma entlassen und saß in der Folgezeit mehrfach unter dem Vorwurf der Steuerhinterziehung und Urkundenfälschung in Untersuchungshaft. 2002 gründete sie den Block Julia Timoschenko und zog wieder ins Parlament ein. Während der orangenen Revolution im Herbst 2004 gehörte sie neben Juschtschenko zu den treibenden Kräften gegen das alte Regime und wurde nach der Wahl Juschtschenkos zum Präsidenten am 4. 2. 2005 zur Ministerpräsidentin ernannt.

Tsang, Donald (VR China / Hongkong), *Hongkong 7. 10. 1944; seit 2005 Regierungschef von Hongkong

Der aus einfachen Verhältnissen stammende Tsang trat 1967 in den öffentlichen Dienst ein und stieg über viele Stationen 1995 zum Finanzchef der Kronkolonie auf. 1981/82 absolvierte er ein Verwaltungsstudium an der Harvard University. Kurz vor der Übergabe der Stadt an die Volksrepublik wurde der Karrierebürokrat geadelt. Nach der Etablierung der Sonderverwaltungsregion Hongkong wurde der in Peking zunächst wenig geschätzte Tsang hinter Verwaltungschef Tung Chee-hwa zweiter Mann der Exekutive. Als Tung, dessen Amtszeit eigentlich erst 2007 ausgelaufen wäre, im Frühjahr 2005 nach miserablem Krisenmanagement von Peking fallen gelassen wurde, rückte der bei der Bevölkerung angesehene Tsang am 14. 3. kommissarisch in das höchste Amt auf. Nach positiven Signalen aus Peking wurde Tsang am 16. 6. vom Wahlkomittee zum Regierungschef gewählt. Seine Amtszeit beschränkt sich vorerst auf die zwei verbliebenen Jahre der Amtsperiode von Tung.

Valionis, Antanas (Litauen), *Zabieliškių 21. 9. 1950; seit 2000 Außenminister

Valionis studierte am Polytechnischen Institut in Kaunas und erwarb 1974 ein Diplom an der Fakultät für Mechanik. Danach arbeitete er in der Industrie und bei einer Behörde. Nach der politischen Wende im Baltikum ging Valionis 1990 ins Landwirtschaftsministerium. 1994 schloss er ein Zweitstudium der Politik in Warschau mit Promotion ab und wechselte in den diplomatischen Dienst. Als Botschafter vertrat er sein Land in der Folge in Polen, Rumänien und Bulgarien. Nach den Parlamentswahlen 2000 übernahm der parteilose Valionis in der Regierung von Ministerpräsident Rolandas Paksas die Leitung des Außenministeriums; auch nach dem Scheitern der Minderheitsregierung und dem Amtsantritt des neuen Kabinetts unter Premier Algirdas Brazauskas 2001 behielt er den Posten.

Vázquez Rosas, Tabaré Ramón (Uruguay), *Montevideo 17. 1. 1940; seit 2005 Staatspräsident

Nach dem Medizinstudium in Montevideo spezialisierte sich der aus bescheidenen Verhältnissen stammende Vázquez auf Krebsheilkunde und Radiotherapie, lehrte als Professor an der Medizinischen Fakultät in Montevideo und praktizierte in seiner Privatklinik. In jungen Jahren schloss er sich der Sozialistischen Partei an. 1990–93 machte er sich als effizienter Bürgermeister von Montevideo einen Namen. 1994 und 1999 kandidierte er für den Frente Amplio, einen Zusammenschluss linker Parteien, erfolglos bei den Präsidentschaftswahlen, 2004 gewann er bereits in der ersten Runde. Sein Sieg erschütterte das bisher fest gefügte politische System und beendete das Machtmonopol der Blanco- und der Colorado-Partei. Er trat als erster sozialistischer Präsident Uruguays sein Amt am 1. 3. 2005 an.

Vīķe-Freiberga, Vaira (Lettland), *Riga 1. 12. 1937; seit 1999 Staatspräsidentin

Während des Zweiten Weltkrieges verließ die Familie Vīķe-Freibergas Lettland und ging ins Exil nach Kanada. Hier studierte Vīķe-Freiberga Psychologie und promovierte 1965 in experimenteller Psychologie an der Universität in Montréal, wo sie anschließend bis 1998 als Professorin lehrte. Danach leitete sie das Lettische Institut in Riga, das sich der Förderung der lettischen Sprache und Kultur widmet. Am 17. 6. 1999 wurde die parteilose und in der Öffentlichkeit nahezu unbekannte Vīķe-Freiberga vom Parlament überraschend zur neuen Staatspräsidentin gewählt; sie folgte am 8. 7. Guntis Ulmanis, der nach zwei Amtsperioden nicht wieder kandidieren durfte. Die klare Befürworterin des EU-Beitritts ihres Landes erwarb sich rasch Ansehen und wurde 2003 mit großer Unterstützung fast aller Parteien wieder gewählt.

Villepin, Dominique Galouzeau de (Frankreich), *Rabat (Marokko) 14. 11. 1953; seit 2005 Ministerpräsident

Villepin, Neffe des früheren Premiers Jacques Chaban-Delmas, absolvierte die Elite-Verwaltungsschule ENA und wurde dann Karrierediplomat. Seine ersten Posten führten ihn nach Washington und Neu-Delhi. 1993 wurde er Kabinettsdirektor beim Außenminister Alain Juppé, 1995 betraute ihn der neue Präsident Jacques Chirac, dessen Partei RPR er bereits mit 24 Jahren beigetreten war, mit dem Schlüsselposten des Generalsekretärs im Elysee-Palast, wo er zu dessen wichtigsten Beratern gehörte. Nach dem Rücktritt der Regierung unter Premier Lionel Jospin wurde Villepin 2002 vom neuen Ministerpräsidenten Jean-Pierre Raffarin zum Außenminister berufen. Im UN-Sicherheitsrat hielt er im Frühjahr 2003 dem Druck der USA stand, die die militärische Option im Irak-Konflikt durch das Gremium sanktionieren wollten, und verteidigte die Haltung seines Landes – die friedliche Entwaffnung des Iraks unter Aufrechterhaltung einer militärischen Drohkulisse. 2004 übernahm Villepin nach einer Kabinettsumbildung den Posten des Innenministers. Nach dem Rücktritt des Ministerpräsidenten Raffarin in Folge der verheerenden Abstimmungsniederlage der Regierung beim Referendum zum europäischen Verfassungstext ernannte ihn Chirac am 31. 5. 2005 zum Ministerpräsidenten. Der enge Vertraute des Staatspräsidenten steht einer Regierung vor, in der der schärfste innerparteiliche Gegner Chiracs, Nicolas Sarkozy, mit der Leitung des Innenministeriums betraut wurde.

Vujanović, Filip (Montenegro), *Belgrad 1. 9. 1954; seit 2003 Republikpräsident

Nach dem Jurastudium an der Universität von Belgrad ließ sich Vujanović in der montenegrinischen Hauptstadt Titograd (heute Podgorica) als Anwalt nieder, 1989 wurde er Vorsitzende der Anwaltskammer. Nach der Wende schloss er sich der Demokratischen Partei der Sozialisten Montenegros (DPS) an und wurde 1993 unter Milo Djukanović zunächst mit der Leitung des Justizressorts, ab 1995 des Innenministeriums betraut. Als Djukanović 1998 zum Präsidenten der Teilrepublik gewählt wurde, amtierte Vujanović bis 2002 als Regierungschef. Nach einem verabredeten Ämtertausch übernahm Djukanović den Posten des Regierungschefs; die Wahl von Vujanović für das Präsidentenamt im Dezember 2002 und im Februar 2003 scheiterte an der nicht erreichten Mindestbeteiligung von 50 % der Wahlberechtigten. Erst im dritten Anlauf wurde Vujanović am 11. 5. 2003 zum Präsidenten von Montenegro gewählt. Er strebt wie sein Mentor die Unabhängigkeit seines Landes an und will Montenegro in spätestens drei Jahren aus dem Anfang 2003 auf internationalen Druck entstandenen Staatenbund mit Serbien wieder herauslösen.

Wen Jiabao (Volksrepublik China), *Tianjin 1942; seit 2003 Ministerpräsident

Noch während seines Studiums der Geologie in Peking trat Wen Jiabao 1965 der kommunistischen Partei (KPCh) bei. 1968–82 arbeitete er als Geomechaniker in der nordwestlichen Provinz Gansu, wo er ab 1978 auch leitende Funktionen am Amt für Geologie sowie politische Ämter wahrnahm. 1982 kehrte er nach Peking zurück und wurde Direktor im Ministerium für Geologie. Ab 1985 wirkte er zunächst als stellvertretender, ab 1986 als Direktor des ZK-Hauptbüros der KPCh, ein Jahr später wurde er ins Sekretariat des ZK berufen, wo er bis 1997 verschiedene leitende Aufgaben erfüllte. 1997 wurde er Mitglied des Politbüros, 1998 stellvertretender Ministerpräsident, als der er sich vehement für die marktwirtschaftliche Öffnung Chinas einsetzte und mit der Reformierung des Finanz- und Bankenwesens betraut war. 2002 erfolgte seine Wahl in das höchste Parteigremium, den Ständigen Ausschuss des Politbüros. Am 16. 3. 2003 wurde Wen Jiabao, der als kompetenter Wirtschaftsfachmann und wendiger Parteistratege gilt, vom Nationalen Volkskongress zum neuen Ministerpräsidenten gewählt.

Wolfowitz, Paul D. (USA / Weltbank), *New York 22. 12. 1943; seit 2005 Generaldirektor der Weltbank

Nach dem Studium der Politik- und Wirtschaftswissenschaften an der Universität von Chicago begann Wolfowitz 1966 eine Karriere im US-Staatsdienst, die ihn vom Finanz- ins Verteidigungministerium und schließlich ins State Department führte, wo er 1981 Chef des Politik-Planungsstabes, 1982 dann für Ostasien und den Pazifikraum verantwortlicher Staatssekretär wurde; 1986–89 vertrat er sein Land als Botschafter in Indonesien. 1989 wechselte Wolfowitz unter George Bush sen. ins Verteidigungministerium: hier entwarf der von Leo Strauss beeinflusste Wolfowitz eine Neufassung der globalen US-Militärstrategie, die auch Präventivschläge nicht ausschloss und bereitete den ersten Golfkrieg vor. Mit dem Amtsantritt von Bill Clinton schied Wolfowitz aus seinem Amt und ging als Dekan an die Johns-Hopkins-Universität, wo er schon früher gelehrt hatte. George W. Bush holte 2001 den Vordenker der Neokonservativen als Vizeminister zurück ins Verteidigungsministerium, wo er in der Folge mit seinem Chef Donald Rumsfeld zum Architekten des Irak-Krieges wurde. Im März 2005 schlug ihn Bush für die Präsidentschaft der Weltbank vor, dessen Exekutivrat ihn am 31. 3. einstimmig wählte. Er trat am 1. 6. die Nachfolge von James D. Wolfensohn an.

Woronin, Wladimir (Moldau), *Corjowa 25. 5. 1941; seit 2001 Staatspräsident

Der Nahrungsmittelingenieur war in der Sowjetrepublik Moldawien KP-Funktionär, wurde in den 1980er Jahren Mitglied des Obersten Sowjets und 1989 Innenminister. Als nach dem Zerfall der Sowjetunion und der Unabhängigkeit der Republik Moldau 1991 die Kommunistische Partei verboten worden war, gehörte Woronin 1993 zu den Begründern einer neuen Kommunistischen Partei (PCRM), deren Vorsitz er im darauf folgenden Jahr übernahm. Bei den Parlamentswahlen 2001 errang seine PCRM die Zweidrittelmehrheit der Sitze, und Woronin wurde vom Abgeordnetenhaus zum Präsidenten gewählt. Nach der deutlich marktwirtschaftlich orientieren Wirtschaftspolitik seines Vorgängers Petru Lucinschi bescherte er dem ärmsten europäischen Land durch eher staatswirtschaftliche Akzente einen bescheidenen Aufschwung. War Woronin noch mit einem deutlich prorussischen Programm an die Macht gekommen (zu Beginn seiner Amtszeit wurde Russisch als zweite Landessprache wieder eingeführt), zerbrach das gute nachbarschaftliche Verhältnis 2003, als Putin eine der Republik abträgliche Lösung des seit Jahren schwelenden Transnistrienkonflikts vorschlug. Die Wahlen im März 2005 machten Woronins PCRM – wenn auch mit Verlusten – wiederum zur stärksten Partei; am 4. 4. wählte ihn das Parlament für eine zweite Amtszeit.

Yudhoyono, Susilo Bambang (Indonesien), *Pacitan 9. 9. 1949; seit 2004 Staatspräsident

Der aus einer Offiziersfamilie stammende Yudhoyono stieg zunächst in der Armee zum General auf. 2000 wechselte er in die Politik. In der Regierung von Präsident Abdurrahman Wahid war er erst Minister für Bergbau und Energie, avancierte jedoch bald zum Sicherheitsminister. Im Zuge des Amtsenthebungsverfahrens gegen Wahid verlangte dieser von Yudhoyono die Verhängung des Ausnahmezustands. Yudhoyono lehnte ab und verlor seinen Posten. Megawati Sukarnoputri, Vizepräsidentin unter Wahid und dessen Nachfolgerin ab Juli 2001, holte Yudhoyono als Sicherheitsminister in ihr Kabinett zurück. Im März 2004 kam es nach öffentlich ausgetragenen Meinungsverschiedenheiten zum Bruch zwischen beiden. Yudhoyono schied erneut aus dem Kabinett aus, gründete die Demokratische Partei, auf die bei den Parlamentswahlen im April 2004 7,5 Prozent der Stimmen entfielen. Aus den Präsidentschaftswahlen ging er im zweiten Durchgang im September 2004 als Sieger hervor. Yudhoyono, der auch der »denkende General« genannt wird, gilt als mediengewandt und wird als integrer Reformer angesehen. Respekt erwarb er sich wegen der Umsicht, mit der er u. a. auf die Terroranschläge in Bali im Oktober 2002 reagierte. Die USA schätzen ihn wegen seines harten Standpunktes gegenüber separatistischen Bewegungen und der Terrorgruppe Jamaa Islamiya.

Adair, Paul (»Red«) (89), US-Feuerwehrmann. Der legendäre »Hellfighter«, der weltweit über 2000 Großfeuer eindämmen konnte, war vor allem durch das Löschen von in Brand geratenen Ölquellen bekannt geworden. Mit seiner 1959 gegründeten Firma spezialisierte er sich auf neue Löschtechniken, unter anderem brachte er die Feuer mit einer Mischung aus Wasser und Dynamit unter Kontrolle. 7. 8. 2004 Houston (Texas)

Amery, Carl (83), dt. Autor und Publizist (eigentlich Christian Anton Meyer). Galt als Vordenker der Umwelt- und Friedensbewegung. Neben kulturkritischen Essays und politischen Streitschriften wie »Die Kapitulation oder Deutscher Katholizismus heute« (1963), »Das Ende der Vorsehung« (1972) und »Global Exit – Die Kirchen und der totale Markt« (2002) schrieb er Hörspiele und Romane. War Mitglied der »Gruppe 47«, Vorsitzender des Verbandes Deutscher Schriftsteller, Präsident des deutschen PEN-Zentrums und gehörte zu den Gründungsmitgliedern der »Grünen«. Zuletzt erschienen die von ihm herausgegebenen »Briefe an den Reichtum« (2005). 24. 5. 2005 München

Arafat, Jassir (74), palästinen. Politiker und seit 1996 Präsident der Palästinensischen Autonomiebehörde. Gründete 1959 die Al-Fatah-Bewegung, die später den bewaffneten Kampf gegen Israel aufnahm. 1969 schloss sich Arafat mit der Al-Fatah der Palästinensischen Befreiungsorganisation (PLO) an und wurde Vorsitzender des Exekutivkomitees. 1989 wählte ihn der PLO-Zentralrat zum Präsidenten des »Unabhängigen Staates Palästina«, vier Jahre später unterzeichnete er in Washington das israelisch-palästinensische Abkommen über eine palästinensische Teilautonomie im Gazastreifen und im Westjordanland. 1994 wurde Arafat gemeinsam mit Jitzhak Rabin und Schimon Peres der Friedensnobelpreis verliehen. Nach Beginn der zweiten Intifada wurde er von Israel unter Hausarrest gestellt und verlor immer mehr an Einfluss. 11. 11. 2004 Paris

Avedon, Richard (81), US-Fotograf, einer der berühmtesten Mode- und Porträtfotografen der Welt. Seine Karriere begann 1945 bei der Modezeitschrift Harper's Bazar, später arbeitete er für Vogue und seit 1992 als Cheffotograf für den New Yorker. Neben zahlreichen Prominenten von Charlie Chaplin bis Marilyn Monroe fotografierte Avedon, dessen Markenzeichen ein weißer leerer Hintergrund war, auch Demonstranten, Landstreicher, Kriegsopfer und psychisch Kranke. Zuletzt arbeitete er an dem Projekt »On Democracy«, für das er Politiker, Wahlkämpfer und Wähler in den gesamten USA fotografierte. 1. 10. 2004 San Antonio (Texas)

Bancroft, Anne (73), US-Schauspielerin. Nach ihrem Debut in Hollywood kehrte sie in ihre Heimatstadt New York zurück und wurde Mitte der 1950er Jahre ein gefeierter Star am Broadway. 1962 erhielt sie für ihre Darstellung als Sprachlehrerin der blinden und taubstummen Helen Keller in Arthur Penns Verfilmung des Broadway-Stücks »Licht im Dunkel« einen Oscar. Weltberühmt wurde sie mit dem Film »Die Reifeprüfung« (1967) in der Rolle der gewissenlosen Verführerin Mrs. Robinson. 7. 6. 2005 New York

Bellow, Saul (89), US-Schriftsteller und langjähriger Professor an der Universität von Boston. Der Sohn russisch-jüdischer Einwanderer, in der Nähe Montréals geboren und in Chicago aufgewachsen, war einer der wichtigsten Vertreter der jüdisch-amerikanischen Literatur. Seinen ersten Erfolg hatte er mit »Die Abenteuer des Augie March« (1953), seinen literarischen Durchbruch erzielte er mit dem Roman »Herzog« (1964), für den er ebenso wie für »Mr. Sammler's Planet« (1970) mit dem National Book Award ausgezeichnet wurde. Für »Humboldts Vermächtnis« erhielt er 1976 den Pulitzer-Preis und den Literatur-Nobelpreis. Sein letztes Buch »Ravelstein« erschien 2000. 5. 4. 2005 Brookline (Massachusetts)

Benenson, Peter (83), brit. Rechtsanwalt und Gründer von amnesty international. Nachdem er einen Zeitungsbericht über zwei portugiesische Studenten gelesen hatte, die für sieben Jahre ins Gefängnis mussten, weil sie in einem Café auf die Freiheit angestoßen hatten, startete Benenson im Mai 1961 eine Zeitungskampagne, in der er die Leser aufrief, Protestbriefe zu schreiben. Sein Aufruf wurde weltweit von zahlreichen Zeitungen nachgedruckt; aus der auf ein Jahr befristeten Kampagne entwickelte sich die weltgrößte unabhängige Menschenrechtsorganisation mit derzeit 1,8 Millionen Mitgliedern. 25. 2. 2005 Oxford

Bernhard, Prinz der Niederlande (93), niederl. Prinzgemahl, Vater von Königin Beatrix. Der aus Deutschland stammende Prinz ging nach dem Studium in die Niederlande und leitete dort das Amsterdamer Büro der IG Farben. 1937 heiratete er Prinzessin Juliana, die 1948 den Thron übernahm. Bei den Niederländern genoss der gebürtige Deutsche einen legendären Ruf, unter anderem weil er während des Zweiten Weltkriegs den militärischen Widerstand gegen die deutsche Besatzung organisiert hatte. Nach dem Krieg übernahm er zahlreiche Aufsichtsratposten und war Mitbegründer des World Wildlife Funds. Wegen seiner Verstrickung in den Lockheed-Skandal Mitte der 1970er Jahre – er soll dabei mehr als eine Million € für den staatlichen Kauf von Flugzeugen erhalten haben – musste er alle offiziellen Tätigkeiten aufgeben. 1. 12. 2004 Utrecht

Beyers Naudé, Christiaan Frederick (89), südafrikan. Theologe und einer der prominentesten weißen Apartheidgegner. Nach dem Studium trat er zunächst dem geheimen »Bruderbund« der Buren bei und wurde Mitglied der niederländisch-reformierten Kirche für Weiße (NGK). Nach dem Massaker in Sharpeville 1960, bei dem 69 schwarze Demonstranten getötet wurden, wandelte er sich zu einem entschiedenen Anti-Apartheid-Kämpfer. Wegen seiner Kritik an der NKG, die die Rassentrennung mit Bibelzitaten rechtfertigte, verlor er sein Amt als Bischof und wurde sieben Jahre unter Hausarrest gestellt. Als Mitglied der ANC-Delegation nahm er 1990 an den ersten Verhandlungen mit der Apartheidregierung teil, die vier Jahre später zu den ersten freien Wahlen in der Geschichte Südafrikas führten. 7. 9. 2004 Johannesburg

Brando, Marlon (80), US-Schauspieler. In ärmlichen Verhältnissen aufgewachsen, finanzierte er sich seinen Schauspielunterricht (unter anderem bei Lee Strasberg) mit Gelegenheitsjobs. In Tennessee Williams' Drama »Endstation Sehnsucht« feierte er 1947 am New Yorker Broadway einen Sensationserfolg. Weltberühmt wurde er durch seine Rolle in Elia Kazans gleichnamiger Verfilmung. Für die Rolle des Hafenarbeiters Terry Malloy in »Die Faust im Nacken« erhielt er seinen ersten Oscar. Für seine Darstellung des Mafia-Bosses Don Corleone in Francis Ford Coppolas »Der Pate« wurde er 1972 ein zweites Mal mit dem Oscar geehrt, lehnte ihn jedoch aus Protest gegen die Unterdrückung der amerikanischen Ureinwohner ab. Zu seinen weiteren Welterfolgen, inzwischen alle Klassiker der Filmgeschichte, gehören »Die Meuterei auf der Bounty« (1962), »Der letzte Tango in Paris« (1972) und »Apocalypse Now« (1979). 1. 7. 2004 Los Angeles

Broca, Philippe de (71), franz. Regisseur, Meister des Action-Klamauks. Zunächst Regie-Assistent bei Chabrol und Truffaut, drehte er später mit den Stars des französischen Kinos wie Jean-Paul Belmondo, Yves Montand, Cathérine Deneuve und Jacqueline Bisset zahlreiche Gaunerkomödien und Abenteuerfilme, wie »Cartouche, der Bandit« (1961), »Abenteuer in Rio« (1963) und »Le Magnifique« (1973). Für seinen Debütfilm »Liebesspiele« erhielt er 1959 den Silbernen Bären und den Preis der Deutschen Filmkritik. 26. 11. 2004 Neuilly

Callaghan, Lord James (92), brit. Politiker, früherer britischer Premierminister. 1945 als Labour-Abgeordneter erstmals ins Parlament gewählt, war er der einzige britische Politiker, der Schatzkanzler, Außen- und Innenminister und Premierminister (1976–79) war. Im »Winter der Unzufriedenheit« 1978/79, der von Massenstreiks und internen Parteistreitigkeiten geprägt war, verlor die Labour Party ihre Mehrheit an die Konservativen: auf Callaghan folgte Premierministerin Margaret Thatcher. 26. 3. 2005 East Sussex

Carson, Johnny (79), US-Talkmaster, Pionier des Late-Night-Formats. Bis Jay Leno 1992 seine Nachfolge übernahm, moderierte Carson für ein Jahresgehalt von zuletzt 25 Millionen US-$ über 30 Jahre lang seine »Tonight Show«: zu seinen Gästen zählten US-Präsidenten ebenso wie zahlreiche Schauspieler oder Sportler. Der »prominenteste Kommentator« der USA hatte im Schnitt 15 bis 20 Millionen Zuschauer, in Spitzenzeiten schalteten knapp 60 Millionen ein. 23. 1. 2005 Malibu (Kalifornien)

Cartier-Bresson, Henri (95), franz. Fotograf. Mitbegründer der Bildagentur Magnum, galt als einer der bedeutendsten Fotografen des 20. Jahrhunderts. Bresson, der zuerst Malerei studierte, begann 1931 zu fotografieren. Mit seiner legendären Leica bereiste er die ganze Welt, seine Momentaufnahmen, »im entscheidenden Augenblick« fotografiert, wurden zu Zeitdokumenten; ebenso berühmt waren seine Porträts prominenter Zeitgenossen. Das New Yorker MoMA widmete Bresson, der ausschließlich mit Schwarz-Weiß-Filmen und ohne Blitz arbeitete, bereits 1946 eine große Retrospektive. 2. 8. 2004 L'Isle-sur-la-Sorgue

Crick, Francis (88), US-Wissenschaftler, einer der der wichtigsten Pioniere der Genforschung. Zusammen mit James Watson hatte der Physiker und Biochemiker 1953 die menschliche DNA-Struktur entschlüsselt. Für ihre bahnbrechende Entdeckung, Basis der modernen Gentechnik, erhielten sie 1962 gemeinsam mit dem Biophysiker Maurice Wilkins den Nobelpreis für Medizin. 28. 7. 2004 San Diego (Kalifornien)

Derrida, Jacques (74), franz. Philosoph. Begründer des Dekonstruktivismus, galt als einer der einflussreichsten und zugleich umstrittensten Philosophen Frankreichs. Als Sohn jüdischer Eltern in Algerien geboren, studierte er an der Pariser Elite-Hochschule École Normale Supérieure Philosophie, lehrte dann an der Sorbonne. Seit den 1970er Jahren hatte er Lehraufträge in den USA. Zu seinen bekanntesten Werken zählen »Die Schrift und die Differenz« (1972), »Grammatologie« (1975) und »Marx' Gespenster« (1995). 8. 10. 2004 Paris

Distel, Sascha (71), franz. Sänger und Komponist, ausgebildeter Jazz-Musiker. In den 1950er Jahren Gitarrist von Juliette Gréco, veröffentlichte er 1958 sein erstes eigenes Chanson »Scoubidou«, das sofort ein Hit wurde; insgesamt schrieb er rund 200 Chansons. Distel, der in Frankreich eine eigene Fernseh-Show hatte, wurde in Deutschland für seine Hits wie »Der Platz neben mir ist leer« und »Wer Mädchen hat, hat Sorgen« mit mehreren Goldenen Schallplatten ausgezeichnet. Sein letztes Album erschien 2003. 22. 7. 2004 Rayol-Canadel

Dorazio, Piero (77), ital. Maler, Protagonist der italienischen Abstraktionskunst und Mitglied der Gruppe »Movimento d'Arte Concreta«. Vom Kubismus geprägt entwickelte er ab Mitte der 1940er Jahre eine eigenständige, konkrete Malerei; später entstanden plastische Reliefs aus Aluminium, Holz und Plexiglas sowie ein umfangreiches druckgrafisches Werk. Anlässlich seines 65. Geburtstags 1994 widmete ihm das Guggenheim Museum New York eine große Ausstellung. 17. 5. 2005 Perugia

Eisner, Will (87), US-Comic-Zeichner. Berühmt wurde er mit der Serie »The Spirit«, die ab 1940 zwölf Jahre lang in einer wöchentlichen Auflage von fünf Millionen Stück gedruckt wurde. Nachdem er jahrzehntelang als Zeichner von Ausbildungs-Comics für die Army gearbeitet hatte, erschien 1978 sein Roman »A Contract With God«. Mit der Mischung aus Zeichnung und Text, für die er den Begriff »Graphic Novel« prägte, revolutionierte Eisner den US-amerikanischen Comic. 3. 1. 2005 Fort Lauderdale

Fuchs, Erika (98), dt. Übersetzerin und erste Chefredakteurin der »Micky Maus«. Nach dem Studium arbeitete die promovierte Kunsthistorikerin als freie Mitarbeiterin für »Readers Digest«, bevor sie in der Gründungsredaktion der »Micky Maus« anfing. Erika Fuchs machte die amerikanischen Comic-Hefte auch in Deutschland populär; sie erfand die deutschen Namen von Onkel Dagobert, Daniel Düsentrieb und Donald Ducks Neffen Tick, Trick und Track. Neben Zitaten von Schiller, Goethe und Shakespeare, mit denen sie die Sprechblasen füllte, prägte sie mit Wörtern wie »grübel, grübel«, »stöhn« und »seufz« die bundesdeutsche Alltagssprache. 22. 4. 2005 München

Fuhrmann, Manfred (79), dt. Altphilologe. Studierte Jura, klassische Philologie, Theologie und Philosophie. Zunächst Professor für klassische Philologie in Kiel, übernahm er 1966 bis zu seiner Emeritierung 1990 den Lehrstuhl für Latinistik an der Universität Konstanz. Zu seinen bekanntesten Werken zählen »Die antike Rhetorik«(1984) und »Rom in der Spätantike« (1994). Für seine vollständige Übersetzung der Reden Ciceros erhielt er 1990 den Johann-Heinrich-Voß-Preis. 12. 1. 2005 Überlingen am Bodensee

Gades, Antonio (67), span. Tänzer und Choreograph (eigentlich Antonio Esteve Ródenas). Ausbildung als Ballett- und Flamencotänzer, galt als der bedeutendste Choreograph und Tänzer Spaniens. Anfang der 1960er Jahre war er erster Tänzer an der Mailänder Scala, gründete dann eine eigene Kompanie, stellte den Flamenco ins Zentrum seines Schaffens und feierte mit »Carmen« und »Bluthochzeit« auch international Riesenerfolge. Für die in vielen Ländern erfolgreiche Filmtrilogie »Bluthochzeit«, »Carmen« und »Liebeszauber« hatte er die Choreographie geschaffen und gemeinsam mit Regisseur Carlos Saura das Drehbuch geschrieben. 20. 7. 2004 Madrid

Gogh, Theo van (47), niederl. Filmemacher. War wegen seiner kontroversen Filme und Zeitungskommentare, in denen er beispielsweise die multikulturelle Gesellschaft, die den »aggressiven Islam« verteidige, attackierte, in den Niederlanden sehr umstritten. Nach der Fernseh-Ausstrahlung seines nach einem Drehbuch der aus Somalia stammenden rechtsliberalen Abgeordneten Ayaan Hirsi Ali entstandenen Kurzfilms »Submission«, hatte er bereits im Sommer 2004 Morddrohungen erhalten. Kurz darauf wurde er auf offener Straße durch Schüsse und Messerstiche ermordet. Ein am Tatort hinterlassenes Bekennerschreiben ließ auf einen radikal-islamischen Hintergrund der Tat schließen. 2. 11. 2004 Amsterdam

Griem, Helmut (72), dt. Schauspieler und Regisseur. Einer der wenigen deutschen Schauspieler, die auch international erfolgreich waren (unter anderem »Cabaret«, »Die Spaziergängerin von Sans-Souci« und »Die Verdammten«). Insgesamt drehte er mehr als 30 Filme, die bekanntesten sind »Ansichten eines Clowns« (1976) und »Die gläserne Zelle« (1978). Zu seinen erfolgreichen Fernseh-Produktionen zählt »Der Leutnant und sein Richter«. Darüber hinaus spielte er auch immer wieder am Theater; nach Engagements in Hamburg, Berlin und dem Wiener Burgtheater wurde er 1983 festes Ensemblemitglied der Münchner Kammerspiele. 19. 11. 2004 München

Grün, Max von der (78), dt. Schriftsteller. Arbeitete 15 Jahre unter Tage als Hauer und Grubenlokomotivführer. Der literarische Durchbruch gelang dem Vertreter der »Literatur der Arbeitswelt« 1963 mit »Irrlicht und Feuer«, das vom damaligen DDR-Fernsehen verfilmt wurde. Seine rund 30 Bücher, unter anderem »Stellenweise Glatteis« (1973) und das häufig im Schulunterricht gelesene Jugendbuch »Vorstadtkrokodile« (1976) wurden millionenfach verkauft, viele wurden verfilmt. 7. 4. 2005 Dortmund

Hailey, Arthur (84), brit.-kanad. Schriftsteller. Verließ mit vierzehn Jahren die Schule, war im Zweiten Weltkrieg Pilot bei der Royal Air Force und wanderte 1947 nach Kanada aus, wo er zunächst als Grundstücksmakler arbeitete. International bekannt wurde er mit dem Beststeller »Hotel« (1965), der ebenso wie »Airport« (1968) für Kino und Fernsehen verfilmt wurde. Der Meister der »faction« schrieb 170 Romane, die in 38 Sprachen übersetzt, eine Gesamtauflage von über 200 Milionen Exemplaren erreichten. 24. 11. 2004 Lyford Cay (Bahamas)

Hauser, Bodo Hugo (58), dt. Fernsehjournalist. Nach dem Studium der Rechts- und Staatswissenschaften startete er 1973 seine Fernsehlaufbahn als freier Mitarbeiter des ZDF, ab 1981 war er Moderator der »Bonner Perspektiven«. Populär wurde er mit dem Politmagazin »Frontal«, das er gemeinsam mit Ulrich Kienzle bis zu dessen Pensionierung 2001 präsentierte. Im selben Jahr wechselte Hauser als Programmgeschäftsführer zu Phoenix, wo er unter anderem die Talk-Sendung »Unter den Linden« moderierte. 23. 7. 2004 Krefeld

Hawelka, Josefine (91), österr. Wirtin des legendären Cafés in der Wiener Dorotheengasse, das sie 1939 gemeinsam mit ihrem Mann Leopold eröffnet hatte. Im Gästebuch des Hawelka, Treffpunkt von Künstlern und Bohemiens, finden sich unter anderem die Unterschriften von Helmut Qualtinger, H. C. Artmann, Nikolaus Harnoncourt und André Heller. 22. 3. 2005 Wien

Hugendubel, Heinrich (68), dt. Buchhändler und Verleger. Hugendubel, der mit 23 Jahren in der elterlichen Buchhandlung begann, hatte das seit 1893 bestehende Familienunternehmen zu einem der größten Buchhandelsketten Deutschlands mit 32 Filialen und 1100 Mitarbeitern ausgebaut. Er galt als Erfinder des Buchkaufhauses; in Spitzenzeiten hatte seine mit Lese-Ecken, Sofas und Espressobar ausgestatte Buchhandlung am Münchner Marienplatz bis zu 60 000 Kunden am Tag. 7. 4. 2005 München

Johannes Paul II. (Karol Józef Wojtyla) (84), poln. Papst. Johannes Paul, der mehr als 26 Jahre an der Spitze von 1,1 Milliarden Katholiken stand, war 1978 als erster Pole zum Papst gewählt worden. Drei Monate nach seiner Wahl unternahm er die erste seiner über 100 Auslandsreisen; er war der erste Papst, der auch islamische und buddhistische Staaten besuchte. Seine konservative Haltung bezüglich Empfängnisverhütung, Zölibat und Frauen in Priesterämtern wurde auch innerhalb der katholischen Kirche kritisch gesehen. Sein politisches Engagement war dagegen unbestritten: durch seine Unterstützung der polnischen Gewerkschaft Solidarnosc gab er einen entscheidenden Anstoß für die politischen Veränderungen im Osten. Zudem setzte er sich wiederholt für die Respektierung der Menschenrechte und zuletzt gegen den Irak-Krieg ein. Im März 2000 bat er erstmals in der Geschichte der katholischen Kirche in einem »Mea culpa« um Vergebung für Verfehlungen der Kirche wie Glaubenskriege, Judenverfolgungen und Inquisition. In den letzten Jahren seines Lebens hatte Johannes Paul, der 1981 bei einem Attentat auf dem Petersplatz in Rom schwer verletzt worden war, große gesundheitliche Problemen, unter anderem litt er an der Parkinsonschen Krankheit. 2. 4. 2005 Rom

Johnson, Philip (98), US-Architekt. Mitbegründer des Internationalen Stils, als dessen Prototyp er 1949 das berühmte »Glass House« in New Canaan (Connecticut) errichten ließ. Johnson, der mit 24 Jahren sein Philosophie-Studium abschloss, wurde im neu eröffeneten MoMA Direktor der Abteilung Architektur und Design. 1932 kuratierte er dort, gemeinsam mit dem Kunsthistoriker Henry-Russell Hitchcock, die legendäre Ausstellung »The International Style – Modern Architecture since 1922«. Zu den wichtigsten Bauten Johnsons, der später in Harvard bei Marcel Breuer und Walter Gropius Architektur studierte, gehören das gemeinsam mit Mies van der Rohe realisierte Seagram Building und das von Kritikern wegen seiner geschwungenen Dachkonstruktion »Chippendale-Building« genannte AT&T-Gebäude in New York. 1979 war Johnson erster Preisträger des Pritzker-Architektur-Preises. 25. 1. 2005 New Canaan (Connecticut)

Juhnke, Harald (75), dt. Schauspieler und Entertainer. War einer der größten deutschen Fernsehstars. Der »deutsche Frank Sinatra«, der über 70 Kinofilme drehte (unter anderem »Der Trinker«) und auch als Theaterschauspieler sehr erfolgreich war, wurde einem breiteren Fernsehpublikum vor allem durch die Sketch-Serie »Ein verrücktes Paar« mit Grit Boettcher, die Filme »Ein Mann für alle Fälle« und »Ein Mann will nach oben« und als Moderator der Sendung »Musik ist Trumpf« bekannt. Wegen seiner Alkoholprobleme geriet er immer wieder in die Schlagzeilen und musste wiederholt Engagements kurzfristig absagen. Seit 2001 lebte er in einem Pflegeheim für Demenzkranke. 1. 4. 2005 nahe Berlin

Kishon, Ephraim (80), israel. Autor und erfolgreichster Satiriker der Gegenwart. In Budapest als Ferenc Hoffmann geboren und während des Krieges nach Polen deportiert, gelang ihm auf dem Transport ins Vernichtungslager Sobibor 1945 die Flucht. Vier Jahre später emigrierte er nach Israel, wo er zunächst als Kunstschlosser arbeitete. Der literarische Durchbruch gelang ihm Mitte der 1950er Jahre mit dem »Blaumilchkanal«. Er schrieb mehr als 50 Bücher, die weltweit 43 Millionen mal verkauft wurden. Zu seinen bekanntesten zählen »Dreh'n Sie sich um, Frau Lot!« und »Wie unfair, David!«. Darüber hinaus verfasste Kishon Theaterstücke und drehte mehrere Filme und Fernsehspiele. 29. 2. 2005 Appenzell

Kleiber, Carlos (74), österr.-argent. Dirigent. In Berlin als Sohn des Dirigenten Erich Kleiber geboren, in Argentinien aufgewachsen. Studierte zunächst Chemie in Zürich, seine Dirigentenlaufbahn begann er 1954 als Kapellmeister in Potsdam. Der als der »größte und schwierigste Dirigent der Welt« bezeichnete Kleiber feierte in Wien, Mailand und New York internationale Erfolge. Als Meisterwerke gelten seine Interpretationen von Wagners »Tristan und Isolde«, Verdis »La Traviata« und Richard Strauss' »Rosenkavalier«. Seine letzte Opernaufführung dirigierte er 1994 13. 7. 2004 Konjšica (Slowenien)

Kleihues, Josef Paul (71), dt. Architekt. Nach dem Studium in Berlin eröffnete er 1962 dort ein Architektur-Büro; war von 1984 – 87 Leiter der Neubauabteilung der Internationalen Bauausstellung Berlin. Darüber hinaus war er maßgeblich an der Rekonstruktion der neuen Mitte Berlins nach der Wende beteiligt. Das Museum of Contemporary Art in Chicago und das Berliner Büro- und Geschäftshaus »Kant-Dreieck« sowie die Um- und Ergänzungsbauten der Deichtorhallen in Hamburg, des Frankfurter Museums für Vor- und Frühgeschichte und des Museums Hamburger Bahnhof in Berlin zählen zu seinen bekanntesten Arbeiten. 13. 8. 2004 Berlin

Klestil, Thomas (71), österr. Diplomat und Bundespräsident. Nach seiner Promotion arbeitete er bei der OECD in Paris. Bis 1974 war er Generalkonsul in Los Angeles, danach Vertreter Österreichs bei den UN in New York. Von 1987 – 92 Generalsekretär im österreichischen Außenministerium; im selben Jahr wurde er als Kandidat der konservativen Österreichischen Volkspartei (ÖVP) mit deutlicher Mehrheit zum Bundespräsidenten gewählt. Klestil starb zwei Tage vor dem offiziellen Ende seiner zweiten Amtszeit. 6. 7. 2004 Wien

Kluncker, Heinz (80), dt. Gewerkschaftsfunktionär. Langjähriger Vorsitzender der ÖTV, an deren Spitze er 1964 im Alter von 39 Jahren als jüngster Gewerkschaftsvorsitzender in Deutschland gewählt wurde. Zu seinen Erfolgen als ÖTV-Chef gehörte die Verkürzung der Wochenarbeitszeit auf 40 Stunden, das 13. Monatsgehalt und, im Februar 1974, nach einem dreitägigen Streik bei Müllabfuhr und den öffentlichen Verkehrsbetrieben, eine elfprozentige Tariferhöhung. 21. 4. 2005 Stuttgart

Kübler-Ross, Elisabeth (78), Schweizer Sterbeforscherin. Nach ihrem Medizinstudium in Zürich wanderte sie 1957 in die USA aus, wo sie als Psychiaterin ausgebildet wurde. Bekannt wurde sie mit ihrem ersten, 1969 erschienenen Buch »Interviews mit Sterbenden«. Die mehr als 20 Bücher der international als Expertin für Sterbebegleitung anerkannten Schweizerin erreichten Auflagen in Millionenhöhe und wurden in rund 25 Sprachen übersetzt. 24. 8. 2004 Scottsdale (Arizona)

Meyer, Russ (82), US-Regisseur. Altmeister des Sex-Films mit einer Vorliebe für überdimensionierte Brüste. Seine im Alleingang finanzierten und produzierten Filme, wie »Faster Pussycat Kill! Kill!« oder »Vixen!«, die in den 1960er Jahren als pornographisch galten, werden heute als wichtiger Teil der zeitgenössischen Filmkunst bewertet. Sein Debütfilm »The Immoral Mr. Teas«, den er in nur vier Tagen mit einem Budget von 24 000 US-$ drehte, ging als erster kommerzieller »Nudie« (Nacktfilm mit richtiger Handlung) in die Filmgeschichte ein. 18. 9. 2004 Los Angeles

Meysel, Inge (94), dt. Schauspielerin. Tochter eines jüdischen Tabakhändlers und einer Dänin. Ihr Schauspieldebüt gab sie 1930 in Zwickau; nach einem zwölfjährigen Berufsverbot während der NS-Diktatur kam sie 1945 an das Hamburger Thalia Theater. Bevor sie ins Charakterfach wechselte, spielte sie vorwiegend in Boulevardstücken. Seite den 1960er Jahren war die »Mutter der Nation« in mehr als 100 Fernsehproduktionen zu sehen, vielen unvergessen als Käthe Scholz in der Serie »Die Unverbesserlichen« und als Portiersfrau in »Das Fenster zum Flur«. Meysel war engagiertes Mitglied der »Deutschen Gesellschaft für humanes Sterben«, protestierte gegen die Diskriminierung gleichgeschlechtlicher Beziehungen und 1978, zusammen mit Alice Schwarzer, gegen die Degradierung der Frau als Sexobjekt. In der Rolle der Oma Kampnagel in der ARD-Krimireihe »Polizeiruf 110« war sie im Mai 2004 das letzte Mal auf dem Bildschirm zu sehen. 10. 7. 2004 Hamburg

Michels, Rinus (77), niederl. Trainer und Fußball-Legende. »Der General« begann seine Karriere als Mittelstürmer bei Ajax Amsterdam. Als Nationaltrainer führte er das Team um Superstar Johan Cruyff 1974 bis WM-Finale, das die Deutschen 2:1 gewannen. Michels, der unter anderem den 1. FC Köln, Bayer Leverkusen und den FC Barcelona trainierte, wurde 1999 vom Weltfußballverband Fifa zum »Coach des Jahrhunderts« gewählt. 3. 3. 2005 Aalst (Belgien)

Miller, Arthur (89), US-Schriftsteller und Dramatiker. Einer der bedeutendsten Theaterautoren des 20. Jahrhunderts. Der literarische Durchbruch gelang ihm mit dem sozialkritischen Drama »Alle meine Söhne«. Sein berühmtestes Stück »Tod eines Handlungsreisenden«, für das er 1949 mit dem Pulitzer-Preis ausgezeichnet wurde, zählt ebenso wie »Hexenjagd« zu den Klassikern des modernen amerikanischen Theaters. Neben Theaterstücken schrieb er auch Drehbücher, unter anderem das Skript zu »Misfits« mit Marilyn Monroe, mit der er vier Jahre verheiratet war. Für seine Werke erhielt Miller eine Reihe bedeutender Auszeichnungen wie den Tony-Award und den Prinz-von-Asturien-Preis für Literatur. 10. 2. 2005 Roxbury (Connecticut)

Miłosz, Czesław (93), poln. Schriftsteller. Im litauischen Seteiniai geboren, studierte Jura in Wilna, zog dann nach Warschau und engagierte sich im Widerstand gegen die Deutschen. Aus Protest gegen das kommunistische Regime ging er 1951 ins Exil, zunächst nach Frankreich, später in die USA, wo er bis zu seiner Emeritierung 1978 als Professor für Slawistik in Berkeley lehrte. International bekannt wurde er mit dem 1953 erschienenen Werk »Verführtes Denken«. 1980 erhielt er den Literatur-Nobelpreis; bis dahin waren seine Bücher in Polen verboten. Nach jahrzehntelangem Exil kehrte er 1989 erstmals nach Polen zurück. 14. 8. 2004 Krakau

Mira, Brigitte (94), dt. Schauspielerin und Sängerin. Tochter eines russischen Konzertpianisten. Nach einer Gesangs- und Ballettausbildung trat sie ab 1941 in Berlin im Theater und Kabarett auf. Dem Fernsehpublikum wurde sie, obwohl gebürtige Hamburgerin, in der sehr erfolgreichen Serie »Drei Damen vom Grill« als Typ der Ur-Berlinerin bekannt. In Rainer Werner Fassbinders »Angst essen Seele auf« feierte sie 1973 ihren Durchbruch als Charakterschauspielerin; für ihre Rolle der alten Putzfrau, die einen jungen Marokkaner heiratet, erhielt sie den Bundesfilmpreis. 8. 3. 2005 Berlin

Mo, Billy (81). Der in Trinidad als Peter Mico Joachim geborene Jazz-Trompeter wurde an der Musikhochschule in London als Sänger und Trompeter ausgebildet. In Deutschland spielte er für Bert Kaempfert und versuchte sich mit eigenen Swing-Kompositionen. Erfolgreich wurde er aber mit Schlagern wie »Wenn die Elisabeth«, »Ich kauf' mir lieber einen Tirolerhut« und »Bierdeckel-Polka«. 16. 7. 2004 Hannover

Mommsen, Wolfgang J. (73), dt. Historiker. Einer der renommiertesten deutschen Geschichtswissenschaftler. Mommsen, der über Max Weber promovierte, lehrte bis 1996 an der Universität Düsseldorf Mittlere und Neuere Geschichte. Daneben leitete er das Deutsche Historische Institut in London, war Gastprofessor an zahlreichen in- und ausländischen Hochschulen und Mitherausgeber der Max-Weber-Gesamtausgabe. Neben der Beschäftigung mit Weber waren die Geschichte des deutschen Kaiserreichs und des Imperialismus Schwerpunkte seiner wissenschaftlichen Arbeit. 11. 8. 2004 Usedom

Moshammer, Rudolph (64), dt. Modeschöpfer und einer der schillerndsten Figuren der Münchner Schickeria. Nach seiner Ausbildung zum Einzelhandelskaufmann, begann er in den 1960er Jahren Mode zu entwerfen. 1968 eröffnete er eine Boutique in der Münchner Maximilianstraße, die er, bis zu deren Tod, gemeinsam mit seiner Mutter führte. Seine Yorkshire-Hündin Daisy, ohne die er sich nie in der Öffentlichkeit zeigte, zählte ebenso wie seine extravagante Frisur im Stil Ludwigs II. zu seinen Markenzeichen. 14. 1. 2005 München

Palitzsch, Peter (86), dt. Regisseur. Nach kaufmännischer Ausbildung und Kriegsdienst war er Dramaturg an der Dresdner Volksbühne, bevor ihn Bertold Brecht 1948 ans neu gegründete Berliner Ensemble holte. 1961 übersiedelte er in den Westen. Zunächst gefragter Gastregisseur, wurde er 1967 Schauspieldirektor am Württembergischen Staatstheater, wo er mit Shakespeares Trilogie der »Rosenkriege«, Peter Weiss' »Hölderlin« und »Toller« von Tankred Dorst Theatergeschichte schrieb. Ab 1972 war er Mitglied im Schauspieldirektorium in Frankfurt, wo sein Mitbestimmungsmodell großes Aufsehen erregte. Danach arbeitete er als freier Regissuer. In den 1990er Jahren kehrte er ans Berliner Ensemble zurück, wo er kurzzeitig dem Direktorium angehörte. 18. 12. 2004 Havelberg

Peel, John (65), brit. Radiomoderator (eigentlich John Ravenscroft). Einer der einflussreichsten Discjockeys Europas, war seit der Gründung von Radio One Moderator des BBC-Popkanals. In seiner populären Sendung »Top Gear« spielte er stets Musik abseits des Mainstreams, förderte stattdessen Musiker und Gruppen, die die Musik revolutionierten. Unter anderem verhalf er Jimi Hendrix, Marc Bolan, David Bowie und den Sex Pistols zum kommerziellen Durchbruch. 25. 10. 2004 Peru

Pfarr, Bernd (45), dt. Zeichner und Karikaturist, Vertreter der »Neuen Frankfurter Schule«. Nach einem Grafikstudium begann er 1978 Cartoons und Karikaturen für den »Stern«, das »ZEIT-Magazin« und die Satire-Zeitschrift »Titanic« zu zeichnen. Er illustrierte auch zahlreiche Buchtitel. Mit seinem skurrilen Buchhalter »Sondermann« schuf er eine Kultfigur. Sehr erfolgreich war auch der 1998 erschienene Comic-Band »Gefährlicher Alltag«. Im Frühjahr 2004 widmete ihm das Wilhelm-Busch-Museum in Hannover eine Retrospektive. 6. 7. 2004 Köln

Poth, Chlodwig (74), dt. Karikaturist und Autor, Mitbegründer der Satire-Magazine »Pardon« und »Titanic«. Einem größeren Leserkreis wurde er mit seiner Cartoon-Serie »Mein progressiver Alltag« bekannt. Zu seinem Werk gehören neben seinen zahlreichen Karikaturen auch einige Romane, unter anderem der Krimi »Kontaktperson«. 8. 7. 2004 Frankfurt am Main

Rainier III. (81), monegass. Fürst. Dienstältester Monarch Europas, stand mehr als 55 Jahre an der Spitze des kleinsten Staates der Welt. Nachdem sein Großvater abgedankt hatte, übernahm Rainier, der in Montpellier und Paris Wirtschaftswissenschaften studiert hatte, im Alter von 26 Jahren den Thron. Um die desolate Finanzlage Monacos zu verbessern, warb er – unter anderem mit einer attraktiven Steuerpolitik – erfolgreich um finanzstarke Investoren, siedelte verschiedene Industrieunternehmen an und unterstützte die Touristikbranche. Seine Traumhochzeit mit der US-amerikanischen Filmschauspielerin Grace Kelly 1956 füllte weltweit die Klatschspalten der Boulevardpresse ebenso wie der tragische Unfalltod seiner Frau im Jahr 1982 oder das turbulente Liebesleben seiner beiden Töchter Caroline und Stéphanie. Am 1. 4. 2005 übernahm sein Sohn Albert die Regentschaft des Fürstentums. 6. 4. 2005 Monte Carlo

Rebmann, Kurt (80), dt. Jurist und früherer Generalbundesanwalt. Seine Karriere begann in der baden-württembergischen Justizverwaltung, in der er zum Amtschef des Justizministeriums aufstieg. Nach dem Mordanschlag der RAF auf Generalbundesanwalt Siegfried Buback wurde Rebmann im April 1977 dessen Nachfolger. Kurz nach seinem Amtsantritt wurde Dresdner-Bank-Chef Jürgen Ponto ermordet, Arbeitgeberpräsident Hanns-Martin Schleyer entführt und ebenfalls getötet. Rebmann, bekannt für seinen autoritären Führungsstil und seine konsequent harte Linie bei der Bekämpfung des Terrorismus, war zudem Vorsitzender der Eherechtskommission, die für ein liberales Scheidungsrecht kämpfte, und Präsident der Deutschen Akademie für Verkehrswissenschaften. 21. 4. 2005 Stuttgart

Reeve, Christopher (52), US-Schauspieler. Weltberühmt wurde er 1978 in der Rolle des »Superman«, die er bis 1987 insgesamt viermal verkörperte. Reeve, der seit einem Reitunfall 1995 vom Nacken abwärts gelähmt war, gründete eine Paralyse-Stiftung, kämpfte für die Stammzellenforschung und forderte vor den Vereinten Nationen eine Konvention für die Rechte von Behinderten; in der Hoffnung, irgendwann einmal wieder laufen zu können, erlegte er sich selbst ein strenges Trainingsprogramm auf. 10. 10. 2004 Mount Kisco bei New York

Roa Bastos, Augusto (88), paraguayischer Schriftsteller. Galt neben Gabriel García Márquez und Mario Vargas Llosa als einer der wichtigsten Autoren Lateinamerikas. Weltberühmt wurde er mit seinem Roman »Yo el Supremo« (1973). In Argentinien, wohin er 1947 ins Exil gegangen war, arbeitete er als Journalist, Literaturprofessor, Drehbuchautor und freier Schriftsteller. Nach dem Militärputsch von 1976 ging er nach Frankreich und lehrte an der Universität von Toulouse lateinamerikanische Literatur. 1989 erhielt er die angesehenste Literaturauszeichnung der spanischsprachigen Welt, den Cervantes-Preis. 26. 4. 2005 Asuncion

Sagan, Françoise (69), franz. Schriftstellerin. Weltberühmt wurde die damals 18-Jährige mit ihrem Debütroman »Bonjour Tristesse«, der sie zur Kultfigur des französischen Kulturbetriebs machte. Das Buch wurde mehr als vier Millionen Mal verkauft, in 22 Sprachen übersetzt und von Otto Preminger verfilmt. Sagan, die wegen ihrer Spielleidenschaft, ihrer Alkoholexzesse und ihres Drogenkonsums immer wieder in die Schlagzeilen geriet, gehörte zu den meistgelesenen französischen Schriftstellern der letzten 50 Jahre. Zu ihren weiteren Welterfolgen zählen »Ein gewisses Lächeln«, »In einem Monat, in einem Jahr« und »Lieben Sie Brahms?« 24. 9. 2004 Honfleur

Schell, Maria (79), österr. Schauspielerin. Einer der größten Stars des deutschen Nachkriegsfilms. Das »Seelchen« bildete zusammen mit O. W. Fischer das Traumpaar des deutschen Films. Der internationale Durchbruch gelang ihr 1954 mit Helmut Käutners Anti-Kriegsfilm »Die letzte Brücke«, für die Darstellung der Helga Reinbeck wurde sie bei den Filmfestspielen in Cannes als beste Schauspielerin ausgezeichnet. Es folgte eine Reihe internationaler Produktionen, wie »Die Brüder Karamasow«, »Weiße Nächte« und »Wem die Stunde schlägt«. Seit den 1970er Jahren war sie häufig im Fernsehen zu sehen, unter anderem in der Serie »Eine glückliche Familie«. 26. 4. 2005 Preitenegg (Kärnten)

Schmeling, Max (99), dt. Box-Legende. Nach einer kaufmännischen Lehre ab 1924 Profi-Boxer, als einziger deutscher Boxer Weltmeister aller Klassen. Weltweite Popularität erlangte er 1936 durch seinen legendären K. O.-Sieg über den bis dahin ungeschlagenen US-Schwergewichtler Joe Louis. Der politischen Instrumentalisierung des Siegs über den »braunen Bomber« durch das NS-Regime konnte sich Schmeling nicht entziehen. Obwohl er sich bereits 1948 endgültig aus dem Ring verabschiedet hatte, blieb er bis zuletzt Deutschlands größtes Box-Idol. 2. 2. 2005 Hollenstedt b. Hamburg

Sontag, Susan (71), US-Schriftstellerin und Kulturtheoretikerin. Die politisch engagierte Autorin zählte zu den bekanntesten zeitgenössischen US-amerikanischen Autorinnen und den führenden linksliberalen Intellektuellen des Landes. Internationale Anerkennung erwarb sie vor allem durch ihre kritischen Essays. Nach dem Studium der Philosophie und Literaturwissenschaften, das sie 1955 mit der Promotion in Harvard abschloss, arbeitete sie als Hochschullehrerin. Für ihren Roman »In America« erhielt sie 2000 den National Book Award; 2003 wurde sie mit dem Friedenspreis des Deutschen Buchhandels ausgezeichnet. Zuletzt erschien »Das Leiden anderer betrachten«, eine Studie über die Wirkung von Kriegsfotografien. 28. 12. 2004 New York

Sultan, Grete (99), US-Pianistin deutscher Herkunft. Die bei Edwin Fischer ausgebildete Pianistin emigrierte Ende der 1930er Jahre in die USA. Ihr Interesse für zeitgenössische Musik führte zu einer jahrzehntelangen Freundschaft mit John Cage, der für sie elf der 50 Stücke aus seinem Werk »Music for Piano« (1954) sowie die »Etudes Australes« (1976) komponierte. Zu ihren schönsten Aufnahmen zählen Beethovens »Diabelli-Variationen« und die »Goldberg-Variationen« von Johann Sebastian Bach. 26. 6. 2005 New York

Szeemann, Harald (71), Schweizer Kurator und Ausstellungsmacher. Nach Tätigkeiten als Schauspieler, Bühnenbildner, Maler und Texter übernahm der promovierte Kunsthistoriker mit 28 Jahren die Leitung der Berner Kunsthalle. International bekannt wurde er 1972 als Kurator der documenta 5. Neben verschiedenen Themen- und Einzelausstellungen, unter anderem im Kunsthaus Zürich, war er Gastkurator der vierten Biennale in Lyon und von 1998–2002 Direktor der Sparte »Visuelle Kunst« bei der Biennale von Venedig. Im Jahr 2000 erhielt Szeemann für seine »bahnbrechenden Ausstellungen«, wie »When attitudes become form«, »Junggesellenmaschine« und »Monte Veritá« den Max-Beckmann-Preis der Stadt Frankfurt. 18. 2. 2005 Zürich

Tange, Kenzo (91), japan. Architekt. Nachdem er bereits 1960 mit seinem »Plan für Tokio«, einem Konzept zur Stadterweiterung auf Pfählen in der Tokioter Bucht, weltweites Aufsehen erregt hatte, gelang ihm mit seinen Stadionbauten zur Olympiade 1964 in Tokio endgültig der internationale Durchbruch. Zu seinen Bauten, die er in mehr als 20 Ländern realisierte, gehören das Rathaus von Tokio, das Messezentrum von Bologna und das Friedenszentrum von Hiroshima. 1987 wurde er als erster Japaner mit dem Pritzker-Architektur-Preis ausgezeichnet. 22. 3. 2005 Tokio

Vandross, Luther (54), US-Sänger und mehrfacher Grammy-Gewinner. Seine Karriere begann der Soul-Star Mitte der 1970er Jahre als Chorsänger bei David Bowie. Anschließend war Vandross Backgroundsänger für Bette Middler und Barbra Streisand, bevor er 1981 sein erstes eigenes Album (»Never too much«) vorlegte und damit auf Anhieb den Sprung in die Charts schaffte. Seither verkaufte er weltweit mehr als 25 Millionen Platten, zu seinen größten Erfolgen zählen »Never Too Much«, »Stop To Love« und »The Best Things In Life Are Free«, das er 1992 zusammen mit Janet Jackson aufgenommen hatte. Sein letztes Album »Dance With My Father«, das sich innerhalb eines Monats fast eine Million Mal verkaufte, wurde 2004 mit vier Grammys ausgezeichnet, u. a. für den Song des Jahres. 1. 7. 2005 Edison (New Jersey)

Wesselmann, Tom (73), US-Künstler. War einer der Pioniere der Pop-Art. Kunststudium in Cincinnati und New York. Neben seiner bekannten Serie der »Great American Nudes« entwickelte er eine Reihe von Interieurs, bei denen er Malerei mit Collagen und Objekten kombinierte, wie z. B. bei den »Bathtube Collages«: während Handtuch, Wäschekorb, Badematte und Duschvorhang reale Objekte sind, ist die Duschecke ein Relief und die sich gerade abtrocknende Dame als flache Form lediglich aufgeklebt. Wesselmanns Werke befinden sich heute in vielen internationalen Museen, unter anderem im New Yorker MoMA. 17. 12. 2004 New York

Wilp, Charles (72), dt. Fotograf und Werbekünstler. Einer der bestbezahlten deutschen Werbefotografen. Seine legendäre Kampagne für Afri-Cola (»super-sexy-mini-flower-pop-op-cola – alles ist in Afri-Cola«) machte ihn zum ersten Star der deutschen Werbebranche. Später ließen sich auch zahlreiche Politiker von dem Experten für Imagepflege beraten. 2. 1. 2005 Düsseldorf

Wischnewski, Hans-Jürgen (82), dt. Politiker und Nahost-Experte. Der frühere Bundesgeschäftsführer der SPD war seit den 1970er Jahren Spezialist für heikle Missionen; als Staatsminister der Bundesregierung wirkte »Ben Wisch« im Oktober 1977 entscheidend an der Befreiung der 90 Geiseln der entführten Lufthansa-Maschine »Landshut« mit. Später war er als Friedensvermittler in Mittelamerika und als Unterhändler im Nahen Osten tätig und bis 1990 Mitglied des Bundestags. 24. 2. 2005 Köln

Probleme bei der Erstellung und Beurteilung statistischen Datenmaterials
Leserbriefe weisen manchmal auf vermeintliche Unstimmigkeiten in den Zahlenangaben des Fischer Weltalmanachs hin. Diese Differenzen resultieren meistens aus der Vielfalt der von der Redaktion benutzten Quellen. Auf einige Probleme beim Umgang mit statistischem Datenmaterial soll deshalb hier näher eingegangen werden.
Auf nationaler wie internationaler Ebene bestehen zahlreiche Institutionen, die statistische Daten ermitteln. In der Bundesrepublik ist diese Aufgabe dem Statistischen Bundesamt, den Statistischen Landesämtern und nachgeordneten Stellen übertragen. Statistische Ämter unterhalten u. a. auch die EU, OECD, Weltbank und UN. Um möglichst zuverlässige Daten über Staaten, Organisationen und Wirtschaft zu erhalten, zieht der Fischer Weltalmanach vorrangig amtliche Statistiken heran. Deshalb können die jeweiligen Bezugsjahre vor allem bei Staaten mit geringer entwickelter statistischer Infrastruktur auch länger zurückliegen. Da in vielen Staaten (auch mit hohem statistischem Erfassungs- und Bearbeitungsstand) und internationalen Organisationen unterschiedliche statistische Konzepte zugrunde liegen, ist das Datenmaterial meist nicht ohne weiteres vergleichbar. Einige Hinweise zu besonders auffälligen Abweichungen finden Sie im folgenden Glossar.

- **Agglomeration (A):** Ballungsraum; darunter versteht man ein Stadtgebiet mit seinen Umlandgemeinden. Im Fall von Frankfurt kann man z. B. das Rhein-Main-Gebiet (inkl. Darmstadt, Wiesbaden, Mainz) als eine solche Agglomeration bezeichnen. International ist allerdings die Definition der Stadt und damit die Angaben zu deren Bevölkerung nicht einheitlich geregelt.
- **Alphabetisierungsrate (Erwachsene):** Anteil der Erwachsenen über 15 Jahre, die einen kurzen, einfachen Text ihres alltäglichen Lebens lesen, schreiben und verstehen können. Verdecktes Analphabetentum (auch in Industrieländern) erlaubt zumeist nur Schätzungen (Quelle: Weltbank).
- **Amtssprache:** offizielle → Sprache in einem Staat (bei Behörden, Gerichten etc.) oder einer internationalen Organisation.
- **Arbeitslosenquote:** amtlicher Hauptindikator für die Arbeitsmarkt- und Beschäftigungslage. Man unterscheidet die allgemeine von der speziellen Arbeitslosenquote. Letztere bezeichnet den Anteil der registrierten Arbeitslosen an der Gesamtheit aller abhängig beschäftigten Erwerbspersonen. Die allgemeine Arbeitslosenquote (die genauer als die spezielle ist) bezeichnet den Anteil der registrierten Arbeitslosen an der Gesamtheit aller Erwerbspersonen, zu der auch Selbständige und mithelfende Familienangehörige zählen.

  Die hier genannte offizielle Arbeitslosenquote nach ILO berücksichtigt weder die verdeckte Arbeitslosigkeit (z. B. nicht arbeitslos gemeldete Personen) noch den Anteil der Unterbeschäftigten (Personen, die weniger als 15 Stunden in der Woche arbeiten). Für Deutschland gilt die nationale Definition, nach der die Unterbeschäftigten mitberücksichtigt werden.
- **Armutsgrenze:** die absolute Armutsgrenze ist definiert als Einkommens- oder Ausgabenniveau, unter dem sich die Betroffenen eine angemessene Mindesternährung und bestimmte lebenswichtige Artikel des täglichen Bedarfs nicht mehr leisten können. Die Weltbank bezeichnet Menschen, die mit weniger als 1 US-$ pro Tag um ihr Überleben kämpfen, als arm.
- **Ausländische Direktinvestitionen** → Direktinvestitionen
- **Auslandsschulden:** Sammelbegriff für alle kurz-, mittel- und langfristigen Verpflichtungen eines Staates gegenüber dem Ausland aus dem Handels- und Kapitalverkehr sowie aus politischen Verpflichtungen wie z. B. Reparationen (→ Staatsverschuldung).
- **Außenhandel:** grenzüberschreitender Handel, wichtigster Bestandteil der Außenwirtschaft. Er umfasst Ex- und Importe von Gütern (Waren und Dienstleistungen), die in der Außenhandelsstatistik in tatsächlichen Werten erfasst werden.
- **Beschäftigte:** die hier genannten Zahlen entstammen der amtlichen Erwerbsstatistik oder der Sozialstatistik. Erstere erfasst alle abhängig beschäftigten Erwerbstätigen wie Angestellte, Arbeiter, Auszubildende, Beamte und Soldaten, Selbständige als Eigentümer, Pächter oder freiberuflich Tätige sowie unbezahlt arbeitende Familienmitglieder ohne Haushaltsführende. Die Sozialstatistik erfasst alle sozialversicherungspflichtig beschäftigten Arbeitnehmer.
- **Bevölkerung** → Einwohner
- **Bevölkerungsdichte:** Verhältnis der Bevölkerung eines Gebietes zur Fläche dieses Gebiets in Quadratkilometern. Diese Durchschnittszahl gibt keinen Aufschluss über die unterschiedliche Besiedlungsdichte aufgrund geographischer Gegebenheiten (unbewohnbare Gebiete) und vermittelt deshalb z. B. für Länder wie Algerien mit seinem hohen Wüstenanteil kaum Erkenntnisse.
- **Bevölkerungswachstum:** Anteil der Gesamtbevölkerung, um den die Bevölkerung eines bestimmten Raumes im jährlichen Schnitt wächst. Das Wachstum geht auf Geburtenüberschüsse, auf einen positiven Wanderungssaldo oder eine Kombination beider Möglichkeiten zurück. Ein negatives Wachstum bedeutet,

dass die → Sterberate höher ist als die → Geburtenrate oder mehr Personen aus- als eingewandert sind.

- **Bildungsausgaben:** Anteil der öffentlichen Ausgaben für Bildung am → Bruttoinlandsprodukt (Quelle: Weltbank).
- **Binnenflüchtlinge** → Flüchtlinge
- **Biodiversität (auch biologische Vielfalt):** Bezeichnung für die Verschiedenheit und die Eigenart aller Tier- und Pflanzenarten ebenso für die Vielfalt an Ökosystemen wie für die gesamte genetische Vielfalt; einfach gesagt: die Vielfalt des Lebens auf der Erde überhaupt.
- **BIP** → Bruttoinlandsprodukt
- **BNE** → Bruttonationaleinkommen
- **Brutto(inlands)investitionen:** alle finanziellen, sachlichen und immateriellen Vermögensanlagen einer nationalen Wirtschaft zum Erhalt und Ausbau der Produktionskapazitäten (im Inland). Die Bruttoinvestitionen setzen auf dem bestehenden Anlagevermögen (Gebäude, Maschinenpark u. a.) auf und umfassen Ersatzinvestitionen (zur Aufrechterhaltung der betrieblichen Leistungsfähigkeit) und Erweiterungsinvestitionen (zum Ausbau der Produktionskapazitäten) sowie Nettoveränderungen der Inventurbestände.
- **Bruttoinlandsprodukt (BIP):** Wachstumsindikator für die volkswirtschaftliche Gesamtleistung eines Staates. Das BIP umfasst die Summe aller von In- und Ausländern innerhalb einer Volkswirtschaft für den Endverbrauch produzierten Güter und erbrachten Dienstleistungen. Nicht enthalten sind Abzüge für die Wertminderung von Sachkapital oder die Erschöpfung und Verminderung von Ressourcen. BIP nominal (zu laufenden Preisen) bedeutet, dass die Preise des Erhebungsjahres zugrunde gelegt werden; BIP real (zu konstanten Preisen) basiert auf den Preisen eines bestimmten Bezugsjahres; es erfasst die tatsächliche Wirtschaftsleistung besser, da zwischenzeitliche Preissteigerungen berücksichtigt werden. Die nominale Zuwachsrate eines BIP kann daher positiv sein, während sie real negativ ist.

Die Vergleichbarkeit des BIP verschiedener Staaten ist bei unterschiedlichen Wirtschaftssystemen problematisch. Eine weitere Unschärfe bringt die Umrechnung in US-$ mit, weil Wechselkursschwankungen, Kaufkraftunterschiede und Unterschiede zwischen binnenländischem und außenwirtschaftlichem Preisniveau nicht berücksichtigt sind. Ein Kursanstieg des Dollar kann dazu führen, dass das BIP in absoluten Zahlen abnimmt und dennoch real ein prozentueller Zuwachs ausgewiesen wird. Schließlich erfasst das BIP nicht die in der → Schattenwirtschaft erbrachten Leistungen (→ Bruttonationaleinkommen) (Quelle: Weltbank).

In Deutschland ist durch die Revision 2005 der Volkswirtschaftlichen Gesamtrechnung (Umsetzung der europäischen Rechtsvorschriften) ein neues Verfahrung zur Berechnung des BIP eingeführt worden: Die bisherige Festpreisbasis wurde zugunsten einer jährlich wechselnden Vorjahrespreisbasis aufgegeben.

- **Bruttonationaleinkommen (BNE, auch Bruttosozialprodukt):** jährliche von den Bürgern eines Staates erbrachte volkswirtschaftliche Gesamtleistung. Sie setzt sich zusammen aus dem BIP sowie den von Inländern im Ausland aus Arbeit und Kapital erwirtschafteten Einkommen, abzüglich der von Ausländern im Inland bezogenen Einkommen. Leistungen und Güter, die in Privathaushalten oder durch → Schattenwirtschaft oder → Subsistenzwirtschaft erbracht werden, bleiben unberücksichtigt (→ Bruttoinlandsprodukt) (Quelle: Weltbank).
- **Bruttonationaleinkommen (BNE) pro Kopf:** absoluter Betrag des BNE geteilt durch die Einwohner eines Staates. Ein im Vergleich zu Industriestaaten niedriger Betrag kennzeichnet ein Land als wirtschaftlich unterentwickelt, gibt aber nur begrenzt Auskunft über die tatsächliche Lage. Von höherer Aussagekraft ist das reale BNE pro Kopf in PPP-$ (→ Kaufkraftparität) (Quelle: Weltbank).
- **Bruttosozialprodukt (BSP):** → Bruttonationaleinkommen
- **Codes (Länderkürzel):** Im Staatenkopf wird der Zwei- bzw. Drei-Buchstaben-Code nach DIN EN ISO 3166–1 aufgeführt.
- **Dienstleistungen:** immaterielle Güter bzw. wirtschaftliche Leistungen, bei denen Produktion und Verbrauch zeitlich zusammenfallen und die daher nicht übertragbar, lagerfähig und transportierbar sind (z. B. Arzt-, Bank- oder Handelsleistungen). Im Außenhandel versteht man unter Dienstleistungen alle wirtschaftlichen Leistungen, die nicht durch den Warenverkehr bedingt sind (z. B. Deviseneinnahmen und -ausgaben). Dienstleistungen entstehen auch aus der Warenbewegung selbst (z. B. Frachten, Provisionen, Versicherungen).
- **Direktinvestitionen:** Kapitalanlagen im Ausland durch Erwerb von direkten Eigentumsrechten an Immobilien, Auslandsniederlassungen, Geschäftsanteilen, Unternehmen und Tochterunternehmen sowie Reinvestitionen aus Direktinvestitionen.
- **Einschulungsrate:** die Einschulungsrate (netto) vergleicht die Anzahl der eingeschulten Schüler und Schülerinnen mit dem Bevölkerungsanteil der für die jeweilige Bildungsstufe relevanten Altersgruppe (Quelle: Weltbank).
- **Einwohner:** bezeichnet alle in einer Stadt, einem Gebiet, Land oder Staat wohnenden, d. h. im Wesentlichen ständig anwesenden, Menschen. Diese Definition schließt in einem Staat ständig wohnende Ausländer mit ein. Statistische Probleme entstehen aus unterschiedlichen Definitionen der Wohnbevölkerung und verschiedenen Berechnungsmethoden der Fortschreibung. Es werden – sofern vorhanden – angegeben: die Ergebnisse der zuletzt durchgeführten Volkszählung (mit → Z gekennzeichnet) sowie eine aktuellere Fortschreibung (→ F), die auf der Basis der letzten Zählung unter Berücksichtigung der → Geburten- und → Sterberate ermittelt wird. Schätzungen (→ S)

sind nur Annäherungswerte mit hoher Fehlerquote. Wenn nicht anders angegeben, beziehen sich die Angaben auf die Jahresmitte. Hinter der Einwohnerangabe ist in Klammern die Rangstelle innerhalb der bis 1. 8. 2005 unabhängigen Staaten (außer Vatikanstadt) angegeben (Quelle: Weltbank).

■ **Energieverbrauch:** gemessen wird der Energieverbrauch in Öleinheit (ÖE) (auch Rohöleinheit (RÖE) 1 kg ÖE = 42 000 kJ (Kilojoule) = 10 000 kcal (Kilokalorien) = 1,4 SKE kg (Quelle: Weltbank).

■ **Erneuerbare Energien:** Energiequellen, die sich durch natürliche Prozesse ständig erneuern (Wind, Wasserkraft, Sonne, Biomasse).

■ **Erwerbspersonen:** zusammenfassende Bezeichnung für → Erwerbstätige und Erwerbslose (registrierte und nicht registrierte Arbeitslose).

■ **Erwerbstätige:** Erwerbspersonen, die eine unmittelbar oder mittelbar auf Erwerb gerichtete Tätigkeit ausüben. Dazu zählen Selbständige, abhängige Erwerbstätige und mithelfende Familienangehörige.

Statistiken unterscheiden nicht immer eindeutig zwischen Erwerbstätigen, Erwerbspersonen und Beschäftigten. Die Zuordnung zu den einzelnen Sektoren ist (ähnlich wie beim → BIP) nicht einheitlich (»informeller Erwerbssektor«).

■ **Euro (€):** gemeinsame Währung der Europäischen Union; ab 1. 1. 2002 gültiges gesetzliches Zahlungsmittel in 12 der 25 EU-Staaten (→ Kapitel EU).

■ **F (Fortschreibung):** im weiteren Sinne in der amtlichen Statistik die Weiterführung eines statistischen Verzeichnisses (→ Einwohner).

■ **Fläche:** Landgebiet und Binnengewässer. Angaben können aus mehreren Gründen erheblich schwanken: je nach Quelle (Weltbank, UN, nationale statistische Jahrbücher) unterschiedliche Zuordnung politisch umstrittener Gebiete, unterschiedliche Abgrenzung von Binnengewässern, Neuvermessungen, Rundungsfehler u. ä. Hinter der Flächenangabe ist in Klammern die Rangstelle innerhalb der bis 1. 8. 2005 unabhängigen 193 Staaten angegeben.

■ **Flüchtlinge:** Menschen, die ihr Heimatland verlassen haben, weil sie dort wegen ihrer Rasse, Religion, Nationalität oder politischen Überzeugung verfolgt werden. Als Binnenflüchtlinge werden Menschen bezeichnet, die in ihren Landesgrenzen bleiben, aber vor Bürgerkriegen, Naturkatastrophen oder Umweltschäden aus ihren ursprünglichen Heimatorten geflüchtet sind.

■ **Fruchtbarkeitsrate (insgesamt):** durchschnittliche Zahl von Kindern, die eine Frau im Laufe ihres Lebens lebend gebären würde, wenn sie in jeder Altersstufe in Übereinstimmung mit der altersspezifischen Fruchtbarkeitsrate Kinder zur Welt bringen würde (Quelle: Weltbank).

■ **Geburtenrate:** jährliche Anzahl der Geburten pro 1000 Einwohner; bestimmt zusammen mit der → Sterberate die Rate des → Bevölkerungswachstums (Quelle: Weltbank).

■ **Gesamte Auslandsverschuldung:** das Schuldenberichtssystem der Weltbank versteht darunter die Summe aller öffentlichen, öffentlich garantierten, privaten nicht garantierten langfristigen Auslandsschulden, der kurzfristigen Schulden und der in Anspruch genommenen IWF-Kredite.

■ **HDI (Human Development Index, Index menschlicher Entwicklung):** 1990 vom UNDP erstmals benutzter Indikator für den Entwicklungsstand eines Staates. Der HDI setzt sich zusammen aus der Lebenserwartung bei Geburt, dem Alphabetisierungsgrad unter Erwachsenen und der realen Kaufkraft pro Kopf. Anders als das → BNE berücksichtigt der HDI auch soziale Komponenten bei der Beurteilung der Lebensqualität in einem Land.

■ **Index der Nahrungsmittelproduktion pro Kopf:** Verhältnis der durchschnittlichen Menge der jährlich pro Kopf produzierten Nahrungsmittel zu der im erfassten Jahr produzierten Gesamtmenge. Zu Nahrungsmitteln gehören nach dieser Definition: Nüsse, Hülsenfrüchte, Getreide, Gemüse, Zuckerrohr, Zuckerrüben, stärkehaltige Wurzeln, Speiseöle, Fleisch und -produkte (Quelle: FAO).

■ **Inflationsrate:** Messzahl für die Geschwindigkeit der Preissteigerung. Sie wird für einen definierten Zeitraum (in der Regel 1 Jahr/5 Jahre/10 Jahre) berechnet, indem der BIP-Wert in laufenden Preisen durch den BIP-Wert in konstanten Preisen in der jeweiligen nationalen Währung dividiert wird. Abweichungen ergeben sich durch unterschiedliche »Warenkörbe« als Berechnungsgrundlage (Quelle: nationale Statistische Ämter, bfai).

■ **Kaufkraftparität (PPP-$):** internationale Kaufkraft der Währung eines Landes. Sie gibt an, wie viel Einheiten der jeweiligen Währung erforderlich sind, um den gleichen repräsentativen Waren- und Dienstleistungskorb zu kaufen, den man für 1 US-$ in den USA erhalten könnte.

■ **Kindersterblichkeit(srate):** Anteil der Kinder, die im Zeitraum von der Geburt bis zum fünften Lebensjahr sterben, bezogen auf 1000 Lebendgeburten (Quelle: Weltbank).

■ **Lebenserwartung bei der Geburt:** Anzahl der Jahre, die ein Neugeborenes leben würde, wenn die bei seiner Geburt bestehenden Lebensumstände und Sterblichkeitsraten während seines ganzen Lebens unverändert blieben (Quelle: Weltbank).

■ **Leistungsbilanz:** Teil der Zahlungsbilanz eines Staates. Sie erfasst den Export und Import von Waren (Handelsbilanz), von Dienstleistungen aus den Bereichen Reiseverkehr, Transport- und Versicherungsleistungen und Kapitalerträgen (Dienstleistungsbilanz) sowie die geleisteten und empfangenen privaten und öffentlichen Übertragungen, also Überweisungen von ausländischen Arbeitnehmern in ihre Heimatländer, Beiträge an internationale Organisationen oder Entwicklungshilfe (Übertragungsbilanz).

■ **Lohnnebenkosten:** Arbeitgeberanteil zur Sozialversicherung (Renten-, Kranken-, Pflege- und Arbeitslosenversicherung); wird im Zusammenhang mit der Standortdiskussion der Industrie als Begründung für die Abwanderung von Unternehmen in Billiglohnländer angeführt. Infrastruktur und Produktivität bleiben dabei unberücksichtigt (Arbeitskosten).

- **Name des Staates:** offizielle deutsche Bezeichnung nach Angaben des Auswärtigen Amtes, Berlin, und – falls vorhanden – weitere gebräuchliche Bezeichnungen sowie die offizielle Bezeichnung in der / den offiziellen Landessprache(n).
- **Nationaleinkommen:** → Bruttonationaleinkommen
- **Nationalfeiertag:** Angaben nach der Liste der diplomatischen Missionen in der Bundesrepublik Deutschland.
- **Parlament:** die aufgeführte Sitzverteilung der Parteien gibt das Ergebnis der letzten Wahl wieder. Zwischen Wahlen stattfindende Parteiwechsel von Abgeordneten, Parteiumbenennungen oder -neugründungen werden nicht berücksichtigt. In Klammern werden die Ergebnisse der vorhergehenden Wahl aufgeführt. Bei starken Veränderungen im Parteienspektrum entfällt der Vergleich, oder die Ergebnisse der vorhergehenden Wahl werden gesondert genannt.
- **PPP-$:** Purchasing Power Parity → Kaufkraftparität
- **Privater Verbrauch:** Marktwert aller zum Ge- und Verbrauch bestimmten Waren und Dienstleistungen, die von privaten Haushalten und gemeinnützigen Einrichtungen zur Befriedigung des Konsumbedürfnisses gekauft werden oder die diese als Sacheinkommen erhalten.
- **Rangstelle:** Im Juli 2005 gibt es – bei getrennter Zählung der politisch geteilten Staaten China und Korea – insgesamt 193 Staaten. Diese Gesamtzahl von 193 Staaten ist maßgebend für die Rangstelle bei der Fläche. Bei der Rangstelle der Einwohnerzahlen wird von 192 Staaten ausgegangen. Ausgenommen ist die Vatikanstadt.
- **Realeinkommen:** preisbereinigtes, d. h. um die Geldentwertungsrate verringertes Nominaleinkommen, das als Indikator für die tatsächliche Kaufkraft des Einkommens dient. Bei einer Inflationsrate von 5 % und einer Steigerung des Nominaleinkommens um 3 % sinkt das Realeinkommen um 2 %.
- **Religion:** Angaben zu den wichtigsten religiösen Bekenntnissen. Da solche Daten bei Volkszählungen nicht immer (oder gar nicht) erfasst werden, sind nicht immer aktuelle und verlässliche Angaben zu erhalten. Die Angaben beruhen überwiegend auf Schätzungen. Da Personen auch mehreren Religionsgemeinschaften angehören können, addieren sich die Prozentangaben nicht immer auf 100 %.
- **S (Schätzung):** ungefähre Angaben, die nicht auf einer kontinuierlichen statistischen Erfassung basieren (→ Einwohner).
- **Säuglingssterblichkeit(srate):** Anzahl der Säuglinge pro Jahr, die zwischen Geburt und erstem Lebensjahr sterben, bezogen auf 1000 Lebendgeburten (Quelle: Weltbank).
- **Schattenwirtschaft:** alle wirtschaftlichen Tätigkeiten, die nicht in die Berechnung des → BNE eingehen. Dazu gehören: Nachbarschaftshilfe, Schwarzarbeit, Alternativökonomie, Selbstversorgung und kriminelle Wirtschaftsaktivitäten. Der Anteil der Schattenwirtschaft am BNE kann nicht exakt ermittelt werden. Das statistische Bild einer Volkswirtschaft entspricht daher nicht den realen Verhältnissen, was zu politischen Fehlentscheidungen und Einbußen an Steuereinnahmen führt.
- **Schul- / Universitätsbesuch:** durchschnittliche Anzahl der Jahre, die ein Mensch in der Schule (Grundschule, weiterführende Schule) und Universität verbringt einschließlich Wiederholungsjahre (Quelle: UNICEF).
- **Schuldendienst:** Höhe der Zins- und Tilgungsleistungen, die ein verschuldetes Land jährlich an private und öffentliche Kreditgeber im Ausland zu transferieren hat (in der Regel in einer Hartwährung wie US-$, d. h. in Devisen).
- **Sozialhilfe:** in Deutschland öffentliche Hilfeleistung, die bedürftige Einwohner in Anspruch nehmen können, dem sie ein Leben ermöglicht, das der Würde des Menschen entspricht. Seit dem 1. 1. 2005 hat das Arbeitslosengeld II die Arbeitslosenhilfe und Sozialhilfe für Erwerbsfähige und deren Angehörige ersetzt. Sozialhilfe erhalten nur noch Erwerbsunfähige auf Zeit, Vorruheständler mit niedriger Rente, längerfristig Erkrankte und hilfebedürftige Kinder mit selbst nicht hilfebedürftigen Eltern.
- **Sozialleistungen:** in Deutschland alle Geld- und Sachleistungen, die privaten Haushalten oder Einzelpersonen vom Staat bzw. von öffentlich-rechtlichen Körperschaften oder von Unternehmen zur Deckung bestimmter sozialer Risiken und Bedürfnisse gewährt werden. Sie dienen der sozialen Absicherung gegenüber Risiken, dem Familienleistungsausgleich sowie anderen sozialpolitischen Aufgaben wie der Jugendhilfe oder der Unterstützung Behinderter. Finanziert werden sie im wesentlichen durch Beiträge der Versicherten und der Arbeitgeber sowie durch Zuweisungen des Staates
- **Sprachen:** neben der → Amtssprache die wichtigsten gesprochenen Sprachen, wobei in einigen afrikanischen und asiatischen Ländern nur Sprachengruppen angegeben werden. Verlässliche und aktuelle Angaben sind für kaum ein Land zu erhalten.
- **Staatennamen:** Die Bezeichnung der Staaten folgt dem Verzeichnis der Staatennamen für den amtlichen Gebrauch des Auswärtigen Amtes. Der Zwei- bzw. Drei-Buchstaben-Code entspricht der Norm DIN EN ISO 3166 – 1.
- **Staatsverschuldung:** Schulden der Gebietskörperschaften (Bund, Länder, Gemeinden).
- **Städte:** genannt wird zuerst die inländische Schreibweise, in Klammern folgt die in deutschsprachigen Zeitungen übliche Schreibweise. Die Reihenfolge richtet sich nach der Einwohnerzahl.

- **Städtische Bevölkerung:** Anteil der Bevölkerung in städtischen Gebieten entsprechend der nationalen Definition für die zuletzt durchgeführte Volkszählung. Da es international keine einheitliche Definition gibt, sind diese Angaben meist Schätzungen (Quelle: Weltbank).
- **Sterberate:** jährliche Anzahl der Todesfälle pro 1000 Einwohner; bestimmt zusammen mit der → Geburtenrate die Rate des → Bevölkerungswachstums (Quelle: Weltbank).
- **Subsistenzwirtschaft:** landwirtschaftliche Produktionsform, die der Eigenversorgung dient und nicht in den Geldkreislauf (und in die Berechnung des → BNE) eingeht. Die Subsistenzwirtschaft wird inzwischen auch dem informellen Sektor zugewiesen.
- **Volkseinkommen:** auch Nettosozialprodukt zu Faktorkosten oder Nettoinländereinkommen; die Summe aller von Inländern im Laufe eines Jahres aus dem In- und Ausland bezogenen Erwerbs- und Vermögenseinkommen (Löhne, Gehälter, Zinsen, Mieten, Pachten, Vertriebsgewinne). Es entspricht der in Geld ausgedrückten Summe aller produzierten Güter und Dienstleistungen einer Volkswirtschaft, die verbraucht, investiert oder gegen ausländische Erzeugnisse eingetauscht wurden. Das Volkseinkommen ist eine zentrale Größe des volkswirtschaftlichen Rechnungswesens.
- **Wahlen** → Parlament
- **Währung:** innerhalb eines Staates das durch Gesetz (Geldverfassung) bestimmte Geldsystem. Es hat sich eingebürgert, national von Geldeinheit, international von Währungseinheit zu sprechen. Angegeben sind die Kurse für den Verkauf der jeweiligen Währung, die ausschließlich auf Angaben der Deutschen Bundesbank basieren (Stand: Ende Mai 2005, wenn nicht anders angegeben).
- **Wald (Zu-/Abnahme):** negative Zahlen bedeuten eine durchschnittliche jährliche Abnahme der Waldfläche durch Abholzung, positive Zahlen eine Zunahme durch Aufforstung (Quelle: FAO).
- **Z (Zählung):** in der amtlichen Statistik die Ergebnisse der letzten Volkszählung (→ Einwohner).
- **Zahlungsbilanz:** wertmäßige Gegenüberstellung aller außenwirtschaftlichen Transaktionen während einer bestimmten Periode (→ Leistungsbilanz).
- **Zugang zu Sanitäreinrichtungen:** Anteil der Bevölkerung mit angemessenem Zugang zu hygienischer Beseitigung von Exkrementen und Abfällen, einschließlich Latrinen im Freien und Kompostierung (Quelle: Weltbank).
- **Zugang zu Trinkwasser:** Anteil der Bevölkerung, der in einer Entfernung von höchstens 15 Gehminuten angemessenen Zugang zu gesundheitlich unbedenklichem Wasser hat. Dazu gehört behandeltes Oberflächenwasser oder unbehandeltes, nicht verschmutztes Wasser aus Quellen, sauberen Brunnen und geschützten Bohrlöchern (Quelle: Weltbank).

Weltregionen

Afrika südlich der Sahara: Angola, Äquatorialguinea, Äthiopien, Benin, Botsuana, Burkina Faso, Burundi, Elfenbeinküste, Eritrea, Gabun, Gambia, Ghana, Guinea, Guinea-Bissau, Kamerun, Kap Verde, Kenia, Komoren, Kongo (DR), Kongo (Rep.), Lesotho, Liberia, Madagaskar, Malawi, Mali, Mauritanien, Mauritius, Mayotte, Mosambik, Namibia, Niger, Nigeria, Ruanda, Sambia, São Tomé und Príncipe, Senegal, Seychellen, Sierra Leone, Simbabwe, Somalia, Südafrika, Sudan, Swasiland, Tansania, Togo, Tschad, Uganda, Zentralafrikanische Republik

Naher Osten und Nordafrika: Ägypten, Algerien, Dschibuti, Irak, Iran, Jemen, Jordanien, Libanon, Libyen, Marokko, Oman, Palästinensische Gebiete, Saudi-Arabien, Syrien, Tunesien

Südasien: Afghanistan, Bangladesch, Bhutan, Indien, Malediven, Nepal, Pakistan, Sri Lanka

Ostasien und Pazifik: Amerikanisch-Samoa, China (VR), Fidschi, Indonesien, Kambodscha, Kiribati, Korea (DVR), Laos, Malaysia, Marshallinseln, Mikronesien, Mongolei, Myanmar, Nördliche Marianen, Palau, Papua-Neuguinea, Philippinen, Salomonen, Samoa, Thailand, Timor-Leste, Tonga, Vanuatu, Vietnam

Lateinamerika und Karibik: Antigua und Barbuda, Argentinien, Barbados, Belize, Bolivien, Brasilien, Chile, Costa Rica, Dominica, Dominikanische Republik, Ecuador, El Salvador, Grenada, Guatemala, Guyana, Haiti, Honduras, Jamaika, Kolumbien, Kuba, Mexiko, Nicaragua, Panama, Paraguay, Peru, St. Kitts und Nevis, St. Lucia, St. Vincent und die Grenadinen, Suriname, Trinidad und Tobago, Uruguay, Venezuela

Europa und Zentralasien: Albanien, Armenien, Aserbaidschan, Bosnien und Herzegowina, Bulgarien, Estland, Georgien, Kirgisistan, Kroatien, Lettland, Litauen, Mazedonien, Moldau, Polen, Rumänien, Russland, Serbien und Montenegro, Slowakei, Tadschikistan, Tschechische Republik, Türkei, Turkmenistan, Ukraine, Ungarn, Usbekistan, Weißrussland

Am wenigsten entwickelte Länder (nach UN): Afghanistan, Angola, Äquatorialguinea, Äthiopien, Bangladesch, Benin, Bhutan, Burkina Faso, Burundi, Dschibuti, Eritrea, Gambia, Guinea, Guinea-Bissau, Haiti, Jemen, Kambodscha, Kap Verde, Kiribati, Komoren, Kongo (DR), Laos, Lesotho, Liberia, Madagaskar, Malawi, Malediven, Mali, Mauretanien, Mosambik, Myanmar, Nepal, Niger, Ruanda, Salomonen, Sambia, Samoa, São Tomé und Príncipe, Senegal, Sierra Leone, Somalia, Sudan, Tansania, Timor-Leste, Togo, Tschad, Tuvalu, Uganda, Vanuatu, Zentralafrikanische Republik

■ = Karte

DIE THEMEN DES JAHRES

Der Fischer Weltalmanach aktuell
USA
Bd. 72301, 192 Seiten

Der Fischer Weltalmanach aktuell
Pulverfass Irak
Bd. 72302, 160 Seiten

Der Fischer Weltalmanach aktuell
Russland und der Kaukasus
Bd. 72303, 192 Seiten

Analysen, Essays und Reportagen der »ZEIT« von bekannten Autoren wie Helmut Schmidt, Hans-Ulrich Wehler, Heinrich August Winkler, Richard Rorty, Walter Laqueur, Michael Walzer, Michael Naumann, Josef Joffe, Matthias Nass u. a.

Zahlen, Daten, Fakten zur Geschichte, Politik und Wirtschaft von der Redaktion des »Fischer Weltalmanach«